OEUVRES COMPLÈTES

DE SAINT AUGUSTIN

ÉVÊQUE D'HIPPONE

TABLE DES OUVRAGES COMPRIS DANS LE TOME XXII

Sur le Mensonge (Un Livre)	1
A Consentius, contre le Mensonge (Un Livre)	42
Sur le Travail des Moines (Un Livre)	84
Sur la Divination des Démons (Un Livre)	130
A Paulin, sur le soin qu'on doit avoir pour les Morts (Un Livre)	143
Sur la Patience (Un Livre)	167
Sur le Symbole (Quatre Sermons aux Catéchumènes)	191
Sur la Discipline chrétienne (Sermon)	258
Sur le Cantique nouveau (Sermon aux Catéchumènes)	270
Sur la quatrième Férie (Sermon)	281
Sur le Déluge (Sermon)	292
Sur la Persécution des Barbares (Sermon)	303
Sur l'utilité du Jeûne (Sermon)	316
Sur le Pillage de la Ville (Sermon)	329

APPENDICE

Des vingt-et-une Sentences (Un Livre)	340
✓ Dialogue sur soixante-cinq Questions	351
De la Foi a Pierre (Un Livre)	377
De l'Esprit et de l'Ame (Un Livre)	413
De l'Amitié (Un Livre)	480
De la Substance de l'Amour (Un Livre)	496
De l'Amour de Dieu (Un Livre)	501
Des Soliloques (Un Livre)	522
Des Méditations (Un Livre)	569
De la Contrition du Cœur (Un Livre)	631
Du Manuel (Un Livre)	644
Du Miroir (Un Livre)	666
Le Miroir du Pécheur (Un Livre)	688
Des trois Demeures (Un Livre)	698
L'Échelle du Paradis (Un Livre)	705
✓ De la Connaissance de la Vie (Un Livre)	714

Traduits par M. H. BARREAU, docteur ès-lettres.

Besançon. — Imprimerie d'Outhenin-Chalandre fils.

ŒUVRES COMPLÈTES

DE

SAINT AUGUSTIN

ÉVÊQUE D'HIPPONE

TRADUITES EN FRANÇAIS ET ANNOTÉES

PAR MM.

PÉRONNE
Chanoine titulaire de Soissons, ancien professeur
d'Ecriture sainte et d'éloquence sacrée.

ÉCALLE
Professeur au grand séminaire de Troyes, traducteur
de la *Somme contre les Gentils*.

VINCENT
Archiprêtre de Vervins.

CHARPENTIER
Doct. en théol., trad. des *Œuvres de S. Bernard*.

H. BARREAU
Docteur ès-lettres et en philosophie, chevalier de plusieurs ordres.

renfermant

LE TEXTE LATIN ET LES NOTES DE L'ÉDITION DES BÉNÉDICTINS

TOME VINGT-DEUXIÈME

TRAITÉS SUR QUELQUES POINTS DE MORALE, SERMONS AUX CATÉCHUMÈNES, APPENDICE RENFERMANT
QUELQUES OPUSCULES DOUTEUX ATTRIBUÉS AU SAINT DOCTEUR

PARIS

LIBRAIRIE DE LOUIS VIVÈS, ÉDITEUR

RUE DELAMBRE, 13

1870

SUR LE LIVRE SUIVANT

ON LIT AU LIVRE PREMIER DES RÉTRACTATIONS, CHAPITRE DERNIER.

J'ai encore écrit un livre *Sur le Mensonge*, assez difficile à comprendre, mais très-propre néanmoins à exercer l'esprit et la pensée, et très-bon pour inspirer l'amour de la vérité dans l'usage de la parole. J'avais résolu qu'il disparaîtrait de mes opuscules, le trouvant trop obscur, trop embarrassé et trop épineux ; c'est pourquoi je ne l'avais pas publié. Plus tard lorsque j'eus composé un autre livre sous ce titre : *Contre le Mensonge*, je fus encore plus décidé à faire disparaître le premier. Il n'en fut rien pourtant. C'est pourquoi, en faisant la revue de mes opuscules, l'ayant retrouvé intact, après examen, j'ai voulu le conserver, comme renfermant de bonnes choses, qui ne se trouvent pas dans l'autre. L'un a pour titre : *Contre le Mensonge ;* et celui-ci : *Sur le Mensonge*. Le premier est une thèse en règle contre le mensonge ; le second est une discussion en forme de recherche sur cette même matière. Mais les deux ouvrages ont le même but. Celui-ci commence par ces mots : « Le mensonge est une question importante. »

IN LIBRUM SUBSEQUENTEM

LIBRI I RETRACTATIONUM, CAPUT ULTIMUM.

Item *de Mendacio* scripsi librum, qui etsi cum aliquo labore intelligitur, habet tamen non inutilem ingenii et mentis exercitationem, magisque moribus ad veriloquium diligendum proficit. Hunc quoque auferre statueram de Opusculis meis, quia et obscurus et anfractuosus et omnino molestus mihi videbatur : propter quod etiam nec edideram. Deinde cum postea scripsissem alterum, cujus titulus est, *Contra Mendacium*, multo magis istum non esse decreveram et jusseram : sed non est factum. Itaque in ista retractatione Opusculorum meorum, cum cum incolumen reperissem, etiam ipsum retractatum manere præcepi : maxime quia in eo nonnulla sunt necessaria, quæ in illo altero non sunt. Propterea vero illius inscriptio est, *Contra Mendacium ;* istius autem, *De Mendacio* : quoniam per illum totum oppugnatio est aperta mendacii, istius autem magna pars in inquisitionis disputatione versatur. Ad eumdem tamen finem uterque dirigitur. Hic liber sic incipit : « Magna quæstio est de Mendacio. »

TOM. XXII.

LIVRE UNIQUE
SUR LE MENSONGE[1]

PAR
SAINT AURÈLE AUGUSTIN
ÉVÊQUE D'HIPPONE

Après avoir dit ce que c'est que le mensonge, l'auteur met dans la balance les raisons, et les exemples qui sont pour et contre, et se demande, s'il est quelquefois permis. Il cite huit espèces de mensonges, qu'il discute et qu'il rejette absolument pour arriver à cette conclusion : qu'il ne faut jamais mentir (2).

CHAPITRE I. — 1. Le mensonge est une grande question, qui éveille souvent notre sollicitude dans les actes de la vie quotidienne ; car nous pouvons craindre d'être téméraires, en accusant de mensonge ce qui n'est pas mensonge ; ou en croyant qu'il est quelquefois permis de mentir, par un motif honnête, pour rendre service et par charité. Cette question demande toute notre attention ; nous chercherons avec ceux qui cherchent ; et s'il nous arrive parfois de trouver le point juste, nous ne voulons rien décider de nous-même ; le lecteur attentif pèsera les raisons et prendra son parti en conséquence. Car cette question se dérobe dans l'obscurité, et se cache dans mille détours pour tromper les investigations ; vous croyez la tenir, elle vous échappe des mains, pour se montrer de nouveau et se cacher encore. A la fin pourtant l'horizon s'éclaircira, et notre pensée saisira davantage son objet. On dira peut-être que nous nous trompons. Mais s'il est certain que c'est la vérité qui nous délivre de toute erreur, et que c'est la fausseté qui nous trompe, je dis que jamais l'erreur n'est plus excusable, que quand on se trompe par un trop grand amour de la vérité et par la haine du mensonge. Ceux qui blâment

(1) Écrit vers l'an de Jésus-Christ 395.
(2) Ce livre a paru vers l'an 395. Il est le dernier dont parle saint Augustin dans le premier livre de ses Rétractations, où il passe en revue tous les ouvrages, qu'il avait mis au jour avant son épiscopat, qui commença vers la fin de l'année 395. Dans les éditions imprimées, ce livre a pour titre : *Sur le Mensonge, à Consentius*. Mais les manuscrits ne portent pas le nom de Consentius, qui longtemps après consulta saint Augustin sur le même sujet contre les Priscillianistes. Ce n'est donc pas ce livre, mais le suivant qui fut adressé à Consentius ; il parut plus tard, et a pour titre : *Contre le Mensonge*.

S. AURELII AUGUSTINI
HIPPONENSIS EPISCOPI
DE MENDACIO
LIBER UNUS.

In quo quid sit mendacium, et utrum aliquando admittendum sit, exemplis momentisque rationum in utramque partem libratis disquiritur. Mendaciorum afferuntur octo genera, iisque discussis et omnino rejectis statuitur nunquam esse mentiendum.

CAPUT I. — 1. Magna quæstio est *de mendacio*, quæ nos in ipsis quotidianis actibus nostris sæpe conturbat : ne aut temere accusemus mendacium, quod non est mendacium ; aut arbitremur aliquando esse mentiendum, honesto quodam et officioso (a) ac misericordi mendacio. Quam quæstionem tam sollicite pertractabimus, ut quæramus cum quærentibus : utrum autem aliquantum inveniamus, nihil nobis temere affirmantibus, lectori bene attendenti satis indicabit ipsa tractatio : latebrosa est enim nimis et quibusdam quasi cavernosis anfractibus sæpe intentionem quærentis eludit ; ut modo velut elabatur e manibus quod inventum erat, modo rursus appareat, et rursus absorbeatur. Ad extremum tamen sententiam nostram velut certior indago comprehendet. In qua si ullus error est, cum ab omni errore veritas liberet, atque in omni errore falsitas implicet, nunquam errari tutius existimo, quam cum in amore nimio veritatis et rejectione nimia falsitatis erratur.

(a) Sic Mss. Editi autem, *et officioso ad misericordiam mendacio*.

avec sévérité disent qu'on va trop loin ; mais peut-être que la vérité dit à son tour : Vous n'allez pas assez loin. Vous qui lisez de bonne foi cet écrit, ne blâmez rien avant de l'avoir lu tout entier. Peut-être le trouverez-vous moins répréhensible. N'y cherchez pas l'éloquence. Ce qui nous a préoccupé principalement, c'était le fond du sujet, et le désir de terminer promptement un ouvrage tout à fait pratique; quant au style, c'était pour nous une affaire secondaire et presque nulle.

CHAPITRE II. — 2. Nous disons donc que les plaisanteries ne sont pas et ne peuvent jamais être des mensonges; le ton qui les accompagne, la manière de les dire, tout montre évidemment qu'on n'a pas l'intention de tromper, quoiqu'on ne dise pas la vérité. Les âmes parfaites peuvent-elles employer la plaisanterie? C'est une autre question que nous ne voulons pas résoudre ici. Mais, en mettant à part les plaisanteries, nous dirons d'abord qu'il ne faut pas regarder comme menteur celui qui ne ment pas.

CHAPITRE III. — 3. Voyons donc ce que c'est que le mensonge. On n'est pas menteur pour dire une chose fausse, si l'on croit ou si l'on pense qu'on dit la vérité. Une croyance et une opinion sont deux choses différentes; on croit, tout en sentant quelquefois qu'on ignore ce que l'on croit, quoiqu'on n'ait aucun doute sur la chose, puisqu'on la croit fermement; on a une opinion, quand on pense savoir ce que l'on ne sait pas. Quand un homme exprime ce qu'il croit dans son âme, ou ce qu'il pense, il ne ment pas, lors même qu'il se tromperait. Sa parole répond à la conviction qu'il a dans son âme, et il pense comme il parle. Il n'est pas excusable néanmoins, quoiqu'il ne mente pas, s'il croit ce qu'il ne faut pas croire, ou s'il pense savoir ce qu'il ignore, quand même ce serait le vérité ; il ne doit pas confondre l'inconnu avec le connu. Mentir, c'est donc penser une chose, et en exprimer une autre par la parole ou par d'autres signes. C'est pourquoi on dit que le menteur a un cœur double, ou qu'il a une double pensée ; il pense une chose qu'il sait ou qu'il croit être vraie, mais il ne la dit pas; il en pense une autre qu'il substitue à la première, sachant bien qu'elle est fausse. On peut donc dire une chose fausse sans mentir, du moment qu'on pense comme on parle, quoiqu'il en soit autrement; et on peut mentir en disant la vérité, du moment qu'on pense autrement qu'on ne parle, quoique la chose soit comme on l'a dit. C'est donc par l'intention, et non par la vérité ou la fausseté de la chose elle-même, qu'il faut juger si l'on ment ou si l'on ne ment pas. Quand un

Qui enim severe reprehendunt, hoc nimium dicunt esse : ipsa autem veritas fortasse adhuc dicat : Nondum est satis. Sane quisquis legis, nihil reprehendas, nisi cum totum legeris ; atque ita minus reprehendes. Eloquium noli quærere : multum enim de rebus laboravimus, et de celeritate absolvendi tam necessarii quotidianæ vitæ Operis : (a) unde aut tenuis aut prope nulla fuit nobis cura verborum.

CAPUT II. — 2. Exceptis igitur jocis, quæ nunquam sunt putata mendacia : habent enim evidentissimam ex pronuntiatione atque ipso jocantis affectu significationem animi nequaquam fallentis, etsi non vera enuntiantis : quo genere utrum sit utendum perfectis animis, alia quæstio est, quam modo enodandam non suscepimus : exceptis ergo jocis, prius agendum est, ne mentiri existimetur qui non mentitur.

CAPUT III. — 3. Quapropter videndum est, quid sit mendacium. Non enim omnis qui falsum dicit mentitur, si credit aut opinatur verum esse quod dicit. Inter credere autem atque opinari hoc distat, quod aliquando ille qui credit, sentit se ignorare quod credit, quamvis de re quam se ignorare novit omnino non dubitet, (b) si eam firmissime credit ; qui autem opinatur, putat se scire quod nescit. Quisquis autem hoc enuntiat quod vel creditum animo, vel opinatum tenet, etiamsi falsum sit, non mentitur. Hoc enim debet (c) enuntiationis suæ fidei, ut illud per eam proferat, quod animo tenet, et sic habet ut profert. Nec ideo tamen sine vitio est, quamvis non mentiatur, si aut non credenda credit, aut quod ignorat nosse se putat, etiamsi verum sit : incognitum enim habet pro cognito. Quapropter ille mentitur, qui aliud habet in animo, et aliud verbis vel quibuslibet significationibus enuntiat. Unde etiam duplex cor dicitur esse mentientis, id est, duplex cogitatio : una rei ejus quam veram esse vel scit vel putat, et non profert; altera ejus rei quam pro ista profert sciens falsam esse vel putans. Ex quo fit ut possit falsum dicere non mentiens, si putat ita esse ut dicit, quamvis non ita sit ; et ut possit verum dicere mentiens, si putat falsum esse et pro vero enuntiat, quamvis re vera ita sit ut enuntiat. Ex animi enim sui sententia, non ex rerum ipsarum veritate vel falsitate mentiens aut non mentiens judicandus est. Po-

(a) Habent sic nonnulli Mss. Alii vero, *unde hactenus proprie*. Editi, *unde hactenus ac prope*. — (b) Mss. *sic enim firme credit*. — (c) Ita Mss. At editi, *enuntiationi suæ fidei*.

homme dit une chose fausse comme si elle était vraie, parce qu'il la croit telle, on peut dire qu'il se trompe et qu'il est téméraire, mais on ne peut dire qu'il ment; car en parlant ainsi, il n'a pas un cœur double et ne veut pas tromper; mais il se trompe. Mentir, c'est parler contre sa pensée avec l'intention de tromper, soit qu'on réussisse ou qu'on ne réussisse pas, à faire croire ce qui est faux; soit qu'on dise une chose vraie, mais qu'on croit fausse, avec le désir de tromper. On ne trompe pas, quand on est cru dans ce dernier cas, quoiqu'on ait voulu tromper; ou si l'on trompe, c'est en laissant croire que l'on parle conformément à sa pensée.

4. On pourrait avoir recours à des subtilités et nous demander si, la volonté de tromper n'existant pas, le mensonge se trouve par là même exclus.

Chapitre IV. — Est-il nécessaire et suffit-il pour mentir qu'on ait la volonté de tromper? — Que diriez-vous d'un homme qui dit une chose fausse, sachant qu'elle est fausse, et qui la dit néanmoins, parce qu'il est persuadé qu'on ne le croira pas, voulant par ce moyen donner le change à la personne, et la détourner ainsi d'un projet dangereux. Cet homme ment évidemment, quoiqu'il ait le désir de ne pas tromper, si le mensonge consiste à parler contre sa pensée. Mais si le mensonge consiste à parler pour tromper, cet homme ne ment pas, en disant une chose fausse; puisque tout en sachant bien ou pensant qu'il ne dit pas vrai, il prévoit que la personne en refusant de le croire ne sera pas trompée, par là même qu'elle ne le croira pas. Il peut donc arriver qu'on parle contre la vérité, pour empêcher quelqu'un d'être trompé; comme aussi on peut parler selon la vérité pour tromper. Celui qui dit la vérité, parce qu'il pense qu'on ne le croira pas, dit donc la vérité pour tromper; car il sait bien et il pense en lui-même qu'on ne le croira pas, du moment que l'assertion vient de lui. C'est pourquoi en disant la vérité, pour qu'on ne le croie pas, il dit la vérité pour tromper. Il est donc question de savoir quel est plutôt le menteur, ou celui qui dit faux pour ne pas tromper, ou celui qui dit vrai pour tromper, l'un sachant bien qu'il dit faux, l'autre sachant bien qu'il dit vrai. Nous avons déjà dit qu'on ne ment pas, en disant une chose fausse, si on la croit vraie, et qu'on ment au contraire, quand on dit une chose vraie, si on la croit fausse. Car c'est l'intention qui fait juger de la moralité de l'acte. Mais je reviens à la question des deux hommes que nous avons supposés; elle est importante, l'un sait bien qu'il dit faux, mais c'est pour ne pas tromper; il sait

---

test itaque ille qui falsum pro vero enuntiat, quod tamen verum esse opinatur, errans dici et temerarius: mentiens autem non recte dicitur; quia cor duplex cum enuntiat non habet, nec fallere cupit, sed fallitur. Culpa vero mentientis est, in enuntiando animo suo fallendi cupiditas; (*a*) sive fallat cum ei creditur falsum enuntianti; sive non fallat, vel cum ei non creditur, vel cum verum enuntiat voluntate fallendi, quod non putat verum. Quod cum ei creditur, non utique fallit, quamvis fallere voluerit: nisi hactenus fallit, quatenus putatur ita etiam nosse vel putare ut enuntiat.

4. Quanquam subtilissime quæratur, utrum cum abest voluntas fallendi, absit omnino mendacium.

Caput IV. — Quid enim si quisque falsum loquens, quod falsum esse existimat, ideo tamen facit, quia putat sibi non credi, ut eo modo falsa fide absterreat eum cui loquitur, quem sentit sibi nolle credere? Hic enim studio non fallendi mentitur, si mendacium est enuntiare aliquid aliter quam scis esse vel putas: si autem mendacium non est nisi cum aliquid enuntiatur voluntate fallendi, non mentitur iste, qui propterea falsum loquitur, quamvis noverit vel putet falsum esse quod loquitur, ut ille cui loquitur non ei credendo non fallatur, quia cum sibi non crediturum vel scit vel putat. Unde si apparcat fieri posse, ut aliquis propterea falsum dicat, ne fallatur ille cui dicitur; existit aliud e contrario genus, propterea verum dicentis ut fallat. Qui enim verum ideo loquitur, quia sentit sibi non credi, ideo utique verum dicit ut fallat: scit enim vel existimat propterea falsum putari posse quod dicitur, quoniam ab ipso dicitur. Quamobrem cum ideo verum dicit ut falsum putetur, ideo verum dicit ut fallat. Quærendum ergo est, quis potius mentiatur, utrum ille qui verum dicit ut fallat; cum et ille sciat vel putet falsum se dicere, et iste sciat vel putet verum se dicere. Jam enim diximus eum qui nescit falsum esse quod enuntiat, non mentiri, si hoc putat verum; eumque potius mentiri, qui etiam verum enuntiat, cum falsum putat: quia ex animi sui sententia judicandi sunt. De illis itaque non parva quæstio est, quos proposuimus: unum qui scit aut putat se falsum dicere, et ideo dicit ne

---

(*a*) Mss. *sive fallat, sive non, vel cum ei creditur, vel cum verum*, etc., omissis verbis, *cum ei creditur falsum enuntianti*.

par exemple que telle route est infestée par les brigands; il craint que son ami ne s'y engage, et comme il sait qu'il ne le croira pas, il lui dit que la route est sûre, qu'il n'y a point de voleurs, pour l'empêcher de la prendre; car il croit d'autant plus qu'il y a des voleurs, que son ami lui assure qu'il n'y en a pas, et qu'il ne veut pas le croire, le regardant comme un menteur. L'autre au contraire sait qu'il dit la vérité, mais il la dit pour tromper; il dit par exemple à un homme qui n'a pas confiance à sa parole qu'il y a des voleurs dans tel chemin; il sait que c'est la vérité; mais son dessein, c'est que l'homme prenne ce chemin, et qu'il tombe ainsi entre les mains des voleurs, par suite du faux renseignement qu'il croit avoir reçu. Lequel de ces deux hommes a menti? Est-ce celui qui a mieux aimé dire faux pour ne pas tromper, ou celui qui a mieux aimé dire vrai pour tromper? Celui qui par un faux renseignement a fait prendre le véritable moyen d'échapper au danger; ou celui qui, par un avis qui était vrai, a fait prendre la fausse route? Peut-être ont-ils menti tous deux, l'un en disant faux, l'autre en voulant tromper? Dirons-nous plutôt qu'ils n'ont menti ni l'un ni l'autre, le premier parce qu'il ne voulait pas tromper, le second parce qu'il voulait dire la vérité? Il ne s'agit pas de savoir lequel des deux a péché, mais lequel a menti. Au premier abord, on condamne celui qui en disant la vérité a jeté le voyageur entre les mains des brigands; mais on ne condamne pas, on loue plutôt celui qui par un faux avis a sauvé le voyageur du danger. Ces exemples peuvent encore se présenter sous une autre face, et on peut supposer que celui qui ne veut pas tromper se propose de causer un plus grave préjudice; car souvent il est arrivé de tristes accidents, quand une personne apprenait une nouvelle qu'on aurait dû lui cacher; on peut supposer aussi que l'autre veut procurer un avantage à celui qu'il trompe, car on sauve quelquefois la vie à quelqu'un, qui autrement se la serait ravie, en ne lui faisant pas connaître les malheurs réels de sa famille et en le trompant sur la vérité; et c'est ainsi qu'il est bon pour les uns d'être trompés, et dangereux pour d'autres de connaître la vérité. La question n'est donc pas de savoir, si c'est avec une intention bonne ou mauvaise, que l'un a dit faux pour ne pas tromper, et que l'autre a dit vrai pour tromper; il faut mettre de côté les avantages ou les inconvénients de la chose, et, en considérant seulement la vérité ou la fausseté des paroles, il faut se demander lequel des deux a menti, si c'est l'un et l'autre, ou ni l'un ni l'autre. Si le mensonge consiste à parler pour dire une chose fausse, nous dirons que le menteur est celui qui a dit volontairement une chose fausse, quoiqu'il l'ait dite pour ne pas tromper; si le mensonge consiste à vouloir trom-

---

fallat; velut si aliquam viam noverit obsideri a latronibus, et timens ne per illam pergat homo cujus saluti prospicit, et cum scit sibi non credere, dicat eam viam non habere latrones, ad hoc ut illac non eat, dum ideo credit latrones ibi esse, quia ille dixit non ibi esse, cui non credere statuit, mendacem putans : alterum autem qui sciens aut putans verum esse quod dicit, ad hoc tamen dicit ut fallat; tanquam si homini non sibi credenti dicat latrones in illa via esse, ubi re vera eos esse cognovit, ut ille cui dicit per illam viam magis pergat, atque ita in latrones incidat, dum putat falsum esse quod ille dixerit. Quis ergo istorum mentitur, ille qui elegit falsum dicere ne fallat, an ille qui elegit verum dicere ut fallat? ille qui falsum dicendo egit ut verum sequeretur cui dixit, an iste qui verum dicendo egit ut falsum sequeretur cui dixit? An forte ambo mentiti sunt, ille quia voluit falsum dicere, iste quia voluit fallere? An potius neuter eorum mentitus est, ille quia voluntatem habuit non fallendi, et ille quia voluntatem habuit verum dicendi? Non enim nunc agitur quis eorum peccaverit, sed quis mentitus sit. Cito enim videtur ille peccasse, qui verum dicendo egit ut homo incideret in latrones : ille autem non peccasse, vel etiam bene fecisse, qui falsum dicendo egit ut homo perniciem devitaret. Sed possunt exempla ista converti, ut et ille aliquid gravius cum pati velit quem falli non vult; multi enim vera quædam cognoscendo sibi intulerunt perniciem, si talia fuerunt ut eos latere debuerint : et iste aliquid commodi velit adipisci eum quem vult falli; nonnulli enim qui sibi mortem intulerunt, si aliquid mali quod vere contigerat de caris suis cognovissent, falsum putando sibi pepercerunt; atque ita falli eis profuit, sicut aliis obfuit vera cognoscere. Non ergo id agitur, quo animo consulendi aut nocendi, vel ille falsum dixit ne falleret, vel iste verum dixit ut falleret : sed exceptis commodis aut incommodis eorum quibus locuti sunt, quantum ad ipsam veritatem falsitatemque attinet, quæritur quis eorum, an uterque neuterve mentitus sit. Si enim mendacium est enuntiatio cum voluntate falsum enuntiandi, ille

per, ce n'est plus celui-ci qui aura menti, c'est l'autre, en voulant tromper même par une parole vaine. Mais si le mensonge consiste à parler, pour donner le change d'une manière quelconque, ils ont tous deux menti, l'un en disant réellement une chose fausse, et l'autre en voulant faire croire une chose fausse, même en disant la vérité. Maintenant si le mensonge consiste à parler contre la vérité pour tromper, ni l'un ni l'autre n'a menti, l'un ayant dit faux pour faire croire ce qui était vrai, et l'autre ayant dit vrai pour faire croire ce qui était faux. Nous serons donc à l'abri de toute témérité et de tout mensonge, si nous disons, selon la circonstance voulue, ce que nous regardons comme vrai et digne de foi, avec l'intention de faire croire ce que nous disons. Mais si, sans y être obligés, nous disons de bonne foi, comme vrai ce qui est faux, comme connu ce que nous ignorons, et comme croyable ce qui n'est pas croyable, n'ayant d'autre intention que de parler selon notre pensée intime; on pourrait, dans ce cas, nous accuser de témérité, mais on ne pourrait pas nous accuser de mensonge. On n'a donc rien à craindre, lorsque l'on parle d'après sa conscience, persuadé qu'on ne dit que ce que l'on sait, ou que l'on pense, ou que l'on croit être vrai, n'ayant pas l'intention de faire croire autre chose que ce que l'on dit.

5. Est-ce utile de mentir quelquefois? Voilà une question beaucoup plus importante et plus nécessaire. Serez-vous menteur, si n'ayant point l'intention de tromper, si même voulant empêcher le prochain d'être trompé, vous dites une chose fausse, pour lui faire croire ce qui est vrai; serez-vous menteur, si vous dites la vérité, quoique ayant l'intention de tromper? Sur ce point, il est permis de douter. Mais ce qui n'est pas douteux, c'est qu'on ment, quand on dit volontairement une chose fausse pour tromper; ainsi, parler contre sa pensée avec l'intention de tromper, c'est un mensonge manifeste. Mais n'y a-t-il mensonge que dans ces conditions, c'est encore une autre question.

CHAPITRE V. — Pour le moment, examinons le mensonge dans cette spécialité, que tout le monde s'accorde à appeler de ce nom. Est-il bon quelquefois de dire une chose fausse avec l'intention de tromper? Ceux qui pensent ainsi, appuient leur opinion sur des témoignages, ils citent comme exemples Sara qui avait ri, et qui dit aux anges qu'elle n'avait pas ri (*Gen.*, XVIII, 25); Jacob que son père interroge, et qui répond qu'il est Esaü son fils aîné (*Gen.*, XXVII, 19); les sages-femmes d'Égypte, qui veulent sau-

---

potius mentitus est qui falsum dicere voluit, et dixit quod voluit, quamvis ne falleret dixerit : si autem mendacium est quælibet enuntiatio cum voluntate fallendi, non ille, sed iste mentitus est, qui etiam verum dicendo fallere voluit : quod si mendacium est enuntiatio cum voluntate alicujus falsitatis, ambo mentiti sunt; quia et ille suam enuntiationem falsam esse voluit, et iste de vera sua falsum credi voluit : porro si mendacium est enuntiatio falsum enuntiare volentis ut fallat, neuter mentitus est; quia et ille habuit voluntatem falsum dicendo verum persuadere, et iste ut falsum persuaderet verum dicere. Aberit igitur omnis temeritas atque omne mendacium, si id quod verum credendumve cognovimus, cum opus est enuntiamus, et id volumus persuadere quod enuntiamus. Si autem vel quod falsum est verum putantes, vel quod incognitum est nobis pro cognito habentes, vel quod credendum non est credentes, vel cum id non opus est enuntiantes, tamen non aliud quam id quod enuntiamus persuadere conamur : non abest quidem (*a*) temeritatis error, sed abest omne mendacium. Nulla enim definitionum illarum timenda est, cum bene sibi conscius est animus, hoc se enuntiare quod verum esse aut novit, aut opinatur, aut credit, neque velle aliquid nisi quod enuntiat persuadere.

5. Sed utrum sit utile aliquando mendacium, multo major magisque necessaria quæstio est. Utrum ergo mentiatur quisquis fallendi non habet voluntatem, vel etiam id agit ne fallatur cui aliquid enuntiat, quamvis enuntiationem ipsam falsam habere voluerit, quia ideo voluit ut verum persuaderet; et utrum mentiatur quisquis etiam verum volens enuntiat causa fallendi, dubitari potest. Nemo autem dubitat mentiri cum, qui volens falsum enuntiat causa fallendi : quapropter enuntiationem falsam cum voluntate ad fallendum prolatam, manifestum est esse mendacium. Sed utrum hoc solum sit mendacium, alia quæstio est.

Caput V. — Interim de hoc genere, in quod omnes consentiunt, inquiramus : utrum aliquando sit utile falsum aliquid enuntiare cum voluntate fallendi. Nam qui hoc sentiunt, adhibent testimonia sententiæ suæ, commemorantes Saram cum risisset, Angelis negasse quod riserit (*Gen.*, XVIII, 15); Jacob a patre interrogatum, respondisse quod ipse esset Esau

(*a*) Sic Mss. At editi, *temeritas et error*.

ver la vie aux petits enfants des Hébreux, et que Dieu approuve et récompense d'avoir menti (*Exode*, I, 19) ; ils citent encore d'autres exemples, d'autres personnages qui ont menti, que vous n'oseriez pas blâmer, et d'après lesquels vous êtes obligé d'avouer que le mensonge n'est pas toujours répréhensible, mais que parfois il est louable. Ils vont plus loin ; ils se persuadent qu'ils ont pour eux non-seulement ceux qui connaissent les saints livres, mais encore le sens commun et l'opinion générale, et ils disent : Si un homme se réfugie dans votre maison, et que vous ne puissiez le sauver de la mort que par un mensonge, ne mentirez-vous pas ? Si un malade vous demande ce qu'il serait dangereux de lui dire, si même votre silence devait l'affecter d'une manière fâcheuse, oserez-vous lui dire la vérité, risque à le faire mourir, ou garder le silence, plutôt que de contribuer à sa santé par un mensonge honnête et compatissant. Telles sont les raisons, et mille autres encore, qu'ils allèguent pour nous prouver que, si la chose est nécessaire, on peut mentir quelquefois.

6. D'autres au contraire sont fortement d'avis qu'il ne faut jamais mentir, et ils s'appuient sur l'autorité divine, attendu qu'il est écrit dans le Décalogue : « Tu ne diras point de faux témoignage; » (*Exode*, XX, 16) ce qui renferme toute espèce de mensonge, car tout homme qui parle rend témoignage à la pensée de son âme. Si vous me dites que tout mensonge n'est pas pour cela un faux témoignage, que répondrez-vous sur cette parole de l'Ecriture : « La bouche qui ment tue l'âme? » (*Sagesse*, I, 11.) Et pour que vous ne pensiez pas qu'elle s'applique à quelques cas exceptionnels, lisez cette autre parole : « Vous perdrez tous ceux qui disent le mensonge. » (*Psalm.* V, 7.) Aussi le Seigneur nous dit en propres termes : « Que votre parole soit : Oui, oui, non, non; car ce qui se dit de plus vient du mal. » (*Matth.*, IV, 37.) L'Apôtre aussi, quand il nous recommande de dépouiller le vieil homme, et sous ce nom, tous les péchés, insiste principalement sur ce point. « C'est pourquoi, dit-il, quittez le mensonge et dites la vérité. » (*Ephés.*, IV, 25.)

7. Ils disent que les exemples, qu'on tire de l'Ancien Testament en faveur du mensonge, n'ont rien qui les effraie; tous ces faits, quoique réels, doivent être interprétés dans un sens figuré. Or, tout ce qui se fait ou se dit dans un sens figuré n'est pas un mensonge. Tout ce qu'on énonce doit être entendu de l'objet auquel il se rapporte. Or, tout ce qui a été fait, tout ce qui a été dit d'une manière figurative, exprime ce qu'il signifie pour ceux qui doivent en comprendre

---

major filius ejus (*Gen.*, XVII, 19); Ægyptias quoque obstetrices, ne infantes Hebræi nascentes interficerentur, etiam Deo approbante et remunerante mentitas (*Exod.*, I, 19) : et multa ejusmodi exempla eligentes, eorum hominum mendacia commemorant, quos culpare non audeas, atque ita fatearis aliquando esse posse non solum reprehensione non dignum, sed etiam dignum laude mendacium. Addunt etiam, quo non solos premant divinis libris debitos, sed etiam omnes homines sensumque communem, dicentes : Si quis ad te confugiat, qui mendacio tuo possit a morte liberari, non es mentiturus? Si aliquid ægrotus interroget quod ei scire non expedit, qui etiam te non respondente possit gravius affligi, audebisne aut verum dicere in perniciem hominis, aut silere potius quam honesto et misericordi mendacio valetudini ejus opitulari? His atque talibus copiosissime se arbitrantur urgere, ut si consulendi causa exigit, aliquando mentiamur.

6. Contra illi quibus placet nunquam mentiendum, multo fortius agunt, utentes primo auctoritate divina, quoniam in ipso Decalogo scriptum est : « Falsum testimonium ne dicas, » (*Exod.*, XX, 16) quo genere complectitur omne mendacium : quisquis enim aliquid enuntiat, testimonium perhibet animo suo. Sed ne quis contendat non omne mendacium falsum testimonium esse appellandum; quid dicturus est ad id quod scriptum est : « Os quod mentitur occidit animam. »(*Sap.*, I, 11)quo ne quis arbitretur exceptis aliquibus mentientibus posse intelligi, alio loco legat : « Perdes omnes qui loquuntur mendacium. » (*Psal.* V, 7.) Unde ore suo ipse Dominus : « Sit, inquit in ore vestro : Est, est : Non, non : quod autem amplius est, a malo est. » (*Matth.*, IV, 37.) Hinc et Apostolus cum exuendum veterem hominem præciperet, quo nomine omnia peccata intelliguntur, consequenter ait, in primis ponens : « Quapropter deponentes mendacium, loquimini veritatem. » (*Ephes.*, IV, 25.)

7. Nec illis quæ de veteribus libris mendaciorum exempla prolata sunt, terreri se dicunt; ubi quidquid gestum est, figurate accipi potest, quamvis re vera contigerit : quidquid autem figurate fit aut dicitur, non est mendacium. Omnis enim enuntiatio, ad id quod enuntiat, referenda est. Omne autem figurate aut factum aut dictum hoc enuntiat quod significat eis quibus intelligendum prolatum est. Unde credendum est illos homines qui propheticis

CHAPITRE V.

le sens. Il faut donc croire que les hommes dont on nous parle et qui jouaient un rôle considérable dans les temps prophétiques, ont dit et fait d'une manière prophétique tout ce que l'Ecriture nous en raconte. C'est dans un sens prophétique qu'il faut entendre tous ces événements, et c'est dans le même sens prophétique que le Saint-Esprit a voulu qu'ils fussent conservés dans la tradition et dans les livres. Quant aux sages-femmes, on ne peut pas dire qu'en trompant Pharaon par un mensonge, elles aient été inspirées par le Saint-Esprit pour prophétiser un événement futur, quoique leur conduite, à leur insu, ne soit pas sans avoir un sens mystérieux; mais, eu égard à leur condition morale, on peut dire que Dieu les approuve et les récompense. Je suppose un homme qui a l'habitude de mentir pour nuire à son prochain; si cet homme ne ment plus que pour rendre service, il a fait un progrès dans le bien. Mais autre chose est un fait louable en lui-même, autre chose un fait que l'on préfère, en comparaison d'un autre qui est plus mauvais. Autre chose est de féliciter un homme qui se porte bien, autre chose de féliciter un malade qui va mieux. L'Ecriture elle-même nous dit que Sodome sera justifiée en comparaison des crimes d'Israël. (*Ezech.*, XVI, 52.) C'est d'après cette règle qu'ils jugent tous les mensonges qui sont allégués des saintes Ecritures; ils ne les trouvent pas répréhensibles, ou ils ne les blâment pas, soit que le caractère des personnes et la voie que l'on suit les rendent excusables, soit que leur signification mystérieuse leur ôte toute apparence de fausseté.

8. Ouvrez les livres du Nouveau Testament, et considérez, à part les paraboles du Seigneur, considérez la vie et la conduite des saints dans leurs paroles et leurs actions, vous n'y trouverez rien qui puisse vous autoriser à mentir. On y raconte bien la feinte de Pierre et de Barnabé, mais c'est pour la blâmer et la corriger. (*Gal.*, II, 12.) Ce n'était pas pour feindre de la même manière, comme quelques-uns le pensent (1), que l'apôtre saint Paul a circoncis Timothée (*Act.*, XVI, 3), ou qu'il a pratiqué lui-même certaines cérémonies judaïques; mais il voulait montrer qu'on était libre de suivre ce qu'il enseignait, et prouver que la circoncision ne pouvait être utile aux Gentils, ni nuisible aux Juifs. C'est pourquoi il trouva bon de ne pas astreindre les uns aux coutumes des Juifs, et de ne pas interdire aux Juifs les usages de la patrie. Il dit donc lui-même : « Un homme est-il appelé à la foi étant circoncis? qu'il n'affecte point de paraître incirconcis. Y est-il appelé n'étant point circoncis? qu'il ne se fasse point circoncire. Ce n'est rien d'être circoncis, et ce n'est rien d'être incirconcis; mais

(1) Voir l'Epître de saint Jérôme, n° 75, parmi celles de saint Augustin.

---

temporibus digni auctoritate fuisse commemorantur, omnia quæ scripta sunt de illis, prophetice gessisse atque dixisse : nec minus prophetice eis accidisse, quæcumque sic acciderunt, ut eodem prophetico Spiritu memoriæ litterisque mandanda judicarentur. De obstetricibus autem, quia non eas possunt dicere prophetico Spiritu significandi futuri veri gratia, aliud pro alio renuntiasse Pharaoni, etiamsi aliquid ipsis nescientibus quod per eas actum est significavit, pro gradu suo dicunt approbatas et remuneratas a Deo. Qui enim nocendi causa mentiri solet, si jam consulendi (*a*) causa mentiatur, multum profecit. Sed aliud est quod per se ipsum laudabile proponitur, aliud quod in deterioris comparatione præponitur. Aliter enim gratulamur cum sanus est homo, aliter cum melius habet ægrotus. Nam in Scripturis ipsis justificata etiam Sodoma dicitur in comparatione scelerum populi Israel. (*Ezech.*, XVI, 52.) Et ad hanc regulam dirigunt omnia quæ proferuntur de veteribus libris, nec reprehensa inveniuntur, vel reprehendi non possunt, ut aut indole proficientium et spe approbentur, aut significationis alicujus causa non sint omnino mendacia.

8. Et ideo de libris Novi Testamenti, exceptis figuratis significationibus Domini, si vitam moresque sanctorum et facta ac dicta consideres, nihil tale proferri potest, quod ad imitationem provocet mentiendi. Simulatio namque Petri et Barnabæ non solum commemorata (*Gal.*, II, 12), verum etiam reprehensa atque correcta est. Non enim ut nonnulli putant, ex eadem simulatione etiam Paulus Apostolus aut Timotheum circumcidit (*Act.*, XVI, 3) aut ipse quædam ritu Judaico sacramenta celebravit; sed ex illa libertate sententiæ suæ, qua prædicavit nec gentibus prodesse circumcisionem, nec Judæis obesse. Unde nec illos adstringendos ad consuetudinem Judæorum, nec illos a paterna deterrendos censuit. Unde illa verba ejus sunt : « Circumcisus quis vocatus est? non adducat præputium. In præputio quis vocatus est? non circumcidatur. Circumcisio nihil

(*a*) Hic in editis additur *vel proficiendi* : quod a Mss. abest.

le tout est d'observer les commandements de Dieu. Que chacun demeure dans l'état où il était, quand Dieu l'a appelé. » (I *Cor.*, VII, 18.) Comment peut-on faire reparaître ce que la circoncision a retranché? Mais l'Apôtre dit : « Qu'il n'affecte point de paraître incirconcis, » qu'il ne vive pas comme s'il l'était encore, c'est-à-dire comme s'il avait remis à sa place ce que la circoncision a retranché, et qu'il cessât d'être juif. C'est ainsi qu'il dit ailleurs : « Votre circoncision ne vous fait pas différer d'un incirconcis. » (*Rom.*, II, 25.) Ce langage de l'Apôtre ne forçait personne, ni les Gentils à rester incirconcis, ni les Juifs à conserver leurs coutumes; ils n'étaient obligés à rien, ni les uns ni les autres; ils pouvaient rester chacun dans leur état, sans y être forcés. Supposons qu'un Juif eût voulu, sans porter ombrage à personne, quitter les observances judaïques, l'Apôtre ne l'en eût pas empêché; et en conseillant de les garder, il se proposait seulement de ne pas troubler les Juifs, à l'occasion de ces observances devenues inutiles, et de ne pas les empêcher d'embrasser le christianisme, qui était nécessaire au salut. Il n'aurait pas défendu non plus à un Gentil de se faire circoncire, s'il l'eût voulu, pour montrer qu'il ne détestait point comme mauvaise, mais qu'il regardait comme indifférente une cérémonie qui n'avait plus sa raison d'être; d'un côté, elle n'était pas utile au salut; mais d'un autre côté, elle n'était en rien préjudiciable. Timothée était incirconcis lorsqu'il fut appelé à la foi; mais comme sa mère était juive (*Act.*, XVI, 1), et que pour gagner ses compatriotes il avait besoin de leur persuader, que le christianisme ne maudissait point les mystères de l'ancienne loi, il fut circoncis par l'Apôtre. Par ce moyen les Juifs voyaient bien que, si les cérémonies de la loi n'étaient pas imposées aux Gentils, on ne les regardait pas pour cela comme mauvaises ni pernicieuses pour leurs pères, qui les avaient observées; on voulait dire seulement qu'elles n'étaient plus nécessaires au salut, depuis l'avénement du grand mystère, qu'avait enfanté pendant de longs siècles toute l'histoire de l'Ancien Testament par ses figures prophétiques. Tite aurait aussi reçu la circoncision, pour satisfaire les Juifs (*Gal.*, II, 3); mais il survint de faux frères qui voulaient l'imposer, pour avoir l'occasion de calomnier l'apôtre saint Paul, comme s'il leur eût cédé, en reconnaissant la vérité du judaïsme, car ils enseignaient que l'Evangile ne pouvait sauver qu'avec la circoncision de la chair et les observances de la loi, et ils soutenaient que, sans elles, le Christ était nul pour eux, tandis qu'au contraire le Christ ne servait de rien à ceux

---

est, et præputium nihil est, sed observatio mandatorum Dei. Unusquisque in qua vocatione vocatus est, in ea permaneat. » (I *Cor.*, VII, 18, etc.) Quomodo enim potest adduci præputium quod præcisum est? Sed « non adducat » dixit, non ita vivat, quasi præputium adduxerit, id est, quasi in eam partem quam nudavit, rursus tegmen carnis attraxerit, et quasi Judæus esse destiterit : sicut alibi dicit : « Circumcisio tua præputium facta est. » (*Rom.*, II, 25.) Et hoc non tanquam cogens dixit Apostolus, aut illos manere in præputio, aut Judæos in consuetudine patrum suorum : sed ut (*a*) neutri in alteram cogerentur; potestatem autem haberet quisque manendi in sua consuetudine, non necessitatem. Neque enim si vellet Judæus, ubi nullum perturbaret, recedere a Judaicis observationibus, prohiberetur ab Apostolo : quando quidem consilium in eis permanendi ad hoc dedit, ne superfluis perturbati Judæi, ad ea quæ saluti essent necessaria non venirent. Neque ab illo prohiberetur si vellet quisquam gentilium ideo circumcidi, ut hoc ipsum ostenderet non se detestari quasi noxium, sed indifferenter habere tanquam signaculum, cujus utilitas jam tempore præterisset : non enim, si salus ex eo jam nulla esset, etiam exitium inde metuendum fuit. Ideoque et Timothæus cum in præputio vocatus esset, tamen quia de Judæa matre ortus erat (*Act.*, XVI, 1, 3), et ostendere cognatis suis debebat ad eos lucrifaciendos, non hoc se didicisse in disciplina Christiana, ut illa sacramenta quæ Legis veteris essent abominarentur, circumcisus est ab Apostolo : ut hoc modo demonstrarent Judæis, non ideo gentes non ea suscipere, quia mala sunt et perniciose a patribus observata, sed quia jam saluti non necessaria post adventum tanti sacramenti, quod per tam longa tempora tota vetus illa Scriptura propheticis figurationibus parturivit. Nam et Titum circumcideret (*Gal.*, II, 3), cum hoc urgerent Judæi, nisi subintroducti falsi fratres ideo fieri vellent, ut haberent quod de ipso Paulo disseminarent, tanquam eorum veritati cesserit, qui spem salutis Evangelicæ in circumcisione carnis atque ejusmodi observationibus esse prædicarent, et sine his nemini Christum prodesse contenderent : cum contra nihil prodesset Christus eis, qui eo animo circumciderentur

(*a*) Nonnulli Mss. *sed ut neuter in alteram cogeretur.*

qui recevaient la circoncision comme un moyen nécessaire de salut. Aussi l'Apôtre leur disait : « Je vous dis, moi Paul, que si vous vous faites circoncire, le Christ ne vous servira de rien. » (*Gal.*, v, 2.) Après avoir posé ce principe de liberté, Paul observa les cérémonies de ses pères; mais il eut soin d'avertir et d'enseigner, qu'il ne fallait pas les regarder comme nécessaires au salut. Saint Pierre, par sa dissimulation, faisait croire que le judaïsme était nécessaire, et il forçait les Gentils à judaïser, selon cette parole de saint Paul : « Pourquoi contraignez-vous les Gentils à judaïser? »(*Gal.*, II, 14.) Ils n'auraient pas été contraints, s'ils n'avaient pas vu saint Pierre les observer comme des prescriptions indispensables pour le salut. La dissimulation de saint Pierre n'a donc rien qui ressemble à la liberté de saint Paul. Nous devons donc aimer la docilité du premier qui accepte la réprimande, sans croire pour cela que l'exemple du second nous autorise à mentir. Il réprimande saint Pierre en présence de tous pour le ramener dans la voie droite, et montrer que les Gentils n'étaient pas contraints de judaïser; et d'un autre côté il se montrait fidèle aux maximes de sa prédication, car, tandis qu'on le regardait comme un ennemi des traditions juives, en voyant qu'il ne voulait pas les imposer aux Gentils, il ne dédaigna pas de les célébrer lui-même selon la coutume de ses pères, faisant assez connaître que depuis l'avéne-

ment de Jésus-Christ, elles n'étaient plus qu'un monument du passé, sans pouvoir nuire aux Juifs, sans être nécessaires pour les Gentils, et sans avoir aucune efficacité pour le salut des hommes.

9. On ne peut donc pas autoriser le mensonge, d'après les livres de l'Ancien Testament, soit parce qu'une chose faite ou dite dans un sens figuré n'est pas un mensonge, soit parce qu'on ne propose pas à l'imitation des bons ce qu'on ne loue dans les méchants que comme une amélioration relative ; on ne peut pas davantage l'autoriser d'après les livres du Nouveau Testament ; car on y propose plutôt comme exemple la réprimande que la dissimulation, et les larmes de Pierre plutôt que son reniement.

CHAPITRE VI. — Les exemples que l'on tire de la vie commune, sont encore un motif de plus pour affirmer qu'il ne faut pas mentir. Ils disent en effet que le mensonge est une iniquité, d'après l'enseignement des livres saints, et surtout d'après cette parole de l'Ecriture : « Vous haïssez, Seigneur, tous ceux qui commettent l'iniquité ; vous perdrez tous ceux qui disent le mensonge. » (*Ps.* v, 7.) Ou bien, la sainte Ecriture, en cet endroit, a expliqué, suivant son habitude, le premier verset par le second, en nous présentant d'abord l'iniquité dans son sens général, et ensuite dans un sens plus spécial sous le nom de mensonge ; ou bien elle a voulu

---

tur, ut ibi esse salutem putarent : unde est illud : « Ecce ego Paulus dico vobis, quia si circumcidamini, Christus nihil vobis proderit. » (*Gal.*, v, 2.) Ex hac igitur libertate Paulus paternas observationes observavit, hoc unum cavens et prædicans, ne sine his salus (*a*) Christiana nulla putaretur. Petrus autem simulatione sua , tanquam in Judaismo salus esset, cogebat gentes judaizare : quod verba Pauli ostendunt dicentis : « Quomodo gentes cogis judaizare? » (*Gal.*, II, 14.) Non enim cogerentur, nisi viderent eum sic eas observare, quasi præter illas salus esse non posset. Petri ergo simulatio libertati Pauli non est comparanda. Et ideo Petrum amare debemus libenter correctum, non autem adstruere etiam de Pauli auctoritate mendacium : qui et Petrum coram omnibus in rectam viam revocavit, ne gentes per eum judaizare cogerentur, et ipsæ suæ prædicationi attestatus est, qui cum putaretur hostis paternarum traditionum, eo quod nolebat eas imponere gentibus, non aspernatus eas ipse more patrio celebrare, satis

(*a*) In sola editione Lov. *Christiano*.

ostendit hoc in eis Christo adveniente remansisse, ut nec Judæis essent perniciosæ, nec gentibus necessariæ, nec jam cuiquam hominum salutares.

9. Quod si auctoritas mentiendi nec de antiquis libris proferri potest, vel quia non est mendacium quod figurate gestum dictumve recipitur, vel quia bonis ad imitandum non proponitur quod in malis, cum proficere cœperint, in pejoris comparatione laudatur ; nec de Novi Testamenti libris, quia correctio potius quam simulatio, sicut lacrymæ potius quam negatio Petri est imitanda.

CAPUT VI. — Jam illis exemplis, quæ de communi vita proferuntur, multo confidentius asserunt non esse credendum. Prius enim docent iniquitatem esse mendacium, multis documentis litterarum sanctarum, et eo maxime quod scriptum est : «Odisti, Domine, omnes qui operantur iniquitatem, perdes omnes qui loquuntur mendacium. » (*Psal.* v, 7.) Aut enim, ut solet Scriptura, sequenti versu exposuit superiorem ; ut quoniam latius solet patere iniquitas,

établir une différence entre les deux choses, de manière que le mensonge est d'autant plus grave, que l'expression « vous perdrez » est plus forte que le mot « vous haïssez. » Il est probable que Dieu ne hait pas autant celui qu'il ne perd pas, et que sa haine pour celui qu'il perd est d'autant plus implacable, que le châtiment est plus sévère. Or, il déteste tous ceux qui commettent l'iniquité; mais ceux qui disent le mensonge, il va jusqu'à les perdre. Ceux qui suivent ces principes pourront-ils être ébranlés par d'autres raisons, quand même on leur dirait : Un homme se réfugie dans votre maison, que ferez-vous, si vous pouvez sauver sa vie par un mensonge? Car cette mort qu'on redoute follement, tandis qu'on ne craint pas le péché, cette mort ne tue pas l'âme, elle ne tue que le corps, comme nous l'enseigne le Seigneur dans l'Evangile (*Matth.*, x, 28); il nous recommande donc de ne pas la craindre. Mais la bouche qui ment ne tue pas le corps, elle tue l'âme, selon cette parole formelle de l'Écriture : « La bouche qui ment tue l'âme. » (*Sagesse*, 1, 11.) N'est-ce donc pas une folie de dire, que pour sauver la vie du corps à son prochain, il faut qu'un autre sacrifie son âme? car l'amour du prochain se mesure sur l'amour de chacun pour soi-même. « Vous aimerez, dit le Seigneur, votre prochain comme vous-même. » (*Lévitique*, xix, 18; *Matth.*, xxii, 39.) Direz-vous qu'il aime son prochain comme lui-même, celui qui procure à son frère la vie temporelle, en sacrifiant lui-même la vie éternelle? Car en sacrifiant sa vie temporelle pour sauver celle de son frère, il ne l'aime déjà plus comme lui-même, mais plus que lui-même, et il dépasse la mesure véritable. Encore moins est-il obligé de sacrifier son salut éternel par un mensonge, pour sauver la vie temporelle du prochain. Un chrétien sans doute n'hésitera pas à donner sa vie temporelle pour le salut éternel du prochain ; nous en avons un exemple mémorable, et notre Seigneur lui-même est mort pour nous. Il nous dit à cet effet : « Voilà mon commandement, c'est que vous vous aimiez les uns les autres, comme je vous ai aimés. On ne peut pas donner une plus grande preuve d'amour, qu'en sacrifiant sa vie pour ses amis. » (*Jean*, xv, 12.) On n'oserait pas dire sans doute, que le Seigneur a voulu autre chose que le salut éternel des hommes, soit en faisant ce qu'il a commandé, soit en commandant ce qu'il a fait. Le mensonge faisant perdre la vie éternelle, il ne faut donc jamais mentir, même pour sauver la vie temporelle de son prochain. Ceux qui sont d'une autre opinion se récrient et s'indignent, de voir qu'un homme ne veuille pas

---

intelligamus nominato mendacio (*a*) tanquam speciem iniquitatis significare voluerit : aut si aliquid interesse arbitrantur, tanto pejus est mendacium, quanto gravius positum est « perdes », quam « odisti. » Forte enim odit aliquem Deus aliquanto mitius, ut eum non perdat : quem vero perdit, tanto vehementius odit, quanto severius punit. Odit autem omnes qui operantur iniquitatem : at omnes qui loquuntur mendacium etiam perdit. Quo constituto quis eorum qui hæc asserunt commovebitur illis exemplis, cum dicitur : Quid si ad te homo confugiat, qui mendacio tuo possit a morte liberari? Illa enim mors quam stulte timent homines, qui peccare non timent, non animam, sed corpus occidit, sicut Dominus in Evangelio docet (*Matth.*, x, 28), unde præcipit ne ipsa timeatur: os autem quod mentitur, non corpus, sed animam occidit. His enim verbis apertissime scriptum est : « Os quod mentitur, occidit animam. » (*Sap.*, 1, 11.) Quomodo ergo non perversissime dicitur, ut alter corporaliter vivat, debere alterum spiritualiter mori? Nam et ipsa dilectio proximi ex sua cujusque terminum accepit. « Diliges, inquit, proximum tuum tanquam te ipsum. » (*Levit.*, xix, 18; *Matth.*, xxii, 39.) Quomodo ergo quisque diligit tanquam se ipsum, cui ut præstet vitam temporalem, ipse amittit æternam? quando quidem si pro illius temporali vita suam ipsam temporalem perdat, non est jam diligere sicut se ipsum, sed plus quam se ipsum : quod sanæ doctrinæ regulam excedit. Multo minus igitur æternam suam pro alterius temporali mentiendo amissurus est. Temporalem plane vitam suam pro æterna vita proximi non dubitabit Christianus amittere : hoc enim præcessit exemplum, ut pro nobis Dominus ipse moreretur. Ad hoc enim et ait : « Hoc est mandatum meum, ut diligatis invicem, sicut et ego dilexi vos. Majorem dilectionem nemo habet, quam ut animam suam ponat pro amicis suis. » (*Joan.*, xv, 12.) Non enim quisquam est ita desipiens, ut dicat aliud quam saluti sempiternæ hominum consuluisse Dominum vel faciendo quod præcepit, vel præcipiendo quod fecit. Cum igitur mentiendo vita æterna amittatur, nunquam pro cujusquam temporali vita mentiendum est. Enim vero isti qui stomachantur et indignantur, si nolit aliquis mendacio perimere animam suam, ut alius senescat in carne, quid si etiam furto

(*a*) Ita Mss. At editi, *quam speciem*.

perdre son âme par un mensonge, pour assurer de vieux jours à son semblable ; que diraient-ils s'il s'agissait d'un vol? s'il s'agissait d'un adultère, pour sauver la vie d'un autre homme? Faudrait-il voler? faudrait-il commettre un adultère ? Ils n'iront pas si loin sans doute. Voilà un homme qui se présente avec une corde ; il demande une chose infâme, disant qu'il va se pendre, si on ne cède pas à son désir criminel ; faut-il consentir, pour sauver, comme ils disent, la vie de cet homme? Ce serait absurde et criminel. Pourquoi donc serait-il permis à un homme de corrompre son âme par un mensonge, pour sauver l'existence d'un autre, si cet homme, en livrant son corps à la corruption pour le même motif, était généralement condamné comme un infâme? Il ne faut donc considérer dans cette question qu'une seule chose, savoir, si le mensonge est une iniquité. La chose étant bien établie par les raisons que nous avons déjà données, tout se réduit à dire, que demander si l'on doit mentir pour sauver la vie d'un autre, c'est demander, si pour sauver la vie d'un autre, il faut être injuste. Or, le salut de l'âme s'y oppose ; car il consiste essentiellement dans la justice, et il veut que nous préférions notre âme non-seulement à la vie temporelle du prochain, mais à notre propre vie. Comment pourrions-nous donc douter encore, disent les amis de la vérité, qu'il ne faut jamais mentir ? On ne peut pas dire que parmi les biens temporels, nous ayons rien de plus cher et de plus précieux que la santé et la vie du corps. Mais si la vérité doit l'emporter sur tout, même sur notre vie, que peuvent dire en faveur du mensonge ceux qui pensent qu'il faut quelquefois mentir ?

Chapitre VII. — 10. Mais il s'agit de sauvegarder la pudeur ; c'est une personne très-honorable qui se présente à vous et qui vous prie de ne pas la trahir ; le libertin qui la poursuit peut être dépisté par un mensonge, il ne faut pas hésiter à mentir. Il est facile de répondre que la pudeur corporelle n'est rien sans l'intégrité de l'âme ; qu'en perdant celle-ci on perd l'autre également, tout en paraissant la conserver ; qu'il ne faut pas l'apprécier matériellement, comme si le ravisseur pouvait l'enlever par la seule violence. L'âme ne doit donc point se corrompre par un mensonge pour défendre son corps, car elle sait que le corps n'est point corrompu, tant qu'elle reste elle-même incorruptible. La violence que subit le corps, quand vous résistez au plaisir, c'est une persécution, mais ce n'est pas une corruption. Si vous dites qu'il y a corruption, je dirai qu'elle ne porte pas toujours la honte avec elle ; elle n'est honteuse, que si elle a pour cause le plaisir, ou le consentement au plaisir. Or, plus l'âme est élevée au-

---

nostro, quid si adulterio liberari possit aliquis de morte, ideone furandum est, aut mœchandum? Nesciunt enim ad hoc se cogere, ut si laqueum ferat homo et stuprum petat, confirmans quod sibi collum ligabit, nisi ei concedatur quod petit, consentiatur propter animam, sicut ipsi dicunt, liberandam. Quod si absurdum et nefarium est, cur animam suam quisque mendacio corrumpat, ut alter vivat in corpore, cum sic suum corpus propterea corrumpendum daret, omnium judicio nefariæ turpitudinis damnaretur ? Proinde non est in ista quæstione attendendum, nisi utrum iniquitas sit mendacium. Quod cum supra commemoratis documentis asseratur, videndum est ita quæri utrum pro alterius salute mentiri aliquis debeat, ac si quæreretur utrum pro alterius salute iniquus esse aliquis debeat. Quod si respuit animæ salus, quæ non potest nisi æquitate servari, et se ut præponamus non solum alterius, sed etiam nostræ saluti temporali jubet, quid restat, inquiunt, quo dubitare debeamus nunquam omnino esse mentiendum? Non enim dici potest esse aliquid in temporalibus commodis, salute ac vita corporali majus aut carius. Unde si nec ipsa præponenda est veritati, quid objici potest propter quod mentiendum esse contendant, qui aliquando putant oportere mentiri.

Caput VII. — 10. (a) Pudicitiæ quippe corporis, quia multum honorabilis persona videtur occurrere, et pro se flagitare mendacium, ut si stuprator irruat qui possit mendacio devitari, sine dubitatione mentiendum sit : facile responderi potest, nullam esse pudicitiam corporis, nisi ab integritate animi pendeat ; qua disrupta cadat necesse est, etiamsi intacta videatur ; et ideo non in rebus temporalibus esse numerandam, quasi quæ invitis possit auferri. Nullo modo igitur animus se mendacio corrumpit pro corpore suo, quod sit manere incorruptum, si ab ipso animo incorruptio non recedat. Quod enim violenter non præcedente libidine patitur corpus, vexatio potius quam corruptio nominanda est. Aut si omnis vexatio corruptio est, non omnis corruptio turpis est ; sed quam libido procuraverit, aut cui libido

(a) Mss. *Pudicitia*. Et infra plerique cum editione Er. habent, *honorabili persona*. Alii vero Mss. *honorabili personæ*.

dessus du corps, plus sa corruption est un mal. Vous pouvez donc conserver la pudeur, du moment que votre volonté reste incorruptible. Je suppose qu'un débauché vous fasse violence, sans que vous puissiez vous en délivrer ni par la force, ni par la persuasion, ni par le mensonge, tout le monde conviendra que cette brutalité dont vous êtes la victime n'aura point atteint votre honneur. C'est pourquoi, l'âme étant supérieure au corps, il faut préférer à la pureté du corps la pureté de l'âme que l'on peut conserver à jamais. Or, pourriez-vous dire que l'âme du menteur soit une âme pure? Le plaisir sensuel est en effet très-bien défini : désir de l'âme qui fait préférer les biens temporels aux biens éternels. On ne peut donc fournir aucune raison qui autorise le mensonge, à moins de prouver que c'est un moyen pour obtenir quelque bien éternel. Mais comme on s'éloigne de l'éternité, en raison de ce qu'on s'éloigne de la vérité, il est absurde de dire que par le mensonge on puisse arriver à quelque bien. S'il existait, en dehors de la vérité, quelque bien éternel, il ne serait plus vrai; et il ne serait plus un bien, s'il était faux. De même que l'âme est au-dessus du corps, ainsi la vérité doit être préférée à l'âme, et l'âme doit l'aimer non-seulement plus que le corps, mais plus qu'elle-même. C'est ainsi qu'elle restera plus intacte et plus pure, en s'attachant à la vérité qui est immuable, plutôt qu'en s'appuyant sur sa propre mobilité. Si Loth, qui mérita par sa justice de donner l'hospitalité aux anges, offrit ses filles à la brutalité des habitants de Sodome, pour épargner la flétrissure au corps de l'homme plutôt qu'au corps de la femme (*Gen.*, XIX, 8), avec quel soin, avec quel courage, l'âme ne doit-elle pas conserver sa pureté dans l'amour de la vérité, puisqu'elle est plus supérieure au corps, que le corps de l'homme n'est supérieur au corps de la femme?

Chapitre VIII. — 11. Celui qui pense qu'on peut mentir en faveur du prochain, pour lui conserver la vie et le ménager dans ses affections, afin qu'il ait la facilité de s'instruire et de connaître la vérité éternelle; celui-là ne comprend pas que sous ce prétexte, il s'engage dans la voie de tous les méfaits, comme nous l'avons déjà démontré. De plus, c'est ôter à la doctrine que nous enseignons et que nous voulons inculquer aux autres une partie de son autorité, pour ne pas dire toute son autorité, s'ils viennent à savoir par notre exemple que l'on peut quelquefois mentir. On sait que la doctrine chrétienne offre dans son ensemble des points qu'il faut croire, et d'autres points qu'il faut

---

consenserit. Quanto autem præstantior est animus corpore, tanto sceleratius corrumpitur. Ibi ergo servari potest pudicitia, ubi nulla nisi voluntaria potest esse corruptio. Certe enim si stuprator corpus invaserit, qui nec vi contraria possit, nec ullo consilio vel mendacio devitari, necesse est fateamur, aliena libidine pudicitiam non posse violari. Quapropter quoniam nemo dubitat meliorem esse animum corpore, integritati corporis integritas animi præponenda est, quæ in æternum servari potest. Quis autem dixerit integrum animum esse mentientis? Etenim libido quoque ipsa recte definitur : Appetitus animi quo æternis bonis quælibet temporalia præponuntur. Nemo itaque potest convincere aliquando esse mentiendum, nisi qui potuerit ostendere æternum aliquod bonum obtineri posse mendacio. Sed cum tanto quisque ab æternitate discedat, quanto a veritate (*a*) discedit; absurdissimum est dicere, discedendo inde posse ad boni aliquid aliquem pervenire. Aut si est aliquod bonum æternum quod non complectatur veritas, non erit verum : et ideo nec bonum erit, quia falsum erit. Ut autem animus corpori, ita etiam veritas ipsi animo præponenda est; ut eam non solum magis quam corpus, sed etiam magis quam se ipsum appetat animus. Ita quippe erit integrior et castior, cum ejus potius immutabilitate, quam sua mutabilitate perfructur. Si autem Loth cum ita justus esset, ut Angelos etiam hospites suscipere mereretur, stuprandas filias Sodomitis obtulit, ut feminarum potius ab eis corpora virorum corrumperentur (*Gen.*, XIX, 8) : quanto diligentius atque constantius animi castitas in veritate servanda est, cum verius ipse corpori suo, quam corpus virile femineo corpori præferatur.

Caput VIII. — 11. Quod si quisquam putat, ideo cuiquam pro alio esse mentiendum, ut interim vivat, aut in his rebus quas multum diligit non offendatur, quo possit ad æternam veritatem pervenire discendo : non intelligit primo nullum esse flagitium, quod non eadem conditione suscipere cogatur, sicut jam superius demonstratum est : deinde ipsius doctrinæ auctoritatem (*b*) intercipi et penitus interire, si eis quos ad illam perducere conamur, mendacio nostro persuademus aliquando esse mentiendum. Cum enim doctrina salutaris, partim credendis,

---

(*a*) Sic Mss. At editi, *quanto a veritate discordat : qui autem mentitur, a veritate discedit : absurdissimum est*, etc.— (*b*) Editio Er. *intercipiet penitus interire*. Lov. *incipiet penitus interimere*. Castigantur ex Mss.

CHAPITRE IX.

comprendre, et qu'on ne peut arriver à l'intelligence des uns que par la croyance des autres. Or, comment croire un homme qui pense qu'on peut mentir quelquefois? Ne le soupçonnera-t-on pas de mentir lorsqu'il annoncera les vérités de la foi? Comment distinguer, puisque c'est son opinion, s'il n'a pas quelque motif de mentir officieusement, sous prétexte qu'en effrayant son auditeur par un faux récit, il pourra le retirer du désordre, et le faire entrer, par un pieux mensonge, dans la voie des choses spirituelles? Admettre et consacrer un semblable principe, c'est ruiner toute l'économie de la foi; c'est bouleverser l'intelligence que forme et que développe la foi dans les petits enfants; c'est renverser ainsi toute la doctrine de la vérité, puisqu'en ouvrant ainsi la porte au mensonge, même officieux, on autorise toutes les licences de l'erreur. Celui qui ment préfère à la vérité les intérêts temporels, ou les siens propres ou ceux des autres. Voyez-vous rien de plus pervers? S'il se sert du mensonge pour enseigner la vérité, il y met obstacle; car tout en voulant être persuasif par le mensonge, il inspire de la défiance pour la vérité qu'il enseigne. De tout ce qui précède, je conclus ou qu'il ne faut pas croire les bons, ou qu'il faut croire ceux qui pensent qu'on peut mentir quelquefois, ou qu'il ne faut pas croire que les bons puissent mentir. De ces trois hypothèses, la première est dangereuse, la seconde est insensée; reste la troisième, c'est que les bons ne mentent pas.

CHAPITRE IX. — 12. Voilà donc la question examinée et traitée sous ses deux faces, sans qu'il soit pour cela facile de se prononcer. Il faut entendre encore ceux qui disent qu'il faut savoir, par un moindre mal, éviter de tomber dans un pire; que l'homme est responsable, non-seulement de ce qu'il fait, mais de ce qu'il consent à laisser faire. Si donc il existe une raison pour un chrétien d'offrir de l'encens aux idoles, afin de se soustraire à une violence infâme, dont le persécuteur menace son refus, ils se demandent aussi pourquoi il ne mentirait pas également, pour éviter une semblable infamie. Ils disent qu'en se laissant déshonorer plutôt que de sacrifier aux idoles, ce chrétien ne serait pas seulement victime, mais responsable du fait, et que c'est pour éviter cette action, qu'il a mieux aimé sacrifier. Combien le mensonge lui eût paru préférable, si ce moyen avait suffi pour soustraire son corps sanctifié à une si grande ignominie?

13. Cette proposition soulève plusieurs questions importantes. D'abord, le consentement dont on parle, est-ce une volonté qui doive être

---

partim intelligendis rebus constet; nec ad ea quæ intelligenda sunt perveniri possit, nisi prius credenda credantur : quomodo credendum est ei qui putat aliquando esse mentiendum, ne forte et tunc mentiatur cum præcipit ut credamus? Unde enim sciri potest, utrum et tunc habeat aliquam causam, sicut ipse putat, officiosi mendacii, existimans falsa narratione hominem territum posse a libidine cohiberi, atque hoc modo etiam ad spiritualia se consulere mentiendo arbitretur? Quo genere admisso atque approbato, omnis omnino fidei disciplina subvertitur; qua subversa, nec ad intelligentiam perveniri potest, cui capiendæ ista parvulos nutrit : atque ita omnis doctrina veritatis aufertur, cedens licentiosissimæ falsitati, si mendacio (a) vel officioso alicunde penetrandi aperitur locus. Aut enim temporalia commoda, vel propria vel aliena, veritati præponit, quicumque mentitur; quo quid fieri potest perversius? aut cum veritati adipiscendæ opitulante mendacio vult facere idoneum, intercludit aditum veritati; volens enim cum mentitur esse (b) aptus, fit cum verum dicit incertus. Quamobrem aut non est credendum bonis, aut credendum est eis quos credimus debere aliquando mentiri, aut non est credendum bonos aliquando mentiri : horum trium primum perniciosum est, secundum stultum : restat ergo ut nunquam mentiantur boni.

CAPUT IX. — 12. Sic ista quæstione ex utraque parte considerata atque tractata, non tamen facile ferenda sententia est : sed adhuc diligenter audiendi qui dicunt, nullum esse tam malum factum, quod non in pejoris devitatione faciendum sit; pertinere autem ad facta hominum, non solum quidquid faciunt, sed quidquid etiam cum consensione patiuntur. Unde si extitit causa ut eligeret Christianus thurificare idolis, ne consentiret stupro quod persecutor ei nisi faceret minabatur; recte videntur quærere cur non etiam mentiretur, ut tantam illam turpitudinem devitaret. Ipsam enim conscusionem, qua se stuprum pati mallet, quam thurificare idolis, non passionem dicunt esse, sed factum : quod ne faceret, elegit thurificare. Quanto igitur mendacium proclivius elegisset, si mendacio posset a sancto corpore tam immane flagitium removere?

13. In qua propositione ista sunt quæ merito quæri possunt : utrum talis consensio pro facto

(a) In Mss. velut officioso. — (b) Nonnulli Mss. apertus. Forte legendum, opertus.

réputée pour le fait? Ensuite y a-t-il consentement, lorsqu'il n'y a pas approbation? Peut-on dire qu'il y ait approbation, lorsqu'on se borne à dire : Il vaut mieux souffrir ceci que de faire cela? Il s'agit de savoir ensuite si le chrétien aurait bien fait d'offrir de l'encens aux idoles, plutôt que de subir une violence infâme, et s'il eût mieux fait de mentir, en supposant la condition donnée, plutôt que d'offrir de l'encens. Je dis donc que si le consentement dont vous parlez doit être réputé pour le fait, il faut regarder comme des homicides ceux qui ont mieux aimé souffrir la mort, que de faire un faux témoignage; et ils étaient d'autant plus coupables, qu'ils se donnaient la mort à eux-mêmes. Pourquoi ne dirait-on pas, en effet, qu'ils se sont suicidés, puisqu'ils ont préféré qu'on leur donnât la mort, pour ne pas faire ce qu'on leur imposait comme une nécessité. Supposez-vous que ce soit un plus grand crime d'ôter la vie à son prochain, que de se l'ôter à soi-même? Que direz-vous de cette condition où se trouve un martyr, que, s'il ne veut pas renier le Christ et sacrifier aux idoles, on va faire mourir, non pas un étranger qui est là devant ses yeux, mais son propre père, qui supplie son fils de ne pas persister dans son refus, en se rendant cause de sa mort? N'est-il pas évident que s'il persévère dans sa confession de foi, les seuls homicides sont ceux qui feront mourir le père, et que le fils n'est point parricide? Il n'est donc pas coupable, en laissant immoler son père, même impie, au risque de perdre son âme pour la vie éternelle, plutôt que de violer sa foi par un faux témoignage; je dis également qu'il ne serait pas coupable, en refusant de se prêter à une mauvaise action, quelle que soit la conduite des autres par suite de son refus. Que disent, en effet, les persécuteurs? Fais mal, et nous ne ferons pas mal. Supposons que notre complaisance les empêche réellement de faire mal, devons-nous nous rendre coupables pour eux? Mais ils sont déjà coupables avant de tenir ce langage; pourquoi serions-nous leurs complices, et ne les abandonnerions-nous pas à leur honte et à leur crime? Notre consentement n'est pas un consentement, car nous n'approuvons pas ce qu'ils font; nous désirons le contraire, nous faisons tout ce que nous pouvons pour les empêcher, et non-seulement nous ne sommes pas complices de leur mauvaise action, mais nous la détestons et la condamnons de toutes nos forces.

14. Comment, direz-vous, n'est-il pas leur complice, puisque les autres n'auraient pas commis leur mauvaise action, s'il eût consenti lui-même à ce qu'on lui demandait? A ce compte, nous brisons la porte avec les voleurs; car si nous ne la fermions pas, ils ne la brise-

habenda sit; aut utrum consensio dicenda sit quæ non habet approbationem; aut utrum approbatio sit, cum dicitur : Expedit hoc pati potius quam illud facere; et utrum recte ille fecerit thurificare quam stuprum pati; et utrum mentiendum esset potius, si ea conditio daretur, quam thurificandum. Sed si talis consensio pro facto habenda est, homicidæ sunt etiam qui occidi maluerunt quam falsum testimonium dicere; et quod est homicidium gravius, in se ipsos. Cur enim hoc pacto non dicatur, quod ipse se occiderint; quia elegerunt hoc in se fieri, ne facerent quod cogebantur? Aut si gravius putatur alium occidere quam se ipsum, quid si hæc conditio Martyri proponeretur, ut si nollet de Christo falsum testimonium dicere atque immolare dæmonibus, ante oculos ipsius alius non quilibet homo, sed pater ejus occideretur, rogans etiam filium ne id perseverantia sua fieri permitteret? Nonne manifestum est, illo in testimonii fidelissimi sententia permanente, solos homicidas futuros fuisse, qui patrem ejus occiderent, non illum etiam parricidam? Sicut ergo hujus tanti sceleris particeps iste non esset, cum elegisset patrem suum potius ab aliis interfici, etiam sacrilegum, cujus anima raperetur ad pœnas, quam fidem suam falso testimonio violare : sic talis ille consensus non eum faceret tanti flagitii participem, si male facere ipse nollet, quidquid alii propterea fecissent, quia ipse non faceret. Quid enim tales persecutores dicunt, nisi : Fac male, ne nos faciamus? Qui si vere, nobis facientibus, non fecissent, nec sic eis nostro scelere suffragari deberemus. Nunc vero quando jam faciunt, cum (a) ista non dicunt; cur nobiscum potius, quam cum eis, de nostro consensu est? Non enim consensus ille dicendus est; quia non approbamus quod faciunt, semper optantes, et quantum in nobis est prohibentes ne faciant, factumque ipsorum non solum non committentes cum eis, sed etiam quanta possumus detestatione damnantes.

14. Quomodo, inquis, non cum eis facit, quando illi hoc non facerent, se ipse illud faceret? Hoc modo frangimus januam cum effractoribus, quia si non eam clauderemus, illi non frangerent : et occi-

(a) Sic melioris notæ Mss. At editi, *cum ista dicunt* : omisso *non*.

CHAPITRE IX.

raient pas; nous devenons meurtriers avec les brigands, s'il nous est parvenu quelque connaissance de leur mauvais dessein; il nous suffisait de les prévenir en leur donnant la mort; ils ne l'auraient pas donnée eux-mêmes. Un parricide nous fait confidence du crime qu'il veut commettre; nous sommes son complice, du moment que nous ne le frappons pas, avant qu'il ne frappe lui-même, si nous n'avons d'autre moyen de l'arrêter et de l'empêcher. On peut toujours dire : Vous êtes son complice; car il n'aurait pas fait telle chose, si vous aviez fait telle autre chose. Quant à moi je ne consens au mal ni d'un côté ni d'un autre; je ne peux empêcher que ce qui est en mon pouvoir; mais ce qui dépend d'un autre, si je ne puis m'y opposer par la force morale, il ne m'est pas permis de l'empêcher par un crime. Il n'approuve donc pas celui qui pèche, l'homme qui ne veut pas pécher lui-même pour l'empêcher; et on ne peut pas dire qu'il veut une chose plutôt qu'une autre, puisqu'il ne voudrait ni l'une ni l'autre; pour ce qui le concerne, il est en son pouvoir de ne pas le faire; en ce qui concerne les autres, il n'a que sa volonté pour le condamner. On propose à un chrétien, et on lui dit : Si tu n'encenses pas les idoles, tu souffriras tel tourment. Il vous répond : Je n'accepte ni l'un ni l'autre; ces deux choses me sont odieuses, et je repousse en tout votre proposition. Ces paroles ou d'autres semblables, dites avec sincérité, n'impliqueraient en rien son consentement ou son approbation; tout ce qu'il aurait à souffrir ne serait pour lui qu'une injustice supportée, et pour ses bourreaux un crime réel. Doit-il donc aussi, me dira-t-on, souffrir une infamie, plutôt que de sacrifier aux idoles? Vous me demandez ce qu'il doit faire, il ne doit faire ni l'un ni l'autre. Si je conseille l'un plutôt que l'autre, c'est que j'approuverai ce que j'aurai conseillé, et je désapprouve les deux choses. Mais si l'on me demande ce qu'il doit éviter de préférence, ne pouvant pas se soustraire aux deux choses, mais à une seule, je répondrai qu'il doit éviter son propre péché, plutôt que le péché d'autrui, quand même son péché serait plus léger, et le péché du prochain plus grave. Je veux bien accorder, sauf un examen plus attentif, que l'outrage fait par l'impudique, est un péché plus grave que l'offrande de l'encens aux idoles; mais il faut considérer que l'offrande de l'encens est le fait du chrétien, et que le viol est le fait du bourreau, quoique le chrétien en soit la victime. Or, celui qui fait l'action, fait aussi le péché. L'homicide est plus grave que le vol, et pourtant vous êtes plus coupable en dérobant, qu'en devenant la victime d'un meurtrier. On dit à un homme que s'il ne veut pas dérober, on va le mettre à mort, c'est-à-dire commettre sur sa personne un homicide; ne pouvant éviter l'un et l'autre, il doit éviter ce

---

dimus homines cum latronibus, si scire contingat hoc eos esse facturos; quia si nos prævenientes eos occideremus, illi non occiderent alios. Aut si fateatur nobis aliquis parricidium se facturum, nos cum eo facimus, si cum possumus eum prius quam faciat, non interficimus, quando aliter cum vel cohibere vel impedire non possumus. Totidem enim verbis dici potest : Fecisti cum eo, quia hoc ille non fecisset, si tu illud fecisses. Ego utrumque malum fieri nollem : sed id tantum cavere potui ne fieret, quod erat in mea potestate : alterum autem alienum, quod meo præcepto extinguere non potui, meo malefacto impedire non debui. Non ergo peccantem approbat, qui pro alio non peccat; et neutrum placet ei qui utrumque nollet admitti : sed illud quod ad se pertinet, etiam potestate non perpetrat; quod autem ad alterum, sola voluntate condemnat. Et ideo proponentibus illam conditionem atque dicentibus: Si non thurificaveris, hoc patieris; si respondisset : Ego neutrum eligo, utrumque detestor, ad nihil horum vobis consentio : inter hæc verba atque talia, quæ certe quoniam vera essent, nulla ejus consensio, nulla approbatio teneretur; quæcumque ab eis passus esset, illi deputaretur injuriarum acceptio, illis commissio peccatorum. Debuitne igitur, ait quispiam, stuprum perpeti potius quam thurificare? Si quæris quod debuerit, neutrum debuit. Si enim dixero aliquid horum debuisse; aliquid horum approbabo, cum improbem utrumque. Sed si quæritur quod horum potius debuit evitare, qui utrumque non potuit, sed alterutrum potuit : respondebo, suum peccatum potius quam alienum; et levius potius quod suum, quam gravius quod alienum. Ut enim salva diligentiore inquisitione interim concedam, gravius esse stuprum quam thurificationem : illa tamen ipsius erat, illud alienum factum, quamvis id ipse perpeteretur : cujus autem factum, ejus et peccatum. Quamvis enim gravius sit homicidium quam furtum; pejus est tamen facere furtum, quam pati homicidium. Itaque si cuiquam proponeretur, ut si furtum facere nollet, interficeretur, hoc est, committeretur in eum homicidium; quia utrumque

TOM. XXII.

qui serait un péché pour lui, plutôt que ce qui serait un péché pour les autres. Dans ce cas, il n'est point responsable, quoique le péché soit commis sur sa personne, et qu'il puisse l'éviter, en se rendant lui-même coupable.

15. Tout le nœud de la question consiste donc à savoir si vous n'êtes nullement responsable du péché d'autrui, quand vous pouvez le lui éviter par une faute plus légère, et que vous ne le faites pas; faut-il du moins excepter ce qui rendrait une personne immonde. Nous devons dire qu'une personne n'est pas immonde, si elle est assassinée, mise en prison, chargée de chaînes, fouettée, tourmentée de mille manières, dépouillée de tous ses biens jusqu'à la nudité, privée de toutes ses dignités, et humiliée par toutes sortes d'affronts; non, celui qui passe injustement par toutes ces épreuves, ne sera jamais considéré comme immonde. Mais qu'on le couvre d'immondices, qu'on lui en mette dans la bouche, et qu'on le force d'en manger, qu'on le traite comme une prostituée, il deviendra pour le public un objet d'horreur, et on le regardera comme déshonoré et immonde. Il faut donc conclure, qu'à l'exception de ce qui rend immonde, personne ne doit pécher pour prévenir les péchés d'autrui, ni dans son propre intérêt, ni dans l'intérêt du prochain, mais il vaut mieux supporter et souffrir avec courage; s'il ne faut point pécher dans ce cas, il ne faut donc pas mentir. Mais quand il s'agit d'ignominies qui rendraient un homme immonde, il faut les prévenir, même par nos propres fautes, qui ne sont pas alors des péchés, puisqu'elles ont pour but d'empêcher ce mal. Tout ce que vous faites, quand on vous blâmerait avec raison de ne pas le faire, n'est pas un péché. Il ne faut donc pas regarder comme immonde l'homme qui n'a pas pu se soustraire à une ignominie forcée. En la supportant, il agit avec raison, et il souffre patiemment ce qu'il ne peut empêcher. Or, un homme qui agit avec raison ne peut pas devenir immonde, de quelque manière que l'on traite son corps. L'homme immonde devant Dieu, c'est l'homme injuste; mais l'homme juste est toujours pur, si ce n'est devant les hommes, du moins devant Dieu, qui juge infailliblement. L'homme qui subit ces ignominies, sans avoir voulu profiter de l'occasion de s'y soustraire, devient immonde, non par la souillure corporelle, mais par le péché qu'il a commis, en ne voulant pas l'éviter. Tout ce qu'il aurait pu faire dans ce but n'eût point été un péché. Il faut donc dire que l'homme, qui ment pour éviter ce genre d'infamie, ne pèche point.

16. Ne faut-il pas, même dans la question qui

---

evitare non posset, id evitaret potius quod suum peccatum esset, quam quod alienum. Nec ideo et illud ejus fieret, quia in eum committeretur, et quia id posset evitare, si suum vellet admittere.

15. Totus itaque hujus quæstionis nodus ad hoc adducit, ut quæratur, utrum alienum nullum peccatum, quamvis in te commissum, tibi imputetur, si leviore tuo peccato id possis evitare, (a) nec facis: an excepta est omnis immunditia corporalis. Nemo enim aliquem immundum fieri dicit, si occidatur, aut mittatur in carcerem, aut in vinculis habeatur, aut flagelletur, cæterisque tormentis et cruciatibus affligatur, aut proscribatur damnisque afficiatur gravissimus usque ad ultimam nuditatem; aut expolietur honoribus atque ingentes accipiat contumelias per quæcumque convicia: quidquid horum quisque injuste passus fuerit, nemo est tam demens qui eum immundum fieri dicat. At si fimo perfundatur, aut si tale aliquid ei per os infundatur vel inculcetur, patiaturve muliebria, omnium fere sensus abhorret, et (b) conspurcatum atque immundum vocant. Ita igitur concludendum est, ut quæcumque aliena peccata, exceptis iis quæ immundum faciunt in quem committuntur, non evitet quisque peccatis suis, neque pro se, neque pro quoquam, sed ea sufferat potius fortiterque patiatur; et si nullis peccatis suis ea debet evitare, neque mendacio : illa vero quæ ita committuntur in hominem, ut eum faciant immundum, etiam peccatis nostris evitare debeamus; ac per hoc nec peccata dicenda sint, quæ propterea fiunt ut illa immunditia devitetur. Quidquid enim ita fit, ut nisi fieret, juste reprehenderetur, non est peccatum. Ex quo conficitur, ut nec illa immunditia vocanda sit, quando evitandi eam nulla facultas est : habet enim etiam tunc quod recte agat qui ea patitur, ut patienter ferat quidquid non potest evitare. Nullus autem recte agens immundus fieri potest quolibet contagio corporali. Immundus est enim ante Deum omnis iniquus. Mundus ergo est omnis justus; etsi non ante homines, tamen ante Deum, qui sine errore judicat. Proinde nec cum ea patitur, data evitandi potestate, contactu ipso immundus fit; sed peccato, quo ea cum posset noluit evitare. Nullum enim peccatum esset, quidquid propter illa evitanda factum esset. Propter hæc igitur evitanda quisquis mentitus fuerit, non peccat.

16. An aliqua etiam mendacia excipienda sunt,

(a) Sic Mss. At editi, *ne facias.* — (b) In Mss. *conspurcatum.*

nous occupe, faire quelques réserves, et dire qu'il vaut mieux supporter l'infamie que de mentir? S'il en est ainsi, on ne peut donc pas avancer que tout ce qu'on ferait pour s'y soustraire n'est pas un péché, car il y a des mensonges qu'on ne pourrait pas commettre sans faire plus de mal que de supporter l'infamie. Je suppose qu'on cherche un homme pour le déshonorer; on peut le cacher par un mensonge; dira-t-on qu'il ne faut pas mentir? Mais si le mensonge qu'on emploie blesse la réputation d'un autre homme, en le signalant faussement comme étant capable de se prêter à un acte infâme; par exemple, si vous dites au débauché qui vous interroge, en lui citant le nom d'un homme chaste et ennemi de toute luxure : Allez vers cet homme, il se prêtera à tout ce que vous voudrez ; il connaît et il aime les libertins, et que par ce moyen vous puissiez l'éloigner de celui qu'il poursuivait ; je me demande s'il est permis de diffamer ainsi un homme, pour soustraire un autre homme à une brutalité infâme. Je dis qu'il ne faut jamais mentir en faveur de quelqu'un, quand le mensonge porte préjudice au prochain, quand même ce préjudice serait peu de chose, en comparaison du mal dont vous préservez l'autre par votre mensonge. On ne doit point ôter à un homme, malgré lui, et quoiqu'il se porte bien, le pain qui lui appartient, pour le donner à un autre qui est plus faible, et il n'est pas permis de battre de verges un innocent qui s'y refuse, pour empêcher un autre homme d'être tué. A la bonne heure, s'ils y consentent, vous ne faites alors de tort à personne.

CHAPITRE X. — Il s'agit de savoir si l'on pourrait imputer faussement à un homme, même avec son consentement, un acte infâme, pour préserver un autre homme d'un pareil déshonneur ; voilà encore une question qui n'est pas sans importance. Je ne vois pas en vérité comment il serait juste de souiller l'honneur d'une personne par une fausse accusation qu'elle accepterait, plutôt que de laisser subir à une autre une infamie qu'elle n'accepte pas.

17. Je suppose un homme qui aimerait mieux sacrifier aux idoles que de subir la prostitution, et on lui dit que, pour échapper à cette épreuve, il lui suffit de calomnier le Christ. Je dis que cet homme serait un insensé de la pire espèce, s'il y consentait. Je vais plus loin, je dis même qu'il serait insensé si, pour éviter une violence infâme qu'il ne voudrait point subir, même malgré lui, il consentait à falsifier l'Evangile du Christ par des insertions mensongères en l'honneur de Jésus-Christ ; il s'épargnerait ainsi une souillure corporelle, mais il corromprait volontairement la doctrine qui sanctifie les âmes et les corps. C'est pourquoi il faut une grande réserve au sujet de la doctrine chrétienne, et quand il s'agit des explications qui concernent son enseigne-

---

ut satius sit hanc pati, quam illa committere ? Quod si ita est, non quidquid factum fuerit ut illa immunditia evitetur, non est peccatum : quando quidem sunt quædam mendacia quæ gravius sit admittere, quam illa pati. Nam si aliquis ad stuprum quæratur, qui possit occultari mendacio, quis audet dicere, nec tunc esse mentiendum ? At si tali mendacio possit latere, quod alterius famam lædat, ejus immunditiæ falso crimine ad quam patiendam ille quæritur ; tanquam si dicatur quærenti, nominato aliquo casto viro atque ab hujusmodi flagitiis alieno : Vade ad illum, et ipse tibi procurabit quo libentius utaris, novit enim tales et diligit ; atque ita iste ab eo quem quærebat, posset averti : nescio utrum alterius fama mendacio violanda sit, ne alterius corpus aliena libidine violetur. Et omnino nunquam pro aliquo mentiendum est, eo mendacio quod alterum lædat : etsi levius læditur, quam ille nisi ita mentireris læderetur. Quia nec panis alienus invito, quamvis valentiori, auferendus est, ut alatur infirmior ; nec innocens invitus virgis cædendus est, ne alius occidatur.

Plane si velint fiat ; quia nec læduntur, cum ita volunt :

CAPUT X. — Sed utrum etiam volentis fama falso stupri crimine lædenda sit, ut ab alterius corpore stuprum avertatur, magna quæstio est. Et nescio utrum facile reperiatur, quomodo justum sit volentis famam falso stupri crimine maculari, quam ipso stupro corpus inviti.

17. Sed tamen si talis optio proponeretur ei qui thurificare idolis, quam muliebria perpeti maluit, ut si illud vellet evitare, famam Christi aliquo mendacio violaret ; insanissimus esset, si faceret. Plus etiam dico, quia insanus esset, si alienæ libidinis evitandæ causa, ne id in eo fieret quod nulla sua libidine pateretur, Christi Evangelium falsis Christi laudibus infalsaret ; magis evitans alienam corruptionem in corpore suo, quam in doctrina sanctificationis animarum atque corporum corruptionem suam. Quamobrem a doctrina religionis, atque ab eis omnino enuntiationibus, quæ propter doctrinam religionis enuntiantur, cum illa docetur et discitur, omnia penitus mer-

ment, on doit se garder de tout récit mensonger. Il n'y a pas de motif possible qui autorise à mentir en cette matière, pas même sous ce prétexte que le mensonge serait un moyen de persuasion. Car si l'on ébranle la vérité, ou si l'on diminue tant soit peu son autorité, tout demeurera douteux ; et si on ne croit pas comme vrai ce que vous enseignez, on ne le tiendra pas comme certain. Un prédicateur, quand il disserte et qu'il discute sur les choses éternelles, ou quand il expose et qu'il raconte les événements de l'histoire, dans leurs rapports avec la religion et la piété, peut bien taire ce qu'il juge à propos de taire suivant l'occasion ; mais il ne doit jamais mentir, par conséquent il ne doit rien dissimuler par le mensonge.

Chapitre XI. — 18. Ces principes étant établis comme préliminaires, d'une manière solide, il nous est plus facile de traiter des autres mensonges. Nous voyons de suite qu'il faut éviter les mensonges qui font tort au prochain ; car il n'est pas permis de faire au prochain un tort même léger, pour sauver quelqu'un d'un mal plus considérable. Il ne faut pas non plus admettre que le mensonge soit permis, quoiqu'il ne nuise à personne ; car il ne profite à rien, et fait tort aux personnes qui mentent gratuitement ; et ces sortes de gens sont, à proprement parler, les menteurs. Car il y a une différence entre une personne qui ment et un menteur. Car celui qui ment peut quelquefois mentir malgré lui, tandis que le menteur aime mentir, et trouve son plaisir dans le mensonge. Il faut mettre au second rang des menteurs, ceux qui mentent pour plaire aux hommes ; leur intention n'est pas de faire tort au prochain, ni de le blesser ; nous avons mis hors de cause ceux qui mentent dans ce but, mais ils veulent se rendre agréables dans leurs conversations. Ils diffèrent des menteurs de la première classe, en ce que ceux-ci aiment mentir et trouvent du plaisir à tromper, tandis que le plaisir des autres est de mentir en cherchant à plaire ; ils aimeraient mieux, peut-être, employer la vérité que le mensonge ; mais quand l'une leur fait défaut pour assaisonner leurs discours, ils ont recours à l'autre, et préfèrent mentir plutôt que de se taire. Il est rare néanmoins que leur narration soit fausse d'un bout à l'autre ; ils ont le talent de broder sur un fond de vérité, mille petits mensonges, quand ils voient qu'ils vont cesser d'être intéressants. Ces deux sortes de mensonges ne sont point pernicieux ; on peut les croire sans inconvénient, puisqu'ils n'attaquent ni la doctrine de la religion et de la vérité, ni les droits et les intérêts du prochain. Ceux qui ont écouté peuvent croire que les choses ont eu lieu,

dacia removenda sunt. Nec ulla omnino causa inveniri posse credatur, cur in rebus talibus mentiendum sit : quando nec ideo in ea doctrina mentiendum est, ut ad eam ipsam quisque facilius perducatur. Fracta enim vel leviter (*a*) diminuta auctoritate veritatis omnia dubia remanebunt : quæ nisi vera credantur, teneri certa non possunt. Licet igitur vel dissertori ac disputatori atque prædicatori rerum æternarum, vel narratori vel pronuntiatori rerum temporalium ad ædificandam religionem atque pietatem pertinentium, occultare in tempore quidquid occultandum videtur : mentiri autem nunquam licet ; ergo nec occultare mentiendo.

Caput XI. — 18. Hoc primitus et firmissime constituto, de cæteris mendaciis securius quæritur. Sed consequenter etiam videndum est, removenda esse etiam omnia mendacia quæ aliquem lædunt injuste : quia nulli est injuria vel levior inferenda, ut ab alio graviori repellatur. Nec illa sunt admittenda mendacia, quæ quamvis non obsint alteri, nulli tamen prosunt, et obsunt eis ipsis qui gratis mentiuntur. Ipsi enim proprie mendaces dicendi sunt. Interest enim inter mentientem atque mendacem. Nam mentiens est etiam qui mentitur invitus ; mendax vero amat mentiri, atque habitat animo in (*b*) delectatione mentiendi. Juxta ponendi sunt et qui de mendacio volunt placere hominibus, non ut alicui faciant injuriam vel inferant contumeliam, jam enim supra hoc genus removimus ; sed ut suaves sint in sermonibus suis. Isti ab illo genere in quo mendaces posuimus, hoc differunt, quod illos mentiri delectat, gaudentes de ipsa fallacia ; istis autem placere libet de suaviloquio, qui tamen veris mallent placere ; sed quando non facile inveniunt vera quæ grata sint audientibus, mentiri eligunt potius, quam tacere. Difficile est tamen ut isti totam narrationem falsam aliquando suscipiant ; sed plerumque veris falsa contexunt, ubi suavitas eos deserit. Hæc autem duo genera mendaciorum non obsunt credentibus, quia nihil de doctrina religionis veritatisque falluntur, aut de ullo commodo vel utilitate sua. Sufficit enim eis ut judicent fieri potuisse quod dicitur, et fidem habeant ho-

(*a*) Aliquot Mss. *demota.* Alii, *deminuta.* — (*b*) Aliquot Mss. *in dilectione mentiendi.*

comme on le dit, et ils s'en rapportent au récit d'un homme qu'ils n'ont aucune raison de soupçonner de mensonge. Quel inconvénient pour vous, si vous croyez que le père ou l'aïeul d'un individu a été honnête homme, quoiqu'il ne l'ait pas été, ou qu'il a été combattre les Perses, quoiqu'il n'ait pas quitté Rome? Mais ceux qui mentent de ces deux manières se font beaucoup de tort à eux-mêmes; les uns, en tournant le dos à la vérité pour se complaire dans la tromperie; les autres, en préférant se faire aimer, plutôt que la vérité.

Chapitre XII. — 19. Les mensonges dont nous venons de parler étant condamnés sans rémission, nous arrivons à une autre espèce de mensonge qui appartient à une classe plus élevée, et qui est en quelque sorte le mensonge des âmes bonnes et bienveillantes; lorsque celui qui ment, non-seulement ne fait tort à personne, mais rend service à quelqu'un. Il faut se demander, sur ce point, si un homme ne se fait point de tort à lui-même, en rendant ainsi service à un autre, aux dépens de la vérité. Direz-vous que la vérité qui oblige est seulement la vérité absolue qui frappe les esprits de son éclat intime et immuable? Je réponds qu'on manque aussi à la vérité d'une autre manière; car quoique nos sens soient faillibles, je dis qu'on manque à la vérité, lorsqu'on dit qu'une chose est ainsi, ou n'est pas ainsi, contrairement à sa pensée, à son impression, à son sentiment ou à sa croyance. En agissant ainsi, l'homme se fait-il tort à lui-même, quoiqu'il rende service à un autre; ou bien le tort qu'il se fait est-il compensé par le service qu'il rend au prochain? voilà la question et la grande question. S'il en est ainsi, il s'ensuivra que l'homme doit mentir dans son intérêt, quand cela ne fait tort à personne. Mais tout se tient, et si vous faites cette concession, les conséquences qu'elle entraîne sont très-subversives. On me demandera comment pourrait nuire à un homme riche qui regorge de biens, et qui possède par milliers des mesures de froment, le pauvre, qui en ayant besoin pour vivre, lui dérobe une seule mesure de blé, il s'ensuivra que le vol n'est pas répréhensible, et que le faux témoignage est permis. Voyez-vous qu'on puisse rien dire de plus pernicieux? Je suppose qu'un autre dérobe cette mesure de froment; vous êtes témoin du vol; on vous interroge; il vous sera donc permis de mentir en faveur de ce pauvre? et si vous mentez pour vous-même, parce que vous êtes ce pauvre, vous serez donc coupable? Comme si vous étiez obligé d'aimer votre prochain plus que vous-même. Disons que le mensonge est honteux dans l'un et l'autre cas, et qu'il faut l'éviter.

20. On croira peut-être qu'il faut admettre une exception, et on dira qu'il y a des mensonges honnêtes qui, non-seulement ne font

---

mini quem non debent temere existimare mentientem. Quid enim obest, si credat patrem aut avum alicujus virum bonum fuisse, etiamsi non fuit; aut usque ad Persas militando pervenisse, etiamsi a Roma nunquam recessit? Ipsis autem mentientibus valde obsunt: illis quidem, quia sic deserunt veritatem, ut fallacia lætentur; istis, quia se malunt placere, (a) quam verum.

Caput XII. — 19. Istis generibus sine ulla dubitatione damnatis, sequitur genus mendacii tanquam gradatim ad meliora surgentibus, quod benevolis et bonis vulgo tribui solet, cum ille qui mentitur, non solum alteri non obest, sed etiam prodest alicui. De isto genere est tota contentio, utrumne sibi obsit, qui sic prodest alteri, ut faciat contra veritatem. Aut si veritas illa sola dicenda est, quæ ipsas mentes intimo atque incommutabili lumine illustrat; facit certe contra aliquod verum, quia etsi falluntur corporis sensus, contra verum tamen facit, qui dicit aliquid ita esse, vel non ita, quod ei nec mens nec sensus nec opinatio sua fidesve renuntiat. Utrum ergo non sibi obsit, qui hoc modo alteri prodest; an illa compensatione non obsit sibi, qua prodest alteri, magna quæstio est. Si ita est, consequenter etiam sibi prodesse debet per mendacium quod nulli obest. Sed ea connexa sunt, et istis concessis necessario trahuntur quæ multum conturbant. Si enim quæratur, quid obsit homini copiis superfluis redundanti, si de innumeris millibus frumentorum amittat unum modium, qui tamen modius possit ad necessarium victum prodesse furanti, consequens erit ut et furtum sine reprehensione fieri possit, et falsum testimonium sine peccato dici. Quo quid dici potest perversius? An vero si alius furatus esset illum modium, et tu videres, interrogatusque esses, mentireris honeste pro paupere, et si id pro tua paupertate facias, culpaberis? quasi amplius alium quam te diligere debeas. Utrumque ergo turpe atque vitandum est.

20. Sed fortassis exceptionem addendam quis putet, ut sint quædam honesta mendacia, quæ non so-

---

(a) Sola editio Lov. *placere hominibus, quam verum dicere.*

aucun tort, mais qui rendent service, sans ressembler à ceux qu'on emploie pour couvrir et protéger le mal; bien que le mensonge ne fasse aucun tort, et qu'il rende service au pauvre, il est honteux néanmoins, parce qu'il sert à couvrir le vol; mais s'il réunissait toutes les conditions, de ne faire aucun tort, d'être profitable, et de ne couvrir aucun péché, alors il n'aurait rien de honteux. Je suppose un homme que vous voyez cacher son argent, parce qu'il veut le mettre en sûreté contre les voleurs et les brigands; on vous interroge; vous mentez, et en cela vous ne faites tort à personne, vous rendez service à celui qui avait intérêt de cacher son trésor, et vous ne vous rendez, par votre mensonge, le complice d'aucun péché. Car on ne pèche point en cachant son trésor, quand on craint de le perdre. Mais si le mensonge n'est pas un péché, par la raison que vous dites, qu'il ne cache la faute de personne, qu'il ne fait aucun tort, et qu'il rend service, que dirons-nous du mensonge lui-même comme péché? Car la loi qui dit : « Vous ne déroberez point, » dit également : « Vous ne ferez point de faux témoignage. » (*Exode*, xx, 16.) La loi défendant l'un comme l'autre, pourquoi le faux témoignage serait-il coupable, lorsqu'il sert à cacher le vol ou tout autre péché? Pourquoi, dans le cas contraire, ne serait-il pas coupable, puisque le vol est toujours coupable en soi, ainsi que les autres péchés? Il ne serait donc pas permis de cacher un péché, et il serait permis de le commettre?

21. Le mensonge n'est-il pas toujours un faux témoignage? Si tout cela est absurde, que dirons-nous? Le mensonge ne serait-il un faux témoignage que lorsqu'il est une fausse imputation contre le prochain, ou un moyen de cacher son crime, ou de le faire condamner par la justice humaine? car le juge a besoin de témoins pour connaître une cause. Si l'Ecriture ne reconnaissait un témoin que dans ce cas, l'Apôtre n'aurait pas pu dire : « On nous prendra aussi nous-mêmes pour de faux témoins, si nous disons que Dieu a ressuscité Jésus-Christ, du moment qu'il ne l'aurait pas ressuscité. » (1 *Cor.*, xv, 15.) Par ces paroles il montre bien que le mensonge est un faux témoignage, quand même il ne servirait qu'à louer faussement un autre homme.

Chapitre XIII. — Ne faudrait-il pas dire que le mensonge est un faux témoignage, lorsqu'on calomnie quelqu'un, ou qu'on cache ses fautes, ou qu'on lui fait du tort en quelque manière? Car si le mensonge qui nuit au prochain dans ses intérêts temporels est détestable, combien plus quand il le blesse dans ses intérêts éternels? Ainsi, faut-il juger de tout mensonge

---

lum nulli obsunt, sed etiam nonnulli prosunt, exceptis his quibus crimina occultantur et defenduntur: ut ideo sit illud turpe mendacium, quod quamvis nulli obsit, et prosit pauperi, furtum tamen occultat; si autem ita nulli obesset et prodesset alicui, ut etiam nullum peccatum occultaret atque defenderet, turpe non esset. Velut si quispiam pecuniam suam te vidente absconderet, ne per furtum aut vim amitteret, atque inde interrogatus mentireris; neque obesses cuiquam, et ei prodesses cui opus erat illud (*a*) occultum, et nullum peccatum mentiendo texisses. Non enim quisquam peccat abscondendo rem suam, quam timet amittere. Sed si propterea non peccamus mentiendo, quia nullius peccatum tegentes, et nulli obsumus, et alicui prosumus, quid agimus de ipso peccato mendacii? Ubi enim positum est : « Ne furtum feceris : » ibi positum est : « Ne falsum testimonium dixeris. » (*Exod.*, xx, 16.) Cum ergo singula prohibeantur, cur falsum testimonium tunc est culpabile, si furtum tegat, vel aliquod aliud peccatum; si autem nulla defensione peccati per se ipsum fiat, non est culpabile, cum ipsum furtum per se culpabile sit, et cætera peccata? An occultare peccatum (*b*) non licet, facere licet?

24. Quod si absurdum est, quid dicemus? An falsum testimonium non est, nisi cum quisque ita mentitur, ut aut crimen confingat in aliquem, aut alicujus crimen occultet, aut quoquo modo quemquam in judicio premat? Videtur enim testis judici necessarius ad causæ cognitionem. Sed si hactenus testem Scriptura nominaret, non diceret Apostolus : « Invenimur et falsi testes Dei, si testimonium diximus adversus Deum, quia excitaverit Christum, quem non excitavit. » (1 *Cor.*, xv, 15.) Ita enim ostendit falsum testimonium esse mendacium, etiamsi in cujusquam falsa laude dicatur.

Caput XIII. — An forte tunc dixit falsum testimonium qui mentitur, cum aut peccatum alicujus vel fingit vel tegit, aut alicui obest quoquo modo? Si enim mendacium quod adversus vitam cujusquam temporalem dicitur, detestabile est; quanto magis quod adversus vitam æternam? sicuti est omne men-

---

(*a*) Quidam Mss. *occultari.* — (*b*) Hic editi et quidam Mss. addunt, *mentiendo.*

en matière de religion. C'est ainsi que l'Apôtre appelle faux témoignage tout mensonge qu'on dirait, même à la louange de Jésus-Christ. Or, si l'on ment, quoique l'on n'invente rien contre le prochain, qu'on ne cache point ses fautes, qu'on ne trompe point le juge, qu'on ne fasse aucun tort et qu'on rende service, direz-vous que le mensonge n'est pas un faux témoignage, et qu'il n'est pas répréhensible ?

22. Quoi donc! si un meurtrier va demander asile à un chrétien ; si le chrétien connaît l'endroit où il se cache, et que le magistrat chargé de punir le coupable interroge ce chrétien, devra-t-il mentir ? N'est-il pas complice du péché, puisqu'il ment pour un homme qui s'est souillé d'un grand crime ? Dira-t-on qu'on ne l'interroge pas sur le crime, mais sur le lieu de sa retraite ? Il serait donc mal de mentir pour cacher une faute, et il ne serait pas mal de mentir pour cacher un coupable ? Je l'entends bien ainsi, dira quelqu'un ; on ne pèche pas, pour chercher à se dérober au châtiment, mais en faisant une action digne d'être punie. La loi chrétienne nous enseigne qu'il ne faut désespérer de la conversion de personne, et qu'on ne doit pas fermer la porte au repentir. Je suppose qu'on vous amène devant le juge, et qu'il vous demande en quel lieu se cache le coupable ; direz-vous qu'il n'est pas à l'endroit où vous savez qu'il est? Direz-vous : Je ne sais rien, je n'ai rien vu, tandis que vous savez et que vous avez vu ? Direz-vous donc un faux témoignage, et tuerez-vous votre âme pour sauver un meurtrier? Mentirez-vous tant que vous ne serez pas en présence du juge, vous réservant de répondre aux questions du juge par la vérité, pour n'être pas un faux témoin ? Vous tuerez donc alors cet homme en le livrant. Or, la divine Ecriture déteste le traître. Vous direz, peut-être, qu'il n'y a pas trahison, quand on se borne à répondre, suivant la vérité aux questions du juge ; mais qu'il y aurait trahison, en prenant l'initiative pour dénoncer un coupable ? Que ferez-vous, si le juge vous interroge et que vous sachiez où se cache un homme juste et innocent, condamné à mort par une puissance supérieure ? Le juge qui vous interroge est exécuteur de la loi, mais il n'a pas porté la loi ; le mensonge que vous faites pour sauver un innocent, ne sera-t-il pas un faux témoignage, parce que vous répondez, non pas au juge, mais à l'exécuteur de la loi? Mais si c'est l'auteur de la loi qui vous interroge, ou tout autre juge inique qui veut faire mourir un innocent, que ferez-vous? Serez-vous un faux témoin? Serez-vous un traître ? Un traître, sera-ce celui qui va dénoncer à un juge intègre le meurtrier qui se cache ; et ne sera-t-il plus un traître, s'il répond aux questions d'un juge inique qui veut faire

---

dacium, si in doctrina religionis fiat. Et ideo falsum testimonium vocat Apostolus, si quis de Christo, etiam quod ad ejus laudem videtur pertinere, mentiatur. Si autem mendacium sit, quod neque cujusquam peccatum aut confingat aut tegat, nec a judice quæratur, et nulli obsit et prosit alicui, nec falsum testimonium esse, nec reprehensibile mendacium ?

22. Quid ergo, si ad Christianum homicida confugiat, aut videat quo confugit ; et de hac re interrogetur ab eo, qui ad supplicium quærit hominem hominis interfectorem, mentiendum est? Quomodo enim non tegit peccatum mentiendo, cum ille pro quo mentitur, peccatum sceleratum admiserit? An quia non de peccato ejus interrogatur, sed de loco ubi lateat? Ergo mentiri ad tegendum cujusquam peccatum, malum est; mentiri autem ad tegendum peccatorem, non est malum ? Ita sane, ait quispiam : Non enim tunc peccat quisquam, cum evitat supplicium ; sed cum facit aliquid dignum supplicio. Pertinet autem ad disciplinam Christianam, ut neque de cujusquam correctione desperetur, neque cuiquam pœnitendi aditus intercludatur. Quid si ad judicem ductus de ipso loco ubi se ille occultet interrogeris, dicturus es, aut non ibi est, ubi eum scis esse ; aut non novi et non vidi, quod nosti et vidisti? Dicturus ergo es falsum testimonium, et occisurus animam tuam, ne occidatur homicida? An usque ad conspectum judicis mentieris, judice autem quærente jam verum dices, ne sis falsus testis ? Ipse igitur hominem proditione occisurus es. Etiam proditorem quippe divina Scriptura detestatur. An forte proditor non est, qui judici interroganti verum indicat ; esset autem proditor, si quemquam ad exitium ultro deferret? Quid si de justo atque innocente ubi lateat sciens a judice interrogeris, qui tamen ad mortem a majore potestate jussus est rapi, ut ille qui interrogat exsecutor sit legis, non conditor, an ideo non erit falsum testimonium quod pro innocente mentieris, quia nec ille judex, sed exsecutor interrogat ? Quid si ipse conditor legis interroget, aut quilibet judex iniquus ad supplicium quærens innocentem, quid facies, falsus testis, an proditor eris? An ille erit proditor, qui justo judici latentem homicidam ultro detulerit ; et ille non erit, qui judici injusto ubi lateat innocens quem quærit occidere, interroganti indicaverit cum

mourir un innocent, en livrant cet homme qui s'était confié à sa loyauté? Resterez-vous dans le doute et dans l'incertitude, entre le crime du faux témoignage et le crime de trahison? Est-ce en gardant le silence, ou en disant que vous ne voulez rien dire, que vous serez certain d'éviter ces deux écueils? Pourquoi ne pas prendre ce parti, avant de comparaître devant le juge, afin d'éviter même le mensonge? Car en évitant le mensonge, vous évitez tout faux témoignage, soit que tout mensonge doive être considéré, ou non, comme faux témoignage. Or, en évitant seulement, suivant votre idée, le faux témoignage, vous n'évitez pas tout mensonge. Combien vous serez plus courageux, combien vous serez plus digne, en disant : Je ne veux pas être traître, et je ne veux pas mentir.

23. Telle fut autrefois la conduite de Firmus, évêque de Thagaste, ferme de nom, plus ferme encore de volonté. Un jour on vint lui réclamer, par ordre de l'empereur, un homme qui s'était réfugié dans sa maison, et qu'il cachait avec le plus grand soin. Il répondit aux envoyés qu'il ne pouvait pas mentir, ni livrer cet homme, et malgré les tourments qu'il eut à souffrir, parce que les empereurs n'étaient pas encore chrétiens, il persista dans sa résolution. Conduit devant l'empereur, il se montra si admirable, qu'il obtint sans difficulté grâce pour cet homme qu'il avait caché. N'est-ce pas là du courage et de la fermeté? Mais une âme timide me dira : je suis prête à tout souffrir et même à mourir, plutôt que de pécher; mais puisque le mensonge n'est pas un péché, quand il ne nuit à personne, qu'il n'est pas un faux témoignage, et qu'il rend service au prochain, ce serait une folie et même un crime de vouloir endurer, sans aucune utilité, de cruelles tortures, et de jeter aux bourreaux sa santé et une vie peut-être précieuse. Mais je demande à ce beau raisonneur, pourquoi il recule devant ce précepte : « Tu ne diras pas un faux témoignage; » (*Exode*, xx, 16) et pourquoi il ne recule pas devant cette autre parole de l'Ecriture : « Vous perdrez tous ceux qui disent le mensonge. » (*Ps.* v, 7.) L'Ecriture, me répond-il, ne dit pas : Tout mensonge; j'entends ce passage, comme si elle disait : Vous perdez tous ceux qui disent un faux témoignage. Or, l'Ecriture ne dit pas non plus : Tout faux témoignage; mais en cet endroit, dit-il, il est question de tout ce qui est mal. Faut-il y comprendre aussi cette parole : « Tu ne tueras point? » (*Exod.*, xx, 13.) Car si c'est toujours un crime d'ôter la vie, comment excuser les hommes justes, qui ont pris la défense de la loi, et qui ont immolé un grand nombre de

qui se fidei ejus commiserat? An inter crimen falsi testimonii et proditionis dubius incertusque remanebis? An tacendo, vel profitendo te non esse dicturum, certus utrumque vitabis? Cur ergo non hoc facias, prius quam ad judicem venias, ut caveas etiam mendacium? Evitato enim mendacio, omne testimonium falsum effugies; sive omne mendacium sit falsum testimonium, sive non omne : evitato autem falso testimonio quod tu esse intelligis, non effugies omne mendacium. Quanto ergo fortius, quanto excellentius dices : Nec prodam, nec mentiar.

23. Fecit hoc Episcopus quondam (a) Thagastensis Ecclesiæ Firmus nomine, firmior voluntate. Nam cum ab eo quæreretur homo jussu Imperatoris per apparitores ab eo missos, quem ad se confugientem diligentia quanta poterat occultabat; respondit quærentibus nec mentiri se posse, nec hominem prodere, passusque tam multa tormenta corporis (nondum enim erant Imperatores Christiani) permansit in sententia. Deinde ad Imperatorem ductus, usque adeo mirabilis apparuit, ut ipsi homini quem servabat, indulgentiam sine ulla difficultate impetraret.

Quid hoc fieri potest fortius atque constantius? Sed ait quisquam timidior : Paratus esse possum ad quælibet ferenda tormenta, vel etiam mortem obeundam, ne peccem : cum autem peccatum non sit, ita mentiri, ut neque cuiquam obsis, neque falsum testimonium dicas, et prosis alicui; stultum est et grave peccatum, voluntaria frustra sustinere tormenta, et fortassis utilem salutem ac vitam incassum sævientibus projicere. A quo quæro, cur timeat quod scriptum est : « Falsum testimonium non dices; » (*Exod.*, xx, 16) et non timeat quod Deo dictum est : « Perdes omnes qui loquuntur mendacium? » (*Psal.* v, 7.) Non, inquit, scriptum est, « omne mendacium : » sed ita intelligo, ac si sit scriptum : « Perdes omnes qui loquuntur falsum testimonium. » At nec ibi dictum est, « omne falsum testimonium. » Sed ibi positum est, inquit, ubi cætera quæ omni modo mala sunt. Numquid et illud quod ibi est : « Non occides? » (*Exod.*, xx, 13.) Quod si omni modo malum est, quomodo ab hoc crimine excusabuntur justi, qui post legem datam multos occiderunt? Sed respondetur, quod non ipse occidat, qui justi alicujus præcepti minister est. Horum ergo timorem sic

(a) In veteri Germanensi codice, *Thagasensis*. In Colbertino, *Tegasensis*.

coupables? On me répond qu'on n'est pas meurtrier, quand on est l'exécuteur de la loi. J'abandonne ces hommes à leur timidité, et je dis que ce noble évêque, qui s'est refusé à mentir et à livrer son hôte, a mieux compris l'Ecriture, et qu'il l'a parfaitement observée.

24. On est quelquefois poussé à l'extrémité; on ne nous demande pas où est cet homme qu'on cherche; on ne nous force pas de le livrer, lorsque sa retraite est tellement cachée, qu'on ne pourrait le découvrir sans trahison; mais on nous demande s'il est en tel endroit, ou s'il n'y est pas. Si nous savons qu'il est là, nous le livrons par notre silence, ou même en répondant que nous ne voulons rien dire, ni s'il y est, ni s'il n'y est pas; car l'inquisiteur conclut de notre façon d'agir que son homme est là, et que s'il n'y était pas, on se contenterait de lui répondre, du moment qu'on ne veut pas mentir ni agir par trahison, que l'individu n'est pas là. Ainsi, par notre silence ou par notre manière de répondre, l'homme est découvert; l'inquisiteur entre, s'il est muni d'un mandat et il s'empare de lui; et pourtant il nous suffisait de faire un mensonge pour le dérouter. Si donc vous ne savez point où il est, vous n'avez aucune raison de cacher la vérité, et vous dites simplement que vous ne savez rien. Mais si vous connaissez le lieu de sa retraite, que ce soit l'endroit qu'on vous désigne ou tout autre, gardez-vous bien, lorsqu'on vous a demandé s'il est ici ou s'il n'y est pas, de répondre : Je ne veux rien dire sur ce que vous me demandez; bornez-vous à répondre : Je sais où il est, mais je ne dirai pas. Car si vous gardez le silence sur la question du lieu, tout en disant que vous ne le livrerez pas, c'est comme si vous le montriez du doigt; vous éveillez un soupçon qui n'est pas douteux. En déclarant d'abord que vous savez où il est, et que vous ne le direz pas, il est possible que l'inquisiteur soit désorienté, tout en exigeant que vous fassiez connaître sa retraite; si vous avez à souffrir alors pour ne pas trahir la confiance et les sentiments d'humanité, non-seulement vous n'aurez rien à vous reprocher, mais votre conduite n'en sera que plus honorable; j'excepte les infamies qui déshonorent un homme, si au lieu de les supporter avec courage il les subit avec une impure connivence et avec une honteuse lâcheté. C'est là la dernière espèce de mensonge sur lequel il nous faut donner quelques développements particuliers.

CHAPITRE XIV. — 25. Le mensonge qu'il faut éviter et fuir avec horreur, comme chose capitale, c'est celui qu'on emploierait dans l'enseignement de la religion; personne, sous aucun prétexte, ne doit se le permettre. La seconde sorte de mensonge, est celui qui nuit à quelqu'un d'une manière injuste, ne profitant à personne, et faisant du tort au prochain. Troisième

---

accipio, ut tamen illum laudabilem virum, qui nec mentiri voluit, nec hominem prodere, et melius arbitrer intellexisse quod scriptum est, et intellectum fortiter implevisse.

24. Sed venitur aliquando ad hujusmodi articulum, ut non interrogemur ubi sit ille qui quæritur, neque cogamur ut cum prodamus, si sic occultatus est, ut inveniri facile nisi proditus nequeat : sed quæritur a nobis utrum illo loco sit, an non sit. Ubi si eum esse scimus, tacendo eum prodimus; vel etiam dicendo nequaquam nos esse dicturos, utrum ibi sit, an non sit : ex hoc enim colligit ille qui quærit, ibi eum esse, ubi si non esset, nihil aliud ab eo qui mentiri nollet, nec hominem prodere, nisi eum non ibi esse responderetur. Ita per nostram vel taciturnitatem vel talia verba homo proditur, ut intret qui quærit, si potestatem habet, et inveniat eum : qui tamen ab ejus inventione mendacio nostro posset averti. Quapropter si nescis ubi sit, nulla est causa occultandæ veritatis, sed te nescire fatendum est. Si autem scis ubi sit, sive ibi sit ubi quæritur, sive alibi; non est dicendum, cum quæsitum fuerit, utrum ibi sit, an non sit : Non dico quod quæris : sed dicendum : Scio ubi sit, sed nunquam monstrabo. Nam si de uno loco non respondeas, et te non esse proditurum fatearis; tale est ac si eumdem locum digito ostendas : movetur enim certa suspicio. Si autem primo fatearis te scire ubi sit, sed non dicere; potest fortasse ab illo loco inquisitor averti, et tibi jam incumbere, ut ubi est a te prodatur. Pro qua fide atque humanitate quidquid fortiter tuleris, non solum non culpabile, sed etiam laudabile judicatur : exceptis dumtaxat his, quæ si passus fuerit homo, non fortiter, sed impudice ac turpiter pati dicitur. Hoc est enim ultimum mendacium, de quo diligentius tractandum est.

CAPUT XIV. — 25. Nam primum est ad evitandum capitale mendacium longeque fugiendum, quod fit in doctrina religionis : ad quod mendacium nulla conditione quisquam debet adduci. Secundum autem, ut aliquem lædat injuste : quod tale est, ut et nulli prosit, et obsit alicui. Tertium, quod ita prodest alteri, ut obsit alteri, quamvis non

espèce ; c'est celui qui rend service à une personne, en faisant du tort à une autre, quoiqu'il n'ait point rapport à une infamie corporelle. Quatrième espèce, c'est celui qu'on fait par le seul plaisir de mentir et de tromper ; et c'est le mensonge proprement dit. Cinquième espèce, c'est lorsqu'on ment pour se rendre agréable dans la conversation. Après tous ces mensonges qu'il faut éviter et rejeter, vient la sixième espèce, qui consiste à rendre service sans faire aucun tort à personne ; comme si quelqu'un voulait dérober l'argent d'un autre ; vous savez où il est, et vous répondez, quand on vous le demande, que vous n'en savez rien. Septième espèce ; quand le mensonge, sans faire tort à personne, rend service à quelqu'un, en dehors de toute action judiciaire ; par exemple, on recherche un homme pour le faire mourir ; vous ne voulez pas le livrer ; vous mentez pour le sauver, non-seulement s'il est juste et innocent, mais même s'il est coupable ; par cette raison que l'esprit du christianisme est de ne point désespérer de l'amendement du pécheur, et de ne fermer à personne la porte du repentir. Ces deux dernières espèces, qui donnent lieu à diverses interprétations, ont été suffisamment examinées, et nous avons dit là-dessus toute notre pensée, c'est qu'il faut les éviter, malgré les inconvénients qui en résultent, et supporter ces conséquences avec honneur et courage, comme doit le faire tout homme et toute femme, dont le caractère est ferme, religieux et sincère. Huitième espèce de mensonge, c'est celui qui, ne faisant tort à personne, rend surtout un grand service en préservant une personne de l'impureté corporelle ; je parle de celle que nous avons déjà mentionnée plus haut ; car manger sans se laver les mains, c'était une impureté chez les Juifs. (*Matth.*, xv, 20.) Si quelqu'un croit qu'il en est ainsi, je dis que dans ce cas il n'est pas nécessaire de mentir pour l'éviter. Mais si le mensonge a pour effet de nuire à quelqu'un, bien qu'il préserve une autre personne de cette infamie que tout le monde abhorre et déteste, je me demande s'il faut mentir. Si le tort que cause le mensonge n'a point rapport à la matière de l'impureté dont il s'agit, c'est une autre question ; le mensonge ici n'est plus en cause ; il s'agit seulement de savoir si l'on peut nuire à quelqu'un, même sans mensonge, pour préserver une autre personne d'une violence infâme. Je ne pense pas que la chose soit permise en aucune façon, quelque léger que soit le tort que l'on fait, comme serait la mesure de blé dont nous avons parlé plus haut, et malgré les inconvénients qu'il y aurait de ne pouvoir causer ce tort à quelqu'un, si c'est l'unique moyen de soustraire une personne au déshonneur d'un attentat infâme. Mais, comme je l'ai dit, c'est une autre question.

---

ad immunditiam obsit corporalem. Quartum, quod sit sola mentiendi fallendique libidine, quod merum mendacium est. Quintum, quod sit placendi cupiditate de suaviloquio. His omnibus penitus evitatis atque rejectis, sequitur sextum genus, quod et nulli obest, et prodest alicui : velut si quispiam pecuniam alicujus injuste tollendam, sciens ubi sit, nescire se mentiatur quocumque interrogante. Septimum, quod et nulli obest, et prodest alicui : excepto si judex interrogat : velut si nolens hominem ad mortem quæsitum prodere, mentiatur ; non solum justum atque innocentem, sed et reum ; quia Christianæ disciplinæ sit, ut neque de cujusquam correctione desperetur, neque cuiquam pœnitendi aditus intercludatur. De quibus duobus generibus, quæ solent habere magnam controversiam, satis tractavimus, et quid nobis placeret ostendimus : ut suscipiendis incommoditatibus, quæ honeste ac fortiter tolerantur, hæc quoque genera devitentur a fortibus et fidelibus et veracibus viris ac feminis. Octavum est genus mendacii, quod et nulli obest, et ad hoc prodest, ut ab immunditia corporali aliquem tueatur, duntaxat ea quam superius commemoravimus. Nam etiam non lotis manibus manducare, immunditiam putabant Judæi. (*Matth.*, xv, 20.) Aut si et hanc quisquam immunditiam vocat ; non tamen talem, pro qua evitenda mentiendum sit. Si autem mendacium tale est, quod alicui faciat injuriam ; etiamsi ab hac immunditia, quam omnes homines abhorrent ac detestantur, muniat hominem ; utrum et hoc genere mentiendum sit, si talis fiat injuria per mendacium, quæ non sit in eo genere immunditiæ, de quo nunc agimus, alia quæstio est : non enim jam de mendacio quæritur, sed quæritur utrum alicui facienda sit injuria etiam non per mendacium, ut illa ab altero immunditia depellatur. Quod nullo modo putaverim : quanquam proponantur levissimæ injuriæ, veluti est illa quam de uno modio amisso supra commemoravi ; et multum perturbent, utrum non debeamus facere cuiquam vel talem injuriam, si ea potest alius, ne stuprum patiatur, defendi aut muniri. Sed, ut dixi, alia quæstio est.

Chapitre XV. — Maintenant poursuivons notre but. Faut-il mentir, si nous sommes placés dans cette alternative inévitable, ou d'employer ce moyen, ou de subir un outrage infâme, quoique notre mensonge ne fasse tort à personne ?

26. Ici nous pouvons nous arrêter pour considérer d'abord les témoignages de la sainte Ecriture, qui défendent le mensonge, et les discuter avec soin ; s'ils ne nous sont pas favorables, c'est en vain que nous cherchons un faux-fuyant ; car il faut de toute nécessité s'en tenir à la loi divine, et faire la volonté de Dieu avec courage, quand même nous aurions à souffrir pour l'observer. Mais si la sainte Ecriture nous ouvre une issue favorable, je ne vois pas que, dans un cas de cette importance, il faille condamner le mensonge. C'est pourquoi les livres saints contiennent non-seulement les commandements de Dieu, mais encore l'histoire et les actions des justes, afin que si le précepte nous présente quelqu'obscurité, nous en trouvions l'intelligence dans la vie des saints personnages. J'excepte les faits où chacun peut voir une allégorie significative, quoiqu'on ne puisse douter de leur réalité, comme sont presque tous les faits de l'Ancien Testament. Qui oserait dire, en effet, que dans ce livre il y ait quelque chose qui ne renferme pas une figure ? L'Apôtre nous cite même les deux fils d'Abraham (*Gal.*, IV, 22) ; leur naissance sans doute et leur existence se rattachait au plan naturel où nous voyons se développer un peuple ; car il n'ont pas paru dans le monde comme des prodiges qui étonnent pour servir d'avertissement ; et pourtant l'Apôtre nous assure qu'ils étaient la figure des deux Testaments. Le miracle que Dieu fit en faveur du peuple d'Israël pour le tirer de la servitude d'Egypte, le châtiment dont il punit les péchés de ce peuple dans les pérégrinations du désert, tout cela, selon le même Apôtre, était une figure. Trouvez un fait qui ne rentre pas dans cette règle, et dont vous puissiez dire qu'il n'était pas une figure ? Je dis donc qu'à l'exception de ces faits que nous lisons dans l'Ancien Testament, tous ceux que nous offre le Nouveau Testament, dans la vie des saints, sont autant d'exemples de vertu que nous devons imiter, et ils doivent être pour nous l'explication des saintes Ecritures et des préceptes qu'elles renferment.

27. Ainsi nous lisons dans l'Evangile : « Vous avez reçu un soufflet, présentez l'autre joue. » (*Matth.*, V, 39.) Voilà le plus grand et le plus merveilleux exemple de patience que nous enseigne Notre-Seigneur lui-même. Cependant, ayant reçu lui-même un soufflet, il ne dit pas :

Caput XV. — Nunc illud quod instituimus, peragamus : utrum mentiendum sit, si etiam inevitabilis conditio proponatur, ut aut hoc faciamus, aut stuprum patiamur, vel aliquam exsecrabilem inquinationem ; etiamsi mentiendo nulli faciamus injuriam.

26. De qua re patebit aliquis considerationi locus, si prius divinas auctoritates, quæ mendacium prohibent, diligenter discutiamus : si enim ipsæ nullum dant locum, frustra quærimus qua exeamus : tenendum est enim omni modo præceptum Dei, et voluntas Dei in iis quæ tenendo præceptum ejus passi fuerimus, æquo animo sequenda : si autem relaxatur aliquis exitus, non est in tali causa recusandum mendacium. Propterea divinæ Scripturæ non solum præcepta Dei continent, sed etiam vitam moresque justorum ; ut si forte occultum est, quemadmodum accipiendum sit quod præcipitur, in factis justorum intelligatur. Exceptis itaque his factis, quæ potest quisque ad allegoricam significationem referre, quamvis gesta esse nemo ambigat, sicuti sunt fere omnia in libris Veteris Testamenti : Quis enim ibi aliquid audeat affirmare non pertinere ad figuratam prænuntiationem ? Quippe cum Apostolus etiam filios Abrahæ (*Gal.*, IV, 22), quos utique naturali ordine propagandi populi editos esse atque vixisse facillime dicitur, (non enim monstra et prodigia nata sunt, ut ad significationem aliquam ducant animum), duo tamen Testamenta significare asserat ; et beneficium illud mirabile, quod Deus populo Israel præstitit ad eruendos eos de servitute, qua in Ægypto premebantur, pœnamque vindictæ, cum in itinere peccassent, in figura contigisse dicat : quæ facta invenies, quibus istam regulam deroges ; et affirmare præsumas ad figuram aliquam non esse redigenda ? His ergo exceptis, ea quæ in Novo Testamento e sanctis facta sunt, ubi morum (a) imitandorum evidentissima commendatio est, valeant ad exempla intelligendarum Scripturarum, quæ in præceptis digesta sunt.

27. Velut cum legimus in Evangelio : « Accepisti alapam, para alteram maxillam. » (*Matth.*, V, 39.) Exemplum autem patientiæ nullum quam ipsius Domini potentius et excellentius invenimus : at ipse cum alapa percussus esset, non ait : Ecce altera maxilla ; sed ait : « Si male dixi, exproba de malo ;

(a) Plures Mss. *emendatorum.*

Voici l'autre joue, mais il dit : « Si j'ai mal parlé, montrez-le ; si au contraire j'ai bien parlé, pourquoi me frappez-vous ? » (*Jean.*, XVIII, 23.) Il montre par là qu'il suffit d'être disposé, au fond du cœur, à présenter l'autre joue. Saint Paul savait bien lui-même qu'il en était ainsi, car ayant été souffleté en présence du grand-prêtre, il ne dit pas : Frappez l'autre joue, mais il dit : « Le Seigneur te frappera, muraille blanchie ; tu siéges pour me juger selon la loi, et tu me fais frapper contrairement à la loi. » (*Act.*, XXIII, 3.) Son regard profond voyait que le sacerdoce juif n'avait plus qu'un éclat extérieur, mais qu'au fond il n'était qu'une boue de corruption ; il voyait en esprit qu'il allait expirer sous les coups de la vengeance divine, comme ses paroles l'indiquent ; et cependant son cœur était prêt non-seulement à recevoir d'autres soufflets, mais encore à souffrir tout autre tourment pour la vérité et par amour pour ses persécuteurs.

28. Il est encore écrit : « Moi je vous dis de ne jurer en aucune façon. » (*Matth.*, v, 34.) Or, l'Apôtre a juré dans ses Epîtres, et il nous montre par là, comment il faut entendre cette parole (*Rom.*, IX, 1 ; *Phil.*, I, 8 ; *Galat.*, I, 20) : « Je vous dis de ne jurer d'aucune manière. » Cela veut dire qu'il faut craindre qu'en jurant, on ne se laisse aller trop facilement à jurer, puis que la facilité n'amène l'habitude, et que l'habitude ne fasse tomber dans le parjure. C'est pourquoi on ne voit pas qu'il ait juré ailleurs que dans ses écrits, où l'esprit est plus réfléchi et la langue moins précipitée. Et en tout cas, le jurement vient du mal, suivant cette parole : « Ce qui est en plus vient du mal ; » (*Matth.*, v, 37) non pas sans doute que saint Paul ait fait mal ; mais le mal, c'était la faiblesse de ceux qu'il s'efforçait de convaincre par ce moyen. A-t-il employé le jurement dans ses discours et ailleurs que dans ses écrits, je n'en sais rien, et j'ignore si l'Ecriture le mentionne quelque part. Quoiqu'il en soit, le Seigneur dit positivement : « Il ne faut jurer en aucune façon ; » il n'accorde pas que la chose soit permise même à ceux qui écrivent. D'un autre côté, il n'est pas permis d'accuser saint Paul, comme ayant violé un précepte, surtout dans ses Epîtres, qu'il écrivait et qu'il publiait pour former les peuples à la vie spirituelle et au salut. Il faut donc entendre que cette expression, « en aucune manière, » est employée pour dire qu'autant qu'il est en vous, vous ne devez pas affecter le jurement, ni l'aimer, ni vous y complaire, comme s'il était bien de jurer.

29. Nous lisons encore : « Ne pensez pas au lendemain. Ne vous inquiétez pas de ce que vous mangerez, ni de ce que vous boirez, ni comment vous vous vêtirez. » (*Matth.*, VI, 25.) Mais quand nous voyons que le Seigneur lui-

---

si autem bene, quid me cædis ? » (*Joan.*, XVIII, 23.) Ubi ostendit, illam præparationem alterius maxillæ in corde faciendam. Quod etiam Apostolus Paulus utique noverat : nam et ipse cum esset alapa percussus ante Pontificem, non ait : Percute maxillam alteram : sed : « Percutiet te Dominus, inquit, paries dealbate : et tu sedes judicare me secundum legem, et contra legem jubes me percuti ? » (*Act.*, XXIII, 3.) altissime intuens sacerdotium Judæorum jam tale factum fuisse, ut nomine forinsecus niteret, intrinsecus autem luteis concupiscentiis sorderet : quod transiturum esse vindicta Domini videbat in spiritu, cum illud diceret : sed tamen cor paratum habebat, non solum ad alias alapas accipiendas, sed etiam quælibet tormenta pro veritate patienda, cum eorum dilectione a quibus illa pateretur.

28. Scriptum est etiam : « Ego autem dico vobis, non jurare omnino. » (*Matth.*, v, 34.) Juravit autem ipse Apostolus in epistolis suis. (*Rom.*, IX, 1 ; *Philip.*, I, 8 ; *Gal.*, I, 10.) Et sic ostendit quomodo accipiendum esset quod dictum est : « Dico vobis, non jurare omnino : » ne scilicet jurando ad facilitatem jurandi veniatur, ex facilitate ad consuetudinem, atque ita ex consuetudine in perjurium decidatur. Et ideo non invenitur jurasse, nisi scribens, ubi consideratio cautior non habet linguam præcipitem. Et hoc utique a malo, sicut dictum est : « Quod autem amplius est, a malo est : » (*Matth.*, v, 37) non tamen suo, sed eorum infirmitatis, quibus etiam sic fidem facere conabatur. Nam quod loquens jurasset, dum non scriberet, nescio utrum aliqua de illo Scriptura narraverit. Et tamen Dominus ait : « omnino non jurare : » non enim concessit ut id liceret scribentibus. Sed quia præcepti violati reum Paulum, præsertim in epistolis conscriptis atque editis ad spiritalem vitam salutemque populorum nefas est dicere : intelligendum est illud quod positum est, « omnino, » ad hoc positum, ut quantum in te est, non affectes, non ames, non quasi pro bono cum aliqua delectatione appetas jusjurandum.

29. Sicut illud : « Nolite cogitare de crastino. » Et : « Nolite itaque cogitare quid manducetis, et quid bi-

même faisait mettre en réserve les dons qu'on lui offrait, pour servir aux besoins, selon l'occasion (*Jean*, XII, 6) ; quand nous voyons que les Apôtres eux-mêmes faisaient des provisions pour soulager l'indigence des frères, non-seulement le lendemain, mais pendant toute la durée d'une longue famine, comme nous le lisons dans les Actes des Apôtres (*Act.*, XI, 28) ; il est évident que le sens de ces préceptes est de nous ôter toute inquiétude au sujet des biens temporels, en nous recommandant de ne pás les aimer, comme aussi de ne pas craindre de manquer du nécessaire.

30. On recommande encore aux apôtres de ne rien porter avec eux en voyage (*Luc*, X, 14), et de vivre de l'Evangile. Et ailleurs le Seigneur explique même cette parole, quand il ajoute : « Car l'ouvrier mérite bien qu'on lui donne son salaire. » (*Matth.*, X, 10.) Ici c'est une permission qui est donnée, ce n'est pas un ordre, pour mettre à l'aise celui qu'on userait et qui recevrait, pour les besoins de la vie, quelque don de ceux qui auraient profité de la prédication de l'Evangile. Cependant il vaut mieux n'en pas user, comme nous l'enseigne l'apôtre saint Paul. Il dit sans doute : « Que celui qu'on enseigne fasse part de son aisance à celui qui l'instruit ; » (*Gal.*, VI, 6) il montre, en plusieurs endroits, que c'est une œuvre salutaire pour ceux qui sont évangélisés ; « et pourtant, dit-il, je n'use pas de cette faculté. » (I *Cor.*, IX, 12.) Le Seigneur, par les paroles qu'il a dites, a donc autorisé cette offrande, mais il ne l'a pas prescrite. Il y a donc ainsi, dans la sainte Ecriture, plusieurs choses dont nous ne pourrions pas saisir le sens, et que nous comprenons parfaitement par la conduite des saints, notre esprit exagérant facilement, si l'exemple ne le ramenait au véritable point.

Chapitre XVI. — 31. Il est donc encore écrit : « La bouche qui ment donne la mort à l'âme. » (*Sag.*, I, 11.) De quelle bouche veut-on parler ? Souvent l'Ecriture, quand elle parle de la bouche, entend l'intérieur même du cœur, là où se fait le choix et la délibération de tout ce qu'énonce la bouche extérieure, lorsque nous disons la vérité ; de sorte que l'on ment dans son cœur quand on aime le mensonge ; et qu'on peut ne pas mentir dans son cœur, tout en parlant contre sa pensée, avec la conviction qu'on fait mal pour éviter un plus grand mal, tandis qu'on voudrait éviter l'un et l'autre. Ainsi faut-il entendre, selon l'opinion de certaines gens, cette parole du Psaume : « Celui qui dit la vérité dans son cœur ; » (*Ps.* XIV, 3) parce que, disent-ils, il faut toujours dire la vérité dans son cœur, quoiqu'on ne soit pas toujours obligé de la dire par la bouche extérieure, si la nécessité d'éviter

batis, et quid induamini. » (*Matth.*, VI, 25.) Cum autem videmus et ipsum Dominum habuisse loculos, quo ea quæ dabantur, mittebantur, ut servari possint ad usus pro tempore necessarios (*Joan.*, XII, 6); et ipsos Apostolos procurasse multa fratrum indigentiæ, non solum in crastinum, sed etiam in prolixius tempus impendentis famis, sicut in Actibus Apostolorum legimus (*Act.*, XI, 28) : satis elucet illa præcepta sic intelligenda, ut nihil operis nostri temporalium adipiscendorum amore vel timore egestatis tanquam ex necessitate faciamus.

30. Item dictum est Apostolis, ut nihil secum portantes in via, ex Evangelio viverent. (*Luc*, X, 4.) Et quodam loco etiam ipse Dominus significavit cur hoc dixerit, cum addidit : « Dignus est enim operarius mercede sua : » (*Matth.*, X, 10) ubi satis ostendit permissum hoc esse, non jussum ; ne forte qui hoc faceret, ut in opere prædicationis verbi aliquid ab eis, quibus prædicaret, in usus vitæ hujus sumeret, illicitum aliquid se facere arbitraretur. Posse tamen laudabilius non fieri, in apostolo Paulo satis demonstratum est : qui cum diceret : « Communicet autem qui catechizatur verbo, ei se qui se catechizat in omnibus bonis ; » (*Gal.*, VI, 6) et multis locis id salubriter fieri ab eis quibus verbum prædicaret, ostenderet : « Sed tamen ego, inquit, non sum usus hac potestate. » (I *Cor.*, IX, 12.) Potestatem ergo dedit Dominus, cum ista diceret, non imperio constrinxit. Ita pleraque in verbis intelligere non valentes, in factis sanctorum colligimus quemadmodum oporteat accipi, quod facile in aliam partem duceretur, nisi exemplo revocaretur.

Caput XVI. — 31. Sic ergo quod scriptum est : « Os autem quod mentitur, occidit animam : » (*Sap.*, I, 11) de quo ore dixerit, quæritur. Plerumque enim Scriptura cum os dicit, conceptaculum ipsum cordis significat, ubi placet et decernitur quidquid etiam per vocem, cum verum loquimur, enuntiatur : ut corde mentiatur, cui placet mendacium ; possit autem non corde mentiri, qui per vocem aliud quam est in animo ita profert, ut majoris mali evitandi causa malum se amittere noverit, cui tamen utrumque displiceat. Et qui hoc asserunt, ita dicunt etiam illud intelligendum quod scriptum est : « Qui loquitur veritatem in corde suo (*Psal.* XIV, 3) : quia semper in corde veritas loquenda est ; non autem semper

un plus grand mal exige qu'on parle autrement qu'on ne pense. Il y a donc la bouche du cœur, et ce qui le prouve, c'est que la parole suppose une bouche qui parle; et on ne devrait pas dire: « Celui qui parle dans son cœur, » si le cœur n'avait pas véritablement une bouche pour parler. Du reste, le passage même de l'Ecriture que nous avons cité : « La bouche qui ment tue l'âme, » (*Sag.*, I, 11) doit signifier probablement, si on l'examine dans son contexte, la bouche du cœur. Il s'agit là d'une parole cachée qui échappe aux hommes, lesquels n'entendent point la parole intérieure, si elle ne se produit par la parole extérieure. Or, l'Ecriture, en cet endroit, parle d'une bouche qui se fait entendre à l'Esprit du Seigneur qui remplit l'univers; elle va même jusqu'à mentionner les lèvres, la voix et la langue, quoique tout se réunisse pour signifier uniquement le langage du cœur, le Seigneur seul pouvant l'entendre, tandis que si la bouche s'exprime par les sons de la voix, les hommes entendent aussi. Voici donc le texte de l'Ecriture : « L'Esprit de sagesse est plein de bonté ; et il ne sauvera pas le médisant de la peine due à ses lèvres; parce que Dieu est témoin des pensées de ses reins, il pénètre véritablement le fond de son cœur, et entend les paroles de sa langue. Car l'Esprit du Seigneur remplit l'univers, et comme il contient tout, il connaît tout ce qui se dit. C'est pourquoi celui qui prononce des paroles d'iniquité ne peut se cacher devant lui, et il n'échappera point au jugement qui doit tout punir. Car l'impie sera interrogé sur ses pensées, et ses discours iront jusqu'à Dieu, qui les entendra, pour le punir de son iniquité. Car l'oreille jalouse de Dieu entend tout ; et le tumulte des murmures secrets ne lui sera point caché. Gardez-vous donc des murmures qui ne peuvent servir de rien ; et ne souillez point votre langue par la médisance ; parce que la parole la plus secrète ne sera point impunie, et la bouche qui ment tuera l'âme. » (*Sag.*, I, 6, et suiv.) Vous voyez donc qu'il menace ceux qui méditent et roulent dans leur cœur des pensées ténébreuses et secrètes. Mais ces pensées sont tellement retentissantes aux oreilles de Dieu, que l'auteur sacré les appelle un bruit tumultueux.

32. L'Evangile fait aussi mention, d'une manière expresse, de la bouche du cœur, et on voit qu'au même endroit le Seigneur parle de celle qui est intérieure, comme de celle qui est extérieure, quand il dit : « Quoi ! vous avez encore vous-mêmes si peu d'intelligence ? Ne comprenez-vous que tout ce qui entre dans la bouche descend dans le ventre, pour être jeté ensuite au lieu secret ? Mais ce qui sort de la bouche part du cœur, et c'est là ce qui souille l'homme. Car

---

in ore corporis, si aliqua causa cavendi majoris mali aliud quam in animo est voce proferri exigat. Et esse quidem os cordis, ex hoc jam intelligi potest, quod ubi locutio est, ibi os non absurde intelligitur : nec recte diceretur : « Qui loquitur in corde suo ; » nisi et os in corde recte intelligeretur. Quanquam et eo ipso loco, ubi scriptum est : « Os autem quod mentitur, occidit animam ; » (*Sap.*, I, 11) si circumstantia lectionis consideretur, non accipiatur fortasse aliud quam os cordis. Obscurum enim responsum ibi est, ubi homines latet, qui os cordis, nisi os corporis consonet, audire non possunt. Illud autem os dicit in eo loco Scriptura pervenire ad auditum Spiritus Domini, qui replevit orbem terrarum : ita ut etiam labia et vocem et linguam commemoret in eo loco ; nec tamen omnia sinat intellectus nisi de corde accipi, quia Dominum dicit non latere quod dicitur : quod autem sono isto ad aures nostras pertinente dicitur, nec homines latet. Ita quippe scriptum est : « Humanus est enim Spiritus sapientiæ, et non liberabit maledicum a labiis ejus : quoniam renum illius testis est Deus, et cordis illius scrutator est verus, et linguæ illius auditor. Quoniam Spiritus Domini replevit orbem terrarum, et hoc quod continet omnia, scientiam habet vobis. Propter hoc qui loquitur iniqua, non potest latere, sed nec præteriet illum corripiens judicium. In cogitationibus enim impii interrogatio erit, sermonum autem illius auditio a Domino veniet, ad correptionem iniquitatum illius. Quoniam auris zeli audit omnia, et tumultus murmurationum non abscondetur. Custodite ergo vos a murmuratione, quæ nihil prodest, et a detractione linguæ parcite : quoniam responsum obscurum in vacuum non ibit. Os autem quod mentitur, occidit animam. » (*Ibid.*, 6, etc.) Videtur ergo si minari, qui obscurum putant et secretum esse quod corde agitant atque versant. Tam vero clarum ostendere voluit hoc esse auribus Dei, ut etiam tumultum eum appellaverit.

32. Manifeste etiam in Evangelio invenimus os cordis; ut uno loco et corporis et cordis os Dominus commemorasse inveniatur, ubi ait : « Adhuc et vos sine intellectu estis ? Non intelligitis, quia omne quod in os intrat, in ventrem vadit, et in secessum imittitur ; quæ autem procedunt de ore, de corde exeunt, et ea coinquinant hominem ? De corde enim exeunt

CHAPITRE XVII. 31

c'est du cœur que viennent les mauvaises pensées, les meurtres, les adultères, les fornications, les larcins, les faux témoignages, les blasphèmes, et voilà ce qui souille l'homme. » (*Matth.*, xv, 16.) Si vous n'admettez ici qu'une seule bouche, celle du corps, comment expliquerez-vous ces paroles : « Ce qui sort de la bouche part du cœur, » puisque cette bouche ne laisse sortir que ce qu'elle crache ou ce qu'elle vomit ? A moins que vous ne disiez que ce qui souille l'homme n'est pas de prendre une nourriture immonde, mais de la vomir ; ce qui serait complétement absurde. Il faut donc entendre que le Seigneur parle de la bouche du cœur, quand il dit : « Ce qui sort de la bouche part du cœur. » Le vol, autant que possible, s'accomplit ordinairement dans le silence et sans le moindre bruit de paroles ; or, ce serait une grande folie, si l'on interprétait ainsi l'Evangile en disant que le voleur est souillé par l'aveu qu'il fait de son larcin, et qu'en gardant le silence, il reste pur. Si au contraire nous rapportons à la bouche du cœur les paroles de l'Evangile, on ne peut plus commettre aucun péché dans le secret du silence ; tout péché que l'on commet part de la bouche intérieure du cœur.

33. De même que, dans ce passage : « La bouche qui ment tue l'âme, » (*Sag.*, I, 11) on demande de quelle bouche il est question, on pourrait aussi demander de quel mensonge il s'agit. On semble signaler particulièrement celui qui attaque le prochain, car il est dit : « Gardez-vous des murmures qui ne servent de rien, et ne souillez point votre langue par la médisance. » (*Ibid.*) Or, on médit du prochain par la malveillance, non-seulement quand on invente et qu'on dit soi-même du mal contre lui, mais en laissant croire le mal par un silence prémédité. On médit intérieurement par la bouche du cœur, et cette médisance ne peut pas être un secret pour Dieu.

34. Voici un autre passage de l'Ecriture : « Gardez-vous de vouloir dire toute sorte de mensonge. » (*Eccli.*, VII, 14.) Il en est qui prétendent que ce passage ne renferme pas la condamnation de tout mensonge. Il est vrai que l'un nous dira que ce passage condamne absolument tout mensonge, au point que si quelqu'un avait l'intention de mentir, quoiqu'il ne mente pas, la volonté seule serait un péché, suivant le sens du texte qui ne dit pas : Gardez-vous de mentir, mais : « Gardez-vous de vouloir mentir ; » le mensonge étant non-seulement condamné, mais même la volonté de mentir.

CHAPITRE XVII. — Un autre se présente avec une seconde interprétation de cette parole : « Gardez-vous de vouloir mentir. » Elle signifie, dit-il, qu'il faut bannir et chasser de la bouche

---

cogitationes malæ, homicidia, adulteria, fornicationes, furta, falsa testimonia, blasphemiæ : hæc sunt quæ coinquinant hominem. » (*Matth.*, xv, 16, etc.) Hic si unum os, quod est corporis, intellexeris, quomodo intellecturus es : « Quæ autem procedunt de ore, de corde exeunt : » cum et sputus et vomitus de ore procedant ? Nisi forte tunc quisque non coinquinatur, cum edit aliquid immundum ; coinquinatur autem, cum id evomit. Quod si absurdissimum est, restat ut os cordis intelligamus a Domino expositum, cum ait : « Quæ procedunt de ore, de corde exeunt. » Nam et furtum cum possit, et sæpe ita fiat, in silentio corporalis vocis atque oris perpetrari ; dementissimum est sic intelligere, ut tunc putemus quemquam peccato furti contaminari, cum id fatetur aut indicat ; cum autem id tacite committit, incoinquinatum arbitrari. At vero si ad hos cordis quod dictum est referamus, nihil omnino peccati tacite committi potest : non enim committitur, nisi ex ore illo interiore procedat.

33. Sicut autem quæritur de quo ore dixerit : « Os autem quod mentitur, occidit animam : » (*Sap.*, I, 11) ita quæri potest, de quo mendacio. Videtur enim de illo proprie dicere, quo cuiquam detrahitur. Ait enim : « Abstinete ergo vos a murmuratione, quæ nihil prodest, et a detractione linguæ parcite. » (*Ibid.*) Fit autem ista detractio per malevolentiam, cum quisquam non solum ore ac voce corporis profert quod confingit in aliquem, sed etiam tacitus talem vult credi ; quod est utique ore cordis detrahere : quod dicit obscurum et occultum Deo esse non posse.

34. Nam quod alio loco scriptum est : « Noli velle mentiri omne mendacium : » (*Eccli.*, VII, 14) non ad hoc volunt valere, ut nullo mendacio quisquam mentiatur. Itaque cum alius dixerit, ex isto Scripturæ testimonio usque adeo generaliter omne mendacium esse detestandum, ut etiam si quis mentiri velit, etiamsi non mentiatur, jam voluntas ipsa damnanda sit ; atque ad hoc interpretetur, quod non dictum est : Noli mentiri omne mendacium ; sed : « Noli velle mentiri omne mendacium ; » ut non solum mentiri, sed nec velle mentiri quisque audeat ullo mendacio.

CAPUT XVII. — Dicit alius : Imo quod ait : « Noli velle mentiri omne mendacium ; » de ore cordis exterminandum atque alienandum esse mendacium

du cœur le mensonge, dans ce sens que la bouche extérieure ne doit jamais mentir sur les matières qui concernent la religion, et qu'elle peut le faire, s'il s'agit d'éviter un plus grand mal; quant au mensonge du cœur, il faut se l'interdire absolument. C'est ainsi qu'il faudrait entendre cette parle : « Gardez-vous de vouloir, » la volonté étant ici considérée comme la bouche du cœur ; tandis que ce n'est plus le cœur qui parle, quand, pour éviter un plus grand mal, nous mentons malgré nous. Troisième interprétation qui signifie : « Ne dites pas tout mensonge, » comme si, sauf quelques exceptions, il était permis de mentir. C'est ainsi qu'on dirait : Ne vous fiez pas à tout homme, cela ne voudrait pas dire qu'il ne faut se fier à personne, mais qu'il faut se fier à quelques-uns seulement et non à tous. Quand vous lisez ce qui suit : « L'habitude du mensonge n'est pas bonne, » (*Eccli.*, VII, 14) il semble que ce qui est défendu, ce n'est pas précisément le mensonge, mais l'usage fréquent, l'habitude et l'amour du mensonge. On tombera bientôt dans cette habitude, si l'on s'imagine que tout mensonge est permis; on ne l'évitera même pas en matière de piété et de religion ; et, dans ce cas, ne trouvez-vous pas que le mensonge est un péché grave, et même le plus grave de tous les péchés ? Ou bien on se prêtera volontiers et sans scrupule au mensonge, sous prétexte qu'il est sans conséquence et sans aucun danger, et on mentira non plus malgré soi, non plus pour éviter un plus grand mal, mais pour son agrément et de gaité de cœur. Ainsi le texte que nous avons cité peut se prêter à trois interprétations : gardez-vous de mentir et même d'en avoir la volonté ; n'ayez pas la volonté de mentir, mais mentez malgré vous, quand il s'agit d'éviter un plus grand mal ; ou bien ne vous permettez pas tous les mensonges, et faites des exceptions. Il y a donc un sens d'interprétation, pour ceux qui condamnent absolument tout mensonge, et il y en a deux, pour ceux qui pensent qu'on peut mentir quelquefois. Et pourtant, les paroles qui suivent : « L'habitude de mentir n'est pas bonne, » sembleraient, à mon avis, n'être pas en faveur de la première interprétation ; à moins qu'on ne dise qu'il est commandé aux parfaits de ne pas mentir en aucune manière, ni même d'en avoir la volonté, et que les imparfaits doivent en éviter l'habitude. Comme si, au commandement de ne pas mentir du tout, et de n'en avoir pas même la volonté, on opposait certains exemples où le mensonge est autorisé ; mais on répondrait que ces mensonges sont simplement tolérés chez les imparfaits, à cause du sentiment de miséricorde qui les inspire, tout en maintenant que le mensonge sans exception est un mal, que les âmes

---

voluit ; ut a quibusdam mendaciis ore corporis abstinendum sit, sicut illa sunt maxime, quæ pertinent ad doctrinam religionis ; a quibusdam vero non sit ore corporis abstinendum, si majoris mali evitandi causa exigit ; ore autem cordis ab omni mendacio penitus abstinere debeamus. Ubi oportet intelligi quod dictum est : « Noli velle : » voluntas quippe ipsa quasi os cordis accipitur, non pertineat ad os cordis, cum majus malum caventes mentimur inviti. Est et tertius intellectus, quo sic accipias : « Noli omne, » ut exceptis aliquibus mendaciis mentiri se sinat. Tanquam si diceret : Noli velle credere omni homini : non utique ut nulli crederetur moneret ; sed ut non omnibus, aliquibus autem crederetur. Et id quod sequitur : « Assiduitas enim ejus non proficiet ad bonum, » (*Ibid.*) ita sonat, quasi non a mendacio, sed ab assiduo mendacio, id est, a consuetudine atque amore mentiendi prohibere videatur. Quo profecto delabetur, quisquis vel omni mendacio putaverit abutendum : (ita enim nec illud cavebit, quod fit in doctrina pietatis et religionis ; quo sceleratius quid facile invenias, non inter omnia mendacia, sed inter omnia peccata ?) vel alicui mendacio, quamvis facili, quamvis innoxio, nutum voluntatis accommodaverit ; ut non invitus evadendi majoris mali causa, sed volens libensque mentiatur. Ita cum tria sint, quæ in hac sententia intelligi possint ; aut omne mendacium non solum mentiri noli, sed nec velle mentiri ; aut noli velle, sed vel invitus mentire, cum fugiendum est aliquid gravius ; aut noli omne, ut exceptis aliquibus mendaciis cætera permittantur : unum hic pro his quibus mentiri nunquam placet, duo pro illis qui aliquando putant esse mentiendum, inveniuntur. Sed tamen quod sequitur : « Assiduitas enim ejus non proficiet ad bonum, » nescio utrum possit primæ harum trium sententiæ suffragari : nisi forte ita ut perfectorum præceptum sit, omnino nunquam non solum mentiri, sed vel velle mentiri ; assiduitas vero mentiendi nec proficientibus permittatur. Tanquam si cum præciperetur, nunquam prorsus non solum mentiendum, sed nec voluntatem habendam esse mentiendi, contradiceretur exemplis, quod aliqua sunt etiam magna auctoritate approbata mendacia : responderetur autem, illa quidem esse proficientium, quæ habent secundum hanc vitam qualecumque officium miseri-

CHAPITRE XVII.

parfaites et spirituelles doivent se l'interdire absolument, et que les âmes imparfaites ne doivent pas s'en permettre l'habitude. Nous avons cité (1) déjà les sages-femmes de l'Egypte, en disant que leur mensonge avait été approuvé comme un progrès relatif. Il semble, en effet, qu'on fait un pas dans la voie qui conduit au salut véritable et éternel, lorsque, même en mentant, l'on cède à un sentiment de miséricorde, pour sauver la vie de quelqu'un.

35. Il est encore écrit : « Vous perdrez tous ceux qui disent le mensonge. » (*Ps.* v, 7.) Cette parole, suivant l'un, n'admet pas d'exception ; elle condamne toute espèce de mensonge. J'en conviens, dit un autre, s'il s'agit du mensonge venant du cœur, comme on l'a dit plus haut ; car on dit la vérité dans son cœur, quand on déteste la nécessité de mentir, qui est une des afflictions de cette vie mortelle. Oui, dit un autre, Dieu perdra tous ceux qui disent le mensonge ; mais il ne s'agit pas de toute espèce de mensonge. Il y en a un surtout que le prophète avait en vue, et que Dieu ne pardonne pas : c'est quand on s'obstine à ne pas confesser ses péchés, et qu'on ne veut pas en faire pénitence. On ne se contente pas d'opérer l'iniquité, mais on veut paraître juste et faire croire qu'on n'a pas besoin du remède de la confession. Aussi les paroles du Psaume semblent bien établir cette distinction; car il est dit : « Vous haïssez tous ceux qui opèrent l'iniquité ; » (*Ps.* v, 7) mais vous ne les perdrez pas, s'ils se repentent et confessent la vérité, afin qu'en la pratiquant ils viennent à la lumière, suivant cette parole de saint Jean dans son Evangile : « Celui qui fait la vérité vient à la lumière. » (*Jean*, III, 21.) Mais « vous perdrez tous ceux qui » non-seulement opèrent l'iniquité, mais encore qui « disent le mensonge, » en affichant une fausse justice, et en ne voulant pas se repentir, ni confesser leurs péchés.

36. Quant au faux témoignage dont il est question dans le Décalogue (*Exode*, XX, 16), il n'y a pas moyen de discuter, ni de dire qu'on peut avoir l'amour de la vérité dans le cœur, et parler faussement. Lorsqu'on parle à Dieu seulement, il suffit d'aimer la vérité dans son cœur, mais lorsqu'on parle à l'homme, il faut encore avoir la vérité dans la bouche, l'homme ne pouvant pas lire dans le cœur. Pour se fixer sur le faux témoignage, il n'est pas hors de propos de savoir quand est-ce qu'on est témoin. Il ne suffit pas de parler devant le premier venu, pour être témoin ; témoigner, c'est parler devant les hommes qui ont intérêt et qui ont droit à con-

(1) Voyez le chiffre 7 de ce traité.

---

cordiæ; sed usque adeo esse omne mendacium malum, et perfectis atque spiritalibus animis omni modo fugiendum, ut nec ipsis proficientibus assiduitas ejus permittenda sit. Dictum est enim jam de obstetricibus Ægyptiis, quod de indole ad melius proficiendi mentientes approbatæ sunt : quia nonnullus gradus est ad diligendam veram ac sempiternam salutem, cum quisque misericorditer etiam pro alicujus quamvis mortali salute mentitur.

35. Item quod scriptum est : « Perdes omnes qui loquuntur mendacium : » (*Psal.* v, 7) alius dicit, nullum hic exceptum esse mendacium, sed omne damnatum. Alius dicit : Ita vero, sed qui loquuntur ex corde mendacium, secundum superiorem disputationem ; nam veritatem loquitur in corde, qui odit mentiendi necessitatem, quam pœnam hujus vitæ mortalis intelligit. Alius dicit : Omnes quidem perdet Deus qui loquuntur mendacium, sed non omne mendacium : est enim aliquod mendacium quod tunc insinuabat Propheta, in quo nulli parcatur; id est, si peccata sua quisque confiteri detrectans, defendat ea potius, et nolit agere pœnitentiam ; ut parum sit quia operatur iniquitatem, nisi etiam justus videri volens medicinæ confessionis non succumbat : ut et ipsa verborum distinctio non aliud intimare videatur : « Odisti omnes qui operantur iniquitatem; » (*Ibid.*) sed non perdes, si pœnitendo in confessione veritatem loquantur, ut faciendo istam veritatem veniant ad lucem, sicut in Evangelio secundum Joannem dicitur : « Qui autem facit veritatem, venit ad lucem. (*Joan.*, III, 21.) Perdes autem omnes qui,» non solum operantur (*a*) quod odisti, sed etiam « loquuntur mendacium; » falsam justitiam prætendendo, nec in pœnitentia confitendo peccata.

36. Nam de falso testimonio, quod in decem præceptis legis positum est (*Exod.*, XX, 16), nullo modo quidem contendi potest, dilectionem veritatis in corde servandam, et proferendum falsum ad eum apud quem dicitur testimonium. Cum enim Deo tantum dicitur, tunc tantum in corde veritas amplectenda est : cum autem homini dicitur, etiam ore corporis verum proferendum est ; quia homo non est cordis inspector. Sed plane de ipso testimonio non absurde quæritur, apud quem quisque testis sit. Non enim apud quoscumque loquimur, testes sumus; sed apud eos quibus expedit et debetur per nos cognoscere

(*a*) Ilic editi addunt, *iniquitatem* : quæ vox abest a Mss.

naître par nous la vérité, sans être trompés; tel est le juge qui ne doit pas errer dans ses jugements; tel est l'homme qu'on instruit dans la doctrine chrétienne, qu'il ne faut pas exposer à des erreurs sur la foi, ni à des doutes sur l'autorité de celui qui enseigne. Mais celui qui vous interroge, ou qui veut savoir quelque chose de vous, sans avoir de mission pour le faire, et sans que cette chose le regarde; celui-là ce n'est plus un témoin, mais un traître qu'il cherche. Si vous mentez en cette circonstance, il est possible que vous ne fassiez pas un faux témoignage, mais il est certain que vous ferez un mensonge.

Chapitre XVIII. — Nous maintenons donc qu'il n'est jamais permis de faire un faux témoignage; mais on demande s'il est quelquefois permis de mentir. Ou bien si tout mensonge est un faux témoignage, il faut voir si ce précepte admet une compensation, de manière qu'on puisse mentir pour éviter un plus grand péché; c'est ainsi que le précepte : « Honore ton père et ta mère, » (*Exode*, xx, 12) est mis de côté, quand il s'agit d'un commandement plus important; et le Seigneur lui-même défend au jeune homme de pourvoir à la sépulture de son père, quand il l'appelle à la prédication du royaume de Dieu. (*Matth.*, viii, 22.)

37. Il est encore écrit : « L'enfant qui écoute la parole ne tombera point dans la perdition; il la recueille avec soin pour lui-même, et aucune parole fausse ne sort de sa bouche. » (*Prov.*, xxix, 27.) La parole dont il est ici question, dira l'un, c'est la parole de Dieu, c'est-à-dire la vérité. Donc ce passage : « Le fils qui écoute la parole ne tombera pas dans la perdition, » se rapporte au verset du Psaume : « Vous perdrez tous ceux qui disent le mensonge. » (*Ps.* v, 7.) Je continue : « Il la recueille avec soin pour lui-même; » n'est-ce pas la même pensée que celle de l'Apôtre, quand il dit : Que chacun examine soigneusement ses propres actions, et alors il trouvera sa gloire seulement en lui-même, et non dans les autres ? » (*Gal.*, vi, 4.) Celui au contraire qui écoute la parole non pour lui-même, mais pour plaire aux hommes, ne sait pas la garder, quand il trouve l'occasion de leur plaire par le mensonge. Or, celui qui écoute la parole pour lui-même ne permettra pas qu'aucune parole fausse ne sorte de sa bouche, et quoique le mensonge plaise aux hommes, il ne mentira pas, du moment qu'il a écouté la parole pour lui-même, avec l'intention, non de plaire aux hommes, mais de plaire à Dieu. Il n'est donc pas possible de dire ici : Il perdra tous ceux qui disent le mensonge, sauf des exceptions; car tous les mensonges sans exception sont renfermés dans cette parole : « Et aucune

aut credere veritatem : sicuti est judex, ne in judicando erret; aut qui docetur doctrina religionis, ne erret in fide, aut ipsa doctoris auctoritate dubius fluctuet. Cum autem ille te interrogat, aut vult ex te aliquid nosse, qui eam rem quærit quæ non ad eum pertineat, aut quam ei nosse non expedit; non testem, sed proditorem requirit. Itaque si ei mentiaris, a falso fortasse testimonio alienus eris, sed a mendacio profecto non eris.

Caput XVIII. — Salvo igitur eo, quod falsum testimonium dicere nunquam licet, quæritur utrum liceat aliquando mentiri. Aut si falsum testimonium est omne mendacium, videndum est utrum admittat compensationem, ut dicatur vitandi majoris peccati gratia : sicut illud quod scriptum est : « Honora patrem et matrem, » (*Exod.*, xx, 12) rapiente officio (*a*) potiore contemnitur; unde ultimum sepulturæ honorem patri prohibetur exsolvere, qui ab ipso Domino ad regnum Dei annuntiandum vocatur. (*Matth.*, viii, 22.)

37. Item quod scriptum est : « Verbum (*b*) excipiens filius a perditione longe aberit : excipiens autem excipit illud sibi, et nihil falsi de ore ipsius procedit : » (*Prov.*, xxix, 27) dicit aliquis, non aliud hic accipiendum esse quod positum est : « Excipiens verbum filius, » nisi verbum Dei, quod est veritas. Ergo : « Excipiens veritatem filius a perditione longe aberit, » refertur ad illud quod dictum est : « Perdes omnes qui loquuntur mendacium. » (*Psal.* v, 7.) Quod vero sequitur : « Excipiens autem excipit illud sibi, » quid aliud insinuat, nisi quod Apostolus dicit : « Opus autem suum probet unusquisque, et tunc in semetipso habebit gloriam, et non in altero ? » (*Gal.*, vi, 4.) Qui enim excipit verbum, id est, veritatem, non sibi, sed ut hominibus placeat, non eam custodit, cum eis videt placeri posse mendacio. Qui autem excipit sibi, nihil falsum de ore ipsius procedit; quia etiam cum placet hominibus mendacium, non mentitur ille qui veritatem, non de qua illis, sed de qua Deo placeret, excipit sibi. Itaque non est cur hic dicatur : Omnes quidem perdet qui loquuntur mendacium, sed non omne mendacium : quando univer-

(*a*) Aliquot Mss. *furtiore*. — (*b*) Probæ notæ Mss. habent, *custodiens*, hoc tantum et altero loco infra post : *Quamquam etiam in hac tota sententia*, etc. Apud LXX, in *Prov.*, xxiv, legitur, φυλασσόμενος.

CHAPITRE XVIII.

parole fausse ne sortira de sa bouche. » Mais un autre vient aussi donner son interprétation, et il nous dit qu'il faut entendre cette parole, comme l'apôtre saint Paul a entendu cette sentence du Seigneur : « Moi je vous dis de ne point jurer du tout. » (*Matth.*, v, 34.) Ici sans doute toute parole de jurement est défendue, mais comme parole qui sort de la bouche du cœur. Ainsi il ne faut jamais jurer avec l'approbation de sa volonté, mais par nécessité, à cause de l'infirmité du prochain, c'est-à-dire, à cause de sa mauvaise disposition, lorsqu'on ne peut guère le persuader et lui donner confiance que par le serment ; ou à cause de notre propre infirmité, mal de notre nature qui nous empêche, tant que nous sommes dans cette condition mortelle, de pouvoir manifester ce qui se passe dans notre cœur ; autrement nous n'aurions pas besoin du serment. On peut dire aussi que la parole dont il est question dans notre texte : « L'enfant qui écoute la parole ne tombera point dans la perdition, » s'applique à la Vérité elle-même par qui tout a été fait, et qui demeure toujours immuable ; or, l'enseignement de la religion ayant pour but de nous conduire à la contemplation de la vérité, il semble qu'on a voulu dire : « Et rien de faux ne sortira de sa bouche, » pour signifier qu'aucune erreur ne doit se glisser dans la doctrine. Ce genre de mensonge n'admet pas de compensation, et il faut l'éviter complétement et avant tout. Si l'on veut que cette parole : « rien de faux, » ne signifie pas toute espèce de mensonge, cette autre parole : « de sa bouche, » signifiera la bouche du cœur, selon cette opinion que nous avons déjà rapportée, et qui soutient qu'on peut mentir quelquefois.

38. Bien que dans toute cette discussion, nous ayons trouvé des opinions diverses ; les uns s'appuyant sur l'Ecriture pour montrer qu'on ne doit jamais mentir ; les autres invoquant la même autorité, pour trouver au mensonge une sorte d'échappatoire. Cependant personne ne peut dire qu'il a trouvé dans l'Ecriture un exemple ou une parole qui l'autorise à aimer ou à ne pas détester le mensonge. On convient que si parfois il y a nécessité de mentir, il faut le faire avec répugnance, et pour éviter un plus grand mal. Mais les hommes ne sont plus dans le vrai, du moment que dans leur appréciation, ce qui est supérieur est subordonné à ce qui est inférieur. Lorsque vous admettez qu'on peut faire quelque mal pour éviter un plus grand mal, il faut craindre que chacun ne mesure le mal, non d'après la règle de la vérité, mais d'après sa passion et l'usage ; et pour lui le plus grand mal, c'est ce qu'il déteste, et non ce qui est en réalité

---

saliter omnia mendacia circumcisa sunt in eo quod dictum est : « Et nihil falsi de ore ipsius procedit. » Sed dicit alius, ita esse accipiendum, sicut accepit apostolus Paulus quod ait Dominus : « Ego autem dico vobis, non jurare omnino. » (*Matth.*, v, 34.) Nam et hic omnis juratio circumcisa est ; sed ab ore cordis, ut numquam voluntatis approbatione fieret, sed necessitate infirmitatis alterius, id est, a malo alterius, cui non aliter videtur persuaderi posse quod dicitur, nisi jurando fides fiat ; aut ab illo malo nostro, quod hujus mortalitatis adhuc pellibus involuti, cor nostrum non valemus ostendere : quod utique si valeremus, juratione opus non esset. Quanquam etiam in hac tota sententia, si quod dictum est : « Excipiens verbum filius a perditione longe aberit, » de ipsa dictum est Veritate per quam facta sunt omnia, quæ incommutabilis semper manet; quoniam doctrina religionis ad eam contemplandam perducere nititur, potest videri ad hoc esse dictum : « Et nihil falsi de ore ipsius procedit, » ut nihil falsi quod ad doctrinam pertinet dicat. Quod mendacii genus nulla omnino compensatione subeundum, penitusque ac præcipue devitandum est. (*a*) Aut si quod dictum est, « nihil falsi, » absurde accipitur, si non ad omne mendacium referatur : quod dictum est, « de ore ipsius, » secundum superiorem disputationem os cordis accipiendum esse contendit, qui aliquando putat esse mentiendum.

38. Hæc certe omnis disputatio quamvis alternet, aliis asserentibus numquam esse mentiendum, et ad hoc divina testimonia recitantibus ; aliis contradicentibus, et inter ipsa verba divinorum testimoniorum mendacio locum quærentibus : nemo tamen potest dicere, hoc se aut in exemplo aut in verbo Scripturarum invenire, ut diligendum vel non odio habendum ullum mendacium videatur ; sed interdum mentiendo faciendum esse quod oderis, ut quod amplius detestandum est devitetur. Sed in hoc errant homines, quod subdunt pretiosa vilioribus. Cum enim concesseris admittendum esse aliquod malum, ne aliud gravius admittatur ; non ex regula veritatis, sed ex sua quisque cupiditate atque consuetudine metitur malum ; et id putat gravius, quod ipse amplius exhorrescit, non quod amplius re vera fugien-

---

(*a*) Sola editio Lov. *Ut sicut quod dictum est, nihil falsi, absurde accipitur, si non ad omne mendacium referatur : sic quod dictum est*, etc., minus bene.

détestable. C'est donc la perversité du cœur qui engendre ce vice, en corrompant l'esprit. Comme nous avons deux vies, l'une éternelle, que Dieu nous promet, l'autre temporelle, qui est celle dont nous jouissons ; si l'homme s'attache à la vie temporelle plus qu'à la vie éternelle, il se croira tout permis pour conserver la vie qu'il préfère ; les péchés les plus graves pour lui sont ceux qui dérangent sa vie, qui blessent d'une manière injuste et illicite ses intérêts, ou qui pourraient la lui ravir. Aussi les voleurs, les brigands, les insolents, les bourreaux, les meurtriers sont plus odieux, dans ce cas, que les libertins, les ivrognes et les débauchés qui ne font de mal à personne. On ne comprend pas que ces derniers outragent Dieu ; on ne s'en inquiète en aucune façon ; non pas que Dieu puisse en souffrir lui-même ; mais c'est l'homme qui en souffre, puisqu'il corrompt les dons, même temporels, que Dieu lui a faits, méprisant par là les biens éternels, surtout s'il est déjà devenu le temple de Dieu, suivant cette parole de l'Apôtre : « Ne savez-vous pas que vous êtes le temple de Dieu, et que l'Esprit de Dieu habite en vous ? Celui qui profanera le temple de Dieu, Dieu le perdra. Car le temple de Dieu est saint ; et c'est vous qui êtes ce temple. » (I *Cor.*, III, 16, 17.)

39. Toutes ces fautes, qui blessent le prochain dans ses intérêts temporels, ou par lesquelles on se nuit à soi-même, sans offenser personne, toutes semblent avoir pour but la satisfaction d'un plaisir ou d'un intérêt temporel ; autrement personne ne voudrait pécher ; et pourtant elles sont très-nuisibles pour la vie éternelle. Parmi ces fautes, il y en a qui ne chargent que la conscience du coupable, et d'autres qui chargent aussi la conscience du prochain. Vous avez des biens que vous gardez pour les besoins de la vie ; on vous les ravit injustement ; les ravisseurs seuls sont coupables, et nullement ceux qui sont dépouillés. Je suppose que vous laissiez faire les voleurs, sans vouloir vous venger, ou pour vous épargner un plus grand dommage, je dis que non-seulement vous ne péchez pas, mais que dans le premier cas votre conduite est louable et généreuse, et dans le second cas, prudente et irréprochable. Mais s'il s'agit de biens qui concernent la sainteté et la religion, vous devez empêcher qu'on les ravisse, quand même vous seriez obligé pour cela de commettre quelque faute légère, pourvu que ce ne soit pas au détriment du prochain. Les fautes, dans cette circonstance, ne sont plus des fautes, lorsqu'il s'agit d'éviter un plus grand mal. De même que pour les intérêts

dum est. Hoc totum ab amoris perversitate gignitur vitium. Cum enim duæ sint vitæ nostræ ; una sempiterna, quæ divinitus promittitur ; altera temporalis, in qua nunc sumus : cum quisque istam temporalem amplius diligere cœperit, quam illam sempiternam, propter hanc quam diligit, putat esse omnia facienda ; nec ulla æstimat graviora peccata, quam quæ huic vitæ faciunt injuriam, et vel ei commoditatis aliquid inique et illicite auferunt, aut eam penitus illata morte adimunt. Itaque fures et raptores et contumeliosos et tortores atque interfectores magis oderunt, quam lascivos, ebriosos, luxuriosos, si nulli molesti sint. Non enim intelligunt, aut omnino curant, quod isti Deo faciant injuriam ; non quidem in illius aliquod incommodum, sed in suam magnam perniciem : cum dona ejus in se corrumpunt, etiam temporalia, atque ipsis corruptionibus aversantur æterna ; maxime si jam templum Dei esse cœperunt : quod Christianis omnibus Apostolus ita dicit : « Nescitis quia templum Dei estis, et Spiritus Dei habitat in vobis? Quisquis templum Dei corruperit, corrumpet illum Deus. Templum enim Dei sanctum est, quod estis vos. » (I *Cor.*, III, 16, 17.)

(*a*) Sic Mss. At editi, *incommodis*.

39. Et omnia quidem ista peccata, sive quibus injuria fit hominibus in ipsis vitæ hujus (*a*) commodis, sive quibus se ipsi homines corrumpunt, et nulli invito nocent ; omnia ergo ista peccata, etiamsi huic temporali vitæ ad aliquam delectationem vel utilitatem videntur consulere : (nam nullus aliquid horum alio proposito ac fine committit :) tamen ad illam vitam, quæ sempiterna est, implicatos omnibus modis impediunt. Horum autem alia sunt quæ solos facientes impediunt, alia quæ eos etiam in quibus fiunt. Nam illa quæ utilitatis ad hanc vitam pertinentis gratia servantur, cum auferuntur ab injuriosis ; illi soli peccant, et a vita æterna impediuntur, qui ea faciunt, non ii quibus faciunt. Itaque etiamsi ea sibi auferri quisque consentiat, vel ne faciat aliquid mali, vel ne in his ipsis majus aliquid incommodi patiatur, non solum non peccat, sed illud fortiter et laudabiliter, hoc utiliter et inculpabiliter facit. Quæ autem sanctitatis religionisque causa servantur, cum hæc violare injuriosi voluerint ; etiam peccatis minoribus, non tamen injuriis aliorum, si conditio proponitur et facultas datur, redimenda sunt. Et tunc jam illa desinunt esse peccata, quæ

temporels, s'il s'agit d'argent ou d'un autre profit, vous n'appelez pas une perte le sacrifice que vous faites en vue d'un gain plus considérable ; ainsi dans les choses saintes on n'appelle pas un péché ce que l'on fait pour éviter un plus grand mal. Si vous voulez dans le premier cas que ce soit une perte, lorsqu'il s'agit d'en éviter une plus grande; nous dirons aussi, dans le second cas, que c'est un péché, pourvu qu'on nous accorde qu'il est autorisé pour éviter un plus grand mal, de même qu'il est convenu que, pour éviter un plus grand dommage, il faut savoir en supporter un moindre.

CHAPITRE XIX. — 40. Pour conserver la sainteté, il faut savoir garder la pureté du corps, la pureté de l'âme et la pureté de la doctrine. La pureté du corps ne peut pas être ravie sans que l'âme y consente et le permette. Toute violence exercée sur notre corps, malgré nous, et contre notre volonté, n'offense en rien la pudeur que nous avons. Il y a quelquefois une raison pour permettre, il n'y en a jamais pour consentir. Consentir, c'est approuver et vouloir; mais nous permettons, sans le vouloir, lorsqu'il s'agit d'éviter quelque chose de plus honteux. Consentir à une impudicité corporelle, c'est violer la chasteté de l'âme ; car la chasteté de l'âme consiste dans la bonne volonté et dans l'amour sincère,

qui demeure incorruptible, tant que nous n'aimons pas, et que nous ne désirons pas ce que la vérité nous dit de ne pas aimer et de ne pas désirer. Il faut donc conserver cette sincérité dans l'amour de Dieu et du prochain ; c'est là ce qui constitue la chasteté de l'âme ; nos efforts, nos prières, tout doit tendre à ce but, de sorte que, si notre corps était exposé à quelque violence, notre âme, par cette partie extrême où elle touche au corps, se refuse à toute délectation mauvaise ; mais si la chose n'est pas possible, il faut du moins conserver la chasteté de la pensée par le refus de tout consentement. La chasteté de l'âme veut surtout que l'on soit inoffensif et bienveillant pour le prochain, et pieux envers Dieu. On est inoffensif, quand on ne nuit à personne ; bienveillant, quand on fait du bien autant qu'on le peut ; pieux, quand on vit dans la crainte de Dieu. On ne peut violer la vérité de la doctrine, de la religion et de la piété que par le mensonge ; quant à la vérité elle-même, dans sa nature et comme source de la doctrine, elle est inviolable ; l'homme ne peut y arriver, demeurer complètement en elle, et s'identifier avec elle, que lorsque son corps corruptible et mortel aura revêtu l'incorruptibilité et l'immortalité. (I *Cor.*, xv, 53.) Mais comme pendant cette vie, la piété est un exercice qui nous con-

---

propter graviora vitanda suscipiuntur. Sicut enim in rebus utilibus, velut in pecuniario aliove commodo corporali, non vocatur damnum, quod propter majus lucrum amittitur : sic et in rebus sanctis non vocatur peccatum, quod ne gravius admittatur, admittitur. Aut si et illud damnum dicitur, quod aliquis perdit ne amplius perdat : vocetur et hoc peccatum, dum tamen suscipiendum esse, ut amplius evitetur, ita nemo dubitet, sicut nemo dubitat cavendi majoris damni causa patiendum esse quod minus est.

CAPUT XIX. — 40. Ista sunt autem quæ sanctitatis causa servanda sunt, pudicitia corporis, et castitas animæ, et veritas doctrinæ. Pudicitiam corporis, non consentiente ac permittente anima, nemo violat. Quidquid enim nobis invitis nullamque tribuentibus potestatem majore vi contingit in nostro corpore, nulla impudicitia est. Sed permittendi potest esse aliqua ratio, consentiendi autem nulla. Tunc enim consentimus, cum approbamus et volumus : permittimus autem etiam non volentes, evitandæ alicujus majoris turpitudinis gratia. Consensio sane ad impudicitiam corporalem, etiam castitatem animi violat. Animi quippe castitas est in bona voluntate et

sincera dilectione, quæ non corrumpitur, nisi cum amamus atque appetimus quod amandum atque appetendum non esse veritas docet. Custodienda est ergo (a) sinceritas dilectionis Dei et proximi; in hac enim castitas animi sanctificatur : et agendum quibus possumus viribus, et pia supplicatione, ut cum violanda appetitur pudicitia corporis nostri, nec ipse animæ sensus extremus, qui carni implicatus est, aliqua delectatione tangatur : si autem hoc non potest, vel mentis in non consentiendo castitas conservetur. Custodienda est autem in animi castitate, quod ad dilectionem proximi pertinet, innocentia et benevolentia : quod autem ad Dei, pietas. Innocentia est, qua nulli nocemus : benevolentia, qua etiam prosumus cui possumus : pietas, qua colimus Deum. Veritas autem doctrinæ, religionis, atque pietatis nonnisi mendacio violatur; cum ipsa summa atque intima veritas, cujus est ista doctrina, nullo modo possit violari : ad quam pervenire, atque in illa omni modo manere, eique penitus inhærere non licebit, nisi cum corruptibile hoc induerit incorruptionem, et mortale hoc induerit immortalitatem. (I *Cor.*, xv, 53.) Sed quia omnis in hac vita pietas, exercitatio est,

(a) Ita Mss. At editi, *sinceriter dilectio.*

duit à la vérité, comme la doctrine nous conduit elle-même à la piété, en nous inspirant par la parole et les signes extérieurs des sacrements l'amour et le sentiment de la vérité, il est donc nécessaire que cette doctrine, que le mensonge pourrait corrompre, soit conservée parfaitement intacte, afin que si l'âme vient à perdre quelque chose de sa pureté, elle trouve moyen de tout réparer. Si la doctrine est corrompue, il est impossible d'avoir ou de recouvrer la chasteté de l'âme.

Chapitre XX. — 41. Il suit donc, de tout ce qui précède, que le mensonge est interdit, quand il viole la doctrine de la piété, la piété elle-même, la charité et la bienveillance, mais qu'il serait permis, s'il s'agit de garder la pureté corporelle. Et pourtant je suppose un homme qui aime sincèrement la vérité, non-seulement quand il la contemple, mais quand il s'agit d'exprimer sa pensée sur tout ce qui est vrai en chaque circonstance particulière; son principe, c'est de ne dire par la parole que ce qu'il pense réellement dans son esprit; pour lui la beauté d'une âme sincère et véridique vaut mieux que l'or et l'argent, et les pierres précieuses, et les riches domaines; il la préfère même à tout ce qui constitue la vie temporelle et le bonheur du corps; je ne sais pas si personne pourrait dire sagement que cet homme est dans l'erreur. Je suppose donc qu'il préfère cette franchise à tous ses intérêts temporels, et qu'il la met bien au-dessus; il la préfère même aux intérêts temporels du prochain, quoiqu'il doive n'y être pas indifférent par un esprit de charité et de bienveillance. On trouverait en lui cette bonne foi parfaite, non-seulement pour croire tout ce qu'on lui dirait comme l'expression d'un témoignage sérieux et irrécusable, mais encore pour énoncer avec une grande exactitude tout ce qu'il croirait devoir dire, et tout ce qu'il dirait. Foi ou *fides* signifie dans la langue latine, que la parole est conforme à la vérité, *fit quod dicitur* ; et il est clair que celui qui ment n'en donne pas une preuve. Sans doute la bonne foi est moins outragée, lorsque le mensonge qui est cru ne cause aucun tort ni préjudice, surtout s'il a pour but de protéger la vie ou la pudeur; cependant elle est outragée, et l'on viole la sainteté et la pureté de l'âme. C'est pourquoi nous sommes forcés, si nous prenons pour règle, non l'opinion des hommes qui est souvent faillible, mais la vérité qui seule est souveraine et absolue, de préférer la sincérité, même à la pudeur corporelle. Car la chasteté de l'âme est un amour réglé qui met chaque chose à sa place, ce qui est inférieur après ce qui est supérieur.

qua in illam tenditur, cui exercitationi ducatum præbet ista doctrina, quæ humanis verbis et corporeorum sacramentorum signaculis ipsam insinuat atque intimat veritatem : propterea et hæc quæ per mendacium corrumpi potest, maxime incorrupta servanda est; ut si quid in illa castitate animi fuerit violatum, habeat unde reparetur. Corrupta enim auctoritate doctrinæ nullus aut cursus aut recursus esse ad castitatem animi potest.

Caput XX.—41. Conficitur ergo ex his omnibus hæc sententia, ut mendacium quod non violat doctrinam pietatis, neque ipsam pietatem, neque innocentiam, neque benevolentiam, pro pudicitia corporis admittendum sit. Et tamen si quisquam proponeret sibi sic amandam veritatem, non tantum quæ in contemplendo est, sed etiam in vero enuntiando quod in suo quoque rerum genere verum est ; et non aliter proferendam (a) ore corporis sententiam, quam in animo concepta atque conspecta est ; ut fidei veridicam pulchritudinem non solum auro et argento et gemmis et amœnis prædiis, sed et ipsi universæ temporali vitæ omnique corporis bono præponeret ; nescio utrum sapienter a quoquam errare diceretur. Et si hoc suis omnibus talibus rebus recte anteferret, plurisque penderet ; recte etiam temporalibus rebus aliorum hominum, quos innocentia benevolentiaque sua servare atque adjuvare deberet. Amaret enim perfectam fidem, non solum bene credendi ea quæ sibi excellenti et fide digna auctoritate dicerentur, sed etiam fideliter enuntiandi quæ ipse dicenda judicaret, ac diceret. Fides enim appellata est in Latina lingua ex eo quia fit quod dicitur : quam manifestum est non exhibere mentientem. Quæ etsi minus violatur, cum ita quisque mentitur, ut ei nullo incommodo nullaque pernicie credatur, addita etiam intentione vel salutis tuendæ, vel pudicitiæ corporalis : violatur tamen, et res violatur in animi castitate atque sanctitate servanda. Unde cogimur, non opinione hominum quæ plerumque in errore est, sed ipsa quæ omnibus supereminet atque una invictissima est veritate, etiam pudicitiæ corporis perfectam fidem anteponere. Est enim animi castitas, amor ordinatus non subdens majora minoribus. Minus est autem quidquid in corpore, quam quidquid in animo

---

(a) Sic in Mss. At in editis, *motu corporis*.

Or, ce qui viole la pureté du corps est moins grave que ce qui viole la pureté de l'âme. Lorsqu'une personne ment pour protéger sa pudeur, elle veut se mettre à l'abri contre un danger qui ne vient pas d'elle, mais de la passion d'un autre. Et pourtant elle a soin de n'être point complice par sa volonté. Mais cette volonté, où est-elle, si ce n'est dans l'âme? La pudeur corporelle ne peut donc être violée que dans l'âme; si l'âme ne consent pas, si elle ne laisse pas faire, on ne peut pas dire en réalité que la pudeur corporelle soit violée d'aucune manière, quelque brutale que soit la passion qui outrage le corps. C'est pour cela que nous disons qu'il faut avant tout garder la chasteté de l'âme, qui est l'asile de la pudeur corporelle. Autant qu'il est en nous, il faut conserver l'une et l'autre par une vie sainte et des mœurs irréprochables, pour que rien ne puisse franchir cette barrière. S'il est impossible de garder les deux, n'est-il pas facile de voir celle qu'il faut sacrifier pour l'autre? Personne n'ignore ce que l'on doit préférer; l'âme au corps, ou le corps à l'âme; la chasteté de l'âme à la pureté du corps, ou la pureté du corps à la chasteté de l'âme; on sait qu'il n'y a pas à balancer, quand il s'agit d'un péché dont un autre est responsable, ou du péché qu'on commet soi-même.

CHAPITRE XXI. — 42. Il résulte de tout ce qui précède, que les témoignages de l'Ecriture, bien discutés, s'accordent pour nous montrer qu'il ne faut jamais mentir; les saints, dans leur conduite et leurs actions, ne nous offrent aucun exemple de mensonge, lorsque les livres saints surtout n'ont plus à présenter des figures, comme le livre qui renferme les Actes des Apôtres. Tout ce que fait, tout ce que dit le Seigneur dans l'Evangile, loin d'offrir la moindre couleur de mensonge, comme pourrait le supposer l'ignorance, est un langage figuré plein d'instruction. Et quand l'Apôtre dit : « Je me suis fait tout à tous, afin de les gagner tous, » (1 *Cor.*, IX, 22) il ne faut pas s'imaginer qu'il employait le mensonge, mais il était rempli de compassion, et sa grande charité pour sauver les hommes le portait à partager avec eux les maux dont il voulait les guérir. Il ne faut donc pas mentir en fait de doctrine; c'est un grand crime; c'est le premier et le pire de tous les mensonges. Il faut s'interdire la seconde espèce, car il ne faut faire de tort à personne. Evitez aussi la troisième espèce; car il n'est pas permis de rendre service à quelqu'un au détriment d'un autre. La quatrième espèce est également défendue, à cause du plaisir que l'on trouve à mentir, et qui est vicieux en lui-même. La cinquième espèce de mensonge n'est pas permise davantage, car si la vérité elle-même ne doit pas

violari potest. Certe enim cum pro pudicitia corporali quisque mentitur, videt quidem corrumpendo corpori suo, non suam, sed alienam imminere libidinem; cavet tamen ne saltem permittendo sit particeps. Permissio vero illa ubi nisi in animo est? Etiam corporalis ergo pudicitia corrumpi nisi in animo non potest : quo non consentiente, neque permittente, nullo modo recte dicitur violari pudicitia corporalis, quidquid in corpore fuerit aliena libidine perpetratum. Unde colligitur, multo magis animi castitatem servandam esse in animo, in quo tutela est pudicitiæ corporalis. Quamobrem quod in nobis est, utrumque sanctis moribus et conversatione muniendum est atque sepiendum, ne aliunde violetur. Cum autem utrumque non potest, quid pro quo sit contemnendum quis non videat? cum videat quid cui sit præponendum, animus corpori, an corpus animo; animi castitas pudicitiæ corporis, an pudicitia corporis castitati animi; et quid magis in peccatis cavendum, permissio facti alieni, an commissio facti tui.

CAPUT XXI. — 42. Elucet itaque discussis omnibus, nihil aliud illa testimonia Scripturarum monere, nisi nunquam esse omnino mentiendum : quando quidem nec ulla exempla mendaciorum imitatione digna in moribus factisque sanctorum inveniantur; quod ad eas attinet Scripturas, quæ ad nullam figuratam significationem referuntur, sicuti sunt res gestæ in Actibus Apostolorum. Nam Domini omnia in Evangelio, quæ imperitioribus mendacia videntur, figuratæ significationes sunt. Et quod ait Apostolus : « Omnibus omnia factus sum, ut omnes lucrifacerem : » (1 *Cor.*, IX, 22) non cum mentiendo, sed compatiendo fecisse recte intelligitur, ut tanta caritate cum eis liberandis ageret, ac si ipse in eo malo esset, a quo illos sanare cupiebat. Non est igitur mentiendum in doctrina pietatis : magnum enim scelus est, et primum genus detestabilis mendacii. Non est mentiendum secundo genere; quia nulli facienda est injuria. Non est mentiendum tertio genere; quia nulli cum alterius injuria consulendum est. Non est mentiendum quarto genere, propter mendacii libidinem, quæ per se ipsam vitiosa est. Non est mentiendum quinto genere; quia nec ipsa veritas fine placendi hominibus enuntianda est : quanto minus mendacium, quod per se ipsum, quia

servir à l'amusement des hommes, à plus forte raison ne faut-il pas y employer le mensonge, qui, comme mensonge, est une chose honteuse. Ne vous permettez pas non plus la sixième espèce, car on ne peut pas approuver que l'on corrompe la vérité pour sauver la vie ou les intérêts d'un autre. Mais jamais il ne faut se servir du mensonge, sous prétexte de conduire le prochain au salut éternel. Un moyen répréhensible ne peut pas produire la vertu, et si vous l'employez envers votre frère, il pourra aussi l'employer envers les autres; et ainsi vous l'avez converti, non pas à ce qui est bien, mais à ce qui est mal, en lui laissant, comme fruit de sa conversion, l'exemple que vous lui avez donné en le convertissant. La septième espèce de mensonge nous sera aussi interdite; et quand il s'agirait des avantages ou de la vie d'un autre, rien ne pourra nous faire manquer à notre parole. Je suppose qu'un autre se scandalise de nos actions qui sont bonnes, jusqu'à en devenir méchant et impie; nous ne les abandonnerons pas pour cela; nous nous y attacherons au contraire; dans l'espérance d'attirer au bien ceux que nous aimons comme nous-mêmes, nous abreuvant pleinement de cette pensée de l'Apôtre : « Nous sommes pour les uns une odeur de vie qui les fait vivre, et pour les autres une odeur de mort qui les fait mourir. Et qui est capable d'un tel ministère ? » (II *Cor.*, II, 16.) La huitième espèce de mensonge ne sera pas permise davantage. Car sous le rapport du bien, la chasteté de l'âme vaut mieux que la pureté du corps, et sous le rapport du mal, ce que nous ferions serait pire que ce que nous laisserions faire. Or, dans ces huit sortes de mensonges, le péché est d'autant moins grave, qu'il se rapproche de la dernière espèce, et d'autant plus grave qu'il se rapproche de la première. Mais s'imaginer qu'il y a une espèce de mensonge qui n'est pas un péché, c'est se tromper soi-même grossièrement, en s'imaginant qu'on peut tromper honnêtement les autres.

43. Voyez combien est grand l'aveuglement des hommes; d'un côté ils veulent nous faire convenir que certains mensonges ne sont pas des péchés, et d'un autre côté ils se plaisent à dire qu'il y a péché dans certains mensonges; et tout en se faisant les défenseurs du mensonge, ils en sont venus à dire que l'apôtre saint Paul avait menti de la pire manière. Ils disent, en effet, que dans son Epître aux Galates, qui renferme, comme les autres, la doctrine de la religion et de la piété, saint Paul a menti, en disant de Pierre et de Barnabé : « Mais lorsque je vis qu'ils ne marchaient pas droit selon la vérité de l'Evangile. » (*Gal.*, II, 14.) Ils prennent la défense de saint Pierre, comme s'il ne s'était pas

---

mendacium est, utique turpe est. Non est mentiendum sexto genere : neque enim recte etiam testimonii veritas pro cujusquam temporali commodo ac salute corrumpitur. Ad sempiternam vero salutem nullus ducendus est opitulante mendacio. Non enim malis convertentium moribus ad bonos mores convertendus est : quia si erga illum faciendum est; debet etiam ipse conversus facere erga alios : atque ita non ad bonos, sed ad malos mores convertitur, cum hoc ei præbetur imitandum converso, quod ei præstitum est convertendo. Neque septimo genere mentiendum est : non enim cujusquam commoditas aut salus temporalis perficiendæ fidei præferenda est. Nec si quisquam in recte factis nostris tam male movetur, ut flat etiam animo deterior longeque a pietate remotior, propterea recte facta deserenda sunt : cum id nobis præcipue tenendum sit, quo vocare atque invitare debemus, quos sicut nosmetipsos diligimus : fortissimoque animo bibenda est apostolica illa sententia : « Aliis quidem sumus odor vitæ in vitam, aliis odor mortis in mortem; et ad hæc quis idoneus? » (II *Cor.*, II, 16.) Nec octavo genere mentiendum est; quia et in bonis castitas animi, pudicitia corporis; et in malis id quod ipsi facimus, eo quod fieri sinimus majus est. In his autem octo generibus tanto quisque minus peccat cum mentitur, quanto emergit ad octavum; tanto amplius, quanto devergit ad primum. Quisquis autem esse aliquod genus mendacii quod peccatum non sit putaverit, decipiet se ipsum turpiter, cum honestum se deceptorem arbitratur aliorum.

43. Tanta porro cæcitas hominum animos occupavit, ut eis parum sit, si dicamus quædam mendacia non esse peccata, nisi etiam in quibusdam peccatum dicant esse, ut mendacium recusemus : eoque perducti sunt defendendo mendacium, ut etiam primo illo genere, quod est omnium sceleratissimum, dicant usum fuisse apostolum Paulum. Nam in Epistola ad Galatas, quæ utique sicut cæteræ ad doctrinam religionis pietatisque conscripta est, illo loco dicunt eum esse mentitum, ubi ait de Petro et Barnaba : « Cum vidissem quia non recte ingrediuntur ad veritatem Evangelii. » (*Gal.*, II, 14.) Cum enim volunt Petrum ab errore, atque ab illa in quam inciderat, viæ pravitate defendere; ipsam religionis viam, in qua salus est omnibus, confracta et commi-

trompé, et qu'il n'eût pas suivi une fausse voie, et ils s'efforcent d'ébranler la religion elle-même qui est le salut de tous, en brisant l'autorité des saintes Ecritures. Ils ne voient pas qu'en agissant ainsi, ils accusent saint Paul, non-seulement de mensonge, mais encore de parjure, dans un écrit où il enseigne la piété, c'est-à-dire, dans une Epître où il prêche l'Evangile. Car avant d'écrire les paroles que nous avons rapportées, il s'exprime ainsi : « Je prends Dieu à témoin que je ne mens point en tout ce que je vous écris. » (*Galat.*, I, 20.) Mais il est temps de mettre un terme à cette discussion, et ce qui doit surgir de cette étude et de toutes les considérations que nous avons faites, c'est une pensée, c'est une prière, dans le sens que nous indique le même Apôtre, par ces paroles : « Dieu est fidèle, et il ne permettra pas que vous soyez tentés au delà de vos forces ; mais il vous fera tirer avantage de la tentation même, afin que vous puissiez persévérer. » (1 *Corinth.*, X, 13.)

nuta Scripturarum auctoritate conantur evertere. In quo non vident, non solum mendacii crimen, sed etiam perjurii se objicere Apostolo in ipsa doctrina pietatis, hoc est, in epistola in qua prædicat Evangelium : ibi quippe ait prius quam ista narraret : « Quæ autem scribo vobis, ecce coram Deo, quia non mentior. » (*Gal.*, I, 20.) Sed jam sit hujus disputationis modus, in cujus totius consideratione et pertractatione nihil præ cæteris cogitandum atque orandum est, quam illud quod idem Apostolus dicit : « Fidelis Deus, qui non vos sinet tentari supra quam potestis ferre, sed faciet cum tentatione etiam exitum, ut possitis sustinere. » (I *Cor.*, X, 13.)

SUR LE LIVRE SUIVANT

ON LIT AU LIVRE II DES RÉTRACTATIONS, CHAPITRE LX.

C'est alors (1) que j'ai aussi écrit mon livre *Contre le Mensonge*, et la raison qui me le fit entreprendre, c'est que, comme il s'agissait de rechercher les hérétiques Priscillianistes, qui ont pour système de cacher leur hérésie, non seulement par la négation et le mensonge, mais encore par le parjure, quelques catholiques croyaient pouvoir se déguiser sous le manteau du Priscillianisme, pour pénétrer jusqu'à leurs conciliabules. Pour montrer que ce moyen était illicite, j'ai composé ce livre. Il commence ainsi : « Vous m'avez envoyé plusieurs documents. »

(1) Nous voyons par là que ce livre a été écrit vers l'an 420. Saint Augustin venait de mentionner les livres contre l'ennemi de la Loi et des Prophètes, qui appartiennent au commencement de l'année 420 ; il avait rappelé ses autres traités qui y font suite, et qui sont désignés comme ayant été écrits vers la même époque, contre Gaudentius, et incontinent il fait mention du présent ouvrage en ces termes : « C'est alors que j'ai aussi écrit mon livre *contre le Mensonge*. » Saint Augustin fait allusion à ce livre dans l'Enchiridion, ch. XVIII, où il dit qu'étant forcé de répondre il a composé un grand livre, sur la question difficile et inextricable du mensonge. Quant à Consentius auquel le livre est adressé, il est bien l'auteur, si je ne me trompe, de la lettre 119 à saint Augustin ; et c'est à lui que saint Augustin écrit les lettres 120 et 205. Voyez la note sur l'Épître 205.

IN LIBRUM SUBSEQUENTEM

LIBRI II RETRACTATIONUM, CAPUT LX.

Tunc et contra Mendacium scripsi librum, cujus Operis ea causa exstitit, quod ad Priscillianistas hæreticos investigandos, qui hæresim suam non solum negando atque mentiendo, verum etiam pejerando existimant occulendam, visum est quibusdam catholicis Priscillianistas se debere simulare, ut eorum latebras penetrarent : quod ego fieri prohibens, hunc librum condidi. Hic liber sic incipit : « Multa mihi legenda misisti. »

LE LIVRE A CONSENTIUS
CONTRE LE MENSONGE

Saint Augustin répond à Consentius qui lui avait envoyé quelques observations écrites, afin de savoir si l'on pouvait faire usage du mensonge, pour découvrir les Priscillianistes qui cachaient leur doctrine, et se disaient faussement catholiques. Il lui dit qu'il ne faut pas employer le mensonge contre les menteurs, ni le blasphème contre les blasphémateurs. Il réfute cette erreur des Priscillianistes, contenue surtout dans le livre de Dictinius, qui a pour titre *Libra*, et par laquelle ils prétendent que pour cacher leur croyance, les hommes pieux peuvent et doivent recourir au mensonge. Saint Augustin explique à Consentius que parmi les témoignages et les exemples, que les Priscillianistes tirent des livres divins, pour défendre leur erreur, il s'en trouve que l'on ne peut pas taxer de mensonges, comme il y en a aussi qu'on ne doit pas imiter. Il résout la difficulté concernant la compensation des péchés entre eux ; et blâme le mensonge, même quand il paraît nécessaire et utile pour assurer à quelqu'un sa sûreté sur la terre, ou son salut dans l'éternité. Il déclare qu'il ne faut jamais mentir, surtout dans les choses qui appartiennent à la doctrine religieuse ; et il recommande à Consentius d'observer inébranlablement et de défendre ce point contre les hérétiques.

CHAPITRE I. — 1. Vous m'avez envoyé beaucoup de choses à lire, mon cher frère Consentius ; oui, vous m'en avez envoyé beaucoup. Je me disposais sans cesse à vous écrire, mais des occupations venant les unes sur les autres, arrêtaient ma bonne volonté, et une année s'est ainsi écoulée. Mais me voilà enfin forcé de vous répondre, pour ne pas priver d'un temps favorable pour s'embarquer, celui qui doit vous porter ma lettre, et qui, depuis longtemps, désire retourner auprès de vous. J'ai lu tout ce que Léonas, ce fidèle serviteur de Dieu, m'a apporté de votre part, et lorsque j'ai reçu vos livres, et lorsque je me préparais à dicter ma réponse, je les ai encore relus et examinés avec toute l'attention possible. Je ne saurais vous dire combien j'ai été charmé de votre éloquence, de la fidélité de votre mémoire concernant les saintes Ecritures, de la finesse de votre esprit, et de cette douleur avec laquelle vous flétrissez l'indifférence de certains catholiques, du zèle qui vous fait frémir d'indignation contre les hérétiques qui cherchent à se cacher. Cependant je ne pense pas qu'on puisse recourir au men-

(1) Écrit vers l'an 420.

CONTRA MENDACIUM
AD CONSENTIUM
LIBER UNUS.

Respondet Augustinus ad scripta, quæ ipsi consideranda misit Consentius, de adhibendo usu mendacii ad detegendos latentes Priscillianistas, qui se catholicos mentiuntur : docetque nec mendaces per mendacia, nec blasphemos per blasphemias quærendos esse. Refellit Priscillianistarum errorem illum, in Dictinii præsertim libro, cui titulus *Libra*, repertum, quo ipsi dogmatizant « ad occultandam religionem religiosos debere mentiri. » Quæ ex divinis libris in hujus erroris sui patrocinium testimonia proferunt et exempla, contendit partim non esse mendacia, partim etiam quæ sunt, non esse imitanda. Solvit difficultatem de compensativis peccatis, ipsumque improbans mendacium, quod ad tuendam salutem cujusquam seu temporalem seu æternam utile ac necessarium videatur. Denique nunquam omnino mentiendum, in iis maxime rebus quæ ad doctrinam religionis pertinent, inconcussa tenere Consentium jubet et adversus hæreticos defendere.

CAPUT I.— 1. Multa mihi legenda misisti : Consenti frater carissime, (a) multa mihi legenda misisti : quibus rescripta dum præparo, et aliis atque aliis magis urgentibus occupationibus distrahor, emensus est annus, atque in eas me detrusit angustias, ut quomodocumque rescriberem, ne arridente jam tempore navigandi, perlatorem remeare cupientem diutius detinerem. Itaque omnibus quæ mihi Leonas Dei famulus abs te attulit, et mox ut ea sumpsi, et postea cum hæc dictare jam vellem, evolutis atque perlectis, et quanta potui consideratione perpensis, valde sum tuo delectatus eloquio, et sanctarum memoria Scripturarum, ingenioque solertia, et dolore quo negligentes catholicos mordes, et zelo quo adversus etiam latentes hæreticos frendes. Sed non

(a) Hic aliquot Mss. prætereunt, *multa mihi legenda misisti*.

songe, pour les tirer des ténèbres dont ils s'enveloppent. A quoi doivent tendre nos soins pour les chercher et les découvrir, sinon, quand nous les avons découverts et amenés au grand jour, ou de les instruire dans la vérité, ou de les empêcher de nuire aux autres, lorsque nous leur aurons montré la vérité? Voilà ce que nous avons à faire pour détruire leur mensonge, ou pour en préserver les faibles, mais dans tous les cas pour répandre davantage la vérité de Dieu. Comment pourrais-je raisonnablement poursuivre et attaquer le mensonge par le mensonge? Faudrait-il donc aussi opposer le vol au vol, le sacrilège au sacrilège, l'adultère à l'adultère? « Mais si la vérité de Dieu reçoit une plus grande gloire par mon mensonge, » dirons-nous aussi : Faisons le mal pour qu'il en arrive du bien? » (*Rom.*, III, 7, 8.) Vous voyez par ces paroles combien l'Apôtre a le mensonge en horreur. En effet, mentir pour ramener les hérétiques du mensonge à la vérité, « n'est-ce pas faire le mal pour qu'il en arrive du bien? » S'il est des cas où le mensonge peut être un bien, et d'autres où il n'est pas un mal, pourquoi donc est-il écrit : « Seigneur, vous haïssez tous ceux qui opèrent l'iniquité, et vous perdrez tous ceux dont la bouche profère le mensonge. » (*Ps.* III, 7.) Le Psalmiste n'excepte personne de cette condamnation, et ne dit pas d'une manière indéfinie : Vous perdrez ceux dont la bouche profère le mensonge, comme s'il voulait faire entendre que quelques-uns seulement, et non tous, seront perdus, mais il les enveloppe tous indistinctement dans la même réprobation, en disant : « Seigneur, vous perdrez tous ceux dont la bouche profère le mensonge. » Si le Psalmiste n'a pas dit : Seigneur, vous perdrez tous ceux qui profèrent n'importe quel mensonge, ou un mensonge quelconque, faut-il en conclure qu'il ait voulu laisser quelque place au mensonge? Comme s'il y avait quelque mensonge qu'on puisse proférer, sans s'exposer à être rejeté de Dieu? Comme si le prophète avait voulu dire que Dieu perdrait seulement tous ceux dont la bouche profère des mensonges funestes dans leurs effets, et non pas toute sorte de mensonges, parce que quelquefois il peut s'en trouver de justes qui méritent d'être loués et non d'être blâmés?

Chapitre II. — 2. Ne voyez-vous pas combien nous favoriserions par là ceux que, chasseurs rusés, nous voudrions découvrir par nos mensonges? Car tel est, comme vous l'avez démontré vous-même, le sentiment des Priscillianistes, qui tâchent de l'appuyer sur des témoignages de l'Ecriture, en exhortant leurs sectateurs à mentir, non-seulement par de prétendus exemples des patriarches, des prophètes, des apôtres et des anges, mais encore d'après les paroles de Notre-Seigneur lui-même. Insensés qui croient ne pouvoir mieux établir la vérité de leur fausse

mihi persuadetur, eos de latebris suis nostris esse mendaciis eruendos. Ut quid enim eos tanta cura vestigare atque indagare conamur, nisi ut captos in apertumque productos, aut etiam ipsos veritatem doceamus, aut certe veritate convictos nocere aliis non sinamus? ad hoc ergo, ut eorum mendacium deleatur, sive caveatur, Dei autem veritas augeatur. Quomodo igitur mendacio mendacia recte potero persequi! An et latrocinio latrocinia, et sacrilegio sacrilegia, et adulterio sunt adulteria persequenda? « Si autem veritas Dei in meo mendacio abundabit, » numquidnam et nos dicturi sumus : « Faciamus mala, ut veniant bona? » (*Rom.*, III, 7, 8.) Quod vides quemadmodum detestetur Apostolus. Quid est enim aliud : Mentiamur, ut hæreticos mendaces ad veritatem adducamus, nisi : « Faciamus mala, ut veniant bona? » An aliquando bonum est mendacium, vel aliquando mendacium non est malum? Cur ergo scriptum est : « Odisti, Domine, omnes qui operantur iniquitatem, perdes omnes qui loquuntur mendacium? » (*Psal.* V, 7.) Non enim aliquos excepit, aut indefinite dixit : « Perdes loquentes mendacium ; » ut quosdam, non omnes intelligi sineret : sed universalem sententiam protulit dicens : « Perdes omnes qui loquuntur mendacium. » An quia non dictum est : Perdes omnes qui loquuntur omne mendacium, vel qui loquuntur quodcumque mendacium ; ideo putandum est locum alicui relaxatum esse mendacio, ut scilicet sit aliquod mendacium, quod qui loquuntur, non eos Deus perdat ; sed eos omnes perdat qui loquuntur injustum mendacium, non quodcumque mendacium, quia invenitur et justum, quod utique laudis debet esse, non criminis?

Caput II. — 2. Nonne cernis quantum adjuvet hæc disputatio eos ipsos, quos pro magna venatione mendaciis nostris capere molimur? Priscillianistarum est enim, sicut ipse monstrasti, ista sententia : cui comprobandæ adhibent testimonia de Scripturis, exhortantes suos ad mentiendum tanquam exemplis Patriarcharum, Prophetarum, Apostolorum, Angelorum : non dubitantes addere etiam ipsum Dominum Christum, nec se aliter arbitrantes veracem suam

CHAPITRE II.

doctrine, qu'en accusant de mensonge celui qui est la vérité même! Rejetons et gardons-nous bien d'imiter une pareille conduite, et ne partageons pas une impiété, qui rend l'hérésie des Priscillianistes plus coupable et plus dangereuse que toutes les autres; car ils sont les seuls, ou du moins les plus ardents à préconiser le mensonge, pour cacher entre eux ce qu'ils prennent pour la vérité. Un si grand mal est à leurs yeux un bien; ils prétendent qu'on peut garder la vérité dans son cœur, mais que ce n'est pas un péché de tromper les autres par le mensonge, et que tel est le sens de ces paroles des saintes Ecritures : « Celui qui garde la vérité dans son cœur. » (*Ps.* xiv, 3.) Comme s'il suffisait, pour être juste, même en proférant le mensonge, de ne l'adresser qu'à ceux qui sont étrangers à notre religion, et non à ceux qui partagent notre foi. C'est pour cela, selon eux, que l'Apôtre, après avoir dit : « Renonçant au mensonge, que chacun de vous parle selon la vérité, » ajoute aussitôt : « A son prochain, parce que nous sommes membres les uns des autres. » (*Ephés.*, iv, 25.) En sorte qu'envers ceux qui ne sont pas unis avec nous dans la même communion de vérité, et qui ne sont, pour ainsi dire, ni notre prochain, ni nos membres, il nous est permis et même nécessaire de proférer le mensonge.

3. Une pareille doctrine, non-seulement déshonore les saints martyrs, mais encore détruit en eux le mérite et la sainteté du martyre même. Ils auraient, en effet, été plus justes et plus sages, d'après l'opinion de ces hérétiques, s'ils n'avaient pas avoué à leurs persécuteurs qu'ils étaient chrétiens, et n'avaient point, par leur aveu, rendu coupables d'homicide, ceux qui les persécutaient. Tandis qu'en recourant au mensonge, et en niant ce qu'ils étaient, ils auraient, sans altération de leur foi, conservé les avantages de la vie, et épargné à leurs persécuteurs l'accomplissement des crimes qu'ils avaient conçus dans l'impiété de leur cœur. Ces tyrans, en effet, n'étaient pas le prochain des martyrs dans la foi chrétienne, dont ils étaient au contraire les ennemis, et rien ne forçait les martyrs à leur déclarer, par la franchise de leur bouche, la vérité qu'ils avaient dans le cœur. Si Jéhu, sur l'exemple duquel les Priscillianistes s'appuient pour autoriser leur doctrine du mensonge, déclara faussement qu'il était partisan de Baal, afin d'en exterminer les adorateurs, avec combien plus de justice, selon les principes de cette détestable hérésie, les serviteurs de Jésus-Christ n'auraient-ils pas pu, au temps de la persécution, déclarer par un mensonge, qu'ils étaient attachés au culte des démons, pour empêcher les idolâtres de massacrer les fidèles serviteurs de Jésus-Christ, et sacrifier même aux idoles, pour sauver la vie à des hommes, puisque Jéhu

---

ostendere falsitatem , nisi Veritatem dicant esse mendacem. Redarguenda sunt ista , non imitanda : nec in eo malo debemus Priscillianistarum esse participes , in quo cæteris hæreticis convincuntur esse pejores. Ipsi enim soli, vel certe maxime ipsi reperiuntur, ad occultandam suam quam putant veritatem, dogmatizare mendacium : atque hoc tam magnum malum ideo justum existimare, quia dicunt in corde retinendum esse quod verum est ; ore autem ad alienos proferre falsum, nullum esse peccatum ; et hoc esse scriptum : « Qui loquitur veritatem in corde suo : » (*Psal.* xiv, 3) tanquam hoc satis sit ad justitiam, etiamsi loquatur quisque in ore mendacium , quando non proximus, sed alienus hoc audit. Propterea putant etiam Apostolum Paulum , cum dixisset : « Deponentes mendacium, loquimini veritatem : » statim addidisse, « unusquisque cum proximo suo, quia sumus invicem membra. » (*Eph.*, iv, 25.) Ut videlicet cum eis qui nobis in societate veritatis proximi non sunt, neque, ut ita dicam, commembres nostri sunt, loqui liceat oporteatque mendacium.

3. Quæ sententia sanctos Martyres exhonorat, imo vero aufert sancta omnino martyria. Justius enim sapientiusque facerent, secundum istos, si persecutoribus suis non se confiterentur esse Christianos, nec eos sua confessione facerent homicidas : sed potius mentiendo et negando quod erant, et ipsi salvum haberent carnis commodum cordisque propositum, et illos conceptum animo scelus implere non sinerent. Non enim proximi eorum erant in fide Christiana, ut cum eis deberent loqui veritatem in ore suo, quam loquebantur in corde suo ; sed ipsius veritatis insuper inimici. Si enim Jehu, quem sibi inter cæteros ad exemplum mentiendi prudenter videntur intueri, servum Baalis se esse mentitus est, ut servos ejus occideret (IV *Reg.*, x) : quanto justius secundum istorum perversitatem, tempore persecutionis servos dæmonum se mentirentur servi Christi, ne servi dæmonum servos occideret Christi ; et sacrificarent idolis ne interficerentur homines, si sacrificavit ille Baali ut interficeret homines ? Quid enim eis obesset, secundum egregiam doctrinam mendaci-

sacrifia à Baal pour en faire périr un si grand nombre? De quelle faute, selon cette belle doctrine du mensonge, les innocents martyrs se seraient-ils rendus coupables en honorant extérieurement les démons, puisqu'au fond de leur cœur c'était Dieu qu'ils adoraient? Mais ce n'est pas ainsi que les paroles de l'Apôtre ont été entendues par les saints martyrs. Ils ont compris et observé religieusement ce qui est écrit : « Il faut croire de cœur pour obtenir la justice, et confesser de bouche pour obtenir le salut. » (*Rom.*, x, 10.) Et : « Il ne s'est pas trouvé de mensonge dans leur bouche. » (*Apoc.*, xiv, 5.) C'est ainsi qu'ils ont quitté pure et sans tache ce séjour mortel, pour aller dans celui où ils n'auront plus à craindre les tentations du mensonge, parce que dans l'assemblée des bienheureux, ils n'auront plus, ni comme étrangers, ni comme prochain, les partisans du mensonge. Mais jamais ils n'auraient consenti à imiter ce Jéhu, ayant recours à un mensonge impie et à un sacrifice sacrilége, pour faire mourir des sacriléges et des impies, quand bien même l'Ecriture ne leur aurait pas appris ce que valait ce prince. Mais comme il est écrit qu'il n'avait pas un cœur pur devant Dieu (IV *Rois*, x, 29), à quoi lui a-t-il servi d'obtenir la puissance passagère d'un règne temporel, en récompense de l'obéissance que, par son désir de régner, il montra aux ordres que Dieu lui avait donnés, d'exterminer entièrement la maison d'Achab? Soutenez plutôt

le véritable esprit des martyrs, mon bien-aimé frère, en vous montrant contre les menteurs, non le docteur du mensonge, mais le défenseur de la vérité. Réfléchissez attentivement à mes paroles, je vous en conjure, et vous verrez combien il faut se garder de ce qu'un zèle louable, il est vrai, mais imprudent nous conseillerait de faire contre les impies, pour les découvrir, les corriger ou les éviter.

CHAPITRE III. — 4. Il y a plusieurs espèces de mensonges, qui tous indistinctement doivent nous inspirer de la haine ; car il n'y a aucun mensonge qui ne soit contraire à la vérité. De même, en effet, que la lumière et les ténèbres, la piété et l'impiété, la justice et l'iniquité, la santé et la maladie, la vie et la mort, sont des choses opposées l'une à l'autre, de même la vérité et le mensonge ne sauraient s'accorder entre eux. Plus nous aimons l'une, plus nous devons détester l'autre. Il y a cependant certains mensonges auxquels on peut ajouter foi, sans aucun danger, et qui ne sont nuisibles qu'à ceux qui les commettent, et non à ceux qui les écoutent. Comme, par exemple, si Fronton, ce fidèle serviteur de Dieu, vous avait induit en erreur dans quelques-unes des choses qu'il vous a rapportées, ce que je suis loin toutefois de penser, il se serait nui à lui-même et non à vous, quand même vous auriez ajouté foi à ses paroles, sans qu'il y eût la moindre faute de votre part. En effet, que les choses se soient passées oui ou non

loquorum, si diaboli cultum mentirentur in corpore, quando Dei cultus servabatur in corde ? Sed non sic intellexerunt Apostolum Martyres veri, Martyres sancti. Viderunt quippe tenueruntque quod scriptum est : « Corde creditur ad justitiam, ore confessio fit ad salutem : » (*Rom.*, x, 10) et : « In ore eorum non est inventum mendacium : » (*Apoc.*, xiv, 5) ac sic irreprehensibiles abierunt, ubi tentari a mendacibus ulterius non cavebunt ; quia mendaces amplius in suis cœlestibus cœtibus vel alienos vel proximos non habebunt. Illum vero Jehu mendacio impio et sacrificio sacrilego occidendos impios et sacrilegos inquirentem non imitarentur, nec si de illo qualis fuisset eadem Scriptura tacuisset. Cum vero scriptum sit, eum rectum cor non habuisse cum Deo (IV *Reg.*, x, 29) ; quid ei profuit, quod pro nonnulla obedientia quam de domo Achab omnino delenda, pro cupiditate suæ dominationis exhibuit, aliquantam mercedem transitoriam regni temporalis accepit? Ad sententiam potius veridicam Martyrum defendendam te,

frater, exhortor, ut sis adversus mendaces, non mendacii doctor, sed veritatis assertor. Nam diligentius obsecro, attende quod dico, ut invenias quam sit cavendum, quod zelo quidem laudabili adversus impios, ut possint comprehendi et corrigi vel vitari, sed tamen incautius docendum putatur.

CAPUT III — 4. Mendaciorum genera multa sunt, quæ quidem omnia universaliter odisse debemus. Nullum est enim mendacium, quod non sit contrarium veritati. Nam sicut lux et tenebræ, pietas et impietas, justitia et iniquitas, peccatum et recte factum, sanitas et imbecillitas, vita et mors ; ita inter se sunt veritas mendaciumque contraria. Unde quanto amamus istam, tanto illud odisse debemus. Verumtamen sunt quædam mendacia, quæ credere nihil obsit : quamvis etiam tali mentiendi genere fallere voluisse, mentienti sit noxium, non credenti. Tanquam si frater ille servus Dei Fronto in iis quæ tibi indicavit, quod absit, aliqua mentiretur ; sibi nocuisset profecto, non tibi, quamvis tu omnia credi-

CHAPITRE III.

comme il les a rapportées, et qu'on ait cru qu'elles étaient ou qu'elles n'étaient pas telles, il n'y a rien en tout cela qui porte atteinte à la loi de la vérité et à la doctrine du salut éternel. Si au contraire, quelqu'un commettait un mensonge auquel un autre ne pourrait pas ajouter foi, sans tomber dans une hérésie contraire à la doctrine de Jésus-Christ, l'auteur du mensonge serait d'autant plus criminel, que celui qui l'a cru et écouté serait plus malheureux. Voyez donc quel crime ce serait de commettre contre la doctrine de Jésus-Christ un mensonge qui causerait la perte de ceux qui y ajouteraient foi, et de s'éloigner de la vérité, pour y ramener les ennemis de cette même doctrine qu'on défend et à laquelle on voudrait les attirer. En surprenant les menteurs par le mensonge, ce serait leur apprendre à mentir plus dangereusement encore. Leur conduite, en effet, quand ils mentent sciemment, est tout autre que quand ils se trompent en croyant dire la vérité. Quand ils propagent leur hérésie, ils sont eux-mêmes dans l'erreur qu'ils enseignent, mais quand ils parlent autrement qu'ils ne pensent, ils mentent dans ce qu'ils disent. Quoiqu'on se trompe sur leur compte, on peut les croire sans se perdre pour cela, car ce n'est pas s'éloigner de la foi catholique, que de prendre pour catholiques des hérétiques, qui faussement affirment suivre la doctrine catholique. Il n'y a donc aucun danger à les prendre pour tels, parce qu'en cela on se trompe sur une chose cachée dans le cœur d'un homme, et dont on ne peut juger, mais non sur la foi que l'on conserve soi-même inviolablement dans son cœur. Cependant quand ils enseignent leur hérésie, quiconque ajoute foi à ce qu'ils débitent, comme à des paroles de vérité, partage non-seulement leur erreur, mais encore leur condamnation. Ainsi croire aux dogmes que débitent ces hérétiques, et dont l'erreur est mortelle pour eux-mêmes, c'est se perdre infailliblement. Tandis que ceux qui croient aux dogmes catholiques que nous prêchons, et dans lesquels nous restons fidèles à la vraie foi chrétienne, passent de la mort à la vie. Lorsque ces Priscillianistes, pour cacher le venin de leur doctrine, font semblant de partager notre foi, quiconque des nôtres se laisse tromper par les dehors dont ils se couvrent, n'en restera pas moins pour cela catholique; tandis que si pour les découvrir nous feignons d'être Priscillianistes, comme nous ne pourrions le faire sans paraître approuver leurs dogmes comme étant les nôtres, ou nous confirmerions encore plus fortement dans leur erreur ceux qui sont déjà de leur parti, ou nous y ferions passer les nôtres. Qu'arrivera-t-il plus tard? Pourrons-nous tirer de l'erreur, en leur disant la vérité, ceux qui auront été trompés par nos mensonges ? Voudront-ils encore écouter les leçons de ceux

---

disses sine tua iniquitate narranti. Quoniam sive illa ita gesta sint, sive non ita ; non habent tamen aliquid, quod si quis crediderit ita esse gestum, etiam si non ita sit gestum, regula veritatis et doctrina salutis æternæ judicetur esse culpandus. Si autem hoc quisque mentiatur, quod si quis crediderit, adversus doctrinam Christi hæreticus erit; tanto est nocentior mentiens, quanto miserior credens. Vide ergo quale sit, si adversus doctrinam Christi mentiti fuerimus, quod quisquis interibit, crediderit ut inimicos ejusdem doctrinæ capiamus, quos ad veritatem, dum nos ab ea recedimus, adducamus, imo vero cum mendaces mentiendo capimus, mendacia pejora doceamus. Aliud est enim quod dicunt quando mentiuntur, aliud quando falluntur. Nam cum hæresim suam docent, ea dicunt in quibus falluntur : quando autem se dicunt sentire quod non sentiunt, vel non sentire quod sentiunt, ea dicunt in quibus mentiuntur. Quod eis quisquis credit, etsi eos non invenit, ipse non perit. A regula quippe catholica non recedit, qui hæreticum catholica dogmata mendaciter profitentem, catholicum credit : ac per hoc non est ei perniciosum : quia in hominis mente de qua latente non potest judicare, non in Dei fallitur fide quam debet insitam custodire. Porro autem quando hæresim suam docent, quisquis eis crediderit putando veritatem, erit particeps, ut erroris, ita et damnationis illorum. Sic fit ut cum illi sua nefaria dogmata fabulantur, in quibus mortifero errore falluntur, tunc quisquis crediderit, pereat : nos autem quando catholica dogmata prædicamus, in quibus rectam fidem tenemus, tunc sic crediderit, inveniatur quicumque pericrat. Quando vero, cum sint Priscillianistæ, ut sua venena non prodant, nostros se esse mentiuntur; quisquis nostrum eis credit, etiam illis latentibus, ipse catholicus perseverat : nos contra, ut ad eorum perveniamus indaginem, si Priscillianistas non esse mentimur; quia eorum tanquam nostra sumus dogmata laudaturi, quisquis ea crediderit, aut confirmabitur apud nos, aut transferetur ad eos interim statim : quid autem hora superventura pariat, utrum inde postea liberentur vera dicentibus nobis,

qu'ils auront reconnus comme menteurs? Qui pourrait l'assurer, et qui ne voit pas au contraire combien cela est douteux? Il faut donc en conclure qu'il est bien plus pernicieux, ou pour adoucir mes paroles, qu'il est bien plus dangereux pour les catholiques de recourir au mensonge pour découvrir les hérétiques, qu'aux hérétiques de mentir, pour ne pas être découverts par les catholiques. En effet, on ne peut ajouter foi aux mensonges des catholiques, sans devenir hérétique si on ne l'est pas, ou sans le devenir plus fortement encore si on l'est déjà, tandis que sans cesser d'être catholique on peut croire aux mensonges des hérétiques, qui nous séduisent par des dehors trompeurs. Pour rendre cela plus clair, posons quelques exemples, tirés des écrits mêmes que vous m'avez envoyés.

5. Supposons qu'un de ceux qui sont habiles à découvrir les hérétiques aborde quelqu'un qu'il croit Priscillianiste, et qu'il se mette à combler d'éloges menteurs la vie de l'évêque Dictinius, comme l'ayant connu, ou comme ayant entendu célébrer sa louange; jusque-là le mensonge est encore supportable, en effet, l'on croit que cet évêque est revenu de son erreur, et est rentré dans l'union catholique. Supposons qu'ensuite, et ce sera un pas de plus dans l'art du mensonge, qu'il parle avec vénération de Priscillien même, de Priscillien, cet homme impie, digne d'exécration et condamné pour ses crimes! En entendant cet éloge, si celui auquel on a tendu ce piége n'est pas encore entièrement Priscillianiste, il le deviendra certainement. Allons plus loin encore. Voilà notre homme si habile à découvrir les hérétiques, déplorant le malheur de ceux que le prince des ténèbres, comme le disent les Priscillianistes, a tellement plongés dans la nuit de l'erreur, qu'ils ne connaissent plus la dignité de leur âme et la gloire de son origine céleste; puis ensuite il comblera de pompeux éloges le livre de Dictinius qui a pour titre : *Libra* (la livre), parce qu'il renferme douze questions comme la livre contient douze onces. Il dira que ce traité, qui n'est qu'un tissu d'horribles blasphèmes, est une *livre* qui seule vaut mieux que des milliers de livres d'or. A quoi aboutira toute la finesse de celui qui ment ainsi, sinon à tuer l'âme de ceux qui auront ajouté foi à ses paroles, ou, si elle était déjà perdue, à l'enfoncer encore plus dans l'abîme de cette mort? Mais, direz-vous, nous saurons l'en tirer. Qu'arrivera-t-il si cela n'a pas lieu, soit que quelqu'obstacle intervienne et arrête votre projet,

qui decepti sunt fallentibus nobis; et utrum audire velint docentem, quem sic experti sunt mentientem, quis noverit certum? quis hoc esse ignoret incertum? Ex quo colligitur, perniciosius, aut ut mitius loquar, periculosius mentiri catholicos ut hæreticos capiant, quam mentiuntur hæretici ut catholicos lateant. Quoniam quisquis credit catholicis mentiendo tentantibus, aut efficitur, aut confirmatur hæreticus : quisquis autem credit hæreticis mentiendo sese occultantibus, non desinit esse catholicus. Quod ut fiat planius, aliqua exempli gratia proponamus, et ex eis potissimum scriptis, quæ mihi legenda misisti.

5. Ecce constituamus ante oculos callidum exploratorem accedere ad eum quem Priscillianistam esse præsenserit; et (a) Dictinii episcopi, vel cogniti vitam, vel incogniti famam laudare mendaciter : est hoc tolerabilius adhuc, quia ille putatur fuisse catholicus, atque ex illo errore correctus. Deinde Priscillianum, (hoc enim sequitur in arte mentiendi) venerabiliter commemoraturus est, hominem impium et detestabilem, et pro suis nefariis sceleribus criminibusque damnatum. In qua ejus venerabili commemoratione, si forte ille, cui retia tenduntur hujusmodi, firmus Priscillianista non fuerat, hac ejus prædicatione firmabitur. Cum autem ad cætera explorantis sermo processerit, et dicentis misereri se eorum, quos tantis errorum tenebris tenebrarum auctor involverit, ut honorem animæ suæ et claritatem divinæ prosapiæ non agnoscant. Tum deinde Dictinii librum, cujus nomen est *Libra*, eo quod pertractatis duodecim quæstionibus velut unciis explicatis, tantis extulerit laudibus, ut talem Libram, qua horrendæ blasphemiæ continentur, multis librarum auri millibus pretiosiorem esse testetur. Nempe hæc astutia mentientis, animam credentis interficit, aut jam interfectam in eadem morte demergit, ac deprimit. Sed, inquies, postea liberabitur. Quid si

(a) In editis, *et dictum episcopi*. Itemque paulo post legebatur, *deinde dictum librum, cujus nomen est Libra*. His locis, nec non infra capite xvii, restituimus veterum librorum auctoritate nomen Dictinii. Fuit Dictinius episcopus Asturicensis, cui, ut Idatius in Chronico scribit, *ob Priscilliani hæresim, quam profitebatur, ejecto cum aliis ejusdem sectæ episcopis, successit Turribius*. Ipsum tamen postea damnato suo errore resipiscentem ab Ecclesia receptum esse testatur Innocentius Papa I, in epistola ad synodum Toletanam. Ejus quoque correctionem laudat Leo Papa I, in epistola xv, ad Turribium Asturicensem cap. xvi, improbans *quod Dictinii tractatus, quos secundum Priscilliani dogma conscripsit, a multis cum veneratione legerentur, cum si aliquid*, ait, *memoriæ Dictinii tribuendum putant, reparationem ejus magis debeant amare quam lapsum*. Cæterum Dictinii memoriam anniversaria festivitate in Hispania colit Asturicensis Ecclesia die 2. Junii. Vide Ferrarium in catalogo generali SS.

soit que persistant dans son hérésie, celui que vous vouliez ramener à vous, nie de nouveau les vérités qu'il avait commencé à reconnaître? C'est ce qui arrivera, s'il apprend qu'il lui a été tendu un piége par un étranger à sa foi, et dès lors il n'en sera que plus porté à cacher, par le mensonge, ce qu'il pense intérieurement, quand l'exemple de celui qui a voulu le tromper lui aura appris qu'il peut le faire avec plus de certitude, et sans qu'on puisse le lui reprocher. De quel front pourrions-nous blâmer cela dans un homme, qui croit pouvoir déguiser la vérité par le mensonge? Comment pourrons-nous condamner en lui ce que nous-mêmes nous lui aurons enseigné?

6. A l'exception de ce que les Priscillianistes, dans leur criminelle hérésie, pensent de Dieu, de l'âme, du corps, et d'autres points que nous blâmons, nous voilà d'accord, (ce qu'à Dieu ne plaise), sur le dogme sacrilége par lequel ils croient qu'on peut employer le mensonge pour cacher la vérité. Il y a en cela un si grand danger, que, quand bien même tous les efforts que nous faisons pour les découvrir et les convertir auraient un plein succès, rien ne pourrait compenser le mal qui en résulterait, puisqu'en voulant les corriger, nous nous perdrions nous-mêmes avec eux. En effet, le mensonge n'aura d'autre résultat que de nous pervertir, et de les convertir à moitié, puisque loin de corriger en eux l'usage du mensonge, par lequel ils croient qu'on peut cacher la vérité, nous aurons appris et enseignerons nous-mêmes ce malheureux principe, et que nous recommanderons de l'employer pour parvenir à corriger ceux que nous voulons ramener à la vérité. Or, nous n'atteignons pas ce but, puisque nous ne détruisons pas l'erreur où ils sont, de croire qu'on peut mentir pour cacher la vérité, et que nous nous souillons nous-mêmes en nous servant pour les gagner de la souillure qui est en eux, Comment ensuite ajouter foi à la conversion d'hommes envers lesquels nous avons usé de mensonge, lorsqu'ils étaient encore dans l'hérésie? N'est-il pas à craindre que, bien que gagnés à notre foi, ils ne fassent eux-mêmes aussi ce qu'on a fait envers eux pour les gagner, non-seulement parce qu'ils en avaient l'habitude, mais encore parce qu'ils la trouveront aussi en nous qu'ils étaient venus chercher?

Chapitre IV. — 7. Ce qui est bien plus déplorable, c'est que même quand ils seront presque des nôtres, ils auront peine à nous croire. Ne pourront-ils pas, en effet, soupçonner que les dogmes catholiques que nous leur prêcherons, sont autant de mensonges, sous lesquels nous voulons déguiser quelque vérité? Direz-vous à des hommes ayant de pareils soupçons : Ce que

---

non fiat, sive aliquo interveniente impedimento ne cœpta compleantur, sive obstinatione mentis hæreticæ rursus eadem negantis, etiamsi aliqua jam cœperat confiteri? præsertim quia si cognoverit se ab alieno fuisse tentatum, eo ipso audacius illa quæ sentit, studebit occultare mendacio; quando id inculpate fieri multo certius didicerit, etiam exemplo ipsius sui tentatoris. Hoc quippe in homine, qui veritatem tegendam putat esse mentiendo, qua tandem fronte culpabimus, et damnare audebimus quod docemus?

6. Remanet igitur, quod sentiunt Priscillianistæ secundum hæresis suæ nefariam falsitatem, de Deo, de anima, de corpore, et de cæteris rebus, non dubitemus veraci pietate damnare; quod autem sentiunt, ut veritas occultetur esse mentiendum, sit nobis et illis, quod absit, dogma commune. Hoc tam magnum malum est, ut etiamsi conatus hic noster, quo eos per mendacium capere cupimus et mutare, ita prosperetur, ut eos capiamus atque mutemus, nullis lucris compensentur hæc damna, quibus et nos cum ipsis pro illorum correctione depravamur. Per hoc namque mendacium et nos erimus ex ea parte perversi, et illi semi-correcti : quando quidem istud, quod putant esse pro veritate mentiendum, non in eis corrigimus; quia idem nos (a) didicimus et docemus, et fieri oportere præcipimus, ut ad eos emendandos pervenire possimus. Quos tamen non emendamus, quibus (b) mendum, quo verum tegendum existimant, non auferimus; sed nos potius immundamur, cum per tale mendum eos quærimus : nec invenimus quemadmodum eis conversis credere valeamus, quibus perversis mentiti sumus; ne forte quod ut caperentur sunt passi, faciant capti; non solum quia facere consueverunt, sed quia et in nobis, ad quos veniunt, hoc inveniunt.

Caput IV — 7. Et quod est miserabilius, etiam ipsi jam quasi nostri effecti, quemadmodum nobis credant, reperire non possunt. Si enim suspicentur, etiam ipsa catholica dogmata nos mendaciter loqui, ut nescio quid aliud occultemus quod verum putamus; certe talia suspicanti dicturus es : Hoc tunc

(a) Sic plures Mss. At editi, *dicimus.* — (b) Aliquot Mss. hic et infra loco *mendum,* habent *mendacium.*

nous avons fait, n'était que pour vous découvrir? Et s'ils vous répondent : Comment pouvons-nous savoir si ce que vous faites présentement n'est pas dans la crainte d'être à votre tour découverts par nous ; que répliquerez-vous? Comment leur persuader que celui qui ment pour découvrir les autres, ne mente pas aussi de peur d'être découvert lui-même? Ne voyez-vous pas où conduirait un tel mal ? Il en résulterait infailliblement que non-seulement nous leurs serions suspects, comme ils le seraient à nous, mais encore que tous les fidèles se défieraient les uns des autres. Ainsi le mensonge, loin de tendre à enseigner et à affermir la foi, n'aurait d'autre effet que de détruire toute confiance entre les hommes. Si donc mentir c'est parler contre Dieu même, quel mal plus grand peut-on trouver dans le mensonge, et que ne doit-on pas faire pour se préserver d'un tel crime?

CHAPITRE V. — 8. Voyez maintenant si, en en comparaison de nous, les Priscillianistes ne sont pas plus excusables dans leurs mensonges, pour cacher leur doctrine, que nous, lorsque nous en commettons pour les délivrer de leurs erreurs? Le Priscillianiste dit que l'âme est une portion de la divinité, de la même nature et de la même substance que Dieu même, ce qui est un affreux blasphème, car il s'ensuivrait que la nature de Dieu peut être sujette à l'esclavage, à l'erreur, au trouble, à la souillure, à la damnation, à la douleur. Si celui qui cherche par le mensonge à délivrer les autres d'une doctrine si impie tient le même langage, quelle différence y aura-t-il entre les deux blasphémateurs? Une très-grande, direz-vous, car le Priscillianiste parle ainsi parce qu'il le croit, mais le catholique dit la même chose quoiqu'il n'y croit pas. L'un blasphème sans le savoir, l'autre le sachant bien. Le premier pèche contre une doctrine qu'il ignore, le second contre une doctrine qu'il n'ignore pas. Dans le Priscillianiste il y a un aveuglement qui dérobe à ses yeux la vérité, mais dans son erreur il a la volonté de dire vrai. Le catholique, dans le secret de son cœur, voit la vérité, et parle avec l'intention de tromper. Peut-être, direz-vous, que le premier enseigne ses erreurs, pour y attirer les autres et les faire participer à son impiété, tandis que le second, en tenant le même langage que le premier, n'a d'autre but que de retirer les hommes de ces erreurs et de ces impiétés. J'ai déjà montré plus haut combien par là on fait de mal en croyant faire du bien. Mais en examinant de part et d'autre le mal qui en résulte présentement, car le bien que les catholiques ont en vue, en cherchant à ramener les hérétiques à la foi, n'est rien moins que certain, voyons quel est celui qui est le plus coupable, de l'hérétique qui, sans le savoir, induit les autres en erreur, ou du catholique qui, en connaissance de cause, blas-

---

ideo feci, ut caperem te : sed quid respondebis dicenti : Unde igitur scio, utrum etiam nunc id facias, ne capiaris a me? An vero cuiquam persuaderi potest, hominem non mentiri ne capiatur, qui mentitur ut capiat? Videsne quo tendat hoc malum? ut scilicet non solum nos illis, ipsique nobis, sed omnis frater omni fratri non immerito videatur esse suspectus. Atque ita dum per mendacium tenditur ut doceatur fides, id agitur potius ut nulli habenda sit fides. Si enim et contra Deum loquimur, cum mentimur, quid tantum mali poterit (a) in ullo mendacio reperiri, tanquam scelestissimum omni modo devitare debeamus.

CAPUT V. — 8. Sed nunc adverte quam tolerabilius Priscillianistæ in nostra comparatione mentiantur, quando se fallaciter loqui sciunt, quos nostro mendacio liberandos putamus ab eis falsis, in quibus errando falluntur. Priscillianista dicit, quod anima sit pars Dei, et ejusdem cujus est ille naturæ atque substantiæ. Magna hæc est et detestanda blasphemia.

(a) Plures Mss. poterit nullo mendacio reperiri.

Sequitur enim, ut Dei natura captivetur, decipiatur, fallatur, conturbetur atque turpetur, damnetur atque crucietur. At si hoc et ille dicit, qui de tanto malo liberare cupit hominem per mendacium, videamus quid intersit inter utrumque blasphemum. Plurimum, inquis : nam hoc Priscillianista dicit ita etiam credens; catholicus autem non ita credens, quamvis ita loquens. Ille ergo blasphemat nesciens, iste autem sciens : ille contra scientiam, iste contra conscientiam : ille habet cæcitatem falsa sentiendi, sed in iste habet saltem voluntatem vera dicendi; iste latens videt vera, et volens loquitur falsa. Sed ille, inquies, hoc docet, ut erroris sui faciat furorisque participes : iste autem hoc dicit, ut ab illo errore ac furore liberet homines. Jam quidem supra ostendi quantum et hoc noceat, quod creditur profuturum : verum interim si appendamus in his duobus mala præsentia, (quoniam bona futura quæ catholicus de corrigendo hæretico inquirit incerta sunt,) quis peccat gravius, utrum qui hominem decipit nesciens,

CHAPITRE V.

phème contre Dieu? C'est ce que comprendra facilement quiconque, dans sa sollicitude et dans sa piété, préfère Dieu à l'homme. Ajoutez encore que s'il faut blasphémer contre Dieu pour amener les hommes à le louer, par notre exemple et la doctrine que nous leur enseignons, nous les invitons à le blasphémer aussi bien qu'à le louer. Car ceux que nous voulons, par des blasphèmes contre Dieu, amener à le louer, apprennent de nous à le blasphémer autant qu'à le célébrer par des louanges. Voilà les services que nous rendons à ceux que nous voulons retirer de l'hérésie, en blasphémant, non avec ignorance, mais avec connaissance de cause. L'Apôtre, pour apprendre aux hommes à ne pas blasphémer, en a livré quelques-uns au démon (I *Tim.*, I, 20), et nous, pour les arracher au pouvoir de Satan, nous leur apprenons à blasphémer, non par ignorance, mais sciemment. Et sur nous qui sommes leurs maîtres, nous attirons l'immense malheur de commencer, pour gagner des hérétiques, par nous faire blasphémateurs de Dieu ; mal certain, commis dans l'espérance très-incertaine d'enseigner sa vérité à ceux que nous voulons délivrer de leurs erreurs.

9. Puisque nous apprenons aux nôtres à blasphémer Dieu, pour que les Priscillianistes les croient partisans de leur doctrine, voyons maintenant ce que disent les Priscillianistes, quand ils ont recours au mensonge, afin que nous prenions leurs partisans comme étant des nôtres. Ils prononcent anathème contre Priscillien, et le détestent autant que nous le désirons. Ils disent que l'âme est une créature, et non une portion de Dieu. Ils ont en exécration les faux martyrs des Priscillianistes, et comblent d'éloges les évêques catholiques qui ont dévoilé, combattu, renversé l'hérésie de ces impies. Ils disent la vérité tout en mentant ; non pas qu'une chose puisse être à la fois vraie et fausse, mais si d'un côté ils mentent, d'un autre côté ils disent la vérité. En effet, s'ils emploient le mensonge pour se faire passer comme étant des nôtres, tout ce qu'ils disent de la foi catholique est vrai. Ainsi pour ne pas laisser découvrir qu'ils sont Priscillianistes, ils mentent en disant la vérité. Mais nous, pour les découvrir, non-seulement nous avons recours au mensonge, afin de leur faire croire que nous sommes de leur parti, mais encore nous professons des principes impies que nous savons appartenir à leur doctrine. C'est pourquoi lorsqu'ils veulent passer pour être des nôtres, ce qu'ils disent est en partie faux et en partie vrai. En effet, il est faux qu'ils partagent notre foi, il est vrai que l'âme n'est pas une portion de la divinité. Mais lorsque nous voulons passer pour être partisans de leur doctrine, nous commettons un double mensonge ; d'abord en disant que nous sommes

---

an qui Deum blasphemat sciens? Profecto quid sit pejus intelligit, qui homini Deum sollicita pietate præponit. Huc accedit, quia si blasphemandus est Deus, ut ad eum laudandum homines adducamus; procul dubio non solum ad laudandum, verum etiam ad blasphemandum Deum, exemplo et doctrina nostra homines invitamus : quoniam quos ad Dei laudes per Dei blasphemias molimur adducere, utique si adduxerimus, non solum laudare discent, verum etiam blasphemare. Hæc illis beneficia conferimus, quos non ignoranter, sed scienter blasphemando ab hæreticis liberamus. Et cum Apostolus homines tradiderit etiam ipsi Satanæ (I *Tim.*, I, 20), ut discerent non blasphemare : nos conamur homines eruere Satanæ, ut discant non per ignorantiam, sed per scientiam blasphemare ; nobisque ipsis magistris eorum hoc tam magnum importamus exitium, ut propter hæreticos capiendos prius efficiamur, quod certum est, Dei blasphematores, quo possimus propter eos, quod incertum est, liberandos, veritatis ejus esse doctores.

9. Cum igitur blasphemare Deum doceamus nostros, ut eos Priscillianistæ credant suos; videamus quid mali dicant ipsi, quando propterea mentiuntur, ut eos nostros esse credamus. Anathematizant Priscillianum, et ad nostrum arbitrium detestantur : dicunt animam creaturam Dei esse, non partem : exsecrantur Priscillianistarum falsa martyria : catholicos episcopos, a quibus illa hæresis nudata, oppugnata, prostrata est, magnis efferunt laudibus, et cætera hujusmodi. Ecce ipsi vera dicunt quando mentiuntur, non quo simul possit hoc ipsum verum esse quod mendacium est ; sed in alio quando mentiuntur, in alio vera dicunt : quando enim nostros se esse mentiuntur, de fide catholica vera dicunt. Ac per hoc ipsi, ne Priscillianistæ inveniantur, loquuntur mendaciter vera : nos autem, ut eos inveniamus, non solum mendaciter loquimur, ut ad illos pertinere credamur ; sed etiam falsa loquimur, quæ ad illorum errorem pertinere cognovimus. Itaque illi quando nostri putari volunt, et falsum est ex parte, et verum est ex parte quod dicunt ; falsum est enim eos nostros esse, verum est autem animam partem Dei non esse :

Priscillianistes, ensuite en avançant que l'âme est une portion de Dieu. En se cachant ils louent Dieu et ne le blasphèment pas, et quand ils se montrent à découvert et qu'ils professent leurs dogmes, ils blasphèment Dieu, il est vrai, mais sans le savoir. Aussi quand ils se convertissent à la foi catholique, ils trouvent dans leur conscience la consolation de pouvoir dire avec l'Apôtre : « J'ai blasphémé autrefois, il est vrai, mais j'ai reçu miséricorde, parce que je ne l'ai fait que par ignorance. » (I *Tim.*, I, 13.) Mais nous, si pour qu'ils se découvrent à nous, nous proférons, afin de les surprendre et de les tromper, les mêmes impiétés et les mêmes mensonges, nous nous avouons Priscillianistes blasphémateurs, et pour qu'ils nous croient, nous blasphémons contre Dieu, sans pouvoir rejeter notre faute sur notre ignorance. Car un catholique qui a recours au blasphème, afin de passer pour hérétique, ne peut pas dire comme saint Paul : « Si je l'ai fait, c'est par ignorance. »

CHAPITRE VI. — 10. En pareilles occasions, mon cher frère, il faut toujours se rappeler avec crainte ces paroles du Seigneur : « Celui qui me reniera devant les hommes, je le renierai devant mon Père qui est au ciel. » (*Matth.*, x, 33.) Or, n'est-ce pas renier Dieu devant les hommes, que de le renier devant les Priscillianistes, quoique ce soit pour les découvrir et mettre au grand jour la doctrine qu'ils veulent cacher, qu'on ait recours au blasphème et au mensonge ? Peut-on douter, je vous le demande, que ce ne soit pas renier le Christ, quand on dit qu'il n'est pas tel qu'il est véritablement, mais qu'il est tel que les Priscillianistes le croient ?

11. Mais, direz-vous, nous ne pouvons pas autrement découvrir les loups qui se cachent sous la peau des brebis, afin de porter la désolation et le ravage dans le troupeau du Seigneur. Je vous répondrai : Comment est-on parvenu à les découvrir avant d'avoir recours à cette espèce de chasse contre eux, par la fourberie et le mensonge ? Comment est-on parvenu jusqu'à la tanière de l'auteur même de leur secte impie, qui se tenait d'autant mieux caché, qu'il était le plus fin et le plus rusé de tous ? Comment un si grand nombre d'entre eux ont-ils été découverts, condamnés ? Comment un nombre infini, les uns entièrement convertis, les autres à demi-corrigés, ont-ils été reçus dans le sein miséricordieux de l'Église ? Si Dieu veut les prendre en pitié, il saura nous ouvrir bien des voies pour que nous arrivions jusqu'à eux. Il y en a deux qui sont plus heureuses et plus faciles que les autres. C'est de se faire indiquer ceux qui se cachent, ou par ceux qu'ils ont voulu séduire, ou par ceux qu'ils avaient déjà séduits, mais qui sont revenus à la vérité. Il nous sera plus facile

---

nos vero quando ad eos pertinere putari volumus, falsum est utrumque quod dicimus, et Priscillianistas nos esse, et animam partem Dei esse. Illi itaque Deum laudant, non blasphemant, quando se occultant; et quando se non occultant, sed sua proferunt, blasphemare se nesciunt. Ideo si ad fidem catholicam convertantur, consolantur semetipsos, quia possunt dicere quod Apostolus, qui cum inter cætera dixisset: « Prius fui blasphemus ; misericordiam, inquit, consecutus sum, quia ignorans feci. » (I *Tim.*, I, 13.) Nos contra, ut se nobis aperiant, si hoc quasi justum mendacium fallendis capiendisque proferimus, profecto et ad blasphematores Priscillianistas pertinere nos dicimus, et ut nobis credant, sine excusatione ignorantiæ blasphemamus. Neque enim catholicus, qui blasphemando vult hæreticus credi, potest dicere, « ignorans feci. »

CAPUT VI. — 10. Semper, frater, in talibus causis cum timore recolendum est: « Quicumque me negaverit coram hominibus, negabo eum coram Patre meo qui in cœlis est. » (*Matth.*, x, 33.) An vero Christum coram hominibus non negat, qui eum coram Priscillianistis negat, ut eos latentes blasphemo mendacio nudet et capiat ? Quis autem dubitat, obsecro te, negari Christum, cum sicuti est verus ita non esse dicitur, et sicut cum Priscillianista credit ita esse dicitur?

11. Sed occultos lupos, inquies, indutos pellibus ovium et dominicum gregem latenter graviterque vastantes, aliter invenire non possumus. Unde ergo innotuerunt Priscillianistæ, prius quam hujus mendacii fuisset excogitata venatio ? unde ad ipsius auctoris illorum, profecto astutioris, et ideo tectioris, cubile perventum est? unde tot tantique manifestati atque damnati, et cæteri innumerabiles partim correcti, partim velut correcti, et in Ecclesiam miserantem collecti sunt? Multas enim vias dat Dominus, quando miseretur, quibus ad eorum perveniatur indaginem : quarum duæ sunt aliis (*a*) feliciores, ut vel ab eis quos seducere voluerunt, aut ab eis quos jam seduxerant, resipiscentibus conversisque monstrentur. Quod facilius fit, si nefarius eorum error,

---

(*a*) Sola editio Lov. *faciliores*.

de ruiner leur impiété et leur hérésie, par des discussions basées sur la vérité, que par des captations et des mensonges. Vous devez, Consentius, vous appliquer à écrire de pareils ouvrages, puisque le Seigneur vous en a donné la capacité. Lorsque ces écrits salutaires propres à anéantir leur folie et leur impiété seront connus, et que la parole des évêques catholiques qui parlent aux peuples, ou le zèle de ceux qui sont remplis de l'amour de Dieu les aura répandus de tous côtés ; voilà les saints filets dans lesquels on pourra prendre les hérétiques en toute vérité, sans avoir besoin pour cela de recourir au mensonge. Ceux qui auront été pris ainsi, ou avoueront d'eux-mêmes ce qu'ils sont, ou chercheront à convertir, soit en les reprenant avec douceur, soit en les faisant connaître par un sentiment de charité, ceux qui étaient avec eux en société dans l'erreur et dans le mal; ou bien s'ils ont honte d'avouer ce qu'ils ont si longtemps caché, la main de Dieu y apportera remède et les guérira.

12. Mais, direz-vous, il nous serait plus facile de pénétrer dans leur retraite, en feignant d'être de leur parti. Si cela était permis ou nécessaire, Jésus-Christ aurait pu dire à ses brebis de se revêtir de peaux de loups, pour aller parmi les loups mêmes et les découvrir par cet artifice. Mais il ne leur a pas dit cela, même quand il leur a prédit qu'il les enverrait au milieu des loups. (*Matth.*, x, 16.) Peut-être, me direz-vous, qu'on n'avait pas besoin d'employer alors ce moyen pour découvrir les loups, puisqu'ils étaient assez reconnaissables, et qu'il ne restait plus qu'à s'exposer à leur fureur et à leurs morsures. Mais lorsque le Seigneur, en annonçant à ses disciples les temps futurs, leur prédisait que des loups ravisseurs viendraient un jour sous des peaux de brebis, n'était-ce pas le moment de leur dire : Et vous aussi pour les découvrir, revêtez-vous de peaux de loups, mais restez brebis au dedans de vous-mêmes? Il ne leur parla pas ainsi, mais après leur avoir dit : « Il en viendra plusieurs revêtus de peaux de brebis, mais qui sont au dedans des loups ravisseurs, » (*Matth.*, vii, 15, 16) il n'ajoute pas : Vous les reconnaîtrez par vos mensonges, mais : « Ce sera par leurs fruits que vous les reconnaîtrez. » C'est par la vérité qu'il faut éviter, c'est par la vérité qu'il faut découvrir, c'est par la vérité qu'il faut ruiner le mensonge. A Dieu ne plaise que nous ne triomphions de ceux qui blasphèment par ignorance, qu'en blasphémant nous-mêmes sciemment ! A Dieu ne plaise que nous n'évitions le mal des trompeurs et des fourbes, qu'en imitant leurs mensonges et leur fourberie ! Comment, en effet, nous garantirions-nous du mal, si pour nous en préserver, nous l'avons et le portons en nous-mêmes? Si pour découvrir celui qui blasphème par ignorance, je blasphème avec connaissance de cause, ne suis-je pas plus coupable que celui

---

non mendacibus captationibus, sed veracibus disputationibus evertatur. Quibus conscribendis operam te oportet impendere, quoniam Dominus donavit ut possis : quæ scripta salubria quibus eorum perversitas insana destruitur, cum magis magisque innotuerint, et a catholicis vel antistitibus qui loquuntur in populis, vel a quibusque studiosis zelo Dei plenis, fuerint usquequaque diffusa; hæc erunt sancta retia, quibus capiantur veraciter, non mendaciter inquirantur. Sic enim capti, aut ultro quid fuerint fatebuntur, et alios quos in sua mala societate noverunt, vel concorditer corrigent, vel misericorditer prodent : aut si eos pudebit fateri quod diuturna simulatione texerunt, occulta manu Dei medicante sanabuntur.

12. Sed multo facilius, inquies, eorum latibula penetramus, si quod sunt nos esse mentiamur. Hoc si liceret aut expediret, potuit Christus præcipere ovibus suis, ut lupinis amictæ pellibus ad lupos venirent, et eos hujus artis fallaciis invenirent : quod eis non dixit, nec quando eas in medium luporum se missurum esse prædixit. (*Matth.*, x, 16.) Sed dices : Non erant tunc inquirendi, cum essent apertissimi lupi, sed eorum morsus et sævitia perferenda. Quid cum tempora posteriora prænuntians, in vestitu ovium dixit rapaces lupos esse venturos? nonne ibi erat locus ut hæc moneret et diceret : Et vos ut eos inveniatis, assumite vestitum luporum, intrinsecus autem oves manete? Non hoc ait : sed cum dixisset: « Multi ad vos venient in vestitu ovium, intrinsecus autem sunt lupi rapaces : » (*Matth.*, vii, 15, 16) non addidit : Ex mendaciis vestris; sed : « Ex fructibus eorum cognoscetis eos. » Veritate sunt cavenda, veritate capienda, veritate occidenda mendacia. Absit ut blasphemias ignorantium, scienter blasphemando vincamus : absit ut mala fallacium imitando caveamus. Quomodo enim cavebimus, si ut caveamus, habebimus? Si enim ut capiatur qui blasphemat nesciens, blasphemabo sciens; pejus est quod ago, quam quod capio. Si ut inveniatur qui Christum ne-

que je veux découvrir? Si pour ramener à Jésus-Christ celui qui le renie par ignorance, je le renie moi-même avec conscience de ce que je fais, j'entraînerai dans ma perte celui que j'aurai voulu convertir, car en voulant le sauver, je serai le premier à me perdre.

13. Celui qui cherche à découvrir les Priscillianistes par un tel moyen, ne renie-t-il pas Jésus-Christ, en laissant échapper de sa bouche ce qu'il ne croit pas au fond de son cœur? Est-ce donc en vain que l'Apôtre, après avoir dit, comme je l'ai déjà fait remarquer plus haut : « Il faut croire de cœur pour obtenir la justice, » ajoute : « Et confesser de bouche pour obtenir le salut. » (*Rom.*, x, 10.) A l'exception de ceux qui ont pu en faire pénitence, presque tous ceux qui ont renié le Christ devant leurs persécuteurs n'ont-ils pas péri, bien que conservant dans leur cœur la foi qu'ils avaient en lui? « Mais ils n'avaient pas confessé de bouche pour obtenir le salut. » Qui serait assez insensé pour croire que l'apôtre saint Pierre avait dans le cœur ce qui s'échappa de ses lèvres quand il renia le Seigneur? En le reniant, il gardait intérieurement la vérité, tandis que sa bouche proférait le mensonge. Pourquoi effaça-t-il par ses larmes le crime que sa bouche avait commis, si ce qu'il croyait de cœur suffisait pour le sauver? Puisqu'il gardait la vérité dans son for intérieur, pourquoi a-t-il pleuré si amèrement par repentir le mensonge que sa bouche avait proféré, sinon parce qu'il avait compris la grandeur du crime qui le perdait, « puisque croyant de cœur pour obtenir la justice, il n'avait pas confessé de bouche pour obtenir le salut?

14. C'est pourquoi ces paroles de l'Ecriture : « Celui qui dit la vérité dans son cœur, » (*Ps.* xiv, 3) ne doivent pas être comprises dans le sens que, pourvu qu'on ait la vérité dans le cœur, on peut avoir le mensonge dans la bouche. L'Ecriture parle ainsi, parce qu'il peut se faire que la bouche prononce la vérité qui ne servirait à rien, si on ne l'avait pas également dans le cœur, c'est-à-dire, si l'on ne croit pas réellement ce qu'on dit. C'est ce que font les hérétiques et surtout les Priscillianistes, lorsque sans croire à la vérité catholique, ils la prêchent et la recommandent pour faire semblant d'être des nôtres. C'est donc dans la bouche et non dans le cœur qu'ils ont la vérité. C'est par cela qu'il fallait les distinguer « de celui qui a et garde la vérité dans son cœur. » Le catholique doit donc avoir cette vérité dans le cœur, parce qu'il la croit, comme il doit aussi l'avoir dans la bouche pour la prêcher et la répandre. Mais que cette vérité ne trouve aucune fausseté, ni dans son cœur, ni sur ses lèvres, afin « de croire de cœur pour obtenir la justice, et de confesser de bouche pour obtenir le salut. » En effet, le Psalmiste, après avoir dit : « Heureux celui qui pro-

---

gat nesciens, ergo Christum negabo sciens ; ad perditionem me securus est quem sic invenero : si quidem ut illum inveniam, prior pereo.

13. An forte qui eo modo Priscillianistas invenire molitur, ideo non negat Christum, quia ore depromit quod corde non credit? Quasi vero, (quod et Paulo ante jam dixi,) cum dictum esset : « Corde creditur ad justitiam ; » incassum est additum, « ore confessio fit ad salutem? » (*Rom.*, x, 10.) Nonne pene omnes qui Christum coram persecutoribus negaverunt, quod de illo credebant, corde tenuerunt ; et tamen ore ad salutem non confitendo perierunt, nisi qui per pœnitentiam revixerunt? Quis ita (*a*) evanescat, ut existimet Apostolum Petrum hoc habuisse in corde quod in ore, quando Christum negavit? (*Matth.*, xxvi, 69.) Nempe in illa negatione intus veritatem tenebat, et foris mendacium proferebat. Cur ergo lacrymis diluit quod ore negaverat, si saluti sufficiebat quod corde credebat? Cur loquens in corde suo veritatem, tam amaro fletu punivit mendacium quod ore

(*a*) Cigyrannensis Ms. *vesane sciat*. Forte pro, *vesane sentiat*.

depromsit, nisi quia magnum vidit esse perniciem, quod corde quidem credidit ad justitiam, sed ore non confessus est ad salutem?

14. Quapropter illud quod scriptum est : « Qui loquitur veritatem in corde suo : » (*Psal.* xiv, 3) non sic accipiendum est, quasi retenta in corde veritate, loquendum sit in ore mendacium. Sed ideo dictum est, quia fieri potest ut loquatur quisque ore veritatem, quæ nihil ei prosit, si eam in corde non teneat, id est, si quod loquitur ipse non credat : sicut hæretici, maximeque iidem Priscillianistæ faciunt, cum catholicam veritatem non quidem credunt, sed tamen loquuntur, ut nostri esse credantur. Loquuntur ergo veritatem in ore suo, non in corde suo. Propterea distinguendi erant ab illo de quo dictum est : « Qui loquitur veritatem in corde suo. » Hanc autem veritatem catholicus sicut in corde loquitur, quia ita credit; ita et in ore debet, ut ita prædicet : contra istam vero nec in corde nec in ore habeat falsitatem, ut et corde credat ad justitiam, et ore confessionem

nonce la vérité dans son cœur, » ajoute, « et qui ne fait pas parler sa langue d'une manière trompeuse. » (*Ps.* xiv, 3.)

15. Lorsque l'Apôtre dit : « C'est pourquoi renonçant au mensonge, que chacun de vous parle à son prochain, selon la vérité, parce que nous sommes tous membres les uns des autres; » (*Ephés.*, iv, 25) gardons-nous bien de comprendre ses paroles, comme s'il nous permettait d'employer le mensonge envers ceux qui ne sont pas encore avec nous membres de Jésus-Christ. Si saint Paul a parlé ainsi, c'est parce que nous devons regarder les autres comme étant déjà ce que nous souhaitons qu'ils deviennent, quoiqu'ils ne le soient pas encore, comme le Seigneur lui-même a montré que le Samaritain, bien qu'étranger aux Juifs, était pourtant le prochain de celui auquel il venait de faire miséricorde. (*Luc*, x, 30.) Nous devons regarder comme notre prochain, et non comme nous étant étranger, celui que nous voulons amener à ne plus l'être pour nous. Et si, parce qu'il ne participe pas encore au sacrement de notre foi, il y a quelques vérités qu'on doive lui cacher, il ne faut pas pour cela lui dire des mensonges.

16. Il y a eu des hommes qui, du temps même des apôtres, prêchaient la vérité, non avec vérité, c'est-à-dire, qui ne l'annonçaient pas avec l'esprit de vérité, mais qui, comme le dit l'Apôtre, « annonçaient Jésus-Christ par un esprit d'envie et de contention, et non pas avec une intention droite. » (*Philip.*, i, 15, 17.) On a, il est vrai, toléré quelques hommes, annonçant la vérité avec des intentions qui n'étaient pas pures, mais on n'a jamais loué personne prêchant la fausseté sous un voile trompeur de bonne intention. L'Apôtre dit bien au sujet des uns : « Pourvu que le Christ soit annoncé de quelque manière que ce puisse être, soit par occasion, soit par un vrai zèle, » (*Philip.*, i, 18) mais il n'aurait jamais dit qu'il faut commencer par renier le Christ, pour l'annoncer ensuite aux hommes.

17. Il y a donc plusieurs moyens de découvrir les hérétiques qui se cachent, sans blesser la foi catholique et sans louer l'impiété des hérésies.

Chapitre VII. — Mais si l'impiété des hérétiques ne pouvait être découverte et mise au grand jour par les catholiques qu'en s'écartant de la voie de la vérité, il vaudrait mieux que cette impiété restât cachée, que de nous précipiter dans l'abîme du mensonge. Il vaudrait mieux laisser ces renards dans l'obscurité de leur tanière, que de tomber dans le blasphème, comme dans un précipice, en leur faisant la chasse pour les prendre. Il vaudrait mieux laisser les Priscillia-

---

faciat ad salutem. Nam et in illo Psalmo cum dictum esset : « Qui loquitur veritatem in corde suo : » mox etiam hoc additum est : « Qui non egit dolum in lingua sua. » (*Ibid.*)

15. Et illud quod Apostolus ait : « Deponentes mendacium, loquimini veritatem unusquisque cum proximo suo, quia sumus invicem membra : » (*Ephes.*, iv, 25) absit ut sic intelligamus, tanquam loqui mendacium permiserit cum eis qui nondum sunt nobiscum membra corporis Christi. Sed ideo dictum est, quia unusquisque nostrum hoc debet quemque deputare, quod eum vult fieri; etiam si nondum factus est : sicut Dominus alienigenam Samaritanum proximum ejus ostendit, cum quo misericordiam fecit. (*Luc.*, x, 30.) Proximus ergo habendus est, non alienus, cum quo id agendum est, ne remaneat alienus : et si propter id quod nondum est fidei nostræ sacramentique particeps factus, aliqua illi occultanda sunt vera, non tamen ideo dicenda sunt falsa.

16. Fuerunt enim etiam temporibus Apostolorum,

(a) Sic Mss. Editi autem, *non veraciter*.

qui veritatem non (a) veritate, id est, non veraci animo prædicarent (*Philip.*, i, 15, 17) : quos dicit Apostolus Christum annuntiasse non caste, sed per invidiam et contentionem. Ac per hoc etiam tunc nonnulli tolerati sunt annuntiantes non casto animo veritatem : non tamen ulli laudati sunt tanquam annuntiantes casto animo falsitatem. Denique de illis dicit : « Sive occasione, sive veritate Christus annuntietur : » (*Ibid.*, 18) nullo modo autem diceret, ut postea Christus annuntietur, prius negetur.

17. Quocirca multis quidem modis possunt latentes hæretici vestigari, nec catholica fide vituperata, nec hæretica impietate laudata.

Caput VII. — Sed si aliter omnino non posset educi de cavernis suis hæretica impietas, nisi a tramite veritatis lingua catholica deviaret; tolerabilius illa occultaretur, quam ista præcipitaretur; tolerabilius in suis foveis delitescerent vulpes, quam propter illas capiendas in blasphemiæ foveam caderent venatores; tolerabilius perfidia Priscillianista-

nistes couvrir leur perfidie du voile de la vérité, que si des catholiques qui croient sincèrement, reniaient leur foi, pour qu'elle reçût les louanges feintes des Priscillianistes menteurs. Si on peut justifier, je ne dis pas un mensonge quelconque, mais des mensonges blasphémateurs, sous prétexte qu'on y a recours pour découvrir les hérétiques, on pourra par la même raison, si on agit dans une intention semblable, trouver que l'adultère n'a rien de contraire à la chasteté. Si donc quelque femme impudique des Priscillianistes jetait un œil de convoitise sur quelque Joseph catholique, et promettait de lui découvrir les retraites des sectateurs de son hérésie, pourvu qu'il se rendît à ses désirs impurs, et qu'il fût certain que, moyennant ce consentement, elle tiendrait sa promesse; pensez-vous qu'il faudrait se rendre à des désirs si criminels, et comprenez-vous qu'il n'y a rien que nous devions acheter à un tel prix? Pourquoi donc refusons-nous de commettre un adultère charnel pour découvrir les hérétiques, et pensons-nous que l'on peut, à cet effet, commettre l'adultère spirituel du blasphème? Cependant on peut excuser l'un aussi bien que l'autre, et dire qu'ils n'ont rien d'injuste, parce que, dans les deux cas, notre intention est de découvrir des ennemis de la justice. Si la saine doctrine ne souffre pas, que pour mettre au grand jour l'hérésie qui se cache, on se rende aux désirs d'une femme impudique, ne fut-ce qu'extérieurement et sans le consentement du cœur, elle ne veut pas non plus que pour le même but, sinon par l'esprit, du moins par la voix, nous prêchions l'impure hérésie, ou que nous blasphémions la pureté de la foi catholique. En effet, l'esprit qui doit dominer et tenir sous sa puissance tous les mouvements humains qui lui sont inférieurs, serait digne d'opprobre, s'il laissait le corps ou la parole faire ce qui ne convient pas. Ce que fait la parole, le corps le fait aussi, car la langue est un membre du corps qui produit la parole, et les membres du corps n'opèrent aucun fait qui n'ait d'abord été conçu dans le cœur; ou plutôt les membres ne font que produire au dehors, ce qui a déjà été en quelque sorte enfanté intérieurement en nous, soit par la pensée, soit par le consentement. C'est pourquoi l'esprit n'est excusable d'aucun fait, quoiqu'on dise que l'esprit n'y ait eu aucune part, parce que ce fait n'aurait pas eu lieu, si l'esprit n'en avait d'abord décidé l'accomplissement.

18. Ce qui établit une différence entre les actions, c'est la cause, le but et l'intention qui nous font agir, mais quand il est constant que ces actions tournent au péché, il n'y a ni cause, ni fin, ni intention, quelque bonnes qu'elles soient, qui puissent les excuser. Il y a certaines

---

rum veritatis velamine tegeretur, quam fides catholicorum ne a Priscillianistis mentientibus laudaretur, a catholicis credentibus negaretur. Nam si propterea justa sunt, non qualiacumque, sed blasphema mendacia, quia hoc animo fiunt ut occulti hæretici detegantur; poterunt isto modo, si eodem animo fiant, casta esse adulteria. Quid si enim ex numero Priscillianistarum impudicarum aliqua femina injiciat oculum in catholicum Joseph, eique promittat prodituram se latebras eorum, si ab illo impetraverit stuprum, certumque sit, si ei consensum fuerit, quod pollicita est impleturam; faciendumne censebimus, an intelligemus nequaquam tali pretio merces ejusmodi comparandas? Cur ergo non (a) eruimus capiendos hæreticos carne in adulterium defluente, et cruendos putamus ore in (b) blasphemia fornicante? Aut enim licebit utrumque pari ratione defendere, ut ideo hæc non esse dicantur injusta, quia ea facta sunt intentione qua deprehenderentur injusti: aut si sana doctrina nec propter inveniendos hæreticos vult nos cum feminis impudicis saltem corpore non mente misceri, profecto nec propter inveniendos hæreticos vult a nobis saltem voce non mente, aut immundam hæresim prædicari, aut castam catholicam blasphemari. Quia et ipsum mentis imperium, cui debet omnis inferior motus hominis obedire, digno non carebit opprobrio, quando fit, quod fieri non oportet, sive membro, seu verbo. Quanquam etiam cum verbo fit, membro fit: quoniam lingua membrum est qua fit verbum: nec ullum factum nostrum membro ullo paritur, nisi quod prius corde concipitur; vel potius intus cogitando et consentiendo jam partum, foras editur faciendo per membrum. Non itaque animus a facto excusatur, quando dicitur aliquid non ex animo fieri, quod tamen non fieret, nisi animus faciendum esse decerneret.

18. Interest quidem plurimum, qua causa, quo fine, qua intentione quid fiat: sed ea quæ constat esse peccata, nullo bonæ causæ obtentu, nullo quasi bono fine, nulla velut bona intentione facienda sunt. Ea quippe opera hominum, sicut causas

---

(a) Am. et Mss. *non emimus*: et *infra loco eruendos*, habent *emendos*. — (b) Aliquot Mss. *in blasphemiam fornicante*.

œuvres de l'homme qui, n'étant point des péchés par elles-mêmes, sont bonnes ou mauvaises, selon la bonté ou la perversité des causes qui nous les font accomplir. Par exemple, lorsque nous donnons de la nourriture aux pauvres, nous faisons une bonne action, pourvu qu'elle soit accomplie avec une foi véritable et dans un esprit de charité; comme aussi dans le mariage, lorsque nous en remplissons les devoirs saintement, et pour mettre au monde des enfants qui doivent être régénérés en Jésus-Christ. Toutes ces actions sont bonnes ou mauvaises, selon la qualité des causes pour lesquelles nous les accomplissons. Car si ces causes ne sont pas louables, nos actions ne sont plus autre chose que des péchés. Comme, par exemple, si c'est par orgueil que nous nourrissons les pauvres, ou si c'est uniquement par volupté qu'un homme a commerce avec sa femme, ou bien encore, s'il veut avoir des enfants pour les consacrer au service du démon et non à celui de Dieu. Mais lorsque nos œuvres sont par elles-mêmes des péchés, comme le vol, l'adultère, le blasphème, qui oserait dire qu'en les accomplissant avec l'intention même de faire le bien, elles ne soient pas des péchés, ou, ce qui est plus absurde encore, qu'elles sont des péchés justes et excusables ? Qui oserait dire que pour avoir de quoi subvenir aux besoins des pauvres, nous devons dépouiller les riches, ou que pour de l'argent nous pouvons porter témoignage contre la vérité, surtout si, loin de nuire aux innocents, nous arrachons des coupables à la rigueur des lois, qui les condamneraient, puisqu'alors notre mensonge produirait deux biens à la fois, celui de nous procurer le moyen de nourrir les pauvres, et celui de tromper les juges pour dérober un homme au châtiment qui l'attendrait ? Pourquoi ne supprimerions-nous pas aussi, si nous le pouvions, des testaments authentiques et véritables, pour en substituer de faux à leur place, afin d'empêcher des gens qui n'en sont pas dignes, d'entrer en possession d'héritage ou de legs dont ils ne feront pas un bon usage, et pour les faire tomber entre les mains de gens de bien, qui en profiteront pour nourrir ceux qui ont faim, vêtir ceux qui sont nus, donner l'hospitalité aux étrangers, racheter des captifs, et élever des églises à la gloire de Dieu ? Pourquoi ne pas faire ces choses qui sont mauvaises en elles-mêmes à cause du bien qui en résulterait, si le bien faisait disparaître le mal ? Et si on rencontrait des femmes impures, ayant assez de fortune pour enrichir leurs amants adultères, pourquoi, par esprit de compassion et de charité, ne profiterait-on pas de cette occasion pour avoir de quoi faire des largesses aux indigents, sans écouter ce que dit l'Apôtre : « Que celui qui dérobait ne dérobe plus, mais qu'il travaille plutôt de ses mains à quelque ouvrage bon et utile, pour avoir de quoi donner à ceux qui sont dans l'indigence? » (*Ephés.*, IV, 28.) Que

---

habuerit bonas, seu malas, nunc sunt bona, nunc mala, quæ non sunt per se ipsa peccata : sicut victum præbere pauperibus, bonum opus est, si fit causa misericordiæ cum recta fide; sicut concubitus conjugalis, quando fit causa generandi, si ea fide fiat ut gignantur regenerandi. Hæc atque hujusmodi secundum suas causas opera sunt bona vel mala ; quia eadem ipsa si habeant malas causas, in peccata vertuntur : velut si jactantiæ causa pauper pascitur ; aut lasciviæ causa cum uxore concumbitur ; aut filii generantur, non ut Deo, sed ut diabolo nutriantur. Cum vero jam opera ipsa peccata sunt, sicut furta, stupra, blasphemiæ, vel cætera talia ; quis est qui dicat causis bonis esse facienda, ut vel peccata non sint, vel quod est absurdius, justa peccata sint ? Quis est qui dicat, ut habeamus quod demus pauperibus, faciamus furta divitibus ; aut testimonia falsa vendamus, maxime si non inde innocentes læduntur, sed nocentes potius damnaturis judicibus eruuntur ? Duo enim bona fiunt hujus venditione mendacii, ut et pecunia sumatur unde inops alatur, et judex fallatur ne homo puniatur. Testamenta etiam si possumus, cur non vera supprimimus, et falsa supponimus, ut hæreditates vel legata non habeant indigni, qui nihil ex eis operantur boni ; sed hi potius a quibus esurientes pascuntur, nudi vestiuntur, peregrini suscipiuntur, captivi redimuntur, ecclesiæ construuntur ? Cur enim non fiant illa mala propter hæc bona, si propter hæc bona nec illa sunt mala. Jam vero si aliquæ immundæ et divites feminæ videantur amatores et stupratores suos insuper ditaturæ ; cur non et has partes atque artes suscipiat vir misericors, quibus pro tam bona causa utatur, ut habeat unde indigentibus largiatur ; nec audiat Apostolum dicentem : « Qui furabatur jam non furetur, magis autem laboret operans manibus suis bonum, ut habeat unde *(a)* tribuere cui opus est ? » (*Ephes.*, IV, 28.) Si quidem non solum ipsum furtum,

---

(a) Sic Mss. Editi vero, *unde tribuat.*

résulterait-il de cela? Que ni les larcins, ni les faux témoignages, ni les adultères, en un mot, que toute mauvaise œuvre ne serait plus mauvaise, mais bonne, si on l'accomplissait dans l'intention qu'il en résultât du bien. Parler ainsi, c'est vouloir renverser la société, les mœurs et les lois. Quel crime, quelque grand qu'il fût, quelle passion impure et honteuse, quel sacrilége impie ne pourrait-on pas prétendre commettre avec droiture, avec justice, et non-seulement impunément, mais aussi avec gloire, et même en attendre la récompense, loin d'en redouter le châtiment, si nous accordions une fois, que dans toutes les mauvaises actions des hommes, on doive examiner, non le fait lui-même, mais le motif pour lequel on l'accomplit; en sorte que toute action dont la cause serait bonne, ne pourrait plus être jugée comme mauvaise. Mais si c'est avec raison que la loi punit le voleur, quand bien même il dirait et prouverait qu'il n'a dérobé le superflu au riche que pour fournir le nécessaire au pauvre; si c'est avec raison que la loi punit le faussaire, même celui qui n'aurait falsifié un testament que pour faire tomber l'héritage à un homme qui en ferait d'abondantes aumônes, et non à celui qui n'en aurait fait aucune; si c'est avec raison que la loi punit l'adultère, même dans celui qui prouverait ne s'en être rendu coupable que par esprit de charité, afin de soustraire un homme à la mort, par l'intermédiaire de celle avec qui il a péché contre la chasteté. Enfin, pour en venir à la question qui nous occupe, si c'est avec raison que la loi punit celui qui aurait commis le délit d'adultère avec la femme de quelque Priscillianiste, afin de découvrir par elle les sectateurs de son hérésie, pouvons-nous, mon frère, surtout après avoir entendu les paroles de l'Apôtre, qui nous dit : « N'abandonnez pas les membres de votre corps au péché, pour servir d'armes d'iniquité, » (*Rom.*, VI, 13) et qu'ainsi nous ne devons prêter ni nos mains, ni aucun autre membre de notre corps au péché pour découvrir les Priscillianistes, pouvons-nous, dis-je, commettre aucune de ces fautes que la loi atteint et punit? Que nous a donc fait notre langue, que nous a fait notre bouche, que nous ont fait tous les autres organes de la voix, pour que nous les livrions au péché comme des armes d'iniquité, et à un péché qui, pour découvrir les Priscillianistes et les arracher aux blasphèmes qu'ils commettent par ignorance, nous porte nous-mêmes à blasphémer, sans pouvoir alléguer notre ignorance comme excuse?

CHAPITRE VIII. — 19. Tout larcin, dira-t-on, est donc semblable à celui que l'on commet dans une intention de charité? Qui prétend cela? Mais parce que l'un est pire que l'autre, il ne s'ensuit pas que le moins coupable soit bon. Celui qui vole par concupiscence est certaine-

verum etiam falsum testimonium, et adulterium, et omne opus malum non erit malum, sed bonum, si ca causa perpetretur, ut sit unde fiat bonum. Quis ista dicat, nisi qui res humanas omnesque conatur mores legesque subvertere. Quod enim sceleratissimum facinus, quod turpissimum flagitium, quod impiissimum sacrilegium non dicatur posse fieri recte atque juste, nec impune tantum, verum etiam gloriose, ut in eo perpetrando, non solum supplicia nulla timeantur, sed sperentur et præmia; si semel concesserimus in omnibus malis operibus hominum ideo non quid fiat, sed quare fiat esse quærendum, ut quæcumque propter bonas causas facta inveniuntur, nec ipsa mala esse judicentur? At si justitia merito punit furem, etiam qui dixerit et ostenderit ideo se subtraxisse superflua diviti, ut præberet necessaria pauperi ; si merito punit falsarium, etiam qui se ideo testamentum alienum corrupisse docuerit, ut ille hæres esset qui facturus inde fuerat eleomosynas largas, non ille qui nullas; si merito punit adul-

terum, etiam qui demonstraverit misericordia se fecisse adulterium, ut per illam cum qua fecit, de morte hominem liberaret ; postremo, ut ad rem de qua quæstio est proprius accedamus, si merito punit eum qui feminæ alicui Priscillianistarum turpitudinis consciæ, propterea se adulterino concubitu miscuit, ut ad eorum latebras perveniret : obsecro te, cum dicat Apostolus : « Nec exhibeatis membra vestra arma iniquitatis peccato ; » (*Rom.*, VI, 13) et ideo nec manus, nec corporis genitalia, nec alia membra flagitiis exhibere debeamus, ut Priscillianistas invenire possimus ; quid nos lingua, quid totum os nostrum, quid organum vocis offendit, ut hæc exhibeamus arma peccato, tantoque peccato, ubi Deum nostrum ut Priscillianistas apprehensos ab ignorantiæ blasphemiis (a) cruamus, sine excusatione ignorantiæ blasphememus?

CAPUT VIII. — 19. Dicet aliquis : Ergo æquandus est fur quilibet ei furi qui misericordiæ voluntate furatur? Quis hoc dixerit? Sed horum duorum non

(a) Soli editi, *servemus.*

CHAPITRE IX.

ment pire que celui qui vole dans l'intention de faire du bien. Cependant puisque toute espèce de vol est un péché, il faut s'en abstenir. Qui oserait dire, en effet, qu'il est permis de commettre des péchés, quand bien même les uns ne seraient que véniels et les autres mortels? Mais nous nous occupons présentement de voir, si en faisant telle ou telle chose, on pèche ou on ne pèche pas, et non si une faute est plus ou moins grave, ou plus ou moins légère qu'une autre. La loi punit le vol moins rigoureusement que l'adultère ; cependant l'un et l'autre sont des péchés, quoique le degré de culpabilité ne soit pas le même. De même le vol commis par amour de l'argent est regardé comme un péché moins grand que l'adultère, qui a pour principe le désir de secourir quelqu'un. Parmi les péchés de même espèce, il y en a qui sont plus ou moins grands, comme ceux, par exemple, qui ont pour but de faire quelque bien ; mais il y a aussi telle espèce de péchés, où les plus légers sont dans leur genre plus graves, que les plus grands d'une espèce différente. Le vol, en effet, est un crime plus répréhensible quand on le commet par avarice, que lorsqu'on le commet par esprit de charité. On est aussi plus coupable en se souillant de l'adultère par un mouvement de convoitise, que par un sentiment de compassion. Néanmoins dans ce dernier cas même, l'adultère est un crime plus grand que le vol commis par avarice. Mais il ne s'agit pas de voir le plus ou moins de culpabilité que le péché comporte en lui-même, mais de savoir ce qui est péché ou ce qui ne l'est pas. Car personne ne peut s'excuser d'avoir péché, quand péché il y a. Tout ce que l'on peut prétendre, c'est de voir si l'on est plus ou moins pardonnable, quand on a péché de telle ou telle manière.

Chapitre IX. — 20. Cependant il faut avouer qu'il y a certains péchés où le bien, compensant le mal, trouble la conscience humaine et nous met dans l'embarras de savoir si on doit les louer, ou plutôt les regarder comme de bonnes actions. Qui peut douter qu'un père ne commette un crime affreux, en livrant ses filles à la prostitution des impies ? Cependant il s'est trouvé un cas où un homme juste a cru pouvoir le faire, lorsque des Sodomites envahissaient sa demeure, pour assouvir leur infâme passion sur des hôtes qu'il avait reçus chez lui. « J'ai, leur dit-il, deux filles qui n'ont pas encore connu d'homme, faites-en ce qu'il vous plaira, mais du moins n'outragez point des hommes qui sont sous mon toit. » (*Gen.*, xix, 8.) Que dirons-nous à ce sujet ? Le crime que les Sodomites voulaient commettre sur les hôtes de cet homme juste, ne nous inspire-t-il pas une telle horreur, que nous pensions que Loth devait faire tout ce qu'il pouvait, pour en empêcher l'accomplissement ? La qualité de la personne contribue aussi à nous

---

ideo est quisquam bonus, quia pejor est unus. Pejor est enim cui concupiscendo, quam qui miserando furatur : sed si furtum omne peccatum est, ab omni furto est abstinendum. Quis enim dicat esse peccandum, etiamsi aliud sit damnabile, aliud veniale peccatum? Nunc autem quærimus, si hoc aut illud quisque fecerit, quis non peccabit, sive peccabit : non quis gravius leviusve peccabit. Nam et ipsa furta levius utique puniuntur lege, quam stupra : sunt autem utraque peccata, quamvis alia leviora, alia graviora ; ita ut levius habeatur furtum quod concupiscendo, quam stuprum quod subveniendo committitur. In suo quippe genere aliis ejusdem generis peccatis leviora fiunt, quæ bono animo videntur admitti; cum tamen et ipsa alterius generis peccatis ipso suo genere levioribus inveniantur esse graviora. Gravius est enim avaritia, quam misericordia furtum facere ; itemque stuprum gravius est luxuria, quam misericordia perpetrare : et tamen gravius est adulterare misericordia, quam furari avaritia. Neque nunc agitur quid sit levius sive gravius, sed quæ sint peccata vel non sint. Nemo enim dixerit debuisse peccari, ubi constat esse peccatum : sed debere dicimus, si ita vel ita peccatum est, ignosci vel non ignosci.

Caput IX. — 20. Verum, quod fatendum est, ita humanos animos quædam compensativa peccata perturbant, ut etiam putentur debere laudari, ac potius recte facta dicantur. Quis enim dubitet esse grande peccatum, si pater filias suas prostituat fornicationibus impiorum ? Et tamen exstitit causa qua hoc vir justus debere se facere existimaret, quando Sodomitæ nefario libidinis impetu hospitibus ejus irruebant. Ait enim : « Sunt mihi duæ filiæ quæ non cognoverunt virum, producam illas ad vos, et utimini eis quomodo placuerit vobis; tantum in viros istos ne faciatis iniquum , propterea quia intraverunt sub tectum tignorum meorum. » (*Gen.*, xix, 8.) Quid hic dicemus? Nonne ita illud scelus quod Sodomitæ hospitibus illius viri justi facere conabantur horremus, ut quidquid fieret ne hoc fieret, arbitremur fuisse faciendum ? Movet etiam maxime persona facientis,

faire juger de l'action, car Loth par sa justice avait mérité d'être préservé des flammes de Sodome, et comme c'est un mal moins grand pour des femmes que pour des hommes de souffrir le déshonneur d'une si criminelle passion, l'action de Loth peut lui être imputée à justice, pour avoir préféré d'y exposer ses filles plutôt que ses hôtes, quand bien même son esprit eût consenti à l'offre que faisait sa bouche si ces infâmes l'avaient acceptée. Mais une fois que nous aurons ouvert cette voie aux péchés, de manière à ce que nous en commettions de plus légers, pour empêcher les autres d'en accomplir de plus graves, le chemin du crime étant agrandi, ou plutôt toute digue étant rompue, l'iniquité débordera à grands flots et régnera en souveraine. En effet, quand nous aurons établi comme règle, qu'on peut commettre quelques fautes légères, pour empêcher les autres d'en faire de plus grandes, il nous faudra voler pour préserver un autre du crime de l'adultère, commettre l'adultère pour sauver les autres de l'inceste; il faudra nous souiller de l'inceste, pour que les autres ne tombent pas dans quelqu'impiété qui nous paraîtra plus criminelle que l'inceste. Il en sera de même pour les péchés de même espèce, nous empêcherons le vol par le vol, l'adultère par l'adultère, l'inceste par l'inceste, le sacrilége par le sacrilége. Non-seulement nous nous rendrons coupables pour les autres, en commettant, il est vrai, des fautes plus légères pour en prévenir de plus grandes; mais si on en vient aux plus grandes, nous les ferons aussi, quoiqu'en moins grand nombre, pour empêcher les autres d'en commettre davantage. Cependant si les choses tournent de telle manière, que les autres ne s'abstiennent de péchés qu'à la condition que nous pécherons nous-mêmes, quoique moins gravement qu'eux, ne pourra-t-il pas arriver qu'un méchant de qui nous dépendrions vienne nous dire : « Si vous ne vous rendez pas criminel, je me ferai plus criminel que vous; si vous ne commettez pas ce crime, j'en commettrai beaucoup d'autres? » Faudra-t-il donc consentir à ce qu'il veut pour le préserver du mal? Penser ainsi, est-ce de la sagesse? N'est-ce pas plutôt de la démence? C'est mon iniquité et non celle d'autrui qui me perdra, qu'elle s'accomplisse sur moi ou sur les autres, car le prophète dit : « C'est celui qui aura péché qui mourra. » (*Ezéchiel*, XVIII, 4.)

21. Si donc nous ne devons certainement pas faire le mal, pour empêcher les autres d'en commettre un plus grand ou contre nous ou contre qui que ce soit, examinons en elle-même l'action de Loth, et voyons si nous devons suivre ou plutôt éviter son exemple. Il s'agit avant tout de considérer et d'examiner si, voulant préserver ses hôtes de l'impiété et de la criminelle brutalité des Sodomites, et étant dans l'impuissance

---

quæ merito justitiæ liberabatur a Sodomis : ut quoniam minus malum est feminas quam viros perpeti stuprum, etiam hoc ad justitiam justi illius pertinuisse dicatur, quod in filiabus hoc maluit fieri quam in hospitibus suis; non tantum id volens animo, verum et offerens verbo, et si illi assensi fuissent impleturus et facto. Sed si hanc peccatis aperuerimus viam, ut committamus minora ne alii majora committant; lato limite, imo nullo limite, sed convulsis et remotis omnibus terminis infinito spatio cuncta intrabunt atque regnabunt. Quando enim fuerit definitum peccandum esse homini minus, ne alius peccet amplius; profecto et furtis nostris stupra cavebuntur aliena, et incesta stupris; et si qua impietas visa fuerit etiam pejor incestis, incesta quoque facienda dicentur a nobis, si eo modo agi potuerint, ut illa impietas non committatur ab aliis : et in singulis quibusque generibus peccatorum, et furta pro furtis, et stupra pro stupris, et incesta pro incestis, et sacrilegia pro sacrilegiis facienda putabuntur : nostra

(a) Nonnulli codices, *hujus mundi*.

pro alienis, non solum minora pro majoribus, verum etiam si ad ipsa summa et pessima veniatur, pauciora pro pluribus; si se ita rerum verset incursus, ut aliter alii non se abstineant a peccatis, nisi minus aliquanto, sed tamen peccantibus nobis; ita ut omnino ubi dixerit inimicus qui habuerit (a) hujusmodi potestatem : Nisi tu sceleratus fueris, ego sceleratior ero, aut nisi tu hoc scelus feceris, ego talia plura faciam; scelus nobis videamur admittere, si velimus ab scelere temperare. Hoc sapere quid est, nisi desipere, vel potius insanire? A mea quippe iniquitate, non ab aliena, sive in me, sive in alios perpetrata, mihi est cavenda damnatio. « Anima enim quæ peccaverit, ipsa morietur. » (*Ezech.*, XVIII, 4.)

21. Si ergo peccare, ne gravius vel in nos, vel in quoslibet alii peccent, procul dubio non debemus; considerandum est in eo quod fecit Loth, utrum exemplum sit quod imitari, an potius quod vitare debeamus. Magis enim videtur intuendum et notandum, cum tam horrendum malum ex impietate fla-

d'y parvenir, l'esprit de ce juste n'a pas été troublé au point de vouloir faire, non ce que nous conseille la crainte humaine dans l'agitation où elle jette notre esprit, mais ce que les saintes lois divines, parlant à notre conscience calme et tranquille, nous disent de ne pas faire, elles qui nous ordonnent d'éviter le mal, plutôt que de le commettre pour en préserver les autres. Ce fut donc le trouble où l'avait jeté la crainte du péché d'autrui (quoique l'iniquité d'autrui ne nuise à personne, quand l'esprit n'y consent pas), qui empêcha Loth, tout juste qu'il était, de voir la faute où il tombait lui-même en offrant ses filles à la brutalité de ces impies. Quoique nous lisions de tels faits dans les saintes Ecritures, et que nous y ajoutions foi, ce n'est pas une raison pour penser que nous devons en faire autant, car en suivant ces exemples, nous violerions les préceptes. Parce que David avait juré d'exterminer Nabal, et que par esprit de clémence il ne l'a pas fait, devrons-nous pour cela l'imiter, et jurer de faire une chose que plus tard nous verrions que nous ne devons pas faire ? Ce fut la crainte qui porta Loth à vouloir livrer ses filles, comme ce fut la colère qui porta David à jurer témérairement. Si nous pouvions demander à l'un et à l'autre pourquoi ils ont agi ainsi, l'un pourrait nous répondre : « La crainte et la terreur sont venues fondre sur moi,

et les ténèbres m'ont enveloppé, » (*Ps.* LIV, 6) et l'autre nous dire : « La colère a troublé ma vue. » (*Ps.* VI, 8.) Nous ne devons donc pas nous étonner que Loth, dans les ténèbres de la crainte, et David, dans le trouble de la colère, aient fait ce qu'il n'aurait pas fallu faire.

22. On pourrait dire avec plus de raison au saint roi David qu'il ne devait pas se laisser emporter par la colère, même contre un ingrat qui lui rendait le mal pour le bien, mais que la colère a beau se glisser dans l'esprit de tout homme, elle ne devait pas le dominer au point de jurer une chose qu'il ne pouvait pas accomplir sans être cruel, ni ne pas faire sans être parjure. Quant à Loth, lorsqu'il se trouvait au milieu de cette troupe de Sodomites agités de passions furieuses, qui aurait pu lui dire : Quand bien même ceux à qui, dans un esprit d'humanité, vous avez offert l'hospitalité sous votre toit, seraient exposés à être pris par ces infâmes et à souffrir le plus horrible des outrages, ne craignez rien, ne vous occupez de rien, ne tremblez pas et ne vous laissez pas aller à ces mouvements de terreur ; qui, je le demande, même parmi ces scélérats, aurait pu parler ainsi à un pieux observateur des devoirs de l'hospitalité ? Mais on aurait pu lui dire avec raison : Faites tout ce que vous pouvez pour empêcher que ce que vous craignez n'arrive,

---

gitiosissima Sodomitarum suis impenderet hospitibus, quod cuperet depellere, nec valeret, sic etiam justi animum potuisse turbari, ut vellet facere quod non humani timoris nebulosa tempestas, sed divini juris tranquilla serenitas, si consulatur a nobis, faciendum non esse clamabit ; et jubebit potius ut sic nostra peccata caveamus, ne ullorum prorsus alienorum peccatorum timore peccemus. Aliena quippe ille vir justus timendo peccata, quæ nisi consentientes inquinare non possunt, perturbatus non attendit suum, quo voluit subdere filias libidinibus impiorum. Hæc quando in Scripturis sanctis legimus, non ideo quia facta credimus etiam facienda credamus ; ne violemus præcepta, dum passim sectamur exempla. An vero quia juravit David se occisurum esse Nabal (I *Reg.*, XXV, 22) et (*a*) clementia consideratiore non fecit, propterea illum imitandum esse dicemus, ut temere juremus nos esse facturos, quod non esse faciendum postea videamus ? Sed sicut illum timor ut prostituere filias vellet, sic istum ut temere juraret ira turbavit. Denique si de ambobus interrogando ut dicerent cur hæc fecerint, fas nobis esset inquirere, posset ille respondere : « Timor et tremor venerunt super me, et contexerunt me tenebræ ; » (*Psal.* LIV, 6) posset etiam dicere iste : » (*Psal.* VI, 8) ut non miraremur vel illum in timoris tenebris, vel istum oculo turbato non vidisse quod videndum fuit, ne facerent quod faciendum non fuit.

22. Et sancto quidem David justius dici potuit, quod nec irasci debuit, quamvis ingrato et reddenti mala pro bonis ; sed etsi ut homini ira subrepsit, non utique tantum debuit prævalere, ut se facturum juraret, quod aut sæviendo faceret, aut pejerando non faceret : illi autem inter libidinosas insanias Sodomitarum constituto quis auderet dicere: Etiamsi tui hospites in tua domo, quo eos intrare humanitate violentissima compulisti, ab impudicis apprehensi et oppressi muliebria patiantur, nihil timeas, nihil cures, non expavescas, non horrescas, non contremiscas? quis hæc vel illorum sceleratorum socius hospiti pio dicere auderet? Sed plane rectissime dice-

---

(*a*) Sic Mss. At editi, *clementi consideratione.*

mais que cette crainte ne vous porte pas à vous rendre coupable du crime que vos filles commettront, si par votre faute, elles consentent à souffrir l'infâme passion des Sodomites, ou de la violence que par votre faute elles auront à supporter de leur part, si elles n'y consentent pas. Ne faites pas tomber sur vous la responsabilité d'un si grand crime, en voulant empêcher les autres d'en commettre un plus grand. Quelque différence, en effet, qu'il y ait entre votre péché et le péché d'un autre, celui que vous commettrez retombera sur votre tête, et celui dont un autre se rendra coupable ne regardera que lui. Peut-être, pour défendre l'action de Loth, se jettera-t-on dans cet impasse, de dire que, comme il vaut mieux souffrir une injure que de la faire, et que ces hôtes qui ne voulaient pas s'en rendre coupables, étant exposés à en être victimes, cet homme juste aima mieux la laisser souffrir par ses filles que par ceux à qui il avait donné l'hospitalité, d'autant plus qu'il était le maître de ses filles, et qu'il savait que, ne consentant pas à la violence qu'on pourrait exercer à leur égard, elles seraient exemptes de tout péché. Car enfin ce n'était pas elles-mêmes qui s'étaient offertes à un tel outrage, pour en préserver des hommes, et en le souffrant à la place des hôtes de leur père, elles restaient innocentes, puisque leur volonté demeurait étrangère au crime d'un autre. On dira aussi que Loth préserva sa personne de l'outrage que ces impies voulaient faire souffrir à ses hôtes, quoique le mal eût été moins grand si un seul, au lieu de deux, en eût été victime; mais qu'il opposa la résistance la plus vive, en sorte que si la fureur des infâmes avait prévalu par la force, il aurait conservé son innocence, en ne consentant pas à leurs criminels désirs. On ajoutera sans doute aussi qu'il ne fut pas coupable à l'égard de ses filles, qui seraient restées exemptes de tout péché, si elles avaient succombé malgré elles à la violence de ces impies, pourvu qu'elles n'y eussent pas consenti, et que Loth, dans cette circonstance, avait agi comme s'il eût exposé ses esclaves aux fers des assassins, pour sauver la vie de ses hôtes. Mais je ne m'arrêterai pas à discuter une question sur un point qui nous mènerait trop loin : celle de savoir si un maître, en vertu du droit qu'il a sur ses esclaves, peut les livrer quoiqu'innocents au glaive d'un assassin, pour sauver un ami innocent lui-même et qu'il a reçu dans sa maison. Mais pour en revenir à notre point de départ, ce qu'il y a de certain, c'est que David n'aurait pas dû jurer de faire une chose, qu'il reconnaîtrait ensuite ne devoir pas être faite. Il résulte de tout cela que nous ne devons point baser notre conduite sur tout ce que les Ecritures nous rapportent au sujet des justes et des saints, et que nous devons examiner jusqu'où s'étendent et à quels hommes

retur : Age quidquid potes, ne fiat quod merito times : sed non te timor iste compellat, ut facias quod in se filiæ tuæ fieri si voluerint, facient cum Sodomitis te auctore nequitiam ; si autem noluerint, patientur a Sodomitis te auctore violentiam. Noli facere magnum scelus tuum, dum (a) majus horrescis alienum : quantumlibet enim distet inter tuum et alienum, hoc erit tuum, illud alienum. Nisi forte pro defensione hujus viri in eas se quispiam coarctet angustias, ut dicat : Quoniam accipere quam facere præstat injuriam, hospites autem illi non erant utique facturi injuriam, sed passuri; maluit vir justus filias suas injuriam pati, quam hospites suos, eo jure quo filiarum dominus erat; et noverat non eas peccare, si id fieret, quia peccantes potius, quibus non consentirent, sine peccato proprio sustinerent. Denique non se ipsæ stuprandas, quamvis pro masculis feminas, pro illis hospitibus obtulerunt, ne reas eas faceret non perpessio libidinis alienæ, sed suæ consensio voluntatis. Nec pater earum hoc in se fieri permittebat, cum hoc facere conarentur quibus hospites non prodebat; quamvis minus mali esset quod in uno, quam si fieret in duobus : sed quantum poterat resistebat, ne ipsum quoque ullus proprius macularet assensus, quem libidinosus furor etiamsi prævaluisset corporis viribus, tamen non consentientem non maculasset alienus. In filiabus autem non peccantibus nec ipse peccabat, quia non eas peccare opprimerentur invitæ, sed peccantes ferre faciebat : tanquam si ab improbis ut sui servi cæderentur offerret, ne hospites ejus paterentur cædis injuriam. De qua re non disputabo, quia longum est, utrum vel dominus jure suæ potestatis recte sic utatur in servo, ut servum suum cædi faciat innocentem, ne amicus ejus etiam ipse innocens in domo ejus a violentis improbis vapuletur. Sed certe David nullo modo recte dicitur jurare debuisse se esse facturum, quod postea cerneret se facere non debere. Unde constat, quod non omnia quæ a sanctis vel justis viris legimus facta, transferre debemus in mores ; sed etiam

(a) Sic Am. et Mss. At Er. et Lov. magis.

s'adressent ces paroles de l'Apôtre : « Mes frères, si quelqu'un est tombé par surprise en quelque péché, vous qui êtes spirituels, ayez soin de le relever dans un esprit de douceur, chacun de vous réfléchissant sur soi-même, et craignant d'être tenté comme lui. » (*Gal.*, VI, 1.) Voilà quelles sont ces pensées de surprise dans lesquelles on tombe, lorsqu'on ne voit pas sur-le-champ ce qu'on doit faire, ou que, lorsqu'on le voit, la tentation nous en empêche. Ainsi la cause du péché est, ou de ne pas voir la vérité, ou d'être poussé au mal par notre faiblesse.

CHAPITRE X. — 23. Dans tout ce que nous faisons, les péchés qui troublent le plus la conscience même des justes, sont ceux dont le mal paraît compensé par le bien; de sorte que loin de les regarder comme des péchés, quand telles sont les causes pour lesquelles on les commet, on se croirait plutôt coupable de s'en abstenir. Cette opinion prévaut surtout à l'égard du mensonge, au point que loin de le regarder comme un péché, on le met au rang des bonnes actions, lorsqu'on déguise la vérité à ceux auxquels il paraît utile de la cacher, ou lorsqu'on pourrait nuire aux autres, si on ne leur évitait point par un mensonge le mal qui pourrait leur arriver. Pour défendre cette espèce de mensonge, on a recours à beaucoup d'exemples tirés des saintes Ecritures, sur l'autorité desquelles on s'appuie. Cependant, cacher la vérité n'est pas la même chose que proférer le mensonge. En effet, bien que celui qui ment veuille cacher la vérité, tous ceux qui veulent cacher ce qui est vrai, ne mentent pas pour cela. Il arrive souvent que c'est plutôt par le silence que par le mensonge que nous cachons la vérité. Le Seigneur n'a point menti, lorsqu'il disait à ses disciples : « J'aurais encore beaucoup de choses à vous dire, mais vous n'êtes pas présentement en état de les porter. » (*Jean*, XVI, 12.) Il gardait le silence sur des choses vraies, mais il n'en disait pas de fausses à ceux qu'il ne croyait pas encore capables de porter certaines vérités. S'il ne leur avait pas indiqué la raison de son silence, c'est-à-dire, « qu'ils n'étaient pas encore capables » de porter ce qu'il ne voulait pas leur dévoiler, il aurait, il est vrai, caché quelque vérité, mais nous ne saurions pas qu'on peut quelquefois agir ainsi, ou du moins nous n'aurions pas un si grand exemple sur lequel nous puissions nous appuyer. C'est pourquoi ceux qui, d'après les Ecritures, avancent qu'il est quelquefois permis de mentir, prétendent à tort qu'Abraham commet un mensonge au sujet de Sara, qu'il appela sa sœur. Car il n'a pas dit : Elle n'est pas ma femme, mais il a dit : « Elle est ma sœur, » (*Gen.*, X, 2) parce qu'elle était effectivement si proche de lui par la naissance, que sans mentir il pouvait dire qu'elle était sa sœur, ce qu'il confirma plus tard en ces termes, à celui qui l'avait enlevée et qui

---

hinc discere quam late pateat, et ad quos usque perveniat quod Apostolus ait : « Fratres, etsi præoccupatus fuerit homo in aliquo delicto, vos qui spiritales estis, instruite hujusmodi in spiritu lenitatis, intendens te ipsum ne et tu tenteris. » (*Gal.*, VI, 1.) Præoccupationes enim sunt istæ in quibus delinquitur, dum quid faciendum sit aut ad horam non videtur, aut et qui viderit vincitur ; ut scilicet fiat peccatum, cum vel latet veritas, vel compellit infirmitas.

CAPUT X. — 23. In omnibus autem actibus nostris maxime etiam bonos turbant compensativa peccata ; ita ut nec peccata existimentur, si habeant tales causas propter quas fiant, et in quibus videatur peccari potius si non fiant. Et præcipue de mendaciis hoc in hominum opinione prævaluit, ut peccata non putentur illa mendacia, quin imo et recte facta esse credantur, quando quisque pro ejus cui falli expedit utilitate mentitur, aut ne aliis noceat qui nociturus videtur, nisi mendaciis evitetur. Ad hæc mendaciorum genera defendenda, plurima de Scripturis sanctis suffragari putantur exempla. Non autem hoc est occultare veritatem, quod est proferre mendacium. Quamvis enim omnis qui mentitur velit celare quod verum est, non tamen omnis qui vult quod verum est celare mentitur. Plerumque enim vera non mentiendo occulimus, sed tacendo. Neque enim mentitus est Dominus, ubi ait : « Multa habeo vobis dicere, sed non potestis illa portare modo. » (*Joan.*, XVI, 12.) Vera tacuit, non falsa locutus est, quibus veris audiendis eos minus idoneos judicavit. Quod si eis hoc ipsum non indicasset, id est, non eos posse portare quæ dicere noluit, occultaret quidem nihilominus aliquid veritatis, sed posse hoc recte fieri forsitan nesciremus, aut non tanto firmaremur exemplo. Unde qui asserunt aliquando esse mentiendum, non convenienter commemorant Abraham hoc fecisse de Sara, quam sororem suam dixit. Non enim dixit : Non est uxor mea ; sed dixit : « Soror mea est : » (*Gen.*, XX, 2) quod erat re vera tam propinqua genere, ut soror non mendaciter diceretur. Quod et postea jam sibi ab illo qui abduxerat ea reddita con-

la lui rendait : « Elle est véritablement ma sœur du côté de mon père, mais non de ma mère. » (*Gen.*, x, 12.) Car c'était par ce côté que Sara était véritablement sa sœur. En parlant ainsi, il ne dit pas toute la vérité, mais il ne dit pas non plus quelque chose de faux. Isaac, son fils, suivit l'exemple de son père, car nous savons qu'il prit pour femme une de ses parentes. (*Gen.*, xxvi, 7.) Le mensonge ne consiste donc pas à cacher quelque chose de vrai par le silence, mais à avancer quelque chose de faux par la parole.

24. Si nous examinons fidèlement et avec attention ce que fit Jacob sur les conseils de sa mère, nous verrons qu'il n'y a pas de mensonge, mais un mystère, quand il paraissait tromper son père. (*Gen.*, xxvii, 19.) Si nous appelions cela des mensonges, il faudrait regarder comme tels toutes les paraboles et les figures qui n'expriment pas proprement les choses, mais dont le sens symbolique cache la réalité. Il faudrait aussi par la même raison donner le nom de mensonges à toutes les figures du discours, à toutes les locutions métaphoriques, dont le but est de transporter le terme propre d'une chose à une autre qui n'en est que la figure. Ainsi lorsque nous disons les moissons ondoyantes, les perles de la vigne, les fleurs de la jeunesse, la neige qui couvre la tête des vieillards, comme il n'y a ni ondes, ni perles, ni fleurs, ni neige dans toutes ces choses, nous commettrions donc autant de mensonges? Les saintes Ecritures mentiraient donc aussi, lorsqu'elles disent : « Que Jésus-Christ est la pierre (1 *Cor.*, x, 4); que les Juifs ont un cœur de roche (*Ezéch.*, xxxvi, 26); que le Christ est un lion (*Apoc.*, v, 5); que le démon est un lion (*Pierre*, v, 8), » et beaucoup d'autres choses semblables? Que dira-t-on alors, si l'on pousse les expressions figurées jusqu'à l'antiphrase, comme quand on dit qu'il y a abondance là où il ne s'en trouve pas; qu'une chose est douce quand elle est aigre; qu'on appelle *lieu clair* (*lucus*) un bois sombre, impénétrable à la lumière, et Parques ou *épargneuses* celles qui n'épargnent personne (1)? C'est dans ce sens que les saintes Ecritures font dire à Dieu, par le démon, au sujet de Job : «Vous verrez s'il ne vous bénira pas en face, c'est-à-dire, s'il ne vous maudira pas. » (*Job*, ii, 5.) C'est également ainsi qu'elles expriment le crime que des calomniateurs reprochaient à Naboth, en disant qu'il avait « béni le roi, » pour dire qu'il « l'avait maudit. » Toutes ces manières de parler devront donc être regardées comme des mensonges, si une expression ou une action figurée doit être réputée comme telle. S'il n'y a pas de mensonge à transporter la signification et le terme d'une chose à une autre, pour faire comprendre la vérité, il n'y en a certainement pas, ni dans ce que dit, ni dans ce

(1) *Parcæ*, parques, vient du latin *parcere*, épargner.

firmavit, respondens illi et dicens : « Et vere soror mea est de patre, non de matre : » (*Ibid.*, 12) hoc est de paterno genere, non de materno. Aliquid ergo veri tacuit, non falsi aliquid dixit, quando tacuit uxorem, dixit sororem. Hoc et filius ejus fecit Isaac: nam et ipsum novimus propinquam suam conjugem fuisse sortitum. (*Gen.*, xxvi, 7.) Non est ergo mendacium cum silendo absconditur verum, sed cum loquendo promitur falsum.

24. Jacob autem quod matre fecit auctore, ut patrem fallere videretur, si diligenter et fideliter attendatur, non est mendacium, sed mysterium. (*Gen.*, xxvii, 19.) Quæ si mendacia dixerimus, omnes etiam parabolæ ac figuræ significandarum quarumcumque rerum, quæ non ad proprietatem accipiendæ sunt, sed in eis aliud ex alio est intelligendum, dicentur esse mendacia, quod absit omnino. Nam qui hoc putat, tropicis etiam tam multis locutionibus omnibus potest hanc importare calumniam ; ita ut et ipsa quæ appellatur metaphora, hoc est de re propria ad rem non propriam verbi alicujus usurpata translatio, possit ista ratione mendacium nuncupari. Cum enim dicimus fluctuare segetes, gemmare vites, floridam juventutem, niveam canitiem, procul dubio fluctus, gemmas, florem, nivem, quia in his rebus non invenimus, in quas hæc verba aliunde transtulimus, ab istis mendacia putabuntur. Et petra Christus (1 *Cor.*, x, 4), et cor lapideum Judæorum (*Ezech.*, xxxvi, 26) : item leo Christus (*Apoc.*, v, 5), et leo diabolus (1 *Pet.*, v, 8), et innumerabilia talia dicentur esse mendacia. Quid quod hæc tropica locutio usque ad eam pervenit, quæ appellatur antiphrasis, ut dicatur abundare quod non est, dicatur dulce quod acidum est ; lucus quod non luceat : Parcæ quod non parcant. Unde illud est in Scripturis sanctis : « Si non in faciem benedixerit tibi : » (*Job*, ii, 5) quod diabolus ait Domino de sancto Job, et intelligitur « maledixerit. » Quo verbo et Nabuthei fictum crimen a calumniantibus nominatum est. Dictum est enim quod « benedixerit regi, » hoc est, « maledixerit. » (III *Reg.*, xxi, 13.) Hi omnes modi locutionum mendacia putabuntur, si locutio vel actio figurata in

que fit Jacob, pour être béni par son père (*Gen.*, XXVII, 19); ni dans ce que dit Joseph à ses frères, pour se jouer d'eux (*Ibid.*, XLII, 9); ni dans la folie que simula David (1 *Rois*, XXI, 13); ni dans beaucoup d'autres choses de cette espèce. Ce sont des locutions et des actions prophétiques, qui tendent à faire comprendre des vérités dont elles ne sont que les figures. Si l'Ecriture cache ces vérités sous le voile du symbole, c'est pour exercer l'esprit des fidèles à en chercher le sens, et pour que, trop facilement comprises, elles ne s'avilissent pas à leurs yeux. Lorsque nous parvenons à lever le voile qui couvrait certaines vérités que nous savions déjà, et qui étaient clairement exprimées dans d'autres passages, c'est comme une nouvelle connaissance que nous faisons avec elles, et qui, en les renouvelant dans notre esprit, nous les rend plus agréables et plus douces. L'Ecriture, en les enveloppant d'obscurité, ne veut pas nous en priver, mais au contraire, les recommande à notre méditation; afin que, dérobées en quelque sorte au mystère dont on les couvrait, nous les cherchions avec plus d'ardeur, et que leur découverte si désirée, nous les rende plus chères et plus précieuses. Il n'y a dans ces manières de parler que des vérités et non des mensonges, parce qu'elles expriment en paroles et en faits des choses vraies et non fausses, et qu'en définitive elles ne disent que ce qu'elles veulent signifier. Si on les prend pour des mensonges, c'est parce qu'on ne comprend pas le sens des mots par lesquels elles expriment des vérités, et qu'on s'en tient à la fausse apparence des termes. Citons des exemples pour rendre la chose plus claire. Jacob couvre son corps d'une peau de chevreau. (*Genèse*, XXVII, 16.) Si nous ne regardons dans son action que ce qui frappe nos yeux, nous dirons qu'il a commis un mensonge, puisqu'il fait cela, afin de se faire prendre pour celui qu'il n'était pas. Mais si nous rapportons ce fait à ce qu'il signifie réellement, nous trouverons que cette peau de chevreau, et celui qui s'en est couvert, sont la figure de celui qui a porté les péchés des autres et non les siens. En interprétant cette action dans ce qu'elle signifie réellement, on n'y trouvera donc pas de mensonge, comme on n'en trouvera pas non plus dans les paroles qui ont accompagné l'action elle-même. En effet, lorsque Isaac demanda à Jacob : « Qui es-tu, mon fils? » Celui-ci répondit : « Je suis Esaü, votre premier né. » (*Ibid.*, 18, 19.) Si nous ne regardons dans ce fait que les deux enfants jumeaux d'Isaac, nous trouverons un mensonge dans la bouche de Jacob, mais si nous cherchons le sens mystérieux de ce qui a été fait, dit et écrit à ce sujet, nous y reconnaîtrons dans son corps, qui est l'Eglise, celui qui, faisant allu-

---

mendacio deputabitur. Si autem non est mendacium, quando ad intelligentiam veritatis aliud ex alio significantia referuntur, profecto non solum id quod fecit aut dixit Jacob patri ut benediceretur (*Gen.*, XXVII, 19), sed neque illud quod Joseph velut illudendis locutus est fratribus (*Gen.*, XLII, 9, etc.), neque quod David simulavit insaniam (I *Reg.*, XXI, 13), nec cætera hujusmodi, mendacia judicanda sunt, sed locutiones actionesque propheticæ ad ea quæ vera sunt intelligenda referendæ. Quæ propterea figuratis velut amictibus obteguntur, ut sensum pie quærentis exerceant, et ne nuda ac prompta vilescant. Quamvis quæ aliis locis aperte ac manifeste dicta didicimus, cum ea ipsa de abditis eruuntur, in nostra quodam modo cognitione renovantur, et renovata dulcescunt. Nec invidentur discentibus, quod his modis obscurantur: sed commendantur magis, ut quasi subtracta desiderentur ardentius, et inveniantur desiderata jocundius. Tamen vera, non falsa dicuntur; quoniam vera, non falsa significantur, seu verbo seu facto : quæ significantur enim, utique ipsa dicuntur. Pu-tantur autem mendacia, quoniam non ea quæ (*a*) vera significantur, dicta intelliguntur, sed ea quæ falsa sunt, dicta esse creduntur. Hoc ut exemplis fiat planius, idipsum quod Jacob fecit, attende. Hædinis certe pellibus membra contexit (*Gen.*, XXVII, 16) : si causam proximam requiramus, mentitum putabimus; hoc enim fecit ut putaretur esse qui non erat : si autem hoc factum ad illud propter quod significandum re vera factum est referatur; per hædinas pelles peccata, per eum vero qui eis se operuit, ille significatus est qui non sua, sed aliena peccata portavit. Verax ergo significatio nullo modo mendacium recte dici potest. Ut autem in facto, ita et in verbo. Nam cum ei pater dixisset : « Quis es tu fili? » ille respondit : « Ego sum Esau primogenitus tuus. » (*Ibid.*, 18, 19.) Hoc si referatur ad duos illos geminos, mendacium videbitur : si autem ad illud propter quod significandum ista gesta dictaque conscripta sunt, ille est hic intelligendus in corpore suo, quod est ejus Ecclesia, qui de hac re loquens ait : « Cum videritis Abraham et Isaac et Jacob et omnes Pro-

(*a*) Sola editio Lov. *vere.*

TOM. XXII.

sion à cette chose, a dit : « Lorsque vous verrez Abraham, Isaac et Jacob, et tous les prophètes dans le royaume de Dieu, et que vous en serez exclus. Il en viendra de l'Orient, de l'Occident, du Nord et du Midi, qui entreront dans le royaume de Dieu. Et voilà que les derniers seront les premiers, et les premiers seront les derniers. » (*Luc*, XIII, 28.) N'est-ce point là la figure du frère cadet qui a pris la place de son aîné, et qui en a transporté les droits sur lui-même? Or, dans ces faits et ces paroles, où la vérité est si bien exprimée par signes, peut-on trouver l'ombre d'un mensonge? Car lorsque ce qui est signifié est une vérité, qu'elle soit passée, présente ou future, ce qui en est l'expression doit être regardé comme vrai, et non comme un mensonge. Mais il serait trop long de chercher et d'expliquer tout ce que signifie cette figure prophétique, où l'on voit triompher la vérité, puisque ce qui en était la signification, s'est accompli par la suite avec tant d'éclat et d'évidence.

CHAPITRE XI. — 25. Tel n'est pas d'ailleurs le but que je me suis proposé dans cet ouvrage. Cela vous regarde plutôt, vous qui avez commencé à découvrir les Priscillianistes dans tout ce qui concerne la fausseté et la perversité de leurs dogmes. Il faut surtout avoir découvert ces dogmes, plutôt pour les combattre que pour les enseigner. Soyez donc encore plus vigilant pour réfuter et ruiner leur doctrine, que vous l'avez été pour la découvrir et la dévoiler, de peur qu'en voulant dépister et découvrir ces hommes faux, nous ne laissions subsister leurs erreurs, comme impossibles à renverser ; tandis que nous devons plutôt travailler à étouffer la fausseté dans le cœur de ceux qui se cachent, que de chercher à les découvrir pour épargner ensuite leur erreur. Parmi les dogmes impies qu'ils professent et qu'il faut détruire, il en est un surtout que l'on doit attaquer, celui par lequel ils prétendent que les hommes pieux peuvent recourir au mensonge pour cacher la religion qu'ils professent ; et cela, non-seulement dans des points qui ne concernent pas la doctrine de leur religion, mais encore dans ceux qui touchent à leur religion même, afin qu'elle reste ignorée des étrangers. Ils vont même jusqu'à dire qu'un chrétien peut renier Jésus-Christ, pour ne pas être reconnu par ses ennemis. Renversez, je vous en conjure, ce dogme impie et mortel, qu'ils cherchent à soutenir par des témoignages tirés des saintes Ecritures, et par lesquels ils veulent ériger en principe que, non-seulement le mensonge est pardonnable ou tolérable, mais encore digne de louange. C'est à vous qu'il appartient, en réfutant cette détestable secte, de montrer que ces passages de l'Ecriture ne sont pas des men-

phetas in regno Dei, vos autem expelli foras. Et venient ab Oriente et Occidente et Aquilone et Austro, et accumbent in regno Dei : et ecce sunt novissimi qui erant primi, et sunt primi qui erant novissimi. » (*Luc.*, XIII, 28, etc.) Sic enim quodam modo minor majoris primatum frater abstulit atque in se transtulit fratris. Cum igitur tam vera tamque significentur veraciter, quid hic debet putari factum dictumve mendaciter? Cum enim quæ significantur, non utique non sunt in veritate, sed sunt seu præterita, seu præsentia, seu futura ; procul dubio vera significatio est nullumque mendacium. Sed nimis longum est, in hac significatione prophetica enucleate cuncta rimari, in quibus palmam veritas habet, quia ut significando prænuntiata sunt, ita consequendo claruerunt.

CAPUT XI. — 25. Neque id isto sermone suscepi, quod ad te magis pertinet, qui Priscillianistarum latebras aperuisti, quantum ad eorum attinet dogmata falsa atque perversa ; ne ita investigata videantur quasi docenda fuerint, et non (*a*) redarguenda.

Magis ergo fac ut expugnata jaceant, quæ fecisti ut prodita pateant : ne dum volumus ad indaginem hominum fallacium pervenire, ipsas falsitates sinamus tanquam insuperabiles permanere ; cum potius debeamus et in latentium cordibus destruere falsitates, quam parcendo falsitatibus invenire fallaces. Porro inter illa dogmata eorum, quæ subvertenda sunt, etiam hoc est utique quod dogmatizant, ad occultandam religionem religiosos debere mentiri, in tantum ut non solum de aliis rebus ad doctrinam religionis non pertinentibus, sed de ipsa quoque religione mentiendum sit, ne patescat alienis ; ut videlicet negandus sit Christus, quo possit inter inimicos suos latere Christianus. Etiam hoc, obsecro te, dogma impium nefariumque subverte, propter quod adstruendum argumentantes de Scripturis colligunt testimonia, quibus videantur non solum ignoscenda vel toleranda, verum et honoranda mendacia. Ad te igitur pertinet, sectam detestabilem cum refellis, sic accipienda monstrare ista testimonia Scripturarum, ut vel doceas non esse quæ putantur esse mendacia,

---

(*a*) Sorbonicus Ms. *et non magis redarguenda. Ergo*, etc.

songes, quand on les comprend dans leur véritable sens, et que ce qui peut s'y trouver de non conforme à la vérité, ne doit pas être imité, et qu'enfin, il ne faut en aucune manière mentir sur les points qui touchent à la doctrine religieuse. Par là, vous ruinerez de fond en comble cette secte, en renversant ce qui sert à la cacher. On verra également qu'ils sont d'autant plus à craindre et à éviter, qu'ils professent le mensonge pour déguiser leur hérésie. Voilà ce qu'il faut avant tout attaquer en eux ; voilà le rempart derrière lequel ils se cachent, rempart qu'il faut battre en brèche, et renverser par les armes et sous les coups de la vérité. Gardons-nous surtout de leur fournir une retraite où ils puissent se réfugier, afin que si, par hasard, ils étaient trahis et dévoilés par ceux qu'ils ont voulu séduire, sans y parvenir, ils ne disent pas : nous avions voulu seulement les tenter, car de sages catholiques nous ont appris qu'on pouvait agir ainsi pour découvrir les hérétiques. Mais il me paraît convenable de vous expliquer pourquoi j'ai adopté cette triple manière de réfuter ceux qui veulent appuyer leurs mensonges sur l'autorité des saintes Ecritures. C'est d'abord de prouver qu'il n'y a pas de mensonges dans les passages où ils prétendent en trouver, pourvu qu'on en comprenne bien le véritable sens ; ensuite que s'il s'en rencontre quelques-uns où le mensonge soit évident, il ne faut pas les prendre pour règle de conduite ; et qu'enfin, contrairement à l'opinion de tous ceux qui prétendent qu'il est du devoir d'un homme de bien de recourir quelquefois au mensonge, il faut établir en principe, que jamais et d'aucune manière il ne faut mentir sur tout ce qui touche à la religion. Telles sont les trois règles à suivre que je vous ai recommandées un peu avant, et que je vous ai en quelque sorte prescrites et enjointes.

Chapitre XII. — 26. Pour montrer que les passages des saintes Ecritures, que ces hérétiques prennent pour des mensonges, n'en sont pas, quand on en comprend bien le sens, c'est déjà un grand avantage que vous avez sur eux, que les exemples qu'ils citent, pour appuyer leur doctrine du mensonge, ne soient pas tirés des écrits des apôtres, mais des livres des prophètes. En effet, tous les passages qu'ils mettent en avant, et où l'on voit quelques traces de mensonge, se trouvent dans ces livres, où beaucoup de paroles et de faits sont rapportés figurément, parce qu'ils ne sont que les figures d'autres faits accomplis. Or, une chose figurée, qui paraît un mensonge, se trouve vraie quand on la comprend bien. Mais depuis la révélation de la nouvelle alliance, qui était cachée sous le voile de ces figures prophétiques, nous trouvons un tout

---

si eo modo intelligantur, quo intelligenda sunt ; vel imitanda non ea etiam quae manifestum est esse mendacia ; vel certe ad extremum de his saltem rebus quae ad doctrinam religionis pertinent, nullo modo esse mentiendum. Sic enim vere funditus evertuntur, dum evertitur ubi delitescunt : ut eo ipso minime sectandi et maxime cavendi judicentur, quo se ad occultandam haeresim suam profitentur esse mendaces. Hoc in eis est primitus expugnandum, hoc eorum velut idoneum munimentum veritatis ictibus feriendum atque dejiciendum. Nec eis quam non habebant, alia latebra quo confugiant est praebenda : ut si forte ab his produntur, quos conati fuerint seducere, nec potuerint, dicant : Tentare illos voluimus, quoniam prudentes catholici docuerunt ad inveniendos haereticos id esse faciendum. Sed aliquanto commendatius oportet ut dicam, cur ista mihi videatur tripartita ratio disputandi adversus eos qui patronas mendaciis suis volunt adhibere divinas Scripturas ; ut prius ostendamus nonnulla quae ibi putantur esse mendacia, non esse quod putantur, si recte intelligantur, deinde si qua ibi mendacia manifesta sunt, imitanda non esse ; tertio, contra omnes omnium opiniones, quibus videtur ad viri boni officium pertinere aliquando mentiri, omni modo tenendum, in doctrina religionis nullo modo esse mentiendum. Haec enim tria tibi exsequenda paulo ante commendavi, et quodam modo injunxi.

Caput XII. — 26. Ad ostendenda ergo quaedam quae putantur in Scripturis esse mendacia, non ea esse quod putantur, si recte intelligantur ; non tibi parum adversus istos valere videatur, quod non de apostolicis, sed de propheticis litteris invenient velut exempla mentiendi. Illa quippe omnia quae nominatim commemorant ubi sit quisque mentitus, in eis libris leguntur, in quibus non solum dicta, verum etiam facta multa (a) figurata conscripta sunt, quia et figurate gesta sunt. In figuris autem quod velut (b) mendacium dicitur, bene intellectum verum invenitur. Apostoli vero in epistolis suis aliter locuti sunt, aliterque conscripti actus Apostolorum, jam

(a) Duo Mss. *figurate conscripta sunt*. — (b) Am. Er. et plures Mss. *velut mendum*.

autre langage dans les Epîtres des apôtres, et dans le livre où leurs actions sont rapportées. Or, ni dans leurs écrits, ni dans ce grand livre, où la vérité elle-même nous raconte ce qu'ils ont fait, on ne trouve rien sur quoi ces hérétiques puissent appuyer leur doctrine du mensonge. La feinte même, par laquelle saint Pierre et Barnabé forçaient les Gentils à judaïser, a été justement reprise et blâmée, afin qu'elle ne fût alors nuisible à personne, et qu'elle ne servît pas d'exemple à ceux qui viendraient après. L'apôtre saint Paul, en effet, voyant qu'ils ne marchaient pas selon la vérité de l'Evangile, dit à saint Pierre, en présence de tous : « Si vous qui êtes juif, vivez comme les Gentils et non comme les Juifs, pourquoi obligez-vous les Gentils de judaïser ? » (*Galat.*, II, 14.) Ce que saint Paul fit lui-même, en observant quelques pratiques suivies par les Juifs, c'était pour montrer qu'il n'était pas ennemi de la loi et des prophètes ; mais il faudrait bien se garder de prendre cela pour un mensonge. Il a assez fait voir quel était son sentiment à cet égard, en établissant comme principe, qu'il ne fallait pas interdire aux Juifs qui croyaient alors en Jésus-Christ, les coutumes et les traditions de leurs ancêtres, et qu'on ne devait point y forcer les Gentils, qui avaient embrassé la religion chrétienne, afin que ces signes qui avaient été prescrits par Dieu, ne fussent pas regardés et évités comme des sacri-léges, et que d'un autre côté on ne les crût pas nécessaires après la révélation du Nouveau Testament, comme s'ils étaient indispensables pour le salut de tous ceux qui se convertiraient à Dieu. Il se trouvait, en effet, des hommes qui le croyaient et le publiaient, quoique déjà convertis à l'Evangile de Jésus-Christ. C'est l'opinion de ces gens-là, que Pierre et Barnabé faisaient semblant d'adopter, et pour laquelle ils forçaient les Gentils de judaïser. Car c'était véritablement les y forcer, en prêchant que ces observations étaient si nécessaires, que sans elles on ne pouvait être sauvé en Jésus-Christ, bien qu'on eût déjà reçu son Evangile. Voilà l'erreur où étaient quelques-uns ; voilà la crainte qui força saint Pierre à recourir à la feinte ; voilà ce que la courageuse liberté de saint Paul lui fit reprendre. Ainsi, lorsqu'il disait : « Je me suis fait tout à tous pour les gagner à Dieu, » (I *Corinth.*, IX, 22) il n'y avait pas de mensonge de sa part, mais de la charité et de la compassion. Car on se fait tel que celui que l'on veut secourir, lorsqu'on le fait avec le même esprit de charité que l'on voudrait trouver dans un autre, si on se trouvait dans la même misère. Or, on se fait tel que lui, non parce qu'on le trompe, mais parce qu'on se met à sa place. C'est ce qui fit dire à l'Apôtre les paroles que j'ai déjà citées : « Mes frères, si quelqu'un est tombé par surprise dans quelque péché, vous qui êtes spiri-

videlicet revelato Testamento Novo, quod illis figuris propheticis velabatur. Denique in tot epistolis apostolicis ; atque in ipso tam grandi libro in quo actus eorum canonica veritate narrantur, non invenitur talis aliquis mentiens, ut de illo ab istis ad mentiendi licentiam proponatur exemplum. Quando quidem illa Petri et Barnabæ simulatio qua gentes judaizare cogebant, merito reprehensa atque correcta est, et ne tunc noceret, et ne posteris ad imitandum valeret. Cum enim vidisset apostolus Paulus quia non recte ingrediuntur ad veritatem Evangelii, dixit Petro coram omnibus : « Si tu cum sis Judæus, Gentiliter et non Judaice vivis, quomodo gentes cogis judaizare ? » (*Gal.*, II, 14.) Id autem quod ipse fecit, ut quasdam observationes legitima Judaica consuetudine retinendo et agendo non se inimicum Legi Prophetisque monstraret, absit ut mendaciter eum fecisse credamus. De hac quippe re satis est ejus nota sententia, qua fuerat constitutum, nec Judæos qui tunc in Christum credebant prohibendos esse a paternis traditionibus, nec ad eas gentiles cum Chris-tiani fierent esse cogendos : ut illa sacramenta quæ divinitus præcepta esse constaret, non tanquam sacrilegia fugerentur ; nec tamen putarentur sic necessaria jam Novo Testamento revelato, tanquam sine iis quicumque converterentur ad Deum salvi esse non possent. Erant enim qui hoc putabant atque prædicabant, quamvis jam recepto Christi Evangelio ; et eis simulate consenserant Petrus et Barnabas, ideoque cogebant gentes judaizare. Id erat enim cogere, sic ea necessaria prædicare tanquam et recepto Evangelio nulla sine illis salus esset in Christo. Hoc error quorumdam putabat, hoc timor Petri simulabat, hoc libertas Pauli redarguebat. Quod ergo ait : « Omnibus omnia factus sum, ut omnes lucrifacerem : » (I *Cor.*, IX, 22) compatiendo id fecit, non mentiendo. Fit enim quisque tanquam ille cui vult subvenire, quando tanta misericordia subvenit, quanto sibi subveniri vellet, si esset ipse in eadem miseria constitutus. Itaque fit tanquam ille, non quia fallit illum, sed quia se cogitat sicut illum. Unde illud est ejus Apostoli, quod jam supra com-

tuels, ayez soin de le relever dans un esprit de douceur, chacun de vous réfléchissant sur soi-même, et craignant d'être tenté comme lui. » (*Galates*, VI, 1.) Si parce qu'il a dit : « J'ai vécu comme juif avec les Juifs, et avec ceux qui étaient sous la loi, comme si j'eusse encore été sous la loi; » (I *Cor.*, IX, 20) on pense que c'est faussement et avec un esprit de mensonge, qu'il a observé quelques pratiques de l'ancienne loi ; il se serait donc, dans le même esprit de fausseté, soumis à l'idolâtrie des Gentils, puisqu'il dit : « Pour gagner à Dieu ceux qui n'avaient pas de loi, j'ai été parmi eux comme n'en ayant pas moi-même. » (I *Corinth.*, IX, 21.) Et certes, saint Paul ne l'a point fait. Jamais il n'a sacrifié aux idoles, jamais il ne les a adorées. Il a, au contraire, avec le courage et la liberté d'un martyr de Jésus-Christ, appris aux autres à les mépriser, et à les avoir en horreur. Ainsi, les hérétiques ne peuvent tirer ni des paroles, ni des actions des apôtres aucun exemple de mensonge à suivre et à imiter. S'ils croient en trouver dans les discours et les actes des prophètes, c'est parce qu'ils prennent pour des mensonges, des figures prophétiques, qui ont quelque ressemblance avec le mensonge ; mais quand on les rapporte aux choses qu'elles signifient, on trouve sous l'expression symbolique la vérité, et jamais le mensonge. Il y a mensonge quand on exprime quelque chose de faux avec l'intention de tromper. Mais il n'y en a pas dans l'expression par laquelle on figure une chose pour une autre, lorsqu'on ne trouve rien de faux dans cette manière de s'énoncer, si on cherche à la bien comprendre.

CHAPITRE XIII. — 27. Le Sauveur s'est quelquefois exprimé de la même manière dans son Evangile, car le Seigneur des prophètes a daigné se faire prophète lui-même. Par exemple, lorsqu'il dit de cette femme qui éprouvait une perte de sang : « Qui m'a touché ? » (*Luc*, VIII, 4) et de Lazare : « Où l'avez-vous mis ? » (*Jean*, XI, 34) il faisait ces demandes, comme ignorant ce qu'il savait fort bien ; mais s'il a feint de ne pas le savoir, c'était pour faire entendre quelqu'autre chose, par cette espèce d'ignorance, et comme ce qu'il voulait faire entendre était vrai, il n'y avait pas de mensonge dans les paroles du Seigneur. En effet, cette femme affligée d'une perte de sang, et ce mort de quatre jours représentaient ceux que celui qui connaît toutes choses feignait de ne pas connaître. Cette femme était la figure du peuple des Gentils, dont le prophète avait dit depuis longtemps : « Le peuple que je ne connaissais pas a fini par me servir ; »(*Ps.* XVII, 45) et Lazare séparé du nombre des vivants représentait dans son sépulcre, celui auquel le prophète fait dire : « J'ai

---

memoravi : « Fratres, et si præoccupatus fuerit homo in aliquo delicto, vos qui spiritales estis, instruite hujusmodi in spiritu mansuetudinis, intendens te ipsum ne et tu tenteris. » (*Gal.*, VI, 1.) Nam si propterea quia dixit : « Factus sum Judæis tanquam Judæus, et iis qui sub Lege erant tanquam sub Lege ; » (I *Cor.*, IX, 20, 21) ideo putandus est mendaciter suscepisse Legis veteris sacramenta : debuit et gentium idololatriam eodem modo mentiendo suscipere, quia dixit etiam iis qui sine Lege erant, tanquam sine Lege se factum, ut eos lucrifaceret : quod utique non fecit. Non enim alicubi sacrificavit idolis, aut adoravit illa figmenta ; ac non potius libere tanquam martyr Christi detestanda et vitanda monstravit. De nullis igitur apostolicis actibus sive sermonibus isti proferunt imitanda exempla mentiendi. De propheticis ergo factis seu dictis ideo sibi videntur habere quod proferant, quia figuras prænuntiativas putant esse mendacia, eo quod mendaciis sint aliquando similia. Sed cum referuntur ad eas res propter quas significandas ita facta vel dicta sunt, reperiuntur significationes esse veraces, ac per hoc nullo modo esse mendacia. Mendacium est quippe falsa significatio cum voluntate fallendi. Non est autem falsa significatio, ubi etsi aliud ex alio significatur, verum est tamen quod significatur, si recte intelligatur.

CAPUT XIII. — 27. Sunt quædam ejusmodi etiam Salvatoris in Evangelio, quia et ipse Dominus Prophetarum Propheta esse dignatus est. Talia sunt illa, ubi de muliere quæ fluxum sanguinis patiebatur, ait : « Quis me tetigit ? » (*Luc.*, VIII, 45.) Et de Lazaro : « Ubi posuistis eum ? » (*Joan.*, XI, 34.) Sic quippe interrogavit, quasi nesciens quod utique sciebat. Ac per hoc nescire se finxit, ut aliquid aliud illa velut ignorantia sua significaret : quæ significatio quoniam verax erat, mendacium profecto non erat. Eos namque significabant, sive illa fluxum sanguinis patiens, sive ille mortuus quatriduanus, quos etiam qui cuncta sciebat quodam modo nesciebat. Nam et illa typum gerebat plebis gentium, unde præmissa fuerat prophetia : « Populus quem non cognovi, servivit mihi : » (*Psal.* XVII, 45) et Lazarus remotus a viventibus tanquam ibi jacebat per significativam similitudinem, ubi ille cujus vox est : « Projectus sum a facie oculorum tuorum. » (*Psal.*

été rejeté et éloigné de devant vos yeux. » (*Ps.* xxx, 23.) Voilà ce qui était figuré par les paroles de Jésus-Christ, quand il demandait, comme s'il ne le savait pas, quelle était cette femme qui l'avait touché, et dans quel lieu on avait déposé le corps de Lazare. Or, comme il n'y avait que vérité sous les expressions figurées dont se servit le Christ, il n'y eut pas de mensonge dans sa bouche.

28. De là vient aussi ce que ces hérétiques, comme vous me l'annoncez, ont coutume de dire : Jésus-Christ, après sa résurrection, marchant avec deux de ses disciples, et n'étant pas éloigné du bourg où ils allaient, feignit d'aller plus loin. Or, comme l'Évangéliste a dit lui-même : « Pour lui, il feignit d'aller plus loin, » (*Luc*, xxiv, 28) les partisans du mensonge s'autorisent de cette parole pour mentir impunément; comme si la feinte était un mensonge, lorsque pour faire entendre quelque chose de vrai, on exprime une chose pour une autre, comme on le fait en tant de circonstances. Si le Seigneur, en feignant d'aller plus loin, n'avait voulu faire entendre rien autre chose, on pourrait y voir un mensonge, mais si on comprend bien cette feinte, et qu'on la rapporte à ce qu'elle signifie réellement, on y trouvera un mystère. Autrement, il faudrait regarder comme mensonge, tout ce que, pour faire entendre une chose par une autre, on raconte comme fait ce qui ne l'a pas été, comme cette longue parabole de l'Évangile au sujet des deux fils d'un homme, dont l'aîné ne quitta pas le toit paternel, et dont le plus jeune voyagea au loin. (*Luc*, xv, 11.) Dans ces sortes de fictions, on a même prêté aux animaux privés de raison et aux objets insensibles, le langage et les actions des hommes, afin de faire pénétrer plus intimement dans l'esprit les choses exprimées, il est vrai, dans des fables, mais qui ont pour objet la vérité. C'est un moyen souvent employé par les auteurs profanes. Horace ne fait-il pas parler les rats, ainsi qu'une belette et un renard? (Horace, *Satires*, liv. II, vi; *Épitr.*, liv. I, vii.) C'est une fable si l'on veut, mais la signification en est vraie. Les fables d'Ésope tendent également au même but, et il n'y a personne d'assez ignorant pour appeler cela des mensonges. Dans les livres saints eux-mêmes, par exemple, dans celui des Juges, nous lisons que les arbres voulant se choisir un roi, s'adressent à l'olivier, à la vigne, au buisson. (*Juges*, ix, 8.) Tout cela n'est que fiction, mais pour en venir par une fable, et non par un mensonge, à exprimer et à faire entendre quelque vérité. Je dis cela par rapport à ce qui est écrit de Jésus-Christ, « qu'il feignit d'aller plus loin, » (*Luc*, xxiv, 28) afin que ceux qui, comme les Priscillianistes, veulent avoir toute liberté de mentir,

CHAPITRE XIV.

ne prétendent pas que le Christ lui-même n'a pas dit la vérité. Si l'on veut comprendre ce que le Seigneur a figuré par cette feinte, que l'on examine ce qu'il fit ensuite. Sans abandonner ses disciples, il alla bientôt plus loin qu'eux, en s'élevant au-dessus des cieux. Cette action présente et humaine n'était que la figure d'un événement futur et divin. C'est une feinte dont la signification est vraie, et qui a, en quelque sorte, pris l'avance sur une vérité qui s'est accomplie. On ne peut donc prétendre que cette feinte du Seigneur est un mensonge, qu'en niant qu'il ait exécuté ce qu'il avait voulu faire entendre.

CHAPITRE XIV. — 29. Comme les hérétiques ne trouvent, dans les Ecritures de la nouvelle alliance, rien qui autorise le mensonge, ils croient avoir trouvé à cet égard une mine très-riche à exploiter dans les anciens livres des prophètes; parce qu'ils prennent pour des mensonges des paroles et des actions figurées, et dont il n'est donné qu'à un petit nombre de saisir le sens véritable. Mais dans leur désir d'avoir des exemples sur lesquels ils puissent s'appuyer pour mentir et tromper, ils se trompent les premiers, et, comme le dit le prophète : « Leur iniquité ment contre elle-même. » (*Ps.* XXVI, 12.) Si l'on trouve dans l'Ancien Testament des hommes qui, sans avoir voulu rien prophétiser, ont fait ou dit des choses où l'on trouve quelqu'esprit de prophétie, c'est par une disposition merveilleuse du Tout-Puissant, qui sait tirer le bien du mal. Quant à ces hommes eux-mêmes, comme ils ont menti, nous ne devons en rien les imiter, quoique nous lisions leurs paroles ou leurs actes dans les livres qui sont avec raison appelés saints et divins. Ces livres, en effet, rapportent les bonnes et les mauvaises actions des hommes, les unes pour les éviter, les autres pour les suivre. Il y en a quelques-unes sur lesquelles l'Ecriture se prononce clairement. Il y en a d'autres sur lesquelles elle garde le silence, et qu'elle abandonne à notre propre jugement. Par celles qui sont claires, elle nourrit notre esprit; par celles qu'elle laisse dans l'obscurité, elle exerce notre intelligence.

30. Pourquoi les hérétiques pensent-ils qu'on peut imiter le mensonge de Thamar et non la fornication de Judas ? (*Gen.*, XXXVIII, 14.) Cependant nous lisons ces deux actions dans l'Ecriture, qui ne blâme ni ne loue pas plus l'une que l'autre, mais qui se borne à les rapporter et à les abandonner à notre jugement. Gardons-nous de croire pour cela qu'elle nous permet de les imiter impunément. Ce n'est point par une concupiscence charnelle, mais par le seul désir d'avoir un enfant, que Thamar a eu recours au mensonge. Mais il pourrait arriver que la fornication de

illud fingendo quid præfigurarit, attendat quid agendo perfecerit. Longius namque postea profectus super omnes cœlos, non tamen deseruit discipulos suos. Propter hoc significandum futurum divinitus factum, ad præsens illud est humanitus fictum. Et ideo significatio verax in illa est fictione præmissa, quia in hac profectione illius est significationis veritas subsecuta. Ille igitur contendat Christum mentitum esse fingendo, qui negat eum quod significavit implevisse faciendo.

CAPUT XIV. — 29. Quia ergo non inveniunt mendaces hæretici in Testamenti Novi litteris imitanda exempla mendacii, copiosissimos se esse existimant in hac disputatione, qua opinantur esse mentiendum, cum de veteribus propheticis libris, quia non ibi apparet nisi intelligentibus paucis quo referantur significatio dicta vel facta veracia, multa sibi videntur invenire ac proferre mendacia. Sed habere cupientes quibus se tueantur velut imitanda exempla fallendi, se ipsos fallunt, et mentitur eorum iniquitas sibi. (*Psal.* XXVI, 12.) Illæ autem personæ, quas credendum ibi non est prophetare voluisse, si quid faciendo vel dicendo finxerunt voluntate fallendi; quamvis ex ipsis quoque factis earum sive dictis aliquid prophelicum possit exsculpi, per illius omnipotentiam præseminatum atque dispositum, qui bene uti novit etiam malis hominum; tamen quantum ad ipsas attinet, sine dubitatione mentitæ sunt. Sed non ideo debent imitanda existimari, quia in eis reperiuntur libris, qui sancti et divini merito nominantur. Habent enim conscripta et mala hominum et bona, illa vitanda, ista sectanda : et quædam ita posita ut de illis etiam prolata sit sententia, quædam vero tacito ibi judicio nobis judicanda permissa; quoniam non solum nos nutriri manifestis, verum et exerceri oportebat obscuris.

30. Cur autem isti imitandum sibi Thamar existimant mentientem, et imitandum Judam non existimant fornicantem? (*Gen.*, XXXVIII, 14.) Ibi enim utrumque legerunt : et nihil horum Scriptura illa sive culpavit, sive laudavit; sed tantummodo utrumque narravit, et judicandum nobis utrumque dimisit : sed mirum si aliquid horum imitandum impune permisit. Quod enim Thamar non meretricandi libidine, sed concipiendi voluntate mentita sit, novimus. Verum et fornicatio, etiamsi Judæ talis non fuit, potest

Judas, quoiqu'elle n'eût pas le même motif, fût imitée par un autre, dans la vue de sauver la vie à un homme, comme le mensonge de Thamar avait pour but de mettre un homme au monde. Un tel motif n'autorise-t-il pas tout aussi bien le crime de la fornication que celui du mensonge ? C'est pourquoi dans le mensonge, comme dans toutes les actions humaines où il se trouve quelque bien renfermant le mal qui en résulte, examinons bien attentivement le jugement que nous en devons porter, afin de ne pas ouvrir la porte, non-seulement à des fautes légères, mais encore à tous les crimes, et qu'il n'y ait plus ni attentat, ni impureté, ni sacrilége où l'on ne trouve quelque cause qui en autorise l'accomplissement. Une telle opinion renverserait infailliblement la base sur laquelle reposent l'honneur et le bien de la vie.

Chapitre XV. — 31. C'est ne rien dire que de prétendre qu'il y a des mensonges qui ne sont pas contraires à la justice, à moins qu'il y ait des péchés justes, et par conséquent qu'il y a des choses justes qui tiennent de l'injustice. Peut-on avancer une plus grande absurdité ? Qu'est-ce, en effet, que le péché, sinon quelque chose de contraire à la justice ? Qu'on dise qu'il y a des péchés plus grands les uns que les autres, c'est vrai, et il ne faut pas embrasser l'opinion des stoïciens, qui veulent que tous les péchés soient égaux. Mais soutenir qu'il y a des péchés qui sont justes et d'autres injustes, n'est-ce pas dire en d'autres termes, qu'il y a des iniquités qui sont justes, et d'autres qui ne le sont pas ? L'apôtre saint Jean dit : « Quiconque commet le péché, commet l'iniquité, car tout péché est une iniquité, » (1 *Jean*, III, 4.) Le péché ne peut donc pas être juste, à moins de donner le nom de péché à une chose où l'on ne pèche pas, mais dans laquelle on fait ou l'on souffre quelque chose pour le péché même. C'est dans ce sens qu'on a appelé péchés les sacrifices « pour les péchés, » et qu'on a également donné ce nom aux peines infligées aux péchés. Ces péchés-là peuvent être regardés comme justes, puisque les sacrifices et les châtiments le sont par eux-mêmes. Mais tout ce qui est contraire à la loi de Dieu, ne peut être considéré comme juste. Le Psalmiste a dit à Dieu : « Seigneur, votre loi est la vérité ; » (*Ps.* CXVIII, 142) par conséquent, tout ce qui est contre la vérité est contre la justice. Or, qui peut douter que tout mensonge ne soit contre la vérité ? Aucun mensonge ne peut donc être juste. Qui ne voit pas également avec toute évidence que le mensonge ne vient pas de la vérité ? L'apôtre saint Jean dit lui-même : « Le mensonge ne vient pas de la vérité. » (1 *Jean*, II, 21.) Donc aucun mensonge ne saurait être juste. C'est pourquoi lorsqu'on nous cite des exemples tirés des saintes Écritures pour nous autoriser à mentir, c'est

esse cujuspiam qua faciat ut homo liberetur, sicut illius mendacium fuit ut homo conciperetur : numquid propterea etiam fornicandum est, si propter illud putatur fuisse mentiendum ? Non de solo itaque mendacio, sed de omnibus operibus hominum in quibus existunt velut compensativa peccata, considerandum est quam sententiam proferre debeamus, ne aperiamus aditum non tantum parvis quibusque peccatis, verum etiam sceleribus cunctis, nullumque remaneat facinus, flagitium, sacrilegium, in quo causa non possit existere qua recte videatur esse faciendum, universamque vitae probitatem opinio ista subvertat.

Caput XV. — 31. Nihil autem judicandus est dicere, qui dicit aliqua justa esse mendacia, nisi aliqua justa esse peccata, ac per hoc aliqua justa esse quae injusta sunt : quo quid absurdius dici potest ? Unde enim est peccatum, nisi quia justitiae contrarium est ? Dicantur ergo alia magna, alia parva esse peccata ; quia verum est, nec auscultandum Stoicis qui omnia paria esse contendunt : dicere autem quaedam injusta, quaedam justa esse peccata, quid est aliud quam dicere quasdam esse injustas, quasdam justas iniquitates ? cum dicat apostolus Joannes : « Omnis qui facit peccatum, facit et iniquitatem, et peccatum iniquitas est ? » (1 *Joan.*, III, 4.) Non ergo potest justum esse peccatum, nisi cum peccati nomen in alia reponimus, in qua quisque non peccat, sed aut facit aliquid aut patitur pro peccato. Nam et sacrificia pro peccatis peccata appellata sunt, et poenae peccatorum dicuntur aliquando peccata. Haec plane possunt intelligi justa peccata, cum justa dicuntur sacrificia, vel justa supplicia. Ea vero quae contra legem Dei fiunt, justa esse non possunt. Dictum est autem Deo : « Lex tua veritas. » (*Psal.* CXVIII, 142.) Ac per hoc quod est contra veritatem, justum esse non potest. Quis autem dubitet contra veritatem esse mendacium omne ? Nullum ergo justum esse potest mendacium. Item cui non clareat ex veritate esse omne quod justum est ? Clamat autem Joannes : « Omne mendacium non est ex veritate. » (1 *Joan.*, II, 21.) Omne ergo mendacium non est justum. Quapropter

CHAPITRE XV.

qu'on prend ces exemples pour des mensonges, tandis qu'ils n'en sont pas, ou s'ils en sont réellement, nous ne pouvons pas les imiter sans nous écarter de la justice.

32. Si Dieu, comme il est écrit, fit du bien aux sages-femmes des Hébreux et à la courtisane Raab de Jéricho, ce n'est point parce qu'elles avaient menti, mais parce qu'elles avaient été miséricordieuses envers les hommes de Dieu. Ce n'est ni la fausseté, ni l'iniquité du mensonge, mais la bienveillance et la charité de leur cœur qu'il récompensa en elles. De même qu'il serait admirable, mais non absurde, que Dieu eût voulu leur pardonner le mal des fautes qu'elles avaient faites antérieurement, en considération du bien qu'elles avaient fait ensuite ; de même il n'y aurait rien de surprenant que Dieu, voyant en même temps dans la même cause et l'action miséricordieuse de ces femmes, et leur acte de supercherie, ait récompensé la bonne œuvre, et en considération de cette bonne œuvre, pardonné à la mauvaise. Si des péchés, que la concupiscence charnelle et non la miséricorde nous fait commettre, nous sont remis en récompense d'œuvres miséricordieuses que nous avons accomplies ensuite, pourquoi Dieu ne remettrait-il pas à l'homme miséricordieux les péchés qu'il a commis par un esprit de charité et de miséricorde ? En effet, le péché commis avec la volonté de nuire est bien plus grave que celui où nous jette le désir de secourir les autres. Si le premier est effacé par l'œuvre de miséricorde qui le suit, pourquoi le second qui est plus léger ne le serait-il point par la miséricorde même qui précède la faute et qui nous y fait tomber, et qui nous anime au moment du péché même ? Il peut en être ainsi. Cependant autre chose est de dire : Je n'aurais pas dû pécher, mais je ferai des œuvres de miséricorde qui effaceront ma faute; autre chose est de dire : Je dois pécher, parce que c'est le seul moyen que j'ai pour secourir mon semblable. Ou, en d'autres termes, autre chose est de dire : Comme nous avons péché, faisons maintenant du bien ; autre chose de dire : Péchons pour faire du bien. D'un côté, c'est dire : Faisons le bien puisque nous avons fait le mal; de l'autre côté, c'est dire : Faisons le mal pour qu'il en résulte du bien. Par l'un on lave et efface le péché, par l'autre on en prêche la dangereuse doctrine.

33. Comprenons donc que c'est en considération de leur humanité et de leur miséricorde, que Dieu a accordé à ces femmes d'Égypte ou de Jéricho une récompense temporelle, il est vrai, mais sous la figure de laquelle il y avait quelque chose d'éternel qu'elles ne connaissaient pas. Mais la question qu'il s'agit de résoudre présentement, et qui a embarrassé tant de savants,

---

quando nobis de Scripturis sanctis mentiendi proponuntur exempla, aut mendacia non sunt, sed putantur esse dum non intelliguntur ; aut si mendacia sunt, imitanda non sunt, quia justa esse non possunt.

32. Sed quod scriptum est bene Deum fecisse cum Hæbreis obstetricibus (*Exod.*, I, 20), et cum Raab Jerichuntina meretrice (*Jos.*, VI, 25), non ideo factum est quia mentitæ sunt, sed quia in homines Dei misericordes fuerunt. Non est itaque in eis remunerata fallacia, sed benevolentia ; benignitas mentis, non iniquitas mentientis. Sicut enim mirum absurdumque non esset, si alio prius tempore commissa ab eis aliqua opera mala Deus propter posteriora opera bona vellet ignoscere : ita mirandum non est, quod uno tempore in una causa Deus utrumque conspiciens, id est, factum misericorditer, factumque fallaciter, et bonum remuneravit, et propter hoc bonum malum illud ignovit. Si enim peccata quæ propter carnis concupiscentiam, non propter misericordiam fiunt, propter posteriora opera misericordiæ dimittuntur; cur non merito misericordiæ dimittuntur, quæ propter ipsam misericordiam committuntur. Gravius est enim peccatum quod animo nocentis, quam quod animo subvenientis efficitur. Ac per hoc si illud deletur opere misericordiæ postea subsequente, cur hoc quod est levius, non deletur ipsa hominis misericordia, et præcedente ut peccet, et comitante cum peccat ? Ita quidem videri potest : verumtamen aliud est dicere : Peccare quidem non debui, sed opera misericordiæ faciam, quibus deleam quod ante peccavi, et aliud est dicere : Peccare debeo, quia non possum aliter misereri. Aliud est, inquam, dicere : Quia jam peccavimus, benefaciamus; et aliud est dicere : Peccemus, ut benefaciamus. Ibi dicitur : Faciamus bona, quia fecimus mala : hic autem : Faciamus mala, ut veniant bona. Ac per hoc ibi exhaurienda est sentina peccati, hic cavenda est doctrina peccandi.

33. Restat itaque ut intelligamus illis mulieribus, vel in Ægypto, vel in Jericho, pro humanitate et misericordia redditam fuisse mercedem utique temporalem, quæ quidem et ipsa æternum aliquid etiam illis nescientibus prophetica significatione figuraret. Utrum autem sit aliquando vel pro cujusquam salute mentiendum, cum quæstio sit in qua dissolvenda

celle de savoir s'il faut quelquefois mentir pour sauver la vie à quelqu'un, était bien au-dessus de l'intelligence de ces femmes vivant au milieu des peuples et des mœurs de ce temps-là. La patience de Dieu supportait en elles l'ignorance de ces choses, comme de beaucoup d'autres qui leur étaient également cachées, mais qui doivent être connues, non des enfants de ce siècle, mais de ceux du siècle futur. Cependant Dieu, en considération de leur bienveillance et de leur humanité pour ses serviteurs, leur accorda une récompense temporelle, figure de biens éternels. Et Raab sauvée de la ruine de Jéricho, passa dans les rangs du peuple de Dieu, où, par ses progrès dans le bien, elle pouvait arriver aux récompenses célestes, qu'on ne doit point rechercher par le mensonge.

CHAPITRE XVI. — L'action de Raab, en faveur des espions israélites, est louable pour le temps, et dans la condition où se trouvait cette femme, qui n'était pas encore en état de comprendre et de suivre le précepte du Seigneur : « Qu'il n'y ait dans votre bouche que oui, oui, non, non. » (*Matth.*, V, 37.) Pour ces sages-femmes, quoiqu'elles fussent du peuple hébreu (*Exod.*, I, 17), si elles n'ont été guidées que par un sentiment humain, à quoi leur a servi la récompense temporelle d'avoir établi leurs maisons (*Ibid.*, I, 21), à moins d'avoir été reçues, par suite d'une vie meilleure, dans cette maison dont le Psalmiste dit à Dieu : « Heureux ceux qui habiteront dans votre maison, Seigneur, et qui vous loueront dans tous les siècles des siècles? (*Ps.* LXXXIII, 5.) Cependant, il faut avouer qu'il est bien près de la justice, celui qui n'a recours au mensonge que dans l'intention d'être utile à quelqu'un, et de ne jamais nuire à personne. S'il n'est pas encore parvenu à cette justice, la bonté de son cœur qui mérite des éloges laisse espérer qu'il y arrivera. Quand nous demandons s'il est permis à un homme de bien de mentir quelquefois, nous ne parlons pas de ceux qui étaient en Egypte, ou à Jéricho, ou à Babylone, ou dans la Jérusalem terrestre, qui est encore esclave avec ses enfants (*Gal.*, IV, 25), mais des citoyens de la sainte cité, qui est libre et qui demeure éternellement notre mère dans le ciel; quand nous demandons, dis-je, si l'homme de bien peut quelquefois mentir, on nous répond avec l'apôtre saint Jean : « Le mensonge ne vient pas de la vérité. » (I *Jean*, II.) Mais les citoyens de la sainte cité sont les fils de la vérité, et c'est d'eux qu'il est écrit : « Je n'ai pas trouvé le mensonge dans leur bouche, » (*Apoc.*, XIV, 5) et dont l'Ecriture dit également : « Celui qui recevra soigneusement la parole de vérité, sera hors de toute perdition. Or, celui qui la reçoit, c'est pour son avantage, et rien de faux ne sort de sa bouche. » (*Prov.*, XXIX, 27.) Si le mensonge se glisse quelquefois dans l'esprit de ces

---

etiam doctissimi fatigantur, valde illarum muliercularum in illis populis constitutarum et illis moribus assuetarum excedebat modum. Itaque hanc earum ignorantiam, sicut aliarum rerum quas pariter nesciebant, sed sciendæ sunt a filiis non hujus sæculi, sed futuri, Dei patientia sustinebat : qui tamen eis pro benignitate humana, quam famulis ejus impenderant, quamvis cœleste aliquid significantia, præmia terrena reddebat. Et Raab quidem ex Jericho liberata, in Dei populum transitum fecit, ubi proficiens posset ad æterna et immortalia munera pervenire, quæ nullo sunt quærenda mendacio.

CAPUT XVI. — Tunc tamen quando illud opus bonum et pro suæ vitæ conditione laudabile Israelitis exploratoribus præstitit, nondum erat talis ut ab ea exigeretur : « Sit in ore vestro : Est, est ; Non, non. » (*Matth.*, V, 37.) Obstetrices autem illæ quamvis Hebrææ (*Exod.*, I, 17), si secundum carnem tantummodo sapuerunt, quid aut quantum est quod eis profuit remuneratio temporalis, quia fecerunt sibi domos, nisi proficiendo pertinuerint ad eam domum de qua Deo cantatur : « Beati qui habitant in domo tua, in sæcula sæculorum laudabunt te? » (*Psal.* LXXXIII, 5.) Multum autem fatendum est propinquare justitiæ, et quamvis re ipsa nondum, jam tamen spe atque indole animum esse laudandum, qui nunquam nisi hac intentione mentitur, qua vult prodesse alicui, nocere autem nemini. Sed nos cum quærimus, sitne boni hominis aliquando mentiri, non de homine quærimus adhuc ad Ægyptum, vel ad Jerichum, vel ad Babyloniam pertinente, vel adhuc ad ipsam Jerusalem terrenam, quæ servit cum filiis suis (*Gal.*, IV, 25, etc.); sed de cive illius civitatis quæ sursum est libera mater nostra æterna in cœlis. Et respondetur quærentibus nobis : « Omne mendacium non est ex veritate. » (I *Joan.*, II, 21.) Filii autem illius civitatis, filii sunt utique veritatis. Ejus civitatis filii sunt de quibus scriptum est : « In ore eorum non est inventum mendacium. » (*Apoc.*, XIV, 5.) Ejus civitatis filius est de quo item scriptum est : « Verbum suscipiens filius a perditione longe aberit : excipiens autem except illud sibi, et nihil falsi ex ejus ore procedit. »

enfants de la Jérusalem céleste, cette sainte et éternelle cité, ils en demandent humblement pardon à Dieu, et se gardent bien de s'en glorifier.

CHAPITRE XVII. — 34. Mais, dira-t-on, Raab et les sages femmes des Hébreux auraient-elles mieux fait de renoncer à leur acte de charité et de ne pas mentir? Sans doute, si elles eussent été de ceux qui croient qu'on ne doit en aucun cas recourir au mensonge, et ne jamais rien dire de faux, et si elles avaient refusé courageusement leur ministère, pour faire mourir tous les enfants des Hébreux. Mais, direz-vous, on les aurait fait mourir elles-mêmes. Voyez ce qui s'en serait suivi; elles seraient mortes, en effet, mais au lieu de ces maisons qu'elles se sont bâties sur la terre, elles auraient une récompense bien plus belle et incomparablement plus grande, c'est-à-dire, une habitation dans les cieux. Elles seraient mortes, mais la mort qu'elles auraient soufferte pour la vérité leur aurait procuré dans la vie future une éternelle félicité. Cette autre femme de Jéricho n'aurait-elle pas pu agir de la même manière? Ne pouvait-elle pas, sans trahir les hôtes cachés dans sa maison, s'abstenir de tromper par un mensonge ceux qui les cherchaient? Ne pouvait-elle pas leur répondre : Je sais où ils sont, mais je crains Dieu, et je ne les trahirai pas? Elle aurait pu tenir ce langage, si elle eût déjà été « une véritable Israélite sans feinte » (*Jean.*, 1, 47) et sans déguisement, comme elle devait l'être dans la suite par la miséricorde divine, quand elle se fut établie dans la ville de Dieu. Mais, direz-vous, si en fouillant dans toute la maison de Raab, on avait découvert sa ruse, on l'aurait tuée. Il n'est pas dit pour cela que malgré toutes les recherches possibles, on aurait trouvé ceux qui étaient cachés. Cette femme prudente avait tout prévu, et elle avait placé ses hôtes où ils ne pouvaient être découverts, quand bien même on n'aurait pas ajouté foi à son mensonge. Elle aussi, si pour son œuvre de miséricorde, elle eût été tuée par ses concitoyens, elle aurait terminé cette vie qui devait finir un jour, par une mort précieuse devant Dieu, et ses hôtes n'en auraient pas moins joui de son bienfait. Mais, direz-vous encore, que serait-il arrivé, si ceux qui les cherchaient étaient arrivés jusqu'à la retraite où ils étaient cachés? Cela ne pouvait-il pas également avoir lieu, si on n'avait pas voulu ajouter foi aux paroles d'une femme, joignant le parjure au mensonge, surtout quand on connaissait sa vie aussi vile que honteuse? Telle eût été la conséquence de la crainte qui la fit mentir. Mais comptons-nous donc pour rien la volonté et la puissance de Dieu? Ne pouvait-il point, par hasard, préserver de tout mal cette femme, quand bien même elle n'aurait pas trompé ses

(*Prov.*, XXIX, 27.) His filiis supernæ Jerusalem et sanctæ civitatis æternæ si quando ut hominibus obrepit qualecumque mendacium, poscunt humiliter veniam, non inde quærunt insuper gloriam.

CAPUT XVII. — 34. Sed dicet aliquis : Ergone obstetrices illæ atque Raab melius fecissent, si nullam misericordiam præstitissent, nolendo mentiri? (*Exod.*, 1, 17; *Jos.*, II, 4.) Imo vero illæ mulieres Hebrææ, si essent tales de qualibus quærimus utrum sit eis aliquando mentiendum, nec aliquid falsi dicerent, et fœda ministeria de parvulis occidendis liberrime recusarent. Sed, inquies, ipsæ morerentur. At vide quid sequatur : Morerentur enim cœlestis habitationis incomparabiliter ampliore mercede, quam domus illæ quas sibi fecerunt in terra esse potuerunt : morerentur futuræ in æterna felicitate, mortem perpessæ pro innocentissima veritate. Quid illa in Jericho, numquid hoc posset? Nonne si quærentes cives mentiendo non falleret, verum dicendo latentes hospites proderet? An posset interrogantibus dicere : Scio ubi sunt, sed Deum timeo, non eos prodo? Posset hoc quidem dicere, si jam esset vera Israelitis in qua dolus non esset (*Joan.*, 1, 47) : quod futura erat per misericordiam Dei transiens ad civitatem Dei. Verum illi hoc audito, inquies, illam perimerent, domum scrutarentur. Sed numquid consequens erat, ut illos etiam quos diligenter occultaverat invenirent? Prospexerat enim cautissima mulier, et ibi eos posuerat ubi latere potuissent, etiamsi ei mentienti creditum non fuisset. Ita et illa, si tamen a suis civibus esset occisa pro misericordiæ opere, vitam istam (*a*) finiendam pretiosa in conspectu Domini morte finisset (*Psal.* CXV, 15); et erga illos ejus beneficium inane non fuisset. Sed, inquies, quid si et ad illum locum ubi eos occultaverat, ii a quibus quærebantur, perscrutando omnia pervenissent? Isto modo dici potest : Quid si mulieri vilissimæ atque turpissimæ, non solum mentienti, verum etiam pejeranti credere noluissent? Nempe etiam sic consecutura fuerant, quæ timendo mentita est. Et ubi ponimus voluntatem ac potestatem Dei? An forte non poterat, et illam nec civibus suis mentientem

(*a*) Aliquot Mss, *fœneam*.

concitoyens par un mensonge, afin de ne pas leur livrer les hommes de Dieu? Il aurait pu les sauver avant le mensonge de Rahab, comme il les sauva après que ce mensonge eut été commis. Avons-nous oublié que la même chose arriva à Sodome, lorsque des hommes enflammés d'une passion criminelle pour d'autres hommes, ne purent même pas trouver la porte de la maison dans laquelle était ceux qu'ils cherchaient? Alors un homme juste, dans une cause tout à fait semblable, ne voulut pas recourir au mensonge pour soustraire ses hôtes, qu'il ne savait pas être des anges, à un outrage et à une violence pires que la mort. Il pouvait cependant faire à ceux qui les cherchaient la même réponse que cette femme de Jéricho, car on lui avait fait aussi la même demande, mais l'homme juste ne voulut pas souiller son âme par un mensonge, afin de préserver de toute atteinte le corps de ses hôtes, pour lesquels cependant il ne craignait pas d'exposer ses filles à la violence et à la criminelle passion des impies. Que l'homme fasse donc tout ce qu'il peut pour sauver la vie à son prochain, mais quand il est réduit à la nécessité de ne pouvoir y parvenir sans pécher, qu'il pense alors qu'il n'a en son pouvoir aucun moyen de le faire en blessant la justice. Ainsi Raab, cette femme de Jéricho, en donnant l'hospitalité à des étrangers qui appartenaient au peuple de Dieu, en s'exposant pour eux au danger, en croyant en leur Dieu, en les cachant avec tout le soin possible, en leur donnant le sage conseil de s'en retourner par un autre chemin, a fait une action digne d'être louée et imitée par les citoyens de la Jérusalem céleste. A l'égard de son mensonge, quand bien même on pourrait l'expliquer comme renfermant quelque chose de prophétique, la sagesse défend de le proposer comme un exemple à imiter, quoique Dieu ait honoré le bien de l'action elle-même, en la conservant à notre souvenir, et que dans sa clémence il en ait pardonné le mal.

35. La règle à laquelle il faut rapporter, non-seulement tous les exemples cités dans l'ouvrage de Dictinius, pour autoriser le mensonge, et qu'il serait trop long d'examiner, mais encore toutes les autres choses de cette nature; c'est premièrement, ou de faire voir que ce qu'on prend pour mensonge n'en est pas un, soit qu'on taise la vérité sans rien dire de faux, soit que la vraie signification d'une chose doive être recherchée dans une autre chose, afin de bien en comprendre le sens, figures de style dont les saintes Ecritures font un fréquent usage, en citant un grand nombre de faits et de paroles; secondement, de ne point imiter ce qui est évidemment reconnu comme mensonge, et si le mensonge, comme d'autres péchés, s'est glissé

nec homines Dei prodentem, et illos suos ab omni pernicie custodire? A quo enim et post mulieris mendacium custoditi sunt, ab eo potuerunt, etsi illa mentita non esset, utique custodiri. Nisi forte obliti sumus hoc fuisse in Sodomis factum, ubi masculi in masculos nefanda libidine accensi, nec ostium domus in qua erant quos quærebant, invenire potuerunt (Gen., XIX, 11); quando vir justus in causa omnino simillima pro suis hospitibus mentiri noluit, quos esse Angelos nesciebat, et vim morte pejorem ne paterentur timebat. Et certe poterat talia respondere quærentibus, qualia in Jericho mulier illa respondit. Nam prorsus similiter et illi interrogando quæsierunt. Sed homo justus noluit pro corporibus hospitum animam suam suo mendacio macularí, pro quibus voluit corpora filiarum alienæ libidinis iniquitate vim perpeti. Faciat ergo homo etiam pro temporali hominum salute quod potest : cum autem ad hunc articulum ventum fuerit, ut tali saluti consulere nisi peccando non possit : jam se existimet non habere quid faciat, quando id reliquum esse perspexerit quod non recte faciat. Proinde Raab in Jericho, quia peregrinos homines Dei sus-

cepit hospitio, quia in eorum susceptione periclitata est, quia in eorum Deum credidit, quia diligenter eos ubi potuit occultavit, quia per aliam viam remeandi consilium fidelissimum dedit, etiam supernæ Jerusalem civibus imitanda laudetur. Quod autem mentita est, etiamsi aliquid ibi propheticum intelligenter exponitur, non tamen imitandum sapienter proponitur : quamvis Deus illa bona memorabiliter honoraverit, hoc malum clementer ignoverit.

35. Quæ cum ita sint, quoniam nimis longum est omnia pertractare, quæ in illa Libra Dictinii sunt posita velut imitanda exempla mentiendi : ad hanc regulam mihi videntur non solum ista, verum etiam si qua sunt talia redigenda, ut aut quod esse creditur, ostendatur non esse mendacium; sive ubi tacetur verum, nec dicitur falsum; sive ubi significatio verax aliud ex alio vult intelligi, quod genus figuratorum vel dictorum vel factorum abundat in propheticis litteris : aut quæ convincuntur esse mendacia, non esse imitanda monstrentur, et si quæ nobis ut alia peccata subrepserint, non eis tribuendam justitiam, sed veniam postulandam. Hoc quidem mihi

dans notre cœur, de ne pas chercher à le justifier, mais d'en demander pardon à Dieu. Tel est mon sentiment, et tout ce que j'ai dit plus haut tend à le confirmer.

Chapitre XVIII. — 36. Mais comme nous sommes hommes, et que nous vivons parmi les hommes, j'avoue que je ne suis pas encore du nombre de ceux qui sont bien arrêtés sur le péché, lorsqu'il produit un bien. Souvent, dans les choses de ce monde, le sentiment de l'humanité l'emporte sur tout le reste, et j'aurais bien de la peine à y résister, si l'on venait me dire : Voici un homme dangereusement malade, il n'aurait pas la force de supporter la nouvelle de la mort de son fils unique. Il vous demande si son fils, dont vous savez la mort, est encore en vie. Que répondrez-vous? Vous ne pourrez lui dire qu'une de ces trois choses : ou il est mort, ou il vit, ou je l'ignore. Le malade n'en croira qu'une seule, c'est que son fils est mort, et que vous ne voulez pas l'avouer dans la crainte de mentir. Autant vaudrait dire de suite ce qui en est que de garder le silence. De ces trois réponses, deux sont fausses, c'est, si vous dites votre fils vit, ou je l'ignore. Or, vous ne pouvez pas les faire sans mentir. Une seule est vraie, c'est si vous dites que ce fils est mort, mais si vous le dites, la mort du père en sera la suite inévitable, et on vous accusera de l'avoir tué par votre imprudence. Qui pourrait alors supporter les exagérations auxquelles se porteraient les hommes, en disant qu'il aurait mieux valu éviter un si grand malheur par un mensonge salutaire, que de se rendre homicide par amour de la vérité? Je suis fort embarrassé, je l'avoue, par ces deux situations opposées l'une à l'autre, mais je n'oserais dire si cet embarras est de la sagesse. Lorsque je considère avec les yeux de mon cœur la gloire et la beauté de celui qui ne laisse échapper rien de faux de ses lèvres, bien que la vérité brille de tout son éclat, ma faiblesse humaine, toute palpitante de crainte, cherche à la repousser; cependant l'amour de la vérité brille tellement à mon esprit, que je refoule au fond de mon cœur tout ce qui tient à l'humanité. Mais il faudrait persévérer dans ce sentiment, pour qu'il ne nous fît pas défaut au moment de la tentation. Tant que mes regards sont tournés vers ce bien, comme vers une ineffable lumière, sur laquelle le mensonge ne jette aucune ombre, je suis peu ému de ce qu'on appelle la vérité homicide. Est-ce que, si une femme impudique désire commettre une faute honteuse, et que vous y refusant, cette femme, dévorée par ce désir coupable, vienne à en mourir, est-ce que l'on dira aussi que la chasteté est homicide? Il faudrait donc aussi appeler de ce nom la sainte odeur de Jésus-Christ, parce que nous lisons : « Nous sommes partout la bonne odeur du Christ, pour ceux qui se sauvent et pour ceux qui se perdent : aux uns, une odeur de mort qui les fait mourir, et aux autres une odeur de vie

---

videtur; et ad istam sententiam me superius disputata compellunt.

Caput XVIII. — 36. Verum quia homines sumus, et inter homines vivimus, fateorque me nondum esse in eorum numero quos compensativa peccata non turbant; sæpe me in rebus humanis vincit sensus humanus, nec resistere valeo cum mihi dicitur : Ecce gravi morbo periclitatur ægrotus, cujus jam vires ferre non possint, si ei mortuus unicus et carissimus filius nuntietur; a te quærit an vivat, quem vitam finisse tu nosti; quid respondebis, quando quidquid aliud dixeris præter unum de tribus, aut mortuus est, aut vivit, aut nescio, nihil aliud credit ille quam mortuum; quod te intelligit timere dicere, et nolle mentiri? Tantumdem valet, etiamsi omni modo tacueris. Ex illis autem tribus duo falsa sunt, vivit, et nescio; nec abs te dici possunt nisi mentiendo. Illud autem unum verum, id est, mortuum esse, si dixeris, et perturbati hominis mors fuerit subsecuta, abs te occisus esse clamabitur. Et quis ferat homines exaggerantes, quantum sit mali salubre mendacium devitari, et homicidam diligi veritatem? Moveor his oppositis vehementer, sed mirum si etiam sapienter. Cum enim proposuero ante qualescumque oculos cordis mei intelligibilem illius pulchritudinem, de cujus ore falsi nihil procedit; quamvis ubi radians magis magisque clarescit veritas, ibi palpitans mea reverberatur infirmitas : tamen sic amore tanti decoris accendor, ut cuncta quæ inde me revocant humana contemnam. Sed multum est ut iste in tantum perseveret affectus, ne in tentatione desit effectus. Nec me movet contemplantem luminosum bonum, in quo mendacii tenebræ nullæ sunt, quod nobis mentiri nolentibus et hominibus vero audito morientibus homicida dicitur veritas. Numquid enim si stuprum expectat impudica, et te non consentiente, sævo amore perturbata moriatur, homicida erit et castitas? An vero quia legimus : « Christi bonus odor sumus in omni loco, et in iis qui salvi fiunt, et in iis qui pereunt; aliis quidem odor vitæ in vitam,

qui les fait vivre. » (II *Cor.*, II, 15, 16.) Mais comme nous sommes hommes, et que dans des questions contradictoires, l'esprit humain se fatigue et finit ordinairement par succomber, l'Apôtre ajoute aussitôt : « Mais qui est propre à un tel ministère. »

37. Voilà qui est plus à craindre encore, et qui est plus digne de nos lamentations que, si pour sauver ce malade, nous consentions à mentir en lui cachant la mort de son fils; c'est que peu à peu et insensiblement le mal du mensonge ne faisant qu'empirer, pourrait de degré en degré arriver au comble des mensonges les plus criminels, en sorte qu'il ne nous serait plus possible de résister à la grandeur d'un mal qui, par des accroissements même les plus minimes, s'étendrait à l'infini. C'est pourquoi l'Ecriture, dans sa prévoyance, nous dit : « Celui qui méprise les petites choses, se laisse peu à peu emporter aux plus grandes. » (*Eccl.*, XIX, 1.) Que dirai-je? Il y a des gens qui font un tel cas de la vie humaine, qu'ils ne craignent pas de la préférer à la vérité, et qui, pour préserver un homme de la mort, c'est-à-dire, retarder de quelques jours, peut-être, cette mort qui tôt ou tard doit arriver, veulent que, pour empêcher la vie d'un homme, cette chose si vaine, de s'évanouir trop promptement, nous ne reculions ni devant le mensonge, ni même devant le parjure, et que nous prenions en vain le nom de Dieu. Il s'en trouve même parmi eux qui s'érigent en docteurs, pour fixer les règles et les limites qui permettent de pousser le mensonge jusqu'au parjure. Nos yeux pourront-ils verser assez de larmes? Que ferons-nous? Où nous arrêter? Où nous mettre à l'abri de la colère de la vérité, si non-seulement nous négligeons de nous préserver du mensonge, mais encore si nous allons jusqu'à enseigner le parjure? Que les maîtres et les défenseurs du mensonge nous apprennent donc quelle espèce ou quels genres de mensonge il leur plaît de justifier. Qu'ils nous accordent du moins qu'il n'est pas permis de mentir dans ce qui touche au culte divin. Que du moins ils s'abstiennent eux-mêmes du parjure et du blasphème; que du moins, lorsque le nom de Dieu sera invoqué, lorsqu'on le prendra à témoin, lorsqu'il s'agira de ses sacrements, lorsqu'il sera question de sa religion divine, ils défendent à tout homme de proférer le mensonge, de le louer, de l'enseigner, de l'ordonner, et de le regarder comme une œuvre de justice. Que si cependant ils veulent permettre le mensonge, que ce soit celui qui est le plus supportable et le moins criminel. Je sais que ceux qui enseignent le mensonge veulent paraître enseigner la vérité. Autrement, si ce qu'ils enseignent était faux, qui voudrait étudier une doctrine où le maître se trompe, et où l'élève est trompé? Si cependant, pour attirer

---

aliis autem odor mortis in mortem : » (II *Cor.*, II, xv, 16) etiam odorem Christi pronuntiabimus homicidam? Sed quia homines sumus, et nos in hujusmodi quæstionibus et contradictionibus plerumque superat aut fatigat sensus humanus, ideo mox et ille subjecit : « Et ad hæc quis idoneus. »

37. Huc accedit, ubi miserabilius ejulandum est, quod si concesserimus pro salute illius ægri de vita filii ejus fuisse mentiendum, ita paulatim minutatimque successit hoc malum, et brevibus accessibus ad tantum acervum mendaciorum sceleratorum sensim subintrando perducitur, ut nunquam possit penitus inveniri, ubi tantæ pesti per minima additamenta in immensum convalescenti possit obsisti. Unde providentissime scriptum est : « Qui modica spernit, paulatim decidit. » (*Eccli.*, XIX, 1.) Quid, quod vitæ hujus tales amatores, ut eam non dubitent præponere veritati, ne homo moriatur, imo ut homo quandoque moriturus aliquanto serius moriatur, non tantum mentiri, sed etiam pejerare nos volunt, ut videlicet ne aliquanto citius transeat vana salus hominis, nomen Domini Dei nostri accipiamus in vanum? Et sunt in eis docti, qui etiam regulas figant finesque constituant, quando debeat, quando non debeat pejerari. O ubi estis fontes lacrymarum? Et quid faciemus? quo ibimus? ubi nos occultabimus ab ira veritatis, si non solum negligimus cavere mendacia, sed audemus insuper docere perjuria? Viderint enim assertores defensoresque mendacii quale genus vel qualia genera mentiendi eos justificare delectet : saltem in Dei cultu concedant non esse mentiendum; saltem sese a perjuriis blasphemiisque contineant, saltem ubi Dei nomen, ubi Deus testis, ubi Dei sacramentum interponitur, ubi de divina religione sermo promitur sive conseritur, nemo mentiatur, nemo laudet, nemo doceat et præcipiat, nemo justum dicat esse mendacium : de cæteris mendaciorum generibus eligat sibi quod putat esse mitissimum atque innocentissimum mentiendi genus, cui placet esse mentiendum. Hoc scio, quod etiam qui docet oportere mentiri, verum docere se vult videri. Nam si falsum est quod docet, quis falsæ velit studere

quelques partisans à leur doctrine, ils affirment que c'est la vérité qu'ils enseignent, tandis qu'ils donnent des leçons de mensonge, comment le mensonge pourrait-il sortir de la vérité, lorsque l'apôtre saint Jean s'écrie : « Le mensonge ne vient pas de la vérité ? » (I *Jean*, II, 21.) Il n'est donc pas vrai de dire qu'on doive quelquefois mentir ; or, ce qui n'est point vrai, il ne faut pas le conseiller aux autres.

CHAPITRE XIX. — 38. Mais l'infirmité humaine plaide ici sa cause qu'elle proclame invincible, parce qu'elle est appuyée par la faveur de la multitude. Comment pourrions-nous, dit-elle, secourir ceux qui sont en danger, et qui ne pourraient être sauvés de leur propre perte, ou de la perte des autres, qu'en les trompant, si un sentiment d'humanité ne nous permettait pas de recourir au mensonge ? Si ces partisans de la mortalité et de l'infirmité humaine voulaient m'écouter avec patience, je leur dirais à mon tour pour soutenir le parti de la vérité : La chasteté est certainement une chose pieuse, vraie, sainte, et qui n'a pas d'autre principe que la vérité, et pécher contre cette vertu, c'est pécher contre la vérité. Pourquoi donc, si je n'ai pas d'autre moyen de secourir quelqu'un en danger, refuserais-je de commettre un adultère, qui n'est un crime contraire à la vérité que parce qu'il est également contraire à la chasteté, et ne craindrais-je pas, pour le même motif, de recourir au mensonge qui est évidemment contraire à la vérité ? Quel bien si grand nous a fait la chasteté, et quel mal nous a fait la vérité, puisque la vérité est le principe de la chasteté, et que la vérité est la chasteté, non pas du corps, mais de l'âme même, quoiqu'au fond elle soit aussi bien une vertu du corps que de l'âme ? Enfin, pour répéter encore ce que j'ai déjà dit plus haut, pourquoi quiconque me contredit pour persuader et défendre la doctrine du mensonge, parle-t-il, si ce qu'il dit n'est pas vrai ? Si, au contraire, il mérite d'être écouté parce qu'il dit la vérité, comment veut-il qu'en disant la vérité je sois menteur ? La vérité peut donc être la patronne et l'auxiliaire du mensonge ? Ne triomphera-t-elle donc de son ennemi que pour être vaincue par elle-même ? Qui pourrait soutenir une pareille absurdité ? Nous ne pouvons donc pas dire que ceux qui prétendent que l'on peut quelquefois recourir au mensonge, soient vrais dans ce qu'ils avancent, et croire, ce qui serait plus absurde et plus insensé encore, que la vérité nous apprend à mentir. Ne serait-ce pas comme si l'on disait que c'est la chasteté qui nous apprend l'adultère, que c'est la piété qui nous apprend à offenser Dieu, et la charité à nuire à notre prochain ? Si ce n'est pas la vérité

doctrinæ, ubi et fallit docens, et fallitur discens? Si autem ut aliquem possit invenire discipulum, docere se asserit verum, cum doceat esse mentiendum : quomodo erit illud ex veritate mendacium, Joanne apostolo reclamante : « Omne mendacium non est ex veritate? » (I *Joan.*, II, 21.) Non est ergo verum, aliquando esse mentiendum : et quod non est verum, nemini est omnino suadendum.

CAPUT XIX. — 38. Sed agit partes suas infirmitas, et causam invincibilem faventibus turbis se habere proclamat. Ubi contradicit, et dicit : Quomodo apud homines, qui procul dubio si falluntur avertuntur a pernicie vel aliena vel sua, periclitantibus subvenitur hominibus, si nos humanus ad mentiendum non inclinet affectus? Si patienter me audiat turba mortalitatis, turba infirmitatis, respondebo aliquid pro negotio veritatis. Certe pia, vera, sancta castitas non nisi ex veritate est : et quisquis adversus eam facit, profecto adversus veritatem facit. Cur ergo si non possit aliter periclitantibus subveniri, non committo stuprum, quod ideo est contrarium veritati, quia contrarium est castitati; et ut periclitantibus subveniatur, loquor mendacium, quod ipsi apertissime est contrarium veritati? Quid nos tantum promeruit castitas, et offendit veritas? cum omnis ex veritate sit castitas, et sit non corporis, sed mentis castitas (*a*) veritas, atque in mente habitet etiam corporis castitas. Postremo, quod et paulo ante dixi et iterum dico, quisquis mihi pro persuadendo et defendendo ullo mendacio contradicit, quid dicit, si verum non dicit? Si autem propterea est audiendus quoniam verum dicit, quomodo me vult facere verum dicendo mendacem? Quomodo mendacium patronam sibi adhibet veritatem? An adversario suo vincit, ut a se ipsa (*b*) vincatur? Quis hanc absurditatem ferat? Nullo ergo modo dixerimus, eos qui asserunt aliquando esse mentiendum, id asserendo esse veraces, ne, quod est absurdissimum et stultissimum credere, veritas nos doceat esse mendaces. Quale est enim, ut esse adulterandum nemo discat a castitate, Deum offendendum nemo discat a pietate, cuiquam nocendum nemo discat a benignitate, et esse men-

(*a*) Ita Mss. At editi, *sed mentis castitas, veritasque in mente habitet, sicut etiam corporis castitas*. — (*b*) Sola fere editio Lov. *ut a se ipso vindicatur*.

qui nous apprend à mentir, il n'est donc pas vrai qu'il faille mentir ; si ce n'est pas vrai, il ne faut pas le croire ; s'il ne faut pas le croire, il ne faut donc jamais recourir au mensonge.

39. Mais dira-t-on : « La nourriture solide n'est que pour ceux qui sont parfaits, » (*Hébr.*, v, 14) et l'on doit faire à la faiblesse humaine beaucoup de concessions que n'admet pas la pure et exacte vérité. Voilà ce qu'on peut dire, quand on ne craint pas les conséquences qui peuvent résulter de permettre quelquefois certains mensonges, pourvu qu'ils n'aillent pas toutefois au parjure et au blasphème. Qu'on ne mette surtout en avant aucun prétexte, qui puisse faire croire qu'on peut se parjurer ; et, ce qui est plus abominable encore, qu'il soit permis de blasphémer contre Dieu. Un blasphème qui a pour principe le mensonge, n'en est pas moins pour cela un blasphème. Car on pourrait dire par la même raison, qu'il n'y a point parjure à se parjurer par un mensonge. Le parjure et le blasphème peuvent-ils jamais venir de la vérité ? Sans doute on est plus excusable de jurer quelque chose de faux, quand on croit que ce qu'on jure est vrai, comme le fit Saul en blasphémant le Christ, « parce qu'il n'y tomba que par ignorance. » (1 *Tim.*, I, 13.) Toujours est-il que le blasphème est un crime plus grand que le parjure. En se parjurant, on prend Dieu à témoin d'une chose contraire à la vérité. En blasphémant, on insulte Dieu par des paroles fausses contre lui-même. Toutefois le parjure, comme le blasphémateur, est d'autant plus inexcusable, qu'il a la conscience que ce qu'il dit est faux. Mais celui qui dit que pour sauver la vie de quelqu'un qui est en danger, on peut pousser le mensonge jusqu'à se parjurer au nom de Dieu, et à blasphémer contre lui, se ferme à lui-même éternellement la voie de la vie et du salut.

CHAPITRE XX. — 40. Mais on nous oppose quelquefois le cas où le salut éternel de quelqu'un serait en danger, et qui réclamerait le mensonge de notre part, si nous n'avions pas d'autre moyen de le sauver. Par exemple, voici un homme qui n'est pas encore baptisé. Il est entre les mains d'impies et d'infidèles, et nous ne pouvons lui procurer la régénération spirituelle, qu'en trompant ses gardiens par un mensonge. Contre cet appel à notre charité, où il s'agit de mentir, non pour des biens et des honneurs périssables de ce monde, ni pour cette vie terrestre, mais pour le salut éternel d'un homme, à qui m'adresserais-je, si ce n'est à vous, ô éternelle vérité ? Vous me répondrez ici, comme vous l'avez fait au sujet de la chas-

---

tiendum discamus a veritate ? Porro si hoc non docet veritas, non est verum : si non est verum, non est discendum : si non est discendum, nunquam est igitur mentiendum.

39. Sed « perfectorum est, » ait aliquis, « solidus cibus. » (*Hebr.*, v, 14.) Multa enim secundum veniam relaxantur infirmitati, quamvis sincerissimae nequaquam placeant veritati. Dicat hoc quisquis non metuit quae consequentia metuenda sunt, si fuerint aliquo modo aliqua permissa mendacia. Nullo modo tamen in tantum sunt permittenda conscendere, ut ad perjuria blasphemiasque perveniant : nec aliquam causam prorsus oportet obtendi, cur debeat pejerari, vel quod est execrabilius, cur Deus debeat blasphemari. Non enim quia per mendacium (*a*) blasphematur, ideo non blasphematur. Potest quippe hoc modo dici, non pejerari, quia per mendacium pejeratur. Quis enim per veritatem possit esse perjurus ? (*b*) Sic etiam per veritatem nullus potest esse blasphemus. Sane mitius falsum jurat, qui falsum nescit esse, et verum putat esse quod jurat : sicut et Saulus excusabilius blasphemavit, quia ignorans fecit. (1 *Tim.*, I, 13.) Ideo autem pejus est blasphemare quam pejerare, quoniam pejerando falsae rei adhibetur testis Deus, blasphemando autem de ipso falsa dicuntur Deo. Tanto itaque quisque inexcusabilior sive perjurus sive blasphemus, quanto magis ea quae pejerando vel blasphemando asserunt, falsa noverunt esse vel credunt. Quisquis itaque dicit pro periclitantis hominis salute temporali vel vita esse mentiendum, nimis ipse ab itinere exorbitat aeternae salutis et vitae, si dicit in ea causa etiam jurandum per Deum, vel etiam blasphemandum Deum.

CAPUT XX. — 40. Sed aliquando nobis ipsius quoque salutis aeternae periculum opponitur, quod nostro mendacio, si aliter non potest, depellendum esse clamatur : velut si quisquam baptizandus in potestate sit impiorum atque infidelium constitutus, ad quem perveniri non possit ut lavacro regenerationis abluatur, nisi deceptis mentiendo custodibus. Ab hoc (*c*) invidiosissimo clamore, quo cogimur non pro cujusquam opibus vel honoribus in hoc saeculo transcurrentibus, non pro ipsa hujus temporis vita, sed pro aeterna hominis salute mentiri, quo confugiam,

(*a*) Am. et Lov. *quia per mendacium non blasphematur*. Abest hoc loco *non* a Mss. et ab Er. debetque abesse. — (*b*) Ita Mss. At editi *si etiam*. — (*c*) In sola editione Lov. *invidiosissimo*.

CHAPITRE XX.

teté. Pourquoi, si pour parvenir à faire baptiser cet homme, nous pouvions gagner ses gardiens par quelque péché contre la chasteté, nous y refuserions-nous, et si nous pouvions les gagner par le mensonge, ferions-nous quelque chose de contraire à la vérité, puisque la chasteté ne mériterait pas notre amour, si elle n'avait pas la vérité pour principe ? Pour parvenir à baptiser cet homme, que l'on ait donc recours au mensonge pour tromper ses gardiens, pourvu que la vérité l'ordonne. Mais comment la vérité pourrait-elle conseiller le mensonge pour faire baptiser un homme, si la chasteté ne conseille pas l'adultère pour arriver au même but ? Or, pourquoi la chasteté ne nous ordonne-t-elle pas l'un, sinon parce que la vérité nous défend l'autre ? Si donc nous ne devons faire que ce qui nous est ordonné par la vérité, comme la vérité nous apprend à ne rien faire de contraire à la chasteté, même dans le but de régénérer un homme par le baptême, comment pourrait-elle nous apprendre à dire et à faire quelque chose de contraire à la vérité, pour parvenir à la même fin ? Mais de même que les yeux trop faibles pour soutenir l'éclat du soleil, peuvent cependant contempler les objets qui sont éclairés par ses rayons ; de même les âmes, quoique déjà assez fortes pour trouver leurs joie et leur bonheur dans les beautés de la chasteté, ne peuvent cependant pas sur-le-champ soutenir la lumière de la vérité, dont la chasteté est comme le rayonnement ; en sorte que quand elles se trouvent dans la situation de faire quelque chose de contraire à la vérité, elles n'éprouvent pas devant le mensonge, la répulsion et l'horreur, qu'elles éprouvent lorsqu'on leur propose une action contraire à la chasteté. Mais le fils qui, docile à la parole du Père, évite toute occasion de se perdre, et ne laisse jamais échapper rien de faux de sa bouche (*Prov.*, XXIX, 27), sait que pour sauver un homme, le mensonge lui est défendu autant que l'adultère. Alors le Père, écoutant sa prière, lui accorde la grâce de secourir, sans employer le mensonge, celui auquel, dans ses jugements impénétrables, il veut qu'on apporte secours. Un tel fils s'abstient donc du mensonge comme d'un péché, car l'Ecriture se sert quelquefois du mot mensonge pour désigner le péché. De là cette parole : « Tout homme est menteur, » (*Ps.* CXV, 11) c'est-à-dire, tout homme est pécheur, et ce passage de saint Paul aux Romains : « Si la vérité de Dieu reçoit une plus grande gloire par mon mensonge. » (*Rom.*, III, 7.) Ainsi tout homme qui a recours au mensonge pèche comme homme, et il tombe sous le coup de cette sentence : « Tout homme est menteur. » Et sous cette autre : « Si nous disons que nous n'avons pas de péché, nous nous trompons nous-mêmes et la vérité

---

nisi ad te, Veritas? Et mihi abs te proponitur castitas. Cur enim si custodes isti, ut nos ad baptizandum hominem admittant, stupro illici possunt, non facimus contraria castitati, et si mendacio decipi possunt, facimus contraria veritati? cum procul dubio nulli esset fideliter amabilis castitas, si non eam præciperet veritas. Proinde ut perveniatur ad hominem baptizandum, fallantur mentiendo custodes, si hoc jubet veritas. Sed quomodo jubeat veritas, ut homo baptizetur esse mentiendum, si non jubet castitas, ut homo baptizetur esse mœchandum? Cur autem hoc non jubet castitas, nisi quia hoc non docet veritas? Si ergo, nisi quod veritas docet, facere non debemus ; cum veritas doceat nec propter hominem baptizandum facere quod contrarium est castitati, quomodo nos docebit facere propter baptizandum hominem quod ipsi est contrarium veritati? Sed sicut oculi ad intuendum solem parum firmi, ea tamen quæ a sole illustrantur, libenter intuentur : sic animæ jam valentes delectari pulchritudine castitatis, non tamen continuo per se ipsam considerare veritatem unde lucet castitas possunt, ut cum ventum fuerit ad aliquid faciendum quod adversum est veritati, ita refugiant et exhorreant, quemadmodum refugiunt et exhorrent, si faciendum aliquid proponatur quod adversum est castitati. Ille autem filius qui verbum suscipiens a perditione longe aberit, et nihil falsi ex ejus ore procedit (*Prov.*, XXIX, 27), tam sibi clausum deputat, si ad subveniendum homini per mendacium, quam si per stuprum transire cogatur. Et Pater exaudit orantem, ut valeat sine mendacio subvenire, cui vult Pater ipse, cujus inscrutabilia sunt judicia, subveniri. Talis ergo filius ita observat a mendacio, sicut a peccato. Nam et aliquando mendacii nomen pro peccati nomine ponitur : unde dictum est : « Omnis homo mendax. » (*Psal.* CXV, 11.) Sic enim dictum est, tanquam diceretur : Omnis homo peccans. Et illud : « Si autem veritas Dei in meo mendacio abundavit. » (*Rom.*, III, 7.) Ac per hoc cum mentitur ut homo, peccat ut homo, et ea sententia tenebitur qua dictum est : « Omnis homo mendax. » Et : « Si dixerimus, quia peccatum non habemus, nos ipsos seducimus, et veritas in nobis non est. » (I *Joan.*, I, 8.) Cum vero nihil falsi ex ejus ore procedit, secundum eam gratiam sic erit de qua dictum est : « Qui natus est ex Deo, non

n'est point en nous. » (1 *Jean*, I, 8.) Mais lorsque la bouche de l'homme ne profère aucun mensonge, c'est en vertu de cette grâce dont il est écrit : « Quiconque est né de Dieu ne commet pas le péché. » (I *Jean*, III, 9.) Si cette naissance était la seule qui fût en nous, personne ne pécherait, et quand elle y sera seule, nous ne serons plus sujets au péché. Mais maintenant nous traînons encore avec nous la souillure du péché, parce que nous sommes nés dans un état de corruptibilité. Cependant si nous marchons droit dans la voie où nous avons été régénérés, de jour en jour l'homme intérieur se renouvellera en nous. Lorsque ce qu'il y a de corruptible en nous se sera revêtu d'incorruptibilité (I *Cor.*, XV, 53), la vie absorbera tout principe de corruption, et il ne restera plus en nous aucun aiguillon de la mort. Or, l'aiguillon de la mort c'est le péché.

CHAPITRE XXI. — 41. Il faut donc éviter le mensonge en menant une bonne et sainte vie, ou, si nous nous en rendons coupables, le confesser et en faire pénitence. Si une vie mauvaise le fait abonder en nous, gardons-nous bien de l'augmenter encore en l'enseignant aux autres. Que ceux qui pensent qu'on peut mentir pour secourir et sauver un homme dans toute espèce de danger, demeurent toutefois d'accord avec nous, qu'il ne faut pas pousser ce principe jusqu'au parjure et au blasphème, car ce sont des crimes qui, s'ils ne sont pas plus grands, ne sont cependant pas moindres que l'adultère. Il y a des hommes qui, doutant de la fidélité de leurs femmes, les forcent à jurer. Le feraient-ils, s'ils ne croyaient pas que celles qui n'ont pas craint de souiller la couche conjugale, n'oseront cependant pas se parjurer ? En effet, quelques femmes impudiques, qui n'avaient pas craint de tromper leurs maris par une liaison illicite, ont redouté d'invoquer faussement le témoignage de Dieu devant les époux qu'elles avaient trompés. Pourquoi donc un homme chaste et religieux qui ne voudrait pas recourir à l'adultère, afin de faire conférer à un autre le sacrement du baptême, oserait-il, pour la même fin, commettre le crime du parjure, devant lequel reculent les adultères eux-mêmes ? Or, si pour sauver un homme nous devons fuir le parjure, combien plus devons-nous pour le même but éviter le blasphème ? Plaise à Dieu qu'un chrétien, pour gagner un homme au Christ, ne renie pas et ne blasphème pas Jésus-Christ lui-même, et n'entraîne pas avec lui dans sa perte celui qu'il voulait sauver, en lui enseignant une doctrine aussi pernicieuse que celle du mensonge ! Si vous voulez donc réfuter et anéantir le livre que les Priscillianistes appellent *Libra*, il faut d'abord attaquer le principe, par lequel ils prétendent qu'on peut mentir, pour cacher la religion qu'on professe. Ensuite il faut démontrer que parmi les passages des livres saints sur lesquels ils s'appuient pour soutenir leurs

---

peccat. » (I *Joan.*, III, 9.) Hæc enim nativitas si sola esset in nobis, nemo peccaret : et quando sola erit, nemo peccabit. Nunc autem adhuc trahimus, quod corruptibiles nati sumus : quamvis secundum id quod renati sumus, si bene ambulamus, de die in diem renovamur interius. Cum vero et corruptibile hoc induerit incorruptionem (I *Cor.*, XV, 53, etc.), vita totum absorbebit, et nullus mortis aculeus remanebit. Aculeus autem mortis est peccatum.

CAPUT XXI. — 41. Aut ergo cavenda mendacia recte agendo, aut confitenda sunt pœnitendo : non autem cum abundant infeliciter vivendo, augenda sunt et docenda. Sed cliqat, qui hoc putat, unde subveniat periclitanti homini ad quamlibet salutem qualiacumque mendacia ; dum tamen et apud tales obtineamus, nulla causa nos ad pejerandum et blasphemandum oportere perduci. Ista saltem scelera vel ampliora stupris vel certe non minora judicemus. Namque cogitandum est, sæpissime homines, de quarum adulterio suspicantur, ad jusjurandum provocare conjuges suas : quod utique non facerent, nisi crederent etiam illas quæ non timuerunt perpetrare adulterium, timere posse perjurium. Quia et re vera nonnullæ impudicæ quæ non timuerunt illicito concubitu viros fallere, eisdem viris quos fefellerant timuerunt Deum testem fallaciter adhibere. Quid igitur causæ est, ut homo castus et religiosus homini baptizando nolit adulterio subvenire, et perjurio velit, quod solent et adulteri formidare ? Porro si nefas est hoc agere pejerando, quanto potius blasphemando ? Absit ergo ut Christianus neget atque blasphemet Christum, quo possit alium facere Christianum ; et percundo quærat inveniendum, quem si talia doceat, perdat inventum. Sic ergo librum, cui nomen est *Libra*, te oportet refellere atque destruere, ut caput illud quo dogmatizant occultandæ religionis causa esse mentiendum, prius esse noveris amputandum, ita ut illa testimonia quibus sanctos libros mendaciis suis patronos adhibere moliuntur,

mensonges, il s'en trouve qui ne sont pas des mensonges, et que si quelques-uns en peuvent être, ce ne sont pas des exemples à imiter. Si notre nature humaine réclame les droits que lui donne sa faiblesse, et demande qu'on lui pardonne ce que désapprouve la vérité ; soutenez toutefois inébranlablement qu'il n'est pas permis de mentir dans tout ce qui touche à la divine religion, et que si, pour découvrir les adultères qui se cachent, on ne doit pas commettre l'adultère, ni l'homicide pour découvrir des homicides, ni recourir aux maléfices pour mettre à jour les maléfices des autres, on ne doit pas non plus employer le mensonge ou le blasphème, pour découvrir les menteurs et les blasphémateurs. C'est ce que nous avons assez fait voir dans le cours de cet ouvrage, qu'enfin nous terminons ici.

partim non esse mendacia, partim etiam quæ sunt, non esse imitanda demonstres : et si tantum sibi usurpat infirmitas, ut ei aliquid venialiter permittatur quod improbat veritas; tamen ut inconcusse teneas et defendas in divina religione nunquam omnino esse mentiendum : latentes vero sicut nec adulteros per adulteria, nec homicidas per homicidia, nec maleficos per maleficia; ita nec mendaces per mendacia, nec blasphemos per blasphemias esse quærendos; secundum ea quæ tam multa in hoc volumine disputavimus, ut vix ad ejus terminum, quem loco isto fiximus, veniremus.

AU SUJET DU LIVRE

SUR LE TRAVAIL DES MOINES

ON LIT AU LIVRE II DES RÉTRACTATIONS, CHAPITRE XXI.

Voici ce qui m'a porté à écrire un livre *sur le Travail des moines*. Plusieurs monastères avaient commencé à s'élever à Carthage. Parmi les religieux de ces établissements, les uns, pour obéir au conseil de l'Apôtre, vivaient du travail de leurs mains; les autres voulaient vivre des dons des fidèles, et prétendaient qu'en s'abstenant de tout travail, ils accomplissaient mieux le précepte où le Seigneur dit : « Voyez les oiseaux du ciel et les lis des champs, » etc. (*Matth.*, VI, 26.) De là commençaient à s'élever parmi quelques laïques, dont cependant le zèle était fervent, des discussions qui troublaient l'Eglise, les uns défendant telle opinion, les autres l'opinion contraire. Ajoutez à cela que parmi ceux qui ne voulaient point du travail, se trouvaient quelques-uns de ces hommes qui ne rasent ni leur barbe ni leur chevelure. De là encore des conflits continuels entre les différents partis. Alors le vénérable Aurèle, évêque de l'Eglise de cette ville, me pria d'écrire quelque chose à ce sujet. Je l'ai fait. Mon livre commence ainsi : « A votre demande, mon saint frère Aurèle. »

IN LIBRUM DE OPERE MONACHORUM

LIBRI II RETRACTATIONUM, CAPUT XXI.

Ut (*a*) *de opere Monachorum* librum scriberem, illa necessitas compulit, quod cum apud Carthaginem monasteria esse cœpissent, alii de suis manibus transigebant, obtemperantes Apostolo : alii vero ita ex oblationibus religiosorum vivere volebant, ut nihil operantes, unde necessaria vel haberent vel supplerent, se potius implere præceptum evangelicum existimarent atque jactarent, ubi Dominus ait : « Respicite volatilia cœli et lilia agri. » (*Matth.*, VI, 26.) Unde etiam inter (*b*) laicos inferioris propositi, sed tamen studio ferventes, existere cœperunt tumultuosa certamina, quibus Ecclesia turbaretur, aliis hoc, aliis aliud defendentibus. Huc accedebat quod criniti erant quidam eorum, qui operandum non esse dicebant. Unde contentiones, hinc reprehendentium, inde quasi purgantium, pro partium studiis augebantur. Propter hæc venerabilis senex Aurelius, Ecclesiæ ipsius civitatis episcopus, ut hinc aliquid scriberem jussit, et feci. Hic liber sic incipit : « Jussioni tuæ, sancte frater Aureli. »

(*a*) Librum hunc in *Retractationibus* Augustinus collocat proxime ante Opus *de Bono Conjugali*, quod circiter annum 401, perfectum esse supra notavimus. — (*b*) Plures Mss. *inter aliquos inferioris propositi*, Am. et Er. *inter aliquot*, minus bene.

SUR
LE TRAVAIL DES MOINES

LIVRE UNIQUE [1]

A la prière d'Aurèle, évêque de Carthage, saint Augustin défend la cause des moines qui vivaient du travail de leurs mains, contre ceux de la même profession, qui voulaient vivre des dons des fidèles, et qui prétendaient, qu'en s'abstenant de tout travail, ils accomplissaient les préceptes de l'Evangile qui, selon eux, leur prescrivaient de ne s'occuper ni de la nourriture, ni du vêtement. Saint Augustin commence par leur démontrer que saint Paul, au contraire, a donné, à ceux qui se consacrent au service de Dieu, l'exemple du travail manuel, au moyen duquel ils pussent se procurer ce qui leur était nécessaire pour leur nourriture et leur vêtement. Il leur fait voir ensuite, que les préceptes de l'Evangile sur lesquels ces moines s'appuyaient, pour soutenir leur paresse et leur arrogance, étaient d'accord avec le conseil et l'exemple de saint Paul. Enfin, il blâme les moines qui portaient toute leur barbe et leur chevelure, et les exhorte à ne pas se mettre, par là, en contradiction avec le précepte de l'Apôtre.

CHAPITRE I. — 1. J'ai dû, Aurèle, mon saint frère, obéir avec d'autant plus d'empressement à votre prière, que j'ai reconnu plus clairement de la part de qui elle m'était adressée par vous. C'est Notre-Seigneur Jésus-Christ, habitant intérieurement dans votre cœur, qui vous a inspiré la sollicitude paternelle et fraternelle de chercher s'il ne faut pas mettre un frein à la licence des moines, nos fils et nos frères, qui négligent de suivre le précepte de l'Apôtre qui dit : « Que celui qui veut s'abstenir de travailler, s'abstienne de manger. » (II *Thess.*, III, 10.) Oui, je n'en doute pas, c'est le Seigneur lui-même qui, pour arriver à la perfection de son œuvre, me commande, par votre bouche, de vous écrire quelque chose à ce sujet. Je le supplie donc de m'assister de son divin secours, afin de lui obéir dignement, et pour que les fruits qu'on pourra retirer de mon travail, fassent voir que je n'ai fait en cela qu'obéir à sa volonté.

2. Examinons d'abord sur quoi s'appuient les hommes de cette profession qui ne veulent pas travailler. Si nous trouvons que leur manière de voir n'est pas juste, nous verrons ce qu'il y aura à dire pour la redresser. Ce n'est pas,

[1] Ecrit vers l'an 400 de Jésus-Christ.

DE OPERE MONACHORUM

LIBER UNUS.

Aurelii episcopi Carthaginensis impulsu Augustinus Monachorum causam qui se suis manibus transigebant, defendit adversus alios ejusdem professionis nonnullos, qui ex oblationibus religiosorum sic volebant vivere, ut nihil operantes, se potius evangelica præcepta de victu et vestitu non curando implere jactarent. Ac primum demonstrat apostolum Paulum dedisse servis Dei præceptum et exemplum faciendi operis corporalis, quo victum et vestitum sibi procurarent. Deinde ostendit evangelica illa præcepta, unde suam Monachi illi, non solum desidiam, sed etiam arrogantiam fovebant, apostolico præcepto et exemplo non esse contraria. Ad extremum crinitos Monachos reprehendit, atque ut ne comam contra præceptum apostolicum nutrire pergant, obsecrat et exhortatur.

CAPUT I. — 1. Jussioni tuæ, sancte frater Aureli,

(a) Sola editio Lov. *in interiori homine tuo.*

tanto devotius obtemperare me oportuit, quanto magis mihi quis ex te jusserit, claruit. Dominus enim noster Jesus Christus habitans in interiori (a) tuo, tibique sollicitudinem paternæ et fraternæ caritatis inspirans, utrum filiis et fratribus nostris monachis, qui beato Paulo apostolo obedire negligunt dicenti : « Qui non vult operari, non manducet, » (II *Thess.*, III, 10) permittenda sit ista licentia, voluntatem ac linguam tuam assumens in opus suum, imperavit mihi ex te, ut hinc ad te aliquid scriberem. Adsit itaque ipse etiam mihi, quo ita pareain, ut ei me parere ex ejus munere ipsa utilitate fructuosi laboris intelligam.

2. Primum ergo videndum quid dicant illius professionis homines, qui operari nolunt. Deinde si eos non recte sentire invenerimus, ad eorum correctionem quid dicendum. Non, inquiunt, de hoc opere corporali, in quo vel agricolæ vel opifices laborant,

disent-ils, du travail manuel, comme celui des laboureurs et des artisans, que l'Apôtre a voulu parler lorsqu'il dit : « Que celui qui veut s'abstenir du travail, s'abstienne aussi de manger. » Car il ne pouvait se mettre en opposition avec l'Évangile, où le Seigneur lui-même dit : « C'est pourquoi je vous dis : Ne soyez point en peine pour votre vie, de ce que vous mangerez ou de ce que vous boirez ; ni pour votre corps, de ce qu'il faut pour le vêtir. La vie n'est-elle pas plus que la nourriture, et le corps plus que le vêtement ? Voyez les oiseaux du ciel ; ils ne sèment ni ne moissonnent, ils ne font aucune provision dans des greniers, et votre Père céleste les nourrit. N'êtes-vous pas plus excellents qu'eux ? Et quel est celui d'entre vous qui, malgré tous ses efforts, pourrait ajouter une coudée à sa taille ? Pour ce qui est du vêtement, pourquoi vous en mettre en peine ? Voyez les lis des champs ; comment croissent-ils ? Ils ne travaillent ni ne filent. Cependant je vous dis que Salomon même, dans toute sa gloire et sa magnificence, n'a jamais été paré comme la moindre de ces fleurs. Si Dieu revêt ainsi l'herbe des champs, qui est aujourd'hui, et qui demain sera jetée dans le four, aura-t-il moins de soin pour vous revêtir, gens de peu de foi ? Ne vous inquiétez donc pas en disant : que mangerons-nous, que boirons-nous, ou comment serons-nous vêtus ? Car ce sont les païens qui s'inquiètent de toutes ces choses. Mais votre Père céleste sait que vous avez besoin de tout cela. Occupez-vous premièrement d'obtenir le royaume de Dieu et sa justice, alors toutes ces choses vous seront encore données par surcroît. N'ayez donc aucun souci du lendemain, car le lendemain aura souci de ce qui le concerne. A chaque jour suffit sa peine. » (*Matth.*, VI, 25, etc.) Le Seigneur, disent-ils, nous recommande de ne pas nous inquiéter de notre nourriture et de notre vêtement. Comment l'Apôtre pourrait-il donc penser autrement que le Seigneur lui-même, en nous prescrivant d'être en peine de notre nourriture et de nos vêtements ? Pourquoi voudrait-il encore nous accabler de soins, de fatigues et de travail comme les artisans ? Quand il dit : « Que celui qui veut s'abstenir du travail, s'abstienne aussi de manger, » il faut entendre par là un travail spirituel, dont il dit dans un autre endroit : « Selon que le Seigneur l'a donné à chacun, j'ai planté, Apollon a arrosé, mais c'est Dieu qui a donné l'accroissement. » (I *Cor.*, III, 5, etc.) Et un peu après il ajoute : « Chacun recevra sa récompense selon son propre travail, car nous sommes ouvriers avec Dieu. Vous êtes le champ que Dieu cultive ; vous êtes l'édifice que Dieu construit. J'en ai posé le fondement comme un habile architecte, selon la grâce qui m'a été donnée. » Le travail de l'Apôtre consiste donc à planter, à arroser, à construire, à poser

præcepit Apostolus, cum diceret : « Qui non vult operari, non manducet. » Neque enim Evangelio posset esse contrarius, ubi ait ipse Dominus : « Ideo dico vobis, ne solliciti sitis animæ vestræ quid manducetis, neque corpori vestro quid induamini. Nonne anima plus est quam esca, et corpus quam vestimentum ? Conspicite volatilia cœli, quoniam non serunt, neque metunt, neque congregant in horrea, et Pater vester cœlestis pascit illa : nonne vos magis pluris estis illis ? Quis autem vestrum cogitans potest adjicere ad staturam suam cubitum unum ? Et de vestimento quid solliciti estis ? Considerate lilia agri, quomodo crescunt, non laborant, neque nent : dico autem vobis, quoniam nec Salomon in omni gloria sua coopertus est sicut unum ex istis. Si autem fœnum agri, quod hodie est et cras in clibanum mittitur, Deus sic vestit, quanto magis vos modicæ fidei ? Nolite ergo solliciti esse, dicentes, quid manducabimus, aut quid bibemus, aut quo operiemur ? Hæc enim omnia gentes inquirunt. Scit autem Pater vester quia his omnibus indigetis. Quærite autem primum regnum Dei et justitiam ejus, et omnia hæc apponentur vobis. Nolite ergo solliciti esse in crastinum : crastinus enim dies sollicitus erit sibi ipsi. Sufficit diei malitia sua. » (*Matth.*, VI, 25, etc.) Ecce, inquiunt, ubi nos Dominus jubet de victu et tegumento nostro esse securos : quomodo ergo Apostolus sentire adversus Dominum posset, ut nos præciperet ita esse debere sollicitos quid manducemus et quid bibamus et quo operiamur, ut nos etiam opificum artibus, curis, laboribus oneraret ? Quapropter in eo quod ait : « Qui non vult operari, non manducet ; » opera spiritalia, inquiunt, debemus accipere : de quibus alio loco dicit : « Unicuique sicut Dominus dedit : ego plantavi, Apollo rigavit, sed Deus incrementum dedit. »(1 *Cor.*, III, 5, etc.) Et paulo post : « Unusquisque suam mercedem accipiet secundum suum laborem. Dei enim sumus cooperarii : Dei agricultura, Dei ædificatio estis : secundum gratiam quæ data est mihi, ut sapiens architectus fundamentum posui. » Sicut ergo Apostolus operatur plantando, rigando, ædificando, et fundamentum ponendo ; ita qui non vult

CHAPITRE II.

le fondement de l'édifice. Que celui qui ne veut pas travailler ainsi s'abstienne de manger. Car à quoi lui servirait-il de se nourrir spirituellement de la parole de Dieu, s'il ne fait pas tourner le fruit de son travail à l'édification d'autrui ? Il en serait de lui comme du serviteur négligent. A quoi lui a servi de recevoir un talent et de le cacher, sans le faire valoir au profit de son maître, sinon à se le voir retirer à la fin (*Matth.*, xxv, 25), et à être précipité dans les ténèbres extérieures ? Nous n'agissons pas ainsi, disent encore les moines. Nous lisons avec nos frères qui, fatigués des tempêtes du siècle, viennent nous trouver, pour se reposer près de nous, écouter la parole de Dieu, lui adresser leurs vœux et leurs prières, et chanter avec nous, à sa gloire, des psaumes, des hymnes et des cantiques spirituels. Nous nous entretenons avec eux; nous leur prodiguons toutes les exhortations et les consolations possibles; nous tâchons de les édifier, et de leur procurer ce qui peut manquer à chacun d'eux, pour arriver à la perfection de leur genre de vie. Si nous manquions à de telles œuvres, il serait dangereux pour nous de recevoir du Seigneur la nourriture de la vie spirituelle. Voilà ce qu'a voulu faire entendre l'Apôtre quand il a dit : « Que celui qui veut s'abstenir du travail, s'abstienne aussi de manger. » Ces moines croient ainsi obéir aux préceptes du Seigneur et de l'Apôtre, en prétendant que l'Évangile a prescrit de ne pas s'occuper des soins de la vie temporelle, et que l'Apôtre n'a voulu parler que de la nourriture et des œuvres de la vie spirituelle, en disant : « Que celui qui veut s'abstenir du travail, s'abstienne aussi de manger. »

Chapitre II. — 3. Souffriraient-ils qu'un autre vint leur dire : Le Seigneur n'a parlé qu'en paraboles et en figures, lorsque traitant de la nourriture et des vêtements spirituels, il recommande à ses serviteurs de ne pas se mettre en peine à cet égard ; comme lorsqu'il dit, par exemple : « Quand vous serez appelés en jugement, ne soyez pas en peine, ni de ce que vous direz, ni comment vous parlerez ; car ce que vous aurez à dire vous sera inspiré à l'heure même ? Ce n'est pas vous, en effet, qui parlerez, mais c'est l'Esprit de votre Père qui parlera pour vous. » (*Matth.*, x, 19, 20.) En effet, la parole de la sagesse est spirituelle, et c'est de cette parole que le Seigneur ne voulait pas que ses serviteurs fussent en peine, promettant de la leur inspirer. Maintenant que saint Paul, selon l'habitude des apôtres, et comme on le voit si souvent dans ses Épîtres, parle clairement et sans figure de langage, du travail et de la nourriture qui concerne le corps, ces moines ne voient-ils pas qu'ils rendraient incertaine leur propre opinion, si en examinant les paroles du Seigneur, ils n'y trouvaient pas de quoi soutenir, que c'est de la nourriture et des vêtements qui concernent le corps qu'il a parlé, lorsque

---

operari, non manducet. Quid enim prodest manducando spiritaliter (*a*) pasci verbo Dei, si non inde operatur aliorum ædificationem ? Sicut illi pigro servo quid profuit accipere talentum, et abscondere, nec operari lucra dominica? (*Matth.*, xxv, 25.) An ut ei auferretur in fine, et ipse in exteriores tenebras mitteretur? Sic, inquiunt, et nos facimus : legimus cum fratribus, qui ad nos ab æstu sæculi veniunt fatigati, ut apud nos in verbo Dei, et in orationibus, psalmis, hymnis, et canticis spiritalibus requiescant. Alloquimur eos, consolamur, exhortamur, ædificantes in eis, si quid eorum vitæ pro suo gradu deesse perspicimus. Talia opera si non faceremus, periculose a Domino alimenta ipsa spiritalia sumeremus. Hoc enim dixit Apostolus : « Qui non vult operari, non manducet. » Ita se isti arbitrantur apostolicæ et evangelicæ obtemperare sententiæ, cum et Evangelium credunt de non curanda corporali et temporali vitæ hujus indigentia præcepisse, et Apostolum de cibo et opere spiritali dixisse : « Qui non vult operari, non manducet. »

Caput II. — 3. Nec attendunt, quia si alius diceret, Dominum quidem in parabolis et in similitudinibus loquentem de victu et tegumento spiritali monuisse, ut non inde sint solliciti servis ejus : sicut dicit : « Cum vos attraxerint ad judicia, nolite cogitare quid loquamini. Dabitur enim vobis in illa hora quid loquamini. Non enim vos estis qui loquimini, sed Spiritus Patris vestri, qui loquitur in vobis. » (*Matth.*, x, 19 et 20.) Sermo quippe sapientiæ spiritalis est, de quo illos noluit cogitare, promittens quod eis nihil inde solliciti præstaretur. Apostolum autem jam more apostolico apertius disserentem, et magis proprie quam figurate loquentem, sicut multa ac pene omnia sese habent in epistolis apostolicis, proprie de opere corporali ciboque dixisse : « Qui non vult operari, non manducet : » redderetur illis dubia sententia eorum, nisi cætera dominica verba

---

(*a*) Sic Mss. At editi, *manducare spiritaliter, id est, pasci verbo Dei*.

recommandant à ses disciples de n'être point en peine à cet égard, il leur dit : « Ne vous occupez pas, pour votre vie, de ce que vous mangerez, ou de ce que vous boirez, ni pour votre corps, de quoi vous serez vêtus ? » Car en ajoutant : « Ce sont les païens qui recherchent toutes ces choses, » (*Matth.*, VI, 25) le Sauveur montre clairement qu'il a parlé des besoins corporels et temporels. De même, si l'Apôtre avait dit seulement au sujet du travail : « Que celui qui ne veut pas travailler, s'abstienne aussi de manger, » ces paroles pourraient être interprétées dans un autre sens. Mais comme dans beaucoup d'autres passages de ses Épîtres, il exprime et explique clairement comment il faut entendre sa pensée; c'est en vain qu'ils s'efforcent de la rendre obscure pour eux et pour les autres, afin de s'exempter de faire ce que leur prescrit la charité apostolique. Ils vont même jusqu'à ne vouloir ni la comprendre eux-mêmes, ni qu'elle soit comprise des autres, ne craignant pas qu'on leur applique ces paroles de l'Écriture : « Il n'a pas voulu entendre le bien, pour ne pas être obligé de le faire. » (*Ps.* XXXV, 4.)

CHAPITRE III. — 4. Nous devons donc premièrement démontrer que c'est aux travaux corporels que l'apôtre saint Paul engage les serviteurs de Dieu à se livrer, travaux qui seront couronnés à la fin par une grande récompense spirituelle, et auxquels il les engage présentement, afin qu'ils n'aient besoin de personne, pour subvenir à leur nourriture et à leur habillement, qu'ils doivent tirer du labeur de leurs mains. Ensuite, nous ferons voir que les préceptes de l'Évangile, sur lesquels ils s'appuient pour excuser leur paresse et leur arrogance, s'accordent avec la doctrine et l'exemple de l'Apôtre. Voyons donc ce qui a pu amener saint Paul à dire : « Que celui qui ne veut pas travailler, s'abstienne aussi de manger. » Nous examinerons ensuite dans quelle circonstance il a prononcé ces paroles, afin d'en saisir le véritable sens. « Mes frères, dit-il, nous vous recommandons aussi, au nom de Notre-Seigneur Jésus-Christ, de vous séparer de tout homme qui se dit frère, et qui vit dans le désordre, et non selon les enseignements qu'il a reçus de nous. Car vous savez vous-mêmes comment vous devez nous imiter, puisque nous ne sommes pas conduits d'une manière déréglée parmi vous, et que nous n'avons mangé gratuitement le pain de personne, mais que nous avons été dans la fatigue et la peine, travaillant jour et nuit, pour n'être à charge à aucun de vous. Ce n'est pas que nous n'en eussions le droit, mais c'était pour vous donner nous-mêmes en exemple à vous, afin que vous nous imitiez. Aussi lorsque nous étions avec vous, nous vous déclarions expressément

---

considerantes, invenirent aliquid, unde probarent cum de victu et vestitu corporali non (*a*) curando locutum fuisse, cum diceret : « Nolite solliciti esse quid manducetis, et quid bibatis, et quo vestiamini : » velut si animo adverterent quod ait : « Haec enim omnia gentes inquirunt; » ibi enim ostendit de ipsis corporalibus et temporalibus se dixisse. Ita ergo, si hoc solum de hac re dixisset Apostolus : « Qui non vult operari, non manducet : » possent haec verba in aliam traduci sententiam. Cum vero multis aliis locis epistolarum suarum, quid hinc sentiat, apertissime doceat; superfluo conantur, et sibi et caeteris caliginem obducere, ut quod utiliter illa caritas monet non solum facere nolint, sed nec intelligere ipsi, aut ab aliis intelligi velint, non timentes quod scriptum est : « Noluit intelligere ut bene ageret. » (*Psal.* XXXV, 4.)

CAPUT III. — 4. Prius ergo demonstrare debemus beatum apostolum Paulum opera corporalia servos Dei operari voluisse, quae finem haberent (*b*) magnam spiritalem mercedem, ad hoc ut ipso victu et tegumento a nullo indigerent, sed manibus suis haec sibi procurarent : deinde ostendere evangelica illa praecepta, de quibus nonnulli non solum pigritiam, sed etiam arrogantiam suam fovent, apostolico praecepto et exemplo non esse contraria. Videamus itaque unde ad hoc venerit Apostolus, ut diceret : « Si quis non vult operari, non manducet : » (II *Thes.*, III, 10) et quid deinde contexat, ut ex ipsa circumstantia lectionis appareat declarata sententia. « Denuntiamus, inquit, vobis, fratres, in nomine Domini nostri Jesu Christi, ut subtrahatis vos ab omni fratre inquiete ambulante, et non secundum traditionem quam acceperunt a nobis. Ipsi enim scitis quomodo oporteat imitari nos; quia non fuimus inquieti inter vos, neque panem ab aliquo gratis manducavimus, sed in labore et fatigatione die ac nocte operantes, ne quem vestrum gravaremus : non quia non habuerimus potestatem, sed ut nosmetipsos formam daremus vobis, qua nos imitaremini. Nam et cum apud vos essemus, hoc vobis praecipiebamus, quoniam si quis non vult operari, non manducet. Audivimus

---

(*a*) In editione Lov. male omissum est, *curando :* quod verbum in editis aliis legitur et in Mss. — (*b*) Mss. *haberent in magnam*, etc.

que celui qui ne veut pas travailler doit aussi s'abstenir de manger. Car nous avons appris, qu'il y en a quelques-uns parmi vous qui mènent une vie déréglée, ne faisant rien et ne s'occupant que de vaines curiosités. C'est pourquoi nous recommandons à ces sortes de gens, et nous les exhortons, au nom de Notre-Seigneur Jésus-Christ, de manger leur pain en travaillant en paix. » (II *Thess.*, III, 6 et suiv.) Que peut-on dire à cela? Pour que personne ne pût interpréter ces paroles à son gré, et non selon la charité, l'Apôtre en a donné le sens par son exemple même. Il était apôtre, prédicateur de l'Evangile, soldat du Christ, ouvrier de la vigne, pasteur du troupeau. Comme tel certainement, il pouvait vivre de l'Evangile qu'il annonçait, et cependant il n'a point exigé la solde qui lui était due, afin de se donner comme exemple à ceux qui demandent ce qu'on ne leur doit pas. C'est ainsi qu'il dit aux Corinthiens : « Qui est-ce qui va à la guerre à ses propres dépens? Qui est-ce qui plante une vigne, et qui n'en mange pas du fruit? Qui est-ce qui fait paître un troupeau, et qui ne se nourrit pas du lait de ce troupeau ? » (I *Cor.*, IX, 7.) Il n'a pas voulu recevoir ce qui lui était dû, afin de retenir par son exemple ceux qui, n'occupant pas un rang élevé dans l'Eglise, prétendraient que de tels avantages leur sont dus. Comment, en effet, interpréter autrement ce qu'il dit : « Nous n'avons mangé gratuitement le pain de personne, mais nous avons été dans la fatigue et la peine, travaillant jour et nuit, afin de n'être à charge à aucun de vous. Ce n'est pas que nous n'en eussions le droit, mais c'était pour nous donner nous-mêmes en exemple à vous, afin que vous nous imitiez. » (II *Thess.*, III, 8, 9.) Qu'ils soient donc attentifs à ce précepte de l'Apôtre, ceux qui n'ont pas le droit qu'il avait lui, de manger un pain gagné légitimement par une œuvre spirituelle et exempte de tout travail corporel. Mais puisqu'il leur dit : « Nous vous recommandons, et nous vous exhortons, au nom du Christ, de manger votre pain en travaillant en silence, » (II *Thess.*, III, 12) qu'ils cessent alors d'élever la voix, pour discuter vainement contre ces paroles si claires de l'Apôtre; car c'est aussi là le silence avec lequel ils doivent manger leur pain gagné par le travail de leurs mains.

CHAPITRE IV. — 3. J'examinerais avec plus de soin ces paroles de l'Apôtre, si d'autres endroits de ses Epîtres, n'en faisaient pas ressortir le sens d'une manière encore plus évidente. En les rapprochant les uns des autres, ils s'expliquent mutuellement. Et à défaut de ces passages, celui-ci seul suffirait. En écrivant à ce sujet aux Corinthiens, il leur dit : « Ne suis-je pas libre? Ne suis-je pas Apôtre? N'ai-je pas vu

---

enim quosdam inter vos ambulare inquiete, nihil operantes, sed curiose agentes. His autem qui ejusmodi sunt, præcipimus et obsecramus in Domino Jesu Christo, ut cum silentio operantes panem suum manducent. » (II *Thes.*, III, 6, etc.) Quid ad hæc dici potest, quando quidem ne cuiquam postea liceret hoc pro voluntate, non pro caritate interpretari, exemplo suo docuit quid præceperit? Illi enim tanquam Apostolo prædicatori Evangelii, militi Christi, plantatori vineæ, pastori gregis constituerat Dominus ut de Evangelio viveret; et tamen ipse stipendium sibi debitum non exegit, ut se formam daret eis qui exigere indebita cupiebant: sicut ad Corinthios dicit: « Quis militat suis stipendiis unquam? Quis plantat vineam, et de fructu ejus non edit? Quis pascit gregem, et de lacte gregis non percipit? » (I *Cor.*, IX, 7.) Ergo quod sibi debebatur, noluit accipere, ut exemplo ejus coercerentur, qui sibi non ita (a) ordinatis in Ecclesia talia deberi arbitrabantur. Quid est enim quod ait: « Neque panem gratis ab aliquo manducavimus, sed in labore et fatigatione die ac nocte operantes, ne quem vestrum gravaremus; non quia non habuerimus potestatem, sed ut nos formam daremus vobis, qua nos imitaremini? » (II *Thes.*, III, 8, 9.) Audiant ergo quibus hoc præcepit, id est, qui non habent hanc potestatem quam ille habebat, ut tantummodo spiritaliter operantes manducent panem a corporali labore gratuitum: et quemadmodum dicit: « Præcipimus et obsecramus in Christo, ut cum silentio operantes panem suum manducent, » (*Ibid.*, 12) non disputent contra manifestissima verba Apostoli; quia et hoc pertinet ad silentium, cum quo debent operantes manducare panem suum.

CAPUT IV. — 3. Enucleatius autem et diligentius adhuc ista verba considerarem atque tractarem, nisi haberem alia loca epistolarum ejus multo manifestiora, quibus collatis et ista liquidius manifestantur, et si ista non essent, illa sufficerent. Ad Corinthios enim scribens de hac eadem re, ita dicit: « Non sum liber? non sum apostolus? Nonne Christum Jesum Dominum nostrum vidi? Nonne opus meum vos

(a) Er. et plerique Mss. *ordinati*.

Jésus-Christ Notre-Seigneur? N'êtes-vous pas mon ouvrage en lui? Si je ne suis pas apôtre pour les autres, je le suis du moins pour vous, car vous êtes le sceau de mon apostolat en Notre-Seigneur. (I *Corinth.*, IX, 3, 4, 3.) C'est là ma défense contre ceux qui me condamnent. N'avons-nous pas le droit de vous demander à manger et à boire? N'avons-nous pas le droit de mener partout avec nous une femme d'entre nos sœurs, comme font les autres apôtres, et les frères du Seigneur et Céphas? » (I *Corinth.*, IX, 4 et suiv.) Voyez quel soin il met à montrer d'abord ce qui lui est permis, et permis parce qu'il est apôtre. Car il commence par dire : « Ne suis-je pas libre ? Ne suis-je pas apôtre? » Et il prouve qu'il l'est effectivement, en ajoutant : « N'ai-je pas vu Notre-Seigneur Jésus-Christ? N'êtes-vous pas mon ouvrage en lui ? » Après l'avoir prouvé, il fait voir qu'il peut user de la même permission que celle qui est accordée aux autres apôtres, c'est-à-dire, qu'il peut s'abstenir de tout travail manuel, et vivre de l'Evangile, ainsi que le Seigneur l'a prescrit. C'est ce qu'il démontre clairement dans la suite de son Epître. En effet, des femmes chrétiennes accompagnaient les apôtres partout où ils allaient, et leur fournissaient de leurs propres biens tout ce dont ils avaient besoin pour leur subsistance, de sorte qu'ils ne manquaient d'aucune des choses nécessaires à la vie. Saint Paul déclare donc qu'il lui était permis de faire comme les autres apôtres, mais qu'il n'a pas voulu profiter de ce pouvoir. Quelques-uns ne comprenant pas bien le sens d'une femme-sœur, lorsque l'Apôtre dit : « N'avons-nous pas le droit de mener partout avec nous une femme d'entre nos sœurs, » ont interprété ce mot *femme* par celui d'*épouse*. Ils ont été trompés par le double sens du mot grec, qui signifie tout à la fois femme et épouse. Cependant la manière dont l'Apôtre s'est exprimé, aurait bien pu les empêcher de tomber dans cette erreur, car il ne dit pas seulement une femme, mais une femme-sœur. Il ne dit pas non plus : N'avons-nous pas le droit d'*épouser* mais *de conduire partout*. Mais le double sens du mot grec n'a pas trompé les autres interprètes, qui ont rendu l'expression grecque par celle de *femme* et non d'*épouse*.

CHAPITRE V. — 6. Que ceux qui pensent que les apôtres, dans leurs saintes pérégrinations, ne pouvaient pas emmener avec eux, partout où ils allaient prêcher l'Evangile, des femmes fidèles qui avaient soin de subvenir à leurs besoins, que ceux-là, dis-je, lisent l'Evangile; ils y verront que ces missionnaires de la foi, n'ont fait en cela qu'imiter l'exemple de leur divin Maître, Notre-Seigneur; en effet, dans sa miséricorde et sa charité pour les malheureux et les infirmes,

---

estis in Domino? Si aliis non sum apostolus, vobis verum tamen sum. Signaculum enim apostolatus mei vos estis in Domino. Mea defensio ad eos qui me interrogant hæc est. Numquid non habemus (*a*) potestatem manducandi et bibendi? Numquid non habemus potestatem sororem mulierem circumducendi, sicut et cæteri Apostoli, et fratres Domini, et Cephas?» (I *Cor.*, IX, 4, etc.) Vide quemadmodum primum ostendat quid sibi liceat, et ideo liceat quia apostolus est. Inde enim cœpit : « Non sum liber? non sum apostolus? » Et probat se apostolum esse, dicens : « Nonne Christum Jesum Dominum nostrum vidi? Nonne opus meum vos estis in Domino? » Quo probato ostendit sibi licere quod cæteris Apostolis, id est, ut non operetur manibus suis, sed ex Evangelio vivat, sicut Dominus constituit, quod in consequentibus apertissime demonstravit : ad hoc enim et fideles mulieres habentes terrenam substantiam ibant cum eis, et ministrabant eis de substantia sua, ut nullius indigerent horum quæ ad (*b*) necessaria vitæ hujus pertinent. Quod beatus Paulus licere quidem sibi demonstrat, sicut et cæteri Apostoli faciebant, sed ea potestate se uti noluisse postea commemorat. Hoc quidam non intelligentes, non « sororem mulierem, » cum ille diceret : « Numquid non habemus potestatem sororem mulierem circumducendi, » sed « uxorem » interpretati sunt. Fefellit eos verbi Græci ambiguitas, quod et uxor et mulier eodem verbo Græce dicitur. Quanquam hoc ita posuerit Apostolus, ut falli non debuerint : quia neque « mulierem » tantummodo ait, sed « sororem mulierem; » neque « ducendi, » sed « circumducendi. » (ἀδελφὴν γυναῖκα περιάγειν.) Verumtamen alios interpretes non fefellit hæc ambiguitas, et (*c*) « mulierem, » non « uxorem, » interpretati sunt.

CAPUT V. — 6. Quod quisquis putat non potuisse ab Apostolis fieri, ut cum eis sanctæ conversationis mulieres circuirent, quacumque Evangelium prædicabant, ut eis de sua substantia ministrarent necessaria, Evangelium audiat, et cognoscat quemadmodum hoc ipsius Domini exemplo faciebant. Dominus enim noster more misericordiæ suæ infirmioribus

(*a*) In Mss. plerisque *licentiam*, loco *potestatem*. — (*b*) Omnes prope Mss. *ad substantiam vitæ hujus pertinent*. — (*c*) Sola editio Lov. *quia sororem mulierem, non uxorem*, etc.

quoiqu'il pût se faire servir et aider par les anges, avait une bourse où était mis l'argent que lui fournissaient les fidèles, pour être employé aux nécessités de la vie. Cette bourse, il la remit entre les mains de Judas, pour nous apprendre, que si nous ne pouvions pas éviter les voleurs, nous devions les tolérer même dans l'Eglise. Car l'apôtre infidèle, comme il est écrit (*Jean*, XII, 6), dérobait toujours quelque chose de l'argent confié à sa garde. Le Sauveur a donc voulu avoir à sa suite des femmes chargées de préparer tout ce qui pouvait être nécessaire à lui et à ses disciples. Il montrait ainsi ce qui était dû par le peuple de Dieu aux évangélistes et aux ministres du Seigneur, comme soldats de la sainte milice ; afin que si quelqu'un d'entre eux ne voulait pas en profiter, comme le fit l'apôtre saint Paul, il rendît par-là un service encore plus grand à l'Eglise, en n'exigeant pas le tribut qui lui était dû, mais en subvenant à ses besoins journaliers par le travail de ses mains. Le bon Samaritain dit à l'hôte, chez lequel il avait conduit le blessé qu'il trouva sur la route : « Ayez soin de cet homme, et tout ce que vous dépenserez de plus, je vous le rendrai à mon retour. » (*Luc*, X, 35 ; VIII, 1, etc.) L'apôtre saint Paul a donc suivi cet exemple charitable, en combattant à ses propres dépens, comme il l'atteste lui-même. On lit encore dans l'Evangile :

« Depuis ce temps-là, Jésus allait de ville en ville, et de village en village, prêchant et annonçant le royaume de Dieu ; et les douze apôtres étaient avec lui, ainsi que quelques femmes qui avaient été délivrées des malins esprits et de leurs maladies. C'était Marie, qu'on appelait Madeleine, de laquelle étaient sortis sept démons, et Jeanne, femme de Chusas, intendant d'Hérode, et Susanne, et plusieurs autres qui l'assistaient de leurs biens. » (*Ibid.*) Les apôtres suivaient donc l'exemple du Seigneur, en recevant la nourriture qui leur était due. Le Sauveur lui-même le prouve évidemment par ces paroles : « Allez, et annoncez à tous que le royaume des cieux approche. Guérissez les malades, soignez les lépreux, ressuscitez les morts, chassez les démons ; donnez gratuitement ce que vous avez reçu par pure grâce. Ne possédez ni or, ni argent, ni aucune monnaie dans vos ceintures, ni sac pour le voyage, ni deux tuniques, ni chaussures, ni bâton, car l'ouvrier est digne de sa nourriture. » (*Matth.*, X, 7, etc.) Voilà comment le Seigneur a établi lui-même, ce que l'Apôtre dit aux Corinthiens. (I *Cor.*, IX, 14.) En effet, Jésus-Christ recommande à ses disciples de ne rien porter avec eux dans leurs voyages, afin que ce dont ils avaient besoin leur fût fourni par ceux auxquels ils annonçaient le royaume de Dieu.

CHAPITRE VI. — 7. Qu'on ne croie pas cepen-

compatiens, cum ei possent Angeli ministrare, et loculos habebat, quo mitteretur pecunia, quæ conferebatur utique a bonis fidelibus eorum victui necessaria : quos loculos Judæ commendavit, ut etiam fures si evitare non possemus, tolerare in Ecclesia disceremus. Ille enim « ea quæ mittebantur, » sicut de illo scriptum est, « auferebat. » (*Joan.*, XII, 6.) Et mulieres voluit ut se ad præparanda et ministranda necessaria sequerentur, ostendens quid evangelistis et ministris Dei tanquam militibus, a plebibus Dei tanquam provincialibus deberetur ; ut si quis eo quod sibi deberetur, uti nollet, sicut Paulus apostolus noluit, amplius impenderet Ecclesiæ, non exigendo stipendium debitum, sed quotidianum victum de suis laboribus transigendo. Audierat enim stabularius, ad quem vulneratus ille perductus est : « Si quid amplius erogaveris, in redeundo reddam tibi. » (*Luc.*, X, 35.) Amplius ergo erogabat apostolus Paulus, qui suis, ut ipse testatur, stipendiis militabat. (I *Cor.*, IX, 12 ; I *Cor.*, XI, 7.) In Evangelio enim scriptum est : « Deinceps et ipse iter faciebat per civitates et castella prædicans et evangelizans regnum Dei, et duodecim cum illo, et mulieres ali-

quæ quæ erant curatæ a spiritibus malignis et infirmitatibus, Maria quæ vocatur Magdalene, de qua dæmonia septem exierant, et Joanna uxor Chuzæ procuratoris Herodis, et Susanna, et aliæ multæ quæ ministrabant ei de facultatibus suis. » (*Luc.*, VIII, 1, etc.) Hoc exemplum Domini imitabantur Apostoli, ad accipiendum sibi debitum cibum : de quo idem Dominus apertissime loquitur : « Euntes, inquit, prædicate dicentes, quia appropinquavit regnum cœlorum. Infirmos curate, mortuos suscitate, leprosos mundate, dæmonia ejicite. Gratis accepistis, gratis date. Nolite possidere aurum, neque argentum, neque pecuniam in zonis vestris, neque peram in via, neque duas tunicas, neque calceamenta, neque virgam. Dignus est enim operarius cibo suo. » (*Matth.*, X, 7, etc.) Ecce ubi constituit Dominus quod idem Apostolus commemorat. (I *Cor.*, IX, 14.) Ad hoc enim dixit illa omnia ne portarent, ut ubi opus esset, ab eis acciperent quibus annuntiabant regnum Dei.

CAPUT VI. — 7. Ne quis autem arbitretur solis duodecim hoc fuisse concessum ; vide etiam quid Lucas narret : « Post hæc, inquit, designavit Domi-

dant que le Seigneur n'a accordé qu'à ses douze disciples le droit de vivre de l'Evangile. En effet, saint Luc dit (*Luc*, x, 1, 2) : « Après cela, le Seigneur établit encore soixante-dix autres disciples, et il les envoya devant lui deux à deux, dans toutes les villes et dans tous les lieux où lui-même devait aller. Et il leur dit : La moisson est grande, mais les ouvriers sont en petit nombre. Priez donc le maître de la moisson d'envoyer des ouvriers pour faire sa moisson. Allez! Pour moi, je vous envoie comme des agneaux au milieu des loups. Ne portez avec vous ni sac, ni bourse, ni chaussures, et ne vous amusez pas à saluer ceux que vous rencontrerez sur votre chemin. Dans quelque maison que vous entriez, dites d'abord : Que la paix soit sur cette maison, et la paix sera sur cette maison. Si cette demeure est habitée par quelque enfant de paix, la paix reposera sur lui, sinon elle retournera à vous. Restez dans cette maison-là, mangeant et buvant de ce qui vous sera présenté, car l'ouvrier mérite son salaire. » (*Luc*, x, 3, etc.) Il est évident que c'est une simple permission, et non un ordre que le Seigneur donne à ses disciples d'user, selon leur volonté, du droit qu'il établit. Si quelqu'un d'entre eux n'en voulait pas profiter, il n'agirait pas contre l'ordre du Seigneur, mais il renoncerait à son droit par un pur sentiment de miséricorde, et n'en servirait que mieux l'Evangile, en renon-çant au salaire qui lui était dû. Autrement, l'ordre du Seigneur aurait été violé par l'Apôtre qui, après avoir déclaré que ce droit lui était permis, ajouta aussitôt : « Mais je n'ai pas voulu user de ce pouvoir. » (I *Cor.*, ix, 12.)

Chapitre VII. — 8. Mais procédons par ordre, et examinons attentivement tout ce passage de l'Epître de saint Paul : « N'avons-nous pas le droit de vous demander à boire et à manger? N'avons-nous pas le pouvoir de mener partout avec nous une femme d'entre nos sœurs ? » (I *Cor.*, ix, 4, 5.) De quel pouvoir parle-t-il, sinon de celui que le Seigneur a donné à ceux qu'il a envoyés pour annoncer le royaume des cieux, et auxquels il a dit : « Mangez de ce qu'ils ont, car tout ouvrier mérite son salaire? » (*Luc*, x, 7.) Lui-même donne l'exemple du pouvoir qu'il accorde aux autres, en permettant que de saintes femmes subviennent par leurs propres biens, à tout ce qui pouvait lui être nécessaire. Mais saint Paul a fait quelque chose de plus, pour mieux faire comprendre le pouvoir que ses collègues dans l'apostolat avaient reçu du Seigneur. Ce n'est pas, en effet, un reproche qu'il leur adresse, en disant : « Comme les autres apôtres, et les frères du Seigneur, et Céphas. » (I *Cor.*, ix, 5.) Mais il voulait montrer par-là, qu'il n'avait pas voulu recevoir ce qu'il lui était permis d'accepter, et il le prouve par la conduite de ceux qui combattaient avec lui sous

---

nus et alios septuaginta duos, et misit illos binos ante faciem suam in omnem civitatem et locum quo erat ipse venturus. Et dicebat illis : Messis quidem multa, operarii autem pauci : rogate ergo Dominum messis, ut mittat operarios in messem suam. Ite, ecce ego mitto vos sicut agnos inter lupos. Nolite portare sacculum, neque peram, neque calceamenta, et neminem per viam salutaveritis. In quamcumque domum intraveritis, primum dicite : Pax huic domui. Et si ibi fuerit filius pacis, requiescet super illum pax vestra : sin autem, ad vos revertetur. In eadem autem domo manete, edentes et bibentes quæ apud illos sunt. Dignus est enim operarius mercede sua. » (*Luc.*, x, 1, etc.) Hic apparet non esse illa jussa, sed permissa ; ut quisquis uti vellet, eo uteretur quod sibi liceret ex Domini constitutione ; si quis autem uti nollet, non contra jussum faceret, sed de suo jure cederet misericordius et laboriosius conversatus in Evangelio, in quo et debitam mercedem nollet accipere. Alioquin contra jussum Domini fecit apostolus, qui postea quam ostendit sibi licere, statim subjecit : « Sed tamen ego non sum usus hac potestate. » (I *Cor.*, ix, 12.)

Caput VII. — 8. Sed ad ordinem redeamus, ac totum ipsum epistolæ locum diligenter consideremus. « Numquid, inquit, non habemus licentiam manducandi et bibendi? Numquid non habemus licentiam sororem mulierem circumducendi. » (*Ibid.*, 5.) Quam licentiam dixit, nisi quam Dominus dedit eis quos ad prædicandum regnum cœlorum misit, dicens : « Ea quæ (*a*) ab ipsis sunt manducate, dignus enim operarius mercede sua. » (*Luc.*, x, 7) et se ipsum proponens ad ejusdem potestatis exemplum, cui fidelissimæ mulieres talia necessaria de suis facultatibus ministrabant? (*Luc.*, viii, 3.) Amplius autem fecit apostolus Paulus, ut de coapostolis suis documentum adhiberet hujus licentiæ a Domino permissæ. Neque enim reprehendens subjecit : « Sicut et cæteri Apostoli, et fratres Domini, et Cephas. » (I *Cor.*, ix, 5) sed ut hinc ostenderet hoc se accipere

(*b*) Editi, *apud ipsos.* At Mss. *ab ipsis.* Græce est, παρ' αὐτῶν.

l'étendard de Jésus-Christ. « Quoi, dit-il, n'y a-t-il que moi seul et Barnabé, qui n'ayons pas le droit de ne point travailler? » (*Ibid.*) Voilà qui doit lever toute espèce de doute pour les esprits même les moins intelligents, et leur faire comprendre de quelle espèce de travail parle l'Apôtre. Car à quel propos dirait-il : « N'y a-t-il que moi seul et Barnabé, qui n'ayons pas le droit de ne pas travailler? » sinon parce que tous les prédicateurs de l'Evangile et les ministres de Dieu avaient reçu du Seigneur le pouvoir de s'abstenir de tous travaux manuels, mais de vivre de l'Evangile, et de ne s'occuper que de travaux spirituels, en annonçant l'Evangile aux peuples, et en donnant la paix à l'Eglise. Personne ne pourra dire que ce soit du travail spirituel que l'Apôtre ait dit : « N'y a-t-il que moi seul et Barnabé, qui n'ayons pas le droit de ne pas travailler, » puisque tous avaient ce pouvoir? Que ceux donc qui s'efforcent de dépraver et de corrompre à leur gré les préceptes de l'Apôtre, disent, s'ils l'osent, que tous les évangélistes ont reçu du Seigneur, le pouvoir de ne pas annoncer l'Evangile. Or, s'il y a absurdité et folie à soutenir une telle opinion, pourquoi se refuser à comprendre, ce qui est évident pour tout le monde, qu'ils avaient reçu le pouvoir de ne pas s'occuper de travaux corporels pour subvenir aux besoins de leur existence, parce que, comme le dit l'Evangile : « Tout ouvrier mérite son salaire et sa nourriture. » Paul et Barnabé n'étaient donc pas les seuls qui eussent pouvoir de ne pas travailler. Tous les disciples de Jésus-Christ l'avaient également. Si Paul et Barnabé n'ont point usé de ce pouvoir, les services qu'ils rendirent à l'Eglise n'en furent que plus éminents, ils s'accommodaient ainsi à l'esprit des faibles, dans les lieux où ils prêchaient l'Evangile. C'est pourquoi, afin de ne pas paraître adresser un reproche à ses collègues dans l'apostolat, saint Paul ajoute à ce qu'il vient de dire : « Qui est-ce qui va à la guerre à ses propres dépens? Qui est-ce qui fait paître un troupeau, et qui ne se nourrit pas du lait de ce troupeau? Pensez-vous que je dise ces choses selon le sens humain? Nullement, mais selon la loi de Moïse, où il est écrit : Tu ne muselleras pas le bœuf qui foule le grain. (*Deutér.*, xxv, 4.) Est-ce que Dieu se soucie des bœufs? Ne dit-il pas ces choses principalement pour nous? Oui, elles sont écrites pour nous. Car celui qui laboure, doit labourer dans l'espoir de récolter, et celui qui bat le grain, dans l'espérance d'en profiter. » (I *Cor.*, ix, 7 et suiv.) Par ces paroles, l'apôtre saint Paul montre clairement que ses collègues dans l'apostolat, ne sont pas allés au delà de leur

noluisse, quod ei licere accipere, cæterorum etiam commilitonum ejus more probaretur. « An ego solus et Barnabas non habemus potestatem non operandi ? » (*Ibid.*, 6.) Ecce abstulit omnem dubitationem etiam tardissimis cordibus, ut intelligant de qua operatione dicat. Ut quid enim ait : « An ego solus et Barnabas non habemus potestatem non operandi, » nisi quia omnes evangelistæ et ministri verbi Dei habebant potestatem a Domino acceptam, ut non (*a*) operarentur manibus suis, sed ex Evangelio viverent, operantes tantummodo spiritalia in prædicatione regni cœlorum, et ædificatione pacis Ecclesiæ? Neque enim quisquam potest dicere de ipsa spiritali operatione dixisse Apostolum : « An ego solus et Barnabas non habemus potestatem non operandi. » Hanc enim potestatem non operandi omnes illi habebant : dicat ergo qui conatur præcepta apostolica in sententiam suam depravare atque pervertere, dicat, si audet, omnes evangelistas a Domino accepisse potestatem non evangelizandi. At si hoc absurdissimum et insanissimum est dicere, cur nolunt intelligere quod omnibus pateat, accepisse quidem illos potestatem non operandi, sed opera corporalia quibus victum quærerent, quia « dignus est operarius cibo suo et mercede sua, » (*Matth.*, x, 10 ; *Luc.*, x, 7) sicut Evangelium loquitur? Non ergo soli Paulus et Barnabas non habebant potestatem non operandi, sed omnes pariter habebant hanc potestatem, qua isti non utebantur, amplius impendendo Ecclesiæ, sicut in illis locis ubi evangelizabant, infirmis congruere judicabant. Et ideo, ne coapostolos suos reprehendisse videretur, subjungit et dicit : « Quis militat suis stipendiis unquam? (I *Cor.*, ix, 7, etc.) Quis pascit gregem, et de lacte gregis non percipit? Numquid secundum hominem hæc loquor? An Lex non hæc dicit? In Lege enim Moysi scriptum est (*Deut.*, xxv, 4) : Bovi trituranti os non infrenabis. Numquid de bobus pertinet ad Deum? An propter nos omnino dicit? Propter nos enim scriptum est, quia debet in spe qui arat arare, et triturans in spe (*b*) fructus participandi. » His verbis satis indicat apostolus Paulus, non sibi aliquid usurpasse ultra debitum coapostolos suos, quia non operabantur corporaliter, unde haberent huic vitæ necessaria, sed

---

(*a*) Verbum *operarentur* abest a plerisque Mss. — (*b*) Mss. *in spe participandi* : omissa voce *fructus.*

droit, en s'abstenant de tout travail manuel, pour subvenir aux besoins de leur vie; mais qu'ils suivaient la doctrine du Seigneur, en vivant de la prédication de l'Évangile, et en mangeant le pain qui leur était donné gratuitement par ceux auxquels ils prêchaient gratuitement les bienfaits de la grâce divine. C'est ainsi qu'ils recevaient leur solde comme de vrais soldats, qu'ils recueillaient librement le fruit de la vigne qu'ils avaient plantée; qu'ils se nourrissaient du lait du troupeau qu'ils faisaient paître, et qu'ils tiraient leur pain du grain qu'ils foulaient dans l'aire.

CHAPITRE VIII. — 9. L'Apôtre rattache ainsi sa pensée à ce qu'il vient de dire, et lève tous les doutes que l'on pourrait encore avoir. « Si nous avons répandu parmi vous les semences spirituelles, est-ce donc trop exiger que de recueillir quelque chose de vos biens temporels? » (I *Cor.*, IX, 11.) Quelles sont ces semences spirituelles, sinon la parole et le mystère du sacrement du royaume des cieux? Quels sont ces biens temporels dont il dit qu'il lui est permis de recueillir quelque chose, sinon les choses temporelles nécessaires aux besoins du corps et de cette vie mortelle? Mais il déclare qu'il n'a voulu ni les réclamer ni les recevoir d'eux, afin de ne mettre aucun obstacle à la propagation de l'Évangile du Christ. Que nous faut-il de plus, pour comprendre que le travail dont il parle et dont il tirait sa subsistance, était un travail corporel et visiblement fait par les mains? Car s'il s'agissait d'un travail spirituel, nécessaire pour lui procurer sa nourriture et ses vêtements, c'est-à-dire de choses qu'il aurait reçues de ceux qu'il formait à la foi évangélique, il n'ajouterait pas: « Si d'autres usent de ce droit sur vous, pourquoi n'en userions pas plutôt nous-mêmes? Cependant nous n'avons pas voulu en profiter, afin de n'apporter aucun obstacle à la propagation de l'Évangile du Christ. » (I *Cor.*, IX, 12.) De quel droit l'Apôtre veut-il donc parler, sinon de celui que le Seigneur lui avait donné sur eux, c'est-à-dire, de recueillir quelque chose de leurs biens temporels, pour subvenir aux besoins de cette vie terrestre, droit qui devait être également donné, même à ceux qui n'avaient pas été les premiers à leur annoncer l'Évangile, mais qui vinrent ensuite le prêcher dans leur Église? C'est pourquoi après avoir dit: « Si nous avons répandu parmi vous les semences spirituelles, est-ce trop exiger que de recueillir quelque chose de vos biens temporels? » Puis il ajoute: « Si d'autres usent de ce droit sur vous, pourquoi n'en userions-nous pas plutôt nous-mêmes? » et après avoir démontré quel était ce droit qu'avaient les autres, il dit: « Mais nous n'avons point voulu en user, afin de n'apporter aucun obstacle à la propagation de l'Évangile de Jésus-Christ. » Qu'on vienne donc nous dire com-

---

sicut Dominus constituit, ex Evangelio viventes panem gratuitum manducarent ab eis quibus gratuitam gratiam prædicabant. Stipendium enim suum tanquam milites accipiebant, et de vineæ per eos plantatæ fructu, quod opus erat, libere decerpebant, et de gregis quem pascebant lacte potabant, et ex area quam triturabant cibum sumebant.

CAPUT VIII. — 9. Apertius autem cætera connectit, et omnino aufert omnes dubitationis ambages. « Si nos vobis, inquit, spiritalia seminavimus, magnum est si vestra carnalia metamus? » (I *Cor.*, IX, 11.) Quæ sunt spiritalia, quæ seminavit, nisi verbum et (*a*) mysterium sacramenti regni cœlorum? Quæ autem carnalia, quæ sibi licere metere dicit, nisi hæc temporalia, quæ vitæ atque indigentiæ carnis indulta sunt? Hæc autem sibi debita se ab eis non quæsisse nec accepisse manifestat, ne quod impedimentum daret Evangelio Christi. Quid restat, ut intelligamus eum operatum esse unde victum haberet, nisi corporale opus corporalibus et visibilibus manibus suis? Nam si de spiritali opere victum et tegumentum quæreret, id est, ut ab eis hæc acciperet, quos in Evangelio ædificabat, non consequenter diceret: « Si alii potestatis vestræ participant, non magis nos? Sed non sumus usi hac potestate; sed omnia toleramus, ne quod impedimentum demus Evangelio Christi. » (*Ibid.*, 12.) Qua potestate se dicit non usum, nisi quam habebat in eos a Domino acceptam, ut eorum carnalia meteret, ad victum vitæ hujus, quæ in carne agitur? cujus potestatis participes erant etiam alii, qui non eis primo Evangelium annuntiaverunt, sed ad eorum Ecclesiam idipsum prædicantes postea venerunt. Ideo cum dixisset: « Si nos vobis spiritalia seminavimus, magnum est si carnalia vestra metamus? » subjecit: « Si alii potestatis vestræ participant, non magis nos? » Et cum demonstrasset quid eis potestatis esset: « Sed non sumus usi, inquit, hac potestate; sed omnia toleramus, ne quod impedimentum demus Evangelio Christi. » Dicant ergo isti, quomodo de

(*a*) Cisterciensis codex, *ministerium*.

ment l'Apôtre pouvait tirer d'un travail spirituel ce qui était nécessaire à l'entretien de son corps, lorsqu'il déclare ouvertement qu'il n'a pas voulu user du droit qu'il en avait. Il est donc évident que si ce n'est pas d'un travail spirituel qu'il tirait sa nourriture, c'était donc évidemment d'un travail corporel; c'est pourquoi il dit : « Nous n'avons mangé gratuitement le pain de personne, mais nous avons été dans la fatigue et dans la peine, travaillant jour et nuit, pour n'être à charge à aucun de vous. Ce n'est pas que nous n'en eussions le droit, mais nous avons voulu vous donner en nous un exemple à imiter. » (II *Thess.*, III, 8, 9.) « Nous souffrons tout, dit-il ailleurs (I *Cor.*, IX, 12), pour n'apporter aucun obstacle à la propagation de l'Evangile de Jésus-Christ. »

Chapitre IX. — 10. L'Apôtre revient encore, et de toutes les manières possibles, sur le droit qu'il avait et dont il n'a pas voulu user. « Ne savez-vous pas, dit-il, que les ministres du temple mangent de ce qui est offert dans le temple, et que ceux qui servent à l'autel ont part aux oblations de l'autel? De même aussi le Seigneur ordonne que ceux qui annoncent l'Evangile vivent de l'Evangile. Mais pour moi je n'ai usé d'aucun de ces droits. » (I *Cor.*, IX, 13, 14, 15.) Quoi de plus évident? quoi de plus manifeste? Je crains, en vérité, en voulant expliquer cela, de rendre obscure une chose si claire par elle-même. Ceux qui ne comprennent pas, ou qui feignent de ne pas comprendre ces paroles, comprendront bien moins, ou feindront de comprendre bien moins encore les miennes; à moins qu'ils ne comprennent plus facilement les nôtres, parce qu'il leur est permis de s'en moquer, ce qu'ils ne peuvent faire sans crime de celles de l'Apôtre. Lorsqu'ils ne peuvent pas interpréter selon leur idée et leur sentiment des paroles dont le sens est si clair et si évident, ils disent qu'elles sont obscures et ambiguës, car ils n'oseraient dire qu'elles sont fausses et mauvaises. L'homme de Dieu leur crie : « Le Seigneur a ordonné à ceux qui annoncent l'Evangile de vivre de l'Evangile, pour moi je n'ai pas voulu user de ce droit; » et l'homme de chair s'efforce d'altérer ce qui est vrai, d'embrouiller ce qui est manifeste. L'Apôtre, disent ces hommes de mauvaise foi, faisait un ouvrage spirituel dont il vivait. S'il en est ainsi, il vivait de l'Evangile, mais alors pourquoi dit-il : « Le Seigneur a ordonné à ceux qui annoncent l'Evangile de vivre de l'Evangile, pour moi je n'ai pas voulu user de ce droit. » Si l'on veut interpréter ce mot *vivre* dans le sens d'une vie spirituelle, l'Apôtre n'avait donc pas d'espérance en Dieu, puisqu'il ne vivait pas de l'Evangile, car il dit : « Pour moi, je n'ai pas voulu user de ce

---

opere spiritali carnalem victum habebat Apostolus, cum aperte ipse dicat, non se usum esse hac potestate. At si de opere spiritali carnalem victum non habebat, restat ut de opere corporali habuerit, et inde dicat : « Neque panem gratis ab aliquo manducavimus, sed in labore et fatigatione nocte et die operantes, ne quem vestrum gravaremus : non quia non habuerimus potestatem, sed ut nos formam daremus vobis, qua nos imitaremini. (II *Thes.*, III, 8, 9.) Omnia, inquit, toleramus, ne quod impedimentum demus Evangelio Christi. » (I *Cor.*, IX, 12.)

Caput IX. — 10. Et redit rursus, modisque omnibus etiam atque etiam commendat quid sibi liceat, et tamen non faciat. « Nescitis, inquit, quoniam qui in templo operantur, quæ de templo sunt edunt? qui altario deserviunt, altario (*a*) comparticiuntur? Sic et Dominus ordinavit iis qui Evangelium annuntiant, de Evangelio vivere : ego autem nullius horum usus sum. » (I *Cor.*, IX, 13, etc.) Quid hoc apertius? quid clarius? Vereor ne forte cum dissero volens id exponere, obscurum fiat quod per se lucet et (*b*) claret. Qui enim hæc verba non intelligunt, aut se non intelligere fingunt, mea multo minus intelligunt vel se intelligere profitentur : nisi forte propterea cito intelligant nostra, quia conceditur eis intellecta deridere, de Apostoli autem verbis non idem conceditur. Propterea ubi aliter ea secundum suam sententiam interpretari non possunt, etiam clara et manifesta, obscura et incerta esse respondent, quia prava et perversa non audent. Clamat homo Dei : « Dominus ordinavit iis qui Evangelium annuntiant, de Evangelio vivere, ego autem nullius horum usus sum; » et conatur caro et sanguis recta depravare, aperta claudere, serena obnubilare. Spiritale, inquit, opus faciebat, et inde vivebat : cur ergo dicit : « Dominus ordinavit iis qui Evangelium annuntiant, de Evangelio vivere, ego autem nullius horum usus sum? » Aut si et hoc ipsum quod hic dictum est « vivere, » secundum spiritalem vitam volunt interpretari, nullam spem habebat Apostolus ad Deum qui de Evangelio non vivebat, quia dixit : « Nullius horum usus sum. »

(*a*) Idem cod. Cisterc. *comparticipantur*. — (*b*) Er. et plures Mss. *et clamat*.

droit. » C'est pourquoi s'il avait une ferme espérance en la vie éternelle, il devait nécessairement vivre de l'Evangile. Or, quand il dit : « Pour moi, je n'ai pas voulu user de ce droit, » cela doit s'entendre indubitablement de ce qui concerne cette vie mortelle ; puisqu'il dit que le Seigneur a ordonné à ceux qui annoncent l'Evangile de vivre de l'Evangile, c'est-à-dire de tirer de la prédication de l'Evangile tout ce qui est nécessaire à l'entretien du corps ; c'est ce qu'il avait dit plus haut, en parlant de ses collègues dans l'apostolat. C'est dans le même sens que le Seigneur a déclaré que « tout ouvrier mérite sa nourriture et son salaire. » (*Matth.*, x, 10, et *Luc*, x, 7.) C'est donc cette nourriture et ce salaire dus pour les besoins de la vie à ceux qui prêchent l'Evangile, que l'Apôtre n'a pas voulu recevoir de ceux auxquels il annonçait l'Evangile, et c'est avec vérité qu'il a dit : « Pour moi, je n'ai pas usé de ce droit. »

CHAPITRE X. — 11. Pour qu'on ne crût pas qu'il n'avait rien reçu, parce qu'on ne lui avait rien donné, il ajoute : « Je n'écris pas ces choses pour qu'on agisse ainsi envers moi, car j'aimerais mieux mourir que quelqu'un me fît perdre cette gloire. » (I *Cor.*, IX, 15, 16, 17.) Et quelle est cette gloire, sinon celle qu'il voulait avoir auprès de Dieu, en compatissant en Jésus-Christ, à la misère des faibles ? C'est ce qu'il déclare ouvertement quand il dit : « Si je prêche l'Evangile, je n'ai pas sujet de m'en glorifier, parce que la nécessité m'en est imposée, » (*Ibid.*) c'est-à-dire celle de subvenir aux besoins de cette vie. « Malheur à moi, ajoute-t-il, si je ne prêche pas l'Evangile, » c'est-à-dire, je serai malheureux si je ne l'annonce pas, parce que je serai tourmenté par la faim, et que je n'aurai pas de quoi vivre, « En effet, poursuit-il, si je remplis volontairement ce devoir, j'en recevrai la récompense. » Il appelle remplir volontairement ce devoir, n'y être pas forcé par la nécessité de subvenir aux besoins de cette vie, et recevoir pour cela auprès de Dieu la récompense d'une gloire éternelle. « Mais si c'est à contrecœur, dit-il, que je m'acquitte seulement de l'emploi qui m'a été confié. » C'est-à-dire, si c'est la nécessité de soutenir cette vie mortelle, qui me force à prêcher la parole divine, « je m'acquitte seulement de l'emploi qui m'a été confié, » c'est-à-dire, si en m'acquittant de cet emploi, en prêchant Jésus-Christ, en annonçant la vérité de sa doctrine, soit par occasion, soit dans mon intérêt personnel, soit par le besoin de quelque profit terrestre, les autres profitent de la parole divine que je leur distribuerai, je n'en aurai auprès de Dieu ni gloire ni récompense éternelle. « Quel sera donc, dit-il, le prix de mes peines. » (I *Cor.*, IX, 18.) L'Apôtre dit cela en forme d'in-

Quapropter ut spes illi certa esset vitæ æternæ, de Evangelio utique spiritaliter vivebat Apostolus. Quod ergo ait : « Ego autem nullius horum usus sum, » de vita ista quæ in carne agitur sine dubitatione facit intelligi, quod dixit Dominum ordinasse iis qui Evangelium annuntiant de Evangelio vivere, id est, vitam istam cui opus est victu et tegumento de Evangelio transigere : sicut superius de suis coapostolis dixit : unde ipse Dominus ait : « Dignus est operarius cibo suo, et dignus est operarius mercede sua. » (*Matth.*, x, 10; *Luc.*, x, 7.) Hunc itaque cibum et hanc mercedem sustentandæ hujus vitæ debitam evangelistis, ab eis quibus evangelizabat non accepit Apostolus, verum dicens : « Ego autem nullius horum usus sum. »

CAPUT X. — 11. Et sequitur, et adjungit, ne forte quisquam arbitraretur ideo eum non accepisse, quia illi non dederant : « Non autem scripsi hæc ut ita fiant in me; bonum est mihi magis mori, quam gloriam meam quisquam inanem faciat. » (I *Cor.*, IX, 15.) Quam gloriam, nisi quam habere voluit apud Deum,
in Christo compatiens infirmis? sicut mox apertissime dicturus est. « Si enim evangelizavero, inquit, non est mihi gloria : necessitas enim mihi incumbit, » (*Ibid.*, 16) id est, sustentandæ vitæ hujus. « Væ enim erit mihi, inquit, si non evangelizavero : » id est, malo meo non evangelizabo, quia fame cruciabor, et unde vivam non habebo. Nam sequitur, et dicit : « Si enim volens hoc facio, mercedem habeo. » (*Ibid.*, 17.) Volentem se dicit facere, si nulla vitæ hujus fulciendæ necessitate compulsus facit ; et ob hoc habere mercedem, utique apud Deum gloriæ sempiternæ. « Si autem invitus, inquit, dispensatio mihi credita est : » id est, si necessitate transigendæ hujus vitæ invitus cogor evangelizare, « dispensatio mihi credita est, » ut scilicet ex dispensatione mea, (a) quia Christum, quia veritatem prædico, quamvis ex occasione, quamvis mea quærens, quamvis terreni emolumenti necessitate compulsus, alii proficiant, ego autem apud Deum mercedem gloriosam illam sempiternamque non habeam. « Quæ ergo, inquit, merces mihi erit ? » (*Ibid.*, 18.) Inter-

(a) Plures Mss. *qua Christum, qua veritatem*, etc.

terrogation. C'est pourquoi suspendons notre jugement, jusqu'à ce que nous connaissions sa réponse; et pour mieux comprendre ce qu'il dira, interrogeons-le nous-mêmes. Quelle sera votre récompense, saint Apôtre, puisque vous refusez la récompense temporelle due à ceux qui annoncent l'Evangile, non en vue d'obtenir le prix de leurs peines, mais le recevant, parce que Dieu l'a ordonné? Quelle sera donc votre récompense? Ecoutez ce qu'il va répondre. « Ma récompense, dit-il, est qu'en prêchant la parole divine, l'Evangile soit annoncé partout gratuitement. » C'est-à-dire, afin que l'Evangile ne coûte rien à ceux qui y croient, et qu'ils ne pensent pas qu'on leur vend, pour ainsi dire, la divine parole qu'on vient leur annoncer. Après cela, l'Apôtre revient souvent sur ce qu'il lui serait permis de faire, selon l'ordre du Seigneur, et dont il s'abstient cependant. « Pour ne pas me prévaloir, dit-il, du droit qui m'est donné par l'Evangile. »

CHAPITRE XI. — 12. Comme saint Paul n'agissait ainsi que par compassion pour la faiblesse humaine, écoutons ce qu'il dit ensuite : « Quoique je sois libre à l'égard de tous, je me suis fait le serviteur de tous, afin d'en gagner un plus grand nombre. J'ai été avec ceux qui sont sous la loi, comme si j'étais encore sous la loi, quoique je n'y fusse plus assujetti, pour gagner ceux qui étaient sous la loi ; avec ceux qui n'avaient pas de loi, comme si je n'en avais pas moi-même, quoique je ne fusse pas sans la loi de Dieu, ayant celle de Jésus-Christ, afin de gagner ceux qui étaient sans loi. » (I Cor., IX, 19 et suiv.) L'Apôtre n'agissait pas ainsi par ruse et par dissimulation, mais par un pur sentiment de charité, c'est-à-dire, qu'il ne feignait pas d'être juif, comme quelques-uns l'ont pensé (1), parce qu'à Jérusalem, il observait quelques pratiques de l'ancienne loi. C'était simplement par un effet de sa libre volonté et de son opinion, qu'il manifeste en disant : « Quelqu'un a-t-il été appelé à la foi étant circoncis, qu'il n'affecte pas de paraître incirconcis, » (I Cor., VII, 18) c'est-à-dire, qu'il ne vive pas comme n'ayant point reçu la circoncision. Comme il dit aussi dans un autre endroit : « Tout circoncis que vous êtes, vous devenez incirconcis. » (Rom., II, 25.) Ainsi, en observant l'opinion qu'il manifeste, lorsqu'il dit : « Quelqu'un a-t-il été appelé à la foi étant circoncis, qu'il n'affecte pas de paraître incirconcis; quelqu'un a-t-il été appelé à la foi sans être circoncis, qu'il ne se fasse pas circoncire, » il a fait sincèrement ce que les moins intelligents ont regardé comme une feinte. Saint Paul était juif, et avait été appelé à la foi étant cir-

(1) Saint Jérôme. Voyez la lettre 75e de saint Augustin.

rogans dixit : propterea suspendenda est pronuntiatio, donec respondeat. Quod ut facilius intelligatur, tanquam nos eum interrogemus. Quæ ergo tibi merces erit, Apostole, quando mercedem istam terrenam etiam evangelistis bonis debitam, non propter hoc evangelizantibus, sed tamen consequentem et oblatam ex Domini ordinatione sumentibus, tu non accipis? quæ ergo tibi merces erit? Vide quid respondeat : « Ut evangelizans, inquit, sine sumptu ponam Evangelium, » (Ibid.) id est, ut non sit credentibus sumptuosum Evangelium, ne putent ad hoc sibi evangelizari, ut il evangelistæ quasi vendere videantur. Et tamen redit etiam atque etiam, ut ostendat quid sibi jure dominico liceat, et ipse non faciat : « Ut non abutar, inquit, potestate mea in Evangelio. »

CAPUT XI. — 12. Jam vero quia infirmitati hominum compatiens id faciebat, audiamus sequentia : « Cum enim liber sim, inquit, ex omnibus, omnium me servum feci, ut plures lucrifacerem : iis qui sub lege sum quasi sub lege, cum non sim ipse sub lege, ut eos qui sub lege erant lucrifacerem ; iis qui sine lege sunt quasi sine lege, cum sine lege Dei non sim, sed sim in lege Christi, ut lucrifacerem eos qui sine lege sunt. » (Ibid., 19, etc.) Quod non simulandi versutia faciebat, sed compatiendi misericordia ; id est, non quasi ut se fingeret Judæum, sicut nonnulli putaverunt, quia legitima vetera Jerosolymis observavit. Fecit enim hoc secundum liberam et manifestam sententiam suam, in qua dicit : « Circumcisus quis vocatus est? non adducat (a) præputium : » (I Cor., VII, 18) id est, non sic vivat, quasi præputium adduxerit, et id quod nudaverat texerit : sicut alio loco dicit : « Circumcisio tua præputium facta est. » (Rom., II, 25.) Secundum hanc ergo sententiam suam, qua dicit : « Circumcisus quis vocatus est ? non adducat præputium : in præputio quis vocatus est? non circumcidatur : » fecit illa quæ non intelligentibus et parum attendentibus finxisse putatus est. Judæus enim erat et circumcisus vocatus est: noluit adducere præputium, id est, noluit ita vivere ac si circumcisus non esset. Hoc enim jam in potes-

(a) Hoc et proximo loco vox præputium a Mss. abest, uti et a Græco textu Apostoli.

concis, il n'a donc pas voulu vivre comme s'il était incirconcis. Cependant il en avait le pouvoir, car il n'était plus sous la loi, comme ceux qui l'observaient servilement; il était sous celle de Dieu et de Jésus-Christ. La loi de Dieu, en effet, et celle du Christ ne sont pas différentes, comme le disent les Manichéens, dans la perversité de leur hérésie. Si saint Paul avait usé de dissimulation, en faisant ce qu'il a dit, il aurait feint d'être païen, et aurait sacrifié aux idoles ; puisqu'il déclare qu'il s'est fait avec ceux qui étaient sans loi, comme s'il était lui-même sans loi, voulant sans doute désigner les Gentils, que nous appelons idolâtres. Il y a donc une différence entre être sous la loi, dans la loi, ou sans loi. Sous la loi, sont les Juifs, qui vivent selon la chair; dans la loi, sont les Juifs et les chrétiens qui vivent selon l'esprit. Les Juifs conservèrent les coutumes de leurs ancêtres, sans les imposer à ceux qui avaient embrassé la foi, et qui n'ont pas été circoncis. Les hommes sans loi sont ceux qui n'ont pas encore cru, et auxquels l'Apôtre déclare cependant qu'il a voulu s'assimiler, non par feinte, mais par un pur sentiment de charité, afin de secourir les Juifs et les païens charnels, comme il aurait voulu qu'on le secourût lui-même. Il a, pour ainsi dire, porté leur infirmité par compassion, et non par esprit de feinte, comme il le dit lui-même : « Je me suis fait faible avec les faibles, pour gagner les faibles. » (I *Corinth.*, IX, 21.) En parlant ainsi, l'Apôtre manifestait sa pensée tout entière. De même donc qu'en se faisant faible avec les faibles, il n'a pas agi par esprit de mensonge ; de même aussi dans ce qui précède, il a agi dans un esprit de vérité. Mais quelle est cette faiblesse qu'il dit avoir portée avec les faibles, sinon les sentiments de compassion et de charité qu'il avait pour eux ; et afin de ne pas paraître trafiquer de l'Évangile, et empêcher que ce soupçon ne nuisît aux progrès de la parole de Dieu, il n'a pas voulu recevoir ce qui lui était dû de droit divin. S'il l'avait voulu, ce n'eût pas été sans raison, parce que ce salaire lui était légitimement dû. En le refusant, il est resté dans la vérité, car il n'a pas dit que ce salaire ne lui était point dû, puisqu'au contraire il a déclaré qu'on lui en était redevable, mais qu'il n'avait pas voulu user de son droit. C'est ainsi qu'il s'est fait faible avec les faibles, par esprit de charité et de miséricorde, et dans la pensée qu'il voudrait qu'on agît de même envers lui, dans le cas où il serait assez faible, pour soupçonner ceux qui lui annonceraient l'Évangile, de vouloir trafiquer de la parole sacrée, en les voyant recevoir le salaire de leurs prédications.

CHAPITRE XII. — 13. Dans un endroit d'une

tate habebat. Et sub lege quidem non erat sicut illi qui eam serviliter operabantur ; sed tamen in lege Dei et Christi. Non enim alia lex erat illa et alia lex Dei, sicut perditi Manichæi solent dicere. Alioquin si cum illa fecit, finxisse putandus est ; finxit et paganum et sacrificavit idolis, quia dicit factum se fuisse iis qui sine lege sunt quasi sine lege. Quos utique non nisi gentiles, quos paganos dicimus, vult intelligi. Aliud est ergo esse sub lege, aliud in lege, aliud sine lege. Sub lege carnales Judæi : in lege spiritales et Judæi et Christiani ; unde illi servaverunt morem illum patrium, sed onera insolita credentibus gentibus non imposuerunt ; et ideo (*a*) et illi circumcisi sunt : sine lege autem gentes quæ nondum crediderunt, quibus tamen se Apostolus congruisse testatur per misericordem compassionem, non per versipellem simulationem, id est, ut eo modo subveniret carnali Judæo vel Pagano, quo modo sibi ipse, si hoc esset, subveniri voluisset : portans utique eorum infirmitatem in compassionis similitudine, non fallens in mendacii fictione ; sicut continuo sequitur, et dicit :

« Factus sum infirmis infirmus, ut infirmos lucrifacerem. » (I *Cor.*, IX, 22.) Hinc enim loquebatur, ut etiam omnia illa diceret. Sicut ergo quod factus est infirmis infirmus, non erat mendacium ; sic et cætera illa superius. Quam enim dicit infirmitatem suam erga infirmos fuisse, nisi compatiendi eis, in tantum ut, ne videretur venditor Evangelii, et verbi Dei cursum apud imperitos in malam suspicionem decideret impediret, nollet accipere quod jure dominico debebatur ? Quod si vellet, non utique mentiretur, quia vere debebatur : et quia noluit, non utique mentitus est. Neque enim dixit, non sibi deberi : sed deberi ostendit, et debito se usum non esse, nec omnino uti velle professus est, eo ipso factus infirmus, quo potestate sua uti noluit ; tam misericordi scilicet indutus affectu, ut cogitaret quemadmodum secum agi vellet, si et ipse ita infirmaretur, ut posset de illis per quos sibi Evangelium prædicaretur, si eos videret sumptus accipere, quasi mercimoniorum nundinas suspicari.

CAPUT XII. — 13. De hac infirmitate sua dicit alio

(*a*) Editi, *nec illi.* At Mss. habent, *et illi :* scilicet spiritales Judæi qui servarunt morem patrium.

de ses Épîtres aux Thessaloniciens, il parle ainsi de sa faiblesse : « Nous nous sommes faits doux et petits au milieu de vous, comme une nourrice pleine de tendresse pour ses enfants. » (I *Thess.*, II, 7.) C'est ce qu'il prouve dans les versets qui précèdent : « Nous n'avons jamais employé la flatterie, comme vous le savez, ni fait de notre ministère un commerce d'avarice, Dieu en est témoin. Nous n'avons pas cherché la gloire qui vient des hommes, soit de vous, soit des autres. Nous pouvions, comme apôtres de Jésus-Christ, vous charger de notre subsistance ; mais nous nous sommes faits au milieu de vous, comme une nourrice pleine de tendresse pour ses enfants. » (I *Thess.*, II, 5.) Ce qu'il dit aux Corinthiens, touchant le pouvoir que lui donnait son apostolat, comme aux autres apôtres, et dont il déclare n'avoir voulu faire aucun usage, il le répète aux Thessaloniciens, en leur disant (I *Thess.*, II, 6) : « Nous pouvions, comme apôtres du Christ, vous charger de notre subsistance, suivant les paroles du Seigneur lui-même, puisque (*Luc*, X, 7) tout ouvrier mérite son salaire. » C'est, en effet, d'après ces paroles de Jésus-Christ, que l'Apôtre a dit plus haut : « Mais nous n'avons jamais fait de notre ministère un commerce d'avarice. Dieu en est témoin. » (I *Thess.*, II, 5.) Le Seigneur avait donné aux bons et fidèles prédicateurs de l'Evangile, le droit de recevoir tout ce qui était nécessaire au soutien de leur vie, mais ceux-ci cherchant avant tout le royaume de Dieu, n'avaient point en vue ces avantages temporels ; cependant il s'en trouvait d'autres aussi, qui profitaient de cette occasion pour satisfaire leur convoitise, et c'est d'eux que l'Apôtre dit : « Ces gens-là ne servent pas Notre-Seigneur Jésus-Christ, mais sont esclaves de leurs sens. » (*Rom.*, XVI, 18.) Et pour leur ôter cette occasion de pécher, saint Paul se privait de ce qu'il lui était légitimement dû. Il le prouve clairement dans sa seconde Épître aux Corinthiens, lorsqu'il leur dit que les autres Églises suppléaient à ses besoins. Il en était venu, paraît-il, à un tel état d'indigence, que les Églises éloignées lui envoyaient ce qui était nécessaire à sa subsistance, tandis qu'il ne voulait rien accepter de ceux au milieu desquels il se trouvait. « Ai-je donc commis une faute, dit-il, en m'abaissant moi-même, afin que vous fussiez élevés, vous ayant annoncé gratuitement l'Évangile du Seigneur ? J'ai dépouillé les autres Églises, en recevant d'elles de quoi m'entretenir, afin de vous servir, et lorsque je demeurais parmi vous, et que j'étais dans la nécessité, je n'ai été à charge à personne, car les frères, qui étaient venus de Macédoine, ont suppléé à ce qui me manquait, et j'ai évité de vous être à charge en quoi que ce fût, comme je l'éviterai encore. J'atteste le Christ, dont la vérité est en moi, qu'on ne me ravira point cette

---

loco : « Facti sumus parvuli in medio vestrum, tanquam si nutrix foveat filios suos. » (I *Thess.*, II, 7.) Nam ejus circumstantia lectionis hoc indicat : « Neque enim, inquit, aliquando in sermone adulationis fuimus, sicut scitis ; neque in occasione cupiditatis, Deus testis est ; neque quærentes ab hominibus gloriam, neque a vobis, neque ab aliis ; cum possemus oneri vobis esse, ut Christi Apostoli : sed facti sumus parvuli in medio vestrum, tanquam si nutrix foveat filios suos. » (*Ibid.*, 5, etc.) Quod ergo ad Corinthios dicit, habere se potestatem apostolatus sui, sicut et cæteri apostoli, qua potestate usum se non esse testatur (I *Cor.*, IX, 5) ; hoc etiam in isto loco ad Thessalonicenses ait : « Cum possemus oneri vobis esse, ut Christi Apostoli : » (I *Thess.*, II, 7) secundum quod Dominus dicit : « Dignus est operarius mercede sua. » (*Luc.*, X, 7.) Nam hinc eum dicere, illud indicat quod supra posuit : « Neque in occasione cupiditatis, Deus testis est. » (I *Thess.*, II, 5.) Per hoc enim quod jure dominico debebatur bonis evangelistis, non propter hoc evangelizantibus, sed quærentibus regnum Dei, ut hæc omnia apponerentur eis, inveniebant alii occasionem, de quibus idem dicit : « Neque enim isti Deo serviunt, sed suo ventri. » (*Rom.*, XVI, 18.) Quibus hanc occasionem amputare volebat Apostolus, ut etiam quod sibi juste debebatur, omitteret. Aperte quippe hoc ipse ostendit in secunda ad Corinthios, ab aliis Ecclesiis suppletas dicens necessitates suas. Venerat enim, sicut apparet, ad tantam indigentiam, ut de longinquis Ecclesiis ei necessaria mitterentur, dum tamen ab eis apud quos erat nihil tale acciperet. « Numquid peccatum, inquit, feci me ipsum humilians ut vos exaltaremini, quoniam gratis Evangelium Dei evangelizavi vobis ? Alias Ecclesias expoliavi accipiens stipendium ad vestram ministrationem ; et cum apud vos fuissem et egerem, nemini gravis fui. Nam id quod deerat mihi adimpleverunt fratres qui venerunt a Macedonia, et in omnibus ingravate me in vobis custodivi, et custodiam. Est veritas Christi in me, quia gloria hæc non infringetur in me in regionibus Achaiæ. Quare ? quia non vos diligo ? Deus scit. Quod autem facio et fac-

gloire dans toute l'Achaïe. Pourquoi ? Est-ce parce que je ne vous aime pas ? Dieu le sait. Mais je fais cela, et je le ferai encore, afin d'ôter toute occasion de se glorifier à ceux qui la cherchent en voulant paraître semblables à nous, afin de trouver en cela un sujet de gloire. » (II *Cor.*, xi, 7, etc.) Par ces prétextes qu'il dit vouloir ôter, il fait entendre ce qu'il a dit plus haut : « Je n'ai jamais fait de notre ministère un commerce d'avarice, Dieu en est témoin. » (I *Thess.*, ii, 5.) Et lorsqu'il dit ici aux Corinthiens : « Ai-je donc commis une faute en m'abaissant, afin que vous soyez élevés ? » (II *Cor.*, xi, 7) il leur rappelle ce qu'il leur disait dans sa première Epître : « J'ai été faible avec les faibles, » (I *Cor.*, x, 22) et ce qu'il écrivait aux Thessaloniciens : « Je me suis fait petit au milieu de vous, comme une nourrice pleine de tendresse pour ses enfants. » (I *Thess.*, ii, 7, etc.) Ecoutez maintenant ce qu'il ajoute : « Dans l'affection que nous ressentions pour vous, nous souhaitons avec ardeur, non-seulement de vous communiquer l'Evangile de Dieu, mais encore notre propre vie, tant était grand l'amour que nous vous portions. Rappelez-vous, en effet, mes frères, nos peines, nos fatigues, travaillant jour et nuit, afin de n'être à charge à aucun de vous. » C'est ce qu'il avait dit précédemment : « Pouvant vous être à charge comme apôtres de Jésus-Christ. » (*Ibid.*) Voilà ce qu'a fait saint Paul, et c'est dans la profonde émotion qu'il ressentait au fond de ses entrailles paternelles et maternelles, c'est dans la crainte que les faibles ne prissent en haine, comme une chose vénale, le saint Evangile de Jésus-Christ, qu'il a agi de la sorte. Il prouve encore, dans les Actes des Apôtres, quel a été son désintéressement, quelle a été l'étendue de sa charité, lorsqu'ayant fait venir de Milet à Ephèse les pasteurs de cette Eglise, il leur dit : « Je n'ai désiré ni l'argent, ni l'or, ni les vêtements de personne, et vous savez vous-mêmes que ces mains ont fourni à moi, et à ceux qui étaient avec moi, tout ce qui était nécessaire. Je vous ai montré en toutes choses que c'est ainsi, qu'en travaillant, il faut aider les faibles, et se souvenir des paroles de Notre-Seigneur Jésus-Christ, qui a dit lui-même : qu'il y a plus de bonheur à donner qu'à recevoir. » (*Actes des Ap.*, xx, 33, 34, 35.)

Chapitre XIII. — 14. Peut-être, demandera-t-on, si l'Apôtre travaillait de ses mains, pour subvenir aux besoins de cette vie, quel était ce travail, et quel temps il y consacrait, ainsi qu'à la prédication de l'Evangile ? Je réponds à cela : Je l'ignore, mais il est certain qu'il a travaillé de ses mains pour subvenir aux besoins de sa vie, sans vouloir user du pouvoir que le Seigneur avait donné à ses apôtres, c'est-à-dire, que ceux qui annonçaient l'Evangile, devaient vivre de l'Evangile. Tout ce qui a été dit précédemment ne laisse aucun doute à cet égard, et

turus sum, ut amputem occasionem eorum qui volunt occasionem, ut in quo glorientur, inveniantur sicut et nos. » (II *Cor.*, xi, 7, etc.) De hac igitur occasione, quam hic se dicit amputare, voluit intelligi quod ibi ait : « Neque in occasione cupiditatis, Deus testis est. » (I *Thess.*, ii, 5.) Et quod hic dicit : « Me ipsum humiliando, ut vos exaltaremini : » (II *Cor.*, xi, 7) hoc in prima ad eosdem Corinthios : « Factus sum infirmis infirmus : » (I *Cor.*, ix, 22) hoc ad Thessalonicenses : « Factus sum parvulus in medio vestrum, tanquam si nutrix foveat filios suos. » (I *Thess.*, ii, 7, etc.) Proinde attende sequentia : « Ita, inquit, desiderantes vos, placet impertire vobis, non solum Evangelium Dei, verum etiam animas nostras; quoniam carissimi nobis facti estis. Recordamini enim fratres laborem nostrum et ærumnam, nocte et die operantes, ne quem vestrum gravaremus. » Hoc enim superius ait : « Cum possemus oneri vobis esse, ut Christi Apostoli. » Infirmorum igitur periculis, ne falsis suspicionibus agitati odissent quasi venale Evangelium, tanquam paternis maternisque visceribus tremefactus hoc fecit. Sic etiam in Actibus Apostolorum idem loquitur, cum a Mileto mittens Ephesum vocasset inde presbyteros Ecclesiæ, quibus inter multa : « Argentum, inquit, et aurum vel vestem nullius concupivi, ipsi scitis, quoniam necessitatibus meis et eorum qui mecum fuerunt, hæ manus servierint. Omnia ostendi vobis, quoniam sic laborantes oportet juvare infirmos, memores etiam verborum Domini Jesu, quia ipse dixit : « Beatius est magis dare quam accipere. » (*Act.*, xx, 33, etc.)

Caput XIII. — 14. Hic fortasse aliquis dicat : Si corporale opus operabatur Apostolus, unde vitam istam sustentaret ; quod erat ipsum opus, et quando ei vacabat et operari et Evangelium prædicare ? Cui respondeo : Puta me nescire ; corporaliter tamen operatum esse, et inde in carne vixisse, non autem usum potestate quam Dominus Apostolis dederat, ut Evangelium annuntians de Evangelio viveret, ea quæ supra dicta sunt sine ulla dubitatione testantur.

le saint Apôtre ne l'a pas dit dans un seul passage, ni brièvement, de manière à ce que l'esprit le plus subtil pût interpréter ses paroles dans un autre sens. Mais puisque la chose est prouvée avec tant d'autorité et par des témoignages si nombreux, je m'étonne que les contradicteurs viennent encore me demander quel était le genre de travail de l'Apôtre, et quel temps il y donnait. Tout ce que je sais, c'est qu'il ne vivait pas de larcin, qu'il n'était ni brigand, ni voleur, ni conducteur de char, ni chasseur, ni histrion, ni usurier. Son travail était aussi innocent qu'honnête, concernant les objets d'un usage journalier, comme ceux qui sortent des mains des forgerons, des cordonniers, ou comme les travaux qui regardent le labourage, l'architecture et autres semblables. L'honneur et la probité ne méprisent pas, ce que rejette l'orgueil de ceux qui trouvent du plaisir à s'entendre appelés honnêtes gens, sans trop se soucier de l'être. L'Apôtre n'aurait donc pas dédaigné d'entreprendre quelque ouvrage concernant l'agriculture, ou de s'occuper d'un travail quelconque d'artisan. Car celui qui a dit : « Ne donnez pas occasion de scandale, ni aux Juifs, ni aux Gentils, ni à l'Eglise de Dieu, » (I Cor., x, 32) devait sans doute respecter chacun dans sa condition. Or, parmi les Juifs, des patriarches ont fait paître des troupeaux. Parmi les Gentils, que nous appelons païens, il y a eu des philosophes, qui ont été de bons et honorables tailleurs ou cordonniers. Dans l'Eglise du Seigneur, l'homme juste, choisi par Dieu pour témoigner de l'immaculée virginité de son épouse, et qui avait été fiancé à la vierge Marie, mère de Jésus-Christ, cet homme juste, dis-je, a été charpentier. (Matth., xiii, 55.) Tout travail est donc bon, quand on l'exerce avec innocence et probité. C'est un avertissement que donne l'Apôtre lui-même. Car dans la crainte que quelqu'un, pressé par les besoins de la vie, ne tombe dans l'œuvre du mal, il écrit aux Ephésiens : Que celui qui dérobait, ne dérobe plus, mais qu'il travaille plutôt de ses mains, à quelque ouvrage bon et utile, pour avoir de quoi donner à ceux qui sont dans le besoin. » (Ephés., iv, 28.) Il suffit donc de savoir que dans son travail corporel, l'Apôtre faisait ce qui est bien.

15. Mais quel temps donnait-il à ce travail, pour ne pas être entravé dans ses prédications évangéliques ? Qui peut le dire ? Ce qui est sûr, c'est qu'il travaillait pendant les heures du jour et de la nuit, comme il l'a déclaré lui-même.

Chapitre XIV. — Cependant ces hommes qui, comme s'ils étaient accablés d'affaires et d'occupations, s'enquièrent avec tant de soin du temps que saint Paul donnait au travail, que font-ils eux-mêmes, je vous le demande ? Ont-ils rempli la terre, depuis Jérusalem jusqu'à l'Illyrie, de la parole évangélique ? Ont-ils entrepris de faire pé-

---

Neque enim aut uno loco aut breviter dictum est, ut possit cujusvis astutissimi tergiversatione in aliam traduci pervertique sententiam. Cum igitur tantæ auctoritatis tam magnis et crebris molibus contradicentium conteratur adversitas, quid a me quærunt, vel quale opus faciebat vel quando faciebat ? Unum scio, quia nec furta faciebat, nec effractor aut latro erat, nec auriga aut venator aut histrio, nec turpilucrus : sed innocenter et honeste quæ apta sunt humanis usibus operabatur; sicut sese habent opera fabrorum, structorum, sutorum, rusticorum et his similia. Neque enim honestas ipsa reprehendit, quod reprehendit superbia eorum qui honesti vocari amant, sed esse non amant. Non igitur dedignaretur Apostolus sive rusticanum opus aliquod aggredi, sive in opificum labore versari. Qui enim ait : « Sine offensione estote Judæis et Græcis et Ecclesiæ Dei, » (I Cor., x, 32) quos in hac causa revereri posset ignoro. Si Judæos dixerint ; Patriarchæ pecora paverunt : si Græcos, quos etiam Paganos dicimus; etiam philosophos multum sibi honorabiles sutores habuerunt : si Ecclesiam Dei ; homo ille justus et ad testimonium conjugalis semper mansuræ virginitatis electus, cui desponsata erat virgo Maria, quæ peperit Christum, faber fuit. (Matth., xiii, 55.) Quidquid ergo horum cum innocentia et sine fraude homines operantur, bonum est. Nam præcavet hoc et ipse Apostolus, ne quisquam ex necessitate sustentandæ vitæ in mala opera dilabatur. « Qui furabatur, inquit, jam non furetur : magis autem laboret manibus suis bonum, ut habeat unde tribuere cui opus est. » (Ephes., iv, 28.) Hoc ergo scire sufficit, quia et in ipso opere corporali id quod bonum est operabatur Apostolus.

15. Quando autem soleret operari, id est, quibus temporum spatiis, ne ab evangelizando impediretur, quis possit comprehendere ? Sane quia et diurnis et nocturnis horis operabatur, ipse non tacuit. (I Thess., ii, 9 ; II Thess., iii, 8.)

Caput XIV. — Verumtamen isti, qui tanquam multum negotiosi et occupati de tempore operationis inquirunt, quid agunt ? Numquid ipsi ab Jerusa-

nétrer la paix de l'Eglise dans le sein de quelque nation barbare? Tout ce que nous savons, c'est qu'ils se sont réunis en sainte société pour y vivre dans l'oisiveté. Qu'elle est donc admirable la conduite de l'Apôtre, qui malgré toute la sollicitude qu'il avait pour les Eglises déjà établies ou à établir, et qui demandaient tous ses soins et son zèle, trouvait encore le temps de travailler de ses mains! Et cependant lorsqu'il était à Corinthe, ne voulant être à charge à aucun de ceux qu'il servait, il était dans une telle indigence, que des frères vinrent exprès de Macédoine, pour suppléer à ce qui lui manquait.

CHAPITRE XV. — 16. L'Apôtre, cependant, a prévu le cas où les saints serviteurs de Dieu qui, obéissant à ses ordres, travaillent en silence pour gagner leur pain, pouvaient néanmoins, pour plusieurs causes, avoir besoin de secours et de soulagement. C'est pourquoi, après avoir dit à ceux qui n'aiment pas le travail : « Nous leur recommandons, et nous les exhortons de la part de Notre-Seigneur Jésus-Christ, de gagner leur pain en travaillant en paix, » (II *Thes.*, III, 12) craignant que ceux qui avaient de quoi subvenir aux besoins des serviteurs de Dieu, profitassent de ces paroles pour se refroidir dans leur charité, ajoute aussitôt : « Mais pour vous, mes frères, ne vous ralentissez pas dans l'accomplissement de vos bonnes œuvres. » (II *Thess.*, III, 13.) Dans un endroit de ses Epitres à Tite, il lui dit : « Ayez soin que rien ne manque à Zénas le jurisconsulte et à Apollon. » (*Tite*, III, 13, 14.) Et pour montrer d'où devait provenir ce secours, il ajoute aussitôt : « Que nos frères apprennent aussi à être les premiers à pratiquer les bonnes œuvres lorsque la nécessité le demande, afin qu'ils ne demeurent point stériles. » Il savait que Timothée, qu'il appelle son cher fils, était d'une mauvaise santé. Il l'indique lui-même, en lui donnant le conseil de ne point travailler avec excès, et de faire un usage modéré du vin, à cause de la faiblesse de son estomac et de ses fréquentes maladies. (I *Tim.*, V, 23.) Voyant donc qu'il ne pouvait pas vaquer à un travail corporel, et craignant que, par suite de son refus de vivre aux dépens de ceux auxquels il prêchait l'Evangile, il n'entreprit quelqu'affaire qui aurait occupé son esprit tout entier. (Autre chose, en effet, est de travailler des mains, en conservant toute sa liberté d'esprit, comme les simples artisans, quand ils ne sont ni trompeurs, ni avares, ni trop avides de faire fortune; autre chose est d'occuper son esprit du soin d'amasser de l'argent, sans travailler des mains, comme les négociants, les intendants, les banquiers, dont l'esprit seul travaille et non les mains, et qui n'ont d'autres soins et d'autre sollicitude que d'augmenter leur avoir.) L'A-

---

lem per circuitum usque ad Illyricum terras Evangelio repleverunt? (*Rom.*, XV, 19) aut quidquid gentium barbararum remansit adhuc obeundum et implendum de pace Ecclesiæ susceperunt? Novimus eos in quamdam sanctam societatem otiosissime congregatos. Mirandam rem fecit Apostolus, qui re vera in tanta sollicitudine omnium Ecclesiarum, et propagatarum et propagandarum, ad ejus curam laboremque pertinentium, etiam manibus operabatur : propterea tamen, cum apud Corinthios esset et egeret, nemini quidem eorum apud quos erat, gravis fuit (II *Cor.*, XI, 9); sed plane quod illi deerat, suppleverunt fratres qui venerunt ex Macedonia.

CAPUT XV. — 16. Nam et ipse propter ejusmodi necessitates sanctorum, qui quamvis præceptis ejus obtemperent, cum silentio operantes suum panem manducent, possunt tamen multis ex causis indigere supplemento aliquo talium sustentationum, cum dixisset talia docens et præmonens : « His autem qui ejusmodi sunt, præcipimus et obsecramus in Domino Jesu Christo, ut cum silentio operantes suum panem manducent ; » (II *Thess.*, III, 12) ne illi qui habebant unde necessaria servis Dei præberent, hac occasione pigrescerent, providens continuo subjecit : « Vos autem fratres nolite infirmari benefacientes. » (*Ibid.*, 13.) Et ad Titum cum scriberet, dicens : « Zenam legisperitum et Apollo sollicite præmitte, ut nihil illis desit ; » (*Tit.*, III, 13) ut ostenderet unde illis nihil deesse deberet, continuo subjunxit : « Discant autem et nostri bonis operibus præesse ad necessarios usus, ne sint infructuosi. » (*Ibid.*, 14.) Timotheum etiam, quem dicit germanissimum filium, quoniam sciebat corpore infirmum, sicut ostendit, monens cum ne aquam biberet, sed modico vino uteretur, propter stomachum et frequentes suas infirmitates (I *Tim.*, V, 23), quia in opere corporali laborare non poterat, ne forte cum indigere nollet victu quotidiano ab eis quibus Evangelium ministrabat, aliqua sibi negotia quæreret, quibus animi ejus implicaretur intentio : (Aliud est enim corpore laborare animo libero, sicut opifex, si non sit fraudulentus et avarus, et privatæ rei avidus : aliud autem ipsum animum occupare curis colligendæ sive corporis labore pecuniæ, sicut sunt vel negotiatores, vel procuratores, vel conductores. Cura enim præsunt, non manibus operantur, ideoque ipsum ani-

pôtre craignant donc que Timothée ne s'occupât d'œuvres semblables, puisque la faiblesse de son corps lui interdisait tout travail manuel, lui donne à ce sujet des conseils et des consolations. « Travaillez, lui dit-il, comme un bon soldat de Jésus-Christ. Quiconque est au service de Dieu, évite l'embarras des affaires du siècle, pour plaire à celui à qui il s'est donné. Celui qui combat dans les jeux publics, n'est couronné qu'après avoir combattu vaillamment.» (II *Tim.*, II, 3, etc.) Et de peur que Timothée, dans sa douleur, ne lui dît : « Je ne peux cultiver la terre, et j'ai honte de mendier, » (*Luc*, XVI, 3) saint Paul ajoute : « Il faut que le laboureur travaille avant de recueillir le fruit de ses peines, » (II *Tim.*, II, 6) selon ce qu'il avait dit aux Corinthiens : « Qui est-ce qui va à la guerre à ses propres dépens ? Qui est-ce qui plante une vigne, et qui n'en mange pas du fruit ? Qui est-ce qui fait paître un troupeau, et qui ne se nourrit pas du lait de ce troupeau ? » (I *Cor.*, IX, 7.) Il rendit ainsi la sécurité à ce chaste prédicateur de l'Evangile, qui n'annonçait pas la parole de Dieu pour en faire un vil trafic, mais qui cependant ne pouvait pas travailler de ses mains pour subvenir aux besoins de cette vie; il lui fait comprendre, qu'en recevant ce qui lui était nécessaire de ceux pour lesquels il combattait, ou dont il cultivait la vigne, ou bien dont il faisait paître le troupeau, il ne faisait pas acte de mendicité, mais qu'il usait d'un droit légitimement acquis.

CHAPITRE XVI. — 17. En considération des occupations que peuvent avoir les serviteurs de Dieu, et des infirmités corporelles dont ils ne sont pas toujours exempts, l'Apôtre non-seulement permet aux fidèles de soulager par leurs biens l'indigence de ces saints prédicateurs de la foi, mais encore il les y exhorte pour leur salut. En effet, à l'exception de ce pouvoir dont il déclare n'avoir pas voulu faire usage, et qu'il recommande cependant aux fidèles de reconnaître, en leur disant : « Que celui que l'on instruit dans les choses de la foi fasse part de tous ses biens à celui qui l'instruit. » (*Galates*, VI, 6.) A l'exception, dis-je, de ce pouvoir donné aux prédicateurs de la foi, comme il l'atteste souvent, d'être soulagés par ceux auxquels ils annoncent l'Evangile, il recommande aussi aux Eglises des Gentils de venir au secours de ces saintes personnes qui, après avoir vendu tous leurs biens pour les distribuer aux pauvres (*Act.*, II, 6), vivaient à Jérusalem dans une sainte communauté, n'ayant rien en propre, mais tout en commun, comme elles n'avaient qu'un seul cœur et qu'une seule âme en Dieu. C'est pour cela qu'il écrit aux Romains : « Présentement je vais à Jérusalem porter aux saints quelques aumônes. Les Eglises de Macédoine et d'Achaïe ont résolu avec beaucoup d'affection de donner quelque

---

mum suum occupant habendi sollicitudine.) Timotheum ergo, ne in talia incideret, quia per infirmitatem corporis manibus operari non poterat, sic exhortatur, monet et consolatur : « Labora, inquit, sicut bonus miles Christi Jesu. Nemo militans Deo implicat se negotiis sæcularibus, ut placeat qui se probavit. Nam qui in agone contendit, non coronatur nisi legitime certaverit. » (II *Tim.*, II, 3, etc.) Hic ne ille pateretur angustias, dicens : « Fodere non possum, mendicare confundor : » (*Luc.*, XVI, 3) adjunxit : « Laborantem agricolam primum oportet de fructibus percipere : » (II *Tim.*, II, 6) secundum illud quod ad Corinthios dixerat (I *Cor.*, IX, 7) : « Quis militat suis stipendiis unquam ? Quis plantat vineam, et de fructu ejus non edit ? Quis pascit gregem, et de lacte gregis non percipit ? » Fecit ita securum castum evangelistam, non ad hoc evangelizantem ut venderet Evangelium, sed tamen huic vitæ necessaria suis sibi exhibere manibus non valentem ; ut intelligeret, quod necessarium sibi sumebat ab eis quibus tanquam provincialibus militabat, et quos tanquam vineam cultura exercebat vel tanquam gregem pascebat, non esse mendicitatem, sed potestatem.

CAPUT XVI. — 17. Propter has igitur vel occupationes servorum Dei, vel infirmitates corporales quæ omnino deesse non possunt, non solum permittit Apostolus sanctorum indigentias suppleri a bonis fidelibus, sed etiam saluberrime hortatur. Excepta enim illa potestate, qua se dicit ipse non usum, cui tamen serviendum esse a fidelibus præcipit, dicens : « Communicet qui catechizatur verbum, ei qui se catechizat in omnibus bonis : » (*Gal.*, VI, 6) excepta ergo hac potestate, quam verbi prædicatores habere in eos quibus prædicant, sæpe testatur, etiam sanctis qui omnia sua vendita distribuerant, et Jerosolymis habitabant in sancta communione vitæ, non dicentes aliquid proprium (*Act.*, II, 44 et IV, 32), quibus erant omnia communia, et anima et cor unum in Deum, ab Ecclesiis gentium necessaria conferri præcipit et hortatur. Inde est et illud ad Romanos : « Nunc igitur pergam Jerusalem ministrare

part de leurs biens à ceux d'entre les saints de Jérusalem qui sont pauvres. Elles s'y sont portées d'elles-mêmes, aussi leur sont-ils redevables. Car si les Gentils ont eu part aux biens spirituels des Juifs, ils doivent aussi leur faire part de leurs biens temporels. » (*Rom.*, xv, 25, 26, 27.) C'est dans ce sens qu'il dit aux Corinthiens : « Si nous avons semé parmi vous les biens spirituels, n'est-il pas juste que nous recueillions aussi quelque chose de vos biens temporels ? » (I *Cor.*, ix, 11.) Et dans sa seconde Epître aux habitants de Corinthe, il leur écrit : « Il faut maintenant, mes frères, que je vous apprenne la grâce que Dieu a faite aux fidèles des Eglises de Macédoine. Ils ont été comblés de joie, à proportion des rudes épreuves qu'ils ont souffertes, et leur grande pauvreté a répandu avec abondance les richesses de leur charité ; car je leur rends ce témoignage, qu'ils se sont portés d'eux-mêmes à donner selon leur pouvoir, et même au delà de ce qu'ils pouvaient ; nous priant très-instamment de recevoir leurs aumônes, et de permettre qu'ils contribuassent pour leur part aux secours que l'on donne aux saints. Et ils n'ont pas seulement fait ce que nous avions espéré d'eux, mais ils se sont donnés premièrement au Seigneur, et ensuite à nous par la volonté de Dieu. C'est pourquoi nous avons prié Tite, que, comme il avait déjà commencé, il achevât aussi de vous porter à accomplir cette bonne œuvre, afin qu'étant comme vous êtes riches en toutes choses, en foi, en parole, en science, en toute sollicitude, et de plus en affection pour nous, vous le soyez aussi en cette sorte de grâce. Je ne vous dis pas cela par commandement, mais pour vous exciter par l'exemple de l'empressement des autres, à donner des preuves de votre charité. Car vous savez quelle a été la charité de Notre-Seigneur Jésus-Christ, qui étant riche, s'est fait pauvre pour vous, afin de vous rendre riches par sa pauvreté même. C'est donc seulement un conseil que je vous donne ici, et qui en effet vous est utile, à vous qui dès l'année écoulée avez été les premiers, non-seulement à faire cette bonne œuvre, mais aussi à la vouloir. Achevez donc maintenant ce que vous avez commencé, afin que comme votre cœur a été prompt à la vouloir, il le soit également à l'accomplir selon vos moyens. En effet, lorsqu'un homme a la ferme volonté de donner, Dieu la reçoit, ne demandant de lui que ce qu'il peut, et non ce qu'il ne peut pas. Je ne veux pas du reste que pour soulager les autres, vous vous mettiez vous-mêmes dans la gêne, mais je veux qu'il y ait en cela égalité. Que votre abondance supplée donc présentement à leur indigence, et qu'ainsi tout soit égal entre eux et vous, comme il est écrit : Celui qui a recueilli beaucoup de manne, n'en eut pas plus que les autres, et celui

---

sanctis. Placuit enim Macedoniæ et Achaiæ communionem aliquam facere in pauperes sanctorum, qui sunt Jerusalem. Placuit enim illis, et debitores eorum sunt. Si enim spiritalibus eorum communicaverunt gentes, debent et in carnalibus ministrare eis. » (*Rom.*, xv, 25.) Hoc simile est illi, quod ait ad Corinthios : « Si nos vobis spiritalia seminavimus, magnum est si carnalia vestra metamus ? (I *Cor.*, ix, 11.) Item ad Corinthios in secunda (II *Cor.*, viii, 1, etc.) : « Notam autem, inquit, vobis facimus, fratres, gratiam Dei quæ data est in Ecclesiis Macedoniæ, quia in multa probatione tribulationis, abundantia gaudii eorum et profunda paupertas eorum abundavit in divitiis simplicitatis eorum : quia secundum vires, testimonium perhibeo, et supra vires voluntarii fuerunt, cum multis precibus obsecrantes nos gratiam et communionem ministrationis quæ sit in sanctos : et non quomodo speravimus, sed se ipsos tradiderunt primum Domino, et nobis per voluntatem Dei, ad deprecandum Titum, ut quomodo cœpit, sic et consummet in vos etiam gratiam istam. Sed quomodo (*a*) semper abundatis in omnibus fide et verbo et scientia et omni studio, et ea quæ ex vobis est in nos caritate, ut et in hac gratia abundetis. Non secundum imperium dico, sed propter aliorum studium et vestræ caritatis (*b*) carissimum probans. Scitis enim gratiam Domini nostri Jesu Christi, quoniam propter vos pauper factus est, cum dives esset, ut illius paupertate vos ditaremini. Et consilium in hoc do : hoc enim vobis prodest, qui non solum facere, sed etiam velle cœpistis ab anno priore, nunc autem et facto perficite, ut quemadmodum promptus est animus voluntatis, ita sit et perficiendi ex eo quod quisque habet. Si enim promptus est animus, secundum id quod habet acceptabilis est, non secundum id quod non habet. Non enim ut aliis sit refectio, vobis autem angustia, sed pro æqualitate in hoc tempore, ut vestra abundantia sit ad illorum inopiam, ut et illorum abundantia fiat in vestram inopiam, ut fiat æqualitas, sicut scriptum est : Qui

---

(*a*) Vindocinensis Ms. *super abundatis*. — (*b*) Unus et alter codex, *ingenium carissimum*.

CHAPITRE XVI.

qui en recueillit peu n'en manqua pas. (*Exode*, XVI, 18.) Or, grâces soient rendues à Dieu de ce qu'il a mis dans le cœur de Tite le même zèle que j'ai pour vous. Car il a écouté ma prière, et plus rempli de zèle et de charité, il est parti volontairement vers vous. Nous avons envoyé avec lui un frère qui s'est rendu célèbre dans toutes les Eglises par ses prédications évangéliques. De plus il a été choisi par les suffrages des Eglises, pour nous accompagner dans notre voyage, et pour participer au soin que nous avons de procurer cette assistance à nos frères, pour la gloire du Seigneur, et pour seconder notre bonne volonté. Evitant en cela que qui que ce soit ait rien à nous reprocher sur cette aumône abondante dont nous sommes les dispensateurs; car nous tâchons de faire le bien non-seulement devant Dieu, mais aussi devant les hommes. » (II *Cor.*, VIII, 1 et suiv.) L'Apôtre fait voir par ces paroles avec quel soin il veut que le peuple des fidèles vienne au secours des saints serviteurs de Dieu. En leur donnant ce conseil, il leur fait sentir que ces secours sont plus utiles à ceux qui les donnent, qu'à ceux qui les reçoivent. En effet, pour ceux-ci, ce qui était utile, c'était le saint usage qu'ils devaient faire du zèle et de la libéralité de leurs frères envers eux ; c'est-à-dire de ne pas servir Dieu en vue de ces largesses qu'ils recevaient, et de ne les accepter que pour subvenir à leurs besoins, et non pour entretenir leur paresse. Pour mieux faire sentir tout le soin qu'il veut mettre dans la distribution de ces aumônes qui étaient présentement envoyées par Tite, le bienheureux Apôtre dit que cet homme de Dieu qui devait l'accompagner dans son voyage, avait été choisi à cet effet par les suffrages de toutes les Eglises, et il rend de lui ce témoignage, « qu'il s'était rendu célèbre dans toutes les Eglises par ses prédications évangéliques. » S'il dit que celui qui lui a été adjoint comme compagnon de voyage a été élu par tant de suffrages, c'était pour opposer, dans l'administration de ces aumônes, le témoignage d'un saint compagnon, à la faiblesse et à l'impiété des hommes qui pourraient penser que c'était pour lui qu'il recevait les libéralités des fidèles, et qu'il détournait à son profit ce qu'il était chargé d'apporter et de distribuer, pour soulager les saints serviteurs de Dieu dans leurs plus pressants besoins.

18. Et peu après il ajoute : « Il serait superflu de vous écrire plus longuement sur les secours que l'on doit aux saints, car je sais que vous mettez beaucoup d'empressement pour accomplir cette œuvre, et c'est de quoi je me glorifie auprès des Macédoniens, leur disant que dès l'année passée, l'Achaïe était prête à faire cette aumône, et que votre zèle en a excité plusieurs à vous imiter. Or, j'ai envoyé nos

multum, non abundavit; et qui modicum, non defuit illi. (*Exod.*, XVI, 18.) Gratias autem Deo, qui dedit idem studium pro vobis in corde Titi : quia consolationem quidem suscepit; studiosior autem cum esset, sponte exiit ad vos. Misimus autem cum eo fratrem, cujus laus in Evangelio est per omnes Ecclesias. Non solum autem, sed et ordinatus est ab Ecclesiis comes peregrinationis nostræ, cum hac gratia quæ ministratur a nobis ad Domini gloriam et promptum animum nostrum : devitantes hoc, ne quis nos reprehendat in hac plenitudine, quæ ministratur a nobis. Providemus enim bona, non solum coram Deo, sed etiam coram hominibus. » In his verbis apparet, quantum non solum curam sanctarum plebium esse voluerit, ministrare necessaria sanctis Dei servis, consilium in hoc dans, quia hoc magis ipsis qui hoc faciebant proderat, quam illis erga quos faciebant : (illis enim aliud proderat, id est, hoc erga se obsequio fratrum suorum sancte uti, nec propter hoc Deo servire, nec ista sumere nisi ad supplendam necessitatem, non ad pascendam pigritiam :) sed etiam suam curam beatus Apostolus tantam dicit in hac ministratione, quæ nunc per Titum transmittebatur, ut comitem peregrinationis suæ propter hoc commemoret ordinatum ab Ecclesiis, boni testimonii hominem Dei, « cujus laus, inquit, in Evangelio est per omnes Ecclesias. » Et ad hoc dicit illum ordinatum comitem sibi, ut devitaret hominum reprehensiones, ne sine testimonio sanctorum in hoc ministerio sociorum, tanquam sibi accipere, et (*a*) in sinus suos convertere ab infirmis et impiis putaretur, quæ accipiebat ad supplendas necessitates sanctorum per se afferenda vel distribuenda indigentibus.

18. Et paula post dicit (II *Cor.*, IX, 31, etc.) : « Nam de ministerio quod sit in sanctos, ex abundanti est mihi scribere vobis. Scio enim promptum esse animum vestrum, de quo glorior pro vobis apud Macedonas ; quoniam Achaia parata est ab anno priore, et quæ ex vobis est æmulatio irritavit plures. Misi-

(*a*) Casalensis Ms. *in suos usus.*

frères, afin que ce ne soit pas en vain que je me sois loué de vous, et qu'on vous trouve prêts, selon l'assurance que j'en ai donnée. De peur que si les Macédoniens, qui viendront avec moi ne vous trouvent pas prêts, ce que j'ai dit à votre louange ne tourne à ma confusion, pour ne pas dire à la vôtre. C'est pourquoi j'ai cru qu'il était nécessaire de prier nos frères d'aller vous trouver avant moi, afin qu'ils aient soin que l'aumône que vous avez promis de faire soit prête, mais de telle sorte que ce soit un don offert par la charité, et non pas arraché à l'avarice. Car celui qui sème peu, récolte peu, et celui qui sème abondamment, récolte avec abondance. Que chacun donne ce qu'il aura résolu en lui-même de donner, non avec tristesse, ni par contrainte, car Dieu aime celui qui donne avec joie. (*Eccli.*, xxxv, 11.) Et Dieu est tout-puissant pour vous combler de grâces, afin qu'ayant toujours suffisamment ce qui vous est nécessaire, vous puissiez répandre abondamment les œuvres de miséricorde et de charité, selon qu'il est écrit : Il a répandu ses aumônes, il a donné aux pauvres, et sa justice demeure éternellement. (*Ps.* cxi, 9.) Celui qui donne la semence à celui qui sème, vous donnera le pain nécessaire à votre nourriture, multipliera le grain que vous aurez semé, et fera croître de plus en plus les fruits de votre justice, afin qu'étant riches en tout,

vous répandiez avec une charité sincère toute sorte d'aumônes, qui nous feront rendre des actions de grâces à Dieu. Car ces offrandes que nous sommes chargés de recueillir, ne fournissent pas seulement aux besoins des saints ; mais encore elles contribuent beaucoup à la gloire du Seigneur, par le grand nombre d'actions de grâces qui lui sont rendues ; parce que les saints, recevant ces preuves de votre libéralité par notre ministère, glorifieront Dieu de la soumission que vous faites paraître pour l'Evangile du Christ, et de la charité sincère avec laquelle vous faites part de vos biens, soit à eux, soit à tous les autres. Et ils témoignent par leurs prières l'amour qu'ils ont pour vous à cause de l'excellente grâce que vous avez reçue de Dieu. Que Dieu soit loué de son ineffable don ! » (II *Cor.*, ix, 1 et suiv.) De quelle sainte joie l'Apôtre est inondé, lorsqu'il parle des secours mutuels que se prodiguent, dans leurs besoins, les soldats de Jésus-Christ, les riches aidant les pauvres de leurs biens temporels, et les pauvres aidant les riches de leurs biens spirituels. N'est-il pas rempli de toutes les saintes joies du ciel, lorsque ne pouvant plus les contenir dans son cœur, il s'écrie : Dieu soit loué de son ineffable don !

19. De même donc que l'Apôtre, ou plutôt le Saint-Esprit, qui remplissait et animait son cœur, n'a cessé d'exhorter les fidèles qui en

nus autem fratres, ne gloria nostra quam habemus in vobis, evacuetur in hac parte, ut sicut dixi, parati sitis : ne cum venerint mecum Macedones, et invenerint vos imparatos, confundamur nos, ut non dicam vos, in hac substantia. Necessarium ergo existimavi rogare fratres, ut præcederent ad vos, et præparent jam pridem repromissam hanc benedictionem vestram, ut sit parata, sic quasi benedictionem, non quasi avaritiam. Hoc autem (*a*) : « Qui parce seminat, parce et metet ; et qui seminat in benedictione, in benedictione et metet. Unusquisque secundum quod proposuit corde, non ex tristitia aut ex necessitate : hilarem enim datorem diligit Deus. (*Eccli.*, xxxv, 11.) Potens est autem Deus omnem gratiam abundantem facere in vobis, ut in omnibus semper omnem sufficientiam habentes, abundetis in omne opus bonum : sicut scriptum est : Dispersit, dedit pauperibus, justitia ejus manet in æternum. (*Psal.* iii, 9.) Qui autem subministrat semen seminanti, et panem in escam subministrabit ; et multiplicabit seminationem vestram, et augebit crescentes fruges justitiæ ves-

træ, ut in omnibus ditati (*b*) in omnem simplicitatem, quæ operatur per nos gratiarum actionem Deo : quoniam ministerium functionis hujus non solum supplet ea quæ desunt sanctis, sed et abundare facit per multorum gratiarum actionem Deo, per probationem ministrationis hujus glorificantes Deum in obsequio confessionis vestræ in (*c*) Evangelium Christi, et simplicitate communicationis in illos et in omnes, et in ipsorum precatione pro vobis, desiderantium vos propter excellentem gratiam Dei in vobis. Gratias Deo super inenarrabili dono ejus. » Quanta pinguedine sanctæ lætitiæ sit perfusus Apostolus, dum loquitur de alterno supplemento indigentiæ militum et provincialium Christi, hinc de rebus carnalibus in illos, inde autem de spiritalibus in istos ? ut exclamaret, et tanquam sanctorum gaudiorum sagina eructaret, dicens : « Gratias Deo super inenarrabili dono ejus. »

19. Sicut ergo non cessavit Apostolus, imo Spiritus Dei possidens et implens et agens cor ejus, exhortari fideles qui haberent (*d*) hujusmodi substantiam,

(*a*) Editi : *Hoc autem dico*. Abest *dico* a Mss. et a Græco textu Apostoli. — (*b*) Editi, *ditati abundetis*. Verbum *abundetis* non est in Mss. nec exprimitur in Græco. — (*c*) Editi, in *Evangelio* : dissentientibus Mss. — (*d*) Unus e Vaticanis Mss. *hujus mundi*.

CHAPITRE XVII.

avaient le pouvoir, de subvenir aux besoins des serviteurs de Dieu qui, pour occuper un rang plus élevé de sainteté dans l'Eglise, ont rompu tous les liens qui les attachaient aux intérêts de la terre, et ont voué leur esprit libre de toute autre pensée aux exercices de la divine milice; de même aussi ces serviteurs de Dieu doivent eux-mêmes obéir à ses commandements, en compatissant aux faibles, et dégagés de toute affection pour leurs intérêts personnels, travailler de leurs mains en commun, et obéir sans murmure aux ordres de leurs supérieurs; de telle sorte que les offrandes des fidèles suppléent à ce qui peut manquer aux besoins de ceux qui travaillent de leurs mains pour leur subsistance, lorsqu'ils ne peuvent se la procurer, soit à cause de leurs infirmités corporelles, soit à cause de leurs occupations ecclésiastiques, ou des enseignements qu'ils donnent aux peuples dans la doctrine du salut.

CHAPITRE XVII. — 20. Je voudrais bien savoir à quoi s'occupent les moines qui ne veulent pas travailler. A la prière, au chant des psaumes, à la lecture de la parole de Dieu, me répondront-ils. C'est certainement une vie sainte et remplie de la suavité de Jésus-Christ; mais si nous ne cessons pas quelquefois ces occupations, quelque pieuses qu'elles soient, il faut aussi renoncer à manger et à préparer les mets qui doivent servir à notre nourriture de chaque jour. Si les serviteurs de Dieu sont forcés de s'en occuper à certains moments de la journée, pour satisfaire aux besoins de leur corps, pourquoi ne consacreraient-ils pas aussi quelques parties de leur temps à l'observation des préceptes de l'Apôtre? Une seule prière de l'âme obéissante est plus vite exaucée, que dix mille faites par un esprit rebelle. On peut facilement, tout en travaillant de ses mains, chanter les cantiques divins, et comme les rameurs qui s'excitent à la manœuvre par un chant mesuré, charmer son travail par de pieux refrains. Ne voyons-nous pas des artisans qui, sans interrompre le travail de leurs mains, occupent leur esprit des vanités, et souvent même des turpitudes représentées et chantées sur les théâtres? Les serviteurs de Dieu ne pourraient-ils donc pas, tout en travaillant, méditer la loi du Seigneur, et chanter les louanges du Très-Haut? (*Ps.* I, 2; XII, 6.) Ils peuvent se réserver quelque temps pour les apprendre par cœur, et les repasser ensuite de mémoire. C'est pourquoi la charité des fidèles doit leur venir en aide pour suppléer à ce qui leur manque, afin qu'ils ne soient pas accablés par la pauvreté, ne pouvant à la fois donner tout leur temps à l'instruction de leur esprit et au travail de leurs mains. Ceux qui mettent en avant le temps qu'ils doivent employer à la lecture des livres saints, n'y trouvent-ils pas ce que prescrit l'Apôtre? Quelle est donc leur perversité de ne pas vouloir obéir à ce

---

ut nihil deesset necessitatibus servorum Dei, qui celsiorem sanctitatis gradum in Ecclesia tenere voluerunt, ut spei sæcula is vincula cuncta præciderent, et animum liberum divinæ militiæ dedicarent : sic debent et ipsi præceptis ejus obedire, ut compatiantur infirmis, et amore privatæ rei non illigati manibus suis in (*a*) commune laborare, præpositis suis sine murmure obtemperare ; ut hoc suppleatur ex oblationibus bonorum fidelium, quod laborantibus et aliquid unde victum transigant operantibus, propter infirmitates tamen corporales aliquorum, et propter ecclesiasticas occupationes vel eruditionem doctrinæ salutaris, deesse (*b*) putaverint.

CAPUT XVII. — 20. Quid enim agant qui operari corporaliter nolunt, cui rei vacent scire desidero. Orationibus, inquiunt, et psalmis, et lectioni, et verbo Dei. Sancta plane vita et Christi suavitate laudabilis : sed si ab his avocandi non sumus, nec manducandum est, nec ipsæ escæ quotidie præparandæ, ut possent apponi et assumi. Si autem ad ista vacare servos Dei certis intervallis temporum ipsius infirmitatis necessitas cogit, cur non et apostolicis præceptis observandis aliquas partes temporum deputamus? Citius enim exauditur una obedientis oratio, quam decem millia contemptoris. Cantica vero divina cantare, etiam manibus operantes facile possunt, et ipsum laborem tanquam divino (*c*) celeumate consolari. An ignoramus, omnes opifices quibus vanitatibus et plerumque etiam turpitudinibus theatricarum fabularum donent corda et linguas suas, cum manus ab opere non recedant? Quid ergo impedit servum Dei manibus operantem in lege Domini meditari et psallere nomini Domini Altissimi (*Psal.* I, 2 ; *Psal.* XII, 6) : ita sane ut ad ea discenda, quæ memoriter recolat, habeat seposita tempora. Ad hoc enim et illa bona opera fidelium, subsidio supplendorum necessariorum deesse non debent, ut horæ quibus ad erudiendum animum ita vacatur, ut illa opera cor-

---

(*a*) Sic Mss. At editi, *in communi labore*. — (*b*) Er, *potuerit*. Unus e Vatic. Mss. *potuerit*. — (*c*) Κέλευμα, cantus nautarum et remigum, quo se mutuo ad laborandum excitant.

que les livres enseignent, tout en voulant passer leur temps à les lire, et de se refuser à faire ce que ces livres enseignent, afin d'avoir plus de temps pour les lire. Mais qui ignore qu'on en profite d'autant mieux, qu'on met plus d'empressement à faire ce qu'ils ordonnent?

CHAPITRE XVIII. — 21. Si quelque moine a quelque enseignement à donner sur les choses de Dieu, et qu'il soit tellement occupé à cette œuvre, qu'il ne puisse pas travailler de ses mains, les autres religieux du monastère ne peuvent-ils pas aussi exposer les divines leçons des livres saints, aux frères d'une autre condition qui viennent pour les entendre, et leur expliquer quelques-unes de ces grandes questions qui concernent le salut? Je suppose que tous n'en soient pas capables, est-ce une raison pour que tous s'abstiennent de travailler? Et si tous le peuvent, ils doivent s'en acquitter à tour de rôle, non-seulement pour que les autres ne restent pas sans s'occuper des travaux nécessaires, mais encore parce qu'un seul suffit pour parler à plusieurs qui l'écoutent? Comment l'Apôtre lui-même aurait-il pu travailler de ses mains, s'il n'avait pas destiné certaines heures à la prédication de la parole de Dieu? Dieu n'a pas voulu nous laisser ignorer le genre de travail de son apôtre, ni le temps qu'il employait à distribuer aux fidèles la parole évangélique. L'Ecriture nous l'apprend. En effet, le jour de son départ de la Troade était arrivé (*Actes des Ap.*, XX, 7), il avait réuni les disciples, le premier jour de la semaine, pour rompre le pain avec eux, et il mit tant de chaleur pour discuter avec eux quelques questions importantes sur la foi, qu'il prolongea son discours jusqu'au milieu de la nuit, comme s'ils eussent oublié que ce jour-là n'était pas un jour de jeûne. Mais lorsqu'il s'arrêtait plusieurs jours dans quelque lieu, pour y discuter des points de la doctrine divine, on ne peut douter qu'il avait des heures arrêtées d'avance, pour vaquer à cette sainte œuvre. En effet, pendant son séjour à Athènes, comme il y avait trouvé des hommes très-avides d'apprendre : « Il s'entretenait dans la synagogue avec les Juifs, et tout le jour, sur la place publique, avec ceux qui s'y trouvaient. » (*Actes des Ap.*, XVII, 17, 18 et 20.) Il ne restait donc pas tout le jour dans la synagogue, bien que ce fût l'usage d'y discuter le jour du sabbat; mais il prêchait tout le jour sur la place publique, afin de travailler aussi au salut des Athéniens. L'Ecriture ajoute, au sujet de l'empressement des Athéniens à l'entendre : « Quelques philosophes épicuriens et stoïciens discutèrent avec lui; » et un peu plus loin : « Or, les Athéniens et les étrangers qui demeuraient à Athènes, ne s'occupaient

---

poralia geri non possint, non (a) opprimant egestate. Qui autem se dicunt vacare lectioni, nonne illic inveniunt quod præcipit Apostolus? Quæ est ista ergo perversitas, lectioni nolle obtemperare, dum vult ei vacare, et ut quod bonum est diutius legatur, ideo facere nolle quod legitur? Quis enim nesciat tanto citius quemque proficere cum bona legit, quanto citius facit quod legit?

CAPUT XVIII. — 21. Si autem alicui sermo crogandus est, et ita occupat ut manibus operari non vacet; numquid hoc omnes in monasterio possunt, venientibus ad se ex alio genere vitæ fratribus, vel divinas lectiones exponere, vel de aliquibus quæstionibus salubriter disputare? Quando ergo non omnes possunt, cur sub hoc obtentu omnes vacare volunt? Quanquam etsi omnes possent, vicissitudine facere deberent, non solum ne cæteri a necessariis operibus occuparentur, sed etiam quia sufficit ut audientibus pluribus unus loquatur? Deinde ipsi Apostolo quomodo vacaret operari manibus suis, nisi ad crogandum verbum Dei certa tempora constitueret? Neque enim et hoc Deus latere nos voluit. Nam et cujus artis opifex fuerit, et quibus temporibus vacaret dispensando Evangelio, sancta Scriptura non tacuit. Nam cum cum dies profectionis urgeret in Troade constitutum (*Act.*, XX, 7), etiam in una sabbati congregatis fratribus ad frangendum panem, tanta fuit intentio et tam necessaria disputatio, ut sermo produceretur usque ad medium noctis, tanquam excidisset eis quod eo die non esset jejunium : quando autem in (b) aliquo loco immoratus quotidie disputabat, quis dubitaverit horas eum habuisse ad hoc officium deputatas? Namque apud Athenas cum esset, quia studiosissimos rerum inquisitores invenerat, ita de illo scriptum est : « Disputabat igitur cum Judæis in synagoga, et gentibus (c) incolis in foro per omnem diem ad cos qui aderant. » (*Act.*, XVII, 17.) Non enim in synagoga per omnem diem, ubi mos erat sabbato sermocinari : sed « in foro, inquit, per omnem diem; » propter studia utique Atheniensium. Sic enim sequitur : « Quidam vero Epicureorum et Stoicorum philosophorum confere-

(a) Plures Mss. *opprimantur*. — (b) Nonnulli Mss. *in alio loco* : et plerique, *immoratus*. — (c) Editio Lov. *gentibus in vinculis et foro*. Erasm. *gentibus singulis in foro*. Nonnulli Mss. *gentibus in viculis*, *in foro*. Verius Floriacensis vetus codex, *gentibus incolis in foro*. Nam Græce legitur, τοῖς σεβομένοις.

CHAPITRE XIX.

qu'à dire ou à entendre quelque chose de nouveau. » (*Ibid.*, 21.) Nous pouvons croire que saint Paul n'a pas travaillé de ses mains pendant tous les jours qu'il passa dans cette ville, et c'est sans doute pour cela que des frères, comme il le dit dans sa seconde Epître aux Corinthiens (xi, 9), étaient venus de la Macédoine, pour lui apporter ce qui était nécessaire à ses besoins. Il pouvait toutefois travailler pendant les autres heures du jour et de la nuit, tant son esprit et son corps étaient vigoureux. Mais voyons ce que l'Ecriture nous dit de lui, après son départ d'Athènes : « Il prêchait dans les synagogues les jours du sabbat, » c'est-à-dire, à Corinthe (*Actes*, xviii, 4); mais à Troas, d'où il était pressé de partir, il prolongea son discours jusqu'au milieu de la nuit. C'était le jour qui suit le sabbat, que nous appelons le jour du Seigneur. Nous devons en conclure qu'il ne se trouvait pas avec des Juifs, mais avec des chrétiens, puisqu'il les avait réunis, comme il le dit lui-même, pour rompre le pain avec eux. En effet, la règle la meilleure à suivre est de faire toutes choses avec ordre et en temps convenable, ce qui évite à l'esprit humain bien des embarras et des troubles.

CHAPITRE XIX. — 22. L'Ecriture dit même à cette occasion de quel travail s'occupait l'Apôtre : « Après cela, saint Paul étant parti d'Athènes, vint à Corinthe. Il y trouve un juif, nommé Aquila, originaire du Pont, qui était venu récemment d'Italie avec Priscille, sa femme, parce que Claude avait ordonné à tous les Juifs de sortir de Rome, et comme il était du même métier, il demeura chez eux et y travaillait, car leur métier était de faire des tentes. » (*Actes*, xviii, 1, 2, 3.) Si nos moines cherchaient encore à donner à ses paroles un sens allégorique, ils montreraient par là, de quelle utilité est pour eux la lecture des saintes Ecritures, à laquelle ils se glorifient de donner tout leur temps. Qu'ils expliquent donc aussi à leur manière les paroles de l'Apôtre, que nous avons rapportées plus haut : « N'y a-t-il que moi et Barnabé, qui n'ayons pas le droit d'en agir ainsi? » (I *Cor.*, ix, 6,) Et dans un autre passage : « Nous n'avons point fait usage de ce pouvoir. » (*Ibid.*, ix, 12.) Comme lorsqu'il écrit aux Thessaloniciens : « Nous pouvions aussi vous charger du soin de notre subsistance, comme apôtres de Jésus-Christ. » (I *Thess.*, ii, 6.) Mais nous avons été dans la fatigue et dans la peine, travaillant jour et nuit, afin de n'être à charge à aucun de vous. » (II *Thess.*, iii, 8.) Que nos moines, dis-je, expliquent ces passages et beaucoup d'autres, selon leur opinion, ou s'ils sont obligés de se rendre à la lumière de la vérité, qu'ils les comprennent comme ils doivent l'être, et qu'ils y obéissent. Que s'ils ne veulent ou ne peuvent pas s'y sou-

bant cum illo. » (*Ibid.*, 18.) Et paulo post dicit : « Athenienses autem et advenæ hospites ad nihil aliud vacabant, quam dicere aliquid novi, aut audire. » (*Ibid.*, 21.) Putemus Apostolum illis omnibus diebus quibus fuit Athenis, non fuisse operatum : propter hoc enim et ex Macedonia supplebatur ejus indigentia, sicut dicit in secunda ad Corinthios (II *Cor.*, xi, 9) : quanquam et aliis horis et noctibus poterat, quia ita valebat et animo et corpore. Sed cum Athenis exisset, videamus quid dicit Scriptura : « Disputabat, inquit, in synagoga per omne sabbatum : » (*Act.*, xviii, 4) hoc apud Corinthum. In Troade vero, ubi necessitate imminentis profectionis usque ad medium noctis sermo protractus est (*Act.*, xx, 7), una sabbati erat, qui dies Dominicus dicitur : unde intelligimus eum non fuisse cum Judæis, sed cum Christianis, quando etiam dicit ipse narrator ad frangendum panem fuisse collectos. Et ipsa est optima gubernatio, ut omnia suis temporibus distributa ex ordine gerantur, ne animum humanum turbulentis implicationibus involuta perturbent.

CAPUT XIX. — 22. Ibi etiam dicitur quid operabatur Apostolus. « Post hæc, inquit (*Act.*, xviii, 1, etc.), egressus ab Athenis venit Corinthum, et cum invenisset quemdam Judæum nomine Aquilam, Ponticum genere, recens advenientem ab Italia, et Priscillam uxorem ipsius, propterea quod jussisset Claudius discedere omnes Judæos Roma, accessit ad illos, et propter artis similitudinem mansit apud illos opus faciens. Erant enim tabernaculorum artifices. » Hoc si conati fuerint allegorice interpretari, ostendunt quomodo proficiant in ecclesiasticis litteris, quibus se vacare gloriantur. Et certe illa quæ supra dicta sunt : « Numquid ego solus et Barnabas non habemus potestatem non operandi : » (I *Cor.*, ix, 6; *Ibid.*, 12) et : « Non sumus usi hac potestate : » (I *Thess.*, ii, 7) et : « Cum possemus vobis oneri esse ut Christi Apostoli : » (II *Thess.*, iii, 8) et : « Nocte et die operantes, ne quem vestrum gravaremus : » et : « Dominus ordinavit eis qui Evangelium annuntiant, de Evangelio vivere, ego autem nullius horum usus sum : » (I *Cor.*, ix, 14, 15) et cætera hujusmodi, aut exponant aliter, aut si præclarissima luce veritatis urgentur, intelligant et obediant : aut si obedire vel nolunt vel non possunt, saltem illos qui volunt meliores, qui autem et possunt feliciores esse

mettre, que du moins ils regardent comme meilleurs qu'eux, ceux qui le veulent, et comme plus heureux ceux qui le peuvent. Autre chose, en effet, est d'alléguer une véritable infirmité de corps, autre chose, d'en prétendre une fausse ; comme il y a une grande différence entre se tromper soi-même, ou tromper les autres, de manière à faire passer aux yeux des ignorants comme justice dans les serviteurs de Dieu, ce qui n'est au fond que pure paresse. Celui qui est véritablement infirme de corps doit être traité avec humanité ; mais celui qui feint de l'être, et qui ne peut en être convaincu, doit être laissé au jugement de Dieu. Dans aucun cas, la règle à suivre dans cette occasion n'est dangereuse, car le bon serviteur de Dieu sert son frère, dont l'infirmité est évidente. S'il est trompé par celui qui feint d'être malade, il ne l'imite pas en sa feinte, parce qu'il le croit bon. S'il ne se laisse pas prendre à cette feinte, il ne l'imite pas plus pour cela, parce qu'il le sait trompeur. Le danger vient de celui qui dit : La vraie justice chrétienne est de s'abstenir de tout travail corporel, et d'imiter les oiseaux du ciel, parce que celui qui travaille de ses mains, agit contrairement à l'Evangile. Les faibles d'esprit qui écoutent et suivent une telle doctrine sont à plaindre, non pas tant à cause de leur oisiveté, qu'à cause des dangers où les jette une pareille erreur.

CHAPITRE XX. — 23. Ici s'élève une autre question. On dira peut-être : Quoi donc, les autres apôtres, et les frères du Seigneur, et Céphas, ne péchaient-ils pas, en s'abstenant de tout travail manuel ? Ne nuisaient-ils point par là aux progrès de l'Evangile, puisque le bienheureux Paul a dit « qu'il n'avait pas voulu user de ce droit, afin de n'apporter aucun obstacle à la propagation de l'Evangile de Jésus-Christ ? » (1 *Cor.*, IX, 15.) S'ils ont péché en s'abstenant de tout travail manuel, ils n'avaient donc pas reçu la dispense de travailler, ni le pouvoir de vivre de l'Evangile ; si, au contraire, ils avaient reçu ce pouvoir, le Seigneur ayant ordonné que tous ceux qui annoncent l'Evangile vécussent de l'Evangile, « parce que tout ouvrier mérite sa nourriture et son salaire, » (*Matth.*, X, 10) quoique saint Paul, accomplissant un travail bien plus grand, n'ait pas voulu user de ce droit ; les autres apôtres n'ont cependant point péché. Or, s'ils n'ont pas péché, ils n'ont apporté aucun obstacle aux progrès de l'Evangile, car ce ne serait pas une faute légère que de nuire à la propagation de la parole de Dieu. S'il en est ainsi, disent nos moines, pourquoi ne serions-nous pas libres aussi d'user ou de ne pas user de ce pouvoir ?

24. Il me serait facile de répondre en quelques mots à cette question, en disant (et je serais dans le droit et dans la raison en le disant) qu'il

fateantur. Aliud est enim corporis infirmitatem, vel veram allegare, vel falsam prætendere : aliud autem sic decipi, et sic decipere, ut insuper ideo videatur in servis Dei major esse justitia, quia potuit inter imperitos regnare pigritia. Qui enim veram corporis ostendit infirmitatem, humane tractandus est : qui autem falsam prætendit et convinci non potest, Deo dimittendus est : neuter tamen eorum perniciosam regulam (a) figit : quia bonus servus Dei et manifeste infirmo fratri suo servit, et fallenti cum credit, quia malum eum non putat, non imitatur ut malus sit ; et si non ei credit, fallacem putat, ac nihilo minus non imitatur. Ab illo vero qui dicit : Hæc est vera justitia, ut nihil corporaliter operando imitemur volatilia cœli, quoniam qui tale aliquid fuerit operatus contra Evangelium facit : quisquis animo infirmus hoc audit et credit, non quia sic vacat, sed quia sic errat, lugendus est.

CAPUT XX. — 23. Hinc exoritur altera quæstio : fortasse enim dicat : Quid ergo, cæteri Apostoli et fratres Domini et Cephas, quia non operabantur, peccabant ? aut afferebant impedimentum Evangelio quia dicit beatus Paulus, ideo se non usum hac potestate, ne quod impedimentum daret Evangelio Christi ? Si enim peccaverunt, quia non operati sunt, non ergo acceperant potestatem non operandi, nec de Evangelio vivendi. Si autem acceperant hanc potestatem, ordinante Domino ut qui Evangelium annuntiarent (1 *Cor.*, IX, 15), ex Evangelio viverent, et dicente : « Dignus est operarius cibo suo ; » (*Matth.*, X, 10) qua potestate Paulus amplius aliquid erogans uti noluit : non utique peccaverunt. Si non peccaverunt, nullum impedimentum dederunt. Neque enim nullum peccatum est, impedire Evangelium. Quod si ita est, et nobis, inquiunt, liberum est, et uti et non uti hac potestate.

24. Hanc quæstionem breviter solverem, si dicerem, quia et juste dicerem, credendum esse Apostolo. Ipse enim sciebat cur in Ecclesiis gentium non oporteret portari venale Evangelium, non culpans

---

(a) Sic meliores Mss. At Lov. *figat*. Er. *fingat*. Nonnulli Mss. *fingit*.

faut s'en rapporter à l'Apôtre. Il savait pourquoi il était nécessaire que l'Evangile ne parût pas vénal aux Gentils. Il n'en fait pas un reproche à ses collègues dans l'apostolat, mais il avait voulu marquer d'un sceau particulier sa mission et son ministère. Il est d'ailleurs hors de doute, que par l'inspiration de l'Esprit saint, les apôtres s'étaient partagé entre eux les contrées où devait être prêché l'Evangile (*Actes*, xiii, 2); que celles habitées par les Gentils étaient échues à saint Paul et à Barnabé, et celles où régnait la loi ancienne aux autres apôtres. Mais tout ce qui a été dit précédemment prouve de la manière la plus évidente, que saint Paul avait ordonné le travail à ceux qui n'avaient pas le même pouvoir et le même droit que les apôtres.

CHAPITRE XXI. — Nos pauvres frères s'arrogent donc témérairement le pouvoir de ne pas travailler de leurs mains. S'ils ont charge de prêcher l'Evangile, ils ont ce droit, je l'avoue. S'ils sont ministres de l'autel, dispensateurs des sacrements, ils ne s'arrogent pas, mais ils revendiquent avec raison un droit qui leur appartient légitimement.

25. Si du moins ils avaient dans ce monde assez de biens pour vivre sans travailler, et si en se vouant au service de Dieu, ils les ont distribués aux indigents. On peut alors croire à la faiblesse de leurs forces corporelles et la supporter. En effet, de telles personnes élevées, je ne dis pas mieux, comme quelques-uns le pensent, mais plus délicatement, sont incapables de supporter la fatigue d'un travail qui exige la vigueur du corps. Peut-être s'en trouvait-il beaucoup de la sorte dans cette communauté de Jérusalem. On lit en effet dans l'Ecriture : « Qu'ils vendirent leurs biens et leurs possessions, et en déposèrent le prix aux pieds des apôtres, pour le distribuer à tous, selon le besoin que chacun en avait. » (*Actes*, ii, 45 et iv, 34.) C'est pourquoi ils furent trouvés fidèles et rendirent de grands services aux Gentils, qui abandonnaient le culte des idoles, selon ce qui est écrit : « La loi sortira de Sion, et la parole de Dieu de Jérusalem. » (*Isaïe*, ii, 3.) Aussi l'Apôtre dit-il que les Gentils sont redevables aux chrétiens, et il en donne la raison : « Si les Gentils, dit-il, ont eu part à leurs biens spirituels, ils doivent aussi les faire participer à leurs biens temporels. » (*Rom.*, xv, 27.)

CHAPITRE XXII. — Aujourd'hui, ceux qui se présentent pour embrasser le service de Dieu, sortent la plupart du temps d'une condition servile. Ce sont des esclaves que leurs maîtres ont affranchis, et auxquels ils ont promis la liberté pour qu'ils entrent dans des monastères. Leur vie s'est passée au travail des champs, ou à des métiers d'artisans, ou aux durs labeurs du peuple. Cela est d'autant plus heureux que leur éducation les a rendus plus vigoureux. Si on ne

coapostolos suos, sed distinguens ministerium suum : quia ita inter se distribuerant, procul dubio admonente Spiritu sancto, evangelizandi provincias (*Act.*, xiii, 2; *Gal.*, ii, 9), ut Paulus et Barnabas ad gentes irent, illi autem in circumcisionem. Hoc tamen cum præcepisse iis qui non habebant ejusmodi potestatem, ea quæ jam multa dicta sunt manifestant.

CAPUT XXI. — Isti autem fratres nostri temere sibi arrogant, quantum existimo, quod ejusmodi habeant potestatem. Si enim evangelistæ sunt, fateor, habent : si ministri altaris, dispensatores sacramentorum, bene sibi istam non arrogant, sed plane vindicant potestatem.

25. Si saltem habebant aliquid in hoc sæculo, quo facile sine opificio sustentarent istam vitam, quod conversi ad Deum indigentibus dispertiti sunt, et credenda est eorum infirmitas et ferenda. Solent enim tales, non melius, sicut multi putant, sed quod est verum, languidius educati, laborem operum corporalium sustinere non posse. Tales fortasse multi erant in Jerosolyma. Nam et scriptum est, quod prædia sua vendiderint, et pretia eorum ante pedes Apostolorum posuerint, ut distribueretur unicuique sicut opus erat. (*Act.*, ii, 45 et iv, 34.) (*a*) Quia prope inventi sunt, et utiles fuerunt gentibus, quæ ab idolorum cultu ex longinquo vocabantur, secundum illud quod dictum est : « Ex Sion prodiet lex, et verbum Domini ex Jerusalem : » (*Isa.*, ii, 3) debitores eorum dixit Apostolus ex gentibus Christianos : « Debitores eorum, inquit, sunt : » et addidit quare : « Si enim spiritalibus eorum, inquit, communicaverunt gentes, debent et in carnalibus ministrare eis. » (*Rom.*, xv, 27.)

CAPUT XXII. — Nunc autem veniunt plerumque ad hanc professionem servitutis Dei et ex conditione servili, vel etiam liberti, vel propter hoc a dominis liberati sive liberandi, et ex vita rusticana, et ex opificum exercitatione et plebeio labore, tanto utique felicius quanto fortius educati : qui si non admit-

---

(*a*) Ita Mss. At editi : *Quapropter inventi sunt fideles, et utiles fuerunt gentibus.*

les admettait pas, on aurait grand tort, car beaucoup d'entre eux ont été vraiment grands et dignes d'être imités. « Dieu, dit l'Apôtre, a choisi les moins sages selon le monde pour confondre les sages ; il a choisi les faibles selon le monde pour confondre les forts ; il a choisi les plus vils et les plus méprisables selon le monde, et ce qui n'était rien, pour détruire ce qu'il y a de plus grand, afin qu'aucune chair mortelle ne se glorifie devant lui. » (I *Cor.*, I, 27.) Cette pieuse et sainte pensée fait malheureusement qu'on en admet aussi, qui n'ont donné aucune preuve de changement de leur vie passé. Il est difficile de voir, s'ils se présentent dans les monastères avec l'intention sincère de se consacrer au service de Dieu ; ou si, fuyant une vie de pauvreté et de labeur, ils veulent être vêtus et nourris sans travailler, et de plus, être honorés par ceux qui, dans le monde, les méprisaient et les foulaient aux pieds. De tels moines ne sauraient excuser leur paresse sur la faiblesse de leur corps, car les habitudes de leur vie passée les convaincraient de mensonge. Aussi cherchent-ils à se cacher sous l'ombre d'une mauvaise discipline, afin, par une fausse interprétation des paroles de l'Evangile, de renverser les préceptes de l'Apôtre. Véritables oiseaux du ciel par l'orgueil qui les élève en haut, et vrai foin des champs par leurs sentiments matériels qui les abaissent vers la terre.

26. Il arrive à ces moines ce que l'Apôtre recommande aux jeunes veuves indisciplinées d'éviter avec soin. « Non-seulement, écrit-il à Timothée, elles vivent dans l'oisiveté, mais encore elles sont curieuses, causeuses, et parlent de choses qu'elles ne devraient pas dire. » (I *Tim.*, v, 13.) Ce qu'il disait de ces mauvaises veuves, nous avons la douleur de le reprocher à ces mauvais moines qui, oisifs et causeurs, profèrent contre celui même, dans les Epîtres de qui nous lisons ces salutaires avertissements, des choses qu'ils ne devraient pas dire. S'il y en a parmi eux qui se soient présentés à cette sainte milice, avec la ferme intention de plaire à celui pour lequel ils se sont enrôlés, et qui, pleins de force et de santé, veulent tout à la fois s'instruire et travailler selon les préceptes de l'Apôtre, corrompus bientôt par les discours pervers de leurs confrères oisifs, qu'ils sont trop jeunes encore et trop inexpérimentés pour juger, ils sont eux-mêmes atteints du même mal et de la même contagion. Alors non-seulement ils n'imitent pas l'obéissance des saints qui travaillent en paix, ni la soumission qui règne dans les autres monastères, observant dans une salutaire discipline la règle établie par l'Apôtre, mais encore ils se moquent de ceux qui valent mieux qu'eux, prétendant que les

---

tantur, grave delictum est. Multi enim ex eo numero vere magni et imitandi extiterunt. Nam propterea « et infirma mundi elegit Deus, ut confunderet fortia; et stulta mundi elegit, ut confunderet sapientes ; et ignobilia mundi, et ea quæ non sunt tanquam sint, ut ea quæ sunt evacuentur : ut non glorietur omnis caro coram Deo. » (I *Cor.*, 1, 27, etc.) Hæc itaque pia et sancta cogitatio facit, ut etiam tales admittantur, qui nullum afferant mutatæ in melius vitæ documentum. Neque enim apparet, utrum ex proposito servitutis Dei venerint, an vitam inopem et laboriosam fugientes vacui, pasci atque vestiri voluerint, et insuper honorari ab eis a quibus contemni conterique consueverant. Tales ergo quoniam se quo minus operentur, de infirmitate corporis excusare non possunt, præteritæ quippe vitæ consuetudine convincuntur, umbraculo malæ disciplinæ se contegunt, ut ex male intellecto Evangelio præcepta apostolica pervertere meditentur; vere volatilia cœli, sed per superbiam in altum se extollendo ; et fœnum agri, sed carnaliter sentiendo.

(a) Sic Mss. At editi, *imitantur* : minus bene.

26. Contingit enim eis quod in viduis junioribus indisciplinatis cavendum idem Apostolus dicit : « Simul autem et otiosæ esse discunt, non solum autem otiosæ, sed etiam curiosæ et verbosæ, loquentes quæ non oporteat. » (I *Tim.*, v, 13.) Hoc ille de malis feminis dicebat, quod nos etiam in malis viris dolemus et plangimus, qui adversus eum ipsum, in cujus epistolis ista legimus, otiosi et verbosi, quæ non oportet loquuntur. Et si qui sunt inter eos, qui eo proposito ad sanctam militiam venerint, ut placeant cui se probaverunt, cum ita vigeant viribus corporis et integritate valetudinis, ut non solum erudiri, sed etiam secundum Apostolum operari possint, exceptis istorum otiosis corruptisque sermonibus, quos judicare per imperitum tyrocinium non valeant, in eamdem labem pestifera contagione (*a*) mutantur : non solum non imitantes obedientiam sanctorum quiete operantium, et aliorum monasteriorum in saluberrima disciplina secundum apostolicam normam viventium, sed etiam insultantes melioribus, tanquam conservatricem Evan-

paresseux sont les vrais observateurs de l'Evangile, et que les miséricordieux en sont les prévaricateurs. Cependant celui qui soigne et prend à cœur la bonne renommée des serviteurs de Dieu, agit avec bien plus de miséricorde envers l'âme des faibles, que n'agit envers le corps des indigents celui qui partage son pain avec ceux qui ont faim. Plaise donc à Dieu que ceux qui ne veulent pas travailler s'abstiennent aussi de parler ! Ils n'en attireraient pas un si grand nombre à les imiter, s'ils ne leur donnaient que l'exemple d'une muette fainéantise.

CHAPITRE XXIII. — 27. Maintenant ils opposent à l'Apôtre du Christ l'Evangile même du Christ. Ces paresseux sont vraiment étonnants ! Ils veulent que l'Evangile empêche de faire ce que l'Apôtre a fait et ordonné, pour lever tout obstacle qui pourrait s'opposer aux progrès de l'Evangile. Cependant si nous voulions les forcer à vivre d'après les paroles mêmes de l'Evangile, telles qu'ils les interprètent eux-mêmes, ils seraient les premiers à nous dire qu'il ne faut pas comprendre ces paroles comme ils les comprennent. En effet, ils prétendent qu'ils ne doivent pas travailler, « parce que les oiseaux du ciel ne sèment ni ne récoltent, » (*Matth.*, VI, 26) comme l'a dit le Seigneur, en nous les proposant pour exemple, afin de détourner nos pensées des choses nécessaires à la vie. Mais ils ne font pas attention que le Sauveur a ajouté : « Et ils n'amassent rien dans des magasins. » Par magasins, il faut entendre des greniers, des granges, ou mot à mot, des garde-manger. Pourquoi donc ces moines veulent-ils avoir leurs mains oisives et leurs garde-manger pleins? Pourquoi mettent-ils en réserve ce qu'ils tirent du travail des autres, afin de s'en servir pour leurs besoins journaliers ? Pourquoi, enfin, font-ils moudre leur grain et font-ils cuire leurs aliments? Il est vrai que les oiseaux ne font pas ces choses-là. Ou s'ils trouvent des gens auxquels ils peuvent persuader de leur apporter chaque jour des mets tout préparés, ils se donnent au moins la peine d'aller puiser aux fontaines, ou de tirer des puits et des citernes l'eau dont ils ont besoin. Mais les oiseaux du ciel ne font pas cela. Allons, que les pieux fidèles, dévoués aux intérêts du Roi éternel, servent donc ces vaillants champions du Christ, de manière à leur éviter la fatigue de puiser de l'eau pour leurs besoins, puisqu'ils ont sans doute surpassé en justice les premiers chrétiens qui vivaient à Jérusalem. (*Actes*, XI, 28.) Car dans une famine prédite longtemps avant par les prophètes, et qui accablait ces chrétiens, les fidèles leur envoyèrent de Grèce des froments, dont je pense qu'ils confectionnèrent, ou certainement firent confectionner du pain pour leur usage. Mais, encore une fois, les

gelii prædicantes pigritiam, tanquam prævaricatricem accusantes misericordiam. Multo enim misericordius operatur erga animas infirmorum qui bonæ famæ servorum Dei consulit, quam erga corpora egentium qui panem esurientibus frangit. Quapropter utinam isti qui vacare volunt manibus, omnino vacarent et linguis. Neque enim tam multos ad imitationem invitarent, eis non tantum exempla pigra, sed etiam muta proponerent.

CAPUT XXIII. — 27. Nunc vero contra Apostolum Christi recitant Evangelium Christi. Ita enim mirabilia sunt opera pigrorum, ut impediri velint Evangelio, quod Apostolus ideo præcepit et fecit, ne impediretur ipsum Evangelium. Et tamen si eos ex ipsis Evangelii verbis secundum eorum intellectum vivere cogamus, priores nobis suadere conabuntur, quam non itâ sint intelligenda ut intelligunt. Certe enim propterea se dicunt operari non debere, quia nec volucres cœli seminant, neque metunt, de quibus nobis Dominus similitudinem dedit, ne de talibus necessariis cogitemus. Cur ergo non attendunt quod sequitur? Neque enim tantummodo hoc dictum est, quia « non seminant, neque metunt : » sed adjectum est, « neque congregant in apothecas. » (*Matth.*, VI, 26.) Apothecæ autem, vel horrea, vel verbum ex verbo, (a) repositoria dici possunt. Cur ergo isti manus otiosas et plena repositoria volunt habere? Cur ea quæ sumunt ex laboribus aliorum, recondunt et servant unde quotidie proferatur? Cur denique molunt et coquunt? Hoc enim aves non faciunt. Aut si reperiunt quibus hoc opus quoque persuadeant, ut eis per singulos dies escas afferant præparatas ; salcis sibi aquam vel de fontibus afferunt, vel de cisternis aut puteis hauriunt et reponunt : hoc volatilia non faciunt. Sed si hoc placet, studeant etiam boni fideles et Regis æterni devotissimi provinciales, fortissimis ejus militibus usque ad ista servire, **ut sibi nec aquam implere cogantur, si jam etiam illos qui tunc erant Jerosolymæ novo gradu justitiæ supergressi sunt.** (*Act.*, XI, 28.) Nam illis fame imminente, et per Prophetas qui tunc erant ante prædicta, boni fideles ex Græcia frumenta miserunt ; ex qui-

(a) In plerisque Mss. *repostoria*.

TOM. XXII.

oiseaux du ciel ne font pas cela. Cependant si, comme j'avais commencé à le dire, nos moines ont surpassé ces chrétiens en justice, et que, dans tous les usages de la vie, ils veuillent imiter les oiseaux, qu'ils nous montrent des hommes qui servent les oiseaux, comme ils veulent être servis eux-mêmes. Il y en a qui servent les oiseaux, mais les oiseaux en cage, et qu'ils y enferment dans la crainte qu'ils ne s'envolent et ne reviennent plus. Et cependant ces mêmes oiseaux aiment mieux jouir de la liberté et prendre dans les champs ce qu'ils peuvent, que de recevoir de la main des hommes une nourriture toute préparée.

28. Cependant ces moines seront eux-mêmes surpassés dans un autre genre de perfection encore plus élevé, par ceux qui se seront accoutumés à aller chaque jour dans les champs, pour y chercher leur nourriture, et qui reviennent ensuite chez eux après avoir apaisé leur faim. Mais malheureusement il y a des gardiens pour surveiller les biens de la terre! Quel bonheur donc, si Dieu avait donné des ailes à ces moines, pour que les serviteurs de Dieu trouvés dans les champs ne fussent pas saisis comme des voleurs, mais simplement chassés comme des étourneaux! Ils pourraient alors imiter l'oiseau qui échappe à la poursuite du chasseur. Je veux bien encore que les fidèles accordent aux serviteurs de Dieu d'aller dans leurs champs, et de s'en éloigner ensuite en toute sécurité après s'être rassasiés. C'était effectivement un privilége accordé par la loi ancienne aux Israélites. Personne ne pouvait être saisi dans les champs d'autrui comme voleur, si ce n'est celui qui voulait en emporter quelque chose. (*Deutéron.*, XXIII, 24.) Mais quiconque s'était contenté de manger ce qu'il y avait trouvé, restait libre et impuni. Voilà pourquoi, lorsque les disciples du Seigneur arrachèrent dans un champ des épis pour en manger, les Juifs leur en firent un reproche, non comme d'un larcin qu'ils avaient commis, mais parce qu'ils avaient fait cela le jour du sabbat. (*Matth.*, XII, 2.) Je veux donc bien, je le répète, que cette permission soit donnée à nos moines, mais que feront-ils dans les saisons où l'on ne trouve pas dans les champs de quoi se nourrir à l'instant même? Quiconque essaierait d'en emporter quelque chose pour le faire cuire à la maison, entendrait l'Evangile lui dire : Laissez cela ; les oiseaux n'agissent pas ainsi.

29. Eh bien, supposons encore que pendant toute l'année on trouvera dans les champs quelques fruits, des légumes, quelques racines, quelque chose enfin dont on puisse se nourrir sans le faire cuire. Il peut arriver, en effet, que par suite d'un grand exercice on peut, sans nuire à sa santé, prendre cru ce qui devrait être

---

bus credo quod illi panem sibi fecerunt, aut certe faciendum curaverunt; quod aves non faciunt. Sed si jam isti, ut dicere cœperam, etiam illos aliquo gradu justitiæ transierunt, et omnino in iis quæ ad transigendam vitam istam pertinent, sicut volucres agunt, ostendant nobis homines servire volucribus, sicut sibi serviri volunt, nisi captis et inclusis, quibus fides non habetur, ne volantes non redeant: et tamen illæ malunt frui libertate, et ex agris quantum satis est capere, quam ab hominibus apposita et apparata sumere.

28. Proinde rursus istos alio sublimiore gradu justitiæ superabunt, qui se ita instituerint, ut quotidie in agros tanquam in pastum pergant, et (*a*) quo tempore invenerint carpant, ac (*b*) sopita fame revertantur. Sed plane propter agrorum custodes quam bonum esset, si etiam pennas largiri Dominus dignaretur, ut servi Dei in agris alienis inventi non tanquam fures comprehenderentur, sed tanquam sturni fugarentur. Nunc vero ille quantum poterit, imitabitur avem, (*c*) quem capere venator non poterit.

Sed ecce concedant omnes servis Dei, ut cum volunt in eorum agros exeant, inde secusi refectique discedant : sicut populo Israel per legem præceptum est, ut in agris suis furem nullus teneret, nisi qui secum aliquid vellet auferre; nam qui nihil aliud attigisset quam id quod comedisset, liberum impunitumque abire sinerent. (*Deut.*, XXIII, 24.) Unde etiam spicas vellentibus discipulis Domini, de sabbato potius quam de furto Judæi calumniati sunt. (*Matth.*, XII, 2.) Sed quid erit agendum de his temporibus anni, quibus esca quæ statim sumi possit, in agris non invenitur? Quisquis aliquid domum quod sibi coquendo præparet auferre tentaverit, secundum istorum intellectum audiet ex Evangelio : Pone; hoc enim aves non faciunt.

29. Verum et hoc concedamus, toto vertente anno posse in agris reperiri vel ex arbore vel ex herbis, vel ex quibusque radicibus quod in escam sumi possit incoctum, aut certe tanta exercitatio corporis adhibeatur, ut ea quæ coquenda sunt, etiam cruda assumpta non noceant, possitque etiam hiemalibus

---

(*a*) Casalensis vetus codex, *et quod pro tempore*. — (*b*) Cisterciensis Ms. *posita fame.* — (*c*) Editi, *quam.* At meliores Mss. *quem*. Et Vaticani duo habent *vinitor*, loco *venator*.

CHAPITRE XXIV.

cuit, et qu'ainsi, dans les temps les plus rigoureux de l'hiver, on puisse trouver sa nourriture dans les champs, sans avoir besoin d'en rien emporter pour le préparer à la maison, et en garder quelque chose pour le lendemain. Mais pourront-ils le faire, ceux qui pendant plusieurs jours se séparent de la société des hommes, sans laisser personne arriver jusqu'à eux, et qui s'enterrent tout vivants dans leurs cellules, pour s'adonner avec plus d'attention à la prière? Il est vrai qu'ils ont l'habitude d'enfermer avec eux quelques vils aliments pouvant suffire à leur subsistance pendant le nombre de jours qu'ils veulent vivre dans la réclusion. Mais est-ce que les oiseaux du ciel font cela? Je suis loin toutefois de blâmer une telle pratique et une si admirable continence, quand ils ont le temps d'agir de la sorte. Je ne puis, au contraire, assez louer leur résolution, pourvu que ce soit avec une sainte humilité, et non par suite d'un vain orgueil, qu'ils se proposent comme des modèles dignes d'être imités. Que pouvons-nous cependant dire d'eux, selon le sens que l'on doit donner aux paroles de l'Evangile? Seraient-ils par hasard d'autant plus saints qu'ils ressemblent moins aux oiseaux? Car s'ils ne mettaient pas quelque nourriture en réserve, ils ne pourraient pas s'enfermer, comme ils le font, pendant plusieurs jours, et ils entendent cependant comme nous Jésus-Christ leur dire : « N'ayez donc pas de souci pour le lendemain. » (*Matth.*, vi, 34.)

30. En résumé, que ceux qui, par une mauvaise interprétation de l'Evangile, cherchent à renverser les préceptes de l'Apôtre, ou n'aient aucun souci du lendemain, comme les oiseaux du ciel, ou qu'ils obéissent à l'Apôtre comme des enfants bien-aimés; ou plutôt qu'ils fassent l'un et l'autre, parce que ces deux choses s'accordent entre elles. En effet, saint Paul, ce fidèle serviteur de Jésus-Christ (*Rom.*, 1, 1), n'ordonnerait rien de contraire à la volonté de son Maître. Nous disons donc à ces moines : Si vous ne voulez pas vous procurer par le travail de vos mains ce qui est nécessaire à votre nourriture et à votre habillement, afin de ressembler à ces oiseaux du ciel dont parle l'Evangile, vous devez aussi comme eux ne rien mettre de côté pour le lendemain. Mais si faire quelque réserve pour le lendemain n'est pas contraire à l'Evangile, où il est dit : « Voyez les oiseaux du ciel, ils ne sèment ni ne récoltent, et n'amassent rien dans les greniers, » (*Matth.*, vi, 26) il ne peut pas être non plus contraire à la doctrine évangélique, ni à la comparaison que le Seigneur fait des oiseaux du ciel, de gagner sa nourriture temporelle par le travail des mains.

CHAPITRE XXIV. — 31. Si on insiste vivement, en leur citant l'Evangile, afin qu'ils ne

---

quibuslibet asperitatibus ad pabula procedi; atque ita fiat ut nihil præparandum auferatur, nihil in crastinum reponatur : non poterunt ista servare qui se per multos dies a conspectu hominum separatos, et nulli ad se præbentes accessum, includunt se ipsos viventes in magna intentione orationum. Hi enim facillima quidem atque vilissima, secum tamen alimenta includere consuerunt, quæ in illos dies quibus a nullo videri statuerunt, sufficiant : quod aves non faciunt. Et horum quidem exercitationem in tam mirabili continentia, quando quidem habent otium quo hæc agant, (a) seque imitandos non superba elatione, sed misericordi sanctitate proponant, non solum non reprehendo, sed quantum dignum est laudare non possum. Quid tamen de his dicimus, secundum istorum intellectum ex evangelicis verbis? An forte quo sunt sanctiores, eo sunt volucribus dissimiliores? quia nisi reponant sibi escas in plurimos dies, includere se ita, ut faciunt, non valebunt. Et utique nobiscum audiunt : « Nolite ergo cogitare in crastinum. » (*Matth.*, vi, 34.)

(*a*) Plures Mss. *quo hæc agant, imitandam non superba*, etc.

30. Quapropter ut breviter complectar, isti qui ex Evangelii perverso intellectu tam manifesta apostolica præcepta pervertere moliuntur, aut non cogitent in crastinum, sicut volatilia cœli, aut obtemperent Apostolo, sicut filii dilecti : imo utrumque faciant, quia utrumque concordat. Neque enim contraria Domino suo moneret Paulus servus Christi Jesu. (*Rom.*, 1, 1.) Hoc enim istis aperte dicimus : Si volatilia cœli sic intelligitis in Evangelio, ut nolitis operando manibus vestris victum tegumentumque procurare; nihil etiam reponatis in crastinum, sicut nihil reponunt volatilia cœli. Si autem aliquid reponere in crastinum, potest non esse contra Evangelium ubi dictum est : « Respicite volatilia cœli, quia neque seminant, neque metunt, neque congregant in apothecas : » (*Matth.*, vi, 26) potest etiam non esse contra Evangelium nec contra similitudinem volatilium cœli, vitam istam carnis corporalis operationis labore transigere.

CAPUT XXIV. — 31. Si enim urgeantur ex Evangelio, ut nihil reponatur in crastinum; rectissime

fassent aucune réserve pour le lendemain, ils répondent avec raison : Pourquoi donc le Seigneur avait-il une bourse pour y déposer l'argent qu'il recueillait ? (*Marc*, VI.) Pourquoi en vue de la famine qui devait avoir lieu, les Eglises où régnait l'abondance ont-elles envoyé si longtemps d'avance du froment aux fidèles qui en manquaient ? Pourquoi les apôtres ont-ils pris tant de soins pour procurer le nécessaire aux saints, et pourvoir à leurs besoins du lendemain? N'est-ce pas ce qu'a voulu le bienheureux apôtre Paul, lorsqu'il écrivait aux Corinthiens : « A l'égard des aumônes que l'on recueille pour les saints, faites ce que j'ai ordonné aux Eglises de Galatie. Que le premier jour de la semaine, chacun de vous mette quelque chose à part chez soi, amassant peu à peu ce qu'il veut donner, afin qu'on n'attende pas mon arrivée pour recueillir les aumônes. Lorsque je serai arrivé, j'enverrai ceux que vous m'aurez indiqués par vos lettres porter vos libéralités à Jérusalem, et si la chose mérite que j'y aille moi-même, ils viendront avec moi. » (I *Cor.*, XVI, 1, 2, 3, 4.) Voilà ce qu'ils disent ainsi que beaucoup d'autres choses semblables, et non sans raison. A cela nous répondons : Vous voyez donc, que bien que le Seigneur ait dit : « N'ayez aucun souci du lendemain; » (*Matth.*, VI, 34) il ne vous est cependant pas défendu par ces paroles de faire quelque réserve pour le lendemain. Pourquoi alors prétendez-vous que ces mêmes paroles vous défendent de travailler ? Pourquoi ne voulez-vous pas suivre l'exemple des oiseaux du ciel, lorsqu'il s'agit de ne faire aucune réserve, et voulez-vous le suivre quand il s'agit de ne pas travailler ?

CHAPITRE XXV. — 32. Mais, dira-t-on, à quoi sert-il au serviteur de Dieu d'avoir quitté la condition qu'il avait dans le monde, pour embrasser cette vie spirituelle et s'enrôler dans la sainte milice du Christ, s'il faut encore travailler comme de simples artisans ? Il serait bien difficile de trouver des paroles, pour expliquer à ceux qui parlent ainsi l'utilité et l'avantage du conseil que donne le Seigneur au riche, qui lui demandait ce qu'il devait faire pour gagner la vie éternelle. « Si vous voulez être parfait, répondit le Seigneur, vendez tous vos biens, donnez-en le prix aux pauvres et suivez-moi. » (*Matth.*, XIX, 21.) Or, quel est celui qui a suivi le Seigneur avec plus d'empressement que l'Apôtre qui a dit : « Je n'ai pas couru en vain ni travaillé en vain ? (*Philipp.*, II, 16.) Cependant celui qui a prescrit le travail a mis lui-même ses préceptes en pratique. Formés et instruits que nous sommes par une si grande autorité, cet exemple doit nous suffire pour renoncer aux biens que nous possédions, et pour nous enga-

---

respondent : Cur ergo ipse Dominus loculos habuit, ubi pecuniam collectam reponeret ? (*Matth.*, VI, 34; *Joan.*, XII, 6.) Cur tanto ante (a) fame imminente frumenta sanctis patribus missa sunt? Cur Apostoli sic indigentiæ sanctorum necessaria procurarunt, ne deesset in posterum (*Act.*, XI, 29), ut beatissimus Paulus ad Corinthios in epistola scriberet : « De collectis autem in sanctos, sicut ordinavi Ecclesiis Galatiæ, ita et vos facite: secundum unam sabbati unusquisque vestrum apud se (b) ponat, thesaurizans quod ei placuerit ; ut non cum venero, tunc collectæ fiant. Cum autem advenero, quoscumque probaveritis per epistolas, hos mittam perferre gratiam vestram in Jerusalem. Quod si dignum fuerit ut et ego eam, mecum ibunt. » (I *Cor.*, XVI, 1, etc.) Hæc et alia multa copiosissime et verissime proferunt. Quibus respondemus : Videtis ergo, quamvis Dominus dixerit : « Nolite cogitare in crastinum; » (*Matth.*, VI, 34) non vos tamen istis verbis cogi, ut nihil in crastinum reservetis : cur ergo iisdem verbis vos cogi dicitis ut vacetis ? Cur volatilia cœli non vobis sunt exemplo ad nihil reservandum, et vultis ut sint exemplo ad nihil operandum ?

CAPUT XXV. — 32. Dicet aliquis : Quid ergo prodest servo Dei, quod prioribus actibus quos in sæculo habebat relictis, ad hanc spiritalem vitam militiamque convertitur, si eum adhuc oportet, tanquam (c) opificis, exercere negotia? Quasi vero facile possit verbis explicari, quantum prosit quod Dominus ..'ti consilium capiendæ vitæ æternæ requirenti ait (d) ut faceret, si vellet esse perfectus; ut venditis quæ habebat, et indigentiæ pauperum distributis, eum sequeretur. (*Matth.*, XIX, 21.) Aut quis tam expedito cursu secutus est Dominum, quam ille qui ait : « Non in vacuum cucurri, nec in vacuum laboravi : » (*Philip.*, II, 16) qui tamen opera ista et præcepit, et fecit. (e) Hoc nobis tanta auctoritate doctis et informatis sufficere debuit ad exemplum derelinquendi pristinas facultates, et manibus operandi. Sed et nos ab ipso Domino adjuti, possumus fortasse utcumque

---

(a) Aliquot Mss. *famem imminentem*. Et infra duo Vaticani, *sanctis fratribus missa sunt*. — (b) In Mss. *ponat*. — (c) Sic Mss. At editi, *opificis*. — (d) Sic Mss. Editi vero, *ait quid faceret*. — (e) Duo Vatic. *Hæc nobis tanta auctoritas sufficere debuit relinquendi*. Alii quidam : *Nec nobis*.

ger à travailler de nos mains. Cependant aidés par le Seigneur lui-même, peut-être pourrons-nous comprendre quel avantage il y a pour les serviteurs de Dieu, qui travaillent ainsi, d'avoir renoncé aux affaires du siècle. En effet, si c'est un homme riche qui embrasse la vie du cloître et qui n'est affligé d'aucune infirmité corporelle, sommes-nous assez dépourvus de sens et de goût pour les grâces de Jésus-Christ, jusqu'à ne pas comprendre de quel orgueil ce riche a été guéri; puisqu'après avoir renoncé aux superfluités qui enflammaient sa vanité et l'exposaient à la perte de son âme, il ne refuse pas de s'abaisser à l'humble condition d'ouvrier, pour se procurer le peu qui lui est naturellement nécessaire à l'entretien de cette vie? Si au contraire c'est un pauvre homme qui embrasse ce genre de vie, il ne doit point penser qu'il se trouve encore dans la même condition que précédemment, puisque n'ayant plus aucun désir d'augmenter sa fortune, quelque petite qu'elle soit, il ne s'occupe plus de ses intérêts personnels, mais de ceux de Jésus-Christ. (*Philip.*, II, 21.) Il n'a plus, en effet, d'amour que pour la vie commune, qu'il doit passer avec ceux qui n'ont qu'une seule âme et qu'un seul cœur en Dieu. (*Act.*, IV, 32.) Sainte société, où personne n'a rien qui lui soit propre, mais où tout est commun entre tous. Si les anciens chefs des républiques de la terre sont comblés d'éloges par leurs poètes et leurs orateurs, parce qu'à leur intérêt personnel, ils préféraient le bien général de leurs concitoyens, comme ce grand homme, triomphateur de l'Afrique, trop pauvre pour donner une dot à sa fille qui, par un sénatus-consulte, en reçut une aux frais du trésor public (1); de quel zèle, de quelle ardeur doivent être animés pour leur république, les citoyens de l'éternelle cité de la Jérusalem céleste, qui ne travaillent de leurs mains que pour partager avec leurs frères le fruit de leur labeur, et pour suppléer à ce qui leur manque avec le bien qui est commun à tous, disant comme celui dont ils ont suivi l'exemple et le précepte : « Nous n'avons rien, et cependant nous possédons tout! » (II *Cor.*, VI, 10.)

33. C'est pourquoi ceux qui après avoir abandonné et distribué aux malheureux leur fortune grande ou petite, et qui dans leur pieuse et salutaire humilité ont voulu se mettre au rang des pauvres de Jésus-Christ; si jouissant d'une bonne santé et libres de toute occupation ecclésiastique, ils veulent cependant travailler de leurs mains, pour ôter aux paresseux sortant d'une humble condition, et par cela même accoutumés à une vie laborieuse, toute excuse de fainéantise; ceux-là, dis-je, font en cette

(1) Scipion l'Africain, dans Valère Maxime, livre IV, ch. IV.

cognoscere, etiam sic operantibus servis Dei, priora tamen negotia reliquisse quid prosit. Si enim ad hanc vitam ex divite quisquam convertitur, et nulla infirmitate corporis impeditur, itane desipimus a sapore Christi, ut non intelligamus quantus superbiæ prioris tumor sanetur, cum circumcisis superfluis, quibus ante animus exitiabiliter (*a*) inflammabatur, ad modica quæ restant huic vitæ naturaliter necessaria etiam opificis humilitas minime recusetur? Si autem ad hanc vitam ex paupertate convertitur, non putet se id agere quod agebat, si ab amore vel augendæ (*b*) quantulæcumque rei privatæ, jam non quærens quæ sua sunt, sed quæ Jesu Christi (*Philip.*, II, 21), ad communis vitæ se transtulit caritatem, in eorum societate victurus, quibus est anima una et cor unum in Deum, ita ut nemo dicat aliquid proprium, sed sint illis omnia communia. (*Act.*, IV, 32.) Si enim hujus terrenæ reipublicæ antiqui principes præclarissimo litteratorum suorum eloquio prædicari solent, quod rem communem universi populi suæ civitatis privatis suis rebus sic anteponebant, ut quidam corum Africa edomita triumphator, quid nubenti filiæ daret non habuerit, nisi ex senatus consulto de publico dotaretur : quo animo debet esse in rempublicam suam civis æternæ illius civitatis Jerusalem cœlestis, nisi ut illud ipsum quod propriis manibus elaborat, in commune habeat cum fratre, et si quid ei defuerit, de communi suppleat; dicens cum illo cujus præceptum exemplumque secutus est : « Quasi nihil habentes, et omnia possidentes? » (II *Cor.*, VI, 10.)

33. Quamobrem etiam illi qui relicta vel distributa, sive ampla, sive qualicumque opulenta facultate, inter pauperes Christi pia et salubri humilitate numerari voluerunt; si corpore ita valent, et ab ecclesiasticis occupationibus vacant, (quanquam eis tam magnum animi sui documentum afferentibus, et ejusdem societatis indigentiæ de his rebus quas habebant, vel plurimum vel non parum conferentibus, vicem sustentandæ vitæ eorum res ipsa communis et fraterna caritas debeat;) tamen si et ipsi manibus operentur, ut pigris ex vita humiliore et ob

(*a*) Plures Mss. *inflabatur.* — (*b*) Sic Mss. At editi, *quantulumcumque.*

occasion un acte de charité et de miséricorde bien plus grand, que quand ils ont distribué tous leurs biens aux pauvres. Cependant s'ils ne voulaient pas travailler, qui oserait les y forcer? Car en considération de la grandeur d'âme qu'ils ont montrée et du bien qu'ils ont fait à la communauté, en la soulageant plus ou moins dans ses besoins par l'abandon de leurs richesses, ils auraient certainement le droit d'exiger que la charité de leurs frères leur fournît les choses nécessaires à leur existence. Il faut pourtant leur trouver dans le monastère quelque occupation convenable, exempte si l'on veut de travail corporel, mais qui demande des soins et une grande vigilance d'administration, afin qu'ils ne mangent pas gratuitement leur pain qui est devenu le pain de tous. Peu importe, du reste, dans quel monastère, dans quel lieu on a donné ce qu'on possédait aux frères qui étaient dans l'indigence, car tous les chrétiens sont membres d'une seule et même république. C'est pourquoi tout chrétien, n'importe où il a distribué ses biens, n'importe où lui-même a reçu ce qui était nécessaire à son existence, l'a reçu des biens du Christ, parce que là où il a fait abandon de sa fortune, c'est le Christ qui l'a reçue. Pour ceux qui, avant d'entrer dans cette sainte société, vivaient du travail de leurs mains, et il s'en trouve beaucoup dans les monastères, parce qu'ils sont fort nombreux dans la société humaine elle-même, s'ils ne veulent pas travailler, qu'ils s'abstiennent aussi de manger. Car dans la milice chrétienne, il ne faut pas que les riches soient humiliés, pour que les pauvres deviennent orgueilleux; il n'est pas convenable que dans cette vie où des sénateurs sont laborieux, des artisans restent oisifs; ni que là, où après avoir renoncé à toutes les délices de la vie, viennent se réfugier des seigneurs de domaines, des paysans deviennent délicats.

Chapitre XXVI. — 34. Le Seigneur a dit : « Ne vous inquiétez pas pour votre vie de ce que vous mangerez, ni pour votre corps comment vous vous serez vêtus. » (*Matth.*, vi, 25.) C'est bien, parce qu'il avait dit plus haut : « Vous ne pouvez servir Dieu et Mammon (1). » En effet, celui qui prêche l'Evangile dans le seul but d'en tirer sa subsistance et les moyens de se vêtir, ne doit-il pas penser qu'il sert tout à la fois Dieu et Mammon; Dieu parce qu'il prêche l'Evangile, Mammon parce qu'il n'annonce la parole de Dieu que pour se procurer les choses dont il a besoin? Or, c'est ce que le Seigneur défend de faire. C'est pourquoi celui qui prêche l'Evangile dans cette vue, doit être considéré, non comme le serviteur de Dieu, mais comme celui de Mammon, quoique Dieu se serve de lui, à son insu, pour l'avancement et le salut des autres. C'est

(1) *Mammona*, mot syriaque, *argent*, *richesse*.

hoc exercitatione venientibus auferant excusationem, multo misericordius agunt, quam cum omnia sua indigentibus diviserunt. Quod quidem si nolint, quis audeat cogere? Quibus tamen (*a*) invenienda sunt opera in monasterio, etiamsi a corporali functione liberiora, sed vigilanti administratione curanda, ut nec ipsi panem suum, quoniam communis jam factus est, gratis manducent. Nec attendendum est in quibus monasteriis, vel in quo loco, indigentibus fratribus quisque id quod habebat impenderit. Omnium enim Christianorum una respublica est. Et ideo quisquis Christianis necessaria ubilibet erogaverit, ubicumque etiam ipse quod sibi necessarium est accipit, de Christi (*Suppl.*) rebus) accipit. Quia ubicumque et ipse talibus dedit, quis nisi Christus accepit? Illi autem qui etiam præter istam sanctam societatem vitam labore corporis transigebant, ex quorum numero plures ad monasteria veniunt, quia et in ipso humano genere plures sunt; si nolunt operari, nec manducent. Neque enim propterea in militia Christiana ad pietatem divites humiliantur, ut pauperes ad superbiam extollantur. Nullo modo enim decet, ut in ea vita ubi fiunt senatores laboriosi, ibi fiant opifices otiosi; et quo veniunt relictis deliciis suis qui fuerant prædiorum domini, ibi sint rustici delicati.

Caput XXVI. — 34. At enim Dominus ait: «Nolite solliciti esse animæ quid manducetis, neque corpori quid vestiamini. » Recte, quoniam supra dixerat : « Non potestis Deo servire et mammonæ. » Qui enim propter hoc Evangelium prædicat, ut habeat unde manducet, et unde vestiatur, simul se putat et Deo servire, quia Evangelium prædicat; et mammonæ, quia propter ista necessaria prædicat : quod Dominus dicit fieri non posse. (*Matth.*, vi, 25.) Ac per hoc ille qui propter ista Evangelium prædicat, non Deo, sed mammonæ servire convincitur; etsi Deus illo ad aliorum provectum, quomodo ipse nescit, utatur. Nam huic sententiæ subjungit, dicens : « Ideo dico

(*a*) Hunc spectat illa B. Benedicti præceptio in Regulæ 18, capite de opere manuum : *Fratribus infirmis vel delicatis talis opera aut ars injungatur, ut nec otiosi sint, nec violentia laboris opprimantur, ut effugerint : quorum imbecillitas ab abbate consideranda est.*

CHAPITRE XXVI.

pour cela que le Seigneur ajoute à cette sentence : « En conséquence je vous dis : Ne vous inquiétez pas pour votre vie de ce que vous mangerez, ni pour votre corps comment vous serez vêtus. » Ce n'est pas, en parlant ainsi, que Dieu leur défende de se procurer le nécessaire, quand ils peuvent le faire honnêtement ; mais pour les empêcher de faire, à ce sujet, autre chose que ce qui doit avoir pour but et pour intention les progrès et la prédication de l'Evangile. Cette intention dans laquelle on fait les choses, Dieu l'appelle *œil* dans un passage précédent : « Votre œil, dit-il, est la lampe de votre corps. Si votre œil est simple, tout votre corps sera lumineux. Mais si votre œil est mauvais, tout votre corps sera ténébreux. » (*Matth.*, VI, 22.) C'est-à-dire, vos actes seront ce que sera l'intention qui les aura dictés. Pour en venir là, le Seigneur avait dit plus haut au sujet des aumônes : « Ne vous amassez pas des trésors sur la terre, où les vers et la rouille dévorent, et où les voleurs fouillent et dérobent, mais amassez-vous des trésors dans le ciel, où ni la rouille, ni les vers ne dévorent, et où les voleurs ne fouillent ni ne dérobent, car où est votre trésor là sera aussi votre cœur. » (*Matth.*, VI, 19.) Ensuite il ajoute : « L'œil est la lampe du corps, » afin que ceux qui font l'aumône n'accomplissent pas cette bonne œuvre dans l'intention de plaire au monde, ou d'en obtenir la récompense sur la terre. C'est pourquoi l'Apôtre, en donnant à Timothée des instructions sur la manière d'instruire les riches, lui dit : « Recommandez aux riches de donner de bon cœur, de faire part de leurs biens aux pauvres, de se faire un trésor et un fondement solide pour l'avenir, afin d'embrasser la véritable vie. » (I *Tim.*, VI, 18, 19.) Dieu dirige ainsi vers la vie future et la céleste récompense, l'œil de ceux qui font l'aumône, afin que ce qu'ils font soit des œuvres de lumière, lorsque leur œil sera lumineux. En effet, c'est en vue de cette céleste et suprême rétribution qu'il dit ailleurs : « Celui qui vous reçoit, me reçoit, et celui qui me reçoit, reçoit celui qui m'a envoyé. Celui qui reçoit le prophète comme prophète, recevra la récompense du prophète. Quiconque reçoit le juste comme juste, recevra la récompense du juste. Et quiconque donnera à boire même un verre d'eau froide à l'un de ces plus petits, comme disciple, je vous dis en vérité qu'il ne perdra pas sa récompense. » (*Matth.*, X, 40, etc.) Le Seigneur parle ainsi de peur que ceux qui font la charité aux pauvres, aux prophètes, aux justes et aux disciples du Seigneur, ne laissent corrompre leur intention, qui ne doit avoir d'autre but que de servir le Christ, et non celui de recevoir une récompense en retour de leur bonne œuvre. En effet, le Seigneur lui-même dit : « Personne ne peut servir deux maîtres à la fois, » et un peu

---

vobis, nolite solliciti esse animæ quid manducetis, neque corpori quid vestiamini : » non ut ista non procurent, quantum necessitati satis est, unde honeste potuerint; sed ut non ista intueantur, et propter ista faciant quidquid in Evangelii prædicatione facere jubentur. Eam quippe intentionem quare quid fiat, oculum vocat : unde paulo superius loquebatur, ut ad hoc descenderet, et dicebat : « Lucerna corporis tui est oculus tuus : si oculus tuus simplex fuerit, totum corpus tuum lucidum erit : si vero oculus tuus nequam fuerit, totum corpus tuum tenebrosum erit : » (*Ibid.*, 22) id est, talia erunt facta tua, qualis fuerit intentio tua cur ea facias. Et ad hoc enim ut veniret, supra de eleemosynis præceperat, dicens : « Nolite condere vobis thesauros in terris, ubi ærugo et tinea exterminat, et ubi fures effodiunt et furantur. Recondite vero vobis thesauros in cœlo, ubi neque tinea neque rubigo exterminat, et ubi fures non perfodiunt et furantur. Ubi enim erit thesaurus tuus, ibi erit et cor tuum. » (*Ibid.*, 19, etc.) Deinde subjunxit : « Lucerna corporis tui est oculus tuus : » ut illi scilicet qui eleemosynas faciunt, non ea faciant intentione, ut vel hominibus velint placere, vel in terra sibi quærant rependi quod faciunt. Unde et Apostolus cum Timotheo divites monendos præciperet : « Facile, inquit, tribuant, communicent, thesaurizent sibi fundamentum bonum in futurum, ut apprehendant veram vitam. » (I *Tim.*, VI, 18, 19.) Cum ergo in futuram vitam direxerit oculum Dominus eleemosynas facientium, et in cœlestem mercedem, ut possint et ipsa facta esse lucida, cum simplex oculus fuerit : (in illa quippe novissimam retributionem valet quod alibi ait : « Qui vos excipit, me excipit, et qui me excipit eum qui me misit. Qui excipit prophetam in nomine prophetæ, mercedem prophetæ accipiet ; et qui excipit justum in nomine justi, mercedem justi accipiet : et qui potum dederit uni ex istis minimis calicem aquæ frigidæ tantum in nomine discipuli, amen dico vobis, non peribit merces ejus. (*Matth.*, X, 40, etc.) ne forte correpto oculo eorum qui necessaria impendunt indigentibus et prophetis et justis et discipulis Domini,

après : « Vous ne pouvez pas être les serviteurs de Dieu et de Mammon ; » puis aussitôt il ajoute : « C'est pourquoi je vous dis : Ne vous inquiétez pas pour votre vie de ce que vous mangerez, ni pour votre corps comment vous serez vêtus. » (*Matth.*, VI, 24.)

35. Ce qu'il dit ensuite des oiseaux du ciel et des lis des champs est pour empêcher de croire que Dieu n'a aucun soin des nécessités de ceux qui le servent, puisque sa sage providence s'étend sur ces êtres qu'il gouverne et qu'il a créés. N'est-ce pas lui en effet qui nourrit et qui habille ceux qui travaillent de leurs mains ? Mais pour que ses serviteurs ne s'enrôlent pas dans la milice chrétienne en vue de ces avantages temporels, il les avertit de ne pas en faire le but des fonctions qu'ils remplissent dans leur ministère et dans la distribution des sacrements, mais de ne penser qu'à sa justice et à son royaume éternel. C'est alors que les secours temporels ne manqueront ni à ceux qui travaillent de leurs mains, ni à ceux qui en sont empêchés par quelque infirmité, ni à ceux qui sont tellement occupés du service du Seigneur, qu'ils ne peuvent vaquer à aucun autre travail.

CHAPITRE XXVII. — Parce que le Seigneur a dit : invoquez-moi au jour de la tribulation, et je vous délivrerai, et vous glorifierez mon nom (*Ps.* XLIX, 15), il ne s'ensuit pas que l'Apôtre ait mal fait de fuir, et de se faire descendre dans une corbeille, pour échapper aux mains de ceux qui le poursuivaient. (*Act.*, IX, 25.) Cela ne prouve pas non plus qu'il aurait dû attendre sa délivrance de la part de celui qui avait sauvé les trois jeunes hommes des flammes (*Dan.*, III, 50); ou que pour cela le Seigneur ne devait pas dire : « Si vous êtes persécutés dans une ville, fuyez dans une autre, » (*Matth.*, X, 23) parce qu'il avait dit ailleurs : « Tout ce que vous demanderez à mon Père en mon nom vous sera accordé. » (*Jean*, XVI, 23.) De même donc que si quelqu'un demandait aux disciples, fuyant la persécution, pourquoi ils n'avaient pas plutôt invoqué le Seigneur et attendu qu'il les délivrât par un de ses miracles, comme il avait sauvé Daniel de la fosse aux lions (*Dan.*, VI, 23) ou Pierre de ses liens (*Act.*, XII, 7), ils répondraient avec raison qu'ils n'avaient pas voulu tenter Dieu, qui saurait bien faire, s'il le voulait, des miracles semblables, lorsqu'ils ne pourraient pas se sauver autrement; mais que leur laissant le pouvoir et la liberté de fuir, c'était par ce moyen et non par lui-même qu'il voulait les délivrer. De même si devant les serviteurs de Dieu qui, pouvant le faire, s'occupent de gagner leur vie par le travail de leurs mains, selon l'exemple et les préceptes de l'Apôtre, on soulevait la question de l'Evangile sur les oiseaux du ciel, qui ne sèment ni ne

---

ipsorum oculus depravaretur in quos ista fierent, ut propter ista accipienda vellent Christo militare : « Nemo, inquit, potest duobus dominis servire. » (*Matth.*, VI, 24.) Et paulo post : « Non potestis, inquit, Deo servire et mammonæ. » Statimque contexuit : « Ideo dico vobis : Nolite solliciti esse animæ quid manducetis, neque corpori quid vestiamini. » 35. Et quod sequitur de volatilibus cœli et de liliis agri, ad hoc dicit, ne quisquam Deum putet servorum suorum necessaria non curare ; cum ejus sapientissima providentia usque ad ista creanda et gubernanda perveniat. Neque enim non ipse pascit et vestit etiam eos qui manibus operantur. Sed ne Christianam militiam ad hoc detorqueant ut ista conquirant, hoc servos suos Dominus præmonet, ut in eo ministerio quod Sacramento ejus debetur, non ista, sed regnum ejus et justitiam cogitemus : et hæc omnia apponentur nobis sive per manus operantibus, sive infirmitate corporis impeditis, sive ipsius militiæ tali occupatione districtis ut nihil aliud agere valeamus.

CAPUT XXVII. — Neque enim quia dixit Deus : « Invoca me in die tribulationis, et eximam te, et glorificabis me. » (*Psal.* XLIX, 15) propterea non debuit fugere Apostolus, et per murum in sporta submitti, ut manus persequentis evaderet (*Act.*, IX, 25), sed expectaret potius ut comprehenderetur, et eum sicut tres pueros de mediis ignibus liberaret. (*Dan.*, III, 50.) Aut propter hoc nec Dominus dicere debuit : « Si vos persecuti fuerint in una civitate, fugite in aliam : » (*Matth.*, X, 23) quia ipse dixit : « Si quid petieritis Patrem in nomine meo, dabit vobis. » (*Joan.*, XVI, 23.) Sicut ergo quisquis persecutionem fugientibus discipulis Christi objiceret hujusmodi quæstionem, cur non stetissent potius, et invocato Deo per ejus mirabilia sic eruerentur, ut Daniel a leonibus (*Dan.*, VI, 23 et XIV, 40), ut Petrus ex vinculis (*Act.*, XII, 7) : responderent non se oportuisse tentare Deum, sed tunc eum talia si vellet esse facturum, cum ipsi quid facerent non haberent ; cum vero eis fugam in potestatem dedisset, etiamsi per illam liberarentur, non nisi ab ipso liberari. Sic etiam Dei servis vacantibus et valentibus exemplo et præcepto apostolico manibus suis victum transigere, si quis ex Evangelio moverit quæstionem de volatilibus cœli, quæ non seminant, neque metunt, neque congregant

récoltent, et qui n'amassent rien dans des greniers, ou sur les lis des champs qui ne s'occupent ni de travailler, ni de filer (*Matth.*, VI, 26), ces serviteurs pourraient répondre : Si quelque infirmité ou des occupations nous empêchent de travailler, nous recevrons notre nourriture et nos vêtements de celui qui les donne aux oiseaux du ciel et aux lis des champs, qui ne font rien pour se les procurer. Mais comme nous pouvons travailler, nous ne devons pas tenter le Seigneur à qui nous devons cette grâce, et si nous vivons de notre labeur, c'est encore à sa bonté que nous le devons, puisque c'est lui qui nous en donne le pouvoir. En conséquence, nous ne devons pas nous inquiéter de ce qui nous est nécessaire, puisque lorsque nous pouvons travailler, nous sommes nourris et habillés par celui qui donne aux hommes leurs vêtements et leur nourriture, et que lorsque nous ne pouvons pas travailler, nous sommes habillés et nourris par celui qui donne aux oiseaux du ciel et aux lis des champs leur nourriture et leurs vêtements, car nous sommes d'un plus grand prix qu'eux aux yeux du Seigneur. C'est pourquoi, dans notre sainte milice, nous n'avons pas besoin de nous préoccuper du lendemain, parce que nous nous sommes enrôlés sous la bannière du Christ, non pour les choses temporelles, pour lesquelles il y a un lendemain, mais pour plaire, sans nous embarrasser davantage des affaires de ce monde, à celui qui donne les biens de l'éternité, où notre joie n'aura pas de fin.

CHAPITRE XXVIII. — 36. Les choses étant ainsi, permettez-moi, mon saint frère (car le Seigneur me donne par vous une grande hardiesse), d'adresser directement quelques paroles à nos fils et à nos frères, que vous cherchez à enfanter à Jésus-Christ avec la même charité que nous avons nous-même, jusqu'à ce qu'ils soient formés et instruits dans la discipline et la doctrine des Apôtres. O serviteurs de Dieu, soldats du Christ, pourquoi feignez-vous de méconnaître les embûches que vous tend le plus rusé des ennemis, qui de toutes les manières possibles cherche à infecter par les vapeurs de l'enfer la bonne odeur du Christ que répand votre sainte réputation, dans la crainte que les fidèles ne disent : « Nous courrons après l'odeur de vos parfums; » (*Cant.*, I. 4) et n'échappent ainsi aux pièges qu'il leur tend sans cesse. C'est pour arriver à ce but qu'il a envoyé de tous côtés, sous l'habit de moines, des hypocrites parcourant les provinces, gens sans aveu, sans demeure fixe et toujours errants. Les uns vendent des reliques des martyrs, si toutefois cela vient des martyrs mêmes : les autres vantent la vertu de leurs talismans. Il y en a qui donnent, comme prétexte de leur voyage, une visite qu'ils veulent faire à des parents, à des alliés qu'on leur a dit habiter cette contrée. Tous mentent, tous demandent, tous exigent qu'on leur donnent de quoi entretenir leur pauvreté

---

in apothecas (*Matth.*, VI, 26), et de liliis agri, quia non laborant, neque nent : facile respondebunt : Si et nos per aliquam vel infirmitatem vel occupationem non possimus operari, sic ille nos pascet et vestiet, quemadmodum aves et lilia, quæ nihil operantur hujuscemodi : cum autem possumus, non debemus tentare Deum nostrum ; quia et hoc quod possumus, ejus munere possumus, et cum hinc vivimus, illo largiente vivimus, qui largitus est ut possimus. Et ideo de istis necessariis solliciti non sumus; quia cum hæc possumus agere, ille nos pascit et vestit, a quo pascuntur homines et vestiuntur : cum vero hæc non possumus agere, idem ipse nos pascit et vestit, a quo aves pascuntur et lilia vestiuntur; quoniam nos pluris sumus illis. Quapropter in ista militia nostra, nec in crastinum cogitamus; quia non propter ista temporalia, quo pertinet crastinus, sed propter illa sempiterna, ubi semper hodiernus est, nos illi probavimus, ut ei nullis negotiis sæcularibus implicati placeamus.

CAPUT XXVIII. — 36. Quæ cum ita sint, sine me paululum, sancte frater, (dat enim mihi Dominus per te magnam fiduciam,) eos ipsos alloqui filios et fratres nostros, quos novi quanta nobiscum dilectione parturias, donec in eis apostolica disciplina formetur. O servi Dei, milites Christi, itane dissimulatis callidissimi hostis insidias, qui bonam famam vestram, tam bonum Christi odorem, ne dicant animæ bonæ : « Post odorem unguentorum tuorum curremus, » (*Cant.*, I, 4) et sic laqueos ejus evadant, omni modo cupiens obscurare putoribus suis, tam multos hypocritas sub habitu monachorum usquequaque dispersit, circumeuntes provincias, nusquam missos, nusquam fixos, nusquam stantes, nusquam sedentes. Alii membra Martyrum, si tamen Martyrum, venditant : alii fimbrias et phylacteria sua magnificant : alii parentes vel consanguineos suos in illa vel in illa regione se audisse vivere, et ad eos pergere mentiuntur : et omnes petunt, omnes exigunt, aut sumptus lucrosæ egestatis aut simulatæ pretium sanctitatis :

lucrative, ou qu'on les paie de leur fausse sainteté. Il arrive alors qu'une fois leur conduite connue, on blâme et on décrie sous le nom général de moines votre profession si bonne, si sainte, et que nous souhaitons, au nom et par la grâce du Christ, voir se répandre dans l'Afrique comme elle l'est déjà dans les autres parties du monde. N'êtes-vous donc pas enflammés de zèle pour Dieu? (*Ps.* xxxviii, 4.) Votre cœur ne s'échauffe-t-il pas dans votre poitrine? Ne brûlez-vous pas intérieurement du désir de contrebalancer par de bonnes œuvres tout ce qu'il y a de mal et de scandaleux dans la conduite de cette sorte de gens, pour leur ôter l'occasion de faire de ces trafics honteux, qui blessent votre réputation et qui scandalisent les esprits faibles? Par pitié, par compassion pour eux, par intérêt pour votre saint état, faites voir au monde que ce n'est pas à l'oisiveté que vous demandez les moyens de vivre dans l'aisance, mais que votre but, en menant une vie de travail et de privations, est d'arriver au royaume de Dieu. Votre cause est la même que celle de l'Apôtre, « qui voulait ôter tout prétexte à ceux qui ne cherchent que des prétextes. » (II *Cor.*, ii, 12.) Ceux qui sont pour ainsi dire suffoqués par la mauvaise odeur qu'exhale la conduite de ces faux moines, seront animés par la bonne odeur de votre sainteté.

Chapitre XXIX. — 37. Ne croyez pas que notre intention soit « de lier des fardeaux pesants et de les mettre sur vos épaules, tandis que nous ne voudrions pas les remuer du doigt. » (*Matth.*, xxiii, 4.) Informez-vous des occupations que nous sommes quelquefois obligés de remplir malgré les infirmités de notre corps, outre les soins que nous devons donner aux églises que nous servons, et dont le service ne nous permet pas de vaquer aux travaux que nous vous recommandons. Car quoique nous puissions dire : « Qui est-ce qui va à la guerre à ses dépens? Qui est-ce qui plante une vigne et n'en mange pas du fruit? (I *Cor.*, ix, 7) Qui est-ce qui fait paître un troupeau, et qui ne se nourrit pas du lait de ce troupeau? Cependant je prends Notre-Seigneur Jésus à témoin de la sincérité de ce que j'avance, et je puis dire sur mon âme que pour ma commodité personnelle, j'aimerais beaucoup mieux, à certaines heures de la journée, comme cela est établi dans les monastères bien réglés (1), m'occuper de quelque travail manuel et avoir le reste du temps libre pour lire, pour prier, pour méditer sur les lettres di-

(1) Au n° 33 du chapitre xxv, ce que dit saint Augustin au sujet du travail manuel des moines, se rapporte au précepte établi par saint Benoît sur le travail des mains, et sur les occupations d'un autre genre que l'on doit imposer aux moines. Nous lisons, en effet, au ch. xviii de la *Règle* de cet Ordre religieux : « On doit imposer aux frères infirmes ou d'une santé délicate un ouvrage qui, sans les laisser oisifs, ne les accable cependant pas de fatigue. C'est à l'abbé à prendre en considération la faiblesse de constitution de ces frères. » Nous lisons encore au ch. xviii, de la *Règle* du même Ordre religieux : « Les frères doivent s'occuper à certaines heures du jour d'un travail manuel, et à d'autres moments, de la lecture des Livres saints. » Saint Fulgence, disciple de saint Augustin, avait embrassé ce genre de vie. Voici ce qu'en dit Ferraud au ch. xviii de la vie qu'il nous a laissée de ce saint évêque : « Il aimait à travailler de ses mains. Il avait un talent particulier pour faire des éventails avec des feuilles de palmier, et il ne renonça pas à ce genre de travail, même quand il fut nommé abbé de son monastère. Cependant il se livrait souvent dans sa cellule, en présence des frères, à la lecture des livres divins. » Et au ch. xxvii, nous lisons aussi : « Pour les frères qui s'occupaient de travaux corporels, et qui montraient peu de goût pour la lecture des lettres divines, il n'en faisait pas un grand cas, et n'avait pas pour eux la même affection que pour les autres. »

cum interea ubicumque in factis suis malis deprehensi fuerint, vel quoquo modo innotuerint, sub generali nomine monachorum vestrum propositum blasphematur, tam bonum, tam sanctum, quod in Christi nomine cupimus, sicut per alias terras, sic per totam Africam pullulare. Nonne ergo inflammamini zelo Dei? Nonne concalescit cor vestrum intra vos, et in meditatione vestra exardescit ignis (*Psal.* xxxviii, 4), ut istorum mala opera bonis operibus persequamini, ut eis amputetis occasionem turpium nundinarum, quibus existimatio vestra læditur, et infirmis offendiculum ponitur? Miseremini ergo et compatimini, et ostendite hominibus, non vos in otio facilem victum, sed per angustam et arctam viam hujus propositi, regnum Dei quærere. Eadem vobis causa est quæ Apostolo fuit, ut amputetis occasionem iis qui quærunt occasionem (II *Cor.*, ii, 12), ut illorum putoribus præfocantur, in odore vestro bono reficiantur.

Caput XXIX. — 37. Non alligamus onera gravia, et vestris humeris imponimus quæ nos digito attingere nolumus. (*Matth.*, xxiii, 4.) Quærite et agnoscite labores occupationum nostrarum, et in aliquibus nostrorum etiam corporum infirmitates, et Ecclesiarum quibus servimus talem jam consuetudinem, ut nos ad illa opera ad quæ vos hortamur vacare non sinant. Quanquam enim dicere possimus : « Quis militat suis stipendiis unquam? Quis plantat vineam, et de fructu ejus non edit? Quis pascit gregem, et de lacte gregis non percipit? » (I *Cor.*, v, 7.) Tamen Dominum Jesum, in cujus nomine securus hæc dico, testem invoco super animam meam, quoniam quantum attinet ad meum commodum, multo mallem per singulos dies certis horis, quantum in bene

vines, plutôt que d'être sans cesse occupé des embarras de causes étrangères touchant les affaires du siècle, soit pour les juger, soit pour les terminer dès leur origine par mon intervention. C'est un lourd fardeau que nous a imposé l'Apôtre, non de son propre mouvement, mais par la volonté de celui qui parlait par sa bouche; fardeau que cependant lui-même n'a pas eu à porter. Mais tel n'était pas le caractère de son apostolat. Il n'a pas dit en effet : Si vous avez des procès sur les affaires de ce monde, venez à moi, ou constituez-m'en le juge, mais : « Si vous avez des procès sur les affaires de ce monde, prenez pour juges ceux mêmes qui tiennent le dernier rang dans l'Eglise. Je le dis à votre confusion. Est-il possible qu'il ne se trouve point parmi vous un seul homme sage, qui puisse être juge entre ses frères? Mais on voit un frère plaider contre son frère; et cela devant des païens et des infidèles. » (I *Cor*., VI, 4.) Ce sont donc des sages demeurant dans les villes où avaient lieu ces procès, et non ceux que la prédication de l'Evangile emportait dans des contrées différentes, qu'il a voulu établir pour connaître de ces sortes d'affaires. Nous ne lisons donc nulle part dans les saintes Ecritures qu'il se soit jamais occupé de soins semblables, dont cependant nous ne pouvons nous dispenser, quelque peu considérable que nous soyons, parce qu'il a mieux aimé, à défaut de sages, déférer à notre jugement les causes concernant les chrétiens, plutôt que de les voir porter devant les tribunaux publics. Cependant ce travail, quelque pénible qu'il soit, ne laisse pas d'être accompagné de consolation divine, et nous nous en chargeons dans l'espoir de la vie éternelle, cette ineffable récompense des peines et des souffrances de la terre. Nous sommes en effet serviteurs de l'Eglise, et quelle que soit notre faiblesse, nous n'en sommes pas moins les membres d'un même corps. Je passe sous silence les autres soins innombrables que nous imposent les affaires ecclésiastiques, et dont personne ne peut se faire une idée, s'il n'en a pas fait lui-même l'expérience. Ce n'est donc point injustement que nous vous imposons « de lourds fardeaux, que nous ne voudrions pas remuer du doigt. » (*Matth.*, XXIII, 3.) Car celui qui lit au fond de notre cœur est témoin que si nous pouvions nous en charger, sans préjudice des devoirs que nous avons à remplir, nous aimerions bien mieux accomplir nous-même les choses que nous vous engageons à faire, que celles auxquelles nos fonctions nous obligent. Tous tant que nous sommes, nous comme vous, chacun selon sa condition et les devoirs qu'il a à remplir, nous avons à passer sur la terre une vie de travail et de peine. Cette vie cependant a ses joies et ses espérances, car il est doux et léger à

moderatis monasteriis constitutum est, aliquid manibus operari, et (*a*) cæteras horas habere ad legendum et orandum, aut aliquid de divinis litteris agendum liberas, quam tumultuosissimas perplexitates causarum alienarum pati de negotiis sæcularibus vel judicando dirimendis vel interveniendo præcidendis : quibus nos molestiis idem (*b*) afflixit Apostolus (I *Cor*., XIII, 1), non utique suo, sed ejus qui per eum loquebatur arbitrio, quas tamen ipsum perpessum fuisse non legimus. Alter enim se (*c*) habebat apostolatus ejus discursus. Nec dixit : « Sæcularia igitur judicia si habueritis, » (I *Cor*., VI, 4) ad nos deferte, aut nos constituite ad judicandum : sed, « eos qui contemptibiles sunt in Ecclesia, hos, inquit, collocate. Ad reverentiam vobis dico : sic non est inter vos quisquam sapiens, qui possit inter fratrem suum judicare; sed frater cum fratre judicatur, et hoc apud infideles? » Sapientes ergo qui in locis consistebant fideles et sanctos, non qui hac atque hac propter Evangelium discurrebant, talium negotiorum examinatores esse voluit. Unde nunquam de illo scriptum est, quod aliquando talibus vacaverit, a quibus nos excusare non possumus, etiamsi contemptibiles simus, quia et hos collocari voluit, si sapientes defuissent, potius quam ut negotia Christianorum deferrentur in forum. Quem tamen laborem non sine consolatione Domini suscipimus pro spe vitæ æternæ, ut fructum feramus cum tolerantia. Servi enim sumus ejus Ecclesiæ, et maxime infirmioribus membris, (*d*) qualialibet in eodem corpore membra simus. Omitto alias innumerabiles ecclesiasticas curas, quas fortasse nemo credit nisi qui expertus est. Non ergo alligamus onera gravia, et humeris vestris imponimus quæ nos digito non tangimus : quando quidem si officii nostri salva ratione possemus (videt ille qui probat corda nostra), mallemus hæc agere, quæ ut agatis hortamur, quam ea quæ nos agere cogimur. Sane omnibus et nobis et vobis pro nostro gradu et officio laborantibus et arcta via est in labore et ærumna, et tamen in spe gaudentibus jugum ejus lene est et sarcina levis, qui nos vocavit ad requiem, qui prior transitum fecit a

(*a*) Aliquot Mss. *et certas horas*. — (*b*) Plures Mss. *afflixit*. — (*c*) In Mss. multis, *se habebant*. — (*d*) Sic Mss. Editi vero, *quantalibet*.

porter le joug de celui qui nous appelle au repos, et qui le premier a traversé cette vallée de larmes, où lui-même a eu tant à souffrir. Si vous êtes nos frères et nos fils, serviteurs avec nous du même maître, ou plutôt si nous sommes vos serviteurs en Jésus-Christ, écoutez nos avertissements, reconnaissez l'utilité de nos préceptes, accomplissez sans peine ce que nous vous ordonnons. Serions-nous des pharisiens imposant à vos épaules de lourds fardeaux (*Matth.*, XXIII, 3), faites ce que nous vous disons, quand bien même vous n'approuveriez pas ce que nous faisons nous-même. « Nous nous mettons du reste fort peu en peine d'être jugé par vous ou par quelque homme que ce soit. » (I *Cor.*, IV, 3.) Celui à qui nous ouvrons le fond de notre cœur pour y lire ce qu'il y a mis lui-même, connaît toute la charité fraternelle que nous avons pour vous. Enfin pensez de nous ce que vous voulez. Saint Paul vous commande et vous conjure au nom du Seigneur de travailler en silence, c'est-à-dire en paix et avec soumission pour gagner le pain que vous mangez. L'Apôtre, je le pense, ne vous inspire aucune méfiance, et vous croyez en celui qui vous parle par sa bouche.

CHAPITRE XXX. — 38. Voilà, vénérable Aurèle, mon très-cher frère dans les entrailles du Christ, ce que je n'ai pas voulu différer de vous dire sur le travail des moines, autant que m'en a donné le pouvoir, celui qui par vous m'a ordonné de le faire. J'ai surtout mis tous mes soins pour que les moines paresseux, et qui ne veulent pas se soumettre aux préceptes de l'Apôtre, n'osent point appeler prévaricateurs de l'Evangile, les bons frères, qui obéissent volontiers aux commandements qui leur sont donnés, et pour que ceux qui ne veulent rien faire, ne croient pas qu'ils sont préférables à ceux qui veulent travailler. Qui pourrait souffrir, en effet, que des hommes rebelles aux salutaires préceptes de l'Apôtre fussent regardés, je ne dis pas seulement comme au-dessus des autres, mais qu'on les crût même plus méritants et plus saints? Ne serait-ce pas corrompre par une double erreur la sainte doctrine des bons monastères, d'abord par la licence accordée à la paresse, ensuite par le nom de sainteté donné faussement à la désobéissance? Que les autres frères, nos chers fils, sachent donc que ceux qui favorisent de tels moines, et qui, par inexpérience, ont coutume de défendre leur orgueil et leur présomption, feront bien de s'amender eux-mêmes, pour qu'à leur exemple les autres puissent se corriger, au lieu de devenir encore plus négligents à faire le bien. Nous ne les blâmons certainement pas de subvenir avec zèle aux besoins des serviteurs de Dieu, au contraire nous les en félicitons de tout notre cœur. Mais par une charité mal entendue, ils nuiraient plus à la vie future de ces serviteurs qu'ils, ne les soulageraient dans les nécessités de leur vie présente.

convalle plorationis, ubi nec ipse sine pressuris fuit. Si fratres, si filii nostri estis, si conservi, vel potius in Christo servi vestri sumus ; audite quæ monemus, agnoscite quæ præcipimus, sumite quæ dispensamus. Si autem Pharisæi sumus alligantes onera gravia et imponentes humeris vestris (*Matth.*, XXIII, 3); quæ dicimus facite, etiamsi quæ facimus improbatis. Nobis autem minimum est ut a vobis dijudicemur, aut ab humano die. (I *Cor.*, IV, 3.) Quam germana caritate sit nobis cura de vobis, ille inspiciat qui dedit quod inspiciendum ejus oculis offeramus. Postremo quod vultis sentite de nobis : Paulus apostolus vobis præcipit et obsecrat in Domino, ut cum silentio, id est, quieti et obedienter ordinati operantes vestrum panem manducetis. (II *Thess.*, III, 12.) Nec de illo, ut arbitror, aliquid mali creditis, et in illum qui per eum loquitur credidistis.

CAPUT XXX. — 38. Hæc, mi carissime et in Christi visceribus venerandæ frater Aureli, quantum donavit ut possem, qui per te mihi jussit ut facerem, de opere monachorum non distuli scribere, id maxime curans, ne boni fratres apostolicis præceptis obedientes a pigris et inobedientibus etiam prævaricatores Evangelii dicerentur : ut qui non operantur, saltem illos qui operantur sibi anteponendos esse non dubitent. Cæterum quis ferat homines contumaces saluberrimis Apostoli monitis resistentes; non sicut infirmiores tolerari, sed sicut etiam sanctiores prædicari, ut monasteria doctrina saniore fundata, gemina illecebra corrumpantur, et dissoluta licentia vocationis, et falso nomine sanctitatis? Sciant ergo etiam cæteri fratres et filii nostri, qui favere talibus et hujusmodi præsumptionem per ignorantiam defendere consuerunt, se potissimum corrigendos, ut illi corrigi possint, non ut infirmentur, benefacere. Sane in eo quod servis Dei prompte atque alacriter necessaria subministrant, non solum non reprehendimus, sed etiam suavissime amplectimur : sed ne perversa misericordia magis eorum futuræ vitæ noceant, quam præsenti subveniant.

39. On pèche beaucoup moins, en effet, quand on ne loue pas le pécheur dans les désirs de son âme, et lorsqu'on ne l'encourage pas dans ses iniquités.

CHAPITRE XXXI. — Quoi de plus injuste que d'exiger de ses inférieurs une obéissance qu'on refuse à ceux qui sont au-dessus de nous? Je veux dire celle qu'on doit à l'Apôtre, et non à nous, en ce qui regarde la chevelure que des moines ont l'habitude de porter fort longue. Saint Paul n'a pas voulu entrer en discussion à ce sujet. Il se contente de dire : « La nature même ne nous apprend-elle pas qu'il est honteux à un homme d'orner avec soin sa chevelure? S'il y a quelqu'un qui veuille contester à ce sujet, ce n'est point là notre coutume, ni celle de l'Eglise de Dieu. » (I *Cor.*, XI, 14, 16). Je recommande donc que l'on prenne plutôt en considération l'autorité de celui qui ordonne, que la subtilité de celui qui discute. A quoi bon, en effet, porter une longue chevelure contrairement aux préceptes de l'Apôtre? Est-ce pour pour éviter, par paresse, la peine de se faire couper les cheveux ? Est-ce pour imiter les oiseaux de l'Evangile, qui craignent d'être déplumés parce qu'ils ne pourraient plus voler? Je ne veux pas en dire davantage à ce sujet, par considération pour quelques-uns de nos frères qui portent de longs cheveux, et qu'à l'exception de ce ridicule, je respecte sous tous les rapports. Mais plus nous les chérissons en Jésus-Christ, plus nous les reprenons avec sollicitude. Nous ne craignons pas, en effet, que leur humilité repousse nos avertissements, puisque nous désirons nous-mêmes qu'ils ne nous épargnent pas leurs remontrances, s'il nous arrivait de nous écarter le moins du monde du droit chemin de la discipline. Nous ne saurions donc trop leur recommander de ne prêter aucune attention aux vains raisonnements de certains hommes, et de ne pas imiter l'orgueilleuse opiniâtreté de ceux auxquels ils ressemblent si peu dans tout le reste. En effet, ces gens promènent partout leur vénale hypocrisie, craignant qu'on ne les prenne pas pour des personnages aussi saints, s'ils étaient tondus, que s'ils portaient une longue chevelure. Ils voudraient qu'en les voyant, on crût avoir devant les yeux quelques-uns de ces hommes des anciens jours, tels que Samuel et autres, qui laissaient croître leurs cheveux. (*Nombre*, VI, 5.) Ils ne songent pas à la différence qu'il y a entre ce voile prophétique et la révélation de l'Evangile, dont l'Apôtre dit : « Mais quand ce peuple se convertira au Seigneur, le voile sera levé. » (II *Cor.*, III, 16.) En effet, le voile dont Moïse se couvrait le visage devant le peuple d'Israël (*Exode*, XXXIV, 33), représentait alors symboliquement la chevelure des saints. Le même Apôtre, dont l'autorité les accable en cette circonstance, dit aussi que la

---

39. Minus enim peccatur, si non laudetur peccator in desideriis animæ suæ, et qui iniqua gerit benedicatur. (*Psal.* IX, 24.)

CAPUT XXXI. — Quid autem iniquius, quam velle sibi obtemperari a minoribus, et nolle obtemperare majoribus? Apostolo dico, non nobis, in tantum ut etiam comam nutriant : unde ille nec disputari omnino voluit, dicens (I *Cor.*, XI, 14, 16, etc.) : « Si quis vult contentiosus esse, nos talem consuetudinem non habemus, neque Ecclesia Dei. Hoc autem præcipio : » ut scilicet non disserentis solertia requiratur, sed præcipientis auctoritas attendatur. Nam et hoc quo pertinet quæso, tam aperte contra Apostoli præcepta (*a*) comari ? An ita vacandum est, ut nec tonsores operentur? An quia c angelica volucres imitari se dicunt, quasi depilari timent, ne volare non possint? Vereor in hoc vitium plura dicere, propter quosdam crinitos fratres, quorum præter hoc multa et pene omnia veneramur. Sed quo magis eos in Christo diligimus, eo sollicitius admonemus.

Neque enim metuimus ne humilitas eorum respuat admonitionem nostram : quando quidem et nos in talibus, ubi forte titubamus aut aberramus, cupimus admoneri. Hoc ergo admonemus tam sanctos viros, ne stultis vanorum argumentationibus moveantur, et eos in hac perversitate imitentur, quibus sunt in cæteris longe dissimiles. Illi enim venalem circumferentes hypocrisim, timent ne vilior habeatur tonsa sanctitas quam comata, ut videlicet qui eos videt, antiquos illos quos legimus cogitet, Samuelem et cæteros qui non tondebantur. (*Num.*, VI, 5.) Nec cogitant quid intersit inter illud propheticum velamentum, et hanc Evangelii revelationem, de qua dicit Apostolus : « Cum transieris ad Christum, auferetur velamen. » (II *Cor.*, III, 17.) Quod enim significabat velamen interpositum inter faciem Moysi et aspectum populi Israel, hoc significabat illis temporibus etiam coma sanctorum. (*Exod.*, XXXIV, 33.) Nam idem Apostolus etiam comam pro velamento esse dicit, cujus auctoritate isti urgentur. Aperte quippe ait :

(*a*) Aliquot Mss. *conari*. Plures alii, *vacare*, aut *vacari*.

chevelure est un voile, car il déclare ouvertement, « qu'il est honteux à un homme de porter de longs cheveux. » (I *Cor.*, XI, 14.) Mais que répondent à cela nos moines ? Nous acceptons, disent-ils, cette ignominie à cause de nos péchés. Ce n'est qu'un voile d'humilité qu'ils jettent ainsi sur leur orgueil vénal, comme si l'Apôtre avait enseigné l'orgueil, quand il dit : « Tout homme qui prie ou qui prophétise la tête voilée, déshonore sa tête. Or, l'homme ne doit pas se couvrir la tête, parce qu'il est l'image et la gloire de Dieu. » (I *Cor.*, XI, 4, 7.) Celui qui dit : « Ne doit pas, » ne sait-il point par hasard enseigner l'humilité ? Mais si ces hommes affectent par humilité, au temps de l'Evangile, ce qui était un mystère, au temps des prophètes, qu'ils rasent leur tête et la couvrent d'un cilice. Mais alors ils n'étaleraient plus leur orgueil vénal, parce que Samson était voilé de sa chevelure et non d'un cilice. (*Juges*, XVI, 17.)

CHAPITRE XXXII. — 40. On ne saurait en vérité sans peine, entendre tous les raisonnements si ridicules auxquels ces moines ont eu recours, pour défendre leur coutume de porter de longs cheveux (1). L'Apôtre, disent-ils, a prescrit à l'homme de se raser la tête. Mais ceux qui se sont faits eux-mêmes eunuques, pour gagner le royaume de Dieu, ne sont plus hommes. O insigne folie! On peut dire avec raison, que celui qui raisonne ainsi, s'arme en quelque sorte d'une abominable impiété, pour combattre les oracles si clairs et si évidents des saintes Ecritures, et qu'en persévérant dans cette voie, il cherche à répandre dans l'esprit des autres le mortel venin de sa doctrine; c'est-à-dire, « que l'on est malheureux quand on ne marche pas suivant le conseil des méchants, quand on ne s'arrête pas dans la voie des pécheurs et qu'on ne s'est pas assis dans la chaire de dérision. » (*Ps.* I, 1.) S'il méditait jour et nuit sur la loi du Seigneur, il verrait que l'apôtre saint Paul, qui certes a fait preuve de la plus grande chasteté, dit : « Je voudrais que vous fussiez dans l'état où je suis moi-même. » (I *Cor.*, VII, 7.) Or, il se montre homme, je l'espère, et par sa vie et par son langage, quand il dit aux Corinthiens : « Lorsque j'étais enfant, je parlais en enfant, je jugeais, je pensais en enfant, mais lorsque je suis devenu homme, je me suis dégagé de tout ce qui tenait de l'enfance. » (I *Cor.*, XIII, 11.) Mais pourquoi parler de l'Apôtre à ces hommes qui raisonnent ainsi, et qui ne savent pas ce qu'ils pensent du Sei-

---

(1) On peut consulter, sur la coutume adoptée par certains Ordres, soit de se raser la tête, soit de porter de longs cheveux, Bellarmin, lib. *de Monach.*, et Baronius, tome I de ses annales. En Orient, parmi les moines de saint Basile appelée calohiers, et qui sont pour la plupart schismatiques, on attachait une vaine idée de sainteté à la longue chevelure que saint Augustin blâme dans ce chapitre. En Occident, la tonsure a été plus généralement observée par les clercs et par les moines. Chez ces derniers, lorsque les différents Ordres se sont multipliés, il y a eu presque autant de manières de se raser la tête qu'il y avait d'institutions diverses. Cette variété dans la tonsure a été adoptée, pour distinguer les unes des autres les congrégations qui, quoique ne formant toutes qu'un seul cœur et qu'une seule âme en Dieu, différaient cependant entre elles de règles, de juridiction, de gouvernement, de discipline et de pratiques.

« Vir quidem si comatus sit, ignominia est illi. » (1 *Cor.*, XI, 14.) Ipsam ignominiam, inquiunt, suscipimus merito peccatorum nostrorum : ad hoc obtendentes simulatæ humilitatis umbraculum, ut sub eo propugnant venalem (a) typhum : quasi Apostolus superbiam doceat, cum dicit : « Omnis vir orans aut prophetans velato capite, confundit caput suum. » (*Ibid.*, 4.) Et : « Vir quidem non debet velare caput, cum sit imago et gloria Dei. » (*Ibid.*, 7.) Qui ergo dicit : « non debet, » nescit forte docere humilitatem. Sed si hanc ignominiam tempore Evangelii, quod erat sacramentum tempore prophetiæ, pro humilitate isti appetunt; tondeant, et cilicio caput velent. Sed non erit tunc species illa venalis, quia Samson non cilicio, sed coma velabatur. (*Judic.*, XVI, 17.)

CAPUT XXXII. — 40. Jam illud, si dici potest, quam luctuose ridiculum est, quod rursus invenerunt ad defensionem crinium suorum. Virum, inquiunt, prohibuit Apostolus habere comam : qui autem se ipsos castraverunt propter regnum cœlorum, jam non sunt viri. (*Matth.*, XIX, 12.) O dementiam singularem ! Merito qui hoc dicit, adversus sanctæ Scripturæ manifesta præconia consilio nefandæ impietatis armatur, et perseverat in itinere tortuoso, et pestiferam doctrinam conatur inducere ; quia non est « beatus vir qui non abiit in consilio impiorum, et in via peccatorum non stetit, et in cathedra pestilentiæ non sedit. » (*Psal.* I, 1.) Nam si in lege Dei meditaretur die ac nocte, illic inveniret ipsum apostolum Paulum, qui certe summam castitatem professus dicit : « Vellem autem omnes homines esse sicut me ipsum : » (I *Cor.*, VII, 7) et tamen se virum ostendit non solum ita vivendo, sed etiam ita loquendo. Ait enim (I *Cor.*, XIII, 11) : « Cum essem parvulus, quasi parvulus loquebar, quasi parvulus sapiebam, quasi parvulus cogitabam ; cum autem vir effectus sum, evacuavi ea quæ parvuli erant. » Sed quid Aposto-

---

(a) Plures Mss. *typum*.

CHAPITRE XXXII.

gneur et du Sauveur lui-même. En effet, de quel autre est-il dit : « Jusqu'à ce que nous parvenions tous à l'unité d'une même foi et d'une même connaissance du Fils de Dieu, à l'âge de l'homme parfait et de la plénitude de Jésus-Christ ; mais afin que nous ne soyons plus flottants comme des enfants, et que nous ne nous laissions pas emporter à tout vent de doctrines par la malice des hommes, et par l'adresse qu'ils ont à nous envelopper dans l'erreur. » (*Ephés.*, IV, 13, 14.) C'est là, en effet, la malice par laquelle ces gens dont nous parlons séduisent les ignorants. Ce sont là les finesses et les ruses de l'esprit malin, par lesquelles eux-mêmes sont emportés, entraînant avec eux, comme dans le même tourbillon, les esprits faibles qui s'attachent à eux, afin que comme eux aussi, ils ne sachent plus où ils en sont. Ils ont cependant lu ou entendu ce qui est écrit : « Car vous tous qui avez été baptisés en Jésus-Christ, vous êtes revêtus de Jésus-Christ. Il n'y a plus de Juifs ni de Gentils, d'esclave ni d'homme libre, plus d'homme ni de femme, car vous êtes tous un en Jésus-Christ. » (*Gal.*, III, 27, 28.) Ils ne comprennent point que cela a été dit concernant la concupiscence de la chair dans le sexe, parce que dans l'homme intérieur, où se fait notre renouvellement spirituel, il n'y a pas de distinction de sexe. Qu'ils ne nient donc pas qu'ils sont hommes, parce qu'ils ne font aucun usage de leur sexe. Car les époux chrétiens qui en font usage ne sont pas chrétiens, par cette action, qui leur est commune avec les autres hommes qui ne sont pas chrétiens, et même avec les animaux. Autre chose, en effet, est ce que l'on accorde à la faiblesse de la chair ou à la propagation de l'espèce humaine, autre chose est ce que l'on accomplit dans une sainte profession, pour obtenir la vie incorruptible et éternelle. Ainsi, le précepte qui ordonne de ne pas se voiler la tête, regarde le corps, mais les paroles de l'Apôtre indiquent clairement qu'il s'agit ici de l'âme même où brillent l'image et la gloire de Dieu. « L'homme, dit-il aux Corinthiens (I *Cor.*, XII, 7), ne doit pas se couvrir la tête, puisqu'il est l'image et la gloire de Dieu. » Il indique, en effet, où est cette image, en disant : « Ne cherchez pas à vous tromper les uns les autres par des mensonges, mais dépouillez-vous du vieil homme et de ses œuvres, et revêtez-vous de l'homme nouveau qui, par la connaissance de la vérité, se renouvelle selon l'image de celui qui l'a créé. » (*Coloss.*, III, 9, 10.) Qui pourrait se refuser à croire que cette renaissance s'opère dans l'âme elle-même ? Que celui qui en doute écoute ce que l'Apôtre lui dit à ce sujet plus clairement encore dans un autre endroit : « Si toutefois vous êtes ses disciples et si vous avez appris de

---

lum commemorem, cum de ipso Domino et Salvatore nostro nesciant quid sentiant, qui hæc dicunt. Nam de quo alio dicitur : « Donec occurramus omnes in unitatem fidei et agnitionem filii Dei, in virum perfectum, in mensuram ætatis plenitudinis Christi, ut ultra non simus parvuli jactati et circumlati omni vento doctrinæ, in illusione hominum, in astutia ad machinationem erroris ? » (*Ephes.*, IV, 13, 14.) Qua illusione isti decipiunt imperitos, qua astutia et machinamentis inimici et ipsi circumferuntur, et in sua circumlatione cohærentes sibi animos infirmorum quodam modo rotare conantur, ut pariter nesciant ubi sint. Audierunt enim vel legerunt quod scriptum est : « Quicumque enim baptizati estis in Christo, Christum induistis, ubi non est Judæus, neque Græcus ; non servus, neque liber ; non masculus, neque femina : » (*Gal.*, III, 27, 28) et non intelligunt (*a*) secundum carnalis sexus concupiscentiam hoc esse dictum, quia in interiore homine ubi renovamur in novitate mentis nostræ (II *Cor.*, IV, 16) nullus sexus hujusmodi est. Non ergo propterea se negent viros, quia masculino sexu nihil operantur. Nam et conjugati Christiani qui hoc operantur, non secundum hoc utique Christiani sunt, quod habent commune cum cæteris non Christianis, et cum ipsis pecoribus. Aliud est enim quod vel infirmitati conceditur, vel mortali propagationi persolvitur, aliud autem quod ad capessendam incorruptam et æternam vitam fideli professione (*b*) significatur. Illud ergo quod de non velando capite viris præcipitur, in corpore quidem figuratur, sed in mente agi, ubi est imago et gloria Dei, verba ipsa indicant : « Vir quidem, inquit, non debet velare caput, cum sit imago et gloria Dei. » (1 *Cor.*, XI, 7.) Ubi autem sit hæc imago, ipse declaravit, cum dicit : « Nolite mentiri invicem, expoliantes autem vos veterem hominem cum actibus ejus, induite novum qui renovatur in agnitionem Dei secundum imaginem ejus qui creavit eum. » (*Coloss.*, III, 9, 10.) Quis dubitet hanc renovationem in mente fieri ? Sed et qui dubitat, audiat apertiorem sententiam. Eadem quippe admonens ita dicit alio loco : « Sicut est veritas in Jesu, deponere

---

(*a*) Lov. *non secundum*. Abest *non* ab editione Er. et plerisque manuscriptis. — (*b*) In Mss. *signatur*.

lui, selon la vérité de sa doctrine, à dépouiller le vieil homme selon lequel vous avez vécu autrefois, et qui se corrompt en suivant l'illusion de ses passions. Renouvelez-vous donc dans l'intérieur de votre âme, et revêtez-vous de l'homme nouveau qui a été créé à l'image et à la ressemblance de Dieu dans la justice et la sainteté véritable. » (*Ephés.*, IV, 21.) Mais quoi donc? Les femmes n'ont-elles pas aussi ce renouvellement de l'âme où est l'image de Dieu? Qui dit cela? Mais ce renouvellement spirituel n'est pas signifié par leur sexe. C'est pour cela qu'il leur est ordonné de se voiler. Car par cela même qu'elles sont femmes, elles désignent cette partie qu'on peut appeler sensuelle, soumise à la domination de l'esprit, comme l'esprit lui-même l'est à Dieu, quand il agit avec ordre et justice. Ainsi, ce que sont dans un même homme l'esprit et la convoitise (car l'esprit est la partie qui règle les mouvements de la concupiscence, et la concupiscence est la partie qui lui est soumise), cela, dis-je, est figuré dans l'homme et dans la femme, selon la différence du sexe. L'Apôtre, en parlant de ce mystère, dit que l'homme ne doit pas se voiler, tandis que la femme le doit. L'esprit, en effet, s'élève d'autant plus glorieusement vers les choses supérieures, que la concupiscence est plus empêchée de tendre vers les choses inférieures, jusqu'à ce que l'homme tout entier, même avec ce corps aujourd'hui mortel et si fragile, se revête, au jour de la résurrection, d'une nature incorruptible et immortelle, et que la mort soit absorbée dans sa propre victoire. (I *Cor.*, XV, 54.)

Chapitre XXXIII. — 41. Que ceux qui ne veulent pas faire le bien, cessent du moins d'enseigner le mal. Ceux que nous reprenons et que nous blâmons dans cet écrit, sont ceux qui, contrairement au précepte de l'Apôtre, laissent croître leurs cheveux et troublent ainsi la discipline de l'Eglise, parce que les autres, qui ne veulent pas mal penser de leurs frères, sont par leur exemple forcés d'interpréter faussement les paroles de l'Apôtre. Il y en a d'autres qui aiment mieux défendre le vrai sens des saintes Ecritures, que de flatter les hommes quels qu'ils soient. De là naissent entre les frères plus ou moins forts d'esprit des contestations remplies d'amertume, et qui ne sont pas sans danger pour la saine et salutaire doctrine. Si ceux dont nous admirons et aimons dans tout le reste la vie et la conduite, étaient pénétrés de la vérité de nos avertissements, ils se corrigeraient sans aucun doute. Ce n'est donc pas à eux que s'adressent nos reproches, mais nous les adjurons et les supplions, par la divinité et l'humanité de Jésus-Christ, de ne plus désormais scandaliser, par leur exemple, les faibles pour lesquels

vos secundum priorem conversationem veterem hominem, eum qui corrumpitur secundum concupiscentias deceptionis; renovamini autem spiritu mentis vestræ, et induite novum hominem eum qui secundum Deum creatus est. » (*Ephes.*, IV, 21, etc.) Quid ergo, mulieres non habent hanc innovationem mentis, ubi est imago Dei? Quis hoc dixerit? Sed corporis sui sexu non eam significant : propterea velari jubentur. Illam quippe significant partem, eo ipso quo mulieres sunt, quæ concupiscentialis dici potest, cui mens dominatur, etiam ipsa subdita Deo suo, quando rectissime et ordinatissime vivitur. Quod ergo est in uno homine mens et concupiscentia, (illa enim regit, hæc regitur), illa dominatur, hæc subditur;) hoc in duobus hominibus viro et muliere secundum sexum corporis figuratur. De quo sacramento loquens Apostolus dicit, virum non debere velari, sed debere mulierem. Tanto enim gloriosius mens ad superiora promovetur, quanto diligentius ab inferioribus concupiscentia cohibetur; donec totus homo cum ipso etiam mortali nunc et fragili corpore in resurrectione novissima incorruptione atque immortalitate induatur, et absorbeatur mors in victoriam. (I *Cor.*, XV, 54.)

Caput XXXIII. — 41. Quapropter qui recta facere nolunt, desinant saltem docere perversa. Sed alii sunt, quos isto sermone corripimus : illos autem qui hoc uno vitio capillorum contra præceptum apostolicum demissorum offendunt et perturbant Ecclesiam : quia cum alii nolentes de illis mali aliquid sentire, coguntur manifesta verba Apostoli in perversam detorquere sententiam, alii sanum intellectum Scripturarum defendere malunt, quam (*a*) quoslibet homines adulare; existunt inter fratres infirmiores et firmiores amarissimæ et periculosissimæ contentiones : quod illi forte si scirent, hoc quoque sine dubitatione corrigerent, quorum cætera miramur et amamus. Illos ergo non corripimus, sed rogamus et obsecramus per divinitatem et humanitatem Christi, et per caritatem Spiritus sancti, ne ultra jam ponant hoc offendiculum infirmis, pro quibus Christus mortuus est, et dolorem cruciatumque nostri cordis exagge-

(*a*) Sic Mss. Lov. *quibuslibet hominibus adulari*.

CHAPITRE XXXIII.

e Christ est mort, et de prendre en pitié la douleur qui nous accable, lorsque nous pensons que es méchants sont d'autant plus portés à imiter ce nal pour égarer les autres, que l'exemple leur en est donné par ceux dans lesquels nous honorons avec une affection toute chrétienne, tant d'autres bonnes et saintes qualités. Que si après cet avertissement, ou plutôt après nos instantes prières, ils voulaient persister dans cette pernicieuse erreur, il ne nous resterait plus qu'à les plaindre et à gémir. Ils connaissent maintenant notre pensée ; cela suffit. S'ils sont de vrais serviteurs de Dieu, ils auront pitié de nos peines. S'ils n'en sont pas touchés, je ne veux pas en dire davantage. C'est pourquoi, mon cher frère, si vous approuvez toutes ces choses sur lesquelles peut-être je me suis étendu plus que ne le permettaient mes occupations et les vôtres; donnez-en connaissance à ceux que nous aimons à appeler nos fils et nos frères, et pour lesquels vous m'avez imposé la tâche que je viens de remplir. Si vous trouvez quelque chose à retrancher ou à corriger dans cet écrit, faites-le moi savoir par votre réponse.

rent, cum cogitamus quanto proclivius hoc malum ad decipiendos homines imitari possint mali, cum in eis hoc vident quos propter alia tanta bona debitis officiis Christianæ dilectionis honoramus. Quod si post hanc admonitionem vel potius obsecrationem nostram, in eo sibi perseverandum esse putaverint, nihil aliud faciemus quam dolebimus et gememus. Hoc noverint, sufficit : si servi Dei sunt, miserentur; si non miserentur, nolo quidquam gravius dicere. Hæc itaque omnia in quibus fortasse loquacior fui, quam vellent occupationes et tuæ et meæ, si approbas, fac innotescere fratribus et filiis nostris, propter quos mihi es hoc onus dignatus imponere : si autem aliquid retrahendum vel emendandum videtur, rescriptis tuæ beatitudinis noverim.

SUR LE LIVRE SUIVANT

ON LIT AU LIVRE II DES RÉTRACTATIONS, CHAPITRE XXX.

Vers ce même temps (1), je dus, à la suite d'une certaine conférence, écrire sur la *Divination des démons*, un livre qui porte ce titre. Dans un passage de cet ouvrage (ch. v), j'avance que « parfois les démons connaissent facilement les dispositions des hommes, non-seulement lorsqu'elles sont exprimées par la parole, mais même simplement conçues par la pensée, pour peu que quelque signe extérieur les manifeste. » Cette assertion est peut-être trop affirmative, au sujet d'un point si obscur. Que les démons, par certains moyens, parviennent à cette connaissance, c'est un fait hors de doute. Mais est-ce par quelques signes extérieurs qui nous échappent, est-ce par leur nature spirituelle et les ressources qu'elle leur offre, qu'ils arrivent à cette connaissance? C'est ce qu'il est très-difficile et peut-être impossible aux hommes d'affirmer avec certitude. Ce livre commence par ces mots : « Un jour pendant l'octave des fêtes de Pâques. »

(1) Par ces mots saint Augustin indique que cet ouvrage fut composé dans le temps qu'il publiait contre les Donatistes, les écrits qu'il vient de mentionner ; c'est-à-dire de l'an 406 à 411.

IN LIBRUM SUBSEQUENTEM

LIBRI II RETRACTATIONUM, CAPUT XXX.

Per idem tempus accidit mihi ex quadam disputatione necessitas, ut *de Divinatione dæmonum* libellum scriberem, cujus titulus iste ipse est. In ejus autem quodam loco, ubi dixi, dæmones « aliquando et hominum dispositiones, non solum voce prolatas, verum etiam cogitatione conceptas, cum signa quædam ex animo exprimuntur in corpore, tota facilitate perdiscere, » (cap. v) rem dixi occultissimam audaciore asseveratione quam debui : nam pervenire ista ad notitiam dæmonum per nonnulla etiam experimenta, compertum est; sed utrum signa quædam dentur ex corpore cogitantium illis sensibilia, nos autem latentia, an alia vi et ea spirituali ista cognoscant, aut difficillime potest ab hominibus, aut omnino non potest inveniri. Hic liber sic incipit : « Quodam die in diebus sanctis Octavarum. »

SUR LA
DIVINATION DES DÉMONS

LIVRE UNIQUE [1]

Parce que la divination des démons et tout ce qui concerne leur culte, ne peut avoir lieu sans la permission de Dieu, il ne s'ensuit point que cela soit permis. D'où vient cette prévision des démons, parfois annonçant le vrai par conjecture et plus souvent le faux.

CHAPITRE I. — 1. Un jour pendant l'octave des fêtes de Pâques (2), plusieurs frères parmi les chrétiens laïques étaient réunis vers le matin, dans ma maison ; et lorsque nous fûmes assis dans le lieu ordinaire de nos conférences, l'entretien tomba sur la religion chrétienne, mise en regard de l'orgueilleux savoir, et de la science si grande et presque prodigieuse des païens. Cet entretien, je l'ai recueilli dans ma mémoire pour le compléter et le fixer dans un ouvrage écrit, sans nommer les personnes qui étaient mes contradicteurs, quoiqu'ils fussent des chrétiens, et qu'ils parussent surtout, dans leurs objections, chercher ce qu'il fallait répondre aux païens. On parlait donc de la divination des démons, et on affirmait qu'un d'entr'eux avait prédit la destruction du temple de Sérapis, qui eut lieu à Alexandrie. Je répondis qu'il n'y avait en cela rien d'étonnant ; que les démons pouvaient savoir et prédire la prochaine destruction de leur temple et de leur idole, comme beaucoup d'autres choses, autant qu'il leur est permis de les connaître et de les annoncer.

2. Donc, me répliquait-on, les divinations de ce genre ne sont pas mauvaises et ne déplaisent pas à Dieu ; autrement il ne les permettrait pas, lui qui est tout puissant et juste, si elles étaient mauvaises et injustes. Je répondis qu'il ne fallait pas les regarder comme bonnes, par cette raison que Dieu les permet, quoiqu'il soit tout puissant et très-juste. Combien ne voit-on pas d'autres choses évidemment injustes, comme les homicides, les adultères, les vols, les rapines et mille autre crimes, que Dieu, dans sa justice,

---
(1) Écrit entre l'année 406 et 411.
(2) Saint Augustin, dans d'autres endroits de ses ouvrages, parle de l'octave solennelle qui avait lieu pour les nouveaux baptisés aux fêtes de Pâques. Voyez la note sur le sermon CCLX.

DE
DIVINATIONE DÆMONUM

LIBER UNUS.

Divinationes dæmonum et quæ ad eorum cultum pertinent, non ideo recte fieri, quia nisi Deo sinente non fiunt. Unde sint illæ dæmonum divinationes, curve interdum veræ, licet plerumque falsæ.

CAPUT I. — 1. Quodam die in diebus sanctis Octavarum, cum mane apud me adessent multi fratres laici Christiani, et in loco solito consedissemus, ortus est sermo de religione Christiana adversus præsumptionem et tanquam miram et magnam scientiam paganorum ; quem recordatum atque completum litteris mandandum putavi, non expressis contradicentium personis, quamvis Christiani essent, et magis contradicendo quærere viderentur quid paganis responderi oporteret. Cum ergo de divinatione dæmonum quæreretur, et affirmaretur prædixisse nescio quem, eversionem templi Serapis, quæ in Alexandria facta est : Respondi, non esse mirandum, si istam eversionem templi (a) et simulacri sui imminere dæmones, et scire et prædicere potuerunt, sicut alia multa, quantum eis nosse et prænuntiare permittitur.

2. Et cum mihi referretur : Non ergo sunt malæ divinationes hujusmodi, nec Deo displicent ; alioquin omnipotens et justus ista fieri non permitteret, si mala et injusta essent. Respondi, non ideo hæc videri justa debere, quod ea fieri permittit omnipotentissimus et justissimus Deus : nam et alia multa manifestissime injusta fieri, sicut homicidia, adulteria, furta, rapinas, et cætera hujusmodi, quæ quamvis

---
(a) Sic Mss. At editi, *eversionem templi simulacris suis imminere.*

réprouve certainement, à cause de leur caractère d'iniquité ; mais cependant il les permet, tout puissant qu'il est, par une certaine disposition de ses jugements, non pour les laisser impunis, mais pour la damnation de ceux qui les commettent.

3. On me répondait, qu'à la vérité il ne fallait pas douter que Dieu ne fût tout-puissant et juste ; qu'à l'égard des fautes de l'homme qui attaquent les intérêts de la société, Dieu ne s'y opposait point, et que pour cette raison elles se produisaient librement, le contraire devant arriver, si le Tout-Puissant ne les eût pas permises. Mais qu'il fallait penser tout autrement des actes, qui appartiennent au culte même de la religion ; que Dieu ne pouvait pas leur laisser la même liberté, à moins qu'ils ne lui fussent agréables, et que par conséquent il ne fallait pas les regarder comme mauvais. Voici ma réponse : Donc maintenant ils lui déplaisent, puisque les temples et les idoles sont renversés, et qu'on punit les idolâtres, s'ils osent offrir des sacrifices. Car vous dites : Ces actes n'ont eu lieu que parce qu'ils étaient agréables à Dieu, et on doit les regarder comme bons, puisqu'ils lui plaisent ; et je dis à mon tour qu'on n'a pu les défendre, les abolir, les punir, que parce qu'ils déplaisaient à Dieu ; et si vous dites que ces usages étaient bons, sous le prétexte que c'était une preuve qu'ils plaisaient à Dieu, tandis qu'il ne faisait que les tolérer ; maintenant vous avouerez qu'ils sont mauvais, puisque nous prouvons qu'ils lui déplaisent, en ce qu'il ordonne ou permet de les abolir.

CHAPITRE II. — 4. Mon contradicteur répondait : Maintenant ces usages sont illicites, sans être mauvais ; ils sont illicites, parce qu'ils violent les lois qui les défendent. Mais ils ne sont pas mauvais ; car s'ils eussent été mauvais, ils n'auraient jamais été agréables à Dieu. Or, s'ils ne lui eussent pas été agréables, ils n'auraient jamais existé, Dieu qui peut tout ne pouvant le permettre ni tolérer ces abus, et des abus de si grande importance que, s'ils sont mauvais, ils attaquent la religion elle-même ou le culte de Dieu. A quoi je répliquai : Si ces usages ne sont pas mauvais, parce que vous prouvez qu'ils plaisent à Dieu, en ce qu'il les permet, comment sera-t-il bon de les prohiber et de les abolir ? Si ce n'est pas un bien d'abolir ce qui plaît à Dieu, Dieu ne doit pas le permettre, et ce serait attaquer la religion qui est le culte de Dieu, si les hommes se permettent de détruire ce qu'il plaît à Dieu. Or, si Dieu, dans ce cas, permet une chose qui serait injuste, il ne faut donc pas regarder comme bonnes, des choses qu'il n'aurait seulement permises.

5. On m'objecta qu'on accordait que tous ces

justo Deo, eo quod injusta sunt, sine dubitatione displiceant; idem tamen omnipotens ea fieri certa judicii sui ratione permittit; non utique impune, sed ad eorum damnationem, a quibus fiunt quæ displicent justo.

3. Et cum e contrario diceretur, non quidem esse dubitandum quod omnipotens et justus sit Deus : sed hæc humana peccata, quæ contra societatem hominum fierent, non eum curare dum fierent, propterea ea posse fieri; quæ utique fieri non possent, si omnipotens non sivisset : illa vero quæ ad ipsum religionis cultum pertinent, nullo modo ab eo credendum esse contemni; ac per hoc si tunc fieri non potuisse, nisi ei placuissent, et ideo ea mala putari non oportere. Ad hoc quoque respondi : Nunc ergo ei displicent, cum templa et simulacra evertuntur, et illa gentium sacrificia si facta fuerint puniuntur. Sicut enim dicitur, non ea fieri potuisse, nisi Deo placuissent, et ideo bona putanda, quoniam justo placent ; ita dici potest non ea prohiberi, everti, puniri potuisse, nisi Deo displicerent ; ac per hoc si tunc ideo recte fiebant, quia justo Deo placere hinc ostendebantur, quod ab illo fieri sinebantur; ideo nunc inique fiunt, quia Deo displicere hinc ostenduntur, quod ea vel jubet vel permittit everti.

CAPUT II. — 4. Contra hoc dictum est : injusta quidem esse nunc ista, non tamen mala; et ideo injusta, quia contra leges quibus prohibentur fiunt ; ideo autem non mala, quia si mala essent, nunquam Deo utique placuissent : porro si nunquam placuissent, nunquam et facta essent, illo non sinente qui omnia potest, et qui talia non contemneret; quando tam magna sunt, ut contra ipsam religionem qua Deus colitur fierent, si male fierent. Hic ego : Si propterea, inquam, mala non sunt, quia Deo placere hinc probantur, quod ea fieri sinit omnipotens; quomodo erit bonum quod fieri prohibentur et evertuntur? Si autem bonum non est quod evertuntur quæ Deo placent, hoc fieri non sineret omnipotens ; quia et hoc contra religionem fit qua colitur Deus, si ea quæ Deo placent ab hominibus evertuntur. Si autem hoc ut male fiat permittit omnipotens, non ideo putanda sunt illa bona, quod ea fieri permisit omnipotens.

5. Dictum contra est, concedendum esse nunc ista recte non fieri, imo ideo prorsus jam non fieri, quod

usages n'avaient plus de raison d'être, et qu'ils étaient bien abolis, puisqu'ils déplaisent au Tout-Puissant. Cependant ils lui plaisaient, lorsqu'ils existaient. Comment lui plaisaient-ils alors? comment lui déplaisent-ils aujourd'hui? Nous n'en savons rien; ce qui est certain, c'est qu'ils n'ont pas pu exister sans lui plaire, ni disparaître autrement que parce qu'ils lui déplaisaient. Pourquoi donc, répondis-je, toutes ces pratiques se font-elles encore aujourd'hui dans le secret, restant complétement ignorées, ou étant punies quand on les découvre, si le Tout-Puissant ne doit rien permettre que ce qui plaît à sa justice, ce qui est injuste ne pouvant pas lui plaire. — Mais, dit mon contradicteur, il n'y a plus rien maintenant, car vous ne voyez plus ces sacrifices, comme ils étaient prescrits dans les livres pontificaux. Alors tout se faisait suivant la règle; tout cela plaisait évidemment à Dieu, par cela même que Dieu, tout puissant et juste, le permettait librement. Si donc aujourd'hui on se livre dans le secret, et malgré les défenses, à quelque réminiscence des sacrifices prohibés, il ne faut pas voir, dans ces pratiques, la grande cérémonie du sacrifice pontifical, mais il faut les ranger parmi les œuvres nocturnes, puisqu'il est certain qu'elles sont condamnées et défendues, comme illicites, par les livres pontificaux eux-mêmes. — Très-bien, répondis-je. Pourquoi donc alors Dieu les souffre-t-il, s'il ne doit rien dédaigner de ce qui attaque la religion? Vous êtes surtout forcés d'avouer qu'il y attache une grande importance, vous qui vénérez les livres pontificaux, parce que les choses que ces livres défendent, vous affirmez qu'elles sont défendues par l'ordre de Dieu. Comment sont-elles défendues par l'ordre de Dieu, si ce n'est parce qu'elles lui déplaisent, et qu'en les défendant, non-seulement il montre son déplaisir, mais encore le soin qu'il prend de son culte, et sa vigilance à ne rien négliger. D'où il faut conclure qu'il y a des choses que Dieu réprouve dans sa justice, et qu'il permet comme tout-puissant.

6. Après cette discussion, on fut d'accord qu'il ne fallait pas croire qu'une chose était juste et bonne, parce que le Dieu tout-puissant, quoiqu'il la réprouve, permet qu'elle arrive, et en outre que les maux qui attaquent la religion qui est le culte de Dieu, Dieu les réprouve par sa justice, et qu'il les permet comme tout-puissant, par une raison particulière de son jugement. — Mais il nous faut passer à un autre sujet, savoir, d'où viennent les divinations que l'on attribue soit aux démons, soit à d'autres êtres quelconques que les païens appellent des dieux. Nous aurons à examiner, non pas peut-être si ces choses doivent être réputées bonnes, parce Dieu les permet, mais pourquoi elles sont

omnipotenti nunc displicent; verumtamen placuisse cum fierent: nos enim nescire unde tunc placuerint, nunc autem unde displiceant; dum tamen certum sit, nec tunc fieri potuisse nisi placuissent omnipotenti, nec nunc cessasse nisi displicuissent omnipotenti. Ad hoc ego: Cur ergo, inquam, et nunc talia clanculo fiunt, quæ vel perpetuo delitescunt, vel deprehensa puniuntur, si nihil horum fieri sinit omnipotens, nisi quod ei justo placet, cum justo quod injustum est placere non possit? Contra hoc dictum est, nunc omnino talia non fieri: Sacra enim illa, inquit, non fiunt, quæ pontificalibus conscripta sunt libris: ea quippe tunc recte fiebant, ea tunc Deo placere demonstrabantur, eo ipso quod ab omnipotente ac justo fieri sinebantur: si quid autem nunc prohibitorum sacrificiorum fit occulte atque illicite, non est illi pontificali sacrificiorum generi comparandum, sed in eo deputandum, quod etiam nocturno fit tempore; cum hæc omnia illicita ipsis pontificalibus libris certum sit prohiberi atque damnari. Illic respondi: Cur ergo vel talia permittit Deus fieri, si nihil horum malefactorum contemnit quæ contra religionem fiunt; cum præsertim hæc cum curare hinc etiam cogantur concedere qui pontificales libros magni æstimant, quod ea quæ his libris prohibentur, utique prohiberi divinitus asserunt? Quomodo ergo divinitus prohibentur, nisi quia displicent Deo, quæ utique prohibendo non solum sibi displicere, verum etiam curare se ostendit, neque omnino contemnere? Unde colligitur quod Deus aliquid et improbet justus, et tamen permittat omnipotens.

6. Hæc cum dicta essent, concessum est, non ideo putandum aliquid juste ac bene fieri, quia (a) hoc omnipotens, quamvis ei displiceat, fieri tamen sinit; fatendumque esse etiam illa mala quæ contra religionem qua colitur Deus fiunt, et displicere Deo justo, et ratione judicii ejus ab omnipotente permitti: sed aliud jam esse tractandum, unde sint divinationes vel dæmonum, vel quilibet illi sint quos deos pagani vocant: videndum enim esse ne forte, non quidem propterea hæc bona putanda sint, quia ea fieri permittit omnipotens; sed ideo quia tam magna

(a) Duo Mss. *quia id Deus, licet sit justus et omnipotens, fieri tamen sinit.*

si extraordinaires, qu'on serait tenté de ne les attribuer qu'à la puissance de Dieu. J'ai promis de répondre plus tard à toutes ces questions, parce que l'heure me pressait de me rendre à l'assemblée du peuple. Je me suis donc empressé, sitôt que j'ai été libre d'écrire, et de mettre en ordre ce qui précède, et d'y ajouter ce qu'on va lire.

Chapitre III. — 7. Telle est la nature des démons, qu'avec un corps aérien, ils sont doués d'un sens beaucoup supérieur à celui des corps terrestres, et d'une célérité si extraordinaire, qu'elle efface et bien au delà non-seulement la course de certains hommes et de certains animaux, mais encore le vol des oiseaux. Possédant ces deux facultés qui conviennent à un corps aérien, je veux dire la vivacité des sens et la célérité du mouvement, les démons prédisent ou annoncent plusieurs choses qu'ils connaissent d'avance, et que les hommes retardés par la grossièreté du sens terrestre sont étonnés d'apprendre. Ajoutez à cela que les démons, pendant les longs siècles que se prolonge leur vie, acquièrent une expérience des choses, beaucoup plus que l'homme ne peut le faire, pendant les jours si abrégés de sa vie. Grâce à toutes ces facilités que donne la nature d'un corps aérien, les démons non-seulement prédisent l'avenir, mais encore ils font des prodiges. Comme les hommes n'ont pas ce pouvoir, on s'est imaginé que les démons étaient dignes du culte et des honneurs divins, et en cela on obéissait surtout à un mouvement d'ambition qui pousse à l'amour d'une félicité fausse et terrestre et de l'orgueil temporel. Quant à ceux qui se rendent inaccessibles à ces passions sans se laisser prendre à ces ruses et à ces séductions, et qui recherchent pour s'y attacher un bien permanent, dont la possession les rend heureux, ceux-là considèrent que les démons n'ont aucune supériorité sur eux, pour avoir un sens plus actif dans un corps aérien, c'est-à-dire, composé d'un élément plus subtil. En jetant les yeux sur la terre, environt-ils, comme leur étant supérieurs, les animaux qui devinent plus vivement la présence des objets? Le chien, par exemple, à cause de sa sagacité, le chien, dont l'odorat très-fin sait découvrir la bête cachée, pour la livrer au chasseur, non qu'il soit plus intelligent que son maître, mais parce qu'il est doué d'un sens plus fin. Ou bien le vautour qui accourt de loin, du haut des airs, sans qu'on puisse s'en douter, vers un cadavre abandonné. Ou bien l'aigle qui de la hauteur sublime de son vol aperçoit le poisson nageant au sein des mers, se précipite, l'arrache des eaux, et l'emporte dans ses serres? Combien d'autres animaux qui parcourent les prairies au milieu des

---

sunt, ut non nisi Dei potentiæ tribuenda esse videantur. Ad hoc me postea responsurum esse promisi, quoniam tunc hora prodeundi ad populum jam nos urgebat: nec distuli, cum spatium datum est (*a*) scribendi, et illa retexere, et ista subtexere.

Caput III. — 7. Dæmonum ea est natura, ut aerii corporis sensu terrenorum corporum sensum facile præcedant; celeritate etiam propter ejusdem aerii corporis superiorem mobilitatem non solum cursus quorumlibet hominum vel ferarum, verum etiam volatus avium incomparabiliter vincant. Quibus duabus rebus quantum ad aerium corpus attinet præditi, hoc est, acrimonia sensus et celeritate motus, (*b*) multa ante cognita prænuntiant vel nuntiant, quæ homines pro sensus terreni tarditate mirantur. Accessit etiam dæmonibus per tam longum tempus quo eorum vita protenditur, rerum longe major experientia, quam potest hominibus propter brevitatem vitæ provenire. Per has efficacias quas aerii corporis natura sortita est, non solum multa futura prædicunt dæmones, verum etiam multa mira faciunt. Quæ quoniam homines dicere ac facere non possunt, eos dignos quidam quibus serviant et quibus divinos honores deferant, arbitrantur, instigante maxime vitio curiositatis, propter amorem felicitatis falsæ atque terrenæ et excellentiæ corporalis. Qui autem se ab his cupiditatibus mundant, nec eis se (*c*) fallendos capiendosque permittunt, sed inquirunt et amant aliquid quod eodem modo semper est, cujus participatione beati sint; primum considerant non ideo sibi præponendos esse dæmones, quod acriore sensu corporis prævalent, aerii scilicet, hoc est subtilioris elementi: quia nec in ipsis terrenis corporibus bestias sibi præponendas putant, quæ acrius multa præsentiunt; velut sagacem canem, quia latentem feram olfactu acerrimo sic invenit, ut ad eam capiendam ducatum quemdam homini præbeat, non utique prudentiore intellectu animi, sed acutiore corporis sensu; vel vulturem, quia projecto cadavere ex improvisa longinquitate advolat; nec aquilam, quia sublimiter volans de tanto intervallo sub fluctibus natantem piscem dicitur pervidere, et graviter aquis illisa

(*a*) In Mss. *scribendo et illa retexere*, etc. — (*b*) Sic Mss. Editi autem, *multa*. — (*c*) Plerique Mss. *feriendos rapiendosque*.

plantes vénéneuses, sans toucher à celles qui leur seraient nuisibles, tandis que l'homme, même avec l'expérience, a beaucoup de peine à s'en préserver, et qu'il n'ose toucher à des aliments inoffensifs parce qu'il ne les connait pas. D'où il est facile de conjecturer combien le sens peut être plus vif dans les corps aériens ; et cependant si l'on est sage, dira-t-on que les démons qui en sont doués sont supérieurs à l'homme de bien ? Je dirai la même chose de la célérité des corps ; et sous ce rapport l'homme doit céder le pas non-seulement aux oiseaux, mais encore à un grand nombre de quadrupèdes, au point que, comparativement à eux, on dira qu'il est lourd comme du plomb. Malgré cela, il n'ira pas mettre, dans un rang supérieur, tous ces animaux, dont il s'attribue l'empire, non par la force du corps, mais par celle de l'intelligence, pour les prendre, les apprivoiser et les façonner à l'usage et au service de sa volonté.

Chapitre IV. — Quant à cette troisième puissance des démons, qui consiste dans la science que leur donne une longue expérience, pour connaître d'avance et prédire certaines choses, l'homme ne peut que la mépriser, quand il prend un soin vigilant de discerner ces sortes de révélation de la vérité de la vraie lumière. C'est ainsi qu'un jeune homme vertueux n'accordera pas une estime de supériorité à ces vieillards corrompus, quoique plus instruits par l'expérience et plus savants que lui. Et ces médecins, ces navigateurs, ces agriculteurs, dont le cœur est dépravé et les mœurs scandaleuses, auront-ils donc la palme sur l'homme de bien, parce qu'en parlant, les uns de la santé, les autres des tempêtes, les autres des plantes et des fruits, ils diront des choses extraordinaires, et paraîtront, pour celui qui est inexpérimenté, faire des révélations prophétiques ?

8. Quoique les démons fassent des prédictions et même des prodiges suivant le privilége de leur nature corporelle, pourquoi l'homme sage ne le mépriserait-il pas ; puisque des hommes pervers et corrompus deviennent si habiles dans les exercices du corps et dans les représentations qu'ils donnent, qu'à peine ceux qui ne les connaissent pas et ne les ont jamais vus, peuvent croire le récit qu'on leur en fait ? Voyez les funambules, les opérateurs de théâtre, les charlatans, et surtout les faiseurs de tours avec leurs merveilleuses jongleries ; les mettez-vous au-dessus des gens de bien et des hommes d'une piété édifiante ? J'ai rappelé tous ces faits, afin que l'homme qui les examine sans obstination et sans un vain désir de contradiction réfléchisse en même temps que si en agissant sur la matière grossière qui nous est soumise, soit dans notre corps, soit dans la terre et l'eau, soit dans

exertis pedibus atque unguibus rapere : nec alia multa animantium genera, quæ inter herbas saluti suæ noxias pascendo circumerrant, nec aliquid eorum quo lædantur attingunt; cum eas homo vix experiendo cavere didicerit, et multa innoxia quod sint inexperta formidet. Unde conjicere facile est, quanto possit in aeriis corporibus sensus acrior esse : nec ideo tamen dæmones, qui eo præditi sunt, bonis hominibus præponendos prudens quisque censuerit. Hoc et de corporum celeritate dixerim : et hac enim præstantia, non solum a volucribus homines, verum etiam a multis quadrupedibus ita superantur, ut in eorum comparatione plumbei deputandi sint; nec tamen ideo sibi hæc animantium genera existimant præponenda, quibus capiendis, mansuefaciendis, atque in suæ voluntatis usum commodumque redigendis, non vi corporis, sed rationis imperitant.

Caput IV. — Illam vero tertiam dæmonum potentiam, quod diuturna rerum experientia quemadmodum prænoscant atque prænuntient multa didicerunt, ita contemnunt qui hæc vigilanter curant a verissimæ lucis veritate discernere, ut nec malos senes plura expertos, et ob hoc quasi doctiores, ideo probi adolescentes sibi antecellere existiment; nec medicos, nec nautas, nec agricolas, quos pravæ voluntatis et iniquis moribus viderint, ideo sibi putent esse præferendos, quod illi de valetudinibus, illi de tempestatibus, illi de arbustorum frugumque generibus multa ita prænuntiant, ut harum rerum inexperto divinare videantur.

8. Quod vero non solum dæmones quædam futura prædicunt, verum etiam quædam mira faciunt, pro ipsa utique sui corporis excellentia, cur non contemnatur a prudentibus, cum plerumque iniqui ac perditi homines ita exerceant corpora sua, tantaque diversis artibus possint, ut ea qui hæc nesciunt nec aliquando viderint, etiam narrata vix credant ? Quam multa funambuli cæterique theatrici artifices, quam multa opifices maximeque mechanici miranda fecerunt : num ideo meliores sunt bonis et sanctæ pietatis præditis hominibus ? Quæ ideo commemoravi, ut qui hæc sine pervicacia et sine vana resistendi animositate considerat, simul cogitet, si de subjacente crassiore materia vel sui quisque corporis, vel terræ et aquæ, lapidum atque lignorum metallorumque variorum, tanta quidam homines possunt, ut eos illi qui

la pierre et le bois et les divers métaux, certains hommes opèrent des prodiges, qui frappent d'admiration ceux qui n'ont pas ce pouvoir, et les font passer à leurs yeux comparativement pour des êtres divins, quoique d'un côté il y ait plus de puissance dans les prestiges, et de l'autre plus de supériorité morale ; que dirons-nous de la puissance des démons pour opérer des choses plus grandes et plus merveilleuses, suivant les facultés et les facilités d'un corps très-subtil ou aérien, quoiqu'ils ne soient après tout dans leur volonté dépravée, et surtout par le faste de leur orgueil et la malice de leur envie, que des esprits immondes et pervers ? Il est superflu de démontrer toute l'importance de l'élément aérien, d'où leur corps tire une grande puissance, pour étaler aux yeux des prodiges dont une main invisible arrange, meut, change et tourne les ressorts. Il suffit d'un peu d'attention pour s'en rendre compte.

CHAPITRE V. — 9. Les choses étant ainsi, il faut d'abord savoir, puisque nous traitons de la divination des démons, que ces esprits prédisent souvent ce qu'ils feront eux-mêmes. Car ils ont souvent le pouvoir de déchaîner les maladies, et d'infecter l'air pour le rendre malfaisant, et d'inspirer de mauvais conseils aux gens pervers et plongés dans l'amour des choses terrestres, ne doutant pas, d'après leur conduite, qu'ils obéiront à ces inspirations. Ils agissent par des moyens merveilleux et invisibles, dégageant de leurs corps des émanations subtiles, pour ensorceler, à leur insu, le corps des hommes, se mêlant à leurs pensées par des visions imaginaires, soit pendant la veille, soit pendant le sommeil. Quelquefois aussi ils n'agissent pas par eux-mêmes ; mais ils prédisent ce qu'ils connaissent d'avance par des signes naturels, dont l'homme n'a pas pu se rendre compte. Car si le médecin prévoit ce qui est au-dessus de la portée d'un autre homme étranger à la médecine, on ne dira pas pour cela que c'est un homme divin. Qu'y a-t-il d'étonnant si de même que le médecin, suivant les perturbations ou modifications qu'il remarque dans le tempérament du corps, prévoit les révolutions bonnes ou mauvaises qui peuvent survenir ; ainsi le démon, connaissant mieux que nous les changements et les dispositions de l'air, prédit les tempêtes qui doivent arriver ? Quelquefois aussi ils surprennent avec une complète facilité les dispositions de l'homme, non-seulement exprimées par la parole, mais même cachées dans le fond du cœur, à quelques indices extérieurs qui révèlent la pensée. Car de même qu'un mouvement plus vif de l'âme se peint sur le visage, au point que les autres hommes reconnaissent extérieurement ce qui se passe à l'intérieur ;

hæc non possunt, plerumque stupendo, in sui comparatione divinos vocent, cum quidam illorum sint artibus potentiores, quidam istorum moribus meliores ; quanto majora et mirabiliora pro subtilissimi corporis, id est, aerii facultate ac facilitate dæmones possint, cum tamen sint voluntatis pravitate, maximeque superbiæ fastu et (*a*) invidentiæ malitia spiritus immundi atque perversi. Quantum autem valeat aeris elementum, quo eorum corpora prævalent, ad multa visibilia invisibiliter molienda, movenda, mutanda atque versanda, longum est nunc demonstrare ; et puto quod vel mediocriter consideranti facile occurrat.

CAPUT V. — 9. Quæ cum ita sint, primum sciendum est, quoniam de divinatione dæmonum quæstio est, illos ea plerumque prænuntiare quæ ipsi facturi sunt. Accipiunt enim sæpe postestatem et morbos immittere, et ipsum aerem vitiando morbidum reddere, et perversis atque amatoribus terrenorum commodorum malefacta suadere ; de quorum moribus certi sunt, quod sint eis talia suadentibus consensuri. Suadent autem miris et invisibilibus modis per illam subtilitatem suorum corporum corpora hominum non sentientium penetrando, seseque cogitationibus eorum per quædam imaginaria visi miscendo, sive vigilantium sive dormientium. Aliquando autem non quæ ipsi faciunt, sed quæ naturalibus signis futura prænoscunt, quæ signa in hominum sensus venire non possunt, ante prædicunt. Neque enim quia prævidet medicus, quod non prævidet ejus artis ignarus, ideo jam divinus habendus est. Quid autem mirum, si quemadmodum ille in corporis humani vel perturbata vel modificata temperie bonas seu malas futuras prævidet valetudines ; sic dæmon in aeris affectione atque ordinatione sibi (*b*) nota, nobis ignota, futuras prævidet tempestates ? Aliquando et hominum dispositiones, non solum voce prolatas, verum etiam cogitatione conceptas, cum signa quædam ex animo exprimuntur in corpore, tota facilitate perdiscunt : atque hinc etiam multa futura prænuntiant, aliis videlicet mira, qui ista disposita non noverunt. Sicut enim apparet con-

(*a*) Ita Mss. At editi, *et evidenti malitia.* — (*b*) Sic Mss. Editi vero, *sibi notas, nobis ignotas.*

ainsi on ne doit pas trouver incroyable si les pensées plus calmes donnent des indices extérieurs qui échappent au sens grossier de l'homme, mais qui n'échappent pas à la finesse des démons.

Chapitre VI. — 10. C'est ainsi que les démons font plusieurs prédictions; et cependant il faut dire qu'ils sont loin d'atteindre à la hauteur de cette prophétie, que Dieu communique aux saints anges et aux prophètes. Si les démons puisent quelque chose à cette source divine, ils ne prédisent que ce qui vient d'ailleurs, et par ces prédictions qui ne leur appartiennent pas, ils ne sont ni trompeurs ni trompés ; ils ne font que répéter les oracles des anges et des prophètes marqués au cachet de la vérité. On trouvera peut-être inconvenant que les démons soient initiés à ces prophéties, comme s'il était indigne qu'un enseignement destiné aux hommes passe, non-seulement par la bouche des bons, mais encore par celle des méchants. Mais dans la société, ne voyons-nous pas les pervers aussi bien que les justes chanter les louanges d'une vie sainte, sans trouver que ce soit un obstacle, mais plutôt un avantage pour la connaissance et la diffusion de la vérité, lorsque les méchants prônent ce qu'ils en connaissent, quoiqu'ils la contredisent dans leur conduite? Dans les autres prédictions qui leur sont propres, les démons sont souvent trompés et trompeurs. Ils sont trompés, lorsque leurs prédictions étant faites d'après un plan arrêté, il vient tout à coup un ordre d'en haut, qui renverse tout leur système. Ainsi, on voit des hommes subalternes prendre des dispositions et promettre de les exécuter, sans penser que leur chef pourra y mettre obstacle ; mais celui qui possède le pouvoir suprême, s'inspirant d'une pensée plus élevée, arrête tout à coup les dispositions prises et les préparatifs commencés. Les démons sont encore trompés lorsque, jugeant d'après les causes naturelles, comme les médecins, les navigateurs et les agriculteurs, quoique d'une manière plus parfaite et plus sûre, à cause du sens plus fin et plus exercé de leur corps aérien, ils comptent sur tel ou tel événement. Ils sont trompés, dis-je, parce que les anges qui sont attentifs au service de Dieu, prennent d'autres dispositions, à l'insu des démons, et changent tout à coup et à l'improviste le cours des choses. C'est ainsi qu'un malade, par suite d'un accident extérieur, vient à mourir, quoique le médecin, guidé par les symptômes de vie qu'il avait remarqués, lui eût promis la santé. C'est ainsi que formant ses prévisions sur l'aspect du ciel, le navigateur aurait prédit une longue durée de la tempête,

citatior animi motus in vultu, ut ab hominibus quoque aliquid forinsecus agnoscatur, quod intrinsecus agitur : ita non debet esse incredibile, si etiam leniores cogitationes dant aliqua signa per corpus, (*a*) quæ obtuso sensu hominum cognosci non possunt, acuto autem dæmonum possunt.

Caput VI. — 10. Hac atque hujusmodi facultate multa dæmones prænuntiant; cum tamen ab eis longe sit altitudo illius prophetiæ, quam Deus per sanctos Angelos suos et Prophetas operatur. Nam si quid de illa Dei dispositione prænuntiant, audiunt ut prænuntient; et cum ea prædicunt quæ inde audiunt, non fallunt neque falluntur : veracissima enim sunt angelica et prophetica oracula. (*b*) Sic autem indignanter accipitur, quod aliqua etiam talia dæmones audiant et prædicant, quasi aliquid indignum sit, ut quod ideo dicitur ut hominibus innotescat, hoc non solum boni, verum etiam mali non taceant : cùm in ipsis hominibus etiam vitæ bonæ præcepta videamus pariter a justis perversisque cantari ; nec obesse aliquid, imo etiam prodesse ad majorem notitiam famamque veritatis, cum de illa etiam hi quidquid noverunt dicunt, qui ei perversis moribus contradicunt. In cæteris autem prædictionibus suis dæmones plerumque et falluntur et fallunt. Falluntur quidem, quia cum suas dispositiones prænuntiant, ex improviso de super aliquid jubetur, quod eorum consilia cuncta perturbet. Velut si aliquid disponant quilibet homines quibuslibet potestatibus subditi, quod non prohibituros suos præpositos arbitrentur, idque facturos se esse promittant; at illi, penes quos major potestas est, ex alio superiore consilio hoc totum dispositum atque præparatum repente prohibeant. Falluntur etiam cum causis naturalibus aliqua, sicut medici, aut nautæ, aut agricolæ, sed longe acutius longeque præstantius pro aerii corporis sensu solertiore et exercitatiore prænoscunt : quia et hæc ab Angelis Deo summo pie servientibus alia dispositione ignota dæmonibus ex improviso ac repente mutantur. Tanquam si ægro aliquid (*c*) extrinsecus accidat quo moriatur, quem medicus veris salutis præcedentibus signis victurum esse promiserat : aut si aeris qualitate prævisa, diu flaturum illum ventum nautarum aliquis prædixisset,

(*a*) In Mss. *obtunso*.— (*b*) Ita Mss. At Am. et Er. *Sic autem non indignanter accipiatur*. Lov. *Non autem indignanter accipiatur*.— (*c*) Sola editio Lov. *intrinsecus*.

lorsque le Seigneur Jésus, naviguant avec ses disciples, commanda aux vents de s'apaiser, et qu'il se fit un grand calme. (*Matth.*, VIII, 26.) C'est ainsi que le vigneron se promet pour cette année une abondante récolte de sa vigne, connaissant la nature du sol et le nombre des plantes; et cependant cette même année l'intempérie imprévue du ciel la fait sécher sur place, ou l'ordre d'un tyran la fait déraciner. Ainsi donc plusieurs événements qui appartiennent à la prescience et à la prédiction des démons, comme étant prévus d'après les causes inférieures et habituelles, se trouvent bouleversés et changés par des causes supérieures et cachées. Mais les démons nous trompent aussi par le désir de nous tromper, et par une volonté jalouse qui leur fait prendre plaisir à nos déceptions. Néanmoins, pour ne rien perdre de leur autorité auprès de leurs adorateurs, ils s'arrangent pour rejeter la faute sur leurs ministres et les interprètes de leurs oracles, lorsqu'ils ont été trompés ou trompeurs.

11. Qu'y a-t-il donc de surprenant si, connaissant la prochaine destruction des temples des idoles, comme les prophètes du Dieu souverain l'avaient prédit longtemps auparavant, le démon Sérapis l'a révélé, presque au moment même, à quelqu'un de ses adorateurs, afin de sauver, en quelque sorte, à l'instant de fuir et de se retirer, l'honneur de sa divinité?

CHAPITRE VII. — Car les démons sont mis en fuite, ou ils sont traqués par des ordres supérieurs, tirés et chassés de leurs demeures, afin que l'empire de Dieu s'établisse là où était leur domination et leur culte, comme il l'avait prédit longtemps auparavant parmi les nations, et comme il l'a fait exécuter par ses fidèles serviteurs. Or, pourquoi le démon n'aurait-il pas eu la liberté de prédire un événement qui le concernait, et qu'il savait prochain, puisque cette prédiction était conforme aux prophètes qui ont consigné ces choses dans leurs écrits, et qu'il était donné à l'homme sage de comprendre avec quel soin il fallait se mettre en garde contre la tromperie des démons et fuir leur culte? Car ayant gardé si longtemps le silence dans leurs temples, sur des événements qu'ils ne pouvaient pas ignorer d'après les prophéties, voyant que le moment approchait, ils ont voulu pour ainsi dire les prédire eux-mêmes, pour ne pas paraître ignorants et vaincus. En effet, pour ne pas en citer d'autres, voici une prédiction d'ancienne date et qu'on lit dans le prophète Sophonie : « Le Seigneur prévaudra contre eux, et il exterminera tous les dieux des nations de la terre, et chacun adorera le Seigneur dans le lieu de sa demeure,

cui Dominus Christus cum discipulis navigans ut quiesceret imperavit, et facta est tranquillitas magna (*Matth.*, VIII, 26) : vel si agricola illo anno fructificaturam vitem aliquam polliceatur, naturam utique terræ et numeros seminum callens, quo tamen anno eam vel improvisa cœli intemperies arefaciat, vel aliqua jussio potentioris eradicet : ita multa etiam ad præscientiam prædictionemque dæmonum pertinentia, quæ minoribus et usitatioribus causis futura prævidentur, eadem majoribus et occultioribus causis impedita mutantur. Fallunt autem etiam studio fallendi et invida voluntate, qua hominum errore lætantur. Sed ne apud cultores suos pondus auctoritatis amittant, id agunt, ut interpretibus suis signorumque suorum conjectoribus culpa tribuatur, quando vel decepti fuerint vel mentiti (*a*).

11. Quid ergo mirum, si jam imminente templorum aut simulacrorum eversione, quam Prophetæ Dei summi tanto ante prædixerant, Serapis dæmon alicui cultorum suorum hoc de proximo prodidit, ut suam quasi divinitatem recedens vel fugiens commendaret?

CAPUT VII. — Fugantur enim isti, vel etiam jussis superioribus colligati abstrahuntur et alienantur a locis suis, ut de rebus quibus dominabantur quibusque colebantur, fiat voluntas Dei, qui hoc tanto ante per omnes gentes futurum esse prædixit, et ut per suos fideles fieret imperavit. Cur autem hoc non sineretur dæmon prædicere, cum sibi jam prænosceret imminere? cum hæc prædictio (*b*) et Prophetis attestaretur, a quibus sunt ista conscripta, et prudentibus daretur intelligi quam vigilanter esset dæmonum cavenda fallacia cultusque fugiendus; qui cum ante per tam longum tempus in templis suis hæc futura tacuissent, quæ per Prophetas prædicta ignorare non possent, postea quam appropinquare cœperunt, voluerunt ea quasi prædicere, ne ignari victique putarentur. Cum igitur tam longe ante prædictum esset atque conscriptum, ut alia interim taceam, illud quod Sophonias propheta dicit : « Præ-

(*a*) Hic editi addunt : *Nonnunquam vero ipsi maligni spiritus et illusores hominum atque invasores salutis eorum solent prædicere defectum culturæ suæ et idolorum ruinam, quatenus præscii videantur, quod in singulis regnis aut locis venturum sit; et quod adversi suæ factioni contingere possit, quod etiam illi qui gentilium historias legunt, non ignorant.* Absunt hæc ab omnibus Mss. — (*b*) Sic Mss. At editi, *et a Prophetis :* minus bene.

ainsi que toutes les îles de la terre. » (*Sophon.*, II, 1.) On peut donc dire : Ou les démons qu'on adorait dans les temples ne croyaient pas à ces prédictions, et c'est pour cela qu'ils ne voulurent pas les publier par leurs prophètes et leurs ministres. C'est ainsi qu'un poète païen introduit Junon, refusant de croire ce que Jupiter avait dit de la mort de Turnus. Or, Junon est reconnue chez eux pour être la puissance de l'air, et voici comme elle parle dans Virgile : « Je vois que Turnus périra, malgré son innocence, ou la vérité m'est totalement cachée ; puisse ma crainte être une illusion, et vous, ô Jupiter, qui pouvez tout, donnez à Turnus une meilleure destinée. » (VIRG., *En.*, 10.) Ou bien les démons, c'est-à-dire, les puissances aériennes doutaient de l'accomplissement des prophéties qu'ils connaissaient, et pour cela ils ne voulurent pas les faire connaître, et il n'en faut pas davantage pour nous donner la mesure de ce qu'ils sont. Ou bien croyant fermement à leur accomplissement, ils gardèrent un profond silence dans leurs temples, pour ne pas se voir abandonnés et méprisés des hommes intelligents, si on les eût vus d'accord avec les prophètes, qui blâmaient leur culte pour prédire la destruction de leurs temples et de leurs idoles. Mais maintenant que les temps sont venus où doivent s'accomplir les oracles des prophètes du Dieu unique, qui les dénonce comme de faux dieux, et défend sévèrement leur culte ; pourquoi n'auraient-ils pas la liberté de prédire eux-mêmes une chose qui leur est connue ; afin qu'il fût clairement établi, ou qu'ils n'y croyaient pas auparavant, ou qu'ils ont craint de l'annoncer à leurs adorateurs, mais surtout qu'ils ont voulu, se voyant à bout de ressources, faire montre de leur divination, là où ils sont déjà convaincus d'avoir simulé longtemps la divinité ?

CHAPITRE VIII. — 12. Les idolâtres d'aujourd'hui nous disent bien que ces prophéties sont renfermées dans quelques-uns de leurs livres ; et pourtant il faut les regarder comme une rédaction faite après coup. En effet, si elles étaient véritables, elles eussent été publiées longtemps auparavant dans leurs temples, en présence du peuple ; comme les nôtres qui sont très-anciennes et très-connues sont lues, non-seulement dans nos églises, mais encore, ce qui augmente le poids de notre témoignage contre nos ennemis, dans les synagogues des Juifs. Cependant, en admettant ces prédictions telles quelles, assez rares et d'une origine peu authentique, il ne faudrait pas nous émouvoir, si quelqu'un des démons a été forcé de révéler à ses adorateurs ce qu'il avait appris par les livres des prophètes,

---

valebit Dominus adversus eos, et exterminabit omnes deos gentium terræ, et adorabunt cum unusquisque de loco suo, omnes insulæ gentium : » (*Sophon.*, II, 1) aut non credebant ista sibi eventura, qui in templis gentium colebantur, et ideo hæc per suos vates ac fanaticos frequentare noluerunt : sicut eorum Poeta Junonem inducit non omni modo credentem, quæ de Turni morte Jupiter dixerat. Juno autem ab istis potestas aeria prædicatur, quæ apud Virgilium sic loquitur :

> Nunc manet insontem gravis exitus, aut ego veri
> Vana feror, quod ut o potius formidine falsa
> Ludar, et in melius tua qui potes orsa reflectas.

Aut ergo ista sibi, quæ per Prophetas prædicta noverant, posse accidere dæmones, hoc est potestates aeriæ dubitabant, et propterea prædictionem eorum celebrare noluerunt, et hinc intelligendum est quales sint : aut cum ea ventura certissime scirent, ideo per sua templa tacuerunt, ne jam tunc inciperent ab hominibus intelligentibus desci atque contemni, quod de templorum atque simulacrorum suorum futura eversione eis (*a*) Prophetis attestarentur qui

(*a*) Editi, *Prophetæ*. Emendantur ex Mss.

eos coli prohibebant. Nunc vero postea quam tempus advenit quo complerentur vaticinia Prophetarum Dei unius, qui istos deos falsos dicit, et non colantur vehementissime præcipit, cur non hoc etiam ipsi compertum prædicere sinerentur, ut inde clarius appareret eos hæc antea vel minime credidisse, vel suis cultoribus enuntiare timuisse ; in fine autem, tanquam nihil habentes amplius quod agerent, etiam ibi voluisse suam ostentare divinationem, ubi jam producuntur diu simulasse divinitatem ?

CAPUT VIII. — 12. Quod autem dicunt reliqui eorum cultores, etiam suorum quibusdam libris hæc præcognita contineri, quanquam ex rebus impletis conficta putanda sint quæ in eorum templis tam longo antea tempore populis eorum si vera essent innotescere debuerunt, sicut nostra non solum in Ecclesiis nostris, verum etiam, quod ad gravius testimonium contra omnes inimicos valet, in Judæorum synagogis antiquissima et notissima recitantur : tamen nec ista ipsa quæ ab eis vix raro et clanculo proferuntur, movere nos debent, si cuiquam dæmonum extortum est id prodere cultoribus suis, quod didicerat ex eloquiis Prophetarum vel ex oraculis

ou par les oracles des anges. Pourquoi ne pas l'admettre, puisque cette prétention, loin de combattre, ne fait qu'appuyer la vérité? Voici la seule chose qu'il faut demander à ces païens, c'est que jamais ils n'ont montré dans leurs livres, comme jamais ils ne montreront, à moins de l'inventer, que leurs dieux se soient permis de rien faire dire ou prédire à leurs prophètes contre le Dieu d'Israël. Au sujet de ce Dieu, les auteurs païens les plus savants, qui ont pu lire et connaître toutes ces questions, ont cherché à savoir quel était ce Dieu plutôt qu'à le nier. Or, ce Dieu, que personne d'entre eux n'a osé nier comme le vrai Dieu, et qu'il ne pourrait nier sans s'exposer, non-seulement à des peines méritées, mais encore à être réfuté par des arguments inévitables; ce Dieu, que personne, comme je l'ai dit, n'a osé nier comme le vrai Dieu, c'est lui qui a prédit par ses oracles ou ses prophètes que tous ces dieux étaient de faux dieux, qu'il fallait les abandonner et renverser leurs temples, leurs idoles et leurs autels. Il l'a prédit ouvertement par sa parole; il l'a commandé ouvertement par sa puissance, et il l'a accompli ouvertement par la réalité. Qui serait donc assez insensé pour ne pas donner sa préférence à ce Dieu dans ses adorations, puisque les faux dieux qu'ils adorent n'empêchent pas le culte de ce Dieu? Il n'y a pas de doute que quand il aura commencé de l'adorer, il n'abandonne le culte de ces dieux, que défend d'adorer celui qu'il adorera alors.

Chapitre IX. — 13. Les prophètes avaient prédit qu'un jour les nations, après avoir exterminé les faux dieux qu'elles adoraient, rendraient leur culte à ce Dieu, comme je l'ai rappelé tout à l'heure, et comme je le répète : « Le Seigneur, dit le prophète, prévaudra contre eux, et il exterminera les dieux des nations de la terre, et ils l'adoreront, chacun dans le lieu de sa demeure, ainsi que les îles des nations. » (*Sophon.*, II, 11.) Non-seulement les îles, mais les nations tellement répandues partout, qu'on y verra aussi toutes les îles des nations; et même ailleurs, il nomme non pas les îles, mais l'univers tout entier, quand il dit : « Toutes les extrémités de la terre se remettront les choses en mémoire, et se convertiront au Seigneur, et toutes les patries des nations l'adoreront en sa présence. Car l'empire appartient au Seigneur, et il dominera sur les nations. » (*Ps.* XXI, 18 et suiv.) Il est clair que toutes ces prédictions ont dû s'accomplir par le Christ, selon de nombreux témoignages, et comme on le voit par le psaume d'où j'ai tiré ces paroles. Car un peu plus haut, annonçant lui-même sa Passion par son prophète, il disait : « Ils ont percé mes mains et mes pieds, ils ont compté tous mes os; eux-mêmes, en vérité,

---

Angelorum? Quod cur non fieret, cum et ista non sit oppugnatio, sed attestatio veritatis? Illud enim quod solum ab (*a*) eis flagitandum est, nec unquam antea protulerunt, nec unquam postea, nisi forte confictum, proferre conabuntur, aliquid deos suos per vates suos contra Deum Israel ausos prædicere fuisse aut dicere. De quo Deo doctissimi eorum auctores, qui omnia illa legere ac nosse potuerunt, magis quæsierunt quis Deus esset, quam Deum negare potuerunt. Porro autem Deus iste, quem nullus eorum negare ausus est verum Deum, qui et si negaret, non solum subjaceret debitis pœnis, verum etiam certis convinceretur effectibus; iste ergo Deus, quem nemo, ut dixi, illorum ausus est negare verum Deum, illos falsos esse deos et omnino descrendos, eorumque templa et simulacra et sacra evertenda per suos vates, hoc est Prophetas, aperta denuntiatione prædixit, aperta potestate præcepit, aperta veritate complevit. Unde quis usque adeo desipiat, qui non potius cum colendum eligat, quem coli non prohibent quos et colebat? Quem procul dubio cum colere cœperit, illos utique non est culturus, quos prohibet coli quem colit.

Caput IX. — 13. Quod autem ipsum essent culturæ gentes exterminatis diis falsis quos antea colebant, a Prophetis ejus esse prædictum paulo ante commemoravi, et nunc repeto. « Prævalebit, inquit, Dominus adversus eos, et exterminabit omnes deos gentium terræ, et adorabunt eum unusquisque de loco suo, omnes insulæ gentium. » (*Sophon.*, II, 11.) Neque solæ insulæ, sed ita omnes gentes, ut etiam omnes insulæ gentium : quando quidem alibi non insulas nominat, sed universum orbem terrarum, dicens : « Commemorabuntur et convertentur ad Dominum universi fines terræ; et adorabunt in conspectu ejus universæ patriæ gentium. Quoniam Domini est regnum, et ipse dominabitur gentium. » (*Psal.* XXI, 18, etc.) Hæc autem per Christum fuisse complenda et aliis pluribus testimoniis, et in eodem ipso Psalmo unde hoc commemoravi, satis apparet. Cum enim paulo superius futuram passionem suam per Prophetam ipse loqueretur, dicens : « Foderunt

(*a*) Sic Mss. At editi, *ab ipsis fanaticis flagitandum est.*

CHAPITRE X.

ils m'ont considéré et examiné, ils se sont partagé mes vêtements, et ils ont jeté ma robe au sort. » (*Ps.* XXI, 17.) Et un peu plus bas il ajoute ce passage que j'ai cité : « Ils se remettront les choses en mémoire, et ils se convertiront au Seigneur, » etc. Et pourtant par ce témoignage que j'ai cité le premier, où il est dit : « Le Seigneur prévaudra contre eux, et il exterminera tous les dieux des nations; » dans cette parole, « il prévaudra, » on voit assez clairement cette prédiction, que les païens attaqueraient d'abord l'Eglise, qu'ils persécuteraient de tout leur pouvoir le nom chrétien, afin que, s'il était possible, il fût effacé totalement de la terre. Et comme il devait les dompter par la patience des martyrs, et par la grandeur des miracles, et par la foi des peuples qui se convertiraient, il a été dit pour cette raison : « Le Seigneur prévaudra contre eux. » On n'aurait pas dit : « Il prévaudra contre eux, » s'ils n'avaient résisté par une vive attaque. C'est pourquoi le prophète dit dans un psaume : « Pourquoi les nations ont-elles frémi, et les peuples ont-ils formé de vains complots? Les rois de la terre ont tenu conseil, et les princes ont formé une ligue contre le Seigneur et contre son Christ. » (*Ps.* II, 1.) Il dit un peu plus loin : « Le Seigneur m'a dit : Demande-moi, et je te donnerai les nations pour héritage, et pour empire les extrémités de la terre. » (*Ibid.*, 7.) C'est pourquoi on disait dans l'autre psaume, dont j'ai parlé : « Ils se remettront les choses en mémoire et ils se convertiront au Seigneur des extrémités de la terre. » (*Ps.* XXI, 28.) Ces documents, et d'autres encore tirés des prophètes, établissent suffisamment cette prédiction que nous voyons s'accomplir par le Christ ; c'est qu'un jour le Dieu d'Israël, que nous reconnaissons pour le seul vrai Dieu, serait adoré, non pas dans une seule nation qu'on appelle le peuple d'Israël, mais parmi tous les peuples, et qu'il chasserait tous les faux dieux de leurs temples et du cœur des nations.

CHAPITRE X. — 14. Qu'ils aillent donc maintenant, et qu'ils osent encore défendre leurs vieilles superstitions contre la religion chrétienne et contre le vrai culte de Dieu, pour tomber avec plus d'éclat. Car voici ce que chante encore le prophète dans un psaume : « Vous vous êtes assis sur votre trône, vous qui jugez la justice. Vous avez gourmandé les nations, et l'impie a disparu, et vous avez détruit leur nom pour toujours, et pour les siècles des siècles. Leur mémoire est tombée avec bruit, et le Seigneur demeure éternellement. » (*Ps.* IX, 5 et suiv.) Il est donc nécessaire que tout cela s'ac-

complisse. Et si quelques attardés, parmi les païens, osent encore nous vanter leurs doctrines creuses, et railler les chrétiens comme des ignorants, n'en soyons pas émus, puisqu'ils sont une preuve de l'accomplissement des prophéties ; car cette espèce d'ignorance et de folie des chrétiens qui brille aux yeux de l'homme modeste, juste et sage, comme la plus haute et la seule vraie sagesse ; je dis qu'elle a réduit les païens à ce petit nombre, parce que, comme dit l'Apôtre : « Dieu a frappé de folie la sagesse de ce monde. » (I *Cor.*, I, 20.) Ensuite il ajoute cette parole admirable, si on peut la comprendre : « En effet, Dieu voyant que le monde avec sa sagesse ne l'avait point connu dans sa sagesse, il lui a plu de sauver par la folie de la prédication ceux qui croiraient. Les Juifs demandent des miracles, et les Gentils cherchent la sagesse ; or, nous, nous prêchons Jésus-Christ crucifié, qui est un scandale pour les Juifs, et une folie pour les Gentils, mais qui est la force de Dieu et la sagesse de Dieu, pour ceux qui sont appelés, soit Juifs, soit Gentils. Ce qui paraît en Dieu une folie, est plus sage que les hommes ; et ce qui paraît en Dieu une faiblesse, est plus fort que les hommes. » (*Ibid.*, 21, etc.)

Qu'ils raillent donc, tant qu'ils pourront, ce qu'ils appellent notre ignorance et notre folie, et qu'ils vantent leur science et leur sagesse. Ce que je sais, c'est que ces hommes qui nous raillent sont moins nombreux cette année que l'année précédente. Car depuis que les nations ont frémi, et que les peuples ont formé de vains complots contre le Seigneur et son Christ, lorsqu'ils répandaient le sang des saints et qu'ils ravageaient l'Eglise, leur nombre de siècle en siècle va diminuant tous les jours. Quant à nous, en présence des injures et des superbes moqueries de ces hommes, nous sommes forts des oracles de notre Dieu, que nous voyons avec joie s'accomplir. Il nous dit par son prophète : « Ecoutez-moi, vous qui connaissez le jugement, vous mon peuple, qui portez ma loi dans votre cœur ; ne craignez point l'opprobre et les blasphèmes des hommes. Le temps les dévorera comme un vêtement, et la pourriture les consumera comme la laine, mais ma justice sera pour l'éternité. » (*Isaïe*, LI, 7, 8.) Qu'ils lisent ce livre, s'ils le jugent à propos, et les contradictions qu'ils pourront trouver encore et nous faire connaître, Dieu aidant, nous y répondrons.

---

cum strepitu, et Dominus in æternum permanet. » (*Psal.* IX, 5, etc.) Necesse est ergo ut impleantur omnia hæc : nec quod adhuc audent ipsi pauci qui remanserunt, vaniloquas suas ostentare doctrinas, et Christianos tanquam imperitissimos irridere, moveri debemus, dum in eis impleri ea quæ prædicta sunt videamus. Ipsa quippe velut imperitia et stultitia Christianorum, quæ (a) humilibus et sanctis ejusque diligenter studiosis apparet excelsa et sola vera sapientia ; ipsa, inquam, velut stultitia Christianorum eos ad istam paucitatem redegit, quoniam, sicut dicit Apostolus : « Stultam fecit Deus sapientiam hujus mundi. » (I *Cor.*, I, 20.) Deinde subjungit rem mirabilem, si quis intelligat, et ita sequitur : « Nam quoniam in Dei sapientia non cognovit mundus per sapientiam Deum, placuit Deo per stultitiam prædicationis salvos facere credentes. Quoniam quidem Judæi signa petunt, et Græci sapientiam quærunt : nos autem prædicamus Christum crucifixum : Judæis quidem scandalum, Gentibus autem stultitiam, ipsis vero vocatis Judæis et Græcis, Christum Dei virtutem et Dei sapientiam. Quoniam quod stultum est Dei, sapientius est hominibus ; et quod infir-

mum est Dei, fortius est hominibus. » (*Ibid.*, 21, etc.) Irrideant ergo, quantum possunt, tanquam imperitiam et stultitiam nostram, et jactent doctrinam et sapientiam suam. Illud scio, quod isti irrisores nostri pauciores sunt hoc anno, quam fuerunt priore anno. Ex quo enim fremuerunt gentes et populi meditati sunt inania adversus Dominum et adversus Christum ejus, quando ab eis fundebatur sanguis sanctorum et vastabatur Ecclesia, usque ad hoc tempus et deinceps quotidie minuuntur. Nos autem adversus eorum opprobria et superbas irrisiones fortissimos reddunt oracula Dei nostri, quæ de hac quoque re videmus et gaudemus impleri. Sic enim nos alloquitur per Prophetam : « Audite me qui scitis judicium, populus meus, in quorum corde lex mea est : opprobrium hominum nolite metuere, et detractione eorum ne superemini ; nec quod nunc vos spernunt, magni duxeritis. Sicut enim vestimentum, ita per tempus absumentur, et sicut lana a tinea comedentur : justitia autem mea in æternum manet. » (*Isa.*, LI, 7, 8.) Legant tamen hæc nostra, si dignentur, et cum ad nos contradictiones eorum pervenerint, quantum Dominus adjuvat, respondebimus.

(a) Editi, *in humilibus*. Abest *in* a Mss.

SUR LE LIVRE SUIVANT

ON LIT AU LIVRE II DES RÉTRACTATIONS, CHAPITRE LXIV.

J'ai écrit un livre *Sur le soin qu'on doit avoir pour les morts*. On m'avait interrogé par lettre, pour savoir s'il était avantageux à un chrétien qu'après sa mort son corps fût enseveli près de la Mémoire, ou tombeau de quelque saint. Ce livre commence par ces mots : « Il y a longtemps, vénérable Paulin, mon frère dans l'épiscopat. »

IN LIBRUM SUBSEQUENTEM

LIBRI II RETRACTATIONUM, CAPUT LXIV.

Librum *De cura pro mortuis gerenda* (a) scripsi, cum interrogatus litteris fuissem, utrum prosit cuique post mortem quod corpus ejus apud sancti alicujus Memoriam sepeliatur. Hic liber sic incipit : « Diu sanctitati tuæ, coepiscope venerande Pauline. »

(a) Quo tempore scripserit, conjectare licet ex *Retractationum* serie, ubi librum hunc proximo loco ponit post *Enchiridion, ad Laurentium*, quod quidem Opus non ante annum 421, perfecit. Vide supra, (Tom. XXI, p. 287.) Admonitionem eidem Operi præfixam, nec non Admonitionem aliam ejusd. Tom. p. 179, ad librum *octo quæstionum Dulcitii*, cui scilicet libro q. II, inseruit Augustinus initium subsequentis libri sui *ad Paulinum*.

LE LIVRE A PAULIN

SUR LE SOIN QU'ON DOIT AVOIR

POUR LES MORTS [1]

Interrogé par Paulin, évêque de Nôle, pour savoir si la sépulture qu'on fait dans les Mémoires ou tombeaux des Martyrs était une chose avantageuse à l'âme des morts, saint Augustin répond d'abord qu'il n'y a aucun inconvénient pour les morts eux-mêmes, que leurs corps soient privés de sépulture ; — que le lieu de la sépulture n'a par lui-même aucun avantage, mais seulement par occasion, lorsque le souvenir de ce lieu excite et augmente l'affection de ceux qui prient pour les morts ; — que le soin de la sépulture vient de l'affection de l'homme pour son corps, mais que les saints Martyrs l'ont avec raison dédaigné, puisqu'il n'a aucun importance pour le bonheur ou pour le malheur éternel. — Ensuite il parle des morts, dont on raconte les apparitions aux vivants, pour demander la sépulture de leurs corps. — Il montre, par différents exemples, comment ont lieu ces apparitions. — Enfin il se demande si les morts interviennent dans les soins et les affaires de ce monde.

Chapitre I. — 1. Il y a longtemps, vénérable Paulin, mon frère dans l'épiscopat, que je vous dois une réponse, depuis que vous m'avez écrit par les gens de notre religieuse fille Flora, pour me demander s'il était utile à quelqu'un d'être enseveli, après sa mort, auprès du tombeau de quelque saint. C'est la question que vous avait adressée cette veuve, au sujet de son fils décédé dans ces parages, et vous lui aviez répondu, pour la consoler, en lui disant, même qu'une autre mère avait obtenu, suivant les désirs de son cœur maternel, que le corps de son fils, appelé Cynégin, reposât dans la basilique du bienheureux Félix. C'est à cette occasion et par les mêmes messagers que vous m'écriviez, me posant cette question, et me demandant une réponse pour avoir mon sentiment, sans me dissimuler le vôtre. Car il vous semble, comme vous le dites, que ce n'est pas une chose vaine, que les âmes religieuses et fidèles soient portées à prendre ces soins pour leurs défunts. Vous ajoutez que ce n'est pas sans raison que l'Eglise

(1) Écrit vers l'année 421.

DE
CURA GERENDA PRO MORTUIS
AD PAULINUM

LIBER UNUS.

Interrogatus a Paulino episcopo Nolano, utrum sepultura quæ fit in Memoriis Martyrum, spiritibus mortuorum aliquid prosit, ostendit in primis nihil mortuis ipsis obesse, etiam si eorum corporibus omnino negetur sepultura. Locum autem sepulturæ non per se prodesse quidquam, sed per occasionem dumtaxat dum ex illius recordatione movetur et crescit affectus precantium pro defunctis. Curam sepulturæ ex humani cordis ad carnem suam affectu venire, eamque merito a sanctis Martyribus, cum ad felicitatem aut miseriam nihil intersit, contemptam fuisse. Hinc de mortuis dicit, qui narrantur viventibus apparuisse, ut suis corporibus sepultura præberetur. Quomodo visa illa fiant, docet variis exemplis. Ad extremum inquirit an mortui curis intersint ac rebus humanis.

Caput I. — 1. Diu sanctitati tuæ, coepiscope vene-rande Pauline, rescriptorum debitor fui, ex quo mihi scripsisti per homines filiæ nostræ religiosissimæ Floræ, quærens a me utrum prosit cuique post mortem quod corpus ejus apud sancti alicujus Memoriam sepelitur. Hoc enim abs te vidua memorata petiverat pro defuncto in eis partibus filio suo, et rescripseras consolans eam : idque etiam nuntians de cadavere fidelis juvenis (a) Cynegii, quod materno et pio affectu desideravit, esse completum, ut scilicet in beatissimi Felicis confessoris basilica poneretur. Qua occasione factum est, ut per eosdem perlatores litterarum tuarum etiam mihi scriberes, ingerens hujuscemodi quæstionem, atque ut responderem quid inde mihi videretur, exposcens, nec tacens ipse quid sentias. Nam dicis videri tibi non esse inanes motus animorum religiosorum atque fidelium pro suis ista curantium. Adjungis etiam vacare non posse, quod universa pro defunctis Ecclesia supplicare consuevit : ut hinc et illud conjici possit, homini prodesse post mortem, si fide suorum hu-

(a) Uticensis abbatiæ codex, *Cynegri*.

SUR LE SOIN QU'ON DOIT AVOIR POUR LES MORTS. — CHAPITRE II.

universelle a coutume de prier pour les morts ; de sorte qu'on peut croire qu'il est utile à l'homme après sa mort de trouver, par les soins de ses amis, un lieu de sépulture où il puisse se promettre la protection des saints.

2. Les choses étant ainsi, vous ne voyez pas, et vous vous demandez comment cette opinion peut se concilier avec cette parole de l'Apôtre : « Nous paraîtrons tous devant le tribunal du Christ, afin que chacun reçoive selon ce qu'il a fait pendant sa vie, ou le bien ou le mal. » (II *Cor.*, v, 10.) Or, cette sentence de l'Apôtre nous avertit que c'est avant la mort qu'il faut faire ce qui peut être utile après la mort ; et non plus lorsque vient le moment de recueillir les fruits de ce qu'on a fait pendant sa vie. Voici comment la question se résout : c'est que pendant qu'on est sur la terre, il y a une certaine manière de vivre qui donne droit aux défunts de trouver du soulagement dans ces soins de l'amitié ; et suivant les actes qu'ils ont accomplis pendant leur vie, les œuvres que l'on fait pour eux avec piété après leur mort leur sont avantageuses. Il y en a pour qui ces secours sont complétement inutiles ; ce sont ceux dont les œuvres sont si mauvaises, qu'ils ne sont pas dignes d'en profiter ; ou bien ceux dont la vie est si irréprochable, qu'ils n'en ont nullement besoin. Le genre de vie que l'homme a mené sur la terre explique donc comment sont utiles ou inutiles toutes les œuvres que la piété inspire de faire pour lui après sa mort. Car le mérite qui les rend profitables, s'il est nul pendant cette vie, est nul aussi après la mort. Ce n'est donc pas en vain que l'Eglise ou la piété des amis apporte tous ses soins religieux pour les morts ; et cependant chacun reçoit selon ce qu'il a fait pendant sa vie, ou le bien ou le mal, le Seigneur rendant à chacun selon ses œuvres. Donc pour que vos soins soient profitables à l'homme après sa mort, il faut qu'il en ait acquis le droit pendant cette vie qu'il a passée sur la terre.

3. Je pourrais me contenter de faire cette courte réponse à votre demande. Mais d'autres questions se soulèvent ; je désire y répondre ; prêtez-moi donc votre attention. — Nous lisons dans le livre des Machabées qu'un sacrifice a été offert pour les morts. (II *Machab.*, XII, 43.) Mais quand même les anciennes Ecritures ne nous diraient rien, n'avons-nous pas la grande autorité de l'Eglise universelle qui apparaît dans cette coutume, où nous voyons que, lorsque le prêtre offre à l'autel les prières au Seigneur Dieu, il y a une place spéciale pour la recommandation des morts ?

Chapitre II. — Reste à savoir si le lieu de la

---

mando ejus corpori talis provideatur locus, in quo appareat opitulatio etiam isto modo quæsita Sanctorum.

2. Sed cum hæc ita sint, quomodo huic opinioni contrarium non sit, quod dicit Apostolus : « Omnes enim adstabimus ante tribunal Christi, ut (*a*) ferat unusquisque secundum ea quæ per corpus gessit, sive bonum, sive malum, » (II *Cor.*, v, 10) non te satis videre significas. Hæc quippe apostolica sententia ante mortem admonet fieri, quod possit prodesse post mortem ; non tunc, quando jam recipiendum est quod quisque gesserit ante mortem. Verum hæc ita solvitur quæstio, quoniam quodam vitæ genere acquiritur, dum in hoc corpore vivitur, ut aliquid adjuvent ista defunctos ; ac per hoc secundum ea quæ per corpus gesserunt, eis quæ post corpus religiose pro illis facta fuerint, adjuvantur. Sunt enim quos nihil omnino adjuvant ista ; sive pro eis fiant, quorum tam mala sunt merita, ut neque talibus digni sint adjuvari ; sive pro eis, quorum tam bona, ut talibus non indigeant adjumentis. Genere igitur vitæ, quod gessit quisque per corpus, efficitur ut prosit vel non prosit, quæcumque pro illo pie fiunt, cum reliquerit corpus. Nam meritum per quod ista prosint, si nullum comparatum est in hac vita, frustra quæritur post hanc vitam. Ita fit ut neque inaniter Ecclesia vel suorum cura pro defunctis, quod potuerit (*b*) religionis impendat ; et tamen ferat unusquisque secundum ea quæ per corpus gessit, sive bonum sive malum, reddente Domino unicuique secundum opera ejus. Ut enim hoc quod impeditur, possit ei prodesse post corpus, in ea vita acquisitum est, quam gessit in corpore.

3. Poterat inquisitioni tuæ sufficere mea brevis ista responsio : sed quæ alia moveant, quibus respondendum existimo, parumper attende. In Machabæorum libris legimus oblatum pro mortuis sacrificium. (II *Mach.*, XII, 43.) Sed et si nusquam in Scripturis veteribus omnino legeretur, non parva (*c*) est universæ Ecclesiæ, quæ in hac consuetudine claret auctoritas, ubi in precibus sacerdotis quæ Domino Deo ad ejus altare funduntur, locum suum habet etiam commendatio mortuorum.

Caput II. — Sed utrum aliquid prosit animæ

(*a*) Sic Mss. At editi hoc loco *referat* : qui tamen infra cum Mss. habent, *et tamen ferat*. — (*b*) Unus e Vaticanis Mss. *religiosius*, — (*c*) Editiones Bad. Am. et Er. *non parva hac consuetudine claret auctoritas* : reluctantibus Mss. et Lov.

sépulture est utile à l'âme d'un mort, et cette question mérite un examen spécial. Voyons d'abord si c'est une chose importante pour notre âme, après la mort, sous le rapport des peines de l'autre vie, lorsque le corps n'a pas reçu la sépulture, et jugeons cette question, non d'après l'opinion populaire, mais suivant les saintes règles de notre religion. Car il ne faut pas croire, comme nous le lisons dans Virgile, que les hommes privés de sépulture ne pourront naviguer ni traverser le fleuve infernal, suivant ce passage : « Il leur est défendu de franchir ces bords horribles et ces torrents bruyants, tant que leurs corps n'ont pas reçu la sépulture. » (*Enéide*, VI.) Quel est le chrétien qui pourrait s'attacher à ces fictions poétiques et fabuleuses, lorsque le Seigneur Jésus, voulant recommander aux chrétiens d'être tranquilles, lorsqu'ils tomberaient entre les mains de leurs ennemis, et que leurs corps seraient en leur pouvoir, leur assure qu'un cheveu ne tombera pas de leur tête (*Matth.*, X, 30), et les exhorte à ne pas craindre ceux qui peuvent tuer le corps, sans avoir le pouvoir de faire davantage. (*Luc*, XII, 4.) Mais j'en ai assez dit, je pense, dans le premier livre *de la Cité de Dieu*, pour fermer la bouche à ces hommes qui imputent aux chrétiens l'invasion des Barbares, et surtout celle qui vient de dévaster Rome, trouvant bon de dire encore que le Christ a abandonné les siens dans cette circonstance. Et quand on leur répond qu'il a accueilli les âmes des fidèles, suivant les mérites de leur foi, ils viennent nous insulter au sujet des cadavres sans sépulture. Voici comment j'ai traité cet endroit concernant la sépulture.

4. Mais quoi ! au milieu d'un si grand carnage, les morts n'ont pu recevoir la sépulture ? (Voyez *Cité de Dieu*, liv. I, ch. XII.) Croyez-moi, la piété chrétienne ne s'en effraye pas trop, s'appuyant sur cette parole, que les bêtes dévorantes ne seront point un obstacle pour la résurrection des corps, puisqu'un cheveu ne doit pas tomber de leur tête. (*Matth.*, X, 30.) Autrement la vérité ne dirait pas : « Gardez-vous de craindre ceux qui peuvent tuer le corps, mais qui ne peuvent tuer l'âme, » (*Luc*, XII, 4) si la vie future devait se ressentir des mauvais traitements faits à nos corps par nos ennemis. A moins qu'on ne soit assez absurde pour dire qu'il ne faut pas craindre avant la mort ceux qui tuent le corps ; mais qu'il faut les craindre après la mort, pour qu'ils ne laissent pas le corps sans sépulture. Elle serait donc fausse, cette parole du Christ : « Ils peuvent tuer le corps, mais ils n'ont pas le pouvoir d'en faire davantage, » s'ils ont tant de pouvoir sur les cadavres ? Gardons-nous de mettre en doute les paroles de la vérité. Il est

mortui locus corporis sui, operosius inquirendum est. Ac primum utrum intersit aliquid ad inferendam vel augendam miseriam post hanc vitam spiritibus hominum, si eorum corpora sepulta non fuerint, non secundum opinionem utcumque vulgatam, sed potius secundum religionis nostræ sacras litteras est videndum. Neque enim credendum est, sicut apud Maronem legitur, insepultos a navigando atque transeundo inferno amne prohiberi : quia scilicet : « Nec ripas datur horrendas, nec rauca fluenta transportare prius, quam sedibus ossa quierunt. » (*Æneid.*, 6.) Quis cor Christianum inclinet his poeticis fabulosisque figmentis, cum Dominus Jesus, ut inter inimicorum manus, qui eorum corpora in potestate haberent, securi occumberent Christiani, nec capillum capitis eorum asserat periturum (*Matth.*, X, 30), exhortans ne timeant eos, qui cum corpus occiderint, amplius non habent quid faciant ? (*Luc.*, XII, 4.) Unde in primo libro *de Civitate Dei* satis, quantum existimo, sum locutus, ut eorum dentem retunderem, qui barbaricam vastitatem, præcipue quam nuper Roma perpessa est, Christianis temporibus imputando, etiam id objiciunt, quod suis illic non subvenerit Christus. Quibus cum responsum fuerit, animas fidelium pro fidei suæ meritis ab illo fuisse susceptas, insultant de cadaveribus insepultis. Totum itaque istum de sepultura locum verbis talibus explicavi.

4. At enim in tanta, inquam (ex libro I *de Civit. Dei*, cap. 12), strage cadaverum nec sepeliri potuerunt ? Neque istud pia fides nimium reformidat, tenens prædictum, nec absumentes bestias resurrecturis corporibus obfuturas, quorum capillus capitis non peribit. (*Luc.*, XII, 7.) Nec ullo modo diceret Veritas : « Nolite timere eos qui corpus occidunt, animam autem non possunt occidere : » (*Matth.*, X, 28) si quidquam obesset vitæ futuræ quidquid inimici de corporibus occisorum facere voluissent. Nisi forte quispiam sic absurdus est, ut contendat eos qui corpus occidunt, non debere timeri ante mortem, ne corpus occidant ; et timeri debere post mortem, ne corpus occisum sepeliri non sinant. Falsum est ergo quod ait Christus : « Qui corpus occidunt, et postea non habent quid faciant : » si habent tanta quæ de cadaveribus faciant ? Absit, ut falsum sit quod Veritas dixit. Dictum est enim aliquid eos facere cum

donc dit que nos ennemis font quelque chose, lorsqu'ils tuent, parce que le corps ressent le coup de la mort ; mais ensuite ils n'ont plus aucun pouvoir, parce qu'un corps sans vie ne ressent plus rien. Sans doute, il y a beaucoup de chrétiens dont la terre n'a pas recouvert le corps ; mais on n'a pu les séparer du ciel et de la terre, puisque Celui qui sait comment il ressuscitera ses créatures la remplit de sa présence. Je sais qu'il est écrit dans un Psaume : « Ils ont jeté en pâture les restes de vos serviteurs aux oiseaux du ciel, et la chair de vos saints aux bêtes de la terre ; ils ont répandu leur sang comme l'eau autour de Jérusalem, et il n'y avait personne pour les ensevelir. » (*Ps.* LXXVIII, 2.) Mais ces paroles ont plutôt pour but de faire ressortir la cruauté des persécuteurs que le malheur des victimes. Quoique ce spectacle soit pour des hommes quelque chose de cruel et d'exécrable, « la mort des saints n'en est pas moins précieuse devant Dieu. » (*Ps.* CXV, 15.) Il s'ensuit donc que tout ce qui a rapport au soin des funérailles, à la condition des sépultures, et aux pompes des obsèques est plutôt une consolation pour les vivants, qu'un soulagement pour les morts. Si c'est un avantage pour l'impie d'avoir une magnifique sépulture, ce sera donc un malheur pour le juste d'avoir un tombeau méprisable ou de n'en avoir aucun. Une foule de serviteurs ont fait de magnifiques obsèques, au milieu d'une grande ville, pour cet homme riche couvert de pourpre (*Luc*, XVI, 22) ; mais le ministère des anges a déployé une pompe plus brillante en présence du Seigneur, pour ce pauvre couvert d'ulcères ; et ils l'ont porté, non dans un tombeau de marbre, mais dans le sein d'Abraham. Je sais que nos paroles font rire nos adversaires, contre lesquels nous avons entrepris de défendre la cité de Dieu ; et pourtant leurs philosophes ont dédaigné le soin de la sépulture, et souvent de nombreuses armées versaient leur sang pour la patrie, sans s'inquiéter où l'on jeterait leurs cadavres, et de quelle bête ils seraient la pâture ; et les poètes ont pu dire avec raison : A défaut d'urne, on a le ciel pour se couvrir. (LUCAIN, *Pharsale*, chant 7.) Combien devraient-ils rougir d'insulter les chrétiens au sujet des corps sans sépulture ; puisque nos corps et nos membres seront reconstruits, non-seulement avec les matériaux qu'ils auront laissés dans la terre, mais encore avec ceux qui se seront dispersés dans les coins les plus inaccessibles des autres éléments, et cette reconstruction se fera en un clin d'œil, suivant la promesse du Créateur.

CHAPITRE III. — 5. Cependant il ne faut pas dédaigner ni mépriser le soin des sépultures, surtout pour les justes et les fidèles, dont l'âme s'est servie saintement du corps, comme d'un organe et d'un instrument pour faire le bien.

---

occidunt, quia in corpore sensus est occidendo ; postea vero nihil habere quod faciant, quia nullus sensus est in corpore occiso. Multa itaque corpora Christianorum terra non texit : sed nullum eorum quisquam a cœlo et terra separavit, quam totam implet præsentia sui, qui novit unde resuscitet quod creavit. Dicitur quidem in Psalmo : « Posuerunt mortalia servorum tuorum escam volatilibus cœli, carnes sanctorum tuorum bestiis terræ : effuderunt sanguinem eorum tanquam aquam in circuitu Jerusalem, et non erat qui sepeliret. » (*Psal.* LXXVIII, 2.) Sed magis ad exaggerandam crudelitatem eorum qui ista fecerunt, non ad eorum infelicitatem qui ista perpessi sunt. Quamvis enim hæc in conspectu hominum dura et dira videantur, sed « pretiosa in conspectu Domini mors sanctorum ejus. » (*Psal.* CXV, 15.) Proinde ista omnia, id est, curatio funeris, conditio sepulturæ, pompa exsequiarum, magis sunt vivorum solatia, quam subsidia mortuorum. Si aliquid prodest impio sepultura pretiosa, oberit pio vilis aut nulla. Præclaras exsequias in conspectu hominum purpurato illi diviti turba exhibuit famulorum (*Luc.*, XVI, 22) : sed multo clariores in conspectu Domini ulceroso illi pauperi ministerium præbuit Angelorum ; qui eum non extulerunt in marmoreum tumulum, sed in Abrahæ gremium sustulerunt. Rident hæc illi, contra quos defendendam suscepimus Civitatem Dei : veruntamen sepulturæ curam etiam eorum philosophi contempserunt ; et sæpe universi exercitus, dum pro terrena patria morerentur, ubi postea jacerent, vel quibus bestiis esca fierent, non curaverunt ; licuitque poetis de hac re plausibiliter dicere : « Cœlo tegitur, qui non habet urnam : » (LUCAN., in VII *de Occisis Pharsalica pugna*) quanto minus debent de corporibus insepultis insultare Christianis, quibus et ipsius carnis membrorumque omnium reformatio, non solum ex terra, verum etiam ex aliorum elementorum secretissimo sinu, quo dilapsa cadavera recesserunt, in temporis puncto reddenda et redintegranda promittitur ?

CAPUT III. — 5. Nec ideo tamen contemnenda et abjicienda sunt corpora defunctorum, maximeque

(*Cité de Dieu*, liv. I, ch. 13.) Car si le vêtement d'un père, si son anneau, ou tout autre objet est d'autant plus cher aux enfants que leur affection est plus grande pour les parents; il ne faut donc en aucune manière mépriser le corps, qui appartient à l'homme et lui est beaucoup plus uni que n'importe quel vêtement. Car le corps n'est pas comme le vêtement un ornement et une protection extérieurs; mais il appartient à la nature même de l'homme. C'est pourquoi nous voyons qu'à l'égard des anciens justes, la piété s'est fait un devoir de disposer leurs funérailles, de célébrer leurs obsèques et de préparer le lieu de leur sépulture. Et eux-mêmes, pendant leur vie, recommandaient à leurs enfants le soin de leur sépulture, et même le transport de leurs corps. (*Gen.*, XXV, 3 ; XXIX, 5 et XLVII, 30.) C'est ainsi que Tobie, par le soin qu'il prenait d'ensevelir les morts, a mérité d'aller à Dieu, suivant le témoignage de l'ange. (*Tobie*, II, 9 et XII, 12.) Le Seigneur lui-même, qui devait ressusciter le troisième jour, vante et veut qu'on publie comme une bonne œuvre l'action de cette pieuse femme, qui a répandu sur ses membres un parfum précieux, et qui l'a fait pour sa sépulture (*Matth.*, XXVI, 10); et on cite avec éloge dans l'Évangile ceux qui ont détaché son corps de la croix, l'ont enveloppé avec soin et honneur, et l'ont mis dans le sépulcre. (*Jean*, XIX, 38.) Mais ces exemples n'ont pas pour but de nous enseigner qu'un cadavre ait aucun sentiment; ils signifient que les corps des morts appartiennent à la providence de Dieu, et que Dieu approuve ces témoignages de piété, pour affirmer la foi de la résurrection. On peut aussi prendre de là une salutaire leçon, c'est que Dieu devra récompenser magnifiquement les aumônes que l'on fait aux vivants, et à ceux qui en éprouvent du soulagement, s'il ne laisse pas sans récompense les soins de la piété pour un corps inanimé. J'aurais encore à citer d'autres témoignages que les saints patriarches nous ont transmis comme dictés par l'esprit prophétique (*Genèse*, XLVII et L) au sujet de la sépulture et de la translation de leurs corps; mais ce n'est pas ici le lieu de traiter ce sujet; ce que nous avons dit doit suffire. Nous ajouterons que si la privation des choses nécessaires à la vie, comme la nourriture et le vêtement, quoiqu'elle soit douloureuse, n'est pas capable d'ébranler la vertu des bons qui supportent ces misères, ni de déraciner la piété de leur cœur, mais la rend au contraire plus féconde par ce rude exercice; à plus forte raison les défunts, quand ils sont privés des honneurs ordinaires des funérailles et de la sépulture, ne doivent

---

justorum ac fidelium, quibus tanquam organis et vasis ad omnia bona opera sancte usus est spiritus. (*Item ex lib. I de Civit. Dei* c. 13.) Si enim paterna vestis et annulus, ac si quid hujusmodi, tanto carius est posteris, quanto erga parentes major affectus : nullo modo ipsa spernenda sunt corpora, quæ utique multo familiarius atque conjunctius, quam quælibet indumenta gestamus. Hæc enim non ad ornamentum vel adjutorium, quod adhibetur extrinsecus, sed ad ipsam naturam hominis pertinent. Unde et antiquorum justorum funera officiosa pietate curata sunt, et exequiæ celebratæ, et sepultura provisa (*Gen.*, XXIII, 3 ; XXV, 9 et XLVII, 30) : ipsique cum viverent, de sepeliendis, vel etiam transferendis suis corporibus filiis mandaverit. Et (a) Tobias sepeliendo mortuos Deum promeruisse, teste Angelo commendatur. (*Tobiæ*, II, 9, XII, 12.) Ipse quoque Dominus die tertio resurrecturus religiosæ mulieris bonum opus prædicat, prædicandumque commendat, quod unguentum pretiosum super membra ejus effuderit, atque hoc ad cum sepeliendum fecerit (*Matth.*, XXVI, 10) : et laudabiter commemorantur in Evangelio, qui corpus ejus de cruce acceptum, diligenter atque honorifice tegendum sepeliendumque curarunt. (*Joan.*, XIX, 38.) Verum istæ auctoritates non hoc admonent, quod insit ullus cadaveribus sensus, sed ad Dei providentiam (cui placent etiam talia pietatis officia) corpora quoque mortuorum pertinere significant, propter fidem resurrectionis astruendam. Ubi et illud salubriter discitur, quanta possit esse remuneratio pro eleemosynis, quas viventibus et sentientibus exhibemus, si neque hoc apud Deum perit, quod exanimis hominum membris officii diligentiæque persolvitur. Sunt quidem et alia, quæ sancti Patriarchæ de corporibus suis vel condendis vel transferendis prophetico Spiritu dicta intelligi voluerunt (*Gen.*, XLVII et L) : non autem hic locus est ut ea pertractemus, cum sufficiant ista quæ diximus. Sed si ea quæ sustentandis viventibus sunt necessaria, sicut victus et amictus, quamvis cum gravi afflictione desint, non frangunt in bonis perferendi tolerandique virtutem, nec eradicant ex animo pietatem, sed (b) exercitatam faciunt fecundiorem : quanto magis cum desunt ea quæ curandis funeri-

---

(a) In antiquis Mss. *Tobis.* — (b) Editi, *excitatam.* Melius Mss. *exercitatam* : et sic l. I, *de Civit. Dei.*

pas être plus malheureux, puisqu'ils reposent déjà dans les demeures invisibles des âmes pieuses. C'est pourquoi, lorsque, dans le sac de la grande ville et des autres cités, nous avons vu les corps des chrétiens privés des honneurs de la sépulture ; cette privation n'était pas une faute pour les vivants qui n'ont pu les rendre, ni une punition pour les morts qui n'ont pu la ressentir. Telle est mon opinion sur la cause et la raison des sépultures. Si j'ai pris ce passage dans un autre de mes livres pour le transporter ici, c'est qu'il m'a été plus facile de me répéter, que d'exprimer la même chose d'une autre manière.

Chapitre IV. — 6. Ces principes étant vrais, il n'en est pas moins certain que le choix d'un lieu pour la sépulture auprès des tombeaux des saints, est un témoignage des bons sentiments du cœur humain envers les morts ; et si la sépulture est une œuvre qui appartienne à la religion, on ne peut pas dire que le choix du lieu y soit étranger. Les vivants trouvent donc dans ces soins pieux une consolation et un moyen de témoigner leur affection envers leurs défunts ; mais je ne vois pas que les morts puissent y trouver du soulagement, qu'autant que leurs amis, en visitant leur sépulture, les recommanderont à la protection de ces mêmes saints et à leurs prières auprès du Seigneur. Je sais que la même chose peut avoir lieu, lors même que l'inhumation aurait été faite ailleurs. Pourquoi donne-t-on le nom de *mémoires* ou de monuments à ces demeures que l'on construit pour les morts, si ce n'est pour que ceux qui ont disparu du milieu des vivants ne soient pas oubliés par leurs amis ; ces sépulcres les rappellent à la mémoire, ils avertissent de penser à eux ; mémoire n'a pas d'autre signification, et monument veut dire ce qui avertit l'âme, *monet mentem*. Les Grecs appellent μνημεῖον, ce que nous appelons mémoire ou monument ; car dans leur langue ils appellent μνήμη, cette faculté par laquelle nous nous souvenons. C'est pourquoi lorsqu'un ami visite la sépulture de son ami, et qu'il la trouve dans un lieu que consacre le tombeau d'un martyr, son affection qui n'a point été oublieuse le porte à prier ce même saint et à lui recommander une âme chérie. Il n'est pas douteux que ces pieuses recommandations des fidèles ne soient utiles aux morts, si, pendant qu'ils étaient sur la terre, ils ont vécu de manière à s'en rendre dignes. Supposons que, par une impérieuse nécessité, un corps ait été privé de sépulture, ou que, pour une raison quelconque, il n'ait pu la recevoir dans un lieu saint, il ne faut pas pour cela négliger les supplications pour l'âme des

---

bus condendisque corporibus defunctorum adhiberi solent, non efficiunt miseros, in occultis piorum sedibus jam quietos. Ac per hoc, quando ista cadaveribus Christianorum in illa magnæ urbis, vel etiam aliorum oppidorum vastatione defuerunt, nec vivorum culpa est, qui non potuerunt ista præbere ; nec mortuorum pœna, qui non potuerunt ista sentire. Hæc est mea de sepulturæ causa atque ratione sententia. Quam propterea ex alio libro meo in istum transtuli, quia facilius hoc a me recenseri potuit, quam idipsum alio modo eloquendum fuit.

Caput IV. — 6. Quod si verum est, profecto etiam provisus sepeliendis corporibus apud Memorias sanctorum locus, bonæ affectionis humanæ est erga funera suorum : quoniam si nonnulla religio est ut sepeliantur, non potest nulla esse quando ubi sepeliantur attenditur. Sed cum talia vivorum solatia requiruntur, quibus eorum pius in suos animus appareat, non video quæ sunt adjumenta mortuorum, nisi ad hoc ut dum recolunt ubi sint posita eorum quos diligunt corpora, eisdem Sanctis illos tanquam patronis susceptos apud Dominum adjuvandos orando commendent. Quod quidem facere possent, etiamsi talibus locis eos humare non possent. Sed non ob aliud vel Memoriæ vel Monumenta dicuntur ea quæ (a) insignita fiunt sepulcra mortuorum, nisi quia eos qui viventium oculis morte subtracti sunt, ne oblivione etiam cordibus subtrahantur, in memoriam revocant, et admonendo faciunt cogitari : nam et Memoriæ nomen id apertissime ostendit, et Monumentum eo quod moneat mentem, id est, admoneat, nuncupatur. Propter quod et Græci μνημεῖον vocant, quod nos Memoriam seu Monumentum appellamus : quoniam lingua eorum memoria ipsa qua meminimus μνήμη dicitur. Cum itaque recolit animus ubi sepultum sit carissimi corpus, et occurrit locus nomine Martyris venerabilis, eidem Martyri animam dilectam commendat recordantis et precantis affectus. Qui cum defunctis a fidelibus carissimis exhibetur, eum prodesse non dubium est iis, qui, cum in corpore viverent, talia sibi post hanc vitam prodesse meruerunt. Verum et si aliqua necessitas vel humari corpora, vel in talibus locis humari nulla data facultate permittat, non sunt prætermittendæ supplica-

(a) Plerique Mss. *insigniter*. Alii quidam, *insignite*.

morts; et l'Eglise accomplit ce devoir, dans sa commémoration générale, sans même connaître leurs noms, pour tous ceux qui sont décédés dans la société chrétienne et catholique; afin que, si les parents, les enfants, les amis négligent cette office de la piété, elle, comme une bonne mère, supplée à tout, et embrasse dans son amour tous ses enfants. Mais ôtez les supplications qu'inspire la foi, aussi bien que la piété pour les morts, je pense qu'il ne sert de rien à l'âme que son corps soit enterré dans un lieu saint.

CHAPITRE V. — 7. Cette mère chrétienne dont vous me parlez, a donc désiré que le corps de son fils décédé dans la foi reposât dans la basilique d'un martyr. Elle a cru sans doute que l'âme du défunt trouverait du soulagement dans les mérites du saint; et cette foi de la pieuse mère a été une supplication; voilà ce qui est bon, si quelque chose est bon. Et comme cette mère visite souvent par la pensée le tombeau de son fils, et qu'elle ne cesse pas de le recommander par ses prières, voilà ce qui est utile à cette âme; ce n'est pas le lieu de la sépulture, mais la piété d'une mère que vivifie le souvenir du lieu. Ajoutons à cela que l'objet de son affection, et la pensée du saint devenu son protecteur, ne contribuent pas peu à exciter à la prière une âme religieuse. Car ceux qui prient donnent à leur corps la posture qui convient à la prière; ils font des génuflexions, ils étendent les mains, ils se prosternent, ils se livrent à d'autres actes extérieurs; Dieu, sans doute, connaît leur volonté secrète et leur intention cachée, et il n'a point besoin de ces signes visibles pour découvrir la pensée du cœur humain; mais par ces actes, l'homme s'excite davantage à prier et à gémir avec ferveur et humilité. Et, quoique les actes extérieurs ne soient que l'expression de ce qui se passe dans l'âme, je ne sais comment il se fait qu'en les accomplissant, on sent augmenter en soi le sentiment intérieur qui les produit; et ainsi l'affection du cœur qui se témoigne par des actes, se développe et s'accroît par ces actes mêmes. Néanmoins, s'il y a empêchement, s'il y a impossibilité pour l'homme, de donner à son corps la posture qui convient, sa prière n'en sera pas moins une prière dans le fond de son cœur; et humilié, plein de componction devant Dieu, sur sa couche retirée, il priera comme s'il était prosterné. Nous disons également qu'il n'est point indifférent pour celui qui pleure un défunt, et qui prie Dieu pour son âme, de choisir un lieu pour sa sépulture; car c'est l'affection qui porte à choisir un lieu sanctifié, et quand le corps y est déposé, le souvenir du lieu renouvelle et augmente l'affection qui a été le principe de tout. Cependant si l'âme chrétienne,

tiones pro spiritibus mortuorum : quas faciendas pro omnibus in Christiana et catholica societate defunctis etiam tacitis nominibus eorum sub generali commemoratione suscepit Ecclesia; ut quibus ad ista desunt parentes, aut filii, aut quicumque cognati vel amici, ab una eis exhibeantur pia matre communi. Si autem deessent istæ supplicationes, quæ fiunt recta fide ac pietate pro mortuis, puto quod nihil prodesset spiritibus eorum quamlibet in locis sanctis exanima corpora ponerentur.

CAPUT V. — 7. Cum ergo fidelis mater fidelis filii defuncti corpus desideravit in basilica Martyris poni, si quidem credidit ejus animam meritis Martyris adjuvari; hoc quod ita credidit, supplicatio quædam fuit; et hæc profuit, si quid profuit. Et quod ad idem sepulcrum recurrit animo, et filium precibus magis magisque commendat, adjuvat defuncti spiritum, non mortui corporis locus, sed ex loci memoria vivus matris affectus. Simul enim et quis et cui (a) commendatus sit, non utique infructuose religiosam mentem precantis attingit. Nam et orantes de membris sui corporis faciunt quod supplicantibus congruit, cum genua figunt, cum extendunt manus, vel etiam prosternuntur solo, et si quid aliud visibiliter faciunt; quamvis eorum invisibilis voluntas et cordis intentio Deo nota sit, nec ille indigeat his indiciis, ut humanus ei pandatur animus : sed hinc magis se ipsum excitat homo ad orandum gemendumque humilius atque ferventius. Et nescio quomodo, cum hi motus corporis fieri nisi motu animi præcedente non possint, eisdem rursus exterius visibiliter factis, ille interior invisibilis qui eos fecit augetur : ac per hoc cordis affectus : qui ut fierent ista præcessit, quia facta sunt crescit. Verumtamen si eo modo quisque teneatur, vel etiam ligetur, ut hæc de suis membris facere nequeat, non ideo non orat interior homo, et ante oculos Dei in secretissimo cubili, ubi compungitur, sternitur. Ita etiam cum plurimum intersit ubi ponat corpus mortui sui, qui pro spiritu ejus Deo supplicat, quia et præcedente affectus locum elegit sanctum, et illic corpore posito recordatus locus sanctus cum qui præcesserat renovat

(a) Bad. Am. Er. *commendandus.*

CHAPITRE VII.

malgré ses pieux désirs, ne peut pas réussir dans leur exécution, elle ne doit en aucune manière cesser des supplications toujours nécessaires pour le défunt qu'elle regrette. Où que soit ou ne soit pas le corps d'un défunt, son âme a besoin de repos; en quittant ce monde, elle a emporté avec elle la conscience de sa destinée, pour le sort qui intéresse chacun dans l'autre vie, soit pour les biens, soit pour les maux. L'âme n'attend donc rien de la chair pour son propre soulagement dans sa vie; c'est l'âme qui donnait à la chair la vie qu'elle possédait, elle la lui a retirée en la quittant; elle la lui rendra quand elle reviendra; car ici la chair ne fait rien pour l'âme, mais c'est l'âme qui mérite pour la chair le privilége de la résurrection, soit pour la peine, soit pour la gloire.

CHAPITRE VI. — 8. Nous lisons dans l'Histoire ecclésiastique écrite en grec par Eusèbe, et traduite en latin par Ruffin, que les corps des martyrs, dans les Gaules, furent abandonnés aux chiens, et que les chairs laissées par ces animaux furent réduites en cendres, ainsi que les ossements, jusqu'à la dernière parcelle, pour être jetées dans le Rhône, afin qu'il ne restât pas trace de leur souvenir. Or, nous devons croire que, si Dieu permit cette destruction, il voulait apprendre aux chrétiens, qu'en confessant le Christ, au mépris de la vie, ils devaient aussi mépriser la sépulture. Car cette cruauté raffinée avec laquelle on traita le corps de ces martyrs, si elle eût dû les troubler après leur mort, et empêcher leur âme victorieuse de jouir du repos bienheureux, Dieu ne l'aurait pas permise. Il est donc bien clair que si le Seigneur a dit : « Ne craignez pas ceux qui peuvent tuer le corps, et qui n'ont pas le pouvoir de rien faire au delà; » (*Matth.*, x, 28; *Luc*, xii, 4) il n'a pas voulu faire entendre que les persécuteurs n'auraient aucun pouvoir sur les corps de ses serviteurs, après leur mort; mais il a voulu dire que leur malice ne pourrait rien pour diminuer la félicité chrétienne des défunts, rien qui soit capable de les troubler après la mort, rien qui soit préjudiciable au corps lui-même pour l'intégrité de la résurrection.

CHAPITRE VII. — 9. Et cependant il y a dans le cœur humain une affection naturelle qui fait que personne ne hait sa propre chair (*Ephés.*, v, 29); de sorte que si l'homme venait à soupçonner qu'après sa mort, on ne rendrait pas à son corps les honneurs de la sépulture, suivant la coutume de sa nation et de son pays, il serait contristé comme homme; et avant de mourir il

et auget affectum : tamen etiamsi non possit, ubi religiosus (*a*) animus elegit, humare quem diligit, nullo modo debet a supplicationibus necessariis in ejus commendatione cessare. Ubicumque enim jaceat vel non jaceat defuncti caro, spiritui requies acquirenda est : qui cum inde exiret, secum abstulit sensum, quo interesse possit quomodo quisque sit, sive in bonis, sive in malis : nec ab ea carne expectat adjuvari vitam suam, cui præbebat ipse vitam, quam detraxit excedens, et redditurus est rediens ; quoniam non caro spiritui, sed spiritus carni etiam ipsius resurrectionis meritum comparat, utrum ad pœnam, an ad gloriam reviviscat.

CAPUT VI. — 8. Legimus in Ecclesiastica historia, quam Græce scripsit Eusebius, et in Latinam linguam vertit Ruffinus : Martyrum corpora in Gallia canibus exposita, (*b*) canumque reliquias atque ossa mortuorum usque ad extremam consumptionem ignibus concremata; eosdemque cineres fluvio Rhodano, ne quid ad memoriam qualemcumque relinqueretur, inspersos. Quod non ob aliud credendum est divinitus fuisse permissum, nisi ut discerent Christiani, in confitendo Christum, dum contemnunt hanc vitam, multo magis contemnere sepulturam. Hoc enim quod ingenti sævitia de corporibus Martyrum factum est, si eis quidquam nocerct, quo minus (*c*) beate requiescerent eorum victoriosissimi spiritus, non utique fieri sineretur. Re ipsa ergo declaratum est, non ideo dixisse Dominum : « Nolite timere eos qui corpus occidunt, et postea non habent quid faciant, » (*Matth.*, x, 28 ; *Luc.*, xii, 4) quod non esset permissurus aliquid eos facere de suorum corporibus (*d*) mortuorum : sed quoniam quidquid facere permissi essent, nihil quo minueretur Christiana defunctorum felicitas fieret, nihil inde ad sensum post mortem viventium perveniret; nihil ad detrimentum saltem ipsorum corporum, quo minus integra resurgerent, pertineret.

CAPUT VII. — 9. Et tamen ex illo humani cordis affectu, quo nemo unquam carnem suam odio habet (*Ephes.*, v, 29), si cognoscant homines aliquid post mortem suam suis corporibus (*e*) defuturum, quod in sua cujusque gente vel patria poscit solemnitas sepulturæ, contristantur ut homines; et quod

---

(*a*) Sic Mss. Editi vero, *amicus*. — (*b*) Unus e Vaticanis Mss. *carniumque*. Cœteri codices Mss. et excusi, *canumque reliquias*, id est relictas a canibus. Horum Lugdunensium Martyrum corpora sex dies continuos sub dio jacuisse narrat Eusebius, lib. V, cap. 1, posteaque cremata et in Rhodanum projecta. — (*c*) In quibusdam Mss. *beati*. — (*d*) Aliquot probæ notæ Mss. *Martyrum*. — (*e*) Sic Mss. At Lov. *suis corporibus defunctis deesse*. Am. et Er. *suorumque defunctorum deesse*.

redouterait pour son corps un destin, qui ne le toucherait plus après la mort. C'est ainsi que, dans le livre des Rois, nous voyons que Dieu envoie un prophète à un autre prophète, qui avait transgressé sa parole, pour lui annoncer comme châtiment, que son corps ne serait pas porté dans le sépulcre de ses pères. Lisons du reste les paroles de l'Écriture : « Voici ce que dit le Seigneur : Parce que tu n'as pas obéi à la parole du Seigneur, et que tu n'as point gardé le commandement du Seigneur ton Dieu, et que tu es revenu, après avoir mangé du pain et bu de l'eau dans le lieu où je t'avais défendu de manger du pain et de boire de l'eau, ton corps ne sera point porté dans la sépulture de tes pères. » (III *Rois*, XIII, 21, 22.) Cette punition, si nous la jugeons d'après l'Évangile, où l'on nous dit que, quand le corps est tué, il ne faut rien craindre pour ses restes inanimés, ne doit pas nous paraître une punition. Mais si nous considérons l'affection de l'homme pendant sa vie, pour son propre corps, le prophète a dû éprouver un sentiment de terreur et de tristesse, quoiqu'il ne dût pas l'éprouver après sa mort; et c'était là une punition, puisque son âme ressentait une grande douleur de cette destinée de son corps, douleur qu'elle ne devait point ressentir au moment de l'accomplissement. Le Seigneur a voulu punir ainsi son serviteur, dont la désobéissance ne venait d'aucune obstination de sa part, mais parce que la tromperie d'un autre lui avait laissé croire qu'il obéissait. Et il ne faut pas s'imaginer que la dent de l'animal lui a donné la mort, pour que son âme fût traînée aux supplices de l'enfer ; puisque nous voyons ce même lion qui l'avait tué, garder son corps sans faire de mal à l'âne, qui lui avait servi de monture, lequel assista sans frayeur, à côté du terrible animal, aux funérailles de son maître. Cet exemple nous montre que l'Homme de Dieu a subi la mort comme une peine temporelle, plutôt qu'il n'a été puni après sa mort. C'est pourquoi l'Apôtre, rappelant que plusieurs étaient punis de maladie ou de mort, à cause de certains péchés, nous dit : « Si nous nous punissions nous-mêmes, nous ne serions pas punis par le Seigneur. Mais quand nous sommes punis, c'est le Seigneur qui nous éprouve, pour que nous ne soyons pas condamnés avec le monde. » (1 *Cor*., XI, 31, 32.) Le prophète trompeur ensevelit assez honorablement l'homme de Dieu dans son propre tombeau, voulant aussi qu'un jour son corps reposât auprès du sien, et espérant que l'un ferait trouver grâce à l'autre, lorsque viendrait le temps où, suivant la prédiction de ce même homme de Dieu, Josias, roi de Juda, exhuma de ces lieux les ossements de plusieurs cadavres,

---

ad eos post mortem non pertinet, ante mortem suis corporibus timent : ita ut inveniatur in Regnorum libris Deus per Prophetam minari alteri Prophetæ, qui ejus transgressus est verbum, quod non inferretur cadaver ejus in sepulcrum patrum ejus. Quæ Scriptura sic habet : « Hæc dicit Dominus, quoniam inobediens fuisti ori Domini, et non custodisti mandatum quod præcepit tibi Dominus Deus tuus, et reversus es, et comedisti panem, et bibisti aquam in loco, in quo præcepit tibi ne comederes panem, neque biberes aquam, non inferetur cadaver tuum in sepulcrum patrum tuorum. » (III *Reg.*, XIII, 21, 22.) Quanti hæc pœna pendenda sit, si secundum Evangelium cogitemus, ubi post corpus occisum nihil metuendum esse didicimus ne membra exanima patiantur, nec pœna dicenda est. Si autem humanum erga suam carnem consideremus affectum, potuit inde terreri vel contristari vivus, quod sensurus non erat mortuus : et hæc erat pœna, quoniam dolebat animus id de suo corpore futurum, quamvis cum fieret non doleret. Hactenus enim voluit Dominus servum suum plectere, qui non sua contumacia spreverat præceptum ejus implere, sed aliena decipiente fallacia obedire se credidit, quando non obedivit. Neque enim putandum est ita fuisse interemptum morsu bestiæ, ut ad supplicium tartareum ejus deinde anima raperetur : quando quidem ipsum ejus corpus idem leo qui occiderat custodivit, jumento etiam quo vehebatur illæso, et simul cum illa immani fera intrepida præsentia ad sui domini funus astante. Quo mirabili signo apparet hominem Dei coercitum potius temporaliter usque ad mortem, quam punitum esse post mortem. De qua re Apostolus, cum propter quasdam offensas commemorasset infirmitates mortesque multorum : « Si enim nos ipsos, inquit, judicaremus, a Domino non judicaremur. Cum judicamur autem, a Domino corripimur, ne cum mundo damnemur. » (1 *Cor.*, XI, 31, 32.) Eum sane ipse qui deceperat in monumento proprio satis honorifice sepelivit, seque sepeliendum juxta ossa ejus curavit : ita sperans parci posse quoque ossibus suis, cum veniret tempus quando secundum illius hominis Dei prophetiam Josias rex Juda in illa terra multorum eruit ossa mortuorum, eisdemque ossibus sacrilega altaria, quæ sculptilibus constituta fuerant, funestavit. (IV *Reg.*, XXIII, 16.) Pepercit quippe illi

pour souiller avec ces ossements les autels sacriléges qu'on y avait élevés aux idoles. (IV *Rois*, XXIII, 16.) Il épargna, en effet, le sépulcre du prophète, qui avait prédit ces événements plus de trois cents ans auparavant, et grâce à lui, la sépulture du prophète trompeur fut aussi respectée. Cette affection qui fait que personne ne hait sa propre chair (*Ephés*., v, 29), lui avait inspiré de pourvoir à la destinée de son corps, quoiqu'il eût tué son âme par un mensonge. Comme chacun aime naturellement son corps, ce fut une punition pour l'un d'apprendre qu'il ne reposerait pas dans le sépulcre de ses pères, tandis que l'autre avait pour souci de veiller à la sûreté de ses ossements, et de reposer dans un tombeau que personne ne violerait.

CHAPITRE VIII. — 10. Les martyrs du Christ, en combattant pour la vérité, ont triomphé de cette affection. Il n'est pas étonnant qu'ils aient méprisé un traitement dont ils ne devaient rien éprouver après leur mort, eux qui, pendant leur vie, ne purent être vaincus par des tourments qu'ils ressentaient si vivement. Dieu pouvait certainement, lui qui n'avait pas permis au lion de toucher au corps du prophète, qu'il avait tué, et qui fit du meurtrier un gardien (III *Rois*, XIII, 24), Dieu pouvait, dis-je, éloigner les chiens des cadavres des chrétiens qu'on leur avait livrés; il pouvait de mille manières frapper de terreur ces hommes cruels, pour les empêcher de brûler ces corps et d'en disperser les cendres. Mais il a fallu que cette épreuve ne manquât pas à cette grande multitude de tribulations, afin que la fermeté dans la confession, qui ne cédait pas à la cruauté de la persécution pour le salut du corps, n'eût pas la moindre crainte au sujet des honneurs de la sépulture; et enfin pour que la foi de la résurrection ne fût point ébranlée par la destruction du corps. Tout cela fut donc permis, afin que les martyrs, qui s'étaient montrés si courageux dans les tourments, et si ardents à confesser le Christ, rendissent encore témoignage à cette vérité qu'ils avaient apprise, c'est que les persécuteurs qui tuaient leurs corps, n'avaient plus le pouvoir de rien faire au delà. Faites ce que vous voudrez à un corps mort, c'est ne rien faire certainement; puisque dans un corps privé de la vie, il n'y a rien que puisse ressentir celui qui est parti, rien que puisse perdre celui qui l'a créé. Mais pendant qu'on traitait ainsi le corps des victimes, et que les martyrs, sans s'en inquiéter, souffraient avec un grand courage, l'affliction était grande parmi les frères, quand on refusait toute liberté de donner quelque soin aux funérailles des saints, et que la vigilance des gardiens cruels, comme l'atteste la même histoire, ne permettait pas même de soustraire quelques

---

monumento ubi jacebat Propheta, qui ante annos amplius quam trecentos ista prædixerat; et propter ipsum nec illius qui eum seduxerat, sepultura violata est. Affectu namque illo, quo nemo unquam carnem suam odio habet (*Ephes*., v, 29), providerat cadaveri suo, qui occiderat mendacio animam suam. Ex hoc igitur quod carnem suam quisque naturaliter diligit, et illi pœna fuit addiscere, non cum futurum in sepulcro patrum suorum; et huic cura prospicere, ut parceretur ossibus suis, si juxta eum jaceret, cujus sepulcrum nemo violaret.

CAPUT VIII. — 10. Hunc affectum Martyres Christi pro veritate certantes vicerunt: nec mirum quia contempserunt quod non fuerant peracta morte sensuri, qui non potuerunt eis, quos viventes sentiebant, cruciatibus vinci. Poterat utique Deus, qui leonem Prophetæ corpus, quod ipse occiderat, ulterius non permisit attingere, et fecit de peremptore custodem (III *Reg*., XIII, 24); poterat, inquam, a suorum interfectis corporibus canes quibus fuerant projecta prohibere; poterat et ipsorum hominum innumerabilibus modis terrere sævitiam, ne cadavera incenderent, ne cineres dispergere auderent: sed hoc quoque experimentum multiplici varietati tentationum deesse non debuit, ne fortitudo confessionis, quæ immanitati persecutionis pro corporis salute non cederet, pro sepulcri honore trepidaret; postremo ne fides resurrectionis consumptionem corporum formidaret. Debuerunt ergo et ista permitti, ut etiam post hæc tanti (*a*) horroris exempla Martyres in Christi confessione ferventes, hujus quoque testes fierent veritatis, in qua didicerant, eos a quibus sua corpora interficerentur, postea nihil habere quod facerent: quoniam quidquid mortuis corporibus facerent, utique nihil facerent, quando in carne omni vita carente, nec aliquid sentire posset qui inde migravit, nec aliquid inde perdere qui creavit. Sed inter hæc quæ fiebant de corporibus occisorum, cum Martyres ea non metuentes magna fortitudine paterentur; tamen apud fratres luctus ingens erat, quod nulla dabatur potestas sanctorum funeribus justa persolvere, nec occulte subtrahere aliquid, sicut eadem

(*a*) Sic Mss. At editi, *honoris*.

restes. (Eusèb., liv. V, ch. I.) Ainsi, ceux qui avaient été immolés ne souffraient en rien de ce que leurs membres étaient déchirés, leurs ossements brûlés, et leurs cendres dispersées; mais ceux qui ne pouvaient rien ensevelir de leurs restes étaient tourmentés d'une grande douleur, car ils sentaient en quelque sorte pour ceux qui ne sentaient plus rien; et s'il n'y avait plus aucune souffrance chez les uns, il y avait une profonde douleur de compassion chez les autres.

Chapitre IX. — 11. A cause de cette compassion douloureuse dont j'ai parlé, le roi David a loué et béni ceux qui ont accordé les charitables soins de la sépulture aux ossements arides de Saül et de Jonathas. (II *Rois*, II, 5.) Quelle charité peut-on exercer envers ceux qui ne sentent rien? Peut-être faut-il revenir à cette opinion, que les morts privés de sépulture ne pouvaient pas traverser le fleuve infernal? (*Enéide*, liv. VI.) Chassons cette pensée contraire à la foi chrétienne; autrement il faudrait déplorer ce qui est arrivé à cette multitude de martyrs, dont les corps ont été privés de sépulture, et la vérité les aurait trompés, en leur disant : « Ne craignez pas ceux qui tuent le corps, et qui n'ont plus le pouvoir de rien faire; » (*Luc*, XII, 4) si les persécuteurs ont pu par ce moyen les empêcher d'arriver aux lieux si désirés. Mais comme tout cela est d'une fausseté évidente, et que les fidèles ne souffrent en rien d'être privés de la sépulture, comme les infidèles n'ont aucun avantage à l'obtenir; je me demande pourquoi ceux qui ont enseveli Saül et Jonathas, sont cités pour avoir fait une œuvre de miséricorde, et sont bénis pour cela par un pieux roi. C'est qu'en effet le cœur compatissant obéit à une bonne inspiration, lorsqu'il souffre en vertu de cette affection par laquelle personne ne hait sa propre chair (*Ephés.*, v, 29), de voir traiter un corps étranger, comme il ne voudrait pas qu'on traitât le sien après sa mort; et ce qu'on désire obtenir pour soi, quand on aura perdu le sentiment; on tâche, pendant qu'on est sous cette impression, de le procurer aux autres, quand ils sont devenus insensibles.

Chapitre X. — 12. On raconte quelques apparitions qui paraissent pouvoir entrer comme matière dans cette discussion. On dit donc que des morts ont apparu, soit pendant le sommeil, soit d'une autre manière, à des personnes vivantes, lesquelles ignoraient complétement où leurs corps gisaient sans sépulture, puis leur ont indiqué le lieu et les ont priés de leur procurer le tombeau dont ils étaient privés. Si nous répondons que cela est faux, nous paraîtrons

testatur historia, crudelium custodum vigiliæ permittebant. (*Euseb.*, lib. V, c. 1.) Ita cum illos qui occisi fuerant, in dilaceratione membrorum suorum, in conflagratione ossium, in dispersione cinerum, miseria nulla contingeret; istos tamen qui nihil eorum sepelire poterant, magna (*a*) misericordia cruciabat; quia in nullo modo sentientibus ipsi quodam modo sentiebant, et ubi jam illorum nulla erat passio, erat istorum misera compassio.

Caput IX. — 11. Secundum istam quam dixi miseram compassionem laudantur illi, et a rege David benedicuntur, qui Saulis et Jonathæ ossibus aridis sepulturæ misericordiam præstiterunt. (II *Reg.*, II, 5.) Quæ tandem misericordia præstatur nihil sentientibus? An forte hoc revocandum est ad illam opinionem, quod (*b*) infernum fluvium insepulti non poterant transmeare? (*Æneid.*, VI) Absit hoc a fide Christiana : alioquin pessime actum est cum tanta Martyrum multitudine, quorum non potuerunt corpora sepeliri, et fallaciter eis Veritas dixit : « Nolite timere eos qui corpus occidunt, et postea non habent quid faciant; » (*Luc.*, XII, 4) si eis tanta mala facere potuerunt, quibus impedirentur ad loca exoptata transire. Sed quia hoc sine ulla dubitatione falsissimum est, nec aliquid obest fidelibus negata eorum corporibus sepultura, nec aliquid si exhibeatur infidelibus prodest : cur ergo illi qui Saulem et filium ejus sepelierunt, misericordiam fecisse dicuntur, et ob hoc a rege pio benedicuntur; nisi quia bene afficiuntur corda miserantium, quando ea dolent in mortuorum corporibus alienis, quæ illo affectu (*Ephes.*, v, 29), quo nemo unquam carnem suam odio habet, nolunt fieri post mortem suam corporibus suis; et quod sibi exhiberi volunt quando sensuri non sunt, aliis non sentientibus curant exhibere dum ipsi sentiunt.

Caput X. — 12. Narrantur visa quædam, quæ huic disputationi non negligendam videantur inferre quæstionem. Feruntur quippe mortui nonnulli vel in somnis, vel alio quocumque modo apparuisse viventibus atque ubi eorum corpora jacerent inhumata nescientibus, locisque monstratis admonuisse ut sibi sepultura quæ defuerat præberetur. Hæc si falsa esse responderimus, contra quorumdam scripta

(*a*) Editi, *miseria cruciabat; quia nullo modo illis sentientibus*, etc., minus bene et dissentientibus Mss. — (*b*) Sola fere editio Lov. *inferni*.

CHAPITRE XI.

contredire d'une manière presque arrogante les écrits de certains chrétiens, et le sentiment de ceux qui se portent comme témoins de ces apparitions. Mais on peut répondre qu'il ne faut pas supposer que les morts ont agi réellement de la sorte, parce qu'on les aura vus dans son sommeil dire, montrer et demander ces choses. Car les vivants apparaissent souvent aux vivants pendant leur sommeil, quoiqu'ils ignorent eux-mêmes leur propre apparition, et quand ils entendent raconter à ces personnes leurs propres songes, ils apprennent qu'on les a vus pendant le sommeil, dire et faire telle ou telle chose. Si donc un homme me voit dans son sommeil lui rappeler ou lui prédire un événement; quoique j'ignore complétement le rôle que je joue et que je ne m'inquiète aucunement ni s'il songe, ni s'il est éveillé pendant que je dors, ni s'il dort pendant que je suis éveillé, ni si nous veillons ou dormons tous les deux au même moment, quand il a un songe où il me voit; qu'y a-t-il d'étonnant si les morts, sans rien savoir et sans rien éprouver, sont vus par les vivants dans le sommeil et disent même des choses dont on reconnaît la réalité, quand on est éveillé? Je croirais donc ici à l'intervention des anges, soit que Dieu le permette ou l'ordonne, lorsque les morts paraissent dire quelque chose pendant le sommeil sur la sépulture de leurs corps, quoique les intéressés l'ignorent complétement. Mais ces apparitions ont quelquefois leur utilité, soit pour donner quelque consolation aux vivants qui regrettent ces défunts dont ils voient les images dans leur sommeil; soit pour que le genre humain trouve là un avertissement de ne rien négliger pour le soin de la sépulture; car, quoiqu'elle ne procure aucun soulagement aux défunts, on ne peut pas la négliger sans se rendre coupable d'impiété. Quelquefois les fausses visions jettent dans de graves erreurs, les hommes qui méritent d'y tomber. C'est ainsi que quelqu'un verra dans son sommeil, ce qu'on raconte qu'Énée, par une fiction poétique, a vu dans les enfers (*Enéide*, liv. VI); l'image d'un mort non enseveli lui apparaîtra, et lui tiendra le langage que le poète met dans la bouche de Palinure; et lorsqu'il s'éveillera, il trouvera le corps de son défunt, là où pendant son rêve il apprit qu'il gisait sans sépulture, avec avis et prière de l'ensevelir; et parce que tout cela se trouve vrai, il croira qu'il faut donner la sépulture aux morts, pour que les âmes puissent arriver à leur dernière demeure, où il a rêvé que la loi infernale ne leur permettrait pas d'arriver, si le corps n'était pas enseveli. Est-ce qu'une pareille croyance ne fait pas sortir cet homme du chemin de la vérité?

CHAPITRE XI. — 13. Or, telle est l'infirmité

---

fidelium, et contra eorum sensus qui talia sibi accidisse confirmant, impudenter venire videbimur. Sed respondendum est, non ideo putandum esse mortuos ista sentire, quia hæc dicere vel indicare vel petere videntur in somnis. Nam et viventes apparent sæpe viventibus dormientibus (vide Sermonem cccxxxi et cccxxxii, n. 2), dum se ipsi nesciant apparere; et ab eis hæc quæ somniaverint audiunt dicentibus, quod eos in somnis agentes aliquid vel loquentes viderint. Si ergo me potest aliquis in somnis videre, sibi aliquid quod factum est indicantem, vel etiam quod futurum est prænuntiantem; cum id ego prorsus ignorem, et omnino non curem, non solum quid ille somniet, sed utrum dormiente me vigilet, an vigilante me dormiat, an uno eodemque tempore vigilemus ambo sive dormiamus, quando ille somnium videt in quo me videt : quid mirum si nescientes mortui nec ista sentientes, tamen a viventibus videntur in somnis, et aliquid dicunt, quod evigilantes verum esse cognoscant? Angelicis igitur operationibus fieri crediderim, sive permittatur de super, sive jubeatur, ut aliquid dicere de sepeliendis corporibus suis videantur in somnis, cum id penitus nesciant quorum illa sunt corpora. Id autem aliquando utiliter fit, sive ad vivorum qualecumque solatium, ad quos pertinent illi mortui, quorum apparent imagines somniantibus; sive ut his admonitionibus generi humano sepulturæ commendetur humanitas : quæ licet defunctis non opituletur, culpanda tamen irreligiositate negligitur. Aliquando autem fallacibus visis homines in magnos mittuntur errores, quos talia perpeti justum est. Velut si quisquam videat in somnis, quod Æneas vidisse apud inferos poetica falsitate narratur (VIRGIL., *Æneid.*, VI) : et ei cujuspiam non sepulti appareat imago, loquaturque talia, qualia fertur illi locutus fuisse Palinurus; et cum evigilaverit, ibi corpus ejus inveniat, ubi jacere in humatum cum somniaret audivit, admonitus et rogatus ut sepeliret inventum: et quia id verum esse comperit, credat ideo mortuos sepeliri, ut eorum animæ ad loca transeant, unde insepultorum animas inferna prohiberi lege somniavit : nonne ista credens, plurimum a tramite veritatis exorbitat?

CAPUT XI. — 13. Sic autem infirmitas humana sese habet, ut cum in somnis quisque viderit mor-

humaine, c'est que si l'on voit un mort dans son sommeil, on croit voir son âme ; et si l'on rêve d'un vivant, on est persuadé qu'on a vu, non pas son âme, ni son corps, mais sa ressemblance ; comme si les morts, sans le savoir également, ne pouvaient pas nous apparaître pendant que nous dormons, non en réalité, mais dans leurs ressemblances. Voici un fait : Etant à Milan, nous avons entendu raconter qu'un créancier voulant réclamer une dette, se présenta avec la reconnaissance d'un défunt devant son son fils, qui ignorait que son père l'eût payée, et que ce jeune homme fut vivement attristé et étonné que son père ne lui en eût rien dit, quoiqu'il eût fait son testament. Comme il était tourmenté de cette affaire, son père lui apparut dans son sommeil, et lui indiqua l'endroit où était le papier qui annulait la reconnaissance. Le jeune homme trouve ce papier, le montre au créancier dont il repousse la demande injuste, et reprend le billet qui n'avait pas été rendu à son père, quand il paya sa dette. On pense alors que l'âme de cet homme s'est mise en peine pour son fils, qu'elle est venu l'avertir, pendant son sommeil, de ce qu'il ne savait pas, pour le tirer d'une grande inquiétude. A peu près dans le même temps qu'on nous faisait ce récit, lorsque nous étions encore à Milan, Eulogius, professeur de rhétorique à Carthage, à la fois mon disciple et mon maître dans cet art, me raconta lui-même, quand je fus plus tard de retour en Afrique, qu'ayant pris pour matière de ses leçons la rhétorique de Cicéron, il préparait une leçon pour le lendemain et tomba dans un endroit obscur ; ne pouvant pas le comprendre, il put à peine s'endormir à cause du tourment qu'il avait ; alors je lui apparus cette même nuit pendant son sommeil, et lui expliquai ce qu'il ne comprenait pas : disons que ce n'était pas moi, mais mon image, puisque je ne savais rien, et que je m'occupais d'autre chose dans un pays bien éloigné au delà de la mer, ou bien que je dormais sans m'inquiéter nullement de ce qui le tourmentait. Comment tout cela se faisait-il, je n'en sais rien ; mais quelle que soit la manière dont cela arrive, pourquoi ne croirions-nous pas qu'on voit un mort pendant son sommeil, comme on peut voir un vivant ? l'un et l'autre ignorant complétement et ne prenant nul souci de savoir à qui, où et quand se font ces apparitions.

CHAPITRE XII. — 14. Les gens éveillés ont quelquefois des visions qui ressemblent aux rêves, quand leurs sens sont troublés, comme les frénétiques ou les furieux de toute sorte ; ils conversent avec eux-mêmes, comme s'ils s'adressaient à des personnes présentes, dont ils

---

tuum, ipsius animam se videre arbitretur ; cum autem vivum similiter somniaverit, non ejus animam, neque corpus, sed hominis similitudinem sibi apparuisse non dubitet : quasi non possint et mortuorum hominum eodem modo nescientium, non animae, sed similitudines apparere dormientibus. (a) Pro certo, cum Mediolani essemus, audivimus, quod cum debitum repeteretur a quodam, defuncti patris cautione prolata, quod filio nesciente a patre jam fuerat persolutum, contristari homo gravissime cœpit, atque mirari quod ei pater moriens non dixerit quid deberet, cum fecisset etiam testamentum. Tunc ei nimis anxio apparuit idem pater ejus in somnis, et ubi esset (b) recautum quo illa cautio vacuata fuerat, indicavit. Quo invento juvenis atque monstrato, non solum falsi debiti calumniam propulsavit, sed etiam paternum recepit chirographum, quod pater non receperat, quando est persoluta pecunia. Hic itaque putatur anima hominis curam gessisse pro filio, et ad eum venisse dormientem, ut docens quod ignorabat, a magna eum molestia liberaret. Sed eodem ipso ferme tempore quo id audivimus, item nobis apud Mediolanum constitutis, Carthaginis rhetor Eulogius, qui meus in eadem arte discipulus fuit, sicut mihi ipse, posteaquam in Africam remeavimus, retulit, cum rhetoricos Ciceronis libros discipulis suis traderet, recensens lectionem quam postridie fuerat traditurus, quemdam locum offendit obscurum : quo non intellecto, vix potuit dormire sollicitus : qua nocte somnianti ego illi quod non intelligebat exposui : imo non ego, sed imago mea nesciente me, et tam longe trans mare aliquid aliud sive agente, sive somniante, et nihil de illius curis omnino curante. Quomodo fiant ista, nescio : sed quomodolibet fiant, cur non eodem modo fieri credimus, ut in somnis quisque videat mortuum, quomodo fit ut videat et vivum ? ambobus utique nescientibus, neque curantibus quis vel ubi vel quando eorum imagines somniet.

CAPUT XII. — 14. Similia sunt autem somniis nonnulla etiam visa vigilantium, qui turbatos habent sensus, sicut phrenetici, vel quocumque furentes modo : nam et ipsi (c) loquuntur secum quasi vere

---

(a) Duo Mss. *Porro certe.* Septem alii, *Porro*, omisso *certe*. — (b) Bad. Am. et Lov. *repositum quod*. Melius Er. et Mss. *recautum quo*, id est scriptum quo illa cautio revocata, sive ut hic dicitur, vacuata fuerat. — (c) Octo Mss. *Nam et ipsi loquuntur sæpe cum vere præsentibus, loquuntur etiam cum absentibus quasi cum præsentibus quorum imagines cernunt, sive vivorum*, etc.

CHAPITRE XII.

ont devant les yeux les images, qu'on soit présent ou absent, vivant ou mort. Mais de même que les vivants ne se doutent pas qu'ils sont l'objet de cette vision et de cette conversation, puisqu'en réalité ils ne sont pas là et ne conversent pas, et que ces visions ne sont que l'effet de la perturbation des sens sur l'imagination ; ainsi les morts apparaissent aux hommes dont le cerveau est troublé, comme s'ils étaient présents, tandis qu'ils sont absents, et ne se doutent nullement qu'ils sont l'objet d'une vision imaginaire.

15. Voici autre chose : c'est quand un homme se trouve soustrait à l'empire des sens plus que s'il dormait profondément, et absorbé dans des visions imaginaires, comme s'il apercevait les vivants et les morts. Revenu à son bon sens, il raconte sa vision, nomme tous les morts qu'il a vus, et on croit qu'il s'est trouvé avec eux ; on ne remarque pas en l'écoutant que, dans ces visions, il y avait des vivants qui étaient absents et qui ne se doutaient de rien. — Un homme, appelé Curma, du municipe de Tullium, près d'Hippone, pauvre curial, à peine petit magistrat de son endroit et simple paysan, tomba malade et dans un tel état de léthargie,

qu'il était comme mort pendant quelques jours ; un très-léger souffle des narines qu'on sentait à peine en approchant la main, était le seul indice de vie, qui n'avait pas permis de l'ensevelir. Il ne faisait aucun mouvement, ne prenait pas la moindre nourriture, ses yeux, tous ses sens, malgré toutes sortes d'excitations, restaient impassibles. Cependant il voyait plusieurs choses pendant son sommeil ; et s'étant enfin comme éveillé après plusieurs jours, il raconta ses visions. Et d'abord sitôt qu'il ouvrit les yeux : Qu'on aille, dit-il, à la maison de Curma le forgeron, et qu'on voie ce qui s'y passe. On y va, et on trouve qu'il était mort, au moment même où l'autre reprenait ses sens et revenait presque à la vie. On l'interroge, et il dit que le forgeron avait reçu l'ordre de comparaître quand lui-même fut mis en liberté ; et qu'il avait distinctement entendu là d'où il revenait que ce n'était pas Curma le curial, mais Curma le forgeron qu'on avait ordonné d'amener au séjour des morts. Dans ces visions, ou plutôt ces rêves, pendant qu'il était au milieu de ces morts, qu'on traitait suivant la diversité de leurs mérites, il reconnut quelques vivants de sa connaissance. J'aurais pu croire à cette histoire, si dans ses

præsentibus loquantur, et tam cum absentibus quam cum præsentibus, quorum imagines cernunt, sive vivorum, sive mortuorum. Sed quemadmodum ii qui vivunt, ab eis se videri, et cum eis se conloqui nesciunt ; neque enim re vera ipsi adsunt, aut ipsi sermocinantur, sed turbatis sensibus homines talia visa imaginaria patiuntur : eo modo et ii qui ex hac vita migrarunt, sic affectis hominibus videntur quasi præsentes, cum sint absentes, et utrum aliquis eos imaginaliter videat, omnino nescientes.
15. Huic rei simile est etiam illud, cum homines altius quam si dormirent, subtrahuntur corporis sensibus, et occupantur talibus visis. Et his enim apparent imagines vivorum atque mortuorum : sed cum fuerint sensibus redditi, quoscumque mortuos vidisse se dixerint, vere cum eis fuisse creduntur : nec attendunt, qui hæc audiunt, similiter ab eis absentium atque nescientium quorumdam etiam imagines visas esse vivorum. Homo quidam (a) Curma nomine, municipii Tulliensis, quod Hipponi proximum est, curialis pauper, vix illius loci (b) duumviralitius et simpliciter rusticanus, cum ægrotaret, ablatus (c) a

sensibus, pene mortuus jacuit aliquot diebus : tenuissimus flatus in naribus, qui manu admota utcumque sentiebatur et erat exiguum viventis indicium, sepeliri ut exanimem non sinebat. Nullos artus movebat, nulla sumebat alimenta : nihil oculis, nihil ullo alio sensu corporis qualibet impacta molestia sentiebat. Videbat tamen multa velut in somnis, quæ tandem aliquando post dies plurimos quasi evigilans, visa narravit. Ac primum mox ut aperuit oculos : Eat aliquis, inquit, ad domum Curmæ fabri ferrarii, et videat quid ibi agatur. Quo cum itum esset, inventus est mortuus eo momento, quo iste fuerat sensibus redditus, et pene a morte revixerat. Tunc intentis qui aderant, illum exhiberi jussum esse quando ipse dimissus est, indicavit ; seque illic unde redierat dixit audisse, quod non Curma curialis, sed Curma faber ferrarius ad loca illa mortuorum præceptus fuisset adduci. In illis ergo visis, tanquam somniis suis, (d) inter eos defunctos, quos videbat pro meritorum diversitate tractari, agnovit etiam nonnullos quos noverat vivos. Ipsos autem vere (e) forsitan credidissem, si non inter illa quasi somnia sua vidisset etiam

---

(a) Bad. et Lov. *de turma Curina nomine*. Et infra constanter habent *Curina*. At Mss. ubique fere, *Curma* : quibus hac in reconsentiunt Am. et Er. sed editiones etiam istæ duæ post : *Homo quidam*, addunt *de turma* : quod abest a Mss. videturque irrepsisse e margine, in qua forte fuerat adnotatum : *De Curma*. — (b) *Duumviralitius* idem sonat quod duumviralis, hoc est, qui duumviratum gessit. Duumviri magistratus municipales appellabantur, quod duo essent, ait Brisonius. — (c) Sic potiores Mss. At editi, *ablatis sensibus*. — (d) Editi, *fuit inter eos*. Abest *fuit* a pluribus Mss. — (e) In editis, *vere mortuos*. Redundat vox *mortuos*, nec est in Mss.

visions ou ses rêves il n'eût pas vu certaines personnes qui vivent encore aujourd'hui, savoir quelques clercs de sa contrée, et entre autres un prêtre qui lui dit d'aller se faire baptiser par moi à Hippone, et auquel il répondit que c'était déjà fait. Il avait donc vu dans cette vision un prêtre, des clercs, moi-même, tous encore vivants, et ensuite il y vit des morts. Pourquoi ne pas dire qu'il a vu les morts de la même manière que les vivants, absents les uns comme les autres et ne sachant rien; c'est-à-dire qu'il n'a rien vu autre chose que la ressemblance des personnes et des lieux ? car il vit l'endroit où était le prêtre avec les clercs; il vit Hippone où il fut en imagination baptisé par moi. Or, il n'était pas dans ces lieux quand il croyait y être. Il ne savait pas ce qu'on y faisait dans ce moment-là, et il l'aurait su s'il y avait été. Ce sont donc des visions, où les objets ne se présentent pas à nous dans leur réalité, mais sous l'ombre de leurs images. Enfin, ayant vu toutes ces choses, il raconta qu'il avait été introduit dans le paradis, et qu'on lui avait dit en le renvoyant vers les siens : Va, fais-toi baptiser, si tu veux être un jour dans la demeure des bienheureux. Ensuite comme on lui disait de se faire baptiser par moi, il répondit que c'était déjà fait. Celui qui lui parlait insista : Va, dit-il, fais-toi baptiser véritablement, car tu ne l'es qu'en imagination. Cet homme, après sa guérison, vint à Hippone, la Pâque approchait; il se fit inscrire parmi les catéchumènes, inconnu pour nous comme plusieurs autres; car il ne nous avait dit rien de cette vision, ni à nous ni à personne des nôtres. Il fut baptisé, et quand les saints jours de l'octave furent passés, il retourna dans ses foyers. Deux ans plus tard et même davantage, j'appris toute cette histoire, d'abord par un de mes amis qui était le sien, pendant que nous étions à table et que la conversation roulait sur ces matières; ensuite j'allai plus loin et je voulus que lui-même me racontât son histoire, en présence de ses honnêtes concitoyens qui attestaient la vérité, et sur sa singulière maladie, où il avait été comme mort pendant plusieurs jours, et sur l'autre Curma le forgeron, comme je l'ai raconté plus haut; et sur les autres détails qu'ils se rappelaient et affirmaient avoir entendu de sa bouche, comme il me les disait. Je dis donc que de même qu'il vit son baptême, et moi-même, et Hippone, et la basilique et le baptistère, non en réalité, mais en imagination, ainsi il a vu, quoiqu'à leur insu, les autres personnes vivantes; pourquoi n'aurait-il pas vu de même les morts, qui ne s'en doutaient d'aucune manière ?

---

quosdam qui nunc usque adhuc vivunt, clericos videlicet aliquos regionis suæ, a quorum ibi presbytero audivit, ut apud Hipponem baptizaretur a me, quod et factum esse dicebat. Viderat itaque in illa visione presbyterum, clericos, me ipsum, nondum scilicet mortuos, in qua postea vidit et mortuos. Cur non etiam illos sicut nos vidisse credatur, utrosque scilicet absentes atque nescientes; ac per hoc non ipsos, sed similitudines eorum, sicut etiam locorum? Nam et fundum vidit ubi erat ille cum clericis presbyter, et Hipponem ubi a me quasi baptizatus est : in quibus locis profecto non erat, quando illic sibi esse videbatur. Nam quid ibi ageretur eo tempore, nesciebat : quod procul dubio sciret, si vere ibi esset. Visa sunt igitur ista, quæ non (a) præsentantur in ipsis rebus ut sunt, sed in quibusdam rerum imaginibus adumbrantur. Denique post multa quæ vidit, etiam in paradisum se introductum esse narravit, dictumque sibi esse, cum inde dimitteretur rediturus ad suos : Vade, baptizare, si vis esse in isto loco beatorum. Deinde ut a me baptizaretur admonitus, jam factum esse respondit. Cui rursus ille qui cum eo loquebatur : Vade, inquit, vere baptizare, nam illud in visione vidisti. Post ista convaluit, perrexit Hipponem. Pascha jam propinquabat, dedit nomen inter alios Competentes, pariter cum plurimis incognitus nobis; nec illam mihi visionem, nec cuiquam nostrorum indicare curavit. Baptizatus est, peractis diebus sanctis remeavit ad propria. Biennio vel amplius transacto ego cuncta hæc cognovi; primo per quemdam meum ejusque amicum in convivio meo, dum quædam talia loqueremur : deinde institi ac feci ut hæc mihi præsens ipse narraret, attestantibus honestis civibus suis, et de mirabili ejus ægritudine, ut jacuerit pene mortuus per dies plurimos, et de illo alio Curma fabro ferrario, quod commemoravi superius, et de his omnibus, quæ cum mihi diceret, etiam tunc ab illo se audisse recolebant; primo firmabant. Quamobrem sicut vidit baptismum suum et me ipsum et Hipponem et basilicam et baptisterium, non in rebus ipsis, sed in quibusdam similitudinibus rerum, ita et alios quosdam vivos eisdem nescientibus vivis : cur non ergo ita et illos mortuos eisdem nescientibus mortuis ?

(a) Sic Mss. At editi, *præstantur*.

CHAPITRE XIII. — 16. Pourquoi n'attribuerions-nous pas ces opérations aux anges, par une dispensation de la providence de Dieu qui se sert des bons et des méchants, suivant l'incompréhensible profondeur de ses jugements? Soit que ces opérations merveilleuses servent à instruire les mortels, ou à les tromper, ou à les consoler, ou à les effrayer, suivant que chacun est traité avec miséricorde ou avec rigueur, par celui dont l'Eglise ne chante pas en vain la miséricorde et la justice. (*Ps.* L, 1.) Chacun prendra comme il voudra ce que je dis. Si les âmes des morts s'intéressaient aux affaires des vivants, si ces âmes, quand nous les voyons, nous parlaient dans le sommeil, il s'ensuivrait, pour ne pas citer d'autres personnes, que ma pieuse mère serait toujours avec moi chaque nuit, elle qui m'a suivi sur terre et sur mer pour vivre avec moi. Je ne croirai donc pas qu'en devenant plus heureuse dans une autre vie, elle soit devenue insensible à ce point, que quand mon cœur est affligé, elle ne console point son fils dans la peine, lui qu'elle aimait si tendrement, et qu'elle ne voulait point voir dans le chagrin. D'un autre côté, il nous faut réfléchir à cette parole du Psaume : « Mon père et ma mère m'ont abandonné; mais le Seigneur m'a pris sous sa garde. » (*Ps.* XXVI, 10.) Si nos parents nous ont abandonnés, comment s'intéressent-ils à nos soucis et à nos affaires? Et si les parents sont indifférents, quels sont les autres morts qui s'inquiéteront de ce que nous faisons, ou de ce que nous souffrons? Voici encore ce que dit le prophète Isaïe : « Tu es notre père; car Abraham nous a oubliés et Israël ne nous a pas connus. » (*Isaïe*, LXIII, 16.) Si ces grands patriarches ont ignoré ce qui concernait un peuple qui descendait d'eux, et qui avait été promis à leur foi comme une nation de leur race, comment les morts s'occuperont-ils de connaître et de protéger les affaires et les entreprises des vivants? Comment appelons-nous bienheureux ceux qui sont morts, avant que ne fussent arrivés les maux qui ont suivi leur mort, s'ils éprouvent, même après leur mort, les misères qui accablent la vie humaine? Nous trompons-nous en parlant ainsi, et croyons-nous bienheureux ceux que tourmente notre vie malheureuse? Que dirons-nous alors de cette promesse que Dieu fit au pieux roi Josias, comme un grand bienfait, c'est qu'il mourrait avant de voir les maux dont il menaçait la ville et le peuple, et qui étaient près d'arriver? Voici les paroles de Dieu : « Voici ce que dit le Seigneur le Dieu d'Israël, parce que tu as écouté les paroles de ce livre, que ton cœur en a été effrayé, et que tu t'es humilié devant le Seigneur, après avoir appris les maux dont il menace cette ville et ses habitants, maux qui seront un jour l'étonnement

CAPUT XIII. — 16. Cur non istas operationes angelicas credimus, per dispensationem providentiæ Dei bene utentis et bonis et malis, secundum inscrutabilem altitudinem judiciorum suorum? sive instruantur hinc mentes mortalium, sive fallantur; sive consolentur, sive terreantur : sicut unicuique vel præbenda est misericordia, vel irroganda vindicta, ab illo cui misericordiam et judicium non inaniter cantat Ecclesia. (*Psal.* c, 1.) Ut volet accipiat quisque quod dicam. Si rebus viventium interessent animæ mortuorum, et ipsæ nos quando eas videmus alloquerentur in somnis; ut de aliis taceam, me ipsum pia mater nulla nocte desereret, quæ terra marique secuta est ut mecum viveret. Absit enim, ut facta sit vita feliciore crudelis, usque adeo ut quando aliquid angit cor meum, nec tristem filium consoletur, quem dilexit unice; quem nunquam voluit mœstum videre. Sed profecto quod sacer Psalmus personat, verum est : « Quoniam pater meus et mater mea dereliquerunt me, Dominus autem assumpsit me. » (*Psal.* XXVI, 10.) Si ergo dereliquerunt nos parentes nostri, quomodo nostris curis et rebus intersunt? Si autem parentes non intersunt, qui sunt alii mortuorum qui noverint quid agamus, quidve patiamur? Isaias propheta dicit : « Tu es enim pater noster : quia Abraham nescivit nos, et Israel non cognovit nos. » (*Isa.*, LXIII, 16.) Si tanti Patriarchæ quid erga populum ex his procreatum ageretur ignoraverunt, quibus Deo credentibus populus ipse de illorum stirpe promissus est, quomodo mortui vivorum rebus atque actibus cognoscendis adjuvandisque miscentur? Quomodo dicimus eis fuisse consultum, qui obierunt ante quam venirent mala, quæ illorum obitum consecuta sunt, si et post mortem sentiunt quæcumque (*a*) in vitæ humanæ calamitate contingunt? An forte nos errando ista dicimus, et hos putamus quietos, quos inquieta vita vivorum sollicitat? Quid est ergo quod piissimo regi Josiæ pro magno beneficio promisit Deus, quod esset ante moriturus, ne videret mala quæ ventura illi loco et populo minabatur? Quæ Dei verba ista sunt : « Hæc dicit Dominus Deus Israel : Verba mea quæ audisti, et veritus es a facie mea cum audisti,

(*a*) Unus e Vaticanis Mss. *in vita humana calamitates.*

et la malédiction de toute la terre ; et parce que tu as déchiré tes vêtements et pleuré devant moi, je t'ai écouté, dit le Seigneur : c'est pourquoi je te réunirai à tes pères, et tu seras enseveli en paix, afin que tes yeux ne voient point tous les maux que j'amènerai sur cette ville. » (IV *Rois,* XXII, 18.) Effrayé de ces menaces du Seigneur, Josias avait pleuré, il avait déchiré ses vêtements, mais il se tranquillise sur tous ces maux, parce que la mort devait le prévenir, et le faire si bien reposer en paix, qu'il ne verrait point tous ces malheurs. Les âmes des morts sont donc dans une demeure, où elles ne voient rien de ce qui se passe ou arrive aux hommes pendant cette vie. Comment donc les morts peuvent-ils voir leurs tombeaux ou leurs corps, s'ils sont ensevelis ou sans sépulture ? Comment peuvent-ils partager nos misères, puisque, ou ils subissent leurs propres peines, s'ils les ont méritées, ou ils reposent dans un lieu de paix, suivant la promesse faite à Josias, là où ils ne ressentent aucune peine ni de douleur ni de compassion, délivrés qu'ils sont de tous les maux qu'ils enduraient sur la terre par la souffrance ou la sympathie ?

CHAPITRE XIV. — 17. On dira : Si les morts ne s'intéressent pas aux vivants, comment ce riche, qui était tourmenté dans les enfers, priait-il donc Abraham d'envoyer Lazare à ses cinq frères encore vivants, pour les engager à prendre une autre voie, et à ne pas venir eux-mêmes dans ce lieu de tourments ? (*Luc,* XVI, 27.) Mais parce que le riche a dit cette parole, s'ensuit-il qu'il a su ce que faisaient ses frères ou ce qu'ils souffraient dans ce temps-là ? Il se tourmentait au sujet des vivants, sans rien savoir de leur situation, comme nous avons souci des morts, sans connaître ce qu'ils font. Car si nous ne pensions pas aux morts, nous ne prierions pas Dieu pour eux. Enfin Abraham n'a point envoyé Lazare, mais il répondit qu'ils avaient sur la terre Moïse et les prophètes, et qu'en les écoutant, ils éviteraient les supplices de l'enfer. Mais comment, dira-t-on, Abraham ne savait-il rien de ce qui se passait sur la terre ; puisqu'il savait que les hommes avaient Moïse et les prophètes, c'est-à-dire leurs livres, et qu'en les suivant ils éviteraient les supplices de l'autre vie ? Il savait de plus que le riche pendant sa vie avait vécu dans les délices, et le pauvre Lazare dans les peines et les souffrances ? Car il lui dit : « Souviens-toi, mon fils, que tu as reçu les biens dans ta vie, et Lazare les maux. » (*Luc,* XVI, 25.) Il savait donc, des choses qui se sont passées chez les vivants, et non chez les morts. Je réponds qu'il les ignorait, lorsque les

quæ locutus sum de isto loco, et qui commorantur in eo, ut deseratur et in maledicto sit ; et conscidisti vestimenta tua, et flevisti in conspectu meo, et ego audivi, dixit Dominus Sabaoth : Non sic, ecce ego apponam te ad patres tuos, et apponeris cum pace ; et non videbunt oculi tui omnia mala, quæ ego induco in locum hunc, et qui commorantur in eo. » (IV *Reg.*, XXII, 18, etc.) Territus iste Dei comminationibus fleverat, et sua vestimenta conciderat : et fit omnium malorum futurorum de properatura morte securus, quod ita requicturus esset in pace, ut illa omnia non videret. Ibi ergo sunt spiritus defunctorum, ubi non vident quæcumque aguntur aut eveniunt in ista vita hominibus. Quomodo ergo vident tumulos suos, aut corpora sua, utrum abjecta jaceant, an sepulta ? Quomodo intersunt miseriæ vivorum, cum vel sua ipsi mala patiantur, si talia merita contraxerunt ; vel in pace requiescant, sicut huic Josiæ promissum est, ubi mala ulla nec patiendo nec compatiendo sustineant, liberati ab omnibus malis quæ patiendo et compatiendo cum hic viverent sustinebant ?

CAPUT XIV. — 17. Dixerit aliquis : Si nulla est mortuis cura de vivis, quomodo ille dives qui apud inferos torquebatur, rogabat Abraham patrem, ut mitteret Lazarum ad quinque fratres suos nondum mortuos, et ageret cum eis ne venirent et ipsi in eumdem tormentorum locum ? (*Luc.*, XVI, 27.) Sed numquid quia hoc ille dives dixit, ideo quid fratres agerent vel quid paterentur illo tempore, scivit ? Ita illi fuit cura de vivis, quamvis quid agerent omnino nesciret, quemadmodum est nobis cura de mortuis, quamvis quid agant utique nesciamus. Nam si nihil de mortuis curaremus, non utique pro illis Deo supplicaremus. Denique Abraham nec Lazarum misit, sed Moysen ac Prophetas hic eos habere respondit, quos audire deberent, ut ad illi supplicia non venirent. Ubi rursus occurrit, quomodo quid hic ageretur Abraham pater ipse nesciebat, ubi sciebat esse Moysen et Prophetas, id est, libros eorum, quibus homines obediendo tormenta (*a*) inferna evitarent : ubi denique noverat divitem illum in deliciis, pauperem vero Lazarum in laboribus doloribusque vixisse. Nam et hoc illi ait : « Memento fili, quia percepisti bona in vita tua, Lazarus autem mala. » (*Ibid.*, 25.) Sciebat ergo hæc, quæ utique apud vivos, non apud mortuos gesta fuerant. Verum non cum agerentur in vivis,

(*a*) Sola editio Lov. *inferni.*

vivants étaient encore sur la terre, mais après leur mort, suivant les révélations qu'a pu lui faire Lazare, il les a connues, pour ne pas démentir cette parole du prophète : « Abraham ne nous a pas connus. » (*Isaïe*, LXIII, 16.)

Chapitre XV. — 18. Il faut donc reconnaître que les morts ne savent point ce qui se passe sur la terre, pendant que les choses arrivent; mais qu'ensuite ils en ont connaissance par ceux que la mort envoie dans l'autre monde ; non pas qu'on leur raconte tout, mais seulement ce qu'on permet aux autres de se rappeler et de dire, comme ce qu'il est nécessaire que les autres sachent. Les anges qui président à l'administration des choses de ce monde peuvent aussi faire aux morts quelque révélation, suivant que le juge convenable pour chacun d'eux celui qui gouverne tout. Car si les anges n'avaient pas le pouvoir de s'intéresser au séjour des vivants et des morts, le Seigneur Jésus n'aurait pas dit : « Or, il arriva que le pauvre mourut, et qu'il fut porté par les anges dans le sein d'Abraham. » (*Luc*, XVI, 22.) Ils peuvent donc être ici et ailleurs, puisqu'ils ont emporté de ce monde dans l'autre celui que Dieu leur confiait. L'âme des morts peut connaître aussi, par une révélation du Saint-Esprit, certains événements de ce monde, quand cette connaissance est nécessaire aux uns ou aux autres, non-seulement pour les choses passées ou présentes, mais même pour les choses futures. C'est ainsi qu'il n'était pas donné à tous les hommes, mais aux prophètes seulement pendant leur vie, de connaître, non pas toutes choses, mais ce que la Providence de Dieu jugeait bon de leur révéler. Nous voyons que des morts sont envoyés vers les vivants, comme saint Paul au contraire fut enlevé du milieu des vivants dans le paradis (II *Cor.*, XII, 2); ainsi l'atteste la divine Ecriture. Le prophète Samuel, après sa mort, apparaît à Saül vivant et lui prédit l'avenir (1 *Rois*, XXVIII, 15) ; malgré l'opinion de quelques-uns qui pensent que ce n'était pas Samuel, vu qu'il ne pouvait être évoqué par la magie, mais un autre esprit soumis à ces opérations magiques, qui avait pris sa ressemblance (1). Tandis que le livre de l'Ecclésiastique, attribué à Jésus, fils de Sidrac, et qui pourrait être l'œuvre de Salomon, par une certaine conformité de style, dit, en faisant l'éloge des patriarches, que Samuel, après sa mort, a prophétisé. (*Eccli.*, XLVI, 23.) Mais ce livre est un sujet de contradiction d'après le Canon des Hébreux, où il ne se trouve pas. Que dirons-nous de Moïse dont le Deutéronome (XXXIV, 5) nous apprend la mort d'une manière certaine, et que dans l'Evangile

---

(1) Voyez dans le volume précédent le second livre à Simplicien, question III.

---

sed eis mortuis potuit Lazaro indicante cognoscere, ne falsum sit quod ait Propheta : « Abraham nescivit nos. » (*Isa.*, LXIII, 16.)

Caput XV. — 18. Proinde fatendum est, nescire quidem mortuos quid hic agatur, sed dum hic agitur : postea vero audire ab eis, qui hinc ad eos moriendo pergunt; non quidem omnia, sed quæ sinuntur indicare, qui sinuntur etiam ista meminisse; et quæ illos, quibus hæc indicant, oportet audire. Possunt et ab Angelis, qui rebus quæ aguntur hic, præsto sunt, audire aliquid mortui, quod unumquemque illorum audire debere judicat cui cuncta subjecta sunt. Nisi enim essent Angeli, qui possent interesse et vivorum et mortuorum locis, non dixisset Dominus Jesus : « Contigit autem mori inopem illum, et auferri ab Angelis in sinum Abrahæ. » (*Luc.*, XVI, 22.) Nunc ergo hic, nunc ibi esse potuerunt, qui hinc illuc quem Deus voluit abstulerunt. Possunt etiam spiritus mortuorum aliqua quæ hic aguntur, quæ necessarium est eos nosse, et (*a*) quos necessarium est ea nosse, non solum præterita vel præsentia, verum etiam futura Spiritu Dei revelante cognoscere : sicut non omnes homines, sed Prophetæ dum hic viverent cognoscebant, nec ipsi omnia, sed quæ illis esse revelanda Dei providentia judicabat. Mitti quoque ad vivos aliquos ex mortuis, sicut e contrario Paulus ex vivis in paradisum raptus est (II *Cor.*, XII, 2), divina Scriptura testatur. Nam Samuel propheta defunctus vivo Sauli etiam regi futura prædixit (I *Reg.*, XXVIII, 15) : quamvis nonnulli non ipsum fuisse qui potuisset magicis artibus evocari, sed aliquem spiritum tam malis operibus congruentem illius existiment similitudinem figurasse : cum liber Ecclesiasticus, quem Jesus filius Sirach scripsisse traditur, et propter eloquii nonnullam similitudinem Salomonis pronuntiatur, contineat in laude patrum, quod Samuel etiam mortuus prophetaverit. (*Eccli.*, XLVI, 23.) Sed si huic libro ex Hebræorum (quia in eorum non est) canone contradicitur, quid de Moyse dicturi sumus, qui certe et in Deuteronomio mortuus (*Deuter.*, XXXIV, 5), et in Evangelio cum Elia, qui mortuus

---

(*a*) Sic præstantiores Mss. At editi, *et quæ necessarium non est eos non nosse*.

TOM. XXII.

nous voyons apparaître aux vivants avec Elie qui n'est pas mort? (*Matth.*, XVII, 3.)

CHAPITRE XVI. — 19. Ceci peut servir à résoudre cette question : Comment les martyrs montrent-ils qu'ils s'intéressent aux choses humaines, en exauçant nos prières, si les morts ne savent pas ce que font les vivants ? Car nous avons appris, non par de vaines rumeurs, mais par des témoins dignes de foi, que le confesseur Félix, dont votre piété aime le tombeau comme un asile, avait donné non-seulement des marques de sa protection, mais même de sa présence, en apparaissant aux yeux des hommes, lorsque la ville de Nôle était assiégée par les barbares. Mais ces faits exceptionnels arrivent par une permission divine, et sont loin de rentrer dans l'ordre régulier qui est attribué à chaque espèce de créatures. Car de ce que l'eau a été tout à coup changée en vin par la parole du Seigneur (*Jean*, II, 9), nous ne devons juger de sa valeur dans l'ordre des éléments, d'après la rareté ou plutôt la singularité de l'œuvre divine; et parce que Lazare est ressuscité (*Jean*, XI, 44), il ne s'ensuit pas que tout mort se lève quand il veut, ou qu'il puisse être éveillé du tombeau par un vivant, comme un homme endormi l'est par un autre. Autres sont les limites de la puissance humaine, autres les marques de la puissance divine; autres sont les faits naturels, autres les faits miraculeux; quoique Dieu soit avec la nature pour qu'elle existe, et que la nature soit avec Dieu dans les miracles. Il ne faut donc pas croire que tous les défunts, sans exception, puissent intervenir dans les affaires des vivants, parce que dans certaines circonstances, les martyrs accordent des guérisons ou d'autres secours; mais il faut plutôt comprendre que c'est par un effet de la puissance divine, si les martyrs interviennent dans nos intérêts, et que les morts n'ont pas naturellement ce pouvoir.

20. Cette question, je le répète, dépasse les forces de mon intelligence, et je ne saurais dire comment les martyrs assistent ceux qui ressentent certainement les effets de leur protection; s'ils sont présents par eux-mêmes au même moment, dans des lieux si divers et si éloignés l'un de l'autre, soit auprès de leurs tombeaux, soit ailleurs, partout où leur présence se fait sentir; ou bien s'ils restent dans la demeure qui convient à leur mérite, loin de tout commerce avec les mortels, et cependant intercédant pour les misères de ceux qui les supplient. (Comme nous prions pour les morts, sans leur être présents, et sans savoir où ils sont, ni ce qu'ils font.) Tandis que le Dieu tout-puissant, présent partout, n'étant point renfer-

---

non est, legitur apparuisse viventibus? (*Matth.*, XVII, 3.)

CAPUT XVI. — 19. Hinc et illa solvitur quæstio, quomodo Martyres ipsis beneficiis quæ dantur orantibus, indicant se interesse rebus humanis, si nesciunt mortui quid agant vivi. Non enim solis beneficiorum effectibus, verum etiam ipsis hominum aspectibus confessorem apparuisse Felicem, (*a*) cujus inquilinatum pie diligis, cum a Barbaris Nola oppugnaretur, audivimus, non incertis rumoribus, sed testibus certis. Verum ista divinitus exhibentur, longe aliter quam sese habet usitatus ordo singulis creaturarum generibus attributus. Non enim quia in vinum aqua, cum voluit Dominus, repente conversa est (*Joan.*, II, 9), ideo non debemus, quid aqua valeat in elementorum ordine proprio, ab istius divini operis raritate vel potius singularitate discernere : nec quoniam Lazarus resurrexit (*Joan.*, XI, 44), ideo mortuus omnis quando vult surgit, aut eo modo examinis a vivente, quomodo a vigilante dormiens excitatur. Alii sunt humanarum limites rerum, alia divinarum signa virtutum : alia sunt quæ naturaliter, alia quæ mirabiliter fiunt : quamvis et naturæ Deus adsit ut sit, et miraculis natura non desit. Non igitur ideo putandum est vivorum rebus quoslibet interesse posse defunctos, quoniam quibusdam sanandis vel adjuvandis Martyres adsunt : sed ideo potius intelligendum est, quod per divinam potentiam Martyres vivorum rebus intersunt, quoniam defuncti per naturam propriam vivorum rebus interesse non possunt.

20. Quanquam ista quæstio vires intelligentiæ meæ vincit, quemadmodum opitulentur Martyres iis quos per eos certum est adjuvari; utrum ipsi per se ipsos adsint uno tempore tam diversis locis, et tanta inter se longinquitate discretis, sive ubi sunt eorum Memoriæ, sive præter suas Memorias ubicumque adesse sentiuntur : an ipsis in loco suis meritis congruo ab omni mortalium conversatione remotis, et tamen generaliter orantibus pro indigentiis supplicantum, (sicut nos oramus pro mortuis, quibus utique non præsentamur, nec ubi sint vel quid agant scimus,) Deus omnipotens qui est ubique præsens, nec concretus nobis, nec remotus a nobis, exaudiens

---

(*a*) Lov. *apparuisse Felicem civibus vel inquilinis pie a se dilectis* : minus bene et reluctantibus editis aliis et plerisque Mss.

mé en nous, ni éloigné de nous, exauçant les prières des martyrs, se sert du ministère des anges, pour distribuer partout aux hommes ces consolations dont il sait qu'ils ont besoin dans les misères de la vie présente ; et fait éclater avec une bonté et une puissance merveilleuses et ineffables les mérites de ses martyrs, où il veut, quand il veut, comme il veut, et surtout aux lieux où sont leurs tombeaux, parce qu'il sait que cela nous est utile pour édifier la foi du Christ, en témoignage de laquelle ils ont versé leur sang. Cette question, je le répète, est trop élevée pour que je puisse l'atteindre, et trop profonde pour que je puisse la sonder. Entre ces deux manières de nous assister, quelle est donc la véritable ? Peut-être nous assistent-ils des deux manières, de sorte que les martyrs nous prêtent leur assistance tantôt en personne, tantôt par le ministère des anges qui prennent leur ressemblance. Mais je n'ose définir cette question ; j'aimerais mieux interroger là-dessus des hommes plus compétents. Il peut s'en trouver un qui le sache d'une manière certaine ; car les dons de Dieu sont différents ; il donne aux uns une chose, aux autres une autre, selon l'Apôtre, qui dit que les dons extérieurs du Saint-Esprit sont donnés à chacun pour l'utilité de l'Eglise : « L'un, dit-il, reçoit du Saint-Esprit le don de parler avec sagesse ; l'autre reçoit du même Esprit le don de parler avec science ; un autre reçoit le don de la foi par le même Esprit ; un autre reçoit du même Esprit le don de guérir les maladies ; un autre, le don des miracles ; un autre, le don de prophétie ; un autre, le don de discerner les esprits ; un autre, le don de parler diverses langues ; un autre, le don de les interpréter. Or, c'est un seul et même Esprit qui opère toutes ces choses, distribuant à chacun ces dons, selon qu'il lui plaît. » (I *Cor.*, XII, 7.) Parmi tous ces dons énumérés par l'Apôtre, celui qui a reçu le don de discerner les esprits, celui-là sait ces choses comme il faut les savoir.

CHAPITRE XVII. — 21. Tel fut sans doute ce moine Jean, que l'empereur Théodose le Grand consulta sur la manière dont se terminerait la guerre civile ; car il avait aussi le don de prophétie. Je pense qu'un don n'est pas accordé tout seul, mais qu'un seul homme peut en avoir plusieurs. Donc ce moine Jean savait qu'une femme très-pieuse désirait avec impatience le voir, et comme elle insistait vivement pour que son mari lui obtînt cette faveur, le moine, ne voulant pas permettre ce qu'il n'accordait jamais aux femmes : Va, dit-il au mari, dis à ton épouse qu'elle me verra cette nuit pendant son sommeil. Et la chose se fit ainsi, et il lui donna tous les avis qui pouvaient convenir à une chrétienne mariée. A son réveil, cette femme raconta à son mari qu'elle avait vu l'homme de Dieu

---

Martyrum preces, per angelica ministeria usquequaque diffusa præbeat hominibus ista solatia, quibus in hujus vitæ miseria judicat esse præbenda ; et suorum merita Martyrum ubi vult, quando vult, quomodo vult, maximeque per eorum Memorias, quoniam hoc novit expedire nobis ad ædificandam fidem Christi, pro cujus illi confessione passi, mirabili atque ineffabili potestate ac bonitate commendet. Res hæc altior est quam ut a me possit attingi, et abstrusior quam ut a me valeat perscrutari : et ideo quid horum duorum sit, an vero fortassis utrumque sit, ut aliquando ista fiant per ipsam præsentiam Martyrum, aliquando per Angelos suscipientes personam Martyrum, definire non audeo ; mallem a scientibus ista perquirere. Neque enim nemo est qui hæc sciat, non qui sibi scire videatur et nesciat : dona enim Dei sunt, his alia, et illis alia largientis, secundum Apostolum, qui dicit unicuique dari manifestationem Spiritus ad utilitatem : « Alii quidem, inquit, datur per Spiritum sermo sapientiæ, alii sermo scientiæ secundum eumdem Spiritum, alteri autem fides in eodem Spiritu, alteri donatio curationum in uno Spiritu, alii operationes virtutum, alii prophetia, alii dijudicatio spirituum, alii genera linguarum, alii interpretatio sermonum. Omnia autem hæc operatur unus atque idem Spiritus, dividens propria unicuique prout vult. » (1 *Cor.*, XII, 7, etc.) Horum omnium spiritalium donorum, quæ commemoravit Apostolus, cuicumque data est dijudicatio spirituum, ipse scit ista sicut scienda sunt.

CAPUT XVII. — 21. Talem fuisse credendum est illum Joannem monachum, quem de belli civilis eventu major Theodosius consuluit imperator : habebat quippe etiam prophetiam. Neque enim singulos singula munerum istorum, sed etiam plura unum habere posse non ambigo. Joannes ergo iste, quadam muliere religiosissima impatienter eum videre cupiente, atque ut hoc impetraret per maritum suum vehementer instante, cum ille nollet, quoniam id nunquam permiserat feminis : Vade, inquit, dic uxori tuæ, videbit me nocte proxima, sed in somnis. Et factum est : monuitque illam quidquid fidelem

tel qu'il le connaissait, et tout ce qu'il lui avait dit. Un homme à qui ils racontèrent cette histoire me l'a racontée à moi-même, et cet homme est grave, noble et très-digne de foi. Mais si j'avais vu moi-même ce saint moine, comme on dit qu'il se laissait très-patiemment interroger, et qu'il répondait avec une grande sagesse, je lui aurais demandé, dans l'intérêt de la question qui nous occupe, s'il s'était montré lui-même à cette femme dans son sommeil, c'est-à-dire son âme sous l'apparence de son corps, comme nous nous représentons nous-mêmes dans nos songes avec notre corps; ou bien si la vision de cette femme qui dormait eut lieu pendant qu'il faisait autre chose, ou pendant les rêves de son sommeil, ou par le ministère d'un ange, ou d'une autre manière quelconque. Il m'aurait dit s'il devait à une révélation de l'Esprit prophétique d'avoir su que la chose arriverait comme il l'avait promis. S'il intervint lui-même pendant le sommeil de cette femme, il faut dire que ce fut une grâce miraculeuse, et non le fait de la nature; un don de Dieu, et non un acte de volonté personnelle. Mais s'il faisait autre chose, ou si en dormant il rêvait à autre chose, pendant que cette femme le vit dans son sommeil, on peut dire que ce fait ressemble à ce que nous lisons dans les Actes des Apôtres (*Actes*, IX, 12), où le Seigneur Jésus parle à Ananias de Saul, et lui apprend que Saul voit Ananias venir vers lui, tandis qu'Ananias ignorait tout cela lui-même. Quelle qu'eût été la réponse de l'homme de Dieu, je l'aurais encore interrogé sur les martyrs, et lui aurais demandé s'ils apparaissaient en personne pendant le sommeil, ou d'une autre manière, sous la figure qui leur plaît, et surtout lorsque les démons dans les possédés avouent qu'ils sont tourmentés par eux, et les prient de les épargner. Tout cela se fait sous l'inspiration de Dieu par le ministère des anges, pour l'honneur et la gloire des saints dans l'intérêt des hommes, tandis qu'ils sont eux-mêmes dans un profond repos, s'occupant loin de nous à des choses plus importantes, et priant pour nous. Car à Milan, sur le tombeau des saints martyrs Gervais et Protais, lorsqu'on prononçait le nom de ces martyrs, ainsi que des défunts dont on célébrait la mémoire de cette manière, les démons interpellaient l'évêque Ambroise qui vivait encore, et le priaient de les épargner, l'évêque lui-même faisant autre chose, et ne sachant rien de ce qui se passait. Comment tout cela se fait-il? Est-ce par la présence des martyrs? Est-ce par le ministère des anges? Peut-on, et comment peut-on distinguer si c'est d'une façon ou de l'autre? Ou bien pour le savoir et le discerner faut-il avoir ce don par l'esprit de Dieu qui le

coujugatam moneri oportebat. Quæ cum evigilasset, talem se vidisse hominem Dei viro suo, qualem ille eum noverat, et quid ab illo audierit, indicavit. Qui hoc ab eis comperit, retulit mihi, vir gravis et nobilis, et dignissimus credi. Sed si illum sanctum monachum ipse vidissem, quia sicut fertur, patientissime interrogabatur, et sapientissime respondebat, quæsissem ab eo quod ad istam pertinet quæstionem, utrum ipse ad illam feminam venisset in somnis, id est, spiritus ejus in effigie corporis sui, sicut nos ipsos in effigie corporis nostri somniamus; an ipso aliud agente, vel si dormiebat aliud somniante, sive per Angelum, sive quocumque alio modo in mulieris somnio talis facta sit visio ; atque id futurum, ut ipse promitteret, prophetiæ Spiritu revelante præsciverit. Si enim ipse interfuit somnianti; mirabili gratia utique id potuit, non natura; et Dei munere, non propria facultate. Si autem ipso aliud agente, sive dormiente et visis aliis occupato, eum mulier vidit in somnis; profecto tale aliquid factum est, quale illud est quod in Actibus Apostolorum legimus, ubi Dominus Jesus loquitur Ananiæ de Saulo, et indicat ei quod Saulus vidit ad se venientem Ananiam, cum hoc Ananias ipse nesciret. (*Act.*, IX, 12.) Quodlibet horum mihi responderet ille homo Dei, et de Martyribus ab illo pergerem quærere, utrum ipsi adsint in somnis, vel quocumque alio modo videntibus eos in qua figura voluerint; et maxime quando ab eis se torqueri dæmones in hominibus confitentur, et rogant eos ut parcant sibi : an ista fiant Dei nutu per angelicas potestates, in honorem commendationemque Sanctorum ad utilitatem hominum, illis in summa quiete positis, et ad alia longe meliora visa vacantibus seorsum a nobis, orantibusque pro nobis. Nam Mediolani apud sanctos Protasium et Gervasium martyres, expresso nomine, sicut defunctorum quos eodem modo commemorabant, adhuc vivum dæmones episcopum confitebantur Ambrosium, atque ut sibi parceret obsecrabant, illo aliud agente, atque hoc cum ageretur omnino nesciente. An vero aliquando per ipsam præsentiam Martyrum fiant ista, aliquando per Angelorum; et utrum possint, vel quibus signis possint a nobis duo ista discerni; an ea sentire ac dijudicare non valeat, nisi qui habet illud donum per Dei Spiritum dividentem propria unicuique prout vult : dissereret mihi,

distribue à chacun suivant sa volonté ? Je pense que le moine Jean m'aurait expliqué toutes ces difficultés, suivant mon désir, et alors ses leçons m'auraient instruit, et ses paroles m'auraient donné une connaissance vraie et certaine; ou bien j'aurais cru sans comprendre, s'il m'eût dit ce qu'il savait. Peut-être m'aurait-il répondu d'après la sainte Ecriture et m'eût-il dit : « Ne recherche point ce qui est trop au-dessus de toi, et ne sonde pas ce qui est plus fort que toi ; mais repasse sans cesse ce que Dieu t'a commandé. » (*Eccli.*, III, 22.) Cet avis, je l'aurais encore accueilli avec reconnaissance. Car ce n'est pas un petit avantage, si dans les choses obscures et incertaines que nous ne pouvons comprendre, il nous est du moins démontré qu'il ne faut pas les sonder ; et qu'en voulant s'instruire, dans la pensée qu'il est utile de savoir, on apprend qu'il n'est pas nuisible d'ignorer.

CHAPITRE XVIII. — 22. Les choses étant ainsi, voici ce que nous devons penser au sujet des morts auxquels nous nous intéressons : c'est qu'il n'y a de profitable pour eux que ce que nous demandons véritablement à Dieu soit au saint sacrifice de l'autel, soit par les sacrifices de nos prières et de nos aumônes. Encore faut-il dire qu'ils ne sont pas utiles à tous ceux qui en sont l'objet, mais seulement à ceux qui pendant leur vie ont mérité qu'ils leur fussent utiles ; mais comme nous ne savons pas faire le discernement, il faut les appliquer à tous ceux qui ont été régénérés, afin de n'omettre aucun de ceux qui peuvent et doivent en retirer quelque avantage. Car il vaut mieux que nos bonnes œuvres soient superflues pour ceux qui n'en ont pas besoin, que de manquer à ceux qui en retirent du profit. Cependant il est plus naturel de le faire pour ses amis, afin que les nôtres le fassent pour nous. Tout ce qu'on fait pour la sépulture du corps n'est pas un secours pour le salut, mais un devoir d'humanité, par ce sentiment d'affection qui fait que personne ne hait sa propre chair. (*Ephés.*, V, 29.) C'est pourquoi il faut rendre au corps de son prochain les soins que ne peut plus se rendre celui qui a quitté la vie. Et si nous voyons agir ainsi ceux qui ne croient pas, combien plus doivent le faire ceux qui ont la foi, afin que ce pieux office que l'on remplit à l'égard d'un corps mort, mais qui doit ressusciter et habiter dans l'éternité, soit aussi en quelque manière un témoignage de cette même foi ? Quant à la sépulture qu'on obtient auprès des tombeaux, voici seulement en quoi elle me paraît utile au défunt : c'est qu'en le recommandant à la protection des martyrs, la charité de ceux qui prient pour lui devient plus vive.

23. Telle est, sur les questions que vous m'a-

---

ut arbitror, ipse Joannes hæc omnia, sicut vellem; ut aut eo docente discerem, et ea quæ audirem vera et certa esse cognoscerem; aut ego crederem quæ nescirem, illo dicente quæ sciret. Quod si mihi forsitan de sancta Scriptura responderet ac diceret : « Altiora te ne quæsieris, et fortiora te ne scrutatus fueris; sed quæ præcepit tibi Dominus, illa cogita semper : » (*Eccli.*, III, 22) id etiam gratanter acciperem. Non enim parvus est fructus, si aliqua obscura et incerta, quæ comprehendere non valemus, clarum saltem certumque sit nobis non esse quærenda ; et quod unusquisque vult discere, putans prodesse si sciat, discat non obesse si nesciat.

CAPUT XVIII. — 22. Quæ cum ita sint, non existimemus ad mortuos, pro quibus curam gerimus, pervenire, nisi quod pro eis sive Altaris, sive orationum, sive eleemosynarum sacrificiis solemniter supplicamus : quamvis non pro quibus fiunt omnibus prosint, sed iis tantum quibus dum vivunt comparatur ut prosint. Sed quia non discernimus qui sint, oportet ea pro regeneratis omnibus facere, ut nullus eorum prætermittatur, ad quos hæc beneficia possint et debeant pervenire. Melius enim supererunt ista eis quibus nec obsunt nec prosunt, quam eis deerunt quibus prosunt. Diligentius tamen facit hæc quisque pro necessariis suis, quo pro illo fiant similiter a suis. Corpori autem humando quidquid impenditur, non est præsidium salutis, sed humanitatis officium, secundum affectum quo nemo unquam carnem suam odio habet. (*Ephes.*, V, 29.) Unde oportet ut quam potest pro carne proximi curam gerat, cum ille inde recesserit qui (*a*) gerebat. Et si hæc faciunt qui carnis resurrectionem non credunt, quanto magis debent facere qui credunt, ut corpori mortuo, sed tamen resurrecturo et in æternitate mansuro impensum ejusmodi officium, sit etiam quodam modo ejusdem fidei testimonium ? Quod vero quisque apud Memorias Martyrum sepelitur, hoc tantum mihi videtur prodesse defuncto, ut commendans eum etiam Martyrum patrocinio, affectus pro illo supplicationis augeatur.

23. Habes ad ea quæ a me putasti esse quærenda,

(*a*) Sic Mss. Editi vero, *regebat*.

vez adressées, la réponse que j'ai pu vous faire. Si elle est plus longue qu'il ne convient, excusez-moi; je me suis laissé entraîner au plaisir de converser avec vous. Je vous prie de me faire connaître par écrit comment votre vénérable charité aura accueilli ce livre, que le porteur sans doute rendra plus agréable à vos yeux, puisque c'est Candidianus, notre frère et prêtre comme nous, que j'ai connu par vos lettres, que j'ai accueilli de tout cœur, et que j'ai vu partir à mon grand regret. En effet, sa présence a été pour nous une grand consolation dans la charité du Christ, et ses instances, je dois l'avouer, m'ont forcé à vous obéir. Car mon cœur est tiré en tous sens de tant de manières, que s'il ne me l'avait pas rappelée fréquemment pour m'empêcher de l'oublier, il est certain que votre demande serait restée sans réponse.

qualem potui reddere responsionem meam : quæ si ultra quam satis est prolixa est, da veniam : id enim factum est amore diutius loquendi tecum. Hunc ergo librum quemadmodum acceperit venerabilis dilectio tua, peto rescriptis tuis noverim, quem tibi perlator ejus faciet sine dubio gratiorem, frater scilicet et compresbyter noster Candidianus, quem per tuas litteras cognitum toto corde suscepi, invitusque dimisi. Multum enim nos in caritate Christi sua præsentia consolatus est, et quod fatendum est, ejus instantia tibi parui. Nam cor meum tanta distendunt, ut nisi ipso assidue commonente me non sinerer oblivisci, profecto interrogationi tuæ mea responsio defuisset.

AVERTISSEMENT

SUR LE LIVRE DE LA PATIENCE

Erasme exprime en ces termes son jugement sur l'auteur de cet opuscule : « Le style qui ressemble à celui des livres précédents, prouve que cet opuscule n'est pas de saint Augustin. » Or, les opuscules qui précèdent dans l'édition d'Erasme sont les livres *sur la Continence, sur la Nature de la charité, sur la Foi aux choses qu'on ne voit pas*, etc., opuscules qu'à cause du style, il prétend ne pas être de saint Augustin, mais qu'il attribue à Hugues de Saint-Victor. Nous convenons que le style, les pensées et beaucoup de passages de cet ouvrage sont vraiment les mêmes que ceux du livre *sur la Continence*. Or, il est certain que le livre *sur la Continence* qui, dans l'édition d'Erasme précède immédiatement le livre *sur la Patience*, est de saint Augustin. Nous l'avons démontré dans l'avertissement qui se trouve en tête de ce livre (voyez 21e volume, p. 444.) Ce que nous avons dit sur le livre *de la Continence*, que c'était un sermon, nous pouvons le répéter au sujet de l'opuscule suivant, où saint Augustin (chap. 1er), s'exprime ainsi : « Je vais maintenant expliquer, autant que la brièveté d'un sermon me le permettra, et que le Seigneur m'en fera la grâce, ce que c'est que la patience humaine. » Et plus bas, au chap. III : « Considérons donc, très-chers frères. » Saint Augustin n'a pas fait mention des opuscules de ce genre dans *ses Rétractations*, parce qu'il se proposait de publier aussi un livre de *Rétractations* sur ses sermons et sur ses lettres, comme il le dit dans sa lettre CCXXIV *à Quodvultdeus* : « J'avais déjà achevé deux volumes sur la révision de tous mes ouvrages, et il me restait encore à en faire un sur mes lettres, et sur mes sermons au peuple, ce que les Grecs appellent des homélies. » Cependant saint Augustin, dans

ADMONITIO IN LIBRUM DE PATIENTIA

Suum Erasmus de Opusculi hujus auctore judicium tulit in hæc verba : » Augustini non esse phrasis arguit, congruens cum ea quam habent libelli superiores. » Porro libelli superiores in Erasmiana editione sunt : *De Continentia, De Substantia dilectionis, De Fide rerum invisibilium*, etc., quos ipse libellos perinde ob phrasim rejiciendos et Hugoni Victorino tribuendos censuit. Stylus quidem hujus Opusculi idem est, fatemur, ac libri *de Continentia* et sententiæ ac loca passim sunt quam simillima. At certe prædictum de *Continentia* librum, cui Opusculum *de Patientia* apud Erasmum proxime subjungitur, Augustini esse demonstratur supra in Admonitione præfixa eidem libro (hujus edit. tom. XXI, p. 444.) Quod ibi observamus, librum *de Continentia* sermonem quemdam esse, id etiam juvat annotare de subsequente Opusculo, sub cujus initium Augustinus ita loquitur cap. I : « Nunc itaque humana patientia, quam capere possumus et habere debemus, cujusmodi sit..... quantum patitur brevitas præsentis Sermonis expediam. » Et infra cap. III : « Intueamur ergo Carissimi, » etc. Hinc intelligitur quare ejusmodi Opuscula in eos quos habemus *Retractionum* libros non retulerit Augustinus, qui videlicet aliud *Retractionum* Opus ad recensendos Sermones suos et Epistolas meditabatur. Qua de re in epistola 224, *ad Quodvultdeum* scribit : « Duo volumina jam absolveram, retractatis omnibus libris meis, etc. Restabant epistolæ, deinde Tractatus populares, quas Græci Homilias vocant. » Verum Opusculum utrumque *de Continentia* et *de Patientia* memorat Augustinus, suumque esse agnoscit in Epistola 231

sa lettre CCXXXI *à Darius*, mentionne et reconnaît comme étant de lui les deux opuscules *sur la Continence* et *sur la Patience*. Ce témoignage de saint Augustin lui-même, nous empêche de ranger l'opuscule suivant parmi ses ouvrages douteux. Nous avouons cependant que nous avions quelque incertitude à cet égard, à cause de ces consonnances avec lesquelles il affecte de terminer les derniers mots de ses phrases. Par exemple, au chapitre XII, dans une comparaison qu'il établit entre Adam et Job, il s'exprime ainsi : « Cautior fuit iste in doloribus, quam ille in nemoribus : ille victus est in deliciis, iste vicit in pœnis : consensit ille oblectamentis, non cessit iste tormentis. »

Du reste, cet opuscule rappelle entièrement la vraie doctrine de notre saint, à laquelle il est entièrement conforme. Au chapitre XIII, il blâme fortement, mais sans les nommer, les Donatistes, qui se donnaient la mort à eux-mêmes. Si dans ce passage il ne répond pas à l'exemple de Razias, que les Donatistes commencèrent à tirer du second livre des Machabées vers l'an 420, pour appuyer leur doctrine, on peut en conjecturer que le sermon *sur la Patience* a été prêché avant cette époque. Au chapitre XV, où saint Augustin combat ceux qui ne reconnaissent pas la grâce divine, il s'abstient aussi de nommer les Pélagiens, que depuis l'année 418, il ne craint plus de désigner ouvertement par leur nom.

Nous comprenons que certain passage du chapitre XXVI ait pu faire hésiter quelques-uns à attribuer cet opuscule à saint Augustin, parce qu'on y loue la patience d'un schismatique qui, non par amour, mais par crainte de l'enfer, souffre plutôt que de renier le Christ, et qu'il est dit que cette patience lui sera utile, et rendra sa condamnation plus tolérable. Mais ces sentiments ne sont point étrangers à saint Augustin qui, au livre IV, chap. III, *contra Julien*, dit du païen Fabricius : « Fabricius sera puni moins sévèrement que Catilina, non parce qu'il est bon, mais parce qu'il est moins mauvais que l'autre, et que Fabricius est moins impie que Catilina, non qu'il ait de véritables vertus, mais parce qu'il ne s'écarte pas beaucoup de la véritable vertu. » Dans le livre *sur l'Esprit et la lettre*, c. XXVII, saint Augustin,

ad Darium. Hoc maxime testimonium Augustini ipsius prohibet ne in dubiis Opusculis numeremus subsequentem librum, in cujus stylo nos re vera non parum movebat genus orationis, quæ desinit plerumque ac studiose admodum terminatur simili verborum sono. Exemplo sit illud ex capite XII, ubi cum Adamo Job ita comparatur : « Cautior fuit iste in doloribus, quam ille in nemoribus : ille victus est in deliciis, iste vicit in pœnis : consensit ille oblectamentis, non cessit iste tormentis. »

Cæterum hic liber doctrinam Augustini germanam refert, nihilque penitus habet aut contrarium aut minus ei consentaneum. In capite XIII Donatistæ sibi ipsis mortem afferentes tacito eorum nomine reprehenduntur : quo loco si quidem non respondetur ad Raziæ exemplum, quod ex libro Machabæorum secundo proferre illi cœperunt anno 420, conjectare hinc licet, habitum esse Sermonem ante id tempus. Postea etiam in cap. XV, ubi contra divinæ gratiæ adversarios disputatur, parcitur adhuc Pelagianorum nomini : quos quidem ab anno 418, solet Augustinus palam et nominatim arguere.

In capite XXVI hæsitare quosdam intelligimus, quia dicitur laudanda schismatici patientia, qui non ex caritate, sed ex timore gehennæ patitur, ne Christum neget, atque hæc putatur ipsi nonnihil profutura, ut tolerabilior sit ejus damnatio. Sed hoc profecto nequaquam alienum est ab Augustino qui de ipso infideli Fabricio in lib. IV *contra Julianum*, cap. III, dicit : « Minus enim Fabricius quam Catilina punietur, non quia iste bonus, sed quia ille magis malus : et minus impius quam Catilina Fabricius, non veras virtutes habendo, sed a veris virtutibus non plurimum deviando. » Et lib. *de Spiritu et littera*, cap. XXVII, explicans locum Apostoli Rom., II, 14 :

expliquant un passage de l'épitre aux Romains, dit : « Si ceux qui accomplissent naturellement les prescriptions de la loi, ne peuvent pas être mis au nombre de ceux que la grâce de Jésus-Christ justifie, mais plutôt au rang des impies, qui ne rendent pas au vrai Dieu un culte juste et véritable ; cependant nous lisons, nous connaissons, nous apprenons des faits que, selon les règles de la justice, non-seulement nous ne pouvons pas blâmer, mais que nous louons avec raison ; quoique si l'on recherche dans quel but ils ont été accomplis, à peine en trouvera-t-on qui méritent les éloges et les égards dus à la vraie justice. »

« Si autem, inquit, hi qui naturaliter quæ legis sunt faciunt, nondum sunt habendi in numero eorum quos Christi justificat gratia, sed in eorum potius quorum etiam impiorum, nec Deum verum veraciter justeque colentium, quædam tamen facta vel legimus, vel novimus, vel audimus, quæ secundum justitiæ regulam non solum vituperare non possumus, verum etiam merito recteque laudamus : quanquam si discutiatur quo fine fiant, vix inveniuntur quæ justitiæ debitam laudem defensionemve mereantur, » etc.

SUR LA PATIENCE

LIVRE UNIQUE [1]

Saint Augustin distingue d'abord la véritable patience de celle qui ne l'est pas. Il exhorte ensuite les hommes à embrasser celle qui est vraie et qui nous fait supporter les maux pour l'amour de Dieu et pour obtenir la vie éternelle. Il nous apprend en dernier lieu, que nous ne devons pas attribuer la vertu de la patience aux forces de notre libre arbitre, mais à la grâce divine qui vient à notre secours.

Chapitre I. — 1. La vertu de l'âme qu'on appelle la patience, est un si grand bienfait de Dieu, qu'on loue, dans celui même qui nous donne cette vertu, la patience avec laquelle il attend que les méchants reviennent au bien. Ainsi, quoique Dieu ne puisse souffrir, et que le mot patience tire son nom de *pati,* qui veut dire souffrir; non-seulement nous croyons avec foi, mais encore nous confessons à notre avantage que Dieu est patient. Et pourtant qui pourrait expliquer par des paroles ce que c'est que la patience de Dieu, quelle en est la grandeur dans ce Dieu incapable de souffrance qui, cependant, supporte et souffre tant de choses, que nous l'appelons le Dieu souverainement patient? Cette patience de Dieu est aussi ineffable que sa jalousie, sa colère et les autres affections de cette sorte, qui n'existent pas en lui, si nous y attachons le même sens qu'à celles que nous éprouvons nous-mêmes, car en nous elles sont toujours accompagnées de souffrance. Or, loin de notre esprit la pensée de croire que Dieu soit sujet à aucune douleur, puisqu'il est essentiellement impassible. Comme sa jalousie est sans envie, sa colère sans trouble, sa pitié sans douleur, son repentir sans reproche d'aucune faute, de même sa patience est sans affliction et sans souffrance. Je vais maintenant expliquer, autant que la brièveté d'un sermon me le permettra et que le Seigneur m'en fera la grâce, en quoi consiste la patience humaine, qu'il nous est possible de posséder et que nous devons avoir.

Chapitre II. — 2. La patience de l'homme, cette patience louable qui mérite le nom de vertu, est celle qui nous fait supporter les maux

[1] Ecrit probablement avant l'année 418.

DE PATIENTIA

LIBER UNUS.

Principio distinguit Augustinus patientiam veram a falsa. Hortatur deinde ad eam quæ vera est, per quam pro æterna vita et ex Dei amore mala sufferuntur, patientiam amplectendam. Docet postremo hanc patientiæ virtutem, non liberi arbitrii viribus, sed divinæ gratiæ adjutorio tribuendam esse.

Caput I. — 1. Virtus animi quæ patientia dicitur, tam magnum Dei donum est, ut etiam ipsius qui nobis eam largitur, qua malos ut corrigantur expectat, patientia prædicetur. Ita quamvis Deus nihil (a) pati possit, patientia vero a patiendo nomen acceperit, patientem tamen Deum non modo fideliter credimus, verum etiam salubriter confitemur. Sed Dei patientia qualis et quanta sit, quem nihil patientem, nec tamen impatientem, imo etiam patientissimum dicimus, verbis explicare quis possit? Ineffabilis est ergo illa patientia, (b) sicut zelus ejus, sicut ira ejus, et si quid hujusmodi est. Nam si tanquam nostra ista cogitemus, in illo nulla sunt. Nihil enim horum nos sine molestia sentimus : absit autem ut impassibilem Dei naturam perpeti ullam molestiam suspicemur. Sicut autem zelat sine aliquo livore, irascitur sine aliqua perturbatione, miseretur sine aliquo dolore, pœnitet eum sine alicujus suæ pravitatis correctione : ita est patiens sine ulla passione. Nunc itaque humana patientia, quam capere possumus, et habere debemus, cujusmodi sit, quantum Dominus tribuit, et quantum patitur brevitas præsentis Sermonis expediam.

Caput II. — 2. Patientia hominis, quæ recta est atque laudabilis et vocabulo digna virtutis, ea perhi-

(a) Duodecim Mss. *nihil mali pati possit.* — (b) Hic undecim Mss. addunt, *non tamen nulla.*

avec tranquillité, et nous empêche de nous écarter, par notre impatience, des biens qui nous conduisent à de plus grands encore. Ceux au contraire qui n'ont pas la patience de souffrir les maux, bien loin de s'en délivrer, ne font que s'en préparer de plus graves. Les patients, au contraire, qui aiment mieux supporter les maux, sans en commettre, que d'en commettre en ne les supportant pas, allègent le poids de ceux qu'ils souffrent avec patience, et en évitent de plus terribles où les entraînerait l'impatience. En soutenant avec courage ses maux temporels et de courte durée, ils ne courent pas ainsi le risque de perdre les biens ineffables de l'éternité : « Car, comme le dit l'Apôtre, que sont les souffrances de cette vie comparées à la gloire future qui sera révélée en nous? (*Rom.*, VIII, 18.) Ailleurs il ajoute : « Ces afflictions légères et passagères produiront pour nous le poids éternel d'une gloire sans borne et sans mesure. » (II *Corinth.*, IV, 17.)

CHAPITRE III. — 3. Considérons donc, mes chers frères, combien de peines et de douleurs les hommes supportent, pour des choses que leurs vices leur font aimer, et qu'ils désirent d'autant plus malheureusement pour eux, qu'ils croient être plus heureux en les possédant. Que ne souffrent-ils pour de faux biens, pour de vains honneurs? A quels dangers, à quels tourments ne s'exposent-ils pas avec patience, pour des affections dont ils sont le jouet? Voyez ceux qui aiment l'argent, la gloire, les plaisirs mauvais; pour parvenir à l'objet de leurs désirs, et ne plus le perdre quand ils l'ont obtenu, la chaleur, la pluie, les frimats, les flots, les tempêtes, les fatigues et les chances incertaines de la guerre, les coups, les plus horribles blessures, rien ne les arrête, ils savent tout supporter, entraînés qu'ils sont, non par une inévitable nécessité, mais par une coupable volonté. Et toutes ces folies ne leur paraissent point blâmables !

CHAPITRE IV. — L'avarice, l'ambition, la luxure, les jeux de toute espèce, pourvu qu'on ne commette aucune action, aucun méfait qui tombe sous le coup de la loi humaine, paraissent des choses simples et innocentes. Bien plus, ceux qui, pour amasser de l'argent ou augmenter leur fortune, pour acquérir ou conserver des dignités et des honneurs, supportent de grandes fatigues et de grandes douleurs, soit dans les combats, soit à la chasse, soit pour obtenir des applaudissements dans les exercices du théâtre, pourvu qu'ils ne fassent rien aux dépens d'autrui, non-seulement ne sont pas retenus dans leurs folies par le blâme populaire, mais encore y sont poussés par les louanges qu'on leur prodigue. « C'est ainsi que le pécheur, comme il est écrit, est loué dans les dé-

---

betur qua æquo animo mala toleramus, (*a*) ne animo iniquo bona deseramus, per quæ ad meliora perveniamus. Quapropter impatientes dum mala pati nolunt, non efficiunt ut a malis eruantur, sed ut mala graviora patiantur. Patientes autem qui mala maluerunt non committendo ferre, quam non ferendo committere, et leviora faciunt (*b*) quæ per patientiam patiuntur, et pejora evadunt quibus per impatientiam mergerentur. Bona vero æterna et magna non perdunt, dum malis temporalibus brevibusque non cedunt : quoniam « non sunt condignæ passiones hujus temporis, » sicut Apostolus dicit, « ad futuram gloriam quæ revelabitur in nobis. » (*Rom.*, VIII, 18.) Et iterum ait (II *Cor.*, IV, 17) : « Quod est temporale et leve tribulationis nostræ, in incredibilem modum æternum gloriæ pondus operatur (*c*) nobis. »

CAPUT III. — 3. Intueamur ergo, Carissimi, quanta in laboribus et doloribus homines dura sustineant, pro rebus quas vitiose diligunt, et quanto se his feliciores fieri putant, tanto infelicius concupiscunt. Quanta pro falsis divitiis, quanta pro vanis honoribus, quanta pro (*d*) ludicris affectionibus periculosissima et molestissima patientissime tolerantur. Pecuniæ, gloriæ, lasciviæ cupidos videmus, ut ad desiderata perveniant, adeptisque non careant, soles, imbres, glacies, fluctus, et procellosissimas tempestates, aspera et incerta bellorum, immanium plagarum ictus, et vulnera horrenda, non inevitabili necessitate, sed culpabili voluntate perferre. Verum hæ licitæ quodam modo videntur insaniæ.

CAPUT IV. — Namque avaritia, ambitio, luxuria, et variorum oblectamenta ludorum, nisi propter illa facinus aliquod admittatur, sive flagitium quod legibus prohibetur humanis, putantur ad innocentiam pertinere : imo etiam qui sine fraude cujusquam, aut pro habenda vel augenda pecunia, aut pro adipiscendis vel retinendis honoribus, aut in agone certando seu venando, seu theatricum aliquid plausibiliter exhibendo magnos labores doloresque pertulerit, parum est quod populari vanitate nullis reprehensionibus cohibetur, sed insuper extollitur laudibus : « Quoniam laudatur, » sicut scriptum est,

---

(*a*) Lov. cum uno tantum Ms. *nec animo iniquo bona desideramus :* minus bene. — (*b*) Lov. *quam quæ.* Abest *quam ab* editis aliis et Mss. — (*c*) Editi, *in nobis.* Abest *in* a Mss. et a Græco textu Apostoli. — (*d*) Vaticani duo Mss. *lubricis.*

sirs de son cœur. » (*Ps.* ix, 3.) En effet, la violence des désirs nous fait endurer les fatigues et afflictions, et personne, si ce n'est pour ce qui lui plaît et le charme, ne consent volontairement à supporter ce qui peut être pour lui un sujet de tourment. Mais tous ces excès, tous ces désirs insensés, pour l'assouvissement desquels ceux qui en sont embrasés, supportent avec patience les maux les plus durs et les peines les plus cuisantes, sont regardés comme choses permises et autorisées par les lois.

Chapitre V. — 4. Que dirons-nous de la patience avec laquelle des hommes endurent les maux les plus terribles, non pour punir, mais pour commettre des crimes manifestes? Voyez ce célèbre parricide de sa patrie (1); les auteurs profanes ne disent-ils pas qu'il supportait la faim, la soif, le froid, et qu'il avait à force de patience rendu son corps insensible aux privations de toute espèce, au froid, aux veilles, et cela au-dessus de toute croyance? Parlerai-je des brigands qui, pour tendre des embûches aux voyageurs, passent toutes leurs nuits sans sommeil, et qui, pour surprendre des innocents à leur passage, exposent leur corps et leur âme endurcie au crime à toutes les intempéries du ciel. On dit même que quelques-uns d'entre eux se mettent mutuellement à la torture, afin de s'accoutumer par cet exercice au tourment qu'ils peuvent subir un jour. Peut-être même ne

(1) Sallust., *Catilina.*

seraient-ils pas aussi cruellement torturés par le juge, pour leur arracher la vérité à force de douleur, qu'ils le sont par leurs compagnons, pour apprendre à ne pas révéler la vérité. La patience de tels hommes est étonnante, mais n'a rien de louable, ou plutôt elle ne mérite ni louange, ni admiration, car ce n'est pas là véritablement de la patience. C'est un endurcissement qui peut étonner, mais qu'on ne peut pas appeler patience. Car il n'y a rien là qui mérite d'être loué, rien qui soit utile à imiter, et l'on est au contraire d'autant plus digne de châtiment, qu'on emploie pour favoriser le vice, ce qui devrait servir d'instrument à la vertu. La patience est la compagne de la sagesse et non l'esclave obéissante de la concupiscence. La patience est l'amie d'une bonne conscience, et non l'ennemie de l'innocence.

Chapitre VI. — 5. Lors donc que vous verrez quelqu'un souffrir courageusement quelque mal, ne vous hâtez pas de louer sa patience avant d'en connaître le motif. Lorsque ce motif est bon, la patience est véritable; quand elle n'est pas souillée par la cupidité, elle est alors très-distincte de la fausse patience; mais lorsqu'elle est sous l'empire de quelque sentiment criminel, on se tromperait grandement en lui donnant un nom qu'elle ne mérite pas. En effet, on ne peut pas dire que tous ceux qui peuvent souffrir ont la patience, comme on dirait que

« peccator in desideriis animæ suæ. » (*Psal.* ix, 3.) Vis enim desideriorum facit tolerantiam laborum et dolorum : et nemo nisi pro eo quod delectat, sponte suscipit ferre quod cruciat. Sed istæ, ut dixi, cupiditates, propter quas explendas qui eis flagrant, multa dura et acerba patientissime sustinent, licitæ existimantur legibusque concessæ.

Caput V. — 4. Quid quod etiam pro apertis sceleribus, non ut ea puniant, sed ut perpetrent, multa homines gravissima perferunt? Nonne de quodam nobilissimo patriæ parricida, sæcularium litterarum loquuntur auctores, quod famem, sitim, frigus ferre poterat, ejusque erat corpus patiens inediæ, algoris, vigiliæ, supra quam cuiquam credibile est? Quid de latronibus dicam, (*a*) quorum omnes cum insidiantur viatoribus, noctes perpetiuntur insomnes, atque ut transeuntes excipiant innocentes, sub qualibet cœli asperitate nocentem animum corpusque defigunt? Quidam vero eorum invicem torquere perhibentur,

(*a*) Tres tantum Mss. *qui omnes.*

ita ut exercitatio contra pœnas nihil distet a pœnis. Non enim tantum fortassis excrucientur a judice ut a dolentibus veritas inquiratur, quantum a suis sociis ut a patientibus non prodatur. Et tamen in his omnibus miranda est potius quam laudanda patientia : imo nec miranda nec laudanda, quæ nulla est; sed miranda duritia, neganda patientia : nihil autem illic jure laudandum, nihil utiliter imitandum; tantoque rectius majore supplicio dignum judicaveris animum, quanto magis vitiis subdit instrumenta virtutum. Patientia comes est sapientiæ, non famula concupiscentiæ : patientia amica est bonæ conscientiæ, non inimica innocentiæ.

Caput VI. — 5. Cum ergo videris quemquam patienter aliquid pati, noli continuo laudare patientiam, quam non ostendit nisi causa patiendi. Quando illa bona est, tunc ista vera est : quando illa non polluitur cupiditate, tunc a falsitate ista distinguitur. Cum vero illa tenetur in crimine, tunc hujus multum

tous ceux qui sont instruits participent à la science. Il n'y a que ceux qui font un bon usage de la souffrance qui sont véritablement patients, et qui peuvent prétendre à la récompense due à cette vertu.

Chapitre VII. — 6. Si cependant des hommes, pour assouvir leurs passions, souvent même leurs crimes, et pour obtenir pendant leur vie mortelle un bonheur éphémère, endurent avec tant de courage des maux horribles; combien plus devons-nous en supporter, pour mener sur la terre une vie sainte, qui nous conduise à l'éternelle vie et à la véritable félicité qui n'aura à craindre ni fin, ni aucune altération : « Ce sera par votre patience, dit le Seigneur, que vous posséderez vos âmes. » (*Luc*, XXI, 19.) Il ne dit pas vos biens, vos honneurs, votre luxe et vos plaisirs, mais vos *âmes*. Si donc notre âme s'expose volontairement à tant de souffrances pour posséder ce qui doit la faire périr, quels maux ne doit-elle pas endurer pour ne pas périr de la mort éternelle? Et pour citer quelque chose qui n'a rien de criminel, si pour la santé du corps, nous supportons tant de douleurs entre les mains des médecins, qui emploient pour nous guérir, le fer et le feu, combien plus devons-nous en endurer pour le salut de notre âme, au milieu des fureurs de nos ennemis? Lorsque les médecins font souffrir notre corps, c'est pour le préserver de la mort, mais lorsque nos ennemis nous accablent de maux et nous menacent même de la mort, c'est pour tuer notre âme et notre corps, et les faire tomber dans le feu éternel des enfers.

7. Cependant nous consultons mieux l'intérêt de notre corps en méprisant, pour rester fidèles aux lois de la justice, ce qui pourrait le sauver temporairement, et en souffrant avec résignation pour la justice, les tourments et la mort même de ce corps. Car nous lui assurons ainsi pour la fin des siècles cette rédemption dont parle l'Apôtre, quand il dit : « Nous gémissons en nous-mêmes, en attendant l'adoption qui nous fait enfants de Dieu, et la rédemption de notre corps (*Rom.*, VIII, 23). Puis il ajoute : Présentement nous ne sommes encore sauvés qu'en espérance; mais quand on voit ce qu'on espère, ce n'est plus de l'espérance, car nul ne désire ce qu'il voit déjà, mais si nous ne voyons pas encore ce que nous espérons, nous l'attendons par la patience. »

Chapitre VIII. — Lorsque nos afflictions viennent de quelque malheur, mais non de notre iniquité, non-seulement la patience nous met en possession de notre âme, mais encore si notre corps est affligé temporairement de douleurs qui le conduisent à la mort, et que nous supportons avec patience, il nous sera rendu un jour dans un état de santé inaltérable et éternel. Ainsi par la douleur et la mort, il aura acquis une santé inaltérable et une heureuse im-

---

erratur in nomine. Non enim sicut omnes qui sciunt sunt participes scientiæ, ita omnes qui patiuntur sunt participes patientiæ : sed qui passione recte utuntur, hi patientiæ veritate laudantur, hi patientiæ munere coronantur.

Caput VII. — 6. Verumtamen cum pro libidinibus, vel etiam sceleribus, cum denique pro ista temporali vita ac salute multa homines horrenda mirabiliter suffurunt, satis nos admonent quanta sufferenda sint pro vita bona, ut etiam postea possit esse æterna, et sine ullo temporis termino, sine utilitatis ullius detrimento vera felicitate secura. Dominus ait : « In vestra patientia possidebitis animas vestras.» (*Luc.*, XXI, 19.) Non ait, villas vestras, laudes vestras, luxurias vestras : sed, « animas vestras. » Si ergo tanta suffert anima ut possideat unde pereat, quanta debet sufferre ne pereat?. Deinde ut illud dicam quod culpabile non est, si tanta suffert pro salute carnis suæ inter manus secantium sive urentium medicorum, quanta debet sufferre (*a*) pro salute sua inter furores quorumlibet inimicorum? Cum medici, ne corpus moriatur, per pœnas corpori consulant; inimici autem pœnas et mortem corpori comminando, ut anima et corpus in gehenna occidatur impellant.

7. Quanquam et ipsi corpori tunc providentius consulatur, si temporalis salus ejus pro justitia contemnatur, et pœna vel mors ejus patientissime pro justitia sufferatur. De corporis quippe redemptione quæ in fine futura est, loquitur Apostolus, ubi ait : « Et ipsi in nobismetipsis ingemiscimus, adoptionem (*b*) expectantes redemptionem corporis nostri. » Deinde subjunxit : « Spe enim salvi facti sumus. Spes autem quæ videtur, non est spes. Quod enim videt quis, quid et sperat? Si autem quod non videmus speramus, per patientiam expectamus. » (*Rom.*, VIII, 23, etc.)

Caput VIII. — Cum ergo torquent aliqua mala, sed non extorquent opera mala, non solum anima per patientiam possidetur, verum etiam cum per patientiam corpus ipsum ad tempus affligitur vel

---

(*a*) Editi omittunt, *pro salute sua*. Restituitur ex Mss. — (*b*) In editis, *filiorum Dei*. Abest *Dei* a Mss.

mortalité. C'est pourquoi le Seigneur, en exhortant ses martyrs à la patience, leur promet le parfait rétablissement de leur corps, sans qu'ils perdent, je ne dis pas le moindre membre, mais même un seul cheveu de leur tête : « Je vous dis en vérité, assure-t-il à ses disciples, qu'il ne se perdra pas un seul cheveu de votre tête. » (*Luc*, XXI, 18.) Le Seigneur parle ainsi, afin que, « comme personne n'a jamais haï sa propre chair, » (*Eph.*, v, 3) les fidèles veillent au salut de leur corps, même en supportant les maux qui l'accablent, plutôt qu'en refusant de les souffrir ; puisque par les douleurs présentes, ils lui procurent en compensation, l'inestimable avantage d'une éternelle incorruptibilité.

8. Quoique la patience soit une vertu de l'âme, cependant l'âme peut s'en servir pour ses propres maux, comme pour ceux du corps. Elle en use sur elle-même, quand le corps étant exempt de toute douleur, elle se trouve exposée par des adversités, ou poussée par des aiguillons de mauvaises pensées et de paroles, à dire ou à faire ce qui ne convient pas, et qu'elle supporte ce mal avec résignation, plutôt que d'y céder, soit en action, soit en parole.

CHAPITRE IX. — C'est cette patience qui nous fait supporter, pendant que nous sommes encore sur la terre, le retard qu'éprouve au milieu des scandales du monde, la félicité qui nous attend dans l'autre vie. C'est ce qui fait dire à saint Paul les paroles que j'ai citées plus haut : « Si nous espérons ce que nous ne voyons pas encore, nous l'attendons avec patience. » (*Rom.*, VIII, 25.) Telle est la patience avec laquelle le saint roi David supporta les outrages d'un insolent. Loin de s'en venger comme il le pouvait, il arrêta la colère de ceux qu'une pareille conduite envers leur prince remplissait d'indignation, et il aima mieux faire servir son autorité royale à empêcher qu'à exercer la vengeance. (II *Rois*, XVI, 10.) Quoique son corps n'éprouvât aucune blessure, aucune atteinte de cet outrage, son esprit y était cependant sensible, mais il en supporta toute l'amertume avec la plus parfaite résignation, reconnaissant que telle était la volonté de Dieu, et que l'heure de l'humiliation était arrivée. C'est cette patience que le Seigneur lui-même a enseignée, par la réponse qu'il met dans la bouche du père de famille à ses serviteurs qui, ne pouvant souffrir dans le champ l'ivraie mêlée au bon grain, voulaient l'arracher : « Laissez-les croître l'un et l'autre jusqu'à la moisson. » (*Matth.*, XIII, 30.) En effet, il faut souffrir avec patience ce qu'il ne faut pas enlever avec trop de précipitation. Le Seigneur nous donne encore l'exemple de cette patience, lorsqu'à l'approche de sa Passion, et avant de le signaler comme traître, il souffrit près de lui,

---

amittitur, in æternam stabilitatem salutemque resumitur, et ei per dolorem et mortem inviolabilis sanitas et felix immortalitas comparatur. Unde Dominus Jesus ad patientiam exhortans Martyres suos, etiam ipsius corporis integritatem futuram sine cujusquam, non dicam membri, sed capilli amissione, promisit. « Amen dico vobis, inquit, capillus capitis vestri non peribit. » (*Luc.*, XXI, 18.) Ut quoniam « nemo unquam, » sicut Apostolus dicit, « carnem suam odio habuit, » (*Ephes.*, v, 29) magis homo fidelis per patientiam quam per impatientiam pro statu suæ carnis invigilet, et futuræ incorruptionis inæstimabili lucro quantalibet ejus præsentia damna compenset.

8. Quamvis autem patientia virtus sit animi, partim tamen ea utitur animus in se ipso, partim vero in corpore suo. In se ipso utitur patientia, quando illæso et intacto corpore aliquid quod non expedit vel non deceat, facere aut dicere quibuslibet adversitatibus aut fœditatibus rerum seu verborum stimulis incitatur, et patienter mala omnia tolerat, ne ipse mali aliquid opere vel ore committat.

CAPUT IX. — Per hanc patientiam sustinemus, etiam dum corpore sani sumus, quod inter hujus sæculi scandala beatitudo nostra differtur : unde dictum est quod paulo ante commemoravi : « Si quod non videmus speramus, per patientiam expectamus. » (*Rom.*, VIII, 25.) Hac patientia sanctus David convicuantis opprobria toleravit, et cum facile posset ulcisci, non solum non fecit, verum et alium pro se dolentem commotumque compescuit (II *Reg.*, XVI, 10); et potestatem regiam magis adhibuit prohibendo, quam exercendo vindictam. Neque tunc ejus corpus aliquo morbo affligebatur aut vulnere, sed humilitatis tempus agnoscebatur, ac (*a*) ferebatur voluntas Dei, propter quam patientissimo animo amaritudo contumeliæ bibebatur. Hanc patientiam Dominus docuit, quando commotis zizaniorum permixtione servis, et volentibus ea colligere, dixit respondisse patremfamilias : « Sinite utraque crescere usque ad messem. » (*Matth.*, XIII, 30.) Oportet enim patienter ferri, quod festinanter non oportet auferri. Hujus et ipse patientiæ præbuit et demonstravit exemplum,

(*a*) Sola editio Lov. *referebatur*.

comme voleur, son disciple Judas (*Jean*, XII, 6), et ne refusa pas, avant de subir les chaines, la croix et la mort, le baiser de paix que lui donnèrent les lèvres de ce misérable. (*Matth.*, XXVI, 49.) Toutes ces choses, et bien d'autres encore qu'il serait trop long de rapporter, appartiennent à cette patience par laquelle l'âme, lors même que le corps est exempt de toute affliction, supporte les maux qui ne sont pas l'effet de ses péchés, mais qui lui viennent du dehors.

CHAPITRE X. — Il y a aussi un autre genre de patience. C'est celle par laquelle l'âme supporte tout ce qui peut arriver de fâcheux et de douloureux à son corps, non comme les insensés et les méchants, pour acquérir de vains et inutiles biens, ou pour commettre des crimes, mais comme l'a prescrit le Seigneur, « pour accomplir la justice. » (*Matth.*, v, 10.) C'est avec cette double patience comme avec une arme à deux tranchants, que les martyrs ont combattu. Ils ont été abreuvés d'opprobres et d'outrages par les impies, alors qu'exempts de douleurs corporelles, leur âme avait à supporter de cruelles blessures. Ils n'ont pas moins souffert dans leur corps, car ils ont eu à endurer les chaines, la prison, la faim, la soif, les tortures, le fer qui les déchirait, les flammes qui les brûlaient, le glaive qui leur donnait la mort, mais leur cœur demeurant soumis à Dieu avec une inébranlable piété, ils ont enduré avec une sainte patience tout ce que la cruauté peut inventer de plus terrible.

9. Le plus grand combat qu'ait à soutenir la vertu de la patience, c'est lorsque l'ennemi invisible, malgré ses instances et sa fureur pour porter l'homme au mal, est vaincu visiblement par celui qui résiste à ses attaques; mais pendant que le démon persécute les enfants de la lumière par les enfants de l'infidélité et des ténèbres qui sont ses armes et ses instruments de mal, lui-même agit invisiblement, par ses instances et ses fureurs pour nous porter à dire ou à faire quelque chose contre Dieu.

CHAPITRE XI. — C'est par cette patience que fut éprouvé le saint homme Job, qui eut à soutenir le double combat que le démon lui livra, mais dans l'un et l'autre, il en triompha par sa constance inébranlable et par les armes invincibles de sa piété. Sans que son corps éprouvât d'abord le moindre mal, il perdit tout ce qu'il possédait (*Job*, I, 12), afin que son âme, avant les tourments réservés à sa chair, fût brisée par la perte des biens auxquels les hommes attachent un si grand prix, et qu'il proférât quelque blasphème contre Dieu, comme si son culte envers le Seigneur reposait sur les biens qu'il avait perdus. Il fut ensuite frappé par la mort subite de tous ses enfants, afin qu'il perdît d'un seul coup ceux auxquels il avait successivement donné le jour, comme si leur nombre ne lui

---

quando ante passionem corporis sui, (*a*) discipulum Judam priusquam ostenderet traditorem, pertulit furem (*Joan.*, XII, 6 et XIII, 29); et ante experimentum vinculorum et crucis et mortis, labiis ejus dolosis non negavit osculum pacis. (*Matth.*, XXVI, 49.) Hæc omnia, et si qua alia sunt quæ commemorare longum est, ad eum patientiæ modum pertinent, quo animus non sua peccata, sed quæcumque extrinsecus mala patienter sustinet in se ipso, suo prorsus corpore illæso.

CAPUT X. — Alius est autem patientiæ modus, quo idem ipse animus quæcumque molesta et gravia in sui corporis passionibus perfert; non sicut stulti vel maligni homines, propter adipiscenda vana vel scelera perpetranda; sed sicut a Domino definitum est, « propter justitiam. » (*Matth.*, v, 10.) Utroque modo sancti Martyres certaverunt. Nam et impiorum opprobriis saturati sunt, ubi animus corpore intacto quasdam veluti plagas suas integer sustinet; et in corporibus vincti sunt, inclusi sunt, fame ac siti affecti sunt, torti sunt, secti sunt, dilaniati sunt, in- censi sunt, trucidati sunt : et pietate (*b*) immobili subdiderunt Deo mentem, cum paterentur in carne quidquid exquirenti crudelitati venit in mentem.

9. Majus sane patientiæ certamen est, quando non visibilis inimicus persequendo atque sæviendo urget in nefas, qui palam et aperte a non consentiente vincatur; sed ipse diabolus, qui etiam per filios infidelitatis tanquam per sua vasa filios lucis insequitur, per se ipsum occultus impugnat, sæviendo instans ut contra Deum fiat aliquid vel dicatur.

CAPUT XI. — Talem illum Job sanctus expertus est, utraque tentatione vexatus, sed in utraque stabili patientiæ robore et armis pietatis invictus. (*Job*, I, 12.) Nam prius illæso corpore cuncta quæ habebat amisit, ut animus ante suæ carnis cruciatum subtractis rebus, quas magni pendere homines solent, frangeretur, et adversus Deum loqueretur aliquid, his amissis propter quæ illum colere putabatur. Percussus est etiam omnium subita orbitate filiorum, ut quos singillatim susceperat, simul perderet, tan-

(*a*) Gallicani septem Mss. *diabolum*. Vaticani tres, *diabolus*. — (*b*) Casalinus Ms. *pietate immobilem*.

avait pas été donné par Dieu comme une source de joie et de bonheur, mais comme un moyen d'augmenter sa douleur et sa misère. Cependant, au milieu de toutes ces souffrances, il resta inébranlablement attaché à son Dieu, et à la volonté de celui qu'il ne pouvait perdre que par sa propre volonté. A la place des biens qu'il avait perdus, il se donna plus intimement que jamais à celui qui les lui avait ôtés, afin d'en trouver en lui d'autres que rien ne pourrait lui ravir. Car ce n'était pas le démon qui, malgré sa volonté de faire le mal, les lui avait enlevés, mais celui dont le démon en avait reçu le pouvoir.

CHAPITRE XII. — L'ennemi, après avoir attaqué Job par les choses qui étaient hors de lui, s'en prit à l'homme lui-même, et le frappa dans toutes les parties de son corps. Depuis les pieds jusqu'à la tête, c'étaient des douleurs cuisantes, des vers qui fourmillaient dans sa chair, du sang corrompu qui coulait de ses plaies. Mais dans ce corps en putréfaction était une âme invincible, et qui opposait aux tourments de la chair, une piété et une patience que rien ne pouvait ébranler. Sa femme, bien loin de le soulager, l'engageait à blasphémer contre Dieu. Le démon ne la lui avait pas enlevée avec ses enfants. Il était trop habile dans le mal pour ne pas la lui laisser, car il avait déjà appris par Eve, combien la femme est nécessaire à l'esprit de tentation. (*Gen.*, III, 1.) Mais il ne trouva pas dans Job un autre Adam, qu'il pût tromper par les séductions de la femme. L'un eut plus de prudence et de sagesse dans ses douleurs, que l'autre dans le paradis. L'un fut vaincu par les délices, l'autre sortit victorieux de ses peines. L'esprit de l'un fléchit devant les séductions; la force de l'autre triompha des tourments les plus atroces. Job avait des amis qui cherchaient plutôt à le trouver coupable qu'à le consoler dans ses afflictions; car ils ne croyaient pas à l'innocence d'un homme qui avait tant de maux à souffrir. Leur bouche lui reprochait ce que sa conscience ne lui reprochait pas. Il fallait qu'au milieu des tortures de son corps, son âme fût encore frappée et déchirée par les injures et les opprobres. Mais le saint homme supportait dans son corps ses propres douleurs, et dans son cœur l'erreur des autres. Il cherchait à corriger sa femme de son impiété, donnait à ses amis des leçons de sagesse, et à tous l'exemple de la patience.

CHAPITRE XIII. — 10. Qu'ils jettent donc les yeux sur ce saint homme, ceux qui se donnent eux-mêmes la mort, quand on cherche à les sauver, et qui, en s'ôtant la vie présente, se privent aussi de la vie future. Si c'était pour les forcer à nier le Christ, ou à faire quelque chose contre la justice qu'on les fît souffrir, ils devraient plutôt, comme de vrais martyrs, endurer avec patience toutes les douleurs, que de se tuer eux-mêmes pour ne rien supporter. Si on

---

quam eorum numerositas, non unde felicitas ornaretur exstiterit, sed unde calamitas augeretur. Ubi autem ista perpessus in Deo suo mansit immobilis, ejus affixus est voluntati, quem non posset amittere nisi propria voluntate; et pro iis quæ perdidit eum qui abstulit tenuit, in quo inveniret quod numquam periret. Neque enim ille abstulerat qui nocendi habuit voluntatem, sed ille qui dederat potestatem.

CAPUT XII. — Agressus est inimicus et corpus, nec ea quæ homini extrinsecus iuerant, sed ipsum jam hominem in qua potuit parte percussit. (*Job*, II, 7.) A capite usque ad pedes ardebant dolores, scatebant vermes, sanies defluebat : manebat in putri corpore animus integer, horrendosque cruciatus carnis contabescentis inviolata pietate et incorrupta patientia perferebat. Aderat uxor, nec ferebat opem aliquam viro, sed in Deum blasphemiam suggerebat. Non enim eam diabolus, cum etiam filios abstulisset, tanquam nocendi imperitus reliquerat; quæ quantum esset necessaria tentatori, jam in Eva didicerat.

(*Gen.*, III, 1.) Sed modo alterum Adam, quem per mulierem caperet, non invenerat. Cautior fuit iste in doloribus, quam ille in nemoribus : ille victus est in deliciis, iste vicit in pœnis : consensit ille oblectamentis, non cessit iste tormentis. Aderant et amici, non ut in malis consolarentur, sed ut malum suspicarentur. Neque enim eum qui tanta patiebatur, innocentem esse credebant, nec tacebat eorum lingua quod illius conscientia non habebat; ut inter immanes cruciatus corporis, etiam falsis animus cæderetur opprobriis. At ille sustinens in carne dolores suos, in corde errores alienos, conjugis corripiebat insipientiam, amicos docebat sapientiam, servabat ubique patientiam.

CAPUT XIII. — 10. Hunc intueantur, qui sibi ingerunt mortem, quando quæruntur ad vitam ; et sibi auferendo præsentem, abnegant et futuram. Qui si ad Christum negandum vel aliquid contra justitiam faciendum, sicut veri Martyres, cogerentur, omnia potius patienter ferre, quam sibi impatienter

était excusable de se donner la mort, pour échapper aux maux qui nous affligent, le saint homme Job pouvait se la donner pour se soustraire à ceux dont la cruauté du démon l'avait frappé dans ses biens, dans ses enfants et dans son corps; mais il ne l'a pas fait. Cet homme si sage se serait bien gardé de commettre un crime, que sa femme, tout insensée qu'elle fût, n'osa pas lui conseiller, car si elle avait cherché à lui inspirer cette pensée, il lui aurait répondu, comme lorsqu'elle l'engageait à blasphémer contre Dieu : « Vous parlez comme une femme insensée. Si nous avons reçu les biens de la main du Seigneur, pourquoi ne souffririons-nous pas aussi les maux qu'il nous envoie? » (*Job*, II, 10.) Il aurait perdu la vertu et le fruit de la patience, soit en blasphémant, comme sa femme le voulait, soit en se donnant la mort, comme elle n'osa pas le lui conseiller, et il aurait été mis au rang de ceux dont il est écrit : « Malheur à ceux qui perdent la patience ! » (*Eccli.*, II, 16.) Il aurait aussi plutôt augmenté ses maux que d'y échapper, puisqu'après sa mort il aurait été jeté dans les supplices destinés aux blasphémateurs, aux homicides, et à ceux qui sont même plus que parricides. En effet, le parricide est plus criminel que l'homicide, parce que ce n'est pas seulement à un homme qui lui est étranger, mais à quelqu'un qui lui est proche qu'il donne la mort; et si le parricide lui-même est d'autant plus coupable et impie, qu'il frappe quelqu'un qui lui est plus étroitement uni, combien plus criminel est celui qui se donne la mort de sa propre main, puisque personne n'est plus proche de l'homme que l'homme lui-même ? Que veulent donc et qu'espèrent ces malheureux qui, déjà paient ici-bas les peines qu'ils s'infligent à eux-mêmes, et qui plus tard paieront celles que leur auront méritées leur impiété envers Dieu, et leur cruauté contre leur propre personne? Insensés qui prétendent encore à la gloire des martyrs ! Quand bien même ils souffriraient persécution pour la défense et la gloire de Jésus-Christ, et qu'ils se donneraient la mort seulement pour échapper aux tourments de leurs persécuteurs, on leur dirait encore avec raison : « Malheur à ceux qui perdent patience ! » Quelle justice, ou plutôt quel mérite y aurait-il dans la récompense accordée à celui qui souffre ses maux avec patience, si ceux qui refusent de les supporter recevaient la même couronne? Ou comment pourrait-on regarder comme innocent celui à qui il est dit : « Vous aimerez votre prochain comme vous-même, » (*Matth.*, XIX, 19) et qui se rendrait sur sa personne coupable du crime d'homicide, qu'il lui est défendu de commettre sur son prochain ?

CHAPITRE XIV. — 11. Que les fidèles écoutent ces préceptes que l'Ecriture nous donne sur la

---

mortem inferre debuerant. Quod si fugiendorum malorum causa recte fieri posset, Job sanctus se ipse perimeret, ut tanta mala in rebus suis, in filiis suis, in membris suis, diabolicæ crudelitatis effugeret. Non autem fecit. Absit enim ut in se committeret ipse vir sapiens, quod nec mulier suggessit insipiens. Quia et si suggessisset, merito et hic illud audisset, quod audivit suggerendo blasphemiam : « Locuta es tanquam una ex insipientibus mulieribus. Si bona suscepimus de manu Domini, mala non sustinebimus ? » (*Job*, II, 10.) Et (*a*) ipse quippe patientiam perdidisset, sive blasphemando, sicut illa voluerat, sive se interficiendo, quod nec illa ausa fuerat dicere, moreretur : atque esset inter illos de quibus dictum est : « Væ iis qui perdiderunt patientiam : » (*Eccli.*, II, 16) et augeret potius quam evaderet pœnas, qui post sui corporis mortem, sive ad blasphemorum, sive ad homicidarum, vel etiam plus quam parricidarum supplicia raperetur. Si enim parricida eo sceleratior est quam quilibet homicida, quia non tantum hominem, verum etiam propinquum necat ; inque ipsis parricidis, quanto propinquiorem quisque peremerit, tanto judicatur immanior : sine dubio pejor est qui se occidit ; quia nemo est homini se ipso propinquior. Quid ergo miseri faciunt, qui cum et hic sibimet ingestas, et postea non solum impietatis adversus Deum, sed etiam ipsius quam in se exercuerunt crudelitatis luant debitas pœnas, insuper quærunt et Martyrum glorias? cum etiam si pro vero Christi testimonio persecutionem paterentur, et se interficerent, ne aliquid a persecutoribus paterentur, recte illis diceretur : « Væ iis qui perdiderunt patientiam. » Quomodo enim (*b*) justum præmium patientiæ redditur, si et impatiens passio coronatur? Aut quomodo innocens judicabitur, cui dictum est : « Diliges proximum tuum sicut te ipsum, » (*Matth.*, XIX, 19) si homicidium committit in se ipso, quod committere prohibetur in proximo?

CAPUT XIV. — 11. Audiant ergo sancti de Scriptu-

(*a*) Novem Mss. *Et ipsam*. — (*b*) Ita Mss. At editi, *justo*.

vertu de la patience : « Mon fils, si vous voulez entrer au service de Dieu, conservez en vous la justice et la crainte, et préparez votre âme à la justice et à la tentation. Humiliez votre cœur et soyez ferme et constant, afin que votre vie se trouve pleine et abondante au dernier jour. Recevez tout ce qu'il plaira à Dieu de vous envoyer. Ne vous laissez point abattre par la douleur, et conservez la patience lorsque vous serez dans l'humiliation. Car l'or, l'argent, s'éprouvent par le feu, les hommes qui doivent être reçus sont éprouvés dans la fournaise de l'humiliation. » (*Eccli.*, II, 1, etc.) Un autre passage de l'Ecriture nous dit : « Mon fils, ne vous irritez pas contre les châtiments dont Dieu se sert pour vous corriger, et ne vous laissez pas abattre lorsqu'il vous reprend. Car le Seigneur châtie ceux qu'il aime, et il frappe de verges celui qu'il veut recevoir au nombre de ses enfants. » (*Prov.*, III, 11, 12 ; *Hébr.*, XII, 5.) Quand l'Ecriture dit : Celui que Dieu veut recevoir au nombre de ses enfants, elle parle de ces hommes *recevables* dont il est question dans le passage précédent. En effet, il est juste que nous qui sommes déchus des félicités du paradis par l'orgueil et la concupiscence des plaisirs, nous puissions y être admis de nouveau par l'humilité et la patience à souffrir les maux. Si nous en avons été exilés par le mal que nous avons fait, revenons-y en supportant avec patience les maux qui nous accablent, et en souffrant maintenant pour la justice, après avoir péché contre la justice.

Chapitre XV. — 12. Cherchons maintenant par quel moyen on peut acquérir la véritable patience qui est digne de ce nom. Il y a des hommes qui l'attribuent aux seules forces de la volonté humaine, force qu'ils tiennent, disent-ils, du libre arbitre et non de la grâce de Dieu. C'est une erreur qui leur est inspirée par l'orgueil, c'est l'erreur de ceux qui se croient riches, et dont parle le Psalmiste : « Pour les riches nous avons été un sujet d'opprobre, et un objet de mépris pour les orgueilleux. » (*Ps.* CXXII, 4.) « Ce n'est point là la patience des pauvres, cette patience qui ne saurait périr, » (*Ps.* IX, 19) et qu'ils reçoivent de celui qui est riche, et auquel le Psalmiste dit : « Vous êtes mon Dieu, et vous n'avez pas besoin de mes biens. » (*Ps.* XV, 2.) « C'est de lui seul que nous vient tout bien excellent et tout don parfait. » (*Jacq.*, I. 17.) C'est vers lui que s'élèvent les cris de l'indigent et du pauvre qui louent son nom, en demandant, en cherchant, en frappant, et en disant : « Mon Dieu, tirez-moi des mains du pécheur, de celui qui viole votre loi, et de l'impie ; car, Seigneur, c'est vous qui êtes ma patience et mon espérance depuis mes plus tendres années. » (*Ps.* LXX, 4.) Pour ceux qui sont riches à leurs propres yeux, et qui ne croient pas avoir besoin du Seigneur, loin de recevoir de lui la

---

ris sanctis præcepta patientiæ : « Fili accedens ad servitutem Dei, sta in justitia et timore, et præpara animam tuam ad tentationem : deprime cor tuum, et sustine ; ut crescat in novissimis vita tua. Omne quod tibi supervenerit accipe, et in dolore sustine, et in humilitate tua patientiam habe. Quoniam in igne probatur aurum et argentum, homines vero receptibiles in camino humiliationis. » (*Eccli.*, II, 1, etc.) Et in loco alio legitur : « Fili ne deficias in disciplina Domini, neque fatigeris, cum ab illo increparis. Quem enim diligit Dominus, corripit : flagellat autem omnem filium quem recipit. » (*Prov.*, III, 11, 12.) Quod hic positum est, « filium quem recipit : » hoc in supradicto testimonio est, « homines receptibiles. » (*Hebr.*, XII, 5, 6.) Hoc enim justum est, ut quia de pristina felicitate paradisi propter contumaciam deliciarum appetentiam dimissi sumus, per humilem molestiarum patientiam recipiamur : fugaces mala faciendo, reduces mala patiendo ; ibi contra justitiam facientes, hic pro justitia patientes.

Caput XV. — 12. Sed vera patientia quæ hujus est nomine digna virtutis, quærendum est unde sumatur. Sunt enim qui eam tribuunt viribus voluntatis humanæ, non quas habent ex divino adjutorio, sed quas ex libero arbitrio. Error autem iste superbus est : eorum est enim qui abundant, de quibus dicitur in Psalmo : « Opprobrium eis qui abundant, et despectio superbis. » (*Psal.* CXXII, 4.) Non ergo est ista « patientia pauperum, » quæ « non perit in æternum. » (*Psal.* IX, 19.) Bi enim pauperes ab illo eam divite accipiunt, cui dicitur : « Deus meus es tu, quoniam bonorum meorum non eges. » (*Psal.* XV, 2.) A quo est omne datum optimum, et omne donum perfectum. (*Jacob.*, I, 17.) Ad quem clamat egenus et pauper, qui laudat nomen ejus, et petendo, quærendo, pulsando, dicit : « (*Psal.* LXX, 4, 5.) « Deus meus eripe me de manu peccatoris, et de manu legem prætereuntis et iniqui : quoniam tu es patientia mea, Domine, spes mea a juventute mea. » Isti autem qui abundant, et egere ad Deum dedignantur, ne ab illo accipiant veram patientiam, de sua falsa gloriantes, consilium inopis volunt confun-

vertu de la vraie patience, mais se glorifiant de celle qui est en eux et qui n'a rien de véritable, « ils méprisent la sagesse du pauvre, qui met son espérance dans le Seigneur. » (*Ps.* XIII, 6.) Ils oublient qu'ils sont hommes, et qu'en attribuant tant de pouvoir à leur volonté, c'est-à-dire à la volonté humaine, ils encourent la malédiction du prophète qui s'écrie : « Maudit celui qui met son espérance dans l'homme. » (*Jérém.*, XVII, 5.) C'est pourquoi s'il leur arrive de supporter quelques maux, soit pour ne pas déplaire aux hommes, soit pour s'éviter des peines plus grandes, soit pour se plaire à eux-mêmes, en attribuant, par une folle présomption, leur patience aux seules forces de leur orgueilleuse volonté ; on peut dire de leur prétendue patience, ce que le bienheureux apôtre saint Jacques dit de la fausse sagesse : « Ce n'est point là la sagesse qui vient d'en haut, mais une sagesse terrestre, animale et qui vient du démon. » (*Jacq.*, III, 15.) Pourquoi, en effet, les orgueilleux n'auraient-ils point une fausse patience, comme ils ont une fausse sagesse ? Celui qui donne la vraie sagesse est aussi celui qui donne la vraie patience ; et c'est à lui que le pauvre d'esprit dit : « Mon âme est soumise à Dieu, car c'est de lui que vient ma patience. » (*Ps.* LXI, 6.)

CHAPITRE XVI. — 13. Mais on répondra peut-être à ce qui vient d'être dit : Si la volonté de l'homme, sans le secours divin, et avec les seules forces du libre arbitre, supporte tant de maux horribles, soit dans son âme, soit dans son corps, pour jouir pendant cette vie du fruit de ses erreurs et de ses fautes ; pourquoi cette même volonté, sans attendre aucun secours divin, mais avec les seules forces du libre arbitre, et la possibilité qu'elle en a reçue de la nature, ne pourrait-elle pas endurer avec patience toute espèce de misères et de douleurs pour la justice et la vie éternelle ? Quoi, la volonté des impies est assez forte, sans le secours de Dieu, pour s'infliger à eux-mêmes pour leur propre iniquité, et comme par une espèce d'exercice à la douleur, les tourments les plus atroces, avant même d'être torturés par les autres ? Quoi, la volonté de ceux qui désirent prolonger cette vie, à laquelle ils sont attachés, est assez puissante, sans aucun secours divin, pour les faire persister dans le mensonge, malgré les tortures les plus affreuses qu'on leur inflige, de peur qu'en avouant leurs crimes, ils ne soient condamnés à mort ? et la volonté des justes, à moins d'être assistée d'en haut, serait insuffisante pour souffrir n'importe quelles peines pour la beauté de la justice et pour l'amour de la vie éternelle ?

CHAPITRE XVII. — 14. Ceux qui parlent ainsi ne font pas attention que les méchants sont d'autant plus durs au mal et à la souffrance,

---

dere, quoniam Dominus spes ejus est. (*Psal.* XIII, 6.) Nec attendunt, cum homines sunt, et suæ, id est, humanæ voluntati tantum tribuunt, in illud se incurrere quod scriptum est : « Maledictus omnis qui spem suam ponit in homine. » (*Jerem.*, XVII, 5.) Unde etiamsi eis contingat, ut aliqua dura et aspera, vel ne displiceant hominibus, vel ne graviora patiantur, vel sibi placendo et amando præsumptionem suam, eadem ipsa superbissima voluntate sustineant ; hoc illis dicendum est de patientia, quod de sapientia beatus Jacobus apostolus dicit : « Non est ista sapientia de sursum descendens, sed terrena, animalis, diabolica. » (*Jac.*, III, 15.) Cur enim non sit (a) superborum falsa patientia, sicut superborum est falsa sapientia ? A quo est autem vera sapientia, ab illo est et vera patientia. Huic enim cantat ille spiritu pauper : « Deo subjecta est anima mea, quoniam ab ipso est patientia mea. » (*Psal.* LXI, 6.)

CAPUT XVI. — 13. Sed respondent et loquuntur dicentes : Si voluntas hominis sine ullo Dei adjutorio viribus liberi arbitrii tam multa gravia et horrenda perfert, sive in animo, sive in corpore, ut mortalis vitæ hujus et peccatorum delectatione perfruatur ; cur non eadem modo eadem ipsa voluntas hominis eisdem viribus liberi arbitrii, non ad hoc exspectans se divinitus adjuvari, sed sibi naturali possibilitate sufficiens, quidquid laboris vel doloris ingeritur, pro justitia et vita æterna patientissime sustinet ? An vero, inquiunt, idonea est iniquorum voluntas, Deo non adjuvante, ut se ipsi in cruciatibus pro iniquitate, et ante quam ab aliis crucientur, exerceant ; idonea est voluntas moras vitæ hujus amantium, ut Deo non adjuvante, inter atrocissima et longa tormenta in mendacio perseverent, ne sua facinora confitentes, jubeantur occidi ; et non est idonea justorum voluntas, nisi eis vires de super suggerantur, quaslibet pœnas, vel ipsius decore justitiæ, vel æternæ vitæ amore perferre ?

CAPUT XVII. — 14. Qui hæc dicunt, non intelligunt et quemque iniquorum tanto esse ad quæcumque

---

(a) Cyprianus in lib. *de bono Patientiæ :* Si sapientia illic vera non est, esse non potest et vera patientia.

qu'ils sont plus attachés au monde par leurs passions, et leur cupidité, et que les justes sont, d'autant plus forts et courageux pour supporter les maux, qu'ils sont plus attachés à Dieu par l'amour et la charité. La cupidité que l'on éprouve pour le monde a sa source dans le libre arbitre, elle s'accroît par l'attrait des plaisirs et se fortifie par les liens de l'habitude. « Mais la charité de Dieu a été répandue dans nos cœurs, » (*Rom.*, v, 5) non par nous-mêmes, « mais par le Saint-Esprit qui nous a été donné. » La patience des justes vient donc de celui par qui la charité a été répandue dans leur cœur. L'Apôtre, en parlant des autres biens que renferme cette charité, dit qu'elle peut souffrir tout. « La charité, écrit-il aux Corinthiens, est patiente et magnanime, » et un peu après il ajoute : « Elle souffre tout. » (I *Cor.*, XIII, 4, 7.) Ainsi plus la charité de Dieu est grande dans les saints, plus elle peut endurer de maux pour ce qui est l'objet de son amour ; et plus la cupidité du monde est grande dans les pécheurs, plus ils sont disposés à souffrir pour ce qui est le but de leur concupiscence. C'est pourquoi la vraie patience des justes vient de la même source d'où découle en eux l'amour de Dieu, et la fausse patience des méchants vient de ce qui produit en eux l'amour du monde. C'est ce qui a fait dire à l'apôtre saint Jean : « N'aimez pas le monde ni ce qui est dans le monde. Si quelqu'un aime le monde, l'amour du Père n'est pas en lui ; car tout ce qui est dans le monde n'est que concupiscence de la chair, ou concupiscence des yeux, ou orgueil de la vie ; or tout cela ne vient pas du Père, mais du monde. » (I *Jean*, II, 15.) Plus cette concupiscence, qui ne vient pas du Père mais du monde, est forte et ardente dans l'homme, plus il est disposé à souffrir patiemment la douleur et les maux en faveur de ce qu'il désire. Cette patience, comme nous l'avons dit précédemment, ne vient donc pas d'en haut. Mais la patience des justes vient du ciel et descend du Père des lumières. L'une est céleste, l'autre est terrestre ; l'une est animale, l'autre est spirituelle ; l'une est inspirée par le démon, l'autre par Dieu. La concupiscence qui donne aux pécheurs la force de tout souffrir vient du monde ; la charité qui donne aux justes le courage de tout endurer vient de Dieu. La volonté humaine, sans le secours de Dieu, suffit à cette fausse patience, qui est d'autant plus dure au mal, qu'elle est plus portée à la cupidité, et ces maux, elle les endure en raison du mal qui est en elle-même. Mais la volonté de l'homme ne suffit pas à la vraie patience. Il faut que la grâce divine l'aide et l'enflamme, parce que le Saint-

---

mala perferenda duriorem, quanto in eo major est cupiditas mundi ; et quemque justorum tanto esse ad quæcumque mala perferenda fortiorem, quanto in eo est major caritas Dei. Sed cupiditas mundi initium habet ex arbitrio voluntatis, progressum ex jocunditate voluptatis, firmamentum ex vinculo consuetudinis : « Caritas autem Dei diffusa est in cordibus nostris, » non utique ex nobis, sed « per Spiritum sanctum, qui datus est nobis. » (*Rom.*, v, 5.) Proinde ab illo est patientia justorum, per quem diffunditur caritas (*a*) eorum. Quam caritatem laudans atque commendans Apostolus, inter cætera ejus bona dixit eam et cuncta sufferre. « Caritas, inquit, magnanima est. » (I *Cor.*, XIII, 4, 7.) Et paulo post ait : « Omnia tolerat. » Quanto ergo major est in sanctis caritas Dei, tanto magis pro eo quod diligitur, et quanto major est in peccatoribus cupiditas mundi, tanto magis pro eo quod concupiscitur, omnia tolerantur. Ac per hoc inde est patientia vera justorum, unde est in eis caritas Dei ; et inde est patientia falsa iniquorum, unde est in eis cupiditas mundi. Propter quod dicit Joannes apostolus : « Nolite diligere mundum, nec ea quæ in mundo sunt. Si quis dilexerit mundum, dilectio Patris non est in ipso. Quia omne quod in mundo est, concupiscentia carnis est, et concupiscentia oculorum , et ambitio sæculi : quæ non est ex Patre, sed ex mundo est. » (I *Joan.*, II, 15, 16.) Hæc igitur concupiscentia quæ non est ex Patre, sed ex mundo, quanto fuerit in homine vehementior et ardentior, tanto fit quisque pro eo quod concupiscit, omnium molestiarum dolorumque patientior. Idcirco, sicut supra diximus ; non est ista patientia de sursum descendens : patientia vero piorum de sursum est descendens a Patre luminum. Itaque illa terrena est, ista cœlestis : illa animalis, ista spiritalis ; illa diabolica, ista deifica. Quoniam concupiscentia, qua fit ut peccantes omnia pertinaciter patiantur, ex mundo est ; caritas autem, qua fit ut recte viventes omnia fortiter patiantur, ex Deo est. Et ideo illi falsæ patientiæ potest sine adjutorio Dei voluntas humana sufficere ; tanto durior, quanto cupidior ; et eo tolerabilius mala sustinens, quo ipsa fit pejor : huic autem, quæ vera patientia est, ideo voluntas humana, nisi desuper adjuta et inflammata, non

(*a*) Duo Mss. *in cordibus eorum*.

Esprit est le feu qui brûle en elle, et si elle n'en était pas embrasée pour aimer le souverain bien, elle ne pourrait pas supporter les maux qui lui arrivent.

CHAPITRE XVIII. — 15. En effet, comme le disent les livres divins : « Dieu est charité, et celui qui demeure dans la charité demeure en Dieu, et Dieu demeure en lui. » (I *Jean*, IV, 16.) Celui donc qui veut avoir la charité de Dieu, sans l'aide de Dieu, que fait-il autre chose, sinon de chercher à avoir Dieu sans Dieu lui-même ? Quel est le chrétien qui pourrait dire une chose qu'un homme privé de raison n'oserait pas avancer ? La vraie, la sainte, la fidèle patience, triomphant dans l'Apôtre, dit par la bouche des saints : « Qui nous séparera de l'amour du Christ ? Sera-ce l'affliction, ou l'angoisse, ou la persécution, ou la faim, ou la nudité, ou le péril, ou l'épée ? Selon qu'il est écrit : Nous sommes livrés à la mort tous les jours à cause de vous, et on nous regarde comme des brebis qui doivent être immolées. Mais dans toutes ces choses nous sommes plus que vainqueurs par celui qui nous a aimés. » (*Rom.*, VIII, 35 et *Ps.* XLIII, 22.) Saint Paul ne dit pas : par nous, mais : « par celui qui nous a aimés, » ensuite il continue en ces termes : « Car je suis assuré que ni la mort, ni la vie, ni les anges, ni les principautés, ni les puissances, ni les choses à venir, ni les choses élevées, ni les choses basses, ni aucune créature ne pourra nous séparer de l'amour de Dieu qui est en Notre-Seigneur Jésus-Christ. Voilà la charité de Dieu qui a été répandue dans nos cœurs, non par nous, mais par le Saint-Esprit qui nous a été donné. » (*Rom.*, V, 5.) La concupiscence des méchants qui ne leur procure que la fausse patience, « ne vient pas du Père, comme le dit l'apôtre, mais du monde. » (I *Jean*, II, 16.)

CHAPITRE XIX. — 16. Peut-être, me dira-t-on, si c'est du monde que vient la cupidité par laquelle les méchants souffrent tous les maux, pour atteindre le but de leurs désirs, comment peut-on prétendre qu'elle vient de leur volonté? Comme si les méchants qui abandonnent celui par qui le monde a été créé n'étaient pas eux-mêmes du monde, qui est l'objet de leur affection et de leur amour ? « Ils servent, en effet, plutôt la créature que le Créateur, qui est béni dans tous les siècles. » (*Rom.*, I, 5.) Si l'apôtre saint Jean, par le monde, a voulu désigner ceux qui aiment le monde, il est donc juste de dire que la volonté qui vient d'eux vient aussi du monde. Si par ce mot il a compris le ciel et la terre, avec tout ce qui s'y trouve, c'est-à-dire l'universalité des créatures, il est hors de doute que

---

sufficit, quia Spiritus sanctus est ignis ejus; quo nisi accensa diligat impassibile bonum, ferre non potest quod patitur malum.

CAPUT XVIII. — 15. Sicut enim divina testantur eloquia : « Deus caritas est, et qui manet in caritate, in Deo manet, et Deus in illo manet. » (I *Joan.*, IV, 16.) Quisquis ergo contendit haberi posse Dei caritatem sine Dei adjutorio, quid aliud contendit, nisi haberi Deum posse sine Deo? Quis autem hoc dicat Christianus, quod nullus dicere audeat insanus? Exultans ergo apud Apostolum vera, pia, fidelisque patientia, (*a*) dicit ore sanctorum : « Quis nos separabit a caritate Christi ? » (*Rom.*, VIII, 35.) « Tribulatio, an angustia, an persecutio, an fames, an nuditas, an periculum, an gladius? Sicut scriptum est : Quia propter te mortificamur tota die, deputati sumus sicut oves victimæ. » (*Psal.* XLIII, 22.) « Sed in his omnibus supervincimus per eum qui dilexit nos : » non per nos, sed « per eum qui dilexit nos. » Deinde sequitur et adjungit : « Certus sum enim, quia neque mors, neque vita, neque angeli, neque principatus, neque potestates, neque præsentia, neque futura, neque altitudo, neque profundum, neque creatura alia poterit nos separare a caritate Dei, quæ est in Christo Jesu Domino nostro. » Hæc est illa « caritas Dei, » quæ « diffusa est in cordibus nostris : » non ex nobis, sed « per Spiritum sanctum, qui datus est nobis. » (*Rom.*, V, 5.) Malorum autem « concupiscentia, » propter quam in eis est falsa patientia, « non est ex Patre, » sicut dicit apostolus Joannes, « sed ex mundo est. » (I *Joan.*, II, 16.)

CAPUT XIX. — 16. Hic dicet aliquis : Si ex mundo est concupiscentia malorum, per quam fit ut mala omnia pro eo quod ab illis concupiscitur perferant, quo modo ex eorum dicitur voluntate? Quasi vero non et ipsi ex mundo sint, cum ab eis diligitur mundus, (*b*) deserto eo per quem factus est mundus. « Serviunt enim creaturæ potius quam Creatori, qui est benedictus in sæcula. » (*Rom.*, XXXI, 5.) Sive itaque mundi vocabulo Joannes apostolus dilectores significaverit mundi, voluntas quæ ex ipsis est, utique ex mundo est : sive mundi nomine cœlum et terram et quæcumque in eis sunt, hoc est, univer-

---

(*a*) Casalinus Ms. *patientia sanctorum dicit :* omisso *ore*. — (*b*) Editi, *deserentes eum*. At Mss. *deserto eo :* præter unum Meternsem codicem, qui habet *deserente eo*.

la volonté de la créature, qui n'est pas celle du Créateur, vient du monde. C'est donc à de tels hommes que le Seigneur dit : « Vous êtes d'ici-bas, et moi je suis d'en haut. Vous êtes de ce monde, et moi je ne suis pas de ce monde. » (*Jean*, VIII, 23.) Mais l'Apôtre dit : « Si vous étiez du monde, le monde aimerait ce qui est à lui. » (*Jean*, XV, 19.) Cependant pour qu'ils ne s'arrogeassent point quelque chose qui ne leur appartenait pas, et que parce qu'il leur avait dit : « Vous n'êtes pas de ce monde, » ils ne crussent pas que cela leur venait de la nature et non de la grâce, il leur dit : « Mais parce que vous n'êtes pas du monde, je vous ai choisis dans le monde, et c'est pour cela que le monde vous hait. » Ils étaient donc du monde, car c'est pour qu'ils ne fussent plus du monde, que le Seigneur les a choisis dans le monde.

CHAPITRE XX. — 17. Pour montrer que cette élection n'est pas le résultat du mérite des bonnes œuvres précédentes, mais uniquement l'élection de la grâce, l'Apôtre dit aux Romains : « Il y en a donc aussi en ce temps qui ont été réservés selon l'élection de la grâce, que si c'est par la grâce, ce n'est pas par les œuvres, autrement la grâce ne serait plus une grâce. » (*Rom.*, XI, 5, 6.) Telle est l'élection de la grâce, c'est-à-dire l'élection par laquelle les hommes sont élus et choisis par la grâce de Dieu. Telle est, dis-je, l'élection de la grâce qui prévient tous les mérites humains. Si, en effet, elle était donnée en récompense de quelques mérites, elle ne serait plus gratuite, mais le paiement d'une dette, et par cela même on ne pourrait plus l'appeler grâce, car, comme le dit le même Apôtre : « La récompense qu'on donne à celui qui travaille est regardée non comme une grâce, mais comme une chose qui lui est due. » (*Rom.*, IV, 4.) Pour que la grâce soit vraie, c'est-à-dire gratuite, il faut qu'elle ne trouve dans l'homme rien qui mérite d'être récompensé ; c'est ce qu'a fort bien compris le Psalmiste quand il dit : « C'est gratuitement que vous les sauverez. » (*Ps.* LV, 8.) La grâce donne les mérites, mais n'est pas donnée aux mérites. Elle prévient même la foi qui est le commencement des bonnes œuvres. Car le juste, comme il est écrit, « vit de la foi. » (*Habac.*, II, 4.) Or, la grâce, non-seulement aide le juste, mais encore justifie l'impie. Par cela même qu'elle aide le juste, elle semble une récompense accordée à ses mérites, mais cependant elle ne cesse pas pour cela d'être grâce, parce qu'elle ne fait qu'aider ce qu'elle même a donné. C'est à cause de cette grâce, qui précède tous les mérites humains, que le Christ a été non-seulement mis à mort par les impies, mais aussi « qu'il est mort pour eux. » (*Rom.*, V, 6.) Et avant de mourir, ce n'était pas parce

---

sam complexus sit creaturam, voluntas procul dubio creaturæ, quæ non est Creatoris, ex mundo est. Propter quod talibus Dominus dicit : « Vos de deorsum estis, ego de sursum sum : vos de hoc mundo estis, ego non sum de hoc mundo. » (*Joan.*, VIII, 23.) Apostolis autem dicit : « Si de mundo hoc essetis, mundus quod suum est diligeret. » (*Joan.*, XV, 19.) Sed ne sibi amplius arrogarent, quam eorum mensura poscebat, et hoc quod eos non esse dixit ex mundo, naturæ putarent esse, non gratiæ : « Quia vero, inquit, de mundo non estis, sed ego elegi vos de mundo, propterea odit vos mundus. » Ergo de mundo (*a*) erant : nam ut de mundo non essent, electi sunt de mundo.

CAPUT XX. — 17. Hanc autem electionem non præcedentium in bonis operibus meritorum, sed electionem gratiæ demonstrans Apostolus, sic inquit : « Et in hoc tempore reliquiæ per electionem gratiæ salvæ factæ sunt. Si autem gratia, jam non ex operibus, alioquin gratia jam non est gratia. » (*Rom.*, XI, 5, 6.) Hæc est electio gratiæ, id est, electio qua per Dei gratiam homines eliguntur. Hæc est, inquam, electio gratiæ, qua omnia bona merita præveniuntur humana. Si enim ullis bonis meritis datur, jam non gratis datur, sed debita redditur, ac per hoc non vero nomine gratia nuncupatur ; ubi « merces, » sicut idem dicit Apostolus, « non imputatur secundum gratiam, sed secundum debitum. » (*Rom.*, IV, 4.) Si autem ut vera sit gratia, id est, gratuita, nihil invenit in homine, cui merito debeatur ; quod bene intelligitur et in eo quod dictum est : « Pro nihilo salvos facies eos : » (*Psal.* LV, 8) profecto ipsa dat merita, non meritis datur. Prævenit ergo etiam fidem, ex qua omnia bona opera incipiunt. « Justus enim, » sicut scriptum est, « ex fide vivit. » (*Habac.*, II, 4.) Porro autem gratia non solum adjuvat justum, verum etiam justificat impium. Et ideo etiam cum adjuvat justum, et videtur ejus meritis reddi, nec sic desinit esse gratia ; quoniam id adjuvat quod ipsa est largita. Propter hanc itaque gratiam, quæ cuncta bona merita humana præcedit, non solum Christus ab impiis occisus est, verum etiam « pro

---

(*a*) Lov. *non erant*. Abest *non* ab Er. et pluribus Mss.

qu'ils étaient justes, mais pour qu'ils fussent justifiés, qu'il a choisi les apôtres auxquels il dit : « Je vous ai choisis dans le monde, » et pour ne pas laisser croire à ceux à qui il venait de dire : « Vous n'êtes pas de ce monde, » qu'ils n'avaient jamais été du monde, il ajouta : « Mais je vous ai choisis dans le monde. » (*Jean*, xv, 19.) C'était donc parce qu'ils avaient été choisis par le Seigneur qu'ils n'étaient plus de ce monde. Or, si c'était en vertu de leur justice et non par la grâce de Jésus-Christ qu'ils étaient choisis, ils n'auraient pas été choisis dans le monde; puisque s'ils étaient déjà justes, ils n'étaient par conséquent déjà plus du monde. Ensuite, si c'était parce qu'ils étaient déjà justes qu'ils étaient choisis, ils auraient donc eux-mêmes choisi le Seigneur avant d'être choisis par lui. Peut-on, en effet, être juste autrement qu'en choisissant la justice? « Le Christ, dit l'Apôtre, est la fin de la loi, pour justifier tous ceux qui croient. » (*Rom.*, x, 4.) « C'est le Christ qui nous a été fait de la part de Dieu, sagesse, justice, sanctification et rédemption, afin que, comme il est écrit : Celui qui se glorifie, se glorifie dans le Seigneur. » (I *Cor.*, I, 30.) C'est donc Jésus-Christ même qui est notre sagesse.

CHAPITRE XXI. — 18. C'est pourquoi même les anciens justes ont été, avant l'incarnation du Verbe, justifiés dans la foi du Christ, et dans cette véritable justice qui n'est autre « que le Christ qui a été fait justice pour nous. » (*Eph.*, II, 8.) Ils croyaient à une chose à venir; nous croyons à un fait accompli. Ils ont été sauvés par la grâce au moyen de la foi, non d'après eux-mêmes, ni d'après leurs œuvres, pour que l'orgueil n'enflât pas leur cœur, mais par un don de Dieu, car leurs bonnes œuvres n'avaient pas précédé, mais suivi la miséricorde divine. Ils ont entendu, ils ont écrit eux-mêmes longtemps avant l'incarnation de Jésus-Christ : « J'aurai pitié de celui dont j'aurai pitié, et je ferai miséricorde à celui envers lequel je serai miséricordieux. » (*Exode*, XXXIII, 19.) C'est d'après ces paroles de Dieu, que longtemps après l'apôtre saint Paul disait : « Cela ne vient donc pas ni de celui qui veut, ni de celui qui court, mais de Dieu qui fait miséricorde. » (*Rom.*, IX, 16.) C'est aussi ce qui avait été dit avant que le Sauveur parût sur la terre : « Il est mon Dieu, et sa miséricorde me préviendra. » (*Ps.* LVIII, 11.) Pouvaient-ils donc être étrangers à la foi du Christ, ces anciens justes dont la charité nous a prophétisé le Christ, sans la foi duquel aucun mortel n'a pu, ne peut, et ne pourra jamais être juste? Si donc les apôtres étaient déjà justes lorsque le Christ les a choisis, ils l'auraient d'abord choisi lui-même, pour pouvoir être choisis comme justes, puisqu'ils ne pouvaient être justes sans lui. Mais il n'en a pas été

---

impiis mortuus est. » (*Rom.*, v, 6.) Et ante quam moreretur, non utique justos, sed justificandos elegit Apostolos, quibus ait : « Ego vos de mundo elegi. » (*Joan.*, xv, 19.) Quibus enim dixit : « De mundo non estis; » et ne putarent se nunquam fuisse de mundo, mox addidit, « sed ego vos de mundo elegi : » profecto ut de mundo non essent, ipsius in eos electione collatum est. Quocirca si per suam justitiam, non per gratiam ejus eligerentur, non de mundo electi essent : quoniam de mundo jam non essent, si jam justi essent. Deinde si propterea sunt electi, quia jam justi erant; ipsi priores jam Dominum elegerant. Quis enim potest esse justus, nisi eligendo justitiam? « Finis autem legis Christus ad justitiam omni credenti. » (*Rom.*, x, 4.) « Qui factus est nobis sapientia a Deo, et justitia, et sanctificatio, et redemptio : ut quemadmodum scriptum est : Qui gloriatur, in Domino glorietur. » (I *Cor.*, I, 30.) Ipse est ergo nostra justitia.

CAPUT XXI. — 18. Unde et antiqui justi ante incarnationem Verbi, in hac fide Christi, et in hac vera justitia, quod est nobis Christus, justificati sunt (*Ephes.*, II, 8); hoc credentibus futurum, quod nos credimus factum : et ipsi gratia salvi facti per fidem, non ex se ipsis, sed Dei dono; non ex operibus, ne forte extollerentur. Bona quippe opera eorum non prævenerunt misericordiam Dei, sed subsecuta sunt. Ipsi quippe audierunt, ipsi scripserunt longe ante quam Christus venisset in carne : « Miserebor cui misertus ero, et misericordiam præstabo cui misericors fuero. » (*Exod.*, XXXIII, 19.) E quibus Dei verbis, tanto post apostolus Paulus diceret : « Igitur non volentis neque currentis, sed miserentis est Dei. » (*Rom.*, IX, 16.) Ipsorum etiam vox est longe ante quam Christus venisset in carne : « Deus meus, misericordia ejus præveniet me. » (*Psal.* LVIII, 11.) Quomodo autem possent alieni esse a fide Christi, quorum caritate etiam nobis prænuntiatus est Christus; sine cujus fide quisquam mortalium nec fuit, nec est, nec esse aliquando poterit justus? Si ergo jam justi a Christo eligerentur Apostoli, prius illum ipsi elegissent, ut justi eligi possent; quia sine illo

ainsi, car le Seigneur leur a dit : « Ce n'est pas vous qui m'avez choisi, c'est vous qui avez été choisis par moi. » C'est ce qui a fait dire à l'apôtre saint Jean : « Ce n'est pas nous qui avons aimé Dieu les premiers, mais c'est lui qui le premier nous a aimés. » (*Jean*, xv, 16.)

CHAPITRE XXII. — 19. Cela étant, que peut être, avant d'aimer Dieu et de l'avoir choisi, un homme qui, dans cette vie fait usage de sa libre et propre volonté, sinon un pécheur et un impie ? Que peut être, dis-je, l'homme, pauvre créature s'éloignant de son Créateur, si Dieu qui l'a créé ne se souvient pas de lui, s'il ne le choisit pas et ne lui prodigue pas gratuitement son amour et sa miséricorde ? Car l'homme ne peut par lui-même ni choisir, ni aimer, s'il n'a d'abord été aimé et choisi, puisque son aveuglement ne lui permet pas de distinguer ce qu'il doit choisir, comme sa langueur lui fait rejeter avec dégoût ce qui est digne d'être aimé. Mais, dira-t-on, comment Dieu peut-il le premier choisir et aimer des méchants et des impies pour les justifier, puisqu'il est écrit : « Vous haïssez, Seigneur, tous ceux qui commettent l'injustice ? » (*Ps.* v, 7.) Ce choix, cet amour sont le résultat de l'ineffable bonté de Dieu. Ne concevons-nous pas qu'un médecin, dans sa charité, hait et aime tout à la fois son malade ; il hait en lui la maladie, il l'aime pour lui rendre la santé.

CHAPITRE XXIII. — 20. Voilà ce que j'avais à dire sur la charité, sans laquelle il n'y a pas en nous de vraie patience, car c'est la charité de Dieu qui fait supporter aux justes les maux, comme c'est par la cupidité du monde que les méchants les endurent. Or, cette charité est en nous « par le Saint-Esprit qui nous a été donné. » (*Rom.*, v, 5.) Nous tenons donc la patience de celui qui nous a donné la charité. Lorsque la cupidité du monde supporte avec patience le poids des misères qui l'accablent, elle l'attribue aux forces de sa propre volonté dont elle se fait gloire, elle se glorifie ainsi de l'engourdissement de la maladie et non de la vigueur de la santé. Il y a de la démence à se glorifier de la sorte, car ce n'est pas là de la patience, mais de la folie. Cette volonté semble d'autant plus patiente à supporter les maux, qu'elle est plus avide des biens périssables de la terre, pauvre et vide qu'elle est des biens éternels.

CHAPITRE XXIV. — 21. Que si l'esprit du démon excite et enflamme souvent cette volonté par des visions et des suggestions impures, en s'associant malignement à nos désirs, s'il porte par l'erreur la volonté de l'homme jusqu'à la folie, ou l'enflamme par des aspirations pour les plaisirs de la terre, de manière à lui faire supporter avec une étonnante fermeté des maux intolérables, ce n'est pas à dire pour cela qu'il

---

justi esse non possunt. Sed non ita factum est, ipse quippe illis ait : « Non vos me elegistis, sed ego vos elegi. » (*Joan.*, xv, 16.) Unde dicit apostolus Joannes : « Non quod dilexerimus Deum, sed quia ipse prior dilexit nos. » (I *Joan.*, iv, 10.)

CAPUT XXII. — 19. Quod cum ita sit, quid est homo utens in hac vita propria voluntate, ante quam eligat et diligat Deum, nisi injustus et impius ? Quid est, inquam, homo aberrans a Creatore creatura, nisi Creator ejus memor sit ejus, et eligat cum gratis, et diligat gratis ? (*Psal.* v, 5.) Quia ipse non potest eligere vel diligere, nisi prius electus dilectusque curetur, qui cæcitate eligenda non cernit, et languore diligenda fastidit. Sed forte quis dicat : Quomodo Deus prius eligit et diligit iniquos, ut justificet eos, cum scriptum sit : « Odisti Domine omnes operantes iniquitatem ? » (*Psal.* v, 7.) Quomodo putamus, nisi miro et ineffabili modo ? Et tamen etiam (*a*) nos possumus cogitare, quod medicus bonus ægrotum et odit et diligit : odit enim, quia ægrotat ; diligit, ut ægritudinem pellat.

CAPUT XXIII. — Hæc propter caritatem dicta sint, sine qua in nobis non potest esse vera patientia : quia in bonis caritas Dei est, quæ tolerat omnia, sicut in malis mundi cupiditas. Sed hæc caritas per Spiritum sanctum est in nobis, qui datus est nobis. (*Rom.*, v, 5.) Unde a quo nobis est caritas, ab illo est patientia. Mundi autem cupiditas, quando patienter sustinet onera cujuslibet calamitatis, gloriatur de viribus propriæ voluntatis, tanquam de stupore morbi, non de robore sanitatis. (*b*) Insana est ista gloriatio ; non est patientiæ, sed dementiæ. Voluntas ista tanto videtur patientior acerborum malorum, quanto est avidior temporalium bonorum, quia inanior æternorum.

CAPUT XXIV. — 21. Quod si eam exagitat et inflammat fallacibus (*c*) visis et suasionibus (*d*) immundis diabolicus spiritus et maligna conspiratione sociatus, efficit hominis voluntatem, vel errore dementem, vel appetitu cujuslibet mundanæ delectationis arden-

---

(*a*) Ita duo Vaticani Mss. Alii vero plerique cum editis, *non possumus*. — (*b*) Sic Mss. At editis : *Insania*. — (*c*) Plures Mss. *visibus*. In persimili loco libri *de Continentia*, cap ii, n, 3, legitur : *Quisquis in corde occurrentibus suggestionibus quorumque visorum,.. consensit.* — (*d*) Aliquot Mss. *immundus et diabolicus spiritus*. Et mox Vaticani duo, *ei maligna conspiratione sociatus*

CHAPITRE XXV.

ne puisse y avoir dans l'homme de mauvaises volontés sans l'instigation du démon, comme il ne saurait y en avoir de bonnes sans le secours du Saint-Esprit. Il peut, en effet, s'élever dans l'homme de mauvaises volontés sans les séductions et les instigations d'un esprit étranger. Le démon en est une preuve, lui qui est devenu ce qu'il est, par sa propre volonté et sans y avoir été sollicité par aucun autre démon. Ainsi soit que la mauvaise volonté cède à l'entraînement de la cupidité, ou qu'elle soit retenue par la cruauté, ou dilatée par la joie, ou resserrée par la tristesse, et que dans toutes ces perturbations de l'âme, elle méprise et endure avec patience des maux insupportables dans les circonstances présentes ou en tout autre temps, elle se suffit pour se séduire elle-même, sans l'inspiration d'aucun autre esprit. Une fois déchue des choses d'en haut, et plongée dans celles d'ici-bas, plus elle attachera de prix à ce qu'elle désire obtenir, ou qu'elle craint de perdre, ou qu'elle se réjouit de posséder, ou qu'elle s'attriste d'avoir perdu, plus elle montrera de fermeté pour supporter les maux qui l'accablent, et dont la souffrance n'égale pas le plaisir qu'elle éprouve à jouir de ce qu'elle a tant désiré. Or, quelle que soit cette chose, elle est de celles qui sont créées et dont le cachet est le plaisir et la volupté. En effet, par une espèce de contact et de commerce journalier, il arrive que la créature aimante s'attache à la créature aimée, pour en sentir et en éprouver la douceur.

CHAPITRE XXV. — 22. Mais le plaisir qui vient du Créateur et dont il est écrit : « Vous les abreuverez du torrent de vos délices, » (*Ps.* XXXV, 9) est d'un tout autre genre, car ce n'est point une chose créée comme nous. Or, si ce plaisir ne fait pas naître en nous l'amour de Dieu, rien ne saurait nous le donner. C'est pourquoi la bonne volonté, par laquelle nous aimons Dieu, ne peut être que dans « ceux en qui Dieu opère le vouloir. » (*Philip.*, II, 13.) Ainsi la bonne volonté, c'est-à-dire, celle qui est parfaitement soumise à Dieu, celle qui brûle de la sainte ardeur qui vient d'en haut, celle qui aime Dieu et le prochain pour l'amour de Dieu, celle qui supporte toutes les amertumes et les douleurs de la terre, soit par cet amour exprimé dans la réponse que l'apôtre saint Pierre fit à Jésus-Christ : « Vous savez, Seigneur, que je vous aime, » (*Jean*, XXI, 15) soit par cette crainte dont l'Apôtre dit : « Opérez votre salut avec crainte et tremblement, » (*Philip.*, II, 12) soit par la joie dont le même Apôtre parle ailleurs : « Réjouissez-vous par l'espérance, et soyez patients dans les afflictions, » (*Rom.*, XII, 12) soit par la tristesse « qui oppressait le cœur de saint

---

tem : (*a*) quæ cum videtur intolerabilia mirabiliter sustinere, non tamen ideo etiam voluntas mala sine instigatione alterius immundi spiritus, sicut voluntas bona sine adjutorio sancti Spiritus non potest esse. Nam esse posse voluntatem malam etiam sine aliquo spiritu vel seducente vel incitante, in ipso diabolo satis ostenditur, qui per nullum alium diabolum, sed propria voluntate factus diabolus invenitur. Voluntas itaque mala sive cupiditate rapiatur, sive timore revocetur, sive lætitia diffundatur, sive tristitia contrahatur, atque in his omnibus perturbationibus animi quæcumque sunt aliis vel (*b*) alio tempore graviora contemnat et perferat; potest et sine alterius spiritus instinctu se ipsa seducere, et defectu a superioribus in inferiora lapsando, quanto jocundius æstimaverit quod adipisci appetit, vel amittere metuit, vel adeptum gaudet, vel amissum dolet, tanto tolerabilius pro eo ferre quod sibi minus est ad patiendum, quam illud ad fruendum. Quidquid enim illud est, ex creatura est, cujus nota (*c*) voluptas est. Quodam modo enim familiari contactu atque connexu ad experiendam ejus suavitatem adjacet amanti creaturæ amata creatura.

CAPUT XXV. — 22. Voluptas autem Creatoris, de qua scriptum est : « Et torrente voluptatis tuæ potabis eos, » (*Psal.* XXXV, 9) longe alterius generis est : neque enim, sicut nos, creatura est. Nisi ergo amor ejus detur inde nobis, non est unde esse possit in nobis. Ac per hoc voluntas bona, quæ diligitur Deus, in homine non potest esse, nisi in quo Deus operatur et velle. (*Philip.*, II, 13.) Hæc igitur voluntas bona, id est, voluntas Deo fideliter subdita, voluntas sanctitate superni ardoris accensa, voluntas quæ diligit Deum et proximum propter Deum ; sive amore, de quo respondet apostolus Petrus : « Domine, tu scis quia amo te; » (*Joan.*, XXI, 15) sive timore, de quo dicit apostolus Paulus : « In timore et tremore vestram ipsorum salutem operamini ; » (*Philip.*, II, 12) sive gaudio, de quo dicit : « Spe gaudentes, in tribulatione patientes ; » (*Rom.*, XII, 12) sive tristitia, qualem se dicit magnam habuisse pro fratribus suis (*Rom.*, IX, 2); quæcumque amara et aspera suf-

---

(*a*) Sic probæ notæ Mss. At editi, *quæcumque videntur.* — (*b*) Plerique Mss. *vel eo tempore.* — (*c*) Editi, *voluntas est.* Verius Mss. *voluptas est.*

Paul au sujet de ses frères, » (*Ibid*., IX, 2) cette volonté qui se soumet aux peines et aux angoisses, n'est autre que la charité qui supporte tout (I *Cor*., XIII, 7), « et qui a été répandue dans nos cœurs par le Saint-Esprit, lequel nous a été donné. » (*Rom*., v, 5.)

CHAPITRE XXVI. — La piété ne nous permet donc pas de douter que la patience qui souffre les maux avec une sainte résignation, ne soit un don de Dieu, aussi bien que la charité qui allume dans nos cœurs un pur et religieux amour. En effet, la sainte Ecriture ne peut ni tromper ni être trompée, quand elle dit dans l'Ancien Testament : « C'est Dieu qui est notre patience; » (*Ps*. LXX, 5) « notre patience vient de Dieu;» (*Ps*. VI, 6) « l'esprit de force nous est donné d'en haut, » (*Isaïe*, XI, 2) ni quand elle dit dans les Epîtres des apôtres : « Car il vous a été donné à l'égard du Christ, non-seulement de croire en lui, mais encore de souffrir pour lui. » (*Philip*., I, 29.) Ce qui nous a été donné ne doit donc pas nous inspirer d'orgueil, comme si nous le tenions de nous-mêmes.

23. Si des hommes qui sont égarés dans quelque schisme, et qui n'ont pas cette charité qui appartient à l'unité d'esprit et aux liens de paix qui unissent tous les membres de l'Eglise catholique, souffrent, pour ne pas renier le Christ, les tribulations, les angoisses, la faim, la nudité, les persécutions, les périls, la prison, les fers, les tortures, le glaive, les flammes, la dent des bêtes féroces, le supplice de la croix même, par crainte de tomber dans le feu éternel des enfers, ces hommes, dis-je, quoique hérétiques, loin d'être blâmables, sont au contraire dignes d'éloges, pour la patience avec laquelle ils savent souffrir. Nous ne pouvons pas dire, en effet, qu'ils auraient mieux fait de renier le Christ, pour se soustraire aux douleurs qu'ils ont eu à endurer en rendant témoignage à son nom. Tout ce que nous pouvons penser à cet égard, c'est que peut-être le jugement qui sera prononcé sur eux sera plus doux que s'ils avaient renié Jésus-Christ, pour se soustraire à tous ces maux. Ainsi, lorsque l'Apôtre dit : « Quand bien même je livrerais mon corps pour être brûlé, si je n'ai pas la charité, cela ne me servira de rien, » (I *Cor*., XIII, 3) il faut entendre par ces paroles que cela ne sert de rien pour gagner le royaume des cieux, mais non pas pour adoucir la rigueur du dernier jugement.

CHAPITRE XXVII. — 24. On peut avec raison demander si on peut aussi considérer, comme un don de Dieu, ou comme un effet des forces de la volonté humaine, cette patience avec laquelle des hommes séparés de l'unité de l'Eglise supportent, non pour soutenir leur schisme, mais à cause de la vérité du sacrement ou des dogmes qu'ils ont conservé, supportent, dis-je, les peines corporelles par crainte des peines éter-

---

ferat (I *Cor*., XIII, 7), caritas Dei est, quæ omnia tolerat, quæ non diffunditur in cordibus nostris, nisi per Spiritum sanctum, qui datus est nobis. (*Rom*., v, 5.)

CAPUT XXVI. — Unde nequaquam dubitante pietate, sicut caritas sancte amantium, ita patientia pie tolerantium Dei donum est. Neque enim divina Scriptura fallit aut fallitur, quæ non solum in veteribus libris habet hujus rei testimonia, cum Deo dicitur : « Patientia mea tu es : » (*Psal*. LXX, 5) et : « Ab ipso est patientia mea : » (*Psal*. LXI, 6) et ubi alius Propheta dicit, accipere nos Spiritum fortitudinis : verum etiam in apostolicis litteris legitur : « Quia vobis donatum est pro Christo, non solum ut credatis in eum, sed et etiam patiamini propter eum. » (*Philip*., I, 29.) Non ergo quasi de proprio faciat animum elatum quod sibi audit esse donatum.

23. Si quis autem non habens caritatem, quæ pertinet ad unitatem spiritus et vinculum pacis (*Ephes*., IV, 3), quo catholica Ecclesia congregata connectitur, in aliquo schismate constitutus, ne Christum neget, patitur tribulationes, angustias, famem, nuditatem, persecutionem, pericula, carceres, vincula, tormenta, gladium, vel flammas, vel bestias, vel ipsam crucem timore gehennarum, et ignis æterni : nullo modo ista culpanda sunt, imo vero et hæc laudanda patientia est. Non enim dicere poterimus, melius ei fuisse ut Christum negando nihil eorum pateretur, quæ passus est confitendo : sed existimandum est fortasse tolerabilius ei futurum judicium, quam si Christum negando cuncta illa vitaret : ut illud quod ait Apostolus : « Si tradidero corpus meum ut ardeam, caritatem autem non habeam, nihil mihi prodest; » (I *Cor*., XIII, 3) nihil prodesse intelligatur ad regnum cœlorum obtinendum, non ad extremi judicii tolerabilius supplicium subeundum.

CAPUT XXVII. — 24. Sed merito quæri potest, utrum et ista patientia donum Dei sit, an viribus tribuenda sit voluntatis humanæ, qua quisque ab Ecclesia separatus, non pro errore qui eum separavit, sed pro veritate sacramenti seu verbi quæ apud cum remansit, timore pœnarum æternarum pœnas

nelles. Il est à craindre, en effet, que si nous regardions aussi cette patience comme un don de Dieu, ceux qui la possèdent ne croient appartenir également au royaume de Dieu, et que d'un autre côté si nous venions à nier qu'elle soit un don du Seigneur, nous soyons obligés d'avouer que, sans le secours et la grâce de Dieu, il peut y avoir quelque bien dans la volonté de l'homme. Car il est salutaire que l'homme croie qu'il sera puni du supplice éternel s'il renie le Christ, et qu'en raison de cette foi, il méprise et supporte tous les supplices humains.

Chapitre XXVIII. — 25. Or, comme on ne saurait nier que cette patience ne soit aussi un don de Dieu, on doit en conclure que les dons des enfants de cette Jérusalem céleste, qui est notre mère, (car ce sont ces dons qui composent l'héritage, dans lesquels nous sommes « héritiers de Dieu et cohéritiers du Christ, ») (*Rom.*, VIII, 17) sont tout autres que ceux destinés aux enfants des concubines, auxquels sont comparés les schismatiques, les hérétiques et les Juifs qui vivent selon la chair. En effet, quoiqu'il soit écrit : « Chassez l'esclave et son fils, car le fils de l'esclave ne sera point héritier avec le fils de la femme libre, » (*Galat.*, IV, 10) et que Dieu ait dit à Abraham : « Ce sera Isaac qui sera appelé votre fils, » (*Gen.*, XXI, 10) paroles que l'Apôtre a interprétées comme si Dieu avait dit : « Que ce ne sont pas les enfants de la chair qui sont enfants de Dieu, mais que ce sont les enfants de la promesse qui seront réputés être la postérité d'Abraham ; » (*Rom.*, IX, 8) nous devons comprendre que ce sont les enfants d'Abraham, selon Isaac, qui sont enfants de Dieu par Jésus-Christ, et qui sont les membres de son corps, c'est-à-dire, de l'Eglise qui est une, vraie, pure, catholique, gardienne de la foi qui fait les saints, et qui opère, non par l'orgueil et par la crainte, mais par l'amour et la charité. Cependant, lorsqu'Abraham sépara les enfants de ses concubines d'avec son fils Isaac, il leur accorda quelques avantages pour ne pas les laisser sans ressources, quoiqu'il ne les reconnût pas pour ses héritiers. En effet, nous lisons dans les Ecritures : « Abraham donna tous ses biens à son fils Isaac, mais il fit aussi quelques largesses aux enfants de ses concubines, quand il les sépara de son fils Isaac. » (*Gen.*, XXV, 6.) Si donc nous sommes enfants de la femme libre représentée par la céleste Jérusalem, nous devons comprendre que les dons des enfants déshérités ne sont pas les mêmes que ceux des héritiers légitimes. Ces héritiers légitimes sont ceux à qui il est dit : « L'esprit que vous avez reçu n'est point un esprit de servitude, pour vivre encore dans la crainte, mais vous avez reçu l'es-

---

patitur temporales. Cavendum est enim, ne forte, si Dei donum istam patientiam dixerimus, hi quibus inest, etiam ad regnum Dei pertinere credantur, si autem illam donum Dei esse negaverimus, cogamur fateri, sine adjutorio et munere Dei in voluntate hominis esse posse aliquid boni. Neque enim hoc non est bonum, ut credat homo æterno supplicio se esse puniendum, si negaverit Christum, et pro ista fide qualecumque supplicium perferat et contemnat humanum.

Caput XXVIII. — 25. Proinde sicut negandum non est hoc esse donum Dei, ita intelligendum est alia esse Dei dona filiorum illius Jerusalem, quæ sursum libera est mater nostra : (hæc sunt enim quodam modo hæreditaria, in quibus sumus « hæredes Dei, cohæredes autem Christi : ») (*Gal.*, IV, 26) alia vero quæ possunt accipere etiam filii concubinarum, quibus Judæi carnales et schismatici vel hæretici comparantur. (*Rom.*, VIII, 17.) Quamvis enim scriptum sit : « Ejice ancillam et filium ejus; neque enim hæres erit filius ancillæ cum filio meo Isaac : » (*Gal.*, IV, 30) et Abrahæ dixerit Deus : « In Isaac vocabitur tibi semen : » (*Gen.*, XXI, 10) quod sic est Apostolus interpretatus, ut diceret : « Id est, non qui filii carnis, hi filii Dei, sed filii promissionis deputantur in semine; » (*Rom.*, IX, 7, 8) ut intelligeremus semen Abrahæ secundum Isaac propter Christum ad Dei filios pertinere, qui sunt corpus Christi et membra, id est, Ecclesia Dei una, vera, germana, catholica, tenens piam fidem ; non eam quæ per elationem vel timorem, sed eam quæ per dilectionem operatur (*Gal.*, V, 6) : tamen etiam filios concubinarum quando a filio suo Isaac (*a*) dimisit Abraham, nonnulla eis largitus et munera, ne relinquerentur omni modo inanes, non ut tenerentur hæredes. Sic enim legimus : « Dedit autem Abraham omnem censum suum Isaac filio suo, et filiis concubinarum suarum dedit Abraham munera, et dimisit eos ab Isaac filio suo. » (*Gen.*, XXV, 6.) Si ergo filii sumus liberæ Jerusalem, alia dona exhæredatorum, alia intelligamus hæredum. « Hi enim hæredes sunt, » quibus dicitur : « Non enim accepistis spiritum servitutis iterum in

---

(*a*) Editi hoc et proximo loco, *divisit*. At Mss. constanter habent *dimisit* : juxta Græcum LXX. *Genes.*, XXV, 6, καὶ ἐξαπέστειλεν αὐτοὺς Hebræum verbum sonat *emisit*.

prit des enfants d'adoption, qui nous fait crier : Mon père, mon père. » (*Rom.*, VIII, 15.)

Chapitre XXIX. — 26. Crions donc ainsi dans un esprit de charité, et jusqu'à ce que nous soyons parvenus à cet héritage, dont rien ne pourra nous déposséder, gardons dans notre cœur l'amour qui anime les hommes libres, et non la crainte qui convient aux esclaves. Crions ainsi, tant que nous sommes pauvres, et jusqu'à ce que nous soyons enrichis par l'héritage qui nous est promis. Nous en avons déjà reçu des gages certains, puisque c'est pour nous enrichir que Dieu s'est fait pauvre, et qu'après son exaltation dans le ciel, il nous a envoyé le Saint-Esprit, pour allumer de saints désirs dans nos cœurs. « Non, elle ne périra pas éternellement la patience, » (*Ps.* IX, 19) de ces pauvres qui n'ont encore que l'espoir et non le bonheur de contempler Dieu ; qui n'ont encore que l'espérance, et non la possession ; qui désirent et soupirent encore, mais ne jouissent pas des félicités du règne éternel ; qui ont faim et soif, mais ne sont pas encore rassasiés. « Non, dis-je, la patience de ces pauvres ne périra pas éternellement. » Non, qu'ils aient encore besoin de patience, là où il n'y aura plus rien à souffrir, mais si l'Ecriture dit « qu'elle ne périra pas, » c'est parce qu'elle n'aura pas été infructueuse, et comme les fruits qu'elle aura produits seront éternels, elle ne périra pas éternellement. Celui qui travaille en vain, quand il est trompé dans son attente, dit avec raison : J'ai perdu toute ma peine, mais celui qui est parvenu au but vers lequel tendaient tous ses efforts, dit avec satisfaction : Ma peine n'a pas été perdue. On dit donc qu'on n'a pas perdu sa peine, non parce qu'elle demeure éternellement, mais parce qu'elle n'a pas été dépensée en vain. Il en est de même de la patience des pauvres de Jésus-Christ, de ces pauvres qui seront un jour les riches héritiers du Christ. On dit qu'elle ne périra pas, non, parce que dans le royaume de notre héritage, nous aurons encore des maux à souffrir patiemment, mais parce que nous y jouirons de l'éternelle béatitude, en récompense des afflictions que nous aurons supportées avec résignation sur la terre. Car celui qui donne à la volonté la patience dont elle a besoin ici-bas, ne mettra pas de terme au bonheur dont nous jouirons dans l'éternité, parce que la volonté et la patience sont un double don qu'il a fait à la charité qu'il nous a donnée.

---

timorem, sed accepistis spiritum adoptionis filiorum, in quo clamamus : Abba, Pater. »

Caput XXIX. — 26. Clamemus ergo spiritu caritatis, et donec veniamus ad hæreditatem, in qua semper maneamus, liberali amore simus, non servili timore (*a*) patientes. Clamemus, quam diu pauperes sumus, donec illa pignora accepimus, quod ad nos ditandos pauper factus est Christus, quo in supernas divitias exaltato, missus est qui sancta desideria nostris cordibus inspiraret Spiritus sanctus. Horum pauperum adhuc credentium, nondum contemplantium ; adhuc sperantium, nondum tenentium ; adhuc desiderio suspirantium, nondum felicitate regnantium ; adhuc esurientium et sitientium, nondum satiatorum : horum ergo « pauperum patientia non peribit in æternum : » (*Psal.* IX, 19) non quia et illic patientia erit, ubi quod toleretur non erit ; sed « non peribit, » dictum est, quia infructuosa non erit. Fructum autem habebit æternum, ideo non peribit in æternum. Qui enim laborat inaniter, cum eum spes fefellerit, propter quam laborabat, merito dicit. Perdidi tantum laborem : quisquis vero ad sui laboris promissa pervenerit, gratulans dicit : Non perdidi laborem meum. Dicitur ergo labor non perisse, non quia manet perpetuus, sed quia non est inaniter fusus. Sic et patientia pauperum Christi, sed ditandorum hæredum Christi, non peribit in æternum : non quia et illic patienter ferre jubebimur, sed quia pro iis quæ hic patienter pertulimus, æterna beatitudine perfruemur. Non dabit finem sempiternæ felicitati, qui donat temporalem patientiam voluntati : quia utrumque munus donatæ donatum est caritati.

(*a*) In omnibus prope Mss. *patientes :* sed in quibusdam sic verba interpuncta sunt : *non servili timore. Patientes clamemus*, etc. In editis autem cum eadem verborum interpunctione legitur : *Patienter*, etc.

AVERTISSEMENT

TOUCHANT

LES SERMONS AUX CATÉCHUMÈNES SUR LE SYMBOLE

Ces quatre sermons ont été publiés ensemble dans le tome neuvième d'une édition précédente. Les anciens manuscrits, comme les éditions qui ont paru, les désignent sous ce titre : *Quatre livres sur le Symbole*, et les attribuent à saint Augustin. Le premier nous semble appartenir à ce saint docteur; mais il n'en est pas de même des trois autres. Le style de ces derniers, incorrect et trivial, ne rappelle en rien son genre et sa gravité. Voyez le sermon second où nous lisons : « Nous aussi nous avons notre cocher spirituel, le saint prophète Élie, qui, monté sur un char de feu, a tellement couru, qu'il a atteint les bornes du ciel. » Parfois l'Ecriture sainte y est citée dans des termes, et expliquée d'une manière qui ne nous paraît pas convenir à saint Augustin, comme on peut le voir aux nombres 13 et 14, chap. v de ce même sermon. Il fut écrit après la mort du saint docteur, au temps de la persécution des Vandales, alors que les Ariens tourmentaient les catholiques de toutes les manières, essayant de les détourner de la foi par des promesses ou par des menaces ; du moins nous le soupçonnons d'après ces paroles, qu'on lit à la fin de ce sermon : « Que l'Arien hérétique n'insulte point à l'Eglise. C'est un loup, sachez le reconnaître ; c'est un serpent, broyez-lui la tête. Il caresse, mais il trompe ; il promet beaucoup, mais il séduit, etc. » Nous avons également de nombreuses raisons, et qui ne sont pas sans valeur, au sujet des sermons troisième et quatrième. Possidius, au chap. x de son catalogue, mentionne *trois traités sur le Symbole*, mais ils ont été publiés dans les volumes précédents parmi les sermons. (212-213 et suivant.)

A la fin de ce tome neuvième de l'édition de Louvain se trouvent quatorze traités, qui, à

ADMONITIO

IN SERMONES DE SYMBOLO AD CATECHUMENOS.

Quatuor illi sermones conjunctim vulgati alias fuerunt in tomo nono, et apud veteres codices Mss. perinde atque apud excusos appellantur *de Symbolo libri quatuor*, tribuunturque Augustino. Primus quidem sermo Augustinum omnino refert : non ita vero tres alii. Quippe in his tribus dicendi genus incultum et abjectum, non habet satis ingenii et gravitatis, sicuti videre est in sermone secundo, ubi legitur cap. II : « Habemus et nos spiritalem nostrum aurigam, sanctum prophetam Eliam, qui quadrigæ igneæ superimpositus tantum cucurrit, ut metas prenderet cœli. » Scripturæ loca peregrinis verbis citantur interdum et explicantur eo modo ac sensu, quem Augustino ascribere non audemus, ut in ejusdem sermonis, cap. v, n. 13 et 14. Hunc præterea sermonem tempore persecutionis Vandalicæ, demortuo jam Augustino habitum, cum Ariani catholicos modis omnibus tentarent, beneficiis æque ac injuriis avocantes a fide, suspicamur ex illis in fine verbis : « Hæreticus Arianus non insultet Ecclesiæ. Lupus est, agnoscite : serpens est, ejus capita conquassate. Blanditur, sed fallit : multa promittit, sed decipit, etc. » In sermone tertio et quarto morantur nos causæ dubitandi etiam bene multæ, neque leviores. Possidius in *Indiculo* cap. x, recenset *de Symbolo Tractatus tres* : sed hos in superiore tomo sermonum habes, ordine 212, 213 et seq.

Sub finem tomi item noni editionis per Lovanienses adornatæ referuntur quatuordecim tracta-

part un petit nombre, nous paraissent douteux et apocryphes. Nous en renvoyons quelques-uns dans l'Appendice, d'autres sont imprimés ici en caractères différents (1). Ce sont : le sermon *sur la quatrième férie* ou de *la culture du champ du Seigneur*. Au chapitre trois de ce sermon un passage des Actes (ch. I, 18), au chapitre six, un texte de saint Jean (ch. VI, 51), sont cités d'une manière inexacte. Ajoutez qu'au chapitre septième on semble faire mention de la persécution des Vandales. Le sermon du *Cataclysme*, dans lequel il est dit (ch. II) que par le baptême, « le corps est rétabli dans l'état de celui du premier homme avant le péché ; » et le sermon *sur le Temps des barbares*, qui, surtout au chapitre quatrième, raconte certaines choses peu conformes au récit des livres saints, et qui se termine par une exhortation pour fortifier les fidèles contre la persécution des Ariens. Certes, le style de ces trois sermons à la fois plat et incorrect ne ressemble en rien à celui de saint Augustin. Ces trois sermons, ainsi que les trois *sur le Symbole* dont nous avons parlé plus haut, semblent être du même auteur, peut-être de quelque disciple de saint Augustin, qui parfois cite les paroles du saint docteur sans le nommer. Comme cette phrase du sermon *sur le Cataclysme* (ch. III) : « Otez la parole, et l'eau n'est plus que de l'eau ; joignez la parole à la matière, et le sacrement existe ; » passage extrait sans aucun doute du quatre-vingtième traité *sur saint Jean*. (n. 3.) Nous avons eu aussi des doutes au sujet du sermon *sur le Cantique nouveau*, et ce n'est pas sans quelque scrupule, que nous le laissons de nouveau paraître sous le nom de saint Augustin, auquel il a été autrefois attribué. Le chapitre troisième renferme plusieurs passages qui sont pris du sermon *sur l'utilité du Jeûne* (ch. III), que nous éditons à la suite. Par exemple celui-ci : « Si vous étiez monté sur une bête de somme, et qu'en vous portant elle voulût vous précipiter, etc. » A la fin le prédicateur s'adressant à ceux qui vont être baptisés leur dit : « Notre récompense, c'est que, lorsque vous serez dans cette fontaine sacrée, vous nous aidiez de vos prières. » Ce qui diffère peu de ce que l'auteur du sermon suivant dit aux catéchumènes : « Pour récompense de nos soins, priez pour nous dans cette fontaine sacrée. »

(1) Dans cette édition, ces trois sermons sont imprimés en mêmes caractères que les autres ouvrages ; mais ils se trouvent ici suffisamment désignés.

tus, quos paucis exceptis dubios habemus ac subdititios. Horum quidam in Appendicem rejecti sunt, quidam vero hic suo loco typis minutioribus impressi, ut sermo *de Quarta Feria*, seu *de Cultura agri dominici*, in cujus capite III, locus *Actuum*, I, 18, et in capite item VI, locus *Joan.*, VI, 51, citantur haud satis accurate : præterquam quo in capite VII, persecutio Vandalica notata videtur. Sermo etiam *de Cataclysmo*, ubi cap. II, dicitur, baptismo « restauratum corpus ad priorem statum primi hominis ante peccatum. » Et sermo *de Tempore barbarico*, qui capite præsertim IV nonnulla continet minus consentanea sacræ Bibliorum historiæ, nec non exhortationem in fine ad roborandos catholicos contra persecutionem Arianorum. Stylus certe horum trium æque rudis ac demissus minimeque Augustinianus. Denique eumdem auctorem sapiunt tum isti sermones, tum alii supra *de Symbolo* tres recensiti, aliquem forte ex discipulis Augustini, cujus sententias interdum, tacito S. Doctoris nomine, profert, veluti illam in sermone *de Cataclysmo*, cap. III : « Tolle verbum, et quid est aqua nisi aqua ? Accedit verbum ad elementum, et fit sacramentum, » quæ nimirum ducta est ex tractatu LXXX, *in Joan.*, n. 3. Hæsimus etiam aliquantum circa sermonem *de Cantico novo*, nec sine aliqua cunctatione passi sumus, cum nomine Augustini, quod olim gerit, rursum excudi. In capite III, plures habet sententias ex sequente paulo post sermone *de Utilitate Jejunii*, c. III, desumptas, scilicet : « Si... jumento insideres, quod te gestiendo vellet præcipitare, etc. » inque ejus fine concionator ad baptizandos : « Merces, inquit, nostra est, ut in illo sancto fonte adjuvetis nos orationibus vestris : » quod sermonis proxime subsequentis auctor non absimiliter exposcit a baptizandis : « Pro nostra mercede in illo sacratissimo fonte pro nobis orate. »

SERMON AUX CATÉCHUMÈNES
SUR LE SYMBOLE

Chapitre I. — 1. Recevez, mes enfants, la règle de la foi, qu'on appelle le symbole. Et lorsque vous l'aurez appris, gravez-le dans votre cœur, et récitez-le chaque jour avec vous-mêmes. Avant de dormir, avant de sortir, munissez-vous de votre symbole. On ne l'écrit pas pour pouvoir le lire ; mais quand il s'agit de le repasser, pour que l'oubli n'aille pas détruire ce que vous a confié la bonne volonté, que votre mémoire soit votre livre. Vous venez entendre, pour croire ; et ce que vous croirez, votre bouche doit le répéter. Voilà pourquoi l'Apôtre dit : « On croit du cœur pour être justifié ; et on confesse de bouche pour être sauvé. » (*Rom.*, x, 10.) Tel est le symbole que vous devez repasser et réciter. Ces paroles que vous avez entendues sont disséminées dans les divines Ecritures ; mais elles ont été recueillies de là et rédigées dans un petit abrégé, pour ne pas fatiguer les mémoires trop lentes ; pour que tout homme puisse exprimer et posséder ce qu'il croit. Est-ce que c'est d'aujourd'hui seulement que vous avez appris que Dieu est tout-puissant ? Mais vous commencez à l'avoir pour Père, sitôt que l'Eglise qui est mère vous aura enfantés.

2. Vous avez donc déjà entendu, vous avez médité, et après avoir médité vous avez cru, afin de dire : « Je crois en Dieu le Père tout-puissant. » Dieu est tout-puissant, et tout puissant qu'il est, il ne peut mourir, il ne peut se tromper, il ne peut mentir ; et comme dit l'Apôtre, « il ne peut se nier lui-même. » (II *Tim.*, II, 13.) Voilà bien des choses qu'il ne peut pas faire, et il est tout-puissant ; et c'est pour cela qu'il est tout-puissant, parce qu'il ne peut pas les faire ; car s'il pouvait mourir, il ne serait pas tout-puissant ; s'il pouvait mentir, ou se tromper, ou tromper, ou agir injustement, il ne serait pas tout-puissant ; parce que s'il avait cette possibilité, il ne serait pas digne d'être tout-puissant. Donc notre Père tout-puissant ne peut pécher. Il fait tout ce qu'il veut ; il est la toute-puissance elle-même. Il fait tout ce qu'il veut comme étant bien, tout ce qu'il veut comme étant juste ; mais tout ce qui est mal, il ne le veut pas. Personne ne résiste au Tout-Puissant,

DE SYMBOLO
SERMO AD CATECHUMENOS

Caput I. — 1. Accipite filii regulam fidei, quod Symbolum dicitur. Et cum acceperitis, in corde scribite, et quotidie dicite apud vos : ante quam dormiatis, ante quam procedatis, vestro Symbolo vos munite. Symbolum nemo scribit ut legi possit : sed ad recensendum, ne forte deleat oblivio quod tradidit diligentia, sit vobis codex vestra memoria. Quod audituri estis, hoc credituri : et quod credideritis, hoc etiam lingua reddituri. Ait enim Apostolus : « Corde creditur ad justitiam, ore autem confessio fit ad salutem. » (*Rom.*, x, 10.) Hoc est enim Symbolum, quod recensuri estis et reddituri. Ista verba quæ audistis, per divinas Scripturas sparsa sunt : sed inde collecta et ad unum redacta, ne tardorum hominum memoria laboraret ; ut omnis homo possit dicere, possit tenere quod credit. Numquid enim modo solummodo audistis, quia Deus omnipotens est ? Sed incipitis eum habere patrem, quando nati fueritis per Ecclesiam matrem.

2. Inde ergo jam accepistis, meditati estis, et meditati tenuistis, ut dicatis : « Credo in Deum patrem omnipotentem. » Deus omnipotens est : et cum sit omnipotens, mori non potest, falli non potest, mentiri non potest ; et, quod ait Apostolus, « negare se ipsum non potest. » (II *Tim.*, II, 13.) Quam multa non potest, et omnipotens est : et ideo omnipotens est, quia ista non potest. Nam si mori posset, non esset omnipotens : si mentiri, si falli, si fallere, si inique agere, non esset omnipotens : quia si hoc in eo esset, non fuisset dignus qui esset omnipotens. Prorsus omnipotens Pater noster peccare non potest. Facit quidquid vult : ipsa est omnipotentia. Facit quidquid bene vult, quidquid juste vult : quidquid

pour faire ce qu'il ne veut pas. Lui-même a fait le ciel et la terre, la mer, et tout ce qu'ils renferment, les choses invisibles et les choses visibles ; les invisibles, comme sont dans les cieux les trônes, les dominations, les principautés, les puissances, les archanges, les anges qui sont, si nous vivons bien, nos concitoyens. Il a fait dans le ciel les choses visibles, le soleil, la lune, les étoiles. Il a orné la terre de ses animaux terrestres, en peuplant l'air de ceux qui volent, le globe de ceux qui marchent et rampent, la mer de ceux qui nagent ; il a tout rempli de ses créatures suivant l'espèce propre. Il a fait aussi l'homme à son image et à sa ressemblance comme être intelligent. En cela il est l'image de Dieu ; et c'est pour cela que l'intelligence ne peut pas se comprendre elle-même, étant l'image de Dieu. Nous sommes créés pour avoir l'empire sur les autres créatures ; mais par le péché nous sommes tombés dans le premier homme, et tous nous avons recueilli son héritage de mort. Nous sommes devenus pauvres mortels, remplis de craintes, d'erreurs ; et cela par suite du péché ; et c'est avec cette suite et cette faute que tout homme vient au monde. C'est pourquoi, comme vous l'avez vu aujourd'hui et comme vous le savez, même les enfants sont purifiés par le souffle et exorcisés, pour qu'on chasse bien loin d'eux la puissance funeste du diable qui a trompé l'homme, pour s'emparer des hommes. Ce n'est donc pas la créature de Dieu qu'on exorcise et qu'on purifie par le souffle dans les enfants, mais celui qui tient sous son esclavage tous ceux qui naissent dans le péché ; car il est le prince des pécheurs. C'est pourquoi, à cause d'un seul qui a péché et qui nous a tous envoyés à la mort, un seul a été envoyé sans le péché pour conduire à la vie tous ceux qui croiraient en lui, en les délivrant du péché.

CHAPITRE II. — 3. C'est pourquoi nous croyons « aussi en son Fils, » c'est-à-dire le Fils du Dieu tout-puissant, « unique, notre Seigneur. » Quand vous entendez qu'il est le Fils unique de Dieu, reconnaissez qu'il est Dieu, car le Fils unique de Dieu ne pourrait pas n'être pas Dieu. Ce qu'il est, c'est ce qu'il a engendré, quoiqu'il ne soit pas celui qu'il a engendré. Or, s'il est le vrai Fils, il est ce qu'est le Père, s'il n'est pas ce qu'est le Père, il n'est pas vrai Fils. Considérez les créatures mortelles et terrestres ; tout être, suivant sa nature, engendre son pareil. L'homme n'engendre pas un bœuf, ni la brebis un chien, ni le chien une brebis. Quel que soit l'être qui engendre, il engendre ce qu'il est. Tenez donc fortement, fermement, fidèlement, que Dieu le Père engendre ce qu'il est lui-même comme tout-puissant. Les créatures mortelles engendrent par corruption. Est-ce que Dieu engendre de même ? Celui qui est né mortel engendre son

---

autem male fit, non vult. Nemo resistit omnipotenti, ut non quod vult faciat. Ipse fecit cœlum et terram, mare et omnia quæ in eis sunt, invisibilia et visibilia : invisibilia, sicut sunt in cœlis sedes, dominationes, principatus, potestates, archangeli, angeli, si bene vixerimus, cives nostri. Fecit in cœlo visibilia, solem, lunam, stellas. Suis animalibus terrestribus ornavit terram, implevit aerem volatilibus, terram ambulantibus et serpentibus, mare natantibus : omnia implevit suis creaturis propriis. Fecit et hominem ad imaginem et similitudinem suam in mente (*Gen.*, I, 27) : ibi est enim imago Dei ; ideo mens ipsa non potest comprehendi nec a se ipsa, ubi est imago Dei. Ad hoc facti sumus, ut creaturis cæteris dominemur : sed per peccatum in primo homine lapsi sumus, et in mortis hæreditatem omnes devenimus. Facti sumus humiles mortales, impleti sumus timoribus, erroribus : hoc merito peccati ; cum quo merito et reatu nascitur omnis homo. Ideo sicut vidistis hodie, sicut nostis, et parvuli exsufflantur et exorcizantur, ut pellatur ab eis diaboli potestas inimica, quæ decepit hominem, ut possideret homines. Non ergo creatura Dei in infantibus exorcizatur aut exsufflatur : sed ille sub quo sunt omnes qui cum peccato nascuntur, est enim princeps peccatorum. Ac per hoc propter unum qui lapsus est et omnes misit in mortem, missus est unus sine peccato qui omnes in se credentes perducat ad vitam, liberans eos a peccato.

CAPUT II. — 3. Ideo credimus « et in filium ejus, » id est, Dei Patris omnipotentis, « unicum, Dominum nostrum. » Quando audis unicum Dei Filium, agnosce Deum. Non enim Filius Dei unicus posset esse non Deus. Quod est, hoc genuit ; etsi non est quem genuit. Si verus est autem Filius, hoc est quod Pater : si hoc non est quod Pater, non est verus Filius. Mortales et terrenas creaturas attendite : Quod est res quæque, hoc generat. Non generat homo bovem, non generat ovis canem, nec canis ovem. Quidquid est quod generat, id quod est generat. Tenete ergo fortiter, firmiter, fideliter, quia hoc genuit Deus Pater, quod est ipse omnipotens. Creaturæ istæ mortales per corruptionem generant. Numquid sic Deus gene-

CHAPITRE II.

pareil ; celui qui est immortel engendre un fils immortel ; du corruptible naît le corruptible ; et de l'incorruptible, l'incorruptible ; le corruptible engendre par corruption, et l'incorruptible d'une manière incorruptible, jusqu'à ce point que l'un est ce qu'est l'autre, un engendrant un, c'est-à-dire un fils unique. Vous savez qu'en récitant devant vous le symbole, j'ai dit ainsi, comme vous devez le croire, que « nous croyons en Dieu le Père tout-puissant, et en Jésus-Christ son Fils unique. » Quand je dis «unique,» croyez qu'il est tout-puissant. Car le Père n'a pas une volonté à lui, ni le Fils une volonté à lui ; une est la volonté du Père et du Fils, parce que une est leur nature. Car la volonté du Fils ne peut jamais se séparer de la volonté du Père. Dieu et Dieu, tous deux un seul Dieu. Tout-puissant et tout-puissant, tous deux un seul tout-puissant.

4. Nous n'admettons pas deux Dieux, comme font quelques-uns qui disent : Dieu le Père et Dieu le Fils, mais plus grand Dieu le Père, moindre Dieu le Fils. Que sont les deux ? deux Dieux ? Vous rougissez de le dire, rougissez de le croire. Dieu le Père est souverain maître, dites-vous ; Dieu le Fils est aussi souverain maître ; et le Fils lui-même nous dit : « On ne peut pas servir deux maîtres. » (*Matth.*, VI, 24.) Ce mystère de la Divinité, pourrions-nous le comparer à une grande maison où se trouve le père de famille avec son fils, et pourrions-nous dire : le premier maître, le second maître ? Loin de nous cette pensée. Si vous admettez ces idées dans votre cœur, vous élevez des idoles dans votre âme qui est une. Loin de vous cette doctrine. Croyez d'abord, et comprenez ensuite. Si Dieu veut qu'en croyant, vous compreniez aussitôt, sachez que vous le devez à un don de Dieu, et non au pouvoir de la faiblesse humaine. Pourtant si vous ne comprenez pas encore, croyez : un seul Dieu Père, un Dieu Christ Fils de Dieu. Tous deux, que sont-ils ? Un seul Dieu. Et comment tous deux sont-ils un seul Dieu ? Comment ? vous vous étonnez ? Il est dit dans les Actes des Apôtres : « La multitude des fidèles n'avait qu'un cœur et qu'une âme. » (*Actes*, IV, 32.) Il y avait plusieurs âmes, et de toutes la foi n'en avait fait qu'une. Voyez ces milliers d'âmes ; elles s'aiment, et ne sont plus qu'une seule âme. Elles aiment Dieu dans le feu de la charité, et la fusion du nombre amène l'unité de la beauté. Si la charité a fait de toutes ces âmes une seule âme, que ne fera pas en Dieu cette charité, là où n'existe aucune différence, mais égalité parfaite ? Si sur la terre et parmi les hommes, la charité a eu assez de puissance, pour faire de tant d'âmes une seule âme ; là où le Père a toujours été inséparable du Fils, et

---

rat? Mortalis natus id quod est generat, immortalis quod est generat : corruptibilis corruptibilem generat, incorruptibilis incorruptibilem ; corruptibilis corruptibiliter, incorruptibilis incorruptibiliter : usque adeo hoc quod est, ut unus unum, ideo unicum. Scitis quoniam cum vobis pronuntiarem Symbolum sic dixi, et sic credere debetis : quia « credimus in Deum Patrem omnipotentem, et in Jesum Christum Filium ejus unicum. » Jam (*a*) quando unicum, crede omnipotentem : non enim Deus Pater facit quod vult, et Deus Filius non facit quod vult. Una voluntas est Patris et Filii, quia una natura. Nec enim voluntas Filii potest a Patris voluntate aliquantulum segregari. Deus et Deus, ambo unus Deus : omnipotens et omnipotens, ambo unus omnipotens.

4. Non introducimus duos deos, quomodo quidam introducunt, et dicunt : Deus Pater et Deus Filius, sed major Deus Pater, minor Deus Filius. Ambo quid? Duo dii ? Erubescis dicere, erubesce credere. Dominus Deus Pater dicis, et Dominus Deus Filius : et dicit ipse Filius : « Nemo potest duobus dominis servire. » (*Matth.*, VI, 24.) In familia ipsius sic erimus, ut, quomodo in domo magna ubi est paterfamilias et habet filium, dicamus et nos, Dominus major, Dominus minor? Aversamini talem cogitationem. Si vobis talia feceritis in corde, idola ponitis in anima una. Prorsus repellite. Prius credite, postea intelligite. Cui autem donat Deus, ut cum crediderit, cito intelligat : Dei donum est, non humana fragilitas. Tamen si nondum intelligitis, credite : Deus unus Pater, Deus Christus Filius Dei. Ambo quid? Unus Deus, et quomodo ambo unus Deus dicitur? Quomodo? miraris? In Actibus Apostolorum : « Et erat, inquit, credentium anima una et cor unum. » (*Act.*, IV, 32.) Multæ animæ erant, fides easdem unam fecerat. Tot millia animarum erant, amaverunt se, et multæ sunt una : amaverunt Deum in igne caritatis, et ex multitudine ad pulchritudinis unitatem venerunt. Si tam multas animas fecit animam unam caritas : qualis caritas est apud Deum, ubi nulla diversitas, sed integra æqualitas? Si in terris et in hominibus potuit esse tanta caritas, ut de tot anima-

---

(*a*) Sic Mss. Editi vero, *jamque unicum crede*, etc.

TOM. XXII.

le Fils inséparable du Père, se pourrait-il que les deux fussent autre chose qu'un seul Dieu? Mais ces âmes, on peut dire qu'elles étaient plusieurs, et une seule; quant à Dieu, où se trouve l'union ineffable et absolue, on doit l'appeler un seul Dieu et non deux Dieux.

5. Le Père fait ce qu'il veut, le Fils fait ce qu'il veut. N'allez pas croire que le Père soit tout-puissant et non le Fils : c'est une erreur, effacez-la en vous; qu'elle ne reste pas dans votre mémoire; ne la mêlez pas au breuvage de la foi; et si par hasard quelqu'un de vous l'avait bue, il faudrait la rejeter. Le Père est tout-puissant; le Fils est tout-puissant. Si le Tout-Puissant n'a pas engendré un Fils tout-puissant, il n'a pas engendré un vrai Fils. Que disons-nous, mes frères, si le Père est plus grand, et si le Fils qu'il a engendré lui est inférieur? Qu'ai-je dit : Il a engendré? L'homme, en effet, engendre un fils plus petit que lui, c'est la vérité ; mais pendant que le père vieillit, le fils grandit, et en grandissant, il arrive à la mesure de son père. Le Fils de Dieu ne pouvant pas croître, parce Dieu ne peut pas vieillir, est donc né dans un état parfait. Il est né parfait, s'il ne grandit pas, sans être inférieur à son Père, il est son égal. Car pour que vous sachiez qu'il est né tout-puissant d'un Père tout-puissant, écoutez ce qu'il dit lui-même, lui qui est la Vérité. Ce que dit d'elle-même la Vérité, cela est vrai. Que dit la Vérité? que dit le Fils, qui est la Vérité? « Tout ce que fait le Père, le Fils le fait également. » (*Jean*, v, 19.) Le Fils est tout-puissant, faisant tout ce qu'il veut. Car si le Père fait quelque chose que ne fasse pas le Fils, il nous aurait trompés en disant : « Tout ce que fait le Père, le Fils le fait également. » Mais parce que le Fils a dit la vérité, croyez que « tout ce que fait le Père, le Fils le fait également, » et alors vous avez cru au Fils tout-puissant. Quoique cette expression ne se trouve pas dans le symbole, cependant c'est ce que vous avez voulu dire, en croyant en ce Fils unique lui-même qui est Dieu. Le Père a-t-il quelque chose que n'ait le Fils ? Les Ariens hérétiques prononcent ce blasphème, mais ce n'est pas moi. Quel est donc mon enseignement? Si le Père a quelque chose que n'ait pas le Fils, le Fils aurait donc menti quand il a dit : « Tout ce que possède mon Père, je le possède aussi. » (*Jean*, xvi, 15.) Nous avons de nombreux et innombrables témoignages pour prouver que le Fils est le vrai Fils de Dieu le Père, et que Dieu le Père a engendré un Fils vrai Dieu, et que le Père et le Fils ne sont qu'un seul Dieu.

Chapitre III. — Mais ce Fils unique d'un

---

bus faceret unam animam : ubi semper inseparabilis fuit Pater a Filio, Filius a Patre, potuerunt ambo esse nisi Deus unus ? Sed illæ animæ, et multæ animæ dici potuerunt, et anima una : Deus autem, ubi est ineffabilis et summa conjunctio, unus Deus dici potest, non dii duo.

5. Facit quod vult Pater, facit quod vult Filius. Nolite putare omnipotentem Patrem et non omnipotentem Filium : error est, delete hoc in vobis, non hæreat in memoria vestra, non bibatur in fide vestra, et si forte aliquis vestrum biberit, vomat. Omnipotens est Pater, omnipotens Filius. Si omnipotens non genuit omnipotentem, non verum Filium genuit. Quid enim dicimus, Fratres, si Pater major minorem filium genuit? Quid enim (*a*) dixi, genuit ? Homo enim major generat filium minorem, verum est : sed quia senescit ille, crescit iste, et ad formam patris sui vel crescendo pervenit. Filius Dei si non crescit, quia nec potest Deus senescere; perfectus natus est. Perfectus quidem natus, si non crescit, et minor non remansit; æqualis est. Nam ut sciatis omnipotentem de omnipotente natum, ipsum audite qui Veritas est. De se quod dicit Veritas, hoc est verum. Quid ait Veritas? Quid ait Filius, qui est Veritas? « Quæcumque Pater facit, hæc et Filius similiter facit. » (*Joan.*, v, 19.) Omnipotens est Filius, omnia faciendo quæ voluerit. Nam si facit aliqua Pater, quæ non facit Filius, falsum dixit Filius : « Quæcumque Pater facit, hæc et Filius facit similiter. » Sed quia verum dixit Filius : credite « quæcumque Pater facit, hæc et Filius facit similiter : » et credidistis in Filium omnipotentem. Quod verbum etsi in Symbolo non dixistis, tamen hoc est quod expressistis, quando in unicum ipsum Deum credidistis. Habet aliquid Pater quod non habet Filius ? Hoc Ariani hæretici blasphemi dicunt, non ego. Sed ego quid dico? Si habet aliquid Pater, quod non habet Filius; mentitur Filius, qui dicit : « Omnia quæ habet Pater, mea sunt. » (*Joan.*, xvi, 15.) Multa et innumerabilia sunt testimonia quibus probetur, quia Filius verus (*b*) Dei Patris est Filius, et Pater Deus verum genuit Filium Deum, et Pater et Filius unus est Deus.

Caput III. — Sed iste Filius unicus (*c*) Dei Patris

(*a*) In Mss. *dicitur*. — (*b*) Mss. *Deus*. — (*c*) Lov. *Deus Dei Patris*, etc. Abest *Deus* ab editis aliis et Mss.

CHAPITRE III.

Père tout-puissant, voyons ce qu'il a fait pour nous, ce qu'il a souffert pour nous. « Il est né du Saint-Esprit et de la Vierge Marie. » Ce grand Dieu, égal au Père, s'est humilié en naissant du Saint-Esprit et de la Vierge Marie, pour guérir les superbes. L'homme a voulu s'élever, et il est tombé ; Dieu s'est humilié, et il nous a relevés. Qu'est-ce que l'abaissement du Christ ? C'est Dieu tendant la main à l'homme tombé ; nous étions tombés, le Christ est descendu ; nous étions gisants, il s'est incliné vers nous. Prenons cette main, levons-nous pour ne pas tomber dans l'abîme. Voici donc son abaissement : « Il est né du Saint-Esprit et de la Vierge Marie. » Et sa naissance sur la terre est à la fois humble et sublime. Comment est-elle humble ? Parce qu'il est né homme de la race humaine. Comment est-elle sublime ? Parce qu'il est né d'une vierge. Une vierge l'a conçu, une vierge l'a enfanté, et après l'enfantement, elle resta vierge.

6. Continuons. « Il a souffert sous Ponce-Pilate. » Ponce-Pilate était gouverneur et juge en même temps, quand le Christ souffrit. Par le nom de juge, on désigne le temps, puisqu'il a souffert sous Ponce-Pilate. Il a souffert, « a été crucifié, est mort, a été enseveli. » Qui a souffert ? qu'a-t-il souffert ? pour qui ? Qui a souffert ? c'est le Fils unique de Dieu, Notre-Seigneur. Qu'a-t-il souffert ? il a été crucifié, est mort, a été enseveli. Pour qui ? pour des impies et des pécheurs. Quelle bonté ! quelle miséricorde ! « Que rendrai-je au Seigneur pour tous les bienfaits qu'il m'a accordés ? » (*Ps.* cxv, 12.)

7. Il est né avant tous les temps, né avant tous les siècles, né avant. Avant quoi, puisque avant n'existe pas ? Gardez-vous donc d'imaginer un temps avant la naissance du Christ, par laquelle il est né du Père. Je parle de cette naissance par laquelle il est le Fils unique du Père tout-puissant, Notre-Seigneur ; c'est de celle-là que je parle avant tout. N'imaginez donc pas dans cette naissance un commencement de temps ; n'imaginez pas aucun espace dans l'éternité, comme si le Père était, le Fils n'étant pas encore. Quand le Père est, le Fils est aussi. Et que veut dire *quand*, lorsque il n'y a point de commencement ? Donc le Père est toujours sans commencement, le Fils est toujours sans commencement. Et comment, direz-vous, est-il né, s'il n'a pas de commencement ? Il est né, Fils coéternel, d'un Père éternel. Le Père n'a jamais été sans le Fils, et cependant le Fils est né du Père. Pourrions-nous trouver quelque comparaison ? Nous sommes au milieu des choses terrestres, nous vivons dans la création visible. Que la terre me donne donc une comparaison ; elle n'en a pas. Que

---

omnipotentis videamus quid fecit propter nos, quid passus est propter nos. « Natus de Spiritu sancto et virgine Maria. » Ille Deus tantus æqualis Patri, natus de Spiritu sancto et virgine Maria humilis, unde sanaret superbos. Exaltavit se homo, et cecidit : humiliavit se Deus, et erexit. Humilitas Christi quid est ? Manum Deus homini jacenti porrexit. Nos cecidimus, ille descendit : nos jacebamus, ille se inclinavit. Prendamus et surgamus, ut non in pœnam cadamus. Ergo inclinatio ipsius hæc est : « Natus est de Spiritu sancto et virgine Maria. » Et ipsa nativitas humana, humilis et excelsa. Unde humilis ? Quia homo natus est ex hominibus. Unde excelsa ? Quia de virgine. Virgo concepit, virgo peperit, et post partum virgo permansit.

6. Quid deinde ? « Passus sub Pontio Pilato. » Præsidatum agebat, et judex erat ipse Pontius Pilatus, quando passus est Christus. Judicis nomine signata sunt tempora, quando passus est sub Pontio Pilato : quando passus est, « crucifixus, (*a*) mortuus, et sepultus. » Quis ? quid ? pro quibus ? Quis ? Filius Dei unicus, Dominus noster. Quid ? « Crucifixus, mortuus, et sepultus. » Pro quibus ? Pro impiis et peccatoribus. Magna dignatio, magna gratia. « Quid retribuam Domino pro omnibus quæ retribuit mihi ? » (*Psal.* cxv, 12.)

7. Natus est ante omnia tempora, natus ante omnia sæcula. Natus ante. Ante quid, ubi non est ante ? Prorsus nolite cogitare aliquod tempus ante nativitatem Christi, qua natus est de Patre : de ipsa nativitate loquor, qua est Filius Dei omnipotentis unicus Dominus noster, de ipsa prius loquor. Nolite cogitare in hac nativitate initium temporis : nolite cogitare ullum spatium æternitatis, quando erat Pater et non erat Filius. Ex quo Pater, ex eo Filius. Et quid est, ex quo, ubi non est initium ? Ergo semper Pater sine initio, semper Filius sine initio. Et quomodo, inquies, natus est, si non habet initium ? De æterno coæternus. Nunquam fuit Pater et non erat Filius, et tamen Filius a Patre est genitus. Unde datur qualiscumque similitudo ? In rebus terrenis sumus, in creatura visibili sumus. Det mihi similitudinem

---

(*a*) Verbum *mortuus* hoc et proximo loco abest a Mss.

l'eau me donne une comparaison ; elle n'a rien. Que l'animal me donne une comparaison ; il n'en a pas davantage. Dans l'animal qui engendre, je vois celui qui engendre et celui qui est engendré ; mais le père est avant, et le fils naît ensuite. Trouvons dans la génération des égaux d'âge, et nous croirons aux deux égaux dans l'éternité. Si nous pouvons trouver un père égal d'âge avec son fils, et un fils égal d'âge avec son père, croyons alors que Dieu le Père est d'âge égal avec son Fils, et que le Fils est coéternel avec son Père. Nous pouvons trouver sur la terre cette égalité d'âge, mais non l'égalité de l'éternité. Montrons l'égalité d'âge, et nous croirons à l'égalité dans l'éternité. Pour réveiller votre attention, on pourrait me dire : Quand pourra-t-on trouver un père égal d'âge avec son fils, et un fils égal d'âge avec son père ? Pour que le père engendre, il faut qu'il soit plus âgé ; pour que le fils naisse, il faut qu'il le soit moins ; mais un père égal d'âge avec son fils, et un fils égal d'âge avec son père, comment peut-il se trouver ? Prenons pour exemple le feu, voilà le père ; la lumière, c'est le fils, et voilà que nous avons trouvé l'égalité d'âge. Du moment que le feu existe, il engendre immédiatement la lumière ; le feu n'est pas avant la lumière, ni la lumière après le feu. Et si nous demandons qui des deux engendre l'autre, le feu la lumière, ou la lumière le feu ; aussitôt il jaillit à vos yeux comme une étincelle de bon sens naturel et de science innée, et vous vous écriez tous : C'est le feu qui engendre la lumière, et ce n'est pas la lumière qui engendre le feu. Voilà le père qui commence, le fils en même temps, l'un n'étant pas avant, ni l'autre après. Si je vous ai montré un père commençant d'être, et un fils commençant d'être en même temps, croyez donc aussi qu'il y a le Père qui ne commence pas, et avec lui le Fils qui ne commence pas non plus, l'un éternel, l'autre coéternel. Si vous me suivez, vous comprenez ; appliquez-vous donc à me suivre. Il vous faut naître, mais aussi il vous faut grandir ; personne ne commence par un état parfait. Le Fils de Dieu a eu le privilége de naître parfait ; parce qu'il est né en dehors du temps, coéternel à son Père, précédant tous les temps, non par l'âge, mais par l'éternité. C'est donc celui-là qui est né coéternel au Père, et dont le prophète a dit, en parlant de sa génération : « Qui racontera sa génération ? » (*Isaïe*, LIII, 8.) Né du Père en dehors du temps, il est né de la Vierge Marie dans la plénitude du temps. Les temps avaient précédé cette naissance ; mais quand fut venu, quand il voulut, quand il le savait bien, alors il est né ; car il n'est pas né malgré lui. Personne de nous ne vient au monde parce qu'il le veut ;

---

terra : non dat. Det mihi aliquam similitudinem undarum elementum : non habet unde. Det mihi similitudinem aliquod animal : nec hoc potest. Animal quidem generat, et quod generat, et quod generatur : sed prior est pater, et postea nascitur filius. Inveniamus coævum, et credamus coæternum. Si potuerimus invenire patrem coævum filio suo, et filium coævum patri suo : credamus Deum Patrem coævum Filio suo, et Deum Filium coæternum Patri suo. In terra possumus invenire aliquem coævum, non possumus invenire aliquem coæternum. Intendamus coævum, et credamus coæternum. Intentos vos faciet (*a*) forte aliquis et dicet : Quando potest inveniri pater coævus filio suo, aut filius coævus patri suo? Ut generet pater, antecedit ætate : ut nascatur filius, sequitur ætate : sed hic coævus pater filio, vel filius patri quomodo potest esse? Occurrat vobis ignis pater, splendor filius : ecce invenimus coævos. Ex quo ignis esse cœpit, continuo splendorem gignit : nec ignis ante splendorem, nec splendor post ignem. Et si interrogemus, quis quem generat, ignis splendorem, aut splendor ignem : continuo vobis occurrit sensu naturali, prudentia insita mentibus vestris, omnes clamatis : Ignis splendorem, non splendor ignem. Ecce pater incipiens, ecce filius simul, nec antecedens, nec sequens. Ecce ergo pater incipiens, ecce filius simul incipiens. Si ostendi vobis patrem incipientem, et filium simul incipientem; credite Patrem non incipientem, et cum illo Filium nec ipsum incipientem ; illum æternum, illum coæternum. Si proficitis, intelligitis : date operam proficere. Nasci habetis, sed et crescere debetis : quia nemo incipit a perfecto. Dei Filio licuit nasci perfectum : quia natus est sine tempore, coæternus Patri, antecedens omnia, non ætate, sed æternitate. Iste ergo natus Patri coæternus, de qua generatione dixit Propheta : « Generationem ejus quis enarrabit ? » (*Isa.*, LIII, 8) natus de Patre sine tempore, natus est ex virgine in plenitudine temporis. Istam nativitatem antecesserant tempora. Opportunitate temporis, quando voluit, quando sciebat : tunc natus est : non enim nolens natus est. Nemo nostrum quia

(*a*) Mss. *Intentos vos faciet. Forte aliquis dicit.*

personne ne meurt quand il le veut ; pour lui, il est né quand il l'a voulu, il est mort quand il l'a voulu ; comme il l'a voulu, il est né d'une vierge ; comme il l'a voulu, il est mort sur une croix. Tout ce qu'il a voulu, il l'a fait, parce qu'il était homme en cette sorte, que la Divinité était cachée en lui ; il était Dieu prenant la nature humaine et s'en revêtissant, un seul Christ Dieu et homme.

8. Que dirai-je de la croix ? Comment en parlerai-je ? Il a choisi le genre de mort le plus ignominieux, pour que les martyrs n'eussent à trembler devant aucun genre de supplices. Il a exposé sa doctrine dans sa personne, il a affiché sur la croix le grand exemplaire de la patience. Là est l'œuvre, le crucifié ; l'exemplaire de l'œuvre, c'est la croix ; la récompense de l'œuvre, c'est la résurrection. Il nous a montré sur la croix ce que nous devions souffrir, et dans sa résurrection ce qu'il fallait espérer. Donc il nous dit comme notre grand capitaine : Fais et emporte ; fais l'œuvre, et reçois la récompense ; combats sur le champ de bataille, et tu seras couronné. Quelle est l'œuvre ? l'obéissance. Quelle est la récompense ? la résurrection éternelle. Pourquoi ai-je dit, éternelle ? Parce que Lazare est ressuscité, et il est mort ; le Christ est ressuscité, « et il ne meurt plus ; la mort n'aura plus sur lui aucun empire. » (Rom., VI, 9.)

9. L'Ecriture nous dit : « Avez-vous entendu raconter la patience de Job, et avez-vous vu la fin du Seigneur ? » (Jacq., v, 11.) Les souffrances de Job, il suffit de les lire pour avoir un sentiment d'horreur, d'effroi, de tremblement. Et qu'a-t-il reçu ? Le double de ce qu'il avait perdu. Mais il ne faut pas que l'homme pratique la patience en vue des récompenses temporelles ; il ne faut pas qu'il se dise : Je supporterai cette perte, et Dieu me rendra le double. Job a reçu le double de toutes choses, et il a engendré autant de fils qu'il en avait perdu. Il n'y avait donc pas le double ? Certes, il y avait le double, puisqu'ils étaient vivants. Qu'on ne dise donc pas : Je supporterai les maux, et Dieu me rendra comme il a rendu à Job ; ce ne serait plus en vous la patience, mais l'avarice. Car si cet homme saint n'avait pas eu la patience, et n'avait pas supporté courageusement les maux qui lui arrivaient, comment aurait-il mérité ce témoignage que le Seigneur lui rendit : « As-tu considéré, dit le Seigneur, mon serviteur Job ? Il n'est pas sur la terre d'homme semblable à lui, simple et droit et craignant le Seigneur ? » (Job, I, 8.) Quel magnifique témoignage rendu par le Seigneur à cet homme saint ! Et cependant une femme, usant d'un discours trompeur, a voulu le séduire, ayant aussi elle-même la ressemblance du serpent, qui trompa dans le paradis le premier homme que Dieu avait créé (Gen., III, 5); ainsi, dans cette occasion, il espérait, en suggérant

---

vult nascitur, et nemo nostrum quando vult moritur : ille quando voluit natus est, quando voluit mortuus est ; quomodo voluit natus est de virgine, quomodo voluit mortuus est in cruce. Quidquid voluit fecit : quia sic erat homo, ut lateret Deus : susceptor Deus, susceptus homo, unus Christus Deus et homo.

8. De cruce ipsius quid loquar ? quid dicam ? Extremum genus mortis elegit, ne aliquod genus mortis ejus Martyres formidarent. Doctrinam ostendit in homine, exemplum patientiæ demonstravit in cruce. Ibi opus, quia crucifixus : exemplum operis, crux ; præmium operis, resurrectio. Ostendit nobis in cruce quid tolerare, ostendit in resurrectione quid sperare debeamus. Prorsus tanquam agonotheta summus dixit : Fac, et tolle : fac opus, et accipe præmium : certa in agone, et coronaberis. Quod est opus ? Obedientia. Quod est præmium ? Resurrectio sine morte. Quare addidi, sine morte ? Quia surrexit Lazarus, et mortuus est : resurrexit Christus, « jam non moritur, mors ei ultra non dominabitur. » (Rom., VI, 9.)

9. Scriptura dicit : « Patientiam Job audistis, et finem Domini vidistis. » (Jacob., v, 11.) Job quanta pertulerit, cum legitur et exhorretur, expavescitur, contremiscitur. Et quid recepit ? Dupla quam perdiderat. Ergo ne homo propter præmia temporalia velit habere patientiam, et dicat sibi : Tolerem damnum, reddet mihi Deus filios duplos : Job omnia dupla recepit, et tot filios genuit, quot extulerat. Non ergo dupla sunt ? Prorsus dupla sunt, quia et illi vivebant. Ne quis dicat : Feram mala, et reddet mihi Deus quemadmodum reddidit Job : ut jam non sit patientia, sed avaritia. Nam si patientiam ille sanctus non haberet, nec ea quæ contingebant fortiter sustineret ; testimonium quod ei Dominus reddidit, unde haberet ? « Animadvertisti, » ait Dominus, « ad puerum meum Job ? Non enim est illi similis quisquam in terris, homo sine querela, verus Dei cultor. » (Job, I, 8.) Quale, Fratres, testimonium hic sanctus vir a Domino meruit ? Et tamen eum sua persuasione mala mulier decipere voluit, habens et hæc figuram illius serpentis, qui sicut in paradiso decepit hominem primum factum a Deo (Gen., III, 5),

des paroles de blasphème, pouvoir séduire un homme agréable à Dieu. Comptez les souffrances de Job, mes frères. Qui pourrait souffrir autant, dans ses biens, dans sa maison, dans ses enfants, dans son corps et dans son épouse elle-même, qui ne survivait que pour le tenter? Mais cette femme elle-même, qui survivait, aurait été la victime de Satan, s'il ne l'eût conservée comme son instrument. C'est ainsi qu'ayant besoin d'Eve pour combattre le premier homme, il l'avait conservée. Comptez donc les souffrances de Job. Il perdit tout ce qu'il avait; sa maison s'écroula, et malheureusement elle ne tomba pas seule, car elle écrasa ses enfants. Et comme la patience était toute l'âme de cet homme, écoutez ce qu'il répondit : « Dieu m'a donné, Dieu m'a ôté; ainsi il a été fait comme il a plu au Seigneur; que le nom du Seigneur soit béni. » (*Job*, I, 21.) Il a ôté ce qu'il a donné, n'est-il plus celui qui a donné? Il a ôté ce qu'il a donné, comme s'il disait : Il m'a tout donné, qu'il enlève tout, qu'il me laisse nu, et ne me conserve que lui. Que me manquera-t-il, si je possède Dieu? ou que me servirait tout le reste si je n'avais pas Dieu? On l'éprouva du côté du corps, il fut frappé d'une plaie depuis la tête jusqu'aux pieds : tout était pourriture, tout était rongé par les vers; et Job se montrait ferme, immobile, attaché à son Dieu. Sa femme, instrument du diable, loin d'être la consolation de son mari, lui soufflait des paroles de blasphème : « Vous demeurez encore dans votre simplicité; maudissez Dieu, et mourez. » (*Job*, II, 9.) C'est pourquoi, comme il avait été humilié, il fallait qu'il fût exalté. C'est ce que fit le Seigneur pour le donner en exemple aux hommes, réservant une plus grande gloire à son serviteur dans le ciel. Donc il a exalté Job dans son humiliation, et il a humilié le démon dans son orgueil, « car il abaisse celui-ci, et il exalte celui-là. » (*Ps.* LXXIV, 8.) Que personne de vous, mes frères bien-aimés, s'il souffre quelque tribulation, n'attende ici-bas sa récompense; par exemple, si vous éprouvez quelque perte, ne dites pas : « Le Seigneur m'a donné, le Seigneur m'a ôté; ainsi il a été fait comme il a plu au Seigneur, que son saint nom soit béni; » (*Job*, I, 21) ne le dites pas avec l'intention de recevoir le double. Que ce soit la patience, et non l'avarice, qui loue Dieu. Si ayant fait une perte, vous cherchez à avoir le double; si c'est pour cela que vous louez Dieu, vous le louez par esprit d'avarice, et non par esprit de charité. Ne prenez pas dans ce sens l'exemple du saint homme; vous vous trompez. Quand Job supportait tout, il n'espérait pas le double. Son premier témoignage, après les pertes éprouvées et après la mort de ses enfants; son second témoignage, quand il souffrait dans son corps les tourments d'une plaie horrible, tout prouve ce que je dis. Voici les paroles de

ita etiam nunc blasphemiam suggerendo putavit posse decipere placentem hominem Deo. Quanta passus est, Fratres? Quis potest tanta pati in re sua, in domo sua, in filiis suis, in carne sua, in ipsa quæ remanserat tentatrice uxore sua? Sed etiam ipsam quæ remanserat, olim auferret, nisi adjutricem sibi servasset : quia primum hominem per Evam debellaverat, Evam servaverat. Quanta ergo passus est? Perdidit omnia quæ habebat, domus ipsius cecidit, utinam sola : oppressit et filios. Et quia in illo patientia magnum locum tenuerat, quid responderit ille, audite : « Dominus dedit, Dominus abstulit; sicut Domino placuit, ita factum est : sit nomen Domini benedictum. » (*Job*, I, 21.) Abstulit quæ dedit, numquid periit qui dedit? Abstulit quæ dedit. Tanquam diceret : Dedit omnia, auferat omnia, nudum dimittat me, et servet mihi se. Quid enim mihi deerit, si Deum habuero? Aut quid mihi alia prosunt, si Deum non habuero. Accessum est ad carnem, percussus est vulnere a capite usque ad pedes, sanie diffluebat, vermibus scatebat : et se in Deo suo immobilem demonstrabat atque figebat. Voluit illi mulier, diaboli adjutrix, non mariti consolatrix, persuadere blasphemiam : « Quamdiu, inquit, ista et ista pateris? Dic aliquod verbum in Dominum, et morere. » (*Job*, II, 9.) Ergo quia humiliatus erat, exaltandus erat. Et fecit hoc Dominus, ut ostenderet hominibus : nam ipse servo suo in cœlo majora servavit. Ergo humiliatum Job exaltavit, elatum diabolum humiliavit : quia « hunc humiliat, et hunc exaltat. » (*Psal.* LXXIV, 8.) Ne quis autem, Fratres carissimi, quando aliquas ejusmodi patitur tribulationes, hic expectet mercedem : verbi gratia si damna aliqua patiatur, ne forte eo animo dicat : « Dominus dedit, Dominus abstulit, sicut Domino placuit, ita factum est, sit nomen Domini benedictum, » ut duplum accipiat. Patientia Deum laudet, non avaritia. Si ea quæ perdidisti, dupla quæris recipere, et ideo Deum laudas; de cupiditate laudas, non de caritate. Non tibi occurrat ipsius sancti viri exemplum : fallis te. Quando Job omnia tolerabat, dupla non sperabat. Et in prima ejus confessione quando damna pertulit

son premier témoignage : « Le Seigneur m'a donné, le Seigneur m'a ôté; ainsi il a été fait comme il a plu au Seigneur; que son saint nom soit béni. » Il pouvait dire : Le Seigneur m'a donné, le Seigneur m'a ôté; il peut donner de nouveau, après avoir ôté; il peut rendre plus qu'il n'a ôté. Ce n'est pas ainsi qu'il parle, mais « il a été fait comme il a plu au Seigneur. » Car ce qui lui plaît, doit me plaire à moi ; ce qui plaît au bon maître ne doit pas déplaire au bon serviteur; ce qui plaît au médecin ne doit pas déplaire au malade. Ecoutez son second témoignage : « Vous parlez, dit-il à son épouse, comme les insensés; si nous avons reçu les biens de la main du Seigneur, pourquoi n'en recevrions-nous pas les maux? » (*Job*, II, 10.) Il n'ajoute pas ce qu'il aurait pu dire avec vérité : Le Seigneur est puissant pour rétablir mon corps dans son premier état de santé, et pour multiplier tout ce qu'il nous a ôté; il n'aurait pas voulu paraître avoir souffert dans cette espérance. Il ne parle pas ainsi, et il n'eut pas cette espérance. Mais pour notre instruction, le Seigneur lui a donné ce qu'il n'espérait pas, pour nous montrer que Dieu ne l'a pas abandonné; car s'il ne lui eût pas rendu ses biens, il nous eût été impossible de voir la couronne cachée qu'il lui réservait. C'est pourquoi voyez ce que dit la divine Ecriture, pour nous exhorter à la patience et à l'espérance des biens futurs, non pas à la récompense des biens présents : « Vous avez entendu raconter la patience de Job, et vous avez vu la fin du Seigneur. » (*Jacq.*, v, 11.) Pourquoi la patience de Job, et non pas la fin de Job lui-lui-même? Vous auriez ouvert votre cœur vers le double des biens ; vous auriez dit : Grâces à Dieu; je veux souffrir, et je reçois le double comme Job. La patience, c'est Job; la fin, c'est le Seigneur. Nous connaissons la patience de Job; nous connaissons la fin du Seigneur. Quel est la fin du Seigneur? « Mon Dieu, mon Dieu, pourquoi m'avez-vous abandonné ? » (*Ps.* XXI, 2.) Ce sont les paroles du Seigneur suspendu au bois. Dieu l'a comme abandonné pour la félicité présente, mais il ne l'a pas abandonné pour l'éternelle immortalité. Là est la fin du Seigneur. Les Juifs le saisissent, les Juifs l'insultent, les Juifs le garottent, le couronnent d'épines, le déshonorent par des crachats, le flagellent, le couvrent d'opprobres, le suspendent au bois, le percent d'une lance, et enfin l'ensevelissent : il est comme abandonné; mais à qui? Aux insultes des Juifs. C'est pourquoi ayez donc patience, afin que vous ressuscitiez pour ne pas mourir, c'est-à-dire, pour ne mourir jamais, comme le Christ. Car nous lisons : « Le Christ, ressuscitant d'entre les morts, ne meure plus. »

Chapitre IV. — 10. « Il est monté aux cieux : »

---

et filios extulit, et in secunda cum jam tormenta vulnerum pateretur in carne, potest adverti quod dico. Prioris ejus confessionis hæc verba sunt : « Dominus dedit, Dominus abstulit; sicut Domino placuit, ita factum est : sit nomen Domini benedictum. » (*Job*, 1, 21) Poterat dicere : Dominus dedit, Dominus abstulit; potest iterum dare qui abstulit, potest plura revocare quam tulit. Non hoc dixit, sed, « sicut Domino placuit, inquit, ita factum est : » quia ei placet, placeat mihi : quod placuit bono Domino, non displiceat subdito servo; quod placuit medico, non displiceat ægroto. Aliam ipsius audi confessionem : « Locuta es, inquit uxori suæ, tanquam una ex insipientibus mulieribus. Si bona percepimus de manu Domini, mala quare non sustinebimus ? » (*Job*, II, 10.) Non addidit, quod si diceret, verum diceret : Potens est Dominus et meam carnem in pristinum revocare, et quod nobis abstulit multiplicare : ne ista spe illa tolerasse videretur. Ista non dixit, ista non speravit. Sed ut nos doceremur, non speranti Dominus præstitit, quo nos doceremur, quia Deus illi adfuit : quia si et illa illi non redderet, occultam coronam ejus videre minime poteramus. Et ideo quid ait Scriptura divina, exhortando ad patientiam et spem futurorum, non mercedem præsentium? « Patientiam Job audistis, et finem Domini vidistis. » (*Jac.*, v, 11.) Quare patientiam Job, et non finem ipsius Job vidistis? Fauces aperires ad dupla : diceres, Deo gratias, sustineam, duplum recipio sicut Job. Patientiam Job, finem Domini. Patientiam Job novimus, et finem Domini novimus. Quem finem Domini? « Deus, Deus meus, ut quid me dereliquisti? » (*Psal.* XXI, 2.) Verba sunt Domini pendentis in ligno. Quasi reliquit illum ad præsentem felicitatem, sed non cum reliquit ad æternam immortalitatem. Ibi est finis Domini. Tenent Judæi, insultant Judæi, ligant Judæi, spinis coronant, sputis dehonestant, flagellant, opprobriis obruunt, ligno suspendunt, lancea fodiunt, postremo sepeliunt : quasi relictus est. Sed quibus? Illis insultantibus. Ideo ergo habeto patientiam, ut resurgas et non moriaris, id est, nunquam moriaris, sicut Christus. Sic enim legimus : « Christus surgens ex mortuis, jam non moritur. » (*Rom.*, VI, 9.)

Caput IV. — 10. « Ascendit in cœlum : » credite. « Sedet ad dexteram Patris : » credite. Sedere, intel-

croyez. « Il est assis à la droite du Père : » croyez. Être assis, cela veut dire, habiter. C'est ainsi que nous disons d'un homme : Il est resté (*sedit*) dans ce pays pendant trois ans. L'Ecriture dit aussi qu'un homme est resté (*sedisse*) dans la ville pendant tant de temps. Est-il resté sans se lever jamais? C'est pourquoi les habitations des hommes sont appelées le siége de leur domicile. Si on y a son siége, est-ce qu'on y est toujours assis? Est-ce qu'on ne se lève pas, qu'on ne se promène pas, qu'on ne se couche pas? Et cependant on dit qu'on y a fixé son siége. C'est ainsi que vous croyez que le Christ habite à la droite de Dieu le Père : il est là. Ne dites pas en vous-mêmes : Que fait-il? Ne demandez pas ce qu'il n'est pas permis de savoir : il est là, cela vous suffit. Il est heureux, et cette béatitude qu'on appelle la droite du Père, est le nom de la béatitude elle-même; c'est la droite du Père. Car si nous prenions les choses à la lettre, il s'ensuivrait que le Fils étant à la droite du Père, le Père serait à la gauche du Fils. Est-ce qu'il nous serait permis de les placer ainsi, le Fils à la droite, le Père à la gauche? Là toute place est la droite, parce qu'il n'y a aucune misère?

11. « D'où il viendra juger les vivants et les morts. » *Les vivants*, ceux qui survivront en ce moment; *les morts*, ceux qui sont trépassés auparavant. On peut aussi entendre que *les vivants* sont les justes, et *les morts* les pécheurs. Car il juge les uns et les autres, rendant à chacun ce qui lui revient. Il dira aux justes en son tribunal : « Venez les bénis de mon Père, possédez le royaume qui vous a été préparé dès le commencement du monde. » (*Matth.*, xxv, 34.) Préparez-vous à cette récompense, espérez-là, vivez pour cela, et vivez de manière à l'obtenir ; croyez pour cela, soyez baptisés pour cela, afin qu'on puisse vous dire : « Venez, les bénis de mon Père, possédez le royaume qui vous a été préparé dès le commencement du monde. » Que dira-t-on à ceux de la gauche? « Allez au feu éternel, qui a été préparé pour le diable et pour ses anges. » Ainsi seront jugés par le Christ les vivants et les morts. Nous avons donc traité la première naissance du Christ en dehors du temps; puis sa seconde naissance, dans la plénitude du temps, d'une vierge. Vous connaissez la passion du Christ; vous connaissez son jugement. Tout est dit, de ce qu'il fallait dire du Christ, Fils unique de Dieu, Notre-Seigneur. Mais ce n'est pas encore là toute la Trinité.

CHAPITRE V. — 12. On lit ensuite dans le symbole : « Et au Saint-Esprit. » Cette Trinité est un seul Dieu, une seule nature, une seule substance, une seule puissance, une parfaite égalité, sans division, sans diversité, une perpétuelle charité. Voulez-vous connaître que le Saint-Esprit est Dieu, soyez baptisés et vous serez son

---

ligite habitare : quomodo dicimus de quocumque homine : In illa patria sedit per tres annos. Dicit illud et Scriptura, sedisse quemdam in civitate tantum tempus. Numquid sedit, et numquam surrexit? Ideo hominum habitationes sedes dicuntur. Ubi habentur sedes, numquid semper sedetur? Non surgitur, non ambulatur, non jacetur? et tamen sedes vocantur. Sic ergo credite habitare Christum in dextera Dei Patris : ibi est. Nec dicat vobis cor vestrum : Quid agit? Nolite quærere, quod non licet invenire : ibi est, sufficit vobis. Beatus est, et a beatitudine, quæ dextera Patris vocatur, ipsius beatitudinis nomen est, dextera Patris. Nam si carnaliter acceperimus; quia sedet ad dexteram Patris, ille erit ad sinistram. Numquid fas est ut sic illos componamus, Filium ad dexteram, Patrem ad sinistram? Ibi omnis dextera est, quia nulla ubi est miseria.

11. « Inde venturus judicare vivos et mortuos. » « Vivos, » qui superfuerint : « mortuos, » qui præcesserint. Potest et sic intelligi : « Vivos, » justos : « mortuos, » injustos. Utrosque enim judicat. sua cuique retribuens. Justis dicturus est in judicio : « Venite benedicti Patris mei, percipite regnum, quod vobis paratum est ab initio mundi. » (*Matth.*, xxv, 34.) Ad hoc vos parate, hæc sperate, propterea vivite, et sic vivite, propterea credite, propterea baptizamini, ut possit vobis dici : « Venite benedicti Patris mei, percipite regnum, quod vobis paratum est a constitutione mundi. » Sinistris quid? « Ite in ignem æternum, qui paratus est diabolo et angelis ejus. » Sic judicabuntur a Christo vivi et mortui. Dicta est prima sine tempore nativitas Christi, dicta est alia in plenitudine temporis de virgine nativitas Christi, dicta est passio Christi, dictum est judicium Christi. Totum dictum est, quod dicendum erat de Christo, Filio Dei unico, Domino nostro : sed nondum perfecta est Trinitas.

CAPUT V. — 12. Sequitur in Symbolo : « Et in Spiritum sanctum. » Ista Trinitas unus Deus, una natura, una substantia, una potentia, summa æqualitas, nulla divisio, nulla diversitas, perpetua caritas. Vultis nosse quod Deus est Spiritus sanctus? Bapti-

temple. L'Apôtre dit : « Ne savez-vous pas que vos corps sont en vous le temple du Saint-Esprit, que vous recevez de Dieu? » (I *Cor.*, VI, 19.) Dieu seul a droit à un temple ; Salomon, roi et prophète, reçut l'ordre d'élever un temple à Dieu. S'il eût bâti un temple au soleil, à la lune, à une étoile, ou à un ange, Dieu ne l'aurait-il pas condamné? Ayant donc bâti un temple à Dieu, il a montré qu'il adorait Dieu. Et comment l'at-il bâti? Avec le bois et la pierre, parce que Dieu a bien voulu, par les mains de son serviteur, se faire une maison sur la terre, où l'on viendrait pour le prier et l'adorer. Ecoutez ce que dit le bienheureux Etienne : « Salomon lui a bâti une demeure, mais le Très-Haut n'habite pas dans des temples faits de main d'homme. » (*Actes*, VII, 47.) Si donc nos corps sont le temple du Saint-Esprit, quel est le Dieu qui a bâti ce temple au Saint-Esprit? mais c'est Dieu lui-même. Car si le temple du Saint-Esprit, c'est notre corps, celui qui a bâti un temple au Saint-Esprit, c'est celui qui a bâti nos corps. Retenez cette parole de l'Apôtre : « Dieu a mis un tel ordre dans les corps, qu'on honore davantage ce qui est moins honorable en soi-même. » (I *Cor.*, XII, 24.) Il parlait de nos divers membres, pour qu'il n'y eût pas de schisme ni de division dans le corps. Dieu a créé notre corps.

Dieu a créé l'herbe ; qui a créé notre corps? Comment prouver que Dieu a créé l'herbe? Celui qui revêt, c'est celui qui crée. Lisez l'Evangile : « Si donc Dieu revêt ainsi l'herbe des champs, qui est aujourd'hui, et qui demain sera jetée au four. » (*Matth.*, VI, 30.) Celui qui crée, c'est donc celui qui revêt. Que dit l'Apôtre ? « Insensés que vous êtes, ce que vous semez ne prend point vie, s'il ne meurt auparavant ; et ce que vous semez, ce n'est point le corps de la plante qui doit venir, mais le grain seulement, par exemple, du blé, ou quelque autre semence ; et Dieu donne à ce grain un corps tel qu'il lui plaît, et à chaque semence le corps qui lui est propre. » (I *Cor.*, XV, 36.) Si donc Dieu bâtit nos corps, si Dieu bâtit nos membres, et si nos corps sont le temple du Saint-Esprit ; n'en doutez pas, le Saint-Esprit est Dieu. Et gardez-vous d'ajouter que c'est un troisième Dieu ; parce que le Père, et le Fils, et le Saint-Esprit ne sont qu'un seul Dieu. Croyez ainsi.

CHAPITRE VI. — 13. Après la proclamation de la Trinité, vient *la sainte Eglise*. Nous avons parlé de Dieu et de son temple ; « car, dit l'Apôtre, le temple de Dieu est saint, et c'est vous qui êtes ce temple ; » (I *Cor.*, III, 17) voilà l'Eglise elle-même, l'Eglise sainte, l'Eglise une, l'Eglise vraie, l'Eglise catholique, combattant

---

zamini, et templum ejus eritis. Apostolus dicit : « Nescitis quia corpora vestra templum in vobis est Spiritus sancti, quem habetis a Deo ? » (I *Cor.*, VI, 19.) Templum habet Deus : nam et Salomon rex et propheta jussus est ædificare templum Deo. Si ædificaret templum soli, aut lunæ, aut stellæ alicui, aut alicui angelo, nonne damnaret illum Deus? Quia ergo templum ædificavit Deo, ostendit se colere Deum. Et unde ædificavit? De lignis et lapidibus : quia dignatus est Deus facere sibi per servum suum domum in terra, ubi rogaretur, ubi (*a*) memoraretur. Unde dicit beatus Stephanus : « Salomon ædificavit illi domum, sed Altissimus non in manu factis templis inhabitat. » (*Act.*, VII, 47, 48.) Si ergo corpora nostra templum est Spiritus sancti, qualis Deus est qui ædificavit templum Spiritui sancto? Sed Deus. Si enim templum Spiritus sancti sunt corpora nostra, ille Spiritui sancto ædificavit templum, qui et corpora nostra. Attendite Apostolum dicentem : « Deus temperavit corpus, ei cui deerat majorem honorem dans : » (I *Cor.*, XII, 24) cum loqueretur de diversis membris, ut non essent scissuræ in corpore. Deus creavit cor-

pus nostrum. Herbam Deus creavit, corpus nostrum quis creavit? Unde probamus, quia herbam Deus creat? Qui vestit, ipse creat. Evangelium lege : « Si ergo fœnum agri, ait, quod hodie est, et cras in clibanum mittitur, Deus sic vestit. » (*Matth.*, VI, 30.) Ille ergo creat, qui vestit, et Apostolus : « Stulte, quod seminas non vivificatur, nisi (*b*) moriatur : et quod seminas, non corpus quod futurum est seminas, sed nudum granum, ut forte tritici, aut alicujus cæterorum ; Deus autem illi dat corpus quomodo voluerit, et unicuique seminum proprium corpus. » (I *Cor.*, XV, 36, etc.) Si ergo Deus corpora nostra ædificat, si Deus membra nostra ædificat, et corpora nostra templum sunt Spiritus sancti : nolite dubitare, Deum esse Spiritum sanctum. Et nolite addere quasi tertium Deum : quia Pater et Filius et Spiritus sanctus unus est Deus. Sic credite.

CAPUT VI. — 13. Sequitur post Trinitatis commendationem : « Sanctam Ecclesiam. » Demonstratus est Deus et templum ipsius. « Templum enim Dei sanctum est, » ait Apostolus, « quod estis vos. » Ipsa est Ecclesia sancta, Ecclesia una, Ecclesia vera, Ec-

---

(*a*) Aliquot Mss. *moraretur*. — (*b*) Editi, *prius moriatur*. Abest *prius* a Mss.

contre toutes les hérésies; elle peut combattre, et pourtant elle ne peut être vaincue. Toutes les hérésies sont sorties de son sein, comme les sarments inutiles détachés de la vigne. Mais l'Église demeure attachée à sa racine, à sa tige, à sa charité. Les portes des enfers ne la vaincront pas.

CHAPITRE VII. — 14. « La rémission des péchés. » Cette vérité du symbole est parfaitement réalisée en vous, quand vous êtes baptisés. Que personne ne dise : J'ai fait cette faute, peut-être ne m'est-elle pas pardonnée. Qu'avez-vous fait? Quel crime avez-vous commis? Nommez un grand forfait grave, horrible, dont la pensée seule vous fait frémir; ayez fait tout ce que vous voudrez. Est-ce que vous avez tué le Christ? Il n'y a pas de plus grand crime, parce que rien n'est aussi bon que le Christ. Quel crime de tuer le Christ! Cependant les Juifs l'ont mis à mort, et après cela plusieurs ont cru en lui et ont bu son sang; et leur péché leur a été pardonné. Lorsque vous aurez été baptisés, ayez une vie sainte en observant les commandements de Dieu, afin de garder votre baptême jusqu'à la fin. Je ne vous dis pas que vous vivrez ici-bas sans péché; mais ce sont des fautes vénielles, dont cette vie n'est point exempte. Le baptême a été institué pour tous les péchés. Quant aux fautes légères, dont nous ne pouvons nous exempter, nous avons l'oraison du Seigneur. Qu'y a-t-il dans cette prière? « Pardonnez-nous nos offenses, comme nous pardonnons à ceux qui nous ont offensés. » (*Matth.*, VI, 12.) Une seule fois nous sommes lavés par le baptême; tous les jours nous sommes lavés par la prière. Mais gardez-vous de commettre ces crimes, pour lesquels il faudrait vous séparer du corps du Christ; loin de vous ce malheur. Ceux que vous voyez faire pénitence ont commis des crimes, ou des adultères, ou des fautes énormes : c'est pourquoi ils font pénitence. Car si leurs fautes eussent été légères, la prière quotidienne eût suffi pour les effacer.

CHAPITRE VIII. — 15. Donc il y a dans l'Église trois manières de remettre les péchés, le baptême, la prière, et la grande humiliation de la pénitence. Cependant Dieu ne remet les péchés qu'à ceux qui sont baptisés. Les péchés mêmes qu'il remet en premier lieu, il ne les remet qu'aux baptisés. Quand? Lorsqu'ils reçoivent le baptême. Les péchés qui sont remis plus tard, par le moyen de la prière, ou de la pénitence satisfactoire, c'est aux baptisés qu'il les remet; car comment pouraient-ils dire : « Notre Père, » ceux qui ne sont pas encore nés? Les catéchumènes, tant qu'ils sont catéchumènes, portent sur eux le fardeau de leurs péchés. Si les catéchumènes sont ainsi, combien plus les

---

clesia catholica, contra omnes hæreses pugnans : pugnari potest, expugnari tamen non potest. Hæreses omnes de illa exierunt, tanquam sarmenta inutilia de vite præcisa : ipsa autem manet in radice sua, in vite sua, in caritate sua. Portæ inferorum non vincent eam.

CAPUT VII. — 14. « Remissionem peccatorum. » Habetis Symbolum perfecte in vobis, quando baptizamini. Nemo dicat : Illud feci, forte non mihi dimittetur. Quid fecisti? quantum fecisti? Dic immane aliquid quod commisisti, grave, horrendum, quod etiam cogitare horres : quidquid vis feceris, numquid Christum occidisti? Non est isto facto aliquid pejus, quia et Christo nihil est melius. Quantum nefas est occidere Christum? Judæi tamen eum occiderunt, et multi in eum postea crediderunt, et biberunt ejus sanguinem : dimissum est illis peccatum quod commiserunt. Cum baptizati fueritis, tenete vitam bonam in præceptis Dei, ut baptismum custodiatis usque in finem. Non vobis dico, quia sine peccato hic vivetis : sed sunt venialia, sine quibus vita ista non est. Propter omnia peccata baptismus inventus est : propter levia, sine quibus esse non possumus, oratio inventa. Quid habet oratio? « Dimitte nobis debita nostra, sicut et nos dimittimus debitoribus nostris. » (*Matth.*, VI, 12.) Semel abluimur baptismate, quotidie abluimur oratione. Sed nolite illa committere, pro quibus necesse est ut a Christi corpore separemini : quod absit a vobis. Illi enim quos videtis agere pœnitentiam, scelera commiserunt, aut adulteria, aut aliqua facta immania : inde agunt pœnitentiam. Nam si levia peccata ipsorum essent, ad hæc quotidiana oratio delenda sufficeret.

CAPUT VIII. — 15. Ergo tribus modis dimittuntur peccata in Ecclesia, in baptismate, in oratione, in humilitate (*a*) majore pœnitentiæ : tamen Deus non dimittit peccata, nisi baptizatis. Ipsa peccata quæ primum dimittit, non nisi baptizatis dimittit. Quando? Quando baptizantur. Peccata quæ postea orantibus dimittuntur, et pœnitentibus, quibus dimittit, baptizatis dimittit. Nam quomodo dicunt : « Pater nos-

---

(*a*) Sic Mss. Editi vero, *majoris*.

païens? combien plus les hérétiques? Mais nous ne donnons pas un nouveau baptême aux hérétiques. Pourquoi? Parce qu'ils ont le cachet de leur baptême, comme le déserteur a le cachet de son enrôlement. Ainsi les hérétiques portent le caractère de leur baptême; ils l'ont pour leur condamnation, et non pour la couronne de gloire. Et cependant si le déserteur lui-même était ramené par la correction à son poste militaire, oserait-on lui donner un nouveau cachet d'enrôlement.

Chapitre IX. — Nous croyons aussi « la résurrection de la chair, » qui s'est accomplie d'avance dans le Christ, afin que le corps espère ce qu'il voit déjà dans la tête. La tête de l'Eglise, c'est le Christ, l'Eglise est le corps du Christ. (*Ephés.*, v, 23.) Notre chef est ressuscité, il est monté au ciel; là où est la tête, là seront aussi les membres. Comment croyons-nous « la résurrection de la chair? » Ne croyez pas que ce sera comme celle de Lazare; non; et pour que vous sachiez qu'elle n'est pas ainsi, on a ajouté : « Pour la vie éternelle. » Que Dieu vous régénère, que Dieu vous conserve et vous protége, que Dieu vous conduise à lui, car il est lui-même la vie éternelle. *Amen.*

Les trois sermons suivants *Sur le Symbole*, attribués jusqu'ici à saint Augustin dans les éditions précédentes, ne nous rappellent aucunement ce saint docteur, mais un auteur bien inférieur pour le style, l'érudition et le génie.

SUR LE SYMBOLE

SERMON AUX CATÉCHUMÈNES

Chapitre I. — 1. Nous avons entrepris d'expliquer à votre sainteté l'ordre des mystères, soit de la nuit précédente, soit du symbole qui vous est présenté, avec l'assistance de Celui « qui donne à tous abondamment et sans reproche. » (*Jacq.*, I, 5.) Car il est « riche pour tous ceux qui l'invoquent. » (*Rom.*, x, 12.) C'est lui qui peut aider notre volonté en rendant agréable votre prière pour nous. C'est pourquoi vous qui avez les désirs de la foi, recevez la parole de Dieu, comme une nourriture qui vous convient, et par laquelle le Seigneur vous fera grandir. A la vérité, vous n'êtes pas encore régénérés par le saint baptême ; mais déjà par le signe de la croix vous avez été conçus dans le sein de notre sainte mère l'Eglise. C'est pourquoi il faut que cette mère s'applique à donner d'abord des ali-

---

ter, » qui nondum nati sunt? Catechumeni quamdiu sunt, super illos sum omnia peccata corum. Si catechumeni, quanto magis pagani? quanto magis hæretici? Sed hæreticis baptismum non mutamus. Quare? Quia sic habent baptismum, quomodo desertor habet characterem : ita et isti habent baptismum; habent, sed unde damnentur, non unde coronentur. Et tamen si desertor ipse correctus incipiat militare, numquid audet quisquam ei characterem mutare?

Caput IX. — 16. Credimus etiam « resurrectionem carnis, » quæ præcessit in Christo : ut hoc etiam speret corpus, quod præcessit in capite. Caput Ecclesiæ Christus, Ecclesia corpus Christi. (*Ephes.*, v, 23) Caput nostrum surrexit, ascendit in cœlum : ubi caput, illic et membra. Quomodo « carnis resurrectionem? » Ne forte putet aliquis quomodo Lazari, ut scias non sic esse, additum est : « In vitam æternam. » Regeneret vos Deus, conservet et tueatur vos Deus, in se, qui est ipsa vita æterna, perducat vos Deus. Amen.

Sequuntur alii *de Symbolo* sermones tres, Augustinum, cui hactenus adscripti in ante editis fuerunt, haud quaquam nobis repræsentantes, sed oratorem genere dicendi, eruditione et ingenio multum inferiorem.

DE SYMBOLO

SERMO AD CATECHUMENOS

Caput I. — 1. Sacramentorum rationem, sive transactæ noctis, sive præsentis sancti Symboli exponendam suscepimus Sanctitati vestræ, donante illo « qui dat omnibus affluenter, et non improperat. » (*Jac.*, I, 5.) « Dives est enim in omnibus qui invocant illum. » (*Rom.*, x, 12.) Ipse quippe potest adjuvare intentionem nostram, acceptabilem pro nobis faciens orationem vestram. Accipite itaque vos qui fide desideratis verbum Dei, tanquam competentem cibum, ex quo vobis Dominus operetur incrementum. Nondum quidem adhuc per sacrum baptismum renati estis, sed per crucis signum in utero sanctæ matris

ments convenables à ceux qu'elle porte, afin qu'après les avoir mis au monde, elle se réjouisse d'avoir des enfants qu'elle puisse nourrir spirituellement. Quel est donc, mes bien-aimés, le mystère qui s'est accompli en vous? Que s'est-il passé d'extraordinaire pour vous cette nuit, contre les habitudes des nuits précédentes? Car vous avez été amenés de vos retraites, un à un, en présence de toute l'Eglise, et là, humiliant vos têtes que l'orgueil avait trop exaltées, humiliant vos pieds sur le cilice, vous avez assisté à cet examen solennel, le diable orgueilleux a été extirpé de vos cœurs par l'invocation du Christ, le Dieu très-haut et très-humble. C'est pourquoi tous vous étiez humbles et vous demandiez avec humilité, en priant, en chantant et en disant : « Eprouvez-moi, Seigneur, et sondez mon cœur. » (*Ps.* cxxxviii, 23.) Il a sondé, il a examiné, il a touché de sa crainte le cœur de ses serviteurs; par sa puissance il a mis le diable en fuite, et a délivré sa famille des mains du tyran. Tous vous êtes ici par la même voie ; c'est la même pour le pauvre, la même pour le riche, la même pour le maître, la même pour l'esclave ; parce que « pour tous il n'y a qu'une seule porte pour entrer dans la vie. » (*Sag.*, vii, 6.) Et s'il en est ainsi pour la vie présente, qui est fragile et caduque, com-

bien plus pour la vie immortelle et éternelle?

2. La famille du Rédempteur, après avoir été purifiée et avoir chanté le cantique du salut, reçut le symbole comme remède contre le venin du serpent ; si donc le diable notre ennemi voulait encore nous tendre des embûches, l'homme racheté saura qu'avec le mystère du symbole et le signe de la croix, il doit lui résister ; et que revêtu de ces armes il vaincra facilement le tyran, dont il avait subi le joug et la funeste victoire. Pourquoi le diable nous fait-il la guerre, si ce n'est parce qu'il voit libres ceux qu'il tenait captifs, parce qu'il voit guéris ceux qu'il avait blessés de ses traits ; parce qu'il voit revêtus d'immortalité ceux qu'il avait dépouillés en leur versant l'iniquité; parce que « ses embûches ont été brisées, et que nous avons été délivrés, et que notre secours est dans le nom du Seigneur. » (*Ps.* cxxiii, 8.) Si notre secours est dans le nom du Seigneur, renonçons au diable, à ses pompes et à ses anges. Vous connaissez cette condition et vous avez fait profession de renoncer au diable, à ses pompes et à ses anges. Voyez, mes bien-aimés, que vous proclamez votre profession devant l'assemblée des anges. Les noms des candidats sont inscrits dans le livre de vie, non par la main d'un homme, mais par une puissance qui vient du

---

Ecclesiæ jam concepti estis. Agat itaque hæc mater congruis alimentis prius pascere quos portat, ut post partum lætetur se tales suscepisse quos, spiritaliter nutriat. Quid est, Dilectissimi, quod in vobis celebratum est? Quid est quod hac nocte circa vos actum est, quod præteritis noctibus actum non est? ut ex locis secretis singuli produceremini in conspectu totius Ecclesiæ, ibique cervice humiliata quæ male fuerat antea exaltata, in humilitate pedum cilicio substrato in vobis celebraretur examen, atque ex vobis exstirparetur diabolus superbus, dum super vos invocatus est humilis altissimus Christus. Omnes itaque humiles eratis, humiliterque petebatis, orando, psallendo atque dicendo : « Proba me, Domine, et scito cor meum. » (*Psal.* cxxxviii, 23.) Probavit, examinavit, corda servorum suorum suo timore tetigit, diabolum sua virtute fugavit, atque ab ejus dominio suam familiam liberavit. Non aliter hic (a) actus est pauper, aliter dives, aliter dominus, aliter servus : quia « unus est omnibus introitus ad vitam. » (*Sap.*, vii, 6.) Et si sic ad hanc fragilem atque caducam, quanto magis ad illam immortalem atque sempiternam?

2. Purgata itaque familia Redemptoris, postea quam cantavit canticum salutis, accepit Symboli remedium contra (b) serpentis venenum : ut si quando voluerit adversarius diabolus denuo insidiari, noverit redemptus cum Symboli sacramento et crucis vexillo ei debere occurri : ut talibus armis indutus facile vincat Christianus, de cujus oppressione male antea triumphaverat nequissimus diabolus. Ex qua re nobis factus est adversarius diabolus, nisi ex hac, quia videt liberos quos tenebat ante captivos, quia videt sanos quos suis jaculis prostraverat vulneratos, quia videt vestiri denuo immortalitate quos nudaverat propinando iniquitatem; quia « muscipulæ ejus comminutæ sunt, et nos eruti sumus, adjutorium nostrum in nomine Domini? » (*Psal.* cxxiii, 8.) Si adjutorium nostrum in nomine ejus est : renuntiemus diabolo, pompis et angelis ejus. Hos audistis, hoc et vos professi estis, renuntiare vos diabolo, pompis et angelis ejus. Videte Dilectissimi, quia hanc professionem vestram in curiam profertis angelicam : nomina profitentium in libro excipiuntur vitæ, non a quolibet homine, sed a superiore cœlitus potestate. Optimi jam tyrones Dei, fortes milites

(a) Sola editio Lov. *exactus est.* — (b) Apud Lov, additur, *antiqui.*

CHAPITRE II.

ciel. Généreux enrôlés de Dieu, braves soldats du Christ, en prenant les armes des sacrements, vous déclarez la guerre au démon ; en renonçant à ses œuvres, vous provoquez plus violemment contre vous sa fureur. Mais un soldat du Christ ne doit rien craindre. Vous serez revêtus du Christ lui-même, afin que par lui vous soyez plus prompts à terrasser le diable votre ennemi. Quelles sont les armes qu'il emploie ? Les séductions et les ruses. Il y a deux sortes d'armes bien redoutables, contre lesquelles doit être en garde, et résister fortement tout soldat du Christ, s'il veut triompher et briser la puissance du diable. Quelles sont ces deux sortes d'armes. La volupté et la crainte. Car il prend les uns par la volupté, et abat les autres par la crainte. Que notre armée se range, et tirons nos armes spirituelles. Contre la crainte du diable opposons la crainte du Seigneur, qui est chaste et qui dure de siècle en siècle. (*Ps.* XVIII, 10.) Contre la volupté d'un plaisir honteux, opposons la foi de la prière. Et que pourrait craindre un chrétien, quand on lui dit de prier, d'être assuré et confiant jusqu'à pouvoir dire : « Le Seigneur est mon protecteur, et je défie mes ennemis? » (*Ps.* CXVII, 7.) Cependant vous savez, mes biens-aimés, que l'ennemi en prend plus par la volupté que par la crainte. Car pourquoi chaque jour met-il sous les yeux le piège des spectacles, la folie des jeux et des honteuses voluptés, si ce n'est pour reprendre par ces plaisirs ceux qui lui étaient échappés, et avoir la joie de retrouver ceux qu'il avait perdus ?

CHAPITRE II. — 3. Pourquoi marcher par plusieurs chemins ? Il suffit de vous dire en peu de mots ce que vous devez mépriser, et ce que vous devez aimer. Fuyez, mes bien-aimés, fuyez les spectacles, fuyez les tripots honteux du démon, pour ne pas vous laisser lier par ses mains cruelles. Mais si votre âme a besoin de se récréer et de se délecter à un spectacle, voilà que notre sainte mère l'Eglise vous met sous les yeux des spectacles vénérables et salutaires, dont la beauté réjouira vos cœurs, tout en gardant votre foi, loin de la corrompre. Quelqu'un aime-t-il le cirque ? Quel est le plaisir du cirque ? Voir des cochers qui luttent, une population qu'une sotte fureur met hors d'haleine, celui-ci courant avec rapidité, et renversant le cheval de son adversaire. Voilà tout le plaisir, de crier victoire à celui qui est vaincu par le diable ; de bondir et de trépigner, parce que l'adversaire a perdu son cheval, tandis que celui qui prend plaisir à un tel spectacle a perdu son âme. Voyez au contraire combien nos spectacles sont saints, salutaires et agréables. Ouvrez le livre des Actes

---

Christi, dum arma sacramentorum suscipitis, pugnam adversus diabolum indicitis : dum ejus operibus renuntiatis, vehementius in vos ejus furias provocatis. Et non metuat miles Christi : induemini enim ipsum Christum, ut per eum velociter superetis adversarium diabolum. Quibus armis pugnat et ille? Illecebrosis et subdolis. Duo sunt genera armorum ejus valde fortia, contra quæ vigilanter ac fortiter stare debet omnis miles Christi, qui triumphare cupit et superare virtutem diaboli. Quæ sunt ista duo genera armorum? Voluptas et timor. Alios enim voluptate capit, alios timore frangit. Confirmetur et nostra acies, proferantur arma spiritalia. Contra timorem diaboli adsit timor Domini castus, permanens in sæculum sæculi. (*Psal.* XVIII, 10.) Contra voluptatem turpissimæ delectationis, non desit fides orationis. Et quid metuat Christianus, quando admonetur sic orare, sic præsumere, sic fidere, ut dicat : « Dominus mihi adjutor est, et ego despiciam inimicos meos? » (*Psal.* CXVII, 7.) Plures tamen noveritis, Dilectissimi, capere adversarium per voluptatem quam per timorem. Nam quare quotidie muscipulam spectaculorum, insaniam studiorum ac turpium voluptatum proponit, nisi ut his delectationibus capiat quos amiserat, ac lætetur denuo se invenisse quos perdiderat?

CAPUT II. — 3. Quid nobis (*a*) ire per multa? Breviter admonendi estis quid spernere, et quid diligere debeatis. Fugite, Dilectissimi, spectacula, fugite caveas turpissimas diaboli, ne vos vincula teneant maligni. Sed si oblectandus est animus, et spectare delectat ; exhibet vobis sancta mater Ecclesia veneranda ac salubria spectacula, quæ et mentes vestras oblectent sua delectatione, et in vobis non corrumpant, sed custodiant fidem. Amator est quispiam circi? Quid delectat in circo? Aurigas videre (*b*) certantes, populos insana furia anhelantes, quemlibet celerem præcedentem adversarii sui equum frangentem. Ista est omnis delectatio, clamare, quia vicit quem diabolus vicit : exsultare et insultare, quod adversa pars perdiderit equum, cum is qui tali spectaculo delectatur (*c*) vanum perdiderit animum. Vide contra nostra sancta, sana, suavissima spectacula. Intuere in libro Actuum Apostolorum, claudum ex utero matris

---

(*a*) Hic editi addunt, *opus est*. — (*b*) Editio Lov. ad marginem habet, *al. currentes*. — (*c*) Sic Mss. At editi loco *vanum*, habent *jam*.

des Apôtres, et considérez ce boiteux de naissance qui n'a jamais marché et que Pierre fait courir (*Actes*, III, 8) ; vous le voyez tout à coup guéri, après l'avoir vu si infirme. Or, si vous avez du bon sens, de la raison, et quelque désir de votre salut, je vous le demande, lequel de ces deux spectacles préférez-vous ? Où aimez-vous mieux porter vos exclamations ? Vous plaît-il mieux de voir des chevaux brisés, qu'un homme estropié guéri ? Mais si vous aimez cette pompe, cette fierté des chevaux, cet ordre de chars, ce brillant costume du conducteur qui siége superbement, qui régente les chevaux, et qui brûle de vaincre ; si tout cela vous charme tant, on ne vous refuse pas une pompe de ce genre, quoique Dieu vous ait commandé de renoncer aux pompes du démon. Nous avons notre cocher spirituel, le saint prophète Elie, qui, enlevé sur un char de feu, s'est lancé d'un bond si agile, qu'il a franchi les limites du ciel. (IV *Rois*, II, 11.) Et si vous tenez à voir des adversaires que le vrai courage a renversés, et que le vainqueur a dépassés dans sa course rapide, en remportant de cette victoire la palme d'une gloire immortelle, écoutez : « Il a lancé dans la mer les chars de Pharaon et sa puissante armée. » (*Exode*, XV, 4.)

4. Un autre, peut-être passionné pour le théâtre, a besoin qu'on lui dise ce qu'il doit fuir et ce qu'il doit aimer, afin que sans perdre la jouissance du spectacle, il donne un autre objet à ses désirs. Le théâtre, c'est la ruine des mœurs, l'école des turpitudes, l'obscénité des discours et la licence des tableaux. Mais avec l'aide du Seigneur, éloignons tout cela de vos cœurs. Faisons un parallèle. Au théâtre, les spectateurs ont sous les yeux je ne sais quel dieu d'invention humaine, Jupiter, qui lance la foudre, et qui commet des adultères ; ici, dans l'Eglise, nous contemplons le Christ Dieu, enseignant la chasteté, proscrivant l'impureté et prêchant une saine morale. Là, on imagine que Junon est à la fois la sœur et l'épouse de Jupiter ; ici, nous enseignons que Marie, sainte créature, est mère et vierge en même temps. Là, on étonne vos regards, en vous montrant un homme qui marche sur une corde comme sur un sentier ; ici, nous avons un plus grand miracle, c'est Pierre marchant sur les eaux. (*Matth.*, XIV, 9.) Là, on viole la chasteté par des bouffonneries infâmes; ici, nous lisons l'histoire de la chaste Susanne et du chaste Joseph, pour réprimer les passions, mépriser la mort, aimer Dieu, et exalter la chasteté. Là, le chœur et le chant du pantomime charment les oreilles, mais aux dépens des bons sentiments ; qu'y a-t-il de comparable à notre cantique, où l'on chante avec amour ces paroles : « Les pécheurs m'ont

---

nunquam ambulantem, quem Petrus fecit currentem (*Act.*, III, 8); vide subito sanum, quem antea intuebaris infirmum : et si est in te sanitas mentis, si in te fulget ratio æquitatis ac delectatio salutis, vide quid debeas expectare, vide ubi debeas exclamare ; illic ubi equi sani franguntur, an hic ubi homines fracti salvantur? Sed si te pompa illa, (*a*) figura ea equorum, compositio curruum, ornatus et aurigæ superstantis, equos regentis, vincere cupientis; si hæc te, ut dixi, pompa delectat : nec hanc tibi denegavit, qui pompis diaboli renuntiare præcepit. Habemus et nos spiritalem nostrum aurigam sanctum prophetam Eliam, qui quadrigæ igneæ superimpositus, tantum cucurrit, ut metas prænderet cœli. (IV *Reg.*, II, 11.) Et si adversarios, quos et vera virtus vicit, et quos ille volando transiit, atque ex quorum victoria palmam supernæ celsitudinis accepit, videre desideras : « Currus Pharaonis et omnem virtutem ejus projecit in mare. » (*Exod.*, XV, 4.)

4. Alius fortassis theatri amator admonendus sit, **quid fugiat**, et quo delectetur : ac sic voluntatem spectandi non perdat, sed mutet. In theatris labes morum, discere turpia, audire inhonesta, videre perniciosa. Sed adjuvante Domino ea ex cordibus vestris firmiter repellamus. Singula singulis comparemus. Illic intentur spectatores propositum nescio quem confictum deum Jovem, et adulterantem, et tonantem : hic respicimus verum Deum Christum, castitatem docentem, immunditiam destruentem, salubria prædicantem. Illic fingitur quod idem Jovis Junonem habeat sororem et conjugem : hic prædicamus sanctam Mariam matrem simul et virginem. Illic stupor ingeritur visui, ex usu hominem in fune ambulantem : hic magnum miraculum, Petrum mare pedibus transeuntem. (*Matth.*, XIV, 19.) Illic per mimicam turpitudinem castitas violatur : hic per castam Susannam castumque Joseph libido comprimitur, mors contemnitur, Deus amatur, castitas exaltatur. Chorus illic et cantio Pantomimi illicit auditum, sed expugnat sanum affectum : et quid tale nostro cantico comparandum sit, in quo dicit qui amat et cantat : « Narraverunt mihi peccatores de-

(*a*) In Mss. *figuræ equorum*.

raconté leurs jouissances ; mais elles ne sont pas comme votre loi, Seigneur ; car tous vos commandements sont vérité? » (*Ps.* CXVIII, 85.) Car là tout est fiction et vanité. On admire peut-être l'adresse de ceux qui forment l'échelle, ces enfants jouant dans les airs, et représentant diverses histoires. Mais dans le sein de Rebecca, n'avons-nous pas nos deux enfants lutteurs? On voit sortir le premier, la main du second sort du sein maternel, et le premier est saisi par la plante du pied. (*Genèse*, XXV, 22.) Dans cette lutte nous avons la figure d'un grand mystère, c'est que le plus jeune supplanterait l'aîné, et lui enlèverait son droit d'aînesse et sa bénédiction. Ces deux enfants qui semblent jouer, et qui nous représentent, comme je l'ai dit, un grand mystère, ce sont les Juifs réprouvés dans la personne d'Esaü, et les chrétiens prédestinés dans la personne de Jacob. Jacob, ce simple enfant qui jouait en venant au monde, symbolisait en lui-même cette multitude d'enfants prédestinés, que les mains des fidèles reçoivent du sein de leurs mères, non pour les préparer à faire des jeux de suspension dans les airs, mais pour les faire renaître à la vie du ciel. Voilà des plaisirs qui réjouissent l'esprit, et qui nourrissent l'âme chrétienne. Fixons-nous dans ces habitudes de tempérance, et fuyons les folies enivrantes du diable.

5. Il ne faut pas non plus que les combats de l'amphithéâtre séduisent et entraînent un chrétien. C'est là que l'on accourt avec d'autant plus d'avidité, que le spectacle se fait plus attendre. Mais qu'offre-t-on à vos regards? toutes sortes de dangers, toute espèce de cruautés. Là, comme dit le bienheureux Cyprien (Epit. II *à Donat*), une volonté criminelle condamne aux bêtes des hommes innocents. Vous donc, mes bien-aimés, ne vous laissez pas tenter par ce cruel spectacle, de voir deux chasseurs lutter contre neuf ours ; contemplez plutôt notre jeune Daniel, domptant tout seul par sa prière les sept lions. Sachez, en amateurs spirituels, discerner les combats; d'un côté, vous voyez deux hommes volontairement coupables ; d'un autre côté, un seul homme innocent et plein de foi. Les uns livrent leur vie aux bêtes pour un prix terrestre ; l'autre s'écrie dans sa prière : « Ne livrez pas aux bêtes les âmes qui confessent votre nom. » (*Ps.* LXXIII, 13.) D'un côté le maître du spectacle se désole, s'il voit que le lutteur soit sain et sauf, après lui avoir tué plusieurs bêtes ; mais chez nous on combat sans armes ; Daniel n'est point blessé, la bête n'a point de mal, et la victoire n'a pour résultat que l'admiration du roi, sa conversion, la crainte du peuple et la perte des ennemis. Qu'il est admirable notre spectacle, qu'il est merveil-

lectationes suas, sed non ita ut lex tua, Domine, omnia mandata tua veritas? » (*Psal.* CXVIII, 85, 86.) Nam illic universa fingit vanitas. Scandalistarum quis illic forte peritiam admiretur, videre parvulos in aera ludentes, diversas historias exhibentes. Sed videte nostrorum lusus infantum. In utero Rebeccæ duo certant infantes : procedente majore, minoris manu emissa ex utero, planta majoris apprehensa est. (*Gen.*, XXV, 22.) In quorum certamine magni sacramenti figura monstrata est, minor supplantaret majorem, eique postmodum primatum atque benedictionem auferret. In quibus parvulis quasi ludentibus, et sacramentum, ut dixi, magnum exhibentibus, et reprobi in Esau demonstrantur Judæi, et prædestinati in Jacob apparent Christiani. Ille enim Jacob unus parvulus sic garriens, multos in se prædestinatos etiam parvulos demonstrabat infantes, qui ex utero matris suscipiuntur manibus fidelium, nec eos sic excutiunt, ut in aere pendeant, sed ut renati in cœlo vivant. His igitur oblectamentis mens delectetur, pascatur anima Christiana : hanc sobrie-

tatem retinens mentis, fugiat ebrietatem diaboli.
5. Nec amphiteatri certamina seducant aut pertrahant Christianum : quo quidem tanto avidius curritur, quanto tardius exhibetur. Sed etiam ibi quid non periculosum ingeritur aspectibus, qui non cruentum? ubi, sicut ait beatissimus Cyprianus, voluntas noxia ad feras homines nullo crimine damnat. (Cypr., in epist. 2 *ad Donatum*.) Non ergo vos, Dilectissimi, illud spectaculum crudele invitet intueri, novem ursis duos altercantes venatores : sed delectet videre unum nostrum Danielem orando superantem septem leones. Discerne spiritalis amator certamina : vide duos noxios (*a*) voluntate, vide unum innocentem ac plenum fide. Vide illos pro præmio terreno suas animas bestiis obtulisse : vide istum in oratione clamantem : « Ne tradideris bestiis animas confitentes tibi. » (*Psal.* LXXIII, 19.) In illo spectaculo contristatur editor, si venator evadat illæsus, qui ei plures bestias interemit : in isto nostro sine ferro pugnatur, nec Daniel læditur, nec fera occiditur; et sic vincitur, ut rex miretur atque

(*a*) Er. et Mss. *voluptate*.

leux, puisque c'est Dieu qui aide, la foi qui obtient des forces, l'innocence qui combat, la sainteté qui triomphe, avec une récompense qui comble le vainqueur et qui ne coûte rien à celui qui la donne. Voilà les spectacles spirituels qu'il faut désirer, et pour les voir et en jouir avec sécurité, accourez avec joie dans l'Eglise, bannissez de votre cœur tout désir charnel, confiez à la providence de Dieu toute votre sollicitude, afin que votre adversaire s'arrête, ne trouvant rien en vous qui lui appartienne; chassez-le, renoncez à ses pompes, afin qu'après avoir été affranchis de ses piéges, il ne trouve pas moyen d'entrer en vous, lui dont la malice ambitionne de reprendre ceux qui ne sont plus les siens.

CHAPITRE III. — 6. « Croyez fidèlement en Dieu le Père tout-puissant. » Nous croyons que Dieu est tout-puissant, parce qu'ayant tout fait, il n'a pas été fait; et il est tout-puissant par cette raison, qu'il a fait de rien tout ce qu'il a fait. Il n'a employé aucune matière pour montrer la puissance de son art; mais, comme je l'ai dit, il a créé toutes choses de rien. Car la toute-puissance consiste non-seulement à fabriquer une chose, mais à donner l'être à la matière elle-même, sans avoir en soi-même un commencement. Il faut que celui qui est éternel crée, non pas son être à lui-même, mais les éléments dont sont formées les créatures. Car tout ce qui est, existe par lui; quant à lui, il est par lui-même, n'ayant été fait par personne. Il a fait toutes choses, n'étant pas fait lui-même; il a créé toute créature, sans être créé; et c'est lui qui a donné à toute créature, suivant les degrés de son excellence, la puissance qui lui convient. C'est pourquoi on peut dire de tout ange, ou de tout homme, selon le pouvoir qui lui est donné, qu'il est puissant; mais dira-t-on jamais qu'il est tout-puissant? On peut dire d'un roi ou d'un empereur qu'il peut beaucoup, s'il le veut, et pourtant tout homme sensé n'osera jamais dire qu'il est tout-puissant; car si par flatterie il lui donne ce nom, dès lors il le trompe, et se trompe lui-même. Comment pourrait-il appeler tout-puissant, celui dont il connaît l'immense désir d'une longue vie, et dont la mort vient trancher les jours? S'il est tout-puissant, qu'il ne meure pas, et qu'il soit exempt de la mort. Mais si la mort termine sa vie, la mort elle-même démontrera qu'il n'est pas tout-puissant. Il n'y a donc aucune créature, au ciel et sur la terre, qui soit toute-puissante; il n'y a que la seule Trinité, savoir, le Père, le Fils et le Saint-Esprit.

mutetur, et populi pertimescant, et inimici dispereant. Admirabile spectaculum nostrum, plane mirabile, in quo Deus adjuvat, fides vires impetrat, innocentia pugnat, sanctitas vincit, præmium consequitur tale, quod et ille qui vicerit accipiet, et qui donaverit nihil amittet. Ita spiritalia munera concupiscite, ad hæc intuenda et cum omni securitate spectanda alacriter ad ecclesiam convenite, ab omni cupiditate carnali propositum cordis revocate omnem sollicitudinem vestram Deo gubernandam committite : ut adversarius revereatur, nihil in vobis inveniens suum; vosque illum repudiantes, ejusque pompis renuntiantes, postea quam ab ejus insidiis vestra fuerit eruta libertas, ne vos inveniat vacuos ille nefarius, quem novimus etiam non suos tenere cupientem.

CAPUT III. — 6. « Fideliter credite in Deum Patrem omnipotentem. » Omnipotentem Deum credimus, qui omnia faciens factus non est : et ideo omnipotens est, quia de nihilo fecit quæcumque fecit. Non enim eum aliqua materies adjuvit, ex qua demonstraret artis suæ potentiam : sed ex nihilo, ut dixi, cuncta creavit. Hoc est enim esse omnipotentem, ut non solum fabrica ipsa, sed etiam materies ab illo inveniatur esse, qui non habuit initium ut esset; et is qui sempiternus est, crearet, non id quod ipse esset, (*v*) sed ut ab illo essent jam accepisse. Omne enim quod est, ab illo est : ipse autem a se ipso est, qui non ab aliquo factus est. Fecit ergo facta non factus, creavit creaturam non creatus : qui etiam ipsi creaturæ convenientibus gradibus per diversas ordinationes constituit potestates. Potest quippe secundum datam potestatem quilibet angelus vel homo dici potens : sed numquid potest dici omnipotens? Potest dici rex vel imperator, quod multa quæ velit possit : non tamen eum qui sanum sapit, audebit dicere omnipotentem; nam si voluerit eum adulando ita laudare, incipit et illum et se ipsum fallendo decipere. Quomodo enim audebit dicere omnipotentem, quem videt multum velle vivere et vitam succedente morte finire? Si omnipotens est, non moriatur, a morte (*b*) excludatur. Si autem ei mors terminum dabit, omnipotentem eum non fuisse ipsa mors demonstrabit. Non ergo quispiam audebit quamlibet creaturam sive cœlestem sive terrestrem dicere omnipotentem, nisi solam Trinitatem, Patrem scilicet et Filium et Spiritum sanctum.

(*a*) Locus perplexus, in quo Fuliensium codex omittit, *sed ut ab illo essent, jam accepisse*. — (*b*) Mss. *a morte non excludatur*.

7. Quand nous disons que nous croyons en Dieu le Père tout-puissant, nous nous gardons bien de nier, comme les hérétiques ariens, que le Fils soit tout-puissant, et que le Saint-Esprit soit tout-puissant. Si vous refusez la toute-puissance au Fils, vous la refusez au Père. Mais le Père, disent-ils, est plus grand, et le Fils est moindre. Cela est vrai dans les hommes, cela est vrai dans toutes choses, et c'est là ce qui vous embarrasse. Considérez la nature divine ; arrêtez-vous devant l'idée de Dieu, et pensez qu'il est éternel; car votre difficulté n'en est pas une. Si le Père est éternel, le Fils est certainement éternel. Car si le Fils était avant d'être Fils, le Père aussi était avant d'être Père; que si le Père fut un temps sans être Père, il n'était pas tout-puissant, puisqu'il lui manquait la paternité. Si vous donnez un commencement au Fils, il faut donner un commencement au Père; car le Père doit au Fils son nom de Père. Or, s'il a toujours été Père, le Fils a toujours été Fils; et si le Père est Dieu, le Fils est Dieu aussi. Car un Dieu ne peut engendrer qu'un Dieu. Que si le Père est Dieu, le Fils aussi est Dieu, et si le Père est éternel, le Fils aussi est éternel, sans qu'il y ait aucune différence d'âge, de dignité ou d'égalité. Ecoutez ce que dit l'Apôtre de Dieu le Fils : « Lui, qui ayant la nature de Dieu, dit-il, n'a point cru que ce fût pour lui une usurpation de s'égaler à Dieu. » (*Philipp.*, II, 6.) Il n'a point usurpé, puisqu'il possédait par droit de nature. C'est pourquoi la toute-puissance du Père est dans le Fils, et la toute-puissance du Fils est dans le Père ; car jamais le Père n'a été sans le Fils, ni le Fils sans le Père. Cette divine naissance, par laquelle le Fils est sorti du Père, par laquelle un Dieu est né de Dieu, sans commencement, en dehors du temps, sans mère, sans séparation, sans aucune diminution, nous ne pouvons pas l'expliquer : « Qui racontera, dit le prophète, sa génération ? » (*Isaïe*, LIII, 8.) Et en effet, qui peut comprendre et dire comment il est né, lui qui est toujours dans le Père, et qui ne se sépare jamais du Père ? Impossible, comme je l'ai dit, de le raconter dignement. Mais nous devons préparer nos cœurs à la venue du Fils, afin qu'en nous éclairant et en nous gouvernant par la foi, il nous conduise à la lumière de sa vérité; que nous ne restions pas dans les ténèbres de notre infidélité, et qu'en pensant du Fils qu'il n'est pas comme le Père, le Fils lui-même ne cesse de nous instruire pour nous réprimander comme Philippe, en nous disant : « Philippe, celui qui me voit, voit aussi mon Père. Ne sais-tu pas que je suis dans mon Père, et que mon Père est en moi ? » (*Jean*, XIV, 9.) C'est

---

7. Non enim, cum dicimus nos « credere in Deum Patrem omnipotentem, » sicut hæretici Ariani, negamus Filium omnipotentem, aut Spiritum sanctum omnipotentem. Si Filium negaveris omnipotentem, negabis et Patrem omnipotentem. Sed major est, inquiunt, Pater, minor est Filius. Hoc in hominibus, hoc in omnibus, et tu in omnibus perturbaris. Divinam naturam considera, Deum attende, sempiternum cogita : nam vane conturbaris. Si sempiternus est Pater, sempiternus est utique et Filius. Si enim fuit Filius quando non fuit Filius, fuit et Pater quando non fuit Pater : quod si fuit aliquando Pater non Pater, non fuit omnipotens : minus enim habuit in eo quod postea effectus est Pater. Si das initium Filio, das initium et Patri. Pater enim a Filio appellatus est Pater. Si autem semper fuit Pater, semper fuit et Filius. Et si Deus est Pater, Deus est et Filius : non enim aliud potuit procedere de Deo quam Deus. Quod si Deus est Pater, Deus est et Filius; et si sempiternus est Pater, sempiternus est et Filius : quem non præcessit ætate nec dignitate, non (*a*) cum minuit æqualitate. Apostolum audi quid de Deo Filio dicat : « Cum in forma Dei esset, inquit, non rapinam arbitratus est esse æqualis Deo. » (*Philip.*, II, 6.) Non rapuit, quia naturaliter habuit. Omnipotentia itaque Patris in Filio, omnipotentia Filii in Patre : quia neque aliquando Pater sine Filio, neque aliquando Filius sine Patre. Divinam illam nativitatem qua Filius processit ex Patre, qua natus est Deus de Deo, sine initio, sine tempore, sine matre, sine aliqua fragilitate, sine ulla sui diminutione, non possumus explicare. « Nativitatem autem ejus, ait Propheta, quis enarrabit ? » (*Isa.*, LIII, 8.) Et re vera quis comprehendere vel dicere potest quomodo natus sit, qui semper est in Patre, et nunquam recedit a Patre ? Digne, ut dixi, non possumus enarrare : sed debemus corda nostra ipsi Filio præparare; ut illuminando et per fidem gubernando perducat nos ad speciem veritatis suæ, ne remaneamus in tenebris infidelitatis nostræ, ne aliud æstimando de Filio quam quod est Pater, ipse Filius non docendo, sed increpando nos admoneat sicut Philippum, dicens : « Philippe qui (*b*) vidit me, vidit et Patrem. An non agnoscis, quia ego in Patre

---

(*a*) Mss. *non enim*. Sic etiam editio Er. quæ deinde sola prosequitur, *minuit æqualitatem* — (*b*) Sic melioris notæ Mss. juxta Græc. At editi, *videt*.

pourquoi comme Dieu est né de Dieu, et la lumière de la lumière, et le jour du jour, ainsi le Tout-Puissant est né du Tout-Puissant. Dans les conditions de notre génération mortelle, celui qui est père n'a pas toujours été père, et celui qui est fils n'est pas toujours fils ; car le fils lui-même, avec le temps perd son père, prend une épouse, a un enfant, et alors il cesse d'être fils pour avoir le nom de père ; et un père, tant qu'il n'a pas un fils, n'est pas encore père. On obtient avec le temps ce qu'on n'avait pas auparavant. Mais il n'en est pas ainsi dans la nature divine, dans cette génération éternelle. Là, le Père n'arrive pas à la mort par la décroissance, afin que le Fils en grandissant arrive à la dignité du Père ; là, il n'y a pas de temps, parce que c'est lui qui a fait les siècles.

Chapitre IV. — 8. En quoi donc, ô hérétique, oses-tu dire que le Fils est inférieur au Père ? Est-ce pour l'âge ? là, il n'y a pas de temps. Est-ce pour la divinité ? le Père est Dieu, le Fils aussi est Dieu. Est-ce pour les œuvres ? toutes choses ont été faites par le Fils. (*Jean*, I, 3.) L'Ecriture dit à la vérité que Dieu a fait le monde, comme il est écrit dans le livre de la Genèse : « Au commencement Dieu a fait le ciel et la terre. » (*Gen.*, I, 1.) Mais quand on parle de Dieu le Père, nous entendons aussi le Fils et le Saint-Esprit. Tu dis peut-être : Dieu le Père a fait le monde ? Mais écoute ce que dit saint Jean l'Evangéliste : « Au commencement était le Verbe, et le Verbe était en Dieu. Toutes choses ont été faites par lui, et rien n'a été fait sans lui. » Voilà ; il dit que rien n'a été fait sans le Fils, parce que « toutes choses ont été faites par lui. » (*Jean*, I, 1.) Si rien n'a été fait sans le Fils, qu'a donc fait le Père, que le Fils n'ait fait aussi, puisque, selon la parole de l'Evangéliste, rien n'a été fait sans le Fils ? Mais si, comme l'enseigne la foi catholique, vous considérez le Père agissant dans le Fils, et le Fils agissant dans le Père, puisque le Fils est dans le Père, et le Père dans le Fils, vous serez forcé de convenir que le Fils est tout-puissant, si le Père est tout-puissant dans son Fils ; car si le Fils n'est pas tout-puissant, comme le prêche l'hérétique arien, le Père n'est pas tout-puissant dans le Fils, et selon cet enseignement, ce serait une fausseté qu'aurait dite le Fils : « Je suis dans le Père, et le Père est en moi. » (*Jean*, XIV, 10.) Qui oserait dire que la vérité a pu mentir ? Honte à l'hérétique qui contredit la vérité !

9. Montrons cependant d'après les Ecritures que le Fils est appelé tout-puissant comme le Père, afin que l'impudence effrontée des hérétiques soit confondue, non-seulement par la

---

et Pater in me est ? » (*Joan.*, XIV, 9.) Sicut ergo Deus de Deo natus est, et lux de lumine, et dies ex die : ita et Omnipotens ex Omnipotente. In ista enim mortali nostra generatione qui est pater, aliquando non fuit pater ; et qui est filius, non semper est filius : quia et ipse filius cum accessu temporis patrem amiserit, conjugem acceperit, prolemque susceperit, non erit filius, sed ipse vocabitur pater ; et quilibet pater ante quam suscipiat filium, non vocabitur pater. Accedit ergo aliquid tempore, quod præcedat tempore. Non ergo æstimemus hoc in illa divinitatis esse substantia, in illa generatione sempiterna. Non enim illic deficiendo moritur Pater, ut Filius crescendo perveniat ad Patris dignitatem ; aut sunt ibi tempora, quia per ipsum facta sunt tempora.

Caput IV. — 8. In quo autem tu, hæretice, audes dicere Filium minorem, quem nos confitemur æqualem ? In ætate ? Non ibi sunt tempora. In divinitate ? Deus est Pater, Deus est et Filius. In opere ? Omnia per ipsum facta sunt. (*Joan.*, I, 3.) Dicit quidem Scriptura, quod Deus fecerit mundum, sicut scriptum est in libro Geneseos : « In principio fecit Deus cœlum et terram. » (*Gen.*, I, 1) sed nos audientes Deum Patrem, cognoscimus Filium et Spiritum sanctum.

Tu forsitan dicis, Deus Pater fecit mundum. Sed audi quid Joannes evangelista dicat : « In principio erat Verbum, et Verbum erat apud Deum, et Deus erat Verbum. Omnia per ipsum facta sunt, et sine ipso factum est nihil. » (*Joan.*, I, 1.) Ecce, sine Filio dicit nihil esse factum : quoniam « omnia per ipsum facta sunt. » Si sine Filio factum est nihil, quid fecit Pater quod non fecit Filius, de quo dicit Evangelista, quod sine Filio factum est nihil ? Si autem, sicut vera fides catholica habet, in Filio operante constituas Patrem, et in Patre operante constituas Filium, quoniam Filius in Patre est et Pater in Filio, omnipotens invenietur Filius, si in ipso omnipotens est Pater : si autem non est omnipotens Filius, ut prædicat hæreticus Arianus, non est in illo omnipotens Pater, falsumque erit secundum ipsos quod ipse Filius ait : « Ego in Patre, et Pater in me est. » (*Joan.*, XIV, 10.) Absit autem ut falsum sit quod Veritas dicit : confundatur Arianus, qui veritati contradicit.

9. Demonstremus tamen ex Scripturis dictum Filium omnipotentem sicut et Patrem, ut non solum ratio vera, sed etiam divina testimonia hæreticorum frontem percutiant impudentem. Dictus est Pater omnipotens, Propheta dicente : « Hæc dicit Dominus

raison, mais par les divins témoignages. Le Père est appelé tout-puissant par le prophète qui dit : « Voici ce que dit le Seigneur tout-puissant. » Le Fils est appelé tout-puissant ; car l'apôtre saint Jean dit dans son Apocalypse : « Par Jésus-Christ Notre-Seigneur, qui est, qui a été, et qui viendra comme tout-puissant. » (*Apoc.*, I, 5, 8.) Le Saint-Esprit est aussi appelé tout-puissant ; car Salomon a ainsi prophétisé : « L'Esprit du Seigneur a rempli l'univers, et celui qui contient tout a la science de tout. » (*Sag.*, I, 7.) N'est-il pas tout-puissant celui qui contient tout ? Car l'Ecriture dit que Dieu est juge, d'après cette parole de l'Apôtre : « Tous nous comparaîtrons devant le tribunal du Christ, afin que chacun reçoive selon ce qu'il a fait pendant sa vie, le bien ou le mal. » (II *Cor.*, V, 10.) Nous, quand nous disons que Dieu est juge, nous entendons la Trinité tout entière. Mais toi, ô hérétique, dis-nous quel est ce Dieu-Juge. Est-ce le Père ou le Fils ? Si tu dis : C'est le Père, tu nies cette qualité au Fils, et cependant tu professes dans le symbole qu'il viendra les vivants et les morts. Tu contredis aussi à ces paroles de l'Evangile : « Lorsque le Fils de l'homme viendra dans sa gloire, toutes les nations se rassembleront devant lui ; et il séparera les unes d'avec les autres, comme le pasteur sépare les brebis d'avec les boucs. » (*Matth.*, XXV, 31.) Dans cet endroit de l'Evangéliste, le Fils paraît comme juge d'une manière d'autant plus manifeste, qu'il prononce lui-même la sentence en disant : « Les impies iront au feu éternel, mais les justes auront la vie éternelle. » Que si vaincu par une si importante autorité, tu avoues que le Fils est juge, nieras-tu que le Père soit juge ? Non, diras-tu, je ne nie pas que le Père soit juge. Comment cela ? Parce que le Père a donné sa puissance, et le Fils l'a reçue. Je vois, ô hérétique, de quel côté se porte ta vue louche, où se dirige la pointe de ton esprit pervers. Tu vas me réciter et me dire d'après l'Evangile : « Le Père ne juge personne, mais il a donné tout jugement au Fils. » (*Jean*, V, 22.) Puisque le Père a donné, dis-tu, le Fils a reçu ; et celui qui donne est plus grand que celui qui reçoit ; donc le Père est plus grand, et le Fils est inférieur. Que ta vanité ne se glorifie pas de cette parole ; car elle va servir à te condamner par sa divine autorité. « Le Père, dis-tu, ne juge personne, mais il donne tout jugement au Fils. » Nous le savons, et la vraie foi sait comment elle doit le comprendre. Car l'homme, en qui s'est faite l'incarnation, et qu'on appelle aussi le Fils de Dieu, a reçu la puissance ; mais le Père et le Fils la donnaient, puisque le Fils est dans le Père et le Père dans le Fils. Du reste, si tu t'obstines, ô hérétique, à garder la doctrine perverse de ta

---

omnipotens. » Dictus est et Filius omnipotens, Joanne apostolo in Apocalypsi dicente : « Ab Jesu Christo Domino nostro, qui est, et qui fuit, et qui venturus est omnipotens. » (*Apoc.*, I, 5, 8.) Dictus est et Spiritus sanctus omnipotens, Salomone prophetante : « Spiritus Domini replevit orbem terrarum, et is qui continet omnia, scientiam habet. » (*Sap.*, I, 7.) An non est omnipotens qui continet omnia ? Dicit enim Scriptura quod Deus judex sit, dicente Apostolo : « Omnes astabimus ante tribunal Christi, ut referat unusquisque secundum ea quæ per corpus gessit, sive bonum, sive malum. » (II *Cor.*, V, 10.) Sed nos quando audimus Deum judicem, totam intelligimus Trinitatem. Tu autem, hæretice, dic quis sit iste Deus judex, Pater an Filius ? Si dixeris, Pater est : negas Filium judicem ; quem in Symbolo etiam tu confiteris venturum vivos mortuosque judicaturum. Contradicis etiam Evangelio dicenti : « Cum filius hominis venerit in claritate sua, congregabuntur ante eum omnes gentes ; et separabit eos ab invicem, sicut separat pastor oves ab hædis. » (*Matth.*, XXV, 31, etc.) In quo loco ab Evangelista expressius judex demonstratus est Filius, ut etiam ejusdem judicis sententia panderetur, dicentis : « Ibunt impii in combustionem æternam, justi autem in vitam æternam. » Quod si nolens obsistere tantæ auctoritati dixeris Filium judicem, Patrem ergo negabis judicem ? Non, inquis, nego Patrem judicem. Quomodo non negas ? Quia Pater, inquis, potestatem dedit, Filius accepit. Video quidem, hæretice, quo strabis oculis intendas, quo perversæ mentis aciem intentionis dirigas. Recitaturus enim mihi es ex Evangelio et dicturus : « Pater non judicat quemquam, sed omne judicium dedit Filio. » (*Joan.*, V, 22.) In eo, inquis, quod Pater dedit, Filius accepit, major est utique qui dat, quam qui accipit : major est Pater, minor est Filius. Non ex hac sententia glorietur tua vanitas : quoniam ex ipsa te nunc divina convincit auctoritas. « Pater, inquis, non judicat quemquam, sed omne judicium dedit Filio. » Cognoscimus : novit quippe sana fides quomodo hoc intelligat. Homo enim ille susceptus, qui etiam ipse appellatus est Dei Filius, accepit potestatem, sed dante Patre et Filio : quoniam Filius in Patre est, et Pater in Filio. Cæterum si tu, hæretice, secundum illam perversam vestram doctrinam illi hoc volueris assignare divinitati, qua Filius æqua-

secte, en attribuant la puissance à la Divinité, par laquelle le Fils est égal au Père, je te demanderai et j'insisterai avec force, en exigeant une prompte réponse, dis-moi, quel est celui qui disait à Moïse dans le Deutéronome : « Au jour du jugement, je payerai leur salaire ? » (*Deut.*, XXXII, 35.) Tu ne peux pas dire : C'est le Père ; car selon la parole de l'Evangile que tu as citée, « le Père ne juge personne. » C'est donc le Fils qui a dit : « Au jour du jugement, je payerai leur salaire. » Est-ce le Fils ? réponds, point d'hésitation ; est-le Fils, oui ou non ? Tu ne peux donc pas disconvenir que c'est le Fils qui a dit : « Au jour du jugement, je payerai leur salaire, » puisque « le Père ne juge personne. » Mais vois ce qui suit dans le livre; rien de plus fort et de plus convaincant. Après avoir dit : « Au jour du jugement, je payerai leur salaire, » il ajoute : « Considérez, oui, considérez que je suis Dieu, et qu'il n'y en a point d'autre que moi. » (*Deutér.*, XXXII, 39.) Que dis-tu, ô Arien, comment peux-tu sortir de là. Dis, si tu l'oses, que le Fils seul a dit cette parole, et tu nieras le Père, comme s'il n'était ni Dieu ni juge ? Laisse-toi donc convaincre, quitte ton obstination, écoute la vérité, et comprends que Dieu, comme juge, c'est la sainte Trinité. Sache aussi que le Saint-Esprit est juge. Le Seigneur lui-même dit dans l'Evangile : « Lorsque le Paraclet sera venu, il convaincra le monde touchant le péché, touchant la justice, et touchant le jugement. » (*Jean*, XVI, 8.) Que faut-il de plus ? La divine Ecriture nous enseigne encore que le Père et le Fils et le Saint-Esprit ont en même temps leur demeure dans l'homme, comme dans un temple. « Si quelqu'un m'aime, dit le Fils dans l'Evangile, il sera aimé de mon Père, et nous viendrons à lui, mon Père et moi, et nous y ferons notre demeure. » (*Jean*, XIV, 23.) Voici le Père et le Fils. Et le Saint-Esprit ? Ecoute l'Apôtre : « Ne savez-vous pas que vous êtes le temple de Dieu, et que le Saint-Esprit habite en vous ? » (1 *Cor.*, III, 16.) On prouve aussi que si Dieu abandonne les impies, c'est en même temps le Père, le Fils et le Saint-Esprit. « Les pensées perverses, dit le prophète Salomon, séparent de Dieu. » (*Sag.*, I, 3.) Voilà Dieu le Père abandonnant le cœur pervers. Que fait le Fils ? Lisez : « La sagesse n'entre point dans une âme méchante. » (1 *Corinth.*, I, 24.) Car le Christ est la vertu et la sagesse de Dieu. Voilà donc le Fils qui abandonne l'âme méchante, où sont les pensées perverses, d'où le Père s'est retiré. Reste le Saint-Esprit. Lisez donc encore : « Le Saint-Esprit qui enseigne toute science fuit le déguisement ; il s'éloigne des pensées qui

---

lis est Patri, quæro abs te diligentius, et ut mihi respondeas celeriter, insistam, quis sit ille qui in libro Deuteronomii Moysi dicebat : « In die judicii reddam illis. » (*Deut.*, XXXII, 35.) Non potes dicere, Pater est : quoniam secundum Evangelii sententiam a te prolatam : « Pater non judicat quemquam. » Ergo Filius est qui dicebat : « In die judicii reddam illis. » Filius est? Responde, quid dubitas? Filius hoc dixit, an non ? Non est quod dicas nisi Filium dixisse : « In die judicii reddam illis : » quoniam « Pater non judicat quemquam. » Sed vide sequentia libri hujus, quemadmodum te provocet, quemadmodum convincat: Cum enim dixisset : « In die judicii reddam illis ; » post paululum secutus adjunxit : « Videte, videte, inquit, quoniam ego sum Deus, et non est alius præter me. » (*Ibid.*, 39.) Quid agis, Ariane ? Non est qua exeas. Dic si audes, Filium solum hoc dixisse, et negabis Patrem, nec Deum esse, nec judicem. Depone vel nunc convictus animositatem, audi veritatem, intellige Deum judicem Trinitatem. Audi quod et Spiritus sanctus judex sit. Ipse Dominus in Evangelio ait : « Cum venerit Paracletus, ipse arguet mundum de peccato, de justitia, et de judicio. » (*Joan.*, XVI, 8.) Quid quæris amplius ? Item demonstrat Scriptura divina quod simul habitet Pater et Filius et Spiritus sanctus in homine, tanquam in templo suo. In Evangelio Filius : « Si quis me, inquit, diligit, diligetur a Patre meo ; et veniemus ad eum ego et Pater, et mansionem apud illum faciemus. » (*Joan.*, XIV, 23.) Ecce Pater et Filius : quid Spiritus sanctus? Apostolum audi : « Nescitis, inquit, quia templum Dei estis, et Spiritus Dei habitat in vobis ? » (1 *Cor.*, III, 16.) Item demonstratur quod simul deserat impios Pater et Filius et Spiritus sanctus. Salomon propheta : « Perversæ, inquit, cogitationes separant a Deo. » (*Sap.*, I, 3.) Ecce Deus Pater deserens perversas cogitationes. Quid Deus Filius? Sequitur : « Quoniam in malevolam animam non introibit sapientia. » (1 *Cor.*, I, 24.) Christus enim Dei virtus et Dei sapientia. Ecce et Filius deserit malevolam animam, in qua sunt perversæ cogitationes, quas deseruit Pater. Restat de Spiritu sancto. Audi post paululum quid sequatur : « Sanctus, inquit, Spiritus disciplinæ effugiet fictum, et auferet se a cogitationibus quæ sunt sine intellectu. » (*Sap.*, I, 5.) Audi, sine intellectu deserere hominem Spiritum sanctum. Quando ista idem ipse Spiritus sanctus per Prophetam dicebat, vos prævidebat. Ecce jam illa insepara-

sont sans intelligence. » (*Sag.*, I, 5.) Tu entends que le Saint-Esprit abandonne l'homme sans intelligence. Quand le Saint-Esprit lui-même disait ces paroles par le prophète, il vous voyait d'avance. Il est donc prouvé par les témoignages des divines Ecritures que cette adorable Trinité est indivisible, qu'elle habite en même temps, qu'elle règne en même temps, qu'elle possède en même temps, qu'elle abandonne en même temps ; et vous, ô Ariens, en la séparant, et par différents degrés, faisant injure au Fils et au Saint-Esprit, vous ne lui permettez pas d'habiter en vous ; parce que Dieu se retire des pensées perverses qui sont en vous ; et la sagesse n'entrera point dans une âme méchante, parce que, par la malice de votre âme, vous séparez le Fils du Père, comme vous séparez le troupeau du souverain Pasteur. Et le Saint-Esprit fuit le déguisement, c'est-à-dire le mensonge de votre doctrine perverse dans laquelle il est démontré que ne réside ni le Père, ni le Fils, ni le Saint-Esprit.

10. Puisqu'il s'agit de l'unité de la Trinité, du Père, du Fils et du Saint-Esprit, gardons-nous de dire que dans cette unité sont trois dieux, trois tout-puissants, trois invisibles, trois immortels, mais un seul Dieu, comme dit l'Apôtre : « Au seul Dieu, immortel, invisible, incorruptible, honneur et gloire. » (I *Tim.*, I, 17.) N'allons donc pas nous figurer que le Père, le Fils et le Saint-Esprit aient des dignités diverses, des âges différents et inégaux, des pouvoirs plus grands ou moins grands ; et puisque le Sauveur lui-même, Notre-Seigneur, a renversé par sa puissance et sa majesté les idoles et les temples ; que le diable ne vienne pas relever ces mêmes idoles dans le cœur des chrétiens. C'est pourquoi la foi catholique nous enseigne qu'il faut croire un Dieu Père, tout-puissant, immortel et invisible ; un Dieu Fils, tout-puissant, immortel, invisible, selon la génération divine, mais visible, mortel et inférieur aux anges, selon la nature humaine à laquelle il s'est uni ; un Dieu Saint-Esprit, tout-puissant, immortel et invisible ; mais vu sous la figure d'une colombe, pour rendre témoignage au Fils. (*Matth.*, III, 16.) Telle est la Trinité, unité simple, inséparable, inénarrable, toujours immuable, toujours présente, toujours régnant, un seul Dieu dont le prophète David a dit : « Vous êtes le seul Dieu grand. » (*Ps.* LXXXV, 10.)

CHAPITRE V. — 11. « Nous croyons en son Fils Jésus-Christ, né du Saint-Esprit et de la vierge Marie. » Pourquoi cette naissance, ô incrédule, a-t-elle quelque chose de si étonnant pour toi ? N'y crois pas, si tu n'y vois qu'un

---

bilis Trinitas testimoniis divinarum Scripturarum demonstratur, quod simul habitet, simul regnet, simul possideat, simul deserat : quam vos Ariani separando et per diversos gradus Filio et Spiritui sancto injurias irrogando, non in vobis (a) habitare sinitis : quoniam et Deus Pater aufert se a cogitationibus perversis quæ sunt in vobis : et in malevolam animam non introibit sapientia ; quia per vestræ animæ malitiam sicut Filium a Patre, ita gregem separatis a summo pastore : et Spiritus sanctus effugiet fictum, id est, fictionem perversæ vestræ doctrinæ, in qua demonstratum est, nec Patrem, nec Filium, neque manere Spiritum sanctum.

10. Quoniam igitur de unitate igitur Trinitatis, Patris et Filii et Spiritus sancti, quam unitatem non audemus dicere tres deos, nec tres omnipotentes, nec tres invisibiles, nec tres immortales, sed unum Deum, de quo dicit Apostolus : « Immortali, invisibili, incorruptibili soli Deo honor et gloria : » (I *Tim.*, I, 17) non ergo nobis ipsis fingamus Patris et Filii et Spiritus sancti diversas dignitates, separabiles et inæquales ætates, ampliores et infirmas potestates : ne quod ipse Dominus Salvator noster virtute ac majestate sua idola eradicavit et templa, rursus in cordibus Christianorum diabolus fabricet idola. Fides itaque catholica hæc est : Omnipotentem, immortalem, atque invisibilem credere Deum Patrem : omnipotentem, immortalem atque invisibilem credere Deum Filium, secundum divinam nativitatem ; visibilem autem, mortalem, minoremque angelis factum secundum susceptam humanitatem : omnipotentem, immortalem atque invisibilem credere Spiritum sanctum secundum æqualem divinitatem ; visum autem in specie columbæ propter Filii attestationem. (*Matth.*, III, 16.) Et hæc est Trinitas simplex unitas, inseparabilis, inenarrabilis, semper manens, semper præsens, ubique regnans, unus Deus, de quo propheta David dicit : « Tu es solus Deus magnus. » (*Psal.* LXXXV, 10.)

CAPUT V. — 11. « Credimus in Filium ejus Jesum Christum, natum de Spiritu sancto ex virgine Maria.» Hanc nativitatem, incredule, quid expavescis ? Noli credere, si tantum homo erat qui natus est : si autem Deus homo erat, de qua voluit natus est, quia sicut voluit natus est. Illud potius mirare, quia Verbum suscepit carnem : nec est mutatum in carnem, quia

---

(a) Mss. *non in vobis habitat.*

homme. Mais si cet homme était Dieu, il est né de celle qui lui a plu, parce qu'il est né comme il a voulu. Étonne-toi plutôt que le Verbe ait pris notre chair, non pour être changé en elle, parce qu'il est resté Dieu en prenant la nature humaine. Du reste, qu'est-ce qui te surprend? qu'une mère ait engendré son Père, et qu'une créature ait enfanté son Créateur? C'est ainsi que le Très-Haut a voulu rester humble, pour que son humilité fît éclater sa majesté. Une mère vierge portait son fils, s'étonnant elle-même à la vue de cet enfant, qu'elle avait conçu sans contact conjugal. Ecoute la prédiction, ô incrédule, et reconnais son accomplissement. Voici les paroles du prophète David : « La mère de Sion dira : Un homme, oui, un homme est né dans son sein ; c'est le Très-Haut lui-même qui l'a formée. » (*Ps.* LXXXVI, 5.) C'est le Très-Haut lui-même qui l'a formée, et il s'est fait homme dans son sein ; le Très-Haut, parce qu'il a créé une telle mère, le Très-Haut, parce qu'il s'est de telle sorte formé un corps en elle, qu'en sortant de son sein, il lui donnait un fils sans nuire à son intégrité. Quelle n'est pas la grâce de cette mère et de cette vierge ? Quelle n'est pas la beauté de cette femme qui, sans avoir connu d'homme, porte un fils ? Quelle est cette grâce ? Ecoutez l'ange Gabriel qui la salue : « Je vous salue, pleine de grâce, le Seigneur est avec vous. » (*Luc*, I, 28.) Lorsque l'ange l'eut ainsi saluée, le Saint-Esprit la féconda, et alors cette femme conçut un homme, sans le concours d'un homme, alors elle fut remplie de grâce ; alors elle reçut en elle son Seigneur, et elle porta dans son sein celui qui l'avait créée. C'est pourquoi, mes bien-aimés, il ne faut pas croire qu'avec la présence et la protection d'un tel hôte, cette femme pût jamais être exposée à la corruption, elle qui n'éprouvait aucune ardeur de concupiscence.

12. Cependant la vierge mère connaissait celui qu'elle portait ; elle le connaissait, n'en soyez pas étonnés, mais croyez-le. Voilà que celui qu'elle porte vient au monde ; il ne parle pas encore, et il ébranle le monde entier. Le ciel l'acclame, rayonnant de l'éclat d'un astre nouveau ; la terre l'acclame, troublée par Hérode ; les mages avertis accourent ; les Juifs troublés le recherchent ; ils cherchent où était celui qui est partout ; on cherche dans le monde le fabricateur du monde. Or on le recherchait, non pour le reconnaître, mais pour le faire mourir ; « car le monde a été fait par lui, et le monde ne l'a pas connu. » (*Jean*, I, 10.) O monde impur, voici celui qui vient te racheter, et tu le troubles ; et alors tu veux le perdre, quand il vient te sauver. O terre impie des Juifs, tu es en désaccord avec le ciel. Le ciel le montre pour qu'il soit adoré ; tu le cherches, pour qu'il soit,

---

manens Deus suscepit hominem. Cæterum quid miraris, quia genitrix suum genuit genitorem, quia creavit creatura factorem? Sic voluit nasci excelsus humilis, ut in ipsa humilitate ostenderet majestatem. Portabat filium mater intacta, mirabatur et ipsa in aspectu suæ prolis, quam amplexus non strinxerat maritalis. Sed, incredule, audi prædictum, cognosce impletum. David propheta dicit : « Mater (1) Sion dicet homo, et homo factus est in ea, et ipse fundavit eam Altissimus. » (*Psal.* LXXXVI, 5.) Ipse qui fundavit eam Altissimus, ipse in ea factus est homo : Altissimus, quia talem matrem creavit : Altissimus, quia sic se in ea formavit, ut procedens ex ejus utero, et filium ejus redderet, et integritatem non corrumperet. Quæ est gratia matris hujus et virginis? Quæ est gratia hujus feminæ, quæ virum nesciens filium portat? Quæ est gratia? Audite Gabrielem angelum eam salutantem : « Ave, inquit, gratia plena, Dominus tecum. » (*Luc.*, I, 28.) Quando Angelus istam virginem sic salutavit, tunc eam Spiritus sanctus fecundavit : tunc illa femina virum sine viro concepit, tunc repleta est gratia, tunc Dominum suscepit, ut esset in ea qui fecerat eam. Neque enim, Dilectissimi, credendum est, quod illo jam præsente ac protegente poterat illi feminæ dominari corruptio, in qua non erat ardoris libido.

12. Noverit tamen quem portavit virgo mater, noverit, stupor abscedat, fides accedat. Ecce quem portat nascitur; nondum loquitur, et totum concutit mundum. Clamat cœlum, novi sideris radians fulgore : clamat terra, turbata per Herodem ; veniunt Magi admoniti, inquirunt Judæi turbati ; quærunt ubi esset qui ubique totus est, quæritur in mundo fabricator mundi. Ad hoc autem quærebatur, non ut agnosceretur, sed ut occideretur : quia « mundus per eum factus est, et mundus eum non cognovit. » (*Joan.*, I, 10.) O munde immunde, venit qui te redimat, et turbaris; et tunc eum vis perdere, quando ille te disposuit liberare! O Judæorum terra impia, non congruis cœlo. Cœlum demonstrat, ut adoretur :

---

(1) Sic legit Augustinus e textu Græco, sed beatus Hieronymus aperte docet textum Græcum esse corruptum, et Septuaginta vertisse μήτι quod est *numquid*, sed ab aliquo sciolo additum esse ρ et factum esse μητηρ. (Vid. BELLARM., *Explanat. in Psalm.*)

tout petit enfant, mis à mort. Il t'annonce que comme Dieu il a pris pour toi la nature humaine ; et tu veux perdre celui qui vient te racheter. Attends un peu ; il vient même pour qu'il assouvisse ta soif de cruauté ; mais patiente jusqu'à ce qu'il ait recueilli son héritage. Recueillez, recueillez, ô Rédempteur ; et que l'homme ne se glorifie pas de l'avoir dispersé. Vengez-vous contre eux, puisqu'ils vous persécutent petit enfant ; et que les petits enfants meurent pour vous. Si les pères sont cruels pour vous, que leurs petits meurent à votre place. Vengez-vous, vengez-vous ainsi. Que les enfants, muets encore, insultent à leurs pères, en accusant leur cruauté ; qu'ils rendent témoignage de votre innocence, parce qu'il n'y a en vous aucune malice ; et quand ils veulent vous faire mourir innocent, punissez-les, en les séparant de leurs petits enfants. Vous pleurez, ô Juifs, vous vous lamentez sur vos fils ; mais ils ne meurent pas pour être arrachés à la vie ; c'est une punition pour vous d'en être privés ; mais c'est une gloire pour eux de recevoir l'immortalité. Vous avez dénoncé à Hérode la demeure du Fils de Dieu pour le faire mourir ; mais ce tyran, en tuant vos enfants à la place du Fils de Dieu, et vous infligeant cette privation, vous a punis sans le savoir comme des traîtres, et a donné à vos enfants l'héritage de Dieu. C'est ainsi qu'il se riait de vous celui qui habitant dans le ciel était descendu sur la terre ; c'est ainsi qu'il déjouait vos fureurs et celles de votre roi, en faisant retomber sur vous vos propres cruautés, et se servant de vos malices pour faire un grand bien.

13. Vous avez connu, ô vierge mère, l'enfance de votre Fils, connaissez aussi son adolescence. L'Evangile nous dit : « Son père et sa mère allèrent avec l'enfant Jésus à Jérusalem, pour offrir un sacrifice, selon les prescriptions de la loi ; or, comme ils s'en retournaient, l'enfant Jésus resta dans le temple, et il disputait avec les vieillards et les scribes ; et tous étaient étonnés de la sagesse qui était en lui, et plusieurs étaient troublés. Mais ses parents étant revenus pour le chercher, ils le trouvèrent assis au milieu des Docteurs, les interrogeant et leur répondant. Et sa mère lui dit : Mon Fils, pourquoi avez-vous fait ainsi ? Voici que nous vous cherchions, étant fort tristes et inquiets. Alors il lui dit : Pourquoi étiez-vous inquiète ? ne savez-vous pas qu'il faut que je sois occupé de ce qui regarde mon Père ? » (*Luc*, 1, 43.) En entendant ces paroles de son fils, la mère fut saisie d'étonnement ; car ce Père que venait de nommer celui qui n'en avait point sur la terre, n'était autre que Celui qui a fait le ciel et la terre.

14. Qu'elle connaisse aussi les années de sa jeunesse, ses nombreux et étonnants miracles,

tu quæris, ut infans necetur. Ille tibi annuntiat Deum hominem suscepisse pro te, et tu vis perdere eum qui venit redimere te. Expecta paululum, ad hoc quidem venit, ut tuam etiam pessimam impleat voluntatem : sed sustine, ut suam ille colligat hæreditatem. Collige, collige Redemptor : non glorietur dispersor. Vindica in eos qui te parvulum persequuntur, parvuli ipsorum pro te moriantur. Si ipsi in te crudeles existunt, parvuli ipsorum pro te moriantur. Vindica, sic vindica. Insultent filii parentibus nondum loquentes, convincant sævientes : infantes dicant testimonium de tua innocentia, quia non est in te ulla malitia : et ii qui te volunt innocentem occidi, hoc eis proveniat, ut suos parvulos ab eis facias separari. Lugeatis licet Judæi atque plangatis filios vestros, non illi moriuntur, quia a vita suscipiuntur : vobis irrogatur pœna orbitatis, cæterum illis gloria offertur immortalitatis. Nuntiastis Herodi ubi occidendus inveniri potest Filius Dei ; sed ille filios vestros occidens pro Filio Dei, et vos orbitatis pœna nesciens punit tanquam proditores, et filios vestros Dei fecit hæredes. Sic vos irridebat ille, ille qui habitans in cœlo, jacebat in terra : sic furias vestras vestrique regis subsannabat, quando mala vestra in vos retorquebat, et de malis vestris multa ille bona faciebat.

13. Agnovisti virgo mater filii tui infantiam, agnosce et pueritiam. Evangelium loquitur : « Perrexerunt, ait (*Luc*., II, 43), cum puero Jesu parentes ejus in Jerusalem, ut pro eo offerrent sacrificium secundum legem. Et factum est remeantibus illis, puer Jesus remansit in templo : et erat disputans cum senioribus et scribis : et mirabantur omnes in sapientia quæ erat in eo, et turbabat multos. Sed cum reversi essent quærentes illum, invenerunt illum sedentem in medio seniorum, interrogantem et respondentem illis. Et ait illi illa mater : Fili, quid fecisti nobis ? Ecce enim solliciti et anxii quærebamus te. Tunc illi : Quid sollicita eras, inquit ? nescis quia oportet me in his quæ Patris mei sunt, operari ? » Quando talia mater a puero filio audivit, corde expavit : non enim patrem nominabat ille quem nesciebat in terra, sed illum qui fecit cœlum et terram.

14. Agnoscat et ejus adolescentiam, videat multa et magna miracula, conversionem aquarum in vinum.

le changement de l'eau en vin. Dans ce premier miracle, cette femme crut pouvoir ordonner à son fils, comme une mère qui commande, elle qui se regardait comme sa servante : « Mon fils, dit-elle, ils n'ont pas de vin, ordonnez que l'eau se change en vin. » (*Jean*, II, 3.) Mais lui, voulant montrer la distance qu'il y a entre Dieu et l'homme, car comme homme il était inférieur, et comme tel il était soumis, mais comme Dieu il était le maître de tous : « O femme, dit-il, qu'y a-t-il de commun entre vous et moi; mon heure n'est pas encore venue. » Comme s'il disait : L'heure viendra, quand l'homme qui est né de vous sera attaché à la croix, vous reconnaîtra et vous recommandera au disciple bien-aimé; mais dans ce miracle, qu'y a-t-il de commun entre vous et moi? Ce pouvoir ne vient pas de vous, mais de celui qui vous a créée; il ne vous convient pas de commander à Dieu, il vous convient de lui être soumise. Mais la pieuse mère, qui reçut doucement l'admonition qui lui disait : « Qu'y a-t-il de commun entre vous et moi? » verra dans les autres miracles l'action d'un Dieu, quoiqu'il fût son fils visible dans la condition d'homme, elle verra les aveugles ouvrir les yeux à la lumière, les lépreux purifiés, les boiteux marcher, les sourds entendre, les démons mis en fuite; et ce qui est plus considérable encore, les morts ressusciter. Mais ce n'est pas tout, il faut que cette mère s'étonne encore davantage de la jeunesse de son fils.

Chapitre VI. — 13. Que reste-t-il au jeune homme, si ce n'est de sortir comme un époux de son lit nuptial ? Que cet époux prenne une épouse; qu'on le cherche, et qu'on trouve celle qui doit s'unir à lui. Ce n'est pas seulement un homme, mais il est Dieu et homme; qu'on cherche celle qui doit s'unir à lui. Comme la mère dont il est né, il faut que son épouse soit une mère féconde et une vierge intacte. Le fils d'une vierge inviolable doit avoir pour épouse une vierge inviolable. Le temps est venu ; il faut que les Juifs accomplissent leurs desseins, puisqu'il veut bien leur en donner le pouvoir. Célébrez, sans le savoir, ô Juifs, les noces de l'Agneau ; donnez un prix d'argent au traître Judas ; amenez à Ponce-Pilate celui qui est né d'une vierge, afin qu'il l'attache à la croix. Qu'il s'élève, cet Epoux, sur le bois de son lit nuptial; qu'il monte dans la couche de ses noces. Qu'il s'endorme dans la mort; que son côté soit ouvert, pour laisser sortir l'Eglise vierge : c'est ainsi qu'Eve est sortie du côté d'Adam, pendant qu'il dormait; ainsi l'Eglise a été formée du côté du Christ, pendant qu'il était suspendu à la croix. Son côté fut percé, dit l'Evangile (*Jean*, XIX, 34), et aussitôt il sortit du sang et de l'eau, qui sont les deux sacrements de l'Eglise. L'eau, qui purifie

---

In quo primo miraculo tentavit illa femina jubere se filio posse tanquam mater domina quæ se agnoscebat ancillam. « Fili, ait, deficit illis vinum, fac rursus ut aquæ convertantur in vinum. » (*Joan.*, II, 3.) Et ille ut distingueret inter Deum et hominem, quia secundum hominem minor erat, secundum hominem subditus erat, secundum Deum autem supra omnes erat : « Quid mihi et tibi, inquit, mulier ? Nondum venit hora mea. » Tanquam ei diceret : Veniet hora, quando id quod natum est de te in cruce pendens agnoscat te, et discipulo dilecto commendet te : in hoc autem miraculo quid mihi et tibi? Non enim hoc processit ex te, sed (*a*) ex eo qui fecit te : non competit tibi ut jubeas Deo, competit autem ut subdita sis Deo. Sed pia mater quæ non aspere tulit admonitionem filii dicentis : « Quid mihi et tibi ? » videat in cæteris miraculis Deum operantem, quem intuebatur filium adolescentem, videat cæcorum illuminationem, leprosorum mundationem, claudorum cursus, surdorum auditus, dæmonum fugationes ; et quod majus his omnibus, mortuorum resurrectionem. Sed adhuc agnoscat hæc mater, et expavescat filii sui etiam juventutem.

Caput VI. — 13. Quid restat juveni, nisi ut procedat velut sponsus de thalamo suo ? Accipiat sponsus sponsam, quæratur, inveniatur quæ ei conjugatur. Non est solus homo, sed Deus est et homo : quæratur quæ ei conjugatur. Qualis est de qua natus est, talis ei inveniatur, quæ et matrem reddat fecundam, et virginem servet intactam. Filius permanentis virginis, virginem permansuram accipiat. Ecce tempus est : modo Judæi suam impleant voluntatem, quando dignatur ipse dare potestatem. Agite Judæi nescientes nuptias agni, date præmium pecuniæ malo nebuloni Judæ : agite ut ille qui natus est de virgine, a Pontio Pilato suspendatur in cruce. Ascendat sponsus noster thalami sui lignum, ascendat sponsus noster thalami sui lectum. Dormiat moriendo, aperiatur ejus latus, et Ecclesia prodeat virgo : ut quomodo Eva facta est ex latere Adæ dormientis, ita et Ecclesia formetur ex latere Christi in cruce pendentis. Percussum est enim ejus latus, ut Evangelium loquitur, et statim manavit sanguis et

---

(*a*) Sic Fuliensium codex. At Divionensis, *sed in eo fecit te*. Editi vero, *sed in eo qui fecit te*.

l'Eglise; le sang, qui est sa dot. Dans ce sang, les martyrs, amis de l'Epoux, ont lavé leurs robes, les ont blanchies, sont venus comme des invités, aux noces de l'Agneau, ont reçu le calice de l'Epoux, pour boire et lui offrir à boire. Ils ont bu son sang, et ils ont versé leur sang pour lui. Que fait donc l'impiété des Juifs insensés? Ils sont invités, et ils refusent de venir, mais de plus ils tuent l'Epoux. Que fait donc l'iniquité de Judas? Il le vend au lieu de se faire racheter. Et voilà que Judas ne garde pas le prix de cette vente, ni les Juifs, le Christ qu'ils avaient acheté. Je dis à l'un : Où est l'argent que tu as reçu? Je dis au Juif : où est ce que tu as acheté? Je dis à Judas : Quand tu as vendu, tu t'es trompé; je dis à l'autre : Ce que tu as acheté, tu n'as pas pu le garder. Réjouis-toi, chrétien, c'est toi qui as gagné à ce commerce de tes ennemis : ce que Judas a vendu, ce que le Juif a acheté, c'est toi qui le possède. Réjouis-toi, Eglise, réjouis-toi, Epouse du Christ; car si le Christ n'avait pas été soumis à toutes ces épreuves, tu n'aurais pas été formée par lui. Vendu, il t'a rachetée; immolé, il t'a aimée; et comme son amour a été immense, il a voulu mourir pour toi. O sacrement ineffable de cette union! Qu'il est grand le mystère de cet Epoux et de cette Epouse! La parole humaine ne peut l'expliquer. L'Epouse naît de l'Epoux, et aussitôt née, aussitôt unie à lui, l'Epouse entre dans le lit de l'Epoux, à l'instant où il meurt; et l'Epoux s'unit à l'Epouse, au moment qu'il est séparé des mortels. Il s'élèvera dans les cieux, et alors l'Epouse montrera sa fécondité par toute la terre. Que signifie ce prodige? Quel est cet Epoux absent et présent? Quel est cet Epoux présent et caché, que l'Eglise son Epouse ne possède que par la foi, et dont elle enfante les membres chaque jour sans aucun embrassement? Quel est cet Epoux qui est né comme nous savons, qui a grandi, qui est mort ainsi? Quel est cet enfant qui effraie un roi, cet adolescent qui étonne les Juifs, ce jeune homme qui trouble Ponce-Pilate? Quel est-il? Voulez-vous le savoir? « C'est le Seigneur des puissances, c'est le Roi de gloire. » (*Ps.* XXIII, 10.) Si le Seigneur des puissances est lui-même le Roi de gloire; donc il n'a pas eu peur des Juifs, quand ils sont venus avec des armes, ni du juge, quand il l'a jugé injustement; ni des soldats qui se moquaient, ni de ses ennemis qui le tournaient en dérision, ni quand on lui mit la couronne d'épines, ni quand on partagea ses vêtements; rien ne lui fit peur, ni le fiel, ni le vinaigre, ni la croix, ni la lance, ni la mort. Quand les Juifs avec Ponce-Pilate se livraient à

aqua, quæ sunt Ecclesiæ gemina sacramenta. (*Joan.*, XIX, 34.) Aqua, in qua est sponsa purificata : sanguis, ex quo invenitur esse dotata. In isto sanguine sancti Martyres amici sponsi stolas suas laverunt, candidas eas fecerunt, ad nuptias agni invitati venerunt, ab sponso calicem acceperunt, biberunt, eique propinaverunt. Sanguinem ejus biberunt, sanguinem suum pro illo fuderunt. Quid egit vesana impietas Judæorum, quia invitati non solum venire noluerunt, sed insuper sponsum occiderunt? Quid egit iniquitas Judæ qui eum vendidit, a quo redimi debuit? Ecce nec Judas tenuit pretium, nec Judæi quem comparaverant Christum. Illi dico : Ubi est quod accepisti? Judæo dico : Ubi est quod emisti? Illi dico : Quando vendidisti, tunc te decepisti : isti dico : Quod emisti, possidere non potuisti. Exsulta Christiane : in commercium inimicorum tuorum tu vicisti : quod Judas vendidit et Judæus emit, tu adquisisti. Exsulta, exsulta sponsa Ecclesia : quia nisi ista in Christo facta essent, tu ab illo formata non esses. Venditus redemit te, occisus dilexit te : et quia te plurimum dilexit, mori voluit propter te. O magnum sacramentum hujus conjugii! O quam magnum mysterium hujus sponsi et hujus sponsæ! non explicabitur digne humanis verbis. De sponso sponsa nascitur, et ut nascitur, statim illi conjungitur; et tunc sponsa nubit, quando sponsus moritur; et tunc ille sponsæ conjungitur, quando a mortalibus separatur : quando ille super cœlos exaltatur, tunc ista in omni terra fecundatur. Quid est hoc? Quis est iste sponsus absens et præsens? Quis est iste sponsus præsens et latens, quem sponsa Ecclesia fide tantum (*a*) concipit, et sine ullo amplexu membra ejus quotidie parit? Quis est iste qui sic natus est, sic crevit, sic mortuus est? Quis est iste qui infans regem terruit, puer Judæos convicit, juvenis Pontium Pilatum turbavit? Quis est iste? Vultis nosse? « Dominus virtutum, ipse est rex gloriæ. » (*Psal.* XXIII, 10.) Si Dominus virtutum ipse est rex gloriæ : ergo nec Judæos timuit quando armati venerant, nec judicem injuste judicantem, nec milites irridentes, nec inimicos subsannantes, nec coronam spineam imponentes, nec sua vestimenta dividentes, nec fel, nec acetum, nec crucem, nec lanceam, nec mortem. Quando enim ista Judæi (*b*) Pontiusque Pilatus faciebant, Dominus virtutum negotium nostrum agebat; quæ non ra-

(*a*) In Mss. *conspicit*. — (*b*) Sic Mss. At editi, *potius quam Pilatus*.

ces excès, le Seigneur des puissances traitait nos intérêts; ce qu'il n'avait point pris, il le rendait. Il n'avait pas pris l'iniquité, et il est mort pour les pécheurs, afin que fût accompli ce qui est écrit : « Ce que je n'avais point pris, je le rendais. » (*Ps.* LXVIII, 5.) Enfin, pour que vous sachiez qu'il a rendu pour nous ce qu'il ne devait pas (« car le Christ est mort pour les impies, ») (*Rom.*, v, 6) sitôt qu'il eut délié sur le bois de la croix, par le déchirement de son corps, le sac qui contenait le prix de notre rançon, pour payer le créancier; aussitôt il eut dans le larron un généreux confesseur (*Luc*, XXIII, 42), pour restaurer dans sa personne la ruine des impies. Le voilà racheté celui que le diable avait possédé comme homicide. Voyez comment le Seigneur des puissants opère des prodiges, même en mourant. Alors le larron le confessait quand Pierre tremblait; l'un le reconnut alors, et l'autre le renia. Mais parce que le Seigneur gagna le larron, a-t-il perdu Pierre qui le reniait? Non, non. Il accomplissait un mystère celui qui payait alors pour nous; il voulait montrer dans la personne de Pierre, qu'aucun juste ne doit présumer de lui-même; et dans le larron, que tout impie qui se convertit ne peut pas périr. L'homme bon doit craindre, pour ne pas tomber par orgueil; et le méchant ne doit pas désespérer à cause de sa grande méchanceté. Que les présomptueux viennent ici; que les désespérés y viennent aussi. Nous savons qu'un grand prix a été donné pour nous, puisque nous sommes rachetés par le sang de Jésus-Christ. Agissons de manière à ne pas déplaire à un tel Maître. Voilà qu'il a aimé des esclaves, et ceux qu'il a rachetés comme esclaves, il les a rendus libres. C'est peu qu'il nous donne sa liberté; il se montre notre frère, et nous promet même son héritage. Que peux-tu prétendre au delà? En venant sur la terre, il a pris sur lui la peine de ta mort, et en ressuscitant, il t'a donné sa vie. Que peux-tu prétendre au delà? Celui, oui, celui qui a été crucifié pour toi, en ressuscitant des morts le troisième jour, t'a élevé au-dessus des cieux, et t'a fait fils de Dieu. Quoi de plus? Que rendrons-nous au Seigneur pour tous les biens qu'il nous a accordés? (*Ps.* CXV, 12.) Il nous a faits, quand nous n'étions pas encore, il nous a donné la vie, il nous a donné la croissance, il nous a donné la libre volonté, il nous a donné la nourriture, il nous a donné l'intelligence, il nous a donné la raison, il nous a donné la science; tout ce qui était à lui, il te l'a donné pour être à toi; et nous avons mal usé de tous ces biens, nous sommes devenus orgueilleux, et par nos actes de prévarication nous avons offensé le Créateur si libéral; nous nous sommes perdus, il nous a cherchés; nous avons été con-

---

puerat, tunc reddebat. Non rapuit iniquitatem, et pro iniquis suscepit mortem : ut impleretur quod de eo scriptum est : « Quæ non rapueram, tunc reddebam. » (*Psal.* LXVIII, 5.) Denique ut noveritis pro nobis reddidisse quod non debebat : (« Christus enim pro impiis mortuus est, ») (*Rom.*, v, 6) mox ut sacculum carnis suæ in crucis ligno (*a*) solvit, et pretium nostrum exactori reddidit; ibi statim illum latronem fecit confessorem (*Luc.*, XXIII, 42), ut per eum impiorum restauraret ruinam. Videte redemptum quem diabolus possederat homicidam : videte Dominum virtutum et in ipsa morte miracula facientem. Tunc latro confitebatur, quando Petrus turbabatur : tunc iste agnovit, quando ille negavit. Sed numquid quia Dominus acquisivit latronem, Petrum perdidit negatorem ? Absit, absit. Agebat mysterium qui fundebat pretium, in Petro demonstrans non in se quemquam justum debere præsumere; in latrone, nullum impium conversum posse perire. Timeat bonus, ne pereat per superbiam : non desperet malus de multa malitia. (*b*) Colligantur præsumentes, colligantur desperantes. Magnum pretium pro nobis datum esse cognoscimus, quia sanguine Christi redempti sumus. Agamus quomodo tali Domino non displiceamus. Ecce amavit servos, et quos redemit servos, fecit liberos. Ecce parum est, quia donat libertatem suam : exhibet fraternitatem, promittit etiam hæreditatem. Habes amplius quod expectes? Suscepit veniendo mortem tuam, donavit resurgendo vitam suam. Habes amplius quod expectes? Ille, ille qui crucifixus est pro te, die tertio a mortuis resurgens, super cœlos exaltavit te; filium Dei fecit te. Habes amplius quod expectes? Quid retribuemus Domino pro omnibus quæ retribuit nobis? (*Psal.* CXV, 12.) Fecit nos ante quam essemus, donavit vitam, donavit ætatem, donavit liberam voluntatem, donavit substantiam, donavit ingenium, donavit rationem, donavit scientiam, donavit omnia sua ut essent tua; et his bonis omnibus male usi sumus, superbi effecti sumus, Creatorem tanta bona largientem, merito prævaricationis offendimus : perivimus, quæsivit; captivi ducti sumus, subvenit; ad mortem perpetuam duce-

(*a*) Er. et Mss. *persolvit*. — (*b*) Sic Er. et Mss. At Lov. *colligantur præsumentes*.

CHAPITRE VII.

duits en captivité, il est venu nous visiter ; nous étions traînés à la mort éternelle, il nous a délivrés. Qu'a-t-il pu faire davantage, puisqu'il s'est livré lui-même pour toi ? Pourrais-tu douter qu'il te communique sa vie, après avoir partagé sa mort avec toi ? Que lui rendrons-nous ? Si nous n'avons rien à lui donner, recevons de lui pour lui faire une offrande. Voici ce que le Christ te demande, voici ce qu'il te dit : Ce que j'ai fait pour toi, fais-le pour moi ; j'ai donné ma vie pour toi, donne aussi ta vie pour tes frères. Ne crains pas la mort ; car lorsque tu ne pouvais pas vaincre, je suis mort pour te donner la force de vaincre ; de vaincre, non par toi-même, mais par moi ; parce que si je suis mort, ce n'est pas pour moi, mais pour toi. Tu savais mourir, mais tu ne savais pas ressusciter ; j'ai pris sur moi la mort que tu connaissais, et j'ai mis sous tes yeux la résurrection que tu ne connaissais pas. Crois et aime le Dieu ressuscité, afin que par lui tu ressuscites aussi : Nous avons dit, et autant qu'il nous a été donné de le faire, nous avons développé ces trois points : « Que le Christ est né de la vierge Marie, qu'il a été crucifié et enseveli sous Ponce-Pilate, que le troisième jour, il est ressuscité des morts. » Si nous pouvions parler de chaque point, comme il conviendrait, la longueur de ce discours vous fatiguerait plutôt que de vous intéresser.

CHAPITRE VII. — 16. Nous avons dit jusqu'à quel degré le Très-Haut était descendu pour nous ; disons maintenant comment il a élevé jusqu'au ciel cette nature qu'il a prise de nous, comment il l'a placée à la droite du Père, nous donnant un gage certain de notre foi, afin que les membres d'un si grand chef soient pleinement rassurés, et espèrent avec confiance qu'ils pourront arriver jusqu'à celui qu'ils croient maintenant être assis à la droite du Père. « Il est monté aux cieux. » Ne prenez pas à la lettre cette expression, mes bien-aimés, comme si son corps était assis, comme si le Père était à la gauche et le Fils à la droite ; mais par la droite, il faut entendre la puissance que cet homme uni à la nature divine a reçue de Dieu, pour venir juger à son tour, lui qui était venu d'abord pour être jugé. Car il est monté au ciel, pour que la foi puisse avoir son mérite. En effet, cela avait été prédit par le prophète David : « L'assemblée des peuples vous environne ; remontez donc sur votre trône dont vous avez paru descendre ; car vous êtes le Seigneur qui juge les nations. » (*Ps.* VII, 8.) Comme s'il disait : Vous avez été humilié sous la forme d'esclave jusqu'à l'ignominie de la croix (*Philipp.*, II, 6) ; parmi ceux qui vous ont vu crucifié, quelques-uns ont cru, plusieurs ont douté ; c'est pourquoi, sortez du tombeau, remontez sur votre trône, élevez-vous au plus haut des cieux, afin que l'assemblée du peuple fidèle

amur, liberavit. Quid tibi minus exhibuit, qui se ipsum pro te tradidit? Et dubitas quod tibi donet vitam suam, qui tecum communicavit mortem suam? Quid retribuemus ei? Si non est quod ei retribuamus, ab ipso accipiamus quod ei offeramus. Hoc a te quærit Christus, hoc tibi dicit : Quod feci pro te, hoc et tu fac pro me : animam meam posui pro te, et tu pro fratribus tuis animam tuam pone. Noli timere mortem, quia cum vincere non posses, ego sum mortuus, ut tu vinceres : vinceres, non per te, sed per me ; quia et ego quod sum mortuus, non est propter me, sed propter te. Tu enim mori noveras, resurgere non noveras : suscepi mortem quam noveras, demonstravi resurrectionem quam ignorabas. Credendo ama resurgentem, ut per illum et tu resurgas. Diximus, et, quantum ille donavit, exposuimus has tres sententias, quod « natus sit de virgine Maria, crucifixus sub Pontio Pilato et sepultus, tertia die a mortuis resurrexerit. » Si enim de singulis, ut dignum est, loqui possemus, prolixitas sermonis fastidium vobis quam delectationem incuteret.

CAPUT VII. — 16. Quia ergo diximus, quo usque ille Altissimus descenderit propter nos : nunc dicamus quomodo id quod suscepit ex nobis, in cœlum levaverit, ad dexteram Patris collocaverit, ac fidei nostræ certum pignus dederit, ut secura sint membra de tanto capite, fideliterque sperent ad ipsum se posse pervenire, quem jam credunt ad dexteram Patris sedere. Assumptus in cœlos. Sessionem istam Dilectissimi non accipiatis humanis membris positam, tanquam Pater sedeat in sinistra, ut Filius sedeat ad dexteram : sed ipsam dexteram intelligite potestatem, quam accepit homo ille susceptus a Deo, ut veniat judicaturus qui prius venerat judicandus. Ad hoc enim ascendit in cœlum, ut fides suum impleat locum. Prædictum quippe hoc invenitur per David prophetam : ait enim : « Congregatio populorum circumdabit te, et propter hanc in altum regredere, Dominus judicat populos. » (*Psal.* VII, 8.) Hoc quippe ait : Quoniam humiliatus es in forma servi usque ad crucis opprobrium (*Philip.*, II, 6), et hi qui te viderunt crucifixum, aliqui crediderunt, multi

soit unie comme un seul homme par la foi, et que la foi les conduise tous à la vision glorieuse. C'est ici que se fait sentir la vertu de votre toute-puissance, c'est que votre action est plus grande au milieu des fidèles, depuis que vous leur avez dérobé la vue de votre présence corporelle. Du reste, vous êtes toujours présent par votre majesté, et vous ne quittez jamais le cœur de vos enfants. Mais voyez, mes bien-aimés, ce qu'il vous a donné en montant au ciel, en emmenant la captivité captive, et en laissant ses dons sur la terre (*Ps.* LXVII, 19 ; *Ephés.*, IV, 8) ; voyez ce qu'il vous a donné. Sa naissance a été merveilleuse ; il a grandi comme un prodige, il a fait de nombreux miracles, comme nous l'avons dit plus haut ; le salut éternel a rendu la santé à plusieurs. Il a pris sur lui nos infirmités, et il a guéri nos infirmités en grand nombre et de différentes espèces. La multitude accourait à lui, poussée, non par la foi, mais par la curiosité. A la vue de ses miracles, plusieurs étaient dans l'admiration et plusieurs le critiquaient. Vous vous rappelez cette parole de ses ennemis qui disaient : C'est par Béelzébub prince des démons qu'il chasse les démons. (*Luc*, XI, 15.) Malgré ses nombreux miracles, il fut donc méprisé ; non-seulement il ne fut pas bien traité, mais il fut mis à mort. Pourquoi le moment de sa présence sur la terre n'a-t-il pas été celui de la conversion des nombreux fidèles, sinon parce qu'il fallait que s'accomplissent toutes les choses prédites de lui ? Pendant qu'elles s'accomplissaient, déjà il préparait la conversion de ses enfants ; déjà la captivité était enchaînée. Il fallait attendre l'ascension du Sauveur et la distribution de ses dons. Quels dons ? les dons qu'ont reçus les disciples ; ceux que Pierre a reçus pour mourir, après le départ de son Maître, lui qui l'avait renié par désespoir en sa présence. Voyez ce que dit le même Pierre dans son Epître, ce que le don du Saint-Esprit fait sortir de son cœur : « Croyez en celui que vous ne voyez pas, et soyez remplis d'une grand joie. » (I *Pierre*, I, 8.) Réjouissons-nous aussi nous-mêmes et croyons en celui que nous ne voyons pas, afin que nous soyons assurés de le voir, lorsque nous arriverons auprès de lui. Il viendra aussi lui-même, mais non plus comme il est venu la première fois.

Chapitre VIII. — 17. « Car il viendra juger les vivants et les morts. » Il viendra pour juger, lui qui a paru devant un juge ; il viendra sous cette même forme d'accusé, afin qu'on voie celui qu'on a percé. Les Juifs connaîtront celui qu'ils ont renié. Il les convaincra, cet homme qui était Dieu, et qu'ils ont crucifié. Peut-être, mes biens-aimés, car le récit de l'Evangile ne nous laisse pas ignorer qu'il est ressuscité avec ses

dubitaverunt ; resurgens a mortuis in altum regredere, super cœlos dignare ascendere : ut congregatio populi fidelis congregetur in unum per fidem, ut fides deducat eos ad speciem. Ipsa est virtus omnipotentiæ tuæ, ut plus possis in ipsis fidelibus, quando absens ab eis in homine illo suscepto sentiris. Cæterum præsentia tuæ majestatis de cordibus fidelium tuorum nunquam discedis. Videte autem, Dilectissimi, quid donaverit iste qui ascendit in altum, captivam duxit captivitatem, dedit dona hominibus (*Psal.* LXVII, 19 ; *Ephes.*, IV, 8) : videte quid donaverit. Venit mirabiliter, crevit mirabiliter, exhibuit multa miracula, quæ superius commemoravimus, salus æterna multis præstitit salutem. Qui infirmitates nostras suscepit, multas variasque infirmitates curavit. Circumdatus etiam tunc fuit multitudine populorum, quos adduxerat non fides, sed curiositas oculorum. Denique visa miracula multi laudabant, alii detrahebant. Nam inde est illud detractione verbum dicentium, quod in Beelzebub principe dæmoniorum ejiceret dæmonia. (*Luc.*, XI, 15.) Cum tanta tamen miracula faceret, contemptus est : non solum digne habitus non est, sed insuper occisus est. Quare non tunc factum est, ut ejus præsentia numerus ille colligeretur, nisi quia oportebat impleri omnia quæ de eo erant scripta ? Etenim quando illa agebantur, jam illi ab ipso præparabantur, jam captivitas eorum capta erat. Expectabatur ut ascenderet Salvator, et donaret dona. Quæ dona ? Dona quæ acceperunt discipuli : quæ accepit Petrus ut moreretur pro absente, quem desperando negaverat præsentem. Videte quid idem Petrus dicat in Epistola sua, quid effundat ex dono illo sancti Spiritus : « Credentes, inquit, in eum quem non videtis, gaudete inenarrabili gaudio. » (I *Pet.*, I, 8.) Gaudeamus et nos credendo in eum quem non videmus : ut securi illum videamus, cum ad ipsum pervenerimus. Veniet autem et ipse, sed non talis qualis antea venit.

Caput VIII. — 17. « Venturus est enim vivos et mortuos judicare. » Veniet autem ut judicet qui stetit sub judice : veniet in ea forma in qua judicatus est, ut videant in quem pupugerunt. Cognoscant Judæi quem negaverunt : convincat eos ille homo susceptus, et ab eis crucifixus. Fortasse, Dilectissimi, quoniam Veritas Evangelica non tacuit eum cum cicatricibus resurrexisse, quis posset si vellet de corpore suscitato

plaies, lui qui pouvait, s'il l'eût voulu, faire disparaître de son corps ressuscité et glorifié toute empreinte de cicatrice. (Mais il savait pourquoi il conservait ces marques dans son corps, pour guérir les plaies du doute dans le cœur de ses disciples.) Peut-être, dis-je, que comme il a montré ses plaies à Thomas qui ne voulait pas croire, à moins de toucher et de voir, ainsi il voudra de même les montrer à ses ennemis. C'est pourquoi le prophète a dit : « Ils verront celui qu'ils ont percé. » (*Zach.*, xii, 10.) Sans qu'il leur dise comme à Thomas, « parce que tu as vu, tu as cru ; » (*Jean*, xx, 29) mais pour les confondre avec la vérité qui leur dira : Voici l'homme que vous avez crucifié ; voici l'Homme-Dieu en qui vous n'avez pas voulu croire. Vous voyez les plaies que vous avez faites ; vous reconnaissez le côté que vous avez ouvert ; quoiqu'il ait été ouvert par vous et pour vous, cependant vous n'avez pas voulu y entrer. Vous n'avez pas été rachetés par le prix de mon sang, vous n'êtes donc pas les miens ; « retirez-vous de moi, allez au feu éternel, qui a été préparé pour le diable et pour ses anges. » (*Matth.*, xxv, 41.) Puisse leur malheur profiter à notre salut ! S'ils l'ont méprisé, pour nous, craignons-le, puisqu'il doit venir juger. Que chacun s'empresse donc, pendant cette vie, d'obtenir la vie ; qu'il accoure pour être racheté par son sang précieux ; de peur que ne se trouvant pas dans le nombre des rachetés, il ne reste dans le nombre des réprouvés. Ici, ici, pendant la vie, choisissons la meilleure place. C'est ici le temps de la foi. D'ailleurs, dit le prophète, « dans l'enfer, qui confessera votre nom? » (*Ps.* vi, 6.) Celui qui veut vivre toujours et ne pas craindre la mort, doit vivre de manière à triompher de la mort par la vie. Celui qui ne veut pas avoir à craindre la sentence du juste Juge, doit s'efforcer de l'avoir pour avocat.

Chapitre IX. — 18. « Nous croyons aussi au Saint-Esprit. » Nous croyons que le Saint-Esprit est Dieu, égal au Père et au Fils, parce qu'il est en même temps dans le Père et dans le Fils. Comment est-il dans le Père ? Ecoutez le Fils : « L'Esprit, dit-il, qui procède du Père, vous enseignera toute vérité. » (*Jean*, xv, 26 et xvi, 13.) Comment est-il dans le Fils ? Le Fils lui-même après sa résurrection, envoyant ses disciples prêcher l'Evangile, souffla sur eux et leur dit : « Recevez le Saint-Esprit. » (*Jean*, xx, 22.) Comment est-il l'Esprit du Père ? Le Seigneur nous dit lui-même dans l'Evangile : « Ce n'est pas vous qui parlez, mais l'Esprit de votre Père qui parle en vous. » (*Matth.*, x, 20.) Comment est-il l'Esprit du Fils ? L'Apôtre dit : « Si quel-

---

et clarificato omnem maculam cujuslibet cicatricis abstergere : (sed sciebat quare cicatrices in corpore suo servaret, ut vulnera dubitationis in cordibus discipulorum sanaret :) fortasse ergo, ut dixi, sicut demonstravit Thomæ non credenti nisi tangeret et videret (*Joan.*, xx, 27), ita etiam inimicis suis vulnera demonstraturus est sua. Propter quod dictum est per Prophetam : « Videbunt in quem pupugerunt : » (*Zach.*, xii, 10) non ut eis dicat, sicut Thomæ : « Quia vidisti, credidisti : » (*Joan.*, xx, 29) sed ut convincens eos veritas dicat : Ecce hominem quem crucifixistis, ecce Deum et hominem in quem credere noluistis. Videtis vulnera quæ (*a*) inflixistis, agnoscitis latus quod pupugistis : quoniam et per vos et propter vos apertum est, nec tamen intrare voluistis. Qui non estis redempti pretio mei sanguinis, non estis mei : « discedite a me in ignem æternum, qui paratus est diabolo et angelis ejus. » (*Matth.*, xxv, 41.) Sed illorum mors proficiat ad nostram salutem. Si illi contempserunt, nos timeamus cum qui sic venturus est judicare. Festinet unusquisque cum vivit, ut vivat ; currat, ut ejus pretioso sanguine redimatur ; ne cum non fuerit inventus in numero redemptorum, in numero maneat perditorum. Hic, hic dum vivitur, melior eligatur locus. Hic est tempus fidei. Cæterum « in inferno, ait Propheta, quis confitebitur tibi ? » (*Psal.* vi, 6.) Qui vult semper vivere, et non timere mortem, teneat vitam, ut mors superetur a vita. Qui non vult timere justum Judicem judicantem, ipsum nunc sibi adhibeat defensorem.

Caput IX. — 18. « Credimus et in Spiritum sanctum. » Spiritum sanctum Deum credimus æqualem Patri et Filio, quia simul est et in Patre et in Filio. Quomodo est in Patre ? Filium audi : « Spiritus, inquit, qui procedit a Patre, ipse introducet vos in omnem veritatem. » (*Joan.*, xv, 26 ; xvi, 13.) Quomodo est in Filio ? Ipse Filius post resurrectionem mittens discipulos suos prædicare Evangelium insufflavit in faciem ipsorum, et ait illis : « Accipite Spiritum sanctum. » (*Joan.*, xx, 22.) Quomodo est Spiritus Patris ? Ipse Dominus in Evangelio : « Non enim vos estis qui loquimini, sed Spiritus Patris vestri qui loquitur in vobis. » (*Matth.*, x, 20.) Quomodo est et Spiritus Filii ? Apostolus dicit : « Si quis Spiritum

---

(*a*) Er. et Mss. *infixistis*.

qu'un n'a pas l'Esprit du Christ, il ne lui appartient pas. » (*Rom.*, VIII, 9.) Comment ce même Esprit du Père et du Fils, procédant du Père et du Fils, atteste-t-il que le Fils a pris notre chair? Voici ce que dit saint Jean l'Evangéliste : « L'Esprit n'avait pas encore été donné, parce que le Fils n'était pas encore glorifié. » (*Jean*, VII, 39.) Mais quand le Fils fut glorifié, il dit lui-même : « Les cieux furent ouverts, et on vit le Saint-Esprit descendre sur Jésus baptisé, en forme de colombe, et on entendit une voix qui disait : Celui-ci est mon Fils bien-aimé, en qui j'ai mis mes complaisances. » (*Matth.*, III, 16, 17.)

19. Quand tu entends ou que tu lis, ô hérétique arien, que le Fils a été glorifié, et que le Saint-Esprit est descendu du ciel sous la forme d'une colombe, tu te sers de cette autorité pour te livrer à ta pensée charnelle et à la fantaisie de l'esprit malin, qui agit dans les enfants de l'incrédulité, et tu dis que le Père est plus grand, parce qu'il n'a pas été vu ; que le Fils est moins grand, parce qu'il s'est montré sous la forme humaine ; que le Saint-Esprit est beaucoup inférieur au Fils, parce qu'il a paru sous la figure d'une colombe. Tu dis donc en toi-même, en raisonnant d'une manière perverse : Autant le visible diffère de l'invisible, autant le Fils diffère du Père ; et autant la forme humaine diffère de la forme de la colombe, autant la dignité du Fils diffère de la dignité du Saint-Esprit. Avec de telles pensées, tu n'es pas loin de tomber dans le précipice de toutes les erreurs. On a vu des hommes qui raisonnaient de l'âme humaine, comme tu raisonnes de la substance divine. Ils disaient donc que l'âme avait un corps suivant son mérite, et que l'homme passait ainsi par des révolutions et des cercles. C'est ce qui faisait dire à David inspiré par l'Esprit de Dieu : « Les impies marchent dans un circuit. » (*Ps.* XI, 9.) Croire et enseigner de telles choses, c'est être impie. Dieu semble dire à David : Et toi, que penses-tu de la propagation des hommes ; le prophète réplique : « Vous avez consulté la hauteur de vos pensées, et vous avez multiplié les enfants des hommes. » Mais ceci est une autre question à laquelle il ne faut pas maintenant nous arrêter. Le débat qui est entre nous, ô hérétique, c'est la forme de l'homme et de la colombe. Tu dis donc que le Fils est plus grand que le Saint-Esprit, prétendant, pour donner la mesure de leur dignité respective, que, comme il y a une grande distance entre l'homme et la colombe, il y a également une grande distance entre le Fils et le Saint-Esprit. Je pourrais te dire que la colombe possède l'innocence, et que l'homme l'a perdue. Mais je ne veux pas donner cette raison, puisqu'il s'agit ici d'un homme qui est venu sans péché. Si tu t'arrêtes à cette con-

---

Christi non habet, hic non est ejus. » (*Rom.*, VIII, 9.) Quomodo idem ipse Spiritus Patris et Filii procedens a Patre et Filio attestatur Filium suscepisse carnem ? Joannes evangelista dicit : « Spiritus, inquit, nondum erat datus, quia Jesus nondum erat clarificatus. » (*Joan.*, VII, 39.) Quando autem clarificatus est Filius, ipse dicit : « Aperti sunt, ait, cœli, et descendit super baptizatum Jesum Spiritus sanctus in specie columbæ, voxque facta est dicens : Hic est Filius meus dilectus, in quo bene complacui. » (*Matth.*, III, 16, 17.)

19. Hæc tu, hæretice Ariane, cum audis vel legis, Filium clarificatum, Spiritum sanctum in specie columbæ de cœlis esse transmissum : hac auctoritate carnalis tua cogitatio et phantasia spiritus mali qui operatur in filiis diffidentiæ, Patrem inducit majorem, quia visus non est ; Filium minorem, quia visus est in homine ; Spiritum sanctum Filio multo inferiorem, quia in specie apparuit columbæ. Dicis enim tibi, et perverse ratiocinaris : Quantum distat visibilis ab invisibili, tantum distat Filius a Patre ; et quantum distat species hominis ab specie columbæ, tantum distat honor Filii ab honore Spiritus sancti. Hæc cogitans (*a*) illi proximus es præcipitio erroris. Neque enim defuerunt qui hoc sentirent de anima humana, quod tu vis asserere de substantia divina. introduxerunt enim quidam, pro meritis animas dari corporibus, et esse revolutiones et circulos. Propheta David divina voce disrumpens : « In circuitu, inquit, impii ambulant. » (*Psal.* XI, 9.) Qui talia credunt vel prædicant, impii sunt. Et tanquam ei Deus diceret : Quid tu de propagine hominum sentis ? secutus adjunxit : « Secundum altitudinem tuam multiplicasti filios hominum. » Sed hæc alia quæstio est, in qua nunc non opus est diutius immorari. Verumtamen quia de specie hominis et columbæ nostra tecum, hæretice, est disceptatio : in hoc enim Filium ampliorem esse Spiritu sancto dicis, quia pro dignitate gradus sui, sicut multum distat inter naturam hominis et columbæ, tantam distantiam vis esse Filii et Spiritus sancti : possem quidem tibi respondere, quia innocentiam quam habet columba, non habet homo :

(*a*) Mss. *Hæc cogitans ille, proximus est præcipitio erroris.*

sidération que le Fils a pris la nature humaine, et que le Saint-Esprit a paru sous la forme d'une colombe, tu dois remarquer aussi que l'homme uni à la Divinité dans la personne du Fils de Dieu s'appelle agneau dans l'Ecriture sainte. Car Jean-Baptiste dit : « Voici l'Agneau de Dieu, voici celui qui ôte le péché du monde. » (*Jean*, I, 29.) Le prophète Isaïe dit aussi : « Il a été conduit comme la brebis pour être immolé, et comme l'agneau en présence de celui qui le tond, et il n'a pas ouvert la bouche. » (*Isaïe*, LIII, 7.) Voici ce que dit l'apôtre saint Jean dans l'Apocalypse : « J'ai vu l'agneau qui était comme immolé. » (*Apoc.*, V, 6.) Dis-moi, si tu le peux, pourquoi le Fils de Dieu est appelé Agneau, et je te dirai pourquoi le Saint-Esprit a la figure d'une colombe. Si tu me dis que le Fils de Dieu est appelé agneau pour son innocence, je te répondrai la même chose du Saint-Esprit : Le Saint-Esprit est appelé colombe à cause de son innocence. Si le Christ est agneau à cause de son innocence, le Saint-Esprit est aussi colombe à cause de son innocence ; « garde donc aussi toi-même l'innocence et connais l'équité. » (*Ps.* XXXVI, 37.) Tu connais l'équité, si tu comprends l'unité du Père, du Fils et du Saint-Esprit.

20. Mais il faut encore que la doctrine catholique renverse ce vain échafaudage et ces diverses comparaisons, que tu forges sur la substance du Père, et du Fils, et du Saint-Esprit ; il faut que ton édifice s'écroule, bâti qu'il est sur le sable, et non sur la pierre, et que battu par le souffle des vents, c'est-à-dire, des divines paroles, et par la pluie de la grâce, qui descend comme un torrent, il devienne une grande ruine. Quoique nous sachions que toute la Trinité est invisible, et que ce soit là notre foi et notre conviction, dis-nous cependant, ô hérétique, quel est celui qui apparut à Moïse, au milieu des flammes, sur le mont Sinaï, et que Moïse vit par derrière, lorsque le Seigneur se montra lui-même à ses yeux. Moïse cherchait à voir la face de Dieu, et il disait : « Si j'ai trouvé grâce devant vous, montrez-moi votre face. » Le Seigneur lui répondit : « Monte sur la montagne d'Horeb, place-toi sur le rocher, et ma gloire passera devant toi ; tu me verras par derrière, mais tu ne verras pas ma face. » (*Exod.*, XXXIII, 13.) Quel est celui qui servit de guide aux enfants d'Israël, à leur sortie d'Egypte ? « Dieu, dit le livre de l'Exode, marchait devant eux, le jour, dans une colonne de nuée, la nuit, dans une colonne de feu. » (*Exod.*, XIII, 21.) Quel est-il, celui-là ? Est-ce le Père ou le Fils ? Si tu dis, c'est le Père, donc le Père aussi s'est montré sous une figure. Mais tu n'oses pas dire, c'est le Fils, pour n'être pas accablé par ce témoignage de

sed non dico ; de illo enim homine agimus qui venit sine peccato. Sed si hoc te movet, quia Filius hominem suscepit : Spiritus in columba apparuit : movere te et hoc debet, quia et ipse homo a Filio Dei susceptus ab Scriptura divina dictus est agnus. Nam et Joannes baptista dicit : « Ecce agnus Dei, ecce qui tollit peccatum mundi. » (*Joan.*, I, 29.) Et Isaias propheta dicit : « Sicut ovis ad immolandum ductus est, et sicut agnus coram tondente se, sic non aperuit os suum. » (*Isai.*, LIII, 7.) Et Joannes apostolus in Apocalypsi dicit : « Vidi agnum stantem quasi occisum. » (*Apoc.*, V, 6.) Dic mihi, si valueris tu exponere, quare sit dictus agnus Filius Dei : exponam tibi et ego columbae speciem Spiritus sancti. Si mihi dixeris : Agnus Filius Dei propter innocentiam : hoc et ego tibi de Spiritu sancto referam : Ideo columba Spiritus sanctus propter innocentiam. Si Christus agnus propter innocentiam, et Spiritus sanctus columba propter innocentiam : « custodi et tu innocentiam, et vide aequitatem. » (*Psal.* XXXVI, 37.) Vides aequitatem si Patris et Filii et Spiritus sancti intelligis unitatem.

20. Sed adhuc vanas tuas machinas diversasque comparationes de Patris et Filii et Spiritus sancti substantia, catholica doctrina suffodiat ; ut aedificium tuum, quod super arenam, non super petram aedificas, flatu ventorum, divinorum scilicet eloquiorum, et pluvia gratiae descendente subvertat, summumque fiat ruina magna. Quamvis nos invisibilem totam Trinitatem noverimus, credamus, teneamus : dic tu nobis haeretice, quis sit ille qui apparuit Moysi in flamma ignis in monte Sina, cujus posteriora vidit Moyses ipso se Domino demonstrante. Nam cum ille quaereret faciem Dei videre, dicens (*Exod.*, XXXIII, 13, etc.) : « Si inveni gratiam ante te, ostende mihi faciem tuam : » hoc ei Dominus respondit : « Ascende in Choreb, et sta super petram, et transiet claritas mea ante te, et posteriora mea videbis, facies autem mea non videbitur tibi. » Quis est iste qui ducatum praebuit filiis Israel excuntibus de Aegypto ? « Deus, » ait liber Exodi, « praeibat illos, die quidem in columna nubis, nocte autem in columna ignis. » (*Exod.*, XIII, 21.) Quis est iste ? Pater est, an Filius ? Si dixeris, Pater est : visus est ergo et Pater in aliqua specie. Non autem audes dicere, Filius est : ne rursus ipsius testimonio Moysi obruaris : « Tu es Deus solus,

Moïse, qui s'écria : « Tu es le seul Dieu, et nous ne connaissons pas d'autre Dieu que toi. » (*Deutér.*, XXXII, 39.) Donc, à ton avis, c'est Dieu le Père qui apparut dans la colonne de feu ou de nuée. Si c'est Dieu le Père, il faut revenir à ton raisonnement, et me dire lequel est d'une nature meilleure, le feu, la nuée, ou l'homme, si tu dis que c'est le feu ou la nuée, on se moquera de toi, non-seulement parmi les hommes qui sont doués d'une véritable raison, et que n'a point séduits votre fausse doctrine ; mais les animaux eux-mêmes te donneraient un démenti, quoiqu'ils soient privés d'une intelligence raisonnable ; car ils jouissent d'un certain sens naturel qui manque au feu et aux nuées. Si tu dis que l'homme est supérieur, voilà que le Fils est plus grand que le Père, puisque le Fils s'est montré sous la figure de l'homme, et le Père sous la figure de feu. Je parle ainsi dans votre sens, ô Ariens : mais la droite et vraie doctrine, c'est que comme le Fils n'est pas plus grand que le Père, parce que le Fils s'est montré sous la forme humaine, et le Père sous la forme du feu, ainsi le Saint-Esprit n'est pas inférieur au Fils, parce qu'il a paru sous la figure d'une colombe. Cette divine substance de la Trinité demeurant en elle-même ce qu'elle est, voulant renouveler ce qui était perdu et nous tirer de nos ruines, s'est montrée visiblement aux hommes, selon leur portée et suivant la convenance de chaque chose. Il est Dieu sous la figure du feu, mais il n'est pas le feu ; il était fils sous la forme de l'homme ; mais il n'était pas seulement ce qui était visible, il était encore ce qui était caché. Car s'il était tout entier visible, pourquoi aurait-il dit à ses disciples : « Celui qui m'aime, mon Père l'aimera, et moi je l'aimerai et je me manifesterai à lui ? » (*Jean*, XIV, 21.) Qu'aurait-il manifesté, si tout en lui eût été visible ? Il y avait donc aussi ce qui était caché. Ainsi le Saint-Esprit s'est montré sous la figure d'une colombe, mais le Saint-Esprit n'était pas une colombe.

CHAPITRE X. — 21. Tout cela, ô homme, a été fait pour toi. N'offense donc pas celui qui t'a créé, afin qu'il t'accorde ce qui vient ensuite dans le symbole : « La rémission de tous les péchés. » Ne dis pas qu'il est moins grand, celui qui te conduit au royaume des cieux par la rémission des péchés. Si on vient au baptême sans cette foi, c'est fermer devant soi la porte du pardon. Ce n'est pas à une autre fin, mes bien-aimés, que le Père a envoyé son Fils, et que le Fils lui-même a pris la nature de l'homme malade, et que le Saint-Esprit a répandu ses dons, si ce n'est afin que nos âmes soient déli-

---

et alium non novimus absque te. » (*Deut.*, XXXII, 39.) Ergo Deo Patri assignabis quod apparuit in columna ignis vel nubis. Si Deo Patri hoc assignabis, redi modo ad illam ratiocinationem tuam ; et dic mihi quæ sit melior natura, ignis, nubis, aut hominis. Et si dixeris, ignis vel nubis, irrideris non solum ab hominibus, qui certa ratione sunt præditi, non qui vestra vana seductione decepti ; sed etiam ab ipsis pecoribus, quibus etsi non est rationalis intellectus, inest tamen naturalis sensus, qui non est attributus igni vel nubibus. Si autem dixeris, hominis est melior : Filius a te demonstratur Patre major ; quia Filius apparuit in homine, Pater apparuit in igne. Hoc, ariani, secundum vos dictum sit : secundum rectam autem veramque doctrinam, quemadmodum non est Filius Patre major, quia Filius apparuit in homine, Pater in igne ; sic non est Spiritus sanctus minor Filio, quia in specie apparuit columbæ. Divina illa substantia Trinitatis manens in se ipsa sicuti est, ut innovaret perdita, nostramque restauraret ruinam, pro captu hominum, et pro congruentia (*a*) cujuslibet rei se visibiliter demonstravit ; unitatem, æqualitatemque suam non amisit. In igne Deus, sed non est ignis : in homine Filius, sed non hoc solum quod videbatur erat, erat et quod latebat. Nam si totum quod videbatur erat, quid est quod dicebat discipulis suis : « Qui me diligit, diligetur a Patre meo, et ego diligam eum, et manifestabo me ipsum illi ? » (*Joan.*, XIV, 21.) Quid manifestaturus erat, si totum quod videbatur erat ? Ergo erat et quod latebat. Ita et Spiritus in columba apparuit, sed non columba erat Spiritus.

CAPUT X. — 21. Totum hoc, homo, factum est propter te. Noli injuriam facere illi qui fecit te, ut consequaris ab illo, quod in isto sancto Symbolo sequitur : « Remissionem omnium peccatorum. » Noli minorem prædicare eum, qui te perducit ad regnum cœlorum in remissione peccatorum. Sine ista fide si quis ad baptismum accedit, ipse contra se januam indulgentiæ claudit. Nec propter aliud, Dilectissimi, factum est, ut et Pater mitteret Filium, et ipse Filius susciperet hominem sanandum, et Spiritus sanctus hoc effunderet donum, nisi ut nostræ animæ cruerentur a sarcinis peccatorum. Totum quidem homi-

---

(*a*) In Mss. *et pro congruentia sui cujusque rei se invisibiliter demonstravit*. Erasmiana quoque editio habet, *invisibiliter demonstravit*.

CHAPITRE X.

vrées du fardeau de leurs péchés. Car le Sauveur a entrepris de réparer l'homme tout entier ; mais il a montré qu'il fallait donner beaucoup plus de soin à l'âme qu'au corps. En effet, lui-même, entre autres miracles qu'il faisait sur la terre, voyant un jour un paralytique qui souffrait depuis de longues années, il jugea qu'il devait d'abord guérir son âme, et ensuite il daigna guérir son corps : « Mon fils, dit-il, ayez confiance, vos péchés vous sont remis. » (*Matth.*, IX, 5 ; *Marc*, II, 3.) Cette santé principale n'est pas à dédaigner. Il faut désirer celle-là, quand on veut être guéri intérieurement et extérieurement : « Purifiez, dit le Seigneur, ce qui est à l'intérieur, et ce qui est au dehors sera pur. » (*Matth.*, XXV, 16.) Cependant les Juifs, dont l'âme était perverse, au lieu d'être guidée par la foi, et qui suivaient les pas du Christ avec une intention perfide et pour lui tendre des pièges, ayant entendu le Seigneur dire au paralytique : « Vos péchés vous sont remis, » (*Matth.*, IX, 2) ils se mirent à murmurer en eux-mêmes des pensées méchantes, mais qu'entendait celui qui lit dans les cœurs : « Quel est cet homme, disent-ils, qui remet les péchés ? Il blasphème, car personne ne peut remettre les péchés, que Dieu seul. » Mais le Christ, pour montrer qu'il était Dieu, pour démasquer leur méchanceté et donner une preuve de sa puissance, leur dit : « Pourquoi pensez-vous mal dans vos cœurs ? Lequel est plus difficile de dire : Vos péchés vous sont remis, ou de dire : Lève-toi et marche ? Or, pour que vous sachiez que le Fils de l'homme a le pouvoir sur la terre de remettre les péchés, il dit au paralytique : Lève-toi, emporte ton lit et retourne dans ta maison. » (*Matth.*, IX, 2.) Et aussitôt il se leva, emporta son lit, et s'en alla. Oh ! que son sort eût été meilleur, si après avoir reçu le pardon de ses péchés, il se fût levé, non de son lit, pour pécher de nouveau, mais du sépulcre, pour entrer libre et tranquille dans la véritable vie ! Ce n'est pas sans raison, mes bien-aimés, qu'on lui a dit : « Prends ton lit, et retourne dans ta maison. C'est ainsi que le Seigneur a voulu le guérir dans l'âme, afin qu'il ne souffrît plus dans son corps. Mais quand il dit : « Prends ton lit, » ne veut-il pas dire : Porte encore le fardeau de tes péchés ? Tes épaules ne seront pas libres, tu porteras une chose incommode, tu seras courbé sous le poids, ta tête déjà libre sentira encore le joug de la servitude : « Car tout homme, dit le Seigneur, qui fait le péché est esclave du péché. » (*Jean*, VIII, 34.) Si après la rémission des péchés, ce paralytique eût quitté la vie, il aurait possédé la pleine liberté. Mais ayant été laissé

nem suscepit ille curandum, sed ampliorem curam demonstravit adhibendam esse animæ quam corpori. Namque cum ipse Salvator inter cætera miracula quæ præsens faciebat, paralyticum antiqua valetudine oppressum videret, prius ejus animam censuit esse sanandam, tunc demum etiam ejus corpori dignatus est donare salutem. « Fili, inquit, confide, quoniam remissa sunt tibi peccata tua. » (*Matth.*, IX, 3 ; *Marc.*, II, 3.) Magna salus non est contemnenda. Hanc appetere debet, quisquis interius et exterius salvus esse desiderat. « Mundate, » ait ipse Dominus, « quæ intus sunt, et quæ foris sunt munda erunt. » (*Matth.*, XXV, 26.) Veruntamen intentio illa perversa Judæorum, quæ non fideliter sequebatur Christum, sed ad hoc eum frequentabant, quia ei dolosi dolose insidias præparabant, quando audierunt Dominum paralytico dicentem : « Dimissa sunt tibi peccata tua, » (*Matth.*, IX, 2, etc.) continuo susurratio illa cogitationis pessimæ, ubi eos audiebat qui corda inspiciebat : « Quis est iste, inquiunt, qui peccata dimittit ? Blasphemat : Nemo enim potest dimittere peccata, nisi solus Deus. » Ille autem ut eis demonstraret se esse Deum, eorumque nequitiam ostenderet, ac suam demonstraret potentiam, ait illis : « Quid cogitatis (*a*) nequam in cordibus vestris ? Quid est amplius dicere : Dimissa sunt tua tibi peccata, aut dicere : Surge et ambula ? Ut noveritis autem quia habet potestatem Filius hominis in terra dimittendi peccata : ait paralytico : Surge, tolle, grabbatum tuum, et vade in domum tuam. » Et statim surrexit, et tulit grabbatum suum, et abiit. O quam melius illi esset, si post acceptam remissionem peccatorum, non de lecto ad peccandum iterum surgeret, sed de sepulcro ad veram vitam liber securusque surgeret. Non enim vacat, Dilectissimi, quod ei dictum est : « Tolle grabbatum tuum, et vade in domum tuam. » Sic enim Dominus eum curari (*b*) interius volebat, ut jam ulterius non laboraret. « Tolle autem grabbatum tuum, » quid est, nisi porta rursus sarcinam delictorum tuorum ? Non erunt scapulæ tuæ liberæ, portabis quod te premat, curvus eris sub onere, caput jam liberum iterum gravabitur servitute. « Omnis enim, ait Dominus, qui facit peccatum, servus est peccati. » (*Joan.*, VIII, 34.) Si post remissionem peccatorum, ille paralyticus ex hac vita migraret, plenam acciperet libertatem. Quod

---

(*a*) Ita Mss. At editi : *Quid cogitatis malum.* — (*b*) Sic Mss. Editi vero, *curari exterius volebat, ut jam interius non laborabat.*

TOM. XXII.

sur la terre pour y vivre encore, en supposant qu'il n'a pas péché, ce qui est difficile à croire, il a été environné de toutes sortes de périls : parce que la vie de l'homme est une tentation continuelle. (*Job*, VII, 1.) C'est pourquoi, mes bien-aimés, quiconque croit fidèlement, et garde et embrasse avec fermeté cette profession de foi qui renferme la rémission des péchés, doit conformer sa volonté à la volonté de Dieu. Si donc, après le baptême, il daigne nous laisser encore un peu de temps sur la terre, il ne faut pas se lasser de prier et de lui dire : « Vous êtes mon soutien, ne m'abandonnez pas. » (*Ps.* XXVI, 9.) Si au contraire, après nous avoir affranchis et purifiés de toute souillure du péché, il daigne nous appeler à lui, il faut sans lenteur ni tristesse voler à lui, puisque c'est avec lui et par lui que le chrétien commence à régner, il ne faut pas craindre le char de la mort, dans lequel est monté le premier celui qui nous appelle. Car de même qu'après sa résurrection, il est allé vers son Père; ainsi par sa résurrection, il t'a représenté auprès de lui. Pour t'inviter au ciel, il est descendu sur la terre, mais sans quitter le ciel.

CHAPITRE XI. — 22. « Je crois à la résurrection de la chair. » Nous tenons, comme une vérité de foi, que toute chair ressuscitera, c'est-à-dire, toute créature raisonnable ; tel est le principe fondamental de notre foi, qui nous sépare des infidèles. Ici, il n'est pas question des animaux de toute espèce, qui ne portent pas l'empreinte et l'image du Créateur. Nous savons que tous ces êtres ont été créés pour notre service. Lisez ce que Dieu dit à l'homme, quand il l'eut créé et béni, et vous trouverez dans la Genèse : « Dieu créa l'homme, il le fit à son image; il les créa mâle et femelle, et il les bénit et leur dit : Croissez et multipliez-vous; remplissez la terre, et vous l'assujettissez; dominez sur les poissons de la mer, sur les animaux de la terre et sur les oiseaux du ciel. » (*Gen.*, I, 27, etc.) Tous ces êtres, comme je l'ai dit, ont donc été créés pour les besoins de notre infirmité. Mais de même qu'en ressuscitant, nous laissons là notre corruption et notre infirmité, également nous laissons les autres choses qui servent maintenant à nos besoins. Quelles seront les qualités de nos corps ? L'apôtre saint Paul nous le dit : « Le corps, dit-il, est semé dans la corruption, il ressuscitera incorruptible ; il est semé dans l'ignominie, il ressuscitera dans la gloire; il est semé dans la faiblesse, il ressuscitera dans la force; il est semé corps animal, il ressuscitera corps spirituel. » (I *Cor.*, XV, 42.) Cette incorruptibilité, cette force, cette gloire, cet esprit de vie, tout cela, comme le Seigneur a daigné le promettre, nous égalera aux anges de Dieu (*Matth.*, XXII, 30);

---

autem hic vivere postea permissus est, etsi non peccavit, quod credere difficile est; multum periclitatus est : quia tota hæc vita tentatio est. (*Job.*, VII, 1.) Quisquis itaque, Dilectissimi, fideliter credit, et hanc professionem fidei suæ, in qua remittuntur omnia peccata, indubitanter tenet atque amplectitur, præparet voluntatem suam voluntati Dei : ut si eum post baptismum dignatus fuerit in hac vita aliquantulum detinere, iste non quiescat orare ac dicere : « Adjutor meus esto, ne derelinquas me. » (*Psal.* XXVI, 9.) Si autem dignatus fuerit liberum atque ab omni fæce peccati mundatum ad se evocare, incunctanter ac sine tristitia pergat ad eum, cum quo et per quem incipiat et ipse regnare, nec vehiculum mortis timeat, in quo prior ascendit ipse qui vocat. Sicut enim ipsum resurgendo perduxit ad Patrem, ita et te illi per resurrectionem repræsentavit. Quia ut te invitaret ad cœlum, ad terram descendit, sed non deseruit cœlum.

CAPUT XI. — 22. « In carnis resurrectionem. » Resurrecturam esse omnem carnem, rationalem scilicet creaturam, fideliter teneamus. Hæc est summa fidei nostræ, quæ separat ab infidelibus. Neque enim de pecudibus vel cæteris animantibus, quibus non est attributa imago Creatoris, fas nobis disputare. Ista enim omnia ad usus nostros creata esse cognoscimus. Legat quis quid Deus dixit homini, quando eum formavit atque benedixit, et inveniet ita scriptum in libro Geneseos : « Fecit Deus hominem, ad imaginem suam fecit illum, masculum et feminam fecit eos, et benedixit eis dicens : Crescite et multiplicamini, et replete terram, et dominamini ejus, et habete potestatem piscium maris, pecorum terræ, volatilium cœli. » (*Gen.*, I, 27, 28.) Ista ergo omnia propter usus nostræ infirmitatis, ut dixi, creata sunt. Sed quemadmodum non nobiscum resurgit nostra corruptio, neque infirmitas : ita nec ea quæ sunt necessaria nunc nostræ infirmitati. Qualia futura sint nostra corpora, Paulus dicit apostolus : « Seminatur, inquit, in corruptione, resurget in incorruptione : seminatur in infirmitate, surget in virtute : seminatur in contumelia, surget in gloria : seminatur corpus animale, surget corpus spirituale. » (I *Cor.*, XV, 42, etc.) Incorruptio hæc, virtus, et gloria, et spiritus vivificans, faciet nos, sicut ipse Dominus promittere dignatus est, æquales Angelis

afin que nous vivions dans la vie éternelle, immortels comme eux, et citoyens comme eux d'une patrie permanente. Dans cette patrie, notre vie éternelle sera le Christ lui-même : « Car il est lui-même le vrai Dieu et la vie éternelle. » (I *Jean*, v, 20.)

CHAPITRE XII. — 23. C'est en effet l'article qui vient dans le symbole, et que nous croyons après la résurrection de la chair : « Et à la vie éternelle. » Là, point de corruption ; nous serons immortels, et nous habiterons la vie éternelle. Là, aucun besoin de vêtement ; nous serons revêtus d'immortalité. Là, point de faim ; le pain vivant lui-même, qui est descendu du ciel sur la terre, à cause de nous, nous rassasiera par sa présence. Là, point de soif ; nous aurons la fontaine de vie. Il nous rassasiera par l'abondance de sa maison, et abreuvera nos cœurs dans le torrent de ses délices. (*Ps.* xxxv, 9.) Là, point de chaleur brûlante ; nous trouverons notre rafraîchissement dans celui qui nous a protégés et qui nous protège à l'ombre de ses ailes. Là, point de froid glacial ; il y a le soleil de justice qui échauffe nos cœurs par son amour, et qui éclaire nos yeux des rayons de sa divinité, afin que nous puissions contempler, avec leur divinité, l'égalité du Père et du Fils et du Saint-Esprit. Là, point de fatigue ; car nous aurons avec nous, pour être notre force, celui à qui nous disons : « Je vous aimerai, Seigneur, qui êtes ma force. » (*Ps.* xvii, 2.) Là, aucun besoin de sommeil ; car les ténèbres ne viendront jamais troubler le beau jour de l'éternité. Là, aucune affaire, aucune servitude, aucun travail. Et que ferons-nous ? Peut-être ce que nous dit l'Ecriture : « Reposez-vous et voyez que je suis votre Dieu. » (*Ps.* xlv, 11.) Ce repos de la contemplation, ce sera l'œuvre de notre activité ; afin que cette contemplation fasse nos délices, et que ces délices de la contemplation soient de voir. Et quoi voir ? « Les biens du Seigneur. » (*Ps.* xxvi, 13.) Et quels biens ? Pouvons-nous exprimer ce que « l'œil n'a point vu, ce que l'oreille n'a point entendu, ce que le cœur n'a point compris ? » (I *Cor.*, ii, 9.) Pouvons-nous expliquer comment Dieu sera tout en tous ? Pouvons-nous expliquer comment le Fils lui-même, après avoir remis à Dieu et au Père son royaume, c'est-à-dire la sainte assemblée des fidèles, loin d'abandonner la nature humaine qu'il avait prise et glorifiée davantage, s'empressera de montrer aux fidèles eux-mêmes la gloire qu'il possède avec le Père avant la création du monde ? Pouvons-nous expliquer comment l'Eglise, son Epouse, composée d'hommes et de femmes, se transforme toute en l'homme

---

Dei (*Matth.*, xxii, 50) : ut vivamus cum ipsis in æterna vita, in una immortalitate ac sempiterna patria. In qua patria vita nostra æterna ipse Christus erit : « Ipse enim est verus Deus et vita æterna. » (I *Joan.*, v, 20.)

CAPUT XII. — 23. Hoc sequitur etiam in isto sancto Symbolo, quod post resurrectionem carnis credamus. « Et in vitam æternam. » Non nostri jam dominabitur corruptio, immortaliter viventibus, et cum ipsa æterna vita manentibus. Neque enim indigebimus illic vestimento, ubi erimus immortalitate vestiti : nec cibus nobis deerit, quando ipse panis vivus, qui propter nos de cœlo ad terras usque descendit, sui præsentia nostras animas satiabit : nec potus nobis deerit, præsente fonte vitæ. Saturabit enim nos ab ubertate domus suæ, et torrente deliciarum suarum corda nostra rigabit. (*Psal.* xxxv, 9.) Æstus illic non patiemur : illic est enim refrigerium nostrum, qui nos sub umbra alarum suarum protexit et protegit. Frigus illic non patiemur : est enim ibi sol justitiæ, qui suo amore calefaciens corda nostra, radiis divinitatis suæ illuminat oculos nostros, ut videant divinitatem æqualitatemque Patris et Filii et Spiritus sancti. Non ibi fatigabimur : nobiscum enim erit virtus nostra, cui nunc dicimus : « Diligam te, Domine virtus mea. » (*Psal.* xvii, 2.) Non ibi dormiemus : non enim sunt ibi tenebræ, quæ excludere possint permanentem diem. Nulla ibi erit negotiatio, nulla servitus, nullum opus. Et quid illic acturi sumus ? Fortasse illud quod scriptum est : « Vacate, et videte, quoniam ego sum Deus. » (*Psal.* xlv, 11.) Vacuitas ista contemplationis, erit opus nostræ actionis : ut contemplantes delectemur, et delectabiliter contemplemur videre. Quid videre ? « Bona Domini. » (*Psal.* xxvi, 13.) Quæ bona ? Possumus exprimere illud quod « nec oculus vidit, nec auris audivit, nec in cor hominis ascendit ? » (I *Cor.*, ii, 9.) Possumus explicare quomodo « erit Deus omnia in omnibus ? » Possumus explicare quomodo ipse Filius « cum tradiderit regnum Deo et Patri, » id est, sanctam congregationem fidelium, ita illum hominem susceptum ampliusque clarificatum non dimittat, ut tamen claritatem quam habet cum Patre ante quam mundus fieret, ipsis jam fidelibus demonstrare non differat ? Possumus explicare quemadmodum sponsa Ecclesia, quæ ex viris et feminis constat, omnis convertatur in virum perfectum, atque ita dignitatem virilem accipiat, ut tamen sponsæ vo-

parfait, et s'élève à la dignité virile, sans perdre pourtant le nom d'Epouse? Pouvons-nous expliquer les corps ressuscités des saints, passant d'une gloire à une autre gloire? Pouvons-nous expliquer la voie où les vierges suivent le Christ, interdite à ceux qui ne sont pas vierges, et comment, sans cesser d'être partout, il les conduit dans des lieux réservés, n'abandonnant pas pour cela les autres qui ne sont pas vierges? Quel est l'homme mortel dont l'âme est appesantie par le corps (*Sag.*, IX, 15), qui oserait parler de ces choses sublimes, puisque l'apôtre saint Paul ne pouvait en rien dire, lui qui fut transporté, par une grâce puissante, dans son corps mortel, jusqu'au troisième ciel? (II *Cor.*, XII, 2.) Evitons une trop grande curiosité de savoir ce que les apôtres n'ont pu nous dire. Que personne ne cherche donc à savoir de moi ce que je suis sûr de ne pas savoir, à moins que ce ne soit pour apprendre à ignorer ce qu'il lui est impossible de savoir. Espérons recevoir par la foi, par la patience, et par notre mère la sainte Eglise, ce qu'il a bien voulu promettre aux grands et aux petits.

CHAPITRE XIII. — 24. La sainte Eglise, en qui se résume toute la grandeur de ce mystère, est mère et vierge; elle est chaste dans son corps, elle est pleine de fécondité; elle est l'Epouse du Christ, comme nous l'avons dit plus haut; elle nourrit avec tendresse ses enfants, qu'elle s'efforce de rendre dignes de Dieu le Père. Comme bons fils, aimez une si digne mère; comme bons fils, gardez-vous d'abandonner celle qui vous cherche tous les jours; payez-la de retour, et aimez celle qui vous aime. C'est une mère si grande, si excellente, si noble, si féconde en son enfantement royal. Ne souffrez pas qu'elle soit en butte aux injures, ou aux perfidies de ses enfants et de ses serviteurs pervers. Prenez en main la cause de votre mère, et faites voir sa dignité incomparable. Que le mauvais serviteur n'insulte pas sa maîtresse, que l'hérétique Arien n'insulte pas l'Eglise. C'est un loup, connaissez-le; c'est un serpent, brisez-lui la tête. Il flatte, mais il trompe; il fait des promesses, mais il ment. Venez, dit-il, je vous défendrai; si vous avez faim, je vous nourrirai; si vous êtes nus, je vous vêtirai; je vous donnerai de l'argent; je donnerai tant à chacun par jour. O loup perfide! ô serpent trompeur! ô serviteur infidèle! tu foules aux pieds ta maîtresse; tu outrages ta vraie mère, tu chasses le Christ, tu rebaptises le catholique; et ce qui est le pire de ta malice, tu tyrannises les uns pour les perdre, tu achètes les autres pour les tuer. Pourquoi donc, ô hérétique, pourquoi donnes-tu des vêtements? c'est pour dépouiller celui qui est revêtu du Christ. Pourquoi donnes-tu la nourriture à

---

men non perdat? Possumus explicare sanctorum corpora resuscitata, ex qua gloria in quam gloriam transeant? Possumus explicare quo Christum sequantur virgines, quo eum sequi nequeant non virgines, atque illas nescio quo (*a*) ubique manens secum ducat, nec tamen eas quæ non sunt virgines deserat? Quis audet de his rebus positus in hac mortali carne quæ aggravat animam (*Sap.*, IX, 15), aliquid dicere; cum Paulus apostolus hoc non valuit explicare, qui in isto positus corpore usque in tertium cœlum gratia operante valuit ascendere? (II *Cor.*, XII, 2.) Non simus curiosi ad investigandum, quod Apostoli exprimere minime potuerunt. Certe ex me nemo scire quærat, quod me nescire scio, nisi forte ut nescire discat, quod sciri non posse sciendum est. Sed per fidem et patientiam et sanctam matrem Ecclesiam speremus nos accipere, quidquid magnis et pusillis dignatus fuerit ille donare.

CAPUT XIII. — 24. Sancta Ecclesia, in qua omnis hujus sacramenti terminatur auctoritas, mater et virgo, corpore casta, prole fecunda, sponsa Christi superius declarata, pie nutrit filios quos Deo Patri dignos assignare contendit. Filii boni amate tantam matrem, filii boni nolite deserere quotidie vos requirentem: repeudite vicem, amate amantem. Tanta est, talis est, nobilis est, regia prole fecunda est. Non eam patiamini aut filiorum malorum, aut pessimorum servorum injuriis atque insidiis macerari: agite causas matris vestræ, exserite ejus amplissimam dignitatem. Servus malus non insultet dominæ: hæreticus Arianus non insultet Ecclesiæ. Lupus est, agnoscite: serpens est, ejus capita conquassate. Blanditur, sed fallit: multa promittit, sed decipit. Venite, inquit, defendam: si necessitas est, pascam; si nuditas, vestiam: dabo pecuniam, statuam quid per singulos dies quisque accipiat. O lupe male! o serpens inique! o serve nequissime! dominam calcas, veram matrem impugnas, Christum exsufflas, catholicum rebaptizas; et quod est pessimum artis tuæ, alios potentia premis ut perdas, alios pecunia comparas quos occidas. Ergone hæretice ad hoc vestis nudum, ut exspolies intus

(*a*) In Mss. *ubi manens.*

l'affamé? c'est pour ôter à son âme la nourriture céleste. Pourquoi donnes-tu de l'argent? c'est pour qu'ils te vendent le Christ, afin de le rebaptiser, comme Judas a vendu le Christ aux Juifs pour le crucifier. « Que ton argent périsse avec toi. » (*Actes*, VIII, 20.) Ta conduite, ô hérétique, est pire que celle du Juif. Car le Juif, quoiqu'il ait acheté le Christ pour le faire mourir, s'est contenté de percer son côté pendant qu'il était attaché à la croix, sans démembrer son corps; mais toi, tu donnes chaque jour de l'argent, pour lacérer ses membres sur la terre, pendant qu'il est assis sur son trône céleste.

Pour vous, mes bien-aimés, vous avez été d'abord nourris par le lait de votre sainte mère l'Eglise, puis préparés à recevoir d'elle une nourriture plus solide; restez-lui donc fidèles. Si sa discipline ou quelque réprimande a pu blesser quelqu'un, l'irriter et l'éloigner, qu'il songe que l'Eglise est une mère, et qu'il revienne à elle de tout cœur; elle reçoit, puisqu'elle cherche à ramener; et elle se réjouira du retour d'un fils égaré. Mais quoiqu'elle se réjouisse de la conversion d'un fils égaré, elle ne cesse cependant de recommander la noble fidélité de ceux de ses enfants, qui persévèrent avec elle dans la justice.

SUR LE SYMBOLE

AUTRE SERMON AUX CATÉCHUMÈNES

CHAPITRE I. — 1. Vous savez que le symbole sacré que vous avez reçu, que vous avez appris et fixé dans votre mémoire pour votre salut, n'est autre chose que le fondement de la foi catholique. C'est sur ce fondement qu'est bâti l'édifice de l'Eglise, construit par la main des apôtres et des prophètes. Car l'édifice de la maison de Dieu se compose de pierres vivantes, et c'est vous-mêmes. En effet, voici ce qu'écrit l'Apôtre à ceux qui croient : « Ne savez-vous pas, dit-il, que vous êtes le temple de Dieu, et que le Saint-Esprit habite en vous? » (I *Cor.*, III, 16.) Saint Pierre aussi parla de cette manière aux fidèles : « Et vous-mêmes, dit-il, comme des pierres vivantes, vous êtes posés sur lui pour former un édifice spirituel. » (I *Pier.*, II, 5.) Quiconque veut entrer dans cet édifice, doit renoncer au démon, à ses pompes et à ses anges. Les pompes du diable, ce sont tous les désirs illicites qui souillent l'âme, loin de l'embellir. Tels sont les désirs de

DE SYMBOLO

AD CATECHUMENOS SERMO ALIUS.

Christo vestitum? Ad hoc pascis esurientem, ut animæ auferas cibum cœlestem? Ad hoc das pecuniam, ut sic tibi isti vendant Christum rebaptizandum, quemadmodum Judas Judæis Christum crucigendum? « Pecunia tua tecum sit in perditionem? » (*Act.*, VIII, 20.) Pejora hæretice facis quam quæ fecit Judæus. Ecce enim Judæus etsi præmio comparavit Christum occidendum, semel latus in cruce pendentis pupugit, sed totum ejus corpus integrum reservavit : tu vero ad hoc eum quotidie comparas pecunia, ut sedentis in cœlo diversa laceres membra. Vos autem Dilectissimi, qui ab initio uberibus sanctæ matris Ecclesiæ nutriti, usque ad solidum cibum estis ab ea perducti, manete in ea. Si qui ejus vel disciplinam vel quamlibet admonitionem aspere tulit, et iratus abscessit, agnoscat matrem, redeat ad eam libenter : et hæc suscipit quæ requirit; gaudebitque filium perditum fuisse conversum. Sed licet multum gaudeat filium perditum fuisse conversum, stabilitatis dignitatem non quiescit prædicare secum permanentium filiorum.

CAPUT I. — 1. Sacramentum Symboli quod accepistis, memoriæque mandatum pro vestra salute retinetis, noveritis hoc esse fidei catholicæ fundamentum, super quod ædificium surrexit Ecclesiæ, constructum manibus Apostolorum et Prophetarum. Ædificium enim domus Dei, lapides sunt vivi : quod estis vos. Ita enim credentibus scribit Apostolus : « Nescitis, inquit (I *Cor.*, III, 16), quia templum Dei estis, et Spiritus sanctus habitat in vobis? » Sed et apostolus Petrus alloquens fideles : « Vos, inquit, tanquam lapides vivi ædificamini in domum spiritalem. » (I *Petr.*, II, 5.) Quisquis huic ædificio conjungi desiderat, renuntiet diabolo, pompis et angelis ejus. Pompæ diaboli sunt quæque illicita desideria, quæ turpant, non quæ exornant animam : ut sunt desi-

la chair, les désirs des yeux, les ambitions du siècle. A la concupiscence de la chair appartiennent les séductions de la volupté ; à la concupiscence des yeux, le vain amusement des spectacles ; à l'ambition du siècle, le fol orgueil qui s'environne de fumée et de vanité, au point qu'un homme devenu puissant ne se croit plus simplement un homme quand il s'agit d'un autre homme. Si donc on veut vaincre le monde, il faut vaincre ces trois choses qui sont dans le monde, et par là on triomphera également de celui qui a trompé le monde par ses conseils d'orgueil.

CHAPITRE II. — 2. Quand l'homme, en renonçant au diable, a chassé son plus mortel ennemi, il faut qu'il ouvre la porte de son cœur au meilleur des maîtres : « Qu'il croie en Dieu le Père tout-puissant... » C'est un grand don de la grâce, de croire en Dieu et de le comprendre. Mais que dit le prophète ? « Si vous ne croyez pas, vous ne comprendrez pas. » (*Isaïe*, VII, 9.) Croyons donc, pour pouvoir comprendre ; mais prions, pour que nous méritions de voir ce que nous croyons ; car le péché, et l'auteur du péché, le diable sépare l'âme de Dieu. Quand la créature a suivi son séducteur, en abandonnant son Sauveur, elle n'a plus été qu'une grande ruine ; et l'âme s'est perdue, jusqu'à adorer des idoles à la place du vrai Dieu, adorant elle-même les ouvrages qu'elle avait faits, et abandonnant celui par qui elle a été faite. Par le culte qu'elle rend à la pierre inanimée, elle périt elle-même, puisqu'elle abandonne Dieu, qui est son éternelle et véritable vie. De là, toute erreur et la perte de tous les biens ; de là, le culte des païens et la perversité des hérétiques. Les hommes se sont livrés à toutes sortes de voluptés et d'une manière si perverse, que les uns adoraient le soleil, d'autres la lune et les étoiles, ceux-ci les montagnes ceux-là les pierres et les arbres, chacun selon ses inventions ; ce n'était pas le Dieu qui protége, mais le diable qui trompe ; et ainsi par mille détours, l'âme s'est éloignée de son Créateur pour adorer, comme Dieu, ce que Dieu lui avait donné pour son service. Car toutes les créatures n'ont-elles pas été faites pour l'homme ? Qu'on lise les saintes Ecritures, et on verra que Dieu dit à l'homme, après l'avoir formé du limon de la terre : « Croissez et multipliez, et remplissez la terre ; soumettez-la à votre empire, et commandez aux poissons de la mer, aux oiseaux du ciel, et aux animaux de la terre. » (*Gen.*, I, 28.) Et un peu plus loin : « Voici, dit-il, que je vous ai donné toutes choses pour votre usage et votre nourriture. » Pour ceux qui ne veulent pas lire les saintes Ecritures, la nature elle-même, le monde lui-même par son obéissance, a une voix pour convaincre les incrédules, et s'élevant contre

---

deria carnis, desideria oculorum, ambitiones sæculi. Ad concupiscentiam carnis pertinent illecebræ voluptatum : ad concupiscentiam oculorum, nugacitas spectaculorum : ad ambitionem sæculi, insana superbia ; ubi est fumus inflatus, ut homo positus in aliqua potestate, hominem se esse non agnoscat, cum de homine judicat. Qui ergo vult mundum vincere, tria ista vincat quæ sunt in mundo : et per hæc illum vincit etiam, qui suadendo per superbiam decepit mundum.

CAPUT II. — 2. Postquam autem homo renuntiando diabolo excludit pessimum invasorem, introducat optimum possessorem : « Credat in Deum Patrem omnipotentem, » etc. Magnum donum gratiæ, credere et intelligere Deum. Sed quid Propheta dicit ? « Nisi credideritis, non intelligetis. » (*Isa.*, VII, 9.) Credamus ergo, ut intelligamus : sed oremus, ut mereamur videre quod credimus. Peccata enim, et auctor peccati diabolus separavit animam a Deo : et dum creatura secuta est seductorem, suum deseruit salvatorem ; facta est ruina magna : et erravit anima, ut pro vero Deo coleret idola, et adoraret ipsa quæ fecit, deserendo illum a quo facta est. Adorando enim lapidem nullam habentem vitam, ipsa perit, deserendo Deum qui est ejus vera et æterna vita. Hinc error omnis, et desertio bonorum : hinc cultus paganorum, et perversitas hæreticorum. Et erraverunt animæ per diversas voluptates et perversas, ut alii colerent solem, alii luna et stellas, alii montes, alii lapides et quæque virgulta, ut sibi quisque credidit invenisse, non adjutorem Deum, sed deceptorem diabolum : atque ita per diversa anima erravit a Creatore suo, ut omne quod ei dederat Deus ad servitium, hoc illa coleret ut Deum. Nonne omnia propter hominem creata sunt ? Legat quis Scripturas sanctas, et inveniet Deum dixisse homini, quem de limo terræ formavit : « Crescite, et multiplicamini, et replete terram, et dominamini, ejus, et habete potestatem piscium maris, et avium cœli, et pecorum terræ. » (*Gen.*, I, 28.) Et paulo post : « Ecce, inquit, dedi vobis omnia in usum et ad escam. » Eos autem qui Scripturas sanctas legere nolunt, ipsa rerum natura, ipsoque mundus operibus famulatus sui incredulos sua quadam voce convincit, et animam perversam increpans dicit : Quid est, misera, quod erras in me, et degener facta

CHAPITRE III.

l'âme perverse, il lui dit : Pourquoi, misérable, t'égares-tu de mon côté? pourquoi dégénérer et oublier celui qui t'a faite si grande, qui a bâti pour toi le ciel et la terre, comme un magnifique palais, sans que tu aies rien fait pour le mériter? Tous les éléments, l'un après l'autre te répondent d'une voix éclatante et démontrent par ses œuvres le grand ouvrier. Le ciel s'écrie : Je ne suis pas Dieu ; car si j'étais Dieu, aucun nuage ne viendrait m'obscurcir, les ténèbres ne succéderaient point à ma lumière ; mais ce serait une lumière pure, incorruptible et invariable, comme cette lumière véritable qui a créé cette lumière temporelle en moi et pour toi. Le soleil s'écrie : Pourquoi, homme, m'adores-tu comme Dieu, puisque tu vois mon lever et mon coucher? Dieu n'a ni lever ni coucher. Et toi, en l'abandonnant, tu t'es couché dans l'abîme. Si tu considères que je suis grand et admirable, moi je reconnais pour mon maître celui qui m'a créé et qui t'as créé. Mais puisque ma lumière et ma chaleur te sont utiles, comment peux-tu me prendre pour un dieu, si ce n'est parce que tu ne connais pas le vrai Dieu? La lune et les étoiles lui tiennent le même langage. Ne vois-tu pas, disent-elles, ô homme, que nous avons la nuit pour espace, à l'exclusion du jour, sans qu'il nous soit permis de dépasser les limites qui nous sont tracées, et que le tout-puissant ouvrier a posées pour adoucir ton repos. Nous ne sommes pas Dieu ; nous découvrons ton erreur en consolant tes peines. La mer s'écrie avec tous ses habitants : Nous ne sommes pas Dieu. Je fais mon service, suivant l'ordre que j'ai reçu, ouvrant une route au vaisseau, avec les mouvements convenables, et le souffle des vents, dirigeant sa marche, pour le conduire sans retard au port désiré, même quand c'est l'avarice qui l'entraîne. Les animaux que je produis sont destinés, tu le sais, pour ta nourriture. Puisque je connais en tout mon devoir, pourquoi déserter ton poste, en abandonnant Dieu créateur de toutes choses? La terre s'écrie: Peux-tu, ô homme, m'attribuer la divinité? Tu ne sais plus qui je suis, en oubliant ce que tu es. Tu ne reconnais pas ta matière, tu ne reconnais pas que tu es mon limon, formé de moi à la vérité, mais avec une âme que je n'ai pas moi-même. Tu ne reconnais pas que parmi tous les animaux tirés de mon sein, n'ayant que Dieu seul pour maître, tu as été établi le roi du monde. C'est avec raison que tu ne comprends pas ; car lorsque tu étais dans la grandeur, tu n'as pas compris ; tu t'es rabaissé au rang des animaux sans raison, et tu leur es devenu semblable. (*Ps.* XLVIII, 13.)

Chapitre III. — 3. Pour nous, mes bien-aimés, qui avons le don de la foi, ne croyons pas

oblita es a quo quanta creata sis, cui cœlum et terra tam pulchra domus nullis meritis præcedentibus constructa est? Respondent et singula quæque elementa clamantia, et ipsis suis operibus suum demonstrantia artificem. Clamat cœlum : Non sum Deus : nam si Deus essem, nulla me nubilatio obumbrare potuisset, nec tenebræ succederent luci meæ ; sed lux integra, incorrupta, inviolataque mansisset, sicut manet lux illa vera quæ istam lucem temporalem creavit in me propter te. Clamat et sol : Quid me homo colis ut Deum, quem vides ortu occasuque concludi? Deus nec ortum habet, nec occasum? sed tu illum deserendo magnum incurristi casum. Sed consideras magnum atque mirabilem esse me : ego autem agnosco habere super me, qui et me creavit et te. Cum autem opera et splendoris et caloris mei tibi deserviant, quomodo me pro Deo colendum ducis, nisi quia verum Deum colere nescis? Ita luna et stellæ istam similem proferunt vocem : Non vides, inquiunt, o homo, spatium nos agere nocturnum, excludi luce, nec terminos transgredi constitutos, quos ad solatium quietis tuæ omnipotens artifex terminavit? Non sumus Deus : convincimus falsitatem tuam serviendo tibi ad pœnam tuam. Clamat mare, et omnia quæ in eo sunt : non sumus Deus. Præbeo enim, ut mihi jussum est, famulatum, pervium iter carinæ suscipiens, motus congruos, flatus ventorum ; dirigens gressus, ut ad portum desideratum etiam rapiente te avaritia, nulla interposita tarditate perducam. Animalia vero quæ gignuntur ex me, tibi in escam donata esse cognoscis. Cum ergo per omnia agnoscam modulum meum, tu quare deseris ordinem tuum, deserendo omnium creatorem Deum? Clamat terra : Ergone homo deitatis mihi nomen ascribis? Ideo non agnoscis quid sim, quia oblitus es qui sis. Non agnoscis materiam tuam : non agnoscis quia limum meum es, ex me quidem formatum, sed, quod non sum ego, animatum. Non agnoscis quia inter omnia animalia quæ ex me procreata sunt, tu solus sub Deo pene mundi dominus constitutus es. Merito non intelligis, quia cum esses in honore, non intellexisti : comparatus es jumentis insipientibus, et similatus es illis. (*Psal.* XLVIII, 13.)

Caput III. — 3. Nos autem, Dilectissimi, quibus donatum est credere, nec solem credamus Deum vel

que le soleil soit Dieu ou le roi du ciel, ni la mer avec je ne sais quel roi qu'on appelle Neptune, que la vanité, et non la vérité, a inventé ; ni la terre avec Pluton ; mais « croyons en Dieu Père tout-puissant, créateur de toutes choses, » et roi des cieux. C'est lui qui a tout fait de rien, parce qu'il l'a voulu, et c'est lui qui gouverne tout ce qu'il a fait. Ces prétendus immortels, dont nous avons parlé plus haut, ne sont pas dieux, par la raison que nous pouvons les saisir et les voir de nos yeux. Quant aux autres, que la folie adore d'un culte insensé, comme Jupiter, Saturne, Mars, Junon, Minerve, Vénus et autres monstres; tous ces dieux aussi peu bienfaisants que leurs noms sont sinistres, on sait qu'ils ont été des hommes mortels, comme l'attestent dans leurs livres ceux qui prennent plaisir à toutes ces chimères. Mais pour savoir quel Dieu nous présentent nos saints livres, écoutez l'apôtre saint Paul : « Au seul Dieu immortel, dit-il, invisible, incorruptible, honneur et gloire. » (I *Tim.*, I, 17.) Notre Dieu n'est pas visible à nos yeux charnels, mais il est visible aux yeux de notre cœur ; il n'est pas visible pour un temps, mais il est visible pour l'éternité. Le païen me dit : Montre-moi le Dieu que tu adores. Je lui réponds : Je puis bien te le montrer, mais tu n'as pas des yeux pour le voir. « Bienheureux, dit le Sauveur, ceux qui ont le cœur pur, parce qu'ils verront Dieu. »

(*Matth.*, v, 8.) Le cœur impur et enveloppé dans les ténèbres du péché voudrait voir Dieu ? « La lumière a lui dans les ténèbres, mais les ténèbres ne l'ont pas comprise. » (*Jean*, I, 5.) L'aveugle qui ne voit pas dira-t-il que la lumière n'existe pas ? Si tu savais, ô infidèle, dire au vrai Dieu : « Éclairez mes yeux, » (*Ps.* XII, 4) tu verrais maintenant avec nous d'une manière figurée et comme dans un miroir, pour pouvoir un jour voir face à face. (I *Cor.*, XIII, 12.) Si tu pouvais comprendre l'ouvrier d'après ses œuvres, tu reconnaîtrais le Créateur par la créature. Si tu savais t'étonner de toi-même, en voyant que tu ne te comprends pas tout entier, tu reconnaîtrais Dieu qui t'a créé. Tu ne vois pas ton âme, quoique ton âme voie toutes choses à travers ton corps. Ou si tu prétends voir ton âme, dis-moi sa qualité, sa grandeur ; est-elle carrée, ronde, douce, âpre, chaude ou froide ; de quelque couleur ou sans couleur ? Je le vois, tu ne peux rien dire ; tu ne peux pas montrer la qualité de ton âme. Cependant ton âme est immortelle, et c'est elle qui est la vie de ton corps. Je dis que ton âme est immortelle dans l'un et l'autre cas. Si elle croit, elle est immortelle pour la vie ; si elle ne croit pas, elle est immortelle pour le châtiment. Nous croyons donc que Dieu est immortel et invisible, non celui que vous, infidèles, avez imaginé comme

---

regem cœli ; nec mare, aut nescio quem regem ejus Neptunum, quem fingit vanitas, non veritas ; nec terram et Plutonem : sed « credamus in Deum Patrem omnipotentem, universorum creatorem, » regem cœlorum. Qui enim cuncta quia voluit de nihilo fecit, ipse regit quæ fecit. Immortales isti qui a nobis superius commemorati sunt, ideo dii non sunt, quia et comprehendi et videri hic oculis possunt : cæteros autem, quos vani vane colunt, Jovem, Saturnum, Martem, Junonem, Minervam, Venerem, et cætera portenta, non numina bona, sed nomina mala, homines mortales fuisse, etiam eorum litteræ clamant, qui talibus erroribus delectantur. Nostræ autem sacræ litteræ qualem Deum prædicent, Paulum audite apostolum : « immortali, inquit, invisibili, incorruptibili, soli Deo honor et gloria. » (I *Tim.*, I, 17.) Non videtur Deus noster oculis carnis, sed videtur oculis cordis : non videtur ad tempus, sed videtur in æternum. Sed dicit Paganus : Ostende mihi quem colis. Respondeo : Ego quidem habeo etiam modo quem tibi ostendam, sed tu non habes oculos unde videas. « Beati enim, ait Salvator noster, mundo corde ; quoniam ipsi Deum videbunt. » (*Matth.*, v, 8.) Cor immundum et tenebris peccatorum obvolutum, Deum quærit videre ? « Lux lucet in tenebris, sed tenebræ eam non comprehenderunt. » (*Joan.*, I, 5.) Numquid quia cæcus non videt, ideo lux non lucet ? Si nosses, o infidelis, dicere Deo vero : « Illumina oculos meos : » (*Psal.* XII, 4) videres nobiscum nunc per speculum in ænigmate, ut possis videre facie ad faciem. (I *Cor.*, XIII, 12.) Si ex operibus intelligeres artificem, ex creatura conjiceres creatorem. Si expavesceres in te, quia non totum capis te : agnosceres Deum qui fecit te. Non enim vides animam tuam, cum omnia videat anima tua per carnem tuam. Aut si vides animam tuam, dic mihi qualis vel quanta sit : utrum quadra, an rotunda ; utrum lenis, an aspera ; utrum calida, an frigida ; utrum alicujus coloris, an omni colore carens. Video, deficis : ostendere animam tuam qualis sit, non potes. Ecce immortalis est anima tua, et vivificat mortalem carnem tuam. Immortalem dico animam tuam ad utrumque. Si credit, immortalis est ad vitam : si non credit, immortalis est ad pœnam. Credimus ergo Deum immortalem et invisibilem ; non illum quem vos infideles Deum fingi-

Dieu, et qui est à la fois adultère et tonnant, mais le vrai Dieu, créateur et gouverneur du monde entier.

CHAPITRE IV. — 4. « Et en Jésus-Christ son Fils, » promis autrefois par les prophètes. Nous possédons l'accomplissement des prophéties; et pourtant nous ne sommes pas dispensés de croire, puisque, au moment de l'accomplissement, nous n'étions pas présents. Les Juifs y étaient alors, puisque c'est au milieu de leur nation que le Sauveur a choisi ses apôtres, de qui nous tenons notre foi. Or, au milieu de ce peuple dans lequel, et duquel il a daigné naître, le prophète Isaïe avait fait longtemps auparavant cette prédiction : « Voilà qu'une vierge concevra et enfantera un fils, et on l'appellera de son nom Emmanuel, c'est-à-dire Dieu avec nous. » (*Isaïe*, VII, 14.) Et dans un autre endroit : « Un rejeton naîtra de la tige de Jessé, et une fleur s'élèvera de ses racines ; » (*Idem*, XI, 1) figurant par le rejeton la vierge Marie, et par la fleur le fils de la vierge, Notre-Seigneur Jésus-Christ. Les Juifs, avant l'accomplissement, lisaient et ne comprenaient pas ; lorsque vint l'accomplissement, loin de se réjouir, ils devinrent envieux. Le Christ est né d'une vierge, comme la fleur d'une branche, sans aucune participation de l'homme. Il naît petit enfant, et c'est le grand Roi. Il n'y a pas à s'y tromper, les témoignages sont là pour dire que c'est le grand Roi ; les anges l'annoncent aux bergers ; les cieux se servent comme d'un nouveau langage pour le proclamer, c'est une étoile miraculeuse. Les mages viennent de loin ; ils viennent pour l'adorer dans sa crèche, quoiqu'il règne déjà au ciel et sur la terre. Les mages annoncent qu'un roi est né ; Hérode se trouble, et par la crainte de perdre son royaume, il ordonne de le mettre à mort ; pourtant s'il avait cru en lui, il eût été tranquille ici-bas, et il régnerait éternellement dans l'autre vie. Hérode interroge les Juifs pour savoir où le Christ est né. Tous le cherchent, non comme les Mages pour l'adorer, mais pour le faire mourir. Que crains-tu, Hérode, en apprenant la naissance d'un roi ? Il ne vient pas, celui-là, pour te renverser, mais pour vaincre le diable. Mais toi, sans rien comprendre à cela, tu te troubles et tu le persécutes ; et pour perdre un seul enfant que tu cherches, tu deviens un tyran cruel par la mort d'une multitude d'enfants. Rien ne t'arrête, ni la tendresse de ces mères qui se désolent, ni le deuil des pères qui pleurent leurs enfants, ni les cris ni les gémissements de ces tendres victimes. Tu fais tuer ces enfants dans leurs corps, parce que la peur te tue au fond du cœur ; et tu crois qu'en accomplissant ton désir meurtrier, tu vas t'assurer une longue vie, en faisant périr la vie elle-même. Mais cet enfant qui est la source de la grâce, petit et grand à la

---

tis, simul et adulterantem et tonantem : sed Deum verum, totius mundi fabricatorem atque rectorem.

CAPUT IV. — 4. « Et Filium ejus Jesum Christum : » olim promissum per Prophetas. Tenemus quod jam impletum esse cognoscimus. Sed ideo etiam hoc credere jubemur, quia quando factum est, præsentes non fuimus. Aderant tunc Judæi, ex quorum gente ipse Salvator Apostolos elegit, per quos ad nos fides ista pervenit. In ipsa autem gente in qua et ex qua nasci dignatus est, longe antea Isaias propheta prædixerat : « Ecce virgo in utero accipiet et pariet filium, et vocabitis nomen ejus Emmanuel, quod interpretatur : Nobiscum Deus. » (*Isa.*, VII, 14.) Et alio in loco : « Exiet virga de radice Jesse, et flos de radice ejus ascendet : » (*Isa.*, XI, 1) virgam significans virginem Mariam, et florem virgæ, filium virginis Dominum Jesum Christum. Judæi ante quam ista fierent, legebant, et non intelligebant : cœperunt impleri quæ promissa sunt, et non gaudebant, sed potius invidebant. Nascitur Christus ex virgine sicut flos ex virga, sine ullo composito semine. Nascitur infans parvus, rex magnus. Procedunt certa indicia, et signa magni regis : pastoribus nuntiant Angeli, per stellam velut per novam linguam clamant cœli. Adducuntur de longinquo Magi : veniunt, ut adorent adhuc in præsepi jacentem, sed jam in cœlo et in terra regnantem. Annuntiantibus Magis regem natum, turbatur Herodes ; et ne regnum perdat vult eum occidere, in quem si crederet, et hic securus, et in illa vita sine fine regnaret. Herodes a Judæis ubi Christus nascatur inquirit. Quærunt simul, non sicut Magi adorandum, sed inventum necandum. Quid times Herodes, quia audis regem natum ? Non venit ille ut te excludat, sed ut diabolum vincat. Sed tu hæc non intelligens turbaris et sævis ; et ut perdas unum quem quæris, per tot infantum mortes magus (*fort.* magis) efficeris crudelis. Non te ulla pietas plangentium matrum, aut lugentium patrum funera filiorum, non mugitus et gemitus revocat infantum. Necas parvulos corpore, quia te necat timor in corde : et putas si hoc quod cupis impleveris, diu te posse vivere, cum ipsam vitam quæras occidere. Ille autem fons

fois, couché dans une crèche, et te faisant trembler sur ton trône, il se sert de toi, à ton insu, et délivre des âmes de la captivité du diable. Il prend les fils de ses ennemis pour en faire ses fils d'adoption. Ces petits, sans le savoir, meurent pour le Christ ; les pères pleurent la mort de ces petits martyrs, mais le Christ les accepte, quoique muets encore, pour ses dignes témoins. Voilà comment règne celui qui venait pour régner. Voilà comment sait délivrer le Libérateur, et comment sauve le Sauveur. Mais toi, ô Hérode, tu ne comprends rien, tu te troubles et tu persécutes ; et pendant que tu persécutes un enfant, tu obéis à ses ordres, et tu ne t'en doutes pas. Car il est le grand roi qui est venu pour rassembler son troupeau, en se servant de toi et d'autres qu'il avait choisis : et toi le premier tu lui envoies, dans son royaume des cieux, comme une armée innombrable, cette multitude d'enfants innocents. Le bienheureux saint Jean, dans son Apocalypse, nous montrait cette foule quand il disait : « Je vis une grande multitude que personne ne pouvait compter, de toute nation, de toute tribu, qui était debout devant le trône de Dieu, revêtue de robes blanches, avec des palmes en leurs mains. » (*Apoc.*, VII, 9.) O précieux don de la grâce ! Quel était le mérite de ces enfants, pour un pareil triomphe ? Ils ne parlent pas encore, et ils confessent le Christ. Leurs membres sont encore immobiles pour le combat, et déjà ils tiennent les palmes de la victoire. Quel est donc ton pouvoir, ô Hérode, pour être ainsi vaincu ? Ce petit enfant ne t'a pas vaincu avec une armée de soldats robustes, mais avec une foule innombrables d'enfants immolés. Veux-tu savoir le bienfait que ta cruauté a procuré à ces enfants ? Ta promptitude à les immoler pour leur donner la vie, les a empêchés d'être les complices de leurs pères pour tuer la véritable vie, et tu étais l'instrument de celui qui se servait de ta malice pour faire le bien. Il délivre l'âme de ces enfants de la complicité de leurs pères, pour le complot de sa mort, et t'a laissé tout seul sous le fardeau d'un crime inutile. La grâce a su faire et fait encore son œuvre, et par ses ennemis, et par ces petits enfants et en eux-mêmes ; car ces petits qui mouraient étaient naturellement enfants de colère (*Ephés.*, II, 3), comme les autres hommes ; mais que fit pour eux la grâce, si ce n'est de les délivrer de la puissance des ténèbres ? Le Christ leur a donné de mourir pour le Christ ; il leur a donné de laver dans leur sang le péché originel. Ils sont nés pour la mort, mais tout à coup la mort les a rendus à la vie. La nature humaine, mes bien-aimés, a été réparée par Notre-Seigneur Jésus-Christ, en suivant les mêmes degrés par où elle était tombée. Adam est orgueilleux, le Christ se fait humble ; la mort par une femme, la vie par une femme ; la damnation par Eve, le salut

gratiæ, parvus et magnus, qui in præsepi jacet, thronum tuum terret : agit per te nescientem causas suas, et a captivitate diaboli animas liberat. Suscepit filios inimicorum in numerum adoptatorum. Moriuntur parvuli pro Christo nescientes, parentes plangunt martyres morientes : ille nondum loquentes idoneos suos efficit testes. Ecce quomodo regnat, qui sic regnare venerat. Ecce jam liberat liberator, et salutem præstat salvator. Sed tu Herodes nesciens hoc, turbaris et sævis : et dum contra parvulum sævis, jam illi obsequium præbes, et nescis. Ille enim rex magnus qui ad hoc venit, ut per te et per alios suos hinc congreget : tu illi prior ad regnum cœlorum tot millia candidatorum infantum innumerabilem præmittis exercitum. Hanc turbam Apocalypsis illa beati Joannis apostoli demonstrabat, dicens : « Vidi turbam multam, quam dinumerare nemo poterat ex omni tribu, stantes in conspectu Dei, et induti erant alba veste, et palmæ fuerunt in manibus eorum. » (*Apoc.*, VII, 9.) O magnum donum gratiæ ! Quibus eorum meritis præstitum est, ut sic vincerent infantes ? Necdum loquuntur, et Christum confitentur. Necdum motibus membrorum valent suscipere pugnam, et victoriæ jam efferunt palmam. Quomodo regnas Herodes, qui sic vinceris ? Parvus ille non te armatorum virorum fortium superavit manu, sed innumerabili vicit turba morientium parvulorum. Vis nosse quid infantibus quos trucidasti, præstiteris ? Ideo accelerasti ad eorum vitam, ne cum suis parentibus occiderent veram vitam : hoc illo per te agente, qui novit bene uti etiam malis tuis. Illorum animas liberavit a parentum internecionis suæ societate, et te solum inanem reliquit in scelere. Egit et agit gratia causas suas, et per inimicos suos, et per ipsos, et in ipsis : nam et ipsi qui moriebantur, natura filii iræ erant, sicut et cæteri (*Ephes.*, II, 3), sed quid eis præstitit gratia, nisi ut erueret eos de potestate tenebrarum ? Præstitit eis Christus ut pro Christo morerentur, præstitit ut suo sanguine ab originali peccato diluerentur. Nati sunt ad mortem, sed continuo eos mors reddidit vitæ. Iisdem gradibus, Dilectissimi, quibus perierat humana natura, a Domino

par Marie. L'une se laisse corrompre et entraîner par un séducteur ; l'autre est intacte et enfante le Sauveur. L'une reçoit avec complaisance, et offre à son mari le breuvage présenté par le serpent, ce qui devait leur donner la mort à tous deux ; l'autre toute remplie d'une grâce céleste a produit un fruit de vie, qui donne à notre corps mort la vertu de ressusciter. Qui a produit ces merveilles, si ce n'est le Fils de la vierge et l'Epoux des vierges ? C'est lui qui a donné la fécondité à sa mère, sans rien ôter à sa virginité. Comme il a traité sa mère, il a traité son Epouse. C'est pourquoi la sainte Eglise qui lui est unie est sans tache comme lui ; elle enfante chaque jour ses membres, sans cesser d'être vierge.

Chapitre V. — 5. « Il a été crucifié sous Ponce-Pilate, et enseveli. » Voilà ce que nous croyons, et nous le croyons à tel point, que nous en faisons gloire. « Pour moi, dit l'Apôtre saint Paul, docteur des nations, à Dieu ne plaise que je me glorifie en rien autre chose qu'en la croix de Notre-Seigneur Jésus-Christ, par qui le monde est crucifié pour moi, et par qui je suis crucifié pour le monde ! » (Gal., VI, 14.) Nous aussi, glorifions-nous en lui, espérons en lui, attachons-nous à lui. Car « notre vieil homme a été crucifié en même temps avec lui. » (Rom., VI, 6.) Si le Christ n'avait pas été crucifié, le monde ne serait pas racheté. Son supplice c'est notre salut. Ce que le Juif et le gentil détestent, c'est le salut du chrétien. Mais pourquoi le Juif déteste-t-il ? « Parce que, comme dit l'Apôtre, leur péché devient une occasion de salut pour les nations. » (Rom., XI, 11.) Quel péché ont commis les Juifs ? Ils ont saisi le Christ, l'ont garrotté et livré à Pilate en criant : « Crucifiez, crucifiez-le. » (Jean, XIX, 15.) Pourquoi ? pour quel crime ? Parce qu'il a ressuscité un mort. Pilate l'entend, le trouve innocent, voit le peuple en fureur, l'excuse et dit : « Je ne trouve en lui aucun crime ; prenez-le vous-mêmes, et le crucifiez. » Quand Pilate disait : « Je ne trouve en lui aucun crime ; prenez-le vous-mêmes ; » c'est comme s'il eût dit : Vous êtes venus à mon tribunal avec un prétendu coupable ; mais vous avez livré un innocent à la loi, puisque vous ne pouvez lui reprocher aucun crime. Je ne commettrai pas une injustice, en cédant à vos désirs, et en faisant mourir un innocent. (Jean, XIX, 6.) Pour n'être pas complice de votre action, ni de votre fureur, je vous l'abandonne. « Prenez-le donc vous-mêmes, dit-il, et jugez-le suivant votre loi. » « Nous savons, disent-ils, qu'il mérite la mort. » Que sait-on, quand on est aveugle de cœur, quoi-qu'on voie encore des yeux du corps ? Ce peuple crie sans savoir, et pourvu qu'il assouvisse sa fu-

---

Jesu Christo reparata est. Adam superbus, humilis Christus : per feminam mors, per feminam vita ; per Evam interitus, per Mariam salus. Illa corrupta secuta est seductorem, hæc integra peperit Salvatorem. Illa poculum a serpente propinatum libenter accepit, et viro tradidit, ex quo simul mererentur occidi : hæc gratia cœlesti de super infusa vitam protulit, per quam caro mortua possit resuscitari. Quis est qui hæc operatus est, nisi virginis filius et virginum sponsus ? qui attulit matri fecunditatem, sed non abstulit integritatem. Quod contulit matri suæ, hoc donavit et sponsæ suæ. Denique sancta Ecclesia quæ illi integro integra conjuncta est, quotidie parit membra ejus, et virgo est.

Caput V. — 5. « Crucifixum sub Pontio Pilato, et sepultum. » Et hoc credimus, et ita credimus, ut inde gloriemur. « Mihi enim, ait doctor gentium apostolus Paulus, absit gloriari, nisi in cruce Domini nostri Jesu Christi, per quem mihi mundus crucifixus est, et ego mundo. » (Gal., VI, 14.) Et nos in hoc gloriemur, in hunc speremus, illi hæreamus. « Simul enim vetus homo noster cum illo crucifixus est cruci. » (Rom., VI, 6.) Nisi enim crucifigeretur ille, mundus non redimeretur. Pœna illa, salus est nostra. Quod Judæus et gentilis detestatur, Christianus inde salvatur. Sed quare Judæus detestatur ? Quia, sicut Apostolus dicit, « illorum delicto salus gentibus. » (Rom., XI, 11.) Quod delictum commiserunt Judæi ?. Christum tenuerunt, vinctum Pilato tradiderunt, clamaverunt : « Crucifige, crucifige. » (Joan., XIX, 15.) Quare ? quam ob causam ? Quoniam suscitavit mortuum. Audit Pilatus, invenit innocentem, videt populum sævientem, excusat et dicit : « Ego in isto non invenio causam, accipite eum vos, et crucifigite. » (Ibid., 6.) Quando dicebat Pilatus : « Ego in isto non invenio causam, accipite eum vos : » quid aliud dicebat, quam hoc : Ad judicem quasi cum reo venistis, sed innocentem legibus tradidistis, in quem nullum crimen probare valuistis. Non ero justus, si secundum desiderium vestrum, innocentem occidero : ero ab hoc facto, a vestra seditione alienus, si vobis cum tradidero. « Accipite eum, inquit, vos, et secundum legem vestram crucifigite. » Et illi : « Nos scimus, inquiunt, quia reus est mortis. » Quid scit cæcus corde, non corpore ? Clamat quod nescit, et ut impleat quod sævit, dicit

reur, il dit qu'il sait ce qu'il ne sait pas. Pilate entend de nouveau Jésus, et ses réponses le faisant trembler, il imagine un moyen de le délivrer. Il s'avance donc vers les Juifs et leur dit : « C'est la coutume parmi vous que je délivre un criminel à la fête de Pâques ; voulez-vous donc que je délivre le roi des Juifs? » (*Jean*, XVIII, 39.) Ils crièrent tous de nouveau : « Non celui-ci, mais Barabbas. » Or, Barabbas, comme dit l'Évangéliste, était un insigne voleur. O aveuglement des Juifs ! ô fureur de la frénésie ! « Ne délivrez pas celui-ci, mais Barabbas ; » comme s'ils disaient : Qu'on mette à mort le Christ Sauveur qui a ressuscité un mort ; qu'on délivre le voleur, pour qu'il commette de nouveaux meurtres. Mais criez, sans savoir ce que vous criez. Oui, mettez à mort le Christ, pour que les nations soient rachetées. Or, ce médecin des âmes, qui vous voyait agités par la frénésie, voulait vous procurer un sommeil salutaire, et pour cela il a voulu s'endormir à cause de nous. Comme s'il disait : Je suis médecin, vous êtes malades, et votre maladie ne peut supporter le sommeil qui vous sauverait. Voyez, je vais m'endormir pour vous, afin qu'en me voyant, il vous soit agréable aussi de dormir, et que je puisse vous sauver de la peine de mort. C'est ainsi qu'il leur parlait, ayant en vue ceux dont il connaissait les dispositions à croire plus tard en lui, et pour lesquels, étant sur la croix, il priait son Père en disant : « Mon Père, pardonnez-leur, car ils ne savent ce qu'ils font. » (*Luc*, XXIII, 34.) Parmi ces furieux, il y avait cet homme qu'on appelait Saul et plus tard Paul. (*Actes*, IX.) Il était orgueilleux, plus tard il fut humble. Il était emporté par la frénésie, et repoussait le sommeil du salut. Mais que fit le médecin ? Il a renversé le furieux, et il l'a relevé croyant ; il a renversé le persécuteur, et il l'a relevé prédicateur. Renversé à terre, le frénétique a dormi ; il s'est levé, et il est devenu médecin. Il commence à guérir dans les autres la maladie qu'il avait lui-même, et devenu disciple du céleste médecin, il boit l'antidote composé avec le sang du médecin ; il boit le premier et présente la coupe aux amateurs. Cet antidote composé avec le sang du Crucifié, les rois de la terre eux-mêmes en ont bu ; et ceux qui étaient les persécuteurs de l'Église, sont devenus ses défenseurs.

CHAPITRE VI. — Le saint Évangile nous raconte la sépulture du divin Crucifié, comment il a été descendu par Joseph, enveloppé de linges, et placé avec des aromates dans un sépulcre neuf. Car l'homme nouveau enfanté d'une vierge sans corruption, fut placé dans un sépulcre neuf, où aucun mort n'avait encore été mis, afin que la sainteté du sein virginal trou-

se scire quod nescit. Iterum Pilatus audit Jesum : et responsis ejus in metum missus, consilium invenit quomodo eum dimitteret. Egressus ad Judæos dixit : « Est consuetudo ut dimittam vobis unum in pascha, vultis ergo dimittam vobis regem Judæorum ? » (*Joan.*, XVIII, 39.) Clamaverunt et dixerunt : « Noli ipsum dimittere, sed Barabbam. » Fuit autem Barabbas, ut Evangelista narrat, insignis latro. O cæcitas Judæorum ! o furia phreneticorum ! « Noli ipsum dimittere, sed Barabbam : » quid fuit aliud dicere quam, occidatur Christus salvator, qui suscitavit mortuum ; dimittatur latro, ut iterum perpetret homicidium ? Sed clamate : quid clamatis nescientes ? Occidatur a vobis Christus, et redimantur gentes. Medicus autem ille animarum qui vos videbat phrenesi laborare, somnum salutis ingerebat : et ideo etiam ipse pro nobis dormire volebat. Tanquam diceret : Medicus sum, infirmi estis : infirmitas vestra magna refugit somnum salutis. Ecce dormio ego propter vos : ut me viso, dormire delectet et vos, et a pœnali morte liberem vos. Sed illis et de illis hoc dicebat, quos credituros in se postmodum noverat : et pro quibus pendens Patrem rogabat, dicens :

« Pater ignosce illis, quia nesciunt quid faciunt. » (*Luc.*, XXIII, 34.) Inter eos erat et ille phreneticus, prius Saulus, postea Paulus (*Act.*, IX) ; prius superbus, postea humilis : et ipse phrenesi laborabat, somnum salutis repudiabat. Sed quid ei fecit medicus ? Postravit sævientem, erexit credentem : postravit persecutorem, erexit prædicatorem. Postratus ad terram dormivit phreneticus : surrexit, et factus est medicus. Cœpit in aliis curare morbum quo ipse laborabat, et effectus discipulus cœlestis archiatri, antidotum bibit confectum ex sanguine medici : prior ipse bibit, et bibendum amatoribus propinavit. Hoc antidotum ex sanguine crucifixi confectum, etiam ipsi reges terræ biberunt : et qui erant Ecclesiæ persecutores, ejus facti sunt defensores.

CAPUT VI. — Sepulturam vero hujus crucifixi sanctum indicat Evangelium : quod susceptus sit a Joseph, obvolutusque linteaminibus, cum aromatibus positus sit in monumento novo. Homo enim novus sine ulla corruptione ex virgine procreatus, in monumento novo positus est, in quo nondum positus erat mortuus : ut sanctitas virginalis uteri in

vât son pendant d'honneur dans la convenance d'un sépulcre vierge.

6. « Le troisième jour, il est ressuscité des morts. » Plusieurs saints personnages ont pensé et parlé différemment à ce sujet. Car les uns, voulant trouver trois jours et trois nuits, ont compté la nuit qui précède la sixième férie, pour avoir un jour, puis la nuit du sabbat avec le jour du sabbat, et enfin la nuit du dimanche avec le jour même de la résurrection. D'autres partent de la sixième férie elle-même, comptant comme une nuit l'obscurité qui se fit au milieu du jour, et trouvant trois jours et trois nuits jusqu'au jour du dimanche, pour s'en tenir à cette parole du Seigneur dans l'Evangile : « Comme Jonas fut trois jours et trois nuits dans le ventre du poisson, ainsi faut-il que le fils de l'homme repose trois jours et trois nuits dans le sein de la terre. » (*Matth.*, XII, 40.) Pour nous, sans rejeter aucune de ces explications, nous chercherons de préférence, si l'on veut, un sens spirituel dans ce passage, où l'on voit que le fils de l'homme est resté trois jours et trois nuits dans le sein de la terre. Les trois jours sont les trois époques du monde : avant la loi, sous la loi, et sous la grâce; les trois nuits sont les trois temps de mort, ou les trois morts que, pendant sa vie mortelle, le Seigneur a ressuscités : la fille du chef de la synagogue dans la maison, le fils de la veuve hors la porte de la ville, et Lazare depuis quatre jours dans le tombeau. (*Matth.*, IX ; *Luc*, VII et *Jean*, XI.) D'où vient la mort, si ce n'est par le péché ? Et que sont les péchés, si ce n'est les profondes ténèbres qui font la nuit obscure ? C'est pourquoi il convient de dire que le premier jour c'était avant la loi, lorsque le péché était caché ; et la nuit qui s'y rapporte, c'était quand la jeune fille était morte dans la maison, de même que le péché était caché dans la conscience. Le second jour, c'est le temps sous la loi, quand il fut dit à l'homme : « Tu ne convoiteras pas ; » (*Exode*, XX, 17) et qu'alors le péché se montre en public ; la nuit qui s'y rapporte, c'est le fils de la veuve hors la porte de la ville ; c'est ainsi que le péché qui était caché dans la conscience paraît en public. Le troisième jour, c'est l'époque de grâce, lorsque l'âme devient plus coupable en péchant, parce que, connaissant la volonté de son Maître, elle fait des choses dignes de punition, et que jouissant d'une si grande abondance de grâces, elle exhale la mauvaise odeur de ses péchés ; la nuit qui s'y rapporte, c'est la mort de Lazare étendu dans son tombeau, ainsi que l'âme ensevelie et corrompue dans son péché. Pendant ces trois jours et ces trois nuits, le Christ était dans le sein de la terre, c'est-à-dire la foi du Christ est cachée dans le cœur de ceux qui ha-

omnibus ornaretur ex convenientia inviolabilis sepulcri.

6. « Tertia die a mortuis resurrexit. » Quamvis multi sancti multa hinc senserint atque dixerint. Nam quidam volentes tres dies et tres noctes usque in diem Dominicum exprimere, a nocte præcedente sextæ feriæ, et ipsam sextam feriam concluserunt in unum diem, et noctem sabbati et sabbatum, et noctem Dominici Diei et ipsum diem resurrectionis. Alii autem ab ipsa sexta feria, et nocte quæ media die facta est, voluerunt tres dies et tres noctes usque in diem Dominicum exponere, propter illam sententiam Domini in Evangelio positam : « Sicut enim Jonas fuit in ventre ceti tribus diebus et tribus noctibus, ita oportet esse filium hominis in corde terræ tribus diebus et tribus noctibus. » (*Matth.*, XII, 40.) Sed nos neutram eorum vacuantes sententiam, melius tamen, si placet, in his spiritalem requiramus intellectum, quomodo filius hominis fuerit in corde terræ tribus diebus et tribus noctibus : tres dies tria tempora sæculi ponentes, ante legem, sub lege, sub gratia ; et tres noctes tres mortes, id est, tres mortuos quos suscitavit Dominus præsens in carne, filiam archisynagogi in domo, filium viduæ foris portam, et Lazarum quatriduanum de sepulcro. (*Matth.*, IX ; *Luc.*, VII ; *Joan.*, XI.) Unde enim mors, nisi per peccatum ? Et quid sunt peccata, nisi magnæ tenebræ quæ faciunt gravem noctem ? Ita ergo sibi conveniunt, ut unus dies sit ante legem, quando peccatum latebat : et huic accedit nox illa, quod puella mortua in domo jacebat, tanquam peccatum intra conscientiam latebat. Secundus dies sit sub lege, quando dictum est homini : « Non concupisces ; » (*Exod.*, XX, 17) et peccatum processit ad publicum : et huic accedit nox illa, quod filius viduæ foris portam, tanquam peccatum animæ quod intus latebat, processit ad publicum. Tertius dies sit sub gratia, quando jam plus peccat anima, quia scit voluntatem Domini sui, et facit digna plagis, et sub tanta plenitudine gratiæ, merito peccatorum jam putet : et huic accedit nox illa mortis Lazari in sepulcro jacentis, tanquam animæ peccatis obrutæ et fœtentis. (*Luc.*, XII, 47.) In his tribus diebus et noctibus fuit Christus in corde terræ, hoc est, jacuit fides Christi in cordibus eorum qui habitant in terra. Habent ergo animæ in his diebus et noctibus et præcepta legis et voces pœnitentiæ, ut

bitent la terre. Les âmes ont donc pendant ces jours et ces nuits, et les préceptes de la loi et les voix de la pénitence, pour pouvoir ressusciter avec le Christ. Pour le jour et la nuit du péché caché, voici la loi générale : « Ce que tu ne veux pas être fait à toi-même, ne le fais pas à un autre. » (*Tobie*, IV, 16.) Et voici la voix de la pénitence : « Ne vous souvenez pas des fautes de ma jeunesse et de mon ignorance. » (*Ps*. XXIV, 7.) Pour le second jour où le péché se manifeste, voici la loi : « Tu ne convoiteras pas ; » (*Exode*, XX, 17) et voici la voix de la pénitence : « J'ai péché contre vous seul, et j'ai fait le mal en votre présence. » (*Ps*. L, 6.) Pour le troisième jour et la troisième nuit, où l'âme est ensevelie dans l'habitude du péché, voici la loi : « Te voilà guéri, garde-toi de retomber dans le péché. » (*Jean*, V, 14.) Et voici la voix de la pénitence : « Seigneur, délivrez mon âme de la mort. » (*Ps*. CXIV, 5.) Et cette autre : « Vous avez fait sortir mon âme des enfers. » (*Ps*. XXIX, 4.) Ces trois époques sont comme trois jours, où les âmes ressuscitent avec le Christ, selon cette parole du prophète : « Les morts ressusciteront ; ceux qui dorment dans leurs tombeaux se réveilleront, et tous ceux qui sont sur la terre tressailliront de joie. » (*Isaïe*, XXVI, 19.) Et selon cette parole de l'Apôtre : « Réveille-toi, homme qui dors ; lève-toi d'entre les morts, et le Christ t'illuminera. » (*Ephés.*, V, 14.) Puis il dit à ceux qui sont ressuscités, c'est-à-dire délivrés de leurs péchés : « Si vous êtes ressuscités avec le Christ, cherchez les choses qui sont en haut, là où le Christ est assis à la droite de Dieu ; » (*Coloss.*, III, 1) parce que le Seigneur Jésus, en « ressuscitant d'entre les morts, est monté aux cieux et est assis à la droite de Dieu le Père. »

CHAPITRE VII. — 7. Qui est-ce qui est assis à la droite du Père ? L'Homme-Christ. Car en tant que Dieu, il est toujours avec le Père et engendré par le Père. Et quand il est venu vers nous, il n'a pas quitté le Père. Car c'est là la nature de Dieu, d'être tout entier partout. Donc le Fils est tout entier auprès du Père, tout entier dans le ciel, tout entier sur la terre, tout entier dans le sein de la Vierge, tout entier sur la croix, tout entier dans les enfers, tout entier dans le paradis, où il a introduit le larron. Quand nous disons qu'il est partout, nous ne distinguons pas les temps ni les lieux, comme si en ce moment il était tout entier ici, et plus tard tout entier ailleurs ; mais qu'il est toujours et partout tout entier. Car si Dieu a accordé l'ubiquité à cette lumière qui nous éclaire, en sorte qu'on ne puisse pas dire que, pendant qu'elle est ici, elle n'est pas en Orient ou dans les autres contrées de la terre, mais qu'il soit vrai qu'elle est tout entière partout, tout entière pour tous, tout entière pour les yeux de chacun, restant tou-

---

resurgere possint cum Christo. Ad diem et noctem latentis peccati, lex illa est generalis : « Quod tibi fieri non vis, alii ne feceris. » (*Tob.*, IV, 16.) Et vox pœnitentiæ ejus est : « Delicta juventutis et ignorantiæ meæ ne memor fueris. » (*Psal.* XXIV, 7.) Ad sequentem diem manifestati peccati, lex illa est : « Non concupisces. » (*Exod.*, XX, 17.) Et vox pœnitentiæ ejus est : « Tibi soli peccavi, et malum coram te feci. » (*Psal.* L, 6.) Ad tertium diem et noctem jam sepultæ animæ consuetudine peccati, lex illa est : « Ecce sanus factus es, jam noli peccare. » (*Joan.*, V, 14.) Et vox pœnitentiæ ejus est : « Domine libera animam meam de morte : » (*Psal.* CXIV, 5) et : « Eduxisti ab inferis animam meam. » (*Psal.* XXIX, 4.) Per tria ista tempora veluti per tres dies resurgunt animæ cum Christo, quibus dicitur per Prophetam : « Resurgent mortui, et excitabuntur qui in monumentis sunt, et exsultabunt omnes qui sunt super terram. » (*Isai.*, XXVI, 19.) Et quibus per Apostolum dicitur : « Surge qui dormis, et exsurge a mortuis, et illuminabit te Christus. » (*Ephes.*, V, 14.) Et jam resurgentibus, hoc est, a peccatis liberatis dicit : « Si surrexistis cum Christo, quæ sursum sunt quærite, ubi Christus est ad dexteram Dei sedens : » (*Colos.*, III, 1) quia Dominus Jesus « resurgens a mortuis, assumptus est in cœlos et sedet ad dexteram Dei Patris. »

CAPUT VII. — 7. Quis est qui « sedet ad dexteram Patris ? » Homo Christus. Nam in quantum Deus, semper cum Patre est et ex Patre ; et quando ad nos processit, a Patre non recessit. Hoc est enim esse Deum, ubique esse totum. Totus ergo Filius apud Patrem, totus in cœlo, totus in terra, totus in utero virginis, totus in cruce, totus in inferno, totus in paradiso quo latronem introduxit. Non per diversa tempora vel loca dicimus ubique esse totum, ut modo ibi totus sit, et alio tempore alibi totus : sed ut semper ubique sit totus. Si enim Deus hoc præstitit huic luci quæ videtur nostris aspectibus, ut simul tota ubique sit ; neque enim quando hic est, in Oriente vel in aliis partibus terrarum non est, sed ubique tota est, et in omnibus tota est, et omnium

jours parfaitement la même; s'il en est ainsi d'une créature, en sera-t-il moins du Créateur? Mais quand on dit que le Fils est assis à la droite du Père, on entend que l'homme ne faisant qu'un avec Dieu dans le Christ, a reçu le pouvoir de juger.

CHAPITRE VIII. — 8. « Car de là il viendra juger les vivants et les morts. » Le livre des Actes des Apôtres raconte son avénement. Car après sa résurrection, il conversa avec ses disciples pendant quarante jours et quarante nuits, entrant et sortant, mangeant et buvant, non par besoin, mais pour montrer la réalité de sa présence. Le quarantième jour, pendant qu'ils le regardaient et qu'ils le suivaient des yeux vers le ciel, deux hommes se présentèrent à eux, vêtus de blanc, et leur dirent : « Hommes de Galilée, pourquoi restez-vous là à regarder vers le ciel? Ce même Jésus, qui vient de vous quitter pour monter au ciel, viendra un jour de la même manière que vous l'avez vu s'élever au ciel. » (*Actes*, I, 11.) Il viendra donc, mes frères, il viendra; celui qui s'est caché pour venir, viendra pour se manifester dans sa puissance; celui qui a été jugé, viendra pour juger; celui qui a comparu devant un homme, viendra juger tous les hommes : « Dieu viendra pour se manifester. » (*Ps.* XLIX, 38.) Que signifie : « Dieu viendra pour se manifester? » Il viendra, non plus comme la première fois, caché comme homme dans son humilité; mais comme Homme-Dieu, environné de sa Majesté. Et il jugera. Comment jugera-t-il? Il jugera, non comme un juge de la terre qui cherche des témoins pour te convaincre, ou t'arracher la vérité au milieu des tortures pour te punir d'après ton aveu; le Juge assis sur son tribunal, c'est la justice elle-même, et le témoin qui dépose contre toi, c'est ta conscience elle-même. Ce juge, mes bien-aimés, ne se laisse pas prévenir par la faveur, ni fléchir par la pitié, ni corrompre par l'argent, ni adoucir par la réparation. Ici, c'est ici, pendant qu'il est temps, que l'âme doit travailler pour elle, selon son pouvoir, car c'est le lieu de la miséricorde; mais là elle n'aura aucun moyen de rien faire pour elle, car c'est le lieu où la justice règne seule. Ici, l'âme doit faire pénitence, afin d'obtenir une autre sentence; ici, qu'elle donne du pain, afin de recevoir ensuite la vie; ici, qu'elle fasse miséricorde, afin que là elle trouve le pardon.

CHAPITRE IX. — 9. « Nous croyons aussi au Saint-Esprit. » Nous appelons Dieu le Saint-Esprit; et cependant nous ne disons pas que le Père, et le Fils, et le Saint-Esprit sont trois Dieux, mais un seul Dieu; parce qu'il n'y a qu'une éternité, une majesté, une puissance. Le Père n'est pas le Fils, mais il est le Père du Fils;

---

oculos satiat, et ipsa integra perseverat : si hoc potest creatura, quanto amplius ipse Creator? Sed hoc quod Filius dicitur sedere ad dexteram Patris, demonstratur quod ipse homo quem suscepit Christus, potestatem acceperit judicantis.

CAPUT VIII. — 8. « Inde enim venturus est judicare vivos et mortuos. » Adventum ejus liber indicat Actuum Apostolorum. Postea enim quam a mortuis resurrexit, conversatus est cum discipulis suis quadraginta diebus et quadraginta noctibus, intrans et exiens, manducans et bibens, non quod haberet infirmitatem, sed ut doceret veritatem. Quadragesimo die, ipsis videntibus et quodam modo in cœlum oculis deducentibus, astiterunt illis duo viri in veste alba, qui dixerunt eis : « Viri Galilæi, quid statis intuentes in cœlum? Iste Jesus qui assumptus est in cœlum a vobis, sic veniet quemadmodum vidistis cum euntem in cœlum. » (*Act.*, I, 11.) Veniet ergo, Fratres mei, veniet : ille qui prius venit occultus, veniet in potestate manifestus : ille qui judicatus est, veniet judicaturus : ille qui stetit ante hominem, judicaturus est omnem hominem. « Deus manifestus veniet. » (*Psal.* XLIX, 33.) Quid est : « Deus manifestus veniet? » Non sicut prius, homo humilis; sed sicut Deus homo, majestate sublimis. Et judicabit. Quomodo judicabit? Non enim ut judex terrenus quæsiturus est testes ut te convincat, aut veritatem per tormenta requisiturus ut confessum puniat : cum judex sedeat ipsa justitia, et testis sibi sit ipsa mala conscientia. Ille judex, Dilectissimi, nec gratia prævenitur, nec misericordia jam flectitur; nec pecunia corrumpitur, nec satisfactione mitigatur. Hic, hic, dum tempus est, quidquid potest anima agat pro se, ubi locus est misericordiæ : nam ibi quid pro se agat non habebit, quia justitiæ solius locus erit. Hic agat anima pœnitentiam, ut ille possit mutare sententiam : hic det panem, ut accipiat postmodum salutem : hic faciat misericordiam, ut ibi inveniat indulgentiam.

CAPUT IX. — 9. « Credimus et in Spiritum sanctum. » Spiritum sanctum Deum dicimus, nec tamen dicimus Patrem et Filium et Spiritum sanctum tres deos, sed unum : quia una est æternitas, una majestas, una potestas. Pater non est Filius, sed Pater est Filii : Filius non est Pater, sed Filius est Patris : Spiritus sanctus nec Pater est, nec Filius, sed Spiri-

le Fils n'est pas le Père, mais le Fils du Père ; le Saint-Esprit n'est pas le Père ni le Fils, mais l'Esprit du Père et du Fils ; trois personnes, mais un seul Dieu. Comment, me direz-vous, nommez-vous trois, et dites-vous un ? Faites-moi une démonstration, ou par la raison, ou par une comparaison, afin qu'on puisse comprendre ce que signifie ce mystère. Quelle raison donner, quelle comparaison, en rapport avec cette chose invisible ? Si la Majesté de Dieu le permet, je donnerais, tout faible que je suis, une comparaison que me fournit la création, afin que votre charité puisse comprendre. Car si Dieu ne le permettait, qui de nous oserait parler de sa divinité ? On sait que toute créature est soumise au Créateur, et cependant notre Dieu n'a voulu se montrer sous aucune autre figure que sous la figure du feu. Car il apparut au saint homme Moïse, dans la flamme du buisson (*Exode*, III, 28) ; il guida les enfants d'Israël dans la colonne de feu (*Exode*, XIII, 21) ; il répandit les dons du Saint-Esprit sur les disciples rassemblés sous la forme des langues de feu. (*Actes*, II, 3.) Cet élément renferme un grand mystère, capable d'exercer un esprit qui médite. Voilà que dans le feu nous trouvons trois choses, le feu, la lumière et la chaleur ; il y a trois chose, et il n'y a qu'une lumière ; leur apparition est simultanée, leur existence simultanée ; le feu n'est pas avant la lumière, ni la lumière avant la chaleur.

Et ces trois choses n'en font pas qu'une en se confondant, et n'en font pas trois en se séparant ; elles sont une même chose et trois choses. Elles opèrent en même temps, et comme elles opèrent sans se séparer, autre chose est l'action du feu, autre chose l'action de la lumière, autre l'action de la chaleur. Car si vous rapportez au feu l'action de brûler, vous voyez en même temps l'opération de la lumière et de la chaleur ; si vous rapportez à la lumière l'action d'éclairer, vous voyez en même temps l'opération du feu et de la chaleur ; si vous rapportez à la chaleur l'action de chauffer, vous voyez en même temps l'opération du feu, de la lumière et de la chaleur. Ainsi, quand on dit que Dieu a fait le monde, on entend le Père avec le Fils, et par le Fils, et avec le Saint-Esprit. Et quand nous disons que le Fils a souffert pour nous, nous entendons que dans la passion du Fils, il y a eu l'opération et du Père, et du Fils, et du Saint-Esprit. Et quand on attribue au Saint-Esprit la rémission des péchés, il faut comprendre que toute la Trinité, dans ces trois personnes inséparables, opère ce bienfait. J'ai fait cette démonstration à votre charité, à cause des hérétiques ariens, ou des autres qui n'ont pas sur Dieu des notions convenables. Du reste, ce mystère est ineffable, incompréhensible, inexplicable même dans la langue des anges ; comment pourrait-il s'expliquer dans la langue des hommes ?

---

tus est Patris et Filii : tres personæ, sed unus Deus. Quomodo, inquis, tres nominas, et unum dicis ? Ostende hoc aut ratione, aut aliqua similitudine, per quam intelligi possit quidnam illud sit. Quæ ratio, aut quæ similitudo illi rei invisibili comparari potest ? Det tamen veniam ejus majestas, quia aliquam similitudinem quæ occurrit ex ejus creatura ponit nostra infirmitas, per quam intelligere possit vestra Caritas. Nisi enim ille permitteret, quis nostrum de ejus divinitate loqui auderet ? Non vacat quod omnis creatura subjecta sit Creatori, in nulla tamen alia specie voluit apparere Deus noster quam in igne. Nam et sancto Moysi in rubo in flamma apparuit (*Exod.*, III, 2), et filiis Israel ducatum in columna ignis præbuit (*Exod.*, XIII, 21), et super discipulos congregatos donum Spiritus sancti in linguis igneis effudit. (*Act.*, II, 3.) Habet enim hoc elementum magnum sacramentum, per quod exerceat quærentis ingenium. Ecce in igne quædam tria conspicimus, **ignem, splendorem et calorem** : et cum sint tria, **unum lumen est.** Simul exsurgunt, simulque consistunt : nec ignis præcedit splendorem, nec splendor calorem. Et hæc non confuse unum sunt, nec disjuncte tria ; sed cum unum sint, tria sunt. Simul operantur, et cum inseparabiliter operantur, aliud igni tribuitur, aliud splendori, aliud calori. Nam cum ad ignem refers ustionem, ibi operatur et splendor et calor : et cum ad splendorem refers illuminationem, simul operatur et ignis et calor : et cum ad calorem refers calefactionem, simul operatur ignis et calor et splendor. Ita cum dicitur quod Deus fecerit mundum, intelligitur Pater cum Filio, et per Filium, et cum Spiritu sancto. Et cum dicimus Filium pro nobis passum, intelligimus passionem Filii operatam fuisse et Patrem et Filium et Spiritum sanctum. Et cum remissio peccatorum tribuitur Spiritui sancto, intelligimus totam Trinitatem etiam hoc donum inseparabiliter operari. Hæc propter hæreticos Arianos vel alios qui aliter de Deo sentiunt quam dignum est, dicta sunt vestræ Caritati. Cæterum illud quod est ineffabile est, incomprehensibile est, nec verbis angelicis explicari potest, quanto magis humanis ?

CHAPITRE X. — 10. « La rémission des péchés. » Le saint baptême efface entièrement tous les péchés, péché originel, péché actuel; tout est remis, péchés de parole, péchés d'action, péchés de pensées, péchés connus, péchés inconnus. Celui qui a créé l'homme renouvelle l'homme; il pardonne les péchés, sans rechercher les mérites; la grâce prévient l'enfance elle-même, de manière que les enfants deviennent libres par la délivrance du Christ, après avoir été esclaves du diable, comme enfants d'Adam.

CHAPITRE XI. — 11. « La résurrection de la chair. » Toute l'espérance de notre foi, c'est que nous ressusciterons. « Nous ressusciterons tous, dit l'Apôtre, mais nous ne serons pas tous changés. » (I *Cor.*, xv, 5.) Les bons ressusciteront; les méchants ressusciteront; mais les bons pour jouir de la béatitude éternelle, les méchants pour être punis dans le feu éternel. Là, on distinguera le fidèle de l'infidèle, pour donner à la foi sa récompense, et à l'incrédulité le lieu de son supplice. C'est en vain que les impies se flatteraient de cette parole du psaume : « Les impies ne ressuscitent pas pour le jugement. » (*Ps.* i, 5.) On dit : « Pour le jugement, » c'est-à-dire, ils ressusciteront, non pour être jugés, parce que leur incrédulité les a déjà condamnés, selon cette parole du Maître : « Celui qui ne croit pas est déjà jugé. » (*Jean*, iii, 18.) Mais l'Apôtre, pour ôter l'ombre du doute du cœur des infidèles, propose la parabole du semeur : « Insensés, dit-il, ce que vous semez ne prend point vie, s'il ne meurt auparavant. » (I *Cor.*, xv, 36.) Pour ce qui est de la semence, vous savez tous que le grain d'abord est battu, nettoyé, renfermé dans le grenier. Puis on prend le grain, on le jette dans le champ, et on le couvre de terre. Si on ne connaissait pas la fertilité des moissons, tout cela nous paraîtrait une folie. Cependant quand le grain est enterré et dérobé à notre vue sous la terre, il est là comme mort. Si la curiosité vous portait à le voir, avant que la pluie ne l'ait arrosé, vous trouvez pourri et corrompu ce grain qui a été semé dans un état parfait. Si l'espérance de la moisson vient à être trompée, on a la mort dans l'âme; on croit avoir perdu ce qu'on avait dans son grenier. Mais lorsque la pluie est venue, quel plaisir de voir l'herbe verdoyante, la tige qui s'élève, qui forme des nœuds surmoutée d'une aigrette, et montrant des épis? N'est-ce pas une jouissance de voir ce qui était mort revivre ainsi. Mais la terre ne doit pas s'attribuer la fertilité, « c'est le Seigneur qui répand ses bénédictions. » (*Ps.* lxxxiv, 13.) Si la pluie ne tombe pas du ciel, même la bonne terre ne produira point d'épis, mais plutôt des épines qui seront livrées au feu, et non

CAPUT X. — 10. « Remissionem peccatorum. » Omnia prorsus delicta delet sanctum baptisma, et originalia et propria : dicta, facta, cogitata, cognita, incognita, omnia dimittuntur. Innovat hominem, qui fecit hominem; donat delicta, qui non quærit merita : prævenit gratia etiam ipsam infantiam, ut sint liberi per Christum liberati, qui in Adam a diabolo tenebantur ante captivi.

CAPUT XI. — 11. « Carnis resurrectionem. » Omnis spes fidei nostræ hæc est, quoniam resuscitabimur. « Omnes quidem resurgemus, » ait Apostolus, « sed non omnes immutabimur. » (I *Cor.*, xv, 51.) Resurgent boni, resurgent mali : sed boni ut sempiterna beatitudine fruantur, mali ut perpetuo igne puniantur. Ibi discernetur fidelis ab infideli, ut accipiat fides præmium, et perfidia supplicii obtineat locum. Nec sibi frustra blandiantur increduli, qui audiunt in Psalmo : « Non resurgent impii in judicio. » (*Psal.* i, 5.) In judicio dictum est, id est, non ut judicentur resurgent, quia per infidelitatem olim damnati sunt, secundum illam sententiam dominicam : « Qui non credit, jam judicatus est. » (*Joan.*, iii, 18.) Apostolus autem ut tolleret de cordibus infidelium omnem dubitationem, seminantis proposuit similitudinem, et ait : « Stulte, tu quod seminas non vivificatur, nisi moriatur. » (I *Cor.*, xv, 36.) Quid autem fiat in semine, puto neminem vestrum ignorare, quemadmodum grana trituata, purgata, recondita proferantur, projiciantur, obruantur. Nisi enim esset messis fertilitas nota, ista crederetur insania. Attamen cum obruuntur et ab oculis demittuntur sub terra, mortua jacent. Jam si curiositas exigat ea videre ante quam pluvia descendat : videt putrefactum atque corruptum quod demiserat integrum. At si spes messis desit, dolor cor urit; perdidisse se credit, quod reconditum habuit. Cum autem pluvia advenerit, quomodo delectat respicere herbam virentem, calamum surgentem, ad nodos pervenientem, culmum producentem, spicas proferentem? Delectat ne videre quod mortuum jacebat, sic revixisse? Sed non sibi assignet terra fertilitatem, quoniam « Dominus dat suavitatem. » (*Psal.* lxxxiv, 13.) Si enim pluvia de super non descendat, etiam terra bona non spicas, sed profert spinas quæ igni tradantur, non quæ horreo recondantur. Similiter et terra nostra, hoc est caro nostra, sive hic, sive ibi,

serrées dans le grenier. C'est ainsi que notre terre, c'est-à-dire notre corps, ne doit s'attribuer aucun mérite, soit ici-bas, soit dans l'autre vie; reconnaissons que, même au ciel, nous recevrons grâce pour grâce.

CHAPITRE XII. — 12. « Dans la vie éternelle. » Ce bonheur d'être ressuscité, d'être délivré de ses péchés, sera éternel, et comment sera-t-il éternel? c'est parcequ'on en jouira pendant la vie éternelle. Mais ce bonheur que Dieu promet à ses saints, qui pourra l'expliquer par des paroles? Nous pouvons plus facilement dire ce qu'on ne trouve pas dans la vie éternelle, que ce qu'on y trouve. Là il n'y a plus de mort, plus de deuil, plus de lassitude, plus d'infirmité, plus de faim, plus de soif, plus de chaleur brûlante, plus de corruption, plus d'indigence, plus de chagrin, plus de tristesse, nous avons dit ce qu'on n'y trouve pas. Voulez-vous savoir ce qu'on y trouve? Ecoutez : « L'œil n'a point vu, l'oreille n'a point entendu, le cœur de l'homme n'a point éprouvé quels sont les biens que Dieu prépare à ceux qui l'aiment. » (I *Cor.*, II, 9.) Si ces biens ne sont point montés au cœur de l'homme, que le cœur de l'homme monte vers eux. Purifiez votre cœur de toute impureté, afin qu'il puisse porter Dieu qui est la vraie et éternelle justice. Car Dieu réside dans le cœur de celui qui croit et qui l'aime; et l'homme demeure en Dieu, c'est-à-dire, dans la vie éternelle, qui est la récompense de celui qui aime Dieu.

13. On ne peut aimer Dieu, ni s'attacher à lui, quand on n'est pas dans son Eglise; car tout homme qui est en dehors de l'Eglise, n'est pas avec Dieu qui est la vie éternelle. C'est pourquoi la conclusion de ce symbole sacré, c'est l'Eglise qui est elle-même une mère féconde, intègre et chaste, répandue partout, et donnant à Dieu des enfants spirituels. Petits, elle les nourrit spirituellement du lait de sa parole; enfants, elle leur enseigne la sagesse; adolescents, elle veille sur eux comme une mère chaste, pour les préserver de la luxure et de l'impudicité; jeunes gens, elle les arme contre le diable de la force de la vertu; hommes mûrs, elle leur enseigne la prudence; vieillards, elle les rends vénérables dans la société. Par l'Eglise, les jeunes gens et les vierges, les vieillards et les petits enfants, tout âge et tout sexe, louent le nom du Seigneur. (*Ps.* CXLVIII, 12.) C'est elle qui rappelle ses enfants égarés, qui pleure amèrement ceux qui sont morts, et qui nourrit sans se lasser ceux qui restent fidèles. Aimons cette Eglise, mes bien-aimés, aimons-la tous; attachons-nous à cette mère qui nous aime, qui veille sur nous, qui pourvoit à nos besoins, et ne nous en séparons jamais, afin qu'avec elle et par elle nous méritions d'entrer pour toujours dans la société de Dieu le Père.

---

non sibi assignet merita : sed agnoscat etiam illic acceptturam se gratiam pro gratia.

CAPUT XII. — 12. « In vita æterna. » Bonum omne illud, quod resuscitabimur, quod a peccatis liberabimur, sempiternum erit, et ideo bonum sempiternum erit, quia in æterna vita manebit. Quod sit autem illud bonum quod promittit Deus sanctis suis, quis explicet verbis suis? Facilius tamen possumus dicere in illa vita æterna quid ibi non sit, quam quid ibi sit. Non est ibi mors, non est ibi luctus, non est ibi lassitudo, non est infirmitas, non est fames; nulla sitis, nullus æstus, nulla corruptio, nulla indigentia, nulla mœstitia, nulla tristitia. Ecce diximus quid ibi non sit : quid autem ibi sit vultis nosse? Hoc est, « nec oculus vidit, nec auris audivit, nec in cor hominis ascendit, quæ præparavit Deus diligentibus se. » (I *Cor.*, II, 9.) Si in cor hominis non ascendit, cor hominis illuc ascendat. Mundetur cor ab omni immunditia, ut possit portare Deum, qui est vera sempiternaque justitia. Manet enim Deus in corde credentis et se diligentis : et manet homo in Deo, id est, in æterna vita, quod est præmium Deum amantis.

13. Nec amare, nec diligere quis potest, qui in Ecclesia ejus non est : quoniam omnis qui præter illam est, nec cum Deo est, qui vita æterna est. Ideo sacramenti hujus conclusio per Ecclesiam terminatur, quia ipsa est mater fecunda, integra et casta, ubique diffusa, quæ filios Deo spiritaliter parit, quæ parvulos lacte verborum ejus spiritaliter nutrit, quæ pueros sapientiam docet, quæ adolescentes a luxuria atque impudicitia sua sancta castitate custodit, quæ juvenes robore virtutis contra diabolum armat, quæ senes prudentiam docet, quæ seniores ætate provectos venerabiles facit. Per hanc juvenes et virgines, seniores cum junioribus, ætas omnis et uterque sexus laudant nomen Domini. (*Psal.* CXLVIII, 12.) Hæc errantes filios revocat, mortuos graviter dolet, secum perseverantes indeficienter pascit. Hanc, Dilectissimi, amemus omnes : tali matri sic amanti, sic prospicienti, sic consulenti inseparabiliter inhæreamus; ut simul cum illa et per illam Deo Patri perpetuo conjungi mereamur.

SUR LE SYMBOLE

AUTRE SERMON AUX CATÉCHUMÈNES

CHAPITRE I. — 1. C'est par le signe très-sacré de la croix, que la sainte Eglise notre mère vous a conçus dans son sein, pour vous enfanter spirituellement, comme vos frères, avec une grande joie; vous voilà devenus la future génération d'une mère si glorieuse, en attendant qu'elle vous régénère par le bain salutaire, et qu'elle vous rende à la lumière. C'est pourquoi sa fonction présente, c'est de nourrir ceux qu'elle porte dans son sein avec des aliments convenables, pour les amener jusqu'au jour bienheureux de son joyeux enfantement. Car l'Eglise n'est pas liée par la sentence prononcée contre Eve; en effet, les enfants que celle-ci met au monde dans la tristesse et les gémissements, viennent ici-bas, non pour se réjouir, mais pour verser des larmes. (*Gen.*, III, 16.) L'Eglise délie ce qu'Eve avait lié, et sa race qu'elle avait livrée à la mort par sa désobéissance, l'Eglise la rend à la vie par son obéissance ; toutes les cérémonies qui ont été faites, et qui se font en vous par le ministère des serviteurs de Dieu, les exorcismes, les oraisons, les cantiques spirituels, les insufflations, le cilice, l'inclination de la tête, la nudité des pieds, la crainte elle-même que vous devez désirer comme une sécurité, tout cela, comme je l'ai dit, est une nourriture qui doit vous fortifier dans le sein maternel, afin que votre mère, vous ayant enfantés par le baptême, présente au Christ ses enfants pleins de joie. Vous avez aussi reçu le symbole, comme protection, au moment de l'enfantement, contre le venin du serpent. Dans l'Apocalypse de l'apôtre saint Jean (*Apoc.*, XII, 4), il est écrit que le dragon se tenait en présence de la femme qui devait enfanter, prêt à dévorer l'enfant quand il serait né. Ce dragon, c'est le diable, comme vous le savez; cette femme, c'est la vierge Marie, qui, vierge, a enfanté notre chef vierge, et qui de plus était dans sa personne la figure de la sainte Eglise; car de même qu'en enfantant son Fils elle resta Vierge; ainsi l'Eglise enfante en tout temps les membres du Christ, sans perdre sa virginité. Nous avons donc entrepris, avec l'aide du Seigneur, de vous exposer les articles du très-auguste symbole, afin de graver dans vos cœurs les vérités qui contient chaque article. Vos cœurs sont préparés ; l'ennemi n'y est plus; on l'a chassé. La maison est nettoyée, il ne faut pas qu'elle reste vide; car l'ennemi chassé, s'il la trouvait vide, amènerait avec lui sept autres esprits plus méchants que lui, et le dernier état de cet homme, comme dit l'Evangile, serait pire que le premier. (*Luc*, XI, 26.)

DE SYMBOLO

AD CATECHUMENOS SERMO ALIUS.

CAPUT I. — 1. Dum per sacratissimum crucis signum vos suscepit in utero sancta mater Ecclesia, quæ sicut et fratres vestros cum summa lætitia spiritaliter pariet, nova proles futura tantæ matris, quo usque per lavacrum sanctum regeneratos veræ luci restituat, congruis alimentis eos quos portat pascat in utero, et ad diem partus sui lætos læta perducat : quoniam non tenetur hac sententia Evæ, quæ in tristitia et gemitu parit filios, nec ipsos gaudentes, sed potius flentes. (*Gen.*, III, 16.) Hæc solvit, quod illa ligaverat, ut prolem quam per inobedientiam sui morti donavit, hæc per obedientiam restituat vitæ. Omnia sacramenta quæ acta sunt et aguntur in vobis per ministerium servorum Dei, exorcismis, orationibus, canticis spiritalibus, insufflationibus, cilicio, inclinatione cervicum, humilitate pedum, pavor ipse omni securitate appetendus, hæc omnia, ut dixi, escæ sunt, quæ vos reficiunt in utero, ut renatos ex baptismo hilares vos mater exhibeat Christo. Accepistis et Symbolum, protectionem parturientis contra venena serpentis. In Apocalypsi Joannis apostoli scriptum est hoc (*Apoc.*, XII, 4), quod staret draco in conspectu mulieris quæ paritura erat, ut cum peperisset, natum ejus comederet. Draconem diabolum esse, nullus vestrum ignorat. Mulierem illam virginem Mariam significasse, quæ caput nostrum integra integrum peperit, quæ etiam ipsa figuram in se sanctæ Ecclesiæ demonstravit : ut quomodo filium pariens virgo permansit, ita et hæc omni tempore membra ejus pariat, virginitatem non amittat. Ipsas sententias sacratissimi Symboli adjuvante Domino exponendas suscepimus, ut quid singulæ contineant, vestris sensibus intimemus. Parata sunt corda vestra, quia exclusus est inimicus de cordibus vestris. Mundata est domus, non remaneat inanis ; ne cum vacuam desertor invenerit, ad-

Quand l'odieux usurpateur est exclu, il faut y installer le maître légitime qui est plein de bonté. Quel est l'usurpateur? Le diable. Qu'a-t-il usurpé? L'homme qu'il n'a pas fait, et que de plus il a trompé. Il lui a promis l'immortalité, et lui a présenté la coupe de l'iniquité. Vous avez fait profession de renoncer à lui, et dans cette profession qu'ont reçue, non les hommes, mais Dieu et ses anges qui l'inscrivaient, vous avez dit : Je renonce. Renoncez, non-seulement par des paroles, mais par vos mœurs; non-seulement par le son de la langue, mais par l'action de la vie; non-seulement par le bruit des lèvres, mais par des œuvres significatives. Sachez que vous êtes en guerre avec un ennemi rusé, expert et rompu dans la malice. Après votre renoncement, qu'il ne trouve plus en vous ses œuvres, pour n'avoir pas le droit de vous attirer dans son esclavage. Tu es surpris et découvert, ô chrétien, quand tu fais une chose, et que tu en professes un autre; fidèle de nom, tu te démens dans tes actes, et tu ne tiens pas la foi de ta promesse; entrant aujourd'hui dans l'Eglise pour prier, et un instant après dans les spectacles pour applaudir impudemment aux histrions. Qu'as-tu de commun avec les pompes du diable? Tu y as renoncé. Pourquoi boitez-vous des deux pieds? Si Dieu est votre Dieu, suivez-le; si c'est le monde, marchez à sa suite. Si Dieu est votre choix, servez-le suivant sa volonté; si c'est le monde, pourquoi feignez-vous, comme si vous donniez à Dieu votre cœur? Celui qui méprise Dieu pour suivre le monde, le monde lui-même l'abandonne. Tu ne veux pas de bon cœur accomplir la volonté de Dieu, tu l'accompliras malgré toi. Suis encore selon ton pouvoir le monde fugitif; et si tu peux, saisis-le, tiens-le; mais je le vois, tu ne peux pas, tu te fais illusion. Car le monde se précipitant comme un torrent, dans sa chute, voit que tu t'attaches à lui et que tu l'étreins avec force; alors il t'entraîne, non pour te sauver, mais pour te perdre. Qu'as-tu de commun avec les pompes du diable, ô ami du Christ? Ne t'y trompes pas, Dieu déteste de tels hommes, et ne compte pas parmi ses disciples, ceux qu'il a vu déserter ses drapeaux. Le monde est en ruines, Dieu a rempli le monde de calamités; le monde est amer, et pourtant on l'aime. Que ferions-nous, s'il était riant? O monde impur! tu veux captiver, quand tu péris, que ferais-tu, si tu étais durable? Qui ne serait pas victime de tes douceurs, si tu trompes encore avec tes amertumes? Voulez-vous, mes bien-aimés, ne pas vous attacher au monde? Choisissez pour objet de votre amour le Créateur du monde, et renoncez aux pompes

ducat secum alios septem nequiores se, et efficiantur hominis illius posteriora, ut Evangelium loquitur, pejora prioribus. (*Luc.*, xi, 26.) Mox ut exclusus fuerit pessimus invasor, introducatur optimus possessor. Quis est invasor? Diabolus. Quid invasit? Hominem quem non fecit, insuper et decepit. Promisit ei immortalitatem, et propinavit iniquitatem. Huic vos renuntiare professi estis : in qua professione, non hominibus, sed Deo et Angelis ejus conscribentibus, dixistis : Renuntio. Renuntiate non solum vocibus, sed etiam moribus; non tantum sono linguæ, sed et actu vitæ; nec tantum labiis sonantibus, sed operibus pronuntiantibus. Scitote vos cum callido, antiquo et veternoso inimico suscepisse certamen : non in vobis post renuntiationem inveniat opera sua, ne jure vos attrahat in servitutem. Deprehenderis enim et detegeris Christiane, quando aliud agis et aliud profiteris : fidelis in nomine, aliud demonstrans in opere, non tenens promissionis tuæ fidem : modo ingrediens Ecclesiam orationes fundere, post modicum in spectaculis (*a*) histrionibus impudice clamare. Quid tibi cum pompis diaboli, quibus renuntiasti? Ut quid claudicatis ambobus inguinibus? Si Deus est, ite post illum : si mundus est, ite post illum. Si Deus elegitur, serviatur illi secundum ipsius voluntatem : si mundus eligitur, ut quid fictum cor quasi Deo accommodatur? Quisquis contempto Deo sequeris mundum, et ipse te deserit mundus. Non vis bonus implere voluntatem Dei, et de te malo impletur voluntas Dei. Sequere adhuc quantum potes fugitivum, et si potes apprehende eum, tene eum : sed vide, non potes, fallis te. Ille enim labiles motus suos torrentis ictu percurrens, dum te videt inhærentem sibi et tenentem se, ad hoc te rapit, non ut salvet, sed ut perdat te. Quid tibi cum pompis diaboli, amator Christi? Noli te fallere : odit enim Deus tales, nec inter suos deputat professores, quos cernit vitæ suæ desertores. Ecce ruinosus est mundus, ecce tantis calamitatibus replevit Deus mundum, ecce amarus est mundus, et sic amatur. Quid faceremus, si dulcis esset? O munde immunde, teneri vis periens, quid faceres si maneres? Quem non deciperes dulcis, si amarus alimenta mentiris? Vultis, Dilectissimi, non inhærere mundo? Eligite

(*a*) Editi, *cum histrionibus.* Abest *cum* a Mss.

mondaines, dont le prince est le diable avec ses anges.

CHAPITRE II. — 2. « Croyez. » Crois avec un grand désir de voir ce que tu crois. On me dit : Je crois, et je désire voir ce que je crois. Que ne puis-je voir de mes yeux, afin que ma foi soit réjouie par cette vue. Si tu voyais maintenant, tu ne croirais pas ; tu crois parce que tu ne vois pas ; crois donc de manière à voir un jour. La foi, c'est le travail ; la vue de Dieu, c'est la récompense. Tu veux recevoir la récompense, et tu n'as pas mis la main à l'œuvre. Quand tu emploies un ouvrier, n'as-tu pas raison de lui faire attendre son salaire, jusqu'à ce que le travail soit terminé? Comme tu fais avec ton serviteur, demande au Seigneur de le faire pour toi. Il te donne le moyen de t'exercer par la foi ; en différant la vision du bonheur, il relève à tes yeux ce bienfait ; il ne le refuse pas, mais il le diffère pour exciter ton désir, sachant que tu cesserais de l'apprécier, si tu l'obtenais de suite. Cependant il ne t'abandonne pas, quoiqu'il juge plus utile de te soustraire, pour le moment, la vue de sa présence. Tes yeux ne pourraient pas la supporter. Du reste, il est toujours près de toi ; ouvre les yeux de la foi. Ne vois-tu pas sa face, lorsque tu crois en son Fils unique? Ne vois-tu pas ses mains, lorsque tu considères toute la création? N'entends-tu pas les paroles de sa bouche, lorsqu'on récite les préceptes de sa loi? Comment pourrais-tu prononcer une prière, si tu ne savais pas qu'elle arrive à lui, suivant cette parole du prophète : « Les yeux du Seigneur sont fixés sur les justes, et ses oreilles entendent leurs prières? » (*Ps.* xxxiii, 16.) Si tu veux connaître ses pieds, écoute et tu sauras qui sont ceux qu'il a choisis pour être ses pieds : « Qu'ils sont beaux, dit-il, les pieds de ceux qui annoncent l'Evangile de paix, qui annoncent les biens! » (*Isaïe*, lii, 7.) Nous avons parlé des membres ; mais Dieu n'a pas des membres comme l'homme ; car il n'habite pas dans un lieu, lui qui est tout entier partout. Nous avons parlé de la sorte, pour nous accommoder à l'intelligence humaine, mais non pas selon la vertu ineffable de la Majesté divine. Veux-tu savoir ce qu'il est? Considère l'ouvrage, et tu connaîtras l'ouvrier ; examine ce qu'il a fait, et tu connaîtras celui qui a tout fait. Voilà que le prophète dit à Dieu : « Les cieux des cieux ne peuvent vous contenir. » (II *Paralip.*, vi, 18.) Et pourtant celui que ne contiennent pas les espaces du ciel, fait sa demeure dans le petit sanctuaire du cœur humain, selon ce qu'il dit lui-même : « J'habiterai en eux, et je marcherai au milieu d'eux. » (II *Cor.*, vi, 16.) Le Seigneur Jésus dit encore : « Celui qui m'aime, sera aimé de mon Père, et je l'aimerai moi-même, et je me mani-

---

amare Creatorem mundi : et renuntiate pompis mundanis, quibus princeps est diabolus cum angelis suis.

CAPUT II. — 2. Credite. Sic crede, ut desideres videre quod credis. Dicit aliquis : Ecce credo, et desidero videre quod credo : utinam mihi ostenderetur, ut fides mea ipsa visione lætaretur. Si nunc videres, non crederes : ideo credis, quia non vides : sed ita crede, ut videas. Fides, opus est : visio Dei, merces est. Præpostere vis accipere mercedem, qui non laborasti in opere. Nonne omni operanti penes te, recte a te merces non datur, nisi opus perficiatur? Quod agis cum (*a*) servo tuo, hoc pete a Domino tuo. Tibi confert, quod per fidem te exercet : differendo visionem suam, commendat donum suum, non negat, ut amplius desideres dilatum, ne vilescat cito datum. Nec tamen te deserit, qui utiliter nunc visionem suam subtrahit : oculi tui eum non capiunt. Cæterum ipse te omni tempore attendit. Adhibe oculos fidei. Nonne faciem ejus respicis, cum in ejus unigenito Filio credis? Nonne manus ejus vides, cum universam creaturam attendis? Nonne os ejus audis, quando præcepta ejus recitari advertis? Orationem tuam quomodo fundis, nisi scias te ad illum pervenire, de quo dicit Propheta : « Ecce oculi Domini super justos, et aures ejus ad preces eorum? » (*Psal.* xxxiii, 16.) Si autem et pedes ejus quæris nosse, audi quos voluit esse pedes suos. « Quam pretiosi pedes, inquit, eorum qui annuntiant pacem, qui annuntiant bona! » (*Isa.*, lii, 7.) Conscripsimus membra : sed non in his membris humanis continetur Deus, quoniam non est in loco, sed ubique totus est. Diximus secundum modum intelligentiæ humanæ, non secundum ineffabilem virtutem majestatis divinæ. Vis nosse qualis sit? Vide facturam, et intelliges factorem : perscrutare quæ fecit, et intelliges eum qui omnia creavit. Ecce ait Deo Propheta : « Cœli cœlorum non te capiunt. » (II *Par.*, vi, 18.) Et quem non capiunt spatia cœli, capiunt angustiæ cordis humani, ipso dicente : « Inambulabo in illis, et inhabitabo. » (II *Cor.*, vi, 16.) Et Dominus Jesus : « Qui me diligit, diligetur a Patre meo, et ego dili-

(*a*) Plures Mss. *cum conservo tuo.*

festerai à lui ; et nous viendrons à lui, et nous ferons en lui notre demeure. » (*Jean*, XIV, 21.) Voilà la dignité que t'a donnée le Tout-Puissant qui t'a créé. Sache d'abord qui tu es, et tu connaîtras qui est celui qui t'a fait. L'homme est le roi de la terre, mortel, sans doute, parce qu'il est visible ; Dieu est le roi du ciel, immortel et invisible. Le roi de la terre n'a rien, et il a tout reçu en sa puissance ; et tu ne crois pas que le roi qui a tout créé, conduise et gouverne tout ? Comment croire, dis-tu, qu'il conduit et gouverne tout ? Voyez tant de crimes qui se commettent dans le monde, et tout reste impuni. O homme ! tu vas donc nier sa puissance, parce qu'il montre une grande patience ? Il ne laisse pas le pécheur impuni ; s'il le conserve, c'est pour le corriger par la pénitence, ou le châtier au dernier jugement. Crois-moi, ô toi qui te plains des méchants, nous sommes tous méchants. Si, comme tu le veux, Dieu rendait aussitôt le mal pour le mal, il ne resterait plus personne sur la terre pour murmurer. C'est pourquoi ce grand Roi, qui connaît la manière de gouverner le monde qu'il a créé, s'inquiète peu de ces volontés perverses, mais il poursuit ses voies d'équité pour t'enseigner sa patience. Tu as beau faire, Dieu ne prendra pas conseil de tes fureurs ; laisse-toi conduire par celui qui t'a fait ; car si tu veux te conduire par toi-même, ta chute est inévitable.

Le premier homme demeura ferme, tant qu'il fut fidèle à Dieu ; il l'abandonna, et il fut abandonné. Il voulut essayer ses forces, et il ne trouva que misère pour lui comme pour nous. Qu'il eût mieux fait de suivre le conseil du psaume : « Déposez votre fardeau dans le sein du Seigneur, et il vous soutiendra. » (*Ps.* LIV, 21.) Si le premier homme n'a pas été prudent, soyons-le maintenant que nous avons l'expérience.

CHAPITRE III. — 3. Confessons et comprenons que nous avons un Roi immortel et invisible, « que personne n'a vu et ne peut voir de ses yeux. » Telles sont les paroles de l'Apôtre. Si personne ne l'a vu, comment a-t-il parlé avec Moïse bouche à bouche, comme on parle à son ami ? C'est ici une grande question. Le Seigneur dit donc : « Je parlerai à Moïse, mon serviteur, non pas comme aux autres, en énigmes et en figures, mais je lui parlerai de ma propre bouche. » (*Nombr.*, XII, 8.) Et l'Ecriture ajoute, comme nous l'avons dit, que « Moïse parlait avec Dieu bouche à bouche, comme un ami parle à son ami. » S'il parlait avec lui bouche à bouche, et s'il le voyait, comment l'Apôtre a-t-il pu dire, que « personne n'a jamais vu Dieu et n'a pu le voir. » (I *Tim.*, VI, 16.) Mais si Moïse voyait Dieu, que demande-t-il un instant après comme une grande faveur, et pourquoi

---

gam eum, et manifestabo ei me ipsum : et veniemus ad eum, et mansionem apud eum faciemus. » (*Joan.*, XIV, 21, 23.) Ecce qualem te fecit omnipotens qui te creavit. Agnosce te prius qui sis, et cognosces qui te fecit qui sit. Rex terrenus, ideo mortalis, quia visibilis : Rex cœlestis immortalis, et invisibilis. Rex terrenus cum nihil creaverit, omnia tamen in potestate accepit : et non credis Regem qui omnia creavit, quod cuncta gubernet et regat ? Quomodo, inquis, cuncta gubernat et regit ? Ecce tanta mala fiunt in mundo, et non vindicat. O homo, ideo negas ejus potentiam, quia magnam ille exhibet patientiam ? Peccantem quidem impunitum non dimittit : servat, aut pœnitendo corrigendum, aut ultimo judicio puniendum. Crede mihi o tu quisquis es qui de malis quereris, quoniam omnes mali sumus. Si, ut vis, Deus malis statim retribueret mala ; nullus remaneret qui de alio murmuraret. Sed ideo ille Rex magnus, qui novit quomodo regat quod creavit, non implet voluntates perversas, sed suam perficit rectam, ut te doceat patientiam suam. Non tu Deum velis convertere ad furias tuas : regat te qui fecit te : nam si volueris regi a te, statim cades per te.

Tamdiu primus homo ille stetit, quamdiu Deo adhæsit : dimisit, et dimissus est. Voluit probare vires suas, et invenit miserias et nostras et suas. Quam bonum illi esset, si hoc faceret quod Psalmus admonet : « Jacta in Domino curam tuam, et ipse te enutriet. » (*Psal.* LIV, 23.) Si tunc ille homo noluit esse cautus, nunc homo caveat vel expertus.

CAPUT III. — 3. Confiteamur, intelligamus habere nos Regem immortalem et invisibilem : « Quem nemo hominum vidit, nec videre his oculis potest. » (I *Tim.*, VI, 16.) Apostoli hæc verba sunt. Si nemo hominum vidit, quomodo locutus est cum Moyse os ad os, sicut quis loquitur ad amicum suum ? Irruit quæstio non parva. Ait enim Dominus : « Non quomodo cum aliis per ænigmata, ita loquar ad Moysen famulum meum, sed os ad os loquar illi. » (*Num.*, XII, 8.) Et subjunxit Scriptura quæ supra diximus : « Quoniam loquebatur Moyses cum Deo os ad os, sicut quis loquitur ad amicum suum. » Si os ad os loquebatur cum eo, et videbat eum, quomodo verum est illud apostolicum, quod « Deum nemo vidit unquam, nec videre potest ? » (I *Tim.*, VI, 16.) Si au-

dit-il : « Si j'ai trouvé grâce devant vous, montrez-moi votre face? » (*Exod.*, XXXIII, 13.) Et le Seigneur lui répond : « Tu ne pourras voir ma face; car l'homme ne me verra point sans mourir. » Où est donc la chose qu'il voyait? Et s'il la voyait, pourquoi désirait-il voir ce qu'il voyait? Ou comment refusait-on de lui montrer ce qu'on lui montrait? Ici l'esprit s'exerce à chercher. Moïse voyait Dieu, non avec les yeux du corps, mais avec les yeux de l'intelligence. Et comme cette lumière éternelle qui est Dieu, l'éclairait plus que les autres, on a dit : « Il lui parlait bouche à bouche, » en voulant dire : Il s'est manifesté à lui plus qu'à tout le monde. Quant à ces paroles : « L'homme ne peut pas voir ma face sans mourir, » elles signifient que personne n'a jamais vu Dieu des yeux du corps. Quel est donc ce privilége que Dieu accorde à son très-fidèle serviteur Moïse, pour ne pas frustrer en tout le grand désir de son cœur? C'est ce que doit connaître votre charité. Car le Seigneur lui dit, suivant la même Ecriture : « Va, monte sur le rocher de Choreb, et tu y resteras; et lorsque ma gloire passera devant toi, tu me verras par derrière; mais il ne te sera point donné de voir ma face. » Ne vous arrêtez pas ici à un sens pervers, ni à un sens hérétique, en pensant que Dieu est corporel; car la foi ne dort pas,

et la doctrine catholique est là pour veiller. La divine Ecriture parle donc sous des figures mystérieuses, suivant la circonstance des temps, dévoilant la vérité plus clairement, à mesure que les événements se déroulent; car ce n'est pas sans une raison mystérieuse, que Moïse reçut l'ordre d'aller sur la montagne de Choreb, de monter sur le rocher et d'y rester. Ce rocher, c'est celui que frappa Moïse, et qui donna des eaux au peuple altéré (*Exod.*, XVII, 6); c'est celui dont parle le saint roi David : « Il a brisé la pierre, et les eaux ont coulé en abondance. » (*Ps.* LXXVII, 20.) Or, l'Apôtre nous dit en rappelant cette circonstance : « Nos pères ont mangé la même viande mystérieuse; ils ont bu le même breuvage mystérieux; car ils buvaient de l'eau de la pierre mystérieuse qui les suivait; et cette pierre était Jésus-Christ. » (1 *Cor.*, X, 4.) Voir Dieu par derrière, c'était donc voir le Christ de Dieu. Moïse vit donc en esprit prophétique ce que saint Paul expose en ces termes : « Lorsque les temps ont été accomplis, Dieu envoya son Fils formé d'une femme. » (*Galat.*, IV, 4.) Il se sert ici du mot femme, conservant l'habitude de la langue hébraïque, qui appelle femme toutes les personnes du sexe féminin. Car il est écrit : « Réservez les femmes qui sont vierges. » (*Nomb.*, XXXI, 18.) On dit aussi d'Eve elle-même : « Il l'a

---

tem videbat eum Moyses, quid est quod idem ipse post paululum pro magno petit, et dicit : « Si inveni gratiam ante te, ostende mihi faciem tuam? » (*Exod.*, XXXIII, 13, 20.) Et Dominus illi : « Facies quidem mea non videbitur tibi : non enim videbit quis faciem meam et vivet. » Ubi est illud quod videbat! Et si videbat, cur desiderabat videre quod videbat? Aut quomodo illi negabatur id, quod jam demonstrabatur? Exercet ingenium quærentis. Videbat Moyses Deum non oculis corporeis, sed oculis mentis. Et quia lux illa perpetua, quæ Deus est, plus eum quam cæteros illustraverat, ideo dictum est : « Os ad os loquebatur illi » ac si diceretur : Plus omnibus manifestatus est illi. In eo autem quod dictum est : « Non enim quis poterit videre faciem meam et vivere : » ostensum est neminem his oculis corporeis Deum posse videre. Quid autem concessum sit fidelissimo famulo Dei Moysi, ne tam magnum ejus desiderium in omnibus frustraretur, debet nosse Caritas vestra. Dictum est illi a Domino, sicut eadem Scriptura narrat : « Vade, ascende super petram in Choreb, et sta ibi; et transiet claritas mea ante te, et posteriora mea videbis : facies autem mea non videbitur tibi. » Ne forte subrepat perver-

sus intellectus, aut hæreticus sensus, et putet quis Deum esse corporeum, vigilet pia fides et catholica doctrina. Mysticis enim figuris loquitur divina Scriptura, servans rebus tempora, quibus recognitis manifesta exerceat veritate : quoniam nec hoc vacat a mysterio, quod in monte Choreb super petram jussus est ascendere Moyses, et stare. Ipsa est petra, quæ percussa produxit aquas populo sitienti (*Exod.*, XVII, 6) : de qua dicit sanctus David : « Disrupit petram, et fluxerunt aquæ. » (*Psal.* LXXVII, 20.) Apostolus autem exponens hoc ait : « Patres nostri escam spiritalem manducaverunt, et eumdem potum spiritalem biberunt. Bibebant enim de spiritali consequente eos petra. Petra autem erat Christus. » (1 *Cor.*, X, 4, 5.) Ipsa sunt illa posteriora Dei, Christus Dei. Hoc vidit Moyses prophetando, quod Paulus exponit dicendo : « Cum venit, inquit, plenitudo temporis, misit Deus Filium suum factum ex muliere. » (*Gal.*, IV, 4.) Mulierem hic ponit, consuetudinem servans locutionis Hebrææ, quæ omnes feminas mulieres appellat. Nam scriptum est : « Servate mulieres quæ nundum cognoverunt virum. » (*Num.*, XXXI, 18.) Et de ipsa Eva dictum est : « Formavit eam in mulierem : » (*Gen.*, II, 22) ante

formée pour être une femme; » (*Gen.*, II, 22) avant qu'elle ne fût unie à Adam, Dieu l'appela femme.

Chapitre IV. — 4. La foi, comme la vérité, nous enseigne que le Christ est né d'une vierge. C'est ainsi qu'on vous a instruits, c'est ainsi que vous avez cru et que vous avez dit : Je crois. Cette naissance de celui qui est Dieu et homme, a eu pour but l'intérêt de l'homme. Voyez cette sublime Majesté sortant du sein du Père et se renfermant dans le sein d'une mère ; pourquoi ? à cause de son grand amour pour l'homme. L'homme était perdu, il fallait le retrouver, et pour cela il fallait un médiateur qui le ramenât à Dieu le Père. Combien est merveilleuse cette seconde naissance, mes frères bien-aimés ! Quant à la première, où nous voyons le Fils né du Père sans mère, qui la racontera ? Si nous ne pouvons expliquer la seconde, comment pourrons-nous entreprendre la première ? Si l'une est si mystérieuse pour nous, qu'il faut la foi pour l'admettre, comment pourrons-nous atteindre à l'autre, qui est restée inaccessible même à l'œil des prophètes ? Essayons cependant de parler de la seconde, quelque merveilleuse et ineffable qu'elle soit, puisque c'est pour nous que le Verbe s'est fait chair et qu'il a habité parmi nous. (*Jean*, I, 14.) Qui ne s'épouvante pas à cette idée qu'un Dieu est né ? Vous qui connaissez sa naissance, voyez les miracles qu'il fait en venant au monde. Une vierge conçoit un fils, sans aucune lésion de sa pudeur ; elle devient mère sans qu'un homme l'ait touchée ; elle sent qu'elle porte un enfant, sachant bien qu'elle n'est pas épouse. L'ange parle à cette vierge, son cœur virginal est préparé, et le Christ est conçu par la foi. Tout cela vous étonne ? Étonnez-vous encore. Elle enfante, cette femme qui est mère et vierge, qui a conçu sans cesser d'être vierge ; le Fils qui naît n'a pas un homme pour père, et c'est lui aussi qui a fait sa mère elle-même. Le Créateur de toutes choses se met au rang des choses créées ; il est porté entre les bras d'une mère celui qui gouverne l'univers entier ; il se nourrit au sein de cette mère, celui qui préside aux étoiles ; il est muet, et c'est lui qui est le Verbe. Il n'avait pas encore parlé pour se faire connaître, et toute créature publie que son Créateur est né. Les anges l'annoncent aux bergers ; l'étoile appelle les mages. Il faut à la rusticité des bergers l'avertissement des anges ; et à la curiosité savante des mages, le langage des cieux. Les mages annoncent le roi des Juifs ; les Juifs refusent d'y croire ; ceux-là viennent l'adorer, ceux-ci cherchent à le faire mourir. Les mages disent au roi Hérode qu'ils cherchent un roi nouveau-né ; les Juifs nomment la ville qui doit donner naissance au Christ pour régner. Les uns et les autres s'accordent pour annoncer, pour rendre témoignage ; mais les uns d'une

---

quam illam viro conjungeret, eam mulierem appellavit.

Caput IV. — 4. Fides autem et veritas hoc prædicat, quod Christus sit natus ex virgine. Sic accepistis, sic vos credere dixistis : Credo. Hæc nativitas Dei et hominis facta est causa hominis : ut sublimis illa Majestas procedens ex corde Patris, infunderet se in utero matris, causa exegit pietatis ; ut homo inveniretur perditus, et Deo Patri per Mediatorem restitueretur inventus. Mira tamen hæc nativitas secunda, Fratres dilectissimi. Cæterum illam primam, qua de Patre natus est sine aliqua matre, quis enarrabit ? Si hanc non possumus explicare, illam quando valemus vel inchoare ? Si hæc ita nos exercet, ut fidei det locum ; illam quando attingimus, quam nec corda potuerunt comprehendere Prophetarum ? De hac tamen secunda mira et ineffabili dicamus aliquid, quod factum est pro nobis, ut Verbum caro fieret, et habitaret in nobis. (*Joan.*, I, 14.) Quis enim non expavescat, cum audit Deum natum ? Audis nascentem, vide in ipso ortu miracula facientem. Alvus tumescit virginis, claustrum pudoris permanet : impletur uterus matris sine ullo complexu patris, sentit prolem quæ se ignorabat conjugem. Angelus ad virginem loquitur, a virgine cor præparatur, Christus fide concipitur. Miraris hæc ? Adhuc mirare. Parit mater et virgo, fœta et intacta : nascitur filius sine homine patre, qui fecit et ipsam matrem. Factor omnium fit inter omnia : portatur manibus matris rector totius orbis : lambit ubera, regens sidera : tacet, et Verbum est. Necdum per linguam se demonstrabat quis esset, et universa creatura suum natum indicat Creatorem. Angeli pastoribus annuntiant, stella Magos invitat : rusticitas pastorum admonitionem exigit Angelorum, curiositas Magorum instructa est lingua cœlorum. Magi Judæorum regem prædicant, Judæi abnegant : illi quærunt adorare, isti quærunt occidere. Dicunt Magi Herodi regi quem quærunt natum Regem : dicunt Judæi ex qua civitate Christus surgat regnare. Utrique prædicant, utrique confitentur : sed illi aliter, isti aliter ; illi ut inventus adoretur, isti

manière, et les autres d'une autre ; ceux-là afin de le trouver pour l'adorer, ceux-ci pour le prendre et le mettre à mort. O Juifs, c'est ainsi que vous portez entre vos mains le flambeau de la loi, pour montrer la voie aux autres, et vous restez vous-mêmes dans les ténèbres ; voilà que les mages, prémices des nations, offrent au Christ, pour présents, non-seulement l'or, l'encens et la myrrhe, mais encore leurs âmes ; quant à vous, votre propre iniquité vous répudie, et vous devenez tellement insensés, que vous cherchez à mettre à mort celui qui vient pour briser vos chaînes. Quel profit pour vous d'avoir indiqué à Hérode le lieu où le Christ devait naître ? Votre conduite n'a-t-elle pas été plus nuisible pour vous que pour le Christ? Car Hérode, sachant par vous comment on pouvait trouver le Christ nouveau-né, donne l'ordre aussitôt de faire mourir tous les enfants de votre nation. La fureur d'Hérode veut perdre un enfant au milieu d'un grand nombre ; il se rend coupable, en immolant une foule de victimes ; et l'Homme-Dieu qu'il cherche lui échappe. O Hérode ! ton iniquité est grande ; en immolant ces enfants, tu ne fais que multiplier les témoins de ta cruauté. Le Christ échappe à ta fureur, parce que son heure n'est pas encore venue pour souffrir. Tu n'en seras pas moins le persécuteur du Christ et coupable de sa mort, quoique ta cruauté ait échoué contre lui ; mais tes desseins criminels contre lui n'auront servi qu'à te perdre. Pourquoi crains-tu ce roi qui vient régner, sans vouloir te détrôner ? Celui que tu cherches, c'est le Roi des rois ; pour posséder en sécurité ton royaume, c'est lui qu'il faudrait prier, afin qu'il te donne encore un royaume éternel. Qu'il règne donc le Christ, comme il est venu régner ; qu'il accueille les croyants, qu'il se joue des persécuteurs, qu'il anime ses combattants, qu'il aide ceux qui travaillent, qu'il couronne les victorieux, qu'il donne la sainteté, qu'il aime la chasteté, qu'il récompense la virginité. Réjouissez-vous, vierges saintes, une vierge a enfanté le Christ. Ne vous attristez pas de votre stérilité, la foi vous rendra merveilleusement fécondes ; ne vous plaignez pas si vous n'êtes pas mères ; vous engendrez spirituellement, vous restez vierges, vous avez des enfants sans perdre votre intégrité. Le Christ vous a donné le nom de sa mère, pour que vous conserviez toujours l'honneur de la chasteté. Aimez ce que vous êtes ; conservez le don que vous avez reçu. Soyez fidèles à imiter la mère de votre chef, de votre époux ; il ne vous a pas refusé des gages, celui qui est né de la vierge Marie. Cette vertu qu'il a accordée à son incomparable mère, qu'il a conservée dans sa chair, vous l'avez reçue comme un don précieux, et vous le devez à la Vierge, et à la sainte chair du Christ, pure de toute souillure. Mais cette chair elle-même ne

---

ut captus necetur. O Judæi, ad hoc ferentes in manibus lucernam Legis, ut aliis viam demonstretis, et vobis tenebras ingeratis : ecce Magi primitiæ gentium Christo offerunt munera, non solum aurum, thus et myrrham, verum etiam animas suas ; et vos repudiat iniquitas propria, ut illum qui vos venit obligatos liberare, dementes effecti cum quæratis occidere. Quid vobis profuit, quod prodidistis Herodi, ubi Christus nasceretur ? Nonne vos læsistis quam Christo aliquid nocuistis ? Audiens enim ille a vobis ubi Christus natus possit inveniri, vestræ gentis infantes continuo præcepit occidi. Sævit Herodes, ut inter multos perdat unum : et plurimos necando se efficit reum, nec occidit quem quærit hominem Deum. O Herodes, magna tua iniquitas : et infantes necas, et tuæ nequitiæ testes cumulas ; et Christus a te non invenitur, quia nondum venit ejus hora ut patiatur. Teneris quidem persecutor Christi et reus mortis ejus, nihil agendo in ipso : sed dum multa agis contra ipsum, perdidisti te ipsum. Quid metuis talem Regem, qui sic venit regnare, ut te nolit excludere ? Quem quæris, Rex regum est : si velles securus obtinere tuum regnum, ipsi supplicares, ut ab illo acciperes sempiternum. Regnet Christus quomodo venit regnare : suscipiat credentes, irrideat persequentes, faciat certantes, adjuvet laborantes, coronet vincentes ; donet sanctitatem, amet castitatem, remuneret virginitatem. Gaudete virgines sanctæ, virgo peperit Christum. Non vos contristet sterilitas, quarum fides magna est fecunditas : nec doleatis non vos esse matres, quæ spiritaliter generatis, virgines permanetis, filios suscipitis, integritatem non amittitis. Accepistis ab illo nomen maternum, ut decus castitatis in vos permaneat sempiternum. Amate quod estis, servate quod accepistis. Imitamini fideles matrem capitis vestri, sponsi vestri : non vobis denegavit pignora, qui natus est de virgine Maria. Quod tantæ matri contulit, et in sua carne servavit, hoc etiam vobis donavit, virgo mater, sancta caro Christi, ab omni contagione integra. Sed nec ipsa caro ejus sterilis fuit, dum per eam prædicando spiritales filios regeneravit ad vi-

fut pas stérile, puisque par la prédication elle a enfanté des fils spirituels, et immolée sur la croix, elle a porté des fruits de vie pour tout le monde.

Chapitre V. — 5. « Crucifié. » Toute liberté venant de la croix, l'âme chrétienne doit se livrer à la confiance. On ne doit donc pas rougir de croire en Jésus-Christ crucifié. Cette croix, loin d'être un opprobre pour les fidèles, c'est leur triomphe. Cette croix est notre étendard contre le diable notre ennemi. Car notre Roi a combattu pour nous contre notre ennemi. Notre ennemi le diable nous effrayait par des menaces de mort; mais le Christ nous promettait la vie éternelle. Le diable disait qu'il faisait mourir le corps; mais notre Roi, pour donner une leçon de victoire à son armée, montra dans sa personne qu'il ne fallait pas craindre la mort du corps, puisque lui-même le premier daigna mourir pour tous, afin d'ôter au démon tout pouvoir de faire mourir notre âme. La ruse du démon dans ce combat, c'était d'entraîner par défection; il voulait prendre l'âme, et il promettait la vie du corps. Le Christ enseignait à mourir pour le temps, et à sauver le corps et l'âme pour l'éternité. Le démon disait : Si vous venez à moi, je vous donnerai la vie temporelle ici-bas ; le Christ disait : Si vous ne m'abandonnez pas, vous ne perdrez pas la vie temporelle, et vous aurez la vie éternelle. Le diable disait : Ne perdez pas cette lumière ; le Christ disait : C'est moi qui l'ai créée, et je vous donnerai une lumière supérieure. Ce qu'il vous promet, dit le Christ, n'est pas en son pouvoir ; cette lumière, c'est moi, et cette vie m'appartient ; mais celle que je suis venu vous annoncer, est bien plus excellente et désirable. Passez d'un bien à un état meilleur, et n'allez pas, en écoutant le diable, retomber dans une condition pire. Dans cette grande lutte, nous voyons le diable qui enchaîne, et le Christ qui délivre ; le diable qui trompe, et le Christ qui rachète ; le diable qui tue, et le Christ qui rend la vie. Cependant le diable crut qu'il fallait faire mourir notre roi, comme la tête principale, et qu'ensuite il aurait plus facilement raison des membres ; trompé par les apparences, il ne savait pas qu'un Dieu était caché sous la forme humaine ; il ignorait ce grand mystère, que le Christ était le médiateur, qu'il réunissait dans sa personne la divinité et l'humanité, pour rapprocher l'homme de Dieu ; il le tua comme un homme puissant qui s'était fait le défenseur des hommes, et il éprouva que c'était un Dieu délivrant les hommes qu'il avait créés. Enfin, cette passion elle-même vous offre le spectacle de ce grand combat. Judas

tam, et post passionem per totum mundum fructificavit occisa.

Caput V. — 5. « Crucifixi. » Ex hoc omni libertate assumpta, fiduciam sui anima capiat Christiana. Non enim erubescere debet in crucifixum se credidisse Christum. Crux illa fidelibus non est opprobrium, sed triumphus. Crux illa vexillum nostrum est contra adversarium nostrum diabolum : pugnavit enim Rex noster pro nobis contra adversarium nostrum. Adversarius diabolus noster mortem minando terrebat, sed Christus æternam vitam promittebat. Adversarius diabolus carnem perempturum se esse dicebat : Rex autem noster ut doceret quomodo ejus exercitus vinceret, in se demonstravit mortem corporis non esse timendam, dum prior ipse pro omnibus dignatus est mori, ne ejus exercitus a diabolo in anima posset occidi. Hoc agebat in illo prælio diabolus, si sibi consentiretur : animas perdere cupiebat, et salutem corporibus promittebat. Christus mori docebat ad tempus, et animam et corpus vivere in æternum. Ille dicebat : Si mihi consenseritis, dabo vobis vitam istam temporalem : Christus dicebat : Si a me non discesseritis, nec temporalem perditis, et æternalem accipietis. Diabolus dicebat : Nolite perdere istam lucem : Christus dicebat : Ego qui feci et istam, dabo meliorem. Quod ille promittit, ait Christus noster, in potestate dare non habet, et hæc lux mea est, et hæc vita a me creata est : sed illam propter quam docendam veni, multo excellentior et melior est. Transite a bono ad melius, ne diabolo consentiendo remaneatis in pejus. In hoc tam magno certamine dum diabolus captivat, Christus liberat : diabolus decipit, Christus redimit : diabolus occidit, Christus restituit. Inter hæc omnia ipsum nostrum Regem adversarius diabolus existimavit carne perimendum, tanquam capite prostrato cætera sibi membra facilius subjugaret : faisusque in hoc quod videbat, Deum latere in carne minime cogitabat : inscius tanti sacramenti, quod ille Mediator esset, et ita (a) temperaret Deum in homine, ut hominem conjungeret Deo; occidit quasi potentem hominem defendentem homines, et sensit Deum liberantem omnes quos creaverat homines. Denique in ipsa passione videte spectaculum tanti certami-

---

(a) Editi, *tentare Deum*. Emendantur ex Mss.

est armé pour vendre son maître à prix d'argent ; disciple parmi les douze, il s'est associé au complot des Juifs, il donne le baiser perfide, qui était le signal de la trahison ; il simule l'amitié, et son cœur est plein de malice. Les Juifs se réveillent ; ils viennent avec des torches, des lanternes et des armes ; ils sont nombreux pour chercher un seul homme ; ce sont les enfants des ténèbres, et ils portent dans leurs mains une lumière, pour découvrir aux autres la vraie lumière, que, dans l'aveuglement de leur cœur, ils ne pouvaient conserver eux-mêmes. Or, le « Seigneur Jésus, sachant tout ce qui devait arriver (car il n'ignorait rien, puisqu'il était venu dans ce but), vint au devant d'eux et leur dit : Qui cherchez-vous ? Ils lui répondirent : Jésus de Nazareth. Il leur dit : C'est moi. Dès que Jésus leur eut dit : c'est moi, ils reculèrent et tombèrent par terre. » (*Jean*, XVIII, 4.) Voyez ce rayon de la vraie lumière, caché encore sous le nuage du corps ; il regarde les ténèbres et les renverse par terre. Comment les Juifs oseront-ils regarder cette lumière dans sa gloire, puisqu'ils n'ont pas pu supporter ce petit rayon dans son infirmité ? Mais il faut que tout s'accomplisse ; les ténèbres se relèvent, il leur donne tout pouvoir, et les ténèbres s'emparent de la lumière, non pour la suivre, mais pour l'anéantir. Celui qui était la lumière se laisse prendre par eux, conduire, suspendre, tuer, afin qu'étant dégagé du nuage du corps, il brillât de tout l'éclat de sa majesté. Enfin, quel est le résultat de ce combat ? Les ministres du diable ont dû se croire bien plus forts, lorsqu'ils grinçaient des dents, qu'ils se moquaient, qu'ils branlaient la tête, qu'ils enfonçaient la couronne d'épines, qu'ils déchiraient ses vêtements, qu'ils voyaient cloué à la croix celui qu'ils avaient vu faire des miracles, qu'ils lui donnaient le fiel et le vinaigre, qu'ils le perçaient d'une lance. Entendez-vous leur cri de victoire : « S'il est le Fils de Dieu, qu'il descende de la croix ? » (*Matth.*, XXVII, 40.) C'est le démon qui criait par la bouche des Juifs, car il voulait faire perdre la patience au Christ ; il l'excitait par les insultes des Juifs à montrer sa puissance ; mais il aurait perdu sa patience. Ce roi fort, ayant en lui-même son esprit de conseil particulier, qui inspire et dirige tout bon conseil, regardait sa double force, il conservait sa double force, et de patience et de puissance ; et il montra qu'il les possédait. Car il conserva la patience, en ne descendant pas de la croix ; il montra sa puissance, en sortant du tombeau. Il est attaché à la croix, fausse victoire des Juifs ; il sort du tombeau, véritable confusion des Juifs, et éternelle victoire des chrétiens. Il est sur la croix, et les disciples sont affligés, tristes, dispersés ; il sort du tombeau, ils se réjouissent et

---

nis. Armatur Judas ut pretio vendat magistrum, et qui erat in numero discipulorum, sit particeps consilii Judæorum, dat osculum falsum, in quo erat nequitiæ signum : fingit pacem plenus malitia in corde. Excitantur Judæi, veniunt cum facibus, laternis et armis : quærunt multi unum, et veniunt filii tenebrarum, ferentes in manibus lucem, per quam illam veram aliis demonstrarent, quam ipsi cœcati corde non poterant retinere. Dominus autem « Jesus sciens omnia quæ ventura erant super se, (non enim aliquid ignorabat qui ad hoc venerat,) egressus est ad eos, et ait illis : Quem quæritis ? At illi : Jesum Nazarenum. Ait illis : Ego sum. Quando autem illis dixit : Ego sum, abierunt retro, et ceciderunt in terram. » (*Joan.*, XVIII, 4, etc.) Ecce radius veræ lucis latens adhuc sub nube carnis, respexit tenebras, et prostravit ad terram. Quomodo tunc Judæi audebunt illam respicere claritatem, quando istam infirmitatem tolerare minime potuerunt ? Sed ut impleret propter quod venerat, exsurgunt rursus tenebræ : dat eis potestatem, capiunt tenebræ lucem, non sequendam, sed occidendam : permittit se lux ab eis teneri, dici, suspendi, occidi, ut exspoliatus nube carnis, fulgorem redderet majestatis. Quæ tandem acta sunt in illo certamine ? Quam fortiores sibi esse videbantur ministri diaboli, dum fremerent dentibus, dum irriderent, dum caput agitarent, dum spineam coronam imponerent, dum vestimenta ejus conscinderent, dum viderent pendentem illum quem viderant miracula facientem, dum fel et acetum darent, dum lancea perfoderent. Qualis vox veluti victoriæ eorum fuit dicentium : « Si Filius Dei est, descendat de cruce. » (*Matth.*, XXVII, 40.) Sed hoc ille per eos clamabat, qui patientiam Christo auferre cupiebat, ut excitatus insultationibus Judæorum, demonstraret potentiam, sed perderet patientiam. Ille autem Rex fortis, et singulare consilium per quod nascitur et regitur omne sanum consilium, utramque aciem respiciebat, utramque aciem servabat, et patientiæ, et potentiæ : et quod servavit, exhibuit. Nam et patientiam servavit, quia de cruce non descendit : et potentiam demonstravit, cum de sepulcro surrexit. Dum in cruce pependit, falsa victoria Judæorum : dum de sepulcro surrexit, vera confusio Judæorum, et sempiterna victoria Christianorum. Dum in cruce pependit, mœsti, contristati,

se rassemblent tous dans une maison. Il est sur la croix, ses disciples sont dans la défiance ; il sort du tombeau, les nations se réunissent. Il est sur la croix, Pierre a peur et le renie ; il sort du tombeau, tout le monde croit en lui et l'aime. Tel fut ce grand combat de la croix ; mais il dure toujours ; on combat, les membres du Christ sont harcelés par l'ennemi ; on lui résiste, parce que notre chef est assis sur son trône au ciel. Il a voulu combattre, pour t'apprendre à vaincre. Si tes forces ne sont pas suffisantes, invoque le Sauveur lui-même, invoque son secours. S'il voit que tu l'invoques avec fidélité, ce Dieu attaché à la croix te donnera ici-bas la victoire, et dans le ciel la couronne de la victoire.

CHAPITRE VI. — 6. « Le troisième jour. » La mort du Seigneur, qui dura trois jours, fut prédite par les prophètes, annoncée et accomplie. Voici les paroles du prophète Osée : « Après deux jours il nous éveillera, et le troisième jour nous viendrons, et presque avant l'aurore nous le trouverons debout ; » (*Osée*, VI, 3) montrant par ces paroles que nous ressuscitons en lui, parce qu'il a daigné prendre de nous la chair dans laquelle il devait mourir. Que dirai-je de cette figure du prophète Jonas, que le Seigneur lui-même a interprétée d'une manière si formelle, quand il dit aux Juifs : « Cette génération est une génération mauvaise ; elle demande un signe, et il ne lui sera donné d'autre signe que le signe du prophète Jonas ; car, comme Jonas fut trois jours et trois nuits dans le ventre de la baleine ; ainsi le Fils de l'homme sera trois jours et trois nuits dans le sein de la terre. » (*Matth.*, XII, 39.) Comparons cette figure prophétique, en la parcourant brièvement. Jonas est envoyé à la ville de Ninive, pour lui annoncer sa ruine prochaine ; le Christ, envoyé par son Père, pour annoncer à tous les hommes la fin du monde. Jonas s'enfuit vers Tharsis, loin de la présence du Seigneur ; la fuite de Jonas, c'est le passage rapide du Seigneur, dont le prophète a dit : « Il s'est élancé comme un géant pour parcourir sa route. » (*Ps.* XVIII, 6.) Le prophète dans sa fuite monte sur un navire ; le Christ monte sur le bois de la croix, pour traverser cette mer du monde. Une grande tempête s'élève sur la mer ; ce bouleversement de la mer, c'est la perfidie des Juifs. On jette le sort, pour que le prophète fugitif soit jeté dans la mer ; le sort est jeté sur les vêtements du Christ, pour annoncer le règne de l'unité dans tout le monde. Jonas est jeté du vaisseau dans la mer ; la mort du Christ est un fait qui repose dans le cœur des nations. Le prophète est englouti par le monstre, non pour être mangé, mais pour être gardé ; écoutez ici la voix du Christ lui-même par la bouche du saint roi David : « Vous n'a-

dispersique discipuli : dum de sepulcro surrexit, gaudentes, una in domo sunt congregati. Dum in cruce pependit, diffidentia discipulorum : dum de sepulcro surrexit, congregatio gentium. Dum in cruce pependit, timore negavit Petrus : dum de sepulcro surrexit, amore totus credit mundus. Non sclum tunc actum est hoc certamen, sed nunc agitur : pugnatur, laborant membra Christi urgente adversario, resistitur illi ; quoniam caput nostrum jam sedet in cœlo. Ad hoc ille pugnare voluit, ut te doceret quomodo vinceres. Sed si vires tuæ parvæ sunt, ipsum invoca salvatorem, ipsum invoca adjutorem. Cum te perspexerit fideliter invocantem, qui pro te pependit in ligno, et hic victoriam, et coronam victoriæ præparabit in cœlo.

CAPUT VI. — 6. « Tertia die. » Triduana mors Domini per Prophetas et prædicta est, et promissa, et impleta. Nam Osee propheta ait : « Post biduum suscitabit nos, die tertia veniemus, et quasi ante lucem paratum illum inveniemus : » (*Ose.*, VI, 3) ostendens nos in illo resurgere, quoniam dignatus est carnem in qua moreretur a nobis accipere. Quid jam dicam de figura illa Jonæ prophetæ, quem ipse Dominus expressius demonstrans, ait ad Judeos : « Generatio hæc, generatio nequam est ; signum quærit, et signum non dabitur ei, nisi signum Jonæ prophetæ. Sicut enim Jonas fuit in ventre ceti tribus diebus et tribus noctibus, ita oportet esse et filium hominis in corde terræ tribus diebus et tribus noctibus. » (*Matth.*, XII, 39, 40.) Ipsam figuram propheticam comparando, breviter percurramus. Missus est Jonas ad civitatem Ninive, ut ejus finem prædicaret : missus est Christus a Patre, ut finem mundi omnibus demonstraret. Fugit Jonas in Tharsis a facie Domini : fuga Jonæ, velox transitus Christi : de quo dicit Propheta : « Exsultavit ut gigas ad currendam viam. » (*Psal.* XVIII, 6.) Ascendit navem Propheta fugiens : lignum Christus ascendit, per mare hujus sæculi transiens. Irruit tempestas magna in mari : perturbatio maris, perfidia Judæorum. Data est sors, ut propheta fugiretur in mare mitteretur : sors data est super Christi vestimenta, ut unitas omni mundo prædicaretur. Projectus est e navi in mare Jonas : mors Christi in cordibus gentium collocata est. Susceptus est a bestia Propheta, custodiendus, non comedendus. Audi hic ipsius vocem Christi per

bandonnerez pas mon âme dans le tombeau, vous ne permettrez pas que votre saint voie la corruption. » (*Ps.* xv, 10.) Le saint prophète Jonas priait dans le ventre du monstre marin; le Christ descendant aux enfers réveilla les morts. Le troisième jour, le prophète est remis sain et sauf sur le rivage; le troisième jour, le Christ sortant du tombeau, s'élève au-dessus des cieux. A la prédication de Jonas, la ville est sauvée par la pénitence ; par la prédication du Christ, Jérusalem, la sainte cité, est rachetée.

CHAPITRE VII. — 7. « Il est monté au ciel. » « Celui qui est descendu, dit l'Apôtre, est le même qui est monté au-dessus de tous les cieux, afin de remplir toutes choses. » Qui est-ce qui est descendu? L'Homme-Dieu. Qui est-ce qui est monté? Le même Homme-Dieu. Que tout homme le reconnaisse ; car c'est pour l'homme qu'un Dieu s'est fait homme. Le corps qu'il a pris, il l'a emporté dans le ciel, et de terrestre il l'a fait céleste. Si tu crois que tu peux ressusciter, crois aussi que tu peux monter au ciel ; la certitude du gage te garantit la certitude de ce grand bienfait. L'homme, dans la personne du Christ, règne au ciel, assis à la droite du Père ; il appelle, il invite, il exhorte les siens à venir partager ce royaume. Que toute âme, avide de gloire, accourre à lui ; qu'elle vienne à ce grand roi, qui lui donnera la puissance, sans l'obliger de l'acheter; il suffit d'apporter une foi pleine et parfaite, pour pouvoir juger même les anges.

CHAPITRE VIII.— 8. « Il viendra de là. » Quel est celui qu'on attend pour venir juger les vivants et les morts, si ce n'est cet homme qui a daigné pour nous être attaché à la croix? L'Homme-Dieu est attendu pour qu'il vienne. Du reste, en tant qu'il est Dieu et égal à son Père, il juge toujours, et il est toujours présent. Mais notre Rédempteur viendra, sous la même forme qu'il s'est élevé au ciel, afin que s'accomplisse cette parole du prophète Zacharie : « Ils verront celui qu'ils ont percé. » (*Zachar.*, xii, 10.) Les Juifs le verront donc dans son règne éternel, après l'avoir repoussé en le reniant et le livrant à la mort. (*Jean*, xix, 37.) Il les jugera comme des âmes mortes, lui qui doit venir ressusciter les morts. On entend de deux manières cette parole, les vivants et les morts ; ceux qui sont vivants et morts dans l'âme, ceux qui sont vivants et morts dans le corps. Selon le premier sens, il jugera ceux dont l'âme est vivante, les croyants ; et ceux dont l'âme est morte, les incrédules ; selon le second sens, il jugera ceux dont le corps est vivant, et qu'à son arrivée il trouvera encore sur la terre ; il jugera aussi ceux dont le corps est mort, et que le Très-Haut doit ressusciter. Choisissons, mes bien-aimés, et

---

sanctum David : « Non derelinques animam meam apud inferos, nec dabis sanctum tuum videre corruptionem. » (*Psal.* xv, 10.) In ventre bestiæ marinæ positus Jonas sanctus oravit : in inferno Christus descendens mortuos suscitavit. Tertio die Propheta littori incolumis est redditus : die tertio Christus de sepulcro surgens, super cœlos est exaltatus. Ad prædicationem Jonæ per pœnitentiam salvata est civitas : per Christi prædicationem sancta Jerusalem redempta est civitas.

Caput VII. — 7. « Assumptus in cœlum. » « Qui descendit, ait Apostolus, ipse est et qui ascendit super omnes cœlos, ut adimpleret omnia. » (*Ephes.*, iv, 10.) Quis est qui descendit? Deus homo. Quis est qui ascendit? Idem ipse Deus homo. Agnoscat se omnis homo, quoniam propter hominem Deus factus est homo. Quod pro te suscepit, levavit in cœlum ; terrenumque corpus fecit cœleste. Si credis et tu quod possis resurgere, et in cœlum ascendere ; quia certus es de tanto pignore, securus eris de tanto munere. Regnat homo jam susceptus a Christo, ad dexteram Patris sedens : et ut sui ab illo regnum accipiant, vocat, invitat, hortatur. Festinet ad eum omnis anima, quæ avida est gloriæ, pergat ad talem regem, a quo ut accipiat potestatem, non ei pretium pecuniæ dabit ; sed plenam perfectamque fidem cum ad eum attulerit, etiam angelos judicabit.

Caput VIII. — 8. « Inde venturus. » Quis est iste, qui expectatur venturus mortuos vivosque judicare, nisi ille homo qui pro nobis dignatus est in cruce pendere? Homo susceptus expectatur ut veniat. Cæterum secundum id quod Deus est, et Patri æqualis est, semper judicat, et semper præsens est. Veniet autem Redemptor noster in ea forma, in qua assumptus est, ut impleatur illud quod de eo ait propheta Zacharias : « Videbunt in quem pupugerunt. » (*Zach.*, xii, 10.) Videbunt ergo Judæi Deum hominem semper regnantem, quem negando spreverunt morientem. (*Joan.*, xix, 37.) Judicabit eos in animis mortuos, qui venturus est resuscitare mortuos. Duobus enim modis hæc sententia accipitur : Vivi et mortui in anima : item vivi et mortui in corpore. Secundum priorem, judicabit vivos in anima, credentes ; et mortuos in anima, fidem nullam habentes : secundum posteriorem, judicabit vivos in carne, quos præsentes invenerit ejus adventus ; ju-

tâchons que son avénement nous trouve vivants de la vie de l'âme, de peur que le péché ne nous mérite la damnation de l'âme et du corps. La fin du monde est proche, ou si, comme d'autres le pensent, elle n'est pas encore prochaine, n'oublions pas que notre dernier jour, pour chacun de nous, est incertain. Pourquoi différer, si nous désirons la vie bienheureuse? Corrigeons-nous; pendant qu'il est temps, devenons meilleurs; rendons notre cause excellente, pour n'avoir point à craindre le jour du jugement futur.

CHAPITRE IX. — 9. « Je crois au Saint-Esprit. » Le Saint-Esprit est Dieu, n'étant point inférieur au Père ni au Fils, mais formant avec eux une seule majesté, une seule puissance, une Trinité inséparable, une indivisible sainteté, toute entière en même temps et partout, Dieu Père, Dieu Fils, Dieu Saint-Esprit, non pas trois Dieux, mais la Trinité qui est un seul Dieu. Le Fils n'est pas séparé du Père pour le temps, parce qu'il est le Verbe éternel du Père; et le Père n'est pas plus grand que le Fils, parce que, Dieu, il a engendré un Dieu son égal au delà du temps, et par lequel il a fait le temps. Ni le Saint-Esprit n'est pas inférieur au Père et au Fils, puisqu'il est l'amour et le lien du Père et du Fils. Comment donc le Fils serait-il moins grand que le Père, comme l'enseigne l'héré-tique Arien, lorsque l'Apôtre dit qu'il est la force de Dieu et la sagesse de Dieu? » (I *Cor.*, I, 24.) Si le Fils est la vertu et la sagesse du Père, celui qui le fait inférieur outrage Dieu le Père, en prétendant qu'il a une sagesse moindre et une vertu défectueuse. Comment aussi ose-t-il dire que le Saint-Esprit est inférieur au Fils, puisque l'Apôtre établit que les membres du Christ sont les temples du Saint-Esprit? « Vous êtes, dit-il, le corps du Christ et ses membres. » (I *Cor.*, XII, 27.) Et dans un autre endroit : « Ne savez-vous pas, dit-il, que vos membres sont en vous le temple du Saint-Esprit? » (I *Cor.*, VI, 19.) Comment ne serait-il pas Dieu, s'il a un temple; ou comment serait-il inférieur au Christ, puisqu'il a pour temple les membres du Christ? Il n'y a pas d'inégalité, là où nous croyons une seule Trinité et une triple éternité. Supposer divers degrés, c'est se retrancher de l'unité. Pourquoi, ô Arien, te vanter d'avoir la vérité, puisqu'au contraire, une détestable erreur te sépare de la doctrine catholique, te jette dans l'hérésie, t'excommunie de la société chrétienne, et te condamne à vivre dans un coin du monde? Fuyez, mes frères, la doctrine des hérétiques, comme les pièges des loups. Brebis du Christ, écoutez la voix de votre pasteur : « Celui qui entre par la porte dans le bercail, c'est le Pasteur, dit-il; celui qui entre par un autre endroit,

---

dicabit et mortuos in carne, quos resuscitaturus est Deus excelsus. Eligamus, Dilectissimi, ut vivos nos inveniat ejus adventus in anima; ne peccando simul ab illo damnetur caro et anima. Finis mundi in proximo est : et si, ut quidam putant, in proximo non est, dies ultimus uniuscujusque nostrum incertus est. Quid differimus, si ad beatam vitam tendimus? Corrigamur, dum tempus est emendemur : bonas causas habeamus, ut futuram diem judicii non timeamus.

CAPUT IX. — 9. « Credo in Spiritum sanctum. » Spiritus sanctus Deus est, Patre Filioque non minor, sed una majestas, una potestas, inseparabilis Trinitas, indivisibilis sanctitas, simul ubique tota : Deus Pater, Deus Filius, Deus Spiritus sanctus, nos tres dii, sed Trinitas unus Deus. Nec tempore separatur Filius a Patre, quoniam æternum Verbum Patris est : nec major est Filio Pater, quoniam æqualem genuit Deus Deum sine tempore, per quem fecit tempora. Nec Spiritus sanctus minor est Patre et Filio; cum sit caritas atque concordia Patris et Filii. Quomodo enim Filius minor est Patre, ut Arianus hæreticus prædicat, cum Apostolus eum dicat Dei virtutem et Dei sapientiam? (I *Cor.*, I, 24.) Si virtus et sapientia Patris Filius est, qui eum minorem dicit, Deo Patri contumeliam facit : quoniam eum et minorem sapientiam et infirmam virtutem in se habere contendit. Aut quomodo Spiritum sanctum minorem prædicat etiam Filio, cum membra Christi templum Apostolus ponat Spiritus sancti? « Vos, inquit, estis corpus Christi et membra. » (I *Cor.*, XII, 27.) Et alio loco : « Nescitis, inquit, quia membra vestra templum in vobis est Spiritus sancti? » (I *Cor.*, VI, 19.) Quomodo Deus non est, qui templum habet : aut quomodo minor est Christo, cujus membra templum habet? Non sunt diversi gradus, ubi est una Trinitas et trina æternitas. Qui enim diversos gradus componit, ipse se ab unitate præcidit. Quomodo exsultas, Ariane, quod teneas veritatem, cum te malus error a catholica doctrina separans, hæreticumque protestans a communione totius orbis secernens in uno angulo damnaverit? Cavete, Fratres, doctrinas hæreticorum, tanquam insidias luporum. Oves Christi, audite vocem pastoris vestri. « Qui intrat per ostium in ovile ovium, ille pastor est, ait : qui autem ascendit per aliam par-

celui-là est un voleur et un brigand. » (*Jean*, x, 1.) Craignez les voleurs, craignez les brigands; le Pasteur ne se lasse pas de crier, il ne laisse pas ses chiens en repos. La brebis ne doit donc pas s'éloigner du souverain Pasteur, pour ne pas aller tomber dans la gueule du loup, son cruel ravisseur.

CHAPITRE X. — 10. « La rémission des péchés. » Croyez fermement; espérez avec confiance, et attendez patiemment; le baptême vous renouvellera, en vous dépouillant du vieil homme; votre âme sera déchargée du fardeau de ses péchés, et revêtue de la liberté d'une vie nouvelle; elle pourra, avec le secours divin, combattre courageusement contre le démon, et triomphera pleinement de son vainqueur, puis transportée dans le royaume, n'ayant plus rien à craindre de son ennemi, elle règnera avec son chef, qui est Jésus-Christ.

CHAPITRE XI. — 11. « La résurrection de la chair. » Ici, il faut une grande foi, parce qu'il s'agit d'une grande récompense. Ne vous arrêtez pas à ce qui se passe maintenant, mais à ce qui aura lieu plus tard. Ce qui se passe maintenant est un trouble pour plusieurs. Comment n'être pas troublé, quand on voit cette merveille, cette beauté, cet éclat, l'homme, cet ouvrage accompli, tomber en poussière, ses os dispersés, et devenu terre dans le sein de la terre? Que tout cela, ô chrétien, ne t'effraye pas. L'homme est une semence, elle n'est pas perdue. A la vérité, lorsque l'âme s'en va, sa maison est démolie; car la maîtresse n'est plus là pour prendre soin de cette maison de boue, et réparer ses ruines. Elle s'en va pour acheter à grand prix un royaume éternel. Que craindrais-tu, ô âme? tu es consacrée au Seigneur Jésus-Christ; et avec ses grâces, tu vis dans la justice, avec l'espérance d'arriver au royaume éternel. Pourquoi crains-tu le char de la mort? Tu partiras, il est vrai, et ton corps supportera l'ignominie pour un temps; mais tu reviendras glorieuse avec le grand roi, et on te rendra ta chair incorruptible et immortelle comme toi. Si tu travailles à devenir meilleure, ne crois-tu pas qu'en devenant meilleure et en travaillant en quelque sorte pour le royaume, tu n'obtiendras pas une habitation plus magnifique. Si cette maison, quoique de terre et de boue, quoique si fragile, t'a paru si belle, restaurée et devenue céleste, quelle ne sera pas sa magnificence, si tu l'aimes d'un si grand amour, pendant qu'elle dure un instant et qu'elle passe dans le temps; combien plus tu l'aimeras encore lorsqu'elle sera parée de tout son éclat, sans le perdre jamais, parce que sa vie durera toute l'éternité?

tem, fur est et latro. » (*Joan.*, x, 1.) Cavete fures, cavete latrones : non quiescit pastor clamare, non sinit etiam suos canes tacere. Non se sequestret ovis a summo pastore, ne ipsa se in deprædationem nequissimi offerat lupi raptoris.

CAPUT X. — 10. « In remissionem peccatorum. » Fortiter tenete, fideliter sperate, patienter expectate : reddetur vobis novitas per baptismum, vetustate discedente : deonerabitur anima sarcinis peccatorum, ut libertate novæ vitæ induta, adversus diabolum cum adjutorio divino valeat fortiter dimicare, eumque a quo superata est ita superet, ut in regno Dei translata, de hoste devicto secura, regnet cum suo capite Christo.

CAPUT XI. — 11. « Carnis resurrectionem. » Magna fides est necessaria, quoniam magnum præmium promittitur. Nec attendatis quid nunc (*a*) fit, sed quid tunc fit : quod enim nunc fit, multos movet. Quem enim non movet, cum videt tantam speciem, tantam pulchritudinem, tantumque decorem, hominem formatum resolvi in pulveres ossa dispergi, terram terræ mandari? Non te ista, Christiane, deterreant. Seminatus est homo, non perditus. Anima quidem discedente habitaculum ejus solvitur : non est enim præsto illa domina, quæ curam gerat luteæ domus, atque ejus restauret ruinas. Vadit enim, ut magno præmio regnum comparet sempiternum. Quid ergo metuis, o anima? Christo Domino dicata est : atque ipso donante bene vivis, et ad regnum Dei pervenire contendis. Ut quid formidas vehiculum mortis? Proficisceris quidem, et injuriam patietur ad tempus caro tua : reverteris cum summo Rege regnans, et talis tibi reddetur quæ nequeat corrumpi, et tecum maneat sempiterna. Si ad hoc pergis ut melior efficiaris, non credis, quoniam meliori et in (*b*) regno cœlorum quodam modo administranti melius tibi præparabitur hospitium? Si hæc terrena, lutea, fragilis, tantam tibi exhibuit pulchritudinem; restaurata et cœlestis effecta qualem tibi exhibebit decorem? Si hanc tantum diligis, quæ paululum manet et transit in tempore; illam quantum amabis, quæ decore suo nunquam carebit, quoniam in æternum vita manebit?

(*a*) In Mss. *quid nunc sit, sed nunc quid fit.* — (*b*) Gemmetitensis Ms. *in regna cœlorum.*

CHAPITRE XII. — 12. La suite du symbole, c'est que tout ce que nous croyons et espérons, nous le posséderons « dans la vie éternelle. » La vie éternelle, mes bien-aimés, voilà le grand objet de vos pensées, et la douce espérance de vos cœurs. Si vous aimez la vie, pourquoi ne pas chercher la vraie vie? Si vous aimez la vie, cherchez celle qui ne doit pas finir? Si vous l'aimez, pourquoi ne pas la chercher? Ou si vous la cherchez, comme elle n'est pas ici-bas, pourquoi ne pas courir vers le lieu où elle est? Ne voyez-vous pas que cette vie elle-même fait les avances de notre côté? Car le Christ est le vrai Dieu, il est la vie éternelle. Il est venu vers nous, lorsque nous étions perdus, et il nous a rachetés, après nous avoir retrouvés; il est venu jusqu'ici, dans cette région des mortels, celui qui est la vraie vie; il nous a donné à goûter de son breuvage, nous en avons goûté et nous l'avons trouvé doux. Il nous a précédés et nous a invités à le suivre, et après avoir goûté de ce grand bienfait, nous aurions peur de le suivre? La vie est venue jusqu'à toi, fais de même, et va aussi jusqu'à elle. Celui qui est la vie est monté dans le char de la mort, afin de te délivrer en passant; accepte aussi la mort, afin que, lorsque tu viendras à lui, il te reçoive, pour ne plus jamais mourir.

CHAPITRE XIII. — 13. « La sainte Eglise. » C'est pourquoi la conclusion du symbole, c'est la sainte Eglise; car celui qui n'est pas dans l'Eglise est exclus du nombre des enfants; il n'aura pas Dieu pour père, celui qui n'aura point voulu avoir l'Eglise pour mère; il ne lui servira de rien d'avoir cru ou d'avoir fait beaucoup de bien, s'il n'a pas eu pour fin le souverain bien. L'Eglise est une mère spirituelle; elle est l'épouse du Christ, purifiée par sa grâce, dotée par son sang précieux. Elle possède tout ce que lui a donné son époux. Voici son contrat, je vais le lire : Ecoutez, ô hérétiques, ce qui est écrit : « Il fallait que le Christ souffrît et ressuscitât d'entre les morts, et qu'on prêchât en son nom la pénitence et la rémission des péchés à toutes les nations. » (*Luc*, XXIV, 47.) Toutes les nations, c'est le monde entier. L'Eglise possède la totalité, c'est la dot qu'elle a reçue de son Epoux. Toute autre assemblée, c'est une hérésie reléguée dans un coin du monde; elle n'est qu'une concubine et non l'épouse légitime. O hérésie arienne, pourquoi tes insultes, pourquoi ces souffles de mépris, pourquoi ces usurpations qui ne peuvent pas durer? La maîtresse de la maison est outragée par la servante. Tu lui fais mille affronts; quoiqu'elle en soit affligée, elle ne te craint pas beaucoup, l'Epouse du Christ, la sainte Eglise catholique. Il suffira que l'Epoux jette un regard, et tu seras chassée comme la servante avec tes enfants; car les en-

---

CAPUT XII. — 12. Hoc sequitur in sancto Symbolo, quod omnia quæ credimus et speramus, « in vita æterna » percipiamus. Vita æterna, Dilectissimi, nunquam vilescat, semperque dulcescat. Si amatur vita, quare non quæritur vera? Si amatur vita, talis quæratur quæ nunquam finiatur. Et si amatur, quare non quæritur? Aut si quæritur, quia hic non est, ad eum locum ubi est quare non festinatur? Quid quod etiam ultro se nobis ipsa vita ingessit? Christus est enim Deus verus et vita æterna. Venit ad nos perditos, et redemit inventos : venit huc ad regionem mortalium ipsa vera vita : dedit gustum saporis sui; gustavimus, vidimus, quoniam suavis est. Præcessit nos, invitavit ut sequamur : et tam magnum illud donum, cujus talem suscepimus gustum, sequi formidamus? Venit ad te vita, repende vicem, veni et tu ad illam. Suscepit vehiculum mortis, ut transiens liberaret te : suscipe et tu mortem, ut cum ad illam veneris, ita ab illa suscipiaris, ut nunquam moriaris.

CAPUT XIII. — 13. «Sanctam Ecclesiam.» Propterea hujus conclusio sacramenti per sanctam Ecclesiam terminatur, quoniam si quis absque ea inventus fuerit, alienus erit a numero filiorum : nec habebit Deum Patrem, qui Ecclesiam noluerit habere matrem : nihilque ei valebit quod crediderit vel fecit tanta bona sine fine summi boni. Ecclesia, mater est spiritalis : Ecclesia, sponsa Christi est; gratia ejus dealbata, pretioso sanguine dotata. Totum possidet quod a viro suo accepit in dote. Lego tabulas matrimoniales ejus, recitabo. Audite, hæretici, quid scriptum sit : « Oportebat Christum pati et resurgere a mortuis, et prædicari in nomine ejus pœnitentiam et remissionem peccatorum per omnes gentes. » (*Luc.*, XXIV, 47.) Omnes gentes totus mundus est. Ecclesia totum possidet, quod a viro suo accepit in dote. Quæcumque congregatio cujuslibet hæresis in angulis sedet : concubina est, non matrona. O hæresis Ariana, quid insultas, quid exsufflas, quid etiam ad tempus multa usurpas? Injuriam a te patitur domina ab ancilla; multas ei ingeris contumelias : licet hæc doleat, non te magno metuit sponsa Christi sancta Catholica. Cum enim respexerit ille sponsus, ejicieris tu ut ancilla cum filiis tuis : quo-

fants de la servante ne seront pas héritiers avec les enfants de l'époux libres. Il n'y a donc qu'une seule Reine, sainte, vraie et catholique ; reconnaissons-la comme celle qui a reçu son royaume du Christ ; celle qu'il a répandue par tout le monde, celle qu'il a purifiée de toute tache et de toute ride, et qu'il a préparée toute belle pour son avénement.

niam non erunt hæredes filii ancillæ cum filiis liberæ. (*Gen.*, XXI, 10.) Cognoscatur una sancta et vera regina Catholica, cui regnum Christus tale dedit : quod eam per totum mundum diffundens, ab omni macula et ruga mundans, totam pulchram suo adventu præparavit.

SERMON

SUR LA

DISCIPLINE CHRÉTIENNE

CHAPITRE I.— 1. Dieu nous a parlé, et nous a laissé sa parole pour notre instruction, suivant ce passage de l'Ecriture : « Recevez l'instruction dans la maison de la sagesse. » (*Eccli.*, LI, 31.) Discipline, c'est-à-dire instruction, vient du verbe s'instruire ; la maison de l'instruction, c'est l'Eglise du Christ. Qu'y apprend-on ? pourquoi s'instruire ? qui sont ceux qui s'instruisent ? qui sont ceux qui enseignent ? On apprend à bien vivre ; et on apprend à bien vivre, pour arriver à vivre toujours. Les chrétiens écoutent, le Christ enseigne. D'abord qu'est-ce que bien vivre ; ensuite quelle est la récompense d'une bonne vie ; en troisième lieu, quels sont les vrais chrétiens ; quatrièmement, quel est le véritable maître ; c'est ce que nous allons dire en peu de mots, avec l'aide du Seigneur, et ce que vous voudrez bien écouter avec attention. Nous sommes tous dans la maison de l'instruction ; mais plusieurs refusent d'être instruits, et, ce qui est plus malheureux, ils ne veulent pas qu'on les instruise dans la maison de l'instruction. Tandis qu'on doit recevoir l'instruction dans la maison de la science, pour la conserver et s'en servir dans sa famille ; eux, au contraire, veulent non-seulement rester indisciplinés dans leurs familles, mais encore apporter cet esprit jusque dans la maison de la science. Quant aux vrais chrétiens, ils écouteront cette parole de Dieu, parce qu'ils l'apprécient, en prêtant l'oreille et leur cœur ; ils ne sont pas comme le chemin, où tombe la semence que ramassent les oiseaux du ciel ; ni cet endroit pierreux, où la semence ne peut prendre racine, mais où elle germe un instant et sèche à la première chaleur ; ni ce champ couvert d'épines, où la semence, après avoir germé et poussé, se trouve étouffée par l'épaisseur des broussailles ; mais ils sont cette bonne terre préparée pour recevoir la semence, et rendant cent, soixante, ou trente

SERMO (a)

DE

DISCIPLINA CHRISTIANA

CAPUT I. — 1. Locutus est ad nos sermo Dei, et depromptus est ad exhortationem nostram, dicente Scriptura : « Accipite disciplinam in domo disciplinæ. » (*Eccli.*, LI, 31, 36.) Disciplina, a discendo dicta est : disciplinæ domus, est Ecclesia Christi. Quid ergo hic discitur, vel quare discitur? Qui sunt qui discunt, et a quo discunt? Discitur bene vivere. Propter hoc discitur bene vivere, ut perveniatur ad semper vivere. Discunt Christiani, docet Christus. Primo ergo quid sit bene vivere, deinde quæ sit merces bonæ vitæ, tertio qui sint veri Christiani, quarto quis sit verus magister, pauca loquentibus nobis, sicut donat Dominus, audire dignemini. Omnes in domo disciplinæ sumus, sed multi nolunt habere disciplinam, et quod est perversius, nec in domo disciplinæ volunt habere disciplinam. Cum propterea debeant in domo disciplinæ accipere disciplinam, ut servent illam et in domibus suis : ipsi contra, indisciplinationem non solum in domibus suis habere volunt, sed ferre illam secum et ad domum disciplinæ. Ideo apud quos non vacat verbum Dei, qui cor auri conjungunt ; qui non sunt via, ubi semen cum ceciderit ab avibus colligitur ; qui non sunt petrosa loca, ubi semen altam radicem habere non potest, et ad horam exit, et in æstu arescit ; qui non sunt ager spinosus, ubi semen cum germinaverit et in auras surgere cœperit, spinarum densitate suffocatur (*Matth.*, XIII, 4, 5) : sed qui sunt terra bona parata semen accipere, et fructum reddere vel centenum, vel sexagenum, vel tricenum : (Re-

---

(a) In Mss. plerisque appellatur *Liber*, aut *Libellus Augustini de disciplina Christiana*, sive *de disciplina Christianorum*. In editis Er. et Lov. additur, *vel de domo disciplinæ*.

pour un. (*Matth.*, XIII, 4.) (Vous vous rappelez, vous qui venez dans cette école d'instruction autrement que par hasard, que je prends ces comparaisons dans l'Évangile.) Ceux donc qui ont ces bonnes dispositions, recevront ce que le Seigneur daigne leur dire par ma bouche. Car, puisque c'est le Seigneur qui sème, que suis-je moi-même? à peine la corbeille du semeur. Il daigne me prendre comme une corbeille, pour y mettre la semence qu'il répand en vous. Ne faites donc pas attention à la pauvreté de la corbeille, mais au prix de la semence et à la puissance du semeur.

CHAPITRE II. — 2. Quelle est donc la science de bien vivre qu'on apprend ici? La loi renferme un grand nombre de préceptes qui contiennent, commandent et enseignent la manière de bien vivre. Les préceptes sont donc très-nombreux, pour ne pas dire innombrables. A peine pourrait-on compter les pages qui les contiennent, à plus forte raison les préceptes eux-mêmes. Cependant Dieu a voulu, à cause de ceux qui pourraient s'excuser ou de ne savoir par lire, ou de n'avoir pas le temps ni l'intelligence nécessaires, afin d'ôter toute excuse au jour du jugement, il a voulu, comme il est écrit, réduire et abréger sa parole sur la terre, ainsi que le prophète l'avait prédit : « Le Seigneur réduira et abrégera sa parole sur la terre. »

(*Isaïe*, X, 23.) Le Seigneur a voulu que sa parole fût réduite et abrégée, sans être moins intelligible. Elle fut donc abrégée, afin qu'on ne manquât pas de temps pour la lire; elle fut claire, afin qu'on ne dise pas : Je ne peux comprendre. Le trésor des divines Ecritures est donc immense, renfermant en lui-même une foule de préceptes merveilleux, comme autant de pierres précieuses, autant de riches colliers, autant de vases magnifiques et d'un métal de prix. Mais qui peut creuser cette mine, l'exploiter, et s'approprier tout ce qui s'y trouve? Quand le Seigneur donna cette parabole dans son Evangile et qu'il dit : « Le royaume des cieux est semblable à un trésor qu'on a trouvé dans un champ; » (*Matth.*, XIII, 44) pour ne pas effrayer ceux qui ne pourraient pas l'exploiter, il donne aussitôt une autre parabole en disant : « Le royaume des cieux est encore semblable à un homme qui cherche de belles perles ; or, en ayant trouvé une de grand prix, il s'en va, vend tout ce qu'il a, et l'achète; » (*Ibid.*, 45) et ainsi quand même ta paresse refuserait de creuser pour chercher le trésor, il te suffirait de mettre la pierre précieuse dans ta bouche, et aller tranquillement où tu voudrais.

CHAPITRE III. — 3. Quelle est donc cette parole réduite et abrégée? « Tu aimeras le Seigneur ton Dieu de tout ton cœur, et de toute

---

cordamini, qui non sine causa intratis disciplinæ scholam, has me similitudines ex Evangelio commemorasse :) qui ergo tales sunt, accipiant quod per me Dominus dicere dignatur. Ego enim, quoniam ille seminat, quid sum? Vix cophinus seminantis. Ipse in me ponere (*a*) dignatur, quod vobis spargat. Nolite ergo attendere ad vilitatem cophini, sed ad caritatem seminis et ad potestatem seminatoris.

CAPUT II. — 2. Quid est ergo bene vivere, quod hic discitur? Præcepta multa sunt in Lege, quibus ipsa bona vita continetur, imperantur et discitur. Multa omnino præcepta sunt, innumerabilia. Præceptorum ipsorum paginas vix quisquam enumerat, quanto magis ipsa? Quæ voluit tamen Deus, propter eos qui se possent excusare, vel quia eis non vacat legere, vel quia non norunt legere, vel quia non possunt facile intelligere, ut excusationem nemo habeat in die judicii, voluit, sicut scriptum est, consummare et breviare verbum super terram, sicut de illo Propheta prædixerat : « Verbum enim consummans et brevians faciet Dominus super terram. » (*Isa.*, X, 23.)

Hoc ipsum verbum consummatum et breviatum, nec obscurum esse Deus voluit. Ideo breve, ne non vacaret legere : ideo apertum, ne dicat : Mihi non licuit, intelligere. Thesaurus ergo est magnus divinarum Scripturarum, habens in se mirabilia præcepta multa, tanquam multas gemmas, et pretiosa monilia, et vasa ingentia et magni metalli. Sed quis potest scrutari thesaurum istum, et uti eo, et pervenire ad omnia quæ ibi sunt? Quando hanc similitudinem Dominus dedit in Evangelio suo, et dixit : « Simile est regnum cœlorum thesauro invento in agro : » (*Matth.*, XIII, 44) ne quis se minus idoneum diceret ad perscrutandum thesaurum, continuo dedit aliam similitudinem : « Simile est, inquiens, regnum cœlorum homini negotiatori quærenti bonas margaritas, qui invenit unam pretiosam margaritam, et vendidit omnia quæ habuit, et emit illam, » (*Ibid.*, 45) ut si piger eras ad perscrutandum thesaurum, non sis piger unam margaritam sub lingua ferre, et quo vis securus ambulare.

CAPUT III. — 3. Quod est ergo verbum consum-

(*a*) Aliquot Mss. *dignetur.*

ton âme, et de tout ton esprit; et tu aimeras ton prochain comme toi-même. Ces deux commandements renferment toute la loi et les prophètes. » (*Matth.*, XXII, 37.) Voilà ce qu'on apprend dans la maison de la science; aimer Dieu, aimer le prochain; Dieu comme Dieu; le prochain comme toi-même. Car tu ne trouves pas un être semblable à Dieu, pour qu'on puisse te dire : « Aime Dieu comme cet être. » On a trouvé une règle pour le prochain, parce que tu es toi-même la mesure de comparaison. Tu demandes comment il faut aimer le prochain ? Considère-toi, et la mesure de ton affection pour toi-même sera celle de ton affection pour le prochain. Je veux donc te confier ton prochain, pour que tu l'aimes comme toi-même; je le veux, mais je crains. Je veux te dire : Aimes ton prochain comme toi-même, et je crains; je veux encore examiner comment tu t'aimes toi-même; n'en sois pas contrarié; cette affaire ne doit pas être abandonnée à ta discrétion, puisqu'il s'agit du prochain qui t'est confié. Cette affaire a donc son importance pour n'être pas traitée légèrement. Tu es seul, et tes prochains sont nombreux. D'abord, comprends-le bien, ton prochain n'est pas seulement ton frère, ton parent, ton allié. Tout homme a pour prochain tous les hommes. On se regarde comme proche, entre père et fils, entre gendre et beau-père.

Mais rien n'est si proche qu'un homme et un homme. Si vous regardez comme proches ceux qui naissent des mêmes parents, considérons Adam et Eve, et dès lors nous sommes tous frères. Si nous sommes frères comme hommes, combien plus comme chrétiens ? Comme homme, il n'y a qu'un seul père, Adam; une seule mère, Eve; comme chrétien, il n'y a qu'un seul père qui est Dieu, et une seule mère, qui est l'Eglise.

CHAPITRE IV. — 4. Voyez combien il y a de prochains pour un seul homme. Tous les hommes qu'il rencontrera, qu'il entretiendra, sont ses prochains. Comment faut-il donc examiner cet homme, pour savoir s'il s'aime lui-même, avant de lui confier tant de prochains qu'il doit aimer comme lui-même ? Que personne ne se fâche donc, si j'examine avec lui comment il s'aime. Certes, j'examine; que chacun se reconnaisse. Pourquoi cet examen ? Est-ce pour me rendre compte ? J'examine; mais que chacun s'interroge, que chacun se présente à soi-même ; qu'on ne se cache pas, qu'on ne se dérobe pas à soi-même, qu'on se regarde en face, et qu'on ne se cache pas à soi-même. Je parle, qu'on fasse cet examen; j'ignore tout, qu'on fasse cet examen. Comment t'aimes-tu ? Toi qui m'écoutes, ou plutôt, qui écoutes Dieu par ma bouche, dans cette maison de la sagesse, consi-

mans et brevians? « Diliges Dominum Deum tuum ex toto corde tuo, et ex tota anima tua, et ex tota mente tua; et diliges proximum tuum sicut te ipsum. In his duobus præceptis tota Lex pendet et Prophetæ. » (*Matth.*, XXII, 37.) Ecce quod discitur in domo disciplinæ : Diligere Deum, diligere proximum : Deum tanquam Deum, proximum tanquam te. Non enim invenis parem Deo, ut possit tibi dici : Dilige Deum sicut diligis illum. De proximo inventa est tibi regula, quia inventus es proximo tuo par tu ipse. Quæris quomodo diligas proximum ? Attende te ipsum; et quomodo te diligis, sic dilige proximum. Non est ubi erres. Volo jam ergo et tibi committere proximum tuum, ut diligas eum tanquam te ipsum : volo, sed adhuc timeo. Volo tibi dicere : Dilige proximum tuum sicut diligis te ipsum; et timeo : adhuc enim discutere volo quomodo diligas te ipsum. Noli ergo ægre ferre. Non es tu ipse facile dimittendus, cui est proximus committendus : non transitorie tecum agendum est. Tu unus homo es, proximi tui multi sunt. Non enim primo sic debes intelligere proximum, vel fratrem, vel cognatum, vel affinem. Proximus enim est omni homini omnis homo. Proxi-

mi sibi dicuntur pater et filius, socer et gener. Nihil tam proximum, quam homo et homo. Sed si putamus non esse proximos, nisi qui de iisdem parentibus nascuntur : Adam et Evam attendamus; et omnes fratres sumus. Et quidem fratres secundum quod homines sumus, quanto magis secundum quod Christiani sumus ? Ad id quod homo es, unus pater fuit Adam, una mater Eva : ad id quod Christianus es, unus pater est Deus, una mater Ecclesia.

CAPUT IV. — 4. Videte ergo quantos proximos habeat unus homo. Omnes homines in quos incurrerit, quibus jungi potuerit, proximi ejus sunt. Quomodo ergo discutiendus est utrum diligat se, cui committendi sunt tot proximi, ut sic eos diligat tanquam se ? Non ergo irascatur unusquisque, si discutio quomodo se diligat. Certe ego discutio, ipse se inveniat. Ut quid enim discutio ? quia ego inventurus sum ? Ideo discutio, ut ipse se interroget, ipse sibi appareat, ipse se non lateat, ipse sibi se non abscondat, ipse sibi se ante oculos suos, non post dorsum ponat. Me loquente faciat hoc, me nesciente faciat hoc. Quomodo te diligis ? Quisquis me audis, imo quisquis Deum per me audis, in hac domo disciplinæ, attende

dère-toi et vois comment tu t'aimes. Il n'est pas douteux que si je te demande si tu t'aimes, tu me réponds que tu t'aimes. Quel est l'homme qui se hait? Tu me diras donc : Quel est l'homme qui se hait? Donc tu n'aimes pas l'iniquité, si tu t'aimes. Car si tu aimes l'iniquité, je te dirai, ou plutôt écoute le Psaume : « Celui qui aime l'iniquité, hait son âme. » (*Ps.* x, 6.) Donc si tu aimes l'iniquité, écoute la vérité, la vérité qui ne veut pas te dévoiler, mais qui te dit ouvertement : Tu te hais. Plus tu dis que tu t'aimes, plus tu te hais : « Car celui qui aime l'iniquité hait son âme. » Que dirai-je du corps, qui est la partie la plus vile de l'homme? S'il hait son âme, comment pourrait-il aimer son corps? Enfin, ceux qui aiment l'iniquité et qui haïssent leur âme, traitent leur corps avec ignominie. Donc, puisque tu aimes l'iniquité, comment voulais-tu avoir en garde ton prochain, pour l'aimer comme tu t'aimes toi-même? O homme, pourquoi te perds-tu? Car si tu t'aimes pour te perdre, il est certain que tu perdras aussi celui que tu aimes comme toi-même. J'aime donc mieux que tu n'aimes personne; péris tout seul. Ou corrige ta manière d'aimer, ou renonce à toute société.

CHAPITRE V. — 5. Tu me diras : J'aime mon prochain comme moi-même. J'entends bien, oui, j'entends. Tu veux t'enivrer avec celui que tu aimes comme toi-même. Traitons-nous bien aujourd'hui, et buvons sans ménagement. Voilà comment tu t'aimes, et comment tu entraînes ton frère avec toi, en l'appelant à partager ce que tu aimes. Celui que tu aimes comme toi-même, il faut que tu l'entraînes à tout ce que tu aimes pour toi-même. Homme dégradé, homme semblable à l'animal, aimant comme les animaux. Dieu a fait les animaux penchés vers la terre, pour chercher leur nourriture sur la terre; pour toi il t'a posé sur la terre en te dressant sur tes deux pieds; il a voulu que tu regardes le ciel. Que ton cœur ne soit pas en désaccord avec ton visage. Si tes yeux regardent le ciel, que ton cœur ne s'abaisse pas vers la terre. Ecoute la vérité, pratique la vérité, élève ton cœur : garde-toi de mentir dans la maison de la sagesse. Quand tu écoutes, réponds, mais que la vérité soit dans ta réponse. Aime-toi de cette manière, et tu aimeras ton prochain comme toi-même. Qu'est-ce qu'élever son cœur en haut, si ce n'est accomplir ce précepte : « Tu aimeras le Seigneur ton Dieu de tout ton cœur, de toute ton âme et de tout ton esprit? » (*Matth.*, XXII, 37.) Il y a deux préceptes, un seul ne suffirait-il pas? Oui, un seul suffit, du moment qu'on l'entend bien. Car l'Ecriture se borne là quelquefois, comme l'apôtre saint Paul, qui dit : « Vous ne commettrez point d'adultère, vous ne

te, quomodo te diligis. Profecto enim si te interrogem utrum diligas te, respondes quia diligis. Quis enim se odit? Hoc dicturus es : Quis enim se odit? Ergo non diligis iniquitatem, si te diligis. Nam si diligis iniquitatem, non ego dico : Psalmum audi : « Qui diligit iniquitatem, odit animam suam. » (*Psal.* x, 6.) Ergo si diligis iniquitatem, audi veritatem, veritatem non te palpantem, sed aperte tibi dicentem : Odis te. Quanto magis dicis, quia amas te, odis te. « Qui enim diligit iniquitatem, odit animam suam. » Quid dicam de carne, quæ pars vilior est hominis? Si animam odit, carnem quomodo diligit? Denique qui amant iniquitatem, et oderunt animam suam, omnem turpitudinem exercent de carne sua. Jam ergo qui diligis iniquitatem, quomodo tibi volebas committi proximum, ut diligeres eum tanquam te? Homo, quid perdis te? Si enim tu ipse sic te diligis ut perdas te; sic profecto perditurus es et eum quem diligis sicut te. Nolo ergo quemquam diligas : vel solus peri. Aut corrige dilectionem, aut respue societatem.

CAPUT V. — 5. Dicturus mihi es : Diligo proximum tanquam me ipsum. Audio plane, audio. Inebriari vis cum illo, quem diligis tanquam te ipsum. Bene nobis faciamus hodie, quantum possumus bibamus. Vide quia sic te diligis, et illum ad te trahis, et ad quod amas vocas. Necesse est ut quem diligis tanquam te ipsum, illuc trahas ad quod et tu te amas. Humanus homo, imo belluinus, amando talia qualia belluæ. Bellu as enim Deus prostratas in faciem fecit, pastum quærentes de terra : te in duos pedes erexit de terra. Tuam faciem sursum attendere voluit. Non discordet cor tuum a facie tua. Non habeas faciem sursum, et cor deorsum : imo verum audi et verum fac : Sursum cor : ne mentiaris in domo disciplinæ. Quando enim audis, responde : sed sit verum quod respondes. Sic te dilige, et diliges proximum tanquam te ipsum. Quid est enim sursum habere cor, nisi quod dictum est prius : « Diliges Dominum Deum tuum ex toto corde tuo, et ex tota anima tua, et ex tota mente tua? » (*Matth.*, XXII, 37.) Quia ergo duo præcepta sunt, si unum diceret, non sufficeret? Sufficit et unum, si intelligatur. Nam aliquando sic loquitur Scriptura, sicut Paulus apostolus : « Non adulterabis, non homicidium facies, non concupisces : et si quod est aliud mandatum, in hoc sermone reca-

tuerez point, vous ne déroberez point, et s'il est quelque autre commandement semblable, tout est compris dans cette parole : Vous aimerez votre prochain comme vous-même. L'amour qu'on a pour le prochain ne souffre point qu'on lui fasse de mal. La charité est donc la plénitude de la loi. » (*Rom.*, XIII, 9.) Qu'est-ce que la charité ? c'est l'amour. L'Apôtre ne paraît rien dire de l'amour de Dieu, assurant que l'amour du prochain suffit pour accomplir la loi. Tout autre commandement est renfermé dans cette parole, est contenu dans cette parole. Laquelle ? « Vous aimerez votre prochain comme vous-même. » (*Matth.*, XXII, 39.) Il n'y a donc qu'un précepte. Et pourtant il y en a deux qui renferment toute la loi et les prophètes.

Chapitre VI. — Voyez comment on les a abrégés, sans que notre paresse ait diminué. Il y en avait deux, et il n'y en a plus qu'un seul. En effet, aimez votre prochain, et cela suffit. Mais aimez-le comme vous vous aimez vous-même, et non pas comme vous vous haïssez. Aimez votre prochain comme vous-même. Mais avant tout aimez-vous vous-même.

6. Vous voulez savoir comment il faut vous aimer vous-même, et on vous répond : « Vous aimerez le Seigneur votre Dieu de tout votre cœur, de toute votre âme et de tout votre esprit. » L'homme n'ayant pas pu se faire lui-même, ne peut pas se rendre heureux lui-même.

L'homme, pour exister, a une autre cause que lui-même. Pour être heureux, il doit avoir une autre cause que lui-même. Enfin l'homme, dans ses égarements, voit qu'il ne peut pas être heureux par lui-même, et il cherche autre chose qui lui donne le bonheur. Là où il croit le trouver, il y porte ses affections. Qu'aimera-t-il donc, selon nous, pour pouvoir se rendre heureux ? Il aimera les trésors, l'or, l'argent, les domaines ; je dis tout en un mot, l'argent. Car tout ce que possèdent les hommes sur la terre, tout ce qui leur appartient s'appelle l'argent. Que ce soit un esclave, un vase, un champ, un arbre, un troupeau, tout cela, c'est l'argent. Et pourquoi l'argent s'est-il appelé d'abord *pecunia* (pécune) ? parce que les biens des anciens consistaient surtout en troupeaux (*pecus*) ; argent (*pecunia*) vient donc de troupeau (*pecus*). Nous lisons que les anciens patriarches possédaient de nombreux troupeaux. Donc, ô homme, tu aimes l'argent ; tu penses que c'est l'argent qui te rendra heureux, et tu l'aimes avec passion. Or, puisque tu voulais aimer ton prochain comme toi-même, partage avec lui ton argent. Je voulais te connaître ; te voilà ; tu as paru en ta présence, tu t'es vu, tu t'es considéré. Tu n'es pas disposé à partager ton argent avec ton prochain. Mais quelle charitable réponse me fera ton avarice ? Que me répondra-t-elle ? Si je partage avec lui, j'en aurai moins, et lui aussi ; mon bien sera

---

pitulatur : Diliges proximum tuum tanquam te ipsum. Dilectio proximi malum non operator. Plenitudo autem legis est caritas. » (*Rom.*, XIII, 9, etc.) Quid est caritas ? Dilectio. Nihil videtur dixisse de dilectione Dei, sed solam proximi dilectionem dixit sufficere ad implendam legem. Quidquid est aliud mandatum, in hoc sermone recapitulatur, in hoc sermone impletur. In quo ? « Diliges proximum tuum tanquam te ipsum. » (*Matth.*, XXII, 39.) Ecce unum est. Certe duo præcepta sunt, in quibus tota Lex pendet et Prophetæ.

Caput VI. — Videte quomodo plus breviatum est, et adhuc pigri sumus. Ecce quæ duo erant, unum factum est. Prorsus proximum dilige, et sufficit. Sed dilige quomodo te ipsum diligis, non quomodo te ipsum odisti. Dilige proximum tuum tanquam te ipsum : sed prius est ut diligas te ipsum.

6. Quærere habes quomodo diligas te ipsum : et audire habes : « Diliges Dominum Deum tuum ex toto corde tuo, et ex tota anima tua, et ex tota mente tua : » Homo enim quomodo a se fieri non potuit, sic nec beatus fieri a se potest. Alia res eum fecit hominem, quod non est ipse homo : alia res eum factura est beatum, quod non est ipse homo. Denique errans videt ipse, quia per se non potest beatus esse, et amat aliud unde sit beatus. Unde se fieri putat beatum, hoc amat. Quid, putamus, amat, unde putat se fieri beatum ? Pecuniam, aurum, argentum, possessiones : breviter dico, pecuniam. Totum enim quidquid homines possident in terra, omnia quorum domini sunt, pecunia vocatur. Servus sit, vas, ager, arbor, pecus ; quidquid horum est, pecunia dicitur. Et unde est primum vocata pecunia ? Ideo pecunia quia antiqui totum quod habebant, in pecoribus habebant. A pecore pecunia vocatur. Legimus antiquos patres fuisse divites pastores. Ergo pecuniam diligis, o homo : unde putas te fieri beatum, pecunia est, et multum eam diligis. Volebas diligere proximum tanquam te ipsum, divide cum illo pecuniam tuam. Quid esses discutiebam. Inventus es : apparuisti tibi, vidisti te, considerasti te. Non es paratus dividere cum proximo pecuniam tuam. Sed quid mihi respon-

diminué, sans que l'autre ait la totalité, pas plus que moi. Mais puisque je l'aime comme moi-même, je lui en souhaite autant qu'à moi, afin que je ne perde rien, et qu'il ait le même bien que moi.

Chapitre VII. — 7. Tu souhaites, pourvu que tu ne perdes rien ; puisse ta parole, puisse ton souhait être sincère ; car je crains que l'envie ne soit dans ton cœur. Comment désires-tu ton bonheur aux autres, toi que tourmente le bonheur d'autrui? Quand ton voisin commence à s'enrichir, qu'il commence à s'élever, à marcher après toi, ne crains-tu pas qu'il te suive, qu'il te dépasse? Mais non, tu aimes ton prochain comme toi-même. Car, je ne veux pas parler des envieux. Que Dieu éloigne cette peste du cœur de tous les hommes, et surtout des chrétiens. C'est le vice du démon, dont il est seul coupable, et coupable sans rémission. Car on ne dit pas au démon pour le damner : Tu as commis un adultère, tu as dérobé, tu as usurpé la maison d'autrui ; mais, après ta chute, tu as porté envie à l'homme qui était debout. L'envie est donc le vice du démon; mais elle a son père, et le père de l'envie, c'est l'orgueil. L'orgueil engendre les envieux. Il faut étouffer le père, pour faire disparaître la fille. C'est pourquoi le Christ nous a enseigné l'humilité. Je ne parle donc pas à des envieux, mais je parle à des hommes dont le cœur est bienveillant. Je parle à ceux qui souhaitent du bien à leurs amis, en leur désirant autant de bien qu'à eux-mêmes. Ils souhaitent du bien aux pauvres, désirant qu'ils en aient autant qu'eux. Mais ils ne veulent rien leur donner de ce qu'ils possèdent. C'est donc ainsi, ô chrétien, que tu te vantes de souhaiter du bien? Le mendiant vaut mieux que toi, car il t'en souhaite plus qu'il n'en a. Tu veux souhaiter du bien, et tu ne donnes rien. Donne quelque chose à celui qui te souhaite du bien. Le pauvre te bénit, pourquoi trembles-tu? Mais je veux ajouter quelque chose, puisque tu es dans la maison de l'enseignement; je veux ajouter quelque chose à tout ce que j'ai dit ; donne au pauvre qui te bénit, c'est le Christ. Oui, c'est lui qui te demande, et qui t'a tout donné. Rougis donc. Lui qui était riche, il a voulu être pauvre, pour que tu donnes aux pauvres. Donne quelque chose à ton frère, donne quelque chose à ton prochain, donne quelque chose à ton compagnon de voyage. Tu es riche, il est pauvre. Cette vie est un voyage, et vous voyagez ensemble.

Chapitre VIII. — 8. Tu diras peut-être : Mais je suis riche, et il est pauvre. Voyagez-vous ensemble, oui ou non? Que signifie cette parole, je suis riche, il est pauvre, sinon : je suis chargé, et il ne porte rien? Je suis riche, il est pauvre. Tu parles de ton fardeau, et tu te glorifies de sa pesanteur. Et ce qui est encore plus

---

det benigna avaritia? quid mihi respondet? Si diviserò cum illo, minus erit et mihi et illi : minuetur quod amo, nec totum habebit ille, nec totum habebo ego. Sed quia diligo eum tanquam me ipsum, opto illi ut tantum habeat : ut nec meum minuatur, et ipse mihi coæquetur.

Caput VII. — 7. Optas unde nihil perdas : atque utinam hoc verum dicas, vel optes. Timeo enim ne invideas. Quomodo enim socialis erit felicitas tua, quam torquet felicitas aliena. Nonne cum cœperit ditescere vicinus tuus, et incipere quasi surgere, et ire post te, times ne sequatur te, times ne transeat te? Certe diligis proximum tanquam te ipsum. Sed non loquor de invidis. Avertat enim Deus hanc pestem ab animis omnium hominum, nedum Christianorum: vitium diabolicum, quo solus diabolus reus est, et inexpiabiliter reus. Non enim dicitur diabolo ut damnetur: Adulterium commisisti, furtum fecisti, villam alienam rapuisti : sed : Homini stanti lapsus invidisti. Invidentia diabolicum vitium est : sed habet matrem suam. Superbia vocatur mater invidentiæ. Superbia invidos facit. Suffoca matrem, et non erit filia. Ideo humilitatem docuit Christus. Non ergo loquor invidis, bene optantibus loquor. Illis loquor qui optant bene amicis, ut habeant tantum quantum habent et ipsi. Optant bene egentibus, ut habeant quantum et ipsi : sed nolunt illis dare ex eo quod habent. Inde te jactas homo Christiane, quia optas bene? Melior te est mendicus, qui plura tibi optat, et nihil habet. Bene vis optare nihil a te accipienti : da aliquid bene optanti. Si bonum est bene optare, redde mercedem. Optat tibi bene pauper, quid trepidas? Addo aliquid : In domo disciplinæ es. Addo aliquid his quæ dixi : Da bene optanti, Christus est. Ipse a te petit qui tibi dedit. Erubesce. Ille dives pauper esse voluit, ut haberes pauperes quibus dares. Da aliquid fratri tuo, da aliquid proximo tuo, da aliquid comiti tuo. Tu dives es, ille pauper est. Vita ista via est, simul ambulatis.

Caput VIII. — 8. Sed forte dicis : Ego dives, ille pauper est. Simul ambulatis, an non? Quid est quod dicis : Ego dives, ille pauper ; nisi ego oneratus, ille

embarrassant, tu as lié ton fardeau à ta personne, et ta main ne peut s'étendre. Tu es chargé, tu es lié, et tu te vantes. Pourquoi te vantes-tu? Ote tes liens, diminue ton fardeau; donne à ton compagnon, et en l'aidant, tu t'allègeras. Tu fais grand bruit d'ostentation sous ton fardeau, et voilà que le Christ te demande, et il ne reçoit rien, et tu voiles ton refus cruel sous un prétexte de piété, en disant : Et qu'auront mes enfants? Je lui présente le Christ, et il m'oppose ses enfants. Voilà une grande justice, de donner le luxe à ton fils, et de laisser dans l'indigence ton Seigneur? « Car ce que vous avez fait pour l'un de mes petits frères, vous l'avez fait pour moi. » (*Matth.*, XXV, 40.) N'avez-vous pas lu, n'avez-vous pas compris? « Ce que vous n'avez pas fait pour l'un de mes petits frères, vous ne l'avez pas fait pour moi-même. » N'avez-vous pas lu, n'avez-vous pas tremblé? Voici quelqu'un qui manque de tout, et vous comptez vos enfants? Enfin, si vous comptez vos enfants, ajoutez-en un de plus, votre Seigneur; vous avez un enfant, qu'il soit le second; vous en avez deux, qu'il soit le troisième; vous en avez trois, qu'il soit le quatrième. Mais vous ne voulez rien entendre. Voilà comment vous aimez votre prochain, que vous faites votre compagnon pour le perdre.

9. Quoi! tu dis que tu aimes ton prochain? Que pourras-tu murmurer à son oreille, homme avare, si ce n'est peut-être ces mots : Mon fils, ou mon frère, ou mon père, notre bonheur, c'est de vivre ici-bas et d'être heureux ; plus tu auras, plus tu seras grand ; tente l'impossible et fais fortune. Voilà ce que tu diras à ton prochain, et ce n'est pas ce que tu as appris dans la maison de la sagesse, ce n'est pas ce qu'on t'a dit ici.

CHAPITRE IX. — Je ne veux pas que tu aimes ainsi ton prochain. Oh ! si je pouvais t'empêcher de parler à personne ! « Car les mauvais discours corrompent les bonnes mœurs. » (I *Cor.*, XV, 33.) Mais je ne puis pas t'empêcher de parler à d'autres, pour leur glisser ces mauvaises doctrines que tu ne veux pas désapprendre ; et non-seulement tu ne veux pas les désapprendre, mais tu affectes de les enseigner. Je ne veux, ou plutôt je veux, sans le pouvoir, te séparer de la conversation des autres. J'avertirai les autres, dont tu veux te faire écouter, dont tu captives l'attention, pour arriver par l'oreille jusque dans leurs cœurs. O vous qui recevez ici, dans la maison de la sagesse, une parole pleine de vie : « Entourez vos oreilles d'une haie d'épines. Les mauvais discours corrompent les bonnes mœurs. Entourez vos oreilles d'une haie d'épines. » (*Eccli.*, XXVIII, 28.) Entourez, et entourez d'épines, afin de repousser celui qui aurait la hardiesse de vouloir entrer, et même de le blesser par de vives piqûres. Repoussez-le loin de vous. Dites : vous êtes chrétien, je suis chré-

---

levis? Ego dives, ille pauper. Sarcinam tuam commemoras, pondus tuum laudas. Et quod gravius est, constrinxisti ad te sarcinam tuam : ideo non potes porrigere manum. Onerate, ligate, quid te jactas? quid te laudas? Solve vincula tua, minue de sarcina tua. Da comiti, et illum adjuvas, et te relevas. Inter has voces tuas laudantes sarcinam tuam, adhuc Christus petit, et non accipit : et obtendis nomen pietatis crudelibus vocibus, et dicis : Et quid servo filiis meis? Christum illi oppono, filios suos mihi reponit. Ista vero magna justitia, ut habeat unde luxurietur filius tuus, egeat Dominus tuus? « Cum enim uni ex minimis meis fecistis, mihi fecistis. » (*Matth.*, XXV, 40.) Non legisti, non advertisti? « Cum uni ex minimis meis non fecistis, nec mihi fecistis. » Non legisti, non timuisti? Ecce quis eget, et filios tuos numeras? Postremo numera filios tuos, adde unum inter illos, Dominum tuum. Unum habes, sit ille secundus :duos habes, sit ille tertius : tres habes, sit ille quartus : nihil horum vis. Ecce quomodo diligis proximum tuum, quem tibi facias socium ad istam perditionem.

9. Quid tibi dicturus sum : Diligis proximum tuum? Quid illi in aures insusurrabis, homo avare, nisi : Fili : aut frater, aut pater, bonum est nobis, ut cum hic vivimus, bene sit nobis? Quantum habebis, tantus eris. Frange lunam, et fac fortunam. Ista susurrabis proximo tuo, quæ non didicisti in domo disciplinæ, nec audisti hic.

CAPUT IX. — Nolo sic diligas proximum tuum. O si possem facere, ut nulli jungereris ! « Corrumpunt enim mores bonos colloquia mala. » (I *Cor.*, XV, 33.) Sed non possum facere ut nemini jungaris, cui mala ista quæ non vis dediscere insusurres : et non solum nolis dedoceri, sed affectes etiam docere. Nolo, imo volo, sed non possum, disjungere te ab auribus aliorum. Alios admoneam, ad quorum aures ambis, quorum aures penetrare moliris, ad quorum corda per aures intrare disponis. O qui accipis verbum sanum in domo disciplinæ : « Sepi aures tuas spinis. Corrumpunt bonos mores colloquia mala. Sepi aures tuas spinis. » (*Eccli.*, XXVIII, 28.) Sepi, et spinis sepi : ut ille qui importune intrare ausus fue-

tien ; ce n'est pas la doctrine qu'on nous enseigne dans cette maison de l'instruction ; ce n'est pas l'avarice qu'on nous prêche dans cette école, dont l'entrée est gratuite ; ce ne sont pas là les paroles du maître dont la chaire est au ciel. Cessez ce langage, ou cessez de m'approcher. C'est ainsi qu'on entend cette parole : « Entourez votre oreille d'une haie d'épines. »

10. Je veux parler à l'avare. Tu es avare, tu aimes l'argent, tu veux être heureux? Aime ton Dieu. L'argent ne te rend pas heureux, tu le fais briller, mais il ne rend pas heureux. Mais puisque tu aimes beaucoup l'argent, et comme je m'aperçois que tu vas où t'entraîne ta cupidité ; ne sois pas paresseux et marche où t'appelle la charité; regarde et vois l'immense différence entre ton argent et ton Dieu. Ce soleil qui nous éclaire est plus beau que ton argent, et cependant ce soleil n'est pas ton Dieu. Or, si cette lumière est plus belle que ton argent, combien est plus beau le Créateur de la lumière? Tu voudrais peut-être comparer ton argent à la lumière? Voici le soleil qui se couche, montre-moi ton argent. Il brille, voyons-le sans lumière pendant la nuit ; car tu es riche, montre-moi tes richesses. Mais si la lumière manque, mais si tu n'as aucun moyen de voir ce que tu possèdes, où sont tes richesses ?

CHAPITRE X. — C'est ainsi que l'effrayant abîme de l'avarice échappe aux yeux, tandis qu'il est creusé dans les cœurs. Nous avons vu aussi des aveugles qui sont avares ; qu'on me dise pourquoi sont avares des aveugles qui ne voient rien ? Ce qu'il a, il ne l'a pas, et cependant l'aveugle est avare. Pourquoi ? parce qu'il croit avoir, il est avare. C'est la foi qui fait la richesse ; il est riche parce qu'il croit, et non parce qu'il voit. Qu'il ferait mieux de tourner sa foi du côté de Dieu ! Tu ne vois pas ce que tu possèdes ; il en est ainsi du Dieu que je te prêche. Tu ne le vois pas encore ; aime-le, et tu le verras. Tu aimes l'argent, ô aveugle, et tu ne le verras jamais. Tu possèdes sans voir ; tu mourras sans avoir vu, et tu laisseras ici tout ce que tu possèdes. Tu ne jouissais pas, pendant ta vie, parce que tu ne voyais pas tes richesses.

11. Que dit-on au sujet de Dieu? Voici ce que dit la sagesse elle-même : « Aime-le comme l'argent. » (*Prov.*, II, 4.) Il serait indigne, il serait injurieux de comparer la sagesse à l'argent, mais ici on compare l'amour à l'amour. Je vois qu'ici-bas vous aimez tellement l'argent que, sous l'impulsion de cet amour, vous supportez les fatigues et la faim, vous passez la mer, et vous vous exposez aux vents et aux tempêtes. J'aurais bien autre chose à proposer

---

rit, non solum repellatur, sed etiam compungatur. Repelle illum a te. Dic, Christianus es, Christianus sum : non hoc accepimus in domo disciplinæ, non hoc didicimus in illa schola, quam gratis intravimus; non hoc didicimus sub illo magistro, cujus cathedra in cœlo est. Noli mihi ista dicere, aut noli ad me accedere. Hoc est enim : « Sepi aures tuas spinis. »

10. Convertam me ad illum. Avarus est, pecuniam amas : beatus esse vis? Deum tuum ama. Pecunia te non facit beatum : tu eam facis ornatam, non illa te beatum. Sed quia multum amas pecuniam, et video quia pergis quo jusserit cupiditas : piger perge quo jubet caritas : respice, et vide quantum intersit inter pecuniam tuam et Deum tuum. Pulchrior est iste sol quam pecunia tua, et tamen sol iste non est Deus tuus. Porro si pulchrior est lux ista quam pecunia tua, quantum est pulchrior qui fecit hanc lucem? An forte comparare vis pecuniam tuam luci? Ecce occidit sol : ostende mihi pecuniam tuam. Nitet, et nocte subtraho lucernam, ecce dives es, ostende mihi divitias tuas. Jam si lumine priveris, jam si non habeas unde quod habes videas, ubi sunt divitiæ tuæ?

CAPUT X. — Et sic tamen horrenda profunditas avaritiæ non patet (*a*) oculis, et scatet animis. Vidimus et cæcos avaros : dicatur mihi, unde avari sunt cæci qui non vident. Quod habet nec habet, et tamen avarus est cæcus. Quare? Quia credit se habere, avarus est. Fides eum facit divitem : credendo dives est, non videndo. Quanto melius fidem convertit ad Deum ! Non vides quod possides, et Deum tibi sic prædico. Nondum vides : ama, et videbis. Amas pecuniam, o cæce, quam nunquam videbis. Cæcus possides, cæcus moriturus es, quod possides hic relicturus es. Non fruebas et quando vivebas : (*b*) quia non videbas quod habebas.

11. De Deo quid tibi dicitur? Ecce hoc tibi dicit ipsa Sapientia : Ama illum « tanquam pecuniam. » (*Prov.*, II, 4.) Indignum est, injuriosum est, ut sapientia pecuniæ comparetur : sed amor amori comparatur. Video enim hic vos sic amare pecuniam, ut jubente amore pecuniæ labores suscipiatis, jejunia toleretis, mare transeatis, ventis et fluctibus vos

---

(*a*) Mss. *non patet oculis, et scatet animus.* — (*b*) Hic editis addunt, *quanto magis perdis : quod abest a Mss.*

à votre amour ; mais je ne vois pas ce que je pourrais ajouter à cet amour qui vous pousse. Aimez-moi autant, dit le Seigneur, je ne veux pas être aimé davantage. Je parle aux méchants, je parle aux avares ; vous aimez l'argent, aimez-moi comme vous aimez l'argent. Certes, je vaux infiniment mieux ; mais je n'exige pas de vous un plus grand amour. Aimez-moi, comme vous aimez l'argent. Rougissons du moins, confessons notre folie, et frappons notre poitrine, non pour enfoncer davantage nos péchés dans notre cœur ; car celui qui frappe sa poitrine sans se corriger, s'affermit dans le péché, au lieu de s'en affranchir. Frappons notre poitrine, brisons-nous et corrigeons-nous par nous-mêmes, pour que le Maître ne nous châtie pas plus tard. Nous avons dit ce qu'on apprend ici ; maintenant pourquoi apprend-on ?

Chapitre XI. — 12. Pourquoi avez-vous fréquenté l'école, et contre votre gré ? Vos parents vous y conduisent, vous fuyez, on vous cherche, on vous y ramène de force, on vous y punit. Pourquoi cette contrainte ? pourquoi tant de peines aux beaux jours de votre enfance ? Pour vous instruire. Qu'appreniez-vous ? les lettres. Pourquoi ? pour vous conduire à la richesse, ou aux honneurs, ou aux dignités. Voyez que vous, être d'un jour, pour une vanité qui va vous échapper, vous apprenez une vaine science avec une peine infinie, et au milieu d'un supplice continuel ; et celui qui vous condamnait à ce supplice vous aimait tendrement ; oui, c'est celui qui aimait qui vous faisait ainsi souffrir. Le fouet n'était qu'une invention de son amour pour vous. C'était pour vous faire apprendre ; quoi ? les lettres. Les lettres sont donc une bonne chose ? très-bonne. Je vois, me direz-vous, pourquoi vous autres, évêques, vous vous êtes instruits dans les lettres ; pourquoi maintenant vous mêlez les divines Ecritures à la littérature. C'est vrai ; mais ce n'est pas pour cela que nous avons appris les lettres. Car nos parents, quand ils nous envoyaient à l'école, ne nous disaient pas : Apprenez les lettres, pour que vous puissiez lire les livres saints. Et les chrétiens eux-mêmes ne disent pas cela à leurs enfants. Que disent-ils donc ? Apprenez les lettres. Pourquoi ? pour devenir un homme. Quoi donc, suis-je un animal ? Quand je dis pour devenir un homme, cela veut dire pour être plus que les autres hommes. Tant vous aurez, tant vous serez, dit le proverbe. Pour avoir autant que les autres, ou autant qu'un petit nombre ou pour avoir plus que les autres, ou plus que le petit nombre, le moyen c'est d'avoir les honneurs, c'est d'avoir les dignités. Et que deviendront toutes ces vanités, quand la mort viendra ? Quel mot terrible ! pourquoi cette crainte vous trouble-t-elle ? Pourquoi ce mot que je viens de rappeler frappe-t-il vos cœurs ? Vos gémissements

committatis. Habeo unde eligam quod ametis, sed non habeo quod addam ad amorem quo amatis. Sic me amate, plus nolo me amari, ait Deus. Improbis loquor, avaris loquor : Pecuniam diligitis, tantum me diligite. Certe melior sum incomparabiliter : nolo a vobis ampliorem amorem : quantum diligitis pecuniam, tantum me amate. Erubescamus saltem, confiteamur, et pectora tundamus, non ut super peccata nostra pavimentum solidemus. Nam qui tundit pectus et non corrigitur, solidat peccata, non tollit. Tundamus pectus, et cædamus nos, et corrigamur a nobis, ne ille postea nos cædat, qui magister est. Diximus enim quid hic discatur : jam quare discatur.

Caput XI. — 12. Quare ivisti in scholam, quare vapulasti, et a parentibus ductus, et fugitans quæsitus, et inventus attractus es, et adductus extensus es? Quare vapulasti? Quare tanta mala in pueritia pertulisti? Ut disceres. Quid disceres. Litteras. Quare? Ut haberetur pecunia, aut ut compararetur honor, et teneretur sublimitas dignitatis. Vide quia periturus, propter perituram rem, perituram rem cum tanto labore didicisti in tantis pœnis, et amabat te qui te ad pœnas trahebat : ipse qui te amabat, ipse te ad pœnas trahebat ; ut vapulares, amando faciebat ; ut disceres, quid? Litteras. Bonæ sunt litteræ? Bonæ. Novi, dicturus est mihi : Quare et vos Episcopi litteras legistis? Quare nunc divinas Scripturas in ipsa litteratura tractatis? Ita vero : sed non ad hoc didicimus litteras. Non enim parentes nostri, quando nos in scholam mittebant, hoc nobis dicebant : Discite litteras, ut habeatis unde legere (*suppl.* possitis) codices dominicos. Nec ipsi Christiani filiis suis hoc dicunt. Sed quid? Discite litteras. Quare? Ut sis homo. Quid enim? Modo pecus sum? Quod dico, ut sis homo, hoc est, ut sis eminens inter homines. Unde et illud proverbium : Quantum habebis, tantus eris. Ut habeas quantum cæteri, aut quantum pauci ; aut plus quam cæteri, aut plus quam pauci : habeas inde honorem, habeas inde dignitatem. Et ubi erunt ista omnia, cum mors venerit? Quomodo stimulat, quomodo metus iste interpellat? Quomodo

CHAPITRE XII.

ne témoignent-ils pas de vos alarmes? J'ai entendu, oui, j'ai entendu ; vous avez gémi, vous craignez la mort. Si vous craignez, pourquoi si peu de prévoyance? Vous craignez la mort ; pourquoi la craignez-vous? Elle viendra ; que je la craigne ou que je ne la craigne pas, elle doit venir ; tôt ou tard elle viendra ; si vous craignez, votre crainte ne l'empêchera point de venir.

Chapitre XII. — 13. Craignez plutôt ce que vous pouvez empêcher ; quoi ? le péché. Craignez le péché ; car si vous l'aimez, vous tomberez dans un genre de mort, que vous pourriez l'éviter, en évitant le péché. Si vous êtes pervers, vous aimez plus la mort que la vie. Jamais, dites-vous ; quel est l'homme qui aime plus la mort que la vie? Il est très-facile de vous convaincre que vous aimez la mort plus que la vie, et voici mes raisons : Vous aimez votre tunique, et vous voulez qu'elle soit bonne ; vous aimez votre maison de campagne, et vous la voulez en bon état ; vous aimez votre fils, et vous vous voulez qu'il soit bon ; vous aimez votre ami, pourvu qu'il soit bon ; vous aimez votre famille, et vous la voulez bonne ; la mort même, ne désirez-vous pas qu'elle soit bonne pour vous? Car tous les jours vous demandez à Dieu, puisqu'il faut la subir, de vous accorder une bonne mort, et vous dites : Que Dieu me préserve d'une mort malheureuse. Je dis donc que vous aimez plus votre mort que votre vie. Vous craignez de mourir mal, et vous ne craignez pas de mal vivre. Corrigez la mauvaise vie, ou craignez de mourir mal. Mais ne craignez pas, on ne peut pas mourir mal, quand on a bien vécu. Je le dis avec confiance, et je le répète sans crainte, « je le dis parce que je le crois. » (*Ps.* cxv, 10.) On ne peut pas mourir mal, quand on a bien vécu. Vous me direz peut-être. Est-ce qu'il n'y a pas bien des justes qui périssent par un naufrage? Oui, sans doute, mais on ne peut pas mourir mal, quand on a bien vécu. Le glaive de l'ennemi n'a-t-il pas moissonné beaucoup de justes? Certainement, mais on ne peut pas mourir mal, quand on a bien vécu. Les brigands n'ont-ils pas assassiné beaucoup de justes? Combien les bêtes féroces n'en ont-elles pas dévoré? Dites donc qu'on ne peut pas mourir mal, quand on a bien vécu. Et moi je vous réponds : Est-ce que cette mort vous paraît malheureuse? Périr dans un naufrage, être frappé par le glaive, déchiré par les bêtes, est-ce là une mort malheureuse? N'est-ce pas ainsi que sont morts les martyrs, dont nous célébrons la fête, comme jour de leur naissance glorieuse? Quels tourments n'ont-ils pas soufferts? Et cependant si nous sommes chrétiens, si nous nous rappelons que nous sommes dans la maison de la sagesse, soit pour écouter, soit pour nous rappeler ce que nous avons entendu, est-ce que nous ne félicitons pas les martyrs, en les appelant bienheureux? Exa-

---

nomen ipsum a me commemoratum omnium corda percussit? Quomodo timorem vestrum teste gemitu declarastis? Audivi, audivi : gemuistis, mortem timetis. Si timetis, quare non cavetis? Mortem timetis : quid timetis? Ventura est : timeam, non timeam, venire habet : sero, cito, ventura est. Si timeas, non efficies ut non sit quod times.

Caput XII. — 13. Illud potius time, quod si nolis, non erit. Quid? peccare. Peccare time, quia si amaveris peccata, in aliam mortem irrues; quo posses non venire, si non amares peccata. Modo autem perversus plus amas mortem quam vitam. Absit, inquis. Quis est hominum qui plus amet mortem quam vitam? Forte convinco te, quia plus amas mortem quam vitam. Ecce unde te convinco. Amas tunicam tuam, bonam eam vis : amas villam tuam, bonam eam vis : amas filium tuum, bonum eum vis : amas amicum tuum, bonum eum vis : amas domum tuam, bonam eam vis. Quid est quod etiam bonam vis habere mortem? Quotidie enim rogas, ut quoniam mors ventura est, bonam mortem tibi Deus det; et dicis, Deus avertat a me malam mortem. Plus ergo amas mortem tuam, quam vitam tuam. Mori male times, male vivere non times. Corrige male vivere, time male mori. Sed noli timere : « Non potest male mori, » qui bene vixerit. Prorsus confirmo, audeo dicere : « Credidi propter quod locutus sum : » (*Psal.* cxv, 10.) Non potest male mori, qui bene vixerit. Jam tu dicis tibi : Non multi justi naufragio perierunt? Certe non potest male mori, qui bene vixerit. Non multos justos gladius peremit hostilis? Certe non potest male mori, qui bene vixerit. Non multos justos latrones occiderunt? Non multos justos bestiæ laniaverunt? Certe non potest male mori, qui bene vixerit. Et ego respondeo : Hæc tibi enim videtur mala mors? naufragio perire, gladio percuti, a bestiis laniari, mors mala tibi videtur? Nonne istas mortes Martyres subierunt, quorum Natalitia celebramus? Quod genus mortis non subierunt? Et tamen si Christiani sumus, si in domo disciplinæ nos esse meminimus, vel cum hic sumus, vel cum hic audimus, si exeuntes hinc non oblivisci-

minez la mort des martyrs, jugez-la avec les yeux de la chair, leur mort a été malheureuse ; jugez-la avec les yeux de la foi : « Elle est précieuse devant le Seigneur, la mort de ses saints. » (*Ps.* cxv, 15.) Tout ce qu'il y a d'horrible dans la mort perdra son horreur, si vous les imitez. Appliquez-vous à avoir une vie bonne, et quelle que soit la cause qui vous fasse quitter la vie, vous savez que vous partez pour le repos, pour le bonheur, et que vous en jouirez sans crainte et sans fin. Le riche paraît faire une bonne mort dans la pourpre et le lin, mais qu'elle est affreuse, lorsqu'il a soif, et qu'au milieu des tourments il désire une goutte d'eau ! Le pauvre paraît mourir misérablement, couché devant la porte du riche, léché par les chiens, et convoitant dans sa faim et sa soif les miettes qui tombaient de la table ; triste mort, affreuse mort. Voyez la fin ; vous êtes chrétien, jugez avec l'œil de la foi : « Ce pauvre vint à mourir, et il fut transporté par les anges dans le sein d'Abraham. » (*Luc.*, xvi, 19.) Que servait au riche un sépulcre de marbre, pendant que la soif le dévorait dans les enfers ? Qu'importait au pauvre d'avoir eu des haillons dégoûtants, pendant qu'il se reposait dans le sein d'Abraham. Le riche le voyait de loin dans sa félicité, et il l'avait méprisé dans sa misère. Choisissez entre l'une et l'autre mort ; dites-moi quelle est la bonne, quelle est la mauvaise ? Je pense que celle du pauvre est plus désirable que celle du riche. Voulez-vous être enseveli dans les aromates et brûler de soif dans les enfers ? Vous répondez : Loin de moi ce malheur. J'interprète ainsi votre pensée. Vous apprendrez donc à bien mourir, si vous apprenez à bien vivre. La récompense d'une bonne vie, c'est l'éternité.

CHAPITRE XIII. — 14. Ceux qui apprennent sont chrétiens ; ceux qui écoutent sans apprendre sont-ils un obstacle pour le semeur ? Rien n'arrête la main du semeur, ni le chemin, ni la pierre, ni les épines ; le semeur jette sa semence. S'il craignait qu'elle ne tombe dans la mauvaise terre, il pourrait manquer la bonne terre. Nous aussi nous parlons, nous jetons la semence, nous la répandons. Il y en a qui méprisent, d'autres qui critiquent, d'autres qui se moquent. Si nous les craignons, nous n'avons rien à semer, par conséquent rien à récolter. Il faut pourtant que la semence arrive à la bonne terre. Je sais que celui qui écoute et qui écoute bien, perd d'un côté et gagne d'un autre ; il quitte l'iniquité et trouve la vérité ; il quitte le monde, il trouve Dieu.

CHAPITRE XIV. — 15. Quel est le maître qui enseigne ? Ce n'est pas le premier venu, mais un apôtre. C'est un apôtre sans doute, et cependant ce n'est pas un apôtre. « Voulez-vous,

---

mur, si meminimus quod hic audimus, nonne Martyres beatificamus? Quære mortes Martyrum : oculos carnis interroga : male mortui sunt. Oculos fidei interroga : « Pretiosa in conspectu Domini, mors sanctorum ejus? » (*Ibid.*, 15.) Quidquid ergo est quod exhorres in morte, omnino non exhorreas, si eos imitaris. Id age, ut bonam vitam habeas : et quæcumque occasio fuerit ut exeas de hoc corpore, exis ad requiem, exis ad beatitudinem, quæ non habet timorem nec finem. Nam quasi bona mors divitis in purpura et bysso : sed mala mors sitientis et inter tormenta guttam aquæ desiderantis. Quasi mala mors jacentis pauperis ante januam divitis, inter linguas canum, in fame et siti micas de mensa desiderantis : mala mors, aversanda mors. Finem respice : Christianus es, fidei oculum intende. « Contigit mori inopem illum, et efferri ab Angelis in sinum Abrahæ. » (*Luc.*, xvi, 19.) Quid proderat diviti sepulcrum marmoreum, sitienti apud inferos? Quid oberat pauperi panni cum sanie ulcerum ejus, requiescenti in sinu Abrahæ? Longe vidit eum requiescentem, quem contempserat jacentem. Modo elige mortem : dic mihi, quis bene mortuus est, quis male? Puto quia melius ille pauper, quam ille dives. An vis aromatibus sepeliri, et apud inferos sitire? Respondes : Absit a me. Puto quod hoc dices. Disces ergo bene mori, si didiceris bene vivere. Merces enim bonæ vitæ, æterna est.

CAPUT XIII. — 14. Qui discunt, Christiani sunt : qui audiunt et non discunt, quid ad seminantem? Seminantis manum non terret via, non terrent lapides, non spinæ : jactat ille quod suum est. Qui timuerit ne cadat in terram malam, non pervenit ad terram bonam. Et nos dicimus, jactamus semina, spargimus semina. Sunt qui contemnunt, sunt qui reprehendunt, sunt qui irrident. Istos si nos timuerimus, nihil habemus seminare, et in messe habemus esurire. Ergo veniat semen ad terram bonam. Scio quia qui audit et bene audit, deficit, et proficit : deficit iniquitati, proficit veritati : deficit sæculo, proficit Deo.

CAPUT XIV. — 15. Quis est enim magister qui docet? Non qualiscumque homo, sed Apostolus. Plane apostolus, et tamen non apostolus. « An vultis, inquit, experimentum ejus accipere qui in me loquitur Christus? » (II *Cor.*, xiii, 3.) Christus est

dit-il, éprouver quel est celui qui parle en moi, c'est le Christ ? » (II *Cor.*, XIII, 3.) C'est le Christ qui enseigne. Sa chaire est au ciel, comme je l'ai dit ; son école est sur la terre, et son école, c'est son propre corps. La tête enseigne les membres, la langue parle à ceux qui forment ses pieds. C'est le Christ qui enseigne, écoutons, craignons et agissons. N'allez pas mépriser le Christ lui-même ; il est né pour vous dans la chair, il a été enveloppé des langes de la mortalité, il a eu faim et soif pour vous ; c'est pour vous qu'il était fatigué, quand il s'est reposé sur le bord d'un puits, quand il s'est endormi dans la barque ; c'est pour vous qu'il a entendu d'indignes injures ; c'est pour vous qu'il a reçu sur son visage les crachats des hommes ; c'est pour vous qu'il a reçu des soufflets ; c'est pour vous qu'il a été attaché à la croix ; pour vous qu'il a rendu son âme ; pour vous qu'il a été mis dans le tombeau. Est-ce pour cela que vous mépriseriez le Christ ? Voulez-vous le connaître ? Rappelez-vous cette parole de l'Evangile : « Mon Père et moi nous sommes un. » (*Jean*, X, 30.)

16. Revenons au Seigneur et prions-le pour nous, et pour tout le peuple qui se trouve avec nous dans ce saint temple ; qu'il daigne le garder et le protéger, par Jésus-Christ, son Fils, Notre-Seigneur, qui vit et règne avec lui dans les siècles des siècles. *Amen.*

---

qui docet : cathedram in cœlo habet, **ut paulo ante dixi.** Schola ipsius in terra est, et schola ipsius corpus ipsius est. Caput docet membra sua, lingua loquitur pedibus suis. Christus est qui docet : audiamus, timeamus, faciamus. Et ne contemnas et ipsum Christum, qui propter te in carne natus est, pannis mortalitatis circumdatus ; propter te esurivit et sitivit, propter te lassatus ad puteum sedit ; propter te fatigatus in navi dormivit, propter te contumelias indignas audivit ; propter te a facie sua sputa hominum non abegit ; propter te alapas in faciem accepit ; propter te in ligno pependit ; propter te animam effudit ; propter te in sepulcro positus est. Hæc omnia forte contemnis in Christo? Vis nosse quis sit? Recole Evangelium quod audisti : « Ego et Pater unum sumus. (*Joan.*, X, 30.)

16. Conversi ad Dominum, ipsum deprecemur pro nobis, et pro omni plebe sua astante nobiscum in atriis domus suæ : quam custodire protegereque dignetur : per Jesum Christum Filium suum, Dominum nostrum, qui cum eo vivit et regnat in sæcula sæculorum. Amen.

SERMON AUX CATÉCHUMÈNES

SUR

LE CANTIQUE NOUVEAU

SUR LE RETOUR A LA CÉLESTE PATRIE, ET SUR LES DANGERS DU VOYAGE

Chapitre I. — 1. Tout homme qui désire le baptême du Christ veut arriver à une vie nouvelle. Il faut donc quitter l'état ancien pour entrer dans l'ordre nouveau. Autrefois, l'Ancien Testament, le cantique ancien, le vieil homme ; maintenant, le Testament nouveau, le cantique nouveau, à cause de l'homme nouveau. Démontrons ce que nous disons par le témoignage des saintes Ecritures. Ecoutez le prophète Jérémie : « Voilà que les jours viennent, dit le Seigneur, et j'établirai une nouvelle alliance avec la maison de Juda. » (*Jérém.*, xxxi, 31.) David dit à son tour : « Mon Dieu, je chanterai à votre gloire un cantique nouveau. » (*Ps.* cxliii, 9.) Et ailleurs : « Chantez au Seigneur un cantique nouveau. » (*Ps.* xcv, 1.) Voici les paroles de l'apôtre saint Paul : « Dépouillez-vous du vieil homme, et revêtez-vous du nouveau ; » (*Coloss.*, iii, 1) et ailleurs : « Tout ce qui était vieux est passé, tout est devenu nouveau. » (II *Corinth.*, v, 17.)

Qu'est-ce qui est passé ? qu'est-ce qui est nouveau ? S'il y a ici un auditeur spirituel, non-seulement il comprend, mais il voit ce qui est nouveau. Celui qui est charnel, qui voit tout par les yeux de la chair, et rien par les yeux de l'intelligence, va me répondre avec un air moqueur : Dites-moi, je vous prie, ce qu'il y a de nouveau ? le ciel n'est-il pas comme auparavant, et les astres brillent-ils d'un éclat nouveau ? Le soleil ne suit-il pas son cours ordinaire pendant le jour, et la lune sa même course nocturne ? La mer a-t-elle franchi ses barrières, et la surface de la terre s'est-elle transformée pour produire d'autres plantes ? Est-ce que le jour ne se compose pas de douze heures, comme dans l'origine ; et la saison de l'été ne s'accroît-elle plus d'autant que décroît la saison d'hiver ? La race des mortels va et vient par le décès des uns et la naissance des autres. Puisque tout marche, suivant la constitution première, dans le même

DE CANTICO NOVO

ET DE REDITU AD CŒLESTEM PATRIAM AC VIÆ PERICULIS

SERMO AD CATECHUMENOS

Caput I. — 1. Omnis qui baptismum Christi desiderat, vitam novam concupiscit. Transeat ergo a vetustate, ut perveniat ad novitatem. Prius enim fuit testamentum vetus, canticum vetus, homo vetus : nunc autem testamentum novum, canticum novum, propter hominem novum. Demonstremus hoc quod dicimus testimoniis sanctarum Scripturarum. Jeremias propheta : « Ecce, inquit, dies veniunt, dicit Dominus, et consummabo super domum Juda testamentum novum : » (*Jer.*, xxxi, 31) David quoque propheta : « Deus canticum novum cantabo tibi. » (*Ps.* cxliii, 9.) Et iterum : « Cantate Domino canticum novum. » (*Ps.* xcv, 1.) Apostolus etiam Paulus : « Exspoliantes, inquit, vos veterem hominem, induite novum. » (*Coloss.*, iii, 1.) Et alibi : « Vetera transierunt, ecce facta sunt nova. » (II *Cor.*, v, 17.) Quæ vetera transierunt ? quæ facta sunt nova ? Si adsit spiritalis auditor, non solum intelligit, verum etiam videt quæ facta sunt nova. Si autem carnalis adsit, qui totum per oculos carnis, nihil per aciem mentis intelligit, irridens respondet : Rogo te, dic quæ facta sunt nova ? Numquid aliud cœlum respicio quam antea, aut sidera in novum splendorem micantia ? Nonne iisdem cursibus sol peragit diem, eisdemque curriculis luna peragit noctem ? Numquid mare terminos suos finesque transgressum est, aut terræ facies immutata alia insolita germina procreavit ? Nonne sicut ex initio horis duodecim peragitur dies, eisdemque crementis æstatis tempus, quibus detrimentis hyems peragitur ? Progenies quoque ipsa mortalium aliis decedentibus, aliis succedenti-

ordre de régularité, pourquoi vient-on nous dire : « Tout ce qui était vieux est passé ; tout est devenu nouveau ? » Répondez, ô Paul, à ces interrogations ; et comme je ne me sens pas de force à répondre, je vous en conjure, répondez pour moi. Ecoutez donc l'Apôtre : Pourquoi, homme charnel, voulez-vous voir par les yeux du corps ? Elevez votre esprit, afin que vous puissiez comprendre ces paroles : « Tout ce qui était vieux est passé, tout est devenu nouveau. » Qu'est-ce qui est passé ? Qu'est-ce qui est devenu nouveau ? « Le premier homme, dit-il, est le terrestre, formé de la terre ; et le second homme est le céleste, qui vient du ciel. » (I *Cor.*, xv.) Adam est passé, le vieil homme formé de la terre ; le Christ est venu, l'Homme-Dieu envoyé du ciel. Les vieilles superstitions sont passées, pour faire place aux nouveautés de la foi ; plus de vie charnelle, c'est le règne de la vie spirituelle. N'est-ce rien que cette nouveauté, opérée de telle sorte par l'Homme-Dieu, que par sa mort il emporte votre vieille mortalité, par sa résurrection il a montré votre nouvelle vie, et par son ascension il a fait éclater votre gloire ? Tout ce qui était vieux est passé. Qu'est-ce qui est passé ? vous étiez enfants d'Adam et hommes charnels. Tout est devenu nouveau. Qu'est-ce qui est nouveau ? vous êtes devenus les enfants de Dieu, hommes spirituels. Tout ce qui était vieux est passé ; vous étiez tout terre ; tout est devenu nouveau, vous êtes presque tout cieux. « Car les cieux racontent la gloire de Dieu. » (*Ps.* xviii, 1.) Ne croyez pas impossible, qu'étant terrestres, vous deveniez célestes. Est-ce que Dieu ne peut pas changer la terre en ciel, lui qui a fait la terre et le ciel ? Tout ce qui était vieux est passé, vous adoriez la pierre ; tout est devenu nouveau, vous adorez le vrai Dieu. Tout ce qui était vieux est passé, plus de mortalité ; tout est devenu nouveau, c'est l'immortalité promise. Tout ce qui était vieux est passé ; tout homme était perdu par le péché de la femme et de l'homme ; tout est devenu nouveau, par la réparation d'une vierge enfantant sans le concours de l'homme. Tout ce qui était vieux est passé, la région de l'iniquité n'est plus ; tout est devenu nouveau, c'est maintenant la Jérusalem nouvelle, la cité céleste. Vous désirez parvenir à cette nouvelle cité, c'est pour cela que vous avez fait inscrire vos noms.

Chapitre II. — 2. Courage, mes frères, marchons avec ardeur vers notre patrie ; supportons, sans nous y attacher, ce pèlerinage qui retarde notre jouissance ; mais marchons avec promptitude. Rien ne doit vous arrêter ici, le monde n'a rien que vous puissiez aimer. Les parents, les époux, les enfants, les biens, tout

bus terminatos finiunt dies. Cum ergo omnia, sicut ex initio constituta sunt, ita concurrunt, suos motus finesque servantia ; quid est quod nobis prædicatur : « Vetera transierunt, ecce facta sunt nova ? » Responde o Paule, talia de nobis requirenti ; et quia minus valeo ad respondendum, te obsecro, responde pro me. Ecce audi Apostolum : Quid quæris carnalis auditor per oculos carnis respicere ? Erige mentis aciem, ut quod dicitur possis intelligere : « Vetera transierunt, ecce facta sunt nova. » Quæ vetera transierunt ? quæ facta sunt nova ? « Primus homo, inquit, de terra terrenus, secundus homo de cœlo cœlestis. » (I *Cor.*, xv.) Transiit Adam, homo vetus factus ex limo : venit Christus, Deus homo missus e cœlo. Transiit vetustas mentium, accessit novitas credentium : transiit vita carnalis, successit spiritalis. An parva est novitas hæc, ita demonstrata per hominem Deum, ut moriendo susciperet vetustatem tuam, resurgendo ostenderet novitatem tuam, ascendendo firmaret claritatem tuam ? Vetera transierunt : quæ vetera transierunt ? Quod eratis filii Adam, filii carnales. Nova accesserunt : quæ nova ? Quod efficimini filii Dei, filii spiritales. Vetera transierunt, terra eratis : Ecce facta sunt nova, cœli jam pene effecti estis. « Cœli enim enarrant gloriam Dei. » (*Psal.* xviii, 1.) Non vobis impossibile videatur, quod cum sitis terrestres, efficiamini cœlestes. De terra non facit cœlum, qui de nihilo fecit terram et cœlum ? Vetera transierunt, lapides colebatis : Nova accesserunt, Deum verum adoratis. Vetera transierunt, transiit mortalitas : Nova accesserunt, promissa est immortalitas. Vetera transierunt, perierat omnis caro per mulierem simul cum viro peccante : Nova accesserunt, reparata est caro sine viro virgine pariente. Vetera transierunt, transiit regio vetustatis : Nova accesserunt, succedit Jerusalem civitas cœlestis novitatis. Ad hanc civitatem novam pervenire cupitis, qui nomina vestra conscribenda dedistis.

Caput II. — 2. Eia, Fratres mei, ardenter desideremus propriam patriam : peregrinationem istam, quæ nos ab ea adhuc detinet, toleremus, non amemus : festinemus tamen. Non est quare hic stare : nec invenis in sæculo, quod jam possis amare. Ipse enim amor parentum, conjugum, filiorum, facultatum, aut magnum quibusdam incusserunt laborem,

cela est pour quelques-uns une grande tribulation et une grande sollicitude ; mais rien ne doit vous arrêter ici. Il vaut mieux marcher vers les biens éternels, que de rester ici pour vous ensevelir sous les ruines du monde. Préparons nos provisions, voici le navire, montons-y avec la foi et la croix, sans oublier l'ancre qui est l'espérance de notre salut ; tendons les cordages par la pratique des vertus chrétiennes, rassemblons les voiles de la charité ; invoquons un vent favorable qui est la parole de Dieu, vidons la sentine de tous nos péchés, et par l'aumône purifions notre conscience. Que rien n'arrête la course de notre navire, et travaillons de nos mains selon nos forces. Il travaillait de ses mains pour vider la sentine, celui qui disait : « Durant la nuit mes mains ont été étendues, elles ne se sont point lassées. » (*Ps.* LXXVI, 3.) Ne négligeons pas nos péchés, s'ils sont légers, ils sont nombreux. Une vague furieuse assaille le vaisseau et peut l'engloutir ; mais la goutte d'eau qui s'infiltre par les fentes et qui remplit la sentine produira le même effet, si on ne la vide incessamment. Donc vidons la sentine, ne négligeons pas les œuvres de miséricorde, parce que l'aumône délivre de la mort et purifie du péché. (*Tobie*, IV, 11.) Ayons pour protection la grâce du Christ, et pour chant le doux cantique de l'Alleluia, afin que nous puissions entrer avec joie et sécurité dans l'éternelle et bienheureuse patrie. Que votre âme ne redoute pas la grande mer, c'est-à-dire le siècle, dont nous sentons les vagues et la fureur dans les persécutions des puissances. Déjà plusieurs saints, par la fermeté de leur confiance en Dieu, ont méprisé ces flots, les ont foulés aux pieds, et marchant sur les eaux avec sécurité, sont parvenus jusqu'à la patrie. Mais parfois s'élève un vent violent et une furieuse tempête, c'est celle des passions. La foi chancelle en pleine mer, criez comme Pierre : Seigneur, je péris ; et il nous donnera la main dans le danger, et il ne permettra pas que nous périssions, lui qui a daigné pour nous marcher sur les eaux. Voyez l'Apôtre, non-seulement il indique le navire, mais il y monte, et invite la foule à le suivre. Quand il disait : « Avec la nourriture et le vêtement, sachons nous contenter, » (I *Tim.*, VI, 8) n'indiquait-il pas la mesure des provisions pour l'embarquement ? Quand il disait : « A Dieu ne plaise que je me glorifie en rien autre chose qu'en la croix de Notre-Seigneur Jésus-Christ, par qui le monde est crucifié pour moi, et par qui je suis crucifié pour le monde, » (*Gal.*, VI, 14) il montait sur le navire. Quand il disait : « Revêtez-vous, comme élus de Dieu, de bonté, d'humilité,

---

aut magnum pariunt timorem : non est quare hic stare. Melius enim festinando appetimus sempiterna, quam hic remanendo sæculi nos apprehendat ruina. Præparemus sitarciam, apprehendamus et ascendamus navem (*a*) fidem simul et crucem, nec desit anchora spes nostræ salutis, extendamus funes diversas virtutes, vela caritatis (*b*) colligamus, invocemus ventum prosperum verbum Dei ; exhauriamus sentinam a peccatis, per eleemosynas mundetur conscientia. Non impediatur hujus nostri cursus navigii, operemur manibus ut (*c*) possumus. Manibus suis sentinam exhauriebat qui dicebat : « Manibus meis coram eo nocte, et non sum deceptus. » (*Psal.* LXXVI, 3.) Non negligamus nostra peccata : minuta sunt, sed multa sunt. Fluctus unus validus irruens obruit navem, minaturque naufragium : humor autem per rimas influens et in sentinam veniens, nisi subinde siccetur, hoc idem facit. Ergo exhauriatur sentina, non negligatur misericordia : quia eleemosyna a morte liberat, et ipsa purgat peccata. (*Tob.*, IV, 11.) Adsit nostra tutela Christi gratia, celeuma nostrum dulce cantemus alleluia : ut læti ac securi ingrediamur sempiternam ac felicissimam patriam. Non metuat anima mare hoc magnum, sæculum scilicet, cujus fluctus ac turbines sentimus inimicas sæculi potestates. In Deo sperantes multi jam sancti hos fluctus spreverunt, multi calcaverunt, multi super ejus aquas ambulantes securi ad patriam pervenerunt. Sed exsurgit ventus validus et magna tempestas, sua cujusque cupiditas. Titubat fides in mari, clamet in te Petrus, Domine pereo (*Matth.*, XIV, 30) : dabit manum mergenti, nec sinit perire ille qui propter nos super aquas dignatus est ambulare. Vide apostolum Paulum, hoc navigium non solum demonstrantem, verum etiam ascendentem, et quam plurimos invitantem. Quando dicebat : « Habentes victum et tegumentum, his contenti simus : » (I *Tim.*, VI, 8) quid aliud quam competentem sitarciam imponendam esse monstrabat ? Quando dicebat : « Mihi autem absit gloriari, nisi in cruce Domini nostri Jesu Christi, per quem mihi mundus crucifixus est, et ego mundo : » (*Gal.*, VI, 14) navem ascendebat. Quando dicebat : « Induite vos sicut electi Dei, benignitate, humilitate, longanimitate,

---

(*a*) Sic Mss. At Er. *fide simul et cruce*. Lov. *fidei simul et crucem*. — (*b*) Divionensis Ms. *collocemus* : et aliquanto post, *vela collocabat*. Gemmeticensis, *colemus* : et infra, *vela colabat*. — (*c*) In Mss *ut hoc possumus*.

de patience, de douceur, » (*Coloss.*, III, 18) que faisait-il autre chose que tendre les cordages? Quand il disait : « La foi, l'espérance et la charité demeurent maintenant, mais la charité est la plus excellente des trois, » (I *Cor.*, XIII, 13) il ramassait les voiles. Quand il disait : « Que la parole de Dieu se répande en vous avec abondance, » (*Coloss.*, III, 16) il invoquait un vent favorable. Quand il disait : « C'est pourquoi pendant que nous en avons le temps, faisons du bien à tous sans nous lasser ; » (*Galat.*, VI, 10) puis : « Travaillez de vos propres mains, » (I *Thess.*, IV, 11) ne commandait-il pas de vider la sentine? Quand il disait : « Vous avez été sauvés par la grâce, » (*Ephés.*, II, 8) il appelait la protection du ciel. Quand il disait : « Chantez dans vos cœurs des psaumes et des cantiques au Seigneur, » (*Ibid.*, v, 19) il enseignait le chant de bénédiction. Quand il disait : « C'est par l'espérance que nous sommes sauvés, » (*Rom.*, VIII, 24) il attachait l'ancre dans le cœur des croyants. Quand il disait : « La Jérusalem d'en haut est libre, c'est elle qui est notre mère, » (*Gal.*, IV, 26) il montrait la patrie. Quand il disait : « O mort, où est ta victoire? grâces soient rendues à Dieu qui nous a donné la victoire par Jésus-Christ Notre-Seigneur, » (I *Cor.*, XV, 55) il ne voguait plus au milieu des périls de la mer, mais il se reposait plein de joie dans la véritable patrie. O excellent nautonnier, ô maître, ô docteur merveilleux! vous avez enseigné, et vous avez pratiqué ; c'est pourquoi vous êtes arrivé rapidement au port, parce que vous avez pratiqué le premier vos propres leçons.

CHAPITRE III. — 3. Il y en a peut-être qui redoutent le voyage sur mer, n'étant pas accoutumés aux flots qui les épouvantent ; si donc on désire voyager par terre, pour arriver, quoique plus tardivement, à la patrie, j'indiquerai la voie; ou plutôt la voie se présente d'elle-même. Voici que le Seigneur nous crie dans l'Evangile : « Je suis la voie. » (*Jean*, XIV, 6.) Vous avez la voie, marchez, sans autre souci que de dompter votre monture, votre corps, car il porte votre âme. Lorsque, pour voyager, vous montez un animal rétif, qui menace de vous renverser, ne prenez-vous pas des précautions, en retranchant la nourriture à la bête récalcitrante, et la domptant par la faim, quand elle est indocile au frein? Notre corps, c'est notre monture pour aller à Jérusalem ; et souvent la chair nous emporte, par des écarts, loin de la route. Cette monture, il faut donc la dompter par le jeûne. Voyez l'apôtre Paul à la fois voyageur et cavalier, voyez-le domptant sa monture : « La faim, la soif, le jeûne fréquent, voilà, dit-il, comment je châtie mon corps, et le réduis en servitude. » (II *Cor.*, XI, 17 ; I *Cor.*, IX, 27.) Voyageur, fais

mansuetudine : » (*Coloss.*, III, 18) quid aliud quam funes extendebat? Quando dicebat : « Manet fides, spes, caritas, major horum caritas : » (I *Cor.*, XIII, 13) vela colligebat. Quando dicebat : « Verbum Dei habitet in vobis abundanter : » (*Colos.*, III, 16) ventum prosperum invocabat. Quando dicebat : « Infatigabiles itaque dum tempus habemus operemur bonum ad omnes; » (*Galat.*, VI, 10) et : « Operantes propriis manibus vestris : » (I *Thess.*, IV, 11) quid aliud quam sentinam exhauriri præcipiebat? Quando dicebat : « Gratia salvi facti estis : » (*Ephes.*, II, 8) tutelam exorabat. Quando dicebat : « In psalmis et hymnis cantantes in cordibus vestris Domino : » (*Ephes.*, v, 19) celeuma sanctum docebat. Quando dicebat : « Spe salvi facti sumus : » (*Rom.*, VIII, 24) anchoram in cordibus credentium figebat. Quando dicebat : « Jerusalem quæ sursum est, libera est, quæ est mater nostra : » (*Gal.*, IV, 26) ipsam patriam demonstrabat. Quando dicebat : « Ubi est mors contentio tua? Gratias Deo, qui dedit nobis victoriam per Dominum nostrum Jesum Christum : » (I *Cor.*, xv, 55) non adhuc in mari periclitabatur, sed jam in propria patria lætabatur. O optime gubernator, o pulcherrime magister et doctor, docuisti, fecisti; et ideo celeriter pervenisti, quia quæ docuisti, prior ipse fecisti.

CAPUT III. — 3. Si quis forte, ut adsolet, refugit navigium, et insolitos fluctus maris horrescit, desideratque iter conficere, quo, etsi tardius, ad patriam valeat pervenire; demonstrabo viam, imo ipsa se demonstrat via. Ecce in Evangelio clamat Salvator : « Ego sum via. » (*Joan.*, XIV, 6.) Habes viam, ambula, sollicitus tamen doma jumentum tuum, carnem tuam, ipsi enim insidet anima tua. Quomodo si in hac via mortali jumento insideres, quod te gestiendo vellet præcipitare; nonne ut securus iter ageres, cibaria ferocienti subtraheres, et fame domares quod freno non posses? Caro nostra jumentum nostrum est : iter agimus in Jerusalem ; plerumque nos rapit caro, et de via conatur excludere. Tale ergo jumentum cohibeamus jejuniis. Vide illum gubernatorem eumdemque viatorem apostolum Paulum, vide illum jumentum suum domantem. « In fame, inquit, et siti, in jejuniis sæpius, castigo corpus meum, et in servitutem redigo. » (II *Cor.*, XI, 17 ; I *Cor.*, IX, 27.) Ita ergo et tu, qui ambulare desideras, doma carnem

de même, dompte ta chair et marche. Marcher, c'est aimer. Car nous allons à Dieu, non par le mouvement du corps, mais par les mouvements de l'amour.

CHAPITRE IV. — 4. Celui qui est notre voie cherche donc des voyageurs. Or, il y a trois sortes d'hommes qu'il déteste : ceux qui restent en place, ceux qui reculent, ceux qui s'écartent. Que le Seigneur, par sa grâce, nous délivre et défende notre marche de ces trois dangers. Nous sommes du nombre de ceux qui marchent, l'un va plus lentement, l'autre plus vite ; mais enfin on avance. Il faut exciter ceux qui s'arrêtent, rappeler ceux qui retournent en arrière, ramener dans la voie ceux qui s'écartent, exhorter ceux qui sont lents, imiter ceux qui sont prompts. Celui qui n'avance pas, reste en route ; celui qui abandonne une bonne résolution pour reprendre la mauvaise vie qu'il avait quittée, retourne en arrière ; celui qui abandonne la foi, s'écarte de la route. Restons du moins parmi ceux qui, plus ou moins vite, ne laissent pas d'avancer. Quel est celui qui n'avance pas ? celui qui se croit sage, et qui dit : Je suis content comme je suis ; qui n'écoute pas cette parole de l'Apôtre : « Oubliant ce qui est derrière moi, et m'avançant vers ce qui est devant moi, je m'efforce d'atteindre le but, pour remporter le prix auquel Dieu m'a appelé d'en haut par Jésus-Christ. » (*Philipp.*, III, 14.) Il dit qu'il court, il dit qu'il suit ; il ne s'arrête pas, il ne regarde pas en arrière ; gardons-nous de croire qu'il s'écarte, car il enseignait lui-même la voie, en y marchant et en la montrant. Pour nous engager à marcher rapidement comme lui, il nous dit : « Soyez mes imitateurs, comme je le suis de Jésus-Christ. » (I *Cor.*, XI, 1.) Nous avons la confiance, mes bien-aimés, de marcher dans la voie avec vous ; si nous sommes lents, devancez-nous, nous ne serons pas jaloux ; nous aimons mieux suivre. Si vous pensez que nous marchons vite, courez avec nous ; c'est le même but auquel nous allons, et ceux qui vont lentement et ceux qui vont plus vite. Qui sont ceux qui retournent en arrière ? ceux qui quittent la continence pour retourner à l'impureté, ceux qui après avoir embrassé d'une manière particulière le saint et excellent état de la virginité, s'abandonnent aux turpitudes de la volupté, et dont l'esprit est aussi corrompu que la chair. Ce sont ces hommes que l'apôtre saint Pierre condamne en ces termes : « Il eût mieux valu pour eux ne pas connaître la voie du salut, que de reculer après l'avoir connue. » (II *Pierre*, II, 21.) Quel malheur de regarder en arrière ! L'épouse de Loth, délivrée de la ruine de Sodome, n'écouta pas la défense qu'on lui fit de regarder en arrière, elle se perdit elle-même. (*Gen.*, XIX.) Et ce n'est pas sans raison qu'elle fut changée en une statue de sel, pour inspirer par son exemple

---

tuam, et ambula. Ambulas enim, si amas. Non enim ad Deum passibus, sed affectibus currimus.

CAPUT IV. — 4. Via ergo ista nostra ambulantes quærit. Tria sunt hominum genera quæ odit : remanentem, retro redeuntem, aberrantem. Ab his tribus generibus malis Domino adjuvante vindicetur et defendatur gressus noster. Jam vero cum ambulantes sumus, alius tardius ambulat, alius celerius ambulat, tamen ambulant. Excitandi sunt ergo remanentes, retro redeuntes revocandi, errantes in viam ducendi, tardi exhortandi, celeres imitandi. Qui non proficit, remansit in via : qui forte a meliore proposito declinat ad id quod deterius reliquerat, reversus est retro : qui fidem deserit, a via erravit. Cum tardis sit nobis et cum celerioribus ratio, cum ambulantibus tamen. Quis est qui non proficit ? Qui se putaverit esse sapientem : qui dixerit : Sufficit mihi quod sum : qui non attenderit eum qui dicit : « Quæ retro oblitus, in ea quæ ante sunt extentus, secundum intentionem sequor ad palmam vocationis Dei in Christo Jesu. » (*Philip.*, III, 14.) Currentem se dixit, sequentem se dixit : non remansit, non retro respexit : absit ut erraverit, quia viam ipse docebat, qui et tenebat et ostendebat. Celeritatem autem ejus ut imitaremur, ait : « Imitatores mei estote, sicut et ego Christi. » (I *Cor.*, XI, 1.) Arbitramur ergo nos, Dilectissimi, in via vobiscum ambulare : si tardi sumus, prævenite nos ; non invidemus, quærimus quos sequamur. Si autem nos putatis celeriter ingredi, currite nobiscum : unum est ad quod omnes festinamus, et qui tardius et qui celerius ambulamus. Qui sunt et retro redeuntes ? Qui ex continentia revertuntur in immunditiam, qui ex sancto et singulari bono proposito virginitatis divertuntur in turpitudines voluptatis, et corrupta mente corrumpunt simul et carnem. Hos increpat apostolus Petrus dicens : « Melius illis erat non cognoscere viam salutis, quam cognoscentes retro respicere. » (II *Petr.*, II, 21.) O malum, retro respicere ! Uxor enim Loth, quæ liberata a Sodomitis, contra præceptum retro respexit, quod evaserat perdidit. (*Gen.*, XIX.) Nec immerito in statuam salis repente conversa est, nisi ut fatuos suo etiam exemplo

la sagesse aux insensés. Qui sont ceux qui s'écartent de la voie ? Tous les hérétiques qui, abandonnant la voie de la vérité, s'en vont à travers le désert pour exercer le brigandage, surprendre les âmes dans les embûches du péché, et les empêcher d'arriver à la patrie ; véritables loups des sentiers, couverts de la peau de brebis, quoiqu'ils soient au fond des loups ravissants ; prêchant le Christ comme la voie, mais conduisant à la mort ceux qui les écoutent.

CHAPITRE V. — 5. On me dira peut-être : Je ne sais ce que je dois faire ; voici un homme qui prêche le Christ, qui montre la voie, qui se dit disciple du Christ, et prédicateur de la vérité ; pourquoi ne croirai-je pas à sa prédication ? Je réponds : Cet homme parle autrement qu'il ne pense. Comment puis-je le savoir, me direz-vous ? Puis-je sonder les consciences ? J'entends qu'il me prêche le Christ ; je crois ce que j'entends, et je m'y attache. Ne vous laissez pas séduire par le fils du mensonge, si vous êtes le fils de la vérité. Instruisez-vous, chrétiens, si vous désirez voir et entendre le Christ. Si quelqu'un vous prêche le Christ, voyez et examinez s'il prêche le véritable, et où il le prêche. Car le Christ est la vérité (*Jean*, XIV, 6), et il s'annonce par les saintes Ecritures, et on le prêche, non dans des lieux retirés et cachés, mais ouvertement et publiquement. Car « il a posé sa demeure dans le soleil, » (*Ps.* XVIII, 6) c'est-à-dire il a établi son Eglise au milieu de l'univers. D'après cela jugez celui qui vous prêche le Christ, et s'il vous prêche le véritable.

CHAPITRE VI. — 6. L'hérétique manichéen, dont la doctrine promet de vous enseigner la vérité, dit que le Christ lui-même nous a trompés. Il n'a pas eu, dit-il, un véritable corps ; il fut un fantôme, il fut un esprit. Ainsi l'impie manichéen refuse un corps au Christ. O détestable hérétique ! si tu ne veux pas croire la Vérité, qui disait à ses disciples : « Touchez et voyez ; car un esprit n'a ni chair, ni os, comme vous voyez que j'en ai ; » (*Luc*, XXIV, 39). si, dis-je, tu ne veux pas croire à la Vérité, crois au Juif qui la crucifie. Car quand tu dis : Le Christ fut Dieu, et non pas homme, le Juif te répond : Le Christ ne fut pas Dieu, mais un homme. Mais l'Eglise catholique les écrase l'un et l'autre et leur dit : Moi, je possède la vérité, et je dis que le Christ fut Dieu et homme tout ensemble. Mais toi, ô Manichéen, comment prouves-tu que le Christ n'a été qu'un esprit ? Est-ce qu'un esprit reçoit des soufflets ? Est-ce qu'un esprit porte une couronne d'épines ? Est-ce qu'un esprit porte sur lui une croix ? S'il n'était qu'un esprit, à qui étaient les vêtements que se partagèrent les soldats ? S'il n'était qu'un esprit, comment, lorsqu'il eut rendu l'esprit, son corps mort resta-t-il

condiret. Qui sunt et aberrantes ? Omnes hæretici, qui relicta veritatis via errando per desertum latrocinantur, et animas captant in peccatis, præpediuntque ne quid ad patriam valeat pervenire : effecti lupi semitarii induti ovina pelle, cum sint intus lupi rapaces ; prædicantes Christum viam, et qui eos sequuntur ducentes ad mortem.

CAPUT V. — 5. Hic si aliquis dicat : Quid ego faciam nou invenio : ecce homo Christum prædicat, viam prædicat, Christi se dicit esse discipulum, veritatem se dicit annuntiare, quare non sequar talia prædicantem ? Respondeo : Quia aliud ejus habet lingua, aliud conscientia. Unde novi, inquis ? numquid ego conscientias discutere possum ? Christum ab eo audio : quod audio, hoc credo, hoc teneo. Non te seducat filius falsitatis, si filius es veritatis. Disce jam Christiane, qui Christum desideras et audire et videre. Si quis tibi Christum prædicat, attende et considera qualem prædicet, ubi prædicet. Christus enim veritas est (*Joan.*, XIV, 6), per Scripturas sanctas prædicatur, non in angulis, non occulte, sed palam, publice. « In sole enim posuit tabernaculum suum ; » (*Psal.* XVIII, 6) hoc est, in manifesto collocavit Ecclesiam suam. Jam hic respice illum qui tibi Christum prædicat, dicat qualem Christum prædicet.

CAPUT VI. — 6. Ecce hæreticus Manichæus, qui per suam doctrinam promittit introducere te in veritatem, ipsum Christum dicit esse fallacem. Non habuit, inquit, verum corpus : phantasma fuit ; spiritus fuit. Et hoc in illo fuisse negat nequissimus Manichæus. O pessime hæretice Manichæe, si credere non vis Veritatem dicentem discipulis suis : « Palpate, et videte, quia spiritus ossa et carnem non habet, sicut me videtis habentem : » (*Luc.*, XXIV, 39) si credere non vis, ut dixi : Veritati, Judæo crede crucifigenti. Nam cum tu dicis, Christus Deus fuit, non homo : Judæus dicit, non fuit Deus, sed homo. Catholica utrosque convincens : Ego, ait, verum teneo, quod Christus et Deus est et homo. Tu autem Manichæe, unde probas Christum spiritum fuisse ? Spiritus alapas accepit ? spiritus spineam coronam portavit ? spiritus sibi crucem bajulavit ? Si spiritus fuit, cujus vestimenta milites diviserunt ? Si spiritus fuit, quomodo cum traderet spiritum, corpus ejus prope dimidium diem exanime pependit in cruce ? Si spiri-

attaché à la croix pendant presque une demi-journée? S'il n'était qu'un esprit, comment son côté fut-il percé d'une lance? comment fut-il descendu de la croix par Joseph pour être enseveli? comment fut-il embaumé dans le sépulcre? Un esprit ne peut subir toutes ces épreuves. Il faut donc avouer que tout ce que les prophètes avaient prédit de lui s'est accompli. Esprit de mensonge, tu te trompes grossièrement; la vérité te confond en tout. Est-il donc vrai, ô hérétique, que la vérité, comme tu l'enseignes, a menti, et que c'est toi qui prêches la vérité? Et où prêches-tu? dans un lieu caché, dans un lieu retiré. Si ta prédication est la vérité, enseigne publiquement. Montre-moi ton église; mais nous savons ce que vous faites, trompeurs et trompés. L'apôtre saint Paul vous a dévoilés en ces termes : « La pudeur ne permet pas même de dire ce que ces personnes font en secret. » (*Ephés.*, v, 12.) Nous ne pouvons pas le dire, mais vous continuez de le faire. Votre ignominie est connue, votre turpitude est dévoilée, vos aveux et vos écrits ont mis en évidence votre honteuse doctrine; plaise au ciel que vos cœurs se repentent un jour!

CHAPITRE VII. — 7. Les Ariens, autres hérétiques, ne veulent pas que le Christ, qui est la voie par laquelle on va au Père, soit égal au Père comme Dieu. Et quoiqu'il dise : « Mon Père et moi nous sommes un; » (*Jean*, x, 30) ils disent au contraire : Si le Christ est envoyé, il est inférieur; car celui qui envoie est plus grand que celui qui est envoyé. Voilà un raisonnement humain, mais ce n'est pas une autorité divine. La Trinité opère autrement, et tu ne pourras jamais, ô hérétique, avec ta sagesse charnelle, comprendre son opération; car tu n'as pas le cœur pur ni tourné vers Dieu. Le Christ, en effet, comme homme, est envoyé; comme Dieu, il est égal au Père. Car où le Père pouvait-il l'envoyer, sans être avec son Fils? Et où le Fils pouvait-il aller, sans être avec son Père, puisqu'il dit : « Je suis dans mon Père et mon Père est en moi. » (*Jean*, xiv, 10.) Et ailleurs : « Philippe, celui qui me voit, voit aussi mon Père? » (*Ibid.*, 7.) Il dit encore par son prophète : « Je remplis le ciel et la terre; » (*Jérém.*, xxiii, 24) et Salomon dit de lui : « Il atteint d'une extrémité jusqu'à l'autre avec force, et dispose tout avec douceur. » (*Sag.*, viii, 1.) Il atteint partout à cause de sa grande pureté. Mais toi, ô hérétique, tu dis que celui qui envoie est plus grand que celui qui est envoyé, parce que tu prends la mesure des choses temporelles. Mais ton erreur est grande, d'appliquer la règle du temps à celui qui a fait les siècles. Si tu reconnais que le Père est Dieu et que le Fils est Dieu, et si tu crois que le Fils est éternel comme le Père, ne

CHAPITRE VII.

dis donc pas que le Fils est inférieur pour t'avoir créé, parce qu'il s'est abaissé pour te racheter. Mais tu me réponds que lui-même a dit : « Mon Père est plus grand que moi. » (*Jean*, XIV, 28.) Oui, selon la nature humaine, comprends-le ainsi, et tu quittes ton erreur. Il dit : « Mon Père est plus grand que moi, » dans le sens où le prophète a dit : « Vous l'avez pour un peu de temps placé au-dessous des anges. » (*Ps.* VIII, 6.) Pour toi, dis-nous sous quel rapport tu le trouves inférieur? Est-ce pour la puissance? « Mais le Père ne juge personne, c'est le Fils. » (*Jean*, V, 22.) Est-ce pour les œuvres? « Mais tout a été fait par le Fils. » (*Ibid.*, I, 3.) Si d'après la règle des choses temporelles, tu crois de ton Dieu, que comme tu es plus grand que ton fils, il est aussi plus grand que son Fils, je prie Dieu d'éloigner ces paroles de l'oreille des fidèles, car elles sont des blasphèmes contre Dieu. En effet, si le Fils, selon la Divinité, est le Verbe de Dieu, comme le raconte saint Jean l'Évangéliste : « Dans le principe était le Verbe, et le Verbe était avec Dieu, et le Verbe était Dieu; » (*Jean*, I, 1) cela veut-il dire qu'il fut un temps où le Père était sans le Verbe, ou qu'il y avait un principe avant le principe lui-même, puisque le Fils dit qu'il est le principe? Les Juifs lui demandaient un jour : « Qui êtes-vous? » il répondit : « Le principe. » (*Jean*,

VIII, 25.) Cette parole de la Genèse : « Dans le principe Dieu fit le ciel et la terre, » (*Gen.*, I, 1) doit donc s'entendre du Fils qui est le principe. Ainsi donc Dieu le Père est éternel, Dieu le Fils est éternel; car jamais le Père n'a été sans être le Fils, et jamais le Fils sans être le Fils. Et le Père pour engendrer son Fils n'a rien perdu de lui-même; mais il a engendré de telle sorte de lui-même un autre lui-même, qu'il n'a point cessé d'être tout entier ce qu'il est. Or, le Saint-Esprit procède, d'une manière indivisible, tout entier d'une source entière sans la diminuer en sortant, et sans l'augmenter en restant. Et les trois ne font qu'un seul Dieu, selon cette parole du prophète : « Vous êtes le seul Dieu grand. » (*Ps.* LXXXV, 10.) Toi, ô hérétique, imagine des degrés, sépare la Trinité, fais le Père plus grand, le Fils moins grand, et le Saint-Esprit venant à la suite. Mais déjà nous avons parlé du Fils pour dire qu'il est égal à son Père, et nous avons dit ce qui convenait; parlons aussi du Saint-Esprit, que tu prétends être inférieur au Père et au Fils. Car le Saint-Esprit est lui-même l'esprit de Dieu. Sache donc qu'il est en même temps avec le Père et le Fils, et qu'il est tout entier partout. « Dieu, dit l'apôtre saint Jean, est Esprit. » (*Jean*, IV, 24.) Le Fils dit lui-même par le prophète : « L'Esprit du Seigneur est sur moi. » (*Isaïe*, LXI, 1.) Il ne dit pas : Après moi,

---

major me est. » (*Joan.*, XIV, 28.) Intellige secundum susceptum hominem, et deponis errorem. Secundum hoc dicit : « Pater major me est, » secundum quod de eo ait Propheta : « Minorasti eum paulo minus ab angelis. » (*Psal.* VIII, 6.) Tu autem dic, secundum quid eum minorem asseris? Si secundum potestatem : « Pater non judicat quemquam, sed Filius. » (*Joan.*, V, 22.) Si secundum opera : « Omnia per Filium facta sunt. » (*Joan.*, I, 3.) Si secundum tempus hoc credis de Deo tuo, quia sicut tu major es filio tuo, ita ille filio suo : avertat hoc Deus ab auribus fidelium; indigna sunt ista credere de Deo. Si enim Filius secundum deitatem Dei Verbum est, sicut evangelista Joannes narrat : « In principio erat Verbum, et Verbum erat apud Deum, et Deus erat Verbum : » (*Joan.*, I, 1) fuit aliquod tempus quando Pater fuit sine Verbo, aut fuit aliquod principium ante ipsum principium, quoniam ipse Filius dixit se esse principium? Interrogantibus quippe Judæis : « Tu quis es? » Respondit : « Principium. » (*Joan.*, VIII, 25.) Ergo et illud quod in Genesi scriptum est :

« In principio fecit Deus cœlum et terram, » (*Gen.*, I, 1) intelligitur in Filio, qui est principium. Sic ergo semper Deus Pater, semper Deus Filius : quia nec ille aliquando non Pater, nec iste aliquando non Filius. Non enim ut Pater generaret Filium, minuit se ipsum : sed ita genuit de se alterum qualem se, ut totus maneret in se. Spiritus autem sanctus non (*a*) præcedit unde procedit, sed integer de integro, nec minuit eum procedendo, nec auget hærendo. Et hæc tria unus Deus, de quo Propheta dicit : « Tu es Deus solus magnus. » (*Psal.* LXXXV, 10.) Tu autem hæretice, compone gradus, separa Trinitatem : fac Patrem majorem, Filium minorem, Spiritum sanctum sequentem. Sed jam de Filio, quod æqualis sit Patri, aliqua diximus, et quod occurrit, diximus : audi et de Spiritu sancto, quem minorem vis esse Patre et Filio. Nempe Spiritus sanctus ipse Spiritus est Dei. Audi et ipse quod simul sit cum Patre et Filio, et ubique sit totus. « Deus, inquit Joannes apostolus, Spiritus est. » (*Joan.*, IV, 24.) Et ipse Filius per Prophetam ait : « Spiritus Domini super

---

(*a*) In Divionensi Ms. substitutum est a secunda manu, *divisit*. Forte leg. *præcidit*.

comme s'il venait ensuite, ou qu'il fût au-dessous, mais : « Sur moi. » C'est pourquoi l'ange Gabriel dit à Marie : « Le Saint-Esprit se reposera sur vous. » (*Luc*, I, 35.) David disait aussi : Où irai-je devant votre Esprit? où fuir devant votre face? Si je monte vers les cieux, vous y êtes; si je descends au fond des enfers, vous y êtes présent. » (*Ps.* CXXXVIII, 7.) Si l'Esprit de Dieu est au ciel, sur la terre et dans les enfers avec celui qui dit : « Je remplis le ciel et la terre, » (*Jérém.*, XXIII, 24) donc la Trinité est un seul Dieu. Mais écoute, encore, ô hérétique, pour te convaincre que la Trinité est un seul Dieu. Au commencement du livre de la Genèse, il est écrit comme nous l'avons dit : « Dans le principe Dieu fit le ciel et la terre. » (*Gen.*, I, 1.) Voilà Dieu le Père et le Fils principe, puisqu'il se nomme le Principe. Si tu cherches aussi le Saint-Esprit, on lira : « L'Esprit de Dieu était porté sur les eaux. » (*Ibid.*, 2.) Lorsqu'on lit dans la suite du récit : « Dieu dit : Que la lumière soit, » « Dieu forma de la terre, » « Dieu fit, » ces expressions montrent que les œuvres de la Trinité sont inséparables, comme on peut le voir d'une manière évidente, dans les versets qui suivent. Quand vient la création de l'homme, voici comme parle l'Ecriture : « Et Dieu dit : Faisons l'homme à notre image et à notre ressemblance. » (*Gen.*, I, 26.) Il ne dit pas : Je ferai, comme si le Père seul eut agi; il ne dit pas non plus : Qu'il soit fait, comme s'il eût commandé au Fils de le faire, lui par qui tout a été fait; enfin on ne dit pas : Ils firent, comme si chacun eût fait sa partie; mais quand on dit : « Faisons l'homme à notre image et ressemblance, » pour montrer que la Trinité est un seul Dieu, on ajoute aussitôt : « Et Dieu fit l'homme, et il le fit à son image. » (*Gen.*, I, 27.) Voilà donc comment les saintes Ecritures nous prouvent que la Trinité est un seul Dieu, et en même temps comment elles confondent l'Arien dans sa fausseté. Mais écoute, encore, ô hérétique, l'apôtre saint Paul, qui vient te confondre et m'instruire; écoute ce qu'il dit du Fils de Dieu : « Ayant la nature de Dieu, dit-il, il n'a point cru que ce fût une usurpation de s'égaler à Dieu. » (*Philipp.*, II, 6.) L'Apôtre dit qu'il est égal à Dieu, et tu dis qu'il est inférieur. A qui faut-il croire, à l'Apôtre ou à toi? A toi que l'univers méprise, ou à l'Apôtre devant qui le monde entier s'incline? Cesse donc de t'obstiner et que ta perversité se lasse enfin de lutter, puisque tout le monde accepte la doctrine évangélique et apostolique.

CHAPITRE VIII. — 8. Il y a encore une autre caverne de brigands non moins redoutables; ce

me : » (*Isai.*, LXI, 1) non ait post me, ut sequentem eum faceret, vel minorem : sed ait, « super me. » Unde et angelus Gabriel ad Mariam : « Spiritus sanctus, inquit, superveniet in te. » (*Luc.*, I, 35.) David quoque propheta : « Quo ibo a Spiritu tuo, et a facie tua quo fugiam? Si ascendero in cœlum, tu ibi es; si descendero in abyssum, tu ades. » (*Psal.* CXXXVIII, 7, 8.) Ergo si Spiritus Dei et in cœlo et in terra et in inferno adest cum illo qui dicit : « Cœlum et terram ego impleo : » (*Jerem.*, XXIII, 24) ergo Trinitas unus est Deus. Sed audi adhuc hæretice unde convincaris, quod Trinitas unus sit Deus. In ipso principio libri Geneseos, quod diximus scriptum est : « In principio fecit Deus cœlum et terram. » (*Gen.*, I, 1.) Ecce Deus Pater, et principium Filius, secundum quod se dixit esse principium. Si autem et Spiritum sanctum quæris : « Spiritus, inquit, Dei superferebatur super aquas. » (*Ibid.*, 2.) Cum ergo in consequentibus legitur : « Dixit Deus : Fiat lux : » et : « Finxit Deus de terra : » et : « Fecit Deus : » hoc demonstratur quod inseparabilia sunt opera Trinitatis. Evidentius hoc in consequentibus demonstratur. Nam cum ventum esset ad id ut homo formaretur, ait Scriptura : « Et dixit Deus : Faciamus hominem ad imaginem et similitudinem nostram. » (*Ibid.*, 26.) Non dixit, faciam ad imaginem et similitudinem meam, ut solus Pater intelligeretur : nec dixit : Fiat, ut Filio veluti juberet facere, per quem facta sunt omnia : nec dictum est : Fecerunt, ut singuli singula in eo conferrent opera sua : sed cum diceretur : « Faciamus hominem ad imaginem et similitudinem nostram, » ut Trinitas unus Deus intelligeretur : statim subjunctum est : « Et fecit Deus hominem, ad imaginem suam fecit illum. » (*Ibid.*, 27.) Ecce per Scripturas sanctas Trinitas unus Deus prædicatur, Arianus convictus aliquando confundatur. Sed audi adhuc hæretice apostolum Paulum convincentem te et docentem me, audi quid de Deo Filio dicat (*Philip.*, II, 6) : « Cum, inquit, in forma Dei esset, non rapinam arbitratus est esse æqualis Deo. » Ille eum prædicat æqualem, tu eum asseris minorem. Cui credendum est, Apostolo, an tibi? Tibi quem totus orbis abjecit, an illi quem totus mundus suscepit? Cedat igitur vel sero convicta perversitas tua, quia jam totum mundum possedit Evangelica et Apostolica doctrina.

CAPUT VIII. — 8. Alia quoque spelunca latronum non bonorum, hæreticorum Pelagianorum, et demonstranda est et cavenda : hæc est enim eorum

sont les hérétiques Pélagiens ; il faut la signaler et prémunir les fidèles contre ce danger ; car leur doctrine est très-pernicieuse. L'Ecriture nous dit : « Maudit l'homme qui se confie dans l'homme, » (*Jérém.*, XVII, 5) puis : « Que celui qui se glorifie ne se glorifie que dans le Seigneur. » (I *Cor.*, I, 31.) Eux au contraire disent à l'homme que pour éviter cette malédiction, il faut qu'il ait confiance en lui-même, et qu'il ne cherche sa gloire qu'en lui-même. Mais pourquoi nous étendre à leur sujet ? N'est-ce pas la promesse que faisait au premier homme le diable leur père, quand il disait : « Non, vous ne mourrez pas; vous serez comme des dieux ? » (*Gen.*, III, 4.) Il méprisa Dieu, il crut au serpent, et il perdit tous ses priviléges. Si le premier homme alors ne fut pas prudent, que l'homme aujourd'hui profite de l'expérience pour l'être. Dieu a en horreur les présomptueux. L'exemple d'Adam nous montre à quoi sert le libre arbitre, abandonné à lui-même, il suffit pour le mal ; mais pour le bien, il faut qu'il soit aidé de Dieu. Le premier homme reçut le libre arbitre avec sa droiture, et Dieu plaça devant lui, comme dit l'Ecriture, « le feu et l'eau, » en lui disant : « Etends la main vers ce que tu voudras. » (*Eccli.*, XV, 17.) Il choisit le feu et laissa l'eau. Voyez le juge avec sa justice. L'homme eut en partage ce qu'il choisit librement ; il voulut le mal, et le mal fut son lot. Mais voyez encore le juste juge dans l'exercice de la miséricorde. Voyant que l'homme, en usant mal de son libre arbitre, avait perdu, dans sa personne comme dans la racine, toute sa postérité, lui-même, sans être prié, descendit du ciel, et, comme l'homme s'était perdu par l'orgueil, il le guérit par son humilité ; il ramena dans la bonne voie ceux qui s'égaraient, et aux voyageurs, il montra la patrie. La nature humaine ne doit donc point se glorifier en elle-même, mais en celui qui est son Créateur.

CHAPITRE IX. — 9. Je laisse les autres sectes hérétiques qui prêchent le Christ comme la voie du salut, mais qui s'égarent loin de la voie ; il me suffira, pour les convaincre et les confondre, de leur citer cette seule parole de celui qui est la véritable voie, et qui dit : « Plusieurs me diront en ce jour : Seigneur, Seigneur, n'avons-nous pas prophétisé en votre nom, chassé les démons en votre nom, et fait beaucoup de prodiges en votre nom ? Et alors je leur dirai : Je ne vous ai jamais connus ; retirez-vous de moi, vous qui opérez l'iniquité. » (*Matth.*, VII, 22.) Vous opérez l'iniquité, en ce que vous troublez l'unité de mon Eglise.

CHAPITRE X. — 10. Pour vous qui allez être les enfants fidèles de notre sainte mère l'Eglise catholique, répandue sur toute la terre, fuyez

---

perversa doctrina. Cum Scriptura dicat : « Maledictus homo qui spem suam ponit in homine; » (*Jerem.*, XVII, 5) et : « Qui gloriatur, in Domino glorietur : » (1 *Cor.*, I, 31) isti contra, hoc maledictum hominem non incurrere promittunt, si de se præsumpserit, vel in se ipso gloriatus fuerit. Sed quid contra hos multa dicamus ? Hoc promisit et pater illorum diabolus illi primo homini : « Non morte, inquit, moriemini : eritis sicut dii. » (*Gen.*, III, 4, 5.) Deum contempsit, serpenti credidit, et quod acceperat perdidit. Si tunc ille homo non fuit cautus, nunc homo caveat vel expertus. Odit Deus præsumptores de viribus suis. Quid enim valeat liberum arbitrium non adjutum, in ipso Adam demonstratum est. Ad malum sufficit sibi; ad bonum non, nisi adjuvetur a Deo. Primus enim ille homo accepit liberum arbitrium rectum, et posuit ante eum Deus, sicut Scriptura dicit, « ignem et aquam : ad quod volueris, inquit, porrige manum tuam. » (*Eccl.*, XV, 17.) Elegit ignem, reliquit aquam, videte justum judicem. Quod elegit homo liber, accepit : malum voluit, hoc illum secutum est.

Videte rursum illum justum judicem misericordiam facientem. Cum videret quod homo totam stirpem suam, male usus libero voluntatis arbitrio, in se tanquam in radice damnasset, ipse non rogatus de cœlo descendit, et (*a*) hominem superbia pereuntem, sua humilitate sanavit : errantes perduxit ad viam, peregrinos, perducit ad patriam. Non ergo glorietur humana natura de se, sed in eo glorietur qui fecit eam.

CAPUT IX. — 9. Jam vero cæteræ sectæ hæreticorum Christum viam prædicantium, sed longe a via errantium, una voce ipsius veræ viæ convincuntur atque confunduntur dicentis : « Multi mihi dicent in illo die : Domine, Domine, nonne in tuo nomine prophetavimus, et in tuo nomine dæmonia ejecimus, et in tuo nomine virtutes multas fecimus ? Et tunc dicam eis : Non novi vos ; recedite a me omnes qui operati estis iniquitatem. » (*Matth.*, VII, 22, 23.) Ideo operati estis iniquitatem, quia Ecclesiæ meæ perturbastis unitatem.

CAPUT X. — 10. Vos autem fidelia germina sanctæ matris Ecclesiæ Catholicæ per universum mundum

---

(*a*) Mss. *humanum genus superbia pereuntem*, aut *pereunte*.

toutes les hérésies. Si quelqu'un vous annonce un autre Evangile, qu'il soit anathème. (*Gal.*, 1, 9.) Suivez les droits sentiers, n'allez ni à droite par la présomption, ni à gauche par le désespoir. Courez avec allégresse dans la voie droite, c'est elle qui vous conduira à la patrie ; à cette patrie dont les anges sont les citoyens, dont Dieu est le temple, dont le Fils est la lumière, et dont le Saint-Esprit est l'amour. C'est la cité sainte, la cité bienheureuse, la cité où l'on ne perd aucun ami, où l'on ne trouve aucun ennemi ; où personne ne meurt, parce que personne n'y prend naissance ; où personne ne souffre, parce que la joie y entretient une vie incorruptible. Lorsque nous serons dans cette patrie, il n'y aura pour nous ni faim ni soif ; la vision seule nous rassasiera. Là, nul besoin de repos, parce qu'il n'y aura point de fatigue. Là, nous n'aurons rien à réparer, parce que rien ne s'usera. Nous vivrons, nous régnerons, nous serons dans la joie. Si c'est déjà un bonheur de parler de la patrie, que sera-ce, quand nous la verrons ? Voir Dieu, vivre avec Dieu, vivre de Dieu. Notre vie sera de louer Dieu et de l'aimer sans fin. Car, dit le prophète, « bienheureux ceux qui habitent dans votre maison, Seigneur, ils vous loueront dans les siècles des siècles. » (*Ps.* LXXXIII, 5.) Mes frères bien-aimés, si nous avons partagé avec vous les fatigues de la navigation et les inquiétudes de la route ; s'il nous en a coûté beaucoup de peine pour vous montrer le repaire des brigands, c'est-à-dire des hérétiques ; si déjà vous apercevez, des yeux du cœur, la patrie céleste, comme nous vous l'avons désignée et montrée, donnez-nous quelque récompense pour notre travail. Donnez quelque chose, mes frères, donnez quelque chose, nous l'exigeons de vous. La récompense que nous exigeons de vous, il faut que nous puissions vous la demander sans rougir, et que vous puissiez l'accorder sans regret. Cette récompense sera plus à votre profit, si vous l'accordez, qu'à votre détriment. Que demandons-nous donc ? Ce n'est ni votre or, ni votre argent, ni votre monnaie, ni rien de vos biens. Ce que nous demandons, c'est qu'en sortant des fonts sacrés du baptême vous nous accordiez le secours de vos prières.

---

diffusæ, fugite omnes hæreses. Si quis aliud evangelizaverit vobis, anathema sit. (*Gal.*, I, 9.) Rectos cursus facite pedibus vestris : non declinetis nec ad dexteram præsumendo, nec ad sinistram desperando. Currite velociter rectam viam : ipsa enim vos perducit ad patriam ; ad illam patriam cujus cives Angeli sunt, cujus templum Deus, cujus splendor Filius, cujus caritas Spiritus sanctus ; civitas sancta, civitas beata, civitas ubi nullus perit amicus, quo nullus admittitur inimicus ; ubi nullus moritur, quia nullus oritur ; nullus infirmatur, quia incorrupta salute lætatur. Cum illuc venerimus, non ibi esuriemus aut sitiemus : visio ipsa satietas nostra erit. Non ibi dormiemus, quia non ibi laborabimus. Nulla cujuslibet rei necessaria erit refectio, ubi nulla erit defectio. Vivemus, regnabimus, lætabimur. Si tantum delectat cum de ea loquimur, quid erit et videre ? Videre Deum, vivere cum Deo, vivere de Deo. Vita enim nostra erit laudare Deum, et sine defectu amare. « Beati enim, ait Propheta, qui habitant in domo tua, Domine, in sæcula sæculorum laudabunt te. » (*Psal.* LXXXIII, 5.) Fratres dilectissimi, si cum navigantibus laboravimus, et viatoribus ducatum præbuimus, si devias fauces latronum, hoc est, hæreticorum sollicite demonstravimus, si ipsam patriam cœlestem declaratam atque demonstratam jam cernitis oculis cordis vestri : reddite nobis fructum laboris nostri. Reddite, Fratres, reddite, exigimus a vobis. Talis est enim merces nostra, quam a vobis exigimus, ut nec nos pudeat petere, nec vos pigeat erogare. Hoc quod exigimus, erogando cumulabitis magis, quam detrimentum patiemini, si non erogaveritis. Quæ est ergo merces nostra ? Non quærimus aurum vestrum, non argentum vestrum, non nummum vestrum, nec quidquam de rebus vestris : sed merces nostra est, ut in illo sancto fonte adjuvetis nos orationibus vestris.

Les sermons suivants, *Sur la quatrième Férie, Sur le Déluge* et *Sur le Temps des barbares*, nous semblent ne pas être de saint Augustin, et nous paraissent apocryphes (1).

SERMON
SUR
LA QUATRIÈME FÉRIE
OU SUR LA CULTURE DU CHAMP DU SEIGNEUR

CHAPITRE I. — 1. Il faut préparer le champ de l'Eglise pour recevoir la bénédiction du ciel et la rosée spirituelle, car la pluie divine va bientôt tomber. Travaillons, mes biens-aimés, dans ce champ qui nous est confié. Notre mission, c'est de planter, d'arroser, de labourer, et de renouveler ; mais c'est à Dieu de donner l'accroissement. L'apôtre saint Paul, docteur des nations pour la foi et pour la vérité, nous a enseigné lui-même par son exemple et par ses leçons cette divine culture, en nous disant : « Moi, j'ai planté, Apollon a arrosé ; mais Dieu a donné l'accroissement. » (I *Cor*., III, 6.) Puis il ajoute : « Nous sommes les coopérateurs de Dieu, et vous, vous êtes le champ que Dieu cultive, et l'édifice que Dieu bâtit. » (*Ibid*., 9.) Et ailleurs : « Soyez mes coopérateurs et proposez-vous l'exemple de ceux qui se conduisent selon le modèle que vous avez vu en nous. » (*Philipp*., III, 17.) Il faut donc, mes frères, que nous travaillions de telle sorte à cultiver ce champ qui nous est confié, que nous puissions recevoir la récompense promise comme un don de sa grâce. Voici le temps, mettons-nous à l'œuvre et travaillons.

2. L'Evangile nous parle de cinq jougs de bœufs, à propos d'un grand festin auquel était invité cet homme qui, ne voulant pas s'y rendre, s'excuse en disant qu'il avait besoin de les éprouver ; car il les avait achetés pour son propre service, et non pour la culture du champ du Seigneur. Quant à nous, servons-nous de ces cinq jougs pour cultiver le champ du Seigneur, en traçant des sillons spirituels dans cette terre endurcie ; en y jetant la semence de la parole de Dieu, en arrachant toutes les épines des mauvaises passions, les déracinant et les brûlant dans le feu divin. Puissions-nous dans ce travail pénible dire avec confiance au Seigneur notre Dieu : Seigneur, Père de famille, nous avons fait cet ouvrage avec le secours de votre

(1) Voyez l'avertissement qui précède les sermons sur le Symbole, pag. 189 de ce volume.

Sequentes Sermones *De quarta Feria, De Cataclysmo*, et *De Tempore barbarico*, dubii nobis sunt, et videntur subditii.

DE QUARTA FERIA (a)
SIVE DE CULTURA AGRI DOMINICI
SERMO

CAPUT I. — 1. Cœlesti gratiæ et spirituali pluviæ præparandus est ager Ecclesiæ, quia imber divinus in proximo est. Operemur, Dilectissimi, in isto agro quod nobis creditum est. Nobis enim datum est, plantare, rigare, arare, novellare : sed Dei est, incrementum dare. Apostolus Paulus doctor gentium in fide et veritate, per se ipsum et operando et monendo hanc nos docuit dominicam exercere culturam, dicens : « Ego plantavi, Apollo rigavit, sed Deus incrementum dedit. » (I *Cor*., III, 6.) Et paulo post : « Dei enim sumus cooperarii, Dei agricultura, Dei ædificatio estis. » (*Ibid*., 9.) Et alibi : « Cooperatores mei estote, fratres, et intendite eos qui sic ambulant sicut habetis formam nostram. » (*Philip*., III, 7.) In ista itaque, Fratres, dominica agricultura, in qua nos Dominus operari præcepit, sic operemur, ut mercedem promissam dono gratiæ accipere mereamur. Tempus est, operemur, laboremus.

2. Quinque juga boum, quæ ille invitatus in Evangelio dum ad cœnam venire nollet, probare se velle dixit, et propterea a cœna se excusavit (*Luc*., XIV, 19), quoniam sibi ea, non agriculturæ dominicæ comparavit : nos ea ipsa quinque juga in agro dominico jungamus, terram durissimam sulcis spiritualibus exaremus, semen verbi Dei projicientes, quascumque spinas malarum cupiditatum invenerimus, evellamus, eradicemus, divino igne succendamus : ut in tali opere laborantes, Domino Deo nostro fiducialiter dicamus, Domine paterfamilias, quoniam te

(a) Sic appellant etiam veteres libri, qui tamen in fine subjiciunt : *Explicit de ultima quarta feria*.

grâce, donnez-nous la récompense que vous avez promise. Que signifient les cinq jougs de bœufs ? Ils signifient les cinq sens du corps, la vue dans les yeux, l'ouïe dans les oreilles, l'odorat dans les narines, le goût dans la bouche, et le tact dans les mains. Et ces sens sont accouplés comme des jougs ; deux yeux, deux oreilles, deux narines, deux mains ; et le goût lui-même a aussi son double sens pour discerner les saveurs, savoir la langue et le palais. Ces cinq jougs servent donc à cultiver la terre, puisqu'en faisant leur service, ils préparent le corps et l'âme ou à produire de riches moissons, si la rosée du ciel vient à tomber, ou à ne donner que d'arides épines, si la terre reste sèche, pour recommencer ensuite leur travail.

Chapitre II. — 3. Mais le Seigneur, qui est notre père de famille, nous ordonne de jeter la semence de sa parole à tout hasard, et sans examiner les différences de la terre. C'est pour cela que dans l'Evangile il nous raconte la parabole de ce serviteur en disant : « Celui qui sème est sorti pour semer son grain ; et pendant qu'il sème; une partie tombe parmi les épines, une partie dans le chemin, une partie sur la pierre, et une autre partie dans la bonne terre. » (*Matth.*, xiii, 3.) Puis dans son explication il disait que la terre épineuse figurait les hommes qui étouffent la parole de Dieu, cette semence si précieuse, sous les épines des passions, sans produire aucun fruit de justice ; et après avoir ainsi interprété la parabole au sujet de la terre pierreuse et du chemin battu, il en vient à la bonne terre et dit : « Mais la semence qui tombe dans la bonne terre, ce sont ceux qui ayant reçu la parole de Dieu, la gardent et la mettent en pratique. » (*Matth.*, xiii, 23.) Car, « ce ne sont pas ceux qui écoutent la loi, qui sont justes aux yeux de Dieu ; ce sont ceux qui la pratiquent, qui seront justifiés. » (*Rom.*, ii, 13.) Il ne faut donc pas, mes bien-aimés, que rien nous arrête, ni les épines, ni les pierres, ni le chemin foulé aux pieds ; pourvu qu'en semant la parole de Dieu, nous puissions arriver quelquefois à la bonne terre. Recevez donc la parole de Dieu dans votre champ, qui que vous soyez, terre stérile ou terre féconde. Pour moi, je sèmerai, c'est à vous de faire fructifier ; je placerai l'argent, voyez ce que vous devez rendre. Il vaut mieux pour nous, qu'on vous demande à vous-mêmes compte de ce que vous avez reçu, que de ne pas placer l'argent et de nous entendre dire : « Serviteur méchant et paresseux, tu devais placer mon argent aux changeurs, et à mon retour j'aurais retiré ce qui est à moi, avec usure. » (*Matth.*, xxv, 26.) Si vous trouvez que vous êtes une terre

adjuvante fecimus opus quod jussisti, redde mercedem quam promisisti. Quæ sunt quinque illa juga boum ? Quinque juga boum, quinque sensus corporis sunt, visus in oculis, auditus in auribus, olfactus in naribus, gustus in faucibus, tactus in manibus. Et ista juga sunt : duo sunt oculi, duæ aures, geminæ nares, duæ manus ; et in ipso gustu geminum quiddam invenitur, quando sapor ipse faucibus atque palato judicante discernitur. Ista ergo quinque juga terram versant, quando suis officiis deservientes animum carnemque (a) parant, aut ad uberes fruges ut ros cœlestis infuderit, aut ad aridas spinas si sicca terra remanserit, et eorum opus in posterum subsequetur.

Caput II. — 3. Sed quoniam nos Dominus atque paterfamilias noster passim et sine ulla discretione cujuslibet glebæ semen verbi sui jacere præcipit : (Inducit enim in Evangelio hujus ministri similitudinem, et dicit : « Ecce exiit seminans seminare : et dum seminat, aliud cecidit inter spinas, aliud in viam, aliud in petrosa, aliud in terram bonam. » (*Matth.*, xiii, 3, etc.) Et cum demonstraret quæ esset spinosa terra, homines videlicet qui verbum Dei spinis cupiditatum præfocant tantum semen, et non reddunt fructus justitiæ ; similiter de alia terra petrosa atque conculcata via, suæ similitudinis propositæ redderet rationem, ad terram bonam pervenit, et ait : « Quod autem cecidit in terram bonam, hi sunt qui cum acceperint verbum Dei, custodiunt illud et faciunt. » (*Ibid.*, 23.) Quia : « Non auditores legis justi sunt apud Deum, sed factores legis justificabuntur. ») (*Rom.*, ii, 13.) Non ergo nos, Dilectissimi, aut timor spinarum, aut saxa petrarum, aut durissima via perterreat : dum tamen seminantes verbum Dei, ad terram bonam tandem aliquando pervenire possimus. Accipe verbum Dei omnis ager, omnis homo, sive sterilis, sive fecundus : ego spargam, tu vide quomodo accipias ; ego erogem, tu vide quales fructus reddas. Melius est enim ut de accepto tu pro te rationem reddas, quam nobis non crogantibus juste dicatur : « Serve nequam et piger, tu erogares, ego veniens cum usuris exigerem. » (*Matth.*, xxv, 26.) Si vero te terram infecundam aut spinosam vel siccam sentis, recurre ad Creatorem

(a) Sic Fuliensium codex. At Er. et plures Mss. loco *parant*, habent *peractam*. Deinde cum Lov. prosequuntur sic : *aut uberes*, etc., *aut aridas*, etc., omisso *ad*.

inféconde, couverte d'épines, ou aride, ayez recours à votre Créateur. Car la grande affaire de cette vie, c'est que vous soyez renouvelé, fécondé et arrosé par celui qui « change le désert en un étang plein d'eau, et les sables du désert en fontaines jaillissantes; là, il a placé ceux qui étaient affamés; là, il leur a fait une cité habitable; ils ont ensemencé les champs, planté les vignes, et ils ont recueilli des fruits en abondance. » (*Ps.* cvi, 35.) De quelle terre? de celle qui était stérile, couverte d'épines et privée d'eau. Et toi, pauvre âme, qui vient trouver le Christ, tu es cette terre couverte de ronces et aride. Est-il bien vrai que tu es ainsi? Rappelle-toi cette sentence prononcée contre les premiers parents, et par conséquent contre toi-même : « La terre, dit le Seigneur, produira pour toi des épines et des chardons. » (*Genèse*, III, 18.) Répondras-tu que tu n'es pas une terre couverte d'épines? Si tu n'avais pas d'épines, tu n'aurais pas mis sur la tête de ton Créateur une couronne d'épines. Puis donc que tu es ainsi, et chargée d'une multitude d'épines, qui sont tes péchés, il faut donc que tu sois cultivée d'une manière convenable, labourée avec le bois de la croix, préparée par la rosée céleste, afin que devenue féconde, sans te glorifier de tes mérites qui ne sont rien, tu rendes de bons fruits, en louant le Christ de ses dons. Veux-tu savoir comment on te cultive, comment la grâce divine vient t'arroser? Ecoute bien : Tu es labourée par la croix du Christ, quand ton front est marqué de son signe; tu es arrosée de son sang, quand tu es baptisée en sa mort. « Nous tous, dit l'Apôtre, qui avons été baptisés dans le Christ, nous avons été baptisés en sa mort. » (*Rom.*, VI, 3.)

CHAPITRE III. — 4. Peut-on dire, sans exagération, que tu es arrosée par le sang du Christ? Voyons si nous pouvons en donner la preuve par quelque comparaison. Car la doctrine de la foi doit être conforme, non pas à nos pensées, mais aux enseignements divins. Soyez donc attentifs, mes bien-aimés, et voyez Judas, ce disciple faux et méchant; il se vend pour vendre, il est voleur et traître, se vend aux Juifs pour être avec eux l'esclave du diable, reçoit un prix d'argent pour celui qui n'a pas de prix, et vendant le sang du Christ, il achète avec l'argent, comme dit l'Ecriture, le champ d'un potier (*Actes*, I, 19), de sorte qu'en perdant le Christ, comme son héritage dans le ciel, il voulait au moins en avoir une partie sur la terre. Mais il ne la posséda même pas, cette partie; car brisé par le remords d'un si grand crime, il se lia par le cou, et tombant sur la face, son corps se rompit. Cependant le champ qu'il acheta fut appelé le champ du sang, comme

---

tuum. Hoc enim nunc agitur, ut innoveris, ut fecunderis, ut irrigeris ab illo, qui « posuit desertum in stagna aquarum, et terram sine aqua in exitus aquarum, et habitare fecit illic esurientes, et constituerunt civitatem habitationis, et seminaverunt agros, et plantaverunt vineas, et fecerunt fructum frumenti. » (*Psal.* cvi, 35, etc.) Ex qua terra? Ex illa sterili, spinosa, et inaquosa. Et tu unaquæque anima quæ accedis ad Christum, terra es spinosa et arida. Unde probamus, quia talis es? Recole illam sententiam, quam in primis parentibus accepisti, et invenies quid inde traxisti. « Spinas, inquit, et tribulos pariet tibi. » (*Gen.*, III, 18.) An respondebis, non te esse terram spinosam? Si spinas non haberes, capiti Creatoris tui coronam spineam non imponeres. Quia ergo et tu talis es, spinarum multitudine, id est peccatorum, prægravata es : ideo tibi talis cultura impenditur, propterea crucis ligno exararis, propterea cœlesti pluviæ præpararis, ut cum fecunda effecta fueris, non gratuleris de tuis quæ nulla sunt meritis, sed reddens bonos fructus Christi prædices gratiam. Vis nosse qualis tibi adhibeatur cultura, qualis te desuper perfundat gratia? Ecce agnosce, Christi cruce exararis, quando ejus signo in fronte signaris : ejus sanguine rigaris, quando in morte ipsius baptizaris. « Quotquot enim, ait Apostolus, in Christo baptizati sumus, in morte ipsius baptizati sumus. » (*Rom.*, VI, 3.)

CAPUT III. — 4. Multum est quod dictum est, ejus sanguine rigaris. Videamus quomodo per aliquam similitudinem hoc quod diximus probare possimus. Non enim nostris sermonibus, sed documentis divinis fides accommodanda est. Ecce, intendite, Dilectissimi, Judas ille malus et falsus discipulus, venalis et venditor, fur et traditor, emptus a Judæis, ut cum eis mancipium esset diaboli, pretium accipiens de illo qui non habet pretium, venditor sanguinis Christi, ex ipso pretio, ut Scriptura narrat (*Act.*, I, 19), emit sibi agrum figuli : ut is qui hæreditatem integram Christum non habebat in cœlo, partem aliquam habere vellet in sæculo. Quam nec ipsam possedit, quia sceleris tanti facti sibimet conscius, collum sibi alligavit, et prostratus in faciem disruptus est medius. Ager tamen ille qui ab eo comparatus est, vocatus est ager sanguinis, quoniam ex pretio comparatus est tanti sanguinis. Vendidit discipulus sanguinem

étant le prix d'un sang si précieux. Le disciple vendit le sang de son maître, et en acheta le champ d'un potier. Qu'est-ce que cela veut dire? Pensons-nous, mes bien-aimés, que tout cela soit insignifiant, ou cette vente, ou cet achat, ou cette Passion mystérieuse du Christ? Judas, dit l'Ecriture, a acheté le champ d'un potier, et ce champ fut appelé le champ du sang. Tout crie en cette lamentable histoire, et cette terre achetée au prix de cet argent, et ce prix lui-même, et ce sang du juste, et cet Abel innocent tué par un frère impie, tout crie. Car, mes bien-aimés, l'histoire de la Passion du Christ et de la trahison de Judas nous est donnée en figure dans l'histoire des deux premiers frères, Caïn et Abel, lorsque le frère aîné tua son frère le plus jeune; l'innocence fut la victime de la jalousie, et la piété de la scélératesse. Dieu alors interroge Caïn, et comme s'il ne savait pas, comme s'il eût ignoré, il lui dit : « Où est ton frère Abel ? » (*Gen.*, IV, 9.) Celui qui parle n'ignore rien, mais il met le crime sous les yeux du coupable, pour l'avertir et le rendre inexcusable, s'il ne veut pas se repentir de son crime. « Où est ton frère Abel ? » Comme s'il eût dit : Vois, Caïn, que je ne peux pas ignorer ce que tu as cru pouvoir me cacher ; reconnais ton crime, fais pénitence, pour pouvoir obtenir ton pardon. Mais cet homme, plus endurci encore, plus obstiné dans son crime, dépravé dans son âme, quand Dieu lui dit : « Où est ton frère, » lui répond : « Je n'en sais rien. Est-ce que je suis le gardien de mon frère ? » Que dis-tu, Caïn ? à qui dis-tu : « Je n'en sais rien ? » Tu parles à celui qui voit tout de ses yeux. Quelle est cette parole : « Est-ce que je suis le gardien de mon frère ? » Ton crime n'a laissé dans ton cœur aucune crainte de Dieu. Et le Seigneur lui dit : « Qu'as-tu fait ? La voix du sang de ton frère crie de la terre jusqu'à moi. » (*Gen.*, IV, 10.) Car si tu étais le gardien de ton frère, tu ne serais pas son meurtrier. Si tu n'avais pas méconnu la fraternité, tu n'aurais pas commis un si grand forfait. Si tu avais la crainte de mon jugement, tu ne serais pas devenu fratricide. « La voix du sang de ton frère crie de la terre jusqu'à moi. Et maintenant, dit le Seigneur, tu seras maudit sur la terre. » Ce n'est pas la terre qui sera maudite, mais « toi-même, tu seras maudit sur cette terre, qui a bu le sang de ton frère versé par ta main. » (*Gen.*, IV, 11.) O terre, reconnais déjà que tu es arrosée par le sang du juste, confonds le coupable qui nie, et reçois le sang de la victime qui crie. Faisons maintenant comparaître Judas et les Juifs, ou plutôt tous les Juifs dans la personne de Judas. Que le Seigneur appelle Judas et qu'il lui dise : Judas, où est le Christ ton frère? Oseras-tu dire,

magistri, et emit exinde agrum figuli : quid est hoc? Putamus, Dilectissimi, vacare hanc actionem in illa venditione vel emptione, vel in ipsa Christi mystica passione? Comparavit, ait Scriptura, Judas agrum figuli, et vocatus est ager ille, ager sanguinis. Clamat hæc terra quali vel quo pretio fuerit comparata, imo pretium ipsum clamat, sanguis ipse clamat, Abel ille justus ab impio fratre occisus clamat. Namque, Dilectissimi, cum hæc similitudo passionis Christi et nequitia Judæ ac Judæorum in illis duobus primis monstraretur fratribus, Cain et Abel, postea quam a majore fratre minor occisus est, ab invido innocens peremptus est, a scelerato pius interfectus est, interrogat Deus Cain, quasi nescius, quasi ignarus, et dicit : « Ubi est Abel frater tuus ? » (*Gen.*, IV, 9.) Quæ vox non est ignorantis, sed peccatum ante oculos scelerati ponentis; ut inexcusabilis sit omnis homo, qui ad admonitus pœnitere non vult in malo. « Ubi est Abel frater tuus? » hoc fuit dicere ei : Agnosce Cain, non me potuisse latere id quod me putasti posse latere : agnosce quid feceris, de proximo age pœnitentiam, ut possis accipere indulgentiam. Verum ille sensu durior, in scelere pertinacior, moribus perversis in anima percussus, respondet Deo dicenti : « Ubi est frater tuus ? » et dicit : « Nescio. Numquid ego custos sum fratris mei ? » Quid dicis Cain ? cui dicis : « Nescio ? » Cum illo loqueris qui omnia videt oculis suis. Quid est quod dicis : « Numquid ego custos fratris mei sum ? » Talia perpetrando repulisti a te in omnibus timorem Dei. Et Dominus illi : « Quid fecisti? Vox sanguinis fratris tui clamat ad me de terra. » (*Ibid.*, 10.) Si enim esses fratris tui custos, ejus non esses interfector. Si agnosceres fraternitatem, tantam non committeres immanitatem. Si timeres meum judicium, in fratrem non committeres parricidium. « Vox sanguinis fratris tui clamat ad me de terra. Et nunc, ait Dominus, maledictus tu a terra. » Non maledicta terra, sed, « maledictus tu a terra, quæ accepit sanguinem fratris tui de manu tua. » (*Ibid.*, 11.) Agnosce jam terra, quoniam sanguine rigata es innocentis, convince vocem negantis, suscipe sanguinem confitentis. Interrogentur et nunc Judas et Judæi, imo in Juda omnes Judæi. Interroget Dominus Judam, et dicat ei, Juda, ubi est Christus frater tuus? An forte dicturus es, o male frater, quod Christus tuus non fuit

ô frère dénaturé, que le Christ ne fut pas ton frère ? Que le Seigneur lui-même nous dise qu'il fut ton frère. Dites-nous, Seigneur Jésus-Christ, si Judas fut votre frère. Il répond : Il le fut, mais il ne l'est plus ; il ne méritait pas de l'être ; il le fut, mais il ne l'est plus ; car je parlais de tous, quand je disais à mon Père : « J'annoncerai votre nom à mes frères. » (*Ps.* XXI, 23.) Tu vois donc, ô Judas, que le Christ fut ton frère. « Où est ton frère ? » Réponds, parle, continue, dis comme l'autre : « Je ne sais pas ; est-ce que je suis le gardien de mon frère ? » Non, tu n'as pas été son gardien, puisque tu l'as trahi et vendu. Dis donc : « Suis-je le gardien de mon frère, » afin qu'on te réponde aussi : « La voix du sang de ton frère crie de la terre jusqu'à moi. » Car que dit tout homme qui est terre, puisque « le premier homme formé de terre était terrestre, » (I *Cor.*, XV, 47) et comme « il était terrestre, les enfants sont aussi terrestres ? » Que dit donc tout homme qui est terre, quand il reçoit le sang du Christ ? Il dit *Amen.* Que veut dire *Amen?* cela est vrai. Qu'est-ce qui est vrai ? que le sang du Christ a été répandu. Par qui ? par Judas le traître. Tout homme qui est terre dit donc cela, quand il dit, quand il crie *Amen.* C'est ainsi, ô Judas, que « la voix du sang de ton frère crie de la terre jusqu'à moi. » Nous avons prouvé que vous êtes arrosé de son sang.

CHAPITRE IV. — 5. Vois donc, ô terre, comment tu reçois le sang du Christ. Celui qui le reçoit bien reçoit la bénédiction ; celui qui le reçoit mal boit son jugement. C'est ce que figurait ce champ de Judas, appelé le champ du sang, et dont on dit encore : « Que cette campagne devienne désolée. » (*Actes*, I, 20.) Si tu appartiens à Judas, si tu imites sa conduite, si tu reçois le sang du Christ sans crainte et sans respect, tu seras une campagne déserte, maudite, réprouvée et couverte de ronces. Mais si tu reçois le sang du Christ avec révérence, tu sauras que par lui tous tes péchés sont remis, parce que le champ acheté par Judas fut appelé le champ du potier. « Le potier n'a-t-il pas le pouvoir de faire de la même masse d'argile un vase d'honneur, et un autre destiné à l'opprobre ? » (*Rom.*, IX, 21.) O terre arrosée d'un sang si précieux, réponds, non comme Caïn et Judas, des paroles d'excuse, mais comme les saints martyrs des paroles de témoignage. Réponds, ainsi que répondit le bienheureux Etienne, qui travailla beaucoup comme un bon cultivateur dans le champ du Seigneur, mit le genou en terre, et blessé sur cette terre pierreuse, il recueillit pour ainsi dire dans son sein les pierres qui meurtrirent son corps, et exténué de travail, il arrosa la terre de son sang, offrant au Seigneur, comme martyr, des fruits au cen-

frater ? Convincat te prius ipse Dominus quod tuus fuerit frater. Dic nobis, Domine Jesu Christe, utrum Judas fuerit frater tuus. Respondet : Et si fuit, fuit : non enim eo quod fuit, et si fuit, fuit : ego enim generaliter de omnibus Patri meo dixi : « Annuntiabo nomen tuum fratribus meis. » (*Psal.* XXI, 23.) Ecce Juda convictus es, quod Christus fuerit frater tuus. « Ubi est frater tuus ? » Responde, dic, sequere, dic quod dixit et ille : « Nescio. Numquid ego sum custos fratris mei ? » Non enim et tu fuisti custos, qui et proditor factus es et venditor. Dic : « Numquid sum custos fratris mei ? » ut respondeatur et tibi : « Vox sanguinis fratris tui clamat ad me de terra. » Quid enim dicit omnis homo terra ? « Primus enim homo de terra terrenus ; » (I *Cor.*, XV, 47, 48) et : « Qualis terrenus, tales et terreni. » Quid dicit omnis homo terra, quando accipit sanguinem Christi ? « Amen » dicit. Quid est : « Amen ? » Verum est. Quid est verum ? Quia fusus est sanguis Christi. Quo faciente ? Discipulo Juda tradente. « Amen » dicendo, verum damnando dicit hoc omnis homo terra. Ecce Juda, « vox sanguinis fratris tui clamat ad me de terra. » Probavimus, quia ejus sanguine rigaris.

CAPUT IV. — 5. Vide terra quomodo accipias hunc sanguinem : quia qui eum bene accipit, accipit benedictionem : qui vero eum male accipit, judicium sibi bibendo acquirit. Hoc figuratum est et in illo agro Judæ, de quo dictum est quod esset ager sanguinis : secutum est enim ut diceretur : « Fiat villa ejus deserta. » (*Act.*, I, 20.) Si enim ad Judam pertines, si facta ejus imitaris, si sanguinem Christi non cum timore et tremore accipis ; eris villa deserta, maledicta, reproba et spinosa. Si autem sanguinem Christi tota cum reverentia percipis, cognosces per illum tua tibi dimitti peccata, quoniam ager ille quem comparavit Judas, figuli dictus est : « Habet potestatem figulus luti, ex eadem conspersione aliud quidem vas facere in honorem, aliud in contumeliam. » (*Rom.*, IX, 21.) O terra tanto rigata sanguine, responde tanto sanguini, non sicut Cain et Judas verba excusationis, sed sicut sancti Martyres verba confessionis. Responde sicut respondit beatus Stephanus, qui in isto agro dominico ut bonus colonus plurimum laborando genu fixit, atque de terra petrosa vulneratus, ex ea lapides in suo corpore tanquam in sinu suo collegit : et sudando in opere, terram sancto sanguine rigando cen-

tuple. Réponds comme répondit Cyprien, Laurent, et tant d'autres jeunes gens et jeunes filles, de tout âge, de tout sexe, qui recevant le sang du Christ, ont rendu témoignage, sans aucune hésitation, ont versé leur sang pour le sang qu'ils ont bu, et ont mérité de régner éternellement avec Perpétue et Félicité. Instruit par l'ange de la révélation dans l'Apocalypse, Jean « vit une troupe nombreuse, que personne ne pouvait compter. » (*Apoc.*, VII, 9.) Comme il demandait quelle était cette troupe, on lui répondit : « Ce sont ceux qui ont lavé leurs robes et qui les ont blanchies dans le sang de l'agneau. » (*Ibid.*, 14.)

CHAPITRE V. — 6. Tu sais maintenant, âme chrétienne, comment tu as été blanchie, et comment tu es sortie toute belle à l'intérieur et à l'extérieur de la fontaine du Christ, étant consacrée dans son sang. Qu'est-il sorti du côté du Crucifié ? le sang et l'eau. Le sang qui empourpre, et l'eau qui fait éclater la blancheur. Voilà les deux éléments mystérieux qui embellissent les âmes, dont se forme cette belle et unique Epouse qu'on appelle l'Eglise, à qui l'on dit dans le Cantique des cantiques : « Que tu es belle, ma sœur, ma bien-aimée, que tes joues sont séduisantes ! » (*Cant.*, IV, 4.) Le Christ l'ayant faite lui-même si belle, et lui ayant donné cette merveilleuse beauté, il la regarde, il l'admire, il s'écrie, et demande à tous ceux qui l'entourent : « Quelle est celle-ci qui monte aussi blanche que la neige ? » (*Cant.*, VIII, 5) et on lui répond : « C'est la justice qui vous aime. Elle est debout comme une reine à votre droite, ses vêtements sont resplendissants d'or et de broderies. » (*Psaume* XLIV, 10) et la variété des langues des diverses nations forme sa décoration. L'Epouse entend la voix de son Epoux qui lui dit : « Quelle est celle-ci qui monte aussi blanche que la neige ? » Elle lui répond comme malgré elle avec modestie, et dit à son Epoux : Vous me demandez qui je suis, avec mon vêtement de blancheur ? Je suis celle qui était toute souillée, et que vous avez rendue si belle. Je suis celle dont vous avez exaucé la prière, en me faisant chanter avec le Psaume : « Vous me laverez, et je deviendrai plus blanche que la neige. » (*Ps.* L, 9.) Pourquoi admirez-vous ma beauté qui est votre ouvrage ? pourquoi cherchez-vous à savoir ce que vous avez fait vous-même ? Vous me voyez pure et brillante, et c'est vous qui m'avez faite plus blanche que la neige. Vous me voyez relevée ; c'est parce que je vous ai connu dans vos abaissements, et que je vous ai aimé suspendu à la croix. Votre humilité a été mon élévation, et vos ignominies ma beauté. Si vous n'étiez pas descendu de la croix tout meurtri, je ne remonterais pas toute

tenum fructum ex martyrio Domino præsentavit. Responde sicut respondit Cyprianus, Laurentius, cæterique sancti pueri et puellæ, ætas omnis et uterque sexus, qui percipientes sanguinem Christi, testimonium dicentes, et non negantes nomen Christi, pro sanguine quem biberunt, sanguinem suum fundere non dubitaverunt, simulque cum Perpetua et Felicitate in æternum regnare meruerunt. Hoc in Apocalypsi revelante Angelo, Joannes « vidit turbam multam, quam dinumerare nemo poterat. » (*Apoc.*, VII, 9.) Hanc requirens quænam esset, responsum tale accepit : « Hi sunt, dictum est, qui laverunt stolas suas, et candidas eas fecerunt in sanguine agni. » (*Ibid.*, 14.)

CAPUT V. — 6. Jam agnoscis anima Christiana, quemadmodum et tu ex illo sanguine efficiaris candida, ut omnis et corpore et corde pulchra ascendas de fonte Christi consecrata in sanguine. Quid enim manavit ex illo latere crucifixi ? Sanguis et aqua : ex sanguine rubor, ex aqua splendor. In istis duobus sacramentis decorantur singulæ animæ, ex quibus una illa pulchra efficitur sponsa Ecclesia, cui dicitur in Cantico canticorum : « Quam speciosa es soror mea, dilecta mea, quam speciosæ sunt genæ tuæ. » (*Cant.*, IV, 1.) Et cum ipse eam talem fecerit, ipsamque pulchritudinem ei ipse donaverit, videns eam talem quasi miratus exclamat, atque circumstantes interrogans dicit : « Quænam est hæc quæ ascendit dealbata ? » (*Cant.*, VIII, 5.) Et illi : « Æquitas dilexit te. » Ipsa est « regina quæ astitit a destris tuis in vestitu deaurato, circumamicta varietate, » (*Psal.* XLIV, 18) linguarum diversarum gentium varietate decorata. Audiens hæc sponsi sui vocem dicentis : « Quænam est hæc quæ ascendit dealbata ? » verecunde etiam ipsa respondere cogitur, et dicit suo sponso : De me interrogas quænam sim quæ ascendit dealbata ? Ego sum quam fœdam invenisti, pulchramque fecisti. Ego sum cujus preces audisti, quando me in Psalmo cantare fecisti : « Lavabis me, et super nivem dealbabor. » (*Psal.* L, 9.) Quid ergo miraris pulchritudinem meam, cum scias hanc esse opera tua ? Quid interrogas, quod ipse fecisti ? Vides me dealbatam, tu lotam super nivem fecisti candidam. Ut videas me ascendentem, te cognovi de cœlo descendentem, te amavi in cruce pendentem. Humilitas tua facta est exaltatio mea, fœditas tua facta est pulchritudo mea. Nisi enim tu de cruce vulneratus descenderes, ego deal-

blanche de la fontaine sacrée. On a bien dit que « l'amour est fort comme la mort. » (*Cant.*, VIII, 6.) Combien s'est abaissé l'Epoux, puisque pour laver de ses souillures, et rendre belle celle qu'il aimait, il a voulu se livrer à la mort ! « Le Seigneur, dit le prophète, est sorti par la mort. » (*Ps.* LXVII, 21.) « Nous l'avons vu, dit un autre, et il n'avait plus ni éclat ni beauté. » (*Isaïe*, LIII, 2.) Pourquoi vous en étonner ? C'est l'amour qui l'a poussé jusque-là.

7. Pierre ne put supporter cet état d'humiliation, lorsque, le Seigneur lui prédisant sa Passion, il lui répondit : « Que cela soit loin de vous, Seigneur, il ne vous arrivera rien de tel. » (*Matth.*, XVI, 22.) Mais le Seigneur blâma un tel sentiment, et traita durement son apôtre, en disant : « Retire-toi de moi, Satan, tu ne sens pas ce qui est de Dieu, mais ce qui est des hommes. » (*Ibid.*, 23.) Pierre s'imaginait que toute la beauté de la divinité pouvait être renfermée dans la beauté du corps humain ; et il ne savait pas qu'il s'agissait d'un grand mystère, c'est que le Christ devait en quelque sorte se dépouiller de sa beauté, pour en revêtir celle qu'il daignait s'unir comme épouse, l'Eglise. Car en donnant il ne perdait rien ; son don était un prêt qui lui rapportait. Le Christ donna, l'Eglise reçut, possédant alors ce qu'elle n'avait pas, sans que le Christ perdît rien de ce qu'il donna, puisqu'il ressuscita des morts avec la même beauté. Pierre, pourquoi trembles-tu, comme si le Christ avait perdu son magnifique vêtement, lorsque tu le vois tout nu attaché à la croix ? Ne tremble pas, ne crains rien, ne le renie pas ; il n'a pas perdu sur la croix cette tunique de la divinité et de l'immortalité ; c'est qu'il l'a donnée comme dot à son Epouse. Tu l'as vu, ô Pierre, lorsqu'il n'avait plus ni éclat ni beauté, et tu as renié tout à coup celui que tu avais aimé jusqu'à tout quitter pour le suivre ; tu l'as renié, non pas une seule fois, mais étant dans la cour du grand-prêtre, une servante t'interroge, et tu le renies trois fois. (*Matth.*, XXVI, 75.) Le coq chante, ta présomption est confondue, selon la prédiction de ton maître que tu as renié ; il te regarde, et son regard pénètre jusqu'au fond de ton cœur, et pour exciter tes larmes amères, ce Dieu lui-même s'entretenait en quelque sorte silencieusement avec toi et te disait : Où est, Pierre, cette belle maxime : « Si tu as un ami, ne l'abandonne pas dans les jours d'épreuve ? » (*Eccli.*, VI, 7.) Où est cette autre : « Dans le temps de la tribulation reste-lui fidèle, afin que tu partages son héritage ? » (*Ibid.*, XXII, 19.) Où est, Pierre, cette protestation : « Je donnerai ma vie pour vous ; » (*Jean*, XIII, 38) et cette autre : « Avec vous jusqu'à la mort ? » (*Luc*, XXII, 33.) Quelle promptitude à renier

---

bata de fonte non ascenderem. Vere dictum est, quia « valida est sicut mors dilectio. » (*Cant.*, VIII, 6.) Quo usque se sponsus hic inclinavit, qui tantum amando fœdam ut faceret pulchram, usque ad mortis exitum venit ? « Et Domini, inquit, mortis exitus. » (*Psal.* LXVII, 21.) « Vidimus enim eum, ait Propheta, et non habebat speciem, neque decorem. » (*Isa.*, LIII, 2.) Quid miraris ? Amando talis factus est.

7. Hanc tamen amissionem decoris hujus timuit Petrus, quando prænuntianti Domino passionem suam, dixit : « Absit a te, Domine, propitius tibi esto, ne fiat istud. » (*Matth.*, XVI, 22.) Sed ille talia sapientem increpavit, et Apostolum diabolum vocavit dicens : « Redi retro satanas, non enim sapis quæ Dei sunt, sed quæ sunt hominum. » (*Ibid.*, 23.) Æstimavit enim Petrus totam illam divinitatis pulchritudinem absorberi potuisse in corporis humani specie, et nesciebat agi illud magnum sacramentum, quod propterea se illam pulchritudinem quodam modo exspoliaret, ut quam sibi conjungeret dignabatur sponsam Ecclesiam, eamdem ipsam pulchritudinem ipse vestiret. Non enim dando perdebat illud, quod erogando crescebat. Ille dedit, hæc accepit ; et ista quod non habuit invenit, et ille dando quod dedit non amisit, quia cum ipsa pulchritudine a mortuis resurrexit. Quid expavescis, Petre, quasi perdiderit Christus illam pulchram vestem, quando eum nudum intendebas in ligno pendentem ? Noli expavescere, noli timere, noli negare : tunicam illam divinitatis atque immortalitatis Christus non perdidit in cruce, quia sponsæ suæ eam consignavit in dote. Vidisti eum o Petre non habentem speciem neque decorem, et continuo negasti illum, quem omnibus relictis tuis amasti : et non solum semel, sed stans in atrio Sacerdotis ab una ancilla tertio interrogaris, et negas. (*Matth.*, XXVI, 75.) At ubi te gallo canente convicit præsumptorem, qui prædixerat antea negatorem : respexit te intus in corde, et ut amare fleres, intus quodam modo tecum tacite loquebatur illa ipsa ejus divinitas, et dicebat tibi : Ubi est, Petre : « Si possides amicum, in tentatione posside eum ? » (*Eccli.*, VI, 7.) Ubi est : « In tempore tribulationis illius permane illi fidelis, ut et in hæreditate illius cohæres sis ? » (*Eccli.*, XXII, 19.) Ubi est, Petre : « Animam meam pro te ponam ; » (*Joan.*, XIII, 38) et : « Tecum usque ad mortem ? » (*Luc.*, XXII, 33.) Quam celeriter negasti

comme un homme déjà mort celui qu'auparavant tu avais confessé comme le Fils du Dieu vivant! Pendant qu'il te parlait ainsi au cœur, son regard divin te pénétra, et ton cœur fut ému ; la bonté fut reconnue, et il n'y eut plus d'amertume ; la charité entra dans ton cœur, et l'iniquité fut effacée ; l'amour revint, et la crainte s'enfuit. Voilà que celui qu'il avait renié, comme n'ayant plus ni éclat ni beauté, il le reconnaît, au jour de sa résurrection, comme le plus beau des enfants des hommes ; il voit aussi l'Epouse qu'il s'est unie, il la voit revêtue de cette tunique d'immortalité, qu'il avait cru perdue, il la reconnaît sous ce vêtement, et lui, Pierre, il parle à cette Epouse, il l'exhorte à conserver la dignité de ce vêtement, en disant à l'âme humaine : « Le Christ a souffert pour vous, et vous a laissé un exemple pour que vous le suiviez. » (I *Pierre*, II, 21.) Marche, ô Epouse, marche sur les traces de ton Epoux ; ne crains rien, et ne quitte jamais la société de ton bien-aimé. Aime celui qui t'aime ; car il t'a aimée le premier, quand tu ne l'aimais pas encore. Cherche-le, quand il te cherche ; car il t'a recherchée, lorsque tu ne le cherchais pas encore. Recherche ton Epoux et dis-lui « Où conduis-tu tes brebis ? où reposes-tu au milieu du jour ? Je ne veux pas être comme inconnue autour des troupeaux de tes compagnons. » (*Cant.*, I, 6.) Puisque tu m'as tant aimée, puisque tu as versé ton sang pour moi, puisque tu as placé ma demeure au milieu du soleil ; « il ne faut pas que je sois comme une inconnue autour des troupeaux de tes compagnons. » (*Ps.* XIII, 6.)

CHAPITRE VI. — 8. Mais voilà qu'en te cherchant là où tu conduis tes troupeaux, là où tu les fais reposer au midi, c'est-à-dire en Afrique ; quoique ce pays soit au couchant ; malgré que ton nom soit dans toutes les bouches du couchant à l'aurore (*Ps.* CXII, 3), je rencontre des hommes qui te prêchent d'une manière impudente, cherchant leurs intérêts, et non ceux de ta gloire ; pendant que je te cherche au midi, c'est-à-dire en Afrique, voilà que les troupeaux de tes compagnons, c'est-à-dire les écoles empestées des hérétiques, les Manichéens trompeurs, les Pélagiens corrupteurs, les Ariens orgueilleux, m'insultent comme une étrangère et une inconnue et me disent : Qui cherches-tu ? « Tu cherches le Christ ? voici qu'il est ici ; voici qu'il est là. » Mais tu m'as prévenue et tu m'as dit : « S'ils te disent : Voici qu'il est ici, voici qu'il est là, ne les écoute pas ; » (*Matth.*, XXIV, 23) sachant que tu es tout entier, et que tu n'aimes pas les divisions, mais l'unité, je suis devenue pour eux une inconnue, et comme une vagabonde ; et ils me tournent en dérision, parce qu'ils ne te connaissent pas. Du reste, que m'importe d'avoir à subir de leur part cette ignominie, puisque jusqu'à présent tu as sup-

---

quasi hominem mortuum, quem antea confessus fueras vivi Dei Filium ! Hæc dum ille tecum in corde sermocinaretur, respexit divinitas, et flevit humanitas : agnita et dulcedo et periit amaritudo : suscepta est caritas, et deleta est iniquitas : rediit amor, et fugatus est timor. Ecce subito quem negaverat, quia non habebat speciem neque decorem, agnoscit resurgentem speciosum forma præ filiis hominum, conjunctamque illi videt sponsam, tunicam illam immortalitatis, quam antea Petrus timuerat perituram, indutam videt : cognoscit quod tali sit circumamicta veste, et alloquitur illam ipsam sponsam Petrus, ut servet hujus tunicæ dignitatem, et dicit animæ humanæ : « Christus pro vobis passus est, relinquens vobis exemplum, ut sequamini vestigia ejus. » (I *Petr.*, II, 21.) Sequere sponsa, sequere vestigia sponsi tui : nullus te metus revocet a consortio dilecti tui. Ama amantem, quia prius ille amavit non amantem : require requirentem, quia prius ille quæsivit non quærentem. Require, et dic sponso tuo : « Ubi pascis, ubi cubas in meridie? Ne forte fiam sicut operta super greges sodalium tuorum. » (*Cant.*, I, 6.) Quam sic dilexisti, pro qua sanguinem fudisti, cujus tabernaculum in sole posuisti : « Non fiam sicut operta super greges sodalium tuorum. » (*Psal.* XIII, 6.)

CAPUT VI. — 8. Ecce dum te quæro ubi pascas, ubi cubes in meridie, meridies Africa est, quæ in solis occasu est, et tamen quia ab ortu solis usque ad occasum laudatur nomen tuum (*Psal.* CXII, 3), et sunt qui te prædicant non caste, quærentes quæ sua sunt, non quæ tua sunt, dum te quæro in meridie, id est in Africa, ecce greges sodalium tuorum, scholæ pessimæ hæreticorum, fraus Manichæorum, nequitiæ Pelagianorum, superba congregatio Arianorum, insultant velut opertæ, id est, velut incognitæ, et dicunt mihi : Quem quæris? Christum quæris? Ecce hic est, ecce illic est. Tu autem quia me admonuisti dicens : « Si autem dixerint : Ecce hic est, ecce illic est, ne abieris post eos ; » (*Matth.*, XXIV, 23) cum te noverim ubique totum esse, non partes defendere, sed unitatem diligere, facta sum illis incognita et velut operta : et derident me, quia nesciunt te. Et quid

porté leurs injures? En effet, ils ne veulent pas que tu sois un avec le Père, et mettant la division entre le Père et le Fils, entre l'Epoux et l'Epouse, ils se rendent coupables d'un grand sacrilége, et causent à leur âme un préjudice incalculable, en supposant que tu n'es pas l'unique époux d'une seule épouse, ni le médecin fidèle et intègre de nos âmes. Pour toi, âme chrétienne, qui dois sortir de la fontaine sacrée, toute revêtue de pourpre et d'éclat, embellie de tous les charmes de la candeur, conserve ta beauté; n'oublie pas ce que tu as été et ce que tu seras, et garde-toi d'abandonner la table de ton Epoux. Pour rester belle, tu te nourriras tous les jours de sa chair; pour avoir la vie éternelle, tu boiras son sang; ne quitte pas cette table. Fuis les festins somptueux des hérétiques, car ce qu'on y sert en abondance, pour assouvir la faim dépravée des disputes, n'est qu'une pâture immonde ou à demi-rongée. Il n'y a rien d'intact ni de sain, là où le Père, le Fils et le Saint-Esprit ne sont pas un. La table de ton Epoux t'offre un pain pur et un calice saint; ce pain, quoique brisé et rompu dans la Passion, est cependant resté tout entier dans son unité indivisible avec le Père. Le Seigneur lui-même disait de ce pain et de ce calice : « Le pain que je donnerai, c'est ma chair, pour la vie du monde; et le calice que je sanctifierai, c'est mon sang, qui sera répandu pour vous pour la rémission des péchés. » (*Jean*, VI, 52.) Il avait dit auparavant : « Si vous ne mangez la chair du Fils de l'homme, et si vous ne buvez son sang, vous n'aurez point la vie en vous. » (*Ibid.*) Les disciples entendant cette parole sans la comprendre, disaient : « Cette parole est dure, et qui la peut ouïr ? » (*Ibid.*, 61.) Et plusieurs se scandalisèrent de cette parole et s'éloignèrent. Ce que voyant Jésus, il dit aux autres : « Et vous, ne voulez-vous point vous en aller aussi ? » (*Ibid.*, 68.) Alors Pierre, qui représentait la sainte Eglise, répondit pour tous : « Seigneur, à qui irons-nous ? vous avez les paroles de la vie éternelle, et nous pourrions vous abandonner ? » (*Ibid.*, 69.) Voyez, mes bien-aimés, comment on se retire, et comment on reste. Ceux qui se retirèrent, parce qu'ils ne comprirent pas la parole du Christ, ne furent plus ses disciples, mais ils devinrent hérétiques; ceux qui restèrent, conservèrent la parole de vie. Reconnaissez, ô hérétiques, comment vous nous avez quittés, en disant que notre Christ est inférieur à son Père. Vous n'avez pas voulu rester avec lui, parce que vous n'avez pas compris qu'il ne fait qu'un avec le Père; vous l'avez quitté, en ne conservant pas la parole de vie. Vous n'avez pas en vous celui qui reste égal avec son Père. Ecoutez-le, et vous verrez qu'il demeure avec son Père. « Si

---

magnum, quia ego ab eis sustineo tale opprobrium, cum tu eorum nunc usque contumeliosum sustineas verbum? qui te cum Patre nolunt esse unum, sed dividendo inter Patrem et Filium, inter sponsam et sponsum, magnum incurrunt sacrilegium, magnum suæ animæ inferunt morbum; quia nec te unius unicum sponsum, nec fidelem atque integrum habere desiderant medicum. Tu autem, anima Christiana, quæ ascensura es ex sacratissimo fonte, rubore atque decore perfusa, speciosa nimis, et candida, serva decorem tuum : agnosce quid fueris et quid eris, vide ne deseras mensam sponsi tui. Ut pulchra permaneas, carnes ejus quotidie manducabis : ut vitam æternam habeas, sanguinem ejus potabis : vide ne deseras hanc mensam. Plurimos apparatus hæreticorum fuge : et si plurima illic pravis disputationibus apponuntur, aut fœda sunt, aut semesa sunt. Non est enim illic quidquam integrum, ubi Pater et Filius et Spiritus sanctus non est unum. Mensa sponsi tui panem habet integrum, et calicem sanctum : quem panem etsi confractum comminutumque vidimus in passione, integer tamen mansit in illa sua cum Patre individua unitate. De isto pane et de isto calice dicebat ipse Dominus : « Panis quem ego dedero, caro mea est pro sæculi vita : et calicem quem sanctificavero, sanguis meus est, qui pro vobis fundetur in remissionem peccatorum. » (*Joan.*, VI, 52.) Superius enim dixerat : « Nisi manducaveritis carnem illi hominis, et biberitis sanguinem ejus, non habebitis vitam in vobis. » (*Ibid.*, 54.) Quod verbum audientes, nec intelligentes discipuli, dixerunt : « Durus est hic sermo, quis eum potest audire? » (*Ibid.*, 61.) Et multi ex hoc verbo scandalizati discesserunt. Cum videret autem Jesus, ait reliquis : « Numquid et vos vultis ire? » (*Ibid.*, 68.) Tunc Petrus, qui sanctæ figuram portabat Ecclesiæ, respondit pro omnibus : « Et ad quem ituri sumus? Verbum vitæ habes, et dimittimus te? » (*Ibid.*, 69.) Videtis, dilectissimi, quid sit exire, quid sit permanere. Qui exierunt, quia verbum Christi non intellexerunt, non jam discipuli, sed hæretici remanserunt : qui perstiterunt, verbum vitæ tenuerunt. Agnoscite hæretici exitum vestrum, quia minorem prædicatis Christum nostrum. Et vos cum eo stare noluistis, quia Christum unum esse cum Patre non intellexistis : ideo foras existis, quia verbum vitæ reliquistis. Non in vobis manet, qui cum Patre æqualis

quelqu'un m'aime, dit-il, mon Père l'aimera, et je l'aimerai, et nous viendrons à lui, mon Père et moi, et nous ferons en lui notre demeure. » (*Jean*, XIV, 23.) Dis-moi, je te prie, ô hérétique, cette Trinité, Père, Fils et Saint-Esprit, habite-t-elle en même temps ton âme, qui est une substance unique? Car nous savons que le Saint-Esprit habite en nous, selon cette parole de l'Apôtre : « Ne savez-vous pas que vous êtes le temple de Dieu, et que le Saint-Esprit habite en vous? » (I *Cor.*, VI, 19.) Je voudrais savoir si la Trinité occupe diverses demeures dans ton cœur, le Père une plus grande, le Fils une autre moins grande, et le Saint-Esprit une autre encore plus petite. Dès lors tu n'as pas un seul cœur, mais un double ou un triple cœur. Donc la Trinité n'habite pas en toi? Pourquoi? parce qu'il est écrit : « Malheur au cœur double. » (*Eccli.*, II, 14.) Insensé, tu ne vois rien, et tu ne comprends rien; le feu, la lumière et la chaleur se trouvent réunis, sans être séparés ni distincts, dans le même flambeau; est-ce que la Trinité qui est un seul Dieu ne peut pas habiter en même temps l'âme humaine. Si ton âme n'est pas trouvée une demeure digne de la Trinité qui est une, égale et indivisible, on te répondra ; « Voilà que ta maison va être abandonnée. » (*Matth.*, XXV, 18.) Car le temple que tu bâtis à Dieu n'est pas fait avec des pierres vivantes ; en rebaptisant les chrétiens, tu les étouffes, tu les déshonores ; et ces âmes deviennent réprouvées, ruinées, perdues et exterminées. Tu ne bâtis pas sur le fondement des apôtres, qui sont aussi les colonnes du Dieu vivant ; c'est sur elles que la sagesse a bâti sa maison, et ainsi doit s'élever le vrai temple, qui doit abriter le sanctuaire de la piété. C'est de ce temple que le Seigneur disait : « Détruisez ce temple, et je le rebâtirai en trois jours. » (*Jean*, II, 19.) Tes pères ne t'ont pas transmis la pierre angulaire, c'est-à-dire celui que tu ne crois pas égal au Père comme Dieu ; et tu montres aussi que tu n'as pas en toi l'amour de Dieu et du prochain avec les deux ailes de la charité ; car tu n'aimes pas Dieu comme il doit être aimé, ni ton prochain comme toi-même ; car il est écrit : « Tu aimeras le Seigneur ton Dieu de tout ton cœur, de toute ton âme, de toutes tes forces. » (*Matth.*, XXI, 37.) Donne ton cœur au Père, ton âme au Fils, ta force au Saint-Esprit. Voilà les trois choses qu'il faut offrir à la Trinité ; et le sacrifice que demande la Trinité qui est une, c'est l'homme tout entier qui est un avec ses trois facultés ; voilà comment on triomphe de l'hérésie arienne; car le Seigneur ton Dieu n'est pas trois dieux, mais un seul Seigneur. Voilà le vrai temple, voilà la maison sainte, où sont les brebis du Christ, et non les loups du diable.

---

manet. Audi ipsum, quia simul cum Patre manet. « Si quis, inquit, me diligit, diligetur a Patre meo, et ego diligam eum, et veniemus ad eum ego et Pater, et mansionem apud eum faciemus. » (*Joan.*, XIV, 23.) Dic mihi, obsecro, hæretice Ariane, unam animam tuam simul habitat hæc Trinitas, Pater, et Filius, et Spiritus sanctus? Quoniam et Spiritus sanctus habitat in nobis : « Nescitis, inquit Apostolus, quia templum Dei estis, et Spiritus sanctus habitat in vobis? » (I *Cor.*, VI, 19.) An diversas mansiones in corde tuo præparas Trinitati, ut majorem partem teneat Pater major, minorem Filius minor, inferiorem Spiritus sanctus inferior? Jam ergo non habes unum cor, sed duplum, aut triplum. Non ergo illic habitat Trinitas. Quare? Quia dictum est : « Væ duplici corde. » (*Eccli.*, II, 14.) Insensate, inepte, fatue : ignis, splendor, et calor simul atque inseparabiliter, nec distincte, sed æqualiter habitantem unam lucernam, et una Trinitas Deus simul non potest inhabitare animam humanam? Si apud te æqualis unitatis individuæ Trinitatis non fuerit digna mansio inventa, respondebitur tibi : « Ecce relinquetur vobis domus vestra deserta. » (*Matth.*, XXIII, 38.) Non enim de lapidibus vivis construis templum Deo, quos rebaptizando præfocas, exhonoras, reprobas, vastas, damnas, exterminas. Nec fundamenta Apostolorum sequeris, cum sint ipsi columnæ Dei vivi, super quas fabricavit sapientia domum suam : ut construeretur verum illud templum, in quo erat pietatis magnum sacramentum. De quo templo dicebat Judæis : « Solvite templum hoc, et in triduo resuscitabo illud. » (*Joan.*, II, 19.) In patribus tuis non habes lapidem angularem, quem secundum divinitatem Patri æqualem non credis : nec tecum ex duabus pennis caritatis dilectionem Dei et proximi te habere demonstras; quia nec Deum diligis sicut diligendus est, nec proximum sicut te ipsum. « Diliges enim Dominum Deum tuum, dictum est, ex toto corde tuo, et ex tota anima tua, et ex tota virtute tua. » (*Matth.*, XXII, 37.) Da cor tuum Patri, animam Filio, virtutem Spiritui sancto. Ecce tria Trinitati, ex tribus unum hominem uni Trinitati sacrificium obtulisti, hæresim Arianam vicisti; quoniam Dominus Deus tuus non tres dii, sed Dominus unus est. Hæc est fabrica sancta, hæc est (*f.* caula) aula vera, in qua sunt oves Christi, non lupi diaboli.

Chapitre VII. — 9. Gardez-vous, mes bien-aimés, des ruses des hérétiques ; brebis du Christ, craignez les embûches des loups ; voyez que je n'ai rien oublié de ce qui pouvait vous être utile, autant que le Seigneur me l'a permis, dans la prédication de sa parole. Je vous ai parlé du Christ et de l'Eglise, vous avez entendu, vous avez approuvé et applaudi ; mais pourquoi souffrons-nous tant de maux ? quels sont les péchés qui nous ont mérité d'être livrés aux mains de nos ennemis ? Nous l'avons dit, il y a quelques jours, nous l'avons reconnu ensemble, et nous avons mêlé ensemble nos larmes. Vous savez maintenant ce que vous recevrez, ce que vous allez devenir, et le son de nos paroles retentit encore à vos oreilles ; nous vous avertissons comme des frères, nous vous conjurons comme des pères, nous vous exhortons comme nos fils. Ne perdez donc pas un si grand bienfait. Ne laissez pas se refroidir dans vos cœurs l'amour du Christ, ni s'endormir autour de vous l'amour de cette mère qui vous enfante, qui prend grand soin de votre âme, qui dirige votre espérance, qui accueille tous les jours dans son sein maternel ceux qui reviennent, qui vous prépare une nourriture spirituelle, et qui veut vous conduire à l'éternel rassasiement. Elle veut vous présenter à Dieu le Père, comme des enfants purs et sans tache, après vous avoir nourris avec tant de soin et de sollicitude. Aimez-la donc de tout votre cœur, et en l'aimant, aimez aussi d'une pure affection vos compagnons, vos frères et les ministres de Dieu ; et comme récompense, priez pour nous dans la fontaine sacrée du baptême. Priez pour la paix, priez pour la délivrance de cette terre, priez pour implorer la miséricorde d'un Dieu justement irrité. Jeunes néophytes, pendant que votre père se réjouit de votre sainte naissance, apaisez par vos prières et par vos larmes la colère de ce Dieu, dont nous avons ressenti les terribles effets. Pour abréger, nous empruntons les paroles des saints apôtres, et nous vous recommandons à Dieu et à la parole de sa grâce ; à celui qui est puissant pour conserver en vous ce qu'il vous a donné. (*Act*, xx, 32.) Gloire à lui avec le Saint-Esprit dans les siècles des siècles. *Amen.*

Caput VII. — 9. Cavete dilectissimi fraudes hæreticorum, oves Christi timete insidias luporum : videte quia nihil subtractum est utilitati vestræ, in quantum ipse Dominus donavit de annuntiatione verbi Dei. Quid Christus sit et quid Ecclesia audistis, approbastis, clamastis : sed quare tanta mala patiamur, vel quibus meritis peccatorum in manus tribulantium nos traditi fuerimus, cum ante paucissimos dies (*a*) loqueremur, simul agnovimus, simul flevimus. Nunc etiam quid accepturi estis, vel quid eritis, adhuc in auribus vestris insonat strepitus nostræ vocis : admonemus vos ut fratres, obsecramus ut patres, hortamur ut filios. Nolite perdere tantum bonum. Amor Christi in cordibus vestris non refrigescat : amor matris hujus circa vos non torpescat : quæ vos parturit, quæ curam magnam pro salute vestræ animæ gerit, quæ spem vestram dirigit, quæ quotidie redeuntes materno sinu excipit, quæ vobis spiritales cibos præparat, quæ ad æternam saturitatem perducere desiderat. Immaculatos filios Deo Patri vult assignare, quos tanta cura ac sollicitudine dignatur nutrire. Hanc toto corde amate, hanc amando conservos vestros, fratres vestros, Dei ministros puro amore diligite : atque pro nostra mercede in illo sacratissimo fonte pro nobis orate. Orate pro pace, orate pro liberatione hujus terræ : orate ut misereatur qui juste indignatur. Novelli filii, dum in vestra sancta nativitate pater exsultat, vestris orationibus et fletibus mitigate irascentem, quem sensimus fortiter vindicantem. In summa autem rei, Apostolorum sanctorum verbis utentes, commendamus vos Deo in verbo gratiæ ejus, qui potens est custodire in vobis quod ipse donavit. (*Act*., xx, 32.) Ipsi gloria cum Spiritu sancto in sæcula sæculorum. Amen.

(*a*) Forte Sermone *de tempore barbarico*.

SERMON AUX CATÉCHUMÈNES
SUR LE DÉLUGE [1]

Chapitre I. — 1. Le jour de votre rédemption est proche, mes bien-aimés; recueillez donc tout ce qui peut vous instruire, nourrir votre cœur, l'élever et le fortifier dans la crainte de Dieu, et ne laissez pas refroidir dans vos âmes la ferveur de votre désir. N'allez pas vous imaginer que pour être chrétien, il suffise d'être initié à nos mystères, et de renaître de l'eau et de l'esprit, et qu'ensuite on peut se livrer à toutes ses passions; qu'après avoir mis son âme en sûreté par le sacrement du baptême, on n'est pas obligé de la garder contre les piéges de l'ennemi. Au contraire, il faut la garder avec toute l'attention possible, et la faire garder, pour ne pas l'exposer à sa perte au milieu des orages et des tempêtes de ce monde. Un homme baptisé, c'est un navire dont la construction est terminée; il a reçu son enduit, il est orné de ses voiles, mais livré à la mer, il lui faut un gouvernail, jusqu'à ce qu'il arrive au port désiré. La mer, qui est le monde, offre les mille dangers des tempêtes et des écueils, et de plus, elle est remplie des monstres perfides des passions. Il faut que les matelots soient vigilants, inquiets, attentifs, industrieux. Il faut souvent invoquer le Christ, pilote du navire, afin qu'il l'éloigne de tout danger, et le conduise au port de la sécurité. Tu es baptisé, marqué du sceau royal, et nourri de ce qui est servi à la table du roi. Sois soldat, ne quitte pas ton poste, et ne te livre pas aux plaisirs; que le démon ton ennemi ne te trouve pas sans tes armes, ni au milieu des orgies; sois un soldat courageux, toujours prêt au combat; et le Christ qui est ta force te protégera, et les autres chrétiens te soutiendront. Demande à ton Roi les armes spirituelles; c'est lui qui t'annonce que la guerre est déclarée; il faut se distinguer dans le combat, pour triompher et arriver à une paix définitive. Tu n'as pas qu'un seul ennemi à combattre; j'en vois plusieurs qui s'avancent; il s'agit de combattre les vices, et, comme dit le bienheureux martyr Cyprien (S. Cyp., livre *De la Mortalité*), quand l'avarice est vaincue, la volupté se présente; après la volupté, c'est l'ambition; quand l'ambition est vaincue, c'est la colère, l'envie, la haine, la jalousie, l'orgueil, l'ivrognerie qui viennent camper avec leurs légions pour te faire la guerre.

Chapitre II. — 2. Mais ne crains rien; tu n'es

[1] C'est ainsi que traduit Dom Ceillier, bien que dans ce sermon il ne soit nullement parlé ni de *Cataclysme* ni du *Déluge*. Peut-être en donnant ce titre l'auteur voulait-il faire allusion aux hérésies dont il parle et qui avaient comme inondé l'Eglise.

DE CATACLYSMO
SERMO AD CATECHUMENOS.

Caput I. — 1. Quoniam in proximo est dies redemptionis vestræ, percipite, Dilectissimi, ea quæ vos erudiant, atque corda vestra enutriant, erigant, corroborent ad timorem Dei : fervor iste tanti amoris non pigrescat in cordibus vestris. Nec putet quis tantum esse Christianum, quod his imbutus mysteriis renascitur ex aqua et spiritu, et postmodum dimittat se voluptatibus variis; securusque effectus quod sacramento baptismatis munierit animam suam, non eam custodiat contra versutias inimici. Imo et ipse quantum potest custodiat, et custodiendam petat, ne tempestatibus hujus mundi procellisque depereat. Baptizatus est quis, navis est instaurata, subuncta, velificata, missa in mare, indiget gubernaculo, quo usque ad portum desideratum perveniat. Mare, hoc sæculum scilicet, non solum tempestatibus scopulisque periculosum est, verum etiam bestiis cupiditatum insidiantibus abundans. Omni sollicitudine, omni cura, omni industria excitati jam vigilent nautæ : frequenter etiam Christus invocetur gubernator, ut navem tantis periculis ereptam, ad portum securitatis ipse perducat. Baptizatus es, signatus es regio charactere, cœpisti consequi annonam de mensa Regis tui. Noli esse desertor, nec ut delicatus miles diffluas per voluptates, et te hostis diabolus inermem diffluentemque inveniat : sed ut fortis miles quidquid potes age in hoc bello, ut virtus tua Christus non solum te tueatur, verum etiam alii proficiant ad salutem. Postula a Rege tuo arma spiritalia. Bellum tibi, inquit, indicitur, in quo enitescas pugnando, ut ad plenam pacem triumphando pervenias. Non contra unum dimicabis, multi enim contra te exient adversarii : pugnabis enim cum vitiis, et, ut beatus martyr Cyprianus ait (Cypr., in lib. *de Mortalitate*), si depresseris avaritiam, exsurget libido; quod et si libidinem superabis, succedet ambitio; et si ambitio a te fuerit devicta, ira, zelus, æmulatio, invidentia, superbia, ebriositas, cum cæteris suis pestiferis sociis in unum contra te dimicantium constituent castra.

Caput II. — 2. Sed non metuas, habes quod agas. Invoca Dominum virtutum, induat te ex alto virtute, ut illam proferas vocem : « Si consistant adversus me

pas dépourvu pour le combat. Invoque le Seigneur qui possède toute force, pour qu'il te revête de la vertu d'en haut, et que tu puisses dire : « Quand tes armées camperaient autour de moi, mon cœur ne les craindrait pas; quand le signal du combat serait donné, mon cœur tressaillerait d'espérance. » (*Ps.* XXVI, 3.) Mon espérance est « en lui; » et en qui serait-elle, si ce n'est dans le Dieu tout-puissant, qui, pour assurer le triomphe du combattant, vient à son secours au milieu de la lutte? Tu es baptisé, purifié, sanctifié par l'onction; ton corps est rétabli dans l'état primitif de l'homme innocent; sois en sécurité sans être présomptueux. Tu viendras au combat; tu auras à lutter, dans l'arène de ce monde, contre le démon prince de tous les vices; l'armée chrétienne d'un côté, l'armée infernale de l'autre, une multitude innombrable est dans l'attente; vois toute cette foule haletante et en suspens pour savoir quel sera le vainqueur. Ne laisse pas la victoire au démon. Si tu veux vaincre, garde-toi de la présomption; et donne la gloire de la victoire à celui qui t'a rendu victorieux. Veux-tu vaincre? brise d'abord la tête de l'ennemi, en chassant de ton cœur les suggestions du démon. Veux-tu vaincre? exerce tes mains aux bonnes œuvres. Veux-tu vaincre? affermis tes pas, et ne va pas chanceler dans la fréquentation des spectacles, en abandonnant l'Eglise. Mais pour être victorieux dans cette grande lutte, et dans ce gigantesque combat, « il faut que le Seigneur t'envoie son secours du sein de son sanctuaire, qu'il veille sur toi du haut de Sion. » (*Ps.* XIX, 3.)

CHAPITRE III. — 3. Bientôt, mes bien-aimés, vous viendrez à la fontaine de l'eau sainte; ne dites pas dans vos cœurs : Est-ce là tout ce qui fait l'objet de nos désirs? Cette fontaine visible est l'image de la fontaine éternelle. Vous renaîtrez de l'eau et de l'esprit. Cette eau purifie non-seulement les souillures du corps, mais les souillures de l'âme, le péché. Il faut que vous sachiez pourquoi la vertu de cette eau est efficace pour l'âme comme pour le corps. Toute eau n'a pas cette efficacité; mais celle-ci est sanctifiée par la parole. Supprimez la parole, et l'eau n'est plus que l'eau (1). La parole s'unit à l'élément, et vous avez le sacrement. La vertu du Verbe nous a purifiés par l'eau, parce qu'il a marché sur les eaux. Il a voulu nous délivrer des tempêtes de ce monde; aussi voyez la puissance du Verbe de Dieu, pour commander à toute créature. Vous savez ce que je veux dire. On lit dans l'Evangile : Vers la quatrième veille de la nuit, le Seigneur Jésus vint vers ses disciples, marchant sur les eaux, et trouva occupés à la pêche ceux qu'il avait faits pêcheurs d'hommes; les disciples effrayés crurent voir

---

(1) Voyez traité LXXX sur saint Jean, n. 3.

---

castra, non timebit cor meum; et si exsurgat in me prælium, in illo ego sperabo. » (*Psal.* XXVI, 3.) « In illo, » in quo nisi in Domino virtutum, qui militem suum ita expectat dimicantem, ut adjuvet laborantem? Baptizatus es, mundatus, unctus oleo, restauratum est corpus tuum ad priorem statum primi illius hominis ante peccatum : noli postmodum male securus esse. Ad agonem produceris, contra diabolum vitiorum principem dimicabis in arena hujus mundi : utræque partes, Christi scilicet et diaboli, infinita populi multitudo te expectat luctantem; et quisnam vincat, vide omnem turbam nimia intentione pendentem. Non de te triumphet pars diaboli. Si vis vincere, noli de te præsumere : sed illi assigna victoriæ gloriam, qui tibi donat ut victoriæ perferas palmam. Vis vincere? Caput prius contere inimici, excludendo de corde tuo suggestiones diaboli. Vis vincere? Manus tuæ fortes inveniantur in bono opere. Vis vincere? Fige pedes, non nutent vestigia tua frequentando spectacula et deserendo ecclesiam. Sed ut hanc etiam in tam magno agone et tam grandi luctamine possis implere victoriam, « mittat tibi Dominus auxilium de sancto, et de Sion tueatur te. » (*Psal.* XIX, 3.)

CAPUT III. — 3. Ecce Dilectissimi, venturi estis ad fontem aquæ : non dicatis in cordibus vestris : Hoc est totum quod pro magno desiderabamus? Fons iste visibilis, similitudo est æterni fontis. Renascemini ex aqua et Spiritu. Aqua illa non solum corporis sordes mundat, sed animam a peccatis liberat. Debetis autem nosse cur virtus illius aquæ animæ prosit et corpori. Non enim omnis aqua mundat : sanctificatur hæc per consecrationem verbi. Tolle verbum, et quid est aqua nisi aqua? Accedit verbum ad elementum, et fit sacramentum. Virtus Verbi per aquam mundavit nos, quia super aquas ambulavit. Ut autem a tempestate hujus sæculi liberaret vos, videte potentiam Verbi Dei, quemadmodum dominetur cunctæ creaturæ suæ. Quod dicturus sum nostis. In Evangelio legitur : Cum quarta noctis vigilia veniret Dominus Jesus ad discipulos suos ambulans super aquas maris, et inveniret eos piscantes quos jam fecerat hominum piscatores, perterriti discipuli putaverunt se phan-

un fantôme. Mais Jésus s'approcha et leur dit : « Ne craignez pas, c'est moi. » Alors un d'entre eux, Pierre, ce présomptueux qui l'a renié, mais qui ensuite l'a confessé et aimé, lui dit : « Si c'est vous, Seigneur, commandez que je vienne à vous en marchant sur les eaux. » (*Matth.*, XIV, 25.) Et le Seigneur lui dit : « Viens. » Pierre descendit de la barque, et commença à marcher sur la mer, plein de confiance. Pendant qu'il marche, il chancelle dans son infirmité, mais il est soutenu par la Divinité. Il commence à enfoncer et il s'écrie : « Seigneur, je péris. » Le Seigneur lui tend la main, le soulève et l'affermit au milieu de ses craintes, en lui disant : « Homme de peu de foi, pourquoi as-tu douté ? » Vous voyez, mes bien-aimés, combien la foi nous soutient, et combien la défiance nous rend faibles. Si on vient aux eaux du baptême avec une vraie foi, on est soutenu ; si on y vient sans foi, on est englouti. Que le Seigneur daigne tendre la main même à ceux qui manquent de foi et que la mer engloutit, et qu'il mette dans leur cœur une foi pleine et entière.

4. Apprenez encore ce que le sacrement de l'eau doit opérer en vous. Je vous proposerai une figure, pour vous faire mieux comprendre la vérité. Lorsque les Egyptiens accablaient le peuple hébreu de durs travaux, un cri s'éleva du milieu de ce peuple jusqu'à Dieu ; et ils le prièrent de les délivrer de cette domination tyrannique. (*Exode*, I, 14.) Moïse fut celui que Dieu envoya pour les délivrer de la servitude de l'Egypte. Ce fidèle serviteur va trouver Pharaon le prince des Egyptiens, allègue l'ordre de son Souverain, et fait entendre aux oreilles de ce roi cruel, les ordres du Roi de toutes les nations. (*Exode*, III.) Pharaon endurcit son cœur, dit qu'il ne connait pas Dieu, et congédiant ses ministres, il accable le peuple de travaux plus pénibles encore. La souffrance qui devient plus grande fait crier davantage encore le peuple. Moïse le serviteur de Dieu se dispose à la lutte, et c'est avec Pharaon ; sans trait, sans glaive, sans aucune arme visible ; mais il est armé d'un pouvoir divin ; dix plaies tombent sur l'Egypte ; la colère de la vengeance poursuit ce peuple obstiné, se servant des plus petits animaux, des vers, des grenouilles et des sauterelles, pour abattre l'insolence de ces orgueilleux. La dernière de ces plaies, c'est la mort des premiers-nés de tous les Egyptiens, en punition de ce qu'ils retenaient en esclavage les enfants d'un autre peuple. Pharaon laisse partir les Hébreux, non de bonne volonté, mais forcé par une impérieuse nécessité. Le peuple délivré accourt vers la mer Rouge, et les eaux seront son refuge, quand il a été délivré d'un ennemi oppresseur. Les Egyptiens poursuivent ce peuple

---

tasma videre. Accessit autem Jesus, et ait illis : « Nolite timere, ego sum. » (*Matth.*, XIV, 25.) Tunc unus illorum Petrus ille præsumptor, et postea negator, post vero confessor et amator : « Si tu es, inquit, Domine jube me venire ad te super aquas. » Et Dominus : « Veni, » inquit. Descendit Petrus, et cœpit ambulare super mare plenus fiducia. Dum ambulat, trepidavit infirmitas, sed statim subvenit divinitas. Cœpit mergi : et exclamavit : « Domine pereo. » Porrexit manum Dominus, erexit mergentem, confirmavit diffidentem, et ait illi : « Modicæ fidei, quare dubitasti ? » Videtis Dilectissimi, quantum adjuvet fides, et quantum deprimat infidelitas. Si quis enim veniens ad aquas baptismi, fide plenus est, sublevatur : si quis infidelis est, mergitur. Sed porrigat manum Dominus etiam infidelibus mergentibus, et plenam fidem operetur in cordibus.

4. Audite adhuc, aquæ sacramentum quid in vobis operabitur. Proponam figuram, ut ex ea vobis veritas elucescat. Cum Ægyptii duris operibus populum premerent Hebræum, clamor factus est populi in auribus Dei : et deprecati sunt ut eos liberaret a dominatu gentis pessimæ. (*Exod.*, I, 14.) Missus est Moyses, qui eos ex Ægypti educeret servitute. Apud Pharaonem principem Ægyptiorum fidelissimus Dei famulus allegat Imperatoris sui jussionem, et quid Rex omnium gentium præceperit, auribus durissimi regis insinuat. (*Exod.*, III.) Obdurat Pharao cor suum, nec scire se dicit Deum : atque ejus ministros repudians, gravioribus pœnis affligit populum. Ex majori angustia populi major clamor exsurgit. Suscipit certamen famulus Dei Moyses, congreditur cum Pharaone, nullo telo, nullo gladio, nulla visibilia indutus arma, sed munitus potestate divina : inferuntur decem plagæ in Ægypto, et vindex ira in populum contumacem surgit, ut ex minutissimis animantibus, vermiculis, ranis et locustis cervix caderet superborum : in quibus plagis ultima mors primogenitorum Ægyptiorum omnium facta est, ut suos juste perderent, qui alienos injuste detinebant. Dimittit populum Pharao, non voluntate, sed nimia necessitate constrictus. Pergit populus erutus ad mare rubrum festinans, ut per aquas salvarentur qui a pessimo hoste liberabantur. Sequuntur Ægyptii, imminent populo fugienti. Vident supra se Israelitæ hostes, et inimicorum suorum expectant gladium. Mors in ocu-

qui s'enfuit, et déjà ils sont près de l'atteindre. Les Israélites voient l'ennemi, et le glaive qui brille dans leurs mains. Ils n'ont plus en vue que la mort; leurs mains sont glacées par la crainte et la terreur, ils vont devenir la proie de leurs ennemis. Moïse le serviteur de Dieu se montre, portant la verge que Dieu lui avait donnée, et avec laquelle il avait opéré plusieurs prodiges; il frappe la mer, et elle se divise en deux. Où est la puissance, je ne dis pas des divinités, mais des démons? où est la vaine superstition des païens? Ont-ils jamais, pour diviser la mer, invoqué leur Neptune, dont ils font le roi des mers, ne voulant pas reconnaître Dieu pour leur véritable roi? Moïse étend la main, frappe les eaux de sa verge, et aussitôt les flots s'amoncèlent, se divisent, se courbent, et forment une muraille, et le sable de la mer se dessèche comme la poussière du chemin. Les Hébreux entrent dans cette voie pour y trouver le salut, les Egyptiens pour y trouver leur perte. Un seul élément, obéissant aux ordres du souverain Maître, a exécuté un double jugement; il a fait la séparation des bons et des méchants; il a lavé les uns, englouti les autres, sauvé les Israélites et perdu les Egyptiens. Moïse était la figure de Notre-Seigneur Jésus-Christ, comme chef du peuple. La verge, c'était la croix; la mer Rouge, c'était le baptême consacré par le sang divin; le roi des Egyptiens et son peuple,

c'était le démon, auteur du péché, avec tous ses anges. Le diable est furieux, quand il voit que l'eau du baptême va nous délivrer de sa tyrannie. Criez vers Moïse, qui est le Christ votre Seigneur; il frappera avec la verge de sa croix la mer du baptême, et l'eau reviendra sur elle-même pour engloutir les Egyptiens; et de même qu'ils ont tous péri dans les eaux, ainsi vos péchés seront effacés, sans qu'il en reste un seul. Que Dieu purifie tout, comme il a tout créé; qu'il répare les choses endommagées, comme il a tout fait dans un état parfait; qu'il engloutisse le démon Pharaon, auteur de la mort, et qu'il délivre son peuple par l'eau du salut.

CHAPITRE IV. — 5. Vous avez vu, mes bien-aimés, comment toutes ces figures se sont réalisées. Il me reste à vous montrer comment ce peuple délivré de l'Egypte a célébré la Pâque, après avoir été baptisé, comme dit l'Apôtre, dans la nuée et la mer Rouge. (I *Cor.*, x, 1.) Le Seigneur avait ordonné par Moïse que les Israélites célébreraient la Pâque par l'immolation de l'agneau, et qu'avec son sang chacun marquerait les poteaux de sa maison, et qu'on n'aurait rien à craindre de l'ange exterminateur, du moment que la porte de la maison serait marquée avec le sang de l'agneau. « Vous ne briserez, dit-il, aucun de ses os, et il n'en restera rien pour le lendemain. Vous mangerez l'agneau avec des laitues amères et des pains sans

lis, timor et tremor in manibus singulorum, ne in fauces caderent persequentium. Exsurgit Moyses famulus Dei portans virgam quam a Domino acceperat, et per quam jam multa signa fecerat : percussit mare, et divisum est. Ubi est illa potentia, non numinum, sed dæmoniorum? Ubi est vana superstitio Paganorum? Numquid ut mare divideretur, ille Neptunus est invocatus, quem regem maris esse volunt, qui regem verum Deum suum agnoscere nolunt? Virga extensa manu aquas percutit Moyses, et statim cogitur fluctus creaturæ in cumulum, et unda in semetipsa repressa curvatur : soliditatem recipit liquor, et solum maris arescit in pulveres. Ingressi sunt alii salvandi, alii damnandi. Unum elementum aquarum auctore totius creaturæ jubente judicavit utrosque : separavit pios ab impiis; illos abluit, istos obruit; illos mundavit, istos occidit. Moyses figuram habuit Domini Christi, quoniam dux fuit populi. In virga agnoscite crucem. Mare rubrum agnoscite baptismum Christi sanguine purpuratum : regem Ægyptiorum populumque ejus, auctorem peccatorum diabolum

cum omnibus ministris ejus. Sævit diabolus, quando nos videt per aquam baptismi a sua oppressione liberari. Exclamate ad Moysen vestrum Dominum Christum, et virga crucis percutiat mare baptismi, reverbatur aqua et operiat Ægyptios : ut quemadmodum nullus remansit Ægyptiorum, nihil remaneat etiam vestrorum peccatorum. Totum mundet, qui totum fecit : reparet perdita, qui creavit omnia integra : extinguat Pharaonem diabolum mortis auctorem, et suum populum liberet per aquam salutarem.

CAPUT IV. — 5. Audistis, Dilectissimi, figuræ illæ quomodo transierunt ad speciem veritatis : illud superest, ut novcritis quemadmodum celebraverit pascha liberatus populus ex Ægypto, baptizatus, ut ait Apostolus, in nube et in mari rubro. (I *Cor.*, x, 1.) Acceperunt præceptum Domini per Moysen, ut in occisione agni celebrarent pascha, ex cujus sanguine postes domus suæ unusquisque liniret, nec timerent angelum vastatorem, qui signum sanguinis agni occisi in suæ fronte domus haberent. « Os, inquit, non comminuetis ex eo, nec relinquetis quidquam

levain. » (*Exode*, XII, 46.) Les enfants d'Israël firent comme il était ordonné. Et toi, enfant d'Israël selon l'esprit, d'Abraham selon la foi, dis-nous comment tu célèbres la Pâque. Tu as aussi un agneau immolé, quel est-il ? « Voici l'agneau de Dieu, voici celui qui ôte le péché du monde. » (*Jean*, I, 29.) Marque de son sang les poteaux de ta maison ; de quelle manière ? Voici que la croix arrosée du sang du Christ est marquée sur ton front, siége de la pudeur. Dis avec saint Paul : « A Dieu ne plaise que je me glorifie en autre chose qu'en la croix de Jésus-Christ ! » (*Gal.*, VI, 14.) « Vous ne briserez aucun de ses os. » (*Exode*, XII, 46 ; *Nomb.*, IX, 12.) C'est ce qui s'est accompli dans la Passion même du Seigneur, dans l'immolation de l'Agneau divin, lorsqu'étant crucifié entre deux voleurs, il exerçait les fonctions de suprême justice, en délivrant l'un qui se reconnaissait coupable, et punissant l'autre qui blasphémait. (*Luc*, XXIII, 29.) Ainsi il y avait trois croix, et trois causes différentes. L'un des voleurs insultait le Christ ; l'autre confessait ses péchés et se recommandait à la miséricorde du Christ ; au milieu s'élevait la croix du Christ, non comme instrument de supplice, mais comme un tribunal. Sitôt qu'il eut accompli ce qui était écrit, on lui donna du fiel et du vinaigre, selon cette parole du prophète :

« Ils m'ont donné du fiel pour ma nourriture, et dans ma soif ils m'ont abreuvé de vinaigre, » (*Ps.* LXVIII, 22) il baissa la tête et rendit l'esprit. Les soldats vinrent et brisèrent les jambes aux deux larrons attachés en croix ; mais lorsqu'ils vinrent à Jésus, ils ne lui brisèrent pas les jambes, afin que fût accompli, comme dit l'Evangéliste, ce qui est écrit : « Vous ne briserez aucun de ses os. » (*Jean*, XIX, 36.) Mais un des soldats ouvrit son côté, et aussitôt il en sortit du sang et de l'eau, qui sont les deux sacrements de l'Eglise notre mère. Le bourreau perça son côté avec la lance ; et le Rédempteur versa le prix de notre Rédemption. C'est ce sang qui enivre l'âme, pour lui faire oublier l'amour du monde. C'est cette eau qui purifie l'âme, pour que le corps soit aussi purifié des souillures du démon. « Il n'en restera rien pour le lendemain. » Voici comment ; on mange l'agneau pendant la nuit de cette vie présente ; et lorsque viendra le matin du grand jour qui n'aura pas de soir, on n'offrira pas le sacrifice de l'agneau figuré, mais cet agneau que nous mangeons tous les jours, et dont nous buvons le sang, ce sera alors le pontife éternel et accompli, qui s'est ici-bas livré à la mort pour notre salut. Quelles sont ces laitues, ces légumes amers, que mange l'Israélite spirituel ? C'est cette parole amère sortie

in mane. Cum picridiis et azymis comedetis agnum. » (*Exod.*, XII, 46, et X, VIII.) Fecerunt quod præceptum est filii Israel. Demonstra et tu Israel spiritalis, filii Abrahæ secundum fidem, non secundum carnem, demonstra et tu quomodo celebres pascha : habes agnum occisum, demonstra. « Ecce agnus Dei, ecce qui tollit peccatum mundi. » (*Joan.*, I, 29.) Lini sanguine ejus postes domus tuæ : demonstra et dic : Ecce crux sanguinis Christi in frontibus est pudoris nostri. Dic cum Paulo : « Mihi absit gloriari, nisi in cruce Domini nostri Jesu Christi. (*Gal.*, VI, 14.) Os non comminuetis ex eo, » (*Exod.*, XII, 46 ; *Num.*, IX, 12) dictum est : impletum est hoc in ipsa Domini passione, ipsius sancti agni immolatione, quando crucifixus cum duobus latronibus in medio pendebat, ipsa summa justitia liberans unum confitentem, alium puniens blasphemantem. Ita factæ sunt tres cruces, tres causæ. Unus latronum Christo insultabat, alter sua merita confessus Christi se misericordiæ commendabat (*Luc.*, XXIII, 29) : crux Christi in medio, non fuit supplicium, sed tribunal. Mox ut peregit omnia quæ de se erant scripta, accepto felle et aceto, propter illud quod prædictum erat : « Dederunt in escam meam fel, et in siti mea potaverunt me aceto : » (*Psal.* LXVIII, 22) inclinato capite tradidit spiritum. Venerunt milites, fregerunt crura latronibus in cruce pendentibus : ad Jesum autem cum venissent, non fregerunt ejus crura ; ut impleretur, ait Evangelista, quod scriptum est : « Os non comminuetis ex eo. » (*Joan.*, XIX, 36.) Sed unus e militibus latus ejus aperuit, et continuo exiit sanguis et aqua, quæ sunt matris Ecclesiæ gemina sacramenta. Percussit latus lancea persecutor, et fudit pretium Redemptor. Hic sanguis inebriat mentem, ut amorem obliviscatur mundi. Hæc aqua mundat animam, ut corpus (*a*) sordes careat diaboli. « Nec relinquetis quidquam ex eo usque in mane. » Hoc nunc agitur : comeditur enim agnus per noctem hujus sæculi, ut cum mane illud venerit quod vesperum non habebit, non jam offeratur sacrificium imaginis agni, sed ipsum agnum quem quotidie (*b*) comedimus, et cujus sanguinem bibimus, inveniamus illic eum sacerdotem perfectum, quem hic pro nostra salute constat occisum. Quæ sunt hæ picridiæ, olera amaritudinis, quæ comedit Israel spiritalis ? nisi vox illa amara ad tempus sanctorum Martyrum emissa per sanctum David, ac

(*a*) Sic Mss. At editi, *sordibus careat diaboli.* — (*b*) Hic sola editio Lov. addit, *immolamus*.

de la bouche de David, pour le temps des saints martyrs, lesquels pouvaient dire : « Vous nous avez nourris du pain des larmes, et nos larmes ont encore été notre breuvage, avec surabondance ; » (*Ps.* LXXIX, 6) et cette autre parole de saint Paul : « Nous subissons toutes sortes d'afflictions, mais nous n'en sommes point accablés. » (II *Cor.*, IV, 8.) Montrez-nous ce que signifie l'azime, ô bienheureux Paul, vous qui êtes devenu, de charnel, Israélite spirituel. Car vous avez célébré la pâque avec le peuple ancien, et vous nous avez enseigné et montré comment le peuple nouveau changeait les figures en réalité. Montrez donc comment l'azime est une pâte nouvelle. « Ce n'est pas avec le vieux levain, dit-il, avec le levain de la malice et de l'iniquité, mais avec les azimes de la sainteté et de la vérité. » (I *Cor.*, V, 8.)

CHAPITRE V. — 6. O agneau immolé, ô Christ saint, crucifié pour nous, pour réparer nos chutes, vous avez été élevé en croix ; c'est cette croix qui est le sceptre de votre puissance, cette croix qui fait paraître la force dans l'infirmité ; c'est cette croix qui est la branche qui fleurit sur la tige de Jessé ; c'est la verge que portait Moïse, et qui changée en serpent dévora les serpents des magiciens ; c'est la doctrine du Christ répandue parmi toutes les nations, et triomphant des folles hérésies. Car, mes frères, au milieu du peuple où Moïse faisait plusieurs prodiges avec sa verge, on vit paraître les magiciens de Pharaon, faisant aussi eux-mêmes des prodiges contre Moïse le serviteur de Dieu. Mais si Dieu leur permit de faire quelques prodiges, c'était pour mieux faire éclater leur défaite. Que figuraient les Magiciens de Pharaon, sinon tous les hérétiques, ministres du démon, qui, sous le nom du Christ, cherchent à dévorer le peuple du Christ ? Les hérésies pullulent sur cette terre, comme les serpents des magiciens, que dévora et que dévore le divin serpent élevé sur le bois. Mais comme ce n'est pas le moment de combattre la multitude, brisons la tête de ceux qui se montrent ; à mesure qu'ils paraissent, qu'ils soient dévorés. On vit, dans ces contrées, vous le savez, mes bien-aimés, la doctrine des Donatistes, semblable à une vipère ; elle fut écrasée et dévorée. Bientôt pullula l'erreur des Maximianistes, semblable à un serpent ; elle fut écrasée et dévorée. Le poison des Manichéens se répandit comme le venin de l'aspic ; il fut écrasé et dévoré. Les Pélagiens, ministres des démons, comme les magiciens de Pharaon, vinrent, avec leur doctrine nouvelle, combattre le divin serpent ; il sont brisés et anéantis.

7. La doctrine catholique ayant broyé toutes ces têtes de serpents, les ayant pulvérisées et dévorées, voilà qu'un autre serpent, mort autre-

---

dicentium : « Cibabis nos pane lacrymarum, et potum dabis nobis in lacrymis, in mensura. » (*Psal.* LXXIX, 6) et per apostolum Paulum : « In omnibus tribulationem patimur sed non angustiamur. » (II *Cor.*, IV, 8.) Demonstra et azyma, sancte Paule, ex Israelita carnali spiritalis effectus. Celebrasti enim pascha cum populo vetere, et quemadmodum novus populus figuras in veritatem converteret, tu docuisti, tu demonstrasti. Ostende ergo azyma consparsionem novam. « Non in fermento, inquit, veteri, neque in fermento malitiæ et nequitiæ, sed in azymis sinceritatis et veritatis. » (I *Cor.*, V, 8.)

CAPUT V. — 6. O agne occise, o Christe sancte pro nobis crucifixe, qui ut lapsa reparares in cruce pependisti : ipsa est illa virga regni tui, crux ipsa, inquam, qua virtus in infirmitate perficitur, ipsa illa virga crux, ipsa illa virga quæ floruit ex radice Jesse ; ipsa illa virga quam portabat Moyses, quæ conversa in serpentem glutiit magorum serpentes : doctrina Christi diffusa per omnes gentes, hæreticos superans dementes. In illo enim populo, Fratres, in quo multa miracula faciebat Moyses per virgam, exsurrexerunt magi Pharaonis, facientes et ipsi prodigia contra famulum Dei Moysen. Sed ad hoc quædam mira facere permissi sunt, ut mirabilius vincerentur. Magi Pharaonis quid aliud significabant, nisi omnes hæreticos ministros diaboli, qui sub nomine Christi devorare cupiunt populum Christi ? Scatent nunc hæreses in hanc terram, tanquam serpentes magorum, quos devoravit et devorat ille serpens exaltatus in ligno. Sed quoniam non est temporis ire per multos, singulorum capita conterantur : quomodo exsurgunt, sic devorentur. Fuit hic, ut nostis Dilectissimi, viperea doctrina Donatistarum : contrita est, consumpta est. Mox Maximianistarum serpentina fraus pullulavit : contrita est, consumpta est. Manichæorum venenum aspidis subrepserat : contritum est, consumptum est. Pelagianorum novum dogma a ministris diaboli tanquam a magis Pharaonis excitatum illi nostro serpenti certamen indixit : conteritur, consumitur.

7. Cum tot serpentum capita catholica doctrina contriverit, dissipaverit, consumpserit, ecce nobis unus anguis Arianus olim mortuus insultat : caput erigit, veluti vivum se demonstrare conatur, quem jam olim constat occisum. Redi Moyses noster, redi

fois, se ranime pour nous insulter ; c'est l'Arien qui dresse la tête et qui s'efforce de montrer de la vie, après avoir passé pour mort. Reviens, ô Moïse, reviens, verge puissante, reviens, ô Christ, serpent divin, avec ta puissance égale à celle du Père ; reviens et brise la tête des dragons sur les eaux ; écrase la tête du grand dragon qui se dit vivant, mais qui n'a pas la vraie vie. Dis ce que tu es puisqu'il dit de toi ce que tu n'es pas. Dis, parle, que nous sachions confondre les hérétiques. Voici ce qu'il dit : « Je suis la voie, la vérité et la vie. Personne ne vient à mon Père que par moi. » (*Jean*, xiv, 6.) Il est la voie comme homme, et comme Dieu, il est la vérité et la vie. Mais toi, ô hérétique arien, en rabaissant dans la Divinité celui qui est la vérité et la vie, il s'ensuit que par lui tu ne viens pas au Père. Veuillez encore, Seigneur Jésus, briser la tête du dragon ; dites ce que vous êtes avec le Père ; parlez-nous vous-même ; nous ne voulons pas entendre les blasphèmes de l'hérétique. Dites-nous ce que vous êtes avec le Père : « Mon Père et moi nous sommes un. » (*Jean*, x, 30.) Ajoutez : « Je suis dans mon Père et mon Père est en moi. » (*Ibid.*, xiv, 10.) Dites encore : « Celui qui m'a vu a vu mon Père. » (*Ibid.*, 9.) Croiras-tu, ô hérétique, à une telle autorité ? Si tu n'admets pas le témoignage du Christ sur lui-même, veux-tu d'autres témoins ? Nous en avons d'autres qui peuvent parler, et te voilà convaincu, réfuté et pris dans les filets de la loi. O Paul, témoin de Dieu, parlez donc. D'abord vous avez soutenu votre témoignage jusqu'au sang ; et pour ne pas appuyer la fausse doctrine, vous avez donné votre vie. Parlez donc, et forcez d'entendre celui qui craint d'entendre, et de voir celui qui ne veut pas voir, ni avouer qu'il a vu. « Soyez, dit saint Paul, dans la même disposition où a été Jésus-Christ ; lui qui, ayant la nature de Dieu, n'a point cru que ce fût une usurpation de s'égaler à Dieu. » (*Philipp.*, ii, 5.) Tu as entendu qu'il est *égal*, qu'il a la nature de Dieu ; et tu oses dire qu'il est moins grand ! Amenons un autre témoin, afin que la vérité soit confirmée régulièrement par le témoignage de deux ou trois personnes. Parlez aussi, ô bienheureux Pierre, et dites ce que vous a révélé, non la chair et le sang, mais le Père céleste. « Vous êtes, dit-il, le Christ Fils du Dieu vivant. » (*Matth.*, xvi, 16.) Il dit aussi dans sa seconde Epître aux Gentils : « Nous vous avons fait connaître la puissance de Notre-Seigneur, et sa prescience et sa majesté. » (II *Pierre*, i, 16.) Tu entends qu'il possède la puissance, la majesté et la prescience. Pourquoi dis-tu que le Christ est inférieur ? Mais écoute encore ce que le même témoin dit contre toi, en parlant du Fils et du Saint-Esprit : « Ce n'est point de la volonté des hommes que sont venues les prophéties ; mais c'est par le mouvement du Saint-

---

virga, redi serpens Christe sancte, æqualem potestatem cum Patre habens : redi, contere capita draconum super aquas : confringe caput draconis magni, vivum sese profitentis, sed veram vitam non habentis. Dic tu quid es, quoniam ille aliud docet quam es. Dic, dic, audiamus unde hæreticos convincamus. Audite quid dicat : « Ego sum via, et veritas, et vita. Nemo venit ad Patrem nisi per me. » (*Joan.*, xiv, 6.) Secundum humanitatem via, secundum divinitatem veritas et vita. Tu autem hæretice Ariane, qui minorem vis esse in divinitate vitam et veritatem, sequitur ut non per eum venias ad Patrem. Sed adhuc Domine Jesu, contere caput draconis, dic quid sis cum Patre : te audiamus docentem, non hæreticum blasphemantem : dic quid sis cum Patre. « Ego, inquit, et Pater unum sumus. » (*Joan.*, x, 30.) Dic adhuc : « Ego in Patre, et Pater in me est. » (*Joan.*, xiv, 10.) Adhuc dic. « Qui me vidit, vidit et Patrem. » (*Ibid.*, 9.) Credis jam, hæretice, tantæ auctoritati ? An ipsius testimonium de se ipso non admittis, sed alios de eo testes requiris ? Ecce introducuntur adversum te, dicunt, convinceris, refutaris, et legis laqueis irretiris. Dic testis Dei Paule, qui usque ad sanguinem pro isto testimonio accessisti, et ne falsæ doctrinæ succumberes, animam posuisti. Dic : audiat qui convinci formidat ; convincatur qui nec convictus mutatur. « Singuli quique, ait, hoc sentite in vobis quod et in Christo Jesu, qui cum in forma Dei esset, non rapinam arbitratus est esse æqualis Deo. » (*Phil.*, ii, 5.) Audis æqualem, audis formam Dei : et tu audes dicere minorem Filium Dei ? Veniat et alius testis, ut in duobus vel tribus confirmetur æquitas veritatis. Dic et tu sancte Petre, quid tibi revelaverit, non caro et sanguis, sed Pater cœlestis. « Tu es, inquit, Christus Filius Dei vivi. » (*Matth.*, xvi, 16.) Et in Epistola sua ad gentes secunda : « Notam facimus vobis, inquit, Domini nostri Jesu Christi virtutem, et præscientiam, et magnitudinem. » (II *Pet.*, i, 16.) Audis virtutem, audis magnitudinem, audis præscientiam. In quo hæretice, Christum dicis esse minorem ? Sed audi adhuc quid adversum te hic testis et de Filio et de Spiritu sancto dicat. « Non volun-

Esprit, que les hommes sanctifiés par Dieu ont parlé. Cependant il y a eu aussi de faux prophètes parmi le peuple ; et il y aura de même parmi vous de faux docteurs qui introduiront des sectes pernicieuses, renonçant le Seigneur qui les a rachetés. » (II *Pierre*, I, 21 et II, 1.) Voilà les puissants témoignages qui devraient t'éclairer et te convaincre. « Renonçant, dit-il, le Seigneur qui les a rachetés. » Quel est celui que tu renonces pour ton Seigneur, si ce n'est le Fils que tu rabaisses ? Et qui est celui qui nous a rachetés, si ce n'est le Christ qui nous a rachetés de son sang ? Mais voici un troisième témoin, afin que trois s'accordent dans la vérité en l'honneur de la Trinité qui est une, et de la Divinité en trois personnes. Parlez donc aussi, ô bienheureux Jean ; vous avez reposé sur la poitrine du Sauveur, et vous avez contemplé au delà de toutes les merveilles célestes le Verbe de Dieu ; dites-nous aussi ce que vous savez du Fils de Dieu : « Au commencement était le Verbe, et le Verbe était en Dieu, et le Verbe était Dieu. » (*Jean*, I, 1.) Il dit aussi dans son Epître : « Nous savons que le Fils de Dieu est venu, et qu'il nous a donné l'intelligence, afin que nous connaissions le vrai Dieu, et que nous soyons en son vrai Fils. C'est lui qui est le vrai Dieu et la vie éternelle. » (*Jean*, V, 20.) En rabaissant le Fils qui est le vrai Dieu, tu n'as pas la vie éternelle. Mais il faut briser l'obstination de l'hérésie ; il faut que tu sois dévoré, serpent magique et fantastique ; c'est pourquoi le Père rendra lui-même témoignage à son Fils ; et il ne restera rien de tes inventions, rien de ta fausse doctrine. Voici ce que dit le prophète : « Le principe est avec vous au jour de votre puissance. » Le principe, c'est le Père ; le principe, c'est le Fils ; donc le Père et le Fils sont le principe sans aucun principe. « Le principe est avec vous au jour de votre puissance ; je vous ai engendré, au milieu de la splendeur des saints ; » (*Psaume* CIX, 9) comme s'il disait : Pour que les saints soient illuminés, vous êtes sorti de moi. Et il n'y a pas d'autre raison, mes bien-aimés, pour nous expliquer pourquoi les noms mêmes du Père, du Fils et du Saint-Esprit semblent séparés ; il le fallait pour l'instruction des hommes et des saints. Autrement, voici comment Dieu, dans la substance même de la Trinité, parlait à Moïse : « Je suis celui qui je suis ; et tu diras : Celui qui est m'a envoyé. » (*Exode*, III, 14.) Le Fils a donc été engendré du sein de son Père au milieu des splendeurs des saints. Mais il ne faut pas entendre cette génération suivant les lois de la chair et du temps. Voici comment le Père a engendré le Fils : « Mon cœur, dit-il, a produit le Verbe. » (*Ps.* XLIV, 2.) Saint Jean dit aussi : « Dans le principe était le Verbe. »

tate humana allata est, inquit, prophetia : sed Spiritu sancto acti, locuti sunt homines Dei. Fuerunt vero et pseudoprophetæ in populo, sicut et in vobis erunt magistri mendaces, qui subinducent sectas perditionis, et qui emit eos dominatorem abnegantes. » (*Ibid.*, 21 et cap. II, 1.) Vides te validis testimoniis et demonstrari et convinci. « Negantes, inquit, dominatorem esse qui emit eos. » Quem negas dominatorem, nisi Filium quem dicis esse minorem ? Et qui est qui nos emit, nisi qui nos suo sanguine redemit ? Sed ingrediatur et tertius testis, ut tres unum verum testimonium dicant uni Trinitati et trinæ divinitati. Dic tu sancte Joannes, qui super pectus Salvatoris discumbebas, et videbas supercœlestia mirabilia verbum Domini : dic et tu, inquam, quid noveris Filium Dei. « In principio, inquit, erat Verbum, et Verbum erat apud Deum, et Deus erat Verbum. » (*Joan.*, I, 1.) Et in Epistola sua : « Scimus, inquit, quoniam Filius Dei venit, et dedit nobis intellectum, ut sciamus quid verum sit, et simus in vero Filio ejus : hic est enim verus Deus et vita æterna. » (I *Joan.*, V, 20.) Tu autem minorem dicendo Filium, qui est Deus verus, non habes vitam æternam. Sed ad confutandam contumaciam perversam hæresis, ad deglutiendum te serpens magice factus, non a veritate susceptus, ipse Pater testimonium dicat de Filio : ut nihil amplius quæras, nihil amplius credas. Per Prophetam : « Tecum, inquit, principium in die virtutis tuæ. » (*Psal.* CIX, 3.) Principium Pater, principium Filius : ergo Pater et Filius principium sine ullo principio. « Tecum principium in die virtutis tuæ, in splendoribus sanctorum ex utero generavi te : » tanquam diceret, ut sancti illuminarentur, processisti ex me. Nec fuit, Dilectissimi, alia causa cur vel nihil nomina Patris et Filii et Spiritus sancti sejuncta viderentur, nisi ut sancti homines instruerentur. Cæterum quod dictum est Moysi ab ipsa substantia Trinitatis : « Ego sum qui sum. Et sic dices : Qui est, misit me : » (*Exod.*, III, 14) Ergo ex utero in splendoribus sanctorum generatus est Filius. Sed ne hanc generationem carnaliter vel temporaliter acciperes factam, audi quomodo eum genuerit. « Eructavit, inquit, cor meum Verbum. » (*Psal.* XLIV, 2.) Joannes testis dicit : « In principio erat Verbum. » (*Joan.*, I, 1.) Deus Pater dicit : « Eructavit cor meum Verbum. » Habacuc dicit : « Am-

(*Jean*, I, 1.) Dieu le Père dit : « Mon cœur a produit le Verbe. » Habacuc dit aussi : » Le Verbe a marché. » (*Habac.*, III, 5, *selon les Septante*.) Tu comprends que le Verbe est Dieu, et qu'il est comme principe en Dieu, et que Dieu est le Verbe. Cette voix des témoignages, l'unité de la Trinité elle-même, tout crie contre toi ; et toi tu réponds à ce cri du monde entier par les aboiements de la rage. Mais écoute encore, et tu seras davantage encore convaincu que la Trinité est un seul Dieu. Il y a donc la voix du Père qui dit à son Fils par le prophète : « Je t'ai engendré de mon sein au milieu des splendeurs des saints. » (*Ps.* IX, 3.) Il y a encore la voix du Père parlant au prophète Isaïe du Saint-Esprit : « Le Saint-Esprit sortira de moi. » Il y a la voix du Fils dans l'Evangile, pour montrer que le Père est en lui, et qu'il est dans le Père, lorsqu'il dit : « Le Père qui demeure en moi fait lui-même les œuvres que je fais. » (*Jean*, XIV, 10.) Il montre aussi que de même que le Saint-Esprit procède du Père, il procéda aussi du Fils, lorsqu'il dit à ses disciples après sa résurrection : « Recevez le Saint-Esprit. » « Et il souffla sur eux, » dit l'Evangéliste, pour leur donner le Saint-Esprit, en leur disant : « Si vous remettez les péchés, ils seront remis. » (*Jean*, XX, 22.) C'est pour cela que l'apôtre saint Paul a dit : « Si quelqu'un n'a pas l'esprit du Christ, il n'est pas son disciple. » (*Rom.*, VIII, 9.) Si donc le Fils est dans le Père et engendré du Père, le Saint-Esprit est aussi dans le Fils et dans le Père ; la Trinité n'est pas séparée, puisqu'il y a unité parfaite. L'Arien n'a donc pour lui que sa confusion et son péché, car la Trinité est un seul Dieu.

CHAPITRE VI. — 8. Mais comment, ô hérésie perverse, comment mes paroles pourraient-elles te profiter, puisque tu es sourde comme l'aspic, bouchant ses oreilles pour ne pas entendre la voix des enchanteurs ? Tu sais bien pourtant que tu seras dévorée par le serpent, lorsque le souverain pasteur aura amené dans son bercail les brebis que tu retiens captives, et qu'il n'y aura plus qu'un seul troupeau et qu'un seul pasteur. C'est notre pasteur, mes bien-aimés, c'est lui qui conduit et fait paître le troupeau avec une verge de fer ; c'est lui qui brise et qui rétablit ; il est pasteur, il est chef, il est fabricateur, il est notre architecte. Je vous considère comme le grand pasteur, ô Seigneur Jésus ; vous nourrissez vos brebis, vous les ramenez si elles s'égarent, et quand vous les avez trouvées, vous les rapportez avec joie sur vos épaules jusqu'au troupeau. Je vous considère comme le grand architecte, portant la verge comme une règle pour mesurer, comme un poteau pour y être attaché, comme une baguette pour opérer des prodiges. Je m'effraye, quand il s'agit d'expliquer, d'après les divines Ecritures, les mystérieuses vertus de cette verge. La verge, c'est la

---

bulavit Verbum. » (*Habac.*, III, 5 *sec.* LXX.) Audis Deum Verbum, et hoc esse in principio apud Deum, et Deum esse Verbum. Testimoniorum vox, et ipsius Trinitatis unitas per totum mundum contra te clamat : et tu velut canis rabidus contra totum mundum latras. Sed audi adhuc unde plenius convincaris, quod Trinitas unus Deus sit. Patris vox est per Prophetam ad Filium : « In splendoribus sanctorum ex utero genui te. » (*Psal.* IX, 3.) Patris vox est ad Isaiam prophetam de Spiritu sancto : « Spiritus sanctus, inquit, a me exiet. » Et Filii vox est in Evangelio ostendens in se Patrem esse, et se in ipso, ubi ait : « Pater in me manens ipse facit opera. » (*Joan.*, XIV, 10.) Filii vox est de Spiritu sancto, ostendens quia quomodo procedit ex Patre, ita ex se ipso, ubi ait discipulis suis post resurrectionem : « Accipite Spiritum sanctum. Et insufflavit in eis, » ait Evangelista, Spiritum sanctum dans eis, ac dicens : « Si cui remiseritis peccata, remittentur illi. » (*Joan.*, XX, 22.) Unde est et illud apostoli Pauli : « Si quis Spiritum Christi non habet, hic non est ejus. » (*Rom.*, VIII, 9.) Si ergo Filius in Patre et ex Patre, Spiritus sanctus simul est et in Filio et Patre ; non est sejuncta Trinitas, ubi est perfecta unitas. Discedat Arianus confusus reus, quia Trinitas unus est Deus.

CAPUT VI. — 8. Sed quando tibi, perversa hæresis, verba mea proficiunt, cum sis aspis surda, obturans aures ne audias vocem incantantium ? Noveris te tamen a serpente esse comedendam, dum oves quas tenes captivas, ad suum ovile ille pastor adduxerit, ut sit unus grex et unus pastor. Ille pastor noster, Dilectissimi, qui in virga ferrea pascit et regit, confringit et restituit, ipse pastor est, ipse rector, ipse fabricator, ipse architectus noster. Magnum te pastorem video, Domine Jesu, oves pascentem, errantes requirentem, inventas cum gaudio ad gregem tuis humeris reportantem : magnum te architectum video, virgam portantem, in virga pendentem, et de ista virga multa miracula facientem. Multum expavesco expositionem virgæ hujus, Dilectissimi, dum loca divinarum Scripturarum considero. Virga Maria sancta, virga ipse Christus, virga crux. Et de ista

divine Marie; la verge, c'est le Christ lui-même; la verge, c'est la croix. Cette verge a servi à l'architecte pour faire des choses grandes et merveilleuses; il en a fait l'arbre de la croix, où il s'est suspendu lui-même comme la pierre angulaire; il en a fait l'échelle du ciel pour que l'homme tombé remontât vers le Père. Quel prodige, mes frères, qu'avec sa verge cet architecte ait fait une échelle, dont le sommet touchait le ciel, pour monter et descendre, et que, pour la consolider il se soit étendu sur elle! Montez-y en toute sécurité, vous qui aspirez au ciel; ne vous effrayez pas de ce qu'elle est étroite, longue ou élevée; ne craignez rien, ses degrés ne branlent pas; l'architecte les a tellement consolidés, que ses mains ont été attachées avec des clous sur le bois de cette échelle. Voyez comme l'apôtre saint Paul vous montre l'échelle de cet architecte; il en compte pour ainsi dire les degrés, il les monte, et nous invite tous à les monter. « Je fléchis les genoux, dit-il, en présence du Père de Notre-Seigneur Jésus-Christ, afin qu'il vous fasse comprendre cette hauteur, cette largeur, cette longueur, cette profondeur. » (*Ephés.*, III, 14, 18.) Il compte les quatre degrés de la croix. Cette échelle n'est donc pas difficile. Elle a quatre degrés qui conduisent au ciel. Sur la hauteur de la croix repose la tête du Crucifié. Le chrétien doit avoir son cœur en haut vers le Seigneur, suivant la réponse qu'il fait tous les jours; voilà le premier degré. Sur la largeur de la croix les mains du Crucifié sont clouées; les mains du chrétien doivent persévérer dans les bonnes œuvres, et voilà le second degré. Sur la longueur de la croix le corps du Crucifié est suspendu; on doit châtier son corps par de saints exercices, le suspendre par le jeûne, afin de le soumettre à l'empire de l'âme, et voilà le troisième degré. Dans la profondeur de la croix se trouve caché tout ce qu'on ne voit pas, pour laisser paraître tout ce qu'on voit; c'est la foi chrétienne; elle doit croire de cœur tout ce qu'elle ne peut comprendre, ne pas chercher ce qui est au-dessus de sa portée, se nourrir par l'espérance, et voilà le quatrième degré.

9. Voilà l'échelle qu'ont montée tous les chrétiens qui se sont sanctifiés, soit dans la continence, soit dans le mariage. Ils ont ainsi échappé aux ruines du monde, et sont arrivés en un lieu de sûreté, où ils n'ont plus rien à craindre, ni des barbares, ni des révolutions, ni de la corruption, ni de la maladie, ni des tribulations; la mort elle-même, ils n'ont plus à la redouter, puisqu'ils vivent avec Dieu de la vie de Dieu. Que cette vie, mes bien-aimés, soit l'objet de notre amour, de nos aspirations, de nos désirs; le chemin qui y conduit ne fatigue pas les pieds

virga quam magna et mira fecit hic architectus: et arborem fecit crucis ubi ipse angularis pependit lapis, et scalas cœli per quas hominem lapsum ad Patrem levavit. Quale miraculum, Fratres, hujus architecti, ut de virga sua faceret scalas, et tales quarum caput in cœlum poneret, et per eas ipse et ascenderet et descenderet, et propter confirmationem ipse super eas incumberet. Ascende securus, qui desideras cœlum: non te terreat earum nec angustia, nec longitudo, nec altitudo: nihil timeas, non nutant gradus ejus, quos ille architectus sic confirmavit, ut in ejus ligno manus suas clavis affigi voluerit. Vide has scalas hujus architecti discipulum apostolum Paulum et demonstrantem, et gradus quasi numerantem et ascendentem, et quam plurimos invitantem: « Flecto, inquit, genua mea ad Patrem Domini nostri Jesu Christi, ut det vobis comprehendere cum omnibus sanctis quæ sit altitudo et latitudo, longitudo et profundum. » (*Ephes.*, III, 14, 18.) Quatuor gradus posuit crucis. Non ergo laboriosæ sunt hæ scalæ: quatuor gradus habent, et perducunt ad cœlum. In altitudine crucis caput positum est crucifixi: sursum cor habeat Christianus ad Dominum, quod interrogatus quotidie respondet; et ascendit unum gradum. In latitudine crucis manus affixæ sunt crucifixi: perseverent manus Christiani in operibus bonis; et secundum gradum ascendit. In longitudine crucis corpus pependit crucifixi: castiget quis corpus suum observationibus, jejuniis illud suspendat, ut servituti animæ subjiciat; et tertium gradum ascendit. In profundo crucis occultum est quod non vides, sed inde exsurgit hoc totum quod vides: adsit fides Christiana, quod non potest comprehendere, credat corde, altiora se non quærat, spes eum nutriat: et tunc quartum gradum ascendit.

9. Per hos gradus ascenderunt sancti omnes, continentes, conjugati fideles: evaserunt ruinas mundi, migraverunt ad loca tutissima, ubi jam nec barbaros timent, nec fragiles casus humanos exhorrent, nec corruptiones metuunt, nec ægritudines patiuntur, nec tribulationibus affliguntur, nec ipsam jam mortem timent, sed cum Deo de Deo vivunt. Hanc vitam, Dilectissimi, amemus, appetamus, desideremus: ad quam omnis qui currit, non graditur via pedum, sed via morum. Boni ergo mores requirantur, ipsi

du voyageur; il faut prendre la voie d'une conduite morale. Les bonnes mœurs sont donc nécessaires, et elles sont nécessaires pour tous. Tout âge, tout sexe doit marcher ici sur les traces des saints. Les vieillards doivent imiter Tobie qui, tout aveugle qu'il était de corps, montrait à son fils le chemin de la vie spirituelle. Le fils conduisait son père par la main sur la terre; et le père, par ses bons avis, conduisait son fils vers le ciel. Les jeunes gens doivent imiter le chaste Joseph, beau du côté du corps, plus beau encore du côté de l'âme; la chasteté était si bien sa vertu, que les instances d'une femme impudique, dont il était le serviteur, ne purent l'ébranler; car son âme, comme son corps, appartenait à Dieu. Les jeunes filles doivent imiter Marie, la sainte mère du Seigneur. Les veuves imiteront la pieuse Anne, modèle des veuves; et les femmes mariées auront un modèle parfait dans la chaste Suzanne.

La Vierge mère fut fidèle à son vœu; Anne, la veuve, persévéra jusqu'à la fin dans la prière et le jeûne; et la chaste Suzanne, s'exposa même à la mort pour garder la foi conjugale. Considérez, femmes mariées, le grand exemple que vous propose ici la sainte Ecriture. Elle ne vous offre pas comme modèle une femme qu'embellissaient l'or, les colliers et les vêtements précieux; mais une femme parée des attraits de la pudeur, qui ornent une âme chaste. Celui qui nous a apporté la vie, nous a donné l'exemple des bonnes mœurs, c'est pourquoi il a voulu naître de la femme, parce qu'il devait délivrer l'un et l'autre sexe. Nous avons parlé longuement; vous avez écouté avec une attention parfaite, et vous avez pris plaisir à vous nourrir du pain du Seigneur. Rendez la pareille à celui qui vous a servi; et si vous ne me donnez pas le pain de la parole, accordez-moi du moins le secours de vos prières.

in omnibus inveniantur. Uterque sexus et omnis ætas habet in hoc sanctorum hominum imitationis exemplum. Imitentur senes mores Tobiæ, qui cum cæcus esset corpore, viam vitæ filio demonstrabat in corde. Ille cum manu ducebat in terra, et pater monendo eum perducebat ad cœlum. Imitentur adolescentes Joseph sanctum, pulchrum corpore, pulchriorem mente : quem castitas sic possederat, ut irruentes minæ dominæ mulieris impudicæ non possent eum violare, (*a*) nec mente, nec corpore, cujus jam Deus possederat mentem. Imitentur virgines sanctæ sanctam Domini sui matrem Mariam. Imitentur viduæ religiosam viduam Annam : imitentur et conjugatæ castam Susannam. Virgo mater quod vovit, implevit : Anna vidua in orationibus et jejuniis usque in finem perseverantiam tenuit : Susanna casta pro pudicitia conjugali usque ad periculum mortis accessit. Intendite conjugatæ, qualis vobis hujus a Scriptura sancta imitatio proponatur. Non enim eam prædicat, quod fuerit auro, monilibus vel veste pretiosa forinsecus compta, cum fuerit intrinsecus pudore castitatis ornata. Omnibus vitam donavit, qui bonos mores instituit. Propterea namque ipse vir de femina est nasci dignatus, quia ab ipso uterque sexus est liberatus. Multa diximus, intentissime audistis, epulas dominicas libentissime comedistis : rependite vicem ministratori vestro, ut si non verbo, saltem vestris orationibus pascar.

(*a*) Abest *nec mente* ab Er. et a Mss.

SERMON
SUR LA
PERSÉCUTION DES BARBARES

Chapitre I. — 1. Le Seigneur notre Dieu, dans ce moment où il fait éclater sa grande colère, nous avertit de ne pas négliger nos péchés. C'est avec justice qu'il punit le coupable, puisque personne ne fait pénitence. Combien de fois, mes bien-aimés, a retenti et retentit encore cette parole, comme une trompette : « Faites pénitence, car le royaume des cieux approche ? » (*Matth.*, IV, 17.) Et nous fermons les oreilles de notre cœur, nous opérons le mal de plus en plus, et nous demandons les biens de ce monde. Mais l'Apôtre nous dit que les hommes de cette sorte subissent un juste jugement. Car ayant de tels sentiments et s'imaginant qu'en faisant le mal ils pourront obtenir le bonheur, ils s'endurcissent et se ferment tout retour à la pénitence. Leur jugement est donc juste, puisqu'ils se condamnent eux-mêmes. Quoique notre discours ne s'adresse pas à tous, cependant la parole divine doit nous trouver tous attentifs, lorsqu'elle dit : « Tous se sont égarés ; tous sont tombés en pourriture ; il n'en est pas un qui fasse le bien, pas un seul. » (*Ps.* XIII. 8.) Est-ce tous ? Est-ce quelques-uns ? Comment sont les exceptions ? Ecoutez. Il y en a plusieurs qui gémissent et qui s'affligent des iniquités qui se commettent au milieu de la société ; ils voudraient s'y opposer, mais ils n'osent pas par la considération des choses temporelles, que leur cœur trop faible désire posséder, ou qu'il craint de perdre. Sous ce rapport, tous ne se sont pas égarés ; mais quant à cette crainte qui a pour objet les faux biens de ce monde, « tous se sont égarés, tous sont tombés ; » parce que la crainte de l'homme est devenue plus forte que la crainte de Dieu, et qu'on préfère les biens que Dieu nous donne à Dieu lui-même. La crainte que l'homme méchant ne nous les enlève, porte à mépriser Dieu, par qui l'homme a été fait. En vous voyant dans ces dispositions, et tellement attachés aux biens de ce monde, que vous tremblez devant les méchants, ou que vous les favorisez, je voudrais vous exhorter et vous avertir, pour vous montrer où doivent être vos préférences ; à moins que nos larmes ne se concentrent sur ceux qui pèchent, et qui ne veulent pas faire pénitence. Je dis qu'il suffit d'avoir dans le cœur un sentiment d'humanité et de compassion pour pleurer la mort d'un seul homme, s'en affliger et être désolé ; comment pourrons-nous pleurer assez, gémir et nous désoler assez,

SERMO
DE TEMPORE BARBARICO

Caput I. — 1. Admonet Dominus Deus noster, non nos debere negligere nostra peccata, quando talem demonstrat iram suam. Ipse quippe juste punit nocentem, quia nullum invenit pœnitentem. Quotiens, Dilectissimi, intonuerunt atque intonant tubæ divinæ : « Agite pœnitentiam, appropinquavit enim ad vos regnum cœlorum ? » (*Matth.*, IV, 17.) Et clausis auribus cordis, magis operamur mala, et petimus ut veniant bona. Sed talium judicium justum dicit esse Apostolus. In eo enim ipso quod talia sapiunt qui tales sunt, ex malis operibus posse se bona suscipere, obdurati sunt, pœnitentiæ locum non requirunt. Merito juste judicati, qui a semetipsis inveniuntur esse damnati. Licet non omnes tangat hic noster sermo, omnes tamen astringit sermo divinus, dicens : « Omnes declinaverunt, simul inutiles facti sunt, non est qui faciat bonum, non est usque ad unum. » (*Psal.* XIII, 8.) Quomodo omnes, et quomodo non omnes ? Quomodo non omnes ? Quia sunt multi qui gemunt et dolent ob iniquitates quæ fiunt in medio eorum, volentes resistere, sed timore sæcularium rerum non audentes, quas adhuc vel adipisci desiderat humana fragilitas, vel amittere formidat infirmitas. Secundum id quod dolent, non omnes : secundum quod rem non timendam timent, « omnes declinaverunt, simul inutiles facti sunt ; » quia plus æstimatur timor hominis, quam timor Dei, et præferunt homines res quas acceperunt a Deo ipsi Deo. Ne eas tollat malus homo, contemnitur Deus per quem factus est homo. Vellem vos quidem qui adhuc tales estis, et amore rerum sæcularium obligati peccantibus aut parcitis, aut favetis, vellem vos quidem aliquibus exhortationibus admonere, quid cui rei præponere debeatis : nisi nos fluvius lacrymarum compelleret plangere eos qui peccant, et nolunt agere pœnitentiam. Si esset in nobis humanus affectus, si esset compassionis sensus, unius hominis mortem flere, dolere ac plangere deberemus : quibus lacrymis, quo gemitu, quibus planctibus exagitamur, quando aut maximam partem, aut pene totam plan-

quand nous voyons les maux d'une grande partie et de presque toute la cité? Supposez que votre ami est malade; tout annonce la gravité de sa maladie; tous ceux qui l'aiment souffrent avec lui dans leur cœur. Mais s'ils le voient rire aux approches de la mort, ne sentent-ils pas alors que tout espoir de salut est perdu, et quoiqu'il soit encore vivant, ne le pleurent-ils pas déjà comme mort? Toute la province souffre de cruelles calamités; elle semble toucher à sa fin, et on ne discontinue pas la fréquentation des spectacles; le sang des hommes est versé tous les jours et partout, et les cris des insensés retentissent dans le cirque. O douleur plus salutaire que toute autre affliction! O douleur, qui remplit le cœur de toutes les amertumes! Vous pouvez pleurer. Oui, mes bien-aimés, nous pleurons, et sur eux et sur nous-mêmes, parce que nous méritons aussi de partager leurs châtiments. Quand nous accusons les autres, accusons-nous aussi nous-mêmes; car tous nous sommes égarés, nous sommes tous tombés, tous sans exception. Personne ne peut s'excuser; nous avons un juge devant qui, tout homme est coupable : « Lorsque le roi s'est assis sur le trône du jugement, qui peut dire : Mon cœur est pur, je suis sans péché? » (*Prov.*, xx, 8.)

2. Le temps prédit par le Seigneur est arrivé : « Pensez-vous que le Fils de l'homme, quand il viendra, trouve de la foi sur la terre? » (*Luc*, xviii, 8.) Qui a la foi? Qui croit à la parole de Dieu? Pouvez-vous dire que vous avez la foi, quand vous savez que le Seigneur a dit à ses disciples : « Si vous aviez de la foi comme un grain de sénevé, vous diriez à cet arbre : Déracine-toi, et transplante-toi au milieu de la mer; et il vous obéirait? » (*Luc*, xvii, 6.) Qui peut se flatter d'accomplir tous les commandements de Dieu? Personne, absolument personne. Nous prêchons, et nous ne faisons pas; vous écoutez et vous négligez de faire. Nous sommes tous dignes de châtiment, et le prédicateur qui doit faire, et l'auditeur qui néglige. Appliquons-nous à nous réformer mutuellement, sans nous critiquer dans nos actions. Le prochain médit du prochain, le clerc médit du clerc, le laïque médit du laïque. Je vois que tout le monde s'accuse, et personne qui puisse se justifier. Chacun, mes bien-aimés, doit porter son propre fardeau. « Mes frères, dit l'apôtre saint Jacques, ne parlez point mal les uns des autres. Celui qui médit de son frère ou qui juge son frère, médit de la loi ou juge la loi. Que si vous jugez la loi, vous n'en êtes plus observateur, mais vous vous en rendez le juge. Il n'y a qu'un législateur et qu'un juge qui peut sauver et qui peut perdre. Mais vous, qui êtes-vous pour juger votre prochain? » (*Jacq.*, iv, 11, 12.)

gimus civitatem? Æger est carus, et vena ejus malum renuntiat; omnes qui cum diligunt; ægrotant simul animo. Si eum et in ipsa vicina morte ridere viderint, quemadmodum ab eo omnem spem salutis ablatam sentiunt, eumque adhuc vivum tanquam mortuum merito plangunt? Inter tantas angustias et in ipso fine rerum posita est universa provincia, et quotidie frequentantur spectacula : sanguis hominum quotidie funditur in mundo, et insanientium voces crepitant in circo. O planctus omni tristitia acceptior! o planctus omni mœstitia affligens cor! Libet flere. Plangimus enim, Dilectissimi, et illos et nos, quia et nos digni sumus qui cum talibus merito flagellemur. Nos enim, cum alios accusamus (*Forte addendum*, nos excusamus*) : omnes declinavimus, simul inutiles facti sumus, prorsus omnes. Nullus est excusatus : quia talis est judex, ut omnis homo ab illo inveniatur reus. « Cum enim Rex justus sederit in throno, quis gloriabitur castum se habere cor? aut quis gloriabitur mundum se esse a peccato? » (*Prov.*, xx, 8, 9.)

. 2. Advenit tempus illud quod prædixit Dominus : «Putas cum venerit filius hominis, inveniet fidem in terra? » (*Luc.*, xviii, 8.) Quis habet fidem? Quis credit verbis? Audebit aliquis nostrum assignare sibi fidem, quando audit Dominum dicentem discipulis : « Si haberetis fidem sicut granum sinapis, diceretis arbori huic : Eradicare, et plantare in mari; et obaudisset vobis? » (*Luc.*, xvii, 6.) Quis sibi audebit assignare, quod faciat omnia quæ præcepit Deus? Nemo, prorsus nemo. Prædicamus, et non facimus : auditis, et facere non curatis. Merito omnes sub flagello, et doctor et factor, et auditor et contemptor. Studemus invicem reprehendere, et non studemus opera nostra discutere. Detrahit proximus proximo, detrahit clericus clerico, detrahit laicus laico. Video quidem se invicem accusantes, sed neminem video juste se excusantem. Unusquisque enim, Dilectissimi, proprium onus portat. « Nolite detrahere alterutrum fratres, » ait apostolus Jacobus. (*Jac.*, iv, 11, 12.) « Qui enim detrahit fratri aut judicat fratrem, detrahit legi et judicat legem. Si autem judicas legem non es factor legis, sed judex. Unus est enim legislator et judex qui potest perdere et liberare. Tu autem quis es, qui judicas proximum? »

Chapitre II. — 3. Cependant les voix de la médisance ne peuvent pas imposer silence à la parole de Dieu. Dieu vous crie par la bouche des bons, comme par la bouche des méchants : « Faites pénitence, le royaume de Dieu approche. Ne vous contentez pas d'écouter la parole de Dieu ; mais pratiquez-la. Faites de dignes fruits de pénitence. Voilà, dit l'Evangéliste, voilà que la hache est déjà à la racine de l'arbre. Tout arbre qui ne produit pas un bon fruit, sera coupé et jeté au feu. » (*Matth.*, III, 2.) Tous les hommes, dit-il, ce sont les arbres de différente espèce, produisant des fruits divers. Le bon fruit qu'on demande, c'est celui qui nourrit et qui ne fait pas de mal. Car il y a des arbres épineux, destinés au feu, propres à être brûlés, parce qu'ils ne produisent aucun fruit spirituel. Croyez vous, mes bien-aimés, que tous tant que nous sommes, nous méritons, à cause de nos péchés, les maux qui nous accablent ? Le cultivateur aiguise son fer, il coupe le bois inutile, et le réserve pour le brûler. C'est ainsi que fait le cultivateur divin. Les méchants s'imaginent que rien ne les ébranlera, que rien ne troublera leur bonheur. Si vous êtes dans cette illusion, si vous êtes méchants, si vous ne voulez pas vous corriger, ne vous fiez pas à votre état de fortune ; votre chute n'en sera que plus déplorable, et le feu qui vous attend, plus dévorant. Parce que vous ne voyez pas encore la cognée au pied de l'arbre, croyez-vous être debout pour toujours, vous qui avez vu ou appris la chute des grands arbres de la forêt ? Si le cultivateur attend, c'est qu'il est patient ; il veut voir si vous ferez pénitence. Vous connaissez ce jardinier de l'Evangile, qui intercédait pour l'arbre que le maître voulait arracher, parce qu'il avait été trois ans sans donner de fruit ; rappelez-vous ce qu'il dit : « Maître, laissez-le encore cette année, afin que je le laboure et que j'y mette de l'engrais ; et peut-être donnera-t-il du fruit ; sinon, vous le couperez après. » (*Luc*, XIII, 8.) Cet arbre stérile, c'est l'homme qui ne produit aucun fruit de pénitence. Le maître, c'est le Créateur ; l'intercesseur, c'est l'apôtre saint Paul. Comment cela ? Voici comment, dans une de ses Epîtres, il intercédait pour les pauvres pécheurs : « Je me prosterne aux pieds du Père de Notre-Seigneur Jésus-Christ, afin qu'il vous donne le courage. » (*Eph.*, III, 14.) Ils demandaient pour eux ce qu'ils n'avaient pas : « Je ferai une fosse, dit-il, autour de l'arbre, et j'y mettrai une corbeille d'engrais. Le fossé, c'est l'humilité ; la corbeille d'engrais, ce sont les larmes de la pénitence. Si on ne veut pas subir l'épreuve de l'humilité, on aura davantage à souffrir, lorsque ce jardinier viendra avec son fer aiguisé. O méchants, faites pénitence, corri-

---

Caput II. — 3. Nec tamen voces detrahentium, silentium possunt imponere verbo Dei. Clamat ille per bonos, et per malos : « Agite pœnitentiam, appropinquavit ad vos regnum Dei. Nolite esse auditores legis tantum, sed factores. Facite dignos fructus pœnitentiæ. Ecce enim, ait Evangelista, securis ad radices arborum posita est. Omnis enim arbor non faciens fructum bonum, excidetur, et in ignem mittetur. » Video, inquit, omnes homines diversas arbores, fructus etiam diversos habentes : sed bonus fructus quæritur qui pascat, non qui pungat. Sunt enim et arbores spinosæ, igni deputatæ, merito incendendæ, quia in eis nullus fructus est animæ. Putasne, Dilectissimi, nos omnes tales sumus, qui in istis malis pro peccatis nostris dimissi sumus ? Exacuit agricola ferrum, amputat inutile lignum, abscisum servat incendio concremandum. Hoc nunc agitur a vero agricola. Videntur quidem sibi mali adhuc stare, adhuc florere. Quisquis talis es, quisquis malus es, quisquis corrigi non vis, non te consoletur altitudo tua : quia major te expectat ruina, ampliorque sustinet flamma. Quia securis hæc ad te nondum venit, ideo putas te posse semper stare ? cum videas vel audias alias arbores te ampliores cecidisse. Quod te hic agricola differt, ejus est patientiæ, ne forte intercedat apud eum locus pœnitentiæ. Colonus enim ille in Evangelio, qui intercedebat pro arbore, quam dominus eradicare volebat, quod fructum per triennium non haberet, videte quid ait : « Domine, dimitte illam et hoc anno : faciam ei fossam, adhibeam cophinum stercoris : si fecerit fructum, bene ; sin autem, abscides eam. » (*Luc.*, XIII, 8.) Arbor hæc sterilis, genus hominum est non habens fructum pœnitentiæ. Dominus ejus, conditor ejus est. Intercessor hujus arboris, apostolus Paulus est. Unde probamus ? Audi in quadam epistola sua quemadmodum intercedebat pro talibus : « Flecto, inquit, genua mea ad Patrem Domini nostri Jesu Christi, ut det vobis virtutem. » (*Ephes.*, III, 14.) Hoc ergo eis petebat, ut acciperent quod non habebant. « Faciam, inquit, ei fossam, adhibeam cophinum stercoris. » Fossa locus est humilitatis : cophinus stercoris, lacrymæ sunt pœnitentis. Quem locum si quis contempserit, amplius sustinebit tormentum, quando illius agricolæ acutissimum senserit ferramentum. Agite mali pœniten-

gez-vous, parce que les bons ont à souffrir comme vous de vos châtiments.

CHAPITRE III. — 4. On dira peut-être : Si les méchants, sont justement châtiés, pourquoi les bons ont-ils à souffrir avec les méchants et par leur malice ? Pourquoi ? Parce que les bons ne sont bons que sous certains rapports, mais absolument parlant et en toute vérité, « personne n'est bon, que Dieu seul. » Donc les bons eux-mêmes, quelque bons qu'ils soient, ne sont pas bons comme ils devraient l'être. Ils ne sont pas parfaits, puisqu'ils se perfectionnent de jour en jour ; et s'ils se perfectionnent c'est en s'améliorant. Personne ne doit donc se justifier, comme s'il était parfait. Loin d'ici le Pélagien qui a l'audace de se justifier ; loin d'ici l'hérétique Arien, car « personne n'est bon que Dieu seul. » (*Luc*, XVIII, 19.) Quoi donc ? Le Christ n'est-il pas Dieu ? Certes, il est Dieu ; car l'Ecriture lui rend ce témoignage, en disant : « Celui-ci est le vrai Dieu, il est la vie éternelle. » (I *Jean*, v, 20.) Et le Saint-Esprit, n'est-il pas Dieu ? Certes, il est Dieu. Comment prouvons-nous qu'il est Dieu ? Voici comme parle Pierre à Ananie, dans les Actes des Apôtres, en lui reprochant sa fourberie : « Ananie, pourquoi Satan a-t-il tenté ton cœur pour mentir au Saint-Esprit ? Tu n'as pas menti aux hommes, mais à Dieu. » (*Actes*, v, 3.) Tu le vois, le Saint-Esprit est Dieu. Donc la Trinité est Dieu, et il est vrai de dire que « personne n'est bon que Dieu seul. » Vous qui êtes bons, soyez patients, pour être véritablement bons ; soyez patients jusqu'à la venue du Seigneur. Supportez les maux, que vous souffrez comme les méchants et de leur part. Cette épreuve, c'est l'épreuve du creuset. Si vous êtes de l'or pur, pourquoi craignez-vous la paille, pourquoi craignez-vous le feu ? Il est vrai que vous serez ensemble dans la fournaise ; mais le feu réduit la paille en cendres, et vous purifie de vos souillures. Si vous êtes un pur froment, pourquoi craignez-vous le battoir ? On ne vous verrait pas, et vous resteriez caché dans l'épi, si le battoir en vous brisant, ne vous séparait de la paille. Si vous êtes comme l'huile, pourquoi craignez-vous le pressoir ? On ne connaîtra votre qualité, que lorsque la pesanteur de la meule vous aura séparé de votre enveloppe. Pourtant que chacun s'interroge, et examine si c'est injustement qu'il souffre. Apportez ici la balance de la justice ; qu'on pèse l'amour de Dieu avec l'amour du monde, et voyez comme l'amour du monde l'emporte. Apportez le miroir de la divine Ecriture. Ce miroir ne flatte personne ; il vous montre à vous-même tel que vous êtes. Considérez et voyez, et si vous remarquez quelque défaut, soyez confus et corrigez-vous. Voulez-vous braver la confusion et vous glorifier de vos

---

tiam, corrigimini mali, quia vobiscum flagellantur et boni.

CAPUT III. — 4. Dicet aliquis : Si mali merito flagellantur, boni quare talia cum malis et a malis patiuntur ? Quare ? Quia secundum quemdam modum dicuntur boni, secundum autem rectum verumque bonum : « Nemo bonus, nisi solus Deus. » Ergo et ipsi boni, quicumque sunt boni, non tales sunt, quales debent esse boni : non enim sunt perfectum bonum : proficiunt enim de die in diem. Si proficiunt, utique exercitationibus proficiunt. Nemo se justificet, tanquam jam sit perfectus. Recedat de medio male justificator Pelagianus, confundatur hæreticus Arianus : « Nemo enim bonus, nisi solus Deus. » (*Luc.*, XVIII, 19.) Quid ergo ? Christus non est Deus ? Plane Deus. De ipso quippe dicit Scriptura divina : « Hic est verus Deus, et vita æterna. » (I *Joan.*, v, 20.) Quid Spiritus sanctus, non est Deus ? Plane Deus. Unde probamus, quoniam et ipse Deus ? Audi in Actibus Apostolorum Petrum Ananiæ fraudatori improperantem : « Anania, inquit, cur implevit satanas cor tuum, mentiri te apud Spiritum sanctum ? Non es mentitus hominibus, sed Deo. » (*Act.*, v, 3, 4.) Ecce et Spiritus sanctus Deus. Ergo Trinitas unus est Deus : et verum est, quia « nemo bonus, nisi unus Deus. » Patientes estote boni, ut sitis vere boni : patientes estote usque ad adventum Domini. Tolerate mala quæ patimini a malis cum malis : quia ista tentatio, vestra est examinatio. Si aurum es, quid times paleam, quid times ignem ? Simul quidem eritis in fornace, sed ignis paleas in cineres vertit, tibi sordes tollit. Si frumentum es, quid times tribulam ? Non apparebis qualis antea eras in spica, nisi tribula conterendo a te separaverit paleas. Si oleum es, quid times pressuram preli ? Non declarabitur species tua, nisi etiam pondus lapidis a te separaverit amurcam. Veruntamen interroget se unaquæque anima, et videat si injuste patitur. Proferatur statera justitiæ, appendatur amor mundi cum amore Dei, vide quemadmodum præponderet amor mundi. Proferatur speculum Scripturæ divinæ. Speculum hoc neminem palpat : qualis es, talem te tibi demonstrat. Intende et vide, et si est aliquid quod offendat, abi confusus, et redi correctus. An non confunderis, et in malis tuis gloriaberis ? Eris enim perfectum malum, non qualecumque bonum. Talis non vis flagellari cum

mauvaises œuvres? Alors vous serez accompli dans le mal, et vous n'aurez pas en vous le moindre bien. Et vous ne voudriez pas être châtié avec le monde, et quand on vous châtie, vous murmurez? Méchant serviteur, avez-vous fait ce que le Seigneur a commandé? Avant qu'il ne vous arrive, il vous avait prédit ce châtiment. Qui a commandé? C'est votre maître, c'est votre créateur qui a commandé. Qu'a-t-il commandé? « Celui qui aime son père ou sa mère plus que moi, dit-il, n'est pas digne de moi. » (*Matth.*, x, 37.) Ou bien encore : « Celui qui aime son fils ou sa fille plus que moi, n'est pas digne de moi. » Voilà ce qu'il a commandé. « Et qui est, dit-il, celui qui hait son père, sa mère ou ses enfants? » Le maitre ne commande même pas cette haine. Ce qu'il commande, c'est qu'on ait pour lui autant d'amour que pour ses proches. Vous devriez sans doute aimer le Créateur plus que la créature ; mais si vous ne pouvez pas arriver à cette préférence, qu'il y ait du moins égalité. Vous aimeriez véritablement vos enfants, si vous aimiez avant tout le Christ, et si vous mettiez vos enfants sous sa protection. Vous les aimeriez dans la vérité, si vous les aimiez dans le Christ, puisqu'il vous les a donnés pour les aimer. Croyez-vous les aimer, quand vous vous prêtez à toutes leurs passions? Vous les entendez blasphémer; et vous chrétien, vous supportez sans rien dire, ce que le roi Nabuchodonosor, tout idolâtre qu'il était, ne put pas supporter, puisqu'il a dit : « Si quelqu'un blasphème le Dieu de Sidrach, de Misac et d'Abdénago, il sera puni de mort. »(*Dan.*, III, 96.) Vous voyez qu'on fréquente les spectacles, et vous n'empêchez rien. Vous voyez des débauches, et vous ne châtiez pas. Jamais vous ne seriez un père capable de menacer des enfants indisciplinés, de les déshériter, de les chasser de la maison, vous qui devriez comme Abraham, être prêt à immoler votre fils. Car un père qui coupe dans la racine les passions de ses enfants, fait à Dieu le sacrifice d'Abraham. Mais on néglige tout aujourd'hui ; les mœurs se dépravent de plus en plus dans la société ; le monde tombe en ruines, selon cette parole du prophète : « La terre se dissout, et tous ses habitants disparaissent. » (*Isaïe*, XXIV, 4.) Et cependant on n'entend partout que plaintes et murmures; on rappelle avec regret le temps passé. Tous les maux sont imputés au christianisme. Le beau siècle, disent-ils, le beau siècle que le siècle de nos pères ! Oh ! quand reviendra le temps de nos pères !

CHAPITRE IV. — 5. Mais voyez donc ce qu'ont fait nos pères. Phinées voyant un Israélite qui sacrifiait aux idoles, le tua de sa propre main, pour apaiser la colère de Dieu. (*Nombres*, XXV, 8.) Moïse voyant le peuple égaré et adorant le veau d'or, voulut arrêter et punir ce crime avec une grande fermeté (*Exode*, XXXII, 16), et

---

mundo, aut flagellatus murmuras sub flagello? Serve male, fecisti quod Dominus jussit? Ne vapulares, ista flagella tibi ante prædixit. Quis jussit? Dominus jussit : Creator tuus jussit. Quid jussit? « Qui amat, inquit, patrem aut matrem plus quam me, non est me dignus. » (*Matth.*, x, 37.) Ecce quid jussit. Aut : « Qui amat filium aut filiam plus quam me, non est me dignus. » Ecce quid jussit. Et quis est, inquit, qui odit patrem aut matrem aut filios? Nec ille illos odire præcepit : sed vel quantum illos, tantum se diligi jussit. Plus quidem debueras diligere Creatorem, quam creaturam : sed si non vales præferre, saltem vel æquare dignare. Vere filios tuos diligeres, si Christum filiis præferres, ipsosque filios ipsi committeres. Vere filios tuos diligeres, si in ipso illos diligeres, qui eos tibi dedit ut diligas. An ideo eos videris diligere, quia eorum voluptatibus faves? Audis blasphemantes, et patienter fers Christiane, quod rex Nabuchodonosor alienigena non potuit sustinere, dicens : « Si quis dixerit blasphemiam in Deum Sidrach, Misac et Abdenago, in interitum erit. » (*Dan.*, III, 96.) Vides frequentare spectacula, et non revocas. Vides luxuriantes, et non verberas. Nec potes te talem exhibere patrem, qui paratus sis indisciplinatos filios vel exhæredare vel abjicere, cum paratus esse debueras sicut Abraham etiam filium immolare. Omnis enim qui filiorum trucidat voluptates, sacrificium tale quale Abraham offert Deo. Sed dum ista non fiunt, et his moribus depravatis male nutriuntur, qui isto mundo utuntur, labefit mundus, nec immerito ait Propheta : « Defluxit terra, et omnes inhabitantes in ea. » (*Isai.*, XXIV, 4.) Non quiescunt usque nunc murmurare homines, laudare tempora præterita, accusare tempora Christiana. Magna erant tempora patrum nostrorum, dicunt : O quam bona tempora habuerunt patres nostri!

CAPUT IV. — 5. Sed videte quæ fecerint patres nostri. Phinees sacrificantem virum idolis manu propria peremit, ut placaret iram Dei. (*Num.*, XXV, 8.) Moyses populum oberrantem, vitulumque fusilem adorantem, ita certa emendatione coercuit, ut unam tribum e duodecim ad se vocans, quæ sequi voluit

appelant à lui une des douze tribus, qui était fidèle à Dieu, il lui donna l'ordre de s'armer de glaives, et commanda aux fils de frapper les pères, et aux pères de ne pas épargner leurs fils. Rien ne les arrêta, ni l'affection, ni le sentiment d'humanité ; car la crainte et l'amour de Dieu l'emportaient dans leur cœur sur toute autre affection charnelle. Jephté, pour obtenir la victoire sur un ennemi livré à l'idolâtrie, offrit en sacrifice sa fille unique. (*Juges*, XI.) Samson, à qui Dieu avait donné une force extraordinaire, en la faisant résider dans sa chevelure, fit une guerre longue et acharnée aux nations qui adoraient les démons ; puis s'étant laissé séduire par une femme, il perdit les yeux, et en même temps sa force avec sa chevelure (*Juges*, XVI) ; mais plus tard il apprit que les ennemis pour l'humilier, s'étaient rassemblés dans le temple de leurs idoles, et que là ils remerciaient leurs dieux d'avoir livré entre leurs mains leur plus mortel ennemi ; aussitôt, comme il sentait que sa force était revenue avec sa chevelure, il appelle l'enfant qui lui servait de guide, et se fait conduire par la main dans ce temple. Lorsqu'il y est arrivé, il saisit de chaque main les deux colonnes qui portaient tout l'édifice, et s'ensevelit lui et ses ennemis, sous les ruines de ce temple, ne pouvant pas souffrir, qu'au mépris de son Dieu, on fît éclater les louanges des démons. Daniel ne veut pas adresser sa prière à un roi qui n'était qu'un homme, mais au Dieu vivant, source de tous les biens ; il est condamné à être jeté en pâture aux lions affamés (*Daniel*, XIV, 30) ; mais Dieu n'abandonne pas son fidèle serviteur, il le conserve sans le moindre mal, et charge le prophète Habacuc de le nourrir, ainsi que les lions. Que dirai-je des trois enfants qui ne veulent pas adorer la statue du roi, et qui se moquent des flammes ? (*Daniel*, III, 23.) Comme la grâce brille d'une manière admirable dans ces enfants ! Ils sont liés et jetés dans la fournaise, on les voit se promener, ouvrant la bouche pour louer Dieu, sans que la flamme les touche, elle craint plutôt de les approcher ; et ils méritent de posséder au milieu d'eux le Fils de Dieu, avant qu'il ne parût comme homme dans le monde ; la flamme fut leur vengeur, la fournaise dévorante consuma les prêtres chaldéens ; ils sont délivrés de la fournaise sans le moindre mal, et deviennent un objet d'admiration au milieu des peuples ; le roi se convertit pour être un adorateur du vrai Dieu, après avoir été un persécuteur. Tous ces prodiges étaient l'œuvre de la foi, de la crainte et de l'amour de Dieu. Ces hommes sacrifiaient non-seulement leurs biens pour Dieu, mais encore leur vie ; et Dieu leur donna la gloire ici-bas, et dans l'autre vie la récompense éternelle. Est-ce ainsi, mes bien-aimés,

---

Deum, præceptum eis daret, ut acceptis gladiis in manibus suis filii percuterent parentes, et parentes occiderent filios. (*Exod.*, XXXII, 26.) Nullus eos revocavit affectus, nullus humanitati reservatus est locus : quia timor et amor Dei præ omni desideriorum carnalium amore ferebatur. Jephte ut hostes diis ac dæmonibus immolantes superaret, unicam filiam in sacrificio dedit. (*Jud.*, XI.) Samson cum gentes dæmonicolas virtute, quam a Deo in capite acciperat, diutius bellis contereret atque fatigaret, seductusque postea per mulierem oculos simulque virtutem capitis perdidisset, postea quam cognovit in opprobrium suum omnes illos convenisse ad templum idolorum suorum, eosque magnificare deos suos, quod eis tradiderant acerrimum inimicum suum, cum crescente coma capitis ejus ei crevisset et virtus, a puero qui sibi ducatum præbebat, ut sibi manum porrigeret petiit, seque ad illud templum duci poposcit. (*Jud.*, 16.) Ad quod cum pervenisset, columnas duas, supra quas totum illud ædificium ferebatur, singulis manibus singulas apprehendens, ruina se simul et illos voluit opprimi, ne laudes dæmonum in contumeliam Dei sui a quoquam libenter pateretur audiri. Daniel ne a rege homine petitionem aliquam posceret, sed a Deo vivo, qui præstat omnia bona suis, leonibus jejunantibus in escam datus est ut periret (*Dan.*, XIV, 30) : sed Dominus fidelem servum suum non deserens, et ipsum intactum reservavit, et per Habacuc prophetam simul et ipsum et leones pavit. Quid dicam de tribus pueris, qui cum nollent imaginem regiam adorare, ignes riserunt ? (*Dan.*, III, 23, etc.) In quibus pueris micans gratia ita enituit, ut ligati in fornacem mitterentur, deambulantesque viderentur, os aperientes Deumque laudantes, flammas ad se non admitterent, sed fugarent : ut secum Filium Dei habere meruissent, ante quam mundo in homine apparuisset : ut esset eorum vindex flamma, Chaldæorumque ministros fornax devorans consumeret : producti quoque de fornace incolumes, populos in se mirabiles redderent, regemque mutarent, eumque facerent Dei sui adoratorem, quem senserant ante persecutorem. Sed hæc omnia faciebat fides, timor et amor Dei. Oderant isti non solum omnia quæ habebant propter Deum, verum etiam animas suas : et Deus eos hic claros fecit, et æternæ vitæ remuneratione ditavit. Quid tale, Dilectissimi, fecimus, imo

que nous avons agi ; ou plutôt n'avons-nous pas fait tout le contraire ? Les trois enfants résistèrent à tout ; ni les menaces, ni les tourments, rien ne put les faire sacrifier. N'a-t-il pas sacrifié, cet homme qui courut au spectacle qu'on appelle la scène nocturne, pour y voir les images des idoles dans les jeux de la nuit ? Oui, il a sacrifié, je le répète, il a sacrifié ; et ce qui est plus déplorable, la victime n'était pas un taureau ou tout autre animal ; mais c'était l'âme précieuse d'un homme. Ce sacrifice impie n'a pas été le crime d'un seul ou d'un petit nombre, toute la cité y a pris part, puisque toute la cité y a consenti. Ce ne sont pas les ennemis, ce ne sont pas les barbares, mais c'est chacun qui a tué son âme soit en voyant, soit en consentant, soit en n'empêchant pas ; oui, nous sommes tous coupables. Et nous qui ne voulons pas que la cité soit troublée dans sa fausse paix, nous ne jouissons pas de la vraie paix que nous désirons. Nous n'avons nul souci de conserver la paix avec les bonnes mœurs ; et la paix s'enfuit de notre société troublée. Apprenez donc du moins aujourd'hui, mes bien-aimés, et sachez ce que vous devez aimer avant tout. Gardez-vous d'aimer le vice dans vos enfants, dans vos amis, dans vos serviteurs, dans tout ce qui vous approche. Que le souverain Maître ait sa place avant toute autre puissance ; honorons César comme César, mais craignons Dieu. Que le Créateur passe avant la créature ; aimons Dieu parce qu'il nous aime, et qu'il nous aime, même quand il nous châtie. (*Hebr.*, XII, 6.) Quel est l'enfant que son père ne voudrait pas instruire et former ? L'homme réfléchi ; l'homme qui croit à la parole de Dieu, craint le feu éternel plus que le glaive d'un barbare féroce ; il craint plus la mort éternelle, que la mort d'ici-bas, même la plus cruelle. Les infidèles riront de nos paroles ; les sots riront aussi ; rien ne peut les persuader, même l'expérience. Voyez, tout est brisé, tout périt ; le monde qu'ils ont aimé disparaît avec eux ; on les traîne au tribunal de Dieu, dont ils ont méprisé la loi ; car on les y traîne malgré eux, puisque leur dernier mot avant de mourir est un blasphème. Mais il faut marcher, et lorsqu'on sera arrivé, que se passera-t-il ? Où va-t-on ? Qui nous appelle ? Qui nous fera revenir ? Tout est fini ; et le mal qu'on a fait ne peut plus se réparer. Revenez donc, ô enfants, revenez ; « rentrez en vous-mêmes, vous qui prévariquez. » (*Isaïe*, XLVI, 8.) Réjouissez-nous par votre conversion ; changez vos cœurs, et abjurez vos œuvres. Soyez courageux, que la tribulation du monde ne vous abatte pas ; « le Seigneur est proche, ne vous inquiétez pas. » (*Philipp.*, IV, 5 et 6.)

CHAPITRE V. — 6. Vous avez de grands exemples de courage. Les martyrs ont vaincu le

e contrario quæ mala non fecimus ? Illi nec minis nec tormentis conventi dæmoniis sacrificaverunt. An non sacrificavit, qui imagines idolorum per noctem ludentes, quod Nocturnum vocant, libentissime spectavit ? Sacrificavit, prorsus sacrificavit : et, quod est pejus, non tauri vel cujuslibet pecoris aliquam victimam, sed ipsam animam hominis pretiosam. In hoc tam nefando sacrificio non unus vel pauci accusantur : tota hoc civitas fecit, quæ tota consensit. Nec ab hostibus, nec a barbaris, sed a se ipso omnis homo in anima se intus occidit videndo, consentiendo, non prohibendo, omnes remansimus rei : et dum nolumus pacem civitatis turbari perversam, pacem quam desideramus non accipimus rectam. Contemnimus pacem servare bonorum morum, et periit pax temporum nostrorum. Discite vel nunc, Dilectissimi, quid cui rei præponere debeatis. Nolite diligere vitia in filiis, in amicis, in servis, in omnibus notis. Præponatur singularis potestas omni potestati, honorem exhibeamus Cæsari tanquam Cæsari, timorem autem Deo. Præferatur Creator creaturæ : diligamus Deum, quia diligit nos ; et in hoc quod sic nos flagellat, diligit. (*Heb.*, XII, 6.) Quis est enim filius, cui non det disciplinam pater ejus. Qui sanam considerationem habet, qui credit Dei verbis, plus metuit ignem æternum, quam cujuslibet truculenti barbari ferrum : plus metuit mortem perpetuam, morte qualibet hic pessima. Irrideant hæc infideles, irrideant stulti, nolint credere nec rebus expertis. Ecce conteruntur, ecce omnia pereunt, ecce cum ipsis non potest stare mundus quem amaverunt, ecce ad Deum trahuntur cujus præcepta contempserunt : non enim bona voluntate pergit, qui blasphemando moritur. Ecce itur : cum illuc ventum fuerit, quid agitur ? Quo itur ? per quem abitur ? Quis iterum huc redire cogitur ? Finitum est, et quod male fecerat emendare finitum est. Redite filii, redite, « redite prævaricatores ad cor : » (*Isai.*, XLVI, 8) facite gaudium ex conversione vestra, corrigantur corda vestra, displiceant vobis opera vestra. Estote fortes, tribulatio mundi non vos frangat : « Dominus in proximo est, nihil solliciti sitis. » (*Philip.*, IV, 5, 6.)

CAPUT V. — 6. Habetis virorum fortium magna exempla. Vicerunt Martyres mundum : inter quos Martyres maribus etiam feminæ repertæ sunt fortiores. Ante paucos dies natalitia celebravimus mar-

monde ; et parmi les martyrs nous trouvons des femmes plus courageuses encore que les hommes. Il y a peu de jours, nous avons célébré la fête des martyrs, Perpétue, Félicité, et leurs compagnons. Les hommes étant en grand nombre, pourquoi ces deux femmes ont-elles été nommées plutôt que tout autre, si ce n'est pour montrer que le sexe le plus faible égale, ou même surpasse le courage des hommes. L'une était prête d'enfanter ; l'autre allaitait. Félicité allait enfanter ; Perpétue nourrissait de son lait ; et Perpétue ne cessa point de donner son lait, jusqu'à ce qu'elle eut reçu elle-même la première goutte du lait divin, que donne celui qui est pasteur et père ; quand elle eut goûté cette douceur de la félicité éternelle, elle cessa d'avoir un regard pour son fils, pour son père, pour le monde, et elle donna sa vie pour le Christ. Quant à Félicité qui était la compagne de Perpétue, elle enfantait et elle souffrait ; mais exposée aux bêtes, elle avait plus de joie que de crainte. Quel courage dans ces femmes ! quelle puissance dans la grâce, lorsqu'elle possède une âme ! aucun sexe n'est indigne pour elle. Soyons reconnaissants pour la grâce ; elle a relevé le sexe féminin. La femme était restée dans un grand opprobre, depuis qu'à l'origine elle eut introduit le péché et la mort par tous les hommes. Eve seule tomba dans les embûches du démon ; mais le Christ, en naissant d'une vierge, a relevé toutes les femmes. Perpétue et Félicité ont écrasé la tête du serpent, qu'Eve avait accueilli dans son sein. Le démon l'a séduisit par une fausse promesse ; mais il ne put triompher de nos martyrs par sa cruauté ; il trompa Eve au milieu des joies du paradis ; il ne put approcher de nos martyrs malgré l'aide de la puissance qui les environnait. Il triompha de joie, en voyant la chute d'Eve, au milieu des délices du paradis ; mais il recula en quelque sorte d'effroi, à la vue de cette constance de nos martyrs, au milieu des tortures. C'est donc avec raison qu'on les glorifie, et qu'on les place à côté ou au-dessus des hommes. Quoiqu'en Jésus-Christ, il n'y ait ni libre, ni esclave, ni homme, ni femme (*Gal.*, III, 28 ; *Ephés.*, IV, 13), mais que tous ne forment qu'un pour devenir l'homme parfait ; cependant nos deux martyrs sont un grand privilège de la grâce. Perpétue et Félicité, les noms de ces saintes femmes, rappellent la récompense promise à tous les saints martyrs (1).

CHAPITRE VI. — 7. Job a aussi vaincu le monde, Job si connu, tant éprouvé, mais jamais vaincu. Il a accompli le précepte du Seigneur. Il a su faire le sacrifice de ses enfants, plutôt que de blasphémer celui qui les lui avait donnés. Il a su repousser une épouse qui lui conseillait le blasphème, et que le démon, après lui

(1) Il y a ici un jeu de mots, *perpetua felicitas*, perpétuelle félicité.

tyrum Perpetuæ et Felicitatis, et comitum. Et cum tot ibi sint viri, quare istæ duæ præ omnibus nominantur, nisi quia infirmior sexus aut æquavit, aut superavit virorum fortitudinem? Una earum erat prægnans, alia lactans. Felicitas parturiebat : Perpetua lactabat. Sed tamdiu hæc Perpetua lactavit, quamdiu acciperet ab illo pastore simul et patre buccellam lactis : qua accepta dulcedo felicitatis perpetuæ eam fecit contemnere filium, spernere patrem, non hærere mundo, perdere animam pro Christo. Felicitas vero, quæ sociam habebat Perpetuam, parturiebat et dolebat, objecta bestiis gaudebat potius quam timebat. Quæ virtus in feminis? Qualis est gratia, quæ cum se infundit, nullum indignum judicat sexum? Gratias gratiæ : reparavit enim sexum muliebrem. In opprobrium magnum mulier remanserat : quia ab initio per mulierem peccatum, et propter hanc omnes morimur. Diabolus unam Evam dejecit : sed Christus natus ex virgine, multas feminas exaltavit. Perpetua et Felicitas caput calcaverunt serpentis, quod Eva ad cor suum intus admisit. Illam seduxit falsa promittendo, illas non valuit superare sæviendo : illam decepit in paradisi felicitate, has non potuit adire, nec (*a*) sub tantorum positas potestate. Illius inter paradisi delicias ruinam gavisus est, harum inter poenas fortitudinis constantiam ipse quodam modo diabolus expavit. Merito sic sunt exaltatæ, merito viris vel coæquatæ vel prælatæ. Quamvis enim in Christo Jesu non sit servus neque liber, non sit masculus neque femina, sed omnes sint unum occurrentes in virum perfectum (*Galat.*, III, 28 ; *Ephes.*, IV, 13) ; descendit tamen hoc donum ex magna gratia. Perpetua enim et Felicitas nomina istarum sanctarum feminarum, merces est sanctorum omnium Martyrum.

CAPUT VI. — 7. Vicit mundum etiam Job ille omnibus notissimus, toties tentatus, sed minime superatus. Implevit dominicum præceptum : contempsit filios, ne blasphemaret, qui dederat filios. Repulit a se uxorem, quæ ei blasphemiam persuadebat, quam

(*a*) Sic nonnulli Mss. At Er. *nec substantiarum deposita potestate.* Lov. *nec sub substantiarum deposita potestate.*

avoir tout enlevé, lui avait laissée comme un instrument dont il avait besoin. Il avait donc laissé vivre cette femme, non pour consoler son époux, mais pour l'aider à le tenter ; il en avait fait une nouvelle Eve, mais Job n'était pas le vieil Adam. Il croyait qu'au moyen de la femme il séduirait l'un comme il avait séduit l'autre ; mais Job, méprisant les suggestions insensées de son épouse, et aidé de la grâce divine, triompha de sa femme et du démon. Job fut plus fort au milieu des afflictions, qu'Adam au milieu des bosquets délicieux. L'un résista au malheur, l'autre succomba au bonheur. Vous voyez, mes bien-aimés, les effets de la tentation ; le monde, avec ses persécutions, nous rend meilleurs ; et la terre, avec ses délices, nous corrompt. Job regarde autre chose que sa femme, que ses enfants, que ses biens, que son propre corps. Son amour est pour celui qui a tout donné, plus que pour les objets qu'il a reçus. Il s'en est servi, comme le sage voyageur ; il les a possédés, sans en être esclave. Et quand le souverain distributeur des biens voulut les lui enlever, Job ne blasphéma pas, mais il bénit Dieu, en disant : « Dieu me les a donnés, Dieu me les a ôtés ; le Seigneur a fait comme il a voulu ; que son saint nom soit béni. » (*Job*, I, 21.) Imitez ce grand exemple ; montrez-vous dans les afflictions ses dignes enfants, pour que vous méritiez d'être reçus parmi les enfants de Dieu. « Car Dieu châtie tout homme qu'il veut recevoir comme son enfant. » (*Hébr.*, XII, 6.) Sachez donc vous former à cette école ; Dieu vous traite comme il traite ses enfants.

CHAPITRE VII. — 8. C'est ce que prouve l'exemple de ce jeune homme dont nous parle l'Evangile. Il quitte, par indépendance, la maison paternelle. Il dissipe tous ses biens, en vivant dans la débauche avec des femmes de mauvaise vie ; il fait paître les pourceaux, il meurt de faim, et n'a pas même la liberté de se nourrir de ce que mangent les vils animaux qu'il conduit ; enfin, il rentre un jour en lui-même et se retrouve après s'être perdu. Il se rappelle qu'un grand nombre de mercenaires, dans la maison de son père, vivent dans l'abondance, et que lui, il meurt de faim. Aussitôt il se lève, il court vers son père et le prie de le recevoir, non comme un fils, mais comme un de ses serviteurs. L'humilité s'abaisse ; la miséricorde se laisse émouvoir ; la parole d'un fils repentant remue les entrailles paternelles. Le fils se dit indigne, et déjà le père le trouve digne , il demande à être reçu au nombre des serviteurs ; et le père lui fait apporter le plus beau vêtement ; il fait tuer le veau gras, fait venir le chœur des musiciens, appelle les amis, et sert un magnifique festin. Pourquoi ? « Parce que mon fils était mort, dit-

---

diabolus propterea solam dimiserat, quia sibi eam necessariam esse noverat. Non enim dimiserat marito consolatricem, sed suæ tentationis adjutricem : fecerat eam Evam novam, sed illa non erat vetus Adam. Existimavit etiam istum sicut illum per mulierem posse decipere : sed iste spernendo uxorem pessima suggerentem, divinitus adjutus, etiam ipsum diabolum in illa valuit superare. Fortior fuit Job in doloribus, quam ille Adam in nemoribus : iste non cessit tormentis, ille superatus est in deliciis (*a*). Videtis, Dilectissimi, quid agat tentatio, quam utiles sint hujus mundi pressuræ, et quemadmodum corrumpant terrenæ deliciæ. Contempsit Job uxorem, filios, omnia sua, postea et carnem suam. Plus amavit eum qui dederat, quam id quod dederat. Usus est quod acceperat, tanquam bonus viator : possedit, non possessus est. At ubi ea placuit auferre qui dederat, benedixit, non blasphemavit : « Dominus, inquit, dedit, et Dominus abstulit; sicut Domino placuit, ita factum est : sit nomen Domini benedictum. » (*Job*, I, 21.) Imitamini talem virum, imitamini tales filii esse etiam flagellati, ut mercamini recipi. « Flagellat enim omnem filium quem recipit. » (*Heb.*, XII, 6.) Disciplinam ejus sustinete : sicut filios, ita vos aggreditur Deus.

CAPUT VII. — 8. Quod probat ille filius junior in Evangelio positus, qui disciplinam paternam contempsit, substantiam suam in meretricibus erogavit, porcos pavit, fame contritus est, siliquis porcorum ventrem suum implere non potuit : tandem aliquando reversus est ad se, et invenit se qui perdiderat se. In mentem ei venit quod multi mercenarii patris sui abundarent panibus, ipse vero fame periret. Statim surrexit, ad patrem recurrit, non se filium, sed tanquam unum ex servis computari rogavit. Inclinatur humilitas, excitatur misericordia : voces filii pœnitentis concutiunt paterna viscera. Dicit se filius indignum, ut ille eum judicet dignum ; in numero servorum jubeatur suscipi : et pater ei primam illam stolam jubet afferri, mactat vitulum saginatum, chorum congregat, advocat amicos, facit epulum magnum. Quare ? « Quia hic filius meus, inquit,

---

(*a*) Ex lib. *de Patientia*, c. XIII.

il, et il est ressuscité ; il était perdu, et le voilà retrouvé. » (*Luc*, xv, 24.) Telle est la parabole du Seigneur dans l'Evangile, et dont il a donné l'explication, en disant qu'on se réjouira ainsi dans le ciel pour un pécheur qui fait pénitence. Nous vivons dans un temps où il faut exhorter tous les hommes à la pénitence, afin que les enfants prodigues reviennent, et que le Père ait à leur préparer le festin du veau gras. Quant à nous, mes bien-aimés, nous sommes prêts à paraître à ce festin comme les amis et les habitués de la maison ; nous surtout qui venons chaque jour à la table du Père de famille, et qu'il daigne appeler, non plus ses serviteurs, mais ses amis. Parcourons, si vous le voulez bien, cette parabole de notre Evangile, où le Seigneur nous montre la tendre affection d'un père, le retour d'un fils égaré, et le mécontentement du fils aîné, qui était absent de la maison paternelle. Ecoutez le texte de ce récit : « Le fils aîné qui était dans les champs revenait et s'approchait de la maison, et il entendit la musique et la réjouissance ; et il appela un des serviteurs et lui demanda ce que c'était. Et celui-ci lui répondit : Votre frère est revenu, et votre père a fait tuer le veau gras, parce qu'il l'a retrouvé. » (*Luc*, xv, 25.) Il fut indigné, et ne voulait pas entrer. Son père donc sortit pour l'en prier. Et il fit des reproches à son père de ce qu'ayant toujours travaillé avec lui sans le quitter, il n'avait reçu aucun témoignage de ce genre ; mais qu'à peine l'autre fils, qui avait consumé son héritage avec des courtisanes, était venu, qu'il avait fait tuer le veau gras pour lui. Le père lui explique sa conduite, et console son fils qui lui a été fidèle, et qui ne l'a point quitté, en lui disant : « Mon fils, vous êtes toujours avec moi, et tout ce qui est à moi est à vous. Mais il fallait faire un festin, et nous réjouir parce que votre frère était mort, et qu'il est ressuscité ; il était perdu et le voilà retrouvé. » Cette parabole du Seigneur renferme un grand enseignement. Puisqu'il nous l'a proposée, qu'il nous donne de la comprendre, et de montrer qu'il a accompli lui-même ce qu'il a voulu en quelque manière nous faire deviner par la parabole. Personne ne doute, parmi les chrétiens, que Notre-Seigneur Jésus-Christ n'ait témoigné aux siens une affection paternelle. Ce qu'il faut chercher, c'est de savoir quel est ce fils plus jeune, qui vit en prodigue et qui dissipe tous ses biens ; et quel est ce fils aîné qui s'indigne, en voyant qu'on a tué le veau gras pour le retour du fils prodigue, et qui ne veut pas entrer. Quel est le fils perdu, qui dévore son héritage avec des courtisanes ? N'est-ce pas ce larron qui est pendu à la croix, après avoir perdu dans le crime tous ces biens de l'âme que Dieu lui avait donnés ? Il conduit les pourceaux,

mortuus fuerat, et revixit ; perierat, et inventus est. » (*Luc.*, xv, 24.) Hanc similitudinem Dominus in Evangelio proposuit, quam ipse exposuit, dicens, tale gaudium fieri in cœlo super peccatore pœnitentiam agente. Nunc vero quoniam tempus est exhortari omnes ad pœnitentiam, ut filii errantes revertantur, eisque convivium a patre saginati vituli præparetur, etiam nos, Dilectissimi, parati simus huic convivio tanquam amici ac domestici interesse : maxime quia cum isto patre familias ad mensam ejus quotidie accedentes, non nos jam dignatur vocare servos, sed amicos. Percurramus, si placet, ipsam parabolam a Domino in Evangelio propositam, in qua nobis et affectum patris demonstravit pium, et filii perditi indicavit reditum, filiique majoris qui de paterna domo non discesserat, commotum retulit animum. Hoc quippe habet textus ipsius lectionis. « Veniens ait, filius ejus primogenitus de agro, cum audiret symphoniam, interrogavit servos quidnam illud esset. Eique dixerunt : Frater tuus reversus est, et occidit illi pater tuus vitulum saginatum, eo quod salvum illum susceperit. » (*Ibid.*, 25, etc.) Et indignatus noluit introire. Egressus est autem ad illum pater suus, ut eum introduceret. Improperavitque ille patri suo, quod laborasset semper cum illo, et nunquam illi talia exhibuisset : at ubi venisset filius ille, qui omnem substantiam paternam male consumpserat, occidisset illi vitulum saginatum. Et reddit pater rationem facti sui, consolaturque filium suum secum permanentem, de domo non discedentem, et dicit illi : « Fili, tu meus es, et mecum es semper, et omnia mea tua sunt : verumtamen oportuit nos ista facere, quoniam frater tuus mortuus fuerat, et revixit, perierat, et inventus est. » Non vacat hæc talis a Domino propositio. Donet itaque nobis qui ista proposuit, ut demonstremus ab ipso fuisse impletum hoc, quod per quamdam similitudinem nos quodam modo excitavit ad aliquid inquirendum. Affectum paternum exhibuisse suis Dominum nostrum Jesum Christum, nullus ambigit Christianus. Illud magis requiramus, qui sit filius junior, qui prodige vivens substantiam paternam dissipavit, et qui sit filius primogenitus qui indignatus quod filio perdito redeunti vitulus saginatus occisus sit, intrare noluerit. Quis est iste filius perditus, qui omnem substantiam paternam in meretricibus erogavit, nisi ille

quand il donne ses crimes en pâture à la voracité des démons. Peut-être conduisait-il ces pourceaux que le démon demandait au Seigneur, quand il lui dit : « Laissez-nous entrer dans ce troupeau de pourceaux. » (*Matth.*, VIII, 31.) Il meurt de faim, parce qu'il ne trouvait pas le pain de la parole de Dieu. Il désirait manger la nourriture des pourceaux, parce qu'il remplissait son âme de pensées diaboliques. Mais qu'il rentre en lui-même, qu'il se regarde, lui voleur, attaché à la croix, qu'il revienne à son père, et qu'il lui dise, étant cloué à la croix : « Seigneur, souvenez-vous de moi, lorsque vous serez dans votre royaume. » (*Luc*, XXIII, 42.) Seigneur, souvenez-nous de moi, je ne suis pas digne d'être appelé votre fils, recevez-moi comme un de vos serviteurs. Seigneur, souvenez-vous de moi. Car le voleur considérait ses propres péchés, se défiait de lui-même ; mais le Seigneur, comme un tendre père, offrait au larron comme à un fils ce qu'il n'osait demander. Que le père fasse apporter la plus belle robe, et qu'il revête son fils de l'immortalité, et malgré qu'il le voie comme lui suspendu à une croix, qu'il le fasse entrer dans la maison ; que le Christ dise au larron : « En vérité, je te le dis, tu seras aujourd'hui avec moi dans le paradis. » (*Luc*, XXIII, 43.) Qu'on tue le veau gras, c'est-à-dire l'Homme-Dieu, qui a été crucifié même pour les voleurs.

Qu'il appelle ses amis ; ce sont les disciples à qui il disait : « Si vous faites ce que je vous ai recommandé, je ne vous appellerai plus des serviteurs, mais des amis. » (*Jean*, XV, 14.) Qu'on prépare le festin céleste, qu'on fasse venir le chœur des anges, pour chanter avec douceur : « Gloire à Dieu au plus haut des cieux, et paix sur la terre aux hommes de bonne volonté. » (*Luc*, II, 14.) Que le fils aîné vienne et qu'il refuse d'entrer. Quel est ce fils aîné qui ne voulait pas entrer ? C'est Pierre, le premier des apôtres, qu'une servante interroge dans la cour du grand-prêtre, et qui renie trois fois le Seigneur. (*Matth.*, XXVI, 69.) O Pierre, vous aviez dit au Christ comme à votre père : J'ai travaillé avec vous, quand vous disiez au Sauveur : « Je suis avec vous jusqu'à la mort ; je donnerai ma vie pour vous. » (*Jean*, XIII, 37.) Où est votre promesse ? On vous interroge une première fois, et vous niez ; une seconde fois, et vous niez ; une troisième fois, et vous niez. Vous ne voulez pas entrer dans la salle du festin, et vous reniez trois fois le Seigneur. Où est votre serment, « je donnerai ma vie pour vous ? » Vous niez trois fois, et ce n'est pas le fer qui vous fait trembler, mais une pauvre femme. Vous aviez dit pourtant : « Je suis avec vous jusqu'à la mort. » (*Matth.*, XXVI, 35.) Voyez donc, ô Pierre, voyez quelle a été votre présomption. Vous reniez trois fois, et

latro qui substantiam animæ a Deo sibi datam per scelera diffluendo etiam in cruce pependit? Porcos pavit, quando dæmonum voluptates suis factis implevit. Fortasse illos porcos pavit, quos petierat diabolus a Domino, dicens (*Matth.*, VIII, 31) : « Jube nos intrare in gregem porcorum. » Fame contritus est, quia panem verbi Dei non inveniebat. Siliquis cupiebat saturare ventrem suum, quando tortuosis cogitationibus replebat animam suam. Sed revertatur ad se, videat se latro in cruce pendentem, concurrat ad patrem, dicat pendens in cruce : « Domine memento mei dum veneris in regnum tuum. » (*Luc.*, XXIII, 42.) Domine memento mei, non sum dignus vocari filius tuus, suscipe me tanquam unum ex servis. Domine memento mei. Latro enim sua attendens merita de se ipso diffidebat : sed Dominus tanquam pius pater latroni quasi filio quod desperaverat offerebat. Proferat huic pater stolam illam primam, induat filium immortalitate, quem secum videt in cruce pendentem, introducat eum in domum : dicat Christus latroni : « Amen dico tibi, hodie mecum eris in paradiso. » (*Ibid.*, 43.) Mactet vitulum saginatum, hominem illum susceptum, etiam pro latronibus crucifixum : advocet amicos suos discipulos quibus dicebat : « Si feceritis quæ mando vobis, jam vos non dicam servos, sed amicos. » (*Joan.*, XV, 14, 15.) Præparetur illud convivium cœleste, adstet ille chorus Angelorum, suaviter declamans : « Gloria in excelsis Deo, et in terra pax hominibus bonæ voluntatis. » (*Luc.*, II, 14.) Veniat et primogenitus filius ille, et nolit intrare. Quis est iste filius primogenitus qui noluit intrare, nisi ille primus Apostolorum Petrus, qui ad interrogationem unius ancillæ in atrio sacerdotis ter Dominum ausus est negare? (*Matth.*, XXVI, 69.) Dixisti quidem, o Petre, tanquam patri tuo Christo : Ego tecum laboravi : quando dicebas Salvatori : « Tecum sum usque ad mortem : Animam meam pro te ponam. » (*Joan.*, XIII, 37.) Ubi est quod promisisti? Interrogaris semel, et negas : secundo interrogaris, et negas : tertio, et negas. Non vis ad convivium intrare, ideo ausus es ter Dominum negare. Ubi est : « Animam meam pro te ponam? » Ter negantem non terruit ungula, sed una oppressit muliercula. Certe : « Tecum sum usque ad mortem. » (*Matth.*, XXVI, 35.) Vide, vide igitur Petre, quantum de te antea præsumpseris : ecce nunc ter negando,

le coq vient témoigner contre vous. Mais le père va sortir pour aller à son fils aîné qui ne veut pas entrer; le Christ va dire à Pierre : « Entre dans la joie de ton Seigneur. » (*Matth.*, xxv, 21.) Il regardera le coupable, et le coupable deviendra un confesseur; il le fera pleurer de repentir, et son repentir deviendra un ardent amour. Il l'exhortera d'une voix paternelle : Mon fils, dit-il, tu es toujours avec moi. « Tu es Pierre; » malgré ton reniement, tu es toujours mon fils. « Tu es Pierre, et sur cette pierre je bâtirai mon Eglise. » (*Matth.*, xvi, 18.) Tu es toujours avec moi, et tout ce que j'ai est à toi. « Je te donnerai les clefs du royaume des cieux. » O Pierre, les clefs sont entre vos mains, entrez donc dans la salle du festin. Il fallait qu'il en fût ainsi, parce que votre frère le voleur était mort, et il est ressuscité; il était perdu, et le voilà retrouvé. Si Pierre avait les clefs du royaume des cieux, avant que le Christ ne fût crucifié, comment le voleur put-il y entrer après sa justification, si ce n'est par l'ouverture faite par les Juifs au côté de Jésus?

9. Accourez tous maintenant, vous qui aimez le paradis, le lieu du repos, le lieu de la sécurité, le lieu de l'éternelle félicité, le lieu où le barbare n'est point à craindre, où vous ne rencontrez ni adversaire, ni ennemi; il y a une porte pour entrer; le côté est ouvert. Le voleur nous montre où il faut entrer, et nous apprend par son exemple que personne ne doit désespérer.

CHAPITRE VIII. — « Efforcez-vous, dit le Seigneur, d'entrer par la porte étroite. » (*Luc*, xiii, 24.) Quoi de plus étroit que cette ouverture, faite par un soldat, lorsqu'il a percé le côté du crucifié? Et pourtant, c'est par cette ouverture si étroite, que déjà presque tout le monde est entré. Venez aussi, ô Juifs, le Fils de Dieu que vous avez crucifié vous appelle. « Efforcez-vous d'entrer par la porte étroite. » C'est par elle que vos pères sont entrés. Ils ont crié pour demander son crucifiement; ils l'ont vu attaché à la croix, ils ont fait des moqueries, ils ont branlé la tête, et cependant ils sont entrés par cette étroite ouverture. Ce n'est pas en vain que le Christ s'écriait du haut de sa croix : « Père, pardonnez-leur, ils ne savent ce qu'ils font. » (*Luc*, xxiii, 34.) C'est donc par cette étroite ouverture, comme je l'ai dit, par cette petite porte du côté du Christ, qu'est entré le voleur transformé, le Juif pénitent, le païen converti; et c'est de là qu'est sorti l'Arien hérétique et méchant. Il est sorti, parce qu'il n'était pas du nombre des fidèles amis. Il appartenait à ceux dont parle saint Jean, quand il dit : « Ils sont sortis du milieu de nous, mais ils n'étaient pas de nous; car s'ils eussent été de nous, ils seraient demeurés avec nous. » (I *Jean*, ii, 19.) O hérétique Arien, le voleur reconnaît celui qui

---

gallo teste convinceris. Sed egrediatur pater ad primogenitum filium nolentem intrare : dicat Christus Petro : « Intra in gaudium Domini tui. » (*Matth.*, xxv, 21.) Respiciat negantem, et faciat confessorem : compungat flentem, faciat amatorem. Exhortetur eum paterna voce : Fili, inquit, tu meus es : « Tu es Petrus : » etsi me negasti, meus es. « Tu es Petrus, et super hanc petram ædificabo Ecclesiam meam. » (*Matth.*, xvi, 18.) Tu meus es, et omnia mea tu sunt : « Tibi dabo claves regni cœlorum. » Apud te, Petre, sunt claves : dignare jam ad convivium intrare. Oportebat hæc fieri, quoniam frater tuus latro mortuus erat et revixit, perierat et inventus est. Si Petrus ante quam Christus pro omnibus crucifigeretur, regni cœlorum claves accepit : qua illuc introivit latro ille jam non reus, nisi per latus quod aperuit Judæus?

9. Et nunc veniant omnes quicumque amant paradisum, locum quietis, locum securitatis, locum perpetuæ felicitatis, locum in quo non pertimescas barbarum, in quo nullum patiaris adversarium, nullum habeas inimicum : venite omnes, intrate omnes : est qua (*Supple*, possitis) intrare, patet latus. Ostendit enim ille latro quo debeant omnes intrare, neminem suo exemplo docuit desperare.

CAPUT VIII. — Contendite, ait Dominus, « intrare per angustam portam. » (*Luc.*, xiii, 24.) Quid angustius illo foramine, quod unus e militibus percutiendo latus crucifixi aperuit? et tamen per has angustias pene jam totus mundus intravit. Venite et vos Judæi, vocat vos quem crucifixistis Filius Dei. « Contendite intrare per angustam portam : » per hanc enim introierunt patres vestri. Illi qui ut crucifigeretur clamaverunt, qui in ligno suspensum viderunt, qui irriserunt, qui caput agitaverunt, per istas tamen angustias introierunt. Non enim inaniter clamabat ille pendens in cruce : « Pater ignosce illis, quia nesciunt quid faciunt. » (*Luc.*, xxiii, 34.) Per has ergo, ut dixi, angustias, per angustam portam lateris Christi ingressus est latro mutatus, pœnitens Judæus, conversus omnis paganus, et ab eo exiit foras malus hæreticus Arianus. Exiit, quoniam non erat de nu-

est attaché à la croix ; les Juifs eux-mêmes, ses ennemis tremblent en le voyant ressuscité ; et vous autres, vous l'insultez, quand il règne dans les cieux.

10. Gardez-vous, mes bien-aimés, de la peste arienne, n'écoutez pas les promesses qu'ils vous font pour vous séparer du Christ ; et pour une tunique, ne vous laissez pas dépouiller de votre foi. Membres du Christ, conservez l'unité et l'intégrité de cette tunique, que les bourreaux du Christ n'ont pas osé diviser. Ne faites pas injure à votre chef; il est mort pour vous, afin que vous ne mourriez pas. Le Christ donne la vie par le baptême ; pourquoi l'Arien donne-t-il la mort en rebaptisant ? Rougis, ô hérétique, rougis de honte. Pierre a nié, mais il est rentré en lui-même, et par ses larmes il a effacé le péché que la peur lui avait fait commettre. Saint Paul a été persécuteur du Christ dans ses membres ; mais à sa voix il est tombé et il s'est relevé ; il tombe ennemi, il se relève ami ; il tombe persécuteur, et il se relève prédicateur. Les rois ont persécuté le Christ dans les chrétiens, mais ils n'ont fait que réunir plus promptement les membres à leur chef. Personne, plus que toi, ô Arien, ne cause de dommage au Christ. Tu cherches à tuer les âmes, pour lesquelles le Christ a donné sa vie. Rougis de honte, ô hérétique, rougis de honte. Pourquoi réitérer ce qui est accompli ? Le Christ habite dans ses propres membres, pourquoi vouloir rebaptiser le Christ en eux-mêmes ? Il a daigné une seule fois pour tous descendre avec saint Jean dans l'eau du Jourdain. (*Matth.*, III, 16.) Le Christ a racheté les âmes ; gardez avec soin ce qui est le prix de sa rédemption. Laissez au Christ tout entier le domaine qui lui appartient. Ne laissez rien envahir, et repoussez tout envahisseur. N'effacez pas le caractère du Seigneur, et ne renoncez pas à vos titres. C'est au Seigneur, qui est votre roi, que vous rendrez compte, bons serviteurs ; profitez de l'occasion qui vous est donnée de bien travailler. Vous voyez de tous côtés une multitude de pèlerins, de captifs, de gens dépouillés. « Faites-vous des amis avec les richesses de l'iniquité, et ils vous recevront un jour dans les tabernacles éternels. (*Luc*, XVI, 9.)

mero permanentium. De illis enim erat, de quibus Joannes dicit : « Ex nobis exierunt sed non erant ex nobis : si enim ex nobis essent, mansissent utique nobiscum. » (I *Joan.*, II, 19.) O hæretice Ariane, agnoscit latro in cruce pendentem, ipsi inimici Judæi expaverunt resurgentem, et vos male tractatis in cœlo regnantem.

10. Cavete, Dilectissimi, Arianam pestem, non vos separent a Christo terrena promittendo, propter tunicam non vos expolient fide. Membra Christi servate unitatem atque integritatem unius tunicæ, quam nec persecutores Christi ausi sunt scindere. Nolite injurias irrogare capiti vestro : pro vobis ille mortuus est, ne vos moremini. Quem Christus per baptismum vivificavit, quare eum Arianus rebaptizando occidit ? Erubesce, erubesce hæretice. Negavit Petrus, et reversus est, et flendo delevit quod timore negavit. Christum in suis persecutus est Paulus, sed ad ejus vocem cecidit et surrexit. (*f.* Alter cecidit, alter surrexit.) Aliter cecidit, aliter surrexit : cecidit persecutor, erectus est prædicator. In Christianis Christum persecuti sunt reges : sed multum eis præstiterunt, quando membra ad caput suum velociter transierunt. Nemo talia damna, qualia tu, ingerit Christo : animas enim multorum cupis interficere, pro quibus Christus in carne venit occidi. Erubesce, erubesce hæretice. Quid iteras, quod semel datur ? In membris suis jam intus est Christus, noli in istis ipsum velle rebaptizare ? Semel enim pro omnibus cum Joanne in aquam dignatus est ipse descendere. (*Matth.*, III, 16.) Redemit Christus animas, custodite quod ille redemit. Integro Christo integrum assignate prædium. Nemo invadat, nemo invasori consentiat : characterem dominicum nullus abstergat, titulos Christi nemo deponat. Reddituri estis rationem Domino regi, boni servi, data est vobis occasio bene operandi. Abundant peregrini, captivi, expoliati. « Facite vobis amicos ex mammona iniquitatis, ut et ipsi recipiant vos in tabernacula æterna. » (*Luc.*, XVI, 9.)

SERMON
SUR
L'UTILITÉ DU JEÛNE [1]

Chapitre I. — 1. Tout nous invite à parler de l'utilité du jeûne; Dieu nous y invite comme aussi le temps où nous vivons. Cette pratique, cette vertu de l'âme, ce retranchement qu'on fait au corps, pour faire profiter l'esprit n'appartient pas au culte que l'ange rend à Dieu. L'ange jouit de tout en abondance et dans une éternelle sécurité. Rien ne lui fait défaut, parce que tous ses désirs sont en Dieu. Il est dans le ciel le pain des anges, et pour nous le donner à manger, il s'est fait homme. Ici-bas toutes les âmes revêtues d'un corps terrestre, se nourrissent d'aliments terrestres; là les intelligences raisonnables, qui président aux corps célestes, se nourrissent de Dieu. Il y a donc une nourriture ici-bas, et une nourriture au ciel. Celle d'ici-bas s'épuise en restaurant l'homme, et à mesure qu'elle devient aliment, elle diminue; mais la nourriture céleste remplit les âmes, sans cesser d'être entière. Le Christ nous a recommandé d'avoir faim de cette nourriture, quand il a dit :
« Bienheureux ceux qui ont faim et soif de la justice, parce qu'ils seront rassasiés. » (*Matth.*, v, 6.) Tant que l'homme est dans cette vie mortelle, sa condition est d'avoir faim et soif de la justice; quant au rassasiement complet, c'est la condition de l'autre vie. Les anges se nourrissent de ce pain, se rassasient de cette nourriture; l'homme, au contraire, en excitant sa faim, se dispose, et en se disposant, il se dilate, et en se dilatant, il élargit son cœur, et son cœur étant élargi, suivant toute sa capacité, il sera rempli, quand le temps sera venu. Quoi donc, ceux qui vivent ici-bas dans la faim et la soif de la justice, ne prennent-ils aucune nourriture? Je dis qu'ils prennent aussi une nourriture; mais autre chose est la question sur la réfection du voyageur, autre chose, le rassasiement parfait des bienheureux. Ecoutez l'Apôtre, qui a faim et soif, mais de la justice, autant qu'on peut la comprendre et la pratiquer dans cette vie. Car qui de nous pourrait, je ne dis

[1] Possidius en parle dans sa table, chap. VIII.

SERMO
DE
UTILITATE JEJUNII

Caput I. — 1. De utilitate jejunii admonemur aliquid loqui; et Deus admonet, et tempus nos admonet. Hæc enim observatio, hæc virtus animi, hæc fraudatio carnis et lucrum mentis ab Angelis non exhibetur Deo. Ibi enim omnis est copia et sempiterna securitas : et ideo nullus defectus, quia in Deum plenus affectus. Ibi panis Angelorum : quem panem Angelorum ut manducaret homo, factus est homo. Hic omnes animæ terrenam carnem portantes, de terra implent ventres : ibi spiritus rationales cœlestibus corporibus præsidentes de Deo implent mentes.
Et hic cibus est, et ibi cibus : sed cibus iste cum reficit, deficit, et sic implet alvum, ut ipse minuatur; ille autem et implet, et integer permanet. Hunc cibum nobis esuriendum Christus indixit, dicens : « Beati qui esuriunt et sitiunt justitiam, quoniam ipsi saturabuntur. » (*Matth.*, v, 6.) Pertinet ergo ad homines hanc vitam mortalem gerentes, esurire ac sitire justitiam : impleri autem justitia, ad aliam vitam pertinet. Hoc pane, hoc cibo pleni sunt Angeli : homines autem dum esuriunt, extendunt se; dum se extendunt, dilatantur; dum dilatantur, capaces fiunt; capaces facti, suo tempore replebuntur. Quid ergo, hic nihil inde capiunt qui esuriunt et sitiunt justitiam? Capiunt plane : sed aliud est, cum quærimus de refectione iter agentium; et aliud, cum quærimus de perfectione beatorum. Apostolum audi esurientem et sitientem, et utique justitiam, quanta in hac vita capi potest, quanta geri justitia. Quis enim nostrum se illi vel conferre audeat, nedum

pas se préférer, mais même se comparer à lui? Que dit-il donc? « Je n'ai pas encore atteint jusque-là, et je suis loin d'être parfait. » (*Phil.*, III, 12.) Voyez quel est celui qui parle ainsi; c'est un vase d'élection, il appartient en quelque sorte à cette frange, qui borde le vêtement du Sauveur, et qui guérit d'une perte de sang celle qui le touche avec foi; c'est le dernier et le plus humble des apôtres, comme il le dit lui-même : « Je suis le plus humble des apôtres; » (I *Cor.*, xv, 9 et suiv.) et encore : « Je ne suis pas digne qu'on m'appelle Apôtre, parce que j'ai persécuté l'Eglise de Dieu. Mais la grâce de Dieu m'a fait ce que je suis, et sa grâce n'a pas été vaine en moi, puisque j'ai travaillé plus que les autres; que dis-je, ce n'est pas moi, mais la grâce de Dieu avec moi. » Ces paroles vous semblent celles d'un homme complet et parfait. Mais ne vous contentez pas de l'entendre dans ce langage, écoutez aussi comment il a faim. « Je n'ai pas encore atteint le but, dit-il, et je suis loin d'être parfait. Non, mes frères, je ne pense point encore être arrivé au but. Tout ce que je prétends, c'est qu'oubliant ce qui est derrière moi, et m'avançant vers ce qui est devant moi, je m'efforce d'atteindre le but, pour remporter le prix auquel Dieu m'a appelé d'en haut par Jésus-Christ. » (*Phil.*, III, 12 et suiv.) Il dit donc qu'il n'est pas encore parfait, qu'il n'a pas encore recueilli la récompense, qu'il n'a pas encore atteint le but; mais qu'il s'efforce, qu'il marche en avant pour remporter le prix de sa vocation. Il est dans la route, il a faim, il désire se rassasier, il s'empresse, il désire, il brûle d'arriver; rien ne lui tarde plus que d'être délivré, et de se réunir au Christ.

CHAPITRE II. — 2. Donc, mes chers frères, il y a une nourriture terrestre faite pour l'infirmité de la chair; il y a une nourriture céleste qui entretient la piété de l'âme. La nourriture terrestre a sa destination propre, comme l'autre; l'une est la vie des hommes, l'autre la vie des anges. Les chrétiens, séparés par le cœur de la multitude des infidèles, élevés vers Dieu par cette parole qu'on leur adresse, « en haut vos cœurs, » ayant une autre espérance, se considérant comme des étrangers en ce monde, occupent une place qui tient comme le milieu entre le ciel et la terre; on ne peut pas les comparer à ces hommes, dont tout le bonheur est dans la jouissance des biens terrestres; on ne peut pas non plus les comparer encore aux habitants du céleste royaume, dont les seules délices sont le pain lui-même qui est le créateur. Les hommes penchés vers la terre, ne cherchant à se contenter et à se satisfaire que par la chair, ressemblent aux animaux; ils sont à une immense distance de l'ange, par la condition et par les mœurs; par la condition, puisqu'ils sont mortels, par les mœurs, puisqu'ils sont livrés aux

---

præferre? Sed quid ait? « Non quia jam acceperim, aut jam perfectus sim. » (*Philip.*, III, 12.) Videte quis loquatur : Vas electionis et extremum quodam modo fimbriarum vestimenti Domini; sed tamen quod ad fluxum sanguinis sanat tangentem, quia credentem : novissimus enim Apostolorum et minimus, sicut ipse ait : « Ego sum novissimus Apostolorum : » et : « Ego sum minimus Apostolorum. » (I *Cor.*, xv, 9, 10.) Et iterum : « Non sum dignus vocari Apostolus, quia persecutus sum Ecclesiam Dei : sed gratia Dei sum id quod sum ; et gratia ejus in me vacua non fuit, sed plus omnibus illis laboravi : non ego autem, sed gratia Dei mecum. » Hæc audiens tu, tanquam plenum et perfectum tibi videris audire. Audisti quid ructet, audi et quid esuriat. « Non quia jam acceperim, aut jam perfectus sim, » ait : « Fratres, ego non arbitror me apprehendisse : unum autem quæ retro oblitus, in ea quæ ante sunt extentus, secundum intentionem sequor ad palmam supernæ vocationis Dei in Christo Jesu. » (*Philip.*, III, 12.) Dicit se nondum esse perfectum, quod nondum acceperit, nondum apprehenderit : dicit se extendi, dicit se sequi ad palmam supernæ vocationis. In via est, esurit, implere vult, satagit, pervenire desiderat, æstuat : nihil illi tam magnæ moræ est, quam dissolvi et esse cum Christo. (*Phil.*, 1, 23.)

CAPUT. II. — 2. Ergo Carissimi, quia est terrenus cibus, quo carnis infirmitas pascitur; est autem et cœlestis cibus; quo pietas mentis impletur; et habet cibus iste terrenus vitam suam, illius cibi vita Angelorum est. Fideles homines, discreti jam corde a turba infidelium, suspensi in Deum, quibus dicitur : Sursum cor, aliam spem gerentes, et scientes se peregrinari in hoc mundo, medium, quemdam locum tenent : nec illis comparandi sunt, qui nihil aliud putant bonum, quam deliciis terrenis perfrui, nec illis adhuc supernis habitatoribus cœli, quibus solæ deliciæ sunt panis ipse a quo creati sunt. Illi homines proni ad terram, pastum atque lætitiam de sola carne requirentes, pecoribus comparantur : longe ab Angelis distant et conditione et moribus; conditione,

voluptés charnelles. L'Apôtre vivait en quelque sorte suspendu entre cette population du ciel et cette population de la terre. Il tendait vers le ciel, il faisait des efforts pour s'élever de la terre. Il n'était pas encore avec les bienheureux, car il aurait dit : Je suis parfait; mais il n'était pas non plus avec les hommes de la terre qui sont grossiers, paresseux, engourdis, assoupis, croyant qu'il n'y a rien que ce qu'ils voient et ce qui passe, et que toute l'existence pour eux est de naître et de mourir. Car s'il eût été avec ces hommes, il n'aurait pas dit : « Je m'efforce d'arriver au but et de remporter le prix de ma vocation. » Nous devons donc nous faire une règle pour le jeûne. Il ne s'agit pas, comme je l'ai dit, d'un acte de la vie angélique, ni d'un acte emprunté à la vie des hommes charnels; vivons comme appartenant à cette région moyenne, où nous sommes séparés des infidèles, et aspirants à la cité des anges. Nous ne sommes pas arrivés, mais nous sommes en marche; nous ne sommes pas encore dans le lieu de la réjouissance, mais nous soupirons après. Dans quel intérêt faut-il donc nous priver de nourriture et de satisfaction charnelle ? Le chair nous incline vers la terre; et l'âme tend vers le ciel. L'amour l'enlève, mais le poids du corps l'appesantit. C'est pour cela que l'Ecriture nous dit : « Le corps qui se corrompt appesantit l'âme, et cette dépouille terrestre abat l'esprit et le trouble de mille soins. » (*Sagesse*, IX, 15.) Si donc la chair qui nous courbe vers la terre est un poids pour l'âme et un fardeau qui entrave son vol, plus on mettra sa joie dans les pensées de la vie céleste, plus aussi on se déchargera du fardeau terrestre. Voilà ce que nous faisons par le jeûne.

CHAPITRE III. — 3. Le jeûne n'est donc pas une chose peu importante et superflue; en suivant ici la coutume de l'Eglise, gardez-vous de penser, ou de vous dire, ou d'écouter le tentateur qui vous dirait : Que fais-tu en jeûnant ? tu nuis à ta vie, tu te refuses une jouissance nécessaire, tu t'infliges une peine gratuite, en devenant toi-même ton ennemi et ton bourreau. Dieu peut-il se plaire à ces tortures ? Il serait donc cruel, s'il prenait plaisir à tes souffrances. Voici comment il faut répondre au tentateur : Je me châtie, pour qu'il m'épargne ; je me punis pour qu'il ait pitié de moi, pour que je devienne agréable à ses yeux, pour goûter un jour ses douceurs; car on immole la victime avant de la placer sur l'autel. Mon corps sera moins un embarras pour mon âme. Dis encore à ce mauvais conseiller, à cet esclave de la bouche, dis-lui et réponds-lui par cette comparaison : si tu voyageais sur une monture, si ton cheval était pétulant et capable de te renverser, n'essaierais-tu pas, pour ta propre sûreté et pour modérer ses élans, de diminuer sa nourriture, et de dompter par la faim un animal rebelle au frein. Mon

quia mortales sunt; moribus, quia luxuriosi. Inter illum populum cœli et populum terræ, medius quodam modo pendebat Apostolus : illuc ibat, hinc se attollebat. Nec cum illis tamen erat adhuc; nam diceret : Jam perfectus sum : nec cum istis erat, pigris, torpidis, marcidis, somnolentis, nihil aliud esse putantibus, nisi quod vident, et quod transit, et quod nati sunt, et quod morituri sunt : nam si cum eis esset, non diceret : « Sequor ad palmam supernæ vocationis. » Gubernare itaque debemus nostra jejunia. Non est hoc, ut dixi, officium angelicum; nec tamen et illorum hominum officium est qui ventri serviunt : mediatatis nostræ res est, qua vivimus secreti ab infidelibus, conjungi Angelis inhiantes. Nondum pervenimus, sed jam imus : nondum ibi lætamur, sed jam hic suspiramus. Quid ergo nobis prodest abstinere aliquantum a pastu et lætitia carnali? Caro in terram cogit, mens sursum tendit : rapitur amore, sed tardatur pondere. De hac re Scriptura ita loquitur : « Corpus enim quod corrumpitur, aggravat animam, et deprimit terrena inhabitatio sensum multa cogitantem. » (*Sap.*, IX, 15.) Si ergo caro in terram vergens onus est animæ, et sarcina prægravans prævolantem : quantum quisque delectatur superiore vita sua, tantum deponit de terrena sarcina sua. Ecce quod agimus jejunantes.

CAPUT. III. — 3. Non vobis ergo videatur levis res aut superflua, ne quisquam forte hoc faciens Ecclesiæ consuetudine, cogitet apud se, et dicat sibi; aut suggerentem intrinsecus audiat tentatorem : Quid facis, quia jejunas? Defraudas animam tuam, non ei das quod eam delectat, tibi ipsi ingeris pœnam, tuus ipse tortor et cruciator exsistis. Deo ergo placet, quia te crucias? Ergo crudelis est, qui delectare pœnis tuis. Responde hujusmodi tentatori : Excrucio me plane, ut ille parcat : do de me pœnas, ut ille subveniat, ut placeam oculis ejus, ut delectem suavitatem ejus. Nam et victima excruciatur, ut in aram imponatur. Minus premet mentem meam caro mea. Et tali dissuasori malo, servo ventris, responde per hanc similitudinem, et dic : Si jumento forte insideres, si equo utereris, qui te gestiendo posset præci-

CHAPITRE IV.

corps, c'est ma monture; je voyage vers Jérusalem, souvent il m'emporte et s'écarte de la voie; la voie que je suis, c'est le Christ; et je n'emploierais pas le jeûne pour maîtriser les emportements de cet animal? Celui qui est sage sait par sa propre expérience que le jeûne est utile. Cette chair, qu'il faut dompter maintenant, faudra-t-il la dompter toujours? Tant qu'elle sera soumise aux caprices du temps et aux conditions de la mortalité, elle aura ses emportements que nous connaissons bien, et qui sont dangereux pour l'âme. Car notre chair est sujette à la corruption, tant qu'elle n'est pas ressuscitée; mais il n'en sera pas toujours ainsi; elle n'a pas encore l'état glorieux qu'elle aura dans le ciel. Nous ne sommes pas encore semblables aux anges de Dieu.

CHAPITRE IV. — 4. N'allez pas vous imaginer, mes bien-aimés, que la chair soit ennemie de l'esprit; comme s'il y avait deux principes, l'un auteur de la chair, l'autre auteur de l'esprit. Il y a des hommes, et en grand nombre, qui ont adopté ce système, véritablement emportés par leur monture hors de la voie, et qui ont établi qu'il y avait deux principes, l'un auteur de la chair, l'autre auteur de l'esprit. Ils s'appuient même sur ce passage de l'Apôtre, qu'ils ne comprennent pas, lorsqu'il dit : « La chair s'élève contre l'esprit, et l'esprit contre la chair. » (*Gal.*, v, 17.) L'Apôtre dit vrai; mais pourquoi ne pas observer aussi cet autre passage : « Personne ne hait sa propre chair, au contraire il la nourrit et il en a soin, comme le Christ a soin de l'Eglise? » (*Eph.*, v, 29.) Dans le premier passage que j'ai cité, nous voyons comme en lutte deux ennemis, la chair et l'esprit; parce que « l'esprit s'élève contre la chair, et la chair contre l'esprit. » Mais dans le second passage, nous voyons au contraire, pour ainsi dire, l'union de l'époux et de l'épouse : « Personne ne hait sa propre chair, mais il la nourrit, et il en a soin, comme le Christ a soin de l'Eglise. » Comment faire pour accorder ces deux passages? S'ils sont contraires, lequel admettre, lequel rejeter? Mais ils ne sont pas contraires. Que votre charité soit attentive ; je les accepte l'un et l'autre, et je veux, autant que je le pourrai, vous montrer qu'ils sont d'accord. Vous donc qui avez pour système qu'il y a deux principes, l'un auteur de la chair, l'autre auteur de l'esprit, que faites-vous de ce passage? « Personne ne hait sa propre chair, mais il la nourrit et il en prend soin, comme le Christ a soin de l'Eglise. » Est-ce que la comparaison ne vous effraie pas? Il la nourrit, dit-il, et il en prend soin, comme le Christ a soin de l'Eglise. Vous dites que la chair est une entrave? qui aime une entrave? Vous dites qu'elle est une prison; qui aime sa prison?

pitare, nonne ut securus iter ageres, cibaria ferocienti subtraheres, et fame domares quem freno non posses? Caro mea jumentum meum est : iter ago in Jerusalem, plerumque me rapit, et de via conatur (*f. excutere*) excludere : via autem mea Christus est : ita exsultantem non cohibebo jejunio? Si quis hoc sapit, etiam ipso experimento probat, quam utiliter jejunetur. Numquid enim caro ista, quæ nunc domatur, semper domabitur? Dum temporaliter fluitat, dum mortalitatis conditione præ gravatur, habet exsultationes suas manifestas et periculosas menti nostræ. Caro est enim adhuc corruptibilis, nondum resurrexit; nam non semper sic erit : nondum habet statum proprium cœlestis habitudinis; nondum enim facti sumus æquales Angelis Dei.

CAPUT. IV. — 4. Ne ergo arbitretur Dilectio vestra, quod inimica sit caro spiritui, quasi alter sit auctor carnis, alter sit auctor spiritus. Multi enim hoc putantes vere rapti ab ipsa carne deviarunt, et alterum auctorem carni, alterum spiritui posuerunt. Utuntur autem quasi testimonio apostolico, quod non intelligunt : « Caro concupiscit adversus spiritum, et spiritus adversus carnem. » (*Gal.*, v, 17.) Hoc verum est : sed quare et aliud non attendis? « Nemo enim unquam carnem suam odio habet, sed nutrit et fovet eam, sicut et Christus Ecclesiam. » (*Ephes.*, v, 29.) In illa prima sententia quam commemoravi, quasi quædam lucta duorum inimicorum videtur, carnis et spiritus; quia « caro concupiscit adversus spiritum, et spiritus adversus carnem. » In hac autem tanquam copulatio conjugalis : « Nemo enim unquam carnem suam odio habet, sed nutrit et fovet eam, sicut et Christus Ecclesiam. » Quid ergo facimus inter has duas sententias? Si contrariæ sunt, quam respuemus, quam tenebimus? Sed non sunt contrariæ. Intendat enim Caritas vestra : interim ego ambas accipio, et ambas concordes, quantum potuero, demonstrabo. Tu autem quisquis alium auctorem carnis constituis, alium spiritus, de illa quid agis? « Nemo enim unquam carnem suam odio habet, sed nutrit et fovet eam, sicut Christus Ecclesiam. » Vel similitudo non te terret? quia « nutrit, inquit, et fovet eam, sicut et Christus Ecclesiam. » Compedem putas carnem : quis amat compedem suam? Carcerem putas carnem : quis amat carcerem suum? « Nemo enim unquam carnem suam

« Personne ne hait sa propre chair. » Qui ne hait sa chaîne? qui ne hait l'instrument de son supplice? Et cependant « personne ne hait sa propre chair, mais il la nourrit, et il en a soin, comme le Christ a soin de l'Eglise. » Mais toi qui veux qu'il y ait un principe pour la chair, un autre pour l'esprit, diras-tu aussi qu'il y a un principe pour l'Eglise, et un autre pour le Christ; ce serait une erreur voisine de la folie. Chacun aime donc sa propre chair, comme dit l'Apôtre; mais outre le témoignage de l'Apôtre, chacun fait cette expérience en lui-même. Domptez votre chair, tant que vous voudrez, armez-vous de sévérité contre elle, autant que vous le voudrez. Je vous le demande, ne fermerez-vous pas l'œil, si quelque coup vous menace.

5. Il y a donc union et pour ainsi dire mariage entre la chair et l'esprit. D'où vient donc que « la chair s'élève contre l'esprit, et l'esprit contre la chair? » (I *Cor.*, xv, 22.) D'où vient ce châtiment, qui est une conséquence de la peine de mort? Pourquoi cette parole : « Tous les hommes meurent en Adam? » Pourquoi l'Apôtre a-t-il dit : « Autrefois nous étions aussi nous-mêmes, par notre naissance, enfants de la colère comme les autres? » (*Eph.*, II, 3.) Car celui dont nous tirons toute notre origine, avec une chair rebelle, a entendu prononcer contre lui une sentence de mort; c'est pourquoi nous avons à combattre la chair, pour la dompter, la soumettre et la forcer à nous obéir. Est-ce à dire pour cela que nous la haïssons, parce que nous voulons qu'elle nous obéisse? L'homme dans sa maison commande ordinairement à son épouse; il veut qu'elle se soumette même malgré elle, sans pour cela la traiter en ennemie. Vous domptez votre fils, pour le forcer à vous obéir; est-ce à dire que vous le haïssez, comme s'il était votre ennemi? Enfin, vous aimez votre serviteur, sans lui épargner pour cela la correction qu'il mérite, pour le ramener à la soumission. Ici encore l'Apôtre vient nous apporter le témoignage de sa parole : « Moi donc, dit-il, je cours, mais je ne cours pas au hasard; je combats, non comme un homme qui frappe l'air; mais je châtie rudement mon corps, et je le réduis en servitude, de peur qu'après avoir prêché aux autres, je ne sois réprouvé moi-même. » (I *Cor.*, IX, 26, 27.) La chair, dans la condition mortelle où nous sommes, a donc ses appétits terrestres, et vous avez en main le frein pour les arrêter. Soumettez-vous le premier à votre maître, et votre serviteur vous obéira. Votre chair est votre servante, et vous, vous êtes le serviteur de Dieu. Si vous voulez que votre chair vous soit soumise; par là même comprenez qu'il est juste que vous le soyez à Dieu. Ne considérez pas que ce qui est au-dessous de vous, voyez ce qui est au-dessus. C'est de celui qui est votre maître, que vous avez reçu le pouvoir sur votre inférieur. Vous obéissez, et

---

odio habet. » Quis non oderit vinculum suum? quis non oderit pœnam suam? Et tamen : « Nemo unquam carnem suam odio habet, sed nutrit et fovet eam, sicut et Christus Ecclesiam. » Tu ergo qui alium auctorem ponis carni, alium auctorem spiritui, alium positurus es Ecclesiæ, alium Christo : quod quis sapit, desipit. Diligit ergo unusquisque carnem suam, Apostolus dicit, et præter Apostoli dictum unusquisque in se probat. Quantumlibet enim sis domator carnis, quantalibet in eam severitate accendaris, nescio utrum non claudes oculum, si aliquis ictus immineat.

5. Est ergo quasi quoddam conjugium spiritus et carnis. Unde ergo « caro concupiscit adversus spiritum, et spiritus adversus carnem? » (I Cor., xv, 22.) Unde ista pœna, quæ ducta est de mortis propagine? Unde dictum est : « Omnes in Adam moriuntur? » Et unde dicit Apostolus : « Fuimus aliquando et nos natura filii iræ, sicut et cæteri? » (*Ephes.*, II, 3.) Accepit enim ille vindictam mortis, de quo nati sumus, et trahimus quod vincamus : ideo concupiscimus adversus carnem, ut nobis domitam carnem subjiciamus, et eam ad obediendum attrahamus. Numquid ergo odimus, quam nobis cupimus obedire? Dat unusquisque et in domo sua plerumque disciplinam conjugi suæ, et eam subjugat renitentem, non persequitur inimicantem. Filium tuum domas, ut tibi obediat : numquid odisti, numquid deputas inimicum? Servum postremo tuum diligis et castigas, et in castigando obedientem facis. Habes de hac re ipsius Apostoli manifestam plenamque sententiam : « Non sic curro, inquit, tanquam in incertum; non sic pugillor, quasi aerem cædens : sed castigo corpus meum, et in servitutem redigo, ne forte aliis prædicans, ipse reprobus inveniar. » (I *Cor.*, IX, 26 et 27.) Habet ergo caro ex conditione mortali quasi quosdam terrenos appetitus suos : in hos tibi jus freni concessum est. Regat te præpositus, ut possit a te regi subjectus. Infra te est caro tua, supra te est Deus tuus : cum vis ut serviat tibi caro tua, admoneris quomodo te oporteat servire Deo tuo. Attendis quod sub te est, attende et quod supra te est. Leges

un autre vous obéit; mais le Seigneur a deux serviteurs en vous. Celui qui vous obéit est encore plus obligé d'obéir au Seigneur qu'à vous-même. Vous voulez que votre chair vous obéisse; le peut-elle toujours? Elle obéit toujours au Seigneur; mais elle ne vous obeit pas toujours. Comment cela, dites-vous? Vous marchez, en levant le pied; elle vous suit. Mais vous suivra-t-elle autant que vous le voudrez? Vous lui donnez la vie; vivra-t-elle autant que vous le voudrez. Vous êtes malade; est-ce parce que vous le voulez? Vous vous portez bien; la santé dépend-elle de vous? Le Seigneur se sert donc souvent de votre serviteur pour vous exercer, parce que, ayant vous-même méprisé le Seigneur, vous méritez que votre serviteur vous donne une leçon.

Chapitre V. — 6. Mais que faut-il faire? Ne jamais accorder au corps une satisfaction défendue, et s'abstenir quelquefois des choses permises; car celui qui s'accorde toutes les choses permises, est bien près d'entrer sur le terrain des choses défendues. Ainsi, mes frères, le mariage est permis, l'adultère est défendu; et pourtant les hommes véritablement tempérants, pour ne pas tomber dans le crime de l'adultère, s'abstiennent même quelquefois de ce qui est permis dans le mariage. Il est permis de boire pour les besoins du corps, et l'ivresse est défendue; mais les hommes véritablement sobres, pour s'éloigner davantage de la honte de l'ivresse, s'imposent des privations et ne veulent pas user de toute la liberté qui leur est accordée. C'est ainsi qu'il faut agir, mes frères, et observer en tout les règles de la tempérance; il faut savoir ce que nous faisons et pourquoi nous le faisons. Ce que l'on refuse au corps est une bonne fortune pour l'âme.

7. Notre but, en jeûnant, c'est de suivre notre route, sans nous en écarter; quelle est notre route, et où allons-nous, c'est ce qu'il faut bien considérer. Les païens jeûnent quelquefois, mais sans connaître la région qui est le but de notre voyage. Les Juifs jeûnent, mais ils ne prennent pas la même route que nous. Ils jeûnent, et ils font comme celui qui dompte un cheval, en faisant fausse route. Les hérétiques jeûnent; je les vois marcher, et je me demande où ils vont? Vous jeûnez, et pour plaire à qui? A Dieu, disent-ils. Pensez-vous qu'il reçoive votre don? Mais voyez d'abord ce qu'il dit : « Laissez-là votre don, et allez, réconciliez-vous auparavant avec votre frère. » (*Matth.*, v, 24.) Croyez-vous que vous domptez bien vos membres, quand vous déchirez les membres du Christ? « On entend au milieu de vos querelles, dit le Seigneur, des cris perçants; vous maltraitez ceux qui sont dans votre dépendance, et vous les frappez impitoyablement. Cessez de pareils jeûnes, ils ne me plaisent pas, dit le Seigneur. » (*Isaïe*, LVIII, 4, 5.) Votre jeûne déplairait donc, si vous étiez

---

in inferiorem non habes, nisi a superiore. Servus es, servum habes : sed Dominus duos servos habet. Servus tuus plus est in potestate Domini tui, quam in tua. Itaque vis tibi obediri a carne, numquid in omnibus potest? In omnibus obtemperat Domino tuo : non in omnibus obtemperat tibi. Quomodo, inquis? Ambulas, pedes moves, sequitur : sed numquid quantum vis ibit tecum? Animatur a te, numquid quamdiu vis? numquid quando vis, doles? quando vis, sanus es? Exercet enim te plerumque Dominus tuus per servum tuum : ut quia fuisti Domini contemptor, mercaris emendari per servum.

Caput. V. — 6. Sed ad te quid pertinet? Delectationem carnis non relaxare usque ad illicita, aliquantum et a licitis refrenare. Qui enim a nullis refrenat licitis vicinus est et illicitis. Proinde, Fratres, licitum est conjugium, illicitum est adulterium : et tamen temperantes viri, ut longe sint ab illicito adulterio, refrenant se aliquantum et a licito conjugio. Licita est satietas, illicita est ebriositas : tamen modesti homines, ut longe se faciant a turpitudine ebrietatis, castigant se aliquantum et a libertate satietatis. Ita ergo agamus, Fratres, temperemus; et quod facimus, sciamus quare faciamus. Cessando a lætitia carnis, acquiritur lætitia mentis.

7. Proinde finis nobis jejuniorum nostrorum, ad iter nostrum : quid sit ipsum iter, et quo tendamus, hoc considerandum est. Namque et Pagani jejunant aliquando, nec regionem quo tendimus norunt : et Judæi jejunant aliquando, et viam in qua ambulamus, non apprehenderunt. Tale est hoc, ac sic aliquis equum domet, in quo erret. Jejunant hæretici : video quales eant; interrogo quo eant? Jejunatis, ut cui placeatis? Deo, inquiunt. Munus putatis accipi? Sed prius vide quid dicit : « Relinque munus, et vade, prius reconciliare fratri tuo. » (*Matth.*, v, 24.) Numquid membra tua recte domas, qui Christi membra dilanias? « Auditur, inquit, in clamore vox vestra; et eos qui sub jugo vestro sunt, stimulatis et cæditis pugnis. Non tale jejunium elegi, dicit Dominus. » (*Isai.*, LVIII, 4 et 5.) Improbaretur ergo jejunium tuum, si immoderatius severus exsisteres in

trop sévère envers votre serviteur. Croyez-vous qu'il soit agréable, quand vous ne voulez pas reconnaître votre frère? Je ne vous demande pas quelle est la nourriture dont vous vous abstenez, mais quelle est celle que vous aimez. Dites-moi la nourriture que vous aimez, afin que j'approuve votre abstinence relativement à l'autre. Aimez-vous la justice? Il est probable, dites-vous. Montrez donc votre justice. Je pense qu'il est juste que vous soyez soumis à votre supérieur, si vous voulez que votre inférieur vous obéisse. Nous parlions de la chair qui est inférieure à l'esprit, et qui lui est soumise pour être domptée et gouvernée. Vous agissez avec elle comme un supérieur qui commande et vous lui retranchez la nourriture, parce que vous aimez qu'elle vous soit soumise. Reconnaissez aussi votre maître, votre supérieur, afin que votre inférieur sache vous céder avec raison.

Chapitre VI. — Quoi! si votre chair vous obéit, pendant que vous désobéissez à Dieu, ne vous condamne-t-elle pas par l'exemple de son obéissance? Ne porte-t-elle pas ainsi témoignage contre vous?

8. Quel est le supérieur, dira-t-on, à qui je dois obéir? Ecoutez cette parole du Christ, vous qui vous vantez d'aimer la justice : « Je vous donne un commandement nouveau, c'est de vous aimer les uns et les autres. » (*Jean*, XIII,

34.) Voilà donc le Seigneur qui nous donne son commandement, c'est de nous aimer les uns les autres. Vous, au contraire, vous séparez les membres du Christ, vous n'aimez pas l'unité. Est-ce que cette division ne vous effraierait pas dans vos propres membres? Si vous aviez un doigt tordu, n'appelleriez-vous pas bien vite le médecin pour le redresser. Il est certain que votre corps est dans un état satisfaisant, lorsque tous vos membres sont en harmonie; alors on dit que vous êtes en bonne santé, et que vous vous portez bien. Mais si une partie de votre corps est en désaccord avec les autres, vous cherchez à ramener l'équilibre. Pourquoi êtes-vous indifférent, quand il s'agit d'accorder ensemble les membres du Christ, et d'établir l'harmonie entre lui et vous. Vos cheveux sont la partie la moins importante de votre corps. Qu'y a-t-il de plus vil, de plus abject, de plus méprisable en vous? Et cependant si la main qui coupe votre chevelure est maladroite, vous vous irritez contre elle. Et vous, vous ne craignez pas de mettre le désordre dans les membres du Christ? Que sont donc vos jeûnes, et à quoi vous servent-ils? Vous ne croyez pas que Dieu mérite qu'on travaille à l'union de tous ceux qui croient en lui? Et cependant vous ne souffririez pas le moindre désordre dans vos membres, dans votre corps, et même dans votre chevelure. Vos entrailles, vos membres viennent affirmer la vérité

---

servum tuum : approbabitur jejunium tuum, cum non agnoscis fratrem tuum? Non ego quæro, a quo cibo abstineas, sed quem cibum diligas. Dic mihi quem cibum diligas, ut approbem quod ab isto cibo te abstineas. Diligis justitiam? Forte, inquis, diligo. Appareat ergo justitia tua. Puto enim justum esse, ut majori servias, quo tibi minor obtemperet. De carne enim loquebamur, quæ minor est quam spiritus, et quæ domanda ac moderanda subjecta est. Agis cum ea ut obtemperet tibi, et subtrahis ei cibum, quod ames subjectam tibi : agnosce majorem, agnosce superiorem, ut tibi recte cedat inferior.

Caput. VI. — Quid si caro tua obedit tibi, et tu non obedis Deo tuo, nonne ab ipsa damnaris, cum tibi obtemperat? Nonne obtemperando tibi contra te dicit testimonium?

8. Et cui, inquit, majori obtemperem? Ecce Christus loquitur, justitiæ amatorem te dixeras : « Mandatum novum do vobis, ut vos invicem diligatis. » (*Joan.*, XIII, 34.) Audi ergo Dominum tuum mandatum dantem, ut nos invicem diligamus. Cum ex no-

bis omnibus tanquam membris corpus sibi faciat, quod corpus habeat unum caput ipsum Dominum et Salvatorem : tu contra divellis te a membris Christi, non amas unitatem. Non hoc expavesceres in membris tuis? Si distortum digitum haberes, non ad correctorem digiti tui medicum curreres? Certe tunc se habet bene corpus tuum, quando sibi concordant membra tua : tunc diceris sanus, tunc bene vales. Si autem aliquid in tuo corpore dissentiat ab aliis partibus, quæris qui emendet. Cur ergo non quæris emendari, ut compagini membrorum Christi revoceris, et congruas in ipso corpore et tuo? Certe viliores sunt cæteris membris capilli tui. Quid vilius in corpore tuo capillis tuis? quid contemptius? quid abjectius? Et tamen si male te tondeat, irasceris tonsori, quia in capillis tuis non servat æqualitatem : et tu in membris Christi non tenes unitatem? Quid sunt ergo, aut cui rei prosunt jejunia tua? Indignum Deum putas, cui ab omnibus qui in eum credunt, in unitate serviatur : et tamen vis in membris tuis, in corpore tuo, in capillis tuis unitatem

contre vous; et vous, vous n'êtes qu'un faux témoin contre les membres du Christ.

9. Vous dites que vous ne jeûnez pas comme les païens? Vous le croyez et vous vous rassurez dans cette pensée. Moi, dites-vous, je jeûne pour le Christ, tandis que les païens le font pour les idoles et pour les démons. Je le veux bien, et j'accorde que vous ne leur ressemblez pas. Mais remarquez bien une chose; tout à l'heure je vous disais que vos membres portaient témoignage contre vous, et de là je vous exhortais à conserver l'union avec les membres du Christ votre Dieu; mais voilà que les païens eux-mêmes, auxquels vous ne voulez pas ressembler, vous donnent le même exemple pour la conservation de l'unité.

Chapitre VII. — Voilà que les païens sont d'accord pour adorer plusieurs faux dieux; sera-t-il dit que nous adorons un seul Dieu, pour nous diviser dans le culte de l'unité? Les païens ont plusieurs dieux et de faux dieux; nous, un seul Dieu et le vrai Dieu. Ils ne se divisent pas avec des dieux nombreux et faux; et nous, nous ne gardons pas l'unité, avec un seul Dieu qui est le vrai Dieu. Vous n'êtes pas affligé, vous ne gémissez pas, vous ne rougissez pas? J'ajoute autre chose : non-seulement les païens adorent plusieurs dieux qui sont faux; mais la plupart de ces dieux sont ennemis et divisés. Citons, par exemple, quelques traits de leur vie, si nous ne pouvons pas tout dire : Hercule et Junon étaient ennemis pendant qu'ils vivaient sur la terre, l'une étant la belle-mère et l'autre son beau-fils. Les païens ont élevé des temples à l'un et à l'autre, à Junon et à Hercule; ils étaient d'accord pour adorer ces dieux qui se haïssaient. Vulcain et Mars sont ennemis, et c'est Vulcain qui a raison. Mais il n'y a pas de juge. Ce malheureux connaît et déplore l'adultère de son épouse; mais il n'ose pas s'élever contre les adorateurs de Mars. Les païens adorent l'un et l'autre, et s'ils imitaient leurs dieux, ils seraient en guerre entre eux. Ils vont du temple de Mars au temple de Vulcain, sans craindre l'indignation du mari, quand il les voit arriver du temple de Mars adultère. Ils ne craignent rien, ils savent que la pierre est insensible. Voilà donc les païens qui adorent leurs dieux; ces divinités sont nombreuses, fausses, différentes et ennemies, et pourtant dans leur culte ils conservent une certaine unité. Les païens portent donc témoignage contre vous, quoique vous ne vouliez pas leur ressembler dans vos jeûnes. Revenez donc à l'unité, mon frère. Nous adorons un seul Dieu; jamais nous ne voyons le moindre dissentiment entre le Père et le Fils. Les païens me pardonneront ce que j'ai dit de leurs dieux. Pourquoi s'offenseraient-ils de mon langage, au lieu de s'en prendre à leurs livres religieux? Qu'ils les détruisent plutôt, s'ils le peuvent. Je

---

servari. Loquuntur viscera tua, membra tua contra te dicunt verum testimonium, et tu falsum contra membra Christi.

9. Discrevisti te a jejunio Paganorum? Hoc putas, et ideo securus tibi videris. Ego enim, inquis, Christo jejuno, illi autem idolis et dæmoniis. Accipio quod dicis, et re vera non nego, discretum est. Sed ecce quemadmodum contra te paulo ante me commemorante, dicebant testimonium membra tua, ut admonerem te qualis esse debeas cum membris Christi Dei tui; et ipsi Pagani, a quibus separas jejunium tuum, admonent te aliquid de unitate Christi tui.

Caput VII. — Ecce illi multos deos falsos non divisi colunt : numquid nos unum verum ideo invenimus, ut sub uno in unitate non simus? Multos illi et falsos, nos unum et verum : et illi sub multis falsis non habent divisionem, nos sub uno vero non tenemus unitatem. Non doles, non gemis, non erubescis? Aliud addo : Non solum multos deos falsos Pagani colunt, sed plerosque sibi contrarios et inimicos. Verbi gratia, commemoremus aliqua ipsorum, si cuncta non possumus : Hercules et Juno inimici fuerunt, homines enim fuerunt; privignus ille, noverca illa : utrique eorum Pagani templa fecerunt, et Junoni et Herculi. Adorant illum, adorant illam : pariter eunt ad Junonem, pariter ad Herculem : illis sibi iratis, concordes sunt. Vulcanus et Mars inimici sunt, et justam causam habet Vulcanus : sed da judicem qui audiat. Odit enim miser uxoris adulterium : nec tamen audet cultores suos a Martis templo prohibere. Simul adorant illum et illum. Si imitantur deos, litigant et ipsi. Eunt de templo Martis ad templum Vulcani : magna indignitas : nec tamen timent ne sibi irascatur maritus, quod ad eum venitur de templo Martis adulteri. Habent cor, sciunt lapidem sentire non posse. Ecce colentes multos, falsos, diversos, adversos, tenent tamen in eis colendis qualemcumque unitatem : ecce dicunt contra te testimonium et ipsi Pagani, a quibus tua jejunia separasti. Veni ergo ad unitatem, frater. Unum Deum colimus : nunquam Patrem et Filium vidimus litigantes. Nec mihi Pagani succenseant, quod hæc dixi de diis eo-

dirai mieux, s'ils le veulent. Que leurs savants n'ouvrent plus leurs écoles pour les enseigner. Le père se fâche de ce que je dis, et pourtant il paie un maître pour l'enseigner à son fils.

Chapitre VIII. — 10. Tels sont, mes bien-aimés, les dieux qu'adorent les païens, ou plutôt qu'ils ont adorés. Ils n'ont pas voulu les quitter, mais leurs dieux les ont quittés. Plusieurs néanmoins les ont abandonnés et les abandonnent chaque jour, en renversant leurs autels au milieu de leur cœur. Réjouissons-nous de ce qu'ils viennent à l'unité, plutôt que d'embrasser la division. Le païen ne doit pas trouver auprès de nous aucun prétexte de n'être pas chrétien. Soyons unis dans le culte d'un seul Dieu, mes frères, et tellement unis, que notre accord soit un motif pour les païens d'abandonner leurs dieux, et de venir à la paix et à l'unité dans le culte d'un seul Dieu. S'ils dédaignent de venir à nous, et s'ils nous reprochent nos divisions pour justifier leur lenteur et leur paresse à embrasser la foi chrétienne, je veux leur adresser un mot et vous suggérer la réponse que vous pourrez leur faire. Ils n'ont certes pas lieu de se préférer à nous, en nous vantant leur concorde et leur union, car ils n'ont pas comme nous à tenir tête à un ennemi implacable. Ils vivent en paix sous son empire par la religion qui n'est pas la nôtre. Il les a enchaînés dans le culte des faux dieux; il les voit esclaves et esclaves des démons; qu'a-t-il à gagner à leurs divisions, ou qu'a-t-il à perdre à ce qu'ils soient d'accord? C'est ainsi que Satan les tient sous son empire, mais dans un culte commun, quoique faux et vain, et sans qu'ils se divisent entre eux. Mais lorsqu'il vit qu'on l'abandonnait, et qu'on courait en foule au culte d'un seul Dieu; lorsqu'il vit qu'on délaissait ses mystères sacrilèges, qu'on renversait ses temples, qu'on brisait ses idoles, qu'on prohibait ses sacrifices, il comprit qu'il perdait son empire, que les siens l'abandonnaient, et qu'on connaissait le vrai Dieu, que fera-t-il, et comment tendra-t-il ses pièges? Il sait que nous sommes d'accord pour l'exclure comme un usurpateur. Il ne peut pas diviser pour nous l'unité de Dieu, ni nous proposer de fausses divinités. Il comprend que notre vie c'est la charité, et que la division serait notre mort; ne pouvant fabriquer plusieurs dieux pour les chrétiens, il sème la division parmi eux; il multiplie les sectes, fait naître les erreurs, et répand les hérésies. Mais quoiqu'il fasse, les hommes qu'il séduit ne sont que la paille dont parle le Seigneur. Nous ne craignons rien; malgré ses fureurs, malgré ses ruses, malgré les divisions qu'il sème parmi les chrétiens, nous reconnaîtrons toujours le vrai Dieu, et notre accord dans cette foi et dans cette profession fera notre sé-

---

rum. Quare enim irascantur verbis meis, et non potius litteris suis? Illas prius, si possunt, imo, si volunt, deleant: non eis docendis Grammatici vela suspendant. Irascitur mihi quia ego dico, qui dat mercedem ut filius ipsius discat.

Caput VIII. — 10. Ergo, Carissimi, illi quidem tales deos habent, vel potius habuerunt. Quia enim ipsi eos deserere noluerunt, ab eis deserti sunt. Et multi deseruerunt eos, et adhuc deserunt, dejiciunt templa eorum in cordibus suis: sed gaudeamus de illis, quia veniunt ad unitatem, non ad divisionem. Non inveniat Paganus occasionem qua nolit esse Christianus. Concordemus, Fratres, colentes unum Deum, ut et illos deserere multos deos exhortemur quodam modo nostra concordia, ut ad pacem et ad unitatem veniant colendi unum Deum. Et si forte fastidiunt, et hinc nobis calumniantur, quod unitatem inter nos Christiani non habemus, et inde sunt tardi et pigri ne veniant ad salutem; alloquar et ipsos paululum, et dicam, quod eis dicatis. Non præferant nobis quasi concordiam suam, non sibi tanquam de unitate sua placeant. Hostem quippe quem patimur, illi non patiuntur: illos et non ista agentes ipse possidet. Videt eos adoratores falsorum deorum; videt eos servos, et servos dæmoniorum: quid illi lucri est quia litigant, aut quid damni est quia non litigant? Et unum quamvis falsum et vanum sentientes, sibique consentientes, sic eos possidet. At vero cum desereretur, et multi ad unum Deum concurrerent, ejus sacrilega sacramenta desererent, templa everterent, idola frangerent, sacrificia prohiberent, vidit se perdidisse quos tenebat, vidit a sua familia recessisse, verum Deum cognovisse: quid faceret? quomodo insidiaretur? Concordes nos scit quod possidere non possit, unum Deum nobis dividere non potest, falsos deos nobis supponere non potest; sentit esse vitam nostram caritatem, mortem nostram dissensionem: lites immisit inter Christianos, quia multos deos non potuit fabricare Christianis; sectas multiplicavit, errores seminavit, hæreses instituit. Sed quidquid fecit, de palea dominica fecit. Ecce securitas nobis est, licet illo sæviente, licet illo insidiante, et dissensiones varias inter Christianos seminante: si Deum nostrum agnoscamus, si concorditer teneamus, si fidem servemus, securi sumus. Fratres, frumentum de area aut non recedit, aut redit: aliquid palearum aufert ventus

curité. Quant au froment, mes frères, il reste dans l'aire, ou bien on l'y rapporte; le vent de la tentation emporte une partie des pailles, non pour être un exemple de perdition, mais pour être une épreuve de purification. Il n'emporte pas toute la paille; combien il en reste encore pour être balayée au dernier jour, et jetée au feu! Efforcez-vous donc, mes frères, pendant que le temps vous est donné, efforcez-vous par tous les moyens possibles, et faites en sorte que la paille redevienne froment, puisque le froment ne doit pas périr. Notre affection pour vous se démontre ici; c'est la grande affaire de notre vie. On ne saurait pas jusqu'à quel point nous aimons nos frères, si personne n'était en danger. On ne pourrait pas mesurer le désir qu'on a de sauver, si l'on n'avait sous les yeux l'abîme de la perdition.

CHAPITRE IX. — 11. Travaillons, mes frères, ne nous lassons pas; employons tous nos soins, nos peines, notre piété, auprès de Dieu, auprès des dissidents et entre nous pour que, dans le désir que nous avons d'éteindre une vieille querelle, nous évitions, au milieu de nous, tout nouveau sujet de division; et avant tout veillons à garder entre nous la plus grande charité. Les hérétiques sont devenus glacés dans leurs iniquités; comment ferez-vous fondre cette glace, si vous ne brûlez vous-mêmes du feu de la charité? Ne prenons pas souci de leurs plaintes, comme si nous les importunions; il faut voir le but, c'est ce qui doit nous rassurer; voulons-nous les faire mourir, ou plutôt les délivrer de la mort? Employons tous les moyens, mais avec modération, pour guérir de vieilles blessures, et prenons garde que le malade ne trépasse entre les mains du médecin. Prenons-nous garde si l'enfant pleure quand on le conduit à l'école? Nous devons savoir que le malade qu'on opère, repousse la main du médecin. Les apôtres ont été pêcheurs, et le Seigneur leur a dit : « Je vous ferai pêcheurs d'hommes. » (*Matth.*, IV, 19.) Or, il est dit dans les prophètes que Dieu devait envoyer en premier lieu des pêcheurs, et en second lieu des chasseurs. (*Jérém.*, XVI, 16.) Il a envoyé d'abord les pêcheurs, et ensuite les chasseurs. Pourquoi des pêcheurs, pourquoi des chasseurs? Les idolâtres ont été pêchés dans la mer immense et profonde de la superstition, et pris dans les filets de la foi. Qu'ont fait les chasseurs? Ils ont été envoyés vers ceux qui erraient sur les montagnes et les collines, marchant à travers les pensées orgueilleuses des hommes, et les hauteurs des vanités terrestres. Une de ces montagnes, c'est Donat; une autre, c'est Arius; une autre, c'est Photin; une autre, c'est Novat. Les hommes erraient à travers ces montagnes, et il fallait des chasseurs pour les prendre. C'est pourquoi chacun a eu son office à remplir, le chasseur comme le pêcheur; et de cette manière

---

tentationis, unde nobis faciat non viam perditionis, sed opus exercitationis. Quantam vero paleam non tollit foras, et ipsa tamen in ultimo ventilanda est : et non it tota palea nisi in ignem. Satagere ergo debemus, Fratres mei, cum tempus est, quantis possumus viribus, quanta possumus intentione, ut si fieri potest, et palea redeat, dum frumenta non pereant. Dilectio nostra hic probatur, magnum opus vitæ nostræ proponitur. Non nos inveniremus, quantum fratres diligamus, si nemo periclitaretur : non appareret quanta esset dilectio inquisitionis, si nihil teneret abyssus perditionis.

CAPUT IX. — 11. Laboremus, Fratres, non cessemus, omni opere, omni sudore, affectu pio ad Deum, ad illos, inter nos, ne illorum veterem litem sopire volentes, inter nos novas rixas faciamus : et ante omnia cauti simus inter nos ipsos tenere firmissimam dilectionem. Illi gelaverunt in iniquitatibus suis : quomodo in eis tu solves glaciem iniquitatis, si non ardeas flamma caritatis? Nec curemus quod eis molesti videmur compellendo : attendamus quo, in eo securi simus : numquid enim ad mortem, et non potius a morte? Omnino quibuscumque modis possumus, sed modeste, vetusta vulnera pertractemus : et cauti simus, ne inter manus medici deficiat qui curatur. Quid itaque curandum nobis est, quia plorat puer qui ad scholam ducitur? Cogitandum nobis est, quia repellit manus medici qui secatur? Piscatores fuerunt Apostoli, et Dominus dixit eis : « Faciam vos piscatores hominum. » (*Matth.*, IV, 19.) Per Prophetam autem dicitur, quod Deus primo piscatores erat missurus, postea venatores. (*Jerem.*, XVI, 16.) Primo piscatores misit, postea venatores mittit. Quare piscatores, quare venatores? De abysso et profundo maris superstitionis idolatriæ credentes piscati sunt retibus fidei. Venatores autem quo missi sunt? Cum illi vagarentur per montes et colles, id est, per superbias hominum, per tumores terrarum. Mons unus, Donatus, et alius mons Arius; alter mons Photinus, alter mons Novatus : per istos montes errabant : venatoribus indigebat error ipsorum. Ideo et distributa sunt officia piscatorum et venatorum, ne forte isti

on ne peut pas nous dire : Pourquoi les apôtres n'ont-ils forcé, n'ont-ils contraint personne? L'apôtre est un pêcheur, il jette son filet dans la mer et prend ce qui se rencontre. Mais le chasseur entoure les bois, fait une battue dans les buissons, multiplie les épouvantes pour amener le gibier dans ses filets. Qu'il n'aille pas ici; qu'il n'aille pas là; venez ici, frappez par là; criez et effrayez; il ne faut pas qu'il sorte, ni qu'il échappe. Le filet, c'est donc notre vie, avec la condition de conserver la charité; ne craignez pas d'être importun, mais plutôt de ne pas assez aimer. Est-ce une vraie affection celle qui ne fait rien et qui laisse mourir?

CHAPITRE X. — 12. Mes frères, écoutez une comparaison; car une même chose peut avoir plusieurs ressemblances. Telle est la condition des hommes sur la terre, c'est que chaque homme veut que ses enfants lui succèdent; et il n'est personne qui ne désire et n'espère cet ordre de choses dans sa maison, que les parents laissent la place aux enfants, et que les enfants succèdent aux parents. Cependant si le vieux père est malade; je ne dis pas si le fils est malade, là auprès de son père, lui l'héritier, le successeur, mis au monde pour succéder à son père après sa mort; je ne dis pas cela, mais je dis : Si le vieux père est malade prêt à partir, sentant la mort approcher, désirant répondre à son appel, et n'ayant plus rien à désirer ici-bas. Cependant il est malade, ce vieux père; son fils plein de tendresse est là qui ne le quitte pas, le médecin voit ce malade absorbé par un sommeil qui sera mortel et perfide, mais cette situation d'un vieillard qui va mourir, et qui du reste n'a plus que quelques jours à vivre le laisse presque impassible; mais le fils est là attentif et inquiet, il entend dire au médecin : Cet homme peut être en léthargie, et mourir si on le laisse dormir; si vous voulez qu'il vive, ne le laissez pas dormir; c'est un sommeil perfide et doux à la fois. Mais le fils qui entend le médecin, ne perd aucune de ses paroles; il tourmente son père, il l'agite, et s'il n'obtient rien, il le pince, et s'il ne réussit pas encore, il le pique. Il est certain qu'il tourmente son père, et il ne serait pas un bon fils s'il ne le tourmentait pas. Mais le père qui veut mourir reçoit mal son fils, il lui jette un triste regard et lui dit : Laisse-moi, pourquoi me tourmenter ainsi ? Le médecin dit que si vous dormez, vous mourrez. — Laisse-moi, répond le père, je veux mourir. Le vieillard dit : Je veux mourir; mais le fils serait mauvais fils, s'il ne disait : Je ne veux pas. Et pourtant cette vie ne doit durer qu'un temps, et tous deux doivent mourir, le père que son fils tourmente pour le réveiller, et le fils qui doit succéder à son père après sa mort. Tous deux ne font que traverser la vie; tous deux la parcourent avec la rapidité de l'oiseau qui vole; et pourtant ils ne seraient

---

dicant nobis : Quare Apostoli neminem coegerunt, neminem impulerunt? Quia piscator est, retia mittit in mare, quod incurrerit trahit. Venator autem silvas cingit, sentes excutit, terroribus undique multiplicatis cogit in retia. Ne hac eat, ne illac eat : inde occurre, inde cæde, inde terre; non exeat, non effugiat. Sed retia nostra vita est, tantum dilectio conservetur. Nec attendas quam illi sis molestus, sed quam tibi ille sit dilectus. Qualis pietas, si parcis, et moritur?

CAPUT X. — 12. Fratres, hanc etiam considerate comparationem et similitudinem : una enim res multas similitudines habere potest. Ea conditione nascuntur homines, ut velit sibi omnis homo a filiis suis succedi; et nemo est, qui non hunc ordinem in domo sua vel optet vel speret, ut generatores filiorum cedant, et generati succedant. Tamen si pater senex ægrotet : non dico, si filius, cui adsit pater, quem quærit hæredem, quem cupit successorem, quem propterea genuit, ut illo mortuo ipse vivat; non hoc dico : si pater ægrotet senex, iturus, jam vicinus morti, jam naturæ ordinem petens, jam ultra quod speret non habens; tamen si ægrotet, et adsit illi pie filius ejus, et videat cum medicus lethali et noxio somno premi, patiens est in senem moriturum propter ipsos paucos dies quibus hic potest vivere; stat filius, et adest patri sollicitus : et cum audierit medicum dicentem : Iste homo lethargicus potest esse, et inde mori, si permittatur dormire; si vultis eum vivere, non dormiat : illum somnus ille noxius premit, qui et noxius est, et dulcis est. Filius autem ejus admonitus a medico, stat sollicitus, patri molestus, pulsat; et si pulsatio ejus vincitur, vellicat; et si vellicatio nihil agit, pungit. Certe molestus est patri : et esset impius, nisi molestus esset. At ille quem delectat mori, molestum sibi filium tristi aspectu et voce reverberat : Quiesce mihi, quid mihi molestus es? Sed medicus ait, quia si dormieris, morieris. Et ille : Dimitte me, mori volo. Senex dicit : Mori volo : et puer impius est, si non dicat : Ego nolo. Et illa vita utique temporalis est, nec ille in ea perpetuus erit, cui filius est molestus ut excitet; nec ille qui abeunti patri et decedenti succedit. Ambo per

ni bon père ni bon fils, s'ils ne cherchaient à se conserver mutuellement cette vie temporelle, même par des importunités réciproques. Et moi, je verrai donc mon frère absorbé dans le sommeil d'une habitude pernicieuse, et je ne l'éveillerai, par la crainte de troubler son sommeil et son état dangereux? Que Dieu me préserve de cette lâcheté, quand même la vie de mon frère devrait amoindrir mon héritage. Mais quand il s'agit d'un héritage qui ne peut pas être divisé, ni amoindri par un plus grand nombre de cohéritiers, je n'éveillerais pas un frère endormi, je ne le ferais pas sortir d'un sommeil funeste, d'une erreur pernicieuse, je ne le tourmenterais pas au besoin pour lui procurer la jouissance d'un bien incomparable. Oui, je le ferai. Si je ne suis pas endormi, je le ferai; et si je ne le fais pas, c'est que suis endormi.

Chapitre XI. — 13. Un jour que le Seigneur parlait au peuple : Mes bien-aimés, quelqu'un l'interpella et lui dit : « Seigneur, dites à mon frère de partager avec moi notre héritage. Jésus lui répondit : « Homme, qui m'a établi juge ou arbitre entre vous? » (*Luc*, XII, 13.) Il ne refusait pas sans doute de calmer la convoitise, mais il ne voulait pas se faire juge pour diviser. Et nous, mes bien-aimés, ne cherchons pas en notre Seigneur un juge pour les biens de ce monde; notre héritage n'est pas de cette nature, adressons-nous à lui avec franchise et en bonne conscience, et que chacun lui dise : Maître, dites à mon frère, non pas de partager, mais de garder avec moi notre héritage. Que veux-tu partager en effet, mon frère? Ce que le Seigneur nous a donné ne peut pas se partager. Est-ce de l'or, pour qu'on puisse le mettre dans la balance? Est-ce de l'argent, de la monnaie, des esclaves, des troupeaux, des arbres, des champs? Tout cela peut se diviser, mais on ne peut pas diviser le bien du Seigneur : « Je vous donne ma paix, je vous laisse ma paix. » (*Jean,* XIV, 27.) Enfin, dans les biens de la terre le partage amoindrit votre portion. Supposez deux frères, vivant avec leur père; tout ce qu'il possède est aux deux, tout à l'un tout à l'autre. Demandez-leur quels sont leurs biens; si vous dites à l'un. A qui appartient ce cheval? Il vous répondra : C'est à nous. A qui ce champ, à qui cet esclave? Il répondra toujours : C'est à nous. Mais s'ils se partagent la propriété, la réponse ne sera plus la même; à qui ce cheval? A moi. A qui cet autre? A mon frère. Voilà l'effet de la division. Vous n'avez pas acquis un cheval, mais vous en avez perdu un. Si donc notre héritage était de nature à être divisé, je dis que nous devrions éviter la division, pour ne pas diminuer nos propriétés. Il n'y a rien de plus déplorable, que lorsque des enfants du vivant de leur père veulent parta-

---

eam transeunt, ambo per illam temporaliter transvolant : et tamen impii sunt, nisi ad ipsam sibi temporalem, etiam cum invicem molesti sunt, consulant. Ergone video fratrem meum somno noxiæ consuetudinis premi, et non excito, dum timeo molestus esse dormienti atque pereunti? Absit a me ut hoc facerem, nec si illo vivo nostra angustaretur hæreditas. Nunc vero cum illud quod accepturi sumus dividi non possit, cum possessore multiplicato angustari non possit; non eum erigam vel molestus ut vigilet, et carens somno vetustissimi erroris mecum in hæreditate gaudeat unitatis? Prorsus faciam; si vigilo, faciam : si non facio, et ego dormio.

Caput XI. — 13. Carissimi, Dominus interpellatus est a quodam, cum turbis loqueretur, et ait illi : « Domine, dic fratri meo, ut dividat mecum hæreditatem. » (*Luc.*, XII, 13, 14.) Et Dominus : « Dic homo, quis me constituit divisorem hæreditatis inter vos? » Non utique dedignabatur compescere cupiditatem, sed nolebat fieri judex ad divisionem. Nos autem, Carissimi, non cum rerum talium judicem requiramus, quia nec talis est hæreditas nostra : pura fronte, bona conscientia interpellemus Dominum nostrum, et dicat ei unusquisque nostrum : Domine, dic fratri meo, non ut dividat, sed ut teneat mecum hæreditatem. Quid enim vis dividere, frater? Quod enim dimisit nobis Dominus, non potest dividi. Aurum est enim, ut stateram divisionis proferat? Argentum est, pecunia est, mancipia sunt, pecora sunt, arbores sunt, agri sunt? Omnia enim ista dividi possunt. Non potest dividi : « Pacem meam do vobis, pacem meam dimitto vobis. » (*Joan.*, XIV, 27.) Postremo in ipsis etiam terrenis hæreditatibus divisio minorem facit : constitue duos fratres sub uno patre, quidquid possidet pater, amborum est, totum illius, totum et illius. Proinde si de rebus suis interrogetur, sic respondet : Cujus est, verbi gratia, equus ille? Et si uni eorum dixeris : Noster est. Cujus ille fundus, ille servus? In omnibus respondet : Noster est. Si autem dividant, jam aliud respondetur : Cujus equus ille? Meus. Cujus iste? Fratris mei. Ecce quid tibi fecit divisio. Non unum acquisisti, sed unum perdidisti. Si ergo et talem hæreditatem haberemus, quæ dividi posset; dividere tamen non deberemus, ne nostras divitias minueremus. Et certe nihil tam im-

ger l'héritage. Quand ils en viennent à ces extrémités, et qu'on les entend se quereller et se disputer pour la revendication de leurs parts, le vieillard s'écrie : Que faites-vous? je vis encore. Attendez un peu que je sois mort, et vous partagerez ma maison. Quant à nous, nous avons notre père qui est Dieu; pourquoi songer aux partages; pourquoi nous diviser? Attendons; s'il vient à mourir, nous partagerons.

portunum filiis quam vivo patre velle dividere. Denique si hoc facere moliantur, si litibus et contentionibus studeant ad vindicandas sibi quisque partes suas, exclamat senex : Quid facitis? Adhuc vivo. Expectate paululum mortem meam, tunc secate domum meam. Nos autem Deum patrem habemus : quid imus in divisionem, quid imus in lites? Certe expectemus : si mori potuerit, dividamus.

SERMON

SUR LE

PILLAGE DE LA VILLE [1]

CHAPITRE I. — 1. Considérons la première leçon du saint prophète Daniel, où nous entendons son admirable prière, et jusqu'à la confession, non-seulement des péchés de son peuple, mais de ses propres fautes. Car il priait et sa prière était à la fois une prière et une confession, et après sa prière, il disait donc : « Lorsque je priais et que je confessais, en présence du Seigneur mon Dieu, mes péchés et les péchés de mon peuple. » (*Daniel*, IX, 20.) Qui oserait donc se croire innocent, lorsque Daniel confesse ses propres péchés? Car on dit à un orgueilleux dans le prophète Ezéchiel : « Es-tu plus sage que Daniel ? » (*Ezéch.*, XXVIII, 3.) L'Ecriture cite trois noms de saints personnages, pour signifier trois sortes d'hommes que Dieu doit délivrer, lorsque viendra la grande tribulation du genre humain, et parmi ces trois noms figure celui de Daniel, et il est dit que personne ne sera délivré, si ce n'est Noé, Daniel et Job. Il est clair que par ces trois noms, Dieu a voulu comme je l'ai dit, désigner trois sortes d'hommes. Car les trois personnages nommés ne sont plus, ils se sont endormis ; leur âme est auprès de Dieu, et leurs corps sont réduits en poussière dans la terre. (*Ezéch.*, XIV, 14.) Ils attendent la résurrection pour prendre place à la droite, et ils ne craignent plus en ce monde aucune tribulation, dont ils aient à demander la délivrance. Comment donc Noé, Daniel et Job seront-ils délivrés de cette tribulation qui doit venir? Quand Ezéchiel prononçait ces paroles, Daniel seul était peut-être encore vivant. Noé et Job dormaient depuis longtemps et reposaient dans le sépulcre de leurs pères. Comment pourraient-ils être délivrés d'une tribulation imminente, puisqu'ils étaient déjà hors de cette vie mortelle? Mais Noé figurait les bons pasteurs qui régissent et gouvernent l'Eglise, comme il gouverna l'arche, au milieu du déluge. Daniel était la figure de

[1] Bède le cite dans ses annotations sur la première épître *aux Corinthiens*, ch. X.

SERMO
DE URBIS EXCIDIO

CAPUT I. — 1. Intueamur primam lectionem sancti Danielis prophetæ, ubi eum audivimus orantem, et mirati sumus, non solum peccata populi sui, sed et sua propria confitentem. Nam post ipsam orationem, cujus quidem verba indicabant eum non solum deprecatorem, sed etiam confessorem ; post ipsam ergo orationem : «,Cum orarem, inquit, et confiterer peccata mea et peccata populi mei Domino Deo meo. » (*Dan.*, IX, 20.) Quis ergo est qui se sine peccato esse profiteatur, cum Daniel peccata propria confitetur? Nam superbo cuidam dictum est per Ezechielem prophetam : « Numquid tu sapientior quam Daniel? » (*Ezech.*, XXVIII, 3.) In tribus item quibusdam sanctis viris, per quos tria genera hominum significat Deus quæ liberaturus est, quando magna tribulatio superventura est generi humano, etiam hunc Danielem posuit : et dixit, quod nemo inde liberabitur, nisi Noe, Daniel et Job. Et quidem manifestum est, quod in his tribus nominibus tria quædam, ut dixi, genera hominum significat Deus. Jam enim tres illi viri dormierunt, et apud Deum sunt spiritus eorum, et corpora eorum in terra fluxerunt (*Ezech.*, XIV, 14) : expectant resurrectionem et ad dexteram collocationem, nec aliquam in hoc mundo tribulationem timent, unde se cupiant liberari. Quomodo ergo de illa tribulatione liberabuntur Noe, Daniel et Job ? Quando dicebat ista Ezechiel, solus forsitan Daniel in corpore fuit. Nam Noe et Job jam olim dormierant, et somno mortis patribus appositi fuerant. Quomodo ergo poterant de imminente tribulatione liberari, jam olim de carne liberati? Sed in Noe significantur boni præpositi, qui regunt et gubernant Ecclesiam, quomodo Noe in diluvio gubernavit arcam. In Daniele signifi-

tous les saints qui vivent dans la continence ; et Job, de tous ceux qui vivent saintement et dignement dans le mariage. Voilà les trois sortes d'hommes que Dieu délivre de la tribulation annoncée. Cependant il y a une chose qui recommande particulièrement Daniel, c'est qu'il est nommé seul dans le texte que j'ai cité ; et pourtant il confesse ses péchés. Quand donc Daniel confesse ses péchés, quel est l'orgueilleux qui ne tremble, l'homme vaniteux qui ne se dégonfle, l'homme hautain et arrogant qui ne se réprime ? « Qui peut dire : Mon cœur est pur ; je suis exempt de péché ? » (*Prov.*, xx.)

CHAPITRE II. — Et les hommes s'étonnent, puissent-ils ne faire que s'étonner, sans aller jusqu'au blasphème, les hommes s'étonnent que Dieu châtie le genre humain, et envoie sur la terre, par une conduite de sa miséricorde, les fléaux qui doivent corriger et ramener l'homme avant le dernier jugement, sans faire un choix pour ceux qu'il éprouve, comme s'il ne voulait désigner personne pour la damnation ; car il frappe indistinctement les justes et les pécheurs. Et pourtant, qui peut se dire juste, si Daniel lui-même confesse ses propres péchés.

2. Nous avons lu, ces jours derniers, la leçon du livre de la Genèse, que nous avons écoutée avec une grande attention, si je ne me trompe ; dans cette leçon, Abraham dit au Seigneur, s'il y a cinquante justes dans la ville, épargnerez-vous la ville à cause d'eux (*Gen.*, xviii, 24), ou la perdrez-vous avec eux. Le Seigneur lui répondit, que s'il trouve cinquante justes dans la ville, il l'épargnera. Abraham l'interroge encore et lui demande si, en supposant cinq de moins, et qu'il en reste quarante-cinq, il épargnerait la ville. Dieu répondit qu'il l'épargnerait aussi à cause des quarante-cinq. Est-ce tout ? Abraham poursuit son interrogation, et diminuant de plus en plus le nombre, il arrive à dix, et demande au Seigneur, si dans la supposition de dix justes, il les perdrait avec la foule innombrable des méchants qui habitent la ville, ou s'il sauverait plutôt la ville à cause des dix justes. Dieu répondit qu'en faveur des dix justes, il ne perdrait pas la ville. Remarquez cette histoire, mes frères, elle soulève une grave et importante question ; nous avons à répondre surtout à des hommes qui lisent nos Ecritures, avec un esprit impie et insidieux, sans aucun sentiment de piété, et qui viennent nous dire, à l'occasion du récent malheur de la grande ville. Il n'y avait donc pas cinquante justes à Rome ? Quoi, dans un si grand nombre de fidèles, parmi tant de religieuses, parmi tant d'hommes voués à la continence, parmi tant de serviteurs et de servantes de Dieu, on n'a pas pu trouver cinquante justes, ni quarante, ni trente, ni vingt, ni dix ?

---

cantur omnes sancti continentes : in Job omnes conjugati juste et bene viventes. Hæc enim tria genera hominum de illa tribulatione liberat Deus. Tamen quantum sit commendatus Daniel, ex hoc apparet, quod unus ex illis tribus meruit nominari : et tamen confitetur peccata sua. Daniele ergo confitente peccata sua, cujus superbia non contremiscat, cujus inflatio non resideat, cujus tumor et elatio non cohibeatur ? « Quis gloriretur castum se habere cor, aut quis gloriretur mundum se esse a peccato ? » (*Prov.*, xx).

CAPUT. II. — Et mirantur homines, et utinam tantum mirarentur, et non etiam blasphemarent, quando corripit Deus genus humanum, et flagellis piæ castigationis exagitat, exercens ante judicium disciplinam, et plerumque non eligens quem flagellet, nolens invenire quem damnet. Flagellat enim simul justos et injustos : quanquam quis justus, si Daniel peccata propria confitetur ?

2. Lecta est ante dies lectio libri Geneseos, quæ nos, nisi fallor, multum fecit intentos, ubi Abraham dicit Domino, utrum si inveniat in civitate quinquaginta justos, parcat civitati propter eos, an cum ipsis perdat civitatem. (*Gen.*, xviii, 24.) Et respondit ei Dominus, quod si inveniat in civitate quinquaginta justos, parcat civitati. Deinde Abraham adjecit ad interrogationem, et quæsivit, utrum si minus fuerint quinque, et remanserint quadraginta quinque, similiter parcat. Respondit Deus, parcere se et propter quadraginta quinque. Quid multa ? Paulatim interrogando, et ex illo numero detrahendo pervenit ad decem, et quæsivit a Domino, utrum si decem justos in civitate compererit, perdat eos cum reliquis innumerabilibus malis, an propter decem justos parcat potius civitati. Respondit Deus, etiam propter decem justos non se perdere civitatem. Quid ergo dicimus, Fratres ? Occurrit enim nobis quæstio valida et vehemens, præsertim ab hominibus qui Scripturis nostris impietate insidiantur, non qui cas pietate perquirunt ; et dicunt, maxime de recenti excidio tantæ urbis : Non erant Romæ quinquaginta justi ? In tanto numero fidelium, tanto numero sanctimonialium, continentium, tanto numero servorum et ancillarum Dei, nec quinquaginta justi invenire potuerunt, nec quadraginta, nec triginta, nec viginti, nec decem ? Si autem incredibile est, quare

S'ils y étaient, c'est une chose incroyable qu'à cause de ces cinquante, ou même de ces dix justes, Dieu n'ait pas épargné la ville? L'Ecriture ne trompe pas l'homme, quand il ne veut pas se tromper. Lorsqu'il s'agit de la justice, c'est Dieu qui répond de la justice. Pour être juste, il faut l'être suivant la règle divine, et non suivant la règle humaine. Je réponds donc de suite : Ou il a trouvé le nombre de justes, et il a épargné la ville; ou s'il n'a pas épargné la ville, c'est qu'il n'a pas trouvé le nombre de justes. Mais on me répond : Il est manifeste que Dieu n'a pas épargné la ville. Et moi je réponds : La chose n'est pas du tout manifeste pour moi. Car la ville n'a pas été détruite comme l'a été Sodome. Il était question de l'existence de Sodome, lorsqu'Abraham interrogeait Dieu. Et Dieu lui dit : « Je ne détruirai pas la ville. » Il ne dit pas : Je ne châtierai pas la ville. Il n'a pas épargné Sodome, il a détruit cette ville; il a consumé Sodome de fond en comble par le feu, sans la réserver pour le jugement; il a exercé sur elle une vengeance qu'il réserve, quand il est question d'autres pécheurs, pour le jour du jugement. Personne n'échappa de Sodome; il n'y resta pas trace d'homme, ni d'animal, ni de maison; le feu a tout dévoré. Voilà comment Dieu a perdu la ville. Quant à la ville de Rome, c'est tout différent; combien d'habitants sont sortis de la ville pour y revenir! combien d'autres qui sont restés et ont échappé à la mort; combien d'autres qui ont été respectés dans les lieux saints! Mais plusieurs, dira-t-on, ont été emmenés en captivité. C'est ainsi que l'a été Daniel, non par châtiment, mais pour la consolation des autres captifs. Mais plusieurs, diront-ils encore, ont été immolés. C'est ainsi que l'ont été tant de saints prophètes, depuis Abel jusqu'à Zacharie; c'est ainsi qu'on a traité les apôtres et le Seigneur lui-même, le maître des prophètes et des apôtres. Mais plusieurs, disent-ils, ont été tourmentés par des supplices affreux. Pensons-nous que personne l'ait été autant que Job?

3. Tout ce qu'on nous a raconté est horrible; les monceaux de ruines, les incendies, les rapines, les meurtres et les barbaries. Tout cela est vrai; nous avons entendu des récits lamentables; nous avons gémi, nous avons pleuré, sans pouvoir nous consoler; je ne le nie donc pas, j'en conviens, cette histoire est triste, et la ville a cruellement souffert.

Chapitre III. — Cependant, mes frères (que votre charité se rende attentive à mes paroles), nous connaissons le livre de Job; vous savez que ce saint homme avait tout perdu, ses biens, ses enfants, il ne lui restait plus que son corps, mais dans un état déplorable; frappé d'une plaie qui le couvrait de la tête aux pieds, il était assis sur un fumier, la chair décomposée, pour-

non Deus propter quinquaginta, vel etiam propter decem justos pepercit illi civitati? Scriptura non fallit, si se homo non fallat. Cum de justitia quæritur, et Deus de justitia respondet; justos quærit ad regulam divinam, non ad regulam humanam. Cito ergo respondeo : Aut invenit ibi tot justos, et pepercit civitati; aut si non pepercit civitati, nec justos invenit. Sed respondetur mihi, manifestum esse quod Deus non pepercit civitati. Respondeo ego : Imo mihi non est manifestum. Perditio enim civitatis ibi facta non est, sicut in Sodomis facta est. De Sodomis enim quæstio erat, quando Deum Abraham interrogavit. Deus autem dixit : « Non perdam civitatem : » non dixit : Non flagello civitatem. Sodomis non pepercit, Sodomam perdidit : Sodomam penitus igne consumpsit, quam ad judicium non distulit, sed in eam exercuit, quod aliis malis ad judicium reservavit. Prorsus nullus de Sodomis evasit, nihil hominis relictum est, nihil pecoris, nihil domorum : cuncta omnino ignis absorbuit. Ecce quomodo Deus perdidit civitatem. Ab urbe autem Roma quam multi exierunt et redituri sunt, quam multi manserunt et evaserunt, quam multi in locis sanctis nec tangi potuerunt : Sed captivi, inquiunt, multi ducti sunt. Hoc et Daniel, non ad supplicium suum, sed ad solatium cæterorum. Sed multi, inquiunt, occisi sunt. Hoc et justi Prophetæ a sanguine Abel usque ad sanguinem Zachariæ (*Matth.*, xxiii, 35) : hoc etiam tot Apostoli, hoc ipse Dominus Prophetarum et Apostolorum. Sed multi, inquiunt, tormentis variis excruciati sunt. Putamusne quisquam tantum quantum Job?

3. Horrenda nobis nuntiata sunt, strages facta, incendia, rapinæ, interfectiones, excruciationes hominum. Verum est, multa audivimus, omnia gemuimus, sæpe flevimus, vix consolati sumus; non abnuo, non nego multa nos audisse, multa in illa urbe esse commissa.

Caput III. — Verumtamen, Fratres mei (intendat Caritas vestra quod dico), audivimus librum sancti Job, quod perditis rebus, perditis filiis, nec ipsam carnem quæ illi sola remanserat, salvam potuit obtinere, sed percussus gravi vulnere a capite usque ad

rie, rongée par les vers, et il souffrait des douleurs intolérables. (*Job*, II, 7.) Or, si on nous eût annoncé que toute la cité de Rome était assise, et assise tout entière, sans exception, frappée d'une plaie horrible, et que tous les vivants étaient rongés par les vers, comme le sont les cadavres des morts, je vous le demande, quel état serait le plus déplorable, cette plaie, ou la guerre qui a dévasté la ville? Je pense qu'on aime mieux le glaive pour trancher la vie, que la corruption des vers; on aurait plus de courage à voir jaillir le sang d'une blessure, qu'à voir suinter la pourriture. Quand vous voyez la corruption d'un cadavre, vous frémissez d'horreur; mais vous souffrez moins, parce que l'âme n'y est plus. Dans le corps de Job, l'âme était présente pour sentir, enchaînée pour ne pas s'échapper, servante pour souffrir, harcelée pour blasphémer. Mais Job supporta cette tribulation, et sa patience l'éleva dans la perfection de la justice. Il ne faut donc pas considérer ce que l'on souffre, mais ce que l'on fait dans la souffrance. O homme! il ne dépend pas de toi de souffrir ou de ne pas souffrir; mais dans la souffrance, il dépend de toi de faire bien ou de faire mal. Job souffrait; sa femme, le seul être vivant qui lui restât était auprès de lui, non pour le consoler, mais pour le tenter; non pour adoucir ses maux, mais pour lui conseiller le blasphème : « Maudissez Dieu, disait-elle, et mourez. » La mort eût été pour lui un bienfait; mais personne ne lui apportait la mort. Toutes ces afflictions que supportait cette âme sainte, servaient à exercer sa patience, à éprouver sa fidélité, à confondre cette femme et à vaincre le démon. Voilà un grand spectacle, c'est la vertu brillant de tout son éclat, au milieu de cette corruption qui provoque le dégoût. Le corps est dévoré par un ennemi caché; un autre ennemi conseille ouvertement le mal. La femme ici n'est n'est plus la compagne de son mari, mais la complice du démon; nouvelle Ève, mais ce n'est plus le vieil Adam. « Maudissez Dieu et mourez. » Forcez la mort à venir par vos blasphèmes, puisque vos prières ne sont pas exaucées. « Vous parlez, dit-il, comme une femme insensée. » (*Job*, II, 10.) Remarquez les paroles de l'homme fort dans sa foi; le corps tombe en lambeaux, mais l'âme est saine : « Vous parlez, dit-il, comme une femme insensée. Si nous avons reçu les biens de la main de Dieu, pourquoi n'en pas recevoir les maux? » Dieu est père, faut-il l'aimer quand il nous flatte, et le détester quand il nous châtie? N'est-il pas toujours Père, et quand il nous promet la vie, et quand il nous forme à la vertu? Avez-vous oublié ces paroles : « Mon fils, quand tu t'approches du service de Dieu, demeure dans la justice et dans

---

pedes sedebat in stercore, putrescens ulcere, sanie fluens, vermibus scatens, tormentis acerbissimis dolorum cruciatus. (*Job*, II, 7.) Si nobis sic nuntiaretur universa civitas sedere, sedere, inquam, civitas universa, nullo ibi sano, in gravissimo vulnere, et sic putrescere vermibus vivos, quomodo mortui putruerunt : quod erat gravius, hocne, an illud bellum? Puto quod mitius in carnem humanam ferrum sæviret, quam vermes; tolerabilius de vulneribus sanguis erumperet, quam de putredine sanies distillaret. Cadaver corrumpi respicis, et horrescis : sed ideo minor pœna, quod absens anima. At vero in Job præsens anima quæ sentiret, ligata ne fugeret, (a) subjecta ut doleret, compuncta ut blasphemaret. Sustinuit autem tribulationem Job, et deputatum est illi ad magnum justitiam. Non ergo quisquam attendat quid patiatur, sed quid faciat. Homo, in eo quod pateris, potestas tua non est : in eo quod facis, voluntas tua vel nocens vel innocens est. Patiebatur Job, stabat mulier relicta sola, non ad consolationem, sed ad tentationem; non quæ afferret medicinam, sed quæ moneret blasphemiam : « Dic aliquid, inquit, in Deum, et morere. » Videte quemadmodum illi mori beneficium fuit, et tale beneficium nemo dabat. Sed in his omnibus quæ sancta anima sustinebat, patientia exercebatur, fides probabatur, mulier confutabatur, diabolus vincebatur. Spectaculum magnum, et in illa fœditate putredinis præclara pulchritudo virtutis. Vastat latenter inimicus : aperte malum suadet inimica; adjutorium diaboli, non mariti; Eva nova, sed ille non vetus Adam : « Dic aliquid in Deum, et morere. » Blasphemando extorque, quod precando non potes impetrare. « Locuta es, inquit, tanquam una ex insipientibus mulieribus. » (*Job*, II, 10.) Attendite verba fortis fidelis : attendite verba foris putrescentis, intus integri. « Locuta es, inquit, tanquam una ex insipientibus mulieribus. Si bona percepimus de manu Domini, mala non sustinebimus? » Pater est, nunquid amandus blandiens, et respuendus corripiens? Nonne pater est, et promittens vitam, et imponens disciplinam? Exciditne tibi : « Fili accedens ad servitutem Dei, sta in justi-

(a) Nonnulla hic restituuntur ex Michaelino Ms.

CHAPITRE IV.

la crainte, et prépare ton âme à la tentation? Accepte tout ce qui t'arrive; demeure en paix dans ta douleur; et au temps de ton humiliation, garde la patience. Car l'or et l'argent s'épurent par la flamme; mais les hommes que Dieu accepte passent par le feu de l'humiliation. » (*Eccl.*, II, 1.) Avez-vous oublié cette autre parole : « Dieu reprend celui qu'il aime, et il châtie le fils qu'il veut reconnaître. » (*Prov.*, III, 12; *Hébr.*, XII, 6.)

CHAPITRE IV. — 4. Imaginez toutes les peines, toutes les douleurs qu'on peut souffrir en cette vie; comparez tout cela à l'enfer, et tout cela n'est rien. Ici on souffre un instant; là on souffre éternellement; le bourreau tourmente toujours, et la victime est toujours tourmentée. Est-ce qu'ils souffrent encore, ceux qui ont souffert dans le dernier saccagement de Rome? Mais le mauvais riche de l'Évangile souffre toujours dans les enfers. (*Luc*, XVI, 19.) Il a brûlé, il brûle, il brûlera, toujours vivant jusqu'au jour du jugement; alors il reprendra son corps, non pour être heureux, mais pour souffrir toujours. Les souffrances de l'homme ici-bas, s'il en profite, le rendent meilleur; s'il n'en profite pas, elles le rendent doublement condamnable; il souffre ici-bas les peines temporelles, et il endurera dans l'autre vie les peines éternelles. Que votre charité m'écoute encore, mes frère; nous louons les martyrs qui sont saints, nous les glorifions, nous les admirons, nous célébrons leurs fêtes avec une pieuse solennité; nous rappelons leurs mérites, et nous les imitons, autant qu'il nous est possible. La gloire des martyrs est grande, sans doute, oui elle est grande; mais je ne sais pas si la gloire du saint homme Job est moins grande; on ne lui disait pas : Offre de l'encens aux idoles, sacrifie aux dieux étrangers, nie le Christ; mais on lui disait : Blasphème Dieu. On ne lui disait pas positivement : Si tu blasphèmes, ta chair sera guérie et ta santé reviendra; mais si tu blasphèmes, disait une femme sotte et insensée, tu mourras, et la mort te délivrera de tes souffrances. Comme si le mourant qui blasphème, n'entrait pas dans les peines éternelles. Cette femme insensée voyait avec horreur les incommodités de la corruption corporelle; elle ne pensait aucunement au feu éternel. Job supportait les maux présents, pour éviter les maux de l'autre vie. Il éloignait de son cœur toute mauvaise pensée, de sa langue toute parole de médisance. Il conservait une âme sainte dans un corps que rongeait la corruption. Il voyait les maux futurs, et il supportait les maux présents. C'est ainsi, oui, c'est ainsi que tout chrétien, dans les afflictions de la vie présente, doit penser à l'enfer, et il trouvera léger ce qu'il endure. Qu'il ne murmure pas contre Dieu; qu'il ne dise pas : Dieu, que vous ai-je fait; pourquoi me faites-

---

tia, et timore, et præpara animam tuam ad tentationem? Omne quod tibi applicitum fuerit accipe, et in dolore sustine, et in humilitate tua patientiam habe. Quoniam in igne probatur aurum et argentum, homines vero acceptabiles in camino humiliationis. » (*Eccli.*, II, 1, etc.) Exciditne tibi : « Quem enim diligit Dominus, corripit : flagellat autem omnem filium quem recipit? » (*Prov.*, III, 12; *Hebr.*, XII, 6.)

CAPUT. IV. — 4. Cogita quoslibet cruciatus, extende animum in quaslibet in hac vita pœnas humanas : compara ad gehennam, et leve est omne quod cogitas. Hic temporalis, ibi æternus est, et qui torquet et qui torquetur. Numquid adhuc patiuntur, qui illo tempore passi sunt, quo Roma vastata est? Dives autem ille adhuc apud inferos patitur. (*Luc.*, XVI, 19.) Arsit, ardet, ardebit, vivet usque ad judicium : recipiet carnem, non ad beneficium, sed ad supplicium. Illas pœnas timeamus, si Deum timemus. Quidquid hic passus fuerit homo, si corrigatur, emendatio est : si nec sic corrigatur, duplex damnatio est. Et hic enim luit pœnas temporales, et ibi experietur æternas. Dico caritati vestræ, Fratres, Martyres certe sanctos laudamus, glorificamus, admiramur, dies eorum pia solemnitate celebramus, merita eorum veneramur, et si possumus imitamur. Est profecto, est magna martyrum gloria; sed nescio utrum minor gloria fuit sancti Job : nec tamen ei dicebatur, Thus pone idolis, sacrifica diis alienis, nega Christum : dicebatur tamen : Blasphema Deum. Nec dicebatur, ut intelligeretur, si blasphemaveris, putredo omnis abscessura sanitasque reditura est : sed, si blasphemaveris, dicebat inepta et insulsa mulier, morieris, et moriendo tormentis carebis. Quasi vero morienti blasphemo non æternus dolor succederet. Mulier fatua præsentis putredinis horrebat molestiam, æterna flammam minime cogitabat. Ferebat ille præsens malum, ne incideret in futurum. Tenebat cor a mala cogitatione, linguam a maledicto : servabat animæ integritatem in putredine corporis. Videbat quid in futurum evadebat : ideo quod patiebatur, ferebat. Sic, sic unusquisque Christianus quando aliquam afflictionem corporis patitur, gehennas co-

vous souffrir? Qu'il dise plutôt comme Job, quoiqu'il fût saint : « Vous avez recherché tous mes péchés, et vous les avez rassemblés devant vous. » (*Job*, xiv, 17.) Il n'osa pas se dire sans péché, lui qui souffrait, non pour être puni, mais pour être éprouvé. C'est ainsi qu'on doit parler quand on souffre.

CHAPITRE V. — 5. Il y avait à Rome cinquante justes ; bien plus, si vous jugez d'après la règle ordinaire, il y avait des milliers de justes ; si vous **prenez** pour règle la perfection, il n'y avait aucun juste. Quiconque à Rome oserait se dire juste, un autre que moi lui dirait : « Etes-vous plus sage que Daniel? » (*Ezech.*, xxviii, 3.) Entendez-le confesser ses péchés. Est-ce que sa confession était un mensonge? Il aurait eu sur la conscience du moins d'avoir menti à Dieu par cette confession de ses péchés. On trouve quelquefois des hommes qui font ce raisonnement singulier, et qui disent : L'homme doit dire à Dieu, même quand il est juste, qu'il est un pécheur ; quoique sa conscience ne lui reproche rien, qu'il dise néanmoins : j'ai péché. Je doute que ce raisonnement soit bien sage. A qui devez-vous de n'avoir pas de péchés? N'est-ce pas à Dieu, qui a guéri votre âme, si toutefois vous êtes sans péché? Car examinez bien, et vous trouverez non pas un péché, mais plusieurs péchés. Mais si vous êtes sans péché, n'est-ce pas une grâce de celui à qui vous avez dit : « Seigneur, ayez pitié de moi, guérissez mon âme, parce que j'ai péché contre vous? » (*Ps.* xl, 5.) Si votre âme est sans péché, elle a donc été complètement guérie ; et si elle a été complètement guérie, pourquoi êtes vous ingrat envers votre médecin en disant que vous êtes encore malade, puisqu'il vous a rendu la santé? Si vous vous présentiez à votre médecin avec un corps languissant et malade, en le priant de vous soigner avec attention, si le médecin vous soignait et vous rétablissait dans une santé parfaite et qu'ensuite vous vinssiez lui dire : Je ne suis pas guéri, ne seriez-vous pas un ingrat? ne feriez-vous pas outrage à votre médecin? Si Dieu aussi vous a guéri, comment osez-vous lui dire : Je suis encore malade? Ne craignez-vous pas qu'il vous réponde : Je n'ai donc rien fait ; j'ai perdu ma peine, et je ne mérite ni récompense ni reconnaissance? Que Dieu nous préserve de cette folie et de ces vains raisonnements! Que l'homme dise : Je suis pécheur, parce qu'il est pécheur, je ne suis pas sans péché, parce qu'il n'est pas sans péché. On ne peut pas dire qu'il n'en a pas et qu'il soit plus sage que Daniel. Mais il faut, mes frères, que je finisse par circonscrire la question. Si nous appelons justes ceux qu'on

gitet, et (*a*) videat quam leve est quod patitur. Non murmuret adversum Deum, non dicat : Deus quid tibi feci, quare ista patior? Imo dicat quod dixit ipse Job quamvis sanctus : « Exquisisti omnia peccata mea, et ea tanquam in sacculo signasti. » (*Job*, xiv, 17.) Non es ausus est dicere sine peccato, qui patiebatur, non ut puniretur, sed ut probaretur. Hoc dicat unusquisque cum patitur.

CAPUT. V. — 5. Fuerunt Romæ quinquaginta justi, imo si modum humanum consideres, millia justorum : si regulam perfectionis, nemo justorum exsistit. Quicunque Romæ qui se audeat justum dicere, a me (*b*) non audit : « Numquid tu sapientior quam Daniel? » (*Ezech.*, xxviii, 3.) Audi ergo illum confitentem peccata sua. An forte cum confitebatur, mentiebatur? Hinc ergo habebat peccatum, quia de suis peccatis Deo mentiebatur. Sed aliquando argumentantur homines, et dicunt : Debet et homo justus Deo dicere, quia peccator est : quamvis sciat nullum se habere peccatum, tamen dicat Deo. Habeo peccatum. Miror si ista consilii sanitas appellanda est. Quis te facit non habere peccatum? nonne Deus qui sanat animam tuam? Si tamen non habes peccatum. Nam considera ; et invenies, non peccatum, sed peccata. Tamen si prorsus non habes peccatum, nonne illius beneficium est, cui dixisti : « Ego dixi, Domine miserere mei, sana animam meam, quoniam peccavi tibi? » (*Psal.* xl, 5.) Si ergo sine peccato est anima tua, sanata est omni modo anima tua : si sanata est omni modo anima tua, quare ingratus es medico tuo, ut dicas vulnus esse adhuc, ubi omnem sanitatem ille jam fecit? Si corpus tuum languidum aut vulneratum medico ostenderes, et rogares ut tibi adhiberet curandi diligentiam, atque ille faceret, sanumque et incolumem redderet, et tu adhuc diceres : Non sum sanus ; nonne esses medico ingratus, nonne esses in medicum contumeliosus? Si et Deus sanavit te, audes dicere : Adhuc vulnus habeo ; nec times ne tibi respondeat : Ergo ego nihil egi, aut totum quod egi effudi, non accipio mercedem, non mereor vel laudem? Avertat Deus hanc amentiam, et hanc argumentationem vanam. Dicat homo : Peccator sum, quia peccator est : dicat : Peccatum habeo, quia peccatum habet. Non enim si non habet, sapientior

(*a*) Michaelinus codex *et lucidius pervidebit quam leve*, etc. — (*b*) In eodem Ms. *nemo justorum. Exsistat quicunque Romæ qui se audeat justum dicere. A me audiet : Nunquid tu*, etc.

appelle ainsi dans le langage ordinaire, parce qu'ils vivent d'une manière irréprochable au milieu des hommes, je dis qu'il y avait beaucoup de justes à Rome, et que Dieu a épargné la ville à cause de ces justes, en favorisant la fuite d'un grand nombre; mais j'ajoute que ceux qui sont morts ont aussi été épargnés. Car en mourant saintement comme des justes pleins de foi, n'ont-ils pas été délivrés des peines de la vie et mis en possession de la paix divine? Ils sont morts après une carrière de tribulations, comme le pauvre Lazare devant la porte du riche. Mais, direz-vous, ils ont souffert la faim? Le pauvre aussi. Ils étaient couverts de plaies? Le pauvre aussi. Peut-être les chiens n'ont-ils pas, comme à lui, léché leurs plaies. Ils sont morts? Le pauvre aussi; mais vous savez comment : « Le pauvre, dit l'Evangile, mourut aussi, et son âme fut portée par les anges dans le sein d'Abraham. » (*Luc*, XVI, 22.)

CHAPITRE VI. — 6. Ah! s'il nous était donné de voir les âmes des saints qui sont morts dans cette guerre, vous verriez comment Dieu a épargné la ville. Car il y a des milliers de saints qui sont dans le lieu du rafraîchissement pleins de joie, et qui disent à Dieu : Grâces vous soient rendues, Seigneur, parce que vous nous avez délivrés des tribulations et des peines de la chair. Grâces vous soient rendues, parce que nous ne craignons plus ni les barbares, ni le démon, ni la famine, ni la grêle, ni l'ennemi, ni le licteur, ni le tyran; nous sommes morts sur la terre, mais nous sommes immortels auprès de vous, Seigneur; nous sommes en sûreté dans votre royaume, par un don de votre grâce plutôt que pour nos mérites. Quelle idée vous faites-vous d'une cité dont les habitants, dans leur humilité, tiennent un pareil langage? Vous ne croyez pas sans doute qu'une cité, ce soient les pierres des maisons? Une cité, ce sont les citoyens et non les maisons. Si Dieu avait dit aux Sodomites : Fuyez, parce que je vais brûler le lieu que vous habitez, dirions-nous qu'ils ont été terriblement punis, s'ils avaient pu fuir, et que le feu du ciel eût dévoré leurs murailles et leurs maisons? Dieu n'aurait-il pas épargné la ville, si les citoyens avait pu se sauver et échapper aux désastres de ce feu?

7. Il y a quelques années, voici ce qui est arrivé à Constantinople sous l'empereur Arcade. Parmi ceux qui m'entendent, quelques-uns savent déjà ce que je vais dire, et il y a des habitants de notre ville d'Hippone, qui ont été témoins de l'événement. Dieu voulant donc effrayer la ville, et par le moyen de la terreur la corriger, la convertir, la purifier, la changer, révéla à un de ses fidèles serviteurs qui était, dit-on, sous les drapeaux, et lui dit que la ville périrait

est quam Daniel. Ergo : Fratres mei, illam quæstionem aliquando determinem. Si justi sic appellandi sunt, sicut modo quodam humano justi appellantur, secundum quamdam conversationem qua inter homines vivunt sine querela : multi tales Romæ; et propter hos pepercit Deus, multi evaserunt : sed et eis qui mortui sunt, pepercit Deus. Mortui enim in bona vita et vera justitia, in bona fide, nonne ærumnis rerum humanarum caruerunt, et ad divinum refrigerium pervenerunt? Mortui sunt post tribulationes, quomodo pauper ille ante januam divitis. Sed passi sunt famem? passus est et ille. Passi sunt vulnera? passus est et ille : forte minus eos canes linxerunt. Mortui sunt? mortuus est et ille : sed quo fine audi : « Contigit, inquit, mori inopem illum, et auferri ab Angelis in sinum Abrahæ. » (*Luc.*, XVI, 22.)

CAPUT. VI. — 6. Utinam videre possemus oculis animas sanctorum, qui in illo bello mortui sunt : tunc videretis quomodo Deus pepercerit civitati. Millia enim sanctorum in refrigerio sunt, lætantium et dicentium Deo : Gratias tibi, quia nos a carnis molestiis et tormentis eruisti. Gratias tibi, quia jam nec barbaros, nec diabolum formidamus, non timemus in terra famem, non timemus grandinem, non timemus hostem, non timemus lictorem; non timemus oppressorem : sed sumus in terra mortui, apud te Deus non morituri, in regno tuo salvi, dono tuo, non merito nostro. Qualis civitas est (*a*) humilium quæ ista dicit? An putatis civitatem in parietibus deputandam? Civitas in civibus est, non in parietibus. Denique si diceret Deus Sodomitis : Fugite, quia incensurus sum locum istum : nonne magnum meritum eos habere diceremus, si fugerent, et flamma de cœlo descendens mœnia parietesque vastaret? Nonne Deus pepercerat civitati, quia civitas migraverat, et perniciem illius ignis evaserat?

7. Nonne ante paucos (*b*) annos Arcadio Imperatore Constantinopoli, (quod dico, audiunt nonnulli forsitan qui noverunt, et sunt in hoc populo qui et illic præsentes fuerunt,) volens Deus terrere civitatem, et terrendo emendare, terrendo convertere, terrendo mundare, terrendo mutare, servo cuidam suo fideli,

(*a*) Er. et Ms. Mich. *millium*. — (*b*) Meminerunt Marcellinus et Prosper in Chron. et Paulus diaconus lib. XIII. Refert Baronius ad annum 396.

par le feu du ciel; il lui recommanda en même temps d'en avertir l'évêque. L'évêque fut instruit, et prenant au sérieux l'avertissement, il adressa une exhortation à son peuple. Toute la ville se convertit et prit le deuil de la pénitence, comme autrefois l'antique Ninive. (*Jonas*, III, 5.) Cependant, pour qu'il ne fût pas dit que le serviteur de Dieu avait été trompé, ou avait voulu tromper, le jour désigné par le Seigneur arriva; tout le monde était attentif, et on était dans une grande terreur en attendant ce qui devait arriver; et voilà qu'on aperçoit du côté de l'Orient un nuage de feu d'abord petit, mais grossissant insensiblement à mesure qu'il approchait de la ville, jusqu'à ce qu'il fût suspendu d'une manière terrible et menaçante au dessus de la cité. On voyait cette terrible flamme balancée dans les airs, on sentait son odeur de soufre. Tous les habitants accouraient à l'église; le lieu ne pouvait plus contenir la multitude; on demandait le baptême au premier venu, on se l'arrachait pour ainsi dire. On voulait ce sacrement qui est la porte du salut non-seulement dans l'église, mais dans les maisons, au milieu des rues, sur les places publiques; il s'agissait d'éviter un châtiment, non celui qu'on voyait de ses yeux, mais celui qui est dans l'avenir. Cependant, après cette grande tribulation, où Dieu confirma la vérité de ses paroles et la révélation de son serviteur, le nuage diminua dans les proportions de sa croissance et s'éteignit peu à peu. Le peuple ayant repris sa tranquillité, on lui annonça de nouveau qu'il fallait sortir de la ville, et qu'elle serait détruite le samedi suivant. Toute la cité sortit avec l'empereur; personne ne resta dans sa maison et personne ne ferma sa porte; on se retira loin des murs de la ville non sans regarder ces chères demeures, et d'une voix lamentable on dit adieu aux douces habitations qu'on abandonnait. Toute cette multitude innombrable s'avança à plusieurs milles de la cité, et s'étant réunie dans un même lieu pour adresser ses prières à Dieu, elle vit tout à coup une grande fumée et poussa un cri immense vers le Seigneur. Enfin, on vit que tout était tranquille; on envoya des hommes pour s'informer; l'heure prédite était passée; les messagers virent que les murailles et les maisons étaient à leur place, et tous les habitants revinrent avec des cris de reconnaissance. Personne ne perdit rien de ce qu'il avait laissé dans sa maison, et chacun retrouva sa porte ouverte comme il l'avait laissée.

CHAPITRE VII. — 8. Que dirons-nous? Etait-ce la colère de Dieu qui se montrait ou plutôt sa miséricorde? Qui peut douter que Dieu n'ait agi comme un père plein de miséricorde, et qu'il ait voulu corriger et punir par la frayeur, et non par

---

viro ut dicitur militari, venit in revelatione, et dixit ei, civitatem venturo de cœlo igne perituram : eumque admonuit ut episcopo diceret. Dictum est, non contempsit episcopus, et allocutus est populum : conversa est civitas in luctum pœnitentiæ, quemadmodum quondam illa antiqua Ninive. (*Jonæ*, III, 5.) Tamen ne putarent homines illum qui dixerat vel falsitate deceptum vel fallacia decepisse, venit dies quem Deus fuerat comminatus : intentis omnibus et exitum cum timore magno expectantibus, noctis initio tenebrante jam mundo, visa est ignea nubes ab Oriente, primo parva, deinde paulatim ut accedebat super civitatem ita crescebat, donec toti urbi (*a*) ignis terribiliter immineret. Videbatur horrenda flamma pendere, nec odor sulphuris deerat. Omnes ad ecclesiam confugiebant, non capiebat multitudinem locus, baptismum extorquebat quisque a quo poterat. Non solum in ecclesia, sed etiam per domos, per vicos ac plateas salus sacramenti exigebatur ut fugeretur ira, non præsens utique, sed futura. Tamen post magnum illam tribulationem, ubi exhibuit Deus fidem verbis suis, et revelationi servi sui, cœpit ut creverat minui nubes, paulatimque consumpta est. Populus securus paululum factus, iterum audivit omnino esse migrandum, quod civitas esset proximo sabbato peritura? Migravit cum Imperatore tota civitas : nemo in domo remansit, nemo domum clausit : longe recedens a mœnibus, et dulcia tecta respiciens, relictis carissimis sedibus voce miserabili valefecit. Et aliquot millibus tanta illa multitudo progressa, uno tamen loco fundendis ad Deum orationibus congregata, magnum fumum subito vidit, et vocem magnam emisit ad Deum : tandemque tranquillitate conspecta, missis qui renuntiarent, sollicita quæ prædicta fuerat hora transacta, et renuntiantibus quod salva universa mœnia et tecta consisterent, omnes cum ingenti gratulatione redierunt. Nemo de domo sua quidquam perdidit, patentem omnis homo sicut dimisit invenit.

CAPUT VII. — 8. Quid dicemus? Utrum ista ira Dei, an potius misericordia fuit? Quis dubitet misericordissimum patrem corrigere voluisse, et terrendo,

(*a*) Editi, *ingens*. Melius Ms. Mich. *ignis*.

CHAPITRE VIII.

la perdition, puisque cette grande calamité suspendue sur la ville n'a rien endommagé, ni les hommes, ni les maisons, ni les murailles? C'est ainsi qu'on lève quelquefois la main pour frapper, et quand on voit le coupable dans la consternation, on revient à des sentiments de miséricorde ; Dieu a traité la ville de cette manière. Cependant si dans cette circonstance, où le peuple avait quitté la ville pour se retirer, la ruine était tombée sur elle, et qu'elle eût été détruite de fond en comble, comme Sodome, sans qu'il restât trace de son existence, pourrait-on douter que Dieu ne l'eût épargnée, puisque la population avertie et effrayée l'eût entièrement abandonnée, avant que le feu n'eût dévoré ce lieu? De même il ne faut pas douter que Dieu n'ait épargné la cité romaine, dont les habitants en grande partie avaient émigré avant l'incendie de l'ennemi. Les émigrants étaient ceux qui ont fui; les émigrants étaient aussi ceux qui ont quitté la vie; plusieurs en restant se cachèrent comme ils purent; plusieurs trouvèrent leur salut dans les lieux saints. La main de Dieu a donc plutôt châtié cette ville pour la corriger que pour la perdre; « comme le serviteur qui connaît la volonté de son maître, et qui ne l'a point exécutée sera frappé de coups. » (*Luc*, XII, 47.)

CHAPITRE VIII. — 9. Plût au ciel que cet exemple nous inspire une crainte salutaire pour mettre un frein à cette concupiscence pernicieuse, à cette soif insatiable, qui n'aspire qu'à la jouissance de voluptés perfides malgré les avertissements du Seigneur, qui nous montre l'inconstance de toutes les vanités du monde et la fausseté de toutes ces folies; profitons-en au lieu de murmurer contre le Seigneur sous les coups que nous méritons. Le battoir suffit tout seul dans l'aire pour briser l'épi et faire sortir le pur froment; la fournaise de l'orfèvre avec le même feu réduit la paille en cendres, et purifie l'or de ses souillures; ainsi la même tribulation qu'a supportée la ville de Rome a servi et à perfectionner ou à délivrer le juste, comme aussi à condamner l'impie, soit qu'il ait été enlevé de cette vie pour souffrir davantage comme il le mérite, soit qu'il ait continué de vivre pour devenir un blasphémateur plus coupable, ou que Dieu, dans sa clémence ineffable, connaissant ceux qui doivent être sauvés, l'ait réservé pour faire pénitence. Ne soyons pas troublés voyant souffrir les justes; leur souffrance est une épreuve, ce n'est pas la damnation. Aurions-nous la faiblesse de nous scandaliser, quand nous voyons qu'un juste souffre sur la terre des indignités et des outrages ; et oublierions-nous tout ce qu'a souffert le Juste des justes et le Saint des saints? Tout ce qu'a souffert la ville entière, un

---

non perdendo punire, quando nihil hominum, nihil domorum, nihil mœnium tanta impendens (*a*) præsens calamitas læsit? Prorsus sicut solent manus erigi ad feriendum, et consternato illo qui feriendus erat, miseratione revocari, ita factum est illi civitati. Verumtamen si eo tempore, quo ita derelicta populus universus abscessit, irrueret vastitas loco, totamque urbem sicut Sodomam nullis saltem ruinis remanentibus perdidisset; quis etiam sic dubitaret quod Deus pepercisset illi civitati, qua præmonita et territa et discedente atque migrante locus ille consumeretur? Sic minime dubitandum est, pepercisse Deum Romanæ etiam civitati, quæ ante hostile incendium in multis ex multa parte migraverat. Migrarunt qui fugerunt, migrarunt qui de corpore exierunt : multi præsentes utcumque latuerunt, multi in locis sanctis vivi salvique servati sunt. Manu ergo emendantis Dei correpta est potius civitas illa, quam perdita : tanquam « servus sciens voluntatem domini sui, et faciens digna plagis, vapulavit multis. » (*Luc.*, XII, 47.)

CAPUT VIII. — 9. Atque utinam valeat ad exemplum timoris, et mala concupiscentia sitiens mundum, et appetens perfrui perniciosissimis voluptatibus, demonstrante Domino quam sint instabiles et caducæ omnes sæculi vanitates et insaniæ mendaces, potius refrenetur, quam sub flagellis dignissimis adversus Dominum murmuretur. Sed unam tribulam sentit area, ut stipula concidatur, granum mundetur; unum ignem patitur fornax aurificis, ut palea in cinerem pergat, aurum sordibus careat : sic et unam tribulationem Roma pertulit, in qua vel emendatus vel liberatus est pius; impius autem damnatus est, sive ab hac vita raptus sit ubi magis pœnas justissimas lueret, sive hic remanserit ubi damnabilius blasphemaret, (*b*) aut certe pro ineffabili clementia sua Deus, quos novit salvandos, pœnitentiæ reservaret. Non ergo nos moveat labor piorum : exercitatio est, non damnatio. Nisi forte horremus cum videmus indigna et gravia in hac terra perpeti aliquem justum; et obliviscimur quæ pertulerit justus justorum sanctusque sanctorum. Quod passa est universa

---

(*a*) Sic idem Ms. At editi, *præsentia calamitatis*. — (*b*) Hic nonnulla in editis omissa restituuntur ex Ms.

seul l'a souffert. Et encore quel est-il? « Le Roi des rois et le Seigneur des seigneurs. » (*Apoc.*, XIX, 16.) Il a été arrêté, garotté, flagellé, tourmenté par toutes sortes d'outrages, attaché et suspendu au bois de la croix, immolé. Mettez dans la balance Rome avec le Christ, la terre entière avec le Christ, le ciel et la terre avec le Christ; toute la création ne peut pas être comparée au Créateur, aucun ouvrage à l'ouvrier. « Toutes choses ont été faites par lui, et rien de ce qui a été fait n'a été fait sans lui. » (*Jean*, I, 3.) Et cependant ses bourreaux l'ont traité comme un néant. Comme le médecin, il sait ce qui nous est utile pour nous soigner et nous guérir, même sous le rapport de la douleur. Il est écrit, comme vous savez : « La patience produit une œuvre parfaite. » (*Jacq.*, I, 4.) Or, quelle sera de l'œuvre notre patience si nous n'avons à supporter aucune adversité? Pourquoi refusons-nous donc de supporter les maux temporels? Avons-nous peur de nous perfectionner? N'hésitons donc pas; prions, gémissons, pleurons devant le Seigneur, afin que nous éprouvions l'effet de cette parole de l'Apôtre : « Dieu est fidèle, et il ne permettra pas que vous soyez tenté au delà de vos forces; mais il vous fera profiter de la tentation, afin que vous puissiez persévérer. » (I *Cor.*, X, 13.)

illa civitas, passus est unus. Sed videte quis unus : « Rex regum et Dominus dominantium, » (*Apoc.*, XIX, 16) comprehensus, vinctus, flagellatus, contumeliis omnibus agitatus, ligno suspensus et fixus, occisus. Appende cum Christo Romam, appende cum Christo totam terram, appende cum Christo cœlum et terram : nihil creatum cum Creatore pensatur, nullum opus artifici comparatur. « Omnia per ipsum facta sunt, et sine ipso factum est nihil : » (*Joan.*, I, 3) et tamen a persequentibus deputatus est nihil. Feramus ergo quod nos Deus ferre voluerit; qui nobis curandis atque sanandis, quis etiam dolor sit utilis, sicut medicus novit. Certe scriptum est : « Patientia opus perfectum habet. » (*Jac.*, I, 4.) Quod autem erit opus patientiæ, si nihil adversi patiamur? Cur ergo mala temporalia perpeti recusamus? an forte perfici formidamus? Sed plane oremus et ingemiscamus et ploremus ad Dominum, ut servetur erga nos quod Apostolus dicit : « Fidelis Deus, qui non vos sinet tentari supra id quod potestis, sed faciet cum tentatione etiam exitum, ut sustinere possitis. » (I *Cor.*, X, 13.)

APPENDICE [1]

DU

TOME SIXIÈME DE L'ÉDITION DES BÉNÉDICTINS

CONTENANT QUELQUES OPUSCULES SUPPOSÉS, SAVOIR :

Le Livre des vingt-une Sentences.
Le Dialogue des soixante-cinq questions.
Le Livre sur la Foi, à Pierre.
De l'Esprit et de l'Ame.
De l'Amitié.
De la Substance de l'Amour.
Sur l'Amour de Dieu.
Les Soliloques.
Les Méditations.
De la Contrition du cœur.
Manuel.
Le Miroir.
Le Miroir, appelé Miroir du Pécheur.
De la triple Demeure.
De l'Echelle du Paradis.
De la Connaissance de la vraie Vie.
De la Vie chrétienne.
Des Enseignements salutaires.
Les douze degrés des Abus.
Des sept Péchés et des sept Dons du Saint-Esprit.
La Lutte des Vices et des Vertus.
De la Sobriété et de la Chasteté.
De la vraie et de la fausse pénitence.
De l'Antechrist.
Le Psautier que saint Augustin aurait composé pour sa mère.
Explication du Cantique *Magnificat*.
Traité de l'Assomption de la bienheureuse Vierge Marie.
De la Visite des Infirmes.
Sermons sur la Consolation, au sujet des Morts.
Autres Sermons adressés au Peuple.
Enfin, Sermons aux Frères du désert.

(1) Cet appendice, qui comprend la fin de ce volume et la première moitié du XXIII, sera, conformément à l'édition des Bénédictins, imprimé en caractères plus fins.

APPENDIX

CONTINENS SUBDITITIA QUÆDAM OPUSCULA,

SCILICET :

Librum XXI sententiarum.
Dialogum LXV quæstionum.
Librum de fide ad Petrum.
De spiritu et anima.
De amicitia.
De substantia dilectionis.
De diligendo Deo.
Soliloquia.
Meditationes.
De contritione cordis.
Manuale.
Speculum.
Speculum aliud quod dicitur peccatoris.
De triplici habitaculo.
De scala paradisi.
De cognitione veræ vitæ.
De vita Christiana.
De salutaribus documentis.
De duodecim abusionum gradibus.
De septem vitiis et septem donis Spiritus sancti.
De conflictu vitiorum et virtutum.
De sobrietate et castitate.
De vera et falsa pœnitentia.
De antichristo.
Psalterium quod Augustinus matri suæ composuisse fertur.
Expositionem cantici Magnificat.
Tractatum de Assumptione B. Mariæ.
De visitatione infirmorum.
Sermones de consolatione mortuorum.
Sermones alios quosdam ad populum.
Sermones demum ad fratres in eremo.

AVERTISSEMENT SUR LE LIVRE SUIVANT

On trouve dans ce livre diverses sentences, les unes de saint Augustin, d'autres prises dans différents auteurs, et réunies au hasard, sans dessein, au nombre de vingt et une sentences ou questions. Ainsi sous le même titre, il y a souvent des choses différentes, et qui n'ont aucun rapport entre elles. Dans un si petit livre, on répète quelquefois la même chose ; et le lecteur n'est pas sans y rencontrer des solécismes, des définitions et des distinctions peu exactes, comme l'ont remarqué après Érasme, les théologiens de Louvain. Nous n'avons vu qu'un seul exemplaire manuscrit de ce livre, trouvé au monastère du Mont-Saint-Michel.

ADMONITIO IN SUBSEQUENTEM LIBRUM

Sententias hic habes alias ex Augustino, alias collectas ex aliis auctoribus, et eas temere nullaque certa ratione ad viginti unius sententiarum sive quæstionum numerum revocatas : quo fit ut sub codem titulo res non raro diversæ et minime ad propositum facientes reperiantur. Nonnulla etiam his, referuntur in tam exiguo libello : nec absunt solæcismi et indoctæ rerum definitiones ac distinctiones, uti Lovanienses Theologi post Erasmum observarunt. Unicum habuimus libri hujus manuscriptum exemplar in Michaelino Cœnobio repertum.

LE LIVRE
DES VINGT-ET-UNE SENTENCES
OU QUESTIONS

I. *Quel est l'homme heureux.* — Tout homme qui veut vivre heureusement est heureux, s'il vit comme il veut ; or, tout homme veut vivre heureusement : donc, tout homme qui vit comme il veut est heureux. Il s'ensuit que personne ne vit comme il veut, s'il vit honteusement ; car personne n'est heureux en vivant honteusement. Il ne vit pas comme il voudrait, et quoique souvent il fasse sa volonté, on peut dire que sa volonté est contrariée de mille manières.

II. *Des Juifs.* — L'Apôtre dit que tout était figuratif chez les Juifs, que leur histoire est une ombre, et que le Christ est la réalité. (I *Cor.*, x, 1.) On peut donc dire, en conséquence, que la pâque n'a été célébrée qu'une seule fois, puisque le corps, figuré par la pâque juive, c'est le Christ immolé. Car s'il n'y a pas moyen de trouver un agneau tel que la loi l'exige pour la pâque, ayant pour origine la brebis et le bouc (vu que la nature ne permet pas à ces animaux de s'unir pour la génération), comment la pâque aurait-elle pu être véritablement célébrée, la victime nécessaire à cette immolation n'existant pas ? Or, le Christ est cette victime, ayant pour origine les justes, c'est-

VIGINTI-UNIUS
SENTENTIARUM SIVE QUÆSTIONUM
LIBER UNUS.

1. *Beatus qui.* — Omnis qui beate vult vivere, si vivit ut vult, beatus est : omnis autem homo beate vult vivere : omnis igitur homo qui vivit ut vult, beatus est. Ex quo conficitur neminem vivere ut vult, qui vult turpiter vivere ; quia nemo beatus est qui turpiter vivit.

Ideo autem non vivit ut vult, quia etsi multa secundum voluntatem suam faciat, consequuntur tamen plura contra ipsius voluntatem.

II. *De Judæis.* — Cum Apostolus dicat, omnia in figura contigisse Judæis, umbras præterea fuisse cuncta præterita (I *Cor.*, x, 1) ; nam corpus Christum esse : possum contendere, pascha non nisi semel gestum esse, quando figuratum corpus fuit occisus Christus. Nam et si ovis, qualem lex ad pascha describit, non potest inveniri, ut sit ex ovibus et hœdis ; (discordat enim horum animalium ad conjunctionem communis fetus ipsa natura ;) quomodo potuit pascha verum geri, cum defuerit agnus talis ille qui pascha est ? At si Christus talis ex

à-dire les brebis, et les pécheurs, c'est-à-dire les boucs, selon la chair; voilà le véritable agneau qu'on cherche, et qui, étant immolé une seule fois, prouve qu'il est la véritable pâque qu'on devait immoler une seule fois dans la réalité. Toute l'histoire du peuple juif, comme nous l'avons dit, était une figure; on choisit un agneau, pour marquer la simplicité et l'innocence; il doit être mâle, pour indiquer la force; sans tache, pour dire qu'il est sans péché; âgé d'un an, pour marquer l'accomplissement des temps; parfait, c'est-à-dire orné de toutes les vertus; on l'immole dans le premier mois, pour que toute l'année soit consacrée par son commencement; le quatorzième jour du mois, pour montrer qu'on est en pleine lumière, et que la nuit de l'erreur a disparu; vers le soir, pour montrer que le siècle allait disparaître dans son couchant; il fallait des pains sans levain, pour dire que le cœur devait être purifié de toute corruption malicieuse et perverse; le frontispice des maisons devait être marqué du sang de l'agneau, pour dire que le front doit être marqué du signe de la croix; il devait être rôti, car l'Evangile et la parole du Christ est la nourriture des forts; il était défendu de le faire cuire à l'eau, parce que cette même parole ne devait subir aucune altération, par le mélange d'une interprétation subtile. On ne doit rien jeter, parce que tout est bon et précieux dans le Christ. On ne doit pas briser ses os, parce que le Christ ne peut pas être brisé ni vaincu. Tout ce qui reste de l'agneau doit être jeté au feu, c'est-à-dire que s'il y a des choses qu'on ne comprend pas, il faut les abandonner à la science divine du Christ, et s'appliquer à se nourrir de ce qui est à notre portée dans la parole de Dieu. Il faut être debout pour manger l'agneau, et par là on montre que le disciple de l'Evangile ne doit pas tomber, ni se prosterner devant les exigences, mais rester ferme et fort contre les persécutions, comme un homme droit et inflexible. Il faut ceindre ses reins comme signe de la continence évangélique, parce que la ceinture lie et serre les reins, qui sont le siège des passions; vous avez le bâton à la main, c'est-à-dire, il faut s'appuyer sur le Saint-Esprit; vous avez les pieds chaussés, pour quitter le chemin glissant de l'erreur, et marcher dans la route de la foi évangélique, qui est solide comme une forteresse de diamant et ferme comme la vérité. Il faut se hâter, car la foi se prouve par l'ardeur de l'empressement, comme la tiédeur et la négligence provoquent le dégoût et le vomissement. Il faut manger l'agneau avec des pains azymes, car le Christ doit être reçu avec un cœur pur, simple et innocent. Il faut y ajouter des laitues amères, car cette pâque est devenue une source de cruelles amertumes pour la condamnation des Juifs. Il fallait être circoncis, c'est-à-dire que le corps sacré du Christ ne peut être donné en nourriture qu'à ceux qui sont purifiés et lavés dans le bain de la miséricorde céleste. Ainsi, ce qui était figure chez les Israélites, est devenu pour nous la force de la réalité. Ils avaient l'image, nous avons la vérité. Leur pâque était une imitation, comme toute leur histoire était une ressemblance; les seuls disciples du Christ devaient célébrer la véritable pâque. Il ne s'agit pas d'interroger le cœur et les entrailles des victimes; mais il faut que la vertu s'attache à purifier l'âme, en déracinant les vices qui s'y cachent profondément; voilà le moyen d'arriver au ciel sur le navire du sa-

---

justis, id est ovibus, et ex peccatoribus, id est hœdis secundum carnem nascitur, hic est solus agnus ille qui quæritur, quique dum non amplius quam semel occiditur, non amplius secundum veritatem quam semel celebratum illud perfectum pascha monstratur. Figuram igitur, ut diximus, tunc temporis fuerunt : nam agnus eligitur, ut simplicitas et innocentia designetur (*Exod.*, XII); masculus quæritur, ut virtus comprobetur; immaculatus, ut sine crimine; anniculus, ut exacto prædicationis tempore; perfectus, ut instructus omni virtutum genere; mense primo, ut totus annus a primordio proprio consecretur; quartadecima die mensis, ut lumine veritatis impleto, erroris nox operiatur; ad vesperam, ut sæculi occasus imminens approbetur; ejecto fermento, ut a corde perversæ mentis malitiæ corruptio tollatur; oblitis sanguine liminibus domorum, ut figura Dominicæ passionis fronte signetur; igne assus, est enim Evangelium et sermo Christi robustus cibus; nec in aqua madidus, non est enim delicatæ interpretationis humido languore solvendus. Nihil prætermittitur, nihil enim in Christo omnino reprobatur. Ossa non conteruntur, quia nec comminui, id est, vinci in quoquam Christus potest. Quidquid superest, divinis ignibus imponitur; id est, quæ quis capere non potest, Christi divinæ scientiæ remittitur, eorum tantum quæ manifesta sunt, pro viribus (*a*) epulator intentus. Nam et quod stantes edunt, forma est, ne quis cadat, aut ne quis se in Evangelio ad necessitatem prosternat; sed (*b*) vigentis animi robore contra persecutionum prælia invictus, id est, sublimis et erectus assistat. Nam quod succinctis lumbis, Evangelicæ signum est continentiæ, dum locus seminum coercetur et constringitur : additis baculis, Spiritu sancto, quo quis nititur : pedibus calceatis, id est, lubrico erroris ejecto, dum (*c*) provectione ad fidem cœlestium quasi ferratis præsidiis in Evangelio cuncta sunt fixa, firmissima veritate solidata. Festinantes etiam : ferventes enim fide probantur, tepidi et negligentes respuuntur et evomuntur. Cum azymis sumuntur : Christus enim cum omni simplicis animi pura simplicitate sumitur. Cum (*d*) picridiis : hoc pascha in Judæorum damnationem acerbissimas amaritudines cessit. Non nisi circumcisis dabatur : purgatis enim solis et lavacro indulgentiæ cœlestis expiatos percipiendi Christi corporis (*e*) sacrati cibi, facultas porrigitur. Ita quæ figurata in Israelitis fuerant, in nobis corroborata sunt; et quæ illis imagines, in nobis ipsæ sunt veritates. Imitabantur illi facere pascha, dum in similitudinibus exercerentur, solis discipulis Christi verum pascha facturis.

Non ii qui pecudum pertractant corque jecurque,
Sed quorum emundat prudens præcordia virtus,

(*a*) Editi, al. *epulatur*. — (*b*) Editi, al. *ingentis*. — (*c*) Ms. et Er. *probatione*. — (*d*) Picridim sunt olera amara, lactucæ agrestes. — (*e*) Ms. et Er. *Christi corporis sacramento cibi*.

lut; voilà le moyen de traverser l'air d'un vol rapide et joyeux.

III. *Sur la question du destin et de la fortune.* — J'ai remarqué, lorsque j'étais auprès de vous, que votre esprit était vivement préoccupé; et vos lettres, qui me sont très-agréables, me confirment encore dans cette idée. C'est pourquoi je vous dois une longue réponse (1), etc. Toutefois, je serai bien heureux que votre charité ne se fasse pas faute de me le rappeler, et je vous serai surtout reconnaissant de me dire ce que vous pensez de cette lettre.

IV. *Les prodiges de la magie.* — Il ne faut pas s'étonner que la magie opère des prodiges semblables aux miracles que font les serviteurs de Dieu. Ainsi, il est écrit dans l'Exode que les mages de Pharaon firent des prodiges comme Moïse. (*Exod.*, VIII.) Il ne faut donc pas s'en étonner; car on peut croire, sans absurdité, que les puissances inférieures de l'air sont capables d'opérer des choses extraordinaires pour frapper les yeux. Il y a cette différence, c'est que les prodiges des saints se font au nom de Dieu, souverain maître de toute chose, et par un commandement spécial qui est fait à la créature inférieure, tandis que les méchants, quand ils opèrent des prodiges au moyen de la magie, agissent en leur nom, quoique avec l'aide du démon. Or, ceux que le démon exauce ainsi, pour les tromper, méritent de l'être, et ce qu'ils croient posséder comme un privilége devient leur châtiment, puisque le démon ne leur fait apparaître quelques prodiges, en particulier, que pour les tenir sous sa domination : la divine Providence le permettant ainsi, et voulant que chacun soit traité suivant son mérite.

V. *Des cent cinquante-trois poissons.* — Ce nombre, s'il est examiné et considéré dans ses parties, peut se rapporter à la sainteté de l'Eglise, etc. (2), d'où les pécheurs, qui appartiennent à la gauche, sont exclus.

VI. *En quoi l'homme est supérieur à la bête.* — Personne ne doute que l'homme ne soit composé d'une âme et d'un corps; de sorte que l'âme est cette puissance qui anime le corps, et qu'il y a dans l'homme deux substances : l'une qui est supérieure à l'autre; l'une qui domine, l'autre qui obéit. Mais il y a aussi deux parties à considérer dans l'âme : l'une qui aime les choses divines, les comprend et communique avec la raison, ce qui fait qu'on l'appelle raisonnable; l'autre qui s'attache aux choses sensibles, vivant comme les animaux et ne suivant pas la raison. Et, ici encore, il faut remarquer dans l'âme deux dispositions : l'une de répugnance, par laquelle elle repousse les choses contraires; l'autre de convenance, par laquelle elle recherche les choses qui lui plaisent, comme font aussi les animaux; la chose est indubitable. D'après ces observations, il est évident que l'homme, composé d'une âme et d'un corps, se présente aussi à nos regards sous le rapport de ces fonctions diverses. La partie qui préside à tout l'ensemble, c'est la partie raisonnable, qui met son bonheur dans la force et la puissance du Créateur, sachant qu'elle n'est rien par elle-même, mais qu'elle doit tout à la bonté de Dieu, même d'être une âme comme elle est. Se mettant ainsi à sa place, elle gouverne la partie

(1) Voir Epître 246e de saint Augustin, *à Lampadius.* — (2) Voir la 57e question dans les LXXXIII *Quest.*, tom. XXI, de cette édition.

Excludens positam subter labem vitiorum,
Remigio poterunt cœlum penetrare secundo,
Æthera jam vacuum lætis transcurrere pennis.

III. *De quæstione fati et fortunæ.* — Quia tuum animum non leviter moveri, et cum præsens essem adverti, et nunc tuis litteris gratius certiusque cognovi, rescriptum tibi non parvi voluminis debeo : etc. ...... Ero tamen alacrior si et sæpe commemorare me litteris tuam non pigeat caritatem, et quid de hac epistola sentias, rescripto edocueris.

IV. *De miraculis magicis.* — Non oportet moveri, cum magicis artibus miracula fiunt plerumque similia miraculis quæ fiunt per sanctos Dei servos : sicut scriptum est in Exodo, quod magi Pharaonis fecerunt nonnulla similiter sicut fecit Moyses. (*Exod.*, VIII.) Non ergo hæc oportet mirari : quia omnia quæ visibiliter fiunt, etiam per inferiores potestates aeris hujus non absurde fieri posse creduntur. Sed hoc interest, quod cum sancti talia faciant, in nomine Dei Domini omnium rerum de sublimioribus apparatibus jubetur inferiori creaturæ; cum autem mali homines magicis artibus operantur similia, in manus suas dantur, cum exaudiuntur a dæmonibus. Digni sunt enim qui tali exauditione decipiantur, ut pœna illis fiat hoc quod videntur impetrare beneficium, cum eis exhibent quasi privatim aeriæ potestates quædam miracula, ut eos habeant subjugatos, permissu tamen (*a*) divinæ providentiæ, ut pro meritis animarum sua cuique tribuantur.

V. *De centum et quinquaginta tribus piscibus.* — Potest etiam si numerus iste consideretur, occurrere ad Ecclesiæ sanctitatem, etc. ...... ubi peccatores, qui ad sinistram pertinent, non inveniuntur.

VI. *In quo melior sit homo bellius.* — Hominem ex anima et corpore constare nulli dubium est, ita ut anima sit vis quædam qua corpus vivificatur; et sint duo, ita ut unum altero sit præstantius, illud dominetur, hoc serviat. Sed rursus in eadem anima duo quædam videntur : unum quod amans divina, intelligit et participat rationi, ac dicatur rationale : alterum quod sensibilibus fruens, bellius communicat, ac sit irrationale. Quod rursus in duobus animadvertendum est, quorum unum est quo resistere appetit (*b*) obsistentibus, alterum quo adipisci congruentia, quod et bellua facere manifestum est. Quibus collectis, apparebit hominem constare ex anima quidem et corpore, sed officiis hac partitione diversis. In autem omnibus præsidet illa prima et rationi vicina pars, quæ cum sese suaque, vi ac potentia fabricatoris, non per se, quia ipsa ex se nihil est, sed per benignitatem Dei per quam anima est, fuerit delectata, naturæ inferiorem in se partem frenando, atque a rebus

(*a*) Ms. divino, omissa voce *providentiæ.* — (*b*) Lov. *subsistentibus.*

inférieure de la nature qui lui est subordonnée, l'empêchant d'aller s'abîmer dans l'amour des choses temporelles, et veillant du reste à éloigner les douleurs, l'indigence, les maladies, faisant tout servir à son propre bonheur, tout en contribuant largement à la satisfaction des autres parties, du moment qu'elle maintient fermement les règles de la justice et qu'elle gouverne selon son droit et sa nature supérieure. Si, au contraire, elle descend dans les régions de la nature inférieure, pour y trouver des conditions de vie heureuse; si elle s'attache aux choses temporelles, en quittant le sceptre pour se faire esclave, et abdiquant le commandement pour se soumettre à la partie inférieure, elle sera jugée et condamnée finalement à subir un châtiment terrible, puisque les créatures elles-mêmes qu'elle aura aimées plus que Dieu l'abandonneront. Si elle comprend son malheur, elle ne manquera pas de se tourner vers les choses d'en-haut, de rentrer en elle-même et de se livrer tout entière à la bonté de Dieu, pour reprendre la ressemblance de son Créateur, redevenir heureuse, et conserver la divine image dont elle porte l'empreinte. Car il est écrit : « Dieu a fait l'homme à son image. » (Gen., I, 27.) Et l'apôtre saint Jean nous dit que nous reprendrons cette image dans la vision béatifique. « Mes bien-aimés, dit-il, nous sommes les enfants de Dieu, et il ne nous est pas encore donné d'être ce que nous serons; nous savons que quand il nous apparaîtra, nous serons semblables à lui, parce que nous le verrons tel qu'il est. » (I Jean, III, 2.) Les diverses fonctions de l'âme sont indiquées dans ces paroles de l'Evangile : « Vous aimerez le Seigneur votre Dieu de tout votre cœur, de toute votre âme, et de tout votre esprit; » (Matth., XXII, 37) et aussi dans ce passage de saint Paul : « Que le Seigneur sauve votre esprit, votre âme et votre corps. » (I Thess., v, 23.) L'homme ne l'emporte donc sur les animaux que parce qu'il est une âme intelligente; et il s'élève au-dessus des autres hommes lorsque, comprenant Dieu, il ne se laisse pas corrompre par la vanité pour s'attacher aux choses temporelles. C'est donc avec une grande vérité que l'Ecriture nous dit : « Gardez-vous d'être comme le cheval et le mulet, qui n'ont pas l'intelligence. » (Psal. XXXI, 9.) Elle dit encore : « Celui qui se glorifie, doit se glorifier dans le Seigneur, » (I Cor., 1, 31) parce qu'il comprend que je suis le Seigneur. Puis elle ajoute : « Vanité des vanités, et tout est vanité. Quel fruit l'homme retire-t-il de son travail, de ce travail pénible qu'il fait sous le soleil? » (Eccles., I, 2.)

VII. *De la résurrection du corps.* — Outre qu'il est juste de croire que rien n'est impossible à Dieu, on peut aussi établir par le raisonnement, que la résurrection de notre corps n'est point contraire aux lois de la nature. Toute la nature corporelle qui, sous le nom de ciel et de terre, compose le monde sensible, existe d'une certaine manière. Or, tout ce qui existe d'une certaine manière, en dehors de l'Etre souverain, participe en quelque chose, suivant le degré de son importance, au mode qui appartient à l'Etre souverain, accomplissant, sous la forme qui lui est donnée, les changements réguliers de l'existence. Le corps ne peut pas exister sans être corps. Car s'il n'était plus corps, ou il ne serait plus rien, ou il serait quelque chose de meilleur; mais il ne peut pas n'être plus rien, tant que subsiste le mode impérissable qui vient de l'Etre souverain; il ne peut non plus devenir quelque chose de meilleur, parce que l'univers sensible a son mode d'existence qui ne varie pas; le nombre des êtres incorporels n'a pas besoin d'être

temporalibus abducendo, liberat dolorum egestate, indigentiæ difficultate, morborum molestiis, atque in sua bona benefica largitione reducit, ut justitiæ in ea firmitas maneat, regnando secundum suam naturam et vicienti præstando : cujus servientis si vita fuerit delectata, et hæc temporalia dilexerit, non dominans, sed serviens, et non præstans inferiori, sed ei obsequens, judicabitur, ad extremum graviores pœnas expertura, deserta iis omnibus quæ adversum Dei præcepta dilexit : recurrendo autem ad superna, ac se totam Dei beneficiis resumendo, erit similis ei a quo facta est, et erit beata, habens ejus similitudinem ad quam facta est. Sic enim scriptum est : « Et fecit Deus hominem ad imaginem Dei. » (Gen., I, 27.) Quam nos ipso intuitu recepturos esse sic dicitur per Joannem apostolum : « Carissimi, filii Dei sumus, et nondum apparuit quid erimus; scimus quia cum apparuerit, similes ei erimus, quoniam videbimus eum sicuti est. » (I Joan., III, 2.) De distributione autem animæ dictum est : «Diliges Dominum Deum tuum ex toto corde tuo, et ex tota anima tua, et ex tota mente tua. » (Matth., XXII, 37.) Et apostolus Paulus sic ait : « Salvum faciat Dominus spiritum vestrum, animam et corpus. » (I Thes., v, 23.) Quapropter nihil bellius homo præstat, nisi quod intellectualis anima est : ipsis autem hominibus cæteris præstat, cum intelligit Deum, neque temporalia bona perversus vanitate sectatur. Nam et illud verissime dictum est : « Nolite esse sicut equus et mulus, non habentes intellectum. » (Psal. XXXI, 9.) Et illud : « Qui gloriatur, in Domino glorietur : » (I Cor., 1, 31) sic intelligit, quia ego sum Dominus. Et illud : « Vanitas vanitatum et omnia vanitas. Quæ abundantia homini in omni labore suo, quem ipse laborat sub sole ? » (Eccle., 1, 2.)

VII. *De corporis resurrectione.* — Excepto eo quod omni fide dignum est, nihil Deum non posse, tali etiam ratiocinatione colligi potest, non esse contra naturam ut resurgat hoc corpus. Universum corpus, quod etiam hujus mundi sensibilis cœli et terræ nomine significatur, est aliquo modo. Omne autem quod est aliquo modo, neque tamen summo modo, ejus speciei participatione est, in quantumcumque est, quæ summo modo est; qua, cum tenetur, ordinatas quasque commutationes pati potest. Non autem esse omnino corpus non potest. Si enim omnino corpus non erit, aut nihil erit, aut aliquid melius : sed nihil esse non sinitur, obtinente specie quæ semper manet et vere summeque est : melius autem aliquid esse quam corpus non potest; quia et corporis universi certus est modus, et eorum quæ incorporea facta sunt, numerus augeri non indiget ; et non est opus aliquam novam naturam fieri, quasi aut non omnia facta

augmenté, et, de plus, il n'est pas nécessaire de donner naissance à un nouvel ordre de créatures, comme si tout n'avait pas été créé, ou qu'il fallût remplacer une espèce qui se serait perdue. Nous savons, au contraire, que tout a été créé dans un état parfait, et que la Providence gouverne le monde sensible en maintenant les espèces, et conservant un certain ordre invariable au milieu des variations continuelles, sans qu'un être sorte de son espèce ou perde son mode propre d'existence. C'est pourquoi un corps se modifie d'une façon ou d'une autre, sans cesser d'être corps; et ainsi la nature universelle est toujours la même, quoique pour nos sens les êtres semblent disparaître et tomber dans le néant. Il n'est donc pas étonnant, que notre corps reprenne un jour son mode d'existence, tel qu'il le possède en cette vie, ou même que son sort soit amélioré, puisque cette destruction qu'on appelle la mort, n'est qu'une séparation des parties qui se dispersent, et non pas un anéantissement.

VIII. *De la foi, de l'espérance et de la charité*. — La foi, sans l'espérance et la charité, dirait : Je crois comme vérité tout ce que vous me promettez; mais je ne puis l'obtenir, et je ne le veux pas. La foi sans l'espérance, mais avec la charité, tiendrait ce langage : Je crois comme vrai tout ce que vous me promettez, je désire l'obtenir, mais je ne le puis pas. La foi avec l'espérance, sans la charité, dirait : Je crois tout ce que vous promettez, je puis l'obtenir si je veux, mais je ne le veux pas. La charité, sans l'espérance et la foi, c'est comme si l'on disait qu'on désire vivement obtenir la vie éternelle sans les jouissances corporelles, mais qu'on ne croit pas à l'existence de cette autre vie, et que si elle existe, on ne pourra pas y parvenir. La charité est unie à la foi, mais sans l'espérance, quand on dit qu'on désire la vie éternelle et qu'on y croit, mais qu'il n'est pas possible d'y arriver. L'espérance est toujours unie à la foi, et je ne vois pas comment on pourrait espérer sans croire, car personne n'espère obtenir ce qu'il ne croit pas exister. Il faut donc que notre âme réunisse ces trois vertus, la foi, l'espérance et la charité, afin de croire comme vrai tout ce que Dieu promet, d'espérer qu'on pourra l'obtenir, et de s'y attacher de tout son cœur.

IX. *La philosophie se divise en trois parties*. — La philosophie se divise en trois parties; il y a la philosophie morale, la philosophie naturelle et la philosophie rationnelle. La philosophie morale a deux parties, la science et l'administration. La science comprend deux choses, l'exhortation et l'exposition des biens et des maux. L'administration comprend aussi deux choses, le devoir et la fin; le devoir, c'est ce que nous sommes obligés de faire; la fin, c'est le but auquel nous rapportons ce que nous faisons de bien, comme dernière fin. La philosophie naturelle se divise en deux parties, corporelle et incorporelle. La partie corporelle comprend cinq aspects différents, l'agent qui fait une chose, la matière qui sert à la chose, le mouvement par lequel elle s'exécute, la cause pour laquelle il fait cette chose, et l'effet qui est la chose faite. La partie incorporelle présente quatre aspects : le lieu, qui n'est pas un corps, mais l'espace occupé par un corps; le temps, les extrémités qui ne sont pas des corps, puisqu'elles n'ont aucune solidité ; les idées, qu'on exprime par la parole; car ces images que nous concevons dans notre esprit, pour les exprimer par la parole, ne sont pas des corps, la parole n'étant qu'une image de l'objet imprimé dans notre esprit. La philosophie rationnelle comprend trois parties : la direction, qui consiste dans la per-

---

fuerint, aut in locum alicujus quæ perierit alia substituenda sit; cum et perfecte facta sint omnia, et ea gubernentur providentia secundum speciem semper manentem, ut ordinatæ mutabilitati, et per hoc in mutantis quamdam manentiam cedat natura sensibilis, atque ita in suo genere teneatur, modumque proprium custodiat. Ex quo fit ut corpus omne aliter atque aliter sit, corpus tamen esse non desinat : ita universæ naturæ salva sunt omnia, quæ sensibus nostris discedunt et interire penitus existimantur. Unde non mirum est, si hoc corpus modum istum suum, quo nunc est, in quantum est, recipiat, aut meliorem aliquem sortiatur ; cum is qui vocatur interitus, discessio in alios modos sit, non omnino peremptio.

VIII. *De fide, spe et caritate*. — Fides sine spe et caritate est, si dicas : Credo vera esse ad quæ me vocas ; sed ego ea capere non possum, nec volo. Fides sine spe cum caritate est, si dicas : Credo vera esse ad quæ me vocas, et volo ea consequi ; sed non possum. Fides cum spe sine caritate est, si dicas : Credo vera esse ad quæ me vocas, et ea possum assequi si velim ; sed nolo. Caritas sine spe et fide est, si quis dicat, vehementer se velle sine illecebris corporis sui vivere in æternum, sed neque credere esse vitam æternam, nec si sit, eam se posse assequi. Cum fide sine spe caritas est, si et desiderare se vitam æternam, et credere esse quis dicat ; sed se posse assequi neget. Spes autem sine fide quomodo esse possit, non invenio. Nemo enim sperat se posse assequi, quod esse non credit. Oportet ergo inesse animo omnia tria, fidem, spem et caritatem, ut et credat vera esse ad quæ vocatur, et speret se posse assequi, et omnino ea diligat.

IX. *Quod philosophia in tres partes dividitur*. — Philosophia in tres partes dividitur, moralem, naturalem, rationalem. Moralis in duas, scientiam et administrationem. Scientia in duas, hortationem et tractationem bonorum et malorum. Administratio in duas, officium et finem : officium quod facere debemus, finem ad quod referimus omnia quæ recte facinimus, ipsum autem ad nihil aliud refertur. Naturalis distribuitur in duas partes, corporea et incorporea. Corporeorum divisio quinquepertita est : in causam, quæ aliquid facit : materiam, unde facit : motum, per quod facit ; causationem, quare facit : effectum, quod facit. Incorporeorum quadripertita est : in locum; locus enim non est corpus, sed spatium quod obtinetur a corpore : in tempus : in extremitates; extremitates enim corporum non sunt corpora, quia non habent crassitudinem : in dicibilia; dicibilia enim quæ concipimus animo ut enuntiemus verbis, non sunt corpora. Sane tunc dicuntur dicibilia,

ception des sens, et qu'on appelle le sujet; la définition, par laquelle nous définissons la nature de l'objet; la discussion, par laquelle nous raisonnons pour tirer une conclusion d'un argument.

X. *Quel était l'état d'Adam avant le péché.* — Avant son péché, Adam était une âme raisonnable, parfaite et heureuse; ayant un corps, mais un corps non fragile et mortel, comme celui que nous avons maintenant; un corps digne d'une telle âme, qui n'avait pas encore, par une volonté dépravée, corrompu en elle la ressemblance de Dieu; un corps comme nous l'aurons après la résurrection, lorsque cette âme aura rétabli, par une sainteté parfaite, cette ressemblance défigurée. Mais, après le péché, l'âme raisonnable a été corrompue par la convoitise, et son corps est devenu ce que nous sommes.

XI. *Le péché de l'homme.* — Nous cherchons comment l'homme a pu pécher avec son libre arbitre, lorsqu'il n'était poussé par aucune nécessité ni aucune convoitise. Il me semble qu'il faut attribuer cette chute à l'influence de la matière. Et pourtant il s'agit ici de l'œuvre de Dieu, de la perfection de Dieu, qui a fait l'homme si grand et si sublime. Et, malgré tous nos raisonnements, il nous est bien difficile de croire que Dieu, désespérant de la matière, et par un dessein de plus grande sagesse, aurait donné à l'homme le libre arbitre, pour n'être point responsable du péché que l'homme pourrait commettre.

XII. *Ce qui est par soi-même ne saurait être comparé aux autres êtres.* — Ce qui existe souverainement s'appartient comme étant son principe et son être; mais ce qui n'existe pas d'une manière absolue a commencé par n'être rien, et a reçu l'existence de celui qui est l'Être absolu. La nature divine ne permet pas d'attribuer autre chose à Dieu, si ce n'est qu'il possède l'être par lui-même, c'est-à-dire tout ce qui est bien. Tout ce qui a rapport au péché et à la mort, appartient sans doute au domaine du non être; mettez-en la cause où vous voudrez, il est certain qu'elle n'est pas dans l'être absolu, ni dans tout autre être. L'auteur du mal n'est donc pas Dieu, ni aucun autre être créé de Dieu. Il ne peut donc venir que d'un principe directement opposé à celui qui est l'être absolu. Donc, si vous cherchez d'où vient le mal, vous ne trouvez d'autre cause que le néant.

XIII. *Choses communes à l'homme avec les autres créatures.* — Parmi les êtres animés, il y a d'abord ceux qui sont mortels, insensibles, privés de raison, comme les arbres et autres semblables, qui ont de commun avec l'homme de croître, de se reproduire, de se nourrir et de mourir. Il y a, en second lieu, les êtres qui sont mortels, privés de raison, sensibles, comme les animaux, qui ont de commun avec l'homme de croître, de se reproduire, de se nourrir, de mourir, de sentir, de rechercher, de fuir. En troisième lieu, il y a les êtres sensibles, raisonnables, mortels, comme les hommes. En quatrième lieu, il y a les êtres immortels, sensibles, raisonnables, comme les anges, avec lesquels nous avons de commun d'entendre, de sentir, de comprendre.

XIV. *Qu'est-ce que la volonté.* — La volonté est un mouvement libre de l'âme vers un objet que l'on tient à conserver, ou que l'on veut se procurer (1).

XV. *Trois sortes de vertus.* — Il y a trois sortes de vertus; d'abord les vertus civiles, pour se gouverner dans la société; les vertus purgatives, pour que l'âme se dépouille de ses vices, et enfin les vertus exemplaires, qui sont imprimées par Dieu dans l'âme con-

---

(1) Extrait du livre *des deux Âmes*, ch. x.

si ex rebus verbis animo impressa sunt. Rationalis distribuitur in tres partes : dirigentiam, quæ est in perceptione sensuum, vel ess-dicitur : definientiam, qua definimus quid sit : disserentiam, qua ratiocinamur argumentumque concludimus.

X. *In quo statu erat Adam ante quam peccaret.* — Ante quam peccasset Adam, anima erat rationalis, perfecta et beata : corpus habens, non quale nunc habemus fragile atque mortale, sed quale congruebat tali animæ, quæ nondum in se Dei similitudinem prava voluntate corruperat : quale nos quoque post resurrectionem habituri sumus, cum eadem anima eamdem similitudinem Dei perfecta sanctitate perceperit. Postea vero quam peccavit, facta est anima rationalis cupiditate corrupta, corpus habens quale in nobis nunc cernimus.

XI. *De casu peccantis.* — Casum peccantis ex arbitrio libero venientem, quem nulla inopia, neque cupiditas perurgebat, quærimus. Suspicari autem videor qualitate materiæ factum. Sed occurrit Dei opus, Dei perfectio, a quo talis ac tantus fieri meruit; et omnes nobis rationes confundit, ne Deus meliore consilio de illa desperans materia, ideo liberum arbitrium dederit, ut si peccatum obreperet, recte alienus a culpa esset.

XII. *Cavendum ne putetur quidquam esse verius quam omne quod est ex eo quod per se ipsum est.* — Et quod summe, cum ipso et de ipso est : quod autem non summe, cum ipso et summe est, de nihilo accipit ut sit. In hac ergo natura non potest recte Deo tribui, nisi quod in se habet esse, id est, omne ejus bonum. Quod autem ad peccata mortemque pertinet, sine dubio vergit ad non esse : hoc undecumque sit, non est certe ab eo quod summe est, nec ab eo quod aliquo modo est. Non est igitur nec a Deo nec ab aliquo opere Dei. Erit ergo ab eo quod est ei contrarium quod summe est. Quod ergo quæris unde sit, non est unde sit.

XIII. *Quid sit homini commune.* — Prima animalia mortalia, inscusualia, irrationabilia, ut arbores, et cætera, cum quibus est homini commune crescere, generare, ali, mori. Secunda mortalia, irrationabilia, sensualia, ut pecora, cum quibus est commune crescere, generare, ali, mori, sentire, appetere, fugere. Tertia sensualia, rationabilia, mortalia, ut homines. Quarta immortalia, sensualia, rationabilia, ut angeli, cum quibus est commune audire, sentire, intelligere.

XIV. *Voluntas quid.* — Voluntas est animi motus cogente nullo ad aliquid vel non amittendum, vel adipiscendum.

XV. *Tria genera virtutum.* — Primæ civiles politicorum : purgatoriæ, quibus exuitur anima a vitiis : exemplares, quæ jam contemplanti menti imprimuntur a

templative, où il vit tout entier, où il vit tout entier pour toujours, où il vit tout entier pour toujours et pour son bonheur. On appelle intelligibles les choses qui sont comprises. Dieu est intelligible parce qu'on le comprend. L'intelligence est cette faculté qui comprend par elle-même ; l'âme est intelligible parce qu'elle est comprise, et intellectuelle parce qu'elle comprend.

XVI. *De la beauté du monde.* — Ecoutez attentivement et sans prévention : je vais vous raconter les premières œuvres de la création. Vous dites que tout ce qui existe n'est pas bon, que tout cela n'a pas été fait, et que tous les êtres existent comme Dieu, d'une manière absolue, et qu'ils n'ont pas été créés. Je dis donc que le monde est bon, et qu'il se compose de quatre éléments principaux. Dans les régions supérieures, c'est le feu vif, léger, fluide, et à l'opposé. c'est la terre, qui est lourde, massive et inerte. L'élément inférieur a des qualités tout opposées à celles de l'élément supérieur ; mais entre les deux se placent l'air et l'eau, qui opèrent la transition et la conciliation, de manière à former un accord parfait. L'air fraternise avec le feu par sa légèreté et sa mobilité, et l'eau avec la terre par sa masse pesante. L'air et l'eau sont unis ensemble par un lien pesant et mobile ; mais l'air doit à la terre sa pesanteur, pour faire entendre la grande voix de ses tempêtes, comme l'eau doit au feu sa mobilité pour couler sur la terre. Ainsi les deux éléments intermédiaires se combinent avec les deux autres, qui leur sont contigus par les extrémités, et les parties les plus éloignées l'une de l'autre correspondent entre elles ; ainsi, de quatre éléments si divers se forme l'harmonie du monde. Ainsi, l'accord naît du désaccord, et l'union de la désunion.

Tout s'exécute dans le monde par des mouvements, qui se correspondent avec tant de précision, que les irrégularités partielles produisent un ensemble harmonieux. Je raconterai, suivant mon pouvoir, les productions des éléments, d'après leurs propriétés particulières ; veuillez me prêter une attention bienveillante. Ici encore vous pourrez remarquer que le monde vous offre le spectacle d'un accord merveilleux, et cet ordre indubitable vous fera croire à un ouvrier intelligent. Les quatre éléments, l'air, l'eau, le feu, la terre, renferment des êtres qui ont été créés d'après un plan providentiel, pour occuper la place qui convient à chacun, ayant leurs fonctions diverses et en même temps spéciales. Les êtres qui habitent l'élément supérieur et l'élément inférieur sont de deux sortes, les uns fixes, les autres mobiles. Voyez la terre, voyez les cieux. Toute plante, par ses racines, s'attache fortement à la terre ; et dans les hauteurs des cieux, vous voyez les astres tourner sur eux-mêmes sans quitter le poste qu'ils occupent. Sur la terre, tout ce qui est fait pour marcher va d'un lieu à un autre ; dans le ciel, les sept planètes portent leur globe lumineux dans la route invariable qui leur est tracée. Vous voyez nager dans les eaux et voler dans les airs les animaux qui sont faits pour ces deux éléments, et gardant au milieu des espaces, par un mouvement mesuré, un parfait équilibre. Les quatre éléments ont encore entre eux d'autres affinités qui produisent un double effet contraire ; remarquez-le ; je veux le montrer en quelques mots, et la chose n'est pas sans importance. Ainsi, le premier se mêle au troisième, le quatrième au second, et vous voyez des phénomènes opposés avec la puissance de chaque élément. Le feu, sec et brûlant, est

Deo, ubi totum vivit, ubi totum semper vivit, ubi totum semper beate vivit. Intelligibilia, quæ intelliguntur. Deus intelligibilis dicitur, quia intelligitur : intellectus, quia per se intelligit : anima intelligibilis, quia intelligitur ; intellectualis, quia et ipsa intelligit.
XVI. *De pulchritudine mundi.*
Modo si placet, auribus æquis atque mente pura
Operum accipe prima Dei : quæ tu negas bona esse,
Et clamas hæc fieri non debuisse cuncta :
Quoniam ut Deus omnia, summus summa, facta non sunt,
Elementa boni bona mundi prima quatuor sunt.
Levis ignis, acutus, et est qui mobilis superne.
Gravis huic obtusaque contra est atque pigra tellus.
Inimica igitur tria summis sunt tribus (*a*) quoque ima,
Duo quæ medio veniunt, aer, unda, nectunt
Extremis rursus amica quantum et ipsa secum.
Levitatem et mobilitatem cum igne jungit aer,
Obtusum pondus et infra jungit unda terris,
Hebes est et mobile vinclum, quo aura et unda inhærent.
Sed hebes quod loquitur alte, debet aura terris :
Quod mobilis influit (*b*) imum debet unda flammis.
Media extremis sibi sumunt (*c*) bina de propinquis,
Et de longe positis hæc singula occuparunt sibi.
Sic variis elementis quadratura iste mundus :
Sic est discordia concors, sic remota juncta.

Ita motibus omnibus hæc sunt rite temperata, ut
Imparibus numeris sit pulchritudo compar.
Quid quæque ferant elementa, et quid sibi apta gignant,
Referam ut valeo (*d*) numeris, tu benignus audi :
Ut in his quoque mundi firma lege veri
Ubi videris, ordine credas ista facta certo.
In quatuor his elementis, aura, aqua, igne, terra,
Animalia certa creantur, propriæ apta sedi,
Quæ habeant alios alia usus congruosque motus.
Gradientia fixaque, duplex quod genus videmus,
Animalia sunt elementis ultimis duobus.
Age jam ultima despice terræ, et confer ima summis :
Fixum radicibus hæret arbustum omne terris :
Fixa ut sublime rotantur sidera (*e*) alto cœlo firma.
(*f*) Hic vestigia fert quod repit omne terris :
Globus est ut cuique ita firmant gressum et astra septem.
Natat undis, et volat, auras ambiente motu,
Sursum deorsumque animantum quod petit vicissim.
Medio medium bene librans hinc et inde nisu.
Aliud quoque conveniens his quatuor vicissim
Contrarium inesse elementis qualitate duplex,
Paucis adverte, docebo : namque parva non sunt.
Ita primum tertio habetur, quartum ut est secundo :
Contraria in his volo cernas, vimque singulorum.
Calet ignis et aridus est, quod possidet superna :

(*a*) Ms. *quod.* — (*b*) Editi al. *unum.* — (*c*) Editi al. *bona.* — (*d*) Editi al. *numeros.* — (*e*) Ms. *alta.* — (*f*) Editi al. *His.*

le premier ; le troisième est l'eau froide et humide qui serpente sur la terre. Entre les deux se trouve placé l'air, qui se mélange de l'un et de l'autre ; sans rien emprunter à la terre, il se fusionne avec les deux autres éléments par les ressemblances de sa nature, quoiqu'il soit tout différent ; car il se charge d'eau pour donner la pluie, et il s'embrase des ardeurs du feu pour donner la chaleur. La terre se durcit avec ses eaux par le froid, et elle se dessèche sous les ardeurs du feu. Ainsi, les quatre saisons se succèdent avec une température différente, et forment l'harmonie de l'année ; l'hiver humide verse ses pluies en abondance, le froid glace et durcit les eaux. L'été sec et brûlant mûrit les fruits et dessèche tout. Le printemps emprunte à l'hiver et à l'été sa température agréable, et fait circuler un doux zéphir sous l'influence de la chaleur et de l'humidité. Vous voyez l'automne s'engourdir par le froid et se gercer par la sécheresse. C'est ainsi que nos corps offrent aussi la réunion des quatre éléments. Ces mêmes éléments président aussi au temps de la nuit et aux heures du jour. Voyez comme le feu brûle et dessèche au milieu du jour ; voyez aussi comme la rosée froide et humide se fait sentir au milieu de la nuit. La fin de la nuit est fraîche, mais déjà les premiers rayons du soleil viennent vous réchauffer, et vous avez ainsi la douce température du matin. La fin du jour est encore brûlante, mais déjà l'ombre arrive avec sa fraîcheur, et par la même loi de la fusion, vous avez une délicieuse soirée. Admirez donc ces merveilles. Les astres sont des flambeaux allumés dans le ciel ; le ciel, avec tous ses aspects, exécute des mouvements qui ne s'arrêtent jamais ; et au milieu des espaces se tient la terre immobile, avec sa masse imposante ; l'océan l'environne comme une ceinture de couleur verdoyante, les fleuves la sillonnent pour la fertiliser ; elle se baigne dans l'atmosphère, qui tantôt se charge de nuages, et tantôt est transparent comme le cristal. Admirez cette foule d'oiseaux au plumage si varié, si gracieux et si réjouissants par leurs chants et leurs mouvements ; cette multitude de poissons qui nagent dans les eaux avec cette variété d'espèces et cet éclat de couleurs, et ce peuple infini des animaux qui embellissent la terre ; admirez ces merveilles, et osez dire que vous ne voudriez pas exister. Ici, les corps sont emportés par un mouvement rapide, là il est lent ; là, il est régulier, ici, irrégulier ; ailleurs, les corps sont fixes et permanents. L'un est épais, l'autre délié ; l'un est grand, l'autre petit ; celui-ci est obscur, celui-là brillant ; l'un noir, l'autre lumineux. Les uns meurent, les autres naissent ; ceux-ci viennent, d'autres viendront. Le milieu touche aux extrémités, les extrémités au milieu, et tout se tient du haut en bas ; il y a donc là une harmonie qui suppose une loi supérieure, oui, je l'affirme, une loi véritable. Tous les êtres forment un concert mélodieux et un accord parfait ; tout être, tout ce qui veut exister entre dans ce concert. Admirez ces merveilles, et, si vous l'osez, dites que vous aimeriez mieux ne pas exister.

XVII. *L'expérience du mal nous fait mieux connaître le bien.* — On goûterait moins le bonheur, si on ne passait pas par l'épreuve du malheur. Vous pratiquez le bien avec moins d'ardeur, si vous n'avez qu'à obéir, que s'il faut lutter contre le mal. Il n'y a rien d'extraordinaire pour l'homme à voir tomber les arbres, les pierres, et mourir ceux qui sont mortels. Mais si l'artiste prend le bois ou la pierre pour faire un ouvrage plus beau que lui-même, dira-t-on qu'il a fa-

Præfrigida et humida serpit tertia unda.
Contravenit inter utrumque locatus, mixtus ex utroque,
Quarto contrarius aer, ultimo secundus,
Ambobus partim parilis, atque totus impar.
Nam humore liquescit (*a*) aquarum, fervet iguis æstu.
Capit undis terra rigorem, fitque sicca cœlo.
Vicibus variis ita totus quatuor sibimet
Per motiva tempora nexus temperatur annus.
Pluvialis hyems rigat undis, aqua (*b*) frigore arctat.
Maturat et omnia torret sicca et ignea æstas.
Ver temperiem sibi sumit (*c*) de hoc utroque gratam :
Tepidam igne et aqua tenet auram molliter fluentem.
Autumnus frigore torpet, siccitate hiulcat.
Sic corpora quatuor ex his nostra copulantur.
Spatium hæc quoque noctis, et horas temperant dierum.
Medium igne quod ardet et aret tempus hinc diei est.
Medium undis frigidum et humidum est tempus inde noctis.
Sunt extrema humida noctis, prima jam calet lux.
Hinc atque illinc tibi blandum mane temperatur :
Sunt ultima sicca diei, prima friget umbra :
Ex utroque accipe legem, et (*d*) temperare vesper.
Et tot res invide tales. Fulgida astra cœli,
Cœlum cœlique figuram perpetuesque motus,
Fixum in medio, quod et unum est pondus omne terræ.
Glaucum Oceanum mare, et amnes ungulæ (*e*) orbis almi,
Auras liquidas, modo densas, inde mox serenas :
Tot corpora pennipotentum, picta, grata, blanda,
Varium decus atque nitores adde tot natantum,
Tot terrigenis decoratum multiforme pulchrum :
Et tot res invide tales te esse nolle clama.
Rapidum tardo, et rata rota curreus, hac et hac vaganti :
(*f*) Statisque manentia : densis rara, magna parvis :
Obscuris (*g*) flammiferata, nigra luminosis :
Intercidentia natis, nata nascituris :
Medium extremis, medio illa, (*h*) et ima summis,
Concordant lege superna : lege dico veri :
Unum carmen modulantur concinnantque in unum :
Unum quoddam appetit, omne quidquid ambit esse.
Et tot res invide, si audes, te esse nolle clama.

XVII. *Quod notitia evidentior boni mali est experimentum.* — Item non esse bona dulcia, si non paterentur adversa. Item bonum quod obtemperando minus diligebat, ardentius diligit comparando. (*i*) Non erit magnus magnum putans si cadunt ligna, lapides, et moriuntur mortales. Quod si artifex de tali materia faciat aliquid quod melius illo est, nonne melius so ipso aliquid fabri-

(*a*) Ms. *liquescit quid aquarum.* — (*b*) Lov. *frigora.* — (*c*) Editi al. ex. — (*d*) Mss. *et temperari vespere.* — (*e*) Ms. *orbi alma*, Aura. — (*f*) Ms. *Æstatisque moventia.* — (*g*) Ms. *flammicerata.* — (*h*) Ms. *atque intus alta summis Concordat.* — (*i*) Possid., *in Vit Aug.*,
c. XXVIII.

çonné une œuvre qui lui soit supérieure? Pas du tout; car la matière ne peut jamais être, je ne dis pas supérieure, mais comparable à l'art. Ainsi, la matière est soumise à l'ouvrier; si elle lui est soumise, elle est donc au-dessous de lui.

XVIII. *Que veut dire le Prophète, en disant que le Seigneur a tout disposé avec mesure, nombre et poids?* — Par mesure, on peut entendre l'unité. Les nombres sont formés sur la mesure de l'unité, ainsi, par mesure, on peut entendre le Père, par nombre, le Fils, et le poids, ce sera le Saint-Esprit : car il est amour. On dit de celui qui aime qu'il est suspendu à l'amour, et celui qui est suspendu tend à arriver vers un autre objet. Ainsi, le nombre procédera de la mesure, et formera une continuation dans l'ordre. Pendre, ou être suspendu, vient de *pondere*, poids. L'ordre suppose un effort ou une tendance; par conséquent, l'ordre ne sera pas autre chose que le poids. Le poids sera la tendance vers un lieu; ce sera l'effort pour arriver à ce lieu vers lequel on tend; c'est pour cela que le poids se rapporte à l'ordre. Il est évident que cette lumière du soleil qui luit au firmament, est une substance et non une qualité; car la qualité réside dans les corps, et là où est le corps, là est la qualité. Le corps du soleil est dans le ciel, donc la qualité s'y trouve aussi. La qualité d'un corps, ce sera ou la figure, ou la couleur, ou la dureté, ou la mollesse de ce corps. Or, cette lumière du soleil qui se projette jusqu'à la terre est évidemment un corps; car elle passe d'un lieu à un autre. Et voilà deux corps qui sont immenses, la lumière du soleil et la terre. Or, la qualité ne quitte pas le corps qui est en mouvement, et elle reste toujours attachée à lui comme sa qualité. La lumière du soleil et l'air sont deux substances qui ont leur nature propre, demeurant ensemble sans se gêner ni se repousser mutuellement, se mêlant de telle sorte que l'une n'altère aucunement l'autre, et restant deux corps distincts. Mettez maintenant dans les mêmes rapports les êtres incorporels coexistants, comme la lumière et le feu, ou les êtres égaux, comme l'homme qui naît d'un autre homme; les êtres coexistants ont entre eux des rapports plus parfaits que les êtres non coexistants; les êtres égaux les ont plus parfaits aussi que les êtres non égaux. Donc, dans la nature divine, tous les rapports sont coexistants et coégaux. « Le principe est avec vous au jour de votre puissance, au milieu des splendeurs des saints; je vous ai engendré de mon sein avant l'aurore. » (*Psal.* CIX, 3.) Le souverain bien ne peut pas être infécond ni stérile. Or, ce qu'il engendre est égal à lui, et doit être un comme il est un. L'unité est le mode suprême de la génération; c'est pourquoi il est fils unique, pour pouvoir être égal à son principe. Le mode, c'est le terme ou la fin de chaque chose; mais qu'on ne s'imagine pas que le fils a dû engendrer à son tour; s'il en était ainsi, il n'y aurait pas de terme à la génération. Or, ce qui est modéré vaut mieux que ce qui est immodéré; c'est pourquoi l'égalité exige un terme de modération. Deux infinis peuvent ne faire qu'un, même dans les choses corporelles, comme l'air et la lumière qui se répandent dans les espaces, sans se gêner mutuellement. S'il en est ainsi dans les choses corporelles, combien plus dans les choses spirituelles? Dans le Seigneur, rien ne doit être sujet au changement. S'il a engendré dans le temps, il est changeant; car la qualité est dans les conditions de la substance. Or Salomon, dans le livre de la Sagesse, nous dit : « Toute sagesse vient de Dieu, qui est le souverain Maître; elle est toujours avec lui; elle

---

cavit? Nullo modo : quia non solum melior, sed ne par quidem arti potest esse materia. Sic enim materia est subjecta artifici : si subjecta est, inferior sit necesse est.

XVIII. *Quid est quod omnia mensura et numero et pondere disposuisse dicit propheta Dominum.* — Mensura unum potest intelligi. Numeri enim ab eo mensurantur : ut mensura possit Pater intelligi, et numerus ipse Filius, pondus Spiritus sanctus; amor est enim. Nam qui amat dicitur, pendet ab amore, et qui pendet ad aliquid venturus est. Erit namque numerus de mensura; et inde ipse ordo sequitur. A pondere dicitur pendet. Ad ordinem nisus pertinet. Ordo enim potest etiam et pondus accipi : pondus conatus esse potest ad locum, conatus vel conati ad locum appetitus occurrit : pondus ergo ad ordinem pertinet. Lucem istam solis substantiam esse, non qualitatem, manifestum est. Qualitas enim in corpore consistens est, et ubi est corpus, ibi qualitas. Corpus solis in cœlo, qualitas ergo ibi. Qualitas enim ut figura, ut color, ut duritia, ut mollities. Lux autem ista usque ad terras distenditur, et manifestum quia corpus : de loco enim in locum transit. Et ista sunt duo infinita, lux solis; et terra. Qualitas enim cum eo movetur, cujus est qualitas. Lucis ergo solis et aeris substantia naturas suas habentes, invicem sine aliqua angustia, vel sine expulsione alterius manentis, ita sibi commiscentur, ut una alteram non mutet ; et corpora sunt. Refers nunc ad incorporea cœva, ut lux, et ignis : æqualia, ut homo de homine : melius cœva, quam non cœva; melius æqualia, quam non æqualia. In illa ergo divinitatis natura et cœva et cœqualia. « Tecum principium in die virtutis tuæ, in splendoribus sanctorum, ex utero ante luciferum genui te. » (*Psal.* CIX, 3.) Summum bonum non est infecundum et sterile. Quod autem de illo genitum est, æquale illi est, in hoc maxime, ut unum de uno sit. Et est summus modus de generatione unum, unde unigenitum ut magis approbetur æquale. Modus, finis cujusque rei. Sed ne cuiquam videatur, quia et Filius debuit generare; si ita esset, nullus esset generandi finis. Moderatum autem immoderato melius est : propter æqualitatem magis finis est moderatus. Unum duo infinita esse possunt, et hæc corpora, ut aer et lux, quæ per locos distenduntur, et non se angustant. Si ita ergo in corporalibus, quanto magis in spiritalibus? In Domino nihil debet esse mutabile. Si ex (*a*) tempore genuit, mutabilis est : qualitas in substantia est mutabili. In sapientia Salomonis : « Omnis sapientia a Domino Deo est, et cum illo

---

(*a*) Editi *al. ex parte.*

LE LIVRE DES VINGT-ET-UNE SENTENCES.

existe avant les siècles. » (*Eccli.*, 1, 1.) Il dit encore : « La sagesse est comme la vapeur de la vertu de Dieu; elle est comme une émanation pure de sa toute-puissance. » (*Sag.*, VII, 25.) Il ajoute dans un autre endroit : « La source de la sagesse, c'est le Verbe de Dieu, dans la profondeur des cieux. » La raison qui sort de son principe s'appelle ou ne peut plus justement le verbe. La voix est quelque chose, le silence n'est rien. Si ce qui est un demeurait seul, il existerait en lui-même, il serait stérile et ne produirait rien ; mais parce que celui qui est un est bienfaisant, tendant à un acte en dehors de lui-même, il produit un autre lui-même. Telle est la génération de celui qui est unique, parce que celui qui produit existe, celui par qui il produit existe aussi, et ils sont deux pour produire. Un précède deux, et entre les deux il y a un point d'union ou d'ordre, ce qui fait trois, et c'est la trinité. Le Père est comme le pivot de toutes choses. Or, quoique immobile, comme pivot, il produit un mouvement qui est le Fils lui-même, son intelligence, et qui est un, communiquant la lumière à ceux qui en sont dignes, mais d'une manière différente. Car l'homme uni à la sagesse divine, dans l'incarnation, possède une intelligence d'autant plus divine, que son union est plus intime avec la divinité. Et quoiqu'il ne forme qu'un seul corps avec l'Église, cependant tous les membres n'ont pas le même degré de perfection. Autre chose est la perfection de l'œil, autre chose la perfection de la tête, autre chose la perfection de tout le corps. L'homme sortant de l'état du péché s'efforce de comprendre ; l'homme uni au Verbe incarné a la même intelligence que le Verbe. Jamais la main ne sera le pied, ni le pied ne sera l'œil ; ainsi l'homme ne sera jamais semblable à celui que s'est uni la sagesse de Dieu. On dit que Dieu est fini extrinsèquement jusqu'à l'âme, et intrinsèquement jusqu'à lui-même, parce qu'il contient tout en lui. Le corps, extrinsèquement, se termine au néant, et intrinsèquement, il est infini; car il est divisible à l'infini.

XIX. *Des idées.* — Toute transition d'un lieu à un autre se fait par une ligne ; car tout ce qui a de l'étendue se tient par la ligne, et tout corps ne forme un tout complet que par la ligne. Or, la ligne n'est pas le corps. Ainsi toute transition qui se fait dans l'âme, et qu'on appelle changement ou affection, et par laquelle elle est tantôt insensée, tantôt sage, s'opère par le moyen de certaines lignes, c'est-à-dire par des transitions, et l'âme elle-même n'est qu'une transition du néant à l'être. L'homme, s'il connaissait le vrai, serait presque un Dieu ; Dieu, s'il ne connaissait pas le vrai, serait presque, serait réellement semblable à une pierre. L'intelligence de l'homme doit être dirigée par un mouvement excellent et le plus parfait qui est le mouvement circulaire. Or, quel est pour l'esprit ce mouvement circulaire ? Ce mouvement parfait de l'esprit, c'est la pensée raisonnable, qui partant d'un principe dont elle cherche à s'assurer, parcourt le cercle de plusieurs arguments successifs et revient plus certaine à son point de départ. Les comparaisons sont aussi d'un bon effet pour l'intelligence, parce qu'elles produisent dans l'esprit un mouvement qui plaît. Elles enlèvent l'esprit à l'objet qui l'occupe, et l'y ramènent ensuite ; en l'enlevant à cet objet, elles l'empêchent de s'engourdir; en l'y ramenant, elles l'empêchent de se tromper. C'est pourquoi les anciens sages aimaient à représenter certaines idées sous le symbole des fables, afin que l'esprit portant son attention tantôt sur l'image, tantôt sur l'idée figurée, s'exerce à la discussion,

---

fuit semper, et est ante ævum. » (*Eccli.*, 1, 1.) Item in Salomone : « Vapor est enim virtutis Dei, et manatio quædam omnipotentis Dei sincera. » Iterum : « Fons sapientiæ verbum Dei in excelsis. » (*Sap.*, VII, 25.) Ratio procedens, recte dicitur verbum. Vox aliquid est, silentium nihil est. Unum si solum esset, in se esset, sterile esset, et nihil præstaret : sed quia benignum est, procedens ad aliquid faciendum, procedit in alterum sc. Ipsa est generatio Unici, quia qui facit est, et per quem facit est, et effecerunt duo. Unum enim antecedit duo : et his duobus est aliquis ordo, et fiunt tria, quæ Trinitas dicitur. Cardo dicitur omnium rerum, qui accipitur Pater. Cardo enim quanquam sit immobilis, tamen motum qui est ipse Filius intellectus, unus esse dicitur, quem omnes digni fruuntur, sed non omnes uniter. Nam homo susceptus a divina Sapientia, quanto divine susceptus est, tanto divinius intelligit. Nam quanquam unum sit corpus, tamen non eandem habent omnia membra sanitatem. Aliter dicitur sanitas oculi, aliter capitis, aliter cæteri corporis. Homo enim a peccato evadens conatur intelligere, ille autem susceptus ab eodem intellectu. Nunquam autem erit manus pes, aut pes oculus : sic et homo nunquam erit equalis quod illo qui susceptus est a Sapientia Dei. Deus dicitur finitus forinsecus usque ad animam, intrinsecus usque ad se : omnia enim in se continet. Anima autem finita est usque ad corpus, et usque ad Deum. Corpus etiam foris finitum est usque ad nihil, intrinsecus autem infinitum est : dividendo enim nunquam finitur.

XIX. *De ideis.*— Omnis transitus de loco in locum per lineam fit; quoniam omne latum linea sibi conjungitur, et omne corpus linea sibi conjungitur, quæ linea utique corpus non est : ita et omnis transitus in anima, id est, mutatio vel affectio, qua modo stulta, modo sapiens, per quasdam utique lineas, id est, per quosdam transitus medios fit, quomodo ipsa de nihilo facta est. Homo si verum sciat, pene Deus est : Deus si verum nesciat, non pene, sed bene lapis est. Mens autem hominis quam optimo motu ferri debet. Quo igitur circuitu movenda est? Est autem optimus mentis circuitus rationalis cogitatio, quæ ab eo quod quæritur profecta, per succedentium argumentorum circulum certior redit in locum. Ideoque etiam similitudines intellectui idoneæ sunt, quod per ipsum motum quem natura desiderat, animo exhibeantur. Nam quasi auferunt animos ab eo quod agitur, et illo iterum referunt : sed quod (f. auferunt) efferunt, contra pigritiem fit; quod referunt, contra errorem. Unde placuit etiam priscis sapientibus quasdam res imaginibus signare fabularum, ut cum ad eas fertur intentio, referturque ad id quod significari, motu suo mens etiam

tout en se jouant dans un mouvement agréable. Mais il faut prendre garde de mentir. Toute âme tourne au vent des affections variables ; elle est changeante même dans ses fonctions. Dieu seul est immuable ; les anges aussi sont immuables, quand ils remplissent le ministère qui leur est confié. Le ver naît d'un corps mort et dévore ce corps de mort ; il naît de la corruption et dévore la corruption. Tout change et se métamorphose en un clin d'œil, surtout le corps qui ne reste jamais dans le même état et subit toutes les vicissitudes du temps. Car tout être a ses âges de durée, de manière qu'une longue vie est comme une éternité, en comparaison d'une vie courte ; et les vivants eux-mêmes, en passant par différents âges, semblent passer par différentes phases de la mort, et le dernier coup de la mort, qui met fin à tout, n'est qu'une mort plus grande que les morts successives qui ont traversé la vie. Quand les montagnes s'écroulent ; quand les îles s'enfoncent dans la mer pour reparaître de nouveau, c'est la mort qui se joue dans l'univers ; et quand la fin du monde arrivera, ce sera la conflagration universelle. Il y a donc trois choses : l'être qui est un et immuable ; l'être qui est changeant comme le corps ; l'être qui tient le milieu comme l'âme, et qui peut être à la fois changeante et immuable. Mais après le dernier changement, le corps ne changera plus. Enfin la vraie et sincère liberté consistera pour vous à être bien, partout où vous serez. Il n'y a que Dieu qui ne manquera jamais à ceux qui mettent en lui seul leur bonheur. Dieu dans sa miséricorde paternelle, a formé pour eux les biens de la vie mortelle. Mais l'âme descend, au lieu de monter (1), lorsque poursuivant avec ardeur un objet qui lui plaît, elle se laisse entraîner fatalement vers les régions qui l'attirent ; et s'embarrassant de plus en plus dans cette voie où elle poursuit l'objet de ses désirs elle finit par dire : Je suis venue sans le vouloir où je ne voulais pas. C'est alors qu'elle revient par la grâce de Dieu. Il y a trois sortes de vertus ; d'abord les vertus civiles pour se gouverner dans la société (2), etc.

XX. *Sur le mal.* — Ceux qui connaissent le bien, le connaissent encore mieux par l'expérience du mal, surtout s'ils ont assez de force morale pour connaître la nature du mal, même avant d'en faire l'expérience. On ne goûterait pas toutes les douceurs du bien, si on ne connaissait pas les amertumes du mal. On aime le bien en lui-même, mais avec moins d'ardeur que par la comparaison avec le mal (3). Il n'y a rien d'extraordinaire pour l'homme, à voir tomber les arbres, les pierres, et à voir mourir ceux qui sont mortels. On demande si c'est selon le temps, ou selon l'excellence de sa nature que Dieu existe avant le temps. Il ne peut pas exister selon le temps avant tous les temps. Autrement il aurait commencé dans le temps à exister avant les temps ; et ce serait dire qu'il n'existe pas avant les temps, s'il a son origine dans le temps.

XXI. *Du libre arbitre.* — Suivant l'ordre de Dieu, nos actes émanent de notre volonté, parce que nous voulons ce que nous pouvons, quand il s'agit du bien. Le mal est en notre pouvoir, mais il ne doit pas être dans notre volonté. Le grand et le seul privilège du libre arbitre, c'est de vouloir pleinement le bien qu'on peut faire ; si vous ne pouvez pas faire le bien que vous voulez, tâchez de vouloir faire le bien que

(1) Voyez liv. IX, de la *Cité de Dieu*, chap. x.— (2) L'auteur répète ici ce qu'il a dit au n° 15.— (3) Répétition de ce qui est dit au n° 17.

---

cum ludit, exerceatur in disputatione. Prævidendum ne quis mentiatur. Omnis anima affectibus mutatur : nam et in officiis mutabilis est. Deus est enim solus immutabilis, et angeli : ergo semper immutabiles sunt, cum officia impendunt. Vermis de morte natus, et mortem consumens : de putredine natus, putredinem consumens. Omnia mutabilia etiam puncto temporis mutantur, et maxime corpora quæ penitus non manent, sed ætatibus sine intermissione moventur. Nam omnis res ætates suas habet, ut ad brevem ætatem ætas omnis major quasi æternitas sit : cum etiam adhuc viventes mortes quasdam patiantur ipsarum ætatum, et ultima mors major quodam modo mors sit, ut ipsa crementa ætatum mortes patiantur. Et montes cum ruunt, et insulæ cum ruunt et nascuntur, quasi mortes fiunt in universitate, ut ultima mors sit etiam mundo quæ dicitur conflagratio. Nam tria sunt : unum semper immutabile, ut Deus : semper mutabile, ut corpus : medium quoddam, ut anima, ut mutabilis esse possit, possit et immutabilis. Sed post commutationem corpus non mutatur. Ea demum vera et sincera libertas est, qua fit ut ubicumque sis, bene sit tibi. Deus autem est solus, nusquam absens ab eis quibus *(a)* solus voluptas est. Pater autem misericors mortalia illis vincula faciebat. Descensus animæ talis est, ut cum putat se aliquid appetere quod sibi prosit, ad alia huic rei necessaria trahatur : ac *(b)* si id quod volebat in multis impliceretur, et dicat : Præveni nolens *(c)* quod volebam : redit autem per gratiam Dei. Tria sunt genera virtutum : primæ civiles politicorum, etc.

XX. *De malo.* — Notitia enim evidentior boni, mali est experimentum iis quibus potentia interior est, ut per disciplinam malum ante experimentum sciant. Non essent bona dulcia, si non paterentur adversa. Item bonum quod observando minus diligebat, ardentius diligit comparando. Non erit magnus magnum putans, si cadunt ligna, lapides, et moriuntur mortales. Utrum secundum tempus, an secundum excellentiam Deus ante tempora. Non enim secundum tempus ante tempora : alioquin incipit tempore præcedere tempora, et non jam præcedit tempore illa præcedit.

XXI. *De libero arbitrio.* — Nos autem Deo jubente ea quæ volumus agimus, quoniam quæ possumus volumus, bona duntaxat. Nam mala in potestate sunt quæ in voluntate esse non debent. Idque est et plurimum et solum in libero arbitrio, plenissime velle omne quod recte agere possis : *(d)* si quod recte vis agere non potes, fac velis

(a) Lov. sola Potini dictum ex lib. IX, *de Civit. Dei*, c. x. — *(b)* Ms. ac si id quo volebat. — *(c)* Ms. quo nolebam. — *(d)* In Ms. al. marginem additur, *et nihil nolle quod vitare non possis.*

vous pouvez. Il est clair que le péché contre le Saint-Esprit n'est pas pardonné, puisqu'il est puni. Car l'homme qui pèche de la sorte, s'il en est contrit, punit son péché par la pénitence qu'il fait, et subit la peine qu'il a méritée. Ce péché n'est donc pas pardonné, puisqu'il est puni.

agere quod recte potes. Manifestum est in Spiritum sanctum peccantem veniam habere non posse, nam vindicatur. Cum enim affligitur, in ipsa pœnitentia punit factum, et solvit vindictam. Non ergo dimittitur, quia punitur.

AVERTISSEMENT SUR LE LIVRE SUIVANT

Ce livre se trouve dans les plus anciens exemplaires sous le titre d'*Orose qui interroge, et d'Augustin qui répond*. Mais là préface et les interrogations ne sont pas plus dans le style d'Orose, que le reste de l'ouvrage n'est dans le style de saint Augustin, excepté dans les citations. Ces questions réunies sont tirées de différents ouvrages. Les douze premières se trouvent dans l'opuscule *sur la Trinité et l'unité de Dieu*, qui figure dans le tome VIII de l'édition des Bénédictins, parmi les livres supposés. Plusieurs autres parmi les suivantes appartiennent aux commentaires publiés *sur la Genèse* sous le nom d'Eucher, d'autres en grand nombre sont extraites des livres de saint Augustin *sur la Genèse suivant la lettre*. Enfin le dialogue se termine par une pensée de saint Augustin citée de cette manière : « Voici, au sujet de ceux qui désirent dominer, comment s'exprime avec élégance un des Pères : Qu'on sache bien qu'on n'est pas évêque, quand on désire l'être pour être le premier, et non pour se dévouer. » Ce passage se trouve dans la *Cité de Dieu*, liv. XIX, chap. XIX, où nous lisons : « Il faut comprendre qu'on n'est pas évêque, quand on désire l'être pour être le premier, et non pour se dévouer. » Nous avons collationné cet ouvrage sur un manuscrit de l'abbaye de Corbeil qui a plus de huit cents ans ; sur ceux de Vienne et de Saint-Michel qui ont plus de six cents ans ; sur les quatre manuscrits romains de la bibliothèque Vaticane, et d'après les éditions les plus anciennes. Les manuscrits de Corbeil et de Saint-Michel ont pour titre : *Questions d'Orose et réponses de saint Augustin évêque*. Un des manuscrits romains porte en tête : *Dialogue du bienheureux Augustin, évêque, avec le prêtre Orose*.

ADMONITIO IN SUBSEQUENTEM LIBRUM

Exstat iste liber in vetustissimis exemplaribus sub titulo *Orosii percontantis et Augustini respondentis*. Verumtamen ut præfationis et interrogationum stylus dissidet ab Orosiana phrasi, ita reliquus sermo non convenit Augustino, nisi cum ipsius verba recitantur. Congestæ huc sunt quæstiones ex variis locis. Nam duodecim priores sunt in opusculo *de Trinitate et unitate Dei*, qui inter subdititios libros Tomi VIII exhibetur. Aliæ ex subsequentibus plures pertinent ad Commentarios *in Genesim* Eucherii nomine vulgatos. Non paucæ etiam ex Augustini libris *de Genesi* ad litteram decerptæ sunt. Ad extremum dialogus clauditur sententia Augustini citati in hæc verba : « Nam de eo qui præesse festinat, quidam Patrum eleganter expressit dicens : Sciat se non esse episcopum, qui præesse cupit, non prodesse. » Locus est lib. XIX *de Civitate Dei*, cap. xix. « Intelligat non se esse episcopum, qui præesse dilexerit, non prodesse. » Opus recognovimus ad Corbeiensem codicem ante annos fere octingentos scriptum ad Vindocinensem et Michaelinum annos habentes ad minus sexcentos, ad Romanos bibliothecæ Vaticanæ quatuor ; et ad editiones antiquiores. In Corbeiensi et Michaelino prænotatur sic : *Quæstiones Orosii et responsiones sancti Augustini episcopi*. In uno e Romanis : *Liber dialogorum beati Augustini episcopi percontante Orosio presbytero*. Nec multo aliter aliis in libris inscribitur.

DIALOGUE
SUR SOIXANTE-CINQ QUESTIONS

SOUS LE TITRE

D'OROSE QUI INTERROGE ET D'AUGUSTIN QUI RÉPOND

Plusieurs auteurs d'un mérite éprouvé ont écrit dans un style différent, mais dans un même sentiment de foi, des ouvrages innombrables qu'il est difficile de lire en totalité ; et parmi ceux qu'on lit, il en est qui sont écrits dans un style trop fleuri, et qui renferment des questions trop difficiles pour qu'on puisse les comprendre. En effet, pour atteindre à la hauteur de la divine Écriture, ils sont obligés de prendre une voie détournée, et quand il s'agit de les suivre, notre inexpérience se trouve dans le plus grand embarras. Il y a sans doute des hommes spirituels qui saisissent leur éloquence et leur pensée. Nous avons bien le même désir ; mais nous n'avons pas leur science pour pouvoir comprendre aussi bien qu'eux. C'est pourquoi je viens vous prier de répondre à mes questions, et de vouloir bien jeter un peu de lumière sur ce qui me paraît obscur.

QUESTION I. — Je vous demande d'abord si Dieu est Trinité, et si je désire savoir par quels témoignages vous le prouvez.

RÉPONSE. — Le principe dont parle la Genèse le montre évidemment ; car il est dit : « Dans le principe, Dieu créa le ciel et la terre. » (*Gen.*, I, 1.) Quel autre principe pouvons-nous entendre, si ce n'est le Fils ? Car les Juifs l'interrogeant sur ce qu'il est, il répond lui-même : « Je suis le Principe, et c'est moi qui vous parle. » (*Jean*, VIII, 25.) Donc le Principe, c'est le Fils. Dieu a donc créé par son Fils le ciel et la terre. « Tout a été fait par lui, dit saint Jean l'évangéliste, et rien n'a été fait sans lui. » (*Jean*, I, 3.) Il est évident qu'en disant Dieu, on nomme le Père, et qu'en disant le Principe, on veut nommer le Fils. Et après avoir dit : « Dans le principe, Dieu a créé le ciel et la terre, » l'écrivain sacré ajoute : « Et l'esprit de Dieu était porté sur les eaux. » Voilà la troisième personne dans la Trinité. Donc, si la Trinité n'existait pas, jamais Notre-Seigneur Jésus-Christ n'aurait dit à ses disciples : « Allez, baptisez toutes les nations au nom du Père, et du Fils, et du Saint-Esprit. » (*Matth.*, XXVIII, 19.) Jamais, lorsque le Seigneur fut baptisé par Jean dans le Jourdain, on n'aurait entendu cette voix du ciel qui disait : « Celui-ci est mon Fils bien-aimé, en qui j'ai mis toutes mes complaisances. » (*Matth.*, III, 17.) Jamais on n'aurait dit que le Saint-Esprit était descendu sur lui en forme de colombe pour s'y reposer. L'hérésie, la malheureuse hérésie de Sabellius, ou des Patripassionistes, me confond, et je ne puis comprendre un si grand

QUÆSTIONUM SEXAGINTA QUINQUE
DIALOGUS
SUB TITULO OROSII PERCONTANTIS ET AUGUSTINI RESPONDENTIS

Licet multi et probatissimi viri diverso quidem stylo, sed non diversa fide innumerabilia opuscula ediderint, ita ut difficile sit eorum omnia legere ; ea tamen quæ leguntur, propter eloquii venustatem et difficillimas quæstionum perplexitates, minime intelliguntur. Re vera enim, dum coguntur propter altitudinem Scripturæ divinæ occultam viam carpere, parvitati nostræ ambiguitatem non minimam reliquerunt. Sunt etiam plane spiritales viri, qui eorum assequuntur eloquium, et penetrant intellectum. Quorum nos dum concupiscentiis satisfacimus, præclaræ eorum scientiæ non æquamur, ut eas sicut illi intelligere valeamus. Quapropter quæso te, ut percontanti mihi respondeas, et quæ obscuritatem faciunt, elucidare digneris.

QUÆSTIO I. — In primis quæro a te, utrum Deus Trinitas sit, et quibus testimoniis approbes, nosse desidero.

RESP. — Principium Geneseos evidenter ostendit. Ait enim : « In principio fecit Deus cœlum et terram. » (*Gen.*, I, 1.) Quem alium principium intelligendum putabimus, nisi Filium ? Ipse enim de se ipso interrogantibus Judæis quis esset, respondit : « Principium quia et loquor vobis. » (*Joan.*, VIII, 25.) Ergo principium Filius. Per Filium fecit Deus cœlum et terram. « Omnia per ipsum facta sunt, » sicut Evangelista Joannes narrat, « et sine ipso factum est nihil. » (*Joan.*, I, 3.) Procul dubio in Dei nomine Pater, in principii nomine Filius intelligendus est. Profecto cum dixisset : « In principio fecit Deus cœlum et terram; » subsecutus adjunxit : « Et Spiritus Dei ferebatur super aquas : » qui tertia est in Trinitate persona. Igitur si Trinitas non esset, nunquam Dominus noster Jesus Christus diceret Discipulis suis : « Ite baptizate omnes gentes in nomine Patris et Filii et Spiritus sancti : » (*Matth.*, XXVIII, 19) nec baptizato Domino in Jordane a Joanne, vox de cœlo diceret : « Hic est filius meus dilectus, in quo mihi bene complacui. » (*Matth.*, III, 17) nec Spiritus sanctus in columbæ specie descendisse super eum et mansisse diceretur. Miror in-

aveuglement d'esprit, en présence de ces témoignages si clairs et si nets; car ils enseignent qu'il n'y a en Dieu qu'une seule personne, et que le Père est à la fois le Fils et le Saint-Esprit. Pour nous, loin de partager une pareille folie, nous comprenons, d'après les saintes Ecritures, qu'il y a eu Dieu trois personnes, le Père qui engendre, le Fils qui est engendré, et le Saint-Esprit; distincts et non différents, parce qu'ils sont un dans la même substance. Nous distinguons les personnes, mais nous ne séparons pas la divinité. Le Fils est donc Fils de Dieu par nature et non par adoption; car il est écrit : « Je vous ai engendré de mon sein avant l'aurore. » (*Ps.* cix, 3.) Non que Dieu le Père ait un sein comme nous, et qu'il faille lui attribuer un corps; mais le sein signifie la substance, dont le Fils est formé. Le Père engendre son égal; Dieu engendre un Dieu; la lumière engendre la lumière. C'est ainsi que l'homme engendre un homme, et qu'un chien engendre un chien. On n'a jamais vu qu'un homme ait engendré un chien. Le Père n'a donc pas tiré le Fils du néant, ni d'une autre substance; mais il l'a engendré de lui-même.

QUESTION II. — Je comprends la distinction des personnes, et au sujet de la personne du Fils, je comprends qu'il est engendré. Je voudrais savoir ce que vous pensez du Saint-Esprit; est-il engendré ou non engendré?

RÉPONSE. — La foi nous déclare que le Saint-Esprit n'est ni engendré, ni non engendré. Si nous disons qu'il est non engendré, nous semblerons dire qu'il y a deux pères. Si nous disons qu'il est engendré, on nous reprochera de dire qu'il y a deux fils. Or, ce que la foi tient comme indubitable, c'est que le Saint-Esprit n'est ni engendré, ni non engendré, mais il procède de l'un et de l'autre, c'est-à-dire, du Père et du Fils. Et pour le prouver, il suffit d'entendre cette parole que dit Notre-Seigneur à ses disciples : « Lorsque le consolateur, cet esprit de vérité qui procède du Père, que je vous enverrai de la part de mon Père, sera venu, il rendra témoignage de moi. » (*Jean*, xv, 26.) Nous voyons encore que Notre-Seigneur, après sa résurrection, pour montrer que le Saint-Esprit procède de lui-même comme du Père, souffle sur ses disciples, et leur dit : « Recevez le Saint-Esprit. » (*Jean*, xx, 22.) Il dit encore : « Je vous enverrai le Saint-Esprit, qui est la promesse de mon Père. » (*Luc*, xxiv, 49.) Donc il n'y a qu'un seul esprit du Père et du Fils, un seul qui soit l'Esprit des deux. Le Saint-Esprit est donc l'esprit du Père, selon cette parole de Notre-Seigneur et Sauveur à ses disciples : « Ce n'est plus vous qui parlez, mais l'esprit de mon Père qui parle en vous. » (*Matth.*, x, 20.) Il est aussi l'esprit du Fils, suivant ce témoignage de l'apôtre saint Paul : « Si quelqu'un n'a pas l'esprit de Jésus-Christ, il n'est pas non plus son disciple. » (*Rom.*, viii, 9.)

QUESTION III. — D'après les saintes Ecritures, nous voyons qu'au sujet des personnes divines, l'un est le Père, l'autre le Fils, l'autre le Saint-Esprit. Nous voyons aussi que le Fils est engendré, et que le Saint-Esprit procède. Mais je voudrais savoir si Dieu est Fils ou Saint-Esprit, ou s'il n'y a qu'une même substance et essence, que les Grecs appellent ὁμουσίαν.

felicem Sabellianam hæresim, hoc est, Patripassianorum, quod sic cæci sunt mente, ut tam præclara, tam aperta testimonia non attendant. Ipsi namque asserunt unam (a) esse persouam, id est, ipsum sibi Filium esse qui Pater est, et ipsum Spiritum sanctum. Sed nos cæcitatem ipsorum relinquentes, tres personas secundum Scripturas sanctas intelligamus, id est, alium esse Patrem qui genuit, alium Filium qui genitus est a Patre, alium Spiritum sanctum : non aliud, quia substantia unum sunt. Personas distinguimus, non deitatem separamus. Igitur Filius Dei natura est Filius, non adoptione. Sic enim scriptum est : « Ex utero, inquit, ante luciferum genui te. » (*Psal.* cix, 3.) Non quod Deus Pater uterum habeat sicut nos, aut corporeus esse credendus sit : sed per uterum substantiam intelligi voluit, de qua natus est Filius. Quod est Pater, hoc genuit : Deum Deum, lux lucem. Igitur sicut homo hominem, et canis canem gignit : nunquam autem visum est ut homo genuerit canem. Ac per hoc non de nihilo, neque de aliqua alia substantia, sed de se ipso Filium genuit.

QUÆST. II. — De personarum distinctione, vel de geniti Filii persona satisfactum mihi esse arbitror : nunc quæro quid credas de Spiritu sancto, utrum et ipse ingenitus sit, an genitus?

RESP. — Spiritum sanctum neque ingenitum, neque genitum fides certa declarat. Quia si dixerimus ingenitum, duos Patres affirmare videbimur. Si autem genitum, tunc duos Filios credere culpabimur. Sed quod certa fides tenet, nec ingenitus est, nec genitus, sed ab utroque procedens, id est, et a Patre et a Filio. Et ut hæc testimoniis approbem, ipsum Dominum nostrum Jesum Christum Discipulos suos audi docentem : « Cum autem venerit, inquit (*Joan.*, xv, 26), Paracletus quem ego mittam vobis a Patre Spiritum veritatis, qui a Patre procedit, ille testimonium perhibebit de me. » Et rursum ipse Dominus noster Jesus Christus, post resurrectionem suam, ut ostenderet a se procedere Spiritum sanctum sicut a Patre, insufflans in Discipulos suos ait : « Accipite Spiritum sanctum. » (*Joan.*, xx, 22.) Item : « Ego mittam promissum Patris mei in vos. » (*Luc.*, xxiv, 49.) Unus ergo Spiritus est Patris et Filii, unus amborum Spiritus. Igitur quod Patris sit Spiritus, ipse Dominus et Salvator noster Discipulis suis ait : « Non enim vos estis qui loquimini, sed Spiritus Patris vestri, qui loquitur in vobis. » (*Matth.*, x, 20.) Et quod idem et Filii sit Spiritus, Paulus apostolus testis est : « Si quis autem, inquit, Spiritum Christi non habet, hic non est ejus. » (*Rom.*, viii, 9.)

QUÆST. III. — De singulis personis, quod alius sit Pater, alius Filius, alius Spiritus sanctus; vel quod Filius sit genitus, et Spiritus sanctus procedens, secundum Scripturas sanctas advertimus : nunc vero illud scire cupio, si Deus sit Filius aut Spiritus sanctus, vel utrum una sit substantia vel essentia, quam Græci ὁμουσίαν vocant.

(a) Mss. duo vat., *unam tantum*.

RÉPONSE. — Prêtez-moi une oreille attentive ; je vous donnerai volontiers l'explication que vous désirez. Le bienheureux apôtre saint Paul voulant montrer que le Fils est Dieu, dit dans son Epître aux Romains, en parlant des Israélites : « Leurs pères sont les ancêtres du Christ selon la chair; mais il est le Dieu beni par-dessus tout pendant tous les siècles. » (*Rom.*, IX, 5.) Et saint Jean dit aussi dans son Evangile : « Ils connaîtront que vous êtes le seul vrai Dieu, ainsi que celui que vous avez envoyé, Jésus-Christ. » (*Jean*, XVII, 3.) L'ordre des paroles doit être : Ils vous connaîtront, vous et Jésus-Christ, que vous avez envoyé comme le seul vrai Dieu. On lit encore dans un autre endroit : « Afin que nous soyons dans son vrai Fils Jésus-Christ, car il est lui-même le vrai Dieu et la vie éternelle. » (*Jean*, v, 20.) Voici ce que dit le Seigneur lui-même, pour montrer qu'il est égal au Père : « Mon Père et moi, nous sommes un. » (*Jean*, x, 30.) Ils sont un par la nature, et non par la personne. Saint Jean dit encore : « Les Juifs cherchaient à le faire mourir, non-seulement parce qu'il violait le sabbat, mais parce qu'il disait que Dieu était son Père, se faisant égal à Dieu. » (*Jean*, v, 18.) Le bienheureux apôtre saint Paul dit encore : « Comme il avait la nature divine, il ne crut pas que ce fût usurpation de se dire égal à Dieu. » (*Philipp.*, II, 6.) L'usurpation n'était pas possible, en effet, puisqu'il avait une nature égale; cette nature étant à lui, elle ne pouvait pas être usurpée. Il ne pouvait pas prendre ce qu'il possédait. Nous pourrions citer une foule d'autres témoignages, qui ne me reviennent pas en ce moment. Quant à la divinité du Saint-Esprit, les Actes des Apôtres l'établissent formellement : « Ananie, dit Pierre, pourquoi Satan a-t-il tenté ton cœur pour te faire mentir au Saint-Esprit ? » (*Actes*, v, 3.) Il ajoute : « Ce n'est pas aux hommes, mais à Dieu que tu as menti. » (*Ibid.*, 4.) « Le Seigneur est Esprit (*Jean*, IV, 24), dit saint Jean, dans son Evangile. Saint Paul écrivant aux Corinthiens : « Ne savez-vous pas, dit-il, que vos corps sont le temple du Saint-Esprit, qui est en vous, que vous avez reçu de Dieu, et que vous ne vous appartenez pas ? Car vous avez été rachetés d'un grand prix; glorifiez donc et portez Dieu dans votre corps. » (1 *Cor.*, VI, 19.) Le Père est donc Dieu, le Fils est Dieu, le Saint-Esprit est Dieu, ils ne sont pas trois Dieux, mais un seul Dieu. Car si le Père est plus grand, le Fils moins grand, et le Saint-Esprit encore moins grand, comme l'enseigne l'hérésie mensongère, dès lors ce n'est plus un seul Dieu, mais trois Dieux qu'il faut reconnaître; ce qui serait une impiété. Et d'ailleurs, la sainte Ecriture les confond, en leur disant : « Ecoute, Israël, le Seigneur ton Dieu est un seul Dieu. » (*Deutér.*, VI, 4.) C'est pourquoi comme nous ne disons pas trois Dieux ni trois essences, nous ne disons pas non plus trois sagesses ni trois esprits. Qu'on nous demande au sujet des personnes en particulier, si le Père est la sagesse, ou bien le Saint-Esprit ; nous répondrons : Le Père est la sagesse, le Fils est la sagesse, le Saint-Esprit est la sagesse ; ce ne sont pas trois sagesses ni trois esprits, mais une seule sagesse et un seul esprit; de même qu'il n'y a qu'une seule substance ou une seule essence, parce que l'être pour Dieu, c'est être sage et être esprit.

QUESTION IV. — Si le Père et le Fils sont égaux, comment le Fils a-t-il dit : « Mon Père est plus grand que moi. » (*Jean*, XIV, 28.) « Je ne suis pas venu pour faire ma volonté, mais la volonté de celui qui

---

RESP. — Intento animo adverte : quæ te movent libentius demonstrabo. Beatus Paulus apostolus, quod Filius sit Deus, ad Romanos scribens de Israelitis : « Quorum patres, inquit, ex quibus est Christus secundum carnem, qui est super omnia Deus benedictus in sæcula. » (*Rom.*, IX, 5.) Et iterum in Evangelio secundum Joannem : « Ut cognoscant, inquit, te solum verum Deum, et quem misisti Jesum Christum. » (*Joan.*, XVII, 3.) Ordo est verborum : Ut cognoscant te, et quem misisti Jesum Christum solum verum Deum. Et rursus alia Scriptura dicit : « Ut simus in vero ejus Filio Jesu Christo, ipse est verus Deus et vita æterna. » (*Joan.*, v, 20.) Et ut æqualitatem suam ostendat, ait ipse Dominus : « Ego et Pater unum sumus. » (*Joan.*, X, 30.) Unum sunt, scilicet natura, non persona. Et iterum : « Propterea, inquit, quærebant Judæi Jesum interficere, quia non solum solvebat sabbatum, sed et Patrem suum dicebat Deum, æqualem se faciens Deo. » (*Joan.*, v, 18.) Et rursum beatus apostolus Paulus : « Qui cum in forma Dei esset, non rapinam arbitratus est esse se æqualem Deo. » (*Philip.*, II, 6.) Non enim poterat esse rapina, ubi æqualis erat natura; quæ non erat usurpata, sed nata. Non rapuit quia habuit : et multa innumerabilia, quæ ad momentum non occurrunt. Spiritum vero sanctum verum Deum Actus Apostolorum apertissime edocent. « Anania, inquit Petrus, cur tentavit satanas cor tuum mentiri te Spiritui sancto ? » (*Act.*, v, 3) et infra : « Non es hominibus mentitus, sed Deo. » (*Ibid.*, 4.) Et in Evangelio secundum Joannem : « Dominus, inquit, Spiritus est. » (*Joan.*, IV, 24.) Paulus apostolus ad Corinthios scribens : « Nescitis, inquit, quia corpora vestra templum est Spiritus sancti, qui in vobis est, quem habetis a Deo, et non estis vestri ? Empti enim estis pretio magno : glorificate et portate Deum in corpore vestro. » (1 *Cor.*, VI, 19.) Pater, inquam, Deus, Filius Deus, Spiritus sanctus Deus, non tres dii, sed unus Deus est. Nam si Pater major, Filius minor, Spiritus sanctus plus quam minor, quod hæretica pravitas asserit, jam non erit unus Deus, sed tres dii ; quod nefas est credere. Et valde redarguit illos Scriptura divina : « Audi Israel, inquit, Dominus Deus tuus, Deus unus est. » (*Deut.*, VI, 4.) Ac per hoc sicut non dicimus tres deos, nec tres essentias ; ita nec tres sapientias, nec tres Spiritus. Nam interrogati de singulis personis, si Pater sit sapientia vel Spiritus sanctus : respondemus, Pater sapientia, et Filius sapientia, et Spiritus sanctus sapientia ; non tres sapientiæ, nec tres spiritus, sed una sapientia est et unus spiritus ; sicut est una substantia, aut una essentia : quia hoc est illi esse quod sapientem esse vel spiritum esse.

QUÆST. IV. — Et si æquales sunt Pater et Filius, quomodo ipse Filius dicit : « Pater major me est : » (*Joan.*, XIV, 28) et : « Non veni voluntatem meam facere, sed

m'a envoyé. » (*Ibid.*, VI, 38.) « Mon Père, s'il est possible, que ce calice passe sans que je le boive. » (*Matth.*, XXVI, 29.) « Ma doctrine n'est pas ma doctrine, mais la doctrine de celui qui m'a envoyé ? » (*Jean*, VII, 16.)

Réponse. — Tous ces passages, et d'autres que vous n'avez pas cités, sont le langage du Fils parlant comme homme. Dieu ayant donc créé le premier homme et lui ayant donné le libre arbitre, lui fit un commandement dont la fidèle observation l'aurait exempté de la mort du corps et de l'âme, mais l'homme refusant d'obéir à Dieu, et se laissant enfler par l'orgueil, écouta les conseils du serpent et méprisa le commandement de Dieu. Cette désobéissance fut suivie de la peine de mort, et par cet homme qui avait seul désobéi, toute la nature humaine fut viciée, et devint tributaire du péché et de la mort. L'apôtre saint Paul nous dit : « Par un seul homme le péché est entré dans le monde, et avec le péché la mort, de sorte que la mort saisit tous les hommes par celui en qui tous ont péché. Et de même que par un seul homme, tous les hommes ont été condamnés, ainsi par la justice d'un seul, tous les hommes ont été justifiés pour la vie. » (*Rom.*, V, 12, etc.) Il dit encore : « Le premier homme formé de la terre était terrestre, le second venu du ciel était céleste. » (I *Cor.*, XV, 47.) Cet homme qui est le second, est donc céleste. Il est céleste, parce qu'il n'a pas été conçu par l'opération de l'homme, mais le Fils de Dieu s'est revêtu de la nature humaine pour notre salut dans le sein de la vierge Marie, comme le témoigne saint Jean l'Évangéliste : « Et le Verbe s'est fait chair, et il a habité parmi nous. » (*Jean*, I, 4.) Le Verbe s'est fait chair, sans se transformer en elle, et sans cesser d'être ce qu'il était, mais il commença d'être ce qu'il n'était pas. Car il prit notre chair, et ne se changea pas en chair. Ici c'est la partie pour le tout, et il faut entendre qu'il a pris la nature humaine tout entière, un corps et une âme raisonnable. Et de même que le premier homme était mort dans son corps et dans son âme, il fallait aussi que par le médiateur entre Dieu et les hommes, qui est Jésus-Christ fait homme, il fût vivifié dans son âme et dans son corps. Donc, comme nous l'avons dit plus haut, c'est en parlant comme homme qu'il a dit : « Mon Père est plus grand que moi. » (*Jean*, XIV, 28.)

Question V. — Je vois qu'en parlant du Fils unique de Dieu, vous avez voulu nous en faire connaître deux, l'un que vous appelez Fils de Dieu, et l'autre Fils de l'homme.

Réponse. — Il n'y a pas deux fils, mais un seul. Celui qui était Fils de Dieu est devenu Fils de l'homme dans l'unité d'une même personne. Car de même que l'âme et le corps ne font qu'un seul homme, ainsi le Verbe et l'homme ne font qu'un seul Christ. Nous savons qu'il y a deux substances ou natures dans le Fils unique de Dieu, la nature divine et la nature humaine, mais il n'y a pas deux personnes, si nous disions qu'il y a deux personnes, ce serait enseigner par une doctrine nouvelle qu'il y a deux fils, et ce serait détruire la Trinité ; pour établir une quaternité. Il est certain que comme Dieu il est égal au Père, présent partout, tout entier dans le ciel, tout entier sur la terre, sans pouvoir être renfermé dans un espace. Mais comme homme, il a souffert, il est mort, il est ressuscité, il est monté au ciel, il est assis à la droite du Père, et comme

---

voluntatem ejus qui me misit : » (*Ibid.*, VI, 38) et : « Pater, si fieri potest, transeat a me calix iste : » (*Matth.*, XXVI, 39) et : « Mea doctrina non est mea, sed ejus qui me misit ? » (*Joan.*, VII, 16.)

Resp. — Ista omnia et alia quæ a te non sunt dicta, secundum formam servi, quam assumpsit, dicta sunt. Igitur cum primus homo conditus esset a Deo, et libero arbitrio muneratus, præceptumque ei positum esset, ut si custodiret quæ ei Deus præceperat, morte non moreretur, neque animæ mulctaretur. Sed ille inobediens mandato Dei, atque elatus superbia, suasioni serpentis obediens, Dei præcepta contempsit. Et hæc causa exstitit, ut mortis periculum incurreret, et ab illo uno homine omnis humana natura vitiosa atque peccato obnoxia mortalis exsisteret. Apostolus Paulus : « Per unum hominem, inquit, peccatum intravit in mundum, et per peccatum mors, et ita in omnes homines mors pertransiit, in quo omnes peccaverunt. Quia sicut per unum hominem omnes homines in condemnationem, ita et per unius justitiam omnes homines in justificationem vitæ. » (*Rom.*, V, 12 et 18.) Et iterum : « Primus homo de terra terrenus, secundus homo de cœlo cœlestis. » (I *Cor.*, XV, 47.) Hic, inquam homo cœlestis est. Cœlestem itaque dico, quia non ex humano conceptus est semine, sed de Maria virgine pro nostra salute assumptus a Filio Dei, sicut evangelista Joannes testatur : « Et Verbum, inquit, caro factum est, et habitavit in nobis. » (*Joan.*, I, 14.) Verbum caro factum est, non in carnem mutatum, ut non desisteret esse quod erat, sed cœperit esse quod non erat. Assumpsit enim carnem, non se convertit in carnem. Carnem istam a parte totum hominem intelligimus, id est carnem et animam rationalem. Et sicut primus homo et carne et anima mortuus fuerat, ita etiam oportuit ut per mediatorem Dei et hominum hominem Jesum Christum et carne et anima vivificaretur. Ergo, ut supra diximus, secundum assumpti hominis formam dictum est : « Pater major me est. » (*Joan.*, XIV, 28.)

Quæst. V. — Video te, dum de uno Filio Dei inquireres, duos introducere voluisse, ut dicas Filium Dei, et Filium hominis.

Resp. — Non sunt duo Filii, sed unus. Quia ille qui erat Dei Filius, factus est Filius hominis in unitate personæ. Quia sicut anima et caro unus est homo, ita Verbum et homo unus est Christus. Duas substantias accipimus in uno Filio Dei, unam deitatis, alteram humanitatis, non duas personas. Igitur si dixerimus duas esse personas, introducemus duos filios; et jam non erit Trinitas, sed quaternitas. Profecto enim per id quod Deus est, æqualis semper Patri, ubique præsens est, et in cœlo totus, et in terra totus, et nullo contentus loco. Per id quod homo, et passus et mortuus et resurrexit, et ascendit in cœlum, sedetque ad dexteram Patris : et sic

homme il viendra juger les vivants et les morts, ainsi qu'on l'a vu retourner au ciel, sous la même forme et la même substance corporelle, qu'il a revêtue d'une mortalité, sans lui faire perdre sa nature.

QUESTION VI. — Si le Père, le Fils et le Saint-Esprit ont la même nature, comment le Fils a-t-il pu prendre notre chair, sans le Père et le Saint-Esprit?

RÉPONSE. — Ni la personne du Père, ni la personne du Saint-Esprit n'a pris notre chair, mais seulement la personne du Fils. Et pour le faire comprendre, je me servirai d'une comparaison, afin que par la créature, vous puissiez vous élever à la connaissance du Créateur. Il est certain que notre âme possède la raison, et quoique l'âme et la raison ne fassent qu'un, l'âme a son action distincte, et la raison aussi son action propre. Nous vivons par l'âme, et nous pensons par la raison. Ainsi le Père, le Fils et le Saint-Esprit n'étant qu'une seule et même substance qu'on appelle la Trinité, ont eu leur concours dans le mystère de l'incarnation; et cependant toute la Trinité n'a pas pris la nature humaine, mais seulement la personne du Fils.

QUESTION VII. — Le Père a-t-il engendré le Fils par sa volonté ou par nécessité?

RÉPONSE. — Ni par sa volonté, ni par nécessité, parce qu'il n'y a pas de nécessité en Dieu. Or, la volonté ne peut pas non plus précéder la sagesse qui est le Fils. Il faut en effet penser raisonnablement avant que de vouloir raisonnablement. Un hérétique demandait à un catholique si le Père avait engendré son Fils par sa volonté ou sans sa volonté, et voici la belle réponse qu'il lui fit : Je vous demande à mon tour, ô hérétique, si Dieu le Père est Dieu par nécessité ou par sa volonté? S'il eût répondu par nécessité, il aurait dit une grande absurdité. S'il eût répondu par sa volonté, on lui aurait répliqué : Donc il est Dieu par sa volonté et non par nature. Ainsi, en voulant tendre un piège, il s'y prit lui-même en se voyant confondu, il garda le silence.

QUESTION VIII. — Comment faut-il entendre cette parole : « Comme le Père possède la vie en lui-même, il a donné aussi au Fils de posséder la vie en lui-même? » (*Jean*, v, 26.)

RÉPONSE. — Nous savons que le Fils n'existe pas par lui-même, mais qu'il a été engendré ; nous savons aussi que le Père n'a point été engendré de personne, et que personne ne lui a donné la vie. Le Père, en engendrant le Fils, lui a donné la vie, mais pas comme si le Fils eût été un temps sans avoir la vie, et qu'il l'eût ensuite reçue; c'est ainsi que nous perdons la vie par le péché, et que nous la recouvrons par la grâce du Sauveur. Mais quand on dit : Il a reçu la vie, on entend qu'il n'a pas été engendré par lui-même ; il l'a reçue, non comme s'il commençait d'exister, mais étant éternellement engendré.

QUESTION IX. — Vous m'avez démontré par la raison et par les témoignages comment le Fils est soumis au Père, et comment il ne lui est point inférieur, quant à la nature divine, mais seulement quant à la nature humaine qu'il a prise. Je viens maintenant vous demander ce que vous pensez de la mission du Saint-Esprit. A-t-il pris la nature humaine, pour qu'on puisse dire qu'il est envoyé?

RÉPONSE. — Quand on dit que le Fils est envoyé ou inférieur, on ne parle pas dans le sens de la nature divine. Il en est de même du Saint-Esprit. Enfin, de même que le Fils est inférieur et envoyé comme

---

veniet ad judicandum vivos et mortuos, quemadmodum visus est ire in cœlum, in eadem forma carnis atque substantia; cui profecto immortalitatem dedit, naturam non abstulit.

QUÆST. VI. — Si una substantia est Patris et Filii et Spiritus sancti, quo modo Filius sine Patre et Spiritu sancto suscepit carnem?

RESP. — Neque persona Patris, neque Spiritus sancti, sed sola Filii persona suscepit carnem. Et ut hoc intelligas, comparationibus utar, ut ex creatura intelligas Creatorem. Certe in anima est ratio, et cum unum sint, aliud anima agit, aliud ratio. Anima vivimus, ratione sapimus. Ita Pater et Filius et Spiritus sanctus cum sit una substantia, tota Trinitas operata est hominem, quem non tota Trinitas assumpsit; sed sola Filii persona.

QUÆST. VII. — Voluntate genuit Pater Filium, an necessitate?

RESP. — Nec voluntate, nec necessitate : quia necessitas in Deo non est : præterea autem voluntas sapientiam non potest : quod est Filius : igitur prius est rationabiliter sapere, quam rationabiliter velle. Nam quidam nostrum, cum cum interrogasset hæreticus, utrum volens, an nolens genuerit Pater Filium; laudabiliter respondisse fertur : Dic, inquit, et tu hæretice, Deus Pater necessitate est Deus, an voluntate? Quod si dixisset, necessitate : sequebatur illum grandis absurditas. Si autem, voluntate : respondebatur illi : Ergo voluntate est Deus, non natura : et ita in laqueum quem volebat ponere, ipse incidit; et videns se convictum, obmutuit.

QUÆST. VIII. — Quomodo illud intelligendum est, quod legitur : « Sicut Pater vitam habet in semetipso, sic dedit et Filio habere vitam in semetipso? » (*Joan.*, v, 26.)

RESP. — Scimus Filium Dei a semetipso non esse, sed a Patre genitum esse ; Patrem vero a nullo genitum esse, a nullo vitam accepisse. Dedit Pater Filio vitam gignendo : non quod prius fuerit Filius sine vita, et postea acceperit vitam; sicut nos qui per peccatum amisimus vitam, et per gratiam Salvatoris recipimus : sed ita dicitur, accepit vitam ; quia non est a se ipso genitus : non enim existendo dedit, sed gignendo.

QUÆST. IX. — Quoniam et ratione et testimoniis persuasisti mihi de subjectione Filii, quod non sit secundum substantiam minor, sed secundum formam servi quam assumpsit : ideo quæro quid de missione Spiritus sancti sentias; nunquid et ipse hominem assumpsit, ut missus esse dicatur ?

RESP. — Sicut nec secundum substantiam dicitur, seu missus, seu minor Filius; ita nec Spiritus sanctus. Postremo sicut ille propter hominem minor aut missus; ita

homme; ainsi le Saint-Esprit est envoyé, quand on considère la figure de la colombe et les langues de feu. (*Matth.*, III, 7; *Actes*, II, 2.) C'est, qu'en effet, il n'apparut pas dans la substance par laquelle il est semblable au Père, mais, comme nous l'avons dit, sous la forme d'une créature subordonnée. Or, si le Fils a pris la nature humaine pour la garder éternellement, le Saint-Esprit n'a pas pris de cette manière la figure de la colombe ou du feu; mais ces apparitions empruntées à la créature inférieure pour manifester le Saint-Esprit, se sont évanouies plus tard. Car jamais la divinité dans son essence incompréhensible et immuable, jamais cette Trinité, qui est Dieu, ne pourra se rendre visible aux yeux de la chair, si ce n'est, comme nous l'avons dit, en empruntant la forme d'une créature inférieure.

QUESTION X. — Vous nous avez montré comment le Fils est né du Père, et comment le Saint-Esprit procède de l'un et de l'autre. Mais je voudrais savoir quelle différence il y a entre la nativité du Fils, et la procession du Saint-Esprit.

RÉPONSE. — Le Fils est seulement le Fils du Père, et non le Saint-Esprit. Le Saint-Esprit est l'Esprit des deux, c'est-à-dire, du Père et du Fils. Dira-t-on que le Saint-Esprit est fils; or, on ne peut être fils, sans supposer l'existence de deux auteurs, le père et la mère, et quand il s'agit de Dieu le Père et de Dieu le Fils, on ne peut pas admettre une telle supposition. Le Fils de l'homme lui-même ne procède pas en même temps de son père et de sa mère; en effet, comme procédant du Père, il n'a rien de commun avec sa mère, et lorsqu'en venant au monde il procède de sa mère, alors comme homme il ne procède pas du père. Quant au Saint-Esprit, il ne procède pas du Père pour entrer dans le Fils, d'où il procéderait pour la sanctification de la créature; mais il procède en même temps du Père et du Fils.

QUESTION XI. — Comment faut-il entendre ce que dit saint Jean l'évangéliste au sujet du Saint-Esprit, qu'il ne parlera pas de lui-même. Voici cette parole : « Car il ne parlera pas de lui-même, mais il dira tout ce qu'il aura entendu? » (*Jean*, XVI, 32.)

RÉPONSE. — Il ne parlera pas de lui-même, parce qu'il n'est pas par lui-même. Le Père seul ne tient l'être de personne; le Fils est engendré par le Père; le Saint-Esprit procède du Père et du Fils. C'est pourquoi il ne parle pas de lui-même; tout ce qu'il entend, il le dit. Entendre, c'est son être, il n'est pas à lui-même son principe, c'est le Père. Voilà pourquoi il dit ce qu'il entend.

QUESTION XII. — Que signifie ce que dit saint Paul dans son Epître aux Romains : « Nous ne savons pas, dit-il, prier comme il faut; mais l'esprit lui-même demande pour nous par des gémissements inénarrables. Or, celui qui sonde les cœurs connaît ce que désire l'esprit, parce qu'il demande selon Dieu pour les saints? » (*Rom.*, VIII, 26, etc.)

RÉPONSE. — Cette manière de parler se rencontre fréquemment dans la sainte Ecriture. C'est ainsi que Dieu dit à Abraham : « Maintenant je sais que vous craignez Dieu, » (*Gen.*, XXII, 12) c'est-à-dire, je vous ai fait connaître. C'est ainsi que l'Apôtre s'exprime : « Maintenant vous connaissez Dieu, et Dieu vous connaît. » (*Galat.*, IV, 9.) Toutes choses sont toujours comme présentes devant Dieu; avant qu'elles n'arrivent elles sont présentes; celles qui arriveront sont déjà comme passées. Maintenant, comment peut-on dire que Dieu nous connaît, si ce n'est pour montrer

---

ste propter columbam vel ignem missus dicitur (*Matth.*, II, 16; *Act.*, II, 2) : scilicet, quia non in ea substantia, qua est æqualis Patri, apparuit, sed, ut dictum est, per subjectam creaturam. Non enim sicut Filius hominem assumpsit, ut sic in æternum permaneat, sic Spiritus sanctus columbam vel ignem : sed factæ illæ visiones e creatura inferiore, ad manifestandum Spiritum sanctum, esse postea destiterunt. Nunquam enim illa incomprehensibilis immutabilisque divinitas, quæ est Trinitas Deus, ab oculis carnalibus videri potest, nisi ut dictum est, per subjectam creaturam.

QUÆST. X. — Filius autem Dei quomodo sit de Patre natus, Spiritus vero sanctus ab utroque procedens, declarasti. Ideoque quæro quid distat inter nativitatem Filii, et processionem Spiritus sancti ?

RESP. — Filius autem solius est Patris, non Spiritus sanctus; amborum spiritus, id est, Patris et Filii. Quod si Spiritus sanctus filius esse diceretur : nullus autem filius est nisi duorum patris et matris, quod absit ut inter Deum Patrem et Filium tale aliquid suspicemur : quia nec Filius hominis simul ex patre procedit, et ex matre : quia cum procedit ex patre, non tunc procedit ex matre, et cum procedit ex matre in hac luce, non tunc procedit ex patre. Spiritus vero sanctus non de Patre procedit in Filium, et de Filio procedit ad sanctificandam creaturam, sed simul de utroque procedit.

QUÆST. XI. — Quomodo intelligendum est illud, quod Joannes evangelista de Spiritu sancto dicit, quod non loquetur a semetipso. Sic enim ait : « Non enim loquetur a semetipso; sed quæcumque audiet, loquetur. » (*Joan.*, XVI, 13.)

RESP. — Non loquetur a semetipso, quia non est a semetipso. Pater enim a nullo est natus; Filius a Patre est genitus; Spiritus sanctus a Patre et Filio procedens. Ideo non loquetur a semetipso, sed quæcumque audit, loquitur. Audire illi esse est; esse autem a se non est, sed a Patre : ideo quæcumque audit loquitur.

QUÆST. XII. — Quid est quod dicit apostolus Paulus ad Romanos scribens : « Nam quid oremus, inquit, sicut oportet nescimus, sed ipse Spiritus postulat pro nobis gemitibus inenarrabilibus. Qui autem scrutatur corda, scit quid desideret Spiritus; quia secundum Deum postulat pro sanctis ? » (*Rom.*, VIII, 26, 27.)

RESP. — Modus iste locutionis frequenter in Scripturis sanctis invenitur, sicut dicit Dominus ad Abraham : « Nunc cognovi quod timeas Deum : » (*Gen.*, XXII, 12) hoc est, cognoscere te feci : sicut dicit Apostolus : « Nunc cognoscentes Deum, imo nunc cogniti a Deo. » (*Gal.*, IV, 9.) Semper omnia in præsentia Dei sunt; ante quam fiant, præsentia sunt; et futura jam facta sunt : quomodo nunc dicimur cogniti a Deo, nisi faciente Deo ut cognoscamus Deum ? Sic et hic scribitur Spiritus san-

que Dieu se fait connaître à nous? C'est ainsi que dans la question dont il s'agit, on écrit que le Saint-Esprit gémit pour nous, pour dire qu'il nous fait gémir; car il répand dans nos âmes la charité pour Dieu et pour le prochain. De même qu'on dit un jour heureux, parce qu'il nous rend heureux; un jour triste, parce qu'il nous rend tristes; une joyeuse lettre, parce qu'elle nous apporte la joie; ainsi on dit que le Saint-Esprit gémit, parce qu'il nous fait gémir.

QUESTION XIII. — Les Juifs demandant un prodige à Notre-Seigneur, il leur répondit : « Cette génération adultère demande un prodige, et on ne lui en donnera pas d'autre que celui du prophète Jonas. Car de même que Jonas fut dans le ventre du poisson trois jours et trois nuits, ainsi le Fils de l'homme sera dans le sein de la terre trois jours et trois nuit. » (*Matth.*, XII, 39.) Montrez donc comment Jésus-Christ fut dans le sein de la terre trois jours et trois nuits, puisqu'il expira le sixième jour du sabbat qui est la préparation, à la neuvième heure, et qu'il ressuscita le premier jour du sabbat, qui est le dimanche avant l'aurore. Il n'y a donc pas trois jours complets, ni trois nuits.

RÉPONSE. — Nos pères les anciens ont pensé que le premier jour qui est la préparation, devait être compté tout entier pour sa dernière partie, et que le dernier jour qui est le dimanche, devait être compté tout entier pour sa première partie, ainsi que les nuits; et ainsi en prenant pour dénomination la partie pour le tout, il y a trois jours ; la dernière partie de la sixième férie, le jour du sabbat tout entier, et la première partie du dimanche, et ainsi pour les trois nuits.

QUESTION XIV. — Notre-Seigneur promet aux saints qu'au jour de la résurrection, ils brilleront comme le soleil (*Matth.*, XV, 43) ; pourquoi n'a-t-il pas paru lui-même avec cet éclat quand il est ressuscité ?

RÉPONSE. — Il est bien certain que le Seigneur est ressuscité dans un état glorieux ; mais il n'a pas voulu se montrer à ses disciples dans sa gloire, parce que leurs yeux n'auraient pas pu supporter un tel éclat. Si avant sa mort et sa résurrection, lorsqu'il se transfigura sur la montagne, ses disciples ne purent pas soutenir sa vue, mais tombèrent de frayeur la face contre terre, comment auraient-ils pu soutenir la vue de son corps glorieux ?

QUESTION XV. — Saint Marc l'évangéliste nous raconte que le Sauveur a été crucifié à la troisième heure, et saint Jean, à la sixième. Lequel des deux faut-il croire ?

RÉPONSE. — L'un a dit vrai comme l'autre. Car c'est à la troisième heure que les Juifs ont crié à Pilate : « Crucifiez-le, crucifiez-le. » (*Marc*, XV, 25 ; *Jean*, XIX, 14.) Et c'est à la sixième heure que les soldats l'ont attaché à la croix. Or, les uns l'ont crucifié avec la langue, les autres avec les clous. C'est pourquoi l'Évangéliste, pour qu'on ne pût pas douter que les Juifs avaient eux-mêmes crucifié Notre-Seigneur, a écrit qu'il avait été crucifié à la troisième heure ; car les bourreaux ne furent pas seulement les soldats qui prêtèrent leur ministère, mais aussi les Juifs qui poussèrent d'homicides clameurs. Et ainsi s'accomplit cette parole du Psalmiste : « Les enfants des hommes ont des dents qui sont comme des armes et des flèches, et leur langue est une épée tranchante. » (*Ps.* LVI, 5.) Vous voyez de quel glaive se servaient les Juifs, et comment ils ont crucifié le Seigneur à la troisième heure.

---

ctus gemere pro nobis, id est, gementes nos facere. Infundit enim nobis caritatem in Deum et proximum. Sicut dicitur lætus dies, quod lætos facit; aut tristis, quod tristes facit; aut læta epistola, quod lætos facit : ita et hic gemere dicitur Spiritus sanctus, eo quod nos gementes facit.

QUÆST. XIII. — Cum Judæi signum peterent a Domino Salvatore nostro, respondit illis : « Generatio hæc adultera signum quærit, et signum non dabitur ei, nisi signum Jonæ prophetæ. Sicut enim Jonas fuit in ventre ceti tribus diebus et tribus noctibus, ita erit et filius hominis in corde terræ tribus diebus et tribus noctibus. » (*Matth.*, XII, 39, 40.) Approba ergo quomodo in inferno fuerit tribus diebus, et tribus noctibus, cum die sexta sabbati quæ est parasceve, hora nona emiserit spiritum, et prima sabbati ante lucem quæ est Dominica, resurrexerit. Ecce non sunt tres dies pleni, nec tres noctes.

RESP. — Antiqui patres nostri hoc senserunt ; ut prima dies quæ est parasceve a parte ultima, et ultima quæ est Dominica a parte prima tota cum noctibus suis debeat computari : et ita denominando a parte totum, tres dies fuerunt, ultima pars feriæ sextæ, totum sabbatum, et prima pars Dominicæ cum suis noctibus.

QUÆST. XIV. — Cum repromittat Dominus noster Jesus Christus sanctis, quod in resurrectione fulgebunt sicut sol (*Matth.*, XIII, 43), quare ipse Dominus in resurrectione sua sic non fulsit ?

RESP. — Clarificata carne utique resurrexit, sed noluit in ea clarificatione Discipulis suis apparere; quia non possent oculis suis talem claritatem perspicere. Si enim ante quam morerentur pro nobis et resurgeret, quando transfiguratus est in monte, Discipuli sui eum videre non potuerunt, sed præ timore in terram ceciderunt, quanto magis clarificata carne Domini eam videre non potuerunt ?

QUÆST. XV. — Marcus evangelista narrat Dominum hora tertia crucifixum, Joannes autem sexta; cui potius credendum est ex his duobus ?

RESP. — Et ille verum dixit, et ille similiter. Nam hora tertia clamaverunt Pilato Judæi : « Crucifige, crucifige eum. » (*Marc.*, XV, 25; *Joan.*, XIX, 14.) Milites autem hora sexta crucifixerunt eum. Igitur quod illi lingua, hoc isti manibus effecerunt. Ne autem viderentur Judæi non crucifixisse Dominum, ideo Evangelista posuit hora tertia crucifixum Dominum, quia non tantum illi crucifixerunt qui ministerium impleverunt, sed et illi qui clamaverunt. In eis enim completum est quod ait Psalmographus : « Filii hominum, dentes eorum arma et sagittæ, et lingua eorum machæra acuta. » (*Psal.* LVI, 5.) Vides qualem gladium habuerunt, unde hora tertia Dominum occiderunt.

QUESTION XVI. — Dieu ayant créé toutes choses bonnes, et rien n'ayant été fait que par lui, d'où vient le mal?

RÉPONSE. — Le mal n'existe pas comme un être; c'est la privation du bien qu'on appelle ainsi. Le bien peut être sans le mal, mais le mal ne peut pas être sans le bien, et il ne peut pas y avoir de mal là où il n'y a pas de bien. C'est pourquoi nous disons: l'ange bon et l'ange mauvais, l'homme bon et l'homme mauvais. Bon, parce qu'il est ange, mauvais parce qu'il est vicieux; bon, parce qu'il est homme, mauvais, parce qu'il est vicieux. Quand nous disons qu'il est bon, nous louons la nature de l'être; quand nous disons qu'il est mauvais, nous blâmons non pas la nature de l'être, mais le vice qui est contraire à la bonne nature.

QUESTION XVII. — Tous les anges ont-ils été créés dans un état d'égalité ou d'inégalité? S'ils sont égaux, pourquoi tous n'ont-ils pas été fermes et fidèles? S'ils sont inégaux, comment les uns ont-ils mérité de savoir qu'ils seraient confirmés dans leur état de stabilité, et pourquoi les autres n'ont-ils pas prévu leur chute future?

RÉPONSE. — Tous les anges ont été créés dans un état d'égalité, mais les uns tombant par orgueil, les autres s'attachèrent au Seigneur avec une pieuse obéissance, et eurent une certaine connaissance de leur stabilité, à l'exception des autres. Ils furent environnés et protégés par la grâce de Dieu, au point de ne pouvoir perdre la vie bienheureuse dont ils jouissent et qu'ils doivent à leur fidélité.

QUESTION XVIII. — Comment faut-il entendre ce que Dieu dit dans la Genèse: « Faisons l'homme à notre image et à notre ressemblance? » (*Gen.*, 1, 26.)

RÉPONSE. — L'Esprit possède la raison et l'intelligence. C'est pourquoi lorsque nous portons nos pensées vers les choses qui sont éternelles, l'homme est véritablement l'image de Dieu. En pensant aux choses éternelles, il est homme; et comme dit l'apôtre saint Paul: « L'homme ne doit pas voiler sa tête, parce qu'il est l'image de la gloire divine. » (I *Corinth.*, XI, 7.) Plus donc il développe son esprit dans l'amour de ce qui est éternel, plus il se forme à l'image de Dieu; et ici on n'a pas besoin d'arrêter son élan, pour le contenir et le tempérer. Mais quand l'homme occupe son esprit et ses pensées des choses temporelles, il n'est plus qu'une femme; on ne peut plus l'appeler l'image de Dieu, et alors il doit voiler sa tête, pour contenir son excessif entraînement vers les choses inférieures, et pour qu'en faisant les choses licites, il ne convoite pour les choses illicites.

QUESTION XIX. — Le premier homme fut-il créé mortel, ou immortel?

RÉPONSE. — Il était mortel sous un rapport, et immortel sous un autre rapport. Le premier homme avait un corps comme nous, mais sans le péché. Il n'y avait pas en lui cette loi de la chair qui combat contre la loi de l'Esprit; mais par sa prévarication il mérita de tomber dans cet état. Adam avait donc un corps animal; mais ce corps qui ne devait pas vieillir ni s'user, était conservé dans une perpétuelle jeunesse par la vertu de cet arbre qu'on nommait dans le paradis l'arbre de vie. Si l'homme avait été fidèle au commandement de Dieu, il aurait mérité par son obéissance que son corps fût transformé en un corps spirituel, comme sera le corps des saints à la résurrection. C'est pourquoi il pouvait ne pas mourir, si par une pieuse obéissance, il fût demeuré fidèle au

---

QUÆST. XVI. — Cum Deus omnia bona creaverit, nihilque sit quod non ab illo conditum sit, unde malum?
RESP. — Malum natura non est, sed privatio boni hoc nomen accepit. Denique bonum potest esse sine malo, sed malum non potest esse sine bono, nec potest esse malum ubi non fuerit bonum. Ac per hoc dicimus et angelum bonum et angelum malum, et hominem bonum et hominem malum: sed bonum quod angelus, malum quod vitiosus; bonum quod homo, malum quod vitiosus. Ideoque quando dicimus bonum, naturam laudamus; quando dicimus malum, non naturam, sed vitium, quod est bonæ naturæ contrarium, reprehendimus.

QUÆST. XVII. — Omnes Angeli æquales an inæquales creati sunt? Et si æquales, cur non omnes firmi et stabiles fuerunt? Si vero inæquales, quo merito alii præscientiæ suæ stabilitatem accipere meruerunt, et alii futurum suæ ruinæ casum minime prævidere potuerunt?
RESP. — Omnes quidem Angeli æquales creati sunt, sed cadentibus illis per superbiam, cæteri Domino pia obedientia cohæserunt, accipientes certam scientiam suæ stabilitatis, quam illi nunquam habuerunt. Et sic sunt gratia Dei in omnibus circumdati, ut nunquam possint cadere a beata vita, qua fruuntur Domino cohærentes.

QUÆST. XVIII. — Quomodo intelligendum est quod dicit Deus in Genesi: « Faciamus hominem ad imaginem et similitudinem nostram? » (*Gen.*, I, 26.)

RESP. — In mente est ratio et intelligentia. Ipsa itaque mens quando cogitat ea quæ sunt æterna, tunc vere imago Dei dicenda est. Et cogitando æterna, vir est; sicut ait Paulus apostolus: « Vir non debet velare caput suum, cum sit imago gloriæ Dei. » (1 *Cor.*, XI, 7.) Quantoque se magis extenderit in id quod æternum est, tanto magis inde formatur ad imaginem Dei: et ideo non est cohibenda, ut inde se contineat ac temperet. (*V.* lib. *de spiritu et anima*, c. 34.) Quando vero ea agit et cogitat quæ sunt temporalia; mulier appellatur: tunc non est dicenda imago Dei, et propterea debet velare caput suum, ne contineat sit ejus ad inferiora progressio, et cum licita agit, illicita concupiscat.

QUÆST. XIX. — Primus homo mortalis factus est, an immortalis?
RESP. — Et mortalis secundum aliam, et immortalis secundum aliam causam. Tale itaque corpus habebat primus homo, quale et nos, sed sine peccato. Non enim habebat legem in membris suis repugnantem legi mentis suæ, sed utique promeruit post prævaricationem. Igitur animale corpus habuit Adam, sed ut non senesceret nec deficeret per illius ligni virtutem, qua sustentabatur, quod in paradiso vitæ nomen acceperat. Quapropter si Dei præcepta servasset, obedientiæ merito in illud corpus spiritale, quale sanctis in resurrectione promittitur, esset postmodum commutandum. Ac per hoc poterat

commandement de Dieu. Il n'avait pas été créé dans une condition à ne pouvoir mourir, comme les autres natures spirituelles ; son immortalité dépendait de son obéissance ; sa désobéissance le condamnait à la mortalité.

QUESTION XX. — Que signifie cette parole de saint Paul : « La chair et le sang ne posséderont pas le royaume de Dieu ? » (I *Corinth.*, xv, 50.)

RÉPONSE. — Il y a des hommes qui, ne comprenant pas cette parole, lui donnent un sens hérétique pour dire que l'homme ne peut pas ressusciter dans la même chair qu'il avait en mourant. Ils suppriment donc le véritable corps, pour donner à l'homme après la résurrection je ne sais quel corps aérien qu'il n'eut jamais. Or, rien n'est plus absurde, si l'on considère bien la pensée de saint Paul. « La chair et le sang, dit-il, ne posséderont point le royaume de Dieu. » Et comme pour s'expliquer plus clairement il ajoute : « La corruption ne possédera pas l'incorruptibilité. » (*Ibid.*, 32.) A qui l'Apôtre écrivait-il ainsi ? A ceux qui disaient : « Mangeons et buvons, car nous mourrons demain. » Voilà les hommes que réprimande l'Apôtre en disant que la chair et le sang, c'est-à-dire que les œuvres de la chair et du sang ne pourront point posséder le royaume de Dieu. Si vous prenez ici cette parole à la lettre, que direz-vous donc de ces autres paroles de l'Apôtre : « Vous n'êtes plus dans la chair, écrivait-il aux Romains, mais vous êtes dans l'esprit ? » (*Rom.*, VIII, 9.) Est-ce que les Romains n'avaient plus leur corps ? « Mais vous n'êtes plus dans la chair, » dit-il ; c'est-à-dire, vous n'êtes plus charnels, vous ne faites plus les œuvres de la chair, qui sont opposées à Dieu et à la loi de Dieu. Or, « ceux qui sont dans la chair ne peuvent pas plaire à Dieu. » (*Ibid.*, 8.) Voilà comment la chair ne possédera pas le royaume de Dieu. Que l'homme en effet, ressuscite dans sa propre chair, qu'il quitte en mourant, Notre-Seigneur Jésus-Christ le démontre à ses disciples après sa résurrection, lorsque les voyant dans le doute et dans l'idée qu'ils avaient un esprit sous les yeux, il leur dit : « Touchez et voyez qu'un esprit n'a pas une chair ni des os, comme vous voyez que j'en ai. » (*Luc*, XXIV, 39.) C'est pourquoi nous croyons que l'homme ressuscite non-seulement avec sa chair et ses os, mais encore avec son sang, et tout ce qui compose sa nature corporelle ; mais pour lui il n'y aura plus de corruption ; ce sera une vie éternelle, ce sera une éternelle félicité dans la contemplation de Dieu qui est la Trinité. Donc, de même que les justes ressusciteront avec leurs corps pour la vie éternelle, les impies ressusciteront aussi pour la damnation éternelle.

QUESTION XXI. — Voici le commencement de la Genèse : « Au commencement Dieu créa le ciel et la terre. » La création des anges est-elle postérieure ou antérieure ? Car si elle est antérieure, on ne peut pas dire que Dieu a créé avant toutes choses le ciel et la terre (1).

RÉPONSE. — « Quand les astres brillèrent dans le firmament, dit l'Ecriture, tous mes anges firent éclater le concert de leurs louanges. » (*Job*, XXXVIII, 7, *selon les Septante.*) Or, les astres furent créés le quatrième jour, et déjà les anges existaient. Nous savons qu'ils ne furent pas créés le troisième ni le second

(1) La réponse à cette question, et plusieurs des réponses qui vont suivre, sont extraites des *Commentaires sur la Genèse*, attribués à S. Eucher.

---

non mori, si Dei præceptis pia obedientia cohæsisset. Non enim et sic factus fuerat, ut non posset mori, sicut cæteræ naturæ quæ omnino mori non possunt : sed ita ut obedientia immortalem, inobedientia mortalem faceret.

QUÆST. XX. — Quid est quod dicit apostolus Paulus : « Caro et sanguis regnum Dei non possidebunt ? » (I *Cor.*, XV, 50.)

RESP. — Ex hoc testimonio multi minus intelligentes, ac per hoc hæretice asserunt hominem non posse in eadem, qua defunctus est, carne resurgere : sed tollentes veram carnem, nescio quale corpus aerium quod nunquam habuit, homini post resurrectionem attribuunt. Quod valde absurdum considerantibus ipsam sententiam, approbatur. « Caro et sanguis, inquit, regnum Dei non possidebunt. » Et idem apostolus Paulus exponens quodam modo, subsecutus, adjunxit : « Neque corruptio incorruptionem possidebit. » (*Ibid.*, 32.) Quibus scribebat Apostolus ? Nempe his qui dicebant : « Manducemus et bibamus, cras enim moriemur. » Hos redarguit beatus Paulus apostolus, dicens, carnem et sanguinem, hoc est opera carnis et sanguinis, non posse adipisci regnum Dei. Nam si propria hic substantia carnis accipienda est, quid dicent de his quibus scribit idem Apostolus : « Vos autem in carne non estis, sed in spiritu ? » (*Rom.*, VIII, 9.) Numquidnam Romani carnem non habebant, quibus Apostolus scribebat ? « Sed in carne, inquit, non estis : » id est non estis carnales, non facitis opera carnis, quæ inimica sunt Deo, quæ legi Dei non subjiciuntur. « Qui autem in carne sunt, inquit, Deo placere non possunt. » (*Ibid.*, 8.) Ecce qualis caro regnum Dei non possidebit. Nam quod homo in eadem qua moritur carne resurgat, Dominus noster Jesus Christus post resurrectionem suam dubitantibus Discipulis, et putantibus se spiritum videre, respondit : « Palpate et videte, quia spiritus carnem et ossa non habet, sicut me videtis habere. » (*Luc.*, XXIV, 39.) Ac per hoc credimus hominem non tantum cum carne et ossibus, sed etiam cum sanguine, vel quidquid ad naturam ejus pertinet resurgere ; sed sine ulla corruptione erit illi semper æterna vita et æterna felicitas, contemplando Trinitatem Deum. Igitur sicut justi cum sua carne ad æternam felicitatem, ita impii ad æternam resurgent miseriam.

QUÆST. XXI. — Genesis principium est : « In principio fecit Deus cœlum et terram. » (*Gen.*, I, 1.) Angeli postmodum facti sunt, an non ? Si enim ante Angeli facti sunt, non primo omnium fecit Deus cœlum et terram. »

RESP. — « Quando facta sunt simul sidera, » ait Scriptura, « laudaverunt me omnes Angeli mei voce magna. » (*Job*, XXXVIII, 7, *sec.* LXX.) Quarto enim die facta sunt sidera, et jam Angeli erant. Neque enim die tertio, neque secundo facti sunt. In his enim apparet quæ facta sunt.

jour. Car le troisième jour, l'élément aride, la terre fut séparée des eaux ; et le second jour fut créé le firmament, que parcourent le soleil, la lune et les étoiles. Or, le premier jour appartient à la nature angélique, qu'on désigne d'abord sous le nom de ciel. Il est donc évident que c'est le premier jour qu'a été créée la nature spirituelle ou angélique, ainsi que le ciel que nous voyons de nos yeux. Vous dites : « Au commencement Dieu créa le ciel et la terre, » (*Gen.*, I, 1) et vous entendez ce mot, *in principio*, comme s'il voulait dire avant toutes choses ; mais *in principio* veut dire *le principe*, c'est-à-dire le Fils, parce que c'est par le Fils que Dieu a fait toute créature spirituelle et corporelle, qu'on appelle le ciel et la terre. Il n'est pas douteux que le Fils ne soit ici le principe, puisque les Juifs, lui demandant un jour qui il était, il répondit : « Je suis le principe, et c'est moi qui vous parle. » (*Jean*, VIII, 25.) En nommant le ciel et la terre, l'écrivain sacré a voulu d'abord désigner en général la création de la nature spirituelle et corporelle, puis raconter en détail et par ordre la création de chaque espèce. Sous le nom de ciel, il me semble qu'il a voulu désigner cet abîme ténébreux des eaux, ou bien la vie dans un certain état de fluctuation, jusqu'à ce qu'elle fixe son regard vers le Créateur, et qu'elle devienne lumière pour contempler la Trinité, qui est Dieu en Dieu. Nous ne voulons pas dire par là que cette matière ait été d'abord à l'état informe, comme le bois avant d'être l'arche ; mais elle précédait sa forme, comme la voix précède la parole, non par une différence de temps, mais par une différence d'origine. Donc la première lumière qui a été créée n'est pas celle que Dieu a faite le quatrième jour, mais c'est la nature spirituelle, autrement dite la nature angélique.

QUESTION XXII. — « L'Esprit de Dieu était porté sur les eaux ; » ce mouvement était-il local, comme celui du soleil, de la lune et des étoiles, ou d'une autre manière ?

RÉPONSE. — Le Saint-Esprit est Dieu. C'est pourquoi il n'est pas contenu dans un lieu, et ne peut aller d'un lieu dans un autre, ni être subordonné aux vicissitudes des temps ; mais il est partout présent tout entier. Quand on dit que le Saint-Esprit était porté sur la création, cette expression doit s'entendre non d'un mouvement local, mais d'une présence qui signifiait la puissance. Dieu n'a pas fait la création comme s'il avait eu besoin de créer ; il a montré son excès de bonté. L'amour indigent et besogneux est soumis aux choses qu'il aime. C'est pourquoi on dit que le Saint-Esprit était porté sur la création, pour montrer qu'en créant, il n'avait pas besoin de ses créatures.

QUESTION XXIII. — « Dieu dit : Que la lumière soit. » (*Gen.*, I, 3.) Le jour existait-il déjà, ou n'existait-il pas encore, quand Dieu prononça cette parole ? Si le jour existait, le temps existait, par conséquent. Et s'il a parlé dans le temps, il a parlé par quelque créature. Donc la lumière n'a pas été créée la première.

RÉPONSE. — Le jour n'existait pas, le temps n'existait pas quand Dieu a parlé. Car avant toute créature il a engendré son Verbe, et par son Verbe il a fait toute créature. La parole de Dieu, c'est le Verbe de Dieu. Mais la sainte Écriture, accommodant son langage à la portée des enfants, et les nourrissant en quelque sorte avec le lait, pour les fortifier et les rendre capables de la nourriture spirituelle, a voulu attribuer à une parole de Dieu la formation de toute

Tertio enim die arida, scilicet terra ab aquis discreta est. Secundo enim factum est firmamentum, ubi sol et luna discurrunt et sidera. Porro primus dies ipse est (*a*) angelica natura, quæ primo cœli nomine nuncupata est. Unde evidenter ostenditur primo die spiritalem factam, id est, angelicam naturam, et sic hoc cœlum quod oculis cernimus. Nam quod ait : « In principio fecit Deus cœlum et terram : » non est primo omnium, sicut ais : sed « In principio, » id est, in Filio, imo per Filium fecit Deus omnem spiritalem corporalemque creaturam, quæ et cœli et terræ nomine appellata est. Nam quod ipse sit principium, de se interrogantibus Judæis quis esset, respondit : « Principium quia et loquor vobis. » (*Joan.*, VIII, 25.) Primo igitur voluit cœlum et terram velut quamdam spiritalem corporalemque materiam dicere, et sic quemadmodum singillatim facta sunt, ordine texere. Quod enim dixit cœlum, hoc mihi videtur dixisse aquarum abyssum tenebrosum, atque quodam modo fluitantem vitam, nisi convertatur ad Creatorem, et fiat lux, et contempletur Trinitatem Deum esse in Deo. Neque ita dicimus, ut ista materies præcedat formam suam, sicut præcedit lignum arcam ; sed sicut præcedit vox verbum : non enim tempore, sed origine. Igitur prima creatura lux non est ista quæ quarta die facta est, sed spiritalis, id est, angelica natura.

(*a*) Mss. duo Vat. *in quo facta est.*

QUÆST. XXII. — « Spiritus Dei ferebatur super aquas : » localiter ferebatur, sicut sol et luna et alia sidera, an aliter ?

RESP. — Spiritus sanctus Deus est. Quare, non continetur loco aut distenditur, neque temporum motionibus subjacet, sed est ubique præsens totus. Cum modo sane nominavit creaturam, cui superferri diceretur Spiritus sanctus, non localiter, sed potentialiter dicitur. Non ex indigentia Deus fecit opera sua, sed ex beneficentia ; neque horum indiget quæ fecit. Indigus quippe atque egenus amor, subjacet rebus quas diligit. Ideo dictum est superferri creaturæ Spiritum sanctum, quia non ex indigentia operatus est ipsam creaturam.

QUÆST. XXIII. — « Dixit Deus, Fiat lux. » (*Gen.*, I, 3.) In die dixit, an ante omnem diem ? Si in die dixit, temporaliter dixit : si temporaliter dixit, per aliquam creaturam dixit. Igitur non est prima creatura lux.

RESP. — Nec in die dixit, nec temporaliter dixit ; quia ante omnem profecto creaturam Verbum suum genuit, et per Verbum omnem creaturam creavit. Dictio itaque Dei, Verbum Dei est. Sed divina Scriptura parvulis congruens, et quodam modo eos lactans, ut proficiant et cibum spiritalem capiant, voluit semper per omnem creaturæ formationem dictionem Dei nuncupare. Ut verbi gratia, si requiras : Quomodo facta est lux ? audias :

créature. Par exemple, si vous demandez : Comment la lumière a-t-elle été faite ? on vous répond : Elle a été faite par le Verbe de Dieu. Comment le ciel a-t-il été fait? Par le Verbe de Dieu. Et si vous demandez successivement comment toutes les autres créatures ont été faites, on vous répond toujours : Par le Verbe de Dieu. De là cette locution : « Dieu dit : Que la lumière soit. » Car Dieu ne parle pas suivant la manière de l'homme, et quand on voit cette expression : « Il dit, » il ne faut pas croire que Dieu prononce autant de fois cette parole, car il a engendré son Verbe unique, qui lui est coéternel et consubstantiel, et c'est en lui qu'il a créé toutes choses, en dehors de toutes les conditions du temps et de la parole.

QUESTION XXIV. — Dieu voyant tout à coup la lumière, trouva qu'elle était bonne. La connaissait-il auparavant, ou bien est-ce en la voyant qu'il la connut ?

RÉPONSE. — Toute action que nous faisons suppose en nous une volonté qui précède, puisque nous pensons à ce que nous devons faire. Car personne n'agit sans avoir l'idée de ce qu'il fait, parce qu'il pense comment il réalisera ce qu'il a conçu dans sa pensée. Et si l'on ne peut pas supposer qu'un homme agisse sans savoir ce qu'il fait, comment le supposer de Dieu, qui a fait tout ce qu'il a voulu d'après un plan éternel et immuable, et qui ne voit pas autrement les choses, quand elles sont faites, qu'avant de les faire ? Il a donc vu de la même manière les choses, après les avoir faites, comme avant de les faire.

QUESTION XXV. — « Et il sépara, dit l'Ecriture, la lumière des ténèbres. » (*Gen.*, 1, 4.) Tout ce qui est divisé peut avoir l'existence. De même donc que la lumière existe, les ténèbres aussi existent comme substance. Pourquoi l'Ecriture ne dit-elle pas : Dieu a vu que les ténèbres étaient une bonne chose, comme elle l'a rapporté de la lumière ?

RÉPONSE. — Dieu a créé, par sa volonté bonne et immuable, tous les anges dans un état de sainteté. Or, comme il prévoyait dans sa prescience immuable que quelques-uns tomberaient par orgueil, il les a divisés, et il y a eu les bons et les mauvais anges. Les mauvais anges ont été appelés les Ténèbres, et les bons, la Lumière. Et on a dit des bons : Dieu a vu qu'ils étaient bons, sans rien dire des mauvais anges, pour ne pas paraître approuver leurs péchés, qui sont ténèbres.

QUESTION XXVI. — Vous dites que le premier jour est la création spirituelle ; comment ce jour eut-il un soir et un matin ?

RÉPONSE. — Toute créature, avant d'exister en son temps, était d'abord dans le Verbe de Dieu, pour y être connue des anges, avant d'être créée en son temps. C'est pourquoi la connaissance de la créature en elle-même, c'est le soir de son existence ; lorsqu'elle est en Dieu, c'est son matin ; parce que la créature est plus visible en Dieu, qu'elle n'est visible en elle-même ; et elle se montre davantage par la forme que l'ouvrier lui a donnée que par son fonds propre. C'est pour cela que saint Jean l'Evangéliste a dit : « Ce qui a été fait, avait la vie en lui. » (*Jean*, 1, 3.) Donc toutes les créatures qui ont été faites, et qui ne sont pas vivantes, ont la vie dans le Verbe lui-même, quoiqu'elles ne l'aient pas en elles-mêmes Le ciel, la terre, la pierre, n'ont pas la vie, et cependant ces créatures vivent en Dieu. En Dieu vivent sans commencement et sans vicissitude toutes les raisons des créatures. Aussi les saints anges les aperçoivent dans le Verbe de Dieu, où elles sont vivantes plus qu'en elles-mêmes ; et la science des anges comparée à la

---

In Verbo Dei erat, ut fieret. Quomodo factum cœlum? In Verbo Dei erat, ut fieret. Et cætera per ordinem si requiras quomodo facta sint, in Verbo Dei erant, ut fierent. Hoc est enim : « Dixit Deus : Fiat lux. » Neque enim corporalibus modis loquitur divina natura ; nec quoties dicitur : « Dixit, » toties verba formavit. Unum enim Verbum genuit coæternum et consubstantiale sibi, in quo omnia ineffabiliter et intemporaliter dixit.

QUÆST. XXIV. — Si subito Deus vidit lucem, quod esset bona, an ante nescivit, et visio ei contulit scientiam?

RESP. — Omne opus præcedit voluntas nostra, dum cogitamus quid operari debeamus. Nemo enim ignorans aliquid facit, dum cogitat qualiter fiant, quæ facienda cogitando disposuit. Et cum hoc in hominem cadere non possit, ut aliquid ignorans faciat ; quanto magis in Deum, qui omnia æterno et stabili suo consilio, quæ voluit, fecit, nec aliter facta et aliter facienda esse vidit? Eo itaque modo vidit facta, quo viderat facienda.

QUÆST. XXV. — « Et divisit, inquit Scriptura, lucem a tenebris. » (*Gen.*, 1, 4.) Omne enim quod dividitur, etiam esse potest. Sicut ergo essentia lucis, ita est et essentia tenebrarum. Et cur non dixit Scriptura : Vidit Deus tenebras quod essent bonæ, sicut de luce dictum est?

RESP. — Deus bona et incommutabili voluntate creavit omnes Angelos bonos. Et quia ex his quosdam per superbiam præsciebat casuros per incommutabilitatem præscientiæ suæ, divisit inter bonos et malos. Malos igitur appellans tenebras, bonos appellans lucem : de bonis dicens : Vidit Deus quia boni sunt ; de malis nullatenus hoc dixit, ne peccata, quæ sunt tenebræ, approbare videretur.

QUÆST. XXVI. — Primum diem spiritalem abstruis esse creaturam, et quomodo habuit vespere et mane?

RESP. — Omnis creatura ante quam tempore suo fieret, in ipso Dei Verbo prius erat ab Angelis cognoscenda, et sic suo tempore facienda. Quapropter ipsa creaturæ cognitio in semetipsa vespera, in Deo erat mane : quia plus videtur ipsa creatura in Deo, quam in se ipsa videatur. Creatura plus scilicet videtur in arte qua facta est, quam ipsa in se ipsa quæ facta est. Propterea enim ait evangelista Joannes : « Quod factum est, in ipso vita erat : » (*Joan.*, 1, 3.) Omnia ergo quæ facta sunt, et vitam non habent, in ipso Verbo Dei vita sunt, in se ipsis vita non sunt. Cœlum, terra, lapis, vitam non habent, et tamen in Deo vita sunt. Vivunt igitur in Deo sine initio, atque incommutabiliter omnes rationes creaturarum. Ac per hoc plus videntur ab Angelis sanctis in Verbo Dei ubi sunt vita, quam in se ipsis ; quia scientia Angelorum in comparatione Dei quodam modo vespe-

science de Dieu n'est pour ainsi dire que le crépuscule du soir. Ainsi donc la connaissance des esprits, voilà le premier jour; la connaissance du firmament, c'est le second jour; la connaissance de la séparation de la terre et des eaux, le troisième jour; la connaissance du soleil, de la lune et des étoiles, le quatrième jour; la connaissance des reptiles et des oiseaux, le cinquième jour; la connaissance des animaux domestiques, des bêtes sauvages et de l'homme, voilà le sixième jour. Ainsi les êtres spirituels, c'est-à-dire les anges, arrivent par six degrés différents, à la connaissance de la création; ces six degrés forment les six jours, qui sont le nombre parfait. Mais je veux vous dire quelques mots, d'après les saintes Ecritures sur la perfection du nombre six. Soyez recueilli, et prêtez-moi toute votre attention. *Un* ne peut pas se diviser en plusieurs nombres; car il est le principe de tous les nombres. *Deux* peut se diviser et sa division est un. Donc la division de deux est deux fois un. La division de trois est trois fois un. Or, que nous enseigne ce nombre, si ce n'est la Trinité qui est Dieu, et dans laquelle quoiqu'il y a trois personnes, nous croyons un seul Dieu dans l'unité de nature? Le nombre quatre a deux parties: le quart qui est un, et la moitié qui est deux. Or, un et deux font trois. Voilà les parties du nombre quatre, qui est un nombre incomplet, et par conséquent imparfait. Le nombre cinq ne se décompose que par un qui est sa cinquième partie. Or, le nombre six est le nombre parfait qui se complète dans toutes ses parties; car on y trouve un qui est la sixième partie, *deux* qui sont les tiers, trois qui sont la moitié; un, deux, trois font six. C'est pour cela que ce nombre étant parfait, Dieu a employé six jours pour faire la création. Ces trois parties du nombre six nous démontrent que Dieu la Trinité a créé le monde dans la Trinité du nombre, de la mesure et du poids. L'application du nombre six, comme nombre parfait, se rencontre souvent dans la sainte Ecriture, surtout dans la mort de Notre-Seigneur qui est simple, et dans sa résurrection qui est simple aussi; notre mort qui est double comme notre résurrection offre également la même application. Notre-Seigneur Jésus-Christ mourut, non dans son âme, mais seulement dans sa chair. Quant à nous, la mort nous atteint et dans notre corps et dans notre âme; dans notre âme, à cause du péché; dans notre corps, à cause de la peine du péché. Jésus-Christ n'ayant pas le péché, n'a pas pu mourir dans son âme, mais seulement dans son corps; et il mourut dans son corps, à cause de la ressemblance de la chair de péché, qu'il avait tirée d'Adam. C'est pourquoi la simple mort de Jésus-Christ profita à notre double mort, et sa résurrection simple profita à notre double résurrection. Car sa mort et sa résurrection sont à la fois la mort et la résurrection de notre corps, la mort et la résurrection de notre âme. La mort de son corps et sa résurrection signifient donc notre double mort et notre double résurrection. C'est pourquoi si vous comptez une mort et une résurrection de Notre-Seigneur, qui font deux, en y ajoutant nos deux morts et nos deux résurrections qui font quatre, vous aurez le nombre six. C'est pourquoi un répété deux fois pour le Seigneur, et deux répété deux fois pour nous, font trois fois deux; et trois fois deux, comme nous l'avons dit plus haut, sont les parties qui composent le nombre

rascit. Sic ergo in cognitione (*a*) spirituum, dies primus; in cognitione firmamenti, secundus; in cognitione discretionis terræ ac maris, tertius; in cognitione solis ac lunæ et stellarum, quartus; in cognitione reptilium et volatilium, quintus; in cognitione jumentorum et ferarum vel hominis, sextus. Neque enim diei unius, quem intelligimus naturam spiritualium creaturarum, id est, angelicarum, sexies facta cognitio, sex dies fecit, propter senarii numeri perfectionem. Sed de numeri senarii perfectione aliquid tibi ex Scripturis sanctis colligam. Libens adesto, et te totum ad audiendum præpara. Unum in numeris dividi non potest : ab ipso enim surgit omnis numerus. Ergo duo dividi possunt: sed pars eorum unum est. Igitur divisio duorum in bis unum est: divisio trium in ter unum est. Quid autem aliud hic numerus ostendit, nisi Trinitatem quæ Deus est? quæ quamvis tres sint personæ, unum creduntur in unitate naturæ. Quaternarius duas partes habet : nam quarta ejus, unum; media ejus, duo. Unum videlicet et duo tria sunt. Ecce partes suas; nec ultra excrescit, nec completur; et ideo imperfectus est numerus. Quinarius non habet nisi unum, quod est quinta ejus. Senarius ergo numerus perfectus est, quia partibus suis completur : habet enim unum, quod est sexta pars ejus; duo, quæ sunt tertia; tria, quæ sunt media. Unum ergo, duo, et tria, sex faciunt. Ideoque propter hujus numeri perfectionem, sex diebus operatus est Deus omnem creaturam. Tres ergo hæ partes senarii numeri demonstrant nobis Trinitatem Deum, in trinitate numeri, mensuræ, et ponderis, fecisse omnem creaturam. Plurimum valere senarii numeri perfectionem, in Scripturis sanctis frequenter reperimus, præsertim in morte Domini simpla, et in resurrectione ejus simpla, (*b*) [et in morte nostra dupla, et in resurrectione nostra dupla.] Mors itaque Domini nostri Jesu Christi non fuit in anima, sed in carne sola. Mors vero nostra non in carne solum, sed et in anima : in anima propter peccatum, in carne propter pœnam peccati. Ille vero quia peccatum non habuit, in anima non est mortuus, nisi tantum in carne; et hoc propter similitudinem carnis peccati, quam de Adam traxerat. Igitur simpla ejus mors profuit duplæ nostræ, et simpla ejus resurrectio duplæ nostræ resurrectioni profuit. Est etenim mors carnis ejus et resurrectio ejus, mors carnis nostræ et resurrectio ejus, et mors animæ nostræ et resurrectio ejus. Mors autem carnis ejus et resurrectio ejus, duas mortes nostras et duas resurrectiones nostras significat. Unde si addas ad unam mortem Domini et unam resurrectionem ejus, quæ duo faciunt, quatuor, hoc est, duas mortes et duas resurrectiones nostras, sex fiunt : Ideoque simplum Domini bis et duplum nostrum bis, tria bis sunt; et tria bis secundum quod supra diximus, partes sunt unde senarius numerus est. Nam et triginta sex horæ, quibus

(*a*) Mss. duo Vat. *lucis*. — (*b*) Hæc in Mss. desunt.

six. Les trente-six heures que Notre-Seigneur passa dans les enfers, correspondent à ce nombre un et à ce nombre deux, et comprennent douze heures de jour et vingt-quatre heures de nuit. Les vingt-quatre heures figurent notre double mort, et les douze heures, la mort simple du Seigneur. On peut dire aussi qu'en réalité sa naissance a son nombre six. Car, suivant l'opinion des Juifs, on mit quarante-six ans à bâtir le temple (*Jean.*, II, 20), qui était une figure du corps de Notre-Seigneur. Ces quarante-six années sont comptées ici pour des jours. Or, on dit que l'enfant met quarante-six jours à se former dans le sein de sa mère, et qu'ensuite il s'accroît jusqu'au jour de la naissance. En effet quarante-six répété six fois donnent deux cent soixante-seize, juste neuf mois et six jours. Comptez donc depuis le huitième des calendes d'avril, jour de la Passion du Seigneur, qui est aussi le jour où l'on dit qu'il a été conçu, jusqu'au huitième jour des calendes de janvier, et vous trouverez les deux cent soixante-seize jours qui sont formés par le nombre six. Que dirons-nous de cette femme de l'Évangile que Satan avait courbée pendant dix-huit ans (*Luc.*, XIII, 11), et qui fut guérie par le Seigneur? Ce nombre d'années correspond aussi au nombre six, puisque trois fois six font dix-huit. On comprend très-bien que cette femme représentait le genre humain, que Notre-Seigneur délivra de la captivité du démon, au sixième âge du monde. Le premier âge est depuis Adam jusqu'à Noé. Le second âge, depuis Noé jusqu'à Abraham. Le troisième, depuis Abraham jusqu'à David. Le quatrième, depuis David jusqu'à la transmigration de Babylone. Le cinquième, depuis la transmigration de Babylone jusqu'à la venue de Notre-Seigneur Jésus-Christ. Le sixième, c'est l'âge présent jusqu'à ce que le Très-Haut vienne pour le jugement. C'est donc pendant ce sixième âge du monde, que le genre humain est formé de nouveau à l'image de Dieu. Il est certain aussi que les dix-huit années ne représentent pas seulement les six âges du monde, mais encore les trois temps du genre humain; le temps avant la loi, le temps sous la loi et le temps sous la grâce. L'année elle-même se compose du nombre six, avec ces trois cent soixante-cinq jours. Car six fois soixante font trois cent soixante. Il reste encore cinq jours et un quart. Or, cinq fois six composent le mois. Et en prenant le quart pour un jour, la partie pour le tout, on obtient six. Voilà mon explication sur la perfection du nombre six; je vous l'ai donnée, avec l'aide du Seigneur, aussi bien que je l'ai pu, mais non aussi bien que je l'aurais voulu.

QUESTION XXVII. — L'ordre des éléments et leur pesanteur ne permettent pas que l'eau se trouve au-dessus du ciel; car l'eau est plus légère que la terre, l'air plus léger que l'eau, et le feu plus léger que l'air. On ne peut donc pas admettre que l'eau, second élément, se trouve au-dessus du quatrième, qui est le feu. Comment a-t-on pu dire : « Que le firmament soit au milieu des eaux, et qu'il divise les eaux d'avec les eaux? » (*Gen.*, I, 6.)

RÉPONSE. — Quelles sont ces eaux dont parle l'Écriture et comment se trouvent-elles au-dessus des cieux, ce qu'il y a de certain, c'est que nous ne devons pas douter qu'elles y sont. Car de même que les nuages, qui ne sont pas autre chose que les eaux, s'élèvent au-dessus de l'air qui est le troisième élé-

---

Dominus fuit in inferno, huic simplo et duplo congruunt. Duodecim ergo horæ fuerunt diurnæ, et viginti quatuor nocturnæ. Item viginti quatuor ad duplam mortem nostram concinunt, et illæ duodecim horæ ad mortem Domini simplam. Re vera enim et nativitas ejus senarium numerum habet. Quadraginta enim et sex annis ædificatum esse templum asserunt Judæi in Evangelio (*Joan.*, II, 20), quod intelligitur de corpore Domini. Quadraginta et sex anni pro diebus positi sunt. Quadraginta et sex diebus dicunt infantem formari in utero, et subinde in diem parturitionis augmentari. Quadragies sexies quippe seni, fiunt ducenti septuaginta sex, qui faciunt menses novem et dies (*a*) sex. Computa ergo ab octavo Kalendas Aprilis quando passus est Dominus, nam et tunc etiam creditur fuisse conceptus, usque in diem octavum Kalendas Januarii, et reperies dies ducentos septuaginta sex, qui constant per senarium numerum. Quid de illa muliere in Evangelio (*Luc.*, XIII, 11), quam decem et octo annis curvaverat satanas, quam sanavit Dominus, dicemus? quia et ipsi anni senarium numerum habent. Ter enim seni octodecim sunt. Illa itaque mulier intelligitur figurare genus humanum, quod sexta ætate sæculi a captivitate diaboli redemptor noster Dominus Jesu liberavit. Prima ætas est ab Adam usque ad Noe. Secunda ætas est a Noe usque ad Abraham. Tertia ab Abraham usque ad David. Quarta a David usque ad trans-

(*a*) Mss. *dies decem*.

migrationem Babylonis. Quinta a transmigratione Babylonis usque ad adventum Domini nostri Jesu Christi. Sexta quæ nunc agitur, donec excelsus veniat ad judicium. Sexta igitur ætate sæculi reformatur genus humanum ad imaginem Dei. Profecto enim anni decem et octo, non solum sex ætates, sed etiam tria tempora evidenter demonstrant : unum scilicet ante Legem, alterum sub Lege, tertium sub gratia. Igitur et ipse annus senario numero continetur. Habet enim dies trecentos sexaginta quinque. Sexies autem sexageni, sunt trecenti sexaginta. Remanent profecto dies quinque et quadrans. Quinque autem dies sexies, sunt mensis. Tamen etiamsi illum quadrantem pro die ponas, a parte totum, sex faciunt: Ecce quantum me Dominus adjuvit, de senarii numeri perfectione, etsi non quantum volui, tamen quantum potui, reddidi rationem.

QUÆST. XXVII. — Ordo elementorum et pondus non sinit ut sit aquarum substantia supra cœlos. Aqua enim cedit terræ, et aer cedit aquæ, et ignis cedit aeri. Nullo modo enim potest fieri, ut secundum elementum, quod est aqua, sit supra quartum, quod est ignis. Et quomodo dictum est : « Fiat firmamentum in medio aquarum, et dividat aquas ab aquis? » (*Gen.*, I, 6.)

RESP. — Quomodo et qualeslibet sint aquæ illæ, quas Scriptura docet supra cœlos esse, eas esse ibidem minime dubitemus. Sicut enim nubes istæ, quæ utique aquæ

ment ; ainsi on peut supposer que des eaux plus légères encore et plus subtiles s'élèvent au-dessus du ciel. Plusieurs philosophes ont prétendu, d'après la pesanteur des éléments, que la résurrection de la chair n'était pas possible, et tournant la chose en plaisanterie, ils ont dit que l'homme formé de la terre ne pouvait pas être dans le ciel. Mais la vérité est là pour les confondre, puisque nous voyons en effet plusieurs animaux terrestres voler dans les airs, les eaux s'y tenir suspendues, et le feu qui est le quatrième élément se mêler à la terre. Dieu, en donnant toutes ces preuves de sa puissance, montre donc aussi qu'il peut donner à l'homme et à l'eau la faculté de s'élever dans le ciel.

QUESTION XXVIII. — L'eau ne couvrait-elle pas toute la terre ? Comment est-il dit dans l'Ecriture : « Que les eaux qui sont sous le ciel se rassemblent en un seul lieu, et que la terre apparaisse l'élément aride ? » (Gen., I, 9.)

RÉPONSE. — L'eau couvrait toute la terre comme un nuage vaporeux, qui se condensa et se réunit en un seul endroit, pour laisser apparaître la surface de la terre. On peut dire aussi que la terre s'affaissant dans des proportions considérables présenta des cavités profondes pour recevoir les courants des eaux, et se dégagea comme l'élément aride.

QUESTION XXIX. — Après que tout fut créé, l'Ecriture nous dit : « Voilà que toutes les choses que Dieu avait faites étaient très-bonnes. » (Gen., I, 31.) Pourquoi le Seigneur nous dit-il dans l'Evangile : « Personne n'est bon que Dieu seul ? » (Marc, x, 18.)

RÉPONSE. — Que l'homme soit bon, Notre-Seigneur nous le dit lui-même dans l'Evangile : « L'homme bon tire de bonnes choses du bon trésor de son cœur. » (Matth., XIX, 16.) Et quand il dit : « Personne n'est bon que Dieu seul, » il répondait au pharisien qui le questionnait sur la vie éternelle, et qui le prenait pour un homme, en lui disant : « Bon maître. » C'est pourquoi Jésus-Christ lui répond en disant : « Pourquoi m'appelez-vous bon? Personne n'est bon que Dieu seul ; » comme s'il disait : Cette forme humaine que j'ai prise et que vous voyez, et que verront les bons et les méchants, les justes et les impies, ne sera pas un bien pour ceux qui agissent mal. Ne dites donc pas que je suis bon sous le rapport de mon humanité, que verront ceux qui l'auront transpercée. Il y a en moi une autre nature que ne verront pas les impies, mais que verront seulement les justes. Sous ce rapport je suis bon pour ceux qui mériteront de me voir.

QUESTION XXX. « Une fontaine, dit l'Ecriture, sortait de la terre et arrosait toute la surface du globe. » Si cette fontaine arrosait toute la terre, elle arrosait donc aussi les montagnes, puisque les montagnes en font partie. Or, si elle arrosait même les montagnes, c'était le déluge. Comment, dans ce cas, la terre pouvait-elle produire les plantes avec leurs semences ? Comment l'homme pouvait-il habiter la terre, si les eaux la couvraient tout entière ?.

RÉPONSE. — Fontaine au singulier est mis ici pour le pluriel ; car si nous y faisons attention, nous trouvons souvent cet usage dans la sainte Ecriture. Lisez dans le Psaume : « Il envoya contre eux la mouche furieuse, et elle les dévora ; la grenouille, et elle les extermina. » (Ps. LXXVII, 45.) Evidemment il y avait plus d'une mouche et plus d'une grenouille. On lit encore dans un autre endroit du Psaume : « La sauterelle vint à son tour. » (Ps. CIV, 34.) On ne dit

---

sunt, feruntur supra aera, quod est tertium elementum : ita fieri posse arbitror, ut aquæ tenues atque subtiles ferantur supra cœlum. Nec ab hoc pondere elementorum multi philosophi resurrectionem carnis illudentes non posse fieri, inquiunt, ut homo qui utique ex terra factus est, sit in cœlo. Sed hos veritas convincit, quæ facit multa animalia terrena in aere volitare, et aquam esse supra aerem, et ignem quod est utique quartum elementum, esse in terra. Ergo Dei potentia quæ hæc facere approbatur, facit ut et homo et aqua sint supra cœlum.

QUÆST. XXVIII. — Nonne totam terram aqua tegebat? Et quomodo Scriptura dicit : « Congregentur aquæ quæ sub cœlo sunt in locum unum, et appareat arida ? » (Gen., I, 9.)

RESP. — Totam terram aqua tegebat sicut rarissima nebula, quæ postea in unum redacta atque collecta est, ut posset etiam terræ species apparere. Quamvis terra longe lateque subsidens, potuit concavas partes præbere, quæ confluentes aquas susciperent, ut arida appareret.

QUÆST. XXIX. — Cum Deus omnia bona creaverit, dicente Scriptura : « Et ecce omnia quæ fecit Deus, bona valde : » (Gen., I, 31) cur rursus Dominus in Evangelio dicit : « Nemo bonus nisi solus Deus ? » (Marc., X, 18.)

RESP. — Quod homo sit bonus, idem ipse Dominus in Evangelio dicit : « Bonus homo de bono thesauro cordis sui profert bona. » (Matth., XIX, 16.) Sed ut hoc diceret : « Nemo bonus, nisi solus Deus » illi scilicet respondebat qui vitam æternam ab eo quærebat : illi, qui tantum hominem arbitrabatur, dicens : « Magister bone. » Ideoque sic respondit, dicens : « Quid me dicis bonum ? Nemo bonus, nisi solus Deus : » id est, forma ista assumpta, quam cernis, quam videbunt boni et mali, pii et impii, non erit eis in bonum qui mala agunt. Ergo non me dicas secundum hanc formam bonum, quam videbunt illi qui pupugerunt. Est alia forma, quam non videbunt impii, quam non videbunt nisi justi ; secundum hanc formam bonus sum eis, qui digni fuerint me videre.

QUÆST. XXX. — « Fons, inquit sancta Scriptura, ascendebat de terra, irrigans universam faciem terræ. » Si universam terram irrigabat, ergo et montes irrigabat ; quia et montes utique terra sunt. Si vero et montes irrigabat, diluvium erat. Et quomodo terra germinaverat herbam virentem et facientem semen ? aut quomodo habitabat homo in terra, si universam terram aqua tegebat?

RESP. — Fons ibi ponitur singularis pro plurali numero. Hoc enim si sollicite requiramus, in Scripturis sanctis frequenter reperimus. Habes nempe in Psalmo : « Misit in eos muscam caninam, et comedit eos ; et ranam, et exterminavit eos : » (Psal. LXXVII, 45) cum utique nec una musca, nec una rana fuerit. Et alibi in Psalmo dixit :

pas : les sauterelles, mais : la sauterelle. Vous avez donc ici le singulier pour le pluriel. C'est en employant cette figure qu'un grand poëte a dit (*Enéid.*, II) : Le soldat armé remplit les flancs du cheval. Or, c'est pour désigner l'unité de nature, qu'on a dit une seule fontaine, pour désigner toutes les rivières de la terre; parce que toutes les eaux sortent en quelque manière du même abîme. En disant : « Elle arrosait toute la superficie de la terre; » on entend non pas la terre entière, mais une partie. On prend ici le tout pour la partie; comme quand on dit : Le Christ est mort, le Christ est ressuscité; on sait qu'il n'est mort, et qu'il n'est ressuscité que comme homme.

QUESTION XXXI. — « Dieu prit donc l'homme, dit l'Ecriture, et le plaça dans un paradis de volupté, pour y travailler et le garder. » (*Gen.*, II, 15.) Je vous prie de me dire si l'homme devait cultiver et garder le jardin, ou faire autre chose ?

RÉPONSE. — Ce passage présente un double sens. Car si l'homme travaillait le jardin, c'est-à-dire s'il y était occupé à quelque chose, il est certain qu'il le faisait, non pour se procurer la nourriture, mais pour son agrément. Il n'avait pas encore péché, la terre ne produisait pas encore les épines et les chardons, pour qu'il fût forcé de manger son pain à la sueur de son front. Mais après son péché, il mérita cette punition. Avant le péché, rien ne le forçait au travail, ni le besoin, ni la nécessité; c'était son plaisir de travailler dans le paradis par la culture, et de le garder par la régularité d'une vie innocente. Il ne le gardait pas contre les bêtes sauvages, ni contre les autres animaux; mais il le gardait pour lui-même, veillant à ne pas le perdre par le péché, et à le conserver par son obéissance. Ou bien Dieu a placé l'homme dans le paradis pour le travailler et le garder, dans ce sens que Dieu travaillerait à rendre l'homme bon, et qu'il le garderait dans un état de sûreté. Quelque sens qu'on adopte, soit que l'homme travaillât le jardin par la culture, et le gardât par son exactitude ; soit que Dieu travaillât à rendre l'homme bon, et à le garder pour qu'il fût en sûreté; l'un et l'autre est conforme à la raison.

QUESTION XXXII. — Dieu ayant menacé l'homme de mort, au jour même il aurait touché au fruit défendu, pourquoi n'est-il pas mort le jour qu'il en eût mangé? Car voici les paroles de l'Ecriture : « Au jour même où tu mangeras de ce fruit, tu mourras de mort. » (*Gen.*, II, 17.)

RÉPONSE. — La sainte Ecriture nous montre clairement qu'il y a quatre genre de mort. Il y a d'abord la mort de l'âme, lorsqu'elle abandonne son Créateur; et cet abandon, c'est le péché. « Laissez, dit Notre-Seigneur dans l'Evangile, laissez les morts ensevelir les morts. » (*Matth.*, VIII, 22.) Voilà donc deux sortes de morts, ceux qui sont morts selon l'âme et qui ensevelissent les morts; puis ceux qu'ils ensevelissent, et qui sont morts selon le corps. Ce passage nous montre donc très-clairement deux genres de mort, celle de l'âme et celle du corps. La troisième mort est celle de l'âme, lorsqu'elle est seule après avoir quitté le corps; elle la souffre, comme le riche dont il est parlé dans l'Evangile, et qui disait : « Père Abraham, envoyez Lazare, pour qu'il rafraîchisse ma langue avec son doigt; car je suis cruellement tourmenté dans cette flamme. » (*Luc*, XVI, 24.) La quatrième mort est celle que souffre l'âme, après sa réunion

« Et vetuit locusta : » (*Psal.* CIV, 34) non ait, locustæ, sed locusta. En habes singularem numerum pro plurali. Secundum id quod ait nobilissimus quidam poetarum (VIRG. *Æneid.*) : Uterumque armato milite complent. Porro autem propter unitatem naturæ dictum est unus fons; ut omnes intelligamus qui sunt in terra : quia quodam modo omnes ex unius abyssi natura manant. Nam quod sit : « Irrigabat universam faciem terræ, » non totam terram rigabat, sed partem. A toto enim partem significavit ; quemadmodum dicimus, Christus mortuus est, Christus resurrexit : cum non mortuus fuerit, neque resurrexerit nisi secundum carnem.

QUÆST. XXXI. — « Tulit ergo Dominus Deus hominem, ait Scriptura, et posuit eum in paradiso voluptatis, ut operaretur et custodiret illum. » (*Gen.*, II, 15.) Quid rogo, operaretur et custodiret, paradisum, an aliud ?

RESP. — Ista sententia duplicem intelligentiam parit. Sive enim operaretur homo paradisum, id est in paradiso aliquid operaretur, non necessitate victus, sed (*a*) ad delectationem operabatur : adhuc enim non peccaverat, nec ei terra spinas et tribulos germinaverat, ut in sudore faciei suæ cderet panem suum. Hoc nempe meruit post peccatum. Ante peccatum igitur non indigentia, non necessitate, sed sola, ut diximus, (*b*) voluptate operabatur paradisum per agriculturam, et custodiebat per disciplinam. Non contra bestias neque contra animalia aliqua paradisum custodiebat, sed sibi, scilicet ne amitteret peccando, quem custodire poterat obediendo. Sive ipsum hominem posuit Deus in paradiso ut operaretur et custodiret : operaretur ut bonus esset, et custodiret ut tutus esset. Quodlibet horum dicatur, sive homo paradisum operaretur per agriculturam, et custodiret per disciplinam : sive ipsum hominem Deus operaretur ut bonus esset, et custodiret ut tutus esset, quodvis horum intelligas, rationi uterque intellectus congruit.

QUÆST. XXXII. — Cum Deus minetur homini mortem die quo cibum vetitum tetigerit, cur eo die mortuus non fuit? Sic enim Scriptura dicit : « In quacumque die comederis ex eo, morte morieris. » (*Gen.*, II, 17.)

RESP. — Quatuor esse mortes Scriptura sancta evidenter ostendit. Prima mors est animæ, quæ suum deserit Creatorem : cum enim deserit peccat. « Sine, inquit Dominus in Evangelio, mortuos sepelire mortuos suos. » (*Matth.*, VIII, 22.) Ecce habes mortuos secundum animam, scilicet sepelientes mortuos; et quos sepeliunt, secundum carnem mortuos. Hæc itaque sententia duas mortes manifestissime docet, unam animarum, alteram corporum. Tertia autem solius est animæ, quam, dum ex hoc corpore exierit, patitur, secundum illud quod in Evangelio de divite legimus : « Pater Abraham, inquit dives, mitte Lazarum, ut digito suo refrigeret linguam

(*a*) Mss. duo Vat. *delectatione*. Corb. *dilectione*. — (*b*) Mss. quatuor, *voluntate*.

avec le corps, lorsqu'elle est envoyée au feu éternel, suivant cette parole de Notre-Seigneur dans l'Evangile, quand il jugera les hommes : « Allez dans le feu éternel qui a été préparé pour le diable et pour ses anges. » (*Matth.*, xxv, 41.) Donc le jour où Adam a péché, il est mort selon l'âme. Car de même que le corps vit de son union avec l'âme, ainsi l'âme pour être heureuse, vit de son union avec Dieu. L'âme d'Adam si tôt que Dieu l'eût abandonnée, est morte de la première mort; et cette première mort fut suivie des trois autres. Mais ces trois dernières furent une conséquence de la première, qui était l'abandon de Dieu, le jour où Adam pécha et mourut dans son âme.

QUESTION XXXIII. — Comment Adam pouvait-il craindre la mort, puisqu'il ne la connaissait pas ?

RÉPONSE. — Adam connaissait la mort, comme nous connaissons la résurrection, quoique nous ne la connaissions ni de vue ni d'expérience. Nous savons aussi que l'âme séparée du corps, c'est la mort; et que l'âme réunie au corps, c'est la résurrection. Nous connaissons donc la résurrection sans l'avoir expérimentée. Ainsi Adam connaissait la mort non par expérience, mais par la science. Il savait en quoi consiste la vie, et par la privation de la vie il comprenait la mort. C'est ainsi qu'on a une idée des ténèbres par la privation de la lumière, du silence par la privation de la parole, du vide par l'absence de de tout corps; de même Adam connaissait la mort par la privation de la vie.

QUESTION XXXIV. — Le Seigneur fit venir devant Adam les animaux et les oiseaux, et lui les voyant, leur donna les noms convenables. (*Gen.*, II, 19.) On dit aussi pour la femme : « La femme voyant donc que le fruit de l'arbre était bon pour manger. » (*Gen.*, III, 6.) Ces passages montrent qu'Adam et Eve avaient les yeux bien ouverts. Du reste il n'est pas permis de dire que les premiers hommes aient été aveugles. Pourquoi donc, lorsqu'Adam et Eve eurent touché au fruit défendu, l'Ecriture dit-elle : « Leurs yeux furent ouverts? » (*Gen.*, III, 7.) Car si leurs yeux n'eussent pas été ouverts, Adam n'aurait pas pu nommer les animaux, ni Eve voir la beauté du fruit de l'arbre.

RÉPONSE. — Il est vrai que leurs yeux étaient ouverts, et cependant s'ils n'avaient pas été fermés sous quelque rapport, l'Ecriture ne dirait pas : « Et leurs yeux furent ouverts. » Ils furent ouverts en effet, mais pour voir en eux-mêmes les dérèglements de la concupiscence, et cette loi du péché qui combat contre la loi de l'esprit (*Rom.*, VII, 23), de sorte que les mouvements de la chair n'étaient plus soumis à la volonté, et que par une juste punition, l'homme qui n'avait pas voulu rester soumis à Dieu, trouva que son corps lui était rebelle. Leurs yeux furent donc ouverts, en ce qu'ils virent cette révolte de la concupiscence dans leurs membres.

QUESTION XXXV. — « Adam et Eve, dit l'Ecriture, ayant entendu la voix de Dieu qui se promenait dans le paradis, ils se cachèrent. » Expliquez-moi, je vous prie, comment Dieu se promenait dans le paradis.

RÉPONSE. — N'allez pas croire que Dieu qui est la Trinité, parce qu'on dit qu'il se promenait, ait eu un corps pour se transporter d'un lieu à un autre. Car tout corps occupe un lieu, et tout ce qui est local

---

meam : quia crucior in hac flamma. » (*Luc.*, XVI, 24.) Quarta est mors, cum anima receperit corpus, ut in ignem mittatur æternum; secundum quod Dominus in Evangelio de futuro judicio ait : « Ite in ignem æternum, qui paratus est diabolo et angelis ejus. » (*Matth.*, XXV, 41.) Die itaque quo peccavit Adam, in anima mortuus est. Sicut enim corpus vivit ex anima, ita anima ut beatius vivat, vivit ex Deo. Ergo deserta anima Adæ a Deo, jure dicitur mortua prima morte, ex qua tres posteæ secutæ sunt mortes. Ut enim hæ subsequerentur, primo processit desertio Dei, secundum quod eo die quo peccavit Adam mortuus est.

QUÆST. XXXIII. — Quomodo poterat timere mortem Adam, quam nullatenus sciebat?

RESP. — Sicut enim nos scimus resurrectionem, quam nunquam experti sumus, nec vidimus, ita ille sciebat mortem. Scimus quoque quod exiens anima a corpore faciat mortem, et dum reversa fuerit ad corpus suum, faciet resurrectionem. Ecce scimus resurrectionem, quam nunquam experti sumus. Sic et ille sciebat utique mortem, non adhuc per experientiam, sed per scientiam. Sciebat quippe quid esset vivere, et per privationem vitæ sciebat utique mortem. Sicut sciuntur tenebræ per privationem lucis, et sicut scitur silentium per privationem vocis, et sicut scitur vacuum per privationem corporis, ita sciebat mortem per privationem vitæ.

QUÆST. XXXIV. — Adduxit Dominus cuncta ad Adam animalia et volatilia, vidensque ea, nomina imposuit. (*Gen.*, II, 19.) Et de muliere paulo post dicitur : « Videns ergo mulier quod bonum esset lignum ad vescendum, » (*Gen.*, III, 6) etc. Ecce manifestissime Scriptura ostendit amborum oculos apertos fuisse. Nec enim fas est dicere primos homines cæcos factos. Et cur post paululum post ligni vetiti tactum, eadem Scriptura dicit : « Aperti sunt oculi amborum ? » (*Ibid.*, 7.) Nisi enim oculos haberent apertos, nec ille animalibus nomina imponeret, nec illa videret ligni pulchritudinem.

RESP. — Hoc quippe verum est, quia apertos oculos habebant, et tamen nisi ad aliquid clausi essent, nullatenus Scriptura diceret : « Aperti sunt oculi amborum. » Aperti sunt, scilicet, non ob aliud nisi ad invicem concupiscendum, ut esset lex in membris repugnans legi mentis (*Rom.*, VII, 23) : ut etiam in ipsis membris esset non voluntarius motus, justa scilicet Dei vindicta, ut homo qui noluit esse subjectus Deo, non haberet subditum corpus. Ergo in eo aperti sunt oculi amborum, ut moverentur concupiscentialiter membra.

QUÆST. XXXV. — « Cum audissent vocem Adam et Eva, ait Scriptura, Domini Dei deambulantis in paradiso, absconderunt se : » Rogo quæ est ista deambulatio?

RESP. — Absit ut Deus, qui est Trinitas, ex hoc quod ejus dicitur deambulatio, corporeus aut localis esse credatur. Omne siquidem corpus locale est, et omne locale utique corpus est. Deus vero incorporea res est, nec

est un corps. Mais Dieu est une nature incorporelle, étranger aux mouvements du temps et aux lois de la localité, et n'allant pas d'un lieu à un autre. Quand on dit que Dieu se promenait dans le paradis, il faut donc entendre ici quelque créature, sous une figure humaine, comme je pense que l'ont compris les anciens d'après les données de la sainte Ecriture.

QUESTION XXXVI. — Dieu étant un, suivant cette parole de l'Ecriture : « Ecoute, ô Israël : le Seigneur ton Dieu est un seul Dieu ; » (*Deut.*, VI, 3) comment Dieu a-t-il pu dire : « Voici qu'Adam est devenu comme un de nous ? » (*Gen.*, III, 20.) *Nous* indique ici la pluralité.

RÉPONSE. — Quoiqu'il n'y ait qu'un seul Dieu, il y a cependant la Trinité des Personnes, le Père, le Fils et le Saint-Esprit. Cette expression, *un de nous*, indique non la pluralité des Dieux, mais la pluralité des personnes.

QUESTION XXXVII. — Nous voyons que plusieurs animaux sont engendrés de la corruption des corps et surtout des corps morts. Ont-ils été créés en même temps que ces corps eux-mêmes ?

RÉPONSE. — On ne peut pas dire qu'ils ont été créés en même temps que ces corps, mais ils ont été comme déposés en germe dans ces corps, pour naître en temps convenable. De même que la semence d'un arbre possède en elle-même une certaine énergie, et qu'enfouie dans la terre, elle pousse pour produire une branche laquelle se développe pour s'épanouir en rameaux et en feuillages, et pour se parer ensuite de fleurs et de fruits ; ainsi chaque corps est pour ainsi dire une pépinière de germes. D'où sortira plus tard, par les soins de la Providence divine, une génération d'animaux.

QUESTION XXXVIII. — Dieu ayant dit : « Que la terre produise toutes sortes d'herbes verdoyantes avec leurs semences, et des arbres qui portent des fruits ; » (*Gen.*, I, 11) quand fit-il donc les arbres stériles, ou les épines et les chardons ?

RÉPONSE. — Dieu fit toutes choses en même temps, puisque l'Ecriture nous dit : « Celui qui vit de toute éternité a tout créé en même temps. » (*Eccli.*, XVIII, 1.) On ne doit donc pas appeler stériles ou inutiles des arbres, qui servent de quelque manière que ce soit aux besoins de l'homme. Si ces arbres, en effet, ne lui fournissent pas la nourriture, ils lui donnent certainement soit des médicaments, soit d'autres avantages. Voyez vous-mêmes combien ils vous sont utiles. Du reste, si vous faites attention que fruit vient de *fruendo* (jouir), et que tout arbre nous procure quelque jouissance, vous ne serez pas autorisé à dire qu'il y ait aucun arbre infructueux. Les épines elles-mêmes, les chardons qui sont un surcroît de peine pour l'homme depuis son péché, suivant cette parole de l'Ecriture : « La terre produira pour toi des épines et des chardons. » (*Gen.*, III, 18.) Ces plantes n'ont pas une existence postérieure ; car avant le péché de l'homme, elles existaient pour fournir la nourriture des animaux et des oiseaux, et non pour donner à l'homme un surcroît de travail.

QUESTION XXXIX. — Si Dieu, comme dit l'Ecriture, a tout disposé avec nombre, poids et mesure ; où donc a-t-il placé le nombre, le poids et la mesure ? (*Sag.*, XI, 21.)

RÉPONSE. — Le nombre, le poids et la mesure, c'est Dieu lui-même. Il est lui-même le nombre sans nombre, d'où vient tout nombre. Il est lui-même la

---

temporaliter movetur, nec loco continetur, neque de loco ad locum transfertur. Ejus namque deambulatio intelligenda est per aliquam creaturam facta, quam creaturam (*a*) hominem fuisse ex ipsius circumstantia Scripturæ intellectum a majoribus recolo.

QUÆST. XXXVI. — Cum Deus unus sit, dicente Scriptura : « Audi Israel, Dominus Deus tuus Deus unus est : » (*Deut.*, VI, 3) quomodo ipse dixit : « Ecce Adam quasi unus ex nobis factus est ? » (*Gen.*, III, 22.) Nobis enim pluralitatem insinuat.

RESP. — Deus quamvis unus sit, tamen Trinitas est, Pater scilicet, et Filius et Spiritus sanctus. « Unus ex nobis » dictum est, non propter pluralitatem deorum, sed propter pluralitatem personarum.

QUÆST. XXXVII. — Multa utique videmus animalia ex corruptione corporum, maxime mortuorum nasci : numquid tunc creata sunt, quando ipsa corpora ?

RESP. — Absit, ut tunc creata dicantur, quando ipsa corpora : sed corporibus insita sunt quodam modo, quæ sunt suo tempore exortura. Sicut enim semen cujuslibet arboris habet quamdam vim, ut cum obruptum fuerit in terra oriatur, et virgultum producatur, deinde ramis nihilo minus (*b*) constipata dilatetur, et frondibus ; deinde floribus decorata fructificet : ita est et in corpore, ut ita dicam, quoddam seminarium, unde suo tempore curante providentia Dei, aliqua genera animalium oriantur.

QUÆST. XXXVIII. — Cum Deus dixerit : « Germinet terra herbam virentem, et afferentem semen et ligna fructifera : » (*Gen.*, I, 11) ligna infructuosa, vel spinas vel tribulos quando fecit ?

RESP. — Simul omnia Deus fecit, dicente Scriptura : « Qui vivit in æternum, creavit omnia simul. » (*Eccli.*, XVIII, 18.) Nullatenus igitur dicenda sunt infructuosa ligna, quæ aliquo modo hominibus afferunt adjumenta : quia et re vera, si non invenimus in eis aliquid ad edendum, invenimus certe ad medicamentum, invenimus ad adjutorium. Nam quantæ utilitates inveniantur in eis, tu ipse considera. Proinde quia a fruendo dicitur fructus, et ab omni ligno possumus habere aliquod adjutorium, jure nullum lignum dicimus infructuosum. Spinæ autem et tribuli quamvis post peccatum homini nascantur ad laborem dicente Scriptura : « Terra spinas et tribulos pariet tibi : » (*Gen.*, III, 18) tamen non est dicendum tunc ea oriri ex terra : quia jam erant utique ad pastus pecorum vel volatilium facta, non ad augendam hominis pœnam producta.

QUÆST. XXXIX. — Si omnia in numero et mensura et pondere Deus disposuit, sicut sancta Scriptura testatur ; ipsum numerum, et mensuram, et pondus ubi disposuit ? (*Sap.*, XI, 21.)

RESP. — Numerus et mensura et pondus ipse Deus est. Ipse est numerus sine numero, a quo est omnis nu-

---

(*a*) Unus ex Vat. Mss. *Angelum*. Alii *hominem*. — (*b*) Ms. Corb. *conspicata*. Vat. tres, *conspissata*.

mesure sans mesure, d'où vient toute mesure. Il est lui-même le poids sans poids, d'où vient tout poids. Il a donc tout disposé avec nombre, poids et mesure, comme si l'on disait : Il a tout disposé en lui-même. Il n'a pas vu la création en dehors de lui, ni ailleurs, pour s'en faire un plan dans sa mémoire, comme tous les hommes, avant d'exécuter. La cause de toute créature, c'est donc la volonté du Créateur. Sa volonté n'est pas autre que sa nature. Et de même que sa nature est éternelle, sa volonté aussi est éternelle. La création n'a donc pas été une pensée accidentelle dans la volonté de Dieu. Par conséquent, Dieu comme Trinité a tout disposé en lui-même, parce qu'il possède tout en lui. On peut encore donner une autre interprétation. Il a tout disposé avec nombre, poids et mesure, c'est-à-dire que tout ce qu'il a fait, renferme le nombre, le poids et la mesure.

QUESTION XL. — Dieu a-t-il amené devant Adam tous les animaux de la terre, et tous les oiseaux du ciel (*Gen.*, II, 19), comme les chasseurs et les oiseleurs les amènent vers les filets. Ou bien une voix s'est-elle fait entendre d'un nuage pour commander, et ont-ils entendu cette voix comme des créatures intelligentes, et sont-ils venus par obéissance ?

RÉPONSE (1). — Les animaux de la terre et les oiseaux du ciel n'ont pas été créés pour être capables de raison, ni pour obéir librement au Créateur. Cependant ils obéissent à Dieu à leur manière, sans y être déterminés par un jugement réfléchi de leur volonté ; mais ils suivent les mouvements que Dieu imprime à toute créature dans le temps convenable, sans être assujetti lui-même à aucun mouvement du temps. Dieu a son mouvement en lui-même, sans conditions de temps ni de lieu. Il imprime le mouvement à tout esprit créé suivant les lois du temps, mais sans condition de lieu, et à toute créature corporelle suivant les lois du temps et du lieu. L'être qui n'est soumis qu'aux conditions du temps, est donc plus grand que celui qui est soumis aux conditions de temps et de lieu ; et pour la même raison l'être qui n'est soumis ni aux conditions de temps ni aux conditions de lieu, est plus grand que celui qui vit seulement dans les conditions du temps. L'esprit créé n'est donc soumis qu'aux lois du temps, mais le corps qu'il anime est soumis aux conditions du temps et du lieu. L'esprit créateur vit en lui-même en dehors des lois du temps et du lieu. L'âme raisonnable qui est dans les hommes, et l'âme non raisonnable qui est dans les animaux est soumise aux ordres du créateur, avec cette différence que l'âme raisonnable a l'intelligence pour pouvoir juger, si elle consent ou ne consent pas à cette soumission. Mais les animaux qui sont sur la terre ou dans les airs, n'ont pas reçu ce jugement ; et cependant, suivant leur nature ou leur espèce, ils obéissent à un mouvement d'impulsion qui leur est imprimé. C'est la nature angélique qui pour exécuter les ordres de Dieu, gouverne toutes les espèces des animaux, en leur apprenant ce qu'ils ne savent pas. Car si les hommes viennent à bout de dresser certains animaux, au point qu'ils paraissent faire leur volonté, comment les anges n'auraient-ils pas ce pouvoir ?

QUESTION XLI. — Comment se fait-il que Dieu qui, selon vous, met tout en mouvement, ne soit soumis à aucun mouvement du temps ; et que l'esprit créé qui vit dans le temps, ne soit assujetti à aucune condition de lieu ?

RÉPONSE. — Dieu qui a créé les temps, existe avant

---

(1) Cette réponse, et quelques-unes des suivantes renferment divers fragments des livres de saint Augustin, *sur la Genèse selon la lettre*.

---

merus. Ipse est mensura sine mensura, a quo est omnis mensura. Ipse est pondus sine pondere, a quo est omne pondus. Omnia ergo in numero et mensura et pondere disposuit, tanquam si diceret, omnia in se disposuit. Non enim creaturam eam extra se, aut alicubi vidit, ut sicut homines, memoria retineat quæ faceret. Omnis igitur causa creaturæ, voluntas est Creatoris. Hoc ibi est voluntas, quod natura. Sic tamen æterna est illi natura, sic est æterna voluntas. Non enim accidit Deo nova aliqua cogitatio ad formandas creaturas. Proinde omnia in se Trinitas Deus disposuit, quia in se cuncta habuit quæ fecit. Intelligitur et aliter : Omnia in numero et mensura et pondere disposuit, id est, omnia quæ fecit, numerum et mensuram et pondus habent.

QUÆST. XL. — Numquidnam sic adduxit Deus ad Adam cuncta animantia terræ, et universa volatilia cœli, quomodo adducunt aucupantes vel venantes ad retia? (*Gen.*, II, 19.) An forsitan vox de nube facta est jussionis, quam intelligerent tanquam rationales animæ, et ea audita nihilominus obedirent ?

RESP. — Non hoc acceperunt animantia vel volatilia cœli, ut sint rationis capacia, per quam obedire possint Creatori suo : in suo tamen genere obtemperant Deo, non rationali voluntatis arbitrio, sed sicut movet ille omnia temporibus opportunis, non ipse temporaliter motus. Movet itaque se ipsum sine tempore et loco, movet creatum spiritum sine loco temporaliter, movet creaturam corpoream temporaliter et localiter. Præcedit igitur substantia quæ temporaliter tantum movetur, illam quæ temporaliter et localiter movetur. Præcedit itaque substantia quæ nec temporaliter nec localiter movetur, illam quæ tantum temporaliter movetur. Ipse spiritus conditus movet se ipsum per tempus sine loco, movet corpus per tempus et locum. Spiritus vero creator movet se ipsum sine tempore et loco. Igitur spiritus rationalis, qui est in hominibus, sive irrationalis, qui est in brutis, etiam ejus jussis movetur. Sed rationalis habet intelligentiam, per quam judicare possit, utrum jussis consentiat, aut non consentiat. Animalia vero reptilia ac volatilia non acceperunt hoc judicium ; pro suo tamen genere atque natura jussu aliquo acta propelluntur. Unde angelica natura jussa Dei perficiens, movet jussis omne genus animantium, docens id quod nescit. Si etenim homines possunt nonnulla animalium genera mansueta facere, ita ut quasdam voluntates hominum facere videantur, quanto magis hoc Angeli possunt?

QUÆST. XLI. — Quæ causa fecit, ut Deus quem adstruis movere, non moveatur in tempore ; aut spiritus creatus qui movetur in tempore, non moveatur et loco ?

RESP. — Deus qui instituit tempora, et est ante tem-

les temps, et en lui il n'y a ni passé ni futur, ni dessein nouveau, ni pensée nouvelle; une chose nouvelle en Dieu, ce serait une chose accidentelle. Or, supposer une chose accidentelle en Dieu, c'est dire qu'il n'est pas immuable. Dieu est donc immuable ; en lui rien d'accidentel, ni pensée nouvelle, ni dessein nouveau ; c'est pourquoi il ne vit pas dans le temps. Dieu est donc immuable. Mais les esprits créés, comme les anges, quoiqu'ils contemplent en dehors du temps l'éternité de Dieu, la vérité, la charité ; cependant comme ils accomplissent les ordres de Dieu dans la création inférieure soumise aux lois du temps, ils sont considérés avec raison comme assujettis aux conditions du temps. Ils subissent aussi les conditions de lieu, lorsqu'ils prennent un corps pour descendre du ciel ou y remonter. L'esprit de l'homme a aussi son mouvement dans le temps ; il se rappelle le passé, attend l'avenir, et apprend chaque jour quelque chose de nouveau. En effet, lorsque je me rappelle un fait que j'ai lu, une ville que j'ai visitée, mon esprit, par la pensée qui se rappelle, se transporte dans le temps, mais sans faire aucun mouvement de lieu. Car s'il changeait de place, ce serait pour se trouver dans le ciel ou en quelqu'endroit de la terre, puisqu'en dehors du ciel et de la terre, il n'y a plus aucun lieu. Où était donc en effet mon esprit, soit au ciel, soit sur la terre, lorsqu'il voyait cette histoire lue autrefois, ou cette ville visitée ? Si donc il ne l'a vue nulle part en se la rappelant, c'est qu'il l'a vue en lui-même. Or, comme la pensée a un commencement, et que tout ce qui commence est soumis au temps, on peut donc dire que tout esprit créé, par les raisons que nous venons d'exposer, est soumis aux conditions du temps, et non aux conditions de lieu ; l'esprit créateur domine les temps et les lieux ; quant au corps il subit cette double loi.

Question XLII. — Le repos est un besoin après le travail. Pourquoi dit-on que Dieu s'est reposé ? Peut-on dire qu'il était fatigué de son travail, pour qu'il se soit reposé ?

Réponse. — Dieu n'a besoin d'aucune créature pour être heureux, ni pour se reposer ; il se repose en lui-même. De plus on ne dit pas qu'il se soit reposé dans l'intervalle des jours, mais seulement quand il eut terminé les œuvres du sixième jour. Il est clair qu'en créant le monde, Dieu n'avait besoin de rien pour lui-même ; il ne consultait que sa bonté. Or, s'il prenait son repos dans quelque créature, il faudrait donc dire qu'il l'a créée pour son besoin ; et n'ayant rien créé pour son besoin, il faut dire qu'il ne s'est point reposé dans la créature. Quand l'Ecriture nous dit que Dieu s'est reposé le septième jour de toutes les œuvres qu'il avait faites (*Gen.*, II, 2) ; il faut entendre, à mon avis, non pas qu'il se soit reposé dans le jour même, comme s'il avait eu besoin de ce repos pour être plus heureux, mais qu'il a initié le septième jour, c'est-à-dire la nature angélique au mystère de son repos, les anges devant contempler en Dieu la forme de toute créature, et devant aussi voir clairement que la création n'était pour Dieu une œuvre de besoin, mais une œuvre de bonté. Je pense qu'on peut ainsi interpréter le repos de Dieu. On peut donner une autre interprétation et dire que le repos de Dieu, c'est le repos qu'il nous donne comme récompense des bonnes œuvres, selon cette manière de parler, où nous voyons que Dieu dit à Abraham : « Je connais maintenant que vous craignez Dieu, »

---

porà, nihil in eo est præteritum et futurum, nullum consilium novum, nullaque nova cogitatio : quia scilicet si nova, et accidens. Si vero aliquid accidit Deo, jam non immutabilis. Igitur immutabilis Deus est : quibus illi accidit, nulla nova cogitatio, nullum novum consilium ; ideo non movetur in tempore. Igitur immutabilis Deus est. Spiritus vero conditus, sicut est Angelorum, quanquam sine tempore contemplentur Dei æternitatem, veritatem, caritatem, tamen quia ex tempore in inferioribus jussa Dei perficiunt, jure creduntur moveri in tempore. Corpora vero sua in loco movent, dum descendunt de cœlo, et ascendunt in cœlum. Spiritus itaque hominum movetur in tempore, reminiscendo præterita, futura expectando, aliquid novi discendo. Neque enim, cum recordor aliquam lectionem aut aliquam civitatem, sicut motus est spiritus meus cogitando, ut hæc recordaretur ex tempore, ita motus est loco. Quod si loco moveretur, aut in cœlo aut in terra moveretur ; quia sine cœlo et terra nullus est locus. Ubi enim fuit ipse spiritus, in cœlo, an in terra, ut videret ipsam lectionem vel ipsam civitatem ? Ergo si in nullo loco vidit, ut recordaretur, in se ipso vidit. Et quia initium habet cogitatio, et omne quod initium habet, et tempus habet ; igitur secundum supra dictam rationem, spiritus creatus per tempus moveri potest, non per locum : Spiritus creator sine tempore et loco : corpus autem et loco et tempore.

Quæst. XLII. — Cum requies non sit nisi post laborem, cur Deus requiescere dicitur ? An et ipse opere fatigatus est, ut requiescere dicatur ?

Resp. — Non in aliqua creatura tanquam ejus bono indigens requievit Deus, sed in se ipso. Denique non in aliquo dierum, sed post sexti diei opera requiescere legitur. Unde liquido apparet, nullam creaturam Deum per indigentiam, sed sola bonitate fecisse. Quod si in aliqua creatura requiesceret, aliquam creaturam indigens fecisset. Ergo quia nullam creaturam per indigentiam fecit, proinde in nulla creatura requievit. Nam quod dicit Scriptura, requievisse Deum in die septimo ab omnibus operibus suis quæ fecit (*Gen.*, II, 2) ; hoc intelligi posse arbitror, quod non in ipso die, tanquam ejus bono indigens, quo sit beatior, requieverit ; sed ipsum diem septimum, id est, angelicam naturam adduxisse ad requiem suam : ut viderent scilicet in Deo sicut omnem (*a*) formandam creaturam, ita et illum viderent quod nullam creaturam per indigentiam, sed sola bonitate fecisset. Hoc enim arbitror posse intelligi requiem Dei. Intelligitur et aliter requies Dei, id est, cum nos post bona opera requiescere facit ; secundum illum modum quo dixit Deus ad Abraham : « Nunc cognovi quod timeas Deum : » (*Gen.*, XXII, 12) quod intelligitur, co-

---

(*a*) Mss. duo Vat. *formam et creaturam*.

(*Gen.*, xxii, 12) comme s'il disait : j'ai fait connaître : et en disant que Dieu se repose, on voudrait dire qu'il donne aux saints le repos de la béatitude. Le repos de Dieu signifie encore qu'il cesse de produire de nouvelles créatures, parce qu'après l'œuvre des six jours, il n'a plus rien produit. Et cette parole de l'Evangile : « Mon père opère toujours et j'opère aussi, » (*Jean*, v, 17) ne doit pas s'entendre comme si Dieu continuait la création, mais elle signifie que Dieu s'occupe de la gouverner.

QUESTION XLIII. — Comment le serpent pouvait-il parler dans le paradis, n'étant évidemment qu'un animal privé de raison ? (*Gen.*, iii, 1.)

RÉPONSE. — Le serpent ne pouvait pas parler par lui-même, puisque Dieu ne lui avait pas donné cette faculté. Mais le diable le fit servir à ce ministère, en l'employant comme un organe, pour produire un son articulé. Il prononçait des paroles par cet organe, sans que le serpent y comprît rien. L'être privé de raison est soumis à la nature raisonnable ; et pourtant celle-ci ne peut pas s'en servir pour faire tout ce qu'elle veut, sinon autant que le permet le Créateur.

QUESTION XLIV. — Si les serpents ne comprennent pas, comment sortent-ils de leurs cavernes à la voix des Marsiens, pour servir à leurs enchantements ?

RÉPONSE. — Quoiqu'ils ne comprennent pas, ils n'en ont pas moins la sensibilité corporelle. Ils ont la vue, l'ouïe, l'odorat, le goût et le toucher. Ils entendent bien les paroles des Marsiens, mais ils ne les comprennent pas. Leur obéissance n'est donc pas raisonnée ; mais quand ils sortent de leurs cavernes à la voix des Marsiens, c'est le diable qui les pousse avec la permission de Dieu. Nous en avons une preuve dans ce premier exemple, où nous voyons que le diable se servit du serpent, pour tromper le premier homme dans le paradis.

QUESTION XLV. — Comme il fallait donner une épouse à Adam, ne pouvait-on faire autrement que de lui enlever une côte pendant son sommeil, pour en former la première femme ?

RÉPONSE. — Dieu pouvait faire autrement sans doute ; mais il jugea plus convenable d'adopter ce moyen, qui était le symbole d'un autre mystère. Car de même qu'on prend une côte d'Adam pour en former son épouse ; ainsi pendant que le Christ meurt, on fait sortir le sang de son côté, pour former l'Eglise. C'est par la communion au corps et au sang du Christ, que l'Eglise devient son épouse.

QUESTION. XLVI. — Comment faut-il entendre cette parole d'Adam : « C'est pourquoi l'homme quittera son père et sa mère, et s'attachera à son épouse ; et ils seront deux dans une seule chair ? » (*Gen.*, ii, 24.)

RÉPONSE. — Le bienheureux apôtre saint Paul rappelant ce même texte l'explique ainsi : « Ce sacrement est grand, et je dis qu'il est grand dans le Christ et dans l'Eglise. » (*Ephés.*, v, 32.) Mais comment le Christ a-t-il quitté son Père, puisqu'il ne forme avec lui qu'une même nature ? Comment le Père pourrait-il être sans le Fils, puisqu'on dit du Fils qui est la sagesse : « Il atteint d'une extrémité jusqu'à l'autre avec force, et dispose tout avec douceur ? » (*Sag.*, viii, 1.) Donc si le Fils est là où est le Père, le Père ne peut pas être sans le Fils, ni le Fils sans le Père ; car ils sont inséparables et comme

---

gnoscere feci : ita et hic intelligitur requiescere Deus, cum sanctis suis requiem præstat. Item aliter requiescere dicitur Deus a condendis novis creaturis; quia post editionem sex dierum operum, nullam deinceps condidit creaturam. Nam quod ait : « Pater meus usque modo operatur, et ego operor, » (*Joan.*, v, 17) non novam creaturam condendo intelligitur, sed quam condidit administrando.

QUÆST. XLIII. — Quomodo loqui serpens poterat in paradiso, cum aliquid appareat irrationale esse animal. (*Gen.*, iii, 1.)

RESP. — Serpens per se loqui non poterat, quia non hoc a Creatore acceperat. Assumpsit enim in ministerium illum diabolus, utens eo velut organo, per quod articulatum sonum emitteret. Per illum nempe verba faciebat, et tamen hoc etiam ille nesciebat. Natura ergo rationis expers subditur rationali naturæ ; sed tamen non tantum, quantum vult, ex ea vel in ea facit, sed quantum a Creatore acceperit.

QUÆST. XLIV. — Et si non intelligunt serpentes, quomodo audiunt verba Marsorum, ut ad incantationem eorum exeant de speluncis suis ?

RESP. — Licet intellectum non habeant, tamen sensu corporis nullatenus carent. Habent enim et visum, et auditum, et odoratum, et gustum, et tactum. Et ideo quamvis audiant verba Marsorum, nequaquam tamen intelligunt. Non enim obediunt intelligendo, sed ut de antris ad verba Marsorum exeant, permittente Deo coguntur a diabolo. Unde datur testimonium de illo primo facto, quod primum hominem diabolus per serpentem decepit in paradiso.

QUÆST. XLV. — Numquid quia opus erat Adæ, ut ei conjux fieret, aliter non poterat fieri, nisi ut dormienti costa detraheretur, ex qua conjux ædificaretur ?

RESP. — Poterat Deus etiam aliter facere, sed ideo congruentius judicavit ut sic faceret, unde aliquid significaretur. Sicut enim dormienti Adæ costa detrahitur ut conjux efficiatur, ita et Christo morienti de latere sanguis effunditur, ut Ecclesia construatur. Communicando nempe corpori et sanguini Christi, efficitur Ecclesia Christi conjux.

QUÆST. XLVI. — Quomodo intelligendum est quod dicit Adam : « Quamobrem relinquet homo patrem et matrem, et adhærebit uxori suæ, et erunt duo in carne una ? » (*Gen.*, ii, 24.)

RESP. — Beatus apostolus Paulus hoc capitulum sibi ponens exposuit, dicens : « Sacramentum hoc magnum est, ego autem dico in Christo et Ecclesia. » (*Ephes.*, v, 32.) Sed quomodo Christus reliquerit Patrem, cum una substantia sit cum Patre ? Aut ubi esse poterit Pater sine Filio, cum de ipso Filio qui est sapientia, dicatur, quod « attingat a fine usque ad finem fortiter, et disponat omnia suaviter ? » (*Sap.*, viii, 1.) Ergo si ibi est Filius ubi et Pater, non potest esse Pater sine Filio, nec Filius

nature et comme personnes. Le Fils lui-même dit dans l'Evangile en parlant de son Père : « Celui qui m'a envoyé est avec moi. » (*S. Jean*, VIII, 29.) Comment le Fils a-t-il donc quitté le Père, pour s'attacher à son Epouse, qui est l'Eglise, si ce n'est par le moyen dont parle l'Apôtre : « Ayant la nature divine, il a pensé que ce n'était pas une usurpation pour lui de se dire égal à Dieu; mais il s'anéantit lui-même en prenant la nature de l'esclave? » (*Philipp.*, II, 6.) En prenant donc la nature de l'esclave et en s'anéantissant, il n'a rien perdu pour cet anéantissement, de sa divinité ni de sa nature; et pourtant en se montrant sous la nature de l'esclave, c'est avec raison que l'Apôtre dit qu'il a quitté son Père. Il a aussi quitté sa mère, c'est-à-dire la synagogue qui s'attachait d'une manière charnelle à l'Ancien Testament. Il s'est attaché à son Epouse qui est son Eglise sainte, afin que par l'alliance du Nouveau Testament ils fussent deux dans une même chair.

QUESTION XLVII. — Pourquoi les présents de Caïn qui sont les fruits de la terre sont-ils réprouvés, tandis que ceux d'Abel qui sont les brebis choisies de son troupeau sont bien accueillies? (*Gen.*, IV, 3.)

RÉPONSE. — Caïn était le type du peuple juif qui offrait des sacrifices grossiers suivant l'Ancien Testament. Or, ces sacrifices, quand parut la lumière du Testament Nouveau, furent abandonnés et abolis. Les sacrifices des chrétiens qui ont leur principe dans l'innocence du Christ, l'innocent Agneau, sont glorifiés partout, après avoir été figurés par les dons que choisissait Abel parmi ses troupeaux. Les sacrifices de Caïn ne sont donc pas acceptés. C'est pour cela qu'on dit dans le Psaume : « Vous n'avez pas voulu des offrandes ni des holocaustes. » (*Ps.* XXXIX, 7.)

QUESTION XLVIII. — Que signifie la conduite de Caïn qui tue son frère dans la campagne?

RÉPONSE. — Nous avons dit plus haut que Caïn était la figure des Juifs, qui ont mis à mort Jésus-Christ. Abel le plus jeune est mis à mort; Jésus-Christ chef du peuple nouveau est mis à mort par les Juifs, le peuple ancien; Abel dans un champ, Jésus-Christ sur le Calvaire.

QUESTION XLIX. — Comment faut-il entendre cette parole, que le sang d'Abel criait de la terre vers Dieu?

RÉPONSE. — Le sang d'Abel signifie le sang du Christ, que boit l'Eglise universelle, en criant : *Amen*. Or, ce cri que pousse l'Eglise universelle, en buvant le sang du Christ, et en disant : *Amen*, cherchez à le comprendre, si vous le pouvez. Mais les Juifs, figurés dans la personne de Caïn, ne croient pas au Christ ; ils ne boivent pas le sang du Christ, et ils sont maudits sur la terre ; sur cette terre qui a ouvert sa bouche pour confesser le Christ et boire le sang de son frère qui est le Christ. Or, les Juifs ne le boivent pas et ils sont maudits.

QUESTION L. — Que signifie ce qui est dit, qu'Enoch, le septième descendant d'Adam, marcha avec Dieu et n'apparut pas.

RÉPONSE. — Enoch, septième descendant d'Adam, est enlevé auprès de Dieu, figurant, comme septième, le repos qui est donné aux saints. Car, pendant le sixième âge du monde, les hommes sont formés à la connaissance de Dieu, pour être transférés dans le lieu du repos.

---

sine Patre. Quia scilicet sicut inseparabiles sunt in natura, ita et inseparabiles in personis. Sic enim ipse Filius de Patre dicit in Evangelio : « Qui me misit, mecum est. » (*Joan.*, VIII, 29.) Quomodo ergo dereliquit Patrem ut adhæreret uxori suæ, id est, Ecclesiæ suæ, nisi illo modo quo Apostolus dicit : « Qui cum in forma Dei esset, non rapinam arbitratus est esse se æqualem Deo, sed semetipsum exinanivit formam servi accipiens ? » (*Phil.*, II, 6.) Ipsa ergo formæ servilis acceptio est exinanitio, et ipsa exinanitio quamquam non sit divinitatis abolitio aut naturæ amissio, tamen propter formam servi in qua dignoscitur apparuisse, jure dicit Apostolus Patrem reliquisse. Reliquit et matrem, scilicet synagogam, veteri Testamento carnaliter inhærentem; et adhæsit uxori suæ, id est, Ecclesiæ suæ sanctæ, ut per pacem novi Testamenti essent duo in carne una.

QUÆST. XLVII. — Cur Cain ex terræ fructibus munera reprobantur, et Abel ex (a) adipibus gregis sui munera suscipiuntur? (*Gen.*, IV, 3.)

RESP. — Cain typum gerebat Judæorum, qui illa corporalia sacramenta secundum vetus Testamentum exercebant. Horum enim sacrificia superveniente Testamenti novi fide, contempta et evacuata sunt; et Christianorum sacrificia, quæ ex innocentia Christi innocentis agni constant, laudantur, quæ significabant ipsius Abel ex ovibus munera. Munera igitur Cain non accipiuntur. Unde etiam dicitur in Psalmo : « Oblationes et holocausta noluisti, etc. » (*Psal.* XXXIX, 7.)

QUÆST. XLVIII. — Quid significat, quod Cain fratrem suum Abel in agro interfecit?

RESP. — Jam superius diximus Cain significare Judæos, qui Christum occiderunt. Occiditur itaque Abel minor natu; occiditur Christus caput populi minoris natu a populo Judæorum majore natu : ille in agro, iste in Calvariæ loco.

QUÆST. XLIX. — Quomodo intelligendum est, quod sanguis Abel legitur de terra ad Deum clamasse?

RESP. — Sanguis Abel significat sanguinem Christi, quo universa Ecclesia accepto dicit : « Amen. » Nam qualem clamorem faciat universa Ecclesia dum potatur sanguine Christi, et dicit : « Amen, » tu ipse si potes, considera. Judæi ergo qui intelliguntur in persona Cain, quoniam non credentes in Christo, non potantur sanguine Christi, maledicti sunt super terram. Super illam scilicet terram, quæ aperuit os suum per confessionem, et bibit sanguinem fratris sui, id est Christi sui. Quem quia Judæi non bibunt, ideo maledicti sunt.

QUÆST. L. — Quid significat, quod Enoch septimus ab Adam cum Deo ambulavit, et non apparuit?

RESP. — Enoch septimus ab Adam transfertur ad Deum, et septimo requies promittitur sanctis; quia in sexta ætate sæculi reformantur in agnitionem Dei, ut transferantur ad requiem.

(a) Mss. duo, *de ovibus.*

DIALOGUE SUR SOIXANTE-CINQ QUESTIONS.

QUESTION LI. — Que signifie cette parole, que Noé a été délivré par l'eau et le bois?

RÉPONSE. — L'eau signifie le baptême, le bois signifie la croix. De même que Noé a été délivré par l'eau et le bois, ainsi l'Eglise est délivrée par le baptême, et le signe de la passion de Jésus-Christ.

QUESTION LII. — Que signifie ce qui est dit, que l'arche était construite avec des bois carrés, et enduite de bitume à l'intérieur et à l'extérieur?

RÉPONSE. — De même que l'arche est construite avec des bois carrés, ainsi l'Eglise est construite avec les saints. Le carré, de quelque manière que vous le placiez, prend une assiette solide; ainsi les saints demeurent inébranlables au milieu des tentations. Ils ne fléchissent point ni dans l'adversité, ni dans la prospérité. Le bitume signifie la charité, qui donne aux saints la puissance de résister aux scandales qui viennent du dedans ou du dehors, et par laquelle ils conservent l'unité de l'esprit dans le lien de la paix, supportant et les mauvais chrétiens qui sont dans l'Eglise, et les hérétiques qui sont hors l'Eglise.

QUESTION LIII. — Que signifie ce qui est dit, que l'arche avait trois cents coudées de longueur, cinquante de largeur, et trente de hauteur?

RÉPONSE. — La sainte Eglise, pour accomplir les commandements de Dieu, est aidée par le Saint-Esprit, suivant cette parole du Psalmiste : « J'ai couru dans la voie de vos commandements, lorsque vous avez dilaté mon cœur. » (*Ps.* cxviii.) Si son cœur n'eût pas été dilaté, il n'aurait pas pu courir. Et comment le cœur est-il dilaté, si ce n'est pas la charité du Saint-Esprit? C'est pourquoi l'apôtre saint Paul dit dans le même sens que le Psalmiste : « C'est pour vous, ô Corinthiens, que nous ouvrons la bouche; c'est pour vous que notre cœur se dilate. » (II *Cor.*, vi, 11.) Et comment, je vous prie, a-t-il été dilaté? « Par la grâce de Dieu, qui a été répandue dans nos cœurs, par le moyen du Saint-Esprit qui nous a été donné. » (*Rom.*, v, 5.) C'est donc par le don du Saint-Esprit que l'Eglise accomplit avec dilatation les commandements de Dieu, qu'elle ne pourrait pas accomplir sans cette grâce. C'est cet Esprit aux sept dons que la sainte Ecriture nous apprend à connaître et à désirer. Sept fois sept font quarante-neuf, et si vous ajoutez un pour compléter le nombre vous avez cinquante. C'est pour cela que Notre-Seigneur, étant monté au ciel, envoya le Saint-Esprit le cinquantième jour, (*Act.*, i, 9) pour dilater le cœur des croyants; quant aux trente coudées, elles signifient les dix préceptes de la loi. Or, dix fois trente font trois cents. Ces préceptes ne peuvent être accomplis que par l'action de la charité, c'est-à-dire par le Saint-Esprit, figuré par la largeur des cinquante coudées. C'est pourquoi l'arche présente ces différents nombres; car l'Eglise opère les bonnes œuvres elles-mêmes pour une fin supérieure, et c'est cette fin que figurent les trente coudées de hauteur. En effet, le Saint-Esprit est notre élévation, il est lui-même ce nombre trois cents qui consacre la doctrine évangélique. Il est aussi la fin supérieure, et c'est lui qui fait germer dans l'Eglise toutes sortes de bonnes œuvres.

QUESTION LIV. — Que signifie ce qui est dit, que sept jours après que Noé fut entré dans l'arche, le

---

QUÆST. LI. — Quid significat, quod Noe per aquam et lignum liberatur?

RESP. — Aqua significat baptismum, et lignum significat crucem. Sicut Noe per aquam et lignum liberatur, ita et Ecclesia baptismo et passionis Christi signaculo liberatur.

QUÆST. LII. — Quid significat, quod arca de lignis quadratis constructa intrinsecus et extrinsecus bitumine linitur?

RESP. — Sicut arca de lignis quadratis ædificatur, ita et Ecclesia de sanctis construitur. Quadratum enim in quacumque parte posueris, fortiter stat : et sancti in quibuslibet tentationibus stabiles permanent; non adversitatibus, non prosperitatibus cedunt. Bitumen enim significat caritatem; per quam sancti nec illis scandalis, quæ fiunt ab his qui intus sunt, cedunt, nec illis quæ fiunt ab his qui foris sunt : et servant unitatem spiritus in vinculo pacis, tolerantes et malos Christianos qui sunt in Ecclesia, et hæreticos qui sunt foris Ecclesiam.

QUÆST. LIII. — Quid significat, quod arca in longitudine habuit trecentos cubitos, et in latitudine quinquaginta, et in altitudine triginta?

RESP. — Sancta Ecclesia, ut faciat mandata Dei, adjuvatur Spiritu Dei, dicente Psalmographo : « Viam mandatorum tuorum cucurri, cum dilatasti cor meum. » (*Psal.* cxviii, 32.) Nisi dilatatum cor habuisset, viam Domini minime cucurrisset. Et unde dilatatur cor, nisi per caritatem spiritualem? Hinc et beatus Paulus apostolus simili Psalmographo voce consentit : « Os nostrum patet ad vos, o Corinthii; cor nostrum dilatatum est. » (II *Cor.*, vi, 11.) Unde quæso dilatatum? « Gratia, inquit, Dei diffusa est in cordibus nostris per Spiritum sanctum, qui datus est nobis. » (*Rom.*, v, 5.) Ergo accepto Spiritu sancto operatur Ecclesia cum (*a*) dilatatione præcepta Dei, quæ sine gratia Spiritus sancti nequaquam poterit operari. Hunc enim Spiritum septiformem Scriptura sancta commemorat et commendat. Septies ergo septem fiunt quadraginta novem, et addito uno ut compleatur numerus, fiunt quinquaginta. Unde et Dominus ascendens in cœlum, quinquagesimo die misit Spiritum sanctum (*Act.*, i, 9), ut corda credentium dilataret. Triginta vero cubiti significant decem præcepta Legis. Decies autem triginta, fiunt trecenta. Sed hæc præcepta non possunt impleri nisi caritate faciente, id est Spiritu sancto, qui significatur in latitudine quinquaginta cubitorum. Idcirco arca utrumque numerum habet. Nam et ipsa opera bona propter supernum finem facit Ecclesia, quod significant triginta cubiti altitudinis. Re enim vera spiritus est altitudo nostra, ipse scilicet (*b*) tricenarius doctrinam Evangelicam consecravit. Ipse est et supernus finis, atque omni bono opere indubitanter Ecclesiam replet.

QUÆST. LIV. — Quid significat, quod post dies septem, ex quo ingressus est Noe in arcam, pluit Dominus su-

---

(*a*) Unus e Vate Mss. *dilectione* Corb. *delectatione*. — (*b*) Mss. duo Vat. *tricenario numero*.

Seigneur fit pleuvoir sur la terre pendant quarante jours et quarante nuits? (*Gen.*, vii, 10.)

Réponse. — Quand on dit que le Seigneur fit pleuvoir sur la terre après sept jours, c'est pour signifier que ceux qui sont baptisés le sont dans l'espérance du repos futur, qui est figuré par le septième jour. Les quarante jours et les quarante nuits figurent tous les péchés, qui sont commis contre les dix commandements de la loi dans tout l'univers, qui se compose de quatre parties, ce qui fait que dix multiplié par quatre donne quarante ; soit que ces péchés appartiennent aux jours, comme étant le fruit de la prospérité, soit qu'ils appartiennent aux nuits, comme fruit de l'adversité ; tout est lavé dans le divin sacrement du baptême.

Question LV. — Que signifie ce qui est dit, que Noé avait six cents ans, lorsque les eaux du déluge inondèrent la terre ?

Réponse. — Les six cents années signifient les six âges du monde. Le premier âge, depuis Adam jusqu'à Noé ; le second, depuis Noé, jusqu'à Abraham ; le troisième, depuis Abraham , jusqu'à David ; le quatrième, depuis David, jusqu'à la transmigration de Babylone ; le cinquième , depuis la transmigration de Babylone, jusqu'à la venue du Christ ; le sixième, c'est l'âge où nous sommes. Noé avait six cents ans, quand arriva le déluge ; c'est dans le sixième âge du monde, que l'homme est rétabli dans la connaissance de Dieu, par le baptême.

Question LVI. — Que signifie ce qui est dit, que l'on prit de toutes les espèces d'animaux et d'oiseaux pour les mettre dans l'arche, une paire d'animaux impurs, et sept paires d'animaux purs?

Réponse. — Les animaux impurs signifient tous les hommes qui se laissent facilement entraîner au schisme. Mais les animaux purs figurent les hommes justes qui reçoivent le Saint-Esprit avec ses sept dons et qui vivent de la foi. De là cette parole du poète : « Dieu aime le nombre impair » (Virgile, *Egl.*, viii).

Question LVII. — Que signifie ce qui est dit, que l'eau s'élevait de quinze coudées au-dessus des plus hautes montagnes?

Réponse. — Huit et sept font quinze. Or, huit signifie la résurrection, et sept le repos éternel. Ce mystère de la résurrection et du repos dépassait toute la science des sages orgueilleux ; car ils ne purent d'aucune manière découvrir cette science de la résurrection et du repos éternel.

Question LVIII. — Pourquoi , lorsque Noé entra dans l'arche, lui a-t-on dit : « Entre dans l'arche, toi et tes fils, ton épouse et les épouses de tes fils ? » (*Gen.*, vii, 1.) On met à part les hommes, et à part les femmes. Quand il sort de l'arche, on lui dit : « Sors de l'arche, toi et ton épouse, tes fils et les épouses de tes fils. » (*Gen.*, viii, 7.) En entrant, ils sont à part, en sortant, ils sont réunis.

Réponse. — L'entrée dans l'arche figure cette vie, où la chair s'élève contre l'esprit et l'esprit contre la chair, (*Gal.*, v, 17) de sorte que nous ne faisons pas ce que nous voulons. La sortie de l'arche est la figure de l'autre vie, où la chair n'aura plus aucune concupiscence contre l'esprit, et où il n'y aura plus en nous aucune lutte.

Question LIX. — Que signifie ce qui est dit, que le corbeau fut lâché et n'est pas revenu ? (*Gen.*, viii, 7.)

---

per terram quadraginta diebus et quadraginta noctibus? (*Gen.*, vii, 10.)

Resp. — Quod post dies septem Dominus pluit super terram, hoc significat, quod omnes qui baptizantur, in spe futuræ quietis, quæ septimo die significata est, baptizantur. Et omnis reatus peccatorum, qui in decem. Legis præceptis admittitur per universum orbem terrarum, qui quatuor partibus continetur, unde decem per quatuor ducta quadraginta fiunt; sive ille reatus qui ad dies pertinet ex rerum prosperitate, sive qui ad noctes ex rerum adversitate contractus sit, sacramento cœlestis baptismi abluitur.

Quæst. LV. — Quid significat, quod Noe sexcentorum erat annorum, quando diluvii aquæ inundaverunt super terram ?

Resp. — Sexcenti anni significant sex ætates sæculi. Prima ætas est ab Adam usque ad Noe. Secunda a Noe usque ad Abraham. Tertia ab Abraham usque ad David. Quarta a David usque ad transmigrationem Babylonis. Quinta a transmigratione Babylonis usque ad adventum Domini. Sexta quæ nunc agitur. Sexcentesimo anno vitæ Noe factum est diluvium : ita sexta ætate sæculi reformatur homo in agnitionem Dei per baptismum.

Quæst. LVI. — Quid significat, quod de omni genere animalium atque volatilium immunda bina inducuntur in arcam, et munda septena?

Resp. — Immunda illos homines significant, qui ad schisma sunt faciles : munda vero homines sanctos, qui Spiritum septiformem accipientes ex fide vivunt. Hinc etiam quidam Poeta ait : « Numero Deus impare gaudet. » (Virg., *Eglog.*, viii.)

Quæst. LVII. — Quid significat, quod omnes montes excelsos supercreverat aqua quindecim cubitis?

Resp. — Octo et septem quindecim faciunt. Octo nempe significant resurrectionem, et septem quietem. Hoc itaque mysterium resurrectionis et quietis, supergressum est omnem scientiam superborum sapientium, et nullatenus potuerunt indagare scientiam resurrectionis et quietis.

Quæst. LVIII. — Quare cum ingrederetur Noe in arcam, dicitur ad eum : « Ingredere tu et filii tui, uxor tua, et uxores filiorum tuorum tecum? » (*Gen.*, vii, 1.) Seorsum ergo ponuntur viri, et seorsum feminæ. Et cum egrederetur de arca, dicitur ad eum : « Egredere tu et uxor tua, filii tui, et uxores filiorum tuorum. » (*Gen.*, viii, 16.) In ingressione nempe separati, in egressione conjuncti dicuntur.

Resp. — Eorum quippe ingressio istam vitam significat, ubi caro concupiscit adversus spiritum, et spiritus adversus carnem (*Gal.*, v, 17), ut non quæcumque volumus illa faciamus. Egressio autem illam vitam significat, ubi caro jam nullam habebit concupiscentiam adversus spiritum, nihilque erit ex nobis quod repugnet in nobis.

Quæst. LIX. — Quid significat, quod emissus corvus de arca, non est reversus? (*Gen.*, viii, 7.)

RÉPONSE. — Le corbeau n'est pas revenu, ou parce qu'il fut englouti par les eaux, ou parce qu'il céda à l'attrait de quelque cadavre pour rester. Il figure les hommes livrés aux passions charnelles, qui méprisent les commandements de Dieu, et ne satisfont nullement à l'Eglise par la pénitence. Ils se sont éloignés pour se perdre dans les œuvres de l'iniquité. Si le corbeau fut englouti par les eaux, il signifie ceux qui sortent de l'Eglise, pour se souiller par le baptême des hérétiques. Il est vrai qu'il n'y a qu'un baptême, aussi bien celui des hérétiques, quand ils baptisent au nom du Père et du Fils et du Saint-Esprit, que celui de l'Eglise catholique. Cependant ceux qui sont baptisés hors de l'Eglise, ne reçoivent pas le baptême pour leur salut, mais pour leur perte; « n'ayant en effet que l'apparence de la piété, tout en renonçant à sa vertu. » (*Jud.*, I, 19.) « Ils sont comme l'animal, dit encore l'Apôtre, et n'ont pas en eux l'esprit. » (II *Timot.*, III, 5.) L'Eglise ne les rebaptise pas, parce qu'ils ont été baptisés au nom de la Trinité, suivant la forme rigoureuse du sacrement. Mais s'ils reviennent à l'Eglise, ils reçoivent la vertu du Saint-Esprit, que n'ont pas encore ceux qui sont baptisés hors de l'Eglise.

QUESTION LX. — Que signifie ce qui est dit, que le juste Noé planta la vigne et qu'après avoir bu du vin, il fut enivré, et fut trouvé découvert dans sa tente.

RÉPONSE. — Dieu a planté en quelque sorte la nation des Juifs, en la séparant des autres peuples. Il a établi pour elle le signe de la circoncision, la loi, les sacrifices, et a prédit qu'il viendrait lui-même comme homme sous l'empire de la loi. Mais les Juifs ne crurent point à sa parole; il fut abreuvé du vin de sa vigne, en souffrant par la malice de son peuple, il fut crucifié, couvert de crachats et livré à la moquerie. Et il endura toutes ces souffrances dans sa tente, c'est-à-dire au milieu de son peuple.

QUESTION LXI. — Que signifie ce qui est dit, que Cham, père de Chanaan, voyant la nudité de son père, sortit de la tente pour l'annoncer à ses frères? (*Gen.*, IX, 22.)

RÉPONSE. — Les deux fils de Noé, l'aîné et le plus jeune, figurent deux peuples. Ils portent une couverture à reculons, comme symbole de la passion de Notre-Seigneur qui est déjà accomplie et passée. Ils couvrent la nudité de leur père, sans regarder; ils ne consentent pas à la mort du Christ, et par honneur ils le couvrent d'un voile, comme n'ignorant pas l'auteur de leur existence. Le fils de Noé qui se place entre l'aîné et le plus jeune, c'est le peuple juif. Il est entre les deux peuples, parce qu'il n'est pas le premier pour l'apostolat, ni le dernier pour embrasser la foi. Il a vu la nudité de son père, en consentant à la mort du Christ. C'est par le peuple juif, que fut manifesté et publié dans le monde ce qui était renfermé comme un secret dans la prophétie. C'est pourquoi il sera le serviteur de ses frères. Cette nation n'est-elle pas la gardienne du trésor des chrétiens? elle porte la loi et les prophètes pour rendre témoignage à la doctrine de l'Eglise, et nous honorons comme un mystère caché ce qu'ils publient comme la nudité de la lettre.

QUESTION LXII. — Que signifie ce que Dieu dit à Abraham : « Sors de ton pays, de ta famille, et de la maison de ton père ? » (*Gen.*, XII, 1.)

RÉPONSE. — Abraham figurait la personne du

RESP. — Corvus ut non reverteretur, aut aquis interceptus est, aut alicui cadaveri illectus insedit : et significat illos homines, qui carnalibus dediti rebus, Dei præcepta contemnunt, et nullatenus pœnitendo Ecclesiæ satisfaciunt, unde et per mala opera recesserunt. Vel certe si aquis ille corvus interceptus est, illos significat qui de Ecclesia exeunt, et hæreticorum baptismo polluuntur. Quamvis enim unum baptisma sit et hæreticorum, eorum scilicet qui in nomine Patris et Filii et Spiritus sancti baptizant, et Ecclesiæ catholicæ : tamen quia foris Ecclesiam baptizantur, non sumunt baptismum ad salutem, sed ad perniciem; « habentes nimirum speciem pietatis, virtutem autem ejus abnegantes. » (*Jud.*, I, 19.) Et rursum : « Animales, inquit, spiritum non habentes. » (II *Tim.*, III, 5.) Et idcirco eos Ecclesia non rebaptizat, quia in nomine Trinitatis baptizati sunt. Ipsa est profecto forma sacramenti : ideo dum reversi fuerint, accipiunt virtutem Spiritus sancti, quem ii qui foris Ecclesiæ baptizantur, nondum habent.

QUÆST. LX. — Quid significat, quod Noe vir justus plantavit vineam, bibensque vinum inebriatus est, et nudatus in tabernaculo suo?

RESP. — Deus quodam modo plantavit gentem Judæorum, segregando eam a cunctis gentibus. Unde et circumcisionis signum indidit, Legem dedit, sacrificia instituit, se ipsum in carne venturum in Lege prædixit : sed cui non credentes, vineæ suæ (*a*) vino, id est, malitia populi sui passus est, crucifixus est, sputis illinitus est. Sed hoc passus est in tabernaculo suo, id est, in gente sua.

QUÆST. LXI. — Quid significat, quod Cham pater Chanaan, videns verenda patris sui, exivit foras, et nuntiavit fratribus suis? (*Gen.*, IX, 22.)

RESP. — In duobus filiis maximo et minimo, duo populi figurati sunt, unam vestem a tergo portantes, sacramentum scilicet jam præteritæ atque transactæ Dominicæ passionis : nuditatem patris tegentes, neque intuentes, qui in Christi necem non consentiunt, et eum honorant velamento, tanquam scientes unde sint nati. Medius filius, id est populus Judæorum (ideo medius, quia nec primatum Apostolorum tenuit, nec ultimus in gentibus credidit), vidit nuditatem patris, quia consensit in necem Christi. Et nuntiavit fratribus suis. Per eum quippe manifestatum est et quodam modo publicatum, quod erat prophetiæ secretum. Ideoque sit fratrum suorum servus. Quid est enim aliud hodie gens ipsa, nisi scriniaria Christianorum, portans Legem et Prophetas ad testimonium assertionis Ecclesiæ, ut nos honoremus per sacramentum, quod nuntiant illi per litteram?

QUÆST. LXII. — Quid significat quod dixit Deus ad Abraham : « Egredere de terra tua, et de cognatione tua, et de domo patris tui? » (*Gen.*, XII, 1.)

RESP. — Abraham personam Christi portabat. Sicut

(*a*) Ms. Corb. *vinum id est malitiam passus*. Duo Vat. *vino id est malitia potatus*.

Christ. De même qu'Abraham quitta son pays et sa parenté et la maison de son père, pour venir dans une contrée inconnue ; ainsi le Christ quitta sa nation, la nation des Juifs, pour venir chez la nation des Gentils ; voilà l'explication symbolique ; mais dans un sens moral, nous sortons de notre pays, quand nous méprisons les richesses et les biens de ce monde ; nous quittons notre parenté, quand nous renonçons à nos vices invétérés, que nous avons contractés pour ainsi dire dès notre naissance, et auxquels nous sommes attachés comme par les liens de la parenté. Enfin, nous quittons la maison de notre père, lorsque nous bannissons de notre mémoire toutes les vanités de ce monde, qui peuvent frapper nos regards.

QUESTION LXIII. — Combien y a-t-il de sortes de visions ?

RÉPONSE. — Il y a trois sortes de visions (1). La vision corporelle, la vision spirituelle et la vision intellectuelle. La vision corporelle a lieu par les yeux du corps. La vision spirituelle a lieu, quand nous gardons dans notre mémoire l'image des objets que nous voyons. La vision intellectuelle a lieu, lorsque, voyant les objets des yeux du corps, et conservant leurs images dans notre mémoire, nous les discernons par l'intelligence, en distinguant l'objet de l'image. Ce discernement n'appartient en aucune manière aux animaux qui peuplent la terre ou les airs. Ils voient des yeux du corps et se forment une image des objets qu'ils voient, de manière que les troupeaux reconnaissent leur étable et les oiseaux leurs nids ; mais ils ne connaissent pas eux-mêmes ce qu'ils sont, ni les objets qu'ils ont vus de leurs yeux. La vision corporelle suppose aussi nécessairement la vision spirituelle. Sitôt que nous cessons de regarder les objets, leurs images s'impriment dans notre mémoire. La vision spirituelle peut avoir lieu sans la vision corporelle ; ainsi nous voyons en esprit les personnes absentes, et dans les ténèbres les objets qui nous ont frappés à la lumière. La vision intellectuelle peut se passer de la vision corporelle et de la vision spirituelle. L'intelligence ne voit ni les corps ni leurs images. Sa contemplation, c'est la justice, c'est la charité, c'est Dieu lui-même, c'est l'âme humaine, sans l'enveloppe du corps et sans son image. C'est par là que saint Paul fut transporté jusqu'au troisième ciel (II Cor., XII, 2), c'est-à-dire jusqu'à la vision intellectuelle, pour voir Dieu, non par les yeux du corps ni par une image sensible, mais tel qu'il est dans la réalité de son être. Les trois cieux sont donc les trois visions dont nous parlons. Saint Paul était parvenu à ce degré de la vision intellectuelle, qu'il voyait Dieu pendant cette vie mortelle, comme les saints le verront dans l'autre vie.

QUESTION LXIV. — Je voudrais savoir combien il y a d'espèces d'apostolats, ou ce que signifie le nom d'apôtre ?

RÉPONSE. — Apôtre veut dire envoyé. On peut être envoyé de quatre manières : par Dieu sans l'intermédiaire de l'homme ; par Dieu avec l'intermédiaire de l'homme ; par l'homme seulement, et par soi-même. On est envoyé par Dieu, comme Moïse ; on est envoyé par Dieu et par l'homme, comme Josué fils de Navé ; on est envoyé par l'homme seulement, comme plusieurs de notre époque, que la faveur du peuple porte au sacerdoce ; on est envoyé par soi-même, comme sont les faux prophètes.

(1) Voyez le livre *De Spiritu et anima*, ch. XXIV, où ce passage a été presque copié.

enim Abraham terram et cognationem suam dimisit, et domum patris sui, et venit in terram quam ignorabat : ita et Christus dimisit gentem suam, sciliter Judæorum, et venit ad populum gentium. Hic temporalis explanatio hoc habet; moraliter autem eximus de patria nostra, quando divitias et mundi hujus facultates contemnimus. Et de cognatione nostra, id est, de vitiis prioribus, quæ nobis a nativitate nostra cohærentia, velut affinitate quadam et consanguinitate conjuncta sunt. Et de domo patris nostri, id est de omni memoria mundi hujus, quæ oculorum occurrit obtutibus.

QUÆST. LXXIII. — Quot sunt genera visionum ?

RESP. — Tria. Prima visio est corporalis, secunda spiritalis, tertia intellectualis. Corporalis ergo visio est, quæ fit per corpus; spiritalis, cum imagines eorum quæ videmus, in memoria condimus. Intellectualis nempe cum ea quæ corporaliter videmus et imaginaliter in memoria retinemus, intellectu discernimus; quod illud sit corpus, illud similitudo corporis. Hunc autem intellectum bestiæ et pecora atque volatilia nullatenus habent. Vident ipsa per corpus, et eorum quæ vident imaginaliter species formatur, unde et pecora præsepia recognoscunt, et aves ad nidos suos redeunt : sed nec se ipsa intelligunt quæ sint, nec illa quæ oculis cernunt. Postremo corporalis visio sine spiritali esse non potest. Statim ergo ut avertimus oculos ab eis quæ videmus, imagines eorum quæ vidimus, in memoria retinemus. Spiritalis vero visio sine corporali esse potest, unde et absentes homines recordamur, et in tenebris ea quæ vidimus, imaginaliter cernimus. Intellectualis nempe nec corporali indiget nec spiritali. Per intellectum nec corpus videmus, nec imaginem corporis Per hanc quippe videtur justitia, caritas, ipse Deus, ipsa mens hominis, quæ nullum corpus habet, nullam similitudinem corporis. Ob id et raptus fuerat apostolus Paulus in tertium cœlum (II Cor., XII, 2), id est ad intellectualem visionem, ut Deum non per corpus, non per similitudinem corporis, sed sicut est ipsa veritas cerneret. Tres ergo cœli, tria sunt visionum de quibus loquimur, genera. Ad hoc profecto pervenerat Paulus ; ut Deum sic in ista vita videret, sicut sancti post hanc vitam videbunt.

QUÆST. LXIV. — Quot genera sunt Apostolatus, vel quale nomen sit Apostolus, volo cognoscere.

RESP. — Apostolus interpretatur missus. Apostolorum sunt genera quatuor : a Deo non per hominem ; a Deo, sed per hominem ; per hominem tantum, et ex se. A Deo etenim missus est Moyses. A Deo et per hominem, sicut Jesus Nave. Per hominem tantum, sicut nostris temporibus multi favore vulgi in sacerdotium subrogati sunt. Ex se autem, sicut sunt ipsi pseudoprophetæ.

QUESTION LXV. — Comment pouvons-nous savoir si on est envoyé de Dieu ?

RÉPONSE. — Regardez comme envoyé de Dieu celui que n'a point choisi la faveur ou plutôt la flatterie de quelques hommes ; mais celui qui se recommande par l'honneur d'une vie sainte et des bonnes mœurs, ayant pour lui le suffrage des hommes apostoliques et l'approbation universelle ; celui qui n'a point désiré la première place, et qui n'a point acheté l'honneur de l'épiscopat ; car en parlant de celui qui ambitionne la première place, voici ce qu'un Père a dit élégamment : « Qu'il sache bien qu'il n'est pas évêque, celui qui veut commander au lieu de servir. » (*Cité de Dieu*, liv. XIX, ch. xix.)

QUÆST. LXV. — Quomodo possumus scire qui mittatur a Deo ?

RESP. — Illum cognosce missum a Deo, quem non paucorum hominum laudatio vel potius adulatio eligit, sed illum quem et vita et mores optimi exornant, et Apostolicorum (*a*) exagio sacerdotum, vel etiam qui universorum populorum judicio comprobatur : qui non appetit præesse, qui non pecuniam dat ut episcopatus honorem acquirat. Nam de eo qui præesse festinat, quidam patrum eleganter expressit dicens : « Sciat se non esse episcopum, qui præesse desiderat, non prodesse. » (AUG., *De civit. Dei*, l. XIX, c. xix.)

(*a*) Editi *actio commendat*. At Mss. Corb. *exagio*, id est, examine ; et caret verbo, *commendat*.

AVERTISSEMENT SUR LE LIVRE SUIVANT

Le livre *de la Foi à Pierre* a été imprimé autrefois parmi les œuvres de saint Augustin, sur l'autorité de quelques anciens manuscrits, qui le lui attribuent. Mais Erasme a très-bien montré qu'il n'est pas de saint Augustin, d'après le genre du style et par d'autres preuves, qu'il n'est pas nécessaire de rapporter ici. Le véritable auteur de ce livre est bien connu maintenant, c'est saint Fulgence, que désigne d'une manière certaine une note très-ancienne écrite à la main, à la fin du manuscrit de l'abbaye de Corbie, qui a au moins mille ans d'antiquité, cette note porte textuellement : *Ici finit le livre de Fulgence évêque de la sainte Eglise catholique de Ruspe, sur la règle de la vraie Foi*. Il ne faut pas dédaigner non plus, quoique écrit d'une autre main et d'une date postérieure, le titre qui est à la tête de l'ouvrage, et qui est ainsi conçu : *Epître de l'évêque Fulgence sur la foi catholique*. Cet ouvrage est cité en outre sous le nom de saint Fulgence par Ratram dans son livre *sur le Corps et le Sang du Seigneur*. Isidore aussi dans son catalogue, et Honorius d'Autun dans ses chroniques attestent que saint Fulgence a écrit la règle de la vraie foi ; et le diacre Ferrand demande cette règle au même Fulgence, dans une lettre qui porte le numéro treize dans le *Recueil des lettres de saint Fulgence*, nouvelle édition. Il avait autrefois pour titre : *De la Foi au diacre Pierre*. Mais celui dont il est ici question ne serait pas le diacre Pierre, pour qui fut écrit le livre *de l'Incarnation ;* et nous le croyons facilement, pour les raisons alléguées dans la nouvelle édition de saint Fulgence, qui vient de paraître à Paris, à l'imprimerie de Guillaume Desprez,

ADMONITIO IN SUBSEQUENTEM LIBRUM

Liber *de fide ad Petrum* inter Augustini Opera olim impressus est veterum aliquot Manuscriptorum auctoritate, qui ei adsignant. Verum non esse Augustini probe monstravit Erasmus ex ipsa phrasi aliisque argumentis, quæ hic referre superfluum putamus. Nam indubitatus ejus auctor a nemine jam ignoratur Fulgentius. Huic certe asserit scriptura antiquissima codicis Corbeiensis ante mille annos exarati, quæ ad Operis calcem exhibetur in hæc verba : « Fulgenti episcopi sanctæ Ecclesiæ catholicæ Ruspensis de Regula veræ fidei liber explicit. » Neque contemnendus, quanquam altera et posteriore manu ibidem additus in fronte Operis titulus : *Epistola Fulgenti episcopi de fide catholica*. Præterea sub Fulgentii nomine citatur a Ratramno in libro *de corpore et sanguine Domini*. Isidorus etiam in Catalogo, et Honorius Augustodunensis in Chronicis testantur Fulgentium scripsisse Regulam veræ fidei : et eam Regulam ab eodem Fulgentio petit Ferrandus diaconus *in epistola inter Fulgentianas* novæ editionis decima tertia. Inscribebatur olim : *de fide ad Petrum diaconum*. Sed Petrum hunc alium a Petro diacono cui scriptus est Fulgentii *de Incarnatione* liber, facile credimus, ob rationes allatas in nova Fulgentii editione, quæ Parisiis ex officina Guillelmi

revue, augmentée et corrigée par les soins et les travaux de Luc Mangeant, clerc de Paris et homme très-érudit. Ce n'est pas sans raison qu'on a supprimé le titre de diacre; car saint Fulgence, dans l'exorde du livre, appelle Pierre son fils, et non son frère ou son confrère, comme il a coutume d'appeler les diacres. Nous avons fait la révision de cet ouvrage d'après les quatres manuscrits romains de la bibliothèque Vaticane, sur deux manuscrits anglais, sur le vieux manuscrit de Corbie, sur celui de la Sorbonne, de Saint-Victor, du Becq, et sur quelques autres. Dans le manuscrit de Corbie, et dans d'autres qui sont des plus estimés, l'ouvrage se termine au chapitre XLIV. Le chapitre XLV, qui n'est plus du même style, et qui s'adresse à un homme de guerre, ne se trouve point dans ces manuscrits.

Desprez jam nunc prodit, studio et labore eruditi viri Lucæ Mangeant Clerici Parisiensis recognita, aucta et castigata. Nec injuria expunctum e titulo est diaconi nomen, quando hunc in exordio Fulgentius Petrum Filium vocat, non, uti diaconos compellare solet, fratrem aut condiaconum. Recognovimus hoc opus ad Mss. Romanos Bibliothecæ Vaticanæ quatuor, ad Anglicanos duos, ad vetustissimum Corbeiensem, ad Sorbonicum, Victorinum, Beccensem, et alios quosdam. In Corbeiensi et aliis melioris notæ MSS. desinit in fine capitis XLIV, neque caput XLV, quod diverso stylo et ad virum militarem scriptum est, in eis usquam reperitur.

LE LIVRE
DE LA FOI A PIERRE
OU DE LA RÈGLE DE LA VRAIE FOI

PROLOGUE. — 1. J'ai reçu, ô mon fils Pierre, votre lettre bien-aimée, dans laquelle vous m'annoncez votre résolution d'aller à Jérusalem; et en même temps vous me demandez de vous tracer dans une lettre la règle de la vraie foi, pour que vous sachiez à quoi vous en tenir dans ces contrées, afin de ne pas vous laisser séduire par les subtilités de l'hérésie. Je me réjouis dans mon âme, de vous voir si plein de sollicitude pour garder intact et incorruptible le trésor de la vraie foi, sans laquelle il ne sert de rien de se convertir, sans laquelle il n'y a pas même de conversion. L'autorité de l'Apôtre nous le dit bien, que « sans la foi il est impossible de plaire à Dieu. » (*Hebr.*, XI, 6.) La foi est le fondement de tous les biens ; elle est le commencement du salut. Sans la foi, personne ne peut être compté au nombre des enfants de Dieu ; car sans la foi, on ne peut pas obtenir en cette vie la grâce de la justification, ni en l'autre le bonheur éternel ; et celui qui ne marche pas ici-bas à la lumière de la foi, n'arrivera jamais à la vision béatifique. Sans la foi, toutes nos peines sont perdues. Supposons un homme qui voudrait plaire à Dieu en renonçant au monde, mais sans avoir la foi véritable ; c'est comme un voyageur qui

DE FIDE AD PETRUM
SIVE DE REGULA VERÆ FIDEI
LIBER UNUS.

PROLOGUS. — 1. Epistolam, fili Petre, tuæ caritatis accepi; in qua te significasti velle Jerosolymam pergere, et poposcisti te litteris nostris instrui, quam debeas in illis partibus veræ fidei regulam tenere, ut nullus tibi possit sensus hæreticæ subrepere falsitatis. Gaudeo quidem, quod pro fide vera sine ullo perfidiæ vitio custodienda sollicitudinem geris, sine qua nulla potest prodesse, imo nec esse conversio. Apostolica quippe dicit auctoritas, quia « sine fide impossibile est placere Deo. » (*Hebr.*, XI, 6.) Fides est namque bonorum omnium fundamentum : fides est humanæ salutis initium. Sine fide nemo ad filiorum Dei potest numerum (*a*) pertinere : quia sine ipsa nec in hoc sæculo quisquam justificationis consequitur gratiam, nec in futuro vitam possidebit æternam ; et si quis hic non ambulaverit per fidem, non perveniet ad speciem. Sine fide omnis labor hominis vacuus est. Tale quippe est, ut sine vera fide quisque velit Deo per contemptum sæculi placere, quale si quisquam

(*a*) Lov. *pervenire*.

voulant se rendre dans sa patrie où il sait qu'il trouvera le bonheur, quitterait le chemin direct, pour prendre une voie détournée ; ce n'est pas le moyen d'arriver à la cité bienheureuse, mais plutôt d'aller vers un précipice, non pour y trouver le bonheur, quand on arrive, mais une mort affreuse.

2. Pour vous donner un traité suffisant sur la foi, il me faudrait un temps plus considérable, et vous voulez avoir promptement ma réponse ; le sujet d'un autre côté et si vaste, qu'il faudrait un grand travail pour l'épuiser. Car en demandant une instruction sur la foi, vous ne me désignez pas une hérésie particulière, comme sujet spécial de notre étude ; vous voulez une instruction sur la foi en général, vous voulez que cette instruction soit faite en peu de temps ; vous voyez bien qu'en si peu de temps il nous est impossible de parcourir un si grand espace, puisque même avec du temps et un génie que nous n'avons pas, il nous serait impossible presque d'y satisfaire en écrivant plusieurs volumes. Mais comme « Dieu écoute ceux qui l'invoquent avec sincérité (*Ps.* CXLIV, 18), et qu'il renferme sa parole dans une expression courte et abrégée pour l'envoyer aux hommes, » (*Rom.*, IX, 28) j'espère qu'en vous donnant à vous-même un grand amour de la foi, il me donnera à moi-même le moyen de satisfaire à votre désir si bon et si louable ; si je ne peux pas dire tout ce qui serait nécessaire pour démasquer l'esprit de l'hérésie, pour le confondre et le faire éviter, cependant pour la gloire et avec le secours de la sainte Trinité, qui est le seul Dieu véritable et bon, je dirai du moins tout ce que contient en partie la foi catholique dans ses principes les plus lumineux. Il vous suffira de les bien retenir, pour saisir et éviter les subtilités, que nous n'aurions pas spécifiées dans cet ouvrage, mais qui seront suffisamment signalées par notre doctrine générale, lorsque des hommes ennemis de la foi voudront murmurer aux oreilles des fidèles, non les traditions de la vérité, mais les inventions erronées de la malice humaine.

Chapitre I. — *La Trinité est un seul Dieu.* — 3. En quelque lieu que vous soyez, vous savez que selon la règle établie par Notre-Seigneur, vous avez été baptisé au nom du Père et du Fils et du Saint-Esprit. Croyez donc de tout votre cœur et sans le moindre doute comme dogme principal que le Père est Dieu, que le Fils est Dieu, et que le Saint-Esprit est Dieu, c'est-à-dire que la sainte et ineffable Trinité est un seul Dieu par nature, selon cette parole du Deutéronome : « Sache, ô Israël, que le Seigneur ton Dieu est un seul Dieu ; » (*Deut.*, VI, 4) et selon cette autre : « Vous adorerez le Seigneur votre Dieu, et vous ne servirez que lui seul. » (*Ibid.*, 13.) Cependant comme nous avons dit que cet unique Dieu, qui est seul vrai Dieu par nature, n'est pas le Père tout seul, ni le Fils tout seul, ni le Saint-Esprit tout seul, mais qu'il est en même temps le Père, le Fils et le Saint-Esprit. Il faut prendre garde, tout en disant véritablement que le Père, le Fils et le Saint-Esprit ne sont qu'un seul Dieu, suivant l'unité de nature, que nous ne confondions les personnes, en osant dire ou croire que le Père n'est pas autre que le Fils et le Saint-

---

tendens ad patriam, in qua se scit beate esse victurum, relinquat itineris rectitudinem, et improvidus sectetur errorem ; quo non ad beatam civitatem perveniat, sed in præcipitium cadat ; ubi non gaudium pervenienti detur, sed cadentis interitus inferatur.

2. Verumtamen ut de fide sufficiens sermo promatur, nec temporis suffragatur spatium, quia celeriter nostrum cupis habere responsum ; et tam magnum est opus disputationis hujus, ut (*a*) a magnis vix possit impleri. Neque enim poposcisti, sic te debere de fide instrui, ut unam quamlibet hæresim designares, contra quam specialiter nostræ disputationis vigilaret intentio : sed cum indefinita definitionem fidei petis, eamque cupis etiam sub brevitate concludi ; vides procul dubio quam sit nobis impossibile, ut rem tantam in brevi plene comprehendamus, cui sufficientes esse non possumus, etiamsi tantum spatium temporis et tale nobis esset ingenium, ut multa volumina de hoc quod a nobis expetis, facere (*b*) valeremus. Sed quia « Deus prope est omnibus invocantibus eum in veritate, » (*Psal.* CXLIV, 18) qui « verbum consummans et brevians fecit super terram ; » (*Rom.*, IX, 28) spero quia sicut tibi dedit hujus fidei sanctæ sollicitudinem, sic etiam mihi, ut tuo tam bono tamque laudabili serviam desiderio, sufficientem tribuet facultatem : et etsi non potuero cuncta dicere, ex quibus omnis error hæreticus possit agnosci, et agnitus vel convinci valeat vel vitari ; tamen in nomine atque adjutorio sanctæ Trinitatis, quæ unus solus verus et bonus est Deus, ea dicam in quibus saltem magna ex parte rationem Catholicæ fidei constet sine aliqua erroris caligine contineri. Quibus retentis, poteris etiam illa deprehendere atque fugere, quæ etsi in hoc opere non videntur speciali disputatione convinci, tamen ex iis quæ hic generaliter atque absolute ponentur, apparebunt illa quæ infideles homines auribus (*c*) volunt insusurrare fidelium, non regula divinæ veritatis tradita, sed nequitia humani erroris inventa.

Caput. I. — *Trinitas unus Deus.* — 3. Quocumque igitur loco fueris constitutus, quia secundum regulam nostri Salvatoris imperio promulgatam, nosti te in uno Patris et Filii et Spiritus sancti nomine baptizatum ; principaliter atque indubitanter toto corde retine, Patrem Deum, et Filium Deum, et Spiritum sanctum Deum, id est, sanctam atque ineffabilem Trinitatem unum esse naturaliter Deum, de quo in Deuteronomio dicitur : « Audi Israel, Dominus Deus tuus (*d*) Deus unus est. » (*Deut.*, VI, 4.) Et : « Dominum Deum tuum adorabis, et illi soli servies. » (*Ibidem*, 13.) Verumtamen quia istum unum Deum, qui solus est verus naturaliter Deus, non Patrem solum, neque solum Filium, neque solum Spiritum sanctum, sed simul Patrem et Filium et Spiritum sanctum esse diximus ; cavendum est, ne sicut Patrem et Filium et Spiritum sanctum unum Deum esse, quantum ad naturalem attinet (*e*) unitatem, veraciter dicimus ; sic cum Pater est, eumdem vel Filium, vel Spiritum sanctum, sive Pater est, eumdem vel Filium, vel Spiritum sanctum, aut cum qui Filius est, sive Patrem, sive Spiritum san-

---

(*a*) Unus e Vatic. Mss. *ut magnis vix pollit impleri sermonibus.* — (*b*) Mss. *valeamus.* — (*c*) Editi al. *solent.* — (*d*) Mss. *Dominus.* — (*e*) Corb. Ms. *veritatem.*

Esprit; ou que le Fils n'est pas autre que le Père et le Saint-Esprit; ou que celui que nous appelons le Saint-Esprit dans la confession de la sainte Trinité n'est pas autre que le Père et le Fils.

4. La foi que les saints patriarches et les prophètes ont reçue par inspiration divine avant l'incarnation du Fils de Dieu, que les apôtres ont apprise de la bouche du Sauveur après son incarnation, et qu'ensuite instruits par le Saint-Esprit, ils ont prêchée non-seulement par leur parole, mais qu'ils ont laissée en dépôt dans leurs écrits pour l'instruction salutaire de la postérité, cette foi nous enseigne que la Trinité est un seul Dieu, Père, Fils et Saint-Esprit. Mais la Trinité ne serait plus la Trinité, si le Père le Fils et le Saint-Esprit n'étaient qu'une seule et même personne. En effet, si le Père, le Fils et le Saint-Esprit n'étaient qu'une seule personne, comme ils ne sont qu'une même substance, il n'y aurait plus aucune raison de l'appeler véritablement la Trinité. De plus la Trinité existerait, mais elle ne serait plus un seul Dieu, si le Père, le Fils et le Saint-Esprit, qui sont distincts par la propriété des personnes, étaient aussi divisés par diversité de nature. Comme il appartient à ce Dieu qui est un seul vrai Dieu Trinité, d'être naturellement vrai, non-seulement parce qu'il est un seul Dieu, mais encore parce qu'il est Trinité, c'est pour cela que ce vrai Dieu est Trinité dans ses personnes, et unité par sa nature. Par cette unité de nature, le Père est tout entier dans le Fils et le Saint-Esprit; le Fils est tout entier dans le Père et le Saint-Esprit; le Saint-Esprit est tout entier dans le Père et le Fils. Aucun des trois n'est en dehors des autres, parce qu'aucun n'est ni plus ancien, ni plus grand, ni plus puissant que les autres. Car pour ce qui concerne l'unité de la nature divine, le Père n'est pas plus ancien ni plus grand que le Fils et le Saint-Esprit; et le Fils, quant à l'éternité et à l'immensité, ne peut pas naturellement précéder ni surpasser, comme s'il était avant lui ou au-dessus de lui, l'éternité et l'immensité du Saint-Esprit. Donc, de même que le Fils n'est pas après le Père ni au-dessous du Père, ainsi le Saint-Esprit n'est pas après le Fils ni au-dessous du Fils. Quand on dit que le Fils est né de la même substance du Père, on entend que cette génération est éternelle et sans commencement; quand on dit que le Saint-Esprit procède de la substance du Père et du Fils, on entend que cette procession est éternelle et sans commencement. C'est pourquoi, tout en nommant trois personnes, nous croyons et nous disons avec raison qu'il n'y a qu'un seul Dieu, parce que les trois personnes ont la même éternité, la même immensité, la même divinité.

5. Tenons donc comme certain que le Père, le Fils et le Saint-Esprit ne sont naturellement qu'un seul Dieu; et que cependant le Père n'est pas le même que le Fils, le Fils n'est pas le même que le Père, et le Saint-Esprit n'est pas le même que le Père et le Fils. Le Père, le Fils et le Saint-Esprit ont la même nature, que les Grecs appellent οὐσίαν, et sous ce rapport le Père, le Fils et le Saint-Esprit sont la même chose, quoique sous le rapport des personnes, le Père, le Fils et le Saint-Esprit soient une chose distincte. La sainte Ecriture nous met sous les yeux cette vérité dès la première page, quand Dieu dit : « Faisons l'homme à notre image et à notre ressem-

---

ctum; aut eum qui Spiritus sanctus proprie in confessione hujus Trinitatis dicitur, vel Patrem vel Filium personaliter dicere sive credere, quod omnino nefas est, audeamus.

4. Fides enim quam sancti Patriarchæ atque Prophetæ ante incarnationem Filii Dei divinitus acceperunt, quam etiam sancti Apostoli ab ipso Domino in carne posito audierunt, et Spiritus sancti magisterio instructi, non solum sermone prædicaverunt, verum etiam ad instructionem saluberrimam posterorum scriptis suis inditam reliquerunt, unum Deum prædicat Trinitatem, id est, Patrem et Filium et Spiritum sanctum. Sed Trinitas vera non esset, si una eademque persona diceretur Pater et Filius et Spiritus sanctus. Si enim sicut Patris et Filii et Spiritus sancti una substantia, sic esset una persona, nihil omnino esset, in quo veraciter Trinitas diceretur. Rursus Trinitas quidem vera esset, sed unus Deus Trinitas ipsa non esset, si quemadmodum Pater et Filius et Spiritus sanctus personarum sunt ab invicem proprietate distincti, sic fuissent naturarum quoque diversitate discreti. Sed quia in illo uno Deo vero Trinitate, non solum quod unus Deus est, sed etiam quod Trinitas est, naturaliter verum est; propterea ipse verus Deus in personis Trinitas est, et in (a) una natura unus est. Per hanc unitatem naturalem totus Pater in Filio et Spiritu sancto est, et totus Filius in Patre et Spiritu sancto est, totusque Spiritus sanctus in Patre et in Filio est. Nullus horum extra quemlibet ipsorum est : quia nemo alium aut præcedit æternitate, aut excedit magnitudine, aut superat potestate. Quia nec Pater Spiritu sancto, quantum ad naturæ divinæ unitatem pertinet, aut anterior aut major Pater est; nec Filii æternitas atque immensitas, velut anterior aut major, Spiritus sancti æternitatem immensitatemque aut præcedere aut excedere naturaliter potest. Sicut ergo nec Filius posterior aut minor est Patre, ita nec Spiritus sanctus posterior aut minor est Filio. Æternum quippe et sine initio est, quod Filius de Patris natura natus (b) extitit : et æternum ac sine initio est, quod Spiritus sanctus de natura Patris Filiique procedit. Ob hoc ergo tres, unum recte credimus et dicimus Deum, quia una prorsus æternitas, una immensitas, una naturaliter trium est divinitas personarum.

5. Teneamus igitur Patrem et Filium et Spiritum sanctum unum esse naturaliter Deum : neque tamen ipsum Patrem esse qui Filius est, neque Filium ipsum esse qui Pater est, nec Spiritum sanctum ipsum esse qui Pater aut Filius est. Una est enim Patris et Filii et Spiritus sancti essentia, quam Græci οὐσίαν vocant, quia non est aliud Pater, et aliud Filius, et aliud Spiritus sanctus; quamvis personaliter sit alius Pater, alius Filius, alius Spiritus sanctus. Quod nobis maxime in ipso sanctarum Scripturarum demonstratur initio, ubi Deus dicit : « Fa-

(a) Ms. Corb. non habet. — (b) Sic Mss. sex et Magister, 1 Sent., dist. xix. At editi, *exsistit*.

blance. » (Gen., i, 26.) Il dit *image* au singulier pour montrer l'unité de nature, à l'image de laquelle l'homme serait créé ; et il dit *notre* au pluriel, pour montrer que le même Dieu, qui créait l'homme à son image, n'était pas une seule personne. Car si le Père, le Fils et le Saint-Esprit n'étaient qu'une seule personne dans la même nature, Dieu ne dirait pas *à notre image*, mais, à mon image ; il ne dirait pas : *faisons*, mais, je veux faire. Et si les trois personnes étaient trois natures distinctes, il ne dirait pas *à notre image*, mais, à nos images ; car une seule image ne pourrait représenter trois natures inégales. Mais du moment que l'homme est créé à l'image unique d'un seul Dieu, il prouve l'unité dans l'essence divine de la sainte Trinité. Dieu donc ayant dit : « Faisons l'homme à notre image et à notre ressemblance, » l'Ecriture raconte plus bas que l'homme a été ainsi créé, en disant : « Dieu a fit l'homme, et il le fit à l'image de Dieu. » (Gen., i, 27.)

6. Le prophète Isaïe a vu en révélation cette trinité de personnes et cette unité de nature, lorsqu'il dit, pour nous la faire connaître, qu'il a vu les séraphins qui chantaient : « Saint, saint, saint est le Seigneur Dieu des armées. » (*Isa.*, vi, 3.) En répétant trois fois le mot « saint, » c'est pour indiquer la trinité des personnes ; et en disant une seule fois « le Seigneur Dieu des armées, » c'est pour nous faire connaître l'unité de la nature divine. Dans la sainte Trinité (nous répétons souvent la même idée, pour qu'elle se grave davantage en votre cœur), dans la sainte Trinité, il y a donc un Père qui seul engendre essentiellement de lui-même un Fils unique ; il y a un Fils qui seul est engendré essentiellement d'un Père unique ; il y a un Saint-Esprit qui seul procède essentiellement du Père et du Fils. Or, une seule personne ne pourrait pas suffire à tout, et s'engendrer elle-même, et naître d'elle-même, et procéder d'elle-même. Autre chose est d'engendrer ou d'être engendré, autre chose est de procéder ou d'engendrer et d'être engendré ; rien n'est plus clair, parce que autre est le Père, autre est le Fils, autre est le Saint-Esprit. La Trinité se rapporte donc aux personnes du Père, du Fils et du Saint-Esprit ; l'unité se rapporte à la nature.

Chapitre II. — *Humanité de Notre-Seigneur Jésus-Christ.* — 7. Suivant l'ordre de la divinité, où le Père, le Fils et le Saint-Esprit ne sont qu'un, nous croyons que le Père n'est pas né, ni le Saint-Esprit, mais seulement le Fils ; et de même aussi, suivant l'humanité, la foi catholique croit et enseigne que le Fils seul est né. Or, dans la Trinité, le Père cesserait d'avoir sa propriété personnelle comme Père qui n'est pas engendré, mais qui engendre un Fils unique ; le Fils cesserait d'avoir sa propriété personnelle comme Fils qui n'engendre pas lui-même, mais qui est engendré de la substance du Père ; le Saint-Esprit n'aurait plus sa propriété personnelle comme Esprit qui n'engendre pas, qui n'est pas engendré, mais qui procède seul du Père et du Fils ; si le Père, qui comme Dieu n'est né d'aucun autre Dieu, naissait lui-même comme homme d'une Vierge ; car si le Père naissait d'une Vierge, le Père et le Fils ne seraient plus qu'une

ciamus hominem ad imaginem et similitudinem nostram. » (*Gen.*, i, 26.) Cum enim singulari numero dicit, « imaginem, » ostendit unam naturam esse, ad cujus imaginem homo fieret. Cum vero dicit pluraliter, « nostram, » ostendit eumdem Deum, ad cujus imaginem homo fiebat, non unam esse personam. Si enim in (*a*) illa una natura Patris et Filii et Spiritus sancti una esset persona, non diceretur, « ad imaginem nostram ; » sed, ad imaginem meam ; nec dixisset : « Faciamus ; » sed : Faciam. Si vero in illis tribus personis tres essent intelligendæ vel credendæ substantiæ, non diceretur, « ad imaginem nostram ; » sed, ad imagines nostras : una enim imago trium naturarum inæqualium esse non posset. Sed dum ad unam imaginem unius Dei homo factus dicitur, una sanctæ Trinitatis essentialiter divinitas intimatur. (*b*) Deinde et paulo post pro eo quod Deus superius dixerat : « Faciamus hominem ad imaginem et similitudinem nostram ; » sic hominem factum Scriptura narravit, ut diceret : « Et fecit Deus hominem ; ad imaginem Dei fecit eum. » (*Ibid.*, 27.)

6. Hanc Trinitatem personarum atque unitatem naturæ Propheta Isaïas revelatam sibi non tacuit, cum se dicit Seraphim, vidisse clamantia : « Sanctus, sanctus, sanctus Dominus Deus sabaoth. » (*Isa.*, vi, 3.) Ubi prorsus in eo quod dicitur tertio « Sanctus, » personarum Trinitatem ; in eo vero quod dicitur semel « Dominus Deus sabaoth, » divinæ naturæ cognoscitur unitatem. In illa igitur sancta Trinitate (*c*) (quod ideo a nobis repetitur, ut vestro cordi tenacius infigatur), unus est Pater qui solus essentialiter de se ipso unum Filium genuit, et unus Filius qui de uno Patre solus est essentialiter (*d*) natus, et unus Spiritus sanctus qui solus essentialiter de Patre Filioque procedit. Hoc autem loco una persona non posset, id est, et gignere se, et nasci de se, et procedere de se. Quia igitur aliud est genuisse quam natum esse, aliudque est procedere quam genuisse vel natum esse ; manifestum est, quoniam alius est Pater, alius Filius, alius Spiritus sanctus. Trinitas itaque ad personas Patris et Filii et Spiritus sancti refertur, unitas ad naturam.

Caput. II. — *Humanitas Christi.* — 7. Sicut ergo secundum illam divinitatem, qua unum sunt Pater et Filius et Spiritus sanctus, neque Patrem natum credimus, neque Spiritum sanctum, sed solum Filium : sic etiam secundum carnem solum Filium natum catholica fides et credit et prædicat. Neque enim in illa Trinitate proprium esset solius Patris quod non est natus ipse, sed unum Filium genuit ; neque proprium solius Filii quod non genuit ipse, sed (*e*) de Patris essentia natus est ; neque proprium Spiritus sancti quod nec natus est ipse, nec genuit, sed solus de Patre Filioque (*f*) procedit ; si secundum divinam quidem naturam Deus Pater de nullo nasceretur Deo, secundum carnem tamen ipse nasceretur de virgine. Si enim Pater de virgine nasceretur, una

(*a*) Corb. Ms. *in illa essentia.* — (*b*) Lov. *Denique.* — (*c*) Lov. *quæ ideo a nobis repetitur toties, ut nostro cordi,* etc. — (*d*) Lov. *genitus.* — (*e*) Editi, *sed solus.* Abest *solus* a Mss. — (*f*) Corb. Ms. *immutabili æternitate procedit.*

seule personne; et cette unique personne, prenant naissance, non en Dieu, mais dans le sein d'une Vierge, ne pourrait pas s'appeler véritablement Fils de Dieu, mais seulement Fils de l'homme. Or, le Fils de Dieu dit lui-même : « Dieu a tellement aimé le monde qu'il a donné son Fils unique. » (*Jean*, III, 16.) Et encore : « Dieu n'a pas envoyé son Fils dans le monde pour juger le monde, mais pour que le monde soit sauvé par lui. » (*Ibid.*, 17.) Saint Jean n'aurait pas pu dire : « Celui qui aime le Père, aime aussi celui qui est né du Père. » (I *Jean*, v, 1.) Le Fils lui-même n'aurait pas dit : « Mon Père a toujours opéré, et moi j'opère aussi. » (*Jean*, v, 17.) Celui qu'on appelle le Fils, s'il était aussi lui-même le Père, ne pourrait plus être appelé le Fils de Dieu, parce qu'il naîtrait, non plus de Dieu, mais seulement d'une Vierge. Enfin, le Père ne pourrait pas rendre témoignage du haut du ciel, en désignant son Fils, par ces paroles : « Celui-ci est mon Fils bien-aimé, en qui j'ai mis mes complaisances. » (*Matth.*, III, 17.) L'apôtre saint Paul n'aurait pas pu dire de Dieu le Père: « Il n'a pas épargné son propre Fils, mais il l'a livré pour nous tous. » (*Rom.*, VIII, 32.)

8. Toutes ces choses ont été révélées de Dieu pour notre instruction; et comme elles sont révélées de Dieu, elles sont la vérité même. Rien n'est donc plus vrai que ce que nous enseigne la foi catholique, savoir que, comme Dieu, le Fils seul est né du Père, qu'il est éternel avec le Père, Dieu immortel impassible et immuable, et que, comme homme, il n'est pas le Père, mais son Fils unique qui est né dans le temps, sans donner atteinte à son éternité, qui a souffert, sans nuire à son impassibilité, qui est mort, sans nuire à son immortalité, qui est vraiment ressuscité, sans nuire à son immutabilité, par laquelle il est vrai Dieu et la vie éternelle. Il possède tout en commun avec le Père, comme Dieu éternel et sans commencement; il n'a rien de commun avec le Père, comme homme, en ce que l'Éternel et le Très-Haut a uni à sa personne les choses du temps, et les abaissements de l'humanité.

9. En outre, si vous dites que ce n'est pas le Fils propre et unique de Dieu le Père qui soit né de la Vierge, mais que c'est le Saint-Esprit, alors vous changez le symbole, et l'Eglise ne pourrait plus croire du cœur pour la justification, et confesser de bouche pour le salut, que c'est le Fils lui-même qui a été formé de la femme, sous l'empire de la loi, et né de la vierge Marie par l'opération du Saint-Esprit. En conséquence, si c'est le Saint-Esprit lui-même qui a pris la nature de l'esclave, lui qui est l'Esprit du Père et du Fils, on ne pourra plus dire que le Saint-Esprit est descendu du ciel en forme de colombe sur le Saint-Esprit fait homme.

10. Il faut donc dire que le Père, qui est Dieu et qui n'est engendré d'aucun autre Dieu, a engendré de sa nature, sans commencement, un Fils qui est son égal comme Dieu et qui est éternel comme lui, par la participation de sa nature divine. Mais le même Fils de Dieu étant Dieu éternel et véritable, et étant un seul Dieu avec le Père selon la nature divine, suivant cette parole qu'il a dite : « Mon Père et moi nous sommes un, » (*Jean*, x, 30) le même Fils de Dieu s'est fait homme véritable et parfait : véritable, parce qu'il

---

persona esset Pater et Filius : ipsa autem una persona, pro eo quod non de Deo, sed tantum de virgine nasceretur, non Dei Filius, sed tantum hominis filius veraciter diceretur. (*a*) Ipse autem Dei Filius dicit : « Sic Deus dilexit mundum, ut Filium suum unigenitum daret. » (*Joan.*, III, 16.) Et iterum : « Non enim misit Deus Filium suum in mundum ut judicet mundum, sed ut salvetur mundus per ipsum. » (*Ibid.*, 17.) Nec beatus dixisset Joannes : « Qui diligit genitorem, diligit et eum qui natus est ex eo. » (I *Joan.*, v, 1.) Nec ipse Filius dixisset : « Pater meus usque modo operatur, et ego operor. » (*Joan.*, v, 17.) Ipse quin qui Filius dicitur, si idem esset et Pater, non veraciter Dei Filius diceretur, quia non de Deo, sed de sola virgine nasceretur. Ad extremum nec ipse Pater de cœlo testaretur, et suum corporali voce Filium demonstraret, dicens : « Hic est Filius meus dilectus, in quo mihi (*b*) complacui. » (*Matth.*, III, 17.) Apostolus quoque Paulus non dixisset de Deo Patre : « Qui proprio Filio (*c*) non pepercit, sed pro nobis omnibus tradidit illum. » (*Rom.*, VIII, 32.)

8. Sed quoniam ista omnia et divinitus ad nostram doctrinam dicta sunt, et quia divina dicta sunt, utique vera sunt; verum est quod fides catholica prædicat, et secundum divinitatem de Patre natum esse solum Filium, æternum cum Patre, immortalem, impassibilem, atque incommutabilem Deum; et secundum carnem non Patrem, sed unigenitum ejus Filium, salva æternitate sua temporaliter natum, salva impassibilitate sua passum, salva immortalitate sua mortuum, salva incommutabilitate, (*d*) qua Deus verus et vita æterna est, veraciter suscitatum. Qui totum habet commune cum Patre quod æternus naturaliter sine initio habuit; et nihil habet commune cum Patre eorum quæ in suam personam temporaliter atque humiliter ille æternus atque excelsus accepit.

9. Rursus si non ille qui proprius atque unigenitus Dei Patris Filius est, sed Spiritus sanctus nasceretur ex virgine, non ipsum Filium qui factus est ex muliere, factus sub Lege, natum de Spiritu sancto ex Maria virgine, in Symbolo acceptum, et corde ad justitiam crederet, et ore ad salutem sancta confiteretur Ecclesia. Sed et si ipse Spiritus sanctus, qui Patris et Filii Spiritus est, formam servi acciperet, non ipse Spiritus sanctus super se ipsum hominem factum in columbæ specie cœlitus advenirct.

10. Pater igitur Deus de nullo genitus Deo, semel de sua natura sine initio genuit Filium Deum sibi æqualem, et eadem qua ipse naturaliter æternus est divinitate coæternum. Sed idem Dei Filius cum sit Deus æternus et verus, et cum Patre secundum divinitatem naturaliter unus Deus, secundum hoc quod dicit : « Ego et Pater unum sumus; » (*Joan.*, x, 30) idem pro nobis est homo factus verus et plenus : in eo verus, quia verum habet

---

(*a*) Unus e Vatic. Mss. *Nec ipse Dei Filius diceret*, cæteris libris dissentientibus. — (*b*) Editi, *bene complacui*, abest *bene* a Mss. — (*c*) Editi, *Filio suo*. At potiores Mss. omittunt *suo* — (*d*) Lov. *immutabilitate sua, quia Deus*, etc.

a pris la vraie nature humaine; parfait, parce qu'il a pris en même temps un corps et une âme raisonnable. Il a donc une double naissance, d'abord par son Père, et en second lieu par sa Mère; il est né de son Père comme Verbe qui est Dieu, il est né de sa Mère comme Verbe fait chair.

11. Donc le même Dieu, qui est Fils unique de Dieu, est né avant le temps et dans le temps; et cette double naissance est la naissance du Fils unique de Dieu; naissance divine, en ce qu'il est Dieu créateur avec la nature divine, et coéternel au Père; naissance humaine, en ce qu'il s'est anéanti lui-même et qu'il a pris la nature de l'esclave, non-seulement en se formant à lui-même un corps dans le sein de sa mère, pour devenir homme et prendre la nature de l'esclave, mais encore parce qu'il est sorti du sein de sa mère comme Dieu fait homme, qu'il a été attaché à la croix comme Dieu fait homme, qu'il a reposé dans le tombeau comme Dieu fait homme, et que le troisième jour il est ressuscité d'entre les morts comme Dieu fait homme. Mais ce Dieu était couché dans le sépulcre, seulement selon le corps qu'il avait pris; il descendit aux limbes seulement selon son âme humaine. Le troisième jour cette âme revint à son corps, et le même Dieu, reprenant le corps qui était enseveli, sortit du tombeau; et le quarantième après sa résurrection, le même Dieu fait homme monta dans le ciel pour s'asseoir à la droite de Dieu, d'où il viendra à la fin du monde, pour juger les vivants et les morts.

12. Le Verbe fait chair est dans le Fils unique de Dieu, Notre-Seigneur Jésus-Christ, médiateur entre Dieu et les hommes. Or, il est médiateur, parce qu'il est en même temps vrai Dieu et vrai homme; ayant avec son Père la même nature divine, et avec sa mère la même nature humaine; ayant pris avec nous, à cause de nos péchés, la peine de mort; mais ayant toujours avec son Père la justice immuable; il est mort temporellement pour nos iniquités; mais en vertu de sa justice immuable il est toujours vivant, et communique aux mortels l'immortalité. Par la vertu de sa divinité, il a conservé son humanité dans un état parfait; mais en acceptant la mort, il a détruit et absorbé la mortalité dans son immuable et réelle immortalité.

13. Aussi l'apôtre saint Pierre nous atteste, que « le Christ a englouti la mort, pour nous rendre héritiers de la vie éternelle. » (I *Pierre*, III, 22.) Et saint Paul nous enseigne aussi que le Christ a dévoré la mort, pour faire briller la vie et l'immortalité. (II *Timot.*, I, 10.) Le Christ a donc goûté la mort, parce qu'il est homme; mais il a englouti la mort, parce qu'il est Dieu. « Il a été crucifié, comme dit l'Apôtre, à cause de l'infirmité humaine, mais il vit par la vertu de Dieu. » (II *Cor.*, XIII, 4.) Il est toujours le même et toujours un, et c'est lui, comme le dit le prophète David, « qui s'est fait homme en Sion, comme c'est lui, le Très-Haut, qui a fondé Sion. » (*Ps.* LXXXVI, 5.)

14. C'est pourquoi la divinité du Christ n'est pas séparée de la nature du Père, selon cette parole : « Au commencement était le Verbe, et le Verbe était en Dieu, et le Verbe était Dieu; il était dans le principe auprès de Dieu; tout a été fait par lui, et rien n'a été fait sans lui. » (*Jean*, I, 1.) Son humanité n'est pas séparée non

---

Deus ille humanam naturam; in eo vero plenus, quia et carnem humanam suscepit, et animam rationalem. Idem tamen Unigenitus Deus (*a*) secundo natus est, semel ex Patre, semel ex matre : natus est enim de Patre Deus Verbum, natus est de matre Verbum caro factum.

11. Unus igitur est atque idem Deus Dei Filius natus ante sæcula, et natus in sæculo : et utraque nativitas unius est Filii Dei; divina, secundum quam creator in forma Dei coæternus Patri Deus est; humana, secundum quam semetipsum exinaniens et formam servi accipiens, non solum in conceptu materni uteri semetipsum, dum homo fieret, eadem servilis formæ susceptione formavit; verum etiam de eodem matris utero idem Deus homo factus exivit, et in cruce idem Deus homo factus pependit, et in sepulcro idem Deus homo factus jacuit, et ab inferis idem Deus homo factus tertio die resurrexit : sed in sepulcro secundum solam carnem idem Deus jacuit, et in infernum secundum solam animam descendit. Qua de inferis ad carnem die tertia revertente, idem Deus secundum carnem (*b*) qua in sepulcro jacuit, de sepulcro resurrexit; et quadragesimo post resurrectionem die, idem Deus homo factus in cœlum ascendens, in dextera Dei (*c*) sedit, inde in fine sæculi ad judicandos vivos mortuosque venturus.

12. Verbum ergo caro factum unus est Filius Dei Dominus Jesus Christus, mediator Dei et hominum. Idcirco autem mediator, quia idem Deus atque homo verus, habens cum Patre unam divinitatis naturam, et humanitatis unam cum matre substantiam : habens ex nobis usque ad mortem iniquitatis nostræ pœnam, habens incommutabilem de Deo Patre (*d*) justitiam : propter iniquitatem nostram temporaliter mortuus, propter justitiam suam, et ipse semper vivus, et immortalitatem mortalibus largiturus. Qui perfectam quidem humanitatem suam in ipsa divinitatis suæ perfectione servavit : veritatem vero mortalitatis (*e*) suæ per susceptionem mortis, veritate atque incommutabilitate suæ immortalitatis absorbuit.

13. Hoc est quod testatur beatus Petrus, quia « Christus diglutivit mortem, ut vitæ æternæ hæredes efficeremur. » (I *Petr.*, III, 22.) Beatus quoque Paulus docet, quod Christus mortem deglutierit, illuminaverit autem vitam et incorruptionem. » (II *Tim.*, I, 10.) Christus ergo mortem gustavit, quia verus homo est; idemque mortem deglutivit, quia verus Deus est. Idem quippe, sicut dicit Apostolus, « crucifixus est ex infirmitate, sed vivit ex virtute Dei : » (II *Cor.*, XIII, 4) unus atque idem, qui secundum prophetiam beati David, « homo factus est in Sion, et ipse fundavit eam Altissimus. » (*Psal.* LXXXVI, 5.)

14. Itaque nec divinitas Christi aliena est a natura Patris, secundum id quod « in principio erat Verbum, et Verbum erat apud Deum, et Deus erat Verbum : hoc erat in principio apud Deum : omnia per ipsum facta

---

(*a*) Apud Lov. omissum erat, *secundo.* — (*b*) Lov. *quæ.* — (*c*) Quatuor Mss. *sedet.* — (*d*) Corb. Ms. *incommutabilem de Deo Patre substantiam.* — (*e*) Sic Ms. Corb. et alii plures. At. Lov. *nostræ.*

plus de la nature de sa mère, selon cette parole : « Le Verbe s'est fait chair et il a habité parmi nous. » (*Ibid.*, 14.) Cette nature divine qui est éternellement engendrée du Père, a pris notre nature sans le péché pour naître d'une vierge; car cette nature divine et éternelle ne pouvait pas être conçue, et naître temporellement de la nature humaine, sans que la divinité incompréhensible en elle-même passât véritablement par les conditions temporelles de la conception et de la naissance, pour prendre réellement cette nature. C'est ainsi que le Fils, qui est éternel et vrai Dieu, a été réellement conçu et est né d'une Vierge dans le temps : « Car lorsque les temps furent accomplis, Dieu a envoyé son Fils formé de la femme, et né sous la loi, pour racheter ceux qui étaient sous la loi, et nous donner l'adoption des enfants; » (*Galat.*, iv, 4) c'est-à-dire que ce Dieu est devenu par nature Fils de l'homme, lui qui par nature est Fils unique de Dieu. C'est ce que fait ressortir l'évangéliste saint Jean ; car après avoir dit : « Le Verbe s'est fait chair et il a habité parmi nous, » il ajoute : « Et nous avons vu sa gloire, cette gloire du Fils unique du Père ; nous l'avons vu plein de grâce et de vérité. » (*Jean*, i, 14.) Ainsi le Créateur des esprits et des corps, c'est-à-dire de tous les êtres, a créé une Vierge pour naître d'une Vierge ; et l'ayant créée, il l'a choisie pour être sa mère, lorsque ce Dieu immense et éternel prit une chair véritable pour être conçu, formé et enfanté de cette chair virginale. Ainsi ce Dieu qui s'est fait homme par miséricorde, a pris véritablement la nature de l'esclave, et comme Dieu, il n'abdiquait rien de sa nature divine.

15. Croyez donc que le Christ Fils de Dieu, qui est une personne de la sainte Trinité, est vrai Dieu, et ne doutez pas que comme Dieu il est né de la substance d'un père ; croyez aussi qu'il est vrai homme, ayant un corps non d'une substance céleste, aérienne, ou autre quelconque, mais un corps de la nature de tout corps humain, comme celui que Dieu a donné au premier homme qu'il a formé de la terre, et comme celui qu'il donne aux autres hommes, qu'il crée par la voie de la génération. Mais quoique le corps du Christ soit réellement de même nature que le corps des autres hommes, cependant celui que le Verbe de Dieu a pris dans le sein de la Vierge Marie a été conçu sans péché, et il est né sans péché, attendu que c'était le Dieu éternel et juste qui, par miséricorde, était conçu et venait au monde avec ce corps, et qu'il était crucifié avec ce corps comme le Seigneur de gloire.

16. Ces paroles vous expliquent l'excellence particulière de la chair du Fils de Dieu, dont la personne est divine par l'acte même de sa conception, dont la naissance est miraculeuse dans son origine, de sorte qu'en disant que le Verbe s'est fait chair, nous entendons que ce Dieu, Fils unique et éternel, n'est plus qu'une seule personne avec sa chair, conçu lui-même avec la conception de sa propre chair. Quant à la chair des autres hommes, il est certain qu'elle est formée par l'acte de la génération, l'homme agissant avec la femme, et la femme concevant et enfantant.

---

sunt, et sine ipso factum est nihil : » (*Joan.*, 1, 1) nec humanitas ejus aliena est a natura matris, secundum id quod « Verbum caro factum est, et habitavit in nobis. » (*Ibid.*, 14.) Illa enim natura quæ semper genita manet ex Patre, naturam nostram sine peccato suscepit, ut nasceretur ex virgine. Neque enim natura æterna atque divina temporaliter concipi et temporaliter nasci ex natura humana ullatenus posset, nisi secundum susceptionem veritatis humanæ, veram temporaliter conceptionem atque nativitatem ineffabilis in se divinitas accepisset. Sic est Deus æternus ac verus veraciter secundum tempus et conceptus et natus ex virgine. « Dum enim venit plenitudo temporis, misit Deus Filium suum (*a*) factum ex muliere, factum sub Lege ; ut eos qui sub Lege erant redimeret, ut adoptionem filiorum reciperemus : » (*Gal.*, iv, 4) illo scilicet Deo facto naturaliter filio hominis, qui unus est naturaliter Filius Dei Patris. Hoc utique Joannes evangelista confirmans, postquam dixit : « Et Verbum caro factum est, et habitavit in nobis : » subsequenter ait : « Et vidimus gloriam ejus, gloriam quasi Unigeniti a Patre, plenum gratia et veritatis. » (*Joan.*, 1, 14.) Sic ille omnium spirituum, omniumque corporum, id est, omnium naturarum Creator et Dominus, creavit virginem creandus ex virgine ; et cujus ipse factor est, matrem sibi fecit, quando de ejus carne concipiendus atque patiendus veram materiam carnis Deus immensus ac sempiternus accepit : ut et secundum veritatem formæ servilis, Deus homo misericorditer fieret, et secundum formam Dei, naturali veritate, idem Deus homo permanens non careret.

15. Sic ergo Christum Dei Filium, id est, unam ex Trinitate personam Deum verum crede, ut divinitatem ejus de natura Patris natam esse non dubites : et sic eum verum hominem crede, ut ejus carnem non cælestis, non aeriæ, non alterius cujusquam putes esse naturæ; sed ejus cujus est omnium hominum caro, id est, quam ipse Deus homini primo de terra plasmavit, et cæteris hominibus plasmat, quos per propagationem ex hominibus creat. Sed licet caro Christi, et omnium hominum unius ejusdemque naturæ ; sit hæc tamen quam Deus Verbum ex Maria virgine sibi unire dignatus est, sine peccato concepta, sine peccato nata est : ut pote secundum quam Deus æternus et justus misericorditer et conceptus et natus est, et Dominus gloriæ crucifixus est.

16. Quibus autem verbis explicabitur carnis illius excellentia singularis, cujus divina est ex ipsa sui conceptione persona, cujus origo nativitatis insolita, qua in Verbum caro factum est, ut una persona esset cum carne sua Unigenitus ac sempiternus Deus, ipsa suæ carnis (*b*) conceptione conceptus. Istam vero cæterorum hominum carnem per humanum certum est nasci concubitu, viro seminante, femina vero concipiente atque patiente. Et quia dum sibi invicem vir mulierque miscentur ut filios generent, sine libidine non est parentum concubitus ; ob hoc filiorum ex eorum carne nascentium

---

(*a*) Lov. *natum*. — (*b*) Post *suæ carnis*, ad Corbeiensis libri oram additur, *quam in prima nativitate non habuit*.

Et comme l'homme et la femme s'unissent pour la génération des enfants, cette union des parents ne se fait pas sans la concupiscence; c'est pour cela que la conception des enfants est entachée de péché, le péché étant ainsi transmis aux enfants, non par la propagation, mais par la concupiscence. Ce n'est donc pas la fécondité de la nature humaine qui communique le péché par la génération, mais c'est le désordre de la concupiscence, que les hommes ont hérité de la condamnation justement infligée au premier péché. Nous savons que le bienheureux roi David était né d'un mariage légitime, et que n'avait souillé ni l'infidélité ni la fornication. Et pourtant, à cause du péché originel par lequel nous naissons tous enfants de colère, non-seulement ceux qui sont enfants des impies, mais encore les enfants des justes, David s'écrie et dit : « Voilà que j'ai été conçu dans l'iniquité, et ma mère m'a enfanté dans le péché. » (*Ps.* L, 7.) Le saint homme Job dit aussi que nul homme n'est pur de souillure, quand même il ne vivrait qu'un jour sur la terre. (*Job*, XIV, 4 *selon les Septante.*)

17. Donc le Fils unique de Dieu qui est dans le sein de son Père, voulant sanctifier l'homme dans son corps et dans son âme, s'est incarné en prenant un corps et une âme raisonnable. Celui qui est vrai Dieu s'est fait vrai homme, non pour être Dieu et homme séparément, mais pour être Dieu et homme tout ensemble. Et pour détruire le péché que la génération humaine contracte par l'acte de la chair mortelle, il a été conçu par un moyen nouveau, il s'est incarné comme Dieu dans le sein d'une mère vierge, sans l'intervention de l'homme, sans concupiscence dans la vierge qui l'a conçu; et ce Dieu homme que le sein inviolable d'une vierge a conçu et enfanté sans concupiscence, devait laver le péché que tous les hommes apportent en naissant, et dont la naissance a lieu, sous la loi de mortalité, dans des conditions telles, que leurs mères ne peuvent accomplir l'œuvre de la fécondité, qu'après avoir perdu la virginité de la chair. C'est donc le Fils de Dieu qui a effacé le péché de la conception et de la naissance de l'homme, lui qui dans sa conception, a pris dans le sein d'une Vierge notre véritable chair, et qui dans sa naissance, a laissé intacte la virginité de sa mère. C'est pourquoi, Dieu est devenu le Fils de la Vierge Marie, et la Vierge Marie est devenue la mère du Fils de Dieu; et par ce moyen celui que le Père engendre de toute éternité, une Vierge le conçoit et l'enfante dans le temps; une Vierge incomparable que Dieu, dont elle devait être la mère, a prévenue et remplie d'une grâce privilégiée, pour qu'elle portât dans son sein celui que l'univers reconnaît comme son souverain, et qu'elle vît soumis à ses ordres, par la loi de sa naissance, celui que toute créature humaine et angélique reconnaît et adore comme le Très-Haut dans l'unité de sa nature avec le Père.

18. Ainsi le péché, comme la peine du péché, qui est entré dans le monde par le crime d'une femme coupable, disparaît du monde par l'enfantement d'une Vierge sans tache. La condition du genre humain ayant donc voulu que par une femme faite de l'homme seul, nous soyons enchaînés du lien de la mort, la bonté divine a voulu aussi que, dans la rédemption du genre humain, la vie fût rendue aux hommes par un homme, qui était né seulement d'une

---

non potest sine peccato esse conceptus, ubi peccatum in parvulos non transmittit propagatio, sed libido; nec fecunditas naturæ humanæ facit homines cum peccato nasci, sed fœditas libidinis, quam homines habent ex illius primi justissima condemnatione peccati. Ideo beatus David, quamvis de legitimo nasceretur justoque conjugio, in quo scilicet nec infidelitatis culpa, nec fornicationis macula poterat inveniri; propter originale tamen peccatum, quo naturaliter obstricti filii sunt iræ, non solum impiorum filii, sed omnes etiam qui de justorum sanctificata carne nascuntur, exclamat et dicit : « Ecce enim in iniquitatibus conceptus sum, et in delictis (*a*) peperit me mater mea. » (*Psal.* L, 7.) Sanctus enim Job dicit, mundum a sorde non esse hominem, nec si unius diei sit vita ejus super terram. (*Job*, XIV, 4, *sec.* LXX.)

17. Dei ergo Filius unigenitus qui est in sinu Patris, ut carnem hominis animamque mundaret, susceptione carnis atque animæ rationalis incarnatus est; et qui est Deus verus, homo verus factus est; non ut alter Deus esset, alter homo, sed idem Deus, idem homo. Qui ut illud peccatum, quod in concubitu mortalis carnis generatio humana contraxit, auferret, conceptus est novo more, Deus incarnatus in matre virgine, sine coitu viri, sine libidine concipientis virginis : ut per Deum hominem, quem absque libidine conceptum inviolatus edidit virginis uterus, ablueretur peccatum quod nascentes trahunt omnes homines, quibus in corpore mortis hujus talis est nascendi conditio, ut matres eorum fecunditatis opus implere non possint, nisi prius virginitatem carnis amiserint. Solus igitur abstulit peccatum conceptionis atque nativitatis humanæ Deus Unigenitus, qui dum conciperetur, veritatem carnis accepit ex virgine; et cum nasceretur, integritatem virginitatis servavit in matre. Ista causa est, qua Deus factus est filius virginis Mariæ, et Maria virgo mater facta est Unigeniti Dei : ut quem Pater genuit ex æternitate, ipsum virgo conceptum proferret in tempore : illa utique virgo, quam Deus, qui de ea fuerat nasciturus, ita singulari gratia prævenit atque replevit, ut ipsum haberet ventris sui fructum, quem ex initio habet universitas Dominum : et ipsum sibi videret nascendi solemnitate subditum, quem in unitate Paternæ substantiæ non solum humana, sed etiam Angelica creatura cognoscit et adorat Altissimum.

18. Sic ergo peccatum et pœna peccati, quæ per scelus corruptæ mulieris intravit in mundum, per inviolatæ virginis partum aufertur a mundo. Et quia in conditione generis humani per mulierem, quæ de solo viro facta est, contigit ut mortis vinculo teneremur obstricti; hoc in redemptione humani generis divina bonitas egit, ut per virum, qui de sola muliere natus est, vita hominibus redderetur. Illic humanam naturam nequissima deceptione sibi diabolus in peccati similitudinem sociavit :

(*a*) Lov. *concepit me.*

TOM. XXII.

femme. Pour nous perdre, le démon, par une ruse infernale, s'est associé la nature humaine en nous entraînant dans son péché ; pour nous sauver, Dieu a pris la nature humaine pour l'unir à sa personne. D'un côté la femme a été trompée, et elle est devenue la fille de Satan ; d'un autre côté une vierge est remplie de grâce, et devient la mère du Fils de Dieu, souverain et immuable. Là, c'est un ange déchu par l'orgueil, qui séduit une femme et s'empare de son âme ; ici c'est un Dieu qui s'humilie par bonté, et qui descend dans le sein d'une Vierge incorruptible pour naître d'elle. Car Jésus-Christ, le Fils de Dieu, ayant la nature divine, qu'il ne peut avoir sans qu'il soit né du Père, Jésus-Christ lui-même, selon la doctrine de l'Apôtre, « s'est anéanti réellement en prenant la nature de l'esclave. » (*Philip.*, 1, 6.) Ce Dieu a donc pris la forme, c'est-à-dire, la nature de l'esclave pour l'unir à sa personne, et ainsi le Créateur des hommes « a été créé avec la nature des autres hommes, il a paru extérieurement comme un autre homme, il s'est humilié lui-même, en devenant obéissant jusqu'à la mort, même à la mort de la croix. »

19. Méditez donc attentivement cette pensée de l'Apôtre, et vous y verrez comment vous devez croire que Notre-Seigneur Jésus-Christ est en même temps Dieu et homme, sans pourtant confondre ou diviser dans la même personne la réalité des deux natures. Quand on vous dit que Notre-Seigneur Jésus-Christ avait la forme divine, il faut reconnaître et tenir comme certain que cette expression signifie la plénitude de nature. Notre-Seigneur Jésus-Christ avait donc la forme divine, parce qu'il avait éternellement la nature de Dieu le Père, dont il est né. Il a donc une même nature avec le Père, étant comme lui éternel et immense, immortel et immuable, invisible et ineffable, bon et juste comme lui, compatissant et indulgent, patient, très-miséricordieux et vrai, également fort et doux, également sage et tout-puissant.

20. Retenez donc avec une foi très-ferme tout ce que nous avons dit du Fils de Dieu. D'abord, il possède toutes choses en commun avec le Père dans l'unité de nature, et par conséquent il est égal au Père ; c'est pour cela que l'Apôtre dit : « Il n'a pas cru que c'était pour lui une usurpation de se dire égal au Père ; » en effet, cette égalité du Fils avec le Père n'est pas une usurpation, puisqu'elle est sa propriété de nature. En second lieu l'Apôtre nous dit « qu'il s'est anéanti lui-même, en prenant la nature de l'esclave, se faisant semblable aux autres hommes, et paraissant extérieurement comme homme ; de plus, qu'il s'est humilié lui-même, en se faisant obéissant jusqu'à la mort, et jusqu'à la mort de la croix. » Voilà tout ce que la foi nous enseigne du Fils unique de Dieu, du Verbe qui est Dieu, dont l'Évangéliste nous dit : « Dans le principe était le Verbe, et le Verbe était en Dieu, et le Verbe était Dieu. » Il est cette vertu de Dieu, cette sagesse dont le Psalmiste parle, quand il dit à Dieu : « Vous avez fait toutes choses dans la sagesse. » (*Ps.* cv, 24.) Il est le principe avec lequel le Père lui-même n'est qu'un seul et unique principe, et dans l'unité de ce principe qui lui est coéternel, il a fait le ciel et la terre, c'est-à-dire tous les êtres de nature spirituelle et corporelle ; il est le Fils unique de Dieu,

---

hic Deus humanam naturam in unitatem personæ suscepit. Ibi femina decepta est, ut fieret filia diaboli : hic virgo gratia repleta est, ut fieret mater summi atque incommutabilis Unigeniti Dei. Ibi angelus dejectus per superbiam ; seductæ mulieris animum obtinuit : hic Deus humilians se per misericordiam, incorruptæ virginis uterum ex ea nasciturus implevit. Dei enim Filius Jesus Christus qui in forma Dei erat (*a*) (quod nisi ex natura Patris natus esset, esse non posset) ; ipse secundum Apostolicam doctrinam, « semetipsum exinanivit formam servi accipiens. » (*Philip.*, 11, 6.) Formam ergo servi, id est, naturam servi in suam accepit Deus ille personam, atque ita hominum factor « in similitudinem hominum factus, habitu est inventus ut homo, ipse humiliavit semetipsum, factus obediens usque ad mortem, mortem autem crucis.

19. Intente igitur hanc Apostoli sententiam cogita, et in ea cognosces quomodo Dominum Jesum Christum eumdem Deum atque hominem credas ; neo tamen in eo veritatem utriusque naturæ in una persona, aut confundas, aut dividas. Cum ergo primum audis de Domino Jesu Christo, quia in forma Dei erat ; oportet te agnoscere, firmissimeque tenere, in illo formæ nomine naturalem plenitudinem debere intelligi. In forma igitur Dei Dominus Jesus Christus erat ; quia in natura Dei Patris semper erat, de quo natus erat. Unius ergo naturæ cum Patre est, æqualiterque cum eo sempiternus atque immensus, æqualiter immortalis et incommutabilis, æqualiter invisibilis et inenarrabilis, æqualiter bonus et justus, æqualiter miserator et misericors, patiens et multum misericors et verax, æqualiter fortis et suavis, æqualiter sapiens atque omnipotens.

20. Proinde hæc omnia quæ diximus de Filio Dei, firmissima fide (*b*) retineus (quia hæc utique omnia in unitate naturæ habens cum Patre, sine dubio æqualis est Patri : propter quod et Apostolus continuo adjungens ait : « Non rapinam arbitratus est esse se æqualem Deo : » non enim (*c*) rapinæ fuit illa Filii cum Patre divinitatis æqualitas, sed naturæ) : etiam illa quæ consequenter subjungit Apostolus dicens, quia « semetipsum exinanivit formam servi accipiens, in similitudinem hominum factus, et habitu inventus ut homo : et quia humiliavit semetipsum, factus obediens usque ad mortem, mortem autem crucis : » omnia hæc de illo unigenito Deo Dei Filio, de illo Verbo Deo, de quo dicit Evangelista : « In principio erat Verbum, et Verbum erat apud Deum, et Deus erat Verbum : » de illa Dei virtute, Deique sapientia, de qua Deo dicitur : « Omnia in sapientia fecisti : » (*Psal.* cv, 24) de illo principio cum quo unum est Pater ipse principium, et in quo sibi coæterno fecit cælum et terram,

---

(*a*) Editio Lov. *quia*. Emendatur ad Corb. Ms. — (*b*) Editi, *retine*. Castigantur ad veteres libros. — (*c*) Lov. *rapina*. Et paulo post, *sed natura*.

étant dans le sein du Père, comme je l'ai dit, et ayant pris personnellement tout ce qui tient à l'humanité, sans cesser néanmoins d'être toujours le Dieu éternel, immense, immortel, immuable et invisible. Tout est donc commun entre Dieu le Père et Dieu le Fils par le droit de nature et d'égalité; de sorte que le Fils, tout en se faisant véritablement homme pour nous, n'a point cessé d'être égal à son Père, vrai Dieu, dont il est né vrai Dieu et vérité. Il s'est donc anéanti lui-même, mais « nous avons reçu tous de sa plénitude. » (*Jean*, I, 16.) Or, s'il eût perdu en s'anéantissant, cette plénitude, il aurait été dans l'impossibilité de nous y faire participer. Car ne l'ayant plus, il est certain qu'il ne pouvait plus rien donner aux hommes ; il ne serait plus vrai alors de dire : « que nous avons reçu de sa plénitude. » Mais en nous donnant de sa plénitude, il a montré qu'en s'anéantissant il n'a rien perdu de cette plénitude qu'il possède ; s'il la perdait il ne pourrait plus rien donner. Il a donc pris la nature de l'esclave ; or cet anéantissement d'un Dieu n'était pas autre chose que l'union de la nature humaine à sa nature divine.

21. En Jésus-Christ il y a donc les deux natures, parce que chacune y est vraie, pleine et entière. C'est pourquoi l'Évangéliste le proclame plein de grâce et de vérité (*Jean*, I, 14), Dieu parfait comme vérité dans sa nature, homme parfait comme grâce dans sa nature humaine. Il est Dieu dans toute la plénitude de sa nature, et égal à Dieu; il est esclave dans toute la plénitude de la nature humaine, parce qu'il « s'est fait homme comme les autres hommes et il a paru extérieurement comme un autre homme. » Il s'est anéanti lui-même et a pris la forme d'esclave, pour devenir esclave; mais il n'a rien perdu de sa plénitude divine, et il est toujours le Seigneur éternel et immuable. Il s'est fait homme véritable avec la forme d'esclave, dans la même nature que sa mère qui est la servante ; et il reste vrai Dieu avec la forme divine, ayant la même nature que son Père le souverain Maître. Il a la même nature divine avec le Père et le Saint-Esprit, et il est avec eux un seul et même Dieu créateur de toutes choses ; mais seul il a pris la forme d'esclave par l'opération du Père et du Saint-Esprit, ainsi que par son opération propre. Comme créateur, il est Dieu avec le Père et le Saint-Esprit; comme créé, il a pris personnellement la nature humaine. La loi et les prophètes n'ont jamais cessé d'annoncer sa naissance future, sa mort, sa résurrection et son ascension dans le ciel ; lui-même donnait les ordres, et ils obéissaient par leurs paroles et par leurs actions.

22. Les sacrifices des victimes charnelles que la sainte Trinité, seul et unique Dieu de l'Ancien et du Nouveau Testament, avait commandé à nos pères de lui offrir, figuraient ce sacrifice d'un prix infini, par lequel le Fils unique de Dieu fait homme « devait s'offrir lui-même pour nous, comme une victime d'une agréable odeur. » (*Éphés.*, v, 5.) Il est lui-même le vrai Dieu et le vrai Pontife, et il est entré une seule fois dans le saint des saints (*Hebr.*, IX, 12), non avec le sang

---

id est omnem spiritalem corporalemque naturam : de Deo unigenito, qui est in sinu Patris, ut dixi, omnia hæc personaliter accipe ; salva tamen æternitate, immensitate, immortalitate, incommutabilitate, invisibilitate divinitatis ejus. Quæ ita naturaliter et æqualiter communia cum Deo Patre habet (*a*) Deus Filius, ut licet homo pro nobis fuerit veraciter factus, permanserit tamen æqualis (*b*) vero Deo Patri, de quo natus est verus et Veritas Deus. Semetipsum igitur exinanivit, sed « de plenitudine ejus nos omnes accepimus : » (*Joan.*, I, 16) quam plenitudinem si exinanitus amitteret, quod de ea nobis daret utique non haberet. Eodem autem non habente, nos procul dubio nihil possemus accipere. « De plenitudine autem ejus nos omnes accepimus. » Ex eo igitur quod nobis de plenitudine sua dedit, ostendit etiam cum se exinanivit plenitudinem non amisisse quam habuit : quia si plenitudinem suam amitteret, dare de illa nullatenus posset. Formam ergo servi accepit : neque enim aliud fuit illa Dei summi exinanitio, nisi formæ servilis, id est naturæ humanæ acceptio.

21. Utraque est igitur in Christo forma, quia utraque et vera et plena est in Christo substantia. Ideo sanctus Evangelista plenum eum gratia et veritatis prædicat (*Ibidem* 14) : quia et in divina natura, in qua Deus Veritas est, plenus est; et in humana, in qua homo verus gratia factus est, plenus est. In illa plenitudine Deus est, in forma Dei æqualis Deo; in ista plenitudine servus, in forma servi, quia « in similitudine hominum factus, habitus est inventus ut homo. » Exinaniens ergo semetipsum formam servi accepit, ut fieret servus : sed formam Dei plenitudinis non amisit, in qua semper est æternus atque incommutabilis Dominus : factus secundum formam servi homo verus, ejusdem naturæ cujus est ancilla mater; et manens in forma Dei Deus verus, ejusdem naturæ cujus est etiam Dominus Pater. In forma Dei cum Patre et Spiritu sancto unus et solus formator omnium Deus : secundum formam servi solus ipse sua et Patris et Spiritus sancti operatione formatus : quod creator est, commune habens naturaliter cum Patre et Spiritu sancto; quod autem creatus est, (*c*) solus habens personaliter in se ipso. Cujus et nativitatem futuram secundum carnem, et mortem, et resurrectionem, atque in cœlos ascensionem Lex et Prophetæ prænuntiare nunquam destiterunt, prout ipse præcipiebat, (*d*) obedientes et verbis et factis.

22. Nam et in sacrificiis carnalium victimarum, quæ sibi ipsa sancta Trinitas, quæ unus est Deus Novi et Veteris Testamenti, a patribus nostris præcipiebat offerri, illius sacrificii significabatur gratissimum munus, pro nobis se ipsum solus Deus Filius secundum carnem esset misericorditer oblaturus. Ipse enim, secundum Apostolicam doctrinam, « obtulit semetipsum pro nobis oblationem et hostiam Deo in odorem suavitatis. » (*Ephes.*, v, 5.) Ipse verus Deus et verus Pontifex, qui pro nobis non in sanguine taurorum et hircorum, sed in sanguine suo semel introivit in sancta. (*Hebr.*, IX, 12.) Quod tunc

---

(*a*) Editi al. *Dei Filius*. — (*b*) Abest vero *Deo*, à Ms. Corb. et aliis nonnullis. — (*c*) Hic editi addunt, *formam servi secundum qua creatus est*, glossema, quod abest à Mss. — (*d*) Apud Lov. omissum erat, *obedientes* : quod Mss. habent.

des boucs et des taureaux, mais avec son propre sang. C'est là ce que figurait le Pontife, lorsque chaque année il entrait avec une coupe de sang dans le saint des saints. C'est donc lui qui a résumé dans toute sa personne, ce qu'il savait être nécessaire pour notre rédemption; il est en même temps prêtre et victime, Dieu et temple ; prêtre qui nous réconcilie, sacrifice par lequel nous sommes réconciliés, temple dans lequel nous sommes réconciliés, Dieu avec lequel nous sommes réconciliés. Seul il est prêtre, sacrifice et temple, parce que comme Dieu il est tout cela dans sa nature d'esclave ; mais il n'est pas seul comme Dieu, parce qu'il est dans la nature divine avec le Père et le Saint-Esprit.

23. Nous sommes donc réconciliés par le Fils seul selon son humanité, mais non avec le Fils seul selon la divinité. Car la sainte Trinité nous a réconciliés avec elle-même, par cela seul que la sainte Trinité a voulu que le Verbe se fît chair. Et ainsi l'union de la nature divine et de la nature humaine devient un état immuable et permanent, de sorte que sa divinité est toujours la même, comme il la possède avec son Père, et que son humanité est toujours la même, comme il l'a unie à sa personne divine.

24. Voilà en peu de mots ce que je peux vous dire sur la foi de la sainte Trinité, qui est par nature le seul et vrai Dieu ; le temps et la forme de ce traité ne me permettent pas d'en dire davantage. Maintenant je passe à ce que la foi nous enseigne, et nous ordonne de croire sur les créatures.

CHAPITRE III. — *Tout ce qui existe a été créé par Dieu.* — 25. Tenez comme principe certain que tout être qui n'est pas Dieu la Trinité, a été créé de rien par la sainte Trinité elle-même qui est le seul Dieu vrai et éternel ; et ainsi tout ce qui existe au ciel et sur la terre, les choses visibles et invisibles (*Coloss.*, I, 16), les trônes, les dominations, les principautés, les puissances, tout cela est l'œuvre et la création de la sainte Trinité, qui est un seul Dieu créateur et souverain maître de toutes choses, éternel, tout-puissant et bon, étant d'une nature à être toujours, et à ne pouvoir jamais changer. Ce Dieu qui est sans commencement, parce qu'il existe d'une manière absolue, a donné l'existence aux choses qu'il a créées ; mais cette existence n'est pas sans commencement, parce qu'aucune créature n'a la même nature que la Trinité, le seul Dieu véritable et bon, par qui toutes choses ont été créées. Et comme il est souverainement bon, il a donné à tous les êtres qu'il a faits d'être bons, sans l'être autant que le Créateur de toutes choses, qui non-seulement est souverainement bon, mais qui est le bien souverain et immuable ; car il est le bien éternel, il ne lui manque rien, puisqu'il n'a pas été tiré du néant; il ne peut rien ajouter à ses perfections, parce qu'il est sans commencement. Les êtres créés par Dieu peuvent croître, parce qu'ils ont commencé d'exister ; ils peuvent décroître, parce qu'ils ont été faits de rien. La condition de leur origine les pousse vers le néant ; mais l'opération du Créateur les pousse vers la perfection. Voici ce qui nous fait reconnaître dans la Trinité qui est le vrai Dieu, l'éternité sans commencement ; c'est qu'il a fait certains êtres qui ayant un commencement ne doivent pas avoir de fin ; ce qui fait voir sa toute-puissance, c'est qu'il a fait de rien toute créature visible et invisible, c'est-à-dire corporelle et spiri-

---

Pontifex ille significabat, qui cum sanguine in sancta sanctorum per annos singulos intrabat. Iste igitur est, qui in se uno totum exhibuit, quod esse necessarium ad redemptionis nostræ sciebat effectum ; idem scilicet sacerdos et sacrificium, idem Deus et templum ; sacerdos, per quem sumus reconciliati; sacrificium, quo reconciliati : templum, in quo reconciliati; Deus, cui reconciliati. Solus tamen sacerdos, sacrificium, et templum; quia hæc omnia Deus secundum formam servi : non autem solus Deus; quia hoc cum Patre et Spiritu sancto secundum formam Dei.

23. Reconciliati sumus igitur per solum Filium secundum carnem, sed non solo Filio secundum divinitatem. Trinitas enim nos sibi reconciliavit per hoc quod solum Verbum carnem ipsa Trinitas fecit. In quo sic veritas incommutabilis permanet humanæ divinæque naturæ, ut sicut vera semper est ejus divinitas, quam de Patre incommutabilem habet, ita vera semper atque incommutabilis ejus humanitas sit, quam sibi unitam summa divinitas gerit.

24. Hæc pauca de fide sanctæ Trinitatis, quæ solus et verus est naturaliter Deus, quantum brevitas temporis et sermonis permisit, inserui. Nunc de creatura quid absque dubitatione credere debeas, intimabo.

CAPUT III. — *Creatæ res a Deo.* — 25. Principaliter itaque tene, omnem naturam quæ non est Trinitas Deus,
ab ipsa sancta Trinitate quæ solus verus et æternus Deus est, creatam ex nihilo : ac sic universa in cælis et in terra, visibilia et invisibilia (*Coloss.*, I, 16), sive Thronos sive Dominationes, sive Principatus, sive Potestates, opus atque creaturam esse sanctæ Trinitatis; quæ est unus Deus rerum omnium Creator et Dominus, æternus, omnipotens, (*a*) et bonus, habens naturaliter ut semper sit, et ut mutari aliquando non possit. Hic Deus qui sine initio semper est, quia summe est, dedit rebus a se creatis ut sint : non tamen sine initio, quia nulla creatura ejusdem naturæ est, cujus est Trinitas unus verus et bonus Deus, a quo creata sunt omnia. Et quia summe bonus est, dedit omnibus naturis quas fecit ut bonæ sint : non tamen tantum bonæ, quantum Creator omnium bonorum, qui non solum summe bonus, sed etiam summum atque incommutabile bonum est; quia æternum bonum est, nullum habens defectum, quia non ex nihilo factum; nullum habens profectum, quia non habet initium. Ideo quippe nulla creatura a Deo factæ proficere possunt, quia esse cœperunt; ideo deficere, quia ex nihilo factæ sunt. Ad defectum eas conditio ducit originis, ad profectum vero provehit operatio Creatoris. In eo igitur primum Trinitatis, quæ Deus verus est, æternitas sine initio naturalis agnoscitur, quia quædam ita fecit, ut cum esse quidem cœperint, tamen non esse aliquando non possint : in eo vero ejus omnipotentia intelligitur,

(*a*) Hic apud Lov. additur, *justus.*

tuelle, et la grande variété des êtres prouve aussi la bonté et la toute-puissance du Créateur. Car s'il n'était pas tout-puissant, il n'aurait pas fait avec la même facilité les grandes comme les petites choses, et s'il n'était pas souverainement bon, il n'embrasserait pas dans son gouvernement providentiel les êtres même les plus chétifs.

26. Toutes les choses créées, grandes comme petites, prouvent donc la bonté et la toute-puissance du Créateur. La véritable et souveraine sagesse a tout fait avec sagesse; car sa nature est de posséder l'être comme de posséder la sagesse; et son action c'est encore la sagesse. Cette sagesse de Dieu, simple dans son principe, infinie dans ses œuvres, prouve toute la grandeur de Dieu, non-seulement quand il donne l'existence aux créatures les plus sublimes, mais encore quand il crée les êtres infiniment petits. Tous les êtres qu'il a faits et qui sont bons sont à une distance immense du Créateur; car ils ne sortent pas de lui, et sont complètement tirés du néant; mais de plus, ils ne sont pas égaux entre eux, chacun conservant sa qualité comme Dieu la lui a donnée avec l'être, l'un d'une façon, l'autre d'une autre. Les corps n'ont pas le même mode d'existence que les esprits, et entre les corps eux-mêmes, soit les corps célestes, soit les corps terrestres, vous trouvez de l'inégalité et de la différence; les corps célestes et les corps terrestres diffèrent, non-seulement quant au volume, mais aussi pour la clarté. En effet, comme dit l'Apôtre, « autre est la clarté des corps célestes, autre la clarté des corps terrestres. » Et pour les corps célestes eux-mêmes, « autre est la clarté du soleil, autre la clarté de la lune, autre celles des étoiles; et encore une étoile diffère d'une étoile par l'éclat. » (I *Cor.*, xv, 41.) La diversité des êtres corporels montre donc évidemment que chacun d'eux n'est pas nécessairement ce qu'il est; mais il est ce que le Créateur l'a fait, par une disposition de sa volonté toute-puissante, immuable et infiniment sage.

27. Si toute créature corporelle était de la même nature que la sainte Trinité, qui est un seul Dieu, elle ne pourrait pas occuper un lieu, ni subir les changements du temps, ni passer d'un lieu à un autre, ni être circonscrite par la quantité de son volume. Tout prouve donc que le Créateur des êtres n'est point assujetti à la loi de la localité, parce qu'il est tout entier dans un petit comme dans un grand espace; il n'est point assujetti à la loi du temps, parce que seul et immobile dans son éternité, il règle d'une manière merveilleuse la succession des temps, sans être entraîné par le torrent. Sa pensée ne subit pas les variations du temps et n'a pas besoin de se modifier par la disposition et la succession des événements; son être n'a pas de limites, parce qu'il est infini; il n'est pas répandu dans l'univers, comme s'il était divisé dans ses parties, comme si les grands espaces contenaient une plus grande partie de son être, et les plus petits une moindre partie, et qu'il ne fût pas partout tout entier; car c'est Dieu lui-même qui dit : « Je remplis le ciel et la terre. » (*Jer.*, xxiii, 24.) Tous les êtres qu'il a faits sont en lui, les esprits, les corps, les grands, les petits, les

---

quia omnem creaturam visibilem atque invisibilem, id est corporalem atque spiritualem de nihilo fecit; in quibus ipsa rerum diversitas multo magis commendat bonitatem atque omnipotentiam Creatoris. Nisi enim omnipotens esset, non una eademque (*a*) facilitate summa atque ima fecisset; et nisi summe bonus esset, non se gubernandis rebus quoque infimis præstitisset.

26. Igitur tam in magnis quam in parvis quibusque rebus conditis magna est bonitas atque omnipotentia Conditoris. Omnia enim sapienter fecit summa veraque Sapientia; cui naturaliter hoc est esse, quod sapientem esse; hoc facere, quod sapienter facere. Simplicitas itaque multiplicis sapientiæ Dei magnitudinem celsitudinis suæ, non solum in magnitudine sublimium creaturarum, verum etiam in infimarum parvitate commendat : dum bona omnia quæ creavit, non solum multo inferius dissimiliusque suo Creatore sunt, utpote non prolata de ipso, sed facta prorsus ex nihilo; verum etiam inter se non æqualiter sunt, sed unaquæque res ita permanet, sicut a Deo (*b*) ut esset accepit, alia quidem sic, alia autem sic. Neque enim sic datum est corporibus ut sint, sicut spiritus acceperunt : cum ipsa quoque corpora non æqualiter sint, et in ipsis cœlestibus atque terrestribus inveniatur nonnulla diversitas; cum tam cœlestia quam terrestria, non solum impari distent quantitate molis, verum etiam dissimilis splendeant claritate. « Alia namque est, sicut Apostolus dicit, claritas cœlestium corporum, alia terrestrium. » In ipsis quoque cœlestibus, « alia claritas solis, alia claritas lunæ, et alia claritas stellarum : stella enim a stella differt in claritate. » (I *Cor.*, xv, 41.) Corporalium igitur naturarum diversitas ostendit unamquamque earum non hoc esse, quod ex se semper habere potuerit, sed quod ex dispositione atque opere omnipotentissimi atque incommutabilis et sapientissimi Creatoris accepit.

27. Quod si unius ejusdemque naturæ esset quælibet creatura corporalis, cujus est sancta Trinitas, quæ unus est Deus; nec localiter in loco esset, nec temporis mutationem aliquando sentiret, nec de loco ad locum transiret, nec circumscriberetur quantitate molis suæ. Quæ omnia ostendunt hujuscemodi naturarum illum esse opificem, cui nullus latus aut angustus locus est, quia non minus in angustis quam in latis totus est; nec mutatur tempore, quia solus potest voluminis temporum, non temporali (*c*) volubilitate, sed æterna stabilitate mirabiliter ordinare. Neque enim in tempore cogitat, quemadmodum temporum series rerum decessione ac successione transcurrat : nec aliqua molis quantitate terminatur, quia (*d*) nulla concluditur : neque per mundi partes partibus suis est ipse diffusus, ut majores mundi partes suis majoribus impleat, et minores minoribus implendo nusquam tamen totus se infundat. Ipse enim est Deus qui ait : « Cœlum et terram ego impleo. » (*Jer.*, xxiii, 24.) Omnia igitur quæ fecit, id est, spiritus et corpora,

---

(*a*) Ms. Corb. *facultate*. — (*b*) Sic Ms. Corb. At Lov. *cum non esset*. — (*c*) Ms. Corb. *voluntate*. — (*d*) Lov. *nullo fine*. At potiores Mss. *nulla :* supple *mole*.

célestes et les terrestres, ceux qui vivent et ceux qui n'ont pas vie ; Dieu le souverain Maître est partout tout entier d'une manière ineffable, il remplit et contient tout ; il ne se divise pas avec ceux qui se divisent ; il ne change pas avec ceux qui changent. S'il n'était pas immuable par sa nature, nous ne verrions pas dans les choses qui changent cet ordre immuable, qui est une émanation de sa pensée et de sa volonté.

28. Dieu, qui est le créateur inépuisable de tous les êtres corporels et incorporels, veut que nous sachions d'abord qu'il n'est pas un corps ; car en créant tous les corps, nous voyons qu'il ne les a pas faits tous vivants. Or, il est lui-même la vie par essence ; car s'il n'était pas la vie, il n'aurait pas fait des corps qui n'ont pas la vie. Pour faire un être non vivant, il faut avoir soi-même la vie. Les corps qui n'ont pas la vie n'ont donc pas la même nature que Dieu ; ni ceux que Dieu a doués d'une certaine vitalité pour se mouvoir et sentir ; ni ces esprits grossiers et sans raison, qui habitent des corps, il est vrai, pour leur donner le mouvement et la sensation, mais qui n'ont pas la lumière de l'intelligence, pour pouvoir connaître ou aimer le Créateur.

29. Quant aux esprits qui sont raisonnables et intelligents, ne faudrait-il pas être un blasphémateur et un aveugle, pour dire et penser qu'ils sont de la même nature que Dieu ? Car Dieu, par sa nature est l'immutabilité et l'immensité même. Or, Dieu qui ne peut avoir en lui-même aucune diversité, nous montre néanmoins toute la diversité de son opération dans les esprits qu'il a faits raisonnables et intelligents. Voyons, par exemple, les esprits qui sont attachés à des corps mortels et terrestres ; sans doute ils n'ont pas un mouvement local, et tout attachés qu'ils sont à un corps, ils n'y sont pas divisés par parties suivant les parties du corps, mais ils sont tout entiers au corps tout entier, comme ils sont tout entiers à chaque partie ; néanmoins leurs pensées varient, et montrent dans leur nature une certaine variation de mouvement temporel et de changement. Ainsi, tantôt ils ignorent, tantôt ils connaissent ; tantôt ils veulent, tantôt ils ne veulent pas ; tantôt ils sont sages, tantôt insensés ; ils deviennent pécheurs après avoir été justes, et ils deviennent justes après avoir été pécheurs. Aujourd'hui les lumières de la piété les éclairent, demain ils se plongent dans les ténèbres de l'impiété.

30. Il y a aussi les esprits qui n'ont point à porter le fardeau d'un corps grossier et terrestre, ce sont les esprits angéliques ; qui pourrait ne pas voir que leur nature n'est pas la même que celle de Dieu, et qu'ils ont été tirés du néant ? Une preuve que leur nature n'est pas immuable, c'est qu'une partie de ces esprits se sont dépravés. Quant à ceux qui sont restés fidèles, ils doivent sans doute à celui qui leur a donné l'être, de goûter sans cesse, et autant qu'il est permis à une créature angélique, l'abondance de la douceur du Seigneur, par l'amour, la contemplation et la jubilation d'un cœur inépuisable, leur fidélité est devenue une condition de leur nature. On peut donc dire que cet amour qu'ils ont pour Dieu, ne subit en rien les variations du temps, comme étant un don de l'incorruptibilité et de l'immutabilité éter-

---

summa et ima, cœlestia atque terrestria, viventia et quibus facultatem vivendi non dedit, ineffabiliter ubique totus Dominus Deus et implet et continet ; nec in iis quæ dividuntur ipse dividitur, nec in iis quæ mutantur ulla mutatione variatur. Nisi enim naturaliter incommutabilis ipse esset, nunquam in rebus mutabilibus ordo quidam consilii ac dispositionis ejus incommutabilis permaneret.

28. Deus igitur rerum corporearum atque incorporearum creator immensus, eo primum se nullum esse corpus ostendit, quia quibusdam corporibus vitam non dedit, cum corpora omnia ipse creaverit. Ipse autem naturaliter vita est, quia si vita non esset, non viventia corpora non fecisset. Neque enim facit rem non viventem, nisi res vivens. Non igitur unius naturæ cum Deo sunt corpora, quæ omnino vivere non possunt. Ac sic neque illa corpora unius naturæ cum Deo sunt, quibus singulis singulos brutos atque irrationales spiritus, quibus eadem corpora vivificarentur ac sensificarentur, inseruit. Sed nec ipsi bruti spiritus unius naturæ cum Deo sunt, quos licet vivificandis sensificandisque cognoscatur inseruisse corporibus ; ipsis tamen spiritibus nullum intelligendi largitus est lumen, quo suum possent aut cognoscere aut diligere Creatorem.

29. Ipsos quoque spiritus, quos rationales atque intellectuales esse non dubium est, quis audeat blasphemo spiritu et cæco corde ejusdem naturæ, cujus est Deus, vel putare, vel dicere ; cum Deus utique naturaliter incommutabilis omnino sit et immensus ? Qui cum in se diversitatem ullam habere non possit, in eisdem tamen spiritibus, quos rationales atque intellectuales fecit, diversitatem suæ operationis ostendit. In quibusdam enim, id est, qui terrenis ac mortalibus sunt inserti corporibus, etsi nullus est localis motus, quia per locorum corporalium partes, cum ipsi in corporibus sint, non particulatim sunt, sed sicut in totis corporibus toti, sic in eorumdem corporum partibus toti sunt : tamen cogitationum varietas diversitatem in eis cujusdam temporalis motionis ac mutationis ostendit ; dum modo aliquid nesciunt, modo sciunt ; modo volunt, modo nolunt ; modo sapiunt, modo desipiunt ; modo iniqui ex justis, modo justi sunt ex iniquis ; modo pietatis illustrantur lumine, modo depravantur tenebroso impietatis errore.

30. Illos quoque quos terrenorum corporum nulla gravat lutulenta materies, id est, angelicos spiritus, quis non videat non unius naturæ esse cum Deo, sed factos ex nihilo ? Quorum naturalis mutabilitas in eo cognoscitur, quia ejusdem naturæ pars est in deterius permutata. Deinde quia ii qui depravati non sunt (licet illius dono a quo cum non essent facti sunt, indefessa, et in quantum creaturæ angelicæ gratis datum est, perfecta dilectione, contemplatione, atque exsultatione multitudinem dulcedinis Domini incessabiliter (a) sumant, nec ab eo naturali conditione deficiant) ; etsi inhærentibus Deo nihil inest

(a) Lov. sentiant.

nelle ; cependant les anges sont bornés dans leur nature et sont distingués les uns des autres ; l'un n'est donc pas l'autre, et quand le souverain arbitre donne mission à l'un, l'autre doit se tenir prêt pour exécuter d'autres ordres. Tout cela prouve donc que les saints anges sont une création de la sainte Trinité, et tous les êtres que Dieu a créés, en faisant chacun comme il l'a voulu, montrent et son admirable sagesse dans la conception, et sa puissance dans l'œuvre.

31. Dieu a créé certains esprits pour exister toujours, et d'autres pour n'avoir qu'une existence momentanée. Ces êtres vivants qui doivent finir ont été formés les uns de l'eau, et les autres de la terre, suivant la volonté du Tout-Puissant. Quant aux esprits supérieurs, ils n'ont aucun rapport de nature avec les éléments corporels ; Dieu les a faits immortels et leur a donné la pensée et l'intelligence pour connaître et aimer la Divinité. Il les créa avec l'obligation de l'aimer plus qu'eux-mêmes, puisqu'ils savent qu'ils sont l'œuvre de Dieu, et qu'ils n'avaient rien fait pour mériter ses dons. Pour que cet amour eût aussi quelque droit à une juste récompense, il leur donna la liberté, et ils pouvaient de leur pleine volonté tourner leur amour vers Dieu qui est au-dessus, ou se concentrer en eux-mêmes, ou se laisser entraîner par une basse cupidité vers les êtres inférieurs.

32. Aucune créature ne peut donc vivre éternellement, soit heureuse, soit malheureuse, si Dieu ne lui a pas donné l'intelligence. Cette intelligence est le privilège de l'homme et de l'ange. Car Dieu n'a donné qu'aux anges et aux hommes la faculté de le connaître et de l'aimer. Or, le Créateur infiniment bon, ayant donné l'intelligence à sa créature, lui a aussi donné la liberté, avec la faculté de le connaître et de l'aimer, mais de manière à ce que chacun pût la conserver ou la perdre ; s'il perdait cet amour, il ne pourrait plus à sa volonté de le recouvrer, il faudrait un don nouveau et gratuit de la bonté de Dieu, pour renouveler dans une créature ainsi perdue, la source des saintes pensées ; c'est ainsi qu'à l'origine du monde, Dieu n'a consulté que sa bonté et sa sagesse, et nullement des mérites qui n'existaient pas dans ses créatures. Pour donner aux esprits et aux corps la place et les privilèges qui leur convenaient. Les anges et les hommes étant des créatures raisonnables, reçurent donc de Dieu, en vertu de leur nature spirituelle, le privilège de l'éternité et de la béatitude ; avec cette condition néanmoins que s'ils restaient fidèles à l'amour du Créateur, ils seraient en même temps éternels et heureux ; mais que si en usant de leur liberté, ils voulaient désobéir au souverain Créateur pour marcher dans une autre voie, leur désobéissance serait suivie aussitôt de la perte de la béatitude ; et il ne leur resterait plus en punition qu'une éternité malheureuse avec les ténèbres et les souffrances. Telle fut donc la loi portée et exécutée au sujet des anges, c'est que si l'un d'entre eux venait à perdre la bonne volonté, jamais Dieu ne lui donnerait les moyens de la recouvrer.

---

de varietate temporis ; quia collato sibi æternæ incorruptionis atque incommutabilitatis munere, nihil in se sentiunt mutationis : inest tamen singulis terminus naturalis, quo a se invicem discernuntur ; quia nullus eorum est in alio ; et cum uni eorum opus quodlibet injungitur, alius quoque alteri opus implendo divinæ potestatis deputatur arbitrio. Hæc autem omnia ostendunt etiam sanctos Angelos creaturam esse sanctæ Trinitatis : cujus per singulas res, quas utique sicut voluit fecit, apparet mirabilis et sapientia in dispositione, et virtus in opere.

31. Quosdam igitur spiritus sic Deus creavit, ut semper essent ; quosdam vero, ut esse spiritus quandoque desinerent. Illos itaque desituros quosdam ex aqua, quosdam, quia sic voluit Omnipotens, produxit ex terra. Superiores vero spiritus nullum cum corporeis elementis habere fecit naturale consortium ; quos et æternos creavit, et eis facultatem atque intelligentiam cogitandæ, cognoscendæ, diligendæque divinitatis inseruit. Quos tamen ita creavit, ut etiam præ se ipsis illum diligerent, cujus se tales creatos opere cognoviscent ; cum eorum, ut tales fierent, nulla merita præcessissent. Ut autem hæc dilectio haberet justam et congruam laudem, voluntatis quoque eis tribuit libertatem ; ut esset eis possibile, sive ad eum qui supra eos est intentionem sanctæ dilectionis erigere, sive ad se vel ad ea quæ infra eos sunt pravæ cupiditatis semetipsos pondere declinare.

32. Non est igitur natura, quæ in æternum possit, sive misere, sive (a) beate vivendo subsistere, nisi quæ potest de Deo, ipsius Dei munere, cogitare. Hæc autem natura intellectualis in animabus est hominum, et spiritibus angelorum. Dens quippe cognoscendi ac diligendi se non nisi angelis et hominibus indidit facultatem. Quibus propter intellectuali libertatem, quæ maxime debuit intellectuali creaturæ Creatoris benignitate conferri, ita cognoscendi ac diligendi se facultatem voluntatemque donavit, ut eam unusquisque et habere posset, et perdere ; si quis tamen sponte eam perderet, suo eam deinceps arbitrio resumere non valeret : ut illius esset sanctæ cogitationis initia gratuitæ dono bonitatis denuo renovandis quibus vellet infundere, cujus fuit in ipso creationis exordio nullis præcedentibus meritis spiritus et corpora locis atque affectionibus, prout ipse sapiens voluit, (b) congruis mirabiliter ordinare. Angeli ergo atque homines pro eo quod rationales facti sunt, æternitatis ac beatitudinis donum in ipsa naturæ spiritalis creatione divinitus acceperunt : ita scilicet, ut si dilectioni Creatoris sui jugiter inhærescent, simul æterni beatique manissent ; si vero propriæ (c) libertatis arbitrio contra (al. sui) summi Creatoris imperium suam niterentur facere voluntatem, protinus a contumacibus beatitudo discederet, et ad supplicium eis relinqueretur æternitas misera, erroribus deinceps doloribusque cruciando. Et de angelis quidem hoc disposuit et implevit, ut si quis eorum bonitatem voluntatis perderet, nunquam eam divino munere reparent.

(a) Lov. bene. — (b) Ita Corb. et alii quinque Mss. At Lov. congrue et mirabiliter. — (c) Lov. propriæ voluntatis.

33. Une partie des anges se détourna par une volonté perverse du Créateur, qui était son unique béatitude ; et par un juste jugement du souverain Maître, elle trouva le commencement de sa damnation dans cette perversion même de sa volonté ; de sorte que la punition pour elle fut d'abord de ne plus aimer le souverain bien, source de tout bonheur. Tel fut le supplice que Dieu infligea aux anges rebelles pour toute l'éternité, en y ajoutant la peine du feu éternel. De cette manière ils ne pourront jamais sortir de cette volonté obstinée dans le mal, ni du lieu de leur supplice, attendu que leur juste damnation sera aussi persévérante que leur injuste révolte. L'auteur de tous ces maux, le démon, a entraîné par jalousie les premiers hommes dans la participation de son péché, et avec le péché il a fait tomber sur eux la peine de mort, non-seulement sur eux, mais sur toute leur postérité. Mais Dieu, qui est miséricordieux et juste, ayant puni d'une peine éternelle le diable et ses anges, confirma les autres anges restés fidèles dans leur amour inébranlable pour l'éternité. De même aussi il ne voulut pas que le genre humain tout entier fût perdu à jamais ; mais sa bonté toute gratuite se proposa de ramener à la lumière ceux qui devaient être sauvés, en dissipant les ténèbres où se trouve enveloppée l'humanité par suite du péché originel ; il voulut montrer surtout que les élus devaient leur délivrance à la grâce toute gratuite du libérateur, tandis que les autres, et surtout les enfants qui ne peuvent avoir aucune volonté, ni bonne ni mauvaise, demeurent sans rémission dans la damnation éternelle.

34. L'homme n'apporte pas avec lui en naissant l'initiative du bien, ni dans son esprit ni dans sa volonté ; c'est une grâce que Dieu lui prépare, et lui accorde d'une manière surnaturelle, et en cela il fait voir clairement que le diable et ses anges, depuis que par leur révolte ils ont mérité d'être précipités dans la prison ténébreuse, ne peuvent plus et ne pourront jamais se rétablir dans l'amour du bien. Car s'il était possible à la nature humaine, après avoir perdu par sa désobéissance l'amour du Créateur, de se rétablir par elle-même dans cet amour ; à plus forte raison la nature angélique pourrait le faire, n'étant point, comme l'homme, appesantie par le fardeau d'un corps terrestre. Mais Dieu nous fait voir que cette bonne volonté pour l'homme est un don, et que les anges, en la perdant, ne pourront jamais la recouvrer.

35. Or, cette bonne volonté qui est rendue à l'homme par la grâce de Dieu, mérite la récompense de la béatitude, comme aussi l'iniquité de l'ange et de l'homme ne doit pas rester impunie. C'est pourquoi, comme nous l'enseigne la foi catholique, nous savons que le Fils de Dieu viendra pour punir les anges pécheurs, et pour juger les hommes vivants et morts. Car saint Pierre atteste que « Dieu n'a pas épargné les anges prévaricateurs, mais qu'il les a précipités dans les prisons ténébreuses, les tenant en réserve pour les punir au jour du jugement. » (II *Pierre*, II, 4.) Quant au jugement des vivants et des morts, voici ce que dit saint Paul : « J'en fais le serment devant Dieu et devant Jésus-Christ, qui doit juger les vivants et les morts, et par son avénement

33. Pars itaque angelorum, quæ a suo creatore Deo, quo solo bono beata fuit, voluntaria prorsus aversione discessit, æquitatis supernæ judicio initium suæ damnationis in ipsa aversione voluntatis invenit ; ut non aliud ei esset incipere jam puniri, quam illius beatifici boni dilectione destitui : quam Deus in æterno sic totam præcepit remanere supplicio, ut etiam ignem ei æternum pararet ; in quo illi omnes prævaricatores angeli nec mala voluntate possint unquam carere, nec pœna, sed permanente in eis injustæ aversionis malo permanente etiam justæ retributionis æterna damnatio. Horum malorum princeps diabolus primos homines, quos ad peccati (a) participium invidus duxit, non eis tantum, sed et universæ propagini eorum cum vitio peccati meritum mortis inseruit. Deus autem misericors et justus, sicut diabolo et angelis ejus propria cadentibus voluntate, cæteros angelos in suæ dilectionis æternitate firmavit ; sic etiam humani generis massam non totam in sempiternum perire permisit, sed (b) quos voluit ejus gratuita bonitas, repulsis tenebris, in quibus omnis humana nativitas peccati originalis condemnatione versatur, reducendos prædestinavit ad lucem : in eo præcipue demonstrans, quod istos originalis peccati vinculis indebita gratia Liberatoris absolveret ; cum alios, et quam maxime parvulos, quibus nulla possunt vel bona vel mala inesse (c) propriæ merita voluntatis, insolubili nexu æterna damnatio retineret.

34. Bonæ quoque voluntatis et cogitationis initium, non homini ex se ipso nasci, sed divinitus et præparari et tribui, in eo Deus evidenter ostendit, quod neque diabolus, neque aliquis angelorum ejus, ex quo ruinæ illius merito in hanc sunt inferiorem detrusi caliginem, bonam potuit aut poterit resumere voluntatem. Quod si possibile esset, ut humana natura, post quam a Deo aversa bonitatem perdidit voluntatis, ex se ipsa rursus eam habere potuisset ; multo possibilius hoc natura haberet angelica, quæ quanto minus gravatur terreni corporis pondere, tanto magis hac esset prædita facultate. Sed ostendit Deus unde bona voluntas hominibus detur, quam sic amiserunt angeli cum haberent, ut amissam deinceps habere non possint.

35. Quoniam igitur digna est eadem voluntas bona per Dei gratiam æternæ beatitudinis præmio, et iniquitas angelica atque humana esse non debet impunita ; propterea secundum catholicæ fidei regulam, venturum esse Filium Dei ad puniendos omnes peccatores angelos, et ad judicandos homines vivos et mortuos fideliter expectamus. Testatur enim beatus Petrus, quia « Deus angelis peccantibus non pepercit, sed carceribus caliginis inferni detrudens, tradidit in judicio puniendos reservari. » (II *Pet.*, II, 4.) De hominibus quoque vivis ac mortuis judicandis beatus Paulus hoc ait : « Testificor coram Deo, et Christo Jesu, qui judicaturus est vivos et

---

(a) Sic optimæ notæ Corb. liber. At Lov. *præcipitium*. — (b) Corb. Ms. *sed si quis* : a secunda manu correctus, *sed si quos*. — (c) Sic tres Mss. Vatic. At Corb. omittit *propriæ* : Lov. habet *propria merita*. Unus e Vatic. Mss. *propriæ merito*.

et son règne. » (II *Tim*., IV, 1.) Lorsqu'il viendra, tous les hommes ressusciteront dans leurs corps, depuis le premier homme que Dieu a formé de la terre, ainsi que tous ceux qui ont une vie, par l'opération de celui qui les a créés. Chacun reprendra son corps au jour de la résurrection, et l'âme se retrouvera avec le même corps qu'elle avait dans le sein maternel. Et ainsi les âmes paraîtront avec leurs corps devant le tribunal du juste Juge, pour recevoir ou la récompense ou la punition que l'un et l'autre ont méritée, suivant leur conduite bonne ou mauvaise sur la terre.

36. Or, ce qui empoisonne la source de la vie dans l'homme, c'est l'infidélité qui a son principe dans le péché originel. Ce mal est mêlé au premier souffle de la vie, et l'âme qui a vécu avec le corps l'espace d'un jour ou d'une heure, n'ayant point été délivrée de ce lien du péché avant de quitter le corps, subira nécessairement avec son corps les supplices interminables de l'enfer. C'est là que le diable brûlera éternellement avec ses anges, lui qui a péché le premier et qui a fait pécher les premiers hommes ; c'est là que souffriront avec lui les fornicateurs, les idolâtres, les adultères, les efféminés, les abominables, les avares, les ivrognes, les médisants, les ravisseurs du bien d'autrui, et tous ceux qui font les œuvres de la chair, dont l'Apôtre dit : « Qu'ils ne posséderont point le royaume de Dieu, » (*Gal*., V, 21) si avant de quitter cette vie, ils ne se sont point convertis. Car tout homme qui aura vécu en ce monde jusqu'à la dernière heure dans l'amour du péché et dans l'endurcissement du cœur, méritera à cause de cette persévérance obstinée dans le mal, une punition qui ne finira jamais.

37. Les méchants ressusciteront aussi, mais sans avoir part à la transformation qui sera le privilège des fidèles et des justes qui auront vécu de la foi. C'est ce que dit le bienheureux saint Paul : « Nous ressusciterons tous, mais nous ne serons pas tous transformés. » (I *Cor*., XV, 51.) Il montre aussi que la transformation est réservée aux justes comme un don de Dieu, suivant cette parole : « Et nous, nous serons transformés. » (*Ibid*., 52.) Les méchants ressusciteront donc comme les justes, mais ils n'obtiendront pas la grâce de la transformation qui sera donnée aux justes. Leurs corps ne seront point dépouillés de cette corruption, de cette ignominie, de cette infirmité qu'ils avaient, quand on les a jetés comme une semence sur la terre, et dans cet état ils ne pourront plus mourir, afin qu'ils y trouvent une punition incessante pour l'âme et pour le corps dans les supplices de la mort éternelle. Mais les âmes justes que le Dieu rédempteur a justifiées par la grâce de la foi, en leur donnant aussi la grâce de bien vivre jusqu'à la fin, jouiront dans le ciel de la béatitude éternelle avec leurs corps, puisque c'est avec leurs corps qu'elles ont reçu ici-bas la grâce de la justification, et qu'avec cette grâce elles ont vécu dans l'amour de Dieu et du prochain ; leurs corps seront donc aussi glorifiés, les mêmes sans aucun doute que Dieu leur avait donnés par la création, mais transformés et devenus spirituels. « Le corps

mortuos, et (*a*) per adventum ipsius, et regnum ejus. » (II *Tim*., IV, 1.) In cujus adventu ab illo primi hominis corpore, quod Deus de terra plasmavit, usque ad omnium hominum corpora, quæ animata quandoque vivere cœperunt, ab illo resuscitabuntur, a quo operante creata sunt. Singula vero corpora illis singulis suis animabus in resurrectione reddentur, quas in maternis, ut vivere inciperent, ventribus habere cœperunt : ut scilicet animæ in illo examine justi judicis in eisdem singulis corporibus suis accipiant retributionem, sive regni, sive supplicii, in quibus vive bonam, sive malam qualitatem vitæ præsentis habuerunt.

36. Qualitas autem malæ vitæ ab infidelitate incipit, quæ ab originalis peccati reatu initium sumit. In quo quisquis incipit ita vivere, ut ante finiat vitam, quam ab ejus obligatione solvatur, si unius diei, vel unius horæ spatio anima illa vixit in corpore, necesse est cum eodem corpore interminabilia gehennæ supplicia sustinere : ubi diabolus cum angelis suis in æternum arsurus est, qui et primus peccavit, et peccatum primis hominibus persuasit : ubi cum eo etiam fornicarii, idolis servientes, adulteri, molles, masculorum concubitores, fures, avari, ebriosi, maledici, rapaces, et omnes qui opera carnis agunt, [de quibus beatus dicit Apostolus, « quia regnum Dei non consequentur, »] (*Gal*., V, 21) si ante hujus vitæ terminum a viis suis malis conversi non fuerint, æternis ignibus exurentur. Omnis enim homo, qui in hoc sæculo usque ad finem in iniquitatum (*b*) delectatione et cordis obduratione permanserit, sicut hic eum noxia criminum delectatio tenuit, sic cum sine fine sempiterna cruciatio retinebit.

37. Erit enim etiam iniquorum resurrectio, sed sine immutatione, quam solis fidelibus et ex fide juste viventibus daturus est Deus. Hoc est enim quod ait beatus Paulus : « Omnes quidem resurgemus, sed non omnes immutabimur. » (I *Cor*., XV, 51.) Ostendens autem justos divino munere commutandos, ait : « Et nos immutabimur. » (*Ibid*., 52.) Habebunt ergo iniqui cum justis resurrectionem carnis communem, immutationis tamen gratiam non habebunt, quæ dabitur justis : quoniam a corruptione impiorum non auferetur corruptio et ignobilitas et infirmitas in quibus seminantur ; quæ ob hoc morte etiam non exstinguentur, ut illud juge tormentum corpori atque animæ sit mortis æternæ supplicium. Justæ vero animæ, quas hic Redemptor Deus gratis ex fide justificavit, et justificatis bene vivendi usque in finem perseverantiam tribuit, in ipsis corporibus, in quibus hic justificationibus gratiam divinitus acceperunt, et in quibus justificatæ per fidem, in caritate Dei proximique vixerunt, regni cœlestis æterna beatitudine potientur : glorificatis etiam corporibus suis, quæ sine dubio carnis natura, quam Deus creavit, veraciter permanente, non sicut hic animalia, sed spiritalia tunc habebunt. Sanctorum enim « seminatur corpus animale, surget corpus spiri-

---

(*a*) Lov. et Mss. *et adventum ejus* : omisso *per*, quod in uno e Vatic. Mss. reperitur. — (*b*) Corb. et alii quatuor Mss. *dilectione* : et paulo post, *dilectio tenuit*.

des saints est semé corps animal, mais il ressuscitera corps spirituel. » (I *Cor.*, xv, 44.) Par cette transformation qui sera le privilège des justes, s'accomplira cette loi dont parle l'Apôtre, et d'après laquelle « il faut que ce qui est corruptible devienne incorruptible, et que ce qui est mortel soit revêtu d'immortalité. » (*Ibid.*, 53.) Les saints ressuscités conserveront donc leurs corps véritables, les hommes comme les femmes, et leur gloire sera diverse comme la diversité de leurs mérites. Mais tous ces corps, pour les hommes comme pour les femmes, seront glorieux dans le royaume de Dieu; et le Souverain donnera à chacun le degré de gloire qu'il mérite; et ceux qu'il aura justifiés gratuitement en cette vie par les prévenances de sa miséricorde, il les glorifiera dans le ciel par les récompenses de sa justice.

38. Le temps de cette vie est le temps que Dieu a donné aux hommes pour mériter la vie éternelle, et il a voulu aussi que la pénitence y fût méritoire. Sur la terre, la pénitence porte des fruits de vie, parce que l'homme peut quitter sa malice et bien vivre, changer sa volonté mauvaise avec ses œuvres, et opérer avec la crainte de Dieu les œuvres qui lui sont agréables. Celui qui ne fera pas pénitence en cette vie, aura à faire pénitence de tous ses crimes dans l'autre vie, mais il ne trouvera plus de miséricorde auprès de Dieu; il portera bien dans son cœur l'aiguillon du repentir, mais sans qu'il puisse corriger sa volonté. Les réprouvés se reprocheront amèrement leur iniquité, mais sans pouvoir jamais aimer et désirer la justice. Ils auront une volonté, mais ce sera la volonté du mal qui portera son supplice avec elle, sans pouvoir la tourner vers l'amour du bien. Ainsi ceux qui régneront avec le Christ, ne conserveront aucun vestige de mauvaise volonté; de même ceux qui seront condamnés avec le diable et ses anges à la peine du feu éternel, n'obtiendront jamais aucun repos, pas plus qu'ils n'auront jamais aucun mouvement de bonne volonté. Les cohéritiers de Jésus-Christ obtiendront la perfection de la grâce pour la gloire éternelle; mais les compagnons du démon trouveront le comble de leur malheur dans leur méchanceté même, lorsque jetés dans les ténèbres extérieurs, ils ne verront en eux-mêmes aucune lueur des lumières de la vérité.

39. Tout homme peut donc faire utilement pénitence en cette vie, en tout temps, quelque pécheur qu'il soit, quel que soit son âge, pourvu qu'il renonce de tout son cœur aux péchés passés; s'il les pleure en la présence de Dieu, non-seulement avec les larmes du corps mais avec celles du cœur, et s'il a soin de laver les taches de ses iniquités par les bonnes œuvres, il obtiendra le pardon de toutes ses fautes. Le Seigneur nous fait cette promesse par le prophète, en disant : « Si vous vous convertissez et si vous gémissez, vous serez sauvés. » (*Isaïe*, xxx, 15, selon les Septante.) Il est dit encore : « Mon fils, vous avez péché, arrêtez-vous, et priez pour vos fautes passées, afin qu'elles vous soient pardonnées. » (*Eccli.*, xxi, 1.) Jamais la prière n'eût été recommandée au pécheur, si la prière n'obtenait pas le pardon. Mais la pénitence est surtout utile au pécheur, lorsqu'il l'accomplit dans l'Eglise catholique; c'est à elle que Dieu a donné dans la personne de Pierre le pouvoir

---

tale. » (*Ibid.*, 44.) In his per illam immutationem, quæ solis dabitur justis, implebitur quod oportere dicit Apostolus, « ut corruptibile hoc induat incorruptionem, et mortale hoc induat immortalitatem. » (*Ibid.*, 53.) In quibus sexus masculinus, vel femineus, sicut eadem corpora creata sunt, permanebit : quorum gloria erit pro factorum bonorum diversitate diversa. Omnia tamen corpora, sive masculorum, sive feminarum, quæcumque in regno illo erunt, gloriosa erunt : ille autem judex novit, quantam unicuique sit daturus gloriam; quia in hac vita per misericordiam gratis justificando prævenit, quos illic per justitiam glorificare disponit.

38. Tempus vero acquirendi vitam æternam in ista tantum vita Deus hominibus dedit, obi voluit esse etiam pœnitentiam fructuosam. Ideo autem hic pœnitentia fructuosa est, quia potest hic homo deposita malitia bene vivere, et mutata voluntate (*a*) injusta, merita simul operaque mutare, et in timore Dei ea gerere quæ placeant Deo. Quod qui in hac vita non fecerit, habebit quidem pœnitentiam in futuro sæculo de malis suis, sed indulgentiam in conspectu Dei non inveniet : quia etsi erit ibi stimulus pœnitudinis, nulla tamen ibi erit amplius correctio voluntatis. A talibus enim ita culpabitur iniquitas sua, ut nullatenus ab eis possit vel diligi vel desiderari justitia. Voluntas enim eorum talis erit, ut habeat in se semper malignitatis suæ supplicium, nunquam tamen recipere possit bonitatis affectum. Quia

(*a*) Abest *injusta* a Corb. et aliis quatuor Mss.

sicut illi qui cum Christo regnabunt, nullas in se malæ voluntatis reliquias habebunt; ita illi qui erunt in supplicio ignis æterni cum diabolo et ejus angelis deputati, sicut nullam ulterius habebunt requiem, sic bonum nullatenus habere poterunt voluntatem. Et sicut cohæredibus Christi dabitur perfectio gratiæ ad æternam gloriam; sic consortibus diaboli cumulabit ipsa malignitas pœnam, quando exterioribus deputati tenebris nullo illustrabuntur interiore lumine veritatis.

39. Proinde omni homini in hac vita esse potest utilis pœnitentia, quam quocumque tempore homo egerit, quamlibet iniquus, quamlibet annosus, si toto corde renuntiaverit peccatis præteritis, et pro eis in conspectu Dei non solum corporis, sed etiam cordis lacrymas fuderit, et malorum operum maculas bonis operibus diluere curaverit, omnium peccatorum suorum indulgentiam mox habebit. Hoc enim nobis Dominus prophetico promittit eloquio, dicens : « Si conversus fueris, et ingemueris, salvus eris. » (*Isai.*, XXX, 15, sec. LXX.) Et alio loco dicitur : « Fili, peccasti, ne adjicias iterum, sed et de præteritis deprecare, ut tibi dimittantur. » (*Eccli.*, XXI, 1.) Nunquam peccanti esset indicta pro peccatis deprecatio, si deprecanti non esset remissio concedenda. Sed etiam pœnitentia peccatori tunc prodest, si eam in Ecclesia catholica gerat : cui Deus in persona beati Petri ligandi solvendique tribuit potestatem, dicens : « Quæ alligaveris super terram, erunt ligata et in cœlis; et quæ

de lier et de délier, en disant : « Ce que vous lierez sur la terre sera lié dans le ciel, et ce que vous délierez sur la terre sera délié dans le ciel. » (*Matth.*, xvi, 19.) Il est donc certain que l'homme, à quelque âge qu'il fasse pénitence, et qu'il redresse sa vie sous l'inspiration de la grâce, ne sera point privé du bienfait de la miséricorde, parce que Dieu, suivant la parole du prophète, ne veut pas la mort du pécheur, pourvu qu'il revienne de sa voie mauvaise, et que son âme vive.

40. Cependant l'homme doit se garder de présumer de la miséricorde de Dieu, pour rester plus longtemps dans l'état du péché. En effet, un malade ne désire pas prolonger sa maladie, par l'espérance d'une guérison future. Et cependant tels sont les pécheurs qui négligent de faire pénitence, en se promettant que Dieu leur pardonnera ; mais quelquefois la colère de Dieu survient tout à coup, et il n'y a plus pour eux ni conversion ni pardon. Aussi la sainte Ecriture nous avertit avec bonté, en nous disant : « Ne tardez pas de vous convertir à Dieu, et ne différez pas de jour en jour, car sa colère viendra tout à coup, et vous balayera au jour de la vengeance. » (*Eccli.*, v, 8.) David nous dit aussi : « Aujourd'hui si vous entendez sa voix, n'endurcissez pas vos cœurs. » (*Ps.* xciv, 8.) Le bienheureux Paul dit aussi dans le même sens : « Prenez garde, mes frères, et que personne d'entre vous ne laisse entrer dans son cœur une pensée d'incrédulité pour se séparer du Dieu vivant ; exhortez-vous mutuellement tous les jours, tant que dure la vie présente, afin que personne de vous ne s'endurcisse par la séduction du péché. » (*Hebr.*, iii, 12 et 13.) On vit dans l'endurcissement du cœur, ou quand on désespère du pardon de ses péchés pour ne pas se convertir, ou quand on s'autorise de la miséricorde de Dieu, pour rester dans son iniquité jusqu'à la fin de sa vie.

41. Ayons donc confiance en la miséricorde de Dieu, et craignons sa justice ; c'est le moyen de ne pas tomber dans le désespoir, et de ne pas croupir dans le péché ; car nous savons que le juste Juge, dans son équité, punira sévèrement les péchés que le Rédempteur dans son infinie miséricorde n'aura pas pardonnés. Autant la miséricorde ouvre ses bras et pardonne aux pécheurs qui reviennent, autant la justice repousse et punira les endurcis. Les endurcis sont ceux qui pèchent contre le Saint-Esprit, et qui ne trouveront grâce ni en ce monde ni en l'autre. C'est pour cela que l'esprit de l'homme est une âme intelligente et qu'il doit chercher, connaître et discerner le temps du travail, que la divine justice doit récompenser au jour du jugement, et le temps de cette même récompense, où il ne pourra plus rien changer à ses œuvres, ni implorer efficacement la divine miséricorde pour lui pardonner. Les autres animaux ont un esprit qui n'est pas doué d'intelligence ; car les uns sont formés de la terre ; les autres sont formés des eaux, comme les poissons et les oiseaux ; parmi ceux qui sont formés de la terre, les uns rampent et les autres marchent. Mais ces esprits qui sont dans les animaux, ne vivent qu'autant que leurs corps. Dieu ne leur a pas donné une âme capable de raison. Elle commence et finit de vivre avec le corps. Quand elle n'est plus avec le corps pour

---

solveris super terram, erunt soluta et in cœlis. » (*Matth.*, xvi, 19.) In quacumque igitur homo ætate veram peccatorum suorum pœnitentiam egerit, et vitam suam Deo illuminante correxerit, non privabitur indulgentiæ munere : quia Deus, sicut per Prophetam dicit, non vult mortem (*a*) morientis, quantum ut revertatur a via sua mala, et vivat anima ejus. (*Ezech.*, xxxiii, 11.)

40. Verumtamen nullus hominum debet sub spe misericordiæ Dei, in suis diutius remanere peccatis : cum etiam in ipso corpore nemo velit sub spe futuræ salutis diutius ægrotare. Tales enim qui ab iniquitatibus suis recedere negligunt, et sibi de Deo indulgentiam repromittunt, nonnunquam ita præveniuntur repentino Dei furore, ut nec conversionis tempus, nec beneficium remissionis inveniant. Ideo unumquemque nostrum sacra Scriptura benigne præmonet, dicens : « Ne tardaveris converti ad Deum, et ne differas de die in diem. Subito enim veniet ira ejus, et in tempore vindictæ disperdet te. » (*Eccle.*, v, 8.) Dicit etiam beatus David : « Hodie si vocem ejus audieritis, nolite obdurare corda vestra. » (*Psal.* xciv, 8.) Cui beatus quoque Paulus concordat his verbis : « Videte fratres, ne forte sit in aliquo vestrum cor malum incredulitatis discedendi a Deo vivo : sed adhortamini vosmetipsos per singulos dies, donec hodie cognominatur, ut non obduretur quis ex vobis fallacia peccati. » (*Hebr.*, iii, 12, 13.) (*b*) Obdurato igitur corde vivit, sive qui non convertitur desperans de indulgentia peccatorum suorum, sive qui sic misericordiam Dei sperat, ut usque in finem vitæ præsentis in suorum criminum perversitate (*c*) remaneat.

41. Proinde diligentes misericordiam Dei, metuentesque justitiam, nec de remissione peccatorum desperemus, nec remaneamus in peccatis : scientes quia illa omnium hominum debita sit exactura æquitas justissimi judicis, quæ non dimiserit misericordia clementissimi Redemptoris. Sicut enim misericordia suscipit absolvitque conversos, ita justitia repellet et puniet obduratos. Hi sunt qui peccantes in Spiritum sanctum, neque in hoc sæculo, neque in futuro remissionem accipient peccatorum. Ideo autem hominis anima intellectualis spiritus est, ut quærat, agnoscat, atque discernat et tempus operum suorum, pro quibus receptura est in judicio quod ordinavit divina justitia, et ejusdem retributionis tempus, quo non etiam licebit, aut opera mutare, aut remissionem peccatorum suorum de divina misericordia utiliter postulare. Cæteri vero spiritus omnium animalium, quibus non est intellectus, quia quidam eorum de terra, quidam de aquis originem ducunt, (de aquis enim sunt reptilia et volatilia, de terra vero quædam quæ repunt, quædam vero quæ graduuntur, exorta sunt,) tamdiu spiritus sunt, quamdiu in corporibus vivunt. Anima quippe quæ rationis capax divinitus facta non

(*a*) Ita sex Mss. At Lov. *mortem peccatoris* sive *morientis*, sed magis ut, etc. — (*b*) Sic probæ notæ Mss. At Lov. *Obduratus igitur vivit*. — (*c*) Lov. *permaneat*.

l'animer, elle n'existe plus elle-même ; et ainsi elle est le principe merveilleux de la vie pour le corps auquel elle est attachée. Tant qu'il peut rester avec le corps, cet esprit qui n'a pas la raison continue de vivre ; s'il s'en sépare, il s'éteint. Il est donc lui-même la vie de son propre corps, et pourtant il ne peut plus vivre, quand il cesse d'animer le corps ; et si le corps qu'il animait n'existe plus, lui-même n'est plus rien. C'est pourquoi les esprits qui n'ont pas la raison, n'ont point à attendre l'éternité, ni le jugement ; leur vie n'offre ni bien à récompenser, ni mal à punir. On ne leur demandera donc aucun compte de leurs œuvres, parce que Dieu ne leur a point donné la faculté de l'intelligence. C'est pourquoi leurs corps ne ressusciteront point, puisque leurs âmes ne sont ni justes, ni injustes, pour qu'on puisse les récompenser ou les punir.

42. Les animaux sont donc sur la terre pour l'embellir et y accomplir leur carrière, suivant la volonté incompréhensible du Créateur, et comme ils ne sont pas doués de raison, ils ne rendront aucun compte de leurs actes. « Est-ce que Dieu prend souci des bœufs ? » (I *Cor.*, v, 10.) Mais les hommes qui sont doués de raison, rendront compte à Dieu et pour eux-mêmes et pour tous les biens qui ont été destinés à leur usage, et suivant le mérite de leurs actes, ils recevront la peine ou la gloire. « Car il faut que tous nous paraissions devant le tribunal du Christ, afin que chacun reçoive ce qui lui revient, suivant ce qu'il a fait, ou le bien, ou le mal. » (II *Cor.*, v, 10.) C'est alors que, d'après l'oracle de notre Créateur et de notre Rédempteur, « tous ceux qui dorment dans les tombeaux, entendront sa voix, et ils en sortiront, ceux qui ont fait le bien, pour ressusciter à la vie, mais ceux qui ont fait le mal, pour paraître au jugement. » (*Jean*, v, 28, 29.) Ceux qui ont fait le mal iront donc dans le feu éternel pour y brûler avec Satan, prince de tous les méchants ; mais ceux qui ont fait le bien iront dans la vie éternelle pour régner toujours avec le Christ, roi de tous les siècles. Or, les élus qui régneront avec le Christ, sont ceux que Dieu a prédestinés pour son royaume par sa bonté toute gratuite. En les prédestinant, il les a préparés pour les en rendre dignes ; il est donc certain qu'il les a préparés pour les appeler selon son décret, afin qu'ils obéissent à sa voix ; il les a préparés pour les justifier, en leur donnant la grâce qui renferme la vertu de la foi et la force de bien vivre ; il les a préparés pour les glorifier, afin qu'en devenant les héritiers du Christ, ils puissent posséder éternellement le royaume des cieux.

43. On a pu parvenir à ce royaume aux diverses époques par les sacrements que le Christ a institués en vue de son incarnation, et ceux qui y sont arrivés sont ceux que Dieu a sauvés gratuitement, sans qu'ils l'aient mérité d'abord par aucun acte de bonne volonté, ni par aucune bonne œuvre. A dater du moment où notre Sauveur a dit : « Si quelqu'un ne renaît de l'eau et du Saint-Esprit, il ne peut entrer dans le royaume des cieux, » (*Jean*, III, 5) personne ne peut entrer dans ce royaume, ni jouir de la vie éternelle, s'il n'a reçu le baptême, excepté ceux qui, dans l'Eglise catholique, quoique n'étant pas baptisés, versent leur sang pour Jésus-Christ. Quant à

---

est, cum carne sua et incipit et desinit vivere : quia quando corpori vitam non tribuit, et ipsa non vivit : atque ita miro modo cum omni (*a*) carni anima vivendi causa sit; spiritus tamen irrationalis tamdiu vivit, quamdiu in carne manere potuerit, et dum a carne sua separatur, extinguitur. Ita fit, ut cum ipse vita carnis suæ sit, vivere tamen nequeat, quando vitam carni subministrare destiterit ; et si non sit caro cui vitam dare valeat, ipse quoque eam protinus non habebit. Ideo nec æternitas irrationalibus spiritibus data est, nec aliquod eis judicium præparatur, in quo eis vel beatitudo pro bonis, vel damnatio pro malis reddatur operibus. Ideo autem in eis nulla operum discretio requiretur, quia nullam intelligendi facultatem divinitus acceperunt. Propterea ergo eorum corpora resurrectura non sunt, quia nec in ipsis animabus eorum aut æquitas aut iniquitas fuit, pro qua eis æterna vel beatitudo sit retribuenda, vel pœna.

42. Illa igitur animalia præsentis sæculi cursum atque ornatum secundum Creatoris incomprehensibilem peragunt voluntatem, quæ de suis factis nullam rationem redditura sunt, quia rationalia non sunt. « Numquid enim de bobus cura est Deo ? » (I *Cor.*, v, 10.) Homines vero quia rationales facti sunt, et de se et de omnibus rebus quas in usum vitæ præsentis acceperunt, rationem reddituri sunt Deo, et pro suorum actuum qualitate recipient aut pœnam aut gloriam. « Omnes enim nos manifestari oportet ante tribunal Christi, ut recipiat unusquisque propria corporis, prout gessit, sive bonum, sive malum : » (II *Cor.*, v, 10) tunc scilicet, cum secundum ipsius nostri Creatoris ac Redemptoris eloquium : « Omnes qui in monumentis sunt, audient vocem ejus, et procedent qui bona fecerunt, in resurrectionem vitæ ; qui vero mala egerunt, in resurrectionem judicii. » (*Joan.*, v, 28, 29.) Ut scilicet, qui mala egerunt, eant in combustione æterna semper arsuri cum diabolo principe omnium malorum ; qui vero bona fecerunt, eant in vitam æternam regnaturi sine fine cum Christo rege omnium sæculorum. Illi autem cum Christo regnabunt, quos Deus gratuita bonitate sua prædestinavit ad regnum. Quia enim eos tales prædestinando præparavit, ut regno digni essent ; præparavit utique secundum propositum vocandos, ut obediant ; præparavit justificandos, ut accepta gratia recte credant, et bene vivant ; præparavit etiam glorificandos, ut Christi cohæredes effecti, regnum cœlorum sine fine possideant.

43. Ad quod regnum diversis temporibus per Sacramenta, quæ ad fidem incarnationis suæ Christus instituit, illi pervenerunt, quos Deus gratis nullo bonæ voluntatis, vel boni operis merito præcedente salvavit. Quemadmodum et ex illo tempore quo Salvator noster dixit : « Si quis renatus non fuerit ex aqua et Spiritu sancte, non potest introire in regnum Dei, » (*Joan.*, III, 5) absque sacramento baptismatis, præter eos qui in Ecclesia ca-

(*a*) Unus e Vatic. Mss. *cum omnis anima in carne.*

celui qui, dans l'Eglise catholique, ou dans l'hérésie, ou dans le schisme, reçoit le baptême au nom du Père, et du Fils, et du Saint-Esprit, il reçoit à la vérité le sacrement dans son intégrité, mais il n'aura pas le salut qui est la vertu du sacrement, s'il est baptisé en dehors de l'Eglise catholique. Il a donc besoin de rentrer dans l'Eglise catholique, non pour recevoir de nouveau le sacrement de baptême, qu'il ne faut jamais réitérer, mais pour qu'il soit membre de l'Eglise catholique, et propre à la vie éternelle, qu'on ne peut jamais obtenir, si l'on reste séparé de l'Eglise, même étant baptisé. Quand même il ferait d'abondantes aumônes, quand même il donnerait son sang pour Jésus-Christ, s'il ne reste pas attaché pendant cette vie à l'unité de l'Eglise catholique, il n'aura point part au salut éternel. Quand le baptême produit son effet salutaire, l'aumône le produit aussi. On peut recevoir le baptême hors de l'Eglise, mais il ne porte ses fruits que dans l'Eglise.

44. Dans l'Eglise catholique seulement, l'homme peut, avec profit pour son âme, recevoir le baptême, faire des œuvres de miséricorde, et confesser glorieusement le nom du Christ, si toutefois il s'applique à bien vivre. Hors de l'Eglise catholique, le baptême, les œuvres de miséricorde ne peuvent être aucunement méritoires ; peut-être serviront-elles à adoucir les souffrances de l'autre vie, mais elles ne seront point des titres pour être comptées au nombre des enfants de Dieu ; ainsi dans l'Eglise catholique, il ne suffit pas d'être baptisé pour être sauvé, si au baptême on ne joint pas une vie chrétienne. Ceux dont la vie est bonne doivent surtout s'appliquer aux œuvres de miséricorde, n'oubliant pas que chaque jour ils tombent dans quelques fautes, quoique légères, et que pour cette raison les justes et les saints doivent souvent dire à Dieu, tant qu'ils sont en cette vie : « Pardonnez-nous nos offenses, comme nous pardonnons à ceux qui nous ont offensés. » (*Matth.*, VI, 12.)

45. Mais souvent l'homme commet des fautes, même en usant des choses licites et permises ; la nourriture prise avec sensualité, les actes de la chair, les affections qui troublent le cœur, tout cela est une occasion fréquente de péché pendant cette vie mortelle ; c'est pourquoi les humbles serviteurs du Christ, qui désirent n'avoir aucun embarras, aucune préoccupation dangereuse dans le service du Seigneur, ne recherchent point le mariage, se privent de viande et de vin, autant que la santé le permet. Ce n'est pas qu'on pèche en se mariant, ou en usant de viande ou de vin. Car le bienheureux Apôtre nous dit : « Que tout ce que Dieu a créé est bon, et qu'il ne faut rien rejeter des choses qu'on peut prendre avec action de grâces. Tout est sanctifié par la parole de Dieu et par la prière. » (I *Tim.*, IV, 4.) C'est Dieu qui a institué le mariage de nos premiers parents, et qui l'a béni (*Gen.*, II, 22) ; ce qui fait dire à l'Apôtre : « Le mariage, quand il est sans tache, est honorable pour tous. » (*Héb.*, XIII, 4.) Les serviteurs de Dieu ne regardent donc pas comme des choses immondes les viandes et le vin ; en s'en abstenant,

---

tholica sine baptismate pro Christo sanguinem fundunt, nec regnum cœlorum potest quisquam accipere, nec vitam æternam. Quia sive in (*a*) Catholica, sive in hæresi quacumque vel schismate quisquam in nomine Patris et Filii et Spiritus sancti baptismi sacramentum acceperit, integrum sacramentum accipit ; sed salutem, quæ virtus est sacramenti, non habebit, si extra catholicam Ecclesiam ipsum sacramentum habuerit. Ergo ideo debet ad Ecclesiam redire, non ut sacramentum baptismatis iterum accipiat, quod nemo debet in quolibet homine baptizato repetere : sed ut in societate catholica vitam æternam accipiat, ad quam obtinendam nunquam esse potest idoneus, qui cum sacramento baptismatis ab Ecclesia catholica remanserit alienus. Qui si et eleemosynas largas faciat, et pro nomine Christi etiam sanguinem fundat, pro eo quod in hac vita non tenuit Ecclesiæ catholicæ unitatem, non habebit æternam salutem. Ubi enim cuique prodesse potest baptismus, ibi potest et eleemosyna prodesse. Baptismus autem extra Ecclesiam quidem esse potest, sed nisi intra Ecclesiam prodesse non potest.

44. In Ecclesia igitur tantummodo catholica potest unicuique prodesse, et perceptio baptismatis, et opera misericordiæ, et nominis Christi gloriosa confessio : si tamen in Ecclesia catholica bene vivatur. Sicut enim sine Ecclesiæ catholicæ societate nec baptismus alicui potest prodesse, nec opera misericordiæ ; nisi forte ut mitius torqueatur, non tamen ut inter Dei filios deputetur : sic intra Ecclesiam catholicam per solum baptismum vita æterna non acquiritur, si post baptismum male vivatur. Nam et illi qui bene vivunt, debent operibus misericordiæ indesinenter insistere : sciuntes se licet levia, nonnulla tamen quotidie contrahere peccata, pro quibus etiam sancti et justi semper in hac vita Deo dicere debeant : « Dimitte nobis debita nostra, sicut et nos dimittimus debitoribus nostris. » (*Matth.*, VI, 12.)

45. Quæ peccata (*b*) quoniam etiam in rebus licitis et a Deo concessis frequenter hominibus subrepunt, et quanto magis fortioribus cibis corpus impletur, et carnalibus cor hominis actibus atque affectibus implicatur, tanto frequentior culpa in hac mortalitate contrahitur : propterea humiles servi Christi, qui cupiunt Domino suo sine impedimento et absque animi noxia occupatione servire, conjugia omnino non appetunt, et a carnibus ac vino abstinent, in quantum corporis valetudo permittit. Non quia peccatum est aut conjugem habere, aut vinum carnesve percipere. Nam et beatus Apostolus dicit : (I *Tim.*, IV, 4, 5) « Quia omnis creatura Dei bona est, et nihil rejiciendum quod cum gratiarum actione percipitur : sanctificatur enim per verbum Dei, et orationem. » Conjugium quoque in primis hominibus Deus et instituit, et benedixit (*Gen.*, II, 22) : propter quod et Apostolus ait : « Honorabile connubium in omnibus, et thorus immaculatus. » (*Hebr.*, XIII, 4.) Igitur servi Dei in eo quod a carnibus et vino abstinent, non tanquam

---

(*a*) Lov. *in Catholica fide.* Abest *fide* a melioribus Mss. cujus verbi loco in uno e Vatic. est, *ecclesia*, sed superfluo additum, cum ipsa nomine *Catholicæ* satis apud veteres designetur. — (*b*) Ita Corb. Ms. At Lov. *quando.*

ils n'ont en vue qu'une plus grande perfection : s'ils renoncent au mariage, ce n'est pas qu'ils le regardent comme une chose mauvaise, mais ils sont persuadés que la continence est meilleure encore que le mariage ; surtout à l'époque du christianisme, où l'on dit de la continence : « Que celui-là comprenne, qui peut comprendre ; » (*Matth.*, xix, 12) et où l'on dit du mariage : « Que celui-là se marie, qui ne peut pas vivre dans la continence. » (I *Cor.*, vii, 9.) D'un côté, c'est une exhortation à la vertu ; d'un autre côté, c'est un remède accordé à la faiblesse. Ainsi donc, pour ne refuser aucun remède à la maladie, on permet à l'époux qui devient veuf, de contracter un second, et même un troisième mariage. En le faisant, il ne commettra point de péché, pourvu qu'il garde fidèlement sa promesse, c'est-à-dire que l'époux et l'épouse se gardent une fidélité mutuelle, sans que l'époux connaisse une autre femme que son épouse, et sans que l'épouse connaisse un autre homme que son mari. Il suffit donc que ces époux soient fidèles, et quand même ils se livreraient avec un certain excès à leur plaisir, ils n'iraient pas au delà du péché véniel.

46. Tout ce que nous venons de dire, s'applique à ceux qui n'ont fait à Dieu aucun vœu de continence. Mais celui qui veut rester chaste pour le royaume des cieux, et qui a fait vœu de garder la continence, se rendrait mortellement coupable, non-seulement par le crime de fornication, mais encore en contractant mariage, parce que, suivant la parole de l'Apôtre, il se damnerait, en violant son premier engagement. (I *Tim.*, v, 12.) L'Apôtre veut donc que l'époux rende ce qu'il doit à l'épouse, et que l'épouse rende aussi ce qu'elle doit à son mari (I *Cor.*, vii, 3), parce que l'homme qui se marie ne pèche pas, et la jeune fille qui se marie ne pèche pas (*Ibid.*, 37); mais il veut aussi que celui qui, librement et maître de sa volonté, a pris un parti dans son cœur et a promis à Dieu la continence, soit obligé de la garder toute sa vie avec tout le soin dont il est capable, de peur qu'il ne tombe dans la damnation, s'il viole son premier engagement. Les hommes mariés, les femmes mariées, si d'un commun consentement ils font vœu perpétuel de continence, doivent savoir qu'ils sont liés par cette promesse ; ils ne doivent plus avoir ensemble aucun de ces rapports qui leur étaient permis auparavant ; mais ils sont obligés de garder la continence dont ils ont fait vœu. Alors chacun possédera le royaume des cieux qui est promis aux saints, pourvu qu'on oublie ce qui est en arrière et qu'on marche en avant, selon cette parole du Psaume : « Faites des vœux, et rendez au Seigneur votre Dieu ce que vous avez promis. » (*Ps.* lxxv, 12.) Il faut donc que le vœu soit volontaire, ayant pour objet le sacrifice d'une chose permise, et pour but une plus grande perfection ; il faut l'accomplir avec allégresse, et en l'accomplissant s'efforcer de devenir de plus en plus parfait. Car si vous faites un vœu et que vous soyez fidèle à l'accomplir, Dieu aussi vous donnera en récompense le royaume céleste qu'il vous a promis.

CHAPITRE IV ou RÈGLE I (1). — *Nature de Dieu.* —

(1) Ici commencent quarante règles ou principes de foi indiqués dans les meilleurs manuscrits.

res immundas refugiunt, sed mundioris vitæ instituta sectantur : et in eo quod conjugia non habent, non nuptiarum bonum crimen esse existimant, sed continentiam jugem bonis nuptiis meliorem esse non dubitant : isto quam maxime tempore, quando dicitur de continentia : « Qui potest capere, capiat : » (*Matth.*, xix, 12) de nuptiis vero dicitur : « Qui se non continet, nubat. » (I *Cor.*, vii, 9.) In uno enim, (*a*) hortatione virtus erigitur, in altero infirmitas remedio sublevatur. Unde quia ægritudini semper est consulendum, propterea si cui primo contigerit privari conjugio, si voluerit secundas, vel etiam tertias inire nuptias, nullum de illis peccatum habebit, si eas caste servaverit, id est, si unus et una legitime duntaxat conjuncti fidem servant, ut nec ille mulieri præter uxorem, nec illa viro præter maritum ullatenus misceatur. In talibus etsi fuerit aliquis conjugalis excessus, qui tamen legitimum non violet thorum, habebit nonnullum, sed veniale peccatum.

46. Sed hæc illorum sunt, qui nullam voverunt continentiam Deo. Cæterum quisquis se ipsum castraverit propter regnum cœlorum, et in corde suo continentiam Deo voverit, non solum si fornicationis mortifero (*al.* vulnere) crimine maculetur, verum etiam si uxorem accipere, aut mulier nubere voluerit, secundum Apostoli sententiam damnationem habebit, quia primam fidem irritam fecit. (I *Tim.*, v, 12.) Sicut ergo secundum Apostoli sententiam, dignum est ut uxori vir debitum reddat, similiter et uxor viro (I *Cor.*, vii, 3); quia si quis acceperit uxorem non peccat, et si virgo nupserit non peccat (*Ibid.*, 37) : ita secundum ejusdem Apostoli dictum, qui statuerit in corde suo firmus non habens necessitatem, potestatem autem habens suæ voluntatis, et voverit continentiam Deo, debet eam usque in finem tota mentis sollicitudine custodire, ne damnationem habeat, si primam fidem irritam fecerit. Similiter et conjugati viri, vel conjugatæ mulieres, si ex consensu perennem Deo voverint continentiam, noverint (*b*) se voti sui obnoxios detineri ; nec jam sibi debere commixtionem carnis, quam licitam primitus habuerunt ; sed Deo se debere continentiam, quam voverunt. Tunc enim unusquisque regnum cœlorum, quod sanctis promittitur, possidebit, si obliviscens quæ retro sunt, et in anteriora extendens se ipsum, secundum quod in Psalmis dicitur : « Vovete, et reddite Domino Deo vestro : » (*Psal.* lxxv, 12) quod scit esse licitum, et ad profectum melioris vitæ pertinere cognoscit, et libenter voveat, et (*c*) celeriter reddat, et in hoc quod votum reddit, meliore semper conatu proficiat. Omni enim voventi Deo et reddenti quod vovit, ipse quoque Deus reddet cœlestis regni præmia quæ promisit.

CAPUT IV seu REG. I. — *Natura divina.* — 47. Fir-

(*a*) Editio Lov. *In una enim ratione.* Emendatur ad Corb. Ms. — (*b*) Unus e Vatic. Mss. *sensui voti nexu detineri.* — (*c*) Unus Vatic. Ms. *fideliter.*

47. Croyez donc avec une foi ferme, et sans le moindre doute, que le Père, le Fils et le Saint-Esprit ne sont par nature qu'un seul Dieu, au nom duquel nous avons été baptisés. De même qu'il y a un nom pour le Père, un nom pour le Fils, et un nom pour le Saint-Esprit, il y a aussi un nom qui exprime l'unité de nature pour les trois personnes, et ce nom, c'est Dieu. C'est lui qui dit dans le Deutéronome : « Voyez, considérez que je suis Dieu, et qu'il n'y a pas d'autre Dieu que moi. » (*Deut.*, XXXII, 29.) C'est de lui qu'il est écrit : « Ecoute, ô Israël, le Seigneur ton Dieu est le seul Seigneur. » (*Deut.*, VI, 4.) Et ailleurs : « Tu adoreras le Seigneur ton Dieu, et tu ne serviras que lui seul. » (*Ibid.*, 13.)

CHAPITRE V OU RÈGLE II. — *Dieu est un.* —
48. Croyez fermement, et tenez comme certain que le Père, le Fils et le Saint-Esprit étant la sainte Trinité, sont naturellement le seul vrai Dieu. Il ne nous est pas permis d'adorer trois Dieux, mais un seul vrai Dieu. Cependant le Père est vrai Dieu, suivant le témoignage de l'Apôtre qui dit : « Vous avez quitté les idoles pour revenir à Dieu, pour servir le Dieu vivant et véritable, en attendant son Fils qui viendra du ciel, Jésus qu'il a ressuscité d'entre les morts. » (I *Thess.*, I, 19.) Le Fils est aussi vrai Dieu, suivant cette parole de l'Apôtre saint Jean : « Nous savons que le Fils de Dieu est venu, et qu'il nous a donné la lumière pour nous faire connaître le vrai Dieu, et pour que nous ayons la vie en son Fils véritable qui est Jésus-Christ ; car il est le vrai Dieu, et la vie éternelle. » (*Jean*, V, 20.) Or, étant vrai Dieu, il est aussi la vérité, comme il nous l'enseigne lui-même, quand il dit : « Je suis la voie, la vérité et la vie. » (*Jean*, XIV, 6.) Au sujet du Saint-Esprit, l'apôtre saint Jean nous dit « que l'Esprit est vérité. » (*Jean*, V, 6.) Or, s'il est vérité, il est impossible qu'il ne soit pas naturellement un Dieu véritable. Saint Paul aussi confesse que le Saint-Esprit est Dieu, quand il dit : « Vos membres sont le temple du Saint-Esprit qui est en vous, que vous avez reçu de Dieu ; et vous ne vous appartenez pas ; car vous avez été rachetés d'un grand prix : glorifiez et portez Dieu dans votre corps. » (I *Cor.*, VI, 19.)

CHAPITRE VI OU RÈGLE III. — *Dieu est éternel.* —
49. Croyez fermement et tenez comme certain que le Père, le Fils et le Saint-Esprit qui sont la sainte Trinité, sont un seul vrai Dieu éternel et sans commencement. C'est pourquoi il est écrit : « Dans le principe était le Verbe, et le Verbe était auprès de Dieu, et le Verbe était Dieu. Il était dans le principe auprès de Dieu. » (*Jean*, I, 1.) Le Psaume nous dévoile aussi cette éternité, quand il dit : « Notre Dieu est avant tous les siècles. » (*Ps.* LXXIII, 12.) On dit encore ailleurs : « Sa puissance, sa divinité est éternelle. » (*Rom.*, I, 20.)

CHAPITRE VII OU RÈGLE IV. — *Dieu est immuable.* — 50. Croyez fermement et tenez comme certain, que le seul vrai Dieu, Trinité sainte, n'est pas seulement éternel, mais naturellement seul immuable. C'est ce qu'il nous enseigne lui-même quand il dit à son serviteur Moïse : « Je suis celui qui suis. » (*Exod.*, III, 14.) C'est pourquoi il est dit dans les Psaumes : « Au commencement, Seigneur, vous avez posé les fondements de la terre, et les cieux sont l'œuvre de

---

missime itaque tene, et nullatenus dubites, Patrem et Filium et Spiritum sanctum unum esse naturaliter Deum, in cujus nomine baptizati sumus. Cum enim aliud nomen sit Pater, aliud Filius, aliud Spiritus sanctus ; hoc est utique unum naturæ nomen horum trium, quod dicitur Deus : qui dicit in Deuteronomio : « Videte, (*a*) videte quoniam ego sum Deus, et non est alius præter me : » (*Deut.*, XXXII, 39) et de quo dicitur : « Audi Israel, Dominus Deus tuus Dominus unus est : » (*Deut.*, VI, 4) et : « Dominum Deum tuum adorabis, et illi soli servies. » (*Ibid.*, 13.)

CAPUT V seu REG. II. — *Unus Deus.* — 48. Firmissime tene, et nullatenus dubites, Patrem et Filium et Spiritum sanctum, id est, sanctam Trinitatem esse solum naturaliter verum Deum. Quia cum tres Deos nobis colere non liceat, nisi unum solum verum Deum : tamen sicut Pater Deus verus dicitur testante Apostolo, qui ait : « Conversi estis ad Deum a simulacris, servire Deo vivo et vero, et expectare Filium ejus de cœlis, quem suscitavit a mortuis Jesum : » (I *Thess.*, I, 9) ita quoque Filium verum Deum Joannes commendat Apostolus dicens : « Scimus quia Filius Dei venit, et dedit nobis intellectum, ut cognoscamus verum Deum, et simus in vero Filio ejus Jesu Christo. Hic est Deus verus, et vita æterna. » (I *Joan.*, V, 20.) Qui utique quoniam verus Deus est, etiam Veritas est, sicut ipse nos edocet, dicens : « Ego sum via, veritas et vita. » (*Joan.*, XIV, 6.) De Spiritu quoque sancto Joannes apostolus ait : « Quia Spiritus est veritas. (I *Joan.*, V, 6.) Et utique non potest naturaliter Deus verus non esse, qui Veritas est. Quem etiam Deum Paulus apostolus confitetur, dicens : « Membra vestra templum sunt Spiritus sancti, qui in vobis est, quem habetis a Deo, et non estis vestri. Empti enim estis pretio magno, glorificate et portate Deum in corpore vestro. » (I *Cor.*, VI, 19, 20.)

CAPUT VI seu REG. III. — *Deus æternus.* — 49. Firmissime tene, et nullatenus dubites, Patrem et Filium et Spiritum sanctum, id est, sanctam Trinitatem unum verum Deum sine initio sempiternum esse. Propter quod scriptum est : « In principio erat Verbum, et Verbum erat apud Deum, et Deus erat Verbum : hoc erat in principio apud Deum. » (*Joan.*, I, 1.) Hæc denuo sempiternitas intimatur in Psalmo, ubi dicitur : « Deus autem Rex noster ante sæcula : » (*Psal.* LXXIII, 12) et alio loco : « Sempiterna quoque ejus virtus et divinitas. » (*Rom.*, I, 20.)

CAPUT VII seu REG. IV. — *Deus incommutabilis.* — 50. Firmissime tene, et nullatenus dubites, sanctam Trinitatem solum verum Deum, sicut æternum, ita solum naturaliter incommutabilem esse. Hoc enim significat, cum dicit servo suo Moysi : « Ego sum qui sum. » (*Exod.*, III, 14.) (*b*) Hinc et in Psalmis dicitur : « In principio, Domine, terram fundasti, et opera manuum tuarum sunt cœli. Ipsi peribunt, tu autem permanes, et

---

(*a*) Sic plerique Mss. At Lov. semel tantum : *Videte.* — (*b*) Mss. Corb. *Huic.*

vos mains. Ils périront, mais vous vivez toujours; ils vieilliront comme un vêtement, et vous les changerez comme une tente, et ils seront renouvelés; mais vous, vous êtes toujours le même. » (*Ps.* ci, 2.)

CHAPITRE VIII ou RÈGLE V. — *Dieu créateur de toutes choses.* — 51. Croyez fermement, et tenez comme certain, que la sainte Trinité est le seul vrai Dieu, créateur de toutes les choses visibles et invisibles, selon cette parole : « Bienheureux celui qui a pour protecteur le Dieu de Jacob, et qui met son espérance dans le Seigneur Dieu d'Israël; c'est lui qui a fait le ciel et la terre, la mer et tout ce qu'ils renferment. » (*Ps.* CXLV, 5.) L'Apôtre lui rend aussi ce témoignage : « Tout vient de lui, tout est par lui, tout est en lui. Gloire à lui dans tous les siècles. » (*Rom.*, XI, 36.)

CHAPITRE IX ou RÈGLE VI. — *Un seul Dieu en trois personnes.* — 52. Croyez fermement et tenez comme certain que le Père, le Fils et le Saint-Esprit n'ont qu'une même nature, et qu'ils sont trois personnes distinctes, c'est le Père seul qui a dit : « Celui-ci est mon Fils bien-aimé, en qui j'ai mis mes complaisances. » (*Matth.*, III, 17.) C'est le Fils seul à qui s'adressait la voix du Père, quand le Dieu Fils unique fut baptisé comme homme dans le Jourdain, après qu'il se fut incarné. C'est le Saint-Esprit seul, qui est l'esprit du Père et du Fils, qui descendit en forme de colombe sur le Christ après son baptême, lorsqu'il sortait des eaux du fleuve; c'est lui encore qui, cinquante jours après la résurrection du Christ, descendit du ciel et remplit les apôtres réunis dans un même lieu, en se divisant en langues de feu. Or, cette voix qui était seulement la voix de Dieu le Père, ce corps dont Dieu le Fils unique s'est revêtu en se faisant homme, cette colombe sous la figure de laquelle le Saint-Esprit est descendu sur le Christ; ces langues de feu sous lesquelles il s'est divisé pour remplir les apôtres réunis, tout cela est l'œuvre de la sainte Trinité, c'est-à-dire d'un seul Dieu qui a fait le ciel et la terre, les choses visibles et les choses invisibles.

CHAPITRE X ou RÈGLE VII. — *Distinction des personnes divines.* — 53. Croyez fermement et tenez comme certain que le Fils de Dieu seul, c'est-à-dire une personne de la Trinité, est Fils de Dieu le Père exclusivement; que le Saint-Esprit qui est aussi une personne de la sainte Trinité, est l'esprit, non du Père seulement, mais du Père et du Fils en même temps. Le Fils qui est Dieu voulant montrer qu'il est seul engendré du Père, nous dit : « Dieu a tant aimé le monde, qu'il a donné son Fils unique. » (*Jean*, III, 16.) Il ajoute ensuite : « Celui qui ne croit pas est déjà jugé, parce qu'il ne croit pas au nom du Fils unique de Dieu. » (*Ibid.*, 18.) Or, le Saint-Esprit est véritablement l'esprit du Père et du Fils, selon cet enseignement de l'Apôtre : « Vous n'êtes plus dans la chair, mais dans l'esprit, si toutefois l'esprit de Dieu habite en vous » (*Rom.*, VIII, 9); et suivant cette autre parole : « Celui qui n'a pas l'esprit de Jésus-Christ, n'est pas son disciple. » (*Ibid.*)

CHAPITRE XI ou RÈGLE VIII. — *Le Saint-Esprit.* — 54. Croyez fermement et tenez comme indubitable que le Saint-Esprit, qui est l'unique Esprit du Père et du

---

omnes sicut vestimentum veterassent, et sicut opertorium mutabis eos, et mutabuntur; tu autem idem ipse es. » (*Psal.* CI, 20, etc.)

CAPUT VIII seu REG. V. — *Deus omnium creator.* — 51. Firmissime tene, et nullatenus dubites, sanctam Trinitatem solum esse verum Deum, rerum omnium visibilium atque invisibilium Creatorem : de quo in Psalmis dicitur : « Beatus cujus Deus Jacob adjutor ejus, spes ejus in Domino Deo ipsius, qui fecit cœlum et terram, mare et omnia quæ in eis sunt. » (*Psal.* CXLV, 5.) De quo etiam Apostolus dicit : « Quoniam ex ipso, per ipsum, et in ipso sunt omnia, ipsi gloria in sæcula. » (*Rom.*, XI, 36.)

CAPUT IX seu REG. VI. — *Trinitas in unitate.* — 52. Firmissime tene, et nullatenus dubites, Patris et Filii et Spiritus sancti unam quidem esse naturam, tres vero esse personas : Patremque solum esse qui dixit : « Hic est Filius meus dilectus, in quo mihi (*a*) complacui : » (*Matth.*, III, 17) et Filium solum esse super quem illa vox solius Patris insonuit, quando in Jordane secundum carnem baptizatus est Unigenitus Deus, qui carnem solus accepit : et Spiritum sanctum Patris et Filii solum esse, qui in specie columbæ super Christum baptizatum et ascendentem ab aqua descendit, et quinquagesimo die post resurrectionem Christi fideles in uno loco positos in linguarum ignearum (*b*) divisione adveniens replevit. (*Act.*, II, 3.) Illam vero vocem qua solus locutus est Deus Pater, et illam carnem qua solus homo factus est Unigenitus Deus, et illam columbam in cujus specie Spiritus sanctus super Christum descendit, illasque linguas igneas in quarum divisione fideles (*c*) in uno loco constitutos replevit, opera esse totius sanctæ Trinitatis, id est, unius Dei, qui fecit omnia in cœlo et in terra, visibilia et invisibilia.

CAPUT X seu REG. VII. — *Distinctio personarum.* — 53. Firmissime tene, et nullatenus dubites, solum Deum Filium, id est, unam ex Trinitate personam, solius Dei Patris esse Filium : Spiritum vero sanctum, ipsum quoque unam ex Trinitate personam, non solius Patris, sed simul Patris et Filii esse Spiritum. Ostendens enim Deus Filius se solum esse de Patre genitum, ait : « Sic enim Deus dilexit mundum, ut Filium suum unigenitum daret. » (*Joan.*, III, 16.) Et paulo post : « Qui autem non credit, jam judicatus est; quia non credidit in nomine unigeniti Filii Dei. » (*Ibid.*, 18.) Spiritum autem sanctum et Patris et Filii esse Spiritum Apostolus docet, qui ait : « Vos autem non estis in carne, sed in spiritu; si tamen Spiritus Dei habitat in vobis. » (*Rom.*, VIII, 9.) Et secutus ait : « Si quis autem Spiritum Christi non habet, hic non est ejus. » (*Ibid.*)

CAPUT XI seu REG. VIII. — *Spiritus sanctus.* — 54. Firmissime tene, et nullatenus dubites, eumdem Spiritum sanctum, qui Patris et Filii unus Spiritus est, de Patre et Filio procedere. Dicit enim Filius : « Cum venerit Spi-

---

(*a*) Lov. *bene complacui*, abest *bene* a melioribus. Mss. — (*b*) Sic Ms. Corb. At Lov. *visione*. — (*c*) Lov. *fideles Apostolos*, abest *Apostolos* a Mss.

Fils, procède de l'un et de l'autre. Le Fils dit en effet : « Lorsque l'esprit de vérité qui procède du Père, sera venu, » (Jean, xv, 26) montrant qu'il est aussi son esprit, puisqu'il est lui-même la vérité. (Ibid., xiv, 6.) Il est clair, du reste, que le Saint-Esprit procède du Fils, d'après l'enseignement du prophète et de l'Apôtre. Isaïe dit en effet en parlant du Fils : « Il frappera la terre avec la verge de sa bouche, et il tuera l'impie avec le souffle de ses lèvres. » (Isaïe, xi, 4.) L'Apôtre dit aussi : « Le Seigneur Jésus le tuera avec l'esprit de sa bouche. » (II Thess., ii, 8.) Or, le Fils unique de Dieu, pour montrer que l'esprit de sa bouche est véritablement le Saint-Esprit, dit après sa résurrection, en soufflant sur les apôtres : « Recevez le Saint-Esprit. » (Jean, xx, 22.) Saint Jean, dans l'Apocalypse, nous dit aussi que de la bouche du Seigneur Jésus sortait un glaive à deux tranchants. (Apoc., i, 16.) Or, ce glaive n'est pas autre chose que l'esprit de sa bouche.

CHAPITRE XII OU RÈGLE IX. — *Immensité de Dieu*. — 55. Croyez fermement, et tenez comme indubitable que la sainte Trinité est un Dieu immense, non comme corps, mais comme puissance, et qu'il renferme en lui par sa présence et sa puissance, toute la création spirituelle et corporelle. Dieu le Père dit en effet : « Je remplis le ciel et la terre. » (Jér., xxiii, 24.) Il est dit aussi de la sagesse de Dieu, qui est son Fils, « qu'il atteint d'une extrémité jusqu'à l'autre avec force, et qu'il dispose tout avec douceur. » (Sag., viii, 1.) Relativement au Saint-Esprit, nous lisons également que « l'esprit du Seigneur remplit toute la terre. » (Sag., xi, 7.) J'entends le prophète David s'écrier : « Comment me dérober à votre Esprit? Comment fuir devant votre face ? Si je monte au ciel, vous y êtes; si je descends dans les enfers, je vous y trouve. » (Ps. cxxxviii, 7.)

CHAPITRE XIII OU RÈGLE X. — *La personne du Fils*. — 56. Croyez fermement, et tenez comme certain qu'une personne de la Trinité, Dieu le Fils, qui seul est né de la nature du Père, ayant seul la même nature que son Père, a voulu, quand les temps furent accomplis, prendre la nature de l'esclave, et pour cela il a été conçu dans le sein d'une Vierge, il est né d'une Vierge, et il a été le Verbe fait chair. Etant à la fois le même qui est né véritablement du Père, et qui est né véritablement, après avoir été conçu de la Vierge, étant toujours uniquement le même, et dans son union de nature avec le Père, et dans son union de nature avec la Vierge, pouvant dire de Dieu le Père : « il m'a conçu avant les siècles, et il m'a engendré avant les collines; » (Prov., viii, 22) étant aussi celui dont parle l'Apôtre : « Lorsque les temps furent accomplis, Dieu a envoyé son Fils, formé de la femme, créé sous la loi. » (Galat., iv, 4.)

CHAPITRE XIV OU RÈGLE XI. — *Humanité de Jésus-Christ*. — 57. Croyez fermement et tenez comme certain que le Christ, Fils de Dieu, étant engendré de son Père, comme Dieu complet et parfait, est aussi engendré de la Vierge, sa mère, comme homme complet et parfait, c'est-à-dire, que le Verbe Dieu a pris, excepté le péché, notre chair véritable avec une âme raisonnable. Le Fils de Dieu lui-même nous prouve bien qu'il en est ainsi, quand il dit de son corps : « Touchez et voyez qu'un esprit n'a ni chair,

---

ritus veritatis, qui a Patre procedit. » (Joan., xv, 26.) Ubi suum Spiritum esse docuit; quia ipse est Veritas. (Joan., xiv, 6.) De Filio quoque procedere Spiritum sanctum, Prophetica atque Apostolica nobis doctrina commendat. Isaias enim dicit de Filio : « Percutiet terram virga oris sui, et Spiritu labiorum suorum interficiet impium. » (Isa., xi, 4.) De quo et Apostolus ait : « Quem interficiet Dominus Jesus Spiritu oris sui. » (II Thess., ii, 8.) Quem etiam ipse unicus Dei Filius Spiritum oris sui esse significans, post resurrectionem suam insufflavit in discipulos ait : « Accipite Spiritum sanctum. » (Joan., xx, 22.) De ore vero ipsius Domini Jesu, ait Joannes in Apocalypsi, quia gladius utraque parte acutus procedebat. (Apoc., i, 16.) Ipse ergo Spiritus oris ejus, ipse est gladius qui de ore ejus procedit.

CAPUT XII seu REG. IX. — *Trinitas nullis terminis circumscripta.* — 55. Firmissime tene, et nullatenus dubites, Trinitatem Deum immensum esse virtute, non mole; et omnem creaturam spiritalem atque corporalem virtute ejus et præsentia contineri. Dicit enim Deus Pater : « Cœlum et terram ego impleo. » (Jer., xxiii, 24.) Dicitur etiam de Sapientia Dei, quæ Filius ejus est, quia « attingit a fine usque ad finem fortiter, et disponit omnia suaviter. » (Sap., viii, 1.) De Spiritu quoque sancto legimus, quia « Spiritus Domini replevit orbem terrarum. » (Sap., xi, 7.) Et David Propheta dicit : « Quo ibo a Spiritu tuo, et a facie tua quo fugiam? Si ascendero in cœlum, tu illic es ; et si descendero in infernum, ades. (Psal. cxxxviii, 7.)

CAPUT XIII seu REG. X. — *Persona Filii.* — 56. Firmissime tene, et nullatenus dubites, unam ex Trinitate personam, id est, Deum Filium, qui de natura Dei Patris solus natus est et unius ejusdemque naturæ cum Patre est, ipsum in plenitudine temporis secundum susceptionem formæ servilis voluntarie in virgine conceptum, et de virgine natum, Verbum carnem factum : ipsum quoque esse qui essentialiter natus est de Patre, et essentialiter conceptus est natusque de virgine : ipsumque unum esse, (a) et unius naturæ cum Patre, et unius naturæ cum virgine, qui ait de Deo Patre : « Ante sæcula fundavit me, et ante omnes colles genuit me : » (Prov., viii, 22, et 26) de quo etiam dixit Apostolus, quia « cum venit plenitudo temporis, misit Deus Filium suum, factum ex muliere, factum sub lege. » (Gal., iv, 4.)

CAPUT XIV seu REG. XI. — *Humanitas Christi.* — 57. Firmissime tene, et nullatenus dubites, Christum Dei Filium sicut de Deo Patre plenum perfectumque Deum, ita de (b) virgine matre plenum perfectumque hominem genitum, id est, Verbum Deum, habentem scilicet sine peccato veram nostri generis carnem et animam rationalem. Quod ipse Dei Filius evidenter ostendit, dicens de carne sua : « Palpate, et videte quia spiritus carnem

---

(a) Apud Lov. deerat, *et unius naturæ cum Patre*, restituitur ex Corb. Ms. — (b) Corb. Ms. *de Maria virgine plenum perfectumque Deum et hominem.*

ni os, comme vous voyez que j'en ai. » (*Luc*, xxiv, 39.) Il rend le même témoignage, en disant de son âme : « Une preuve que mon Père m'aime, c'est que je quitte mon âme et que je la reprends. » (*Jean*, x, 17.) Il montre aussi que son âme est intelligente, quand il dit : « Apprenez de moi que je suis doux et humble de cœur. » (*Matth.*, xi, 29.) Dieu dit aussi de son Fils par le prophète : « Voici que cet enfant qui est mon Fils sera doué d'intelligence, il s'élèvera et deviendra grand. » (*Isaie*, lii, 13.) Saint Pierre aussi, interprétant la prophétie de David, confesse que le Christ a un corps et une âme ; car il dit en parlant de David : « Comme il était prophète, il savait que Dieu avait promis par un serment de faire asseoir sur son trône un de ses descendants ; c'est pourquoi il a annoncé d'avance la résurrection du Christ, en disant que son âme ne resterait pas dans les enfers, et que sa chair ne verrait pas la corruption. » (*Act.*, ii, 30.)

CHAPITRE XV ou RÈGLE XII. — *Divinité de Jésus-Christ.* — 58. Croyez fermement et tenez comme certain que c'est le Verbe Dieu lui-même, seul et unique, qui a fait tous les temps avec le Père et le Saint-Esprit, qui a donné la loi à Moïse, par le ministère des anges (*Galat.*, iii, 19) ; et que ce même Verbe s'est fait chair, quand les temps furent accomplis, ayant été envoyé par le Père et le Saint-Esprit, ayant été formé de la femme qu'il a créée, et étant né sous la loi qu'il a donnée. (*Ibid.*, iv, 4.)

CHAPITRE XVI ou RÈGLE XIII. — *Des deux natures en Jésus-Christ.* — 59. Croyez fermement et tenez comme certain qu'il y a dans le Verbe de Dieu fait chair, deux natures parfaitement distinctes et parfaitement unies ; la nature divine qui lui est commune avec son Père, selon laquelle il dit : « Mon Père et moi, nous sommes un ; » (*Jean*, x, 30) ou bien encore : « Celui qui me voit, voit aussi mon Père ; » (*Ibid.*, xiv, 9) et encore : « Je suis dans mon Père, et mon Père est en moi. » (*Ibid.*, 20.) C'est pourquoi l'Apôtre dit qu'il est la splendeur de la gloire de Dieu, et l'image de sa substance. (*Hebr.*, i, 3.) En second lieu la nature humaine, selon laquelle il dit comme homme : « Mon Père est plus grand que moi. » (*Jean*, xiv, 28.)

CHAPITRE XVII ou RÈGLE XIV. — *Unité de personne en Jésus-Christ.* — 60. Croyez fermement et tenez comme certain que le Verbe fait chair est une seule personne comme Dieu et comme homme. Car le Verbe s'est uni la nature humaine si réellement, il s'est fait chair de telle sorte, en conservant sa divinité, que n'étant pas chair par sa nature, puisque les deux natures sont distinctes dans le Christ, il n'est cependant qu'une seule personne ; et le même Verbe est véritablement chair depuis le premier moment de sa conception dans le sein de sa mère. Car le Verbe n'a pas pris la personne de l'homme mais sa nature, et a uni à la personne éternelle de sa divinité notre nature temporelle et charnelle. Le Verbe fait chair (*Jean*, i, 14) est donc un seul Christ, « né dans le temps comme fils de l'homme, et béni comme Dieu souverain dans tous les siècles. » (*Rom.*, ix, 5.) Jésus-Christ est un, le même à qui son Père disait : Je t'ai engendré de mon sein avant l'aurore, » (*Ps.* cix, 3) pour signifier que sa naissance précède les temps,

---

et ossa non habet, sicut me videtis habere. » (*Luc.*, xxiv, 39.) Animam quoque se habere his verbis ostendit, dicens : « Propterea me Pater diligit, quia ego pono animam meam, et iterum sumam eam. » (*Joan.*, x, 17.) Intellectum quoque animæ se habere ostendit in eo quod ait : « Discite a me, quia mitis sum et humilis corde. » (*Matth*, xi, 29.) Et de ipso Deus per Prophetam dicit : « Ecce intelliget puer meus, et exaltabitur, et sublimis erit valde. » (*Iso.*, lii, 13.) Nam et beatus Petrus secundum sancti David prophetiam, in Christo carnem et animam confitetur. De ipso enim beato David loquens ait : « Propheta igitur cum esset, et sciret quia jurejurando jurasset illi Deus de fructu lumbi ejus sedere super sedem ejus, providens locutus est de resurrectione Christi, quia neque derelicta est anima ejus in inferno, neque caro ejus vidit corruptionem. » (*Act.*, ii, 30.)

CAPUT XV seu REG. XII. — *Divinitas Christi.* — 58. Firmissime tene, et nullatenus dubites, unum (*a*) atque ipsum esse Deum Verbum, qui cum Patre Deo et Spiritu sancto Deo fecit omnia tempora, et in monte Sinai legem Moysi dedit ordinatam per Angelos (*Exod.*, 20 et 21 ; *Gal.*, iii, 19) ; et ipsum Verbum Deum carnem factum, qui veniente plenitudine temporis, missus a Patre et Spiritu sancto, solus factus est ex muliere quam fecit, solus factus est sub lege quam dedit. (*Gal.*, iv, 4.)

CAPUT XVI seu REG. XIII. — *De duabus in Christo naturis.* — 59. Firmissime tene, et nullatenus dubites, Dei Verbi quod caro factum est, duas naturas inconfusibiliter atque inseparabiliter permanere : unam veram divinam, quam habet cum Patre communem, secundum quam dicit : « Ego et Pater unum sumus : » (*Joan.*, x, 30) et : « Qui me (*b*) vidit, vidit et Patrem : » (*Joan.*, xiv, 9) et : « Ego in Patre, et Pater in me est : » (*Ibid.*, 21) secundum quam eum dicit Apostolus, splendorem gloriæ et figuram substantiæ Dei (*Hebr.*, i, 3) ; alteram veram humanam, secundum quam ipse Deus incarnatus dicit : « Pater major me est. » (*Joan.*, xiv, 28.)

CAPUT XVII seu REG. XIV. — *Unitas personæ in Christo.* — 60. Firmissime tene, et nullatenus dubites, Deum Verbum carnem factum, unam habere divinitatis suæ carnisque personam. Deus enim Verbum plenam naturam humanam ita sibi veraciter unire dignatus est, et permanente divinitate sua ita Verbum caro factum est : ut quamvis naturaliter non hoc sit Verbum quod caro, secundum duarum naturarum veritas manet in Christo ; secundum unam tamen personam, idem Verbum caro ab ipso fieret maternæ conceptionis initio. Deus enim Verbum non accepit personam hominis, sed naturam ; et in æternam personam divinitatis accepit temporalem substantiam carnis. Unus est ergo Christus Verbum caro factum (*Joan.*, i, 14), qui et « ex patribus secundum carnem, et super omnia Deus benedictus in sæcula. » (*Rom.*, ix, 5.) Unus Jesus, cui et Pater dicit : « Ex utero ante Luciferum genui te : » (*Psal.* cix, 3) ubi significa-

---

(*a*) Sic Mss. At Lov. *unum filium*, *atque ipsum esse Deum verum.* — (*b*) Sic Ms. Corb. At Lov. *videt.*

qu'elle est éternelle et sans commencement; le même aussi dont parle l'Evangéliste quand il dit, « que son nom est appelé Jésus, nom qui lui a été donné par l'ange avant qu'il ne fût conçu dans le sein de sa mère. » (*Luc*, II, 21.)

CHAPITRE XVIII ou RÈGLE XV. — *Union du Verbe à un corps.* — 61. Croyez fermement et sans le moindre doute, que la chair du Christ n'a pas été conçue dans le sein de la Vierge sans la divinité, avant d'être unie au Verbe; mais que le Verbe lui-même a été conçu avec sa chair, et que la chair elle-même a été conçue avec l'incarnation du Verbe.

CHAPITRE XIX ou RÈGLE XVI. — *Sacrifices.* — 62. Croyez fermement et sans le moindre doute, que Dieu lui-même le Fils unique, le Verbe fait chair s'est offert pour nous à Dieu comme sacrifice et comme victime d'agréable odeur (*Ephés.*, v, 2); c'est à lui, qui ne fait qu'un avec le Père et le Saint-Esprit, que les patriarches, les prophètes et les prêtres de l'Ancien Testament offraient les sacrifices des animaux; c'est à lui qui ne fait qu'un comme Dieu avec le Père et le Saint-Esprit, que maintenant sous la loi nouvelle, la sainte Eglise catholique ne cesse d'offrir dans la foi et la charité le sacrifice du pain et du vin dans toute l'étendue de l'univers. Les victimes charnelles de l'ancienne loi étaient une figure de la chair du Christ, que cet agneau innocent devait offrir pour nos péchés, et du sang qu'il devait répandre pour la rémission de nos fautes. Le sacrifice de la nouvelle loi est une action de grâce, et une commémoration du sacrifice sanglant, par lequel Jésus-Christ a offert son corps et a versé son sang pour nous.

C'est pourquoi le bienheureux Paul dit dans les Actes des Apôtres : « Veillez sur vous et surtout le troupeau, où le Saint-Esprit vous a placés comme évêques pour gouverner l'Eglise de Dieu, qu'il a conquise par son sang. » (*Act.*, XX, 28.) Les sacrifices anciens figuraient le don que nous devions recevoir; le sacrifice nouveau nous rappelle le don qui nous a été fait. Les sacrifices anciens annonçaient que le Fils de Dieu serait immolé pour les pécheurs; le sacrifice nouveau annonce qu'il a été immolé, suivant cette parole de l'Apôtre : « Le Christ, dans le temps que nous étions infirmes, est mort pour les impies; » (*Rom.*, v, 6); et cette autre : « Lorsque nous étions ennemis, nous avons été réconciliés avec Dieu par la mort de son Fils. » (*Ibid.*, 10.)

CHAPITRE XX ou RÈGLE XVII. — *Vérité de l'humanité en Jésus-Christ.* — 63. Croyez fermement et sans le moindre doute, que le Verbe fait chair a toujours en réalité le même corps humain, qu'il avait quand il est né d'une Vierge, quand il a été crucifié, quand il est mort, quand il est ressuscité, quand il est monté au ciel, et qu'il aura quand il viendra juger les vivants et les morts. C'est pour cela que les anges dirent aux apôtres cette parole : « Il viendra de la même manière que vous l'avez vu monter au ciel. » (*Act.*, I, 11.) Saint Jean dit aussi : « Voilà qu'il viendra sur les nuées, tout homme le verra, ceux qui l'ont crucifié le verront, toutes les tribus de la terre le verront aussi tel qu'il a paru. » (*Apoc.*, 1, 7.)

CHAPITRE XXI ou RÈGLE XVIII. — *Dieu a créé toutes choses dans un état de bonté.* — 64. Croyez fermement et sans le moindre doute que Dieu, Père, Fils et

---

tur ante omne tempus sine initio æterna nativitas. (*a*) De quo et Evangelista dicit, quia « vocatum est nomen ejus Jesus, quod dictum est ab Angelo, prius quam in utero conciperetur. » (*Luc.*, II, 21.)

CAPUT XVIII seu REG. XV. — *Verbi et carnis unio.* — 61. Firmissime tene, et nullatenus dubites, carnem Christi non sine divinitate conceptam in utero virginis, prius quam susciperetur a Verbo; sed ipsum Verbum Deum suæ carnis acceptione conceptum, ipsamque carnem Verbi incarnatione conceptam.

CAPUT XIX seu REG. XVI. — *Sacrificia.* — 62. Firmissime tene, et nullatenus dubites, ipsum unigenitum Deum Verbum carnem factum, se pro nobis obtulisse sacrificium et hostiam Deo in odorem suavitatis (*Ephes.*, v, 2) ; cui cum Patre et Spiritu sancto a Patriarchis et Prophetis et Sacerdotibus, tempore Veteris Testamenti animalia sacrificabantur; et cui nunc, id est tempore Novi Testamenti, cum Patre et Spiritu sancto, cum quibus illi est una divinitas, sacrificium panis et vini in fide et caritate sancta catholica Ecclesia per universum orbem terræ offerre non cessat. In illis enim carnalibus victimis (*b*) significatio fuit carnis Christi, quam pro peccatis nostris ipse sine peccato fuerat oblaturus, et sanguinis quem erat effusurus in remissionem peccatorum nostrorum : in isto autem sacrificio gratiarum actio atque commemoratio est carnis Christi, quam pro nobis obtulit, et sanguinis quem pro nobis idem Deus effudit. De quo beatus Paulus dicit in Actibus Apostolorum : « Attendite vobis et universo gregi, in quo vos Spiritus sanctus posuit episcopos regere Ecclesiam Dei, quam acquisivit sanguine suo. » (*Act.*, XX, 28.) In illis ergo sacrificiis quid nobis esset donandum figurate significabatur ; in hoc autem sacrificio quid nobis jam donatum sit evidenter ostenditur. In illis sacrificiis prænuntiabatur Filius Dei pro impiis occidendus : in hoc autem pro impiis annuntiatur occisus, testante Apostolo, quia « Christus cum adhuc infirmi essemus secundum tempus, pro impiis mortuus est : » (*Rom.*, v, 6) et quia « cum inimici essemus, reconciliati sumus Deo per mortem Filii ejus. » (*Ibid.*, 10.)

CAPUT XX seu REG. XVII. — *Humanitas Christi.* — 63. Firmissime tene, et nullatenus dubites, Verbum carnem factum, eamdem humanam carnem semper veram habere, qua de virgine Verbum Deus natus est, qua crucifixus et mortuus est, qua resurrexit et in cœlum ascendit, et in dextera Dei (*c*) sedit, qua etiam venturus est judicare vivos et mortuos. Propter quod ab Angelis Apostoli audierunt : « Sic veniet, quemadmodum vidistis eum euntem in cœlum. » (*Act.*, I, 11.) Et beatus Joannes ait : « Ecce veniet cum nubibus, et videbit eum omnis oculus, et qui eum (*d*) confixerunt, et videbunt eum omnes tribus terræ talem. » (*Apoc.*, 1, 7.)

CAPUT XXI seu REG. XVIII. — *Natura nihil non bonum.* — 64. Firmissime tene, et nullatenus dubites, Trinitatem Deum, id est, Patrem et Filium et Spiritum

(*a*) Hic apud Lov. repetitur : *Unus Jesus.* — (*b*) Lov. *figuratio.* — (*c*) Lov. *sedet.* — (*d*) Lov. *crucifixerunt.*

Saint-Esprit, est le bien souverain et immuable ; que tous les êtres qu'il a créés sont bons, dans ce sens qu'ils ont été créés par le souverain bien ; mais ils sont changeants, parce qu'ils sont sortis du néant ; et il n'y a aucun être qui soit mauvais en lui-même, parce que tout être, en tant qu'être est bon. Le bien dans tout être pouvant être augmenté ou diminué, on dit qu'une chose est mauvaise en proportion de cette diminution qu'elle subit. Car le mal, c'est la privation du bien ; et par conséquent le mal peut exister de deux manières pour la créature raisonnable ; il peut venir de sa volonté, quand elle abandonne le Créateur qui est son souverain bien ; ou il peut lui arriver comme punition, lorsque contre sa volonté, elle est condamnée au feu éternel, punition juste parce que son péché a été une injustice, et comme elle a voulu sortir de l'ordre établi par Dieu, elle rentrera dans l'ordre établi par sa justice.

CHAPITRE XXII ou RÈGLE XIX. — *Aucune créature ne doit être confondue avec Dieu.* — 65. Croyez fermement et sans le moindre doute, que ni l'ange ni aucun autre être créé n'a la même nature que la sainte Trinité, qui est souveraine dans son essence divine, et qui est naturellement un seul Dieu, Père, Fils et Saint-Esprit. Le Créateur ne peut pas avoir l'unité de nature avec les êtres qu'il a créés.

CHAPITRE XXIII ou RÈGLE XX. — *Les anges confirmés en grâces.* — 66. Croyez fermement et sans le moindre doute que toute créature a été faite par Dieu qui est immuable, avec une nature changeante ; et pourtant aucun des anges ne peut déchoir maintenant de son état ; car tous les saints anges ont reçu la béatitude éternelle, de telle sorte qu'ils sont établis dans la jouissance de Dieu, et qu'ils ne peuvent plus en être privés. Mais cet état de béatitude dont ils ne peuvent plus déchoir, ils ne l'ont pas par la nécessité de leur nature ; après leur création, ils l'ont reçu comme un don de la grâce divine. Car si les anges étaient naturellement immuables, jamais le diable et ses anges n'auraient quitté leur société.

CHAPITRE XXIV ou RÈGLE XXI. — *Les créatures raisonnables.* — 67. Croyez fermement et sans le moindre doute que dans toute la création, soit corporelle, soit spirituelle, œuvre de la sainte Trinité, il n'y a que les anges et les hommes qui aient reçu de Dieu le don de l'intelligence. Quant aux animaux, ils n'ont ni la raison, ni l'intelligence, et ne peuvent pas l'avoir. C'est pourquoi on dit aux hommes : « N'allez pas devenir comme le cheval et le mulet qui n'ont pas l'intelligence. » (*Ps.* XXXI, 19.) Ainsi donc l'âme de l'homme et l'âme de la bête ne sont pas de même nature, et par conséquent l'âme des bêtes ne peut point passer dans le corps des hommes, ni l'âme des hommes dans le corps des animaux.

CHAPITRE XXV ou RÈGLE XXII. — *Libre arbitre d'Adam.* — 68. Croyez fermement et sans le moindre doute que les premiers hommes, Adam et Ève ont été créés bons et droits, et sans péché avec le libre arbitre, pouvant toujours, s'ils le voulaient, servir Dieu et lui obéir avec une humble et bonne volonté ; qu'en péchant ils n'ont pas cédé à la nécessité, mais à leur propre volonté ; et que par ce péché la nature

---

sanctum esse naturaliter summum atque incommutabile bonum ; et ab ipso creatas esse omnes naturas, bonas quidem, quia a summo bono factæ sunt ; sed mutabiles, quia de nihilo factæ sunt : nullamque esse (*a*) mali naturam, quia omnis natura in quantum natura est, bona est. Sed quia in ea bonum et minui et augeri potest, in tantum mala dicitur, in quantum bonum ejus minuitur. Malum enim nihil est aliud, nisi privatio boni. Unde constat geminum esse creaturæ rationalis malum : unum (*b*) quo voluntarie ipsa defecit a summo bono Creatore suo, alterum quo invita punietur ignis æterni supplicio : illud passura juste, quia hoc admisit injuste ; (*c*) et quæ ordinem in se non servavit divinæ institutionis, ordinem divinæ non effugiet ultionis.

CAPUT XXII seu REG. XIX. — *Nulla creatura est eadem cum Deo.* — 65. Firmissime tene, et nullatenus dubites, neque angelos, neque quamlibet aliam creaturam ejusdem naturæ esse, cujus est secundum naturalem divinitatem suam summa Trinitas, quæ est unus naturaliter Deus Pater et Filius et Spiritus sanctus. Neque enim unius naturæ esse (*d*) potuerunt ille qui fecit, et ea quæ fecit.

CAPUT XXIII seu REG. XX. — *Angeli facti stabiles.* — 66. Firmissime tene, et nullatenus dubites, omnem creaturam naturaliter mutabilem a Deo incommutabili factam : nec tamen jam posse quemlibet sanctorum Angelorum in deterius commutari ; quia sic acceperunt æternam beatitudinem, qua Deo stabiliter perfruuntur, ut ea carere non possint. Sed hoc ipsum quod ab illo statu beatitudinis in quo sunt, mutari in deterius nullatenus possunt, non est eis naturaliter insitum, sed post quam creati sunt, gratiæ divinæ largitate collatum. Si enim Angeli naturaliter incommutabiles fierent, nunquam de eorum consortio diabolus et ejus angeli cecidissent.

CAPUT XXIV seu REG. XXI. — *Creaturæ rationales.* — 67. Firmissime tene, et nullatenus dubites, in omni creatura, quam spiritalem atque corpoream summa Trinitas fecit, solos spiritus angelicos et humanos intelligendi facultatem divinitus accepisse ; cæteros vero spiritus brutorum animalium rationem et intelligentiam non accepisse, et (*e*) etiam hoc omnino habere non posse. Propter quod dicitur hominibus : « Nolite fieri sicut equus et mulus, quibus non est intellectus : » (*Psal.* XXXI, 19) et ideo animas hominum, et animas pecorum unius naturæ non esse ; nec animas pecorum in (*f*) homines, nec animas hominum in pecora posse aliquando transire.

CAPUT XXV seu REG. XXII. — *Libera voluntas Adæ.* — 68. Firmissime tene, et nullatenus dubites, primos homines, id est, Adam et mulierem ejus, bonos, rectos, et sine peccato creatos esse, cum libero arbitrio, quo possent, si vellent, (*g*) Deo semper humili et bona voluntate servire atque obedire ; quo arbitrio etiam possent, si vellent, propria voluntate peccare : eosque non necessitate, sed propria voluntate peccasse : illoque pec-

---

(*a*) Lov. *malam.* At plerique Mss. *mali.* — (*b*) Mss. *quod voluntarie :* et paulo post, *quod invita.* — (*c*) Lov. *et quia.* — (*d*) Mss. *poterant.* — (*e*) Corb. Ms. *et ob hoc.* — (*f*) Lov. *in animas hominum ;* et infra, *in animas pecorum.* — (*g*) Apud Lov. omittitur : *Deo semper.*

humaine a été tellement détériorée, que non-seulement nos premiers parents, mais tous les hommes sont passés sous le joug de la mort et du péché.

CHAPITRE XXVI ou RÈGLE XXIII. — *Le péché originel.* — 69. Croyez fermement et sans le moindre doute, que tout homme qui est conçu par l'œuvre de l'homme et de la femme, naît avec le péché originel, qu'il est esclave de l'impiété et de la mort, et pour cette raison enfant de colère par sa nature. Aussi l'Apôtre dit-il : « Nous étions aussi nous-mêmes, comme les autres, enfants de colère. » (*Ephés.*, II, 3.) Or, personne ne peut être délivré de cette malédiction que par la foi au Médiateur entre Dieu et les hommes, Jésus-Christ l'Homme-Dieu, qui a été conçu sans péché, est né sans péché, est mort sans péché, s'est fait péché pour nous, c'est-à-dire s'est fait victime et sacrifice pour nos péchés. Car dans l'Ancien Testament on appelait péché les sacrifices qui étaient offerts pour les péchés ; et ils étaient la figure du Christ, parce qu'il est lui-même « l'agneau de Dieu qui ôte les péchés du monde. » (*Jean*, I, 29.)

CHAPITRE XXVII ou RÈGLE XXIV. — *Supplice de ceux qui n'ont pas reçu le baptême.* — 70. Croyez fermement et sans le moindre doute que tous les hommes, soit les adultes, soit même les petits enfants, ceux qui meurent dans le sein de leurs mères, ayant eu vie, comme ceux qui viennent à la lumière, s'ils ne reçoivent pas avant de quitter cette vie le sacrement de baptême, qui est donné au nom du Père, et du Fils, et du Saint-Esprit, seront condamnés au supplice éternel de l'enfer. Quoique les enfants n'aient commis aucun péché actuel, ils ont contracté par leur conception et leur naissance la tache du péché originel, et ont mérité la damnation.

CHAPITRE XXVIII ou RÈGLE XXV. — *Le jugement.* — 71. Croyez fermement et sans le moindre doute, que le Christ, Fils de Dieu viendra juger les vivants et les morts, et que les hommes qu'il justifie ici-bas par la foi en leur donnant gratuitement sa grâce, et auxquels il accorde la persévérance jusqu'à la fin, après les avoir justifiés dans la foi et la charité de notre sainte mère l'Eglise, il les ressuscitera au jour de son avènement, les glorifiera et les rendra, selon sa promesse, semblables aux anges (*Matth.*, XX, 34), pour les établir dans un état où ils seront parfaitement bons, selon la mesure que Dieu donnera à chacun, sans qu'ils puissent déchoir désormais de cette perfection. Si la gloire des saints est différente, nous savons que la vie éternelle est la même pour tous. Quant au diable et à ses anges, ils seront envoyés par le Christ au feu éternel, où la peine que leur a préparée la justice divine n'aura jamais de fin ; et avec le diable iront les hommes impies et les pêcheurs dont l'Ecriture dit : « Ils l'ont imité en suivant son parti. » (*Sag.*, II, 25.) Ayant imité le démon par leurs œuvres mauvaises, et n'ayant pas fait pénitence avant de mourir, ils ressusciteront pour brûler dans le feu éternel.

CHAPITRE XXIX ou RÈGLE XXVI. — *Résurrection de la chair.* — 72. Croyez fermement et sans le moindre doute que les bons et les méchants ressusciteront également, au dernier avènement du Seigneur ; mais que la suite sera bien différente pour les uns et pour

---

cato sic in deterius mutatam humanam naturam, ut non solum in ipsis primis hominibus per peccatum mors obtineret regnum, sed etiam in omnes homines transiret peccati mortisque dominium.

CAPUT XXVI seu REG. XXIII. — *Peccatum originale.* — 69. Firmissime tene, et nullatenus dubites, omnem hominem qui per concubitum viri et mulieris concipitur, cum originali peccato nasci, impietati subditum mortique subjectum, et ob hoc natura iræ filium nasci : de qua dicit Apostolus : « Eramus enim et nos natura filii iræ, sicut et cæteri. » (*Ephes.*, II, 3.) A qua ira nullus liberatur, nisi per fidem Mediatoris Dei et hominum, hominis Jesu Christi, qui sine peccato conceptus, sine peccato natus, sine peccato mortuus, peccatum pro nobis factus est, id est, sacrificium factus est pro peccatis nostris. In veteri quippe Testamento peccata dicebantur sacrificia, quæ pro peccatis offerebantur : in quibus omnibus fuit significatio Christi, quia ipse est « Agnus Dei qui tollit (*a*) peccatum mundi. » (*Joan.*, I, 29.)

CAPUT XXVII seu REG. XXIV. — *Non baptizatorum pœna quæ.* — 70. Firmissime tene, et nullatenus dubites, non solum homines jam ratione utentes, verum etiam parvulos, qui sive in uteris matrum vivere incipiunt et ibi moriuntur, sive jam de matribus nati sine sacramento sancti baptismatis, quod datur in nomine Patris et Filii et Spiritus sancti, de hoc sæculo transeunt, ignis æterni supplicio sempiterno puniendos. Quia etsi peccatum propriæ actionis nullum habuerunt, originalis tamen peccati damnationem carnali conceptione et nativitate traxerunt.

CAPUT XXVIII seu REG. XXV. — *Judicium.* — 71. Firmissime tene, et nullatenus dubites, ideo Christum Filium Dei ad judicandos vivos mortuosque venturum, ut homines, quos hic dono suæ gratiæ gratis per fidem justificat, eisdemque justificatis in fide et caritate sanctæ matris Ecclesiæ usque in finem perseverantiam donat, in suo adventu resuscitet, glorificet, secundum promissionem suam æquales sanctis Angelis faciat (*Matth.*, XXII, 31), et ad eum statum perducat, in quo perfecte, in quantum unicuique donat Deus, boni sint, et ab ipsa perfectione deinceps mutari non possint : ubi diversa erit sanctorum gloria, sed una erit omnium vita æterna. Diabolum vero et angelos ejus in ignem æternum a Christo esse mittendos, ubi nunquam carebunt pœna, quam eis præparavit divina justitia : cum ipso autem diabolo impios et iniquos homines, de quibus Scriptura dicit : « Imitantur autem eum qui sunt ex parte illius, » (*Sap.*, II, 25) pro eo quod cum in malis operibus imitati sunt, et ante finem præsentis vitæ congruam pœnitentiam non egerunt, resumptis corporibus supplicio æternæ combustionis arsuros.

CAPUT XXIX seu REG. XXVI. — *Resurrectio carnis.* — 72. Firmissime tene, et nullatenus dubites, omnibus hominibus et bonis et malis resurrectionem carnis in ad-

(*a*) Sic Ms. Corb. At Lov. *peccata.*

les autres, selon cette parole de l'Apôtre : « Nous ressusciterons tous, mais nous ne serons pas tous transformés. » (I *Corinth.*, xv, 51.) Les justes seront transformés et iront dans la vie éternelle. C'est ce qu'enseigne l'Apôtre en disant : « Les morts ressusciteront incorruptibles, et nous serons transformés. » (*Ibid.*, 52.) Et pour montrer quelle sera cette transformation, il ajoute : « Il faut que ce corps corruptible revête l'incorruptibilité, et que ce corps mortel revête l'immortalité. » (I *Corinth.*, xv, 53.) Alors il arrivera ce que dit l'Apôtre : « Le corps est semé dans la corruption, il ressuscitera dans l'incorruptibilité; il est semé dans l'ignominie, il ressuscitera dans la gloire; il est semé dans l'infirmité, il ressuscitera dans la puissance; il est semé comme un corps animal, il ressuscitera corps spirituel. » (I *Cor.*, xv, 42.) Il l'appelle corps spirituel, non pour dire qu'il deviendra un esprit, mais parce que l'esprit le vivifiant il restera incorruptible et immortel. On l'appellera corps spirituel, quoiqu'il ne soit pas esprit et qu'il reste toujours corps, comme on dit maintenant corps animal, quoiqu'il ne soit pas une âme, mais un corps.

CHAPITRE XXX ou RÈGLE XXVII. — *La foi et le baptême.* — 73. Croyez fermement et sans le moindre doute que personne, excepté ceux qui sont baptisés dans leur sang pour le nom de Jésus-Christ, ne pourra recevoir la vie éternelle, sans qu'il se convertisse ici-bas de ses péchés, par la pénitence et par la foi, et sans qu'il en soit délivré par le sacrement de la pénitence et de la foi, c'est-à-dire par le baptême. Les adultes ont besoin de faire pénitence de leurs péchés,

d'embrasser la foi catholique selon la règle de la vérité, et de recevoir le sacrement de baptême. Quant aux enfants, qui n'ont pas encore leur volonté propre, pour croire ni pour faire pénitence du péché originel qu'ils ont contracté, il leur suffit pour être sauvés, de recevoir le sacrement de la foi et de la pénitence, qui est le saint baptême, tant qu'ils n'ont pas l'usage de la raison.

CHAPITRE XXXI ou RÈGLE XXVIII. — *La grâce.* — 74. Croyez fermement et sans le moindre doute que nul homme sur la terre ne peut faire pénitence, si Dieu ne l'éclaire et ne touche son cœur par une miséricorde toute gratuite. Car l'Apôtre dit : « Peut-être Dieu ne leur donnera-t-il pas la grâce de la pénitence pour connaître la vérité et sortir des filets du démon. » (II *Timoth.*, II, 25.)

CHAPITRE XXXII ou RÈGLE XXIX. — *On ne peut rien sans la grâce.* — 75. Croyez fermement et sans le moindre doute que tout homme, à moins qu'il n'en soit empêché par l'ignorance, la stupidité ou quelque disgrâce, peut lire ou entendre prêcher les paroles de la loi sainte et de l'Evangile, mais personne ne peut observer les divins commandements sans que Dieu le prévienne par sa grâce, afin que la voix qui retentit au dehors pénètre jusqu'à son cœur, pour lui donner la bonne volonté et la force, et qu'il veuille et puisse les observer. « Car celui qui plante n'est rien, celui qui arrose n'est rien, mais c'est Dieu qui donne l'accroissement (I *Corinth.*, III, 7) ; c'est lui qui opère en nous et le vouloir, et le faire, suivant son bon plaisir. » (*Philip.*, II, 13.)

---

ventu Domini futuram esse communem; retributionem vero justitiæ Dei esse bonis malisque dissimilem : secundum quod Apostolus ait : « Quia omnes resurgemus, sed non omnes immutabimur. » (I *Cor.*, xv, 51.) Mutabuntur autem justi, qui ibunt in vitam æternam. Quod Apostolus ostendit dicens : « Et mortui resurgent incorrupti, et nos immutabimur. » (*Ibid.*, 52.) Et ostendens quæ erit ipsa immutatio adjecit : « Oportet enim corruptibile hoc induere incorruptionem, et mortale hoc induere immortalitatem. » (*Ibid.*, 53.) In eorum (*intellige*, justorum) corporibus fiet quod ipse Apostolus ait : « Seminatur in corruptione, surget in incorruptione : seminatur in ignobilitate, surget in gloria : seminatur in infirmitate, surget in virtute : seminatur corpus animale, surget corpus spiritale. » (*Ibid.*, 42, etc.) Quod propterea spiritale dixit, non quia ipsum corpus spiritus erit, sed quia vivificante spiritu immortale atque incorruptibile permanebit. Sic autem tunc dicetur spiritale corpus, cum non spiritus sit, sed permaneat corpus; sicut nunc animale dicitur, cum tamen inveniatur non anima esse, sed corpus.

CAPUT XXX seu REG. XXVII. — *Fides et Baptismus.* — 73. Firmissime tene, et nullatenus dubites, exceptis illis qui pro nomine Christi suo sanguine baptizantur, nullum hominem accepturum vitam æternam, quod non hic a malis suis fuerit pœnitentiam fidemque conversus, et per Sacramentum fidei et pœnitentiæ, id est, per baptismum liberatus. Et majoribus quidem necessa-

rium esse et pœnitentiam de malis suis agere, et fidem Catholicam secundum regulam veritatis tenere, et sacramentum baptismatis accipere : parvulis vero, qui nec propria voluntate credere, nec pœnitentiam pro peccato quod originaliter trahunt, agere possunt, sacramentum fidei (*a*) et pœnitentiæ quod est sanctum baptisma, quamdiu rationis ætas eorum capax esse non potest, sufficere ad salutem.

CAPUT XXXI seu REG. XXVIII. — *Gratia.* — 74. Firmissime tene, et nullatenus dubites, neminem hic hominum posse pœnitentiam agere, nisi quem Deus illuminaverit, et gratuita miseratione converterit. Apostolus enim dicit : « Ne forte det illis Deus pœnitentiam ad cognoscendam veritatem, et resipiscant a diaboli laqueis. » (II *Tim.*, II, 25.)

CAPUT XXXII seu REG. XXIX. — *Nihil agi sine gratia.* — 75. Firmissime tene, et nullatenus dubites, posse quidem hominem, quem nec ignorantia litterarum, nec aliqua prohibet imbecillitas vel adversitas, verba sanctæ legis et Evangelii, sive legere, sive ex ore cujusquam prædicatoris audire : sed divinis mandatis obedire neminem posse, nisi quem Deus gratia sua præveuerit, ut quod audit corpore, etiam corde (*b*) percipiat, et accepta divinitus bona voluntate atque virtute, mandata Dei facere et velit et possit. « Neque enim qui plantat est aliquid, neque qui rigat, sed qui incrementum dat Deus : » (I *Cor.*, III, 7) « Qui etiam operatur in nobis et velle et perficere, pro bona voluntate. » (*Phil.*, II, 13.)

(*a*) Apud Lov. omissum erat, *et pœnitentiæ* : quod habetur in Mss. — (*b*) Corb. Ms. *recipiat.*

Chapitre XXXIII ou Règle XXX. — *Dieu connaît tout.* — 76. Croyez fermement et sans le moindre doute que Dieu, dans son immutabilité, voit en même temps et sans cesser d'être immuable le présent, le passé et l'avenir, et qu'on peut dire comme Daniel : « O Dieu qui connaissez les choses cachées, vous qui savez toutes choses avant qu'elles n'arrivent. » (*Dan.*, XIII, 42.)

Chapitre XXXIV ou Règle XXXI. — *La prédestination.* — 77. Croyez fermement et sans le moindre doute que la sainte Trinité, Dieu immuable qui connaît parfaitement toutes choses, ses propres œuvres comme celles des hommes, sait aussi de toute éternité quels sont les hommes qui auront part à sa grâce par le don de la foi ; sans laquelle personne depuis l'origine du monde jusqu'à la fin, ne peut être délivré du péché, soit originel, soit actuel. Car « Dieu les a connus d'avance et les a prédestinés pour devenir conformes à l'image de son Fils. » (*Rom.*, VIII, 29.)

Chapitre XXXV ou Règle XXXII. — *Les bienheureux sont prédestinés.* — 78. Croyez fermement et sans le moindre doute, que tous ceux dont Dieu fait des vases de miséricorde, par sa bonté gratuite, ont été prédestinés avant la création du monde pour entrer dans l'adoption des enfants de Dieu ; que personne des prédestinés ne peut périr, et que personne de ceux qui ne sont pas prédestinés ne peut être sauvé. La prédestination est donc une préparation du don gratuit, par lequel l'Apôtre dit que nous sommes prédestinés à l'adoption des enfants de Dieu, par Jésus-Christ. (*Ephes.*, I, 5.)

Chapitre XXXVI ou Règle XXXIII. — *Le baptême.* — 79. Croyez fermement et sans le moindre doute que le sacrement de baptême peut être administré, non-seulement dans l'Eglise catholique, mais encore chez les hérétiques qui baptisent au nom du Père, du Fils et du Saint-Esprit; mais hors de l'Eglise, il ne sert de rien pour le salut. Bien plus, de même que le sacrement de baptême confère le salut dans l'Eglise aux vrais fidèles, ainsi ceux qui sont baptisés hors de l'Eglise, s'ils ne rentrent pas dans son sein, mettent, par le sacrement même, le comble à leur perdition. L'union avec l'Eglise est une chose si importante, que le baptême ne donne pas le salut, s'il n'est pas donné là où il doit être donné. L'homme qui est baptisé hors de l'Eglise a bien reçu le sacrement, mais séparé de l'Eglise, il le reçoit pour son jugement. D'un autre côté, nous savons que le baptême, où qu'il soit donné, ne peut l'être qu'une fois, et ainsi quand les hérétiques l'ont donné au nom du Père et du Fils et du Saint-Esprit, on ne doit aucunement le réitérer; car le Sauveur nous dit : « Celui qui est lavé n'a plus besoin que de laver ses pieds. » (*Jean*, XIII, 10.)

Chapitre XXXVII ou Règle XXXIV. — *Hors de l'Eglise point de salut.* — 80. Croyez fermement et sans le moindre doute que tout homme baptisé hors de l'Eglise catholique ne peut arriver à la vie éternelle, si, avant de mourir, il ne revient pas à l'Eglise catholique pour en être membre. « Car, dit l'Apôtre, quand j'aurais toute la foi possible, quand je connaîtrais tous les mystères, si je n'ai pas la charité, je ne suis rien. » (I *Corinth.*, XIII, 2.) Dans les jours du

---

Caput XXXIII seu Reg. XXX. — *Deum nihil latere.* — 76. Firmissime tene, et nullatenus dubites, Deo incommutabili non solum præterita et præsentia, sed etiam futura omnia incommutabiliter esse notissima, cui dicitur : « Deus qui occultorum es cognitor, qui scis omnia ante quam fiant. » (*Dan.*, XIII, 42.)

Caput XXXIV seu Reg. XXXI. — *Prædestinatio.* — 77. Firmissime tene, et nullatenus dubites, Trinitatem Deum incommutabilem, rerum omnium atque operum tam suorum quam humanorum certissimum cognitorem, ante omnia sæcula scire quibus esset per fidem (*a*) gratiam largiturus : sine qua nemo potuit ab initio mundi usque in finem, a reatu peccati tam originalis quam actualis absolvi. « Quos enim Deus præscivit, et prædestinavit conformes fieri imaginis Filii (*b*) sui. » (*Rom.*, VIII, 29.)

Caput XXXV seu Reg. XXXII. — *Beati ex prædestinatione.* — 78. Firmissime tene, et nullatenus dubites, omnes quos vasa misericordiæ (*c*) gratuita bonitate Deus facit, ante constitutionem mundi in adoptionem filiorum Dei prædestinatos a Deo : neque perire posse aliquem eorum quos Deus prædestinavit ad regnum, nec quemquam eorum quos Deus non prædestinavit ad vitam ulla posse ratione salvari. Prædestinatio enim illa gratuitæ donationis est præparatio, qua nos Apostolus ait prædestinatos in adoptionem filiorum, per Jesum Christum in ipsum. » (*Ephes.*, I, 5.)

Caput XXXVI seu Reg. XXXIII. — *Baptismus.* —

79. Firmissime tene, et nullatenus dubites, sacramentum baptismatis, non solum intra Ecclesiam catholicam, sed etiam apud hæreticos, qui in nomine Patris et Filii et Spiritus sancti baptizant, esse posse; sed extra Ecclesiam catholicam prodesse non posse : imo sicut intra Ecclesiam recte credentibus per sacramentum baptismi conferri salutem, sic extra Ecclesiam baptizatis, si ad Ecclesiam non redierint, eodem baptismo cumulari perniciem. Tantum enim valet Ecclesiasticæ societatis unitas ad salutem, ut baptismo non salvetur, cui non ibi datur, ubi oportet ut detur. Inesse tamen homini baptismum etiam extra Ecclesiam baptizato, sed ad judicium inesse ab Ecclesia separato. Et quia manifestum est, ubicumque datum fuerit hoc baptisma, semel esse dandum ; ideo etsi ab hæreticis in nomine Patris et Filii et Spiritus sancti fuerit datum, venerabiliter agnoscendum, et ob hoc nullatenus iterandum. Salvator enim ait : « Qui semel lotus est, non indiget (*d*), nisi ut pedes lavet. » (*Joan.*, XIII, 10.)

Caput XXXVII seu Reg. XXXIV. — *Extra Ecclesiam salus nulla.* — 80. Firmissime tene, et nullatenus dubites, omnem extra Ecclesiam catholicam baptizatum, participem fieri non posse vitæ æternæ, si ante finem vitæ hujus, catholicæ non fuerit redditus atque incorporatus Ecclesiæ. Quia « si habeam, inquit Apostolus, omnem fidem, et noverim omnia sacramenta, caritatem autem non habeam, nihil sum. » (I *Cor.*, XIII, 2.) Nam

---

(*a*) Ad oram libri Corb. additur, *ab eodem inspiratam*. — (*b*) Mss. *ejus*. — (*c*) Corb. Ms. *gratuite Deus facit*. — (*d*) Hic, Corb. Ms. addit *lavari*.

déluge, nous lisons que personne n'a été sauvé hors de l'arche.

CHAPITRE XXXVIII ou RÈGLE XXXV. — *Les réprouvés.* — 81. Croyez fermement et sans le moindre doute, que non-seulement les païens, mais les juifs, les hérétiques, les schismatiques qui meurent hors de l'Eglise, iront dans le feu éternel qui a été préparé pour le diable et pour ses anges. (*Matth.*, XXV, 41.)

CHAPITRE XXXIX ou RÈGLE XXXVI. — *Les hérétiques.* — 82. Croyez fermement et sans le moindre doute que tout hérétique et schismatique, baptisé au nom du Père et du Fils et du Saint-Esprit, s'il ne devient pas membre de l'Eglise catholique, quand même il ferait d'abondantes aumônes, quand même il verserait son sang pour Jésus-Christ, ne pourra jamais être sauvé, car tout homme qui n'est pas attaché à l'Eglise catholique, ni le baptême, ni l'aumône la plus abondante, ni la mort soufferte pour le nom de Jésus-Christ, rien ne pourra le sauver, du moment qu'il s'obstine à rester dans le schisme ou l'hérésie qui sont le chemin de la mort.

CHAPITRE XL ou RÈGLE XXXVII. — *Les mauvais chrétiens.* — 83. Croyez fermement et sans le moindre doute que tous ceux qui sont baptisés dans l'Eglise catholique, n'iront pas pour cela dans la vie éternelle, mais ceux-là seulement qui, étant baptisés, vivent dans la justice, en s'abstenant des vices et des concupiscences charnelles. Car, de même que les infidèles, les hérétiques et les schismatiques ne posséderont pas le royaume des cieux, ainsi les mauvais catholiques ne pourront non plus le posséder.

CHAPITRE XLI ou RÈGLE XXXVIII. — *Personne ne peut vivre sans péché.* — 84. Croyez fermement et sans le moindre doute que personne si juste et si saint qu'il soit, excepté les petits enfants baptisés, ne peut vivre ici-bas sans péché; et que tout homme est obligé, tant qu'il est sur la terre, de se purifier par des aumônes, et de demander à Dieu avec humilité et sincérité le pardon de ses fautes.

CHAPITRE XLII ou RÈGLE XXXIX. — *L'abstinence et le mariage.* — 85. Croyez fermement et sans le moindre doute que tout ce que Dieu a créé est bon, et qu'il ne faut rien rejeter de ce qu'on peut prendre avec action de grâces; que les serviteurs de Dieu, en s'abstenant des viandes et du vin, ne rejettent point comme immonde ce que Dieu a créé; cette privation d'une nourriture meilleure n'a pour but que la mortification du corps. (I *Timoth.*, IV, 4.) Croyez aussi que le mariage a été institué et béni par Dieu; cependant le célibat est un état plus parfait, quand on veut s'appliquer plus librement et plus complètement aux choses de Dieu et aux moyens de lui plaire. (I *Corinth.*, VII, 34.) Néanmoins quand on n'a pas fait vœu de continence, on ne fait aucun mal en se mariant, soit l'homme, soit la femme. On permet non-seulement les premières noces, mais encore les secondes et les troisièmes, pour condescendre à l'infirmité de l'homme qui ne peut garder la continence. Mais les personnes mariées ou libres qui ont fait vœu de continence commettraient une action damnable en violant leur vœu, les unes ayant promis librement de ne pas connaître le mariage, les autres s'étant engagées d'un commun accord à ne pas y revenir.

---

et in diebus diluvii, neminem legimus extra arcam potuisse salvari.

CAPUT XXXVIII seu REG. XXXV. — *Damnandi.* — 81. Firmissime tene, et nullatenus dubites, non solum omnes Paganos, sed et omnes Judæos, et omnes hæreticos atque schismaticos, qui extra Ecclesiam catholicam præsentem finiunt vitam, in ignem æternum ituros, qui paratus est diabolo et angelis ejus. (*Matth.*, XXV, 41.)

CAPUT XXXIX seu REG. XXXVI. — *Hæretici.* — 82. Firmissime tene, et nullatenus dubites, quemlibet hæreticum sive schismaticum, in nomine Patris et Filii et Spiritus sancti baptizatum, si Ecclesiæ catholicæ non fuerit aggregatus, quantascumque eleemosynas fecerit, etsi pro Christi nomine etiam sanguinem fuderit, nullatenus posse salvari. Omni enim homini qui Ecclesiæ catholicæ non tenet unitatem, neque baptismus, neque eleemosyna quantumlibet copiosa, neque mors pro nomine Christi suscepta proficere poterit ad salutem, (*a*) quando in eo vel hæretica vel schismatica pravitas perseverat, quæ ducit ad mortem.

CAPUT XL seu REG. XXXVII. — *Christiani male viventes.* — 83. Firmissime tene, et nullatenus dubites, non omnes qui intra Ecclesiam catholicam baptizantur, accepturos esse vitam æternam; sed eos qui percepto baptismate recte vivunt, id est, qui se abstinuerint a vitiis et concupiscentiis carnis. Regnum enim cœlorum sicut infideles, hæretici, atque schismatici non habebunt; sic Catholici criminosi possidere non poterunt.

CAPUT XLI seu REG. XXXVIII. — *Sine peccatis neminem vivere.* — 84. Firmissime tene, et nullatenus dubites, etiam justos atque sanctos homines, exceptis iis qui baptizati parvuli sunt, sine peccato hic neminem vivere posse: semperque omni homini esse necessarium, et peccata sua usque in finem vitæ præsentis eleemosynis (*b*) diluere, et remissionem a Deo humiliter ac veraciter postulare.

CAPUT XLII seu REG. XXXIX. — *Cibus et potus. Conjugium.* — 85. Firmissime tene, et nullatenus dubites, omnem creaturam Dei bonam esse, et nihil rejiciendum quod cum gratiarum actione percipitur: et Dei servos, qui a carnibus aut vino abstinent, non tanquam immunda, quæ a Deo facta sunt respuere; sed a fortiori cibo et potu, pro sola castigatione corporis abstinere. (I *Tim.*, IV, 4.) Nuptias quoque divinitus institutas et benedictas: et melius quidem esse, si quisquam sine conjugio sit, ut liberius atque plenius cogitet quæ sunt Dei, quomodo placeat Deo; tamen illis qui continentiam non voverunt, nullum esse peccatum, si vel mulier nubat, vel vir uxorem ducat. Nec solas primas nuptias a Deo institutas, sed etiam secundas et tertias, pro eorum qui se continere non possunt infirmitate, concessas. (I *Cor.*, VII, 34.) Eis vero qui sive conjugati, sive a conjugio liberi continentiam Deo voverint, admodum esse damnabile, si vel illi conjugale opus voluerint appetere, quo se non accessuros, vel illi repetere, a quo se recessuros, illi libera, illi communi professi sunt voluntate.

(*a*) Lov. *quamdiu.* — (*b*) Ad oram libri Corb. additur, *jejuniis, ratione, vel lacrymis.*

CHAPITRE XLIII ou RÈGLE XL. — *Mélange des bons et des mauvais dans l'Eglise.* — 86. Croyez fermement et sans le moindre doute que l'Eglise catholique est l'aire de Dieu, et que dans cette aire la paille sera mêlée au froment jusqu'à la fin du monde ; c'est-à-dire qu'il y aura le mélange des bons et des méchants dans la communion des sacrements ; que toute profession : moines, clercs laïques, nous présentera ce mélange. Il ne faut pas abandonner les bons pour les méchants, mais à cause des bons, il faut tolérer les méchants, autant que l'exige l'intérêt de la foi et de la charité, surtout s'ils ne propagent pas l'erreur, et s'ils ne sont pas pour leurs frères un sujet de scandale. Il est certain d'ailleurs que l'homme, qui vit dans l'Eglise catholique conformément à la foi véritable et à la bonne morale, ne participe en rien aux péchés des autres, du moment qu'il ne les approuve et ne les favorise en rien. Et les rapports de tolérance, qui ont lieu entre les bons et les méchants, ne sont pas sans utilité, si par les bons exemples et les bons avis qu'on leur donne, les méchants peuvent s'accoutumer au bien, détester le mal qu'ils font, trembler à la pensée que Dieu les jugera pour leurs mauvaises œuvres ; car ainsi prévenus par le don de la grâce, ils seront confus de leurs iniquités, et se convertiront à une meilleure vie par la miséricorde de Dieu. La seule séparation qui doit avoir lieu entre les bons et les méchants dans l'Eglise catholique, c'est la différence de vie ; et tout en communiquant avec les méchants dans les choses divines, ils ne doivent avoir aucune communication avec eux dans les crimes dont ils se rendent coupables. Mais à la fin du monde, les bons seront réellement séparés des méchants ; quand le Christ viendra « avec le van dans sa main, il purifiera son aire, il mettra le bon grain dans son grenier, et brûlera la paille dans un feu qui ne s'éteindra pas. » (*Matth.*, III, 12.) C'est alors que par un juste jugement, il séparera les justes des pécheurs, les bons des méchants, ceux qui sont droits de ceux qui sont pervers. Il mettra les bons à sa droite et les méchants à sa gauche ; il pèsera toute choses dans la balance de la justice éternelle, et après qu'il aura prononcé de sa bouche la sentence définitive et irrévocable, les méchants « iront au feu éternel, et les justes dans la vie éternelle, » (*Matth.*, XXV, 45) les uns pour brûler éternellement avec le démon, les autres pour régner sans fin avec le Christ.

CHAPITRE XLIV. — *Il faut être ferme dans la foi.* — 87. Voilà donc les quarante chapitres qui sont exactement conformes à la règle de la vraie foi ; croyez-les fidèlement, gardez-les courageusement et défendez-les avec conviction et patience. Si vous connaissez quelqu'un qui enseigne le contraire, fuyez-le comme la peste, et chassez-le comme un hérétique. Tout ce que nous avons rappelé est tellement l'expression de la foi catholique, que si un homme se permettait non-seulement de contredire l'ensemble, mais encore les articles en particulier, par là même qu'il combattrait ces articles et enseignerait le contraire, il faudrait le regarder comme un hérétique, un ennemi de la foi chrétienne, et tous les catholiques devraient l'anathématiser. Le temps me pressait, le commissionnaire avait hâte d'emporter ce travail, sans quoi je n'aurais pas passé sous silence certains dévelop-

CAPUT XLIII seu REG. XL. — *Malos misceri bonis in Ecclesia.* — 86. Firmissime tene, et nullatenus dubites, aream Dei esse catholicam Ecclesiam, et intra eam usque in finem sæculi frumento mixtas paleas contineri, hoc est, bonis malos Sacramentorum communione misceri : et in omni professione, sive Clericorum, sive Monachorum, sive Laicorum, esse bonos simul et malos. Nec pro malis bonos deserendos, sed pro bonis malos, in quantum exigit fidei et caritatis ratio, tolerandos ; id est, si vel in Ecclesia nullius perfidiæ semina spargunt, vel fratres ad aliquod malum opus mortifera imitatione non ducunt. Nec posse aliquem intra Ecclesiam catholicam recte credentem beneque viventem, alieno unquam maculari peccato, si cuiquam peccanti nec consensionem præbeat, nec favorem : utiliterque malos a bonis intra Ecclesiam tolerari, si hoc cum eis bene vivendo et bene monendo agatur, ut et videntes et audientes quæ bona sunt, mala sua respuant, et judicandos se a Deo pro suis malis operibus contremiscant ; atque ita præveniente dono gratiæ, de suis iniquitatibus confundantur, et ad bonam vitam per Dei misericordiam convertantur. Bonos vero a malis intra Ecclesiam duntaxat Catholicam constitutis (*a*) nunc debere operum dissimilitudine separari ; ut cum quibus divina communicant sacramenta, non habeant mala opera, quibus illi sunt criminosi, communia. In fine vero sæculi bonos a malis etiam corpore sepa- randos : quando veniet Christus habens « ventilabrum in manu sua, et permundabit aream suam, et congregabit triticum (*b*) suum in horreum, paleas autem comburet igni inextinguibili : » (*Matth.*, III, 12) quando per judicium justum segregabit justos ab injustis, bonos a malis, rectos a perversis : bonos constituet a dextris, malos a sinistris ; et ex ejus ore justi æternique judicii sempiterna atque incommutabili prolata sententia, ut ait omnes « ibunt in combustionem æternam, justi autem in vitam æternam : » (*Matth.*, XXV, 45) iniqui semper arsuri cum diabolo, justi autem regnaturi sine fine cum Christo.

CAPUT XLIV. — *Persistendum in fide.* — 87. Hæc interim quadraginta capitula ad regulam veræ fidei firmissime pertinentia fideliter crede, fortiter tene, veraciter patienterque defende. Et si quem contraria his dogmatizare cognoveris, tanquam pestem fuge, et tanquam hæreticum abjice. Ita enim ista quæ posuimus fidei Catholicæ congruunt, ut si quis non solum omnibus, sed etiam singulis voluerit contraire, in eo quod singulis horum contumaciter repugnat, et his contraria docere non dubitat, hæreticus et fidei Christianæ inimicus, atque ex hoc omnibus Catholicis (*c*) anathemandus appareat. Quamvis igitur et angustia temporis, et festinatio portitoris compulerit nos aliqua, quæ pro diversis hæresibus agnoscendis atque vitandis fuerant inscribenda, præterire

---

(*a*) Sic Mss. At editi, *non debere nisi.* — (*b*) Sic Ms. Corb. At Lov. *triticum in horreum sunt.* — (*c*) Ita Corb. et antiquiores Mss. At Lov. *anathematizandus.*

pements, qui auraient servi à faire connaître diverses hérésies pour les éviter. Néanmoins, si vous vous appliquez à bien méditer et à bien posséder tout ce que renferme cet opuscule, il vous suffira pour juger du reste avec prudence et discernement. Car l'Apôtre nous dit que « l'homme spirituel juge toutes choses. » (II *Cor.*, II, 15.) En attendant que nous parvenions à ce degré, marchons dans la voie où nous sommes entrés, c'est-à-dire, persévérons dans la foi que nous avons reçue comme vérité certaine.

Ce qui suit n'appartient pas à l'ouvrage de saint Fulgence, on ne le trouve pas dans les meilleurs manuscrits, ni même dans aucun des anciens livres que nous avons consultés.

CHAPITRE XLV. — 1. Le véritable et solide fondement de la foi, c'est de croire avant tout que le Père, le Fils et le Saint-Esprit sont naturellement un seul Dieu. Nous croyons aussi que le Fils unique est véritablement né de la substance du Père, et que le Saint-Esprit procède véritablement et naturellement du Père et du Fils en même temps; que la sainte Trinité est un seul Dieu, véritable, éternel et immuable. Pour être sauvé, il faut croire également qu'une personne de la sainte Trinité, Dieu le Fils unique, s'est fait homme exclusivement aux autres personnes, pour notre salut; qu'il est tout ensemble Dieu véritable et homme véritable, ayant comme Dieu, une même nature avec le Père et le Saint-Esprit, et comme homme, une âme raisonnable de même nature que toute âme humaine, et un corps de même nature que tout corps humain tirant son origine du premier homme. Donc l'âme du Christ, le corps du Christ n'appartiennent pas à la nature divine; comme homme le Christ a été créé véritablement. Ainsi comme Dieu, il a la même nature divine que le Père et le Saint-Esprit, et comme homme il a un corps et une âme semblables aux nôtres. Comme Dieu, il a sauvé gratuitement par la destruction du péché, l'âme et le corps de ceux qui croient en lui, et les a délivrés de l'esclavage du péché et de la damnation éternelle.

2. Muni de cette croyance, n'oubliez pas d'implorer nuit et jour la miséricorde divine, priant Notre-Seigneur Jésus-Christ, qui est la bienheureuse espérance de tous ceux qui croient en lui, pour qu'il vous accorde de garder fermement et inviolablement ces vérités de la foi. Car le Saint-Esprit donne abondamment des secours aux fidèles qui le prient, suivant cette parole du prophète : « Le Seigneur est tout près de ceux qui l'invoquent. Il fera la volonté de ceux qui le craignent, il exaucera leurs prières et les sauvera. Le Seigneur garde tous ceux qui l'aiment et il perdra tous les pécheurs. » (*Ps.* CXLIV, 18 et suiv.) Le prophète, en parlant à Dieu, lui dit : « Tous ceux qui s'éloignent de vous, Seigneur, périront. Vous avez condamné à la ruine tous ceux qui vous abandonnent. » (*Ps.* LXXII, 27.) Et en parlant de lui-même, il dit encore : « Mon bonheur, c'est de m'attacher à Dieu et de placer en lui mon espérance. » (*Ibid.*, 28.)

3. Attachez-vous donc à Dieu, mon fils bien-aimé, et placez en lui toute votre espérance, de tout cœur, en toute foi et en toute charité. Vous êtes dans la

---

silentio : tamen si omnia quæ in hoc Opusculo continentur recensere, et notissima prorsus habere non negligas, ex his poteris cauta discretione etiam de cæteris specialiter judicare. Apostolus enim dicit, quia « spiritalis judicat omnia : » (I *Cor.*, II, 15) quo donec unusquisque nostrum pervenit, in eo quod pervenit ambulet, id est, in eo quod certum recepit, fideliter perseveret. Quod si quid aliter sapit, hoc quoque illi Deus revelabit. Amen (*a*).

Quæ subsequuntur, non sunt Fulgentii, et a melioris notæ manuscriptis, imo ab omnibus quos vidimus, veteribus libris absunt.

CAP. XLV. — 1. Vere firmum fidei est fundamentum, principaliter credere Patrem et Filium et Spiritum sanctum, unum esse naturaliter Deum : ita ut de natura Patris vere natum unigenitum Filium, et simul de Patre et Filio vere atque naturaliter procedentem credamus Spiritum sanctum ; ipsamque sanctam Trinitatem esse unum solum, verum, æternum, atque incommutabilem Deum. Credere etiam congruit ad salutem, unam ex Trinitate personam, id est, Unigenitum Deum, pro nostra salute solum hominem factum : eumdemque unum esse Deum verum, et hominem verum, secundum divinitatem unam naturam habentem cum Patre et Spiritu sancto; secundum humanitatem vero, animam Christi rationalem ejusdem naturæ esse cujus sunt animæ omnium hominum, et carnem Christi illius esse naturæ cujus est universorum qui de primo homine originem ducunt. Ergo nec animam Christi, nec carnem unius cum divinitate ejusdemque esse naturæ : quia secundum humanitatem vere ipse creatus est. Sed sicut divinitati ejus cum Patre et Spiritu sancto est divina natura communis ; sic animæ ejus et corpori naturalis est communio cum animabus et corporibus nostris. Qui divinitate sua carnem atque animam credentium in se, et a peccati dominio, et ab æternæ mortis supplicio gratis eripuit auferendo peccatum.

2. Hac enim credulitate munitus, non oblivisceris divinam misericordiam die noctuque supplicare : obsecrans beatam spem omnium credentium in se, qui est Christus Dominus, ut hujus fidei veritatem firmiter teneas, inviolatamque custodias : quia Spiritus sanctus fidelibus se deprecantibus copiosum subministrat adjutorium, sicut Propheta dicit : « Prope est Dominus omnibus invocantibus eum in veritate. Voluntatem timentium se faciet, et preces eorum exaudiet, et salvos faciet eos. Custodit Dominus omnes diligentes se, et omnes peccatores disperdet. » (*Psal.* CXLIV, 18, 19, 20.) Et Iterum ipsi Deo dicit : « Ecce omnes qui se elongant a te, peribunt ; perdidisti omnes qui fornicantur abs te. » (*Psal.* LXXII, 27.) De se autem ait : « Mihi autem adhærere Deo bonum est, ponere in Domino spem meam. » (*Ibid.*, 28.)

3. Adhære igitur Deo, Fili carissime, et in ipso spem tuam toto corde, fide et caritate constitue. In militia

---

(*a*) Hic Opus desinit in Mss.

milice du siècle, soyez fidèle dans votre service au roi de la terre ; Dieu le veut et l'Apôtre l'ordonne. Mais, dans la cause de la foi, nous savons que le Christ nous a rachetés de son sang, et toute crainte doit être bannie de nos cœurs. Nous devons nos âmes au Christ, parce qu'il nous a rachetés de son sang. Nous devons l'aimer par-dessus toutes choses ; car nous savons qu'il est dans son extrême bonté le roi de nos âmes. Nous devons craindre avant tout sa puissance éternelle et véritable ; car nous l'attendons comme un juste juge. Nous devons désirer de tout notre cœur ce qu'il nous a promis ; car il peut donner à notre âme et à notre corps la vie éternelle. Nous devons craindre sa colère ; car il peut perdre notre âme et notre corps dans l'enfer. Il jugera sans acception de personnes ; il jugera sans appel et avec égalité les maîtres et les serviteurs, les rois et les soldats, les riches et les pauvres, les petits et les grands. Le serviteur qui aura gardé la foi de Dieu dans la vérité sur la terre, sera mis en possession d'un royaume éternel ; mais le maître infidèle aura pour partage le feu éternel. Les serviteurs et les maîtres fidèles vivront toujours et seront à jamais heureux. Les serviteurs et les maîtres infidèles seront éternellement malheureux, et suivant cette parole véritable du prophète : « Le feu qui les brûlera ne s'éteindra pas, et le ver qui les rongera ne mourra point. » (*Isaïe*, LXVI, 24.) En effet, les méchants iront dans ce feu éternel, qui a été préparé pour le diable et pour ses anges.

4. Remarquons, d'après la prédiction du Sauveur, quels sont les hommes qu'il enverra dans le feu éternel. Ce sont ceux à qui il dira : « J'ai eu faim, et vous ne m'avez pas donné à manger ; j'ai eu soif, et vous ne m'avez pas donné à boire ; j'ai été nu, et vous ne m'avez pas vêtu ; j'ai été voyageur, et vous ne m'avez pas logé ; j'ai été malade et prisonnier, et vous ne m'avez pas visité. » (*Matth.*, xxv, 42.) Si l'on est digne du feu éternel pour n'avoir pas donné du pain au Christ, qui avait faim dans la personne de ses petits frères, quelle peine méritera celui qui, par son infidélité, se prive du pain même qui est descendu du ciel ? Si l'on brûle dans les flammes éternelles, pour n'avoir pas donné au Christ qui avait soif dans la personne de ses petits frères, un verre d'eau froide, que ne souffrira point celui qui étant régénéré par l'eau et le Saint-Esprit, se laisse rebaptiser de nouveau, après avoir reçu une première fois le sacrement du salut et de la sainte régénération ? Si nous croyons qu'on souffrira des tourments sans fin, pour n'avoir pas donné la charitable hospitalité au Christ, voyageur dans la personne de ses petits frères, que n'aura pas à souffrir celui qui exclut Notre-Seigneur Jésus-Christ de la maison de son cœur, pour se livrer au démon aveugle de l'incrédulité, écoutant la voix mensongère de l'hérésie, et abandonnant la sainte Eglise, qui est la colonne et le fondement de la vérité ? (1 *Tim.*, III, 15.) Et si celui qui ne visite pas les serviteurs du Christ qui sont malades ou prisonniers, est condamné au feu éternel quel châtiment mériteront ceux qui persécutent les serviteurs de Dieu, uniquement à cause de la foi, et qui les torturent par la prison et l'exil ? Mais malgré toutes ces fureurs des ennemis de la foi, Dieu n'abandonne pas ses serviteurs ; et tandis qu'ils emploient tous les moyens de la séduction ou de la

---

sæculi exhibe Regi terreno fidele servitium : quia hoc diligit Deus, hoc mandat Apostolus. In causa vero fidei, qua Christus nos redemit in sanguine suo, omnis de corde nostro timor abscedat. Illi animas nostras debemus, cujus sanguine redempti sumus. Illum debemus præ omnibus diligere, quem novimus nostrarum animarum clementissimum Redemptorem. Illius debemus timere præ omnibus æternam et veram potestatem, quem venturum speramus æquissimum judicem. Illius debemus promissa toto affectu cordis appetere, qui potest animæ et corpori donare vitam æternam. Illius debemus timere iracundiam, qui potest animam et corpus mittere in gehennam : in cujus judicio sine acceptione personarum, sine ambitu potestatum æqualiter judicabuntur Domini et servi, reges et milites, divites et pauperes, humiles et sublimes. Ubi servus quisquis hic fidem Dei in veritate tenuerit, regno potietur æterno : dominus autem infidelis sempiterno exuretur incendio. Ubi servorum dominorumque fidelium nec vita terminabitur, nec lætitia finietur : infidelium vero sive servorum sive dominorum, secundum sermonis Prophetici veritatem : « Ignis eorum non extinguetur, et vermis eorum non morietur. » (*Isai.*, LXVI, 243.) Ibunt enim iniqui in ignem æternum, qui paratus est diabolo et angelis ejus.

4. Attendamus autem quos illuc Salvator ituros esse prædixerit : nempe illos, quibus dicturus est : « Esurivi, et non dedistis mihi manducare : sitivi, et non dedistis mihi bibere : nudus fui, et non vestistis me : hospes, et non suscepistis me ; infirmus, et in carcere, et non venistis ad me. » (*Matth.*, XXV, 42.) Quod si in ignem æternum digne mittetur, qui Christo in suis minimis esurienti panem non dederit ; quid passurus est qui ipsum panem, qui de cœlo descendit, sibi per infidelitatis vitium admitit ? Et si in flammis perennibus exuretur, qui Christo in suis minimis sitienti calicem aquæ frigidæ non tribuit ; quid ille patietur, qui renatus ex aqua et Spiritu sancto, sanctum baptisma in se iterare permittit, quod ad salutem semel et ad sacramentum sanctæ regenerationis accepit ? Et si illum credimus perennibus subdendum esse tormentis, qui Christum in suis minimis peregrinum hospitio negligit caritate suscipere ; quid possurum esse putaverit, qui Dominum Christum de domo sui cordis excludens, et diabolum in se cæca prorsus infidelitate recipiens, de sancta Ecclesia, quæ est columna et firmamentum veritatis, hæretica circumventus falsitate discesserit ? (1 *Tim.*, III, 15.) Et si ille qui infirmos atque in carcere positos famulos Christi non visitat, igni deputatur sempiterno ; quid illis retribuendum dicemus, qui Dei famulos, in quibus solam persequuntur fidei veritatem, aut squalore carcerum, aut exiliorum deportatione violenter affligunt ? Sed in his omnibus licet infideles sæviant, Deus tamen suis auxilium subministrat. Et dum inimici fidei aut callida quemque seductione, aut violenta compulsione cupiunt

violence pour corrompre le chrétien, le Christ qui est la vertu et la sagesse de Dieu donne le courage à ses serviteurs, pour qu'ils méprisent des promesses perfides, et pour qu'ils résistent avec la force de la crainte divine aux terreurs des hommes. Le point important, c'est que notre volonté ne se détourne pas de Dieu, et qu'elle se maintienne dans le don de la foi. La volonté, c'est elle que Dieu punira éternellement pour son infidélité, ou qu'il récompensera d'une joie éternelle pour sa foi.

depravare, Christus qui est virtus et sapientia Dei, virtutem tribuit, ut mortiferæ suasionis promissa despiciant, et terroribus humanis robore divini timoris obsistant: tantum est ut voluntas non avertatur a Deo, et fidei præmio potiatur. Ipsa est enim cui aut pro infidelitate infligitur æterna pœna, aut servatæ fidei merces erit sempiterna lætitia.

AVERTISSEMENT

SUR LE LIVRE DE L'ESPRIT ET DE L'AME

Cet ouvrage, comme l'a très-bien jugé Erasme, appartient à un homme qui a fait des lectures nombreuses et variées. Il ne faut pas y chercher l'art ni le talent; il n'y a aucune liaison, ce sont des grains de sable sans cohésion et des passages tirés et rassemblés de divers auteurs, comme saint Augustin, Gennadius, Boèce, Cassiodore, Isidore de Séville, Bède, Alcuin, Hugues de Saint-Victor, Bernard, Isaac, abbé de Stelle, etc. Jean Trithème, abbé, range ce livre parmi les ouvrages d'Hugues de Saint-Victor. Vincent de Beauvais le cite sous le nom de cet auteur, dans son *Miroir naturel*, liv. XXIII et XXV, en différents endroits, et liv. XXIV, ch. I; liv. XXVII, ch. LXXIII. En outre, dans son *Miroir historique*, liv. XVIII, ch. LV, où il remarque que cet opuscule n'a point la couleur du style de saint Augustin, à qui quelques-uns l'attribuaient, il dit que néanmoins il lui paraît tiré des livres de ce saint docteur, et qu'il est le travail d'Hugues de Saint-Victor, selon la commune opinion. On trouve parmi les opuscules d'Hugues qui ont été publiés, et il y a parmi ces opuscules un livre second, *De l'âme*, qui porte son nom dans un manuscrit de Saint-Victor. Mais les citations qu'on trouve dans ce livre, et qui sont tirées des livres d'Hugues avec des changements notables nous obligent à chercher ailleurs l'auteur de l'ouvrage en question. Saint Thomas d'Aquin, dans la question unique *Sur l'âme*, art. 12, n° 1, l'attribue à un anonyme de l'ordre de Cîteaux. Nous soupçonnons que cet anonyme est Alcher, ami d'Isaac, abbé de Stelle, de la famille de Cîteaux. Isaac avait écrit à son ami une lettre sur l'âme, parce que Alcher l'avait entendu discuter sur ce sujet dans une conférence, il l'avait prié de lui envoyer quelques notions sur l'essence et les puissances de l'âme. En effet on trouve dans le tome VI de la bibliothèque de

ADMONITIO IN LIBRUM DE SPIRITU ET ANIMA

Opus hoc, quemadmodum Erasmus probe judicavit, hominis est variæ multæque lectionis, in quo non aliquid artis videas aut ingenii, sed quasi arenam sine calce, dicta tantum et collectanea ex diversis locis exscripta : ex Augustino scilicet, ex Gennadio, Boethio, Cassiodoro, Isidoro Hispanensi, Beda, Alcuino, Hugone Victorino, Bernardo, Isaaco Stellensi abbate etc. Joannes Trithemius abbas recenset hunc librum in catalogo lucubrationum Hugonis a sancto Victore. Sub ejusdem nomine citat Vincentius Bellovacensis in *Speculo naturali*, lib. XXIII et XXV, passim, ac lib. XXIV, cap. I, lib. XXVII, cap. LXXIII. Præterea in *Speculo historiali*, lib. XVIII, c. LV; ubi opusculum istud stylum Augustini, cui a nonnullis tribuebatur, minime sapere observavit, videri sibi ait ex ejusdem libris excerptum, auctore, uti ferebatur, magistro Hugone Victorino. Inter opuscula demum Hugonis vulgata exhibetur, estque ibi liber *de Anima* secundus, ipsius nomine in Victorino MS. prænotatus. Attamen excerpta quæ in eo plurima ex ipsius Hugonis libris occurrunt cum insigni sententiarum mutatione, auctorem operis quærere alium cogunt. Thomas Aquinas in quæst. unica *de anima*, art. 12, ad 1, anonymo cuidam Cisterciensis ordinis illud ascribit. Hunc nos Alcherum esse suspicamur, cui familiari suo Isaac abbas Stellensis e Cisterciensi familia epistolam de anima scripsit, rogatus nimirum ab Alchero, qui ipsum de hoc argumento disputantem in collatione audierat, ut se aliquid amplius de animæ essentia et viribus edoceret. Enim vero in Bibliothecæ Cisterciensis Tomo VI

Cîteaux, à la suite de la lettre d'Isaac, le livre en question sur l'âme et l'esprit imprimé avec ce titre : *Livre du bienheureux Isaac, abbé de Stelle, ou selon l'inscription qu'il a préférée : Livre d'Alcher sur l'âme.* Or, la dernière partie de cette inscription est la véritable, tandis que la première partie paraîtra fausse évidemment, surtout si l'on considère que la lettre de l'abbé Isaac a été insérée en grande partie dans ce livre par le collecteur. Quant à Alcher, moine de Clairvaux, voici ce qu'on lit à son sujet dans Possevin, à l'article Isaac : C'était un homme très-désireux de s'instruire et « habile dans la physique, » comme le témoigne Isaac dans sa lettre à Alcher. Nous avons collationné cet ouvrage avec quatre manuscrits romains de la bibliothèque Vaticane, avec un manuscrit de l'abbaye de Saint-Médard de Soissons, avec un manuscrit de Saint-Victor, un de la Sorbonne et d'autres encore.

post prædictam epistolam proxime subjungitur liber iste de spiritu et anima cum hac inscriptione excusus : *Ejusdem B. Isaac abbatis de Stella, seu ut ipsi inscribere placuit : Alcheri de anima Liber.* Hujus nempe inscriptionis pars posterior vera, prior falsa merito videbitur : præsertim quia epistola abbatis Isaac maximam partem libro huic a collectore inserta est. Alcherus porro Clarevallensis monachus apud Possevinum in Isaac fuisse legitur ; vir discendi studiosus et « in physica eminens, » teste Isaaco in prædicta ad Alcherum epistola. Opus contulimus cum MSS Romanis Bibliothecæ Vatic. quatuor, cum uno ex abbatia S. Medardi Suessionensi, cum Victorino, Sorbonico et aliis.

LE LIVRE
DE L'ESPRIT ET DE L'AME

PRÉFACE. — Depuis qu'on m'a dit que je devais me connaître, je ne puis plus supporter de vivre inconnu à moi-même. Car c'est une grande négligence de ne pas savoir quelle est cette puissance qui nous introduit par la pensée dans le monde céleste, nous dévoile, par une recherche intelligente, le monde naturel, et nous élève, d'un vol sublime, jusqu'au Créateur lui-même. Cette puissance ne nous est pas étrangère ; nous n'avons pas à la chercher bien loin ; c'est notre âme elle-même qui est la source de nos connaissances. Elle est avec nous sans nous quitter un instant ; elle agit, elle parle, elle vit en nous. Il lui est donné de pénétrer tous les secrets, et elle ne peut pas se connaître elle-même. — Il est rare, en effet, que l'on connaisse son âme par son âme, c'est-à-dire que l'âme se voie elle-même. On ne peut supposer néanmoins que la divine Providence refuse ce privilège à certaines âmes religieuses, qui cherchent à se connaître elles-mêmes et à connaître Dieu, avec un esprit de piété, de chasteté et de désir. — C'est pourquoi je me rendrai à moi-même ou plutôt à mon Dieu, à qui je me dois tout entier, et je verrai ce que c'est que l'âme et quelle est sa patrie.

CHAPITRE I. — L'âme est une substance douée de raison, unie au corps pour le gouverner. L'âme éclairée par la sagesse voit son principe, se connaît

DE SPIRITU ET ANIMA
LIBER UNUS

PRÆFATIO. — Quoniam dictum est mihi, ut me ipsum cognoscam, sustinere non possum ut me habeam incognitum. Magna namque est negligentia nescire quid illud sit, quo cœlestia tam profunde cogitamus, quo naturalia tam subtili indagatione investigamus, et de ipso quoque Creatore nostro tam sublimia scire desideramus. Non est res peregrina, nec longe quærenda : Animus est quo ista sapimus. Sed semper nobiscum adest, tractat, loquitur, et (a) intus versatur. Datum est illi tam ingentium rerum secreta scire, et se ipsum cognoscere non potest. [(1) Paucis si quidem licet ipso animo animum cernere, id est, ut ipse animus se videat. Fieri autem non potest quadam divina providentia, at invenienti facultas desit religiosis animis se ipsos et Deum suum pie, caste ac diligenter quærentibus :] idcirco (2) reddam me mihi, imo Deo meo, cui maxime me debeo, et videbo quid sit animus, et quæ patria ejus.

CAPUT I. — (3) Animus est substantia quædam rationis particeps, regendo corpori accommodata. Ani-

(1) Ex lib. *De quant. Animæ*, c. animæ, c. XIV. — (2) Ex eod. lib. o. XVIII. — (3) Ex eod. lib. c. XIII.
(a) Duo o Vatic. Mss. *et inter ista nescitur.*

elle-même, et comprend combien elle se rabaisse en cherchant en dehors d'elle ce qu'elle peut trouver en elle-même. Mais endormie dans les passions charnelles, et entraînée hors d'elle-même par les formes sensibles, elle oublie ce qu'elle a été. Et comme elle ne se rappelle pas avoir été autre chose, elle ne croit pas être autre chose que ce qu'elle s'imagine. Toute sa vie est une vie de sensation au milieu des objets corporels, et d'imagination, au milieu des représentations des corps et des lieux, et soit qu'elle dorme ou qu'elle veille, elle est emportée par ces distractions. Mais quand elle s'arrache à ces distractions pour s'élever à la pure intelligence, elle se recueille en elle-même, et devient raisonnable. La raison est donc un regard de l'âme, par lequel elle contemple le vrai en lui-même. Le raisonnement, c'est la recherche que fait la raison. C'est pourquoi l'une est nécessaire pour voir, l'autre pour chercher.

CHAPITRE II. — L'âme est invisible. Autrement, elle ne pourrait pas voir les choses invisibles. Elle voit les choses visibles par le corps, les choses invisibles par elle-même, et elle se voit par la raison qu'elle voit qu'elle est invisible. Cependant elle est visible dans le corps à travers le corps, comme l'idée reste dans la lettre, et se voit à travers la lettre. [L'âme maîtresse du corps, qu'elle dirige et qu'elle habite se voit elle-même en elle-même; elle se voit elle-même par elle-même. Elle n'a pas besoin d'être aidée par les yeux du corps; au contraire, elle se détache des sens corporels qui la gênent et la troublent pour se recueillir vers elle-même, afin de se voir dans son être, et de se connaître en rentrant chez elle (1).] Et quand elle veut connaître Dieu, elle s'élève au-dessus d'elle-même par le rayon de son intelligence. [Dieu n'est pas un être tel que l'âme; et pourtant il ne peut être vu que par l'âme, quoiqu'il ne puisse être vu comme l'âme. Il est la vérité immuable sans que rien manque à son être. Il n'en est pas ainsi de l'âme; elle a plus ou elle a moins; elle sait ou elle ne sait pas; elle se rappelle ou elle oublie; tantôt elle veut, tantôt elle ne veut pas.] Ses idées, ses pensées s'envolent partout; elle voyage d'un côté et d'un autre; elle considère, elle examine tout. Elle voit les choses absentes, se transporte par la pensée au delà des mers, parcourt du regard, et sonde les choses cachées : En un clin d'œil elle parcourt toutes les parties du monde, et lui dérobe ses secrets. Elle descend au bas, remonte, entre dans le ciel, s'attache au Christ, s'unit à Dieu. Dieu est sa patrie et sa demeure, puisqu'elle a été faite à son image. Quiconque veut donc redevenir ce qu'il était, en sortant des mains de Dieu, c'est-à-dire semblable à Dieu, doit revenir à lui-même, rester en lui-même, et chercher ainsi dans l'intimité de son être et voir d'où vient qu'il existe, et par quel côté de son être il est fait à l'image de Dieu.

CHAPITRE III. — L'homme est composé de deux substances, l'âme et le corps; l'âme avec la raison, le corps avec les sens. Le corps ne peut mettre en mouvement ses sens qu'avec la participation de l'âme; l'âme possède sa raison indépendamment du corps.

CHAPITRE IV. — L'homme est raisonnable, concupiscible et irascible. Par la raison il est propre à re-

(1) Ce qui est renfermé entre ces signes est extrait mot à mot de saint Augustin, *sur le Psaume* XLI, n. 7. Voir ici, comme ailleurs, les notes du latin.

mus sapientia illustratus, et suum principium respicit, et se ipsum cognoscit, et quam sit indecorum ut extra se quærat quod in se ipso possit invenire, intelligit. (1) Corporeis vero passionibus consopitus, et per sensibiles formas extra semetipsum abductus, oblitus est quid fuit. Et quia nihil aliud se fuisse meminit, nihil præter quod videtur esse credit. Solo sensu circa corpora, et imaginatione circa corporum similitudines et locorum versatur, et in eis sive vigilando, sive dormiendo (*a*) distrahitur. Cum vero ab hac distractione per puram intelligentiam ascendens in unum se colligit, rationalis efficitur. (2) Ratio si quidem est animi aspectus, quo per se ipsum verum intuetur. Ratiocinatio vero est rationis inquisitio. Quare illa opus est ad videndum, ista ad inquirendum.

CAPUT II. — Animus invisibilis est. Neque enim aliter invisibilia cernere valeret. Visibilia per corpus videt, invisibilia per se, et in eo se videt, quod invisibilem se esse videt. Videtur tamen in corpore per corpus, sicut sensus in littera manet, et per litteram videtur. [(3) Animus corporis dominator, rector, habitator videt se per se : per se ipsum semetipsum videt. Non quærit auxilium corporalium oculorum : imo vero ab omnibus corporis sensibus tanquam impedientibus et perstrepentibus abstrahit se ad se, ut videat se in se, ut noverit se apud se.] Et cum vult Deum cognoscere, elevat se super se mentis acie. [(4) Non enim aliquid tale est Deus, qualis est animus : non tamen videri nisi animo potest, nec ita videri ut animus potest. Incommutabilis is quidem est veritas sine defectu substantiæ. Non talis est animus : sed deficit et proficit, novit et ignorat, meminit et obliviscitur : modo vult, modo non vult.] Diffusis cogitationibus atque consiliis, huc atque illuc vagatur : considerat, spectat omnia. Videt absentia; transmarina visu ambit, et percurrit aspectu, abdita scrutatur : et uno momento sensus suos per totius orbis fines et mundi secreta circumfert. Descendit ad inferna, ascendit inde, versatur in cœlo, adhæret Christo, conjungitur Deo. Ipse si quidem est ejus patria et habitatio, ad cujus similitudinem factus est. Quisquis ergo se talem reddi desiderat, qualis a Deo factus est, id est similem Deo, redeat ad se, et stet in se, et sic intra semetipsum quærat, et videat unde constet homo, et ex qua sui parte factus sit ad imaginem Dei.

CAPUT III. — (5) Ex duabus substantiis constat homo, anima a carne : anima cum ratione, carne cum sensibus suis : quos tamen sensus non movet caro absque animæ societate; anima vero rationale suum tenet sine carne.

CAPUT IV. — Est si quidem rationalis, concupiscibilis et irascibilis. (6) Per rationalitatem habilis est illuminari

(1) Hugo Vict., lib. I *Eruditionis didasc.*, c. II. — (2) Ex lib. *De quant. animæ*, c. XXVII. — (3) August., in *Psal.* XLI, n. 7. — (4) Ex eodem loco. — (5) Ex lib. *De dogm. Eccles.*, c. XIX. — (6) Totum hoc caput est Isaac Stellensis epist. *ad Alcherum*.

(*a*) Ms. Medardensis, *vagatur*.

cevoir toutes les lumières pour connaître ce qui est au-dessous ou au-dessus de lui, ce qui est en lui ou à côté de lui. Il connaît Dieu au-dessus de lui, il se connaît en lui-même, il connaît l'ange comme son égal, et l'univers comme son inférieur. Par la concupiscibilité et l'irascibilité l'homme est propre à recevoir toutes les impressions pour désirer ou fuir, aimer ou haïr ; et ainsi la raison produit les sentiments de l'âme, et des deux autres passions naissent les affections. L'affection se divise en quatre parties ; une chose que nous aimons, nous donne la joie ou nous la fait espérer ; une chose que nous haïssons nous donne la douleur, ou nous la fait craindre ; et ainsi la concupiscibilité nous donne la joie et l'espérance, et l'irascibilité, la douleur et la crainte. Ces quatre affections de l'âme sont comme la source et la matière commune des vices et des vertus ; car l'affection donne son nom à l'œuvre qu'elle produit. La vertu étant une habitude d'une âme bien réglée, les affections doivent être dirigées, combinées et réglées pour le but qu'on doit atteindre, et avec les moyens de l'atteindre, afin qu'elles puissent se transformer en vertu ; autrement elles dégénèrent facilement en vices. Lorsque l'amour et la haine sont sous la main de la prudence, de la modération, de la force et de la justice, vous voyez surgir de sublimes vertus, la prudence, la tempérance, la force et la justice, qui sont comme le principe et le pivot de toutes les vertus. Quand ces vertus sont plantées dans le cœur avec affection et courage, l'homme, par la haine du monde et de soi-même, s'élève à l'amour de Dieu et du prochain ; par le mépris des choses temporelles et inférieures, il s'élève au désir des biens éternels et supérieurs. Quant au sentiment, il est unique dans l'âme, et c'est l'âme elle-même ; sans être le corps, on l'appelle corporel, parce qu'il reste attaché au corps, ou plutôt parce qu'il se met en activité avec les instruments corporels, et suivant le nombre de ces instruments, il se divise en cinq parties quoiqu'il soit unique dans son principe. Néanmoins suivant les différences de son exercice, ses noms sont également différents. Ainsi on l'appelle le sens, l'imagination, la raison, l'intellect, l'intelligence. Toutes ces facultés ne sont autre chose que l'âme elle-même ; elles sont des propriétés qui diffèrent entre elles à cause de la différence des exercices, mais au fond c'est la même essence raisonnable et la même âme, les propriétés sont différentes, mais l'essence est la même. A cause des exercices, il y a multiplicité ; sous le rapport de l'essence, tout cela ne fait qu'une dans l'âme, et c'est l'âme elle-même. Et de même que ce monde visible comprend dans son tout harmonieux cinq parties différentes, la terre, l'eau, l'air, l'éther ou firmament, et le ciel supérieur qu'on appelle l'empyrée ; ainsi l'âme qui voyage dans le monde du corps a cinq voies pour aller à la sagesse, les sens, l'imagination, la raison, l'intellect, et l'intelligence. L'homme doué de raison s'exerce donc à la sagesse par cinq moyens, et à la charité par quatre affections, neuf moyens de progrès qui sont mis à la disposition de l'âme, et qui ont pour principe le sentiment et l'affection ; ils sont pour ainsi dire les pieds dont se sert l'âme qui vit de l'esprit, pour marcher et arriver jusqu'à la région des chérubins et des séraphins, c'est-à-dire jusqu'à la plénitude de la science et au royaume de la charité, afin que l'âme parvienne à posséder, par son travail

ad aliquid cognoscendum infra se et supra se, in se et juxta se. Cognoscit si quidem Deum supra se, et se in se, et Angelum juxta se, et quidquid cœli ambitu continetur infra se. Per concupiscibilitatem et irascibilitatem habilis est affici ad aliquid appetendum vel fugiendum, amandum vel odiendum : et ideo de rationalitate omnis sensus oritur animæ, de aliis omnis affectus. Affectus vero quadripartitus esse dignoscitur : dum de eo quod amamus, jam gaudemus, vel gaudendum speramus : et de eo quod odimus, jam dolemus, sive dolendum metuimus : et ob hoc de concupiscibilitate gaudium et spes, de irascibilitate dolor et metus oriuntur. Qui quidem quatuor affectus animæ omnium sunt vitiorum et virtutum quasi quædam principia, et communis materia. Affectus si quidem operi nomen imponit. Et quoniam virtus est habitus mentis bene compositæ, componendi et instituendi atque ordinandi sunt animi affectus ad id quod debent, et quomodo debent, ut in virtutes proficere possint ; alioquin in vitia facile deficient. Cum igitur prudenter, modeste, fortiter et juste amor et odium instituuntur, in virtutes exsurgunt, prudentiam scilicet, temperantiam, fortitudinem atque justitiam, quæ quasi origines et cardines sunt omnium virtutum. Et hæc omnia cum affectuose et virtuose in anima (a) constituuntur, per odium mundi et sui, proficit in amorem Dei et proximi : per contemptum temporalium et inferiorum, crescit in desiderium æternorum et superiorum. Sensus vero unus est in anima, et quod ipsa est : et cum corpus non sit, corporeus dicitur, quia corpus non transcendit, vel quia corporeis exercetur instrumentis : unde et ob numerum instrumentorum quinque partitus dicitur, cum intus non sit nisi unus. Verumtamen propter varia exercitia variatur et varie nuncupatur. Dicitur namque sensus, imaginatio, ratio, intellectus, intelligentia. Et hæc omnia in anima nihil aliud sunt, quam ipsa, aliæ et aliæ inter se proprietates propter varia exercitia, sed una essentia rationis et una anima : proprietates quidem diversæ, sed essentia una : secundum exercitia, multa sunt ; secundum essentiam vero, unum sunt in anima et idem quod ipsa. Et sicut mundus iste visibilis quinque partita quadam distinctione est ordinatus, terra scilicet, aqua, aere, et æthere, sive firmamento, ipsoque supremo cœlo, quod empyreum vocant : sic animæ in mundo sui corporis peregrinanti quinque progressus sunt ad sapientiam, sensus scilicet, imaginatio, ratio, intellectus, et intelligentia. Quinque enim progressionibus rationalitas exercetur ad sapientiam, et quatuor affectibus ad caritatem : quatenus novem istis progressionibus in semetipsa proficiens anima, sensu et affectu, quaternis quibusdam pedibus, quæ spiritu vivit, spiritu ambulet usque ad Cherubim et Seraphim, id est, usque ad plenitudinem scientiæ, (b) et regnum caritatis, habeatque anima per

---

(a) Ms. *instituuntur*. — (b) Apud Isaac, *et rogum*.

propre, les vertus dont la nature lui a donné les facultés.

Chapitre V. — Je laisse au lecteur intelligent de faire la comparaison entre les vertus de l'âme, et les noms des Anges suivant leur ordre. La chose sera facile, s'il prend le sens qui est le premier messager de l'âme, pour le comparer aux Anges qu'on appelle aussi des messagers ; l'imagination sera comme les Archanges, parce que son vol embrasse plus d'espace que le sens. La crainte sera le pendant des Vertus, et la douleur le pendant des Puissances. Car l'homme qui a la crainte des supplices et qui est contrit par la douleur de ses péchés, méprise le monde et se méprise lui-même, et avec les Vertus il fait des prodiges, et avec les Puissances il met en fuite les démons. Il faut plus de courage pour se mépriser soi-même que pour mépriser le monde ; plusieurs ont méprisé le monde par vanité. La raison sera comme les Principautés, qui président et commandent aux esprits qui leur sont soumis ; ainsi la raison commandera aux sens et aux affections. L'amour du prochain qui est une joie de l'âme sera comme les Dominations ; car on domine avec raison sur les autres, quand on aime tous les hommes, et qu'on se réjouit de leur bonheur. L'intellect ressemblera aux Trônes. Trône veut dire siège, parce que Dieu s'y repose. Vous comprendrez donc que Dieu habite dans nos cœurs par la foi (*Ephés.*, III, 17), par la sanctification, par la paix, par l'amour ; parce qu'il est le Dieu de la paix et de l'amour. (II *Cor.*, XIII, 11.) L'intelligence ressemblera aux Chérubins. Ces esprits sont remplis d'une science d'autant plus parfaite, qu'ils contemplent Dieu plus intimement dans son essence.

Car l'intelligence est cette puissance de l'âme qui approche immédiatement de Dieu ; elle le contemple lui-même et tout ce qui est en lui. L'espérance, le désir, l'amour de Dieu, voilà les Séraphins ; car Dieu est l'espérance de toutes les contrées de la terre, toute la terre désire voir son visage (*Ps.* LXIV, 6) ; les séraphins désirent le contempler ; il est toute notre espérance et tout notre désir. (III *Rois*, x, 24.) Ainsi la haine du monde ressemble aux Vertus ; la haine de soi-même aux Puissances ; la raison aux Principautés ; l'amour du prochain aux Dominations ; l'intellect aux Trônes ; l'intelligence aux Chérubins ; l'amour de Dieu aux Séraphins. La crainte des supplices et la douleur de ses péchés produisent le mépris du monde et de soi-même, et alors on fait des prodiges avec les vertus, et avec les puissances on chasse les démons. L'espérance des promesses et la joie des récompenses font naître l'amour du prochain et l'amour de Dieu.

Chapitre VI. — [L'âme est faite à l'image de toute sagesse, et porte en elle-même la ressemblance de toutes choses. C'est pourquoi le philosophe disait pour la définir : Elle est la ressemblance de toutes choses. Elle a en elle-même des puissances pour tout saisir, pour tout pénétrer ; elle ressemble à toute choses, tout en restant dans son unité. Elle ressemble à la terre par les sens, à l'eau par l'imagination, à l'air par la raison, au firmament par l'intellect, au ciel des cieux par l'intelligence. Et de même que Dieu par sa nature peut se donner et se répandre partout ; ainsi l'âme peut s'identifier toutes choses. Dieu peut se donner et se répandre en toutes choses ; car il possède un don qui appartient à sa nature,

---

exercitium virtutes, quarum facultates habet per naturam.

Caput V. — Et (1) hos progressus nominibus et ordinibus Angelorum comparare prudenti lectori relinquo. Facile si quidem erit ei, si sciat aptare sensum qui primus animæ nuntius est, Angelis qui nuntii vocantur ; imaginationem Archangelis, quæ plura quam sensus percipit ; timorem Virtutibus, dolorem Potestatibus. Qui enim metu suppliciorum perterritus, et dolore peccatorum compunctus, contemnit mundum et se ipsum, cum Virtutibus facit miracula, cum Potestatibus fugat dæmonia. Majus namque est contemnere se ipsum, quam mundum, quem multi propter vanitatem contempserunt. Rationem assignamus Principatibus : nam isti illi præsunt et principantur subjectis spiritibus, sic ratio sensibus atque affectibus. Amorem proximi sive gaudium Dominationibus : recte namque aliis dominantur qui omnes amant, et de profectu omnium gaudent. Intellectum Thronis : Throni sedes dicuntur, quia in eis Deus sedet. Intelligere etiam debes, quoniam in cordibus nostris Deus habitat per fidem, per sanctificationem, per pacem, per dilectionem (*Ephes.*, III, 17) : quoniam Deus est pacis et dilectionis. (II *Cor.*, XIII, 11.) Intelligentiam aptamus Cherubim. Illi namque spiritus tanto perfectiore scientia pleni sunt, quanto divinitatem Dei in intimis contemplantur. Intelligentia namque animæ vis est, quæ immediate Deo supponitur : cernit si quidem ipsum et quæ in ipso sunt. Spem sive desiderium sive amorem Dei, Seraphim : Deus namque est spes omnium finium terræ (*Psal.* LXIV, 6), cujus vultum tota terra desiderat : et in quem Seraphim prospicere desiderant, tota spes nostra et desiderium nostrum est. (III *Reg.*, x, 24.) Odium mundi Virtutibus : odium sui Potestatibus : rationem Principatibus : amorem proximi Dominationibus : intellectum Thronis : intelligentiam Cherubim : amorem Dei Seraphim. Timor namque de suppliciis et dolor de peccatis faciunt contemptum mundi et sui, ut cum Virtutibus faciant miracula, et cum Potestatibus expellant dæmonia. Spes de promissis, et gaudium de præmiis faciunt amorem proximi et Dei.

Caput VI. — [(2) Anima ad similitudinem totius sapientiæ facta, omnium in se gerit similitudinem : unde et a Philosopho definita est omnium similitudo. Habet si quidem in se vires, quibus omnia apprehendit, sive investigat, et omnibus similis existit, cum una sit. Similis est terræ per sensum, aquæ per imaginationem, aeri per rationem, firmamento per intellectum, cœlorum cœlo per intelligentiam. Similis est lapidibus per essentiam, arboribus per vitam, animalibus per sensum et imaginationem, hominibus per rationem, Angelis per intellectum, Deo per intelligentiam. Et sicut Deus est ab omnibus capabilis et participabilis ; sic anima omnium

(1) Ex Isaac Stell. — (2) Ex Isaac Stell, in dicta epist.

c'est le Saint-Esprit, et par l'effusion de ce don qui est sa grâce; il est en quelque sorte dans toutes les créatures par l'essence qui les constitue, par l'espèce qui les distingue, et par les propriétés qu'elles possèdent pour arriver à leur fin. Tout homme qui existe porte ces trois caractères, qui sont comme les vestiges de l'essence suprême, de son image et de sa munificence, c'est-à-dire de la Trinité, Père, Fils et Saint-Esprit. L'éternité est dans le Père, la beauté spéciale dans son image, et la jouissance dans le don. L'éternité est dans le Père, car le Père n'a pas un père qui l'engendre; le Fils naît du Père pour être son Fils, et être coéternel au Père. La spécialité est dans l'image, c'est-à-dire la beauté, l'égalité, la première et souveraine ressemblance, la première et souveraine vie, le premier et le souverain intellect. La jouissance est dans le don. Le don du Père et du Fils, c'est le Saint-Esprit. La jouissance est donc dans le don, c'est-à-dire, la délectation, la joie, le bonheur, la félicité, la suavité. Cet ineffable embrassement du Père et de son image, c'est la perfection, l'amour et la joie. Ainsi nous trouvons dans la sainte Trinité la source originaire de tous les êtres, la beauté dans sa plus grande perfection, et l'amour dans son plus grand bonheur. Quant à nous, nous jouissons de la divinité par le don qu'il nous fait; car le Saint-Esprit est en quelque sorte avec nous d'une manière plus particulière, comme étant un don du Père et du Fils. C'est par lui que nous viennent toutes les grâces qu'il nous donne en union avec le Père et le Fils. C'est lui qui dirige, instruit, console et conduit l'Église vers le Christ, pour la remettre sans tache et sans ride (*Ephés.*, v, 27), comme un royaume, à Dieu et au Père. C'est ainsi que les grâces divines nous viennent du Père par le Fils et le Saint-Esprit, ou plutôt dans le Saint-Esprit. (I *Cor.*, xv, 24.)] En effet, le Père a livré son Fils pour racheter les esclaves; il a envoyé le Saint-Esprit pour donner aux esclaves l'adoption des enfants. Il a donné son Fils comme prix de notre rédemption; et le Saint-Esprit comme privilège d'adoption; et il se réserve tout entier pour se donner en héritage à ses enfants d'adoption. Il ne faut donc pas se défier de l'amour de Dieu; car sa miséricorde est plus grande que notre misère; et tout homme qui criera vers lui de tout son cœur, Dieu l'exaucera, parce qu'il est miséricordieux. Dieu est plus empressé de pardonner au pécheur, que le pécheur ne l'est pour demander pardon. Il désire si vivement délivrer le pécheur du tourment de sa conscience, qu'on croirait qu'il a plus compassion du misérable, que le misérable n'a compassion de lui-même.

CHAPITRE VII. — L'âme peut tout embrasser; car par la raison elle est propre à tout connaître, et par la concupiscibilité, à tout aimer. Il y a deux choses dans l'âme, et ces deux choses sont l'âme elle-même. Le sens naturel qui connaît et discerne tout, l'affection naturelle qui la porte à aimer chaque chose suivant son rang et son mérite. Elle tient de la nature ces deux facultés de connaître et d'aimer, qui sont comme ses instruments; quant à la connaissance de la vérité et au règlement de l'amour, c'est la grâce qui les lui donne. C'est Dieu qui a fait l'âme raisonnable; en la créant, il lui a donné l'empreinte

---

est capax. Capabilis et participabilis omnibus est Deus; quia naturali suo munere scilicet Spiritu sancto, et usu ex munere gratiæ, participatur ab omnibus per essentiam qua sunt, et secundum illam ad idoneam speciem qua ab aliis differunt, et secundum utrumque ad (*a*) congruum usum quo proficiunt. Tria hæc omni homini existenti insunt, quasi quædam vestigia summæ essentiæ, imaginis, et muneris, id est, Trinitatis Patris et Filii et Spiritus sancti. (*b*) Æternitas quippe est in Patre, species in imagine, usus in munere. Æternitas est in Patre; quia Pater non habet patrem de quo sit: Filius de Patre est ut sit, atque ut illi coæternus sit. Imago enim si perfecte implet illud cujus est imago, coæqualis est illi. Species in imagine, id est, pulchritudo, congruentia, æqualitas, prima et summa similitudo, prima et summa vita, primus et summus intellectus. Usus est in munere. Munus Patris et Filii Spiritus sanctus est. Usus ergo in munere est, id est, delectatio, gaudium, lætitia, felicitas, suavitas. Ille namque ineffabilis complexus Patris et imaginis, non est sine perfectione, sine caritate, sine gaudio: sic in illa Trinitate summa est origo omnium rerum, perfectissima pulchritudo, et beatissima (*c*) dilectio, nobis autem omnis usus deitatis est ex munere. Quodam modo namque quasi (*d*) proprior videtur nobis esse Spiritus sanctus, ut pote Patris et Filii munus. Ex ipso nimirum est omnis usus gratiæ cum Patre et Filio. Ipse enim regit et erudit, consolatur et perducit Ecclesiam ad Christum (*Ephes.*, v, 27), quam ipse simul sine macula et ruga tradet regnum Deo et Patri. Sic a Patre per Filium et Spiritum sanctum, vel potius in Spiritu divina ad nos descenderunt.] (I *Cor.*, xv, 24.) Pater si quidem tradidit Filium suum, quo redimeret servos; misit Spiritum sanctum, quo servos adoptaret in filios: Filium dedit in pretium redemptionis, Spiritum sanctum in privilegium adoptionis, se denique totum servat in hæreditatem adoptatis. Nemo ergo de Dei pietate diffidat, quoniam major est ejus misericordia, quam nostra miseria; et quisquis ad eum toto corde clamaverit, exaudiet illum, quoniam misericors est. Tardius si quidem ei videtur peccatori veniam dare, quam ipsi peccatori accipere. Sic enim festinat absolvere reum a tormento conscientiæ suæ, quasi plus cum cruciet compassio miseri, quam ipsum miserum compassio sui.

CAPUT VII. — Capax est omnium anima, quia per rationalitatem ad cognitionem, et per concupiscibilitatem ad dilectionem universitatis capax invenitur. (1) Sunt enim duo in anima, et sunt id quod anima, scilicet naturalis sensus cognoscens omnia et dijudicans inter omnia; et naturalis affectus, quo suo ordine et gradu anima diligat omnia. Verumtamen facultates et quasi instrumenta cognoscendi et diligendi habet ex natura; cognitionem tamen veritatis et ordinem dilectionis ne-

---

(1) Reliqua hujus cap. sunt Isaac Stell.
(*a*) Ms. Med. *communem.* — (*b*) Hic in editis omissus versus. — (*c*) Nonnulli Mss. *delectatio.* — (*d*) Mss. *aliqui* propior.

de son image, et il lui donne aussi la connaissance et l'amour. La sagesse créatrice nous a formés pour être des vases ; la grâce miséricordieuse ne veut pas qu'ils soient vides ; elle les remplit, quand elle trouve un ouvrier industrieux.

CHAPITRE VIII. — L'âme est une substance raisonnable, intellectuelle, que Dieu a faite spirituelle, non en la tirant de sa substance, mais en la tirant du néant. Comme une créature capable de se porter au bien et au mal. Sous un rapport elle est mortelle, en tant qu'elle peut déchoir et se détacher de la volonté de Dieu qui la rend bonne ; sous un autre rapport, elle est immortelle, parce qu'elle ne peut jamais perdre le sentiment, qui doit la rendre heureuse ou malheureuse, après cette vie. Cela ne veut pas dire, suivant l'opinion de quelques philosophes, que l'âme soit dans le corps comme dans une prison, pour un péché antérieur ; mais il est certain qu'elle ne peut habiter le corps de l'homme sans être souillée par le péché, à moins que le Christ ne la délivre, Dieu veut que l'âme habite le corps, à condition que si elle observe la loi, elle recevra comme récompense la vie éternelle et la société des anges ; que si elle la méprise, elle subira très-justement les peines amères d'une douleur sans fin, ou d'un feu éternel.

CHAPITRE IX. — L'âme est ainsi appelée parce qu'elle anime le corps pour lui donner la vie, c'est-à-dire qu'elle le vivifie. On l'appelle esprit à cause de sa nature spirituelle, ou bien parce qu'elle est comme un souffle de vie dans le corps. [L'âme et l'esprit sont une même chose dans l'homme, quoique l'un signifie une chose, et l'autre une autre chose. L'esprit se rapporte à la substance, l'âme à la vivification ; c'est la même essence, ce n'est pas la même propriété. Car l'esprit qui est un et indivisible est esprit, considéré en lui-même, il est âme, par rapport au corps.

Il est esprit, en tant que doué de raison, et il est une substance raisonnable ; il est âme, comme étant la vie du corps, dont il est dit : « Celui qui perdra sa vie pour moi, la sauvera ; » (*Luc*, IX, 24) c'est-à-dire celui qui, par amour pour Dieu, sacrifiera volontiers cette vie mortelle qui consiste dans l'union temporelle de l'âme et du corps, reprendra un jour cette même vie du corps aussi bien que de l'âme, pour en jouir éternellement et ne plus mourir. L'âme humaine, ayant son existence dans le corps et en dehors du corps, peut donc s'appeler également âme ou esprit. Ce ne sont pas deux âmes, l'une sensuelle et l'autre raisonnable ; l'une qui fait vivre, l'autre, suivant quelques-uns, qui fait penser. C'est une seule et même âme qui vit en elle-même par la pensée, et qui fait vivre le corps par le sentiment. Le corps humain ne peut naître ni vivre sans l'âme raisonnable ; il se féconde, se dilate, se développe et prend la forme humaine dans le sein maternel, avant de s'unir à l'âme. C'est ainsi que nous voyons la plante et l'herbe des champs, quoique privée d'âme, pousser et croître. Il y a deux vies pour l'âme, celle qui la fait vivre dans le corps, et celle qui la fait vivre en Dieu. Il y a aussi deux sens dans l'homme, le sens intérieur et le sens extérieur, et l'un et l'autre cherchent l'aliment qui leur convient. Le sens intérieur se nourrit dans la con-

---

quaquam habet nisi ex gratia. Facta si quidem a Deo mens rationalis, sicut ejus imaginem suscepit, ita cogitionem et amorem. Vasa namque quæ creatrix Sapientia format ut sint, adjutrix gratia replet ne vacua sint, si strenuum operarium invenerit.

CAPUT VIII. — Anima est substantia rationalis, intellectualis, a Deo facta spiritalis, non ex Dei natura, sed potius creatura ex nihilo facta, in bonum malumque convertibilis. Et ideo aliquatenus est mortalis in quantum in deterius mutari, et a voluntate Dei cujus participatione bona fit, alienari potest : et aliquatenus immortalis, quoniam sensum, quo ei post hanc vitam vel bene vel male sit, amittere non potest : non quod pro actis ante carnem gestis meruerit ut in carne includeretur, ut quidam voluerunt ; sed nec ideo potest esse in homine sine sorde peccati, nisi a Christo fuerit liberata. Dei enim nutu ad corpus anima venit, ut si secundum ejus præceptum agere vellet, mercedem acciperet vitæ æternæ atque societatis Angelorum : si autem contemnueret, pœnas justissimas et amarissimas lueret, sive doloris continui, sive ignis æterni.

CAPUT IX. — « Anima vero (1) ex eo dicta est, quod animet corpus ad vivendum, hoc est, vivificet, Spiritus est ipsa anima pro spiritali natura, vel pro eo quod spiret in corpore appellatus est spiritus. » [(2) Anima et spiritus idem sunt in homine, quamvis aliud nolet spiritus, et aliud anima. Spiritus namque ad substantiam dicitur, et anima ad vivificationem. Eadem est essentia, sed proprietas diversa. Nam unus et idem spiritus ad se ipsum dicitur spiritus, et ad corpus anima. Spiritus est in quantum est ratione prædita substantia rationalis : anima in quantum est vita corporis, de qua dictum est : « Qui perdiderit animam suam propter me, salvam faciet eam, » (*Luc.*, IX, 24) id est : Quisquis propter Deum vitam hanc quæ nunc corporis vivificatione ex anima temporaliter mortalis constat, libenter despexerit, in futuro eamdem corporis, non solum animæ, vitam æternam et (a) immortalitatem recipiet. Humana quidem anima, quia in corpore habet esse et extra corpus, anima pariter et spiritus vocari potest : non duæ animæ, sensualis et rationalis, altera quæ bonus vivat, et altera qua ut quidam putant, sapiat : sed una atque eadem anima in semetipsa vivit per intellectum, et corpori vitam præbet per sensum. Humanum namque corpus nec vivere nec nasci potest sine anima rationali, vegetatur tamen et movetur et crescit et humanam formam in utero recipit, prius quam animam rationalem recipiat. Sicut etiam virgulta et herbus sine anima (b) moveri et incrementum habere videmus.] Duplex est quidem vita animæ, alia qua vivit in carne, et alia qua vivit in Deo. Duo si quidem in homine sensus sunt, unus interior, et unus exterior, et uterque bonum suum habet in quo reficitur. Sensus interior reficitur in contemplatione divinitatis, sensus exterior in contemplatione humanitatis.

(1) Ex Gennadio *de Ecclesiast.*, *dogmatibus*, c. XIX. — (2) Ex Hug. Vict., *in* I *Luc.*, XLVII.
(a) Mss. *et immortalem*. — (b) Ms. Med. addit, *scilicet rationali*.

templation de la Divinité, le sens extérieur dans la contemplation de l'humanité. C'est pour cela que Dieu s'est fait homme, pour donner le bonheur en lui-même à l'homme tout entier, pour que l'homme se tournât vers lui, et mît en lui toutes ses affections, se montrant comme homme aux yeux de son corps, et se montrant comme Dieu à l'œil de son intelligence. (*Jean*, x, 9.) Tout le bonheur de l'homme était donc de trouver, soit en lui-même soit au dehors, qu'il sorte ou qu'il rentre, les pâturages que lui préparait son Dieu, pâturages au dehors, dans la chair du Sauveur, pâturages au dedans dans la divinité du Créateur. Ce bonheur eut pour suite un grand mal ; l'homme ayant perdu son bien du dedans, l'âme se mit en route pour aller vers les biens étrangers qui sont au dehors ; elle fit comme un pacte avec les plaisirs du monde, oubliant qu'elle avait perdu son bien du dedans, parce qu'elle voyait pour elle des consolations dans les biens étrangers. On ne connaît plus le bonheur intérieur, quand on se laisse prendre au plaisir des biens extérieurs. Celui qui vit dans la chair concentre toute sa vie dans les sens charnels ; il fuit les douleurs de la chair, ne pense aucunement aux plaies de son âme, et n'y cherche aucun remède. Mais quand le sens de l'âme, qui anime le corps est comme éteint, l'homme voit se ranimer un autre sens, par lequel il se sent lui-même ; et alors il connaît ses douleurs, il sent d'autant plus ses blessures qu'elles sont plus attachées à lui-même. Car nous souffrons d'autant plus d'un mal, qu'il nous touche de près ; et une joie nous est d'autant plus douce, qu'elle est plus intime.

CHAPITRE X. — Esprit s'entend de plusieurs manières. On appelle esprit, *spiritus*, Dieu, l'air qui nous environne, le souffle d'air que nous respirons et qui se répand dans tout notre corps pour entretenir la vie des mortels. Ce souffle ne peut pas être l'âme, puisqu'il s'évapore dans l'air. On appelle esprit ce qui fait vivre l'homme ou l'animal. On appelle esprit l'intelligence raisonnable, cette étincelle qui est comme l'œil de l'âme, où se peint l'image et la connaissance de Dieu. L'œil de l'âme, c'est l'intelligence dégagée de toute grossièreté corporelle ; le regard de l'âme, c'est la raison, et la vue de l'âme, c'est l'intellect. Pour toute âme il faut trois choses : que l'œil soit bon, qu'il regarde et qu'il voie ; son œil est bon, lorsqu'elle est détachée de toute passion terrestre. Elle regarde, lorsqu'elle fixe l'œil en contemplant la lumière de Dieu. Elle voit, lorsque dans cette contemplation, se découvre à elle l'horizon spirituel avec ses joies, son bonheur, sa sécurité, sa sérénité, son ravissement, son œil qui est bon lui donne la sécurité, son regard la droiture, et la vision lui donne le bonheur. Lorsque l'âme est libre de toute souillure et pure de toute tache, elle se plaît à habiter en elle-même, elle n'a plus aucune crainte, et n'est tourmentée par aucun remords ; alors elle a une immense et incroyable confiance dans son élan vers Dieu, c'est-à-dire pour la contemplation de la vérité, son regard n'hésite pas, elle voit Dieu l'objet de ses désirs. Ainsi avant tout, la guérison de l'âme, puis son introduction quand elle est guérie, et son rassasiement, quand elle est introduite. L'esprit est encore une certaine faculté de l'âme, inférieure à l'intelligence, où viennent se ré-

Propterea enim Deus homo factus est, ut totum hominem in se beatificaret, et tota conversio hominis esset ad ipsum, et tota dilectio hominis esset in ipso, cum a sensu carnis videretur per carnem, et a sensu mentis videretur per divinitatis contemplationem. (*Joan.*, x, 9.) Hoc autem erat totum bonum hominis, (1) ut sive ingrederetur sive egrederetur, pascua in factore suo inveniret, pascua foris in carne Salvatoris, et pascua intus in divinitate Creatoris. Hoc bonum magnum secutum est malum ; quoniam perdito bono quod intus erat, egressa est anima ad bona aliena, quæ foris erant, et pactum fecit cum delectationibus sæculi, requiescens super illas, non attendens absentia boni sui interioris, eo quod consolationes suas cerneret in bonis alienis. Nam cum exterior sensus carnalis bono suo utitur, interior sensus mentis quasi obdormit. Non enim cognoscit bona interioris sensus, qui jucunditate bonorum exteriorum capitur. Nam qui in carne vivit, in carne sentit, et dolores carnis fugit in quantum potest, vulnera autem animæ prorsus ignorat, nec medicinam quærit in eis. Cum autem mortuus fuerit sensus animæ, quo vivit in carne, tunc vivificari incipiet sensus ille, quo sentit semetipsum, et tunc sciet dolores suos, et sentire incipiet vulnera sua tanto gravius quanto propius. Magis enim obest malum, quod est magis vicinum ; et magis prodest bonum, quod magis est intimum.

CAPUT X. — Spiritus dicitur multis modis. (2) Dicitur namque Spiritus Deus, et aer iste, et flatus aeris qui a corde receptus et inde per totum corpus emissus mortalium vitam flatu necessario continet. Iste tamen spiritus (*a*) jure anima dici non potest, quia aeris varietate dissolvitur. Dicitur spiritus anima, sive hominis, sive pecoris. Dicitur spiritus mens rationalis, ubi est quædam scintilla tanquam oculus animæ, ad quem pertinet (*b*) imago et cognitio Dei. (3) Oculus animæ est mens ab omni corporis labe pura, mentis aspectus est ratio, intellectus visio. Tria hæc omni animæ necessaria sunt, ut sanos oculos habeat, ut aspiciat, ut videat. Sanos oculos habet, cum a mortalium cupiditatibus est purgata atque remota. Aspicit, cum in Dei lumine contemplationis oculos figit. Videt, cum in illa contemplatione conspicit quanta sint gaudia, quanta lætitia, quanta securitas, quanta serenitas, et quanta jucunditas. Sanitas facit illam securam, aspectus rectam, visio beatam. Cum enim fuerit ab omni fæce libera maculisque diluta, tunc se denique in se ipsa (*c*) libentissime tenet, et nihil sibi metuit, aut ulla sua culpa quidquam angitur : et tunc ingenti quadam et incredibili fiducia pergit in Deum, id est, in ipsam contemplationem veritatis : aspectum si quidem rectum sequitur ipsa visio Dei, quæ est finis aspectus. Sic anima prius sanatur, sanata introducitur, introducta reficitur. (*d*) (4) Spiritus etiam est quædam vis animæ,

(1) V. Manuale, c. xxvi.—(2) Ex l. XII *de Gen. ad lit.*, c. vii.—(3) Ex l. I, *Solil.*, c. vi, n. 12, et 13.—(4) V., l. XII, *de Gen. ad lit.*, c xxiii.
(*a*) Aliquot Mss. *vitæ*. — (*b*) Ed. *imaginatio*. — (*c*) Ed. *liberalissime*. — (*d*) Ms. Med. addit, *scilicet per sapientia*.

fléchir les images des choses corporelles. Cet esprit n'est pas un corps, mais il ressemble à un corps. Les objets qui sont vus ainsi par l'esprit ne sont pas corporels, mais ils ressemblent à des objets corporels. La figure d'un homme, nous la voyons en dehors de nous, et son image reste dans notre mémoire, incorporelle, il est vrai, mais semblable à un corps. La beauté merveilleuse de ce monde, nous la voyons tout près en dehors de nous, et son image reste dans notre mémoire, incorporelle, il est vrai, mais semblable à un corps, et nous la revoyons encore, quand nous y pensons, les yeux fermés. L'effet que produit sur nos sens la vue d'un corps particulier, son image qui est dans notre souvenir le produit également sur notre esprit ; et la disposition de sympathie qu'éprouve notre volonté à la vue d'un objet, elle l'éprouve également pour son image, quand elle revient à notre souvenir et à notre pensée. Cet esprit de l'homme est fait à l'image et à la ressemblance de Dieu, et c'est en cela qu'il a la connaissance de la vérité et l'amour de la vertu. L'image c'est la connaissance, et la ressemblance c'est l'amour. L'image, parce que notre âme est raisonnable, la ressemblance, parce qu'elle est spirituelle. En effet, notre âme s'attache à la vérité sans aucun intermédiaire. La faculté de raison que nous avons, pour raisonner, comprendre et sentir, s'appelle l'esprit ; c'est cet esprit que l'Apôtre appelle l'âme quand il dit : « Renouvelez-vous dans l'intérieur de votre âme, » (*Ephes.*, IV, 23) c'est-à-dire dans votre âme ; l'intérieur de l'âme c'est l'âme, comme le corps charnel c'est la chair.

CHAPITRE XI. — L'âme (mens) vient de μένω. Μένη qui est un mot grec, se traduit en latin par le mot *lune*. De même que la lune croit et décroit et passe par des phases diverses, mais en se renouvelant néanmoins, puisqu'elle revient à son point de perfection ; ainsi l'âme s'élève en haut, retombe en bas, et rentrant en elle-même, elle pèse le vrai et le faux ; tantôt elle quitte sa voie pour s'occuper des choses corporelles ; tantôt elle s'applique à contempler et à consulter les raisons éternelles. La raison est en effet le regard de l'âme pour discerner le bien et le mal, choisir la vertu, et aimer Dieu. L'âme qui est une vaste capacité, portant en elle la ressemblance de toutes choses, est l'univers en abrégé, par la puissance et la dignité qu'elle tient de sa nature. Aussi par l'intelligence elle saisit les causes invisibles, et par le jeu des sens elle concentre en elle les formes des choses présentes. Et soit que par les sens elle fasse une excursion dans le monde visible, soit qu'elle s'élève au monde invisible, elle rapporte en elle-même la ressemblance des objets, connait les choses présentes, comprend les choses absentes, cherche les choses inconnues, et combine ses découvertes. Cette lumière de la raison et de l'intelligence qui nous fait raisonner, comprendre et sentir, c'est ce que nous appelons l'esprit, tellement fait à l'image de Dieu, qu'il est formé par la vérité elle-même sans autre intermédiaire. L'esprit (mens) est ainsi appelé, parce qu'il est pour ainsi dire la partie éminente de l'âme, étant cette faculté privilégiée d'où procède l'intelligence. Par l'intelligence l'âme saisit la vérité, par la sagesse elle l'aime. Car la sagesse est l'amour

mente inferior, ubi corporalium rerum similitudines exprimuntur. Nec ipse spiritus corpus est, sed corpori similis. Quæ enim spiritu videntur, non sunt corporalia, sed corporalibus similia. Facies si quidem hominis et nobis forinsecus nota est, et in memoria nostra habet imaginem suam, incorporalem quidem, sed corpori similem. Mundi quoque istius mirabilis pulchritudo, et nobis foris præsto est, et in memoria nostra habet imaginem suam, incorporalem quidem, sed corpori similem, ad quam recurrimus cum clausis oculis eam cogitamus. Quod enim est ad corporis sensum aliquod corpus in loco, hoc est ad animi aciem similitudo corporis in memoria : et quod est intentio voluntatis ad corpus visum visionemque copulandam, hoc est eadem intentio voluntatis ad copulandam imaginem corporis, quæ est in memoria et visione cogitantis. Ille spiritus dicitur (1) factus ad imaginem et similitudinem Dei, in quo est cognitio veritatis et amor virtutis. Imago si quidem est in cognitione, et similitudo in dilectione. Imago, quia rationalis ; et similitudo, quia spiritalis. Hæret si quidem veritati nulla interposita substantia. (*a*) Rationale nostrum, quo ratiocinamur, intelligimus, et sapimus, spiritum dicimus. Hunc autem spiritum Apostolus mentem vocat, cum dicit : « Renovamini spiritu mentis vestræ, » (*Ephes.*, IV, 23) id est, mente. Nihil enim aliud est spiritus mentis, quam mens : sicut corpus carnis, nihil aliud est quam caro.

CAPUT XI. — Mens autem dicitur a μένη. (2) Μένη autem Græce, Latine dicitur luna. Et sicut luna crescit et decrescit, et varia vicissitudine mutatur, in id tamen quod fuit quadam perfecta novitate se restituit : sic mens nunc caput summis inserit, nunc decidit in infima, nunc sese (*b*) referens sibi, veris falsa redarguit : modo ad corporalia regenda deflectitur, modo æternis rationibus inspiciendis vel consulendis adhærescit. Ratio si quidem est mentis aspectus quo bonum et malum discernit, virtutes eligit, Deumque diligit. Mens universorum capax, et omnium rerum similitudine insignita, omnia esse dicitur naturali quædam potentia et naturali dignitate. Idcirco invisibiles rerum causas per intelligentiam comprehendit, et visibiles actualium formas per sensuum passiones colligit. Et sive per sensus ad sensibilia exeat, sive per intelligentiam ad invisibilia ascendat, rerum similitudines ad se ipsam trahit, præsentia cognoscit, absentia intelligit, ignota inquirit, et in inventis versatur. Rationale et intellectuale lumen, quo ratiocinamur, intelligimus et sapimus, mentem dicimus, quæ ita facta est ad imaginem Dei, ut nulla interposita natura ab ipsa veritate formetur. Mens enim ex eo dicta est quod emineat in anima : præstantior si quidem vis animæ est, a qua procedit intelligentia. Per intelligentiam utique ipsam veritatem intelligit, per sapientiam diligit. Sapientia namque est amor boni sive sapor boni, a sapore si qui-

(1) Ex Hug., lib. I, *de Sacram fidei*, p. 6, c. II. — (2) Ex Cassiodoro, *de Anima*, c. I.
(*a*) Nonnulli Mss. *substantia. Rationale vero nostrum.* — (*b*) Ed *inferens*.

du bien, c'est comme le goût et pour ainsi dire la saveur du bien. La vue de l'âme, c'est l'intelligence; le goût, c'est la sagesse. L'une contemple, l'autre se délecte. Lorsque nous voulons nous élever du monde inférieur au monde supérieur, le premier degré de cette marche progressive, c'est le sens, puis l'imagination, ensuite la raison, l'intellect et l'intelligence, et comme dernier degré la sagesse. La souveraine sagesse, c'est Dieu lui-même. La sagesse de l'homme, c'est la piété, c'est-à-dire le culte de Dieu. Le sens est cette faculté de l'âme qui perçoit les formes corporelles des objets présents. L'imagination est cette autre faculté qui perçoit les formes corporelles des objets absents. Le sens perçoit les formes en présence de l'objet matériel, l'imagination, en son absence; et cette même faculté qui dans son exercice extérieur s'appelle sens, se nomme imagination quand elle se concentre à l'intérieur. L'imagination a son origine dans le sens, et les variations de l'un font les variations de l'autre. L'âme voit une multitude de choses avec les yeux du corps, une multitude d'autres choses avec les fantaisies de l'imagination; elle est partout, elle va d'un côté et d'un autre, elle monte, c'est comme un flot de l'Océan. Elle ne sort pas, mais tout en restant en elle-même elle parcourt de grands espaces; elle ne va pas vers les objets, mais elle les fait venir devant elle pour se les représenter. On dirait qu'elle a toutes les dimensions, la largeur, la longueur et la hauteur. Car par la charité, elle embrasse Dieu et tous ses amis; par la pensée, elle voit tout ce que Dieu a fait depuis l'origine du monde jusqu'à la fin pour notre salut, par la contemplation elle voit tout ce qui est en haut dans le ciel. [La raison est cette faculté de l'âme qui perçoit la nature des choses corporelles, leurs formes, leurs propriétés, leurs accidents; tout cela est incorporel, quoique se rapportant aux corps, et ne subsiste que dans la raison. Cette abstraction relative aux corps n'est pas réelle, c'est une opération de l'esprit. Car il est certain que la nature d'un corps, en vertu de laquelle il est corps, est quelque chose d'incorporel. L'intellect est cette faculté de l'âme qui voit les choses invisibles, comme les anges, les démons, les âmes et tout esprit créé. L'intelligence est cette faculté de l'âme qui voit Dieu immédiatement; elle le contemple comme la vérité absolue et véritablement immuable. Ainsi l'âme par le sens, voit les corps; par l'imagination, la ressemblance des corps; par la raison, la nature des corps; par l'intellect, tout esprit créé; par l'intelligence, tout esprit incréé. Toutes les perceptions passent dans l'imagination comme images; la pensée les forme, le génie les examine, la raison les juge, la mémoire les conserve, l'intellect les classe, l'intelligence les réunit, pour en faire un sujet de méditation ou de contemplation. Le génie est cette faculté de l'âme, ou plutôt cet effort par lequel elle s'étend, et s'exerce à la connaissance de ce qui est inconnu. Le génie se met donc à la recherche de l'inconnu, la raison discerne les découvertes, la mémoire dépose dans ses archives les choses jugées, sauf à les rappeler en jugement. C'est ainsi qu'on monte du monde inférieur au monde supérieur, et que les choses d'en bas dépendent des choses qui sont en haut.] Car l'intellect est comme l'image et la res-

---

dem dicitur. Mentis visio est intelligentia; gustus, sapientia est. Illa contemplatur, ista delectatur. Cum ab inferioribus ad superiora volumus ascendere, prius occurrit nobis sensus, deinde imaginatio, postea ratio, intellectus et intelligentia, et in summo est sapientia. Summa namque sapientia ipse Deus est. Sapientia hominis est pietas, id est, cultus Dei. (1) Sensus ea vis animæ est, quæ rerum corporearum corporeas (a) percipit formas præsentes. Imaginatio est ea vis animæ, quæ rerum corporearum corporeas percipit formas, sed absentes. Sensus namque formas in materia percipit, imaginatio extra materiam : et (2) ea vis quæ exterius formata, sensus dicitur, eadem usque ad intimum traducta, imaginatio vocatur. Imaginatio namque de sensu oritur, et secundum ejus diversitates ipsius quoque est variatio. (3) Multa videt anima carnualibus oculis, multa etiam phantastica imaginatione concipit: et ubique quasi (b) diffunditur, movetur, erigitur, et fluctuare videtur : non a se egrediens, sed in semetipsa tanquam in magno percurrens spatio pervagatur : et non exit ad illa, sed tractatibus suis sibi illa repræsentat. Habet si quidem in se quasi quamdam latitudinem, longitudinem, et altitudinem. Nam per caritatem Deum et omnes sibi fideles complectitur; per meditationem universa quæ a principio mundi usque ad finem Deus propter salutem nostram operatus est meditatur; per contemplationem quæ sursum sunt cœlestia contemplatur. [(4) Ratio est ea vis animæ, quæ rerum corporearum naturas, formas, differentias, propria et accidentia percipit : omnia incorporea, sed non extra corpora, nisi ratione subsistentia. Abstrahit enim a corporibus, quæ fundantur in corporibus, non actione, sed consideratione. Natura namque ipsius corporis secundum quod omne corpus corpus est, nullum utique corpus est. Intellectus ea vis animæ est, quæ invisibilia percipit, sicut Angelos, dæmones, animas, et omnem spiritum creatum. Intelligentia ea vis animæ est, quæ immediate supponitur Deo : cernit si quidem ipsum summum verum et vera incommutabilem. Sic igitur anima sensu percipit corpora, imaginatione corporum similitudines, ratione corporum naturas, intellectu spiritum creatum, intelligentia spiritum increatum. Et quidquid sensus percipit, imaginatio repræsentat, cogitatio format, ingenium investigat, ratio judicat, memoria servat, intellectus, separat, intelligentia comprehendit, et ad meditationem sive contemplationem adducit. Ingenium est vis ea animæ, sive intentio, qua anima se extendit et (c) exercet ad incognitorum cognitionem. Ingenium si quidem exquirit incognita, ratio discernit inventa, memoria recondit judicata, et offert adhuc judicanda. Sic fit ascensus ab inferioribus ad superiora, et ima a summis dependent.] Intellectus namque quædam imago et similitudo intelligentiæ est, ratio in-

---

(1) Isaac Stellensis. — (2) Hugo, *de unione corp. et Spiritus*. — (3) Ex Cassiod., *de Anima*, c. VII. — (4) Ex dicta Isaac Epist.
(a) Ed. hic et mox *recipit*. — (b) Mss. *distenditur*. — (c) Al. *exserit* vel *excitat*.

semblance de l'intelligence, la raison, l'image de l'intellect, la fantaisie, l'image de la raison, et à la fantaisie se rattache la partie supérieure du corps qui ressemble au feu ; au feu se rattache l'air, à l'air, l'eau ; et à l'eau, la terre. Le sens forme l'imagination, l'imagination forme la raison, et la raison produit la science ou la prudence. D'un autre côté la prudence divine se montre à la raison pour la former, et elle produit l'intelligence ou la sagesse. [Il y a donc dans la raison un regard vers les choses supérieures et célestes, et ce regard, c'est la sagesse ; il y a aussi un regard du côté des choses transitoires et périssables, et ce regard, c'est la prudence. Ces deux regards viennent de la raison et sont dans la raison. La raison se divise donc en deux parties, la partie supérieure, c'est la sagesse, et la partie inférieure, c'est la prudence ; c'est comme l'homme et la femme, l'homme qui est le premier et qui gouverne, la femme qui est au-dessous de l'homme et qui obéit. C'est pourquoi il est écrit : « L'injustice de l'homme est meilleure que la douceur de la femme. » (*Eccli.*, XLII, 14.) Il vaut mieux que l'homme embrasé de l'amour céleste soit dur en effet pour son corps, en lui refusant le nécessaire, que d'être indulgent pour sa chair, et de lui accorder toutes ses satisfactions.]

CHAPITRE XII. — [Le sens correspond avec l'extérieur ; car l'œil de notre corps quoiqu'il tienne de la nature la faculté de voir, ne peut jamais par lui-même atteindre à la vision, ni l'oreille à l'audition sans le secours de la lumière et du son. L'imagination correspond avec le monde inférieur, car elle est formée par les sensations. La raison a sa correspondance à l'intérieur de l'âme ; car quoique l'esprit raisonnable ait reçu de Dieu la faculté de connaître la vérité et d'aimer le bien, il a besoin néanmoins d'un rayon de lumière et de chaleur, sans lequel il n'aurait jamais la connaissance de la sagesse et l'amour de la charité. L'intellect et l'intelligence correspondent avec le monde supérieur ; car Dieu est feu et lumière. La lumière laisse donc éclater sa splendeur, sans rien perdre elle-même, et éclaire l'intelligence pour lui faire connaître la vérité. (1 *Jean*, 1, 5.) Mais le feu laisse échapper sa chaleur, sans rien perdre lui-même, et enflamme le cœur pour l'amour de la vertu. Et de même que notre œil ne voit le soleil qu'avec la lumière du soleil, ainsi notre intelligence ne peut voir la lumière de Dieu qu'avec la lumière de Dieu. « Seigneur, dit le prophète, nous verrons la lumière à la lueur de votre lumière. » (*Ps.* XXXV, 10.) Lorsque ce corps mortel sera revêtu d'immortalité, et que corruptible, il sera revêtu d'incorruptibilité (1 *Cor.*, XV, 54), nous serons spirituels d'âme et de corps, et, suivant notre capacité, nous saurons tout par l'illumination de notre esprit, et nous pourrons être partout, à cause de la légèreté de notre corps. Notre âme aura son vol par la contemplation, et notre corps son vol aussi par l'incorruptibilité. Notre âme aura son discernement et notre corps aura aussi son discernement, lorsque nos sens corporels seront transformés en raison, notre raison en intellect, notre intellect en intelligence, et

---

tellectus, rationis phantasticum spiritus, cui etiam supremum corporis corpus, id est, ignis quadam similitudine jungitur, et igni aer, et aeri aqua, et aquae terra. Sensus informat imaginationem, imaginatio rationem, facitque ratio scientiam sive prudentiam. Rursum rationi occurrens divina prudentia, informat eam, et facit intelligentiam sive sapientiam. [(1) Est itaque in ratione quiddam ad superna et cœlestia intendens, et id dicitur sapientia ; et est quiddam ad transitoria et caduca respiciens, et id vocatur prudentia. Hæc duo ex ratione sunt, et in ratione consistunt. Et dividit se ratio in duo, scilicet in sorsum et deorsum ; sursum in sapientiam, deorsum in prudentiam, quasi in virum et mulierem, ut vir sit superior et regat, mulier inferior et regatur. Unde dictum est : « Melior est iniquitas viri, quam benefacies mulier. » (*Eccli.*, XLII, 14.) Melior si quidem est qui per cœleste desiderium accensus, carnem necessaria etiam ei subtrahendo affligit, quam qui per carnalem affectum resolutus, per omnia quae commoda sunt ei satisfacere contendit.]

CAPUT XII. — [(2) Sensus juvatur exterius ; quia oculus carnis, quamvis ex natura facultatem videndi habeat, nunquam tamen per se consequitur visionem, nec auris auditum nisi ex beneficio exterioris lucis et soni. Imaginatio juvatur inferius ; quia ex sensibilibus concipitur.

Ratio juvatur interius ; quia etsi spiritus rationalis ex dono Creatoris habilis est ad cognoscendum verum et diligendum bonum, tamen nisi interioris lucis radio fuerit perfusus et calore succensus, nunquam consequitur sapientiæ cognitionem vel caritatis affectum. Intellectus et intelligentia juvantur superius ; quia Deus ignis et lux est. Lux ergo splendorem emittens ex se, quem retinet in se, illuminat intelligentiam ad cognitionem veritatis. (1 *Joan.*, 1, 5.) Ignis vero calorem de se emittens, sed non amittens, inflammat affectum ad amorem virtutis. Et sicut solem non videt oculus nisi in lumine solis ; sic verum ac divinum lumen non poterit intelligentia videre nisi in ipsius lumine. « Domine, inquit Propheta, in lumine tuo videbimus lumen. »] (*Psal.* XXXV, 10.) Cum enim mortale hoc induerit immortalitatem, et corruptibile hoc induerit incorruptibilitatem (1 *Cor.*, XV, 54), tunc mente pariter et corpore spirituales effecti, secundum modulum nostrum per mentis illuminationem omnia sciemus, et per corporis incorruptibilis levitatem ubique esse poterimus. Volabimus mente per contemplationem, volabimus et corpore per incorruptionem. Discernemus mente, discernemus et corpore, cum sensus nostri corporei vertentur in rationem, ratio in intellectum, intellectus in intelligentiam, intelligentia in Deum mutabimur. (*a*) Sensu (3) visibilia percipiuntur,

(1) Hugo, lib. I, *Miscellan. tit.*, 9. — (3) Ex Isaac Stell. — (3) Ex Isaac Stell.

(*a*) Hic Ms. Med. habet interjecta isthæc verba : « Claudianus super illud, Numero pondere et mensura. Mensura inest animæ secundum suam capacitatem : numerus autem secundum virium aut virtutum numerositatem : pondus secundum appetitum in id quod intendit. Et omnis anima rationalis tribus potentiis, scilicet memoria, consilio, voluntate subsistit ; quibus capax est numeri, mensuræ et ponderis, »

notre intelligence en Dieu. Le sens a pour domaine les choses visibles, l'imagination, les images et les ressemblances des choses visibles ; ce qui appartient à la raison, ce sont les raisons et les définitions des choses visibles, ainsi que les investigations des choses invisibles ; ce qui appartient à l'intellect et à l'intelligence, ce sont les compréhensions et les contemplations des choses spirituelles et divines. Le sens et l'imagination ne s'élèvent pas jusqu'à la raison, mais tout en restant à leur place ils peuvent l'aider, et lui montrer de loin les choses qu'ils ne peuvent atteindre eux-mêmes. La raison peut aider dans la même proportion, l'intellect et l'intelligence, sans pouvoir s'élever jusqu'à cette hauteur, parce qu'elle a ses bornes et ses limites qu'elle ne peut franchir. Nous avons en commun le sens et l'imagination avec les autres animaux ; car ils voient les choses visibles, et ont souvenir de ce qu'ils ont vu. [On peut dire même qu'ils nous sont supérieurs, sous quelque rapport, par les sens ; Dieu ayant trouvé juste sans doute que les animaux, qu'il privait de l'intellect, eussent une compensation du côté du sens. L'homme au contraire est d'autant plus obligé de cultiver sa raison, qu'il est moins bien servi par l'organisme des sens.] Or, la raison commence au point où cessent nos rapports de ressemblance avec les animaux. Nous sommes donc en rapport avec certaines choses qui sont au-dessous de la raison, avec d'autres qui sont au niveau de la raison, et avec d'autres qui sont au-dessus de la raison. Au-dessous de la raison sont les choses que nous percevons par le sens, comme les corps durs et mous, chauds et froids, blancs et noirs, doux et amers. Au niveau de la raison, et accessibles à la raison, sont les notions que perçoit notre raison, comme l'utile et le nuisible, le vrai et le faux, le juste et l'injuste. La raison est en effet un mouvement de l'âme, qui aiguise la pointe de l'esprit, et qui distingue le vrai du faux. Au-dessus de la raison sont les notions qui ne nous viennent ni des sens, ni des vues de la raison ; mais c'est la révélation divine qui nous les enseigne, et l'autorité de la sainte Ecriture qui les propose à notre foi, comme la notion d'un Dieu qui est trois personnes dans une même substance, et qui est un substantiellement en trois personnes. Dieu est l'universalité des choses, sans être aucune des choses particulières ; c'est pourquoi il échappe aux prises de la raison, la raison n'ayant son domaine que dans les particularités.

Chapitre XIII. — L'âme est un esprit intellectuel, raisonnable, immortel, actif, capable de bonne et de mauvaise volonté ; suivant les dons que lui a faits le Créateur, et suivant les fonctions qu'elle a à remplir, elle porte différents noms. Elle est le souffle dans la vie du corps ; l'esprit dans la contemplation ; le sens dans la sensation, l'âme dans la sagesse ; l'intelligence dans les choses spirituelles ; la raison dans le discernement des choses ; la mémoire dans les souvenirs ; la volonté dans le consentement. Tout cela ne diffère pas dans la substance comme dans les noms, car tout cela n'est qu'une même âme ; les propriétés sont différentes, mais l'essence est la même. Cependant il peut y avoir une différence entre l'esprit et l'âme ; car toute âme est un esprit, mais tout esprit n'est pas une âme. Les actions de l'âme sont de deux sortes ; ou elle a la volonté de s'élever vers Dieu, ou elle consent à descendre vers la chair. Or,

in imaginatione continentur visibilium imagines et similitudines, ad rationem pertinent visibilium rationes et definitiones et invisibilium investigationes, ad intellectum et intelligentiam spectant spiritualium et divinorum comprehensiones et contemplationes. Sensus vero et imaginatio ad rationem non ascendunt, sed infra remanentes eam aliquatenus deducere possunt, et quasi a longe quædam ostendere, ad quæ non possunt pervenire. Simili quadam proportione intellectum et intelligentiam ratio juvare potest, sed ad statum eorum non valet ascendere, quoniam metas suas et proprios fines habet, quos transscendere non potest. Sensum et imaginationem cum cæteris animalibus communem habemus : vident si quidem visibilia, et visorum recordantur. [(1) In quibusdam etiam sensibus nos superant : quoniam justum fuit, ut brutis animalibus, quibus nihil dandum erat in intellectu, aliquid amplius daretur in sensu. Et e contrario tanto major necessitas indicitur homini exercendæ rationis, quanto majorem defectum patitur sensualitatis.] Ratio autem inde incipit, unde aliquid occurrit, quod nobis cum animalibus non sit commune. Quædam ergo sunt infra rationem, quædam juxta rationem, quædam supra rationem. Infra rationem sunt quæ sensu percipimus, sicut dura et mollia, calida et frigida, candida et nigra, dulcia et amara. Juxta rationem sunt et pervia rationi, quæ ratione percipimus, sicut commoda et incommoda, vera et falsa, justa et injusta. Ratio si quidem est quidam animi motus, (a) visum mentis acuens, veraque a falsis distinguens. Supra rationem sunt quæ nec sensus docet, nec ratio persuadet, sed aut divina revelatione comprehenduntur, aut divinarum Scripturarum auctoritate creduntur, sicut Deum in una substantia trinum, et in tribus personis substantialiter unum. Deus si quidem est rerum universitas, ita quod nulla singularum : et ideo motibus rationis non subjacet, quia ratio non est nisi de re aliqua.

Caput XIII. — Anima (2) est spiritus intellectualis, rationalis, semper vivens, semper in motu, bonæ malæque voluntatis capax : secundum benignitatem Creatoris atque secundum sui operis officium variis nuncupatur nominibus. Dicitur namque anima dum vegetat, spiritus dum contemplatur, sensus dum sentit, animus dum sapit, dum intelligit mens, dum discernit ratio, dum recordatur memoria, dum consentit voluntas. Ista tamen non differunt in substantia, quemadmodum in nominibus ; quoniam omnia ista una anima est : proprietates quidem diversæ, sed essentia una. In spiritu tamen et anima potest esse differentia ; quia omnis anima est spiritus, sed non omnis spiritus est anima. Animæ duplices sunt actiones. Alio namque consilio erigitur ad Deum,

(1) Ex Hug., in 1 Luc., LXVII. — (2) Alcuinus de Rat. an.
(a) Aliquot Mss. sensum.

voici comment elle descend : étant d'une nature subtile et invisible, on ne peut la voir ; mais elle se produit et se montre par les puissances qu'elle possède, [par la concupiscibilité elle désire, par l'irascibilité elle repousse, et par la raison elle choisit et discerne entre les deux. Toute l'essence de l'âme est donc dans ses puissances, quoiqu'elle ne se divise pas, puisqu'elle est simple et indivisible ; et si l'on parle quelquefois de ses divisions partielles, il faut entendre la chose comme terme de comparaison, et non comme signe de composition. L'âme est une substance simple, et la raison n'est ni plus ni moins que l'âme dans la substance ; l'irascibilité ou la concupiscibilité n'est pas autre chose que l'âme, ni une moindre chose ; mais l'âme est une seule et même substance avec des puissances diverses et des noms différents. Elle a ces puissances avant d'être unie au corps.] Ces puissances lui sont naturelles et ne sont pas autre chose que l'âme. Car toute la substance de l'âme pleine et entière consiste dans ces trois puissances, la raison, la concupiscibilité et l'irascibilité, qui sont comme la trinité de l'âme ; cette trinité est aussi comme l'unité de l'âme, et l'âme elle-même. Dieu est tout ce qu'il est ; et l'âme est tout ce qu'elle est. Elle a ses propriétés naturelles, et elle est tout cela. Car ses puissances et ses énergies sont la même chose qu'elle-même. Elle a aussi ses dons accidentels ; mais ils ne sont pas elle-même. Ses énergies sont sa nature, ses vertus ne sont pas elle-même. Sa prudence, sa tempérance, sa force, sa justice n'appartiennent pas à sa nature. Les puissances de l'âme sont : la raison, la concupiscibilité, l'irascibilité ; ses énergies sont : le sens, l'imagination, la raison, la mémoire, l'intellect, l'intelligence. On peut dire néanmoins que les énergies sont les puissances, et que les puissances sont les énergies.

CHAPITRE XIV. — L'âme est unie au corps par certaine affection et par une certaine amitié, ce qui fait que personne ne hait sa propre chair. [Unie au corps, et quoique cette société soit pour elle un fardeau, l'âme pourtant aime le corps d'une façon étonnante ; elle aime sa prison, c'est pour cela qu'elle ne peut pas être libre. Les souffrances de son compagnon l'affectent vivement ; elle redoute la mort, elle qui est immortelle. Elle craint la vieillesse, elle qui ne peut vieillir. Tout est plaisir pour elle, la beauté des spectacles, l'harmonie des sons, la suavité des odeurs, l'abondance de la table. Quoique tous ces plaisirs ne soient nullement à son usage propre, elle éprouve un grand chagrin d'en être privée. Aussi c'est par ces entrées que se glissent parfois les vices contraires à la raison. Lorsque l'âme, trop complaisante pour le corps, se prête et donne occasion au péché.] C'est aussi par les sens que l'âme sort d'ellemême pour donner la vie et le mouvement au corps. Il y a dans le corps humain neuf ouvertures qui correspondent aux besoins de sa nature, pour donner entrée et sortie à tout ce qui forme la vie et le gouvernement du corps. [L'âme et le corps ont certains points de ressemblance, le corps par sa partie supérieure, l'âme par sa partie inférieure, au moyen desquels, sans confondre leur nature, ils opèrent facilement leur union personnelle. Car, qui se ressemble s'assemble. C'est pourquoi l'âme qui est un

atque alio inclinatur ad carnem. Inclinatur autem sic. Cum sit subtilis et invisibilis, videri non potest, sed per potentias suas se extendit et ostendit. [(1) Per concupiscibilitatem namque appetit, per irascibilitatem contemnit, per rationalitatem inter utrumque discernit. Tota animæ essentia in his potentiis suis consistit, nec per partes dividitur, cum simplex sit et individua : et si aliquando partes habere dicitur, ratione potius similitudinis, quam veritate compositionis intelligendum est. Simplex substantia est anima, nec aliud, nec minus est ratio in substantia quam anima ; nec aliud, nec minus est irascibilitas vel concupiscibilitas quam anima : sed una eademque substantia secundum diversas potentias diversa sortitur vocabula. Has potentias (2) habet ante quam corpori misceatur.] [(3) Naturales si quidem sunt ei, nec aliud sunt quam ipsa. Tota namque animæ substantia in his tribus plena et perfecta consistit, id est, in rationalitate, concupiscibilitate et irascibilitate, quasi quadam sua trinitate ; et tota hæc trinitas est quædam animæ unitas, et ipsa anima. Deus est omnia sua, et anima quædam sua. Habet si quidem naturalia, et ipsa omnia est. Potentiæ namque ejus et vires idem sunt quod ipsa. Habet accidentalia, et ipsa non est. Suæ vires est, suæ virtutes non est.] Non enim est sua prudentia, sua temperantia, sua fortitudo, sua justitia. Potentiæ animæ sunt, rationalitas, concupiscibilitas, et irascibilitas. Vires sunt, sensus, imaginatio, ratio, memoria, intellectus, intelligentia. Potentiæ tamen possunt dici vires, et vires potentiæ.

CAPUT XIV. — Quibusdam affectibus et quadam amicitia anima corpori conjungitur, secundum quam amicitiam nemo carnem suam odio habet. [(4) Sociata namque illi, licet ejus societate prægravetur, ineffabili tamen conditione diligit illud ; amat carcerem suum, et ideo libera esse non potest. Doloribus ejus vehementer afficitur. Formidat interitum, quæ mori non potest. Timet defectum, quæ per naturam non potest deficere. Oculorum depascitur speculatione, sonoris delectatur auditibus, suavissimis jucundatur odoribus, larga epulatione reficitur. Et licet his rebus nullatenus ipsa utatur, gravi tamen mœrore affligitur, si subtrahantur. Hinc etiam nonnunquam subrepunt vitia contraria rationi, dum anima dilecto corpori indulgentius remittendo, locum noscitur præbere peccato.] Per sensus quoque progreditur anima ad corpus movendum et vivificandum. (5) Novem namque sunt foramina in humano corpore, quibus secundum naturalem contemperantiam influit et effluit omne, quo idem corpus vegetatur et regitur. [(6) Sunt etiam utriusque quædam similia, corporis scilicet supremum, et spiritus infimum, in quibus sine naturarum confusione, personali tamen unione facile connecti possunt. Similia enim similibus gaudent. Itaque anima

(1) Ex Hug., *Erud. didasc.*, lib. II, c. v. — (2) Hugo cautius dixit : *Naturaliter habet.* — (3) Ex Isaac Stell., *ad Alcherum.* — (4) Cassiodorus, *de Anima*, c. IV et v. — (5) Hugo, lib. II, *Erud. didasc.*, c. v. — (6) Isaac Stellensis, *ad Alcherum.*

esprit et la chair qui est véritablement un corps, s'unissent facilement et convenablement par leurs extrémités, c'est-à-dire par la partie fantastique de l'âme qui n'est pas un corps, mais qui ressemble à un corps, et par la partie sensuelle de la chair qui est presque un esprit, puisqu'elle est dans la dépendance de l'âme. Car de même que la partie supérieure de l'âme, c'est-à-dire l'intelligence ou l'esprit, prend l'image et la ressemblance de son supérieur qui est Dieu, étant capable de s'unir à lui, et ayant été élevée en effet jusqu'à l'union personnelle, quand il le voulut lui-même, sans rien changer à sa nature; ainsi la partie supérieure du corps qui est la partie sensuelle prend la ressemblance de l'âme et peut s'unir à elle jusqu'à l'union personnelle. Il ne faut pas s'en étonner, puisque l'animal possède, dans le sens et la mémoire, une certaine imitation de la raison, en recherchant ce qui lui plait, et en repoussant ce qui lui déplait. Car cet esprit qu'on peut appeler corporel, puisqu'il est véritablement corps, possède un sens naturel pour discerner les objets, les choisir ou les repousser par la force de la concupiscibilité ou de l'irascibilité.] La vie corporelle a aussi ses degrés de développement, comme la vie supérieure. Le premier degré de la vie corporelle est la sensation; le second degré comme résultat de la sensation, est l'imagination; le troisième degré, c'est le souvenir des objets formés dans l'imagination. Le quatrième degré, comme conséquence des impressions sensuelles, est une certaine prévoyance, inintelligente à la vérité, mais qui est comme une image de la raison, quoiqu'il n'y ait aucune raison. En tout cela la vie corporelle est une imitation de la vie spirituelle, d'abord parce qu'elle sent, en second lieu, parce qu'elle se forme une image de ses sensations, en troisième lieu parce qu'elle conserve ces images, en quatrième lieu, parce que, suivant leur imagination, ou les sensations, elle se comporte comme si elle était douée de raison, en se portant vers un objet ou en s'en éloignant. Rien n'est donc mieux adapté que ces deux moyens qui font l'union de l'âme et du corps, la partie sensuelle d'un côté, qui est presque toute de feu, et de l'autre la partie fantastique, qui est comme sa flamme, ce qui faisait dire au poète, en parlant des âmes:

« Leur origine est céleste et leur nature est le feu. » — (Virgile, Enéide, vi.)

Admirez cette union de l'âme et du corps, de l'esprit de vie et du limon de la terre. Car il est écrit : « Dieu a fait l'homme du limon de la terre, et il répandit sur son visage un souffle de vie; » (Gen., ii, 7) lui donnant le sens et l'intelligence, afin que par le sens il vivifiât le limon qui lui était uni, et que par l'intelligence il le gouvernât. Par l'intelligence il entrait dans son intérieur pour y contempler la sagesse de Dieu; par le sens il sortait de lui-même pour contempler les œuvres de cette sagesse; l'intelligence était sa lumière intérieure, et le sens sa lumière extérieure pour lui procurer toutes les satisfactions, le bonheur en lui-même, le plaisir au dehors. Mais les biens extérieurs n'étant pas durables, Dieu voulut que l'homme quittât les choses extérieures pour rentrer dans les choses intérieures, et s'élever de là aux biens supérieurs. Car la condition de l'homme est si élevée, que rien ne peut lui

---

quæ vere spiritus est, et caro quæ vere corpus est, in suis extremitatibus facile et convenienter uniuntur, id est, in phantastico animæ, quod corpus non est, sed simile corpori, et sensualitate carnis quæ (a) fere spiritus est, quia sine anima fieri non potest. Sicut enim supremum animæ, id est, intelligentia sive mens imaginem et similitudinem gerit sui superioris, id est Dei, unde et ejus susceptiva esse potuit, et ad unitionem personalem etiam, quando ipse voluit, absque ulla demutatione naturæ fuit assumpta : sic supremum carnis, id est, sensualitas animæ gerens similitudinem ad personalem unionem ejus essentiam suscipere potest. Nec istud mirum est, cum etiam in sensu et memoria pecudis sit quædam imitatio rationalitatis, et in appetitu voluntatis, et in iis quæ refugit, reprobationis. Spiritus namque corporeus, qui utique (b) vere est corpus, et sensu naturali inter multa discernit, et vi concupiscibilitatis eligit, et natura irascibilitatis reprobat.] Habet si quidem corporea vita quosdam gradus incrementorum, quibus ad imaginem summæ vitæ proficit. Primus enim gradus corporeæ vitæ est sensificatio. Secundus per sensum ingrediens imaginatio. Tertius per imaginationem conceptorum memoria. Quartus secundum sensuum passiones quædam sine discretione intelligentiæ providentia, in qua quidem quasi rationis imago est, et nulla ratio est. In his omnibus corporea vita spiritalem vitam imitatur. Primo in eo quod sentit, secundo in eo quod sensum concipit, tertio in eo quod concepta retinet, quarto in eo quod sive in imaginatis, sive in sensibus secundum quamdam rationis similitudinem, sive ad appetendum, sive ad fugiendum se inflectit. (1) Convenientissima autem media sunt carnis et animæ, sensualitas carnis, quæ maxime ignis est; et phantasticum spiritus, qui igneus vigor dicitur. Unde et quidam loquens de animabus ait :

Igneus est ollis vigor et cœlestis origo.
(Virgilius, Æneid., vi.)

Mira societas carnis et animæ, spiritus vitæ et limi terræ. Sic enim scriptum est : « Fecit Deus hominem de limo terræ, et inspiravit in faciem ejus spiraculum vitæ : » (Gen., ii, 7) (2) dans ei sensum et intellectum, ut per sensum lutum sibi sociatum vivificaret, et per intellectum regeret : et (3) ut per intellectum intus ingrederetur, et contemplaretur Dei sapientiam, et per sensum foris egrederetur, et contemplaretur opera sapientiæ, intellectu intus illustravit, sensu foris decoravit, ut in utroque refectionem inveniret, intus ad felicitatem, foris ad jucunditatem. Sed quia bona exteriora diu stare non possunt, jussus est homo ab exterioribus ad interiora redire, et ab interioribus ad superiora ascendere. (4) Tantæ si quidem

---

(1) Isaac Stell. — (2) Juxta Hug., lib. I, de Sacram., p. 6, c. iii. — (3) Vide ibid., c. v. — (4) Vide supra, c. vi.
(a) Mss. duo, quæ spiritus corporeus est. — (b) Mss. duo, non est vitæ corporeæ.

suffire; si ce n'est le souverain bien. Il a fallu un grand prodige pour unir ensemble deux natures si différentes et si opposées; et ce qui n'est pas moins prodigieux, c'est que Dieu se soit uni lui-même à notre limon, de sorte que Dieu et le limon ne forment plus qu'un, ce qu'il y a de plus grand et ce qu'il y a de plus vil. En effet, rien n'est plus grand que Dieu; rien n'est plus vil que le limon. La première union fut un prodige, la seconde fut un prodige aussi, et la troisième ne sera pas moins un prodige, quand l'homme, l'ange et Dieu ne seront plus qu'un même Esprit. Car l'homme, pour être bon, puise à la même source que l'ange, et ils sont tous deux heureux du même bonheur, si toutefois leur désir et leur volonté s'accordent pour le même objet. [Si Dieu a pu faire accorder ensemble, et vivre en bonne société l'âme et le corps, deux natures si opposées, il ne lui sera pas le moins du monde impossible d'exalter, après avoir été humilié jusqu'à la condition d'un corps terrestre, l'âme raisonnable, par la glorification de ce même corps, qui sera pour l'âme une auréole de gloire après avoir été un fardeau, voulant qu'elle partage le sort des esprits bienheureux, qui ont persévéré dans la sainteté, et qu'elle s'élève jusqu'à la participation de sa gloire. Car le Très-Haut, en créant l'homme, uniquement par amour, et non par nécessité, a voulu qu'il devînt participant de sa béatitude. Si donc la vie temporelle est encore environnée de tant de joie et de tant de bonheur, à cause de la présence de l'âme dans un corps corruptible, quelle ne sera pas la joie, quel ne sera pas le bonheur de la vie éternelle, lorsque Dieu lui-même habitera l'âme raisonnable?] Il faut donc que le corps soit soumis à l'âme, comme l'âme à Dieu, et il n'y aura plus qu'un seul esprit avec Dieu ; mais pour cela il faut rester dans l'humilité, et reconnaître la grâce de son Créateur, par laquelle l'homme doit être exalté et glorifié.

[L'homme est composé d'un corps et d'une âme, et, sous ces deux rapports, il y a les biens qui lui conviennent et qui font sa joie et son bonheur. Le bien de l'âme, c'est Dieu avec l'affluence de sa douceur; le bien du corps, c'est le monde avec l'abondance de sa joie.] Mais ce monde est extérieur, et Dieu est intérieur. Rien n'est plus intime que Dieu, rien n'est plus présent que lui. Il est plus intime que tout autre être, puisque tous les êtres sont en lui. Il est présent à l'extérieur plus que tout être, puisqu'il est au-dessus de tous les êtres. Nous faisons retour en quittant le monde, et quand nous montons en haut en partant du plus bas degré, nous devons passer par nous-mêmes. Car, monter à Dieu, c'est entrer vers soi-même, et non-seulement entrer vers soi-même, mais traverser en quelque sorte, d'une manière qu'on ne saurait dire, tous les passages qui conduisent au for intérieur. Celui qui entre en soi-même et qui pénètre à l'intérieur en franchissant les barrières, celui-là monte véritablement jusqu'à Dieu.] Il faut donc rappeler notre cœur du milieu des distractions du monde, et le faire entrer dans les joies intérieures. Et si nous ne pouvons le maintenir à cette place, il faut du moins lui interdire les pensées vaines et mauvaises, afin que nous puissions le fixer quelquefois dans la lumière de la contemplation divine. Car le repos de notre cœur, c'est d'être fixé par le désir dans l'amour de Dieu; la vie de notre cœur, c'est de

---

dignitatis est humana conditio, ut nullum bonum præter summum ei sufficere possit. Plenum fuit miraculo, quod tam diversa et tam divisa ab invicem, ab invicem potuerunt conjungi. Nec minus mirabile fuit quod limo nostro Deus se ipsum conjunxit, ut sibi invicem unirentur Deus et limus, tanta sublimitas, tanta vilitas. Nihil enim est Deo sublimius, et nihil limo vilius. Mirabilis fuit conjunctio prima, mirabilis erit secunda, nec minus mirabilis erit tertia, cum homo et Angelus et Deus, unus erit spiritus. Eodem namque bono bonus est homo, quo bonus est Angelus, eodemque bono uterque est beatus, si tamen ambo idipsum eadem voluntate eodemque spiritu cupiunt. [(1) Si enim tam disparem carnis et animæ naturam ad unam confœderationem atque amicitiam Deus conjungere potuit, nequaquam erit ei impossibile rationalem spiritum, qui usque ad consortium terreni corporis humiliatus est, cum eodem corpore glorificato, ut sit ei gloriæ quod fuit ei sarciæ, ad consortium beatorum spirituum, qui in sua puritate perstiterunt, exaltare et usque ad suæ gloriæ participationem sublimare. Ad hoc si quidem illum sola caritate, nulla necessitate creavit Altissimus, ut suæ beatitudinis participem faceret. Si ergo tantum gaudium et tanta lætitia est in vita ista temporali, quæ constat ex præsentia spiritus in corpore corruptibili, quanta lætitia et quantum gaudium erit in vita æterna, quæ constabit ex præsentia Deitatis in spiritu rationali?] Subjiciatur ergo corpus animo, animus Deo; et unus spiritus erit cum eo : ita tamen si in humilitate permanserit, et gratiam sui Creatoris, per quam exaltandus et glorificandus est agnoverit.

[(2) Ex carne et anima constat homo, et utrumque bonum suum habet, in quo gaudet et exultat. Bonum animæ est Deus, cum affluentia dulcedinis suæ. Bonum carnis est mundus, cum abundantia jucunditatis suæ.] Sed mundus iste est exterior, Deus autem interior. Nihil enim eo interius, et nihil eo præsentius. Interior est omni re, quia in ipso sunt omnia : exterior est omni re, quia ipse est super omnia. [(3) Ab hoc ergo mundo ad Deum revertentes, et quasi ab imo sursum ascendentes per nosmetipsos transire debemus. Ascendere enim ad Deum, est intrare ad se ipsum ; et non solum ad se intrare, sed ineffabili quodam modo in intimis se ipsum transire. Qui enim interius intrans et intrinsecus penetrans se ipsum transcendit, ille veraciter ad Deum ascendit.] Ab hujus ergo mundi distractionibus cor nostrum colligamus, et ad interiora gaudia revocemus. (4) Et si cor nostrum semper tenere non possumus, saltem ab illicitis et vanis cogitationibus restringamus, ut aliquando in divinæ contemplationis lumine figere valea-

---

(1) Ita fere in eod. lib., c. 1. — (2) Hugo, *Miscellan.*, lib. I, tit. 122. — (3) Hugo Vict., lib. II, *de Vanit. mundi*. — (4) Ex lib. *de Substantia dilect.*, c. vi.

contempler son Dieu, et de trouver toutes les douceurs dans cette contemplation elle-même. Le cœur est heureux de considérer toujours ce qu'il est heureux d'aimer et de louer toujours. Rien n'est plus important pour la vie bienheureuse, que de fermer la porte de ses sens pour quitter le monde et son propre corps et rentrer en soi-même, afin qu'en se dégageant des passions humaines on puisse s'entretenir avec Dieu seul et avec soi-même.

Chapitre XV. — L'âme étant incorporelle se sert de ce qu'il y a de plus subtil dans la nature du corps, c'est-à-dire du feu et de l'air, qui sont les deux principaux éléments dans le monde, et, sous ce rapport, plus semblables à l'esprit, pour gouverner le corps. Ces deux éléments sont les premiers à se mettre en rapport avec l'âme qui commande, étant plus rapprochés de la nature incorporelle que l'élément humide et terrestre, et c'est par eux que tout est mis en mouvement dans l'organisme. Sans eux, le corps n'éprouve aucune sensation et l'âme ne lui imprime aucun mouvement. Car le feu et l'air, éléments légers, ébranlent l'eau et la terre, qui sont pesants. C'est pour cela que les corps, après que l'âme est sortie, ont encore un mouvement de vie, parce que le feu et l'air que la présence de l'âme fixe dans le corps terrestre et humide, comme un composé des quatre éléments, s'ébranlent quand l'âme n'y est plus, et se mettent en mouvement pour se dégager. Le corps est composé des membres fonctionnaires, les membres fonctionnaires des membres appareillés, les membres appareillés des humeurs, les humeurs des aliments, et les aliments viennent des éléments. L'âme n'est rien de tout cela, mais elle se sert de tout cela pour agir dans les organes, et c'est ainsi qu'elle préside au corps, et au développement de cette vie, l'homme ayant été fait pour être une âme vivante. Tant que l'ordre et l'harmonie règnent entre les parties, le corps jouit de la vie et de la santé, et l'âme ne pense pas à la quitter. Mais s'il y a désaccord et confusion, l'âme se retire à regret, emportant tout avec elle, le sens, l'imagination, la raison, l'intellect, l'intelligence, la concupiscibilité et l'irascibilité, pour que tout cela serve, suivant ses mérites, à la rendre heureuse ou malheureuse. Pour le corps, il ressemblait auparavant à un instrument harmonieux et bien disposé, renfermant en lui-même des mélodies, et rendant des sons quand on le touchait; maintenant il est brisé et rejeté bien loin comme inutile. L'âme reste seule, pendant que les parties du corps retournent au centre de leurs éléments; elle n'a plus les instruments de ses facultés; elle se repose de tous les mouvements qu'elle faisait accomplir au corps dans le temps et dans l'espace, subissant elle-même les conditions du temps, sans être assujettie aux conditions de l'espace; car si l'instrument n'est plus, la mélodie existe toujours, comme la cause qui faisait vibrer l'instrument. L'âme, placée entre Dieu et le corps, continue d'exister à travers le temps, se rappelant ce qu'elle avait oublié, apprenant ce qu'elle ignorait, voulant ce qu'elle ne voulait pas; mais elle n'occupe aucun lieu, parce qu'elle n'est pas faite pour habiter l'espace. Dieu n'a pas besoin d'un corps pour

---

mus. Hæc est enim requies cordis nostri, cum in Dei amore per desiderium figitur. Hæc est vita cordis nostri, (1) cum Deum suum contemplatur, et ipsa sua contemplatione suaviter reficitur. Et dulce est illi semper ad considerandum, quod ad amandum et laudandum semper est suave. Nihil enim ad beatam vitam præstantius videtur, quam velut claustris carnalibus sensibus extra carnem mundumque effectum quempiam intra semetipsum converti, alienumque effectum a mortalium cupiditatibus sibi soli et Deo loqui.

Caput XV. — Cum (2) anima sit incorporea, per subtiliorem naturam corporis sui, id est, per ignem et aerem, quæ in isto quoque mundo præcellentia sunt corpora, et ideo magis spiritui similiora, corpus administrat. (3) Ista si quidem priora excipiunt nutus animæ vivificantis, eo quod incorporeæ naturæ sunt propinquiora quam humor et terra, ut eorum proximum ministerium tota moles administretur. (4) Nullus sine his duobus vel in corpore sensus est, vel ab anima spontaneus corporis motus. Ignis enim et aer, quæ levia sunt, movent aquam et terram quæ gravia sunt. Quapropter corpora etiam post animæ abscessum moveri videmus; quia (5) ignis et aer, quæ duo per animæ præsentiam tenentur in corpore terreno et humido, ut omnium quatuor flat temperatio, post ejusdem animæ abscessum ad superna evadunt ac sese expediunt. Corporis autem compositio sic fit. Corpus constat ex officialibus membris, officialia ex consimilibus, consimilia ex humoribus, humores ex cibis, cibi ex elementis : et nihil horum est anima, sed in istis tanquam in organis agit, et per hæc consulit corpori, et huic vitæ in qua factus est homo in animam viventem. Quæ [(6) cum temperata et ordinata fuerint, congruunt vivificationi, et nunquam recedit anima. Si vero distemperata et confusa fuerint, invita recedit anima, secum trahens omnia, sensum scilicet, imaginationem, rationem, intellectum, intelligentiam, concupiscibilitatem, et irascibilitatem : et ex his secundum merita afficitur ad delectationem, sive ad dolorem. Corpus autem quod prius integrum tanquam organum contemperatum et dispositus erat, ut melos musicum in se contineret et tactum resonaret, tunc confractum et inutile in regione jacet.] Anima vero recurrentibus ad regiones suas elementorum partibus, non habens ubi vires suas exerceat, requiescit ab his tantum motibus, quibus corpus per tempus et locum movebat, ipsa per tempus illocaliter mota : quoniam etsi organum periit, sed non melos, nec quod organum movebat. Anima inter Deum et corpus posita per tempus movetur, vel reminiscendo quod oblita fuerat, vel dicendo quod ignorabat, vel volendo quod nolebat : per locum vero non movetur, quia per loci spatia non distenditur. Deus autem corpore (a) non eget ut sit; nec loco, ut

(1) Ex Hug., lib. 1, *Miscellan., tit.* 120. — (2) Ex lib. VII, *de Gen. ad lit.*, c. xv. — (3) Ex eod. lib. c. x. — (4) Iterum ex c. xv. — (5) Ex lib. *De quantit. an.*, c. xxxi, n. 62. — (6) Isaac Stell., epist. *de Anima.*

(a) Mss Med. hic addit : *Sicut anima.*

exister, ni d'un lieu pour être quelque part, ni du temps pour dater son commencement, ni d'une cause pour indiquer son origine, ni d'une forme pour être quelque chose, ni d'un genre qui spécifie sa nature ou sa présence.

CHAPITRE XVI. — L'âme a une certaine nature qui est propre, supérieure à tout ce qui compose le monde dans son immensité; et on ne peut pas réellement s'en faire une idée par la comparaison d'aucune image corporelle, qui peut nous venir par les sens. On ne peut s'en faire une idée que par l'esprit; on sent qu'elle est la vie. Elle n'est pas un corps, elle n'est pas Dieu. Elle n'est pas une vie insensible comme celle des arbres, ni une vie privée d'esprit raisonnable comme celle des animaux; mais elle est vie, et une vie qui ne discontinue pas. Sur la terre, elle est inférieure aux anges, mais un jour elle sera comme les anges, si elle est fidèle à la loi de son Créateur. Or, cette loi, c'est que nous demeurions dans son amour. « Demeurez, dit-il, dans mon amour. » (*Jean*, xv, 19.) C'est par amour qu'il s'est uni à la créature raisonnable, afin qu'elle le possédât toujours, qu'elle demeurât en lui, et qu'elle trouvât en lui et par lui sa joie, son bonheur, sa jubilation. C'est l'amour qui unit la créature raisonnable à son Créateur et à ses semblables. L'amour est le seul lien qui unit les hommes à Dieu et les hommes entre eux. Par l'amour, nous sommes tous attachés à Dieu; par l'amour, tous les hommes ne font qu'un; le bien commun est le bien de chacun, et ce qui manque à l'un se trouve pour lui dans un autre. La charité est la voie de Dieu pour venir aux hommes; elle est la voie des hommes pour aller à Dieu. En effet, c'est par amour que Dieu est venu vers les hommes, qu'il est venu en eux, et qu'il s'est fait homme. C'est par la charité que les hommes aiment Dieu, qu'ils préfèrent Dieu, qu'ils courent à Dieu, et qu'ils parviennent à Dieu. La charité est une chose tellement chère à Dieu, qu'il ne veut pas demeurer là où n'est pas la charité. Si nous avons la charité, nous possédons Dieu, car « Dieu est charité. » (*Jean*, iv, 16.)

CHAPITRE XVII. — Malheureux homme que je suis, combien je devrais aimer mon Dieu, qui m'a créé lorsque je n'étais pas, qui m'a racheté lorsque j'étais perdu!! Je n'étais pas, et il m'a fait de rien; il n'a pas voulu faire de moi une pierre, un arbre, un oiseau ou un animal quelconque, mais un homme; il m'a donné la vie, le sentiment et le discernement. J'étais mort, et il est descendu vers moi; il a pris la mortalité, a souffert la passion, a vaincu la mort, et m'a ainsi régénéré. J'étais perdu, je m'étais égaré, parce que j'étais devenu esclave dans mon péché; il est venu me trouver pour me racheter; il m'a tant aimé, qu'il a payé pour moi avec son sang; et c'est avec ce prix qu'il m'a tiré de l'exil et racheté de la servitude. Il m'a appelé de son nom, pour que son souvenir fût toujours avec moi. Il m'a oint avec l'huile de la joie, dont il était oint lui-même, afin que son onction devînt la mienne, et que le nom du Christ formât mon nom de chrétien. Ainsi, sa grâce et sa miséricorde m'ont toujours prévenu; car mon libérateur m'a souvent délivré de mille dangers : quand je m'égarais, il

alicubi; nec tempore, ut aliquando; nec causa, ut alicunde; nec forma, ut aliquid sit; nec aliquo genere subjecti in quo subsistat, vel cui adsistat.

CAPUT XVI. — Habet anima quamdam propriam naturam, omnibus his mundanæ molis elementis excellentiorem, quæ veraciter non possit in aliqua phantasia corporalium imaginum, quas per sensus carnis percipimus, cogitari; sed mente intelligi, vitaque sentiri. Intelligi potest, sentiri non potest. Non enim est corpus, nec Deus, nec vita sine sensu, qualis est in arboribus; nec vita sine rationali mente, qualis est in animalibus; sed vita et vita perpetua. (*a*) Nunc quidem minor quam Angelorum est, et futura qualis Angelorum, si ex præcepto sui Creatoris vixerit. Præceptum autem ejus est, ut in dilectione ejus maneamus : « Manete, inquit, in dilectione mea. » (*Joan.*, xv, 9.) Per dilectionem namque sibi rationalem creaturam copulavit, ut cum semper haberet, et in ipso maneret, de eo et in eo delectans, gaudens et exultans. Per dilectionem Creatori suo et sibi invicem rationalis creatura copulata est. Solum namque dilectionis vinculum est, quod ligat utrosque in idipsum. Per amorem Dei omnes ei adhæremus; per amorem proximi omnes ad invicem unum sumus; ut bonum commune omnium fiat singulorum, et quod quisque in se non habet, in altero possideat. Caritas est via Dei ad homines, et via hominum ad Deum. (1) Per caritatem enim venit Deus ad homines, venit in homines, factus est homo. (2) Per caritatem homines diligunt Deum, eligunt Deum, ad Deum currunt, ad Deum perveniunt. Sic etiam familiaris est Deo caritas, ut ipse mansionem habere nolit, ubi caritas non fuerit. Si ergo caritatem habemus, Deum habemus; quia « Deus caritas est. » (I *Joan.*, iv, 16.)

CAPUT XVII. — (3) Miser ego quantum deberem diligere Deum meum, qui me fecit cum non eram, redemit cum perieram. Non eram, et de nihilo me fecit, non lapidem, non arborem, non avem, vel aliquod de animalibus aliis, sed hominem me voluit esse : dedit mihi vivere, sentire, discernere. Perieram, et [(4) ad morlem descendi, mortalitatem suscepit, passionem sustinuit, mortem vicit; et sic me restauravit. Perieram, et abieram; quoniam in peccatis meis eram venumdatus : venit ille post me ut redimeret me; et tantum dilexit me, ut sanguinis sui pretium appenderet pro me, talique pacto et reduxit me de exilio, et redemit de servitio. Nomine etiam suo vocavit me, ut memoriale suum semper esset apud me. Unxit me oleo lætitiæ quo ipse erat unctus, ut ab uncto essem unctus, et a Christo dicerer Christianus. Sic gratia ejus et misericordia semper prævenerunt me. De multis namque periculis sæpe liberavit

(1) Ita Manuale, c. XXI. — (2) Hugo Vict., *de Laude carit.*, unde et superiora desumpta sunt. — (3) Anselmi Medit., VII, n. 2. — (4) Ex Hug. Vict., *de arra animæ.* V. infra *de dilig. Deo*, c. VII, IX, et X.

(*a*) Ms. Med. et apud Hug. *Nec minor quidem quam Angelorum*, (at ap. Hug. *est futura*) *si ex præcepto*, etc. V. Alcuin. *de Ratione animæ.*

m'a ramené ; quand je ne savais pas, il m'a instruit ; quand je péchais, il m'a repris ; quand j'étais triste, il m'a consolé ; quand je me désespérais, il m'a encouragé ; quand je suis tombé, il m'a relevé ; quand j'ai été debout, c'est lui qui m'a soutenu ; quand j'ai marché, il était mon guide ; quand je suis venu, il m'a accueilli. Voilà, sans compter le reste, tout ce que mon Dieu a fait pour moi, et jamais je ne me lasserai de parler avec amour de ses bienfaits, d'y penser toujours, de l'en remercier pour pouvoir le louer et l'aimer toujours. Il commande à tous, et il reste avec chacun en particulier, il prend soin de tous, et veille autant sur un seul que sur tous, étant présent partout ; je le vois occupé à me garder, autant que je pourrais me garder moi-même ; on dirait qu'il oublie tout, pour ne faire attention qu'à moi seul. Il se montre toujours présent, toujours prêt, du moment que je suis prêt moi-même. Partout où je vais, il ne m'abandonne pas, à moins que je ne l'abandonne moi-même. Partout où je suis, il est là, parce qu'il est présent en tout lieux, et si je vais ailleurs, je le trouve encore, afin que je puisse être avec lui. Tout ce que je fais, il le voit, comme étant le surveillant perpétuel de mes pensées, de mes intentions, de mes actions. Quand je me mets à considérer attentivement cette providence de Dieu, je suis confondu de crainte et d'une grande honte ; en pensant qu'il est toujours présent et qu'il voit mes plus secrètes pensées. Car il y a en moi beaucoup de choses, dont j'ai à rougir devant ses yeux, et pour lesquelles je crains de lui déplaire. Je n'ai rien à offrir à Dieu pour tant de bienfaits, si ce n'est de l'aimer. En effet, le meilleur moyen, le moyen le plus convenable, c'est de payer par l'amour, ce qui nous est donné par amour.] On pourrait dire qu'ici je m'écarte de la question ; mais ces paroles ne seront pas inutiles pour moi-même, ni pour ceux qui partagent mes sentiments.

CHAPITRE XVIII. — L'âme vivifie le corps par sa présence, et lui est unie de telle sorte, qu'elle ne peut pas le quitter quand elle veut, ni rester avec lui, quand le Créateur a donné ses ordres. La vie du corps consiste dans la vie de l'âme, et quand le corps est mort, l'âme aussi peut être morte. Car de même que l'âme communique sa vie au corps, et fait couler en lui la source de la vie qui lui est naturelle, ainsi le corps, par sa propre corruption, tue l'âme qu'il entraîne dans les passions mauvaises. Et comme il y a triomphe d'un côté, et défaite de l'autre, il arrive que l'une des deux parties prend la nature de l'autre, et qu'ainsi l'âme, si elle est victorieuse, communique au corps sa vertu spirituelle, et que le corps au contraire, s'il l'emporte, rend l'âme charnelle. Cela ne veut pas dire que l'âme puisse mourir autrement qu'en prenant le breuvage du vice ; ni que le corps puisse continuer de vivre si l'âme ne continue de le vivifier, ni que l'une des deux natures puisse se transformer dans l'autre autrement qu'en devenant l'une vicieuse, et l'autre privée de vertus. L'âme est douée de raison, et elle peut apprendre les beaux arts et s'instruire dans les sciences, pour goûter les choses divines et régler les choses humaines, et c'est ainsi qu'elle prend sa place au-dessus des autres animaux, comme étant une nature raisonnable. Ce qui fait proprement l'âme, c'est qu'elle est une nature

me liberator meus : quando errabam, reduxit me ; quando ignorabam, docuit me ; quando peccabam, corripuit me ; quando tristabar, consolatus est me ; quando desperabam, confortavit me ; quando cecidi, erexit me ; quando steti, tenuit me ; quando ivi, duxit ; quando veni, suscepit. Hæc et multa alia fecit mihi Deus meus, de quibus dulce erit mihi semper loqui, semper cogitare, semper gratias agere, ut pro omnibus beneficiis suis possim semper eum laudare et amare. Cum enim cunctis sit præsidens, singulos implens, ubique præsens, cunctorum curam agens, et tam singulis quam omnibus providens, ita eum totum ad custodiam mei occupatum video, ac si ego super custodiam mei starem ; quasi omnium oblitus sit, et mihi soli intendere velit. Semper enim se præsentem exhibet, semper se paratum offert, si me paratum invenerit. Quocumque me vertero, non me deserit, nisi ego prior cum deseram. Ubicumque fuero, non recedit, quando ubique est, ut quocunque iero, inveniam cum eum quo possim esse. Quidquid fecero, pariter adsistit, ut pote perpetuus inspector omnium cogitationum, et intentionum et actionum mearum. Cum hæc diligenter considero, timore pariter et ingenti rubore confundor ; quod illum ubique mihi præsentem et omnia occulta mea videntem intueor. Multa enim sunt in me, de quibus coram oculis ejus erubesco, et pro quibus ei valde displicere timeo. Nec pro his omnibus quid illi rependam habeo, nisi tantum ut eum diligam. Non enim melius nec decentius quam per dilectionem rependi potest, quod per dilectionem datum est.] Hæc præter rem dixisse videor, sed forte non præter utilitatem mihi, et iis qui mecum sentiunt quod ego sentio.

CAPUT XVIII. — Anima præsentia sua corpus vivificat, et sic (1) colligata est ei, ut nec cum velit, se inde segregare possit, nec retinere, cum sui Creatoris jussionem audierit. In vita si quidem animæ consistit vita corporis, et de morte corporis descendit mors animæ. Sicut enim anima vita sua facit carnem viventem, et de fonte naturæ suæ irrigat animando : sic caro per corruptelam materiæ suæ animam, si cupiditatibus illicitis illigaverit, occidit. Et cum altera (a) natura vincatur, altera natura vincat, transit unaquæque in victricis naturam, id est, ut aut carnem spiritalem anima virtutibus suis præstet, aut animam carnalem caro victrix ejus efficiat. Anima tamen nihil de morte habere potest, nisi per vitia ei propinatum fuerit : nec caro aliquid de vita retinere potest, nisi ab anima fuerit irrigata : nec in alterius naturam altera transire potest, nisi aut illa vitiis infecta, aut hæc virtutibus (b) deserta fuerit. (2) Ratione insignita est anima, qua artibus docetur egregiis et disciplinis instruitur eximiis, ut divina sapiat, et humana tractet ; atque sic cætera animalia decenter excellat, ut pote substantia rationalis. Hoc enim proprie est anima, substantia sci-

---

(1) Cassiod., de anima, c. VI. — (2) Cassiod., de anima, c. VII.
(a) Sic Ms. Med. Alii, naturæ alterius videatur transit, etc. — (b) Mss. quatuor, detersa.

raisonnable, c'est-à-dire, un esprit raisonnable. L'âme est immortelle, pour ne pas s'écarter de la ressemblance avec son Créateur. Car elle ne pourrait plus être l'image et la ressemblance de Dieu, si la mort pouvait mettre fin à son existence. Elle a donc un genre de vie, qu'elle ne peut pas perdre, et elle est immortelle. Mais n'étant pas immuable et pouvant devenir meilleure ou pire, elle est mortelle sous ce rapport. Et de même qu'elle est mortelle, en perdant le bonheur, quoiqu'elle ne perde pas la vie dans la souffrance, ainsi, par rapport à Dieu qui est incorporel, on peut dire qu'elle est corporelle. [Il faut croire qu'aucune nature n'est invisible ni incorporelle, excepté Dieu, Père, Fils et Saint-Esprit. Nous disons que Dieu est incorporel et invisible parce qu'il est infini et sans bornes, simple, se suffisant à lui-même sous tous rapports, existant par lui-même comme l'être absolu. Il est partout et ce qui le distingue c'est d'être invisible en lui-même et incorporel. Toute créature raisonnable au contraire est corporelle, les anges et toutes les vertus sont corporelles, quoiqu'ils ne soient pas unis à un corps. Nous disons que les natures intellectuelles sont corporelles, parce qu'elles sont limitées par le lieu, comme l'âme humaine qui est renfermée dans un corps,] et dont on peut dire qu'elle est dans un lieu, et qu'elle est locale ; dans un lieu, parce qu'elle est présente ici ou ailleurs; locale, parce qu'étant présente ici tout entière, elle n'est pas ailleurs. L'âme pourtant n'a point de dimensions ni de limites comme un corps; on ne peut pas l'apprécier par son volume. Mais comme elle est attachée à un lieu par sa présence et son action, on dit qu'elle est locale aussi ; non pas comme l'est un corps qui, selon la place qu'il occupe, a un commencement, un milieu et une fin.] Si on la compare à la nature incorporelle qui est partout et souverainement immuable, l'âme est corporelle, parce qu'elle ne lui ressemble pas sous ce rapport ; et pourtant quoiqu'elle soit fixée dans un espace local et qu'elle y exerce son activité, on ne veut pas dire qu'elle soit en plus grande quantité dans une plus grande étendue de cet espace, et en moindre quantité dans une partie moins grande, et qu'elle soit moins dans la partie que dans le tout. Elle est toute entière dans chacune des particules du corps, et n'est pas en moins dans les petites, et en plus dans les grandes. Mais ici elle sera plus vigilante ; là plus tranquille, sans cesser d'être toute entière dans tout le corps et dans chaque partie. De même que Dieu est tout entier partout dans tout le monde et dans chacune de ses créatures, ainsi l'âme est toute entière partout dans tout son corps, comme dans un monde qui lui appartient, mais plus particulièrement dans le cœur et dans le cerveau, comme nous disons que Dieu est plus spécialement dans le ciel.

Chapitre XIX. — L'âme est invisible et incorporelle: car si elle était visible, elle serait corporelle. Si elle était corporelle, elle serait divisible et aurait des parties, et ne pourrait pas être toute entière en même temps dans un seul lieu. Un corps ne peut pas toucher ni être touché partout en même temps. Mais l'âme, dans tous ses mouvements ou dans tous ses actes est présente en même temps toute entière. Elle est toute entière pour voir, toute entière pour se rappeler les choses vues ; toute entière pour entendre, et toute entière pour se rappeler les sons, toute en-

licet rationalis, id est, spiritus rationalis. (1) Immortalis est anima, ne a Creatoris sui similitudine discrepare videatur. Non enim poterat esse imago et similitudo Dei, si mortis termino clauderetur. Secundum quemdam itaque modum vitæ, quem nullo modo potest amittere, immortalis est. Secundum vero quamdam mutabilitatem, qua potest melior vel deterior fieri, mortalis est. Et sicut mortalis est cum beate vivere perdit, licet misere vivere amittere non possit, sic respectu incorporei Dei corporea est. [(2) Nihil enim invisibile et incorporeum natura credendum est præter solum Deum, id est, Patrem et Filium et Spiritum sanctum. Qui ex eo incorporeus et invisibilis dicitur, quia infinitus et incircumscriptus, simplex et sibi omnibus modis sufficiens, se ipsum sustinet et idipsum. Et cum ubique sit, in semetipso invisibilis et incorporeus esse dignoscitur. Omnis vero rationalis creatura corporea est, Angeli et omnes virtutes corporeæ sunt, licet non carne subsistant. Ex eo enim intellectuales naturas corporeas esse dicimus, quia loco circumscribuntur, sicut et anima humana quæ carne clauditur,] quæ idcirco et [(3) esse in loco et localis dici potest : in loco, quia hic, aut alicubi præsens est : localis, quia quod alicubi præsens est totum, alibi non est. Non habet tamen corporalem dimensionem, nec corporalem circumscriptionem; quoniam corporalis quantitatis expers est. Sed quia per præsentiam et operationem in loco concluditur, localis et ipsa dicitur; verumtamen non sicut corpus, cui secundum locum principium, medium et finis assignatur.] Respectu vero naturæ incorporeæ, quæ summe incommutabilis ubique est, corporea est anima; quia tale aliquid non est ipsa : nec tamen per loci spatium ista sistitur vel movetur, ut majori sui parte majorem locum occupet, et breviora breviorem, minorque sit in parte quam in toto. (4) Per omnes si quidem particulas corporis tota simul adest, nec minor in minoribus, nec in majoribus major. Sed alicubi intensius, alicubi remissius, et in omnibus tota est in singulis tota est. Sicut enim Deus ubique est totus in toto mundo, et in omni creatura sua : sic anima ubique tota in toto corpore suo, tanquam in quodam mundo suo, intensius tamen in corde et in cerebro, quemadmodum Deus præcipue dicitur esse in cœlo.

Caput XIX. — Invisibilis et incorporea est anima : si enim visibilis esset, corporea esset. Et si corporea esset, partibilis esset, et partes haberet, neque tota simul in uno loco esse posset. Nullum enim corpus aut simul tangi totum potest, aut simul tangere totum potest. Anima vero in quibuscumque suis motibus vel actibus tota simul adest. Tota videt, et tota visorum meminit : tota audit, et tota sonorum reminiscitur : tota odorat, et tota

(1) Ex Cassiodoro *de anima*, c. viii. — (2) Ex Gennadio, *de dogmatib. Ecclesiast.*, c. xi et xii. — (3) Hugo, lib. II, *de Sacram.*, p. 3, c. xviii. — (4) Ex Cassiodoro, *de Anima*, c. v.

tière pour flairer avec l'odorat, et toute entière pour se rappeler les odeurs; toute entière pour goûter avec la langue et le palais et discerner les saveurs; toute entière pour toucher les choses dures ou molles; toute entière pour approuver ou désapprouver. En touchant du bout du doigt un objet chaud ou froid, l'âme est toute entière pour faire cette distinction; toute entière elle est la vue; toute entière elle est l'ouïe; toute entière elle se souvient, et, comme elle est toute entière pour se souvenir, elle est toute entière mémoire; étant toute entière à vouloir, elle est toute volonté; étant toute entière à penser, elle est toute pensée; étant toute entière à aimer, elle est tout amour, car elle peut penser sous un rapport, et aimer sous un autre.

CHAPITRE XX. — L'âme a des passions qui sont des moyens pour s'exercer à la vertu. La douleur qu'on a de ses péchés, la crainte des supplices, le désir des biens promis, la joie des récompenses, sont autant de moyens pour nous exercer à la vertu. Elle possède aussi les vertus, qui sont pour elle des instruments et des armes contre les vices. La prudence lui enseigne ce qu'elle doit faire; elle a la tempérance contre la prospérité, la force contre l'adversité, et la justice pour savoir ce qu'elle doit à chacun. La prudence consiste à savoir ce que l'on peut, la force à faire ce que l'on peut, la tempérance à ne pas présumer au delà de ce que l'on peut, et la justice à ne pas vouloir plus que l'on peut. La prudence sait choisir, la tempérance sait user, la force sait supporter et la justice sait distribuer. Il appartient à la prudence de ne point désirer ce qui nous donnerait du repentir et de ne vouloir rien faire contre la justice. La tempérance ne craint rien que ce qui est honteux, et dirige nos actions et nos pensées d'après la règle de la raison. La force a pour fonction non-seulement de réprimer les cupidités terrestres, mais d'en détourner notre pensée. La justice a surtout pour but de diriger vers Dieu seul toute l'attention de notre âme, et de le contempler comme si rien n'existait que lui. L'âme a aussi, comme initiation, les vertus sacramentelles, la foi, l'espérance, le baptême, l'onction, la confirmation, et les autres par lesquelles elle est consacrée à Dieu. Elle a encore les vertus qui marquent son progrès et son union avec Dieu, comme l'humilité, la pureté, la charité. L'humilité nous soumet à Dieu, la pureté nous en rapproche, et la charité nous unit à lui.

L'âme a aussi des forces qui l'unissent au corps; la première est la force naturelle, la seconde la force vitale, la troisième la force animale. Et de même que Dieu qui est trois et un, Dieu véritable et Dieu parfait possède tout, remplit tout, soutient tout, dépasse toutes limites et embrasse tout, ainsi l'âme, avec ces trois forces, est répandue dans tout le corps, non comme étendue locale, mais comme présence vitale. Car la force naturelle produit dans le foie le sang et les autres humeurs, qu'elle transmet par les veines à tous les membres du corps, pour les développer et les nourrir. Elle a quatre fonctions, elle désire, elle retient, elle expulse, elle distribue. Elle désire ce qui est nécessaire au corps; elle retient les aliments pour les digérer; elle expulse tout ce qui serait nuisible et superflu; elle distribue tous les sucs de la bonne nourriture aux différents membres, selon les besoins de chacun. Ces puissances sont la propriété de tous les animaux, et appartiennent plutôt au corps qu'à l'âme.

odores recolit : tota per linguam et palatum sapores sentit et discernit : tota tangit dura vel mollia : tota simul approbat et reprobat. Calida vero vel frigida summo tantum digito tota discernit. Tota est visus, tota est auditus, tota meminit : et cum tota meminit, tota est memoria : cum tota vult, tota est voluntas : cum tota cogitat, tota est cogitatio : cum tota diligit, tota est dilectio. Potest namque ex parte cogitare, et ex parte diligere.

CAPUT XX. — Habet anima affectiones, quibus exercetur ad virtutes. Dolor namque de peccatis, timor de suppliciis, desiderium de promissis, gaudium de præmiis quædam exercitia sunt virtutum. Habet etiam virtutes, quibus instruitur et armatur contra vitia. A prudentia namque scit quid debeat facere : temperantiam habet contra prospera, fortitudinem contra adversa, justitiam qua scit quid cuique debeat reddere. Prudentia est scire quid possit, fortitudo facere quod possit, temperantia non præsumere quod non possit : justitia non velle plus quam possit. Prudentia est in eligendis : temperantia in utendis : fortitudo in tolerandis : justitia in distribuendis. Prudentiæ est nihil pœnitentiæ appetere, et nihil præter justum velle facere. Temperantiæ est nihil nisi turpia timere, et quidquid agimus vel cogitamus ad rationis normam dirigere. Fortitudinis est terrenas cupiditates non solum reprimere, sed penitus oblivisci. Justitiæ est omnem animi cogitationem ad solum Deum dirigere, eumque tanquam nihil aliud sit sola mentis acie intueri. Habet autem anima sacramentales virtutes quibus initiatur, id est, fidem, spem, sacramentum baptismi, inunctionem, confirmationem, et cætera quibus Deo consecratur. Habet etiam virtutes, quibus proficit, et quibus Deo conjungitur, ut est humilitas, puritas, caritas. Humilitas eam Deo subjicit, puritas jungit, caritas unit.

Habet quoque anima vires quibus corpori commiscetur : quarum prima est naturalis, secunda vitalis, tertia animalis. Et sicut Deus trinus et unus, verus et perfectus omnia tenet, omnia implet, omnia sustinet, omnia superexcedit, omnia circumplectitur : sic anima his tribus viribus per totum corpus diffunditur, non locali distensione, sed vitali intensione. Naturalis namque virtus operatur in hepate sanguinem et alios quosque humores, quos per venas ad omnia corporis membra transmittit, ut inde augeantur et nutriantur. Vis ista quadrifaria est. Dividitur namque in appetitivam, retentivam, expulsivam, et distributivam. Appetitiva quæ sunt necessaria corpori appetit. Retentiva sumpta retinet, donec ex illis digestio utilis fiat. Expulsiva nociva et superflua expellit. Distributiva bonos bonorum ciborum humores omnibus membris distribuit, prout cuique expedit. Istas vires habent omnia animalia; et ideo corporis esse videntur, non animæ.

Chapitre XXI. — La force vitale réside dans le cœur, et, par l'aspiration et la respiration de l'air, elle en tempère la chaleur, et distribue la santé dans tout le corps. Le sang est purifié par l'air et circule dans tout le corps par les veines de pulsion, qu'on appelle les artères. C'est par le mouvement de cette circulation que les physiciens connaissent la régularité ou l'irrégularité du cœur.

Chapitre XXII. — La force animale réside dans le cerveau, et produit les cinq sens du corps. Elle fait parler, elle fait mouvoir les membres. Il y a dans le cerveau trois ventricules, l'un en avant, il produit la sensation; l'autre en arrière, principe du mouvement; le troisième au milieu, siège de la raison. Voici comment se produisent les sensations. La partie la plus subtile du corps, et qui ressemble davantage à l'âme comme étant plus voisine, c'est la lumière; d'abord elle s'échappe par les yeux et rayonne à travers cet organe, pour contempler les choses visibles; ensuite elle se mêle à l'air pur, en second lieu à l'air épais et nébuleux; en troisième lieu à l'élément liquide et plus solide, en quatrième lieu à l'élément terrestre, et produit ainsi par l'organe des yeux les cinq sens, où la vue tient la première place. Ces sens ont leur siége principal sur la figure de l'homme, et c'est pour cela, je pense que l'Ecriture a dit : « Dieu répandit sur le visage de l'homme un souffle de vie, et il eut une âme vivante. » La partie antérieure occupe avec raison la première place; elle commande et la dernière obéit; à elle les sensations, à l'autre les mouvements. C'est ainsi que la réflexion précède l'action. On peut dire que ces forces appartiennent à l'âme aussi bien qu'au corps; car elles se produisent par l'âme dans le corps, et ne pourraient pas exister sans l'un ni sans l'autre. La force animale qui est dans la partie antérieure du cerveau s'appelle fantastique ou imaginative; car là sont gardées les ressemblances et les images des choses corporelles, et c'est pour cela qu'on l'appelle la partie fantastique. Celle qui est au milieu du cerveau s'appelle le siége de la raison; parce qu'elle examine et juge tout ce que représente l'imagination. La partie dernière du cerveau s'appelle le mémorial. Là on confie à la mémoire tout ce que la raison a passé en revue.

Chapitre XXIII. — Il y a donc en nous une faculté par laquelle nous nous mettons en rapport avec les corps, et que nous exerçons par le moyen des cinq sens; une autre faculté par laquelle nous voyons, non plus les corps, mais les images des corps, nous voyant nous-mêmes sous l'image de nos propres corps. Une troisième faculté par laquelle nous voyons, non plus les corps ni les images des corps, mais les choses qui ne peuvent être figurées sous aucune image, comme Dieu, comme l'âme raisonnable, ou l'intelligence ou la raison; comme aussi les vertus, la prudence, la justice, la chasteté, la charité, la piété, ou toute autre chose de ce genre, en les discernant et les définissant par l'intelligence ou la pensée. Or, l'âme n'est pas un corps, parce que toute ressemblance d'un corps n'est pas un corps. Vous dormez et vous avez en songe l'apparition d'un corps; cette apparition n'est pas votre corps, mais votre âme; ce n'est pas votre corps en réalité, mais l'image

---

Caput XXI. — Vis vitalis est in corde, quæ ad temperandum fervorem cordis acrem hauriendo atque reddendo, vitam et salutem toti corpori tribuit. Aere namque puro sanguinem purificatum per totum corpus impellit per venas pulsatiles, quæ arteriæ vocantur. Ex quarum motu temperantiam vel distemperantiam cordis physici cognoscunt.

Caput XXII. — Vis animalis est in cerebro, et inde vigere facit quinque sensus corporis. Jubet etiam voces edere, membra movere. (1) Tres namque sunt ventriculi cerebri. Unus anterior, a quo omnis sensus, alter posterior, a quo omnis motus, tertius inter utrumque medius, id est, rationalis. Corporis sensus sic fiunt. (2) Quod est in corpore subtilissimum et ob hoc animæ similius et (a) vicinius quam cætera, id est, lux, primum per oculos ipsos diffunditur, emicatque in radiis oculorum ad visibilia intuenda; deinde mixtura quadam primo cum aere puro, secundo cum aere caliginoso atque nebuloso, tertio cum corpulentiore humore, quarto cum terrena crassitudine, quinque sensus cum ipso sensu oculorum perficit, ubi ipsa sola excellit. Isti sensus quia in sola facie prælocati sunt, ideo scriptum arbitror quod Deus « in faciem insufflavit homini spiraculum vitæ, et factus est in animam viventem. » Anterior quippe pars posteriori merito præponitur : quia ista ducit, illa sequitur; ab ista sensus, ab illa motus; sicut consilium præcedit actionem. Istæ vires tam animæ quam corporis dici possunt; quia ab anima in corpore fiunt, nec sine utroque fieri possunt. In prima parte cerebri vis animalis vocatur phantastica, id est imaginaria; quia in ea corporalium rerum similitudines et imagines continentur, unde et phantasticum dicitur. In media parte cerebri vocatur rationalis; quia ibi examinat et judicat ea quæ per imaginationem repræsentantur. In ultima parte vocatur memorialis; quia ibi commendat memoriæ quæ a ratione sunt judicata.

Caput XXIII. — Aliud utique est in nobis, quo corpora sentimus, quod quinque corporis sensibus facimus. Aliud quo non corpora, sed corporibus similia cernimus, ubi et nos ipsos non aliter quam similes corporibus intuemur. Aliud quo nec corpora nec corporum similitudines conspicimus, sed illas res quæ non habent imagines sui similes, sicut est Deus, et ipsa mens rationalis, vel intelligentia, vel ratio : sicut etiam virtutes, prudentia, justitia, castitas, caritas, pietas, et quæcumque aliæ sunt, quas intelligendo vel cogitando enumeramus, discernimus et definimus. Porro anima non est (b) corpus, quia non omnis similitudo corporis corpus est. (3) Dormienti enim tibi in somnis velut (c) corpus apparebit, neque id corpus tuum, sed anima tua; nec verum corpus, sed similitudo corporis tui. Jacebit enim corpus tuum, ambulabit illa. Tacebit lingua corporis tui, loquetur illa. Clausi

(1) Ex lib. XII, *de Gen. ad lit.*, c. xviii. — (2) Ex lib. XII. *de Gen. ad lit.*, c. xvi. — (3) Vide Aug., *de Gen. ad lit.*, lib. XII, c. xx. — (a) Ms. Med. *intimius*. — (b) Mss. *corporea*. — (c) Mss. duo, *corporeus*. duo alii, *corporea*.

de votre corps; car votre corps est tranquille, et l'image marchera. Votre langue est silencieuse, l'autre parle. Vos yeux sont fermés, l'autre voit. Et ainsi vous verrez l'image complète et entière de votre corps. Cette image parait courir à travers les lieux connus et inconnus; elle éprouve de la joie et de la tristesse. Il en est de l'âme d'un mort, comme de celle d'un dormant; elle ressent, dans la ressemblance de son corps, le bonheur ou la souffrance; pourtant ces sensations ne sont pas corporelles, mais elles y ressemblent, et les âmes dépouillées de leurs corps, peuvent jouir ou souffrir de cette manière, puisque pendant cette vie, elles s'apparaissent à elles-mêmes sous la ressemblance de leur corps. Il n'en est pas moins vrai que leur joie est réelle comme leur souffrance, et qu'elle est due à l'action d'une nature spirituelle sur une nature spirituelle. Chose certaine, c'est qu'il y a en nous quelque nature spirituelle, où se trouvent les ressemblances des choses corporelles, soit qu'elles s'y forment, soit qu'elles y arrivent toutes formées, lorsque par nos sens nous nous mettons en rapport avec les objets présents, et qu'aussitôt leur image s'imprime dans notre esprit pour être gardée dans la mémoire; ou bien lorsque nous pensons, sans rien voir, à des choses que nous connaissons ou que nous ne connaissons pas, pour nous en former un idéal spirituel. On ne pourrait pas compter toutes les idées qui nous viennent arbitrairement et par imagination, soit que les choses existent, ou qu'on ignore leur existence. Impossible de compter les imaginations de toutes sortes qui traversent notre esprit, lorsque nous faisons ou que nous devons faire quelque chose; comme si un génie emportait notre âme dans une région de visions bonnes ou mauvaises. Une trop forte application, une maladie, une fièvre qui saisit les frénétiques, l'influence d'un esprit bon ou mauvais, tout cela peut exciter l'imagination comme si l'on était en présence des objets, de sorte qu'on croit voir de ses yeux des choses qui sont éloignées, et qui n'existent même pas. Ceux qui dorment ont ainsi des visions qui ont, ou qui n'ont pas de signification. Souvent il arrive que l'image d'une personne agit avec autant de force dans le sommeil, que sa présence sur un homme éveillé, de sorte que la vision ne diffère pas de la réalité; les sens sont mis en mouvement, et malgré la volonté qui s'y oppose et la loi des bonnes mœurs, on croit s'unir d'une manière sexuelle, et la nature se soulage par les voies de la génération. Les cœurs chastes savent, en tout autre temps, réprimer cet instinct de la chair; mais pendant le sommeil, la chose est impossible, dominés qu'ils sont par l'imagination sensuelle, qui excite naturellement la chair; et on cède à l'entraînement de ce mouvement qui serait un péché, si l'on était éveillé. C'est ainsi qu'apparaissent dans notre esprit les images des choses corporelles, ainsi que d'autres fictions arbitraires ou d'autres visions involontaires. Car notre âme elle-même dont la nature est un mouvement perpétuel, ne faisant pas ce qu'elle veut avec le corps, ou du moins ne faisant pas pleinement ce qu'elle veut pour se mettre en rapport avec les choses corporelles, et pour y appliquer toute la force de son intention, attend que le corps soit endormi, et alors elle éveille elle-même dans son esprit les images des choses corporelles, comme elle a l'habitude de les passer en revue par la pensée; ou bien

---

erunt oculi tui, videbit illa. Et ita in ea tota et integra cernetur similitudo carnis tuæ. In hac similitudine quasi per loca cognita vel incognita discurrit, et sentit læta vel tristia. Anima etiam mortui, sicut dormientis, in ipsa similitudine corporis sui sentit, seu bona seu mala : (1) non sunt tamen corporalia, sed corporalibus similia, quibus animæ corporibus exutæ afficiuntur, seu bene seu male, cum et ipsæ suis corporibus similes sibimet appareant; sunt tamen et vera lætitia et vera molestia, facta de substantia spiritali in substantia spiritali. (2) Certum nempe est quamdam spiritalem naturam esse in nobis, ubi corporalium rerum similitudines aut formantur, aut formatæ ingeruntur, sive cum præsentia aliquo sensu corporis tangimus, et continuo eorum similitudo in spiritu formatur, et in memoria reconditur; sive cum absentia jam nota vel ignota non novimus cogitamus, ut inde formetur quidam spiritalis intellectus. Innumerabilia etiam pro arbitrio et opinatione fingimus, quæ vel non sunt, vel esse nesciuntur. Innumerabiles quoque et variæ formæ rerum in animo nostro versantur, vel cum aliquid facimus, vel facturi sumus : aliquo etiam spiritu rapiente tollitur anima in hujusmodi videnda seu bona seu mala. (3). Nimia quoque intentione cogitationis vel aliqua vi morbi, ut phreneticis per febrem accidere solet, seu commixtione alterius cujusdam spiritus seu boni seu mali, ita corporalium rerum imagines in spiritu exprimuntur, tanquam corpora ipsius corporis sensibus præsententur, ut absentia videantur adesse tanquam præsentia, et quæ non sunt tanquam præ oculis adsint. A dormientibus etiam multa videntur, vel nihil vel aliquid significantia. Unde sæpe (4) imagines rerum corporalium tanta illis expressione præsentantur in somnis, quanta ipsa corpora præsentantur vigilantibus, ut inter visionem dormientium et veram commixtionem vigilantium non discernatur; sed continuo eis caro moveatur, et contra propositum suum vel contra licitos mores concumbere videantur, et quod naturaliter collectum est, per genitales vias emittatur. Hunc motum casti vigilantes cohibent et refrenant : dormientes autem ideo non possunt, quia in potestate non habent imaginis corporalis (a) expressionem, qua caro naturaliter movetur : et sequitur quod eum motum sequi solet, et quod sine peccato a vigilantibus fieri non potest. Sic in spiritu et corporalium rerum imagines apparent, et multa pro arbitrio finguntur, vel præter arbitrium demonstrantur. (5) Ipsa namque anima quæ motu proprio semper in motu est, quia per corpus non sinitur, vel non plene sinitur corporalia sentire, vel ad corporalia vim suæ intentionis dirigere, corpore sopito, spiritu corporalium similitudines aut ipsa agit, sicut et imagines corporum cogitando ex se ipsa versare adsolet;

(1) Ex c. XXXII, ejusdem, lib. — (2) Ex eod. lib c. XXIII. — (3) Item ex cap. XII. — (4) Ibidem, cap. XV. — (5) Ex eod. lib. c. XX.
(a) Mss. duo, *repressionem*.

TOM. XXII.

28

elle contemple les tableaux qui sont mis devant elle, lorsqu'un esprit l'emporte dans la région des songes.

CHAPITRE XXIV. — [L'âme est une substance spirituelle, simple, indissoluble, invisible et incorporelle, passible et changeante, n'ayant ni poids, ni figure, ni couleur. Elle n'est pas une parcelle de la divinité, mais créature de Dieu, formée non de la substance de Dieu, ni d'aucun élément matériel, mais créée de rien. Si Dieu l'avait formée de sa substance, elle ne serait ni vicieuse, ni changeante, ni misérable. Si elle était tirée des éléments, elle serait corporelle. Or, on sait qu'elle est incorporelle ; son origine est inconnue ; elle a un commencement et elle n'aura pas de fin. Sa nature étant spirituelle, elle n'admet aucun mélange, rien qui la compose, ni la terre, ni l'eau, ni l'air, ni le feu ;] elle n'a aucune couleur, n'est renfermée dans aucun lieu, n'est circonscrite par aucun organe, n'est limitée par aucun espace ; mais il faut se la représenter par la pensée, comme on se représente la sagesse, la justice et les autres vertus, œuvres du Tout-Puissant. La nature de l'âme est invisible ; c'est pourquoi son séjour dans le corps est invisible, et sa sortie du corps est invisible. Par le moyen du corps, elle voit les autres corps, le ciel et la terre, et tout ce qui peut tomber sous l'aspect de nos yeux. Elle voit en esprit les ressemblances des corps. Tout ce qui existe sans être corps, est considéré comme un esprit. C'est pourquoi l'âme est comme ravie par une force secrète et spirituelle, jusqu'à voir en esprit, au lieu des corps, les ressemblances expressives des choses corporelles. Mais c'est dans l'intelligence qu'elle voit les choses qui n'ont ni corps ni forme corporelle, comme la justice, la sagesse, l'âme elle-même et toute affection bonne de l'âme. Il y a donc trois sortes de vues pour l'âme ; la vue corporelle, quand, au moyen des sens, elle se met en rapport avec les corps ; la vue spirituelle, quand elle voit en esprit, non dans son intelligence, les ressemblances des corps ; la vue intellectuelle, quand il s'agit des choses, qui n'ont ni corps ni forme corporelle.

La vision intellectuelle ne trompe jamais l'âme ; car ou elle comprend, et la chose est vraie ; si elle n'est pas vraie, elle ne saurait être comprise. La vision corporelle est souvent trompeuse, lorsque l'âme prend pour une réalité l'illusion des sens. C'est ainsi que les navigateurs voient marcher sur la terre les objets qui sont immobiles ; et que ceux qui contemplent le ciel croient immobiles les astres qui marchent. Il suffit d'une déviation des rayons lumineux qui arrivent à l'œil pour que l'apparence d'un objet soit modifiée ; tantôt il paraîtra double et un homme semblera avoir deux têtes, tantôt il subira d'autres changements, comme l'aviron qui, plongé dans l'eau, paraît brisé, et mille illusions semblables. Dans la vision spirituelle l'âme est également trompée et fascinée, parce que les choses qu'elle voit sont tantôt vraies, tantôt fausses ; tantôt confuses et tantôt nettes. Or, les choses vraies sont quelquefois semblables à des choses qui doivent arriver ; ou annoncées distinctement, elles sont dites quelquefois en un sens obscur et avec des locutions

---

aut objectas intuetur, cum in eas videndas aliquo spiritu assumitur.

CAPUT XXIV. — [(1) Anima est substantia spiritalis, simplex et indissolubilis, invisibilis et incorporea, passibilis atque mutabilis, carens pondere, figura et colore. Non est credenda pars, sed creatura Dei, nec etiam de substantia Dei, vel de qualibet elementorum materia, sed ex nihilo creata. Si enim ex semetipso eam Deus fecisset, nequaquam vitiosa aut mutabilis aut misera esset. Si autem ex elementis facta fuisset, esset corporea. (2) Cum itaque sit incorporea, ignotam habens originem ; initium habet, finem non habet. Et cum sit spiritalis naturæ, nihil habet mixtum concretumque terrenum, nihil humidum, aereum vel igneum :] nullum habet colorem, nullo loco continetur, nullis membris circumscribitur, nullo spatio finitur : sed ita est cogitanda et intelligenda, sicut sapientia, justitia, et cæteræ virtutes ab Omnipotente creatæ. Natura animæ invisibilis est, ideo invisibiliter in corpore manet, et de corpore invisibiliter egreditur. (3) Per corpus corpora videt, sicut cœlum et terram, et quæ in eis conspicua sunt oculis nostris. Spiritu autem corporum similitudines intuetur. Quidquid enim corpus non est, et tamen aliquid est, recte jam spiritus dicitur. Idcirco quadam vi occulta et spiritali rapitur anima, ut vice corporum expressas corporalium rerum similitudines in spiritu videat. Sed intellectu ea quæ nec corpora nec corporum formas habent conspicit, sicut est justitia et sapientia, vel ipsa mens et omnis animæ affectio bona. Ista tria genera visionum manifesta sunt. Primum corporale, quo per corporis sensus corpora sentiuntur. Secundum spiritale, quo corporum similitudines spiritu, (a) non mente cernuntur. Tertium intellectuale, quo illa res quæ nec corpora nec corporum formas habent conspiciuntur.

(4) In intellectuali visione nunquam fallitur anima : aut enim intelligit, et verum est ; aut si verum non est, non intelligit. (5) In visione autem corporali sæpe fallitur anima, cum in ipsis corporibus fieri putat, quod fit in corporis sensibus. Sicut navigantibus videntur in terra moveri, quæ stant ; et intuentibus cœlum sidera stare, quæ moventur : et divaricatis oculorum radiis res una duas formas habere videtur, et unus homo duo capita, et in aqua remus infractus, et multa hujusmodi. In visione etiam spiritali anima fallitur et illuditur, quoniam ea quæ videt, (6) aliquando vera, aliquando falsa, aliquando perturbata, aliquando tranquilla sunt. Ipsa autem vera aliquando futuris omnino similia ; vel aperte dicta, aliquando obscuris significationibus vel quasi figuratis locutionibus prænuntiata. (7) In exstasi vero quando ab omnibus corporis sensibus alienatur et avertitur anima, amplius quam in somno solet, sed minus quam in morte, non fallitur. Sed ipsa mente divinitus adjuta, vel aliquo

(1) Isidorus, lib. II, different. Spirit., 28. — (2) Idem diff. 23. — (3) Juxta Aug., lib. XII, e Gen. ad lit., c. xi et xiv. — (4) Ex lib. citato, c. xiv. — (5) Ex eod. lib. c. xxv. — (6) Ex eod. lib. c. xviii. — (7) Ex eod. lib. c. xxvi.

(a) Ms. Med. spiritu vel mente.

figurées. Dans l'extase, lorsque l'âme est comme détachée et séparée de tous les sens corporels, plus que dans le sommeil, moins pourtant que si c'était la mort, elle n'est point sujette à l'illusion. Mais l'âme est comme soulevée par la main de Dieu ; on dirait qu'un ange lui met un tableau devant les yeux, comme à saint Jean dans l'Apocalypse, et il y a une grande révélation. Lorsque l'âme est ainsi transportée par un bon esprit, elle n'est pas trompée ; car les anges de Dieu fraternisent avec nous d'une manière merveilleuse; ils ont la puissance et une grande facilité de s'unir à nous, de nous communiquer leurs pensées, et de laisser dans notre esprit l'empreinte de leurs visions célestes. Ce sont eux, en effet, qui président aux choses corporelles pour les juger et les gouverner; ils discernent si bien en esprit leurs ressemblances significatives, et conduisent tout avec une telle autorité, qu'ils peuvent les révéler et les identifier à l'esprit de l'homme. C'est ainsi qu'on voit l'ange du Seigneur apparaître en songe à Joseph et lui dire : « Ne crains pas de rester avec Marie ton épouse. » (Matth., I, 20; et II, 13.) Et plus loin : « Prends l'enfant et sa mère, et fuis en Égypte. » Dieu dit aussi par son prophète : « Je répandrai mon esprit sur toute chair, vos jeunes gens auront des visions, et vos vieillards auront des songes. » (Joël, II, 28.)

Il y a d'autres visions qui sont ordinaires et naturelles ; elles naissent en grand nombre de notre esprit, ou elles arrivent à notre esprit par l'influence du corps, suivant que nous sommes affectés sous l'un ou l'autre rapport. Non-seulement les hommes qui sont éveillés roulent dans leur esprit les pensées qui les préoccupent et leur donnent une apparence corporelle, mais ceux qui dorment rêvent souvent les choses qu'ils désirent. Vous les voyez agir avec passion ; ils semblent étendre la main vers les mets et les boissons, surtout s'ils avaient faim et soif, avant de s'endormir. Nous savons que l'homme éveillé peut avoir des pensées, qui lui viennent par un instinct secret, et qui sont comme une inspiration divine ; c'est ainsi que Caïphe le grand prêtre prophétisa (Jean, XI, 51), sans avoir l'intention dans sa volonté, de prophétiser. L'âme voit donc plusieurs choses, et les visions sont toutes de même nature, soit qu'on veille, soit qu'on dorme, ou qu'on soit malade ; et elles ne diffèrent pas de la nature de l'esprit qui produit, ou en qui se produisent les images sensibles. Les visions des frénétiques ressemblent aux visions de ceux qui rêvent; ils ne voient pas par les sens, mais ils voient comme on voit en songe. Les visions de ceux qui rêvent ressemblent aussi aux pensées de ceux qui sont éveillés. Quand on dort le cerveau est comme assoupi ainsi que l'organe des sens, qui dirige l'intention vers les yeux. C'est pourquoi l'intention étant tournée d'un autre côté, on prend les rêves pour des formes corporelles qu'on croit voir, de sorte que ceux qui rêvent s'imaginent qu'ils sont éveillés, et qu'ils voient non des images sensibles, mais les corps eux-mêmes. Pour moi, j'admire la promptitude et la facilité de l'âme à fabriquer en elle-même les images des corps qu'elle a vus par les yeux, et ce prodige m'étonne plus que les visions des frénétiques, ou de ceux qui rêvent ou même des exstatiques. Quelle que soit la nature de ces visions, il est certain qu'elles ne sont pas corporelles. Car les corps qu'on voit ne produisent par eux-mêmes ces images dans l'esprit,

---

ipsa visa exponente, sicut in Apocalypsi Joanni exponebatur, magna revelatio est. Cum enim bono spiritu assumitur anima, falli non potest; quia sancti (1) Angeli miris modis, visa sua facili quadam ac præpotenti unitione vel commixtione nostra esse faciunt, et visionem suam quodam ineffabili modo in spiritu nostro informant. Ipsi si quidem his corporalibus judicandis atque ministrandis præsunt, et eorum significativas similitudines in spiritu ita discernunt, et tanta potentia quodam modo tractant, ut etiam eas possint hominum spiritibus revelando miscere. Inde est quod Angelus Domini apparuit in somnis Joseph, dicens : « Noli timere accipere Mariam conjugem tuam. » (Matth., I, 20; II, 13.) Et iterum : « Tolle puerum et matrem ejus, et fuge in Ægyptum. » Deus etiam per Prophetam dicit : « Effundam de spiritu meo super omnem carnem et juvenes vestri visa videbunt, et senes vestri somnia somniabunt. » (Joel., II, 28.)

(2) Sunt et alia visa usitata et humana, quæ vel ex ipso spiritu nostro multipliciter existunt; vel ex corpore spiritui quodam modo suggeruntur, sicut fuerimus affecti a carne vel animo. Non enim solum vigilantes homines curas suas cogitando versant in similitudinibus corporum, verum etiam dormientes hoc sæpe somniant, quo indigent. Nam et negotia sua gerunt ex animi cupiditate, et epulis et poculis inhiant instanter, si forte esurientes sitientesque dormierint. (3) Vigilantibus etiam occulto quodam instinctu ingestas esse cogitationes, quas divinarent, novimus : sicut Caiphas pontifex prophetavit (Joan., XI, 51), cum ejus intentio prophetandi voluntatem non haberet. Multa videt anima, et eadem natura est omnium visionum, sive in vigilantibus, sive in dormientibus, sive in ægrotantibus : quoniam non ex alio genere sunt quæ videntur, quam ex natura spiritus, de quo vel in quo fiunt similitudines corporum. (4) Visa si quidem phreneticorum similia sunt visis somniantium : obturatas namque vias sentiendi habent, ut videant quod somniantes vident. Visa etiam somniantium similia sunt cogitationibus vigilantium. (5) Dormientibus quippe in cerebro consopitur via sentiendi, quæ intentionem ad oculos ducit. Ideoque ipsa intentio in aliud aversa, cernit visa somniorum tanquam species corporales adsint, sibi dormientes vigilare videantur, et non similia corporibus, sed ipsa corpora intueri se putent. (6) Ego autem multo amplius admiror et vehementius stupeo, quanta celeritate ac facilitate in se anima fabricet imagines corporum, quæ per corporis oculos viderit, quam phreneticorum vel somniantium, vel etiam in exstasi visiones. Quæcumque tamen illa natura visorum est, procul dubio corpus non est. (7) Non enim corpora visa illas imagines in spiritu faciunt, nec eam vim habent ut aliquid spiritale for-

(1) Ex cap. XXX. — (1) Ex eod., cap. XXX, lib. XII, de Gen, ad lit. — (3) Ex cap. XXII. — (4) V. cap. XXII, lib. citati. — (5) Augustin., verba de Gen. ad lit., lib. XII, c. X. — (6) Idem, c. XVIII. — (7) Ex c. XX, dicti libri.

ils n'ont pas le pouvoir de former quelque chose de spirituel; elles sont donc le produit merveilleux de l'esprit lui-même dans son activité, parce qu'il est doué d'intelligence et de raison.

CHAPITRE XXV. — Tous les rêves peuvent se réduire à cinq espèces, qui sont : l'oracle, la vision, le songe, l'insomnie, le fantôme. L'oracle, vous voyez dans le sommeil un parent, un personnage grave et saint, un prêtre, Dieu lui-même; et on vous annonce clairement qu'une chose arrivera ou n'arrivera pas, qu'il faut faire ou ne pas faire une chose. La vision, vous voyez une chose qui arrivera selon son apparition. Le songe est un rêve caché sous des figures, et il a besoin d'interprétation. L'insomnie, c'est une idée qui vous poursuit dans le sommeil, après vous avoir fatigué dans l'état de veille ; vous aurez en tête le souci du boire et du manger, vos études, votre art, vos infirmités. Chacun rêve suivant la profession qu'il exerce, et nos travaux habituels repassent comme des images dans notre esprit pendant le sommeil. Les différentes espèces d'infirmités produisent aussi des rêves différents. La variété des mœurs et des humeurs amène également la variété des rêves. L'homme sanguin voit d'une façon; l'homme bilieux voit d'une autre manière ; le flegmatique ne voit pas comme le mélancolique. Les uns voient rouge et de toutes couleurs ; les autres voient blanc et noir. Le fantôme est un rêve qui surgit, lorsqu'on est à peine endormi ; on se croit encore éveillé, et on s'imagine qu'on est entouré d'une multitude de figures qui glissent çà et là, plus ou moins bizarres, plus ou moins joyeuses et turbulentes. De ce genre est le cauchemar (1), qu'on prend généralement pour un fantôme redoutable, puisqu'on croit qu'il attaque les dormants, les pressant de son poids et leur faisant sentir ses étreintes. Cette situation est produite par les fumées qui montent de l'estomac et du cœur au cerveau, en y comprimant la force animale.

CHAPITRE XXVI. — On croit généralement et on répète que les femmes, au moyen de certains artifices, et les démons, par leur puissance, peuvent changer les hommes en loups et en bêtes de somme, qu'on leur fait ainsi porter des fardeaux, et qu'après leur tâche accomplie, ils reviennent à leur forme primitive, sans avoir pris pour cela l'âme des bêtes, ni s'être dépouillés de l'âme humaine. Il est bon de savoir que les démons ne créent pas d'autres natures, mais ils peuvent faire apparaître des formes qui semblent être ce qu'elles ne sont pas. Aucun artifice, aucune puissance ne peut rien sur l'âme, et le corps lui-même ne pourrait jamais prendre les membres et les traits d'un animal ; tout s'explique donc par la partie fantastique de l'homme; car lorsqu'il pense ou qu'il rêve, son imagination se jette en vagabonde à travers une foule d'objets, et quoiqu'il n'y ait là aucun corps, tout prend à ses yeux avec une promptitude prodigieuse une forme qui ressemble à un corps. Il est donc possible, en supposant un profond assoupissement des sens, dans un homme, que l'imagination revête une autre forme corporelle ; et tandis que cet homme repose à l'endroit où il est, vivant toujours, mais profondément endormi et plus assoupi que par le sommeil ordinaire, son imagination ainsi transformée sous la figure d'un fantôme animal, se montre en cet état

(1) Εφιαλτης ou insulteur.

---

ment, sed ipse spiritus in se ipso celeritate mirabili, utpote spiritus intellectualis, et rationalis.

CAPUT XXV (1). — Omnium quæ sibi videre videntur dormientes, quinque sunt genera, videlicet, oraculum, visio, somnium, insomnium, et phantasma. Oraculum est, cum in somnis parens vel aliqua sancta gravisque persona, seu sacerdos, vel etiam Deus eventurum aliquid aperte vel non eventurum, faciendum vel devitandum denuntiat. Visio est, cum id quis videt quod eodem modo quo apparuerat eveniet. Somnium est figuris tectum, et sine interpretatione intelligi non potest. Insomnium est, quando id quod fatigaverat vigilantem, ingerit se dormienti; sicut est cibi cura vel potus, vel aliqua studia, vel artes, vel infirmitates. Secundum namque studia quæ quisque exercuit, somniat; et solitarum artium simulacra in præsentia mentis impressa apparent in somniis. Juxta etiam infirmitatum diversitates diversa accidunt somnia. Etiam secundum morum et humorum varietates variantur somnia. Alia namque vident sanguinei, alia cholerici, alia phlegmatici, alia melancholici. Illi vident rubea et varia, isti nigra et alba. Phantasma est, quando qui vix dormire cœpit, et adhuc se vigilare æstimat, aspicere videtur irruentes in se, vel passim vagantes formas discrepantes et varias, lætas vel turbulentas. In hoc genere est ephialtes, quem publica persuasio quiescentes opinatur invadere, et pondere suo pressos ac sentientes gravare. Quod non est aliud nisi quædam fumositas a stomacho vel a corde ad cerebrum ascendens, et ibi vim animalem comprimens.

CAPUT XXVI. — Dicit etiam humana opinio, quod quadam arte mulierum et potestate dæmonum homines converti possint in lupos et in jumenta, et (a) quæque necessaria portare, et post peracta opera iterum ad se redire. nec fieri in eis mentem bestialem, sed rationalem humanamque servari. Hoc sic intelligendum est, quoniam dæmones naturas non creant, sed aliquid tale facere possunt, ut videantur esse quod non sunt. Nulla enim arte vel potestate animus, sed nec corpus quidem aliqua ratione in membra et lineamenta bestialia veraciter converti potest. Sed phantasticum hominis (quod etiam cogitando sive somniando per rerum innumerabilium genera variatur, et cum corpus non sit, corporum similes formas mira celeritate capit) sopitis aut oppressis corporeis hominis sensibus, ad aliorum sensuum liguras corporeas perduci potest : ita tamen quod corpora ipsa hominum alicubi jaceant, viventia quidem, sed multo gravius atque oppressius quam somno suis sensibus obseratis : phantasticum autem illud vel uti (b) formatum in alicujus animalis imaginem, aliens sensibus appareat,

(1) Juxta Macrobium, lib. I, in somn. Scip., c. III.
(a) Ms. Med. quædam onera portare. — (b) Apud Hug. corporatum.

comme une forme étrangère, l'homme se voyant ainsi, comme il pourrait se voir en songe, avec des fardeaux qu'il porte. Si ces fardeaux sont véritables, il faut croire qu'ils sont portés par les démons, pour faire illusion aux hommes, qui voient réellement le corps d'un homme, et faussement le corps d'un animal.

Chapitre XXVII. — L'esprit de l'homme est quelquefois sous l'empire des esprits ; tantôt c'est un bon esprit qui le transporte, tantôt un mauvais esprit; il n'est pas toujours facile d'en faire la distinction si ce n'est que l'un éclaire, et l'autre trompe. Il trompe souvent dans des choses qui sont évidemment bonnes pour vous inspirer d'abord la confiance et vous séduire ensuite. Souvent il transporte l'esprit d'un homme et se mélant à lui par une influence particulière, il est à la fois l'esprit qui tourmente et l'esprit tourmenté, comme nous le voyons dans ceux qui sont possédés du démon. [Pourtant l'âme de l'homme, c'est-à-dire son intelligence, est imprenable ; aucune créature ne peut la remplir dans sa substance ; il n'y a que la sainte Trinité qui ait ce pouvoir. Quand on dit que Satan remplit l'esprit et le cœur d'un homme, on ne veut pas dire qu'il entre en lui et dans sa faculté de sentir, mais qu'il l'attire par la fraude, par l'iniquité et par toute sorte de malice, en lui suggérant toute les mauvaises affections, et l'entraînant par les pensées et par l'excitation des vices, dont il est plein lui-même, comme étant trompeur, méchant et perfide séducteur des âmes. Il ne faut pas croire, comme quelques-uns, que le diable se communique à la nature ou à la substance d'un homme ou vienne habiter en lui ; ces expressions n'ont d'autre sens que de signifier ses tromperies, ses ruses et ses malices.] La sainte Trinité seule peut entrer dans la nature ou substance qu'elle a créée, et la remplir.

Chapitre XXVIII. — Les démons, avec leur corps aérien, ont un sens plus vif et un mouvement plus prompt que les hommes avec leur corps terrestre ; ils révèlent quelquefois d'avance nos projets, et nous en sommes étonnés à cause de notre pesanteur naturelle. Les démons peuvent aussi, à cause du prolongement de leur vie, acquérir une plus grande expérience des choses, que l'homme dans les jours si abrégés de son existence. C'est pourquoi ils prédisent l'avenir et font des prodiges, au point d'attirer et de séduire l'homme. [On a vu des femmes exaltées obéir à Satan, et se laisser tromper par ses illusions et ses fantômes, croyant et disant ouvertement qu'elles chevauchaient pendant la nuit avec Diane, déesse des païens, ou avec Hérodiade et Minerve, et une multitude innombrable de femmes, et qu'elles obéissaient à leur commandement. Car Satan (II Corinth., II, 14), qui se transfigure en ange de lumière, lorsqu'il s'est emparé de l'esprit d'une pauvre femme et qu'il l'a subjuguée, par l'infidélité, prend tout à coup la forme et la figure de différentes personnes, et trompe cette âme qu'il tient captive, pendant le sommeil de ses nuits, il fait passer devant ses yeux les scènes les plus bizarres, joyeuses ou tristes, connues ou inconnues, et la mène dans des régions inimaginables. Tout cela se passe dans l'esprit ; mais celui qui n'a pas la foi s'imagine que ces scènes sont réelles et sensibles ; et

---

talisque homo sibi videatur, qualis sibi videri posset in somnis, et portare onera. Quæ onera si vera sunt corpora, portantur a dæmonibus, ut illudatur hominibus, partim vera (*a*) hominum corpora, partim falsa jumentorum cernentibus.

Caput XXVII (1). — Humanum spiritum aliquando bonus, aliquando malus assumit spiritus, nec facile discerni potest a quo spiritu assumatur, nisi quia bonus instruit, et malus fallit. Fallit autem sæpe in manifestis bonis, ut cum sibi in eis creditum fuerit, ad sua seducat. Sic plerumque humanum spiritum rapit, ut (2) quadam occulta mixtura quasi idem spiritus esse videatur, et spiritus patientis et spiritus vexantis, ut in dæmoniacis videmus. [(3) Animam tamen hominis, id est, mentem, nulla creatura juxta substantiam implere potest, nisi sola Trinitas. Implere autem dicitur satanas mentem alicujus et principale cordis (*Act. Apost.*), non ingrediens quidem in eum et in sensum ejus, sed fraude et iniquitate, atque omni malitia illum alliciens, atque seducens affectu malitiæ, (*b*) trahit per cogitationes et incentiva vitiorum, quibus ipse plenus est, ut pote fallax, nequam et fraudulentus deceptor animarum. Non enim participatione naturæ seu substantiæ, ut quidam putant, quemquam implet diabolus, aut ejus habitator efficitur, sed per fraudulentiam, deceptionem atque malitiam, in eo habitare dicitur quem implet.] Solius enim Trinitatis est intrare et implere naturam sive substantiam quam creavit.

Caput XXVIII (4). — Dæmones et acrimonia sensus, et celeritate motus aerii corporis, terrenorum corporum sensum facile præcedunt, et quædam cogitata præuntiant, quæ homines mirantur propter tarditatem terreni corporis. Accessit autem dæmonibus per tam longum tempus, quo eorum vita protenditur, rerum longe major experientia, quam hominibus potest evenire propter brevitatem vitæ. Idcirco quædam futura prædicunt et quædam mira faciunt, quibus homines alliciunt et seducunt. [(5) Unde quædam mulierculæ post satanam conversæ, dæmonum illusionibus et phantasmatibus seductæ, credunt se et profiteri nocturnis horis cum Diana Paganorum dea, vel cum Herodiade et Minerva, et innumera mulierum multitudine equitare, earumque jussionibus obtemperare. Ipse namque Satanas, qui transfigurat se in angelum lucis (II *Cor.*, II, 14), cum mentem cujusque mulierculæ ceperit, et hanc sibi per infidelitatem subjugaverit, illico transformat se in diversarum personarum species ac similitudines : et mentem quam captivam tenet in somnis deludens, modo læta modo tristia, modo cognitas modo incognitas personas ostendens, per devia quæque deducit. Et cum solus hoc patitur spiritus, infidelis non in animo, sed in corpore evenire opinatur; idcirco nimis stultus et hebes est, qui hæc omnia quæ

---

(1) Ex lib. XII, *de Gen. ad lit.*, c. XXIII et XIV. — (2) Ex cap. XIII. — (3) Beda in v. — (4) Ex lib. *De divin. dæmonum*, c. III. — (5) Ita in appendice Concilii Ancyrani.

(*a*) Al. *onerum*. — (*b*) Tres Vatic. Mss. *trajicit*.

il fait preuve d'une grande folie et d'une grande faiblesse d'esprit, en pensant qu'une illusion de l'esprit soit une réalité corporelle. On sait qu'Ezéchiel et les autres prophètes, saint Jean l'évangéliste et les autres apôtres ont eu des visions en esprit, mais où les sens n'avaient aucune part.]

Chapitre XXIX. — Les morts ou les vivants qui apparaissent à quelqu'un dans le sommeil, ou même pendant qu'il est éveillé, ne se montrent pas tels qu'ils sont réellement, mais sous quelque figure empruntée. Il faut attribuer ces apparitions à quelque opération angélique, par l'ordre providentiel de Dieu, qui se sert des bons et des méchants, selon la profondeur impénétrable de ses jugements, soit pour instruire les mortels, soit pour les tromper; soit pour les consoler, soit pour les effrayer, d'après la mesure de miséricorde ou de justice, que distribue celui dont l'Eglise ne chante pas en vain la miséricorde et la justice. (*Ps.* c, 1.) Les âmes des défunts sont dans un lieu où elles ne peuvent ni voir, ni entendre ce qui se fait, et ce qui se passe ici-bas. Et cependant ils ont souci des vivants, quoiqu'ils ne sachent rien de ce qu'ils font; de même que nous avons souci des morts, sans rien savoir de leur situation. Je dis que les morts ne savent pas ce qui se passe sur la terre, au moment des événements. Mais ils peuvent le savoir plus tard par ceux qui quittent la vie; non pas nécessairement, mais autant qu'il est permis aux uns de le dire et aux autres de l'entendre. Ils peuvent aussi être informés par les anges qui veillent sur nous, et qui conduisent nos âmes vers le séjour des morts. Ils peuvent aussi savoir par une révélation de l'Esprit de Dieu ce qui se passe sur la terre, selon qu'il est nécessaire pour eux de le savoir. Les morts peuvent aussi revenir chez les vivants, non par la puissance de leur nature, mais par la puissance de Dieu. Cette apparition suppose-t-elle la présence des morts, ou la représentation de leur personne par le ministère des anges, c'est ce que je n'ose pas affirmer. Car Dieu, qui est tout puissant et présent partout, peut se servir du ministère des anges qui sont en tous lieux pour donner ces consolations aux hommes, quand il le juge nécessaire, pendant cette misérable vie.

Chapitre XXX. — Les puissances de l'âme et ses forces se développent par un exercice répété et par la succession du temps. Quant à l'âme, elle n'a ni croissance ni décroissance; mais l'imperfection des membres, la grossièreté des humeurs et leur corruption peuvent être pour elle un obstacle, et l'empêcher de produire ses forces. L'âme dépouillée du corps vit, voit, entend, conserve dans toute leur énergie tous ses sens et ses instincts, comme étant une nature pure, subtile, active et perpétuelle. [Et de même que Dieu est partout en lui-même, l'âme également est pour ainsi dire partout en elle-même; et quand elle n'est plus avec le corps, elle est toujours là où elle était avec le corps. Dieu est là toujours, où il était, avant que le monde existât, et où il serait, si le monde n'existait plus. Nous l'avons dit souvent, l'âme est incorporelle; cependant elle peut avoir, quand elle est sortie du corps, une apparence de corps qui ne soit pas un corps, mais qui lui ressemble, avec des membres qui ressemblent à des

in spiritu fiunt, etiam in corpore accidere arbitratur: cum Ezechiel et alii Prophetæ, Joannes etiam Evangelista et alii Apostoli in spiritu, non in corpore visiones viderint.]

Caput XXIX. — Cum homines mortui, sive vivi, hominibus dormientibus vel vigilantibus appareant, (1) non in ipsis rebus vel sunt videntur, sed in quibusdam similitudinibus rerum. Istud autem angelicis operationibus fieri credimus, (2) per dispensationem providentiæ Dei, bene utentis bonis vel malis secundum inscrutabilem altitudinem judiciorum suorum: sive hinc instruantur mentes mortalium, sive fallantur; sive consolentur, sive terreantur; sicut unicuique vel præbenda est misericordia, vel irroganda justitia, ab eo cui misericordiam et judicium non inaniter cantet Ecclesia (*Psal.* c, 1.) Ibi si quidem sunt spiritus defunctorum, ubi non vident, neque audiunt quæ aguntur, aut eveniunt in ista vita hominibus (3). Ita tamen est eis cura de vivis, quanquam quid agant omnino nesciant; quemadmodum cura est nobis de mortuis, quamvis quid agant utique nesciamus (4). Nesciunt quidem mortui quid hic agatur; sed dum hic agitur. Postea audire possunt ab eis qui hinc moriendo ad eos pergunt: non quidem omnino, sed quantum sinitur eis indicare et eos oportet audire. Scire etiam possunt ab Angelis qui hic nobis præsto sunt, et animas nostras ad illos deferunt. Spiritu etiam Dei revelante cognoscere possunt quæ hic aguntur, et quæ necessarium est eos noscere (5). Quidam etiam ex mortuis ad vivos rapi possunt; non per propriam naturam, sed per divinam potentiam. Utrum tamen ista fiant per eorum præsentiam, aut per angelos suscipientes eorum personam, affirmare non audeo. Deus enim omnipotens, qui est ubique præsens, per angelica ministeria usquequaque diffusa potest præbere ista hominibus solatia, quibus in hujus vitæ miseria judicat esse præbenda.

Caput XXX. — Potentiæ animæ atque virtutes longa exercitatione et successu temporum crescunt. Ipsa vero anima nec crescit nec decrescit, sed aut imparilitate membrorum, aut humorum crassitudine et eorum corruptione præpedita, vires suas exercere non potest. Anima carne exuta vivit, videt, audit, et omnes sensus atque ingenia vivaciter tenet, ut pote pura, subtilis, cita, et perpetua. [(6) Et sicut Deus ubique in semetipso est, sic anima ubique quodam modo in semetipsa est: ac per hoc ibi est anima post corpus, ubi erat agens in corpore. Ibi Deus est modo, ubi erat prius quam mundus fieret, ubi etiam foret si mundus desineret esse. Sicut sæpe dictum est (7), incorporea est anima: potest tamen habere similitudinem corporis, non corporalem, sed corpori similem, et corporalium omnino membrorum, cum de corpore egrediatur.] Sic enim aut (8) ad spiritalia pro meritis fertur, aut ad loca pœnalia similia corporibus:

(1) Ex lib. *de Cura pro mortuis*, c. xii. — (2) Item ex cap. xiii. — (3) Ex cap. xiv. — (4) Ex cap. xv. — (5) Ex c. xvi, ejusdem lib. — (6) Isaac Stell., epist. *De anima.* — '7) Ex lib. XII. *de Gen. ad lit.*, c. xxxiii. — (8) Ex eod. lib., c. xxxii.

membres corporels.] C'est ainsi qu'elle est conduite dans les régions spirituelles, si elle l'a mérité, ou dans les lieux de souffrance qui ressemblent à des prisons matérielles, comme les ont vues dans un ravissement certains hommes, dont le corps était comme mort en cet instant d'extase ; et alors on peut dire qu'ils portaient avec eux-mêmes une certaine ressemblance de leur corps, qu'il leur permettait d'aller dans ces lieux et d'y éprouver ce qu'on y éprouve, comme s'ils avaient eu leurs sens corporels. Les âmes qui ont, en effet, pendant leur vie corporelle, subi l'attrait des images sensibles par l'amour des choses terrestres, souffrent des tourments par les mêmes images sensibles, quand elles sont sorties du corps. C'est pourquoi elles peuvent endurer dans l'autre monde des souffrances corporelles, parce que dans cette vie elles ne se sont pas purifiées de la corruption des affections corporelles, contractées par un trop grand amour des plaisirs sensuels. Or, il y a des âmes qui reçoivent leur châtiment dans les mêmes lieux où elles ont péché ; d'autres sont renfermées dans des prisons secrètes jusqu'à la résurrection dernière, selon que chacune a mérité le repos ou le tourment.

Chapitre XXXI. — J'ai beaucoup parlé de l'âme, mais je n'ai pas encore dit à quel moment elle a été créée, ni en quel moment elle sortira du corps. Quant à la première question, j'en parlerai ; pour la dernière, je ne puis rien en dire, parce que je ne connais pas mon dernier jour. Je sais que nous sommes tous mortels, et bon gré mal gré, nous mourrons tous. Rien n'est donc plus certain que la mort, et rien n'est plus incertain que l'heure de la mort.

Nous ne savons pas quand, ni comment, ni où nous mourrons ; la mort nous attend partout. Nous devons donc être toujours prêts, afin que, quand le corps retournera à la terre d'où il est tiré, notre âme aille à celui qui l'a créée. [Nous devons surtout remarquer que les anciens philosophes ont ainsi défini l'homme : L'homme est un animal raisonnable, mortel. Étant ainsi classé dans le genre animal, l'homme présente deux différences marquées, par lesquelles on lui fait connaître le chemin qu'il doit prendre, et le chemin qu'il doit quitter. Car l'âme ayant pris le chemin qui l'a conduite à la mort, il faut qu'elle revienne sur ses pas vers la raison, qu'elle lutte contre les vices, qu'elle vive suivant sa nature, qu'elle soit soumise à celui qui doit la gouverner, et qu'elle commande à tout ce qui doit lui obéir. En un mot, comme être raisonnable, l'homme est distinct des bêtes ; comme mortel, il n'appartient plus à l'ordre divin. S'il ne reste pas raisonnable, il sera comme les bêtes ; s'il ne quitte pas les choses mortelles, il ne parviendra point aux choses divines.]

C'est pourquoi l'homme qui ne se connaît pas, a besoin, pour se connaître, d'un effort répété pour se détacher de la vie sensuelle, pour recueillir son esprit en lui-même, et l'y retenir attentif. Car les sens empêchent l'âme de se voir elle-même et de voir son Créateur, qu'elle doit contempler seule et toute seule sans les yeux du corps.

Chapitre XXXII. — L'âme raisonnable, créature de Dieu, est aussi la plus excellente ; elle se rapproche de Dieu, quand elle est pure, et plus elle s'attache à lui par la charité ; plus Dieu l'éclaire de la lumière de l'intelligence, plus il l'illumine en quelque sorte,

qualia sæpe demonstrata sunt iis, qui rapti sunt a corporis sensibus, et mortuis similes jacuerunt : cum et ipsi in se ipsis gererent quamdam similitudinem corporis sui, per quam possent ad illa ferri, et talia similibus sensibus experiri. Animæ si quidem quæ in corporibus viventes per dilectionem rerum visibilium corporalibus imaginibus afficiuntur, a corporibus exeuntes in eisdem imaginibus tormenta patiuntur. Propterea enim corporalibus passionibus ibi teneri possunt, quia corruptione corporalium affectionum hic mundatæ non fuerunt, quam per corpulentiam de corporis (a) delectatione traxerunt. Quædam autem animæ in eisdem locis, in quibus culpam commiserunt, puniuntur : quædam vero abditis receptaculis usque ad ultimam resurrectionem continentur, sicut unaquæque digna est requie vel miseria.

Caput XXXI. — Multa de anima dixi, sed nondum dixi quando facta est, vel quando de corpore egredietur. Quod primum posui, postea dicam ; quod ultimum, dicere non possum ; quoniam nescio finem meum. Hoc plane scio, quod mortales sumus ; et velimus nolimus, omnes moriemur. (1) Nihil enim morte certius, et nihil hora mortis incertius. Nam nescimus quando, aut quomodo, aut ubi moriemur ; quoniam mors ubique nos exspectat. Idcirco semper debemus esse parati, ut cum corpus revertetur ad terram de qua sumptum est, spiritus redeat ad eum qui dedit illum. [(2) Illud si quidem nos maxime movere debet, quod a veteribus sapientibus ita homo definitus est : Homo est animal rationale, mortale. Hoc genere posito, quod animal dictum est, additas duas differentias videmus, quibus admonendus erat homo, et quo sibi esset redeundum, et unde fugiendum. Sicut enim progressus animæ usque ad mortalia lapsus est : sic regressus ejus in rationem esse debet, qua impugnantibus vitiis resistere valeat, ut secundum naturam suam vivat, et ordinari appetat sub illo a quo regi debet, et supra ea quæ regere debet. Uno verbo, quod rationale dicitur, separatur a bestiis ; alio, quod mortale, a divinis. Illud nisi retinuerit, bestia erit ; hinc nisi se averterit, ad divina non pervenient.]

Idcirco ut homo sibi incognitus cognoscat se, magna opus habet consuetudine recedendi a sensibus, ut animum ad se colligat, et in se ipso retineat. His si quidem sensibus impeditur anima, ne cernere semetipsam valeat et Creatorem suum, quem sola et simplex sine istis oculis intueri debet.

Caput XXXII. — Anima namque rationalis inter eas res, quæ sunt a Deo conditæ, superat omnia ; et Deo proxima est, quando est pura, eique quantum caritate cohæserit, in tantum ab eo lumine illo intelligibili perfusa quodam modo et illustrata, non per corporeos oculos,

(1) Sic Anselm., *Medit.*, vii. — (2) Augustinus, lib. II, *De oratione*, c. n. 31.
(a) Unus e Vatic. Mss. *dilectione*.

440 APPENDICE.

et elle voit Dieu, non avec les yeux du corps, mais avec la partie principale de son être qui est l'intelligence; elle le voit comme la beauté parfaite et la souveraine béatitude, et cette contemplation fait son bonheur. Elle a donc besoin d'écarter de sa vue toutes les idées que les sens lui apportent du dehors. Car les objets extérieurs, leurs images, les sens, les imaginations fixées dans la mémoire, et qui reviennent dans les souvenirs, tout cela appartient à l'homme extérieur, quoique l'âme se serve de ces moyens pour correspondre avec le dehors. [Mais l'âme qui n'a rien de plus présent qu'elle-même, se voit intérieurement en elle-même par une présence qui n'est pas simulée, puisqu'elle est réelle. L'âme ne peut rien connaître plus clairement que ce qui la touche de plus près; et rien ne la touche de plus près qu'elle-même. Elle connaît très-bien qu'elle vit, qu'elle se souvient, qu'elle comprend, qu'elle veut, qu'elle sait, qu'elle juge. Elle voit tout cela en elle-même; elle ne l'imagine pas comme les choses qu'elle connaît par le rapport des sens, comme elle connaît tout ce qui est relatif aux choses corporelles. Si elle n'emprunte rien à ces pensées du dehors, pour se former une idée d'elle-même, on peut dire que cette idée qui lui reste d'elle-même n'est autre chose qu'elle-même;] car rien n'est autant dans notre âme que notre âme; et rien ne connaît notre âme si bien que notre âme. [Lorsque l'âme cherche à savoir ce que c'est que l'âme, elle sait qu'elle cherche à se connaître elle-même; et qu'elle est elle-même l'âme qui cherche à se connaître. Elle ne se cherche pas ailleurs qu'en elle-même. Sachant donc qu'elle se cherche, elle se connaît par là même. Et comme elle est tout entière à l'objet qu'elle connaît, on peut dire qu'elle se connaît complétement. En supposant qu'elle s'examine dans une partie d'elle-même, sans se chercher dans son tout, néanmoins comme elle est tout entière à cette recherche, elle est tout entière présente à elle-même; car rien ne peut lui être plus présent qu'elle-même. Or, voici ce qu'elle veut savoir à son sujet; elle veut savoir ce qu'elle a été, ce qu'elle sera, ce qu'elle est actuellement;] c'est-à-dire combien elle est semblable à Dieu, ou différente de Dieu, combien elle est humble et pieuse, combien elle est pure, combien elle est sainte. Mais comme elle existe au milieu des choses corporelles, y pensant avec amour, et s'y habituant avec amour, elle ne peut pas, sans ces images, se voir elle-même, ni être en elle-même. Car les choses corporelles qui sont en dehors s'attachent et se collent à l'âme avec tant de force, que, même quand elles sont éloignées, leur image est encore présente à la pensée. C'est pourquoi elle ne peut pas s'en déprendre assez, pour se voir et se regarder toute seule. Il faut donc qu'elle revienne à elle-même, qu'elle reste dans son intérieur, qu'elle n'ait pas à se chercher comme une absente, mais qu'elle s'occupe de se regarder comme présente et de se distinguer; [il faut que l'intention de sa volonté, qui l'emportait comme une vagabonde, reste fixée en elle-même, et qu'elle se considère pour se connaître et s'aimer elle-même. Alors elle verra qu'elle n'a jamais été sans s'aimer, ni sans se connaître, mais qu'en aimant d'autres objets avec elle-même, elle s'est confondue avec eux.] [Ce ne sera donc pas sans un grand travail qu'elle pourra se séparer de ces objets, qu'elle aimait avec tant d'attachement. C'est pourquoi les fantaisies des images corporelles la dénaturent, et l'empreinte qu'elles ont

sed per sui ipsius principale, id est, per intelligentiam Deum cernit, in quo est perfectissima pulchritudo et beatissima visio, qua visione fit beata. (1) Removeat ergo a consideratione sua omnes notitias, quæ per corporis sensus extrinsecus capiuntur. Quæque namque corporalia, eorumque similitudines, sensus quoque et imaginationes in memoria infixæ, cum recordando (al. revisuntur) reminiscuntur, ad exteriorem hominem pertinent, quanquam istis quasi nuntiis anima exteriora percipiat. [(2) Mens ergo cui nihil se ipsa præsentius est, quadam interiori, non simulata, sed vera præsentia, videt se in se. Nihil enim tam novit mens, quam id quod sibi præsto est: nec menti quidquam magis præsto est, quam ipsa sibi. Nam cognoscit se vivere, se meminisse, se intelligere, se velle, cogitare, scire, judicare. Hæc omnia novit in se, nec imaginatur, quasi extra se illa aliquo sensu corporis tetigerit, sicut corporalia quæque tanguntur. Ex quorum cogitationibus si nihil sibi affingat, ut tale aliquid se esse putet; quidquid ei de se remanet, hoc solum ipsa est.] Nihil enim tam in mente est, quam ipsa mens; nec quidquam sic mentem cognoscit, quemadmodum mens. [(3) Cum enim quærit mens quid sit mens, profecto novit quod se ipsam quærat; et quod ipsa sit mens, quæ se ipsam quærit. Neque enim aliunde se quærit quam se ipsa. Cum ergo quærentem se novit, se utique novit. Et omne quod se novit, tota novit; atque ita tolam se novit. Et si parte inventa non se totum quærat, tamen quia se tota quærit, tota sibi præsto est. Nihil enim sibi se ipsa præsentius esse potest. Quod autem de se quærit; quid antea fuerit, vel quid futura sit, vel qualis modo sit quærit,] id est, quam similis est vel quam dissimilis Deo, quam humilis et devota, quam pura, quam sancta. (4) Sed quia in istis est corporalibus, quæ cum amore cogitat, et cum quibus amore assuefacta est, non valet sine imaginibus eorum videre semetipsam, vel esse in semetipsa. Nam tanto glutino amoris ei cohæserunt hæc quæ foris sunt corporalia, ut etiam cum absint ista, præsto sint imagines eorum cogitanti. Quapropter secernere eas a se non potest, ut se solam inspiciat et videat. Redeat ergo ad se, et stet in se, (5) nec sicut absentem se quærat, sed velut præsentem se curet cernere et discernere, [(6) et intentionem voluntatis, qua per alia vagabatur, statuat in se ipsa, et se cogitet, ut se ipsam cognoscat et diligat. Ita videbit quod nunquam se non amaverit, nunquam nescierit: sed alia secum amando cum eis se confudit;] [(7) ita ut sine magno labore ab eis separari non possit, quibus cum amore inhæsit. Propterea phantasiis corporalium imaginum deformatur,

(1) Ex lib. X, de Trinit., cap. x. — (2) Ex fine ejusd., cap. — (3) Ex Aug., lib. VII, de Gen. ad lit., c. xxi. — (4) Ex lib. X, de Trin., cap. viii. — (5) Ex eod. l. c. iv. — (6) Ex cap. x. — (7) Hugo Vict., de unione corp. et Spiritus.

faite en elle est si profonde, qu'après avoir quitté le corps, elle la conserve toujours. Si elle ne se purifie pas sur la terre de la corruption des affections corporelles, elle souffrira, même dépouillée de son corps, des douleurs corporelles. Qu'elle s'applique donc, pendant cette vie, à se purifier de cette boue terrestre, afin qu'en sortant de ce monde elle n'emporte avec elle rien de corporel, et qu'elle soit exempte de toute souffrance corporelle.

L'âme descend vers le corps pour lui communiquer la vie et la sensation. [Par sa présence elle le vivifie, se fait le centre de son unité et le maintient comme un tout, l'empêchant de se dissoudre et de se corrompre, conservant l'harmonie et la mesure qu'il doit avoir, non-seulement comme beauté, mais comme développement et reproduction. L'âme se dilate partout pour être le toucher, et par ce moyen elle sent et discerne le chaud et le froid, ce qui est raboteux et poli, dur et mou, pesant et léger. Ensuite elle distingue les innombrables différences de saveurs, d'odeurs, de sons et de formes, par le goût, l'odorat, l'ouïe et la vue; et en toute circonstance elle se porte vers ce qui convient à la nature de son corps, et fuit ce qui lui est contraire. Elle quitte les sens, pendant un certain intervalle de temps, et leur donnant en quelque sorte un congé pour reposer leurs mouvements, elle rassemble les images des objets que les sens lui ont fournies, et se plaît à les passer en revue de mille manières comme des escadrons.] Mais lorsqu'elle veut considérer, ou les choses divines, ou Dieu, ou elle-même avec ses puissances, elle se détache de tous ses sens, dont elle n'a besoin que pour se mettre en rapport avec les formes matérielles et les couleurs ; elle se regarde avec son esprit et sa raison ; elle s'élève à Dieu par la méditation et la contemplation. La méditation, c'est la recherche obstinée de la vérité cachée. La contemplation, c'est l'admiration enthousiaste de la vérité connue. L'une s'éclaire au flambeau de la révélation divine pour connaître la vérité; l'autre s'enflamme au foyer de l'inspiration divine pour l'aimer. Quant au corps, il monte vers l'esprit par le sens et l'imagination.

Chapitre XXXIII. — Le corps de l'homme est composé de quatre éléments ; mais l'élément terrestre le plus solide, domine surtout dans la chair et dans les os. L'eau se trouve dans les humeurs, et l'air dans le poumon. C'est pourquoi il est toujours en mouvement, parce qu'il est l'éventail du cœur, pour empêcher la trop grande chaleur de consumer le cœur et de le dissoudre. Le feu a son foyer dans le cœur ; c'est pour cela que le cœur est large à sa base et se termine en pointe, à l'imitation de la flamme. Une chaleur particulière tempérée par l'air monte du cœur au cerveau, qui est comme le ciel de notre corps ; là elle se purifie et se tamise en quelque sorte, pour s'échapper au dehors par les yeux, les oreilles, les narines et les autres instruments des sens, et prenant une forme au contact des objets extérieurs, elle produit les cinq sens corporels, la vue, l'ouïe, le goût, l'odorat et le toucher. Ce dernier sens passant de la partie antérieure du cerveau à la partie postérieure, traverse la cervelle et la moelle épinière, et se répand par tout le corps. Or,

eisdemque alte impressis etiam soluta a corpore non exuitur. Si enim a corporalium affectionum corruptione hic non mundatur, corpore exuta corporalibus tenetur passionibus. Studeat ergo in hac vita se mundare ab hujusmodi sæculentia, quatenus cum hinc exierit, nihil corporeum secum trahat, et a corporali passione immunis existat.]

Vivificatione et sensificatione descendit anima a corpus. [(1) Præsentia namque sua illud vivificat, colligit in unum, atque in uno tenet, defluere atque contabescere non sinit, congruentiam ejus modumque conservat, non tantum in pulchritudine, sed etiam in crescendo atque gignendo. Intendit se etiam anima in tactum, et eo calida et frigida, aspera et lenia, dura et mollia, gravia et levia sentit atque discernit. Deinde innumerabiles differentias saporum, odorum, sonorum, atque formarum, gustando, olfaciendo, audiendo, videndoque dijudicat; atque in his omnibus ea quæ secundum naturam sui corporis sunt appetit, fugitque contraria. Removet se ab his sensibus certo intervallo temporum, et eorum motus quasi per quasdam ferias reparans, rerum imagines quas per eos hausit, secum catervatim et multipliciter versat.] (2) Cum ergo vult intelligere, vel divina, vel Deum, vel se ipsam, suasque considerare virtutes, abstrahit se ab omnibus corporis sensibus, quibus non adjuvatur nisi ad corporeas formas coloresque sentiendos; et spiritu ac ratione se conspicit, meditatione atque contemplatione ad Deum ascendit. Deus vero revelatione atque divina inspiratione ad eam descendit. Meditatio si quidem est occultæ veritatis studiosa investigatio. Contemplatio perspicuæ veritatis jucunda admiratio. Illam namque divina illuminat revelatio, ut veritatem cognoscat ; istam vero divina inspiratio inflammat, ut eam diligat. Corpus autem sensu et imaginatione ad spiritum ascendit.

Caput XXXIII. — Humanum si quidem corpus ex quatuor elementis compositum est, sed in carne et ossibus terra maxime apparet propter terrenam soliditatem. Aqua in humoribus, aer continetur in pulmone ; idcirco semper est in motu, quia ventilabrum cordis est, ne nimio calore cor consumatur et dissolvatur. Sedes ignis est in corde; et ideo inferius est latum, et superius acutum ; quoniam formam ignis retinet. Quædam vis ignea aere temperata a corde (3) ad cerebrum ascendit, tanquam in cœlum corporis nostri : ibique purificata et colata per oculos, aures, nares, cæteraque instrumenta sensuum, foras progreditur, et ex contactu exteriorum formata quinque sensus corporis facit, visum videlicet, auditum, gustum, odoratum, et tactum. Qui tangendi sensus ab anteriori parte cerebri ad posteriorem transiens, et inde per cervicem et medullam spinæ descendens per totum corpus diffunditur. Porro [(4) ipsa vis ignea, quæ exterius formata sensus dicitur, eadem for-

---

(1) Ex lib. de *Quantit. an.*, cap. xxxiii, n. 70 et 71. — (2) Ex lib. VII, *de Gen. ad lit.*, c. xiv. — (3) Ex lib. VII, *de Gen. ad lit.*, c. xiii.
(4) Hugo ubi supra, omissis ac mutatis nonnullis.

APPENDICE.

[cette force, qui est celle du feu, prenant une forme extérieure s'appelle le sens, et cette même force, qui prend une forme, en passant et en se fixant dans les instruments des sens, est ramenée et comme retirée à l'intérieur, par une opération de la nature, vers la cellule fantastique, et devient l'imagination. Puis, cette même imagination passant de la partie antérieure de la tête vers le milieu, touche la substance même de l'âme raisonnable, et éveille la discrétion ; se trouvant arrivée à un état tellement pur et subtil, qu'elle s'unit immédiatement à l'esprit, tout en conservant néanmoins en réalité la nature et la propriété du corps. L'imagination chez les animaux ne va pas au delà de la cellule fantastique ; mais chez les hommes elle est plus épurée, et dans sa marche progressive, elle arrive à se mettre en contact avec la substance raisonnable et incorporelle de l'âme. L'imagination est donc une ressemblance du corps, se formant extérieurement, par les sens corporels, au contact des corps ; puis elle rentre à l'intérieur par les mêmes sens, vers la partie plus pure de l'esprit corporel, y met son empreinte, et forme le point culminant de la partie corporelle, en touchant la partie raisonnable par son point inférieur.] J'appelle esprit corporel, l'air ou plutôt le feu, qui, à cause de sa subtilité, est invisible, [et qui vivifie les corps par une énergie intérieure. Il donne la vie seulement à certains êtres, comme aux arbres, aux plantes et à toutes les productions de la terre, mais ils ne sentent pas. Il donne la vie et le sens à d'autres êtres, comme aux animaux brutes. Certains animaux sentent, sans avoir l'imagination ; d'autres ont le sens et l'imagination. Vivre avec la faculté de sentir, c'est plus que vivre sans l'avoir, et par conséquent, cette faculté est une force plus subtile, et plus elle est subtile, plus elle est esprit. Elle se rapproche plus de la nature incorporelle avec l'imagination, qu'avec le sens tout seul. Rien n'est plus élevé dans le corps, ou plus voisin de la nature spirituelle, que cette force qui vient après le sens et qui lui est supérieure et qu'on appelle l'imagination ; elle est d'autant plus sublime, qu'il n'y a que la raison qui soit au-dessus d'elle (1).]

CHAPITRE XXXIV. — On appelle âme tout l'homme intérieur, et c'est par l'âme qu'est vivifiée, contenue et gouvernée cette masse de boue, qui est arrosée par des liquides, pour ne pas se dessécher et tomber en poussière. En tant qu'elle vivifie le corps, elle est la vie ; en tant qu'elle veut, elle s'appelle l'âme ; en tant qu'elle connaît, elle est l'intelligence ; en tant qu'elle se souvient, elle est la mémoire ; en tant qu'elle juge, elle est la raison ; en tant qu'elle respire ou qu'elle contemple, elle est l'esprit ; en tant qu'elle sent, elle est le sens ; car l'âme est sens, à cause des choses qu'elle sent, ce qui a donné lieu au mot sentiment. Le corps a également cinq sens, ainsi nommés, parce que par eux l'âme communique à tout le corps l'énergie de sentir, et le met en mouvement d'une manière très-subtile. Tout cela est tellement uni à l'âme, que le tout ne fait qu'une même chose, et pourtant suivant les résultats qui se produisent, l'âme porte différents noms ; car elle est simple dans son essence, et multiple dans ses opérations. La mémoire sans doute est le sens de l'âme ;

(1) Dans un des manuscrits du Vatican, ce traité se termine ici ; dans celui de Saint-Médard, on lit à cet endroit : « Ici finit ce traité selon quelques-uns. » Puis à la tête de ce qui suit : « Livre second selon certains copistes. »

mata per ipsa sensuum instrumenta, per quæ egreditur et in qualibus formatur, natura operante introrsum ad cellam phantasticam usque retrahitur et reducitur, atque imaginatio efficitur. Postea eadem imaginatio ab anteriori parte capitis ad medium transiens, ipsam animæ rationalis substantiam contingit, et excitat discretionem : in tantum jam purificata et subtilis effecta, ut ipsi spiritui immediate conjungatur, veraciter tamen naturam corporis retinens et proprietatem. Quæ quidem imaginatio in brutis animalibus phantasticam cellam non transcendit : in rationalibus autem purior fit, et usque ad rationalem et incorpoream animæ substantiam contingendam defertur et progreditur. Est itaque imaginatio similitudo corporis, per sensus corporeos, ex corporum contactu concepta extrinsecus, atque per eosdem sensus introrsus ad partem puriorem corporei spiritus reducta, eique impressa, in summo scilicet corporalis spiritus, et in imo rationalis, corporalem informans, et rationalem contingens.] Spiritum corporeum voco serem, vel potius ignem, qui præ sui subtilitate videri non potest, et [(1) corpora interius vegetando vivificat. Quædam autem vegetat tantum et non sensificat, sicut arbores, herbas et universa in terra germinantia. Quædam vegetat et sensificat, sicut omnia bruta animalia. In quibus quædam tantum sensum habent, et imaginationem non habent ; quædam sensum et imaginationem habent. Cum itaque (al, majus) magis sit sensificari, quam vegetari tantum ; constat profecto hanc vim subtiliorem esse, et ubi magis subtilis est, magis spiritus est. Magis si quidem incorporeæ naturæ appropinquat, cum imaginationem format, quam cum sensum præstat. Nihil enim in corpore altius, vel spiritali naturæ vicinius esse potest, quam id ubi post sensum vel supra sensum vis imaginandi concipitur, quod quidem in tantum sublime est, ut quidquid supra illud est, aliud non sit quam ratio.]

CAPUT XXXIV. — Anima nominatur totus homo interior, qua vivificatur, regitur et continetur lutea illa massa, humectata succis, ne arefacta dissolvatur. [(3) Dum ergo vivificat corpus, anima est ; dum vult, animus est ; dum scit, mens est ; dum recolit, memoria est ; dum judicat, ratio est ; dum spirat vel contemplatur, spiritus est ; dum sentit, sensus est. Nam inde sensus anima dicitur, pro iis quæ sentit : unde et sententia nomen accepit.) Habet etiam corpus quinque sensus, (4) qui ex eo dicti sunt, quia per eos anima totum corpus subtilissime agitat vigore sentiendi. Ita autem hæc omnia adjuncta sunt animæ, ut una res sit : pro efficientiis tamen causarum, diversa nomina anima sortita est. In essentia namque

(1) Hug., loco citato. — (2) Ex Ambros., *De dignit. conditionis hum.* — (3) Isid., lib. XI ; *Orig.*, c. 1. — (4) Idem ibid.

voilà pourquoi on appelle insensés ceux qui manquent de mémoire. La mémoire est le trésor et la gardienne de toutes choses; on ne peut pas l'expliquer, tant est grande la complication de son labyrinthe; et pourtant la mémoire, c'est l'âme. Et je parle encore de l'âme, quand je nomme l'intelligence ; mais quand je dis l'âme, c'est sous un rapport ; et quand je dis l'intelligence, c'est sous un autre. Car tout ce qui est vie dans l'homme, c'est son âme. Lorsqu'elle reste en elle-même pour agir d'elle-même et par elle-même, elle se nomme l'intelligence. Quand elle s'exerce par le sens à l'accomplissement de ses fonctions, on l'appelle plus ordinairement l'âme. [L'esprit et l'âme sont bien la même chose, suivant cette parole de l'Évangéliste : « J'ai le pouvoir de quitter mon âme, et j'ai aussi le pouvoir de la reprendre. » (*Jean*, x, 18.) Et au temps de la Passion, le même Évangéliste dit aussi, en parlant de cette même âme du Sauveur : « Et inclinant la tête, il rendit l'esprit. » (*Jean*, XIX, 30.) Car rendre l'esprit, n'est-ce pas la même chose que quitter son âme ? Mais on dit l'âme, pour signifier ce qui est la vie ; et on dit l'esprit, pour signifier la nature spirituelle, ou ce qui respire dans le corps. On dit aussi l'esprit pour dire l'âme ; mais l'âme est le souffle de vie ; et l'esprit veut dire la pensée. C'est pourquoi les philosophes disent que la vie peut exister sans l'esprit, que l'âme peut exister sans l'intelligence comme chez les insensés. L'intelligence paraît être la source de la connaissance, et l'esprit le principe de la volonté. (Les enfants dans le sein de leur mère vivent sans connaissance et sans volonté), on dit l'intelligence (*mens*) pour signifier qu'elle est la partie éminente de l'âme, ou qu'elle possède la mémoire. On appelle ainsi cette partie de l'âme, parce qu'elle est élevée dans l'âme comme la tête ou l'œil. C'est pourquoi, sous le rapport de l'intelligence, l'homme est l'image de Dieu.] (I *Corinth.*, II, 7.) L'intelligence (*mens*) est ainsi appelée, parce qu'elle occupe la partie éminente de l'âme, étant la puissance la plus élevée de l'âme, d'où procède la pensée. Quant à la raison, elle est le mouvement de l'esprit, aiguisant la vue de l'intelligence, et distinguant ce qui est vrai de ce qui est faux.

L'âme raisonnable a donc besoin de revenir à elle et de se recueillir en elle-même, pour qu'elle puisse, dégagée de toutes les images corporelles, se considérer elle-même, et la nature invisible du Dieu tout-puissant. Les fantômes des images terrestres, tout ce qui est matériel doit être écarté de sa pensée. Il faut qu'elle se cherche dans son intérieur pour se voir telle qu'elle est, sans ces accessoires, pour se considérer telle que Dieu l'a créée, sujette de Dieu, souveraine du corps. Il faut ensuite qu'elle s'élève au-dessus d'elle-même, qu'elle se quitte elle-même, et qu'elle en vienne pour ainsi dire à s'oublier ; pour se prosterner humblement et dévotement en contemplation devant son Créateur. L'âme commence donc par s'élever au-dessus d'elle-même, pour entrer tout entière dans cette clarté de la lumière incorporelle ; et tout ce qu'elle voit intérieurement lui donne un certain goût de douceur intime, dont elle assaisonne son intelligence, et qui devient pour elle la sagesse. L'âme, dans cet état d'élévation, trouve cette

est simplex, in officiis multiplex. Memoria etiam mens est, unde et immemores amentes dicimus. (1) Omnium rerum thesaurus et custos est memoria, nec enarrari potest, tam grandis est ejus perplexitas; et animus ipsa est. (2) Nec aliud significo quam animam, cum mentem dico : sed propter aliud animam, et propter aliud mentem. Nam totum quod vivit, hominis anima est. Cum autem anima in se agit se ex se et per se, sola mens dici solet. Sensus vero ad sua ministeria implenda consuetius anima dicitur. [(3) Spiritum idem esse quod animam, Evangelista pronuntiat dicens : « Potestatem habeo ponendi animam meam, et rursum potestatem habeo sumendi eam. » (*Joan.*, x, 18.) De hac quoque ipsa Domini anima passionis tempore, memoratus Evangelista ita protulit dicens : « Et inclinato capite emisit spiritum. » (*Joan.*, XIX, 30.) Quid est enim emittere spiritum, nisi quod animam ponere? Sed anima dicta est pro eo quod vivit : spiritus autem, vel pro spirituali natura, vel pro eo quod spirat in corpore. Item animum idem dicimus esse quod animam ; sed anima vitæ est, animus consilii. Unde aiunt (4) Philosophi, et sine animo vitam manere, et sine mente animam durare, sicut in amentibus. Ad mentem enim pertinere videtur ut sciat, ad animum ut velit. (Pueri etiam in genitricis utero sine scientia et voluntate vivunt.) Mens autem vocata est, quod emineat in anima, vel quod meminerit. Quapropter non anima, sed quod excellit in anima, mens vocatur, tanquam caput vel oculus. Unde et ipse homo secundum mentem imago Dei dicitur. (I *Cor.*, XI, 7.)] Mens namque ex eo dicta est, quod emineat in anima, (5) præstantior si quidem vis animæ est, a qua procedit intelligentia. Ratio si quidem est animi motus, visum mentis acuens, veraque a falsis distinguens.

Redeat ergo ad se mens rationalis, et colligat se in se : ut sine imaginibus corporeis se ipsam, et omnipotentis Dei invisibilem naturam considerare valeat, terrenarum phantasmata imaginum, et quidquid terrenum cogitationi ejus occurrerit, respuat : et talem se intus quærat et videat, qualis est sine istis ; consideret se talem, qualis sub Deo supra corpus creata est. Deinde supra semetipsam surgat et se ipsam deserat, atque quodam modo in oblivionem (*al.* sibi) sui veniat, et se contemplationi sui Creatoris humiliter et devote subjiciat. Cum enim cœperit mens per puram intelligentiam semetipsam (*a*) excedere, et illam incorporeæ lucis claritatem tota (*b*) intrare, et ex iis quæ intrinsecus videt quemdam intimæ suavitatis saporem trahere, et ex eo intelligentiam suam condire, et in sapientiam vertere ; in tanto hoc mentis excessu, pax illa quæ exuperat omnem sensum, invenietur atque obtinetur, ut fiat silentium in cœlo quasi hora dimidia ;

(1) Idem, lib. I, *Sentent.* — (2) Ambros., lib. mox citato. — (3) Isid., lib. XI, *Orig.*, c. 1. — (4) Lactantio, teste *de opificio Dei*, c. XVIII. — (5) Isid., lib. II, *Different. Spirit.*, XIX.
(*a*) Ita unus e Vatic. Mss. Alii libri, *exercere.* — (*b*) Ed. *intueri*.

paix qui surpasse tout sentiment, et en jouit si bien, qu'il se fait comme un silence dans le ciel pendant une demi-heure; l'âme en contemplation n'est troublée d'aucune manière par le choc des pensées; n'ayant aucun désir, aucun dégoût, aucune répugnance; mais absorbée tout entière dans le calme où elle contemple, elle est introduite encore plus avant comme dans le sanctuaire de l'amour, où elle éprouve quelque sentiment tout à fait inusité, et je ne sais quelle douceur qui serait, si elle durait toujours, une grande félicité. Les sens n'y sont pour rien; l'imagination est mise de côté, et toute la partie inférieure de l'âme n'a aucune fonction à remplir. C'est à la partie la plus pure de l'âme qu'il est réservé d'entrer dans ce sanctuaire du repos intime, et d'avoir ces douces jouissances dans le tabernacle de la souveraine tranquillité. « Car la parole de Dieu est vivante et efficace, et plus perçante qu'une épée à deux tranchants; elle entre et pénètre jusqu'à opérer la division de l'âme et de l'esprit. » (*Hébr.*, IV, 13.) Aussi dans les créatures, il n'y a rien de plus merveilleux que cette division, où ce qui est essentiellement un et indivisible trouve moyen de se partager, et ce qui est simple et sans parties trouve moyen en quelque sorte de se diviser. Car dans un homme, l'esprit n'est pas une nature, et l'âme une autre nature; mais l'un et l'autre ne sont qu'une seule et même nature, une seule et même substance. Sous ces deux termes, il ne faut pas entendre une double substance; ils sont là pour désigner la double force de la même essence : la force supérieure par l'esprit, la force inférieure par l'âme. Dans cette division, l'âme et tout ce qui tient à l'animalité reste en bas; l'esprit et tout ce qui est spirituel s'élève en haut. L'esprit se sépare des choses inférieures pour s'élever aux régions supérieures; il se sépare de l'âme pour s'unir au Seigneur; « car celui qui s'attache au Seigneur, ne fait plus avec lui qu'un même esprit. » (I *Corinth.*, VI, 17.) Heureuse division et merveilleuse séparation, où ce qui est corporel et grossier demeure en bas, et ce qui est spirituel et plus subtil s'élève jusqu'à la hauteur de la gloire divine et se transforme en son image. La partie inférieure est comme assoupie dans la paix et la tranquillité; la partie supérieure prend son vol pour la gloire et le triomphe. L'esprit humain sans doute n'est pas de la même nature que Dieu; et pourtant l'image de cette nature supérieure qui est Dieu, ne peut pas être ailleurs en nous-mêmes que dans cette partie de notre âme, qui est la partie supérieure. Il faut donc avant tout considérer l'esprit en lui-même, et c'est là qu'on trouvera l'image de Dieu. L'esprit se regarde d'abord par la pensée; il se comprend et se connaît; lorsque par la contemplation il s'élève à Dieu, pour le connaître et l'aimer, il devient alors l'image de Dieu; en méditant les choses éternelles, il est homme, suivant cette parole de l'Apôtre : « L'homme ne doit pas voiler sa tête, puisqu'il est l'image et la gloire de Dieu; » (I *Corinth.*, XI, 17) c'est-à-dire, plus il prend son essor vers ce qui est éternel, plus il se forme à l'image de Dieu; et sous ce rapport il ne doit mettre aucune mesure aux transports de son élévation. Mais quand il s'occupe et tourne ses pensées dans le cercle des choses temporelles, l'homme est une femme, il n'est plus l'image de Dieu; il a besoin de voiler sa tête, pour ne pas

---

ita ut contemplantis animus nulla altercantium cogitationum tumultuatione turbetur, nihil omnino invenies quod vel per desiderium petat, vel per fastidium arguat, vel per odium accuset : sed intra contemplationis tranquillitatem totus colligetur, et intromittitur in quemdam affectum multum inusitatum introrsus ac nescio quam dulcedinem, quæ si semper sic sentiretur, profecto magna felicitas esset. Nihil sensualitas, nihil agit imaginatio; sed omnis inferior vis animæ proprio interim viduatur officio. Purior autem animæ pars in illud intimæ quietis secretum, et summæ tranquillitatis arcanum felici jucunditate introducitur. « Vivus quidem est sermo Dei et efficax, et penetrabilior omni gladio ancipiti, et pertingens usque ad divisionem animæ et spiritus. » (*Hebr.*, IV, 13.) Et ideo nihil in creaturis hac divisione mirabilius cernitur, ubi id quod essentialiter unum est atque individuum, in se ipsum scinditur; et quod simplex in se et sine partibus constat, quasi quadam partitione dividitur. Neque enim in homine uno alia essentia est ejus spiritus, atque alia est ejus anima : sed prorsus una eademque naturæ simplicis substantia. Non enim in hoc gemino vocabulo gemina substantia intelligitur : sed cum ad distinctionem ponitur gemina vis ejusdem essentiæ, una superior per spiritum, alia inferior per animam designatur. In hac utique divisione anima et quod animale est, in imo remanet; spiritus autem et quod spirituale est, ad summa evolat. Ab infimis dividitur, ut ad summa sublimetur; ab anima scinditur, ut Domino uniatur : « Quoniam qui adhæret Deo, unus spiritus est. » (I *Cor.*, VI, 17.) Felix divisio et mirabilis separatio, ubi quod corpulentum et fæculentum est, deorsum remanet; quod spiritale et subtile est, usque ad speculationem divinæ gloriæ sublimatur, et in eadem imaginem transformatur. Pars inferior componitur ad summam pacem et tranquillitatem : pars autem superior sublimatur ad gloriam et jucunditatem. Licet enim mens humana non sit ejus naturæ, cujus est Deus; imago tamen illius naturæ, qua natura nulla melior est, ibi quærenda et invenienda est in nobis, quo etiam natura nostra nihil habet melius. Sed prius mens ipsa in se ipsa consideranda est, et in ea reperienda est imago Dei. Mens igitur quando cogitatione se respicit, intelligit se et cognoscit; quando contemplatione ad Deum ascendit ut eum intelligat et diligat, imago Dei dicenda est : cogitando æterna, vir est : sicut dicit Apostolus : « Vir non debet velare caput suum, cum sit imago Dei et gloria, » (I *Cor.*, XI, 17) id est, (I) quanto magis se extendit in id quod æternum est, tanto magis inde formatur ad imaginem Dei; et ideo non est cohibenda, ut inde se contineat ac temperet. Quando vero ea agit vel cogitat quæ sunt temporalia, mulier appellatur; et tunc non est dicenda imago Dei, et propterea debet velare caput suum, ne nimia sit ejus pro-

---

(1) Ex Aug., lib. X, *de Trinit.*, c. IX.

aller trop loin vers les choses inférieures ; et tout en faisant ce qui est permis, il doit craindre de tomber dans le péché.

CHAPITRE XXXV. — Ce qui nous fait connaître la grande dignité de la condition humaine, c'est que pour créer l'homme, Dieu ne s'est pas contenté de prononcer une parole, comme pour les autres œuvres des six jours ; mais la sainte Trinité a tenu conseil, et l'homme est l'œuvre de la divine Majesté. Cet honneur de sa première origine lui donnait à comprendre tout ce qu'il devait à son Créateur qui lui conférait un si grand privilége de dignité ; et il devait l'aimer d'autant plus, qu'il se considérait comme l'œuvre de ses complaisances particulières. Car non-seulement l'homme a été créé dans une condition excellente, par délibération de la sainte Trinité ; mais Dieu l'a fait à son image et à sa ressemblance, privilége que ne possède aucune autre créature. Cette image, il faut la considérer dans la dignité et la noblesse de l'homme intérieur. D'abord, de même que Dieu qui est un, est toujours tout entier partout, donnant à toutes choses la vie, le mouvement et la direction, selon cette parole de l'Apôtre : « En lui nous avons la vie, le mouvement et l'être ; » (*Act.*, XVII, 28) ainsi l'âme est tout entière et partout la puissance vigoureuse dans son corps, lui donnant le mouvement, la vie et la direction. Elle ne se mesure pas comme si elle était en plus grande quantité dans les principaux membres, et en moindre dans les plus petits ; mais elle est tout entière dans les petits, et tout entière dans les grands. [Elle est unie de telle sorte au corps, qu'elle n'a point besoin de se diviser suivant les différentes parties du corps. Quelle que soit la partie du corps qui soit en souffrance, l'âme tout entière ressent la douleur. Elle préside à la distribution de la vie dans tous les membres par une seule et merveilleuse opération ; et pourtant sa nature n'est point diverse, quoiqu'elle fasse par le corps de choses différentes. C'est elle en effet qui voit par les yeux, qui entend par les oreilles, qui perçoit les odeurs par les narines, qui goûte par la bouche, qui touche par tous les membres, et qui discerne au toucher ce qui est poli ou raboteux, et sans être diverse elle-même, elle fait par les sens des choses très-diverses. Par là nous comprenons que l'âme est dans son corps, comme Dieu est dans son univers. Elle est à l'intérieur et à l'extérieur, au-dessus et en dessous ; supérieure, elle gouverne ; inférieure, elle porte ; intérieure, elle remplit ; extérieure, elle environne. Elle est à l'intérieur, pour être à l'extérieur ; elle environne, pour entrer ; elle préside, pour porter ; elle porte, pour présider ; et de même que Dieu ne suit point le mouvement de croissance ou de décroissance des créatures, ainsi l'âme n'est pas plus petite ni plus grande dans un corps plus petit ou plus développé.] Telle est l'image et la ressemblance du Dieu tout-puissant, que l'âme porte en elle-même.

Elle porte encore sous un autre rapport l'image de la sainte Trinité ; d'abord en ce que comme Dieu qui est, qui vit et qui connaît, l'âme aussi, à sa manière, possède l'être, la vie et la connaissance. Vous trouvez également en elle une Trinité ; en ce qu'elle a été créée à l'image de la Trinité parfaite et souveraine qui est dans le Père, dans le Fils et dans le Saint-Esprit ; et quoique l'âme n'ait qu'une seule

---

gressio ad inferiora ; ne cum licita agit, illicita concupiscat.

CAPUT XXXV. — (1) Tanta dignitas humanæ conditionis esse cognoscitur, ut non solum jubentis sermone, sicut alia sex dierum opera, sed consilio sanctæ Trinitatis, et opera divinæ majestatis creatus sit homo ; et ex primæ conditionis honore intelligeret, quantum deberet suo conditori, dum tantum in conditione mox dignitatis privilegium præstitit ei conditor ; et tanto amplius conditorem diligeret, quanto mirabilius se ab eo conditum intelligeret. Nec ob hoc solum quidem, quod consilio sanctæ Trinitatis sic excellenter a conditore conditus est, sed etiam quod ad imaginem et similitudinem suam Creator omnium cum creavit, quod nulli alteri ex creaturis donavit. Quæ imago diligentius in interioris hominis dignitate et nobilitate est consideranda. Primo quidem, quod sicuti Deus unus semper ubique totus est, omnia vivificans, movens et gubernans, sicut Apostolus ait, quod « in eo vivimus, movemur, et sumus : » (*Act.*, XVII, 28) sic anima in suo corpore ubique tota viget, vivificans illud, movens et gubernans. Nec enim in majoribus corporis sui membris major est et in minoribus minor : sed in minimis tota est, et in maximis tota. [(2) Sic infusa est corpori, ut non per membrorum partes partibus sit divisa. Nam in quolibet loco pars corporis percutitur, tota dolet. Miro autem modo una eademque vivificatione membris præsidens, cum ipsa per naturam non sit diversa, per corpus tamen agit diversa. Ipsa quippe est, quæ per oculos videt, audit per aures, per nares odoratur, per os gustat, per membra omnia tangit, et tangendo leve ab aspero discernit ; et cum non sit diversa, per sensus tamen operatur diversa. Ex qua re intelligitur, quod ita est anima secundum suum modum in suo corpore, sicut Deus est in suo mundo. Interius siquidem et exterius, superius et inferius est : regendo superior, portando inferior, replendo interior, circumdando exterior. Sic est intus, ut extra sit ; sic circumdat, ut penetret ; sic præsidet, ut portet ; sic portat ut præsideat. Et sicut Deus nec crescentibus creaturis crescit, nec decrescentibus decrescit : sic anima nec minutis membris minuitur, nec adauctis augetur.] Hæc est imago sive similitudo omnipotentis Dei, quam anima habet in se.

Quamdam etiam sanctæ Trinitatis habet imaginem : primo in eo, quod sicut Deus est, vivit et sapit ; ita anima secundum suum modum est, vivit et sapit. Est quoque et alia trinitas in ea ; quia ad imaginem perfectæ quidem et summæ Trinitatis, quæ est in Patre et Filio et Sp.ritu sancto, condita est. Et licet unius sit naturæ

---

(1) Ipse est Tractatus alias 13, *in Appendice*, tomi IX, qui inter Ambrosii quoque et Alcuini opera cernitur : et cujus plurima continet ipse Hugonis, qui in Bernardi etiam *Appendice*, editus est, liber III, *Anima*, c. XLVI et XLVII. Confer librum *de salutaribus documentis* hi; postea exhibitum. — (2) Quæ uncinulis claudantur, non sunt apud Ambrosium, nec apud Alcuinum, nec in tract. alias 13, tomi IX.

nature, elle a néanmoins en elle trois puissances, qui sont l'intellect, la volonté et la mémoire ; ce qui nous est montré dans l'Evangile en d'autres termes par ces paroles : « Vous aimerez le Seigneur votre Dieu de tout votre cœur, de toute votre âme et de tout votre esprit ; » (*Matth.*, XXII, 37) c'est-à-dire, de tout votre entendement, de toute votre volonté et de toute votre mémoire. Car de même que le Fils est engendré par le Père, et que le Saint-Esprit procède du Père et du Fils ; ainsi la volonté est engendrée par l'intellect, et de l'une et de l'autre procède la mémoire, ainsi que tout homme réfléchi peut facilement le comprendre. Une âme ne serait pas complète sans ces trois puissances, et on ne peut pas supposer qu'une des trois pourrait exister dans son intégrité sans les deux autres, autant qu'il conviendrait à son état normal. Et de même que Dieu est Père, que Dieu est Fils, que Dieu est Saint-Esprit ; et que cependant ce ne sont pas trois Dieux, mais un seul Dieu et trois personnes ; ainsi l'âme est intellect, l'âme est volonté, l'âme est mémoire, et cependant ce ne sont pas trois âmes dans un même corps, mais une seule âme et trois puissances. Or, avec ces trois facultés, notre homme intérieur porte admirablement dans sa nature l'image divine, et c'est un devoir pour nous d'employer ces forces supérieures de notre âme à aimer notre Créateur, afin que plus nous le connaissons, plus nous l'aimions, et plus nous l'aimons plus nous l'ayons dans notre mémoire. Il ne suffit pas de le connaître, si nous n'avons pas la volonté de l'aimer. Et encore la connaissance et la volonté ne suffiraient pas, si la mémoire ne vient à son tour,

pour que Dieu soit toujours dans l'âme qui connaît et qui aime. Et comme il n'y a pas un seul instant où l'homme n'ait besoin, et ne profite de la bonté et de la miséricorde de Dieu, il ne faut pas non plus que l'homme soit un seul instant sans l'avoir présent dans sa mémoire. C'est pourquoi je pense qu'on a dit avec raison que notre homme intérieur était l'image de Dieu. (*Gen.*, 1, 27.)

Parlons maintenant en quelques mots de la ressemblance. Car de même que Dieu créateur, qui a fait l'homme à son image, est charité, bon et juste, patient et doux, pur et miséricordieux, et possédant toutes les perfections que nous lisons dans la sainte Ecriture ; ainsi l'homme a été créé pour avoir la charité, pour être bon et juste, patient et doux, pur et miséricordieux. Plus l'homme possède de vertus en lui-même, plus il se rapproche de Dieu, et plus il est le portrait de son Créateur. Si au contraire, à Dieu ne plaise, l'homme prend les chemins tortueux du vice et les sentiers des méchants, en reniant son origine et s'écartant de la noble ressemblance de son Créateur, alors s'accomplira cette parole de l'Ecriture : « L'homme, au milieu de sa grandeur, n'a pas compris sa destinée, etc. » (*Ps.* XLVIII, 13.) L'homme pouvait-il recevoir un plus grand honneur, que d'être fait à la ressemblance de son Créateur ; et d'être orné, comme d'un brillant vêtement, des mêmes vertus que possède le Créateur, et dont il est dit : Le Seigneur a régné, il a paru dans son vêtement de gloire, » (*Ps.* XCII, 1) c'est-à-dire orné de la splendeur de toutes les vertus et de l'éclat de toute bonté ? Mais quelle honte pour l'homme et quelle affreuse misère,

---

anima, tres tamen in se vires (*a*) habet, id est intellectum, voluntatem et memoriam : quod idem, licet aliis verbis, in Evangelio designatur, cum dicitur : « Diliges Dominum Deum tuum ex toto corde tuo, et ex tota anima tua, et ex tota mente tua, » (*Matth.*, XXII, 37) id est, ex toto intellectu tuo, et ex tota voluntate tua, et ex tota memoria tua. Nam sicut ex Patre generatur Filius, et ex Patre Filioque procedit Spiritus sanctus ; ita ex intellectu generatur voluntas, et ex his ambobus procedit memoria, sicut facile a sapiente quolibet potest intelligi. Nec enim anima perfecta potest esse sine his tribus, nec horum trium aliquod sine aliis duobus integrum constat, quantum ad suam pertinet (*b*) habitudinem. Et sicut Deus Pater, Deus Filius, Deus Spiritus sanctus ; non tamen tres dii, sed unus Deus et tres personæ : ita anima intellectus, anima voluntas, anima memoria ; non tamen tres animæ in uno corpore, sed anima una et tres vires. Atque in his tribus divinam imaginem gerit mirabiliter in sua natura noster interior homo, et ex his quasi excellentioribus animæ viribus jubemur diligere Conditorem, ut in quantum intelligitur, diligatur ; et in quantum diligitur, semper in memoria habeatur. Nec solum sufficit de eo intellectus, nisi fiat in amore ejus voluntas. Imo nec hæc duo sufficiunt, nisi memoria addatur, qua semper in mente intelligentis et diligentis

maneat Deus : (1) Ut sicut nullum potest esse momentum, quo homo non utatur vel fruatur Dei bonitate et misericordia ; ita nullum sit momentum, quo præsentem non habeat eum in memoria. Et ideo mihi juste videtur dictum, nostrum interiorem hominem esse imaginem Dei. (*Gen.*, 1, 27.) (*c*)

Nunc vero de similitudine aliqua dicamus. Nam sicut Deus creator, qui hominem ad imaginem suam creavit, est caritas, bonus et justus, patiens et mitis, mundus et misericors, et cætera sanctarum virtutum insignia quæ de eo leguntur : ita homo creatus est, ut caritatem haberet, ut bonus esset et justus, patiens atque mitis, mundus et misericors. Quas virtutes quanto plus quisque in se ipso habet, tanto propior est Deo, et majorem sui Creatoris gerit similitudinem. Si vero, quod absit, aliquis per devia vitiorum et diverticula malorum ab hac nobilissima sui Conditoris similitudine degener aberrat, tunc fiet de eo quod scriptum est : « Homo cum in honore esset, non intellexit, » (*Psal.* XLVIII, 13) etc. Quis major honor esse potuit homini, quam ut ad similitudinem sui Conditoris conderetur, et eisdem virtutum vestimentis ornaretur, quibus et Conditor, de quo legitur : « Dominus regnavit, decorem indutus est, » (*Psal.* XCII, 1) id est, omnium virtutum splendore et totius bonitatis decore ornatus ? Vel quod majus homini potest esse

---

(1) Ita in *Manuali*, c. XXIX.

(*a*) Ambrosius, Alcuin. et tract. alias 13, tract. IX, hic et infra habent, *dignitates*. — (*b*) In plerisque libris, *beatitudinem*. — (*c*) Plura hic apud Ambrosium inserta.

quand il vient à perdre cette gloire de ressemblance avec son Créateur, et qu'il se dégrade jusqu'à la difformité des brutes et des bêtes sans raison ? Il faut donc que l'homme se rappelle avec une attention scrupuleuse l'excellence de sa première condition, voyant en lui-même l'image adorable de la sainte Trinité, et s'efforçant de conserver l'honneur de cette divine ressemblance, pour laquelle il a été créé, par la noblesse de ses mœurs, par la pratique des vertus, par la dignité de ses mérites ; afin que, quand il apparaîtra tel qu'il est, il apparaisse semblable à Celui qui l'a créé, d'une manière admirable, à sa ressemblance dans le premier homme, et qui l'a reformé d'une manière plus admirable encore dans le second, c'est-à-dire en sa personne.

CHAPITRE XXXVI. — Il y a de grands rapports de convenance entre Dieu et l'âme. Car Dieu est vie, est esprit, sagesse et amour. L'âme aussi est vie, est esprit, où se trouve sagesse et amour. [Dieu est vie, l'âme aussi est vie, comme Dieu, mais d'une autre manière ; comme Dieu parce qu'elle est vie, parce qu'elle est vivante de sa vie, et non-seulement vivante, mais vivifiant, comme Dieu qui est tout cela ; mais d'une autre manière, parce que Dieu est créateur et l'âme créature. Si Dieu ne l'eût pas créée, elle n'existerait pas ; si Dieu ne la vivifiait, elle ne vivrait pas. L'âme vit de sa vie naturelle, quand même elle ne vivrait pas de la vie spirituelle ; mais une pareille vie est plutôt la mort que la vie ; « car la mort du pécheur est une mort affreuse. » (*Ps.* xxxiii, 22.) L'âme en effet qui vit selon la chair, est vivante et elle est morte ; et il vaudrait mieux pour elle ne pas vivre que de vivre ainsi. L'âme est vie, vivante à la vérité, mais étant à elle-même sa propre vie, et par conséquent elle est moins vivante qu'elle n'est la vie. C'est pourquoi elle est unie au corps et se vivifie, afin que le corps profite de la présence de la vie, pour être, non pas la vie, mais vivant. L'âme a été créée par Dieu, vie par la vie, simple par l'être simple, immortel par l'être immortel, et de cette manière elle n'est pas à une grande distance de son Créateur, dont elle paraît se rapprocher par la simplicité de son essence et par la perpétuité de sa vie. Lors même qu'elle n'aurait pas la vie spirituelle, c'est une nécessité pour elle d'être immortelle. L'âme a été créée grande par celui qui est grand, droite par celui qui est droit ; grande parce qu'elle a la capacité des choses éternelles ; droite, parce qu'elle aspire aux choses supérieures ; bienheureuse, parce qu'elle est unie à Dieu. Quand Dieu regarde une âme en pitié, l'humilité la rend soumise, la pénitence la ramène, la justice la dirige, l'obéissance la conduit, la persévérance la soutient, la dévotion l'introduit, la pureté la rapproche, la charité l'unit.]

L'âme possède en elle-même l'amour, avec lequel elle peut toujours demeurer avec Dieu, ou revenir à lui, si ses affections, ou plutôt ses défections l'ont emportée loin de Dieu. Il n'y a que l'amour, entre toutes les affections et les sentiments de l'âme, avec lequel elle puisse répondre à son auteur et le payer de retour, sinon d'une manière égale, du moins d'une manière semblable ; et si elle aime moins que Dieu, parce qu'elle est plus petite, du moment qu'elle aime tout entière, il ne manque rien, si tout y est.

---

dedecus aut infelicior miseria, quam ut hac similitudinis gloria sui Conditoris amissa, ad informem et irrationalem brutorum jumentorumque similitudinem dilabatur ? Quapropter quisque diligentius attendat primæ conditionis suæ excellentiam, et venerandam sanctæ Trinitatis in se ipso imaginem agnoscat, honoremque divinæ similitudinis, ad quam creatus est, nobilitate morum, exercitatione virtutum, dignitate meritorum habere contendat : ut quando apparebit qualis sit, tunc similis ei appareat, qui mirabiliter eum ad similitudinem suam in primo homine condidit, mirabiliusque in secundo ; id est, in se ipso reformavit.

CAPUT XXXVI. — Magna convenientia est inter Deum et animam. Deus namque vita est, spiritus est, sapientia est et amor. Vita etiam anima est, spiritus est, in quo spiritu sapientia est et amor. [(1) Vita Deus est, vita et anima est, similis, sed dispar : similis, quod vita, quod se ipsa vivens, quod non tantum vivens, sed etiam vivificans, sicut et ille hæc omnia est ; dispar, quoniam ille creator est, et ista creatura. Nisi enim ab illo creata esset, non esset : et nisi ab illo vivificata, non viveret. Vivit anima naturali vita ; etiam si spiritali non vivat, sed talis vita mors est potius quam vita : quoniam « mors peccatorum pessima. » (*Psal.* xxxiii, 22.) Anima quidem quæ « secundum carnem vivit, vivens mortua est ; » et ideo bonum erat illi non vivere, quam sic vivere. (2) Vita anima est, vivens quidem, sed non aliunde quam se ipsa ; et ob hoc non tam vivens, quam vita est. Inde est quod anima corpori vivificat illud, ut sit corpus de vitæ præsentia, non vita, sed vivens. (3) Creata est anima a Deo, vita a vita, simplex a simplici, immortalis ab immortali, ut non sit longe a Creatore suo, cui appropiare videtur simplicitate essentiæ et perpetuitate vitæ. Licet enim spiritaliter non vivat, immortaliter tamen necesse est ut vivat. Creata est anima (4) magna a magno, recta a recto : eo magna, quo capax æternorum ; eo recta, quo appetens supernorum ; eo (*a*) beata, quo Deo, unita. Anima namque quam Dei pietas respicit, humilitas subjicit, pœnitentia reducit, justitia deducit, obedientia conducit, perseverantia perducit, devotio introducit, puritas jungit, caritas unit.]

(5) Habet anima in se amorem, quo semper potest stare cum Deo, aut redire, si mota cum suis affectibus, imo defectibus ab eo fuerit. (6) Solus est amor ex omnibus animæ affectibus atque sensibus, in quo potest anima, etsi non ex æquo, suo respondere auctori, vel de simili mutuam rependere vicem : (7) et si minus amat, quoniam minor est ; tamen si ex tota se diligat, nihil deest ubi totum est. Renuntians ergo cunctis affectionibus aliis, tota soli incumbat amori, effundens se totam in amorem illius, cui

---

(1) Bernardus, ser. XVIII, *in Cant.*, n. 4. — (2) Ibid., n. 3. — (3) Ibid., n. 4. — (4) Ex cod. Bern., ser. LXXX, *in Cant.* — (5) Idem, ser. LXXXIII, *in Cant.*, n. 2. — (6) n. 4. — (7) n. 6.

(*a*) Ms. Med. *bona*.

Il faut donc qu'elle renonce à tout autre affection, pour se donner tout entière à l'amour, et se verser tout entière dans le sein de Dieu, puisqu'elle peut répondre à l'amour de Dieu pour elle. Car Dieu aime pour être aimé, et lorsqu'il aime il ne veut pas autre chose que l'amour, sachant que l'amour seul peut rendre heureux ceux qui l'aimeront. C'est par amour qu'il est venu vers l'homme, qu'il est venu dans l'homme, qu'il s'est fait homme ; et ses délices sont d'être avec les enfants des hommes. (*Prov.*, VIII, 32.) Nos délices, à nous, ce sera lorsque nous viendrons à lui, que nous le verrons tel qu'il est, et que nous serons semblables à lui. (*Jean*, III, 2.) Alors ce sera la claire vision, la pleine connaissance, la vraie dilection, l'union inébranlable, la société indivisible, la ressemblance parfaite, et la vie bienheureuse, pour l'éternité et au delà de toutes les éternités. Car de même que le corps dans sa résurrection recouvrera la vie et le sens, ainsi l'âme ressuscitée recouvrera la vie et le sens, c'est-à-dire la connaissance et l'amour de Dieu. Or, la connaissance, c'est la vie éternelle, comme nous l'affirme la vérité elle-même par cette parole : « La vie éternelle, c'est de vous connaître vous le seul Dieu véritable, et Jésus-Christ que vous avez envoyé. » (*Jean*, XVII, 3.) L'amour est aussi le sens de l'âme. Car de même que l'homme extérieur possède cinq sens, pour se mettre en rapport avec les choses extérieures, la vue, l'ouïe, l'odorat, le goût, et le toucher ; ainsi l'homme intérieur dans la vie bienheureuse aimera Dieu d'une manière ineffable, et trouvera en lui, sous les cinq rapports qui lui conviennent, des satisfactions ineffables. Car il aimera son Dieu, [et Dieu sera pour lui en quelque sorte la lumière, l'harmonie, l'odeur, la nourriture et l'embrassement de l'amour. Il y aura là une lumière que l'espace ne saurait contenir, une harmonie que le temps n'emporte pas, une odeur que le vent ne saurait dissiper, un goût qui ne se fatigue pas, un attachement qui ne connaît pas l'ennui.] Là on voit Dieu sans interruption, on le connaît sans illusion, on l'aime sans se troubler, on le loue sans se fatiguer.

CHAPITRE XXXVII. — L'âme est une noble créature. Elle est la cité de Dieu, dont on a dit des choses si glorieuses (*Ps.* LXXXVI, 3), parce qu'elle est faite à l'image et à la ressemblance de Dieu. (*Gen.*, I, 27.) Cette cité s'appelle avec raison Jérusalem, parce qu'elle a été créée par la jouissance de cette paix souveraine qui produit l'unité. (*Ephes.*, II, 14.) Son intelligence est un paradis, où l'on médite les choses célestes, et où l'on goûte des délices comme dans un paradis de volupté. L'âme est la maison du Père de famille à cause de l'ordre et de l'union ; elle est l'épouse du Christ, par l'affection ; le temple du Saint-Esprit, par la sanctification ; la cité du grand roi, à cause de la paix et de la concorde des citoyens. Et comme une cité suppose une population, notre fondateur a mis dans la sienne une population divisée en trois classes : les sages pour gouverner, les soldats pour défendre, les ouvriers pour servir. Les citoyens de cette cité sont les puissances naturelles et innées de l'âme, et qui représentent les indigènes, formant trois catégories distinctes : les supérieurs, les inférieurs, et les mitoyens. Les supérieurs, ce sont les sens intellectuels ; les mitoyens, ceux de la raison ; les inférieurs, ceux de la partie animale ; et

---

respondere habet in redhibendo amore. (1) Amat si quidem Deus ut ametur, et cum amat, nil aliud vult quam amari, sciens ipso amore beatos qui se amaverint. Per amorem venit ad homines, venit in homines, factus est homo, et deliciæ illius esse cum filiis hominum. (*Prov.*, VIII, 32.) Nostræ vero deliciæ erunt cum ad eum veniemus, et videbimus eum sicuti est, atque similes ei erimus. (1 *Joan.*, III, 2.) Tunc erit (2) manifesta visio, plena cognitio, vera dilectio, firma conjunctio, societas individua, similitudo perfecta, et vita beata, in æternum et ultra in perpetuas æternitates. Sicut enim corpus in resurrectione sua vitam et sensum recipiet; sic anima in resurrectione sua vitam et sensum recipiet, id est, cognitionem et amorem Dei. Quod autem cognitio sit vita æterna, ipsa Veritas affirmat dicens : « Hæc est vita æterna, ut cognoscant te verum Deum, et quem misisti Jesum Christum. » (*Joan.*, XXVII, 1.) Amor etiam sensus est. Nam sicut exterior homo circa ista temporalia quinquepertito sensu afficitur, id est, visu auditu, gustu, odoratu et tactu : sic interior homo in beata vita circa quinque ineffabilia Dei ineffabili amore afficietur. Cum enim Deum suum amabit, [(3) quamdam lucem, quamdam vocem, quemdam odorem, quemdam cibum, et quemdam amplexum interiorem amabit. Ibi enim fulget quod non capit locus. Ibi sonat quod non rapit tempus.

Ibi olet quod non spargit flatus. Ibi sapit quod non minuit edacitas. Ibi hæret quod non divellit satietas.] Ibi si quidem videtur Deus sine intermissione, cognoscitur sine errore, amatur sine offensione, laudatur sine fatigatione.

CAPUT XXXVII. — Nobilis creatura est anima. Civitas namque Dei est, de qua tam gloriosa dicta sunt (*Psal.* LXXXVI, 2), quod ad imaginem et similitudinem Dei facta est. (*Gen.*, I, 27.) Hæc civitas Jerusalem merito appellanda est; quia ad fruendum visione illius summæ pacis (*Ephes.*, II, 14), quæ facit utraque unum, creata est. Mens ejus paradisus est, in qua cum cœlestia meditatur, quasi in paradiso voluptatis delectatur. (4) Domus etiam summi patris familias est anima, propter unitatem morum; sponsa Christi, per dilectionem ; templum Spiritus sancti, per sanctificationem; civitas regis æterni, propter pacem et concordiam civium. Et quia nulla est civitas absque populo, disposuit in ea Conditor noster populum triplicis gradus; id est, sapientes ad consulendum, milites ad propugnandum, artifices ad ministrandum. Cives hujus civitatis, sunt naturales et ingeniti animæ vigores, tanquam indigenæ : quorum distincti sunt gradus; quia alii superiores, alii inferiores, alii medii. Superiores quidem sunt, intellectuales sensus; medii, rationales; infimi, animales. Quorum differentia hæc est. Animalis sive

(1) Ex Bern., serm. LXXX in *Cant.* n. 4. — (2) Ex fine ser. Bern., VIII, in *Cant.* — (3) Ex lib. X, *Conf.*, VI, 6. — (4) Ex Bern., ser. V, in Dedicat., n. 7.

voici leur différence. Le sens animal ou sensuel recherche les choses visibles. Le sens raisonnable les juge, et avec l'œil de la discrétion il les dédaigne. Le sens intellectuel nous pousse vers les choses divines. Les sens intellectuels sont les conseillers de l'âme et ils lui disent : « Crains Dieu et observe ses commandements, car c'est là tout l'homme. » (*Eccl.*, XII, 13.) Les sens de la raison sont les soldats qui repoussent l'ennemi, c'est-à-dire les passions, par les armes de la justice. Les sens de la partie animale ou sensuelle sont comme les cultivateurs et les ouvriers, qui s'occupent aux travaux grossiers et manuels pour fournir aux besoins du corps. Cette triple force de l'âme est donc la force sensuelle, raisonnable et intellectuelle, que les philosophes ont appelée les parties, non intégrales, mais virtuelles de l'âme, parce qu'elles sont les puissances. La force sensuelle est cette puissance de l'âme qui anime le corps, et qui au moyen des sens perçoit et discerne les choses extérieures. Tous les sens, extérieurs et intérieurs, se rapportent à l'âme, comme procédant de l'âme, et sans l'âme ils cesseraient d'être sens. La raison est cette puissance qui domine sur les choses corporelles ; mais elle est subordonnée à l'ordre des choses spirituelles ; elle distingue le vrai du faux, par la logique ; la vertu, du vice, par l'éthique ; elle étudie par l'expérience la nature des choses, c'est la physique. Ce sont là les trois branches de la philosophie, et toute la philosophie est du domaine de la raison. L'intellect ou l'intelligence est cette puissance de l'âme qui entre dans la connaissance des choses divines, autant qu'il est possible à l'homme. Car pour pénétrer dans les secrets du ciel, la raison ne suffit pas par elle-même, il faut qu'elle soit aidée de Dieu. Le résultat qu'obtient la raison, lorsqu'elle jouit de son plein pouvoir, en arrivant à la connaissance des secrets qu'elle a longtemps cherchés, s'appelle l'intellect ou l'intelligence. Boëce pourtant veut que l'intelligence soit le privilége de Dieu seul et d'un très-petit nombre d'hommes, mais souvent 'on prend l'un pour l'autre. La mémoire aussi est la compagne et la coopératrice de la raison ; parce que sans elle la raison ne peut faire un pas vers l'inconnu, ni conserver la science acquise. La mémoire est cette puissance de l'âme, qui conserve les dépôts, qui vit dans le passé, et qui retrouve les choses perdues. L'homme, avec son appétence naturelle, est placé entre les choses supérieures et les choses inférieures, souvent divisé et en lutte avec lui-même pour les unes ou pour les autres ; ce désir, suivant qu'il se porte en haut ou en bas, prend le nom qui lui convient. S'il se repaît des voluptés de la chair, c'est l'appétence charnelle ou animale ; s'il cherche sa jouissance dans les choses spirituelles, c'est l'appétence spirituelle. Cette appétence est donc une force naturelle que possède tout être animé, pour exciter les sens et les mettre en mouvement.

CHAPITRE XXXVIII. — J'ai souvent parlé des forces de l'âme, et il est nécessaire de les définir ; c'est le moyen de mieux comprendre tout ce que nous avons dit de l'âme, et ce que nous en dirons. La sensualité, le sens, l'imagination dépendent du corps aussi bien que de l'âme. La sensualité corporelle est une certaine puissance qui ressemble au feu. La sensualité de l'âme ou l'animalité, c'est cette force inférieure de l'âme qui fait obéir la chair comme une servante

sensualis appetit visibilia. Rationalis discernit, et discretionis oculo aspernatur ea. Intellectualis pertrahit ad divina. Intellectuales igitur sensus sunt tanquam animæ consiliarii, dicentes ei : « Deum time, et mandata ejus observa. Propter hoc enim est omnis homo. » (*Eccle.*, XII, 13.) Rationales sunt tanquam milites, qui hostes, puta concupiscentias, impugnant per arma justitiæ. Animales seu sensuales sunt tanquam rustici et artifices, qui corporalibus rudimentis insistunt, et corpori necessaria ministrant. Hanc triplicem vim animæ, id est, sensualem, rationalem, et intellectualem, Philosophi partes vocaverunt, non integrales, sed virtuales : quia potentiæ ejus sunt. Sensualitas ea vis animæ est, qua corpus vegetat, et per corporis sensus ista exteriora sentit et discernit. Omnes enim sensus, tam exteriores quam interiores, ad animam referuntur, ut pote ab illa procedentes : ut enim sentiant, omnes ab anima habent. Ratio vis est animæ supra corporalia, et infra spiritalia collocata : secernit enim vera a falsis, quod est Logicæ ; virtutes a vitiis, quod est Ethicæ ; et per experimenta rerum investigat naturas, quod est Physicæ. In his vero tribus tota Philosophia consistit. Totam igitur Philosophiam ratio comprehendit. Intellectus sive intelligentia, ea vis animæ est, qua de divinis, quantum homini possibile est, cognoscitur. Ad cœlestia enim arcana penetranda ratio per se non sufficit, nisi a Deo adjuta fuerit. Tunc finis ejus, si bene viget, cum ad notitiam secretorum, quæ diu investigando quæsivit, pervenerit, intellectus seu intelligentia nuncupatur. Boetius tamen dicit intelligentiam solius Dei esse et admodum paucorum hominum : sed horum alterum pro altero sæpe ponitur. Memoria etiam consors et cooperatrix est rationis ; quoniam sine ea ratio nec ad incognita procedere, nec cognitorum scientiam retinere potest. Memoria est vis animæ accepta retinens, præterita repetens, elapsa recolligens. Humanus appetitus inter summa et ima positus, cum plerumque in utraque divisus sibimetipsi sit contrarius, in quamcumque partem totus transierit, nomen ejus merito sortitur. Si carnis voluptatibus pascitur, carnalis sive animalis nominatur. Si spiritalibus desideriis, delectatur, spiritalis nuncupatur. Appetitus si quidem est naturalis vis in animante movendis avide sensibus attributa.

CAPUT XXXVIII. — Quoniam de viribus animæ sæpe mentionem feci, definire eas debeo ; quatenus quæ de anima dicta vel dicenda sunt, evidentius intelligi possint. Sensualitas, sensus, imaginatio tam corporis quam animæ dici possunt. Sensualitas corporis est quædam vis ignea. Sensualitas sive animalitas animæ, est inferior vis ejus, quæ secum trahens sensualitatem carnis, velut famulam et obedientem, sensus et imaginationes facit, easque in arca memoriæ reponit. [(1) In sensu instru-

---

(1) Hugo Vict., *de unione corp. et spir.*

TOM. XXII.

qui obéit à sa maîtresse; elle forme les sensations et les imaginations, et les met en dépôt dans les archives de la mémoire. Cette puissance est l'instrument des sensations et le principe de l'imagination. Prenant une forme extérieure qu'on appelle sensation, elle revient sous la même forme à l'intérieur et s'appelle l'imagination. Ainsi la sensation engendre l'imagination, l'imagination la pensée, la pensée engendre la méditation. La méditation aiguise le génie, et le génie aiguise la raison; la raison conduit à l'entendement, l'entendement à l'intelligence, l'intelligence par la contemplation admire la vérité elle-même, et par la charité elle goûte toutes ses douceurs. La sensation est une impression qu'éprouve l'âme dans le corps, en présence des objets extérieurs et de leurs qualités. L'imagination est cette puissance de l'âme qui voit distinctement les formes sensibles, en l'absence de tout corps et de toute sensation. La pensée, c'est l'âme qui s'occupe d'un objet quelconque. La considération, c'est l'âme qui applique fortement sa pensée. La méditation, c'est l'âme qui tourne et retourne sa pensée pour chercher le mode, la cause et la raison de chaque chose. Le génie est une force que la nature a gravée dans une âme, et ayant sa valeur propre. La raison est une autre puisssance de l'âme, qui discerne et juge toutes choses, surtout lorsqu'elle s'applique aux choses spirituelles, et qu'elle conserve en elle-même l'image de Dieu. L'entendement est la perception des choses qui existent véritablement. L'intelligence est la connaissance pure et certaine qui remonte aux principes des choses, Dieu, les idées, la matière, les substances incorporelles. La contemplation, c'est la vérité vue dans toute sa clarté et avec la joie de l'admiration. La charité, c'est l'union des esprits, la société des élus, la vie des âmes bienheureuses et des anges, parce que les âmes et les anges ne vivent que par la charité.

Chapitre XXXIX. — L'âme raisonnable et intellectuelle est faite à l'image et à la ressemblance de Dieu, pour le connaître, étant son image, et l'aimer, étant sa ressemblance. Comme image de Dieu, elle a la raison; comme sa ressemblance, la charité. La charité représente en elle-même la sainte Trinité. La raison l'entrevoit, et la recherche dans le calme de ses réflexions; mais la charité la trouve et se repose dans cette vue qui fait le bonheur. Pendant cette vie la foi marche à sa suite, l'espérance l'accompagne jusqu'au ciel, et la charité l'embrasse éternellement. L'âme spirituelle, ou l'intelligence raisonnable, doit donc d'abord regarder son Créateur, puis la créature qu'il a faite, et par un acte du libre arbitre, tout rapporter à lui, soi-même et les autres créatures. Ainsi doit se montrer dans l'homme la Trinité, par les manifestations de la charité, et l'homme doit toujours représenter la charité, et toujours la regarder, lui qui est la brillante image de la Trinité. C'est ainsi que l'homme conservera la ressemblance de Dieu, portant déjà naturellement son image. Que l'image de Dieu se montre donc dans l'intelligence raisonnable, dans l'âme spirituelle et dans la dignité du libre arbitre. Montrons la ressemblance de Dieu dans nos mœurs suivant les règles de la nature, dans nos œuvres suivant les lois de la justice, par nos vertus suivant les dons de la grâce, afin que nos mœurs embellissent la nature, que nos œuvres prouvent la justice, et que nos vertus soient un perfectionnement

mentum est (a) sensualitatis et origo imaginationis. Ipsa namque vis ignea, quæ extrinsecus formata sensus dicitur, eadem forma usque ad intimum traducta, imaginatio vocatur.] Sensus itaque parit imaginationem, imaginatio cogitationem, cogitatio meditationem. Meditatio acuit ingenium, ingenium rationem: ratio conducit ad intellectum, intellectus ad intelligentiam, intelligentia per contemplationem ipsam veritatem admiratur, et per caritatem in ea delectatur. (1) Sensus est passio animæ in corpore ex qualitatibus extra accidentibus. Imaginatio est vis animæ, quæ figuras corporearum rerum absente corpore sine exteriori sensu dignoscit. Cogitatio est circa quælibet animi occupatio. Consideratio est intenta cogitatio. (2) Meditatio est frequens cogitatio modum, et causam, et rationem uniuscujusque rei investigans. (3) Ingenium est vis quædam naturaliter animis insita, per se valens. Ratio est quædam vis animæ, quæ omnia discernit et judicat; sed maxime cum inhiat spiritalibus, et imaginem Dei in se conservat. Intellectus est rerum vere existentium perceptio. (4) Intelligentia est de solis rerum principiis, id est, de Deo, ideis, hyle, et de incorporeis substantiis pura et certa cognitio. Contemplatio est perspicuæ veritatis jucunda admiratio. Caritas est concordia mentium, et societas electorum, vita beatarum animarum et Angelorum, quia nec animæ nec Angeli nisi per caritatem vivunt.

Caput XXXIX. — Anima rationalis et intellectualis facta est ad imaginem et similitudinem Dei, ut factorem suum pro imagine cognoscat, et pro similitudine diligat. Ex imagine namque Dei habet rationem, et ex similitudine caritatem. Caritas vero in se ipsa repræsentat Trinitatem. Hanc ratio sentit, et pacata requirit: hanc caritas invenit, et videndo beata quiescit. Hanc in præsenti fides sequitur, spes in cœlum usque comitatur, caritas perenniter amplexatur. Mens itaque spiritalis, seu intelligentia rationalis, primo Creatorem suum aspiciat; deinde creaturam ipsius videat; et mediante arbitrii libertate ad eum, qui condidit omnia, se et cætera referat. Sic in homine Trinitas appareat, quam caritas manifestat, ut caritatem semper homo exhibeat, semperque conspiciat is, quem Trinitatis imago perornat. Sic homo ejus servabit similitudinem, cujus in se naturaliter portat imaginem. Appareat ergo imago Dei in intelligentia rationali, in mente spiritali, in honore liberi arbitrii. Appareat similitudo Dei in moribus pro natura, in operibus pro justitia, in virtutibus pro gratia: ut moribus natura perornetur, operibus justitia comprobetur, ut gratia virtutibus compleatur, et sic semper Domino præ-

(1) Hug. Vict., lib. II, *Erud. didasc.*, c. vi. — (2) Idem, ibid. l. III, c. xi. — (3) Idem, ibid. c. viii. — (4) Ibid., lib. II, c. vi.
(a) Al. *sensualitas*.

de la grâce, et que l'homme soit ainsi digne d'être mis en face sous les regards du Seigneur. L'âme anime également tout entière le corps de l'homme tout entier. Elle est la vie inspirée par Dieu à l'homme, sans être tirée d'une matière préexistente, mais faite par Dieu de rien. L'Ecriture nous dit en parlant des autres animaux : « Que les eaux produisent, etc., que la terre produise une âme vivante. » (*Gen.*, I, 20.) Mais ce n'est pas l'eau, ce n'est pas la terre qui a produit notre âme ; c'est Dieu dont elle est le souffle, souffle de vie, nature raisonnable faite à l'image et à la ressemblance de Dieu. (*Gen.*, II, 7.)

CHAPITRE XL. — L'âme n'est pas une portion de Dieu, sa mutabilité en est une preuve. Or, Dieu est immuable. Quant à l'âme elle change souvent, tantôt condamnée pour ses fautes, tantôt punie pour son malheur. Pourtant elle ne serait jamais malheureuse, si elle ne s'éloignait pas de Dieu. Elle s'en éloigne quand elle pèche, et le tourment la poursuit, quand elle s'en est éloignée. En se séparant de son unique bien, elle s'égare de mille manières, se livre à tous les déréglements, et finit par tomber dans un état de mort et d'accablement. Aussi tout se trouble dans l'homme, le corps, la mémoire, les sens qui s'engourdissent dans la pauvreté et la stupidité. Le corps souffre, tombe en langueur, et déjà la mort est à sa porte. L'homme, en s'éloignant de Dieu, se pervertit par le péché, parce que se révoltant contre Dieu, il est en guerre avec lui-même, et porte en lui-même la peine qu'il mérite. L'âme n'est pas faite d'une matière informe, mais elle reçoit, dans l'instant de sa création, la forme qu'elle doit avoir, comme étant faite à l'image et à la ressemblance de Dieu. Si elle s'en éloigne, elle devient informe, comme coupable, comme n'étant plus semblable à son modèle ; et pourtant elle ne perd pas la raison ; et portant encore l'image de Dieu, elle peut être reformée. Il faut dire aussi que, malgré le péché qui l'enveloppe toute entière, et qui la rend semblable à la bête, elle ne devient pas pour cela l'âme d'une bête et ne passe pas dans un autre corps. L'âme aura toujours, maintenant et dans l'éternité son même corps avec lequel elle ne fait qu'une seule personne. Mais elle ne devient pas corps pour cela, malgré son abrutissement. Elle est toujours cette nature qui ne se divise pas, et qui n'est pas enfermée dans un espace. Elle n'est pas en plus grande quantité dans les principaux membres du corps, et en moindre dans les plus petits. Car l'âme raisonnable est toujours un esprit, si enfoncée qu'elle soit dans l'abîme du mal ; et partout où elle est, elle est là tout entière.

L'âme ne passe pas du père au fils, comme si les deux n'avaient qu'une seule âme. « C'est à moi, dit le Seigneur, qu'appartient l'âme du père, c'est à moi qu'appartient l'âme du fils. » (*Ezéch.*, XVIII, 4.) Le père, en engendrant, ne transmet pas non plus à son fils une portion de son âme ; car l'âme, quant à sa substance, ne peut ni se partager ou se diviser, ni être augmentée ou diminuée. Elle ne peut être plus grande, mais meilleure. Si elle se transmettait par parties, elle serait donc corporelle. S'il était vrai, suivant le rêve insensé de quelques hommes, que l'acte de la génération opérât la transmission de l'âme avec la semence corporelle, il s'ensuivrait des conséquences que l'honnêteté et la raison ne permettent pas d'admettre, et qu'on ne doit ni dire ni penser, quand il s'agit de l'âme raisonnable. Il ne convient pas de révéler ce qui est obscène, et de

---

sentetur. Anima totum corpus hominis tota pariter animat. Est quidem inspirata a Deo homini vita, (1) non de præjacenti materia, sed de nihilo facta ab eo. De cæteris animantibus Scriptura dicit : « Producant aquæ, etc. Producat terra animam viventem. » (*Gen.*, I, 20, 24.) Animam vero non aqua, non terra produxit, sed Deus inspiravit ; non tamen quam vivam vel viventem, sed spiraculum vitæ, rationale ex Dei imagine, factum ex Dei similitudine. (*Gen.*, II, 7.)

CAPUT XL. — Anima non est pars Dei. Probat hoc mutabilitas quam incurrit. Deus enim immutabilis est : hæc sæpe mutata, pro culpa quandoque damnata, pro pœna quoque fit misera. Nihil ei etiamsi nocere posset nisi a Deo recessisset. Recessit autem quando peccavit. Proinde torquetur misera, a Deo refuga. Ab uno disjuncta spargitur ad multa, et pro sua intemperantia fit morbida, fit molesta. Ea propter sensus corporei turbata memoria turbati hebetes fiunt, marcidi et stupidi. Inde caro patitur, languores oriuntur, et mors violenta pervagatur. Homo quidem a Deo aversus, peccando perversus, quia a Deo dissentit, dissidet et sibi, portatque in se ipso pœnam de se ipso. Anima non formatur ex materia informi, sed in sua creatione formam accepit, qua facta est ad imaginem et similitudinem Dei. A quo si avertitur, remanet informis ; (a) quia rea, quia dissimilis : nec ideo tamen efficitur irrationalis ; quia gestat imaginem Dei, unde et potest reformari. Sed nec etiamsi tota peccato concludatur, et licet pro insipientia jumento comparetur, ideo fit anima pecoris vel alterius corporis. Ipsum enim corpus et nunc et in fine semper est habitura, cum quo facta est una persona. Sed nec ideo fit corpus, etiamsi penitus hebetetur. Non enim distrahitur partibus, nec loco concluditur. Non est major in majoribus, nec minor in minoribus sui corporis partibus vitæ idoneis. Spiritus namque est anima rationalis, quantislibet obruta malis ; et ubicumque est, tota est.

Non traducitur a patre in filium, ne una sit anima amborum. « Sicut, inquit Dominus, anima patris, sic anima filii mea est. » (*Ezech.*, XVIII, 4.) Nec pars animæ patris in filium, dum generat, se transfundit. Partiri namque seu dividi, augeri vel minui, pro substantia sua spiritus nescit. Non enim potest esse major, sed melior. Si enim particulariter transfunderetur, corporeus esse probaretur. Quod si, ut delirant aliqui, semen animæ cum semine carnis haberet generando transfundi, multa quidem inhonesta et impossibilia possent exinde reclamari, quæ de spiritu rationali nec dici debent neu opinari. Indecens

---

(1) Hugo, lib. I, de Sacram. fidei, p. 6, c. III.
(a) Al. *Quia Deo dissimilis.*

lever le voile qui couvre le mystère de la génération.

CHAPITRE XLI. — Nous disons donc que chaque jour a lieu la création de nouvelles âmes qui sortent du néant, mais toujours conformément au type ancien que Dieu a établi et qui n'est pas nouveau. Telles il les a faites au commencement, le sixième jour, pour l'homme et pour la femme (*Gen.*, 1, 27), telles il les fait chaque jour pour chaque individu, pour une nouvelle création, mais non sur un nouveau modèle. « Mon Père, dit le Sauveur, agit toujours, et moi aussi. » (*Jean*, v, 17.) Le Père agit toujours ainsi que le Fils ; son opération est toujours nouvelle, mais son plan ne change pas ; agissant sous le premier rapport, il repose sous le second. Les choses corporelles, depuis leur première création sont toujours les mêmes ; vous n'en voyez aucune de création nouvelle ; elles ont toutes existé, au premier jour, et se développent avec le temps sous une forme nouvelle. Quant aux âmes, elles n'ont pas toutes été créées en même temps dans leur essence, mais en considérant le type, par lequel elles sont faites à l'image et à la ressemblance de Dieu, on dit qu'elles ont été faites en même temps, mais sans avoir l'existence simultanée. Elles n'existent donc pas en même temps dans leur essence ; mais elles ont été faites en même temps, d'après le type invariable, à l'image et à la ressemblance de Dieu. La chair transmet la chair par la génération ; mais l'âme ne transmet point l'âme.

Tenons comme certain que la chair engendrée de la chair par la loi de la concupiscence, aussitôt qu'elle est vivifiée, se trouve prise dans les liens du péché originel, et que l'âme qui vivifie le corps est esclave de cette faute. Liés par cette chaîne du péché, les enfants sont plongés dans l'abîme, quand ils meurent sans la purification du baptême ; car ils ont le péché originel, non par la faute de l'âme ; mais la chair le contracte et le fait rejaillir sur l'âme ; car l'âme est tellement unie au corps, qu'elle ne fait avec lui qu'une même personne. Dieu a voulu que l'âme et le corps ne fussent qu'un seul individu, un seul homme ; ce qui fait que, sans porter atteinte à la propriété de chaque nature, le corps est solidaire de l'âme, comme l'âme est solidaire du corps, à cause de l'unité de personne, sans avoir égard à la divinité de nature. Ce qui est propre à chacun devient commun à l'un et à l'autre, propre suivant la nature, commun suivant la personne. C'est pourquoi l'âme est responsable du péché originel, que la chair contracte et qu'elle communique à l'âme, avec laquelle elle est unie pour être une personne, quoiqu'elle soit toute autre par sa nature. Il est donc nécessaire que l'enfant, pendant qu'il est vivant, soit régénéré par le sacrement de Jésus-Christ, pour n'avoir pas à souffrir de son union avec une chair de péché, dont elle partage la punition, même après sa sortie du corps, si pendant sa vie corporelle elle n'a pas été purifiée par le remède du salut. Accourez donc, adultes, accourez au baptême ; qu'on ait soin de le donner aux petits enfants, et qu'avec le sacrement ils reçoivent la foi de Jésus-Christ, afin que la foi de l'Eglise protège les enfants régénérés, et que les adultes trouvent dans le sacrement la grâce de pratiquer les œuvres de la foi. Il faut donc que la grâce nous renouvelle ici-bas, pour que l'achèvement se fasse à la résurrection générale, et que notre chair elle-même ressuscite dans la gloire, rendue à son

---

enim est obscœna retexere, et male fusa carnis semina denudare.

CAPUT XLI. — Dicimus autem rationales animas pro essentia fieri quotidie de nihilo novas, sed pro consimili natura ex institutione divina, non utique novas. Quales enim in exordio Deus die sexto masculo et feminæ dedit (*Gen.*, 1, 27), tales quotidie inspirat singulis, nova de nihilo creatione, non nova institutione. « Pater, inquit, meus usque modo operatur, et ego operor. » (*Joan.*, v, 17.) Operatur usque modo Pater et Filius; operatione si quidem nova, sed institutione non nova; pro illa agens, cum ista quiescens. Res vero corporeæ post primam sui creationem novæ nullæ creantur, sed simul in exordio conditæ temporali formatione propagantur. Animæ autem non simul essentialiter factæ sunt, sed pro natura consimili, qua ad imaginem et similitudinem Dei fiunt, et simul factæ reputantur, et non simul editæ judicantur: non simul editæ pro essentia, sed simul factæ pro compari forma ad imaginem et similitudinem Dei prærogata. Caro de carne generando traducitur, sed spiritus de spiritu minime propagatur.

Certum tenemus, quia caro contracta de carne per legem concupiscentiæ, quam cito vivificatur, originalis culpæ vinculo premitur, ejusque affectionibus anima, quæ carnem vivificat, aggravatur. Sub hoc peccati vinculo demerguntur parvuli, qui sine remedio baptismi moriuntur. Habent enim originale peccatum, non per animam, sed per carnem utique contractum, animæque refusum. Carni namque ita unitur anima, ut cum carne sit una persona. Fit enim auctore Deo anima et caro unum individuum, unus homo : unde salva naturæ utriusque proprietate adjicitur carni quod anima est, et animæ quod carnis est; pro unitate personæ, non pro diversitate naturæ. Quod igitur ibidem singulis est proprium, commune fit amborum ; proprium pro natura, commune pro persona. Exinde fit anima originali culpæ obnoxia, quam caro contrahit, et animæ refundit, cum qua unita est in persona, licet divisa sit in natura. Ea propter necesse est parvulum, dum vivit, Christi sacramento renovari, ne obsit ejus animæ societas carnis peccati, qua gravatur etiam corpore exuta, nisi dum in corpore vivit, salutari fuerit remedio expiata. Currant igitur adulti, currant pro se ipsis; impendant etiam parvulis sacramenta fidei, suscipiant Christi fidem cum sacramentis, ut parvulos in Christo renatos fides Ecclesiæ tueatur, et adultos cum sacramentis opera fidei comitentur. His etiam per (*a*) gratiam renovatis, tandem complebitur in resurrectione generali, ut caro ipsa resur-

---

(*a*) Ms. Med. *per gratiam fidei.*

âme, vivante et éternelle, pleine de joie et de bonheur.

CHAPITRE XLII. — On me demandera peut-être pourquoi Dieu a donné des âmes à ceux qui meurent sans le remède du salut. Nous répondrons que le plan divin, qui a présidé à la création des êtres et à leur nature, a dû suivre son cours invariable, et que le péché n'a pu le détruire, ni la violence y mettre obstacle. Ainsi la loi de la génération est en vigueur, et même chez les méchants, elle ne perd aucun de ses droits. Tous engendrent les adultères, les fornicateurs, les profanes ; l'ordre naturel suit sa marche même avec eux ; car la nature, selon le plan de Dieu, accomplit son œuvre, puisqu'elle est cette force et cette énergie qui doit produire les êtres, qui donne à chaque être sa propriété particulière, et qui ne cesse pas d'être bonne, quoique l'homme qui abuse devienne méchant. On est justement puni, si l'on abuse de ce qui est permis ; et comment ne seriez-vous pas justement puni, si vous ravissez ce qui ne vous appartient pas ? C'est ainsi que Satan a perdu le ciel, c'est ainsi que le premier homme a perdu le paradis. (Gen., III, 23.) On abuse de ce qui est permis, en souillant les œuvres de Dieu, et les faisant servir à des usages défendus, comme font ceux qui accomplissent les œuvres de la chair pour satisfaire leur passion désordonnée. Et pourtant ces œuvres coupables donnent lieu à la génération des enfants, dont les corps sont formés sous l'empire de cette loi, qui veut que la créature obéisse au Créateur, tandis que Dieu anime ces corps par un souffle de vie. (Gen., II, 7.) Le souffle de vie, c'est l'âme humaine qu'il faut entendre ici, et qui n'est point une production de la terre ni de l'eau, mais une inspiration de Dieu, qui communique la vie au corps, et qui fait que l'homme devient une âme vivante, comme dit l'Ecriture. Ici comme ailleurs le Tout-Puissant fait son œuvre, d'après son plan, sans être aidé du secours de personne, ni arrêté par une volonté contraire. Sans doute il encourage les bons par sa grâce, et il épouvante les méchants par sa justice. Mais nous qui sommes ses serviteurs, en abusant de ses biens, nous sommes également coupables et malheureux. Quant au Seigneur qui fait servir au bien la faute de ses serviteurs, il est toujours le Dieu saint, tout-puissant et adorable. C'est lui qui prend notre corps de boue formé dans le péché, pour lui associer une âme, selon son institution primordiale, tournant en bien notre prévarication héréditaire, qui serait imputable au Créateur, si elle venait de notre nature. Mais le Créateur prépare en tout temps ses sacrements et propose ses divins commandements, pour que les uns soient un remède contre le péché, et que l'observation des autres donne droit aux récompenses éternelles. Si donc vous voyez quelques enfants engendrés dans le péché quitter cette vie, sans le remède du salut, craignez la justice de Dieu qui ne doit rien à personne, et qui condamne en chacun d'eux le mal dont il n'est point la cause. Si au contraire il purifie ces enfants par les sacrements, admirez la miséricorde de Dieu. Ces enfants ne connaissent pas la faute qu'ils ont contractée en naissant ; ils ne connaissent pas non plus la grâce qui les renouvelle en Jésus-Christ. Leur ignorance ne les excuse pas de la faute ; et leur ignorance ne les exclut pas non plus de la grâce. Vous demandez quelle est leur faute ? c'est celle qui est transmise par la génération ; où est la grâce ? c'est celle que

---

gat in gloria, animæ suæ restituta, viva et æterna, felix et beata.

CAPUT XLII. — Si quæratur, cur Deus donet animas illis, quos absque remedio salutari mori contingit : respondemus, quod divina institutio, qua res et rerum naturæ conduntur, nec peccato tollitur, nec violentia præpeditur. Inde est quod lex carnalis copulæ, nec etiam in malis jure suo privatur. Generant adulteri, fornicatores, profani : naturalis tamen institutio nec in talibus deporit. Natura namque, prout Deus instituit, quod suum est operatur. Natura si quidem est quædam vis et potentia divinitus rebus creandis insita, quæ unicuique rei suum esse tribuit, qua bona quisquis male utitur, malus esse judicatur. Juste enim puniuntur, qui licitis abutuntur. Juste vero puniuntur, qui rapere inconcessa conantur? Sic satanos cœlum, sic protoplastus perdidit paradisum. (Gen., III, 23.) Abutuntur licitis, qui bona Dei maculant usibus inconcessis. Maculant bona Dei, sicut ii qui cum ardore libidinis exercent opera copulæ carnalis. Ex his fit filii generantur, quorum corpora serviente Creatori creatura formantur, et Deo inspirante spiraculum vitæ animantur. Spiraculum vitæ humanam animam intellige, quam non producit terra vel aqua, sed Deus inspirat (Gen., II, 7) : quo sensus corporei animantur; unde homo factus in animam viventem memoratur. In his et in aliis Omnipotens agit, prout instituit, quem nullius adjuvant bona, nec impediunt mala. Bonos (a) equidem provehit sua gratia : malos terret sua justitia. Nos equidem servi, dum Domini bonis abutimur, rei et miseri pariter invenimur. Ipse vero Dominus, qui servorum suorum malis bene utitur, sanctus et omnipotens adoratur. Ipse corpori terreno de peccati (b) traduce propagato, pro institutione sua inspirat animam, bene utens inolita prævaricatione nostra; quæ si esset naturalis, Creatori poterat imputari. Sed Creator præparat omni tempore sacramenta, et obedientiæ pia proponit edicta, ut contra peccatum sacramenta sint in remedium, et temporalium observatio mandatorum æternorum afferat præmia donorum. Unde si aliqui sub peccato geniti obeunt parvuli absque remedio salutari, pertimesce justitiam Dei, qui nihil debet alicui, sed damnat in singulis malum quod non fecit in eis. Si autem parvulos renovat sacramentis, admirare misericordiam Dei. Ipsi enim sicut nesciunt culpam, cum qua ex carne nascuntur; sic nesciunt gratiam, qua per Christum renovantur. Non excusat parvulos a culpa, quia eam non norunt; nec excludit gratiam ab eis, quia eam nesciunt. Quæris in eis culpam? Invenis ex carne traductam. Quæris in eis

(a) Ms. Med. siquidem prævenit et postea : malos tenet. — (b) Ms. Med. tramite.

Dieu leur confère. La faute est justement punie ; la grâce est donnée sans être due. La faute montre la justice de Dieu, et la grâce, sa miséricorde. Dieu se manifeste sous les deux rapports, et on chante éternellement sa miséricorde et sa justice. (*Ps.* c, 1.) Mais quittons ces considérations pour rentrer en nous-même, et que notre âme si infirme et si enfoncée dans le péché cherche un remède à ses maux, afin qu'après être tombée en Adam, elle se relève en Jésus-Christ.

CHAPITRE XLIII. — Les anciens ont beaucoup parlé de la nature de l'âme, mais il semble qu'ils n'ont pas tout dit. Je me suis appliqué, autant qu'il m'a été possible, à faire un choix parmi leurs écrits pour composer ce recueil et un solide abrégé, que l'homme pourrait confier à sa mémoire; car la mémoire de l'homme est bornée ; il lui faut la brièveté ; plus elle se répand, moins elle est à chaque objet. L'homme est composé d'une âme et d'un corps. Tout ce qui est visible aux yeux du corps a été fait pour le corps ; le corps pour l'âme, et l'âme pour Dieu. La vie du corps, c'est l'âme ; la vie de l'âme, c'est Dieu. L'âme est immortelle, parce qu'elle est immatérielle. Elle ne peut pas mourir ; elle n'a pas besoin de ressusciter, à moins qu'elle ne meure par le péché. C'est pourquoi la mort n'est pas la perte de notre vie ; c'est la vie qui quitte le corps, et l'âme, en se séparant, ne perd point sa force ; elle quitte celui qu'elle vivifiait, et on doit plutôt dire qu'elle cause la mort du corps, en se conservant elle-même. Elle donne la mort, dis-je, en cessant de vivifier le corps dont elle se sépare, mais sans rien perdre de sa puissance vitale. La mort n'est donc pas autre chose que la chute du corps qui, n'étant plus animé par la puissance qui le vivifiait, retourne à la terre d'où il vient, et perd toutes les facultés du sens qu'il n'avait pas par lui-même. L'âme donne la vie au corps, comme le soleil donne au jour sa lumière par sa présence : la mort, c'est son absence. La mort néanmoins n'anéantit pas les deux natures qui étaient unies, elle les sépare, pour les rendre à leur principe. Si vous étiez tenté de croire que l'âme est anéantie par la mort du corps, écoutez ce que dit Notre-Seigneur dans l'Evangile : « Gardez-vous, dit-il, de craindre ceux qui tuent le corps, mais qui ne peuvent tuer l'âme. » (*Matth.*, x, 28.) Le corps est fatigué par les pensées de l'âme ; l'âme souffre des douleurs du corps.

CHAPITRE XLIV. — Le corps est composé de quatre éléments. L'âme n'est pas un élément, ni un composé d'éléments ; mais elle est tirée du néant, et connue seulement de son Créateur. En voyant tout ce qu'il y a de visible dans sa personne, c'est-à-dire dans son corps, elle ne voit point ce qu'elle est ou ce qu'elle peut être. Il lui faut donc se séparer et s'abstraire elle-même de tout ce qui est la partie visible de sa personne, et elle voit qu'elle est complètement invisible dans la partie où elle se voit elle-même, tout en voyant qu'elle est invisible. Il faut ensuite qu'elle s'élève au-dessus d'elle-même, et qu'elle regarde dans ce miroir où Dieu se montre comme dans son image la plus expressive, et dans sa ressemblance la plus parfaite, et là elle verra le Dieu invisible. Ce miroir, c'est la raison, c'est l'âme se servant de la raison, qui est faite principalement à la ressemblance de Dieu, afin qu'elle puisse trouver par elle-même

---

gratiam? Invenis a Deo collatam. Illa debite damnatur, hæc indebite prærogatur. Illa judicium prædicat, hæc misericordiam repræsentat. In utroque Deus agnoscitur, cui misericordia et judicium perpetua laude cantatur. (*Psal.* c, 1.) Sed ab his intuendis mens nostra, mens infirma, quia peccatis obruta, citius ad seipsam redeat, sibique remedium quærat, ut quæ in Adam ceciderit, in Christo resurgat.

CAPUT XLIII. — (1) Plura veteres de natura animæ dixisse inveniuntur, sed nihil ita ut non aliquid restare videatur. Ego autem ex eorum dictis, quanto diligentius potui, breve istud et certum colligere, atque in unum studii redigere, quod memoriæ commendetur. [(2) Hebes namque est memoria hominis, et brevitate gaudet ; et si in multa dividitur, fit minor in singulis.] Ex corpore et anima constat homo : et quidquid oculis corporeis videtur, propter corpus factum est, corpus propter animam, anima autem propter Deum. Vita corporis anima est, vita animæ Deus est. Immortalis est anima, quia carne caret ; nec habet quo cadat, ut resurrectione egeat post ruinam, nisi peccato ceciderit. Et ideo in morte vita nostra non perit, sed corpus destituit, dum discedens anima vim suam non perdit, sed quod vivificaverat hoc dimittit, et quantum in se est, mortem alterius facit, quam ipsa non recipit. Facit, inquam, non vivificando quod deserit, non amittendo quod vivit. Itaque mors hominis nihil est aliud quam carnis occasus, a qua cum vis potentiæ vivificantis abscesserit, in terram de qua sumpta est redit, amissis sensibus quos non per se ipsam habuit. Anima non aliter, quam sol lucem diei, vitam tribuit carni, cum venerit ; mortem efficit, cum recedit. Mors tamen non consumit conjuncta, sed dividit, dum origini suæ utrumque reddit. Et ne quis putet animam corporis morte consumi ; audiat quid Dominus in Evangelio dicat : « Nolite, inquit, eos timere qui occidunt corpus, animam autem non possunt occidere. » (*Matth.*, x, 28.) Fatigatur corpus cogitationibus mentis : afficitur in corpore mens doloribus corporis.

CAPUT XLIV. — Corpus ex quatuor elementis constat. Anima nec elementum est, nec ex elementis, sed de nihilo est facta, et soli Creatori suo cognita. [(3) Ex his ergo omnibus quæ in se, hoc est, in corpore suo visibilia videt, nihil se esse vel posse esse videt. Secernat ergo et dividat se per se ab eo toto, quod visibile videt in se ; et invisibilem omnino se esse videt in eo quod videt se, et tamen videri se non posse videt. Deinde elevet se supra se, et in eo quod primum et principale speculum est speculandi Dei, illisque imagini ac similitudini proximum et cognatum magis factum invisibilem Deum inspiciat. Hoc autem est ipsa ratio, et mens ratione utens, quæ ad primam similitudinem Dei facta est, ut per se invenire possit eum a quo facta est,] et in ejus amore

(1) Ita Hugo Vict., lib. II, *Erud. didasc.* c. XI. — (2) Idem ibid., lib. IV, c. XII. — (3) Ex Hug. Vict., lib. I, *de Sacram.*, p. 3, c. VI et VII.

son Créateur, et se reposer doucement dans son amour et sa contemplation. Ce qui fait connaître l'ouvrier, c'est son œuvre, et plus elle lui ressemble, mieux elle le fait connaître. Telle est la créature raisonnable, qui est faite d'une manière excellente et toute particulière à la ressemblance de son Créateur, et, sans le voir, elle le connaît et se prend à l'aimer, rien qu'en voyant qu'elle est faite à son image.

L'âme raisonnable, en se pensant elle-même se comprend, et produit son image, et cette image est son verbe. Car le verbe est la connaissance même d'un objet formée de la mémoire à la ressemblance de cet objet. On voit clairement que la souveraine sagesse qui se comprend et s'affirme elle-même, engendre sa ressemblance consubstantielle, c'est-à-dire son verbe. Cependant l'âme raisonnable, qui vit toujours dans sa propre mémoire, ne se pense pas toujours, et par conséquent, lorsqu'elle se pense, son verbe est le produit de la mémoire. Quant à la souveraine sagesse, qui s'affirme toujours telle qu'elle est présente à sa mémoire, on peut dire que son verbe est le produit coéternel de sa mémoire éternelle. Car de même que la souveraine sagesse est éternelle, sa mémoire est également éternelle, elle se comprend éternellement, s'affirme éternellement par une parole qui est la même chose que la pensée, et s'affirmant éternellement, son verbe est éternellement avec elle. L'âme raisonnable, parmi toutes les créatures, est seule capable de s'élever à la connaissance de la souveraine sagesse et de se perfectionner dans cette connaissance ; elle doit donc s'appliquer à y penser toujours, à la comprendre et à l'aimer ; elle est faite pour vivre toujours, pourvu qu'elle aime toujours la souveraine vie, la souveraine sagesse, la souveraine essence, à qui elle doit tout ce qu'elle est. Or, elle ne peut l'aimer qu'autant qu'elle s'applique à y penser et à la connaître. Qu'elle fasse donc ce qu'elle doit faire, pour vivre heureuse.

Chapitre XLV. — Le Dieu tout-puissant, dont la béatitude ne peut être augmentée, parce qu'elle est parfaite, ni diminuée, parce qu'elle est éternelle, a créé des esprits raisonnables, par la seule inspiration de son amour, et sans qu'il eût besoin de le faire, voulant les associer à sa béatitude. Les uns sont dans le ciel, où il les a confirmés dans leur sainteté ; les autres sont dans l'enfer, où il les a précipités à cause de leur orgueil ; les autres sont sur la terre, pour s'éprouver dans l'humilité et l'obéissance, associés à des corps terrestres, et communiquant à une boue matérielle le sentiment de la vie ; car ils ont quelque chose de mobile dans leur nature, pour pouvoir s'attacher aux corps qu'ils doivent vivifier, tout en perdant dans cette union quelque chose de leur pureté. En effet, lorsqu'ils s'attachent aux plaisirs du corps, ils contractent un certain goût des choses terrestres, qui corrompt leur nature plus spirituelle. Plus ce vice devient invétéré, pendant qu'ils habitent la maison de leur corps, plus ils ont de peine à s'en défaire, même quand il faut la quitter ; car la passion reste encore, quand la cause n'existe plus, à moins que pendant cette vie ils n'aient pris grand soin de se purifier de cette cor-

---

atque contemplatione dulciter requiescere. [(1) Ea namque perfectius suum factorem manifestant, quæ illius similitudini vicinius appropinquant. Hæc autem est ipsa rationalis creatura, quæ et excellenter et proprie ad illius similitudinem facta est : et tunc citius Creatorem suum, quem non videt, agnoscit et diligit, cum se ad illius imaginem factam intelligit.]

(a) Mens rationalis est, quæ se cogitando intelligit, et imaginem suam ex se natam habet, quæ imago ejus verbum est. Verbum enim rei est ipsa cognitio ad similitudinem ejus ex memoria formata. Hoc modo liquido apparet summam Sapientiam, cum se dicendo intelligit, gignere consubstantialem sibi similitudinem suam, id est, Verbum suum. Mens tamen rationalis, quoniam non se semper cogitat, sicut sui semper meminit, liquet quia cum se cogitat, verbum ejus nascitur de memoria. Unde apparet quia si semper se cogitaret, semper verbum ejus de memoria nasceretur. De summa vero Sapientia, quæ semper se dicit sic, sicut sui semper memor est, liquet quia de æterna memoria coæternum ejus Verbum nascitur. Sicut enim summa Sapientia æterna est, ita æterne sui memor est, et æterne se intelligit, et æterne se dicit, cum sit illi dicere quod intelligere : et cum æterne se dicat, æterne Verbum ejus apud ipsam. Mens ergo rationalis quæ inter omnes creaturas ad investigationem summæ sapientiæ sola assurgere valet, et nihilo minus ad ejusdem inventionem sola proficere, semper studeat illius reminisci, illam intelligere et amare : ad hoc facta est ut semper vivat, si semper amet summam vitam, summam sapientiam, summam essentiam ; cui debet hoc ipsum quod est. Amare autem nequit, nisi ejus reminisci, et eam studuerit intelligere. Faciat ergo hoc ad quod facta est, ut bene vivat.

Caput XLV. — (2) Deus omnipotens cujus beatitudo nec augeri potest, quia perfecta est ; nec minui, quia æterna est : sola caritate, nulla sui necessitate rationales spiritus creavit, ut eos suæ beatitudinis participes faceret. Alios vero in sua puritate in cœlo confirmavit : alios autem propter superbiam in infernum præcipitavit : atque alios ad probandam humilitatem et obedientiam in terrena habitatione terrenis corporibus sociavit, ut ad vitæ sensum luteam materiam vegetarent. [(3) Habent namque in natura sua quamdam mutabilitatem, secundum quam corporibus vivificandis appropinquant, in qua quidem nonnihil suæ puritatis deponunt. Cum enim delectatione corporis afficiuntur, quasi quamdam corpulentiam inde trahunt; quæ puriorem naturam eorum corrumpit. Et hoc vitium quanto altius eis in corporibus manentibus inhæserit, tanto difficilius eos a corporibus discedentes deserit : quoniam non tollitur passio, etiam cum tollitur causa passionis, nisi ab ejusmodi fæculentia se in hac vita mundare studuerint.] Nos ergo qui in medio

---

(1) Hugo ubi supra, c. xxi. — (2) Hugo Vict., lib. I, de Sacram. fidei, p. 6, c. i. — (3) Idem, de unione corp. et spiritus.

(a) In Mss. non sunt quæ sequuntur usque ad caput xlv, sed eorum loco in Ms. Med. Ideo caritas Dei est causa efficiens creaturæ rationalis, et participatio divinæ bonitatis, causa finalis.

ruption. Nous qui sommes placés entre les bons et les méchants, nous devons souvent considérer la joie des uns, et le supplice des autres, et notre propre misère ; car notre âme est raisonnable et capable de discerner entre le bien et le mal. Elle est également concupiscible et irascible, pour pouvoir aimer le bien et haïr le mal. La concupiscibilité produit l'amour, et l'amour produit le désir et la joie. L'amour est une délectation qu'éprouve le cœur à la vue d'un objet pour avoir cet objet, courant par le désir, se reposant par la joie ; par le désir qui veut avoir, par la joie qui possède. Il s'ensuit que le cœur humain, s'il est bon, ne peut être bon, qu'en aimant bien ce qui est bon ; et il ne peut être mauvais, s'il est mauvais, qu'en aimant mal ce qui est bon. Car tout ce qui est, est bon ; le mal c'est de ne pas aimer comme il faut aimer. L'irascibilité produit la haine ; car la haine vient de la colère, et de la haine, la douleur et la crainte. Lorsque nous détestons nos péchés et que nous commençons à les haïr, nous avons la douleur de les avoir commis, et la crainte des châtiments qu'ils méritent.

Chapitre XLVI. — Ainsi Dieu, le Créateur de toutes choses, a voulu distinguer entre toutes et élever au-dessus de toutes les créatures la nature raisonnable ; il l'a marquée du signe de sa ressemblance, et a daigné lui faire partager sa béatitude. (II *Pierre*, ii, 4.) Cependant quoique toutes les créatures raisonnables paraissent avoir la même origine, leur condition est bien différente ; une partie est assurée de son bonheur éternel ; une autre partie, entraînée dans les enfers, est enfermée dans cette prison ténébreuse jusqu'au jour du jugement pour être tourmentée ; enfin la troisième partie que nous connaissons habite un lieu intermédiaire, et se trouve unie à des corps terrestres. Cette troisième partie était d'abord dans le voisinage de la première, lorsqu'elle habitait dans les délices du paradis. Maintenant elle est placée dans le voisinage des démons, ayant été ainsi humiliée dans une terre d'affliction pour son péché de désobéissance. Le séjour supérieur des anges ne connaît que la félicité ; le séjour le plus bas des démons ne connait que la misère. Là est le souverain bonheur ; ici, l'unique et souveraine misère. Dans notre séjour intermédiaire, on doit sans doute espérer les biens d'en haut ; mais on doit craindre les peines de l'enfer ; et nous avons d'autant plus sujet de craindre, au lieu d'espérer, que nous sommes plus rapprochés de ces lieux de souffrance, depuis que nous sommes exilés dans ces régions où sont les ombres de la mort.

Dieu néanmoins, voyant que la nature humaine pouvait arriver à la béatitude éternelle, et aussi à la damnation éternelle, suivant la qualité de ses mérites, lui a donné quatre affections naturelles ; par ce moyen, elle avait tout ce qu'il fallait pour désirer ces biens et les posséder un jour, et aussi tout ce qu'il fallait pour craindre ces maux, ou les souffrir pendant l'éternité. Cependant la condition de l'homme est devenue pire depuis la chute, non-seulement en ce qu'elle présente le spectacle de la tristesse et d'un châtiment survenu, mais aussi parce que la crainte a ses épines, et l'espérance elle-même qui est différée est une affliction pour l'âme. (*Prov.*, xiii, 12.) Mais Dieu qui est un Père infiniment bon et un juge terrible, tout en préparant des joies véritables et éternelles pour

---

bonorum et malorum positi sumus, considerare sæpe debemus et gaudium illorum, et illorum supplicium, atque nostram miseriam. Rationalis si quidem est anima nostra, ut sciat discernere inter bonum et malum. Est etiam concupiscibilis atque irascibilis, ut possit amare bonum et odire malum. De concupiscibilitate nascitur amor, et de amore desiderium et gaudium. (1) Amor est delectatio cordis alicujus ad aliquid propter aliquid, per desiderium currens, atque per gaudium requiescens ; per desiderium in appetendo, et per gaudium in perfruendo. Nec aliunde bonum est, si bonum est, cor humanum, nisi quod bene amat quod bonum est. Nec aliunde malum est, si malum est, nisi quod male amat quod bonum est. Omne enim quod est, bonum est : sed in eo quod male amatur tantum vitium est. De irascibilitate nascitur odium. Ira enim generat odium : et de odio dolor et timor. Cum enim contra peccata nostra irascimur, et ea odire incipimus, dolemus quia peccavimus, et pœnas pro peccatis timemus.

Caput XLVI. — Sic Creator omnium Deus inter cætera et super cætera quæ creavit, rationalem dignatus est amplius illustrare naturam, quam et sua similitudine fecit insignem, et suæ beatitudinis voluit esse participem. (II *Pet.*, ii, 4.) Cujus tamen rationalis creaturæ licet similis videatur origo, facta est diversa conditio ; dum pars ejus est in æterna felicitate firmata ; pars rudentibus inferni detracta, in tartarum tradita in judicium crucianda servatur ; pars etiam tertia terrenis unita corporibus locum medium sortita cognoscitur. Et prius quidem eadem media summis vicinior in deliciis erat posita paradisi ; nunc jam propinquior infimis, pro reatu inobedientiæ humiliata est in loco afflictionis. Summus igitur omnium horum locus plenam habet lætitiam, infimus solam tristitiam. Ibi enim plena felicitas : illic sola et summa miseria est. In medio sane summa speranda, sed nihilo minus infima sunt timenda : et ideo nobis jam amplior timoris causa quam spei, quo viciniores eisdem infimis, dejecti in ipsa degimus umbra mortis.

Quia tamen et illius beatitudinis, et illius nihilo minus damnationis æternæ humanam Deus animam pro suorum qualitate meritorum participem fieri posse cognovit, naturales affectus ei quatuor indidit ; ut haberet unde bona illa posset optare, et in eis quandoque lætari ; et rursum unde mala illa metuere, vel in eis etiam dolore perpetuo contristari. Interim sane eo gravior est moderna conditio, quod non modo exhibet tristitiam et modernam molestiam ; sed timor habet pœnam, et spes ipsa quæ differtur affligit animam. (*Prov.*, xiii, 12.) Piissimus enim pater et terribilis judex, qui vera illa et perpetua gaudia filiis, dolores æque perpetuos reis in fine paravit, nonnulla tamen etiam in præsenti experimenta capere voluit gaudii vel doloris, unde illa non modo certius credi, sed

(1) Ex lib. *de subst. dilectionis*, c. ii.

ses enfants, comme aussi des supplices également éternels pour les coupables, a voulu leur faire boire pendant cette vie quelques gouttes à la coupe de la joie ou de la douleur, pour les convaincre davantage de l'existence de ces biens et de ces maux, et les leur faire désirer et craindre de toute leur âme. Du reste la joie présente n'est rien en comparaison de la joie du ciel, et la tristesse de la terre n'est pas comparable aux peines de l'autre vie. L'homme n'est donc pas un insensé, quand il s'applique uniquement à désirer les biens du ciel et à craindre les peines de l'enfer, plutôt que de chercher à se soustraire aux afflictions de cette vie, et à en goûter les joies. Cependant il est bon de savoir comment on peut se réjouir utilement ici-bas, ou s'affliger d'une manière salutaire. Il faut se réjouir des bienfaits de Dieu et l'en remercier, goûter la joie de l'aimer, et s'affliger de ses fautes et de celles du prochain. C'est pourquoi Dieu a placé la raison dans le cœur de l'homme pour tenir la balance entre ses affections, afin que par elle il puisse discerner et juger comment il fallait se réjouir et s'affliger, et même ce qu'il devait désirer ou craindre. Ceux qui montrent dans notre âme une triple puissance, en disant qu'elle est raisonnable, irascible et concupiscible, avec des affections diverses qui ont la même origine, ont voulu dire sans doute que l'affection irascible renfermait la crainte et la tristesse, et l'affection concupiscible, le désir et la joie.

L'âme qui flotte entre tous ces mouvements des affections diverses, a pourtant besoin de prendre un parti, soit pour les choses d'en haut, soit pour les choses d'en bas, et de se fixer définitivement dans un état de joie ou de souffrance. Dieu est en haut, le monde est en bas. Dieu habite toujours dans sa même demeure de l'éternité. Le monde s'écoule comme un fleuve, en suivant la pente de son inconstance.

Chapitre XLVII. — L'esprit de l'homme placé entre Dieu et le monde par l'excellence de sa condition, domine cette mobilité qui est au-dessous, sans atteindre encore à cette véritable immutabilité qui est en Dieu. S'il se plonge par la cupidité dans cet océan d'un monde agité, il sera tiraillé par mille distractions, divisé d'avec lui-même et dispersé en lambeaux. Mais s'il sait se retirer de cette distraction infinie du monde inférieur, en quittant les basses régions pour se recueillir peu à peu et rentrer en lui-même, son recueillement sera d'autant plus complet, que sa pensée et son désir s'élèveront davantage vers Dieu ; et enfin, s'il se fixera et parviendra à cette véritable et unique immutabilité qui est en Dieu, pour s'y reposer éternellement sans le moindre retour d'aucune agitation.

Chapitre XLVIII. — Nous croyons que les âmes n'ont pas été créées dès l'origine avec les anges, et qu'elles n'ont pas été créées toutes ensembles, comme Origène l'a supposé. Elles ne sont pas non plus communiquées avec le corps par l'acte de la génération, comme les luciferiens, Cyrille et quelques latins ont osé l'affirmer. Mais nous disons que Dieu seul connait leur création ; que le corps seulement est produit par l'union des deux sexes ; que par une disposition providentielle il se ramasse, s'organise et se forme dans la matrice, et que quand il est formé l'âme est créée pour être unie à ce corps ; de sorte

---

affectuosius quoque optari valeant et timeri. Cæterum nec præsentia gaudia in illorum comparatione sunt gaudia, nec tristitia præsens in illius comparatione est tristitia. Nec desipit si quis interim omnem operam dare maluerit, quemadmodum illa potius valeat concupiscere gaudia, illos formidare dolores, quam hujus vitæ vitare molestias, captare lætitiam. Verumtamen invenire est etiam in præsenti unde utiliter gaudeat quis, vel salubriter contristetur. Si lætetur de beneficiis suis gratias Deo agens, et devotione ejus exultet, et propria seu etiam proximorum delicta deploret. Unde etiam divina dispositione media inter eosdem affectus constituta est ratio in corde hominis, per quam nimirum discernere et dijudicare possit unde gaudeat seu doleat, imo etiam quid cupiat vel quid timeat. Sane qui triplicem esse vim animæ docuerunt, rationalem illam, irascibilem et concupiscibilem asserentes, affectus quidem diversos, sed quadam sibi cognatione junctos, sub irascibili metum et tristitiam, sub concupiscibili desiderium et lætitiam comprehendisse videntur.

Interim ergo inter affectus varios humana fluctuans anima, necesse est ut certam demum vel in imis vel in summis accipiens stationem, in solo deinceps vel gaudio vel dolore persistat. [(1) Deus est in summo, mundus in imo. Deus in eodem statu æternitatis suæ semper consistit. Mundus cursu mutabilitatis suæ semper instabilis fluit.

Caput XLVII. — Humanus animus quasi in medio collocatus quadam conditionis suæ excellentia, et huic mutabilitati quæ deorsum est supereminet, et ad illam quæ est apud Deum, veram immutabilitatem necdum pertingit. Si vero in iis quæ deorsum transeunt, se per cupiditatem immerserit, statim per infinitas distractiones rapietur, et a semetipso quodam modo divisus dissipabitur. Si vero ab hac infinita distractione quæ deorsum est, se erexerit, et hæc infima deserens atque paulatim in unum se colligens, secum esse didicerit, tanto amplius in unum colligetur, quanto magis cogitatione et desiderio sursum elevabitur : donec tandem omnino immutabilis sit, et ad illam veram et unicam, quæ est apud Deum, immutabilitatem perveniat, ubi perpetuo sine omni mutabilitatis vicissitudine requiescat.]

Caput XLVIII. — Credimus [(2) animas non esse ab initio cum Angelis, nec simul creatas, sicut Origenes fingit. Nec per coitum cum corporibus seminantur, sicut (a) Luciferiani et Cyrillus, et aliqui Latinorum præsumptores affirmant. Sed dicimus carum creationem solum omnium Creatorem nosse : corpus tantum per conjugii copulam seminari ; Dei vero judicio coagulari in vulva, et compingi atque formari ; ac formato jam corpore, ani-

---

(1) Hug. Viol., lib. II. *De vanit. mundi.* — (2) Ex lib. *De dogmat. Ecclesiast.*, c. xiv.
(a) Tres Vatic. Mss. *Lucifer.* alii, *Luciferianus.*

que dans le sein de la mère il y a un homme qui vit, composé d'une âme et d'un corps, et qu'il en sort vivant comme un homme complet dans sa substance. Nous croyons aussi qu'il n'y a pas deux âmes dans le même homme, comme plusieurs l'ont écrit, l'une animale pour donner la vie au corps, et mêlée avec le sang; l'autre spirituelle pour donner la raison. Mais nous disons que dans l'homme il n'y a qu'une seule et même âme, qui vivifie le corps par sa présence, et se règle elle-même par la raison, ayant la liberté pour choisir dans ses propres pensées ce qui lui convient. L'homme a donc été remis entre les mains de son libre arbitre. Après qu'il fut tombé par la faute d'Eve que séduisit le serpent (*Gen.*, III, 6), l'homme perdit le bien de sa nature, comme aussi la vigueur de sa volonté, sans perdre néanmoins la faculté de choisir, pour avoir le mérite du redressement de sa faute. Il lui reste donc pour chercher le salut la liberté de son arbitre, c'est-à-dire la volonté de sa raison, Dieu lui donnant d'abord la lumière et l'inspiration. L'acquiescement à la bonne inspiration dépend donc de nous; la possession de ce que nous désirons est un don de Dieu. Pour ne pas tomber, quand nous portons le don du salut, il faut notre vigilance et le secours divin; si nous tombons, c'est le fait de notre volonté et de notre négligence. Nous croyons que l'homme seul a une âme substantive, qui a sa vie propre, quand elle est dépouillée de son corps, et qui conserve radicalement ses sens et son génie. Elle ne meurt donc pas avec le corps, comme le dit Aratus; elle ne doit pas mourir un jour, comme le dit Zénon; car elle est vivante dans sa substance.

Les âmes des animaux ne sont pas substantives; elles naissent vivantes avec le corps, et finissent avec lui par la mort. Elles n'ont pas la raison pour se guider, comme le pensent Platon et Alexandre; elles se laissent aller à tous les instincts de la nature. L'âme humaine ne meurt pas avec le corps, parce que, comme nous l'avons dit plus haut, elle n'est pas le produit simultané de la génération; nous disons que le corps étant formé dans le sein maternel, Dieu crée l'âme pour l'unir au corps, de sorte que l'homme est vivant dans le sein de sa mère, et qu'il en sort vivant pour venir au monde. L'âme ayant son principe dans l'acte du Créateur, se trouve parfaite dans son genre, au premier instant de son existence; elle devrait donc savoir, sitôt qu'elle existe, tout ce que l'homme est capable de connaître, si le fardeau du corps n'était pas un obstacle. Le premier homme en est une preuve; avant la déchéance, il possédait au premier moment de son existence, toute la science humaine dans sa perfection. Mais depuis la chute, l'âme en s'unissant à la corruption est corrompue elle-même. Ses facultés sont comme endormies; il faut l'exercice, l'expérience, l'instruction pour la réveiller et lui donner le discernement. C'est ainsi qu'un homme, malgré qu'il ait une excellente vue, si vous le jetez dans un cachot ténébreux, ne voit rien du tout, à moins qu'il ne se soit habitué à l'obscurité, ou qu'on n'ait allumé un flambeau. De là cette expression de Virgile : Autant que le corps, par sa pesanteur, n'est pas un obstacle. (*Énéide*, VI.) Et quoique le corps ait son action, et l'âme son action, l'âme peut être solidaire dans les vices ou les vertus

mam creari et infundi : ut vivat in utero homo ex anima constans et corpore, et egrediatur vivus ex utero plenus humana substantia. (1) Nec duas animas esse credimus in uno homine, sicut multi scribunt, unam animalem, qua animetur corpus, et quæ immixta sit sanguini; et alteram spiritalem, quæ rationem ministret. Sed dicimus unam eamdemque esse animam in homine, quæ et corpus sua societate vivificet, et semetipsam sua ratione disponat, habens in se libertatem arbitrii, ut in suæ substantiæ eligat cogitatione quod vult. (2) Libertati si quidem arbitrii sui commissus est homo. Postquam vero seductione serpentis per Evam cecidit (*Gen.*, III, 6), naturæ bonum perdidit, pariter et vigorem arbitrii; non tamen electionem, ne non esset suum, quod emendaret peccatum. Manet itaque ad quærendam salutem arbitrii libertas, id est, rationis voluntas; sed admonente prius Deo et inspirante ad salutem. Ut ergo acquiescamus salutari inspirationi, nostræ potestatis est; ut adipiscamur quod adipisci desideramus, divini est muneris (*a*). Ut non labamur adepto salutis munere, nostræ sollicitudinis est et cœlestis pariter adjutorii; ut labamur, potestatis nostræ est et ignaviæ. (3) Solum hominem credimus habere animam substantivam, quæ exuta corpore vivit, et sensus suos atque ingenia vivaciter tenet. Neque cum corpore moritur, ut (*b*) Aratus asserit; neque postmodum interitura, sicut Zenon dicit : quia substantialiter vivit. (4) Animalium vero animæ non sunt substantivæ, sed cum carne ipsa carnis vivacitate nascuntur, et cum carnis morte finiuntur : et ideo nec ratione reguntur, sicut Plato et Alexander putant; sed ad omnia naturæ incitamenta ducuntur. (5) Anima humana non cum carne moritur, quia nec cum carne, ut diximus superius, seminatur : sed formato in utero matris corpore, Dei judicio creari et infundi eam diximus, ut vivat homo intus in utero, et sic procedat nativitate in mundum.] Anima a Creatore principium habens, ex quo est, perfecta est in genere suo : unde ex quo est, (6) sciret omnia quæ ab homine sciri possunt, nisi gravitas carnis esset. Quod per primum hominem, qui ante corruptionem humanitatis, ex quo fuit, perfecte habuit scientiam humanam, probari potest. Sed modo corrupta humanitate, ex quo conjungitur corruptioni, corrumpitur. Nec proprietates suas potest exercere, donec usu et experientia et alicujus doctrina incitata incipit discernere; veluti si quis cum subtili licet acie oculorum in tenebrosa detrudatur, videre tamen non potest ibi, nisi prius assuescat tenebris, vel lumen accendatur. Unde Virgilius : Quantum non noxia corpora tardant. (*Æneid.*, VI.) Et licet aliæ sint actiones corporis, et aliæ animæ actiones; tamen corporis vitia vel virtutes possunt esse animæ. Cum enim ad hoc

---

(1) Hug. Vict. *de dog. eccles.*, c. xv. — (2) Ex eod. c. xxi. — (3) Ex *Gen.*, n. ad. c. xvi. — (4) Ex Gennadio, c. xvii. — (5) Ex eod. c. xviii.— (6) Hugo contrarium sentit, lib. I, *de Sacr.*, p. 6, c. xxvi.

(*a*) Ms. Med. *et partim sollicitudinis nostræ*. — (*b*) Mss. duo. *Arabs*. alius, *Arabas*.

du corps. L'âme ayant pour fonction de régler les mouvements de la chair, les désordres qui ont lieu peuvent être attribués à son ignorance ou à sa négligence. Quand un écolier ou un serviteur pèche par la négligence du docteur ou du maître, le docteur ou le maître n'est pas irréprochable. Ainsi l'âme n'est pas sans faute, quand la chair est déréglée, puisque l'âme est faite pour commander, et le corps pour obéir.

CHAPITRE XLIX. — L'homme est composé de deux substances, l'âme et le corps, l'âme avec sa raison, le corps avec ses sens. Le corps a besoin de l'âme pour le fonctionnement des sens; l'âme n'a pas besoin du corps pour le fonctionnement de la raison. Il faut remarquer néanmoins que les sens, qui se manifestent dans l'homme extérieur se retrouvent à leur manière dans l'homme intérieur; car pour atteindre aux choses spirituelles, il faut non pas des sens corporels, mais des sens spirituels. C'est pourquoi Dieu nous dit dans le Deutéronome : « Voyez que je suis Dieu, et qu'il n'y a pas d'autre Dieu que moi. » (*Deutér.*, XXXII, 39.) Il est dit aussi dans l'Apocalypse : « Que celui qui a des oreilles pour entendre, entende ce que l'Esprit dit aux Eglises. » (*Apoc.*, II, 29.) On lit dans un psaume : « Goûtez et voyez combien le Seigneur est bon. » (*Ps.* XXXIII, 9.) L'Apôtre dit encore : « Nous sommes la bonne odeur du Christ, et pour ceux qui se perdent et pour ceux qui se sauvent. » (II *Cor.*, II, 15.) Notre-Seigneur nous fait voir dans l'Evangile qu'une femme l'avait plutôt touché par sa foi que par l'extérieur, et il dit : « Quelqu'un m'a touché, car j'ai connu qu'une vertu est sortie de moi. » (*Luc*, VIII, 46.) Il faut donc observer avec tout le soin possible ce qui a rapport aux sens extérieurs, et à la dignité de l'âme, pour ne pas faire confusion, et ne pas intervertir l'ordre contre les intérêts de la vérité. Car il n'y a pas un troisième esprit dans la substance de l'homme, comme Didyme le prétend; cet esprit en question, c'est l'âme elle-même, qu'on appelle ainsi, soit pour exprimer sa nature spirituelle, ou la fonction par laquelle elle est le souffle de la vie corporelle. On l'appelle âme, parce qu'elle anime le corps pour lui donner la vie ou le vivifier. Quant à ce troisième esprit dont l'Apôtre nous annonce la venue dans l'âme et dans le corps, il faut entendre la grâce du Saint-Esprit. C'est pourquoi l'Apôtre prie, pour que cette grâce demeure en nous tout entière, et que par notre faute elle ne soit ni diminuée, ni chassée de nos cœurs (II *Thess.*, V, 23); car « l'Esprit saint fuit le déguisement ; il s'éloigne des pensées qui sont sans intelligence. » (*Sag.*, I, 5.)

Ne nous lassons pas d'exercer notre esprit par la méditation, et considérons nos misères, nos besoins, nos travaux et nos douleurs. Nous pleurons en entrant dans cette vie, nous la passons dans le tourment, et ce sera avec douleur et avec crainte que nous la quitterons. Pensons donc que cette vie est courte, que c'est un chemin glissant, que la mort est certaine, et que son heure est incertaine. Considérons toutes les amertumes qui viennent se mêler aux plaisirs et aux agréments trompeurs de cette vie; combien sont vains et suspects, inconstants et passagers, les biens que nous promet l'amour de ce monde, ou qui semblent se cacher sous des appa-

sit anima data, ut illicitos carnis motus corrigat, ignorantia illius contingunt vel negligentia. Sicut si vel discipulus vel servus negligentia doctoris vel domini peccat, magister vel dominus extra culpam non est : sic anima illis contingentibus extra culpam non est, cum ista debeat imperare, et illa obedire.

CAPUT XLIX. — (1) [Duabus substantiis tantum constat homo, anima et carne : anima cum ratione sua, et carne cum sensibus suis. Quos tamen sensus absque animæ societate non movet caro, anima vero et sine carne rationale suum tenet.] Notandum tamen quod iidem ipsi sensus, qui in exteriori homine distribuntur, simili modo secundum modum suum in interiori esse manifestantur; quia spirituales res non corporalibus sensibus, sed spiritalibus rimandæ sunt. Unde divina vox in Deuteronomio ait : « Videte quoniam ego sum Deus, et non est alius præter me. » (*Deut.*, XXXII, 39.) Et in Apocalypsi : « Qui habet aures audiendi audiat, quid Spiritus dicat Ecclesiis. » (*Apoc.*, II, 29.) Et in Psalterio : « Gustate et videte, quoniam suavis est Dominus. » (*Psal.* XXXIII, 9.) Et Apostolus : « Christi bonus odor sumus, et in iis qui salvi fiunt. »' (II *Cor.*, II, 15.) Et in Evangelio Dominus mulierem fide se tetigisse magis quam corpore ostendit, dicens : « Tetigit me aliquis : nam et ego sensi virtutem de me exisse. » (*Luc.*, VIII, 46.) Sic ergo cum omni cautela observandum est quid ad corporis sensus, et quid ad animæ pertineat dignitatem; ne forte confusus ordo et irrationabilis æstimatio alicubi repugnare videatur veritati. [(2) Non est tertius in hominis substantia spiritus, ut Didymus contendit; sed spiritus ipsa est anima : quæ vel pro spiritali natura, vel pro eo quod spiret in corpore, spiritus appellatur. Anima vero ex eo vocatur, quod ad vivendum vel vivificandum animet corpus. Tertium vero, qui ab Apostolo cum anima et corpore inducitur, spiritum, gratiam sancti Spiritus intelligamus : quam orat Apostolus (II *Thess.*, V, 23), ut integra perseveret in nobis, ne nostro vitio aut minuatur, aut fugetur a nobis : quia « Spiritus sanctus effugiet fictum, et auferet se a cogitationibus, quæ sunt sine intellectu. »] (*Sap.*, I, 5.)

[(3) Jugi ergo meditatione animum nostrum exerceamus, et consideremus miserias et necessitates nostras, labores et dolores. Lugentes enim in hanc vitam intravimus, cum labore vivimus, cum dolore et timore exituri sumus. (4) Cogitemus ergo quam sit brevis vita nostra, quam via lubrica, quam mors certa, et hora mortis incerta. Cogitemus quantis amaritudinibus admixtum sit, si quid dulce aut jucundum in via hujus vitæ occursui suo nobis alludit, quam fallax et suspectum, quam instabile et transitorium est quidquid hujus mundi amor parturit, quidquid species aut pulchritudo temporalis promittit. Consideremus etiam quæ sit patriæ cœlestis

---

(1) Ex Gennadio, c. XIX. — (2) Ex Gennadio, c. XX. — (3) Hug. Vict., *De modo orandi*, c. I. — (4) Hæc, etiam in Anselm. Med. VII, qua in meditatione sunt quædam quæ apud Hugonem, lib. *De arra animæ*.

rences séduisantes. Considérons aussi quelle est la beauté de la patrie céleste, sa joie et sa félicité. Considérons et voyons la hauteur d'où nous sommes tombés, l'abaissement où nous sommes ; ce que nous avons perdu, ce que nous avons trouvé, et, ces deux points considérés, nous comprendrons combien nous avons à pleurer dans cet exil ; car Salomon nous dit : « Celui qui multiplie la science multiplie la douleur. » (*Ecclés.*, 1, 18.) En effet, plus on comprend ses maux, plus on trouve qu'on doit soupirer et gémir.

CHAPITRE L. — La méditation produit la science, la science a pour fruit la componction, la componction produit la dévotion, et la dévotion perfectionne l'oraison. La méditation est un travail assidu de la pensée, qui cherche à pénétrer les choses obscures pour arriver à les connaître. La science est une lumière qui vient de la méditation, et qui donne à l'homme la connaissance de lui-même. La componction est une douleur intérieure que ressent l'homme à la considération de ses maux. La dévotion est une affection pieuse et humble qui nous porte vers Dieu ; humble, par la conscience de notre propre infirmité ; pieuse, par la considération de la bonté divine. L'oraison, c'est la dévotion de l'âme, qui se tourne vers Dieu par une pieuse et humble affection. L'affection, c'est un mouvement doux et spontané de l'âme qui nous élève à Dieu. Rien ne touche le cœur de Dieu comme la pieuse affection de notre âme.

On aime et on vante beaucoup parmi les hommes la science des choses célestes et terrestres. Mais il vaut bien mieux donner la préférence à la connaissance de soi-même. L'âme qui connaît sa misère a plus de mérite que celle qui se néglige, pour se livrer à l'observation des astres ou des secrets de la nature. Quand un homme a senti en lui-même le feu du Saint-Esprit, et qu'il s'est éveillé pour penser à Dieu, il se considère comme un néant en présence de son amour ; il voudrait pénétrer jusqu'à lui, mais il ne le peut pas, et se regardant à cette lumière divine, il se voit, il connaît qu'il est malade, et qu'il ne pourra jamais atteindre à cette perfection ; alors il est doux pour lui de pleurer et de prier Dieu, pour qu'il ait pitié de lui, et qu'il le dépouille de toute sa misère. Quand il se voit ainsi misérable et souffrant, la science ne l'enfle pas, mais la charité l'édifie. Il préfère la science à la science, c'est-à-dire il aime mieux se connaître lui-même et sa misère, que de savoir la vertu des plantes et l'histoire naturelle des animaux ; et en multipliant sa science, il multiplie sa douleur, en pensant qu'il est exilé et loin de sa patrie, et de la vue de Dieu qui est sa fin : à qui gloire soit rendue dans les siècles des siècles, amen. Il souffre, tant qu'il est dans la terre d'exil, et qu'il est loin de son entrée dans le royaume. Il souffre en pensant à tous les péchés qu'il a commis, et aux peines qu'il a méritées.

CHAPITRE LI. — La science qui surpasse toutes les sciences étant donc la connaissance de soi-même, il faut porter notre examen sur nos pensées, sur nos paroles, sur nos actions. Que nous servirait-il de pénétrer à fond la nature de toutes choses, et de tout comprendre, si nous ne nous comprenons pas nous-mêmes ? Examinons donc nos actions pour savoir si nous les faisons selon la règle du devoir ; considé-

---

pulchritudo, suavitas atque dulcedo. Attendamus et perpendamus unde cecidimus, et ubi jacemus ; quid perdidimus, et quid invenimus : ut ex utroque intelligamus quantum nobis in hoc exilio lugendum sit. Hinc enim Salomon ait : « Qui apponit scientiam, apponit et dolorem. » (*Eccli.*, 1, 18.) Quia quanto magis homo sua mala intelligit, tanto amplius suspirat et gemit.

CAPUT L. — Meditatio (1) si quidem parit scientiam, scientia compunctionem, compunctio devotionem, devotio perficit orationem. Meditatio, est frequens cogitatio, curiosa et sagax obscura investigare, et occulta ad notitiam trahere. Scientia est, quando homo ad cognitionem sui assidua meditatione illuminatur. Compunctio est, quando ex consideratione malorum suorum cor interno dolore tangitur. Devotio, est pius et humilis affectus in Deum ; humilis ex conscientia infirmitatis propriæ, pius ex consideratione divinæ clementiæ. Oratio, est mentis devotio, id est, conversio in Deum per pium et humilem affectum. affectus, est spontanea quædam ad dulcis ipsius animi ad Deum inclinatio. Nil enim ita Deum inclinat ad pietatem et misericordiam, quemadmodum purus mentis affectus.]

Scientiam cœlestium et terrestrium rerum laudare atque amare solent homines ; sed multo meliores sunt, qui huic scientiæ præponunt noscere semetipsos. (2) Laudabilior si quidem animus est, cui nota est miseria sua, quam qui ea non respecta, vias siderum et naturas rerum scrutatur. Qui vero jam in Deum evigilavit Spiritus sancti calore excitatus, atque in ejus amore coram se viluit, ad eumque intrare volens nec valens, coque sibi lucente attendit in se, et invenit se, suamque ægritudinem illius munditiæ contemperari non posse cognoscit ; dulce habet flere, eumque precari, ut sui misereatur, totumque ejus miseriam exuat. Hunc itaque egentem et dolentem scientia non inflat, quia caritas ædificat. Præposuit enim scientiam scientiæ, id est, scire se ipsum et infirmitatem suam, magis quam scire vires herbarum, et naturas animalium : et hanc apponendo scientiam, apposuit et dolorem, dolorem scilicet peregrinationis suæ ex desiderio patriæ suæ, et visionis Dei, quem cernere finis (*a*) : cui est gloria in sæcula sæculorum, Amen. Dolet, cui tenetur exilio, quia differtur a regno. Dolet, dum recordatur quæ et quanta mala fecit, et quam intolerabiles pœnas pro illis passurus sit.

CAPUT LI. — (3) Cum nulla scientia melior sit illa quæ cognoscit homo semetipsum, discutiamus cogitationes, locutiones atque opera nostra. Quid enim prodest nobis, si rerum omnium naturas subtiliter investigemus, efficaciter comprehendamus, et nosmetipsos non intelligamus ? Examinemus ergo quæ fecimus nos, si secundum quod debuimus, ea fecerimus : consideremus ea quæ facturi

---

(1) Hæc et in Append., Bern., *De conscientia*, c. XXIX. — (2) V., in Append., Bern., lib. *Medit.*, c. VI. — (3) V., lib. cit. *de Conscientia*, c. XLIII.

(*a*) Hic clauditur liber in omnibus Mss. nostris, apud Hugonem et Alcherum. Quæ tamen supersunt, non alium innuunt auctorem.

rons ce que nous voulons faire, et voyons si Dieu l'approuvera. Il est donc bien nécessaire que notre examen embrasse tout, afin que l'expérience du passé soit pour nous une leçon qui nous rende prudents pour l'avenir. Souvent nous croyons commencer une chose avec bonne intention ; mais bientôt l'illusion nous prend dans ses filets, et nous fait voir que cette bonne intention qui commence, n'est pas toujours mise en rapport avec la fin qui termine ; nous marchons dans un chemin découvert comme des imprudents, sans nous douter du piège; nous voyons ce que nous faisons, sans prévoir les conséquences de nos actes. Il y a tant de mystère dans les sentiments de notre cœur, que nous ne pouvons discerner notre véritable intention que par la fin que nous nous proposons. Il est nécessaire en outre que chaque jour nous comparaissions au tribunal de notre conscience, pour examiner ce que nous avons fait le jour et la nuit ; si nous avons été plus prompts à faire le bien, plus fermes à éviter le mal ; si notre ennemi ne nous a pas fait tomber dans quelque piège ; comment nos déceptions seront pour nous une leçon pour ne plus nous laisser tromper ; afin que la tentation ne vienne pas nous surprendre pour nous porter au mal, et que notre imprévoyance ne nous trouve pas endormis pour le bien. Il est certain que tout homme qui s'appliquera à cet exercice, aura compris cette parole d'un sage : Connais-toi toi-même. Sachez d'où vous venez, où vous allez; comment vivez-vous ; avancez-vous, reculez-vous; êtes-vous loin de Dieu, ou rapproché de lui ; je ne parle pas de la distance des lieux, mais par la conformité ou l'opposition de la vie. Sachez comment vous êtes un homme, vous dont la conception est une faute, la naissance une misère, la vie un supplice, et la mort une nécessité. Il est certain que vous mourrez ; mais vous ne savez pas comment, quand, ni où ; car la mort vous attend partout, et si vous êtes sage, vous l'attendrez partout. Soyez donc attentif à ce que vous faites, et à ce que vous devez faire; faites-vous ce qu'il faut faire? le mal ne se glisse-t-il pas dans vos bonnes actions? faites-vous le bien avec toute la dévotion nécessaire ? aimez-vous l'avantage de votre prochain comme le vôtre? vous reprenez-vous de vos fautes comme vous reprenez les siennes ? en un mot évitez-vous le mal de manière à faire réellement le bien? Il y a des hommes qui ne sont attentifs qu'à éviter le mal ; ils tombent dans la pusillanimité, et ils ne font pas le bien, sous prétexte d'éviter le mal. D'autres ne font attention qu'au bien qu'ils font; ils se complaisent et se flattent dans leurs bonnes œuvres, et n'ont aucune alarme sur le côté défectueux qu'elles présentent. Il y en a d'autres qui se croient sages en faisant le mal, et ne savent pas faire le bien ; ces hommes, qui sont les pires de tous, sont contents de mal faire, et plus ils font mal, plus ils sont heureux. Il y en a d'autres qui cherchent Dieu par les choses du dehors, ne rentrant jamais en eux-mêmes pour y chercher Dieu qui s'y trouve.

Chapitre LII. — Rentrons donc en nous-mêmes pour que nous puissions remonter vers nous. Cette ascension a trois degrés, le premier degré, c'est de quitter les choses extérieures et inférieures pour arriver jusqu'à nous ; le second degré nous fait

sumus, si sint secundum Deum. Valde si quidem est necessaria nobis circumspectio examinationis; quatenus [(1) per experientiam eorum quæ fecimus, ad ea quæ agenda sunt cautiores reddamur. Sæpe namque opus quod bona intentione inchoari credimus, tanto citius in deceptionis laqueum nos præcipitat, quanto de intentionis nostræ principio securi finem actionis non observamus : et imprudentes quasi via plana ad foveam currimus; quia videmus quid facimus, sed quid (a) finem nostrum sequi debeat, non attendimus. Ita enim ambiguus est animi affectus, ut nisi ex fine operis qualitatem intentionis ejus discernere non valeamus. Præterea necesse est, ut per singulos dies vitam nostram ad judicium vocemus, et quid egimus per noctem et diem, examinemus; et quanto ad bona facienda solito alacriores, et quanto ad mala vincenda solito constantiores; si in aliquo opere nostro insidiis inimici supplantati simus; qualiter demum per (b) indicium transactæ deceptionis futuram illius fraudem cavere valeamus ; quatenus nec superveniens tentatio nos improvisos ad malum opus dejiciat, nec indiscretos in opere bono præsens negligentia fallat. Quisquis scilicet cor suum in hujusmodi studio exercet,] audiat quid quidam sapiens dicat : Scito te ipsum (2). Scito unde venisti, aut quo vadis; quomodo vivis, quantum proficis vel deficis, quam longe es a Deo, vel quam prope, non intervallis locorum, sed similitudine vel dissimilitudine morum. Scito quomodo homo es, [(3) cujus conceptio culpa, nasci miseria, vivere pœna, mori necesse. Certum est, quia morieris ; sed incertum quomodo vel quando vel ubi. Quoniam mors ubique te expectat, et tu si sapiens fueris, ubique eam expectabis.] Attende ergo sollicite quid agas vel quid agere debeas; si quod faciendum est facias; si bono operi malum aliquod non admisceas; si bonum quod agis, quanta oportet devotione adimpleas; si alterius, ut tuum, bonum diligas; si tuum, ut alterius, malum reprehendas ; si sic declinas a malo, ut facias bonum. Sunt enim quidam tantum attendentes mala quæ non faciunt : istos pusillanimitas a bono opere revocat, ne malum subripiat. Sunt aliqui attendentes tantum bona quæ faciunt : illi sic sibi a bono opere complacent et blandiuntur, ut de pravitatis admixtione minime terreantur. Sunt alii sapientes ut faciant mala, bona autem facere nesciunt : isti pessimi omnium lætantur cum male fecerint, et exsultant in rebus pessimis. Sunt alii quærentes Deum per exteriora, deserentes interiora sua, quibus Deus interior est.

Caput LII. — Redeamus ergo ad nos, ut possimus ascendere ad nos. Tres si quidem ascensus sunt. In primo, ascendimus ab istis exterioribus et inferioribus ad nos. In secundo, ascendimus ad cor altum (*Psal.* LXIII, 7) :

(1) Ex Hug. Vict., *de instit. Novitiorum*, c. IX. — (2) Γνῶθι σεαυτόν. — (3) Ita in Append. Bernardi, lib. *De conscientia*, c. VI, et lib. *Medit.*, c. VI.

(a) Apud Hug. *factum*. — (b) Al. *judicium*.

monter avec un cœur élevé ; et plus nous faisons d'efforts, plus nous montons ; car celui qui ne monte pas, descend ; et celui qui n'avance pas, recule. Par le troisième degré, nous montons jusqu'à Dieu. Le premier degré, c'est la considération du monde et le mépris du monde ; car en considérant combien sont caducs et périssables les biens de la terre, nous les méprisons et nous revenons à nous-mêmes. Le second degré, c'est la connaissance et le mépris de soi-même ; car en voyant combien nous sommes enclins au mal, et faibles pour le bien, nous nous méprisons et nous nous élevons au-dessus de nous-mêmes. Le troisième degré, c'est la connaissance et l'amour de Dieu. Ce troisième degré, c'est la dilatation de l'âme, son soulèvement et son exaltation. Notre âme est dans un état de dilatation, lorsque d'un coup d'œil elle embrasse beaucoup de choses, ou sur la sagesse de Dieu, ou sur sa puissance, ou sur sa bonté ; car nous devons voir la grande puissance de Dieu dans la création du monde, sa grande sagesse dans le gouvernement de l'univers, et sa bonté dans la distribution de toutes choses. Il a fait tout ce monde si magnifique pour nos corps, nos corps pour nos âmes, et nos âmes pour lui-même. C'est pourquoi nous devons garder nos âmes avec soin, pour que nous puissions les offrir pures et saintes à Dieu, qui nous a comblés pour elles de tant de bienfaits. L'âme est dans son état de soulèvement, lorsqu'elle monte des choses visibles aux choses invisibles. Car nous ne pouvons pas considérer la dignité de l'homme, sans admirer la bonté de Dieu, qui a fait si merveilleusement l'esprit raisonnable à son image et à sa ressemblance. L'âme est dans son état d'exaltation, lorsqu'elle est transportée au-dessus d'elle-même. Ce ravissement de l'âme n'est plus du domaine de l'homme ; on ne peut donc en rien dire. On peut parler de l'état de dilatation et de soulèvement, parce que l'homme y est pour quelque chose. L'homme peut à ce sujet recevoir l'enseignement de l'homme, ou bien quelque révélation ou inspiration divine. Quelquefois l'homme regarde dans le miroir de son cœur, c'est-à-dire dans son intelligence raisonnable, et il s'y voit lui-même et il y voit Dieu. Car Dieu a fait le cœur de l'homme, de manière à pouvoir y habiter comme dans un temple, et s'y reproduire comme dans son miroir, afin que, malgré sa nature invisible, il se montrât visible dans son image. C'est donc une grande dignité pour l'homme, de porter l'image de Dieu, de contempler en soi-même la face de Dieu, et de l'avoir toujours présent devant ses yeux. Mais quand nous avons jeté notre cœur à tous les plaisirs coupables de la terre, il s'est roulé dans la poussière du péché ; et alors nous tombons des hauteurs de la contemplation dans les malheureuses ténèbres de la vie présente, où nous ne pouvons plus servir Dieu dignement, enveloppés que nous sommes dans les souillures de l'iniquité et dans les obscurités de l'ignorance, ne voyant plus ou presque plus ce qu'il faut faire et éviter. Essuyons donc notre miroir, pour en faire disparaître l'amour de la vanité et de l'iniquité, c'est-à-dire toute poussière et toute tache ; et nous pourrons nous y voir et y voir notre Créateur, que nous avons mis derrière nous par le péché. Nous nous sommes en effet séparés de Dieu ;

---

(1) Ex Hug. Vict. lib. III. *De arca morali*, c. vi.
(a) Apud Hug. *illa specula*.

quanto namque amplius proficimus, tanto amplius ascendimus. Qui enim non ascendit, descendit ; et qui non proficit, deficit. In tertio ascensu, ascendimus ad Deum. Primus ascensus fit considerationis mundi, et contemptu. Considerando namque quam caduca et transitoria sint ista terrena, contemnimus ea, et redimus ad nos. Secundus ascensus fit cognitione et contemptu nostri. Cum enim cognoscimus quam proni simus ad malum, et quam invalidi ad bonum ; contemnimus, et ascendimus supra nos. Tertius ascensus fit cognitione et amore Dei. Iste tertius ascensus fit mentis dilatatione, et mentis sublevatione, et mentis alienatione. Mentis dilatatio est, cum sub uno mentis aspectu plura conspicimus, vel de Dei sapientia, vel de ejus potentia, vel de cuncta bonitate. Intueri debemus quam potenter Deus cuncta creavit de nihilo, quam sapienter gubernat, quam benigne cuncta dispensat. Totum istum mundum sic ornatum fecit propter corpora, corpora propter animas, animas propter se. Et ideo diligenter custodire debemus animas nostras, quatenus eas mundas et sanctas Deo reddere valeamus a quo tanta bona accepimus pro eis. Mentis sublevatio est, cum de visibilibus sublevamur ad invisibilia. Quando namque consideramus humanam dignitatem, admiramur dignationem Dei, qui tam mirabiliter rationalem spiritum ad imaginem et similitudinem suam creavit. Mentis alienatio est, quando mens super se rapitur. De hoc mentis excessu, homo doceri non potest ; quia nihil ibi habet sui. De mentis autem dilatatione et sublevatione instrui potest ; quia ibi aliquid habet sui. Instruitur autem aliquando humana industria, aliquando divina revelatione seu inspiratione. Nonnunquam vero in speculo cordis sui ; id est, in rationali mente se ipsum et Deum inspicit. [(1) Ita namque conditum est cor hominis, ut in eo quasi in templo Dominus inhabitaret, et tanquam in quodam speculo suo reluceret ; ut qui in se videri non poterat, in sua imagine visibilis appareret. Magna prorsus dignitas hominis est, portare imaginem Dei, et illius in se jugiter vultum aspicere, atque eum semper per contemplationem præsentem habere. Sed postquam delectationem nostram in terram peccando sparsimus, peccati pulvis superjectus est cordi nostro : et ideo ab illo internæ contemplationis culmine corruentes in has miseras præsentis vitæ tenebras labimur, ubi Deo digne ministrare non valemus, quia sorde iniquitatis, caligine ignorantiæ obvoluti, quid agendum vel vitandum nobis sit, ex magna parte jam non videmus.] Tergamus ergo speculum nostrum ab amore vanitatis, et ab amore iniquitatis, id est, a pulvere et a sorde : ut in eo inspicere valeamus et nos, et Creatorem nostrum, quem peccando post tergum nostrum posuimus. Aversi si quidem a Deo sumus ; peccata nostra separant nos ab eo. Et ideo cum Propheta dicamus : « Converte nos Deus salutaris noster. »

nos péchés nous en ont détournés. C'est pourquoi disons avec le prophète : « Convertissez-nous, ô Dieu notre Sauveur. » (*Ps.* LXXXIV, 5.) Si une femme, qui a perdu le miroir où elle se regarde, le cherche avec grand soin ; si elle s'empresse de l'essuyer pour en ôter toute tache et toute poussière ; à plus forte raison devons-nous chercher, essuyer, et regarder le miroir de l'homme intérieur, afin que nous puissions y apercevoir toutes nos laideurs, et ainsi arriver par la connaissance de nous-mêmes à la connaissance de Dieu.

CHAPITRE LIII. — Deux choses nous sont nécessaires pour nous connaître ; il faut voir ce que nous sommes pour le mal, et ce que nous sommes pour le bien. Nous sommes enclins au mal, et si la miséricorde de Dieu ne nous gardait, nous pourrions tomber dans tous les vices, sans pouvoir sortir de ce bourbier, si cette même miséricorde n'était encore là pour nous tendre la main. C'est ce que savait bien le prophète quand il disait : Seigneur, que votre miséricorde soit devant mes yeux, pour me garder (*Ps.* xxv, 3) ; qu'elle soit avec moi dans mes chutes, pour me relever. (*Ps.* xxII, 6.) Nous sommes faibles pour le bien, et sans la grâce de Dieu nous ne pouvons ni faire le bien, ni y persévérer en rien. C'est ce que savait l'Apôtre, quand il disait : « Par la grâce de Dieu je suis ce que je suis, » (I *Cor.*, xv, 10) et sa grâce n'ayant point été stérile en moi, elle est restée avec moi. Abraham avait cette connaissance de lui-même quand il disait : « Je parlerai à mon Dieu, moi qui ne suis que cendre et poussière. » (*Gen.*, xvIII, 27.) En effet, l'homme est poussière. De même que la poussière est emportée par tous les vents, et jetée dans un coin pour y rester ; ainsi l'homme est le jouet de tous les vices, et il tombe dans le mal sans pouvoir se relever, si la miséricorde de Dieu ne lui tend la main. L'homme est également cendre ; et de même que la cendre est inféconde par elle-même, et ne fait point germer la semence qu'on y jette, ainsi l'homme ne peut faire aucun bien, ni persévérer dans aucun bien, sans la grâce de Dieu. C'est pourquoi nous devons à Dieu de grandes actions de grâces, et pour les nombreux bienfaits qu'il nous a accordés, et pour les fautes sans nombre qu'il nous a pardonnés, et pour toutes celles dont il nous a préservés, et que nous aurions pu commettre, comme nous en avons tant commis. Car le mal que nous n'avons pas fait, c'est sa miséricorde qui nous a empêchés de le faire. S'il nous avait abandonnés à nous-mêmes, nous aurions commis tous ces péchés, ou par œuvre ou par volonté. C'est pourquoi je ne sais pas si nous devons aimer Dieu davantage, ou pour les fautes qu'ils nous a pardonnées, ou pour celles dont il nous a préservés. Quoique nous ne les ayons pas commises, nous devons néanmoins nous regarder comme coupables, et penser que nous avons pour ainsi dire abandonné Dieu, puisque nous en aurions eu certainement la volonté, s'il nous eût laissé faire. L'homme qui se connaît ainsi dans la vérité, est humble devant Dieu et devant les hommes ; il aime Dieu pour Dieu, et tous les hommes à cause de Dieu ; et s'il a la charité parfaite, il ne juge personne, n'accuse personne, ne condamne personne ; il ne conserve pas de colère, il ne cherche pas querelle, il ne sème pas la discorde, il ne favorise pas les coupables, il ne persécute pas les innocents, il n'en veut pas à ceux qui le reprennent ; il ne dérobe point, ne fait ni faux témoignage ni parjure ; il ne médit

---

(*Psal.* LXXXIV, 5.) Si mulieres speculum suum, in quo facies inspiciunt, cum amiserint, diligenter quærunt, et curiose tergunt a pulvere ac a sorde : multo amplius speculum interioris hominis debemus et invenire et tergere et inspicere : ut in eo totam turpitudinem nostram valeamus deprehendere, et ita per cognitionem nostram ad cognitionem Dei pervenire.

CAPUT LIII. — Duo nobis necessaria sunt ut nos cognoscamus, videlicet quales simus ad malum, et quales ad bonum. Proni sumus ad malum, et si misericordia Dei non teneret nos, in omne vitium possemus cadere, nec inde surgere, nisi misericordia Dei subsequeretur, quæ nos sublevaret. Hoc bene cognoscebat Propheta cum dicebat : Domine, misericordia tua ante oculos meos, quæ me custodiat (*Psal.* xxv, 5) : et misericordia tua subsequatur me, quæ me erigat. (*Psal.* xxII, 6.) Invalidi sumus ad bonum, nec sine Dei gratia bonum facere, vel in aliquo bono perseverare possumus. Istud etiam Apostolus sciebat, cum dicebat : « Gratia Dei sum id quod sum : » (I *Cor.*, xv, 10) et quia gratia ejus in me vacua non fuit, gratia ejus in me manet. Hanc geminam cognitionem sui habuit Abraham cum diceret : « Loquar ad Dominum meum, cum sim pulvis et cinis. » (*Gen.*, xvIII, 27.) Re vera pulvis est homo. Sicut enim pulvis ex quacumque parte venti impellitur, et in aliam aream dejicitur, et ibi remanet : sic homo in omne vitium cadere potest, nec adjiciet ut resurgat, nisi misericordia Dei ei subveniat. Cinis etiam est homo ; quia sicut cinis nec profert germen ex se, nec susceptum semen germinat, sic homo nec bonum facere, nec in aliquo bono perseverare sine gratia Dei potest. (1) Idcirco maximas grates Deo referre debemus, quia et multa bona nobis concessa, et multa mala quæ fecimus, nobis condonavit, et a multis malis servavit, quæ facere potuimus, sicut alia multa quæ fecimus. Quidquid enim mali non fecimus, eo miserante non fecimus. Nam si ipse permisisset, et utique fecissemus, aut opere aut voluntate. Et ideo nescio utrum eum amplius diligere debeamus pro his quæ nobis dimisit, an pro his a quibus nos immunes servavit. Licet enim ea non fecimus, nos quasi fecisse, et cum quasi dimisisse, existimare debemus ; quando quidem ea vel voluntate utique fecissemus, si ipse permisisset. Quisquis in veritate se ita cognoscit, humilis est coram Deo et hominibus ; diligit Deum propter Deum, et omnes homines propter Deum ; et si perfectam caritatem habet, nullum judicat, nullum accusat, nullum condemnat, non servat iram, non movet rixas, non seminat discordias, non fovet nocentes, non persequitur innocentes, non odit arguentes

---

(1) V. Aug., lib. II, *Conf.*, c. vII.

APPENDICE.

point, ne nuit à personne, ne hait personne, mais il aime tous les hommes. Il est écrit : « Ne demeurez redevables de rien à personne, si ce n'est de l'amour qu'on se doit les uns aux autres. » (*Rom.*, XIII, 8.) La charité est tellement l'amie de Dieu, qu'il ne veut pas habiter dans l'homme où elle ne se trouve pas. Celui qui a la charité, possède Dieu, parce que « Dieu est charité. » (I *Jean*, IV, 16.) Celui qui hait un seul homme, perd Dieu et tout le fruit de ses bonnes œuvres. Que chacun veille donc à n'avoir pas de haine même pour un seul homme, s'il ne veut pas perdre Dieu, et le fruit de ses œuvres.

CHAPITRE LIV. — Revenons maintenant à notre miroir, et voyons comment par la connaissance de nous-mêmes nous pouvons nous élever à la connaissance de Dieu. Il y a deux natures dans l'homme ; l'une intérieure qui est l'homme lui-même, l'âme étant la personne de chacun ; l'autre extérieure, c'est le corps. L'homme est donc composé d'une double nature ; et Dieu voulant lui communiquer le bonheur sous les deux rapports, lui a préparé dès le principe deux sortes de biens, l'un visible l'autre invisible ; l'un corporel, l'autre incorporel ; l'un pour donner au corps les plaisirs qui conviennent à ses sens, et à l'âme la félicité que réclament ses sentiments. C'est pourquoi l'âme raisonnable est pourvue d'un double sens, pour se mettre en rapport avec les choses visibles par le sens corporel, et avec les choses invisibles par le sens spirituel, afin que le monde visible et invisible portât l'homme à la connaissance et à l'amour du Créateur. Tous les actes humains doivent tendre à cette fin, ou de réparer en nous la ressemblance de l'image divine, ou de fournir aux besoins de cette vie. Or, il y a deux moyens de réparer en nous la ressemblance divine, c'est la connaissance de la vérité, et la pratique des vertus ; car l'homme n'est semblable à Dieu, qu'autant qu'il est sage et juste. Rien ne fait mieux connaître l'auteur d'une œuvre, que la ressemblance plus parfaite de cette œuvre avec l'ouvrier. Telle est l'âme raisonnable qui est faite d'une manière excellente et particulière à la ressemblance de Dieu, et elle reconnaît sans peine son Créateur qu'elle ne voit pas, lorsqu'elle se considère elle-même comme une œuvre faite à sa ressemblance. On voit apparaître en cette œuvre comme un premier vestige de la Trinité, lorsque l'âme a commencé à connaître elle-même ce qui était en elle, et qu'ensuite elle a considéré ce qui était au-dessus d'elle. Car elle a vu comme naître de son sein la sagesse qui est en elle, et elle aime elle-même cette sagesse, et d'elle-même et de sa sagesse procède l'amour dont elle aime celle qu'elle a engendrée, et qui reste en elle sans se séparer d'elle. Vous avez comme trois choses dans une même substance : l'intelligence, la sagesse, et l'amour. La sagesse qui vient de l'intelligence, et l'amour qui procède de l'intelligence et de la sagesse. Vous avez donc la Trinité, sans cesser d'avoir l'unité ; et vous avez en même temps la trinité et l'unité. Voilà ce qui est en nous. Mais la raison nous dit qu'en Dieu tout cela se trouve d'une manière bien supérieure. La sagesse qu'il possède, il l'a engendrée lui-même, et elle a toujours été avec lui, et étant engendrée elle ne s'est jamais séparée de celui qui l'engendre. Elle est

---

se; non facit furtum, non falsum testimonium, non perjurium ; nulli detrahit, nulli nocet, nullum odit, sed omnes diligit. Scriptum est : « Nemini quidquam debeatis, nisi ut invicem diligatis. » (*Rom.*, XIII, 8.) (1) Sic enim Deo familiaris est caritas, ut in eo habitare nolit, in quo caritas non fuerit. Qui ergo caritatem habet, Deum habet; quia « Deus caritas est. » (I *Joan.*, IV, 16.) Et qui unum hominem habet odio, Deum perdit, et bonum quod fecit. Quapropter unusquisque provideat, ne propter unius hominis odium Deum perdat, et omne bonum.

CAPUT LIV. — Nunc revertamur ad speculum nostrum, et videamus quomodo per cognitionem nostri possimus ascendere ad cognitionem ipsius Dei. Duplex est natura hominis. Una interior, quæ est ipse homo, quoniam mens uniuscujusque est ipse : altera exterior, id est, corpus. [(2) Ex duplici natura compactus est homo, et ideo ut totus beatificaretur, duo illi bona Deus a principio præparavit : unum visibile, alterum invisibile ; unum corporale, alterum incorporale : ut in uno sensus carnis ad jucunditatem foveretur; in altero sensus mentis ad felicitatem repleretur. (3) Idcirco duplici sensu rationalis anima instructa est, ut visibilia caperet per sensum carnis, invisibilia per sensum mentis ; quatenus visibilia et invisibilia ad cognitionem et dilectionem Creatoris illam excitarent.] Omnium namque humanarum actionum ad hunc finem currere debet intentio, ut vel divinæ imaginis in nobis similitudo instauretur, vel hujus vitæ necessitati consulatur. Quæ vero in nobis divinam similitudinem reparant, duo sunt, id est, speculatio veritatis, et exercitium virtutum : quia in hoc homo similis est Deo, quod sapiens et justus est. [(4) Ea si quidem perfectius auctorem suum manifestant, quæ illius similitudini vicinius appropinquant. Hoc autem est mens rationalis, quæ excellenter et proprie ad similitudinem illius facta est : et tunc citius Creatorem suum, quem non videt, agnoscit, cum se ipsam ad illius similitudinem factam intelligit. In hoc ergo primum Trinitatis vestigium inventum est, cum agnoscere cœpit ipsa quod erat in se, et ex eo consideravit quod erat supra se. (5) Vidit enim quod ex se ipsa nascitur sapientia quæ in ipsa est, et diligit ipsa suam sapientiam ; et procedit amor ex ipsa et sapientia sua, quo amat ipsam genitam de se, et in se manentem non dividit a se. Et apparent tria quædam in uno, mens, sapientia et amor. Et est sapientia de mente, et de mente et sapientia procedit amor; et surgit trinitas, et non recedit unitas : et sunt simul trinitas et unitas.] (6) Hoc sic in nobis. Verum longe melius ratio suadet in Deo. Deus namque cum sit origo omnis sapientiæ, et semper sapientiam habuit, et semper eam dilexit, et quia semper dilexit, semper amorem habuit. Sapientiam quam habet, ipse genuit, et semper cum illo fuit, quia genita se a gignente non dividit; semper gignitur, quia æterna; sem-

---

(1) V. Manuale, c. XXV. — (2) Ex Hug. Vict., lib. I, *de Sacram. fidei*, p. 6. c. VI. — (3) Ex eod. loco, c. V. — (4) Ex eodem lib. p. 3. c. XXI. — (5) V. Hugonem, *Summæ sent.*, tract. I, c. VI. — (6) Ex eod. *Eruditionis didascal.*, lib. V, c. XXI.

toujours engendrée, parce qu'elle est éternelle ; elle a toujours été engendrée, parce qu'elle est parfaite ; quand elle est engendrée, elle ne commence pas, quand elle a été engendrée, elle ne cesse pas. Celui qui engendre est le Père, celui qui est engendré est le Fils, et celui qui procède de l'un et de l'autre est le Saint-Esprit. Le Père ne tient l'être de personne, le Fils tient l'être du Père seul, et le Saint-Esprit existe par le Père et le Fils, et nous sommes obligés de confesser que les trois ne sont en Dieu qu'une même substance. Mais comme celui qui est engendré ne peut pas être celui qui engendre, et que celui qui procède de celui qui engendre, et de celui qui est engendré ne peut pas être celui qui engendre ni celui qui est engendré, nous sommes obligés de reconnaître par la force invincible de la vérité qu'en Dieu, il y a la trinité des personnes, l'unité de substance, et l'égalité de grandeur. Donc le Père et le Fils et l'amour du Père et du Fils ne sont qu'un seul Dieu, et ils s'aiment du même amour, parce qu'ils sont un ; et l'un ne trouve pas dans un autre à aimer autre chose que ce que chacun aime en lui-même. L'un ne diffère pas de l'autre et n'est pas autre chose que ce que chacun est réellement ; c'est pourquoi il est nécessaire que chacun s'aime lui-même et qu'ils s'aiment mutuellement. C'est cette charité et cette trinité que Dieu nous a manifestées, lorsque dans l'excès de son amour pour nous, il nous a envoyé son Fils revêtu d'une chair semblable à celle du péché, pour nous sauver (*Ephés.*, II, 4) ; il nous a aussi envoyé le Saint-Esprit, par lequel il devait nous adopter pour ses enfants. (*Rom.*, VIII, 3.) Il a donné son Fils comme prix de notre rédemption, et le Saint-Esprit comme grâce d'amour, se réservant lui-même comme héritage pour ses enfants d'adoption.

CHAPITRE LV. — Le Père, le Fils et le Saint-Esprit sont des noms de piété, des noms de douceur, des noms de suavité et d'amour. Quel nom plus doux que celui du Père, et d'un Père si grand, si bon, si miséricordieux ? Quel nom plus suave que celui de Jésus-Christ ? Notre Sauveur est toute onction, toute douceur, toute piété, toute suavité. Quel nom plus aimable, plus suave, plus saint que le nom du Saint-Esprit ? Il est l'amour du Père et du Fils, et par lui sont sanctifiés tous les saints. Considérez donc la gloire et la joie que nous aurons, quand nous viendrons à Dieu le Père, et qu'il nous donnera place dans son royaume, comme à ses enfants et héritiers, lorsque Jésus-Christ nous accueillera comme ses frères et ses cohéritiers, lorsque le Saint-Esprit ne fera plus qu'un même esprit avec nous, lui qui est l'indissoluble lien de la sainte Trinité et de l'amour. Alors nous entrerons dans la puissance du Seigneur, et nous verrons cette cité dont on raconte des choses si glorieuses. (*Ps.* LXX, 16 ; LXXXVI, 3.) Dans cette cité règnent une vie calme, une paix tranquille, une félicité perpétuelle, une beauté admirable, un ordre parfait, un plaisir inépuisable, une gloire qui comble les désirs, une joie éternelle, une fête continuelle, une harmonie ravissante. Là tous les cœurs sont transformés, et ne sont plus que bonheur et douceur ineffable. Là sont les joies éternelles qui versent leurs délices sans mélange de corruption, qui rassasient sans s'épuiser, qui nourrissent sans diminuer, qui sont la jouissance de tous sans cesser d'être inalté-

per genita est, quia perfecta ; nec cum gignitur inchoans, nec cum genita est cessans. Qui genuit, Pater est ; qui genitus est, Filius est ; et qui ab utroque procedit, Spiritus sanctus est. Pater a nullo est, Filius a solo Patre est, Spiritus sanctus simul a Patre et a Filio est : et hæc tria (*a*) una in Deo esse substantialiter oportet fateamur. Sed quia ille qui genitus est, non potest esse ille a quo genitus est ; neque qui a gignente et genito procedit, potest esse ille et qui est gignens, et qui est genitus : inexpugnabili ratione veritatis cognoscere cogimur in deitate personarum trinitatem, et substantiæ unitatem, et majestatis æqualitatem.] [(1) Pater ergo et Filius et amor Patris et Filii unus Deus sunt, et uno amore se diligunt, quia unum sunt : nec aliud est quod quisque amat in altero, quam quod quisque amat in semetipso. (*b*) Nec aliud est quod quisque amat, quam quod alter est ;] ideo est necesse, ut quisque amet se ipsum, et ad invicem quisque alium. Hanc caritatem et hanc trinitatem Deus Pater nobis manifestavit, cum propter nimiam caritatem suam qua nos dilexit (*Ephes.*, II, 4), misit Filium suum in similitudinem carnis peccati, ut nos salvaret ; misit etiam Spyritum sanctum, quo nos adoptaret in filios. (*Rom.*, VIII, 3.) Filium dedit in pretium redemptionis, Spiritum sanctum in privilegium amoris, se denique servat hæreditatem adoptatis.

(1) Ex eod. lib. c. XXIII.
(*a*) Apud Hug. *unum*. — (*b*) Apud Hug. *quia non aliud*.

TOM. XXII.

CAPUT LV. — Pater, et Filius, et Spiritus sanctus nomina sunt pietatis, nomina dulcedinis, nomina suavitatis et amoris. Quid enim dulcius Patre, et tanto Patre, tam dulcissimo atque misericordissimo ? Quid suavius Jesu Christo ? Salvator noster totus est unctus, totus est pius, totus est dulcis atque suavis. Quid amabilius et quid suavius et quid sanctius Spiritu sancto ? Amor Patris et Filii ipse est, per quem omnes sunt sancti quicumque sunt sancti. Considerate ergo quanta sit illa gloria, quam ineffabilis lætitia cum ad Deum Patrem veniemus, et ille ponet nos in suo regno tanquam filios et hæredes, Jesus Christus tanquam fratres et cohæredes, Spiritus sanctus unum nos spiritum esse faciet cum illis : ipse si quidem est indissolubile vinculum Trinitatis et amoris. Tunc introibimus in potentias Domini, et videbimus civitatem illam de qua tam gloriosa dicta sunt. (*Psal.* LXX, 16 ; LXXXVI, 3.) Vita si quidem illius civitatis est quieta, pax tranquilla, felicitas perpetua, pulchritudo admirabilis, species laudabilis, jucunditas concupiscibilis, gloria desiderabilis, gaudium perenne, festivitas continua, cantica dulcissima. Ibi sunt quæ corda omnium in quamdam ineffabilem dulcedinem atque jucunditatem convertunt. Sunt ibi gaudia æterna, quæ suavitatem infundunt, et corruptionem non inducunt ; semper reficiunt et nunquam deficiunt, pascunt et perseverant integra, ad fruen-

30

rables. Tout est doux dans cette cité et répand l'amour, tout est agréable et cause du plaisir, tout est beau et réjouit la vue. Tout y est beauté, puisque la souveraine beauté y règne en souveraine. Quelle n'est pas en effet la beauté du ciel, où sont réunies toutes les beautés dont l'éclat est sans défaut, dont la durée est permanente, dont l'existence est incorruptible, et dont l'éternité est immuable? S'il y a tant de beauté dans ce qui n'est qu'une beauté empruntée, que dirons-nous de la beauté véritable? O cité sainte, cité ravissante, en vous, tout est beau, tout est doux, tout est délicieux, tout est l'unique bien qui renferme tout bien. Tout ce que je puis nommer de bon, est là et s'y trouve tout entier ; car tous les biens sont dans un seul, et tous les biens ne sont qu'un. Quand l'amour et le désir d'un si grand bien touchent parfois mon cœur, j'éprouve quelque chose de fort et de doux, et je me trouve pour ainsi dire emporté je ne sais où, loin de moi-même ; car tout à coup je ne suis plus le même, je suis changé tout entier, l'amour m'emporte, le désir me donne des ailes, et je me trouve dans un état que je ne pourrais pas exprimer. La conscience est joyeuse, le souvenir des douleurs passées s'évanouit, l'esprit tressaille, l'intelligence rayonne, l'affection s'embrase, le cœur est illuminé, les désirs sont des joies. Déjà je me vois ailleurs, sans savoir où je suis. Car je vois, mais comme dans le lointain, les chœurs des anges et des archanges qui chantent et louent Dieu. Le seule occupation de tous en ce lieu, c'est de contempler les merveilles de Dieu, et de le louer dans ses œuvres, tous le contemplent, tous se réjouissent, tous sont heureux en Dieu ; son aspect est plein de bonté, son visage est beau, et sa parole est douce. Le voir, c'est une réjouissance, le posséder, c'est un bonheur, et en jouir, c'est une douceur. On peut toujours le voir, toujours le posséder, toujours en jouir, et se délecter en lui. Dieu plait par lui-même et pour lui-même ; il est à la fois notre mérite et notre récompense. On n'a pas besoin de chercher quelque chose hors de lui, parce qu'on trouve en lui tout ce qu'on peut désirer, tout ce qu'on peut aimer ; car il est l'unique bien, et renferme tout bien. Il n'y a que les bons qui possèdent et voient cet unique bien ; ils l'aiment et le louent dans leur cantique éternel.

CHAPITRE LVI. — Quand je considère quelle est la nature de l'âme qui a la puissance de vivifier le corps, mais qui est impuissante pour se renfermer elle-même dans les bonnes pensées comme elle le désire ; je trouve qu'elle est un esprit intellectuel, qui vit par la puissance du Créateur, et qui vivifie le corps dont elle est le soutien, mais qu'avec tout cela elle est le jouet de la vanité et du changement, tantôt exaltée par la joie, tantôt accablée par la crainte ; l'iniquité lui donne la mort, la justice lui rend la vie. Dieu est en effet la vie de l'âme ; le péché, c'est sa mort. L'âme qui péchera tombera dans la mort ; celle qui observe la loi et la justice, vivra et ne mourra pas. Ainsi l'âme est immortelle, de manière à pouvoir mourir ; elle est mortelle, de manière à ne pouvoir pas mourir. Elle est mortelle avec l'immortalité ; elle est immortelle avec la mortalité. Pour les malheureux pécheurs la mort sera donc sans mort, la fin

---

dum se exhibent et permanent incorrupta. Dulcedo illius civitatis infundit se ad suavitatem, species ad jucunditatem, visio ad delectationem. Omnis pulchritudo ibi est, ubi summa pulchritudo est. Quanta namque pulchritudo ibi est, ubi rerum omnium species sine defectu vigent, sine transitu permanent, sine corruptione consistunt, sine mutabilitate æternæ sunt? Si tam pulchrum est quod vere pulchrum non est, quid est quod pulchrum est? O civitas sancta, civitas speciosa, quidquid in te est, totum pulchrum est, suave est, jucundum est, unum bonum est, et omne bonum in ipso est. Quidquid enim nominare boni possum, totum ibi est : quia omnia bona in uno sunt, et omnia unum sunt. Hujus tanti boni amor et desiderium cum [(1) me aliquando tangit, vehementer atque suaviter afficit, et nescio quo, quodammodo a memetipso abstrahit. Subito enim innovor et totus immutor, rapior affectu, trahor desiderio, et bene mihi esse incipit ultra quam dicere sufficiam. Exhilaratur conscientia, in oblivionem venit omnis præteritorum dolorum memoria, exultat animus, clarescit intellectus, accenditur affectus, cor illuminatur, desideria jucundantur. Jamque alibi, nescio ubi, me esse video.] Video namque, sed quasi adhuc de longe, choros Angelorum et Archangelorum psallentium et laudantium Deum. Unum est enim ibi omnium opus, contemplari mirabilia Dei, eumque laudare in operibus suis. Omnes contemplantur, (2) omnes lætantur, omnes delectantur in Deo : cujus aspectus pius, facies decora, eloquium dulce. (3) Delectabilis est ad videndum, suavis ad habendum, dulcis ad fruendum. Semper libet illum aspicere, semper habere, semper illo frui, et in illo delectari. Ipse per se placet et propter se : sufficit ad meritum, sufficit ad præmium. Nec aliquid est quod extra illum quæratur, quia totum in illo invenitur quod desideratur, et in illo totum amatur. Unum namque bonum est, et omne bonum in illo est. Hoc bonum soli boni habent et vident; amant et laudant laude perpetua.

CAPUT LVI.— (4) Cum considero qualis animæ natura sit, quæ carnem vivificare potest, sed semetipsam stringere in bonis cogitationibus, sicut desiderat, non potest; invenio quemdam intellectualem spiritum per Creatoris potentiam viventem, et corpus quod sustinet vivificantem, sed tamen vanitati subditum, mutabilitati subjectum, quem sæpe lætitia extollit, timor afficit, iniquitas mortificat, justitia vivificat.] Vita siquidem animæ Deus est, mors animæ peccatum. Anima namque quæ peccaverit ipsa morietur : quæ autem judicium fecerit et justitiam, vivet et non morietur. (Ezech., XVIII, 20.) Ita immortalis est anima, ut mori possit : ita mortalis, ut mori non possit. Immortalitate mortalis est, et mortalitate immortalis est. Quapropter miseris (5) mors est sine morte, finis sine fine, defectus sine defectu : quia et mors sem-

---

(1) Ita lib. de ditig. Deo, c. x, ex Hugone, de arrha Animæ.— (2) Ita Medit. Bern., seu Hug., lib. I, de Anima, c. IV. — (3) Ex Hug., lib. VII, Erud. didasc., c. XXI. — (4) Ex lib. Medit., c. XXVII. — (5) Ita Hugo Vict., lib. II, de Sacram., p. 18, c. IV.

sans fin, et la défaillance sans défaillance ; parce que c'est une mort qui vivra toujours, une fin qui commencera toujours, une défaillance qui ne connaîtra pas de défaillance. La mort tuera, et elle n'éteindra pas la vie ; la douleur crucifiera, et elle n'ôtera pas la peur ; la flamme brûlera, sans dissiper les ténèbres. Ainsi les réprouvés qui seront livrés aux feux de l'enfer, sentiront la douleur dans les supplices ; et dans l'angoisse de la douleur, ils seront frappés de terreur ; ils souffriront toujours, et toujours ils craindront, parce qu'étant sans cesse et toujours crucifiés, ils vivront sans espérance de pardon et de miséricorde, ce qui est misère sur misère. Si, après avoir souffert autant de milliers d'années que tous les hommes présents, passés et futurs auront eu de cheveux sur la tête, ils pouvaient espérer la fin de leurs peines, ils les supporteraient bien plus facilement. Mais ils n'ont point d'espoir, ils n'en auront jamais ; le désespoir les tuera, et ils ne vivront jamais assez pour les tourments. Il est écrit à ce sujet dans le prophète Isaïe : « Le ver qui les ronge ne mourra pas, et le feu qui les brûle ne s'éteindra pas ; » (*Isaïe*, LXVI, 24) car ils ne seront pas eux-mêmes consumés. Le ver rongera la conscience, le feu brûlera le corps, de sorte que ceux qui ont désobéi à Dieu dans leur double nature, seront punis également dans leur corps et dans leur âme. Lorsque l'âme sera séparée de la vie bienheureuse, et le corps condamné aux supplices éternels, il n'y aura plus pour l'homme que crainte et tristesse, affliction et douleur. Alors on n'aura plus qu'à pleurer son malheur ; car le repentir deviendra complètement inutile. Là, le bourreau frappera toujours, le ver rongera, le feu consumera. Les péchés seront mis à découvert, les coupables seront punis, et cela durera toujours. Tout homme qui entrera dans le lieu des tourments, ne pourra plus jamais en sortir. La douleur du feu les tourmentera au dehors, la peine des ténèbres les aveuglera au dedans. Ils verront les démons comme des monstres horribles, avec leurs hideuses figures. Ils verront aussi les tourments de l'enfer, et dans ces tourments leurs compagnons qu'ils ont aimés d'une manière déréglée contre la loi de Dieu, et leur perdition augmentera leur supplice. Mais ils ne verront pas Dieu ; voilà la plus grande misère de toutes les misères. Qui pourra dire la peine de ceux qui ne verront pas Dieu, le Créateur et le Formateur de toutes choses, le Rédempteur et le Sauveur, Fils de Dieu, Roi du ciel et de la terre, Seigneur du monde, par qui nous avons l'être, la vie et la sagesse. (*Act.*, XVII, 28.)

Il est donc nécessaire que nous nous entourions de circonspection et de vigilance, pour ne pas faire le mal et ne pas négliger le bien qui nous est commandé ; et surtout, quand nous aurons accompli notre tâche, pour ne pas nous gonfler dans nos pensées ; car plusieurs, par l'orgueil, ont quitté le chemin de la vertu et sont tombés dans l'enfer.

CHAPITRE LVII. — Désirons le bien de toute notre âme ; évitons le mal avec le plus grand soin ; ne le commettons pas sous l'apparence du bien ; car souvent le vice prend les couleurs de la vertu. L'homme qui se souvient d'avoir commis des fautes, doit s'interdire même les choses permises ; et celui qui a fait des choses défendues, doit s'abstenir des choses qu'on ne lui défend pas. Celui qui pleure encore son péché, doit craindre de pécher encore, et il doit se reprocher les fautes légères, s'il se souvient d'être tombé dans

per vivet, et finis semper incipiet, et defectus deficere nesciet. Mors perimet, et non extinguet ; dolor cruciabit, et pavorem non fugabit ; flamma comburet, sed tenebras non discutiet. Erit enim in igne obscuritas, in obscuritate pavor, in combustione dolor. Ita reprobi ignibus inferni traditi, in suppliciis dolorem sentient, et in doloris angustia pavore ferientur ; et semper tolerabunt, et semper timebunt, quia sine fine semper cruciati, vivent sine spe veniæ et misericordiæ, quod est miseria super miseriam. Si enim post tot millia annorum, quot capillos habuerunt omnes quicumque fuerunt et erunt, pœnas suas finire sperarent, multo levius eas sustinerent. Sed quia spem non habent nec habebunt, desperatione deficient, et ad tormenta non sufficient. Vermis per Isaïam scriptum est : « Vermis eorum non morietur, et ignis eorum non extinguetur ; » (*Isai.*, LXVI, 24) quia nec ipsi consumentur. Vermis conscientiam corrodet, ignis carnem comburet : quatenus qui auctori suo corde et corpore deliquerunt, corde simul et corpore puniantur. Cum anima a beata vita separata erit, et corpus æternis suppliciis subjacebit, ibi metus et mœror, luctus et dolor. Tunc vere nihil lugere erit nisi flere, quia pœnitere tunc nulli poterit valere. Ibi erit tortor cædens, vermis corrodens, ignis consumens. Peccata detegentur, rei punientur, et hoc totum perenne. Quisquis enim ad tormenta ibit, jam non amplius exibit. Dolor combustionis eos foris cruciabit, pœna cæcitatis intus obscurabit. Videbunt autem illa (1) teterrima monstra dæmoniorum, et larvales facies eorum. Videbunt etiam tormenta inferni, et in tormentis sequaces suos quos inordinato amore contra Dei præcepta amaverunt ; quatenus illorum interitus eos in augmento damnationis suæ affligant. Deum autem non videbunt, quod est omnium miseriarum miserius. Quis enim dicere potest, quanta pœna erit non videre Creatorem et plasmatorem omnium rerum, Redemptorem et salvatorem Filium, Regem cœli et terræ, et Dominum universitatis, per quem sumus, vivimus et sapimus ? (*Act.*, XVII, 28.)

Idcirco necesse est ut nos undique circumspiciamus et ubique custodiamus, ne aut prava agamus, aut recta quæ præcepta sunt non agamus ; ut bonis actibus expletis, cogitationibus non intumescamus. Multi namque ex virtutibus in infernum per elationem corruerunt.

CAPUT LVII. — Bona desiderabiliter appetamus, mala solerter caveamus : ne sub specie bonorum ea faciamus, quoniam plerumque vitia se esse virtutes mentiuntur. Quisquis ergo meminit illicita se commisisse, studeat a licitis abstinere ; et qui prohibita commisit, sibimet abscidat concessa. Qui vero adhuc peccatum suum plangit, per-

(1) V. *Medit.* Bern., c. III.

les grandes. Quelle que soit la force de l'âme, quelque solide qu'elle soit, on peut dire que les sens nous poussent néanmoins aux bagatelles extérieures, et si une main ferme et ardente ne les tient pas en bride, ils finissent par énerver l'âme, en l'entraînant dans les vanités et les misères de ce monde. Supposez qu'elle s'endorme dans cette vie molle et négligente ; lorsqu'elle voudra se lever, elle ne le pourra plus, accablée par le poids d'une mauvaise habitude. C'est pourquoi, que celui qui est debout, prenne garde de tomber (I *Cor.*, x, 12) ; et s'il tombe, qu'il se relève promptement par la componction du cœur, par la confession de sa faute, et par des œuvres de sanctification. Qu'il soit plus humble dans l'intérieur de sa conscience, plus fervent et plus prompt à faire pénitence, plus vigilant pour monter la garde.

L'homme qui n'a d'autre désir que la béatitude céleste, qui méprise les biens temporels, qui n'aime rien en ce monde, et ne soupire qu'après la patrie éternelle, cet homme jouit d'une grande tranquilité d'âme, et il voit Dieu d'une manière d'autant plus claire, qu'il se trouve seul à seul avec lui. Rien n'est si présent que Dieu, et rien n'est plus caché. Quittons donc la foule des désirs terrestres, et entrons dans le sanctuaire de notre âme ; puis chassant de ce sanctuaire les pensées tumultueuses du monde, soupirons, par le désir de la patrie céleste, après l'amour du repos intime, et élevons-nous par la contemplation jusque dans les hautes régions de Dieu. Contemplons les chœurs des anges, la société des esprits bienheureux, la majesté de Dieu, et comment Dieu rassasiera les saints par la douceur de sa vision éternelle. Personne ici-bas ne peut s'imaginer quelle est cette félicité, de voir Dieu face à face, quelle est cette douce extase, d'entendre la mélodie des anges, quelle est la joie d'être dans la société des saints. Car chacun se réjouira du bonheur d'un autre, autant que de son propre bonheur, qu'on ne saurait exprimer ; et tant seront ses compagnons, tant seront ses mesures de bonheur. Dans cette gloire je ne vois rien de plus agréable, je ne trouve rien de plus délicieux que cette affection d'un amour intime, par laquelle chacun aimera autant son frère que lui-même, Dieu plus que soi-même, et tous les autres comme soi-même, Dieu aimant plus les élus qu'ils ne s'aiment eux-mêmes, et ce bonheur durera toujours. Là, nous ne verrons rien qui nous soit étranger, nous n'aimerons rien qui nous soit incompatible, nous n'entendrons rien qui blesse nos oreilles. Là, tout est d'accord, tout est joyeux, tout est pacifique ; tout est d'accord, parce que tous les droits du ciel sont en sécurité. Là, se trouve toute la félicité, toute la suavité, tout le plaisir, toute l'aménité, toute la beauté et toute la douceur. Vous avez là, tout ce qui vous est utile et agréable, les richesses, les délices, tout repos et toute consolation. Là, une perpétuelle tranquilité, une douce sérénité, un éternel plaisir, une agréable et magnifique harmonie, et la connaissance parfaite de tous les biens. Que peut-il manquer au ciel, où est Dieu qui possède tout ? Tous ceux qui sont au ciel, sont des dieux, et il n'est pas nécessaire que l'on dise à l'autre : « Voici le Seigneur. » (*Jér.*, xxxi, 34.) Tous le connaissent et le voient ; tous l'aiment et le louent. Ils le connaissent sans se tromper, ils le voient sans discontinuer, ils le louent sans se fatiguer, ils l'aiment sans se dégoûter. Ils le voient

---

petrare vitia timeat : et reprehendat se in minimis, qui meminit se deliquisse in maximis. Quantalibet namque virtute mens polleat, quantalibet gravitate vigeat, carnales tamen (f. sensus) puerile quiddam fervore infrenentur, et nisi juvenili quodam fervore infrenentur, ad fluxa quæque et levia mentem enervem trahunt : ubi si longa consuetudine observata fuerit, cum exsurgere voluerit, non poterit, mole malæ consuetudinis pressa. Quisquis ergo stat, videat ne cadat (I *Cor.*, x, 12) ; et si ceciderit, velociter resurgat cordis compunctione, oris confessione, et operis sanctificatione. Sit humilior intra propriam conscientiam, sit ferventior atque promptior ad agendum pœnitentiam, sit cautior ad custodiam.

Qui enim solo beatitudinis supernæ desiderio temporalia ista contemnit, et nihil hujus mundi diligit, solamque æternam patriam appetit, magna mentis tranquillitate fovetur, in qua tanto Deum purius cernit homo, cum se solo solum invenit. Nihil enim Deo præsentius, et nihil eo secretius. A turba ergo terrenorum desideriorum secessum mentis petamus, et intra secreto cordis illicitarum cogitationum tumultus expellentes, intentione supernæ patriæ in amorem intimæ quietis anhelemus, et in alta Dei contemplatione nos sublevemus. Contemplemur qui sint ipsi Angelorum chori, quæ ipsa societas beatorum spirituum, quæ majestas visionis Dei, et quomodo Deus æternæ visionis suæ dulcedine sanctos suos reficiet. Nemo enim in hac vita digne pensare potest quanta sit illa felicitas, Deum facie ad faciem videre, quanta suavitas illud melos angelicum audire, quanta jucunditas omnium sanctorum societatem habere. Tantum enim unusquisque gaudebit de beatitudine alterius, quantum de suo gaudio ineffabili : et quod socios habebit, tot gaudia habebit. In illa gloria nihil libentius intueor, nihil delectabilius ad contemplandum invenio, nihil intimi amoris affectum, quo unusquisque tantum amabit alterum, quantum se ipsum ; et Deum plus quam se, et omnes alios secum ; et Deus plus illos, quam illi semetipsos, et hoc gaudio perpetuo. Nihil enim ibi extraneum videbimus, nihil incompetens amabimus, nihil quod aures nostras offendat audiemus. Omnia namque sunt ibi consona, omnia læta, omnia pacifica. Unde consona, secura sunt omnia cœlica jura. Ibi est omnis felicitas, omnis suavitas, omnis jucunditas, et omnis amœnitas, omnis pulchritudo, et omnis dulcedo. Quidquid expedit et quidquid delectat, ibi est, omnes videlicet divitiæ et deliciæ, omnis requies et omne solatium. Ibi est jugis tranquillitas, amœna serenitas, æterna jucunditas, jucunda et decora laudatio, et plena omnium bonorum cognitio. Quid ibi enim deesse potest, ubi Deus est, cui nihil deest ? Quotquot ibi sunt, dii sunt : nec necesse est ut alter dicat alteri : « Cognosce Dominum. » (*Jerem.*, xxxi, 34.) Omnes enim cognoscunt eum, et vident : omnes laudant et amant. Cognoscunt sine errore, vident sine fine ; laudant sine fatigatione, amant sine fastidio. Sem-

toujours et désirent le voir toujours, tant sa vue est désirable; ils l'aiment et désirent toujours l'aimer, tant son amour est doux. Et plus ils l'aiment, plus ils désirent l'aimer, tant sa possession est délicieuse. Les élus se reposent dans cet amour, pleins de Dieu, pleins de toute bénédiction et de toute sanctification. Ils s'attachent toujours à cette béatitude, et ils sont bienheureux; ils contemplent toujours cette éternité, et ils sont éternels; unis à cette lumière, ils deviennent lumière; regardant toujours cette immutabilité, ils deviennent immuables. Plus ils regardent Dieu, et plus ils sont heureux, car son aspect est bon, son visage beau, et sa parole est douce. O vision bienheureuse! voir le roi des anges dans sa beauté (Isaïe, xxxiii, 17), voir le saint des saints, le sanctificateur des saints! Le voir, c'est le souverain bonheur, le souverain plaisir; c'est la vie éternelle, c'est la vie bienheureuse.

CHAPITRE LVIII. — Réjouissez-vous, justes, et tressaillez; car vous voyez celui que vous aimez, vous possédez celui que vous avez longtemps désiré, vous tenez celui que vous ne craignez pas de perdre jamais. C'est pourquoi, chantez à sa gloire avec allégresse; il est le Seigneur votre Dieu plein de gloire et de beauté; il est lui-même le salut et la vie, l'honneur et la gloire, la paix et tous les biens. Quelle n'est pas la paix du ciel, où personne de vous n'a rien à craindre ni de lui-même ni des autres? Car c'est le Seigneur qui vous gouverne, et rien ne vous manquera. (Ps. xxii, 1.) Il vous a lui-même préparé un royaume, pour que vous mangiez et que vous buviez à sa table dans son royaume. (Luc, xxii, 29.)

Goûtez donc et voyez combien le Seigneur est bon. (Ps. xxxiii, 9.) Il est doux de le voir, il est doux de le goûter. On ne peut rendre compte ici de tout ce qu'il y a de plaisir pour le goût, d'agrément dans la saveur, et de parfum pour l'odorat. Vous avez goûté ces grandes douceurs, que nous ne connaissons pas, et vous ne pouvez pas nous en donner le goût. C'est comme si quelqu'un voulait parler de la douceur du miel à celui qui n'en a jamais goûté; il est certain que les paroles qu'il entendrait ne lui donneraient pas le goût de cette douce saveur; c'est ainsi que le juste qui connaît les douceurs de la vie bienheureuse, ne peut pas nous les faire goûter par ses paroles.

CHAPITRE LIX. — Malheur à moi, pauvre exilé! Je ne sens pas ce que vous sentez, et je ne suis pas où vous êtes. Vous êtes dans le lieu du rafraîchissement, de la lumière et de la paix, où vous ne craignez plus la mort pour votre être, l'erreur pour votre intelligence, l'offense pour votre amour, le chagrin pour votre joie; mais moi, assis dans la région de l'ombre de la mort, je ne connais pas ma fin, je ne sais si je suis digne d'amour ou de haine (Eccli., ix, 1), je ne sais quand je sortirai de cette prison de mon corps. J'en sortirai, mais je ne sais quand, et peut-être ce jour est-il mon dernier jour. C'est pourquoi je tremble, et j'attends chaque jour avec effroi la mort qui me menace de toutes parts; je crains le démon qui me tend partout des pièges; je crains et je redoute ce dernier jugement et la colère du juste Juge, et je tremble qu'il ne m'envoie pour mes péchés dans le feu de l'enfer. Vous ne pouvez pas sans doute me faire connaître la joie et le bonheur que

---

per vident, et semper videre desiderant; tam desiderabilis est ad videndum. Semper amant, et semper amare desiderant; tam dulcis est ad amandum. Et quanto amplius amant, tanto magis amare volunt; tam delectabilis est ad fruendum. In hac delectatione requiescunt pleni Deo, pleni omni benedictione et sanctificatione. [(1) Adhærentes semper beatitudini, sunt beati; contemplantes semper æternitatem, sunt æterni; juncti vero lumini, facti sunt lux; aspicientes semper incommutabilitatem, mutati sunt in incommutabilitatem.] Tanto libentius, quanto dulcius, illum aspiciunt, cujus aspectus pius, facies decora, eloquium dulce. O beata visio videre Regem Angelorum in decore suo (Isa., xxxiii, 17), videre Sanctum sanctorum, per quem omnes sunt sancti! Illum videre summa felicitas est, summa jucunditas, vita æterna, et vita beata.

CAPUT LVIII. — Gaudete et exultate justi; quia videtis quem amastis, habetis quem desiderastis diu, tenetis quem nunquam amittere timetis. Propterea cantate et exultate ei, quoniam ipse est Dominus Deus vester gloriosus et speciosus, ipse est salus et vita, honor et gloria, pax et omnia bona. Quanta pax ibi est, ubi nulli vestrum quidquam repugnat vel ab alio vel a se ipso, sed ipse Dominus regit vos, et nihil vobis deerit? (Psal. xxii, 1.) Ipse disposuit vobis regnum, ut edatis et bibatis super mensam suam in regno suo. (Luc., xxii, 29, 30.) Gustate ergo et videte, quoniam suavis est Dominus. (Psal.

xxxiii, 9.) Suavis est ad videndum, suavis est ad gustandum. Nec dici potest quantam habeat in gustu voluptatem, quantam in sapore jucunditatem, quantam in odore suavitatem. Tantæ suavitatis magnitudinem vos qui experti estis, nobis qui nunquam tale quid gustavimus, intimare non potestis. Tanquam si quis mellis dulcedinem ei qui nunquam dulce gustaverit, verbis indicare velit, profecto nec ille saporis illius suavitatem, quam nunquam ore percepit, auribus capiet; nec ille dulcedinem, quam justus voluptate cognovit, verbis poterit indicare.

CAPUT LIX. — Væ mihi misero, qui nunquam sentio quod sentitis, nec ibi sum ubi vos estis. In loco refrigerii lucis et pacis vos estis, ubi (2) esse vestrum non habebit mortem, nosse vestrum non habebit errorem, amare vestrum non habebit offensionem, gaudium vestrum non habebit mœrorem: ego vero in regione umbræ mortis nescio finem meum, nescio si dignus sim amore vel odio (Eccl., ix, 1), nescio quando de corpore egrediar. Egrediar, sed nescio quando, et fortassis dies iste supremus est: propterea tremens et pavens quotidie mortem expecto, quæ ubique mihi minatur; diabolum suspectum habeo, qui ubique mihi insidiatur; timeo et pavesco ultimam discussionem et item districti judicis, ne pro peccatis meis mittat me in gehennam ignis. Et sicut indicare non potestis mihi gaudium et lætitiam vestram de visione Dei : sic ego sufficienter non possum vobis

---

(1) Ex lib. Medit., c. xx, unde et initium, c. LVI. — (2) Hugo, lib. II, de Sacram., c. p. 18, c. XXI.

vous goûtez dans la vision de Dieu ; moi de même je ne puis pas assez vous faire connaître les besoins et les souffrances que j'endure, les iniquités et les péchés que j'ai commis, les fautes et les négligences dont je me suis rendu, et dont je me rends coupable tous les jours, par mes désirs, par mes paroles, par mes actions, et presque par tous les moyens par lesquels la fragilité humaine peut offenser Dieu. Vous donc qui avez mérité d'être les compagnons des citoyens du ciel, et de jouir de la gloire éternelle, priez pour moi le Seigneur, afin qu'il me fasse sortir de cette prison, où je suis lié et captif. (*Gen.*, xl, 14.) Car, notre esprit est aveugle et vagabond, et prend facilement la teinte de tous les objets qu'il regarde, et suivant que ces objets varient, ses pensées et ses impressions sont différentes ; lorsqu'il fait ses efforts pour rester sur ses ancres, il est emporté à la dérive, sans savoir de quelle manière, et pendant qu'il s'applique à une chose, le dégoût vient et le pousse d'un autre côté. Or, puisque notre âme soupire vivement après les objets, avant de les posséder et que dès qu'elle les possède elle en éprouve de l'ennui, c'est une preuve que là n'est pas sa fin, puisque cette possession ne saurait la satisfaire. Et de fait, sa fin c'est Dieu seul, Dieu qui lui a donné l'être. Tout ce qui est dans le monde inférieur est moins qu'elle, et on comprend que rien ne peut la satisfaire, de tout ce qui n'est pas Dieu. C'est pourquoi elle se disperse çà et là, emportée de tous les côtés, et cherchant le repos où il n'est pas, c'est-à-dire qu'elle cherche partout le plaisir pour s'y reposer. Mais ayant abandonné Dieu qui seul pouvait lui suffire, elle va mendier à toutes les portes, et la qualité des mets lui étant refusée, elle se dédommage sur la variété.

Il est donc nécessaire de rappeler notre esprit vagabond, et de le fixer dans le seul désir de l'éternité. Car en contemplant le Créateur, nous obtiendrons toujours un point important, ce sera de nous fixer dans un état de stabilité, c'est-à-dire que nos efforts nous feront goûter d'avance sur la terre, ce qui plus tard nous sera donné dans la joie du ciel à titre de récompense.

Chapitre LX. — Ne laissons pas nos années se consumer dans les soucis et les embarras de la terre, et que du moins il nous soit permis de vivre, une heure ou une demi-heure, par la pensée et le désir, dans la cité du Dieu des vertus. Considérons, et autant qu'il est possible, apprécions quelle est la gloire, la joie, la fête, la vénération, l'enthousiasme des citoyens célestes qui continuellement louent Dieu, le glorifient, l'adorent comme le Dominateur, chantant le cantique nouveau, le cantique de la joie, avec une voix que la terre ne connaît pas, parce qu'il est l'expression du plus ardent amour, le chant ineffable, l'accent merveilleux du cœur, la jubilation du ciel, la modulation spirituelle. Car Dieu est lui-même la nourriture véritable des saints, il les rassasie, il est leur éternelle demeure, leur souveraine béatitude, leur salut éternel, leur vertu inépuisable, et leur vie immortelle.

Souvent je médite ce grand spectacle, et je m'efforce de m'élever jusque-là ; je soupire, je frémis, je prie, je fais des vœux pour y aller ; je roule dans mon esprit toutes ces pensées, et les grandes choses qui sont dans le ciel. Mon âme s'attache au Christ, mon cœur trouve en lui ses délices. C'est là qu'il vit,

---

exponere necessitates et infirmitates quas patior, iniquitates et peccata quæ feci, culpas et infinitas negligentias quas egi, et quotidie indesinenter ago corde, ore, opere, et fere omnibus modis, quibus humana fragilitas Deum offendere potest. Vos igitur qui meruistis consortes fieri supernorum civium, et perfrui æternæ claritatis gloria, orate pro me ad Dominum, ut educat me de isto carcere, in quo teneor captivus et ligatus. (*Gen.*, XL, 14.) Mens etenim cæca et vaga est, qualitate earum rerum quas respicit, variatur, et juxta quod aspicit, cogitatio illius sensusque mutatur : cumque stare in semetipsa nititur, a semetipsa aliquo modo etiam nesciendo derivatur, et ab unaquaque re cui intendit, fastidio impellente removetur. Dum enim inhianter cogitanda appetit, et repente cogitata fastidit, docetur quod aliunde pendet, ibique posita non requiescit. Ad Deum quippe solum suspensa est, a quo formata est. Sed quia omne quod infra appetit, minus est, jure ei non sufficit quidquid Deus non est. Hinc est quod (1) huc illuc dispergitur, et per infinita distrahitur, quærens requiem ubi non est. Delectationis videlicet amœna quærit, quo pauset. Sed quia unum Deum, quem sufficienter habere poterat, dereliquit, nunc per multa ducitur ; ut quia qualitate rerum satiari non potest, saltem varietate satietur.

Propterea necesse est ut mentem nostram per diversa sparsam colligamus, et in uno æternitatis desiderio componamus. In contemplatione namque Creatoris hoc adepturi sumus semper, ut una mentis stabilitate perfruamur, hoc est, cum labore nunc conantes imitemur, quod post in munere accipiemus.

Caput LX. — Annos itaque nostros terrenis subducere curis studeamus, subducere ærumnis, ut in civitate Domini virtutum liceat hora una vel dimidia, cogitatione et aviditate versari. Consideremus, et quantum possumus æstimemus, qualis sit illa gloria, quanta lætitia, quæ solemnitas, quæ veneratio, quod tripudium civium supernorum, qui assidue Dominatori laudem perferunt, honorem deferunt, devotionem offerunt, depromunt canticum novum, canticum lætitiæ, inæstimabili quodam clamore, quia ferventissimo amore, ineffabili cantu, mirabili affectu, cœlesti jubilatione, spiritali modulatione. Ipse siquidem est eorum verus cibus, plena satietas, æterna mansio, summa beatitudo æternæ lætitiæ, salus æterna, indeficiens virtus, et vita immortalis.

Sæpius hæc meditor, illuc ascendere nitor.
Suspiro, frendo, precibus, votis ibi tendo :
Atque modo miro quæ sint ibi quantaque gyro.
Mens hæret Christo, cor delectatur in isto.
Illuc versatur, gaudet, stupet, et veneratur,

jam tanto dulcius, quanto sæpius ; aviditate quidem multa, sed satietate nulla : tam rara est hora, et brevis

(1) Sic *Medit.* Bern., *qui liber est apud* Hug., i, *de Anima*, c. x.

qu'il se réjouit, qu'il s'étonne et qu'il adore, éprouvant une joie d'autant plus douce, que je suis plus souvent avec lui ; plus mon désir est grand, et moins je suis rassasié ; car ces instants sont rares, et quand ils viennent, ils ne durent pas. Oh ! quand pourrai-je m'endormir en paix, et me reposer en lui, pour habiter dans la maison du Seigneur tous les jours de ma vie. (*Ps.* IV, 9 et XXIV, 6.) Quand pourrai-je le voir, celui qui est si digne de nos désirs, celui que les anges brûlent de voir (I *Pierre*, I, 12), afin que je puisse dire : Je vois celui que j'ai tant désiré, je possède celui que j'ai souhaité si ardemment ! Quand pourrai-je venir et paraître en présence du Seigneur, pour le voir au milieu de ses élus qu'il comble de ses dons, pour me réjouir au milieu de la joie de son peuple, afin qu'il soit Dieu dans la gloire de son héritage? (*Ps.* XLI, 3, et CV, 5.) Quand verrai-je cette cité dont il est dit : « Tes places publiques, ô Jérusalem, seront pavées d'or pur, et dans ton enceinte, on chantera le cantique de joie, et au milieu de tes rues on redira alleluia. » (*Tobie*, XIII, 22.)

O cité sainte, cité glorieuse, je te salue de loin, je crie vers toi, et je soupire après toi. Je désire te voir et me reposer en toi ; mais le lien qui m'attache à mon corps m'en empêche. O cité désirable, tes murailles sont d'une seule pierre, c'est Dieu lui-même qui te garde ; tes citoyens sont heureux, et ils se félicitent perpétuellement de voir Dieu. On ne voit dans ton enceinte ni infamie, ni misère, ni vieillesse, ni querelle ; c'est la paix qui règne toujours, la gloire dans tout son éclat ; c'est une joie qui ne finit pas, et une fête qui dure toujours ; il n'y a vraiment dans le ciel que plaisir et réjouissance ; c'est la jeunesse dans sa fleur, dans sa beauté et dans toute la force de la santé. Tes habitants ne connaissent pas le jour qu'on appelle hier et qui est passé ; c'est toujours, et on dit toujours aujourd'hui. Hier est la même chose que demain, et la veille et le lendemain ne forment qu'un jour, qui est l'aujourd'hui éternel. A toi le salut, ô cité sainte, à toi la vie, à toi la paix infinie, à toi Dieu qui est tout. On raconte de toi des choses glorieuses, ô cité de Dieu. (*Ps.* XXXVI, 6.) Tes murs sont le séjour de tous ceux qui possèdent la joie. On n'y connaît pas la crainte, ni la tristesse ; le désir devient la jouissance ; car on a sous la main tout ce qu'on désire, et tout ce qu'on désire y est en abondance. Tous tes habitants ont reçu une mesure de joie qui déborde, pour que leur joie soit commune et que leur joie soit immense. Ils se réjouiront tous ensemble, comme des frères qui ne font qu'un, et qui se sont rencontrés pour habiter ensemble. Enfin, tous ne feront qu'un, selon la prière que faisait pour sa famille, celui qui méritait si bien d'être exaucé : « Comme vous, mon Père, êtes en moi, et moi en vous, qu'ils soient de même un en nous. » (*Jean*, XVII, 21.) La joie de cette cité sera universelle, elle sera la même partout, la joie d'une cité qui forme un tout admirable. (*Isaïe*, LXII, 52.) L'Epouse se réjouira dans les doux embrassements de son Epoux ; elle se réjouira pleine d'allégresse et de reconnaissance, et le louera dans les siècles des siècles. (*Ps.* CIII, 31.) L'Epoux se réjouira de même, en voyant son Epouse ; et le Seigneur triomphera au milieu de ses œuvres, en les voyant, et en reconnaissant que tout est parfait ? (*Gen.*, I, 31.) Le Père se réjouira, et par son fils, il obtiendra une multitude d'enfants d'adoption. (*Rom.*, VIII, 29.) Le Fils se réjouira comme le premier-né au milieu de la société

mora. O si unquam in pace in idipsum dormiam et requiescam, ut inhabitem domo Domini omnibus diebus vitæ meæ (*Psal.* IV, 9 ; XXVI, 4) : Si unquam videre potero illum tam desiderabilem, in quem Angeli prospicere desiderant (I *Petr.*, I, 12), ut possim dicere : Ecce quem concupivi video, quem optavi jam teneo. Quando veniam et apparebo ante faciem Domini, ad videndum eum in bonitate electorum suorum, ad lætandum in lætitia gentis suæ, ut laudetur cum hæreditate sua (*Psal.* XLI, 3 ; CV, 5) : Quando videbo civitatem illam de qua dictum est : « Plateæ tuæ Jerusalem sternentur auro mundo, et in te cantabitur canticum lætitiæ, et per omnes vicos tuos ab universis dicetur alleluia. (*Tob.*, XIII, 22.)

O civitas sancta, civitas speciosa, de longinquo te saluto, ad te clamo, et te requiro. Desidero enim videre te, et requiescere in te : sed non sinor carne retentus. O civitas desiderabilis, muri tui lapis unus, custos tuus ipse Deus, cives tui semper læti; semper enim gratulantur in visione Dei. Non est in te corruptela, nec defectus, nec senectus, nec ira : sed pax perennis, gloria solemnis, lætitia sempiterna, solemnitas continua ; vero tantum gaudium et exultatio, flos et decus juventutis et perfectæ salutis. Non est in te heri nec hesternum, sed est idem hodiernum. Heri si quidem vestrum cras, et pridem sempiternum et idem. Tibi salus, tibi vita, tibi pax est infinita, tibi Deus omnia. Gloriosa dicta sunt de te, civitas Dei. Sicut enim lætantium omnium habitatio est in te. (*Psal.* LXXXVI, 5, 7.) Nullus in te timor, tristitia nulla, desiderium omne transit in gaudium, dum præsto est quidquid optatur, et quidquid desideratur abundat. Omnes cives tui super effluentem mensuram gaudiorum accipient, ut palam omnes in commune gaudeant, gaudeant in immensum. Lætabuntur omnes in unum, cum habitaverint fratres in unum, cum occurrerint omnes in unum. Denique omnes fient unum, sicut orare dignatus est pro familia sua, qui pro reverentia dignus est obtinere : « Sicut tu Pater in me, et ego in te, et ipsi in nobis unum sint. » (*Joan.*, XVII, 21.) Lætabitur itaque universitas illius civitatis, lætabitur unitas, lætabitur civitas, cujus participatio in idipsum. (*Isa.* LXII, 5.) Lætabitur sponsa in osculis et amplexibus sponsi, lætabitur et exultabit gratulabunda, et laudans eum in sæcula sæculorum. (*Psal.* CIII, 31.) Sic et gaudebit sponsus super sponsam, et lætabitur Dominus in omnibus operibus suis, videns ea quæ fecit, et quidem valde bona. (*Gen.*, I, 31.) Lætabitur et Pater, et per Unigenitum multos adoptionis filios obtinebit. Lætabitur etiam Filius, ut primogenitus in multis fratribus, quos in communionem paternæ hæreditatis dignanter asciverit. (*Rom.*, VIII, 29.) Nec minus in illis Spiritui sancto, per quem adoptati fuerint, complacebit. Novis etiam gaudiis et ineffabilibus votis ab illis quoque vicinis potestatibus Angelorum,

nombreuse de ses frères, qu'il a daigné appeler au partage de l'héritage de ses frères. Le Saint-Esprit, par qui ils ont été adoptés, n'aura pas moins de joie au milieu des élus. Les anges placés dans le voisinage accourront avec une nouvelle joie et avec des vœux ineffables, ils féliciteront le souverain Pasteur, dont la bonté est infinie, et chanteront le cantique d'allégresse sur la centième brebis, qui a été retrouvée et rapportée miraculeusement. (*Luc*, xv, 5.) Les élus sont la gloire du Père, l'amour du Saint-Esprit, le triomphe du Fils, la joie du ciel. Rachetés par le Seigneur, avec quel dévouement ils confesseront et diront : « Parce qu'il est bon, parce que sa miséricorde est éternelle ! » (*Ps*. cvi, 1.) Leur joie sera éternelle, leurs cantiques ne finiront pas (*Isa.*, lxi, 7); on les entendra de siècle en siècle, et pendant toute la durée des éternités. Heureux sont ceux qui habitent votre maison, Seigneur, ils vous loueront pendant les siècles des siècles. (*Ps*. cxlix, 6; *Dan*., xii, 3.) Ils nageront dans l'abondance des biens de votre maison, et ils boiront au torrent de vos délices (*Ps*. lxxxiii, 5); car en vous est la source de la vie, et en votre lumière nous verrons la lumière. (*Ps*. xxxv, 9.) Car nous vous verrons en vous-même, et nous en vous, et vous en nous, et cette vue, ce sera la vision éternelle et le bonheur qui durera toujours.

Chapitre LXI. — L'âme est simple dans son essence, quoique ses fonctions soient multiples. Elle a sept degrés d'activité, par lesquels elle montre ses forces et sa puissance. Le premier degré, c'est la vivification ; le second, la sensation ; le troisième, l'industrie ; le quatrième, la correction ; le cinquième, le calme ou la pureté ; le sixième, la contemplation ; le septième, le repos. Au premier degré, ou par son premier acte, l'âme vivifie le corps par sa présence, rassemble toutes ses parties et en forme un tout. Par le second acte, elle se sert des sens pour se mettre en rapport avec les choses extérieures. Par le troisième, elle apprend les arts divers. Au quatrième degré, là où commence la bonté et le mérite des œuvres, l'âme se purifie de ses souillures et se prépare à la pureté. Ensuite, lorsqu'elle est bien purifiée et lavée, elle possède la pureté. Car, autre chose est de se purifier, autre chose d'avoir la pureté. Alors elle est remplie d'une grande et incroyable confiance pour aller à Dieu, c'est-à-dire pour vouloir contempler la vérité, et c'est le sixième degré. Mais bientôt l'âme s'arrête dans cette vision ou dans cette contemplation, qui est le septième degré ; elle est pour l'âme comme un lieu de repos, ou plutôt comme une demeure où elle veut habiter ; elle s'y trouve heureuse, contente et satisfaite. Car, autre chose est de diriger son regard vers l'objet qu'on veut connaître, autre chose de regarder cet objet. Le premier acte de l'âme nous est commun avec les plantes, le second avec les animaux, le troisième avec les savants et les ignorants. Dans ce troisième degré, on voit déjà paraître cette première trame de l'union de l'âme avec Dieu, qui est son guide ; il la purifie dans le quatrième ; il lui donne sa force dans le cinquième ; il l'introduit dans le sixième, et il la rassasie dans le septième. Comment raconter ce qui se passe dans cette contemplation de la vérité ? cette volupté sainte ; cette fête où la vision de Dieu dure toujours ; cette joie où l'amour est inépuisable ; cette ardeur qui ne brûle pas, mais qui rafraîchit ; ce désir de voir, et qui est rassasié ; ce rassasiement qui désire encore, ces fruits du véritable et souverain bien, cette séré-

---

summo pastori et summe bono gratulantibus, super inventa et mirabiliter reportata centesima ove canetur. (*Luc.*, xv, 5, 6.) (1) In his paterna gloria, in his voluntas Spiritus, exultat in his Filius, cœlum repletur gaudiis. Quod vero ipsi redempti fuerint a Domino, quam devote confitebuntur et dicent : « Quoniam bonus, quoniam in sæculum misericordia ejus. » (*Psal.* cvi, 1.) Lætitia si quidem sempiterna erit in eis, et exultationes Dei in gutture eorum in æternum, et in sæculum sæculi, in perpetuas æternitates. (*Isa.*, lxi, 7.) Beati omnes qui habitant in domo tua Domine, in sæcula sæculorum laudabunt te. (*Psal.* cxlix, 6; *Dan.*, xii, 3.) Inebriabuntur ab ubertate domus tuæ, et torrente voluptatis tuæ potabis eos. (*Psal.* lxxxiii, 5.) Quoniam apud te est fons vitæ, et in lumine tuo videbimus lumen (*Psal.* xxxv, 9) : cum videbimus te in te, et nos in te, et te in nobis, visione continua et felicitate perpetua.

Caput LXI. — Anima in essentia est simplex, in officiis est multiplex. Habet enim septem actionis gradus, quibus vires suas atque potentiam ostendit. [(2) Primus est vivificatio, secundus sensus, tertius ars, quartus correctio, quintus tranquillitas seu puritas, sextus contemplatio, septimus quies : (3) in primo gradu sive actu anima præsentia sua corpus vivificat, colligit in unum, atque in unum tenet. In secundo per sensus ad ista exteriora disponenda se extendit. In tertio diversas artes comprehendit. In quarto, ex quo bonitas incipit atque omnis vera laudatio, se inquinatam mundat, atque ad puritatem præparat. Inde, cum jam fuerit ab omni labe mundata maculisque diluta, puritatem tenet. Aliud est enim puritatem efficere, aliud tenere. Tunc vero ingenti quadam et incredibili fiducia pergit in Deum, id est, in ipsam contemplationem veritatis, et ille est gradus sextus. Jam vero in illa visione seu contemplatione, quæ est septimus gradus, qui est quies vel potius quædam mansio, manet anima, gaudet et lætatur et delectatur. Aliud est enim mentis oculum in id quod videndum est dirigere, aliud est infixum tenere. Primum gradum communem habemus cum arbustis, secundum cum bestiis, tertium cum doctis et indoctis. (1) In hoc tertio gradu Deus animam innectit, id est, ducere incipit, purgat in quarto, confirmat in quinto, introducit in sexto, pascit in septimo. In contemplanda autem veritate quæ sit voluptas, quæ solemnitas sine fine visionis Dei, quæ lætitia sine defectu amoris, ardor non crucians, sed delectans, quantum desiderium visionis cum satietate, et quanta satietas cum desiderio, qui fructus veri et summi boni, quæ serenitas, quæ amœnitas, quæ jucunditas, quid ego

(1) Ex Hymno de Apost. — (2) Ex lib. de Quant. animæ, c. xxxv. — (3) Ex cap. xxxiii, ejusdem, lib. n. 70, etc. — (4) Ex cap. xxxvi.

nité, cette aménité, ce plaisir universel ; comment redire tout cela ? Il y a des âmes grandes et saintes qui ont raconté ces merveilles, et nous croyons qu'elles les ont vues et qu'elles les voient. Pour nous, si nous suivons avec persévérance le chemin que Dieu nous a tracé, et où nous marchons déjà, nous arriverons par la grâce divine à ce véritable et souverain bien. Appliquons-nous donc à observer les commandements de Dieu avec piété, avec courage, avec vigilance, c'est le seul moyen d'échapper aux grands maux pour obtenir le souverain bien. Car la religion n'est véritable que lorsque l'âme se réconcilie avec Dieu pour s'attacher et se relier à lui, après avoir rompu avec lui par le péché.

Notre âme se met en exercice par sept actes particuliers ; elle vivifie, elle sent, elle est industrieuse dans les différents arts, elle sait se modérer, elle pratique les vertus, elle contemple la divinité elle-même et se repose en elle avec joie. Le premier acte nous est commun avec les plantes, le second avec les animaux, les deux autres nous appartiennent en propre ; les trois derniers sont aussi le propre des anges, mais les anges excellent sur nous. — Au premier acte est due la vitalité des corps ; vous les voyez se développer, prendre de la vigueur, s'harmoniser, former un tout, se mettre en mouvement, arriver à leur état parfait avec le caractère spécial et toutes les qualités qui leur conviennent. Par le second acte elle touche, elle voit, elle entend, elle goûte, elle distingue les odeurs ; elle hait, elle aime, cherche ce qui lui convient, repousse ce qui lui déplaît. Elle s'endort, et, pendant le sommeil, elle est emportée par les rêveries extravagantes ; elle rappelle le passé, prévoit l'avenir, et fait une foule de choses où les sens jouent leur rôle, sans que la raison s'en mêle. Le troisième acte est une excursion que l'homme fait dans le champ des beaux-arts en tous les genres ; il recueille les inventions de son propre génie ou les inventions des autres, et marche ainsi dans le progrès de la civilisation. Le quatrième acte rappelle l'âme de la voie du mal, en lui apprenant à abjurer ses crimes ; alors elle commence à se connaître elle-même et à se revêtir d'une beauté nouvelle. Par le cinquième, nous apprenons à respecter les prescriptions de la loi naturelle ; l'amour de la vertu nous fait craindre les choses défendues, et nous inspire même de nous abstenir en secret des choses permises. Le sixième acte élève l'âme, et, après l'avoir purifiée et rendue semblable aux anges, il la transporte jusqu'en face du soleil et de la lumière supérieure. Par le septième, l'âme est comme enchaînée et fiancée définitivement par les arrhes de l'amour; elle habite près de Dieu et le regarde comme sa dot. Où est la couche nuptiale ? où est la parure ? où sont les fêtes des noces ? où est celui qui dira : Viens, ma bien-aimée ? Comment raconter tout cela ? Des âmes bienheureuses, des âmes sublimes en ont parlé ; et pourtant leur vertu n'était pas assez grande, ni leur langue assez savante pour tout dévoiler, tant cette récompense qui demeure cachée est au-dessus de notre portée et de nos mérites.

CHAPITRE LXII. — Voilà que tu sais, ô mon âme, quelle est ta nature et ta puissance ; sache maintenant quelle tu es, et quelle tu dois être. Tu es chargée de péchés, enveloppée dans le filet des vices, prise dans un piège, exilée et captive, emprisonnée dans un corps, couverte de boue et enfoncée dans le limon, clouée aux membres de ton corps, tourmentée par

---

dicam? (1) Dixerunt magnæ quædam et sanctæ animæ, quas ista vidisse ac videre credimus. Nos vero si cursum vitæ, quem nobis Deus proposuit, quem tenendum suscepimus, constautissime tenuerimus, per Dei gratiam ad illud verum et summum bonum perveniemus. (2) Implendis ergo mandatis Dei religiosissime atque constantissime ac vigilantissime operam demus, quoniam non est alia fuga de tantis malis ad tantum bonum. (3) Religio si quidem vera est, qua se anima reconciliatione Deo religat, a quo se velut peccato abruperat.]

Vis animæ nostræ septem sibi vindicat actus :
Vivificat, sentit, varias amplectitur artes :
Corrigit excessus, virtutibus instat, in ipsam
Dirigit intuitum deitatem, gaudet in illa.
Semiubius quoque primus inest, animalia bruta
Participant alium, duo nostræ proprietatis,
Tres sunt et superum : superi tamen auteferuntur.
Ex actu primo vegetantur corpora, crescunt,
Provehit inde vigor, nexus, complexio, motus,
Et status et species, et convenientia quædam.
Ex alio tangit, videt, audit, gustat, odorat,
Odit, amat, petit apta sibi, contraria vitat,
Solvitur in somnos, in somnia mente vagatur,
Præteriti meminit, venturis instat, agitque
Plurima, quæ sensu non et ratione geruntur.
Tertius ingenuas variasque perambulat artes,
Quodque vel ingenium vel disciplina ministrat;
Colligit, et vario profectu mentibus hæret.
Quartus ab illicitis revocat, mentisque reatus
Abjurare docet, et tunc agnoscere sese
Incipit, inque novum discit transire decorem.
Discimus ex quinto naturæ lege teneri,
Res inconcessas virtutis amore cavere,
Concessis aliquot etiam nosse tenere carere.
Sextus in aspectum solis lucisque supernæ
Pene parem superis animam rapit immaculatam.
Septimus astringit stabilique subarrhat amore,
Collaterat que Deo, quam dotem jam speculatur.
Qui thalami, quis cultus eam, quæ festa serenent,
Quis dicat, mea sponsa veni ? Dixere beatæ,
Majoresque animæ : nec eis tamen aut ea virtus,
Aut ea lingua fuit, quibus hæc aperire liceret.
Excedit sensus meritumque recondita merces.

CAPUT LXII. — Ecce audisti anima mea quid sis et quid possis : modo audi qualis sis, et qualis esse debeas. [(4) Onerata es peccatis, irretita vitiis, capta illecebris, exsilio captiva, corpore carcerata, hærens luto, infixa limo, affixa membris, confixa curis, distenta negotiis,

(1) Ex cap. XXXIII, n. 76. — (2) Ex c. XVI, n. 81. — (3) Ibid., n. 80. — (4) Ex Bernard., ser. LXXXIII, in Cant., n. 1.

les soucis, tiraillée par les affaires, brisée par les craintes, accablée par les douleurs, ballottée par l'erreur, poussée çà et là par les soupçons, haletante au milieu des sollicitudes, étrangère dans un pays ennemi, souillée au milieu des cadavres, et destinée à partager le sort des réprouvés dans l'enfer. Ainsi condamnée et désespérée, veux-tu respirer; veux-tu avoir l'espérance du pardon et de la miséricorde, et porter le joug si doux de l'amour avec le Roi des anges? Alors il faut que tu sois ornée de pudeur et de modestie, véridique, craintive, circonspecte, fuyant tout ce qui pourrait ternir la gloire de ta conscience. Il faut que ta conscience soit pure, et qu'elle n'ait à rougir de rien en présence de la vérité, qu'elle ne soit point forcée de détourner son regard de la lumière de Dieu. Et pour que cette beauté de l'âme réjouisse les regards de Dieu, il faut qu'elle se produise au dehors, et qu'elle se répande en quelque sorte dans nos membres et dans tout notre extérieur, afin que tout en nous porte comme un reflet de cette beauté intérieure, nos actions, nos paroles, nos regards, notre démarche, et jusqu'à nos joies qui s'expriment par le rire. Le rire, néanmoins, doit être mêlé de gravité et plein d'honnêteté. Nos mouvements, nos actions, nos habitudes, tout, dans notre corps, doit présenter un ensemble qui soit comme un acte pur et modeste, où l'on ne trouve rien qui sente l'insolence, la légèreté, la licence et la paresse. Comptez vos paroles, ayez un visage gai, soyez réservé dans vos regards et mesuré dans votre démarche. Une âme qui possède cette beauté intérieure et cette innocence de la vertu, s'applique encore à conserver, outre la bonne conscience, la fleur d'une bonne réputation, voulant faire le bien, comme dit l'Apôtre, non-seulement devant Dieu, mais encore devant les hommes. (II *Cor.*, VIII, 21.) L'âme ainsi ornée par la grâce n'a plus d'autre désir que de s'attacher à Dieu, de vivre pour Dieu, de n'aimer que Dieu, ou ce qu'il faut aimer à cause de Dieu. Elle a soin de marcher toujours en la présence de Dieu (*Ps.* xv, 8), écoutant sa voix pour se corriger, profitant de sa lumière pour s'éclairer, s'appuyant sur lui pour marcher à la vertu, le consultant pour arriver à la sagesse, le prenant pour modèle de perfection, et mettant son bonheur à le posséder. Heureuse l'âme qui a reçu d'en haut le privilège de vouloir le bien, de le connaître et de pouvoir le faire; car la bonne volonté ne suffirait pas, si le pouvoir n'y était. Malheur à moi, misérable que je suis! Toutes ces belles choses sont dans ma mémoire; je les transcris sur le papier, et elles ne sont pas dans ma vie. J'ai écrit ce portrait, non parce qu'il était le mien, mais parce que je voulais y ressembler; et je n'ai pas honte d'y ressembler si peu.

Chapitre LXIII. — Tu sais, ô mon âme, tu sais les qualités que tu dois avoir. Mets à l'écart pour un peu de temps tes occupations, et laisse de côté pour un instant tes pensées tumultueuses. Entre dans le sanctuaire de ton intelligence, mets dehors tout le monde, excepté Dieu et ceux qui peuvent t'aider à le chercher; et quand tu l'auras trouvé, repose-toi quelque temps avec lui. Dis donc à Dieu, ô mon âme, dis-lui : Qui êtes-vous, Seigneur, et comment pourrai-je vous connaître? Sans doute vous êtes seul ce que vous êtes, et vous êtes qui vous êtes; vous êtes tel qu'on ne peut rien imaginer de plus grand, de meilleur, de plus agréable. Vous êtes la vie, la sagesse, la lumière, la vérité, la bonté, l'éternité, le souverain bien; vous vous suffisez à vous-même,

contracta timoribus, afflicta doloribus, erroribus vaga, suspicionibus inquieta, sollicitudinibus anxia, advena in terra inimicorum, coinquinata cum mortuis, deputata cum iis qui in inferno sunt. Si sic damnata et desperata vis respirare in spem veniæ et misericordiæ, et cum Rege Angelorum ducere suave jugum amoris,] oportet te esse [(1) pudicam, verecundam, veridicam, pavidam, circumspectam, nihil penitus admittentem quod evacuet gloriam conscientiæ tuæ. In nullo tibi conscientia sit quo erubescas præsentiam veritatis, quo cogaris avertere faciem tuam a lumine Dei. Et ut hic decor divinos oblectet aspectus, (2) prodeat foras, et diffundat se per membra et sensus corporis, quatenus inde relucet omnis actio, sermo, aspectus, incessus, risus. Sit tamen risus mixtus gravitate, et plenus honesti. Motus, (*Al.* gestus) actus et usus totius corporis cum appareret, sit actus purus, modestus, totius expers insolentiæ et lasciviæ, levitatis et ignaviæ. Sit sermo rarior, vultus hilarior, aspectus verecundior, incessus modestior. Talis animæ pulchritudo et mentis ingenuitas sic sollicita est cum bona conscientia famæ integritatem servare, ut juxta Apostolum provideat bona, non tantum coram Deo, sed etiam coram hominibus. (II *Cor.*, VIII, 21.) Talis utique decor (3) relictis omnibus votis inhæret Deo, vivit Deo, nihil amat præter Deum, et quod amandum est propter Deum. Sollicite studet providere Dominum in conspectu suo semper (*Psal.* xv, 8), (4) cui consentiat ad correptionem, quo illuminetur ad cognitionem; cui insinuatur ad virtutem, quo reformetur ad sapientiam; cui conformetur ad decorem, quo fruatur ad jucunditatem.] Beata anima cui datum est desuper ut bonum velit et noverit et possit, quatenus et voluntas adsit, nec facultas desit. (5) Væ mihi misero, qui ista servo in memoria, et scribo in charta, nec habeo in vita : non quod talis sim, qui ista scripsi, sed quod talis esse vellem, et talem nos esse non pudet.

Caput LXIII. — Audisti anima mea qualem te esse oportet. [(6) Fuge ergo paululum occupationes tuas, et absconde modicum a tumultuosis cogitationibus tuis. Intra cubiculum mentis tuæ, et exclude omnia præter Deum, et qui adjuvent te ad quærendum eum : quem cum inveneris, requiesce aliquantulum in eo. Dic ergo anima mea Deo, dic : Quis es Domine, et quem te intelligam? Certe (7) tu solus es quod es, et tu es qui es : id es quod nihil majus cogitari potest, nec melius, nec jucundius. Vita es, sapientia, lux, veritas, bonitas, æternitas, summum bonum; tu tibi omnia sufficiens, nullo indiges, quo omnia indigent ut sint, et ut bene sint.

(1) Ex ejusd., ser. LXXXV, n. 10. — (2) Ex num. 11. — (3) Ex num. 12. — (4) Ex num. 1. — (5) V. *Medit.* Bern., c. VIII. — (6) Ex *Prologio* Auselmi, c. I. — (7) Ex cap. XII.

vous n'avez besoin de personne, et tous les êtres ont besoin de vous pour exister et pour être heureux. Vous avez trouvé, ô mon âme, ce que vous cherchiez; car vous cherchiez Dieu, et vous avez trouvé qu'il était ce quelque chose plus grand que toutes les autres choses, plus grand que tout ce qu'on peut imaginer; et que ce quelque chose était la vie, la sagesse, la lumière, la vérité, la bonté, l'éternelle béatitude et la bienheureuse éternité, et qu'il était tout bien véritable. Ce bien, c'est vous-même, ô Dieu qui êtes le Père; ce bien, c'est votre Verbe, c'est-à-dire votre Fils, car votre nature est simple, et il ne peut naître de vous autre chose que ce que vous êtes vous-même. Ce bien, c'est l'amour unique et commun entre vous et votre Fils, c'est-à-dire le Saint-Esprit, qui procède de l'un et de l'autre. Car d'une nature souverainement simple, il ne peut procéder autre chose qu'une nature semblable. Je vous rends grâces, ô mon Dieu, de m'avoir accordé la faveur de pouvoir vous chercher et vous trouver. Car en voyant mon âme, que vous avez faite à votre image et à votre ressemblance, j'y trouve trois choses, la mémoire, l'intelligence et l'amour, et ainsi je peux par le souvenir penser à vous, vous comprendre et vous aimer. Car vous habitez dans ma mémoire depuis que je vous connais; et je vous trouve là, quand je me souviens de vous, et que je me complais en vous. Restez-y donc, ô Dieu plein de bonté, restez-y pour que je puisse vous y trouver et même me reposer en vous. En effet, c'est là ma gloire, ce sont mes délices, c'est la joie de mon cœur de pouvoir être à vous, et vous voir ce que vous êtes. Car vous êtes la souveraine essence, la souveraine vie, la souveraine sagesse, le souverain salut, la souveraine lumière, la souveraine vérité, la souveraine bonté, la souveraine éternité, la souveraine grandeur, la souveraine beauté, la souveraine béatitude, la souveraine immortalité, la souveraine immutabilité, la souveraine unité, le souverain bien; en vous se trouve tout bien, et non-seulement tout bien, mais l'unique bien, le bien tout entier et le seul bien.

Chapitre LXIV. — Réveille-toi, mon âme, élève-toi tout entière, et médite, autant que tu le pourras, l'excellence et la grandeur du don de Dieu. Car si tous les biens ont chacun pour nous leur genre d'agrément, réfléchis bien et pense combien doit être délectable ce bien, qui renferme l'agrément de tous les biens, avec des jouissances qu'il ne faut pas comparer avec celles que donnent les créatures, mais telles que peut les donner le Créateur. Car si la vie que donne le Créateur est bonne, que dirons-nous de celle qu'il possède lui-même? Si le bonheur qu'il donne est si doux, que dirons-nous du bonheur qui est le principe de tout autre bonheur? Si on s'attache à la sagesse qui nous fait connaître les choses créées, combien ne doit-on pas aimer la sagesse elle-même qui a tout créé de rien? Enfin, si les créatures, par leurs charmes, nous donnent des jouissances si grandes et si multipliées, quelle jouissance ne trouverez-vous pas dans celui qui a fait ces créatures?

Heureux l'homme qui possédera ce bien! Qu'aura-t-il, et que n'aura-t-il pas? Tout ce qu'il voudra lui sera donné; on ne lui refusera que ce qu'il ne voudra pas. (*Isa.*, LXIV, 4.) Il aura les biens du corps et les biens de l'âme, ceux que l'œil n'a point vus, que l'oreille n'a point entendus, et que le cœur n'a point compris. (1 *Cor.*, II, 9.) Pourquoi donc, chétif mortel, pourquoi courir à l'aventure et chercher comme

---

(1) Inveneisti anima mea quod quærebas : quærebas enim Deum, et invenisti eum esse quiddam summum omnium, quo nihil majus cogitari potest : et hoc esse vitam, sapientiam, lucem, veritatem, bonitatem, æternam beatitatem, et beatam æternitatem, et omne verum bonum. (2) Hoc bonum es tu Deus Pater. Hoc bonum est Verbum tuum, id est, Filius tuus; sic es tu simplex, ut de te non possit aliud nasci, quam quod tu es. Hoc ipsum est amor unus et communis tibi et Filio tuo, id est, Spiritus sanctus ab utroque procedens. Non enim a summa simplicitate procedere potest aliud, quam quod est a quo procedit.] Gratias tibi ago Domine Deus meus, qui hanc gratiam mihi dedisti, ut te possem quærere, te invenire. In mente si quidem mea, quam ad imaginem et similitudinem tuam bonitate tua creasti, tria invenio, id est, memoriam, intelligentiam, et amorem, quibus tui possim reminisci, te intelligere et amare. In memoria namque mea manes, ex quo cognovi te : et in ea te reperio, cum reminiscor tui, et delector in te. Mane ergo in ea piissime Deus, ut ibi possim te invenire, et requiescere etiam in te. Hæc enim est mea gloria, hæ sunt deliciæ meæ, hæc est lætitia cordis mei, cum possum vacare tibi et videre quid sis. Tu es enim summa essentia, summa vita, summa sapientia, summa salus, summa lux, summa veritas, summa bonitas, summa æternitas, summa magnitudo, summa pulchritudo, summa beatitudo, summa immortalitas, summa immutabilitas, summa unitas, summum bonum, (3) in quo est omne bonum, imo quod est omne et unum et totum et solum bonum.

Caput LXIV. — (4) Excita nunc anima mea, et erige totum intellectum, et cogita quantum potes, quale et quantum sit Dei bonum. Si enim singula bona delectabilia sunt, cogita intente quam delectabile sit illud bonum, quod continet jucunditatem omnium bonorum, et non qualem in rebus creatis sumus experti, sed tanto differentem, quanto differt Creator a creatura. Si enim bona est vita creata; quam bona est Vita creatrix? Si ita jucunda est salus facta, quam jucunda est Salus quæ fecit omnem salutem? Si amabilis est sapientia in cognitione rerum conditarum; quam amabilis est Sapientia, quæ omnia creavit ex nihilo? Denique si multæ et magnæ delectationes sunt in rebus delectabilibus, qualis et quanta delectatio in illo qui fecit ipsa delectabilia?

(5) O qui hoc bono frueris, quid erit, et quid illi non erit? Certe quidquid volet erit, et quidquid nolet non erit. (*Isa.*, LXIV, 4.) Ibi quippe erunt bona corporis et animæ, qualia oculus non vidit, nec auris audivit, nec cor hominis cogitavit. (1 *Cor.*, II, 9.) Cur ergo per multa vagaris, homuncio, quærendo bona animæ tuæ et cor-

(1) Ex c. XIV. — (2) Ex c. XXIII. — (3) Ex eod. lib. c. XXIII. — (4) *Proslogii* ejusdem totum, cap. XXIV. — (5) Item totum, cap. XXV.

un insensé les biens de ton âme et de ton corps? Aime le seul et unique bien, en qui sont tous les biens, et cela suffit. Désire le bien qui n'est pas composé, et c'est assez. Que peut désirer mon corps? Que peut envier mon âme? Vous trouverez là tout ce que vous aimez, là tout ce que vous désirez. Est-ce la beauté qui vous plaît? « Les justes brilleront comme le soleil. » (*Matth.*, XIII, 43.) Est-ce la légèreté, la force, la liberté pour le corps sans aucun obstacle? « Ils seront semblables aux anges de Dieu; » (*Matth.*, XXII, 30) « car il est semé corps animal, et il ressuscitera corps spirituel, » (I *Cor.*, XV, 44) par la puissance qu'il aura sans changer de nature. Désirez-vous une longue vie avec la santé? Là est l'éternité avec la plénitude de la vie, là est la plénitude de la vie avec l'éternité; car « les justes vivront pour toujours (*Sag.*, V, 16); le salut des justes vient du Seigneur. » (*Ps.* XXXVI, 45.) Désirez-vous être rassasié? Ils seront rassasiés lorsque paraîtra la gloire du Seigneur. (*Ps.* XVI, 15.) Être enivrés? « Ils seront enivrés par l'abondance de votre maison. » (*Ps.* XXXV, 9.) Aimez-vous la mélodie? Là les chœurs des anges chantent sans discontinuer les louanges de Dieu. Aimez-vous les pures voluptés? Le Seigneur les abreuvera de sa divinité comme dans un torrent de voluptés. (*Ibid.*) Est-ce la sagesse qui vous plaît? « Tous écouteront avec docilité la voix de Dieu, » (*Jean*, VI, 45) et la sagesse se découvrira complétement à eux. Est-ce l'amitié? Ils aimeront Dieu plus qu'eux-mêmes, ils s'aimeront mutuellement et également; Dieu les aimera plus qu'ils ne s'aiment eux-mêmes; car ils aimeront Dieu, ils s'aimeront eux-mêmes et entre eux par Dieu, et Dieu les aimera par lui-même. Est-ce la concorde? Ils n'auront tous qu'une même volonté, parce que la volonté de Dieu sera seule la volonté de tous. Est-ce la puissance? « Ils entreront dans les puissances du Seigneur, » (*Ps.* LXX, 16) et ils pourront tout ce qu'ils voudront, comme Dieu peut tout ce qu'il veut. Car de même que Dieu pourra tout ce qu'il voudra par lui-même, ainsi ils pourront ce qu'ils voudront par lui; et comme ils ne voudront que ce qu'il voudra, ainsi tout ce qu'ils voudront il le voudra, et ce qu'il voudra ne pourra pas ne pas être. Est-ce l'honneur avec les richesses? Dieu établira ses bons et fidèles serviteurs sur de grands biens (*Matth.*, XXV, 23); on les appellera les enfants de Dieu et même des dieux, et ils le seront; et là où sera le Fils de Dieu, ils y seront (*Jean*, XVII, 24) comme héritiers de Dieu et cohéritiers de Jésus-Christ. (*Rom.*, VIII, 17.) Est-ce une parfaite sécurité? Ils sont certains et parfaitement certains que la possession de ces biens, ou plutôt de ce bien, ne leur manquera jamais, comme ils le sont qu'ils ne la perdront pas par leur faute, et que Dieu qui les aime ne les en privera pas malgré eux. Quelle joie ineffable, lorsque le cœur jouira de ce bien incomparable? Pauvre cœur humain, tu ne connais ici-bas que l'indigence et les peines; tu es comme enseveli dans un océan d'amertume! Quel bonheur pour toi si tu nageais dans cette abondance de biens! Interroge-toi intérieurement; pourrais-tu supporter la joie d'une si grande béatitude? De plus si un ami que tu aimes comme toi-même avait le même bonheur, la joie serait doublée; car sa joie serait ta joie autant que ta propre vie. Mais si deux ou trois ou plusieurs en grand nombre avaient le même bonheur, la joie de

---

poris tui? Ama unum bonum, in quo sunt omnia bona; et sufficit. Desidera simplex bonum, quod est omne bonum; et satis est. Quid enim amas caro mea? Quid desideras anima mea? Ibi est quidquid amatis, ibi est quidquid desideratis. Si delectat pulchritudo : « Fulgebunt justi sicut sol. » (*Matth.*, XIII, 43.) Si velocitas, aut fortitudo, aut libertas corporis, cui nihil obsistere possit : « Erunt similes Angelis Dei : » (*Matth.*, XXII, 30) « seminatur corpus animale, et surget corpus spiritale, » (I *Cor.*, XV, 44) potestate utique, non natura. Si delectat longa et salubris vita; ibi est sana æternitas, et æterna sanitas; quia « justi in perpetuum vivent; » (*Sap.*, V, 16) et, « salus justorum a Domino. » (*Psal.* XXXVI, 39.) Si satietas; satiabuntur cum apparuerit gloria Domini. (*Psal.* XVI, 15.) Si ebrietas : « Inebriabuntur ab ubertate domus Dei. » (*Psal.* XXXV, 9.) Si melodia; ibi Angelorum chori concinunt sine fine Deo. (*Ibid.*) Si quælibet munda voluptas; torrente voluptatis deitatis suæ potabit eos Dominus. Si sapientia, (1) « omnes erunt docibiles Dei : » (*Joan.*, VI, 45) quomodo) ipsa sapientia ostendet eis se ipsam. Si amicitia, diligent Deum plus quam se ipsos, et invicem tanquam se ipsos; et Deus illos plus quam illi se ipsos : quia illi illum et se et invicem per illum, et ille illos per se ipsum. Si concordia; omnibus illis erit una voluntas : quia illis non erit nisi sola voluntas Dei. Si potestas; (« introibunt in potentias Domini, » (*Psal.* LXX, 15) et) omnipotentes erunt suæ voluntatis, ut Deus suæ. Nam sicut poterit Deus quod volet per se ipsum, ita poterunt illi quod volent per illum. Quia sicut illi non aliud volent quam quod ille, ita quidquid illi volent, ille volet; et quod ille volet, non poterit non esse. Si honor et divitiæ; Deus suos servos bonos et fideles super multa constituet (*Matth.*, XXV, 23); imo filii Dei et dii vocabuntur, (et erunt :) et ubi erit Filius ejus, ibi erunt et illi (*Joan.*, XVII, 24), hæredes quidem Dei, cohæredes autem Christi. (*Rom.*, VIII, 17.) Si vera securitas; certe ita certi erunt, nunquam ista vel potius istud bonum sibi defuturum, sicut certi erunt nec se sua sponte illud amissuros, nec dilectorem Deum illud dilectoribus suis invitis ablaturum. (*a*) Gaudium vero quale aut quantum, ubi tale ac tantum bonum invenitur? Cor humanum, cor indigens, cor expertum ærumnas, imo obrutum ærumnis, quantum gauderes, si his omnibus abundares? Interroga intima tua, si capere possint gaudium suum de tanta beatitudine sua. Sed certe si quis alius, quem omnino sicut te ipsum diligeres, eamdem beatitudinem haberet, duplicaretur gaudium tuum : quia non minus gauderes pro eo, quam pro te ipso. Si vero duo vel tres vel multo plures haberent idipsum, tantumdem pro singulis, quantum pro te ipso gauderes, si singulos

---

(1) Quæ parenthesi hic et infra clauduntur, Anselmo addititia sunt.

(*a*) Adde ex Ans. *nec aliquid Deo potentius invitos Deum et illos separaturum.*

chacun serait la tienne encore, si tu les aimais tous et chacun autant que toi-même. Imaginez donc cette charité parfaite qui régnera entre des milliers d'anges et d'hommes, où personne n'aimera moins les autres que soi-même, et vous aurez une joie incalculable. Si le cœur de l'homme est à peine capable de contenir son propre bonheur, comment pourrait-il contenir ces innombrables joies dans l'éternelle félicité? De même que chacun aimera Dieu sans comparaison plus que soi-même et les autres élus, ainsi il se réjouira plus sans comparaison de la félicité de Dieu que de la sienne et de celle des autres élus. Ainsi ils aimeront Dieu de tout leur cœur, de tout leur esprit, de toute leur âme, de sorte que leur cœur tout entier ne suffira pas à cet amour, et ils se réjouiront de tout leur cœur, et leur cœur tout entier ne suffira pas à la plénitude de leur joie, tant cette joie sera immense. O Dieu dont la miséricorde est infinie, vous la source de toute bonté et de tout amour, donnez-nous part à cette joie inépuisable. Car vous êtes vous-même cette joie dans sa plénitude, cette béatitude dans sa perfection ; vous êtes le souverain bien, et on ne peut rien désirer qui soit meilleur que vous, rien posséder qui nous donne plus de bonheur ou de jouissance.

Chapitre LXV. — Dans cette éternelle et parfaite béatitude, nous jouirons de Dieu de trois manières; nous le verrons dans toutes les créatures, nous le posséderons en nous-mêmes, et surtout, plaisir ineffable, bonheur qui surpasse tout autre bonheur, nous contemplerons la Trinité elle-même dans son essence, et avec l'œil pur du cœur nous verrons sa gloire sans énigme. Voilà en effet la vie éternelle et parfaite, c'est de connaître le Père et le Fils avec le Saint-Esprit, et de voir Dieu tel qu'il est (*Jean*, xvii, 3), non pas tel qu'il est en nous ou dans les créatures, mais comme il est en lui-même. Quelle est grande en vérité, cette béatitude, mais combien elle est cachée à nos yeux ! L'œil n'a point vu, l'oreille n'a point entendu, le cœur de l'homme n'a point compris tout l'amour, toute la douceur, toute la joie que renferme pour nous cette connaissance. (I *Cor.*, ii, 9.) Il y a là la paix de Dieu, qui surpasse toute pensée et tout sentiment (*Phil.*, iv, 7), et à plus forte raison tout ce que nous pourrions dire. Quand il n'a été donné à personne d'éprouver ce bonheur, comment pourrait-on en parler ? « On répandra dans votre sein, dit le Seigneur, une mesure pleine et pressée, et qui débordera, » (*Luc*, vi, 38) pleine dans l'homme intérieur, pressée dans l'homme extérieur, et qui débordera en Dieu lui-même. Là est la félicité dans sa plénitude, la gloire dans son rayonnement, la béatitude dans sa surabondance. Comment le verrons-nous dans les créatures, comment le posséderons-nous en nous-mêmes, c'est ce qu'on peut deviner jusqu'à un certain point (*Rom.*, viii, 23), nous surtout qui avons reçu les prémices de l'esprit. Mais cette connaissance de Dieu en lui-même nous est encore inconnue; c'est un prodige pour nous, c'est un abîme, et nous ne pouvons pas y atteindre. (*Ps.* cxxxviii, 6.) En disant que nous verrons Dieu dans les créatures, la chose ne doit pas nous paraître impossible, puisque déjà sur la terre nous le voyons de cette manière. Car, suivant le témoignage de saint Paul, « les perfections invisibles de Dieu sont devenues visibles par les œuvres de la création. » (*Rom.*,

---

sicut te ipsum amares. Ergo in illa perfecta caritate innumerabilium beatorum Angelorum et hominum, ubi nullus minus diliget alium quam se ipsum, (*a*) erit gaudium innumerabile. Si ergo cor hominis de tanto suo bono vix capiet gaudium suum; quomodo capax erit tot et tantorum gaudiorum in illa perfecta felicitate? ubi sicut unusquisque plus amabit sine comparatione Deum, quam se ipsum, et omnes alios secum ; ita magis gaudebit absque æstimatione de Dei felicitate, quam de sua et omnium aliorum secum. Sic Deum diligent toto corde, tota mente, tota anima, ut totum cor non sufficiat dilectioni : et sic gaudebunt toto corde, ut totum cor non sufficiat plenitudini gaudii :] tantum est gaudium. Deus infinitæ misericordiæ, fons totius bonitatis et pietatis, fac nos participes tanti gaudii. Tu es enim gaudium plenum, beatitudo summa : tu es id quo nihil melius desiderari potest, nihil beatius vel utilius possideri.

Caput LXV. — In illa æterna beatitudine et perfecta, Deo tripliciter fruemur, videntes eum in omnibus creaturis, et habentes eum in nobis ipsis; et quod his omnibus ineffabiliter jucundius erit atque beatius, ipsam quoque cognoscentes in semetipsa Trinitatem, et gloriosam illam sine ullo ænigmate mundo cordis oculo contemplantes. In hoc enim est vita æterna et perfecta, ut cognoscamus Patrem et Filium cum sancto Spiritu (*Joan.*, xvii, 3), et videamus Deum sicuti est, id est, non eo modo sicuti inest nobis aut creaturis, sed sicut est in semetipso. Verum quam magna est beatitudo illa, et quam absconditla ab oculis nostris. Oculus non vidit, auris non audivit, et in cor hominis non ascendit, quanta caritas, quanta suavitas, quanta jucunditas maneat nos in illa cognitione. (I *Cor.*, ii, 9.) Pax Dei est in illa quæ exsuperat omnem sensum et intellectum (*Phil.*, iv, 7), et quanto magis omnem sermonem nostrum ? Quod ergo nulli donatum est experiri, nullus conctur effari. « Mensuram, ait Dominus, bonam dabit in sinus vestros, confertam » (*Luc.*, vi, 38) in interiore homine, « coagitatam » in exteriore, « supereffluentem » in Deo ipso. Ibi cumulus felicitatis est, ibi supereminens gloria, ibi superaffluens beatitudo. Nam quomodo videndus sit in creaturis, quomodo in nobis habendus, possumus vel ex parte conjicere (*Rom.*, viii, 23), in ipsis nimirum quos accepimus jam primitiis spiritus. Cognitio autem in Deo ipso illa adhuc nobis incognita est, mirabilis facta est, confortata est, ut non possimus ad eam. (*Psal.* cxxxviii, 6.) At vero quemadmodum in creaturis videndus sit, aliquatenus possumus intelligere, nimirum cum et modo videatur in ipsis. Unde et apostolo Paulo teste : « Per ea quæ facta sunt, Dei invisibilia conspiciuntur. » (*Rom.*, i, 20.) Unde quantumcumque proficiat quis intelligendo conspicere quam potentissime, quam benignissime, quam prudentissime majestas æterna omnia fecerit, cuncta regat,

(*a*) Anselmus, *non aliter gaudebit quisque pro singulis aliis, quam pro se ipso.*

1, 20.) Ainsi voir de plus en plus par la pensée et par la réflexion la puissance de Dieu, sa bonté, sa sagesse, dans cette œuvre de la création qu'il a faite, qu'il gouverne, qu'il dirige avec tant d'ordre, c'est presque arriver jusqu'à Dieu. Mais un jour viendra où nous parviendrons jusqu'à lui par la vision et la contemplation et la jouissance parfaite. Nous suivrons l'agneau partout où il ira (*Apoc.*, xiv, 4), avec toutes les créatures, et nous nous réjouirons dans toutes les créatures, oui, dans toutes, quoiqu'il soit seul le principe de notre joie, comme il est seul le principe de sa béatitude, sans qu'il ait besoin des créatures. Mais nous le posséderons encore en nous-mêmes, et nous pouvons nous figurer déjà comment il sera en nous.

Nous savons que notre âme est triple dans sa nature. C'est pour cela que les philosophes ont enseigné qu'elle était raisonnable, concupiscible et irascible; la nature, comme l'expérience de chaque jour, nous montre en effet dans l'âme cette triple puissance. Or, la partie raisonnable se trouve en face de la science et de l'ignorance, où se rencontre sa jouissance et sa privation; la partie concupiscible a pour elle le désir et le mépris, comme la partie irascible se produit par la joie et la colère. Le Seigneur satisfera donc notre raison par la lumière abondante de la sagesse (I *Cor.*, i, 7); et il ne nous manquera rien sous le rapport de la science. Il remplira la partie concupiscible de notre âme à la source de la justice; nous la désirerons avec ardeur, nous en serons remplis, selon cette parole : « Bienheureux ceux qui ont faim et soif de la justice, parce qu'ils seront rassasiés. » (*Matth.*, v, 6.) Rien ne peut remplir le désir de notre âme; rien, excepté la justice, ne peut la rendre heureuse. Mais lorsque Dieu aura pleinement satisfait notre âme dans cette partie concupiscible, elle repoussera tout ce qu'elle doit repousser, elle désirera tout ce qu'elle doit désirer, et plus une chose sera désirable, plus elle en aura soif. C'est donc avec raison que nous donnons la justice comme aliment de notre puissance concupiscible, puisque c'est par là que nous sommes réputés justes ou injustes. Quant à la partie irascible qui est en nous, Dieu la remplira aussi, et il se fera en nous une grande tranquillité, et la paix divine nous épanouira dans la joie et le bonheur. Voyez donc que la béatitude, pour ce qui concerne l'âme, sera parfaite sous les trois rapports qui forment sa nature; car la science ne s'enflera plus, ayant pour équilibre la justice; elle ne s'affligera plus, ayant pour équilibre la joie, et on ne répétera plus ce proverbe : « Celui qui multiplie la science multiplie la douleur. » (*Eccli.*, i, 18.) La justice ne sera pas indiscrète, accompagnée de la science, ni onéreuse, accompagnée de la joie; la joie ne sera pas suspecte sous la sauvegarde de la science, ni dissolue sous la sauvegarde de la justice.

Mais dans tout cela il n'y a rien pour l'homme extérieur. Et pourtant il faut « que la gloire habite aussi dans notre terre, » (*Ps.* lxxxiv, 10) ou, comme dit un autre psaume, que toute la terre soit remplie de la majesté du Seigneur. (*Ps.* lxxi, 19.) C'est pourquoi notre corps devra posséder quatre qualités qui se rapportent aux quatre éléments qui le composent. Il ne faut pas s'étonner qu'il soit maintenant bien indigent, puisqu'il habite une région d'indigence. Aussi le prophète nous dit dans un psaume : « Mon âme a soif de vous; ma chair se consume pour vous. » (*Ps.* lxii, 2.) Notre corps composé de

---

ordinet universa; prorsus modicum est ab eo quod comprehendat. Veniet autem quando jam visione et contemplatione atque gaudio ineffabili consequemur. Agnum quocumque ierit (*Apoc.*, xiv, 4), et in omnibus consequemur creaturis, ut in omnibus gaudeamus : sane in omnibus, sed non aliunde quam de ipso, sicut et ipse aliis non fruitur, sed se ipso. Jam vero et in nobis quemadmodum habendus sit, in parte possumus cogitare.

Constat enim animarum esse triplicem naturam. Unde et sapientes mundi hujus animam humanam rationalem, concupiscibilem, et irascibilem esse tradiderunt : quam triplicem vim animæ, ipsa quoque natura et quotidiana experimenta nos docent. Porro quemadmodum circa rationale nostrum et scientia et ignorantia constant, tanquam habitus et privatio; sic et circa concupiscibile, desiderium et contemptus, et circa id quod dicitur irascibile, lætitia pariter et ira versantur. Implebit ergo Dominus rationale nostrum luce sapientiæ (I *Cor.*, i, 7); ita ut penitus nobis nihil desit in ulla scientia. Implebit concupiscibile nostrum fonte justitiæ; ut omnino desideremus eam, et ea penitus repleamur, sicut scriptum est : « Beati qui esuriunt et sitiunt justitiam, quoniam ipsi saturabuntur. » (*Matth.*, v, 6.) Nulla enim alia res implere potest desiderium animæ, nulla alia præter justitiam beatificare potest animam. Cum ergo repleverit Deus concupiscibile nostrum justitia, quæcumque respuere debet anima, respuet, et quidquid debet concupiscere, concupiscet; et ex omnibus his magis appetet quod magis fuerit appetendum. Merito denique concupiscibili nostro justitiam attribuimus, ex quo nimirum justi aut injusti reputamur. Jam vero quod dicitur in nobis irascibile, cum repleverit illud Deus, profecto erit in nobis tranquillitas, et in summam lætitiam atque jucunditatem replebimur pace divina. Et vide si non in his tribus perfecta sane, quantum ad animam spectat, beatitudo consistit, quando scientia jam non inflabit propter justitiam, jam non contristabit propter lætitiam; ut cesset jam proverbium illud : « Qui apponit scientiam, apponit dolorem : » (*Eccl.*, i, 18) quando justitia nec indiscreta erit propter scientiam, nec onerosa propter lætitiam : quando lætitia nec suspecta erit propter scientiam, nec impura propter justitiam.

Sed in his omnibus nihil homo noster exterior accepit. Ipsi ergo, « ut inhabitet gloria etiam in terra nostra, » (*Psal.* lxxxiv, 10) et juxta alium (f. Psalmum) Prophetam, repleatur majestate Domini omnis terra (*Psal.* lxxi, 19), quatuor sunt quærenda, quem constat ex quatuor elementis compactum esse. Nec mireris quod pluribus videtur indigere, cui nunc indigentiæ locus est. Unde Propheta in Psalmo : « Sitivit in te anima mea, quam multipliciter tibi caro mea. » (*Psal.* lxii, 2.) Habebit ergo terra nostra immortalitatem, ne jam timeat

terre aura donc l'immortalité, et il ne craindra plus d'être réduit en poussière. Notre corps, une fois ressuscité, ne meurt plus; la mort n'aura plus d'empire sur lui. Mais ce ne serait pas un avantage de vivre avec les misères et les afflictions de cette vie, si notre corps devait toujours souffrir dans son immortalité: sans mourir, ce serait mourir toujours. Dieu lui donnera donc l'impassibilité, puisqu'on dit que les souffrances ont leur principe dans l'inégalité des humeurs. Ce qu'il faut ensuite à notre corps, c'est la légèreté, à cause de cette portion d'air qui le compose, et qui fait que la pesanteur lui est à charge. Nos corps auront donc, il faut le croire, une telle légèreté, une telle agilité dans la vie bienheureuse qu'ils pourront, à notre gré, aller aussi vite que notre pensée. Que faut-il encore pour compléter notre béatitude corporelle? Il faut la beauté. Nous aurons cette beauté, dans sa perfection, comme semble la réclamer cette partie de nous-même qui est formée du feu. « Car nous attendons, comme dit l'Apôtre, notre Sauveur, qui changera le corps de notre abaissement, en le rendant semblable à son corps glorieux, » (*Phil.*, III, 20,) suivant sa promesse, parce que « les justes brilleront comme le soleil dans le royaume du Père céleste. » (*Matth.*, XIII, 42.) Donc, de même que Dieu remplira notre âme en lui donnant une science parfaite, une justice parfaite et une joie parfaite, ainsi toute la terre sera remplie de sa majesté (*Ps.* LXXI, 19) dans notre corps lorsqu'il deviendra immortel, impassible, agile et semblable à son corps glorieux. (*Phil.*, III, 20 et 21.) Et on pourra dire alors en toute vérité, comme le poëte : O trois fois et quatre fois heureux! Personne ici-bas ne pourra jamais apprécier la grandeur de cette joie, l'immensité de cette gloire que nous aurons, en voyant Dieu présent partout et gouvernant tout. Ainsi il se fera connaître et se rendra visible; chacun de nous le verra en esprit; nous le verrons les uns dans les autres, nous le verrons en lui-même, nous le verrons dans le nouveau ciel (*Apoc.*, XXI, 1) dans la nouvelle terre, et dans toute créature qui existera. (*Ps.* XLV, 11.) Nous serons délivrés de tout mal, nous posséderons tous les biens, nous aurons une pleine liberté, et nous verrons que c'est Dieu lui-même qui nous rend contents, parce qu'il sera tout en tous. (I *Cor.*, XV, 28.) C'est lui qui sera la fin de nos désirs, et nous le verrons sans discontinuer, nous l'aimerons sans nous rassasier, et nous le louerons sans nous fatiguer. Mais qui sera digne d'avoir part à ce bonheur? Ce sera sans aucun doute l'homme qu'on aura trouvé fidèle dans les petites choses qui lui ont été confiées. (*Matth.*, XXV, 21) au temps de son épreuve, et qui aura veillé sur ses sens, sur ses actes et sur ses désirs pour les gouverner, en se montrant fidèle à son maître. (I *Thess.*, IV, 4.) Le serviteur de Jésus-Christ doit donc savoir posséder le vase de son corps saintement et honnêtement; il faut qu'il glorifie Dieu et le porte dans son corps (I *Cor.*, VI, 20; *Hébr.*, XII, 14); il faut qu'il garde la paix avec tout le monde. Amen.

denuo se in pulverem redigendam. Resurgens enim corpus nostrum, jam non moritur, mors illi ultra jam non dominabitur. (*Rom.*, VI, 9.) Sed (*f.* quid proderit, etc.) prodiderit, si forte contingat vivere cum miseriis et ærumnis passibilitatis hujus, qua nimirum incessanter incorruptibile hoc corpus affligitur : etsi non semel, utique semper moritur. Habebit certe omni modo a Deo impassibilitatem habituri. Ab humoribus enim inordinatis causas aiunt procedere passionum. Sed jam desiderat corpus nostrum levitatem, secundum eam nimirum quam habet ex aere portionem, ne ipso onere sit molestum. Tanta itaque futura est credenda corporum levitas et agilitas bonorum, ut possint si velimus, absque omni mora seu difficultate, ipsam quoque cogitationum nostrarum sequi ad omnia velocitatem. Quid ultra deest ad perfectam corporis beatitudinem? Sola utique pulchritudo. Hanc perfectissimam habituri, non immerito possumus attribuere ei parti, quam habemus ab igne. « Salvatorem enim expectamus, ut ait Apostolus, qui reformabit corpus humilitatis nostræ, configuratum denique corpori claritatis suæ, exhibens quod pollicitus est : » (*Phil.*, III, 20, 21) quoniam « fulgebunt justi sicut sol in regno Patris eorum. » (*Matth.*, XIII, 42.) Sicut ergo replebit animas nostras Deus, cum fuerit in eis perfecta scientia, perfecta justitia, perfecta lætitia : sic replebitur majestate ejus omnis terra nostra (*Psal.* LXXI, 19), cum fuerit corpus immortale, impassibile, agile, configuratum denique corpori claritatis suæ. (*Phil.*, III, 21.) Et tunc veraciter dici poterit quod quidam poeta dixit : O terque quaterque beati. Nemo digne pensare valet quanta erit illa lætitia, quanta gloria, quando Deum videbimus ubique præsentem, et universa gubernantem. (1) Ita erit nobis notus atque conspicuus, ut videatur spiritu a singulis nobis, videatur ab altero in altero, videatur in se ipso, videatur in cœlo novo, et in terra nova, atque in omni quæ nunc fuerit creatura. (*Apoc.*, XLV, 1; *Psal.* XLV, 11.) Ab omni malo liberati, et omni bono perfecte impleti, vacabimus et videbimus, quia ipse est Deus, quo pleni erimus, quando erit omnia in omnibus. (I *Cor.*, XV, 28.) (2) Ipse nimirum erit finis desideriorum nostrorum, quem sine fine videbimus, sine fastidio amabimus, sine fatigatione laudabimus. Sed et hæc quis idoneus? Sine dubio qui fidelis invenietur super pauca (*Matth.*, XXV, 21) quæ accepit militiæ suæ tempore, id est, super sensus, super actus, et super appetitus suos, quos conscepit regendos, ut in his probetur quam fidelis sit domino suo. (I *Thess.*, IV, 4.) Sciat ergo servus Christi vas suum possidere in sanctificatione et honore : et glorificet et portet Deum in corpore suo : sectetur pacem. (I *Cor.*, VI, 20; *Hebr.*, XII, 14.) Amen.

(1) Ita lib. *de conscientia* in Append. Bern., c. XIV, ex lib. XXI, *de Civit. Dei*, c. XXIX. — (2) Ex lib. XXII, *de Civit. Dei*, c. XXX.

AVERTISSEMENT SUR LE LIVRE SUIVANT DE L'AMITIÉ

Il existe un opuscule d'Æelrède (1), abbé de Riéval, en Angleterre, écrit en forme de dialogue, et divisé en trois livres. Nous l'avons parmi les œuvres complètes de cet auteur, tout entier et sans aucune altération. Celui que nous donnons ici n'en est qu'un abrégé, fait par un homme qui voulait occuper ses loisirs; non-seulement il n'a pas conservé le style et la méthode de l'auteur, mais encore en plusieurs endroits, il a changé sa pensée en la défigurant d'une manière notable. Tandis qu'Æelrède se fait poser des questions par un interlocuteur, afin de les expliquer ou de les réfuter, l'autre les donne faussement comme des assertions de l'auteur et des solutions. Ainsi, par exemple, à la fin du chapitre premier, après une citation de Cicéron, il est dit : « Qui a donné à ce païen ce sentiment de charité et cette pratique de bienveillance? » Or, dans l'ouvrage d'Æelrède, c'est l'interlocuteur qui demande et qui dit : « Je ne vois pas ce que veut dire ce païen, par le nom de charité et de bienveillance. » Et Æelrède répond : « Peut-être par charité entend-il l'affection de l'âme, et par bienveillance la pratique d'une bonne œuvre. » Il est dit encore au chap. IV : « Mais plusieurs abusent de la sagesse, » ce qui est tout l'opposé de la pensée d'Æelrède, qui dit en termes clairs et formels que personne n'abuse de la sagesse. Æelrède fut mieux traité par Pierre de Blois, presque son contemporain, dans son traité *sur l'Amitié chrétienne*, ouvrage autrefois attribué à Cassiodore. Pierre de Blois a enrichi traité de plusieurs emprunts faits aux livres d'Æelrède, sans citer son nom; mais pourtant dans prologue il dit clairement, et avoue ce qu'il a voulu faire et ce qu'il a fait, en ces termes : « J'ai fait comme l'abeille, et j'ai cueilli des fleurs en différents auteurs pour former mon miel; j'ai rassemblé les pensées de plusieurs écrivains tant anciens que modernes sur l'amitié et sur l'amour de Dieu et du prochain, et j'en ai formé un livre qui serait comme un bouquet de lecture en abrégé. » Il ne faut pas oublier de dire que le passage cité par Pierre de Blois, sous le nom de saint Augustin, au chap. VIII, n'appartient pas au livre suivant *de l'Amitié*, d'après une fausse note qui est en marge dans la dernière édition de Pierre de Blois, mais qu'il est tiré du livre IV des *Confessions*, chap. VIII. Nous avons collationné tous les mots avec les écrits vrais et authentiques d'Æelrède, en notant avec soin tout ce qui nous a paru changé ou dénaturé.

(1) Æelrède, abbé de Reverby, puis de Riéval en Angleterre, fut le contemporain de saint Bernard et mourut en 1166. Ses ouvrages ont été imprimés à Douai en 1631, in-fol.

ADMONITIO IN SUBSEQUENTEM LIBRUM DE AMICITIA

Opusculum est Aelredi Rhievallensis in Anglia Abbatis, dialogi forma conscriptum, et tres in libros ab ipso digestum ; quod quidem inter alia ejus Opera prelo edita sincerum exhiberur et integrum, hic vero in epitomen contractum est ab homine otioso, qui non modo stilum auctoris ac methodum non servavit, sed ejus quoque sententias mutavit passim et insigniter vitiavit. Nam ea interdum quæ Aelredus ex interlocutoris persona quærendo proponit, mox a se vel explicanda vel refellenda, proferuntur hic absolute, et contra ipsius mentem asseruntur. Sic, exempli causa, in fine capiti 1; quod citata Tulii sententia subjicitur : « Quis huic gentili fortem caritatis affectum benevolentiæque operum expressit? » apud Aelredum eo pacto positum est, ut interlocutor dicat : Caritatis vel benevolentiæ nomine quid ethnicus ille significare voluit, non video ; » tum Aelredus ipse respondeat : « Forte nomine caritatis, mentis affectum; benevolentiæ vero, operis expressit effectum. » Et in capite IV ; illud : « Sed multi abutuntur sapientia, » adeo alienum est ab Aereldi doctrina ; ut ipse contra, nullum sapientia abuti, diserte ac præclare probet. Melius Aelredo usus est ipsius prope æqualis Petrus Blesensis in suo *de Amicitia Christiana Tractatu*, qui Cassiodoro adscriptus aliquando fuit. In hunc ille Tractatum transtulit ex Aelredi libris non pauca, tacito quidem ipsius nomine, sed tamen luculenta in Prologo admonitione consilium factumque suum professus his verbis : « De diversis, inquit, scriptoribus quasi flores excipiens, ut mellificarem mihi, plurium tam veterum, quam modernorum sententias de amicitia et dilectione Dei ac proximi in unum compendiosæ lectionis involucrum coarctavi. » Neque silentio prætereundum est, locum a Petro Blesensi laudato nominatim Augustino citatum in cap. VIII, non subsequentis libri *de Amicitia*, uti ad oram libri in Petri Blesensis postrema editione male notatur, sed esse lib. IV, *Confessionum*, cap. VIII. Contulimus singula verba cum genuinis ac sinceris Aelredi libris, et ubi aliquid mutatum aut depravatum, annotare sategimus.

LE LIVRE DE L'AMITIÉ

Chapitre I. — *A quelle occasion fut écrit ce livre.* — Lorsque dans mon enfance, je fréquentais les écoles, et que je prenais grand plaisir à la société de mes compagnons, au milieu des mœurs et des vices qui sont le danger de cet âge, mon âme se donna tout entière à l'affection, et sans réserve à l'amitié. Rien ne me paraissait plus doux, plus agréable, plus utile que d'aimer et d'être aimé. Flottant au milieu de ces affections et amitiés diverses, mon esprit était emporté d'un côté et d'un autre ; et ignorant la loi de la vraie amitié, je me laissais tromper par son mirage. Il me tomba enfin entre les mains un livre que Tullius a écrit *sur l'Amitié*, et ce livre me parut utile par la gravité des pensées, et entraînant par son style. Pourtant, je ne me trouvais pas encore disposé à ce genre d'amitié, tout en me félicitant d'avoir trouvé cette formule qui me servirait de phare, au milieu des divagations de mon cœur et de mes affections. Mais lorsqu'il plut au Seigneur dans sa bonté de me rappeler dans la voie, de me relever de mes chutes, et de me purifier de ma lèpre par son contact salutaire, je dis adieu au monde et j'entrai dans un monastère. Là je m'appliquai à l'étude des saintes lettres ; là le nom de Jésus-Christ, qui est doux comme du miel gagna tout l'amour de mon cœur ; rien ne peut être pour moi si délicieux ni si lumineux que ce saint nom.

Il m'est démontré que Tullius ignorait la vertu de la véritable amitié, puisqu'il ignorait son principe et sa fin, Jésus-Christ. (Car Jésus-Christ est l'alpha et l'oméga, le principe et la fin de tous les biens.) Qu'est-ce que l'amitié? L'amitié, dit Tullius, est un accord de bienveillance et de charité dans les choses divines et humaines. Qui a enseigné à ce païen cette puissante affection de la charité, et des œuvres de bienveillance ?

Chapitre II. — *Ceux entre lesquels peut exister une véritable amitié.* — Mais cette véritable amitié ne peut pas exister entre ceux qui ne connaissent pas le Christ. Je pense qu'ami vient d'amour et qu'amitié vient d'ami. L'amour est le sentiment d'une âme raisonnable, par lequel elle cherche et désire avec force un objet pour en jouir, et jouissant de cet objet avec une certaine joie intérieure, elle l'embrasse et tient à le conserver. Un ami est comme le dépositaire de l'affection ou plutôt du cœur d'un ami ; mon ami est donc obligé de garder mon amour qui est réciproque, ou plutôt mon âme elle-même, et d'être muet sur tous les secrets qui lui ont été confiés. Qu'il s'efforce de guérir, et de faire disparaître tout ce qu'il y a de vicieux dans son ami ; qu'il soit de moitié dans ses joies et dans ses peines ; car les amis doivent tout avoir en commun. L'amitié est une vertu qui unit

DE AMICITIA LIBER UNUS

Caput I. — *Libri hujus scribendi occasio.* — Cum essem adhuc puer in scholis, et sociorum meorum me gratia plurimum delectaret, inter mores et vitia quibus illa ætas periclitari solet, tota se mens mea dedit affectui, et devovit amori : ita ut nihil mihi dulcius, nihil jucundius, nihil utilius, quam amari et amare videretur. Itaque inter diversos amores et amicitias fluctuans, rapiebatur animus huc atque illuc ; et veræ amicitiæ legem ignorans, ejus sæpe similitudine fallebatur. Tandem venit mihi in manus liber, quem *de Amicitia* Tullius scripsit, qui statim mihi et sententiarum gravitate utilis, et eloquentiæ suavitate dulcis apparebat. Et licet nec ad illud amicitiæ genus me videbam idoneum, gratulabar tamen quamdam me amicitiæ formulam reperisse, ad quam (*a*) animi mei et affectionum valerem revocare discursus. Cum vero placuit bono Domino meo corrigere devium, elisum erigere, salubri contactu mundare leprosum, relicta spe sæculi, ingressus sum monasterium : et statim legendis sacris litteris operam dedi, ubi mellifluum Christi nomen meum sibi totum vindicavit affectum : (1) ita quod nihil aliud potest mihi sapidum esse vel lucidum.

Constat mihi, Tullium veræ amicitiæ ignorasse virtutem, cum ejus principium finemque Christum penitus ignoraverit : qui est alpha et omega, principium et finis omnium bonorum. Quid est amicitia ? Tullius ait : Amicitia est rerum humanarum et divinarum cum benevolentia et caritate consensus. Quis huic gentili fortem caritatis affectum, benevolentiæque operum expressit.

Caput II. — *Inter quos sit amicitia vera.* — Sed hæc vera amicitia non potest esse inter eos qui sine Christo sunt. Ab amore, ut mihi videtur, amicus dicitur : ab amico, amicitia. Est amor quidam animæ rationalis affectus, per quem ipsa aliquid cum desiderio quærit et appetit ad fruendum : per quem et fruitur eo cum quadam suavitate interiori, amplectitur et conservat adeptum. Porro amicus quasi amoris vel ipsius animi custos dicitur : quoniam amicum meum amoris mutui, vel ipsius animi mei oportet esse custodem, ut omnia ejus secreta fideli silentio servet : quidquid in eo vitiosum viderit, pro viribus (*b*) caveat et delet : cui et gaudenti congaudeat, et dolenti condoleat, et omnia sua (*c*) consentiant, qui amici sunt. Amicitia igitur ipsa virtus est, (*d*) quæ

---

(1) Huc, usque ex prologo Ælredi, deinceps usque ad c. v, ex primo ejus libro.

(*a*) Apud Ælredum, *amorum meorum.* — (*b*) Ap. Ælred., *curet et toleret.* — (*c*) Ap. Ælred., *esse sentiat.* — (*d*) Ap. Ælred., *qua ipsi animi copulantur et efficiuntur unum de pluribus.*

tellement les amis par les liens des bons rapports et de l'affection, que plusieurs ne font plus qu'un. C'est pourquoi l'amitié n'appartient pas aux choses périssables et caduques de ce monde, et les philosophes profanes eux-mêmes l'ont placée parmi les vertus qui sont éternelles. Aussi Salomon dit dans les Proverbes : « Celui qui est ami aime en tout temps, » (*Prov.*, XVII, 17) montrant par là que l'amitié est éternelle, si elle est vraie. Si elle s'éteint, c'est une preuve qu'elle n'était pas véritable. Je veux que vous sachiez qu'on n'est plus un ami, quand on offense celui qu'on a reçu dans son amitié ; et que vous n'avez pas goûté les délices de l'amitié, si l'offense de votre ami vous fait cesser de l'aimer. Au contraire, si on vous accuse, si on vous livre aux flammes, si on vous attache au gibet, votre ami ne doit jamais cesser de vous aimer. C'est pourquoi saint Jérôme nous dit que l'amitié qui peut disparaître, n'a jamais été une véritable amitié, puisque les amitiés doivent être éternelles. (Épître XLI *à Rufin*.) L'amitié exigeant une si grande perfection, il n'est pas étonnant qu'il y ait si peu d'exemples, parmi ceux que l'antiquité nous a recommandés comme modèles d'amitié. Car à peine, dit Cicéron, (livre I *de l'Amitié*,) trouvons-nous dans l'histoire, pendant tant de siècles écoulés, les noms de trois ou quatre couples d'amis. L'amitié est une grande chose, dit un auteur, et il y faut une grande vertu. Il faut une âme forte, pour s'appliquer toujours aux choses élevées et difficiles, afin d'arriver à son but, ou de mieux comprendre et connaître ce qu'il faut désirer ; et il ne faut pas croire qu'on a fait beaucoup de chemin, quand on ne connaît la vertu que pour savoir combien on est loin de la vertu. Pylade et Oreste n'étaient-ils pas prêts à mourir l'un pour l'autre ? Mais l'amour de la vertu paraît bien autrement grand dans ceux, dont il est dit : « La multitude des fidèles n'avait qu'un cœur et qu'une âme. » (*Act.*, IV, 32.) Les saints martyrs ont aussi donné leur vie pour leurs frères, et n'ont pas reculé devant les fatigues et les tortures du corps. Il n'est donc pas étonnant que la religion divine, nous montre un plus grand nombre d'amis dans le sein de la charité, que dans les bras de l'amitié ; car la charité nous fait aimer non-seulement nos amis mais encore nos ennemis. (*Matth.*, V, 44.) Ceux que nous appelons nos amis, sont seulement ceux-là à qui nous ne craignons pas de confier notre cœur avec tous ses secrets, à condition qu'ils observeront la même règle et la même loi de confiance à notre égard. On profane donc le beau nom de l'amitié, quand on n'est ami que par le côté des vices ; car quand on n'aime pas, on ne peut être ami. Or, on n'aime pas son semblable, quand on aime l'iniquité, et celui qui hait son âme, n'aime pas l'âme de son prochain. Mais si l'amitié qui va se déshonorer dans la débauche, dans l'avarice et la luxure, donne néanmoins de si grandes jouissances, on peut se figurer toutes les douceurs de la véritable amitié, qui est d'autant plus confiante, qu'elle est plus honnête, d'autant plus agréable, qu'elle est plus chaste, d'autant plus heureuse, qu'elle est plus libre.

CHAPITRE III. — *Trois sortes d'amitié.* — L'amitié est donc ou charnelle, ou mondaine, ou spirituelle. L'amitié charnelle a pour base la ressemblance des vices ; l'amitié mondaine a pour principe les intérêts, et l'amitié spirituelle se forme entre les bons et procède

---

talis dulcedinis ac dilectionis fœdere ipsi amico copulatur, ut unum fiat de pluribus. Unde ipsam amicitiam non inter fortuita vel caduca, sed inter ipsas virtutes quæ æternæ sunt, etiam mundi hujus philosophi collocarunt Unde Salomon in Proverbis : « Omni tempore diligit qui amicus est : » (*Prov.*, XVII, 17) manifeste declarans eam æternam, si vera est. Si autem desierit, nunquam vera fuit. Hoc volo te scire, nunquam fuisse amicum, qui læsit eum, quem in amicitiam semel recepit : nec eum vera amicitiæ gustasse delicias, qui vel læsus desiit diligere quem semel amavit. Sed si arguatur, si tradatur flammis, si cruci affigatur, omni tempore diligit qui amicus est. Unde dicit Hieronymus (Epist. 41 *ad Ruffin.*) : Amicitia quæ desinere potest, nunquam vera fuit, cum amicitiæ deberent esse immortales. Cum tanta sit in amicitia vera perfectio, non est mirum quod rari fuerint hi, quos veros amicos antiquitas commendavit. Vix enim, ut ait Tullius (Lib. I *de Amic.*), tria vel quatuor amicorum paria in tot retro sæculis fama concelebrat. (*a*) Magna res est, ait quidam, et etiam ipse conatus magnus est. Unde virtuosæ mentis est, sublimia semper et ardua meditari, ut adipiscatur optata, vel lucidius intelligat et cognoscat optanda : cum non parum credendus sit profecisse, qui virtutis cognitione didicit quam longe sit a virtute. Nonne Pylades et Orestes parati fuerant pro invicem mori? Sed majori virtutis amore pollebant de quibus legitur : « Multitudinis credentium erat cor unum, et anima una. » (*Act.*, IV, 32.) Et sancti Martyres pro fratribus animas posuerunt, non pepercerunt laboribus, non corporis cruciatibus. Sed mirum non est, quod multo plures gremio caritatis quam amicitiæ amplexibus recipiendos divina sanxit auctoritas, quæ non solum amicos, sed etiam inimicos caritatis lege complectitur. (*Matth.*, V, 44.) Amicos solos illos dicimus, quibus cor nostrum, et quidquid in illo est, committere non formidamus, illis vicissim nobis eadem fidei lege et securitate constrictis. Falso ergo præclarum nomen amicitiæ assumunt, inter quos est convenientia vitiorum : quoniam qui non amat, amicus non est. Non autem amat hominem, qui diligit iniquitatem : et hic audit animam suam, et alterius amare non poterit. Cum vero in tali amicitia, quam vel libido commaculat, vel avaritia fœdat, vel incestat luxuria, tanta et talis experiatur dulcedo ; libet conjicere quantum habeat suavitatis illa, quæ quanto honestior est, tanto est et securior ; quanto castior, tanto jucundior ; quanto liberior, tanto et felicior.

CAPUT III. — *Amicitia triplex.* — Amicitia itaque alia carnalis, alia mundialis, alia spiritalis. Carnalem creat vitiorum consensus : mundialem spes quæstus accendit : spiritalem inter bonos vitæ, morum, studiorumque similitudo conglutinat. Exordium carnalis amicitiæ ab affectione procedit, quæ instar meretricis divaricat pedes

(*a*) Ælred., *Magnarum rerum... etiam.*

de la conformité de vie, de mœurs et de goûts. L'amitié charnelle commence par l'affection, et semblable à une courtisane, elle va au-devant de tous les passants, ayant l'oreille à tout et portant de tous côtés ses regards de fornication ; tous les sens sont comme des ouvertures, par où entre dans l'âme l'image des beautés sensuelles et des plaisirs voluptueux, et elle se promet un grand bonheur dans ces jouissances, surtout si elle les partage avec un compagnon. Alors on se donne du mouvement, on fait des signes, on parle, on a des complaisances, et l'âme est captivée par une autre âme ; on s'enflamme au contact l'un de l'autre, et les deux finissent par ne faire qu'un, liés qu'ils sont par un pacte misérable pour faire tous les crimes, tous les sacriléges, et tout endurer de concert. Ils s'imaginent que rien n'est plus doux que cette amitié, ou plutôt que rien n'est plus juste, puisque, dans leur pensée, l'amitié leur fait une loi d'être d'accord pour vouloir et ne pas vouloir une chose. Rien de sérieux ne préside à cette amitié, ni dans sa formation, ni dans son esprit, ni dans ses règles ; la passion du moment l'emporte de côté et d'autre ; elle ne garde aucune mesure, ne produit rien d'honnête, ne s'inquiète en rien de ce qui peut être avantageux ou désavantageux, mais elle fait tout au hasard, à la légère, sans réflexion et sans règle. Aussi cette amitié se consume elle-même par la violence du feu qui la dévore ; formée légèrement elle s'éteint de même. L'amitié mondaine, qui a pour principe les intérêts et les biens de la terre, est toujours inspirée par l'esprit de fraude et de tromperie ; cette amitié n'a rien de certain, rien de fixe, rien de solide ; elle change avec la fortune, et ne connaît que la bourse. Salomon le dit bien : « C'est un ami de circonstance, et il vous tourne le dos, quand vient la tribulation. » Otez l'espérance du gain, et il n'y a plus d'ami. Ce qui faisait dire à un poète : « Il n'est pas ami de la personne, mais de la fortune, l'ami que la prospérité conserve, et que le malheur met en fuite. » L'amitié spirituelle qui est la vraie, n'a pas pour principe un intérêt mondain, ni aucune cause étrangère, mais elle est inspirée par la dignité de sa propre nature et par le sentiment du cœur ; elle porte son fruit et trouve en elle-même sa récompense. C'est pourquoi Notre-Seigneur dit dans l'Évangile : « Je vous ai choisis, pour que vous alliez et que vous rapportiez du fruit, » (*Jean*, xv, 16) c'est-à-dire pour que vous vous aimiez mutuellement ; car la vraie amitié va toujours en se perfectionnant, et le fruit qu'elle porte finit par acquérir une grande douceur. La vraie charité s'appelle amitié, quand elle a pour but la correction des vices ; on l'appelle bienveillance, lorsqu'elle est l'expression d'un sentiment d'affection qui est doux au cœur. Quand l'amitié est dans ces conditions, on est toujours d'accord pour vouloir et ne pas vouloir la même chose ; et cet accord est d'autant plus doux, qu'il est plus sincère ; d'autant plus suave, qu'il est plus saint, puisque les amis de cette sorte ne peuvent pas vouloir ce qui ne conviendrait pas, ni ne pas vouloir ce qui conviendrait. Cette amitié a pour direction la prudence, pour règle la justice, pour gardienne la force, et pour frein la tempérance.

Chapitre IV. — *Origine et progrès de l'amitié.* — L'amitié, à mon avis, est un sentiment que la nature elle-même a gravé dans le cœur de l'homme ; l'expérience le développe, et la loi lui donne des

---

suos omni transeunti, sequens aures et oculos suos per varia fornicantes : per quorum aditus usque ad ipsam mentem pulchrorum corporum vel rerum voluptuosarum infertur imago, quibus ad libitum frui, putat esse beatum, sed sine socio, minus existimat esse jucundum. Tunc motu, nutu, verbis, obsequiis animus ab animo captivatur ; et accenditur unus ab altero, et (*a*) conterminantur in unum, ut inito fœdere miserabili, quidquid sceleris, quidquid sacrilegii est, alter agat et patiatur pro altero : nihilque hac amicitia dulcius arbitrantur ; vel judicant justius, idem velle et idem nolle sibi existimantes amicitiæ legibus imperari. Hæc amicitia nec deliberatione suscipitur, nec judicio probatur, nec regitur ratione ; sed secundum impetum affectionis per diversa raptatur ; non modum servans, non honesta procurans, non commoda incommodave prospiciens ; sed ad omnia inconsiderate, indiscrete, leviter immoderateque progrediens. Idcirco quibus agitata furiis ea semetipsa consumitur, eadem levitate resolvitur, qua contrahitur. Amicitia mundialis, quæ rerum vel bonorum temporalium cupidine parturitur, semper est plena fraudis atque fallaciæ ; nihil in ea certum, nihil constans, nihil securum : semper cum fortuna mutatur, et sequitur marsupium. Unde Salomon dicit : « Est amicus secundum tempus, et non permanebit in tempore tribulationis. » (*Eccli.*, vi, 8.) Tolle spem quæstus, et statim desinet esse amicus. Unde quidam :

Non est personæ, sed prosperitatis amicus,
Quem fortuna tenet dulcis, acerba fugat.

Amicitia spiritalis, quam veram dicimus, non utilitatis cujusque mundialis intuitu, non qualibet extra nascente causa, sed ex propriæ naturæ dignitate, et humani pectoris sensu contrahitur ; ita ut fructus ejus præmiumque non sit aliud quam ipsa. Unde Dominus in Evangelio : « Posui vos, inquit, ut eatis, et fructum afferatis, » (*Joan.*, xv, 16) id est, ut invicem diligatis. In ipsa namque vera amicitia itur proficiendo, et fructus capitur perfectionis illius dulcedinem sentiendo. Vera caritas amicitia nuncupatur, ut omne vitium excludatur. Cum benevolentia dicitur, ipse (*b*) consensus amandi, qui cum quadam dulcedine movetur interius, exprimitur. Ubi talis est amicitia, ibi idem velle, et idem nolle ; tanto dulcius, quanto sincerius ; tanto suavius, quanto sacratius ; ubi sic amantes nihil possunt velle quod dedeceat, nihil quod expediat nolle. Hanc amicitiam prudentia dirigit, justitia regit, fortitudo custodit, temperantia moderatur.

Caput IV. — *Amicitiæ origo et progressus.* — Amicitiæ primum, ut mihi videtur, ipsa natura humanis mentibus impressit affectum, deinde experientia auxit, pos-

(*a*) Ap. Ælr., *conflantur*. — (*b*) Ælr., *sensus*.

règles. Car Dieu qui est souverainement puissant et souverainement bon se suffit à lui-même et n'a pas besoin de ce qui est à nous. Il a voulu que ses créatures vécussent dans la paix et dans l'union d'une même société. Ainsi la nature a gravé dès l'origine dans le cœur de l'homme le sentiment de l'amitié et de la charité, et la douceur que ce sentiment produit dans l'âme, a servi à le développer. Il est clair que l'amitié est dans la nature de l'homme comme la force, la sagesse et les autres vertus. Mais plusieurs abusent de la sagesse en y cherchant leur profit ou en la vendant; ainsi on abuse de l'amitié en la prenant comme prétexte, ou comme moyen pour un autre but.

CHAPITRE V. — *Les fruits de l'amitié.* — Quel n'est pas l'avantage de l'amitié, puisque dans les choses humaines on ne peut rien désirer de plus saint, rien chercher de plus utile, rien trouver de plus difficile, rien éprouver de plus doux, rien posséder de plus fructueux? Car l'amitié porte des fruits pour la vie présente et pour la vie future. Elle assaisonne toutes les vertus par sa douceur; sa vertu guérit les vices, elle adoucit l'adversité et modère la prospérité, de sorte que sans un ami il n'y a presque rien qui vous fasse plaisir dans la vie, et l'homme deviendrait semblable à l'animal, s'il n'avait personne pour partager sa joie ou sa tristesse, s'il ne trouvait pas un cœur pour y verser ses peines, une autre âme pour lui communiquer ses bonnes ou ses mauvaises pensées. « Malheur à l'homme qui est seul, car s'il vient à tomber, personne ne sera là pour le relever. » (*Eccli.*, IV, 19.) On est complétement seul quand on n'a pas d'ami. Quel bonheur, au contraire, quelle sécurité, quel plaisir d'avoir un ami avec qui vous osez parler comme à vous-même, à qui vous ne craignez pas d'avouer vos fautes, ne rougissant point de lui découvrir vos progrès dans les choses spirituelles, de lui confier les secrets de votre cœur, et de lui soumettre vos desseins? Quoi de plus doux que d'attacher son cœur au cœur d'un ami, et de ne faire qu'un avec un autre, au point de n'avoir ni crainte d'humiliation, ni soupçon de perfidie, sans que l'un ait à souffrir des avis de l'autre, sans que l'ami ait à se défier des flatteries de son ami? « Un ami, dit le Sage, est l'adoucissement de la vie. » (*Eccli.*, VI, 16.) En effet, il n'y a pas de remède plus puissant ni plus efficace pour nos blessures, que d'avoir un ami qui vienne vous apporter une parole compatissante dans vos revers, et une félicitation dans vos succès; vous voyez deux amis rapprocher leurs épaules pour porter mutuellement leurs fardeaux, et vous voyez l'ami supporter plus facilement l'offense faite à lui-même que celle qu'on fait à son ami. L'amitié embellit la prospérité; elle adoucit, en les partageant, les malheurs de l'adversité. Les philosophes ont vanté l'amitié. (CICÉRON, *De l'amitié.*) L'eau, le soleil, le feu ne sont pas plus à nous qu'un ami; quoi que nous fassions, si nous étudions, si nous doutons, si nous ne doutons pas, en tout événement, en toute fortune, en secret, en public, dans toute consultation, à la maison, au dehors, l'amitié est là, elle est partout empressée, l'ami est à votre côté et sa bienveillance à votre disposition. C'est pourquoi les amis, dit Tullius, sont présents quand ils sont éloignés, ils sont

---

tremo legis auctoritas ordinavit. Deus enim summe potens, et summe bonus, sibi est ipsi sufficiens, qui bonorum nostrorum non eget; voluit ut omnes creaturas suas pax componeret, et uniret societas. Ita natura mentibus humanis ab ipso exordio amicitiæ et caritatis impressit affectum, quem (*a*) interiorum morum sensus amandi quodam gustu suavitatis adauxit. Manifestum est amicitiam naturalem esse sicut virtutem, sicut sapientiam et cæteras virtutes. Sed multi abutuntur sapientia, qui pro ea aliquid inde suscipiunt, vel qui eam vendunt: sic aliqui male utuntur amicitia, qui pro ea aliquid appetunt, vel cum ea.

CAPUT V. — *De amicitiæ fructibus.* — (1) Quid utilitatis habeat, cum in rebus humanis nihil sanctius appetatur, nihil quæratur utilius, nihil difficilius inveniatur, nihil experiatur dulcius, nihil fructuosius teneatur. Habet enim fructum vitæ præsentis et futuræ: ipsa enim omnes virtutes sua condit suavitate, vitia sua virtute confodit; adversa temperat, componit prospera: ita ut sine amico inter mortales nihil fere possit esse jucundum; et homo bestiæ compararetur, non habens qui secum collætetur in rebus secundis, in tristibus contristetur; cui evaporet, si quid molestum mens conceperit; cui communicet, si quid præter solitum sublime vel (*b*) livosum accesserit. « Væ soli, quia cum cecidderit, non habet sublevantem se. » (*Eccli.*, IV, 19.) Solus omnino est, qui sine amico est. At quæ felicitas, quæ securitas, quæ jucunditas est, habere cum quo æque audeas loqui, ut tibi; cui confiteri non timeas, si quid deliqueris; cui non erubescas revelare, in spiritualibus si quid profeceris; cui cordis tui omnia committas, et commendes consilia? Quid igitur jucundius, quam ita unire animum (*c*) alterius, et unum efficere de duobus, ut nulla jactantia timeatur, nulla formidetur suspicio; nec correptus alter ab altero doleat; nec laudantem alter alterum adulationis notet vel arguat? « Amicus, ait Sapiens, medicamentum est vitæ. » (*Eccle.*, VI, 16.) Non enim validior vel efficacior est vulneribus nostris medicina, quam habere qui omni incommodo occurrat compatiens, omni commodo occurrat congratulans; ut junctis suis humeris, onera sua invicem (*d*) tolerent, et quod unusquisque proprium levius, quam amici portet injuriam. Amicitia ergo secundas res facit splendidiores, adversas partiens communicansque reddit leviores. Nam et philosophis etiam placuit: Non aqua, non sole, non igne pluribus locis utimur, quam amico (CICERO, *de Amicitia*); in omni actu, in omni studio, in certis, in dubiis, in quolibet eventu, in fortuna qualibet, in secreto, in publico, in omni consultatione, domi forisque, ubique amicitia grata, amicus necessarius, utilis gratia reperitur. Quo circa amici, ait Tullius, et absentes adsunt sibi, et egentes abundant, et imbecilles valent: et, quod difficilius est dictu, mortu

(1) Ex Ælredi libro II.
(*a*) Apud. Ælred., *interior mox sensus*. — (*b*) Ælr., *luminosum*. — (*b*) Ælr., *animo*. — (*d*) Ap. Ælr., *tollerent, nisi quod... portat*.

riches quand ils sont pauvres, et forts quand ils sont infirmes, et, ce qui est plus difficile à dire, ils vivent quand ils sont morts. L'amitié est une aumône pour les riches, une patrie pour les exilés, un revenu pour les pauvres, un remède pour les malades, une nouvelle vie pour les morts, un bonheur pour ceux qui sont en santé, une force pour les faibles et une récompense pour les forts. Les amis ont quelque chose de si honorable, leur souvenir est si doux, leur gloire si pure, et les regrets qu'ils laissent si sincères, que leur vie est digne d'éloge et leur mort précieuse; et ce qui recommande encore davantage l'amitié, c'est qu'elle est un degré qui nous rapproche de la perfection, qui consiste dans l'amour et la connaissance de Dieu, de sorte que l'homme qui est ami de l'homme devient aussi l'ami de Dieu. Il est dit dans l'Evangile : « Je ne vous appellerai plus mes serviteurs, mais mes amis. » (*Jean*, xvi, 16.) Dans l'amitié, il n'y a rien de deshonnête, rien de fictif, rien de simulé ; au contraire, tout y est saint, vrai et sincère ; et c'est là aussi le propre de la charité. Dans l'amitié vous trouvez tout réuni, l'honnêteté et l'agrément, la vérité et la joie, la douceur et la volonté, l'affection et l'action. Toutes ces qualités ont leur source dans le Christ, leur développement par le Christ, et leur perfectionnement dans le Christ. L'ami qui aime son ami dans l'esprit du Christ ne fait avec lui qu'un cœur et qu'une âme ; et chantant ainsi le cantique de l'amour, il s'élève à l'amitié du Christ, et ne fait plus qu'un seul esprit avec lui dans un seul baiser, comme s'il disait : « Qu'il me donne le baiser de sa bouche. » (*Cant.*, i, 1.)

CHAPITRE VI. — *Baiser naturel et baiser spirituel.* — Il y a le baiser naturel qui se donne par la pression des lèvres et dont il ne faut pas faire usage, si ce n'est pour des causes graves et honnêtes, comme signe de réconciliation, entre amis qui avaient été désunis; comme signe de paix, entre les chrétiens qui avant de communier se donnent dans l'Eglise cette marque extérieure d'affection intérieure; comme marque d'amitié que l'on permet aux époux, et que se donnent des amis après une longue absence; comme signe d'unité catholique, lorsqu'on donne l'hospitalité à un étranger. Mais de même qu'on abuse souvent de l'eau, du feu, du fer, des aliments, de l'air, qui sont des choses bonnes, pour commettre des actes de cruauté ou de débauche; ainsi les hommes pervers et infâmes emploient en quelque sorte le baiser, comme un assaisonnement à leurs crimes, et le deshonorent d'une manière si honteuse, que pour eux le baiser ne diffère pas de l'adultère. Or, le baiser spirituel n'appartient qu'aux amis qui vivent sous la loi de l'amitié. Il ne se donne pas avec le contact de la bouche, mais avec l'affection de l'âme; ni par la jonction des lèvres, mais avec l'union des esprits, sous l'inspiration de l'Esprit saint qui purifie tout, et qui communique à tout une odeur de chasteté céleste. C'est le Saint-Esprit qui inspire cette affection toute sainte, et on dirait que c'est une seule âme dans plusieurs corps différents. Aussi le Psalmiste chantait : « Qu'il est bon, qu'il est doux d'habiter ensemble et de ne faire qu'un comme des frères. » (*Ps.* cxxxii, 1.) L'âme qui aime de la sorte soupire après le baiser spirituel, et elle s'écrie dans les élans de son désir : « Qu'il me donne le baiser de sa bouche. » (*Cant.*, i, 1.) Elle travaille à calmer en elle toutes les affections terrestres; elle en voit toutes les pensées et autres désirs mondains, ne voulant avoir

vivunt. Igitur amicitia est divitibus pro (*a*) eleemosyna, exulibus pro patria, pauperibus pro censu, ægrotis pro medicina, mortuis pro vita, sanis pro gratia, imbecillibus pro virtute, robustis pro præmio. Tantus enim amicos honor, memoria, laus, desideriumque prosequitur, ut et eorum vita laudabilis, et mors pretiosa judicetur: et quod his omnibus excelsius, quidam gradus est amicitia vicinus perfectioni, quæ in Dei dilectione et (*b*) cogitatione consistit, ut homo ex amico hominis Dei efficiatur amicus. In Evangelio : « Jam non dicam vos servos, sed amicos meos. » (*Joan.*, xv, 15.) In amicitia quippe nihil inhonestum est, nihil fictum, nihil simulatum : et quidquid est, id sanctum et voluntarium et verum est : et hoc ipsum caritatis proprium est. In amicitia conjunguntur honestas et suavitas, (*c*) veritas et jucunditas, dulcedo et voluntas, affectus et actus. Quæ omnia a Christo inchoantur, per Christum promoventur, in Christo perficiuntur. Itaque amicus in spiritu Christi adhærens amico, efficitur cum eo cor unum et anima una : et sic per (*d*) amoris cantica gradu ad Christi conscendens amicitiam, unus cum eo spiritus efficitur in osculo uno : « Osculetur me, inquit, osculo oris sui. » (*Cant.*, i, 1.)

CAPUT VI. — *Osculum corporale quando adhibendum.* — Est osculum corporale, quod impressione fit labiorum, quod non est ostendendum, nisi certis et honestis causis, ut in signum reconciliationis, quando fiunt amici qui fuerant inimici : in signum pacis, sicut communicaturi in ecclesia interiorem pacem exteriori osculo demonstrant. In signum dilectionis inter sponsum et sponsam fieri permittitur, vel sicut ab amicis post diuturnam absentiam et porrigitur et suscipitur. In signum catholicæ unitatis, sicut fit cum hospes suscipitur. Sed sicut plerique aqua, igne, ferro, cibo et aere, quæ naturaliter bona sunt, in suæ crudelitatis vel voluptatis satellitium abutuntur : ita perversi et turpes, et hoc bono sua quodam modo flagitia condire nituntur, ipsum osculum tanta turpitudine fœdantes, ut sic osculari nihil fit aliud quam adulterari. Porro osculum spiritale proprie amicorum est, qui sub una lege amicitiæ tenentur. Non enim fit oris attactu, sed mentis affectu; non conjunctione labiorum, sed commixtione spirituum, castificante omnia Dei spiritu, et ex sui participatione cœlestem immittente saporem. Nam ipse hunc sacratissimum inspirat affectum, ut videatur alteri quasi unam animam habere in diversis corporibus. Psalmista : « Ecce quam bonum et quam jucundum, habitare fratres in unum. » (*Psal.* CXXXII, 1.) Anima sic affecta ad osculum intellectuale suspirat, et cum maximo desiderio clamans : « Osculetur me osculo oris sui : » (*Cant.*, i, 1) ut jam terrenis affectibus mitigatis, et omnibus quæ de mundo sunt cogitationibus

---

(*a*) Apud Ælr., *gloria*. — (*b*) Apud Ælr., *cognitione*. — (*c*) Ex Ælr., *additæ voces*, veritas *et* affectus. — (*d*) Ælr., *amoris gradus ad*.

d'autre joie que le baiser du Christ, d'autre repos que dans ses embrassements, tressaillant d'allégresse et disant : « Sa main gauche se posera sous ma tête. » (*Cant.*, II, 6.)

CHAPITRE VII. — *Qu'est-ce que l'amitié.* — Je pense que l'amitié n'est pas autre chose que la fusion de deux volontés, fusion si intime que l'un des amis ne veuille point ce que ne voudrait point l'autre, accord si parfait entre eux dans les biens comme dans les maux, que tout ce qui appartient à l'un, argent, revenus, honneurs soit à la disposition de l'autre pour en jouir et en user à sa volonté ; que chacun aime son ami comme lui-même, qu'ils aient mutuellement l'un pour l'autre les égards voulus, évitant toute supériorité. L'amitié peut prendre naissance entre les hommes qui sont bons; elle se développe chez ceux qui sont meilleurs, et elle devient accomplie chez ceux qui sont parfaits. Quand un homme se plaît dans le mal, qu'il préfère à l'honnêteté ce qui est deshonnête, la volupté à la chasteté, la témérité à la modération, la flatterie à la vérité, comment pourrait-il aspirer à l'amitié, puisque l'amitié prend sa source dans l'estime de la vertu? C'est un amour indigne et qui ne mérite pas le nom d'amitié, quand on exige d'un ami quelque chose de honteux; et on en vient toujours là, quand on néglige de calmer et de réprimer ses vices pour se laisser aller et entraîner au mal. Vous n'avez pas d'excuse si vous faites une faute pour complaire à votre ami. Jonadab l'ami d'Ammon eût empêché son ami de commettre un inceste, s'il lui eût donné un meilleur conseil. (II *Rois*, XIII, 5.) Nous disons qu'un homme est bon quand il vit dans le monde avec sobriété, justice et piété, ne demandant à personne rien qui soit malhonnête, et ne cédant à aucune instance de ce genre. Voilà les hommes qui sont propres à lier amitié et à la conserver.

CHAPITRE VIII. — *L'amitié a ses misères. Faut-il y renoncer pour cela.* — Il y en a qui disent qu'il faut se défier de l'amitié, que c'est une chose pleine de sollicitude et de soucis, non exempte de crainte, et exposée à bien des chagrins, et que, du reste, il est bien difficile de la conserver jusqu'au dernier jour. Ils pensent, avec Tullius, qu'il faut aimer de manière à se retirer quand on voudra. Il leur plaît d'aimer aujourd'hui et de haïr demain; d'être ami sans s'engager à rien ; d'être disposé à louer, à blâmer, à flatter, à mordre; de donner aujourd'hui le baiser de l'amitié, et demain le soufflet de l'injure. Une pareille amitié disparaît à la moindre offense. Ecoutez cette parole que dit Cicéron à leur adresse (liv. *de l'Amitié*) : Supprimer l'amitié dans la vie, c'est supprimer le soleil dans le monde ; car Dieu n'a pu rien nous donner de meilleur ni de plus doux que l'amitié. Quelle est donc cette sagesse qui fuit l'amitié pour s'épargner des sollicitudes, des soucis et des craintes? Il n'y a pas de vertu qui n'ait ses difficultés; la prudence doit se mettre en garde contre l'erreur, la tempérance contre les excès, la justice contre la méchanceté, la force contre la lâcheté. Quel est l'homme, quel est surtout le jeune homme qui n'ait pas à souffrir et à craindre pour conserver la pudeur, et mettre un frein aux affections lascives? Saint Paul était sans doute un insensé, lui qui ne voulait pas vivre sans souci et sans sollicitude, et qui, par un motif de charité, qu'il regardait comme la première

---

desideriisque sopitis, in solius Christi delectetur osculo, et quiescat amplexu, exultans et dicens : « Læva ejus sub capite meo. » (*Cant.*, II, 6.)

CAPUT VII. — *Amicitia quid.* — Ego amicitiam nihil aliud (1) credo, quam inter duos tantam voluntatum societatem, ut nihil velit unus, quod alter nolit; sed tanta sit inter utrosque in bonis malisque consensio, ut non species, non census, non honor, non quidquam quod alterius sit, alteri denegetur ad fruendum pro voluntate, et ad (*a*) utendum : ut unusquisque sicut erga se ipsum, sic afficiatur erga proximum, in omni officio et obsequio quod rependant vicem, et fugiantur honores. Inter bonos oriri potest amicitia, inter meliores proficere, consummari autem inter perfectos. Quamdiu enim quemquam (*b*) in studio malum delectat, et inhonesta honestis præponit, et ei voluptas gratior est puritate, temeritas moderatione, adulatio correptione ; quomodo ad amicitiam cum fas est aspirare, cum ortus ejus ex virtutis opinione procedit? Foedus est amor, nec amicitiæ nomine dignus, quo turpe aliquid ab amico exigitur : quod necesse est eum facere, qui nec dum vitiis aut sopitis aut depressis, ad quælibet illicita vel illicitur, vel compellitur. Nulla peccati est excusatio, si amici causa peccaveris. Jonadab quoque amicus Ammon salubrius prohibuisset incestum (II *Reg.*, XIII, 5), quam (*c*) quod potiretur optato, præbuisset consilium. Nos bonum hominem dicimus, qui sobrie et juste et pie vivit in hoc sæculo, nihil a quolibet inhonestum petit, nec rogatus præstat: inter tales oriri potest et conservari amicitia.

CAPUT VIII. — *Amicitiæ sunt et nævi. An ideo abnuenda.* — Quidam dicunt cavendam esse amicitiam, rem plenam sollicitudinis atque curarum, nec timoris vacuam, et multis obnoxiam doloribus, nihilque difficilius, quam custodire usque ad extremum diem. Sic (*d*) judicant cum Tullio amare, ut possint odire cum velint : sic placet amare hodie, ut cras oderint : sic amicis esse, ut nulli sit fidus, nunc laudans, nunc vituperans, nunc blandiens, nunc mordens : hodie paratus ad oscula, cras ad opprobria. Amor talium levissima recedit offensa. De his Tullius : Solem, inquit, e mundo tollere videntur, qui amicitiam de vita tollunt; qua nihil a Deo melius habemus, nihil jucundius. (Lib. *de Amicitia*.) Qualis sapientia est, amicitiam detestari, ut sollicitudinem caveas, curis careas, exuaris timore? quando virtus nulla sine sollicitudine, aut prudentia contra errores, vel temperantia contra libidines, vel justitia contra malitiam, aut fortitudo contra ignaviam pugnat. Quis ergo hominum, maxime adolescentium, sine dolore aut timore tueri pudicitiam, vel lascivientem refrenare potest affectum? Stultus fuit Paulus, qui noluit sine (*e*) cura et sollicitudine

(1) Aliter sentit ac credit Ælr.

(*a*) Ælr., *al utendum* — (*b*) Ælr., *ex.* — (*c*) Ælr., *quo.* — (*d*) Ælr., addit. *tutius*, nec habet cum *Tullio*. — (*e*) Adde ex Ælr., *aliorum*.

des vertus, était infirme avec les infirmes, et souffrait avec ceux qui souffraient du scandale? (II *Cor.*, XI, 28.) Son cœur était triste, il était continuellement affligé au sujet de ses frères selon la chair. (*Rom.*, IX, 2.) Pour moi, je regarde moins comme des hommes que comme des bêtes, ceux qui veulent vivre sans faire ni bien ni mal à personne, insouciants du bonheur des autres, ne voulant point leur être à charge, ne voulant ni les aimer ni en être aimés.

CHAPITRE IX. — *Amitié puérile.* — Il y a une amitié puérile, création d'un sentiment vague et sensuel, où n'entre ni raison, ni poids, ni mesure, ni aucune considération d'intérêt ou de danger. Cette amitié vous saisit vivement pour un temps, enchaîne et charme par ses attraits. Mais cette affection n'a aucun fondement; c'est un mouvement de l'animal, une course précipitée vers le mal. Quoique l'affection soit le principe de l'amitié, il ne faut pas néanmoins suivre ce mouvement, si la raison ne le guide, si la tempérance ne le règle et si la justice ne le dirige. L'enfant surtout vit sous l'empire de ce genre d'affection. Mais comme elle est volage, inconstante et mélangée d'amours impurs, il faut la fuir pour s'attacher à l'amour spirituel; car elle est un poison.

CHAPITRE X. — *Amitié spirituelle.* — L'amitié spirituelle a pour base la pureté d'intention, pour guide la raison, et pour frein la tempérance; dans ces conditions, il s'y mêle un sentiment délicieux que l'on éprouvera d'autant mieux qu'il ne cessera jamais d'être réglé. On ne connaît pas encore la vraie amitié, quand on cherche en elle une autre récompense qu'elle-même. L'amitié, sans doute, est une mine riche et féconde dans l'intérêt des bons; mais nous prétendons que l'intérêt ne produit pas l'amitié, mais que c'est l'amitié qui est profitable aux intérêts. Chez les bons, l'amitié passe avant tout; les avantages ne sont qu'une conséquence. Il est certain que le bonheur de l'amitié n'est pas tant dans les avantages qu'on en retire, que dans l'affection même d'un ami. Sans doute, il ne faut rien refuser à un ami; il faut faire pour lui tous les sacrifices, jusqu'à celui de sa vie, comme nous l'enseigne l'autorité divine. (*Jean*, XV, 15.)

La source et l'origine de l'amitié, c'est l'amour. L'amour peut exister sans l'amitié; mais l'amitié ne va pas sans l'amour. L'amour est un sentiment qui vient de la nature, inspiré par le devoir; il a pour fondement ou la raison seulement ou l'affection, et quelquefois ces deux motifs réunis. Il vient de la nature, comme l'affection d'une mère pour son fils. Il est inspiré par le devoir, comme l'affection qui unit deux hommes après un bienfait donné et reçu. Il a pour fondement la raison, comme l'affection que nous avons pour nos ennemis, laquelle n'est point une inclination du cœur, mais l'accomplissement d'un précepte. (*Matth.*, v, 44.) L'amour vient de l'affection seulement, lorsque notre attachement à quelqu'un, a pour principe les avantages extérieurs qu'il présente dans sa personne, la beauté, la force, l'éloquence. Ou bien il a pour fondement la raison et l'affection tout ensemble, quand la personne que nous aimons est digne de notre estime par ses vertus, et se concilie notre affection par l'agrément de ses manières et le doux commerce d'une vie recommandable. Et c'est ainsi que la raison et l'affection se réunissent pour donner à l'amour un caractère de chasteté et de douceur.

---

vivere, sed intuitu caritatis, quam virtutem maximam credidit, infirmabatur cum infirmis, et cum scandalizatis urebatur (II *Cor.*, XI, 28, 29)? Sed et tristitia illi erat, et continuus dolor cordi ejus pro fratribus suis secundum carnem. (*Rom.*, IX, 3.) Ego eos non tam homines quam bestias dixerim, qui sic dicunt esse vivendum, ut nulli consolationi sint, nulli etiam oneri vel dolori: qui nihil delectationis ex alterius bono concipiant, nihil amaritudinis sua aliis perversitate inferant, amare nullum, amari a nullo curantes.

CAPUT IX. — *Amicitia puerilis.* — Est amicitia puerilis, quam vagus et lasciviens creat affectus, sine ratione, sine pondere, sine mensura, sine alicujus commodi vel incommodi consideratione. Hæc ad tempus vehementer afficit et stringit, blandius allicit. Sed affectus sine ratione, motus bestialis est, ad quæque illicita pronus. Et licet amicitiam (*a*) promoveat affectus, non est sequendus, nisi eum ratio ducat, et honestas temperet, et regat justitia. In pueris magis regnat talis affectus. Affectus (*b*) infidus et instabilis et impuris mixtus semper amoribus, ab iis quos spiritalis amor delectat caveatur; nam venenum est.

CAPUT X. — *Amicitia spiritalis.* — Primordia amicitiæ spiritalis primum intentionis habeant puritatem, rationis magisterium, temperantiæ freuum : et sic suavissimus accedens affectus, ita profecto sentietur dulcis, ut esse nunquam desinat ordinatus. Quid sit vera amicitia, nondum novit, qui aliam vult esse mercedem quam ipsam. Nam cum multas et magnas utilitates pariat amicitia fida bonorum, non illam tamen ab istis, sed ab illa istas procedere non ambigimus. Cum in bonis semper præcedat amicitia, sequatur utilitas ; profecto non tam (*c*) parta per amicum, quam amici amor ipse delectat. Nihil est negandum amico; omnia pro eo sustinenda sunt : et vita corporis ponenda est pro amico, ut sanxit divina auctoritas. (*Joan.*, XV, 13.)

(1) Fons et origo amicitiæ amor est : nam amor sine amicitia esse potest, amicitia sine amore nunquam. Amor vero ex natura, aut ex officio, vel ratione sola, vel solo affectu, nonnunquam ex utroque simul procedit. Ex natura, sicut mater diligit filium. Ex officio, quando ex ratione dati et accepti, quodam speciali affectu conjunguntur. Ex sola ratione, sicut inimicos, non ex spontanea mentis inclinatione, sed ex præcepti necessitate diligimus. (*Matth.*, v, 44.) Ex solo affectu, quando aliquis ob ea sola, quæ corporis sunt, verbi gratia, pulchritudinem, fortitudinem, facundiam, sibi quorumdam inclinat affectum. Ex ratione simul et affectu, quando is, quem ob virtutis meritum ratio suadet amandum, morum suavitate, et vitæ laudandæ dulcedine in alterius influit animum : et sic ratio jungitur affectui, ut amor ex ratione castus sit, dulcis ex affectu.

(1) Reliquæ decerpta sunt e Ælredi lib. III.
(*a*) Ælr., *præveniat*. — (*b*) Adde ex Ælr., *talis ut*. — (*c*) Adde hic cum Ælr., *utilitas*.

CHAPITRE XI. — *Fondement de l'amitié.* — Le fondement de l'amitié, c'est l'amour de Dieu ; à lui doit se rapporter tout amour, toute affection, toute inspiration secrète, tout conseil donné par un ami. Il faut donc veiller à ce que la construction qu'on élève, soit en rapport avec le fondement. Tout ce qui paraît s'en écarter, il ne faut pas hésiter à le faire rentrer dans le plan, et le rendre conforme à l'harmonie de l'ensemble.

CHAPITRE XII. — *Choix d'un ami.* — Cela ne veut pas dire que tous ceux que nous aimons doivent être nos amis, car tous ne sont pas propres à le devenir. En effet, un ami est le confident de votre âme ; votre esprit s'unit à son esprit ; c'est une association, une fusion de deux âmes en une seule âme, l'un se confiant à l'autre, ne lui cachant rien, ne craignant rien de sa part ; il faut donc choisir avec soin cet ami, pour qu'il ait les qualités voulues, l'éprouver ensuite, et ne l'admettre qu'avec ces précautions. L'amitié doit être stable et présenter comme une image de l'éternité ; elle doit être persévérante dans son affection et ne pas changer ni blesser, comme celle des enfants. Rien n'est plus détestable que d'offenser un ami ; et il n'y a pas pour l'âme un plus grand tourment, que de voir un ami vous abandonner et se tourner contre vous. Il faut donc choisir un ami, l'éprouver et le supporter. L'amitié arrive à sa perfection par quatre degrés : le premier, c'est le choix ; le second, l'épreuve ; le troisième, l'admission ; le quatrième, un accord parfait accompagné de charité et de bienveillance pour les choses divines et humaines. Il y a certains vices qu'un ami ne peut pas avoir sans enfreindre les lois et les droits de l'amitié. On n'est pas propre à l'amitié quand on est emporté, inconstant, soupçonneux, grand parleur. Il faut noter ces quatre défauts quand on veut choisir un ami. Il est difficile que l'homme furieux ne s'emporte pas quelquefois contre un ami. C'est pour cela qu'il est dit dans l'Ecclésiastique : « Vous trouverez quelquefois un ami qui vomit la haine, la querelle et l'injure. » (*Eccli.*, VI, 9.) « Ne vous liez pas avec l'homme emporté, et ne voyagez pas avec l'homme furieux, pour ne pas attirer le scandale sur votre vie. » (*Prov.*, XXII, 24.) Il y a des hommes qui ont dans leur nature le feu de la colère, et pourtant ils sont attentifs à comprimer et à calmer cette passion, de sorte qu'ils ne tombent jamais dans les cinq défauts dont parle l'Ecriture, et qui sont mortels à l'amitié (*Eccli.*, XXII, 17), quoiqu'il leur arrive de froisser quelquefois un ami par un mot, une action, un excès de zèle. Il faut supporter de tels amis ; et du moment que leur affection pour nous n'est pas douteuse, il faut savoir se montrer indulgent, si l'on trouve en eux quelque indiscrétion de parole et d'action ; ou du moins, si l'on juge à propos de les avertir, il faut le faire sans humeur, et plutôt sur le ton de la plaisanterie.

CHAPITRE XIII. — *Des causes qui détruisent l'amitié.* — « Celui qui outrage un ami brise l'amitié. Si l'ami tire le glaive contre son ami, ne désespérez pas. S'il a pour lui un visage triste, ne craignez pas. Il y a moyen de se réconcilier. L'injure, l'outrage, l'orgueil, la révélation d'un secret, les coups dans l'ombre, voilà ce qui tue l'amitié ; pour tout le reste, il y a remède. » L'injure blesse la réputation et éteint la charité.

CAPUT XI. — *Amicitiæ fundamentum.* — Fundamentum amicitiæ, Dei amor est, ad quem omnia, quæ vel amor suggerit vel affectus, omnia quæ vel occulte aliquis spiritus, vel palam quislibet suadet amicus, referenda sunt. Diligenter inspiciendum, ut quidquid astruitur, fundamento conveniat ; et quidquid illud excedere deprehenditur, ad ejus formam revocandum, et secundum ejus qualitatem omnimodam convertendum non dubites.

CAPUT XII. — *Delectus amici.* — Nec omnes tamen quos diligimus, in amicitiam sunt recipiendi ; quia nec omnes sunt ad hoc idonei. Nam cum amicus tui consors sit animi, cujus spiritui tuum conjungas et applices, et ita misceas, ut unum fieri velis ex duobus, et tanquam tibi alteri committas, cui nihil occultes, a quo nihil timeas : primum certe eligendus est, qui ad hæc aptus putetur, deinde probandus, et sic demum admittendus. Stabilis enim debet esse amicitia, et quamdam æternitatis speciem præferre, semper perseverans in affectu ; non puerili modo amicos mutare aut lædere. Nemo autem detestabilior, quam qui amicum læserit : nihilque magis animum torquet, quam (a) vel deseri ab amico vel impugnari : sed eligendus est, et probandus, et tolerandus. Quatuor sunt gradus, quibus ad amicitiæ perfectionem conscenditur : quorum primus est electio, secundus probatio, tertius admissio, quartus rerum divinarum et humanarum cum quadam caritate et benevolentia summa consensio. Sunt vitia quædam, quibus si quis fuerit involutus, non diu leges amicitiæ vel jura servabit. Non enim ad amicitiam sunt idonei nimis iracundi, instabiles, suspiciosi, verbosi : quæ quatuor in electione amici notanda sunt. Difficile est enim, quem sæpe iracundiæ furor exagitat, non aliquando insurgere in amicum. Unde Ecclesiasticus : « Est amicus qui odium et rixam et convitia denudabit. (*Eccli.*, VI, 9.) Noli esse amicus homini iracundo, neque ambules cum viro furioso ; ne sumas scandalum animæ tuæ. » (*Prov.*, XXII, 24.) Sunt quidam ex naturali conspersione iracundi, qui tamen hanc ita comprimere et temperare (b) solliciti sunt passionem, ut in quinque, quibus teste Scriptura amicitia dissolvitur atque corrumpitur (*Eccli.*, XXII, 17), nunquam prosiliant ; quamvis nonnunquam amicum sermone, vel actu, vel zelo nimio offendant. Tales tolerandi sunt ; et cum nobis constet de affectu certitudo, si quis fuerit vel sermonis vel actionis excessus, amico indulgendum est, vel certe sine aliquo dolore, jucunde insuper, in quo excesserit commonendus.

CAPUT XIII. — *De causis dissolvendæ amicitiæ.* — « Qui conviciatur autem amico, dissolvit amicitiam. Ad amicum (c) si produxerit gladium, non desperes ; si protulerit os triste, non timeas. (*Ibid.*, 25, etc.) Est enim reversio ad amicum. Excepto convicio, et improperio, et superbia, et mysterii revelatione, et plaga dolosa, in his omnibus effugiet amicus. » Convicium quippe lædit famam, caritatem extinguit. Tanta est enim hominum

---

(a) Alias, *vel se ab amico impugnari.* — (b) Al., *soliti.* — (c) Ælr., *etiam produxerit.*

L'homme est si méchant, que si vous dites une parole dans la colère contre votre ami, vous qui êtes le confident de ses secrets, on se fera un plaisir, tout en n'y croyant pas, de la colporter comme une vérité. Car l'homme qui se plaît à se vanter lui-même, trouve également son plaisir à rabaisser les autres. Qu'y a-t-il de plus méchant que l'outrage? L'outrage, qui jette l'affront à la face d'un innocent, et qui le couvre de confusion. L'orgueil, qu'y a-t-il de plus insupportable? Quand l'amitié est brisée, il y avait un remède qu'on pouvait mettre sur la plaie, c'était un aveu sincère et humble; l'orgueil écarte ce remède en rendant l'homme audacieux pour l'injure, arrogant pour les bons avis. La révélation des secrets, c'est ce qu'il y a de plus honteux et de plus exécrable. Ce crime éteint toute affection et toute bienveillance entre les amis, et répand partout l'amertume, l'indignation, la haine et le fiel de la douleur. « Celui qui dévoile les secrets d'un ami, dit Salomon, perd la confiance. » (*Eccli.*, XXVII, 17.) Quel malheur, quand on a perdu la confiance et qu'on languit dans le désespoir! « Car, dit encore Salomon, dévoiler les secrets d'un ami, c'est mettre le désespoir dans son âme. » (*Ibid.*, 24.) Les coups dans l'ombre, c'est la détraction secrète, morsure du serpent, piqûre mortelle de l'aspic. « Le serpent qui mord en silence, dit Salomon, n'est pas pire que l'homme qui vous ronge en secret. » (*Eccli.*, X, 11.) Quand ces vices se rencontrent dans un homme, il faut vous en défier et ne pas le choisir pour votre ami, à moins qu'il ne soit corrigé. Ayons horreur des outrages, car Dieu les punit. Séméi outrage David, il est tué par Salomon. (III *Rois*, II, 44.) Le malheureux Nabal, du Carmel, reproche à David sa défaite et sa fuite, le Seigneur le frappe et le fait mourir. (I *Rois*, XXV, 38.) Evitons aussi l'orgueil, et sachons rentrer dans les bonnes grâces d'un ami par le bienfait de l'humilité. C'est à cause de leur orgueil que le glaive de David, joint à la flamme, a dévoré le peuple et les villes des enfants d'Ammon. (II *Rois*, X, 1, etc.) La révélation des secrets de l'amitié, est un sacrilége par lequel on perd la confiance, en mettant le désespoir dans une âme captive; nous en avons un exemple dans le traître Achitophel. (II *Rois*, XVI, 23.) La détraction envers un ami, c'est le poison de l'amitié; il couvrit d'une lèpre le corps de Marie, sœur de Moïse, et la fit chasser hors du camp pendant six jours. (*Nomb.*, XII.)

CHAPITRE XIV. — *Ceux qui sont peu propres à l'amitié.* — Il faut laisser de côté les hommes inconstants et soupçonneux. L'amitié ayant surtout pour avantage la sécurité, comment pourrez-vous croire et vous confier à un ami, comment son affection pourra-t-elle vous donner toute sécurité, s'il tourne à tous les vents, s'il écoute tout ce qu'on lui dit, si son affection, semblable à une molle argile, subit et prend à chaque heure du jour, entre les mains de celui qui la pétrit, les formes et les figures les plus diverses et les plus contraires? Que faut-il à l'amitié, sinon la paix et la tranquillité, que ne possédera jamais le soupçonneux? Car il n'est jamais en repos. Il a pour compagne inséparable une curiosité inquiète, qui l'aiguillonne sans cesse, et lui fournit des matières de trouble et de tourment. S'il voit son ami s'entretenir en particulier avec quelqu'un, il suppose une trahison. S'il le voit bienveillant et gracieux pour un autre, c'est que son ami ne l'aime plus. S'il le re-

malitia, ut quidquid ira instigante ab amico jaculatum fuerit in amicum, quasi a secretorum suorum (*a*) conscio, si non credatur, verum tamen esse clametur : multi enim sicut propriis laudibus, ita in aliorum vituperationibus delectantur. Quid scelestius improperio? quod etiam falsa objectione innocentis faciem miserando rubore perfundit. At superbia quid minus ferendum? quæ solum id (*b*) quod fractæ amicitiæ subvenientum fuerat, humilitatis et confessionis excludit remedium, reddens hominem audacem ad injuriam, tumidum ad correctionem. Secretorum revelatio, nihil est turpius, nihil execrabilius, nihil amoris vel gratiæ relinquens inter amicos, sed omnia replens amaritudine, et indignationis, et odii, atque doloris felle cuncta aspergens. Salomon : « Qui denudat arcana amici, perdit fidem. » (*Eccli.*, XXVII, 17.) (*c*) Quid enim infelicius illo qui perdit fidem, et desperatione languescit? Unde « denudare amici arcana, desperatio est animæ infelicis. » (*Ibid.*, 24.) Plaga dolosa est occulta detractio; plaga serpentis est et aspidis mortifera. Salomon : « Si mordeat serpens in silentio, nihilo minus habet qui occulte detrahit. » (*Eccli.*, X, 11.) Quemcumque in his vitiis assiduum inveneris, cavendus tibi est ille, nec donec sanetur eligendus est. Abjuremus convicia, quorum ultor est Deus. Semei David conviciis impetens, a Salomone occisus est. (III *Reg.*, II, 44.) Infelix Nabal carmelus David servitutem et fugam improperans, a Domino percuti meruit et occidit. (I *Reg.*, XXV, 38.) Vitemus et superbiam, et amici gratiam humilitatis beneficio (*d*) præveniamus. Ob hanc causam populum, et urbes filiorum Ammon, gladius David et ignis consumpsit. (II *Reg.*, X, 1, etc.) Amicorum revelare secreta, sacrilegium est, quo fides amittitur, et animæ captivæ desperatio importatur : ut patet in Achitophel proditore. (II *Reg.*, XVI, 23.) Detrahere amico, venenum amicitiæ putemus, quod Mariæ sororis Moysi corpus lepra fœdavit, et ejecta est extra castra sex diebus. (*Num.*, XII.)

CAPUT XIV. — *Qui minus idonei ad amicitiam.* — Cavendi sunt etiam instabiles et suspiciosi; quia cum fructus amicitiæ sit securitas, (*e*) quomodo te credis et committis amico, quomodo in ejus amore aliqua poterit esse securitas, qui omni circumfertur vento, omni acquiescit consilio, cujus affectus molli luto comparatus, diversas et contrarias tota die pro arbitrio imprimentis suscipit et format imagines? Quid magis compellit amicitiæ, quam pax et tranquillitas cordis, cujus semper expers est suspiciosus? Nunquam enim requiescit. Semper eum curiositas comitatur, quæ continuos stimulos acuens, inquietudinis et perturbationis materias subministrat. Si viderit amicum secretius loquentem cum aliquo, proditionem putabit. Si se benevolum alteri præbuerit vel jucundum, ille se minus diligi proclamabit. Si eum corripuerit, odium interpretabitur. Sed nec verbosum

(*a*) Supple ex Ælr., *prolatum.* — (*b*) Ælr., *quo tactæ.* — (*c*) Addend. hic et mutanda quædam ex Ælr. — (*d*) Al., *repetamus.* — (*e*) Al., *qua.*

prend, c'est qu'il le déteste. Ne prenez pas non plus un grand parleur, car l'homme qui parle beaucoup ne sera pas sans reproche. « Vous voyez, dit Salomon, un homme toujours prêt à parler ; il mérite moins de confiance qu'un insensé. » (*Prov.*, xxix, 20.)

CHAPITRE XV. — *Qui sont ceux qui sont propres à l'amitié.* — Vous devrez donc choisir pour ami un homme qui ne soit point emporté, ni inconstant, ni soupçonneux, ni léger par l'intempérance de son langage. Il est important surtout qu'il vous soit sympathique par ses mœurs et son caractère. Car, lorsque les goûts sont différents, l'amitié ne peut être solide, et il doit y avoir bienveillance de part et d'autre. (S. AMBR., liv. III, '*des Off.*, chap. xxi.) Plusieurs, sans doute, ne sont pas exempts de ces passions, mais ils savent les dominer ; ainsi, ils triomphent de la colère par la patience, de la légèreté par la gravité, et des soupçons injustes par la charité. Je dis donc qu'il faut prendre pour amis des hommes choisis', qui ont su vaincre le vice par la vertu, et sur lesquels on puisse compter d'autant plus sûrement, qu'ils ont su résister plus courageusement aux épreuves du vice. Quand il s'agit de faire son choix ou de donner son affection, il est important de ne pas trop se hâter, pour ne pas admettre ceux qui n'en sont pas dignes. Or, pour être digne d'amitié, il faut avoir des vertus personnelles.

Mais ceux qu'on croit solides et dignes d'amitié étonnent souvent, par le débordement de leurs vices, leurs amis et les étrangers ; leur conduite étant un déshonneur qui retombe sur les amis, il faut que ceux-ci fassent les derniers efforts pour les corriger.

Si la chose est impossible, il ne faut pas rompre brusquement, mais se détacher peu à peu, comme le dit un sage : Il faut dénouer le nœud de l'amitié, sans le rompre tout à coup. (CIC., *de l'Amitié.*) L'amitié est éternelle, selon cette parole : « On aime toujours, quand on est un ami. » (*Prov.*, xvii, 17.) Si votre ami vous offense, aimez-le néanmoins. S'il mérite que vous lui retiriez votre amitié, ne lui retirez jamais votre affection. Veillez, autant que vous le pouvez, à son salut, veillez à son honneur ; ne trahissez jamais ses secrets, quand même il trahirait les vôtres.

CHAPITRE XVI. — *Défauts incompatibles avec l'amitié.* — Il y a, comme nous l'avons dit, cinq défauts qui sont incompatibles avec l'amitié : l'outrage, l'injure, l'orgueil, la révélation des secrets ; la détraction sournoise ; nous en ajoutons un sixième, c'est le tort qu'on fait à ses amis par le scandale et l'infamie du mauvais exemple ; car l'amitié ne doit pas l'emporter sur la religion, sur la foi, sur l'intérêt général, sur le salut. Sachez que des hommes sérieux, qui se sont choisis après mûre réflexion, et qui se sont éprouvés avec prudence, pour se lier d'une amitié vraie et spirituelle, n'auront jamais entre eux une cause de mésintelligence. L'amitié ne fait qu'un de deux, et ce qui est un ne pouvant être divisé, il s'ensuit que l'amitié est inséparable. Mais la vertu va plus loin ; elle aime qui ne l'aime pas ; elle honore qui la méprise ; elle bénit qui la maudit ; elle fait du bien à qui lui fait du mal.

CHAPITRE XVII. — *Conditions requises pour l'amitié.* — Il y a quatre choses qui me semblent former l'apanage de l'amitié : la dilection, l'affection, la sé-

---

arbitror eligendum; quia vir linguosus non justificabitur. Salomon : *« Vides hominem promptum ad loquendum, magis illo spem habet stultus. » (Prov.*, xxix, 20.)

CAPUT XV. — *Qui idonei.* — Hic ergo tibi eligendus est in amicum, quem non iracundiæ furor inquietet, non instabilitas dividat, non conterat suspicio, non verbositas a debita gravitate dissolvat. Præcipue utile est, ut eum eligas, qui tuis conveniat moribus, tuæ congruat qualitati. Nam (1) inter dispares mores firma non potest esse amicitia : et ideo sibi convenire debet utriusque gratia. Multi sunt qui his passionibus moventur, sed superiores inveniuntur : quia iracundiam patientia comprimunt, levitatem servata gravitate cohibent, suspiciones dilectionis contemplatione compellunt. Quos in amicitiam quasi (*a*) extractos assumendos dixerim, qui vitia virtute vincentes, tanto securius possidentur, quanto fortius etiam tentantibus vitiis resistere consuerunt. Cavendum est in ipsa electione vel dilectione, ne nimis cito diligamus, maxime indignos. Digni sunt amicitia, quibus inest causa cur diligantur.

Sed in his qui probati digniquæ putantur, erumpunt sæpe vitia, tam in ipsos amicos, quam in alienos ; quorum cum ad amicos redundat infamia, talibus est adhibenda diligentia, ut sanentur. Et si impossibile est, non statim rumpenda amicitia, sed dissuenda : ut ait

quidam : Dissuendæ sunt amicitiæ, non rumpendæ omnino. (CIC. *de Amicit.*) Amicitia æterna est : unde : « Omni tempore diligit, qui amicus est. » (*Prov.*, xvii, 17.) Si te læserit ille quem diligis, tu tamen dilige. Si talis fuerit, ut amicitia retrahatur, nunquam tamen subtrahatur dilectio. Consule quantum potes saluti, (*b*) prospice famæ : nec unquam amicitiæ ejus prodas secreta, quamvis ipse tua prodiderit.

(*c*) CAPUT XVI. — Quinque illa quæ ante scripsimus, convicium, improperium, superbiam, revelationem secretorum, et occultos morsus detractionum : his sextum addimus, si eos qui diligendi sunt læserit, et scandali materiam præbuerit, ubi vitiorum ipsorum te tangit infamia. Non enim amor præponderare debet religioni, non fidei, non caritati multorum, nec saluti. Hoc scitote inter perfectos sapienter electos et caute probatos, quos vera et spiritalis amicitia copulavit, non posse venire dissidium. Cum enim amicitia de duobus fecerit unum, sicut id quod unum est, non potest dividi, sic et amicitia a se non potest separari. Sed virtus in hoc probatur, quod diligit a quo non diligitur ; honorat a quo spernitur ; benedicit a quo maledicitur ; benefacit ei qui sibi malum machinatur.

CAPUT XVII. — *Ad amicitia quatuor requiruntur.* — Ad amicitiam quatuor pertinere specialiter videntur :

---

(1) Ambr., lib. III, *Off.*, xxi.

(*a*) Ap. Ælr., *exercitatiores.* — (*b*) Adde, *ejus.* — (*c*) Apud Ælr. interlocutor : *Quæ sunt, rogo, illa vitia, pro quibus amicitiam paulatim dicis esse solvendam?* Cui Ælr. *Quinque illa quæ ante descripsimus, maxime autem revelatio secretorum, et occulti morsus,* etc.

curité et l'agrément. La dilection, c'est le bonheur qu'on éprouve à rendre service; l'affection, c'est le plaisir que l'on goûte intérieurement; la sécurité, c'est la confiance de pouvoir dire sans crainte et sans soupçon toutes ses pensées; l'agrément, c'est que tout ce qui arrive, joie, ou tristesse; tout ce que l'on pense bien ou mal; tout ce que l'on peut raconter ou entendre, tout cela est mis en commun dans un épanchement doux et affectueux. On perd tout cela, quand on perd l'amitié.

CHAPITRE XVIII. — *Qualités requises dans un ami.* — Il y a quatre choses qu'il faut éprouver dans un ami, la fidélité, l'intention, la discrétion, la patience. La fidélité, pour que vous ayez toute sécurité; l'intention, pour ne pas chercher dans l'amitié autre chose que Dieu, et les avantages qu'elle procure naturellement; la discrétion, qui devine le service à rendre ou à demander, comment il faut compatir, féliciter ou reprendre, le mode, le temps, le lieu; enfin la patience, pour ne pas blesser en reprenant, pour ne pas exciter le mépris ou la haine de votre ami, pour ne pas craindre de tout supporter dans son intérêt.

CHAPITRE XIX. — *Fidélité.* — Rien n'est plus important que la fidélité dans l'amitié; elle en est la nourrice et la gardienne. Elle se montre toujours la même dans l'adversité, comme dans la prospérité, dans la joie comme dans la tristesse, dans les ris comme dans les larmes. Elle voit du même œil le petit et le grand, le riche et le pauvre, le fort et le faible. L'ami vraiment fidèle ne voit rien autre chose que le cœur de son ami; il met la vertu à sa place véritable, et regarde les autres biens comme secondaires, sans y attacher d'importance, si l'ami les possède, et sans les regretter, s'il ne les possède pas. La fidélité n'a pas l'occasion de se montrer dans la prospérité; il faut l'adversité pour la mettre en scène. Un ami fait voir ce qu'il est dans la nécessité. « Les amis du riche sont nombreux; » (*Prov.*, XIV, 20) mais sont-ils de vrais amis? on le verra dans l'adversité. « Un ami, dit Salomon, aime toujours et en tout temps, et c'est surtout dans l'adversité qu'il se montre un frère. » (*Prov.*, XVII, 17.) Voyez comme il stigmatise l'infidélité : « L'ami infidèle, dit-il, c'est une dent gâtée, c'est un pied qui chancelle. » (*Prov.*, XXV, 19.)

CHAPITRE XX. — *Intention.* — Nous avons dit qu'il fallait aussi éprouver l'intention. La plupart des hommes ne connaissent dans les choses que ce qui est profitable aux intérêts. Ils aiment leurs amis, comme ils aiment leurs bœufs, à cause des services qu'ils en attendent. Ils n'ont pas le sentiment de cette amitié vraie et spirituelle, qu'il faut rechercher pour Dieu et pour elle-même. Ils ne voient pas en eux ce type de la nature où sont gravées, en caractères lisibles, les raisons et les qualités de l'amitié, selon cette formule que la parole de Dieu a autorisée : « Vous aimerez votre prochain comme vous-même. » (*Matth.*, XXII, 39.) Un ami sera un autre vous-même, si vous versez en lui toute votre affection. Car, dit saint Ambroise, l'amitié n'est pas un impôt, mais un honneur et une faveur. (*Offic.*, liv. III, ch. 21.) C'est une vertu et non une marchandise; elle n'est pas le prix de l'argent, mais de la bienveillance. On ne la donne pas au plus offrant, mais au plus méritant. L'amitié n'est pas une chose mercenaire, mais elle se

---

scilicet dilectio et affectio, securitas et jucunditas. Ad dilectionem spectat, cum benevolentia beneficiorum exhibitio. Ad affectionem, interior quædam procedens delectatio. Ad securitatem, sine timore et suspicione omnium consiliorum et secretorum revelatio. Ad jucunditatem, de omnibus quæ contingunt, sive læta sint, sive tristia; de omnibus quæ cogitantur, sive nociva sint, sive utilia; de omnibus quæ docentur vel discuntur, quædam dulcis et amica collatio. Ista perdit, qui solvit amicitiam.

CAPUT XVIII. — *In amico probanda quatuor.* — Quatuor probanda sunt in amico : fides, intentio, discretio, patientia. Fides, ut ei se secure committas. Intentio, ut nihil ex amicitia nisi Deum et naturale ejus bonum expectes. Discretio, ut quid præstandum amico, quid ab eo petendum, in quibus contristandum pro eo, in quibus amico congratulandum, pro quibus eum corripiendum, modum, tempus et locum non ignores. Patientia vero, ne correptus doleat, ne corripientem contemnat vel odiat, ut eum pro amico quælibet adversa sustinere non pigeat.

CAPUT XIX. — *Fides amicitiæ.* — Nihil in amicitia fide præstantius, quæ ipsius nutrix videtur et custos. Ipsa se in omnibus adversis et prosperis, lætis et tristibus, jucundis et amaris præbet æqualem : eodem intuens oculo humilem et sublimem, pauperem et divitem, fortem et debilem. Fidelis proprie amicus nihil in amico, quod extra ejus animum, intuetur : virtutem in propria sede complectens, cætera omnia quasi extra eum posita, nec multum probans si adsint, nec cum absint requirens. Ipsa tamen fides in prosperis latet, sed eminet in adversis. In necessitate probatur amicus. « Amici divitis multi : » (*Prov.*, XIV, 20) sed utrum veri amici sint, intervenions adversitas probat. Salomon : « Omni tempore diligit qui amicus est, et frater in angustiis comprobatur. » (*Prov.*, XVII, 17.) Et arguens infidelem, dicit : « Dens putridus, et pes lapsus, qui sperat super infideli in die angustiæ. » (*Prov.*, XXV, 19.)

CAPUT XX. — *Intentio.* — Diximus etiam intentionem esse probandam. Sunt plerique, qui in rebus humanis nihil norunt bonum, nisi quod temporaliter fructuosum sit. Hi amicos sicut boves suos diligunt, ex quibus aliquid boni se sperant capturos : qui profecto germana et spiritali carent amicitia, propter Deum et se expetenda; nec in se ipsis naturale contuentur exemplar, ubi facile deprehenditur vis ejus qualis sit et quanta, secundum formam, quam sermo divinus præscripsit : « Diliges, inquit, proximum tuum sicut te ipsum. » (*Matth.*, XXII, 39.) Tunc erit ipse quem diligis alter tu, si tuam in ipsum transfuderis caritatem. Non enim, ut ait Ambrosius (*l.* III, *Off. c.* XXI), vectigalis est amicitia, sed plena decoris, plena gratiæ. Virtus est, non quæstus; quia pecunia non parturitur, sed gratia : nec licitatione pretiorum, sed concertatione benevolentiæ. Non debet esse mercenaria, sed gratuita. Certiores sunt amicitiæ ino-

donne. L'amitié du pauvre est plus sûre que celle du riche, la pauvreté ôtant tout prétexte à l'intérêt pour tout laisser à la charité. Souvent on flatte les riches; mais personne ne flatte le pauvre; tout ce qu'on fait pour lui est sincère, son amitié n'excitant point la jalousie.

CHAPITRE XXI. — *Discrétion.* — Il y a des hommes exigeants et indiscrets, qui veulent qu'un ami soit ce qu'ils ne pourraient être eux-mêmes. Ils ne peuvent supporter en lui la moindre faute ; ils le reprennent durement ; et, agissant à tort et à travers, pour eux, l'essentiel n'est rien, les bagatelles sont tout ; ils confondent toutes choses, n'ayant égard ni au lieu, ni au temps, ni aux personnes pour savoir où, quand, à qui et comment il convient de parler ou de ne pas parler. Quand vous choisissez un ami, éprouvez sa discrétion ; autrement vous tomberez dans un homme imprévoyant et imprudent, et chaque jour vous aurez des querelles et des disputes. L'homme indiscret, c'est un navire sans gouvernail, emporté çà et là par le mouvement de sa propre inconstance.

CHAPITRE XXII. — *Patience.* — Il faut aussi éprouver la patience d'un ami, puisque vous aurez besoin de le reprendre, et il est bon d'y mettre parfois quelque sévérité, pour connaître et exercer sa force de caractère.

Ne craignez pas votre peine quand il s'agit du choix d'un ami, puisque cette peine aura pour récompense les consolations de cette vie et les joies de l'immortalité. Évitez le premier mouvement de votre affection, qui précède la réflexion et ne laisse plus la liberté de l'épreuve. Un homme prudent sait arrêter ce premier mouvement, mettre un frein à la bienveillance, procéder avec mesure dans l'affection, et ne se donner tout entier qu'après une épreuve suffisante. Le grand bonheur que nous attendons de Dieu, comme résultat de sa grâce et de son opération, c'est qu'entre lui et sa créature, entre les élus de tout ordre et de toute classe, il y aura une si grande union, une si grande charité, que chacun aimera son frère comme lui-même ; et comme chacun se réjouira du bonheur des autres, autant que de son propre bonheur ; ainsi le bonheur de chacun sera le bonheur de tous, et le bonheur de tous, le bonheur de chacun. Là, aucune pensée cachée, aucune affection dissimulée. Là est la véritable amitié, qui se commence ici-bas, et qui se termine au ciel ; qui est ici le privilège d'un petit nombre, et au ciel le partage de tous, où tous sont bons. Ici l'épreuve est nécessaire, à cause du mélange des sages et des insensés.

CHAPITRE XXIII. — *Ne pas admettre chacun dans son amitié.* — Il y a beaucoup d'hommes que nous aimons sincèrement, sans les admettre dans notre intimité ni leur découvrir nos secrets. Dans l'Évangile, nous voyons le Christ parlant de ses disciples qu'il ne voulait plus regarder comme des serviteurs, mais comme des amis, leur dire : « Je ne vous appellerai plus mes serviteurs, mais mes amis. » (*Jean*, xv, 15.) Saint Ambroise dit à ce sujet : Il donne une règle d'amitié qu'il faut suivre, c'est que vous devez faire la volonté de votre ami, lui ouvrir tous les secrets de votre cœur, comme il doit vous dévoiler les siens. Un ami ne doit rien cacher; s'il est sincère, il ouvre son cœur comme le Seigneur Jésus révélant tous les mystères de son Père.

---

pum, quam divitum, cum spem lucri sic tollit paupertas, ut augeat caritatem. Divitibus plerique assentatorie gratificantur, erga pauperem nemo simulator est : verum est quidquid defertur pauperi, ejus amicitia invidia caret.

CAPUT XXI. — *Discretio.* — Quidam perverse et indiscrete talem amicum habere volunt, quales ipsi esse non possunt. Hi sunt qui leves amicorum transgressiones impatienter ferunt, austere corripiunt, et carentes discretione magna negligunt, contra quæque minima se erigunt, confundunt omnia, non locum servantes, ubi; non tempus, quando; non personas, quibus quælibet vel publicare conveniat, vel celare. Circa illum, quem eligis, probanda est discretio, ne improvidum vel imprudentem tibi sumas, et lites quotidianas et jurgia tibi ipse perquiras. Si quis sine discretione fuerit, sicut navis absque gubernaculo pro impetu suo instabili motu semper feretur.

CAPUT XXII. — *Patientia.* — Patientia probanda est, cum necesse erit arguere quem diligis : quod aliquando quasi ex industria durius fieri oportet, ut sic ejus probetur vel exerceatur tolerantia.

Non quandoque in amicis eligendis tædeat esse sollicitum, cum hujus laboris fructus sit vitæ medicamen, et immortalitatis fundamentum. Cavendus est quidam impetus amoris, qui præcurrit judicium, et probandi adimit potestatem. Est proinde viri prudentis, suscitatum hunc refrenare impetum, ponere modum benevolentiæ, paulatim procedere in affectum, donec jam probato se totum det et committat amico. Hæc est magna felicitas, quam expectamus Deo operante et infundente, inter se et creaturam suam, inter ipsos gradus et ordines quos elegit, esse tantam amicitiam et caritatem, ut sic quisque diligat alium sicut se ipsum; et sicut unusquisque de propria, sic de alterius felicitate lætetur, et ita singulorum beatitudo, sit omnium, et omnium beatitudinum universitas singulorum. Ibi nulla cogitationum occultatio, nulla affectionum dissimulatio. Hæc est vera amicitia, quæ hic inchoatur, ibi perficitur; quæ hic est paucorum, ibi omnium, ubi omnes boni. Hic est necessaria probatio, ubi est sapientium et stultorum comixtio.

CAPUT XXIII. — *Non pariter admittendi omnes.* — Plerosque omni affectu amplectimur, quos tamen ad amicitiæ secreta non admittimus, nec ad consiliorum revelationem. In Evangelio Christus de discipulis suis, quos de servis amicos fecit, ait : « Jam non dicam vos servos, sed amicos : » (*Joan.*, xv, 15.) (*a*) Ambrosius : Dedit formam amicitiæ quam sequamur, ut amici faciamus voluntatem, et aperiamus secreta nostra illi quæcumque in pectore habemus, et illius arcana non ignoremus. Nihil enim occultat amicus : si verus est, effundit animum suum, sicut effundebat mysteria Patris sui Dominus noster Jesus Christus.

(*a*) Ap. Ælr. *De his verbis, ut S. ait Ambrosius, dedit,* etc.

CHAPITRE XXIV. — *Comment entretenir l'amitié.* — Voyons comment il faut cultiver l'amitié. La fidélité est le fondement qui donne à l'amitié sa stabilité et sa durée. Point de stabilité sans la fidélité. On ne peut pas être fidèle avec un esprit variable et tortueux; ceux qui n'ont pas les mêmes goûts ni les mêmes sentiments, ne peuvent pas se maintenir longtemps dans l'amitié et la fidélité. Il faut surtout se défier du soupçon qui est le poison de l'amitié. Ne pensons jamais mal d'un ami, et ne croyons jamais à qui nous en dit du mal. Que nos paroles soient toujours agréables, notre visage gai, nos manières douces, et nos regards pleins de sérénité. Un visage sérieux et sévère indique une réserve grave et honnête; mais l'amitié a plus d'abandon, plus de liberté; elle est plus coulante et se laisse aller aux manières douces et faciles, sans être pour cela légère et dissolue. C'est du reste un droit de l'amitié que le supérieur soit l'égal de l'inférieur. Vous voyez souvent un inférieur devenir l'ami d'un homme qui lui est supérieur par la condition, le rang, la dignité et la science; et ainsi celui qui est plus élevé s'abaisse, celui qui est plus bas s'élève ; le riche s'appauvrit, le pauvre s'enrichit, l'un partage avec l'autre sa condition, et il y a égalité. Il arrive donc que « celui qui a beaucoup n'a pas davantage, et que celui qui a peu n'a pas moins. » (II *Cor.*, VIII, 15.) Ne prenez jamais le pas sur votre ami ; si vous lui êtes supérieur par les avantages que nous avons signalés, c'est une raison de vous rapetisser devant lui. Soyez empressé à lui montrer de la confiance, à rassurer sa timidité et à lui accorder d'autant plus de déférence que sa condition, ou sa pauvreté lui en donne moins le droit. Jonathas fait amitié avec David ; il veut que le serviteur soit égal au maître par le droit de l'amitié, et voyant que son père ne force à fuir, qu'il le condamne à la mort et qu'il cherche à le tuer, il lui cède la première place, et s'humiliant devant lui pour l'élever : « Vous serez roi, dit-il, et moi je vous obéirai. » (I *Rois*, XXII, 17.) Admettons que votre ami ne soit pas pour vous un supérieur, qu'il soit du moins votre égal. Il n'y a plus de culte pour l'amitié, quand on n'observe pas l'égalité. Traitez votre ami comme votre égal, et ne craignez pas d'avoir pour lui des prévenances. L'amitié ne connaît pas l'orgueil. Car un ami fidèle est comme un parfum qui embaume la vie.

CHAPITRE XXV. — *Règle à suivre dans l'amitié pour demander et donner.* — Voici donc une règle qu'il faut suivre dans l'amitié : nous ne devons jamais demander à nos amis que des choses honnêtes, et ne jamais faire pour eux que des choses honnêtes, sans attendre qu'on nous prie; point de délai, beaucoup d'empressement. « Perds, dit Salomon, perds ton argent pour ton ami. » (*Eccli.*, XXIX, 13.) S'il faut le perdre pour son ami, à plus forte raison faut-il l'employer pour ses intérêts et ses besoins. Donnez donc à votre ami, sans reproche, sans rien demander en retour, sans froncer le sourcil, sans détourner le visage, sans baisser les yeux ; que votre figure soit sereine, votre visage joyeux et votre parole empressée pour couper court à la demande. Allez au-devant avec bienveillance, et donnez comme si personne ne vous avait prié. Rien n'humilie une âme déli-

---

CAPUT XXIV. — *De cultu amicitiæ.* — Quemadmodum amicitia sit colenda, videamus. Firmamentum ergo stabilitatis et constantiæ in amicitia est fides : nihil enim est stabile quod infidum est. Non fidum potest esse multiplex ingenium et tortuosum : neque qui non eisdem rebus moventur, nec eisdem consentiunt, stabilis esse possunt amicitiæ aut fidei. Præ omnibus cavenda est suspicio, quæ est amicitiæ venenum. Non unquam de amico mala sentiamus, nec mala dicenti credamus. Accedat hinc in sermone jucunditas, hilaritas in vultu, suavitas in moribus, in oculorum etiam nutu serenitas. Tristitia namque et severior facies habet quamdam honestam gravitatem : sed amicitia quasi remissior aliquando debet esse, et liberior, et dulcior, ad comitatem facilitatemque sine levitate et dissolutione proclivior. Est præterea jus amicitiæ, parem esse inferiori superiorem. Sæpe quidam inferioris gradus et ordinis, dignitatis et scientiæ, ab excellentioribus assumuntur in amicitiam; ita ut sublimis descendat, humilis ascendat, dives egeat, pauper ditescat, et ita unusquisque alteri suam conditionem communicet, ut fiat æqualitas. Unde « qui multum habuit, non abundavit; et qui modicum, non minoravit. » (II *Cor.*, VIII, 15.) Nunquam tuo te præferas amico : sed si forte in iis quæ diximus superior inveniris, tunc te magis amico submitte. Non cuncteris præstare confidentiam, extollere verecundiam, et tanto plus ei conferre honoris, quanto minus conferendum conditio vel paupertas præscribit. Jonathas enim fœdus iniit cum David, et servulum in amicitiam adæquans domino, fugatum a patre, sic adjudicatum morti, neci destinatum, sibi prætulit, se humilians, et illum exaltans : « Tu, inquit, eris rex, et ego ero secundus post te. » (I *Reg.*, XXII, 17.) (*a*) Si non ut dominum tibi videtur præferre eum quem diligis, vel parem facere eum tibi non negligas. Non enim amicitia recte colitur, a quibus æqualitas non servatur. (1) Defer amico ut æquali, nec te pudeat ut prævenias eum officio. Amicitia enim nescit superbiam. Fidelis quippe amicus medicamentum est vitæ.

CAPUT XXV. — *Amicitiæ lex in petendis et dandis.* — Hæc est igitur lex in amicitia, ut ab amicis honesta petamus, et pro eis honesta faciamus, nec expectamus ut rogemur : cunctatio semper absit, studium semper adsit. « Perde, inquit Salomon, pecuniam propter amicum. » (*Eccli.*, XXIX, 13.) Si enim pecunia perdenda est propter amicum, multo magis amici utilitatibus vel necessitatibus conferenda. Sic igitur des amico, ut non improperes, non mercedem expectes, non frontem obducas, non vultum avertas, non deponas oculos; sed serena facie, hilari vultu, sermone jucundo intercide verba petentis : occurre benevolentia, ut non rogatus videaris præstare quod petitur. Ingenuus animus nihil magis erubescendum æstimat, quam rogare. Cum igitur tibi cum

---

(1) Ambros., lib. III, *Off.*, c. XXI.
(*a*) Leg. *Si durum tibi videtur, ut dominum præferr*, etc.

cate comme la nécessité de demander. Un ami devant ne faire avec vous qu'un cœur et qu'une âme, ou ne comprendrait pas que votre argent ne fût pas à lui. Deux amis doivent tellement s'appartenir et s'aider mutuellement, que celui qui donne le fasse avec bonheur, et que celui qui reçoit ne perde rien de sa confiance.

CHAPITRE XXVI. — *Secours que doivent se donner les amis.* — Il y a des circonstances où les amis peuvent s'entr'aider. Un ami doit avoir de la sollicitude pour son ami, prier pour lui, partager sa peine, sa joie et ses infortunes. L'ami est pour son ami un autre lui-même. Au milieu des changements si variés de la fortune et des événements, les sages sont persuadés qu'on ne peut rien trouver de meilleur, de plus doux, de plus consolant, de plus honnête qu'une sincère amitié. Quand on aime avec tendresse, il faut qu'on voie l'objet de ses affections. Car l'amour est si grand que l'œil de l'âme se représente l'objet qu'il désire avec ardeur. Je vois vos traits, j'entends vos paroles aussi douces que le miel. Mes nuits sont pleines de ces souvenirs délicieux qui me dérobent à moi-même, à mes études, à mes travaux. Car au milieu de mes lectures, je rêve de vous; dans mes rêves je vous embrasse, mais vous échappez à mes embrassements, et vous disparaissez avec l'illusion de mon rêve. Ayez pitié de mon désir; consolez-moi de votre absence; aimez celui qui vous aime, et donnez-moi la satisfaction de faire connaître à vos amis que je vous aime. L'amour a moins d'amour quand celui qui aime peut croire qu'il n'est pas aimé. Les amis doivent se donner mutuellement connaissance de leurs affaires, et se rendre au besoin des services réciproques. On n'est pas un ami quand on n'aide pas son ami; ni un bon compagnon quand on est presque indifférent pour les malheurs, ou pour les succès de son compagnon. Il faut, autant qu'on le peut, relever son ami dans son abattement, l'accueillir dans son infirmité, le consoler dans sa tristesse, le supporter dans sa colère. Respectez assez votre ami pour ne rien faire en sa présence et ne rien dire qui ne soit convenable. Tout ce que vous feriez de répréhensible retomberait sur votre ami.

CHAPITRE XXVII. — *Reprendre son ami.* — Tout conseil est bien reçu quand il est donné par un ami, et on sait le mettre à profit. Un ami a donc pour cela la plus grande autorité, puisque sa fidélité n'est pas douteuse, ni sa sincérité suspecte. Non-seulement il faut avertir les amis; il faut les réprimander, s'il est nécessaire. Il faut réprimander un ami quand il ne fait aucun cas de la vérité, et qu'il se laisse séduire par les flatteries et les caresses. Mais il faut se garder de mêler aux avis aucune parole acerbe, et aux réprimandes aucune injure. Saint Ambroise dit sur ce point (*Offic.*, liv. III, ch. XXI) : Si vous remarquez quelque défaut en votre ami, reprenez-le en particulier; s'il ne vous écoute pas, reprenez-le publiquement. Les réprimandes sont bonnes, et souvent elles valent mieux que le silence. Si votre ami s'imagine que vous l'offensez, ne l'en réprimandez pas moins. Les blessures d'un ami valent mieux que les baisers d'un flatteur. (*Prov.*, XXVII, 6.) Un ami doit compatir à son ami, avoir pour lui de la condescendance, se faire coupable avec lui, le reprendre avec humilité et ressentir sa peine. Quand il faut reprendre, ayez un air plus triste et un langage plus

---

amico tuo esse debeat cor unum et anima una, injuriosum est, si non sit et pecunia una. Sic se sibi suæque impendant, ut qui dat, servet hilaritatem; qui accipit, non perdat securitatem.

CAPUT XXVI. — *Quid sibi impendere debeant amici.* — Sunt in amicitia aliqua in quibus sibi adesse possunt amici. Primum ut solliciti sint pro invicem, orent pro invicem, erubescant alter pro altero, alter gaudeat pro altero, alterius lapsum ut suum doleat. [(1) Suo dilecto suus ille qui diligitur. Inter variabiles fortunæ casus et in varietate mutabilium, nihil utique a sapientibus, potius, benignius, suavius ac honestius æstimatur, quam veram amicitiam invenire. Quod tenere diligimus, id videndi desiderio æstuamus. Ea namque est vis amoris, ut oculus mentis offerat, quod ardentius mens desiderat. Occurrunt enim notæ tuæ, verba tua melle condita. Occurrit felicium noctium jucunditas, quæ me mihi furantur, et studio, et labori. In media namque lectione to somnio, in somnis amplector te, in amplexibus te amitto, et te et somnio cum sua fallacia discedente. Medere ergo desideriis, medere absentiæ, diligentem te dilige, sitque remedium id nostri furoris, ut sciant qui te diligunt me amare. Minus enim amor habet amoris, ubi se sentit qui diligit non amari. Amicorum enim est, invicem sua negotia agnoscere, et suis opportunitatibus mutuam vicissitudinem impendere. Non est amicus, qui amico non subvenit; nec etiam bonus socius, qui socii adversum parum lugeat, alterius profectum non suum æstimet.] Quibus modis (*a*) impendi potest, erigat pusillanimem, suscipiat infirmum, consoletur tristem, iratum sustineat. Sic oculos vereatur amici, ut nihil quod inhonestum sit agere, nihil quod dedeceat loqui præsumat. Nam quidquid ipse deliquerit, in amicum redundat.

CAPUT XXVII. — *Correptio amici.* — Quidquid suadendum est, ab amico facilius recipitur, et facilius retinetur: cujus magna debet esse in suadendo auctoritas, cum nec fides ejus dubia, nec adulatio sit suspecta. Non solum (*b*) arguendi sunt amici, sed si opus fuerit, objurgandi. Objurgandus est amicus, si veritatem aspernatur, et obsequiis atque blanditiis in crimen appellatur. Sed monitio acerbitate, objurgatio contumelia careat. Ambrosius (l. III, *off.* c. XXI) : Si quid vitii in amico deprehenderis, corripe occulte; si te non audierit corripe palam. Sunt enim bonæ correptiones, et plerumque meliores quam tacita amicitia : et si lædi se putet amicus, tu tamen corripe. (*Prov.*, XXVII, 6.) Tolerabiliora enim sunt amici vulnera, quam adulantium oscula. Debet amicus amico compati et condescendere, vitium ejus suum putare, corripere humiliter, compatienter. Corripiat cum vultus tristior, et sermo dejectior. Intercipiant verba

---

(1) Additamentum collectoris.
(*a*) Abundat verbum *impendi*, nec est in Ælred. — (*b*) Ælr., *monendi*.

humble. Mêlez des larmes à vos paroles, et que votre ami voie et sente que votre réprimande vient de l'affection, et non de la rancune. Un ami doit se conformer à son ami pour s'établir en parfaite union avec lui ; et s'il doit lui venir en aide pour les besoins du corps, à plus forte raison pour les besoins de l'âme. Les amis ne s'épargnent pas les avertissements mutuels, sans y mettre aucune flatterie, aucune dissimulation, mais seulement la vérité. Car « l'homme qui dissimule trompe son ami par ses paroles. » (*Prov.*, II, 9.)

Chapitre XXVIII. — *Epilogue*. — Donnons à notre ami toutes les marques possibles d'affection, de bienveillance, de douceur et de charité. Laissons les vains honneurs et les charges à ceux qui sont capables de les remplir, et n'oublions pas que pour aimer véritablement, il ne faut voir dans l'amitié que son ami, sans tous ces accessoires vils et méprisables. Il faut prendre garde aussi qu'une affection trop tendre ne soit nuisible aux intérêts généraux, lorsque cette affection que nous avons pour nos amis, ne leur permettrait, lorsqu'il s'agit d'un plus grand bien à faire, ni de s'absenter ni d'accepter quelque charge. Pour que l'amitié soit bien réglée, il faut qu'elle soit dirigée par la raison, et que notre agrément particulier ne passe pas avant l'intérêt public. Celui qui ne s'aime pas lui-même ne peut pas aimer un autre homme. Or, on ne s'aime pas, quand on s'impose ou qu'on se permet quelque chose d'infâme ou de deshonnête. La première condition de l'amitié, c'est de s'imposer une grande réserve sans jamais se permettre rien d'indécent, sans se soustraire à aucun devoir utile. Mais cette disposition étant générale, il faut choisir, parmi ceux qui ont déjà ces qualités, celui qu'on veut admettre comme ami dans l'intimité de la famille, pour verser en lui tous ses sentiments d'affection, pour lui découvrir son cœur jusqu'à mettre à nu, en quelque sorte, sous ses regards les plis et replis de notre âme avec nos pensées et nos intentions. Il ne faut pas faire ce choix sous l'impression d'un mouvement charnel, mais d'après les données de la raison, la conformité des mœurs et l'estime de la vertu. Il faut se dévouer pour son ami, sans imprudence, mais avec plaisir, et ne pas être avare des complaisances bien entendues et des bons offices de la bienveillance et de la charité. Eprouvez la fidélité, l'honnêteté et la patience de votre ami. Ajoutez à cela une certaine conformité de pensées, de goûts et même de figure. Ainsi choisi et éprouvé, un ami ne voudrait jamais rien demander, ni rien accorder même à la prière de son ami, si la chose ne convenait pas. Il faut regarder l'amitié comme une vertu et non comme une affaire d'intérêt ; fuir la flatterie, détester l'adulation ; il faut être libre dans la discrétion, patient dans la réprimande, ferme et stable dans l'affection ; l'ami doit s'affliger avec son ami, porter ses peines et ses fardeaux, se négliger pour lui, faire de préférence sa volonté, se sacrifier pour ses besoins, s'opposer et s'exposer à ses ennemis. Il trouve son bonheur dans les épanchements de l'amitié et dans les ouvertures intimes du cœur. Il ne faut pas oublier, dans les avantages de l'amitié, la prière que l'on fait à la mémoire d'un ami, et qui est d'autant plus efficace qu'elle est faite avec plus d'affection au milieu des larmes, que fait verser ou la crainte, ou l'affection, ou la douleur. Ainsi

---

lacrymæ, ut non solum videat, sed sentiat correptionem ex amore, et non ex rancore procedere. Amicus amico se ita conformet, ut ejus (*a*) congruat qualitati : et cui in exteriori adversitate debet adesse, multo magis spiritui occurrere. Moneri et monere non repugnant, non adulatorie, non simulatorie, sed vere. Nam « simulator ore decipit amicum suum. » (*Prov.*, xi, 9.)

Caput XXVIII. — *Epilogus*. — Præstemus amico quidquid amoris est, quidquid gratiæ, quidquid dulcedinis, quidquid caritatis. (*b*) Subtiles honores et onera illis quos præscripserit ratio, imponamus : scientes quia nunquam vere diligit, cui amicus ipse non sufficit, nisi hæc vilia et contemptibilia (*c*) abjecerit. Cavendum est ne tenerior affectus majores utilitates impediat, dum eos quos ampliori caritate complectimur, si magna spes fructus uberioris elucet, nec absentare volumus, nec onerare. Hæc est enim amicitia ordinata, ut ratio regat affectum, nec tam quid illorum suavitas, quam quid multorum petat utilitas, attendamus. Qui semetipsum non amat, alium amare non potest. Se autem non diligit, qui turpe aliquid vel inhonestum, vel a se exigit, vel sibi impertit. Primum ergo est, ut semetipsum quisque castificet, nihil sibimet indulgens quod indecens sit, nihil subtrahens quod utile sit. Sed quia hic amor multos (*d*) diligit, ex ipsis eligat quem ad amicitiæ secreta lege familiari admittat, in quem copiose suum infundat affectum, denudans pectus suum usque ad inspectionem viscerum, medullarum, cogitatuum et intentionum cordis. Non eligatur secundum affectionis lasciviam, sed secundum perspicaciam rationis, similitudinem morum, et contemplationem virtutum. Sic se impendat amico, ut levitas omnis absit, jucunditas adsit, nec ordinata desint benevolentiæ et caritatis obsequia vel officia. Probetur fides ejus, honestas et patientia. Accedat amicorum consiliorum communio, assiduitas parium studiorum, et quædam conformatio vultuum. Ita electus et probatus nihil velit quod dedeceat, vel petere ab amico, vel præstare rogatus. (*e*) Amicitiam virtutem putare, non quæstum : adulationem fugere, detestari assentationem : (*f*) liber in discretione, patiens in correptione, firmus et stabilis in dilectione : (*g*) utile tunc dolere pro invicem, laborare, onera sua portare, pro altero semetipsum negligere, alterius voluntatem suæ præferre, illius necessitati magis quam suæ occurrere, adversis semetipsum opponere et exponere ; (*h*) dulce ad invicem conferre, studia sua mutuo patefacere. Accedit pro invicem oratio, quæ in amici memoria tanto efficacius, quanto affectuosius admittitur, profluentibus lacrymis, quas vel timor excutit, vel affectus elicit, vel dolor educit. Ita pro amico orans Christum, ipsum desiderantur et diligenter inten-

---

(*a*) Ælr., *congruit*. — (*b*) Ælr., *Futiles*. — (*c*) Ælr., *adjecerit*. — (*d*) Ælr., *colligit*. — (*e*) Leg. *Cum constiterit amicitiam cum virtutem putare*. — (*f*) *Adde*, *inventusque fuerit*. — (*g*) *Supple*, *quam*. — (*h*) Ælr. *Quam dulce habeat*.

l'ami priant pour son ami considère avec amour et désir le Christ lui-même, et son affection passant de l'un à l'autre, et se retrempant dans la douceur du Christ, il commence à goûter combien il est dit : cum subito transiens affectus in affectum, et ipsius Christi dulcedinem tangens, incipit gustare quam dulcis est, et sentire quam suavis. Ita a sancto illo amore, quo amplectitur amicum, ad illum conscendens quo amplectitur Christum, spiritalem amicitiæ fructum capit. doux, et à. sentir combien il est bon. C'est ainsi que la sainte amitié s'élève jusqu'à l'amour du Christ, et qu'on recueille les fruits spirituels de l'amitié.

AVERTISSEMENT

SUR LE LIVRE DE LA SUBSTANCE DE L'AMOUR

Il est certain que ce petit livre est formé de deux opuscules fondus ensemble, et que ces deux opuscules ne sont pas tellement réunis dans les manuscrits, qu'ils n'aient chacun leur titre à part. Le premier opuscule qui a pour titre : *De la substance de l'amour*, se termine aux dernières paroles du chapitre quatrième. Il porte rarement le nom de saint Augustin, et presque toujours le nom de Hugues dans les exemplaires manuscrits. Il existe en effet parmi les œuvres publiées sous le nom de Hugues, et il se rattache au livre qui s'appelle : *Les institutions catholiques sur le Décalogue*. L'autre opuscule commence à ces paroles du chapitre sixième : « La vie du cœur, c'est l'amour. » Son titre, sans nom d'auteur, est celui-ci, ou un autre à peu près semblable : *La vie du cœur, c'est l'amour*. Il a paru aussi parmi les œuvres de Hugues, dans le livre I des *Mélanges*, titre 170 ou 171, *Des recherches théologiques*. Bernard Vinding a signalé quelques passages de ce petit livre dans sa critique de saint Augustin; mais ils paraissent revenir de droit à Hugues de Saint-Victor. Ce passage par exemple, que le critique a censuré, où il est dit : « Dieu a opéré l'œuvre de la restauration humaine, partie par les hommes, partie par les anges, partie par lui-même, » est répété quelquefois par Hugues dans le livre IV *De l'arche morale*, c. III, V et IX, et dans le livre II *De la vanité du monde*, etc. Enfin l'abbé Trithème range le livre *De la substance de l'amour* parmi les œuvres de Hugues.

ADMONITIO IN LIBRUM DE SUBSTANTIA DILECTIONIS

Constat iste libellus opusculis in unum confusis duobus, quæ in scriptis libris non sic loco junguntur, quin a se invicem suo saltem præfixo cuique titulo separentur. Opusculum primum, cui titulus est : *De substantia Dilectionis*, desinit ad ultima verba capitis quarti, et Augustini raro admodum, Hugonis autem plerumque nomen in Mss. exemplaribus præfert : et sane exstat inter Opera nomine Hugonis vulgata, libro scilicet assutum, qui appellatur : *Institutiones catholicæ in Decalogum*. Alterum opusculum ab illis verbis capitis sexti incipiens : « Vita cordis amor est, » etc., titulum sine auctoris nomine hunc vel similem habet : *Quod vita cordis sit amor*. Hoc etiam hoc operibus Hugonis editum est in lib. I *Miscellaneorum*, tit. 170 vel 171 eruditionum Theologicarum. Nonnulla in hoc libello carpit Bernardus Vindingus in Critico Augustiniano, sed quæ sane haud aliena sunt ab Hugone Victorino. Illud, exempli gratia, quod censura dignum putat, quia dicitur « Deus operatus opera restaurationis humanæ partim per homines, partim per Angelos, partim per semetipsum, » aliquoties repetit Hugo in libro IV *de Arca morali*, cap. III, 5 et 9, et in lib. II *de Vanitate mundi*, etc. Postremo Trithemius Abbas inter Hugonis opera censet librum *de substantia Dilectionis*.

LE LIVRE
DE
LA SUBSTANCE DE L'AMOUR

CHAPITRE I. — Tous les jours nous parlons de l'amour, pour savoir s'il y a dans notre cœur un feu qui s'allume, qui s'embrase, qui s'enflamme, ou pour tout consumer, ou pour tout purifier ; car c'est de là que vient tout ce qui est bon, et c'est de là que vient tout ce qui est mal. Il y a en nous une source jaillissante, et qui produit deux ruisseaux : l'un, c'est l'amour du monde, la cupidité ; l'autre, c'est l'amour de Dieu, la charité. Au centre est placé le cœur de l'homme, d'où jaillit la source de l'amour. Lorsqu'il suit la pente de son désir vers les choses extérieures, c'est la cupidité ; lorsqu'il se porte vers les choses intérieures, on l'appelle la charité. Il y a donc deux courants qui sortent de la source de l'amour, la cupidité et la charité ; la cupidité, racine de tous les maux ; la charité, racine de tous les biens. Tout ce qui est bon vient de là, tout ce qui est mauvais vient donc aussi de là. Quelle que soit cette source, c'est une grande chose qui est en nous-mêmes ; et tout ce qui vient de nous vient de là ; cette source, c'est l'amour. Qu'est-ce que l'amour ? Quelle est l'importance de l'amour ? Quelle est l'origine de l'amour ? Car l'Ecriture sainte nous parle aussi de l'amour. Ne semblerait-il pas que ce sujet devrait être abandonné exclusivement à ces hommes qui ont perdu toute pudeur ? Combien d'hommes qui ne craignent pas d'aborder ces matières délicates, et combien vous en trouvez peu, qui ne craignent pas de blesser les oreilles du public ! Que ferons-nous donc ? On va nous accuser sans doute d'une impudence effrontée, si nous faisons entendre cette parole inaccoutumée, puisque les impudiques eux-mêmes ne peuvent pas quelquefois sans rougir parler de l'amour. Mais, autre chose est d'en parler pour le déraciner ; autre chose est d'en parler pour faire aimer ce vice, et détourner de la vertu et de la vérité. Quant à nous, nous étudierons cette matière pour la connaître, afin que, connaissant le mal, nous évitions ce que les profanes cherchent à connaître pour le savoir et ensuite pour le faire. Connaissons donc cette chose qui est en nous, qui éparpille nos désirs, et met dans un seul cœur une division prodigieuse. Tout bien examiné, nous n'avons pas trouvé autre chose que l'amour, et l'amour est un mouvement du cœur simple et unique dans sa nature, mais divisé dans son action ; et ce mouvement, quand il est désordonné et qu'il se porte aux

DE
SUBSTANTIA DILECTIONIS
LIBER UNUS

CAPUT I. — Quotidianum de dilectione sermonem scrimus, ne forte (*a*) scintillet in cordibus nostris et exardescat ignis flammam faciens, aut totum consumens, aut purgans totum. Ex eo namque totum est, quod bonum est : et totum quod malum est, ex eo est. Unus fons dilectionis intus saliens, duos rivos effundit : alter est amor mundi, cupiditas ; alter est amor Dei, caritas. Medium quippe est cor hominis, unde fons amoris erumpit : et cum per appetitum ad exteriora decurrit, cupiditas dicitur ; cum vero desiderium suum ad interiora dirigit, caritas nominatur. Ergo duo sunt rivi, qui de fonte dilectionis emanant, cupiditas et caritas : et omnium malorum radix cupiditas, et omnium bonorum radix caritas. Ex eo igitur totum est, quod bonum est ; et totum quod malum est, ex eo est. Quidquid ergo illud est, magnum est quod in nobis est : et ex eo totum est, (*b*) quod ex nobis est : hoc autem est amor. Quid est amor, aut unde est amor ? Et sermo Dei de amore loquitur. Numquid hoc negotium non potius illorum est, qui pudicitiam prostituere consueverunt ? Ecce quam multi qui ejus (*c*) ministeria volentes suscipiunt : et quam pauci qui verba ejus in medium proferre non erubescunt ! Quid ergo nos faciemus ? Forsitan multa improbitate frontem fractam habemus, qui non verecundamur amorem indictatum (*d*) sonare : quem et impudici aliquando non possunt sine verecundia verbis exprimere. Sed aliud est investigare vitium, ut eradicetur ; aliud exhortari ad vitium, ut virtus et veritas non ametur. Nos igitur investigamus et quærimus, ut sciamus, et scientes caveamus, quod illi investigant, ut sciant, sed sciant ut faciant, quid illud in nobis sit, quod desideria nostra sic multifariam dividit, et cor unum in diversa deducit. Invenimus autem hoc aliud non esse præter amorem : qui cum sit motus cordis secundum naturam singularis et unicus, secundum actionem autem divisus, cum se inordinate movet, id est, ad ea quæ non debet, cupidita-

(*a*) Apud Hug., additur, *non animadvertentibus nobis*. — (*b*) Ap. Hug., *quod inest nobis : ex hoc*, etc. — (*c*) Ms. Vict., et ap. Hug., *mysteria*. — (*d*) Ms. Vict., *formare*, ap. Hug., *dictatum formare*.

TOM. XXII. 32

choses défendues, s'appelle la cupidité ; mais lorsqu'il est réglé, il s'appelle la charité. Ce mouvement du cœur, que nous appelons l'amour, comment pourrons-nous le définir ? Il est bon qu'on y regarde de près, et qu'il ne soit pas pour nous une chose cachée et ignorée ; c'est le moyen de ne pas tomber dans ses pièges, lorsqu'il est mauvais, et de ne pas être indifférent pour le trouver, lorsqu'il est bon. On ne peut pas dire les maux qui en viennent, quand il est mauvais, ni les biens qu'il procure, quand il est bon.

Chapitre II. — Comment donc le définir ? Cherchons, considérons. La chose que l'on cherche est cachée, et plus elle est cachée profondément, plus elle devient dominante dans le cœur sous l'un et l'autre rapport. Tel paraît donc être l'amour. L'amour est une délectation du cœur à la vue d'un objet pour le posséder ; c'est un désir qui veut avoir, une joie quand on possède, un désir qui vole, une joie qui se repose. C'est par là que le cœur humain est bon, c'est par là qu'il est mauvais ; car vous ne pouvez pas être bon si vous êtes bon, vous ne pouvez pas être mauvais si vous êtes mauvais, qu'autant que vous aimez bien ou que vous aimez mal ce qui est bon. Tout ce qui est bon ; et lorsque vous aimez mal ce qui est bon, cet amour n'est pas bon, et voilà le mal. Le mal n'est donc pas celui qui aime ni l'objet qu'il aime, ni l'amour dont il aime ; mais aimer mal, voilà le mal, et c'est là tout le mal. Réglez donc la charité, et le mal disparaît.

Chapitre III. — Nous voulons rappeler un grand principe, si toutefois nos efforts répondent à notre bonne volonté. Le Dieu tout-puissant, qui n'a besoin de rien parce qu'il est lui-même le souverain et véritable bien ; qui n'emprunte rien du dehors parce qu'il est le principe de toutes choses ; qui ne peut rien perdre de son essence, parce que tout existe en lui d'une manière immuable ; le Dieu tout-puissant, dis-je, a donc créé l'âme raisonnable par amour, et sans aucune nécessité, pour l'associer à sa béatitude. Or, pour la rendre capable d'une si grande jouissance, il mit en elle l'amour spirituel, formant en quelque sorte dans son cœur un palais d'une grande délicatesse pour goûter les délices intérieures, voulant qu'elle trouvât dans cet amour même la joie de sa félicité, et qu'elle s'y attachât par un désir infatigable. Dieu s'est donc attaché par amour la créature raisonnable, afin que lui demeurant inséparablement unie, elle trouvât en lui son suprême bonheur, le suçant en quelque sorte par l'affection, le buvant par le désir et le possédant par la joie. Suce donc, ô petite abeille, suce, suce toujours, et bois la douceur inénarrable de ce miel si pur. Plonge-toi pour te mieux rassasier ; car il ne cessera pas de couler, tant que tu ne commenceras pas à te dégoûter. Aime donc, ou plutôt entre dans cet amour, prends et jouis ; si tu le goûtes toujours, toujours durera ton bonheur. N'ayons ni honte ni repentir d'avoir parlé de l'amour ; il ne faut pas se repentir de faire une chose utile, ni avoir honte quand on fait une chose honnête.

Chapitre IV. — C'est donc l'amour qui unit la créature raisonnable à son Créateur, et l'amour est le seul lien qui les attache l'un à l'autre, lien d'au-

dicitur ; cum vero ordinatus est, caritas appellatur. Ipsum igitur hunc cordis motum, quem amorem appellamus, qua definitione significare poterimus ? Expedit nobis propius intueri eum, ne lateat aliquatenus, et non sciatur ; proptereaque nec caveatur cum malus est, nec appetatur aut inveniatur cum bonus ; de quo et cum malus est tanta mala veniunt, et cum bonus est tanta bona procedunt.

Caput II. — Ipsum igitur quomodo definimus ? Investigemus, consideremus ; quia occultum est quod quæritur, quantoque interius collocatum est, tanto magis in utraque parte cordi dominatur. Illud igitur videtur esse amor. Et amor est (a) delectatio cordis alicujus ad aliquid propter aliquid, desiderium in appetendo, et in perfruendo gaudium, per desiderium currens, requiescens per gaudium. (b) Hinc bonum est, et hinc malum est cor humanum ; quia nec aliunde bonum es, si bonum es, nec aliunde malum es, si malum es, nisi quod vel bene vel male amas quod bonum est. Nam omne quod est, bonum est : sed cum id quod bonum est male amatur, illud bonum (c) non est, et hoc malum est. Igitur nec qui amat, malum est ; nec quod amat, malum est ; nec amor quo amat, malum est : sed quod male amat, malum est, et hoc omne malum est. Ordinate ergo caritatem, et jam malum nullum est.

Caput III. — Magnam rem commendare volumus, si tamen valitas quod volumus. Omnipotens Deus, qui nullo indiget, quia ipse summum et verum bonum est ; qui nec de alieno accipere potest quo crescat, quoniam ex ipso sunt omnia ; nec de suo amittere quo decidat, quoniam in ipso immutabiliter consistunt universa : ipse rationalem spiritum crevit sola caritate, nulla necessitate, ut cum suæ beatitudinis participem faceret. Porro ut idem aptus esset tanta beatitudine perfrui, fecit in eo dilectionem spiritalem, palatum cordis quodam modo per hanc sensificans ad gustum dulcedinis internæ : quatenus per ipsam videlicet dilectionem, suæ felicitatis jucunditatem saperet, eique infatigabili desiderio inhæreret. Per dilectionem ergo copulavit sibi Deus creaturam rationalem, ut ei semper inhærendo, ipsum quo beatificanda erat bonum, et ex ipso, quodam modo per affectum sugeret, et de ipso per desiderium biberet, et in ipso per gaudium possideret. Suge o apicula, suge, suge et bibe dulcoris tui inenarrabilem suavitatem. Immergere, et replere ; quia ille deficere nescit, si tu non incipias fastidire. Adhære ergo et inhære, sume et fruere : si sempiternus gustus fuerit, sempiterna quoque beatitudo erit. Non jam pudeat nos neque pœniteat de amore fecisse verbum : non pœniteat ubi tanta utilitas, non pudeat ubi talis honestas.

Caput IV. — Igitur per amorem sociata est factori suo creatura rationalis, solumque est dilectionis vinculum quod ligat utrosque in idipsum, et tanto felicius, quanto fortius. Propter quod etiam ut indivisa societas et concordia utro-

(a) Ap. Hug., hic et infra, *dilectio*. — (b) Al. *Hic bonum est, et hic*. — (c) Apud Hug., deest *non*.

tant plus doux qu'il est plus fort. Et pour que rien ne manquât à cette union indissoluble et à cet accord parfait, ce lien a formé son nœud dans le double amour de Dieu et du prochain : par l'amour de Dieu, tous s'attachent à un seul, et par l'amour du prochain, tous ne font qu'un ; tous viennent puiser à cette source unique, et ce qu'on ne prend pas pour soi en particulier, on le possède dans les autres plus abondamment, et plus parfaitement par l'amour du prochain ; de sorte que le bien de tous devient tout entier le bien de chacun. Réglez donc la charité. Que veut dire : Réglez la charité ? Si l'amour est un désir, qu'il coure dans la bonne direction ; s'il est une joie, qu'il se repose où il faut. Car l'amour, comme nous l'avons dit, est une délectation qu'éprouve le cœur à la vue d'un objet pour le posséder ; c'est un désir qui veut, et une joie qui possède ; il court par le désir, il se repose par la joie, courant vers l'objet, et se reposant en lui. Vers quel objet, et dans quel objet ?

CHAPITRE V. — Ecoutez, si toutefois il nous est possible d'expliquer où doit courir notre amour, et en quoi il doit se reposer.

Il y a trois choses qu'on peut aimer bien, ou qu'on peut aimer mal : Dieu, le prochain, et le monde. Dieu est au-dessus de nous, le prochain à côté de nous, le monde au-dessous de nous. Réglez donc la charité ou l'amour. S'il court, qu'il coure bien, s'il se repose, qu'il se repose bien. Le désir court, la joie se repose. C'est pourquoi la joie est uniforme, parce qu'elle est toujours fixée au même point, et ne peut varier ni changer. Mais le désir subit les variations du mouvement ; il n'est pas fixe au même point et prend différentes formes. Toute course nous présente trois points ou trois parties, le point de départ, le point de jonction, et le point d'arrivée. Comment doit donc courir notre désir. Remarquons qu'il y a trois choses, Dieu, le prochain, et le monde. Dieu doit avoir les trois points dans la course de notre désir, le prochain doit en avoir deux, le monde un seul ; et c'est ainsi que la charité est bien réglée dans notre désir. Car l'amour, s'il est bien réglé, peut courir par le désir, en partant de Dieu, et avec Dieu, et vers Dieu. Il part de Dieu, quand il reçoit de lui tout ce qu'il faut pour l'aimer ; il court avec Dieu, quand il ne contredit en rien sa volonté. Il court vers Dieu, quand il désire se reposer en lui. Voilà les trois parties qui concernent Dieu. Deux concernent le prochain. Car notre désir peut partir du prochain et courir avec le prochain, mais sans aboutir au prochain. Il part du prochain, pour se réjouir de son salut et de son avancement. Il court avec le prochain, voulant l'avoir pour compagnon de voyage dans la route et arriver au but avec lui. Mais il ne peut pas courir vers le prochain, comme s'il plaçait dans l'homme son espérance et sa confiance. Voilà les deux points qui concernent le prochain, point de départ, point de jonction, mais nullement le point d'arrivée. Au monde appartient un seul point qui est le point de départ ; mais notre désir ne court point avec lui, ni vers lui. Il part du monde, lorsqu'après avoir examiné extérieurement l'œuvre de Dieu, il se recueille en lui-même pour l'admirer et le louer avec plus d'ardeur. Il courrait avec le monde, s'il subissait les formes variables des événements, s'abattant dans l'adversité, s'élevant dans la prospérité. Il courrait vers le monde, s'il voulait se reposer

---

bique perfecta haberetur, geminatus est nexus, in caritate Dei et proximi : ut per caritatem Dei omnes uni cohærerent, per caritatem proximi omnes ad invicem unum fierent : ut quod de illo uno, cui omnes inhærebant, quisque in semetipso non caperet, plenius atque perfectius per caritatem proximi in altero possideret, et bonum omnium fieret totum singulorum. Ordinate ergo caritatem. Quid est, ordinate caritatem. Si desiderium est amor, bene currat ; si gaudium est, bene requiescat. Est enim amor, sicut dictum est, delectatio cordis alicujus ad aliquid propter aliquid, desiderium in appetendo, et in perfruendo gaudium, per desiderium currens, et requiescens per gaudium, currens ad illud, et requiescens in illo. Ad quid, aut in quo ?

CAPUT V. — Audite, si forte explicare possimus quo currere debeat amor noster, aut in quo requiescere.

Tria quædam sunt quæ amari bene aut male possunt, id est, Deus, proximus, et mundus. Deus supra nos est, proximus juxta nos est, mundus subtus nos est. Ordinate ergo caritatem. Si currit, bene currat ; si requiescit, bene requiescat. Desiderium currit, gaudium requiescit. Propter quod gaudium uniforme est, quia semper in uno est, nec vicissitudine variari potest : desiderium autem motus mutabilitatem suscipit, et idcirco non se continet in uno, sed varias species repræsentat. Omnis namque cursus aut de illo est, aut cum illo, aut in illo ad quod est.

Quomodo ergo currere debet desiderium nostrum ? Tria sunt, Deus, proximus, mundus. Tria Deus, duo proximus, unum mundus habeat in cursu desiderii nostri, et est in desiderio ordinata caritas. Amor namque per desiderium et de Deo, et cum Deo, et in Deum ordinate currere potest. De Deo currit, quando de ipso accipit unde eum diligit. Cum Deo currit, quando ejus voluntati in nullo contradicit. In Deum currit, quando in ipso requiescere appetit. Hæc sunt tria quæ ad Deum pertinent. Duo autem sunt proximi. Potest enim desiderium de proximo et cum proximo currere, sed in proximum non potest. De proximo, ut de ejus salute gaudeat et profectu. Cum proximo, ut cum in via Dei comitem itineris et socium perventionis habere concupiscat. Sed in proximum non potest, ut (a) scilicet in homine spem et fiduciam suam constituat. Hæc sunt duo quæ ad proximum pertinent, id est, de ipso, et cum ipso, et non in ipsum. Unum est mundi, de ipso currere ; non cum ipso, aut in ipsum. De mundo enim desiderium currit, quando inspecto foris Dei opere, per admirationem et laudem ardentius intus ad ipsum se convertit. Cum mundo curreret, si se pro mutabilitate temporalium, sive dejiciendo in adversis, sive elevando in prosperis, huic conformaret. In mundum curreret, si in ejus delectationibus semper requiescere vellet. Ordinate ergo caritatem, ut (b) per desiderium currat de Deo, cum Deo, et in Deum : de

(a) Abest scilicet a Ms. et ap. Hug. — (b) Ap. Hug., non est, per.

toujours dans ses plaisirs. Réglez donc la charité, afin que dans la course de son désir, elle parte de Dieu, avec Dieu, et vers Dieu ; qu'elle parte du prochain et avec le prochain, et non vers le prochain ; qu'elle parte du monde, et non avec le monde et vers le monde, pour se reposer en Dieu seul par la joie. Voilà la charité bien réglée, et en dehors de cet ordre, tout ce qu'on fait n'est plus la charité bien réglée, mais la cupidité désordonnée.

CHAPITRE VI. — L'amour est la vie du cœur, et il est impossible que le cœur qui veut vivre soit sans aimer. Voyez la conséquence. Si notre âme ne peut pas être sans amour, il faut de toute nécessité qu'elle s'aime elle-même, ou quelqu'autre chose qu'elle-même. Comme elle ne possède pas le bien parfait, si elle ne se bornait à n'aimer qu'elle-même, son amour ne serait pas heureux. Il faut donc, si elle veut trouver son bonheur dans son amour, qu'elle cherche en dehors d'elle-même un objet qu'elle aime. Si elle s'adresse à quelque chose d'imparfait, elle ne fait qu'aiguillonner son amour, sans exclure sa misère. Elle n'y trouve donc pas son bonheur, tant qu'elle ne tourne pas les désirs de son amour vers le véritable et souverain bien. Or, Dieu étant le véritable et souverain bien, l'homme aime avec bonheur, quand il aime Dieu, et cet amour le rend d'autant plus heureux, qu'il est plus complet. Voilà donc le véritable repos de notre cœur, quand il se fixe dans l'amour de Dieu par son désir, qu'il ne veut rien autre chose, et qu'il se délecte avec sécurité et bonheur dans ce bien qu'il possède. Notre amour étant donc restreint dans ses désirs, et la crainte étant bannie, il s'ensuit que notre cœur se repose sans inquiétude dans ce sentiment de joie.

Mais comme notre âme, vu son infirmité, peut à peine se fixer quelquefois, si ce n'est jamais, dans cette douce contemplation, elle a besoin de faire des efforts pour s'habituer à cette stabilité qu'elle n'est pas encore capable d'atteindre ; je veux dire, si nous ne pouvons pas penser continuellement à Dieu, il faut du moins soustraire notre cœur à toutes les pensées vaines et illicites, et l'appliquer à la considération des œuvres de Dieu et de ses merveilles ; et ainsi peu à peu nous perdrons de notre inconstance, et il nous sera donné, par la grâce de Dieu, de jouir de l'état de stabilité.

CHAPITRE VII. — Pour donner une idée de la marche que nous avons à suivre, je dirai que ce monde est comme une grande mer, parce que toutes les choses qui sont dans le monde sont comme les eaux qui s'agitent, et offrent dans la succession incertaine des événements une fluctuation perpétuelle. Or la vraie foi, qui promet non des biens périssables, mais ceux qui sont éternels, se sert des passions de ce monde, comme des flots de la mer, pour élever notre âme vers les choses d'en haut, si bien que notre âme peut être portée par les eaux, sans pour cela être submergée ; car elle se sert de ce monde pour ses besoins, mais son affection ne va pas se noyer dans les embarras du siècle. L'homme qui ne croit pas aux choses éternelles, et qui ne s'attache qu'aux biens périssables, est comme celui qui lutte sans navire au milieu des flots, et que le courant entraîne avec force. Celui qui croit aux choses éternelles, et qui s'attache aux biens de ce monde, ressemble à un homme qui fait naufrage à côté du navire. Celui, au contraire, qui croit aux biens éternels et qui s'y attache de cœur, c'est l'homme

---

proximo, cum proximo, et non in proximum : de mundo, nec cum mundo, nec in mundum, ut in solo Deo requiescat per gaudium. Hæc est ordinata caritas, et præter ipsam omne quod agitur, non ordinata caritas est, sed inordinata cupiditas.

CAPUT VI. — Vita cordis amor est, et idcirco omnino impossibile est, ut sine amore sit cor quod vivere cupit. Quid hinc sequatur, considera. Si enim humana mens sine amore esse non potest, aut se ipsam, aut certe aliud aliquid a se diligat necesse est. Quia vero in se ipsa perfectum bonum non invenit, si se solam diligeret, felix amor non esset. Oportet ergo, si feliciter amare desiderat, aliud aliquid præter se quod amet inquirat. Si autem imperfectum aliquid extra se amare cœperit, amorem quidem suum irritat, sed miseriam non excludit. Feliciter ergo non diligit, donec ad verum et summum bonum per amoris desiderium se convertit. Quia vero summum et verum bonum Deus est solus, ille feliciter amat, qui Deum amat, et tanto felicius quanto amplius. Hæc igitur est vera cordis nostri requies, cum in amore Dei per desiderium figitur, nec ultra quidquam appetit, sed in eo quod tenet, quadam felici securitate delectatur. Quia enim illud nec appetitus ultra protrahit, nec timor repellit, quodam modo in idipsum jucunditatis sine vexatione requiescit. Sed quia humanæ mentis infirmitas, ut non dicam semper, sed vix aliquando in illam divinæ contemplationis dulcedinem figi potest, quodam interim studio ad illam, ad quam necdum pertingere sufficit, stabilitatem assuefacienda est : id est, si Deum semper cogitare non possumus, saltem cor nostrum ab illicitis et vanis cogitationibus restringendo, in consideratione operum Dei et mirabilium ejus illud teneamus : ut dum semper minus instabiles esse satagimus, tandem aliquando donante Deo vere stabiles fieri valeamus.

CAPUT VII. — Ut autem promotionis hujus aliquod tibi exemplum subjiciam, universus iste (1) mundus quasi quoddam diluvium est, eo quod omnia, quæ in hoc mundo sunt, ad similitudinem aquæ incertis eventibus fluctuando decurrunt. Vera autem fides, quæ non transitoria, sed æterna promittit, quasi a quibusdam fluctibus, sic a mundi hujus cupiditate in superna animum attollit : et portari quidem ab aquis potest, sed mergi omnino non potest; quia ad necessitatem hoc mundo utitur, sed ejus desideriis per affectum non implicatur. Quisquis ergo æterna non credens, sola quæ transeunt appetit, hunc quasi sine navi laborantem in fluctibus, impetus aquæ decurrentis secum trahit. Qui

(1) V. Hug. Vict., lib. II, de Vanit. mundi, et lib. IV de Arca morali, c. VIII et IX.

qui est monté dans le navire, et qui parcourt avec tranquillité les eaux d'une mer agitée ; sa foi le retient dans le navire, et malgré la fluctuation des eaux, il est là comme sur la terre ferme. Il faut donc avant tout, si nous voulons traverser cette grande mer avec sécurité, il faut nous fabriquer un navire, pour y garder notre foi ; ensuite il faut monter dans ce navire de la foi avec la charité, afin que nous croyions ce que nous devons aimer, et que nous aimions ce que nous devons croire ; il faut qu'ainsi la loi de Dieu soit dans notre cœur par la connaissance de la vrai foi, et que notre cœur soit dans la loi de Dieu par l'amour.

Mais pour connaître plus facilement comment vous devez construire dans votre cœur ce navire ou cette arche, dont j'ai parlé, pour pouvoir échapper aux eaux du déluge, et arriver au port du salut, il vous faut considérer les deux grandes œuvres de Dieu, l'œuvre de l'édification et l'œuvre de la restauration.

L'œuvre de l'édification, c'est la création du ciel et de la terre, et de tout ce qu'ils renferment, et qui est l'œuvre des six jours. L'œuvre de la restauration, c'est l'incarnation du Verbe, avec l'histoire du monde depuis le commencement jusqu'à la fin, et qui renferme les événements qui l'ont préparée, et ceux qui doivent suivre pour la confirmer ; c'est l'œuvre des six âges. Mais les œuvres de la restauration appartiennent surtout aux temps de la foi catholique ; ces œuvres sont surtout l'objet de la prédilection des saints, parce qu'ils y trouvent tous les moyens de salut. Or, Dieu a opéré les œuvres de la restauration partie par le ministère des hommes, partie par le ministère des anges, et partie par lui-même ; de sorte que dans cette arche spirituelle, on a vu se succéder trois classes d'ouvriers : les hommes, les anges, et Dieu lui-même, la coudée suprême, l'auteur de tout ce qui existe.

vero æterna credens, transitoria diligit, hic juxta navem naufragium facit. Qui autem æterna bona et credit, et diligit, hic in navi positus, fluctuantis maris undas securus pertransit : et quia per desiderium fidei navem non transgreditur, jam quodam modo in fluctibus terræ stabilitatem imitatur. Primum ergo, si hoc mare magnum illæsi pertransire volumus, fabricemus navem, ut fidem integram habeamus : deinde navem fidei inhabitemus per caritatem, ut et credamus quod diligere debemus, et diligamus quod credimus : sicque et lex Dei in corde nostro sit per rectæ fidei cognitionem ; et cor nostrum in lege Dei sit per dilectionem.

Sed ut facilius cognoscas quomodo vel unde hanc, quam dixi, navem vel arcam in corde tuo ædificare debeas, per quam hujus diluvii naufragio eductus, ad portum quietis pervenias : duo opera Dei considera ; videlicet opus conditionis, et opus restaurationis. (1) Opus autem conditionis est creatio cœli et terræ, et omnium quæ in eis continentur, quæ sex diebus facta sunt. Opus vero restaurationis, incarnatio Verbi, et omnia quæ a principio mundi usque ad finem, vel ad eam prænuntiandam præcesserunt, vel ad ipsam confirmandam secutura sunt : quæ omnia sex ætatibus fiunt. Sed opera restaurationis magis pertinent ad fidem catholicam, quæ idcirco sancti amplius diligunt, quia in eis suæ salutis remedia agnoscunt. (2) Hæc autem partim per homines, partim per angelos, partim per semetipsum operatus est Deus : ut in arca spirituali prima sit mansio opera hominum, secunda opera angelorum, tertia opera Dei, supremus cubitus, auctor universorum Deus.

(1) Hug. Vict., lib. IV, *de Arca morali*, c. III. — (2) Ita ibid., c. V et IX.

AVERTISSEMENT SUR LE LIVRE SUIVANT

Le livre *Sur l'amour de Dieu* est un livre pieux, au jugement d'Erasme et des théologiens de Louvain, et il ne manque pas d'érudition ; ces savants pensent néanmoins et avec raison, qu'il est faussement attribué à saint Augustin, et la différence marquée du style suffirait pour le prouver. L'auteur est certainement d'une époque plus récente, comme il le prouve par une parole de saint Jérôme, liv. III, *Sur saint Matthieu*, XVIII, qu'il cite de cette manière : « Voici ce que dit un saint : La dignité des âmes est grande, etc. » Il a rassemblé dans ce livre, pour exciter à l'amour de Dieu, des pensées tirées de différents livres, d'Hugues de Saint-Victor particulièrement, de saint Bernard

ADMONITIO IN SUBSEQUENTEM LIBRUM

Liber *de diligendo Deo* pius est, judicio Erasmi ac Theologorum Lovaniensium, nec ineruditus : sed subdititius tamen, vel ipsa ex phrasi plurimum discrepante ab Augustiniana, merito iisdem visus. Auctor certe se ipse ætatis recentioris esse satis eo prodit, quod Hieronymi dictum est lib. III *in Matth.* XVIII ; citat in hunc modum : « Unde quidam sanctus ait : Magna dignitas animarum, » etc. Contulit huc sententias ad inflammandum dilectionem Dei, variis ex libris, Hugonis Victorini in primis, Bernardi et Anselmi. Et qui-

et de saint Anselme. En effet, depuis le chapitre IV jusqu'au chapitre XI, le livre ne nous offre pour ainsi dire que la répétition, presque entière et dans les mêmes termes, de ce qu'a écrit Hugues dans son *Soliloque sur les arrhes de l'âme* (1). Il y a d'autres passages fournis également par différents écrits d'Hugues, plusieurs tirés de différents sermons de saint Bernard, et quelques autres de la seizième méditation, dans les œuvres de saint Anselme, dernière édition, et que nous noterons çà et là sur notre passage. Enfin, au chapitre XVIII, on trouve un endroit considérable d'Anselme, tiré de son avant-propos. Cet ouvrage rappelle l'auteur du livre *De l'esprit et de l'âme*. Peut-être ferait-on bien de ne pas attribuer à un autre auteur le *Manuel*, et quelques autres opuscules qui figurent plus loin dans ce volume et le suivant, ainsi que les livres premier et troisième *Sur l'âme*, qui se trouvent parmi les œuvres de Hugues de Saint-Victor, et qui dans les œuvres de saint Bernard sont intitulés : *Méditations* et *Sur la conscience*. Du reste Vincent de Beauvais, livre III du *Miroir naturel*, ch. I, prend un passage dans ce livre au ch. III et le cite sous le nom de Pierre Comestor. Nous avons confronté ce livre avec deux manuscrits de la bibliothèque Royale, où ils portent à tort le nom de saint Augustin.

(1) Dans ce livre Hugues de Saint-Victor parle des bienfaits que l'âme a reçus de Jésus-Christ, bienfaits qu'il compare aux arrhes ou présents qu'une fiancée reçoit de son fiancé.

dem a capite IV ad XI ; nihil nobis legendum aliud præbet, quam quod verbis iisdem ac fere totidem scripsit Hugo *in Soliloquio de Arra animæ*. Alia itidem sunt ex aliis Hugonis opusculis excerpta loca, plura etiam ex diversis Bernardi Concionibus, et quædam ex Meditatione apud Anselmum postremæ editionis decima sexta, quæ nos passim positis notis e regione monstramus. Ad extremum capite XVIII ; exhibetur insignis locus Anselmi ex ipsius Prostogio. Sapit hoc opus eumdem auctorem ac liber *de Spiritu et anima*. Nec forte alteri melius adscripseris *Manuale*, et alia quædam opuscula quæ hic postea repræsentantur, itemque libros apud Hugonem *de Anima primum et tertium*, qui apud Bernardum *Meditationes* et *de Conscientia* nuncupantur. Cæterum Vincentius Bellovacensis lib. XXIII *Speculi naturalis*, cap. I, nonnihil quod legere est cap. III, hujus libri, citat nomine Petri Comestoris. Librum contulimus cum Mss. Regiis duobus, in quibus Augustini nomine falso prænotatur.

LE LIVRE
DE L'AMOUR DE DIEU

CHAPITRE I. — *Voie qui conduit à la vie, la charité.* — Il faut une grande vigilance, une grande attention, avec des efforts soutenus et une sollicitude continuelle, pour chercher et connaître comment et par quel moyen, nous pourrons éviter les peines de l'enfer et obtenir le bonheur du ciel ; car l'enfer ne peut être évité, et le ciel ne peut être obtenu, qu'autant que l'on connaîtra la voie pour éviter l'un et obtenir l'autre. Ecoutons donc avec plaisir et méditons avec soin les paroles de l'Apôtre, par lesquelles il nous montre deux choses, savoir, que la vie glorieuse du ciel est une chose ineffable, et quelle est la voie qui conduit à cette vie. Car il dit : « L'œil de l'homme n'a point vu, son oreille n'a point entendu, son cœur n'a point compris quels sont les biens que Dieu prépare à ceux qui l'aiment. » (I *Cor.*, II, 9.) En disant que Dieu a préparé des biens pour ceux qui l'aiment, il montre que l'amour est la voie qui conduit à la

DE DILIGENDO DEO
LIBER UNUS

CAPUT I. — *Via ad vitam caritas.* — Vigili cura, mente sollicita, summo conatu, et sollicitudine continua decet nos inquirere et addiscere quomodo et qua via possimus infernale supplicium vitare, et cœleste gaudium acquirere ; cum nec illud supplicium vitari, nec illud gaudium acquiri possit, nisi via cognita qua est illud vitandum, et illud acquirendum. Audiamus ergo libentius, inspiciamus diligentius verba Apostoli, quibus ipse duo ostendit, scilicet quod cœlestis gloriæ vita ineffabilis est, et quæ sit via quæ ducit ad vitam : ait enim : « Nec oculus vidit, nec auris audivit, nec in cor hominis ascendit, quæ præparavit Deus diligentibus se. » (I *Cor.*, II, 9.) Ecce per hoc quod dicit Deum præparasse bona diligen-

possession de ces biens. Mais l'amour de Dieu ne peut exister sans l'amour du prochain, suivant le témoignage de saint Jean, qui dit : « Celui qui n'aime pas son frère qu'il voit, comment peut-il aimer Dieu qu'il ne voit pas? Voilà donc le commandement que Dieu nous a fait, c'est que celui qui aime Dieu doit aussi aimer son prochain. » (I *Jean*, IV, 20.) Dans ce double amour consiste la vraie charité que l'Apôtre avait en vue, quand il disait : « Je vais montrer une voie plus excellente encore. » (I *Cor.*, XII, 31.) La charité est donc cette voie très-excellente qui conduit à la céleste patrie, et sans laquelle personne ne peut y parvenir. Mais qui marche dans cette voie? Qui la connaît? C'est celui qui aime Dieu et son prochain.

Comment faut-il aimer Dieu, comment faut-il aimer le prochain? Nous devons aimer Dieu plus que nous-mêmes, et notre prochain comme nous-mêmes. Nous aimons Dieu plus que nous-mêmes, si nous préférons en toutes choses ses commandements à notre volonté. Mais nous ne sommes pas obligés d'aimer notre prochain autant que nous-mêmes, mais comme nous-mêmes ; c'est-à-dire lui vouloir et lui désirer tout le bien, que nous devons vouloir et nous désirer, surtout la béatitude éternelle, et l'aider pour l'obtenir soit par des secours temporels, soit par des secours spirituels, selon la raison et notre pouvoir. C'est pourquoi Notre-Seigneur dit dans l'Evangile : « Tout ce que vous voulez que l'on fasse pour vous, faites-le vous-mêmes pour les autres. » (*Matth.*, VII, 12.) L'apôtre saint Jean dit aussi : « N'aimons pas en paroles et de bouche, mais par les œuvres et en vérité. » (I *Jean*, III, 18.) Quels sont les hommes que nous devons aimer ainsi? Tous les hommes : chrétiens, juifs, païens, amis et ennemis.

Chapitre II. — *Pourquoi et comment faut-il aimer Dieu.* — Puisque toute l'affaire de notre salut consiste dans l'amour, il faut considérer avec soin pourquoi et comment nous devons aimer Notre-Seigneur. Or, rien n'est plus propre à exciter en nous cet amour, à le nourrir et à l'augmenter, que la considération fréquente et soigneuse des bienfaits de Dieu. Il a tant fait pour nous, il nous a comblés de tant de biens, que notre âme est comme anéantie, oui, anéantie, quand elle vient à considérer cet abîme de bonté infinie. Nous ne pourrons jamais, sans doute, lui témoigner assez d'amour, de dévouement et de reconnaissance ; et pourtant nous devons lui témoigner tout l'amour, et toute la reconnaissance dont nous sommes capables. Considérons que les bienfaits de Dieu, nous les devons à son amour, à sa bonté toute gratuite, sans que nous ayons rien fait pour les mériter, et voilà pourquoi nous devons beaucoup l'aimer. Comment devons-nous l'aimer? C'est ce qu'il nous fait connaître par le commandement qu'il nous a donné comme l'expression de sa volonté positive, et qu'il veut absolument que nous observions. (*Ps.* CXVIII, 4.) Ecoute donc, ô homme, ce commandement, qui est le premier et le plus grand de tous ; écoute-le avec attention, retiens-le fidèlement dans ta mémoire, médite-le continuellement, et, selon tes forces, accomplis-le avec exactitude, avec assiduité, avec persévérance. Voici ce commandement : « Tu aimeras le Seigneur ton Dieu de tout ton cœur, » (*Deut.*, VI, 5) c'est-à-dire de toute ton intelligence, « et de toute ton âme, » c'est-à-dire de toute ta volonté, « et de tout ton esprit, » (*Matth.*, XXII, 37) c'est-à-dire de

---

tibus se, ostendit quia dilectio via est qua ad illa bona pervenitur. Sed dilectio Dei sine dilectione proximi haberi non potest, testante beato Joanne, qui ait : « Qui non diligit fratrem suum quem videt, Deum quem non videt, quomodo diligere potest? Et hoc mandatum habemus a Deo, ut qui diligit Deum, diligat et proximum suum. » (I *Joan.*, IV, 20.) Ecce in hac gemina dilectione consistit vera caritas, de qua Apostolus loquens ait : « Excellentiorem vobis adhuc demonstro. » (I *Cor.*, XII, 31.) Ecce caritas excellentissima via est, quæ ducit ad cœlestem patriam, et sine qua illuc nemo pervenire potest. Sed quis in hac via est? quis novit eam? Qui diligit Deum et proximum.

Quomodo diligendus est Deus, et quomodo proximus? Deum debemus diligere plus quam nos, sed proximum sicut nos. Deum diligimus plus quam nos, si præcepta ejus voluntati nostræ in omnibus præponimus : proximum autem non jubemur diligere quantum nos, sed sicut nos ; id est, velle et optare omne bonum, quod debemus velle et optare nobis, et maxime æternam beatitudinem, qt ad illam obtinendam ei succurrere, in corporalibus bonis, et in spiritualibus, prout ratio exigit, et facultas permittit. Unde Dominus in Evangelio ait : « Quæcumque vultis ut faciant vobis homines, et vos eadem facite illis ; » (*Matth.*, VII, 12) et Joannes apostolus ait : « Non diligamus verbo neque lingua, sed opere et veritate. » (I *Joan.*, III, 18.) Sed qui sunt proximi, quos debemus sic diligere? Certe omnes homines Christiani, Judæi, Pagani, amici et inimici.

Caput II. — *Quare et qualiter diligendus Deus.* — Cum ergo tota salus nostra in dilectione consistat, quare et qualiter Dominus noster a nobis diligendus sit, diligenter considerandum est. Ad Dei igitur dilectionem in nobis excitandam, nutriendam et augendam nihil ita valet, sicut beneficiorum ejus frequens et diligens consideratio. Tanta enim nobis tribuit, tantaque retribuit, quod deficit anima nostra, deficit prorsus in consideratione tantorum beneficiorum ejus. Et licet non possimus ei tantum et tantas, ut decet, amorem et obsequium et gratiarum actiones persolvere, tamen quantum et quantas possumus rependere debemus. Ecce quare, et pro beneficiis suis, quæ sua magna pietate, sua gratuita bonitate, nullis nostris meritis exigentibus nobis contulit Dominus, a nobis quoque multum diligendus est. Qualiter autem a nobis diligendus est Deus, illud ejus mandatum manifestat, quod nimis mandavit, et nimis custodiri voluit. (*Psal.* CXVIII, 4.) Audi igitur, o homo, illud omnium mandatorum et maximum et primum mandatum : audi, inquam, illud diligenter, retine memoriter, meditare jugiter, et pro viribus tuis imple instanter, assidue et perseveranter. Hoc autem est illud mandatum : « Diliges Dominum Deum tuum ex toto corde tuo, » (*Deut.*, VI, 5) id est, ex toto intellectu ; « et ex tota anima tua, » (*Matth.*, XXII, 37) id est, ex tota voluntate tua ; « et ex

toute ta mémoire; et ainsi tu lui consacreras toutes tes pensées, toute ta vie et toute ton intelligence. Tu pourrais peut-être t'imaginer que Dieu a peu d'amour pour toi, et que tu n'as pas contracté à son égard une dette de grande importance. Examine donc et repasse dans ton esprit tous les biens, dont Dieu t'a comblé et tous ceux qu'il te promet, et tu ne douteras pas que ta dette d'amour est immense.

Pour exciter et augmenter en vous l'amour de Dieu, considérez avec soin par qui, comment et pourquoi l'homme a été créé, et quelles sont les autres créatures que Dieu a faites pour l'homme. Il faut donc savoir que la création universelle, au ciel et sur la terre, dans le monde visible et invisible, n'a pas d'autre cause que la bonté du Créateur, qui est le Dieu unique et véritable, bonté si grande, qu'il a voulu communiquer à d'autres sa propre béatitude, qu'il possède éternellement, voyant qu'elle pouvait être communiquée, sans qu'elle souffrit la moindre diminution. Ce bien, qui est lui-même, et par lequel il était heureux, il a donc voulu le communiquer à d'autres par seule bonté, sans y être contraint; car il appartenait à l'être souverainement bon de faire du bien, et à l'être tout-puissant d'être inviolable. Et comme personne ne peut participer à cette béatitude que par l'intelligence, et qu'on y participe d'autant plus qu'on la comprend davantage, Dieu a fait une créature raisonnable pour comprendre le souverain bien, pour l'aimer en le comprenant, pour le posséder en l'aimant, et pour en jouir en le possédant. Il a fait cette créature de deux sortes, l'une devant rester pure comme son auteur, sans être unie à un corps, comme l'ange, l'autre devant être unie à un corps, comme l'âme. La créature raisonnable est donc divisée en deux classes, la créature incorporelle et la créature corporelle. La créature incorporelle, c'est l'ange; la créature corporelle, c'est l'homme, qui est composé d'une âme raisonnable et d'un corps. La formation de la créature raisonnable a donc pour première cause la bonté de Dieu. L'homme ou l'ange a donc été créé à cause de la bonté de Dieu. C'est donc parce que Dieu est bon que nous existons, et en tant que nous existons, nous sommes bons. Pour quelle fin la créature raisonnable a-t-elle été créée? Pour louer Dieu, pour le servir, pour le posséder. Tout cela est son intérêt, et non celui de Dieu. Car Dieu, qui est la perfection et la souveraine bonté, ne peut rien gagner ni rien perdre. La créature raisonnable étant l'œuvre de Dieu, cette œuvre doit se rapporter à la bonté du Créateur et à l'utilité de la créature. Quand donc on demande pourquoi et à quelle fin la créature raisonnable a été faite, il faut répondre : A cause de la bonté de Dieu et pour l'utilité de la créature; car il lui est avantageux de servir Dieu et de le posséder.

CHAPITRE III. — *Tout est soumis à l'homme.* — L'ange ou l'homme a donc été créé à cause de Dieu, et on ne veut pas dire en cela que Dieu, qui est le créateur et qui est aussi souverainement heureux, ait besoin du ministère de l'un ou de l'autre; car il n'a pas besoin de nous. L'ange ou l'homme a été créé pour servir Dieu et pour le posséder. Ici, tout est profit pour le serviteur et non pour le maître.

De même que l'homme est fait pour Dieu, c'est-à-

---

tota mente, » id est, ex tota memoria; et omnes cogitationes tuas, omnemque vitam tuam, et omnem intellectum tuum in illum conserves. Sed quia parum te forte a Deo diligi æstimas, illum quoque parum diligere non vereris. Scrutare ergo et revolve in animo tuo quæ tibi contulit dona et beneficia, quæve promisit : et te vehementer illum debere diligere convinceris.

Ut autem amor Dei in te amplius excitetur et crescat, considera diligenter, a quo, quare, vel ad quid creatus sit homo, quæve Deus propter hominem creavit. Sciendum est ergo rerum creaturam, cœlestium et terrestrium, visibilium et invisibilium causam non esse nisi bonitatem Creatoris, qui est Deus unus et verus : cujus est tanta bonitas, (*a*) ut aliis [(1) suæ beatitudinis qua æternaliter beatus est, velit esse participes, quam vidit communicari posse, minui omnino non posse. Illud igitur bonum, quod ipse erat, et quo ipse erat beatus, sola bonitate, non necessitate aliis communicare voluit : quia summi boni erat prodesse velle, et omnipotentissimi nocere non posse.] [(2) Et quia non valet ejus beatitudinis particeps existere aliquis, nisi per intelligentiam, quæ quanto magis intelligitur, tanto plenius habetur, fecit Deus rationalem creaturam, quæ summum bonum intelligeret, intelligendo amaret, amando possideret, et possidendo frueretur : eamque hoc modo distinxit, ut pars in sui puritate permaneret, nec corpori uniretur, scilicet Angelus; pars corpori jungeretur, scilicet anima.] Distincta est igitur rationalis creatura in incorpoream et corpoream. Incorporea, angelus; corporea vero, homo vocatur, ex anima rationali et carne subsistens. Conditio igitur rationalis creaturæ primam causam habuit, Dei bonitatem. Creatus est igitur homo (*b*) vel angelus propter bonitatem Dei. Nam quia bonus est Deus, sumus; et in quantum sumus, boni sumus. Ad quid autem creata est rationalis creatura? Ad laudandum Deum, ad serviendum ei, ad fruendum eo : in quibus ipsa proficit, non Deus. Deus enim perfectus et summa bonitate plenus, nec augeri potest nec minui. Quod ergo creatura rationalis facta est a Deo, referendum est ad Creatoris bonitatem, et ad creaturæ utilitatem. Cum igitur quæritur, quare vel ad quid facta sit rationalis creatura : respondendum est, propter Dei bonitatem, et creaturæ utilitatem : utile nempe est ei servire Deo et frui eo.

CAPUT III. — *Hominis sunt omnia.* — Factus ergo angelus, sive homo propter Deum dicitur esse, non quia Deus creator et summe beatus alterutrius indigeret officio, quia bonorum nostrorum non eget; sed ut serviret ei et frueretur eo, non ipse servire regnare est. In hoc enim proficit serviens, non ille cui servitur.

Et [(3) sicut factus est homo propter Deum, id est, ut

---

(1) Ex Hug. Vict., l. I, *de Sacramentis*, p. 2, c. IV, V. lib. *de Substantia dilect.* — (2) Ex cod. *Summæ Sentent.*, tract. II, c. I. — (3) Verba hæc Comestoris nomine citantur a Vincent. Bellov., lib. XXIII. *Spec. nat.*, c. I, sed pleraque apud Hug. Vict., lib. I, *de Sacram.*, p. II, c. I.

(*a*) Al. *ut.* — (*b*) Al. *ut.*

dire pour le servir, ainsi le monde est fait pour l'homme, c'est-à-dire pour le servir. L'homme est donc placé entre Dieu et le monde pour servir et pour être servi, acceptant d'une part comme de l'autre, dans une affaire où tout est pour son avantage, et le service qu'il doit rendre, et le service qu'on lui rend. Ainsi, Dieu a voulu que l'homme le servît, non pour en profiter lui-même, mais dans l'intérêt de l'homme; et il a voulu que le monde fût au service de l'homme, pour que l'homme en eût également tout l'avantage. Tout le bonheur de l'homme était donc, et que le monde fût fait pour lui, et que lui-même fût fait pour Dieu. « Car tout est à nous, » dit l'Apôtre (I *Cor.*, III, 22), c'est-à-dire les choses qui nous sont supérieures, les choses qui nous sont égales et les choses qui nous sont inférieures. Les choses qui nous sont supérieures sont à nous pour en jouir, comme Dieu créateur, qui est la sainte Trinité. Les choses qui nous sont égales sont à nous pour vivre avec nous en commun, comme les anges, qui sont au-dessus de nous maintenant, mais auxquels nous serons un jour égaux. (*Matth.*, XXII, 30.) Les choses qui nous sont inférieures sont aussi à nous pour notre usage, comme les biens du maître sont aussi les biens des serviteurs, non à titre de propriété, mais à titre d'usufruit. L'Ecriture nous montre en quelques endroits que les anges sont comme nos serviteurs, lorsqu'ils accomplissent pour nous une mission qui leur est confiée. C'est pourquoi l'Apôtre dit « que tous les esprits ont une fonction à remplir, et qu'ils sont envoyés comme serviteurs à cause de ceux qui veulent mériter l'héritage du salut. » (*Hébr.*, I, 14.) Il n'y a là rien d'incroyable, puisque le Créateur lui-même, le Roi des anges, est venu sur la terre non pour être servi, mais pour servir, et donner sa vie pour plusieurs. On dit aussi que les anges offrent à Dieu nos prières et nos vœux, non pour les faire connaître à Dieu, qui sait tout, avant comme après l'événement d'une chose, mais pour consulter sa volonté et nous la faire connaître ensuite par des moyens directs ou indirects. C'est pour cela qu'un ange disait aux hommes : « Lorsque vous avez prié, j'ai offert votre prière à Dieu. » (*Tob.*, XII, 12.) Quand nous prions aussi nous-mêmes, ce n'est pas pour faire connaître à Dieu nos désirs et nos besoins, comme s'il les ignorait, mais il est nécessaire que la créature raisonnable rapporte à l'éternelle vérité les causes temporelles, soit en demandant ce qui lui est nécessaire, soit en prenant conseil sur ce qu'elle doit faire. La charité, qui domine le monde, envoie les anges du haut des cieux, et ils viennent pour nous consoler, nous visiter et nous aider; ils viennent pour Dieu, pour nous et pour eux-mêmes. Pour Dieu, sans doute, dont ils imitent comme il convient la conduite miséricordieuse à notre égard; pour nous, qu'ils prennent en pitié à cause de la ressemblance qu'il y a entre leur nature et la nôtre; pour eux-mêmes, par le grand désir qu'ils ont de nous voir compléter leurs rangs.

CHAPITRE IV. — *Dignité de l'âme.* — Il est donc nécessaire, avant tout, que chacun se considère lui-même et connaisse sa dignité, pour ne pas faire injure au Créateur, en s'avilissant dans ses affections. Il y a des choses qui sont belles considérées en elles-mêmes, mais qui sont viles si on les compare avec

---

ei serviret; sic factus est mundus propter hominem, scilicet ut ei serviret. Positus est ergo homo in medio, ut ei serviretur, et ut ipse serviret : ut acciperet utrumque, et reflueret totum ad bonum hominis, et quod accipit obsequium, et quod impendit. Ita enim voluit Deus sibi ab homine servari, ut ea servitute non Deus, sed homo (*a*) juvaretur : sed voluit mundus serviret homini, ut exinde similiter juvaretur homo. Totum igitur bonum hominis erat, et quod factum est propter ipsum, et propter quod factus est ipse. « Omnia enim, ait Apostolus, nostra sunt, » (I *Cor.*, III, 22) superiora scilicet, æqualia, et inferiora. Superiora quidem nostra sunt ad perfruendum, ut Deus creator Trinitas. Æqualia nostra sunt ad convivendum, scilicet Angeli, qui etsi modo sunt superiores nobis, in futuro erunt æquales. (*Matth.*, XXII, 30.) Et inferiora nostra sunt, quæ ad usum nobis sunt, sicut res dominorum dicuntur esse famulorum, (*b*) non dominio, sed quia sunt ad usum eorum. Ipsique Angeli in quibusdam Scripturæ locis nobis servire dicuntur, dum propter nos in ministerium mittuntur] : unde Apostolus ait : « Quoniam omnes administratorii spiritus sunt, missi in ministerium propter eos qui hæreditatem capiunt salutis. » (*Hébr.*, I, 14.) Neque id incredibile cuiquam videatur : quando quidem et ipse Creator et Rex Angelorum venit non ministrari, sed ministrare, et dare animam suam pro multis. (*Matth.*, II, 18.) Dicuntur enim Angeli orationes et vota nostra offerre Deo : non quia Deum doceant, qui omnia ante quam fiant, (*c*) sicut et postea facta sunt novit; sed quia ejus voluntatem super his consulunt, et quod Deo jubente completum esse cognoverint, hoc nobis evidenter vel latenter reportent. Unde Angelus hominibus ait : « Cum orastis, orationem vestram obtuli Deo. » (*Tob.*, XII, 12.) Similiter et nos cum oramus, non Deum docemus, quasi nesciat quid velimus, et quo indigeamus : sed necesse habet rationalis creatura temporales causas ad æternam veritatem referre, sive petendo quid erga se fiat, sive consulendo quid faciat. [(1) De excelso igitur cœlorum habitaculo ad consolandos, ad visitandos et ad adjuvandos nos attrahit supereminens caritas Angelos, propter Deum, propter nos, propter se ipsos. Propter Deum utique, cujus tanta erga nos pietatis viscera ipsi quoque, ut dignum est, imitantur : propter nos, quibus nimirum propter propriam similitudinem miserantur : propter se ipsos, quorum ordines instaurandos ex nobis toto desiderio præstolantur.]

CAPUT IV. — *Animæ dignitas.* — (2) Primum ergo necesse est ut quisque se ipsum consideret, et cum cognoverit dignitatem suam, ne injuriam faciat Creatori suo, abjectiora se non amet. Nam et ea quæ per se considerata pulchra sunt, pulchrioribus comparata vilescunt : et sicut ineptum est deformia pulchris conjungere, sic

---

(1) Bernardus, ser. I, de S. Michaele. — (2) Verba Hug. Vict., *de Arra animæ*.
(*a*) Comestoris excerptum et Hug. hic add. *serviens*. — (*b*) Ed., *non privatione a domino*. — (*c*) Ms. Reg., *et plus quam fiant novit*.

d'autres; et de même qu'il est choquant d'unir ensemble une chose difforme avec une chose qui est belle, ainsi il est de la plus haute inconvenance de mettre au même rang une beauté du premier ordre et ces autres beautés d'un ordre inférieur, et qui ne sont qu'imaginaires. Considère donc, ô âme, ta beauté propre, et comprends quelle est la beauté que tu dois aimer. Si ta vue intérieure s'est obscurcie par ta négligence, et si tu n'es plus capable de te contempler toi-même, comme l'exige ta dignité et ton intérêt, pourquoi ne pas consulter ailleurs, pour apprendre à connaître ta valeur? Tu as un époux, mais tu ne le connais pas. Il est le plus beau entre tous, mais tu n'as jamais vu son visage. Lui, il t'a vue; car s'il ne t'avait pas vue, il ne t'aimerait pas. Il n'a pas voulu se présenter à toi, mais il a envoyé ses présents, il a donné ses arrhes, ses gages d'amour, ses signes de préférence. Si tu pouvais le connaître, voir sa beauté, tu ne douterais plus de ton excellence. Tu saurais qu'un fiancé si beau, si accompli, si distingué, si exceptionnel, n'aurait pas été si épris en te voyant, si tes charmes et tes attraits ne l'eussent pas frappé d'une manière particulière. Que feras-tu donc? Tu ne peux le voir maintenant, parce qu'il est absent; et c'est pour cela que tu ne crains pas, que tu ne rougis pas de l'outrager par le mépris que tu fais de son amour si particulier, en te prostituant sans honte et sans pudeur à la passion d'un étranger. Garde-toi d'agir ainsi. Si tu ne peux pas encore connaître celui qui t'aime, considère du moins les arrhes qu'il t'a données; peut-être qu'à la vue de ce présent que tu possèdes, tu pourras reconnaître comment tu dois l'aimer, et avec quel soin vigilant tu dois lui conserver ton cœur. Ses arrhes sont magnifiques, c'est un noble don; il ne convenait pas à sa grandeur de faire un petit présent, et il était trop sage pour se montrer magnifique, si la chose n'en valait pas la peine. Son présent est donc magnifique, mais tu es plus grande encore. Quant à son présent, il est vraiment magnifique.

O mon âme, que t'a donné ton fiancé? Regarde cet univers, et vois s'il y a une créature qui ne soit pas faite pour ton service. Toute la nature accomplit son œuvre pour obéir à tes ordres, et se mettre à ta disposition, pour fournir à tes plaisirs ainsi qu'à tes besoins, sans s'épuiser jamais; le ciel, la terre, l'air, la mer, avec tout ce qu'ils renferment, ne se lassent pas de te donner; les saisons, qui se succèdent en tournant dans leur cercle annuel, se rajeunissent, deviennent fécondes, donnent leurs productions nouvelles, et ainsi les provisions sont perpétuellement renouvelées pour les besoins de l'homme. Qui donc a établi cet ordre merveilleux? Qui donc a commandé à la nature de te servir avec un ensemble si parfait? Tu jouis du bienfait, et tu ne reconnais pas son auteur; le don est là sous tes yeux, et tu ne vois pas la main qui l'apporte; et pourtant ta raison ne te laisse pas dans le doute; elle te dit que tout cela n'est pas à toi, et que tu le dois à la libéralité d'un autre. Quel que soit ce bienfaiteur, nous lui devons beaucoup, et s'il nous a tant donné, c'est qu'il nous aime beaucoup. Ses dons sont donc des preuves de son amour et des titres à l'amour que nous lui devons. Quelle folie de ne pas rechercher l'affection d'un bienfaiteur si puissant! Quelle ingratitude, quel désordre de ne pas aimer celui qui a tant d'amour pour nous!

---

omnino indecens est ea quæ non habent nisi infimam quamdam et imaginariam pulchritudinem pulcherrimis coæquare. Tuam ergo, anima, attende pulchritudinem; et intellige qualem pulchritudinem debeas diligere. Quod si forte interna visio tua per negligentiam tuam obscurata est, et temetipsam, ut decet et expedit, contemplari non sufficis : cur saltem quod de te existimare debeas, ex judicio alieno non perpendis? Sponsum habes; sed nescis. Pulcherrimus est omnium; et faciem ejus non vidisti. Ille te vidit : quia nisi te vidisset, non te diligeret. Noluit adhuc se ipsum præsentare tibi; sed munera misit, arrham dedit, pignus amoris, signum dilectionis. Si cognoscere illum posses, si speciem ejus videres, non amplius de tua pulchritudine ambigeres : scires enim quod tam pulcher, tam formosus, tam elegans, tam unicus in tuo aspectu captus non esset, si non eum singularis decor et ultra cæteros admirandus traheret. Quid igitur ages? Nunc videre illum non potes, quia absens est : et ideo non times nec erubescis illi injuriam facere, quia singularem ejus amorem contemnis, teque alienæ libidini turpiter et impudice prostituis. Noli sic facere. Si adhuc scire non potes qualis ille sit qui te diligit, considera saltem arrham quam dedit tibi : fortassis in ipso munere ejus quod penes te est, poteris agnoscere quo affectu illum diligere, quo studio et diligentia te illi debeas conservare. Insignis est arra ejus, nobile donum : quia nec magnum decuit ut parva daret, nec pro parvo magna sapiens dedisset. Magnum ergo est quod tibi dedit; sed majus est quod in te diligit. Magnum est ergo quod tibi dedit.

Quid tibi dedit, o anima, sponsus tuus? Respice universum mundum istum, et considera si in eo aliquid sit quod tibi non serviat. Omnis (a) natura ad hunc finem cursum suum dirigit, ut obsequiis tuis famuletur, et utilitati deserviat, tuisque oblectamentis pariter et necessitatibus secundum affluentiam indeficientem occurrat : hoc cœlum, hoc terra, hoc aer, hoc maria cum eis quæ in ipsis sunt universis, explere non cessant; hoc circuitus temporum annuis innovationibus et redivivis partubus antiqua innovans, dilapsa reformans, consumpta instaurans pastu perpetuo subministrat. Quis ergo putas hoc instituit? quis istud naturæ præcepit, (b) ut sic uno consensu tibi serviat? Beneficium accipis, et auctorem ejus non agnoscis; donum in manifesto est, largitor occultus; et tamen ipsa ratio tua te dubitare non sinit, hoc tuum non esse debitum, sed beneficium alienum. Quicumque ergo ille est, multum nobis contulit : et qui tantum dare voluit, multum dilexit. Tantum ergo diligens, et (c) tam diligendus dono sue demonstratur. Et quam stultum est amorem tam potentis non ultro concupiscere! quam impium, quam perversum est tam diligentem non amare!

(a) Al. *creatura*. — (b) Al. *ut uno sensu*, vel *censu*. — (c) Al. *tantum*.

Si tu aimes les créatures, aime-les comme on aime un sujet, un serviteur, comme on aime les arrhes d'un époux, les présents d'un ami, les bienfaits d'un maître; aime-les, mais n'oublie pas le Créateur; ne les aime pas pour elles-mêmes, mais pour lui; ne les aime pas avec lui, mais à cause de lui, et aime-le par elles et au-dessus d'elles.

CHAPITRE V. — *Comment faut-il aimer Dieu. Ses bienfaits.* — Prends garde, ô mon âme, prends garde de passer, Dieu t'en préserve, pour une courtisane, si tu préfères les présents qu'on te donne à l'affection de celui qui t'aime. L'injure que tu fais à son amour est d'autant plus grande, que tu reçois ses présents sans le payer de retour. Refuse donc ses dons, si tu le peux, et si tu ne peux les refuser, rends-lui du moins amour pour amour. Aime-le pour lui-même, et aime-toi à cause de lui; aime-le pour le posséder, et aime-toi afin qu'il t'aime. Aime-le dans les dons qu'il t'accorde. Aime-le pour toi, et aime-toi pour lui. Voilà le pur et chaste amour, qui n'a rien de sordide, rien d'amer, rien de volage.

Considère donc, ô mon âme, les biens que tu as en commun avec toutes les créatures, ceux que tu as en partage avec quelques autres, et ceux qui sont ton privilége particulier. Dieu t'a aimée en te donnant soit les biens communs, soit les biens spéciaux, soit les biens particuliers. Il t'a donc aimée comme toutes les créatures en te donnant, comme aux autres, une part dans ses dons. Il t'a aimée davantage en te donnant le privilége d'une grâce particulière. Tu es aimée entre toutes les créatures, tu es aimée avec tous les bons, tu es aimée plus que tous les méchants; et combien, parmi les bons, qui n'ont pas reçu autant que toi?

CHAPITRE VI. — *Bienfaits de la création et de la rédemption.* — Pense donc avant tout, ô mon âme, qu'autrefois tu n'existais pas, et que ton existence est un don de Dieu. Il fallait donc un don de Dieu pour avoir l'existence. Mais avais-tu donné quelque chose à Dieu, avant d'avoir l'existence, pour qu'il eût une raison de te la donner? Non assurément; tu n'avais rien donné, tu ne pouvais rien donner avant d'être. Supposons qu'il ne t'ait donné que l'existence, ce don seul mériterait nos louanges et notre éternel amour. Mais il a fait plus; non-seulement il t'a donné l'être, mais encore il t'a donné la beauté et la magnificence de la forme. Il n'a point borné là sa libéralité; il a voulu faire encore davantage, et il nous a formés à sa ressemblance. Il a voulu attirer à lui, par les traits de la ressemblance, ceux qu'il s'attachait déjà par l'amour. Il nous a donc donné l'être, la beauté, la vie; et par l'être, nous valons mieux que ceux qui ne l'ont pas; par la forme, nous sommes au-dessus des êtres qui sont incomplets, sans règle et sans organisation; par la vie, nous l'emportons sur les êtres inanimés. Tu dois donc beaucoup, ô mon âme! Tu as beaucoup reçu, et tu n'avais rien de ton côté; et pour tous ces biens, tu ne peux rien rendre, si ce n'est en payant d'amour. Ce qui t'a été donné, c'est l'amour qui te l'a donné; on ne saurait mieux faire ni agir plus convenablement qu'en payant par l'amour; car tu as tout reçu par l'amour.

Il faut maintenant que je te raconte, ô mon âme, tout ce qu'a fait ton époux, qui s'est montré si ma-

---

(1) Si autem ista diligis, ut subjecta dilige, ut famulantia dilige, ut arram sponsi, ut munera amici, et beneficia domini : sic tamen, ut memineris semper quid illi debeas, nec ista propter se, sed ista pro illo, nec ista cum illo, sed ista propter illum, et per ista illum, et supra ista illum diligas.

CAPUT V. — Cave o anima, ne, quod absit, meretrix dicaris; si munera dantis plus quam amantis affectum diligis. Majorem caritati ejus injuriam facis, si et dona illius accipis, et tamen vicissitudinem dilectionis non impendis. Aut dona illius si potes respue; vel si dona illius respuere non potes, vicissitudinem dilectionis repende. Dilige illum propter se, dilige te propter illum : dilige illum, ut fruaris illo, dilige te, (a) ut diligaris ab illo. Dilige in donis illius quæ data sunt ab illo. Illum tibi, et te illi dilige. Hæc pura et casta dilectio est, nihil habens sordidum, nihil amarum, nihil transitorium.

Considera ergo, o anima mea, quæ communia cum omnibus, quæ specialia cum aliquibus, quæ singularia sola acceperis. In omnibus his te dilexit, quæ vel communiter tecum omnibus, vel specialiter cum quibusdam, vel singulariter tibi soli tribuit. Cum (b) iis rursum omnibus te dilexit, quibus te participatione doni sui sociavit. Præ omnibus iis te dilexit, quibus te singularis dono gratiæ prætulit. In omni creatura dilecta es, cum omnibus bonis dilecta es, præ omnibus malis dilecta es : et ne parum hoc tibi videatur, quod præ omnibus malis dilecta es; quanti boni sunt qui minus te acceperunt?

CAPUT VI. — *Beneficium creationis.* — Primum cogita o anima, quod aliquando non fueris, et ut esse inciperes, hoc Dei dono acceperis. Donum ergo ejus erat, ut fieres. Sed numquid ei aliquid dederas prius quam fieres, quod tibi hoc ab eo redderetur ut fieres? Nihil prorsus, nil tu dederas, nil tu dedisse poteras prius quam fieres. Qui utique si nil amplius dedisset, pro eo ipso tamen semper a nobis laudandus et diligendus esset. Nunc autem amplius dedit, quia dedit non solum esse, sed et pulchrum esse, et formosum esse. Sed nec hic terminari potuit munificentia largitoris optimi : adhuc aliquid plus dedit, (c) et magis nos ad similitudinem suam traxit. Voluit ad se trahere per similitudinem, quos ad se trahebat per dilectionem. Dedit ergo nobis esse, et pulchros esse, dedit et vivere : ut præcellamus his quæ non sunt per essentiam, et his quæ inordinata sunt, aut incompleta aut incomposita per formam, aut inanimata per vitam. Magno debito obligata es, anima mea. Multum accepisti, et nihil a te habuisti : et pro omnibus his non habes quid retribuas, nisi tantum ut diligas. Nam quod per dilectionem datum est, nec melius nec decentius quam per dilectionem rependi potest; accepisti autem hoc per dilectionem.

Jam nunc tibi narrare incipiam quantum iste sponsus

---

(1) Ita et Petrus Blos. *de Carit. Dei et proximi,* c. xxi.
(a) Ap. Hug., *quia diligeris*. — (b) Locus restitutus ex Hug. et Ms. Reg. — (c) Ms. Reg., *et magis dedit, nos.*

gnifique pour ta création, et qui s'est tant humilié pour ta réparation. Là il est grand, ici il est petit; mais pourtant, dans sa petitesse comme dans sa grandeur, il n'est pas moins aimable, parce que dans l'un comme l'autre état il n'est pas moins admirable. En te créant, sa puissance t'a comblée de ses biens; en te réparant, sa miséricorde a supporté pour toi les plus cruelles épreuves. Pour te relever jusqu'à la place d'où tu étais tombée, il a daigné descendre à l'endroit de ta chute, et pour te remettre en possession de ce que tu avais mérité de perdre, il a pris sur lui, avec amour, la souffrance que tu endurais. Il est donc descendu, il a pris ta nature, il a souffert, il a vaincu, il a restauré. Il est descendu jusqu'à notre condition mortelle, il a pris notre mortalité, il a souffert la passion, il a vaincu la mort, il a restauré l'homme. O mon âme, sois stupéfaite à la vue de tant de prodiges, à la vue de tant de bontés pour toi. Combien il a dû t'aimer, puisqu'il a tant fait pour toi! Tu étais belle par le bienfait de la création, et tu t'es souillée par ton iniquité; mais sa charité s'est montrée de nouveau, et plus grande encore, en te purifiant et en te rendant ta première beauté. Lorsque tu n'étais pas encore, il t'aimait déjà et t'a donné l'être; plus tard, il a vu que tu étais souillée, et il t'a encore aimée pour te rendre ta beauté; et, voulant te montrer l'excès de son amour, il a voulu mourir lui-même pour te délivrer de la mort, comme si le bienfait n'eût pas suffi pour satisfaire son cœur, s'il n'y avait joint le témoignage de son amour. Le Créateur s'est montré plein de bonté, en donnant au premier homme le souffle de la vie; mais son amour éclate bien davantage lorsqu'il lui donne, non plus ce qui lui appartient, mais qu'il se livre lui-même et se sacrifie pour lui. Je dois beaucoup à Dieu quand je me dis que je suis son ouvrage; mais combien il m'élève davantage en devenant lui-même ma rançon, et mettant à si haut prix ma délivrance, que l'homme paraît avoir la valeur d'un Dieu. Heureuse faute que la mienne! puisque Dieu, par amour, est venu pour me purifier, et que, par amour encore, il me tend les bras pour satisfaire mes désirs et combler tous mes vœux. Je n'aurais jamais connu si bien son amour, si les dangers dont il m'a délivré ne m'avaient donné l'occasion de le connaître. O chute heureuse, puisqu'étant relevé je me trouve plus heureux que jamais! On ne peut pas imaginer un amour plus grand, un amour plus sincère, une charité plus sainte, une affection plus ardente. Il est mort pour moi, lui innocent, moi n'ayant rien qui pût lui plaire. Qu'avez-vous donc trouvé en moi, Seigneur, et qu'avez-vous tant aimé, que vous ayez voulu mourir pour moi? Y avait-il en moi quelque chose qui méritât de votre part l'acceptation de si nombreuses et si cruelles souffrances?

CHAPITRE VII. — *Bienfait de la vocation à la foi.* — Mais ce n'est pas tout. Pense encore, ô mon âme, qu'il y a des hommes en grand nombre, et des hommes considérables, si on les compare à toi, qui ont été rejetés, et qui n'ont pu obtenir cette grâce qui t'a été donnée? Tu n'ignores pas que depuis le commencement du monde jusqu'à ce jour, de nombreuses générations ont passé sur la terre sans connaître Dieu, sans avoir part au prix de la rédemption, et elles ont disparu dans la mort éternelle. Ton Rédempteur t'a donc préférée à tous ces hommes, en te donnant cette

---

tuus, qui tam excellens apparuit cum te conderet, humiliari dignatus est cum te repararet. Illic tam sublimis, hic tam humilis : non tamen hic, quam illic, minus [(*a*) amabilis; quia nec hic quam illic minus] admirabilis. Illic potenter magna tibi contulit, hic misericorditer pro te dira sustinuit. Ut enim relevaret te illuc unde cecideras, ipse descendere dignatus est huc ubi jacebas : et ut tibi juste redderetur quod perdideras, ipse dignatus est pie pati quod tolerabas. Descendit ergo, suscepit, sustinuit, vicit, restauravit. Descendit ad mortalem, suscepit mortalitatem, sustinuit passionem, vicit mortem, restauravit hominem. Ecce anima mea obstupesce tanta mirabilia, tanta beneficia propter te exhibita. Cogita quantum te diligat, qui tanta dignatus est facere propter te. Pulchra facta fueras ejus munere; foeda facta es tua iniquitate : sed rursum mundata es et formosa facta es ejus pietate, operante tamen utrobique ejus caritate. Olim cum non esses, dilexit te ut conderet; postea cum foeda esses, dilexit ut pulchram faceret : et ut ostenderet tibi quantum te diligeret, non nisi moriendo a morte liberare te voluit; ut non impenderet tantum pietatis beneficium, verum etiam caritatis monstraret affectum. [(1) Grandi itaque dignatione primo homini spiraculum vitæ desuper pius formator infudit : sed multo majori caritate pro eodem homine non jam sua dedit, sed se

(1) Hæc nobis non occurrerunt in dicto Hug. lib.
(*a*) Hæc ex Hug. supplemus.

ipsum impendit atque tradidit. Magnum quidem est de Deo, quod esse me sentio opus ejus : sed multo plus est, quod transisse ipsum video in pretium meum; quoniam tam copioso munere ipsa redemptio agitur, ut homo Deum valere videatur.] O felix culpa mea, ad quam diluendam dum ille caritate trahitur, ipsa quoque ejus caritas mihi eam desideranti et eam totis præcordiis concupiscenti aperitur! Nunquam tam bene dilectionem ejus agnoscerem, nisi in tantis periculis expertus eam fuissem. O quam feliciter cecidi, qui post lapsum felicius resurrexi! Nulla dilectio major, nullus amor sincerior, nulla caritas sanctior, nullus affectus ardentior. Mortuus est pro me innocens, nihil in me quod amaret inveniens. Quid ergo dilexisti Domine in me, et tantum dilexisti, ut morereris pro me? Quid tale in me invenisti, pro quo tanta et tam dura sustinere voluisti?

CAPUT VII. — *De beneficio vocationis ad fidem.* — Et quid si cogitare cœperis o anima mea, quot et quales in comparatione tui abjecti sint, qui hanc quæ tibi data est gratiam consequi non potuerunt? Certe audisti ab initio usque ad hanc diem, quam multæ generationes pertransierunt, quæ omnes sine cognitione Dei et pretio suæ redemptionis in interitum sempiternum dilapsæ sunt. Omnibus illis Redemptor tuus te prætulit, quando tibi hanc gratiam largitus est, quam nullus eorum percipere

grâce, qu'aucun d'eux n'a mérité de recevoir. Il t'a donc choisie de préférence à tous; et pour t'avoir ainsi choisie, tu ne trouveras pas qu'il y ait eu d'autre motif que l'amour, et l'amour seul de ton Sauveur. Il t'a donc choisie, il t'a préférée, ton époux, ton ami, ton Dieu, ton Rédempteur; il t'a choisie entre tous, il t'a préférée à tous, il t'a aimée plus que tous. Il t'a appelée de son nom, afin que son nom fût pour toi un mémorial perpétuel; il a mis ton nom dans le sien, afin que son nom fût pour toi une réalité; il t'a communiqué l'onction dont il a été sacré avec l'huile de la joie (*Ps.* XLIV, 8), afin que tu aies l'onction de son onction, parce que chrétien vient de Christ. Étais-tu donc plus forte, plus sage, plus noble, plus riche que tous ces hommes, pour avoir mérité, préférablement à eux, cette grâce privilégiée? Parmi ces générations, que d'hommes forts, sages, nobles, riches! et pourtant on les a laissés de côté, on les a rejetés et ils sont perdus. Il faut l'avouer, on a fait beaucoup pour toi; car d'abord tu étais souillée et dans la fange, tu étais difforme et couverte de haillons, tu étais déchirée et en lambeaux, objet d'horreur et de dégoût; mais Dieu, ton Seigneur, t'a tant aimée, qu'il t'a enrichie de tous les dons de sa grâce. Il a fallu de grands soins et un dévouement persévérant pour t'embellir et te parer convenablement; autrement, tu n'aurais jamais été digne d'être introduite auprès de l'Époux céleste. Tandis qu'il en est temps encore, ô mon âme, soigne ta beauté, pare ton visage, compose ton extérieur, fais disparaître la moindre tache, que tout respire en toi la propreté, la décence des mœurs, l'exacte discipline, que tout se transforme et devienne perfection, et ne néglige rien pour être la digne épouse de ton digne Époux. Prépare-toi comme il convient à l'épouse d'un immortel Époux, à celle qui doit occuper le royaume du ciel.

Chapitre VIII. — *Dons des vertus.* — Tu sauras aussi que tu dois à son amour d'avoir tout ce qui peut servir à ta parure; car tu n'avais rien de ton côté; il a fallu qu'il te donnât tout. Il t'a donné, pour être ton vêtement, les bonnes œuvres; puis il a ajouté, comme joyaux et variété de parure, le fruit des aumônes, les jeûnes, les prières, les saintes veilles et toutes les œuvres de piété; il a fourni avec abondance tout ce qui pouvait servir à ta santé, à ta nourriture, à l'entretien de ta beauté et à l'augmentation de tes charmes. Tout est venu en abondance pour toi de toutes parts. Tu n'avais rien, on t'a donné; tu avais tout perdu, on t'a tout rendu. Tu n'as jamais été délaissée, et par là tu dois connaître l'amour de celui qui t'aime. Il ne veut pas t'abandonner; c'est pour cela qu'il t'attend avec une si grande patience, ne se lassant pas de remplacer par de nouveaux dons de son amour les pertes que fait ta négligence; il suffit que tu le veuilles. Que d'âmes ont péri après avoir reçu comme toi ses premiers dons; mais les ayant perdus, elles n'ont pas eu le bonheur, comme toi, d'en recevoir d'autres. Il t'a donc aimée plus que les autres, puisqu'il t'a rendu avec bonté ce que tu avais perdu, et qu'il ne l'a pas voulu faire pour les autres. Jamais il n'a refusé de te donner sa grâce pour faire le bien. Si tu fais de grandes choses, c'est sa miséricorde qui veut t'élever; si tu ne fais pas de grandes choses, c'est que ton salut est plutôt dans l'humilité. Car il sait mieux que toi-même ce qui peut te convenir; et si tu

meruit. Tu sola præ omnibus illis assumpta es : et quare hoc in te factum sit, nullam præter solam Salvatoris tui caritatem, invenire poteris causam. Elegit ergo et præelegit te sponsus tuus, amator tuus, Deus tuus, Redemptor tuus : elegit te in omnibus, et assumpsit te ex omnibus, et amavit te præ omnibus. Nomine suo vocavit te, ut memoriale ejus semper esset apud te. Voluit te participem esse in nomine, participem in nominis veritate : quoniam unxit te illo, quo et ipse unctus erat, oleo lætitiæ (*Psal.* XLIV, 9), ut ab uncto sis unctus, quia a Christo dicitur Christianus. Sed numquid tu fortior, numquid sapientior, numquid nobilior, numquid omnibus illis ditior fuisti, qui hanc præ omnibus illis specialem gratiam sortiri meruisti? Quot fortes, quot sapientes, quot nobiles, quot divites ibi fuerunt; et tamen universi relicti et abjecti perierunt? Multum, fateor, collatum est tibi : nam cum fœda prius fuisses, et polluta, et deformis, et squallida, discissa et dissipata, et omni horrore et enormitate plena : sic Deus Dominus tuus dilexit te, ut te tantis gratiæ suæ muneribus ditaret. Nisi ergo prius multa cura, studio vehementi ex culta et ornata decenter fueris, in cœlestis sponsi thalamum introduci digna non eris. Nunc ergo dum tempus est, o anima mea, formam tuam excole, faciem orna, habitum compone, maculas terge, munditiam repara, mores corrige, disciplinam serva, et omnibus tandem in melius commutatis, dignam sponsam digno sponso omni nisu te redde. Præpara ergo te sicut decet sponsam sponsi immortalis, sponsam (*f.* regis) regni cœlestis.

Caput VIII. — *De virtutum munere.* — Hoc etiam ad dilectionem pertinere scias, quod habes unde te ornare possis : quod utique ex te non haberes, nisi ab illo recipere. Ab illo autem accepisti, ut vestimenta bonorum operum indui, et fructu eleemosynarum cum jejuniis et orationibus, cum sacris vigiliis aliisque operibus pietatis, quasi quodam vario ornatu possis ornari vel decorari : et quidquid ad sanitatem, quidquid ad refectionem, quidquid ad speciem reparandam, quidquid ad decorem augendum valere dignoscitur, copiose tribuit. Vide quam copiosa dispensatione tibi ubique occurritur. Non habuisti, et datum est tibi; perdidisti, et restauratum est tibi : nunquam derelinqueris, ut scias quantum ille te diligat a quo amaris. Non vult perdere; et ideo tanta patientia te expectat : et concedit pie totiens negligenter amissa iterum atque iterum si volueris reparare. O quot jam perierunt, qui ista tecum receperunt, sed amissa iterum tecum recipere non meruerunt! Plus omnibus illis dilecta es, quia tibi tam benigne amissorum redditur, quod illis perditum tam districte negatur. Nunquam tibi gratia bene operandi ipso largiente negata est. Si magna opera facis, misericorditer sublimaris : (*a*) si non facis magna opera, salubriter humiliaris. Melius enim novit

(*a*) Locus restitutus ex Hug. et Ms. Reg.

veux être juste envers lui, tu comprendras que toute sa conduite à ton égard est l'effet de sa bonté pour toi. C'est ainsi que Dieu nous aime; et il n'est pas une des souffrances, qui sont attachées à notre condition mortelle, que Dieu, dans sa bonté, ne fasse tourner à notre bien. Peut-être n'avez-vous pas le don des vertus; mais pendant que vous êtes aux prises avec le vice, votre humilité s'affermit davantage. La faiblesse qui s'humilie est plus agréable à Dieu que la vertu qui s'élève. Ne résistez donc en rien à la conduite de Dieu; mais priez-le avec crainte, avec soumission, de vous venir en aide, suivant l'inspiration de sa sagesse; d'effacer tous les restes du péché qui seraient encore en vous; de mener à bonne fin ce que vous avez bien commencé, et de vous conduire à lui par la voie qui lui plaira.

CHAPITRE IX. — *Autres bienfaits de Dieu.* — O mon âme, que ferons-nous pour le Seigneur notre Dieu, qui nous a comblés de tant de biens? Il ne s'est pas contenté de nous donner les mêmes biens qu'aux autres; mais dans nos misères mêmes nous avons éprouvé son amour tout particulier, et nous savons que nous devons l'aimer spécialement pour nos biens comme pour nos maux. Vous m'avez donné, Seigneur, la grâce de vous connaître, et vous m'avez fait comprendre, mieux que d'autres, les secrets que vous avez révélés. Vous avez laissé dans les ténèbres de l'ignorance plusieurs de mes contemporains, et par une faveur de préférence, vous avez fait briller à mes yeux la lumière de votre sagesse. Vous m'avez donné la faculté des sens, une intelligence facile, une mémoire fidèle; par vous, mon travail a porté ses fruits, ma conduite a eu le don de plaire, mes études ont marché, mes entreprises ont réussi; vous m'avez consolé dans l'adversité, vous m'avez rendu sage dans la prospérité; partout où j'allais, je trouvais là votre grâce et votre miséricorde. Souvent je me voyais perdu, et tout à coup vous m'avez délivré; je m'égarais, et vous m'avez ramené; j'étais dans l'ignorance, et vous m'avez instruit; je péchais, et vous m'avez repris; j'étais triste, et vous m'avez consolé; je tombais, et vous m'avez relevé; j'étais debout, et vous me teniez par la main. C'est vous qui m'avez fait la grâce de mieux vous connaître dans la vérité, de mieux vous aimer avec pureté, de mieux croire en vous avec sincérité et de mieux vous suivre avec ardeur. O Seigneur mon Dieu, douceur de ma vie, lumière de mes yeux, que vous rendrai-je pour tous les biens que vous m'avez faits? Vous voulez que je vous aime. Et comment vous aimerai-je? Combien vous aimerai-je? Qui suis-je pour vous aimer? Et cependant je vous aimerai, Seigneur, vous qui êtes ma force, mon soutien, mon refuge, mon libérateur, mon Dieu, mon secours, mon protecteur, mon salut et mon guide. Et que pourrai-je dire encore? Vous êtes mon Seigneur et mon Dieu.

CHAPITRE X. — *Sollicitude de Dieu à notre égard.* — Les bienfaits que vous m'avez accordés sont nombreux et incalculables, Seigneur mon Dieu, et il me sera doux d'y penser toujours, d'en parler sans cesse, d'en rendre grâces à chaque instant, afin que je vous loue et vous aime pour tous vos bienfaits. Tu as donc, ô mon âme, tu as tes arrhes; et dans tes arrhes, tu connais ton Epoux. Conserve-toi pour lui intacte, pure, inviolable et tout entière. Tu as été autrefois une prostituée, mais tu es redevenue vierge; et son

---

ille quid tibi expediat, quam tu; et ob hoc si vis de eo bene sentire, totum quod ab illo tibi fit, bene fieri intellige. Talis est enim amor Dei in nobis, nec quidquam omnino humana infirmitas tolerat, quod ipse quantum in sua bonitate est, ad bonum nostrum non disponat. Forte gratiam virtutum non habes; sed dum vitiorum impulsu concuteris, melius in humilitate solidaris. Suavius enim redolet Deo humilitas infirma, quam virtus elata. Nihil omnino dispositioni divinæ præjudicare audeas : sed semper cum timore et reverentia ora Deum, ut quemadmodum ipse novit, tibi subveniat : si qua adhuc tamen in te mala remanserint, pie diluat; si qua inchoata sunt bona, benigne perficiat, ea te, qua voluerit, ad se via perducat.

CAPUT IX. — *De illustratione aliis beneficiis.* — O anima quid faciemus Domino Deo, a quo tot bona accepimus? Neque enim contentus fuit eadem, quæ cæteris, nobis bona tribuere; sed in malis quoque nostris ejus singularem dilectionem cognoscimus, ut eum tam de bonis quam de malis nostris omnibus singulariter diligamus. Tu dedisti mihi Domine ut te agnoscam, et præ cæteris multis de tuis secretis revelata intelligam. Alios coætaneos meos in tenebris ignorantiæ dereliquisti, et mihi præ illis (*a*) sapientiæ tuæ lumen infudisti. Tu dedisti mihi sensum capacem, intellectum facilem, memoriam tenacem, efficaciam in opere, gratiam in conversatione, provectum in studiis, (*b*) effectum in cœptis, solamen in adversis, cautelam in prosperis : et quocumque vertebam me, ubique gratia et misericordia tua præcessit. Et sæpe mihi cum consumptus videbar, subito liberasti me; quando errabam, reduxisti me; quando ignorabam, docuisti me; quando peccavi, corripuisti me; quando tristabar, consolatus es me; quando cecidi, erexisti me; quando steti, tenuisti me. Tu dedisti mihi verius cognoscere te, purius diligere te, sincerius credere in te, ardentius sequi te. O Domine Deus meus, dulcedo vitæ meæ, lumen oculorum meorum, quid retribuam tibi pro omnibus quæ retribuisti mihi? Vis ut diligam te. Et quomodo diligam te? quantum diligam te? quis sum ego, ut diligam te? Et tamen diligam te Domine fortitudo mea, firmamentum meum, refugium meum et liberator meus, Deus meus, adjutor meus, protector meus, cornu salutis meæ, et susceptor meus. Et quantum adhuc dicam? Tu es Domine Deus meus.

CAPUT X. — *De Dei circa nos sollicitudine.* — Multa et innumerabilia bona fecisti mihi, Domine Deus meus, de quibus mihi dulce erit semper cogitare, semper loqui, semper gratias agere, ut te laudem et amem pro omnibus beneficiis tuis. Ecce habes, anima mea, arram tuam; et in arra tua cognoscis sponsum tuum. Serva ergo te illi intactam, serva impollutam, serva inconlaminatam, serva integram. Si olim meretrix fuisti, jam virgo facta es :

(*a*) Al. *gratiæ.* — (*b*) Al. *profectum in conceptis.*

amour sait rendre la pureté à ceux qui l'ont perdue, comme il sait garder chastes ceux qui sont purs. Pense toujours à la grande miséricorde qu'il a eue pour toi, et juge de son amour en ce qu'il n'a jamais cessé de te faire du bien. Il me semble, en effet, quand je pense à toutes ses bontés pour moi, que Dieu n'a d'autre occupation, s'il est permis de le dire, que de pourvoir à mon salut; et je le vois tellement attentif à me garder, qu'il semble oublier tout autre chose pour ne penser qu'à moi. Dieu se montre toujours présent à moi, toujours prêt; partout où je vais, il ne me quitte pas; partout où je suis, il ne s'éloigne pas; quoi que je fasse, il est là; il voit toutes mes actions, et, par sa grande bonté, il me prête son assistance particulière, comme il me le montre par les effets de sa grâce. Il s'ensuit de là que, malgré qu'il soit invisible pour nous, nous ne pouvons pas éviter sa présence. Mais quel est ce doux sentiment que j'éprouve, cette touche secrète que produit en moi son souvenir, et qui m'impressionne si fortement et avec tant de suavité? On dirait que je me sépare de moi-même et que je suis emportée je ne sais où. Je ne suis plus la même, je suis toute changée, et je me trouve dans un état de bonheur que je ne pourrais exprimer. Tout est joie dans ma conscience, le souvenir des douleurs passées s'évanouit, l'esprit tressaille, l'intelligence est rayonnante, le cœur s'illumine, et les désirs sont des éclairs de bonheur. Je me vois ailleurs, et je ne sais pas où; je tiens en moi-même comme un objet dans les embrassements de mon amour, et je ne sais quel est cet objet, et je fais tous mes efforts pour le retenir toujours et ne jamais l'échapper. Mon âme prend plaisir à lutter en quelque sorte pour ne pas quitter l'objet, qu'elle veut tenir embrassé toujours, et comme si cet objet était le terme de tous ses désirs, elle éprouve, à un degré qu'on ne peut dire, les tressaillements de la joie, ne cherchant plus rien, ne désirant plus rien, et voulant rester toujours en cet état. N'est-ce pas le bien-aimé? Oui, c'est mon Seigneur qui vient me visiter; mais il vient sans qu'on le voie, il vient en secret, il vient sans se montrer. Il vient pour me toucher, et non pour que je le voie; il vient pour me parler, et non pour se découvrir à moi; il ne vient pas pour se donner tout entier, mais pour que l'on goûte un tant soit peu de sa douceur; ce n'est pas encore pour satisfaire mon désir, ni pour me faire entrer dans la plénitude de ses délices. Voilà les arrhes que le fiancé donne à sa fiancée; un jour elle le verra et le possédera à jamais; maintenant, il ne laisse tomber que quelques gouttes de sa plénitude pour que tu saches, ô mon âme, combien il est doux.

CHAPITRE XI. — *Conservation de la vie et autres bienfaits.* — Combien donc tu dois aimer ton Dieu pour tant de bienfaits qu'il t'a accordés! Mais pour exciter encore davantage ton amour, considère, ô mon âme, examine s'il n'y a pas encore d'autres bienfaits dont tu lui sois redevable. Et s'il est vrai que Dieu t'a accordé de nouvelles faveurs, comme nous allons le dire, combien ne dois-tu pas te montrer pleine de reconnaissance et d'amour, en lui disant pour le remercier : Combien je dois aimer mon Dieu, qui a tiré le bien de l'amour charnel de mes parents, qui m'a créé de leur chair, qui a répandu en moi le souffle

---

quemadmodum amor illius consuevit corruptis integritatem reddere, (*adde,* ita) et integris castitatem servare. Semper cogita quantam tecum misericordiam fecit : et in hoc perpende quantum ab ipso diligeris, quod ejus beneficium nunquam te defuisse cognoscis. Sic certe mihi videtur, cum ejus miserationes circa me attendo, quod, si fas est dicere, nihil aliud agat Deus, nisi ut meæ saluti provideat : et ita totum ad custodiam mei occupatum video, quasi omnium oblitus sit, et mihi soli vacare velit. Semper præsentem mihi se exhibet Deus, semper paratum se offert : quocumque me vertero, me non deserit; ubicumque fuero, non recedit; quidquid egero, pariter assistit : et quod tandem cunctis actionibus meis perpetuus inspector, et quantum ad bonitatem suam pertinet, quasi individuus cooperator assistat, ipso operis sui effectu patenter ostendit. Ex quo constat quod licet facies ejus a nobis adhuc videri non possit, nunquam tamen possit ejus præsentia evitari. Sed quid est illud dulce, quod in ejus recordatione (1) me tangere solet, et tam vehementer atque suaviter afficere : ut jam tota quodam modo a memetipso abalienari, et nescio quo, abstrahi incipiam? Subito tota innovor et tota immutor, et bene mihi esse incipit ultra quam dicere sufficiam. Exhilaratur conscientia, in oblivionem venit omnis præteritorum dolorum miseria, exultat animus, clarescit intellectus, cor illuminatur, desideria jucundantur. Jamque alibi (nescio ubi) me esse video, et quasi quiddam amplexibus amoris intus teneo, et nescio quid illud sit : et tamen illud retinere semper et nunquam perdere toto nisu laboro. Luctatur quodam modo delectabiliter anima ne recedat ab eo quod semper amplecti desiderat : et quasi in illo omnium desideriorum finem invenerit, summe et ineffabiliter exultat, nihil amplius quærens, nihil ultra appetens, semper sic esse volens. Numquid ille est dilectus? Vere ille est Dominus meus qui visitat me : sed venit invisibilis, venit occultus, venit incomprehensibilis. Venit ut tangat me, non ut videatur a me; venit ut admoneat me, non ut comprehendatur a me; venit ut non totum infundat se, sed ut gustandum præbeat se; non ut impleat desiderium, non ut plenitudinem exhibeat suæ perfectæ satietatis. Et hoc est quod maxime pertinet ad arram desponsationis ejus : quod ille qui in futuro se tibi videndum et perpetuo possidendum dabit, nunc aliquo modo ut quam dulcis sit agnoscas, se tibi ad gustandum præbet (2).

CAPUT XI. — *De munere vitæ in ortu servatæ.* — Multum igitur Deus tuus diligendus est tibi, cui tanta beneficia contulit. Ut autem amoris ejus flamma amplius accendaris : considera diligenter, o anima, si præter illa quæ supra dicta sunt, aliqua tibi contulerit beneficia. Cum ergo quæ hic memorata sunt bona tibi vides collata, multum ei a quo tibi hæc collata sunt debes gratiosus et devotus existere, et gratias agens dicere. Valde mihi diligendus est Deus meus, qui [(3) bene utens malo

---

(1) Hæc quoque lib. *de Spir. et an.*, c. LV. — (2) Hactenus Hugonis verba *de Arra Animæ.* — (3) Ex Anselmi, *Medit.*, XVI.

de la vie, me traitant mieux que ceux qui n'ont été que des avortons, ou qui ont péri dans le sein de leur mère, conçus pour souffrir plutôt que pour vivre! Il m'a été donné d'exister, d'être un homme, d'avoir l'intelligence qui met une distance entre moi et l'animal. Le corps qui m'a été donné possède la beauté avec la distinction des sens, des yeux pour voir, des oreilles pour entendre, des narines pour sentir, des mains pour saisir, un palais pour goûter, des pieds pour marcher, et la santé elle-même. Quelle bonté de la part de Dieu d'avoir créé pour chacun de mes sens un plaisir tout particulier, un agrément tout spécial dans les objets divers qui sont lumineux, harmonieux, odoriférants, agréables au goût, délicieux au toucher. C'est pour cela que la Providence a donné aux créatures leurs diverses propriétés, pour que l'homme trouvât partout la récréation de ses sens. Autre est le plaisir de la vue, autre le plaisir de l'odorat, autre celui de l'ouïe, autre celui du goût, autre celui du toucher. La beauté des couleurs réjouit les yeux, la douceur du chant charme les oreilles, le parfum des odeurs plaît aux narines, et les douces saveurs au palais. Qui pourrait énumérer tous les plaisirs des sens? Ils sont si variés, si multipliés, qu'à considérer chaque sens en particulier, on croirait que tout a été fait pour lui. Autant nos yeux trouvent de jouissances dans la diversité des couleurs, autant nos oreilles en trouvent dans la variété des sons, et surtout dans ce doux commerce de la parole, où nous voyons les hommes échanger entre eux leurs pensées, se raconter le passé, se montrer les choses présentes,

annoncer l'avenir et découvrir ce qui est caché; de sorte que, sans la parole, la vie de l'homme ne différerait guère de la vie des animaux. Pourquoi rappeler le chant des oiseaux, la mélodie de la voix humaine, et tout ce qu'il y a de délicieux dans la combinaison des sons? L'harmonie est quelque chose de si varié, qu'il serait difficile de l'imaginer par la pensée et de l'expliquer aux autres; mais l'harmonie est faite pour l'oreille et pour son plaisir. Il en est de même de l'odorat; tous les parfums ont leur odeur, et tout ce qui est odoriférant, tout ce qui produit de douces exhalaisons, est fait pour l'odorat et pour son plaisir. Il y a aussi les plaisirs du goût et les plaisirs du toucher, comme pour les autres sens dont nous venons de parler. C'est encore une grande bonté de Dieu de m'avoir créé avec la vigueur et l'intégrité de mes membres; j'aurais pu être une cause d'affliction pour les miens, et un objet de dérision pour les étrangers. Il m'a été donné surtout d'avoir l'intelligence pour comprendre et saisir la vérité, pour discerner le juste de l'injuste, pour chercher et désirer le Créateur, le louer et m'attacher à lui. Je regarde aussi comme un grand bienfait de Dieu, qu'il m'ait fait naître dans un temps, et avec des hommes qui m'ont procuré la foi et les sacrements. Combien d'hommes qui n'ont pas eu cette faveur, que je suis heureux d'avoir obtenue; et pourtant mon sort pourrait être le même. Dieu les a traités avec justice en les délaissant, et il m'a fait une grâce en m'appelant. J'irai plus loin, et je dirai que je dois à la bonté de Dieu d'avoir été élevé par mes parents, d'avoir échappé

parentum meorum, creavit me de carne illorum, et inspiravit in me spiraculum vitæ: discernens me ab illis qui vel abortivi projecti sunt ab utero, vel intra materna viscera suffocati, pœnæ videantur concepti, non vitæ.] Accepi ergo ut sim, accepi ut homo sim, accepi intellectum, quo intersit inter me et pecus. Accepi corporis formam, accepi in corpore distinctionem sensuum, oculos ad videndum, aures ad audiendum, nares ad odorandum, manus ad contrectandum, palatum ad gustandum, pedes ad ambulandum, salutemque ipsam corporis. Magnum fuit et hoc, quod ad eorumdem sensuum meorum oblectamenta singula sensibus singulis convenientia creavit Deus, multa pulchre convenientia et lucentia, canore mulcentia, suave olentia, dulce sapientia, tactui placentia. [(1) Ob hoc enim providentia Creatoris tam diversas qualitates rebus indidit, ut omnes sensus hominis sua oblectamenta inveniant. Aliud enim percipit visus, aliud odoratus, aliud auditus, aliud olfactus, aliud gustus, aliud tactus. Visum pascit pulchritudo colorum, suavitas cantilenæ demulcet auditum, fragrantia odoris olfactum, dulcedo saporis gustum. Et quis omnes delicias sensuum enumerare queat? quæ tam multiplices sunt in singulis, ut si quis quemlibet per se consideret, quemlibet per se singulariter ditatum putet. Quot oblectamenta oculorum in diversitate colorum monstramus, tot oblectamenta aurium in diversitate sonorum audimus; inter quæ prima sunt dulcia sermonum commercia, quibus homines ad invicem suas voluntates communicant, præterita narrant, præsentia indicant, futura nuntiant, occulta revelant; adeo ut si careat his vita humana, bestiis comparabilis videatur. Quid autem concentus avium, quid humanæ vocis melos jucundum, quid dulces modos sonorum omnium commemorem? quia tam multa sunt harmoniæ genera, ut ea nec cogitatus percurrere, nec sermo facile explicare possit: quæ tamen cuncta auditui serviunt, et in ejus delicias creata sunt. Sic est de olfactu: habent thymiamata odorem suum, et cuncta quæ suavem præstant odorem, et dulces spirant odores, olfactui serviunt, et in ejus delicias creata sunt. Eodem modo gustus et tactus varia habent oblectamenta, quæ ex similitudine priorum satis perpendi possunt.] [(2) Magnum est certe et hoc, quod sana et integra membra creavit mihi Deus: ne essem meis dolor, opprobrium alienis.] Accepi etiam amplius, mentem scilicet, quæ possit intelligere, quæ possit capere veritatem, quæ possit justum ab injusto discernere, quæ possit indagare, desiderare Creatorem, laudare et inhærere illi. Magnum etiam æstimo beneficium, [(3) quod eo tempore et inter tales me nasci voluit Deus, per quos ad fidem suam et sacramenta pervenirem. Video innumerabilibus hominibus hoc negatum, quod mihi gratulor esse concessum: cum quibus tamen nobis (a) esset una conditio. Illi derelicti sunt per justitiam, et ego vocatus sum per gratiam. Procedam adhuc, etiam intuens munus ejus fuisse quod educatus fui a

(1) Hugo Vict., lib. VII, *Eruditionis didasc.*, c. xiii. — (2) Ex Anselm., *Medit.*, xvi. — (3) Ansel., loco citato.
(a) Ap. Aus., *est*.

aux dangers du feu, de l'eau, aux vexations du démon, à la morsure des bêtes, aux chutes dans les précipices, et d'avoir été nourri dans la foi et la bonne volonté jusqu'à un âge raisonnable.

CHAPITRE XII. — *Patience et longanimité de Dieu à l'égard des pécheurs.* — Elle est grande, Seigneur mon Dieu, elle est grande la tendresse que vous m'avez témoignée. Vous êtes admirable dans toutes vos œuvres, mais plus admirable encore dans les tendresses de votre amour; car vous ne méprisez personne, vous ne rejetez personne, vous ne haïssez personne, excepté celui qui est assez insensé pour vous haïr. Vous m'avez tout donné, Seigneur, et je dois tout à votre miséricorde; souvent je me suis vu dans le danger, et votre main paternelle m'a délivré; je vous ai offensé, et mes fautes n'ont point diminué pour moi votre indulgence; je vous ai oublié, et vous m'avez averti; je me suis éloigné de vous, vous m'avez ramené; je suis venu à vous, vous m'avez accueilli; je me suis repenti, vous m'avez pardonné, non-seulement les péchés que j'ai commis, mais ceux que vous m'avez empêché de commettre. Car autant de fois vous m'avez empêché de pécher, autant de fois vous êtes censé m'avoir pardonné. J'ai commis bien des péchés; mais combien plus j'en aurais commis, si vous ne m'aviez protégé. Je n'ai pas oublié que j'ai été préservé du péché de trois manières : par la soustraction de l'occasion, par la force de résistance qui m'a été donnée, et par l'amour du bien. J'aurais commis bien des péchés si j'en avais eu l'occasion; mais la bonté de Dieu a éloigné toute occasion. J'aurais pu tomber bien souvent encore, dans les moments de violente tentation; mais vous m'avez donné la force, ô mon Dieu, pour surmonter ma passion et ne pas consentir aux mouvements de la concupiscence. C'est encore votre bonté, Seigneur, qui m'a préservé de certains péchés, en m'en inspirant de l'horreur, et je n'ai pas même eu à lutter contre la tentation de les commettre. Mais ce qui prouve surtout, Seigneur, votre grande bonté, c'est que j'ai été assez malheureux pour vous irriter; j'ai fait le mal en votre présence, j'ai provoqué votre colère et mérité vos châtiments; j'ai péché, et vous m'avez enduré; j'ai été infidèle, et vous m'attendez encore. Si je me repens, vous me pardonnez; si je reviens, vous me recevez, et quand je diffère, vous m'attendez. Vous me rappelez dans mes égarements, vous m'invitez malgré mes répugnances, vous m'attendez malgré mes lenteurs, vous m'embrassez quand je reviens, vous m'instruisez quand je suis ignorant, vous me consolez quand je suis triste, vous me relevez quand je tombe, et vous guérissez mes blessures; vous me donnez quand je demande, je vous trouve quand je vous cherche, et quand je frappe vous m'ouvrez; vous m'enseignez la voie du bien, et vous m'apprenez à y marcher. Ce qui prouve combien vous êtes bon, Seigneur, c'est que vous m'avez comblé de biens avant même que je fusse capable de rien demander, avant que j'eusse la volonté ou la connaissance de rien. Mais ce n'est pas tout, Seigneur; plus tard, quand j'ai eu la connaissance et que j'ai pu vous prier, vous chercher, vous désirer, m'attacher à vous, vous n'avez pas cessé de me traiter avec une bonté toute gratuite, sans considérer que je ne vous priais pas, que je ne vous cherchais pas et que je ne vous désirais pas, et que mon indifférence allait même jusqu'au mépris, vous m'avez continué vos largesses.

parentibus; quod me flamma non læsit, quod aqua non absorbuit, quod non vexatus a dæmone, quod a bestiis non percussus, quod non præcipitio necatus, quod usque ad congruam ætatem in fide ejus et bona voluntate suum nutritus.]

CAPUT XII. — *De longanimitate Dei.* — Magnam igitur, Domine Deus, erga me ostendisti pietatem. [(1) Cum autem in cunctis operibus tuis sis mirabilis, mirabilior tamen crederis esse in visceribus pietatis : nullum enim spernis, nullum abjicis, neminem perhorrescis, nisi qui forte te amens exhorruerit.] [(2) Dona igitur tua sunt hæc, Domine, mihi a te misericorditer indulta, quod me in periculis sæpe constitutum clementer eripuisti, nec unquam pro peccatis meis quo minus misereris, vinci potuisti ; oblitum tui te admonuisti, aversum a te revocasti, venientem ad te benigne suscepisti, pœnitenti indulsisti] non solum ea quæ commisi peccata, sed etiam quæ te protegente non commisi. Quodcumque enim mali protegente te non commisi, totum a te dimissum deputandum est. Nam sicut in multa peccata cecidi, sic et in multo plura, nisi me servasses, cecidissem. [(3) Tribus autem modis memini me a peccatis conservatum, scilicet occasionis subtractione, resistendi data virtute, affectionis sanitate. Multa enim in peccata cecidissem, si data esset occasio : sed Dei miseratione non me talis opportunitas apprehendit. In multa quoque paulo minus cecidissem graviter impulsus violentia tentationis : sed virtutem dedisti mihi Domine, ut sub me esset appetitus meus, et ei quam sentiebam concupiscentiæ minime consentirem. Sed a quibusdam peccatis tam longe me fecit tua miseratio, Domine, ut penitus abominarer ea, et non ulla me quidem eorum tentatio molestaret.] Magnæ quidem bonitatis est indicium, Domine Deus, et hoc quod [(4) ego infelix te irritavi, ego malum coram te feci, furorem tuum provocavi, iram promerui; peccavi, et passus es; deliqui, et adhuc sustines. Si pœniteo, parcis; si revertor, me suscipis; insuper dum differo, præstolaris. Revocas errantem, *(a)* invitas repugnantem, expectas torpentem, amplecteris redeuntem, doces ignorantem, mulces mœrentem, a ruina suscitas, post lapsum reparas, petenti largiris, quærenti inveniris, pulsanti aperis, ostendis mihi bene vivendi viam, das gradiendi scientiam.] Magnum est etiam et hoc Domine, quod multa mihi ante quam petere possem, vellem aut nossem, bona contulisti. Non solum autem Domine, sed et postquam scivi et potui te petere, te quærere, te desiderare, tibi inhærere, gratuita bonitate tua non petenti, non quærenti, non desideranti, imo etiam parvipendenti

---

(1) Ex lib. *Medit.*, c. 11. — (2) Ex Hug. Vict., lib. *De modo orandi*, c. 1. — (3) Bernardus, serm. 111, in Dom. VI, post Pent., n. 1. — (4) Ita infra, lib. *Medit.*, c. 11.

(a) Sic Mss. at ed. *vincis.*

Je regarde aussi comme un grand bienfait de m'avoir donné un ange de paix pour me garder, depuis le moment de ma naissance jusqu'à mon dernier soupir; ce qui faisait dire à un saint(1) : Elle est grande la dignité des âmes, puisque chacune d'elles a un ange pour la garder dès le premier instant de son existence.

Votre bonté s'est encore montrée, Seigneur, en ce que vous avez enduré avec une grande patience toutes mes iniquités. Combien je dois vous remercier de ne m'avoir pas traité selon mes iniquités ; la terre aurait pu m'engloutir, le ciel me foudroyer, le tonnerre me réduire en cendres, les eaux me dévorer ; vous auriez pu me punir de toute autre manière et par la mort, comme je le méritais. En péchant, je vous abandonnais, et par là non-seulement j'ai mérité votre colère, mais j'ai provoqué toutes les créatures contre moi. Si un serviteur quittait son maître, non-seulement le maître serait irrité, mais toute la famille partagerait sa juste indignation. Quand donc je vous offense, vous le Créateur de toutes choses, je provoque par ma révolte la colère de toutes les créatures, et c'est avec raison que l'univers s'armerait pour vous contre moi. La terre pourrait me dire : Je ne dois pas te porter, mais plutôt t'engloutir, parce que tu n'as pas craint d'offenser et de quitter mon Créateur, pour t'attacher au démon son ennemi. Le soleil pourrait me dire : Je ne dois pas te prêter ma lumière, mais plutôt venger mon Maître, qui est la lumière et la source de toute lumière, en te retirant complétement mes rayons. C'est ainsi que toute créature s'empresserait de venger l'injure faite à son Créateur, si le Créateur lui-même n'arrêtait son élan, lui qui ne veut pas la mort du pécheur, mais qu'il se convertisse et qu'il vive. Je dois donc, Seigneur, m'humilier d'autant plus sous votre main puissante et me montrer d'autant plus reconnaissant, dévoué et empressé à vous servir, que je n'ignore pas le compte rigoureux que vous me demanderez de vos dons ; car la vengeance différée longtemps finirait par me punir avec d'autant plus de sévérité, qu'elle m'a supporté plus longtemps sans me punir.

Objet d'une si longue patience, pense donc, ô mon âme, à la longanimité de Dieu, à ses desseins de prédestination et à son excessive charité pour nous. C'est pour cela que le Seigneur t'a attendue sans se lasser, et qu'il t'attend encore ; il a détourné les yeux de tes péchés, comme s'il n'eût pas voulu voir combien tu étais coupable. Il dissimulait en quelque sorte, pour mieux montrer sa patience, ses projets d'élection, ses témoignages de charité. C'est pour cela, je m'en souviens bien, qu'il a donné une secousse à mon cœur pour le réveiller, et lui faire voir les plaies du péché, et lui faire sentir la douleur de pareilles blessures. Il m'a même effrayé en me conduisant aux portes de l'enfer, et en me montrant les supplices des réprouvés ; et pour me détacher encore plus du péché, il a mis dans mon cœur des pensées de consolation avec l'espérance du pardon, et m'a même par-

(1) Saint Jérôme, *Commentaires* sur le XIIIe chapitre de saint Matthieu.

---

vel etiam contemnenti tua mihi bona largitus es. Maximum æstimo et illud fuisse beneficium, quod Angelum pacis ab ortu nativitatis meæ ad me custodiendum, usque ad finem meum mihi dedisti : unde quidam sanctus (1) ait : Magna est dignitas animarum, ut una quæque habeat ab ortu nativitatis ad custodiam sui Angelum delegatum.

Magnæ pietatis fuit et hoc Domine, quod [(2) mira patientia tua meas sustibuit iniquitates. Cui gratias referre debeo, quod non secundum iniquitates meas retribuisti mihi, quod me terra non absorbuit, non me cœlum fulminavit, non me fulgur combussit; non flumina submerserunt,] nec alia pœna vel morte prout dignus eram, multasti. Cum enim peccando a te recederem, non solum iram tuam promerui, sed et omnem creaturam adversum me excitavi. Nam si servus cujusquam a domino suo recederet, non solum dominum ipsum exacerbaret; sed et totam ejus familiam justissime irritaret. Cum ergo te Deum omnium creatorem offendi, omnem creaturam, quantum spectat ad meritum meum, in iram commovi; ita ut merito pro te pugnaret adversum me totus orbis terrarum. Posset enim terra dicere mihi : Non debeo te sustinere, sed potius absorbere : quoniam a Creatore meo non timuisti peccando recedere, et inimico, scilicet diabolo, adhærere. Posset quoque sol dicere : Non debeo tibi ad salutem lucere; sed potius ad vindictam Domini mei, qui est lux lucis et fons luminis, penitus tibi radios meos abscondere. Sic etiam cuncta quæque creatura ser-viret ad ulciscendam tantam injuriam sui Creatoris, (3) nisi impetum ejus cohiberet ipse qui eam condidit, qui non vult mortem peccatoris, sed ut convertatur et vivat. Oportet ergo me, Domine, tanto magis sub potenti manu tua humiliari, tanto magis tibi gratiosum et devotum et ad serviendum promptiorem existere, quanto me de tantis beneficiis tuis obligatiorem conspicio in reddenda ratione : ne diu dilata vindicta tanto acrius adveniendo mala mea puniat, quanto diutius toleravit quod puniri poterat.

Tam diu igitur expectata cogita, o anima mea, [(4) Dei longanimitatem quam exhibuit, electionem prædestinationis suæ quam impleri voluit, nimiam caritatem qua nos dilexit. Propter hoc enim expectans expectavit Dominus et intendit mihi : sed avertit oculos suos a peccatis meis, quasi nolens advertere quantum delinquerem. Propter hoc, inquam, dissimulabat : ut commendaret patientiam suam, impleret electionem suam, confirmaret caritatem suam. (5) Propter hoc, ut bene memini, concussit cor meum, excitans illud ut adverteret suorum vulnera peccatorum, et vulnerum sentiret dolorem; etiam et terruit deducens ad portas inferi, et præparata iniquis supplicia monstrans : et ut nil jam noxiæ remaneret (a) delectationis, meliorem mihi consolationem inspiravit, spem indulgentiæ dedit, deinde et ipsam indulgentiam contulit. (6) Sic autem ex toto indulsit, et tam liberaliter omnem donavit injuriam, ut jam non damnet ulciscendo, nec confundat improperando, nec

(1) Hieron., *in Matth.*, XIII. — (2) Ex Ansel., *Medit.*, XVI. — (3) Ex cod. loco. — (4) Bernardus, serm. supra citato, n. 2. — (5) Num. 3. — (6) Num. 4.
(a) Unus e Mss. Reg., *cogitationis* Ed. *rationis*.

donné. Il m'a pardonné si complétement, l'oubli de mes offenses a été si libéral, que son amour est toute charité, sans qu'il s'y mêle ni colère, ni reproche, ni imputation pénible. Il y a des hommes qui pardonnent à leur manière; ils ne se vengent pas, mais ils humilient; ou bien ils ne disent rien, mais ils conservent un souvenir au fond de leur cœur et gardent rancune; leur pardon n'est pas complet. Mais la bonté divine est tout autrement généreuse; elle se montre libérale et pardonne entièrement; et suivant la confiance des pécheurs, mais des pécheurs pénitents, là où le péché a surabondé, la grâce surabonde encore davantage. Témoin saint Pierre, qui renie trois fois le Sauveur, et qui devient le chef et le pasteur de toute l'Eglise; témoin saint Paul, qui est un persécuteur de l'Eglise, et qui devient un vase d'élection et le docteur des Gentils; témoin saint Matthieu, qui est un publicain, et qui devient un apôtre et le premier qui écrit le Nouveau Testament.

CHAPITRE XIII. — *Du don de la continence.* — En outre, le Seigneur m'a donné la continence. Quand je dis la continence, je ne veux pas dire seulement qu'il m'a préservé de la luxure, mais encore, bien entendu, des autres vices et des autres péchés. Autrefois, je pouvais à peine garder trois jours la continence; mais plus tard, avec la grâce de Dieu, j'ai pu la garder longtemps. C'est une raison de m'écrier « que le Seigneur a fait pour moi de grandes choses. » (*Luc.*, I, 49.) Un autre peut avoir une médiocre estime pour cette vertu, mais ce n'est pas moi. Car je sais tous les ennemis qu'elle a à combattre; et elle a besoin d'une force surhumaine pour en triompher. Le premier ennemi de la continence, c'est la chair qui s'élève contre l'esprit. Voilà l'ennemi domestique, voilà la lutte périlleuse, voilà la guerre intestine! Nous ne pouvons pas fuir cet ennemi cruel, ô mon âme, ni le mettre en fuite; nous sommes obligés de vivre avec lui, parce qu'il est lié à notre existence. Ne voyez-vous pas le danger, et en même temps notre triste sort, d'être obligé de nourrir notre ennemi, sans pouvoir nous en défaire? Vous avez donc à vous garder avec le plus grand soin de cette couleuvre, qui dort dans votre sein. Mais ce n'est pas là mon seul ennemi; j'en ai un autre qui m'environne et m'assiège de toutes parts. Cet ennemi, c'est ce monde corrompu qui se porte aux cinq ouvertures de ma maison, qui sont les sens, pour me lancer ses traits, me blesser et me donner la mort. Mon troisième adversaire, est l'antique ennemi du genre humain, l'antique serpent, le plus rusé de tous les animaux; cet ennemi que nous ne pouvons voir, comment pourrions-nous l'éviter? Il nous attaque et nous poursuit, tantôt ouvertement et avec violence, tantôt secrètement et avec ruse, mais toujours avec malice et cruauté. Qui pourra résister, qui pourra vaincre? Je parle ainsi pour qu'on n'ignore pas les difficultés de la continence, et pour que nous sachions apprécier les dons de Dieu (I *Cor.*, II, 12), et aimer davantage celui qui nous a donné cette vertu. Nous devons tout au Seigneur dans la pratique de cette vertu; car c'est lui qui dissipe nos ennemis. Il brise notre chair avec ses vices et ses

minus diligat imputando. Sunt enim aliqui sic donantes injuriam, ut non ulciscantur, sæpius tamen improperent : sunt et aliqui, qui licet sileant, manet tamen aliquid alta mente repositum, rancoremque tenent in animo; quorum utique neutra plena est indulgentia. Longe ab his benignissima divinitatis natura, liberaliter agit, ignoscit plenarie : ita ut (*a*) propter fiduciam peccatorum, sed pœnitentium, ubi superabundavit delictum, soleat et gratia superabundare. Testis est Petrus, cui post trinam negationem totius Ecclesiæ pastoralis cura est commissa : testis est Paulus, qui de Ecclesiæ persecutore effectus est vas electionis et doctor gentium : testis est Matthæus, qui de telonio electus est in Apostolum, cui etiam et Novi Testamenti primum scriptorem esse donatum est.]

CAPUT XIII. — *De dono continentiæ.* — Post hæc dedit mihi Dominus continentiam. Continentiam autem dico, non a sola luxuria, sed a cæteris quoque, sicut necesse est, vitiis et peccatis. Qui et aliquando vix per triduum continebam, postea Dei auxiliante gratia, per longum tempus potui continere. Ex hoc [(1) invenio unde merito exclamare possim : « Quia fecit mihi magna qui potens est. » (*Luc.*, I, 49.) Forte parum quid reputat aliquis continentiam : sed ego non ita. Scio enim quos habeat oppugnatores, et quantæ illam necesse sit esse virtutis, ut possit talibus resistere. Primus hostis continentiæ nostræ caro nostra est concupiscens adversus spiritum. Quam domesticus hostis, quam periculosa lucta, quam intestinum bellum! Hostem hunc crudelissimum nec fugere possumus, o anima mea, nec fugare : sed circumferre illum necesse est; quoniam alligatus est nobis. Quid autem periculosius et miserabilius est, quam quod hostem nostrum cogimur sustentare, perimere eum non licet? (*b*) Vides ergo quam sollicite te custodire necesse sit ab ea, quæ dormit in sinu tuo. Verumtamen non est hic solus adversarius mihi, alium adhuc habeo, qui circumcinxit me et obsedit undique. Hostis iste est præsens sæculum nequam, qui per quinque portas, quinque videlicet sensus corporis, jaculis suis vulnerat me, et mors intrat per fenestras meas. Tertius hostis est antiquus humani generis inimicus, antiquus serpens callidior cunctis animantibus : iste est hostis quem nec possumus videre, quanto minus cavere? Hic hostis nunc quidem aperte et violenter, nunc occulte et fraudulenter, semper autem malitiose et crudeliter nos impugnat et persequitur. Et ad hæc toleranda, ne dicam superanda, quis idoneus? Hæc ideo dixi, ut innotesceret continentiæ difficultas, ut sciamus quæ a Deo data sunt nobis (I *Cor.*, II, 12) : ac per hoc amplius diligamus eum qui hanc nobis virtutem tribuit. Omnino enim in Domino facimus hanc virtutem, et ipse ad nihilum deducit omnes tribulantes nos. Ipse est qui non modo carnem nostram cum vitiis vel concupiscentiis suis (*Luc.*, XXI), et præsens sæculum nequam cum curiositatibus suis et vanitatibus

(1) Bern., ibid., n. 5.
(*a*) Ms. Reg., *hic addit.* non. — (*b*) Al. *Vide*.

concupiscences, le monde corrompu avec ses illusions et ses vanités, et Satan lui-même qu'il met sous nos pieds avec ses tentations.

CHAPITRE XIV. — *L'espérance légitime de la vie future repose sur trois choses.* — N'avais-je pas raison de dire qu'avec la continence je pouvais bien m'écrier : « Le Seigneur a fait en moi de grandes choses. »

De plus, Dieu m'a donné la grâce de mériter les biens de la vie éternelle; et cette grâce me paraît surtout consister en trois choses; la haine des péchés commis, le mépris des biens présents, et le désir des biens futurs. Ensuite il m'a donné l'espérance d'obtenir ces biens, laquelle consiste en trois choses. Mais ces trois choses donnent une telle force et une telle assurance à mon cœur, que rien ne peut m'ébranler, ni ma disette spirituelle, ni la considération de ma propre misère, ni la grandeur de la béatitude céleste, tant je suis enraciné dans cette espérance. Veux-tu savoir, ô mon âme, quelles sont ces trois choses? Les trois choses qui forment toute mon espérance sont : la charité dans mon adoption, la vérité dans la promesse, et la puissance qui récompensera. Ma pensée peut murmurer tant qu'elle voudra, et dire comme une insensée : Qui es-tu? regarde cette gloire? et quels sont tes mérites pour l'espérer? Moi, je lui répondrai avec une confiance inébranlable : Je sais en qui je me suis confié, et je suis certain que Dieu m'a adopté avec une charité immense, qu'il est véritable dans ses promesses, et qu'il est tout-puissant pour les accomplir. Il peut faire tout ce qu'il veut. C'est pour cela que mon Dieu mérite tout mon amour.

Voyez comment cette grâce s'est manifestée; je fuyais, Dieu m'a poursuivi; je craignais, il m'a flatté avec bonté; je me livrais au désespoir, il a relevé mon espérance; j'étais ingrat, il m'a accablé de ses bienfaits; je m'étais habitué aux délices de ce monde impur, il m'a attiré et comme séduit par le goût des douceurs intérieures; j'étais enchaîné par les liens indissolubles d'une mauvaise habitude, il les a rompus; il m'a arraché au monde et m'a reçu avec bonté.

CHAPITRE XV. — *Autres bienfaits. Bénir Dieu dans les biens et dans les maux.* — Considère encore, ô mon âme, ces autres bienfaits de la bonté divine qui te sont connus tout particulièrement; le riant accueil que t'a fait le Christ, quand tu renonçais au monde; le pain délicieux dont il t'a nourrie, les richesses de sa miséricorde qu'il a déployées, l'amour qu'il a versé dans ton cœur, le breuvage de la charité dont il t'a enivrée. Je ne dois pas oublier que je suis un serviteur fugitif et rebelle, qu'il m'a appelé avec une grande miséricorde, et qu'il ne m'a pas laissé manquer des consolations spirituelles. Quand j'étais tenté, il me soutenait; quand j'étais en danger, il me tenait par la main; quand j'étais triste, il me consolait; quand j'étais flottant, il m'affermissait. Quand la crainte desséchait mon cœur, il était là comme un pieux consolateur; quand elle brûlait mes entrailles, il était un souffle rafraîchissant. Combien de fois, quand j'y pense, il m'a éclairé d'une lumière spirituelle, lorsque je psalmodiais ou que je lisais; combien de fois, aux heures de la prière, il m'enlevait à moi-même par un ravissement ineffable d'amour; combien de fois, dans les moments où mon esprit était détaché de la terre, il me transportait dans les délices du ciel et dans les joies du paradis. Je passe sous

---

suis, sed etiam ipsum cum tentationibus suis conterit satanam sub pedibus nostris.

CAPUT XIV. — *Spes æternæ vitæ stat in tribus.* — Numquid non merito dixeram, inveniendum in continentia unde clamarem : « Quia fecit mihi magna qui potens est. »

[(1) Poet hæc dedit mihi Dominus Deus gratiam promerendi bona vitæ æternæ, quam gratiam in tribus maxime stare arbitror : in odio scilicet præteritorum malorum, in contemptu bonorum præsentium, in desiderio futurorum. Deinde dedit mihi spem eadem obtinendi, quæ in tribus consistit; tribus, inquam, quæ sic roborant et confirmant cor meum, ut nulla me penuria meritorum, nulla consideratio propriæ vilitatis, nulla æstimatio cœlestis beatitudinis de celsitudine spei dejicere possit in ea firmiter radicatum. Desideras o anima mea scire quæ sint illa? Tria considero in quibus spes mea tota consistit, scilicet caritatem adoptionis, veritatem promissionis, potestatem redditionis. Murmuret jam quantum voluerit insipiens cogitatio mea, dicens : Quis enim es tu, aut quanta est illa gloria, quibusve meritis hanc obtinere speras? Et ego fiducialiter respondebo : Scio cui credidi, et certus sum, quia in caritate nimia adoptavit me Deus, quia verax est in promissione, quia potens est in exhibitione : licet ei facere quodcumque voluerit.[Pro his ergo Deus meus merito diligendus est.

[2] Magnæ autem gratiæ fuit, quod me Deus a se fugientem persecutus est, timenti blanditus; quod erexit me in spem totiens desperatum, quod suis obruit beneficiis ingratum, quod gustu interioris dulcedinis immundis assuetum delectationibus attraxit et illexit, quod indissolubilia malæ consuetudinis vincula dissolvit, et abstractum sæculo benigne suscepit.

CAPUT XV. — *De beneficiis impertitis. Confitendum Deo et in bonis et in malis.* — Adhuc anima mea, illa in quibus tibi sola conscia es, divinæ bonitatis inspice munera : quam jucunda facie abrenuntianti sæculo tibi Christus occurrit, quibus esurientem deliciis pavit, quas miserationum suarum divitias ostendit, quos inspiravit affectus, quo te caritatis poculo inebriavit. Magnum fuit et hoc, quod me fugientem servum suum et rebellem, sola sua miseratione vocatum, spiritalium consolationum non reliquit expertem. Si enim tentabar, ille me sustentabat; si periclitabat, ille me erigebat; si contristabar, ille me confortabat; si fluctuabam, ille solidabat. Quotiens præ timore arescebam, ille pius consolator adstabat; quotiens æstuabam præ timore, ille meis se visceribus infundebat. Perpendo etiam quotiens psallentem vel legentem spiritalium, me sensuum lumine illustrabat, quotiens orantem in quoddam ineffabile desiderium sui rapiebat, quotiens mentem meam a terrenis subtractam, ad cœlestes delicias et paradisi amœnitates transportabat. Taceo multa

(1) Ex Ser. cit., n. 6. — (2) Ex Ansel., *Medit.*, XVI, sed mutato sententiarum ordine.

silence beaucoup d'autres traits qui m'ont démontré sa grande et infinie miséricorde pour moi, pour ne pas paraître me glorifier de ce qui est exclusivement son œuvre. Car, dans l'opinion des hommes, la bonté de celui qui donne et le bonheur de celui qui reçoit, sont deux choses tellement inséparables, qu'on loue non-seulement celui qui donne et qui mérite seul d'être loué, mais encore celui qui reçoit. Qu'avez-vous, en effet, que vous n'ayez reçu? Et si vous avez reçu gratuitement, pourquoi vous louerait-on comme si vous l'aviez mérité? A vous seul la louange, ô mon Dieu, vous qui êtes ma gloire, à vous les actions de grâces ; pour moi, qui ai fait tant de péchés et qui ai reçu tant de grâces, je ne mérite que la confusion et la honte.

Vois donc, ô mon âme, que ce qui fait éclater la bonté de Dieu, ce ne sont pas seulement ses largesses, mais encore nos iniquités. Si c'est une grande bonté d'accorder des largesses à ceux qui n'ont rien fait pour les mériter, quelle bonté plus grande et plus incompréhensible de faire du bien à ceux qui vous ont fait du mal? O charité inépuisable, que la plus noire ingratitude ne peut arrêter! D'un côté, Dieu pardonne avec miséricorde ; d'un autre côté, il donne avec profusion. Il pardonne nos péchés, il répand ses dons ; toujours prêt à pardonner, toujours prêt à donner; indulgent d'un côté, libéral de l'autre, mais toujours bienfaisant et toujours bon. Confessons-lui le mal que nous avons fait, confessons-lui aussi le bien qui est en nous. Confessons-lui le mal que nous avons fait et qui est notre œuvre, afin qu'il nous pardonne ; confessons-lui le bien que nous avons fait et qui est son œuvre, afin qu'il le conserve et l'augmente. Faisons tous nos efforts pour ne pas être ingrats ni pour le pardon accordé, ni pour les grâces reçues. Voilà ce que doit faire celui qui croit être, ou qui veut être l'ami de Dieu ; car le véritable amour confesse tout. Toutes ces considérations bien méditées ne devront-elles pas détacher notre cœur de la terre, pour le transporter comme par enchantement jusqu'à l'amour de Dieu, et l'embraser de cette divine flamme? Si vous pensiez que vous n'avez pas tant reçu de Dieu, et que vous ne lui devez pas tant d'amour, sachez que tout homme, pour peu qu'il y réfléchisse, trouvera qu'il doit davantage encore à Dieu, et qu'il a mille raisons de l'aimer de toutes ses forces, de tout son cœur, et de le remercier sans interruption. Si vous pensiez que vous n'avez pas toutes les grâces dont vous avez besoin pour le salut, ne murmurez pas contre Dieu et ne l'accusez pas ; Dieu fait tout dans une mesure de grande justice et de grande équité, faisant miséricorde à qui il lui plaît, et endurcissant qui il lui plaît, distribuant ses dons comme il le veut, et les retirant à sa volonté. (*Rom.*, IX, 18.) Si vous ne les avez pas, gémissez, travaillez, priez pour les obtenir ; si vous les obtenez, montrez-vous reconnaissant.

Chapitre XVI. — *Du bienfait de la Rédemption, ses suites.* — Ils sont grands, nombreux et même innombrables, ô mon Dieu, les bienfaits que vous m'avez accordés ; et c'est pour cela que je dois vous aimer et vous louer. Peut-il y avoir en moi quelque bien dans le présent, dans le passé ou dans l'avenir, qui ne vienne de vous qui êtes le souverain bien, et qui êtes la source et la raison de tout ce qui est bien?

et magna misericordiæ suæ circa me opera : ne aliquid gloriæ, quæ tota ejus est, ad me videatur transire. Ita enim secundum hominum æstimationem sibi cohærent gratia dantis et felicitas recipientis, ut non laudetur solum qui solus laudandus esset, scilicet ille qui dedit, sed etiam ille qui recepit. Quid enim habet aliquis quod non accepit? aut qui gratis accepit, quare laudatur quasi promeruerit? Tibi ergo laus, Deus meus, et gloria mea, tibi gratiarum actio : mihi autem confusio faciei meæ, qui tot mala feci, et tot bona recepi.]

Vide ergo o anima mea, quia multum commendat bonitatem Dei, non solum largitas sua, sed et iniquitas nostra. Si enim magnum est nihil promerentibus impendere multa, quale quantumve erit retribuere bona promerentibus mala? O quanta pietas, quam nulla potest superare impietas! Alia sunt quæ misericorditer Deus ignoscit, alia quæ affluenter tribuit. Ignoscit mala nostra, largitur bona sua : semper præsto ad ignoscendum, paratus semper ad largiendum : hinc pius, hinc largus ; utrobique benignus, ubique bonus. Confiteamur ergo illi mala nostra, confiteamur et bona nostra. Confiteamur a nobis mala nostra esse, ut pie ignoscat : confiteamur ab ipso bona nostra esse, ut conservet et augeat. Hoc igitur incessanter agamus, ne ingrati appareamus, vel de indulta venia, vel de concessa gratia. Hæc, inquam, agat qui se credit vel cupit esse amatorem Dei. Verus enim amor semper confitetur. Quid ergo hæc omnia faciunt diligenter considerata, nisi ut consideranti animum ab omni penitus abstractum amore, ad Deum diligendum qui hæc contulit, mirabiliter rapiant, vehementer afficiant? Si quis autem non hæc omnia bona a Deo sibi videt collata, et ideo illum parum diligere non veretur ; sciat pro certo quod nemo est qui non facile, si quærit, inveniat unde plurimum sit obnoxius Deo, unde totis viribus, totis cordis medullis diligere, unde etiam et continuas gratias referre debeat. Ille ergo cui (*a*) aliqua bona saluti necessaria desunt, nec sic contra Deum murmuret, non eum accuset : quia omnia certissima et justissima ratione facit Deus, qui cui vult miseretur, et quem vult indurat, qui et potens est dona sua (*b*) cum voluerit conferre, et collata cum voluerit auferre. (*Rom.*, IX, 18.) Doleat ergo qui hæc non habet, et laboret et oret ut habeat : pro acceptis vero bonis Deo gratus existat.

Caput XVI. — *De beneficio redemptionis.* — Magna igitur et multa, imo certe innumerabilia sunt, quæ mihi Domine Deus contulisti beneficia : pro quibus merito mihi diligendus et semper es laudandus. Quid enim boni habeo vel habui vel habiturus sum, quod a te summo bono non est, a quo omne quod bonum est, et dicitur, et etiam procedit? (1) Unum autem est, quod me plus

---

(1) Imitatur Bernard., serm. XX, *Cant.*, n. 2.
(*a*) Unus e Mss. Reg., *tanta bona.* — (*b*) Unus Ms. *cui vult.*

Mais parmi tous ces bienfaits que j'ai reçus, il y en a un surtout qui m'excite, me presse, me pousse et me force à vous aimer ; non, je ne vois rien qui vous rende aimable pour moi, ô bon Jésus, comme la mort ignominieuse et cruelle, que vous avez endurée pour opérer notre rédemption. Il n'en faut pas davantage pour que tout en nous vous appartienne, notre vie, nos travaux, notre soumission et tout notre amour ; là est le foyer de notre dévotion ; c'est là qu'elle s'allume, qu'elle s'alimente et qu'elle s'augmente davantage. C'est là que le Créateur du monde a travaillé péniblement, et la fabrication de l'univers ne lui a pas coûté tant de fatigues. Pour créer le monde et tout ce que le monde renferme, « il a parlé, et tout a été fait ; il a commandé, et tout a été créé. » (*Ps.* xxxii, 9.) Mais pour racheter le genre humain, il a travaillé péniblement, beaucoup, longtemps, et il a souffert. Voilà comment il nous a aimés, en supportant volontairement, et uniquement par amour pour nous, les tourments les plus cruels et les plus ignominieux. Je dis donc avec raison que ce bienfait l'emporte sur tous les autres. C'est une grande bonté sans doute de donner aux autres ce qu'on possède ; mais se donner soi-même, c'est le comble de l'amour. Et si c'est une grande charité de donner sa vie pour ses amis, que dirons-nous de celle qui donne sa vie pour ses ennemis ! et voilà ce que le Fils de Dieu a fait pour nous ; car lorsque nous étions des ennemis, nous avons été réconciliés avec Dieu par la mort de son Fils. On ne voit guère un autre homme mourir pour un juste ; mais le Fils de Dieu est mort pour des impies, le Juste pour des pécheurs, afin de nous présenter à Dieu ; il s'est exilé du ciel, pour nous ramener dans le ciel. O mystère d'amour ! abîme de bonté ! prodige étonnant de charité ! Un Dieu se faire homme pour l'homme, un Dieu prendre notre chair, mourir, passer par toutes les épreuves, comme homme, à l'exception du péché ! Il fallait cette rançon, il fallait toutes ces sueurs pour racheter l'homme qui appartenait au démon. Sans cette Rédemption, il était voué indubitablement comme le démon, à la peine éternelle. J'ai rappelé l'homme à ces pensées, pour qu'il comprenne tout l'amour qu'il doit à Dieu. Avec quelle patience, avec quelle soumission, je dirai plus, avec quelle ardeur ne devons-nous pas supporter pour lui les peines et les douleurs, puisqu'il a tant travaillé et tant souffert pour nous ? Car, « c'est par beaucoup d'afflictions qu'il nous faut entrer dans le royaume des cieux. » (*Act.*, xiv, 21.) Je veux, ô Seigneur Jésus, que mon âme vous embrasse sur la Croix, et qu'elle boive le calice de votre sang précieux ; je veux que cette douce méditation soit l'occupation de ma mémoire, pour que je ne vienne pas à l'oublier. Je ne veux rien savoir que Jésus-Christ, et Jésus crucifié, pour que ma science n'aille pas s'égarer loin des principes de la foi ; je veux que mon amour se laisse emporter à tout votre amour, afin que le monde n'ait rien de mon cœur. Quand une âme est remplie des douceurs de votre amour, ô mon Dieu, elle n'est plus exposée aux angoisses de la crainte, aux souillures de la volupté, aux morsures de la colère, aux enflures de l'orgueil ; elle ne connaît plus les vaines fumées des impures doctrines, ni les troubles de la fureur, ni les déchirements de l'ambition, ni l'avarice qui serre le cœur, ni la tristesse qui abat, ni l'envie qui dessèche ; aucun vice ne vient la corrompre, tant qu'elle reste fixée dans les douceurs de cet amour. Si Dieu

his omnibus accendit, urget, movet, et promovet ad te diligendum : super omnia, inquam, amabilem te mihi reddit, o bone Jesu, ignominiosissima et amara mors quam sustinuisti, opus nostræ redemptionis. Hoc solum omnino totam vitam nostram, totum laborem nostrum, totum obsequium nostrum, amorem denique nostrum facile sibi vindicat totum : hoc, inquam, est quod devotionem nostram, et excitat melius, et nutrit suavius, et auget amplius. Multum quippe in hoc opere laboravit auctor mundi, nec in omni fabrica mundi tantam fatigationem sustinuit. De mundo enim et de his quæ in mundo sunt, « dixit, et facta sunt ; mandavit et creata sunt : » (*Psal.* xxxii, 9) at vero pro redemptione generis humani magnos et multos et diuturnos labores sustinuit, et dolores. Ecce quomodo nos dilexit, qui nulla sui necessitate, sed sola nostra caritate tam dura et indigna sustinuit. Merito ergo dixerim hoc unum omnibus aliis præstare beneficiis. Quippe cum magnum sit aliquem sua gratis alicui conferre, multo majus certe est semetipsum impendere. Et cum magnæ caritatis sit animam pro amicis dare, multo majoris caritatis indicium est animam pro inimicis ponere, quod Filius Dei pro nobis fecit. Nam cum inimici essemus Deo, reconciliati sumus per mortem Filii ejus. Vix autem pro justo quis moritur, ipse autem pro impiis est mortuus, justus pro injustis, ut nos offerret Deo : exul a cœlis factus, ut nos reportaret ad cœlos. O quam ineffabilis pietas, quam ineffabilis dulcedo caritatis, quam stupenda dignatio caritatis fuit, Deum pro homine hominem fieri, Deum pro homine carnem indui, mori, tentatum per omnia pro similitudine absque peccato ! Ecce cum quanto pretio quantove labore redimebatur homo, qui diabolo jure debebatur : qui si non redimeretur, sine dubio æternaliter cum diabolo damnaretur. Hæc ideo dixi, ut intelligat homo quantum debeat diligere Deum ; quantum patienter, imo libenter, non solum autem hoc, sed etiam ardenter pro illo sustinere labores et dolores, qui pro se tanta ac talia sustinuit. « Per multas enim tribulationes oportet nos intrare in regnum cœlorum. » (*Act.*, xiv, 21.) Amplectatur igitur te anima mea, Domine Jesu, crucifixum, sumat tui dulcissimi sanguinis haustum : occupet memoriam meam hæc suavis meditatio, ne ex toto eam oblivio obscuret. Judicem me nihil scire, nisi Jesum Christum, et hunc crucifixum ; ne scientiam meam a soliditate fidei vanus error abducat ; vindicet sibi totum amorem meum hæc tua mira dilectio ; ne illum cupiditas mundialis absorbeat. Mentem enim quam tuæ Domine dulcedo caritatis complevit, non timor angustat, non libido commaculat, non ira dilaniat, non superbia elevat, non cenodoxiæ inanis fumus eventilat, non exagitat furor, non stimulus ambitionis eviscerat, non avaritia contrahit, non dejicit tristitia, non invidia tabefacit : nullum denique vitium

fait tant de bien à ses enfants dans la vie présente, que ne leur donnera-t-il pas dans la vie future? Les biens que Dieu donne ici-bas sont des choses temporelles; ceux qu'il promet de leur donner dans l'autre vie sont éternels et infiniment supérieurs aux biens d'ici-bas. Pour acquérir les biens temporels, il faut se donner mille peines; quand vous les avez, ils vous échappent; quand ils vous restent, vous avez de grands soucis; si vous les perdez, vous êtes dans la désolation; et pour les recouvrer, il faut suer sang et eau. Les biens de la vie future ne peuvent jamais se perdre ni diminuer; vous les possédez dans la joie et le repos; vous les avez toujours, vous les désirez toujours, vous ne vous en lassez jamais. Une fois qu'on les possède, on est sûr de ne jamais les perdre, comme on est sûr de ne vouloir jamais les perdre.

Chapitre XVII. — *Promesses de Dieu.* — Ce qui doit nous exciter à un grand amour pour Dieu, ce sont ses promesses. Écoutez ce qu'il vous promet : Après le travail, le repos; après la servitude, la liberté; après la crainte, la sécurité; après les larmes, la consolation; après la mort, la résurrection, et dans la résurrection la joie complète, la joie absolue, la joie inépuisable. Ensuite, Dieu se donnera lui-même, suivant le serment qu'il a fait à nos pères de se donner à nous. (*Luc.*, I, 73.) Elles sont magnifiques les promesses de Dieu, elles sont ineffables, et c'est pour ces promesses, et à cause de ces promesses, qu'il veut que nous l'aimions en quelque manière. Voulez-vous savoir de quelle manière? Désirez vivement ce qu'il vous promet, voilà la manière de l'aimer. Quel que soit votre désir, il ne sera jamais aussi ardent qu'il doit l'être. Plus il s'enflamme, plus il doit s'enflammer encore. On ne peut pas dire que ses élans aient une mesure, puisque l'excès n'est pas possible. En toute autre chose, l'impatience est un défaut; quand il s'agit des promesses de Dieu, l'impatience qui ne sait pas attendre est une louable vertu. Plus vous aimez, plus vous désirez, et plus aussi vous souffrez d'attendre; car l'espérance qui est différée est une affliction pour l'âme. Or, tous les biens que nous attendons sont dans la céleste patrie. Nous allons parler de ce bien suprême qui est le plus grand de tous les biens, et dire quelle est sa nature et son excellence.

Chapitre XVIII. — *Grandeur du bonheur des élus.* — Réveillons-nous donc et élevons notre âme tout entière, autant que Dieu nous en fera la grâce, pour considérer quelle est cette joie des élus, combien elle est grande, unique et particulière; c'est l'unique et souverain bien, et c'est à la fois la vie, la lumière, la béatitude, la sagesse, l'éternité et tous les biens de ce genre, et tous ces biens ne sont que l'unique et souverain bien, se suffisant complètement à lui-même, n'ayant besoin de personne, tous les autres êtres ayant besoin de lui pour exister et pour être heureux. Ce souverain bien, c'est Dieu le Père, c'est le Verbe qui est le Fils du Père, c'est l'amour unique et commun du Père et du Fils, c'est-à-dire le Saint-Esprit, qui procède de l'un et de l'autre. Ce que vous voyez dans chaque personne, vous le voyez dans la Trinité tout entière, qui est le Père, le Fils et le Saint-Esprit; car chaque personne n'est pas autre chose que l'unité parfaitement simple, et la simplicité parfaitement une, qu'on ne peut pas multiplier, et qui ne peut pas

---

eam corrumpit, dum in eadem dulcedine immobilis persistit. Qui ergo suis tanta præstat in præsenti, quanta illis servat in futuro? Quæ dat in præsenti, temporalia sunt : quæ autem in futuro sæculo se promittit Deus suis daturum, æterna sunt, et bonis temporalibus incomparabiliter meliora. Temporalia enim bona difficile acquiruntur, et acquisita facile dilabuntur; et quæ etiam habita sunt, cum gravi sollicitudine custodiuntur, et cum dolore amittuntur, et amissa cum gravi labore recuperantur. Futuri autem sæculi bona nunquam amittuntur, nunquam minuuntur, cum gaudio et quiete possidentur, semper habentur, semper desiderantur, et nunquam fastidiuntur. Quæ cum semel quis acceperit, ita securus erit ea se nunquam amissurum, sicut certus est vel erit illa se nunquam velle amittere.

Caput XVII. — *Promissa Dei.* — Valde igitur diligendus est Deus in promissis suis : qui magna nobis dedit, sed majora promisit. Promisit nobis a labore requiem, a servitute libertatem, a timore securitatem, a mœrore consolationem, a morte resurrectionem, et in resurrectione plenum gaudium, summum gaudium et indeficiens. Denique promisit nobis se ipsum, sicut juravit patribus nostris daturum se nobis. (*Luc.*, I, 73.) Magnæ sunt igitur promissiones Dei, et ineffabiles, et pro his, et in his vult amari a nobis aliquo modo. Si modum quæras, vehemens desiderium promissionis, modus est amoris. Promissio Dei quantumcumque desideretur, minus desideratur quam debet. Nam quantumcumque profecerit, plus debet. Vehemens itaque desiderium aliquo modo non habet modum, cum non possit esse nimium. Cum in cæteris rebus impatientia soleat culpari, in expectatione tantæ promissionis laudabilis est vehemens impatientia dilationis. Cum eum qui plus amat, et qui plus desiderat, dilationis impatientia magis cruciat, spes quæ differtur affligit animam, hæc autem omnia bona in cœlesti habentur patria. De illo igitur bono, quod omnium bonorum summum est, quid vel quale sit, primum dicendum est.

Caput XVIII. — *Quale et quantum electorum gaudium.* — Excitemus igitur et erigamus totum intellectum nostrum, in quantum Deus donaverit, et cogitemus quale et quantum electorum sit unicum et singulare gaudium istud, scilicet unum et summum bonum, quod est (2) vita, lux, beatitudo, sapientia, æternitas et multa hujusmodi bona; et tamen non est nisi unicum et summum bonum, omnibus sibi sufficiens, nullo indigens, quo omnia indigent ut sint, et bene sint. (3) Hoc bonum est Deus Pater, hoc est Verbum, id est, Filius Patris; hoc ipsum est amor unus et communis Patri et Filio, scilicet Spiritus sanctus ab utroque procedens. Quod autem est singulus quisque, hoc est tota Trinitas simul, Pater et Filius et Spiritus sanctus : quoniam singulus quisque non est aliud quam summe simplex unitas, et summe una simplicitas

(1) Ex Anselmi *Proslogio*, c. XIV. — (2) Ex cap. XXII. — (3) Ex cap. XXIII.

être une chose et une autre chose. Or, une seule chose est nécessaire (*Luc*, x, 42); et voilà cette seule chose nécessaire où se trouve tout ce qui est bien, je dois dire plutôt qui est tout bien, qui est l'unique bien, le bien tout entier et le seul bien. Si tous les biens pris en particulier renferment pour nous une portion de bonheur, comprenez, si vous le pouvez, tout le bonheur que renferme ce bien suprême où se trouve la joie de tous les biens, non comme nous l'avons goûtée dans les choses créées, mais avec la différence qui se trouve entre le Créateur et la créature. Si la créature qui est vivante est bonne, que sera le Créateur qui est la vie? Si la vie que vous avez reçue est un bonheur, quel doit être le bonheur de celui qui vous l'a donnée? Si vous aimez la sagesse qui reluit dans les choses créées, combien plus n'aimerez-vous pas la Sagesse qui a tout fait de rien? Enfin, si les créatures ont pour nous de grandes amabilités et des joies de toutes sortes, quel bonheur, quelle joie ne trouverez-vous pas dans Celui qui a fait toutes les créatures? Oh! qu'il sera heureux celui qui jouira de ce bonheur! Que sera-t-il? Que ne sera-t-il pas? Il aura tout ce qu'il voudra; ce qu'il ne voudra pas, il ne l'aura pas. Il aura tous les biens du corps et tous les biens de l'âme, en sorte que l'œil n'a jamais rien vu, l'oreille jamais rien entendu, et le cœur jamais rien soupçonné de semblable. (1 *Cor.*, II, 9.) Pourquoi cherchons-nous de tous côtés, comme des vagabonds, les biens de l'âme et du corps? Aimons l'unique bien qui renferme tous les biens, et cela suffit. Désirons le seul bien qui renferme tout bien, et il n'en faut pas davantage. Que veux-tu aimer, ô mon corps? Que veux-tu aimer, ô mon âme? Tu trouves là tout ce que tu aimes, tout ce que tu désires. Quant à ces biens du royaume céleste, personne ne peut les dire, les imaginer et les comprendre tant qu'il portera le vêtement d'une chair mortelle; car ils sont infiniment plus grands, et meilleurs que tout ce que nous pouvons penser et imaginer. Le royaume de Dieu est au-dessus de toute pensée, de toute louange, de toute science, de toute gloire. Oui, le royaume de Dieu est le séjour de la lumière et de la paix, de la charité et de la sagesse, de l'honnêteté et de la gloire, de la douceur et de l'amour, de la joie et de la béatitude éternelle, et de tout bien ineffable, que nous ne pouvons ni exprimer ni imaginer. Cependant, ce n'est pas une raison de garder le silence; je dois parler autant qu'il m'est possible, quoique je ne puisse pas dire tout ce que je voudrais. Nous croyons que la parole ne peut pas exprimer Dieu; ce n'est pas une raison pour ne pas parler de Dieu selon notre pouvoir. Ainsi, la vie éternelle est bien au-dessus de tout ce qui est écrit; car la parole ne peut pas rendre tout ce que l'esprit peut en concevoir; et encore l'esprit humain, quelle que soit sa profonde pénétration, est loin d'arriver à la réalité. Il faut donc croire que la vie future, c'est l'éternité dans le bonheur, et le bonheur dans l'éternité. Là est une complète sécurité, une tranquillité parfaite, un plaisir calme, une éternité bienheureuse et un bonheur éternel; là règne un amour parfait; là nulle crainte; c'est un jour éternel, un mouvement de joie qui ne finit pas; là, tous n'ont qu'un même esprit, que rien ne trouble dans la contemplation de Dieu et dans leur union avec lui. Là est la cité bienheureuse qui se compose des anges et des saints, et où brillent leurs

---

quæ nec multiplicari, nec aliud et aliud esse potest. Porro unum est necessarium (*Luc*., x, 42.) Porro hoc est illud unum necessarium, in quo omne bonum : imo quod est omne, et unum, et totum, et solum bonum. (1) Si enim singula bona delectabilia sunt, cogita attente quam delectabile sit illud bonum, quod continet jucunditatem omnium bonorum, et non qualem in rebus creatis sumus experti, sed tanto differentem, quanto differt Creator a creatura. Si enim est bona vita creata; quam bona est Vita creatrix? Si jucunda est salus facta; quam jucunda est Salus quæ fecit salutem? Si amabilis est sapientia cum cognitione rerum conditarum; quam amabilis est Sapientia quæ condidit omnia ex nihilo? Denique si multæ et magnæ delectationes sunt in rebus delectabilibus; qualis et quanta est delectatio in illo qui fecit omnia delectabilia? (2) O qui hoc bono fruetur, quid illi erit, et quid illi non erit? Certe quidquid volet, erit; et quidquid nolet, non erit. Ibi quippe erunt bona corporis et animæ, qualia nec oculus vidit, nec auris audivit (1 *Cor.*, II, 9), (*a*) nec in cor hominis ascendit. Cur ergo per multa vagamur quærendo bona corporis et animæ nostræ? Amemus unum bonum, in quo sunt omnia bona; et sufficit. Desideremus simplex bonum, quod est omne bonum; et satis est. Quid enim amas o caro? quid desideras o anima? Ibi est quidquid amas, quidquid desideras.]

Bona ergo regni cœlestis dicere vel cogitare vel intelligere ut sunt, nullus potest carne vestitus : multo enim majora sunt et meliora, quam quæ cogitamus aut intelligimus. Regnum namque Dei omni fama majus est, omni laude melius, omni scientia innumerabilius, omni gloria quæ putatur excellentius. Regnum, inquam, Dei plenum est lucis ac pacis, caritatis et sapientiæ, honestatis et gloriæ, dulcedinis et dilectionis, lætitiæ et beatitudinis perennis, et omnis boni ineffabilis, quod nec dici nec cogitari potest. Nec ideo tamen debeo tacere, sed dicere quantum valeo, quia dicere quantum volo non valeo. Neque enim quia Deum ineffabilem credimus, fari de illo quod possumus non debemus. Ita sane et plus credatur de illa vita, quam scribitur; quia non potest tantum inde proferri sermone, quantum potest mente complecti; et minus concipit mentis humanæ quantumlibet profunda complexio, quam se habeat ipsius rei magnitudo. Ergo futura vita credatur beata (3) sempiterna et sempiterne beata : ubi est certa securitas, secura tranquillitas, tranquilla jucunditas, felix æternitas, æterna felicitas : (4) ubi amor est perfectus, timor nullus, dies æternus, alacer motus, et unus omnium spiritus, de contemplatione Dei uni, ac de sua cum illo permansione securus : ubi ipsa civitas, quæ est Angelorum omnium atque Sanctorum congregatione beata, meritis fulgenti-

(1) Ex cap. XXIV. — (2) Ex cap. XXV. — (3) Ex lib. *Medit.*, c. XVII — (4) Cap. XXII.
(*a*) Ap. Ans., *nec cor hominis cogitavit*.

mérites éclatants ; là surabonde la vie, là règne la vérité ; personne ne trompe, personne n'est trompé ; on ne reçoit que les heureux, on n'exclut que les malheureux. Voilà la bienheureuse vie contemplative où seront admis ceux qui auront accompli les bonnes œuvres ; ils seront semblables aux bienheureux, et ils règneront à jamais tous ensemble avec Dieu. Ce qu'ils auront cru sur la terre, ils le verront dans le ciel ; leur cœur étant très-pur, ils contempleront l'essence du Créateur ; leur allégresse sera éternelle ; ils posséderont la divine charité et l'affection mutuelle, pour s'attacher à Dieu et s'aimer les uns les autres ; ils reprendront leurs corps, mais incorruptibles et immortels ; le droit de cité les rendra citoyens de la patrie céleste, et, à ce titre, ils recevront les récompenses promises. Leur joie sera si grande, les biens dont ils jouiront si abondants, qu'ils ne se lasseront pas de remercier le souverain Rémunérateur, et d'éprouver de nouvelles jouissances, au milieu de cet océan inépuisable de grâces et de bienfaits. Les âmes se verront mutuellement comme on se voit des yeux du corps ; car le cœur de l'homme sera si pur et si parfait, que tout en lui rendra grâces au Dieu de toute pureté, sans que rien, même une légère souillure, puisse le faire rougir. Là, il n'y aura plus ni péchés ni pécheurs ; tous ceux qui seront au ciel ne pourront plus pécher. Le ciel n'aura plus rien de caché pour les bienheureux, et leur plus grand bonheur ce sera de voir Dieu avec un cœur pur ; car la créature humaine se trouvera élevée à un tel état de perfection, que rien ne pourra plus le diminuer ni l'augmenter. Tous les biens que l'homme, fait à l'image de son Créateur, avait reçus par la dignité de sa nature, et qu'il avait perdus par le péché, lui seront rendus plus complétement encore ; son intelligence ne sera plus sujette à l'erreur, ni sa mémoire à l'oubli ; sa pensée ne sera plus vagabonde, ni sa charité dissimulée ; ses sens seront invulnérables ; il sera fort sans craindre l'épuisement ; il vivra sans douleur, sans crainte de la mort, sans obstacle dans ses désirs, sans dégoût dans ses jouissances, sans qu'aucune maladie vienne troubler son bonheur. Ici-bas, nos corps, qui sont déjà défectueux, sont exposés aux morsures des bêtes féroces ou aux accidents imprévus ; les maladies de toutes sortes les travaillent ; la cruauté de l'homme les mutile ; le feu ou tout autre élément vient les endommager ; la vieillesse elle-même, qui est un fardeau pour celui qui se porte bien, les démolit ; or, la résurrection réparera tous les dommages possibles ; nos corps reprendront tous leurs membres et ils jouiront d'une jeunesse éternelle. Tous les bienheureux qui seront dans le ciel auront leur place particulière, selon le degré de leurs mérites ; et tous auront le même bonheur, parce que personne n'aura rien à désirer au delà de sa récompense. De même que tout le monde est rassasié, quand chacun a pris la nourriture selon son besoin, quoique dans une mesure qui n'est pas égale, ainsi tous les saints, malgré la diversité de leurs mérites, seront parfaits dans le même bonheur, comme ils seront heureux dans la même perfection. Au reste, on peut dire que dans cette région du suprême bonheur, personne ne

bus micat ; ubi æterna salus exuberat, veritas regnat ; ubi nec fallit quisquam, nec fallitur ; unde beatus nullus ejicitur, ubi nullus miser admittitur. Hæc est contemplativa vita beata, ad quam qui bonorum operum consummatione pervenerint, beatis similes erunt, et simul cum Deo sine fine regnabunt. Quod autem hic crediderunt, ibi videbunt : sui Creatoris substantiam mundissimis cordibus contemplantes, æterna exultatione gaudebunt, divinæ caritatis et mutuæ dilectionis possessione Deo suo in æternum, et invicem sibi adhærebunt : receptis cum incorruptione atque immortalitate corporibus, (a) municipatum patriæ cœlestis accipient, atque ejus in æternum cives effecti præmia promissa reportabunt. Ibi eis exuberabit tanta lætitia, tanta cœlestium gratia gaudiorum : ut et remuneratori suo pro tantis muneribus gratias agant, et nullum fastidium ex ipsa affluenti gratiarum bonorumque perceptione sustineant. Ibi ita patebunt singulorum singulis mentes, sicut corporalibus oculis subjacent facies corporales : quia humanorum pectorum tanta erit ibi et tam perfecta munditia, ut habeant unde mundatori suo gratias agant, non unde offensi (b) aliquibus sordibus peccatorum erubescant : quia ibi nec ulla peccata, nec peccatores erunt ; et ibi qui fuerint, jam peccare non poterunt. Nec latebit jam perfecte beatos aliquid secretorum, qui, quod est præstantius longe, ipsum visuri sunt mundis cordibus Deum : quando quidem humana creatura ita perfecta erit, ut in melius aut in deterius ultra mutari non possit. Cujus humanæ substantiæ ad Conditoris sui similitudinem sublimatæ, omnia bona quæ naturaliter accepta corruperat peccando, reparabuntur in melius, id est, intellectus sine errore, memoria sine oblivione, cogitatio sine pervagatione, caritas sine simulatione, sensus sine offensione, incolumitas sine debilitate, salus sine dolore, vita sine morte, facilitas sine impedimento, satúritas sine fastidio, et tota sanitas sine morbo. Quoniam quidquid hic humanis corporibus vitiatis aut ferarum morsus, aut improvisi casus abstulerint, aut malarum valetudinum genera diversa decerpserint, aut humana crudelitas amputaverit, aut ignis, aut quælibet alia res aliquid debilitatis intulerit, aut ipsa senectus etiam sanis corporibus onerosa negaverit : hæc atque his similia corporum damna una ibi resurrectio reparabit, atque ea corpora membris omnibus instaurata, incorruptibilis sanitas obtinebit. Propterea quicumque erunt ibi, etsi differentibus meritis, ab invicem distabunt. (1) Omnes tamen una perfectione beati erunt ; quia singulis præmia sua sufficientia erunt. Sicut enim corporalis satietas omnes saturatos æqualiter habet, quamvis singuli cibum non æqualiter, sed pro possibilitate ceperint : ita omnes Sancti, etsi fuerint aliqua graduum suorum diversitate distincti, una beatitudine perfecti erunt : quia et una perfectione beati futuri sunt. Cæterum in illa tantæ beatitudinis regione nec majoris meriti sibi aliquid arrogabunt, quia arrogantia ibi nulla erit ; nec superio-

(1) Quæ supersunt, ex uno e Mss. Reg. primum damus.
(a) Ms. Reg., *munus indeficiens.* — (b) Sic Mss. At Ed. *antiquis.*

se prévaudra de son mérite, parce qu'il n'y aura plus aucune prétention; celui qui aura moins ne portera pas envie à celui qui aura plus; l'envie sera inconnue; et quoique les demeures soient différentes, tous seront également parfaits, parce que tous seront également heureux dans le royaume céleste.

ribus inferiores invidebunt, quia ibi invidus esse non poterit : et ideo etsi erit ibi distantia mansionum, summa in illis erit unius perfectionis æqualitas, quibus erit regni cœlestis una felicitas.

AVERTISSEMENT SUR LE LIVRE SUIVANT

Possidius fait mention des *Soliloques* composés par saint Augustin dans son *Catalogue abrégé*, ch. VI, et saint Augustin lui-même parle de cet ouvrage, liv. I des *Rétractations*, ch. IV. Mais le style et le sujet traité montrent assez que cet ouvrage est bien différent de l'ouvrage que nous allons donner, et que les vrais *Soliloques* de saint Augustin sont ceux qui figurent dans le second volume de cette édition, parmi les premiers ouvrages du saint docteur. Ils sont divisés en deux livres, écrits en forme de dialogue, et saint Augustin nous apprend pourquoi il les a appelés Soliloques, quand il dit au susdit chapitre des *Rétractations* : « J'ai écrit deux volumes... sur des matières que je voulais connaître à fond; m'interrogeant et me répondant à moi-même, comme si nous avions été deux, ma raison et moi, tandis que j'étais seul; et cet ouvrage, je l'ai appelé *Soliloques*. » Il rappelle ensuite les questions qu'il a traitées soit dans le premier, soit dans le second livre, et signale aux termes précis les corrections qu'il juge nécessaires; or, tout ce qu'il dit s'applique aux *Soliloques* publiés dans le second volume et ne peut convenir qu'à cet ouvrage. Florus ou Bède, dans son *Commentaire sur la première épître aux Corinthiens*, ch. XIII, cite un des deux livres des *Soliloques*. Quant au livre que nous publions ici, et qu'on a pu appeler avec raison *Soliloques*, sans avoir aucun motif du même genre pour lui donner ce nom, il n'en est pas question chez les anciens, excepté peut-être depuis cinq cents ans, et encore moins dans saint Augustin. Il est donc d'une date plus récente, et il est l'œuvre d'un auteur incertain, composé non-seulement avec des extraits de saint Augustin, surtout de ses *Confessions*, mais encore avec des extraits d'Hugues de Saint-Victor, au livre *Des arrhes de l'âme*, et dans son XXXII° chapitre il contient, sauf quelques omissions peu importantes, le chapitre premier du quatrième concile de Latran, qui eut lieu vers l'an 1198. Vous trouverez du reste que ce livre, pour le fond et pour la forme, a une grande ressemblance avec la plupart des opuscules que nous publions dans ce volume et le suivant, surtout avec les livres *De l'esprit et de l'âme*, *De l'amour de Dieu*, avec le *Manuel*, etc. Son but

ADMONITIO IN SUBSEQUENTEM LIBRUM

Soliloquia ab Augustino composita memorat Possidius in *Indiculo*, cap. VI; et ea recenset Augustinus ipse lib. I, *Retract.*, cap. IV, sed quæ scribendi methodo et argumenti ratione satis intelliguntur longe diversa esse ab Opere subsequente, atque eadem plane ac illa quæ in I Tomo (1) exstant inter primas ipsius lucubrationes. Iis enim duos in libros distributis, et dialogi forma conscriptis, cur *Soliloquiis* nomen fecerit Augustinus, sic in eodem *Retractationum* capite docet : « Scripsi, ait, duo volumina... de his rebus, quas maxime scire cupiebam, me interrogans mihique respondens, tanquam nos essemus duo, cum solus essem; unde hoc opus *Soliloquia* nominavi. » Tum inde, quas in primo libro, quas in secundo quæstiones moverit, quæve in iis dicta repererit minus probanda, disertis verbis declarat : eaque omnia in *Soliloquiis* prædictis primi Tomi deprehenduntur, atque iis solis conveniunt. Alterum ex iisdem *Soliloquiorum* libris citat Florus seu Beda vulgatus *ad I Cor.*, XIII. Cæterum libri subsequentis, cui si non inepte, minime tamen eamdem ob causam inditum *Soliloquiorum* nomen, nullus veterum ante annos forte quingentos, nedum ipse Augustinus, meminisse usquam potuit. Quippe recentius ab incerto auctore collectus est, non modo ex Augustino, libris præsertim *Confessionum* ipsius, sed etiam ex Hugone Victorino, libro *de Arra animæ*, habetque in 32 ; capite insertum caput I, Concilii Lateranensis quarti, circiter an 1198 habiti, paucis prætermissis verbis. Magnam porro consensionem et affinitatem in eo reperies cum plerisque collectaneis opusculis hujusce

(1) Edit. Maurit. nostræ vero tom. II.

est d'exciter particulièrement à l'amour de Dieu, et il est rempli de tout ce que la piété peut produire de plus affectueux. Nous le donnons ici aussi parfait que possible, et pour le corriger, nous nous sommes servi des anciens exemplaires de la bibliothèque Royale, de celle de Colbert, du monastère de Saint-Médard de Soissons, et de Saint-Pierre de La couture du Mans.

Appendicis, scilicet, cum libris de *Spiritu et anima*, et *de diligendo Deo*, cum *Manuali*, etc., præ cæteris vero ad excitandum Dei amorem comparatus, ac piis erga ipsum affectibus refertus est. Castigatior hic demum exhibetur iste liber subsidio veterum codicum bibliothecæ Regiæ, Colbertinæ, cœnobii S. Medardi apud Suessiones, et S. Petri de cultura apud Cenomanos.

LE
LIVRE DES SOLILOQUES
OU ENTRETIEN DE L'AME AVEC DIEU [1]

Chapitre I. — *Douceur ineffable de Dieu.* — Que je vous connaisse, ô mon Dieu, comme vous me connaissez moi-même. Que je vous connaisse, vous qui êtes ma force et mon soutien. Montrez-vous à moi, divin Consolateur; faites que je vous voie, ô lumière de mes yeux. Venez à moi, délices de mon esprit et joie de mon cœur. Que je vous chérisse, vous qui êtes la vie de mon âme. Ne vous cachez pas à mes yeux, Seigneur mon Dieu, vous ma joie suprême, ma plus douce consolation, vie et gloire de mon âme. Puissé-je vous trouver, unique objet des aspirations de mon cœur. Que je vous possède, vous mon seul et souverain amour. Que mon âme vous embrasse tout entier, ô céleste Epoux, qui faites tressaillir d'allégresse et mon cœur et mes sens. Que je vous possède au fond de mon cœur, ô source d'éternelle béatitude, ineffable ! onheur de ma vie, suprême douceur de mon âme. Que je vous chérisse, ô Seigneur, vous qui êtes ma force, mon soutien, mon refuge et mon libérateur. Que je vous aime, ô mon Dieu, vous qui êtes mon protecteur, le rempart où s'abrite mon courage, mon unique espoir dans toutes mes tribulations. Que je m'attache à vous, ô bien unique, d'où découle tout autre bien. Que je jouisse de vous, ô bien suprême, sans lequel il n'y a pas de vrai bien. Parole divine, plus perçante qu'un glaive à deux tranchants, pénétrez dans mon oreille intérieure pour que je vous entende. O Seigneur, faites retentir du haut du ciel, la grande voix de votre tonnerre. Que la mer dans toute son étendue en répète les éclats. Que la terre en soit ébranlée, ainsi que tout ce qu'elle renferme. O lumière incompréhensible, éclairez mes yeux, frappez-les de vos éclairs, et dissipez les ténèbres qui les couvrent,

(1) On a vu par l'avertissement qui précède, que cet ouvrage n'est pas de saint Augustin; cependant il a toujours fait les délices des âmes pieuses; on en a fait de nombreuses éditions, qui toutes, et notamment l'édition de 1824, ont obtenu un grand succès.

SOLILOQUIORUM ANIMÆ
AD DEUM
LIBER UNUS

Caput I. — *Aspiratio ad cognitionem et amorem Dei.* — Cognoscam te Domine cognitor meus, cognoscam te virtus animæ meæ. Ostende te mihi consolator meus, videam te lumen oculorum meorum. Veni gaudium spiritus mei, videam te lætitia cordis mei. Diligam te vita animæ meæ. Appare mihi delectatio mea magna, solatium meum dulce, Domine Deus meus, vita et gloria tota animæ meæ. Inveniam te desiderium cordis mei, teneam te amor animæ meæ. Amplectar te sponse cœlestis, exultatio mea summa intus et extra. Possideam te beatitudo sempiterna; possideam te in medio cordis mei, vita beata, dulcedo summa animæ meæ. Diligam te Domine fortitudo mea, Dominus firmamentum meum et refugium meum, et liberator meus. (*Psal.* xvii, 2, 3.) Amem te Deus meus, adjutor meus, turris fortitudinis mihi, et spes mea dulcis in omni tribulatione mea. Amplectar te bonum, sine quo nihil bonum : fruar te (*al.* optimum) optime, sine quo nihil optimum. Aperi penetralia aurium mearum Verbum penetrabilius omni gladio ancipiti (*Heb.*, iv, 12); ut audiam vocem tuam. Intona Domine de super voce grandi et forti. (*Psal.* xcv, 11, 12.) Tonet mare et plenitudo ejus, commoveatur terra et omnia quæ in eis sunt. Illustra oculos meos lux incomprehensibilis, fulgura coruscationem, et dissipa eos ut non videant vanitatem. (*Psal.* cxliii, 6.) Fulmina multiplica,

pour qu'ils ne voient plus les vanités du monde. Multipliez vos foudres, pour que les mers s'entr'ouvrent jusqu'au fond de leurs abîmes, et la terre jusque dans ses entrailles. Lumière invisible, donnez-moi des yeux pour qu'ils puissent vous voir. Odeur de vie, créez en moi un nouvel odorat qui puisse suivre vos traces, en respirant les parfums que vous laissez après vous. Purifiez mon goût, afin qu'il puisse savourer, connaître et discerner, ô mon Dieu, les douceurs que vous réservez aux cœurs qui sont remplis de votre amour. Donnez-moi, Seigneur, un cœur qui ne pense qu'à vous, une âme qui n'aime que vous, un esprit qui n'ait d'autre souvenir que le vôtre, une intelligence qui puisse vous comprendre, une raison qui vous soit à jamais et inébranlablement attachée, ô Dieu, suprême douceur de mon âme. Puissé-je dignement vous connaître et vous goûter, ô Dieu, qui comblez d'amour ceux qui ont le bonheur de vous goûter et de vous connaître.

O vie, par laquelle vit tout ce qui respire, vie qui me donnez la vie, et qui êtes vous-même cette vie, sans laquelle je ne saurais vivre, vie qui m'appelez de la mort à la résurrection, et sans laquelle je périrais, vie qui faites toute ma joie et hors de laquelle je n'ai plus que tribulations, vie source de vie, de douceur, d'amour et d'immortalité, où êtes-vous? Où puis-je vous trouver, afin que je ne sois plus en moi, mais tout en vous seule? Soyez toujours présente à mon esprit et à mon amour, que ma bouche ne parle que de vous, secourez-moi en toutes choses, parce que je languis d'amour pour vous, parce que sans vous je meurs, et que votre souvenir seul me rappelle à la vie. Votre odeur de sainteté me remplit d'une nouvelle force, et votre pensée me guérit de tout mal. Mais je ne serai pleinement satisfait que quand je verrai tout l'éclat de votre gloire, ô vie de mon cœur. Mon âme soupire après vous et tombe en défaillance à votre souvenir, quand viendrai-je et quand paraîtrai-je devant votre face, ô vous qui êtes toute ma joie. Pourquoi détournez-vous de moi votre visage? Pourquoi vous cachez-vous à mes yeux, beauté divine, objet de tous mes vœux? Quand je respire l'odeur de vos parfums, je sens renaître en moi la vie et la joie, mais hélas! je ne vous vois pas. Lorsque j'entends votre voix, je renais à la vie. Mais pourquoi vous dérobez-vous à mes regards? Peut-être, dites-vous : « L'homme ne me verra point sans mourir. » (*Exod.*, XXXIII, 20.) Que je meure donc, ô mon Dieu, afin de vous voir! Que je vous voie afin de mourir à la vie de la terre, je ne veux plus cette vie! Je désire la mort, je désire la dissolution de mon être pour vivre avec Jésus-Christ, je désire la mort pour voir Jésus-Christ, je ne veux plus de la vie d'ici-bas, pour posséder Jésus-Christ. O Seigneur Jésus, recevez mon esprit. O vous qui êtes ma vie, recevez mon âme, attirez mon cœur auprès de vous, puisque vous en êtes les plus chères délices. Quand serez-vous donc la seule nourriture de mon âme? O mon chef, soyez mon guide; lumière de mes yeux, éclairez-moi; divine harmonie réglez tous les mouvements de mon âme; odeur de pureté, vivifiez-moi; Verbe de Dieu, donnez-moi une vie nouvelle; vous dont j'aime à chanter les louanges, remplissez d'allégresse votre serviteur; entrez dans mon âme, ô véritable joie, pour qu'elle n'en éprouve plus d'autre que vous; entrez en elle, suprême douceur, pour qu'elle n'ait de goût que pour vous; éternelle lumière, laissez pénétrer en elle vos divins rayons, pour qu'elle puisse vous comprendre, vous connaître et vous aimer.

---

et conturba eos : ut appareant fontes aquarum, et revelentur fundamenta orbis terrarum. (*Psal.* XVII, 16.) Tribue visum, lux invisibilis, qui te videat. Crea novum olfactum, odor vitæ, qui post te currat in odorem unguentorum tuorum. (*Cant.*, I, 3.) Gustum sana, qui sapiat, et cognoscat, et discernat quam magna multitudo dulcedinis tuæ Domine, quam abscondisti his qui pleni sunt caritatis tuæ. (*Psal.* XXX, 20.) Da cor quod te cogitet, animum qui te diligat, mentem quæ te recolat, intellectum qui te intelligat, rationem quæ tibi semper, summum dulce, fortiter adhæreat; te sapienter, amor sapiens, diligat.

O vita, cui omnia vivunt; vita, quæ das mihi vitam; vita, quæ es mea vita; vita, per quam vivo, sine qua morior; vita, per quam resuscitor, sine qua pereo; vita per quam gaudeo, sine qua tribulor : (1) vita vitalis, dulcis et amabilis, semperque memorialis. Ubi, quæso, es, ubi te inveniam, ut in me deficiam et in te subsistam? Prope esto mihi in animo, prope in corde, prope in ore, (a) prope in auxilio : quia amore langueo (*Cant.*, II, 5), quia sine te morior, quia te recolens suscitor. Odor tuus me recreat, memoria tua me sanat : sed satiabor cum apparuerit gloria tua (*Psal.* XVI, 15), vita animæ meæ. Concupiscit et deficit anima mea de memoria tua, quando veniam et apparebo tibi, lætitia mea? (*Psal.* LXXXIII, 3.) Quare faciem tuam avertis (*Psal.* XLI, 3), gaudium per quod gaudeo? Ubi es absconditus, pulcher quem desidero? Odorem tuum haurio; vivo et gaudeo : te autem non video. Vocem tuam audio, et revivisco. Sed cur faciem tuam abscondis? Forte dicis : « Non videbit me homo, et vivet. » (*Exod.*, XXXIII, 20.) Eia Domine moriar, ut te videam; videam, ut hic moriar. Nolo vivere, volo mori; dissolvi cupio, et esse cum Christo. (*Phil.*, I, 23.) Mori desidero, ut videam Christum; vivere renuo, ut vivam cum Christo. O Domine Jesu, accipe spiritum meum. Vita mea, suscipe animam meam. Gaudium meum, attrahe cor meum; dulcis cibus meus comedam te. Caput meum, dirige me : lumen oculorum meorum, illumina me : melos meum, tempera me : odor meus, vivifica me : verbum Dei, recrea me. Laus mea, lætifica animam servi tui. Intra in eam verum gaudium, ut in te gaudeat : intra in eam dulcedo summa, ut dulcia sapiat : lumen æternum illustra super eam, ut te intelligat, cognoscat et diligat.

(1) Ex lib. *de Speculo*, c. XXX.
(a) Editi hic addunt *prope in auribus*.

Si elle ne vous aime pas, Seigneur, c'est qu'elle ne vous connaît pas ; si elle ne vous connaît point, c'est faute de vous comprendre, et si elle ne vous comprend pas, c'est qu'elle est trop faible pour soutenir l'éclat de votre lumière. « La lumière luit dans les ténèbres, et les ténèbres ne l'ont pas comprise. » (*Jean*, I, 5.) Ô lumière de l'âme, ô lumière et splendeur de vérité, qui éclairez tout homme qui vient au monde, je dis qui vient au monde, mais qui ne l'aime pas, car quiconque est ami du monde est ennemi de Dieu ; dissipez les ténèbres qui couvrent les profondeurs de mon esprit, afin qu'il vous voie et vous connaisse en vous comprenant, et qu'il vous aime en vous connaissant, car lorsqu'on vous connaît, on vous aime, on s'oublie et l'on ne s'aime plus soi-même, pour mettre tout son amour en vous seul ; on renonce à soi pour venir à vous, et faire de vous l'unique objet de ses joies et de son bonheur. Si je ne vous aime pas, ô Seigneur, autant que je le dois, c'est que je ne vous connais point parfaitement, cette connaissance imparfaite est cause de mon peu d'amour pour vous, et j'éprouve peu de joie en vous, parce que mon amour pour vous est faible. Je m'éloigne de vous, qui devriez être la seule joie intime de mon âme, pour courir après des joies extérieures, et je suis privé de vous en prostituant mon amitié aux choses du monde. C'est ainsi, malheureux que je suis, mon cœur que je ne devais qu'à vous seul, avec tout son amour et toute son affection, je l'ai donné aux choses vaines de la terre, et je suis devenu moi-même aussi vain que ces vanités que j'aimais.

CHAPITRE II. — *Misère et faiblesse de l'homme.* — Ce qui fait, ô Seigneur, que ma joie n'est pas en vous seul et que je ne suis point uniquement attaché à vous, c'est que je ne me plais que dans les choses extérieures, et dans celles qui tiennent à la fragilité de la chair, tandis que vous, ô mon Dieu, vous n'aimez que celles qui concernent l'esprit et l'homme intérieur. Mon esprit, mes pensées, mes paroles n'ont pour objet que des choses passagères, et vous, Seigneur, vous êtes immuable dans votre éternité ; vous êtes dans le ciel et moi sur la terre ; vous aimez les choses d'en haut et moi celles d'ici-bas ; vous celles de votre céleste demeure, moi celles de ma demeure terrestre. Comment, ô mon Dieu, accorder entre elles des choses si contraires ? Malheureux que je suis, quand pourrai-je diriger mes pas selon la voie éternelle de votre sagesse ? Ô Seigneur, vous aimez la solitude, et moi le bruit de la multitude ; vous le silence, et moi le tumulte et les clameurs du monde, vous ce qui est vrai et pur, et moi ce qui est vain et corrompu. Que dirai-je de plus, ô Seigneur ? Vous êtes bon, je suis méchant ; vous êtes pieux et saint, et moi je suis impie et inique ; vous n'êtes que lumière, et je ne suis que ténèbres ; vous êtes la vie, et moi je ne suis qu'un mort ; vous êtes le médecin qui guérit, et moi le malade qui souffre ; vous n'êtes que joie et que délices, et moi que désolation et que tristesse ; vous êtes la souveraine vérité, et moi, comme tout homme vivant sur la terre, je ne suis que mensonge et vanité.

Que vous dirai-je donc, ô divin Créateur ? ô mon Dieu, entendez-vous ma voix. Je suis votre créature, et je languis ; je suis votre créature, et je meurs ; je suis votre créature, et me voilà presque réduit à néant. Ô Seigneur, ce sont vos mains qui m'ont tiré du limon de la terre, ces mains qui pour mon salut ont été attachées à la Croix, ne méprisez donc pas, ô mon Dieu, celui que vous avez formé. Jetez les yeux sur moi, je vous en conjure, par les plaies de vos mains ; mon nom n'est-il pas inscrit dans ces mains

---

Ob hoc enim non te diligit, Domine, si non diligit, quia non te cognoscit : et ideo non cognoscit, quia non intelligit : et idcirco non intelligit, quia lumen tuum non comprehendit : et lux in tenebris lucet, et tenebræ eam non comprehenderunt. (*Joan.*, I, 5.) O lux mentis, o lucens veritas, o vera claritas, quæ illuminas omnem hominem venientem in hunc mundum, (venientem quidem, sed non diligentem ; quia qui diligit mundum, inimicus Dei constituitur) (*Joc.*, IV, 4), expelle tenebras de super faciem abyssi mentis meæ : ut videat te intelligendo, et cognoscat te comprehendendo, ut diligat te cognoscendo. Quisquis enim cognoscit te, diligit te ; obliviscitur se, amat te plus quam se ; relinquit se, et venit ad te, ut gaudeat de te. Hinc est ergo, Domine, quod non tantum diligo quantum debeo, quia non plene cognosco te. Sed quia parum cognosco, parum diligo ; et quia parum diligo, parum in te gaudeo : sed a te vero gaudio interiori per exteriora recedens, dum te solo careo, adulterinas amicitias in his exterioribus quæro. Et sic miser ego cor meum, quod tibi soli debui toto amore totoque affectu impendere, vanis dedi : et vanus effectus sum, dum vanitatem dilexi.

Hinc etiam est Domine quod in te non gaudeo, et tibi non adhæreo : quia ego in exterioribus, tu in interioribus ; ego in carnalibus, tu in spiritalibus ; ego in transitoriis animo diffundor, cogitatione versor, locutione implicor, et tu Domine in æternis habitas æternitatem. Tu in cœlo, ego in terra ; tu diligis alta, ego infima ; tu cœlestia, ego terrestria. Et quando poterunt hæc contraria convenire ?

CAPUT II. — *Hominis miseria et fragilitas.* — Miser ego ! quando poterit obliquitas mea tuæ rectitudini adæquari ? Tu Domine diligis solitudinem, ego multitudinem ; tu silentium, ego clamorem ; tu veritatem, ego vanitatem ; tu munditiam, ego immunditiam sequor. Quid plura Domine ? Tu vere bonus, ego malus ; tu pius, ego impius ; tu sanctus, ego miser ; tu justus, ego injustus ; tu lux, ego cæcus ; tu vita, ego mortuus ; tu medicina, ego æger ; tu gaudium, ego tristitia ; tu summa veritas, ego universa vanitas, ut omnis homo vivens. (*Psal.* XXXVIII, 6.)

Heu ! Quid igitur, o Creator, dicam ? Audi o Creator. Creatura tua sum, jam perii : creatura tua sum, jam morior ; mactura tua sum, jam ad nihilum redigor. Plasma tuum sum. Manus tuæ Domine fecerunt me, et plasmaverunt me (*Psal.* CXVIII, 73) ; manus, inquam, illæ quæ clavis affixæ sunt pro me : opus manuum tuarum Domine ne despicias, vulnera manuum tuarum precor ut aspicias. Ecce in manibus tuis descripsisti me ; lege

divines? Lisez-le donc et sauvez-moi. N'entendez-vous pas les soupirs de votre créature? Donnez-moi une vie nouvelle, et écoutez mes cris et mes prières. Vous êtes ma vie, ranimez-moi. Je suis votre ouvrage et j'implore votre secours; vous m'avez tiré du limon de la terre, daignez réparer votre ouvrage. Epargnez-moi, Seigneur, car mes jours ne sont rien. Qu'est-ce, en effet, que l'homme, pour qu'il ose adresser la parole au Dieu qui l'a formé? Pardon, ô Seigneur, pour celui qui s'adresse à vous; pardon pour votre serviteur qui ose parler à son maître. Mais la nécessité ne connaît pas de loi. Ma douleur me force à parler, les maux que j'endure me contraignent à vous crier : Je suis un malade, qui demande le secours de son médecin ; un aveugle qui appelle la lumière, un mort qui soupire après la vie. Et vous êtes, ô Jésus de Nazareth, le médecin, la lumière, la vie que j'implore. Ayez donc pitié de moi, ô Fils de David. Source de toute miséricorde, entendez les cris d'un malheureux. Lumière éternelle, arrêtez-vous un instant, en passant, sur les yeux d'un aveugle. Tendez-lui une main secourable pour qu'il s'approche de vous, et qu'il puisse recouvrer la vue dans les divins rayons de votre lumière. O vous qui êtes la source de la vie, tirez-moi du sein de la mort.

Mais que suis-je pour oser vous parler! Malheur à moi! O mon Dieu, daignez m'épargner! Je ne suis qu'un cadavre déjà atteint de corruption, et pâture des vers, un vase infect, proie destinée aux flammes, et j'ose vous adresser la parole. Malheur à moi, ô Seigneur, daignez m'épargner. Je ne suis qu'un homme malheureux ; un homme, dis-je, né de la femme, vivant peu de temps et rempli de beaucoup de misères, un homme semblable à ce qu'il y a de plus vain sur la terre, comparable aux animaux privés de la raison, et qui déjà est devenu leur semblable. Que suis-je encore? Un abîme de ténèbres, un misérable limon, un enfant de colère, un vase d'ignominie, engendré dans l'impureté, dont la vie est remplie de peines, et qui la finira dans les angoisses. Malheureux, que suis-je, que serai-je un jour? Que suis-je, sinon fumier et pourriture, un être qui n'inspire que dégoût et horreur? Que suis-je, sinon ténèbres et pauvreté, un malheureux privé de tout, soumis à mille besoins, ignorant comment il est entré dans la vie et comment il en sortira? Que suis-je, sinon un malheureux soumis à la mort, et dont les jours passent comme une ombre. Comme la fleur naît sur un arbre et se flétrit aussitôt ; à peine éclose elle s'est bien vite desséchée ; ainsi est ma vie, fragile, éphémère. Plus elle croît, plus elle diminue; plus elle s'avance, plus elle s'approche de sa fin ; vie trompeuse, fugitive, sans cesse exposée aux pièges de la mort. A une courte joie succède aussitôt la tristesse, à la santé, la maladie, à quelques jours d'existence, l'inévitable mort. Sous l'apparence du bonheur, ma misère est sans fin, et le sourire qui naît sur mon visage est bien vite effacé par les pleurs. Tout change ici-bas avec une telle rapidité, qu'à peine si une heure de la vie ressemble à l'autre. Tous les maux s'y succèdent sans relâche, la crainte, l'épouvante, la faim, la soif. La chaleur, le froid, la maladie, la douleur, puis la mort qui enlève les hommes de mille manières. Celui-ci est épuisé par la fièvre, celui-là par la souffrance, celui-ci est consumé par la faim, celui-là par la soif. L'un périt dans les eaux, l'autre finit ses jours sur un gibet;

---

ipsam scripturam, et salva me. En ad te suspiro creatura tua : Creator es, recrea me. En ad te clamo factura tua : vita es, refice me. En ad te respicio tuum plasma : plasmator es, restaura me. Parce mihi Domine, nihil enim sunt dies mei. (*Job*, VII, 16.) Quid est homo, ut possit alloqui Deum factorem suum? Parce mihi colloquenti tibi, ignosce servo, qui præsumit loqui Domino. Legem non habet necessitas. Dolor me compellit dicere, et calamitas quam patior, cogit me exclamare : Ægrotus sum, ad medicum clamo; cæcus sum, ad lucem propero; mortuus sum, ad vitam suspiro. Tu es medicus, tu lux, tu vita, Jesu Nazarene. Miserere mei fili David, miserere mei (*Matth.*, XX, 30) : fons misericordiæ audi qui ad te clamat infirmum. Lux (*a*) quæ transis, expecta cæcum : præbe manum, ut ad te veniat, et in lumine tuo lumen videat. Vita vivens, revoca mortuum.

Quid sum ego, qui loquor tecum? Væ mihi Domine, parce mihi : ego cadaver putridum, esca vermium, vas fœtidum, cibus ignium. Quid sum ego qui loquor tecum? Væ mihi Domine, parce mihi : infelix ego homo; homo, inquam, natus de muliere, brevi vivens tempore, repletus multis miseriis (*Job*, XIV, 1); homo, inquam, vanitati similis factus (*Psal.* CXLIII, 4), comparatus jumentis insipientibus, et jam similis illis factus. (*Psal.* XLVIII, 13.) Quid iterum ego? Abyssus tenebrosa, terra miseriæ filius iræ, vas aptum ad contumeliam, genitus per immunditiam, vivens in miseria, moriturus in angustia. Heu miser quid sum? heu quid futurus sum? Et quid sum? Vas sterquilinii, concha putredinis, plenus fœtore et horrore : cæcus, pauper, nudus, plurimis necessitatibus subditus, ignorans introitum et exitum meum. Miser et mortalis, cujus dies sicut umbra prætereunt (*Psal.* CI, 12), cujus vita sicut umbra lunaria evanescit; sicut flos in arbore crescit, et statim marcescit; nunc floret, et statim arct. Vita, inquam, mea, vita fragilis, vita caduca, vita quæ quanto magis crescit, tanto magis decrescit; quanto magis procedit, tanto magis ad mortem accedit : vita fallax et umbratica, plena laqueis mortis. Nunc gaudeo, statim contristor; nunc vigeo, jam infirmor; nunc vivo, statim morior, nunc felix appareo, et semper miser; nunc rideo, et statim fleo : sicque omnia mutabilitati subjacent, ut mihi vix una hora in uno statu permaneat. Hinc timor, hinc tremor, hinc fames, hinc sitis, hinc calor, hinc frigus, hinc languor, inde dolor exuberat. Subsequitur his importuna mors, quæ mille modis quotidie miseros homines rapit. Hunc namque febribus, illum doloribus opprimit; hunc consumit fames, illum sitis extinguit : illum vero suffocat aquis, hunc interimit

---

(*a*) Mss. *qui*.

quelques-uns sont dévorés par les flammes, quelques autres par les bêtes féroces. Ceux-ci meurent par le fer, ceux-là par le poison ; d'autres, enfin, terminent leur misérable vie par la crainte même de la mort. Et ce qu'il y a de plus malheureux encore, c'est que, quoiqu'il n'y ait rien de plus certain que la mort, l'homme ignore quand elle doit arriver, et c'est lorsqu'il s'y attend le moins qu'elle vient l'enlever avec toutes ses espérances. Qui sait, en effet, le temps, le lieu, le genre de sa mort. Cependant ce qu'il y a de certain, c'est qu'il faut mourir. Voilà, Seigneur, la grandeur des maux destinés à l'homme, et cependant je vis comme si je n'avais rien à craindre. Voilà le poids des calamités qui m'accablent, et je n'élève pas vers vous le cri de ma douleur. Je vous implorerai, cependant, ô mon Dieu, avant de disparaître de ce monde, et puissé-je en sortir pour demeurer éternellement en vous. Que je vous dise donc, Seigneur, que je vous dise toute l'étendue de ma misère, que je vous en fasse l'aveu, que je ne rougisse pas devant vous de mon néant. Secourez-moi, vous qui êtes ma consolation, ma force et mon soutien. Venez, lumière divine, venez éclairer mon âme, apparaissez, gloire éternelle, qui êtes toute ma joie, montrez-vous, dis-je, et je vivrai.

CHAPITRE III. — *Que l'homme a besoin d'implorer Dieu et d'en être éclairé.* — O lumière divine que voyait Tobie (*Tobie*, IV, 2), lorsque tout aveugle qu'il était, il enseignait à son fils le chemin de la vie. Lumière qui éclairait l'esprit d'Isaac, lorsque les yeux de son corps étant frappés de cécité, il annonçait l'avenir à son fils. (*Gen.*, XXVII, 28.) Lumière invisible, qui pénétrez cependant jusqu'aux plus profonds abîmes du cœur humain. Lumière qu'apercevait Jacob (*Gen.*, XLIX, 3), lorsque éclairé par vos divins enseignements, ô Seigneur, il prédisait à ses enfants les destinées qui leur étaient réservées. Les ténèbres se sont répandues sur la surface de l'abîme de mon esprit, et vous, ô mon Dieu, vous êtes ma lumière. D'épaisses ténèbres ont envahi mon cœur, vous êtes la vérité. O Verbe, par qui tout a été fait, et sans lequel rien n'a été fait, Verbe qui êtes de toute éternité et avant qui rien n'était. Verbe qui avez créé l'univers, et sans lequel tout serait dans le néant. Verbe qui gouvernez toutes choses, et sans lequel toutes choses ne seraient rien. Verbe qui avez dit dès le commencement du monde, que la lumière soit, et la lumière fut (*Gen.*, I, 3), dites encore une fois que la lumière soit dans mon âme, et la lumière sera faite. Faites-moi voir alors cette divine lumière, pour que je reconnaisse ce qui n'est pas la vraie lumière, et sans vous, je prends la lumière pour les ténèbres, et les ténèbres pour la lumière. Si vous ne faites pas luire votre lumière, ô mon Dieu, au lieu de la vérité, il n'y a pour nous qu'erreur et vanité, et il n'y a pour nous ni discernement, ni science, ni clarté, ni chemin, ni vie; il n'y a plus qu'égarement et mort inévitable.

CHAPITRE IV. — *Condition mortelle de la nature humaine.* — Oui, Seigneur, il n'y a que mort là où n'est pas votre lumière; mais que dis-je? cet état n'est même pas la mort, car la mort n'est rien, puisque par elle nous tendons à rentrer dans le néant, auquel nous ne craignons pas de nous réduire nous-mêmes par le péché. Et cela est bien juste, Seigneur, nous n'avons que ce que nous méritons, quand nous disparaissons comme l'eau qui s'écoule. Puisque rien n'a été fait sans vous, en nous séparant de vous, nous redevenons néant. Car alors, nous sommes sans vous, par qui toutes choses ont été faites, et sans lequel

laqueo; illum perimit flammis, alium dentibus bestiarum ferocitas vorat; hunc trucidat ferro, illum veneno corrumpit; alterum tantum repentino terrore miseram vitam finire compellit. Et nunc super hæc omnia magna miseria, quia cum nihil sit certius morte, ignorat tamen homo finem suum; et cum stare putat, tollitur et perit spes ejus. Nescit enim homo quando vel ubi vel quomodo morietur : et tamen certus est quod eum mori oportet. Ecce Domine quam magna miseria hominis in qua sum, nec timeo; quam grandis calamitas quam patior, nec doleo, et ad te non clamo. Clamabo Domine, ante quam transeam : si forte inter vos transeam, sed in te maneam. Dicam ergo, dicam miseriam meam : confitear, nec erubescam ante te, vilitatem meam. Adjuva me fortitudo mea, per quam sublevor; succurre virtus, per quam sustentor. Veni lux, per quam video; appare gloria, per quam gaudeo. Appare, inquam, et vivam.

CAPUT III[1]. — *Luminis Dei necessitas et imploratio.* — (1) O lux quam videbat Tobias, quando oculis clausis docebat filium viam vitæ (*Tob.*, IV, 2); lux quam videbat Isaac interius, quando caligantibus oculis exterius filio futura narrabat (*Gen.*, XXVII, 28); lux, inquam, invisibilis, cui omnis abyssus humani cordis est visibilis; lux quam Jacob videbat, quando, sicut tu intus docebas, filiis exterius ventura prædicebat (*Gen.*, XLIX, 3); ecce tenebræ sunt super faciem abyssi mentis meæ, tu es lumen : ecce caligo tenebrosa super aquas cordis mei, tu es veritas. (*Joan.*, I, 3.) O Verbum per quod facta sunt omnia, sine quo factum est nihil; Verbum quod es ante omnia, ante quod nihil; Verbum creans omnia, sine quo nihil omnia; Verbum regens omnia, sine quo non sunt omnia; Verbum quod dixisti in principio : « Fiat lux, et facta est lux, » (*Gen.*, I, 3) dic etiam nunc : Fiat lux, et facta sit lux : et videam lumen, et cognoscam quidquid non est lumen; quia sine te mihi tenebræ lumen, et lumen tenebræ ponuntur. Et sic sine tua luce non est veritas, adest error; adest vanitas, non est veritas; non est discretio, adest confusio; adest ignorantia, non est scientia; adest cæcitas, non est visio; adest invium, non est via; adest mors, non est vita.

CAPUT IV. — Ecce Domine, quia non est lux, est mors : imo non est mors, quia nihil est mors; nam per ipsam ad nihilum tendimus, dum nos nihil facere per peccatum non formidamus. Et juste quidem hoc, Domine; nam digna factis recipimus, dum ad nihilum devenimus sicut aqua decurrens : quia sine te factum est nihil, et nos

---

(1) Ex lib. X, *Conf.*, c. XXXIV.

tout ce qui se fait n'est rien. O Dieu, ô Verbe, par qui tout a été fait, et sans lequel rien de ce qui a été créé n'a été fait. Malheur à moi, si souvent frappé d'aveuglement, parce que vous êtes la lumière et que je suis sans vous ; malheur à moi, si souvent blessé, parce que vous êtes le salut et que je suis sans vous ; malheur à moi, si souvent dans l'égarement, parce que vous êtes la vraie voie et que je suis sans vous ; malheur à moi, si souvent dans l'erreur, parce que vous êtes la vérité et que je suis sans vous ; malheur à moi, si souvent exposé à la mort!, parce que vous êtes la vie et que je suis sans vous ; malheur à moi, toujours prêt à tomber dans le néant, parce que je suis sans vous, qui êtes le Verbe éternel, par qui tout a été créé, et sans lequel tout ce qui se fait n'est que néant. O Verbe de Dieu, Dieu vous-même, vous qui êtes la lumière par laquelle la lumière a été faite, vous qui êtes la véritable voie, la vérité et la vie, vous en qui il n'y a ni ténèbres, ni erreur, ni mensonge, ni mort. O lumière éternelle, sans laquelle tout devient ténèbres, voie divine, hors de laquelle il n'y a qu'erreur, vérité sans laquelle tout est mensonge, vie hors de laquelle on ne trouve que mort, dites un seul mot, Seigneur, dites que la lumière soit faite, pour que je puisse en voir les divins rayons et que je sorte des ténèbres, pour que je distingue la véritable voie et que je ne m'égare plus, pour que j'aperçoive la vérité et que j'évite l'erreur et le mensonge, pour que je voie la vie et que j'échappe à la mort. Eclairez-moi, Seigneur, vous qui êtes ma lumière et mon salut. Vous êtes mon Seigneur que je craindrai, et dont je chanterai les louanges, mon Dieu que j'honorerai, mon Père que je chérirai, l'Epoux de mon âme pour qui je me conserverai pur. Faites donc luire votre lumière sur votre serviteur, qui est frappé d'aveuglement, et qui est maintenant plongé dans les ténèbres et dans les ombres de la mort. Dirigez ses pas dans la voie de la paix, cette voie par laquelle je puis seulement entrer dans le lieu de votre tabernacle admirable, et jusque dans la demeure de l'Eternel, pour y célébrer et confesser sa grandeur et sa gloire; car cet aveu est la seule voie par laquelle je pourrai m'approcher de vous et sortir des sentiers de l'erreur pour revenir à vous, qui êtes la seule et véritable voie de la vie.

Chapitre V. — *Combien le péché nous rend misérables.* — Je vous confesserai donc ma misère, à vous, Seigneur, notre Père, Roi du ciel et de la terre, afin que vous m'ouvriez le sein de votre miséricorde. Je suis devenu malheureux, et j'ai été réduit au néant, et je l'ai ignoré, parce que vous êtes la vérité, et que je n'étais pas avec vous. Mes iniquités m'ont couvert de blessures et je ne les ai pas senties, parce que vous êtes la vie et que je n'étais point avec vous ; elles m'ont réduit au néant, parce que vous êtes le Verbe et que je n'étais point avec vous, par qui tout a été créé, et sans lequel rien n'a été fait. C'est pourquoi sans vous je n'ai été rien moi-même, parce que le néant ne peut conduire qu'au néant. C'est par le Verbe que tout ce qui existe a été créé. « Et Dieu a vu que tout ce qu'il avait fait était bon. » (*Gen.*, I, 31.) Tout ce qui est dans le monde a donc été créé par le Verbe, et tout ce que le Verbe a fait est souverainement bon. Et pourquoi toutes ces choses sont-elles bonnes? Parce qu'elles sont l'œuvre du Verbe par qui tout a été fait, « et sans lequel rien n'a été fait, » (*Jean*, I, 3) parce qu'il n'y a rien de bien où le Verbe n'est pas, et que là où il n'est pas, il ne peut y avoir que du mal. Mais

---

faciendo nihil, facti sumus nihil : quia sine te sumus (*a*), per quem facta sunt omnia et sine quo factum est nihil. O Domine Verbum, o Deus Verbum, per quod facta sunt omnia, sine quo factum est nihil (*Joan.*, I, 3), væ mihi misero totius obcæcato, quia tu lux, et ego sine te, totiens vulnerato, quia tu salus, et ego sine te ; totiens infatuato, quia tu es veritas, et ego sine te; totiens oberrato, quia tu via, et ego sine te; totiens mortuo, quia tu vita, et ego sine te; totiens annihilato, quia tu Verbum per quod facta sunt omnia, et ego sine te, sine quo factum est nihil. O Domine Verbum, o Deus Verbum, qui es lux per quam facta est lux (*Joan.*, XIV, 6) ; qui es via, veritas et vita, in quo non sunt tenebræ, error, vanitas, neque mors; lux sine qua tenebræ, via sine qua error, veritas sine qua vanitas, vita sine qua mors, dic verbum, dic Domine : Fiat lux, ut videam lucem, ut vitem tenebras; videam viam, et vitem invium; videam veritatem, et vitem vanitatem; videam vitam, et vitem mortem. Illuminare Domine lux mea, illuminatio mea, et salus mea, quem timebo, Dominus meus quem laudabo, Deus meus quem honorificabo, pater meus quem amabo; sponsus meus cui me servabo. Illuminare, inquam, illuminare, lux, huic cæco tuo, qui in tenebris et in umbra mortis sedet, et dirige pedes ejus in viam pacis : per quam ingrediar in locum tabernaculi admirabilis usque ad domum Dei in voce exultationis et confessionis. Vere confessio est via per quam ingrediar ad te, via per quam egrediar ab invio, et redeam ad te viam, [(*b*) quia tu es vera via vitæ.]

Caput V. — *Miseria nostra a peccato.* — Confitear ergo, confitear tibi Domine Pater, rex cœli et terræ, miseriam meam; ut me venire liceat ad misericordiam tuam. Miser quippe factus sum, et ad nihilum redactus sum, et nescivi : quia tu es veritas, et ego non eram tecum. Vulneraverunt me iniquitates meæ, et non dolui : quia tu es vita, et ego non eram tecum. Ad nihilum deduxerunt me; quia tu es Verbum, et ego non eram tecum, per quem facta sunt omnia, sine quo factum est nihil : et ideo sine te factus sum nihil, quia est nihil quod ad nihilum ducit. Omnia per Verbum facta sunt, quæcumque facta sunt. Et qualia facta sunt? « Vidit Deus cuncta quæ fecerat, et erant valde bona. » (*Gen.*, I, 31.) Omnia quæcumque sunt, per Verbum facta sunt : et quæcumque per Verbum facta sunt, valde bona sunt. Quare bona sunt? Quia per Verbum facta sunt. « Et sine ipso factum est nihil; » (*Joan.*, I, 3) quia nihil bonum sine summo bono, sed malum est ubi non est bonum, (*c*) quod utique nihil est : quia nihil aliud est malum,

(*a*) In solis editis, hic additur, *nihil.* — (*b*) Hæc non habent Mss. — (*c*) Ms. Reg. *quia.*

le mal n'est rien, parce que le mal n'est autre chose que l'absence du bien, comme la cécité n'est autre chose que la privation de la lumière. Ainsi le mal n'est rien, parce qu'il n'est pas l'œuvre du Verbe, et que rien n'a été fait sans le Verbe ; or, cela est mal qui est privé de ce bien, par qui a été fait tout ce qui existe. Ce qui n'existe point n'a pas été fait par le Verbe, et par conséquent c'est le néant. C'est pourquoi ce qui n'a pas été fait est quelque chose de mauvais, parce que tout ce qui existe a été fait par le Verbe, qui n'a rien créé que de bon. Puis donc que tout a été fait par le Verbe, le mal n'est point l'œuvre du Verbe. Il s'ensuit nécessairement que tout ce qui n'a pas été fait par le Verbe n'est pas bon, parce que tout ce qu'il a créé ne peut être que bon. Or, puisque le Verbe est l'auteur de toutes choses, le mal n'est donc rien, puisqu'il n'a pas été créé, et il n'est rien, puisqu'il n'est pas l'œuvre du Verbe. Le mal, je le répète, n'est rien parce qu'il n'a pas été créé. Mais comment le mal peut-il être s'il n'a pas été créé ? C'est que le mal n'est autre chose que la privation du Verbe, par qui tout ce qui est bon a été créé. Donc, être sans le Verbe, c'est le mal, c'est le néant, puisque rien n'existe sans lui. Mais qu'est-ce donc qu'être séparé du Verbe ? Si vous voulez le savoir, apprenez ce que c'est que le Verbe. Le Verbe de Dieu lui-même dit : « Je suis la voie, la vérité et la vie. » (*Jean*, xiv, 16.) Ainsi, être séparé du Verbe, c'est être sans voie, sans vérité et sans vie. Etre séparé du Verbe, c'est donc être le néant, et par conséquent le mal, puisque c'est être séparé du bien, par lequel toutes choses ont été faites très-bonnes. Donc, être séparé du Verbe, par qui tout a été fait, n'est autre chose que passer de l'être au néant, puisque, sans le Verbe, il n'y a que néant. C'est pourquoi, toutes les fois que vous vous éloignez du bien, vous vous séparez du Verbe, qui est le souverain bien, vous rentrez dans le néant, parce que vous êtes sans le Verbe, sans lequel rien n'a été fait.

Maintenant, ô Seigneur, que vous avez éclairé mon âme pour me permettre de vous voir, je vous ai vu et je me suis connu moi-même, parce que toutes les fois que je suis tombé dans le néant, c'est que j'étais séparé de vous, c'est que je vous avais oublié, vous qui êtes le bien, et qu'en vous oubliant je suis tombé dans le mal. Malheureux que je suis de n'avoir pu connaître que si j'étais dans le néant, c'est parce que je vous avais abandonné. Mais que dis-je ? Si je n'étais rien, comment pouvais-je vouloir vous connaître ? Nous savons que ce qui n'est rien n'existe pas, et que ce qui n'existe pas ne peut être quelque chose de bon, puisqu'il n'existe pas. Si donc je n'ai rien été lorsque j'étais sans vous, j'ai été comme un néant, comme les idoles qui ne sont rien, qui ont des oreilles et n'entendent pas, des narines et ne sentent pas, des yeux et ne voient pas, une bouche et ne parlent pas, des mains et ne touchent pas, des pieds et ne marchent pas, en un mot, tous les traits et la ressemblance d'un corps sans en avoir le sentiment.

CHAPITRE VI. — *De la misère du pécheur.* — Tant que j'ai été sans vous, je n'existais pas, puisque j'étais dans le néant. Semblable aux idoles, j'étais privé de la vue, de l'ouïe et de toute sensibilité. Je ne pouvais distinguer le bien, ni fuir le mal, ni sentir la douleur de mes blessures, ni voir même que j'étais plongé dans les ténèbres, parce que j'étais sans vous,

---

quam privatio boni ; sicut nihil aliud est cæcitas, quam privatio luminis. Malum igitur nihil est : quia utique sine Verbo factum est, sine quo factum est nihil. Illud autem malum est, quod (*a*) privat illo bono per quod facta sunt omnia bona, scilicet Verbo per quod facta sunt omnia quæcumque sunt. At quæ non sunt, per ipsum facta non sunt : et ideo nihil sunt. Et ideo mala sunt, quæ facta non sunt : quia omnia quæcumque sunt, per Verbum facta sunt, et omnia per Verbum bona facta sunt. Cum igitur omnia per Verbum facta sunt, mala per ipsum non sunt. Restat igitur, quod omnia quæcumque facta non sunt, bona non sunt; quia omnia quæ facta sunt, bona sunt. (*b*) Et ideo mala non sunt, quia facta non sunt : et ideo nihil sunt, quia sine Verbo factum est nihil. Malum igitur nihil est; quia factum non est. Sed qualiter malum est, si factum non est ? Quia malum privatio Verbi est, per quod bonum factum est. Esse ergo sine Verbo malum est : quod esse non est, quia sine ipso nihil est. Sed quid est separari a Verbo? Si hoc velis scire, audi quid sit Verbum. Verbum Dei dicit : « Ego sum via, veritas et vita. » (*Joan.*, xiv, 6.) Separari ergo a Verbo, est esse sine via, sine veritate, sine vita; et ideo sine ipso nihil, quia sine ipso malum; quia (*c*) separari a bono, per quod facta sunt omnia bona valde. Separari autem a Verbo, per quod omnia facta sunt, nihil aliud est quam deficere, et a facto transire in defectum : quia sine ipso est nihil. Quotiens ergo a bono devias, a Verbo te separas, quia ipsum est bonum : et ideo nihil efficeris, quia sine Verbo es, sine quo factum est nihil.

Nunc Domine illuminasti me, ut viderem te : vidi te, et cognovi me, quia totiens nihil factus sum, quotiens a te separatus sum; quia bonum quod tu es, oblitus sum, at ideo malus effectus sum. Væ mihi misero, ut quid hoc non cognoscebam, quia te deserens nihil fiebam ? Sed quid hoc quæro? Si nihil eram, quomodo cognoscere volebam? Scimus quia nihil nihil est; et quod nihil est, non est; et quod non est, bonum non est, quia nihil est. Si ergo nihil fui, cum sine te fui, quasi nihil fui, et velut idolum quod nihil est : quod quidem aures habet, et non audit; nares habet, et non odorat; oculos habet, et non videt; os habet, et non loquitur; manus habet, et non palpat; pedes habet, et non ambulat; et omnia lineamenta membrorum sine sensu eorum.

CAPUT VI. — *Peccatoris miseria.* — Cum igitur fui sine te, non fui; quia nihil fui. Et ideo cæcus eram, surdus et insensibilis : quia nec bonum discernebam, nec malum fugiebam, nec dolorem vulnerum meorum sentiebam, nec tenebras meas videbam, quia eram sine te vera luce, quæ illuminas omnem hominem venientem in

---

(*a*) Editi, et Regius Ms. *privatur.* — (*b*) Sic duo Mss. At Reg. *Imo mala sunt quæ facta non sunt*, et Editi : *Et ideo mala sunt quæ*, etc. — (*c*) Sic Mss. nisi quod in Reg. *separans.* At. editis, *separatur a verbo.*

TOM. XXII.

ô vraie lumière, qui éclairez tout homme venant au monde. Malheur à moi, j'étais couvert de plaies et je n'en éprouvais aucune douleur. Les passions m'entraînaient, et je ne le sentais point, parce que je n'étais rien, parce que j'étais sans la vie, qui est le Verbe, par qui tout a été créé. C'est pourquoi, ô Seigneur, lumière de mon âme, mes ennemis ont fait de moi ce qu'ils ont voulu. Ils m'ont accablé de coups et de blessures; ils m'ont dépouillé de tout, m'ont plongé dans la honte, dans la corruption, dans la mort, parce que je m'étais éloigné de vous, et que sans vous je n'étais plus rien. O Seigneur, qui êtes ma vie, mon créateur, la lumière qui guide mes pas, le protecteur de mes jours, ayez pitié de moi; rendez-moi à la vie, Seigneur mon Dieu, vous qui êtes mon espérance, ma force, mon soutien, ma consolation au jour de la tribulation. Voyez quels sont mes ennemis et tirez-moi de leurs mains; qu'ils fuient devant vous ceux qui vous haïssent, et moi je vivrai en vous et par vous. Ils m'ont regardé, et dès qu'ils m'ont vu sans vous, ils m'ont méprisé. Ils se sont partagé, pour ainsi dire, les dépouilles des vertus dont vous m'aviez revêtu. Ils ont marché sur moi en me foulant aux pieds. Ils ont souillé par la lie du péché le temple sacré que vous vous étiez fait dans mon âme, et ne m'ont épargné ni désolation ni douleur. Et moi, aveugle, sans ressource, sans défense, enchaîné dans les liens du crime, je les suivais! Ils m'ont traîné avec eux de vice en vice, de bourbier en bourbier. Et moi, je marchais sans force devant celui qui me chassait. J'étais esclave, et j'aimais mon esclavage; j'étais aveugle, et je me plaisais dans mon aveuglement; j'étais enchaîné, et je n'avais point horreur de mes chaînes; je prenais pour douceur ce qui n'était qu'amertume, et pour amertume ce qui était douceur. J'étais accablé de misères, et je ne m'en apercevais point. Ah! c'est qu'alors j'étais sans vous, Verbe divin, sans qui rien n'a été fait, par qui tout subsiste, et sans qui tout tomberait dans le néant. De même, en effet, que tout a été créé par vous et que rien n'a été fait sans vous, de même aussi c'est par vous que tout subsiste dans le ciel, sur la terre, dans la mer et dans les plus profonds abîmes. Il n'y a pas une parcelle de pierre qui resterait unie à l'autre, pas un point de la création qui tiendrait à son ensemble, si toute cette harmonie n'était maintenue par vous, ô Verbe divin, par qui tout a été fait. Faites donc que je m'attache à vous et soutenez-moi, car lorsque je me suis éloigné de vous, j'aurais été perdu si vous, qui m'aviez fait, vous ne m'aviez donné une nouvelle vie. J'ai péché et vous m'avez visité. Je suis tombé et vous m'avez relevé. J'étais dans l'ignorance et vous m'avez instruit. J'étais devenu aveugle et vous m'avez donné la lumière.

CHAPITRE VII. — *Des nombreux bienfaits de Dieu.* — Malheureux que je suis! O mon Dieu, montrez-moi vous-même combien je dois vous aimer et vous louer. Faites-moi connaître combien je dois vous plaire. Faites retentir, Seigneur, jusqu'au fond de mon cœur la grande voix de votre tonnerre. Instruisez-moi, sauvez-moi, et je célébrerai vos louanges. C'est vous qui m'avez créé quand j'étais dans le néant, qui m'avez éclairé quand j'étais dans les ténèbres, qui m'avez ressuscité lorsque j'étais mort, qui m'avez comblé de tous vos biens depuis ma plus tendre jeunesse. Je ne suis qu'un faible et inutile ver de terre, tout couvert de péchés et de corruption, et cependant vous répandez sur moi l'abondance de vos dons les plus précieux. Clef de David, après laquelle personne

hunc mundum. Væ mihi! vulneraverunt me, et non dolui : traxerunt me, et non sensi : quia nihil eram, quia sine vita eram, quæ est Verbum per quod facta sunt omnia. Ideo Domine lux mea, inimici mei de me fecerunt quæcumque voluerunt, percusserunt, nudaverunt, polluerunt, corruperunt, vulneraverunt et occiderunt me : quia recessi a te, et factus sum nihil sine te. Heu Domine vita mea qui fecisti me, lux mea qui (*a*) direxisti me. Defensor vitæ meæ miserere mei et resuscita me (*b*). Domine Deus meus, spes mea, virtus mea, fortitudo mea, consolatio mea in die tribulationis meæ, respice inimicos meos, et eripe me : fugiant a facie tua qui oderunt te (*Psal.* XXI, 18, 19), et ego vivam in te per te. Ipsi enim Domine consideraverunt me, et viderunt me sine te, despexerunt me. Diviserunt sibi vestimenta virtutum quibus ornaveras me, fecerunt sibi viam per me, sub pedibus suis conculcaverunt me : fæcibus peccatorum polluerunt templum sanctuum tuum, posuerunt me desolatum, et mœrore confectum. Ibam post eos cæcus et nudus, et illaqueatus funibus peccatorum. Trahebant me post se in circuitu de vitio in vitium, et de luto in lutum : et ibam absque fortitudine ante faciem subsequentis. Servus eram; servitutem amabam. Cæcus eram; cæcitatem desiderabam. Vinctus eram; vincula non horrebam. Amarum dulce, et dulce amarum credebam. Miser eram; non cognoscebam : et hoc quia sine te Verbo eram, sine quo factum est nihil, per quod omnia conservantur, sine quo omnia annihilantur. Sicut enim omnia per ipsum facta sunt, et sine ipso factum est nihil; sic per ipsum omnia conservantur quæcumque sunt, sive in cœlo, sive in terra, sive in mari, et in omnibus abyssis. Nec pars parti in lapide adhæret, nec in aliquo creatorum : nisi quia per Verbum conservantur, per quod omnia facta sunt. Adhæream ergo tibi Verbum, ut conserves me; quia ubi a te recessi, perii in me : nisi quia tu qui feceras, refecisti me. Ego peccavi, tu me visitasti; ego cecidi, tu me erexisti; ego ignoravi, tu me docuisti; ego non vidi, tu me illuminasti.

CAPUT VII. — *Amor Dei beneficiorum intuitu excitatur.* — Miser ego, Deus meus, quantum teneor diligere te, ostende mihi; quantum debeo laudare te, demonstra mihi; quantum debeo placere tibi, innotesce mihi. Intona Domine voce grandi et forti in interiorem aurem cordis mei : doce me et salva me, et collaudabo te; qui creasti me, cum nihil essem; qui illuminasti me, cum in tenebris essem; qui resuscitasti me, cum mortuus essem; qui pavisti me a juventute mea omnibus bonis tuis. Hunc inutilem vermem, fœtentem peccatis, nutris omnibus

(*a*) Mss. *dilexisti.* — (*b*) Ms. Heg. hic addit, *et retribuam me.*

LE LIVRE DES SOLILOQUES.

ne peut fermer les portes à celui pour qui vous les tenez ouvertes, ni les ouvrir à celui pour qui vous les avez fermées, ouvrez-moi donc celle de votre sanctuaire tout resplendissant de lumière; laissez-moi y pénétrer pour que je vous voie, que je vous connaisse et que je confesse de tout mon cœur la grandeur de la miséricorde, avec laquelle vous avez tiré mon âme du plus profond des enfers. Seigneur mon Dieu, que votre nom est admirable, et combien il mérite d'être loué sur toute la terre! Qu'est-ce que l'homme pour que vous daigniez vous souvenir de lui? Que sont les enfants des hommes pour mériter la grâce d'être visités par vous? O Seigneur, espoir des saints, rempart qui abrite leur courage, vie de mon âme, vous par qui j'existe, et sans qui je meurs; lumière de mes yeux, par laquelle seule je jouis de l'éclat du jour, et sans laquelle je suis dans les ténèbres; joie de mon cœur et délices de mon esprit, je vous aimerai de tout mon cœur, de toute mon âme, de tout ce qu'il y a de plus intime en moi, parce que c'est vous qui m'avez aimé le premier. Et d'où me vient cette grâce, ô Créateur du ciel, de la terre et des abîmes de la mer? Ce ne pouvait être en vertu d'aucun bien qui fût en moi. D'où me vient donc la grâce d'avoir été aimé par vous? O sagesse éternelle, qui rendez la parole aux muets! O Verbe, par qui tout a été fait, inspirez ma bouche, et mettez sur mes lèvres des paroles de louange et de reconnaissance, pour que je puisse raconter dignement les bienfaits dont vous m'avez comblé dès mon enfance. Je suis parce que vous m'avez créé, et parce que de toute éternité vous aviez résolu de me créer, et de me compter au nombre de vos créatures. Oui, Seigneur, vous n'aviez pas encore créé l'étendue des cieux, la profondeur des abîmes, l'immensité des terres, vous n'aviez pas encore élevé les montagnes, fait jaillir les sources, vous n'aviez pas encore accompli toutes ces merveilles par la puissance de votre Verbe, que déjà, dans l'infaillible vérité de votre providence, vous aviez prévu que je serais votre créature et résolu de me donner l'être. Qu'avais-je fait cependant pour être digne de cette grâce, ô Seigneur, Dieu très-bon et très-grand, Père très-miséricordieux, Créateur tout-puissant et toujours plein de clémence? Par quels services ai-je mérité que votre majesté daignât me tirer du néant? Je n'étais pas encore, et vous m'avez créé; j'étais dans le néant, et vous m'en avez tiré pour faire de moi une créature. Et quelle sorte de créature? Non pas une étoile, une flamme, un oiseau, un poisson, un serpent, ou l'un de ces animaux privés de raison; non pas une pierre, un arbre; non pas une de ces créatures qui ne possèdent que l'être; non pas une de celles qui possèdent l'être et la croissance; non pas seulement une de celles qui possèdent l'être, la croissance et le sentiment; mais vous avez voulu que je fusse plus que tout cela, et vous m'avez placé au nombre des choses qui ont l'être; car je suis au nombre de celles qui ont l'être et l'accroissement, car je suis et je crois; au nombre de celles qui ont l'être, l'accroissement et le sentiment, car je suis, je crois et je sens.

Vous m'avez créé presque l'égal des anges, parce que comme eux, j'ai reçu de vous une raison capable de vous connaître. Je dis presque, car ils ont le bonheur de vous connaître déjà parfaitement, et moi je n'en ai encore que l'espérance. Ils vous contemplent face à face, et moi je ne vous vois encore qu'en énigme, et comme dans un miroir. Ils vous

---

optimis donis tuis. Aperi mihi o clavis David, qui aperis, et nemo claudit illi cui tu aperis; claudis, et nemo aperit illi cui tu claudis : aperi mihi ostium luminis tui, ut ingrediar, et videam, et cognoscam, et confitear tibi in toto corde meo, quia misericordia tua magna est super me, et eruisti animam meam ex inferno inferiori. Domine Deus meus, quam admirabile, quam laudabile est nomen tuum in universa terra! (*Psal.* VIII, 2, 5.) Et quid est homo quod memor es ejus, aut filius hominis quoniam visitas eum? Domine spes sanctorum, et turris fortitudinis eorum, vita animæ meæ, per quam vivo, sine qua morior; lumen oculorum meorum, per quod video, sine quo orbor; gaudium cordis mei, et lætitia spiritus mei, diligam te toto corde meo, tota anima mea, totis medullis et visceribus meis, quia tu prior dilexisti me. Et unde hoc mihi, o Creator cœli et terræ et abyssi, qui bonorum meorum non indiges; unde hoc mihi, quia dilexisti me? O sapientia quæ aperis os mutorum, o Verbum per quod facta sunt omnia, aperi os meum, da mihi vocem laudis, ut enarrem omnia beneficia tua, quæ mihi Domine a principio contulisti. Ecce enim sum, quia tu creasti me : et quod me creares, et in numero creaturarum tuarum numerares, ab æterno tu præordinasti. Ante quam quidquam faceres a principio, ante quam extenderes cœlos; necdum erant abyssi, adhuc terram non feceras, nec montes fundaveras, necdum fontes eruperant (*Prov.*, VIII, 22, etc.); ante quam hæc omnia quæ fecisti, per Verbum faceres, me creaturam tuam fore, certissima veritatis tuæ providentia prævidisti, et esse me creaturam tuam voluisti. Et hoc unde mihi Domine benignissime, Deus altissime, pater misericordissime, creator potentissime et semper mitissime? Quæ mea merita, quæ mea gratia, ut complaceret ante conspectum tuæ magnificæ majestatis creare me? (1) Non eram, et creasti me; nihil fueram, et de nihilo me aliquid esse fecisti. Quale autem aliquid? Non stellam, non ignem, non avem vel piscem, non serpentem vel aliquid ex brutis animalibus, non lapidem vel lignum; non ex eorum genere, quæ tantum habent esse; vel ex eorum, quæ tantum esse possunt et crescere; non ex eorum genere, quæ tantum esse et crescere et sentire possunt : sed super omnia hæc voluisti me esse ex his quæ habent esse, quia sum; et ex his quæ habent esse et crescere, quia sum et cresco; et ex his quæ habent esse crescere et sentire, quia sum, cresco et sentio.

Et paulo minus me parem creasti Angelis, quia rationem te cognoscendi cum ipsis a te communem accepi. Sed paulo minus utique dixi; nam illi tuam felicem no-

(1) V. lib. *de Spiritu et An.*, c. XVII.

voient dans la plénitude de votre être, et moi je ne vous vois seulement qu'en partie.

Chapitre VIII. — *Grandeur future de l'homme.* — Mais lorsque sera venu le temps de la perfection, le nuage qui ne nous permettait de vous voir qu'en partie, s'évanouira, et nous pourrons contempler sans voile la majesté de votre visage. Qu'est-ce qui pourrait alors nous empêcher d'être semblables aux anges, nous, Seigneur, à qui vous aurez donné cette glorieuse espérance, nous que vous aurez couronnés de gloire, en nous honorant du titre de vos amis, nous que vous aurez faits en tout semblables et égaux à vos anges ! Votre vérité, en effet, n'a-t-elle pas dit : « Ils sont les égaux des anges et les enfants de Dieu? » S'ils sont les enfants de Dieu, comment ne seront-ils pas semblables aux anges? Les hommes sont donc véritablement enfants de Dieu, puisque le Fils de Dieu s'est fait fils de l'homme. Cette pensée m'inspire la confiance de dire : Non, l'homme n'est pas inférieur aux anges. Que dis-je ? Il n'est pas seulement leur égal, il leur est même supérieur, puisqu'il n'y a pas de Dieu-ange et qu'il y a un Homme-Dieu et un Dieu-homme. C'est pourquoi je puis dire que l'homme est la plus digne créature qui soit sortie des mains de Dieu, « parce que le Verbe qui au commencement était Dieu en Dieu, » le Verbe pour qui Dieu a dit : « Que la lumière soit, et la lumière fut, » (*Gen.*, I, 3) (or, cette lumière était la nature angélique), parce que, dis-je, le Verbe, par qui Dieu a créé toutes choses, « s'est fait chair et qu'il a habité parmi nous, et nous a rendus les témoins de sa gloire. » (*Jean*, I, 1.) Voilà, Seigneur, ce qui fait la gloire, dont je puis avec raison me glorifier ; voilà ce qui fait à juste titre ma joie et mes délices, ô Seigneur mon Dieu, qui êtes la vie et la gloire de mon âme.

Je reconnais donc, ô Seigneur mon Dieu, qu'en me créant doué de raison, vous m'avez fait en quelque sorte semblable aux anges, parce que je puis, par votre Verbe, arriver à un état de perfection qui me rende égal à eux, et devenir un de vos enfants d'adoption par votre Verbe unique, c'est-à-dire par votre Fils bien-aimé, en qui vous avez mis toute votre affection, par cet Homme-Dieu qui vous est intimement uni, qui est de la même substance que vous et comme vous éternel, par Jésus-Christ, notre unique Seigneur, qui nous a rachetés de la mort et éclairés de sa lumière, par ce Dieu qui est notre consolateur et notre avocat près de vous, la lumière de notre âme, notre vie, notre Sauveur, notre unique espérance, qui nous aime plus que lui-même, et qui nous a donné la confiance et l'espoir d'arriver jusqu'à vous, « parce qu'à tous ceux qui croient en son nom, il leur a donné le pouvoir d'être faits enfants de Dieu. » (*Jean*, I, 12.) Louange et gloire à votre nom, Seigneur qui, en me faisant à votre image et à votre ressemblance, m'avez accordé la grâce ineffable de pouvoir être enfant de Dieu. Or, c'est un avantage que n'ont ni les arbres, ni les pierres, ni généralement tout ce qui se meut et s'accroît dans l'air, dans la mer et sur la terre, parce que votre divin Verbe ne leur a pas donné le pouvoir de devenir enfants de Dieu, car ils ne sont pas doués de raison, et que ce pouvoir consiste dans la raison, par laquelle nous arrivons à la connaissance de Dieu. Mais votre Verbe a donné cette puissance

---

titiam jam habent per speciem, ego vero per spem ; illi facie ad faciem, ego per speculum in ænigmate ; illi plene, ego autem ex parte.

Caput VIII. — *Quando æqualis.* — Sed cum venerit quod perfectum est, evacuabitur quod ex parte est, quando jam revelata facie tuam faciem videbimus. Quid jam prohibebit nos non esse minores paulo minus ab Angelis, quos tu Domine corona spei, quæ ornata est gloria, gloria et honore coronaveris, quos tu nimis quasi amicos tuos honorificaveris, imo per omnia pares et æquales Angelis feceris? Nempe id hoc veritas tua dicit : æquales enim sunt Angelis, et filii Dei sunt. (*Matth.*, xxii, 30.) Quidni filii Dei sunt, si pares erunt Angelis? Vere quidem erunt filii Dei, quia filius hominis factus est Filius Dei. Hoc itaque considerant mihi fiducia est dicere : Non homo minor paulo minus est ab Angelis, non utique tantum æqualis, Angelis ; sed superior Angelis : quia homo Deus, et Deus homo, non angelus. Et dicam propter hoc hominem esse creaturam dignissimam, quia Verbum quod erat in principio Deus apud Deum ; Verbum per quod Deus dixit : « Fiat lux, et facta est lux, » (*Gen.*, I, 3) angelica scilicet natura ; Verbum per quod Deus creavit omnia in principio, idem « Verbum caro factum est, et habitavit in nobis, et vidimus gloriam ejus. » (*Joan.*, I, 1.) Ecce gloria per quam glorior, quando sanum glorior. Ecce gaudium per quod gaudeo, quando sanum gaudeo, Domine Deus meus vita et gloria tota animæ meæ.

Confiteor ergo Domine Deus meus, cum me creasti rationis capacem, Angelis quodam modo parem creasti : quia (*a*) perfici possum per Verbum tuum, ut veniam ad æqualitatem Angelorum, ut habeam adoptionem filiorum per unigenitum Verbum tuum Domine, per Filium tuum dilectum, in quo tibi bene complacuit, per (*b*) virum cohærentem et consubstantialem. tibi et cœæternum Jesum Christum, unicum Dominum et redemptorem nostrum, illuminatorem et consolatorem nostrum, advocatum nostrum apud te, et lumen oculorum nostrorum, qui est vita et salvator noster, et spes unica nostra : qui nos dilexit magis quam se, per quem habemus fiduciam repositam, et firmam spem apud te, et accessum veniendi ad te ; quoniam « dedit potestatem filios Dei fieri his qui credunt in nomine ejus. » (*Joan.*, I, 12.) Laudem tribuam nomini tuo, Domine, qui me ad imaginem et similitudinem tuam creando (*Gen.*, I, 27), tantæ gloriæ fecisti me fore susceptibilem, ut possim filius Dei fieri. Hoc utique non possunt arbores, non possunt lapides, non generaliter omnia quæ moventur vel crescunt in aere, vel in mari, vel in terra : quia non dedit eis potestatem Verbum tuum filios Dei fieri, quia rationem non habent ; nam et hæc potestas in ratione consistit, per quam cognoscimus Deum. Dedit autem hanc hominibus, quos

(*a*) Ms. Reg. *perficere.* — (*b*) Ita Mss. At editis, *per unicum cohæredem.*

aux hommes qu'il a créés raisonnables, à son image et à sa ressemblance. C'est donc uniquement à votre grâce, ô Seigneur, que je dois d'être homme et de pouvoir devenir votre enfant, bienfait qui n'est point accordé à tout ce qui n'a pas reçu la raison en partage.

Comment ai-je donc mérité, ô Seigneur, vérité suprême, souveraine puissance, principe de toutes créatures, comment ai-je mérité de pouvoir devenir votre enfant, de préférence à tous les autres êtres? Car vous qui êtes de toute éternité, vous avez tout créé. Vous avez créé également les hommes et les animaux, les pierres et les plantes de la terre, sans qu'aucuns mérites de leur part aient précédé leur création, qui n'est qu'un effet de votre souveraine bonté. Toutes ces créations, avant d'être, n'avaient donc en elles-mêmes aucun mérite qui les distinguât les unes des autres. D'où vient donc que votre bonté a éclaté dans l'homme, sorti également de vos mains et que vous avez doué de raison, plutôt que dans les autres êtres, dont cette faculté n'est point l'apanage? Pourquoi ne suis-je pas comme les autres choses? Pourquoi ces choses ne sont-elles pas comme moi, ou pourquoi suis-je seul dans mon espèce comme elles le sont dans la leur? Comment ai-je pu mériter de pouvoir devenir votre enfant, grâce ineffable que vous avez refusée à toutes vos autres créatures? Loin de moi, Seigneur, la pensée de m'attribuer le mérite d'un tel bienfait! Je ne le dois qu'à votre grâce et à votre bonté, qui m'a fait part de ses divines douceurs. Puisque c'est votre grâce seule qui m'a tiré du néant, faites-moi, Seigneur mon Dieu, celle de vous en être éternellement reconnaissant.

CHAPITRE IX. — *De la toute-puissance de Dieu.* —

C'est votre main toute-puissante qui a créé les anges dans le ciel et les vermisseaux sur la terre, et votre grandeur n'est pas moins admirable dans les uns que dans les autres. Car aucune autre main ne pouvait créer l'ange, aucune autre l'humble vermisseau, de même que nul autre ne pouvait créer les cieux, nul aussi ne pouvait former la plus petite feuille d'arbre, ni aucun corps quelconque, pas même rendre blanc ou noir un seul cheveu de la tête. Vous seul, Seigneur, vous seul pouviez faire toutes ces choses, puisque vous pouvez tout, il vous est aussi facile de créer l'ange que le vermisseau, et d'étendre le pavillon des cieux, comme de faire épanouir la moindre feuille, de former le corps entier, comme le cheveu; d'asseoir la terre sur les eaux, ou de donner à ces dernières la terre pour fondement. Vous avez fait tout ce que vous avez voulu dans le ciel et sur la terre, dans la mer et les abîmes les plus profonds, et au milieu de toutes ces merveilles vous m'avez fait moi-même, ô mon Dieu, selon votre volonté, votre puissance et votre sagesse. J'aurais pu n'être qu'une pierre, qu'un oiseau, qu'un serpent ou tout autre animal, mais votre bonté ne l'a pas voulu. Pourquoi donc ne suis-je ni pierre, ni arbre, ni animal quelconque? Parce que votre bonté en avait décidé autrement, sans qu'aucun mérite de ma part ait précédé une telle faveur.

CHAPITRE X. — *Que l'homme ne saurait louer dignement le Créateur.* — D'où me vient donc cette grâce, ô Seigneur? Où trouverai-je des louanges dignes de votre grandeur? De même que vous m'avez créé sans moi, et comme il vous a plu, de même vous n'avez pas besoin de moi pour vous louer, car vous êtes vous-même, Seigneur, votre louange et votre gloire.

---

creavit rationabiles ad imaginem et similitudinem suam. Et ego utique Domine per tuam gratiam homo sum : et filius tuus esse possum per gratiam, quod illi non possunt.

Unde hoc mihi, Domine veritas summa, veraque summitas, et principium omnium creaturarum; unde hoc mihi, Domine, ut possim filius tuus fieri, quod illi non possunt? Tu enim manens in æternum omnia creasti simul. Simul creasti homines et jumenta, lapides et virentia terræ. Non præcesserunt merita, nulla eorum antecessit gratia : quia omnia tua tantum bonitate creasti, et pares omnes creaturæ fuere in meritis, quia omnium nulla fuere merita. Et unde ergo magis tua bonitas in hac tua creatura, quam fecisti rationalem, quam in omnibus aliis quæ sunt sine ratione, apparuit? Quare non ego sicut omnes illæ, aut cur non omnes illæ sicut ego, aut ego solus sicut et illæ? Quæ mea merita, quæ mea gratia, ut me (*a*) filium Dei posse fieri susceptibilem creares, quod illis omnibus denegares? Absit Domine ut hoc sentiam. Tua tantum gratia, tua tantum bonitas hoc fecit, ut essem particeps dulcedinis ejus. Illa igitur gratia qua me de nihilo creasti, illam, quæso Domine, da mihi gratiam, ut tibi de hoc referam gratias.

CAPUT IX. — *De omnipotentia Dei.* — Omnipotens manus tua semper una et eadem, creavit in cœlo angelos, in terra vermiculos : non superior in illis, non inferior in istis. Sicut enim nulla posset angelum, ita nulla posset creare vermiculum : sicut nulla cœlum, ita nulla posset creare minimum arboris folium : sicut nulla corpus, ita nulla unum capillum album posset facere aut nigrum, sed omnipotens manus tua, cui omnia pari modo sunt possibilia. Nec enim possibilius est ei creare vermiculum, quam angelum; nec impossibilius extendere cœlum, quam folium; nec levius formare capillum, quam corpus; nec difficilius fundare terram super aquas, quam aquas fundare super terram : sed omnia quæcumque voluit fecit, in cœlo et in terra, in mari et in omnibus abyssis, et me inter omnia, sicut voluit, potuit et scivit. Potuit quidem manus tua, Domine, me lapidem vel avem vel serpentem vel belluam aliquam creare, et scivit : sed noluit propter suam bonitatem. Quare ego non lapis, vel arbor vel aliqua bellua? Quia sic ordinavit bonitas tua. Et ut hoc ordinaret, non præcesserunt merita mea.

CAPUT X. — *Homo insufficiens ad laudandum Deum.* — Unde hoc mihi Domine, unde mihi laudes ad laudandum te? Sicut fecisti me sine me, sicut placuit ante te : ita laus tibi est sine me, sicut complacet ante te. Laus

---

(*o*) Ms. Reg. *Filii.*

Que vos œuvres, ô mon Dieu, célèbrent vos louanges, selon l'étendue de votre puissance, car votre gloire, ô mon Dieu, ne peut être ni comprise par l'esprit, ni exprimée par la voix, ni saisie par l'ouïe, parce que ces choses passent et que votre gloire demeure éternellement. La pensée a son commencement et sa fin. La voix résonne et passe aussitôt, l'oreille entend mais ne conserve pas le son, quant à votre gloire, ô mon Dieu, elle demeure éternellement. Qui donc pourrait vous louer? Quel homme pourrait jamais dignement célébrer votre gloire? Votre gloire n'a rien de passager, rien ne peut en altérer l'éternité. Vos louanges, ô mon Dieu, sont dans le cœur de celui qui croit à votre grandeur, et qui reconnaît son impuissance à la célébrer. O gloire éternelle qui ne passez jamais, c'est en vous qu'est notre propre louange, et c'est en vous que mon âme sera louée. Non, Seigneur, ce n'est pas nous qui pouvons vous louer. C'est de vous, par vous et en vous seul que sont vos louanges, comme notre gloire à nous-mêmes est en vous. Nous ne pouvons être loués véritablement, que lorsque vous nous rendez dignes de l'être, et que votre lumière rend légitimes, en les éclairant, les louanges qui nous sont données, car vous, mon Dieu, qui seul méritez de vraies louanges, vous seul aussi pouvez en donner. Toutes les fois que nous cherchons à obtenir des louanges d'un autre que de vous, nous perdons celles qui viennent de vous, parce que les louanges des hommes ne font que passer et que les vôtres sont éternelles. C'est ainsi qu'en cherchant ce qui n'est que passager, nous nous privons de ce qui demeure éternellement. Si donc nous voulons obtenir la gloire qui ne passe jamais, méprisons celle qui est de si courte durée. O Seigneur mon Dieu, seul digne d'être loué éternellement, vous de qui découle toute louange véritable, et sans qui il n'y en a pas de réelle, je ne puis vous louer qu'en vous possédant. Faites donc, ô mon Dieu, que je vous possède, afin de pouvoir vous louer d'une manière digne de vous. Puis-je, en effet, vous louer par moi-même, moi qui ne suis que cendre et poussière, qu'un chien mort, qu'un ver de terre, qu'un cadavre déjà atteint de corruption? Que suis-je, encore une fois, pour oser vous louer, ô Seigneur, Dieu fort, qui seul animez toute chair vivante, et qui habitez le séjour de l'éternité? Est-ce que les ténèbres peuvent louer la lumière? La mort peut-elle louer la vie? Vous êtes la lumière, et je ne suis que ténèbres, vous êtes la vie, et je ne suis autre chose que la mort. La vanité peut-elle louer la vérité? Vous êtes la vérité, et je ne suis qu'un homme devenu semblable à la vanité même. Qui pourra donc célébrer vos louanges, ô mon Dieu? Serait-ce par hasard ma misère? Serait-ce par mon odeur de mort, que je célébrerais les suaves parfums de votre sainteté? L'homme mortel qui est aujourd'hui, et qui demain ne sera plus, est-il digne et capable de vous louer? Vous, Seigneur, vous loué par un objet de corruption, par le fils de l'homme, qui n'est qu'un ver de terre, qui a été engendré et qui est né dans le péché? Soyez loué, Seigneur mon Dieu, par votre toute-puissance même, par votre incompréhensible sagesse, par votre ineffable bonté. Soyez loué par votre incomparable clémence, par votre immense miséricorde, par vos éternelles vertus et par votre divinité. Soyez loué par votre souveraine bonté et par la charité qui vous a porté à nous créer, ô Seigneur Dieu, qui êtes la vie de mon âme.

Chapitre XI. — *L'espérance de notre salut repose sur la bonté de Dieu.* — Pour moi, votre créature,

---

tua Domine tu ipse es. Laudent te opera tua secundum multitudinem magnitudinis tuæ. Laus tua Domine incomprehensibilis est; corde non comprehenditur, ore non mensuratur, aure non percipitur : quia ista transeunt, et laus tua manet in æternum. Cogitatio incipit, cogitatio finitur; vox sonat et transit; auris audit, et auditus (*a*) desinit : laus vero tua in æternum stat. Quis ergo est qui te laudet? Quis homo annuntiet laudem tuam? Laus tua perpetua est, transitoria non est. Hic te laudat, qui te ipsum laudem tuam credit. Hic te laudat, qui se ipsum noscit in tuam laudem non posse pertingere. Laus perpetua, quæ nunquam transis, in te est laus nostra, in te laudabitur anima mea. Non nos laudamus te : sed tu te, et per te, et in te ; et nobis etiam lans est in te. Tunc veram habemus laudem, quando a te habemus laudem, quando lux approbat lucem; quia tu vera laus veram tribuis laudem. Quotiens ab alio quam a te quærimus laudem, totiens tuam amittimus laudem : quia illa transitoria est, sed tua æterna. Si transitoriam quærimus, æternam amittimus. Si æternam volumus, transitoriam non amemus. Laus æterna Domine Deus meus, a quo omnis laus, sine quo nulla est laus, non valeo laudare te sine te : habeam te, laudabo te. Quis enim ego sum Domine per me qui laudem te? Pulvis et cinis ego sum, canis mortuus et fœtens ego sum, vermis et putredo ego sum. Quis ego sum, ut laudem te. Domine Deus fortissime spirituum universæ carnis, qui habitas æternitatem? Numquid tenebræ laudabunt lucem, aut mors vitam? Tu lux, ego tenebræ; tu vita, ego mors. Numquid vanitas veritatem laudabit? Tu es veritas, ego homo vanitati similis factus. Quid ergo, Domine, laudabit te? Numquid miseria mea laudabit te? Numquid fœtor laudabit odorem? Numquid mortalitas hominis, quæ hodie est et cras tollitur, laudabit te? Numquid laudabit te putredo, et filius hominis vermis? Numquid laudabit te Domine, qui in peccatis genitus est et natus? Laudet te Domine Deus meus omnipotens potentia tua, incircumscriptibilis sapientia tua, ineffabilis bonitas tua. Laudet te supereminens clementia tua, superabundans misericordia tua, sempiterna quoque virtus et divinitas tua. Laudet te omnipotentissima fortitudo tua, summa quoque benignitas et caritas tua, propter quam creasti nos Domine Deus vita animæ meæ.

Caput XI. — *Spes salutis nititur bonitate quæ creavit.* — Ego autem creatura tua, sub umbra alarum tuarum sperabo in bonitate tua, qua creasti me. Adjuva

(*a*) Mss. *transit.*

ô Seigneur, je me reposerai à l'ombre de vos ailes, plein d'espoir dans la bonté avec laquelle vous m'avez créé. Protégez donc l'ouvrage de vos mains et de votre divine bonté; ne laissez pas périr dans le mal l'œuvre de votre bonté, ni dans la misère de l'iniquité, ce que votre souveraine clémence a formé. A quoi me servirait d'avoir reçu l'être de vous, si je devais rester dans l'abîme de ma corruption? Serait-ce donc en vain que vous auriez créé tous les enfants hommes? Vous qui êtes mon Créateur, ô mon Dieu, dirigez votre créature; ne détournez pas vos yeux, Seigneur, de l'ouvrage de vos mains. Vous m'avez tiré du néant, mais si vous m'abandonnez, je rentrerai dans le néant. Car de même, ô mon Dieu, que je n'étais rien, lorsque vous m'avez formé du limon de la terre, de même aussi, sans votre protection, le néant sera de nouveau mon partage. O Seigneur, mon unique vie, secourez-moi, pour que je ne sois pas anéanti par le mal qui est en moi. Si vous ne m'aviez pas créé, ô Seigneur, je ne serais pas; puisque vous m'avez créé, je suis, mais sans votre secours, je ne serai plus. Ce ne sont ni mes mérites, ni le bien qui peut être en moi, qui vous ont forcé de me donner l'être. Je ne le dois qu'à votre charité et à votre bonté divine. Que cette même charité vous force aussi à me diriger, je vous en conjure, ô Seigneur mon Dieu! A quoi m'auraient servi les effets de cette charité, si je devais périr dans ma misère, et si votre droite ne me soutenait pas? Puissiez-vous, ô Seigneur mon Dieu, être porté à sauver votre faible créature par la même charité, qui vous a engagé à lui donner l'existence. Laissez-vous toucher, pour lui procurer le salut, par la même miséricorde qui vous a engagé à la créer. Votre divine charité ne s'est point affaiblie, puisque vous êtes la charité elle-même, et que votre nature n'est soumise à aucun changement. Votre bras ne s'est pas raccourci, pour qu'il ne puisse pas me sauver; votre oreille ne s'est pas fermée, pour qu'elle ne puisse plus m'entendre. Mais hélas! mes péchés ont mis une distance entre vous et moi, entre les ténèbres et la lumière, entre l'image de la mort et la source de la vie, entre le mensonge et la vérité, entre cette vie terrestre qui est mon partage, et l'éternité qui est le vôtre.

CHAPITRE XII. — *Prière contre les pièges de la concupiscence.* — Telles sont les ténèbres dont je suis couvert dans l'abîme de l'obscure prison où je gémis, jusqu'à ce que le jour y pénètre, et que les ombres se dissipent; jusqu'à ce que dans le firmament se fasse entendre votre voix dans toute sa force et dans toute sa magnificence, jusqu'à ce qu'elle commande à la lumière de se faire, aux ténèbres de se dissiper, à la terre de paraître, de se parer de verdure et de produire des fruits de toute espèce, mais des fruits dignes de la justice de votre céleste empire. O Seigneur mon Dieu et mon père, qui communiquez la vie à tout ce qui est vivant, et sans lequel tout est plongé dans la mort, ne m'abandonnez pas dans mes pensées mauvaises, et ne permettez pas que par orgueil, j'élève trop haut mes regards. Eloignez de moi tout désir de concupiscence, et ne me livrez point aux excès d'une âme qui n'a plus de honte ni de retenue. Soyez seul, ô mon Dieu, à posséder mon cœur, afin qu'il ne s'occupe que de vous. Eclairez les yeux de mon âme, pour qu'elle vous contemple, et ne s'élève pas orgueilleusement devant votre gloire éternelle. Que ses sentiments soient humbles, et ne s'égarent point dans des choses qui sont au-dessus d'elle; que ses regards se tournent vers ce qui est à votre droite, et non vers ce qui est

creaturam tuam, quam creavit benignitas tua. Non pereat in malitia mea, quod operata est bonitas tua. Non pereat in miseria mea, quod fecit summa clementia tua. Quæ est enim utilitas in creatione tua, si descendam in corruptionem meam? Numquid enim vane constituisti omnes filios hominum? Creasti me Domine, rege quod creasti. Opera manuum tuarum ne despicias Deus. Me fecisti de nihilo : si me non regis Domine, iterum revertar ad nihilum. Sicut enim Domine non eram, et de nihilo aliquid me fecisti : sic si me non regis, adhuc in nihilum redigar in me. Adjuva me Domine vita mea, ne peream in malitia mea. Si non creares me Domine, non essem : quia creasti me, jam sum; si non regis, jam non sum. Non mea merita, non mea gratia te coegerunt ut creares me, sed benignissima bonitas tua et clementia. Illa caritas, Domine Deus meus, quæ ad te creationem coegit, ipsa quæso et modo cogat te ad regendum. Quid enim prodest quod compulit caritas tua, si peream in miseria mea, et non me regat dextera tua? Hæc te cogat Domine Deus meus clementia ad salvandum quod creatum est, quæ te compulit creare quando creatum non est. Ipsa te vincat caritas ad salvandum, quæ te vicit ad creandum, quia nec nunc minor est, quia ipsa caritas tu ipse es, qui semper idem es. Non est abbreviata manus tua, ut salvare nequeat (*Isa.*, LIX, 1); neque aggravata est auris tua, ut non audiat : sed peccata mea diviserunt inter me et te, inter tenebras et lucem, inter imaginem mortis et vitam, inter vanitatem et veritatem, inter lunaticam hanc vitam meam et sempiternam tuam.

CAPUT XII.— *Contra concupiscentiarum laqueos oratio.* — Hæ sunt umbræ, quibus operior in hac abysso caliginosa carceris hujus, in quo prostratus jaceo donec aspiret dies, et inclinentur umbræ, fiatque vox in firmamento virtutis tuæ, vox Domini in virtute, vox Domini in magnificentia : dicatque : Fiat lux, et effugentur tenebræ, et appareat arida, germinetque terra herbam virentem et facientem semen et fructum bonum justitiæ regni tui. Domine pater et Deus, vita per quam omnia vivunt, et sine qua omnia mortua computantur, ne derelinquas me in cogitatu maligno, et extollentiam oculorum meorum ne dederis mihi. (*Eccli.*, XXIII, 4, etc.) Aufer a me concupiscentias, et animo irreverenti et infrunito ne tradas me : sed posside cor meum, ut te cogitet semper. Illumina oculos meos, ut te videant, et non extollantur ante te, gloria sempiterna : sed humiliter sentiant, non in mirabilibus super se; et quæ a dextris sunt videant, non quæ a sinistris abs te. Et palpebræ meæ præcedant gressus meos : nam et palpebræ tuæ interrogant filios hominum. Allide concupiscentiam meam dulcedine tua, quam abscondisti timentibus te (*Psal.* X, 5)

à votre gauche. Faites que les yeux de mon âme dirigent toujours mes pas dans cette vie, car les vôtres, Seigneur, lisent dans le cœur des enfants des hommes. Que les désirs, qu'allume en moi la concupiscence, se brisent contre les divines douceurs que vous réservez à ceux qui vous craignent, afin que mon âme n'ait plus d'autre aspiration que pour vous. Faites, ô mon Dieu, que détrompé des vains attraits du monde, je n'aie de goût que pour les choses du ciel, et que je ne prenne plus la douceur pour l'amertume, et l'amertume pour la douceur, les ténèbres pour la lumière, et la lumière pour les ténèbres, au milieu de tant de pièges dressés par l'ennemi sur la surface du chemin de cette vie, pour y faire tomber les âmes des mortels. Le monde entier est couvert de ces pièges, et celui de vos apôtres, qui les a vus, nous en a avertis en disant : « Tout ce qui est dans le monde n'est que convoitise de la chair, ou convoitise des yeux, ou orgueil de la vie. » (1 *Jean*, II, 16.) Vous le voyez, Seigneur mon Dieu, le monde entier est rempli des pièges que la concupiscence dresse sous mes pieds. Qui pourra les éviter, sinon celui dont vous aurez préservé les yeux de tout orgueil, pour qu'il ne se laisse pas surprendre par la convoitise de la chair, ou celui que vous aurez délivré de l'esprit de déréglement et de folie, pour qu'il ne soit pas trompé par l'orgueil de la vie! Heureux donc celui à qui vous accorderez cette grâce ! Il aura ainsi échappé à bien des dangers. Je vous en conjure, ô mon Dieu, secourez-moi pour que je ne tombe point, en présence de mes ennemis, dans les pièges qu'ils ont tendus devant mes pieds, afin de perdre mon âme. Délivrez-m'en, ô vous qui êtes la force et l'espérance de mon salut. Ne permettez pas que je devienne la risée de vos ennemis, qui n'ont pour vous que de la haine. Paraissez, Seigneur, Dieu de force et de grandeur, dissipez vos ennemis, et que ceux qui vous haïssent disparaissent de devant vous. Que, semblables à la cire qui fond devant le feu, les pécheurs s'évanouissent devant la face du Seigneur. Pour moi, Seigneur, laissez-moi chercher un refuge au plus profond de votre demeure, pour que, comblé de tous vos biens, je me réjouisse avec ceux que vous avez adoptés comme vos enfants. Et vous, Seigneur, père des orphelins, bon comme la mère la plus tendre, écoutez les gémissements de vos enfants. Étendez vos ailes pour que nous y trouvions un abri contre nos ennemis, ô rempart d'Israël, ô gardien fidèle de votre peuple, vous qui veillez sans cesse pour le protéger, parce que l'ennemi qui l'attaque ne s'endort jamais.

CHAPITRE XIII (1). — *De l'ineffable lumière de Dieu et de ses bienfaits.* — O clarté divine, invisible à toute autre clarté, lumière qu'aucune autre lumière ne peut voir ; clarté céleste qui obscurcissez toute autre clarté ; lumière, source de toute lumière et devant laquelle toute lumière n'est que ténèbres, et toute clarté n'est qu'obscurité ; lumière qui percez les ténèbres les plus profondes, et qui éclairez toute obscurité, lumière suprême qu'aucun nuage ne peut voiler, dont rien ne ternit l'éclat ; vous que les ténèbres ne sauraient obscurcir, dont aucun obstacle ne peut arrêter les rayons, et qui n'est entremêlée d'aucune ombre, lumière qui éclairez dans le même temps l'univers entier, et sans jamais vous arrêter, absorbez-moi dans l'abîme de votre splendeur et de votre clarté, afin que de tous côtés je ne voie plus que vous en vous, moi en vous, et tout le reste au-dessous de

(1) Voyez le livre V, chap. XVII, de l'*Esprit et de l'Ame*, et le livre sur l'*Amour que l'on doit à Dieu*, chap. VI et VII.

---

ut concupiscam concupiscere te concupiscentiis sempiternis : ne vanis illectus et deceptus interior gustus ponat amarum dulce, et dulce amarum, tenebras lucem, et lucem tenebras in medio tot decipularum passim ob inimico super faciem viæ hujus ad capiendas animas paratarum, quibus plenus est totus mundus, ut is qui vidit, sub silentio non transivit, inquiens : « Quidquid enim est in mundo, aut est concupiscentia carnis, aut concupiscentia oculorum, aut superbia vitæ. » (1 *Joan.*, II, 16.) Ecce Domine Deus meus, mundus totus plenus est concupiscentiarum laqueis, quos paraverunt pedibus meis. Et quis effugiet hos laqueos? Profecto a quo tu abstuleris extollentiam oculorum suorum, ut non eum capiat concupiscentia oculorum; et a quo tu abstuleris carnis concupiscentiam, ne eum capiat carnis concupiscentia ; et a quo tu abstuleris animum irreverentem et infrunitum, ne eum callide decipiat superbia vitæ. O quam felix cui hæc facies! quippe pertransibit immunis. Nunc deprecor te per te, adjuva me; ne corruam in conspectu adversariorum meorum captus laqueis eorum, quos paraverunt pedibus meis, ut incurvent animam meam. Sed crue me virtus salutis meæ : ne sibi risum exhibeant de me inimici tui qui oderunt te. Exurge Domine Deus

(a) Ms. Colb. *ostia.*

meus, fortis meus, et dissipentur inimici tui, et fugiant qui oderunt te a facie tua : sicut fluit cera a facie ignis, sic pereant peccatores a facie Dei. (*Psal.* LXVII, 8.) Et ego abscondar in abscondito faciei tuæ, et gaudeam cum filiis tuis, satiatus omnibus bonis tuis. Et tu Domine Deus pater orphanorum, et tu mater pupillorum tuorum, audi ejulatum filiorum tuorum : et extende alas tuas, ut fugiamus sub eis a facie inimici, turris fortitudinis Israel, qui non dormitas neque dormis custodiens Israel, quia non dormitat hostis qui impugnat Israel.

CAPUT XIII. — *De mirabili luce Dei.* — Lux quam non videt alia lux, lumen quod non videt aliud lumen; lux quæ obtenebras omnem lucem, et lumen quod excæcas omne extraneum lumen; lux a qua omnis lux, lumen a quo omne lumen; lumen ad quod omne lumen est tenebræ, ad quod omnis lux obscuritas; lux cui omnes tenebræ lumen, cui omnis obscuritas lux; lux suprema quam cæcitas non obnubilat, quam caligo non hebetat, quam tenebræ non obfuscant, quam nulla (a) obstantia claudunt, quam nunquam separat aliqua umbra : lux quæ illuminas omnia tota simul et semel et semper, absorbe me in claritatis tuæ abyssum, ut videam undique te in te, et me in te, et cuncta sub te. Ne derelinquas me : ne

vous. Ne m'abandonnez pas, lumière divine, de peur que les ombres de mon ignorance ne deviennent plus épaisses, et mes péchés plus nombreux. Sans vous tout n'est plus pour moi que misère et que ténèbres, parce qu'il n'y a aucun bien sans vous, qui êtes le vrai, le seul et le souverain bien. Ce que je confesse, ce que je sais, ô Seigneur mon Dieu, c'est que partout où je suis sans vous, il n'y que mal pour moi, non-seulement hors de moi, mais aussi en moi-même, parce que toute abondance qui n'est pas mon Dieu, n'est pour moi qu'indigence. Je ne serai rassasié que quand m'apparaîtra votre gloire. Je dois, en effet, vous l'avouer, Seigneur, qui êtes tout mon bonheur, il n'y a eu que misère pour moi, depuis que je me suis séparé de l'unité de votre nature, ô seul et souverain bien. La multiplicité des plaisirs de la terre, dans lesquels je me suis jeté, n'a frappé que mes sens charnels et m'a distrait de votre unité, pour me répandre dans des choses de toute espèce; mais dans cette abondance je n'ai trouvé que peine et indigence. Je suivais tantôt une chose, tantôt une autre, sans qu'aucune pût me satisfaire, car je ne me retrouvais point en vous, seul bien immuable, seul bien que rien n'égale, seul bien indivisible. Avec vous il n'y a plus ni erreurs, ni douleurs possibles, et quand on vous possède on n'a plus d'autres désirs à former. Hélas! quel est l'excès de ma misère! Hélas! Seigneur, mon âme a le malheur de vous fuir, vous avec qui elle est dans l'abondance et dans la joie, pour suivre le monde dans lequel elle ne trouve que douleur et pauvreté. Le monde crie : Je me meurs, et vous, Seigneur, vous criez : Je rends la vie, et mon âme est assez malheureuse pour suivre le monde mourant, plutôt que vous qui rendez la vie. Vous voyez ma faiblesse, ô divin médecin des âmes,

guérissez la mienne et je proclamerai, avec toute la reconnaissance dont mon cœur est capable, les bienfaits dont m'avez comblé depuis ma jeunesse jusque dans la vieillesse la plus avancée. Je vous en conjure par vous-même, ne m'abandonnez pas.

Vous m'avez créé lorsque je n'étais pas; vous m'avez racheté lorsque je m'étais perdu. J'étais mort, et vous êtes venu me trouver dans le sein de la mort; vous vous êtes revêtu de ma mortalité; Roi du ciel, vous êtes descendu vers votre serviteur. Pour me racheter de l'esclavage, vous vous êtes livré vous-même; pour me rendre à la vie, vous avez voulu mourir, mais en mourant vous avez triomphé de la mort. Vous vous êtes humilié pour me relever. J'étais perdu, j'étais vendu à l'iniquité, et, afin de m'en délivrer, vous êtes venu pour moi sur la terre, et vous m'avez aimé jusqu'à payer de votre sang la rançon de ma délivrance. Oui, Seigneur, vous m'avez aimé plus que vous-même, puisque vous avez voulu mourir pour moi. Par ce gage si précieux de votre amour, vous m'avez retiré de l'exil, vous m'avez racheté de la servitude, vous m'avez sauvé des peines éternelles. Vous avez voulu que je portasse votre nom, et vous m'avez marqué du sceau de votre sang, pour que votre souvenir restât gravé dans mon cœur, et que toutes mes pensées fussent toujours pour celui qui n'avait pas craint de souffrir pour moi la mort, et la mort de la croix. Vous m'avez oint de l'huile dont vous avez été oint vous-même, pour que je fusse appelé chrétien, de votre divin nom de Christ. Vous avez écrit mon nom dans les saintes cicatrices de vos mains, pour que je fusse toujours présent à votre souvenir, pourvu toutefois que le vôtre restât éternellement dans mon cœur. C'est ainsi que votre grâce et votre miséricorde m'ont toujours prévenu. De com-

accrescant umbræ ignorantiæ meæ, et multiplicentur delicta mea. Sine te enim omnia mihi sunt tenebræ; omnia mala : quia nihil bonum sine te vero, solo et summo bono. Hoc confiteor, (1) hoc scio Domine Deus meus, quia ubicumque sum sine te, male est mihi præter te, non solum extra me, sed etiam in me : quia omnis copia quæ non est Deus meus, mihi est egestas. Satiabor tantum cum apparuerit gloria tua. (*Psal.* XVI, 15.) Etenim, Domine vita mea beata, ut miseriam meam confitear tibi, ex quo ab unitate tua cecidi summum et unum bonum; temporalium rerum multiformitas lapsum me per carnales sensus disverberavit, et ab uno te in multa divisit : et facta est mihi abundantia multiplex et egestas copiosa, dum aliud et aliud sequebar; et a nullo implebar; dum in te non inveniebar, incommutabile et singulare et indivisum unum bonum, quod secutus non erro, quod consecutus non doleo, quod possidens satiatur totum desiderium meum. Heu miseria magna! heu me Domine, misera anima mea te refugit, cum quo semper abundat et gaudet; et sequitur mundum, cum quo semper eget et dolet. Mundus clamat, deficio; et tu clamas, reficio : et misera anima mea magis sequitur deficientem, quam reficientem. Plane infirmitas mea hæc

est. Medice spirituum sana illam, ut confitear tibi, salus animæ meæ, toto corde meo super omnibus beneficiis tuis, quibus pascis me a juventute mea et usque in senectam et senium. Te deprecor per te ipsum, ne derelinquas me.

(2) Fecisti me cum non essem, redemisti me cum perissem. Perieram, mortuus fueram; ad mortuum descendisti, mortalitatem suscepisti, ad servum rex descendisti. Ut servum redimeres, te ipsum tradidisti; ut ego viverem, tu mortem suscepisti, mortem vicisti; me restaurasti cum te humiliasti. Perieram, abieram, in peccatis venumdatus eram; venisti pro me, ut redimeres me : et tantum me dilexisti, ut sanguinem tuum in pretium dares pro me. Dilexisti me plus quam te, quia mori voluisti pro me. Tali pacto, tam caro pretio reduxisti me de exilio, redemisti me de servitio, retraxisti me de supplicio. Vocasti me nomine tuo, signasti me sanguine tuo : ut memoriale tuum semper esset apud me, et nunquam recederet a corde meo, qui pro me nunquam recessisti a cruce. Unxisti me oleo tuo quo tu unctus fuisti, ut a te Christo dicerer Christianus. Et in manibus tuis descripsisti me; ut semper sit memoria mea apud te, si tamen memoria tua jugiter fuerit apud me. Sic igitur gratia tua

(1) Ex lib. XIII *Conf.*, c. VIII. — (2) V. lib. *de Spiritu et Anima*, c. XVII, lib. *de diligendo Deo*, c. VI et VII, apud Anselm., *Medit.*, VII.

bien de périls ne m'avez-vous pas délivré, ô mon divin Sauveur! Lorsque je me suis égaré, vous m'avez ramené dans le bon chemin ; lorsque j'étais dans l'ignorance, vous m'avez instruit ; quand je suis tombé dans le péché, vous m'avez corrigé ; dans ma tristesse, vous m'avez consolé, et dans mes heures d'abattement et de désespoir, vous m'avez rendu la force et le courage. C'est vous qui m'avez relevé de mes chutes, et soutenu lorsque j'étais debout. Dans ma marche, vous avez été mon guide. Quand je suis venu à vous, vous m'avez accueilli et reçu dans votre sein. Pendant mon sommeil, vous avez veillé sur moi, et lorsque j'ai élevé la voix vers vous, vous m'avez exaucé.

CHAPITRE XIV. — *Dieu ne perd jamais de vue les actions et les pensées des hommes.* — Voilà les bienfaits et beaucoup d'autres encore dont je vous suis redevable, Seigneur mon Dieu, unique vie de mon âme. Rien ne me serait plus doux que d'en parler et d'y penser sans cesse, de vous en rendre d'éternelles actions de grâce, afin de pouvoir, en reconnaissance de tous ces biens, publier vos louanges et vous aimer de tout mon cœur, de toute mon âme, de tout mon esprit, de toutes les puissances de mon être, et de toute la force qui fait battre les fibres les plus secrètes de mon cœur, ô Seigneur mon Dieu, douceur suprême de tous ceux qui n'en cherchent qu'en vous. Mais, hélas! vos yeux ont vu toutes mes imperfections, vos yeux, dis-je, plus pénétrants que les rayons du soleil, vos yeux auxquels ne sont cachées aucune des voies suivies par les enfants des hommes, ni la profondeur même des abîmes, et qui peuvent en tous lieux distinguer les bons des méchants. Votre grandeur, qui remplit tout, préside à tout. Le monde entier est animé par votre présence, et vous prenez un soin égal de tout ce que vous avez créé, parce que vous ne pouvez haïr rien de ce que vous avez fait. C'est ainsi que vos yeux sont ouverts sur les voies où je marche, et que jour et nuit vous veillez sur ma conduite, suivant avec soin, ô vigilant et éternel Gardien, la trace de tous mes pas. Ne semble-t-il point que, oubliant toutes les autres créatures du ciel et de la terre, vous ne considérez que moi seul, sans vous occuper des autres? La lumière immuable qui vous éclaire ne devient pas plus grande, lorsque vous considérez chaque chose en particulier, ni plus petite lorsque vous contemplez l'universalité de votre création si étendue et si variée. Vous embrassez avec la même perfection de regard, tout ce qui existe comme chacun des ouvrages sortis de vos mains, quelque variés qu'ils soient. Mais, de même que vous voyez toutes choses comme si elles n'étaient qu'une, et chaque chose comme si elle les embrassait toutes, de même aussi vous considérez chaque œuvre particulière de votre création tout entière dans chacune d'elles, sans pour cela vous diviser, et sans que votre immuable nature en éprouve le moindre changement, la moindre altération. C'est ainsi, ô mon Dieu, que vous, qui êtes tout entier en tout temps et de toute éternité, vous m'avez toujours sous les yeux, comme si vous n'aviez que moi seul à considérer. C'est ainsi que vous me prenez sans cesse sous votre garde, comme si vous aviez oublié tout le reste, et que vous voulussiez n'avoir d'attention que pour moi. Vous êtes toujours présent partout, toujours prêt à venir à moi, si vous me trouvez prêt à vous suivre. Non, Seigneur, partout où j'irai, vous ne m'abandonnerez pas, à moins que je sois le premier à vous abandonner ; mais comme vous êtes par-

et misericordia semper prævenerunt me. De multis namque periculis sæpe liberasti me, liberator meus. Quando erravi, ad viam reduxisti me; quando ignoravi, docuisti me; quando peccavi, corripuisti me; quando fui tristis, consolatus es me; quando desperavi, confortasti me; quando cecidi, erexisti me; quando steti, tenuisti me: quando ivi, duxisti me; quando veni, suscepisti me; quando dormivi, custodisti me; quando clamavi, exaudisti me.

CAPUT XIV. — *Quod Deus jugiter inspiciat opera et intentiones hominum.* — (1) Hæc et multa alia beneficia fecisti mihi, Domine Deus meus, vita animæ meæ : de quibus dulce esset mihi semper loqui, semper cogitare, semperque tibi gratias agere : ut possim te pro omnibus bonis tuis laudare, et amare te toto corde meo, et tota anima mea, et tota mente mea, et tota fortitudine mea, simul et ex omnibus medullis intimis cordis mei, et omnium compagum mearum, beata dulcedo, Domine Deus meus, omnium qui delectantur in te. Sed imperfectum meum viderunt oculi tui (*Psal.* CXXXVIII, 16) : oculi, inquam, tui multo lucidiores super solem, circumspicientes omnes vias bominum et profundum abyssi, qui in omni loco semper contemplantur bonos et malos. (*Prov.*, XV, 3.) Cum enim cunctis præsideas singula implens, totus semper ubique præsens, cunctorumque curam agens quæ creasti, quia nihil odisti eorum quæ fecisti; sic gressus meos semitasque consideras, et die noctuque super custodiam meam vigilas, omnes semitas meas diligenter notans, speculator perpetuus, veluti si totius creaturæ tuæ cœli et terræ oblitus, tantum me solum consideres, et nihil sit tibi curæ de aliis. Neque enim crescit lux incommutabilis visionis tuæ, si tantum unum aspicias; neque minuitur, si innumera videas et diversa : quia sicut unum totum simul perfecte consideras, sic singula quælibet, licet diversa, perfecte simul totaque totus conspicit visus tuus. Sed (*a*) omnia sicut unum, et sicut unum omnia, sic singula totus simul sine divisione, vel commutatione, vel diminutione consideras. Itaque totus tu in toto tempore toto semper tempore, totum me simul semperque consideras, ac si nihil aliud considerare habeas. (*b*) Sic igitur super custodiam meam stas, sicut si omnium oblitus sis, et mihi soli intendere velis. Semper quippe te ubique præsentem exhibes, semper te paratum offers, si me paratum inveneris. Quocumque iero, tu me Domine non deseris, nisi prior ego te deseram. Ubicumque fuero non recedis, quoniam ubique es; ut quocumque

---

(1) Et hoc caput confer cum lib. *de Spir. et Anima*, c. XVII, *de dilig. Deo*, c. X, et Hug. Vict., lib. *de Arra animæ*.
(*a*) Ita unus e Mss. Reg. At editi : *Sed sicut omnia, sic unum sicut singula.* — (*b*) Mss. *Sic ergo ego... stabo*, etc.

tout, je ne puis être sans vous, et partout où j'irai, je vous trouverai. Vous seul, mon Dieu, pouvez m'empêcher de périr, puisque sans vous je ne serais même pas. Je l'avoue donc, ô mon Dieu, quelque chose que je fasse, c'est sous vos yeux que je l'accomplis, et ce que je fais, vous le voyez mieux que moi-même. Vous êtes présent à toutes mes actions; vous lisez dans mes pensées les plus secrètes; aucune de mes intentions, aucune de mes joies les plus intimes, aucune de mes œuvres, aucun de mes désirs ne sauraient échapper à votre regard. Vous voyez d'où partent tous les mouvements de mon esprit, sur quoi il se repose, où il aspire, parce que vous êtes l'Esprit divin qui pèse et qui apprécie tous les esprits. Souverain Juge qui siégez dans l'intérieur de chaque homme, vous savez mieux que moi d'où viennent toutes mes pensées, toutes mes actions, et si la racine par laquelle elles ont germé, et qui a produit extérieurement de belles feuilles, est douce ou amère. Ce germe et cette racine n'ont pas de fibres si cachées, que vous ne puissiez scruter et connaître. L'éternelle lumière de votre vérité recueille et examine nos intentions, et en pénètre même les motifs les plus secrets, pour rendre à chacun, non-seulement selon ses œuvres et ses intentions, mais encore selon le germe le plus caché de ces intentions mêmes. Quel est le but qui me fait agir, quelle est la nature de mes pensées et de mes joies, vos yeux le voient, vos oreilles l'entendent, vous en tenez un compte exact. Que ce soit bien, que ce soit mal, vous l'inscrivez dans votre livre de vie pour récompenser ensuite le bien et punir le mal, le jour où ce livre sera ouvert, et que vous rendrez votre jugement sur tout ce qui s'y trouvera in-

scrit. C'est sans doute, Seigneur, ce que vous avez voulu dire par ces paroles : « Je considérerai leurs dernières œuvres; » (*Deut.*, XXXII, 20) et ce qui est dit de vous-même : « Il considère la fin de toutes choses. » (*Job*, XXVIII, 3.) En effet, dans tout ce que nous faisons, vous examinez plutôt la fin de nos actions que les actions elles-mêmes. Lorsque je réfléchis sur tout cela avec attention, Seigneur Dieu fort et terrible, je suis agité de crainte et rempli de confusion, en pensant à la nécessité où nous sommes de vivre selon les lois de la justice, puisque toutes nos actions se passent sous les yeux d'un Juge qui voit tout.

CHAPITRE XV. — *Que l'homme ne peut rien sans la grâce divine.* — O Dieu de force et de grandeur, ô Dieu qui donnez la vie à toute chair, vous dont les yeux sont ouverts sur toutes les voies des enfants d'Adam, depuis le jour de leur naissance jusqu'au moment de leur mort, pour rendre à chacun selon ses œuvres, bonnes ou mauvaises, apprenez-moi à vous confesser mes misères. J'ai dit autrefois : Je suis riche et n'ai besoin de rien; et je ne savais pas alors que j'étais pauvre, aveugle, dénué de tout, malheureux et digne de pitié. Je me croyais quelque chose, et je n'étais rien. Je disais : Je deviendrai sage, et je ne suis devenu qu'insensé. Je croyais pouvoir maîtriser mes passions, et j'en ai été l'esclave. Je vois maintenant que l'homme ne peut rien faire sans le don de votre grâce. Si vous ne gardez vous-même la ville, Seigneur, c'est en vain que veillerait celui qui la garde. C'est ainsi que vous m'avez appris à me connaître. Si vous m'avez abandonné, c'était pour m'éprouver, non que vous en eussiez besoin pour me

iero, inveniam te, per quem possim esse ne peream sine te, cum sine te esse non possim. Fateor equidem, quia quidquid facio, quæcumque facio, ante te facio : et illud quidquid est quod facio, melius tu vides quam ego qu facio. Quidquid enim semper operor, tu pariter semper præsens assistis : ut pote perpetuus inspector omnium cogitationum, intentionum, delectationum, et operationum mearum. Domine, ante te est semper omne desiderium meum, ante te tota cogitatio mea. Tu vides unde veniat spiritus, ubi sit, et quo vadat; quia tu es spiritus omnium spirituum ponderator. Et utrum radix sit dulcis, an amara, de qua foris pulchra folia emittuntur, tu judex internus melius ipse (*a*) me nosti, et medullas etiam radicum subtilius perscrutaris : et non solum intentionem, sed etiam radicis ejus medullam intimam discretissima tuæ lucis veritate colligis, intueris et signas; ut reddas unicuique non tantummodo secundum opera vel intentionem, sed etiam secundum ipsam interiorem absconditam medullam radicis, de qua procedit intentio operantis. Ad quid tendo cum operor, quidquid cogito, et in quocumque delector, tu vides, aures tuæ audiunt, oculi tui considerant, signas attente, notas et scribis in libro tuo, sive bonum fuerit sive malum : ut reddas postea pro bono præmia, et pro malo supplicia, quando aperientur libri (*Apoc.*, XXI, 27), et judicabimur secundum

hæc quæ fuerunt scripta in libris tuis. Hoc est forte quod jam dixisti nobis : « Considerabo novissima eorum : » (*Deut.*, XXXII, 20) et quod de te Domine dicitur : « Universorum finem ipse considerat : » (*Job*, XXVIII, 3) quoniam tu quidem in omnibus quæ agimus, finem intentionis magis quam actum operationis attendis. Cumque hæc diligenter considero, Domine Deus meus, terribilis et fortis, timore pariter et ingenti rubore confundor : quoniam (1) magna nobis est indita necessitas juste recteque vivendi, qui cuncta facimus ante oculos judicis cuncta cernentis.

CAPUT XV. — *Quod homo per se nihil possit.* — Fortissime, magnipotens, Deus spirituum universæ carnis, cujus oculi super omnes vias filiorum Adam, a die nativitatis eorum usque ad diem exitus eorum, ut reddas unicuique secundum opera sua bona vel mala : ostende mihi, ut confitear tibi, paupertatem meam : quoniam dixi quod dives essem, et nullius egerem; et nesciebam quia pauper eram, cæcus, nudus, miser et miserabilis. (*Apoc.*, III, 17.) Credebam me fore aliquid, cum nihil essem. Dixi : Sapiens efficiar : et stultus factus sum. Cogitabam esse continens; sed deceptus sum. Et video nunc quia donum tuum est, sine quo nihil possumus facere; quia nisi tu Domine custodieris civitatem, frustra vigilat qui custodit eam. (*Psal.*, CXXVI, 1.) Sic docuisti

(1) Boetius *de Consolat.*, lib. V, prosa VI, V. lib. *Medit.*, Bern., c. II, n. 19.
(*a*) Id est, *quam ego*.

connaître, mais pour que je pusse me connaître moi-même, Car, comme je viens de le dire, Seigneur, je croyais être quelque chose par moi-même, et n'avoir besoin de personne pour me soutenir, et je ne me suis aperçu que c'était vous qui me dirigiez, que lorsque vous vous êtes éloigné de moi pour quelque temps; alors je suis tombé, et j'ai reconnu que c'était vous qui me secouriez; que si c'était à moi que je devais d'être tombé, c'était à vous que je devais d'avoir été relevé. Vous m'avez ouvert les yeux, ô divine Lumière, vous avez illuminé mon âme de vos célestes clartés, et j'ai vu que la vie de l'homme sur la terre n'était que tentation, que toute chair ne pouvait se glorifier devant vous, ni aucun être vivant se croire juste en votre présence, parce que tout bien, grand ou petit, est un don de vous, ô Seigneur, et que tout mal vient de nous seuls. De quoi donc toute chair pourrait-elle se glorifier? Serait-ce du mal? Mais ce qui est misère ne saurait être un sujet de gloire. Se glorifiera-t-elle de quelque bien? Mais le bien qui ne vient pas de nous, peut-il être pour nous un sujet de gloire? Tout bien vous appartient, Seigneur, et la gloire n'en revient qu'à vous seul. Quiconque se glorifie d'un bien qui vient de vous, et ne l'attribue pas à vous seul, est un voleur, et ressemble au démon, qui a voulu vous dérober votre gloire. Celui qui veut être loué par les hommes pour un don qu'il tient de vous, et qui, loin de vous en rapporter toute la gloire, ne l'attribue qu'à lui-même, a beau être l'objet des éloges des hommes, n'en est pas moins blâmé par vous, parce que, dans ce don qu'il a reçu de vous, il a cherché sa gloire et non la vôtre. A quoi servent les louanges des hommes pour celui que vous blâmez, ô Seigneur! Les hommes le défendront-ils lorsque vous le jugerez? Le sauveront-ils lorsque vous le condamnerez? O Seigneur, vous qui m'avez formé dans le sein même de ma mère, ne permettez pas qu'on puisse jamais me reprocher d'avoir voulu usurper votre gloire. Gloire à vous seul, Seigneur, qui êtes la source de tout bien. Honte et confusion à nous, qui sommes les auteurs de tout mal. Mais vous avez pitié de toutes vos créatures, et vous n'avez pas de haine pour l'ouvrage de vos mains. Au contraire, vous nous faites part de vos biens, vous nous enrichissez, pauvres que nous sommes, de vos célestes richesses, parce que vous aimez les pauvres, et que vous partagez avec eux les trésors que vous avez dans le ciel. Hé bien! Seigneur, nous sommes vos enfants pauvres, votre troupeau sans défense, ouvrez-nous vos portes, et les pauvres trouveront près de vous de quoi apaiser leur faim, et ceux qui vous cherchent aimeront à célébrer vos louanges. Je sais aussi, Seigneur, et c'est vous qui me l'avez appris, que ceux-là seuls qui reconnaissent leur pauvreté, et qui vous en font l'aveu, seront enrichis par vous, tandis que ceux qui se croient riches, et qui sont pauvres, n'auront aucune part à vos richesses. C'est pourquoi, Seigneur mon Dieu, je vous confesse mon indigence, et gloire éternelle soit à vous, parce que vous êtes la source de tout bien. Je le confesse, ô Seigneur, vous m'avez fait connaître que par moi-même je ne suis que vanité, qu'une ombre de la mort, qu'un abîme rempli de ténèbres, qu'une terre ingrate et stérile, dans le sein de laquelle, sans votre bénédiction, rien ne peut germer, et qui ne produit d'autres fruits que ceux de la confusion, du péché et de la mort. Si jamais il y a

me, ut cognoscerem, me : quia dereliquisti me, et probasti me; non propter te ut cognosceres me, sed propter me ut cognoscerem me. Nam, ut dixi Domine, credebam me aliquid fore ex me, existimaham me sufficere per me, nec percipiebam quoniam tu regebas me, donec aliquantulum te elongasti a me, et cecidi statim in me : et vidi et cognovi quoniam tu regebas me; et quod cecidi, fuit ex me; et quod surrexi, fuit ex te. Aperuisti mihi oculos, lux, et excitasti et illuminasti me : et vidi quoniam tentatio est hominis vita super terram, et quod gloriari non valeat ante te omnis caro, nec justificetur omnis vivens : quoniam si quid boni est parvum vel magnum, donum tuum est, et nostrum non est nisi malum. Unde igitur gloriabitur omnis caro? Numquid de malo? Hæc non est gloria, sed miseria. Sed numquid gloriabitur de bono? numquid de alieno? Tuum Domine est bonum', tua est gloria. Qui enim de bono tuo gloriam sibi quærit, et non tibi quærit; hic fur est et latro, et similis est diabolo, qui voluit furari gloriam tuam. Qui laudari vult de tuo dono, et non quærit in illo gloriam tuam, sed suam : hic licet propter tuum donum laudetur ab hominibus, a te tamen vituperatur; quia de dono tuo non tuam, sed suam gloriam quæsivit. (1) Qui autem ab hominibus laudatur vituperante te, non defendetur ab hominibus judicante te, nec liberabitur condemnante te. At tu Domine formator meus ex utero matris meæ, non me sinas cadere in illam exprobrationem : ut exprobretur mihi, furari voluisse gloriam tuam. Tibi sit gloria, cujus est omne bonum : nobis autem confusio faciei et miseria, quorum est omne malum, nisi tu volueris misereri. Misereris quippe, Domine, misereris omnium quæ fecisti, et nihil odisti eorum quæ fecisti, et das nobis de bonis tuis, et ditas nos inopes de optimis donis tuis : quoniam diligis pauperes, et divites facis eos divitiis tuis. Ecce nunc, Domine, pauperes nos filii tui sumus, et pusillus grex tuus : aperi nobis januas tuas, et edent pauperes, et satiabuntur, et laudabunt te qui requirunt te. Scio etiam Domine, et confiteor docente te, quoniam soli illi qui cognoscunt se pauperes, et confitentur tibi paupertatem suam, ditabuntur a te : quoniam qui se divites existimant cum sint pauperes, a tuis divitiis invenientur exclusi. Et ego igitur confiteor tibi, Domine Deus meus, paupertatem meam : et sit tibi (a) tua gloria tota, quoniam tuum est omne bonum. Per me enim Domine fateor, ut docuisti me, nihil aliud sum quam universa vanitas et umbra mortis, et abyssus quædam tenebrosa, et terra inanis et vacua, quæ sine tua benedictione nihil germinat, fructum quoque non facit, nisi confusionem, peccatum et mortem. Si quid boni umquam habui, a te recepi : quidquid boni habeo, (b) tuum habeo. Si quando

(1) Aug., lib. X, Conf., c. xxxvi.
(a) Ms. Colb. tota gloria mea. — (b) Ms. Reg. a te habeo. In editis, est utraque lectio.

eu en moi quelque bien, c'est de vous que je l'ai reçu; s'il y en a même présentement, c'est vous qui l'y avez mis. Si je ne suis pas tombé, c'est vous qui m'avez soutenu ; mais lorsque je suis tombé, c'est à moi seul que je dois m'en prendre. Je serais toujours resté dans la fange, si vous ne m'en aviez pas retiré; mon aveuglement n'aurait jamais eu de fin, si vous n'aviez laissé tomber les rayons de votre lumière sur moi. Lorsque je suis tombé, je n'aurais jamais pu me relever, si vous ne m'aviez tendu une main secourable; même après que vous aviez daigné me relever, je serais tombé de nouveau, si vous ne m'aviez pas soutenu, et j'aurais péri cent fois, si vous n'aviez pas été là pour me sauver.

C'est ainsi, Seigneur, que votre grâce et votre miséricorde m'ont toujours prévenu. Vous m'avez délivré de tous les maux, de ceux qui sont passés, comme vous daignez me soutenir dans ceux qui sont présents, et me fortifier contre ceux de l'avenir. Votre bonté va même jusqu'à briser les piéges que le péché dresse sous mes pas, pour m'ôter ainsi l'occasion de vous offenser par mes fautes. Sans votre divine charité, je serais tombé dans tous les péchés du monde. Car il n'est pas de péché qu'un homme ait commis, et dont un autre homme ne puisse se rendre coupable, s'il n'est pas protégé par le Créateur qui l'a fait homme. Si j'ai évité ces dangers, c'est à vous que je le dois; si je me suis abstenu du péché, c'est vous qui me l'avez ordonné ; si j'ai cru en vous, c'est vous-même qui m'en avez fait la grâce. Car c'était pour que je fusse à vous, Seigneur, que vous me protégiez ; c'est pour me conserver à vous et à moi-même, que vous m'avez préservé de l'adultère et de tout autre péché.

CHAPITRE XVI. — *Du démon et des différents moyens qu'il emploie pour tenter les hommes.* — Le tentateur ne m'a point attaqué, et s'il ne m'a point attaqué, c'est à vous que je le dois ; le moment et l'occasion lui ont manqué, et c'est vous qui avez voulu qu'il ne trouvât ni l'occasion, ni le moment. Il s'est présenté, ni le lieu ni le temps ne lui manquaient ; mais vous m'avez soutenu pour m'empêcher de consentir. Il est venu, se glissant dans l'ombre, selon sa nature, et vous m'avez soutenu pour que je pusse le mépriser ; il est venu puissant et bien armé, et pour l'empêcher de me vaincre, vous avez amorti sa fureur et excité mon courage ; il est venu se transformant en ange de lumière, vous l'avez par vos menaces empêché de me tromper, et vous m'avez éclairé pour le reconnaître. Ce tentateur, c'est le dragon monstrueux, enflammé, cet antique serpent, appelé diable ou Satan, ayant sept têtes et dix cornes. Vous l'avez créé pour se jouer dans cette vaste mer remplie d'innombrables reptiles, de monstres de toute grandeur, qui sont autant de démons occupés jour et nuit à chercher une proie à dévorer, si vous n'étiez point là, pour soustraire les malheureux à leur fureur. C'est toujours ce même dragon des premiers jours du monde, qui a paru dans le paradis de délices, qui a entraîné de sa queue la troisième partie des étoiles du ciel, et les a précipitées sur la terre, qui a infecté de son venin toutes les eaux du globe, afin que ceux qui en boiraient y trouvassent la mort. Il ne fait pas plus de cas de l'or que de la boue, et il a une telle confiance dans sa force, qu'il croit pouvoir engloutir dans sa gueule toutes les eaux du Jourdain. Il est tel, en un mot, qu'il ne redoute personne. Qui pourrait nous préserver de ses morsures? Qui pourrait nous soustraire à sa fureur, sinon vous, Seigneur, qui avez écrasé sous vos pieds la tête de ce monstre? Etendez donc vos ailes sur nous, ô Seigneur, pour que nous y trouvions un refuge contre

steti, per te steti : sed quando cecidi, per me cecidi. Semper iu luto jacuissem, nisi tu me erexisses ; semper cæcus fuissem, nisi tu me illuminasses. Quando cecidi, nunquam surrexissem, nisi tu mihi manum porrexisses. Post quam me erexisti, semper cecidissem, nisi tu me sustinuisses : sæpius perissem, nisi me gubernasses.

Sic semper Domine, sic semper gratia et misericordia tua prævenit me, liberans me ab omnibus malis, salvans a præteritis, suscitans a præsentibus, et muniens a futuris, præcidens etiam ante me laqueos peccatorum, tollens occasiones et causas : quia nisi tu hoc mihi fecisses, ego omnia peccata mundi fecissem : quoniam scio Domine, quod nullum peccatum est quod unquam fecit homo, quod non possit facere alter homo, si desit Creator a quo factus est homo. Sed quod non facerem, tu fecisti; quod abstinerem tu jussisti ; et quod tibi crederem, tu gratiam infudisti. Tu namque Domine regebas me tibi, servabas me tibi et mihi, ut adulterium et omne aliud peccatum non committerem.

CAPUT XVI. — *De diabolo et tentationibus ejus.* — Tentator defuit ; et ut deesset, tu fecisti. Locus et tempus defuit ; et ut hæc deessent, tu fecisti. Adfuit tentator, non defuit locus, non defuit tempus : sed ut non consentirem, tu me tenuisti. Venit tentator tenebrosus, ut est; et ut eum despicerem, tu me confortasti. Venit tentator fortis armatus ; et ut me non vinceret, eum refrenasti, et me roborasti. Venit tentator transfiguratus in angelum lucis; et ut me non deciperet, tu eum increpasti, et ut cum cognoscerem, tu me illuminasti. Ipse enim est, Domine, draco ille magnus, rufus, serpens antiquus, vocatus diabolus et satanas, habens capita septem et cornua decem (*Apoc.*, XII, 3), quem creasti ad illudendum huic mari magno et spatioso manibus, in quo sunt reptilia quorum non est numerus, et animalia pusilla et magna (*Psal.* CIII, 25), id est, diversa dæmoniorum genera : quæ nihil aliud die noctuque operantur, nisi quod circumeunt quærentes quem devorent, nisi tu eripias. Ipse enim est draco antiquus ille, qui ortus est in paradiso voluptatis, qui cauda sua trahit tertiam partem stellarum cœli, et eas mittit in terram, qui veneno suo corrumpit aquas terræ, ut bibentes homines moriantur (*Apoc.*, XII, 4), qui sternit sibi aurum quasi lutum, et habet fiduciam quod influat Jordanis in os ejus, qui factus est ut nullum timeat. (*Job*, XLI, 22.) Et quis defendet a morsibus ejus, quis eruet ab ore ejus, nisi tu Domine, qui confregisti capita draconis magni? (*Job*, XL, 18.)

ce dragon qui nous poursuit, et que votre bouclier nous défende contre ses attaques. Son but unique, son seul désir est de dévorer les âmes que vous avez créées. C'est pourquoi, Seigneur, nous élevons la voix vers vous ; délivrez-nous de notre ennemi perpétuel qui, soit pendant notre sommeil, soit pendant notre veille, soit pendant nos repas, soit dans nos œuvres quelconques, nous dresse jour et nuit des pièges, tantôt en secret, tantôt ouvertement, et dirige contre nous ses flèches empoisonnées pour tuer notre âme. Et cependant, Seigneur, telle est notre folie, que bien que nous voyions ce dragon, la gueule toujours ouverte pour nous dévorer, nous nous endormons, et nous nous plaisons dans notre engourdissement, comme si nous étions à l'abri de tout danger, en présence de ce monstre qui ne cherche qu'à nous perdre. Ennemi toujours prêt à nous donner la mort, il veille sans prendre jamais aucun repos, et nous pour nous garder contre lui, nous ne voulons même pas interrompre notre sommeil. Il a tendu sous nos pieds des pièges infinis, et couvert les chemins où nous marchons, de déceptions et de mensonges, pour surprendre notre âme. Qui pourra lui échapper ? Il a placé ses pièges dans la pauvreté et dans les richesses, au milieu de nos repas, comme de nos plaisirs, dans le sommeil aussi bien que dans les veilles, dans nos paroles, dans nos actions, en un mot dans toutes nos voies. « Mais vous, Seigneur, délivrez-nous des filets du chasseur et de toutes ses menaces ; » (*Ps.* xc, 3) afin que nous puissions vous dire : « Béni soit le Seigneur qui nous a délivrés de la fureur de nos ennemis. C'est par son secours que notre âme a été tirée du danger, comme un passereau du filet du chasseur. Il a brisé le filet et nous avons été sauvés. » (*Ps.* cxxiii, 6.)

Chapitre XVII. — *Dieu est la lumière des justes.* — O Dieu, ouvrez mes yeux à votre lumière, pour que je marche à sa divine clarté, et que je ne tombe pas dans les pièges de notre ennemi. Pourrions-nous, en effet, les éviter si nous ne les voyions pas, et qui peut les voir, sans être éclairé par vous ? Ce père des ténèbres les cache dans ses ténèbres mêmes, pour y prendre tous ceux qui le suivent, et qui sont les enfants de ces ténèbres, privés de votre lumière, tandis que rien n'est à craindre pour ceux que vous daignez éclairer. En effet, celui qui marche dans le jour ne court pas risque de se blesser, mais quiconque marche pendant la nuit ne peut échapper au péril, parce qu'il manque de lumière. Vous êtes, Seigneur, la lumière même des enfants de lumière ; vous êtes le jour qui ne connaît pas de déclin, à la clarté duquel vos enfants marchent sans courir aucun danger, mais sans vous on est dans les ténèbres, parce qu'on est privé de vous, Seigneur, qui êtes la lumière du monde. Chaque jour nous reconnaissons, que plus les hommes s'éloignent de vous, seule et véritable lumière, plus ils sont enveloppés par les ténèbres du péché, et moins ils peuvent découvrir les pièges dressés sur leur chemin. Moins ils les connaissent, plus souvent ils y tombent, et ce qu'il y a de plus terrible, c'est qu'ils y tombent sans s'en apercevoir. Or, celui qui ignore sa chute, pense d'autant moins à se relever qu'il se croit encore debout. Mais vous, Seigneur mon Dieu, vous qui êtes la lumière de mon âme, éclairez-moi pour que je vous voie et vous connaisse, et pour m'empêcher

---

Prætende Domine super nos alas tuas, ut fugiamus sub eis a facie draconis hujus, qui nos persequitur, et scuto tuo libera nos a (a) cornibus ejus. Hoc enim est continuum studium suum, hoc unicum desiderium suum, ut animas devoret quas creasti. Et ideo ad te clamamus, libera nos ut adversario nostro quotidiano, qui sive dormiamus, sive vigilemus, sive comedamus, sive bibamus, sive quodcumque opus operemur, omnibus modis instat die ac nocte, fraudibus et artibus, nunc palam, nunc occulte, sagittis venenatas contra nos dirigens, ut interficiat animas nostras. Et tamen, Domine, pessima insania nostra, quia cum continue videamus contra nos draconem ore aperto paratum ad devorandum, nihilo minus dormimus et lascivimus in pigritiis nostris, tanquam securi ante eum, qui nihil aliud desiderat quam ut nos perdat. Inimicus ut occidat semper vigilat sine somno : et nos ut custodiamus nos, nolumus evigilare a somno. Ecce tetendit ante pedes nostros laqueos infinitos, et omnes vias nostras implevit decipulis ad capiendas animas nostras. Et quis effugiet ? Laqueos posuit in divitiis, laqueos in paupertate, laqueos tetendit in cibo, in potu, in voluptate, in somno, in vigiliis : laqueos posuit in verbo et in opere, et in omni via nostra. Sed tu Domine libera nos de laqueo venantium, et a verbo aspero (*Psal.* xc, 3) : ut confiteamur tibi dicentes : « Benedictus Dominus, qui non dedit nos in captionem dentibus eorum.

(a) Ms. Reg. *a morsibus.*

Anima nostra sicut passer erepta est de laqueo venantium : laqueus contritus est, et nos liberati sumus. » (*Psal.* cxxiii, 6.)

Caput XVII. — *Lucis Dei ad eos cavendos necessitas.* — Et quidem Domine lux mea, revela oculos meos, ut videam lumen, et ambulem in lumine tuo, et non impingam in laqueos ejus. Quis enim evadet laqueos istos multos, nisi videat eos? Et quis videbit, nisi quem tu illuminaveris lumine tuo? Ipse enim pater tenebrarum laqueos suos abscondit in tenebris suis, ut capiantur in eis omnes qui sunt in tenebris suis, qui sunt filii tenebrarum harum, non videntes lumen tuum, in quo qui ambulat, non timebit. Qui enim ambulat in die, non offendit : qui autem in nocte ambulat, offendit, quia lux non est in eo. (*Joan.*, xi, 9, 10.) Tu lux Domine, tu lux filiorum lucis, tu dies qui nescis occasum, in quo ambulant filii tui sine offensione, et sine quo omnes qui ambulant, in tenebris sunt, quia te lucem mundi non habent. Ecce quotidie cernimus, quia quo magis a te vero lumine quis elongatur, eo magis peccatorum involvitur tenebris : et quo magis est in tenebris, eo minus videt laqueos in via sua : et ideo minus cognoscit, et idcirco sæpius capitur, et cadit in eis : et quod est horribilius, etiam se cecidisse ignorat. Qui vero suum casum ignorat, eo minus curat surgere, quanto se existimat adhuc stare. Tu vero lux mentis Domine Deus meus, nunc illu-

de tomber en présence de mes ennemis. Notre ennemi en effet, travaille sans cesse pour nous perdre. Faites-le fondre à nos yeux comme la cire se fond au feu. Il est, Seigneur, le premier et le dernier qui ait voulu vous ravir votre gloire, lorsque comblé d'orgueil, il est tombé dans l'abîme qu'il avait creusé sous ses pieds, et où vous l'avez précipité du haut de la montagne sainte, et du milieu des corps célestes où vous l'aviez placé. Depuis sa chute, ô Dieu, mon unique vie, il ne cesse de poursuivre vos enfants, et dans sa haine pour vous, ô Roi du ciel, il ne cherche qu'à perdre ceux que votre toute-puissante bonté a créés à votre image et à votre ressemblance, afin qu'ils soient privés de votre gloire, comme il s'en est privé lui-même par son orgueil. O Dieu fort, broyez-le sous vos pieds, devant nous, les agneaux de votre troupeau. Eclairez-nous pour que nous distinguions les pièges qu'il a dressés sur notre route et que nous puissions nous élever vers vous, ô joie suprême d'Israël !

Vous savez mieux que nous, ô Seigneur, ses perfidies et ses ruses, vous qui connaissez la dureté de son cœur, et les efforts qu'il fait pour nous perdre. En vous parlant ainsi, je ne prétends rien vous apprendre, vous qui voyez tout et qui pénétrez les pensées les plus secrètes. Ce n'est qu'une plainte que je dépose contre mon ennemi aux pieds de votre divine majesté, ô Juge éternel, pour que vous le condamniez, et que vous sauviez vos enfants dont vous êtes la force et le soutien. Cet ennemi des hommes, ô Seigneur, n'est que ruse et duplicité. il est difficile, sans votre lumière, de distinguer ses voies tortueuses et toutes les formes qu'il sait prendre. Tantôt il se présente à nous comme un agneau, tantôt comme un loup ravisseur, quelquefois comme un ange de ténèbres, souvent aussi comme un ange de lumière. Mais sous quelque aspect, en quelque lieu, en quelque temps qu'il se montre, c'est pour nous tenter de mille manières différentes. Pour séduire ceux qui sont tristes, il feint la tristesse; pour faire illusion à ceux qui sont dans la joie, il fait semblant d'y être lui-même. Pour tromper ceux qui marchent selon l'esprit, il se transforme en ange de lumière; il se fait agneau devant les forts, et loup devant les faibles afin de les dévorer. Tout cela n'est que pour nous tenter de diverses manières, « les uns par des frayeurs au milieu de la nuit, les autres par la flèche, qui vole au milieu du jour; ceux-ci par la contagion qui se glisse dans les ténèbres, ceux-là par les attaques et l'invasion du démon du midi. Qui pourrait jamais distinguer toutes ses ruses? Qui pourrait reconnaître cet ennemi si trompeur, sous les différentes formes qu'il sait prendre, et la place où il va imprimer ses morsures? Tantôt il cache ses flèches dans son carquois, tantôt il déguise même ses pièges sous un jour trompeur. Vous seul, ô mon Dieu, notre unique espoir, vous seul pouvez nous éclairer pour que nous évitions ses embuches. Non-seulement dans les œuvres de la chair, qui sont faciles à distinguer, non-seulement dans le vice, mais encore dans les choses spirituelles, il sait cacher ses pièges avec une extrême subtilité ; il sait couvrir le vice de l'apparence de la vertu, et pour mieux nous séduire, il se transforme en ange de lumière. Voilà, Seigneur, notre Dieu, voilà ce que fait contre nous ce fils de Bélial, ce misérable Satan. Tantôt comme

---

mina oculos meos, ut videam et cognoscam, ne corruam in conspectu adversariorum meorum. (a) Etenim in exterminium nostrum laborat inimicus noster, quem petimus ut facias liquefieri a facie nostra, sicut cera liquescit a facie ignis. Quoniam Domine ipse est latro primus et ultimus, qui consilium fecit ut raperet gloriam tuam, quando inflatus et elatus crepuit et cecidit in foveam suam, et ejecisti eum de monte sancto tuo, et de medio lapidum ignitorum, in quorum medio ambulavit. (Psal. LXVII, 3.) Et nunc vita mea, Deus meus, ex quo cecidit, non cessat persequi filios tuos. Et in odium tuum, o rex magne, cupit perdere hanc creaturam tuam, quam creavit omnipotens bonitas tua ad imaginem tuam; ut (b) non possideat gloriam tuam, quam ipse perdidit per superbiam suam. Sed contere eum fortis noster, ante nos agnos tuos : et illumina nos ut videamus laqueos quos ipse paravit, et evadamus ad te, lætitia Israel.

Et hæc omnia tu Domine melius nosti, qui nosti contentionem ejus, et cervicem ejus durissimam. Nec hoc dico ut ostendam tibi, qui omnia vides, et nulla te latet cogitatio. Sed ante pedes tuæ majestatis de inimico meo querimoniam facio, judex æterne, ut ipsum damnes, et nos filios tuos salves, quorum fortitudo tu es. Versutus est Domine iste hostis et tortuosus : nec facile deprehendi possunt circuitus viæ ejus, nec cognosci species vultus ejus, nisi tu illumines. Nam nunc hic, nunc illic; nunc agnum, nunc lupum; nunc tenebras, nunc lucem se ostendit; sed singulis quibuslibet qualitatibus, locis et temporibus, secundum varias rerum mutationes, varias exhibet tentationes. Nam ut tristes decipiat, tristatur et ipse; ut gaudentes illudat, fingit se et ipse gaudere; ut spiritales defraudet, in angelum lucis se transfigurat : ut fortes comprimat, apparet ut agnus; ut mites devoret, apparet ut lupus. Hæc quidem omnia (c) similitudinem variarum tentationum effici habent, sicut alios a timore nocturno, alios a sagitta volante in die, alios a negotio perambulante in tenebris, alios ab incursu, alios a dæmonio meridiano. (Psal. XC, 5, 6.) Et ad hæc quis idoneus ut cognoscat? Quis revelabit speciem indumenti ejus, et gyrum dentium ejus quis agnovit? En abscondit sagittas suas in pharetra, et laqueos etiam abscondit sub specie lucis, et hoc difficilius perpenditur, nisi a te Domine (d) spes nostra lumen assumamus, ut videamus. Nam non solum in carnis operibus quæ de facili agnoscuntur, non tantum in ipsis vitiis, sed in ipsis quoque spiritalibus exercitiis laqueos abscondit subtiles : et sub virtutum colore ipsa vitia induit, et transmutat se in angelum lucis. Hæc et multa alia nititur contra nos filius Belial, iste satan, Domine Deus noster. Et nunc ut

---

(a) Mss. duo Reg. et Colb. hoc enim in odium nostrum laborat. Med. Etenim in exitium. f. exitium. — (b) Sic Ms. Reg. Abest non ab aliis libris. — (c) In uno e Mss. Reg. similitudines, omisso secundum. — (d) Ms. Reg. species.

un lion, tantôt comme un dragon, il ne cesse de nous dresser des piéges, ouvertement ou en secret, le jour et la nuit, en dedans comme en dehors de nous-mêmes, afin de ravir nos âmes. Secourez-nous donc, Seigneur, vous qui sauvez ceux qui mettent leur espoir en vous, afin que nous soyons pour notre ennemi un sujet de chagrin, et que vous soyez loué éternellement en nous, ô Seigneur notre Dieu.

CHAPITRE XVIII. — *Funestes effets de l'ingratitude, énumération des bienfaits de Dieu.* — Permettez, Seigneur, au fils de votre servante, qui a imploré sur moi votre divine protection, de vous faire l'aveu de mes misères, dans la simplicité de mon cœur. Permettez-moi de repasser dans mon esprit tous les bienfaits que j'ai reçus de vous, depuis mon enfance et pendant tout le cours de ma vie, car je sais que l'ingratitude vous déplaît, l'ingratitude, cette racine de tout mal spirituel, ce vent qui dessèche et qui brûle en quelque sorte tout bien, ce fléau qui empêche la source de la miséricorde divine de se répandre sur l'homme, qui fait revivre le mal passé et mourir le bien présent, sans qu'il puisse nous être utile à l'avenir. Mais moi, je vous rendrai grâce, Seigneur, afin de ne point être ingrat envers vous, mon Sauveur, de ce que vous m'avez délivré de mon ennemi. Combien de fois ce dragon ne m'avait-il pas déjà dévoré, et vous, Seigneur, vous m'avez arraché à sa fureur? Toutes les fois que j'ai péché, et que le monstre était prêt à m'engloutir, vous m'avez défendu contre lui. Toutes les fois que j'ai agi envers vous avec iniquité, toutes les fois que j'ai violé vos commandements, et qu'il voulait m'entraîner avec lui dans l'enfer, vous vous y êtes opposé. O Seigneur mon Dieu, je vous offensais et vous me défendiez ; je ne vous craignais pas, et vous me protégiez ; je m'éloignais de vous et je m'offrais à mon ennemi, mais vous m'empêchiez de me livrer à lui. Tels sont, ô Seigneur, les bienfaits dont vous me combliez, et je ne les reconnaissais pas. Mille fois, à mon insu, vous m'avez délivré des griffes du démon, de la gueule du lion, et du séjour des peines éternelles. Je suis descendu jusqu'à l'entrée des enfers, et vous m'avez retenu, pour m'empêcher d'y pénétrer ; je me suis approché des portes de la mort, et c'est à vous que je dois de n'en avoir point été la proie. Vous m'avez même préservé de la mort corporelle, ô mon doux Sauveur, lorsque j'étais sur le point de succomber à de graves maladies, ou à des périls sur terre et sur mer. Vous m'avez sauvé du feu, du glaive et de tout danger, par la protection et la miséricorde dont vous m'avez environné. Vous saviez, Seigneur, que si la mort m'eût saisi alors, l'enfer aurait englouti mon âme, et j'eusse été perdu pour l'éternité. Mais votre miséricorde et votre grâce m'ont prévenu, elles m'ont arraché à la double mort du corps et de l'âme. Tels sont, ô mon Dieu, avec beaucoup d'autres encore, les bienfaits dont vous m'avez comblé. Et moi, aveugle que j'étais, je ne les ai reconnus, que lorsque vous m'avez éclairé de votre lumière divine.

Maintenant donc, ô Seigneur mon Dieu, unique clarté de mon âme, vie par laquelle je vis, lumière de mes yeux par laquelle je vois, maintenant que vous m'avez éclairé et que je reconnais que c'est par vous seul que je vis, permettez-moi de vous en rendre d'éternelles actions de grâces, bien faibles, il est vrai, en comparaison de la grandeur de vos bienfaits, mais telles que peut vous en offrir ma fragilité.

---

leo, nunc ut draco, manifeste et occulte, intus et extra, die ac nocte insidiatur, ut rapiat animas nostras. Et tu eripe nos Domine, qui salvas sperantes in te : ut ipse de nobis doleat, et tu lauderis in nobis Domine Deus noster (*a*).

CAPUT XVIII. — *Ingratitudinis mala.* — Ego autem filius ancillæ tuæ, quæ me commendavit manui tuæ, jam his pauperculis confessionibus meis confitear tibi, liberator meus, toto corde meo : et recolam ad mentem meam bona quæ fecisti mihi a juventute mea, in omni vita mea. Scio namque quod ingratitudo tibi displiceat, quæ radix est totius spiritalis, et ventus quidam desiccans et urens omne bonum, obstruens fontem divinæ misericordiæ super hominem : qua et mala mortua jam oriuntur, et viva jam opera moriuntur, et ultra non adipiscuntur. Et ego Domine gratias tibi agam, ne sim ingratus tibi, liberator meus, quoniam liberasti me. Quoties me jam absorbuerat ille draco ; et tu Domine ab ore ejus extraxisti me? Quando vel quoties peccavi, et ipse paratus fuit deglutire me ; sed tu defendisti me. Cum contra te inique agebam, cum tua mandata frangebam, stabat paratus ipse ut me raperet ad infernum ; sed tu prohibebas. Ego te offendebam, et tu me defendebas : ego te non timebam, et tu me custodiebas. A te recedebam, et inimico meo me exhibebam ; tu ipsum ne me acciperet, deterrebas. Hæc mihi tu Deus meus beneficia conferebas, et ego non cognoscebam. Ve me multoties a faucibus diaboli liberasti, de ore leonis eripuisti, et ab inferno licet me nescientem multis vicibus reduxisti. Descendi enim usque ad portas inferni ; et ne illuc intrarem, tu me tenuisti. Appropinquavi usque ad portas mortis ; et ne me ipsa caperet, tu fecisti. De morte etiam corporis me sæpius eripuisti, salvator meus, cum me graves morbi tenerent, cum fui in periculis multis, per mare, per terras ; ab igne et gladio, et ab omni periculo liberans, semper mihi astans, et misericorditer salvans. Sciebas quidem Domine, quia si tunc mors me præoccupasset, infernum animam meam suscepisset, et perpetuo damnatus fuissem : sed tua misericordia et tua gratia prævenerunt me, eripiens me de morte corporis et de morte animæ Domine Deus meus. Hæc et multa alia mihi tua beneficia exhibuisti : et ego eram cæcus, et non cognovi, donec illuminasti me.

Nunc igitur lux animæ meæ Domine Deus meus, vita mea, per quam vivo ; lumen oculorum meorum, per quod video : en illuminasti me, et cognosco te, quia vivo per te, et gratias ago tibi, licet viles et exiles et impares beneficiis tuis, quales habet mea fragilitas offero. Quo-

(*a*) Ms. Reg. hic addit : *Amen*.

Car vous êtes mon seul Dieu, mon doux et bienveillant Créateur, vous aimez vos créatures et vous ne pouvez point haïr l'ouvrage de vos mains. Permettez donc au plus indigne des pécheurs que vous avez sauvés, afin de donner aux autres une preuve de votre immense charité, permettez-lui de confesser tous vos bienfaits. Vous m'avez tiré, non une fois, mais mille fois de l'enfer, vers lequel je marchais toujours, et d'où sans cesse vous m'avez ramené. Combien de fois auriez-vous pu justement me condamner, mais vous ne l'avez pas voulu, parce que vous aimez les âmes, et que vous supportiez mes péchés avec patience, afin de me laisser le temps de m'en repentir, ô Seigneur mon Dieu, dont les voies sont remplies de clémence et de miséricorde. Maintenant, je vois mes fautes, car votre lumière me les fait reconnaître, et mon âme est prête à défaillir en considérant la grandeur de votre charité pour moi. C'est vous, ô mon Dieu, qui m'avez retiré du fond de l'enfer pour me rendre à la vie. J'étais tout entier plongé dans la mort, et vous m'avez donné un nouvel être; c'est donc à vous seul que je dois tout ce que j'ai de vie. C'est pourquoi je me consacre à vous tout entier. Que désormais mon esprit, mon cœur, mon corps, mon existence tout entière n'appartiennent qu'à vous, à vous, mon unique vie, qui m'avez délivré, pour que je ne fusse plus à d'autres qu'à vous seul, à vous qui m'avez fait un nouvel homme pour m'attacher entièrement à vous. Que je vous aime donc, Seigneur, seul soutien de mon âme, que je vous aime, vous qui êtes mes ineffables délices. Que désormais je ne vive plus pour moi, mais uniquement pour vous. Je serais mort dans ma misère, si vous ne m'aviez ressuscité dans votre miséricorde, ô Dieu plein de compassion et de charité pour ceux qui aiment et qui bénissent votre nom. C'est pourquoi, Seigneur mon Dieu, mon divin sanctificateur, vous m'avez ordonné par votre sainte loi de vous aimer de tout mon cœur, de tout mon esprit, de toute mon âme, de toutes mes forces, de ce qu'il y a de plus intime en moi, et cela à toute heure, à tous les moments où je jouis des biens de votre miséricorde. Je périrais sans cesse, si sans cesse vous ne me souteniez; je mourrais sans cesse, si sans cesse vous ne me donniez une nouvelle vie. Chaque moment de mon existence est un lien qui m'attache à vous, parce qu'à chaque moment, vous me comblez de vos bienfaits. De même donc qu'il n'y a aucune heure, aucun moment de ma vie, où je ne ressente votre bonté, de même il ne doit y avoir aucun instant, où je ne vous aie devant les yeux, dans la mémoire de mon cœur, et où je ne vous chérisse de toutes les forces de mon âme. Mais le pourrais-je, ô mon Dieu, si vous ne m'en faisiez la grâce, unique source de tout bien, de tout don parfait découlant du Père de lumière, vous qui n'êtes sujet à aucun changement, ni même à ce qui n'en est que l'ombre; or il ne dépend ni de celui qui veut, ni de celui qui court, mais de votre miséricorde seule, de pouvoir vous aimer. C'est un don qui vient de vous, ô Seigneur, source de tout bien. Vous nous ordonnez de vous aimer, donnez-nous donc le pouvoir de faire ce que vous ordonnez, et ordonnez ce que vous voudrez.

Chapitre XIX. — *Ardent désir d'aimer Dieu.* — Je vous aime, ô mon Dieu, et je désire vous aimer

---

niam tu es solus Deus meus, creator meus benignus, qui amas animas, et nihil odisti eorum quæ fecisti. (*Sap.*, XI, 25.) En ego primus inter peccatores quos salvasti, ut exemplum aliis tribuam benignissimæ pietatis tuæ, confitear beneficia tua magna, quoniam eripuisti me de inferno semel et secundo et tertio et centies et millesies, et ego semper ad infernum tendebam, et tu me semper reducebas : et cum me juste millesies damnasses, si voluisses ; noluisti, quia amas animas, et dissimulas peccata mea propter pœnitentiam, Domine Deus meus, quia multæ misericordiæ in omnibus viis tuis. Nunc ergo video hæc, Domine Deus meus, et cognosco per lumen tuum, et deficit anima mea in misericordia tua magna super me, quoniam eripuisti animam meam ex inferno inferiori, et me reduxisti ad vitam. Totus eram in morte; totum me resuscitasti; et tuum igitur sit totum id quod vivo. Totus totum me tibi offero : totus spiritus, totum cor, totum corpus, tota vita mea vivat tibi, vita mea : quoniam totum me liberasti, ut totum me possideres; totum me refecisti, ut totum me rehaberes. Diligam te igitur Domine virtus mea, diligam te ineffabilis exultatio mea, et vivat jam non mihi, sed tibi tota vita mea, quæ perierat in miseria mea, quæ ressuscitata est in misericordia tua, qui es Deus misericors et miserator et multæ misericordiæ in millia his qui diligunt nomen tuum. Idcirco, Domine Deus meus sanctificator meus, jussisti mihi lege tua, ut diligam te toto corde meo, tota anima mea, tota mente mea, tota fortitudine mea (*Deut.*, VI, 5; *Matth.*, XXII, 37), et ex omnibus viribus meis, et etiam ex intimis medullis cordis mei, omnibus horis et momentis quibus fruor bonis misericordiæ tuæ : quoniam semper perirem, nisi quia semper me regis; semper morerer, nisi quia semper me vivificas, et omni momento me tibi obligas, dum omni momento mihi tua magna beneficia præstas. (1) Sicut ergo nulla est hora vel punctum in omni vita mea, quo tuo beneficio non utar : sic nullum debet esse momentum, quo te non habeam ante oculos in mea memoria, et te non diligam ex omni fortitudine mea. Sed nec hoc valeo, nisi tu dederis mihi, cujus est omne donum bonum, et omne datum optimum descendens a Patre luminum (*Jac.*, I, 17) : apud quem non est transmutatio, nec vicissitudinis obumbratio. Non enim est volentis neque currentis, sed tui miserentis, ut diligamus te. (*Rom.*, IX, 16.) Tuum est Domine hoc donum, cujus est omne bonum. Jubes te diligi, (2) da quod jubes, et jube quod vis.

Caput XIX. — *Amoris fervens desiderium.* — [(a) Amo te Deus meus, magisque semper amare cupio, quia tu es re vera omni melle dulcior, omni lacte nutribilior, et omni luce clarior. Idcirco super omne aurum et argen-

---

(1) V. lib. *de Spir. et An.*, c. XXXV, *et Manuale*, c. XXXIX. — (2) Ex lib. X, *Conf.*, c. XXIX et XXXVII.

(a) Hæc, non habent Mss. V. *Manuale*, c. X.

TOM. XXII.

35

chaque jour davantage, parce que vous êtes en réalité plus doux que le miel, plus fortifiant que le lait, plus brillant que toute lumière. Vous m'êtes plus précieux que l'or, l'argent et les pierres les plus riches. Je n'ai pas plutôt goûté vos douceurs, et vu la beauté de votre maison, que je n'ai plus trouvé de plaisir dans ce monde. O feu divin, qui ne saurait jamais s'éteindre; ô amour toujours ardent et qui ne se refroidit jamais. O Dieu, source de toute charité, embrasez mon cœur, embrasez mon être tout entier, pour que désormais je n'aime plus que vous seul, car celui qui partage avec un autre objet l'amour qu'il vous doit tout entier, ne vous aime qu'à demi. Que je vous chérisse donc, ô Seigneur, vous qui avez été le premier à m'aimer. Quelles paroles puis-je trouver pour énoncer tous les témoignages d'amour que vous m'avez donnés, et les innombrables bienfaits dont vous m'avez comblé? Non content de m'avoir tiré du néant, et créé à votre image et à votre ressemblance, vous m'avez donné le premier rang parmi toutes les créatures sorties de vos mains, puisque seul d'entre elles, je puis contempler votre beauté. C'est là la prérogative dont vous avez enrichi mon cœur, et qui me distingue de tous les êtres insensibles, et même de ceux qui sont doués de sensibilité. Vous m'avez fait presque l'égal des anges. Là ne s'est pas bornée votre bonté. Chaque jour et sans interruption, vous avez renouvelé envers moi vos bienfaits. Vous avez daigné m'élever comme votre enfant; vous m'avez nourri et fortifié, pour ainsi dire, du lait de vos consolations. Que dirai-je encore? Pour m'engager à me consacrer tout entier à vous, Seigneur, vous m'avez établi comme le maître de vos créatures.

CHAPITRE XX. — *Dieu a tout soumis à l'homme, pour que l'homme lui fût soumis.* — Vous n'avez tout soumis à l'homme, que pour que l'homme vous fût entièrement soumis, et vous n'avez établi sa domination sur toutes vos œuvres, que pour qu'il se donnât tout entier à vous. Vous avez créé les choses extérieures pour son corps, son corps pour son âme, et son âme pour vous, afin qu'il vous consacrât toutes ses pensées, toutes ses affections, vous possédant, Seigneur, pour sa consolation, et disposant pour son service des êtres qui sont au-dessous de lui. En effet, tout ce que contient la circonférence du ciel, est bien inférieur à l'âme humaine, faite pour le souverain bien, dont la possession seule peut la rendre heureuse. Si elle s'y attache, foulant aux pieds les nécessités de ces choses terrestres et changeantes, elle verra, dans la quiétude d'une immortalité éternelle, la face de cette souveraine majesté dont elle porte la ressemblance. Alors elle jouira dans votre céleste demeure de tous les biens, en comparaison desquels tout ce que nous voyons ici-bas, n'est que vanité et néant. Biens suprêmes que l'œil n'a point vus, que l'oreille n'a point entendus, que le cœur de l'homme ne peut concevoir, et que Dieu a préparés à ceux qui l'aiment. Voilà, Seigneur, les trésors que vous réservez à l'âme humaine. O divin amant des âmes, vous les versez déjà chaque jour dans l'âme de vos serviteurs. Doit-on s'en étonner, Seigneur mon Dieu, puisque vous les avez créés à votre image et à votre ressemblance? Quoique notre corps ne soit encore que misère et corruption, pour qu'il pût jouir de la vue, vous avez ordonné au soleil et à la lune, ces ministres infatigables de vos volontés, de répandre sur

---

tum et lapidem pretiosum es mihi carior. Displicebat enim mihi quidquid agebam in sæculo præ dulcedine tua, et decore domus tuæ, quam dilexi.] (1) O ignis qui semper ardes et nunquam extingueris, ô amor qui semper ferves et nunquam tepescis, caritas Deus meus, accende me. Accende, inquam, totum me, ut totus diligam solum te. Minus enim te amat, qui tecum aliquid amat quod non propter te amat. Diligam te Domine, quoniam tu prior dilexisti me. Et unde mihi verbum, ut explicem signa dilectionis tuæ, maxime erga me, propter innumera beneficia tua, quibus a principio educasti me? Post beneficium nempe creationis, quando in principio de nihilo ad imaginem tuam creasti me, honorificans et exaltans me inter eas creaturas quas fecisti, et nobilitans lumine vultus tui, quo signasti superliminare cordis mei, quo ab insensibilibus pariter et sensibilibus brutis discrevisti me, et paulo minus ab angelis minuisti. (*Psal.* VIII, 6.) Parum hoc fuit ante conspectum bonitatis tuæ, quoniam quotidianis et singularibus maximisque donariis tuorum beneficiorum me sine intermissione nutrivisti, et quasi filium tuum parvulum et tenellum uberibus tuæ consolationis lactasti et confortasti me. Ut enim tibi totus servirem, omnia quæcumque fecisti, in meum servitium tradidisti.

CAPUT XX. — *Quod omnia serviunt homini, ut homo serviat Creatori.* — Omnia sub pedibus hominum subjecisti (*Psal.* VIII, 8), ut solus homo totus tibi subjiceretur. Et ut tuus esset totus homo, super omnia tua dominatus est homo. Exteriora nempe pro corpore cuncta creasti, ipsum vero corpus pro anima, animam vero pro te; ut tibi soli vacaret, et te solum amaret; possidens te ad solatium, inferiora vero omnia ad servitium. Quidquid enim cœli ambitu continetur, inferius ab anima humana est, quæ facta est ut summum bonum superius possideret, cujus possessione beata fieret: cui si adhæserit, cunctarum mutabilitatum inferiorum necessitudines supergrediens, illius summæ majestatis, cujus æmulatur speciem, æternitate immortalitatis cum serenitate gaudebit. Tunc vero illis bonis optimis fruetur in domo Domini, quorum comparatione cuncta quæ hic cernimus, velut nihilum computantur. Illa (*a*) sunt quæ oculus non vidit, nec auris audivit, nec in cor hominis ascenderunt, quæ præparavit Deus diligentibus se. (*Isa.*, LXIV, 4; I *Cor.*, II, 9.) Et hæc quidem Domine daturus es animæ. His etiam quotidie lætificas animas servorum tuorum, qui amas animas. Quid miror hæc Domine Deus meus? Imaginem quippe tuam honorificas, et similitudinem tuam ad quam creatæ sunt. Nam et corpori nostro, licet adhuc corruptibili et ignobili, ut videret, dedisti claritatem cœli per manum ministrorum tuorum indefessorum, solis et

(1) Ex lib. X, *Conf.*, c. XXIV.
(*a*) Mss. *Illa scilicet quæ.*

lui la clarté du ciel; pour qu'il pût respirer, vous l'avez entouré d'un air pur et abondant. Pour son oreille, vous avez créé la variété des sons; pour son odorat, les suaves parfums du ciel et de la terre; pour son goût, les exquises saveurs de votre création, et pour son toucher, la grosseur et la dimension de tous les corps. Pour l'aider dans ses besoins, vous avez mis à sa disposition les animaux de toute espèce, les oiseaux du ciel, les habitants des mers, et les fruits de la terre pour le nourrir. Pour lui et par votre ordre, la terre produit tout ce qui lui est nécessaire dans ses maladies, et vous avez mis le remède à côté de chaque mal. Oh! que vous êtes bon et miséricordieux, Seigneur! Vous connaissez le limon dont nous sommes formés, et nous sommes entre vos mains, comme l'argile dans les mains du potier.

CHAPITRE XXI. — *On peut conjecturer, par les biens temporels, la grandeur de ceux du ciel.* — Maintenant, ô mon Dieu, que vous m'avez découvert toute la grandeur de votre miséricorde, éclairez-moi pour qu'elle m'apparaisse encore davantage. Car c'est d'après vos moindres œuvres, que nous pouvons juger des plus grandes, et d'après les choses que vous avez mises sous nos yeux, que nous pouvons comprendre celles que vous cachez à nos regards, ô Seigneur, Dieu saint, notre bon et divin Créateur. En effet, mon Dieu, si pour ce corps si vil et corruptible vous nous prodiguez tous les trésors du ciel et des airs, de la terre et des mers, du jour et de la nuit, de la chaleur et de l'ombre, de la rosée, de la pluie et des vents; si vous faites servir à nos besoins les oiseaux, les poissons, les animaux, les arbres, cette variété innombrable de plantes, de grains, en un mot, toutes les choses que vous avez créées pour apporter, chacune dans leur temps, un soulagement à notre misère et à nos ennuis, quels biens immenses, innombrables ne devez-vous pas réserver à ceux qui vous aiment, dans cette céleste patrie où ils vous verront face à face? Si vos bienfaits sont si grands dans la prison où nous sommes, que seront-ils donc dans votre royale demeure, ô mon Dieu? Que vos œuvres sont immenses, magnifiques, ô Seigneur, Roi des cieux! Si les biens que vous prodiguez également sur la terre aux bons et aux méchants sont si grands, que seront donc ceux que vous réservez aux saints et aux justes? Si les dons, que vous faites également ici-bas à ceux qui vous aiment, et à ceux qui n'ont aucun amour pour vous, sont si nombreux, combien plus doux encore et plus ineffables devront être ceux que vous destinez à vos amis? Si telles sont les consolations que vous nous donnez pendant ces jours de tristesse et de larmes, que seront donc celles que nous devons espérer au jour des noces éternelles? Si, dans notre prison terrestre, nous trouvons tant de délices, que seront donc, ô Seigneur, celles qui nous attendent dans la céleste patrie? « L'œil ne peut voir que par vous, ô mon Dieu, ce que vous avez préparé pour ceux qui vous aiment. » (*Isaïe*, LXIV, 4.) Le nombre des douceurs que vous réservez à ceux qui vous craignent égale la grandeur de votre magnificence. Oh! que vous êtes grand, Seigneur mon Dieu, et que votre puissance est infinie! Votre sagesse et votre bonté n'ont point de bornes. Le nombre et la grandeur de vos bienfaits ne sauraient ni se compter ni se mesurer; ils sont aussi grands que vous êtes grand vous-même, ô Seigneur, suprême récompense de ceux qui combattent pour soutenir vos saintes lois.

CHAPITRE XXII. — *La douceur de Dieu fait disparaître les amertumes de cette vie.* — Telle est, Seigneur Dieu,

lunæ, qui præcepto tuo jugiter die ac nocte deserviunt filiis tuis; ut spiraret, largitus es aeris puritatem; ut audiret, sonorum varietates; ut odoraret, odorum suavitates; ut gustaret, saporum qualitates; ut contrectaret, dedisti corpulentium omnium grossities. Adjumenta suis necessitatibus dedisti jumenta, volucres quoque cœli et pisces maris, et fructus terræ ad reficiendum impendisti. Medicinas de terra propter singulas quasque suas corruptelas creasti, singula solatia singulis malis obviantia præparasti: quoniam es misericors et miserator, et novisti figmentum nostrum figulus noster, et nos omnes quasi lutum in manu tua.

CAPUT XXI. — *Ex bonis temporalibus colligitur magnitudo cœlestium.* — En aperitur mihi misericordia tua magna, lumine tuo illustra quæso magis adhuc, ut mihi magis aperiatur. Nam ex his minimis tua magna, et ex his visibilibus tua invisibilia comprehendimus Domine Deus sancte, et bone creator noster. Si enim, mi Domine, pro hoc corpore ignobili et corruptibili tam magna et innumera beneficia præstas a cœlo et aere, a terra et mari, luce et tenebris, calore et umbra, rore et imbre, ventis et pluviis, volucribus et piscibus, bestiis et arboribus, et multiplicitate herbarum et germinum terræ, et cunctarum creaturarum tuarum ministerio nobis successive per sua tempora ministrantium, ut alleves fastidium: qualia quæso, et quam magna et innumerabilia erunt illa bona, quæ præparasti diligentibus te, in illa cœli patria, ubi te videbimus facie ad faciem? Si tanta facis nobis in carcere, quid ages in palatio? Magna et innumerabilia sunt opera tua, Domine rex cœlorum. Cum sint hæc omnia valde bona et delectabilia, quæ bonis pariter malisque communia tradidisti; qualia futura sunt illa, quæ solis bonis recondisti? Si tam innumera et varia dona tua, quæ nunc amicis pariter tribuis et inimicis; quam magna et innumerabilia, quam dulcia et delectabilia, quæ solis tuis es largiturus amicis? Si tanta solatia in hac die lacrymarum; quanta conferes in die nuptiarum? Si tanta delectabilia continet carcer; quanta quæso continet patria? « Oculus non vidit, Deus, absque te, quæ præparasti diligentibus te. » (*Isa.*, LXIV, 4.) Secundum enim magnam multitudinem magnificentiæ tuæ est etiam multitudo magna dulcedinis tuæ, quam abscondisti timentibus te. (*Psal.* L, 3; XXX, 20.) Magnus enim tu es, Domine Deus meus, et immensus, nec est finis magnitudinis tuæ, nec est numerus sapientiæ tuæ, nec est mensura benignitatis tuæ, nec est finis, nec numerus, nec mensura retributionis tuæ (*Psal.* CXLIV, 3): sed sicut magnus es tu, ita magna sunt donaria tua, quoniam tu ipse præmium et donum omnium legitimorum tuorum pugnatorum.

CAPUT XXII. — *Consolatio æterna non est speranda*

sanctificateur de vos saints, la grandeur des bienfaits dont vous comblerez vos enfants, qui auront eu faim de vous. Vous êtes leur unique espérance et la consolation de ceux qui sont dans la désolation et le désespoir. Vous êtes la couronne de gloire, réservée à ceux qui triomphent en combattant pour vous. Vous êtes la nourriture immortelle qui ne peut être donnée qu'à ceux qui en ont le désir. Vous êtes l'éternelle consolation, qui ne peut être goûtée que par ceux qui méprisent les consolations du monde, pour n'en chercher qu'en vous seul; car ceux qui sont consolés en ce monde sont indignes de recevoir vos consolations. Ceux qui sont tourmentés ici-bas seront consolés par vous; ceux qui participent à vos souffrances, participeront aussi à vos consolations. Personne, en effet, ne peut prétendre à la joie et aux consolations de la vie présente et de la vie future. Quand on s'attache à celles du monde, il faut nécessairement renoncer à celles du ciel. Lorsque je médite cette vérité, Seigneur mon Dieu, mon unique consolateur, je repousse les consolations si passagères du siècle pour être digne des vôtres, qui sont éternelles. N'est-il pas juste qu'il vous perde, celui qui cherche sa consolation ailleurs qu'en vous seul? Je vous en supplie, suprême Vérité, ne permettez pas que je cherche d'autres douceurs qu'en vous, car partout ailleurs elles sont vaines et trompeuses; je désire même que mon âme ne trouve en elles qu'amertume, afin qu'elle ne trouve de joie et de consolation que dans votre sein, ô mon Dieu, qui êtes la douceur ineffable qui peut faire supporter toutes les amertumes de la vie. C'est la douceur qu'on trouve en vous, qui rendit douces pour Etienne les pierres du torrent sous lesquelles il fut accablé. C'est elle qui rendit doux pour Laurent le gril ardent où il était étendu. C'est elle qui combla de joie vos apôtres, qui se félicitaient, en sortant du conseil, d'avoir été jugés dignes de souffrir des outrages pour le nom de Jésus. André marchait avec confiance et avec joie à la mort de la croix, parce qu'il s'avançait ainsi vers la possession de votre douceur : douceur divine qui remplissait tellement le cœur des princes de vos apôtres, que pour elle l'un ne craignit pas de souffrir le supplice de la croix, et l'autre de présenter sa tête à la hache du bourreau. C'est pour l'obtenir que Barthélemi se laissa écorcher vif, et que saint Jean vida avec intrépidité la coupe de poison qui lui était présentée. O douceur ineffable! A peine saint Pierre vous eut-il goûtée, qu'oubliant toutes les choses de la terre et ivre de joie, il s'écria : « Seigneur, que nous sommes bien ici; dressons-y trois tentes, » (*Matth.*, XVII, 4) c'est-à-dire demeurons ici pour vous contempler, parce que nous n'aurons plus besoin d'autres choses. Vous voir et nous rassasier de votre douceur suffit, Seigneur, à notre félicité. Il n'avait pourtant fait qu'effleurer cette coupe de délices, et cependant il n'en voulut plus d'autre. Qu'aurait-il dit s'il eût pu savourer à longs traits les douceurs infinies, que votre Divinité réserve à ceux qui vous aiment? Elles n'étaient point inconnues à cette vierge, (sainte Agathe) que l'on conduisait en prison, et qui s'y rendait avec autant de joie, que si elle se fût rendue à un festin auquel elle aurait été conviée. Il connaissait aussi votre douceur, ô mon Dieu, celui qui s'écriait : « Combien est infinie la douceur que vous réservez à ceux qui vous craignent, » (*Ps.* xxx, 20) et qui disait encore : « Goûtez et voyez combien le Seigneur

cum præsenti. — Hæc sunt beneficia magna tua, Domine Deus, sanctificator sanctorum tuorum, quibus repleturus es inopiam esurientium filiorum tuorum : quoniam factus es spes desperatorum, consolatio desolatorum. Tu corona spei, quæ ornata est gloria, præparata vincentibus. Tu famelicorum satietas æterna, dauda esurientibus. Tu consolatio sempiterna, qui solis illis te (*a*) tribuis, qui consolationem hujus mundi pro tua consolatione contemnunt. Nam qui hic consolantur, indigni tua consolatione habentur. Sed qui hic cruciantur, a te consolantur : et qui participant passionibus, participant et consolationibus. Nemo enim potest in utroque sæculo consolari, nec potest hujus his, et in futuro gaudere : sed unam necesse est ut perdat, qui alteram voluerit possidere. Hæc ubi considero Domine consolator meus, renuo consolari animam meam, ut digna habeatur tuis consolationibus æternis : quia justum est ut amittat te, quicumque in aliquo alio magis consolari eligit quam in te. Et obsecro, summa Veritas, te per te, non permittas me in aliqua consolatione vana consolari quam in te : sed omnia mihi peto ut amarescant, ut tu solus dulcis appareas animæ meæ, qui es dulcedo inæstimabilis, per quam cuncta amara dulcorantur. Tua enim dulcedo Stephano lapides torrentis dulcoravit (*Act.*, VII, 58) : tua dulcedo craticulam Laurentio dulcem fecit. Pro tua dulcedine ibant Apostoli gaudentes a conspectu concilii, quoniam digni habiti sunt pro nomine Jesu contumeliam pati. (*Act.*, v, 41.) Ibat Andræas securus ad crucem et gaudens, quoniam ad tuam dulcedinem properabat. Hæc tua dulcedo ipsos Apostolorum principes sic replevit, ut pro ipsa crucis patibulum unus eligeret, alter quoque caput ferienti gladio supponere non timeret. Pro hac emenda Bartholomæus propriam pellem dedit. Pro hac quoque gustanda veneni poculum intrepidus Joannes potavit. Hanc ut gustavit Petrus, omnium inferiorum oblitus clamavit quasi ebrius, dicens : « Domine bonum est nos hic esse, faciamus hic tria tabernacula : » (*Matth.*, XVII, 4) hic moremur, te contemplemur, quia nullo alio indigemus, sufficit nobis Domine videre te, sufficit, inquit, tanta dulcedine satiari. Unam enim stillam dulcedinis iste gustavit, et omnem aliam fastidivit dulcedinem : quid putas dixisset, si magnam illam multitudinem dulcedinis divinitatis tuæ gustasset, quam abscondisti diligentibus te? Hanc tuam dulcedinem ineffabilem et illa gustaverat virgo (Agatha), de qua legimus, quod lætissime et gloriantur ibat ad carcerem, et quasi ad epulas invitata. Hanc, ut reor, et ipse gustaverat, qui dicebat : « Quam magna multitudo dulcedinis tuæ Domine, quam abscondisti timentibus te! » (*Psal.* xxx, 20) quique monebat : « Gustate et videte, quoniam suavis est Dominus. » (*Psal.* xxxIII, 9.) Hæc est illa beatitudo Domine Deus noster, quam expectamus daturum te nobis : pro qua

(*a*) Mss. duo, *tribues.*

est doux. » (*Ps.* xxxiii, 9.) Telle est, ô Seigneur notre Dieu, la félicité que nous espérons recevoir de vous. C'est pour l'obtenir que nous combattons pour vous; c'est pour elle que nous mourons chaque jour, afin de vivre de votre vie éternelle.

CHAPITRE XXIII. — *Aspiration au bonheur de jouir éternellement de Dieu.* — Vous, Seigneur, l'attente d'Israël, vous l'unique objet vers lequel chaque jour notre cœur soupire, levez-vous, hâtez-vous, venez nous tirer de cette prison, pour que nous confessions votre nom, et nous glorifions dans votre lumière. Que vos oreilles entendent les cris et les gémissements de vos enfants orphelins, qui vous disent : « Notre Père, donnez-nous aujourd'hui notre pain quotidien, » pour nous fortifier jour et nuit, jusqu'à ce que nous arrivions à votre sainte montagne d'Horeb. O mon Père, vous qui êtes mon unique soutien, je ne suis qu'un enfant, le plus humble de votre famille; mais quand donc viendra le jour où je pourrai paraître devant vous, afin que moi, qui, dans cette vie mortelle, confesse votre saint nom, je puisse le célébrer éternellement? Heureux si je suis admis à contempler vos splendeurs; mais qui pourrait me faire une telle grâce? Je sais, Seigneur, je sais et j'avoue que je ne suis pas digne d'entrer dans votre demeure; mais faites-le pour votre gloire, et pour que l'espérance que votre serviteur a mise en vous ne soit pas confondue. Mais qui pourra jamais pénétrer dans votre sanctuaire pour adorer votre puissance, si vous-même ne nous en facilitez pas l'entrée? Qui peut ouvrir ce que vous avez fermé, ou rétablir ce que vous avez détruit? Si vous reteniez toutes les eaux, le monde périrait de sécheresse, et si vous les laissiez se répandre sur la terre, tout serait submergé. Cependant, s'il vous plaisait d'anéantir ce que vous avez créé, qui pourrait s'y opposer? Mais, dans votre bonté et votre éternelle miséricorde, vous conservez tout ce qu'il a plu à votre suprême volonté d'établir. Vous nous avez aussi donné l'être, ô souverain architecte de l'univers, ne nous refusez pas votre protection. Vous nous avez créés, ne méprisez pas l'ouvrage de vos mains. O Seigneur notre Dieu, nous ne sommes, il est vrai, qu'un vil limon, que de misérables vers de terre, et nous ne pourrions jamais pénétrer dans votre demeure, si vous ne nous y introduisiez vous-même, ô Seigneur, qui avez tiré du néant tout ce qui existe.

CHAPITRE XXIV. — *Que nous ne pouvons rien sans la grâce de Dieu.* — Je suis l'ouvrage de vos mains, Seigneur, et je confesse dans votre crainte que ni mon arc, ni mon glaive, ne sauraient me sauver. Je ne puis l'être que par votre droite, que par la puissance de votre bras et le secours de votre lumière. Quelle espérance aurais-je encore, si je n'avais pas mis toute ma confiance en vous seul, ô mon Dieu, qui m'avez créé? Vous ne me délaisserez donc pas, Seigneur, vous qui n'abandonnez jamais ceux qui espèrent en vous. N'êtes-vous pas, ô Seigneur, ce Dieu de bonté, de douceur, de patience et de clémence disposant toutes choses avec miséricorde? Encore que nous ayons péché, nous sommes à vous; nous sommes aussi à vous si nous n'avons pas péché, car nous sommes comptés au nombre de ceux qui vous appartiennent. Nous sommes une feuille légère; l'homme sur la terre n'est que vanité; notre vie n'est qu'un souffle qui passe; ne vous irritez donc pas contre les fautes de vos enfants. Vous ne connaissez que trop, Seigneur Dieu, notre fragilité et notre faiblesse. Voudriez-vous, Seigneur, faire éclater votre puissance contre une

---

tibi Domine continue militamus, pro qua mortificamur tota die, ut in tua vita vivamus.

CAPUT XXIII. — *Aspiratio ad fruitionem Dei.* — Tu autem expectatio Israel Domine, desiderium ad quod suspirat quotidie cor nostrum, festina, ne tardaveris. Surge, propera et veni, ut educas nos de isto carcere ad confitendum nomini tuo, ut gloriemur in lumine tuo. (*Jerem.*, XIV, 8.) Aperi aures tuas clamoribus lacrymarum pupillorum tuorum, qui clamant ad te : Pater noster, da nobis hodie panem nostrum quotidianum (*Matth.*, VI, 9, 11), in cujus fortitudine ambulemus die ac nocte, usque quo perveniamus ad montem tuum Oreb. Et ego parvulus inter parvulos familiæ tuæ, Deus pater et virtus mea, quando veniam, et apparebo ante faciem tuam; ut qui nunc tibi confiteor ad tempus, ex tunc confitear tibi in æternum? Beatus ero si fuero admissus ad videndum claritatem tuam. Quis mihi hoc tribuat, ut ad hoc venire permittas me? Scio Domine, scio et confiteor me indignum ut intrem sub tectum tuum : sed fac propter honorem tuum, et ne confundas in te sperantem servum tuum. Et quis intrabit in sanctuarium tuum ad considerandas potentias tuas, nisi tu aperias? Quis autem aperiet, si tu (*a*) clauseris? Si enim destruxeris, nemo est qui ædificet. Et si incluseris (*b*) hominem, nemo est qui aperiat. Si continueris aquas, omnia siccabuntur : et si emiseris eas, subvertent terram. (*Job*, XI, 10.) Si omnia quæcumque fecisti, ad nihilum redigas, quis contradicet tibi? Porro sempiterna bonitas misericordiæ tuæ, qua voluisti et fecisti omnia quæcumque voluisti. Tu nos fecisti fabricator mundi, rege nos : tu nos creasti, ne spernas nos, quia opera tua sumus. Et quidem Domine Deus noster, nos lutum et vermiculi non valemus in tuas æternitates intrare, nisi tu induxeris qui de nihilo cuncta creasti.

CAPUT XXIV. — *Quod nihil sine Dei gratia possimus.* — Ego autem opus manuum tuarum confiteor tibi in timore tuo, quia non in arcu meo sperabo, et gladius meus non salvabit me, sed dextera tua et brachium tuum et illuminatio vultus tui. Alioquin desperarem, nisi quia spes mea es tu qui creasti me, et non derelinques me, quoniam non derelinquis sperantes in te. (*Psal.* XLIII, 7.) Tu quippe es Domine Deus noster suavis et mitis, patiens et in misericordia disponens omnia. (*Sap.*, XI, 12.) Et nos si peccaverimus, (*c*) tui sumus : et si non peccaverimus, scimus quoniam apud te sumus computati. Nos folium universi, quia vanitas omnis homo vivens, et ventus est vita nostra super terram : ne irascaris si cadimus pupilli tui, quoniam tu nosti figmentum nostrum Domine Deus

(*a*) Mss. *incluseris*. — (*b*) Ms. Reg. *homini*. — (*c*) Sic Mss. At editi, *tui non sumus, et mox tui sumus.*

feuille que le vent emporte, contre une paille desséchée? O Roi éternel d'Israël, pourriez-vous condamner un misérable insecte? Nous savons, Seigneur, que vous n'avez point fait la mort, et que vous ne vous réjouissez pas de la mort du pécheur. C'est pourquoi, nous vous en conjurons par vous-même, ne permettez pas que ce qui n'est point votre ouvrage, l'emporte sur l'œuvre de votre création. Si notre perte est pour vous un sujet de douleur, qui est-ce qui vous empêche, Seigneur, de chercher votre joie dans notre salut? Si vous le voulez, vous pouvez me sauver; mais moi, j'aurais beau le vouloir, je ne le pourrais pas, tant est grande la somme de mes misères. Cette volonté, il est vrai, est en moi, mais je ne trouve pas le moyen de l'accomplir; je ne puis même vouloir le bien que si vous m'en inspirez la volonté, ni le faire, que si vous m'en donnez la force et le courage. Ce que je puis même, quelquefois je ne le veux pas, à moins que n'intervienne votre volonté, à laquelle tout obéit, dans le ciel comme sur la terre. Bien plus, ce que je veux et ce que je puis, je ne le saurais même pas si votre sagesse ne daignait m'éclairer; et qu'importe d'ailleurs que je le sache? Que je le veuille en effet ou que je ne le veuille pas, mon savoir est bien peu de chose sans votre secours, ô mon Dieu, qui êtes la source de toute science et de toute sagesse. Tout, dans l'univers entier, est soumis à votre volonté; rien ne saurait lui résister, ô Seigneur, souverain Maître de toutes choses, qui commandez à toute chair, et qui faites tout ce qu'il vous plaît dans le ciel, sur la terre, dans la mer et dans les abîmes les plus profonds. Que votre volonté soit également faite en nous, sur lesquels a été invoqué votre nom. Ne laissez pas périr l'ouvrage de vos mains, que vous avez créé pour vous servir et vous honorer. Quel est l'homme né de la femme, et vivant sur la terre, qui n'ait la mort en perspective, et qui puisse sauver son âme de l'enfer, si vous n'étiez pas là pour l'en délivrer, ô Vie, principe de toute vie, et qui la communiquez à tout ce qui existe?

CHAPITRE XXV. — *Sans la grâce de Dieu, la volonté de l'homme est incapable de faire le bien.* — Je vous en ai déjà fait l'aveu, Seigneur, seul objet digne de mes louanges, seule source de mon salut, j'ai eu confiance dans ma force, qui cependant n'était que faiblesse, et quand j'ai voulu courir dans votre voie, je suis tombé, là où je me croyais le plus ferme, et plus je me croyais près du but que je voulais atteindre, plus je m'en éloignais. C'est ainsi qu'en faisant l'essai de mes forces j'ai reconnu ma faiblesse, parce que vous avez daigné m'éclairer, et que plus j'ai cru pouvoir quelque chose par moi-même, moins j'ai pu réussir. Je me disais en effet : Je ferai telle chose, j'accomplirai telle autre, et je ne venais à bout de rien. Quand je le voulais, je ne le pouvais pas, et lorsque je le pouvais, je ne le voulais pas, parce que je ne me confiais que dans mes propres forces; mais présentement, Seigneur Dieu, Père du ciel et de la terre, je reconnais que l'homme ne saurait être fort de sa propre force, et que toute chair ne peut, sans présomption et sans folie, se glorifier devant vous. Il n'est pas dans la puissance de l'homme de vouloir ce qu'il peut, ou de pouvoir ce qu'il veut, ni même de savoir ce qu'il veut et ce qu'il peut. C'est vous seul qui dirigez les pas de l'homme, c'est-à-dire de ceux qui vous reconnaissent pour leur seul et vrai guide. Nous

noster. (*Psal.* XXXVIII, 6.) Num, Deus inæstimabilis fortitudinis, contra folium quod vento rapitur ostendere vis potentiam tuam, et stipulam siccam persequi? (*Job*, VII, 7.) Num damnabis rex Israel æterne, (*a*) num damnabis pulicem unum? Audivimus de misericordia tua Domine, quoniam tu mortem non facis, nec lætaris in perditione morientium. Propter te oramus te, ne permittas dominari quod non fecisti huic creaturæ tuæ quam fecisti. (*Sap.*, I, 13.) Si doles de perditione; quid te prohibet Domine, qui omnia potes, ne semper læteris de nostra salvatione? Si vis, potes me salvare : ego autem etsi (*b*) velim non possum; tam magna est multitudo miseriarum mearum mecum. Velle quippe mihi adjacet, perficere autem non invenio. (*Rom.*, VII, 18.) Velle autem quod bonum est non possum, nisi tu velis : nec quod volo possum, nisi tua potentia me confortet : et quod possum, aliquando nolo, nisi tua voluntas fiat sicut in cœlo et in terra : et quod volo et possum, ignoro, nisi tua sapientia me illustret. Et si sciam, quandoque (*c*) nolens, quandoque non valens, imperfecta et vacua transit sapientia mea, nisi adjuver a vera sapientia tua. In tua autem voluntate cuncta sunt posita, et non est qui possit resistere voluntati tuæ, Domine universorum, principatum tenens omnis carnis : et quæcumque vis, facis in cœlo et in terra, in mari et in omnibus abyssis. In nobis igitur fiat voluntas tua, super quibus invocatum est nomen tuum : ne pereat hoc nobile plasma tuum, quod creasti propter honorem tuum. Et quis est homo natus de muliere, qui vivat et non videat mortem, et eripiat animam suam de manu inferi : nisi tu solus eripias, vita vitalis omnis vitæ, per quem omnia vivunt?

CAPUT XXV. — *Quod voluntas humana sine gratia inefficax sit ad bona opera.* — Ut enim jam tibi confessus sum, laus vitæ meæ, Deus meus, virtus salutis meæ, sperabam aliquando in virtute mea, quæ tamen non erat virtus. Et cum sic volui currere; ubi magis stare credebam, ibi magis cecidi : factusque sum magis retro, et non ante; et quod credebam consequi, longius elongavit a me. Sic per multa similia vires meas probans cognosco nunc, quia illuminasti me, quoniam ubi magis credidi posse per me, minus semper ibi potui. Dicebam enim : Hoc faciam, illud perficiam : fiebatque post nec hoc, nec illud. Aderat voluntas? non erat facultas. Aderat facultas? non aderat voluntas : quoniam de meis viribus confidebam. Nunc autem confiteor tibi Domine Deus, pater cœli et terræ, quia non in fortitudine sua roborabitur vir (1 *Reg.*, II, 9), (*d*) ut glorietur ante te stulta præsumptio omnis carnis. Nec est hominis velle quod possit, aut posse quod velit, vel scire quod velit et possit : sed potius a te gressus hominis diriguntur, illorum, in-

(*a*) Hic addunt editi, *canem mortuum.* — (*b*) Ita Mss. At editi, *etsi vellem, non possem.* — (*c*) Ms. Reg. et Colb. *hic volens*, etc. Alter Reg. *quandoque volens quandoque nolens.* At editi, *quandoque volens, quandoque valens.* Ms. Med. sequimur. — (*d*) Ms. Reg. *ne.*

vous supplions donc, Seigneur, par les entrailles de votre miséricorde, de sauver ce que vous avez créé. Vous le pouvez si vous le voulez, et tout l'espoir de notre salut est dans votre volonté.

CHAPITRE XXVI. — *Les bienfaits que nous avons déjà reçus de Dieu soutiennent notre espérance.* — Rappelez-vous, Seigneur, votre ancienne miséricorde avec laquelle vous m'avez, dès mon enfance, prévenu par les bénédictions de votre douceur. Avant même que je fusse né de votre servante, ô Seigneur, qui dès ma plus tendre enfance avez été mon espoir, vous avez préparé les voies où je devais marcher, pour parvenir à la gloire de votre céleste demeure. Avant même que vous m'eussiez formé dans le sein maternel, vous m'avez connu ; avant que je l'eusse quitté, vous avez ordonné de moi tout ce qui vous a plu. Mais quelles sont les choses écrites sur mon sort, dans le livre secret de vos arrêts éternels? Je les ignore, et cette ignorance me remplit de trouble et d'effroi. Pour vous, mon Dieu, vous les connaissez. Ce que je ne vois que par la succession des jours et des temps, ce que je prévois, et qui peut arriver d'ici à mille ans, est toujours présent à vos yeux comme dans un point de votre éternité, et ce qui doit être un jour, est pour vous comme déjà fait. Pour moi, dans cette nuit de ténèbres qui m'entourent, ignorant mon sort, je suis sans cesse dans la crainte et dans le tremblement. Je ne vois partout que dangers qui m'attendent, qu'ennemis qui me poursuivent, que misères sur misères pendant cette vie mortelle. O mon Dieu, quelle espérance pourrait encore me rester, si votre divine protection n'était pas là pour me soutenir? Mais, heureusement que j'ai mis tout mon espoir en vous, Seigneur, Roi de douceur et de charité. Je me sens soulagé en pensant à la grandeur de votre miséricorde. Toutes les preuves de bonté que vous m'avez déjà données, et qui m'ont prévenu, même avant que je fusse au monde, comme celles que présentement vous faites spécialement éclater sur moi, me donnent lieu d'espérer de votre bienveillance des dons encore plus grands et plus parfaits, que vous réservez à ceux qui vous aiment. Puissé-je donc ne chercher d'autres douceurs et d'autres consolations qu'en vous seul, Seigneur mon Dieu, source de joie toujours sainte et toujours vive, ô vous qui remplissez de joie ma jeunesse !

CHAPITRE XXVII. — *Combien Dieu nous fait de grâces par le ministère de nos anges gardiens.* — Seigneur, unique objet de ma tendresse, vous m'avez aimé avant même que j'aie commencé moi-même à vous aimer, et vous avez porté cet amour jusqu'à me créer à votre image et à votre ressemblance. Vous m'avez donné le premier rang parmi toutes les autres créatures, mais je ne puis conserver cette dignité qu'autant que je vous aimerai et que je vous connaîtrai, puisque c'est pour cela que vous m'avez donné l'être.

Vous semblez même avoir créé pour moi vos saints anges, auxquels vous avez confié le soin de me garder et de me diriger dans toutes mes voies, de peur que mon pied ne se blessât contre quelque pierre. Ils sont les gardiens fidèles des murs de la nouvelle Jérusalem, veillant jour et nuit sur les hauteurs qui l'entourent, afin de protéger votre troupeau et d'empêcher notre antique ennemi de venir, comme un lion, surprendre nos âmes, s'il n'y avait pas quelqu'un pour les soustraire à sa rage. En effet, semblable à un lion rugissant, il tourne sans cesse autour de nous, cherchant une proie à dévorer. Ces esprits bienheureux, citoyens

---

quam, qui non a se, sed a te dirigi se confitentur. Obsecramus itaque viscera misericordiæ tuæ, velis Domino salvare quod creasti : quoniam si vis, potes nos salvare; et in tua voluntate virtus est nostræ salutis.

CAPUT XXVI. — *Spem sublevant jam præstita Dei beneficia.* — Recordare misericordiæ tuæ antiquæ, qua nos a principio in benedictionibus tuæ dulcedinis prævenisti. Ante quam enim nascerer ego filius ancillæ tuæ, Domine spes mea ab uberibus matris meæ (*Psal.* XXI, 10), tu me prævenisti præparans mihi semitas, quibus incederem et venirem ad gloriam domus tuæ. Prius quam me formares in utero, novisti me : et ante quam exirem de vulva, quidquid tibi placuit, præordinasti de me. Quæ qualia sunt in libro tuo de me scripta, (*a*) in secreto consistorii tui, ego quidem ignoro, unde et valde timeo : tu vero nosti; quoniam quod ego per successus dierum et temporum hinc ad mille annos hujus temporalitatis expecto, in conspectu æternitatis tuæ jam factum est; et quod futurum est, jam factum est. Ego autem stans in hac nocte tenebrosa hæc ignorans, timor et tremor venerunt super me, dum video mihi undique imminere multa pericula, a multis quoque hostibus venari, multitudineque innumerarum miseriarum in hæc vita circumdatum. Et nisi in tantis his malis (*b*) adforet mihi tuum adminiculum, desperarem. Sed spes mihi magna subest de te, mitissime princeps Deus meus : et consideratio multitudinis miserationum tuarum, quæ apud te sunt, sublevat mentem meam : et præcedentia signa misericordiæ tuæ, quæ ante quam nascerer prævenerunt me, et nunc specialiter in me effulserunt, de futuris benignitatis tuæ melioribus et perfectioribus muneribus, quæ tuis amicis reservas, spem meam admonent : ut in te lætetur Domine Deus meus, lætitia sancta et viva, quæ semper lætificas juventutem meam.

CAPUT XXVII. — *Quanta Deus præstet homini per Angelos custodes.* — Dilexisti enim me unice amor meus, ante quam diligerem te, et ad imaginem tuam creasti me, omnibus creaturis tuis præposuisti me : quam dignitatem tunc quidem servo cum noverim te, propter quod fecisti me.

Insuper facis Angelos tuos spiritus propter me, quibus mandasti ut custodiant me in omnibus viis meis, ne forte offendam ad lapidem pedem meum. (*Psal.* IX, 11.) Hi sunt custodes super muros tuos novæ Jerusalem (*Isa.*, LXII, 6), et montes in circuitu ejus vigilantes et custodientes vigilias noctis super gregem tuum (*Luc.*, II, 8) : ne quando rapiat ut leo animas nostras, dum non est qui redimat, ille antiquus adversarius noster, qui

---

(*a*) Ms. Med. hic ad. *sunt*. — (*b*) Mss. *aliquid foret mihi tutum*, etc.

de la divine Jérusalem qui est notre mère dans les cieux, ont reçu mission de secourir ceux qui doivent prendre part à l'héritage du salut éternel, afin de les délivrer de leurs ennemis, et de les diriger dans toutes leurs voies. Ce sont eux qui soutiennent notre faiblesse, et nous instruisent par leurs avertissements. Ce sont eux aussi qui portent au pied du trône de votre majesté les vœux et les prières de vos enfants, car ils les chérissent comme des concitoyens, qui doivent un jour remplir les vides causés dans les rangs de la milice sacrée, par la chute des anges rebelles. C'est pourquoi ils nous assistent, avec un soin assidu, à toute heure et à toute occasion. Pleins de prévoyance pour nos besoins, ils sont de fidèles intermédiaires entre vous et nous, Seigneur. Ils déposent à vos pieds nos gémissements et nos soupirs, pour obtenir de votre clémence le pardon de nos fautes, et nous rapporter sur la terre les bénédictions de votre grâce. Ils nous accompagnent dans toutes nos voies : partout ils entrent et sortent avec nous, pour voir si nous vivons saintement dans ce siècle de perversité, si c'est avec un ardent et sincère désir que nous cherchons votre règne et votre justice, si c'est avec crainte et tremblement que nous vous servons, et que nous sommes transportés d'amour pour vous, ô unique joie de notre cœur. Ils nous aident dans nos travaux, nous protègent dans notre repos, nous exhortent lorsque nous combattons, et nous couronnent quand nous sommes vainqueurs. Ils se réjouissent et souffrent avec nous, pourvu que vous soyez, Seigneur, l'objet de nos joies et de nos peines. Leurs soins et leur tendresse pour nous sont sans bornes, et tout cela en l'honneur de l'ineffable charité avec laquelle vous nous avez aimés. Ils chérissent ceux que vous aimez, prennent sous leur garde ceux que vous gardez, et abandonnent ceux dont vous vous êtes éloigné. En effet, ils n'ont que de l'aversion pour les iniques et les impies, parce que vous-même vous haïssez et vous perdez tous ceux qui marchent dans la voie de l'iniquité et du mensonge. Nos bonnes œuvres font la joie des anges et la désolation du démon. Si donc nous nous éloignons du bien, ces anges saints sont privés de leur joie, et nous donnons au démon sujet de se réjouir. Un seul pécheur qui fait pénitence met vos saints anges dans l'allégresse, comme la prévarication d'un seul juste est un triomphe pour le démon. Faites donc, ô Père tout-puissant, que nous soyons pour eux un éternel sujet de joie, afin que par eux vous soyez éternellement loué en nous. Puissions-nous ne faire avec eux qu'un seul troupeau dans votre céleste bergerie, afin de célébrer ensemble votre saint nom, ô divin Créateur des hommes et des anges! C'est devant vous, au milieu des plus humbles actions de grâce, que j'aime à reconnaître, Seigneur mon Dieu, la grandeur des bienfaits dont vous nous avez comblés, en nous donnant les anges pour nous guider et nous secourir. Vous nous aviez déjà donné tout ce qui est contenu dans la vaste étendue des cieux, et comme si c'était encore trop peu, vous y avez encore ajouté tout ce qui est sous la voûte du ciel. Nous remettons à ces esprits bienheureux le soin de vous louer de tous ces bienfaits, de reconnaître que le bien dont nous jouissons est votre ouvrage, et de bénir votre saint nom. O Dieu, qui êtes notre unique gloire, de quel honneur vous nous avez comblés en nous enrichissant, indignes que nous

quasi leo rugiens semper circuit quærens quem devoret. (I *Pet.*, v, 8.) Hi sunt cives beatæ civitatis supernæ Jerusalem, quæ sursum est mater nostra (*Gal.*, IV, 26), in ministerium missi propter eos qui hæreditatem capiunt salutis; ut eos liberent ab inimicis suis, et custodiant in omnibus viis suis : confortant quoque et moneant, et orationes filiorum tuorum offerant in conspectu gloriæ majestatis tuæ. (*Hebr.*, I, 14.) Diligunt nempe concives suos, per quos suæ ruinæ scissuras instaurari expectant. Ideoque magna cura et vigilanti studio adsunt nobis omnibus horis et locis, succurrentes et providentes necessitatibus nostris, et solliciti discurrentes inter nos et te Domine, gemitus nostros atque suspiria referentes ad te, ut impetrent nobis facilem tuæ benignitatis propitiationem, et referant ad desideratam tuæ gratiæ benedictionem. Ambulant nobiscum in omnibus viis nostris, intrant et exeunt nobiscum, attente considerantes quam pie, quamque honeste in medio pravæ nationis conversemur, quantoque studio et desiderio quæramus regnum tuum et justitiam ejus, quantoque timore et tremore serviamus et exultemus tibi, lætitia cordis nostri. Adjuvant laborantes, protegunt quiescentes, hortantur pugnantes, coronant vincentes. Congaudent gaudentibus; de te, inquam, gaudentibus : compatiuntur patientibus; pro te, inquam, patientibus. Grandis est eis cura de nobis, magnus affectus dilectionis eorum erga nos : et hoc totum propter honorem tuæ inæstimabilis caritatis, qua dilexisti nos. Diligunt enim quos tu diligis; custodiunt quos tu custodis; et deserunt quos tu deseris. Nec diligunt operantes iniquitatem; quoniam et tu odisti omnes qui operantur iniquitatem, et perdes omnes qui loquuntur mendacium. (*Psal.* v, 7.) Quotiens bene agimus, gaudent Angeli, et tristantur dæmones. Quotiens vero a bono deviamus, diabolum lætificamus, et Angelos suo gaudio defraudamus : gaudium est enim eis super uno peccatore pœnitentiam agente (*Luc.*, XV, 7), (*a*) sed diabolo super uno justo pœnitentiam deserente. Da igitur; da pater eis semper gaudere de nobis : ut et tu per eos semper lauderis in nobis, et nos cum eis in unum ovile tuum adducamur; ut confiteamur simul nomini sancto tuo, Creator hominum et Angelorum. Hæc ipse commemorans coram te, confiteor laudans te, quoniam beneficia tua magna sunt hæc, quibus nos honorificasti, dans nobis Angelos tuos spiritus in ministerium nostrum. Dederas enim quidquid cœli ambitu continetur : et quasi parva hæc quæ sub cœlo sunt, nisi adderes et ea quæ sunt super cœlos. Laudent te de hoc omnes Angeli tui, confiteantur tibi de hoc omnia opera tua, et ipsi sancti tui benedicant tibi. O honorificentia nostra, quos nimis honorificas et ditans multis muneribus decorasti! Admirabile est nomen tuum Domine in universa terra. (*Psal.* VIII, 2.) Quid est enim homo, quia magnificas eum; et

(*a*) Mss. *sed quid super uno jam justo*, etc.

sommes, des trésors de votre charité. Oh! que votre nom est admirable par tout l'univers! Et qu'est-ce que l'homme pour mériter d'être glorifié, honoré et aimé par vous, Seigneur mon Dieu?

Vous avez dit vous-même, éternelle Vérité : « Je fais mes délices d'être avec les enfants des hommes. » (*Prov.*, VIII, 31.) Mais que sont-ils ces enfants des hommes, sinon des vers de terre, et des êtres sujets à la corruption? Tout homme vivant n'est-il pas uniquement néant et vanité? Cependant vous avez daigné jeter les yeux sur lui et lui révéler quelques-uns de vos éternels jugements.

CHAPITRE XXVIII. — *Du mystère de la prédestination et de la prescience divine.* — Que ne puis-je pénétrer dans les abîmes de votre sagesse, divin Créateur? Vous qui tenez en équilibre les montagnes et les collines; vous qui soutenez avec trois doigts la masse de toute la terre, soutenez aussi de vos trois doigts invisibles le poids de mon corps, pour que je sois plus près de vous, afin de vous contempler et d'admirer les merveilles dont vous avez rempli la terre, ô Lumière éternelle, qui, avant que toute autre clarté éclairât le monde, répandiez déjà vos rayons sur les montagnes de la céleste Jérusalem, « vous à qui toutes choses étaient comme nues et découvertes, même avant que vous les eussiez créées, » lumière si pure dont la splendeur ne saurait souffrir la moindre tache, comment pouvez-vous faire vos délices des enfants de l'homme? Quel rapport y a-t-il entre le jour et les ténèbres? L'homme a-t-il donc en lui quelque chose qui puisse vous plaire? Ai-je donc en moi un temple digne de votre majesté, et que vous aimiez à sanctifier par votre présence? Il vous faut à vous, Seigneur, qui purifiez toutes choses, un sanctuaire aussi pur que vous-même, vous qui ne pouvez être vu, et, à plus forte raison, possédé que par ceux qui ont le cœur pur. Mais est-il dans l'homme un temple assez pur pour vous recevoir, souverain Maître du monde? Qui est-ce qui pourrait purifier ce qui est sorti d'une semence impure? Vous seul le pouvez, Seigneur, qui êtes exempt de toute souillure, car personne ne saurait être purifié par ce qui est de soi-même impur. Dans l'ancienne loi, que vous avez donnée à nos pères sur la montagne, au milieu des flammes et d'une nuée obscure, tout ce qui touchait à quelque chose d'impur devenait impur. Or, nous sommes tous comme le linge souillé, nous naissons tous d'une masse de corruption. Tous nous portons au front la tache de notre souillure, que nous ne saurions vous cacher à vous, Seigneur, qui voyez tout. C'est pourquoi nous ne pouvons être purs qu'autant que vous, source de toute pureté, vous daignerez nous purifier. C'est ce que vous faites à l'égard de ceux des enfants des hommes, dans lesquels il vous a plu d'établir votre demeure. Dans les profonds et éternels secrets de vos jugements incompréhensibles, mais toujours justes quoique cachés, vous les avez, sans aucun mérite de leur part, prédestinés à votre gloire. Même avant la création du monde, vous les avez séparés du monde, vous les avez justifiés au milieu du monde, et vous les glorifierez encore à la fin du monde. C'est une grâce cependant que vous n'accordez pas à tous les hommes, et c'est ce qui trouble et confond la raison des sages de la terre. Pour moi, Seigneur, lorsque je considère cela, je suis frappé d'épouvante; je reste anéanti devant la profondeur des trésors de votre sagesse, de votre science et devant les jugements incompréhensibles de votre

honorificas eum, et apponis erga eum cor tuum? (*Job*, VII, 17.)

Dixisti enim Veritas antiqua : « Deliciæ meæ, esse cum filiis hominum. » (*Prov.*, VIII, 31.) Nonne homo putredo, et filius hominis vermis? (*Job*, XXV, 6.) Nonne universa vanitas omnis homo vivens? (*Psal.* XXXVIII, 6.) Et dignum ducis super hujuscemodi aperire oculos tuos, et adducere eum tecum in judicium?

CAPUT XXVIII. — *De prædestinationis ac præscientiæ Dei mysterio.* — Doce me abyssus profundissima, Creator sapientia. Qui librasti in pondere montes, et colles in statera, et appendisti molem terræ tribus digitis, suspende molem corporalitatis hujus, quam gero, tribus invisis digitis tuis ad te, ut videam et cognoscam, quam admirabilis es in universa terra. Lux antiquissima, quæ lucebas ante omnem lucem in montibus sanctis æternitatis antiquæ, cui nuda et aperta erant omnia ante quam fierent (*Heb.*, IV, 13); Lux, quæ odio habes omnem maculam, ut pote mundissima et immaculatissima, quæ tibi deliciæ cum homine? quæ conventio lucis ad tenebras? (II *Cor.*, VI, 14.) Ubi sunt in homine deliciæ tuæ? Ubi præparasti tibi in me dignum sanctuarium majestatis tuæ, in quod introeas habeas delicias (*a*) dilectionis tuæ? Mundum enim cœnaculum decet te (*Matth.*, V, 8), mundans virtus, quæ non nisi a mundis cordibus videri potes, multo magis nec haberi. In homine autem ubi templum tam mundum, ut te suscipiat, qui regis mundum? Quis potest facere mundum de immundo conceptum semine? Nonne tu qui solus es mundus? (*Job*, XIV, 4.) Ab immundo enim quis mundabitur? (*Eccli.*, XXXIV, 4.) Nam et secundum legem, quam dedisti patribus nostris in igne comburente montem, et in nube tegente aquam tenebrosam, quidquid tetigerit immundus, immundum erit. (*Num.*, XIX, 22.) Omnes autem nos quasi pannus menstruatæ (*Isa.*, LXIV, 6) de massa corrupta et immunda venientes, maculam immunditiæ nostræ, quam celare saltem tibi qui omnia vides, non possumus, in frontibus portamus : quare mundi esse non possumus, nisi tu mundaveris, qui solus es mundus. Mundas autem de nobis filios hominum eos in quibus tibi complacuit habitare : quos ab inaccessibilibus profundis secretis judiciorum incomprehensibilium sapientiæ tuæ, semper justorum, licet occultorum, sine eorum meritis prædestinasti ante mundum, vocasti de mundo, justificasti in mundo, et magnificas eos post mundum. Non autem omnibus hoc facis, quod admirantur tabescentes omnes sapientes terræ. Et ego Domine hoc considerans expavesco, et obstupesco de altitudine divitiarum sapien-

(*a*) Al. *delectationis*.

justice; car de la même masse de terre vous faites, comme il vous plaît, des vases d'honneur ou des vases d'éternelle ignominie. Ceux donc que vous avez choisis entre tous pour en faire votre temple, vous les purifiez en répandant sur eux l'eau qui efface toutes les souillures. Vous connaissez de toute éternité le nombre et le nom de ces élus, vous qui seul pouvez compter la multitude infinie des étoiles, et leur donner à chacune le nom qui les distingue. Dès le principe, ces bienheureux étaient marqués dans le livre de vie, et ils ne sauraient périr, puisque vous faites tout concourir à leur bien, même leurs péchés. En effet, lorsqu'ils tombent ils ne sont point brisés, parce que vous les soutenez de votre main pour les protéger contre toute blessure, et pour empêcher que le moindre de leurs os ne se brise dans leur chute. Mais combien terrible sera la mort des pécheurs, c'est-à-dire de ceux qui, même avant que vous eussiez créé le ciel et la terre, vous saviez dans la profondeur de vos jugements cachés mais toujours justes, être destinés à la mort éternelle. Vous tenez pour eux, comme vous le faites pour vos élus, un compte exact de leurs noms et de leurs méfaits, vous qui savez jusqu'au nombre des grains de sable de la mer, et jusqu'à la mesure des plus profonds abîmes. Vous laissez dans leur impureté ces réprouvés, à la perte desquels tout concourt, même leurs prières, qui se tournent contre eux en péchés. Quand bien même ils seraient montés jusqu'au ciel, que leur tête aurait touché les nues, et qu'ils auraient établi leur demeure parmi les étoiles du ciel, ils en seraient à la fin précipités comme un vil fumier.

CHAPITRE XXIX. — *De la profondeur des jugements de*

Dieu. — Que vos jugements sont grands et impénétrables, Seigneur mon Dieu, juge aussi équitable que tout-puissant, vous qui savez pénétrer jusqu'au fond des choses les plus cachées! Lorsque j'y pense, un tremblement s'empare de tout mon être, car nul homme vivant sur la terre n'est sûr de son salut. Vous le permettez, Seigneur, afin que nous vous servions avec une pieuse et chaste crainte pendant tous les jours de notre vie; afin que notre culte envers vous soit mêlé de crainte et nos joies de tremblement; et afin aussi que ceux qui sont dans la bonne voie, comme ceux qui sont dans la mauvaise, c'est-à-dire que toute chair ne se glorifie pas, mais soit saisie de frayeur et d'épouvante devant vous; tant l'homme ignore s'il est digne de votre amour ou de votre haine, tant il est incertain de ce qui lui est réservé dans l'avenir. En effet, Seigneur, nos pères nous ont appris, et nous avons été nous-mêmes témoins, (ce que je ne puis me rappeler sans effroi ni reconnaître sans peur), que beaucoup, après être montés jusqu'au ciel, après s'être placés parmi les astres, ont fini par tomber jusqu'au fond des abîmes, parce que leurs âmes s'étaient endurcies dans le mal. Nous avons vu des étoiles, frappées par la queue du dragon, tomber du ciel, et d'autres y monter soutenues par votre main, qui les avait tirées de la poussière de la terre. Nous avons vu mourir des âmes qui vivaient de votre vie, et d'autres, qui étaient mortes à cette vie spirituelle, rappelées à une nouvelle existence. Que de fois aussi ceux qui se croyaient au nombre des enfants de Dieu, ne sont-ils pas tombés dans la fange du péché et dans le feu éternel des enfers? Nous avons vu la lumière se changer en ténèbres,

tiæ et scientiæ tuæ (*Rom.*, XI, 33), ad quam ego non pertingo, et incomprehensibilia judicia justitiæ tuæ: quoniam ex eodem luto alia quidem facis vasa in honorem, alia in contumeliam sempiternam. (*Rom.*, IX, 21.) Quos igitur tibi elegisti de multis in templum, ipsos mundas, effundens super eos aquam mundam, quorum nomina numerumque tu nosti, qui solus numeras multitudinem stellarum, et omnibus eis nomina vocas (*Psal.* CXLVI, 4): qui etiam scripti sunt in libro vitæ, qui nequaquam perire possunt, quibus omnia cooperantur in bonum, etiam ipsa peccata. Cum enim cadunt, non collidunter, quia tu supponis manum tuam (*Psal.* XXXVI, 24); custodiens omnia ossa eorum, ut unum ex eis non conteratur. (*Psal.* XXXIII, 22.) Attamen mors peccatorum pessima; illorum, inquam, quos ante quam faceres cœlum et terram, secundum abyssum multam judiciorum tuorum occultorum, semper autem justorum, præscivisti ad mortem æternam: quorum dinumeratio nominum et meritorum pravorum apud te est, qui numerum arenæ maris dinumerasti, et dimensus es profundum abyssi, quos reliquisti in immunditiis suis, quibus omnia cooperantur in malum, et ipsa etiam oratio vertitur in peccatum: ut si etiam usque ad cœlos ascenderint (*Abd.*, 1, 4), et caput eorum nubes tetigerit, et inter sidera cœli collocaverint nidum suum, quasi sterquilinium in fine perdantur.

(*a*) Mss. Reg. et Colb. *nisi ut.* Med. *neque discinctus.*

CAPUT XXIX. — *De altitudine judiciorum Dei.* — Magna sunt hæc judicia tua Domine Deus, judex juste et fortis, qui judicas æquitatem et inscrutabilia et profunda: quæ cum considero, contremiscunt omnia ossa mea, quoniam non securatur homo vivens super terram: ut serviamus tibi pie et caste cunctis diebus vitæ nostræ in timore, et exultemus tibi cum tremore: ut non sit servitium sine timore, neque gaudium sine tremore, et non glorietur accinctus (*a*) æque ut discinctus (III *Reg.*, XX, 11), neque glorietur ante te omnis caro; sed pavescat et contremiscat a facie tua, cum ignoret homo utrum amore an odio dignus sit, sed in futurum omnia reservantur incerta. Vidimus enim multos Domine, et audivimus a patribus nostris, (quod utique sine magno tremore non recolo, sine multo timore non confiteor,) ascendisse primitus quidem usque ad cœlos, et inter sidera nidum suum collocasse; postmodum autem cecidisse usque ad abyssos, et animas eorum in malis obstupuisse. Vidimus stellas de cœlo cecidisse ab impetu ferientis caudæ draconis: et eos qui jacebant in pulvere terræ, a facie sublevantis manus tuæ Domine mirabiliter ascendisse. Vidimus vivos morientes, et mortuos a morte surgentes: et eos qui inter filios Dei ambulabant, in medio lapidum ignitorum quasi lutum ad nihilum defluxisse. Vidimus lucem obtenebrasse, et de tenebris lucem processisse: quia publicani et meretrices præcedunt incolas in regno

et les ténèbres en lumière; des publicains et des gens de mauvaise vie reçus de préférence dans le royaume des cieux, et les enfants de ce royaume jetés dans les ténèbres extérieures. Pourquoi tout cela, Seigneur, sinon parce que, dans leur orgueil, ils ont voulu arriver jusqu'à la hauteur où s'était élevé le premier ange, et d'où il fut précipité comme démon? Mais ceux que vous avez prédestinés, Seigneur, vous les avez appelés, sanctifiés, purifiés, pour être dignes de servir de demeure à votre majesté. C'est avec eux et en eux que vous placez vos saintes et pures délices; vous vous plaisez au milieu d'eux, et vous réjouissez leur jeunesse. C'est en eux et au milieu d'eux que vous aimez à habiter, et à établir votre saint temple. Pouvez-vous, Seigneur, donner une preuve plus éclatante de l'excellence de notre humanité?

Chapitre XXX. — *De l'origine de notre âme, de sa nature et de ce qui fait son bonheur.* — Vous avez formé notre âme, non de votre substance, mais par la vertu de votre Verbe. Vous l'avez tirée, non d'une matière quelconque des éléments, mais du néant, et cependant vous l'avez douée de raison, d'intelligence, d'activité et d'une vie toute spirituelle. Vous l'avez éclairée d'une étincelle de votre divine lumière, et consacrée par les eaux salutaires de votre baptême. Vous l'avez rendue ainsi tellement digne de votre Majesté, que nul autre que vous ne saurait la remplir. Lorsqu'elle nous possède, tous ses désirs sont accomplis, et il ne lui reste plus rien à souhaiter en dehors d'elle-même. Mais lorsque ses aspirations se portent encore vers des objets extérieurs, c'est un signe qu'elle ne vous possède pas intérieurement. Puisque vous êtes, ô mon Dieu, le bien suprême et la source de tout bien, que peut-elle désirer davantage, une fois qu'elle possède ce bien, hors duquel il n'en est aucun autre? Si ce n'est pas vers lui que tendent toutes ses aspirations; c'est donc qu'il lui reste encore à souhaiter quelque chose qui n'est pas le bien suprême, par conséquent ce n'est pas vous, ô mon Dieu, mais la créature que notre âme désire, et si c'est la créature, elle éprouve comme une faim continuelle, car elle a beau obtenir ce qu'elle cherche dans ce qui est créé, elle reste toujours vide, parce que vous seul, Seigneur, pouvez remplir ses désirs, vous qui l'avez formée à votre image. Mais vous remplissez le cœur de ceux qui ne cherchent que vous. Vous rendez dignes de vous, saints, heureux, sans tache et pleins de votre amour ceux qui méprisent toutes les choses de la terre, comme un vil fumier, pour trouver en vous seul leur richesse et leur joie. Voilà le bonheur que vous procurez à l'homme. Voilà l'honneur dont vous le comblez au milieu de toutes les autres créatures, au-dessus desquelles vous l'élevez, afin qu'il publie par toute la terre la grandeur de votre nom.

Gloire à vous, souverain Seigneur, Dieu tout-puissant qui m'avez fait connaître où vous établissez votre demeure. C'est dans l'âme que vous avez créée à votre image et à votre ressemblance, mais dans celle qui vous cherche et qui vous désire, et non dans celle qui ne met pas en vous toutes ses joies et ses aspirations.

Chapitre XXXI. — *Dieu ne peut être connu, ni par les sens extérieurs, ni par les sens intérieurs.* — J'ai longtemps erré comme une brebis égarée. Je vous ai cherché dans les choses extérieures, vous qui êtes dans l'homme intérieur. Je me suis fatigué à vous chercher hors de moi, vous qui habitez en moi, pourvu que j'en aie le désir. J'ai parcouru les bourgs et les places publiques de la cité de ce monde

---

cœlorum; filii autem regni ejicientur in tenebras exteriores. Quare autem ista omnia, nisi quia in montem illum ascenderunt, in quem primus ascendit angelus; et descendit diabolus? Quos autem prædestinasti, ipsos et vocasti, et sanctificasti, et mundasti, ut dignum habitaculum sint tuæ majestatis: cum quibus et in quibus sunt tibi deliciæ sanctæ et mundæ, in quibus tu delectaris, et lætificas juventutem eorum, habitans cum eis in medio eorum, ut ipsi templum sanctum tuum sint, quod magnæ dignitatis commendatio est humanitatis nostræ.

Caput XXX. — *Anima humana unde, quid sit, et quo beata.* — Anima enim quam creasti non de te, sed per Verbum tuum; non ex qualibet elementorum materia, sed ex nihilo: quæ quidem rationalis, intellectualis, spiritalis, semper vivens, semper in motu, quam signasti lumine vultus tui, et consecrasti virtute lavacri tui: ita facta est capax majestatis tuæ; quod a te solo, et a nullo alio possit impleri. Cum autem te habet, plenum est desiderium ejus: et jam nihil aliud quod desideretur exterius, restat. Dum autem aliquid exterius desiderat, manifestum est quod te non habet interius: quo habito, nihil est quod desideretur. Cum enim sis summum et omne bonum; non habet quod desideret amplius, si possidet omne bonum. Quod si non desiderat omne bonum, restat ut desideret aliquid quod non est omne bonum : ergo nec summum bonum, ergo nec Deum, sed potius creaturam. Cum autem creaturam desiderat, continuam famem habet : quia licet quod desiderat de creaturis, adipiscatur; vacua tamen remanet, quia nihil est quod eam impleat nisi tu, ad cujus imaginem est creata. Imples autem, tu eos, qui nihil aliud desiderant præter te : et facis eos dignos te, sanctos, beatos, immaculatos et amicos Dei; qui omnia reputant ut stercora, ut lucrifaciant te solum. (*Phil.*, III, 8.) Hæc est beatitudo quam homini contulisti; hic honor quo eum inter omnes creaturas, sed et super omnes honorificasti : ut sit admirabile nomen tuum in universa terra. (*Psal.* VIII, 2.)

Ecce Domine Deus meus summe, omnipotentissime, inveni locum ubi tu habitas: quia in anima quam creasti ad imaginem et similitudinem tuam (*Gen.*, I, 27) quæ te solum quærit et desiderat, quia non in illa quæ te non quærit nec desiderat.

Caput XXXI. — *Quod per sensus non inveniatur Deus.* — Ego erravi sicut ovis quæ periit, quærens te exterius, qui es interius: et multum laboravi quærens te extra me, et tu habitas in me, si tamen ego desiderem te. Circuivi vicos et plateas civitatis hujus mundi quærens te; et non inveni, quia male quærebam foris; quod erat intus. Misi nuntios meos omnes sensus exteriores,

en vous cherchant, et je ne vous ai pas trouvé, parce que je cherchais en vain hors de moi ce qui était en moi. J'ai ordonné à mes sens, comme à des messagers, d'aller partout à votre recherche, et mes peines ont été vaines. Je reconnais maintenant, Seigneur, unique lumière de mon âme, qui avez daigné m'éclairer, que ce n'est pas à eux que je devais m'adresser, parce que c'est dans l'intérieur de mon être spirituel que vous êtes, et que mes sens ne pouvaient savoir comment vous y êtes entré. En effet, mes yeux me disent : Si l'on ne peut lui assigner une couleur, ce n'est point par nous que vous le connaissez. S'il n'a pas fait un bruit, disent mes oreilles, ce n'est point par nous qu'il vous est connu; s'il n'a pas exhalé une odeur, disent mes narines, nous n'avons pu le révéler; si ce n'est pas une saveur, dit mon palais, je ne suis pour rien dans sa connaissance ; s'il n'est pas un corps, ajoute le toucher, c'est en vain que vous m'interrogez. Vous n'êtes, en effet, rien de tout cela, ô mon Dieu. Ce n'est ni dans la beauté des corps, ni dans celle qui dépend du temps; ce n'est ni dans l'éclat du jour et des couleurs, ni dans la mélodie des chants et des sons les plus harmonieux, ni dans l'odeur des fleurs et des parfums les plus suaves, ni dans la douceur du miel et de la manne la plus exquise et la plus agréable au palais, ni dans ce qui est le plus doux au toucher ou que la main puisse saisir avec le plus de plaisir, en un mot dans rien de ce qui est tombé sous les sens, que je dois vous chercher, Seigneur mon Dieu. Loin de moi la pensée de prendre pour mon Dieu toutes ces choses, qui sont saisies par les sens des animaux privés de raison, et cependant je ne laisse pas de chercher mon Dieu dans une certaine lumière au-dessus de toute autre lumière, et que l'œil ne peut apercevoir, dans une certaine harmonie au-dessus de toute harmonie, et que l'oreille ne peut saisir, dans un certain parfum plus suave que tout autre parfum, et auquel l'odorat ne saurait atteindre, dans une certaine douceur à nulle autre pareille, et dont le goût est incapable de juger, dans je ne sais quel contact au-dessus de tout ce que la main de mon homme extérieur peut toucher. C'est une lumière qui brille dans des espaces qui ne peuvent l'embrasser ; c'est une voix qui résonne où le temps ne peut l'emporter. C'est un parfum qui s'exhale où le souffle de l'air ne saurait le dissiper. C'est une saveur qui se goûte où la faim ne se fait jamais sentir. C'est une chose qui se laisse toucher et qui ne peut plus être séparée de celui qui l'a embrassée. Voilà, mon Dieu, à qui rien ne peut être comparé, voilà ce que je cherche lorsque je cherche mon Dieu; voilà ce que j'aime lorsque j'aime mon Dieu. J'ai bien tardé, beauté ancienne mais toujours nouvelle, j'ai bien tardé à vous aimer. Vous étiez en moi, et moi je n'étais pas où vous étiez. C'était hors de moi que je vous cherchais. Je vous cherchais, Seigneur, dans les merveilles que vous avez créées. Vous étiez avec moi et je n'étais pas avec vous, et ce qui m'éloignait de vous était précisément ce qui ne peut être qu'en vous seul. J'errais autour de tout afin de vous trouver, et pour y parvenir je m'abandonnais moi-même.

J'ai demandé à la terre si elle était mon Dieu, et elle m'a répondu que non. Je l'ai demandé à toutes les choses qu'elle renferme, et toutes m'ont fait la même réponse. Je l'ai demandé à la mer, à ses abîmes et à tous les êtres qu'ils contiennent, et ils m'ont répondu : Non, nous ne sommes pas votre Dieu; cherchez-le au-dessus de nous. Je l'ai demandé à l'air, et l'air et tous les êtres qui l'habitent m'ont répondu : Anaximène se trompe, nous ne sommes

ut quærerem te; et non inveni, quia male quærebam. Video enim, lux mea Deus qui illuminasti me, quia male te per illos quærebam; quia tu es intus, et tamen ipsi unde intraveris nescierunt. (1) Nam oculi dicunt : Si coloratus non fuit, per nos non intravit. Aures dicunt : Si sonitum non fecit, per nos non transivit. Nasus dicit : Si non oluit, per me non venit. Gustus dicit : Si non sapuit, per me non introivit. Tactus etiam addit : Si corpulentus non est, nihil me de hac re interroges. Non ista sunt in te Deus meus. [(2) Non enim speciem corporis, nec decus temporis, nec candorem lucis vel colorem, non dulces melodiarum cantus et quæcumque dulce sonantia, non florum et unguentorum vel aromatum odores, non mella vel manna gustui delectabilia, non cætera quæque ad tangendum vel amplexandum amabilia, nec omnia alia sensibus his subjecta quæro, cum Deum meum quæro. Absit ut ista crediderim Deum meum, quæ etiam a brutalium sensibus comprehenduntur. Et tamen cum Deum meum quæro, quæro nihilo minus quamdam lucem super omnem lucem, quam non capit oculus; quamdam vocem super omnem vocem, quam non capit auris; quemdam odorem super omnem odorem, quem non capit naris; quemdam dulcorem super omnem dulcorem, quem non sapit gustus; quemdam amplexum super omnem amplexum, quem non tangit tactus exterioris hominis mei. Ista lux fulget, ubi locus non capit : ista vox sonat, ubi tempus non rapit : odor iste redolet, ubi flatus non spargit : sapor iste sapit, ubi non est edacitas : amplexus iste tangitur, ubi non divellitur. Hic est Deus meus, et non æstimabitur alius ad illum : hoc quæro cum Deum meum quæro, istud amo cum Deum meum amo. (3) Sero te amavi, pulchritudo tam antiqua et tam nova, sero te amavi : et tu intus eras, et ego foris; et ibi te quærebam, et in ista formosa quæ fecisti deformis irruebam. Mecum eras, et ego tecum non eram.] Ea me tenebant longe a te, quæ esse non poterant nisi in te. Circumibam enim omnia quærens te, et propter omnia derelinquens me.

[(4) Interrogavi terram si esset Deus meus; et dixit mihi quod non; et omnia quæ in ea sunt, hoc idem confessa sunt. Interrogavi mare et abyssos, et reptilia quæ in eis sunt : et responderunt : Nos sumus Deus tuus, quære super nos eum. Interrogavi flabiles auras : et inquit universus aer cum omnibus incolis suis : Fallitur

(1) V. lib. X, *Conf.*, c. x. — (2) Ex lib. X, *Conf.*, c. vii, nonnullis mutatis. — (3) Jam ex cap. ii, ejusd. lib. — (4) Rursum ex c. vii.

pas votre Dieu. J'ai interrogé le ciel, la lune, le soleil, les étoiles, tous m'ont répondu : Nous ne sommes pas votre Dieu. Alors j'ai dit à toutes les choses qui m'environnent : Vous déclarez que vous n'êtes pas mon Dieu, apprenez-moi du moins quelque chose de lui, et toutes d'une voix unanime se sont écriées : C'est lui qui nous a faites : Je me suis adressé ensuite à la masse du monde entier et lui ai dit : Etes-vous mon Dieu, et d'une voix puissante le monde entier m'a répondu : Non, je ne suis pas votre Dieu, mais c'est par lui que je suis moi-même. Celui que vous cherchez en moi est celui qui m'a créé. Cherchez-le au-dessus de moi. C'est lui qui me gouverne, et je ne suis comme vous, que l'ouvrage de ses mains. En interrogeant ainsi les créatures, en les examinant profondément elles-mêmes, en écoutant leurs réponses et la voix unanime avec laquelle toutes s'écrient : C'est Dieu qui nous a créées, on peut, comme le dit l'Apôtre, « arriver à la connaissance des perfections invisibles de Dieu, en considérant ses œuvres depuis la création du monde. » (Rom., I, 20.)

Je suis enfin revenu à moi, je suis entré en moi-même, et me suis dit : Que suis-je, et je me suis répondu : Je suis un homme, c'est-à-dire un être doué de raison, mais sujet à la mort. J'ai commencé d'abord à examiner attentivement le mystère de la nature humaine, et je vous ai demandé, ô mon Dieu, d'où cet être tirait son origine. D'où peut-il la tirer, sinon de vous ? C'est vous qui m'avez fait, et je ne me suis pas fait moi-même. Mais vous, Seigneur, qu'êtes-vous. Vous êtes le principe de ma vie et de celle de tout être vivant. Qu'êtes-vous encore ? Vous êtes, Seigneur, le seul et vrai Dieu tout-puissant et éternel, incompréhensible, infini, qui vivez de toute éternité et en qui rien ne saurait mourir. Immortel et habitant l'éternité, vous faites l'admiration des anges. Qui pourrait pénétrer votre ineffable puissance ? Qui pourrait trouver des mots pour l'exprimer ? Vous êtes le seul et vrai Dieu, le Dieu fort et terrible qui n'avez ni commencement ni fin, et qui êtes le principe et la fin de tout ce qui existe. Vous étiez avant le commencement et l'origine des siècles. Vous êtes le Dieu et le souverain Seigneur de tout ce que vous avez créé. En vous subsistent éternelles et immuables, les causes de tout ce qui n'est point sujet au changement, ainsi que de tout ce qui peut changer. En vous se trouve aussi éternellement le principe de toutes les choses conformes à la raison, comme de celles que la raison ne peut comprendre, et qui sont, selon vos éternels décrets, soumises à la variation des temps. Apprenez donc, mon Dieu, à votre malheureux serviteur qui vous en supplie, apprenez-lui par pitié d'où il peut tirer son être, N'est-ce pas de vous seul ? L'homme a-t-il pu se former lui-même ? N'est-ce pas à vous qu'il doit l'être et la vie ? N'êtes-vous pas l'Etre souverain, source et principe de tout ce qui est ? Tout ce qui est, en effet, vient de vous, puisque sans vous rien ne pourrait exister ? N'êtes-vous pas cette source éternelle de vie, d'où découle toute autre vie ? Car tout ce qui vit ne vit que par vous, puisque sans vous rien ne pourrait vivre. Vous êtes donc, Seigneur, l'auteur de toutes choses. Quand je cherche qui m'a créé, je reconnais que c'est vous sans qui rien n'a été fait. Oui, vous êtes mon Créateur ; je suis l'ouvrage de vos mains. Je vous rends grâces de ce bienfait, Seigneur mon Dieu, par qui je vis, et par qui tout vit dans le ciel et sur la terre. Grâces vous soient rendues de m'avoir créé et formé de vos

---

Anaximenes, non sum ego Deus tuus. Interrogavi cœlum, solem, lunam, et stellas : Neque nos sumus Deus tuus, inquiunt. Et dixi omnibus quæ circumstant fores carnis meæ : Dixistis mihi de Deo meo quod vos non estis, dicite mihi de illo aliquid. Et exclamaverunt omnes voce grandi : Ipse fecit nos. Interrogavi proinde mundi molem : Dic mihi si es Deus meus, an non ; et respondit voce forti : Non sum, inquit, ego ; sed per ipsum sum ego : quem quæris in me, ipse fecit me ; super me quære qui regit me, qui fecit me. Interrogatio creaturarum, profunda consideratio ipsarum : responsio earum, attestatio ipsarum de Deo, quoniam omnia clamant, Deus nos fecit : quoniam, ut ait Apostolus : « Invisibilia Dei per ea quæ facta sunt, a creatura mundi intellecta conspiciuntur. » (Rom., I, 20.)

Et redii ad me, et intravi in me : et aio ad me : Tu quis es ? Et respondi mihi, Homo] rationalis, mortalis. Et incepi discutere quid hoc esset : et dixi : Unde hoc tale animal, Deus meus ? Unde nisi abs te ? Tu fecisti me, et non ego ipse me. Quid tu ? Tu per quem vivo ego, tu per quem vivunt omnia. Quid tu ? Tu, Domine, Deus verus et solus, omnipotens et æternus, incomprehensibilis et immensus, qui semper vivis et nihil moritur in te, immortalis, habitans æternitatem, mirabilis oculis Angelorum, inenarrabilis, imperscrutabilis et innominabilis : Deus unus et verus, terribilis et fortis, nesciens principium neque finem, principium omnium atque finis, qui es ante primordia sæculorum, et ante omnes sæculorum origines. [(1) Tu es Deus et Dominus omnium quæ creasti : et apud te omnium stabilium stant causæ, et omnium mutabilium apud te immutabiles manent origines, et omnium rationabilium et irrationabilium atque temporalium sempiternæ vivunt rationes. Dic mihi supplici servo tuo Deus meus, dic misericors misero tuo,] dic quæso per miserationes tuas : Unde hoc tale animal, nisi abs te Deus ? An quisquam sese faciendi erit artifex ? An aliunde quam a te trahitur esse et vivere ? Nonne tu es summum esse, a quo est omne esse ? Quidquid enim est, a te est : quia sine te nihil est. Nonne tu es fons vitæ, a quo fluit omnis vita ? Quidquid enim vivit, per te vivit : quia sine te nihil vivit. Tu ergo Domine omnia fecisti. Quæro, quis fecit me ? Tu Domine fecisti me, sine quo factum est nihil. Tu factor meus, ego opus tuum. Gratias tibi ago Domine Deus meus, per quem vivo ego, et per quem omnium vivunt, quoniam fecisti me. Gratias tibi psalmator meus, quia manus tuæ fecerunt

1) Aug., lib. I Conf., c. VI.

mains. Grâces vous soient rendues, ô mon unique lumière, d'avoir éclairé mon âme et d'avoir permis que je pusse me trouver moi-même. Là où je me suis trouvé, je me suis connu ; là où je vous ai trouvé, mon Dieu, j'ai pu vous connaître, mais pour me permettre de vous connaître, vous m'avez éclairé. Grâces, encore une fois, vous soient donc rendues, ô mon unique lumière, d'avoir daigné éclairer mon âme de vos divins rayons.

Mais que dis-je? Moi vous avoir connu! N'êtes-vous pas un Dieu incompréhensible, infini, le Roi des rois, le Seigneur des seigneurs, qui seul avez l'immortalité, qui seul habitez une lumière inaccessible, que nul homme n'a vu et ne pourra jamais voir? N'êtes-vous pas un Dieu dont la grandeur est impénétrable à l'esprit des mortels? Vous seul, mon Dieu, pouvez vous connaître. Vous seul pouvez vous contempler dans vos merveilles. Comment connaître ce qu'on n'a jamais vu? Votre Vérité éternelle a dit : « Nul homme ne me verra sans mourir; » (*Exod.*, xxxiii, 20) et l'interprète de votre Vérité a dit aussi : « Personne n'a jamais vu Dieu. » (*Jean*, i, 18.) Je le demande encore : Comment donc peut-on connaître ce qu'on n'a jamais vu? Votre Vérité a également déclaré dans son Évangile : « Nul autre que le Père n'a vu le Fils, et il n'y a que le Fils qui connaisse le Père. » (*Matth.*, xi, 27.) Votre ineffable Trinité, qui est au-dessus de toute intelligence, n'est parfaitement connue que d'elle-même. Comment donc moi, qui ne suis que vanité, ai-je pu dire que je vous ai connu, puisqu'il n'y a que vous qui puissiez vous connaître? Vous êtes, ô Seigneur,

le seul Dieu tout-puissant, au-dessus de toute louange, au-dessus de toute gloire, au-dessus de toute élévation, au-dessus de toute essence, comme le proclament vos saintes et divines Écritures. Vous êtes au-dessus de tout ce que l'intelligence et les sens peuvent comprendre ou saisir. Votre nom est au-dessus de tout nom, dans ce siècle comme dans le siècle futur. Votre Divinité, qui surpasse toute essence, toute raison, toute intelligence, n'habite qu'en elle-même, dans un lieu de lumière inaccessible, impénétrable, incompréhensible, ineffable, où nulle autre lumière ne peut atteindre, ô Seigneur mon Dieu, être invisible que nulle raison ne peut concevoir, nulle intelligence comprendre, nul esprit aborder, éternellement immuable, incommensurable, qui n'a jamais été et ne sera jamais vu des anges et des hommes. Voilà votre ciel, ô mon Dieu, ce ciel où vous tenez cachés vos éternels et secrets desseins ; ce ciel, foyer d'une lumière qui surpasse toute essence, qui est au-dessus de toute intelligence, de toute raison, et dont le Prophète dit : « Le ciel du ciel appartient au Seigneur. » (*Ps.* cxiii, 16.) Ciel du ciel aussi élevé au-dessus de tous les cieux, que le ciel que nous voyons l'est audessus de la terre. Voilà le ciel du ciel qui n'appartient qu'au Seigneur. Personne n'y est monté, excepté celui qui en est descendu, parce que personne ne connaît le Père, si ce n'est le Fils et leur Esprit, comme personne ne connaît le Fils, si ce n'est le Père et leur Esprit. Vous seul pouvez parfaitement vous connaître, Trinité sainte, admirable, ineffable, impénétrable, inaccessible, insaisissable à tout sens, à

---

me et plasmaverunt me. (*Job*, x, 8.) Gratias tibi lux mea, quoniam illuminasti me, et inveni me. Ubi inveni me, (a) ibi cognovi me : ubi inveni te, ibi cognovi te ; ubi autem cognovi te, ibi illuminasti me. Gratias tibi lux mea, quoniam illuminasti me.

Quid est quod dixi, cognovi te? Nonne tu es Deus incomprehensibilis et immensus, Rex regum et Dominus dominantium, qui solus habes immortalitatem et lucem habitas inaccessibilem, quem nullus hominum vidit, sed nec videre potest? (1 *Tim.*, vi, 16.) Nonne tu es Deus absconditus et imperscrutabilis majestatis, solus tui ipsius maximus cognitor, et mirabilis contemplator? (*Isai.*, xlv, 15.) Quis ergo cognovit quod nunquam vidit? Dixit enim Veritas tua : « Non videbit me homo, et vivet. » (*Exod.*, xxxiii, 20.) Dixit et præco tuus per veritatem tuam : « Deum nemo vidit unquam. » (*Joan.*, i, 18.) Quis ergo cognovit quod nunquam vidit? Dixit etiam Veritas tua : « Nemo novit Filium nisi Pater, neque Patrem quis novit nisi Filius. » (*Matth.*, xi, 27.) Sola Trinitas tua soli sibi integre nota est, quæ exsuperat omnem sensum. Quid est ergo quod dixi, homo vanitati similis, quia cognovi te? Quis enim cognovit te, nisi tu te? Tu quippe solus Deus omnipotens, superlaudabilis et supergloriosus, et superexaltatus (*Dan.*, iii, 52), et superaltissimus, et superessentialis in sanctissimis et divinissimis eloquiis nominaris : quoniam super omnem essentiam intelligibilem sive intellectualem atque sensibilem, et su-

per omne nomen quod nominatur, non solum in hoc sæculo, sed etiam in futuro, superessentialiter et superintelligibiliter esse dignosceris : quoniam superessentiali et occulta divinitate, super omnem rationem, intellectum et essentiam inaccessibiliter et imperscrutabiliter habitas in te ipso, nisi lux inaccessibilis, et lumen imperscrutabile, et incomprehensibile, et inenarrabile, ad quod non attingit aliquod lumen, quoniam incontemplabile, invisibile, et superrationale, et superintelligibile, et superinaccessibile, et superincommutabile, et superincommunicabile crederis, quod nullus unquam Angelorum vel hominum vidit, sed nec videre potest? Hoc est cœlum tuum Domine, cœlum celans superarcanum, et superintelligibile, et superrationale, et superessentiale lumen, de quo dicitur : « Cœlum cœli Domino. » (*Psal.* cxiii, 16.) (1) Cœlum cœli, cui terra est omne cœlum, quia supermirabiliter superexaltatum est super omne cœlum, ad quod terra est etiam ipsum empyreum cœlum : hoc est cœlum cœli Domino, quia nulli nisi Domino. Ad quod nemo ascendit nisi qui de cœlo descendit, quia nemo novit Patrem, nisi Filius (*Matth.*, xi, 27) et eorum Spiritus : et nemo novit Filium nisi Pater et eorum Spiritus. (2) Soli quidem tibi soli Trinitas integre nota es, Trinitas sancta, Trinitas supermirabilis, et superinenarrabilis, et superinscrutabilis, et superinaccessibilis, et superincomprehensibilis, et superintelligibilis, et superessentialis, superessentialiter exuperans omnem sensum,

(1) Lib. XII *Conf.*, c. ii. — (2) V. lib. *Medit.*, c. xxix.
(a) Mss. hic et infra pro *ibi*, habent *ubi*.

APPENDICE.

...même Trinité, vous régnerez et serez glorieux dans tous les siècles des siècles.

...ec eux dans tous les siècles des siècles.
...connais donc et je confesse, ô adorable Trinité, que vous êtes un Dieu vivant et véritable en ...e vous êtes un Dieu vivant et véritable en ...sonnes, le Père, le Fils et le Saint-Esprit, ...en formant essentiellement qu'un seul. Je ...re, je vous glorifie du plus profond de mon ... reconnais que vous êtes le seul et vrai Dieu, ...mortel, invisible, immuable, inaccessible, ...mortel, invisible, immuable, inaccessible, ...ière, seul soleil de notre âme, seul pain ...ière, seul bien, seul principe et de notre vie, seul bien, seul principe et de toutes choses, seul créateur de l'univers, ...out vit, tout subsiste, tout est gouverné, ...ivifié, dans le ciel, sur la terre, dans les en... à l'exception duquel il n'y a de Dieu, ni sur ...ni dans les cieux. C'est ainsi que je vous ai ..., si je vous connais ainsi, c'est par la foi que ...vez inspirée, ô seule Lumière des yeux de ..., seule fin de toutes les choses de ce monde, ...êtes la joie de ma jeunesse, la consolation ...tien de ma vieillesse. En vous, Seigneur, ...être tressaille d'allégresse et s'écrie : « Qu'y ...gneur, qui vous soit semblable? » (*Ps.* LXXXV, ...ces fausses divinités du monde, en est-il une ...vous ressemble, ô mon Dieu, vous qui n'êtes ...age de la main des hommes, mais qui de ...e main avez formé les hommes eux-mêmes? ...s des Gentils sont d'or et d'argent, et sont ... hommes. » (*Ps.* CXIII, 4.) Il n'en est pas ...lui qui a créé les hommes. « Toutes les divinités des païens ne sont que des démons, mais le ... païens ne sont que des démons, mais le ... (*Ps.* XCV, 5) le ...st le créateur des cieux, » (*Ps.* XCV, 5) le ...st le seul et vrai Dieu. « Que ces divinités, ...fait ni le ciel ni la terre, périssent à ja-mais. » (*Jér.*, X, 11.) Mais que le Dieu qui a créé le ciel et la terre soit béni « dans le ciel et sur la terre. »

CHAPITRE XXXIII. — *Confession de notre propre misère; actions de grâces rendues à Dieu.* — Qui, parmi ces faux dieux de la terre, est semblable à vous, Seigneur, qui êtes glorieux par votre sainteté, terrible dans votre justice, digne de toute louange, et admirable dans les merveilles qu'enfante votre puissance? J'ai bien tardé à vous connaître, ô mon unique et véritable Lumière! oui, j'ai bien tardé; mais des nuages épais couvraient les yeux de mon âme remplie des vanités du siècle, de sorte que je ne pouvais pas voir le soleil de justice et la lumière de la vérité. Enfant des ténèbres, j'étais enveloppé de ténèbres dans lesquelles, hélas! je me plaisais, parce que je ne connaissais pas la lumière. J'étais aveugle, j'aimais mon aveuglement, et je marchais de ténèbres en ténèbres. Qui m'a délivré de mon aveuglement, des ténèbres et de l'ombre de la mort où j'étais plongé? Qui m'a tendu la main pour me tirer de l'abîme? Qui a daigné m'éclairer? Celui que je ne cherchais pas et qui m'a cherché; celui que je n'invoquais pas et qui m'a appelé à lui. Mais quel est celui à qui je dois un si grand bienfait? C'est à vous, Seigneur mon Dieu, Père de miséricorde et de charité, Dieu consolateur de toutes les peines, vous, Dieu trois fois saint. Je le confesse avec toute l'ardeur et la reconnaissance dont mon cœur est capable, et j'en bénirai éternellement votre nom. Je ne vous cherchais pas, je le répète, et vous m'avez cherché; je ne vous invoquais point, et vous m'avez appelé; vous m'avez attiré en vous nommant à moi. Votre voix, semblable à l'éclat du tonnerre, s'est fait entendre du...

toute raison, à toute intelligence, supérieure à l'essence des esprits célestes, qu'aucune parole ne saurait exprimer, aucune pensée embrasser, aucune intelligence comprendre, et inconnue aux yeux même des anges. Comment donc vous aurais-je connu, Seigneur, Dieu élevé au-dessus de la terre et des cieux, que ni les chérubins ni les séraphins ne connaissent parfaitement, et qui, pour vous contempler, se voilant le visage de leurs ailes, s'écrient au pied du trône de votre divine majesté : « Saint, Saint, Saint est le Seigneur et le Dieu des armées, tout l'univers est rempli de sa gloire. » (*Isaïe*, VI, 1.) Votre Prophète, saisi de crainte, s'est écrié : « Malheur à moi, qui ai dû garder le silence à cause de l'impureté de mes lèvres. » (*Isa.*, VI, 5.) Et moi, au contraire, saisi d'épouvante, je me suis écrié : Malheur à moi, qui n'ai pas gardé le silence à cause de l'impureté de mes lèvres, et qui n'ai pas craint de dire que je vous connaissais. Cependant, Seigneur, malheur à ceux qui ne parlent pas de vous; car les plus éloquents deviennent muets, si vous n'êtes l'objet de leurs discours. Pour moi, je ne tairai point les bienfaits dont vous m'avez comblé. Car c'est vous, Seigneur, qui m'avez créé et qui avez éclairé mon âme. C'est grâce à votre lumière que j'ai pu me trouver et me connaître, ainsi que vous trouver et vous connaître vous-même.

Mais de quelle manière vous ai-je connu, mon Dieu? Je vous ai connu en vous; je vous ai connu, non par rapport à ce que vous êtes à vous-même, mais par rapport à ce que vous êtes à moi. Je vous ai connu, non sans vous, mais en vous, parce que vous êtes la lumière qui m'avez éclairé. Quant à ce que vous êtes par rapport à vous, il n'y a que vous qui puissiez vous connaître. Mais ce que vous êtes relativement à moi, c'est à votre grâce seule que je dois de le savoir. Et qu'êtes-vous par rapport à moi? Apprenez-le à votre pauvre serviteur, Dieu de miséricorde, apprenez-le-moi dans votre miséricorde. Dites à mon âme : « Je suis ton salut. » (*Ps.* XXXIV, 3.) Ne vous cachez pas à mes yeux, car je n'aurais plus que la mort à attendre. Permettez-moi de m'adresser à votre miséricorde, bien que je ne sois que cendre et poussière. Permettez-moi, dis-je, d'adresser mes prières à votre miséricorde, qui a été si grande pour moi. Je parlerai donc, ô mon Dieu, moi qui ne suis que cendre et poussière. Enseignez donc, je vous en supplie, enseignez par pitié, à votre serviteur, ce que vous êtes par rapport à lui. Mais la grande voix de votre tonnerre a retenti à l'oreille intérieure de mon cœur. Vous m'avez rendu l'ouïe, et j'ai entendu votre voix. Vous avez dissipé les ténèbres qui aveuglaient mes yeux, et j'ai vu votre lumière, et je vous ai reconnu pour mon Dieu. Voilà ce qui m'a fait dire que je vous avais connu, puisque, savoir que vous êtes mon Dieu, c'est vous connaître. En vous connaissant comme seul et vrai Dieu, j'ai aussi connu Jésus-Christ, votre Fils unique, que vous avez envoyé sur la terre. Il fut en effet un temps où je ne vous connaissais pas. Maudit soit ce temps malheureux de ma vie; maudit soit l'aveuglement qui m'empêchait de vous voir; maudite soit la surdité qui ne me permettait pas d'entendre votre voix. Sourd et aveugle que j'étais, je ne m'attachais qu'aux merveilles de votre création. Vous étiez avec moi, et je n'étais point avec vous. J'étais retenu loin de vous par ce qui ne peut subsister qu'en vous. Mais vous avez éclairé mon âme de votre divine lumière; alors je vous ai vu et je vous

---

...essentia (*a*) superessentialiter congloriaris et ...te unum Deum vivum et verum Patrem, et ...piritum sanctum, trinum quidem in personis, ...n essentia : quem confiteor, adoro et glori... ...rde meo verum Deum, solum sanctum, im... ...visibilem, incommutabilem, inaccessibilem, ...bilem, unum lumen, unum solem, unum ...m vitam, unum bonum, unum principium, ..., unum creatorem cœli et terræ; per quem ...t, per quem omnia subsistunt, per quem ...rnantur, reguntur et vivificantur, quæ in ...et quæ in terris, et quæ subtus terram; præ... ...n est Deus in cœlo et in terra. Sic cognovi ...meus, sic cognovi te. Cognovi te per fidem ...inspirasti mihi, lux mea, lumen oculorum ...Domine Deus meus, spes omnium finium ...dium lætificans juventutem meam (*Psal.* ...et bonum sustentans senectutem meam. In ...bilant omnia ossa mea dicentia : « Domine ...tui? » (*Psal.* LXXXV, 8.) Quis similis tui in ... nou quem fecit manus hominum, sed qui ... « Simulacra gentium argentum ... hominum? « (*Psal.* CXIII, 4.) ...pera manuum hominum. » (*Psal.* CXIII, 4.)

supersubstantialiter.

Non sic operator hominum. « Omnes dii gentium dæmonia; Dominus autem cœlos fecit. » (*Psal.* XCV, 5.) Dominus ipse est Deus. « Dii qui non fecerunt cœlum et terram, pereant de cœlo et de terra. » (*Jer.*, X, 11.) Deus qui creavit cœlum et terram, benedicatur eum cœli et terra, a Deo...

CAPUT XXXIII. — *Quod tenebræ a nobis, a Deo lu... nostra.* — Quis similis tibi in diis Domine, quis simi... tibi, magnificus in sanctitate, terribilis atque laudabi... et faciens mirabilia? Sero te cognovi, lumen verum... sero te cognovi. Erat autem nubes magna et tenebr... ante oculos vanitatis meæ; ita ut videre non poss... solem justitiæ et lumen veritatis. Involvebar in tene... filius tenebrarum, tenebras meas amabam; quia lu... non cognoscebam. Cæcus eram; cæcitatem amabam... ad tenebras per tenebras ambulabam. Quis inde... eduxit, ubi eram homo cæcus in tenebris et u... mortis? Quis accepit manum meam, ut inde me... ceret? Quis est illuminator meus? Non quærebam... ipse quæsivit me : non invocabam eum, et ipse vo... me. Quis est ille? Tu Domine Deus meus, misericor... miserator, pater misericordiarum et Deus totius c... lationis : o sancte Deus meus, quem confiteor... corde meo, gratias agens nomini tuo. Non te quæ... tu me quæsivisti : non te invocabam, tu me v...

Sed qualiter cognovi te? Cognovi te in te. Cognovi te non sicut tibi es, sed cognovi te sicut mihi es : et hoc non sine te, sed in te, quia tu es lux quæ illuminasti me. Sicut tibi es, soli tibi cognitus es : sicut mihi es, secun-

dum gratiam tuam et mihi cognitus es. Sed quid mihi es? Dic mihi misericors misero tuo, dic mihi per miserationes tuas, quid mihi es? Dic animæ meæ : « Salus tua ego sum. » (*Psal.* XXXIV, 3.) Noli abscondere a me faciem tuam, ne moriar (*b*). Sine me loqui apud misericordiam tuam, me terram et cinerem, sine me loqui apud misericordiam tuam, quoniam misericordia tua magna est super me. Loquar ad Deum meum, cum sim pulvis et cinis? (*Gen.*, XVIII, 27.) Dic mihi supplici tuo, dic misericors misero tuo, dic per miserationes tuas, quid mihi es? Et intonasti de super voce grandi in interiorem aurem cordis mei, et rupisti surditatem meam, et audivi vocem tuam, et illuminasti cœcitatem meam, et vidi lucem tuam, et cognovi quoniam Deus meus es. Propterea dixi, quod cognovi te. Cognovi te, quoniam Deus meus es. Cognovi te solum verum Deum, et quem misisti Jesum Christum. Erat enim tempus quando non cognoscebam te. Væ tempori illi quando non cognoscebam te. Væ cæcitati illi quando non videbam te. Væ surditati illi quando non audiebam te. Cæcus et surdus, (2) per formosa quæ fecisti deformis irruebam : et mecum eras, et tecum non eram : et ea me tenebant longe a te, quæ non essent nisi essent in te. Illuminasti me lux; et vidi

(1) Sic lib. *Medit.*, c. XXXV. — (2) Ex lib. X *Conf.*, c. XXVII.
(*a*) Hæc, non habent Mss. — (*b*) Hic addunt duo Mss. *ut eam videam.*

APPENDICE.

ai aimé, car on ne peut vous aimer sans vous voir, ni vous voir sans vous aimer. J'ai bien tardé, hélas! à vous aimer, beauté ancienne et toujours nouvelle, oui, j'ai bien tardé. O temps malheureux pour moi, où je ne vous ai point aimée.

CHAPITRE XXXII. — *Confession de la vraie foi.* — Je vous rends grâces, ô mon unique Lumière, de m'avoir éclairé jusqu'à vous connaître. Mais comment vous ai-je connu, Seigneur? Je vous ai connu comme seul et vrai Dieu vivant, comme celui qui m'a formé, comme le créateur du ciel, de la terre, de toutes les choses visibles et invisibles, comme vrai Dieu tout-puissant, immortel, invisible, que rien ne peut contenir, dont la grandeur est sans bornes, comme un Dieu éternel, inaccessible, incompréhensible, immuable, dont la puissance est immense, infinie, comme le principe de toutes les créatures visibles et invisibles, par qui tout a été fait et par qui subsistent tous les éléments, qui n'a pas eu de commencement et qui n'aura jamais de fin. J'ai connu que vous êtes le seul et unique vrai Dieu, éternel en trois personnes, le Père, le Fils et le Saint-Esprit, mais n'ayant qu'une même essence parfaitement simple, qu'une même nature indivisible. J'ai connu que le Père est par lui-même, que le Fils n'est engendré que du Père, et que le Saint-Esprit procède de tous les deux; que dès le commencement, et que, dans toute la suite des siècles des siècles, ces trois personnes n'ont jamais été, et ne seront jamais qu'un seul et vrai Dieu tout-puissant, unique principe et créateur de toutes choses visibles et invisibles, spirituelles et corporelles; qui, dès le commencement des temps, a, par sa vertu toute-puissante, tiré du néant les substances spirituelles et corporelles, c'est-à-dire celle des anges, celle du monde et ensuite celle de l'homme, qui est un composé des deux premières, d'un corps et d'une âme. Je vous ai connu et je vous confesse Dieu Père, qui êtes par vous-même ; je crois en vous, Fils unique du Père ; je crois en vous, Saint-Esprit, notre unique consolateur, qui n'avez pas été engendré, et qui pourtant n'êtes pas sans principe. Je crois et je confesse que vous ne formez qu'une sainte et indivisible Trinité en trois personnes parfaitement égales, consubstantielles et coéternelles. O sainte Trinité dans l'unité, divine unité dans la Trinité, mon cœur croit en vous pour ma justification, ma bouche vous confesse pour mon salut.

Je vous ai connu, ô mon Dieu. J'ai connu et je confesse que Jésus-Christ, votre Fils unique, est comme vous mon Créateur, qu'il est aussi mon Sauveur, mon Rédempteur et celui de tout le genre humain. Je confesse qu'il est engendré du Père avant tous les siècles ; qu'il est Dieu de Dieu, lumière de lumière, vrai Dieu de vrai Dieu ; qu'il n'a pas été fait, mais engendré, de la même substance que le Père, et éternel comme le Père et le Saint-Esprit, et que c'est par lui, mon Dieu, que vous avez fait toutes choses dès le commencement du monde. Je crois fermement et je confesse, ô Jésus-Christ, que vous êtes le Fils unique de Dieu, et que pour le salut des hommes vous avez bien voulu, d'accord avec la Trinité, vous revêtir de notre chair. Je crois que vous avez été conçu, par l'opération du Saint-Esprit, dans le sein de Marie toujours vierge, et que vous vous êtes fait véritablement homme, ayant une âme raisonnable et une chair humaine ; que tout impassible et immortel que vous êtes, selon votre nature divine, ô Fils unique de Dieu, vous avez, par amour pour nous, sans cesser toutefois d'être le Fils de Dieu, daigné vous revêtir de notre humanité, et vous soumettre à la condition de notre nature passible et mortelle. Je crois, ô Fils de Dieu, que pour le salut du genre humain, et pour le sauver de la mort éternelle, vous avez bien voulu souffrir la mort et la mort de la croix ; et que vous, source de toute lumière, vous êtes descendu dans les ténèbres de l'enfer, où nos pères vous attendaient depuis si longtemps. Je crois que le troisième jour vous en êtes sorti glorieux et triomphant, en reprenant votre divin corps, qui, pour nos péchés, était resté dans la mort du tombeau ; et qu'alors, comme nous le disent les saintes Écritures, vous l'avez rempli de vie pour le placer à la droite du Père. Je crois, ô Seigneur, qu'après avoir tiré de ce séjour des enfers les âmes des saints, que l'antique ennemi du genre humain y retenait captives, vous êtes monté, vrai Fils de Dieu, revêtu de notre nature, c'est-à-dire, d'une âme et d'une chair humaine que vous aviez prise dans le sein d'une vierge, vous êtes monté, dis-je, au plus haut des cieux, où vous êtes assis à la droite de Dieu le Père, à cette source d'éternelle vie, à ce foyer de lumière inaccessible, où règne une paix qui surpasse toute intelligence. C'est là que nous vous adorons comme vrai Dieu et comme homme, ô Jésus notre divin Sauveur, Fils unique du Père. C'est de là que vous viendrez à la fin des siècles juger les vivants et les morts, et rendre à chacun selon les œuvres de bien ou de mal qu'il aura faites dans cette vie ; aux uns la récompense qui leur est due, aux autres les peines qu'ils méritent, selon que vous les aurez trouvés dignes du repos ou du supplice éternel. Dans ce jour suprême, et à votre voix, tous les hommes res-

---

te, et amavi te. Nemo quippe te amat, nisi qui te videt: et nemo te videt, nisi qui te amat. Sero te amavi pulchritudo tam antiqua, sero te amavi. Vœ tempori illi quando non amavi te.

CAPUT XXXII. — *Confessio fidei de summa Trinitate.* — Gratias tibi lux mea, quæ illuminasti me, et cognovi te. Qualiter cognovi te? Cognovi te solum Deum vivum et verum Creatorem meum. Cognovi te creatorem cœli et terræ, visibilium omnium et invisibilium, Deum verum, omnipotentem, immortalem, invisibilem, incircumscriptibilem, interminabilem, æternum et inaccessibilem, incomprehensibilem et imperscrutabilem, incommutabilem, immensum et infinitum, principium omnium visibilium et invisibilium creaturarum, per quem omnia facta sunt, per quem cuncta subsistunt elementa. Cujus majestas sicut principium nunquam habuit, sic nec desinit in æternum. Cognovi te unum solum verum Deum æternum [(1) Patrem et Filium et Spiritum sanctum, tres quidem personas, sed unam essentiam omnino simplicem, indivisamque naturam. Et Patrem a nullo, Filium a Patre solo, et Spiritum sanctum pariter ab utroque, absque initio, semper et sine fine Deum trinum et unum solum verum Deum omnipotentem, unum universorum principium, creatorem omnium visibilium et invisibilium, spiritualium et corporalium, qui tua omnipotenti virtute simul ab initio temporis utramque de nihilo condidisti creaturam spiritalem et corporalem, angelicam videlicet et mundanam, ac deinde humanam quasi communem ex corpore et spiritu constitutam.] Cognovi te, et (2) confiteor te Deum Patrem ingenitum, te Filium unigenitum, te Spiritum sanctum paracletum neque genitum neque ingenitum, sanctam et individuam Trinitatem in tribus coæqualibus personis consubstantialibus et coæternis, Trinitatem in unitate, et unitatem in Trinitate, corde credens ad justitiam, et ore confitens ad salutem. (*Rom.*, x, 10.)

Cognovi te Deum et Dominum Jesum Christum Filium Dei unigenitum, creatorem, salvatorem et redemptorem meum, et totius humani generis, quem confiteor ex Patre genitum ante sæcula, Deum de Deo, lumen de lumine, Deum verum de Deo vero, non factum, sed genitum, consubstantialem et coæternum Patri et Spiritui sancto, per quem omnia facta sunt a principio : firmiter credens, et veraciter confitens te [(3) Deum unigenitum Jesum Christum, propter salutem hominum a tota Trinitate communiter incarnatum, et ex Maria perpetua virgine Spiritus sancti cooperatione conceptum, verum hominem factum, ex anima rationali et humana carne subsistentem. Qui cum secundum divinitatem, Unigenite Dei, impassibilis sis pariter et immortalis, propter nimiam dilectionem tuam qua dilexisti nos, idem ipse Dei Filius secundum humanitatem factus es passibilis et mortalis.

(1) Ex *Concilio Lateran.*, IV, cap. 1. — (2) Ex fine lib. *de Speculo.* — (3) Ex *Concilio Lateran.*, IV, c. 1.

Qui propter salutem humani generis, unice Fili Dei, in ligno crucis pati dignatus es] passionem et mortem, ut nos a morte perpetua liberares : atque ad inferos, ubi sedebant in tenebris patres nostri, auctor luminis descendisti, et die tertia gloriosus victor ab inferis ad superos resurrexisti, resumens sacrum corpus, quod pro peccatis nostris mortuum jacuerat in sepulcro, et vivificans secundum Scripturas die tertia, ut ipsum in Patris dextera collocares. Assumpta namque tecum ex inferis captivitate, quam captivaverat antiquus humani generis inimicus, verus Dei Filius cum nostræ carnis substantia, id est, cum anima et carne humana ex virgine assumpta, super omnes cœlos humana ex cendens omnes ordines Angelorum : ubi sedes ad dexteram Dei Patris, ubi est fons vitæ, et lumen inaccessibile, et pax Dei quæ exsuperat omnem sensum. Ibi te Deum verum et hominem Jesum Christum adoramus et credimus, confitentes te Patrem habere Deum ; indeque venturum judicem in fine sæculi expectamus, ut judices vivos et mortuos, et reddas omnibus, bonis et malis, secundum opera sua, quæ operati sunt in hac vita, vel præmium vel supplicium, prout unusquisque dignus fuerit requie vel ærumna. Resurgent enim in illa die a voce virtutis tuæ omnes homines, quotquot humanam animam acceperunt, in carne sua

TOM. XXII.

haut du ciel jusqu'au fond de mon cœur, en disant : Que la lumière se fasse, et la lumière s'est faite. Alors une lumière divine est descendue sur moi et a dissipé les ténèbres qui voilaient les yeux de mon âme. Alors j'ai levé les yeux et j'ai vu votre divine lumière; j'ai reconnu votre voix et je me suis écrié : Seigneur, Seigneur, vous êtes véritablement mon Dieu. C'est vous qui m'avez retiré des ténèbres et de l'ombre de la mort. C'est vous qui m'avez appelé à votre admirable lumière, et maintenant je vois. Soyez béni, mon Dieu, car je vois; soyez béni de m'avoir éclairé. Je me suis tourné vers vous, et à la vue des ténèbres et de l'abîme où j'avais été plongé si longtemps, j'ai été saisi d'épouvante, et dans mon effroi je me suis écrié : Maudites soient les ténèbres, qui ont pendant tant d'années enveloppé mon âme! Maudit soit l'aveuglement, qui m'empêchait de voir la lumière du ciel! Maudite soit l'ignorance, qui ne me permettait pas de vous connaître, ô Seigneur mon Dieu! Mais grâces vous soient rendues d'avoir délivré mon âme et de l'avoir éclairée de vos rayons, par lesquels elle est parvenue à vous connaître. J'ai commencé bien tard à vous connaître, Vérité ancienne ; j'ai commencé bien tard à vous connaître, éternelle Vérité; mais vous êtes la lumière même, et je n'étais que ténèbres. Comment donc aurais-je pu vous connaître? Vous seul pouvez m'éclairer, Seigneur, car, hors de vous, il n'est pas de lumière.

Chapitre XXXIV. — *De la souveraine majesté de Dieu.* — Saint des saints, Dieu dont la grandeur est infinie, Dieu des dieux et Seigneur des seigneurs, Dieu admirable, ineffable, au-dessus de toute intelligence et de toute pensée ; Dieu devant qui tremblent dans le ciel toutes les puissances angéliques, devant qui se prosternent les Trônes et les Dominations, et en présence de qui sont saisies d'effroi toutes les vertus du ciel et de la terre; Dieu dont la puissance et la sagesse n'ont point de bornes, vous qui avez fondé le monde entier sur le néant et qui avez renfermé dans l'air, comme dans un vase, toutes les eaux de la mer, Dieu infiniment puissant, infiniment saint, infiniment fort; Dieu qui communiquez le souffle de la vie à toute créature vivante, vous dont la présence seule fait reculer de crainte et le ciel et la terre, et à l'ordre de qui obéissent tous les éléments; Seigneur mon Dieu, soyez à jamais béni et glorifié par toutes vos créatures. Pour moi, fils d'une de vos plus humbles servantes, j'incline humblement, et avec foi, la tête devant votre majesté, et je vous rends grâces d'avoir daigné m'éclairer par votre miséricorde. Lumière véritable, lumière sainte, lumière digne d'amour, de louanges; d'admiration ; lumière qui éclairez tout homme venant au monde et les yeux mêmes des anges, lumière adorable, je vous vois maintenant; soyez-en à jamais bénie. Oui, je vois, Lumière du ciel, un de vos divins rayons qui brille quelquefois aux yeux de mon âme, et tout mon être en tressaille de joie. Oh! si ce rayon pouvait constamment l'éclairer! Daignez, source de toute lumière, daignez, par grâce, rendre permanent dans mon cœur ce jour céleste dont l'éclat n'y est que passager. Laissez-le, Seigneur, je vous en conjure, laissez-le s'échapper de vous avec plus d'abondance. Mais qu'est-ce que je ressens actuellement en moi? Quel est ce feu qui échauffe mon cœur? Quelle est cette lumière qui rayonne dans mon âme? O feu divin qui brûlez sans cesse, et que rien ne peut éteindre, venez m'embraser. O lumière dont la splendeur est éternelle, et que

---

Vocasti me nomine tuo, intonasti de super voce grandi in interiorem aurem cordis mei : Fiat lux; et facta est lux (*Gen.*, I, 3), et descendit lux magna, et liquefacta est nubes tenebrosa, quæ operuerat oculos meos. Et levavi oculos meos; et vidi lucem tuam, et cognovi vocem tuam : et dixi : Vere Domine tu es Deus meus, et eduxisti me de tenebris et umbra mortis, et vocasti me in admirabile lumen tuum; et ecce video. Gratias tibi Deus meus, ecce video : gratias tibi illuminator meus. Et conversus sum, et vidi tenebras meas in quibus fueram, et abyssum tenebrosam in qua jacueram ; et contremui, et expavi : et dixi : Væ væ tenebris meis in quibus jacui; væ væ cæcitati illi in qua videre non poteram lumen cœli; væ præteritæ ignorantiæ, quando non cognoscebam te Domine. Gratias tibi illuminator et liberator meus, quoniam illuminasti me et cognovi te. Sero cognovi te veritas antiqua, sero te cognovi veritas æterna. Et tu eras in lumine, et ego in tenebris, et non cognoscebam te : quia illuminari non poteram sine te, et non est lux extra te.

Caput XXXIV. — *Dei summa majestas.* — Sancte sanctorum, Deus inæstimabilis majestatis, Deus deorum et Dominus dominorum, mirabilis, inenarrabilis, inexcogitabilis, quem tremunt in cœlo angelicæ Potestates, quem adorant Dominationes et Throni, et omnes Virtutes pavent a conspectu tuo, cujus potentiæ et sapientiæ non est numerus, qui fundasti mundum super nihilum, et mare colligasti in aere quasi in utre : omnipotentissime, sanctissime, fortissime, Deus spirituum universæ carnis, a cujus conspectu fugit cœlum et terra, ad cujus nutum omnia se subjiciunt elementa, te adorent et glorificent omnes creaturæ tuæ. Et ego filius ancillæ tuæ per fidem tuam flecto cervicem cordis mei sub pedibus majestatis tuæ, gratias agens quoniam dignatus es per tuam misericordiam illuminare me. Lumen verum, lumen sanctum, lumen delectabile, lumen admirabile, lumen superlaudabile, quod illuminas omnem hominem venientem in hunc mundum, et etiam oculos Angelorum, ecce video; gratias ago. Ecce video lumen cœli, interlucet oculis mentis meæ radius de super a facie luminis tui, et lætificat omnia ossa mea. O si perficeretur in me ! Auge quæso luminis auctor, auge, quæso, quod interlucet in me. Dilatetur, obsecro, dilatetur ex te. Quid est hoc quod sentio? Quis est ignis qui calefacit cor meum? Quæ est lux quæ irradiat cor meum? O ignis qui semper ardes, et nunquam extingueris, accende me! O lux quæ semper luces et nunquam (*a*) obfuscaris, illumina me! O utinam arderem ex te! Ignis sancte quam

(*a*) Mss. *exstingueris.*

rien ne peut obscurcir, éclairez-moi. Puissé-je être toujours rempli de votre ardeur. Quelle douceur, mon Dieu, dans le feu divin que vous allumez en nous! Qu'elle est délicieuse cette lumière secrète dont vous éclairez notre âme, et que de saints désirs elle fait naître en nous! Malheur à ceux qui ne ressentent pas votre feu divin! Malheur à ceux qui ne sont pas éclairés par vous, ô Lumière véritable, qui éclairez tout le monde entier et qui le remplissez de votre splendeur! Malheur à ceux dont l'aveuglement les empêche de vous voir, Soleil de justice, qui répandez vos rayons dans le ciel et sur la terre! Malheur à ceux qui détournent les yeux pour ne pas apercevoir la vérité, et qui ne les détournent pas des vanités de la terre! Mais comment des yeux accoutumés aux ténèbres pourraient-ils soutenir l'éclat de l'éternelle vérité? Ils ne sauraient même pas en sentir le prix ceux qui habitent la région des ténèbres. Ils ne peuvent voir, aimer et estimer que les ténèbres, et en marchant ainsi de ténèbres en ténèbres, ces infortunés ne savent pas ce qu'ils perdent et dans quel abîme ils se précipitent. Mais plus malheureux encore sont ceux qui, sentant ce qu'ils perdent, qui, les yeux ouverts, tombent dans le précipice creusé sous leurs pieds et descendent tout vivants dans les enfers. O Lumière bienheureuse, qui ne pouvez être vue que par les âmes exemptes de toute souillure! Car, « bienheureux, dit le Sauveur, ceux qui ont le cœur pur, parce qu'ils verront Dieu. » (*Matth.*, v, 8.) Purifiez-moi donc, Vertu céleste, qui purifiez tout. Guérissez les yeux de mon cœur, pour qu'ils puissent vous contempler, puisque c'est une grâce dont ne peuvent jouir que ceux qui ont le cœur pur. Faites tomber de mes yeux ces épaisses écailles, qui leur interceptent depuis si longtemps les rayons de votre inaccessible splendeur, afin qu'éclairé par un reflet de votre jour céleste, je puisse vous contempler et voir la lumière dans votre lumière. Grâces vous soient rendues, ô mon unique Lumière, car maintenant je vois; mais que cette lumière pénètre encore davantage dans mon âme. Dissipez le nuage qui est sur mes yeux, pour que je contemple les merveilles de votre loi, ô mon Dieu, qui êtes si admirable dans vos saints. Encore une fois, grâces vous soient rendues, mon unique Lumière, de ce que je vous vois. Oui, je vous vois, mais ce n'est encore, hélas! que comme en énigme et dans un miroir. Oh! quand me sera-t-il permis de vous voir face à face? Quand viendra le jour de joie et de triomphe où j'entrerai dans le tabernacle de mon Dieu pour arriver jusqu'à sa demeure, afin qu'il me voie lui-même le contemplant face à face, et que mes plus ardents désirs soient enfin satisfaits?

CHAPITRE XXXV. — *Ardent désir de jouir de la présence de Dieu.* — Mon âme vous désire, Seigneur, avec la même ardeur qu'un cerf altéré désire les eaux d'une fontaine. Mon âme a soif de vous, Seigneur, et vous cherche comme une source vive, où elle puisse se désaltérer. Oh! quand paraîtrai-je devant vous, Seigneur? O vous d'où découle toute vie, source d'eau vive, quand pourrai-je m'approcher de la douceur de votre onde? Quand sortirai-je, mon Dieu, de cette terre aride et déserte pour contempler vos grandeurs et votre gloire, et me désaltérer dans les eaux vivifiantes de votre miséricorde? J'ai soif de vous, Seigneur, laissez-moi donc me désaltérer à votre source de vie. Oui, j'ai soif du Seigneur, j'ai soif du Dieu vivant. Oh! quand paraîtrai-je devant vous, mon Dieu? Mais viendra-t-il cet heureux jour, ce jour de douceur et de joie, ce jour que le Seigneur lui-même a fait, et qu'il a destiné à notre triomphe et à notre

---

dulciter ardes, quam secrete luces, quam desideranter aduris! Væ his qui non ardent ex te, væ illis qui non illuminantur ex te, o lumen veridicum, illuminans omnem mundum, cujus lux implet mundum! Væ cæcis oculis qui te non vident, sol illuminans cœlum et terram. Væ caligantibus oculis qui te videre non possunt. Væ avertentibus oculos, ut non videant veritatem; et non avertentibus, ut (*a*) non videant vanitatem. Nequeunt enim oculi tenebris assueti summæ veritatis radios intueri, nec sciunt de lumine aliquid æstimare, quorum est in tenebris habitatio. Tenebras vident, tenebras diligunt, tenebras approbant; de tenebris euntes in tenebras, nesciunt ubi corruant miseri, nesciunt quid amittunt; miseriores utique qui et sciunt quid amittunt, qui cadunt apertis oculis, et descendunt in infernum viventes. O lux beatissima, quæ non nisi a purgatissimis oculis videri potes! « Beati mundo corde, quoniam ipsi Deum videbunt. » (*Matth.*, v, 8.) Munda me mundans virtus, sana oculos meos, ut sanis te contemplari oculis, quem non nisi sani oculi intuentur. Aufer squamas caliginis antiquæ radiis tuæ illuminationis, splendor inaccessibilis : ut te videre valeam irreverberatis obtutibus, et in lumine tuo videam lumen. Gratias tibi, lux mea, ecce video. Dilatetur, obsecro Domine, visus meus ex te. Revela oculos meos, ut considerem mirabilia de lege tua, qui es Deus mirabilis in Sanctis tuis. (*Psal.* CXVIII, 18.) Gratias tibi ago lumen meum, ecce video : video, sed per speculum in ænigmate (I *Cor.*, XIII, 12) : sed quando facie ad faciem? Quando veniet dies lætitiæ et exultationis, in qua ingrediar in locum tabernaculi admirabilis usque ad domum Dei, ut videam videntem me facie ad faciem, et satietur desiderium meum? (*Psal.* XLI, 5.)

CAPUT XXXV. — *Dei ardens desiderium.* — Quemadmodum desiderat cervus ad fontes aquarum, ita desiderat anima mea ad te, Deus. Sitivit anima mea ad Deum fontem vivum, quando veniam et apparebo ante faciem Dei mei? (*Psal.* LXI, 2.) O fons vitæ, vena aquarum viventium, quando veniam ad aquas dulcedinis tuæ de terra deserta, invia et inaquosa, ut videam virtutem tuam et gloriam tuam, et satiem ex aquis misericordiæ tuæ sitim meam? Sitio Domine, fons vitæ satia me : sitio Domine, sitio Deum vivum. O quando veniam et apparebo Domine ante faciem tuam! Putasne videbo diem illam, diem, inquam, jucunditatis et lætitiæ, diem quam fecit Dominus, ut exultemus et lætemur in ea? O dies præclara, nesciens vesperum, non habens occasum, in

(*a*) Abest *non* a Mss. Reg.

toute raison, à toute intelligence, supérieure à l'essence des esprits célestes, qu'aucune parole ne saurait exprimer, aucune pensée embrasser, aucune intelligence comprendre, et inconnue aux yeux même des anges. Comment donc vous aurais-je connu, Seigneur, Dieu élevé au-dessus de la terre et des cieux, que ni les chérubins ni les séraphins ne connaissent parfaitement, et qui, pour vous contempler, se voilant le visage de leurs ailes, s'écrient au pied du trône de votre divine majesté : « Saint, Saint, Saint est le Seigneur et le Dieu des armées, tout l'univers est rempli de sa gloire. » (*Isaïe*, VI, 1.) Votre Prophète, saisi de crainte, s'est écrié : « Malheur à moi, qui ai dû garder le silence à cause de l'impureté de mes lèvres. » (*Isa.*, VI, 5.) Et moi, au contraire, saisi d'épouvante, je me suis écrié : Malheur à moi, qui n'ai pas gardé le silence à cause de l'impureté de mes lèvres, et qui n'ai pas craint de dire que je vous connaissais. Cependant, Seigneur, malheur à ceux qui ne parlent pas de vous; car les plus éloquents deviennent muets, si vous n'êtes l'objet de leurs discours. Pour moi, je ne tairai point les bienfaits dont vous m'avez comblé. Car c'est vous, Seigneur, qui m'avez créé et qui avez éclairé mon âme. C'est grâce à votre lumière que j'ai pu me trouver et me connaître, ainsi que vous trouver et vous connaître vous-même.

Mais de quelle manière vous ai-je connu, mon Dieu? Je vous ai connu en vous; je vous ai connu, non par rapport à ce que vous êtes à vous-même, mais par rapport à ce que vous êtes à moi. Je vous ai connu, non sans vous, mais en vous, parce que vous êtes la lumière qui m'avez éclairé. Quant à ce que vous êtes par rapport à vous, il n'y a que vous qui puissiez vous connaître. Mais ce que vous êtes relativement à moi, c'est à votre grâce seule que je dois de le savoir. Et qu'êtes-vous par rapport à moi? Apprenez-le à votre pauvre serviteur, Dieu de miséricorde, apprenez-le-moi dans votre miséricorde. Dites à mon âme : « Je suis ton salut. » (*Ps.* XXXIV, 3.) Ne vous cachez pas à mes yeux, car je n'aurais plus que la mort à attendre. Permettez-moi de m'adresser à votre miséricorde, bien que je ne sois que cendre et poussière. Permettez-moi, dis-je, d'adresser mes prières à votre miséricorde, qui a été si grande pour moi. Je parlerai donc, ô mon Dieu, moi qui ne suis que cendre et poussière. Enseignez donc, je vous en supplie, enseignez par pitié, à votre serviteur, ce que vous êtes par rapport à lui. Mais la grande voix de votre tonnerre a retenti à l'oreille intérieure de mon cœur. Vous m'avez rendu l'ouïe, et j'ai entendu votre voix. Vous avez dissipé les ténèbres qui aveuglaient mes yeux, et j'ai vu votre lumière, et je vous ai reconnu pour mon Dieu. Voilà ce qui m'a fait dire que je vous avais connu, puisque, savoir que vous êtes mon Dieu, c'est vous connaître. En vous connaissant comme seul et vrai Dieu, j'ai aussi connu Jésus-Christ, votre Fils unique, que vous avez envoyé sur la terre. Il fut en effet un temps où je ne vous connaissais pas. Maudit soit ce temps malheureux de ma vie; maudit soit l'aveuglement qui m'empêchait de vous voir; maudite soit la surdité qui ne me permettait pas d'entendre votre voix. Sourd et aveugle que j'étais, je ne m'attachais qu'aux merveilles de votre création. Vous étiez avec moi, et je n'étais point avec vous. J'étais retenu loin de vous par ce qui ne peut subsister qu'en vous. Mais vous avez éclairé mon âme de votre divine lumière; alors je vous ai vu et je vous

---

omnem rationem, omnem intellectum, omnem intelligentiam, omnem essentiam supercœlestium animorum : quam neque dicere, neque cogitare, neque intelligere, neque cognoscere possibile est, etiam oculis Angelorum. Unde ergo cognovi te Domine Deus altissimus super omnem terram, super omne cœlum, quem neque Cherubim perfecte cognoscunt neque Seraphim; sed alis contemplationum suarum velutur facies sedentis super solium excelsum et elevatum, clamantes et dicentes : « Sanctus, sanctus, sanctus, Dominus Deus exercituum, plena est omnis terra gloria ejus : » (*Isa.*, VI, 1, etc.) et expavit Propheta, et dixit : « Væ mihi quia tacui, quia vir pollutus labiis ego sum : » [(*a*) et expavit cor meum, et dixi : Væ mihi quia non tacui, quia vir pollutus labiis ego sum :] sed dixi, cognovi te. Verumtamen Domine (1) væ tacentibus de te, quoniam loquaces muti fiunt sine te. Et ego non tacebo, quoniam fecisti me, et illuminasti me : et inveni me, et cognovi me, et inveni te et cognovi te, quoniam illuminasti me.

Sed qualiter cognovi te? Cognovi te in te. Cognovi non sicut tibi es, sed cognovi te sicut mihi es : et hoc non sine te, sed in te, quia tu es lux quæ illuminasti me. Sicut tibi es, soli tibi cognitus es : sicut mihi es, secundum gratiam tuam et mihi cognitus es. Sed quid mihi es? Dic mihi misericors misero tuo, dic mihi per miserationes tuas, quid mihi es? Dic animæ meæ : « Salus tua ego sum. » (*Psal.* XXXIV, 3.) Noli abscondere a me faciem tuam, ne moriar (*b*). Sine me loqui apud misericordiam tuam, me terram et cinerem, sine me loqui apud misericordiam tuam, quoniam misericordia tua magna est super me. Loquar ad Deum meum, cum sim pulvis et cinis? (*Gen.*, XVIII, 27.) Dic mihi supplici tuo, dic misericors misero tuo, dic per miserationes tuas, quid mihi es? Et intonasti de super voce grandi in interiorem aurem cordis mei, et rupisti surditatem meam, et audivi vocem tuam, et illuminasti cæcitatem meam, et vidi lucem tuam, et cognovi quoniam Deus meus es. Propterea dixi, quod cognovi te. Cognovi te, quoniam Deus meus es. Cognovi te solum verum Deum, et quem misisti Jesum Christum. Erat enim tempus quando non cognoscebam te. Væ tempori illi quando non cognoscebam te. Væ cæcitati illi quando non videbam te. Væ surditati illi quando non audiebam te. Cæcus et surdus, (2) per formosa quæ fecisti deformis irruebam : et mecum eras, et tecum non eram : et ea me tenebant longe a te, quæ non essent nisi essent in te. Illuminasti me lux; et vidi

(1) Sic lib. *Medit.*, c. XXXV. — (2) Ex lib. X *Conf.*, c. XXVII.
(*a*) Hæc, non habent Mss. — (*b*) Hic addunt duo Mss. *ut eam videam*.

ai aimé, car on ne peut vous aimer sans vous voir, ni vous voir sans vous aimer. J'ai bien tardé, hélas! à vous aimer, beauté ancienne et toujours nouvelle, oui, j'ai bien tardé. O temps malheureux pour moi, où je ne vous ai point aimée.

Chapitre XXXII. — *Confession de la vraie foi.* — Je vous rends grâces, ô mon unique Lumière, de m'avoir éclairé jusqu'à vous connaître. Mais comment vous ai-je connu, Seigneur? Je vous ai connu comme seul et vrai Dieu vivant, comme celui qui m'a formé, comme le créateur du ciel, de la terre, de toutes les choses visibles et invisibles, comme vrai Dieu tout-puissant, immortel, invisible, que rien ne peut contenir, dont la grandeur est sans bornes, comme un Dieu éternel, inaccessible, incompréhensible, immuable, dont la puissance est immense, infinie, comme le principe de toutes les créatures visibles et invisibles, par qui tout a été fait et par qui subsistent tous les éléments, qui n'a pas eu de commencement et qui n'aura jamais de fin. J'ai connu que vous êtes le seul et unique vrai Dieu, éternel en trois personnes, le Père, le Fils et le Saint-Esprit, mais n'ayant qu'une même essence parfaitement simple, qu'une même nature indivisible. J'ai connu que le Père est par lui-même, que le Fils n'est engendré que du Père, et que le Saint-Esprit procède de tous les deux; que dès le commencement, et que, dans toute la suite des siècles des siècles, ces trois personnes n'ont jamais été, et ne seront jamais qu'un seul et vrai Dieu tout-puissant, unique principe et créateur de toutes choses visibles et invisibles, spirituelles et corporelles; qui, dès le commencement des temps, a, par sa vertu toute-puissante, tiré du néant les substances spirituelles et corporelles, c'est-à-dire celle des anges, celle du monde et ensuite celle de l'homme, qui est un composé des deux premières, d'un corps et d'une âme. Je vous ai connu et je vous confesse Dieu Père, qui êtes par vous-même; je crois en vous, Fils unique du Père; je crois en vous, Saint-Esprit, notre unique consolateur, qui n'avez pas été engendré, et qui pourtant n'êtes pas sans principe. Je crois et je confesse que vous ne formez qu'une sainte et indivisible Trinité en trois personnes parfaitement égales, consubstantielles et coéternelles. O sainte Trinité dans l'unité, divine unité dans la Trinité, mon cœur croit en vous pour ma justification, ma bouche vous confesse pour mon salut.

Je vous ai connu, ô mon Dieu. J'ai connu et je confesse que Jésus-Christ, votre Fils unique, est comme vous mon Créateur, qu'il est aussi mon Sauveur, mon Rédempteur et celui de tout le genre humain. Je confesse qu'il est engendré du Père avant tous les siècles; qu'il est Dieu de Dieu, lumière de lumière, vrai Dieu de vrai Dieu; qu'il n'a pas été fait, mais engendré, de la même substance que le Père, et éternel comme le Père et le Saint-Esprit, et que c'est par lui, mon Dieu, que vous avez fait toutes choses dès le commencement du monde. Je crois fermement et je confesse, ô Jésus-Christ, que vous êtes le Fils unique de Dieu, et que pour le salut des hommes vous avez bien voulu, d'accord avec la Trinité, vous revêtir de notre chair. Je crois que vous avez été conçu, par l'opération du Saint-Esprit, dans le sein de Marie toujours vierge, et que vous vous êtes fait véritablement homme, ayant une âme raisonnable et une chair humaine; que tout impassible et immortel

---

te, et amavi te. Nemo quippe te amat, nisi qui te videt : et nemo te videt, nisi qui te amat. Sero te amavi pulchritudo tam antiqua, sero te amavi. Væ tempori illi quando non amavi te.

Caput XXXII. — *Confessio fidei de summa Trinitate.* — Gratias tibi lux mea, quæ illuminasti me, et cognovi te. Qualiter cognovi te? Cognovi te solum Deum vivum et verum Creatorem meum. Cognovi te creatorem cœli et terræ, visibilium omnium et invisibilium, Deum verum, omnipotentem, immortalem, invisibilem, incircumscriptibilem, interminabilem, æternum et inaccessibilem, incomprehensibilem et imperscrutabilem, incommutabilem, immensum et infinitum, principium omnium visibilium et invisibilium creaturarum, per quem omnia facta sunt, per quem cuncta subsistunt elementa. Cujus majestas sicut principium nunquam habuit, sic nec desinit in æternum. Cognovi te unum solum verum Deum æternum [(1) Patrem et Filium et Spiritum sanctum, tres quidem personas, sed unam essentiam omnino simplicem, indivisamque naturam. Et Patrem a nullo, Filium a Patre solo, et Spiritum sanctum pariter ab utroque, absque initio, semper et sine fine Deum trinum et unum solum verum Deum omnipotentem, unum universorum principium, creatorem omnium visibilium et invisibilium, spiritalium et corporalium, qui tua omnipotenti virtute simul ab initio temporis utramque de nihilo con- didisti creaturam spiritalem et corporalem, angelicam videlicet et mundanam, ac deinde humanam quasi communem ex corpore et spiritu constitutam.] Cognovi te, et (2) confiteor te Deum Patrem ingenitum, te Filium unigenitum, te Spiritum sanctum paracletum neque genitum neque ingenitum, sanctam et individuam Trinitatem in tribus coæqualibus personis consubstantialibus et coæternis, Trinitatem in unitate, et unitatem in Trinitate, corde credens ad justitiam, et ore confitens ad salutem. (*Rom.*, x, 10.)

Cognovi te Deum et Dominum Jesum Christum Filium Dei unigenitum, creatorem, salvatorem et redemptorem meum, et totius humani generis, quem confiteor ex Patre genitum ante sæcula, Deum de Deo, lumen de lumine, Deum verum de Deo vero, non factum, sed genitum, consubstantialem et coæternum Patri et Spiritui sancto, per quem omnia facta sunt a principio : firmiter credens, et veraciter confitens te [(3) Deum unigenitum Jesum Christum, propter salutem hominum a tota Trinitate communiter incarnatum, et ex Maria perpetua virgine Spiritus sancti cooperatione conceptum, verum hominem factum, ex anima rationali et humana carne subsistentem. Qui cum secundum divinitatem, Unigenite Dei, impassibilis sis pariter et immortalis, propter nimiam dilectionem tuam qua dilexisti nos, idem ipse Dei Filius secundum humanitatem factus es passibilis et mortalis.

(1) Ex *Concilio Lateran.*, iv, cap. i. — (2) Ex fine lib. *de Speculo*. — (3) Ex *Concilio Lateran.*, iv, c. i.

LE LIVRE DES SOLILOQUES.

que vous êtes, selon votre nature divine, ô Fils unique de Dieu, vous avez, par amour pour nous, sans cesser toutefois d'être le Fils de Dieu, daigné vous revêtir de notre humanité, et vous soumettre à la condition de notre nature passible et mortelle. Je crois, ô Fils de Dieu, que pour le salut du genre humain, et pour le sauver de la mort éternelle, vous avez bien voulu souffrir la mort et la mort de la croix ; et que vous, source de toute lumière, vous êtes descendu dans les ténèbres de l'enfer, où nos pères vous attendaient depuis si longtemps. Je crois que le troisième jour vous en êtes sorti glorieux et triomphant, en reprenant votre divin corps, qui, pour nos péchés, était resté dans la mort du tombeau ; et qu'alors, comme nous le disent les saintes Ecritures, vous l'avez rempli de vie pour le placer à la droite du Père. Je crois aussi, Seigneur, qu'après avoir tiré de ce séjour des enfers les âmes des saints, que l'antique ennemi du genre humain y retenait captives, vous êtes monté, vrai Fils de Dieu, revêtu de notre nature, c'est-à-dire, d'une âme et d'une chair humaine que vous aviez prise dans le sein d'une vierge, vous êtes monté, dis-je, au plus haut des cieux, où vous êtes assis à la droite de Dieu le Père, à cette source d'éternelle vie, à ce foyer de lumière inaccessible, où règne une paix qui surpasse toute intelligence. C'est là que nous vous adorons comme vrai Dieu et comme homme, ô Jésus notre divin Sauveur, Fils unique du Père. C'est de là que vous viendrez à la fin des siècles juger les vivants et les morts, et rendre à chacun selon les œuvres de bien ou de mal qu'il aura faites dans cette vie ; aux uns la récompense qui leur est due, aux autres les peines qu'ils méritent, selon que vous les aurez trouvés dignes du repos ou du supplice éternel. Dans ce jour suprême, et à votre voix, tous les hommes ressusciteront avec le même corps qu'ils avaient sur la terre, afin de recevoir, chacun selon ses mérites, une éternité de supplices ou de gloire. C'est par vous que nous vivons, c'est par vous que nous ressusciterons, Seigneur Jésus, notre Sauveur, qui donnerez alors à l'humilité de notre corps, la beauté et l'éclat qui environnent le vôtre.

Je reconnais que vous êtes Dieu vivant et véritable, ô Esprit saint du Père et du Fils, que vous procédez également de l'un et de l'autre ; que vous êtes de la même substance que le Père et le Fils, et éternel comme eux ; qu'au ciel vous êtes notre avocat, et sur la terre notre consolateur ; que vous êtes descendu sous la forme d'une colombe sur Notre-Seigneur Jésus-Christ, quoiqu'il fût Dieu lui-même, et que vous vous êtes arrêté en langues de feu sur les apôtres. C'est vous qui, par un bienfait tout gratuit de votre grâce, avez dès le principe instruit les saints et les élus de Dieu ; qui avez ouvert la bouche des prophètes, pour qu'ils pussent annoncer dignement les merveilles du royaume de Dieu, et qui devez être, avec le Père et le Fils, éternellement adoré et glorifié par tous les saints de Dieu. Quoique fils de la plus humble de vos servantes, j'ose me joindre à eux pour célébrer, de toute l'ardeur de mon âme, la gloire de votre nom, parce que c'est vous qui m'avez éclairé. Vous êtes la vraie lumière, le flambeau de la vérité, le feu divin qui éclairez et instruisez l'esprit des hommes. C'est vous qui, par votre ineffable onction, nous apprenez la vérité, puisque vous êtes l'Esprit même de vérité, sans lequel on ne saurait plaire à Dieu, car vous êtes vous-même Dieu de Dieu, lumière de lumière, procédant du Père des lumières et de son divin Fils, Notre-Seigneur Jésus-Christ, égal à eux sous tous rapports, en substance, en éternité, et dans l'essence d'une

---

Qui propter salutem humani generis, unice Fili Dei, in ligno crucis pati dignatus es] passionem et mortem, ut nos a morte perpetua liberares : atque ad inferos, ubi sedebant in tenebris patres nostri, auctor luminis descendisti, et die tertia gloriosus victor ab inferis ad superos resurrexisti, resumens sacrum corpus, quod pro peccatis nostris mortuum jacuerat in sepulcro, et vivificans secundum Scripturas die tertia, ut ipsum in Patris dextera collocares. Assumpta namque tecum ex inferis captivitate, quam captivaverat antiquus humani generis inimicus, verus Dei Filius cum nostræ carnis substantia, id est, cum anima et carne humana ex virgine assumpta, super omnes cœlos ascendisti, transcendens omnes ordines Angelorum : ubi sedes ad dexteram Dei Patris, ubi est fons vitæ, et lumen inaccessibile, et pax Dei quæ exsuperat omnem sensum. Ibi te Deum verum et hominem Jesum Christum adoramus et credimus, confitentes te Patrem habere Deum ; indeque venturum judicem in fine sæculi expectamus, ut judices vivos et mortuos, et reddas omnibus, bonis et malis, secundum opera sua, quæ operati sunt in hac vita, vel præmium vel supplicium, prout unusquisque dignus fuerit requie vel ærumna. Resurgent enim in illa die a voce virtutis tuæ omnes homines, quotquot humanam animam acceperunt, in carne sua quam hic habuerunt, ut totus homo pro meritis, vel æternam suscipiat vel gehennam. Tu es ipse vita et resurrectio nostra, quem Salvatorem expectamus Dominum Jesum Christum, qui reformabit corpus humilitatis nostræ configuratum corpori claritatis suæ. (*Phil.*, III, 20, 21.)

Cognovi te Deum verum et vivum Spiritum sanctum Patris et Filii, ab utroque pariter procedentem, consubstantialem et coæternum Patri et Filio, paracletum et advocatum nostrum, qui super eumdem Deum et Dominum nostrum Jesum Christum in columbæ specie descendisti (*Matth.*, III, 16), et super Apostolos in linguis igneis apparuisti (*Act.*, II, 3) : qui et omnes sanctos et electos Dei a principio tuæ gratiæ munere docuisti, et ora Prophetarum, ut enarrarent mirabilia regni Dei aperuisti, quem cum Patre et Filio simul adorari et glorificari oportet ab omnibus sanctis Dei. Inter quos et ego filius ancillæ tuæ toto corde meo glorifico nomen tuum, quoniam illuminasti me. Tu es enim vera lux, lumen veridicum, ignis Dei et magister spirituum, qui unctione tua doces nos omnem veritatem, spiritus veritatis, sine quo impossibile est placere Deo, quoniam tu ipse Deus es ex Deo, et lux de luce, procedens a Patre luminum, et a suo Filio Domino nostro Jesu Christo, quibus consubstantialis et coæqualis et coæternus existens, in unius

TOM. XXII. 36

seule et même Trinité, vous régnerez et serez glorifié avec eux dans tous les siècles des siècles.

Je reconnais donc et je confesse, ô adorable Trinité, que vous êtes un Dieu vivant et véritable en trois personnes, le Père, le Fils et le Saint-Esprit, mais n'en formant essentiellement qu'un seul. Je vous adore, je vous glorifie du plus profond de mon cœur. Je reconnais que vous êtes le seul et vrai Dieu, saint, immortel, invisible, immuable, inaccessible, seule lumière, seul soleil de notre âme, seul pain spirituel de notre vie, seul bien, seul principe et seule fin de toutes choses, seul créateur de l'univers, par qui tout vit, tout subsiste, tout est gouverné, dirigé, vivifié, dans le ciel, sur la terre, dans les enfers, et à l'exception duquel il n'y a de Dieu, ni sur la terre ni dans les cieux. C'est ainsi que je vous ai connu, et si je vous connais ainsi, c'est par la foi que vous m'avez inspirée, ô seule Lumière des yeux de mon âme, seule fin de toutes les choses de ce monde, vous qui êtes la joie de ma jeunesse, la consolation et le soutien de ma vieillesse. En vous, Seigneur, tout mon être tressaille d'allégresse et s'écrie : « Qu'y a-t-il, Seigneur, qui vous soit semblable ? » (*Ps.* LXXXV, 8.) Parmi ces fausses divinités du monde, en est-il une seule qui vous ressemble, ô mon Dieu, vous qui n'êtes pas l'ouvrage de la main des hommes, mais qui de votre divine main avez formé les hommes eux-mêmes ? « Les idoles des Gentils sont d'or et d'argent, et sont l'œuvre des hommes. » (*Ps.* CXIII, 4.) Il n'en est pas ainsi de celui qui a créé les hommes. « Toutes les divinités des païens ne sont que des démons, mais le Seigneur est le créateur des cieux, » (*Ps.* XCV, 5) le Seigneur est le seul et vrai Dieu. « Que ces divinités, qui n'ont fait ni le ciel ni la terre, périssent à jamais. » (*Jér.*, X, 11.) Mais que le Dieu qui a créé le ciel et la terre soit béni « dans le ciel et sur la terre. »

CHAPITRE XXXIII. — *Confession de notre propre misère; actions de grâces rendues à Dieu.* — Qui, parmi ces faux dieux de la terre, est semblable à vous, Seigneur, qui êtes glorieux par votre sainteté, terrible dans votre justice, digne de toute louange, et admirable dans les merveilles qu'enfante votre puissance ? J'ai bien tardé à vous connaître, ô mon unique et véritable Lumière! oui, j'ai bien tardé; mais des nuages épais couvraient les yeux de mon âme remplie des vanités du siècle, de sorte que je ne pouvais pas voir le soleil de justice et la lumière de la vérité. Enfant des ténèbres, j'étais enveloppé de ténèbres dans lesquelles, hélas! je me plaisais, parce que je ne connaissais pas la lumière. J'étais aveugle, j'aimais mon aveuglement, et je marchais de ténèbres en ténèbres. Qui m'a délivré de mon aveuglement, des ténèbres et de l'ombre de la mort où j'étais plongé ? Qui m'a tendu la main pour me tirer de l'abîme ? Qui a daigné m'éclairer ? Celui que je ne cherchais pas et qui m'a cherché; celui que je n'invoquais pas et qui m'a appelé à lui. Mais quel est celui à qui je dois un si grand bienfait ? C'est à vous, Seigneur mon Dieu, Père de miséricorde et de charité, Dieu consolateur de toutes les peines, vous, Dieu trois fois saint. Je le confesse avec toute l'ardeur et la reconnaissance dont mon cœur est capable, et j'en bénirai éternellement votre nom. Je ne vous cherchais pas, je le répète, et vous m'avez cherché; je ne vous invoquais point, et vous m'avez appelé; vous m'avez attiré en vous nommant à moi. Votre voix, semblable à l'éclat du tonnerre, s'est fait entendre du

---

Trinitatis essentia (*a*) superessentialiter congloriaris et conregnas.

Cognovi te unum Deum vivum et verum Patrem, et Filium, et Spiritum sanctum, trinum quidem in personis; sed unum in essentia : quem confiteor, adoro et glorifico toto corde meo verum Deum, solum sanctum, immortalem, invisibilem, incommutabilem, inaccessibilem, imperscrutabilem, unum lumen, unum solem, unum panem, unam vitam, unum bonum, unum principium, unum finem, unum creatorem cœli et terræ; per quem omnia vivunt, per quem omnia subsistunt, per quem omnia gubernantur, reguntur et vivificantur, quæ in cœlis sunt, et quæ in terris, et quæ subtus terram; præter quem non est Deus in cœlo et in terra. Sic cognovi te cognitor meus, sic cognovi te. Cognovi te per fidem tuam quam inspirasti mihi, lux mea, lumen oculorum meorum, Domine Deus meus, spes omnium finium terræ, gaudium lætificans juventutem meam (*Psal.* XXXIV, 10), et bonum sustentans senectutem meam. In te Domine jubilant omnia ossa mea dicentia : « Domine quis similis tui ? » (*Psal.* LXXXV, 8.) Quis similis tui in diis Domine, non quem fecit manus hominum, sed qui fecisti manus hominum ? « Simulacra gentium argentum et aurum, opera manuum hominum. » (*Psal.* CXIII, 4.)

Non sic operator hominum. « Omnes dii gentium dæmonia; Dominus autem cœlos fecit. » (*Psal.* XCV, 5.) Dominus ipse est Deus. « Dii qui non fecerunt cœlum et terram, pereant de cœlo et de terra. » (*Jer.*, X, 11.) Deus qui creavit cœlum et terram, benedicatur cum cœli et terra.

CAPUT XXXIII. — *Quod tenebræ a nobis, a Deo lux nostra.* — Quis similis tibi in diis Domine, quis similis tibi, magnificus in sanctitate, terribilis atque laudabilis et faciens mirabilia ? Sero te cognovi, lumen verum', sero te cognovi. Erat autem nubes magna et tenebrosa ante oculos vanitatis meæ; ita ut videre non possum solem justitiæ et lumen veritatis. Involvebar in tenebris filius tenebrarum, tenebras meas amabam; quia lumen non cognoscebam. Cæcus eram; cæcitatem amabam, et ad tenebras per tenebras ambulabam. Quis inde me eduxit, ubi eram homo cæcus in tenebris et umbra mortis ? Quis accepit manum meam, ut inde me educeret ? Quis est illuminator meus ? Non quærebam eum, ipse quæsivit me : non invocabam eum, et ipse vocavit me. Quis est ille ? Tu Domine Deus meus, misericors et miserator, pater misericordiarum et Deus totius consolationis : tu sancte Deus meus, quem confiteor toto corde meo, gratias agens nomini tuo. Non te quærebam, tu me quæsivisti : non te invocabam, tu me vocasti.

(*a*) Mss. Reg. *supersubstantialiter.*

haut du ciel jusqu'au fond de mon cœur, en disant : Que la lumière se fasse, et la lumière s'est faite. Alors une lumière divine est descendue sur moi et a dissipé les ténèbres qui voilaient les yeux de mon âme. Alors j'ai levé les yeux et j'ai vu votre divine lumière; j'ai reconnu votre voix et je me suis écrié : Seigneur, Seigneur, vous êtes véritablement mon Dieu. C'est vous qui m'avez retiré des ténèbres et de l'ombre de la mort. C'est vous qui m'avez appelé à votre admirable lumière, et maintenant je vois. Soyez béni, mon Dieu, car je vois; soyez béni de m'avoir éclairé. Je me suis tourné vers vous, et à la vue des ténèbres et de l'abîme où j'avais été plongé si longtemps, j'ai été saisi d'épouvante, et dans mon effroi je me suis écrié : Maudites soient les ténèbres, qui ont pendant tant d'années enveloppé mon âme! Maudit soit l'aveuglement, qui m'empêchait de voir la lumière du ciel! Maudite soit l'ignorance, qui ne me permettait pas de vous connaître, ô Seigneur mon Dieu! Mais grâces vous soient rendues d'avoir délivré mon âme et de l'avoir éclairée de vos rayons, par lesquels elle est parvenue à vous connaître. J'ai commencé bien tard à vous connaître, Vérité ancienne; j'ai commencé bien tard à vous connaître, éternelle Vérité; mais vous êtes la lumière même, et je n'étais que ténèbres. Comment donc aurais-je pu vous connaître ? Vous seul pouvez m'éclairer, Seigneur, car, hors de vous, il n'est pas de lumière.

CHAPITRE XXXIV. — *De la souveraine majesté de Dieu.* — Saint des saints, Dieu dont la grandeur est infinie, Dieu des dieux et Seigneur des seigneurs, Dieu admirable, ineffable, au-dessus de toute intelligence et de toute pensée; Dieu devant qui tremblent dans le ciel toutes les puissances angéliques, devant qui se prosternent les Trônes et les Dominations, et en présence de qui sont saisies d'effroi toutes les vertus du ciel et de la terre; Dieu dont la puissance et la sagesse n'ont point de bornes, vous qui avez fondé le monde entier sur le néant et qui avez renfermé dans l'air, comme dans un vase, toutes les eaux de la mer, Dieu infiniment puissant, infiniment saint, infiniment fort; Dieu qui communiquez le souffle de la vie à toute créature vivante, vous dont la présence seule fait reculer de crainte et le ciel et la terre, et à l'ordre de qui obéissent tous les éléments; Seigneur mon Dieu, soyez à jamais béni et glorifié par toutes vos créatures. Pour moi, fils d'une de vos plus humbles servantes, j'incline humblement, et avec foi, la tête devant votre majesté, et je vous rends grâces d'avoir daigné m'éclairer par votre miséricorde. Lumière véritable, lumière sainte, lumière digne d'amour, de louanges; d'admiration; lumière qui éclairez tout homme venant au monde et les yeux mêmes des anges, lumière adorable, je vous vois maintenant; soyez-en à jamais bénie. Oui, je vois, Lumière du ciel, un de vos divins rayons qui brille quelquefois aux yeux de mon âme, et tout mon être en tressaille de joie. Oh! si ce rayon pouvait constamment m'éclairer! Daignez, source de toute lumière, daignez, par grâce, rendre permanent dans mon cœur ce jour céleste dont l'éclat n'y est que passager. Laissez-le, Seigneur, je vous en conjure, laissez-le s'échapper de vous avec plus d'abondance. Mais qu'est-ce que je ressens actuellement en moi ? Quel est ce feu qui échauffe mon cœur? Quelle est cette lumière qui rayonne dans mon âme? O feu divin qui brûlez sans cesse, et que rien ne peut éteindre, venez m'embraser. O lumière dont la splendeur est éternelle, et que

---

Vocasti me nomine tuo, intonasti de super voce grandi in interiorem aurem cordis mei : Fiat lux; et facta est lux (*Gen.*, I, 3), et descendit lux magna, et liquefacta est nubes tenebrosa, quæ operuerat oculos meos. Et levavi oculos meos; et vidi lucem tuam, et cognovi vocem tuam : et dixi : Vere Domine tu es Deus meus, et existi me de tenebris et umbra mortis, et vocasti me in admirabile lumen tuum; et ecce video. Gratias tibi Deus meus, ecce video : gratias tibi illuminator meus. Et conversus sum, et vidi tenebras meas in quibus fueram, et abyssum tenebrosam in qua jacueram; et contremui, et expavi : et dixi : Væ væ tenebris meis in quibus jacui; væ væ cæcitati illi in qua videre non poteram lumen cœli; væ præteritæ ignorantiæ, quando non cognoscebam te Domine. Gratias tibi illuminator et liberator meus, quoniam illuminasti me et cognovi te. Sero cognovi te veritas antiqua, sero te cognovi veritas æterna. Et tu eras in lumine, et ego in tenebris, et non cognoscebam te : quia illuminari non poteram sine te, et non est lux extra te.

CAPUT XXXIV. — *Dei summa majestas.* — Sancte sanctorum, Deus inæstimabilis majestatis, Deus deorum et Dominus dominorum, mirabilis, inenarrabilis, inexcogitabilis, quem tremunt in cœlo angelicæ Potestates, quem adorant Dominationes et Throni, et omnes Virtutes pavent a conspectu tuo, cujus potentiæ et sapientiæ non est numerus, qui fundasti mundum super nihilum, et mare colligasti in aere quasi in utre : omnipotentissime, sanctissime, fortissime, Deus spirituum universæ carnis, cujus conspectu fugit cœlum et terra, ad cujus nutum omnia se subjiciunt elementa, te adorent et glorificent omnes creaturæ tuæ. Et ego filius ancillæ tuæ per fidem tuam flecto cervicem cordis mei sub pedibus majestatis tuæ, gratias agens quoniam dignatus es per tuam misericordiam illuminare me. Lumen verum, lumen sanctum, lumen delectabile, lumen admirabile, lumen superlaudabile, quod illuminas omnem hominem venientem in hunc mundum, et etiam oculos Angelorum, lumen esse; gratias ago. Ecce video lumen cœli, interlucet oculis mentis meæ radius de super a facie luminis tui, et lætificat omnia ossa mea. O si perficeretur in me! Auge quæso luminis auctor, auge, quæso, quod interlucet in me. Dilatetur, obsecro, dilatetur ex te. Quid est hoc quod sentio? Quis est ignis qui calefacit cor meum? Quæ est lux quæ irradiat cor meum? O ignis qui semper ardes, et nunquam extingueris, accende me! O lux quæ semper luces et nunquam (a) obfuscaris, illumina me! O utinam arderem ex te! Ignis sancte quam

---

(a) Mss. *exstingueris.*

rien ne peut obscurcir, éclairez-moi. Puissé-je être toujours rempli de votre ardeur. Quelle douceur, mon Dieu, dans le feu divin que vous allumez en nous! Qu'elle est délicieuse cette lumière secrète dont vous éclairez notre âme, et que de saints désirs elle fait naître en nous! Malheur à ceux qui ne ressentent pas votre feu divin! Malheur à ceux qui ne sont pas éclairés par vous, ô Lumière véritable, qui éclairez tout le monde entier et qui le remplissez de votre splendeur! Malheur à ceux dont l'aveuglement les empêche de vous voir, Soleil de justice, qui répandez vos rayons dans le ciel et sur la terre! Malheur à ceux qui détournent les yeux pour ne pas apercevoir la vérité, et qui ne les détournent pas des vanités de la terre! Mais comment des yeux accoutumés aux ténèbres pourraient-ils soutenir l'éclat de l'éternelle vérité? Ils ne sauraient même pas en sentir le prix ceux qui habitent la région des ténèbres. Ils ne peuvent voir, aimer et estimer que les ténèbres, et en marchant ainsi de ténèbres en ténèbres, ces infortunés ne savent pas ce qu'ils perdent et dans quel abîme ils se précipitent. Mais plus malheureux encore sont ceux qui, sentant ce qu'ils perdent, qui, les yeux ouverts, tombent dans le précipice creusé sous leurs pieds et descendent tout vivants dans les enfers. Ô Lumière bienheureuse, qui ne pouvez être vue que par les âmes exemptes de toute souillure! Car, « bienheureux, dit le Sauveur, ceux qui ont le cœur pur, parce qu'ils verront Dieu. » (*Matth.*, v, 8.) Purifiez-moi donc, Vertu céleste, qui purifiez tout. Guérissez les yeux de mon cœur, pour qu'ils puissent vous contempler, puisque c'est une grâce dont ne peuvent jouir que ceux qui ont le cœur pur. Faites tomber de mes yeux ces épaisses écailles, qui leur interceptent depuis si longtemps les rayons de votre inaccessible splendeur, afin qu'éclairé par un reflet de votre jour céleste, je puisse vous contempler et voir la lumière dans votre lumière. Grâces vous soient rendues, ô mon unique Lumière, car maintenant je vois; mais que cette lumière pénètre encore davantage dans mon âme. Dissipez le nuage qui est sur mes yeux, pour que je contemple les merveilles de votre loi, ô mon Dieu, qui êtes si admirable dans vos saints. Encore une fois, grâces vous soient rendues, mon unique Lumière, de ce que je vous vois. Oui, je vous vois, mais ce n'est encore, hélas! que comme en énigme et dans un miroir. Oh! quand me sera-t-il permis de vous voir face à face? Quand viendra le jour de joie et de triomphe où j'entrerai dans le tabernacle de mon Dieu pour arriver jusqu'à sa demeure, afin qu'il me voie lui-même le contemplant face à face, et que mes plus ardents désirs soient enfin satisfaits?

CHAPITRE XXXV. — *Ardent désir de jouir de la présence de Dieu.* — Mon âme vous désire, Seigneur, avec la même ardeur qu'un cerf altéré désire les eaux d'une fontaine. Mon âme a soif de vous, Seigneur, et vous cherche comme une source vive, où elle puisse se désaltérer. Oh! quand paraîtrai-je devant vous, Seigneur? Ô vous d'où découle toute vie, source d'eau vive, quand pourrai-je m'approcher de la douceur de votre onde? Quand sortirai-je, mon Dieu, de cette terre aride et déserte pour contempler vos grandeurs et votre gloire, et me désaltérer dans les eaux vivifiantes de votre miséricorde? J'ai soif de vous, Seigneur, laissez-moi donc me désaltérer à votre source de vie. Oui, j'ai soif du Seigneur, j'ai soif du Dieu vivant. Oh! quand paraîtrai-je devant vous, mon Dieu? Mais viendra-t-il cet heureux jour, ce jour de douceur et de joie, ce jour que le Seigneur lui-même a fait, et qu'il a destiné à notre triomphe et à notre

---

dulciter ardes, quam secrete luces, quam desideranter aduris! Væ his qui non ardent ex te, væ illis qui non illuminantur ex te, o lumen veridicum, illuminans omnem mundum, cujus lux implet mundum! Væ cæcis oculis qui te non vident, sol illuminans cœlum et terram. Væ avertentibus oculos, ut non videant veritatem; et non avertentibus, ut (a) non videant vanitatem. Nequeunt enim oculi tenebris assueti summæ veritatis radios intueri, nec sciunt de lumine aliquid æstimare, quorum est in tenebris habitatio. Tenebras vident, tenebras diligunt, tenebras approbant; de tenebris euntes in tenebras, nesciunt ubi corruant miseri, nesciunt quid amittunt; miseriores utique qui et sciunt quid amittunt, qui cadunt apertis oculis, et descendunt in infernum viventes. O lux beatissima, quæ non nisi a purgatissimis oculis videri potes! « Beati mundo corde, quoniam ipsi Deum videbunt. » (*Matth.*, v, 8.) Munda me mundans virtus, sana oculos meos, ut sanis te contempler oculis, quem non nisi sani oculi intuentur. Aufer squamas caliginis antiquæ radiis tuæ illuminationis, splendor inaccessibilis: ut te videam irreverberatis obtutibus, et in lumine tuo videam lumen. Gratias tibi, lux mea, ecce video. Dilatetur, obsecro Domine, visus meus te. Revela oculos meos, ut considerem mirabilia de lege tua, qui es Deus mirabilis in Sanctis tuis. (*Psal.* CXVIII, 18.) Gratias tibi ago lumen meum, ecce video : video, sed per speculum in ænigmate (I *Cor.*, XIII, 12) : sed quando facie ad faciem? Quando veniet dies lætitiæ et exultationis, in qua ingrediar in locum tabernaculi admirabilis usque ad domum Dei, ut videam videntem me facie ad faciem, et satietur desiderium meum? (*Psal.* XLI, 5.) CAPUT XXXV. — *Dei ardens desiderium.* — Quemadmodum desiderat cervus ad fontes aquarum, ita desiderat anima mea ad te, Deus. Sitivit anima mea ad Deum fontem vivum, quando veniam et apparebo ante faciem Dei mei? (*Psal.* LXI, 2.) O fons vitæ, vena aquarum viventium, quando veniam ad aquas dulcedinis tuæ de terra deserta, invia et inaquosa, ut videam virtutem tuam et gloriam tuam, et satier ex aquis misericordiæ tuæ sitim meam? Sitio Domine, fons vitæ satia me : sitio Domine, sitio Deum vivum. O quando veniam et apparebo Domine ante faciem tuam! Putasne videbo diem illam, diem, inquam, jucunditatis et lætitiæ, diem quam fecit Dominus, ut exultemus et lætemur in ea? O dies præclara, nesciens vesperum, non habens occasum, in

(a) Abest *non* a Mss. Reg.

éternel bonheur ! O jour glorieux qui n'a pas de déclin et qui ne se couche jamais, où j'entendrai des cantiques de louanges, et dans lequel une voix triomphante me dira : « Entrez dans la joie de votre maître. » (*Matth.*, xxv, 21.) Entrez dans sa joie éternelle et dans sa sainte maison remplie de merveilles aussi grandes qu'impénétrables, et dont le nombre est infini. Entrez dans cette demeure, qui ne connaît pas l'ombre même de la tristesse, et où vous trouverez une éternité de joie. Là seul est le souverain bien. Tout mal en est banni. Là, vous aurez tout ce que vous pourrez vouloir, sans avoir à craindre ce que vous ne voudriez pas. Là est l'unique source de vie, de douceur, d'amour et d'immortalité. Là, ni ennemi, ni tentation à combattre, mais sécurité suprême, tranquillité parfaite, joie sans trouble, heureuse éternité, éternelle béatitude, et, par dessus tout, l'ineffable bonheur de contempler les trois personnes divines en un seul Dieu, et un seul Dieu en trois personnes. Voilà quelle est la joie de mon Seigneur. O joie dont aucune autre joie ne saurait approcher ; joie hors de laquelle il n'y a pas de joie véritable, quand me sera-t-il permis d'entrer en vous pour y contempler le Seigneur mon Dieu, qui a établi en vous sa demeure ? J'irai vers vous, Seigneur, je jouirai de vous, ineffable et divine vision. Qu'est-ce donc qui me retient ? Hélas! c'est que mon exil sur la terre n'est pas encore fini. Jusques à quand me dira-t-on : Où est votre Dieu ? Jusques à quand me dira-t-on : Attendez, attendez encore. Mais quel est l'objet de mon attente ? N'est-ce pas vous, Seigneur? Oui, c'est vous que nous attendons, Seigneur Jésus-Christ, qui viendrez un jour reformer le corps de notre humilité, et le revêtir de l'éclat et de la splendeur du vôtre. C'est vous, Seigneur, que nous attendons à votre retour des noces, pour que vous nous invitiez à entrer dans la salle de votre festin. Venez donc, Seigneur, et ne tardez pas. Venez, Seigneur Jésus, venez nous visiter en paix ; venez nous tirer de cette prison où nous sommes enchaînés, pour que notre cœur soit rempli d'allégresse en votre présence. Venez, divin Sauveur, venez combler les désirs de toutes les nations de la terre. Faites-nous voir la splendeur de votre visage et nous serons sauvés. Venez, mon unique Lumière, mon Rédempteur. Venez retirer mon âme des fers où elle languit, pour qu'elle puisse confesser la gloire de votre saint nom. Jusques à quand, malheureux, serai-je le jouet des flots de cette mer agitée de la vie ? Je vous implore, et vous restez sourd à mes prières. Seigneur mon Dieu, que mes cris arrivent jusqu'à vous, sauvez-moi de ce vaste abîme du siècle, et faites-moi aborder au port du salut éternel.

Heureux sont ceux qui ont mérité d'être délivrés par vous, Seigneur, des dangers de cette mer, pour arriver dans un port assuré. Heureux ceux qui de cette mer sont parvenus au rivage, de leur exil dans la divine patrie, de leur prison dans votre palais de gloire. Le repos si longtemps désiré a comblé leur béatitude. Pour prix des tribulations qu'ils ont eu à souffrir dans cette vie, ils ont obtenu une gloire immortelle et une éternité de délices et de joies. O vraiment heureux, cent fois heureux, ceux qui désormais délivrés de tous maux et dont la gloire est à l'abri de toute atteinte, ont mérité, Seigneur, d'arriver à votre céleste royaume, royaume éternel, royaume de tous les siècles, où la lumière ne manque jamais, où la paix de Dieu est au-dessus de toute imagination, où les âmes des saints jouissent

---

qua audiam vocem laudis, vocem exultationis et confessionis : « Intra in gaudium Domini tui, » (*Matth.*, xxv, 21) intra in gaudium sempiternum, in domum Domini Dei tui, ubi sunt magna et inscrutabilia et mirabilia, quorum non est numerus : intra in gaudium sine tristitia, quod continet æternam lætitiam, ubi erit omne bonum, et non erit aliquod malum ; ubi erit quidquid voles, et non erit quidquid noles ; ubi erit (1) vita vitalis, dulcis et amabilis, semperque memorialis ; ubi non erit hostis impugnans, nec ulla illecebra, sed summa et certa securitas, et secura tranquillitas, et tranquilla jucunditas, et jucunda felicitas, et felix æternitas, et æterna beatitudo, et beata Trinitas, et Trinitatis unitas, et unitatis deitas, et deitatis beata visio, quæ est gaudium Domini mei ! O gaudium super gaudium, vinceus omne gaudium, extra quod non est gaudium, quando intrabo in te, ut videam Dominum meum qui habitat in te? Ibo et videbo visionem hanc grandem. Quid est quod me detinet? Heu me, quia incolatus meus prolongatus est (*Psal.* CXIX, 5) : heu me quamdiu dicetur mihi : Ubi est Deus tuus (*Psal.* LXI, 11) : quamdiu dicetur mihi : Expecta, reexpecta? Et nunc quæ est expectatio mea? (*Psal.* XXXVIII, 8.) Nonne tu Dominus? Salvatorem expectamus Dominum Jesum Christum, qui reformabit corpus humilitatis nostræ configuratum corpori claritatis suæ. (*Phil.*, III, 21.) Expectamus Dominum quando revertatur a nuptiis ut inducat nos ad suas nuptias. Veni Domine, et noli tardare. (2) Veni Domine Jesu, veni visitare nos in pace, veni et educ vinctum hunc de carcere, ut lætemur coram te corde perfecto. Veni Salvator noster, veni desideratus cunctis gentibus, ostende faciem tuam, et salvi erimus. Veni lux mea, Redemptor meus, educ de carcere animam meam ad confitendum nomini sancto tuo. (*Psal.* CXLI, 8.) Quamdiu miser jactabor in fluctibus mortalitatis meæ, clamans ad te Domine, et non exaudis? Audi clamantem Domine de hoc mari magno, et educ me ad portum felicitatis æternæ.

Felices qui de periculo maris hujus educti ad te Deum portum tutissimum pervenire meruerunt! O vere felices ; qui de pelago ad littus, de exilio ad patriam, de carcere ad palatium pervenerunt, optata jam quieto beati : quia bravium illud perpetuæ gloriæ, quod hic per multas tribulationes quæsierunt, jam felici jucunditate adepti, lætantur in perpetuum! O vere beati, o terque quaterque beati, qui jam omnium malorum exuti, secuti jam de sua immarcescibili gloria ad regnum decoris pervenire meruerunt! (*Phil.*, IV, 7.) O regnum æternum, regnum omnium sæculorum, ubi lumen indeficiens, et pax Dei

---

(1) Ex lib. *de Speculo*, c. xxx. — (2) Ex *offic. Eccles.* Sabb. 1, in *Adventu*.

d'un repos parfait et d'une joie que rien ne saurait troubler ; là ils seront sans cesse dans des transports de joie et d'allégresse, là ils ne connaîtront ni gémissement, ni douleur. O royaume de gloire, où habitent avec vous, Seigneur, tous vos saints revêtus d'un manteau de lumière, et portant sur la tête une couronne de pierres précieuses. O royaume d'éternelle félicité, où vous êtes, Seigneur, l'espoir et comme le diadème glorieux de vos saints. Ils ont le bonheur de vous voir face à face, et vous remplissez leur cœur d'une paix, dont l'esprit humain ne peut se faire aucune idée. Les joies y sont infinies, et sans aucun nuage de tristesse, le salut sans douleur, la vie sans fatigue, la lumière sans ténèbres, la vie sans la mort, et le souverain bien sans mélange d'aucun mal. La jeunesse n'y vieillit jamais, la vie y est sans bornes ; la beauté n'y éprouve aucune altération, l'amour aucune tiédeur, la santé aucun dépérissement. La joie y est toujours la même, on n'y ressent aucune douleur, on n'y entend aucun gémissement, la tristesse de la terre y est remplacée par une joie inaltérable, et aucun mal n'y est à craindre, puisque les habitants de ce divin séjour sont en possession du souverain bien, qui consiste à contempler sans cesse la face du Dieu de toutes les vertus. Heureux donc sont ceux qui, échappés aux naufrages de la vie présente, ont mérité la grâce de jouir de tant de bienfaits inappréciables.

Pour nous, malheureux que nous sommes, nous voguons encore sur les flots, et au milieu des gouffres de cette mer orageuse de la vie, ne sachant si nous pourrons arriver au port du salut. Malheureux, dis-je, nous dont la vie est un exil, la voie un écueil continuel, la fin un objet de doute, la mort un sujet d'incertitude, parce que nous ignorons ce que l'avenir nous réserve, et que nous sommes encore exposés aux tempêtes de cette vie, soupirant sans cesse après le port où nous trouverons un abri. O notre patrie, patrie de sécurité et de repos, nous ne vous voyons que de loin. Du milieu de cette vaste mer, nous vous saluons ; de cette vallée de misère nous soupirons après vous. Nous tâchons à force de larmes, d'obtenir la grâce d'arriver jusqu'à vous. Espoir du genre humain, Christ, Dieu de Dieu, notre refuge et notre force, vous dont la lumière brille de loin à nos yeux, comme une étoile tutélaire au milieu des ténèbres qui couvrent les flots de cette mer battue par les tempêtes, dirigez de votre puissante main notre vaisseau vers le port ; que votre croix nous serve de gouvernail pour nous empêcher de périr dans les vagues, d'être submergés par la tempête et engloutis dans la profondeur des abîmes. Que la vertu de votre croix nous sauve de cette mer et nous attire à vous, Seigneur, notre unique consolateur, que nous voyons à peine avec nos yeux remplis de larmes, briller de loin comme l'étoile du matin, comme un soleil de justice, et nous attendre au rivage de notre céleste patrie. Nous élevons nos cris vers vous, qui nous avez rachetés par votre précieux sang ; mais, hélas ! nous gémissons encore loin de vous dans la douleur de l'exil. Exaucez-nous, Seigneur, espoir et but unique de tout ce qui est sur la terre, et sur la vaste étendue des mers. Nous sommes exposés aux périls qui nous menacent sur cette mer orageuse. Du haut du rivage vous voyez nos dangers ; sauvez-nous donc, nous vous en conjurons, par votre divin nom. Faites-nous la grâce, Seigneur, de diriger notre course entre Charybde et Scylla, pour que nous arrivions

---

quæ exsuperat omnem sensum, in qua sanctorum animæ requiescunt, et lætitia sempiterna super capita eorum : gaudium et exultationem obtinebunt, et fugiet dolor et gemitus ! O quam gloriosum est regnum in quo tecum Domine regnant omnes sancti, amicti lumine sicut vestimento, habentes in capite suo coronam de lapide pretioso! (*Psal*. xx, 4.) O regnum beatitudinis sempiternæ, ubi tu Domine spes sanctorum et diadema gloriæ, facie ad faciem videris a sanctis, lætificans eos undique in pace tua quæ exsuperat omnem sensum! Ibi gaudium influitum, lætitia sine tristitia, salus sine dolore, vita sine labore, lux sine tenebris, vita sine morte, omne bonum sine omni malo. Ibi juventus nunquam senescit, ibi vita terminum nescit, ubi decor nunquam pallescit, ubi amor nunquam tepescit, ubi sanitas nunquam marcescit, ubi gaudium nunquam decrescit, ubi dolor nunquam sentitur, ubi gemitus nunquam auditur, ubi triste nihil videtur, ubi lætitia semper habetur, ubi malum nullum timetur ; quoniam ibi summum bonum possidetur, quod est semper videre faciem Domini virtutum. Felices igitur qui de naufraga vita præsenti ad tanta gaudia jam pervenire meruerunt.

(1) Infelices heu nos et miseri, qui per hujus maris magni fluctus procellosasque voragines navem trahimus, ignorantes an ad portum salutis pervenire valeamus. Infelices, inquam, quorum est vita in exilio, via in periculo, finis in dubio, nescientes finem nostrum; quia omnia in futurum reservantur incerta, et adhuc in pelagi fluctibus versamur, suspirantes ad portum. O patria nostra, patria secura, a longe-te videmus. Ab hoc mari te salutamus, ab hac valle ad te suspiramus : et nitimur cum lacrymis si quo modo ad te perveniamus. Spes humani generis Christe, Deus de Deo, refugium nostrum et virtus, cujus lumen a longe inter caliginosas nebulas super maris procellas, quasi stellæ maris radius oculos nostros irradiat, ut dirigamur ad portum, guberna Domine navem nostram tua dextera, clavo crucis tuæ, ne pereamus in fluctibus, ne nos demergat tempestas aquæ, neque absorbeat nos profundum : sed (*a*) virtute crucis tuæ trahe nos ab hoc pelago ad te, solamen unicum nostrum, quem a longe quasi stellam matutinam et solem justitiæ vix lacrymantibus oculis in littore cœlestis patriæ nos expectantem videmus. En ad te clamamus redempti tui, sed et nunc exules tui, quos pretioso sanguine redemisti. Exaudi nos Deus salutaris noster, spes omnium finium terræ, et in mari longe. (*Psal*. LXIV, 6.) In mari turbulento versamur : tu in littore stans aspicis pericula nostra : salvos nos fac propter nomen tuum. (2) Da nobis

(1) V. lib. *de Speculo*, c. XXIX. — (2) Ex lib. *de Speculo*, c. XXX.
(*a*) Ms. Reg. *unctione*, Medard. *uncino*.

sains et saufs, avec notre navire chargé de bonnes œuvres, au port de votre salut.

CHAPITRE XXXVI. — *Gloire de la patrie céleste.* — Lorsque nous serons arrivés jusqu'à vous, source de sagesse, lumière éternelle, et que rien ne saurait éteindre ; lorsque nous pourrons vous contempler, non plus en énigme et comme dans un miroir, mais vous voir face à face, alors tous nos vœux seront accomplis, parce qu'il ne nous restera plus rien à désirer hors de nous. Seigneur, source de tout bien, vous serez la récompense des bienheureux, la couronne de gloire dont leur tête sera ornée, et la joie suprême qui remplira leur cœur. « Votre paix, qui surpasse tout sentiment, gardera leur esprit et leur corps. » C'est alors, Seigneur, que nous pourrons vous voir, vous aimer, et célébrer vos louanges. Nous verrons votre lumière dans votre lumière même, parce que vous êtes la source de la vie. C'est donc éclairés par vous que nous verrons votre lumière, lumière immense, incorporelle, incompréhensible, éternelle, inextinguible, incréée, inaccessible, rayon de la vérité même qui éclaire les yeux des anges, et remplit le cœur de vos saints des joies de la jeunesse, lumière divine qui est la lumière des lumières, la source de toute vie, en un mot, qui n'est autre que vous, Seigneur mon Dieu. Car vous êtes la lumière dans laquelle nous verrons la lumière, c'est-à-dire, vous en vous-même, dans toute votre splendeur et votre gloire, puisque nous vous verrons alors face à face.

Mais qu'est-ce que vous voir face à face ? C'est, dit l'Apôtre, vous connaître comme vous me connaissez moi-même. Connaître votre Trinité, c'est vous voir face à face. Connaître la puissance du Père, la sagesse du Fils, la clémence du Saint-Esprit, l'essence une et indivisible de l'ineffable Trinité, c'est voir la face du Dieu vivant. C'est là le souverain bien, la consolation des anges et de tous les saints, la récompense de la vie éternelle, la gloire des esprits bienheureux, la joie éternelle, la couronne de gloire, le couronnement de toute félicité. C'est là le repos parfait, la beauté de la paix, la joie intime et éternelle, le paradis de Dieu, la céleste Jérusalem, la vie bienheureuse, la plénitude du bonheur, l'éternelle joie, et la paix divine qui surpasse tout sentiment. Tout le bonheur et la gloire de l'homme consiste donc à contempler la face de son Dieu, à voir celui qui l'a créé, qui l'a sauvé, qui l'a glorifié. Voir Dieu, c'est le connaître, et on ne peut le connaître sans l'aimer, ni l'aimer sans le posséder, ni le posséder sans chanter ses louanges. Il sera lui-même l'héritage de son peuple, peuple de saints qu'il a rachetés de son sang. Il sera leur bonheur, le prix et la récompense qu'ils attendent. « Ce sera moi, dit le Seigneur, qui serai votre récompense. » (*Gen.*, xv, 1) Vous êtes véritablement grand, Seigneur mon Dieu, grand au-dessus de toutes les fausses divinités du monde, et votre récompense égale votre grandeur. En effet, celui qui est magnifique, récompense avec magnificence. Votre récompense ne peut donc être au-dessous de votre grandeur, mais comme vous êtes grand, votre récompense l'est aussi, puisque votre récompense ne peut être autre que ce que vous êtes vous-même. Or, comme vous êtes infiniment grand, infiniment grande est aussi votre récompense qui n'est autre que vous-même. C'est vous qui m'avez couronné, et cette couronne c'est vous, mon Dieu. C'est vous qui êtes tout à la fois la promesse et celui qui l'a faite ; vous êtes le rémunérateur et la rémunération même ; vous êtes celui qui récom-

---

Domine inter Scyllam et Charibdim ita tenere medium, ut salva navi et mercibus securi perveniamus ad portum.

CAPUT XXXVI. — *De gloriæ lumine.* — Cum ego pervenerimus ad te sapientiæ fontem, ad te lumen indeficiens, ad te lucem inexstinguibilem, ut te non jam per speculum in ænigmate, sed facie ad faciem videamus (1 *Cor.*, XIII, 12) : tunc satiabitur in bonis desiderium nostrum, quia nihil erit exterius quod desideretur. Tu Domine summum bonum, eris præmium beatorum, et diadema decoris eorum, et lætitia sempiterna super capita eorum, pacificans eos intus et exterius in pace tua quæ exsuperat omnem sensum. (*Phil.*, IV, 7.) Ibi videbimus, amabimus et laudabimus. Videbimus in lumine tuo lumen tuum. Quoniam apud te est fons vitæ, et in lumine tuo videbimus lumen. (*Psal.* XXXV, 10.) Quale autem lumen ? Lumen immensum, lumen incorporeum, incomprehensibile, lumen indeficiens, inexstinguibile et inaccessibile, lumen increatum, lumen veridicum, quod illuminat oculos Angelorum, quod lætificat juventutem sanctorum, quod est lumen luminis et fons vitæ, quod tu es Domine Deus meus. Tu es quippe lumen, in cujus lumine videbimus lumen : te scilicet in te, in splendore vultus tui, quoniam te videbimus facie ad faciem.

Quid est videre facie ad faciem, nisi quod ait Apostolus, cognoscere sicut et cognitus sum? (1 *Cor.*, XIII, 12.) Cognoscere Trinitatem tuam, hoc est videre facie ad faciem. Cognoscere Patris potentiam, Filii sapientiam, Spiritus sancti clementiam, ipsius summæ Trinitatis unam et indivisam essentiam, est videre faciem Dei vivi. Hoc est summum bonum, gaudium Angelorum atque omnium Sanctorum, præmium vitæ æternæ, gloria spirituum, lætitia sempiterna, corona decoris, bravium felicitatis, requies opulenta, pulchritudo pacis, intimum et æternum gaudium, paradisus Dei, Jerusalem cœlestis, vita beata, plenitudo beatitudinis, gaudium æternitatis, pax Dei quæ exsuperat omnem sensum. (*Phil.*, IV, 7.) Hæc est plena beatitudo et tota glorificatio hominis, videre faciem Dei sui, videre eum qui fecit eum, qui salvavit eum, qui glorificavit eum. Videbit eum cognoscendo, amabit diligendo, laudabit possidendo. Ipse enim erit hæreditas populi sui, populi sanctorum, populi quem redemit. Ipse possessio felicitatis eorum, ipse præmium et merces expectationis. « Ero, inquit, merces tua magna nimis. » (*Gen.*, XV, 1.) Vere Domine Deus meus magnus es tu nimis super omnes deos, et merces tua magna nimis. Magnum enim magna decent. Neque enim magnus es tu, et parva merces tua : sed ut magnus es tu, magna est merces tua ; quoniam non aliud tu, et aliud merces tua : sed tu ipse magnus nimis, tu ipse merces magna nimis, tu ipse coronator es et corona, tu ipse promissor

pense le mérite, et vous êtes en même temps la félicité éternelle par laquelle vous le récompensez. Vous êtes donc, mon Dieu, celui qui couronne le vainqueur, et la couronne elle-même dont vous décorez son front, vous êtes le diadème glorieux vers lequel tendent toutes mes espérances, la lumière qui me comble de joie et qui me donne une nouvelle vie, la seule beauté dont je puisse orner mon cœur, ma plus grande et ma plus chère espérance, l'aspiration du cœur de vos saints et leur plus ardent désir. Le bonheur de vous voir est donc la récompense, le prix, la joie que nous attendons. C'est en cela que consiste la vie éternelle. Votre sagesse elle-même n'a-t-elle pas dit : « La vie éternelle n'est autre chose que le bonheur de vous connaître, vous, seul Dieu véritable, et Jésus-Christ que vous avez envoyé sur la terre? » (*Jean*, XVII, 3.) Lorsque nous vous verrons, Dieu unique et véritable, Dieu vivant, tout-puissant, invisible, que rien ne peut contenir, et qui êtes au-dessus de toute intelligence, lorsque nous verrons votre Fils unique, Dieu de la même substance que vous et comme vous éternel, Notre-Seigneur Jésus-Christ, que vous avez envoyé dans le monde pour notre salut, lorsque nous vous verrons, dis-je, dans l'unité du Saint-Esprit, auguste Trinité, ne formant essentiellement qu'un seul Dieu, hors duquel il n'y a pas d'autre Dieu, alors nous posséderons ce qui est le but de toutes nos aspirations, la vie éternelle, la gloire que rien ne pourra nous ravir, gloire ineffable que vous avez préparée pour ceux qui vous aiment, que vous réservez à ceux qui vous craignent, et que vous donnerez à ceux qui vous cherchent, par leurs bonnes œuvres sur la terre, à mériter le bonheur de vous contempler sans voile dans le royaume des cieux.

Et vous, mon Dieu, qui m'avez formé dans le sein de ma mère, laquelle m'a recommandé à votre divine protection, ne souffrez pas que mon affection, qui ne doit avoir qu'un seul objet, se partage entre plusieurs. Retirez-moi de toutes ces vanités du siècle pour me rappeler à moi-même, et pour me faire passer ensuite de moi à vous, ô mon Dieu, afin que mon cœur puisse vous dire sans cesse : « Mes yeux vous ont cherché : je chercherai, Seigneur votre visage. » (*Ps.* XXVI, 8.) C'est dans le bonheur de vous voir, ô Dieu de toutes vertus, que consistent la gloire des bienheureux, la vie éternelle et toute la joie des saints. Que la crainte de votre nom fasse donc la seule joie de mon cœur. Qu'il soit comblé de joie le cœur de ceux qui cherchent le Seigneur, mais que cette joie soit plus grande encore pour le cœur de ceux qui l'ont trouvé. Car s'il y a tant de joie et de bonheur à vous chercher, mon Dieu, combien plus doit-on en éprouver lorsqu'on vous a trouvé ? Puissé-je donc vous chercher sans cesse avec toute l'ardeur dont je suis capable. Peut-être alors la porte de votre justice me sera-t-elle ouverte, « pour que j'entre dans la joie de mon Seigneur, » ineffable sanctuaire, où les justes seuls seront admis.

CHAPITRE XXXVII. — *Invocation à la sainte Trinité.* — O sainte Trinité, seul et vrai Dieu en trois personnes, parfaitement égales d'essence et d'éternité, Père, Fils et Saint-Esprit, dont le séjour brillant de lumière inaccessible est l'éternité même, vous qui, par votre puissance, avez créé l'univers et qui le gouvernez par votre sagesse, Seigneur trois fois saint, Dieu des armées, Dieu terrible, Dieu de force, de justice et de miséricorde, digne de notre admiration, de nos louanges et de notre amour. O sainte Trinité, une et indivisible, dont les trois personnes

---

es et promissio, tu remunerator es et munus, tu præmiator et præmium felicitatis æternæ. Tu ergo coronator es et corona, Deus meus, diadema spei meæ quæ ornata est gloria, lumen lætificans, lux renovans, decor adornans, spes mea magna, desiderium cordis sanctorum, et desideratus eorum. Visio ergo tua tota merces est, totum præmium, totum gaudium quod expectamus. Hæc est vita æterna. Hæc est, inquit Sapientia tua : « Hæc est vita æterna, ut cognoscant te solum verum Deum, et quem misisti Jesum Christum. » (*Joan.*, XVII, 3.) Cum igitur videbimus te solum Deum, Deum verum, Deum vivum, omnipotentem, invisibilem, incircumscriptibilem, incomprehensibilem, et Filium tuum unigenitum, consubstantialem et coæternum tibi Deum, Dominum nostrum Jesum Christum, quem pro salute nostra misisti in mundum, in unitate Spiritus sancti trinum in personis, et unum in essentia, Deum sanctum solum, extra quem non est Deus; tunc habebimus quod quærimus, vitam æternam, gloriam sempiternam, quam præparasti diligentibus te, quam abscondisti timentibus te, quam daturus es quærentibus te, quærentibus faciem tuam semper.

(1) Hæc desunt in Mss.
(a) Ms. Med, *disverberari* alii *dissubstantiari*.

Et tu Domine Deus meus, formator meus ex utero matris meæ, quæ me recommandavit manui tuæ, non me permittas amplius ex uno (a) distrahi in multa : sed collige me de exterioribus ad me, de me ad te, ut dicat tibi semper cor meum : « Exquisivit te facies mea, faciem tuam Domine requiram, » (*Psal.* XXVI, 8) faciem Domini virtutum, in qua sola consistit tota gloria beatorum, quam videre vita æterna est, et lætitia sempiterna sanctorum. [(1) Lætetur ergo cor meum ut timeat nomen tuum,] lætetur cor quærentium Dominum, sed multo magis cor invenientium. Si enim lætitia est in quærendo, qualis lætitia erit in inveniendo ? Quæram ergo semper ardenter et indesinenter faciem tuam, si quo modo laudem aperiatur mihi ostium et porta justitiæ, ut intrem in gaudium Domini mei. (*Psal.* CXVII, 20.) Hæc porta Domini, justi intrabunt in eam.

CAPUT XXXVII. — *Oratio ad sanctam Trinitatem.* — O tres coæquales et coæternæ personæ, Deus unus et verus, Pater et Filius et Spiritus sanctus, qui solus habitas æternitatem et lucem inaccessibilem ; qui fundasti terram in potentia tua, et regis orbem prudentia ; Sanctus, sanctus, sanctus Dominus Deus sabaoth, terribilis et

sont égales en nature, en puissance, en sagesse, en bonté, ouvrez à mes cris et à mes prières les portes de votre justice, pour que je puisse entrer dans votre demeure et y célébrer la gloire de votre nom. Me voici, Seigneur, souverain Père de famille, devant la porte de votre sainte demeure, où je frappe, pauvre indigent, pour en obtenir l'entrée. Ordonnez qu'elle me soit ouverte, vous qui avez dit : « Frappez et l'on vous ouvrira. » (*Matth.*, VII, 7.) Père de miséricorde, je frappe à votre porte par les désirs ardents de mon cœur, par mes cris et mes gémissements, par toutes les larmes de mes yeux. Rien de tout cela ne vous est caché, Seigneur; ne détournez donc pas de moi vos regards, et ne laissez pas plus longtemps votre serviteur sous le coup de votre colère. O Père de clémence et de charité, entendez les lamentations du plus faible de vos enfants. Tendez-moi une main secourable pour me tirer de cet abîme, de ce lac de misère et de cette fange où je suis tombé. Ne me laissez point périr sous les yeux de votre miséricorde. Que la vue de ma misère appelle sur moi votre clémence. Faites que je puisse aller vers vous, Seigneur mon Dieu, pour admirer les richesses de votre royaume, pour contempler sans voile votre beauté, et célébrer à jamais votre saint nom, ô Seigneur, qui faites tant de merveilles, vous dont la pensée fait toute la joie de mon cœur, vous mon unique lumière depuis mon enfance, vous qui, loin d'abandonner ma vieillesse, remplissez tout mon être d'une sainte joie, et qui, sous les cheveux blancs qui couvrent mon front, me donnez encore toute la vigueur de l'aigle. Que toute gloire, toute louange, toute vertu, toute puissance, toute splendeur, toute béatitude soit à Dieu Père, Fils et Saint-Esprit. Ainsi soit-il.

fortis, justus et misericors, admirabilis, laudabilis, amabilis; unus Deus, tres personæ in una essentia; potentia, sapientia, bonitas, una et indivisa Trinitas, aperite mihi clamanti portas justitiæ, et ingressus in eas confitebor Domino. En ad ostium tuum summe Pater familias mendicus pulso. Jube aperiri pulsanti, qui dixisti : « Pulsate et aperietur vobis. » (*Matth.*, VII, 7.) Pulsant ad ostium tuum, pater misericordissime, desideria rugientium præcordiorum meorum, et clamores lacrymarum oculorum meorum. Ante te est omne desiderium meum, et gemitus meus a te non est absconditus. (*Psal.* XXXVII, 10.) Et tu, Domine, non avertas faciem tuam amplius a me, nec declines in ira a servo tuo. (*Psal.* XXVI, 9.) Pater misericordiarum audi ejulatum pupilli tui, et porrige manum tuam optimam adjutricem, ut trahat me de profundis aquarum, et de lacu miseriæ, et de luto fæcis (*Psal.* XXXIX, 3) : ne peream vidente misericordia oculorum tuorum, aspiciente clementia viscerum tuorum; sed evadam ad te Dominum Deum meum, ut videam divitias regni tui, et intuear faciem tuam semper, et laudem dicam nomini tuo sancto Domine, qui facis mirabilia, qui cor meum lætum facis memoria tua, qui illuminas juventutem meam, et non despicis senectutem meam, sed jubilare facis omnia ossa mea, et (*a*) rejuvenescere facis ut aquilæ canos meos. (*b*) Omnis gloria, omnis laus, omnis virtus, omnis potentia, omnis magnificentia, omnis beatitudo, omnis clementia sit Deo Patri et Filio et Spiritui sancto : Amen.

(*a*) Sic Ms. Colb. At alii libri *reviviscere*. — (*b*) Hic clauditur liber in Mss.

AVERTISSEMENT SUR LE LIVRE DES MÉDITATIONS

Les éditeurs de Louvain ont placé ces *Méditations*, dans le neuvième volume de leur édition, parmi les œuvres authentiques de saint Augustin; ils se sont contentés de répéter ce qu'Erasme, incertain de leur authenticité, avait dit avant eux, à savoir que, « l'auteur était ou saint Augustin, ou quelqu'un qui avait lu ses ouvrages avec soin. » Bernard Vinding pense qu'elles sont l'œuvre de saint Anselme de Cantorbéry, et montre par les raisons suivantes, qu'elles n'appartiennent point à saint Augustin. En effet, l'auteur de ces *Méditations* dit (ch. XXXI), « que sa foi a été éclairée dès son enfance, et toujours nourrie des lumières de la grâce divine; » plus loin (ch. XXXIX, XLI), il pleure les péchés nombreux et griefs, qu'il a commis depuis son baptême, laissant toutefois entendre

ADMONITIO IN SUBSEQUENTES MEDITATIONES

Librum hunc *Meditationum* inter germanos Augustini fetus in Tomo IX, reliquerunt Lovanienses neque de eo pronuntiarunt aliud, quam id quod antea dubitans incertusque Erasmus iisdem fere verbis dixerat : « Auctorem videlicet esse vel Augustinum, vel qui ejus libros non indiligenter legit. » Bernardus Vindingus suspicatus est ab Anselmo Cantuariensi profectum, Augustini autem non esse his argumentis demonstravit. Nam cap. XXXI, dicit *Meditationum* scriptor « fidem suam ab ipsis enutritam cunabulis et illuminatam semper per intelligentiam gratiæ divinæ. » Tum cap. XXXIX et XLI, ubi sua peccata deflet, multis quidem et

qu'avant ce sacrement il n'était souillé que du péché originel. Or, quiconque a lu les *Confessions* de saint Augustin, comprend que ceci ne saurait s'adresser à lui. De plus, l'auteur cite çà et là des sentences de ce saint docteur, les tronquant par fois, et ne les employant pas toujours dans leur vrai sens; par exemple, saint Augustin, (au livre I *des Confessions*, ch. I), dit : « L'homme, portion de vos créatures, veut vous louer. » Au ch. XXXIII de ces *Méditations*, nous lisons : « Que l'homme, partie importante de vos créatures, vous loue. » Cet autre passage du livre XII *des Confessions*, ch. XV : « O séjour brillant et splendide! » que saint Augustin applique à l'œuvre céleste est appliqué, ch. XX, de ces *Méditations*, pour désigner la demeure spirituelle de Dieu, c'est-à-dire la société des bienheureux qu'il désire voir s'intéresser à lui par leurs prières. Au ch. XXII, l'auteur fait un emprunt à la XXXVIIᵉ homélie de saint Grégoire *sur l'Evangile;* de plus, il cite plusieurs passages des offices de l'Eglise, ch. XIV, XV, XVII, XXVII, XXXIII, XXXV, XXXIX, etc. Le ch. XXVI renferme un hymne *sur la gloire du paradis*, qu'on attribue ordinairement à saint Pierre Damiens. Enfin, le style et les locutions qu'il emploie, ne rappellent nullement saint Augustin. Ainsi il dit : *Reciprocare* pour *repetere;* il emploie les mots poétiques : *proles, soboles* et *progenies* pour désigner le Fils de Dieu, et se sert encore des termes : *Gladius materialis, tumidare, morbidare,* etc. C'est plus de raisons qu'il n'en faut, pour établir que ces *Méditations* ne sont point de saint Augustin.

Quant à saint Anselme, ce livre renferme beaucoup de choses extraites des oraisons et des méditations publiées sous son nom. Ainsi, dans les quatre premiers chapitres se trouve la dixième oraison; dans les quatre qui suivent, c'est-à-dire dans les chapitres V, VI, VII et VIII, la seconde; la quatorzième est renfermée dans le chapitre IX, et la vingt et unième dans le chapitre X. On trouve au chapitre XVIII un fragment de la dix-huitième méditation, et plusieurs extraits de la quatorzième dans les chapitres XXII, XXIII, XXIV et XXX. De plus, la cinquième oraison se lit au chapitre XXXIV, la dix-septième au XXXV, la seizième au XXXVI; le chapitre XXXVII contient la dix-huitième et la dix-neuvième; enfin, la vingtième compose le chapitre XLI. Nous ne parlerons pas des passages du *Prologue,* du même saint, de ses méditations II, III et XI, des oraisons IV et LXII qui sont éparses dans le chapitre XXXIX de cet ouvrage.

Au reste, nous ne prétendons point que quelques-unes des oraisons ou des méditations de saint Anselme ne soient apocryphes, surtout celles qui sont composées de lambeaux de divers auteurs. Il y a plus, après avoir considéré un ancien manuscrit de l'abbaye de Saint-Arnould, de Metz, dont il est parlé au tome I des *Analecta*, page 161, nous pensons que vingt-quatre chapitres

gravibus post baptismum, sed tamen ante baptismum solo se originali peccato obligatum fuisse significat. Hæc vero minime convenire in Augustinum, nemo est qui *Confessionum* ipsius cognitis libris ignoret. Auctor præterea passim excerpit sententias Augustini, easque interdum non sinceras adhibet, nec germano earum sensu. Exempli gratia, dixit Augustinus lib. I, *Confess.*, cap. I : « Laudare te vult homo aliqua portio creaturæ tuæ. » Hic autem in *Meditationum* , cap. XXXIII : « Laudet te homo magna portio creaturæ tuæ. » Et illud libri XII, *Confess.*, cap. XV : « O domus luminosa et speciosa, » etc., quod ab Augustino de cœlesti opificio dictum est, transfert ille in capite *Meditationum*, XX, ad domum Dei spiritalem, beatorum scilicet societatem , a qua pro se cupit Deum orari. Mutuatur etiam in cap. XXII, quædam a Gregorio ex homil. XXXVII, *in Evangel.* et præterea ex Ecclesiastico officio verba quamplura in cap. XIV, XV, XVII, XXVII, XXXIII, XXXV, XXXIX, etc. Hymnum pro capite XXVI, inserit *de gloria paradisi*, qui Petro Damiani vulgo assignatur. Denique stylo et dictionibus utitur alienis prorsus ab Augustino, veluti *reciprocare* pro *repetere; proles, soboles* et *progenies* poetico more, pro Filio Dei; item *gladius materialis, tumidare, morbidare,* etc. Atque hæc plus satis erant, ut istæ *Meditationes* abjudicarentur Augustino.

Quod Anselmum spectat, ex Orationibus ac Meditationibus ipsius nomine vulgatis continentur hoc libro non paucæ, scilicet in quatuor capitibus prioribus Oratio decima ; in quatuor proxime sequentibus, id est in 5, 6, 7 et 8. Oratio secunda : quarta decima in capite nono ; in decimo vigesima prima. Nonnihil postea Meditationis 18, in capite 18, occurrit, et plura Meditationis 14, in cap. XXII, XXIII, XXIX et XXX. Rursum in 34 capite Oratio Anselmi quinta, decima septima in 35, decima sexta in 36, decima octava et decima nona in 37, ac tandem in 41 capite vigesima illius Oratio exhibetur. Mittimus sententias, quas reperire est hic trigesimo nono capiti inspersas ex ejusdem *Proslogio*, ex Meditationibus 2, 3 et 11, ex Oratione 4 et ex Orat. 62.

Cæterum nihil obstamus, quo minus earum, quas modo recensuimus, Orationum Anselmi sive Meditationum, habeantur dubiæ quædam et incertæ, præsertim vero si quæ sunt ex variorum auctorum laciniis consarcinatæ. Quin etiam consideratio veteri codice quodam ex S. Arnulphi abbatia Mettensi, de quo in Veterum *Analectorum* Tom. I, pag. 161, facile arbitramur isthæc subsequentis libri capita viginti quatuor, 1, 2,

du livre suivant du XII au XXXVII sont de Jean, que l'on croit avoir été abbé de Fécamp, lequel mourut en 1178, alors que saint Anselme était abbé du Bec. En effet, ce manuscrit, dont l'écriture remonte à cette époque, contient ces vingt-quatre chapitres, précédés d'une épître en forme de préface adressée à l'impératrice, veuve de l'empereur Henri. (Mabillon, dans ces mêmes *Analecta*, a montré en publiant cette lettre, page 133, que cette veuve était Agnès, épouse de l'empereur Henri III.) Or, à la fin de cette même épître, se lit cette inscription : « Moi, Jean, le dernier des serviteurs du Christ, et les serviteurs qui sont avec moi, nous saluons votre béatitude en Jésus-Christ. » Dans cette lettre, après avoir rappelé d'autres écrits pieux, et quelques sentences, qu'il dit avoir recueillies dans les opuscules des Pères, ce même Jean recommande ainsi son ouvrage : « Ayant appris par le rapport de mes amis, que vous désiriez vivement que je vous adressasse le petit livre écrit par moi, sur la contemplation divine, l'amour du Christ, et touchant cette Jérusalem céleste, la mère de tous les fidèles..... Voici que volontiers et avec joie, ô vénérable mère! je suis prêt, selon la science que Dieu m'a donnée, à obéir en tout à votre volonté..... Recevez, je vous prie, avec un esprit attentif ce que vous demandez, cet opuscule, fruit des pensées que m'a données la grâce de Jésus-Christ; vous y trouverez la plupart du temps les enseignements suaves de la science céleste; il faut les lire avec respect, les méditer avec une sainte crainte, de peur d'être accusé de témérité, si on les avait parcourues avec tiédeur et sans dévotion. »

Cette épître est immédiatement suivie du livre partagé en divers chapitres, avec des titres différents de la manière qui suit : « Ici commence l'opuscule tiré de l'Ecriture sainte et des paroles des Pères, destiné surtout à ceux qui aiment la vie contemplative. (*Ps.* Deus misereatur nostri.) Trinité souveraine, puissance unique, majesté inséparable, notre Dieu, Dieu tout-puissant, je vous confesse, etc. » C'est la première partie de l'opuscule commençant au chapitre XII des méditations suivantes, et se terminant par le chapitre XVII. On ajoute ensuite : « Ici se termine la première partie sur la contemplation divine. Commencement de la seconde partie touchant la mort du Christ, et notre mère la Jérusalem céleste. (*Ps.* Eructavit.) O Christ, mon Dieu et mon espérance! vous, le doux ami des hommes, etc. » Cette seconde partie se termine par le chapitre XXV, après lequel on lit : « Ici finit la seconde partie concernant la spéculation des choses célestes. Commencement de la troisième partie, dans laquelle l'âme pieuse s'élève à un degré plus sublime de contemplation. » (*Ps.* Te Deum laudamus. — *Ps.* Benedicite omnia. — *Ps.* Laudate Dominum. — *Ps.* Benedic

13, 14, 15, 16, 17, 18, 19, 20, 21, 22, 23, 24, 25, 27, 28, 29, 30, 31, 32, 33, 35, 36 et 37, Joannis esse, Abbatis uti creditur Fiscamensis, qui anno 1178, diem obiit, Anselmo Abbate tunc temporis Beccensi. Nam Mettensis ille codex, cujus scriptura ejusdem fere Joannis ætatem redolet, libellum repræsentat capitibus viginti quatuor supra dictis comprehensum, præfixa proxime ante, prologi vice, epistola ad Imperatricem viduam Henrici Imperatoris (Henricum hunc tertium, illam vero Agnetem esse, monstravit I). Joannes Mabillon in prædictis *Analectis*, ubi epistolam eamdem pag. 133, publicavit,) cum hacce in fine subscriptione : « Ego Joannes ultimus servorum Christi, et qui mecum sunt fratres, beatitudinem tuam salutamus in Christo, » etc., qua nimirum epistola post commemoratas alias quasdam scriptiones pias et « nonnullas » quas « ex Opusculis Patrum sententias » se « deflorasse » dicit Joannes, libellus ille commendatur in hæc verba : « Quia relatione amicorum didici, te desiderare et poscere, ut ipse quoque, quem de contemplatione divina Christique amore, et de illa superna Jerusalem omnium fidelium matre editum habeo, tibi scribatur libellus..... ecce ego libens atque ovans, pro scire quod mihi dedit Deus, paratus sum, mater veneranda, tuæ in omnibus obsequi voluntati..... Accipe, quæso, pervigili mente illud quod expetis, meæ per Christi gratiam deflorationis Opusculum, in quo videlicet reperies magna ex parte cœlestis theoriæ dulcia verba, quæ reverenter legenda sunt, et cum timore debito meditanda, ne forte de temeritate judicetur, qui tepidus et indevotus accesserit, » etc.

Epistolæ continuo subjungitur libellus diversis partibus et titulis hunc in modum distinctus : « Incipit libellus de Scripturis et verbis Patrum collectus, ad eorum præsertim utilitatem qui contemplativæ vitæ sunt amatores. (*Ps.* Deus misereatur nostri.) Summa Trinitas, virtus una, et indiscreta majestas, Deus noster, Deus omnipotens, confiteor tibi, » etc. Pars est libelli prima, incipiens a capite XII. Meditationum sequentium, et desinens ad finem capitis XVII. Tunc subjicitur : « Explicit de contemplatione divina pars prima. Incipit pars secunda de Christi amore, simul et de illa superna Jerusalem matre nostra. (*Ps.* Eructavit.) Spes mea Christe Deus, hominum tu dulcis amator, » etc. Desinit hæc secunda pars ad finem capitis XXV. Postea legitur : « Explicit pars secunda theoreticæ speculationis. Incipit pars tertia, ubi mens devota Deo ad altiorem contemplationis gradum ascendit. (*Ps.* Te Deum laudamus. *Ps.* Benedicite omnia. *Ps.* Laudate Dominum. Benedic anima mea Domino, et omnia quæ intra me sunt nomini sancto ejus, » etc.).

anima mea Domino et omnia, etc.) Cette troisième partie omettant le chapitre xxvi, commence au xxvii, elle finit au chapitre xxxiii ; ensuite, laissant le chapitre xxxiv, elle ajoute ce titre : « Ici commence les prières pleines d'un ardent désir, afin que l'âme puisse aimer Jésus-Christ seul, car l'amour bon, et l'amour mauvais ne sauraient se trouver ensemble dans un même cœur, selon qu'il est écrit : Nul ne peut servir deux maîtres. » (*Ps.* Jubilate Deo omnis terra.) Vient ensuite le chapitre xxxv : « Jésus, auteur de notre rédemption. » Il est suivi du chapitre xxxvi, avec ce titre : « Ici l'âme pécheresse gémit profondément et s'afflige en voyant la terre sans eau ; c'est pourquoi elle adresse à Dieu des prières ferventes pour en obtenir le don des larmes. (*Ps.* Quemadmodum.) Christ, Seigneur, Verbe du Père. » A la suite vient la première partie du chapitre xxxvii, avec cette inscription : « Ici l'âme pieuse désire avec une vive ardeur, et supplie humblement Dieu, auteur de tout bien, qu'aidée de la grâce divine, elle puisse constamment accomplir ce qu'ordonne l'Apôtre quand il dit : Si vous êtes ressuscités avec le Christ, cherchez les choses qui sont en haut, là où le Christ est assis à la droite de Dieu ; goûtez les choses du ciel et non celles de la terre. (*Ps.* Quam dilecta.) Seigneur Jésus, miséricordieux Sauveur, » jusqu'à ces paroles : « Que ma mémoire, ô Seigneur mon Dieu! se repose et s'abstienne de tout ce qui est mal. » Ici la leçon diffère et se termine ainsi : « De tout ce qui est sous le ciel, veillant pour vous seul, selon ce qui est écrit : Je dors, mais mon cœur veille. Que mon âme soit toujours calme et tranquille sous les ailes de votre protection, ô mon Dieu! etc. » A la fin se trouve le reste de ce même chapitre xxxvii, avec un exorde et un titre, ainsi qu'il suit : « L'homme de désirs, le contemplateur des choses célestes, dégoûté de ce qui est ici-bas, aspirant aux choses futures, gémit du fond de son cœur, et prie sans cesse, affligé de ne point être encore dans le lieu, où il pourra voir son bien-aimé face à face, selon qu'il est écrit : Je désire mourir et être avec le Christ. (*Ps.* Jubilate Domino.) O Christ, Seigneur, vertu et sagesse du Père! etc. » Cet exorde renfermant environ quinze versets, se relie à ces paroles du chapitre xxxvii : « Qu'y a-t-il de plus beau, qu'y a-t-il de plus doux, etc., » et cet opuscule se termine par ces paroles : « Je loue, je bénis et j'adore le Dieu qui vit et règne dans les siècles des siècles ; Ainsi soit-il. »

Un manuscrit de la Bibliothèque royale, écrit il y a plus de deux cents ans, commence cet opuscule au chapitre xii, lui donnant pour préface le chapitre xi. Il ne le divise pas en sept parties, comme le fait le manuscrit de Metz que nous avons cité, mais seulement en six, s'abstenant de couper le chapitre xxxvii, par lequel il se termine. Nous voulons citer le titre et les commencements

Pars itaque tertia prætermisso capite xxvi, incipit a xxvii. Desinit autem ad finem capitis xxxiii. Deinde relicto xxxiv, capite subsequitur titulus : « Incipiunt preces ardentis desiderii , ut anima solum Christum possit amare, quia bonus et malus amor non se simul in uno capiunt pectore, sicut scriptum est : Nemo potest duobus dominis servire. » (*Ps.* Jubilate Deo omnis terra.) « Moxque additur totum caput xxxv : « Jesu nostra redemptio, » etc. Succedit caput xxxvi, cum hoc titulo : « Hic peccatrix anima gemit nimis et dolet, videns terram sine aqua, et idcirco præ desiderio lacrymarum devotas preces fundit ad Dominum. (*Ps.* Quemadmodum.) Christe Domine, Verbum Patris. » etc. Postea sequitur i, pars capitis xxxvii, cum inscriptione : « Hic optat ardore nimio mens pia, et datorem omnium bonorum Deum humiliter rogat, ut divinæ gratiæ fulta præsidio, hoc constanter agere possit, quod Apostolus præcipit dicens : Si consurrexistis cum Christo, quæ sursum sunt quærite, ubi Christus est in dextera Dei sedens ; quæ sursum sunt sapite, non quæ super terram. (*Ps.* Quam dilecta.) Christe Domine, Jesu pie, » etc., usque ad isthæc verba : « Dormiat obscero, Deus meus, dormiat memoria mea ab omnibus, » (jam varia est lectio, sic pro conclusione habens) « quæ sub cœlo sunt, vigilans in te sicut scriptum est : Ego dormio et cor meum vigilat. Sit tuta, sit semper secura sub pennis protectionis tuæ anima mea, Deus meus, » etc. Extremo loco ponitur reliqua pars capitis ejusdem 37, adjunctum habens exordium et titulum, hoc modo : « Vir desideriorum et cœlestium contemplator, præsentia fastidiens, futura desiderans, gemit ex fundo cordis, et implorat quotidie, dolens se ibi non esse, ubi dilectum suum revelata facie mereatur videre, sicut scriptum est : Cupio dissolvi et esse cum Christo. (*Ps.* Jubilate Domino.) Christe Domine virtus et sapientia Patris , » etc., quod exordium versibus fere quindecim constans adnectitur ad verba illa capitis xxxvii : « Quid enim pulchrius, quidve dulcius, » etc., desinitque ibi libellus : « Ipsum laudo, benedico atque adoro, qui vivit et regnat Deus in sæcula sæculorum, Amen. »

Regius codex ante annos ducentos descriptus libellum eumdem a capite xii, sic exorditur, ut in titulo præmittat caput xi. Atque ipsius libelli non septem partes, quot attulimus supra ex codice Mettensi, sed tantum sex facit, capite videlicet xxxvii, in quo pariter desinit, minime diviso. Juvat exhibere titulos et initia partium singularum ex eodem Regio codice, tametsi nomen Augustini falso præferat libellus, hac ibi

indiqués par ce manuscrit, bien que cet opuscule y soit faussement attribué à saint Augustin. Voici donc comment il est divisé : « Livre des prières ou des supplications de saint Augustin, évêque, extrait des divines Ecritures pour le profit surtout de ceux qui s'adonnent à la vie contemplative. Avant tout, qu'on récite le psaume : *Deus misereatur nostri et benedicat nobis,* etc., parce que le prophète y parle assez clairement de l'unité de Dieu et de la sainte Trinité. Ce psaume fini, qu'on dise : Nous vous confessons, vous Dieu le Père qui n'avez point été engendré, » etc., c'est-à-dire le chapitre XI qui est ici transcrit tout entier, et on ajoute : « Récitez ce qui suit avec un esprit pieux et un cœur pur ; ce sont les louanges de Dieu, adressez-les lui comme des prières, d'une voix humble et suppliante : Trinité souveraine, puissance unique, majesté inséparable, » etc. Le chapitre XVI étant fini ; « Ici commence la seconde partie où l'on traite de l'amour du Christ, et de la Jérusalem céleste qui est notre mère. D'abord il faut dire le psaume : *Eructavit cor meum,* dans lequel l'Esprit saint par le prophète parle manifestement du Christ et de l'Eglise. Ce psaume fini, ajoutez ce qui suit : O Christ, mon Dieu, mon espérance, » etc., et à la fin du chapitre XXV. « Ici commence la troisième partie où l'âme pieuse s'élève à un degré plus sublime de contemplation. Qu'on chante d'abord l'hymne, *Te Deum laudamus,* puis cet autre ; *Benedicite omnia opera Domini Domino,* de plus le psaume *Laudate Dominum de cœlis* ; enfin, qu'on récite en méditant lentement et attentivement ce qui suit : Bénis le Seigneur, ô mon âme. » Après avoir terminé le chapitre XXXIII, ce manuscrit ajoute : « Ici commence la quatrième partie, c'est-à-dire les prières pleines d'un fervent désir par lesquelles l'âme fidèle veut aimer uniquement le Christ, et d'abord il faut dire ce psaume : *Confitemini Domino quoniam bonus, quoniam in sæcula misericordia ejus,* puis réciter avec la même dévotion ce qui suit : Jésus, notre rédemption, » etc. C'est le chapitre XXXV après lequel on lit : « Ici commence la cinquième partie où l'homme de désir, le contemplateur des choses célestes, gémit chaque jour de ne pas être dans le lieu où il méritera de voir son bien-aimé, selon la parole de l'Apôtre : Je désire mourir et être avec le Christ. Il faut commencer par dire ce psaume : *Jubilate Deo omnis terra, psalmum dicite,* etc., puis ajouter ce qui suit : « Christ Seigneur, Verbe du Père, » etc. Enfin après le chapitre XXXVI, la dernière partie comprenant le chapitre XXXVII porte cette inscription : « Ici commence la sixième partie. L'âme pieuse désire avec une vive ardeur et prie humblement Dieu, auteur de tout don, qu'appuyée de sa protection elle puisse toujours faire ce que dit l'Apôtre : Si vous êtes ressuscités avec le Christ, cherchez ce qui est en haut. Seigneur Jésus, miséricordieux Jésus, Jésus plein de bonté, » etc. Le

ratione prænotatus et digestus. « Liber supputationum seu supplicationum beati Augustini episcopi, de divinis scripturis collectus ad eorum præsertim utilitatem, qui contemplativæ vitæ sunt amatores. Et ante omnia dicatur Psalmus, Deus misereatur nostri et benedicat nobis : etc. qui in primis dicendus est, quia in eo de summa Trinitate et unitate satis expresse locutus est Propheta. Quo finito addatur et hoc : Te Deum Patrem ingenitum, » etc., scilicet caput XI, quod hoc loco totum scribitur, et additur : « Deinde cætera quæ sequuntur, mente devota, et corde puro, ut pote laudes Dei, Deo dicturus flebilis et supplex in modum orationis seu canonis perora. Summa Trinitas, virtus una et indiscreta Majestas » etc. Ibidem finito capite XVI. « Incipit secunda pars, ubi agitur de Christi amore et de illa superna civitate Jerusalem, quæ est mater nostra. Et primo dicendus est iste Psalmus : Eructavit cor meum verbum, in quo de Christo et Ecclesia per Prophetam Spiritus sanctus satis expresse loquitur. Quo finito adde et hæc quæ sequuntur. Spes mea Christe Deus, » etc. Ibidem post finem capitis XXV. « Incipit tertia pars, ubi mens devota ad altiorem contemplationis gradum ascendit. Quo finito cantetur hymnus, Te Deum laudamus. Item alius hymnus, Benedicite omnia opera Domini Domino. Item psalmus, Laudate Dominum de cœlis. Et deinde cætera quæ sequuntur, intenta et morosa meditatione dicantur. Benedic anima mea Domino. » etc. Ibidem completo capite XXXIII, subditur : « Incipit quarta pars, scilicet preces ardentis desiderii, ut fidelis anima solum Christum possit amare. Et in primis dicendus est iste Psalmus : Confitemini Domino, quoniam bonus, quoniam in sæculum misericordia ejus. Deinde devote dicantur sequentia. Jesu nostra redemptio, » etc. Caput est XXXV, quo finito ibidem legitur : « Incipit quinta pars, ubi vir desideriorum et cœlestium contemplator gemit quotidie dicens se ibi non esse, ubi dilectum suum mereatur videre, sicut Apostolus aiebat : Cupio dissolvi et esse cum Christo. In primis autem dicendus est iste psalmus : Jubilate Deo omnis terra, psalmum dicite, etc. Deinde quæ sequuntur. Christe Domine, Verbum Patris » etc. Denique post caput istud 36 postrema pars ad 37, caput si inscribitur : « Incipit sexta pars. Hic optat ardore nimio anima sive mens pia, et datorem omnium donorum Deum humiliter rogat, ut divinæ gratiæ fulta præsidio, hoc constanter valeat agere, quod Apostolus ait : Si consurrexistis cum Christo, quæ sursum sunt quærite. Jesu Domine,

chapitre XXXVII terminé, on lit cette observation : « Ici se termine le livre *des Supplications* du bienheureux évêque Augustin, il fut fini en l'année 1471. »

Nous pensons qu'on a inscrit en tête de ce livre le nom de saint Augustin, parce qu'il est en grande partie composé des paroles de ce docteur; ou alors ce serait erreur et négligence des copistes, ce que peut-être avait déjà remarqué à l'occasion de ce livre l'abbé Jean, puisque dans le prologue ou épître qu'il adresse à l'impératrice, il dit : « Je supplie votre charité que s'il se rencontre quelques personnes désireuses d'avoir ce livre, vous les avertissiez de le transcrire avec soin, de le relire avec assiduité, et surtout de ne pas souffrir qu'on en retranche, qu'on y ajoute ou qu'on y change quoi que ce soit. Nous faisons cette observation à cause de la négligence des copistes, qui non-seulement dénaturent un livre, mais qui y ajoutent mensonge sur mensonge. » Cependant ces méditations ne sont pas tellement l'œuvre de l'abbé Jean, (auquel, ainsi que nous l'avons dit, le manuscrit de Metz et celui de la Bibliothèque royale attribuent vingt-quatre chapitres), qu'on n'y trouve aux chapitres XXXVIII et XL d'importants passages d'Alcuin, auquel du reste l'abbé Jean fait lui-même de fréquents emprunts. Ces passages seront indiqués, d'après l'édition de Paris, 1617, dans les notes qui accompagnent le latin de notre édition.

Enfin, il n'est pas inutile de faire remarquer que, vu l'époque où vécut l'abbé Jean et celle du manuscrit de Metz, il paraît certain et manifeste que les passages du livre *De l'esprit et de l'âme*, *De l'amour de Dieu*, *Des Soliloques*, du *Manuel*, (tous livres postérieurs au temps où vécut saint Bernard), qui concordent avec le texte de ces *Méditations*, n'ont pas été empruntés à ces livres par l'abbé Jean, mais ont été au contraire pris plus tard dans l'opuscule de cet abbé.

Jesu pie, Jesu bone, » etc. Finitoque hoc XXXVII capite, clausula apponitur : « Explicit liber *supputationum* beati Augustini episcopi, et finitus in anno Domini 1471. »

Additum opinamur Augustini nomen, quia liber ex Augustini maxime doctis compositus videbatur : vel certe referendum id in librariorum errorem et incuriam, quam in eo jam libro expertus forte fuerat Joannes, qui ejusdem libri prologo seu epistola ad Imperatricem scribit : « Rogo dilectionem tuam, ut si quoslibet inveneris, qui libellum hunc velint habere, moneas eos et diligenter transcribere, et scriptum frequenter relegere, usque adeo ut aliquid addi, vel subtrahi, aut immutari non patiantur in eo. Hoc autem facimus propter incuriam librariorum, qui non solum veritatem corrumpunt, sed etiam mendacia mendaciis jungunt. » Joannem porro non ea tantum sapiunt, quæ libellus, uti vidimus, in Mettensi et Regio codice comprehendit subsequentium Meditationum capita viginti quatuor, sed capita quoque ordine 38 et 40, quæ plurimis ex Alcuino, quem etiam exscribere solet Joannes, sententiis contesta sunt. Alcuini loca indicabuntur singula notato e regione libro et folio editionis Parisiensis anni 1617.

Ad extremum nonnihil refert observare hic rem, comperta Joannis et codicis ipsius Mettensis antiquitate, certam deinceps et exploratam, sententias scilicet quæ liber *de Spiritu et anima*, *de diligendo Deo*, *Soliloquia*, *Manuale*, (libri utique omnes Bernardo posteriores,) similes sive plane easdem habent cum subsequente *Meditationum* Opusculo, non ex illis libris a Joanne decerptas esse, imo potius ex libro Joannis in eos libros recentius conditos transiisse.

LE
LIVRE DES MÉDITATIONS

CHAPITRE I. — *Invocation à Dieu.* — Seigneur mon Dieu, faites que mon cœur puisse vous désirer, vous chercher en vous désirant, vous trouver en vous cherchant, vous aimer en vous trouvant, et en vous aimant, racheter mes péchés, et ne plus y retomber après les avoir rachetés. Seigneur mon Dieu, inspirez à mon cœur le repentir, à mon esprit la contrition. Faites que mes yeux versent des torrents de larmes, et que mes mains répandent d'abondantes aumônes. Seigneur, roi tout-puissant, éteignez en moi les désirs de la chair, et embrasez mon cœur du feu de votre amour. Eloignez de moi l'esprit d'orgueil, et accordez-moi l'ineffable trésor de votre humilité. O mon Sauveur, préservez-moi des furieux excès de la colère, et donnez-moi l'esprit de patience. Daignez, mon Créateur, guérir mon âme de toute aigreur, et m'inspirer des sentiments de bienveillance et de douceur. Père très-clément, donnez-moi une foi solide, une espérance bien réglée, et une charité qui ne se démente jamais. Seigneur, mon souverain guide, éloignez de moi la vanité, la légèreté d'esprit, l'inconstance de cœur, toute légèreté de langage, l'orgueil du regard, la gourmandise, tout outrage contre le prochain, l'esprit de médisance et de curiosité, l'amour des richesses, l'usurpation des dignités, le désir de la vaine gloire, l'hypocrisie, la honteuse flatterie, le mépris des pauvres, l'oppression des faibles, l'avarice, l'envie et le blasphème si mortel pour l'âme. Seigneur, qui m'avez tiré du néant, délivrez-moi de toute témérité, de l'opiniâtreté dans l'injustice, de toute inquiétude, de l'oisiveté, de l'engourdissement, de la paresse, de la pesanteur d'esprit, de l'aveuglement du cœur, de l'obstination pour soutenir mon opinion, de toute dureté de mœurs, de toute désobéissance aux préceptes du bien, et de résistance aux bons conseils; de l'intempérance de la langue, de tout ce qui pourrait violer les droits des pauvres et des faibles, de toute calomnie envers les innocents, de toute négligence envers ceux qui me sont soumis, de toute iniquité envers mes domestiques, d'ingratitude envers mes amis et de dureté à l'égard de mon prochain. O Dieu de bonté, je vous en conjure par votre bien-aimé Fils, faites que désormais, je puisse accomplir des œuvres de charité et de miséricorde, compatir aux douleurs des affligés, subvenir aux besoins des indigents, secourir les malheureux, redresser ceux qui s'égarent, consoler ceux qui sont tristes, protéger les opprimés, tendre une main secourable aux pauvres, relever de leur abattement ceux qui pleurent, remettre ce qui m'est dû, pardonner à ceux qui m'offensent, aimer ceux qui me haïssent, rendre le bien pour le mal, ne mépriser personne, mais honorer tout le monde, imiter les bons, me défier des méchants, embrasser toutes les vertus et rejeter tout vice, être patient dans l'adversité, modéré dans la

MEDITATIONUM LIBER UNUS

CAPUT I. — *Oratio pro vitiis resecandis, et virtutibus obtinendis.* — Domine Deus meus, da cordi meo te desiderare, desiderando quærere, quærendo invenire, inveniendo amare, amando mala mea redimere, redempta non iterare. Da Domine Deus meus cordi meo pœnitentiam, spiritui contritionem, oculis lacrymarum fontem, manibus eleemosynæ largitatem. Rex meus, exstingue in me desideria carnis, et accendet (*a*) ignem tui amoris. Redemptor meus, expelle a me spiritum superbiæ, et concede propitius thesaurum humilitatis tuæ. Salvator meus, amove a me furorem iræ, et indulge mihi benignus (*al.* scutum *vel* sensum) serenum patientiæ. Creator meus, evelle a me animi rancorem, et largire mihi mitis mentis dulcedinem. Da clementissime Pater solidam mihi fidem, spem congruam, caritatem continuam. Rector meus, averte a me vanitatem, mentis inconstantiam, cordis vagationem, oris scurrilitatem, oculorum elationem, ventris ingluviem, opprobria proximorum, scelera detractionum, curiositatis pruriginem, divitiarum cupiditatem, potentatuum rapinam, inanis gloriæ appetitum, hypocrisis malum, adulationis (*b*) nævum, contemptum inopum, oppressionem debilium, avaritiæ ardorem, invidiæ rubiginem, blasphemiæ mortem. Reseca in me factor meus temeritatem, iniquam pertinaciam, inquietudinem, otiositatem, somnolentiam, pigritiam, mentis hebetudinem, cordis cæcitatem, sensus obstinationem, morum truculentiam, boni inobedientiam, consilii repugnationem, linguæ effrenationem, pauperum prædam, impotentum violentiam, innocentum calumniam, subditorum negligentiam, circa domesticos severitatem, adversus familiares impietatem, erga proximos duritiam. Deus meus misericordia mea, oro per dilectum Filium tuum, da mihi misericordiæ opera, pietatis studia, compati afflictis, subvenire egenis, succurrere miseris, consulare erroneis, consolari mæstos, relevare oppressos, pauperes recreare, flebiles refovere, dimittere debitoribus, parcere in me peccantibus, odientes me diligere, pro malis bona reddere, neminem despicere, sed honorare : bonos imitari, malos cavere, virtutes

(*a*) Mss. Mettensis *vim*. — (*b*) Sic Ms. Met., al. *venenum*.

prospérité, mettre une garde à ma bouche et une barrière autour de mes lèvres, fouler aux pieds les choses de la terre, et avoir soif de celles du ciel.

CHAPITRE II. — *De la miséricorde divine.* — Voici, ô mon divin Créateur, que je vous demande des grâces, bien que je n'en aie mérité aucune. J'avoue, hélas! je confesse que non-seulement les bienfaits que je demande ne me sont point dus, mais que j'ai plutôt mérité des châtiments nombreux. Mais ce qui m'encourage, ce sont les publicains, les pécheresses, les larrons, qui à peine arrachés aux serres de l'ennemi, sont reçus sur le cœur du bon pasteur. Car, bien que vous soyez admirable dans toutes vos œuvres, ô Dieu, Créateur de toutes choses, vous l'êtes encore plus dans celles de votre ineffable charité. C'est pourquoi vous avez dit de vous-même par la bouche de l'un de vos serviteurs. « Dieu se plaît à répandre sa miséricorde sur tous ses ouvrages, » (*Ps.* CXLIV) et quoique dans un autre passage, il me semble parler que d'un seul, nous aimons à croire que c'est de votre peuple tout entier qu'il a dit : « Je ne retirerai jamais ma miséricorde de dessus lui. » (*Ps.* LXXXVIII, 34.) En effet, Seigneur, vous ne méprisez, vous ne rejetez, vous ne haïssez que ceux qui sont assez insensés, pour n'avoir aucun amour pour vous. Bien loin de faire sentir à ceux qui vous offensent les effets de votre colère, vous répandez sur eux vos bienfaits, lorsqu'ils cessent de vous offenser. O mon Dieu, mon seul salut, mon seul soutien, que je suis malheureux de vous avoir offensé. J'ai fait le mal devant vous, j'ai appelé sur moi votre colère que j'ai justement méritée. J'ai péché, vous avez souffert mes fautes; et vous les souffrez encore présentement. Dieu de bonté, si je me repens, vous me pardonnez; si je reviens à vous, vous me recevez; si je diffère même, vous m'attendez. Vous daignez me rappeler de mes égarements, combattre mes résistances, ranimer mon indifférence, m'ouvrir vos bras à mon retour vers vous, éclairer mon ignorance, adoucir mes chagrins, me sauver de ma perte, me relever lorsque je suis tombé, me donner quand je demande, vous présenter à moi lorsque je vous cherche, et m'ouvrir lorsque je frappe.

Seigneur mon Dieu, seul espoir de mon salut, comment m'excuser de méconnaître tant de bienfaits? Comment répondre aux reproches de ma conscience? Je n'ai d'asile et de refuge qu'en vous. C'est vous qui m'avez indiqué la voie d'une sainte vie : c'est vous qui m'avez appris à y marcher. Si je l'abandonnais, vous m'avez menacé des feux de l'enfer; si je la suivais, vous m'avez promis la gloire du paradis. Maintenant, Père de miséricorde, Dieu de toute consolation, percez ma chair de votre crainte, afin que par cette crainte salutaire, j'échappe à l'effet de vos menaces, et rendez-moi la joie de votre salut, pour qu'en vous aimant, je recueille le fruit de vos promesses. Seigneur, mon unique force et mon soutien, Dieu, mon refuge et mon Sauveur, inspirez-moi ce que je dois penser de vous; apprenez-moi les paroles par lesquelles je puis vous invoquer; faites-moi la grâce d'accomplir les œuvres par lesquelles je pourrai vous plaire. Tout ce que je sais, c'est que le plus sûr moyen de détourner de nous votre colère et votre mépris, c'est le sacrifice d'un cœur contrit et humilié. Voilà, mon Dieu, mon seul secours, les trésors de grâces dont je vous prie de m'enrichir, pour me servir de protec-

---

amplecti, vitia rejicere in adversis patientiam, in prosperis continentiam, custodiam oris, et ostium circumstantiæ labiis meis, terrena calcare, cœlestia sitire.

CAPUT II. — *Misericordiæ Dei commendatio.* — Ecce, plasmator meus, multa rogavi, cum nec pauca promerui. Fateor, heu fateor, non solum quæ postulo non debentur dona, sed multa mihi et exquisita supplicia. Animavit vero me publicani, meretrices et latrones, qui a faucibus hostis (*a*) momentanee eruti, sinibus suscipiuntur pastoris. Tu enim, factor omnium Deus, licet in cunctis operibus tuis sis mirabilis, mirabilior tamen crederis esse in visceribus pietatis. Unde de temetipso per quemdam dixisti servum : « Miserationes ejus super omnia opera ejus. » (*Psal.* CXLIV, 9.) Et quasi de singulo loquentem, de universo populo tuo te dixisse confidimus : « Misericordiam autem meam non dispergam ab eo. » (*Psal.* LXXXVIII, 34.) Nullum enim spernis, nullum abjicis, neminem perhorrescis, nisi qui forte auneus te exhorruerit. Ergo non modo iratus non percutis, sed te irritantibus dona, si (*b*) quieverint, tribuis. Deus meus, cornu salutis meæ, et susceptor meus, ego infelix, ego te irritavi, ego malum coram te feci, furorem tuum provocavi, iram promerui. Peccavi, et passus es; deliqui, et adhuc sustines. Si pœniteo, parcis; si revertor, suscipis; insuper dum differo, præstolaris. Revocas errantem, invitas repugnantem, excitas torpentem, amplecteris redeuntem, doces ignorantem, mœrentem mulces, a ruina suscitas, post lapsum reparas, petenti largiris, quærenti inveniris, et pulsanti aperis.

Ecce, Domine Deus salutis meæ, quid opponam nescio, quid respondeam ignoro : nullum confugium, nullum abs te patet mihi latibulum. Ostendisti mihi bene vivendi viam, dedisti gradiendi scientiam : minatus es mihi gehennam, et pollicitus es mihi paradisi gloriam. Nunc, pater misericordiarum et Deus totius consolationis, confige timore tuo carnes meas (*Psal.* CXVIII, 120); quatenus quæ minaris, metuendo evadam : et redde mihi propitius lætitiam salutaris tui (*Psal.* L, 14), ut quæ spondes, diligendo (*al.* participem) percipiam. Fortitudo mea, Domine, firmamentum meum, Deus meus, refugium meum, et liberator meus, suggere quid de te cogitem, doce quibus te sermonibus invocem, da quibus operibus placeam. Scio namque, scio unum quo placaris et aliud quod non spernis. Est utique tibi spiritus contribulatus sacrificium, et acceptas cor contritum et humiliatum. (*Psal.* L, 19.) His me, Deus meus, adjutor meus, dita muneribus, his contra inimicum muni protectionibus, hoc de flammis vitiorum præsta refrigerium, hoc a desi-

(*a*) Ap. Ans., *momentaneæ pœnitudinis humilitate*. — (*b*) Ap. Ans., *quæsierint*.

tion contre mon ennemi, pour éteindre en moi les feux de la concupiscence, et me fournir un refuge contre les passions et les désirs immodérés de mon cœur. Faites, Seigneur, vous mon unique salut, faites que je ne sois pas du nombre de ceux dont la foi est de peu de durée, et qui succombent au moment de la tentation. Couvrez ma tête au jour du combat; soyez mon espérance au jour de l'affliction, et mon salut au temps de la tribulation.

Seigneur, ma vraie lumière et mon salut, je vous ai demandé bien des grâces dont j'ai besoin, mais je tremble en vous les demandant; car les remords de ma conscience et les reproches secrets de mon cœur s'élèvent contre moi. La crainte que j'éprouve affaiblit ce que je reçois de votre amour, et cette crainte vient troubler l'amour même que j'ai pour vous. Ma vie passée me remplit d'épouvante, mais votre miséricorde rappelle la confiance dans mon cœur. Votre divine bonté m'exhorte et m'encourage, et le mal qui est en moi arrête les effets de vos exhortations; et pour dire toute la vérité, mes déréglements passés assiègent mon esprit, comme autant de fantômes, qui refoulent en elle-même l'audace des âmes présomptueuses.

CHAPITRE III. — *Que notre désobéissance empêche Dieu de nous exaucer.* — Lorsque quelqu'un est digne de haine, de quel front ose-t-il demander des grâces? N'y a-t-il pas témérité à désirer la gloire, quand on mérite le châtiment? N'est-ce pas harceler insolemment un juge, que de lui demander des récompenses avant d'avoir réparé sa faute? Quand on est digne du supplice, n'est-ce pas insulter à un roi, que de solliciter sa générosité, sans l'avoir méritée? Il froisse les sentiments affectueux de son père, le fils insensé, qui après l'avoir outragé, et sans avoir donné aucune marque de repentir, prétend disposer de son héritage. Que de fautes n'ai-je pas commises contre vous, ô mon Père? J'ai mérité la mort, et je demande la vie. J'ai irrité mon roi, et j'ai l'impudence d'invoquer son appui. J'ai méprisé le juge, dont j'ai la témérité d'implorer le secours. J'ai refusé d'écouter la voix de mon père, et j'ai la présomption de l'avoir maintenant pour soutien et pour protecteur. Hélas, combien j'ai différé, et quelle lenteur j'ai mise pour revenir à vous! Hélas, j'ai couru moi-même au-devant des blessures, et lorsque j'étais encore sain et sauf, j'ai dédaigné de me préserver des traits. J'ai négligé de les voir de loin, et maintenant l'approche de la mort m'épouvante. En ajoutant crimes sur crimes, j'ai ainsi ajouté blessures sur blessures. En faisant revivre par des fautes nouvelles, celles que j'avais commises précédemment, j'ai de nouveau envenimé ces blessures à peine cicatrisées, et une démangeaison frénétique m'a fait rouvrir celles que votre main avait fermées. Semblables à une peau légère qui recouvrait mes plaies, et cachait la maladie qui, en faisant irruption, a corrompu cette peau, les iniquités dans lesquelles je suis retombé ont détruit en moi l'effet de vos anciennes miséricordes. Je sais qu'il est écrit : « Dès que le juste aura péché, toutes ses œuvres de justice seront oubliées. » (*Ezech.*, XVIII, 24.) Mais si un seul péché du juste, suffit pour anéantir sa justice, combien plus est anéantie la pénitence du pécheur qui retourne à son péché. Et moi, Seigneur, combien de fois ne suis-je pas, comme un chien, revenu à mes vomissements? Combien de fois, comme le pourceau impur, ne me suis-je pas plongé dans la fange? Il m'est aussi impossible de dire, qu'il m'est difficile de me rappeler, à combien de malheureux qui l'ignoraient, j'ai appris le péché; à combien je l'ai conseillé contre leur volonté; combien d'infortunés j'y

---

deriorum passionibus pande pius refugium. Fac Domine virtus salutis meæ, ne sim de numero eorum, qui ad tempus credunt, et in tempore tentationis recedunt. (*Luc.*, VIII, 13.) Obumbra caput meum (*Psal.* CXXXIX, 8) in die belli, esto spes mea in die afflictionis, et salus in tempore tribulationis.

En Domine illuminatio mea, et salus mea, rogavi quibus egeo, intimavi quæ timeo : sed remordet conscientia, reprehendunt me cordis secreta; et quod amor ministrat, timor dissipat; zelus incitat, metus increpat. Acta vita formidinem, sed tua ingerit pietas fiduciam : tua hortatur benignitas, mea retardat malignitas. Et, ut verius fatear, occurrunt memoriæ phantasmata vitiorum, quæ reverberant audaciam præsumentium animorum.

CAPUT III. — *Propter inobedientiam homo a Domino non auditur.* — Cum odio quis dignus sit, qua fronte gratiam requirit? Cum pœna debetur, qua temeritate gloria poscitur? Lacessit judicem, qui postposita satisfactione delicti, quærit præmiis honorari. Regi insultat obnoxius supplicio, qui flagitat donari indebito bravio : et dulcem patris affectum stultus exacerbat filius, qui post illatas contumelias, ante pœnitudinem, hæreditatis usurpat celsitudinem. Quid, mi pater, egisse me recolo? Merui mortem, et peto vitam. Commovi regem meum, cujus impudens nunc invoco præsidium. Contempsi judicem, quem tenere postulo adjutorem. Insolens renui audire patrem, quem demum præsumo habere tutorem. Heu mihi quam sero venio! heu heu quam tardo festino! heu me quia curro post vulnera, dedignans incolumis præcavere jacula! Neglexi prospicere tela, modo vero sollicitor de morte vicina. Vulnera vulneribus infixi; quia scelera addere sceleribus non timui. Recenti cicatrices tabe respersi; quia prisca flagitia modernis inquinationibus reciprocavi, et quæ divina solidaverat medicina, mea resolvit prurigo phrenetica. Cutis quæ superducta vulneribus morbum celaverat, sanie erumpente putruit; quia iterata iniquitas concessam misericordiam exinanivit. Novi quippe scriptum : « In quacumque die justus peccaverit, omnes justitiæ ejus obliviscentur. » (*Ezech.*, XVIII, 24.) Si justitia aboletur justi ruentis, quanto magis peccatoris pœnitentia in idipsum revertentis? Quotiens ut canis redii ad vomitum, et quasi sus repetii volutabrum? (II *Pet.*, II, 22.)
(*a*) Fateri mihi, quia et recordari, impossibile est, quot

(*a*) Ap. Aug., *Fateri mihi itaque difficile est, quia et recordari.*

ai poussés malgré leur résistance, ou dont j'ai favorisé par mon consentement, la volonté et le penchant au mal? Combien de piéges n'ai-je pas tendus à ceux qui marchaient dans la bonne voie? Combien de fois n'ai-je pas recouvert et déguisé ces piéges, pour y faire tomber ceux qui cherchaient le droit chemin? Je n'ai pas eu horreur de commettre ces crimes; je n'ai même pas craint de les oublier. Mais vous, juste et souverain Juge, vous les avez marqués de votre sceau, comme l'argent que l'on enferme dans un sac. Vous avez observé et compté tous mes pas et toutes mes démarches. Jusqu'à ce jour vous avez gardé le silence. Votre patience a été à toute épreuve, mais malheur à moi, vous parlez enfin, j'entends votre voix semblable aux cris de la femme qui enfante.

Chapitre IV. — *De la crainte du jugement dernier.*
— O Seigneur, Dieu des dieux, qui êtes au-dessus de toute malice, je sais que vous apparaîtrez un jour; je sais que vous ne garderez pas toujours le silence. Il y aura devant vous un feu dévorant, et autour de vous éclatera une grande tempête, lorsque vous appellerez les cieux d'en haut et la terre pour juger votre peuple. Alors, en présence de tant de milliers de nations, toutes mes iniquités seront mises à découvert. Alors, devant la céleste milice des anges seront dévoilés tous les crimes que j'ai commis, en actions, en pensées et en paroles. Alors, sans secours, sans soutien, j'aurai pour juges tous ceux qui auront marché dans la voie du bien, voie que je n'ai pas suivie. J'aurai, pour m'accuser et me confondre, tous ceux qui m'avaient donné l'exemple d'une bonne et sainte vie. J'aurai, pour porter témoignage contre moi et me convaincre de mes fautes, tous ceux qui m'avaient donné des conseils et des avertissements salutaires, et qui, par leur justice et la sainteté de leurs œuvres, étaient comme des modèles que j'aurais dû imiter. Que pourrai-je dire? Que pourrai-je répondre, ô mon Dieu? Et comme si j'assistais déjà à ce jugement terrible, ma conscience me tourmente. Du fond de mon cœur s'élèvent mille voix secrètes qui m'accablent; l'avarice et l'orgueil m'accusent, l'envie me consume, la concupiscence m'embrase de ses feux, la luxure harcèle tous mes sens, la sensualité m'avilit, l'intempérance m'abrutit, la médisance me porte à déchirer les autres, l'ambition à m'élever au-dessus d'eux. La rapacité me tourmente, l'esprit de discorde me sollicite, la colère me remplit de trouble, la légèreté me renverse, l'engourdissement m'accable, l'hypocrisie m'engage à la feinte, la flatterie amollit mon cœur, la louange l'enorgueillit, la pente à calomnier le poignarde. O Seigneur, qui m'avez délivré de la colère de mes ennemis, voilà le cortège de vices au milieu desquels j'ai vécu dès ma naissance; voilà les choses qui ont été l'objet de mes désirs, et dans lesquelles j'avais mis toute ma confiance. Tout ce que j'avais aimé et loué s'élève maintenant contre moi, pour me blâmer et me condamner. Voilà les amis auxquels je m'étais attaché, les maîtres à qui j'ai obéi et me suis soumis en esclave, les conseillers que j'ai écoutés, ceux avec qui j'ai habité la même ville, et au milieu desquels j'ai vieilli dans la même maison. O mon Roi, ô mon Dieu! « Malheureux que je suis! que le temps de mon pèlerinage est long! Malheur à moi, parce que j'ai habité sous les tentes de Cédar! » (*Ps.* cxix, 5.) Si le saint Prophète trouvait long le temps de son pèlerinage, avec combien plus de raison puis-je m'écrier à mon tour : « Mon âme a été trop longtemps dans l'exil? »(*Ibid.*, 6.) O mon Dieu, ma force et mon soutien, nul homme vivant ne sera justifié devant vous. Pour moi, je n'ai pas mis mon espoir dans les enfants des hommes. Aucun d'eux ne sera trouvé juste par vous, si votre pitié ne tempère pas la rigueur de votre jugement,

---

mortalium peccare ignorantes docui, nolentibus delinquere persuasi, resistentes coegi, volentibus consensi. Quot sane gradientibus laqueum indui, viam quærentibus foveam retexi, ut patrare non horrui, oblivisci non metui : sed tu, juste judex, signasti quasi in sacculo pecuniam : observasti omnes semitas meas, et cunctos gressus meos dinumerasti. Tacuisti, semper siluisti, patiens fuisti : væ mihi, demum loqueris quasi parturiens. (*Isa.*, xlii, 14.)
Caput IV. — *Judicium novissimum rimetur.* — Deus deorum domine, præstabilis super malitiam, novi quia manifestus venies, novi quia non semper silebis, cum in conspectu tuo ignis exardescet (*Psal.* xlix, 3, 4), et in circuitu tuo tempestas ingruerit valida, cum advocaveris cœlum de sursum et terram discernere populum tuum. Ecce tot millibus populorum nudabuntur omnes iniquitates meæ, tot agminibus Angelorum patebunt universa scelera mea, non solum actuum, sed etiam cogitationum, simulque locutionum. Tot judicibus inops astabo, quot me præcesserunt in opere bono : tot argumentibus confundar, quot mihi præbuerunt bene vivendi exempla : tot convincar testibus, quot me monuerunt proficuis sermonibus, seque imitandos justis dederunt actionibus. Domine meus, non suppetit quid dicam, non occurrit quid respondeam : Et ecu jam illi intersim discrimini, torquet me conscientia, cruciant cordis arcana, concitat avaritia, accusat superbia, consumit invidia, inflammat concupiscentia, infestat luxuria, dehonestat gula, confutat ebrietas, detractio lacerat, ambitio supplantat, rapacitas objurgat, discordia dissipat, ira perturbat, levitas dejicit, torpor opprimit, hypocrisis fallit, adulatio frangit, favor attollit, calumnia pungit. Ecce, liberator meus de gentibus iracundis, ecce cum quibus vixi a die nativitatis meæ, quibus studui, quibus fidem servari. Ipsa me, quæ dilexeram, studia damnant; quæ laudaveram, vituperant. Hi sunt quibus acquievi, amici; quibus parui, magistri; quibus servivi, domini; consules, quibus credidi; cives, quibus cohabitavi; domestici, quibus (*al.* consensi) consenui. « Heu mihi, rex meus et Deus meus, quia incolatus meus prolongatus est. » Væ mihi, illuminatio mea, quia « habitavi cum habitantibus Cedar. » (*Psal.* cxix, 5.) Et cum sanctus dixerit, « multum; » quanto magis dicere infelix possum, nimis « incola fuit anima mea? » (*Ibid.* 6.) Firmamentum meum Deus, non justificabitur in conspectu tuo omnis vivens. Spes mea, non

et si votre miséricorde ne prévient pas l'impie, il ne sera jamais glorifié comme juste par vous. Je crois donc, ô Dieu, mon unique salut, que c'est votre bienveillance qui m'appelle au repentir. O vous, qui êtes pour moi comme un rempart de force, votre bouche divine n'a-t-elle pas dit : « Personne ne peut venir à moi si mon Père, qui m'a envoyé, ne l'attire lui-même? » (*Jean*, VI, 44.) Puisque vous m'avez instruit et formé avec tant de bonté, je vous conjure donc du plus profond de mon cœur et de toutes les forces de mon esprit, ô Père tout-puissant, ainsi que votre Fils, objet de votre amour, je vous conjure aussi, Fils adorable, ainsi que votre Saint-Esprit, de m'attirer à vous, jusqu'à ce que je n'aie plus d'autre plaisir que de vous suivre, pour respirer l'odeur de vos divins parfums.

CHAPITRE V. — *Combien est efficace l'invocation du Père par le Fils.* — Je vous invoque, ô mon Dieu, je vous invoque parce que vous êtes toujours prêt à exaucer ceux qui vous implorent en vérité, car vous êtes la vérité même. O sainte Vérité, faites-moi la grâce de m'apprendre comment je dois vous invoquer selon votre esprit, car je ne sais comment le faire, et vous seul pouvez me l'enseigner. C'est pourquoi j'implore humblement de vous cette grâce, ô bienheureuse Vérité. Sans vous, en effet, la sagesse n'est que folie; mais vous connaître, c'est avoir la perfection de la science. Instruisez-moi donc, divine Sagesse, et enseignez-moi votre sainte loi. Je crois certainement que celui qui aura été instruit par vous sera heureux, car vous lui aurez enseigné votre loi. Mon plus ardent désir est de vous invoquer, mais de vous invoquer dans la vérité même. Or, qu'est-ce qu'invoquer la vérité dans la vérité même, sinon le Père dans le Fils?. Votre parole, ô Père saint, n'est autre chose que la vérité même, et la vérité est le principe de votre parole. Car le principe de votre parole est dans votre Verbe, qui était dans le principe et avant le commencement de toutes choses. C'est donc dans ce principe que je vous adore, ô souverain Principe! C'est dans ce Verbe de vérité que je vous invoque, ô éternelle et parfaite Vérité! Daignez donc me conduire et m'instruire par lui, selon votre esprit de vérité. Qu'y a-t-il de plus doux que d'invoquer le Père au nom de son Fils unique? Quoi de plus capable de le fléchir, que de le prier par le souvenir de son divin Fils? Peut-on mieux apaiser le courroux d'un roi, qu'en invoquant sa clémence au nom de son fils bien-aimé? C'est ainsi que les criminels sont délivrés de la prison, et les esclaves des fers. C'est ainsi que les condamnés à mort échappent non-seulement à la peine capitale, mais deviennent encore l'objet de faveurs particulières, en opposant à la colère des princes la tendresse qu'ils ont pour le fils qu'ils chérissent. C'est ainsi que les maîtres pardonnent à leurs serviteurs coupables par l'intercession de leurs fils, objets de leur tendresse. Père tout-puissant, c'est aussi par l'amour de votre Fils, tout-puissant comme vous-même, que je vous conjure de tirer mon âme de la prison où elle gémit, afin que je célèbre la gloire de votre nom. Délivrez-moi de l'esclavage du péché, je vous en supplie par votre Fils unique, qui est comme vous de toute éternité. Que l'intercession de votre divin Fils, qui siège à votre droite, appelle votre clémence sur moi, qui mérite la mort, et rendez-moi à la vie; car quel intercesseur plus puissant pourrais-je implorer pour vous fléchir, que celui qui, par son sang, nous a rachetés de nos fautes, que ce divin

est in filiis hominum, quem si remota pietate judicaveris, justum invenias; et nisi præveneris miserendo impiu m, non erit quem glorifices pium. (*Rom.*, II, 4.) Credo namque, salus mea, quod audivi, quoniam benignitas tua ad pœnitentiam me adducit. Turris fortitudinis, sonuerunt nectarea labia : « Nemo potest venire ad me, nisi Pater meus qui misit me, traxerit eum. » (*Joan.*, VI, 44.) Enimvero quia me instruxisti, tantaque propitius institutione formasti, totis medullis cordis, toto animisu mentis te, omnipotens Pater, cum dilectissimo (*a*) Filio tuo; teque, dulcissima proles, cum serenissimo invoco Paracleto, trahe me, quatenus post te currere in odorem tuorum delecter unguentorum (*b*).

CAPUT V. — *Invocatio Patris per Filium quam efficax.* — Invoco te, Deus meus, invoco te, quia prope es omnibus invocantibus te, sed invocantibus in veritate : tu enim veritas es. Doce me, quæso clementiam tuam, sancta Veritas, te invocare in te; quia hoc fieri quomodo oporteat nescio, sed a te doceri, beata Veritas, humiliter imploro. Abs te enim sapere, desipere est; te vero nosse, perfectum scire est. Erudi me, divina sapientia, et doce me legem tuam. Credo sane, quem tu erudieris beatus, et de lege tua docueris eum. Desidero invocare te, quod quæso ut in veritate fiat. Quid est in veritate invocare veritatem, nisi in Filio Patrem? Ergo, sancte Pater, sermo tuus veritas est, principium verborum tuorum veritas. Hoc quippe est verborum tuorum principium, quod in principio erat Verbum. In ipso principio te summum adoro Principium. In ipso veritatis Verbo te invoco Veritas, quo in ipsa eadem dirigas me veritate et docens. Quid enim dulcius, quam Genitorem in nomine Unigeniti exorare, Patrem in recordatione Filii ad pietatem inflectere, regem carissimæ sobolis (*al.* denominatione) denotatione mitigare? Sic rei solent carceribus eripi, sic mancipati vinculis liberari, sic tristem capitis excepti sententiam, non solum vitam, sed insuper nancisci insolitam gratiam, dummodo iratis principibus dilectæ prolis intimaverint caritatem; sic delinquentes servuli evadunt supplicia dominorum, dum pro eis interveniat dulcedo filiorum. Sic te, omnipotens Pater, per omnipotentis Filii tui caritatem postulo, educ de carcere ad confitendum nomini tuo animam meam (*Psal.* CXLI, 8) : libera me a vinculis peccatorum, per cœternum flagito unicum tibi Natum; meque, cui propria merita lethaleam minantur sententiam, pretiosissimæ ad dexteram tuam consedentis prolis interpellatione restaura placatus ad vitam. Quem enim alium dirigam intercessorem tibi nescio (1 *Joan.*, II, 2), nisi hunc qui

---

(*a*) Ms. Met., *puero, teque,* etc. — (*b*) Hic plura apud Anselmum et in cod. Met. subjiciuntur.

Rédempteur qui est assis à votre droite et qui vous prie sans cesse pour nous? Voilà, mon Dieu, Père tout-puissant, mon avocat près de vous. Voilà le souverain Pontife qui n'a pas besoin du sang d'autrui pour expier ses fautes, mais qui brille de la gloire de son propre sang répandu pour effacer nos péchés. Voilà, Seigneur, la victime sainte que vous ne rejetez pas quand elle vous est offerte, et dont l'odeur de suavité vous est agréable. Voilà l'Agneau sans tache qui, sans se plaindre, a souffert qu'on le dépouillât de sa toison, qui, frappé au visage, souillé par les crachats impurs des impies, a gardé le silence au milieu des opprobres dont il était accablé. Voilà le divin Sauveur qui, pur de tout péché, a daigné se charger des miens, et qui par ses souffrances, a guéri les langueurs de mon âme.

CHAPITRE VI. — *Où l'on représente au Père éternel la passion de son divin Fils.* — O Père tout-puissant, voyez les indignités qu'a souffertes pour moi votre divin Fils. Roi de gloire et de miséricorde, voyez quel est celui qui souffre, et pour qui il endure tant de souffrances. N'est-ce pas, ô mon Dieu, le Fils bien-aimé que, malgré son innocence, vous avez livré à la mort pour racheter un indigne esclave? N'est-ce pas l'Auteur même de la vie, qui, comme une faible brebis, s'est laissé conduire à la mort, et, pour vous obéir, à la mort la plus cruelle, à la mort de la croix? Seigneur, qui disposez du salut de tous, souvenez-vous que celui auquel vous avez voulu faire partager les infirmités de notre nature, est ce même Fils que vous avez engendré de votre propre substance. C'est pourtant ce divin Fils, Dieu comme vous, qui, sous la forme mortelle qu'il avait prise, n'a pas craint de monter au gibet de la croix, et qui, dans la chair dont il avait daigné se revêtir, a supporté les douleurs d'un tel supplice. Jetez, Seigneur mon Dieu, les yeux de votre suprême majesté sur l'œuvre de votre ineffable miséricorde. Considérez votre Fils bien-aimé, dont le corps est étendu sur la croix; voyez ses mains innocentes, desquelles découle son sang, et pardonnez-moi les crimes que les miennes ont commis. Voyez son côté, même après sa mort, cruellement ouvert par une lance, et laissez-moi puiser une vie nouvelle dans les eaux trois fois saintes qui en ont découlé. Voyez ses pieds percés de clous, ces pieds divins qui, loin de s'arrêter dans la voie du péché, ne se sont jamais écartés de votre sainte loi. Affermissez les miens dans les sentiers de votre justice, et faites que j'aie toujours en horreur la voie de l'iniquité. Cette voie de l'iniquité, Dieu de miséricorde, daignez l'éloigner de moi, et faites que je n'en choisisse jamais d'autre que celle de la vérité. Roi des saints, je vous en supplie par le Saint des saints, mon divin Rédempteur, ne permettez pas que jamais je m'écarte de vos salutaires commandements, afin que je puisse m'unir d'esprit avec celui qui n'a pas dédaigné de se revêtir de ma chair mortelle. Ne voyez-vous pas, ô Père de miséricorde, votre Fils bien-aimé, la tête penchée sur son sein adorable, et subissant une mort si méritoire? Bon et clément Créateur, considérez la sainte humanité de votre Fils, objet de votre amour, et prenez pitié de votre faible créature. Voyez, Seigneur, votre Fils sur la croix. Sa poitrine est découverte; son côté rougi par le sang; ses entrailles sont épuisées; ses yeux divins sont éteints; la pâleur couvre son royal visage; ses bras sont raidis par la souffrance; ses jambes suspendues ont la blancheur du marbre, et de ses pieds percés de clous s'échappent

---

est propitiatio pro peccatis nostris, qui sedet ad dexteram tuam, qui etiam interpellat pro nobis? (*Rom.*, VIII, 34.) (a) Ecce advocatus meus apud te Deum et Patrem. Ecce pontifex summus, qui non alieno eget expiari sanguine, quia proprio fulget perfusus cruore. Ecce hostia sancta, bene placens et perfecta, in odorem suavitatis et oblata et accepta. Ecce agnus sine macula, qui se coram tondentibus obmutuit, qui alapis cæsus, sputis illitus, opprobriis affectus, os suum non aperuit. (*Isa.*, LIII, 7.) Ecce qui peccatum non fecit, peccata mea pertulit, et languores meos suo livore sanavit. (1 *Pet.*, II, 22.)

CAPUT VI. — *Passio Filii repræsentatur Patri.* — Aspice, Pater pie, piissimum Filium pro me tam impia passum. Respice, clementissime Rex, qui patitur, et reminiscere benignus pro quo patitur. Nonne hic est, mi Domine, innocens ille, quem, ut servum redimeres, Filium tradidisti? Nunquid non auctor vitæ hic est, qui ut ovis ad occisionem ductus (*Isa.*, LIII, 7), tibique obediens usque ad mortem factus (*Phil.*, II, 8), atrocissimæ non timuit necis subire genus? Recole totius salutis dispositor, quia hic ipse est, quem etsi (*al.* una) tua ex virtute genuisti, meæ tamen infirmitatis participem fieri voluisti. Vere hæc est tua deitas, quæ meam induta naturam, crucis ascendit patibulum, quæ in assumpta carne triste tulit supplicium. Reduc, Domine Deus meus, oculos majestatis tuæ super opus ineffabilis pietatis. Intuere dulcem natum toto corpore extensum, cerne manus innoxias pio manantes sanguine; et remitte placatus scelera quæ patraverunt manus meæ. Considera inerme latus crudeli perfossum cuspide; et renova me sacro sancto fonte illo, quem inde fluxisse credo. Vide immaculata vestigia, quæ non steterunt in via peccatorum (*Psal.* I, 1), sed semper ambulaverunt in lege tua, diris confixa clavis; et perfice gressus meos in semitis tuis, facque odio habere benignus omnem viam iniquitatis. Viam iniquitatis, misericors, amove a me, facque me propitius viam veritatis eligere. Oro te, (b) rex Sanctorum, per hunc sanctum sanctorum, per hunc Redemptorem meum, fac me currere viam mandatorum tuorum : ut ei valeam spiritu uniri, qui mea non horruit carne vestiri. Nunquid non attendis, pie Pater, adolescentis Filii carissimi caput, nivea cervice deflexa pretiosam resolutum in mortem? Aspice, mitissime Conditor, dilectæ sobolis humanitatem; et miserere super infirmi plasmatis debilitatem Candet nudatum pectus, rubet cruentum latus, tensa arent viscera, decora languent lumina, regia pallent ora, procera rigent brachia, crura pendent marmorea, rigat terebratos pedes beati sanguinis unda.

(a) In Ms. Met. add. *unde gloria sibi* et omisso *ecce*. — (b) Al. *rex sæculorum per hunc Redempt.*

à flots son précieux sang. Voyez, Dieu de gloire et de puissance, voyez les membres déchirés de votre bien-aimé Fils, et que ce spectacle vous remplisse de pitié pour la faiblesse de ma nature. Que le supplice d'un Dieu qui s'est fait homme, vous porte à soulager la misère de l'homme que vous avez créé, et en voyant les souffrances du Rédempteur, oubliez les fautes de ceux qu'il a rachetés. « C'est ce Fils bien-aimé dans lequel vous avez mis toute votre affection, » que vous avez livré à la mort pour les péchés de votre peuple. C'est ce Fils innocent, pur de toute injustice, « et qui pourtant a été mis au rang des méchants. »

CHAPITRE VII. — *Nous sommes les auteurs de la passion de Jésus-Christ.* — Qu'aviez-vous donc fait, ô doux Jésus, pour être jugé si cruellement? De quoi étiez-vous coupable, aimable Sauveur, pour être traité avec tant de rigueur? Quel crime, quelle faute ont pu causer votre mort et donner lieu à une si terrible condamnation? Hélas! c'est moi qui suis la cause de vos douleurs, c'est par ma faute que vous êtes mort. C'est sur moi que retombe l'odieux de votre passion et de vos souffrances. C'est moi qui méritais la mort que vous avez soufferte et la vengeance qui est tombée sur vous. Qui pourrait comprendre ce qu'un tel jugement a de merveilleux, et pénétrer cet ineffable mystère? Le méchant pèche, et c'est le juste qui est puni; c'est le coupable qui commet le délit, et c'est l'innocent qui est frappé; c'est l'impie qui offense, et c'est le saint qui est condamné. La peine que mérite le méchant, c'est le juste qui la souffre. Le crime du serviteur est expié par le maître; en un mot, c'est un Dieu qui supporte la peine des péchés et du crime de l'homme. O Fils de Dieu, à quel degré d'humilité vous vous êtes abaissé? quelle a été l'ardeur de votre divine charité? jusqu'où vous avez porté votre pitié, votre bienveillance, votre amour, votre affection pour les hommes? J'ai agi avec iniquité, et c'est vous qui en êtes puni. Je suis le coupable, et c'est sur vous que retombe le châtiment. C'est moi qui ai commis le crime, et c'est vous qu'on met à la torture. C'est moi qui étais rempli d'orgueil, et c'est vous qu'on humilie. C'est moi qui cherchais à m'élever, et c'est vous qu'on abaisse. C'est moi qui refusais d'obéir, et c'est vous qui portez la peine de ma désobéissance. J'ai été l'esclave de la gourmandise, et vous vous êtes mortifié par les jeûnes. J'ai été entraîné par le désir de goûter au fruit de l'arbre défendu, et votre amour pour moi vous a conduit à l'arbre de la croix. Je ne me suis pas abstenu de ce qui m'était interdit, et vous en subissez le châtiment. Je cherche mon plaisir dans la délicatesse des mets, tandis que vous souffrez sur l'ignoble gibet. Je ne cherche que le plaisir, pendant qu'on vous perce de clous. Je goûte la douceur du fruit défendu, tandis que vous videz la coupe de fiel et d'amertume. Eve me charme et me sourit, lorsque Marie éplorée compâtit à vos souffrances. Voilà, ô Roi de gloire, voilà quelle est mon impiété, et comment éclate votre charité. Voilà quelle est mon iniquité, et comment vous manifestez votre justice.

O mon Roi, ô mon Dieu, que puis-je vous rendre pour tous les biens dont vous m'avez comblé? Il n'y a rien dans le cœur de l'homme capable de répondre à tant de bienfaits. Toute la sagesse humaine peut-elle imaginer quelque chose qui soit comparable à la miséricorde divine? Il n'appartient pas à la créature de trouver un moyen qui puisse justement reconnaître le secours qu'elle doit à son Créateur. Mais telle est, ô Fils de Dieu, l'admirable disposition de vos grâces, que quelle que soit la fragilité de ma nature, elle peut suppléer à son impuissance, si, rempli par

---

Specta, gloriose Genitor, gratissimæ prolis lacerata membra; et memorare benignus quæ mea est substantia. Conspicare Dei hominis pœnam; et releva conditi hominis miseriam. Vide Redemptoris supplicium; et remitte redempti delictum. Hic est Domine mi, quem propter peccata populi tui percussisti, licet ipse sit dilectus in quo tibi bene complacuisti. (*Matth.*, III, 17.) Hic est ille innocens, in quo dolus inventus non est; et tamen cum iniquis deputatus est. (*Isa.*, LIII, 12.)

CAPUT VII. — *Dei in passione Christi mira dispositio.* — Quid commisisti, dulcissime puer, ut sic judicareris? Quid admisisti, amantissime juvenis, ut adeo (*a*) tractareris? Quod scelus tuum, quæ noxa tua? quæ causa mortis, quæ occasio tuæ damnationis? Ego enim sum tui plaga doloris, tuæ culpa occisionis. Ego tuæ passionis livor, tui cruciatus labor. Ego tuæ mortis meritum, tuæ vindictæ flagitium. O mirabilis censuræ conditio, et ineffabilis mysterii dispositio! Peccat iniquus, et punitur justus; delinquit reus, et vapulat innocens; offendit impius, et damnatur pius: quod meretur malus, patitur bonus; quod perpetrat servus, exolvit dominus; quod committit homo, sustinet Deus. Quo, Nate Dei, quo tua descendit humilitas? quo tua flagravit caritas? quo processit pietas? quo excrevit benignitas? quo tuus attigit amor? quo pervenit compassio? Ego iniqué egi, tu pœna mulctaris; ego facinus admisi, tu ultione plecteris; ego crimen edidi, tu torturæ subjiceris; ego superbivi, tu humiliaris; ego tumui, tu attenuaris; ego inobediens exstiti, tu obediens scelus inobedientiæ luis; ego gulæ parui, tu inedia afficeris; me (*b*) ad illicita rapuit concupiscentia arboris, te perfecta caritas ducit ad crucem; ego præsumpsi vetitum, tu subisti cculeum; ego delector cibo, tu laboras patibulo; ego fruor deliciis, tu laniaris clavis; ego pomi dulcedinem, tu fellis gustas amaritudinem; mihi ridens congaudet Eva, tibi plorans compatitur Maria. Ecce, Rex gloriæ, ecce mea impietas, et tua claret pietas. En mea injustitia, et tua liquet justitia.

Quid, Rex meus et Deus meus, quid retribuam tibi pro omnibus quæ tribuisti mihi? Non enim inveniri in corde potest hominis, quod condigne talibus referatur præmiis. Numquid sagacitas machinari potest humana, cui comparetur miseratio divina? Nec est creaturæ moliri officium, quo juste Creatoris recompenset præsidium. Est autem, Nate Dei, in hac tua admirabili dispositione,

---

(*a*) Ap. Ans. ad. dure. — (*b*) Sic Ms. Met. Apud Ans. *ad illicitam concupiscentia rapuit arborem*, vel *ad illicitam rapuit concupiscentia ardorem*. At ed. *ad illicitam concupiscentiam rapuit arbor*.

votre divine présence de contrition et de repentir pour mes fautes, je crucifie ma chair avec ses passions et ses convoitises. Si vous m'accordez cette faveur, je commence, en quelque sorte, à m'associer aux douleurs que vous avez endurées, vous qui êtes mort pour le péché. Ainsi, par cette victoire intérieure, je me prépare, aidé de votre secours, à vaincre le monde, et, après avoir triomphé dans cette lutte spirituelle, à triompher, s'il le fallait, pour votre amour même, dans les persécutions extérieures et sanglantes. Oui, aidée de votre secours, ma nature si faible et si fragile pourra répondre, selon la mesure de ses forces, aux bontés infinies de son créateur. Cette grâce, ô doux Jésus, est tout à la fois un remède céleste et un préservatif, que nous offre votre amour, contre les blessures de notre âme. Répandez donc, Seigneur, je vous en conjure par vos anciennes miséricordes, répandez sur ces blessures ce salutaire et divin remède, afin que, délivré du venin de la contagion qui l'avait infectée, mon âme recouvre sa première santé. Que ce divin nectar de votre amour, une fois que j'y aurai goûté, me fasse sincèrement mépriser les charmes trompeurs de ce monde, et braver pour vous toutes les adversités. En pensant à la grandeur de l'homme, je n'aurai plus que du dégoût pour tout ce qui est passager, et qui enfle notre cœur de vanité et d'orgueil. Faites, ô mon Dieu, que je ne trouve de douceurs et de charmes qu'en vous seul; que, sans vous, rien ne puisse me paraître ni beau ni précieux, et qu'au contraire, tout sur la terre soit vil et méprisable à mes yeux. Faites que tout ce qui vous déplaît me déplaise également, et que ce qui est l'objet de votre amour soit aussi celui de mes désirs. Que me réjouir sans vous soit pour moi fatigue et ennui, et

(1) Ici on a traduit la variante.

m'attrister pour vous, charme et plaisir. Puisse votre saint nom me soutenir et me fortifier, votre souvenir être ma seule consolation, et mes larmes me servir de pain, en méditant jour et nuit tout ce qui peut me justifier devant vous. Que votre parole soit pour moi une loi plus précieuse que l'or et l'argent, vous obéir, l'unique objet de mon bonheur, et vous résister, celui de ma haine et de mon horreur. O Seigneur, mon unique espérance, je vous conjure, par toutes vos puissances, d'avoir pitié de mes iniquités. Ouvrez l'oreille de mon cœur à vos divins préceptes, et ne permettez pas que je me laisse aller à des paroles de malice pour excuser mes fautes, je vous en supplie par votre saint nom. Je vous conjure aussi, par votre ineffable humilité, de ne pas souffrir que le pied de l'orgueil s'approche de moi, et que la main du pécheur ait sur moi quelque empire.

CHAPITRE VIII. — *Quelle confiance dans la prière peuvent inspirer les mérites de la passion de Jésus-Christ.*
— Dieu tout-puissant, Père de mon Sauveur, voyez, dans votre bonté, comment vous aurez pitié de moi. Tout ce que j'ai trouvé de plus précieux, je vous l'ai offert dévotement. Tout ce qui m'était le plus cher, je vous l'ai présenté humblement. Je ne me suis rien réservé. J'ai mis tout aux pieds de votre divine Majesté; il ne me reste plus rien à vous offrir; j'ai remis entre vos mains jusqu'à mes espérances. J'ai choisi votre Fils bien-aimé pour être mon avocat près de vous. Je vous l'ai adressé pour être mon médiateur entre vous et moi; je vous l'ai adressé, dis-je, comme un intercesseur pour obtenir, je l'espère, le pardon de mes fautes. Car celui que je vous ai adressé est votre Verbe, que vous avez envoyé sur la terre pour effacer mes péchés (1). Je vous ai représenté les souffrances

---

est cui fragilitas mea in aliquo suppeditet, si tua visitatione compuncta mens carnem suam crucifigat cum vitiis et concupiscentiis (*Gal.*, v, 24) : et si hoc! a te conceditur, quasi jam tibi incipit compati, quia est tu pro peccato dignatus es mori. Sicque (a) per interiorem victoriam te duce armabitur ad exteriorem palmam : quatenus devicta persecutione spiritali, non vereatur pro amore tuo subjici gladio materiali. Ita exiguitas conditionis, si tuæ complacet pietati, magnitudini valebit pro viribus respondere Conditoris. Et hæc cœlestis medicina, bone Jesu, hoc (b) tui antidotum amoris. Oro te per antiquas misericordias tuas, infunde (al. visceribus) vulneribus meis, quod rejecta vipereæ contagionis bile, redintegret me incolumitati pristinæ : quo gustatum tuæ nectar suavitatis faciat me illecebrosa mundi prospera toto affectu despicere, et nulla ejus pro te adversa formidare; memorque perpetuæ nobilitatis, semper fastidiam ventos hujus transitorii tumoris. Nihil quæso sine te mihi dulcescat, nihil complaceat, nil pretiosum, nil præter te mihi arrideat speciosum : vilescant obsecro abs te mihi omnia, sordeant universa. Quod tibi adversum, sit mihi molestum; sic et beneplacitum, indeficiens desiderium. Tædeat me gaudere sine te, et delectet tristari pro te. Sit

mihi nomen tuum refocillatio, et memoria tua consolatio; fiant mihi lacrymæ meæ panes, tuas die ac nocte investigando justificationes (*Psal.* XLI, 4); sit mihi bonum lex oris tui super millia auri et argenti. (*Psal.* CXVIII, 71.) Sit obedire tibi amabile; et resistere, execrabile. Rogo te, spes mea, per omnes potestates tuas, ut propitieris impietatibus meis. Adaperi aures meas mandatis tuis, et ne declines, flagito per nomen sanctum tuum, in verba malitiæ cor meum, ad excusandas excusationes in peccatis. Peto etiam per admirabilem humilitatem tuam, ne veniat mihi pes superbiæ, et manus peccatoris non moveat me.

CAPUT VIII. — *Per passionis Christi meritum quanta orantis fiducia.* — Ecce, omnipotens Deus, Pater Domini mei, dispone benignus quo modo mihi miserearis : quoniam quidquid pretiosius inveni, devote obtuli, quidquid carius reperi, suppliciter præsentavi. Nihil mihi reliqui, quin tuæ exposuerim majestati : nihil jam superest quod adjiciam; quia totam tibi delegavi spem meam. Direxi tibi advocatum meum dilectum Filium tuum, misi gloriosam progeniem inter me et te mediatorem : misi, inquam, intercessorem, per quem confido veniam. Misi verbis, (c) quod pro me dixi missum factis : et numeravi

(a) Sic Ms. Met. At ed. *per interioris hominis.* — (b) Abest, *tui*, a Ms. Met. — (c) Ed. hic ad. *Verbum*, et post : *quem pro meis*, etc., Ms. sequimur.

et la mort que ce divin Fils, comme je le confesse avec foi, a subies pour moi. Je crois aussi fermement, que ce Verbe, Dieu comme vous et envoyé par vous, s'est revêtu de mon humanité, dans laquelle il a daigné souffrir les liens, les soufflets, les crachats, les railleries et la mort de la croix ; que ses pieds ont été percés de clous et son côté par le fer d'une lance. Cette nature humaine, à laquelle il s'est assujetti dès qu'il vint au monde, lorsque dans son enfance il fut enveloppé de langes, lorsque dans sa jeunesse il fut soumis à la peine, aux jeûnes, aux veilles, à la fatigue des voyages, lorsque plus tard il eut à souffrir l'opprobre, les supplices les plus cruels et qu'il fut compté au nombre des morts, cette nature humaine, dis-je, il l'a revêtue de l'éclat de sa glorieuse résurrection, et l'a placée à votre droite pour la faire participer aux joies éternelles du ciel. Voilà, mon Dieu, ce qui fait ma consolation, et ce qui peut appeler sur moi votre miséricorde.

Mon Dieu, considérez ici quel Fils vous avez engendré, et quel esclave vous avez racheté. Ne voyez ici que le Créateur, et ne méprisez pas l'ouvrage de ses mains. Aimez et recevez le Pasteur, mais ne rejetez pas la brebis qu'il a portée sur ses épaules. Depuis longtemps, comme un fidèle pasteur, il l'a cherchée, avec des peines infinies, sur les plus hautes montagnes, dans les vallées les plus profondes. Elle était sur le point de mourir ; ses forces l'avaient déjà abandonnée dans ses longs égarements ; heureux de l'avoir retrouvée, il l'a rapportée sur ses propres épaules. Dans son ineffable charité, il ne s'est pas contenté de la tirer de l'abîme où elle était tombée, mais encore il l'a embrassée avec tendresse, et l'a replacée parmi les quatre-vingt-dix-neuf autres, qui étaient restées fidèles au bercail. O Seigneur, Roi du ciel et de la terre, Dieu tout-puissant, le bon et divin Pasteur vous ramène la brebis que vous lui aviez confiée. Selon vos éternels desseins, il s'est revêtu de la nature humaine pour sauver l'homme qu'il a purifié, et qu'il vous offre maintenant pur et sans tache. C'est ce Fils, objet de votre tendresse, qui vous réconcilie avec votre créature, laquelle s'était éloignée de vous. C'est lui, c'est ce doux et bon Pasteur qui ramène lui-même, dans votre troupeau, la brebis que l'ennemi avait enlevée de votre bercail. C'est lui qui remet en votre présence l'esclave, que sa conscience avait forcé à prendre la fuite, afin que celui qui, par ses fautes, avait mérité d'être châtié, en obtienne le pardon par les mérites de son divin protecteur, et que celui qui, par ses péchés, n'avait plus à attendre que les feux éternels de l'enfer, ait l'espoir, sous la conduite de votre Fils, d'arriver à la céleste patrie.

J'ai bien pu de moi-même vous offenser, ô mon Père, mais je ne pouvais pas de moi-même obtenir le pardon de mes fautes. Votre Fils bien-aimé est venu à mon secours. Il s'est revêtu de ma nature humaine pour me guérir de mes infirmités. En expiation de mes offenses, il vous a offert un sacrifice de louanges, et afin d'appeler sur moi votre pitié et votre miséricorde, celui qui est assis à votre droite, ne dédaigne pas de porter la ressemblance de ma nature humaine. Voilà, mon Dieu, ce qui me remplit d'espoir et de confiance. Si, par mes iniquités, je mérite votre mépris, prenez du moins en considération, pour me pardonner, l'ineffable charité de votre Fils bien-aimé. Que les mérites de ce Fils vous rendent favorable à votre serviteur. Par le mystère de son incarnation, pardonnez à notre chair mortelle et coupable.

sanctissimæ tibi sobolis mortem, quam pro me credo fuisse perpessam. Credo missam a te deitatem, meam suscepisse humanitatem : in qua dignum duxit vincula, alapas, sputa irrisionesque perferre, nec non crucem, clavos telumque suscipere. Hanc olim infantiæ vagitibus demolitam, pueritiæ pannis astrictam, juventæ sudoribus vexatam, jejuniis maceratam, vigiliis afflictam, itineribus fessam ; postea affectam flagris, laceratam suppliciis, deputatam cum mortuis, ditatam vero gloria resurrectionis cœlorum gaudiis induxit, et in dextera tuæ celsitudinis collocavit. En placatio mea, et propitiatio tua.

Hic intende pius quem genueris Filium, et quem redemeris servum. Hic aspice factorem ; et ne despicias facturam. Amplectere serenus pastorem ; et recipe misericors allatam propriis humeris ovem. (*Luc.*, XV, 4.) Hic ipse est fidelissimus pastor ille, qui dudum errabundam per abrupta montium, per præcipitia vallium multis quæsierat variisque laboribus ; quique jam morienti, jam per longa exilia deficienti, tamen inventæ gaudens se supposuit, et miro sibi adnisu caritatis inuixam de confusionis abysso levavit, piisque astrictam complexibus ad nonaginta novem unam quæ perierat reportavit. Ecce, Domine mi Rex, Deus omnipotens, ecce pastor bonus refert tibi quod commisisti ei. Suscepit, te disponente, ad salvandum hominem, quem tibi restituit omni labe immunem. Ecce tuum tibi carissimus Natus plasma reconciliat, quod a te procul deviarat. In gregi tuo pastor mitis reformat, quod prædo violentus abegerat. Reddit tuis conspectibus servum ; quem sua fecerat conscientia fugitivum : ut qui per se meruit pœnam, per (*a*) fautorem hujusmodi mereatur veniam ; (*b*) cuique pro culpis supererat gehenna, tanto duce jam confidat revocari ad patriam.

Potui per me te, sancte Pater, offendere ; sed non valui per me placare. Factus est adjutor meus, Deus meus, tuus dilectus Filius, meam participans humanitatem, ut curaret infirmitatem : quatenus unde (*al.* causa) culpa emerserat offensionis, inde tibi immolaret sacrificium laudis ; meque per hoc redderet tuæ pietati placabilem, qui sedens ad dexteram tuam semper meæ substantiæ se ostenderet esse consortem. Ecce spes mea, ecce tota fiducia mea. Si me pro mea, ut dignum est, despicis iniquitate ; respice me saltem miseras pro dilectæ sobolis caritate. Attende in Filio, quo propiteris servo : vide carnis sacramentum, et remitte carnis reatum. Quotiens beatæ prolis tibi patent vulnera, delitescant obsecro scelera mea. Quotiens rubet pretiosus pio de latere sanguis,

(*a*) Ap. Ans. *per factorem mundi.* Ed. *per factionem hujus mereatur,* etc., *corrupte.* — (*b*) In cod. Met. *quique pro culpis sperabat gehenna.*

Que la vue de ses plaies divines fasse disparaître à vos yeux nos péchés et nos crimes. Que le sang précieux qui coule de son côté efface les souillures de mon âme. Si ma chair mortelle a excité votre courroux, que sa chair divine l'apaise et vous porte à la miséricorde. Si ma chair corrompue m'a fait tomber dans le péché, que sa chair innocente obtienne le pardon de mes fautes. Mon impiété, je l'avoue, mérite un grand châtiment, mais plus grande encore est l'indulgence que réclament pour moi les mérites de mon Rédempteur. Mon iniquité est immense, mais la justice miséricordieuse de mon Sauveur est infinie. En effet, autant Dieu est au-dessus de l'homme, autant la bonté de mon Sauveur surpasse en qualité et en étendue tout ce qu'il y a de malice en moi. De quelle faute l'homme pourrait-il se rendre coupable, qui ne pût être rachetée par le Fils de Dieu qui s'est fait homme? Quel orgueil, quelque grand qu'il fût, ne tomberait pas devant l'humilité d'un Dieu? Quel empire la mort peut-elle avoir, qui ne soit détruit par le supplice du Fils de Dieu sur la croix? O mon Dieu, si l'on mettait dans la même balance tous les péchés de l'homme et la miséricorde de celui qui les a rachetés, la clémence du Sauveur l'emporterait sur l'iniquité humaine autant que l'orient est éloigné de l'occident, et que le plus profond des enfers est au-dessous du plus haut des cieux. Daignez donc, ô Dieu créateur de la lumière, me pardonner mes fautes. Je vous en conjure par les souffrances infinies de votre Fils bien-aimé. Que sa piété rachète mon impiété; sa modération et son innocence, ma perversité; sa douceur, ma violence; son humilité mon orgueil; sa patience à souffrir, mon aversion pour la douleur; sa bonté, ma dureté; son obéissance, ma rébellion contre vos commandements; son calme, mes inquiétudes; sa douceur, l'aigreur de mon esprit; sa clémence, mes emportements; sa charité, ma cruauté.

CHAPITRE IX. — *Invocation au Saint-Esprit.* — O divin amour du Père tout-puissant et de son Fils bien-aimé avec lesquels vous ne formez qu'une seule et sainte communion! Esprit saint, consolateur des affligés, répandez au plus profond de mon cœur votre force et votre vertu, fixez-y votre séjour, et éclairez de votre brillante lumière les endroits les plus secrets et les plus ténébreux de cette demeure si longtemps négligée. Que désormais l'abondance de votre rosée féconde l'aridité et la stérilité de mon âme. Que les traits de votre amour pénètrent dans les replis les plus secrets de mon cœur, pour en guérir les blessures. Que vos flammes salutaires raniment ma tiédeur et mon indifférence, et que mon être tout entier soit embrasé de votre feu divin. Laissez-moi m'enivrer au torrent de vos délices, afin que je n'aie plus de goût pour les douceurs empoisonnées du monde. « Jugez-moi, Seigneur, et séparez ma cause de celle de la nation qui n'est point sainte. Apprenez-moi à faire votre volonté, puisque vous êtes mon Dieu. » Je crois que dans le cœur, où vous venez habiter, vous y établissez aussi la demeure du Père et du Fils. Heureux donc celui qui est digne de vous avoir pour hôte, « puisque le Père et le Fils feront en lui leur demeure. » Venez donc au plus vite; venez, divin Consolateur des âmes affligées, leur appui et leur secours dans le bonheur comme dans les tribulations. Venez nous purifier de nos crimes et guérir nos blessures. Venez, vous qui

---

diluatur, obsecro, labes meæ pollutionis. Et quia te caro lacessivit ad iram, caro te flectat, imploro, ad misericordiam : ut si me caro seduxit ad culpam, caro deducat ad veniam. Multum quippe est, quod mea meretur impietas; longe autem majus, quod Redemptoris mei reposcit jure pietas. Magna enim est mea injustitia; (*a*) satis vero major Redemptoris justitia. Quanto namque est superior Deus homine, mea malitia est inferior ejus bonitate, ut qualitate, etiam quantitate. Quid enim delinquere posset homo, quod non redimeret Filius Dei factus homo? Quæ tantum superbia tumeret, quam non tanta humilitas sterneret? Quodnam esset mortis imperium, quod Nati Dei non destrueret crucis supplicium? Nimirum, Deus meus, si æqua lance delicta peccantis hominis, et redimentis gratia librentur auctoris; non tantum oriens ab occidente, seu inferior (*b*) separatur infernus a summo cœli cardine. Jam, lucis optime Creator, jam culpis ignosce meis, pro dilecti Filii laboribus immensis. Jam ejus, quæso, pietati mea impietas, ejus modestiæ mea perversitas, et mansuetudini donetur ferocitas. Jam sua meam humilitas superbiam, patientia impatientiam, benignitas duritiam, obedientia inobedientiam, tranquillitas inquietudinem, dulcedo amaritudinem, suavitas iram, caritas lucrifaciat crudelitatem.

CAPUT IX. — *Spiritus sancti invocatio.* — (1) Jam, divini amor numinis, Patris omnipotentis prolisque beatissimæ sancta communicatio, omnipotens (*c*) paraclete Spiritus, mœrentium clementissime consolator, jam cordis mei penetralibus potenti illabere virtute, et tenebrosa quæque laris neglecti latibula corusci luminis fulgore pius lustrato fœdus, luique roris abundantia longo ariditatis marcescentia squallore visitando fecunda Saucia interioris hominis arcana tui amoris jaculo, et tepentis medullas jecoris flammis salutaribus penetrando succende, sanctique fervoris igne illustrando intima mentis ac corporis universa depasce. Pota me torrente voluptatis tuæ (*Psal.* XLII, 1), ut nil jam mundanorum degustare libeat venenatæ dulcedinis. Judica me Domine, et discerne causam meam de gente non sancta (*Psal.* CXLII, 10) : doce me facere voluntatem tuam, quia Deus meus es tu. Credo ergo quia quemcumque inhabitaveris, Patris ac pariter Filii domicilium condis. Beatus qui te merebitur hospitem, quoniam per te Pater et Filius apud eum facient mansionem. (*Joan.*, XIV, 23.) Veni jam, veni benignissime dolentis animæ consolator, in opportunitatibus et tribulatione adjutor. Veni mundator scelerum, curator vulnerum. Veni fortitudo fragilium, relevator labentium. Veni humilium doctor, superborum destructor. Veni orphanorum pius pater, viduarum dulcis

(1) Orat. apud Ans. XIV.
(*a*) Sic Ms. Met. at editi *fateor; verum.* Ap. Ans. *multo vero.* — (*b*) Met. Ms. *superatur.* — (*c*) Ms. Met. *constanter paraclite.*

soutenez les faibles et qui relevez ceux qui sont tombés. Venez nous enseigner l'humilité et abaisser notre orgueil. Venez, père des orphelins, protecteur des veuves, espérance des pauvres, vous qui rendez à ceux qui sont près de succomber, la force et le courage. Venez, étoile salutaire du marin, port et refuge des naufragés. Venez, beauté la plus parfaite de toutes les beautés vivantes, unique salut de ceux qui meurent saintement ; venez, ô le plus saint et le plus divin de tous les esprits ; venez et ayez pitié de moi. Faites que je sois tout entier à vous seul, et daignez vous abaisser jusqu'à moi, afin que selon la multitude de vos miséricordes, votre grandeur ne méprise pas mon néant, et votre toute-puissance, ma faiblesse. Je vous en conjure au nom de Jésus-Christ mon Sauveur, qui est Dieu comme vous, et qui, avec le Père, vit et règne avec vous, dans votre sainte unité, pendant tous les siècles des siècles. Ainsi soit-il.

CHAPITRE X. — *Prière d'une âme vraiment humble.* — Je le sais, Seigneur, je le sais et je l'avoue, je ne mérite point votre amour, mais vous méritez le mien. Je ne suis pas digne d'être votre serviteur, mais vous êtes digne d'être servi par votre créature. Faites donc, ô mon Dieu, que je devienne digne de vous, autant que j'en ai été indigne jusqu'à ce jour. Faites, selon votre volonté, que je cesse de vous offenser par mes fautes, afin que je puisse vous servir comme je le dois. Puissé-je par votre grâce régler et finir ma vie de manière à m'endormir dans votre paix, et à trouver en vous mon repos éternel. Faites, mon Dieu, que ma mort ne soit qu'un doux sommeil où je trouverai le repos, un repos que rien ne pourra troubler, et qui n'aura pour terme que l'éternité. Ainsi soit-il.

CHAPITRE XI. — *Profession de foi de la sainte Trinité.* — Père éternel non engendré, Fils unique du Père, Esprit saint, notre unique consolation, nous reconnaissons et confessons de cœur et de bouche que vous formez une sainte et indivisible Trinité ; nous vous louons, nous vous bénissons. Gloire à vous dans tous les siècles des siècles. Ainsi soit-il.

CHAPITRE XII. — *Continuation du chapitre précédent.* — *Contemplation des perfections de Dieu.* — Souveraine Trinité, seul Dieu en trois personnes, égales en puissance et en majesté, bien que je sois le dernier de vos serviteurs et le moindre des membres de votre Église, je reconnais et je confesse que vous êtes notre Dieu. Dieu tout-puissant, je vous adore et vous offre le sacrifice de louanges qui vous est dû, autant que vous avez daigné m'en donner le pouvoir et la capacité ; or comme je n'ai rien hors de moi que je puisse vous présenter, je vous offre du moins le seul bien qui est en moi et que je dois à votre miséricorde, les vœux qu'une foi sincère et une conscience pure forment pour la louange et la gloire de votre saint nom. Je crois donc fermement de tout mon cœur, ô souverain Seigneur du ciel et de la terre, et je confesse maintenant Père, Fils et Saint-Esprit, que vous êtes un Dieu en trois personnes, d'une seule et même substance, seul et vrai Dieu tout-puissant dont la nature est une, sainte, spirituelle, invisible, infinie. Je reconnais qu'il n'y a en vous aucune partie supérieure ou inférieure à l'autre. Tout y est parfait et sans le moindre défaut. Votre grandeur est indépendante de toute étendue ; votre bonté, de toute qualité ; votre éternité n'est pas sujette au temps, votre vie à la mort, votre puissance et votre force à aucune faiblesse, votre vérité à aucun mensonge. Vous êtes tout entier partout, sans

judex. Veni spes pauperum, refocillator deficientium. Veni navigantium sidus, naufragantium portus. Veni omnium viventium sing(l)are decus, morientium unica salus. Veni sanctissime spirituum, veni, et miserere mei, apta me tibi, et condescende propitius mihi : ut mea tuae magnitudini exiguitas, roboricae tuo mea imbecillitas secundum multitudinem tuarum complaceat miserationum, per Jesum Christum Salvatorem meum, qui cum Patre in tua unitate vivit et regnat Deus per omnia saecula saeculorum. Amen.

CAPUT X. — *Oratio humiliter de se sentientis.* — (1) Scio Domine, scio et fateor, quia non sum dignus quem tu diligas : sed certe tu non es indignus quem ego diligam. Indignus quidem sum tibi servire ; sed tu non es indignus servitio creaturae tuae. Da ergo mihi, Domine, unde tu es dignus ; et ego ero dignus unde sum indignus. Fac me, quomodo vis, a peccatis cessare ; ut quomodo debeo, possim tibi servire. Concede mihi sic custodire, regere et finire vitam meam : ut in pace dormiam, et in te requiescam. Praesta mihi (al. ut in fine me) in finem ut me excipiat somnus cum requie, requies cum securitate, securitas in aeternitate. Amen.

CAPUT XI. — *Trinitatis confessio.* — (2) Te Deum Patrem ingenitum, te Filium unigenitum, te Spiritum sanctum paracletum, sanctam et individuam Trinitatem toto corde et ore confitemur, laudamus atque benedicimus : tibi gloria in saecula saeculorum. Amen.

CAPUT XII. — *Perfectionum Dei contemplatio.* — (3) Summa Trinitas, virtus una, et indiscreta majestas, Deus noster, Deus omnipotens, confiteor tibi ego ultimus servorum tuorum, et exiguum membrum Ecclesiae tuae. [(4) Confiteor tibi, et honorifico te debito sacrificio laudis, pro scire et posse quod mihi tantillo donare dignatus es. Et quia exteriora mihi munera desunt, quae possim offerre, ea quae in me sunt, vota laudationis ex dono misericordiae tuae coce libens atque ovans offero tibi de fide non ficta et conscientia pura. Credo igitur te toto corde, Rex coeli et terrae Domine, et ore te confiteor Patrem et Filium et Spiritum sanctum, in personis trinum, et in substantia unum, verum Deum omnipotentem, unius simplicis, incorporeae, invisibilis et incircumscriptae naturae, nihil in te (5) majus aut inferius habentem, sed per omnem modum sine deformitate perfectum, sine quantitate magnum, sine qualitate bo-

(1) Anselmi Oratio XXI. — (2) Ex fine lib. *de Speculo.* — (3) Joannes Fiscamnensis, pars I. — (4) Verba Alcuini, pag. 135. — (5) Haec ex lib. *de Speculo,* cap. XXIV.

qu'aucun espace vous enferme; vous êtes présent en tous lieux, sans qu'on sache de quelle manière vous y êtes; vous remplissez toute chose, sans être rien d'étendu. Vous vous trouvez partout sans que rien vous concentre et vous resserre; vous franchissez tout espace sans faire le moindre mouvement. Vous êtes en toutes choses, en tous lieux sans vous y arrêter. Vous avez créé tout sans avoir besoin de rien, et ce que vous avez créé, vous le gouvernez sans peine et sans fatigue. Sans commencement vous-même, vous êtes le commencement et le principe de tout. Sans éprouver le moindre changement, c'est vous qui êtes l'auteur de tout ce qui est sujet à changer. Vous êtes infini dans votre grandeur, tout-puissant dans votre vertu et dans votre force, suprême dans votre bonté, inappréciable dans votre sagesse, terrible dans vos desseins, juste dans vos jugements, impénétrable dans vos pensées, vrai dans vos paroles, saint dans vos œuvres, abondant en miséricordes, patient envers les pécheurs et clément pour ceux qui se repentent. Vous êtes de toute éternité et toujours le même, toujours immortel, toujours immuable. Il n'y a pas d'espace qui puisse vous étendre davantage, ni de lieux ou de retraites qui puissent vous contenir ou vous resserrer. Votre volonté est invariable, aucune nécessité ne saurait vous corrompre, aucun chagrin vous troubler, aucune joie vous charmer. Comme vous n'oubliez rien, la mémoire n'a rien à vous rappeler. Le passé et le futur ne sont pour vous qu'un même point. Puisque vous n'avez pas eu de commencement ni d'accroissement et que vous n'aurez pas de fin, vous viviez avant tous les siècles, et vous vivrez éternellement dans tous les siècles des siècles. Vous êtes éternellement digne de toute louange, de toute gloire, de tout honneur. Votre puissance et votre règne n'auront pas de fin, mais dureront infinis, inaltérables, immortels dans tous les siècles des siècles. Ainsi soit-il.

CHAPITRE XIII. — *Du mystère de l'Incarnation.* — Trinité toute-puissante qui n'êtes qu'un seul Dieu, qui voyez et qui pénétrez le fond de mon cœur, jusqu'ici je n'ai fait que confesser la toute-puissance de votre majesté, et la majesté de votre toute-puissance : maintenant, je vais confesser en votre divine présence, tout ce que dans la plénitude des temps vous avez fait pour le salut du genre humain. Si pour être justifié, je dois le croire au fond de mon cœur, je dois aussi pour mon salut le confesser de bouche. Dieu Père tout-puissant, votre divine Ecriture ne nous dit nulle part que vous avez été envoyé, mais voici ce que l'Apôtre dit au sujet de votre Fils : « Lorsque les temps furent accomplis, Dieu a envoyé son Fils. » (*Gal.*, IV, 4.) L'Apôtre, en disant que Dieu a envoyé son Fils, fait assez entendre que c'est après être né de la bienheureuse Marie toujours vierge, qu'il fut envoyé dans le monde, et qu'il s'y montra véritablement homme revêtu de notre chair mortelle. Mais que veut nous faire entendre le plus grand des évangélistes, lorsqu'il dit du Fils de Dieu : « Il était dans le monde, et le monde a été fait par lui, » (*Jean*, 1, 10) sinon que c'est comme homme qu'il a été envoyé dans le monde, puisque comme Dieu, il y a toujours été et qu'il y sera toujours ? Or, je crois de tout mon cœur, et je confesse hautement que cette sainte mission est l'œuvre de la Trinité tout entière. Combien vous nous avez aimés, ô Père aussi saint que bon, combien vous nous avez aimés,

---

num, sine tempore sempiternum, sine morte, vitam, sine infirmitate fortem, sine mendacio verum, sine loco ubique totum, sine situ ubique præsentem, sine extensione omnia implentem, sine contractione ubique occurrentem, sine motu omnia transcendentem, sine statu intra omnia manentem, sine indigentia omnia creantem, sine labore omnia regentem, sine tui initio omnibus initium dantem, sine tui mutatione omnia mutabilia facientem; in magnitudine infinitum, in virtute omnipotentem, in bonitate summum, in sapientia inæstimabilem, in consiliis terribilem, in judiciis justum, in cogitationibus secretissimum, in verbis veracem, in operibus sanctum, in misericordiis copiosum; erga delinquentes patientissimum, erga pœnitentes piissimum; semper (*a*) eumdem ipsum æternum ac sempiternum, immortalem atque incommutabilem : quem nec spatia dilatant, nec brevitas locorum angustat, nec receptacula ulla coarctant, nec voluntas variat, nec necessitudo corrumpit, nec mœsta perturbant, nec læta demulcent : cui nec oblivio tollit, nec memoria reddit, nec præterita transeunt, nec futura succedunt : cui nec origo initium, nec tempora incrementum, nec casus finem dabit : sed ante sæcula et in sæculis et per sæcula in æternum vivis, et est tibi perennis laus et æterna gloria, summa potestas ac singularis honor, perpetuum regnum et sine fine imperium, per infinita et indefessa et immortalia sæcula sæculorum. Amen.

CAPUT XIII. — *De Incarnationis mysterio.* — Huc usque, [(1) omnipotens Trinitas, Deus unus, cordis mei inspector et scrutator, confessus sum omnipotentiam majestatis tuæ, et majestatem omnipotentiæ tuæ : nunc autem qualiter humano generi subvenire dignatus es in fine sæculorum, sicut corde credo ad justitiam, ita ore coram te confiteor ad salutem. Tu quidem, Deus Pater, solus nusquam legeris missus; de Filio autem tuo ita scribit Apostolus : « Cum autem venit plenitudo temporis, misit Deus Filium suum. » (*Gal.*, IV, 4.) Cum dicit, « misit, » satis ostendit, quia in hunc mundum missus advenit, cum de (*b*) beata Maria semper virgine natus, verus et perfectus homo in carne apparuit. Sed quid est, quod de illo ille Evangelistarum præcipuus ait : « In mundo erat et mundus per ipsum factus est? » (*Joan.*, 1, 10.) Illuc ergo missus est per humanitatem, ubi semper fuit et est per divinitatem. Quam videlicet missionem opus esse totius sanctæ Trinitatis toto corde credo, et ore confiteor. (2) Quomodo nos amasti, Pater sancte et bone,

---

(1) Ex parte II, *Conf.* Alcuini, n. 4 et 5. — (2) Et hæc lib. X, *Conf.* Aug., c. XLIII, n. 69.
(*a*) Cod. Met. et Alc. *idem.* — (*b*) Cod. Met. non habet *beata.*

divin Créateur, vous qui n'avez pas épargné votre propre fils, mais qui l'avez livré pour nous aux mains des impies! Soumis à vous jusqu'à la mort, et à la mort de la Croix, il a attaché à cette Croix le sceau de la condamnation que nous avions méritée par nos péchés, et il a ainsi crucifié le péché lui-même et triomphé de la mort. Libre seul entre les morts, seul ayant le pouvoir de renoncer à la vie et de la rappeler en lui, il a été tout à la fois pour nous victime et vainqueur de la mort, et il n'en fut vainqueur que parce qu'il en a été la victime. Il a aussi été pour nous le prêtre et le sacrifice, et il ne fut le prêtre que parce qu'il avait été le sacrifice.

J'espère donc fermement, Seigneur, que par l'intercession de celui qui est assis à votre droite, et qui vous prie sans cesse pour nous, vous guérirez les langueurs de mon âme, car ces langueurs, ô mon Dieu, sont aussi grandes que nombreuses. Je reconnais et j'avoue que le prince de ce monde a pris beaucoup d'empire sur moi, daignez me délivrer, mon Dieu, je vous en conjure par celui qui est assis à votre droite, notre divin Rédempteur, dans lequel le prince du monde n'a rien trouvé qui lui appartînt. Justifiez-moi par celui qui n'a pas connu le péché et dont la bouche n'a jamais proféré le mensonge. Par votre divin Fils qui est notre chef, et qui est pur de toute faute et de toute souillure, sauvez-moi, quoique je ne sois que le plus petit et le plus faible de ses membres. Délivrez-moi donc, Seigneur, de mes péchés et de mes vices, de mes fautes, de mes négligences, et répandez en moi vos divines vertus. Faites que ma vie entière se distingue par la pureté de ses mœurs, et que pour la gloire de votre saint nom et selon votre volonté, je persévère jusqu'à la mort dans la pratique des bonnes œuvres.

Chapitre XIV. — *Confiance que nous inspire le mystère de l'Incarnation.* — Le nombre infini de mes fautes et de mes négligences aurait pu me remplir de désespoir, si votre Verbe, qui est Dieu comme vous, ne s'était pas fait chair et n'avait pas habité parmi nous. Mais comment oserais-je désespérer? Si lorsque nous étions vos ennemis, nous avons été réconciliés avec vous par la mort de votre Fils, combien plus devons-nous espérer maintenant qu'il nous a sauvés des effets de votre colère? Tout mon espoir, ma confiance sont donc dans le sang précieux, qu'il a répandu pour nous et pour notre salut. C'est par lui seul et en lui seul que plein de confiance, j'aspire de toutes les ardeurs de mon âme à arriver jusqu'à vous, non par ma propre justice, mais par celle de votre Fils bien-aimé Notre-Seigneur Jésus-Christ.

C'est pourquoi, Dieu de clémence et de bonté, si rempli de miséricorde et d'amour pour les hommes, vous dont la puissance, lorsque nous n'étions pas encore, nous a créés par Jésus-Christ votre Fils et Notre-Seigneur, et qui, lorsque nous nous étions perdus par notre faute, nous avez rachetés plus merveilleusement encore, je vous rends du plus profond de mon cœur d'abondantes actions de grâces, à vous, Seigneur, qui, par un effet de votre ineffable charité, nous avez aimés, tout malheureux que nous étions et indignes de votre admirable bonté, jusqu'à nous envoyer du sein de votre divinité ce même Fils unique pour notre avantage, afin de sauver des pécheurs, de misérables enfants de la colère et de la perdition. Je

quantum nos dilexisti, pie Conditor, qui etiam proprio Filio non pepercisti, sed pro nobis impiis tradidisti illum? (*Phil.*, II, 8.) Subditus ille tibi usque ad mortem, mortem autem crucis, tollens scilicet chirographum peccatorum nostrorum, et affigens illud cruci, crucifixit peccatum, et occidit mortem. (*Col.*, II, 14.) Unus ille inter mortuos liber, potestatem habens ponendi animam suam, et iterum sumendi eam, pro nobis tibi victor et victima, et ideo victor, quia victima; pro nobis tibi sacerdos et sacrificium, et ideo sacerdos, quia sacrificium.

Merito mihi spes valida in illo est, quia sanabis omnes languores meos per eum qui sedet ad dexteram tuam, et interpellat pro nobis.] (*Rom.*, VIII, 34.) Languores quippe mei, Domine, magni sunt et multi, multi sunt et magni. Habet enim multa in me princeps mundi hujus, scio et fateor; sed rogo te, libera me per sedentem ad dexteram tuam Redemptorem nostrum, in quo nihil (*a*) suum potuit invenire. (I *Pet.*, II, 22.) Per ipsum me justifica, qui peccatum non fecit, nec inventus est dolus in ore ejus. Per ipsum caput nostrum, in quo nulla est macula, libera membrum ejus, licet exiguum et infirmum. Libera quæso me a peccatis, vitiis, culpis et negligentiis meis. Reple me tuis sanctis virtutibus, et fac me bonis pollere moribus : fac me in sanctis operibus tuis propter nomen sanctum tuum perseverare usque in finem secundum voluntatem tuam.

Caput XIV. — (1) Desperare utique potuissem propter nimia peccata mea et infinitas negligentias meas, nisi Verbum tuum, Deus, caro fieret et habitaret in nobis. Sed desperare jam non audeo; quia cum inimici essemus, reconciliati sumus per mortem Filii tui, quanto magis nunc salvi facti ab ira per eum? Omnis namque spes et totius fiduciæ certitudo mihi est in pretioso sanguine ejus, qui effusus est propter nos et propter nostram salutem. In ipso respiro, et in ipso confisus, ad te pervenire desidero : non habens meam justitiam, sed eam quæ est in Filio tuo Domino nostro Jesu Christo.

Unde [(2) clementissime et benignissime amator hominum Deus, qui per Jesum Christum Filium tuum Dominum nostrum, cum non essemus, potenter fecisti nos; et cum perditi fuissemus culpa nostra, mirabiliter recuperasti nos, gratias ago pietati tuæ, et multas tibi gratias refero ex totis præcordiis meis, qui propter tuam ineurrabilem dilectionem, qua nos miseros et indignos mirabili bonitate amare dignatus es, misisti eumdem Unigenitum tuum (3) de sinu tuo ad publicum proficuum nostrum, salvare nos peccatores tunc filios iræ, filios perditionis. Gratias ago tibi pro sancta incarnatione et nativitate ejus, et pro gloriosa Genitrice ejus, de qua ipse carnem

---

(1) V. II, partem *Conf.* Alcuini, n. 5. — (2) Ex eod. lib. IV, parte n. 11. — (3) V. Alcuini, p. 133, c. et lib. *de Spec.*, c. XIV.

(*a*) Sic Cod. Mel. al. *sui mali*.

vous rends grâces pour sa sainte incarnation et sa divine naissance. Je vous rends grâces pour la glorieuse Mère dans le sein de laquelle il a daigné se revêtir de notre chair mortelle pour nous et pour notre salut, en sorte que, comme il est vraiment Dieu, engendré de Dieu, il fut aussi vraiment homme, ayant reçu la nature humaine dans le sein virginal de sa Mère. Je vous rends grâces pour sa passion, pour sa croix, pour sa mort, pour sa résurrection, pour son ascension au ciel, pour la place qu'il occupe à votre droite. Quarante jours, en effet, après sa glorieuse résurrection, il s'éleva au plus haut des cieux en présence de ses disciples, et, assis à votre droite, il envoya, comme il l'avait promis, le Saint-Esprit sur ses enfants d'adoption. Je vous rends grâces pour le sang précieux qu'il a répandu, et par lequel il nous a rachetés. Je vous rends grâces pour le saint et vivifiant mystère de son corps et de son sang, nourriture sacrée, divin breuvage que nous prenons chaque jour dans votre Eglise, pour nous purifier, nous sanctifier et participer en quelque sorte à votre divinité. Je vous rends grâces pour l'admirable et ineffable charité, avec laquelle vous nous avez aimés et sauvés par votre unique et bien-aimé Fils, car vous avez aimé le monde jusqu'à lui donner votre Fils unique, afin que quiconque croirait en lui, non-seulement fût préservé de la mort éternelle, mais encore pût obtenir l'éternelle vie. Et cette vie éternelle, ô seul et vrai Dieu, consiste à vous connaître ainsi que Jésus-Christ, que vous avez envoyé ; mais cette connaissance ne peut s'acquérir que par une foi sincère, et par des œuvres dignes de cette foi.

CHAPITRE XV. — *Bonté infinie de Dieu dans la réparation de l'homme.* — O bonté infinie, ô inappréciable charité! Pour délivrer votre serviteur vous avez livré votre Fils. Un Dieu s'est fait homme pour arracher à la puissance du démon l'homme qui s'était perdu. Oh! qu'il devait donc aimer les hommes, votre divin Fils, notre Dieu, puisque, dans son infinie charité, non content de s'abaisser jusqu'à se revêtir de notre humanité dans le sein de la bienheureuse vierge Marie, il a encore voulu subir le supplice de la croix, et répandre son sang pour nous et pour notre salut. Il est venu ce Dieu de bonté, il est venu dans l'effusion de son amour et de sa charité pour nous, il est venu chercher et sauver ce qui était perdu. Il a cherché et a retrouvé la brebis qui s'était égarée, et, comme un bon Maître, comme un doux et zélé Pasteur, après l'avoir retrouvée, il l'a rapportée au bercail sur ses propres épaules. O charité! ô bonté de mon Dieu! qui a jamais ouï quelque chose de plus merveilleux? qui ne s'étonnerait de tant d'amour et de miséricorde? qui n'en éprouverait pas autant d'admiration que d'allégresse? O mon Dieu, dans l'immensité de votre charité pour nous, vous nous avez envoyé « votre Fils dans une chair semblable à celle des pécheurs, pour condamner le péché dans cette même chair du péché, et afin que par lui la justice de votre loi fût accomplie en nous. » (*Rom.*, VIII, 3 et 4.) « C'est lui qui est le véritable agneau sans tache qui efface les péchés du monde, et qui, en mourant, a détruit notre mort, comme par sa résurrection il nous a donné la vie. »

Mais que pouvons-nous vous rendre pour tous les bienfaits dont votre miséricorde nous a comblés? Par quelles louanges, par quelles actions de grâces vous en témoigner notre reconnaissance? Quand bien même nous aurions les lumières et le pouvoir de vos saints

---

assumere dignatus est propter nos et propter nostram salutem : ut sicut verus Deus ex Deo, ita verus homo ex homine esset. Gratias tibi ago pro passione et cruce ejus, pro morte et resurrectione ejus, pro ascensione ejus in cœlum, et sede majestatis ejus ad dexteram tuam.] Ipse enim quadragesimo die (1) post resurrectionem suam videntibus discipulis ascendens super omnes cœlos, sedensque ad dexteram tuam, Spiritum sanctum secundum promissionem suam in filios adoptionis effudit. (*Act.*, I, 9; II, 4.) [(2) Gratias tibi ago pro sacratissima illa effusione pretiosi sanguinis ejus, quo sumus redempti : simul et pro sacrosancto et vivifico mysterio corporis et sanguinis ejus, quo quotidie in Ecclesia tua pascimur et potamur, abluimur et sanctificamur, et unius summæ divinitatis participes efficimur.] Gratias tibi ago pro hac tua mira et inenarrabili caritate, qua nos dignos sic amasti et salvasti per unicum et dilectum Filium tuum. Sic enim dilexisti mundum, ut Unigenitum tuum dares (*Joan.*, III, 16) : ut omnis qui credit in eum, non pereat, sed habeat vitam æternam. Hæc est autem vita æterna, ut cognoscamus te verum Deum, et quem misisti Jesum Christum (*Joan.*, XVII, 3), per fidem rectam et condigna fidei opera.

CAPUT XV. — *Immensa Dei in hominis reparatione caritas.* — O immensa pietas, o inæstimabilis caritas! Ut liberares servum, tradidisti Filium. Deus factus est homo, ut perditus homo de potestate dæmonum erueretur. Quam benignissimus amator hominum Filius tuus Deus noster, cujus piis visceribus non satis visum est, ut se inclinaret factus homo de vera virgine Maria, nisi etiam subiret crucis supplicium effuso sanguine propter nos et nostram salutem. Venit pius Deus, venit pro pietate et bonitate sua, venit quærere et salvum facere quod perierat. (*Luc.*, XV, 4.) Quæsivit ovem perditam; quæsivit, et invenit, et in humeris suis reportavit ad caulas gregis, pius Dominus, et vere multum mitis pastor. O caritas, o pietas! Quis audivit talia? Quis super tanta misericordiæ viscera non obstupescat? Quis non miretur, quis non collætetur? Propter nimiam caritatem tuam, qua nos dilexisti, misisti Filium tuum in similitudinem carnis peccati (*Rom.*, VIII, 3, 4), ut de peccato damnaret peccatum; ut nos efficeremur justitia tua in ipso. (3) Ipse enim verus est agnus, agnus immaculatus, qui abstulit peccata mundi : qui mortem nostram moriendo destruxit, et vitam resurgendo reparavit.

Sed quid tibi retribuere possumus, Deus noster, pro tantis beneficiis misericordiæ tuæ? quas laudes, quasve gratiarum actiones? Etiamsi illa beatorum Angelorum

(1) Ex *Præf. Pentec.* — (2) Ex *Conf. Alcuin*, p. IV, n. 11. — (3) Ex *Præf. Pasch.*

anges, nous serions encore impuissants pour répondre à la grandeur de votre bonté et de votre amour pour nous. Quand bien même tous les membres de notre corps se changeraient en autant de langues, notre faiblesse ne suffirait pas pour célébrer les louanges qui vous sont dues. L'inappréciable charité que, dans votre clémence et votre bonté, vous nous avez montrée, tout indignes que nous en sommes, est au-dessus de toute science humaine. Car ce n'est pas de la nature des anges, mais de celle de la race d'Abraham, que votre divin Fils a daigné se revêtir en se faisant semblable à nous, à l'exception du péché.

En se revêtant de la nature humaine et non de celle des anges, et en la glorifiant par la divine auréole de sa résurrection et de son immortalité, il l'a élevée au-dessus de tous les cieux, de tous les chœurs des anges, des chérubins, des séraphins, et l'a placée avec lui à votre droite. Cette nature humaine ainsi divinisée est l'objet constant des louanges perpétuelles des anges. Les Dominations l'adorent, et, devant ce Dieu fait homme, s'inclinent et tremblent toutes les Puissances et les Vertus des cieux. Voilà, Seigneur, ce qui fait tout mon espoir et ma confiance, car chacun de nous est en quelque sorte une partie de la chair et du sang de Jésus-Christ Notre-Seigneur. Or, là où règne une partie de moi-même, je crois que j'y règnerai un jour. Là où ma chair est glorifiée, je crois y être moi-même glorieux. Là où mon sang règne et commande, quelque chose de moi me dit que j'y règne et commande également; et quoique pécheur, j'espère pouvoir participer à cette ineffable grâce. Si mes péchés m'en éloignent, l'union de ma substance avec celle de mon Sauveur réclame ce bienfait; et si mes fautes m'en rendent indigne, la communauté de ma nature mortelle avec la nature divine efface cette indignité. Non, le Seigneur est trop miséricordieux pour oublier l'homme, et ne pas se souvenir de celui qu'il porte en lui-même. Le Seigneur est trop bon pour ne pas me rechercher, en considération de celui dont par amour pour moi il a pris la forme et la nature. Le Seigneur notre Dieu, si doux, si clément, pourrait-il ne pas aimer sa propre chair, ses propres membres, ses propres entrailles dans Jésus-Christ, Dieu comme lui, comme lui plein de clémence et de bonté, Jésus-Christ en qui nous sommes ressuscités, avec qui nous sommes montés au ciel, avec qui nous habitons déjà les célestes demeures? Oui, celui qui s'est revêtu de notre chair nous protége et nous aime. C'est de lui que relèvent la noblesse et les prérogatives de notre sang. Nous sommes ses membres, nous sommes sa chair. Il est en un mot notre chef qui anime tout le corps, selon ce qui est écrit : « L'os de mes os, la chair de ma chair; » et dans un autre endroit : « L'un et l'autre ne sont qu'une même chair. » (*Gen.*, II, 23.) L'Apôtre a dit également : « Personne n'a jamais haï sa propre chair; au contraire, il l'aime et en prend soin. Cela est un grand mystère en Jésus-Christ et en son Eglise. » (*Ephés.*, v, 29.)

Chapitre XVI. — *Actions de grâces à Dieu pour le remercier de ses miséricordes.* — Mes lèvres, mon cœur et toutes les forces de mon âme vous rendent donc grâces, Seigneur notre Dieu, pour toutes les miséricordes par lesquelles vous avez daigné nous sauver de notre perte par votre divin Fils, notre Sauveur, notre Rédempteur, qui est mort pour nos péchés et

---

scientia et potentia nobis foret, nihil tamen dignum tantæ pietati et bonitati tuæ recompensare valeremus. Si certe omnia membra corporis nostri verterentur in linguas, ad rependendum tibi debitas laudes nequaquam sufficeret exiguitas nostra. Supereminet enim omnem scientiam tua inæstimabilis caritas, quam ostendisti nobis indignis pro sola bonitate et pietate tua. Filius namque tuus Dominus noster, non Angelos, sed semen Abrahæ apprehendit, assimilatus nobis per omnia, absque peccato. (*Hebr.*, II, 16.)

Humanam itaque, non angelicam suscipiens naturam, et eam stola sanctæ resurrectionis et immortalitatis glorificans, vexit super omnes cœlos, super omnes choros Angelorum, super Cherubim et Seraphim, collocans ad dexteram tuam. Hanc autem laudant Angeli, adorant Dominationes, et omnes Virtutes cœlorum tremunt super se hominem Deum. Hæc nempe est mihi tota spes omnisque fiducia. Est enim in ipso Jesu Christo Domino nostro uniuscujusque nostrum portio, caro et sanguis. Ubi ergo portio mea regnat, ibi me regnare credo. Ubi caro mea glorificatur, ibi gloriosum me esse cognosco. Ubi sanguis meus dominatur, ibi dominari me sentio. Quamvis peccator sim, de hac communione gratiæ non diffido. Etsi peccata (*a*) mea prohibent, substantia mea requirit. Etsi delicta mea me excludunt, naturæ communio non repellit. Non enim tam immitis est Dominus, ut obliviscatur hominis, et non meminerit ipsius quem ipse gestat; ut quem mei causa susceperit, ejus non me causa requirat. Mitis certe et valde benignus est Dominus Deus noster, et diligit carnem suam, membra sua, viscera sua, in ipso Deo et Domino nostro Jesu Christo dulcissimo, benignissimo atque clementissimo : in quo jam resurreximus, jam cœlos conscendimus, jam in cœlestibus consedemus. Caro nostra nos diligit : habemus antem prærogativam sanguinis nostri in ipso. Sumus vero membra ejus et caro ejus. Ipse denique est caput nostrum, ex quo totum corpus, sicut scriptum est : « Os ex ossibus meis, et caro de carne mea : » et : « Erunt duo in carne una : » (*Gen.*, II, 23, 25) et : « Nemo unquam carnem suam odio habet, sed fovet et diligit eam. Mysterium hoc magnum est : ego dico in Christo et in Ecclesia, ait Apostolus. » (*Ephes.*, v, 29.)

Caput XVI. — *Gratiæ inde aguntur*. — [(1) Gratias itaque tibi ago labiis et corde et omni qua valeo virtute, infinitæ misericordiæ Domine Deus noster, pro omnibus miserationibus tuis, quibus mirabiliter nobis perditis subvenire dignatus es per eumdem Filium tuum, Salvatorem et recuperatorem nostrum, qui mortuus est propter peccata nostra, et resurrexit propter justificationem nostram (*Rom.*, IV, 25) : et nunc vivens sine fine sedet

---

(1) Ex *Conf. Alcuini*,, IV, p. n. 11.
(*a*) Ms. Met. hic et mox *me.* pro, *mea.*

qui est ressuscité pour notre justification, qui vit et vivra éternellement, qui est assis à votre droite, où il intercède pour nous et répand avec vous, sur vos créatures, ses bienfaits et ses miséricordes, parce qu'il est Dieu comme vous, issu de vous, son divin Père, comme vous de toute éternité, comme vous de la même substance, et par conséquent pouvant éternellement nous sauver. Quoique sous le rapport de son humanité il vous soit inférieur, il a cependant reçu de vous toute puissance dans le ciel et sur la terre, de sorte qu'au nom de Jésus tout genou doit fléchir, non-seulement dans le ciel et sur la terre, mais encore dans les enfers, et toute langue confesser que Jésus-Christ Notre-Seigneur est dans votre gloire, ô Dieu, Père tout-puissant! Vous l'avez établi juge des vivants et des morts, car vous, Seigneur, vous ne jugez personne, mais vous avez délégué la justice de vos jugements à votre divin Fils, dans le sein duquel sont renfermés tous les trésors de la sagesse et de la science. Il est tout à la fois le témoin et le juge, à la pénétration duquel aucune conscience coupable ne saurait se cacher. Toutes choses, en effet, sont nues et découvertes à ses yeux, et celui qui a été jugé avec tant d'injustice, jugera la terre entière et les peuples avec équité. Je bénis donc votre saint nom et vous rends gloire de tout mon cœur, ô Dieu tout-puissant et miséricordieux, de cette union si admirable, si ineffable, de notre humanité avec votre divinité dans une seule et même personne, afin qu'en elle le Dieu ne fût pas autre chose que l'homme, mais que cette même et seule personne fût tout à la fois et un Dieu-homme et un Homme-Dieu. Mais, quoique par un effet admirable de sa bonté, le Verbe se soit fait chair,

il ne s'ensuit pas que l'une de ces deux natures soit transformée en la substance de l'autre, ni qu'une quatrième personne ait été ajoutée au mystère de la Trinité. Il y a unité, mais non confusion dans la nature du Verbe Dieu et homme. Ce que le Sauveur a pris de nous n'est pas devenu Dieu, et ce qui n'avait jamais été n'a pu devenir ce qui de soi-même existe toujours. O admirable mystère, ô commerce ineffable, ô merveilleuse grandeur de la bonté divine! Nous avons été d'indignes serviteurs, et voici que nous sommes devenus les enfants de Dieu, les héritiers de son royaume et les cohéritiers de Jésus-Christ. D'où peut nous venir un tel bienfait, et comment l'avons-nous mérité?

O mon Dieu, je vous en conjure par votre inappréciable bonté, par votre charité infinie, rendez-nous dignes des grandes et nombreuses promesses de votre divin Fils Notre-Seigneur Jésus-Christ. Faites éclater en notre faveur votre vertu toute-puissante, et affermissez en nous ce que vous y avez déjà opéré. Achevez ce que vous avez commencé, pour que nous puissions mériter et obtenir la plénitude de vos grâces et de votre amour. Que les lumières de votre Esprit saint nous fassent comprendre, honorer, vénérer dignement cet ineffable mystère de charité qui a été manifesté dans la chair, justifié par l'Esprit, qui a été découvert aux anges, qui a été annoncé aux nations, cru par tout l'univers, et reçu dans la gloire.

Chapitre XVII. — *Combien nous devons être reconnaissants envers Dieu.* — Combien nous vous sommes redevables, ô Seigneur notre Dieu, nous que vous avez rachetés par votre sang précieux, sauvés par un si grand bienfait, secourus par une faveur si glo-

---

ad dexteram tuam, et interpellat pro nobis (*Rom.*, viii, 34), et simul tecum miseretur, quia Deus est ex te Patre, coæternus tibi et consubstantialis per omnia, unde potest nos in perpetuum salvare : sed secundum id quod homo est, ex qua parte minor te est, data ei a te omnis potestas in cœlo et in terra (*Matth.*, xxviii, 18; *Phil.*, ii, 10) : ut in nomine Jesu omne genu flectatur, cœlestium, terrestrium et infernorum, et omnis lingua confiteatur quia Dominus Jesus in gloria est tua, Deus Pater] omnipotens. (*Joan.*, v, 22.) Ipse quidem constitutus est a te judex vivorum et mortuorum : tu vero non judicas quemquam, sed omne judicium tuum dedisti Filio tuo, in cujus pectore reconditi sunt omnes thesauri sapientiæ et scientiæ. (*Col.*, ii, 3.) Ipse autem testis est et judex; judex et testis, quem nulla peccatrix conscientia effugere poterit (*Jer.*, xxix, 23 ; *Hebr.*, iv, 13) : omnia enim nuda et aperta sunt oculis ejus. Ipse sane qui injuste judicatus est, judicabit orbem terræ in æquitate, et populos in justitia. (*Psal.* cxcv, 13.) [(1) Benedico ergo nomen sanctum tuum, et glorifico ex toto corde meo, omnipotens et misericors Domine, pro illa mirabili et inenarrabili conjunctione divinitatis et humanitatis in unitate personæ; ut non alter Deus, alter homo esset, sed unus idemque Deus et homo, homo et Deus.] Sed licet mirabili dignatione Verbum caro factum sit, neutra tamen ex duabus naturis in aliam mutata est substantiam. Trini-

tatis mysterio quarta non est addita persona. Unita quippe est, non confusa Verbi Dei hominisque substantia : ut in Deum quod ex nobis susceptum fuerat pervenirit, et illud quod nunquam fuerat, idem quod semper fuerat permaneret. [(2) O admirabile mysterium! o inenarrabile commercium! o mira semperque miranda divinæ propitiationis benignitas! Servi digni non fuimus, et ecce filii Dei facti sumus; hæredes quidem Dei, cohæredes autem Christi. (*Rom.*, viii, 17.) Unde hoc nobis, et quid nos ad hæc?]

Sed rogo te, clementissime Pater Deus, per hanc inæstimabilem pietatem, bonitatem et caritatem tuam, ut dignos nos facias multis et magnis promissionibus ejusdem Filii tui Domini nostri Jesu Christi. Manda virtuti tuæ, et confirma hoc quod operatus es in nobis. (*Psal.* lxvii, 29.) Perfice quod cœpisti, ut ad plenam tuæ pietatis gratiam mereamur pervenire. (3) Fac nos per Spiritum sanctum intelligere, mereri, et debito semper honore venerari hoc magnum pietatis mysterium, quod manifestatum est in carne, justificatum est in spiritu, apparuit Angelis, prædicatum est gentibus, creditum est in mundo, assumptum est in gloria. (1 *Tim.*, iii, 16.)

Caput XVII. — *Quanta Deo debeamus.* -- O quantum tibi sumus debitores, Domine Deus noster, tanto redempti pretio, tanto salvati dono, et tam glorioso adjuti beneficio! Quantum a nobis miseris timendus es et amandus,

(1) Ex loco mox cit. — (2) Ex n. 12, lib. cit. — (3) Ex loco mox citato.

rieuse! Combien, dans notre misère, nous devons vous craindre et vous aimer, vous bénir et vous louer, vous honorer et vous glorifier, vous qui nous avez ainsi aimés, sauvés, sanctifiés, élevés jusqu'à votre gloire! C'est vous qui nous avez donné tout ce qu'il y a en nous de pouvoir, de sagesse et de vie. Qui peut se vanter d'avoir quelque chose qu'il ne tienne pas de vous? C'est de vous seul, ô Seigneur notre Dieu, que procède tout bien. Daignez donc, pour votre gloire et l'honneur de votre saint nom, nous enrichir de vos biens, afin que par eux nous puissions vous servir, vous plaire selon l'Esprit de vérité, et vous rendre chaque jour les actions de grâces, qui vous sont dues pour les bienfaits, dont nous a comblés votre miséricorde. Nous ne pouvons en effet, sans le secours de votre grâce, vous servir et vous plaire. « Toute grâce excellente et tout don parfait vient d'en-haut et descend du Père des lumières, en qui il n'y a point de variation, ni aucune ombre de changement. » (*Jac.*, I, 17.)

O Seigneur notre Dieu, Dieu de charité, Dieu de bonté, Dieu tout-puissant, Dieu dont la nature est ineffable et infinie. Vous êtes le principe de toutes choses et le Père de Notre-Seigneur Jésus-Christ. [Ce Fils bien-aimé, notre doux et adorable Sauveur, vous l'avez envoyé du sein de votre divinité pour recevoir notre vie et nous communiquer la sienne. Par vous, son Père, il est parfaitement Dieu et parfaitement homme par sa mère. Bien qu'entièrement Dieu et entièrement homme, il est toujours un même Christ; il est à la fois seul et même Jésus-Christ, éternel et sujet au temps, immortel et soumis à la mort, créateur et créé, puissant et faible, vainqueur et vaincu, pasteur et brebis, celui qui nourrit les hommes et qui lui-même a eu besoin de nourriture. Il est mort dans le temps, et il vit avec vous de toute éternité. Selon sa promesse, il a donné à ceux qui l'aiment le droit de cité dans sa céleste patrie, et nous a dit : « Tout ce que vous demanderez à mon Père en mon nom, vous l'obtiendrez. » (*Jean*, XV, 16.) Par ce souverain Prêtre, ce seul véritable Pontife, ce doux et bon Pasteur, qui s'est offert à vous en sacrifice en donnant sa vie pour son troupeau, par celui qui siège à votre droite et qui intercède pour nous, par ce divin Rédempteur, notre avocat près de vous, je vous conjure, ô Dieu si rempli de bonté, de clémence et d'amour pour les hommes, je vous conjure de me rendre digne, par une contrition sincère, par les larmes que je verserai pour effacer mes fautes, par ma crainte respectueuse, de pouvoir un jour, avec votre Fils et votre Saint-Esprit, vous bénir et vous glorifier en toutes choses; car, uni par la même substance à ce divin Fils, vous êtes aussi uni à lui pour répandre sur nous vos grâces et vos miséricordes. « Mais comme le corps, sujet à la corruption, appesantit l'âme, » (*Sag.*, IX, 15) réveillez-moi de mon engourdissement par les divins aiguillons de votre amour; faites que je puisse persévérer avec ardeur dans la pratique de vos salutaires préceptes, et célébrer jour et nuit votre gloire et votre grandeur. Accordez-moi la grâce, ô Seigneur, que mon cœur s'échauffe au dedans de moi, et qu'il soit embrasé en méditant votre loi; et puisque votre Fils unique a dit : « Nul ne peut venir à moi si mon Père, qui m'a envoyé, ne l'attire; » (*Jean*, VI, 44) et ailleurs : « Nul ne peut que par moi arriver à mon Père; » (*Ibid.*,

---

benedicendus et laudandus, honorandus et glorificandus, qui nos sic amasti, sic salvasti, sic sanctificasti, sic sublimasti! Tibi nempe debemus omne quod possumus, omne quod sapimus, omne quod vivimus. Et quis habet quidquam non tuum? Tu Domine Deus noster, a quo bona cuncta procedunt, propter te et nomen sanctum tuum da nobis de bonis tuis, ut de donis ac datis tuis serviamus tibi, et in veritate placeamus, atque debitas quotidie laudes rependamus tibi pro tantis beneficiis misericordiæ tuæ : non aliunde possumus tibi servire neque placere, nisi de tuo munere. « Omne datum optimum, et omne donum perfectum de sursum est, descendens a Patre luminum, apud quem non est transmutatio, nec vicissitudinis obumbratio. » (*Jac.*, I, 17.)

Domine Deus noster, Deus pie, Deus bone, Deus omnipotens, [(1) Deus ineffabilis et incircumscriptæ naturæ, institutor omnium rerum, et Domini nostri Jesu Christi Pater, qui eumdem dilectum Filium tuum Dominum nostrum dulcissimum misisti de sinu tuo ad publicum pacificum nostrum suscipere vitam nostram, ut nobis donaret suam, essetque perfectus Deus ex te Patre, et perfectus homo ex matre, totus Deus et totus homo, unus idemque Christus, æternus et temporalis, immortalis et moriturus, creator et creatus, fortis et infirmus, (a) victor et victus, nutritor et nutritus, pastor et ovis, temporaliter mortuus et tecum vivens in æternum : suis dilectoribus vitæ municipatum promittens dedit, et nobis dixit : « Quodcumque petieritis Patrem in nomine meo, dabit vobis.] » (*Joan.*, XV, 16.) Per ipsum summum sacerdotem et verum pontificem et bonum pastorem, qui se tibi obtulit in sacrificium, ponens animam suam pro grege suo, te rogo : per ipsum qui sedet ad dexteram tuam et interpellat pro nobis, Redemptorem et advocatum nostrum, pietati et bonitati tuæ supplico, clementissime et amantissime et benignissime amator hominum Deus, (2) ut des mihi cum eodem Filio tuo et sancto tuo Spiritu te in omnibus benedicere et glorificare, cum multa cordis contritione et lacrymarum fonte, cum multa reverentia et tremore : quia quorum una est substantia, unum est et datum. Sed quoniam « corpus quod corrumpitur aggravat animam, » (*Sap.*, IX, 15) excita quæso torporem meum tuis stimulis, et fac me strenue perseverare in præceptis et laudibus tuis die ac nocte. Tribue ut concaleat cor meum intra me, et in meditatione mea exardescat ignis. (*Psal.* XXXVIII, 4.) [(3) Et quia ipse tuus unice natus dixit : « Nemo venit ad me, nisi Pater, qui misit me, traxerit eum (*Joan.*, VI, 44) : et : « Nemo venit ad Patrem nisi per me : » (*Joan.*, XIV, 6) obsecro

---

(1) Verba dictæ *Conf.*, p. II, n. 6, et p. IV, n. 12, necnon Alcuini, p. 133, c. — (2) Ex dicta *Conf.*, p. II, n. 7. — (3) Alcuinus, p. 134 d. et lib. mox citato, n. 10.

(a) Nec Met., cod. nec dicta *Conf.* habet, *victor et victus*.

xiv, 6) attirez-moi donc sans cesse à lui, afin que lui-même me fasse arriver à vous, là où il est assis à votre droite, là où l'on jouit de la vie éternelle et éternellement heureuse, là où l'on peut vous aimer parfaitement sans trouble et sans crainte, là où brille un jour qui ne finit jamais, là où tous les esprits et tous les cœurs sont confondus ensemble, là où règne une suprême sécurité, une tranquillité que rien ne peut troubler et qui est remplie de douceur, une félicité pleine de charme, une heureuse éternité et une éternité de bonheur, là où l'on goûte l'ineffable félicité de vous voir et de vous louer sans cesse, ô mon Dieu, là enfin où, avec votre Fils et lui avec vous, en l'unité du Saint-Esprit, vivez et régnez éternellement dans tous les siècles des siècles. Ainsi soit-il.

CHAPITRE XVIII. — *Prière à Jésus-Christ.* — O Jésus-Christ, mon unique espoir, Dieu de douceur, qui avez tant aimé les hommes dont vous êtes la lumière, la voie, la vie, le salut, la paix et la gloire; vous qui, pour les sauver, avez daigné vous revêtir de leur chair et souffrir les liens, les blessures, la mort et la mort de la croix; vous qui avez été mis au tombeau et qui, trois jours après, êtes ressuscité en triomphant de la mort; vous qui vous êtes montré à vos disciples pour raffermir la foi chancelante de leur cœur, et qui, quarante jours après, êtes monté au plus haut des cieux, vous vivez maintenant et régnez éternellement dans tous les siècles des siècles.

Vous êtes, ô Jésus, mon Dieu vivant et véritable, mon Père saint et vénéré, mon Seigneur, mon Roi dont la grandeur est sans bornes, mon bon Pasteur, mon seul et unique Maître, mon aide et mon soutien quand j'ai besoin de vous, mon seul amour, celui que mon cœur trouve le plus beau, mon pain de vie, mon seul prêtre pour l'éternité, mon guide pour me conduire à la céleste patrie, ma seule et véritable lumière, ma douceur la plus sainte, ma seule voie dans le bien, mon unique sagesse, ma candeur et ma pureté, mon esprit de paix et de concorde, ma défense la plus sûre, mon meilleur partage, mon salut éternel, ma miséricorde la plus grande, ma patience la plus ferme, ma victime pure et sans tache, ma plus sainte rédemption, mon espérance pour l'avenir, mon parfait amour, ma sainte et glorieuse résurrection, ma vie éternelle, mon élévation et l'unique objet de mes aspirations et de mon éternelle contemplation. Faites donc, ô mon Sauveur, je vous en supplie et vous en conjure, que je suive toujours votre voie pour arriver jusqu'à vous et me reposer en vous. N'êtes-vous pas la voie, la vérité et la vie, qui seules peuvent nous faire arriver jusqu'à votre Père ? C'est vers vous seul, ô Seigneur, dont les douceurs et les beautés surpassent toute idée, que tendent sans cesse mes vœux et mes désirs.

O splendeur de la gloire éternelle du Père, vous qui siégez au-dessus des chérubins, vous dont la vue pénètre jusqu'au fond des abîmes, lumière véritable, source de toute lumière et dont l'éclat ne s'affaiblit jamais, lumière dans laquelle les anges désirent plonger leurs regards. Voici mon cœur que je vous présente; dissipez les ténèbres qui le couvrent, afin qu'il soit rempli du feu de votre amour. Donnez-vous à moi, mon Dieu, rendez-vous à moi. Je vous aime, et si mon amour n'est pas assez grand, faites que je vous aime davantage. Je ne puis savoir par moi-même ce qui manque encore à mon amour pour mériter que ma vie soit dès à présent l'objet de votre tendresse, et qu'elle ne se détourne plus de vous,

et suppliciter rogo, trahe me tu semper ad ipsum, et ipse me tandem perducat ad te illuc, ubi ille est in dextera tua sedens; ubi sempiterna est vita et sempiterne beata; ubi est amor perfectus, et nullus timor; ubi est dies æternus, et unus omnium spiritus; ubi est summa et certa securitas, et secura tranquillitas, et tranquilla jucunditas, et jucunda felicitas, et felix æternitas, et æterna beatitudo, et beata tui sine fine visio atque laudatio : ubi tu cum illo, et ille tecum in communione sancti Spiritus æternaliter ac sempiternaliter vivis et regnas Deus per omnia sæcula sæculorum. Amen.]

CAPUT XVIII. — *Precatio ad Christum.* —
(1) Spes mea Christe Deus, hominum tu dulcis amator,
Lux, via, vita, salus, pax et decus omne tuorum,
Omnia pro quorum voluisti ferre salute,
Carnem, vincla, crucem, vulnus, mortemque, sepulcrum,
Post tres inde dies devicta morte resurgens,
Discipulis visus, nutantia corda reformans,
Luce quater dena cœlorum summa petisti :
Vivis in æternum nunc et per sæcula regnans.

[(2) Tu Deus meus vivus et verus, pater meus sanctus, Dominus meus pius, rex meus magnus, pastor meus bonus, magister meus unus, adjutor meus opportunus, dilectus meus pulcherrimus, panis meus vivus; (3) sacerdos meus in æternum, dux meus ad patriam, lux mea vera, dulcedo mea sancta, via mea recta, sapientia mea præclara, simplicitas mea pura, concordia mea pacifica, custodia mea tuta, portio mea bona, salus mea sempiterna, misericordia mea magna, patientia mea robustissima, victima mea immaculata, redemptio mea sancta, spes mea (*al.* firma) futura, caritas mea perfecta, resurrectio mea sancta, vita mea æterna, exultatio et visio mea beatissima sine fine mansura. Te deprecor, supplico et rogo, ut per te ambulem, ad te perveniam, in te requiescam,] qui es via, veritas et vita, sine qua nemo venit ad Patrem (*Joan.*, XIV, 6) : te enim desidero dulcissimum et pulcherrimum Dominum.

O splendor paternæ gloriæ, qui sedes super Cherubim, et intueris abyssum, lumen veridicum, lumen illuminans, lumen indeficiens, in quod desiderant Angeli prospicere, ecce cor meum coram te, discute tenebras ejus, ut amoris tui claritate plenius perfundatur. (1 *Pet.*, 1, 12.)
[(4) Da mihi te, Deus meus, redde mihi te : en amo te, et si parum est, amem validius. Non possum metiri ut sciam quantum desit mihi amoris tui ad id quod satis est, ut currat vita mea in amplexus tuos, nec avertatur donec abscondatur in abscondito vultus tui. Hoc tantum

(1) Joannis Fiscam. p. II. — (2) Alcuinus, *pag.* 293, b. — (3) Idem, pag. 138, d. — (4) Aug., lib. XIII, *Conf.*, c. VIII.

jusqu'à ce qu'elle s'abîme entièrement dans la contemplation de votre visage. Tout ce que je sais, Seigneur, c'est que hors de moi comme en moi-même, tout est mal pour moi, lorsque je ne vous y trouve pas. Toute abondance qui n'est pas mon Dieu, n'est pour moi que pauvreté. Vous êtes seul le bien qui ne peut éprouver ni accroissement, ni diminution, parce que votre nature est simple, et que vivre et vivre souverainement heureux ne sont pas pour vous deux choses différentes, puisque vous êtes vous-même votre propre béatitude. Mais quant à votre créature, pour qui autre chose est de vivre, autre chose de vivre heureusement, c'est à votre grâce seule qu'elle doit et la vie et le bonheur de sa vie. C'est pourquoi, mon Dieu, nous avons besoin de vous, sans que jamais vous ayez besoin de nous-mêmes; en effet, quand même nous n'existerions pas, rien cependant ne manquerait à votre bonheur, dont vous êtes vous-même la plénitude et la fin. Il est donc nécessaire que nous vous soyons toujours attachés, Seigneur, afin que par le secours de votre grâce nous puissions vivre selon les lois de la piété, de la sainteté et de la justice. Si le poids de notre fragilité nous entraîne vers les choses de la terre, celui de votre grâce nous élève vers celles du ciel où nous sommes portés par le feu de votre amour. Nous nous y élevons par les mouvements de notre cœur en chantant le cantique qui nous y excite. C'est de votre feu, oui, de votre feu divin que nous brûlons, c'est lui qui nous transporte. Et où nous transporte-t-il? Vers la paix de la Jérusalem céleste. « J'ai tressailli de joie, s'écrie le Prophète, lorsqu'on m'a dit que nous irions dans la maison du Seigneur. » (*Ps.* cxxi, 1.) Ce qui peut nous y faire parvenir, c'est une bonne volonté et le désir inébranlable d'y demeurer éternellement.

Mais comme notre vie mortelle n'est qu'un pèlerinage que nous accomplissons loin de vous, Seigneur, nous n'avons point ici-bas de demeure fixe, et nous cherchons sans cesse la patrie future où nous espérons avoir droit de cité. C'est pourquoi avec le secours de votre grâce, je rentre dans le plus secret de mon cœur pour vous y adresser un chant d'amour, ô mon Dieu, ô mon souverain Roi, et pour pousser d'ineffables gémissements dans le lieu même de mon exil, où les lois de votre justice sont devenues l'objet de mes louanges et de mes cantiques. Dans cet exil, Seigneur, je pense sans cesse à cette céleste Jérusalem, vers laquelle s'élèvent toutes les aspirations de mon cœur, à cette Jérusalem ma patrie, à cette Jérusalem ma vraie mère; ces aspirations sont aussi pour vous, Seigneur, qui en êtes le roi, la lumière, le père, le défenseur, le protecteur, le divin pasteur, les chastes et pures délices, la joie inaltérable, le seul véritable et souverain bien qui renferme tous les biens ineffables. Jamais je n'en détournerai ma pensée, jusqu'au jour où vous rappellerez mon être tout entier de cette multiplicité de choses sans gloire où je me suis égaré, pour me faire jouir par votre divine miséricorde d'une paix inaltérable dans le sein de cette tendre mère, où je suis déjà d'avance d'esprit et de cœur.

Chapitre XIX. — *Ce qu'il faut entendre par la maison de Dieu.* — Votre demeure, ô mon Dieu, n'a rien de terrestre ni de semblable à cette masse corporelle du ciel que nous apercevons : elle est toute spirituelle et participe à votre éternité, parce qu'elle est éternellement incorruptible. Vous l'avez établie pour

scio, quia male mihi est præter te, Domine, non solum extra me, sed in me ipso, et omnis copia quæ Deus meus non est, egestas mihi est.] Bonum namque, [(1) quod neque in melius, neque in deterius commutari potest, tu solus es; quia solus simpliciter es : cui non est aliud vivere, et aliud beate vivere, quia tua beatitudo tu es. Creatura vero tua, cui est aliud vivere, et aliud beate vivere, omne quod vivit, et quod beate vivit, non debet nisi gratiæ tuæ.] Et ideo egemus te, non tu nobis : quia si omnino non essemus, nihil tibi deesset ad bonum quod tu es. Tibi itaque Domino nostro semper adhærere necesse habemus, ut per continuum auxilium gratiæ tuæ sancte et pie et recte vivere valeamus. Pondere si quidem fragilitatis nostræ deorsum trahimur; [(2) Duo autem tuo accendimur, et sursum ferimur; inardescimus, et imus; ascendimus ascensiones in corde, et cantamus canticum graduum. Igne tuo, igne tuo bono inardescimus, et imus. (*a*) Quo iam sursum imus? Ad pacem Jerusalem : quoniam « jucundatus sum in his quæ dicta sunt mihi, in domum Domini ibimus. » (*Psal.* cxxi, 1.) Illic collocavit nos voluntas bona, ut nihil velimus aliud, quam permanere illic in æternum.]

Sed quia dum sumus in corpore, peregrinamur a te Domine; non habemus hic manentem civitatem, sed futuram inquirimus, noster autem municipatus in cœlis est (II *Cor.*, v, 6; *Heb.*, xiii, 14) : ideo duce gratia tua [(3) ingredior in cubile cordis mei, et canto tibi amatoria rex meus et Deus meus, gemens ineuarrabiles gemitus in loco peregrinationis meæ, ubi cantabiles factæ sunt mihi justificationes tuæ. (*Psal.* cxviii, 54.) Et recordans Jerusalem, extento in eam sursum corde, Jerusalem patriam meam, Jerusalem matrem meam, teque super eam regnatorem, illustratorem, patrem, tutorem, patronum, rectorem, pastorem, castas et fortes delicias, solidum gaudium, et omnia bona ineffabilia, simul omnia, quia unum summum et verum bonum : et non avertar, donec ejus pacem matris carissimæ, ubi sunt primitiæ spiritus mei, colligas totum quod sum a dispersione ei deformitate hac, et conformes atque confirmes in æternum, Deus meus misericordia mea.]

Caput XIX. — *Domus Dei creata sapientia.* — [(4) Hæc est domus tua, Deus, non terrena, neque ulla cœlesti mole corporea, sed spiritalis et particeps æternitatis tuæ, quia sine labe manet in æternum. Statuisti eam in sæculum sæculi, præceptum posuisti, et non præteribit. (*Psal.* cxlviii, 6.) Non tamen tibi Deo coæterna, quia

---

(1) Idem, ibid. c. iii. — (2) Idem, c. ix. — (3) Aug., lib. XII, *Conf.*, c. xvi. — (4) Aug., lib. XII, *Conf.*, c. xv, n. 19.
(*a*) Sic Mss. f. leg. ut apud Aug., *quoniam sursum*.

durer pendant tous les siècles des siècles. Vous l'avez ainsi ordonnée, et ce que vous avez voulu est impérissable. Elle n'est cependant pas éternelle comme vous, parce qu'elle n'est pas comme vous sans commencement, puisque c'est par vous qu'elle a été faite. Elle est la première de vos créatures, mais infiniment au-dessous de la sagesse incréée ; cette sagesse incréée est éternelle comme vous-même, ô Père tout-puissant, elle vous est parfaitement égale, car c'est par elle que vous avez créé toutes choses : elle est le principe même du ciel, de la terre et de tout ce qu'ils contiennent. Votre demeure n'est donc qu'une sagesse créée, mais comme elle est d'une nature spirituelle, et que par la contemplation de l'éternelle lumière, elle devient lumière elle-même, on peut dire qu'elle est une sagesse, quoiqu'elle ait été créée. Mais cette sagesse créée diffère autant de votre suprême sagesse, créatrice de toutes choses, que la lumière qui éclaire tout diffère de celle qui lui emprunte sa clarté et son éclat ; autant que la justice, qui seule peut justifier et qui n'est autre que vous, Seigneur, diffère de celle qui n'est qu'une émanation de l'éternelle justice. Nous aussi, comme l'atteste l'Apôtre, nous sommes la justice de Dieu, le Père tout-puissant, mais en vous, son Fils unique, ô Jésus-Christ Notre-Seigneur. Il y a donc une sagesse créée et dont la création a précédé toute chose. Cette sagesse créée n'est autre que ces intelligences pures et spirituelles qui composent votre sainte cité, notre mère commune, qui est libre et éternelle dans le ciel. Et quel est ce ciel, sinon ce ciel du ciel qui chante éternellement votre louange ? C'est là, Seigneur, ce ciel du ciel où vous avez établi votre demeure. Quoique nous ne puissions pas établir d'époque avant cette sagesse, puisque créée la première elle précède le commencement même des temps, cependant, mon Dieu, vous êtes encore avant elle de toute éternité, puisque c'est de vous seul, souverain Créateur de toutes choses, qu'elle tient son origine, non sous le rapport du temps, car le temps n'existait pas encore, mais sous le rapport de sa nature et de sa condition. C'est ce qui fait, Seigneur, qu'elle est quelque chose de bien différent de vous. Bien que nous ne trouvions pas de temps avant elle et en elle, bien qu'elle puisse sans cesse contempler votre visage, sans détourner jamais ses yeux de cette ineffable vision, et que par cela même elle ne soit sujette à aucun changement, il y a cependant en elle un principe de mutabilité qui finirait par répandre sur elle le froid et les ténèbres, si elle ne vous restait pas attachée par la grandeur de son amour, comme un soleil en plein midi, qui reçoit de vous son éclat et sa chaleur. Mais, ô Seigneur, seul vrai Dieu et véritablement éternel, elle vous est unie par un amour si pur et si sincère, que bien qu'elle ne soit point éternelle comme vous, elle n'est cependant sujette ni aux changements, ni aux vicissitudes du temps, et que sans jamais se détacher de vous, elle trouve sa joie et son repos dans votre ineffable contemplation. En effet, Seigneur, vous vous plaisez à vous laisser voir à cette sagesse qui vous aime sans réserve, et cela suffit à son bonheur. C'est pour cela qu'elle ne peut plus s'éloigner de vous que d'elle-même et qu'elle reste toujours dans le même état, dans l'ineffable félicité de vous contempler sans cesse, de vous aimer sans fin, comme sa seule et véritable lumière et comme le seul objet digne de son amour.

Ô heureuse et sublime créature, la plus excellente de toutes, dont le bonheur consiste, ô mon Dieu, à rester éternellement attachée à ce qui fait votre

---

non sine initio; facta est enim. (1) Prior quippe omnium creata est sapientia; non utique tu illa Sapientia Patri Deo plane coæterna et æqualis, per quam creata sunt omnia (*Eccli.*, I, 4; *Gen.*, I, 1), in quo Principio factum est cœlum et terra : sed profecto sapientia quæ creata est, spiritalis natura scilicet, quæ contemplatione luminis lumen est; dicitur enim et ipsa, quamvis creata, sapientia. Sed quantum distat inter lumen illuminans, et lumen quod illuminatur, tantum differt inter te summam sapientiam quæ creas, et istam quæ creata est; sicut inter justitiam, justificantem, quæ tu Deus noster es, et justitiam qua justificatione facta est. Nam et nos sumus dicti justitia Dei Patris in te Filio ejus Domino nostro, testante Apostolo. (II *Cor.*, v, 21.) Ergo quia prior omnium creata est quædam sapientia quæ creata est (*Eccli.*, I, 4), mens rationalis et intellectualis, castæ civitatis tuæ, matris nostræ, quæ sursum est, et libera est, et æterna in cœlis (*Gal.*, iv, 26), (quibus cœlis, nisi qui te laudant cœli cœlorum? quia hoc est et cœlum cœli Domino) (*Psal.* cxiii, 16) etsi non invenimus tempus ante illam, quæ creaturam temporis antecedit, quia prior omnium creata est; ante illam tamen es tu Deus æternus Creator omnium, a quo facta sumpsit exordium, quamvis non temporis, quia nondum erat tempus, ipsius tamen conditionis suæ. (2) Unde ita est abs te Deo nostro, ut aliud sit plane quam tu. Licet nec ante illam, nec in illa invenimus tempus; (est enim idonea faciem tuam semper videre, nec uspiam deflectitur ab ea; quo fit ut nulla mutatione varietur :) inest tamen ei ipsa mutabilitas, qua tenebresceret et frigesceret, nisi amore grandi cohærens tibi tanquam (*a*) semper meridies luceret et ferveret ex te. (3) Denique tam casto amore cohæret tibi Deo vero et vere æterno, ut quamvis tibi non sit coæterna, in nullius tamen temporis varietates et vicissitudines a te se resolvat et defluat, sed in tui solius verissima contemplatione requiescat. Quoniam tu Deus diligenti te quantum præcipis, ostendis te, et sufficis ei. Unde non declinat a te, nec a se :] sed semper in eodem statu manet, te indesinenter videndo, te indeficienter amando, verum lumen et castum amorem.

O beata ista sublimis creatura creaturarum maxima, [(4) beata inhærendo semper beatitudini tuæ ! Felix hæc et nimium felix te sempiterno inhabitatore atque illustratore suo. Nec invenio quid libentius appellandum existi-

(1) Ex num. 20. — (2) Num. 21. — (3) Rursum ex num. 19. — (4) Ex lib. 12, c. xi, n. 12.
(*a*) Sic Aug., et Ms. Met. At editi, *super meridiem.*

bonheur à vous-même! Heureuse et trop heureuse de vous servir éternellement de demeure, et d'être éclairée de votre divine lumière. Que puis-je mieux et plus dignement appeler le ciel du ciel réservé au Seigneur, que ce qui vous sert de demeure et qui peut éternellement contempler l'objet de ses délices, sans crainte de le perdre jamais? Mais quelle est cette demeure, sinon ces intelligences pures n'en faisant qu'une par leur esprit d'union et de concorde, que l'accord parfait de ces esprits bienheureux jouissant d'une paix inaltérable dans le séjour de ce ciel élevé au-dessus de tous les cieux?

Que l'âme, qui trouve trop long son exil sur la terre, examine si déjà elle a soif de vous, Seigneur, si elle a fait de ses larmes son pain et sa nourriture, si elle n'a d'autre désir, d'autre but que d'habiter dans votre demeure pendant tous les jours de sa vie. Et quelle est cette vie, sinon vous seul, ô mon Dieu? Quels sont vos jours, sinon l'éternité? Quelles sont vos années, sinon ce qui n'aura jamais de fin? Que cette âme alors comprenne autant qu'elle en est capable, combien votre éternité est au-dessus de la mobilité du temps, puisque ce qui vous sert de demeure, et qui n'a pas eu comme nous d'exil à souffrir, bien qu'il ne soit pas éternel comme vous, n'a pas cependant à craindre le changement et les vicissitudes des temps, en vous restant indéfiniment attaché. Comme il puise en vous seul toute sa vie avec une pieuse persévérance, ce qu'il y a de variable en lui ne saurait jamais le rendre sujet à changer. Toujours en votre présence, toujours attaché à vous, de toutes les affections de son cœur, n'ayant rien à attendre de l'avenir, aucun souvenir à rappeler du passé, il reste toujours immuable, inaltérable, et ne reçoit du temps ni extension, ni accroissement.

CHAPITRE XX. — *Aspiration vers la demeure de Dieu.* — O divine demeure toute resplendissante de lumière, votre beauté est l'unique objet de mon amour, car vous êtes le séjour de la gloire du souverain Seigneur qui m'a créé, et qui vous remplit de sa présence. Soyez, dans mon exil ici-bas, le seul objet de mes aspirations. Que jour et nuit mon cœur ne soupire qu'après vous. Que toutes mes pensées ne tendent qu'à vous seul, et que mon âme n'ait d'autre désir que de participer un jour à votre bonheur infini. Je conjure celui qui vous a créée de me posséder tout entier en vous, car c'est lui qui est le principe de votre être et du mien. Joignez vos prières et vos supplications aux miennes, pour qu'il me rende digne de partager avec vous la gloire dont vous jouissez. Je ne pourrais par moi-même obtenir la faveur d'être uni à vous et d'avoir part à votre ineffable beauté, mais je ne désespère pas d'y arriver par la grâce du sang précieux de celui qui m'a racheté. Prêtez-moi donc le secours de vos propres mérites, daignez par vos pures et saintes prières, qui ne sauraient être inefficaces auprès de Dieu, suppléer à mon indignité. J'ai longtemps erré, je l'avoue, comme une brebis égarée, et j'ai ainsi prolongé mon pèlerinage sur cette terre, loin de la présence de mon Seigneur et mon Dieu, j'ai été plongé dans l'aveuglement et les ténèbres de mon exil. Depuis que j'ai été exclus des joies du paradis, je déplore chaque jour en moi-même les misères de ma captivité. Mes chants sont des chants de tristesse et de deuil. Je gémis et me lamente sans cesse, en pensant à vous, céleste Jérusalem, notre mère commune, en voyant, ô sainte et glorieuse Sion, que je n'ai encore posé mes pieds qu'à l'entrée de votre demeure, sans pouvoir y pénétrer entièrement pour

---

mem, cœlum cœli Domino, quam domum tuam contemplantem delectationem tuam, sine defectu (a) egrediendi in aliud; mentem puram, concordissime unam, stabilimentum pacis beatorum spirituum, in cœlestibus super ista cœlestia.

[(1) Unde intelligat anima cujus peregrinatio longinqua facta est (*Psal.* XLI, 4), si jam sitit tibi, si jam factæ sunt ei lacrymæ suæ panis (*Psal.* XXVI, 4), si jam petit unam, et hanc requirit, ut inhabitet in domo tua per omnes dies vitæ suæ. (*Psal.* CI, 28.) (Et quæ vita ejus nisi tu? et qui dies tui, nisi æternitas tua? sicut anni tui qui non deficiunt.) Hinc ergo intelligat anima quæ potest, quam longe super omnia tempora sis æternus, quando domus tua, quæ peregrinata non est, quamvis tibi non sit coæterna, indesinenter tamen et indeficienter cohærendo tibi, nullam temporum patitur varietatem : (2) teque semper perseverantissima castitate hauriens, (b) mutabilitatem suam nusquam et nunquam exerit, et te sibi præsente, ad quem toto affectu se tenet, non habens futurum quod expectet, nec in præteritum trajiciens quod meminerit, per nullas vices variatur, et in nulla tempora extenditur.]

CAPUT XX. — *Aspiratio ad domum Dei : et ut ipsa oret pro nobis.* — [(3) O domus luminosa et speciosa, dilexi decorem tuum, et locum habitationis gloriæ Domini mei fabricatoris et possessoris tui. Tibi suspirat peregrinatio mea, nocte ac die tibi inhiet cor meum, tibi intentat mens mea, ad societatem beatitudinis tuæ pervenire desideret anima mea. Dico ei qui fecit te, ut possideat me in te, quia ipse fecit et me.] Imo tu dic, tu roga ut dignum me faciat participatione gloriæ tuæ. Sanctam enim societatem tuam, et mirabilem pulchritudinem tuam non per meritum requiro, sed per sanguinem ejus quo redemptus sum, adipisci non despero : tantum adjuvent me merita tua, subveniant pravitati meæ sanctæ et piissimæ et purissimæ orationes tuæ, quæ inefficaces apud Deum nullatenus esse possunt. [(4) Erravi fateor sicut ovis perdita,] (*Psal.* CXVIII, 176) et incolatus meus prolongatus est : atque procul projectus sum a facie Domini Dei mei in hanc exilii cæcitatem. (*Psal.* CXIX, 5.) Ubi expulsus a paradisi gaudiis deploro quotidie mecum super miserias captivitatis meæ lugubre carmen ingentesque lamentationes, dum recordor tui mater Jerusalem, dum statui pedes meos in atriis tuis, sancta et

---

(1) Num. 13. — (2) Rursum ex n. 12. — (3) Ex eod. lib. c. xv, n. 21. — (4) Ex eod. loco.
(a) In editis, irrepserat glossema *et absque affectu*. — (b) Al. *immutabilitatem*. et mox, *exierit ex te*.

contempler sans voile vos célestes beautés. Mais j'espère que votre divin architecte, mon doux et bon pasteur, daignera me prendre sur ses épaules, comme la brebis égarée, et me reporter jusqu'à vous, pour goûter en vous ces transports d'ineffable joie, partage de ceux qui contemplent avec vous la grandeur de Dieu, notre Sauveur, qui par sa divine incarnation nous a réconciliés avec son Père, et par son précieux sang a pacifié tout ce qui est dans les cieux et sur la terre. C'est lui qui est notre paix, c'est lui qui de deux peuples n'en a fait qu'un, qui les a réunis en lui-même, quoique opposés entre eux, et qui nous a promis de nous faire participer à votre éternelle félicité, de la même manière et dans la même mesure que vous en jouissez vous-même, lorsqu'il dit : « Ils seront égaux aux anges de Dieu dans le ciel. » (*Matth.*, XXII, 30.) O céleste Jérusalem, demeure éternelle de Dieu, soyez donc, après Jésus-Christ, que nous devons aimer par-dessus tout, notre joie et notre consolation. Que le doux souvenir de votre nom bienheureux apporte un soulagement à nos chagrins et à nos ennuis.

CHAPITRE XXI. — *Misères et ennuis de cette vie.* — Seigneur, cette vie et ce triste pèlerinage sur la terre sont pour moi un sujet continuel d'ennui et de chagrin. Quelle est, en effet, cette vie, sinon une vie de misère, de faiblesse, d'incertitude, de labeur, d'impureté? Une vie où les méchants dominent et où les superbes règnent en maître? Une vie remplie de calamités et d'erreurs, et qui est moins la vie que la mort qui vient à chaque instant nous surprendre, sous autant de formes que nous sommes nous-mêmes sujets à autant de changements? Est-ce en effet, une véritable vie que celle que nous passons dans ce corps mortel, que les humeurs peuvent flétrir, les douleurs exténuer, les chaleurs dessécher, l'intempérie de l'air accabler de maladie ; la nourriture surcharge, les jeûnes épuisent, les plaisirs affaiblissent, la tristesse consume, les soucis oppriment, la sécurité engourdit, les richesses enflent d'orgueil, la pauvreté abat, la jeunesse rend téméraire, la vieillesse appesantit, les infirmités brisent et le chagrin dévore? Et à tous ces maux succède la mort, la mort furieuse qui met fin aux joies de cette misérable vie, qui sont comme si elles n'avaient jamais été, une fois que nous avons cessé de les sentir. Cependant cette vie mortelle, ou plutôt cette mort vivante, quoiqu'elle soit remplie de douleurs et d'amertumes, combien n'en séduit-elle point par ses appas trompeurs? Combien n'en trompe-t-elle point par ses fausses promesses ? Et pourtant bien qu'elle ne soit en elle-même que mensonge et amertume, et qu'elle ne puisse rester inconnue à ceux qui l'aiment avec le plus d'aveuglement, combien s'en trouve-t-il encore qui se laissent séduire par ses fausses douceurs, et s'enivrent dans la coupe d'or où elle les leur présente. Heureux, mais infiniment rare, ceux qui fuient tout commerce avec elle, qui méprisent ses joies pour ne pas périr avec celle qui les a si cruellement trompés !

CHAPITRE XXII. — *Bonheur de la vie éternelle.* — Mais vous, ô vie que Dieu réserve à ceux qui l'aiment, vie source de vie, de bonheur, de sécurité, de tranquillité, de beauté, de pureté, de chasteté, de sainteté; vie qui ne connaissez, ni la mort, ni la tristesse, ni aucune souillure, ni la corruption, ni la douleur; vie qui êtes exempte d'anxiété, de trouble, de changement; vie souverainement belle et souve-

---

decora Sion, necdum in interiora tua conspicere in propatulo valens : [(1) sed in humeris pastoris mei, structoris tui, spero me reportari tibi,] ut tripudiem in te cum illo ineffabili gaudio, quo lætantur illi qui tecum sunt coram ipso Deo et Salvatore nostro, qui solvit inimicitias in carne sua, et pacificavit omnia quæ in cœlis sunt, et quæ in terra, sanguine suo. (*Ephes.*, II, 14.) Ipse enim est pax nostra, qui fecit utraque unum : qui duos ex adverso venientes conjungens in se, beatitudinis tuæ permanentem felicitatem pari modo et eadem mensura se nobis daturum promisit, dicens : « Erunt æquales Angelis Dei in cœlis. » (*Matth.*, XXII, 30.) O Jerusalem domus Dei æterna, [(2) post Christi dilectionem] tu esto lætitia et consolatio nostra : dulcis memoria tui beati nominis sit relevatio mœroris tædiorumque nostrorum.

CAPUT XXI. — *Vitæ hujus miseriæ et fastidium.* — Tædet enim me, Domine, valde vitæ hujus, et istius ærumnosæ peregrinationis. Vita hæc vita misera, vita caduca, vita incerta, vita laboriosa, vita immunda, vita domina malorum, regina superborum, plena miseriis et erroribus, quæ non est vita dicenda, sed mors, in qua momentis singulis morimur, per varios mutabilitatis defectus diversis generibus mortium. Nunquid quod vivimus in hoc mundo, dicere possumus vitam? [(3) quam humores tumidant, dolores extenuant, ardores exsiccant, aera morbidant, escæ inflant, jejunia macerant, joci dissolvunt, tristitiæ consumunt, sollicitudo coarctat, securitas hebetat, divitiæ inflant, paupertas dejicit, juventus extollit, senectus incurvat, infirmitas frangit, mœror deprimit. Et his malis omnibus mors furibunda succedit, simulque cunctis gaudiis istius miserrimæ vitæ ita finem imponit, ut cum esse desierint, non fuisse putentur. Mors ista vitalis, et vita mortalis, licet his aliisque sit respersa amaritudinibus, proh dolor, quamplurimos suis capit illecebris, et quantos suis falsis promissionibus decipit! Et cum ita per se sit falsa et amara, ut etiam suos cæcos amatores latere non valeat : tamen infinitam stultorum multitudinem aureo calice, quem in manu habet, potat et prorsus inebriat. Felices illi, et ipsi rari, qui familiaritatem ejus refugiunt, perfunctoria gaudia spernunt, societatem abjiciunt, ne cum pereunte deceptrice quandoque perire cogantur.

CAPUT XXII. — *Vitæ æternæ felicitas ejusque desiderium.* — O tu vita quam præparavit Deus his qui diligunt eum, vita vitalis, vita beata, vita secura, vita tranquilla, vita pulchra, vita munda, vita casta, vita sancta, vita ignara mortis, nescia tristitiæ, vita sine labe, sine corruptione, sine dolore, sine anxietate, sine perturbatione,

(1) Unde supra. — (2) Hæc, desunt in Mss. — (3) Ex lib. *de Speculo*, c. XXX.

rainement noble, où il n'y a plus d'ennemi à craindre, ni les charmes du péché à combattre, mais où loin de toute crainte règnent un amour parfait et un jour éternel ; où l'on est animé d'un seul et même esprit ; où l'on voit Dieu face à face ; où cette vision divine est pour l'âme un pain d'éternelle vie. Tout mon bonheur est de penser à vos divines clartés, et plus je pense à vous, plus je sens mon cœur embrasé du désir de jouir de vos biens infinis. Je languis d'amour pour vous ; vers vous s'élèvent mes plus ardentes aspirations, et votre souvenir seul me remplit d'une ineffable douceur. C'est pourquoi je n'ai plus d'autre joie, d'autre consolation que d'élever vers vous les yeux de mon âme, de régler sur vous tous les mouvements de mon cœur, et de les conformer à vous seule. Mon seul plaisir est d'entendre parler de vous, d'en parler moi-même, d'en faire l'objet de mon étude et de mes entretiens, de lire chaque jour tout ce qui concerne votre béatitude et votre gloire, et de repasser au fond de mon cœur tout ce que j'en ai lu, jusqu'à ce que je puisse passer des ardeurs, des périls, des peines de cette vie mortelle et périssable dans ce séjour de douceurs, de rafraîchissement et de paix qu'on ne trouve qu'en vous, et pour m'endormir, ou du moins, comme votre apôtre bien-aimé, incliner ma tête fatiguée sur votre sein. C'est pour jouir d'un si grand bonheur que je parcours vos saintes Écritures, comme un jardin de délices ; que j'y recueille, comme des herbes fraîches et salutaires, vos divins commandements ; que je les médite et en fais ma nourriture spirituelle, et qu'après les avoir réunies dans ma mémoire, je les dépose au fond de mon cœur, afin qu'ayant goûté votre ineffable douceur, je ressente moins vivement les amertumes de cette misérable vie. O seule vie souverainement heureuse, ô vrai séjour du bonheur qui n'a pas de fin et où la mort est inconnue ; royaume divin, seul étranger à la succession des temps et des âges ; seul éclairé par un jour qui n'a pas de nuit et dont la durée ne connaît pas de bornes, où celui qui combat et remporte la victoire chante éternellement à la gloire de Dieu, avec le chœur des anges, le cantique des cantiques de Sion, et dont le front est ceint d'une couronne immortelle. Puissé-je, après avoir obtenu le pardon de mes fautes et déposé le fardeau de cette chair mortelle, avoir part à vos joies éternelles, et à l'éternel repos qu'on ne trouve qu'en vous. Puissé-je être reçu dans l'enceinte immense et glorieuse des murs de votre cité, pour y recevoir la couronne de vie des mains mêmes du Seigneur, pour mêler ma voix à celle des saints anges, pour contempler avec eux ces esprits bienheureux, la beauté de Jésus-Christ, pour être éclairé d'une lumière suprême, ineffable, infinie, et sans craindre désormais la mort, jouir à jamais du bienfait d'une éternelle incorruptibilité.

CHAPITRE XXIII. — *Bonheur de ceux qui meurent saintement.* — Heureuse est l'âme qui délivrée de sa prison mortelle, s'élance vers le ciel. Sereine et tranquille, elle n'a plus à redouter, ni mort, ni ennemi. Sans cesse en présence du Seigneur, elle peut éternellement contempler la beauté de celui qu'elle a toujours fidèlement servi, qui a été le seul objet de son amour, et dont glorieuse, et pleine d'allégresse, elle est enfin parvenue à s'approcher. Bonheur suprême, gloire ineffable, qu'aucun jour ne pourra

---

sine varietate et mutatione, vita totius elegantiæ et dignitatis plenissima, ubi non est adversarius et impugnans, ubi nulla peccati illecebra, (1) ubi est amor perfectus, et nullus timor, ubi est dies æternus, et unus omnium spiritus, ubi Deus facie ad faciem cernitur, et hoc vitæ cibo mens sine defectu satiatur. Libet mihi tuæ intendere claritati, delectat me bona tua avido corde, quantum plus valeo mecum considerare. Tuo enim amore langueo, tuo vehementer desiderio flagro, tuaque dulci memoria admodum delector. Libet itaque, libet cordis in te oculos attollere, statum mentis erigere, affectum animi conformare. Libet sane de te loqui, de te audire, de te scribere, de te conferre, de tua beatitudine et gloria quotidie legere, et lecta sæpius sub corde revolvere : ut vel sic possim ab hujus mortalis et periturae vitæ ardoribus, periculis et sudoribus sub tuæ vitalis aureæ dulce refrigerium transire, et transiens in sinu tuo fessum caput dormiturus vel paululum reclinare. Hujus rei gratia Scripturarum sanctarum amœna prata ingredior, viridissimas sententiarum herbas exarando carpo, legendo comedo, frequentando ruminando, atque congregando tandem in alta memoriæ sede repono : ut tali modo tua dulcedine degustata, minus istius miserrimæ vitæ amaritudines sentiam. O tu vita felicissima, o regnum vere beatum, (2) carens morte, vacans fine, cui nulla tempora succedunt per ævum : ubi continuus sine nocte dies nescit habere tempus, ubi victor miles illis hymnidicis Angelorum sociatus choris, cantat Deo sine cessatione canticum de canticis Sion,

Nobile perpetua caput amplectente corona.

Utinam concessa mihi peccatorum venia, moxque hac carnis sarcina deposita, utinam, utinam in tua gaudia veram requiem habiturus intrarem, et in tuæ civitatis præclara atque spatiosa mœnia, coronam vitæ de manu Domini accepturus ingrederer : ut (3) illis sanctissimis choris interessem, ut cum beatissimis spiritibus gloriæ Conditoris assisterem, ut præsentem Christi vultum cernerem, ut illud summum et ineffabile et incircumscriptum lumen semper aspicerem, sicque nullo metu mortis affici, sed (a) de incorruptionis perpetuæ munere lætari possem sine fine.

CAPUT XXIII. — *Sanctorum hinc migrantium felicitas.* — Felix anima quæ terreno resoluta carcere libera cœlum petit! Secura est et tranquilla, non timet hostem neque mortem : habet enim semper præsentem, cernitque indesinenter pulcherrimum Dominum cui servivit, quem dilexit, et ad quem tandem læta et gloriosa pervenit. Hanc vero tantæ beatitudinis gloriam nulla dies minuet, nullus improbus poterit auferre. « Viderunt eam

(1) Alcuinus, col. 134. d. — (2) Ex lib. *de Speculo*, c. XXX. — (3) Ex Greg., hom. 37, *in Evang.*
(a) Ms. Mel., *de incorruptione perpetuæ gloriæ lætari.*

altérer, ni aucun ennemi lui ravir. « Les filles de Sion l'ont vue et l'ont appelée bienheureuse, les reines et les favorites des rois ont célébré ses louanges en disant : Quelle est celle qui s'élève du désert toute comblée de joie, et qui est appuyée sur son bien-aimé ? Quelle est celle qui s'avance ainsi charmante comme l'aube du jour, belle comme la lune, brillante comme le soleil, terrible comme une armée rangée en bataille ? » (Cant., VI, 8, etc.) Avec quelle joie, avec quelle promptitude, elle court vers son bien-aimé, dès qu'elle l'entend lui dire : « Levez-vous, ma bien-aimée, dont la beauté a pour moi tant de charmes, et hâtez-vous de venir à moi, car l'hiver est déjà passé, les pluies ont cessé, les fleurs paraissent sur notre terre, la saison de tailler est venue, la voix de la tourterelle a déjà été entendue dans nos champs, le figuier a déjà montré ses fruits, la vigne est en fleur et commence à répandre ses suaves odeurs. Levez-vous donc et hâtez-vous, ma toute belle, ma colombe qui vous tenez dans les fentes des rochers, dans les enfoncements de la muraille, faites-moi voir votre visage et entendre votre voix, ce visage si beau à mes yeux, cette voix si douce à mes oreilles. » (Cant., II, 10, etc.) Venez donc, élue de mon cœur, ma beauté suprême, ma colombe sans tâche, mon épouse bien-aimée, venez que j'établisse mon trône dans votre cœur, car votre beauté enflamme mes désirs. Venez sous mes yeux mêler votre joie à celle des anges, auxquels je vous ai promis de vous réunir et de vous associer. Venez, après tant de périls et de fatigue, partager avec eux les délices du Seigneur que personne ne pourra jamais vous ravir.

Chapitre XXIV. — *Invocation aux saints.* — Que vous êtes heureux, ô saints du Seigneur, qui avez déjà traversé cette mer orageuse de la vie mortelle, et mérité d'aborder au port de l'éternel repos, de la paix et de l'inaltérable sécurité, où désormais il n'y a plus pour vous que tranquillité, bonheur et allégresse !

Je vous supplie donc, au nom de la sainte charité, mère des hommes, vous qui n'avez désormais rien à craindre pour vous, de ne pas nous refuser votre sollicitude. Vous dont la gloire est impérissable, soyez touchés de nos misères infinies. Bienheureux saints, pensez sans cesse à nous, je vous en conjure par celui qui vous a choisis, qui vous a faits ce que vous êtes, de la beauté duquel votre cœur peut se rassasier, qui vous a communiqué son immortalité, et dont vous avez le bonheur de contempler sans cesse la grandeur et la divinité. Prenez pitié de nous, malheureux, qui sommes encore exposés aux flots orageux de la mort de cette vie. Vous qui êtes comme les portes hautes et splendides de la céleste Jérusalem, ne nous abandonnez pas, nous qui ne sommes que l'humble pavé sur lequel vous marchez. Tendez-nous une main secourable pour nous relever de notre abaissement, afin que guéris de notre faiblesse, nous soyons forts pour combattre nos ennemis. Intercédez et priez sans cesse pour nous, pauvres pécheurs, dont les négligences sont sans nombre, afin que par vos prières, nous obtenions la grâce d'être réunis à votre sainte société. C'est par là seulement que nous pouvons être sauvés. Que sommes-nous, en effet, sinon des êtres fragiles sans force et sans mérite aucun, esclaves de la chair comme les plus vils animaux, et dans lesquels on découvrirait à peine quelque trace de noblesse et de vertu. Et cependant par notre foi en Jésus-Christ, nous sommes portés sur le bois de sa Croix, au milieu de cette

---

filiæ, et beatissimam prædicaverunt : reginæ et concubinæ laudaverunt eam, dicentes : « Quæ est ista, quæ ascendit de deserto, deliciis affluens, innixa super dilectum suum? Quæ est ista, quæ progreditur sicut aurora consurgens, pulchra ut luna, electa ut sol, terribilis ut castrorum acies ordinata? » (*Cant.*, VI, 8, etc.) Quam læta exit, festina currit, cum dilectum suum sibi dicentem attonitis auribus audit? « Surge amica mea, speciosa mea, et veni : jam enim hyems transiit, imber abiit et recessit, flores apparuerunt, tempus putationis advenit. Vox turturis audita est in terra nostra, ficus protulit grossos suos, florentes vineæ dederunt odorem. Surge, propera amica mea, formosa mea, columba mea in foraminibus petræ, in caverna maceriæ, ostende mihi faciem tuam, sonet vox tua in auribus meis. Vox enim tua dulcis, et facies tua decora. » (*Cant.*, II, 10, etc.) Veni electa mea, speciosa mea, columba mea, immaculata mea, sponsa mea : veni et ponam in te thronum meum, quia concupivi speciem tuam. Veni ut læteris in conspectu meo cum Angelis meis, quorum societas tibi a me repromissa est. Veni post multa pericula et labores, intra in gaudium Domini tui, quod nemo tollet a te.

Caput XXIV. — *Sanctorum invocatio.* — (1) Felices Sancti Dei omnes, qui jam pertransistis hujus mortalitatis pelagus, et pervenire meruistis ad portum perpetuæ quietis, securitatis et pacis : securi et tranquilli, semperque festivi atque gaudentes estis.

Obsecro vos per matrem caritatem, securi estis de vobis, solliciti estote de nobis : securi estis de vestra immarcescibili gloria, solliciti estote de nostra multiplici miseria. Per ipsum vos rogo, qui vos elegit, qui vos tales fecit, de cujus pulchritudine jam satiamini, de cujus immortalitate immortales facti estis, de cujus beatissima visione semper gaudetis, estote jugiter memores nostri : subvenite nobis miseris, (2) qui adhuc in salo hujus vitæ circumflantibus agitamur procellis. Vos portæ pulcherrimæ, quæ in magnam surrexistis altitudinem, adjuvate nos vile pavimentum, longe inferius jacens. Date manum, et erigite jacentes super pedes : ut convalescentes de infirmitate, fortes efficiamur in bello. Intercedite atque orate constanter atque indesinenter pro nobis miseris multumque negligentibus peccatoribus, ut per vestras orationes vestro sancto consortio conjungamur : quia aliter salvi esse non possumus. Sumus namque valde fragiles et nullius virtutis homunciones : animalia ventris et carnis mancipia, in quibus vix aliquod probitatis vesti-

(1) Ex lib. *de Speculo*, c. xxix. — (2) Ex eod. loco.

vaste mer du siècle, remplie d'une infinité de reptiles, et qui renferme dans son sein des animaux de toute espèce et de toute grandeur, ce dragon même si cruel et toujours prêt à nous dévorer, ces lieux redoutables où Charybde et Sylla nous tendent leurs pièges, et d'autres écueils innombrables, contre lesquels nous font échouer notre imprudence et la faiblesse de notre foi. Offrez donc pour nous vos prières à Dieu, ô divine cohorte des saints, ô célestes chœurs des bienheureux, afin que par le secours de vos prières et de vos mérites, nous puissions, sans naufrage, conduire notre vaisseau chargé de bonnes œuvres, jusqu'au port de l'éternel repos et de cette paix qui n'aura pas de fin.

CHAPITRE XXV. — *Désir du ciel.* — O céleste Jérusalem, notre mère commune, sainte cité de Dieu, épouse bien-aimée de Jésus-Christ, mon cœur brûle d'amour pour vous, et mon esprit n'aspire qu'à contempler votre céleste beauté. Que d'éclat, que de gloire, que de noblesse en vous! Votre beauté est incomparable, et vous êtes sans tache. Triomphez et soyez remplie de joie, fille de prince, car le roi brûle de désir et d'amour pour votre beauté, ce roi qui est lui-même le plus beau entre les fils de l'homme. Mais quel est donc votre bien-aimé que vous chérissez par dessus tout, ô la plus belle d'entre les femmes? Votre bien-aimé est blanc et vermeil, choisi entre mille. Ce que le pommier est entre les arbres de la forêt, votre bien-aimé l'est entre les fils de l'homme. Comme je l'ai désiré, je me repose à son ombre, et ses fruits sont doux à ma bouche. Votre bien-aimé a passé la main par l'ouverture de la porte, et mes entrailles furent émues au bruit qu'il fit. J'ai cherché durant la nuit, sur ma couche, votre bien-aimé, je l'ai trouvé, et maintenant que je le possède, je ne me séparerai pas de lui, qu'il ne m'ait introduit dans votre sanctuaire, ô glorieuse Jérusalem, notre mère commune! Là, je sucerai à longs traits le lait de vos chastes mamelles, je m'en rassasierai de manière à n'avoir plus besoin d'autre nourriture et d'autre breuvage. Heureuse, ô éternellement heureuse, mon âme, si jamais j'étais digne, ô sainte et céleste cité, de contempler votre gloire, votre bonheur, votre beauté, vos portes, vos murs, vos places, vos magnifiques demeures, vos nobles citoyens, et de voir dans tout l'éclat de sa grandeur, de sa force et de sa beauté, votre Roi, notre souverain Seigneur.

Vos murs, en effet, sont de pierres précieuses, vos portes de perles les plus fines, vos places d'or le plus pur, et d'où s'élèvent sans cesse des chants d'amour et de joie. Vos nombreuses demeures ont pour fondements des pierres de saphir carrées, et sont couvertes de tuiles d'or. Rien d'impur n'y pénètre, et elles restent fermées à toute iniquité. Que vous êtes belle et remplie de délices, ô céleste Jérusalem, notre mère commune! Il n'y a en vous rien de ce que nous souffrons ici-bas, rien de ce que nous voyons dans cette misérable vie. Vous ne connaissez ni mort, ni ténèbres, ni les changements et la vicissitude des temps. Ce n'est ni la lumière des flambeaux, ni la splendeur de la lune, ni l'éclat des astres qui vous éclairent, mais le Fils de Dieu, la lumière des lumières, le soleil de l'éternelle justice. Votre lumière, c'est l'agneau pur et sans tache, éternellement brillant, éternellement beau. L'ineffable contemplation de la beauté de votre roi est votre seul et souverain bien

---

gium apparet. Et tamen sub Christi confessione positi, ligno crucis ferimur, navigantes per hoc mare magnum et spatiosum ubi sunt reptilia quorum non est numerus, ubi sunt animalia pusilla cum magnis, ubi est draco sævissimus (*Psal.* CIII, 25), semper paratus ad devorandum, ubi sunt loca periculosa Scylla et Charibdis, et alia innumerabilia, in quibus naufragantur incauti, et in fide dubii. Orate Deum, orate piissimi; orate, omnia agmina sanctorum et universi cœtus beatorum, ut vestris precibus meritisque adjuti, (1) salva nave et integris mercibus pervenire mereamur ad portum perpetuæ quietis, continuæ pacis, et nunquam finiendæ securitatis.

CAPUT XXV. — *Cœli ardens desiderium.* — Mater Jerusalem, civitas sancta Dei, carissima sponsa Christi, te amat cor meum, pulchritudinem tuam nimium desiderat mens mea. Quam decora, quam gloriosa, quam generosa tu es! Tota pulchra es, et macula non est in te. (*Cant.*, IV, 7.) Exulta et lætare formosa principis filia, quia concupivit rex speciem tuam, et amavit decorem tuum speciosus prœ filiis hominum. Sed qualis est dilectus tuus ex dilecto o pulcherrima? Dilectus tuus candidus et rubicundus, electus ex millibus. (*Cant.*, V, 2, 10, et alibi passim.) Sicut malus inter ligna silvarum, sic dilectus tuus inter filios. Sub umbra illius quem desideravi, ecce lætus sedeo : et fructus ejus dulcis gutturi meo. Dilectus tuus misit manum per foramen, et venter meus intre-muit a tactu ejus. In lectulo meo per noctem quæsivi dilectum tuum, quæsivi, et inveni eum : teneo, nec dimittam eum, donec introducat me in domum tuam, et in cubiculum tuum, gloriosa genitrix mea. Ibi enim dabis mihi dulcissima ubera tua abundantius et perfectius, et saturabis me satietate mirifica, ita ut nec esuriam, neque sitiam in æternum. Felix anima mea, semperque in sæcula felix, si intueri merucro gloriam tuam, beatitudinem tuam, pulchritudinem tuam, portas et muros tuos, plateas tuas, mansiones tuas multas, nobilissimos cives tuos, et fortissimum regem tuum Dominum nostrum in decore suo.

Muri namque tui ex lapidibus pretiosis, portæ tuæ ex margaritis optimis, plateæ tuæ ex auro purissimo, in quibus jucunda alleluia sine intermissione concinitur. Mansiones tuæ multæ quadris lapidibus fundatæ, saphyris constructæ, laterculis aureis coopertæ : in quas nullus ingreditur immundus, nullus habitat inquinatus. Speciosa facta es et suavis in deliciis tuis, mater Jerusalem. Nihil in te tale, quale hic patimur, qualia in hac misera vita cernimus. Non sunt tenebræ in te, neque nox, aut quælibet diversitas temporum. Non lucet in te lux lucernæ, aut splendor lunæ, vel jubar stellarum : sed Deus de Deo, lux de luce, sol justitiæ semper illuminat te : Agnus candidus et immaculatus, lucidus et pulcherrimus est lumen tuum. Sol tuus, claritas tua et omne

(1) V. ejusdem lib. c. xxx.

et le soleil qui vous éclaire. Ce Roi des rois lui-même, entouré de ses enfants, se tient au milieu de vous. C'est là que les chœurs des anges, et l'assemblée de vos bienheureux citoyens entonnent sans cesse à sa gloire des chants de reconnaissance et d'amour. C'est là que se célèbre solennellement le retour de ceux qui, après leur triste pèlerinage sur la terre, sont appelés à goûter vos célestes joies. C'est là que se sont déjà réunis les prophètes que Dieu a éclairés de son Esprit, les douze apôtres qui doivent juger le monde, l'innombrable et victorieuse armée des martyrs, les saints confesseurs du Christ, les vrais et parfaits solitaires, les saintes femmes qui ont triomphé des plaisirs du siècle et de la faiblesse de leur sexe, les jeunes garçons et les jeunes filles, dont la sainteté des mœurs a été plus grande que le nombre des années. C'est là que se trouve l'heureux troupeau de brebis et d'agneaux qui ont échappé aux piéges que les voluptés du monde dressaient sous leurs pas. Tous les habitants de ce divin séjour ont des demeures particulières, des degrés de gloire différents; mais la joie de chacun est la joie de tous. C'est là que règne uniquement une charité pleine et parfaite, parce que Dieu est tout en tous, ce Dieu qu'ils voient sans cesse, et dont la vue ne fait que les embraser d'un plus ardent amour. Ils l'aiment et le louent sans fin. Leur unique et constante occupation est d'en célébrer éternellement la gloire.

Oh! que je serais heureux, et heureux à jamais, si, après la dissolution de ce corps mortel, je pouvais entendre la céleste mélodie de ces saints cantiques chantés à la gloire du Roi éternel par les habitants de la céleste patrie et par les chœurs des esprits bienheureux! Heureux, trop heureux, si je pouvais à leurs voix mêler la mienne, m'approcher de mon Roi, de mon Dieu, de mon souverain Chef, et le contempler dans tout l'éclat de sa gloire, comme il nous l'a promis lui-même en disant : « Mon Père, je désire que là où je suis, ceux que vous m'avez donnés y soient avec moi, afin qu'ils contemplent la gloire que j'ai reçue de vous avant la création du monde. » (*Jean*, XVII, 24.) Et ailleurs : « Que quiconque me sert, me suive; et où je serai, celui qui me sert y sera aussi. » (*Ibid.*, XII, 26.) Et dans un autre endroit : « Celui qui m'aime sera aimé de mon Père, moi-même je l'aimerai et je me ferai connaître à lui ! » (*Ibid.*, XIV, 21.)

CHAPITRE XXVI. — *Hymne sur la gloire du paradis.* — Mon âme altérée désire se rafraîchir à la source de l'éternelle vie, et voudrait briser les liens qui la retiennent captive dans cette prison de chair. Tous ses désirs, son ambition, ses efforts tendent à jouir de la patrie d'où elle est exilée. Accablée de douleur et de tristesse, elle gémit en contemplant la gloire qu'elle a perdue par le péché, et le souvenir de cette perte lui rend plus sensible son malheur présent.

Qui pourrait exprimer toute la joie et la paix que l'on goûte dans cette divine patrie? Les demeures y sont construites en perles du plus vif éclat; l'or étincelle sur les toits; il brille également à l'intérieur. Toute la structure des bâtiments n'est composée que de pierres précieuses. Les rues de cette merveilleuse cité sont pavées d'un or aussi pur que le cristal. On n'y trouve rien d'impur, rien qui puisse blesser la vue.

Les rigueurs de l'hiver et les chaleurs brûlantes de

---

bonum tuum, hujus pulcherrimi Regis indeficiens contemplatio. Ipse Rex regum in medio tui, et pueri ejus in circuitu ejus. (1) Ibi hymnidici Angelorum chori, ibi societas supernorum civium. Ibi dulcis solemnitas omnium ab hac tristi peregrinatione ad tua gaudia redeuntium. Ibi Prophetarum providus chorus, ibi (*al.* duodenus) judex Apostolorum numerus, ibi innumerabilium Martyrum victor exercitus, ibi sanctorum Confessorum sacer conventus, ibi veri et perfecti Monachi, ibi sanctæ mulieres, quæ voluptates sæculi et sexum infirmitatis vicerunt : ibi pueri et puellæ, quæ annos suos moribus transcenderunt. Ibi sunt omnes oves et agni, qui jam hujus voluptatis laqueos evaserunt. Exultant omnes in propriis mansionibus. Dispar gloria singulorum, sed communis est lætitia omnium. Plena et perfecta ibi regnat caritas (I *Cor.*, XV, 28); quia Deus est omnia in omnibus, quem sine fine vident, et semper videndo in ejus ardent amore. Amant et laudant, laudant et amant. Omne opus eorum, laus Dei, sine defectione, sine labore.

Felix ego, et vere in perpetuum felix, si post resolutionem hujus corpusculi audire meruero illa cantica cœlestis melodiæ, quæ cantantur ad laudem Regis æterni ab illis supernæ patriæ civibus, beatorumque spirituum agminibus. Fortunatus ego nimiumque beatus, si et ego ipse meruero cantare ea, et assistere regi meo, Deo meo, (*a*) duci meo, et cernere eum in gloria sua, sicut ipse pollicei dignatus est dicens : « Pater, volo ut quos dedisti mihi, sint mecum ; ut videant claritatem meam quam habui apud te ante constitutionem mundi : » (*Joan.*, XVII, 24) et alibi : « Qui mihi ministrat, me sequatur, et ubi sum ego, illic et minister meus erit : » (*Joan.*, XII, 26) et iterum : « Qui diligit me, diligetur a Patre meo, et ego diligam eum, et manifestabo ei me ipsum. » (*Joan.*, XIV, 21.)

CAPUT XXVI. — *Rithmus de gloria paradisi.*
(*b*) Ad perennis vitæ fontem mens sitivit arida,
Claustra carnis præsto frangi clausa quærit anima,
Gliscit, ambit, eluctatur exul frui patria,
Dum pressuris ac ærumnis se gemit obnoxiam,
Quam amisit, cùm deliquit, contemplatur gloriam.
Præsens malum auget boni perditi memoriam.
Nam quis promat, summæ pacis quanta sit lætitia ?
Ubi vivis margaritis surgunt ædificia,
Auro celsa micant tecta, radiant triclinia,
Solis gemmis pretiosis hæc structura nectitur,
Auro mundo, tanquam vitro, urbis via sternitur.
Abest limus, deest fimus, lues nulla cernitur.
Hiems horrens, æstas torrens illic nunquam sæviunt.

(1) Ita lib. *de Speculo*, c. XXX post Gregor.
(*a*) Ms. Met., *dulci*. — (*b*) Hic hymnus desideratur in Mss. Met., et Reg. Est. Petri Damiani CCVI, tom. IV.

l'été y sont inconnues. Un printemps éternel y entretient l'éclat des roses, la blancheur des lis, les fleurs aux couleurs éclatantes de la pourpre et aux parfums les plus suaves. Les prairies y sont toujours verdoyantes, les moissons toujours florissantes. Partout y coulent des ruisseaux de miel; partout on y respire les parfums et les arômes les plus délicieux, et aux branches des arbres toujours en fleurs pendent des fruits qui ne s'en détachent jamais.

L'éclat de la lune n'y succède pas à celui du soleil, ni l'éclat du soleil à celui de la lune et des astres. L'agneau pur et sans tache est l'éternelle lumière de cet heureux séjour. On n'y connaît ni les ténèbres de la nuit ni la variation des temps, et là brille sans cesse le jour le plus éclatant. Chacun des saints habitants de cette cité resplendit d'un éclat aussi vif que celui du soleil. Le front ceint de la couronne triomphale, ils énumèrent entre eux, dans une joie commune et dans une parfaite sécurité, les combats qu'ils ont livrés et les ennemis qu'ils ont vaincus.

Purifiés de toute souillure, ils n'ont plus à combattre contre les désirs de la chair, car en eux cette chair est devenue spirituelle, et Dieu seul est l'unique objet de leurs pensées. Dans le sein d'une paix inaltérable, ils ne sont plus sujets aux scandales du péché, et, dépouillés de ce qu'il y avait de changeant et de périssable en eux, ils reprennent leur primitive nature. Leur bonheur est désormais de contempler les beautés de l'immortelle vérité, et de goûter à longs traits la douceur ineffable des eaux de la vie éternelle.

Affranchis de tout changement, ils revêtent un nouveau mode d'existence. Brillants, vifs, joyeux, ils ne sont plus exposés ni aux accidents ni aux maladies. Ils jouissent dans leur vieillesse des forces et de la santé de la jeunesse. Leur être tout entier est devenu immortel, et tout changement en eux est désormais impossible. Ce qu'il y avait de corruptible a disparu, et l'immortalité a triomphé de la mort.

Que peuvent maintenant ignorer ceux qui connaissent celui qui sait tout? Pénétrant mutuellement les secrets les plus cachés de leur cœur, ce que l'un veut ou ne veut pas, tous le veulent ou ne le veulent pas. Il n'y a entre eux qu'un seul esprit, une seule âme. Quoique le mérite de chacun soit différent, selon ce qu'il a fait sur la terre, la charité qui les anime tous porte l'un à faire ses délices de ce qu'il aime dans l'autre, et ce qui est propre à chacun devient commun à tous.

Les aigles de ce séjour sont réunis là où est le corps de leur divin chef, objet unique des joies et des délices des anges, des saints et de l'assemblée des âmes. Il est le pain céleste des citoyens de l'une et de l'autre patrie. Quoiqu'ils en soient toujours rassasiés, ils en sont toujours avides. Ils ont beau le posséder, ils le désirent encore. Sans éprouver le besoin de la faim, plus ils se nourrissent de ce céleste mets, moins ils s'en lassent, et nul dégoût ne se mêle à cette ineffable satiété.

Des harmonies toujours nouvelles, de délicieuses mélodies, des cantiques de joie charment sans cesse les oreilles des heureux habitants de cette patrie céleste, qui célèbrent sans fin la gloire de celui qui les a rendus vainqueurs. O heureuse, mille fois heureuse l'âme qui peut ainsi contempler les beautés de son divin Roi, qui voit au-dessous d'elle se mouvoir la masse de l'univers, et qui peut suivre les évolutions du soleil, de la lune et de tous ces globes lumineux qui décorent le firmament.

O Jésus, palme et couronne des saints triomphateurs, après que j'aurai rempli ici-bas mon devoir dans votre sainte milice, ouvrez-moi l'entrée de votre

---

Flos (a) perpetuus rosarum ver agit perpetuum,
Candent lilia, rubescit crocus, sudat balsamum,
Virent prata, vernant sata, rivi mellis influunt,
Pigmentorum spirat odor, liquor et aromatum,
Pendent poma floridorum non lapsura nemorum.
Non alternat luna vices, sol, vel cursus siderum :
Agnus est felicis urbis lumen inocciduum.
Nox et tempus desunt ei, diem fert continuum :
Nam et Sancti quique, velut sol præclarus, rutilant,
Post triumphum coronati mutuo conjubilant,
Et prostrati pugnas hostis jam securi numerant.
Omni labe defæcati, carnis bella nesciunt.
Caro facta spiritalis et mens unum sentiunt.
Pace multa perfruentes, scandala non perferunt.
Mutabilibus exuti, repetunt originem,
Et præsentem veritatis contemplantur speciem :
Hinc vitalem vivi fontis hauriunt dulcedinem.
Inde statum semper iidem (b) existendi capiunt,
Clari, vividi, jucundi, nullis patent casibus.
Absunt morbi, semper sanis senectus juvenibus.
Hinc perenne tenent esse; nam transite transiit.
Inde virent, vigent, florent, corruptela corruit,
Immortalitatis vigor mortis jus absorbuit.
Qui scientem cuncta sciunt, quid nescire nequeunt?
Nam et pectoris arcana penetrant alterutrum,
Unum volunt, unum nolunt, unitas est mentium.
Licet cuique sit diversum pro labore meritum ;
Caritas hæc suum facit, quod (c) amat in altero.
Proprium sic singulorum, commune fit omnium.
Ubi corpus, illuc jure congregantur aquilæ.
Quo cum Angelis et Sanctis recreantur animæ,
Uno pane vivunt cives utriusque patriæ.
Avidi, et semper pleni, quod habent, desiderant.
Non satietas fastidit, neque fames cruciat,
Inhiantes semper edunt, et edentes inhiant,
Novas semper harmonias, vox meloda concrepat.
Et in jubilum prolata mulcent aures organa,
Digna, per quem sunt victores, regi dant præconia.
Felix cœli quæ præsentem regem cernit anima,
Et sub sede spectat alta orbis volvi machinam,
Solem, lunam et globosa cum planetis sidera.
Christe palma bellatorum, hoc in municipium
Introduc me, post solutum militare cingulum,
Fac consortem donativi beatorum civium.

(a) Apud Petrum, purpureus. — (b) Al. exeuntes, et mox peccant casibus. — (c) Al. dum amat alterum.

glorieuse cité. Laissez-moi participer au sort des heureux citoyens qui l'habitent. Donnez-moi de nouvelles forces dans les combats que j'ai encore à soutenir, afin qu'après avoir servi fidèlement sous vos divins étendards, je jouisse du repos dû à un soldat émérite, et que je sois digne de vous posséder éternellement comme ma plus glorieuse et plus sainte récompense. Ainsi soit-il.

CHAPITRE XXVII. — *Bonheur de chanter les louanges du Seigneur avec les bienheureux.* — O mon âme, bénissez le Seigneur, et que tout ce qu'il y a de plus intime en moi bénisse son saint nom. O mon âme, bénissez le Seigneur, et ne perdez jamais de vue les bienfaits dont il vous a comblée. Que toutes les œuvres du Seigneur le bénissent. Unissez-vous donc à elles, ô mon âme, pour le bénir dans tous les lieux où s'étend sa souveraine puissance. Louons à jamais ce Seigneur que les anges louent, que les Dominations adorent, et qui fait trembler toutes les Puissances du ciel, ce Dieu éternel à qui les chérubins et les séraphins crient sans cesse : « Saint, Saint, Saint. » Joignons nos joies à celles des saints anges et célébrons avec eux, autant que notre faiblesse nous le permet, la gloire de notre commun Seigneur. Pour eux, les louanges qu'ils lui adressent sont pures et parfaites, parce qu'ils peuvent éternellement contempler ses divines beautés, non plus comme en énigme et dans un miroir, mais sans voile et face à face.

Qui pourrait exprimer par la parole ou concevoir par la pensée ce qu'est cette multitude d'esprits bienheureux et de vertus célestes, qui se tient sans cesse en présence du Seigneur, quels transports d'allégresse ils éprouvent à le contempler éternellement ; l'étendue de leur joie que rien ne peut altérer ; l'ardeur de leur amour qui, loin de les agiter, ne fait qu'en augmenter le charme ; le brûlant désir qu'ils ont de contempler Dieu et de rassasier leur âme de cette ineffable vision, désir qui n'en devient que plus vif lorsqu'il est satisfait, désir qui n'est accompagné d'aucune peine, et qui n'éprouve jamais ni satiété ni dégoût ? Qui pourrait dire ou concevoir, je le demande encore, comment leur attachement au souverain bonheur les rend eux-mêmes souverainement heureux ? Comment leur union avec la véritable lumière les rend lumière ? Comment, en contemplant sans cesse l'immuable Trinité, ils sont, comme elle, devenus exempts de toute mutabilité ?

Mais nous est-il possible de concevoir l'excellence des anges, à nous qui ne sommes pas même capables de connaître la nature de notre âme ? A nous pour qui, dans cette question, tout est mystère, qu'est-ce donc que cette âme qui peut animer une chair mortelle, mais qui est impuissante à ne s'attacher qu'à de saintes pensées ; cette âme que nous voyons si forte et si faible, si grande et si petite ; cette âme qui pénètre les vérités les plus cachées, contemple les choses célestes et invente cette multitude d'arts aussi merveilleux qu'utiles à la vie ? Qu'est-ce donc que cette âme, dont la connaissance s'étend à tant de choses, et qui ne connaît pas comment elle est faite elle-même ? Bien que des hommes aient émis quelques opinions douteuses et incertaines sur sa nature et son origine, nous savons cependant qu'elle est une substance spirituelle et intelligente, ouvrage de la toute-puissance du Créateur, qu'elle est immortelle dans la mesure de sa condition et de sa nature, principe de vie qui anime et soutient le corps mortel, sujette aux changements, à l'oubli, aux agitations de la crainte, à l'exaltation de la joie. O chose aussi merveilleuse qu'étonnante ! Sur Dieu, souverain créateur de l'uni-

---

Præbe vires inexhausto laboranti prælio;
Ut quietem post præcinctum debeas emerito,
Teque merear potiri sine fine præmio. Amen.
CAPUT XXVII.— *Laudes Dei cum Beatis celebrare.* — Benedic anima mea Domino, et omnia quæ intra me sunt nomini sancto ejus. Benedic anima mea Domino, et noli oblivisci omnes retributiones ejus. Benedicite Domino omnia opera ejus, in omni loco dominationis ejus benedic anima mea Domino. Laudemus Dominum, quem laudant Angeli, adorant Dominationes, tremunt Potestates : cui Cherubim et Seraphim incessabili voce proclamant, Sanctus, Sanctus, Sanctus. Jungamus voces nostras vocibus sanctorum Angelorum, et communem Dominum laudemus pro modulo nostro. Illi enim laudant Dominum purissime et (*a*) incessanter, quia semper inhærent contemplationi divinæ, non per speculum et in ænigmate, sed facie ad faciem.

Sed quis dicere vel cogitare sufficiat, [(2) qualis sit in conspectu omnipotentis Domini illa beatorum spirituum cœlestiumque Virtutum innumerabilis multitudo, quæ sit in eis sine fine festivitas visionis Dei, quæ lætitia sine defectu, quis amoris ardor, non crucians, sed delectans, quod sit in eis desiderium visionis Dei cum satietate, et satietas cum desiderio, in quibus nec desiderium pœnam generat, nec satietas fastidium parit; quomodo inhærendo summæ beatitudini sint beati; quomodo conjuncti vero lumini facti sunt lux; quomodo semper aspicientes incommutabilem Trinitatem, mutati sunt in incommutabilitatem?]

Sed quando illam angelicæ dignitatis celsitudinem comprehendere poterimus, qui nec ipsius animæ nostræ naturam investigare valemus? (3) Qualis est ista, quæ carnem vivificare potest ; se autem in sanctis cogitationibus, ut volet, constringere non potest? Qualis est ista, tam fortis, tam infirma ; tam parva, tam magna, quæ rimatur secreta (*b*), et cœlestia contemplatur, atque humanis commodis multarum artium peritiam perspicaci ingenio adinvenisse probatur ? Qualis ergo ista est, quæ tam multa de cæteris novit, et se qualiter facta sit, prorsus ignorat ? Licet enim nonnulla ambigua a quibusdam super ejus origine proferantur, invenimus tamen eam esse quemdam intellectualem spiritum per Creatoris potentiam factum, immortaliter juxta modum suum viventem, mortale corpus quod sustinet vivificantem, mutabi-

(1) Joannis Fiscamn., pars XXXII. — (2) Ex Greg., M. hom. 8, *in Eccl.* — (3) Ex citato Greg., loco V. lib. *de Spir. et ani.*, c. LVI.
(*a*) Ms. Met., *inculpabiliter.* Reg. *incessabiliter.* — (*b*) Editi, add. *Dei.*

vers, sur Dieu, dont la nature est incompréhensible et ineffable, nous lisons, nous disons, nous écrivons, sans éprouver ni doute ni incertitude, des choses sublimes et dignes d'admiration, et quand il s'agit des anges ou de nos propres âmes, nous n'avons aucunes preuves évidentes et positives à donner.

Mais que mon âme, dégagée de toute autre chose, s'élève au-dessus de tout ce qui est créé, qu'elle prenne son élan vers le souverain Créateur lui-même, et qu'autant qu'elle en est capable, elle dirige vers lui seul les yeux de la foi. J'établirai dans mon cœur des degrés par lesquels mon âme s'élèvera vers lui, et, par l'élévation même de mon âme, mon esprit sera transporté vers mon Dieu, qui règne éternellement au-dessus de moi. Que l'esprit, détaché de tout ce qui est visible aux yeux, de tout ce que l'imagination peut concevoir, s'élève pur et simple, et par un vol rapide, jusqu'au Créateur des anges, des âmes et de tout l'univers. Oh! bienheureuse est l'âme qui, dégagée des choses de la terre, n'a plus d'amour que pour celles du ciel; qui établit sa demeure au plus haut des cieux, et du haut des roches escarpées peut soutenir, comme l'aigle, l'éclat du soleil de justice! Est-il en effet quelque chose de plus beau, de plus délicieux, que de contempler Dieu par la seule intuition de l'esprit et l'avidité du cœur; que de voir invisiblement, et d'une manière si merveilleuse, ce Dieu invisible de sa nature; que de goûter cette suprême douceur, et non celle de la terre; que de voir cette divine lumière, et non celle d'ici-bas? En effet, cette lumière qui éclaire la terre, cette lumière que l'espace renferme, qui finit avec le temps, que la nuit couvre de ses ténèbres, et qui nous est commune avec les bêtes et les plus humbles vermisseaux, est-elle autre chose qu'une véritable nuit en comparaison de cette suprême lumière?

Chapitre XXVIII. — *Que personne ne peut voir en cette vie la lumière incréée.* — Quoiqu'il ne soit pas donné à l'homme de voir en cette vie l'essence de cette lumière suprême et immuable, cette seule et vraie lumière qui brille d'un éclat éternel, cette lumière qui éclaire les anges et qui est la récompense réservée aux saints et aux élus, c'est cependant en quelque sorte la voir et la posséder que d'y croire, de la comprendre, d'y être sensible et de la désirer avec ardeur.

Que notre voix s'élève donc au-dessus de celle des anges. Que l'homme contemple avec attention les merveilles de Dieu; qu'il les célèbre de tout son pouvoir, car il est juste que la créature loue son créateur. Il nous a créés pour le louer, quoiqu'il n'ait pas besoin de nos louanges. Sa puissance est au-dessus de toute intelligence. Il n'a besoin de personne et se suffit à lui-même. Grand est le Seigneur notre Dieu, grande est sa puissance, infinie est sa sagesse. Grand est le Seigneur; il est digne de toute louange. Qu'il soit donc l'unique objet de notre amour, le seul dont notre bouche célèbre la gloire, le seul dont notre main écrive les merveilles, le seul qui remplisse le cœur et occupe l'esprit des fidèles. Que tout homme animé de ces saints désirs, qui aime à contempler et à étudier les choses qui concernent le ciel, se nourrisse sans cesse d'un mets si délicieux, afin que, fortifié par cette céleste nourriture, il puisse à haute voix, du plus profond de son cœur et dans l'élan de sa joie, s'écrier:

---

litati subjectum, oblivioni deditum, quem timor sæpe afficit, lætitia extollit. O res mira omnique stupore dignissima! De Deo quidem creatore omnium, qui est incomprehensibilis et ineffabilis, excelsa et mirabilia nimis omni remota ambiguitate legimus, loquimur et scribimus: de angelis autem et animabus quidquid dicimus, non tam evidenter approbare possumus.

Sed transeat ab his animus, et transcendat omne quod creatum est, currat et ascendat, volitet et pertranseat, in eum qui creavit omnia, quantum potest, oculos fidei dirigat. Mens illa beata, quæ ima deserit, summa petit: quæ ponit in arduis sedem habitationis suæ, et de summis rupibus contemplatur solem justitiæ aquilinis obtutibus! Nihil enim tam pulchrum atque jucundum, quam ipsum solum mentis intuitu et cordis aviditate contemplari Deum, et miro modo invisibiliter cernere invisibilem; sicque aliam, non istam gustare dulcedinem, et inspicere aliam, non istam lucem. Lux enim ista, quæ loco clauditur, tempore finitur, noctium interruptione variatur, et quam communem cum vermiculis et pecoribus habemus, in comparatione illius summæ lucis non est lux dicenda, sed nox.

Caput XXVIII. — *Lux increata.* — Quanquam autem illa summa et incommutabilis essentia, lux vera, lux indeficiens, lux Angelorum a nemine conspici valeat in hac vita, quod solum præmium sanctis reservatur in cœlesti gloria; illud tamen aliquid credere et intelligere, et sentire et desideranter inhiare, quodam modo illam cernere est atque tenere.

Sonet itaque vox super Angelos, et homo intenta mente contempletur Deum, verbis quibus potest suas illi dicat laudes. Justum namque est ut creatura laudet Creatorem; ipse enim nos fecit ad laudandum se, quamvis nostris non indigeat laudibus. Est autem virtus incomprehensibilis, nullius indigens, ipse sibi sufficiens. Magnus Dominus noster, et magna virtus ejus, et sapientiæ ejus non est numerus; magnus Dominus, et laudabilis valde. (*Psal.* CXLVI, 5; XCV, 4.) Hunc itaque mens diligat, lingua canat, manus scribat, atque in his sanctis studiis fidelis animus se totum exerceat. Hujus videlicet cœlestis theoriæ suavissimis dapibus vir desideriorum, et cœlestium contemplator assidue reficiatur: ut hoc cœlesti pabulo saginatus clamet clamore magno, clamet totis medullis cordis, clamet in jubilo, et ardentissimo mentis desiderio dicat:

(a) Sic Mss. At editi, *per ipsos ascendam animam meam, et per ipsam mentem meam ascendam ad Dominum meum.*

Chapitre XXIX. — *Enumération de plusieurs merveilles de Dieu.*

— O Seigneur, souverain Etre des êtres, Dieu tout-puissant, miséricordieux, juste, caché dans votre mystérieuse divinité et cependant présent partout; Dieu de force et de beauté, vous êtes toujours le même et toujours incompréhensible; invisible et voyant tout; immuable et changeant à votre gré ce que vous avez créé. Vous êtes de toute éternité. Aucun lieu ne vous renferme, aucun espace ne vous limite et ne vous circonscrit. Vous êtes infini, ineffable, au-dessus de toute appréciation. Nul ne peut sonder vos desseins. Dans votre éternelle immutabilité, vous êtes le principe de tout mouvement. Votre grandeur est impénétrable, indicible. Vous êtes un Dieu terrible, mais, quoiqu'inspirant la crainte et l'effroi, digne d'être honoré, vénéré, respecté. En vous rien qui se renouvelle, rien qui vieillisse. Cependant vous renouvelez toutes choses, et laissez vieillir dans leur égarement les impies et les superbes, sans même qu'ils s'en aperçoivent. Toujours en action, vous êtes toujours en repos. Vous rassemblez et conservez toutes choses sans en avoir besoin. Vous soutenez l'univers entier sans en sentir le poids. Vous renfermez toutes choses et rien ne vous renferme. Vous êtes le souverain Créateur de tout ce qui existe, et ce que vous avez créé vous le protégez, vous l'entretenez, vous le perfectionnez sans cesse. Quoique rien ne vous manque, vous ne laissez pas de chercher toujours. Vous aimez, mais sans passion; vous êtes jaloux, mais sans trouble, de l'amour qui vous est dû. Votre repentir est exempt de regret, votre colère d'emportement. Vous changez vos ouvrages, mais jamais vos desseins. Vous prenez ce que vous trouvez, quoique vous n'ayez jamais rien perdu. A l'abri de tout besoin, de toute pauvreté, vous aimez pourtant à gagner; et sans être avare, vous exigez l'intérêt de vos dons mêmes. Quoique nous n'ayons rien qui ne vienne de vous, vous voulez devoir tout ce qu'on vous donne. Vous vous acquittez sans rien devoir, et vous remettez ce qui vous est dû sans en éprouver la moindre perte. Vous êtes le seul principe de vie de tout ce que vous avez créé. Vous êtes tout entier partout. Quoique les yeux de notre esprit puissent s'élever jusqu'à vous, ceux de notre corps ne sauraient y atteindre. Quoique présent partout, vous êtes cependant loin de l'esprit des impies et des méchants; et bien que vous en soyez éloigné, vous y êtes encore, parce que là où vous n'êtes point par votre grâce, vous y êtes par votre justice. Aucune de vos créatures ne reste étrangère à votre action divine, mais elle ne les atteint cependant pas toutes de la même manière. Aux unes vous donnez l'être, mais non la vie ni le sentiment; aux autres, l'être, la vie, le sentiment, mais non l'intelligence; à celles-ci, l'être, la vie, le sentiment et l'intelligence. Cependant, quoique ces diverses créatures soient distinguées par des caractères particuliers et différents, votre nature n'en reste pas moins toujours la même. Vous êtes présent partout, et l'on ne peut vous trouver nulle part. Vous êtes en nous, nous vous y cherchons sans pouvoir vous atteindre. Vous possédez toutes choses, vous les remplissez, vous les embrassez, vous les surpassez, et vous en êtes l'éternel soutien. Ce n'est pas toutefois par une partie de votre substance que vous les soutenez et que vous les remplissez, et par une autre que vous les embrassez et que vous les surpassez, mais c'est en les embrassant tout entières que vous les remplissez, et en les remplissant que vous les embrassez, comme c'est aussi en les soutenant que vous les surpassez, et en les surpassant que vous les soutenez. Vous instruisez le cœur des fidèles, sans avoir besoin de recourir aux paroles. Votre toute-puissance atteint avec force, de-

---

Caput XXIX. — *Oratio explicans plurimas Dei perfectiones.* — [(1) Summe, omnipotentissime, misericordissime et justissime, secretissime et præsentissime, pulcherrime et fortissime, stabilis es et incomprehensibilis, invisibilis, videns omnia, (2) immutabilis, mutans omnia, immortalis, illocalis, interminus, incircumscriptus, nusquam finitus, inæstimabilis, ineffabilis, inscrutabilis, immotus, tangens omnia, investigabilis, indicibilis, metuendus atque terribilis, honorandus atque horrendus, venerandus atque reverendus, nunquam novus, nunquam vetus, innovans omnia, et in vetustatem perducens superbos et nesciunt, semper agens, semper quietus, colligens et non egens, omnia portans sine onere, omnia implens sine inclusione, omnia creans et protegens, nutriens et perficiens, quærens cum nihil desit tibi. Amas nec æstuas, zelas et securus es, pœnitet te et non doles, irasceris et tranquillus es, opera mutas, sed non mutas consilium. Recipis quod invenis, et nunquam amisisti; nunquam inopes, et gaudes lucris; nunquam avarus, et usuras exigis; supererogatur tibi ut debeas, et quis habet quidquam non tuum? Reddis debita nulli debens, donas debita nihil perdens. Qui solus vivificas omnia, qui creasti omnia, (3) qui ubique es et ubique totus, qui sentiri potes, videri non potes; qui nusquam des es, qui tamen ab iniquorum cogitationibus longe es; qui nec ibi dees, ubi longe es : quia ubi non es per gratiam, ades per vindictam. Qui omnia tangis, nec tamen omnia æqualiter tangis. Quædam enim tangis ut sint, nec tamen ut vivant et sentiant : quædam vero tangis ut sint et vivant, nec tamen ut sentiant et discernant : quædam vero tangis ut sint, vivant, sentiant, non tamen ut discernant : quædam vero tangis ut sint, vivant, sentiant et discernant. Et cum tibimetipsi nunquam dissimilis sis, dissimiliter tamen tangis dissimilia. Qui ubique præsens es, et inveniri vix potes; quem stantem sequimur, et apprehendere non valemus; (4) qui tenes omnia, imples omnia, circumplecteris omnia, superexcedis omnia, sustines omnia. Neque enim ex alia parte sustines, atque ex alia parte (a) superexcedis; neque ex alia parte imples, atque ex alia circumplecteris : sed circumplectendo imples, et implendo circumplecteris; sustinendo superexcedis, et superexcedendo sustines. Qui doces

(1) Ex lib. *de Speculo*, c. III. — (2) Ex c. IV. — (3) Ex c. V. — (4) Ex c. VI.
(a) Editi, *superaris.*

puis une extrémité jusqu'à l'autre, et vous disposez tout avec douceur. Nul espace ne vous renferme, et vous n'êtes pas soumis aux changements des temps. Toujours présent tout entier et partout, vous ne vous rapprochez ni ne vous éloignez jamais de rien. Vous habitez une lumière inaccessible que nul homme n'a vue et ne pourra jamais voir. Sans sortir de l'ineffable quiétude de votre éternel repos, vous parcourez cependant sans cesse l'œuvre de votre création. Votre nature est une, simple, et par conséquent indivisible. Vous ne sauriez vous partager, parce que vous êtes tout entier dans toutes choses, que vous les possédez tout entières, et que de vous seul elles tirent leur beauté et leur éclat. L'esprit humain ne saurait concevoir tout ce qu'il y a de profondeur dans cet ineffable mystère. Aucune bouche humaine, si éloquente qu'elle soit, ne pourrait l'exprimer, et tous les écrits et les ouvrages qui ont paru sur la terre seraient insuffisants pour l'expliquer. L'univers entier en serait-il rempli, que votre grandeur et votre sagesse resteraient encore inexplicables. Quel écrit, en effet, pourrait rendre ce que la bouche est impuissante à exprimer ? Car vous êtes, ô mon Dieu, la source de la divine lumière, le soleil de l'éternelle justice. Votre grandeur est sans mesure, et par conséquent infinie ; votre bonté ne saurait être qualifiée, c'est pourquoi vous êtes le vrai et souverain bien, et il n'y a de bon que vous seul. Votre volonté est toute-puissante, et ce que vous voulez, vous le pouvez. Vous avez tout créé de rien, et votre volonté seule a suffi pour le faire. Sans avoir besoin de vos créatures, vous les possédez, vous les gouvernez, sans en éprouver ni ennui ni fatigue, sans que rien puisse troubler l'ordre de vos volontés dans les plus petites comme dans les plus grandes choses. Vous êtes en tous lieux, sans qu'aucun vous contienne. Vous renfermez tout, sans que rien vous circonscrive. Vous êtes présent partout, sans changer de place, et sans qu'on puisse dire où vous êtes en particulier. Quoique vous puissiez tout, vous n'êtes pas l'auteur du mal, puisque vous n'en sauriez faire. Aucun de vos ouvrages ne vous a jamais inspiré de regret de l'avoir créé. Aucun trouble d'esprit ne peut altérer votre éternelle sécurité, et quoique votre puissance s'étende partout, votre royaume n'est renfermé dans aucune partie de l'univers. Vous n'approuvez et n'ordonnez jamais aucune faute, aucun crime. Le mensonge vous est inconnu, puisque vous êtes l'éternelle vérité. C'est par votre bonté que nous avons été créés, par votre justice que nous sommes punis, par votre miséricorde que nous sommes délivrés. Rien de ce qui est dans le ciel, rien de ce qui brille à nos yeux, rien de ce qui est sur la terre, en un mot, rien de ce que nos sens peuvent atteindre, ne mérite d'être adoré. Vous seul, ô mon Dieu, êtes digne de l'être. Vous seul êtes véritablement ce que vous êtes, sans jamais éprouver le moindre changement. C'est vous seul que les Grecs appellent avec raison ὤν et les Latins est, c'est-à-dire celui qui est, parce que vous êtes toujours le même, et que vos années ne finiront jamais.

Ces vérités et beaucoup d'autres m'ont été enseignées par la sainte Église, notre mère commune dont je suis devenu membre par le secours de votre grâce. C'est elle qui m'a appris que vous êtes le seul Dieu vivant et véritable, incorporel, impassible, insaisissable par les sens, que rien dans votre substance, ou votre nature ne saurait être altéré, et sujet au changement, mais que tout y est simple et par-

---

corda fidelium sine strepitu verborum. Qui attingis a fine usque ad finem fortiter, et disponis omnia suaviter. (*Sap.*, VIII, 1.) Qui locis non distenderis, nec temporibus variaris. Neque habes accessus et recessus, sed habitas lucem (I *Tim.*, VI, 16) inaccessibilem, quam nullus hominum vidit, sed nec videre potest. In te manens quietus, ubique circuis totum. (1) Non enim scindi vel dividi poteris, quia vere unus es : nec in partes efficeris, quia totus totum tenes, totum imples, totum illustras et possides. Hujus videlicet mysterii immensam profunditatem mens humana concipere non potest, nec oratoria lingua enarrare, neque diffusi (*a*) sermonis bibliothecarum volumina queunt explicare. Si totum mundum libri replerent, tua scientia inenarrabilis non potest enarrari. Quoniam vere indicibilis es, nullo modo scribi poteris, neque concludi, qui es fons lucis divinæ, et sol claritatis æternæ. Magnus enim es sine quantitate, et ideo immensus ; bonus es sine qualitate, et ideo vere et summe bonus ; et nemo bonus nisi tu solus, (2) cujus voluntas opus est, cui velle posse est. Qui omnia quæ ex nihilo creasti, sola voluntate fecisti. Qui omnem creaturam tuam absque indigentia aliqua possides, et sine labore gubernas, et absque tædio regis ; et nihil est quod perturbet ordinem imperii tui, vel in summis, vel in imis. Qui in omnibus locis sine loco haberis, et omnia contines sine ambitu, et ubique præsens es sine situ et motu. Qui nec mali auctor es, quodque facere non potes, qui nihil non poles. Neque unquam te quidquam fecisse pœnituit, nec ullius commotionis animi tempestate turbaris, nec totius terræ (*b*) particula regnum tuum est. Nulla flagitia vel scelera probas aut imperas. Nunquam mentiris, quia æterna veritas es. Cujus unius bonitate facti sumus, et justitia pœnas luimus, et clementia liberamur. (3) Nam nihil cœleste, nihil igneum, nihil terrenum, nihilque quod corporis sensus attingit, pro te colendum est. Qui vere es quod es, et non mutaris. Cui maxime ac specialiter convenit illud quod Græci dicunt ὤν, Latini *est* : quia semper idem ipse es, et anni tui non deficient.] (*Psal.* CI, 28.)

(4) Hæc et alia multa docuit me sancta mater Ecclesia, cujus factus sum membrum per gratiam tuam. Docuit sane te solum et vivum et verum Deum non esse corporeum vel passibilem aut palpabilem : nihilque de substantia tua vel natura ullo modo esse violabile aut commutabile, aut composititium vel (*c*) fictum. Et ideo certum est corporeis oculis te non posse sentiri : sed

---

(1) Ex c. VII. — (2) Ex c. VIII. — (3) Ex c. IX. — (4) Ex citato lib. *de Speculo*, c. XXIII et XXIV.
(*a*) Sic Ms. Mel., et lib. *de Spec.* Al. *sermones nec*, etc. — (*b*) Sic Mss. et lib. *de Speculo*. At editi, *pericula damnum tuum est.* — (*c*) Editi, *factum*.

faitement vrai, c'est pourquoi il est impossible de vous voir des yeux du corps, et nul mortel n'a jamais pu vous contempler dans votre propre essence, mais ce qui nous fait croire qu'après cette vie nous pourrons jouir de votre vue, c'est que les anges ont déjà ce bonheur, bien qu'ils ne puissent vous voir absolument tel que vous êtes. Il n'y a que vous seul, ô mon Dieu, qui puissiez parfaitement connaître votre toute-puissante Trinité.

CHAPITRE XXX. — *Pluralité des personnes et unité de Dieu.* — Vous n'êtes qu'un seul et même Dieu en plusieurs personnes, et dont l'unité cependant comme la divine essence échappe à tout nombre, à tout poids, à toute mesure. Comme vous êtes le souverain bien, le principe dont toutes choses procèdent, par lequel et dans lequel tout existe, nous reconnaissons que vous-même ne procédez de rien et que tout bien vient de vous. Votre substance a toujours été et sera toujours immatérielle. Elle ne l'est que de vous sa forme toute divine, incréée, parfaite et principe de toute autre forme. Quoique tous les ouvrages qui sortent de vos mains portent comme le cachet de cette forme divine, ils sont cependant loin d'être semblables à vous, et en imprimant sur eux ce signe de votre puissance, vous n'en éprouvez vous-même aucun changement ni en plus, ni en moins. Tout ce qui existe dans la nature, c'est vous qui l'avez créé, ô sainte Trinité, qui n'êtes qu'un seul et même Dieu dont la toute-puissance possède, gouverne et remplit toutes les œuvres de sa création. Lorsque nous disons que vous remplissez toutes choses, ce n'est pas qu'elles vous contiennent, puisqu'au contraire, c'est vous qui les contenez. Ce n'est point non plus par parties que vous remplissez toutes choses, en sorte que chaque créature recevrait une portion de vous-même en proportion de son étendue, c'est-à-dire, les plus grandes une plus grande, les plus petites, une plus petite, puisque vous êtes vous-même en toutes, ou que toutes sont en vous. Votre puissance infinie renferme donc toutes choses et rien de ce que vous renfermez ne peut vous échapper. Celui qui n'a pas su vous apaiser ne peut éviter votre colère, car il est écrit : « Ni de l'Orient, ni de l'Occident, ni du côté du désert, il ne vous viendra aucun secours, car c'est Dieu même qui est votre juge ; » (*Ps.* LXXIV, 7) et ailleurs : « Où irai-je, pour me dérober à votre esprit, où m'enfuirai-je pour éviter votre face ? » (*Ps.* CXXXVIII, 7.) L'immensité de votre divine grandeur est telle que vous êtes en tout, sans que rien puisse vous renfermer, et en même temps hors de tout sans pour cela cesser d'y être. Vous n'êtes en toutes choses que pour les remplir toutes, et vous n'en êtes dehors que pour les renfermer dans votre divine grandeur. Par cela donc que vous êtes en dehors de toutes choses, vous faites voir que vous en êtes le Créateur, mais par cela aussi que vous êtes en tout, vous montrez que vous gouvernez et dirigez toutes vos créatures. Si vous êtes dans tout et hors de tout ce que vous avez créé, c'est pour que vos créatures ne soient jamais sans vous, et cela afin que tout soit renfermé en vous, non par la grandeur de l'espace et de l'étendue, mais par votre souveraine présence, car vous êtes présent partout, comme tout est présent à vous-même, quoique les uns le comprennent et que les autres ne le comprennent pas.

L'inséparable unité de votre nature, rend impos-

---

nec ab ullo mortalium in propria essentia aliquando potuisse videri. Hinc etenim patenter datur intelligi, quod unde Angeli te intuentur, inde et nos post hanc vitam videbimus. Sed nec ipsi perfecte videre possunt sicuti es : nulli denique alii tota, nisi tibi soli, nota es omnipotens Trinitas.

CAPUT XXX. — *Dei proprietatum prosecutio.* — (1) Tu vero unitas deitatis, personarum pluralitate multiplex, numerabiliter es innumerabilis : ac idcirco mensurabiliter immensurabilis, et ponderabiliter imponderabilis. Non enim summæ bonitatis, quæ tu ipse es, profitemur originem, ex qua omnia, per quam omnia, in qua omnia : sed ejus participatione dicimus bona omnia. (2) Nam tua divina substantia semper caruit ac caret materia, licet non careat forma, forma scilicet informata, forma formarum, forma formosissima : quam dum imprimis quasi sigillum rebus singulis, eas sine tui augmenti aut tui detrimenti mutabilitate procul dubio a te facis differri. (3) Quidquid autem in natura creaturarum est, creatura tua est, o una Trinitas et trina unitas Deus : cujus omnipotentia omnia possidet, regit et implet quæ creavit. Nec ideo te implere omnia dicimus, ut te contineant, sed ut ipsa potius a te contineantur. (4) Nec particulatim imples omnia, nec ullatenus ita putandum est, ut unaquæque creatura pro magnitudine portionis suæ capiat te, id est, maxima majus, et minima minus, cum sis potius ipse in omnibus, sive omnia in te. Cujus omnipotentia concludit universa, nec evadendi potentiam tuam quis aditum invenire poterit. Qui enim te non habet placatum, nequaquam evadet iratum, sicut scriptum est : « Neque ab Oriente, neque ab Occidente, neque a desertis montibus, quoniam Deus judex est : » (*Psal.* LXXIV, 7, 8) et alibi : « Quo ibo a spiritu tuo, et quo a facie tua fugiam ? » (*Psal.* CXXXVIII, 7.) Immensitas divinæ magnitudinis tuæ ista est, ut intelligamus te intra omnia, sed non inclusum ; extra omnia, sed non exclusum. (5) Et ideo interior es, ut omnia contineas ; et ideo exterior es, ut incircumscriptæ magnitudinis tuæ immensitate omnia concludas. Per id ergo quod (*a*) exterior es, ostenderis esse creator ; per id vero quod interior es, gubernare omnia demonstraris. Ac ne ea quæ creata sunt sine te essent, tu intra omnia es : verum ne sine te essent, tu exterior es : ut omnia concludantur a te, non locali magnitudine, sed potentiali præsentia, qui ubique præsens es, et omnia tibi præsentia : quamvis quidam hoc intelligant, quidam vero non intelligant.

[(6) Inseparabilis ergo naturæ tuæ unitas separabiles non potest habere personas : quia sicut trinitas es in

---

(1) Ex lib. *de Speculo*, cap. XX. — (2) Ex cap. XXI. — (3) Vide locum citatum. — (4) Ex cap. XXII. — (5) Ex cap. XXIII. — (6) Rursum ex cap. XX.

(*a*) Ita Ms. et lib. *de Spec.* At editi, *interior* et mox *exterior*.

sible toute séparation de personnes, parce que comme vous n'êtes qu'un seul Dieu en trois personnes, de même aussi ces trois personnes ne font qu'un seul et même Dieu. Elles sont bien quelquefois désignées chacune sous des noms différents, mais, ô sainte Trinité qui n'êtes qu'un seul Dieu, vous êtes tellement inséparable dans vos personnes divines, qu'aucune d'entre elle ne peut être nommée, sans indiquer le rapport qu'elle a avec les autres. En effet, peut-on prononcer le nom du Père sans le rapporter aussitôt à celui du Fils, le nom du Fils à celui du Père et le nom du Saint-Esprit à celui du Père et du Fils ? Ces noms qui expriment votre puissance, votre essence divine, en un mot tout ce qui s'appelle proprement Dieu, conviennent également à chacune des trois personnes, comme lorsqu'on dit que Dieu est grand, tout-puissant, éternel et tout ce que nous pouvons savoir de votre nature, ô mon Dieu. Il n'y a donc aucun nom qui désigne votre nature et qui convienne à vous, Dieu, Père tout-puissant, sans convenir également à votre Fils et au Saint-Esprit. Nous disons, ô Père tout-puissant, que de votre nature vous êtes Dieu, mais votre Fils est de sa nature Dieu comme vous, comme le Saint-Esprit l'est également par sa nature et par son essence. Vous n'êtes cependant pas trois Dieux, mais et par essence et par nature vous n'êtes qu'un seul et même Dieu, Père, Fils et Saint-Esprit. Vous êtes donc, ô sainte Trinité, un seul Dieu inséparable en vos divines personnes, quoique selon le langage humain ces personnes soient appelées de noms différents, mais il n'y a qu'un seul nom pour exprimer votre nature divine. Il résulte donc clairement de là que les trois personnes sont inséparables dans la sainte Trinité qui n'est qu'un seul et vrai Dieu, parce que le nom de chaque personne se rapporte à celui des deux autres. Je ne puis parler du Père sans indiquer le Fils, du Fils sans rappeler le Père, et du Saint-Esprit sans faire entendre qu'il est l'esprit de quelqu'un, c'est-à-dire du Père et du Fils. Telle est la vraie foi qui vient de la saine doctrine. Telle est la foi catholique et orthodoxe que votre grâce, ô mon Dieu, m'a enseignée dans le sein de l'Eglise notre mère commune.

Chapitre XXXI. — *Invocation à la sainte Trinité.* — C'est donc la foi, que dans votre bonté vous m'avez donnée pour mon salut, qui vous invoque, Seigneur mon Dieu, car l'âme fidèle vit de la foi, et possède déjà en espérance ce qu'un jour elle verra en vous. Je vous invoque, ô mon Dieu, dans toute la sincérité et la pureté de ma conscience, dans toute l'ardeur de la foi que vous m'avez donnée par votre doux amour, et par laquelle, après avoir dissipé les ténèbres qui enveloppaient mon esprit, vous m'avez fait parvenir à l'intelligence de votre éternelle vérité. Cette foi, ô mon Dieu, vous me l'avez rendue pleine de suavité et de charme, en me faisant renoncer, par l'ineffable douceur de votre amour, aux fausses joies de ce siècle qui laissent après elles tant d'amertumes. O bienheureuse Trinité, je vous invoque à haute voix et avec le sincère amour de la foi dont, par les lumières de votre grâce, vous avez nourri et éclairé mon âme dès ma plus tendre enfance, et que vous avez fortifié en moi par les instructions de la sainte Eglise notre mère commune. Je vous invoque, ô Trinité bienheureuse, glorieuse et mille fois bénie, Père, Fils et Saint-Esprit ; Dieu, Seigneur consolateur des âmes ; charité, grâce, céleste inspiration.

unitate, et unitas in trinitate, sic separationem non potes habere personarum. Nominantur quidem illæ personæ aliquando singulæ : sed ita te voluisti, Deus Trinitas, inseparabilem ostendere in personis, ut nullum ibi nomen sit in qualibet persona, quod ad aliam secundum relationis regulam non referatur : sicut Pater ad Filium, et Filius ad Patrem, vel Spiritus sanctus ad Patrem et Filium verissime refertur. Ea vero nomina, quæ substantiam, (*a*) vel potentiam, vel essentiam tuam significant, vel quidquid proprie dicitur Deus, omnibus personis æqualiter conveniunt : ut Deus magnus, omnipotens, æternus, et omnia quæ naturaliter de te Deo dicuntur. Non est ergo aliquod naturæ nomen, quod sic tibi Deo Patri convenire valeat : ut aut Filio tuo, aut Spiritui sancto convenire nequeat. Dicimus te Patrem naturaliter esse Deum, sed naturaliter est Filius Deus, naturaliter est et Spiritus sanctus Deus : non tamen tres dii, sed unus naturaliter Deus, Pater et Filius et Spiritus sanctus. Idcirco inseparabilis es, sancta Trinitas Deus, in personis sensu intelligenda, quamvis voce separabilia habeas nomina, quia pluralem numerum in naturæ nominibus nullatenus recipis : in hoc enim ostenditur personas non posse dividi in sancta Trinitate, quæ unus verus Deus est, quia cujuslibet personæ nomen semper ad alteram respicit personam. Si Patrem dico, Filium ostendo : si Filium nomino, Patrem prædico : si Spiritum sanctum appello, alicujus esse spiritum necesse est intelligi, id est, Patris et Filii.] Hæc est enim fides vera veniens de sana doctrina : hæc certe est fides catholica et orthodoxa, quam me docuit, in sinu matris Ecclesiæ, Deus, gratia tua.

Caput XXXI.— *Invocatio ad S. Trinitatem.*— [(1) Invocat itaque te Domine fides mea, quam dedisti mihi propter bonitatem tuam ad salvationem meam. Fidelis autem anima ex fide vivit, tenet in spe quod videbit in re. Invocat te Deus meus casta conscientia, et suavis amor fidei meæ, quam decussis tenebris ad veritatis intelligentiam perduxisti, et quam (*b*) tulta sæculi amaritudine, atque adhibita tuæ dulcedinis caritate, jucundam mihi et mellifluam reddidisti. Invocat te, Trinitas beata, vox clara, et sincerus amor fidei meæ : quam ab ipsis mihi enutriens cunabulis illuminasti semper per illustrationem gratiæ tuæ, et quam adaugens confirmasti in me per documenta matris Ecclesiæ.] Te invoco o beata et benedicta et gloriosa una Trinitas, [(2) Pater et Filius et Spiritus sanctus, Deus, Dominus, Paracletus ; caritas,

(1) Ex lib. *de Spec.*, c. 1. — (2) Ex lib. citato, c. xxx, post Alcuin., *invocatione S. Trinit.*
(*a*) Editi add. *vel personam.* — (*b*) Sic cod. Met. et lib. *de Spec.*, a tollo pro *ablata.*

Père éternel, Verbe engendré du Père, Esprit saint, divin régénérateur; lumière souveraine, splendeur de cette lumière, seul et véritable terme de cette lumière souveraine et de sa splendeur éternelle; source éternelle de tout bien, fleuve de cette source, eau salutaire de ce fleuve que vous répandez partout; Père éternel, principe de tout être créé, Verbe éternel par qui tout a été créé, Esprit saint dans lequel tout a été créé. Tout vient du Père, tout est par le Fils, tout est dans le Saint-Esprit. Vous êtes la vie par essence, le Père tout-puissant; Verbe incréé, vous êtes la vie engendrée de toute éternité ; vous êtes, ô Esprit saint, le lien, le centre de ce qui est vivant. Père tout-puissant, vous êtes par vous-même, divin Fils, vous êtes engendré du Père, Esprit saint vous procédez du Père et du Fils. C'est par lui-même que le Père est celui qui *est*, c'est par le Père que le Fils est celui qui *est*, c'est par l'un et l'autre que le Saint-Esprit est celui qui *est*. Le Père est vrai, le Fils est la vérité même, le Saint-Esprit est également la vérité. Le Père, le Verbe et le Saint-Esprit ont donc une seule et même essence, une seule et même puissance, une seule et même bonté.

CHAPITRE XXXII. — *Invocation à Dieu.* — Dieu est donc la suprême et véritable félicité. C'est de lui seul, par lui seul, en lui seul qu'existe tout ce qui est véritablement heureux. Il est la vraie et souveraine vie. C'est de lui seul, par lui seul, en lui seul, que vit tout ce qui jouit d'une vie véritable et heureuse. Dieu est la bonté suprême et la souveraine beauté. Il est le principe par lequel et dans lequel tout ce qui est bon est bon et tout ce qui est beau est beau. C'est Dieu qui nous anime par la foi, nous soutient par l'espérance, et nous unit à lui par l'amour. Dieu de miséricorde qui nous ordonnez de vous demander vous-même à vous-même, et qui nous faites la grâce de vous trouver ; vous qui nous ouvrez quand nous frappons à votre porte ; Dieu de qui s'éloigner c'est tomber ; de qui se rapprocher c'est se relever ; en qui demeurer c'est jouir d'une inaltérable sécurité ; on ne vous perd, mon Dieu, que par l'erreur et le péché ; on ne peut vous chercher sans avoir été éclairé par vous, ni vous trouver sans avoir été purifié de toute souillure. Vous connaître c'est vivre, vous servir, c'est régner ; vous louer, c'est donner à l'âme la joie et le salut. Je vous loue donc de bouche et de cœur avec toute la force et l'ardeur dont je puis être animé. Je vous bénis, je vous adore, je rends grâces à votre miséricorde et à votre bonté de tous les bienfaits dont vous m'avez comblé, et j'élève ma voix vers vous pour chanter l'hymne de votre gloire : « Saint, saint, saint est le Seigneur. » Je vous invoque, ô bienheureuse Trinité, et vous conjure de venir en moi, et de me rendre digne de servir de temple à votre gloire. Père, tout-puissant, je vous supplie par votre Fils, Fils de Dieu je vous supplie par votre Père, Esprit saint, je vous supplie, par le Père et le Fils, de déraciner de mon âme tous les vices dont elle est souillée et d'y répandre les semences des plus saintes vertus. Dieu dont la grandeur est infinie, vous de qui tout procède, par qui toutes les choses visibles et invisibles ont été créées, par qui seul et en qui seul elles subsistent, qui êtes hors d'elles pour les protéger, en elle pour les remplir, au-dessus d'elles pour les gouverner, au-dessous d'elles pour les soutenir, couvrez-moi de votre protection, car je suis, mon Dieu, l'ouvrage de vos mains, et je n'ai d'espoir et de confiance que dans votre miséricorde. Secourez-moi donc, Seigneur, là où je suis, et partout où je puisse être, présentement et toujours, au dedans comme au dehors de moi-même. Que votre protection m'environne de toutes parts, afin que l'ennemi ne trouve en moi aucune place où il puisse tendre

---

gratia, communicatio ; genitor, genitus, regenerans ; verum lumen, verum lumen ex lumine, vera illuminatio ; fons, flumen, irrigatio ; ab uno omnia, per unum omnia, in uno omnia ; a quo omnia, per quem omnia, in quo omnia ; vivens vita, vita a vivente, vivificator viventium ; unus a se, unus ab uno, unus ab ambobus ; ὤν a se, ὤν ab altero, ὤν ab utroque ; verax Pater, veritas Filius, veritas Spiritus sanctus. Una ergo Pater, Λόγος, Paracletus essentia, una virtus, una bonitas.]

CAPUT XXXII. — *Dei cum laude invocatio.* — [Deus summa et vera beatitudo, a quo, per quem, et in quo beata sunt omnia quæcumque beata sunt. (1) Deus vera et summa vita, a quo, per quem, et in quo vivunt omnia quæcumque vere et beate vivunt. Deus bonum et pulchrum, a quo, per quem, et in quo bona et pulchra sunt omnia, quæcumque bona et pulchra sunt. Deus cujus nos fides excitat, spes erigit, caritas jungit. Deus qui peti te jubes, et inveniri facis, et pulsantibus aperis. (*Matth.*, VII, 7.) Deus a quo averti cadere est, ad quem converti consurgere est, in quo manere consistere est. Deus quem nemo amittit nisi deceptus, nemo quærit nisi admonitus, nemo invenit nisi purgatus. Deus quem nosse vivere est, cui servire regnare est,] quem laudare salus et gaudium animæ est. Te labiis et corde omnique qua valeo virtute laudo, benedico atque adoro, tuæque clementiæ et bonitati pro universis beneficiis tuis gratias refero, et hymnum gloriæ tuæ cano : Sanctus, Sanctus, Sanctus. Te invoco o beata Trinitas, ut venias in me, et templum me facias dignum gloriæ tuæ. [(2) Rogo Patrem per Filium, rogo Filium per Patrem, rogo Spiritum sanctum per Patrem et Filium : ut et omnia vitia elongentur a me, et omnes sanctæ virtutes plantentur in me.] Deus immense, a quo omnia, per quem omnia, in quo omnia facta sunt, visibilia et invisibilia : (3) qui opera tua extra circumdas, et intra reples, supra tegis, et infra fers, custodi me quæso manuum tuarum in te sperantem, in tua solummodo misericordia confidentem ; custodi me quæso hic et ubique, nunc et semper, intus et foris, ante et retro, supra et infra, et circumcirca ; ita ut nullus in me pateat locus insidiis inimicorum. Tu es Deus omnipotens, custos et protector omnium in te sperantium, sine quo nemo est tutus, nemo de periculis

(1) Lib. *de Speculo*, c. XXXII, post Aug., lib. I, *Solil.*, c. I. — (2) Sic lib. *de Speculo*, c. I. — (3) Ex *Conf.* Alcuin., p. III, n. 16.

ses piéges. Vous êtes, Seigneur, un Dieu tout-puissant, protecteur et gardien de tous ceux qui espèrent en vous, sans lequel personne n'est à l'abri du danger. Vous êtes le seul et vrai Dieu du ciel et de la terre, et seul vous pouvez faire des choses, dont les grandeurs et les merveilles sont sans nombre.

A vous seul appartient toute louange, tout cantique de gloire. C'est pour célébrer votre grandeur que le chœur des anges et toutes les puissances des cieux unissent leurs voix et leurs chants, comme un témoignage de reconnaissance des créatures pour leur Créateur, des serviteurs pour leur maître, des soldats pour leur roi. O sainte et indivisible Trinité, toute créature se plaît à célébrer votre gloire, et tous les esprits bienheureux à la louer.

Chapitre XXXIII. — *Prière à Dieu pour obtenir la grâce de le louer dignement.* — O Seigneur, les saints et les humbles de cœur, les esprits et les âmes des justes, tous les citoyens de la Jérusalem céleste, les ordres et les chœurs des esprits bienheureux vous adorent humblement et chantent sans cesse votre gloire éternelle. Tous les habitants de la céleste patrie vous louent d'une manière admirable. Permettez donc aussi à l'homme de vous louer, car il est une de vos excellentes créatures.

Quoique je ne sois qu'un homme misérable et un pécheur, je n'en désire pas moins vous louer et vous aimer avec ardeur; car vous êtes, ô mon Dieu, ma vie, ma force, le seul objet digne de mes louanges et de mon amour. Permettez-moi donc de vous louer, mais éclairez mon cœur de votre divine lumière, et mettez dans ma bouche des paroles dignes de vous, afin que mon cœur puisse méditer votre gloire, et ma bouche en célébrer sans cesse la grandeur. Mais comme la bouche d'un pécheur ne saurait vous louer parfaitement, et que je suis un homme dont les lèvres ne sont point pures, daignez, mon Dieu, je vous en conjure, purifier ma bouche de toute souillure. Source éternelle de toute pureté et de toute sainteté, daignez sanctifier mon âme et mes sens, et rendez-moi digne de pouvoir vous louer comme vous le méritez. Recevez avec bonté le sacrifice de mes lèvres, comme une offrande de mon cœur et de mon amour pour vous. Que ce sacrifice vous soit agréable et monte en odeur de suavité en présence de votre divine majesté. Que votre souvenir et votre ineffable douceur remplissent seuls mon âme tout entière, et l'embrasent d'amour pour les choses invisibles. Faites, mon Dieu, qu'elle puisse s'élever des choses visibles à celles que les yeux du corps ne peuvent voir, des choses de la terre à celles du ciel, des choses temporelles à celles qui sont de toute éternité, et jouir de la contemplation de vos merveilles.

O éternelle vérité, ô véritable charité, ô éternelle charité, vous êtes mon Dieu. Nuit et jour je soupire après vous; vous êtes l'unique objet qui occupe mon esprit, celui de mes aspirations, et mon désir est d'arriver jusqu'à vous. Celui qui vous connaît, Seigneur, connaît la vérité et l'éternité. Vous êtes la vérité même qui présidez à tout; vous êtes celui que nous verrons tel que vous êtes, lorsque nous serons sortis de cette vie de ténèbres et de mort, où l'on nous demande souvent : Où est donc votre Dieu ? Pour moi, je vous dis à vous-même : Où êtes-vous, mon Dieu ? Quelquefois, je respire en vous, lorsque mon âme déborde d'allégresse, en confessant et en célébrant votre gloire et votre grandeur; mais bientôt elle redevient triste, parce qu'elle retombe en elle-même, comme dans un abîme, ou plutôt

---

liberatus. Tu es Deus, et non est alius præter te, neque in cœlo sursum, neque in terra deorsum, qui facis magna et mirabilia et inscrutabilia, quorum non est numerus.

Te decet laus, te decet hymnus, tibi omnes Angeli, tibi cœli et universæ potestates hymnos dicunt, et laudes indesinenter concinunt, utpote creatori creaturæ, Domino servi, regi milites : te sanctam et individuam Trinitatem omnis creatura magnificat, omnis spiritus laudat.

Caput XXXIII. — *Laudandi cupidus petit unde digne laudet.* — Tibi sancti et humiles corde, tibi spiritus et animæ justorum, tibi omnes superni cives et cuncti beatorum spirituum ordines, gloriam et honorem suppliciter adorantes concinunt sine fine. Laudant te Domine illi superni cives magnifice et mirabiliter : (a) laudet te homo, magna portio creaturæ tuæ.

Sed et ego peccator homuncio, desiderio magno laudare te cupio, amare te opto amore præcipuo. Deus meus, vita mea, fortitudo et laudatio mea, dignare me laudare te. Da mihi lumen in corde, verbum in ore : ut cor meum meditetur gloriam tuam, et lingua mea tota die cantet laudes tuas. (*Eccli.*, xv, 9.) Sed quia non est pulchra laus in ore peccatoris, et quia vir pollutus labiis ego sum (*Isa.*, vi, 5); munda obsecro os meum ab omni inquinamento. Sanctifica me sanctificator omnipotens interius et exterius, et fac me dignum laudibus tuis. Suscipe benigne et acceptabiliter de manu cordis, de mentis amore suscipe sacrificium labiorum meorum, fiat acceptable in conspectu tuo, et ascendat sed te in odorem suavitatis. Memoria tua sancta, et dulcedo tua beatissima possideat totam animam meam, atque in invisibilium amorem rapiat eam. Transeat de visibilibus ad invisibilia, de terrenis ad cœlestia, de temporalibus ad æterna : pertranseat, et videat visionem mirabilem.

(1) O æterna veritas, et vera caritas, et cara æternitas, tu es Deus meus : tibi suspiro nocte ac die, tibi inhio, tibi intendo, ad te pervenire desidero. Qui novit te, novit veritatem, novit æternitatem. (I *Joan.*, iii, 2.) Tu veritas, super omnia præsides : quem videbimus sicuti es, cum pertransierit hæc vita cæca et mortalis, in qua dicitur nobis : Ubi est Deus tuus? [(2) Et ego dico, Deus meus ubi es? (b) Respiro in te paululum, cum effundo super me animam meam in voce exultationis et confessionis soni festivitatem celebrantis : et adhuc tristis est, quia

---

(1) Aug., lib. VII *Conf.*, c. x. — (2) Ex lib. XIII *Conf.*, c. xiv.
(a) Sic Ms. Met. At editi, *laudat.* V. Aug., lib. I *Conf.*, c. i. — (b) Ms. Met. hic ad. *Ecce ubi es, ecce ubi es, ecce ubi es.*

TOM. XXII. 39

parce qu'elle sent qu'elle n'est encore qu'un abîme. Alors je lui dis avec cette foi que vous avez allumée en moi pour éclairer mes pas dans les ténèbres : O mon âme, pourquoi êtes-vous triste et pourquoi me troublez-vous ? Espérez en Dieu, car sa parole est un flambeau qui éclaire mes pas. Espérez en lui avec persévérance, jusqu'à ce qu'ait passé le règne des impies, ces fils des ténèbres ; jusqu'à ce que se soit apaisée la colère du Seigneur, quoique souvent aussi nous ayons été les enfants de la colère, car nous avons été souvent des enfants de ténèbres. Espérez en lui jusqu'à ce que le Seigneur ait entièrement dissipé les ténèbres, dont nous avons encore tant de restes dans ce corps que le péché a soumis a la mort, jusqu'à ce que luise ce jour divin qui n'aura plus d'ombre. Je me lèverai dès l'aurore pour méditer ses commandements et pour confesser sa grandeur. Je me lèverai dès l'aurore pour contempler mon Dieu, et trouver dans cette ineffable contemplation ma joie et mon salut. C'est lui qui vivifiera, par l'Esprit saint qui est en nous, nos corps mortels, afin que nous devenions nous-mêmes lumière, tandis que présentement nous ne sommes encore sauvés qu'en espérance. D'enfants de la nuit et des ténèbres que nous étions, il nous fera enfants du jour et de la lumière ; car nous n'étions avant que ténèbres, mais nous sommes, ô mon Dieu, devenus lumière en vous, quoique nous ne puissions encore vous apercevoir que par la foi et non visiblement, mais quand on voit ce qu'on avait espéré, ce n'est plus de l'espérance ; comment, en effet, espérerait-on ce que l'on voit déjà ?

Que les chœurs immortels de vos saints anges vous louent, Seigneur ; que toutes les vertus des cieux glorifient votre nom. Ils n'ont pas besoin, comme nous, de lire votre divine Ecriture pour connaître votre sainte et indivisible Trinité. Ils vous contemplent sans cesse, et cette vue est pour eux comme un livre divin, où, sans le lent et pénible secours des mots, ils apprennent votre éternelle volonté. Ce livre est l'unique objet de leurs méditations et de leur amour. Ils le lisent sans cesse, et n'oublient jamais ce qu'ils y ont lu. C'est par cette lecture et l'amour qu'elle leur inspire, qu'ils connaissent vos immuables desseins. Ce livre (1) n'est jamais fermé et reste toujours ouvert à leurs yeux, parce que, Seigneur, vous êtes vous-même pour eux ce divin livre, et vous le serez éternellement. Heureuses, ô trop heureuses ces vertus des cieux qui peuvent, ô mon Dieu, vous louer purement et saintement dans une ineffable extase de douceur et de joie ! Ce qui est l'objet de leur joie est celui de leurs louanges, parce qu'ils ne cessent jamais de voir ce qu'ils peuvent louer et ce qui les rend heureux. Pour nous, Seigneur, haletants sous le poids de cette chair mortelle, loin de vous dans notre triste pèlerinage sur la terre, et sans cesse détournés de vous par ces nombreux objets que le monde présente à nos sens, nous ne pouvons vous louer dignement. En effet, nous ne vous connaissons que par la foi, et non par la vision céleste ; pour ces esprits célestes, ils vous voient face à face, et non plus par la foi. Voilà pourquoi nos louanges sont si différentes des leurs ; pourtant, malgré cette différence, c'est cependant à vous, mon Dieu, seul et souverain Créateur de toutes choses, que le ciel et la terre offrent sans cesse un sacrifice de louanges. Nous espérons aussi

(1) On peut en quelque sorte dire de Dieu ce qu'on dit de la nature, que c'est un grand livre toujours ouvert pour ceux qui sont capables d'y lire ; comme lorsque Jésus-Christ dit à ses disciples qui l'interrogeaient : *Qui potest capere capiat*, que ceux qui sont capables de comprendre cela le comprennent. Saint *Matthieu*, xix, 12.

relabitur et fit abyssus, vel quin potius sentit se adhuc esse abyssum. Dicit ei fides mea, quam accendisti in nocte ante pedes meos : Quare tristis es anima mea, et quare conturbas me ? Spera in Domino, lucerna pedibus meis verbum ejus : spera, et persevera, donec transeat nox mater iniquorum, donec transeat ira Domini, cujus fuimus aliquando filii ; fuimus enim aliquando tenebræ : donec (*a*) transeant istæ penitus, quarum residua adhuc trahimus in corpore propter peccatum mortuo, donec aspiret dies, et (*b*) removeantur umbræ, spera in Domino. Mane astabo, et contemplabor, semperque confitebor ei. Mane astabo, et videbo salutare vultus mei (*Psal.* v, 5), Deum meum, qui vivificabit mortalia corpora nostra propter spiritum qui habitat in nobis (*Rom.*, viii, 11) : ut jam simus lux, dum adhuc spe salvi facti sumus, et filii lucis, et filii diei, non noctis neque tenebrarum.] (I *Thes.*, v, 5.) Fuimus enim aliquando tenebræ, nunc autem lux in te, Deus noster (*Ephes.*, v, 8) : et tamen adhuc per fidem, necdum per speciem. Spes quæ videtur, non est spes. (*Rom.*, viii, 24.)

[(1) Laudent te Domine illi populi Angelorum tuorum immortales, et glorificent nomen tuum supercœlestes Virtutes, quæ non habent opus legere hanc scripturam nostram, et cognoscere te sanctam et individuam Trinitatem. Vident enim faciem tuam semper, et ibi legunt sine syllabis temporum quid velit æterna voluntas tua. Legunt, eligunt, et diligunt. Semper legunt, et nunquam præteriti quod legunt. Eligendo et diligendo legunt ipsam incommutabilitatem consilii tui. Non clauditur codex eorum, nec plicabitur liber eorum ; quia tu ipse illis hoc es, et eris in æternum.] O beatæ nimium illæ cœlorum Virtutes, quæ laudare te possunt sancte et purissime cum nimia dulcedine et ineffabili exultatione ! Inde laudant, unde gaudent ; quia semper vident unde gaudere valeant et laudare. Nos vero mole carnis pressi, et procul a vultu tuo in hac peregrinatione positi, atque per mundanas varietates distenti, digne laudare nequimus : (*c*) per fidem enim ambulamus, necdum per speciem : illi vero angelici spiritus per speciem, non per fidem. (*d*) Hæc enim causa facit, ut multo aliter laudemus quam illi. Sed licet diversis modis laudes dicamus ; tu tamen unus es Deus creator omnium, cui sacrificium laudis in cœlo et

(1) Aug., lib. XIII *Conf.*, c. xv, n. 18.
(*a*) Sic Ms. Mct. al. *pertranseat istæ impetus aquarum.* — (*b*) Al. *inclinentur.* — (*c*) Editi, *laudamus tamen per fidem non per speciem.* — (*d*) Editi, *hoc enim caro.*

que, par votre divine miséricorde, nous serons un jour réunis à ces esprits bienheureux avec lesquels nous pourrons vous voir et vous louer éternellement.

Faites-moi donc la grâce, ô mon Dieu, que tant que je serai dans ce corps fragile et mortel, mon cœur et ma bouche puissent louer votre grandeur, et que tout mon être s'écrie : Seigneur, Seigneur, qui est semblable à vous? Vous êtes le Dieu tout-puissant que nous servons. Nous reconnaissons qu'il y a en vous trois personnes d'une seule et même substance divine, le Père incréé, le Fils unique engendré, et le Saint-Esprit qui procède du Père et du Fils, et qui leur est uni de toute éternité. Nous confessons que ces trois personnes ensemble ne forment qu'une sainte et indivisible Trinité, seul et vrai Dieu tout-puissant. Lorsque nous n'étions pas encore, vous nous avez tirés du néant par votre puissance. Lorsque le péché nous avait perdus, vous nous avez sauvés par votre miséricorde et votre merveilleuse bonté. Ne permettez donc pas, Seigneur, je vous en conjure, que nous payions d'ingratitude tous les bienfaits dont vous nous avez comblés, et que nous soyons indignes de vos miséricordes. Je vous en supplie, Seigneur, augmentez en nous tout ce qu'il peut y avoir de foi, d'espérance et de charité. Faites-nous la grâce que cette foi soit inébranlable, efficace dans ses œuvres, afin que ces œuvres, répondant à la sincérité et à la grandeur de notre foi même, nous permettent, avec votre divine miséricorde, d'arriver à la vie éternelle, et que, contemplant votre gloire telle qu'elle est, nous puissions, de concert avec ceux que vous avez rendus dignes de jouir de la vue de vos beautés infinies, nous écrier : Gloire au Père qui nous a créés, gloire au Fils qui nous a rachetés, gloire au Saint-Esprit qui nous a sanctifiés, gloire à cette Trinité suprême et indivisible dans son essence comme dans ses œuvres, et dont la toute-puissance demeure éternellement. A vous, Seigneur notre Dieu, toute louange, tout cantique d'amour, toute gloire, toute bénédiction, toute splendeur, toute action de grâces, tout honneur, toute force et toute vertu, présentement et dans tous les siècles des siècles. Ainsi soit-il.

Chapitre XXXIV. — *Humble aveu d'un pécheur se reconnaissant indigne de louer Dieu.* — Pardonnez-moi, Seigneur, Dieu de bonté et de miséricorde, pardonnez-moi mon ignorance et mes imperfections. Ne me rejetez pas si j'ai la témérité, indigne serviteur que je suis, de vous adresser mes prières. Faites, mon Dieu, que je sois au moins un serviteur fidèle, et non un inutile et mauvais serviteur; mais je sens combien je suis misérable d'oser, sans un profond et sincère repentir de mes fautes, sans verser des torrents de larmes, sans trembler et sans être pénétré de tout le respect que je vous dois, d'oser, dis-je, vous louer, vous bénir et vous adorer, ô Dieu aussi puissant que terrible! Si, dans leur sublime extase, ce n'est pas sans être remplis de crainte que les anges vous louent et vous adorent, comment, misérable pécheur que je suis, osé-je me présenter devant vous pour vous offrir un sacrifice de louanges, sans être saisi d'effroi jusqu'au fond de mon cœur, sans pâlir de terreur, sans que mes lèvres tremblent, sans que tout mon être soit rempli d'horreur, sans pleurer et gémir devant vous? Je le voudrais bien, ô mon Dieu, mais je ne le puis de moi-même; et comme le pouvoir ne répond pas à mon désir, je ne saurais assez m'étonner de ne pas être saisi de crainte, lorsque je considère avec les yeux de la foi combien vous êtes un Dieu terrible. Mais le

in terra offertur. Perventuri tamen sumus misericordia tua ad eorum consortium, cum quibus te semper videbimus, et sine fine laudabimus.

Tribue Domine, ut donec in hoc fragili corpore positus sum, laudet te cor meum, laudet te lingua mea : et omnia ossa mea dicant : Domine quis similis tui? Tu es Deus omnipotens, quem trinum in personis, et unum in substantia deitatis colimus et adoramus, Patrem ingenitum, Filium de Patre unigenitum, de utroque procedentem, et in utroque permanentem Spiritum sanctum, sanctam et individuam Trinitatem, unum Deum omnipotentem : [(1) qui cum non essemus, potenter fecisti nos : et cum perditi fuissemus culpa nostra, pietate et bonitate tua mirabiliter recuperasti nos. Ne sinas nos esse, obsecro, ingratos tantis beneficiis, et indignos tam multis miserationibus.] Te deprecor, supplico et rogo, auge fidem, auge spem, auge caritatem. (2) Fac nos per gratiam tuam semper et in fide stabiles, et in opere efficaces; ut per fidem rectam et condigna fidei opera ad vitam te miserante perveniamus æternam : ut ibi videntes gloriam tuam sicuti est, adoremus majestatem tuam, et dicamus pariter quos dignos feceris videre immensam pulchritudinem tuam : (3) Gloria Patri qui fecit nos, gloria Filio qui redemit nos, gloria Spiritui sancto qui sanctificavit nos, gloria summæ et individuæ Trinitati, cujus opera inseparabilia sunt, cujus imperium sine fine manet. Te decet laus, te decet hymnus, tibi debetur omnis gloria. Tibi benedictio et claritas, tibi gratiarum actio, tibi honor, virtus et fortitudo Deo nostro in sæcula sæculorum. Amen.

Caput XXXIV. — *Humilis confessio peccatoris et indigni laudatoris.* — (4) Ignosce Domine, ignosce pie, ignosce et miserere : parce ignorantiæ meæ, et multæ imperfectioni meæ. Noli me tanquam temerarium reprobare, quod audeo servus, utinam vel bonus, et non etiam inutilis et malus, et ideo malus et valde malus, quia te omnipotentem Deum nostrum, terribilem et nimis metuendum sine cordis contritione, et lacrymarum fonte, sine debita reverentia et tremore laudo, benedico, atque adoro. Si enim Angeli te adorantes et laudantes, mira exultatione repleti tremunt; ego peccator, dum tibi assisto, laudes dico, sacrificium offero, cur non corde paveo, vultu palleo, labiis tremo, toto corpore inhorresco, sicque obortis lacrymis coram te indesinenter lugeo? Volo, sed non valeo : et quia nequeo quod desidero, mecum vehementer admiror, dum te nimis terribilem oculis fidei cerno. Sed quis hoc sine ope gratiæ tuæ? Universa enim salus nostra, magna misericordia

---

(1) Ex Alcuini *Conf.*, p. IV, n. 11 et 12. — (2) V. ibid., n. 13. — (3) Sic apud Ansel., Or. I. — (4) Caput istud abest a Ms. Reg. nec est in hoc ordine in cod. Met. est vero Anselmi, Oratio V.

peut-on sans le secours de votre grâce ? Notre salut dépend uniquement de votre miséricorde. Oh! que je suis malheureux, et combien mon âme est insensée de ne pas être glacée d'effroi, lorsqu'elle est en votre présence et qu'elle loue votre grandeur! Oh! que je suis malheureux de ce que mon cœur s'est tellement endurci, que mes yeux ne versent pas sans cesse des torrents de larmes, lorsqu'un indigne serviteur ose parler à son souverain Maître, un homme à son Dieu, une faible créature à son Créateur, un être formé du limon de la terre à Celui qui l'a tiré du néant ! Seigneur, je viens à vous, et ce que je pense de moi au fond de mon cœur, je vous le dirai comme à mon divin Père. Vous qui êtes si riche en miséricordes, si magnifique dans vos récompenses, faites-moi participer à vos biens, afin que je puisse vous servir dignement, car nous ne pouvons vous servir et vous plaire que par le secours de votre grâce. Pénétrez-moi de cette crainte, et que la seule joie de mon cœur soit de craindre votre nom. Puisse mon âme pécheresse vous craindre comme ce saint homme qui s'écriait : « J'ai toujours craint Dieu comme les flots d'une tempête suspendus au-dessus de moi. » (*Job*, XXXI, 23.) Seigneur, source éternelle de tous biens, faites que jamais je ne célèbre vos louanges sans verser des torrents de larmes, sans que mon cœur soit pur et mon âme remplie de joie; afin que, vous aimant assez pour vous louer dignement, je goûte et je savoure les douceurs qu'on ne trouve qu'en vous, d'après ce qui est écrit : « Goûtez et voyez combien le Seigneur est doux. Heureux l'homme qui met tout son espoir en Dieu. » (*Ps.* XXXIII, 9.) « Heureux le peuple qui sait le louer et se réjouir en lui. » (*Ps.* LXXXVIII, 16.) « Heureux, Seigneur, celui qui attend de vous son secours et qui, dans cette vallée de larmes, a résolu dans son cœur de monter et de s'élever jusqu'au lieu que le Seigneur a établi. » (*Ps.* LXXXIII, 6.) « Heureux ceux qui ont le cœur pur, parce qu'ils verront Dieu. » (*Matth.*, v, 8.) « Heureux, Seigneur, ceux qui habitent votre sainte demeure, ils chanteront vos louanges dans tous les siècles des siècles. » (*Ps.* LXXXIII, 5.)

CHAPITRE XXXV. — *Prière fervente à Jésus-Christ.* — O Jésus, notre Rédempteur, unique objet de notre amour et de nos désirs, Dieu de Dieu, secourez votre serviteur. J'élève ma voix vers vous et je vous implore du plus profond de mon cœur. Je vous invoque de toute l'ardeur de mon âme. Descendez en elle, rendez-la digne de vous, afin de la posséder pure et sans tache ; car au Seigneur, qui est la pureté même, il faut une demeure qui soit aussi pure que lui. Délivrez-la. Je suis un vase que vous avez formé, sanctifiez-moi, videz mon cœur de tout mal, remplissez-le de votre grâce, et faites qu'il la conserve toujours afin que, maintenant et pour l'éternité, je sois un temple digne de vous. O Jésus, Dieu de douceur, de bienveillance, d'amour, de charité, vous êtes pour moi ce qu'il y a de plus précieux, de plus beau, de plus digne de mes désirs et de mon amour. Vous êtes pour mon cœur plus doux que le miel l'est à ma bouche. Le lait et la neige n'approchent pas de votre ineffable blancheur. Vous êtes pour moi plus suave que le nectar, plus précieux que l'or et les diamants, plus cher que toutes les richesses et les honneurs de la terre. Que dis-je, mon Dieu, mon unique espoir, ma plus grande miséricorde? Que dis-je, ô douceur divine qui ne trompe jamais, et dans laquelle seule on trouve le bonheur et la sécurité? Que dis-je, encore une fois, lorsque ma bouche prononce de telles choses? Je dis ce que

tua. Miserum me, quomodo sic insensata facta est anima mea, ut non terreatur terrore nimio, dum stat ante Deum, et suas illi laudes decantat? Miserum me, quomodo sic induruit cor meum, ut oculi mei indesinenter non producant flumina lacrymarum, dum servus sermocinatur coram Domino suo, homo cum Deo, creatura cum creatore, qui factus est ex limo cum eo qui omnia fecit ex nihilo? (*Gen.*, II, 7.) Ecce Domine pono me ante te, et quid in secretis de me sentio, (*a*) paternis auribus non taceo. Tu dives in misericordia, et largus in præmiis, da mihi de bonis tuis, ut ex eis serviam tibi : non enim aliunde possumus tibi servire neque placere, nisi de tuo munere. Confige, quæso, timore tuo carnes meas : lætetur cor meum, ut timeat nomen tuum. Utinam sic te timeret peccatrix anima mea, quomodo ille vir sanctus, qui dixit : « Semper enim quasi tumentes super me fluctus timui Deum. » (*Job*, XXXI, 23.) Dator omnium bonorum Deus, da mihi inter laudes tuas fontem lacrymarum simul cum cordis puritate et mentis jubilatione : ut perfecte te diligens, et digne te laudans, ipso cordis palato sentiam, gustem, et sapiam quam dulcis es Domine, sicut scriptum est : « Gustate et videte quoniam suavis est Dominus, beatus vir qui sperat in eo. » (*Psal.* XXXIII, 9.) « Beatus populus qui scit jubilationem. »

(*Psal.* LXXXVIII, 16.) « Beatus vir cujus est auxilium abs te, ascensiones in corde suo disposuit in valle lacrymarum, in loco quem posuit. » (*Psal.* LXXXIII, 6.) « Beati mundo corde, quoniam ipsi Deum videbunt. » (*Matth.*, v, 8.) « Beati qui habitant in domo tua Domine, in sæcula sæculorum laudabunt te. » (*Psal.* LXXXIII, 5.)

CAPUT XXXV. — *Preces amore Jesu ferventes.* — Jesu nostra redemptio, (1) amor et desiderium, Deus de Deo, adesto mihi famulo tuo. Te invoco, ad te clamo clamore magno in toto corde meo. Te invoco in animam meam, intra in eam, et coapta eam tibi, ut possideas eam sine macula et sine ruga. Mundissimo namque Domino munda debetur habitatio. Sanctifica ergo me vas tuum quod fecisti, de malitia evacua, imple de gratia, et plenum conserva : ita ut dignissimum habitationis tuæ efficiar templum hic et in perpetuum. Dulcissime, benignissime, amantissime, carissime, pretiosissime, desiderantissime, (*b*) amabilissime, pulcherrime : tu melle dulcior, lacte et nive candidior, nectare suavior, gemmis et auro pretiosior, cunctisque terrarum divitiis et honoribus mihi carior. Quid dico, Deus meus, una spes mea, prægrandis misericordia mea? Quid dico dulcedo mea non fallax, dulcedo felix et secura? Quid dico dum talia dico? Dico quod valeo, sed non dico quod debeo.

(1) Joan. pars IV, et ap. Ansel., Or. XVII.
(*a*) Ms. Met. *fraternis.* — (*b*) Ms. Met. hic et infra, *amabilissime*.

je puis, mais non pas ce que je dois. Que ne suis-je digne de mêler ma voix à celle des chœurs de vos saints anges qui chantent vos louanges! Avec quel bonheur j'épancherais dans ces chants divins mon âme tout entière! Avec quel amour et quelle ardeur je chanterais dans le sein de votre Eglise triomphante ces célestes et mélodieux cantiques à la louange et à la gloire de votre saint nom! Mais parce que je n'en suis pas digne, dois-je pour cela garder le silence? Malheur à ceux qui se taisent quand il faut parler de vous, qui faites parler les muets et qui rendez éloquente la parole des plus petits enfants! Malheur à ceux qui ne parlent pas de vous, puisque ceux mêmes qui en parlent dignement ne sont encore que des muets, quand il s'agit de célébrer vos louanges!

Ineffable puissance et sagesse ineffable du Père, qui pourrait vous louer assez dignement? Verbe incarné qui pouvez tout, à qui rien n'est inconnu, puisque je ne puis pas non plus trouver de termes suffisants pour expliquer ce que vous êtes, je vous louerai cependant autant que me le permet ma faiblesse, jusqu'à ce que vous m'accordiez la grâce de venir à vous dans votre divin séjour, où je pourrai alors célébrer votre gloire d'une manière digne de vous et comme je le dois. C'est pourquoi je vous supplie humblement de faire moins attention à ce que je dis qu'à ce que je voudrais dire, car mon plus ardent désir est de parler de vous comme il convient à votre grandeur, puisqu'à vous appartient toute louange, tout cantique d'amour et tout honneur. Mais vous savez, Seigneur, vous qui connaissez les pensées les plus secrètes de mon cœur, que vous êtes pour moi plus cher, plus agréable, plus précieux non-seulement que la terre et tout ce qu'elle contient, mais aussi que le ciel et tout ce qu'il renferme. Oui, Seigneur, je vous chéris plus que la terre, plus que le ciel, et tout ce qui est en eux; bien plus, ce n'est que pour l'amour de votre nom, qui ne passe point, qu'il peut être permis d'aimer des choses périssables. Je vous aime, mon Dieu, de toute l'ardeur de mon âme, et je désire vous aimer chaque jour davantage. Faites-moi donc la grâce de vous aimer autant que je le veux et que je le dois, afin que vous soyez le seul objet de mes pensées et de mes méditations, afin que pendant tout le jour je pense à vous seul, que j'y pense encore la nuit pendant mon sommeil, que mon esprit s'entretienne sans cesse avec vous, et que mon cœur soit éclairé des rayons de votre divine lumière. Soyez mon guide pour me faire marcher sans cesse de vertu en vertu, et mériter de voir dans la céleste Sion le Dieu des dieux, que je ne vois présentement qu'en énigme et comme dans un miroir, mais que je pourrai alors contempler face à face, et connaître comme il me connaît moi-même. Heureux ceux qui ont le cœur pur, car ils verront Dieu. Heureux, Seigneur, ceux qui habitent dans votre maison, car ils vous loueront dans tous les siècles des siècles.

C'est pourquoi, Seigneur, je vous supplie au nom de toutes les miséricordes par lesquelles vous nous avez sauvés de la mort éternelle, d'adoucir, par votre sainte et puissante onction, mon cœur plus dur que la pierre et le fer. Purifiez mon âme par un sincère regret de vous avoir offensé, afin que je puisse, à chaque heure, vous être offert comme une victime vivante. Faites que mon cœur soit assez contrit et humilié devant vous, pour me faire répandre des larmes abondantes; faites que n'ayant plus d'autres désirs que pour vous, je sois comme mort au monde,

[(1) Utinam possem talia, qualia illi hymnidici Angelorum chori! O quam libenter me in tuis laudibus totum effunderem! O quam devotissime illa cœlestis melodiæ cantica ad laudem et gloriam nominis tui in medio Ecclesiæ infatigabilis perorarem! Sed quia talia non possum, numquid tacebo? Væ tacentibus de te qui ora mutorum resolvis, et linguas infantium facis disertas.] Væ tacentibus de te, quoniam ipsi loquaces muti sunt, cum tuas dicunt laudes.

Quis digne te laudare potest, ineffabilis virtus et sapientia Patris? Et quoniam nulla invenio verba, quibus te sufficienter valeam explicare cunctipotens et omniscium Verbum; dicam interim quod valeo, donec jubeas me venire ad te, ubi possim dicere quod te decet, et me oportet. Et ideo suppliciter rogo, ne respicias tantum ad id quod modo dico, quantum ad id quod dicere opto. Cupio enim desiderio magno de te eloqui quod oportet et decet : quia te decet laus, et hymnus, tibique debetur omnis honor. Scis ergo, occultorum cognitor Deus, quod non solum terra et omnibus quæ in ea sunt tu mihi carior es, sed etiam ipso cœlo et omnibus quæ in eo sunt tu mihi acceptior, te mihi amabilior es : diligo enim te supra cœlum et terram, et cætera omnia quæ in eis sunt, imo (a) nisi amore nominis tui quæ transitoria sunt procul dubio amanda non sunt. Amo te Deus meus amore magno, magisque te amare cupio. Da mihi ut amem te semper quantum volo, quantum debeo : tu solus sis tota intentio et omnis meditatio mea; te mediter per dies sine cessatione, te sentiam per soporem in nocte, te alloquatur spiritus meus, tecum confabuletur mens mea, lumine sanctæ (b) visionis tuæ illustretur cor meum : ut te rectore, te duce ambulem de virtute in virtutem, tandemque videam te Deum deorum in Sion (Psal. LXXXI, 8), nunc quidem per speculum et in ænigmate, tunc autem facie ad faciem, ubi cognoscam te sicut et cognitus sum. (I Cor., XIII, 12.) Beati mundo corde, quoniam ipsi Deum videbunt. (Matth., v, 8.) Beati qui habitant in domo tua Domine, in sæcula sæculorum laudabunt te. (Psal. LXXXIII, 5.)

Rogo itaque te Domine per omnes miserationes tuas, quibus de morte æterna liberati sumus, [(2) mollifica cor meum durum et lapideum, saxeum et ferreum, tua sacratissima et potenti unctione : et fac me per ignem compunctionis coram te omni hora hostiam vivam fieri. Fac me in tuo conspectu cor contritum et humiliatum semper habere, cum lacrymarum abundantia. (3) Fac me ex tuo desiderio huic mundo funditus extingui, et transeuntium rerum oblivisci præ magnitudine timoris et amoris tui : usque adeo ut (4) de temporalibus nec

(1) Ex lib. de *Spec.*, c. XXXIII. — (2) Alcuin., *Conf.*, p. 11, n. 4. — (3) Alcuin., col. 133, b. — (4) Idem col. 134, c. et *Conf.*, p. 11, n. 7.
(a) Abest vox *nisi* a Mss. — (b) Mel. cod. *visitationis*.

et que la grandeur de mon amour pour vous, et la crainte salutaire de votre saint nom me fassent oublier toutes les choses si fragiles et si périssables de la terre ; en sorte que tout ce qui est sujet au temps ne me cause désormais ni douleur, ni joie, ni crainte, ni amour ; que le bonheur ne puisse me corrompre, ni l'adversité m'abattre. Et comme votre amour parfait est aussi puissant que la mort, faites que l'ardeur et l'ineffable douceur de cet amour s'emparent entièrement de mon âme et la dégagent de toute affection pour les choses d'ici-bas, afin qu'elle ne s'attache qu'à vous seul, que seul vous soyez l'unique objet de ses pensées et comme sa plus douce nourriture. Faites descendre, Seigneur, je vous en conjure, faites descendre dans mon cœur votre sainte et suave odeur ; faites-y pénétrer votre amour plus doux que le miel, comme un merveilleux et ineffable parfum qui élève tous mes désirs vers les choses du ciel, et qui fasse couler des yeux de mon cœur des larmes abondantes qui rejaillissent, comme une eau salutaire, jusqu'à la vie éternelle. Votre grandeur est sans bornes, Seigneur, et c'est sans bornes également que vous devez être aimé et loué par ceux que vous avez rachetés de votre précieux sang, par un effet de votre amour pour le genre humain.

Dieu de clémence, juge équitable, à qui votre Père a transmis tout pouvoir de juger, dans les impénétrables desseins de votre sagesse et de votre justice, vous permettez, comme bon et juste, que les enfants du siècle, c'est-à-dire les enfants de la nuit et des ténèbres, désirent, aiment et recherchent les biens et les honneurs périssables de la terre avec plus d'ardeur que nous ne vous aimons, nous, vos serviteurs, que vous avez créés et rachetés. Si, parmi les hommes, il s'en trouve qui soient liés entre eux par une amitié si parfaite, que l'un puisse à peine supporter l'absence de l'autre ; si une épouse a pour son mari un attachement tel que, dans la grandeur de son amour, elle n'ait ni joie ni repos en l'absence de celui qu'elle aime, et dont l'éloignement est pour elle un continuel sujet d'ennui et de douleur, avec quelle ardeur et quelle tendresse ne devons-nous pas vous aimer, Seigneur, vous notre seul et vrai Dieu, vous le divin et merveilleux Epoux de notre âme, que vous vous êtes attaché par les liens de la justice, de la foi, de la miséricorde, vous qui nous avez aimés et sauvés, et qui, pour nous, avez souffert de si cruels tourments ?

Quoique les choses d'ici-bas aient aussi leurs séductions et leur attrait, elles n'ont cependant pas pour nous le même charme que nous trouvons en vous, Seigneur notre Dieu. Vous êtes l'unique joie, l'unique bonheur du juste, parce que votre amour n'est que paix et que douceur. Le cœur qu'il remplit n'y trouve que suavité et repos. Au contraire, l'amour du siècle et des choses qui flattent nos sens, est pour nous un sujet éternel de trouble et d'anxiété. Plus de repos, plus de tranquillité pour l'âme qui en est pénétrée. Elle n'éprouve plus que soupçons, troubles et craintes de toute espèce. Vous seul, ô mon Dieu, faites toute la joie, tout le bonheur du juste. Faut-il s'en étonner, puisque c'est avec vous seul qu'on peut jouir d'un repos véritable et d'une vie exempte de trouble et d'inquiétude ? Celui qui vous possède, ô Dieu de bonté, entre véritablement dans la joie de son Seigneur. Il n'aura plus rien à craindre, et se trouvant souverainement bien avec le souverain bien, il s'écriera avec le Prophète : Ici est le lieu de mon repos pour toute l'éternité ; j'y demeurerai parce que je l'ai choisi. Le Seigneur prend soin de moi ; il m'a fait

---

lugeam, nec gaudeam ; nec metuam aliquid temporale, nec diligam ; nec blandis corrumpar, nec adversis concutiar.] Et quia tua plena valida est ut mors dilectio, absorbeat quæso meutem meam ab omnibus quæ sub cœlo sunt, ignita et melliflua vis amoris tui : ut tibi soli inhæream, solaque tuæ suavitatis memoria pascar. Descendat, Domine, descendat precor, descendat in cor meum odor tuus suavissimus : ingrediatur amor tuus mellifluus. Veniat mihi tui saporis mira et ineffabilis fragrantia, quæ sempiternas in me suscitet concupiscentias, et ex corde meo producat venas salientis aquæ in vitam æternam. Immensus es Domine ; et sine mensura debes amari et laudari ab his quos tuo pretioso sanguine redemisti, amator hominum benignissime.

Clementissime Domine, et æquissime judex, cui omne judicium dedit Pater (Joan., v, 22), sapientissimo æquitatis tuæ (a) decernis imperio hoc rectum et justum esse, ut filii hujus sæculi, noctis scilicet et tenebrarum, præstantiori desiderio, virtute atque studio diligant et quærant perituras divitias et fugitivos honores, quam nos servi tui diligamus te, Deus noster, per quem facti et redempti sumus. Si enim homo hominem tanta diligit dilectione, ut alter alterum vix patiatur abesse ; si sponsa sponso tanto mentis conglutinatur ardore, ut præ magnitudine amoris nulla perfrui valeat requie, cari sui absentiam non sine magno mœrore ferens : qua ergo dilectione, quo studio, quo fervore anima quam desponsasti tibi in justitia et fide, in misericordia et miserationibus, debet diligere te Deum verum et pulcherrimum sponsum, qui nos sic amasti et salvasti, qui pro nobis tanta et talia fecisti ?

Quanquam autem hæc infima habeant suas delectationes, suosque amores ; non tamen tali modo delectant, sicut tu Deus noster. In te enim delectatur justus, quia amor tuus suavis est et quietus : unam pectora quæ possidet, dulcedine et suavitate et tranquillitate replet. e contra amor sæculi et carnis anxius est et perturbatus, animas certe quas ingreditur, quietas esse non patitur : semper enim suspicionibus et perturbationibus (b) variisque timoribus sollicitat eas. Tu itaque es delectatio rectorum ; et merito : quies enim valida est apud te et imperturbabilis vita. Qui intrat in te, bone Domine, intrat in gaudium Domini sui : et non timebit amplius, sed habebit se optime in optimo (c), dicens : « Hæc requies mea in sæculum sæculi, hic habitabo quoniam elegi eam : » (Psal. CXXXI, 14) et illud : « Dominus regit

(a) Alias *judicio discernis*. — (b) Ms. Met. *vanisque*. — (c) Editi addunt, *loco*.

entrer dans ses pâturages éternels, et je ne manquerai plus de rien.

O doux Christ, bon Jésus, soyez le seul objet de mes pensées; remplissez mon cœur d'un amour si ardent pour vous, que toutes les eaux de la terre ne puissent en éteindre les flammes. Faites, mon doux Sauveur, que je n'aime que vous, que mon âme, ne désirant plus que vous, soit délivrée du poids des désirs charnels et du fardeau des concupiscences terrestres qui l'assiégent et l'accablent, afin que, libre de toute entrave, je puisse courir après l'odeur de vos célestes parfums jusqu'à ce que, guidé par votre grâce, je mérite d'arriver promptement jusqu'à vous et de jouir, sans jamais en être rassasié, de la contemplation de vos beautés infinies. Deux amours, dont l'un est bon et rempli de douceur, et l'autre mauvais et rempli d'amertume, ne peuvent exister ensemble dans le même cœur. C'est pourquoi, quiconque aime encore autre chose que vous, ô mon Dieu, n'a pas pour vous un véritable amour. O amour plein de douceur, douceur pleine d'amour, amour exempt de toute peine et toujours accompagné de plaisir, amour pur et sincère que la suite des siècles ne saurait affaiblir, amour dont rien ne peut éteindre l'ardeur, ô doux Christ, bon Jésus, Dieu de charité, embrasez tout mon être du feu de votre amour; soyez l'unique objet de mes délices, de mes joies, de mes transports, de mes plaisirs. Faites que je n'aie de désirs que pour vous, désirs saints et bons, chastes et purs, qui donnent à l'âme le repos et la sécurité, afin que, rempli tout entier de la douceur de votre amour, embrasé dans tout mon être de son feu divin, je vous aime, mon Seigneur, de toute la force de mon cœur et de tout ce qu'il y a de plus intime en moi. Faites que je n'aie que vous seul dans le cœur, sur les lèvres, devant les yeux, toujours et en tous lieux, de manière que mon âme soit fermée à tout autre amour qu'au vôtre. Entendez ma voix, ô mon Dieu! Entendez ma voix, unique lumière de mon âme, et apprenez-moi comment je puis obtenir de vous ce que je vous demande. Seigneur, Dieu de bonté et de clémence, que mes péchés ne vous rendent pas inexorable envers moi, mais que votre infinie bonté reçoive les prières de votre serviteur. Accomplissez mes vœux et mes désirs, je vous en conjure au nom et par l'intercession de votre glorieuse Mère, ma protectrice auprès de vous, et par tous les saints de votre paradis. Ainsi soit-il.

Chapitre XXXVI. — *Prière à Jésus-Christ pour obtenir le don des larmes.* — Seigneur Jésus, Verbe du Père éternel, qui êtes venu au monde pour sauver les pécheurs, je vous en supplie par les entrailles de votre miséricorde, daignez purifier ma vie, ma conduite, mes mœurs; faites disparaître de moi tout ce qui peut vous déplaire et me nuire; faites-moi connaître ce qui peut vous être agréable et utile à moi-même. Qui peut rendre pur, sinon vous, mon Dieu, la créature conçue dans l'impureté? Vous êtes un Dieu tout-puissant dont la charité est infinie; il n'appartient qu'à vous de rendre justes les impies, et de rappeler les morts à la vie; de changer les pécheurs, et de faire qu'ils ne le soient plus. Effacez donc aussi en moi tout ce qui peut vous y déplaire, car aucune de mes imperfections ne saurait échapper à vos yeux. Etendez la main de votre miséricorde pour enlever de mon cœur tout ce qui peut offenser vos regards.

---

me, et nihil mihi deerit, in loco pascuæ ibi me collocavit. » (*Psal.* xxii, 1, 2.)

Dulcis Christe, bone Jesu, reple quæso semper cor meum tua inextinguibili dilectione, tua continua recordatione : adeo ut sicut flamma urens totus ardeam in tui amoris dulcedine, quem ad aquæ multæ in me nunquam possint extinguere. Fac me dulcissime Domine (*a*) amare te, et desiderio tuo deponere pondus omnium carnalium desideriorum, et terrenarum concupiscentiarum gravissimam sarcinam, quæ impugnant (*b*) et aggravant miseram animam meam : ut post te expeditus in odore unguentorum tuorum currens, usque ad tuæ pulchritudinis visionem efficaciter satiandus, quantocius te quoque duce merear pervenire. Duo enim amores, alter bonus, alter malus, alter dulcis, alter amarus, non se simul capiunt in uno pectore. Et ideo si quis præter te diligit aliud, non est caritas tua Deus in eo. Amor dulcedinis, et dulcedo amoris; amor non crucians, sed delectans; amor sincere et caste, permanens in sæculum sæculi; (1) amor qui semper ardes et nunquam extingueris, dulcis Christe, bone Jesu, caritas Deus meus! accende me totum igne tuo, amore tuo, suavitate et delectatione tua, jucunditate et exultatione tua, voluptate et concupiscentia tua, quæ sancta est et bona, casta est et munda, tranquilla est et secura : ut totus dulcedine amoris tui plenus, totus flamma caritatis tuæ successus, diligam te Dominum meum ex toto corde meo, totis medullis præcordiorum meorum; habens te in corde et in ore, et præ oculis meis semper et ubique, ita ut nullus in me adulterinis amoribus pateat locus. Audi Deus meus, audi lumen oculorum meorum, audi quæ et peto, et da quæ petam ut audias. Pie et exorabilis Domine, ne efficiaris mihi inexorabilis propter peccata mea; sed propter bonitatem tuam suscipe preces servi tui, et da mihi effectum petitionis et desiderii mei, intercedente et orante et impetrante gloriosa Genitrice tua, Domina mea, cum omnibus sanctis. Amen.

Caput XXXVI. — *Preces ad Christum pro desiderio caritatis et lacrymarum.* — (2) Christe Domine Verbum Patris, qui venisti in mundum peccatores salvos facere, rogo te per indulgentissimæ misericordiæ tuæ viscera, [(3) emenda vitam meam, meliora actus, compone mores, tolle de me quod mihi nocet et tibi displicet : da quod nosti tibi placere, et mihi prodesse.] Quis potest facere mundum de immundo conceptum semine, nisi tu solus? Tu es Deus omnipotens infinitæ pietatis, qui justificas impios, et vivificas mortuos, qui mutas peccatores et non sunt. Tolle ergo de me quidquid tibi displicet in me; imperfecta enim mea plurima vident oculi tui. Mitte quæso manum pietatis tuæ, et tolle de

(1) Ex lib. X *Conf.*, c. xxix. — (2) Joannis Fiscamn. p. V, et apud Ans., Or. xvi. — (3) Ex Alcuin. *Conf.*, p. II, n. 4.

(*a*) Mel. cod. *amatu et.* — (*b*) Idem cod. *et impediunt miseras animos.*

Vous connaissez, Seigneur, et la santé et les maladies de mon âme : conservez l'une et guérissez les autres. Guérissez-moi donc, Seigneur, et je serai vraiment guéri ; sauvez-moi, et je serai vraiment sauvé. A vous seul il appartient de guérir ceux qui sont malades, et de conserver la santé à ceux que vous avez guéris. Vous pouvez, mon Dieu, par un seul mouvement de votre volonté, relever ce qui est tombé, et tirer de ses ruines ce qui s'est écroulé. Si vous daignez, en effet, répandre la bonne semence dans le champ de mon cœur, il faut avant tout que la main de votre miséricorde en arrache les ronces et les épines de mes vices, qui pourraient l'étouffer.

O Jésus, source éternelle de douceur, de bienveillance, d'amour, de charité, vous qui êtes pour moi ce qu'il y a de plus précieux, de plus désirable, de plus digne d'amour, de plus beau, je vous en conjure, répandez dans mon cœur l'abondance de votre douceur et de votre tendresse, afin qu'il n'y reste plus ni pensées, ni désirs terrestres et charnels, mais que vous soyez seul l'objet de mon amour ; que seul vous soyez toujours sur mes lèvres et dans mon cœur. Gravez-y de votre doigt le souvenir si doux de votre saint nom, pour que je ne l'oublie jamais. Gravez-y, comme sur des tables d'airain, votre éternelle volonté et vos justifications, afin que j'aie toujours et partout devant les yeux votre bonté infinie et vos saints commandements. Embrasez mon âme de ce feu divin que vous avez fait descendre sur la terre, pour qu'il s'y répandît et s'enflammât de plus en plus. Alors, en versant des larmes, je pourrai vous offrir chaque jour le sacrifice d'un esprit contrit et d'un cœur brisé de repentir. Doux Christ, bon Jésus, répondez à mes plus chers

(1) Anne, mère de Samuel.

désirs, à mes vœux les plus ardents en allumant dans mon âme le feu de votre saint et chaste amour ; qu'il s'empare de tout mon être, qu'il me possède tout entier. Que, comme signe de mon amour pour vous, des torrents de larmes s'échappent sans cesse de mes yeux, et qu'elles soient aussi un témoignage de votre amour pour moi. Qu'elles soient comme un langage qui vient de mon âme, et qui vous dise combien je vous aime, puisque c'est la grandeur de mon amour pour vous qui les fait couler.

Je pense souvent, Seigneur, à cette sainte femme (1), qui vint si fréquemment dans votre temple pour vous demander un fils, et dont l'Ecriture dit qu'après tant de prières et de larmes versées pour obtenir cette grâce, les traits de son visage n'en furent pas altérés. Mais, au souvenir de tant de vertu, de tant de constance, et en considérant à quelle faiblesse et à quel abattement je me laisse aller, je suis accablé de douleur et de confusion. Si une femme, pour obtenir un fils, a poussé tant de soupirs et versé tant de larmes, combien plus doit en répandre et soupirer celui qui cherche, qui aime Dieu, et qui désire d'arriver jusqu'à lui ? Combien plus doit gémir et pleurer jour et nuit, celui qui veut avoir Jésus-Christ pour seul et unique objet de son amour ? On devrait plutôt s'étonner que ses larmes ne fussent pas devenues jour et nuit la seule nourriture de son âme. Jetez donc les yeux sur moi, Seigneur, et prenez pitié des immenses douleurs dont mon cœur est accablé. Faites descendre du ciel vos divines consolations sur votre serviteur, et ne rejetez pas, à cause de ses péchés, celui pour lequel vous avez souffert la mort. Que votre amour fasse couler des yeux de mon âme des pleurs qui puissent

me quidquid offendit oculos bonitatis tuæ in me. (1) Coram te Domine est sanitas et infirmitas mea ; illam precor serva, istam sana. Sana me Domine, et sanabor, salvum me fac, et salvus ero : tu qui infirma sanas, et sanata conservas, qui solo nutu tuo restauras diruta et collapsa. Si enim dignaris in agro tuo serere bonum semen, necesse est ut manu pietatis tuæ prius evellas spinas vitiorum meorum.

Dulcissime, benignissime, amantissime, carissime, pretiosissime, desiderantissime, amabilissime, pulcherrime, infunde obsecro multitudinem dulcedinis et caritatis tuæ pectori meo, ut nihil terrenum, nihil carnale desiderem vel cogitem ; sed te solum amem, te solum habeam in corde et in ore. Scribe digito tuo in pectore meo dulcem memoriam tui mellifui nominis, nulla unquam oblivione delendam. Scribe in tabulis cordis mei voluntatem tuam et justificationes tuas : ut te immensæ dulcedinis Dominum, et præcepta tua semper et ubique habeam præ oculis meis. Succende mentem meam igne illo tuo quem misisti in terram (Luc., XII, 49), et voluisti vehementer accendi : ut sacrificium spiritus contribulati et cordis contriti obortis lacrymis quotidie offeram tibi. Dulcis Christe, bone Jesu, sicut desidero, sicut tota mente mea peto, da mihi amorem tuum sanctum et castum, qui me

repleat, teneat, totumque possideat. Et da mihi evidens signum amoris tui, irriguum lacrymarum fontem jugiter manantem, ut ipsæ quoque lacrymæ tuum in me testentur amorem : ipsæ prodant, ipsæ loquantur quantum te diligit anima mea, dum præ nimia dulcedine amoris tui nequit se a lacrymis continere.

Reminiscor pie Domine illius bonæ mulieris (a), quæ ad tabernaculum rogatura pro filio venit, de qua Scriptura refert, quod vultus ejus post lacrymas et preces non sunt amplius in diversa mutati. (I Reg., , 18.) Sed memor tantæ virtutis tantæque constantiæ, dolore torqueor, et verecundia confundor : quia me miserum nimis deorsum jacere intueor. Si enim ita flevit, et in fletu perseveraverit mulier quæ quærebat filium ; quomodo plangere et in planctu persistere debet anima quæ quærit et amat Deum, et ad eum pervenire desiderat ? quomodo gemere ac flere debet talis anima nocte ac die, quæ præter Christum nil velit amare ? Mirum quippe est, si jam non factæ sunt ei lacrymæ suæ panes die ac nocte. Respice ergo et miserere mei, quia dolores cordis mei multiplicati sunt. Da mihi consolationem tuam cœlestem, et noli spernere peccatricem animam, pro qua etiam mortuus es. [(2) Da mihi quæso lacrymas ex tuo affectu internas, quæ peccatorum meorum possint solvere vincula, et

(1) Ex lib. de Speculo, c. I, post Aug. — (2) Alcuin., lib. de Sacram., c. I.
(a) Editi hic add. Annæ.

briser les liens, qui m'enchaînent au péché et la combler de vos célestes joies ; afin que si je ne mérite pas d'occuper dans votre royaume un rang égal à celui des pieux cénobites dont je ne puis suivre les traces, je puisse du moins y recevoir une humble place parmi les saintes femmes qui vous ont aimé.

Je me rappelle aussi cette autre femme dont on ne saurait assez louer le saint attachement pour vous. Lorsque vous étiez étendu dans le sépulcre, elle vous cherchait avec amour. Lorsque vos disciples s'éloignèrent, elle resta près de votre tombeau. Là, triste et affligée, elle versait des torrents de larmes, et, toute baignée de ses pleurs, elle se levait pour vous chercher et vous chercher encore. Elle ne détournait pas ses regards de votre sépulcre, dans l'espérance de voir celui qu'elle appelait de ses plus ardents désirs. Déjà elle avait plusieurs fois visité votre tombeau, mais son ardent amour demandait davantage. Ce qui fait le mérite d'une bonne œuvre, c'est la persévérance ; et comme personne ne vous avait aimé autant qu'elle, comme elle avait versé, en vous cherchant, des larmes de tendresse, et qu'elle avait persévéré dans ses recherches, elle mérita de vous trouver, de vous voir, de vous parler avant tous les autres, d'annoncer même à vos disciples votre glorieuse résurrection. « Allez, lui dites-vous avec bonté, allez dire à mes frères qu'ils s'en aillent en Galilée et qu'ils m'y verront. » (*Matth.*, xxviii, 10.) Si donc une femme dont la foi n'était pas parfaite, puisqu'elle vous cherchait parmi les morts, vous qui étiez plein de vie, a versé tant de larmes et avec tant de persévérance pour vous chercher, avec combien plus de persévérance encore dans sa douleur et dans ses larmes devrait

vous chercher une âme qui croit en vous et qui confesse hautement que vous êtes son Rédempteur, assis au plus haut des cieux, avec une puissance qui s'étend sur l'univers entier ? Quels ne doivent pas être les gémissements et les larmes d'une telle âme qui vous aime sincèrement, et dont l'unique désir est de contempler votre grandeur ?

Seul refuge, unique espoir des malheureux, qui n'implorent jamais en vain votre miséricorde, toutes les fois que vous êtes l'objet de mes pensées, de mes paroles, de mes écrits, de mes entretiens, de mes souvenirs, toutes les fois que je me présente devant vous pour vous offrir un sacrifice de louanges ou pour vous adresser mes prières, accordez-moi la grâce, je vous la demande par votre saint nom, de pouvoir verser de douces et abondantes larmes, afin que ces larmes soient jour et nuit la seule nourriture de mon âme. C'est vous-même, ô Roi de gloire, souverain Maître de toutes vertus, qui nous avez, par votre exemple et votre parole, appris à gémir et à pleurer, lorsque vous dites : « Heureux ceux qui pleurent, parce qu'un jour ils seront consolés. » (*Matth.*, v, 5.) La mort de Lazare et la ruine future de Jérusalem vous ont fait verser des larmes, ô Jésus, mon adorable Sauveur ! Par vos larmes bienheureuses, et par les bienfaits dont votre miséricorde a daigné nous combler pour nous sauver de notre perte, je vous prie, je vous conjure de m'accorder le don des larmes, que mon âme désire et appelle de tous ses vœux, mais que je ne puis avoir que par le secours de votre grâce. Je vous conjure donc, par votre Saint-Esprit, qui attendrit le cœur des pécheurs les plus endurcis et les fait pleurer sur leur endur-

cœlesti jucunditate semper repleant animam meam : ut si non cum veris et perfectis (*a*) Monachis, quorum vestigia nequeo imitari, saltem cum devotis mulieribus quantulamcumque portionem in regno tuo merear adipisci.

Venit quoque mihi in mentem alterius mulieris mira devotio, quæ te in sepulcro jacentem pio amore quærebat, quæ recedentibus discipulis a sepulcro non recedebat, quæ sedebat tristis et mœrens, et diu multumque flebat (*Joan.*, xx, 11, etc.) : et surgens cum multis lacrymis iterum iterumque antra sepulcri vigilantibus oculis explorabat, si forte alicubi te videre posset, quem ferventi desiderio quærebat. Jam certe semel et iterum ingressa viderat sepulcrum, sed nimium amanti non satis erat : (1) virtus enim boni operis perseverantia est. Et quia præ cæteris dilexit, et diligendo flevit, et flendo quæsivit, et quærendo perseveravit ; ideo prima omnium te invenire, te videre, te alloqui meruit. Et non solum hæc, sed etiam ipsis discipulis gloriosæ resurrectionis tuæ prænuntia extitit, te præcipiente et clementer monente : « Vade, dic fratribus meis, ut eant in Galilæam : ibi me videbunt. » (*Matth.*, xxviii, 10.) Si igitur ita flevit, et in fletu perseveravit mulier quæ viventem cum mortuis quærebat, quæ te manu fidei (*b*) non tangebat ; quomodo plangere et in planctu persistere debet anima,

quæ te redemptorem suum jam cœlo præsidentem, et ubique regnantem corde, credit, ore confitetur ? Quomodo ergo gemere et flere debet talis anima, quæ te toto corde diligit, teque toto desiderio videre concupiscit ?

Solum confugium et unica spes miserorum, cui nunquam sine spe misericordiæ supplicatur, præsta mihi hanc gratiam propter te et nomen sanctum tuum, ut quotiens de te cogito, de te loquor, de te scribo, de te lego, de te confero, quoties tui reminiscor, tibi assisto, laudes, preces, et sacrificium offero, toties obortis lacrymis in conspectu tuo copiose et dulciter fleam, ita ut efficiantur mihi lacrymæ meæ panes die ac nocte. Tu quidem, Rex gloriæ et omnium virtutum magister, docuisti nos verbo et exemplo gemere et flere, dicens : « Beati qui lugent, quoniam ipsi consolabuntur. » (*Matth.*, v, 5.) Tu flevisti defunctum amicum (*Joan.*, xi, 35), et lacrymatus es super perituram civitatem (*Luc.*, xix, 41) : rogo te bone Jesu per illas tuas beatissimas lacrymas, et per omnes miserationes tuas, quibus mirabiliter nobis perditis subvenire dignatus es, da mihi gratiam lacrymarum, quam multum desiderat et a te petit anima mea : quia sine dono tuo non possum habere eam. Per Spiritum sanctum tuum, qui dura corda peccatorum mollit, et ad fletum compungit, da mihi gratiam

---

(1) Gregor., hom. xxv, *in Evang.*
(*a*) In Ms. Met. *servis tuis* loco *Monachis*. — (*b*) Addimus *non* ex Ms. Met.

cissement, de m'accorder ce don précieux comme vous l'avez accordé à mes pères, dont je dois suivre les traces, afin que je pleure nuit et jour sur moi, comme ils ont pleuré jour et nuit sur eux-mêmes. Par les mérites et les prières de ceux qui ont su vous plaire et qui vous ont servi avec fidélité, ayez pitié du plus indigne et du plus misérable de vos serviteurs, et accordez-moi, je vous en conjure encore, la grâce et le bonheur de pleurer. Puissé-je être tout entier baigné de mes larmes; puissent-elles être jour et nuit la seule nourriture de mon âme. Que mon repentir, comme un feu brûlant, fasse de moi, Seigneur, un holocauste digne de vous être offert. Que mon cœur soit comme un autel où je m'immole tout entier, et que l'odeur de ce sacrifice vous soit agréable, ô mon Dieu! Faites couler de mes yeux des torrents de larmes qui purifient cette victime de tout ce qui peut la souiller. Quoique, par le secours de votre grâce, je me sois offert à vous tout entier, je ne laisse pas cependant, à cause de ma faiblesse, de vous offenser encore trop souvent. Seigneur, donnez-moi donc le don des larmes, que je ne saurais trop vous demander, ô Dieu de bonté et éternellement béni; mais que ces larmes soient des larmes d'amour pour vous, et de reconnaissance pour toutes vos miséricordes. Préparez pour votre serviteur ce festin céleste où il puisse continuellement s'asseoir et se rassasier à son gré. Préparez-lui également, dans votre amour et votre bonté, ce calice qui est le vôtre, ce calice d'ivresse et de gloire, pour qu'il puisse y étancher sa soif, afin qu'oubliant ses misères et toutes les vanités de ce monde, vous soyez le seul objet de ses pensées, le seul amour de son cœur et de son âme.

Entendez ma voix, ô mon Dieu, entendez-la, seule lumière de mon âme, prêtez l'oreille à ma prière et accordez-moi ce que je vous demande. Dieu de bonté et de clémence, puisse l'excès de mes péchés ne pas vous rendre inexorable envers moi, mais que votre divine bonté accueille favorablement les prières de votre serviteur. Accomplissez mes vœux et mes désirs par les prières et les mérites de la glorieuse vierge Marie, notre puissante protectrice, et par l'intercession de tous vos saints. Ainsi soit-il.

CHAPITRE XXXVII. — *Prière à Jésus-Christ pour obtenir la grâce de le voir*. — Seigneur Jésus, Jésus plein de charité, Jésus plein de bonté, qui avez daigné mourir pour effacer les péchés des hommes, qui êtes ressuscité pour notre justification, je vous supplie, par votre glorieuse résurrection, de me retirer du tombeau de mes iniquités et de mes vices, afin que, par cette première résurrection, je sois digne de participer au bienfait et à la gloire de la vôtre. Jésus, Dieu de douceur, de bonté et d'amour, Jésus, qui êtes pour moi ce qu'il y a de plus cher, de plus précieux, de plus désirable, de plus beau, de plus digne d'être aimé, vous qui êtes monté au ciel environné de gloire et de majesté, vous qui êtes assis à la droite de votre Père, Roi tout-puissant, appelez mon âme à vous dans le ciel, attirez-la par l'odeur de vos célestes parfums, et qu'aidée et soutenue par vous, elle ne faiblisse pas dans sa course. Mon âme, comme des lèvres altérées, a soif de vous; attirez-la au torrent céleste de vos délices pour qu'elle s'en rassasie éternellement. Attirez-la donc vers vous, source vivifiante, afin qu'elle se désaltère, autant qu'elle en est capable, à ces eaux qui donnent l'éternelle vie et le salut.

lacrymarum, sicut dedisti patribus meis, quorum vestigia debeo imitari : ut plangam me in omni vita mea, sicut ipsi se planxerunt nocte ac die. Propter merita et orationes eorum, qui tibi placuerunt et devotissime servierunt, (1) miserere mei miserrimi et indigni servi tui, et da mihi gratiam lacrymarum. Da mihi irriguum inferius, et irriguum superius; ut sint mihi lacrymæ meæ panes die ac nocte. Efficiar in conspectu tuo, Deus meus, per ignem compunctionis holocaustum pingue et medullatum : macter totus in ara cordis mei, et tanquam pinguissimum holocaustum assumar tibi in odorem suavitatis. Da mihi fontem irriguum, fontemque perspicuum, in quo lavetur assidue istud inquinatum holocaustum. Licet enim me tibi totum obtulerim (a) opitulante gratia tua; in multis tamen quotidie offendo propter nimiam fragilitatem meam. Da mihi ergo gratiam lacrymarum, benedicte et amabilis Deus, præcipue ex multa dulcedine amoris tui, et commemoratione misericordiarum tuarum. Præpara hanc mensam famulo tuo in conspectu servi tui, et da mihi eam in potestatem, ut quotiens volo satier ex ea. Tribue pro pietate et bonitate tua, ut iste calix tuus inebrians et præclarus satiet sitim meam : ut inhiet tibi spiritus meus, et ardeat mens mea in amore tuo, oblita vanitatis et miseriæ. Audi Deus meus, audi lumen oculorum meorum, audi quæ peto, et da quæ petam ut audias. Pie et exorabilis Domine, ne efficiaris mihi inexorabilis propter peccata mea, sed propter bonitatem tuam suscipe servi tui preces, et da mihi effectum petitionis et desiderii mei, precibus et meritis [(b) gloriosæ virginis Mariæ Dominæ meæ et] omnium sanctorum. Amen.

CAPUT XXXVII.— *Precatio ad Christum Dei desiderio flagrans.* — (2) Jesu Domine, Jesu pie, Jesu bone, qui mori dignatus es propter peccata nostra, et resurrexisti propter justificationem nostram, rogo te per gloriosam resurrectionem tuam, resuscita me de sepulcro vitiorum et peccatorum omnium, et da mihi quotidie partem in resurrectione prima, ut in resurrectione tua merear veraciter percipere portionem. Dulcissime, benignissime, amantissime, carissime, pretiosissime, desiderantissime, amabilissime, pulcherrime, ascendisti in cœlum cum triumpho gloriæ, sedes ad dexteram Patris. Rex potentissime, trahe me sursum ad te; curram post te in odore unguentorum tuorum, curram et non deficiam, te trahente, te ducente, (c) me currente. Trahe os sitientis te animæ in superna fluenta æternæ satietatis; imo trahe ad te fontem vivum, ut inde pro captu meo bibam, inde semper vivam, Deus meus vita mea. Tu enim dixisti ore tuo sancto et benedicto : « Si quis sitit, veniat ad me, et bibat. » (*Joan.*, VII, 37.) Fons vitæ da sitienti animæ

(1) Ita *Conf.* Als., p. IV, n. 16. — (2) Joannis p. VI, et ap. Ans., Or. XVIII.
(a) Ms. Mel. *operante*. — (b) *Hæc*, non habet. Ms. Mel. — (c) Ms. Mel. non habet, *me currente*.

N'avez-vous pas dit vous-même, ô mon Dieu : « Que celui qui a soif vienne à moi, et qu'il se désaltère? » (*Jean*, vii, 37.) O source de vie, permettez donc à mon âme altérée de venir apaiser sa soif à vos eaux salutaires, afin que, selon votre promesse toujours sainte et qui ne trompe jamais, des flots d'eaux vives sortent du milieu de mon cœur. O source de vie, remplissez mon âme des torrents de vos délices ; enivrez mon cœur de la sainte ivresse de votre amour, afin qu'oubliant toutes les vanités de la terre, vous soyez l'unique objet de mes pensées, selon qu'il est écrit : « J'ai pensé à mon Dieu, et mon âme a été comblée de joie. »

Faites descendre en moi votre Saint-Esprit, symbole de ces eaux que vous avez promis de donner à ceux qui ont soif de vous. Que mon seul but, mon seul désir soit d'arriver à ce céleste séjour, où la foi nous apprend que vous êtes monté quarante jours après votre résurrection, afin que mon corps seul appartienne à ma misère présente, mais que mon esprit soit tout entier avec vous en pensée et en désir, et mon cœur là où vous êtes, Seigneur, mon unique trésor, seul désirable, seul incomparable, seul digne de ma plus ardente affection. Dans l'immense déluge de cette vie, où nous sommes sans cesse battus par les tempêtes qui nous environnent de toutes parts, nous ne trouvons ni port où nous soyons en sûreté, ni lieu élevé où la colombe puisse sans crainte poser le pied. Nulle part ni paix assurée ni repos véritable, mais partout guerres et querelles, partout des ennemis ; au dehors des combats à soutenir, au dedans de nous-mêmes des craintes qui nous agitent.

Comme par l'âme nous appartenons au ciel et par le corps à la terre, cette seconde partie de nous-mêmes, sujette à la corruption, appesantit sans cesse la première. C'est pourquoi mon âme, qui n'a que trop d'attachement pour ce corps, dont elle est la compagne, languit et tombe épuisée de fatigue dans les routes où elle s'est égarée. Les vanités du monde, au milieu desquelles elle a passé, l'ont couverte de blessures. Elle a faim, elle a soif, et je n'ai rien à lui offrir, car je suis pauvre et obligé moi-même de mendier ma nourriture. Mais vous, Seigneur mon Dieu, source inépuisable de tous biens, vous qui distribuez avec tant de largesses les mets salutaires de la céleste patrie, donnez à mon âme fatiguée la nourriture dont elle a besoin, ramenez-la de ses égarements et guérissez ses blessures. La voilà devant votre porte, où elle frappe avec instance, ouvrez-la-lui de votre main charitable, je vous en conjure par les entrailles de votre miséricorde, qui vous a fait descendre du ciel parmi nous ; ordonnez-lui d'entrer et de s'approcher de vous, de se reposer en vous, de se nourrir de vous, ô pain céleste de vie et de salut, afin que cette nourriture divine lui ayant rendu sa vigueur et sa force, elle puisse s'élever jusqu'au ciel, et, du fond de cette vallée de larmes, être emportée par les ailes de ses pieux désirs vers les joies éternelles du paradis. Donnez, Seigneur, donnez, je vous en conjure, à mon âme des ailes semblables à celles de l'aigle, afin qu'elle puisse prendre son essor et parvenir, sans s'arrêter, jusqu'à votre splendide demeure et au séjour de votre gloire. Que là, dans vos heureux pâturages, près de sources toujours abondantes, elle se repaisse, à la table des citoyens de la céleste patrie, des mets que vous réservez à vos élus. O mon Dieu, que mon cœur, qui est comme une vaste mer toujours agitée par les tempêtes, trouve en vous la paix et le repos. Vous avez commandé aux vents et à la mer de se calmer, et à votre voix ils se sont apaisés ; venez apaiser les agitations de mon cœur, afin que tout en moi soit calme

---

semper bibere ex te, ut secundum sanctam et veridicam promissionem tuam de ventre meo fluant aquæ vivæ. (*Ibid.*, 38.) Fons vitæ reple mentem meam torrente voluptatis tuæ, et inebria cor meum sobria ebrietate amoris tui : ut obliviscar quæ vana sunt et terrena, et te solum jugiter habeam in memoria mea, sicut scriptum est : « Memor fui Dei, et delectatus sum. » (*Psal.* LXXVI, 4.)

Da mihi Spiritum sanctum tuum, quem significabant illæ aquæ, quas sitientibus daturum te promiseras : da quæso toto desiderio et omni studio tendere, quo te ascendisse post resurrectionem die quadragesimo credimus : (1) ut in præsenti quidem miseria solo tenear corpore, tecum autem sim cogitatione semper et aviditate ; ut ibi sit cor meum, ubi tu es thesaurus meus desiderabilis et incomparabilis multumque amabilis. In hoc enim magno hujus vitæ diluvio, ubi circumflantibus agitamur procellis, non invenitur fida statio et locus eminentior, ubi pes columbæ aliquatenus valeat requiescere. Nusquam tuta pax, nusquam secura quies ; ubique bella (*b*) et lites, ubique hostes, foris pugnæ, intus timores.

[(2) Et quia altera pars sumus cœli, altera terræ, corpus quod corrumpitur aggravat animam. Idcirco animus meus socius et amicus meus, fatigatus veniens de via, languet et jacet, et discissus atque laceratus ab ipsis quas transierat vanitatibus, esurit et sitit valde ; non habeo quod ponam ante illum, pauper sum et mendicus : tu Domine Deus meus dives omnium bonorum, et dapium supernæ satietatis opulentissime largitor, da lasso cibum, collige dispersum, redintegra scissum. En stat ad ostium et pulsat : obsecro per viscera misericordiæ, quibus visitasti nos oriens ex alto, aperi pulsanti misero (*c*) manu pietatis tuæ, et jube propitiabili dignatione ut ingrediatur ad te, requiescat in te, reficiatur de te vivo cœlestique pane, quo satiatis resumptis viribus ab superiora conscendat, et de hac valle lacrymarum penna sancti desiderii raptus, ad cœlestia gaudia volitet. Assumat Domine, assumat, rogo, spiritus meus pennas, ut aquilæ, volet et non deficiat, volet et perveniat usque ad decorem domus tuæ, et locum habitationis gloriæ tuæ : ut ibi super mensam refectionis civium supernorum pascatur de occultis tuis in loco pascuæ tuæ, juxta fluenta plenissima. Requiescat in te, Deus meus, cor meum, cor mare magnum tumens fluctibus. Tu qui imperasti ventis

(1) Ex lib. *de Spec.*, c. xviii. — (2) Ex lib. *de Speculo*, c. iii.
(*a*) Ms. Met. *Da per sanctum tuum quem.* — (*b*) Met. cod. *undique hostes.* — (*c*) Editi al. *manum pietatis tuæ porrige.*

et tranquille, de telle sorte que je puisse vous posséder, vous mon unique bien, et vous contempler, douce lumière de mes yeux, sans trouble et sans obscurité. Que mon âme, ô mon Dieu, délivrée des tumultueuses pensées de ce siècle, se retire à l'ombre de vos ailes et trouve près de vous un lieu de rafraîchissement et de paix, où, toute transportée de joie, elle s'écrie avec votre Prophète : « C'est maintenant que je puis m'endormir et me reposer en paix dans le sein de l'Eternel. » (*Ps.* IV, 9.) Faites donc, ô mon Dieu, que mon âme, comme dans un salutaire sommeil, perde le souvenir de tout ce qui est sous le ciel, et soit toujours éveillée pour penser à vous, selon ce qui est écrit : « Je dors, mais mon cœur veille. » (*Cant.*, v, 2.) Mon âme ne peut être en paix et en sûreté, ô mon Dieu, que sous les ailes de votre protection. Qu'elle demeure donc éternellement en vous et qu'elle soit embrasée de votre feu divin. Que, s'élevant au-dessus d'elle-même, elle vous contemple et chante vos louanges dans les transports de sa joie. Puissent ces bienfaits que j'implore de vous être du moins, au milieu des troubles qui m'agitent, ma plus douce consolation, jusqu'à ce que je vous possède, ô véritable paix, dans le sein de laquelle il n'y a ni arc, ni bouclier, ni glaive, ni combat à redouter, mais où l'on jouit d'une sécurité parfaite, d'une tranquillité que rien ne saurait troubler, d'une éternité de joie et de bonheur qui consiste, ô mon Dieu, à contempler votre grandeur, et à chanter vos louanges pendant tous les siècles. Ainsi soit-il.

O Jésus, mon adorable Sauveur, sagesse et toute-puissance de votre Père, qui vous servez des nuages pour vous élever au plus haut des cieux, qui marchez sur les ailes des vents, qui faites de vos anges des esprits et comme un feu qui embrase vos serviteurs; donnez-moi, je vous en conjure, des ailes rapides, les ailes de toutes les vertus, par lesquelles je puisse m'élever à la contemplation des choses célestes et éternelles. Que mon âme s'attache uniquement à vous. Que votre droite me mette au-dessus des hauteurs les plus élevées de la terre, et qu'elle me nourrisse des mets du céleste héritage après lesquels je soupire nuit et jour pendant mon triste exil sur cette terre, où mes membres mortels ôtent à mon âme toute sa force et sa vigueur. O mon Dieu, délivrez-moi des ténèbres et du poids de cette chair terrestre. Arrêtez mon âme errante, qui s'éloigne sans cesse du seul chemin qui conduit à vous. Accordez-lui la grâce de s'élever jusqu'à votre céleste demeure, afin qu'éclairée des rayons de votre lumière divine, elle méprise les choses de la terre, aspire à celles du ciel, haïsse le péché et chérisse la justice. Quoi de plus grand, en effet, de plus doux, au milieu des ténèbres et des amertumes de cette vie, que de soupirer sans cesse après les délices infinies de l'éternelle béatitude, et de s'occuper uniquement des moyens d'arriver là où l'on est certain de goûter des joies éternelles?

O Seigneur, Dieu de bonté, de douceur, d'amour et de charité, qui êtes pour moi ce qu'il y a de plus précieux, de plus désirable, de plus beau, de plus digne de mon affection, quand vous verrai-je? Quand pourrai-je paraître devant vous, rassasier mes yeux de vos beautés infinies, être délivré par vous de cette prison de ténèbres, afin de bénir et de confesser votre saint nom, sans n'avoir plus à me repentir de mes fautes? Quand pourrai-je arriver dans votre magni-

---

et mari, et facta est tranquillitas magna (*Matth.*, VIII, 26), veni et gradere super fluctus cordis mei, ut tranquilla et serena fiant omnia mea : quatenus unum bonum meum amplectar te, et dulce lumen oculorum meorum contempler te sine tumultuantium cogitationum cæca caligine. Confugiat Domine mens mea sub umbra alarum tuarum ab æstibus cogitationum hujus sæculi : ut in tui refrigerii temperamento absconsa, lætabunda cantet et dicat : « in pace in idipsum, dormiam et requiescam. » (*Psal.* IV, 9.) Dormiat obsecro Deus meus, dormiat memoria mea (*a*) ab omnibus [quæ sub cœlo sunt, vigilans in te, sicut scriptum est : « Ego dormio et cor meum vigilat. » (*Cant.*, v, 2.) Sit tuta, sit semper secura sub pennis protectionis tuæ anima mea, Deus meus. Maneat in te, et foveatur semper a te. Contempletur te in mentis excessu, et cantet laudes tuas in jubilatione. Et hæc dulcia dona tua sint inter hos turbines consolatio mea interim, donec veniam ad te pacem veram, ubi non est arcus, scutum, gladius et bellum; sed est summa et certa securitas, et secura tranquillitas, et tranquilla securitas, et jucunda felicitas, et felix æternitas, et æterna beatitudo, et beata tui visio, et laudatio in sæcula sæculorum. Amen.

(1) Christe Domine, virtus et sapientia Patris, qui ponis nubem ascensum tuum, qui ambulas super pennas ventorum, qui facis angelos tuos spiritus, et ministros tuos ignem urentem, obsecro, et suppliciter rogo, da præpetes pennas fidei, da celeres alas virtutum, quibus evectus æterna et cœlestia valeam contemplari. Adhæreat, quæso, anima mea post te, et suscipiat me dextera tua. Sustollat me super altitudine terræ, et cibet me illa cœlesti hæreditate, cui suspirat peregrinatio mea die ac nocte. Et quia moribunda membra vigorem animæ hebetant;

(2) Dissice terrenæ nebulas et pondera molis. Siste vagam mentem per devia multa ruentem, Et da cœlestem menti conscendere sedem.

Ut superno lumine irradiata, terram despiciat, cœlum aspiciat, peccata odiat,] justitiam diligat. Quid enim pulchrius, quidve dulcius, quam inter tenebras hujus vitæ multasque amaritudines, divinæ dulcedini inhiare, et æternæ beatitudini suspirare, illicque teneri mentem, ubi vera haberi gaudia certissimum est?

Dulcissime, benignissime, amantissime, carissime, pretiosissime, desiderantissime, amabilissime, pulcherrime, quando te videbo? quando apparebo ante faciem tuam? quando satiabor de pulchritudine tua? quando educes me de hoc carcere tenebroso, ut confitear nomini tuo, ita ut deinceps non compungar? quando transibo in

---

(1) Joan. Fiscamn., p. VII, et apud Ansel., Or. XIX. — (2) Ex lib. *de Speculo*, c. III.

(*a*) Editi, *ab omnibus malis, iniquitatem odiat, justitiam diligat*, etc. omissis quæ intra duos uncinos includuntur, quæque ex cod. Met. restituimus.

fique et merveilleuse demeure, où, dans leurs tabernacles, les justes célèbrent sans cesse votre gloire par des chants de joie et de triomphe? Heureux ceux qui habitent votre maison, Seigneur, car ils vous loueront dans tous les siècles des siècles. Heureux et véritablement heureux ceux que vous avez choisis, et qui ont déjà part à ce céleste héritage. Vos saints, ô mon Dieu, fleurissent sous vos yeux comme des lis. Ils sont remplis de l'abondance qui règne dans votre demeure, et s'enivrent à longs traits des torrents de vos délices, car vous êtes, Seigneur, l'unique source de vie. Ils voient déjà la lumière dans votre lumière, jusqu'à ce qu'eux-mêmes devenus lumière, mais tirant leur éclat de vous seul, ils brillent en votre présence comme autant de soleils. Oh! qu'ils sont délicieux, qu'ils sont beaux, qu'ils sont merveilleux les tabernacles de votre maison! Mon âme, quoique souillée par le péché, n'a d'autre désir que de pouvoir y pénétrer; car j'ai toujours aimé, Seigneur, la beauté de votre maison et le lieu où réside votre gloire. Je ne vous demande qu'une chose, mon Dieu, c'est d'habiter tous les jours de ma vie dans votre sainte demeure. Comme un cerf altéré désire avec ardeur les eaux d'une source pure, de même mon âme, ô mon Dieu, n'a d'aspiration que pour vous. Oh! quand paraîtrai-je devant vous? Quand me sera-t-il permis de voir mon Dieu, dont mon âme a une soif si ardente! Quand le verrai-je sur la terre de la véritable vie, car, sur cette terre de mort, les yeux mortels ne sauraient le voir! Que ferai-je donc, malheureux que je suis, chargé des liens de ma mortalité? Que ferai-je? Tant que nous sommes dans cette misérable chair, nous sommes dans l'exil et bien loin du Seigneur. Nous n'avons pas ici de cité permanente, mais nous cherchons celle qui est à venir, « car notre vrai droit de cité est dans les cieux; » (Ps. cxix, 5) que je suis malheureux de ce que le temps de mon pèlerinage est si long! J'ai demeuré avec ceux qui habitent dans Cédar. Mon âme a été longtemps étrangère. Oh! qui me donnera des ailes comme à la colombe pour m'élever vers votre heureux séjour, Seigneur, et y trouver mon repos? Quoi de plus doux pour moi que d'être avec mon Seigneur? M'attacher à Dieu est mon souverain bien.

Faites-moi donc la grâce, Seigneur, tant que je suis dans ce corps fragile et mortel, de m'attacher à vous, car il est écrit : « Celui qui est uni au Seigneur ne fait plus qu'un seul esprit avec lui. » (1 Cor., vi, 17.) Donnez-moi donc des ailes pour que je puisse m'élever jusqu'à vous, vous contempler sans cesse, et comme il n'y a rien d'heureux sur la terre, retenez mon âme près de vous pour qu'elle ne tombe pas dans les abîmes de cette vallée de ténèbres. L'ombre de la terre, en s'interposant entre elle et vous, lui déroberait la vue de votre soleil de justice, et l'obscurité des ténèbres dont elle serait environnée, l'empêcherait d'élever ses regards vers les choses d'en haut. Mes plus ardents désirs sont d'arriver à cet heureux état de paix, de joie et de lumière éternelle. Soutenez mon cœur de votre propre main, car sans votre secours il ne saurait s'élever à ce qui est au-dessus de lui. J'ai donc hâte d'arriver dans votre heureux séjour, où règnent éternellement la paix et une tranquillité que rien ne peut altérer. Soyez maître absolu de mon esprit, gouvernez-le selon votre volonté, afin que, dirigé par vous, il s'élève vers cette région d'abondance, où vous repaissez éternellement Israël de votre sainte vérité; que par la rapidité de la pensée il puisse du moins vous atteindre, ô suprême et sou-

---

illam admirabilem et pulcherrimam domum tuam, ubi personat vox lætitiæ et exultationis in tabernaculis justorum? Beati qui habitant in domo tua, in sæculum sæculi laudabunt te. (Psal. LXXXIII, 5.) Beati et vere beati, quos elegisti jam et assumpsisti in illam cœlestem hæreditatem. Ecce sancti tui Domine florent ante te sicut lilium. Replentur enim ab ubertate domus tuæ, et torrente voluptatis tuæ potas eos (Psal. XXXV, 9) : quoniam tu es fons vitæ, et in lumine tuo vident lumen, usque adeo ut ipsi, videlicet lumen illuminatum per te Deum lumen illuminans, sicut sol effulgeant in conspectu tuo. Quam mira, quam pulchra, quam acceptabilia sunt domus tuæ habitacula! Domine virtutum, concupiscit intrare in ea hæc peccatrix anima mea. Domine dilexi decorem domus tuæ, et locum habitationis gloriæ tuæ. (Psal. XXV, 8.) Unam petii a te, hanc requiram, ut inhabitem in domo tua omnibus diebus vitæ meæ. (Psal. XXVI, 4.) Quemadmodum desiderat cervus ad fontes aquarum, ita desiderat anima mea ad te Deus. (Psal. XLI, 2.) Quando veniam, quando apparebo, quando videbo Deum meum, quem sitit anima mea? Quando videbo eum in terra viventium? In ista enim terra morientium mortalibus oculis videri non potest. Quid faciam miser ego gravatus compede mortalitatis meæ, quid faciam? (II Cor., v, 6.) Dum sumus in corpore, peregrinamur a Domino. Non habemus hic manentem civitatem, sed futuram inquirimus : noster autem municipatus in cœlis est. (Heb., XIII, 14.) Hei mihi, quia incolatus meus prolongatus est, habitavi cum habitantibus Cedar, multum incola fuit anima mea. (Psal. CXIX, 5.) Quis dabit mihi pennas sicut columbæ, et volabo, et requiescam? (Psal. LIV, 7.) Nihil mihi tam dulce, quam cum Domino meo esse. Mihi autem adhærere Deo bonum est. (Psal. LXXII, 28.)

Da mihi Domine, donec his fragilibus subsisto membris, tibi adhærere : sicut scriptum est : « Qui adhæret Domino, unus spiritus est. » (1 Cor., vi, 17.) Præbe mihi, rogo, contemplationis pennas, quibus indutus ad te volitem sursum. Et quia omne sinistrum deorsum jacet, tene mentem meam, ne ad ima tenebrosæ vallis corruat : ne interveniente umbra terræ, a te vero justitiæ sole separetur, et obducta tenebris nebulæ prohibeatur alta respicere. Idcirco sursum tendo ad pacis, gaudii lucisque delectabilem et serenissimum statum. Tene cor meum manu tua; quia sine te ad altiora non rapitur. Illuc festino, ubi summa pax regnat, et jugis tranquillitas rutilat. Tene et rege spiritum meum, et assume illum secundum voluntatem tuam : ut te duce ascendat in illam regionem ubertatis, ubi pascis Israel in æternum pabulo veritatis : ut ibi vel rapida cogitatione attingat te sum-

veraine Sagesse qui préside à tout, qui sait tout, qui prend soin de tout.

Mais, hélas! bien des choses empêchent mon âme de prendre son essor vers vous, Seigneur. Imposez donc silence à tous ces bruits qui s'élèvent en moi ; imposez silence à mon âme même. Qu'elle s'élève au-dessus de tout ce qui est créé ; qu'elle s'élève au-dessus d'elle-même pour arriver jusqu'à vous ; qu'elle ne contemple plus des yeux de la foi que vous seul, souverain Créateur de toutes choses; soyez désormais l'unique objet de ses aspirations, de ses pensées, de ses méditations ; qu'elle vous ait sans cesse devant les yeux et au fond de son cœur, comme son véritable et souverain bien, comme sa joie la plus pure et qui n'aura jamais de fin. Il y a sans doute bien des contemplations, dont une âme qui vous est dévouée peut merveilleusement se nourrir, mais il n'en est aucune où mon âme trouve plus de repos et de délices que lorsqu'elle vous contemple seul, et que seul vous occupez toutes ses pensées. Combien sont grandes et infinies les douceurs que vous répandez dans le cœur de ceux qui vous aiment! Que de délices goûtent dans votre amour ceux qui vous chérissent, qui vous cherchent, et qui font de vous l'unique objet de leurs pensées ! Oh ! bienheureux sont les cœurs dont vous êtes la seule espérance, et dont toute l'occupation est de vous adresser leurs prières. Bienheureux celui qui, dans la solitude et le silence, veille sans cesse sur lui nuit et jour, afin que, dans ce corps fragile et mortel où il est encore, il puisse déjà goûter d'avance à vos ineffables douceurs.

O mon adorable Sauveur, je vous en conjure par les salutaires blessures que vous avez reçues sur la croix pour notre salut, et d'où a coulé le sang précieux qui nous a rachetés, blessez aussi mon âme pécheresse pour laquelle vous avez daigné mourir ; blessez-la par un trait enflammé et tout-puissant de votre amour. O parole de Dieu, vivante et efficace, plus perçante qu'aucune épée à deux tranchants ! O flèche choisie entre toutes, ô glaive le plus pénétrant de tous, assez puissant pour traverser le bouclier le plus dur, que lui opposerait le cœur humain, percez mon cœur d'un trait de votre amour, afin que mon âme vous dise : Votre amour, ô mon Dieu, m'a blessée profondément, et puissent de cette blessure s'échapper jour et nuit des larmes abondantes. Percez donc, Seigneur, mon âme endurcie du trait le plus puissant de votre amour; percez-la jusqu'au vif, afin que ma tête et mes yeux deviennent une source inépuisable de larmes. Que l'ardent désir de contempler vos beautés infinies les fasse couler jour et nuit, sans que jamais, dans cette vie présente, je goûte la moindre consolation, jusqu'au jour où je serai digne de voir, dans sa céleste demeure, mon bien-aimé, mon divin époux, mon Dieu et mon Seigneur, et que là, à la vue de votre gloire et des beautés infinies de votre visage, si plein de douceur et de majesté, je puisse, avec vos élus et tous ceux qui vous aiment, vous adorer humblement et m'écrier, dans les saints transports d'une joie toute céleste : Ce que j'ai désiré, je le vois maintenant ; ce que j'ai espéré, je le tiens ; ce que j'ai souhaité, je le possède. Je suis pour toujours réuni dans le ciel à celui que j'ai aimé sur la terre de toutes les forces de mon âme, et à qui j'avais donné tout ce que j'ai d'amour dans le cœur. Je puis maintenant le louer, le bénir, l'adorer, car il

---

main sapientiam super omnia manentem, cuncta (al. transeuntem) scientem, et omnia gubernantem.

Sed volitanti ad te animæ multa sunt quæ obstrepunt : jussu tuo, Domine, conticescant mihi omnia ; ipsa mihi sileat anima ; transeat omnia quæ creata sunt ; transeat et se, et perveniat ad te, atque in te solo Creatore omnium oculos fidei figat : tibi inhiet, tibi intendat, te meditetur, te contempletur, te sibi ante oculos ponat, te sub corde revolvat summum et verum bonum, et gaudium sine fine mansurum. (1) Multæ denique sunt contemplationes, quibus anima tibi devota mirabiliter pascitur : sed in nulla earum ita requiescit et delectatur anima mea, sicut quando te solum cogitat et contemplatur. Quam magna multitudo dulcedinis tuæ, Domine, quam mirabiliter inspiras cordibus amatorum tuorum ! (Psal. xxx, 20.) Quam mira suavitas amoris tui, quo perfruuntur illi qui nihil præter te diligunt, nihil quærunt, nihil etiam cogitare concupiscunt! Felices illi quibus tu solus spes es, et omne opus oratio. Beatus qui sedet solitarius et tacet, et stat super custodiam suam jugiter nocte ac die; ut adhuc in hoc fragili corpusculo positus, prælibare valeat aliquatenus dulcedinem tuam.

Rogo te per illa salutifera vulnera tua, quæ passus es in cruce pro salute nostra, ex quibus emanavit ille pretiosus sanguis quo sumus redempti, vulnera hanc animam peccatricem, pro qua etiam mori dignatus es : vulnera eam igneo et potentissimo telo tuæ nimiæ caritatis. Vivus es, sermo Dei, et efficax et penetrabilior omni gladio ancipiti. (Heb., IV, 12.) Tu sagitta electa, et gladius acutissimus, qui durum scutum humani cordis penetrare tua potentia vales, conflige cor meum jaculo tui amoris : ut dicat tibi anima mea : Caritate tua vulnerata sum ; ita ut ex ipso vulnere amoris tui uberrimæ fluant lacrymæ nocte ac die. Percute Domine, percute obsecro hanc durissimam mentem meam prævalida cuspide dilectionis tuæ, et altius ad intima penetra potenti virtute, et sic da capiti meo aquam immensam, et oculis meis infunde verum fontem lacrymarum jugiter manantem, ex nimio affectu et desiderio visionis pulchritudinis tuæ, ut lugeam nocte ac die, nullam in præsenti vita recipiens consolationem, donec te in cœlesti thalamo merear videre dilectum et pulcherrimum sponsum meum Deum et Dominum meum, ut ibi videns gloriosam et admirabilem et pulcherrimam faciem tuam, omni dulcedine plenam, cum his quos elegisti, majestatem tuam supplex adorem, et illic tandem cœlesti et ineffabili repletus jubilo æternæ exultationis exclamem cum diligentibus te, dicens : Ecce quod concupivi jam video, quod speravi jam teneo, quod desideravi jam habeo : illi jam in cœlis junctus sum, quem in terris positus tota virtute dilexi, tota caritate amplexus sum. Cui toto amore inhæsi, ipsum laudo, benedico atque

(1) Ex lib. *de Speculo*, c. XXXIII.

est le Dieu tout-puissant qui vit et règne dans les siècles des siècles. Ainsi soit-il.

Chapitre XXXVIII. — *Prière dans l'affliction.* — Ayez pitié de moi, Seigneur, ayez pitié de moi, pauvre pécheur, qui souffre justement la peine de mes iniquités. Si vous me faites sentir chaque jour le fouet de votre colère, c'est que chaque jour je vous offense par de nouveaux péchés. En considérant le mal que j'ai fait, je trouve que ma souffrance est peu de chose, et que la peine que je subis est bien légère en comparaison de la gravité de mes fautes. Vous êtes juste, Seigneur ; tous vos jugements ne sont que justice et vérité. Oui, vous êtes souverainement juste, Seigneur notre Dieu, et il ne saurait y avoir d'iniquité en vous. Il n'y a ni injustice ni cruauté dans les châtiments que vous infligez aux pécheurs, ô Dieu tout-puissant et miséricordieux. Lorsque nous n'étions point encore, vous nous avez tirés du néant par votre toute-puissance, et lorsque nous nous étions perdus par notre faute, vous nous avez sauvés de notre perte par un admirable effet de votre bienveillance et de votre charité. Je sais et je suis convaincu que ce n'est point au hasard qu'il faut attribuer tout ce qui trouble et agite notre vie, mais que c'est vous seul, Seigneur, qui disposez et gouvernez tout selon vos impénétrables desseins. Vous seul prenez soin de toutes choses, mais particulièrement de vos serviteurs qui ont mis toute leur espérance dans votre miséricorde. C'est pourquoi je vous supplie, je vous conjure de ne pas me traiter selon la gravité de mes péchés, pour lesquels j'ai mérité votre colère, mais selon l'étendue de votre miséricorde, qui est plus grande que tous les péchés du monde. O Seigneur, donnez-moi intérieurement une humble et continuelle patience, pour supporter les châtiments que vous m'infligez extérieurement, afin que ma bouche ne cesse de célébrer vos louanges. Ayez pitié de moi, Seigneur, ayez pitié de moi ; ne me refusez point votre secours dans tout ce que vous reconnaîtrez être utile à mon corps et à mon âme, vous qui savez tout, qui pouvez tout, et qui vivez dans tous les siècles des siècles. Ainsi soit-il.

Chapitre XXXIX. — *Prière à Dieu, mêlée de crainte et de confiance.* — Seigneur Jésus, Fils du Dieu vivant, qui les bras étendus sur la Croix pour la rédemption du genre humain, avez vidé jusqu'à la lie le calice d'amertume de votre passion, accordez-moi aujourd'hui le secours que j'implore. Me voilà pauvre et manquant de tout devant vous, source de toutes richesses, pécheur et malheureux devant votre miséricorde. Ne souffrez pas que je m'éloigne de vous sans secours et méprisé. Pressé par le besoin, je commence à vous chercher, ne me repoussez pas. Je viens à vous tout affamé, ne me renvoyez pas sans m'avoir rassasié, et si j'ai tant soupiré après cette céleste nourriture, qu'il me soit permis de la goûter après tant de soupirs. Avant tout, ô doux Jésus, devant votre bonté et votre miséricorde, je reconnais et je confesse mon iniquité. J'ai été conçu et je suis né dans le péché, mais vous m'avez purifié et sanctifié par les eaux du baptême. Plus tard, cependant, je me suis souillé par des péchés plus grands encore. C'était, en effet, nécessairement que j'étais né dans le mal, mais je m'y suis ensuite plongé volontairement. Mais fidèle à votre divine miséricorde, vous m'avez tiré de la maison de mon père selon la chair, et du milieu des pécheurs pour m'inspirer le désir de vous suivre avec la génération de ceux qui cherchent votre présence, qui suivent la

---

adoro, qui vivit et regnat Deus in sæcula sæculorum. Amen.

Caput XXXVIII. — *Precatio in afflictione.* — (1) Miserere Domine, miserere pie, miserere mihi miserrimo peccatori indigna agenti, et digna patienti ; assidue peccanti, et tua flagella quotidie sustinenti. (a) Si penso malum quod feci, non est tantum quod patior ; gravius est quod commisi, levius quod tolero. Justus es Domine, et rectum judicium tuum : omnia judicia tua justa et vera sunt. Justus et rectus es tu, Domine Deus noster, et non est ulla iniquitas in te. Non enim injuste neque crudeliter affligis nos peccatores omnipotens et misericors Domine : (2) qui cum non essemus, potenter fecisti nos, et cum perditi fuissemus culpa nostra, pietate et bonitate tua mirabiliter (*al.* reparasti) recuperasti nos. Scio et certus sum, quod vita nostra non temerariis motibus agitur, sed a te Domino Deo disponitur et gubernatur. Unde tibi cura est de omnibus, præcipue de servis tuis, qui totam spem suam posuerunt in sola misericordia tua. Idcirco obsecro et suppliciter rogo, ut non facias mihi secundum peccata mea, quibus iram tuam merui ; sed secundum magnam misericordiam tuam, quæ superat etiam peccata totius mundi. Tu Domine qui exterius flagella irrogas, da semper interius indeficientem patientiam : ita ut laus tua non recedat ex ore meo. Miserere mei Domine, miserere mei, et adjuva me sicut tu nosti quod mihi necesse est in corpore et in anima : scis omnia, potes omnia, qui vivis in sæcula.

Caput XXXIX. — *Precatio ad Deum mixta timore et fiducia.* — Domine Jesu Christe, Fili Dei vivi, qui expansis in cruce manibus propter mortalium omnium redemptorem hausisti calicem passionis, mihi hodie præbere digneris auxilium. [(3) Ecce pauper venio ad te divitem, miser ad misericordem, ne recedam vacuus ne contemptus. Esuriens incipio te quærere, ne deserar a te jejunus ; famelicus accedo, ne recedam impastus. Et si ante quam comedam suspiro, da vel post suspiria ut comedam.] In primis, dulcissime Jesu, coram magnificentia tuæ suavitatis confiteor adversum me injustitiam meam : Ecce Domine in peccatis fui conceptus et natus, et tu me abluisti et sanctificasti : et ego postea me majoribus sordidavi peccatis. (4) Fui enim in necessariis natus, postea in spontaneis volutatus : sed tuæ Domine miserationis non immemor, tulisti me de domo patris mei carnalis, et de tabernaculis peccatorum, et inspirasti mihi ut sequerer te cum generatione quærentium faciem tuam, ambulantium semitam rectam, commoran-

---

(1) Joan., Or. viii. — (2) Ex *Conf.* Alcuin., IV p. n. 11. — (3) Ex Anselmi *Proslog.*, c. 1. — (4) Ita in Anselmi Orat. lxii.
(a) Mss. Met. *sed.*

voie du bien, qui aiment à habiter parmi les lis, symbole de la pureté, et qui sont assis avec vous à cette sainte table, où vous n'admettez que les plus pauvres de vos enfants. Pour moi, ingrat, oubliant la multitude de vos bienfaits, à peine étais-je entré dans une voie plus sainte, que je suis tombé dans plus de fautes et de crimes que je n'en avais commis précédemment, et loin de chercher à effacer mes péchés, je n'ai fait que les accumuler les uns sur les autres. Voilà les maux par lesquels j'ai déshonoré votre saint nom et me suis souillé moi, que vous aviez créé à votre image et à votre ressemblance. Orgueil, vaine gloire et mille autres péchés semblables, je n'ai rien omis de ce qui pouvait affliger, déchirer et anéantir mon âme. Voilà, Seigneur, les iniquités qui, comme des flots envahissants, ont dépassé ma tête, et qui accumulées les unes sur les autres, m'accablent de tout leur poids. Seigneur mon Dieu, vous qui êtes essentiellement bon et miséricordieux, si vous ne me tendez pas la main secourable de votre majesté, je vais être misérablement submergé au plus profond de l'abîme.

Dieu saint, souverain Seigneur, considérez les insultes que me prodigue déjà mon ennemi. Dieu l'a abandonné, dit-il, je le poursuivrai donc jusqu'à ce que je me sois emparé de lui, car il n'a plus personne qui puisse l'arracher de mes mains. Mais vous, Seigneur, jusqu'à quand me laisserez-vous en cet état? Tournez-vous vers moi; délivrez mon âme, sauvez-moi par votre miséricorde. Ayez pitié de votre fils, dont l'enfantement vous a coûté tant de douleur. Que la vue de mes péchés ne vous fasse pas oublier votre bonté infinie. Quel est le père qui ne chercherait pas à sauver son enfant du danger? Ou quel est l'enfant dont le père ne corrigerait pas les fautes par la verge de la miséricorde? Bien que je sois un pécheur, vous n'en êtes pas moins mon père, ô Seigneur, et je n'en suis pas moins votre enfant, qui vous doit la vie du corps et celle de la grâce. Punissez-moi en proportion de mes péchés, et après m'avoir corrigé comme je le mérite, donnez-moi à votre divin Fils. Une mère peut-elle oublier son enfant, le fruit de ses entrailles? Et quand bien même elle l'oublierait, vous mon Père, vous avez promis de ne pas l'oublier. Eh bien, voilà que j'élève ma voix vers vous, et vous ne m'exaucez pas. Je suis déchiré de douleur, et vous me laissez sans consolation. Que dirai-je, que ferai-je, malheureux que je suis? Loin de me consoler, vous me repoussez encore de votre présence? Hélas, quel bien suprême j'ai perdu, et dans quel abîme de maux je suis tombé! Quel but je désirerais d'atteindre, et où suis-je arrivé! Dans quel état je suis en comparaison de celui où je devrais être! Quel était l'objet de mes désirs et de mes aspirations, et après quoi puis-je maintenant soupirer? Je cherchais le bien, et c'est le trouble que j'ai trouvé. Je meurs et Jésus n'est pas avec moi. Ne vaudrait-il pas mieux pour moi cesser d'être que d'être sans Jésus? Ne vaudrait-il pas mieux cesser de vivre, que de vivre sans celui qui est la vie?

Et vous, Jésus, mon Sauveur, où sont donc vos anciennes miséricordes? Votre colère contre moi n'aura-t-elle donc pas de fin? Apaisez-la, je vous en conjure, et ayez pitié de moi. Ne détournez pas de moi votre visage que, pour me racheter, vous n'avez pas détourné de ceux qui vous accablaient d'outrages, et qui vous souillaient de leurs crachats. J'ai

---

tium inter lilia castitatis; et tecum discumbentium in cœnaculo altissimæ paupertatis ; et ego tot beneficiorum ingratus (*a*) post religionis ingressum multa commisi illicita, multa perpetravi nefanda ; et ubi peccata emendare debui, peccata peccatis addidi. Hæc sunt mala mea Domine, quibus exhonoravi te, et maculavi me, quem ad imaginem et similitudinem tuam creasti (*Gen.*, I, 27); superbia, vana gloria, (1) et cætera multa alia, quibus vexatur et affligitur, laceratur et destruitur infelix anima mea. Ecce Domine, iniquitates meæ supergressæ sunt caput meum, et sicut onus grave gravatæ sunt super me (*Psal.* XXXVII, 5) : et nisi tu, cui proprium est misereri semper et parcere, dexteram tuæ majestatis supponas, mergi cogor miserabiliter in profundum.

Attende Domine Deus et vide, quoniam sanctus : et ecce insultat adversum me inimicus meus, dicens : Deus dereliquit eum, persequar et comprehendam eum, quia non est qui eripiat. Et tu Domine usquequo? (*Psal.* LXX, 11.) Convertere et eripe animam meam, salvum me fac propter misericordiam tuam. (*Psal.* VI, 5.) Miserere filio tuo, quem dolore non modico peperisti : et noli attendere malum meum, ut obliviscaris bonum tuum. Quis est pater, qui filium non liberet? Aut quis filius, quem pietate pietatis baculo non corrigiat? Ergo Pater et Domine, licet peccator sim, non possum non esse filius tuus, quia tu me fecisti et refecisti. Sicut peccavi, emenda me, et prius flagello me emendatum trade me Filio tuo. Numquid oblivisci potest mater infantem uteri sui? Et certe si illa oblita fuerit, tu Pater, promisisti te non oblivisci. (*Isa.*, XLIX, 15.) Ecce clamo, et non exaudis me; dolore crucior, et non consolaris me. Quid dicam vel quid faciam miserrimus? Ego tanto destitutus solatio, projectus sum a facie oculorum tuorum. (*Psal.* XXX, 23.) Heu me de quanto bono in quantum malum cecidi! Quo tendebam, et quo deveni? Ubi sum, et ubi non sum? Ad quem aspiravi, et nunc in quibus suspiro? Quæsivi bona, et ecce turbatio. Ecce jam morior, et Jesus non est mecum. Et certe melius est mihi non esse, quam sine Jesu esse : melius est non vivere, quam vivere sine vita.

Et tu, Domine Jesu, ubi sunt misericordiæ tuæ antiquæ? Numquid irasceris mihi in finem? (*Psal.* LXXXVIII, 50.) Placare, obsecro, et miserere mei, et non avertas faciem tuam a me (*Psal.* LXXXIV, 6), qui pro me redimendo non avertisti faciem tuam ab increpantibus et conspuentibus in te. (*Psal.* XXVI, 9.) [(2) Fateor quia peccavi, et conscientia mea meretur damnationem, et pœnitentia non sufficit ad satisfactionem : sed (*b*) credi-

---

(1) Ex Anselmi Orat. IV. — (2) Anselm. *Med.* III.
(*a*) Sic Amerb. At Er. et Lov. *post acceptum baptismum*. — (*b*) Ap. Ans., *certum est*.

péché, je l'avoue, je mérite la damnation éternelle, et aucune pénitence ne pourrait satisfaire votre justice ; mais la foi nous ordonne de croire que la grandeur de vos miséricordes surpasse la multitude de nos péchés. Ne me jugez pas, Seigneur, selon mes fautes. Et n'entrez pas en jugement avec votre serviteur ; mais effacez toutes mes iniquités selon la grandeur de vos miséricordes. Malheur à moi, lorsque sera venu le jour du jugement, quand les livres de toutes les consciences seront ouverts, et qu'il sera dit de moi : Voilà les œuvres de cet homme ! Que ferai-je alors, Seigneur mon Dieu, lorsque les cieux révèleront toutes mes iniquités, et que la terre s'élèvera contre moi ? Je n'aurai, hélas, rien à répondre ; je ne pourrai que baisser humblement la tête, et me tenir devant vous tout tremblant et couvert de confusion. Malheureux que je suis, que pourrai-je dire pour ma défense ? Je crierai vers vous, Seigneur mon Dieu, car le silence serait ma perte. Cependant si je parle, ma douleur n'en sera pas moins vive, et si je me tais, mon cœur sera déchiré d'amertume. Pleurez donc, ô mon âme, pleurez comme une jeune veuve sur l'époux qu'elle a perdu. Poussez des gémissements et des cris de désespoir, d'avoir été abandonnée par Jésus-Christ, votre céleste Époux.

O colère du tout-puissant, n'éclatez pas sur moi, vous êtes trop grande pour ma faiblesse, et mon être tout entier ne pourrait vous supporter. Ayez pitié de moi, Seigneur, ne me laissez pas tomber dans le désespoir, mais permettez au contraire que je respire en espérant. Si j'ai commis des fautes qui méritent condamnation, vous avez, vous, Seigneur, dans votre miséricorde, tous les moyens de me sauver. Vous ne voulez pas, mon Dieu, la mort des pé-

cheurs et vous ne vous plaisez pas à les voir mourir dans le crime, vous qui, pour rendre la vie aux morts, avez donné votre propre vie ; vous dont la mort a détruit la mort même des pécheurs. Si donc par votre mort, vous leur avez redonné la vie, ne me laissez pas mourir vous dont la vie est éternelle. Tendez-moi du haut des cieux une main secourable, et délivrez-moi de la puissance de mes ennemis. Ne souffrez pas que je sois pour eux un sujet de joie, et qu'ils disent : Nous l'avons dévoré. Qui pourrait, adorable Sauveur, ne pas tout espérer de votre miséricorde ? Lorsque nous étions vos ennemis, vous nous avez rachetés par votre sang, et vous nous avez réconciliés avec votre Père. Je viens donc, ô mon Dieu, à l'ombre de votre miséricordieuse bonté, me présenter devant le trône de votre gloire, pour obtenir mon pardon. Je gémirai et je frapperai à votre porte jusqu'à ce que vous ayez eu pitié de moi. Si vous nous avez appelés vous-mêmes à la grâce du pardon, lorsque nous ne la demandions pas, pourriez-vous nous la refuser quand nous l'implorerons avec tant d'ardeur ?

Oubliez, doux Jésus, votre juste ressentiment contre les pécheurs, pour ne vous souvenir que de votre bonté envers votre faible créature. Oubliez votre colère contre le coupable, pour prendre pitié du malheureux. Oubliez le superbe qui ne peut que vous irriter, pour ne voir en lui que le malheureux qui vous implore. Qui dit Jésus, dit Sauveur. Levez-vous donc, Jésus, pour venir à mon secours, et dites à mon âme : Je suis ton salut. Tout mon espoir est dans votre bonté, Seigneur, puisque c'est vous-même qui nous avez appris à demander, à chercher et à frapper. Instruit par vos paroles, je viens donc de-

tum est quod misericordia tua superat omnem offensionem.] Noli quæso, piissime Domine, scribere adversum me amaritudines meas, ut intres in judicium cum servo tuo (*Job*, XIII, 26) : sed secundum multitudinem miserationum tuarum dele iniquitatem meam. (*Psal*. L, 5.) Væ mihi misero cum venerit dies judicii, et aperti fuerint libri conscientiarum : cum dicetur de me : Ecce homo et opera ejus. Quid faciam tunc, Domine Deus meus, cum cœli revelabunt iniquitatem meam, et adversum me terra consurget ? Ecce nihil respondere potero ; sed demisso capite præ confusione coram te stabo trepidus et confusus. Heu me miserum, quid dicam ? Clamabo ad te Domine Deus meus : Quare taces consumor ? Verumtamen si locutus fuero, non requiescit dolor meus : et si tacuero, amaritudine amaritudine crucior interius. Plange anima mea, sicut vidua super virum pubertatis tuæ : ulula misera et plora, quoniam dimisit te sponsus tuus, id est, Christus.

(1) Ira Omnipotentis ne irruas super me, quia nunquam capi posses in me. Certe non est in toto me, quod posset tolerare te. Miserere me, ne desperem, sed sperando respirem. (2) Et si ego commisi unde me damnare potes, tu non amisisti unde salvare soles. Tu Domine non vis mortem peccatorum, nec lætaris in perditione morientium

(*Ezech.*, XXXIII, 11) : imo ut mortui viverent, tu mortuus es, et mors tua peccatorum mortem occidit. Et si ipsi te morienti vixerunt, obsecro Domine, ut ego te vivente non moriar. Mitte manum tuam de alto, et libera me de manu inimicorum meorum : ne supergaudeant mihi et dicant : Devoravimus eum. (*Psal*. XXXIV, 25.) Quis unquam bone Jesu, de tua misericordia diffidat ? qui cum inimici tui essemus, redemisti nos in sanguine tuo, et reconciliasti nos Deo. (*Rom.*, v, 10.) Ecce sub tuæ misericordiæ umbra protectus ad thronum gloriæ veniam postulans curro, clamans et pulsans donec miserearis mihi. Si enim ad veniam nos vocasti, veniam non quærentes ; quanto magis veniam impetrabimus postulantes ?
[(3) Ne memineris, dulcissime Jesu, tuæ justitiæ adversus peccatorem tuum ; sed esto memor benignitatis tuæ adversus creaturam tuam. Ne memineris iræ adversus reum ; sed memor esto miserationis tuæ adversus miserum. (4) Obliviscere superbum provocantem, et respice miserum invocantem. Quid enim est Jesus, nisi Salvator ?] Ergo Jesu per temetipsum exsurge in adjutorium meum : et dic animæ meæ : Salus tua ego sum. (*Psal*. XXXIV, 3.) Multum Domine de tua bonitate præsumo, quoniam tu ipse doces petere, quærere et pulsare (*Matth.*, VII, 7) : et ideo tua oratione admonitus (5) peto,

(1) Ex Anselmi *Med.*, II. — (2) Ex ejusd. *Med.*, III. — (3) Anselmus, in fine *Medit.*, III. — (4) Jam ex fine *Medit.*, II. — (5) Ex Anselmo, in fine *Medit.*, XI.

TOM. XXII. 40

mander, chercher et frapper. Mais vous, Seigneur, qui nous ordonnez de demander, daignez accueillir notre demande; vous qui nous conseillez de chercher, faites que nos recherches ne soient pas vaines; vous qui nous enseignez à frapper, ouvrez-moi quand je frappe. Je suis faible, fortifiez-moi. Je me suis perdu, remettez-moi dans la bonne voie. Je me suis donné la mort, rendez-moi la vie. Daignez selon votre bon plaisir diriger et gouverner tous mes sens, toutes mes pensées, toutes mes actions, afin que je ne serve que vous, que je ne vive que pour vous, que je me donne tout entier à vous. Par cela même que vous êtes mon Créateur, je me dois à vous. Je le sais, ô mon Dieu. Par cela même que vous avez daigné me racheter et vous faire homme pour mon salut, je vous devrais plus que moi-même, si celui pour lequel vous vous êtes livré avait en lui quelque chose d'égal à votre grandeur? Je ne puis donc vous offrir que moi-même, et encore ce que j'ai, je ne puis vous l'offrir, que par le secours de votre grâce. Recevez-moi donc, Seigneur; attirez-moi à vous, afin que je sois tout entier à vous par mon obéissance et mon amour, comme je le suis déjà par ma nature, ô mon Dieu, qui vivez et régnez dans tous les siècles des siècles.

CHAPITRE XL. — *Recommandation de soi-même.* — Seigneur tout-puissant, Dieu seul et unique en trois personnes, qui êtes en tout, qui étiez avant tout, et qui serez toujours en tout; Dieu béni dans tous les siècles, je vous recommande aujourd'hui et pour toujours mon âme, mon corps, tous les organes par lesquels je vois, j'entends, je goûte, je sens et je touche; toutes mes pensées, mes afflictions, mes paroles, mes actions, tout ce qui est hors de moi et tout ce qui est en moi, comme mes sentiments, mon intelligence, ma mémoire, ma foi, ma croyance en vous, ma persévérance. Je remets, Seigneur, toutes ces choses entre vos mains, pour qu'il vous plaise de me les conserver jour et nuit, à toute heure, à tous moments.

Exaucez ma prière, ô sainte et adorable Trinité. Préservez-moi de tout mal, de tout scandale, de tout péché mortel, de toute embûche du démon et de mes ennemis visibles et invisibles. Je vous en conjure par les prières et les vœux des patriarches, par les mérites des prophètes, par la voix des apôtres, par la constance des martyrs, par la foi de ceux qui ont confessé votre saint nom, par la charité des vierges, par l'intercession de tous les saints, qui ont eu le bonheur de vous plaire depuis le commencement du monde. Eloignez de moi toute vanité d'esprit, et rendez plus sincère encore la contrition de mon cœur, diminuez mon orgueil, et inspirez-moi la véritable humilité. Accordez-moi le don des larmes et attendrissez mon cœur, aussi dur que la pierre. Délivrez-moi, Seigneur des pièges de mes ennemis, et faites-moi la grâce d'être toujours fidèle à vos commandements, et apprenez-moi à ne faire que votre volonté, car vous êtes mon Dieu. Donnez-moi, Seigneur, un sens droit et une intelligence parfaite, pour que je puisse comprendre et mériter toute l'étendue de votre bonté. Faites que je vous demande ce qui peut être agréable à vous, mon Dieu, et utile à mon salut. Accordez-moi la grâce de verser des larmes sincères, qui puissent briser les liens qui m'attachent au péché. Ecoutez ma voix, Seigneur mon Dieu, exaucez mes prières, et faites que je vous demande seulement ce que vous pouvez m'accorder. Si vous me repoussez, je suis perdu. Si vous jetez sur moi un regard favorable, je suis sauvé. Si vous

quæro et pulso. Et tu Domine qui jubes petere, fac accipere; consulis quærere, da et invenire; doces pulsare, aperi pulsanti. Confirma me infirmum, restaura me perditum, suscita me mortuum : et omnes sensus meos, cogitatus et actus dirigere et gubernare digneris in beneplacito tuo, ut de cætero tibi serviam, tibi vivam, tibique me tradam. (1) Scio Domine mi, quia ex hoc quod me fecisti, debeo tibi me ipsum; et quia me redemisti, et pro me homo factus es, deberem tibi plus quam me, si haberem, quanto tu major es, pro quo dedisti te ipsum. Ecce nec plus habeo, nec quod habeo, dare tibi possum sine te : sed accipe me tu, et trahe me ad te, ut tuus sim imitatione et dilectione, sicut tuus sum conditione, qui vivis et regnas in sæcula.

CAPUT XL. — *Deo omnia sua commendat.* — Domine Deus omnipotens, qui es trinus et unus, qui es semper in omnibus, et eras ante omnia, et eris semper in omnibus Deus benedictus in sæcula : tibi commendo hodie et omni tempore animam meam, corpus meum, visum, auditum, gustum, odoratum et tactum, omnes cogitationes meas, afflictiones, locutiones, actiones, omnia exteriora et interiora, sensum et intellectum, memoriam meam, fidem et credulitatem meam, et perseverantiam meam, in manus potentiæ tuæ, ut custodias eas diebus et noctibus, horis atque momentis.

Exaudi me Trinitas sancta, et conserva me ab omni malo, ab omni scandalo, et ab omni mortali peccato, ab omnibus insidiis et infestationibus dæmonum, et inimicorum visibilium et invisibilium, per orationes Patriarcharum, per merita Prophetarum, per suffragia Apostolorum, per constantiam Martyrum, per fidem Confessorum, per castitatem Virginum, et per intercessionem omnium sanctorum qui tibi placuerunt ab initio mundi. Expelle a me jactantiam mentis, et auge compunctionem cordis; minue superbiam meam, et perfice in me humilitatem veram, suscita in me fletum, (2) mollifica cor meum durum et lapideum. Libera me Domine et animam meam ab omnibus insidiis inimici, et conserva me in tua voluntate. Doce me Domine voluntatem tuam facere, quia Deus meus es tu. (*Psal.* CXLII, 10.) [(3) Da mihi Domine sensum perfectum et intellectum, ut suscipere valeam profunditatem benignitatem tuam. Illud da mihi petere, quod te audire delectet et mihi expediat. Da mihi lacrymas ex toto affectu, quæ peccatorum meorum possint dissolvere vincula. Audi Domine meus et Deus meus, audi quæ peto, et da quæ petam ut audias.

(1) Ex eod. loco. — (2) V. supra, c. XXXV. — (3) Ex Alc. lib. *de Sacram.*, c. 1.

recherchez de la justice en moi, je ne suis plus qu'un mort répandant déjà une odeur infecte : si vous me regardez avec vos yeux de miséricorde, quelle que soit la corruption qui m'ait déjà gagné, vous me faites sortir du tombeau. Eloignez donc de moi, Seigneur, tout ce qui peut vous y déplaire. Inspirez-moi l'esprit de chasteté et de continence, afin que rien ne vous offense dans ce que je puis vous demander. Délivrez-moi de tout ce qui est nuisible à mon salut, et donnez-moi tout ce qui peut y concourir. Appliquez aux blessures de mon âme les remèdes qui les guérissent. Pénétrez-moi de votre crainte salutaire, et d'un sincère repentir de mes fautes. Donnez-moi l'humilité d'esprit et une conscience pure. Faites, mon Dieu, que je sois toujours animé d'une véritable charité envers mon prochain, et que le souvenir de mes propres fautes ne me permette point de rechercher celles des autres. Pardon, Seigneur, pardon pour mon âme, pardon pour mes égarements, pardon pour mes péchés, pardon pour mes crimes. Venez fortifier ma faiblesse, soigner mes maladies, guérir mes langueurs et me rendre à la vie. Donnez-moi, Seigneur, une âme qui vous craigne, un cœur qui vous aime, une intelligence qui vous comprenne, des oreilles qui vous entendent, des yeux qui vous voient. Ayez pitié de moi, mon Dieu, ayez pitié de moi. Du haut de la sainte demeure de votre Majesté, jetez un regard favorable sur votre serviteur, et dissipez les ténèbres de mon esprit par un rayon de votre éternelle splendeur. Accordez-moi la grâce de pouvoir distinguer le bien du mal, et d'être toujours vigilant et attentif dans le choix que j'en dois faire. Je vous demande avant tout, Seigneur, la rémission de mes péchés, et j'implore de vous cette grâce au nom de celui qui seul peut m'être favorable à l'heure de la mort et au temps de mes calamités.

Vierge sainte et immaculée, bienheureuse Marie, mère de Notre-Seigneur Jésus-Christ, daignez intercéder pour moi auprès de celui dont vous avez mérité de devenir le temple. Saint Michel, saint Gabriel, saint Raphaël, saints chœurs des anges, des archanges, des patriarches, des prophètes, des apôtres, des évangélistes, des martyrs, des confesseurs, des prêtres, des lévites, des solitaires, des vierges et de tous les justes, au nom de celui qui vous a choisis, que vous avez le bonheur de contempler face à face, j'ose espérer que vous daignerez intercéder auprès de Dieu pour un misérable pécheur, jusqu'à ce que je puisse échapper à la gueule du démon tout prêt à me dévorer, et que je mérite d'être délivré de la mort éternelle. Daignez, Seigneur, selon l'étendue de votre bonté et de votre miséricorde, m'accorder la grâce de vivre avec vous de cette vie de bonheur et d'immortalité.

Jésus-Christ, divin Sauveur, faites régner la concorde et l'union dans la sainte milice de vos prêtres. Accordez paix et tranquillité aux rois, aux évêques, aux princes de la terre qui jugent avec équité. Daignez aussi, Seigneur, recevoir les vœux que je vous offre pour votre sainte Eglise répandue sur toute la terre, pour tout ce qu'elle renferme d'hommes, de femmes qui vous servent, soit dans le cloître, soit dans le monde; pour tous ceux qui gouvernent et qui dirigent les peuples chrétiens; pour tous ceux qui croient en vous, et qui travaillent pour votre saint amour. Accordez-leur à tous la grâce de persévérer dans la pratique du bien. Seigneur, Roi éternel,

---

Si despicis, pereo; si respicis, vivo : si justitiam meam requiris, mortuus fœteo; si cum misericordia respexeris, fœtentem resuscitas de sepulcro. Quod odis in me, longe fac a me, (a) et castitatis ac continentiæ spiritum insere in me :] ut quodcumque petiero, in ipsa petitione te non offendam. Tolle a me quod nocet, et præbe quod juvet. Præsta mihi Domine medicinam, unde mea possint curari vulnera. Da mihi Domine timorem tuum, cordis compunctionem, mentis humilitatem, et conscientiam puram. (1) Præsta mihi Domine, ut fraternam semper tenere valeam caritatem : et mala mea non obliviscar, aliena non requiram. [(2) Parce animæ meæ, parce malis meis, parce peccatis meis, parce criminibus meis. Visita me infirmum, cura me ægrum, sana me languentem, et suscita me mortuum. (3) Da mihi, Domine, cor quod te timeat, mentem quæ te diligat, sensum qui te intelligat, aures quæ te audiant, oculos qui te videant.] Miserere mei Deus, miserere mei, et respice me de sede sancta majestatis tuæ, et tenebras cordis mei radio splendoris tui illumina. Da mihi, Domine, discretionem discernendi inter bonum et malum, et concede ut sensum habeam vigilem. Peto a te, Domine, remissionem omnium peccatorum meorum, a quo et per quem mihi fiat propitiatio in tempore necessitatis et angustiæ meæ.

Sancta et immaculata virgo Dei genitrix Maria, et mater Domini nostri Jesu Christi, intervenire pro me digneris apud illum cujus meruisti effici templum. Sancte Michael, sancte Gabriel, sancte Raphael, sancti chori Angelorum atque Archangelorum, Patriarcharum atque Prophetarum, Apostolorum, Evangelistarum, Martyrum, Confessorum, Sacerdotum, Levitarum, Monachorum, Virginum, omniumque justorum, per illum qui vos elegit, et de cujus contemplatione gaudetis, vos rogare præsumo, ut pro me culpabili ipsi Deo supplicare dignemini, quatenus de faucibus diaboli, et de morte perpetua merear liberari. Largiri mihi digneris Domine perpetuam vitam, secundum clementiam ac benignissimam misericordiam tuam.

Da Domine Jesu Christe sacerdotibus concordiam, regibus, episcopis, et principibus juste judicantibus tranquillitatem et pacem. Oro Domine pro universa sancta Ecclesia catholica, pro viris et feminis, pro religiosis et sæcularibus, pro omnibus rectoribus Christianorum, cunctisque in te credentibus qui pro tuo amore sancto laborant, ut perseverantiam boni operis obtineant. Præsta Domine rex æterne virginibus castitatem, Deo

(1) Alcuin., col. 295 e. nomine Hieron. — (2) Alcuin., col. 289 b. nomine Augustini. — (3) Iterum, col. 232 a.
(a) Adde ex Alcuino, *hostem libidinis repelle a me.*

inspirez aux vierges l'amour de la chasteté; à ceux qui se sont voués à vous, l'esprit de continence; la pureté et la retenue à ceux qui vivent dans les liens du mariage; indulgence et pardon à ceux qui se repentent; protection aux veuves et aux orphelins, secours aux pauvres; aux voyageurs un heureux retour dans leur patrie; consolation à ceux qui pleurent; repos éternel aux fidèles qui ont quitté la vie; un port de salut à ceux qui naviguent encore sur la mer de ce monde; à ceux qui sont déjà parfaits, la grâce de persévérer dans leur perfection; à ceux qui le sont moins, de devenir meilleurs, et à ceux qui sont encore dans le crime et l'iniquité, de se corriger et de faire pénitence.

O très-doux et très-miséricordieux Seigneur Jésus-Christ, Fils du Dieu vivant, Rédempteur du genre humain, j'avoue que je suis le plus grand et le plus misérable de tous les pécheurs; mais vous, Père tout-puissant, dont la clémence est infinie, vous qui avez pitié de tous les hommes, ne souffrez pas que je sois seul privé des effets de votre miséricorde. Et vous, Seigneur, Roi des rois, qui nous accordez comme une trêve de vie, accordez-moi aussi la force de me corriger. Enflammez en moi un cœur qui vous cherche et vous désire. Et vous, sainte et indivisible Trinité, qui êtes partout et toujours un seul et même Dieu, faites que mon âme vous craigne et vous aime par dessus tout, et n'ait jamais d'autre volonté que la vôtre. C'est vous surtout, Père saint et tout-puissant, qui êtes béni et glorieux dans tous les siècles, c'est vous que j'implore pour que tous ceux qui font mention de moi dans leurs prières, ou qui se sont recommandés aux miennes, tout indigne que je sois; pour que tous ceux au zèle et à la charité desquels je suis redevable de quelque service, ou qui me sont unis par les liens du sang et de l'amitié, tant ceux qui sont encore sur la terre que ceux qui dorment déjà dans le tombeau, aient part à vos miséricordes et soient préservés de la perte éternelle. Daignez aussi accorder votre secours à tous les chrétiens vivant encore, et aux fidèles que vous avez rappelés à vous, le pardon de leurs fautes et le repos éternel. Je vous supplie aussi, et de toutes les forces de mon âme, ô Seigneur, qui êtes le commencement et la fin de toutes choses, je vous supplie, lorsque sera arrivée la dernière heure de ma vie, d'être pour moi un juge miséricordieux, et mon défenseur contre les perfides accusations et les pièges du démon, mon ancien ennemi, et de me réunir dans votre paradis à la société de vos saints et de vos anges, ô Dieu tout-puissant, qui êtes béni dans tous les siècles des siècles. Ainsi soit-il.

Chapitre XLI. — *Actions de grâces et ardent désir d'aimer Dieu.* — O Jésus, mon Rédempteur, mon unique miséricorde et mon seul salut, je vous loue et je vous rends d'humbles actions de grâces. Quoiqu'elles soient loin de répondre à la grandeur de vos bienfaits, qu'elles soient dénuées de dévotion, privées de l'onction de votre amour, mon âme vous les offre quelles qu'elles soient; je sais bien qu'elles ne sont pas ce qu'elles devraient être, mais je vous les offre selon ma faiblesse. Seul espoir de mon cœur, seul soutien de mon âme, mon seul secours dans mes infirmités, que votre toute-puissante bonté supplée aux efforts impuissants de ma tiédeur et de ma faiblesse. O mon unique vie, but de toutes mes pensées et de mes aspirations, bien que je n'aie pas encore mérité de vous aimer autant que je le dois, je désire du

---

dicatis continentiam, conjugatis sanctimoniam, pœnitentibus indulgentiam, viduis et orphanis sustentationem, pauperibus protectionem, peregrinantibus reditum, lugentibus consolationem, defunctis fidelibus requiem sempiternam, navigantibus in portum venire salutis; (1) optimis, ut in bonitate semper consistant, bonis et mediocribus, ut meliores fiant; prave agentibus et delinquentibus, ut cito se corrigant.

O dulcissime et misericordissime Domine Jesu Christe, Fili Dei vivi, Redemptor mundi, inter omnes et per omnia me miserum peccatorem confiteor : sed tu clementissime Pater et summe, qui omnium misereris, non me patiaris a tua misericordia fieri alienum. Et tu Domine Rex regum, qui inducias vivendi præstas, corrigendi mihi devotionem tribue : excita in me mentem quæ te requirat, te desideret, et te qui es ubique totus trinus et unus semper præ omnibus amet, te timeat, tuamque voluntatem faciat. Præcipue ergo te Domine sancte Pater deprecor, qui es benedictus et gloriosus per omnia sæcula, ut omnes qui mei memoriam faciunt in suis orationibus, et qui indignis orationibus meis se commendaverunt, et qui mihi aliquod caritatis officium et pietatis studium impenderunt, seu et illos qui consanguinitate ac cognationis affectu sunt mihi propinqui, tam et illos qui nunc consistunt in corpore, quam et illos qui teguntur funere, misericorditer gubernare digneris ne pereant. Omnibus etiam Christianis vivis adjutorium præstare digneris, et defunctis fidelibus absolutionem et requiem sempiternam per æterna sæcula. Nec non et illud magnopere supplico Domine, qui es α et ω, ut cum extrema dies mea finisque vitæ meæ advenerit, tu ipse mihi sis misericors judex contra malignum accusatorem diabolum, et sis mihi perpetuus defensor adversus insidias hostis antiqui, et in societatem Angelorum omniumque Sanctorum in sancto paradiso tuo perseverare facias, qui es benedictus in sæcula sæculorum. Amen.

Caput XLI. — *Gratiarum actio et amoris desiderium.*— (2) Domine Jesu Christe, redemptio mea, misericordia mea, salus mea, te laudo, tibi gratias ago. Quamvis valde impares tuis beneficiis, quamvis multum expertes dignæ devotionis, quamvis nimis macras a desiderata pinguedine dulcissimi tui affectus, tamen qualescumque laudes qualescumque gratias, non quales scio me debere, sed sicut potest conari, tibi persolvit anima mea. Spes cordis mei, virtus animæ meæ, auxilium infirmitatis meæ, compleat tua potentissima benignitas, quod conatur mea tepidissima imbecillitas. Vita mea, finis intentionis meæ, etsi nondum merui te tantum, quantum

(1) Sic Anselm., Or. I. — (2) Anselm., Or. xx.

moins vous aimer autant que je le puis. Lumière de mon âme, vous lisez jusqu'au plus profond de ma conscience, car toutes mes pensées, tous mes désirs sont devant vos yeux, et s'il y a quelque bonne volonté en moi, c'est à vous que le dois, Seigneur. Si donc, ô mon Dieu, ce que vous inspirez est un bien, comme vouloir vous aimer est le souverain bien, faites que je puisse accomplir ce que vous voulez, faites que je sois digne de vous aimer autant que vous l'ordonnez. Je vous loue, Seigneur, je vous offre d'humbles actions de grâces pour le saint désir que vous avez allumé dans mon cœur. Je joins à mes louanges les plus ardentes prières, pour que ce bienfait tout gratuit de votre grâce ne soit pas infructueux pour moi. Achevez, ô mon Dieu, ce que vous avez commencé. Faites que je puisse accomplir ce qu'en me prévenant avec tant de bonté vous m'avez fait désirer. O Dieu de miséricorde, changez la tiédeur de mon cœur en un fervent amour pour vous.

Mes prières, ô Dieu très-clément, le souvenir et la méditation de vos bienfaits n'ont d'autre but que d'allumer en moi le feu de votre amour. Votre bonté, Seigneur, m'a tiré du néant, votre miséricorde m'a purifié de la souillure du péché originel. Bien qu'après cette purification dans les eaux du baptême, je me sois plongé dans la fange de bien d'autres péchés, vous m'avez souffert, nourri, attendu avec la patience d'un père; mais si vous attendez que je me corrige de mes fautes, mon âme attend aussi l'inspiration de votre grâce pour se repentir sincèrement de ses iniquités et mener une sainte vie. O Dieu qui m'avez donné l'être, qui m'avez nourri, qui avez souffert toutes mes misères, venez à mon secours. Mon âme a soif et faim de vous; elle vous désire, elle ne soupire et n'aspire qu'après vous. De même qu'un orphelin privé de la présence d'un père qui était l'unique objet de sa tendresse, le pleure sans cesse et en embrasse l'image chérie, de même moi, Seigneur, en pensant à votre passion, aux coups, aux soufflets, à tous les outrages que vous avez soufferts pour moi, à vos blessures, à votre mort sur la croix, à votre divin corps embaumé et mis dans le tombeau, à votre glorieuse résurrection et à votre merveilleuse ascension au plus haut des cieux, toutes choses que je crois avec une foi inébranlable, je verse des larmes abondantes, et je gémis sur l'exil qui me sépare de vous. Ma seule consolation est dans votre second avénement, que je désire de toute l'ardeur de mon âme, pour contempler la gloire de votre visage.

Que n'ai-je pu voir le souverain Maître des anges s'abaisser au rang des hommes pour élever les hommes à celui des anges, alors que ce divin Sauveur, offensé par les pécheurs, mourait pour leur donner la vie! Que n'ai-je pu assister et être frappé de stupeur à cette scène ineffable de dévouement et d'amour! O mon âme, pourquoi n'avez-vous pu être présente et pénétrée d'horreur et de la douleur la plus vive, en voyant le côté de votre Sauveur percé d'un coup de lance, les pieds et les mains de celui qui vous a créée traversés de clous, le sang coulant à grands flots du divin corps de votre Rédempteur! Pourquoi n'avez-vous pu vous abreuver de larmes amères, lorsqu'il vidait jusqu'à la lie le calice d'amertume? Que n'avez-vous eu le bonheur de partager la douleur de cette Vierge si pure, sa sainte et digne Mère et votre protectrice! O Mère de miséricorde, que de pleurs ont dû

debitor sum, amare : utique saltem desidero te tantum quantum debeo, amare. Illuminatio mea, tu vides conscientiam meam, quia Domine ante te omne desiderium meum (*Psal.* xxxvii. 10), et tu donas si quid bene vult conscientia mea. Si bonum est Domine quod inspiras, imo quia bonum est ut te velim amare; da quod me facis velle, da ut quantum jubes, tantum te merear amare. Laudes et gratias tibi ago pro desiderio quod inspirasti. Laudes et preces offero, ne sit mihi donum tuum infructuosum, quod tua sponte dedisti. Perfice quod incepisti, dona quod me benigne præveniendo desiderare fecisti. Converte misericordissime meum teporem, in ferventissimum tui amorem.

Ad hoc, clementissime, tendit hæc oratio mea, hæc memoria et beneficiorum tuorum meditatio; ut accendam in me tuum amorem. Tua me Domine bonitas creavit, tua misericordia creatum ab originali peccato mundavit, tua patientia post illam emundationem baptismi in aliis peccatorum sordibus volutatum hactenus toleravit, nutrivit, expectavit. Expectas tu bone Domine correctionem : expectat anima mea ad sufficientem pœnitendum, ad bene vivendum, tuæ gratiæ inspirationem. Deus meus, creator meus, tolerator meus et nutritor meus, esto adjutor meus. Te sitio, te esurio, te desidero, ad te suspiro, te concupisco : et sicut pupillus benignissimi patris orbatus præsentia, flens et ejulans incessanter ejus dilectam faciem toto corde amplectitur; sic et ego, non quantum debeo, sed quantum queo, memor passionis tuæ, memor alaparum tuarum, memor flagellorum, memor crucis, memor vulnerum tuorum, memor qualiter pro me occisus es, qualiter conditus, qualiter sepultus, simul memor gloriosæ tuæ resurrectionis et admirabilis ascensionis, hæc indubitata fide teneo, exilii mei ærumnas defleo, spero tui adventus solam consolat.onem, (*a*) ardenter desidero tui vultus gloriosam contemplationem.

Heu mihi, qui videre non potui Dominum Angelorum, humiliatum ad conversationem hominum, ut homines exaltaret ad conversationem Angelorum, cum Deus offensus moriebatur, ut peccator viveret. Heu qui tam admirabili, tam inæstimabili pietate præsens obstupescere non merui. Cur o anima mea te præsentem non transfixit gladius acutissimi doloris, cum ferre non posses vulnerari lancea latus tui Salvatoris, cum videre nequires violari clavis manus et pedes tui Plasmatoris, (*b*) cum horreres effundi sanguinem tui Redemptoris? Cur non es inebriata lacrymarum amaritudine, cum ille potaretur amaritudine fellis? Cur non es compassa castissimæ Virgini, dignissimæ matri ejus, benignissimæ dominæ tuæ? Domina mea misericordissima, quos fontes dicam erupisse de pudicissimis oculis, cum attenderes unicum filium tuum innocentem coram te ligari, flagel-

(*a*) Mss. *ardeo tui*, etc. — (*b*) Ms. Mel. *cur*.

couler de vos chastes yeux lorsque vous vîtes votre Fils unique innocent lié, flagellé, crucifié en votre présence? Qu'elles ont dû être abondantes et amères les larmes qui inondaient votre visage, à la vue de ce Fils bien-aimé, votre Dieu et votre Seigneur, pur de tout péché et cependant suspendu à la croix, et la chair dont il s'était revêtu dans votre sein cruellement déchirée par les impies! Que de soupirs, que de sanglots ont dû s'échapper de votre poitrine lorsque, du haut de la croix, il vous dit en parlant de son disciple bien-aimé : «Femme, voilà votre Fils, » (*Jean*, XIX, 26) et qu'il vous recommanda à ce même disciple en disant : « Voilà votre Mère! » Mais ce n'était que le disciple à la place de son divin Maître, que le serviteur à la place de son Seigneur, qui vous était donné comme protecteur. Quel eût été mon bonheur, si j'avais pu avec Joseph, ô mon adorable Sauveur, vous descendre de la croix, embaumer votre divin corps, le déposer dans le sépulcre, ou au moins le suivre jusqu'au lieu de la sépulture, en témoignage de mon amour et de la profondeur de mon respect pour une si grande et si précieuse mort! Plût à Dieu que j'eusse été avec les saintes femmes frappé de terreur à la vue des anges tout brillants d'une céleste lumière, leur annonçant, ô Seigneur, votre glorieuse résurrection! Quelle eût été ma joie et ma consolation à cette nouvelle si vivement attendue, et désirée avec tant d'ardeur! Que n'ai-je pu entendre de la bouche même de ces anges ces ineffables paroles : « Ne vous effrayez point; vous cherchez Jésus de Nazareth qui a été crucifié; il est ressuscité, il n'est plus ici. » (*Marc.*, XVI, 6.) O Jésus, Dieu dont la bienveillance, la douceur, la sécurité sont inaltérables, quand me dédommagerez-vous de n'avoir pas été témoin de la bienheureuse incorruptibilité de votre corps; de n'avoir pas couvert de mes baisers la place de vos blessures, les marques des clous qui ont percé vos pieds et vos mains adorables; de n'avoir pas arrosé de larmes de joie ces signes incontestables de la réalité de votre divin corps? O Dieu qui êtes au-dessus de toute admiration, de tout prix, de toute comparaison, quand me consolerez-vous et mettrez-vous fin à ma douleur? car ma douleur est indicible d'être si longtemps exilée loin de vous. Hélas! Seigneur, hélas! seul bonheur de ma vie, vous vous êtes éloigné de moi sans me consoler par la promesse de vous revoir un jour. Lorsque vous êtes entré dans vos voies éternelles, avant de quitter vos disciples, vous les avez bénis, et je n'ai point reçu cette bénédiction. Après avoir élevé vos mains vers le ciel, vous y fûtes porté sur une nuée éclatante, et je n'ai pas été témoin de cette glorieuse ascension. Les anges ont promis que vous reviendriez un jour, et je n'ai pas eu le bonheur de les entendre.

Que dirai-je? Que ferai-je? Où irai-je pour chercher celui que j'aime, et quand pourrai-je le trouver? Qui dira à mon bien-aimé que je languis d'amour pour lui? Toute la joie de mon cœur et mes ris se sont changés en tristesse. Mon âme et mon corps sont tombés en défaillance, ô seul Dieu de mon cœur et mon seul partage pour l'éternité. Mon âme repousse toute consolation qui ne vient pas de vous, Seigneur Dieu, qui seul pouvez adoucir mes peines. Sans vous, mon Dieu, que sont pour moi le ciel et la terre. C'est vous seul que je veux, vous seul que j'espère, vous seul que je cherche. C'est à vous que mon cœur a dit : J'ai cherché la beauté de votre visage, Seigneur, je la chercherai toujours, mais ne détournez pas vos regards de moi. O Dieu, dont la bonté pour les hommes est infinie, je suis un malheureux, un orphelin abandonné à votre Providence, secourez-moi. Jésus, mon plus fidèle défenseur, je suis cet

---

lari, mactari? Quos (*a*) fletus credam perfudisse pissimum vultum, cum suspiceres eumdem et Deum et Dominum tuum in cruce sine culpa extendi, et carnem de carne tua ab impiis crudeliter dissecari? Quibus singultibus æstimabo purissimum pectus vexatum esse, cum tu audires : « Mulier ecce filius tuus; » et discipulus : « Ecce mater tua : » (*Joan.*, XIX, 26, 27) cum acciperes discipulum pro magistro, servum pro domino? Utinam cum felice Joseph Dominum meum de cruce deposuissem, aromatibus condissem, in sepulcro collocassem, aut saltem prosecutus vel consecutus fuissem, ut tanto funeri non deesset aliquid mei obsequii. Utinam cum beatis mulieribus corusca visione Angelorum essem perterritus, et audissem nuntium Dominicæ resurrectionis, nuntium meæ consolationis, nuntium tam expectatum, nuntium tam desideratum. Utinam, inquam, audissem ex ore Angeli : « Nolite timere vos : Jesum quæritis crucifixum, surrexit, non est hic. » (*Marc.*, XVI, 6.) Benignissime, suavissime, serenissime, quando restaurabis mihi, quia non vidi illam beatam tuæ carnis incorruptionem, quia non fui deosculatus loca vulnerum, fixuras clavorum, quia non respersi lacrymis gaudii cicatrices testes veri corporis. Admirabilis, inæstimabilis, incomparabilis, quando consolaberis me et compesces a dolore meo? Non enim capit in me dolor meus quamdiu peregrinus sum a Domino meo. Heu mihi Domine, heu animæ meæ, recessisti consolator vitæ meæ, nec vale dixisti mihi. Ingrediens vias tuas benedixisti tuis, nec adfui. Elevatis manibus a nube susceptus es in cœlum (*Luc.*, XXIV, 50, 51), nec vidi. Angeli promiserunt te rediturum, nec audivi.

Quid dicam? quid faciam? quo vadam? ubi cum quæram? ubi vel quando inveniam? Quem rogabo? Quis nuntiabit dilecto, quia amore langueo? Defecit gaudium cordis mei, versus est in luctum risus meus : defecit caro mea et cor meum, Deus cordis mei et pars mea Deus in æternum. Renuit consolari anima mea, nisi de te, dulcedo mea. Quid enim mihi est in cœlo, et a te quid volui super terram? Te volo, te spero, te quæro : tibi dixit cor meum : Quæsivi vultum tuum, vultum tuum Domine requiram, ne avertas faciem tuam a me. Amator hominum benignissime, tibi derelictus est pauper : orphano tu eris adjutor. Mi advocate tutissime, miserere orphani derelicti : pupillus factus sum absque

(*a*) Ms. Met. *fluctus*.

orphelin délaissé de tous ; ayez pitié de lui. Je n'ai plus de père, mon âme elle-même est comme dans la désolation du veuvage. Recevez les larmes qu'elle verse comme une épouse privée de son époux, comme un orphelin qui a perdu son père. Elle vous les offre, Seigneur, jusqu'à ce que vous reveniez à elle. Daignez apparaître à mon âme, et je serai consolé ; que je vous voie, et je serai sauvé. Montrez-moi votre gloire, et ma joie sera parfaite. Mon âme a soif de vous, Seigneur, et ma chair se sent elle-même pressée de cette ardeur ? Mon âme altérée, Seigneur, soupire après vous, comme après une source d'eau vive. Oh! quand paraîtrai-je devant la face de mon Dieu ? Quand viendrez-vous à moi, mon unique consolateur que j'attends ? Quand me sera-t-il donné de vous voir, unique objet de mes désirs et de ma joie ? Quand pourrai-je me rassasier de la contemplation de votre gloire, dont je suis affamé ? Quand pourrai-je m'enivrer dans l'abondance de votre céleste demeure, après laquelle je soupire, des torrents de vos délices dont je suis altéré ? Que mes larmes soient jour et nuit ma seule nourriture, jusqu'à l'heureux jour où l'on dira : Voilà votre Dieu, et où j'entendrai dire à mon âme : Voilà votre Epoux. Jusqu'alors mon Dieu, que mon âme ne se nourrisse que de soupirs et de sanglots; qu'elle n'ait pour se désaltérer que les pleurs qu'elle versera; pour se réconforter que ses douleurs. Entre temps, viendra sans doute mon Rédempteur, car il est bon; il ne se fera pas attendre, car il est fidèle. Gloire soit à lui, dans tous les siècles des siècles. Ainsi soit-il.

patre, anima mea quasi vidua. Respice orbitatis et viduitatis meæ lacrymas, quas tibi offero donec redeas. (*a*) Age jam Domine, appare mihi, et consolatus ero; ostende faciem tuam, et salvus ero; exhibe præsentiam tuam, et consecutus ero desiderium meum; revela gloriam tuam, et erit perfectum gaudium meum. (*Psal.* LXII, 2) Sitivit in te anima mea, quam multipliciter tibi caro mea. Sitivit anima mea ad Deum fontem vivum, quando veniam et apparebo ante faciem Dei mei? (*Psal.* XLI, 3.) Quando venies consolator meus, quem expecto? O si quando videbo gaudium meum quod desidero! o si satiabor cum apparuerit gloria tua, quam esurio! (*Psal.* XXXV, 9.) O si inebriabor ab ubertate domus tuæ, ad quam suspiro; si potabis me torrente voluptatis tuæ, quam sitio! Sint mihi Domine interim lacrymæ meæ panes die ac nocte, donec dicatur mihi : Ecce Deus tuus (*Psal.* XLI, 4); donec audiam : Anima, ecce sponsus tuus. Pasce me interim singultibus meis, pota me interim fletibus meis, refocilla me doloribus meis : veniet interea fortasse Redemptor meus, quia bonus est; nec tardabit, quia pius est. Ipsi gloria in sæcula sæculorum. Amen.

(*a*) Al. *Eia jam Domine, eia.*

AVERTISSEMENT

SUR LE LIVRE DE LA CONTRITION DU CŒUR

En parcourant les manuscrits, au lieu de cet opuscule nous avons trouvé un livre un peu plus long, auquel ils donnent à tort le titre de *Méditations de saint Augustin*. Il commence par ces mots : « Allons, homme misérable, quitte un instant tes occupations terrestres, » et renferme trente-neuf chapitres, tous extraits des ouvrages authentiques ou apocryphes de saint Anselme. Dans ce livre *Des méditations*, l'opuscule qui suit, et que les premières éditions de saint Augustin appellent *De la contrition du cœur*, commence le chapitre huitième et se termine au vingt-neuvième, de telle sorte qu'il ne renferme ni les sept premiers chapitres, ni les dix derniers de ces *Méditations*. Nous avons dit que tous les chapitres étaient extraits des ouvrages « authentiques ou apocryphes » de saint Anselme. En effet, l'opuscule d'où est tiré le chapitre huitième des susdites

ADMONITIO IN LIBRUM DE CONTRITIONE CORDIS

Exploratis codicibus manu scriptis, invenimus loco hujus libelli opus aliquanto prolixius, quod in illis inscribitur, falso quidem *Meditationes beati Augustini* : incipiens in hæc verba, « eia homuncio, fuge paululum occupationes terrenas; » et continens triginta novem capitula, omnia ex Anselmi sive certis, sive dubiis opusculis decerpta. In eo *Meditationum* opere libellus iste, quem editiones Augustini priores appellant *De contritione cordis*, sic includitur, ut incipiat a capitulo *Meditationum* earumdem octavo, et in vigesimo nono desinat, prætermissis videlicet septem primis hac postremis decem capitulis. Excerpta capitula hæc ex Anselmi opusculis sive certis dicimus, sive dubiis. Nam illud quidem opusculum, unde sumptum comperimus

Méditations, c'est-à-dire la méditation septième des éditions actuelles, que Théophile Rainauld a le premier publiée sous le nom de ce saint, cet opuscule, dis-je, aucun manuscrit assez ancien ne l'attribue à saint Anselme, et il renferme quelques extraits de Hugues de Saint-Victor, puisés dans ses ouvrages *Sur la manière de prier* et *Sur l'Arrhe de l'âme*. Quant au reste de cet opuscule, il est tiré du *Prologe* et des opuscules de saint Anselme, dans lesquels se rencontre surtout ce cachet de piété, qui portait Durand, abbé de la Case-Dieu (1), à recommander les écrits de ce saint comme « excitant à la contrition du cœur, et produits par la piété d'un cœur contrit. » (Voir parmi les Epit. de saint Anselme, liv. I, ép. 64.) D'après ces paroles de Durand, l'opuscule qui suit serait appelé avec plus de justesse *Livre d'un cœur contrit* que *De la contrition du cœur*. Nous le publions après en avoir corrigé les nombreuses fautes, d'après les manuscrits de la Bibliothèque royale, de l'abbaye de Saint-Victor et du collége des Bernardins de Paris.

prædictum *Meditationum* capitulum octavum, id est meditatio Anselmi nunc ordine septima, quam sub ipsius nomine primus vulgavit Theophylus Raynaudus, haudquaquam Anselmo satis veterum codicum auctoritate asseritur, et continet dicta Hugonis Victorini quædam ex libris *De modo orandi et de arra animæ*. Cætera autem ex Anselmi *Proslogio*, atque ex illis deprompta sunt ejus opusculis, in quibus emicat character ille præcipuus, unde scripta Anselmi commendantur a Durando Casæ Dei abbate in epistola inter Anselmiana lib. I, 64, quod nimirum sint « de contritio spiritu et de pietate contriti cordis edita, » sive profecta. His vero ipsis Durandi verbis, aptius *Contriti cordis*, quam *De contritione cordis* appellaveris libellum subsequentem : quem hic a mendis innumeris purgatum habes subsidio Mss. Bibliothecæ Regiæ, Victorinæ, et collegii Bernardinorum Parisiensium.

(1) Ancienne abbaye de l'ordre de Prémontré, fondée en 1135 par Pierre, comte de Bigorre.

LE LIVRE
DE
LA CONTRITION DU CŒUR

CHAPITRE I. — Rien de plus certain que la mort, rien de plus incertain que l'heure de la mort. Voyons donc combien notre vie est courte, combien la voie est glissante, la mort certaine, et l'heure de la mort incertaine. Considérons de quelles amertumes a été mêlé le peu de joie et de douceur, qui a pu nous récréer dans notre course sur le chemin de la vie ; combien est suspect et trompeur, instable et passager tout ce qu'enfante l'amour de ce monde, tout ce que promettent les grâces et la beauté si tôt flétries. Voyons aussi quelles sont les délices et les douceurs de la patrie céleste ; réfléchissous et examinons attentivement d'où nous sommes tombés, l'état dans lequel nous gisons, ce que nous avons perdu et ce que nous avons trouvé, afin que cette connaissance nous fasse comprendre quelle doit être notre douleur dans cet exil. C'est pour cela, en effet, que Salomon dit : « Celui qui recueille la science, re-

DE
CONTRITIONE CORDIS
LIBER UNUS

CAPUT I. — (1) Nihil morte certius, nihil incertius hora mortis. Cogitemus ergo quam brevis sit vita nostra, quam via lubrica, quam mors certa, et hora mortis incerta. Cogitemus quantis amaritudinibus admixtum sit, si quid dulce aut jucundum in via hujus vitæ occursu suo nobis alludit ; quam fallax et suspectum, quam instabile et transitorium est, quidquid hujus mundi amor parturit, quidquid species aut pulchritudo temporalis promittit. Consideremus etiam quæ sit patriæ cœlestis suavitas aut dulcedo ; et attendamus et perpendamus unde cecidimus, et ubi jacemus ; quid perdidimus, et quid invenimus : ut ex utroque intelligamus quantum nobis in hoc exilio lugendum sit. Hinc enim Salomon ait : « Qui apponit scientiam, apponit et dolorem : »

(1) Ex *Medit.*, apud Anselm., vii, n. 1. lib. *de Spir. et an.*, c. 1, post Hug. Vict., lib. *de modo orandi*, c. 1.

cueille aussi la douleur. » (*Ecclé.*, 1, 18.) Parce que plus l'homme comprend ses maux, plus il soupire et gémit; car la méditation produit la science, la science donne la componction, et de la componction naît la dévotion qui recommande la prière. Une méditation assidue donne à l'homme la lumière nécessaire pour se connaître, et dans la componction, que fait naître en lui la considération de ses maux, son cœur est touché intérieurement d'une profonde douleur.

Pauvre et misérable, combien ne devrais-je pas aimer mon Dieu qui m'a créé, lorsque je n'existais pas, qui m'a racheté quand j'avais péri. Je n'étais pas, et de rien il m'a fait non pas arbre, non pas oiseau, ou tout autre animal, mais il a voulu que je fusse homme, il m'a donné la vie, le sentiment et le jugement. J'étais mort, et d'immortel qu'il était il s'est fait mortel; il a voulu souffrir sa passion, il s'est soumis à la mort et il a triomphé, et par là il m'a rendu à la vie. C'est ainsi que j'ai toujours été prévenu de sa grâce et de sa miséricorde. Souvent même mon Libérateur m'a sauvé dans de nombreux dangers. Quand j'errais, il m'a ramené; quand j'étais dans l'ignorance, il m'a instruit; quand je péchais, il m'a châtié; quand j'étais dans la tristesse, il m'a consolé; quand le désespoir m'accablait, il m'a fortifié; quand je suis tombé, il m'a relevé; quand j'étais debout, il me préservait des chutes; quand je marchais, il me conduisait; quand je suis venu, il m'a accueilli. Tels sont les bienfaits, et beaucoup d'autres encore que mon Dieu m'a accordés, aussi ce sera pour moi un bonheur d'en parler, d'y penser toujours, et de lui en rendre de continuelles actions de grâces : il a voulu par là que je puisse le louer et l'aimer pour tous ses bienfaits. Comment pourrais-je, en effet, lui payer tous ses dons, si ce n'est en l'aimant? Car on ne peut mieux ni plus convenablement payer que par l'amour, ce qui a été donné par amour.

Considère, ô homme, ce que tu possédais, et ce qu'on a fait pour toi; vois de quel amour est digne celui qui t'a fait ces choses. Pèse bien tes besoins et sa bonté; et examine quelles actions de grâces tu pourras lui rendre, et tout ce que tu dois faire pour sa gloire. Tu étais dans des ténèbres affreuses, sur la pente glissante, la descente escarpée de l'abîme de l'enfer, qui jamais n'a rendu ses victimes, un poids énorme, lourd comme le plomb, était attaché à ton cou et t'entraînait dans l'abîme, et une masse écrasante t'accablait. Des ennemis invisibles réunissaient tous leurs efforts pour précipiter ta chute. C'est dans cette position que tu te trouvais sans aucun secours, et tu ignorais pourquoi tu avais été conçu, et pourquoi tu étais né dans cet état. J'étais dans les ténèbres, parce que j'ignorais tout, et que je ne me connaissais même pas; j'étais sur un endroit glissant, parce que sans force je suivais l'entraînement du péché; j'étais sur une pente escarpée, parce que le poids du péché originel m'entraînait dans les profondeurs de l'enfer, qui se trouvait au-dessous de moi, et mes ennemis les démons m'assaillaient avec violence pour me rendre plus coupable par d'autres crimes. J'étais dans cet état et dépourvu de tout secours, quand votre lumière brilla devant mes yeux, ô mon Dieu; vous m'avez montré ce plomb qui m'entraînait, ce fardeau qui m'accablait, et vous avez repoussé mes ennemis; car vous m'avez délivré du péché dans lequel j'avais été conçu, dans lequel j'étais né, ainsi que de la damnation éternelle, et vous avez empêché les malins

---

(*Ecclé.*, 1, 18) quia quanto magis homo intelligit mala sua, tanto amplius suspirat et gemit. Meditatio si quidem parit scientiam, scientia compunctionem, compunctio devotionem, devotio commendat orationem. Meditatione assidua homo ad cognitionem sui illuminatur, in compunctione ex consideratione malorum suorum, cor interno dolore tangitur.]

[(1) Miser ego quantum deberem diligere Deum meum, qui me fecit cum non eram, redemit cum perieram? Non eram, et de nihilo me fecit, non arborem, non avem, non aliquod de animalibus; sed hominem me voluit esse, dedit mihi vivere, sentire, discernere. Perieram, et ad mortalem descendit immortalis; suscepit passionem, suscepit mortem et vicit, et sic me restauravit : sic gratia ejus, et misericordia ejus semper prævenerunt me. De multis etiam periculis sæpe liberavit me liberator meus. Quando errabam, reduxit me; quando ignorabam, docuit me; quando peccabam, corripuit me; quando contristabar, consolatus est me; quando desperabam, confortavit me; quando cecidi, erexit me; quando steti, tenuit me; quando ivi, duxit me; quando veni, suscepit me. Hæc et multa alia fecit mihi Deus meus, de quibus dulce mihi erit semper loqui, semper cogitare, semper gratias agere : ut pro omnibus beneficiis suis possim eum laudare et amare. Pro his enim omnibus quæ illi rependam non habeo, nisi tantum ut diligam : non enim melius nec decentius, quam per dilectionem, rependi potest, quod per dilectionem datum est.]

[(2) Considera, o homo, quid tibi erat, et quid tibi factum sit : et pensa qui tibi hæc fecit, quanto amore dignus sit. Intuere necessitatem tuam, et bonitatem ejus : et vide quas gratias reddas, et quantum debeas (*al.* amori) honori ejus. In tenebris, in lubrico, in descensu super irremeabile chaos inferni, immensum et quasi plumbeum pondus pendens a collo tuo deorsum te trahebat, et onus importabile de super te premebat. Hostes invisibiles toto conatu te impellebant. Sic eras sine omni auxilio; et nesciebas quia sic conceptus et natus eras. In tenebris eram; quia nihil, nec me ipsum sciebam; in lubrico, quia imbecillis ad lapsum peccati eram. descensu eram; quia super chaos inferni pondus originalis peccati deorsum me premebat, et inimici mei dæmones, ut me aliis peccatis damnabiliorem facerent, vehementer insistebant. Sic omni auxilio destituto illuxisti mihi Deus meus; ostendisti plumbum trahens et onus gravans, et hostes impellentes rejecisti : quia pec-

(1) Sic citata *Med.*, n. 2, et lib. *de Spir. et an.*, c. xvii, post Hug., lib. *de Arra animæ*. — (2) Ex Anselmi *Medit.*, xi.

esprits de faire violence à mon âme. De votre propre nom, vous m'avez donné celui de chrétien, par lequel je me déclare, et par lequel vous me reconnaissez de ceux que vous avez rachetés. Vous m'avez élevé jusqu'à pouvoir vous connaître et vous aimer ; c'est à vous que je dois d'avoir confiance dans le salut de mon âme, pour laquelle vous avez donné votre vie ; vous m'avez même promis votre gloire, si je suis fidèle à vous suivre. Et, bien que je ne vous suive pas encore comme vous me l'avez ordonné, et que je commette beaucoup de fautes que vous m'avez défendues, voici que vous attendez encore que je vous suive, et que vous donnez ce que vous m'avez promis.

Chapitre II. — Que mon âme considère, que toutes mes facultés intérieures examinent combien mon être tout entier lui est redevable. Oui, Seigneur, puisque vous m'avez créé, je me dois moi-même tout entier à votre amour ; ce n'est pas assez, je dois d'autant plus que moi-même à votre amour, que vous êtes plus grand que moi, pour qui vous vous êtes donné, à qui vous vous êtes promis vous-même. Seigneur, je vous en prie, faites que je vous goûte par amour, comme je vous goûte par connaissance ; que je sente par affection ce que je sens par intelligence. Je vous dois plus que moi tout entier ; mais je n'ai pas plus, et même ce que j'ai, je ne peux pas vous le donner par moi-même. Seigneur, attirez-moi à votre amour ; et faites que tout ce que je suis, soit à vous par amour, comme il l'est par sa propre condition. Voici, Seigneur, que mon cœur est en votre présence, il s'efforce de s'approcher de vous, mais par lui-même il ne le peut pas ; venez en aide à son impuissance. Ouvrez-moi la porte de votre amour, je cours à cette porte, je la cherche, j'y frappe. Faites que je reçoive ce que vous me faites désirer, que je trouve ce que vous me donnez à chercher, et qu'on m'ouvre là où vous m'enseignez à frapper. A qui donnerez-vous, si vous refusez à celui qui demande? Qui trouvera, si celui qui cherche le fait en vain? A qui ouvrirez-vous, si vous fermez à celui qui frappe? Que donnerez-vous à celui qui ne prie pas, si vous refusez votre amour à celui qui vous prie? C'est de vous que j'ai reçu la faculté de demander, je veux que mon âme s'attache à vous. O bon Seigneur, mon âme languit de la soif de votre amour, réconfortez-la. Que votre affection la guérisse, la fortifie, que votre amour la remplisse, qu'il me possède et s'empare de moi tout entier. Je sais, Seigneur, je sais et je confesse que je ne suis pas digne que vous m'aimiez : mais certainement vous n'êtes pas indigne du service de votre créature. Donnez-moi, Seigneur, ce dont vous êtes digne, et alors je deviendrai digne de ce dont je suis indigne. Faites-moi éviter le péché, de quelque manière que vous voudrez, afin que je puisse vous servir comme je le dois. Faites-moi la grâce de veiller tellement sur ma vie, de la diriger et de la terminer de telle sorte que je dorme dans la paix, et que je repose en vous. Accordez-moi qu'à la fin de ma vie, le sommeil de la mort soit accompagné du repos, le repos de la sécurité et la sécurité de l'éternité. Ainsi soit-il.

Chapitre III. — Seigneur Jésus-Christ, ma miséricorde, mon salut, je vous loue, je vous rends mes actions de grâces. Seigneur, c'est votre bonté qui

---

catum, in quo natus et conceptus eram, et damnationem (a) amovisti; et maligius spiritus, ne vim animæ meæ facerent, prohibuisti. Christianum me vocari fecisti de nomine tuo, per quod et ego confiteor, et tu me cognoscis inter redemptos tuos. Erexisti et levasti me ad notitiam et amorem tuum; fecisti me considere de salute animæ meæ, pro qua dedisti animam tuam, et mihi, si te sequerer, promisisti gloriam tuam. Et ecce cum noudum te sequar sicut consuluisti, sed insuper multa peccata fecerim quæ prohibuisti; adhuc expectas ut sequar, et dones quod promisisti.]

Caput II. — [(1) Considera anima mea, intendite omnia intima mea, quantum illi debeat tota substantia mea. Certe Domine quia me fecisti, debeo amori tuo me ipsum totum : imo debeo amori tuo plus quam me, quantum tu es major me, pro quo dedisti te ipsum, promisisti te ipsum. Fac me, precor te Domine, gustare per amorem, quod gusto per agnitionem : sentiam per affectum, quod sentio per intellectum. Plus tibi debeo quam me ipsum totum : sed nec plus habeo, nec hoc ipsum quod habeo, per me totum reddere possum. Trahe me Domine in amorem tuum : et hoc ipsum totum quod sum, tuum est conditione, fac tuum dilectione. Ecce Domine coram te est cor meum, (b) conatur accedere ad te, sed per se non potest; fac tu quod ipsum non potest. Admitte me intra cubiculum amoris tui, peto, quæro, pulso. Qui me facis petere, fac accipere; das quærere, da invenire; doces pulsare, aperi pulsanti. Cui das, si negas petenti? Quis invenit, si quærens frustratur? Cui aperis, si pulsanti claudis? Quid das non oranti, si amorem tuum negas oranti? A te habeo impetrare, adhærere animam meam volo ad te. Bone Domine, fame amoris tui languet anima mea, refocilla illam : sanet eam dilectio tua, impinguet eam affectus tuus, impleat eam amor tuus, occupet me totum et possideat totum. (2) Scio Domine, scio et fateor, quod non sum dignus ut me diligas : sed certe non es indignus servitio creaturæ tuæ. Da igitur mihi Domine unde tu es dignus; et ego ero dignus unde sum indignus Fac me quomodo vis, a peccatis cessare, ut quomodo (c) debeo, possim tibi servire. Concede mihi sic custodire, et regere et finire vitam meam, ut in pace dormiam, et requiescam in .te. Præsta mihi in fine, ut me accipiat somnus cum requie, requies cum (d) securitate, securitas cum æternitate. Amen.]

Caput III. — [(3) Domine Jesu Christe redemptor meus, misericordia mea, salus mea, te laudo, tibi gratias

(1) Ex eod. loco. — (2) Jam ex Orat. xxi, et lib. Medit., c. x. — (3) Ansel., Or. ii, quæ est eadem ac Or. xx, et lib. Medit., c. xli, sed compendiosior.

(a) Ans., addit. ejus. — (b) In editis deest, conatur: a Mss. vero et Ans. abest, accedere ad te. — (c) Mss. volo. — (d) Ans. saturitate, saturitas.

m'a créé; c'est votre miséricorde qui m'a purifié de la tache originelle; c'est votre patience qui m'a supporté, nourri, attendu jusqu'à ce jour, bien que je fusse couvert des taches hideuses des autres péchés. Seigneur mon Dieu, mon Créateur, mon soutien, j'ai faim et soif de vous, je vous désire, c'est vers vous que partent mes soupirs et mes aspirations. Mon Dieu, très-bon, très-doux, très-aimable, c'est vous que je veux, que je cherche, que j'espère. Mon âme refuse toute consolation, si elle ne vient de vous, ô ma douceur? Eh! Seigneur, apparaissez-moi, et je serai consolé, montrez-moi votre face, et je serai sauvé, faites-moi jouir de votre présence, et tous mes désirs seront satisfaits; découvrez-moi un rayon de votre gloire, et ma joie sera parfaite. Quand viendrez-vous, ô consolateur que j'attends? Oh! si un jour, je voyais la joie que je désire. Oh! si lorsqu'elle apparaîtra, j'étais rassasié de cette gloire, dont j'ai si faim. Oh! si j'étais enivré des douceurs de votre maison vers laquelle je soupire! Oh! si je me désaltérais dans le torrent de vos délices dont la soif me dévore! Dans cet exil, Seigneur, donnez-moi le pain de la douleur et des larmes, dont je suis plus affamé que de toutes sortes de délices. Qu'ici-bas, le jour et la nuit les larmes soient mon pain jusqu'à ce qu'il me soit dit : Voici ton Dieu; jusqu'à ce que j'entende : Voici ton Epoux; nourrissez-moi, Seigneur, de mes sanglots, fortifiez-moi par mes souffrances.

Mon Dieu, quel me suis-je fait? Quel étais-je? Mon Dieu quel m'avez-vous fait, et quel me suis-je fait de nouveau? J'ai été conçu, je suis né dans le péché, et vous m'avez lavé; vous m'avez purifié, et je me suis couvert de taches encore plus hideuses. J'étais né souillé d'une tache nécessaire, maintenant ce sont des souillures volontaires qui flétrissent mon âme.

Chapitre IV. — Hélas! malheureux et trop malheureux que je suis! Oui, trop malheureux est celui qui est torturé par sa conscience, et qui ne peut la fuir! Oui, trop malheureux est celui que la damnation attend, et qui ne peut l'éviter! Trop malheureux est celui qui est pour lui-même un objet d'horreur. Mais plus malheureux encore est celui qui souffrira la mort éternelle. Il est bien à plaindre, celui qui est continuellement effrayé par l'appréhension du supplice éternel; mais il l'est bien davantage, celui qui subit les peines de l'enfer pour ses péchés. Terrible est ceci, terrible est cela, mais ce qui suit l'un et l'autre excède toute mesure. Quelle chose mauvaise et amère n'est-ce pas que de commettre l'iniquité! Oh! péchés, quels faciles accès vous avez, mais quelles difficiles issues! Lors de la tentation, tout est douceur et enchantement, après l'entraînement, on sent la pointe acérée qui donne la mort, combien de malheureux sont entraînés, en quels lieux affreux sont-ils enchaînés! Comprenez donc, pécheurs, combien il est mauvais et amer d'abandonner le Seigneur! Revenez, ne faites pas le mal, non, vous dis-je, ne le faites pas; il est bien vrai que le péché est mauvais et amer, je l'ai éprouvé, je suis tombé dans ce malheur, et maintenant, ou bien ma vie sera tourmentée par les continuelles douleurs de la pénitence, ou bien d'éternelles tortures seront

ago. Tua me, Domine, bonitas creavit, tua misericordia me ab originali peccato mundavit, tua patientia post illam emundationem in aliis peccatorum sordibus volutatum hactenus toleravit, nutrivit, et exspectavit. Domine Deus meus, creator meus, adjutor meus, te sitio, te esurio, te desidero, ad te suspiro, te concupisco. Benignissime, suavissime, serenissime, te volo, te quæro, te spero. Renuit consolari anima mea, nisi de te, dulcedo mea. Age jam Domine, appare mihi, et consolatus ero; ostende mihi faciem tuam, et salvus ero; exhibe præsentiam tuam, et implebitur desiderium meum; revela gloriam tuam, et perfectum erit gaudium meum. Sitivit in te anima mea, quam multipliciter tibi caro mea. (*Psal.* LXII, 2.) Quando venies consolator meus, quem ego expecto? O si quando videbo gaudium meum, quod desidero! O si satiabor cum apparuerit gloria ejus, quam esurio! (*Psal.* XVI, 15.) O si inebriabor ab ubertate domus tuæ, ad quam suspiro! (*Psal.* XXXV, 9.) O si potabis me torrente voluptatis tuæ, quam sitio! Da mihi Domine in hoc exilio panem doloris et lacrymarum, quem esurio super omnem copiam deliciarum. Sint mihi Domine interim lacrymæ meæ panes die ac nocte, donec dicatur mihi : Ecce Deus tuus (*Psal.* XLI, 4) : donec audiam : Ecce sponsus tuus, pasce me Domine interim singultibus meis, refocilla me doloribus meis.]

[(1) Deus meus qualem me feci? Qualis eram? Deus qualem me fecisti, et qualem iterum me feci? In peccatis enim conceptus et natus sum, et abluisti me : sanctificasti me, et ego pejoribus sordidavi me peccatis. In necessariis eram tunc natus, nunc sum in spontaneis volutatus.

Caput IV. — Heu me miserum et nimis miserum; nimis enim miserum, quem torquet conscientia sua, quam fugere non potest! nimis enim miserum, quem expectat damnatio sua, quam vitare non potest! Nimis est infelix, qui sibi ipsi est horribilis : nimis infelicior, cui mors æterna erit sensibilis. Nimis ærumnosus, quem terrent continui de sua (*a*) infelicitate horrores : nimis ærumnosior, quem torquebunt æterni pro sua iniquitate dolores. Malum hoc, et malum hoc; sed (*b*) nimis hoc, et nimis hoc. Peccare quam amara res est et mala ! Peccata, quam faciles aditus, quam difficiles exitus habetis ! (2) Dum suadetis, innunguitis; post quam persuaseritis, usque ad mortem animæ pungitis : (3) (*c*) peccatores quos inducitis, in quos quasi utres usque includitis? Intelligite, quia malum et amarum est relinquere Deum, qui peccatis : redite, et peccare nolite, inquam, nolite. Vere malum et amarum est : expertus sum, in hoc ipso sum. Aut enim continui dolores cruciabunt pœnitentem vitam meam, aut æterni cruciatus

(1) Ex Ansel. Orat. LXII. — (2) Hæc, ex Or. LXXII. — (3) Jam ex LXII.
(*a*) Anselm, *fœditate.* — (*b*) Al. *minus hoc et majus hoc.* — (*c*) *Peccatores; quos vos inducitis? Intra quos vectes vos includitis? Intelligite,* etc.

la peine imposée à mon âme ; mauvais et amer sont l'un et l'autre ; de l'un et de l'autre, Seigneur, délivrez-moi.

O mon âme, appelée à produire les vertus, avant tout je te veux donner ces avis salutaires : Dans le souvenir de tes maux, sois bien attentive à éviter ces pièges du démon auxquels se laissent prendre plusieurs dont la vigilance est en défaut ; ils font repasser leurs fautes devant les yeux de leur âme comme pour les déplorer, et par suite de ce souvenir, ils retombent follement dans la délectation de leurs fautes mêmes. Bien souvent il m'arrive, dans une conversation entreprise sans quelque motif d'utilité, de tomber aussitôt dans la détraction, de faire quelque serment imprudent ; je cède à une sotte curiosité, ou je sens au milieu de moi les turpitudes des pensées mauvaises, les mouvements illicites de l'impudicité. Hélas ! quel malheur ! quelle ruine ! Tandis qu'oubliant le passé, je veux m'appliquer à ce qui est devant moi, tout à coup je me sens entraîné de nouveau, je ne sais par quelle misère, aux choses vaines ou nuisibles ; pareille à je ne sais quelle soudaine mort, à quel chien enragé que les coups mêmes n'empêchent pas de déchirer l'homme, la délectation charnelle dévore mon âme, et, au lieu du doux parfum des vertus, je sens l'horrible et insupportable infection de mes vices intérieurs. Je l'avoue, très-doux Jésus, et j'expose devant vous toutes ces iniquités qui accablent mon âme ; ils sont au nombre de onze ces maux que je souffre, à savoir : la colère, l'impatience, la discorde, si haïe de Dieu et de ses saints, l'indignation, la rancune intérieure, l'ennui de l'âme, la gourmandise, l'esprit de murmure, le désir de la volupté, la délectation charnelle, l'orage de la passion, et tant d'autres choses semblables qui accablent, brisent et déchirent ma pauvre âme ! Combien est moins insupportable aux hommes la puanteur d'un cadavre putréfié, que ne l'est à Dieu une âme pécheresse ! Combien celle-ci est-elle plus horrible devant Dieu, que celui-là devant les hommes ! O mon âme, arbre stérile ! où sont tes fruits ? Un tel arbre mérite la hache et le feu, il doit être coupé et brûlé ; qu'as-tu donc produit ? Hélas ! des épines déchirantes et des péchés bien amers ; si seulement ces épines déchiraient jusqu'à destruction dans la pénitence, si cette amertume était assez puissante pour anéantir l'iniquité ! Peut-être est-il tel péché que tu regardes comme peu de chose ; mais, hélas ! tout péché est une prévarication qui atteint l'honneur de Dieu, et peut-on appeler petit ce qui déshonore le Seigneur ? Oserai-je, pécheur, estimer petit un péché quelconque ? Jésus, mon bon Maître, pourquoi êtes-vous venu des cieux ? Qu'avez-vous fait pour le monde ? Pourquoi vous êtes-vous soumis à la mort, sinon pour sauver les pécheurs, dont je suis, moi, le plus grand ?

Chapitre V. — Reprends courage, ô pécheur, reprends courage ! Ne te livre pas au désespoir, espère en celui que tu crains, cherche ton refuge en celui dont tu t'es éloigné, invoque avec persistance celui que tu as provoqué dans ton orgueil. O Jésus, à cause de votre nom, accordez-moi ce que m'annonce votre nom ! O Jésus, oubliez mon orgueilleuse provocation, accordez-moi un regard favorable quand j'implore dans ma misère votre nom si doux, si délectable, ce

vexabunt puniendam animam meam. Utique malum et amarum est utrumque;] libera me ab utroque.

Anima mea, ante omnia et sicut (a) matrem virtutum moneo, caveas, ne in recordationibus malorum tuorum alicujus diaboli laqueos incurras, quos multi incauti incurrunt, qui dum mala sua quasi pro eis plorantes ante mentis oculum reducunt, per easdem recordationes in ipsas malorum delectationes insipienter incidunt. [(1) Sæpius etiam cum (b) sine causa alicujus utilitatis cum aliquo loqui incipio, statim in detractionem incurro, vel pro aliqua re imprudenter juro, vel vitio curiositatis ineptæ succumbo, vel malarum cogitationum turpitudines, motus illicitos et impudicos in ipsis interioribus meis sustineo. Heu tantæ infelicitati, tantæ perditioni ! Dum enim quæ retro sunt obliviscens, ad ea quæ ante sunt me extendere volo, subita nescio qua miseria me relabi ad inania et noxia conspicio : et tanquam mors subita interveniens, vel quemadmodum canis rabidus, qui nec percussus a laceratione hominis se temperat, carnalis delectatio perforat mentem meam : et pro suavi odore virtutum sentio intolerabilem ac teterrimum fœtorem interiorum vitiorum. Fateor dulcissime Domine Jesu, et expando coram te omnes iniquitates meas quas intus sustineo in anima mea : (2) sunt autem hæc mala mea undecim, scilicet ira, impatientia, inimica Deo et omnibus sanctis odiosa discordia, indignatio, rancor animi, tædium mentis, voracitas gulæ, murmuratio, desiderium voluptatis, delectatio carnis, tempestas libidinis : et multa his similia, quibus vexatur et afficitur, laceratur et discerpitur infelix anima mea.] [(3) O quam tolerabilius canis putridus fœtet hominibus, quam anima peccatrix Deo ! quam infelicius ista Deo, quam ille hominibus ! Anima mea, arbor infructuosa, ubi sunt fructus tui ? (*Matth.*, III, 10.) Talis autem arbor digna est securi et igne, digna succidi et incendi. Qui sunt fructus tui ? Utique spinæ pungentes et amara peccata : quæ utinam sic te pœnitendo pungerent, ut (c) confoderent ; sic amarescerent, ut evanescerent. Forsitan parvum quid putas aliquod peccatum. Sed heu nonne omne peccatum per prævaricationem Deum exhonorat ? Quod ergo Deum exhonorat, quam pravum est ? Audebit ergo peccator aliquod peccatum parvum æstimare ? (4) Jesu bone Domine cur de cœlo venisti ? quid mundo fecisti ? ad quid te morti dedisti ? nisi ut peccatores salvares,] quorum maximus ego sum.

Caput V. — [(5) Respira ergo, o peccator, respira, ne desperes : spera in eo quem times, affuge ad eum a quo aufugisti, invoca importune quem superbe provocasti. Jesu, propter nomen tuum fac mihi secundum nomen tuum. Jesu obliviscere superbum provocantem, respice miserum invocantem nomen dulce, nomen delectabile, nomen confortans peccatorem, et nomen beatæ spei.

(1) Anselmus, Orat. xv. — (2) Ex Orat. iv. — (3) Anselm., *Medit.* ii. — (4) Idem, Orat. lxxii. — (5) Rursum ex *Med.* ii.
(a) Ms. Reg. *introitum tuum moneo*. — (b) Ans. *omittit sine*. — (c) Aus., *confringerentur*. At Mss. *confitentibus sic*.

nom qui soutient le pécheur, ce nom d'heureuse espérance. En effet, que veut dire Jésus, sinon sauveur? Soyez donc, pour vous-même, mon Jésus, mon bien-aimé Sauveur. Je vous en conjure, ne considérez pas assez ma malice pour oublier votre bonté; ô bon Maître, si j'ai fait ce qu'il faut pour mériter ma damnation, vous n'avez rien perdu de ce par quoi vous aimez à donner le salut. J'ai perdu mon innocence, mais ai-je par là détruit votre clémence? Il est vrai, mes crimes méritent la damnation, et ma pénitence n'est point une satisfaction suffisante; mais il est certain que votre miséricorde est plus grande que toute offense. Pardonnez-moi donc, Seigneur, qui êtes le salut, qui ne voulez pas la mort du pécheur; ayez pitié de mon âme pécheresse, brisez ses liens, guérissez ses blessures. Voici, Seigneur plein de miséricorde, que j'épanche mon âme en votre présence; elle n'a point la force des vertus, elle porte la chaîne des vices; la voilà affaissée sous le poids de ses péchés, souillée de la tache des vices, déchirée des plaies que lui a faites le démon, infectée et fétide dans l'ulcère de ses crimes, écrasée, brisée, enlacée, perdue par tous ces maux, et bien d'autres encore que vous apercevez mieux que moi. Voilà quelle misère affreuse m'enveloppe; venez à mon aide, secourez-moi, ô universelle miséricorde!

Hélas! malheureux! malheureux! toujours et partout malheureux! Combien est grande la misère et la captivité de l'homme! S'il mène une vie criminelle, sa damnation est évidente; s'il paraît vivre dans la vertu, mais sans se surveiller assez, il tombe dans la vaine gloire, et par là aussi il mérite la mort éternelle et la damnation. Voici les ennemis de l'homme plein de misères, l'orgueil, la jalousie, la vaine gloire, qui le souillent et le corrompent, qui bien souvent le blessent à mort, si la miséricorde de Dieu n'intervient pour le préserver. Délivrez-moi, Seigneur, de ces ennemis, puisque je ne puis m'en délivrer moi-même. Mon cœur est pervers et très-mauvais; il est aride, il est de pierre pour déplorer les péchés que j'ai commis; il est mou, il est d'argile pour résister aux tentations; il est ardent et infatigable pour poursuivre les choses vaines et nuisibles; il est sourd et facile au dégoût pour les saintes pensées; mon âme, pervertie et dépravée, est prompte et active pour se jeter et se précipiter dans les vices, lente et paresseuse pour penser au salut. Il serait trop long de tout énumérer : gourmandise, paresse, légèreté, impatience, vaine gloire, détraction, indocilité, et combien d'autres vices dont mon âme est le jouet quotidien, qui la déchirent, la brisent, consomment sa perte. Délivrez-la, Seigneur, déchargez-la du poids écrasant de ses péchés; détruisez les liens de ses iniquités, les chaînes de ses crimes; relevez-la de son abaissement, soutenez sa faiblesse, donnez-lui les armes spirituelles des vertus, couvrez-la, protégez-la dans sa lutte, mettez en fuite ses ennemis. Jésus plein de bonté, voyez ma bassesse et mon affliction, et pardonnez-moi toutes mes fautes; vous êtes mon aide, ne m'abandonnez pas, ne vous détournez pas de moi, mais apprenez-moi à faire votre volonté; que mon âme soit un témoignage de ce que ma bouche aime à proclamer. Aidez-moi, Seigneur rempli de bonté, de douceur, de clémence au delà de ce que je puis con-

---

Quid est enim Jesus, nisi salvator? Ergo propter temetipsum esto mihi Jesus, esto mihi salvator benignus. (1) Noli Domine, noli attendere sic malum meum, ut obliviscaris bonum tuum, o bone Domine : etsi ego admisi unde me damnare potes, tu ne amisisti unde salvare soles? Ego enim castitatem meam mihi ademi, numquid misericordiam tuam peremi? Verum est, conscientia mea meretur damnationem, et pœnitentia mea non sufficit ad satisfactionem : sed certum est quod misericordia tua superat omnem offensionem. Parce ergo tu Domine, qui es salus (*Ezech.*, XVIII, 23) : et qui non vis mortem peccatoris, miserere peccatrici animæ meæ,] solve vincula ejus, sana vulnera ejus. [(2) Ecce misericors Domine coram te exhibeo animam meam, virtutum nervis dissolutam, catenis vitiorum ligatam, poudere peccatorum gravatam, delictorum sordibus fœdatam, discissam vulneribus dæmonum, putridam et fœtidam ulceribus criminum : his et aliis gravibus malis, quæ melius me vides, obrutam, oppressam, circumdatam, obvolutam, bonorum omnium relevamine destitutam.] Ecce quanta coarctat me miseria : subveni, succurre o universa misericordia.

[(3) Heu miser, heu miser, semper et ubique miser, quanta captivitas miseri hominis! Si male vivit homo, aperta est damnatio : si recte quidem vivere videtur, sed incaute se custodiens inde glorietur, iterum est misero certa mors et æterna damnatio. (4) Isti sunt inimici miseri hominis, superbia, invidia, inanis gloria, quæ infelicem contaminant et infestant : et nisi Dei misericordia eum tueatur, sæpius usque ad mortem vulneratur.] Libera me Domine ab his hostibus meis, a quibus me liberare non valeo. [(5) Perversum enim et pessimum est cor meum : ad deploranda perpetrata peccata mea lapideum est et aridum, ad resistendum (*a*) instantibus molle et luteum, ad inutilia et noxia tractanda velox et infatigabile, ad cogitanda salubria fastidiosum et immobile. Anima mea distorta et depravata ad præcipitandum et volutandum se in vitiis nimis facilis est et prompta; ad salutem reminiscendam nimis difficilis et pigra. Longum est enumerare singula, gastrimargiam, somnolentiam, levitatem, impatientiam, cenodoxiam, detractionem, inobedientiam, et cætera vitia quibus facta est infelix anima mea quotidiano ludibrio, quibus distrahitur, conculcatur et perditur. Libera eam Domine, exonera mole peccatorum obrutam; solve delictorum funibus ligatam, expedi criminibus irretitam, erige jacentem, sustine nutantem, instrue spiritalibus armis virtutibus inermem, tege et protege pugnantem, expugna impugnantem. Jesu bone vide humilitatem meam et laborem meum, et dimitte universa delicta mea. Adjutor meus esto, ne derelinquas me, neque despicias me; sed doce me facere voluntatem tuam. Anima mea testetur, quod libenter os confitetur.]

(1) Nunc vero ex *Med.* III. — (2) Jam ex Orat. LXIII. — (3) Ex Or. III. — (4) Ex titulo dictæ Orat. — (5) Ex Orat. LXX.
(*a*) Sic Ans. Al Mss. *insultibus*. Editi *insultantibus*.

cevoir, afin que je reçoive toutes les grâces que j'ose espérer.

Chapitre VI. — O mes péchés, vous êtes grands et nombreux à l'excès ! O Juge terriblement armé, sévère, inexorable, offensé outre mesure, violemment irrité, sentence immuable, prison fermée à tout jamais, tourments éternels, tortures affreuses qui ne donnent point de relâche, qui n'ont point de pitié ! La crainte dévore le criminel, sa conscience le confond, ses pensées l'accusent, il n'est pas possible de fuir. Voilà le péril où je suis sans cesse, et si je n'y pense pas sans cesse, c'est bien le comble de mon malheur et de ma misère de pouvoir l'oublier; car Dieu me voit toujours aussi bien que mes péchés, la sentence terrible me menace à tout instant, l'enfer est toujours ouvert et les tourments toujours prêts; toujours des ennemis invisibles me dressent des embûches, pour entraîner ma pauvre âme dans les abîmes; j'en suis là quand je veille et quand je dors, quand je ris, quand je me réjouis, quand je me livre à l'orgueil, à la médisance, à la colère, quand je m'abandonne au chagrin, quand je m'attache aux tristes délices du corps; j'en suis là, enfin, toujours et partout; malheureux où je suis, malheureux où je ne suis pas, car je ne sais où trouver la sécurité.

Que ferai-je donc, malheureux ? Combien de temps mon âme languira-t-elle encore ? Quand cessera cet affreux endurcissement de mon cœur, ce terrible engourdissement de ma volonté ?

Chapitre VII. — Quoi donc m'arrête ? quel poids m'écrase et me retient ? Mon âme, Seigneur, mon âme veut se relever en votre présence, et la voilà retenue, affaissée sous un poids accablant ; elle veut se délivrer, et des liens de fer la retiennent ; elle ne veut plus être captive, et elle reste enfermée dans une prison d'airain ; elle veut diriger vers vous son regard, et il demeure voilé d'impénétrables ténèbres. Quelles sont donc ces choses, ô mon Dieu, qui appesantissent ainsi, qui aveuglent, retiennent, enchaînent mon âme ? ne serait-ce point mes péchés ? Eh ! oui, assurément oui, ce sont eux ; l'amour charnel m'a fait perdre tout goût des choses spirituelles, l'application aux objets terrestres m'a ôté toute affection aux célestes, l'habitude des vices m'a ôté le sens des vrais biens ; éloigné de ces vrais biens, je suis tout entier aux plus tristes maux ; privé des premiers, je suis enchaîné aux autres ; j'y suis plongé, j'y suis enseveli; de là ma prison, mes chaînes, mes ténèbres, le poids qui m'accable. Malheur à moi ! car le jour de la colère est proche ; oui, il est proche, il est inconnu ; il vient tout à coup, peut-être viendra-t-il aujourd'hui même.

Chapitre VIII. — O mes péchés ! qui m'aurait prédit vos funestes effets, alors que vous m'abreuviez de vos douceurs, quand ces douceurs s'offraient à moi comme un suave parfum, pourquoi me cachiez-vous cette perfidie ? pourquoi me trahissiez-vous ? Que dis-je ? ce n'est pas vous qui m'avez trahi, je me suis trahi moi-même quand j'ai cédé à vos appâts ; vous ne m'avez pas trompé, je me suis trompé moi-même en vous accueillant en moi. Hélas ! pourquoi vous ai-je donné créance ? pourquoi me suis-je fié à vous ? Mais

---

Adjuva me Domine pie, benigne et clemens plus quam possim cogitare : ut non minus hoc sentiam quam, præsumo sperare.

Caput VI. — [(1) O peccata mea magna estis nimis, multa estis nimis. Judex terribiliter districtus, inæqualiter severus, immoderate offensus, vehementer iratus, sententia immutabilis, carcer irremeabilis, tormenta sine intervallo, sine temperamento, tortores horribiles, qui nunquam lassescunt, nunquam miserentur; timor reum conturbat, conscientia confundit, cogitationes increpant : fugere non licet. Ecce in quo periculo incessanter consisto : nisi quia non semper hoc cogito; eo autem miserior et miserabilior, quia oblivisci (a) possum. Semper enim ille videt Deus me et peccata mea, semper mihi intimatur districta sententia, semper infernus apertus et tormenta parata, semper invisibiles insidiatores parati, ut illuc rapiant miseram animam meam. Sic sum positus cum vigilo, sic sum cum dormio, sic sum cum video, sic sum cum lætor, sic sum cum superbio, sic sum cum detraho, sic sum cum irascor, sic sum cum tristor, sic sum cum deliciis corporis miserabilis amplector, denique sic sum semper et ubique. Heu me miserum, et ubi sum, et ubi (b) non sum, qui nescio ubi securus sum.]

[(2) Væ mihi misero, quid faciam ? Heu quanto tempore languet mens mea, quanto stupore induratum est cor meum, quando torpore obturatur anima mea !

Caput VII. — Quid est quod sic me impedit? quid est quod cervicem meam sic premit? Vult Domine, vult anima mea ad te erigere faciem suam, et plumbeo pondere onerata gravatur : conatur se expedire, et catenis ferreis astringitur : tentat exire, et æneo carcere clauditur : cupit in te dirigere intuitum suum, et caliginosis tenebris obscuratur. Quæ sunt ista, Deus meus, quæ sic animam meam obtenebrant et gravant, claudunt et ligant? Forsitan hæc sunt peccata mea : imo vere hæc sunt peccata mea, certe hæc sunt. Affectus carnalis infatuavit in me saporem spiritalium : intentio inferiorum incurvavit animam meam ab intuitu superiorum : amor terrestrium extinxit in me delectationem cœlestium : usus vitiorum (c) evacuavit in me sensus verorum (d) donorum. Ab his donis elongatus, in his malis occupatus ; seclusus ab illis, inclusus in istis ; ab illis devolutus, in istis obvolutus. Hinc est ille carcer et vincula, hinc quod cervicem meam sic premit et pondera. Væ mihi, quia prope est dies iræ, prope est, inquam ! Incognita subito venit, et forsitan hodie erit.

Caput VIII. — Delicta mea an eratis tam noxia futura, cum animam meam vestra dulcedine potabatis, cum cor meum vestra dulcedine unguebatis? Cur hæc me celabatis, et cur me tradebatis? Imo non vos me tradidistis; sed ego me tradidi, qui vobis credidi. Non vos me decepistis, sed ego me decepi, qui vos intra me suscepi. Heu cur vobis adhibui fidem, et cur et credidi vobis? Imo non habui fidem nec credidi vobis; sed quodam horribili

---

(1) Anselm., Or. LXVI. — (2) Quæ sequitur usque ad c. x, sunt ex Or. LXIX.

(a) Ms. Reg. ad. non. — (b) Mss. duo, nunc. — (c) Mss. evanuit. — (d) Ans., bonorum et mox, boni.

non, ce n'est pas seulement une créance imprudente, une confiance téméraire; éclairé d'une manière vraiment horrible, je me suis moi-même livré à vous par un aveuglement bien véritable; éclairé sans doute, puisque je vous connaissais, et que je savais quels maux vous entraînez, mais bien aveugle de ne m'être pas donné de garde contre vous. O péché! nom affreux, chose détestable, à quoi ne se peut comparer aucun autre malheur! L'aveugle ne voit pas la fosse dans laquelle il tombe; il croit devoir faire ce qu'il fait; celui qui fait librement le mal se précipite lui-même dans l'abîme en pleine connaissance de cause. La mort et les tourments, si affreux qu'on les suppose, ne sont que des peines; en eux-mêmes, ils ne sont pas honteux, puisqu'ils sont dans l'ordre. Le péché, au contraire, porte en lui-même sa propre turpitude, et il traîne après lui le malheur éternel. Il eût été meilleur de choisir le tourment, qui par lui-même n'entraîne pas la honte éternelle, plutôt que le péché, qui entraîne et la honte et les tourments éternels. Eh! certainement, ô homme misérable, la turpitude du péché toute seule et par elle-même, était bien plus à éviter que la rigueur des plus cruels supplices; car en péchant tu t'es préféré, par un dérèglement infâme, toi, créature, à ton Créateur, ce qui est le comble de l'injustice; et en souffrant les tourments qui sont la peine du péché, la créature accède à cet ordre magnifique qui la soumet à son auteur, ce qui est la justice parfaite. O homme! qu'est devenue ta raison, ton intelligence? Tu savais que « celui qui commet le péché est esclave du péché, » (*Jean*, VIII, 34) et cependant tu as commis le péché! Folie inouïe! Pécher sciemment! Tu savais que tu es un esprit qui passe sans retour, et tu t'es précipité dans le péché, abîme infini et sans retour.

Chapitre IX. — C'est vraiment un abîme que mes péchés; ils sont incompréhensibles par leur gravité, par leur énormité; on ne peut en apprécier ni le nombre ni l'étendue. Abîme qui appelle l'abîme! O mes péchés! c'est un abîme aussi que les tourments que vous me préparez, car ils sont infinis et incompréhensibles. Il y a encore un troisième abîme, et celui-là est affreux : Les jugements de Dieu sont un abîme profond. En effet, il est impénétrable à tout sens humain. Malheur sur malheur! épouvante sur épouvante! douleur sur douleur! L'abîme appelle l'abîme dans les voix des grandes eaux de Dieu, car l'abîme du péché mérite l'abîme des tourments, et les jugements de Dieu le décernent. L'abîme des jugements de Dieu est sur moi, l'abîme de l'enfer est sous moi, l'abîme de mes péchés est en moi; je crains de voir tomber sur moi celui qui est au-dessus, pour m'entraîner avec le mien dans celui qui est sous mes pieds, et dans lequel les tourments n'effaceront pas les péchés, mais où les péchés tiendront les tourments arrêtés et fixés sur moi. Malheureux! contre qui ai-je péché? Où suis-je allé loin de votre esprit, où ai-je fui loin de votre face? Assurément, malgré ma fuite criminelle, tout caché que je sois dans mon abîme affreux, vous me voyez encore. Qui, en effet, sinon vous, a incliné mon âme au repentir? Seigneur plein de bonté, vous l'avez secouée et excitée dans l'abîme de ses vices, lit fatal où elle demeurait endormie; vous avez secoué sa torpeur, excité sa négligence; vous lui avez inspiré du regret de ce qui la réjouissait, de la douleur de ce qui faisait ses délices. O Dieu infiniment bon! c'est dans l'abîme que vous avez fait toutes ces choses; écoutez-moi donc quand je crie de l'abîme.

---

modo videns cæcus me tradidi vobis : videns enim, quia vos cognoscebam, et quæ mala vos sequuntur, sciebam : cæcus enim, quia non a vobis cavebam. Heu peccatum, nomen horrendum, res detestabilis, nulli malo comparabilis! Cæcus non videt foveam in quam cadit, insanus putat se debere facere quod facit : qui sponte facit peccatum, videns et sciens præcipitio se tradit. Mors et tormenta quælibet, tormenta tantum sunt, et in se fœda non sunt, quia ordinata sunt : peccatum in se habet fœditatem suam, in se trahit æternam infelicitatem. Melius enim erat eligere tormentum (*a*) quod per se fœditatem æternam non attrahit, quam peccatum quod sua cum fœditate dolores æternos jungit. Et certe o miser homo, ipsa sola plus est vitanda peccati fœditas, quam quælibet tormentorum immanitas. Quippe in peccando fœdissima perversitate præposuisti te Creatori tuo, quo nihil injustius : in tolerando peccatorum tormenta ordine pulcherrimo subjicit se factura factori suo, quo nihil est justius. O homo quo evanuit humanitas tua, quo devenit ratio tua? Didiceras, quoniam « qui facit peccatum, servus est peccati; » (*Joan.*, VIII, 34) et peccatum fecisti. O inaudita insania, scienter peccare! Sciebas quia es spiritus vadens et non rediens (*Psal.* LXXVII, 39); et in peccati abyssum irremeabilem et sine fundo te injecisti.

Caput IX. — Vere abyssus peccata mea sunt; quia incomprehensibilia sunt pondere et profunditate, et inæstimabilia sunt numero et immensitate. O abyssus abyssum invocat! O peccata mea, tormenta quoque quibus me servatis abyssus sunt, quia infinita et omnino incomprehensibilia sunt. Est et tertia abyssus, et est nimis terribilis, judicia Dei abyssus multa; quia super humanum sensum occulta. (*Psal.* XXXV, 7.) Væ super (*b*) væ, timor super timorem, dolor super dolorem. Abyssus appelle in voce cataractarum Dei invocat; quia peccati abyssus abyssum tormentorum meretur, quod judicia Dei pronuntiant. Abyssus judiciorum Dei super me, abyssus inferni subtus me, abyssus peccatorum est intra me. Illam quæ supereminet timeo ne in me irruat, et me cum abysso mea in illam quæ subtus me patet, obruat : ubi tormenta peccata nunquam delebunt, sed peccata super me tormenta tenebunt. Miser cui peccavi; quo ivi a Spiritu tuo, et quo fugi a facie tua? Certe et si ego nequiter fugi et, in abysso mea damnabili abscondi me, ibi quoque vides me. Quis enim nisi tu (*al.* ad renitendum) ad pœnitendum movit animam meam? Bone Domine, tu pulsasti et excitasti eam in abysso delictorum suorum velut in (*c*) lecto dormientem, tu concussisti torpentem, tu sollicitasti negligentem, tu fecisti pœnitentem unde jucundabatur, et dolentem unde delectabatur. Bone Deus, omnia hæc fecisti in abysso.

(*a*) Addè ex Ans., *æterni*. — (*b*) Mss. *me*. — (*c*) Mss. *luto*.

CHAPITRE X. — Seigneur miséricordieux, je ne vous cache pas mes fautes, je ne m'en défends point devant vous, je les découvre, je ne les excuse point, je les accuse ; je suis coupable, je suis mon propre accusateur. Ne m'accusez pas, ô vous qui m'avez créé ; il n'a fallu que moi pour commettre le péché, puissé-je aussi seul suffire pour l'accuser, pour le regretter amèrement.

Mais d'où viendra le remède à de si grands maux ? Quelle satisfaction recevrez-vous pour de pareilles offenses ? Jette-toi donc, ô homme misérable ! dans les profondeurs d'une tristesse sans mesure, après t'être jeté volontairement dans le gouffre de la plus affreuse perversité. Demeure écrasé sous le poids d'une terrible douleur, après t'être jeté de gaieté de cœur dans la fange et l'infection de l'enfer ; enveloppe-toi maintenant, de pleine volonté, dans les tristes ténèbres d'un deuil inconsolable. Puisque tu t'es abandonné volontairement aux flots d'un gouffre si honteux, livre-toi à l'abîme du chagrin, toi qui as bien pu te délecter dans la fange impure de tes turpitudes. Terreur épouvantable, douleur affreuse, chagrin inconsolable, assemblez-vous contre moi, précipitez-vous, écrasez-moi ; que vos chaînes, que vos épouvantails prolongent mon supplice, c'est justice ; torturez le coupable, soyez les vengeurs de Dieu ; que l'infidèle ait déjà le sentiment anticipé de l'enfer ; qu'il commence à goûter l'aliment, le breuvage qu'il s'est préparé ; qu'il s'habitue aux supplices à venir. Consolation, santé, bonheur, je vous refuse, à moins que vous ne me soyez rendus par le pardon de mes fautes ; fuyez bien loin en cette vie, à moins que l'indulgence qui me sera accordée ne vous rappelle avant ma mort. Il est impossible que le pêcheur n'ait pas à répandre des pleurs, soit en cette vie, soit en l'autre ; qu'une pénitence incessante répande son amertume sur chacun de mes jours ; que le regret cuisant tourmente sans relâche ma vie entière ; que la tristesse, que le deuil fassent sentir leurs aiguillons aux heures de ma jeunesse et de ma vieillesse ; qu'il en soit ainsi, je le désire, j'en fais la demande ; car si je ne suis pas digne d'élever vers le ciel mes yeux suppliants dans la prière, certainement, ô Seigneur mon Dieu, je dois bien éteindre leur lumière dans mes larmes. Si mon esprit est confondu dans la honte de mes crimes, il est juste qu'il le soit aussi dans l'abîme de la douleur et d'une tristesse amère. S'il craint d'être manifesté aux yeux du Seigneur son Dieu, il est juste qu'il n'échappe jamais aux tourments dus à son crime. Et pourtant, reprends confiance, pêcheur, reprends enfin confiance ; cherche ton refuge près de celui-là même que tu as offensé ; fuis devant Dieu irrité, jette-toi dans les bras de Dieu miséricordieux et clément.

CHAPITRE XI. — Souvenez-vous, ô Dieu juste et bon, souvenez-vous que vous êtes miséricordieux et que vous m'avez créé, si vous êtes juge pour prononcer ma sentence, vous êtes maître pour défendre votre serviteur, vous êtes Créateur pour conserver l'ouvrage de vos mains, Dieu pour sauver celui qui a votre foi et votre baptême. Daignez, Seigneur plein de bonté, ne pas vous souvenir seulement de votre justice contre un pêcheur, mais de votre clémence en faveur de votre créature ; oubliez votre colère contre un criminel, souvenez-vous de votre compassion pour un infortuné. Je le sais et je l'avoue, il est vrai, l'état de ma conscience mérite la

---

CAPUT X. — Exaudi ergo clamantem de abysso. A te, benignissime, peccata mea non abscondo, coram te non defendo, sed ostendo ; non excuso, sed accuso. Ego sum reus, ego ipse sum accusator meus. Non accuses me qui fecisti me. Solus suffeci ad peccandum ; solus sufficiam ad accusandum, solus ad pœnitendum.]

[(1) Sed unde Deus meus tantorum criminum correctio, unde tibi tantorum scelerum satisfactio ? Præcipitare ergo, miser homuncio, in profundum immoderatæ mœstitiæ, qui sponte præcipitatus es in baratrum horrendæ nequitiæ. Obruere, infelix, mole terribilis doloris, qui libens corruisti in cœnum infernalis fœtoris. Obvolvere, ærumnose, iterum volens horridis in tenebris inconsolabilis luctus, qui volens provolutus es in voragine tam sordidi (a) fluctus. Volutare in gurgite amaritudinis, qui delectasti es in volutabro turpitudinis. Terror horribilis, dolor terribilis, mœror inconsolabilis, aggregate vos super me, irruite, obruite, perturbate, obvolvite, possidete. Justum est, justum est, (b) torquete reum, vindicate Deum. Præsentiat fornicator inferni tormenta quæ meruit, prægustet quod præparavit, bibat quod nutrivit, assuescat quod est passurus. Consolatio, sanitas, lætitia, nolo vos, nisi forte peccati venia reduxerit vos. Procul estote ante mortem, nisi forte indulgentia revocet vos mihi ante mortem. Impossibile est non flere peccatorem, vel hic, vel in futuro. Sit itaque pœnitentia continua amara comes ætatis meæ, continuus dolor insatiabilis (al. terror) tortor vitæ meæ. Sint mœror et acerbus luctus infatigabiles (c) tortores juventutis et senectutis meæ. Utinam ita sit : oro et desidero ut ita sit. Si enim non sum dignus oculos ad cœlum levare orando coram te Domine Deus, certe (d) non sum indignus eos vel plorando cæcare. Si confunditur mens mea pudore conscientiæ, æquum est ut confundatur turbine luctuosi doloris et tristitiæ. Si timet exhiberi ante conspectum Domini Dei sui, justum est ut habeat ante conspectum suum tormenta sceleris sui. (2) Respira o peccator, respira tandem aliquando, et fuge ad ipsum, quem offendisti, Deum : fuge, inquam, ab irato ad placatum.]

CAPUT XI. — [(3) Memento juste et benigne Deus, memento quod misericors es et creator meus. (4) Si judex es ad judicandum reum tuum, es et Dominus ad tuendum servum tuum, es et creator ad conservandum opus tuum, es et Deus ad salvandum credentem et baptizatum tuum ? Ne ergo memineris, Domine bone, justitiæ tuæ solius adversus peccatorem tuum ; sed memor esto benignitatis tuæ erga creaturam tuam. Ne memineris iræ tuæ adversus reum ; sed memor esto miserationis

---

(1) Hactenus ex dicta Or. LXIX, nunc ex *Medit.*, III. — (2) Ex *Medit.*, II. — (3) Ex *Med.*, III. — (4) Orat. LXIX. — (5) Rursum ex *Med.*, III. V. lib. *Medit.*, c. XL.

(a) Ans., *luxus.* — (b) Mss. duo *torquere.* — (c) Ms. Reg. *terrores.* ADS., *tribulatores.* — (d) Al. *sum dignus.*

damnation, et ma pénitence est loin d'être une satisfaction suffisante ; pardonnez-moi dans votre bonté, ô Dieu qui êtes mon salut, qui ne voulez pas la mort du pécheur, pardonnez à mon âme pécheresse. Je mets en vous mon espérance, je vous confie mon âme ; gardez-la pendant mon sommeil. Quand je m'applique aux diverses occupations de la vie, qu'elle reste sous vos yeux ; pensez à elle-même lorsque je l'oublie. Je suis pécheur, je suis misérable, je me repens de mes péchés, je reconnais ma misère. Que votre miséricorde prenne en pitié mon triste sort. Pécher, c'est déshonorer Dieu, ce que l'homme ne devrait jamais faire, quand même il s'en suivrait la destruction de tout ce qui n'est pas Dieu. Hélas ! hélas ! j'ai péché, j'ai déshonoré Dieu, j'ai provoqué le Tout-Puissant. Pécheur qu'ai-je fait ! Quel mal j'ai accompli ! Malheur à celui qui fait le mal et omet le bien ! Malheur ! malheur ! Colère du Dieu tout-puissant, ne tombez pas sur moi ! Colère du Dieu tout-puissant, je ne saurais être capable de vous porter, il n'y a pas en tout mon être un objet suffisant à vos rigueurs. O Dieu dont la bonté est inépuisable, la miséricorde infinie, la science infaillible, la puissance sans limites, où pourrai-je trouver confiance, quand mes péchés me poussent ainsi au désespoir. Vous entrez en colère contre ceux qui pèchent, mais vous donnez un conseil salutaire à ceux qui le sollicitent ; apprenez-moi donc quelques mots d'espérance, afin que je puisse prier ; car je le voudrais faire, mais je ne le puis, à cause de la dureté de mon cœur, et mon crime me pousse au désespoir. Je sais, j'avoue, que je souffre en toute justice la peine que j'ai encourue, il est juste que je ne sois pas exaucé, puisque je n'ai point voulu obéir. Il est vrai, Seigneur miséricordieux, j'ai péché, j'ai fait fausse route, mais je n'ai point de haine contre vous, j'aime toujours votre bonté, c'est pourquoi je vous en prie, traitez-moi selon votre miséricorde, vous qui êtes béni dans les siècles des siècles.

tuæ adversus miserum. Scio quidem et fateor, quia verum est, quod conscientia mea meretur damnationem, et pœnitentia mea non sufficit ad satisfactionem. Parce ergo tu bone Domine, qui es salus, qui non vis mortem peccatoris (*Ezech.*, XVIII, 23), parce peccatrici animæ meæ Deus.] In te pono spem meam, et tibi committo animam meam. Custodi eam dum dormio, serva eam dum aliud facio, et vide eam ; memento ejus dum ego obliviscor. Sum peccator, sum miser ; sed peccasse me doleo, et cognosco me miserum. Misericors Deus miserere mei humilis. [(1) Peccare est Deum exhonorare, quod homo facere non deberet, etiam si necesse esset perire quidquid Deus non est. (2) Heu me, heu me ! peccavi, Deum exhonoravi : Omnipotentem provocavi. Peccator quid feci, quæ mala feci ? (3) Væ mala agenti, væ bona negligenti ! (4) Væ væ ! Ira omnipotentis Dei, ne irruas super me. Ira omnipotentis ubi poteris capi in me ? Non est quod te possit tolerare in toto me. (5) Deus cujus bonitas non exhauritur, cujus misericordia non exinanitur, cujus scientia non deficit, cujus potestas quod vult efficit, unde potero respirare, qui sic ob peccata mea cogor desperare ? Nam etsi irascaris peccantibus, soles tamen benigne dare consilium petentibus. Doce me Domine unde debeam sperare, ut possim (*a*) orare. Namque volo ; sed nescio propter ignorantiam meam, nec possum propter duritiam meam ; (*b*) cogor desperare propter iniquitatem meam.] Scio quidem et fateor, quia merito patior quod sponte subii ; et juste non exaudior, quia non obedivi. Utique bone Domine peccavi, erravi : verumtamen nec te odi, nec detestor bonitatem tuam, (6) Ideo fac mecum secundum misericordiam tuam, qui es benedictus in sæcula sæculorum.

(1) Ex *Medit.* XI. — (2) Jam ex VIII. — (3) Ex Or. LXXII. — (4) Ex *Medit.* II. — (5) Rursum ex Orat. LXXII. — (6) Hæc non habent Mss.
(*a*) Editi, hic add. *salvari*. — (*b*) Mss. Reg. hic add. *prohibeor sperare*.

AVERTISSEMENT SUR LE LIVRE SUIVANT

Ce *Manuel* n'a pas été publié seulement sous le nom de saint Augustin, mais parfois une partie a été éditée sous celui de saint Anselme et d'Hugues de Saint-Victor. Les vingt-quatre premiers chapitres se trouvent dans le quatrième livre d'Hugues, *De l'âme*. Les neuf premiers chapitres se trouvent dans Anselme, à la fin de la quatorzième prière intitulée *Manuel*. Cet opuscule a été extrait de divers ouvrages par un auteur inconnu, peut-être celui aux soins duquel on doit quel-

ADMONITIO IN SUBSEQUENTEM LIBRUM

Manuale istud non Augustini tantum, sed Anselmi etiam, penes partem aliquam, et Hugonis Victorini nomine vulgatum est. Capita scilicet viginti quatuor priora exstant apud Hugonem in libro *de Anima* quarto. Apud Anselmum vero Orationem quartam decimam (cui Orationi Titulus ipse *Manuale* præfixus est) priora novem capita conficiunt. Opusculum variis ex locis collegit incertus auctor, idem ille forsitan cujus

ques-uns des livres précédents, savoir : *De l'esprit et de l'âme* et *De l'amour de Dieu*, autant toutefois qu'on peut le conjecturer par la comparaison de ces opuscules entre eux. Il a réuni dans le livre qui suit un assez grand nombre de paroles de saint Augustin, de saint Cyprien, de saint Grégoire et de saint Isidore; encore ne les a-t-il pas puisées aux sources les plus pures. En effet, il a tiré la première partie de ce *Manuel*, c'est-à-dire le prologue, ainsi que le premier et le second chapitre, de l'opuscule suivant intitulé : *Miroir;* et l'autre partie, depuis le chapitre troisième, jusque vers le milieu du chapitre douzième, d'une prière inédite, qui se lit dans un ancien manuscrit de Metz, dont il a été fait mention dans l'avertissement du livre *des Méditations*, prière qui se trouve dans le livre contenant les prières de Jean de Fécamp et de l'abbé Guillaume, sous le titre de : *Belle prière composée pendant la contemplation*, ou *Méditation théorique*. Les pensées contenues dans cette prière sont bien plus complètes et plus liées entre elles, que dans le présent *Manuel;* ce qui prouve que cette prière n'est pas tirée du *Manuel* même, et qu'au contraire c'est l'auteur du *Manuel* qui l'a prise dans ce manuscrit. Par exemple, ce que nous lisons au chapitre quatre : « Que mon cœur repose en vous seul, » etc., est bien mieux développé dans la prière dont nous parlons : « Que, mon cœur se repose en vous seul, ce cœur qui est comme une vaste mer agitée par les flots de l'orgueil. Seigneur, vous avez commandé aux vents et à la mer de se calmer, et ils se sont apaisés à votre voix; ordonnez aussi que le calme se rétablisse en moi jusqu'à ce que, ô l'unique objet de mes désirs et de ma joie, vous qui seul pouvez rassasier la faim et la soif de mon âme, je puisse contempler vos beautés infinies, sans ressentir ce tumulte des choses de la terre, et ces bruits qui sans cesse troublent la tranquillité de mon âme. Mon esprit, comme un ami arrivant d'un long voyage où l'avaient égaré ses pensées, et fatigué par toutes les vanités du siècle qu'il a traversées dans sa route, éprouve une faim qui met sa vie en danger, et je n'ai rien, hélas, à lui offrir, car je suis pauvre et manquant de tout. Mais vous, Seigneur, source inépuisable de tous biens, vous qui distribuez avec tant de largesse la céleste nourriture, » etc. De même au chap. XII du *Manuel* ces paroles : « Que mon âme se tienne dans le silence, qu'elle s'oublie elle-même sans penser désormais à elle, » sont mieux exprimées dans la susdite prière : « O vous, mon Dieu, parlez à mon âme, non par les choses que vous avez créées, mais par vous-même, afin que je n'entende que vous. » Une partie du chapitre IV de ce *Manuel* renferme aussi quelques paroles de saint Bernard, qui ne se trouvent pas dans le manuscrit de Metz, selon nous antérieur à saint Bernard. C'est pourquoi la quatorzième prière de saint Anselme, dont nous avons fait mention, et dans laquelle se trouvent quelques paroles de saint Bernard et d'Alcuin, nous paraît elle-même apocryphe.

studio superiores aliquot libros, nimirum *de Spiritu et anima* et *de diligendo Deo* (quantum quidem ipsis comparatis inter se Opusculis conjecturam facere licet) compositos opinamur. Augustini dicta adhibet hic plura, necnon Cypriani quædam, et Gregorii ac Isidori : sed qualia hausit non a germanis fontibus, sed a rivulis minus puris. Primam nempe *Manualis* partem, id est Prologum et primum ac secundum caput descripsit auctor ex libro proxime hic secuturo, quod *Speculum* appellatur. Alteram partem a capite tertio ad medium circiter caput duodecimum decerpsit ex Oratione quadam inedita veteris codicis Mettensis laudati supra in Admonitione ad *Meditationum* librum, quæ Oratio in eo codice Joannis Fiscamnensis preces et Vuillelmi abbatis continente reperitur sub hoc titulo : *Oratio decora compilata per contemplationem, vel Meditatio theorica.* Hac certe in Oratione sententiæ pleniores quam in subsequente hic Manuali sunt, et magis invicem cohærentes : quod argumento est Orationem non sumptam esse ex ipso *Manuali*, sed contra. Nam exempli gratia, quod hic compendio ponitur in cap. IV. « Repauset in te cor meum » etc. explicatur in dicta Oratione melius et plenius in hunc modum : « Repauset in te cor meum, cor mare magnum tumens fluctibus superbiæ. Quia (*f.* Qui) imperasti ventis et mari, impera ei ut tranquilla fiant omnia interiora mea, quatenus dulce gaudium meum quod esurio et sitio, contemplar te sine interioris hominis strepitu, sine causarum mundanarum tumultu. Ecce animus meus, animus amicus meus fatigatus veniens de via cogitationum, et ab ipsis, quas transierat, vanitatibus per multa divisus, periculosam esuriem patitur : non habeo quod ponam ante illum ; pauper sum et egenus. O dives omnium bonorum et dapium supernæ satietatis opulentissime largitor » etc. Itemque ad illud capitis XII. « Sileat sibi et ipsa anima, et transeat se, non cogitando se ; » sic prosequitur aptius prædicta Oratio : « Tu Deus meus, tu mihi loquere solus, non per ea quæ fecisti, ut sine istis audiam te, » etc. Habet pars ista *Manualis* in capite IV, verba Bernardi nonnulla, quæ ab illa Mettensis codicis, ante Bernardum nisi fallimur scripti, Oratione absunt. Ob hæc autem Bernardi necnon alia quædam Alcuini verba, ipsa Anselmi, cui insunt : Oratio quarta decima, cujus mentionem superius fecimus, spuria non immerito videbitur et subditititia. Reliquæ partes hujusce *Manualis* ex-

Toutes les autres parties de ce *Manuel*, les unes comme le seizième et le dix-septième chapitre, sont tirées du deux cent neuvième sermon de l'Appendice aux Sermons de saint Augustin publiés dans les volumes précédents; les autres, c'est-à-dire les huit chapitres suivants, sont empruntées aux sermons de saint Bernard. Les chapitres, à partir du vingt-sixième jusqu'au trentième, appartiennent à Hugues de Saint-Victor. Enfin, la dernière partie est tirée d'un livre de saint Anselme intitulé *Prologe*. Du reste, les anciens manuscrits que nous avons consultés ne s'accordent ni avec les éditions, ni même entre eux. En effet, la plupart, les uns plus, les autres moins, renferment des passages différents de ceux des exemplaires édités, extraits soit de saint Augustin, de saint Bernard, d'Hugues de Saint-Victor, soit des opuscules *De l'esprit et de l'âme, De l'amour de Dieu*, ainsi que des *Méditations* publiées sous le nom de saint Bernard. Enfin un seul manuscrit de la Bibliothèque royale renferme les derniers chapitres, encore omet-il presque entièrement les vingt-sixième et vingt-septième chapitres.

pressæ sunt, aliæ quidem, puta decimum sextum et decimum septimum caput, ex Sermone Appendicis Tomi quinti ducentesimo nono; aliæ vero, capita videlicet octo sequentia, ex Bernardi Concionibus : postea ex Hugone Victorino quæ habentur a vigesimo sexto capite usque ad trigesimum postrema pars demum ex Anselmi *Proslogio* ascita est. Cæterum veteres codices scripti, quos sane multos consideravimus, haudquaquam cum Editis vel secum ipsi satis conveniunt. Nam alii plura continent, alii pauciora, plerique vero quædam ab Editis aliena inserunt, decerpta ex Augustino, sive ex Bernardo, aut Hugone Victorino, vel ex libris *de Spiritu et anima*, et *de diligendo Deo*, atque ex *Meditationibus* Bernardi nomine vulgatis. Postrema tandem capita vix unus continet Regius codex, qui tamen vigesimum sextum et vigesimum septimum fere totum prætermittit.

LE LIVRE DU MANUEL

PRÉFACE. — Comme nous sommes ici-bas exposés à une infinité de piéges, notre ardeur pour les choses du ciel se refroidit facilement. C'est pourquoi nous avons besoin d'avertissements continuels pour nous réveiller de notre assoupissement et nous faire, dans nos langueurs, recourir à Dieu, notre véritable et souverain bien. Ce n'est donc point témérairement et par une vaine présomption, mais bien plutôt par amour de mon Dieu et pour en célébrer la gloire, que j'ai composé cet opuscule, afin que dans cet extrait des plus beaux passages des saints Pères, j'eusse toujours en quelque sorte sous la main la parole de mon Dieu, et que cette salutaire lecture pût ranimer ma tiédeur et m'enflammer d'un nouvel amour pour lui.

Ne m'abandonnez donc pas dans cette entreprise, ô mon Dieu, vous que je cherche et que j'aime, vous que je confesse de cœur et de bouche, vous que je loue et que j'adore, autant que me le permet ma faiblesse. Mon âme vous est dévouée et brûle d'amour pour vous. Vous êtes l'unique objet de ses soupirs, de ses aspirations. Mon plus ardent désir est de vous voir, mon bonheur le plus grand de parler de vous et d'en entendre parler, d'écrire quelque

MANUALE LIBER UNUS

PRÆFATIO. — [(1) Quoniam in medi olaqueorum positi sumus, facile a cœlesti desiderio frigescimus. Quapropter assiduo indigemus monimento, ut expergefacti ad Deum nostrum verum et summum bonum, cum defluimus, recurramus. Idcirco non præsumptionis temeritate, sed magis Dei mei dilectione, huic Opusculo ad laudem ejus operam dedi, ut ex elegantioribus dictis sanctorum Patrum breve et manuale verbum de Deo meo mecum semper haberem, ex cujus lectionis igne, quotiens tepesco, in ejus accendar amorem.]

Nunc adesto mihi Deus meus, quem quæro, quem diligo, quem corde et ore confiteor, et qua valeo virtute laudo atque adoro. Mens mea devota tibi, tuo amore succensa, tibi suspirans, tibi inhians, te solum videre desiderans, nihil habet dulce, (2) nisi de te loqui, de te

(1) Ex fine lib. *de Speculo*. — (2) V. lib. *Medit.*, c. xxii.

chose sur votre grandeur, d'en faire le sujet de tous mes entretiens, et de repasser sans cesse dans mon cœur, toutes les merveilles de votre gloire, me reposer, dans votre doux souvenir, de toutes les agitations de ce monde. Je vous invoque donc à grands cris et du plus profond de mon cœur, ô unique objet de mes plus ardents désirs, et c'est en moi-même que je vous invoque, puisque je ne serais pas si vous n'étiez pas en moi, et si je n'étais pas en vous, vous ne seriez pas en moi, mais vous êtes en moi, parce que vous êtes continuellement présent à ma mémoire. C'est par elle que je vous ai connu, c'est en elle que je vous trouve. Lorsque je me souviens de vous, mon âme se réjouit en vous de vous-même, ô Seigneur de qui seul, par qui seul, et en qui seul sont toutes choses.

CHAPITRE I. — O mon Dieu, vous remplissez le ciel et la terre, vous soutenez l'univers entier sans en sentir le poids ; vous renfermez toutes choses et rien ne vous renferme ; vous êtes toujours en action, quoique dans un éternel repos. Vous amassez toujours, sans avoir besoin de rien, et sans manquer de rien, vous cherchez sans cesse. Vous aimez, mais sans passion ; vous êtes jaloux, mais sans trouble, de l'amour qui vous est dû. Votre repentir est exempt de regret, votre colère d'emportement. Vous changez vos ouvrages, mais jamais vos desseins. Vous prenez ce que vous trouvez, quoique vous n'ayez jamais rien perdu ; à l'abri de tout besoin, vous aimez pourtant à gagner, et sans être avare, vous exigez intérêt de vos dons mêmes. Vous donnez sans mesure à ceux à qui vous ne devez rien, et vous voulez qu'on vous donne toujours pour qu'on vous doive quelque chose ; vous vous acquittez sans rien devoir, et vous remettez ce qui vous est dû, sans en éprouver la moindre perte. Vous êtes partout, et partout tout entier. L'âme peut vous sentir, mais les yeux ne peuvent vous voir. Quoique présent partout, vous êtes cependant loin de l'esprit des impies, et bien que vous en soyez éloigné, vous y êtes encore, parce que là où vous n'êtes point par votre grâce, vous y êtes par votre juste vengeance. Vous êtes présent partout, et à peine peut-on vous trouver. Nous vous cherchons de tous côtés, sans pouvoir vous atteindre, bien que vous ne changiez pas de place. Vous possédez toutes choses, vous les remplissez, vous les embrassez, vous les surpassez et vous en êtes l'éternel soutien. Vous instruisez le cœur des fidèles, sans avoir besoin de recourir aux paroles. Nul espace ne vous renferme et vous n'êtes pas soumis aux changements des temps. Vous ne vous rapprochez ni ne vous éloignez jamais de rien. « Vous habitez une lumière inaccessible que nul homme n'a vu et ne pourra jamais voir. » (I *Tim.*, VI, 16.) Dans votre éternelle quiétude, vous parcourez cependant sans cesse l'œuvre de votre création. Votre nature est une, simple et par conséquent indivisible. Vous ne sauriez vous partager, parce que vous êtes tout entier dans toutes choses, que vous les remplissez et les possédez tout entières, et qu'elles tiennent de vous seul leur éclat et leur beauté.

CHAPITRE II. — Si l'univers entier était rempli de livres pour célébrer votre sagesse, elle resterait encore inexplicable. Quel écrit, en effet, pourrait rendre et contenir ce que la bouche est impuissante à exprimer ? Vous êtes, ô mon Dieu, la source de la divine lumière, le soleil de l'éternelle splendeur. Votre grandeur est sans mesure, par conséquent infinie ; votre bonté sans bornes, c'est pourquoi vous

audire, de te scribere, de te conferre, tuam gloriam frequenter sub corde revolvere, ut tua suavis memoria sit inter tot turbines aliqua repausatio mea. Te ergo invoco, desiderantissime, ad te clamo clamore magno in toto corde meo. (1) Et cum te invoco, utique te in me ipso invoco : quoniam omnino non essem, nisi tu esses in me : et nisi ego essem in te, non esses in me. In me es, quoniam in memoria mea manes : ex ea cognovi te, et in ea invenio te, cum reminiscor tui, et delector in te de te, ex quo omnia, per quem omnia, et in quo omnia.

CAPUT I. — Tu Domine cœlum et terram imples, (2) omnia portans sine onere, omnia implens sine inclusione, semper agens, semper quietus, colligens et non egens, (3) quærens cum nihil desit tibi, amans non æstuans, zelans et securus es, pœnitet te et non doles, irasceris et tranquillus es, opera mutas, sed non mutas consilium, recipis quod invenis, et nunquam amisisti ; nunquam inops, et gaudes lucris ; nunquam avarus, et usuras exigis ; supererogas cui non debes, vel semper supererogatur tibi ut debeas, et quis habet quidquam non tuum ? Reddis debita nulli debens, donas debita nihil perdens. (4) Qui ubique es, et ubique totus ; qui sentiri potes, et videri non potes ; qui nusquam dees, et tamen ab iniquorum cogitationibus longe es : qui nec ibi dees ubi longe es ; quia ubi non es per gratiam, ades per vindictam. Qui ubique præsens es, et vix inveniri potes ; quem stantem sequimur, et apprehendere non valemus. (5) Qui tenes omnia, imples omnia, circumplecteris omnia, superexcedis omnia, sustines omnia. Qui corda fidelium doces sine strepitu verborum. Qui locis non distenderis, nec temporibus variaris, nec habes accessus et recessus. Qui habitas lucem inaccessibilem, quam nullus hominum vidit, nec videre potest. (I *Tim.*, VI, 16.) In te manens quietus, ubique totus circumis : non enim scindi et dividi potes, quia vere unus es : nec in partes efficeris, sed totus totum tenes, et totum imples, totum illustras et possides.

CAPUT II. — (6) Si totum mundum libri repleant, tua scientia inenarrabilis non potest enarrari. Quoniam vero indicibilis es, nullo modo scribi poteris nec concludi. Tu es fons lucis divinæ, et sol claritatis æternæ : Magnus es sine quantitate, et ideo innuensus ; bonus sine qualitate, et ideo vere et summe bonus ; et nemo bonus, nisi tu

---

(1) Ex lib. I *Conf.* Aug., c. II. — (2) Ex lib. *de Speculo*, c. IV, etc. — (3) Ex Aug. *Conf.*, lib. I, c. IV. — (4) Ex lib. *de Speculo*, c. V. — (5) Ex c. VI. — (6) Ex c. VII lib. *de Spec.*

êtes le véritable et souverain bien, et il n'y a de bon que vous seul. Pour vous, vouloir c'est faire, et ce que vous voulez, vous le pouvez; vous qui avez tout créé de rien, par le seul effet de votre volonté. Toutes vos créatures, sans avoir besoin d'aucune d'elles, vous les gouvernez et les dirigez, sans ennui, ni fatigue, sans que rien puisse troubler l'ordre de vos décrets dans les plus petites comme dans les plus grandes choses. Vous êtes en tous lieux, sans qu'aucun vous contienne, vous renfermez tout, sans que rien vous circonscrive. Vous êtes présent partout sans changer de place et sans qu'on puisse dire où vous êtes en particulier. Vous n'êtes pas l'auteur du mal, puisque vous n'en sauriez faire, quoique vous puissiez tout, et vous ne vous êtes jamais repenti de ce que vous avez fait. C'est par votre bonté que nous avons été tirés du néant, par votre justice que nous sommes punis, et par vos miséricordes que nous sommes sauvés. Votre toute-puissance seule gouverne, dirige et remplit toutes les choses que vous avez créées. Nous ne voulons pas dire que vous les remplissez de manière qu'elles vous renferment en elles-mêmes, mais plutôt qu'elles sont toutes renfermées en vous. Ce n'est pas non plus en divisant votre substance que vous les remplissez toutes, en sorte que chaque créature recevrait une portion de vous-même en proportion de son étendue et de sa capacité, c'est-à-dire, les plus grandes une plus grande, et les plus petites une plus petite, puisque vous êtes vous-même en toutes, et que toutes sont en vous. Votre puissance infinie renferme donc toutes choses, et rien de ce qu'elle renferme ne peut lui échapper. Car celui dans lequel n'est pas votre miséricorde n'échappera pas à votre colère.

Chapitre III. — Dieu de bonté, daignez venir dans mon âme, mais rendez-la digne de vous recevoir, selon le désir que vous lui en avez inspiré. Venez en elle, je vous en conjure, mais unissez-la tellement à vous que vous la possédiez tout entière, vous Seigneur, qui l'avez créée et régénérée, en sorte que je vous aie toujours comme gravé dans mon cœur. Ne repoussez pas ma prière, Seigneur, qui, avant même que je vous eusse invoqué, m'avez cherché et appelé à vous, afin de m'engager, moi le dernier de vos serviteurs, à vous chercher, à vous trouver après vous avoir cherché, et à vous aimer après vous avoir trouvé. Je vous ai cherché, je vous ai trouvé, et tout mon désir est de vous aimer. Augmentez donc en moi le désir que vous m'avez inspiré, et accordez-moi ce que je vous demande. Quand vous me donneriez tout ce que vous avez créé, vous seul, mon Dieu, en vous donnant à moi, pouvez combler les vœux de votre serviteur. Donnez-vous donc à moi, Seigneur, ou plutôt redonnez-vous à moi. Je vous aime, ô mon Dieu, et si mon amour n'est pas encore assez grand, faites que je vous aime davantage. Vous êtes, Seigneur, le seul objet de mon amour, de mes aspirations les plus ardentes. Votre doux souvenir me remplit de joie. Lorsque mon âme soupire après vous, lorsqu'elle pense à votre ineffable bonté, le fardeau de ma chair pèse moins sur moi, le tumulte de mes pensées s'apaise, le poids de ma mortalité et de mes misères n'émousse plus les facultés de mon esprit. Tout dans mon être est calme et silencieux. Mon cœur brûle d'un feu inconnu, mon âme est inondée de joie, ma mémoire pleine d'une vigueur toute nouvelle, mon intelligence éclairée d'une lumière divine, et tout mon être spirituel, embrasé du désir de vous voir, se sent transporté d'amour pour les choses invisibles. Donnez, Seigneur, donnez, je vous en conjure, à mon âme des ailes semblables à celles de l'aigle,

solus, (1) cujus voluntas opus est, cujus velle posse est, qui omnia quæ ex nihilo creasti, sola voluntate fecisti. Qui omnem creaturam tuam absque indigentia aliqua possides, et sine labore gubernas, et absque tædio regis, et nihil est quod conturbet ordinem imperii tui, vel in summis, vel in imis. Qui in omnibus locis sine loco haberis, et omnia contines sine ambitu, et ubique præsens es sine situ et motu. Qui nec mali auctor es, quod facere non potes qui nihil non potes, nec unquam quidquam te fecisse pœnituit. Cujus bonitate facti sumus, et justitia pœnas luimus, et clementia liberamur. (2) Cujus omnipotentia omnia gubernat, regit et implet quæ creavit. Nec ideo te implere omnia dicimus, ut te contineant; sed ipsa potius a te contineantur. (3) Nec particulatim imples omnia, nec ullatenus ita putandum est, ut unaquæque res pro magnitudine suæ portionis capiat te, id est, maxima majus, minima minus : cum sis potius ipse in omnibus, et omnia in te. Cujus omnipotentia omnia concludit, nec evadendi potentiam tuam quis aditum invenire poterit. Qui enim te non habet placatum, nequaquam evadet iratum.]

Caput III. — (4) Te igitur, clementissime Deus, invoco in animam meam, quam præparas ad capiendum te, ex desiderio quod inspiras ei. Intra, rogo, in eam, et coapta eam tibi, ut possideas illam quam fecisti et refecisti : ut habeam te velut signaculum super cor meum. Quæso, piissime, invocantem te ne deseras, qui prius quam te invocarem, me vocasti, et quæsisti; [(5) ut ego servus tuus te quærerem, quærendo invenirem, et inventum amarem. Quæsivi, et inveni te Domine, et amare desidero. Auge desiderium meum, et da quod peto : quoniam si cuncta quæ fecisti mihi dederis, non sufficit servo tuo, nisi te ipsum dederis. (6) Da ergo te ipsum mihi Deus meus, redde te mihi. En amo te : et si parum est, amem validius. Tuo ergo amore teneor, tuo desiderio flagro, tua dulci memoria delector. Ecce dum tibi meus mea suspirat, et tuam ineffabilem pietatem meditatur, ipsa carnis sarcina minus gravat, cogitationum tumultus cessat, pondus mortalitatis et miserarium more solito non hebetat, silent cuncta, tranquilla sunt omnia, cor ardet, animus gaudet, memoria viget, intellectus lucet, et totus spiritus ex desiderio visionis tuæ accensus, invisibilium

(1) Ex c. III. — (2) Ex c. XXI ejusd. lib. — (3) Ex c. XXII. — — (4) Hic incipit excerptum ex Ms. Met. Orat. inedita. — (5) Hæc non sunt dictæ Orationis. — (6) Aug., lib. XIII *Conf.*, c. VIII.

afin qu'elle puisse sans s'arrêter, prendre son essor vers vous, et parvenir jusqu'à la beauté de votre demeure et au trône de votre gloire. Que là, dans vos heureux pâturages, près de ces sources divines qui ne tarissent jamais, elle se repaisse à la table des citoyens de la céleste patrie des mets que vous réservez à vos élus. Soyez notre unique joie, vous qui êtes notre unique espérance, notre salut et notre rédemption. Soyez nos seules délices, vous qui devez être notre plus précieuse récompense. Faites que mon âme vous cherche toujours, sans jamais se lasser de vous chercher.

CHAPITRE IV. — Malheur à l'âme qui ne cherche point et n'aime pas Jésus-Christ, elle est toujours aride et malheureuse. Il perd tout ce qu'il a de vie, celui qui ne vous aime pas, mon Dieu. Ne pas vivre uniquement pour vous, Seigneur, c'est tomber dans le néant, et n'être que néant. Celui qui refuse de vivre pour vous seul, se condamne lui-même à la mort. Toute sagesse qui ne vient pas de vous n'est que folie. Je me recommande donc à vous, je me remets entre vos mains, Dieu de miséricorde, à qui je dois la vie, et tout ce que je puis avoir de sagesse. Je mets toute ma confiance et mon espoir en vous, qui un jour me ressusciterez et me donnerez le repos de la vie éternelle. Vous êtes l'unique objet de mes désirs, de mon amour, de mon adoration, vous avec qui j'espère un jour demeurer, régner, être heureux. L'âme qui ne vous cherche pas et n'a pas d'amour pour vous, Seigneur, aime le monde, est esclave de ses péchés et de ses vices, et n'a jamais ni repos, ni sécurité. Que mon âme, ô mon Dieu, se consacre donc entièrement à votre service, qu'elle soupire sans cesse après vous pendant son pèlerinage sur la terre; que mon cœur soit embrasé du feu de votre amour, et cherche son repos en vous seul. Que mon âme, s'élevant au-dessus d'elle-même, puisse vous contempler, chanter vos louanges dans les transports de sa joie, et que cela soit sa seule consolation, pendant l'exil qui l'éloigne de vous. Qu'elle se retire à l'ombre de vos ailes, pour éviter l'ardeur des désirs qu'elle éprouve pour les vanités de ce siècle. Que mon cœur, qui est comme une vaste mer agitée par les tempêtes, trouve en vous la paix et le repos. Mais vous, Seigneur, source inépuisable de tous biens, vous qui distribuez avec tant de largesse, les mets salutaires de la céleste patrie, donnez à mon âme fatiguée la nourriture dont elle a besoin, rappelez-la de ses égarements, délivrez-la de son esclavage. Elle s'est comme divisée et partagée, rendez-la tout entière à elle-même. La voilà devant votre porte où elle frappe avec instance, je vous en conjure par les entrailles de cette miséricorde, qui vous a fait descendre du ciel parmi nous, ordonnez qu'on lui ouvre, afin qu'elle puisse librement s'approcher de vous, se reposer en vous et se nourrir de vous. Car vous êtes le pain céleste et la source de la vie, la lumière de l'éternelle splendeur, et par qui seul vivent ceux qui sont justes et qui vous aiment.

CHAPITRE V. — O Dieu, lumière des cœurs qui vous contemplent, unique vie des âmes qui vous aiment, qui seul pouvez inspirer la pensée et le désir de vous chercher, faites que je m'attache entièrement à votre saint amour. Venez dans mon cœur, je vous en conjure, enivrez-le des torrents de vos délices, afin que j'oublie toutes les choses temporelles. Tout ce qui tient au monde est pour moi un sujet de honte et de dégoût. Tout ce que j'y vois m'inspire de la tristesse, et je ne puis même sup-

---

amore rapi se videt.] (1) Assumat spiritus meus pennas ut aquilæ, volet et non deficiat, volet et perveniat usque ad decorem domus tuæ et thronum gloriæ tuæ : ut ibi super mensam refectionis civium superiorum pascatur de occultis tuis, in loco pascuæ juxta fluenta plenissima. Tu esto exultatio nostra, qui es spes nostra, salus atque redemptio : tu esto nostrum gaudium, qui es futurus præmium. Te semper quærat anima mea, et tu præsta ut quærendo non deficiat.

CAPUT IV. — Væ miseræ animæ quæ Christum non quærit nec amat; arida manet et misera. [(2) Perdit quod vivit, qui te Deum non diligit. Qui curat vivere non propter te Domine, nihil est, et pro nihilo est. Qui tibi vivere recusat, mortuus est : qui tibi non sapit, desipit. Misericordissime, tibi me commendo, reddo et concedo per quem sum, vivo et sapio. In te confido, spero, et totam spem meam pono, per quem resurgam, vivam et requiescam. Te cupio, diligo et adoro, cum quo manebo, regnabo et beatus ero.] Anima quæ te non quærit, nec diligit; mundum diligit, peccatis servit, et vitiis subjecta est; nunquam quieta, nunquam secura est. Famuletur tibi semper mens mea, piissime : suspiret tibi semper peregrinatio mea, ardeat in amore tuo cor meum, requiescat in te Deus meus anima mea, contempletur te in mentis excessu, cantet laudes tuas in jubilatione, et hæc sit in hoc exilio meo consolatio mea. (3) Confugiat mens mea sub umbra alarum tuarum ab æstibus cogitationum sæculi hujus. Repauset in te cor meum, cor mare magnum tumens fluctibus. O dives, omnium bonorum et dapum supernæ satietatis opulentissime largitor Deus, da lasso cibum, collige dispersum, libera captivum, et redintegra scissum. En stat ad ostium et pulsat : obsecro per viscera misericordiæ tuæ, quibus visitasti nos oriens ex alto, jube pulsanti misero aperiri : ut liberis gressibus ingrediatur ad te, et requiescat in te, et reficiatur de te pane cœlesti. Tu enim es panis et fons vitæ, tu lumen claritatis æternæ, tu omnia ex quibus vivunt recti qui diligunt te.

CAPUT V. — Deus lumen cordium te videntium, et vita animarum te amantium, et virtus (a) cogitationum te quærentium, fac ut sancto amori tuo inhæream. Veni, rogo, in cor meum, et ab ubertate voluptatis tuæ inebria illud : ut obliviscar ista temporalia. Pudet ac piget me talia pati, qualia mundus iste agit. Triste est mihi quod video, grave est omne quod de transitoriis audio. Adjuva

---

(1) Ita et lib. *Medit.*, c. XXXVII. — (2) Hæc absunt a dicta Orat. sunt fere ex Bern., Ser. xx *in Cant.*, n. 1. — (3) V. lib. Med., c. XXXVII.
(a) In Or. Ms. Med. hic ad. *maritans mentes sinumque*, et mox est *inhæreant*, omisso verbo *fac*.

porter qu'on me parle de ce qui ne fait que passer. Venez donc à mon secours, Seigneur mon Dieu, rendez la joie à mon cœur. Venez en moi, pour que je vous voie. Mais hélas, la demeure que je vous offre dans mon cœur est bien étroite pour recevoir votre grandeur. Elle tombe en ruines, daignez la réparer. Il s'y trouve bien des choses qui pourraient offenser vos regards, je le sais, je l'avoue, mais qui pourrait la purifier si ce n'est vous, mon Dieu? A quel autre que vous pourrai-je dire : « Purifiez-moi, Seigneur, des péchés que j'ai pu commettre et qui me sont inconnus, et n'imputez pas ceux des autres à votre serviteur? » (*Ps.* XVIII, 14.) O doux Christ, bon Jésus, faites qu'animé de votre saint amour et du désir de vous posséder, je puisse déposer le fardeau de toutes pensées charnelles et de toute concupiscence pour les choses de la terre; faites que ma chair soit soumise à mon âme, mon âme à ma raison, ma raison à votre grâce, et tous mes actes extérieurs et intérieurs à votre seule volonté. Puissent mon cœur, ma bouche et toutes les puissances les plus intimes de mon être, vous louer et vous bénir sans cesse. Etendez les bornes de mon esprit, donnez plus d'élévation à la vue de mon âme, pour qu'elle puisse rapidement s'élever jusqu'à vous, ô sagesse éternelle qui êtes au-dessus de toutes choses. Brisez, Seigneur, les liens qui m'attachent encore aux choses de la terre, afin que dégagé de leurs faux attraits, je m'empresse d'arriver jusqu'à vous, de m'attacher à vous seul, et de vous conserver toutes mes pensées.

CHAPITRE VI. — Heureuse l'âme qui délivrée de cette prison céleste, s'envole libre vers le ciel, qui peut, ô adorable Sauveur, vous voir face à face, et qui, affranchie de toute crainte de la mort, jouit d'une éternité de gloire que rien ne saurait altérer. Calme et tranquille elle n'a plus à craindre ni mort, ni ennemi. Elle vous possède, Seigneur, vous qu'elle a longtemps cherché et toujours aimé. Unie aux chœurs des bienheureux, ô doux Jésus, ô Christ, roi tout-puissant, elle chante éternellement des hymnes d'allégresse pour célébrer votre gloire. Elle peut jouir sans réserve de l'abondance de votre maison, et s'enivrer des torrents de vos délices. Qu'elle est heureuse l'assemblée de ces citoyens de la patrie céleste; qu'il est glorieux et solennel le retour de tous ceux qui, après les fatigues de leur triste pèlerinage sur la terre, reviennent à vous, Seigneur, pour jouir de la beauté, des splendeurs et de la majesté de votre demeure, où vos concitoyens peuvent éternellement vous contempler! Là, rien qui trouble la sérénité de leur âme, rien qui leur fasse de peine à entendre. Que de saints cantiques, d'hymnes d'amour, de divines mélodies y résonnent sans cesse! Les anges unissent leur voix à celle des habitants de votre divin séjour, pour chanter éternellement à votre gloire des hymnes d'une douce et ravissante harmonie. Là où vous habitez, Seigneur, toute amertume, tout fiel sont bannis, car il n'y a ni méchant, ni méchanceté à craindre, ni ennemi à combattre. On n'y connaît, ni les dangereux attraits des plaisirs, ni la pauvreté, ni le déshonneur, ni querelles, ni reproches, ni procès, ni crainte, ni inquiétude, ni peine, ni incertitude, ni violence, ni discorde. Votre maison, Seigneur, est le séjour de la paix, de la parfaite charité, de l'allégresse avec laquelle on célèbre éternellement vos louanges, d'un repos que rien ne peut troubler, et de la joie qu'on goûte dans votre

me Domine Deus meus, et da lætitiam in corde meo : veni ad me ut videam te. Sed (1) angusta est mihi domus animæ meæ, quo venias ad eam, et dilatetur a te : ruinosa est, refice eam. Habet plurima quæ offendant oculos tuos, fateor et scio : sed quis mundabit eam? aut cui alteri præter te clamabo? « Ab occultis meis munda me Domine, et ab alienis parce servo tuo. » (*Psal.* XVIII, 14.) (2) Fac me dulcis Christe, bone Jesu, fac me, rogo, amore et desiderio tuo deponere onus carnalium desideriorum, et terrenarum concupiscentiarum. Dominetur carni anima, animæ ratio, rationi gratia tua : et tuæ me interius et exterius subde voluntati. Tribue mihi ut laudet te cor meum, et lingua mea, et omnia ossa mea. Dilata mentem meam, et attolle intuitum cordis mei, ut vel rapida cogitatione spiritus meus attingat te æternam sapientiam super omnia manentem. Dissolve me, oro, a vinculis quibus constrictus teneor : ut relinquens omnia ista, tibi festinem, tibi soli inhæream, tibi soli intendam.

CAPUT VI. — (3) Felix anima, quæ terreno resoluta carcere, libera cœlum petit, quæ te dulcissimum Dominum facie ad faciem cernit, quæ nullo metu mortis afficitur, sed de incorruptione perpetuæ gloriæ lætatur. Tranquilla est et secura, non timet hostem neque mortem. Habet jam te pium Dominum, quem diu quæsivit, semperque amavit : hymnidicis sociata choris, mellifluæ perpetuæ festivitatis carmina ad laudem gloriæ tuæ, rex Christe bone Jesu, in æternum concinit. Inebriatur enim ab ubertate domus tuæ (*Psal.* XXXV, 9), et torrente voluptatis tuæ potas eam. Felix societas superiorum civium, et gloriosa solemnitas omnium ad te redeuntium, ab hujus nostræ peregrinationis tristi labore ad amœnitatem pulchritudinis, ad formositatem totius splendoris, atque dignitatem totius elegantiæ, ubi te jugiter Domine tui cives cernunt. Nihil omnino quod conturbet mentem, ibidem auribus audire datur. Quæ cantica, quæ organa, quæ cantilenæ, quæ melodiæ ibi sine fine decantantur? Sonant ibi semper melliflua hymnorum organa, suavissima Angelorum melodia, cantica canticorum mira, quæ ad laudem et gloriam tuam a supernis civibus in perpetuum decantantur. Amaritudo et omnis fellis asperitas in regione tua locum non habent. Non enim est ibi malus neque malitia, non est adversarius et impugnans, nec est ulla peccati illecebra, nulla est ibi indigentia, dedecus nullum, rixa nulla, nullum improperium, causatio nulla, nullus timor, nulla inquietudo, nulla pœna, nulla dubietas, nulla violentia, nulla discordia : sed est ibi pax summa, caritas plena, jubilatio et laus Dei æterna, secura sine fine requies, et gaudium

(1) Aug., lib. I, *Conf.*, c. v. — (2) V. lib. *Medit.*, c. XXXV. — (3) V. lib. *de Spec.*, c. XXX, et *Medit.*, c. XXIII.

saint esprit. Oh! que je serais heureux, si je pouvais entendre la céleste mélodie de ces saints cantiques chantés par les habitants de la céleste patrie, comme un tribut d'hommages dû à la sainte et souveraine Trinité! Heureux, trop heureux, si je pouvais à leur voix mêler la mienne, pour chanter à la gloire de mon adorable Sauveur Jésus-Christ, le plus doux des cantiques de Sion.

Chapitre VII. — O vie, source de vie, d'immortalité et d'éternelle béatitude, où la joie est exempte de toute peine, le repos de toute fatigue, la gloire de toute crainte, les richesses de toute perte, la santé de toute langueur, l'abondance de toute diminution, la vie des atteintes de la mort, le corps devenu immortel, de toute corruptibilité, et la félicité, de tout malheur. Heureux séjour, où tous les biens consistent dans une parfaite charité, où l'on peut voir le Seigneur face à face, où tous ont la science pleine et entière de toutes choses, où l'on peut voir et connaître dans toute son étendue la suprême bonté de Dieu; où les saints glorifient sans cesse la lumière, source de toute lumière, où l'on peut contempler sans voile la majesté divine, et où l'âme peut se rassasier de cette céleste vision, comme d'un pain de vie qui ne lui manque jamais. Là on voit Dieu sans cesse, et plus on le voit, plus on désire de le voir, sans anxiété cependant, et sans jamais se rassasier de cette vue. C'est là que luit le vrai soleil de justice, dont la merveilleuse beauté donne comme une nouvelle vie à ceux qui le contemplent, et qui jette un tel éclat sur les habitants de la céleste patrie qu'ils deviennent eux-mêmes lumière, recevant, il est vrai, sa splendeur de vous seul, ô mon Dieu, mais cependant surpassant encore celle du soleil qui nous éclaire, et l'éclat des étoiles les plus brillantes.

Cette union avec votre immortelle divinité les rend eux-mêmes incorruptibles et immortels, selon la promesse que leur en avait faite notre adorable Sauveur dans ces paroles qu'il adresse à son Père : « Mon Père, je désire que là où je suis, ceux que vous m'avez donnés soient aussi avec moi, afin qu'ils contemplent la splendeur de ma gloire; qu'ils ne soient qu'un tous ensemble, et que comme vous êtes en moi, ô mon Père, et moi en vous, et que vous et moi ne sommes qu'un, ils ne soient également tous ensemble qu'un en nous. » (*Jean*, xvii, 24.)

Chapitre VIII. — O royaume des cieux, royaume de l'éternelle félicité, royaume où la mort est inconnue, et qui n'a pas de fin, où pendant toute l'éternité, il n'y a point de succession de temps, royaume où la mort n'a pas d'empire; où un jour continuel ne connaît ni le temps ni la nuit; où le soldat vainqueur est comblé de dons ineffables, et voit son front ceint d'une couronne immortelle. Quand Dieu, dans sa miséricorde, après m'avoir remis tous les péchés qui pèsent sur mon âme, me délivrera-t-il, moi le dernier des serviteurs de Jésus-Christ, du fardeau de cette chair mortelle, pour que je puisse passer dans le repos et les délices de sa céleste Jérusalem, mêler ma voix aux chœurs des habitants de la sainte patrie, contempler avec des esprits bienheureux les splendeurs de la gloire du Créateur, être affranchi des craintes de la mort, jouir en toute sécurité d'une immortelle incorruptibilité, être uni à celui qui sait tout, être délivré des ténèbres de l'ignorance, mépriser tout ce qui tient à la terre, et ne plus même penser à cette vallée de larmes, où j'ai gémi si longtemps, à cette vallée où la vie est pénible, sujette à la corruption, remplie d'amer-

---

semper in Spiritu sancto. (1) O quam fortunatus ero, si audivero jucundissimas civium tuorum cantilenas, carmina melliflua, laudes summæ Trinitati debito honore promentia ! Sed et nimium felix, si ego ipse meruero cantare canticum Domino Jesu Christo de dulcibus canticis Sion.

Caput VII. — O vita vitalis, vita sempiterna, et sempiterne beata, ubi gaudium sine mœrore, requies sine labore, dignitas sine tremore, opes sine amissione, sanitas sine languore, abundantia sine defectione, vita sine morte, perpetuitas sine corruptione, beatitudo sine calamitate. Ubi omnia bona in caritate perfecta, ubi species et visio facie ad faciem, ubi plena scientia in omnibus et per omnia, ubi summa Dei bonitas cernitur, et lumen illuminans a sanctis glorificatur, ubi præsens majestas Dei conspicitur, et hoc vitæ cibo sine defectu mens intuentium satiatur. Vident semper, et videre desiderant; sine anxietate desiderant, et sine fastidio satiantur. Ubi verus sol justitiæ, mira suæ pulchritudinis visione omnes reficit, et ita universos cœlestis patriæ cives illuminat, ut luceant ipsi, (2) lumen videlicet illuminatum per Deum lumen illuminans ultra omnem solis nostri splendorem, atque cunctarum stellarum claritatem, immortali

adhærentes deitati; ac per hoc immortales et incorruptibiles facti, juxta promissionem Domini Salvatoris : « Pater, quos dedisti mihi, volo ut ubi ego sum, et illi sint mecum : ut videant claritatem meam, ut omnes unum sint, sicut tu Pater in me, et ego in te, et ipsi in nobis unum sint. » (*Joan.*, xvii, 24.)

Caput VIII. — Regnum cœlorum, regnum felicissimum, regnum carens morte, et vacans fine, cui nulla tempora succedunt per ævum : ubi continuus sine nocte dies nescit habere tempus, ubi victor miles donis ineffabilibus cumulatur.

Nobile perpetua caput amplectente corona.

Utinam remissa peccatorum mole, me ultimum servorum Christi juberet divina pietas hanc carnis sarcinam deponere, ut in suæ civitatis gaudia æterna repausaturus transirem, (3) sanctissimis supernorum civium choris interessem, cum beatissimis spiritibus gloriæ Conditoris assisterem, præsentem Dei vultum cernerem, nullo mortis metu tangerer, de perpetuæ immortalitatis incorruptione securus gauderem, et scienti omnia conjunctus omnem ignorantiæ cæcitatem amitterem, terrena cuncta parvipenderem, convallem lacrymarum istam intueri vel

---

(1) V. lib. *Medit.*, c. xxv. — (2) V. lib. *Medit.*, c. xxxvii. — (3) Allusio ad Hom. Greg., xxxvii, *in Evang*.

tumes de toute espèce, dominée par les méchants et esclave de l'enfer; vie toute charnelle, que les humeurs enflent, les douleurs exténuent, les chaleurs déssèchent, l'air corrompt, la nourriture surcharge, les jeûnes épuisent, les plaisirs affaiblissent, la tristesse consume, les inquiétudes oppressent, la sécurité émousse, les richesses exaltent, la jeunesse excite et élève, la vieillesse appesantit, les infirmités brisent, le chagrin anéantit; vie misérable exposée sans cesse aux pièges du démon, et aux dangereuses flatteries du monde; vie de délices pour la chair, mais de ténèbres et d'aveuglement pour l'âme, et qui remplit l'homme tout entier d'un trouble continuel. Et à tous ces maux succède la mort, la mort avec toutes ses fureurs, qui vient mettre fin à toutes nos joies, joies vaines et stériles qui n'ont pas plutôt cessé que nous croyons ne jamais les avoir ressenties.

CHAPITRE IX. — Quelles louanges, quelles actions de grâces, ne vous devons-nous pas, Seigneur notre Dieu, qui au milieu de tous les maux et des misères de notre mortalité, ne cessez de nous consoler et de nous visiter par votre grâce? Lorsque je suis accablé de douleurs et de crainte pour ma vie; lorsque je considère mes péchés, que je redoute votre jugement, que je pense à l'heure de la mort, que je suis saisi d'horreur à l'idée des supplices de l'enfer, que j'ignore avec quelle rigueur vous pèserez mes œuvres et de quelle fin elles seront couronnées; lorsque toutes ces pensées et bien d'autres encore viennent assaillir et troubler mon cœur, vous y versez, Seigneur, vos douces et miséricordieuses consolations, et au milieu de mes plaintes, de mes gémissements et de mes soupirs, vous élevez mon âme pleine d'anxiété et de tristesse, jusqu'au sommet des plus hautes montagnes, dans des jardins d'où s'exhalent les plus suaves parfums; vous me placez dans vos heureux pâturages, près de ruisseaux aux ondes douces et salutaires, et là vous me préparez abondamment, en votre présence, des mets qui rendent le repos à mon esprit fatigué, et la joie à mon cœur accablé de tristesse. Restauré par cette nourriture divine, j'oublie toutes mes misères, et, m'élevant au-dessus des choses de la terre, je me repose en vous, Seigneur, ma seule et véritable paix.

CHAPITRE X. — Je vous aime, mon Dieu, je vous aime et veux vous aimer de jour en jour davantage. Faites-moi donc la grâce, ô Seigneur Jésus, dont la beauté surpasse celle de tous les enfants des hommes, de vous désirer, de vous aimer autant que je le puis et que je le dois. Votre grandeur est infinie, mon Dieu, et nous devons vous aimer en proportion de cette grandeur, vous qui nous avez tant aimés, qui nous avez sauvés et qui avez tant fait pour nous. O amour dont l'ardeur toujours vive ne se ralentit jamais, Jésus-Christ Dieu de douceur, de bonté et de charité, embrasez mon cœur du feu divin de votre amour, et remplissez-le de vos douceurs infinies. Soyez l'unique objet de ma tendresse, de mes aspirations, de ma piété, de ma joie, de mes transports, de mes délices, de mes plaisirs. Faites que je ne désire plus que vous, car ce désir est saint et bon, il est chaste et pur. Faites que rempli tout entier de la douceur de votre amour, qu'embrasé dans tout mon être du feu de votre charité, je vous aime, mon Seigneur, dont les douceurs et les beautés sont infinies, que je

---

reminisci ulterius non dignarer; ubi (1) vita laboriosa, vita corruptibilis, vita omni amaritudine plena, vita domina malorum, (a) ancilla infernorum, quam humores tumidant, dolores extenuant, ardores exsiccant, aera morbidant, escæ inflan'. jejunia macerant, joci solvunt, tristitiæ consumunt, sollicitudo coarctat, securitas hebetat, divitiæ jactant, paupertas dejicit, juventus extollit, senectus incurvat, infirmitas frangit, mœror deprimit; [(2) ubi diabolus insidiatur, mundus adulatur, caro delectatur, anima excæcatur, totus homo conturbatur] : et his tot et tantis malis mors furibunda succedit, vanisque gaudiis ita finem imponit; ut cum esse desierint, nec fuisse putentur.

CAPUT IX. — Sed quas laudes quasve gratiarum actiones tibi referre valeamus Deus noster, qui nos etiam inter has tantas mortalitatis nostræ ærumnas non desinis consolari mira visitatione gratiæ tuæ? Ecce me miserum multis mœroribus plenum, dum vitæ meæ timeo, dum peccata mea considero, dum judicium tuum formido, dum mortis horam cogito, dum supplicia tartari horreo, dum opera mea qua districtione a te pensentur ignoro, dum quo fine illa clausurus sim (b) penitus nescio, dumque hæc et alia multa mecum sub corde retracto, consolaturus ades solita pietate Domine Deus, et inter has querelas, nimiosque ploratus ac profunda cordis suspiria, assumis mœstam et anxiam mentem super alta juga montium ad areolas usque aromatum, et collocas me in loco pascuæ secus rivulos dulcium aquarum, ubi præparas in conspectu meo mensam multiplicis apparatus, quæ fatigatum spiritum repauset, et cor triste lætificet : quibus tandem refocillatus deliciis, multarum miseriarum mearum oblitus, elevatus super altitudinem terræ in te vera pace quiesco (c).

CAPUT X. — Amo te Deus meus, amo, et magis atque magis amare te volo. Da mihi Domine Jesu speciose præ filiis hominum, ut desiderem te, ut amem te, quantum volo, quantum debeo. Immensus es, et sine mensura debes amari, præsertim a nobis quos sic amasti, sic salvasti, pro quibus tanta ac talia fecisti. (3) O amor, qui semper ardes et nunquam extingueris, dulcis Christe, bone Jesu, caritas Deus meus, accende me totum igne tuo, amore tuo, dulcedine tua, dilectione tua, desiderio tuo, caritate tua, jucunditate et exultatione tua, pietate et suavitate tua, voluptate et concupiscentia tua, quæ sancta est et bona, quæ casta est et munda : ut totus dulcedine amoris tui plenus, totus flamma tuæ caritatis vaporatus, diligam te Dominum meum dulcissimum et pulcherrimum ex toto corde meo, ex tota anima mea,

---

(1) V. lib. *Medit.*, c. XXI. — (2) Hæc in dicta Orat. non occurrunt. — (3) V. l. *Medit.*, c. XXXV.

(a) Ms. Met. *regina superborum, quam honores tumidant.* — (b) Ms. Met. hic addit *vitam*; leg. paulo ante *illam.*— (c) Hic desinit apud Anselmum Medit. XIV.

vous aime, dis-je, de tout mon cœur, de toute mon âme, de toutes mes forces et de tous mes désirs. Faites que, plein de respect et de crainte pour vous, je verse des torrents de larmes dans un sincère repentir de mes fautes ; que je n'aie que vous seul dans le cœur, sur les lèvres, devant les yeux, toujours et en tous lieux, de manière que mon âme soit fermée à tout autre amour qu'au vôtre.

CHAPITRE XI. — O Jésus-Christ, dont les beautés sont infinies, je vous conjure, par le sang précieux que vous avez répandu pour nous racheter, de m'inspirer un profond regret de mes fautes et de m'accorder le don des larmes, surtout lorsque je vous adresse mes vœux et mes prières, lorsque je chante vos louanges, lorsque je célèbre et renouvelle le mystère de notre rédemption, ce signe si évident, si ineffable de votre charité pour les hommes ; lorsque devant vos saints autels, tout indigne que j'en sois, je désire vous offrir cet admirable et céleste sacrifice, digne de tant de respect et d'amour, ce sacrifice que vous avez institué vous-même, dont vous êtes le souverain prêtre sans tache, et que vous avez ordonné de vous offrir en mémoire de votre charité, c'est-à-dire de la passion et de la mort que vous avez daigné souffrir pour notre salut, et pour racheter chaque jour les fautes où nous entraîne la fragilité de notre nature. Que la douceur de votre présence, au milieu de ces ineffables mystères, remplisse mon âme d'une force nouvelle. Faites-lui sentir que c'est pour elle que vous descendez sur l'autel, et remplissez-la de joie devant vous. O feu divin, dont les splendeurs sont éternelles ! ô amour, dont l'ardeur ne s'affaiblit jamais ! ô doux Christ, bon Jésus, lumière dont rien ne peut ternir l'éclat, pain de vie qui réparez notre substance sans rien perdre de la vôtre, qui chaque jour nous servez de nourriture et qui restez toujours

intact, resplendissez en moi, embrasez mon âme, laissez-y pénétrer votre lumière, et sanctifiez-la comme un vase qui vous est consacré. Daignez-la délivrer de toute malice, la remplir et la conserver toujours pleine de votre grâce, afin que ce soit uniquement pour son salut qu'elle se nourrisse de votre chair, et que cette nourriture divine la fasse vivre de vous, agir par vous, arriver jusqu'à vous, et trouver en vous son repos éternel.

CHAPITRE XII. — O douceur si pleine d'amour et amour si plein de douceur, soyez la seule nourriture de mon âme et enivrez tout mon être comme d'un nectar délicieux, afin que de mon cœur jaillisse une bonne parole. O charité, ô amour qui êtes mon Dieu même, dont la douceur égale celle du miel, la pureté celle de la neige ; pain céleste qui me remplissez de joie, faites-moi croître en vous, jusqu'à ce que vous puissiez servir d'unique nourriture à mon âme parfaitement guérie.

Vous êtes la vie par laquelle je vis, l'espérance à laquelle je m'attache, la seule gloire que je veuille acquérir. Soyez maître absolu de mon cœur, réglez tous les mouvements de mon esprit, dirigez mon entendement, donnez plus d'élan et d'ardeur à mon amour pour vous, que mon âme soit comme suspendue à vous seul, et laissez-la étancher la soif qu'elle a de vous dans les sources vivifiantes de votre divin séjour. Faites taire en moi toutes les voix de la chair ; que toutes les vaines images de la terre, des eaux, des airs et du firmament s'effacent de ma mémoire, et tout rêve de mon imagination ; que les mots mêmes et les signes qui peuvent me les rappeler, en un mot, que tout ce qui n'est que fugitif disparaisse de mon esprit ; que mon âme elle-même garde le silence, qu'elle s'oublie et détourne d'elle toutes ses pensées pour les reporter sur vous seul, ô

---

ex totis viribus meis, et ex omni intentione mea, cum multa cordis contritione et lacrymarum fonte, cum multa reverentia et tremore, habeas te in corde, et in ore, et præ oculis meis semper, et ubique ; ita ut nullus in me adulterinis amoribus pateat locus.

CAPUT XI. — Pulcherrime Jesu Christe, rogo te per illam sacratissimam effusionem pretiosi sanguinis tui quo redempti sumus, da mihi cordis contritionem et lacrymarum fontem, præcipue dum preces et orationes tibi offero, dum tuæ laudis tibi psalmodiam decanto, dum mysterium nostræ redemptionis, manifestum misericordiæ tuæ indicium, recolo vel profero, dum sacris altaribus licet indignus assisto, cupiens offerre illud mirabile et cœleste sacrificium omni reverentia et devotione dignum, quod in Domine Deus meus, sacerdos immaculate, instituisti, et offerri præcepisti in commemorationem tuæ caritatis, mortis scilicet et passionis, pro salute nostra, pro quotidiana nostræ fragilitatis reparatione. (Luc., XXII, 19.) Confirmetur mens mea inter tanta mysteria dulcedine præsentiæ tuæ, sentiat te sibi adesse, et lætetur coram te. Ignis qui semper luces, amor qui semper ardes, dulcis Christe, bone Jesu, lumen æternum

et indeficiens, panis vitæ qui nos reficis, et in te non deficis ; quotidie comederis, et semper integer manes : resplende mihi, accende me, illumina et (1) sanctifica vas tuum, de malitia evacua, imple de gratia, et plenum conserva : ut ad salutem animæ meæ manducem cibum carnis tuæ, quatenus manducando te, vivam de te, vadam per te, perveniam ad te, et repauseum in te.

CAPUT XII. — O dulcedo amoris et amor dulcedinis, comedat te venter meus, et neclare tui amoris repleantur viscera mea, ut eructet mens mea verbum bonum. Caritas Deus meus, qui mel dulce, lac niveum, cibus es grandium, fac me crescere in te, ut sano palato possis manducari a me.

Tu es vita mea qua vivo, spes cui inhæreo, gloria quam adipisci desidero. (2) Tu mihi cor tene, mentem rege, intellectum dirige, amorem erige, animum suspende, et in superna fluenta os sitientis te spiritus trahe. Taceat, quæso, tumultus carnis. Conticescant phantasiæ terrarum et aquarum, et aeris, et poli. Taceant somnia et imaginariæ revelationes, omnis lingua, omne signum, et quidquid transeundo fit. Sileat sibi et ipsa anima, et transeat, non cogitando se, sed te Deus meus : quo-

(1) V. 1. *Medit.*, c. XXXV. — (2) V. lib. *Medit.*, c. XXXVII.

mon Dieu, qui êtes véritablement mon espoir et ma confiance. Car enfin, ô Jésus mon Dieu, mon souverain Seigneur, principe de toute douceur, de toute bonté, de toute miséricorde, vous avez en vous-même une portion de notre sang et de notre chair, et là où se trouve une portion de ma substance, j'espère aussi régner un jour; là où mon sang commande et domine, je crois que je pourrai aussi dominer et commander; là où ma chair est glorifiée, j'espère aussi trouver ma propre gloire. Quoique pécheur, j'ai la confiance qu'un jour il me sera donné de participer à cette grâce. Si mes péchés s'y opposent, ma substance réclame ses droits, et si mes fautes m'en rendent indigne, ma communauté de nature ne m'en repousse pas.

Chapitre XIII. — En effet, le Seigneur serait-il assez peu miséricordieux pour oublier l'homme, et ne pas se souvenir de celui dont il partage la nature? Pourrait-il ne pas aimer sa propre chair, ses propres membres, ses propres entrailles? La multitude des péchés, des fautes et des négligences dont je me suis rendu coupable, et où me fait tomber encore chaque jour, par pensées, par paroles et par actions, la faiblesse humaine aurait pu, il est vrai, m'ôter tout espoir, si votre Verbe, ô mon Dieu, ne s'était pas fait chair et n'eût pas habité parmi nous. Mais comment oserais-je désespérer, lorsque votre Fils unique s'est soumis à votre volonté jusqu'à la mort et à la mort de la croix, lorsqu'il a effacé ce billet de condamnation que nos péchés avaient mérité, qu'il l'a attaché sur sa croix, et a ainsi crucifié avec lui le péché et la mort? Désormais je respire librement et sans crainte en celui qui est assis à votre droite, et qui intercède pour nous. Mon Dieu, pourrais-je ne pas espérer d'arriver jusqu'à vous par la grâce de celui en qui nous sommes déjà ressuscités à une nouvelle vie, en qui nous sommes montés au ciel, où il nous a établis avec lui? A vous donc, Seigneur, toute louange, toute gloire, tout honneur et toute action de grâces.

Chapitre XIV. — Seigneur, Dieu de bonté, qui nous avez ainsi aimés, sauvés, justifiés et élevés, que votre souvenir est doux au cœur! Plus je pense à vous, plus je trouve de douceur à vous aimer. Pendant le temps de mon pèlerinage sur cette terre, et tant que je suis dans ce corps fragile et mortel, ma plus grande joie est de considérer, dans l'élan d'un pieux et doux amour, et avec toute la pureté dont mon esprit est capable, votre grandeur et vos biens infinis. Vous avez blessé mon âme par un trait de votre amour; elle brûle maintenant du désir de vous posséder, d'arriver jusqu'à vous et de vous contempler. Je vais donc veiller avec soin sur moi-même et chanter d'esprit, de cœur et de toutes les forces de mon âme, les louanges du Dieu qui m'a créé et qui, après m'avoir tiré du néant, m'a donné un nouvel être. Je m'élèverai en esprit jusqu'au ciel, et je serai du moins avec vous par les aspirations de mon cœur, en sorte que si, par les misères de mon corps, je suis encore présentement attaché à la terre, je sois toujours uni à vous par tous mes désirs et par l'ardeur de mon amour, jusqu'au jour où je pourrai être là où est mon trésor, qui n'est autre que vous, mon Dieu, trésor incomparable et digne de toutes nos pensées et de notre amour. Mais, Seigneur mon Dieu, dont la bonté et la miséricorde sont infinies, lorsque je veux considérer toute la gloire et l'étendue de cette bonté et de cette miséricorde, mon cœur ne suffit pas, car votre beauté, votre puissance, votre gloire, votre magnificence,

niam tu es re vera [(1) tota spes et fiducia mea. Est enim in te Deo meo et Domino nostro Jesu Christo dulcissimo et benignissimo atque clementissimo meiuscujusque nostrum et portio, et sanguis, et caro. Ubi ergo portio mea regnat, regnare me credo; ubi sanguis meus dominatur, dominari me confido; ubi caro mea glorificatur, gloriosum me esse cognosco. Quamvis peccator sim, de hac tamen communione gratiæ non diffido. Et si peccata mea prohibent, substantia mea requirit : et si delicta propria me excludunt, naturæ communio non repellit.

Caput XIII. — Non enim tam immitis est Dominus, ut obliviscatur hominis, et non meminerit ejus quem ipse gestat; ut non diligat carnem suam, membra sua, et viscera sua. (2) Desperare utique potuissem propter nimia peccata mea et vitia, culpas et infinitas negligentias meas, quas egi et quotidie indesinenter ago corde, ore et opere, et omnibus modis quibus humana fragilitas peccare potest : nisi Verbum tuum Deus meus caro fieret et habitaret in nobis. Sed desperare jam non audeo, quoniam ille tibi subditus usque ad mortem, mortem autem crucis, tulit chirographum peccatorum nostrorum, et affigens illud cruci, peccatum crucifixit et mortem. (Phil., II, 8; Coloss., II, 14.) In ipso autem securus respiro, qui sedet ad dexteram tuam, et interpellat pro nobis. (Rom., VIII, 34.) In ipso confisus ad te pervenire desidero, in quo jam resurreximus et reviximus, jam in cœlum conscendimus, et in cœlestibus consedimus.] Tibi laus, tibi gloria, tibi honor et gratiarum actio.

Caput XIV. — Piissime Domine, qui sic nos amasti, salvasti, justificasti et sublimasti; piissime Domine quam dulcis est memoria tua! Quanto magis in te meditor, tanto es mihi dulcior et amabilior. Idcirco (3) delectat me valde bona tua puro mentis intuitu, et dulcissimo pii amoris affectu, in loco peregrinationis meæ, juxta modulum meum, interim quamdiu his fragilibus subsisto membris, considerare. Tuæ enim caritatis jaculo vulneratus sum, tuo vehementer desiderio flagro, ad te pervenire cupio, te videre desidero. Idcirco super custodiam meam stabo, et vigilantibus oculis psallam spiritu, psallam et mente, et totis viribus meis te factorem et refectorem meum collaudabo, polum penetrabo mente, et desiderio tecum ero : (4) ut in præsenti quidem miseria solo corpore tenear, tecum autem cogitatione et aviditate atque omni desiderio sim semper; quatenus ibi sit cor meum, ubi tu es thesaurus meus desiderabilis, incomparabilis, multumque amabilis. Sed ecce Deus meus piissime ac misericordissime, dum tuæ immensæ bonitatis et pietatis gloriam considerare volo, cor meum non suffi-

---

(1) Hactenus excerptum ex Orat. inedita. Jam ex lib. Medit., c. XV, XIV et XIII. — (2) Ita in Append. Bern., lib. de Conscientia. Aug., lib. X, Conf., n. 69. — (3) V. lib. Medit., c. XXII. — (4) Ex eod. lib. c. XXXVII.

votre majesté, votre charité sont au-dessus de la portée de l'intelligence humaine. L'esprit est aussi incapable d'apprécier la grandeur de votre gloire que la bouche est impuissante à exprimer cette immense charité avec laquelle, après nous avoir tirés du néant, vous nous avez adoptés pour vos enfants, en nous unissant à vous.

Chapitre XV. — O mon âme, s'il nous fallait chaque jour endurer les plus cruels tourments, et pendant un long temps le supplice même de l'enfer, afin de pouvoir contempler Jésus-Christ dans tout l'éclat de sa gloire et être réunis à ses saints, ne devrions-nous pas nous soumettre à tout ce qu'il y a de plus pénible et de plus triste, pour jouir d'un tel bonheur et d'une telle gloire? Que les démons me tendent donc tous leurs pièges, qu'ils préparent contre moi toutes leurs tentations; que mon corps soit exténué par les jeûnes; que mes vêtements ne soient que d'étroits cilices; que je sois accablé de travaux, desséché par la fatigue des veilles, exposé aux clameurs de l'un, aux vexations de l'autre; que mon corps soit épuisé par le froid ou par le chaud; que ma conscience s'élève contre moi; que je sois attaqué de douleurs de tête, d'inflammation de poitrine, de maux d'estomac; que la pâleur couvre mon visage; que les infirmités de toute espèce s'emparent de moi; que ma vie se consume dans la douleur et se passe dans les gémissements; que la pourriture pénètre jusque dans mes os et se répande sur moi de toutes parts, n'importe, pourvu qu'au jour de la tribulation je jouisse d'un parfait repos, et sois réuni à l'assemblée des bienheureux! Quelle sera, en effet, la gloire des justes, quelle sera la joie des saints, lorsqu'ils brilleront comme autant de soleils, alors que le Seigneur fera dans le royaume de son Père le recensement de son peuple, en assignant à chacun le rang qui lui convient, et en donnant à tous, selon sa promesse, une récompense proportionnée à leur mérite et à leurs œuvres, récompense céleste, éternelle, infinie, pour des œuvres médiocres et accomplies pendant quelque temps sur la terre? Ne sera-ce point, en effet, pour les justes le comble de la félicité, lorsque le Seigneur les mettra en présence de la gloire de son Père, et qu'il les établira dans son céleste royaume, pour être tout entier en tous?

Chapitre XVI. — Quelles heureuses délices et quel bonheur délicieux de voir les saints, d'être avec les saints et d'être saint comme eux, de contempler Dieu et de le posséder éternellement! Qu'une telle félicité soit sans cesse l'objet de nos pensées et de nos désirs les plus ardents, afin que nous puissions être réunis le plus vite possible à ces esprits bienheureux. Si vous demandez comment on peut y parvenir, par quels moyens, par quels mérites, par quels secours, le voici : La chose dépend de vous seuls, parce que le royaume des cieux souffre violence. Le royaume des cieux, ô hommes, ne demande, pour être possédé, d'autre prix que vous-mêmes. Dieu vous le donnera, mais à proportion de votre valeur personnelle. Donnez-vous tout entiers, et vous l'aurez entièrement. Pourquoi vous inquiéter de son prix? Jésus-Christ s'est livré lui-même pour vous faire mériter d'être le royaume de son Père, livrez-vous donc vous-mêmes, et vous deviendrez son royaume. Cependant, il faut avant tout que le péché ne règne pas en votre corps mortel, mais seulement l'Esprit de Dieu, qui vous donnera la vie éternelle.

Chapitre XVII. — O mon âme, retournons à la cité

---

cit : excedit enim omnem sensum humanæ mentis tuum decus, tua pulchritudo, tua virtus, tua gloria, tua magnificentia, tua majestas, et tua caritas. Sicut inæstimabilis est tuæ gloriæ splendor, ita ineffabilis est æternæ tuæ caritatis benignitas, qua illos quos de nihilo creasti, adoptas in filios, et tibi conjungis.

Caput XV. — O anima mea [(1) si quotidie oporteret nos tormenta perferre, si ipsam gehennam longo tempore tolerare, ut Christum in gloria sua videre possemus, et Sanctis ejus sociari : nonne dignum esset pati omne quod triste est, ut tanti boni tantæque gloriæ participes haberemur?] (Al. Indesinenter ergo) Insidientur ergo dæmones, parent suas tentationes, frangant corpus jejunia, premant vestimenta, labores gravent, vigiliæ exsiccent, clamet in me iste, inquietet me ille, frigus incurvet, conscientia murmuret, calor urat, caput doleat, pectus ardeat, infletur stomachus, pallescat vultus, infirmer totus, deficiat in dolore vita mea, et anni mei in gemitibus : ingrediatur putredo in ossibus meis, et subter me scateat (Psal. xxx, 11), ut requiescam in die tribulationis, et ascendam ad populum accinctum nostrum. (Habac., iii, 16.) [(2) Quæ enim erit justorum gloria, quam grandis Sanctorum lætitia, cum unaquæque facies fulgebit ut sol : cum ordinibus distinctis populum suum Dominus in regno Patris sui cœperit recensere, et meritis atque operibus singulorum promissa præmia restituere, pro terrenis cœlestia, pro temporalibus sempiterna, pro modicis magna?] Re vera cumulus felicitatis erit, cum Dominus adducet sanctos suos in visione paternæ gloriæ, et faciet in cœlestibus considere, ut sit omnia in omnibus.

Caput XVI. — O felix jucunditas, et jucunda felicitas, sanctos videre, cum sanctis esse, et esse sanctum; Deum videre, et Deum habere in æternum et ultra! Hæc sedula mente cogitemus, hæc toto cordis desiderio desideremus, ut ad eos cito pervenire valeamus. Si quæras, quomodo istud potest fieri, vel quibus modis, quibus meritis, quibusve auxiliis : audi, [(3) res ista posita est in potestate facientis, quoniam regnum cœlorum vim patitur. (Matth., xi, 12.) Regnum cœlorum, o homo, non aliud quærit pretium nisi te ipsum : tanti valet quantum es, te et habebis illud. Quid turbaris de pretio? Christus semetipsum tradidit, ut acquireret te regnum Deo Patri : ita tu temetipsum da, ut sis regnum ejus, ac non regnet peccatum in tuo mortali corpore, sed spiritus in acquisitione vitæ.]

Caput XVII. — O anima mea, [(4) revertamur ad civitatem cœlestem, in qua scripti sumus et cives decreti.

---

(1) Ex Ser. in App., tom. V, 209, n. 3. — (2) Ita Serm. mox citato n. 4, post Cyprian., lib. de opere et eleemos. — (3) Ex eodem loco. — (4) Ex cod. Ser. n. 2.

céleste, dans laquelle nous sommes inscrits au nombre de ses heureux habitants, comme concitoyens des saints, serviteurs de Dieu, héritiers de Dieu et cohéritiers de Jésus-Christ. Considérons, autant que cela est possible à la faiblesse humaine, le bonheur et la gloire qui nous attendent dans notre divine cité. Disons avec le Prophète : « Que de choses grandes et glorieuses on dit de vous, ô cité de Dieu! » (*Ps.* LXXXVI, 3, 7.) De quelles délices sont comblés tous ceux qui vous habitent ! Vous avez été fondée au milieu des transports de joie de la terre entière. Vos heureux citoyens ne connaissent ni la vieillesse et ses infirmités, ni aucune difformité du corps, « car tous sont parvenus à l'état de l'homme parfait et à la plénitude de Jésus-Christ. » (*Ephés.*, IV, 13.) Est-il quelque chose de comparable à la félicité de cette vie, où l'on n'a à craindre ni la pauvreté, ni les maladies, ni les faiblesses, ni les injures, où l'on n'est sujet ni à la colère, ni à l'envie, ni à l'ardeur des passions, ni à l'intempérance, ni à l'ambition des honneurs et du pouvoir, ni à la crainte du démon et de ses embûches, ni aux terreurs de l'enfer, ni à la mort du corps où à celle de l'âme, puisqu'on est sûr, au contraire, d'y jouir des délices et du bonheur de l'immortalité? Toute discorde sera bannie de cette heureuse cité où tout sera dans un accord parfait et dans une parfaite convenance. Il n'y aura parmi les saints que concorde, paix, allégresse, tranquillité et repos. La splendeur de ce divin séjour est éternelle et ne ressemble en rien au jour qui nous éclaire ici-bas, mais elle égale en éclat le bonheur qu'elle nous procure, car cette Jérusalem céleste, comme le dit l'Ecriture, « n'aura nul besoin de la lumière du soleil. C'est la gloire de Dieu même qui l'éclairera, et c'est l'agneau sans tache qui en sera le flambeau. » (*Apoc.*, XXI, 23.) « Tous les saints y brilleront comme autant d'étoiles dans toute l'éternité, et ceux qui en auront amené plusieurs à la justice, comme autant d'astres du firmament. » (*Dan.*, XII, 3.) Il n'y aura là ni nuit, ni ténèbres, ni nuages, ni rigueur du froid, ni incommodité de la chaleur, mais tout y sera tellement tempéré, « que ni l'œil, ni l'oreille de l'homme, n'auront jamais rien vu ni entendu, ni le cœur humain rien conçu de semblable, » (1 *Cor.*, II, 9) à l'exception de ceux qui seront jugés dignes de jouir d'une telle grâce, et dont les noms sont inscrits dans le livre de vie. Ajoutez à tout cela l'ineffable bonheur d'être réuni aux chœurs des anges, des archanges, et de toutes les vertus des cieux, de contempler les patriarches, les prophètes, les apôtres, tous les saints, et de voir parmi eux ceux qui auront été nos parents. Tout cela est bien glorieux, mais combien il sera plus glorieux encore de voir Dieu face à face, et de contempler sa lumière infinie! Cependant le comble de la gloire sera de voir Dieu dans sa propre substance et de posséder en nous celui qu'il nous sera donné de voir pendant toute l'éternité.

CHAPITRE XVIII. — Dieu rendant l'âme belle et noble en la créant à son image et à sa ressemblance, a mis en elle quelque chose qui l'avertit de demeurer avec lui, ou d'y revenir si elle s'en est éloignée par sa volonté, ou plutôt par sa perversité. Elle a ainsi l'espoir d'obtenir de la miséricorde divine, non-seulement le pardon de ses fautes, mais encore la grâce d'oser aspirer aux noces du Verbe, à l'alliance

---

Sicut ergo cives sanctorum, et domestici Dei, et sicut hæredes Dei, cohæredes autem Christi, consideremus inclytam nostræ urbis felicitatem, in quantum considerare possibile est.] Dicamus ergo cum Propheta : O quam gloriosa dicta sunt de te, civitas Dei! (*Psal.* LXXXVI, 3, 7.) Sicut lætantium omnium habitatio est in te. Fundaris enim exultatione universæ terræ, non est in te senectus nec senectutis miseria, non est in te mancus, nec claudus, nec gibbosus, nec deformis : dum omnes occurrunt in virum perfectum, in mensuram ætatis plenitudinis Christi. (*Ephes.*, IV, 13.) [(1) Quid hac vita beatius, ubi non est paupertatis metus, non ægritudinis imbecillitas; nemo læditur, nemo irascitur, nemo invidet; cupiditas nulla exardescit, nullum cibi desiderium, nulla honoris aut potestatis pulsat ambitio? Nullus ibi diaboli metus, insidiæ dæmonum nullæ, terror gehennæ procul, mors neque corporis neque animæ, sed immortalitatis munere jucunda vita. Nulla erit tunc usquam discordia; sed cuncta consona, cuncta convenientia : quia omnium Sanctorum una erit concordia; pax cuncta et lætitia continet, tranquilla sunt omnia et quieta. (*Apoc.*, XXI, 23.) Jugis splendor, non iste qui nunc est, sed tanto clarior quanto felicior (*Dan.*, XII, 3) : quia civitas illa, ut legitur, non egebit lumine solis, sed Dominus omnipotens illuminabit eam, et lucerna ejus est Agnus : ubi Sancti fulgebunt ut stellæ in perpetuas æternitates, et sicut splendor firmamenti qui erudiunt multos. (*Sap.*, III, 7.) Quapropter nox ibi nulla, nullæ tenebræ, concursus nubium nullus, nec frigoris ardorive asperitas ulla : sed talis erit rerum temperies, quam nec oculus vidit, nec auris audivit, nec in cor hominis ascendit (I *Cor.*, II, 9), nisi illorum qui ea perfrui digni inveniuntur, quorum nomina scripta sunt in libro vitæ. (*Isa.*, LXIV, 4.) Verum super hæc omnia est, consociari choris Angelorum et Archangelorum, atque omnium cœlestium Virtutum;] intueri Patriarchas et Prophetas, videre Apostolos et omnes Sanctos, videre etiam parentes nostros. Gloriosa sunt hæc : sed multo gloriosius est (2) præsentem Dei vultum cernere, incircumscriptum lumen videre. Superexcellens autem gloria erit cum Deum videbimus in ipso, videbimus et habebimus in nobis, quem cernere (*a*) finis non est.

CAPUT XVIII. — Anima insignis Dei imagine, illustris similitudine, (3) habet in sese ex Deo, quo admoneatur semper aut stare cum eo, aut redire, si mota suis affectibus, imo defectibus fuerit. Et non solum habet (4) unde respirare queat in spem veniæ et in spem misericordiæ, sed etiam unde audeat aspirare ad nuptias Verbi, et cum

---

(1) Verba Serm. prædicti, num. 3. — (2) Ex Gregor., hom. XXXVII, in *Evangel.* — (3) Bernardus, in *Cant.*, Serm. LXXXIII, num. 2. — (4) Num. 1.

(*a*) Al. *est finis sine fine* vel *non erit finis.*

de Dieu même, et de s'unir au Roi des anges par des liens de douceur et d'amour. Tels sont les effets de l'amour, si l'âme par sa volonté se rend semblable à Dieu, comme elle lui est semblable par sa nature, et si elle l'aime comme elle en est aimée. De tous les mouvements, de toutes les impressions, de tous les sentiments de l'âme, l'amour est le seul par lequel la créature puisse répondre, quoique bien imparfaitement, à ce qu'elle doit à son Créateur et reconnaître ce qu'elle tient de lui. L'amour est comme un centre d'attraction qui attire et captive en lui seul toutes les autres affections du cœur. L'amour suffit et plaît par lui-même et à cause de lui-même ; il trouve en lui son mérite, sa récompense, son principe, il jouit et use de lui-même. C'est par l'amour que nous nous unissons à Dieu, et que deux esprits n'en font qu'un seul, parce que dans les deux, il n'y a plus qu'une seule et même volonté. L'amour a d'abord pour effet de régler les mœurs, et ensuite de faire regarder toutes les choses présentes, comme si elles n'étaient pas ; enfin de rendre les yeux du cœur assez purs pour voir ce qui se passe en lui-même, et contempler les choses d'en haut. C'est encore l'amour qui nous fait accomplir dans ce siècle tout ce qui est bon et honnête, mépriser ensuite tout ce qu'on y estimait le plus, et enfin voir de plus près ce qui concerne la nature de Dieu même.

CHAPITRE XIX. — Dieu le Père est amour, Dieu le Fils est amour, le Saint-Esprit est l'amour du Père et du Fils. Cet amour divin exige quelque chose de semblable en nous, c'est-à-dire un amour dont l'affinité nous rattache et nous unit à lui. L'amour rapproche les rangs et les distances. Celui qui aime Dieu peut s'en approcher et lui parler en toute confiance, sans crainte et sans hésitation. Quiconque ne l'aime pas, perd tout ce qu'il a de vie, mais celui qui l'aime véritablement, ne perd jamais de vue ce Dieu qui est l'objet de son amour, de ses désirs, de ses méditations, de ses joies les plus pures. Il en fait l'unique nourriture de son âme, qui en jouit avec abondance. Celui qui est ainsi dévoué à Dieu, apporte dans ses chants de louanges, dans ses lectures, dans ses actions autant de vigilance et de circonspection que si Dieu était présent, comme il l'est effectivement. Il prie comme s'il était élevé dans le ciel en présence du Tout-Puissant, au pied de son trône, où des milliers d'anges le servent incessamment et exécutent ses ordres. Quand cet amour entre dans une âme, il la réveille de son assoupissement, la rend plus tendre et plus sensible, la perce de ses traits, en dissipe les ténèbres ; l'ouvre à des élans qu'elle comprimait, enflamme sa tiédeur, réprime en elle tout mouvement de colère et d'impatience, en chasse les vices, en réprime tous les désirs charnels, en corrige et en purifie les mœurs ; il réforme et renouvelle son intelligence, éteint en elle tous les mouvements de sensualité, même dans l'âge où l'on y est le plus exposé. Voilà tout ce que fait cet amour là où il est présent, mais quand il se retire, l'âme devient bientôt languissante comme un vase d'eau bouillante qu'on retire du feu.

CHAPITRE XX. — C'est quelque chose de bien grand et de bien merveilleux que cet amour qui donne à l'âme assez de confiance pour s'approcher de Dieu, pour s'attacher à Dieu, pour s'entretenir familièrement avec Dieu, pour le consulter en toute chose.

Deo inire fœdus societatis, atque cum rege Angelorum ducere jugum suave amoris. Hæc omnia facit amor, (1) si anima exhibeat se similem Deo per voluntatem, cui similis est per naturam : diligens sicut dilecta est. (2) Solus enim est amor ex omnibus animæ motibus, sensibus atque affectibus, in quo potest creatura, etsi non æquo, respondere auctori, vel de simili mutuam rependere vicem. Amor ubi venerit, cæteros in se omnes traducit et captivat affectus. Amor per se sufficit, per se placet, et propter se. Ipse meritum, ipse præmium, ipse causa, ipse fructus, ipse usus. Per amorem conjungimur Deo. Amor facit unum spiritum de duobus, amor facit idem velle et idem nolle. Amor facit prius mores componere; postmodum omnia quæ adsunt tanquam non adsint considerare : tertio vero loco munda cordis acie superna et interna conspicere. Per amorem primum in sæculo bene geruntur honesta, postmodum etiam (a) honesta sæculi despiciuntur, ad extremum etiam Dei intima conspiciuntur.

CAPUT XIX. — Deus Pater caritas est, Deus Filius caritas est, Spiritus sanctus amor Patris et Filii est. Et hæc caritas aliquid simile requirit in nobis, scilicet caritatem, qua velut quadam affinitate consanguinitatis et sociemur et conjungamur. (3) Amor dignitatis nescius, reverentiam nescit. Qui amat, per se ipsum fiducialiter accedit ad Deum, familiariterque loquitur ei : nihil timens, nihil hæsitans. Perdit quod vivit, qui non diligit. Qui autem diligit, oculos suos semper habet ad Deum quem diligit, quem desiderat, in quo meditatur, in quo delectatur, in quo pascitur, in quo impinguatur. Iste talis sic devotus, ita cantat, ita legit, et in omnibus operibus suis sic est providus et circumspectus, quasi Deus adsit præsens ante oculos ejus, sicut re vera adest : ita orat quasi sit assumptus et præsentatus ante faciem majestatis in excelso throno, ubi millia millium ministrant ei, et decies centena millia assistunt ei. (Dan., VII, 10.) (4) Animam quam visitat amor, expergefacit dormientem, movet et emollit eam, et vulnerat cor ejus, tenebrosa illuminat, clausa reserat, frigida inflammat, mentem asperam et irascibilem et impatientem mitigat, vitia fugat, carnales affectus comprimit, mores emendat, reformat et innovat spiritum, lubricæ ætatis motus actusque leves coercet. Hæc omnia facit amor cum præsens est : (5) cum vero abscesserit, ita incipit anima jacere languida, ac si cacabo bullienti subtraxeris igneum.

CAPUT XX. — Magna res est amor, (6) quo anima per semetipsam fiducialiter accedit ad Deum, Deo constanter inhæret, Deum familiariter percontatur, consultatque de

---

(1) Num. 3. — (2) Num. 4. — (3) Idem Serm. LXIV et LXXXII — (4) Serm. LXIV, n. 6. — (5) Ita fere ibid., n. 7. — (6) Bernardus, *in Cant.*, Serm. LXXXII, n. 3.
(a) Ms. Reg. hic ad. *pro æternis*.

L'âme qui aime véritablement Dieu ne peut plus ni s'occuper, ni parler d'autre chose. Tout n'est plus pour elle qu'un sujet de mépris, d'ennui et de dégoût. Toutes ses méditations, ses paroles, ses pensées sont comme le reflet de son amour, tant l'amour de Dieu s'est emparé d'elle tout entière. Pour connaître Dieu, il faut l'aimer. Celui qui ne l'aime pas voudrait en vain s'adonner à la lecture, à la méditation, à la prière, à la prédication. L'amour de Dieu produit le véritable amour de l'âme et la rend attentive sur elle-même. Dieu aime pour être aimé, et quand il aime, il ne demande pour prix de son amour que d'être aimé, car il sait que nous ne pouvons être heureux qu'en l'aimant. L'âme qui aime Dieu renonce à toute autre affection; elle se donne entièrement au seul objet de son amour, afin de pouvoir répondre par un retour de tendresse à celle qu'on a pour elle-même. L'âme qui s'est ainsi répandue tout entière dans un tel amour, de quels transports de délices ne sera-t-elle pas inondée? Quoiqu'il y ait une bien grande différence entre l'objet de notre amour et notre amour même, entre l'âme et Dieu, entre la créature et le Créateur, quoique l'une soit bien loin de concourir autant que l'autre à cet amour commun, si cependant nous aimons Dieu de tout notre cœur, que manquera-t-il à notre amour? Il ne peut rien manquer là où tout se trouve. L'âme qui aime n'a rien à craindre, celle qui n'aime pas a tout à redouter. Une âme qui aime Dieu s'élève et est attirée vers Dieu par ses vœux et ses désirs; elle ne tient aucun compte de ses mérites, elle ne considère pas la majesté de Dieu, elle s'ouvre tout entière au plaisir de l'aimer, et met toute sa confiance en lui, comme dans son unique salut. L'âme, par l'effet seul de son amour, se dégage entièrement des sens. Elle ne se sent plus elle-même, parce qu'elle se sent tout entière en Dieu. Voilà ce qui arrive lorsque l'âme pénétrée de l'ineffable douceur qu'elle trouve à aimer Dieu, se dérobe à elle-même, ou plutôt est ravie et transportée hors d'elle-même, pour s'abandonner entièrement à la joie de jouir de Dieu. Y aurait-il quelque chose de plus doux pour elle, si ce bonheur n'était pas de si courte durée? L'amour établit une sainte intimité entre Dieu et nous. Cette intimité nous donne la hardiesse, cette hardiesse le goût, et ce goût la faim de lui-même. L'âme touchée de l'amour de Dieu ne pense plus à autre chose, ne désire plus rien. Elle ne fait plus que soupirer et s'écrier : « Comme un cerf altéré soupire après l'eau des torrents, de même, ô mon Dieu, mon âme soupire après vous. » (*Ps.* XLI, 2.)

Chapitre XXI. — C'est uniquement par amour que Dieu est venu parmi les hommes, dans l'homme, et s'est lui-même fait homme. C'est par amour que Dieu tout invisible qu'il est, a pris la forme de ses serviteurs. C'est par amour et pour effacer nos péchés, qu'il a été couvert de blessures, et ce sont ces blessures du divin Rédempteur qui procurent aux faibles et aux pécheurs un repos sûr et parfait. C'est en elles que mon cœur cherche et trouve un asile. Elles m'ouvrent les entrailles de miséricorde de mon Sauveur, et j'y trouve tout ce qui me manque, parce qu'elles sont une source abondante et intarissable de miséricorde et de charité. C'est par les blessures de son corps, que je découvre les secrets de son cœur et l'ineffable mystère de bonté et de dévouement, qui l'a fait descendre du ciel pour venir parmi nous. Que de miséricorde, de bonté, de douceur et d'amour dans les blessures de Jésus-Christ! Ses mains

---

omni re. Anima quæ amat Deum, nihil aliud potest cogitare, nihil loqui : cætera contemnit, omnia fastidit, quidquid meditatur, quidquid loquitur, amorem sapit, amorem redolet; ita amor Dei eam sibi vindicavit. (1) Qui vult habere notitiam Dei, amet. Frustra accedit ad legendum, ad meditandum, ad prædicandum, ad orandum, qui non amat. (2) Amor Dei amorem animæ parit, et cum intendere sibi facit. (3) Amat Deus ut ametur. Cum amat, nihil aliud vult quam amari : sciens amore esse beatos qui se amaverint. Anima amans (4) cunctis suis renuntiat affectionibus, et tota soli incumbit amori, ut possit respondere amori in redhibendo amore. Et cum se tota effuderit in amorem, quantum est ad illud fontis perenne profluvium? Non pari ubertate concurrit amor et amans, anima et Deus, creator et creatura : tamen si ex toto se diligit, nihil deest ubi totum est. (5) Non timeat anima quæ amat; paveat quæ non amat. (6) Anima amans fertur votis, trahitur desideriis, dissimulat merita, majestati oculos claudit, aperit voluptati, ponens se in salutari, et fiducialiter agens in eo. Amore anima (7) secedit et excedit a corporeis sensibus : ut sese non sentiat, quæ Deum sentit. Hoc fit cum mens ineffabili Dei illecta dulcedine quodam modo esse sibi furatur, imo rapitur atque labitur a se ipsa, ut Deo fruatur ad jucunditatem. Nihil tam jucundum, nisi esset tam modicum. (8) Amor dat familiaritatem Dei, familiaritas ausum, ausus gustum, gustus famem. Anima quam tangit amor Dei, nihil aliud potest cogitare, nihil desiderare : sed frequenter suspirat dicens : « Sicut cervus desiderat ad fontes aquarum, ita desiderat anima mea ad te Deus. » (*Psal.* XLI, 2.)

Caput XXI. — Deus amore venit ad homines, venit in homines, factus est homo. Amore Deus invisibilis servis suis factus est similis : amore vulneratus est propter delicta nostra. (9) Tuta et firma requies est infirmis et peccatoribus, in vulneribus Salvatoris. Securus illic habito, (10) patent mihi viscera per vulnera : quidquid ex me mihi deest, usurpo mihi ex visceribus Domini mei : quoniam misericordia affluunt, nec desunt foramina per quæ effluant. Per foramina corporis patent mihi arcana cordis, patet magnum pietatis sacramentum, patent viscera misericordiæ Dei nostri, in quibus visitavit nos Oriens ex alto. Vulnera Jesu Christi plena sunt misericordia, plena pietate, plena dulcedine et caritate. Foderunt manus ejus et pedes ejus, et latus ejus lancea

---

(1) Ser. LXXIX, n. 1. — (2) Ser. LXIX, n. 7. — (3) Ser. LXXXIII, n. 4. — (4) Num. 6. — (5) Ser. LXXXVI, n. 6. — (6) Ser. LXXIV, n. 4. — (7) Ser. LXXXV, n. 13. — (8) Serm. LXXIV, n. 3. — (9) Bernardus, *in Cant.*, Serm. LXI, n. 3. — (10) Num. 4.

et ses pieds percés de clous, et son côté par une lance, s'entr'ouvrent pour ainsi dire, afin de me laisser savourer les douceurs infinies de mon Dieu. Car vous êtes effectivement, Seigneur, un Dieu de douceur, de bonté et de miséricorde, pour tous ceux qui vous invoquent, qui vous cherchent, et surtout qui vous aiment sincèrement. Combien vos blessures divines sont puissantes pour nous racheter, adorable Sauveur! Que de douceur, quelle plénitude de vertus et de grâces nous y trouvons!

CHAPITRE XXII. — Lorsque quelque mauvaise et honteuse pensée assiége mon âme, j'ai recours aux blessures de Jésus-Christ. Lorsque je sens les aiguillons de la chair, la seule pensée des plaies de mon Sauveur me rend à moi-même. Lorsque le démon me tend des embûches, je me réfugie dans les entrailles de miséricorde de mon souverain Seigneur, et le démon se retire de moi. Si l'ardeur de la concupiscence enflamme mes sens, le seul souvenir des plaies du Fils de Dieu suffit pour éteindre le feu qui me dévore. Dans toutes les adversités je ne trouve pas de remède plus efficace que les plaies de Jésus-Christ. En elles seules je goûte un sommeil tranquille et un repos que rien ne peut troubler. Jésus-Christ est mort pour nous. Est-il rien de si mortel qui ne puisse être sauvé par la mort de Jésus-Christ?

Toute mon espérance est donc dans la mort de mon Sauveur. Sa mort est mon mérite, mon refuge, mon salut, ma vie, ma résurrection. Tout mon mérite est dans la miséricorde du Seigneur. Tant qu'il se souviendra de sa miséricorde, je ne serai pas entièrement sans mérite, et ces mérites seront en moi en proportion de la grandeur et de la multitude de ses miséricordes. Plus il a de puissance pour me sauver, plus je suis en sûreté pour mon salut.

CHAPITRE XXIII. — J'ai beaucoup péché, Seigneur, et ma conscience me reproche une infinité de fautes. Je ne perds cependant pas tout espoir, car là où le péché abonde il y a surabondance de grâce. Celui qui désespère d'obtenir le pardon de ses péchés, méconnaît la miséricorde divine, et c'est offenser gravement Dieu que de se méfier de sa clémence, car c'est nier autant qu'on le peut sa charité, sa vérité et sa puissance, dans lesquelles j'ai mis mon espérance tout entière; dans sa charité, parce qu'il nous a adoptés; dans sa vérité, parce qu'il nous a promis de nous sauver; dans sa puissance, parce qu'il peut accomplir sa promesse. Que mon esprit dans son égarement et sa démence murmure désormais autant qu'il lui plaira et me dise : Qui es-tu donc, ô homme, pour aspirer à une telle gloire, et quel mérite as-tu pour espérer de l'obtenir? A ces murmures, je répondrai en toute confiance : Je sais en qui je crois, parce que celui que m'a adopté pour son enfant est vrai dans ses promesses, puissant pour les accomplir et qu'il peut ce qu'il veut. La multitude de mes péchés ne saurait donc m'inspirer aucune crainte, lorsque le souvenir de la mort du Seigneur se présente à mon esprit, parce que toutes mes fautes ensemble n'égalent pas la grandeur de sa miséricorde. Les clous et la lance qui l'ont percé sont comme des voix qui me crient, qu'en aimant Jésus-Christ, je serai véritablement réconcilié avec lui. Le soldat impie, qui a percé de sa lance le côté de Jésus-Christ (*Jean*, XIX, 34), m'a ouvert un asile dans lequel je suis entré, et où je trouve un parfait repos. (*Id.*, IV, 18.) Celui qui craint n'a qu'à aimer, car l'amour bannit toute espèce de crainte. Il n'y a pas de remède plus puissant et plus efficace contre l'ardeur des

---

perforaverunt. Per has rimas licet mihi gustare, quam suavis est Dominus Deus meus : quoniam re vera suavis et mitis et multæ misericordiæ est omnibus eum invocantibus in veritate, omnibus inquirentibus, et maxime diligentibus. Copiosa redemptio data est nobis in vulneribus Salvatoris nostri, magna multitudo dulcedinis, plenitudo gratiæ, et perfectio virtutum.

CAPUT XXII. — Cum me pulsat aliqua turpis cogitatio, recurro ad vulnera Christi. (1) Cum me premit caro mea, recordatione vulnerum Domini mei resurgo. Cum diabolus mihi parat insidias, fugio ad viscera misericordiæ Domini mei, et recedit a me. Si ardor libidinis moveat membra mea, recordatione vulnerum Filii Dei exstinguitur. In omnibus adversitatibus non invenio tam efficax remedium, quam vulnera Christi : in illis dormio securus, et requiesco intrepidus. Christus mortuus est pro nobis. Nihil tam est ad mortem, quod morte Christi non salvetur.

Tota spes mea est in morte Domini mei. Mors ejus meritum meum, refugium meum, salus, vita et resurrectio mea : (2) meritum meum, miseratio Domini. Non sum meriti inops, quamdiu ille miserationum oblitus non fuerit. Et si misericordiæ Domini multæ, multus ego sum in meritis. Quanto ille potentior est ad salvandum, tanto ego securior.

CAPUT XXIII. — Peccavi peccatum grande, et multorum sum mihi conscius delictorum : nec sic despero, quoniam ubi abundaverunt delicta, superabundavit et gratia. Qui de venia peccatorum suorum desperat, negat Deum esse misericordem. Magnam injuriam Deo facit, qui de ejus misericordia diffidit : quantum in se est, negat Deum habere caritatem, veritatem et potestatem, (3) in quibus tota spes mea consistit, scilicet in caritate adoptionis, in veritate promissionis, et in potestate (*al.* redemptionis) redditionis. Murmuret jam quantum voluerit insipiens cogitatio mea dicens : Quis enim es tu, et quanta est gloria illa, quibusve meritis illam obtinere speras? Et ego fiducialiter respondebo : Scio cui credidi, quia in caritate nimia adoptavit me in filium, quia verax est in promissione, potens in exhibitione, et licet ei facere quod vult : non possum terreri multitudine peccatorum, si mors Domini in mentem venerit, quoniam peccata mea illum vincere non possunt. (4) Clavi et lancea clamant mihi, quod vere reconciliatus sum Christo, si eum amavero. Longinus aperuit mihi latus Christi lancea (*Joan.*, XIX, 34) : et ego intravi, et ibi

(1) V. num. 3. — (2) Num. 5. — (3) Et hæc lib. *de dilig. Deo*, c. XIV, ex Bernardo. — (4) Bern., *in Cant.*, Serm. LXI, n. 4.

passions, que de penser à la mort de notre Rédempteur. Ses bras et ses mains sont étendus sur la Croix, pour faire voir qu'il est prêt à embrasser les pécheurs qui viennent à lui. C'est donc entre les bras de mon adorable Sauveur que je veux vivre et mourir. Ce sera là que je chanterai en toute sécurité : « Soyez béni, Seigneur, de m'avoir tiré du danger et de n'avoir pas permis à mes ennemis de se réjouir contre moi. » (*Ps.* xxix, 1.) Notre Sauveur, au moment de sa mort, a incliné sa tête sur la Croix, pour donner un divin baiser à ceux qu'il aime, et nous donnons à notre tour un baiser d'amour et de tendresse à Dieu, toutes les fois que par amour pour lui nous nous repentons de nos fautes.

Chapitre XXIV. — O mon âme, qui portez la noble image de Dieu, qui avez été rachetée par le sang de Jésus-Christ, qui êtes devenue son épouse par la foi, qui avez eu pour dot son Esprit saint, qu'il a ornée de toutes sortes de vertus et qu'il a mise au rang des anges, aimez celui qui vous a tant aimée; pensez à celui qui ne pense qu'à vous; cherchez celui qui vous cherche. Aimez de toutes vos forces celui qui vous aime tant, dont l'amour vous a prévenue, et qui est lui-même le principe de votre amour. Il est votre mérite, votre récompense, le fruit de vos travaux, votre jouissance, en un mot, votre fin. N'agissez donc que quand il agit; reposez-vous quand il se repose; soyez pure et sainte avec celui qui est la pureté et la sainteté même. Telle que vous vous préparerez pour paraître devant Dieu, tel il vous apparaîtra à vous-même. Dieu, qui est la source de toute douceur, de toute bonté, de toute miséricorde, aime et appelle à lui ceux qui sont doux, bons, humbles et miséricordieux. Aimez celui qui vous a tirée de l'abîme des misères, et de la fange où vous étiez plongée. Choisissez-le entre tous pour en faire votre ami. Lorsque tout vous abandonnera, lui seul vous restera fidèle. Lorsqu'au jour où l'on vous conduira au tombeau tous vos amis vous abandonneront, lui seul ne vous abandonnera pas. Il vous défendra encore pour vous soustraire à la rage de vos ennemis prêts à vous dévorer, et vous conduira par des régions inconnues jusqu'à la céleste Sion. Là, il vous placera avec ses anges devant sa divine majesté, où vous entendrez chanter le mélodieux cantique : Saint, Saint, Saint le Seigneur, le Dieu des armées. Là, on n'entend résonner que des chants d'allégresse, de triomphe, de salut, de louanges et d'action de grâces. Là se trouve le comble du bonheur, de la gloire, de la joie et de tous les biens. O mon âme, vos soupirs les plus ardents, vos aspirations les plus saintes doivent avoir pour but unique d'arriver à cette divine cité, dont on a dit des choses si grandes et si merveilleuses, et qui est un séjour de bonheur et de délices. C'est par l'amour que vous pouvez y parvenir, car rien n'est difficile et impossible pour celui qui aime. Toute âme qui aime s'élève souvent vers la céleste Jérusalem, en parcourt familièrement tous les espaces, y voit les patriarches et les prophètes, y salue les anges, y contemple avec admiration la sainte milice des martyrs, des confesseurs et les chœurs des vierges. Le ciel, la terre et tout ce qu'ils renferment ne cessent de me dire : Aimez, aimez toujours le Seigneur votre Dieu.

Chapitre XXV. — Le cœur humain, dont tous les désirs n'ont pas pour fin l'éternité, ne saurait être

---

requiesco securus. Qui timet, amet : quoniam caritas mittit foras timorem. (I *Joan.*, iv, 18.) (1) Nullum tam potens est, tam efficax contra ardorem libidinis medicamentum, quam mors Redemptoris mei. Extendit brachia sua in cruce, et expandit manus suas paratus in amplexus peccatorum. Inter brachia Salvatoris mei et vivere volo, et mori cupio. Ibi securus decantabo : « Exaltabo te Domine, quoniam suscepisti me, nec delectasti inimicos meos super me. » (*Psal.* xxix, 2.) Salvator noster caput inclinavit in morte, ut oscula daret suis dilectis. Totiens Deum osculamur, quoties in ejus amore compungimur.

Caput XXIV. — O anima mea insignita Dei imagine, redempta Christi sanguine, desponsata fide, dotata spiritu, ornata virtutibus, deputata cum Angelis, dilige illum a quo tantum dilecta es, intende illi, qui intendit tibi, quære quærentem te, ama amatorem tuum a quo tantum amaris, cujus amore præventa es, qui est causa amoris tui. Ipse est meritum, ipse præmium, ipse fructus, ipse usus, ipse finis. (2) Esto sollicita cum sollicito, cum vacante vacans, cum mundo munda, cum sancto sancta. Qualem te paraveris Deo, talis oportet ut appareat tibi. Deus suavis et mitis, et multæ misericordiæ, suaves, mites, dulces, humiles et misericordes requirit. Ama illum qui eduxit te de lacu miseriæ, et de luto fæcis. (3) Elige illum amicum tuum præ omnibus amicis tuis : qui, cum omnia subtracta fuerint, solus tibi fidem servabit. In die sepulturæ tuæ cum omnes amici tui recedent a te, ille te non derelinquit : sed tuebitur a rugientibus præparatis ad escam, et conducet te per ignotam regionem, atque perducet ad plateas supernæ Sion, et ibi collocabit te cum Angelis ante faciem majestatis suæ, ubi audies illud angelicum melos : Sanctus, sanctus, sanctus, Dominus Deus sabaoth. Ibi est canticum lætitiæ, vox exultationis et salutis, gratiarum actio, et vox laudis, atque alleluia in perpetuum. Ibi est cumulus felicitatis, supereminens gloria, superabundans lætitia et omnia bona. O anima mea suspira ardenter, desidera vehementer, ut possis pervenire in illam supernam civitatem, de qua tam gloriosa dicta sunt : in qua sicut lætantium omnium habitatio est. (*Psal.* lxxxvi, 3, 7.) Amore potes ascendere, amanti nihil est difficile, nihil impossibile. Anima quæ amat, ascendit frequenter, et currit familiariter per plateas cœlestis Jerusalem, visitando Patriarchas et Prophetas, salutando Apostolos, admirando exercitus Martyrum et Confessorum, chorosque Virginum speculando. (4) Cœlum, terra, et omnia quæ in eis sunt, non cessant mihi dicere, ut amem Dominum Deum meum (*a*).

Caput XXV. — Cor humanum in desiderio æternitatis

---

(1) V. n. 3.cit. loci et Serm. lxii, n, 7. — (2) Juxta Bern., Serm. lxix in *Cant.*, n. 7. — (3) Ita lib. *de conscientia* in Append. Bernardi, c. 1, post Hug. Vict., lib. I *Miscell.* tit. lii. — (4) Aug., lib. X *Conf.*, c. vi.

(*a*) Hactenus idem est apud Hugonem, l. IV *de Anima*, deinceps omnino diversus.

stable. Plus mobile que toute mobilité, il passe sans cesse d'une chose à une autre, cherchant le repos là où il n'est pas. Ce n'est pas, en effet, dans les choses fragiles et passagères dont il s'est fait l'esclave, qu'il peut trouver le calme et le véritable repos, parce qu'il a en lui-même tant de grandeur et de noblesse, qu'il ne peut trouver son contentement et son bonheur que dans le souverain bien, et qu'il jouit en outre d'une telle liberté, que rien ne pourrait le détourner de ce bien malgré lui. Ainsi, la volonté de l'homme est donc la cause de sa damnation ou de son salut. C'est pourquoi l'on ne peut rien offrir de meilleur à Dieu qu'une bonne volonté. C'est elle qui attire Dieu à nous et nous conduit vers lui. C'est par la bonne volonté que nous aimons Dieu, que nous préférons Dieu à tout, que nous courons vers Dieu, que nous parvenons jusqu'à Dieu et que nous pouvons le posséder. O bonne volonté qui nous rend conformes à la nature de Dieu et semblables à lui. La bonne volonté plaît tellement à Dieu, qu'il ne veut pas habiter dans le cœur où elle ne se trouve pas. La bonne volonté attire dans l'âme où elle se trouve la grâce de la souveraine et sainte Trinité. Car la Sagesse, c'est-à-dire le Christ, l'éclaire de sa lumière pour lui faire connaître la vérité ; la Charité, c'est-à-dire l'Esprit saint, l'enflamme de l'amour du bien, et le Père conserve en elle ce qu'il a créé, pour empêcher sa créature de périr.

CHAPITRE XXVI. — En quoi consiste la connaissance de la vérité? C'est, avant tout, à se connaître soi-même et ce qu'on doit être, pour tâcher de le devenir; ensuite, à rechercher ce qu'il y a de répréhensible en nous, afin de le corriger; enfin, à connaître et à aimer son Créateur, et c'est en cela que consiste le souverain bien de l'homme.

Voyez donc combien est ineffable l'amour de Dieu pour nous, combien est grande sa divine charité. Il nous a tirés du néant, et tout ce que nous avons, c'est lui qui nous l'a donné. Cependant, comme nous avons aimé le bienfait plus que le Bienfaiteur, la créature plus que le Créateur, nous sommes tombés dans les pièges du démon, dont nous sommes devenus les esclaves. Mais Dieu, touché de compassion, a envoyé son propre Fils pour nous racheter de l'esclavage, et son Saint-Esprit afin d'adopter comme ses enfants ceux qui étaient devenus esclaves. Il a donné son Fils pour prix de notre rédemption, son Esprit saint comme le gage de son amour, et il se réserve lui-même tout entier, pour être l'héritage de ses enfants d'adoption. Ainsi, Dieu a aimé les hommes avec tant de miséricorde et de bonté, qu'avant même d'être désiré et aimé par eux, il a donné non-seulement tous ses biens, mais encore s'est donné lui-même pour les racheter, et tout cela moins pour lui que pour eux. Afin que les hommes pussent renaître de Dieu, il a voulu, tout Dieu qu'il était, naître parmi eux. Qui serait assez dur pour être insensible à l'amour de Dieu, prévenant lui-même l'homme, et allant au devant de lui par sa grâce? O divin et ineffable amour, qui a porté un Dieu à se faire homme pour sauver les hommes! Comment haïr un homme quand on voit en lui la nature et la ressemblance d'un Dieu, dans l'humanité même dont ce Dieu a daigné se revêtir pour nous? Haïr l'homme n'est-ce pas haïr Dieu, dont l'homme est l'image? Ne serait-ce pas perdre ainsi tout le mérite de ce qu'on peut faire? Dieu ne s'est fait homme pour l'homme, qu'afin d'être son Rédempteur comme il est son Créateur, et pour que l'homme fût ainsi racheté par sa propre substance.

non fixum, nunquam stabile potest esse, sed omni volubilitate volubilius : de alio in aliud transit, quærens requiem ubi non est. In his autem caducis et transitoriis, in quibus ejus affectus captivi tenentur, veram requiem invenire non valet : quoniam (1) tantæ est dignitatis, ut nullum bonum præter summum bonum ei sufficere possit : tantæ est etiam libertatis, ut ad aliud invitum cogi non possit. Propterea unicuique propria voluntas est causa suæ damnationis vel salvationis; et ideo nihil dilius bona voluntate Deo offertur. (2) Bona voluntas Deum ad nos deducit, et nos in eum dirigit. Per bonam voluntatem Deum diligimus, Deum eligimus, ad Deum currimus, ad Deum pervenimus, ac Deum possidemus. O bona voluntas, per quam ad Dei similitudinem reformamur, et ei similes efficimur! Ita amabilis est Deo bona voluntas, ut ipse in corde habitare non velit, in quo bona voluntas non fuerit. Bona voluntas illius summæ majestatis Trinitatem ad se inclinat. Sapientia namque ad cognitionem veritatis illam illuminat, caritas ad desiderium bonitatis inflammat, paternitas in ea custodit quod creavit, ne pereat.

CAPUT XXVI. — Quid est cognitio veritatis? Primo cognoscere te ipsum, et quod esse debeas, ut esse studeas; quod autem corrigendum est, ut corrigas : deinde cognoscere et amare Creatorem tuum : hoc enim est totum hominis bonum.

Vide ergo quam ineffabilis est divinæ caritatis erga nos dilectio. De nihilo nos creavit, et quidquid habemus nobis donavit : sed quia plus dileximus datum quam datorem, creaturam quam Creatorem, cecidimus in laqueum diaboli, et facti sumus ejus servi. Deus vero misericordia motus, misit Filium suum quo redimeret servos ; misit etiam Spiritum sanctum, quo servos adoptaret in filios : Filium dedit in pretium redemptionis, Spiritum sanctum in privilegium amoris, totum servat in hæreditatem (a) adoptionis. Ita Deus, ut piissimus et misericordissimus amator hominum, præ desiderio vel amore hominis, non solum sua, verum etiam et se ipsum impendit, ut hominem recuperaret, non tam sibi quam homini ipsi. Ut homines ex Deo nascerentur, primo ex ipsis natus est Deus. Quis est tam durus, quem non emolliat amor Dei sic hominem præveniens : tam, inquam, vehemens amor, quod Deus propter hominem homo dignatus est fieri ? Quis potest odire hominem, cujus naturam et similitudinem videt in humanitate Dei? Re vera qui odit illum, odit Deum : et

(1) Hugo Vict., lib. I *Miscellan.* tit. VII. — (2) Idem *de laude caritatis.*
(a) Leg. ut l *de Spiritu et an.*, c. LIV, *adoptatis.*

Si Dieu s'est montré sur la terre sous une forme humaine, c'était pour rendre plus intime, et en quelque sorte plus familier, l'amour de l'homme pour son Sauveur, et pour que chacune des deux parties de l'homme fût béatifiée en lui, c'est-à-dire pour que sa divinité fût comme l'aliment des yeux de notre âme, et son humanité celui des yeux de notre corps. Il voulait ainsi que la nature humaine trouvât toujours, soit en elle-même, soit hors d'elle-même, une nourriture salutaire dans celui qui l'avait créée.

Chapitre XXVII. — Il nous est né un Rédempteur qui a été crucifié et qui est mort pour nous, afin de nous sauver de la mort par la sienne. Sa chair avait été pressée sur la croix comme le raisin au pressoir. Semblable à un vin céleste, son sang en avait découlé. Le Saint-Esprit fut donc envoyé pour préparer les cœurs, comme autant de vases, pour que ce vin nouveau fût reçu dans de nouveaux vaisseaux, car il fallait d'abord purifier les cœurs, de peur que ce vin céleste ne fût souillé. Il fallait ensuite que les cœurs fussent liés et fermés pour empêcher qu'il ne se répandît. Il fallait, dis-je, qu'ils fussent purifiés des joies de l'iniquité et fermés aux joies des vanités du monde, car ils ne pouvaient recevoir ce qui est bon, qu'après avoir été purifiés de ce qu'ils contenaient de mauvais. Or, les joies de l'iniquité souillent le cœur, et les vanités du monde le criblent de fentes par lesquelles il se répand au dehors. La joie de l'iniquité, c'est d'aimer le péché, et celle de la vanité c'est de s'attacher à ce qui passe. Rejetez donc loin de vous tout ce qui est mauvais, pour être en état de recevoir ce qui est bon. Répandez hors de votre cœur tout ce qui est amertume, afin qu'il puisse se remplir de douceur. Le Saint-Esprit n'est que joie et amour. Chassez donc l'esprit du démon et celui des vanités du siècle, pour recevoir l'Esprit de Dieu. L'esprit du démon nous fait trouver notre joie dans l'iniquité, l'esprit du monde dans tout ce qui est vain et passager. Or, ces joies sont mauvaises, parce que l'une est un péché et l'autre une occasion de péché. L'Esprit de Dieu viendra en vous lorsque vous aurez banni de votre cœur ces esprits du mal. L'Esprit de Dieu entrera dans le sanctuaire de votre âme, et y apportera la joie et l'amour du bien, qui en chasseront l'amour du monde et l'amour du péché. L'amour du monde nous séduit et nous trompe, et l'amour du péché nous souille et nous conduit à la mort. L'amour de Dieu éclaire notre esprit, purifie notre conscience, remplit notre âme de joie et prouve la présence de Dieu en nous.

Chapitre XXVIII. — Celui dans le cœur duquel règne l'amour de Dieu pense à l'heureux moment où il pourra quitter le monde pour retourner à Dieu et être délivré de cette chair corruptible, pour goûter les douceurs de la véritable paix. Son cœur est toujours élevé vers le Seigneur, et les choses du ciel sont l'unique objet de ses aspirations. Qu'il soit assis, qu'il marche, qu'il se repose, qu'il fasse n'importe quoi, son cœur et sa pensée ne s'éloignent jamais de Dieu. Il exhorte tous les hommes à aimer Dieu et les y anime sans cesse. Il cherche par son cœur, par ses paroles et par ses actions, à leur montrer combien cet amour a de douceur, et combien il est mauvais et dangereux d'en avoir pour les choses de la terre. Il méprise la vaine gloire de ce monde, en fait voir les ennuis et les amertumes, et prouve combien il est insensé

---

ita perdit quidquid facit. [(1) Deus namque propter hominem factus est homo, ut esset redemptor qui est et creator, et ut de suo redimeretur homo : et ut familiarius diligeretur ab homine Deus, in similitudine hominis apparuit, et ut uterque sensus hominis in ipso beatificaretur, et reficeretur oculus cordis in ejus divinitate, et oculus corporis in ejus humanitate : ut sive ingrediens sive egrediens in ipso pascua inveniret natura humana condita ab ipso.]

Caput XXVII. — [(2) Salvator namque noster natus est nobis, crucifixus et mortuus est pro nobis : ut morte sua mortem nostram destrueret. Et quia botrus carnis portatus fuerat ad torcular crucis, et expressione facta fluere cœperat mustum divinitatis, missus est Spiritus sanctus, quo vasa cordium præpararentur, et vinum novum in utres novos poneretur : primum ut corda mundarentur, ne infusum pollueretur; et postea ligarentur, ne effusum amitteretur; mundarentur a gaudio iniquitatis, ligarentur contra gaudium vanitatis. Non enim quod bonum est venire potuit, nisi prius recederet quod malum est. Gaudium iniquitatis polluit, et gaudium vanitatis effundit. Gaudium iniquitatis reddit vas sordidum, et gaudium vanitatis facit rimosum. Gaudium iniquitatis est, cum peccatum diligitur : et gaudium vanitatis est, cum transitoria amantur. Ejice ergo quod malum est, ut quod bonum est percipere possis. Effunde amaritudinem, ut dulcedine impleri possis. Spiritus sanctus gaudium est et amor. Ejice spiritum diaboli et spiritum mundi hujus, ut accipias Spiritum Dei. Spiritus diaboli operatur gaudium iniquitatis, et spiritus mundi gaudium vanitatis. Et hæc gaudia mala sunt : quoniam aliud habet culpam, aliud occasionem culpæ. Veniet autem Spiritus Dei, cum ejecti fuerint spiritus mali : et intrabit tabernaculum cordis, et operabitur gaudium bonum et amorem bonum, quo expellitur amor mundi, et amor peccati. Amor mundi allicit et decipit : amor peccati polluit et ad mortem conducit.] Amor Dei mentem illuminat, conscientiam mundat, animam lætificat, et Deum demonstrat.

Caput XXVIII. — [(3) In quo amor Dei est, semper cogitat quando ad Deum perveniat, quando mundum derelinquat, quando carnis corruptionem evadat, (a) quando veram pacem inveniat. Semper habet cor sursum, et desiderium in superna elevatum. Quando sedet, quando ambulat, quando requiescit, vel quando aliquid agit, cor a Deo non recedit : omnes ad amorem Dei exhortatur, omnibus amorem Dei commendat, et quam dulcis sit Dei amor, et quam malus et quam amarus sit amor sæculi, corde, ore, et opere demonstrat. Deridet hujus sæculi gloriam, arguit sollicitudinem : et quam stultum sit in

---

(1) Hugo Vict., lib. I *Miscellan.* tit. xxxvii. — (2) Idem Hugo, *ibid.* tit. ciii. — (3) Hugo Vict., *de laude caritatis.*
(a) Aj. *ut,* et mox *cor suum.*

de mettre sa confiance dans ce qui ne fait que passer. Il ne peut assez s'étonner de l'aveuglement des hommes d'aimer de telles choses, et de leur peu d'empressement à renoncer à ce qui est fragile et périssable. Il reconnaît seulement comme doux et bon ce qui lui paraît doux et bon à lui-même, comme digne d'être aimé par tous, ce qui est l'unique objet de son amour, et comme évident ce qui est à ses yeux clair et incontestable, c'est-à-dire le bonheur d'aimer Dieu. Il contemple sans cesse son Dieu, et plus il le contemple, plus il trouve dans cette contemplation de joie et de bonheur. Quelle douceur, en effet, et quel charme on trouve à faire de Dieu l'unique et constant objet de sa contemplation, de son amour et de ses louanges !

CHAPITRE XXIX. — Le véritable repos du cœur consiste à concentrer tout son amour en Dieu sans désirer autre chose, et à trouver dans cet amour toute sa joie, tout son bonheur, toutes ses délices. Si notre âme est détournée par quelque mauvaise pensée, ou par quelque occupation mondaine, qu'elle se hâte d'y revenir, en regardant comme un exil tout retard qu'elle met à ce retour. Comme, en effet, il n'y a aucun moment où l'homme ne jouisse, et n'ait besoin des bienfaits et de la miséricorde de Dieu, il ne doit pas non plus rester un seul instant sans l'avoir présent à son esprit. C'est donc une grande faute, lorsque dans la prière on parle avec Dieu, d'en détourner sa pensée, comme s'il ne nous voyait et ne nous entendait pas. C'est ce qui arrive lorsque notre esprit distrait par des pensées mauvaises et impor-

tunes, se porte sur quelque vile créature qu'il préfère à Dieu, à laquelle il pense sans cesse, au lieu de penser à Dieu qu'il doit adorer comme son Créateur, attendre comme son Sauveur, ou craindre comme son Juge. Il faut donc éviter et avoir en horreur tout ce qui peut nous détourner de Dieu. Vous qui aimez le monde, voyez où vous devez aboutir. La voie que vous suivez est mauvaise et pleine de périls.

CHAPITRE XXX. — O homme, dérobez-vous donc quelquefois à vos occupations et aux pensées qui remplissent votre esprit de trouble et d'inquiétude. Laissez de côté tous ces soins, toutes ces affaires si pénibles qui vous accablent, pour ne penser qu'à Dieu et vous reposer en lui. Entrez dans le for de votre âme, chassez-en tout, excepté Dieu et ce qui peut vous aider à le chercher; et après avoir soigneusement fermé l'entrée de votre cœur, ne cherchez plus autre chose que Dieu et donnez-vous tout entier à lui. Dites-lui : Je cherche votre visage, Seigneur mon Dieu, je le cherche sans cesse. Apprenez donc à mon cœur comment il doit vous chercher et comment il peut vous trouver. Si vous n'êtes point ici, Seigneur, où faut-il vous chercher ? Si vous êtes partout, pourquoi ne puis-je vous voir ? Mais vous habitez une lumière inaccessible, et comment m'approcher d'une inaccessible lumière ? Qui me conduira et m'introduira vers elle pour que je vous y voie ? A quel signe, à quel extérieur vous reconnaîtrai-je ? Je ne vous ai jamais vu, Seigneur mon Dieu, jamais je n'ai eu le bonheur de contempler votre visage. Que fera donc, Dieu tout-puissant, que fera donc le

---

his quæ transeunt fiduciam habere, ostendit. Miratur cæcitatem hominum qui hæc diligunt : miratur etiam quomodo universa hæc transitoria et caduca omnes non derelinquunt. Omnibus existimat dulce quod sibi sapit, omnibus placere quod diligit, omnibus manifestum quod cognoscit.] Frequenter (1) Deum suum contemplatur, et in ejus contemplatione suaviter reficitur : tanto felicius, quanto frequentius. Dulcis est enim semper ad considerandum, ad amandum et laudandum semper suavis.

CAPUT XXIX. — Re vera (2) hæc est cordis vera requies, cum totum in amorem Dei per desiderium figitur, nec quidquam aliud appetit; sed in eo quod tenet, felici quadam dulcedine delectatur, delectando jucundatur. Si vero vana aliqua cogitatione, vel rerum occupatione inde aliquantulum abstractum fuerit, summa cum festinatione illuc redire festinat, exilium reputans alibi quam ibi moram facere. Nam (3) sicut nullum est momentum, quo homo non fruatur vel utatur Dei pietate vel misericordia : sic nullum debet esse momentum, quo eum præsentem non habeat in memoria. Idcirco non brevi crimine tenetur astrictus quisquis in oratione cum Deo loquitur, et subito abstrahitur ab ejus conspectu, quasi ab oculis non videntis nec audientis. Hoc autem fit, quando cogitationes suas malas et importunas sequitur, et aliquam vilissimam creaturam, ad quam mentis intuitus facile distrahitur, ei præfert : illam videlicet in

cogitatione sæpius revolvendo vel cogitando, quam Deum quem assidue deberet (a) recolere, creatorem adorare, salvatorem expectare, vel timere judicem. Quidquid igitur aspectum ab eo retrahit, omnino fugiendum est et execrandum.

Quisquis amas mundum, tibi prospice quo sit eundum. Hæc via qua vadis, via pessima plenaque cladis.

CAPUT XXX. — (4) Fuge igitur o homo paululum occupationes tuas, et absconde te modicum a tumultuosis cogitationibus tuis. Abjice nunc onerosas curas, et postpone laboriosas dissensiones tuas : vaca aliquantulum Deo, et aliquantulum requiesce in eo. Intra in cubiculum mentis tuæ, exclude omnia præter Deum, et quæ valent ad quærendum eum. Clauso ostio quære eum, et da cor tuum totum Deo, et dic : Quæro vultum tuum, vultum tuum Domine requiro. Eia nunc ergo tu Domine Deus meus doce cor meum, ubi et quomodo te quærat, ubi et quomodo te inveniat. Domine si hic non es, ubi te quæram absentem ? Si autem ubique es, cur te non video præsentem ? (I *Tim.*, VI, 16.) Sed certe habitas lucem inaccessibilem. Sed quomodo accedam ad lucem inaccessibilem ? aut quis me deducet et inducet in illam, ut videam te in illa ? Deinde quibus signis, qua facie te quæram ? Nunquam te vidi Domine Deus meus, nunquam novi faciem tuam. Quid faciet altissime Domine, quid faciet iste lon-

---

(1) Idem, lib. 1 *Miscellan.* tit. cxx. — (2) Lib. *de substantia dilect.*, c. VI. — (3) Sic *de Spir. et an.*, c. xxxv, et lib. jam citato *de conscientia*, c. III. — (4) Deinceps mera Anselmi, verba *Proslogii*, c. 1.

(a) Editi recolere creatorem, adorare redemptorem, expectare salvatorem, timere judicem.

malheureux dans l'exil qui le tient éloigné de vous ? Que fera votre serviteur que le besoin de votre amour agite et inquiète, et que vous avez repoussé si loin de votre présence ? Il ne soupire qu'après le bonheur de vous voir, et vous vous dérobez à ses regards. Son plus ardent désir est de s'approcher de vous, et le séjour que vous habitez est inaccessible. Il voudrait vous trouver, et il ne sait où l'on vous trouve. Il voudrait vous chercher, mais il ne sait à quel trait vous reconnaître.

CHAPITRE XXXI. — Seigneur vous êtes mon Dieu et mon souverain Maître, et pourtant je ne vous ai point encore vu. C'est vous qui m'avez créé, qui m'avez donné une nouvelle existence et tous les biens que je possède, et cependant je n'ai point encore eu le bonheur de vous voir et de vous connaître. C'est pour vous voir que j'ai été fait par vous, et je n'ai encore rien fait afin d'atteindre le but pour lequel j'ai été créé. O malheureuse condition de l'homme qui a perdu le bien auquel son Créateur l'avait appelé en lui donnant l'être ! O sort dur et cruel ! Qu'a-t-il trouvé, hélas ! et que lui reste-t-il à la place de ce qu'il a perdu ? Il a perdu le bonheur auquel il était destiné, et il a trouvé la misère pour laquelle il n'avait point été fait. Ce qui rend souverainement heureux a fui loin de lui, et a été remplacé par ce qui rend souverainement malheureux. L'homme se nourrissait alors du pain des anges, dont il éprouve maintenant le besoin et la faim, et désormais il se nourrit du pain des douleurs qu'il ne connaissait point alors.

Seigneur, jusques à quand nous oublierez-vous ? Jusques à quand détournerez-vous de nous votre visage ? Quand jetterez-vous un regard favorable sur nous et daignerez-vous exaucer nos prières ? Quand votre divine lumière éclairera-t-elle nos yeux, pour que nous puissions contempler les beautés de votre visage ? Quand vous rendrez-vous à nous ? Jetez les yeux sur nous, Seigneur ; Seigneur, exaucez-nous, éclairez-nous et montrez-vous à nous. Rendez-vous à nous pour que nous possédions le bien, sans lequel il n'y a que malheur pour nous. Prenez en pitié les efforts que nous faisons pour arriver à vous, mais qui sans votre grâce, sont vains et inutiles. Si vous nous appelez à vous, prêtez-nous du moins votre secours. Je vous en conjure, Seigneur, ne permettez pas que je tombe dans le désespoir en gémissant, mais faites que je respire en espérant. Seigneur mon Dieu, mon cœur est rempli d'amertume et de désolation, remplissez-le des douceurs de vos divines consolations. J'ai commencé, Seigneur, à vous chercher dans la faim que j'ai de vous, ne me laissez pas m'éloigner sans m'avoir donné quelque nourriture. C'est un malheureux affamé qui s'est approché de vous, ne le laissez point partir sans avoir apaisé sa faim. C'est un pauvre qui est venu vers un riche, un infortuné vers un miséricordieux, ne le renvoyez pas avec mépris, et sans lui avoir fait quelqu'aumône. Seigneur, la douleur a courbé ma tête, je ne puis plus regarder que les choses d'ici-bas, relevez mon front pour que mes yeux puissent s'élever vers les choses du ciel. Mes iniquités ont monté au-dessus de ma tête ; elles sont devenues un poids qui m'accable ; délivrez-m'en, Seigneur, de peur que comme un abîme, elles ne s'entr'ouvrent pour m'engloutir. Qu'il me soit au moins permis d'entrevoir votre lumière ou de loin, ou du fond de mon exil. Apprenez-moi à vous chercher et montrez-vous à moi lorsque je vous chercherai, car sans votre secours, Seigneur, je ne puis ni vous chercher, ni vous trouver. Faites que je vous cherche en vous désirant, que je vous désire en vous cherchant, que je vous trouve en vous aimant, et que je vous aime après vous avoir trouvé.

---

ginquus exul tuus? quid faciet servus tuus auxius amore tui, et longe projectus a facie tua? Anhelat videre te, et nimis illi abest facies tua. Accedere ad te desiderat, et inaccessibilis est habitatio tua. Invenire te cupit, et nescit locum tuum. Quærere te affectat, et ignorat vultum tuum.

CAPUT XXXI. — Domine, Deus meus es tu et Dominus meus, et nunquam vidi te. Tu me fecisti, et refecisti, et omnia bona mea mihi contulisti; et nondum vidi te, neque novi. Denique ad te videndum factus sum, et nondum feci propter quod factus sum. O misera sors hominis, cum hoc perdidit ad quod factus est! O dirus et durus casus ille! Heu quid perdidit, et quid invenit? Quid abcessit, et quid remansit? Perdidit beatitudinem ad quam factus est, et invenit miseriam ad quam factus non est. Abcessit sine quo nihil felix est, et remansit quod per se non nisi miserum est. Manducabat tunc homo panem Angelorum, quem nunc esurit (*Psal.* XII, 4): manducat nunc panem dolorum, quem tunc nesciebat.

Et o tu Domine usque quo? Usque quo Domine oblivisceris nos? Usque quo avertis faciem tuam a nobis? Quando respicies et exaudies nos? Quando illuminabis oculos nostros, et ostendes nobis faciem tuam? Quando restitues te nobis? Respice Domine, exaudi, illumina nos, et ostende nobis te ipsum: restitue te nobis, ut bene sit nobis, sine quo tam male est nobis. Miserere labores et conatus nostros ad te, qui nihil valemus sine te. (*Al.* Invita) Invitas nos, adjuva nos. Obsecro Domine ne desperem suspirando, sed respirem sperando. Obsecro Domine, amaricatum est cor meum sua desolatione, indulca illud tua consolatione. Obsecro Domine, esuriens cœpi quærere te, ne deseras jejunus a te: famelicus accessi, ne recedam impastus. Pauper veni ad divitem, miser ad misericordem; ne recedam vacuus et contemptus. Domine incurvatus sum, et non possum nisi deorsum aspicere: erige me, ut possim sursum intendere. Iniquitates meæ supergressæ sunt caput meum, obvolverunt, et sicut onus grave gravant me. (*Psal.* XXXVII, 5.) Evolve me, et exonera me, ne urgeat puteus earum os suum super me. Liceat mihi suspicere lucem tuam, vel de longe, vel de profundo. Doce me quærere te, et ostende te quærenti: quia nec quærere te possum nisi tu doceas, nec invenire nisi te ostendas. Quæram te desiderando, desiderem quærendo; inveniam amando, amem inveniendo.

CHAPITRE XXXII. — Seigneur, vous m'avez créé semblable à votre image, afin que je puisse sans cesse me souvenir de vous, penser à vous, n'aimer que vous : je le reconnais et je vous en rends grâces. Mais, hélas! cette image a été tellement effacée en moi par le contact de mes vices, tellement obscurcie par les nuages de mes péchés, que je ne puis plus atteindre le but auquel vous l'aviez destinée, si vous ne daignez pas la renouveler et lui rendre sa première forme. Je n'essaierai pas, Seigneur, de pénétrer la sublimité de votre nature, car, ma faible intelligence ne pourrait s'élever jusque-là. Tout ce que je désire, c'est de comprendre votre vérité, unique objet de ma foi et de mon amour. Je ne cherche pas à comprendre pour croire, mais je crois afin de pouvoir comprendre. Vous donc, Seigneur, qui donnez l'intelligence à ceux qui ont la foi, faites-moi comprendre autant que cela m'est utile, que vous êtes comme nous le croyons, et que vous êtes ce que nous croyons.

Nous croyons, mon Dieu, que vous êtes tout ce qu'il y a de plus grand et de meilleur qu'on puisse imaginer. Mais qu'êtes-vous en vous-même, Seigneur mon Dieu? Quelle est donc cette grandeur et cette bonté, qui en vous surpassent toute imagination? Que pouvez-vous être, sinon le souverain bien qui seul est par lui-même, qui seul a tiré toutes choses du néant? Tout ce qui n'est pas ce bien souverain est au-dessous de ce qui est de telle nature, qu'on ne peut rien concevoir d'aussi grand. Mais pourrait-on penser cela de vous, Seigneur, qui êtes le bien suprême? Quel bien, en effet, peut-il manquer au souverain bien, principe et source éternelle de tout autre bien? C'est pourquoi vous êtes juste, vrai, heureux, et tout ce qu'il vaut mieux être que de ne l'être pas. Comment se fait-il cependant que vous épargniez les méchants, si vous êtes parfaitement et souverainement juste? Est-ce parce que votre bonté est incompréhensible, et que la lumière inaccessible que vous habitez, la dérobe aux yeux de notre intelligence? Votre bonté, Seigneur, est comme une source secrète et profondément cachée, d'où elle s'écoule comme un fleuve immense de miséricorde. Bien que vous soyez entièrement et souverainement juste, vous êtes pourtant plein de bienveillance pour les méchants, parce que vous êtes la parfaite et souveraine bonté. Cette bonté même serait moins grande, si elle ne s'étendait pas jusque sur les méchants. Quiconque, en effet, est bienveillant envers les méchants et les bons, est meilleur que celui dont la bonté ne s'exerce qu'à l'égard de ceux qui en sont dignes; et celui qui sans rien perdre de sa bonté, châtie les méchants, tout en sachant aussi leur pardonner, est meilleur que celui qui ne sait pas les punir. Vous êtes donc, Seigneur, un Dieu de miséricorde, parce que vous êtes un Dieu de parfaite et souveraine bonté.

CHAPITRE XXXIII. — O bonté infinie qui surpassez toute intelligence, laissez venir sur moi cette miséricorde dont la source est si abondante. Laissez-la couler en moi, comme elle vient de vous. Pardonnez-moi selon la douceur de votre bonté, plutôt que de me punir selon la rigueur de votre justice.

Prenez donc courage, ô mon âme, élevez votre intelligence. Voyez autant que vous en êtes capable, quelle est la nature et la grandeur de ce souverain bien, qui n'est autre que Dieu lui-même. Si tout bien a en lui-même quelque chose qui nous charme, quelles délices ne doit pas avoir pour nous ce souverain bien, qui renferme seul tout ce que les autres biens ont

CAPUT XXXII. — Fateor Domine, et gratias ago, quia creasti in me hanc imaginem tuam : ut tui memor sim, te cogitem, te amem. Sed sic est abolita attritione vitiorum, sic est obfuscata fumo peccatorum : ut non possit facere ad quod facta est, nisi tu renoves et reformes eam. Non tento Domine penetrare altitudinem tuam, quia nullatenus comparo illi intellectum meum. Desidero aliquatenus intelligere veritatem tuam, quam credit et diligit cor meum : neque enim quæro intelligere ut credam, sed credo ut intelligam. (1) Ergo Domine qui das fidei intellectum, da mihi ut quantum scis expedire, intelligam, quia es sicut credimus, et hoc es quod credimus.

Et quidem credimus te esse aliquid quo nihil majus aut (a) melius cogitari possit. (2) Quid ergo es Domine Deus? Quo majus meliusque nihil valet cogitari. Sed hoc quid est, nisi quod summum omnium, solum existens per se ipsum, omnia alia fecit ex nihilo? Quidquid hoc non est, minus eo est quo nihil majus possit cogitari : sed hoc de te cogitari non potest. Quod ergo bonum deest summo bono, per quod est omne bonum? Tu es itaque justus, verax, beatus, et quidquid melius est esse quam non esse. (3) Verum malis quomodo parcis, si es totus justus et summe justus? An quia bonitas tua est incomprehensibilis, et latet in luce inaccessibili, quam inhabitas? Vere in altissimo et secretissimo bonitatis tuæ profundo latet fons, unde manat fluvius misericordiæ tuæ. Nam cum totus et summe justus sis, tamen idcirco malis etiam benignus es, quia totus et summe bonus es. Minus namque bonus esses, si nulli malo esses benignus. Melior est enim qui et bonis simul et malis bonus est, quam qui bonis tantum bonus est. Et melior est qui malis et parcendo et puniendo bonus est, quam qui puniendo tantum. Ideo ergo misericors es, quia totus et summe bonus es.

CAPUT XXXIII. — O immensa bonitas, quæ sic omnem intellectum excedis, veniat super me misericordia illa, quæ de tanta opulentia procedit : influat in me, quæ profluit de te. Parce per clementiam, ne ulciscaris per justitiam.

(4) Excita te nunc anima mea, et erige totum intellectum tuum : et cogita quantum potes, quale et quantum sit illud bonum quod Deus est. Si enim singula bona

---
(1) Ex lib. citati, c. II. — (2) Ex cap. v. — (3) Ex cap. IX. — (4) Quæ sequuntur, sunt ipsamet, cap. XXIV, XXV et XXVI, dicti *Prosl.*, tota hic descripta.

(a) Ap. Ans., hic et infra omitt. *melius*.

d'attrait? Cet attrait ne ressemble pas à celui que nous trouvons dans les choses créées, il en diffère, autant que la créature diffère du Créateur. En effet, si la vie créée est bonne en elle-même, combien plus doit l'être celle d'où découle toute autre vie? Si ce qu'il y a de salutaire dans les choses créées est un bien, combien plus grand encore doit être ce bien, dans ce qui est le principe de tout ce qui est salutaire. S'il est doux, s'il est bon de connaître tout ce qui fait partie de la création, quelle douceur, quel avantage ne doit pas avoir la connaissance de cette sagesse suprême, qui a fait et tiré toutes choses du néant? Enfin si les choses qui nous charment nous procurent tant de joie et de plaisir, combien plus doit-on en trouver dans celui qui en est le Créateur. Que possède, ou plutôt que ne possède pas celui qui peut jouir de ce souverain bien? Il a tout ce qu'il veut et n'a rien de ce qu'il ne veut pas. Il sera riche de tous les biens de l'âme et du corps, biens suprêmes que l'œil n'a jamais vus, ni l'oreille entendus, et que l'esprit de l'homme ne saurait concevoir.

Chapitre XXXIV. — O homme, pourquoi vous égarer ainsi dans mille choses pour y chercher ce qui est bon pour votre âme et votre corps? N'aimez qu'un seul bien qui renferme tous les autres, et ce bien seul vous suffira. Ne désirez que ce bien suprême, la source de tout bien, et vous n'aurez plus rien à désirer. Qu'aimez-vous, ô ma chair? ô mon âme, que désirez-vous? C'est dans ce bien seul que vous trouverez tout ce que vous devez aimer et désirer. Si c'est la beauté qui vous plaît? « Les justes brilleront comme le soleil? » (*Matth.*, xiii, 43.) Si c'est l'agilité, la force, une agilité du corps à laquelle rien ne puisse faire obstacle? « Les justes seront semblables aux anges de Dieu; » (*Matth.*, xxii, 30) puisque « leur corps, qui aura été semé corps animal, ressuscitera corps spirituel, » (I *Corinth.*, xv, 44) sinon par sa nature, du moins par un effet de la puissance divine? Si c'est une longue et heureuse vie, les élus jouiront près de Dieu d'une éternité de bonheur, et d'une santé éternelle, « puisque les justes vivront éternellement, et que leur salut viendra du Seigneur lui-même? » (*Sag.*, v, 16.) Si c'est la satiété, les justes seront pleinement rassasiés, lorsque le Seigneur leur apparaîtra dans tout l'éclat de sa gloire? Ils seront énivrés de l'abondance de la maison de Dieu? Si c'est l'harmonie que vous aimez, n'entendez-vous pas la voix des anges chanter éternellement les louanges du Seigneur? Si ce sont des plaisirs purs et chastes que vous cherchez, le Seigneur n'abreuvera-t-il pas ses saints du torrent de ses délices? Si c'est la sagesse qui vous plaît, Dieu ne dévoilera-t-il pas sa sagesse à ses fidèles? Si c'est l'amitié qui vous charme, les justes aimeront Dieu plus qu'eux-mêmes, et s'aimeront entre eux autant qu'ils peuvent s'aimer eux-mêmes. Dieu les aimera plus qu'ils ne s'aimeront eux-mêmes, parce qu'ils aimeront Dieu et eux-mêmes par Dieu, comme Dieu se complaira dans son amour envers lui-même et envers eux par lui-même. Si c'est la concorde et l'union que vous cherchez, il n'y aura entre les justes qu'une seule et même volonté, parce qu'ils n'en auront pas d'autre que celle de Dieu. Si c'est la puissance que vous ambitionnez, ils seront tout-puissants par leur propre volonté, comme Dieu l'est par la sienne; car de même que Dieu peut faire par lui-même tout ce qu'il veut, de même les justes feront par Dieu tout ce qu'ils voudront, parce que ne voulant jamais autre chose que ce que Dieu vou-

---

delectabilia sunt, cogita intente quam delectabile sit illud bonum, quod continet jucunditatem omnium : et non qualem in rebus creatis sumus experti, sed tanto differentem, quanto differt a creatura Creator. Si enim est bona vita creata; quam bona est Vita creatrix? Si jucunda est salus facta; quam jucunda est Salus, quæ fecit omnem salutem? Si amabilis est sapientia cognitione rerum conditarum; quam amabilis est Sapientia, quæ omnia fecit et condidit ex nihilo? Denique si multæ et magnæ sunt delectationes in rebus delectabilibus; qualis et quanta est delectatio in eo, qui ipsa delectabilia fecit? (1) O qui hoc bono fruetur, quid illi erit, quid illi non erit? Certe quidquid voluerit illi erit, et quidquid noluerit non erit. Ibi quippe illi erunt bona animæ et corporis, qualia nec oculus vidit, nec auris audivit, nec in cor hominis ascendit.

Caput XXXIV. — Cur ergo per multa vagaris homuncio, quærendo bona animæ tuæ et corporis tui? Ama unum bonum, in quo sunt omnia bona; et sufficiet. Desidera simplex bonum, quod est omne bonum; et satis est. Quid enim amas caro mea? quid desideras anima mea? Ibi est, ibi est quidquid amatis, quidquid deside-ratis. Si delectat pulchritudo : « Fulgebunt justi sicut sol. » (*Matth.*, xiii, 43.) Si velocitas, aut fortitudo, aut libertas corporis, cui nihil obsistere possit : « Erunt similes Angelis Dei : » (*Matth.*, xxii, 30) quia « seminatur corpus animale, surget corpus spiritale, » (I *Cor.*, xv, 44) potestate utique, non natura. Si longa aut salubris vita; ibi erit sana æternitas et æterna sanitas : quia « justi in perpetuum vivent, » et : « Salus justorum a Domino. » (*Sap.*, v, 16.) Si satietas; satiabuntur cum apparuerit gloria Domini. (*Psal.* xxxvi. 39.) Si ebrietas; inebriabuntur ab ubertate domus Dei. (*Psal.* xvi, 15.) Si melodia; ibi Angeli concinunt sine fine Deo. (*Psal.* xxxv, 9.) Si quælibet non immunda, sed munda voluptas; torrente voluptatis suæ potabit eos Dominus. (*Ibid.*) Si sapientia; ipsa Dei Sapientia ostendet se ipsam illis. Si amicitia; diligent Deum plus quam se ipsos, et invicem tanquam se ipsos, et Deus illos plus quam illi se ipsos; quia illi illum, et se, et invicem per illum; et ille se et illos per se ipsum. Si concordia; omnibus illis una erit voluntas, quia nulla in illis erit, nisi Dei (a) summa voluntas. Si potestas; omnipotentes erunt suæ voluntatis, ut Deus suæ. Nam sicut Deus poterit quod volet per se

(1) Cap. xxv, apud Anselm.
(a) Ap. Ans., *sola*.

dra, Dieu lui-même ne voudra pas autre chose que ce qu'ils voudront, et ce que Dieu veut doit nécessairement être. Si ce sont les honneurs et les richesses qui vous tentent, Dieu ne mettra-t-il pas ses bons et ses fidèles serviteurs au-dessus de tous les honneurs et de toutes les richesses du monde? Bien plus, ils seront appelés enfants de Dieu et seront dieux eux-mêmes, et là où sera son Fils unique, ils y seront aussi comme héritiers de Dieu et cohéritiers de Jésus-Christ. Enfin, si c'est l'assurance d'être toujours heureux que vous voulez avoir, les justes ne seront-ils pas aussi sûrs que ce souverain bien ne leur manquera jamais, qu'ils le sont de ne jamais le perdre de leur propre volonté? Ne sont-ils pas également certains que Dieu qui les aime, ne les en privera point malgré eux, et que comme il n'y a rien de plus puissant que Dieu, rien ne pourra jamais les séparer de lui? Or, quelle joie et quel bien ne se trouve pas là où se trouve le souverain bien?

CHAPITRE XXXV. — O cœur humain, cœur manquant de tout, cœur qui a déjà éprouvé tant de peines et qui, bien plus, est encore accablé de tant de misères, quelle serait votre joie si vous pouviez jouir de ces ineffables biens! Descendez en vous-même, et voyez si vous êtes capable de soutenir la joie d'un si grand bonheur. Si un autre, que vous aimeriez comme vous-même, jouissait comme vous de la même félicité, n'en sentiriez-vous pas redoubler votre joie, puisque vous l'éprouveriez autant pour lui que pour vous? Mais si, au lieu d'un seul, il s'en trouvait deux ou trois, ou plusieurs, qui partageassent le même bonheur que vous, le bonheur de chacun ne vous causerait-il pas une joie égale à celle que vous ressentez pour vous, si vous aimiez chacun d'eux en particulier comme vous vous aimez vous-même? Que sera-ce donc dans cette innombrable société d'anges et d'esprits bienheureux, parmi lesquels règnera une égale et parfaite charité, où tous aimeront les autres autant qu'ils peuvent s'aimer eux-mêmes, et où la joie que chacun éprouvera pour son propre bonheur, se reportera également sur le bonheur que les autres partageront avec lui? Si le cœur de l'homme n'est pas capable de porter la joie d'un si grand bien qui ne concerne que lui seul, comment pourra-t-il porter celle de tant de bienheureux confondus dans la même félicité que lui? La joie que l'on éprouve du bonheur des autres est toujours en proportion de l'amour qu'on leur porte. Or, de même que chacun de ceux qui jouiront dans le ciel de cette suprême félicité, aimera Dieu beaucoup plus que lui-même et que tous les autres qui sont avec lui, de même l'éternelle et ineffable félicité de Dieu sera pour lui un sujet de joie incomparablement plus grande, que celle qu'il éprouvera pour son propre bonheur et celui de tous les autres. Quand bien même tous ces bienheureux aimeraient Dieu de tout leur cœur, de tout leur esprit et de toute leur âme, jamais ni tout leur cœur, ni tout leur esprit, ni toute leur âme ne pourraient répondre dignement à la grandeur d'un tel amour, de même aussi tout leur cœur, tout leur esprit et toute leur âme auraient beau être remplis de joie, jamais tout leur cœur, tout leur esprit et toute leur âme ne seront capables de contenir la plénitude de leur joie.

CHAPITRE XXXVI. — Mon Seigneur et mon Dieu, mon unique espérance et la seule consolation de mon cœur, si telle est la joie que vouliez nous faire connaître par la bouche divine de votre Fils, dites à mon âme ce qu'il disait à ses disciples : « Demandez et vous recevrez, afin que votre joie soit parfaite. » (Jean,

---

ipsum; ita poterunt illi quod volent per illum : quia sicut illi non aliud volent quam quod ille volet; ita ille volet quidquid illi volent; et quod ille volet, non poterit non esse. Si honor et divitiæ; Deus servos suos bonos et fideles supra multa constituet (Matth., xxv, 23); imo filii Dei et dii vocabuntur et erunt : et ubi erit Unicus ejus, ibi erunt et illi, hæredes quidem Dei, cohæredes autem Christi. (Rom., VIII, 17.) Si vera securitas; certe ita certi erunt nunquam ullatenus illud bonum sibi defuturum, sicut certi erunt se non sua sponte illud amissuros, nec dilectorem Deum illud dilectoribus suis invitis ablaturum, nec aliquid Deo potentius Deum et illos separaturum. Gaudium vero quale quantumve est, ubi tale ac tantum bonum est?

CAPUT XXXV. — Cor humanum, cor indigens, cor expertum ærumnas et miserias, imo obrutum miseriis, quantum gauderes si his omnibus abundares? Interroga intima tua, si capere possint gaudium suum de tanta beatitudine sua. Sed certe si quis alius, quem omnino sicut te ipsum amares, eamdem beatitudinem haberet, duplicaretur gaudium tuum : quia non minus gauderes pro eo, quam pro te ipso. Si vero duo vel tres vel multo plures idipsum haberent, tantumdem pro singulis, quantum pro te ipso gauderes, si singulos sicut te ipsum amares. Ergo quid in illa perfecta caritate innumerabilium beatorum Angelorum et hominum, ubi nullus diliget alium minus quam se ipsum? Non enim aliter gaudebit unusquisque pro singulis aliis, quam pro se ipso. Si ergo cor hominis de tanto bono suo vix gaudium suum capiat, quomodo capax erit tot et tantorum gaudiorum? Et utique, quantum quisque diliget aliquem, tantum de bono ejus gaudet. Et sicut in illa beata felicitate unusquisque sine comparatione plus amabit Deum, quam se et omnes alios secum : ita plus gaudebit absque æstimatione de felicitate Dei, quam de sua et omnium aliorum secum. Et si Deum sic diligent toto corde, tota mente, tota anima, ut tamen totum cor, tota mens, tota anima non sufficiat dignitati dilectionis : profecto sic gaudebunt toto corde, tota mente, tota anima, ut tamen totum cor, tota mens, tota anima non sufficiat plenitudini gaudii.

CAPUT XXXVI. — (1) Deus meus et Dominus meus, spes mea et gaudium cordis mei, dic animæ meæ, si hoc est gaudium de quo nobis per Filium tuum dicis : « Petite, et accipietis; ut gaudium vestrum sit plenum. » (Joan., XVI, 24.) Inveni namque gaudium quoddam ple-

(1) Cap. XXVI, apud Anselm.

xvi, 24.) J'ai trouvé, il est vrai, une joie abondante et plus qu'abondante ; mais quoiqu'elle remplisse le cœur, l'esprit, l'âme et l'homme tout entier, il reste encore bien plus de joie à attendre. Ce ne sera donc pas cette joie qui entrera tout entière dans ceux qui en jouiront, mais ceux qui en jouiront qui entreront dans cette joie. Daignez donc, Seigneur, daignez dire à votre serviteur, au fond de son cœur, si c'est là cette joie dans laquelle entreront vos serviteurs, qui doivent entrer dans la joie de leur Seigneur. Ce qu'il y a de certain, c'est que la joie dont vos élus seront comblés est une joie « que l'œil n'a jamais vue, ni l'oreille entendue, et que l'esprit humain ne saurait concevoir. » (I *Cor.*, ii, 9.) Je n'ai donc encore pu ni penser ni dire, ô Seigneur, quelle sera la grandeur et la joie de vos élus. Cette joie sera en proportion de l'amour qu'ils auront pour vous, comme leur amour sera proportionné à la connaissance qu'ils auront de vous-même ; et plus ils vous connaîtront, plus ils vous aimeront. Mais l'œil n'a jamais vu, ni l'oreille entendu, ni le cœur de l'homme conçu dans cette vie, jusqu'à quel point ils vous connaîtront et vous aimeront dans l'autre.

Faites donc, ô mon Dieu, que je puisse vous connaître, vous aimer et trouver ma joie en vous seul ; et si je ne puis y parvenir entièrement dans cette vie, que je puisse du moins vous connaître et vous aimer chaque jour davantage, jusqu'à ce que j'arrive à la plénitude d'un si ineffable bonheur. Faites que je vous connaisse assez ici-bas, pour être en état de vous connaître parfaitement dans le ciel. Faites que mon amour pour vous s'accroisse et grandisse assez dans cette vie, pour qu'il soit parfait dans la vie future, et que ma joie sur la terre soit aussi grande en espérance, qu'elle le sera en réalité près de vous et en vous. O Dieu qui ne trompez jamais, vous m'avez promis qu'un jour cette joie serait pour moi pleine et parfaite, je vous conjure humblement d'accomplir votre promesse. Que jusqu'à ce jour cette joie soit l'unique objet de mes pensées, de mes paroles, de l'affection de mon cœur, de tous mes entretiens ; que mon âme en ait faim, que ma chair en ait soif ; que mon être tout entier l'appelle et la désire jusqu'à ce que j'entre dans la joie de mon Seigneur, qui est un Dieu en trois personnes, béni dans tous les siècles des siècles. Ainsi soit-il.

num, et plus quam plenum. Pleno quippe corde, pleno mente, plena anima, pleno toto homine gaudio illo, adhuc supra modum supererit gaudium. Non ergo totum illud gaudium intrabit in gaudentes, sed toti gaudentes intrabunt in gaudium illud. Dic Domine, dic servo tuo intus in corde meo, si hoc est gaudium in quod intrabunt servi tui, qui intrabunt in gaudium Domini sui. Sed certe gaudium illud quo gaudebunt electi tui (*Isa.*, LXIV, 4), « nec oculus vidit, nec auris audivit, nec in cor hominis ascendit. » (I *Cor.*, ii, 9.) Nondum ergo cogitavi aut dixi : Domine, quantum gaudebunt electi tui. Utique tantum gaudebunt, quantum amabunt ; tantum amabunt, quantum cognoscent. Et quantum te Domine cognoscent, quantum te amabunt ? Certe nec oculus vidit, nec auris audivit, nec in cor hominis ascendit in hac vita, quantum te cognoscent et amabunt in illa vita.

Oro te Deus meus, cognoscam te, amem te, ut gaudeam de te : et si non possum in hac vita ad plenum, vel proficiam de die in diem, usque dum veniat illud ad plenum. Proficiat in me hic notitia tui, ut ibi fiat plena ; crescat in me hic amor tuus, ut ibi sit plenus : ut hic gaudium meum sit in spe magnum ; et ibi in re plenum. Deus verax, peto ut accipiam quod promittis, ut gaudium meum sit plenum. Meditetur inde interim mens mea, loquatur inde lingua mea, amet illud cor meum, sermocinetur os meum, esuriat illud anima mea, sitiat illud caro mea, desideret illud tota substantia mea, donec intrem in gaudium Domini mei : Qui est trinus et unus Deus benedictus in sæcula. Amen.

AVERTISSEMENT

SUR LE LIVRE QUI A POUR TITRE DU MIROIR

Ce livre porte des titres différents dans les anciens manuscrits. La plupart l'intitulent *Miroir* ou *Manuel*; peut-être ce nom vient-il d'un mot de l'auteur lorsqu'il dit à Dieu vers la fin du livre : « J'ai entrepris de cueillir ces quelques fleurs, afin d'avoir toujours avec moi un petit écrit en forme de manuel qui me parle de vous, pour ranimer mon amour lorsque je le sentirai s'affaiblir. » Peu après, l'auteur dit qu'il a composé ce « petit discours, afin que tout ce qu'il croit de cœur touchant les perfections de Dieu, pour obtenir la justice, il le confesse de bouche pour obtenir le salut. » Ce n'est donc pas sans raison que dans le manuscrit du collège des Bernardins de Paris, il est intitulé *Petit livre de la foi catholique*. Ce même manuscrit contient à la suite de celui-ci un autre opuscule avec ce titre : *Profession de foi touchant les secours que Jésus-Christ a daigné procurer au genre humain*. Il commence par ces mots : « A ma profession de foi précédente, » etc. Ces deux opuscules ne sont autre chose que la première et la seconde partie d'une profession de foi, que Pierre-François Chifflet fit paraître en quatre parties, sous le nom d'Alcuin, et d'après un manuscrit de Bohéries (1). Les critiques les plus compétents affirment que l'écriture de ce manuscrit appartient au temps de Charlemagne, et ne peut être postérieure au neuvième siècle; ils en ont laissé un témoignage authentique publié dans les *Anciens Analecta*, t. I, où la question est spécialement traitée. Le *Miroir* n'était donc que la première partie de ladite profession de foi; il s'ensuit que si l'on y trouve des choses qui lui sont communes avec les *Méditations*, ces choses sont passées non des *Méditations* dans le *Miroir*, mais du *Miroir* dans les *Méditations*, puisque celles-ci sont assurément postérieures au x⁰ siècle. Du reste tout ce qui compose ce livre, aussi bien les expressions, que les pensées, n'est pas seulement emprunté aux écrits de saint Augustin, ou à ceux de saint Grégoire et de saint Isidore, mais aussi à d'autres ouvrages d'Alcuin ; c'est pour cette raison que nous hésitons à attribuer cet opuscule à Alcuin lui-même. Pour la correction de ce *Miroir*, on a consulté l'exemplaire de Bohéries, aussi bien que les manuscrits de la bibliothèque de Colbert et ceux du collège des Bernardins.

(1) Ancienne abbaye de l'ordre de Cîteaux, fondée en 1141 par Barthélemy De Vico, évêque de Laon.

ADMONITIO

IN LIBRUM CUI SPECULO NOMEN INSCRIPTUM EST.

Non una est libri subsequentis inscriptio in antiquis codicibus. Appellatur in plerisque *Speculum* sive *Manuale*, ducto forsitan titulo ex verbis Auctoris, ad Deum circiter finem ita loquentis : « Huic defloratiunculæ operam dedi, ut breve et Manuale verbum mecum de te semper haberem, ex cujus lectione, quoties tepesco in tuum reaccendar amorem. » Paulo post dicit Auctor decerptum a se hunc « sermunculum, uti » de Deo « sicut corde credit ad justitiam, ita ore confiteretur ad salutem. » Hinc non inepte in manuscripto Parisiensis collegii Bernardinorum inscribitur : *Libellus catholicæ fidei*. In quo etiam Bernardinorum codice alterum habet proxime adjunctum opusculum cum hocce titulo : *Confessio quantum Christus humano generi subvenire dignatus est* : quod incipit in hunc modum. « Superiori sermunculo confessionis fidei meæ, » etc. Hæc autem opuscula duo nihilo diversa sunt a prima et secunda parte Confessionis fidei quæ Petri Francisci Chiffletii cura, sub Alcuini nomine quatuor instructa partibus prodiit ex Boheriano exemplari. Scripturam exemplaris hujus Boheriani proxime accedere ad tempus Caroli Magni, nec sæculo nono posteriorem videri, testantur viri rei litterariæ peritia clarissimi, qui ad faciendam de hoc ipso fidem, instrumento edito in *Veterum Analectorum* tomo I ; (ubi plura in hanc rem disseruntur) subscripserunt. Quapropter quæ subsequenti Speculo, (quod nempe nihil aliud est nisi Confessionis prædictæ pars prima,) inesse reperiuntur communia cum *Meditationibus* hic paulo supra excusis, ea non a *Meditationibus* in *Speculum*, sed a *Speculo* potius in *Meditationes*, quas decimo sæculo posteriores esse liquet, derivasse putandum est. Cæterum verba et sententias hic non ex Augustini tantum libris, aut Gregorii et Isidori, sed etiam ex ipsius Alcuini scriptionibus aliis decerptas observamus : quo potissimum argumento moramur, quo minus id operis Alcuini esse incunctanter affirmemus. Emendando *Speculo*, præter Parisienses codices bibliothecæ Colbertinæ et collegii Bernardinorum, adhibuimus etiam Boheriani exemplaris apographum.

LE LIVRE DU MIROIR

Chapitre I. — Dieu, Père tout-puissant, ô lumière véritable, venez m'éclairer! Verbe divin, Fils de Dieu, Lumière de lumière, Dieu tout-puissant, venez m'éclairer! O Esprit saint, source de lumière, lien qui unissez le Père et le Fils dans la sainteté et l'amour, ô Dieu tout-puissant, venez m'éclairer! Eclairez-moi, ô Trinité unie dans la substance, ô Unité triple, Père, Fils et Saint-Esprit, Dieu unique et tout-puissant! O Seigneur, c'est ma foi qui vous implore, cette foi que, par un effet de votre bonté, vous m'avez donnée pour me conduire au salut! O mon Dieu, c'est mon cœur dégagé du péché qui vous invoque; c'est le doux et amoureux élan de ma foi, de cette foi par laquelle, dissipant les ténèbres de mon ignorance, vous m'avez fait connaître la vérité; de cette foi que vous m'avez fait si suavement savourer, en éloignant de moi les amertumes du siècle, et en me communiquant les douceurs de votre amour. Trinité bienheureuse, ce qui vous implore en moi, c'est l'expression vive, c'est le cri sincère de cette foi que, dès mon berceau, vous n'avez cessé d'entretenir et de développer dans mon âme par les inspirations de votre grâce, l'augmentant encore et la fortifiant par les enseignements de l'Eglise notre mère. Oh! combien cette voix a retenti agréablement à l'oreille de mon cœur! Quelle douce suavité, quelle joie elle fait goûter à mon âme! Que de fois et avec quelle force elle réveille et avertit mon esprit, et excite toutes mes puissances extérieures et intérieures à célébrer amoureusement vos louanges; car c'est pour cela que vous nous avez faits! Mon cœur est toujours dans l'agitation tant qu'il ne se repose pas en vous; sans cesse il me reproche ma lâcheté, il me rappelle de cette dissipation, qui me fait répandre mes affections sur mille objets divers, en les éloignant de vous seul; il m'excite à rentrer en moi-même, à m'élever au-dessus de moi-même, à franchir tous les obstacles pour arriver à vous, pour que mon âme tressaille de joie en vous, et que ma langue publie vos louanges; c'est alors que mon âme peut s'enflammer dans la contemplation et la confession de votre gloire, que mes aspirations peuvent se tourner ardemment vers vous, et mon âme s'embraser de votre amour, oubliant la vanité et les misères pour ne s'appliquer qu'à vous, et s'attacher à une admiration saisissante de votre gloire immuable, voyant en vous par les yeux de la foi le soleil de justice; c'est à cela que se rapportent ces paroles de l'Ecriture : « Celui qui s'attache à Dieu est un même esprit avec lui. » (II *Cor.*, vi, 7.)

Je fuirai donc, oui, Seigneur, je fuirai bien volontiers tous les bruits tumultueux de la vanité. Mais où irai-je pour les éviter, pour les fouler aux pieds, pour que la douce sérénité de mon regard n'en soit point troublée? Sortant de cet abîme de misère, de ce

SPECULUM LIBER UNUS

Caput I. — (1) Adesto mihi verum lumen, Deus Pater omnipotens. Adesto mihi verum lumen de lumine, Verbum, Filius Dei, Deus omnipotens. Adesto mihi vera illuminatio, sancte Spiritus, Patris et Filii unitas, sanctitas, caritas, Deus omnipotens. Adesto mihi, o una Trinitas, et trina unitas, Pater et Filius et Spiritus sanctus, unus Deus omnipotens. Invocat te, Domine, fides mea, quam dedisti mihi propter bonitatem tuam ad salutem meam. Invocat te, Deus meus, casta conscientia mea, et suavis amor fidei meæ, quam decussis ignorantiæ tenebris ad veritatis intelligentiam perduxisti : quam (a) tulta sæculi amaritudine, et tuæ caritatis dulcedine adhibita, saporam mihi et mellifluam reddidisti. Invocat te, Trinitas beata, vox clara et sincerus clamor fidei meæ, quam ab ipsis mihi enutriens cunabulis illuminasti semper per inspirationem tuæ gratiæ : quam adaugens confortasti me per ministerium prædicationis matris Ecclesiæ. Quam dulcis facta est in aure cordis mei, quam suaviter sapit in ipso palato gaudiorum animæ meæ, quam fortiter, quam crebro pulsat mentem meam, et monet, movens omnes sensus meos, et interiora spiritus mei, ut te laudare delectet, quia fecisti nos ad laudandum te? Sed inquieta est mens mea donec requiescat in te, et increpitans me meæ desidiæ, ac colligens a dispersione, qua frustatim discindor dum ab uno te aversus in multa evaneo; ut reversus in me, et surgens supra me, atque cunctis transcensis perveniens ad te, exsultem tibi cordis jubilo, et laudes promam oris officio : quatenus in meditatione confessionis gloriæ tuæ incalescat cor meum, et inhiet tibi spiritus meus, atque ardeat mens mea in amore tuo, oblita vanitatis et miseriæ, dum tibi soli intendit, dumque attonita et stupens adhæret incommutabilitati tuæ gloriæ, oculisque fidei intueatur te solem justitiæ, sicut scriptum est : « Qui adhæret Deo, unus spiritus est. » (I *Cor.*, vi, 17.)

Fugiam itaque Domine, et libenter fugiam obstrepentes tumultus omnium vanitatum. Sed quo fugiam, ut illos declinem, illos calcem sub pedibus, et procul pellam a serenitate jucundi intuitus? Ad te, qui es solum confugium et unica spes miserorum (*Psal.* iii, 4), ad te gloria mea et exaltans caput meum, ad te confugiam de lacu

---

(1) Sic incipit invocatio Alcuini post libros *de Trinit.*
(a) Sic potiores Mss. a *tollo*. Alias *stulta sæculi amaritudine ablata.*

bourbier impur, c'est près de vous que je me réfugierai, près de vous qui êtes ma gloire et qui me faites lever la tête, près de vous qui êtes le seul refuge, le seul espoir des malheureux. O douceur ineffable, c'est à vous que je m'attacherai, selon que vous m'en ferez la grâce, afin de savourer en vous une douceur non trompeuse, une douceur certaine et pleine de bonheur. Je vous chercherai donc, Seigneur, en vous invoquant ; je vous invoquerai avec une foi vive, afin qu'en vous cherchant je vous trouve, et qu'après vous avoir trouvé je vous bénisse, ô vous qui avez répandu sur nous toute sorte de bénédictions ! O mon Dieu, mon unique espérance, exaucez-moi, et ne permettez pas que je me lasse de courir après vous, mais faites que je ne cesse de rechercher avec ardeur votre visage. Donnez-moi cette force de vous chercher, vous qui m'avez accordé la grâce de vous trouver, et donné l'espérance de vous découvrir dans une lumière de plus en plus vive ! Seigneur, éclairez l'œil de mon cœur de la pure clarté d'une vision intime, car cet œil est voilé et aveuglé par les épaisses ténèbres du péché et de l'ignorance. Eclairez-le par la lumière de votre grâce, afin que, par une foi sincère et avec un cœur dégagé de toute obscurité, je puisse apercevoir les mystères de votre royaume. Mais puisque la louange ne peut vous être agréable dans la bouche d'un pécheur, et que la foi sans les bonnes œuvres ne mérite point d'être louée, je prie le Père par le Fils, je prie le Fils par le Père, je prie le Saint-Esprit, par le Père et le Fils, d'éloigner de moi tous les vices et de faire germer toutes les vertus dans mon âme ; afin, ô mon Dieu, que le sacrifice de mes louanges vous soit agréable, et qu'il s'élève vers vous comme un encens d'agréable odeur. O Dieu, source et principe de toutes les vertus, vous qui les donnez généreusement et savez les conserver, je vous en conjure, et je vous en supplie instamment par votre miséricorde, augmentez en moi l'espérance et la foi, une foi sainte, droite et pure, une foi éclairée, catholique et très-prudente, une foi ardente, invincible et bien orthodoxe. Une telle foi fera en moi, par l'humilité et la charité, tout ce qui vous sera agréable, et elle ne pourra être ébranlée par aucune contradiction dans les temps difficiles ni aux heures de la persécution. O Dieu qui sondez les cœurs et les reins, vous voyez ce qu'il y a de sain ou de malade en moi ; je vous en prie, conservez ce qui est bon, guérissez ce qui est mauvais. Vous voyez ce que je sais et ce que j'ignore. Permettez-moi d'entrer par la porte que vous m'avez ouverte ; je frappe à celle qui est encore fermée, daignez aussi me l'ouvrir. Qu'en entendant parler de vous, j'apprenne à vous connaître ; que vous connaissant, je vous aime ; que vous aimant, je vous loue, et que je désire de tout mon cœur contempler la beauté de votre visage. J'entends ce que nous enseignent vos Ecritures, ces Ecritures sanctifiées que vous avez données au monde : j'entends et je crois.

CHAPITRE II. — En effet, les saintes Ecritures nous disent : « Dieu est esprit, et il faut que ses adorateurs l'adorent et croient en esprit et en vérité. » (*Jean*, IV, 14.) Mais c'est un esprit qui ne peut être saisi, incorporel, immuable, sans bornes, tout entier partout, indivisible partout ; c'est ce que nous atteste le témoignage infaillible de l'Ecriture, et c'est ainsi ô Dieu Créateur, que vous êtes distingué des créatures, qui ont aussi en elles ce que l'on appelle une nature spirituelle. S'il en est de la sorte, et même puisqu'il en est de la sorte, comment donc invoque-

miseriæ et de luto fæcis. (*Psal.* XXXIX, 3.) Tibi inhæream, prout ipse dederis, suavitas melliflua, ut tu dulcescas mihi dulcedo non fallax, dulcedo felix et secura. (1) Quæram ergo te Domine invocans te, et invocabo te credens in te : ut quærens te, inveniam te; et inveniens, benedicam te, qui benedixisti nos omni benedictione. [(2) Deus meus, unica spes mea, exaudi me, ne fatigatus nolim quærere te, sed quæram faciem tuam semper ardenter. Tu da quærendi vires, qui inveniri te fecisti, et magis ac magis inveniendi te spem dedisti.] Illumina Domine cordis mei oculum intimæ visionis perspicua luce : velatus enim est et cæcus tetra caligine peccatorum et ignorantiæ. Illumina eum lumine gratiæ tuæ, ut sinceris fidei oculis, et puro lumine cordis inspiciam mysteria regni tui. Verum quia non est pulchra laus in ore peccatoris, et fides sine operibus condignis non laudatur (*Eccli.*, XV, 9), [(3) rogo Patrem per Filium, rogo Filium per Patrem, rogo Spiritum sanctum per Patrem et Filium, ut omnia vitia elongentur a me, et omnes sanctæ virtutes plantentur in me :] quatenus acceptabile tibi fiat sacrificium laudis fidei meæ, Deus meus, et ascendat ad te in odorem suavitatis. Obsecro, et misericordiam tuam supplex imploro, cunctarum fons et origo, largitor et conservator virtutum Deus, adauge mihi (*a*) spem, fidem sanctam, rectam et immaculatam, fidem eruditam, catholicam et prudentissimam, fidem ferventem, insuperabilem et orthodoxam : quæ in me omne quod tibi placet, per dilectionem et humilitatem operetur, quæ vinci nequeat inter verba altercationis in tempore persecutionis, vel in die necessitatis. Scrutans corda et renes Deus (*Psal.* VII, 10), [(4) coram te est sanitas, et infirmitas mea : illam precor serva, istam sana. Coram te est scientia, et ignorantia mea. Ubi mihi aperuisti, suscipe intrantem; ubi clausisti, aperi pulsanti :] ut audiens intelligam te, et intelligens diligam te, et diligens laudem te, atque in toto corde meo desiderem pulchritudinem visionis tuæ semper inspicere. Audio quid nobis intimare vult Scriptura tua, quam sanctificasti et misisti in mundum; audio, et credo ei.

CAPUT II. — Dicit enim : « Spiritus est Deus, et eos qui adorant eum, in Spiritu et veritate oportet adorare et credere : » (*Joan.*, II, 14) sed spiritus incomprehensibilis, incorporeus, inommutabilis, incircumscriptus, ubique totus, nusquam divisus, secundum ipsius Scripturæ testimonium veridicum; hoc enim modo discrneris, Creator, a creatura, in qua sunt qui et spiritus dicuntur.

(1) Alcuin., pag. 171. — (2) August., lib. XV *de Trinit.*, c. XVIII. — (3) Alcuin., pag. 273, c. in Or. Gregorio adscripta. — (4) Aug.. lib. XV *de Trinit.*, c. XXVIII.

(*a*) Ms. Boherianus *fidem* pro *spem*.

rai-je mon Seigneur et mon Dieu? Puisque l'invoquer, c'est l'appeler en moi-même, quelle est la partie de mon être où mon Dieu pourra venir? Où pourra venir celui qui a fait le ciel et la terre? Est-il donc vrai, ô mon Dieu, qu'il y ait en moi un lieu capable de vous contenir? Mais est-ce que le ciel et la terre que vous avez faits, et dans lesquels vous m'avez fait, suffisent à vous renfermer? Rien de ce qui est ne peut être sans vous, mais dès qu'une chose existe, devient-elle donc capable de vous contenir? Pourquoi donc demandé-je que vous veniez en moi, puisque je ne serais pas si vous n'étiez en moi? Je ne suis pas si bas que les enfers, et cependant vous y êtes; car si je descends aux enfers, je vous y trouve. Je ne puis donc exister, ô Dieu, non je ne puis nullement exister sans que vous soyez en moi. Mais mon existence ne serait-elle pas plutôt impossible, si je n'étais en vous, de qui, par qui et en qui sont tous les êtres? Oui, Seigneur, oui cela serait impossible. Où est-ce donc que je vous appelle, puisque je suis en vous? D'où viendrez-vous en moi? Où me retirerai-je? Où irai-je? M'exilerai-je du ciel et de la terre, pour faire venir en moi mon Dieu, qui a dit : « Je remplis le ciel et la terre. » (*Jér.*, XXIII, 24.) Mais le ciel et la terre que vous remplissez bornent-ils votre essence? les remplissez-vous sans qu'il reste rien de vous qui puisse s'étendre au delà de leurs espaces? Et en dehors du ciel et de la terre où versez-vous le trop plein de votre immensité? Vous qui contenez tous les êtres, n'avez-vous pas besoin d'être contenu dans quelqu'un d'eux, puisque tout ce que vous remplissez de votre présence, vous ne le remplissez qu'en le renfermant vous-même? En effet, les créatures comme des vases remplis de vous, ne vous retiennent pas, car si ces vases se brisent, vous n'êtes point pour cela comme une liqueur qui se répand. Lorsque vous vous répandez sur nous, vous ne tombez point à terre, mais vous nous relevez; vous ne vous divisez pas, mais vous nous réunissez en vous. Tout ce que vous remplissez vous le remplissez de votre être tout entier. Si toutes les créatures ne peuvent vous renfermer, s'ensuit-il qu'elles ne contiennent qu'une partie de votre essence, et toutes la même partie? Ou bien chacune une partie différente, plus grande ou plus petite suivant sa propre capacité? Mais y a-t-il donc en vous des parties grandes et petites? Etes-vous donc partout tout entier, sans qu'aucune créature puisse vous contenir tout entier? Qu'êtes-vous donc, Seigneur mon Dieu, qu'êtes-vous donc, sinon mon Seigneur et mon Dieu? Car qui est Dieu, sinon le Seigneur, ou qui est Dieu, excepté notre Dieu? Il n'en est point d'autre, non il n'en est point. Ni dans les hauteurs des cieux, ni dans les profondeurs de la terre, il n'est pas d'autre Dieu que vous, ô Trinité dans l'unité, unité dans la Trinité. Qui est semblable à vous? Qui est grand dans la sainteté, comme vous terrible et admirable dans une puissance infinie, vous êtes notre Dieu, et vous faites sans nombre des merveilles de grandeur, merveilles étonnantes et impénétrables. Toutes les créatures vous exaltent, tous les esprits chantent vos louanges; toutes les cohortes des esprits bienheureux et des citoyens du ciel vous adorent et vous bénissent. Dans tout l'univers l'Eglise notre mère ne cesse de vous offrir ses prières et ses louanges. Moi aussi, le dernier de vos serviteurs, je vous loue et vous bénis. Mon esprit tressaille en vous, et tous

---

Si ita est, imo quia ita est, [(1) quomodo invocabo Deum meum et Dominum meum? Quoniam utique in me ipsum vocabo eum cum invocabo eum. Et quis locus est in me, quo veniat in me Deus meus, qui veniat ille qui fecit cœlum et terram? Itane Deus meus, est quidquam in me quod capiat te? An vero cœlum et terra quæ fecisti, in quibus me fecisti, capiunt te? An quia sine te non esset quidquid est, fit quidquid est ut capiat te? Cur itaque peto ut venias in me, qui non essem nisi esses in me? Non enim ego jam sum (*al.* in inferis) inferi, et tamen ibi es : nam et si descendero ad infernum, ades. (*Psal.* CXXXVIII, 8.) Non ergo essem, Deus meus, non omnino essem, nisi esses in me. An potius non essem, nisi essem in te, ex quo omnia, per quem omnia, in quo omnia? (*Rom.*, XI, 36.) Etiam sic Domine, etiam sic. Quo ergo te invoco, cum in te sim; aut unde venies tu in me? quo enim recedam, quo ibo? Extra cœlum et terram fortasse, ut inde veniat in me Deus meus, qui dixit : « Cœlum et terram ego impleo? » (*Jer.*, XXIII, 24.) Capiunt ergone te cœlum et terra, quoniam tu imples ea? An imples, et restat, quod non te capiunt? Et quo refundis quidquid impleto cœlo et terra ex te restat? An non opus habes ut a quoquam continearis, qui contines omnia; quoniam quæ imples, continendo imples? non enim vasa quæ te plena sunt, stabilem te faciunt : quia etsi frangantur, tu non effunderis. Et cum effunderis super nos; tu non jaces, sed erigis nos; nec tu dispergeris, sed colligis nos. Sed quæ imples omnia, te toto imples omnia. An quia non possunt te totum capere omnia, partem tui capiunt, et eamdem partem simul omnia capiunt? An singulas singula, et majores majora, minores capiunt minora? Ergone aliqua pars tui major, aliqua minor? An ubique totus es, et nec nulla te totum capit? Quid ergo es Domine Deus meus, quid ergo, nisi Dominus Deus meus? Quis enim Deus præter Dominum, aut quis Deus præter Deum nostrum?] (*Psal.* XVII, 32.) Nemo plane, nemo. Nemo enim est alius præter te trinum et unum, unum et trinum neque in cœlo sursum, neque in terra deorsum. Quis tui similis? (*Exod.*, XV, 11.) Quis magnificus in sanctitate, terribilis atque laudabilis in omni virtute, sicut tu Deus noster, qui facis magna et mirabilia, et inscructabilia quorum non est numerus? Te cuncta magnificant, te omnis spiritus laudat, te adorant, te benedicunt omnia illa beatorum spirituum et supernorum civium agmina. Tibi mater Ecclesia in toto orbe offert preces, et incessanter dicit laudes. Te ego ultimus servorum tuorum laudo et benedico. Tibi mens mea jubilat, tibi omnia ossa mea clamant : « Quis similis tui

(1) Aug., lib. I *Conf.*, a c. II, ad IV.

mes os s'écrient : « Seigneur, qui est semblable à vous ? » (*Ps.* LXXXVIII, 9.) Et c'est avec raison que toutes vos créatures vous obéissent, à vous seul, vous servent et vous craignent ; il ne faut qu'un signe de votre part pour faire tout ce que vous voulez.

CHAPITRE III. — Vous êtes vraiment le seul Seigneur, Dieu invisible qu'on ne peut assez estimer, ne connaissant ni la limite, ni l'espace immense, insaisissable, partout tout entier, partout présent, pénétrant toutes choses d'une manière ineffable, renfermant tout, connaissant tout, apercevant tout ; vous avez la toute-puissance, et tout est soumis à votre providence ; vous êtes tout entier au ciel, tout entier sur la terre, tout entier en tous lieux ; il n'y a point d'autre Dieu que vous, ô notre Dieu, en qui croit notre mère l'Eglise apostolique et catholique en vous offrant l'hommage de ses adorations. Seigneur notre Dieu, vous méritez bien justement d'être toujours révéré, honoré, craint et aimé avec la plus sincère piété. En effet, nous n'étions pas, et par votre puissance vous nous avez donné la vie ; nous nous étions perdus par notre faute, et votre miséricorde jointe à notre bonté nous a délivrés d'une manière admirable. Je veux donc, ô Roi du ciel et de la terre, proclamer, confesser votre nom, et vous honorer par un sacrifice de louanges ; et puisque je n'ai rien extérieurement à vous présenter, c'est avec les sentiments de l'affection la plus intime de mon cœur, que je vous offre mes vœux et mes hommages. Mais comme rien ne peut vous être agréable, si ce n'est un don de votre grâce, je vous en prie, ô mon Dieu, source de toute lumière, éclairez mon cœur, mettez la parole sur mes lèvres, élevez mon âme vers les célestes demeures ; « faites-moi contempler la source du bien, faites qu'éclairé de vos divines clartés, je puisse fixer mes regards sur votre face adorable. » (*Boéc.*, liv. III, met. 9.) Comme une partie de notre être a une origine céleste, et l'autre une origine terrestre, il arrive que « le corps, assujetti à la corruption, appesantit notre âme, et que cette demeure terrestre abat notre esprit par la multiplicité des soins ; » (*Sap.*, IX, 15) mais dissipez les ténèbres et allégez le poids de cette masse corruptible ; et je vous en prie, faites briller votre lumière au milieu des ténèbres qui enveloppent notre esprit. « Arrêtez la course vagabonde des âmes, qui se précipitent dans tous les égarements. » Soumettez la chair à l'esprit, les appétits à la raison, les vices à la vertu, le corps à l'âme, et faites que je sois en toutes choses assujetti à votre volonté, aussi bien intérieurement qu'extérieurement ; ainsi tout étant bien réglé, et bien ordonné, je pourrai, par votre grâce, vous aimer parfaitement, et vous louer dignement de cœur et de bouche, m'écriant de toutes mes forces :

CHAPITRE IV. — Seigneur notre Dieu, Etre souverain, très-bon, très-puissant, très-miséricordieux, très-juste, très-caché, très-présent, très-beau, très-fort, très-doux, très-invincible, très-vrai, vous demeurez toujours et l'on ne peut vous saisir ; vous êtes immuable et vous renouvelez toutes choses ; vous êtes invisible et vous voyez tout ; vous êtes immortel, vous n'occupez aucun espace ; vous ne connaissez ni le terme, ni la limite, toujours infini, ineffable, inestimable, inénarrable, impénétrable, immobile, votre main tient toute créature, on ne peut sonder votre essence ; vous êtes redoutable et terrible ; vous

---

Domine? » (*Psal.* LXXXVIII, 9.) Et merito cuncta quæ operatus es, tibi soli creatori obediunt, serviunt, tremunt; ad nutum tuum facis quæcumque velis.

CAPUT III. — Tu es enim vere Dominus solus, Deus invisibilis, inestimabilis, incircumscriptus, illocalis, immensus, incomprehensibilis, ubique totus, ubique præsens, ineffabiliter omnia penetrans, omnia continens, omnia sciens, cuncta prospiciens, omnia potens, et universa gubernans, totus in cœlo, totus in terra, totus etiam ubique : et non est alius præter te Deum nostrum, in quem credit et adorat mater Ecclesia Apostolica et universalis. Tu es (*a*) vere colendus et venerandus, timendus et amandus cum omni semper devotione Domine Deus noster. Qui cum non essemus, potenter fecisti nos; et cum perditi fuissemus culpa nostra, pietate et bonitate tua mirabiliter recuperasti nos. [(1) Unde confiteor tibi, rex cœli et terræ, et honorifico te sacrificio laudis. Et quia exteriora munera desunt, totis medullis cordis quæ in me sunt, vota laudationis reddo tibi.] Sed quia nihil nisi de tuo acceptabile tibi offerri potest : tu Deus, in cujus lumine lumen videmus, da quæso, lucem in corde, da verbum in ore, da menti cœlestem conscendere sedem :

Da fontem lustrare boni, da luce reperta
In te conspicuos animi defigere visus (2).

Et quoniam altera pars sumus cœli, altera terræ : unde « corpus quod corrumpitur aggravat animam. Et terrena inhabitatio deprimit sensum multa cogitantem (*Sap.*, IX, 15.) (*b*) Disjice terrenæ nebulas et pondera molis, atque tuo quæso splendore illumina obscuram interioris hominis faciem.

Siste vagas mentes per devia multa ruentes.

Subde carnem spiritui, appetitus rationi, vitia virtutibus, corpus animo, atque tuæ me intus exteriusque subde per omnia voluntati : ut universis suo bene compositis ordine, per gratiam tuam et te perfecte diligere et digne laudare merear labiis et corde, omnique qua valeo virtute clamans ad te, atque ita dicens :

[(3) Summe, optime, potentissime, misericordissime, justissime, secretissime, præsentissime, pulcherrime, fortissime, suavissime, invictissime, verissime Domine Deus noster, stabilis es et incomprehensibilis.

CAPUT IV. — Immutabilis mutans omnia, invisibilis videns omnia, immortalis, illocalis, interminus, incircumscriptus, inscrutabilis, immotus, tangens omnia, investigabilis, metuendus atque terribilis, venerandus atque verendus, honorandus atque horrendus, nunquam novus, nunquam vetus, omnia innovans, et in vetustatem per-

(1) Alcuin., pag. 135. — (2) Boet., l. III, metr. 9. — (3) Ita et Alcuin., pag. 172, a. b. c. post Aug., lib. I *Conf.*, c. IV.
(*a*) Cod. Boher. *jure.* — (*b*) Duo Mss. *dissipa*, l. *Medit.*, c. *dissice.* Editi *discinde.*

devez être révéré et craint, honoré et redouté; vous n'êtes jamais nouveau sans jamais vieillir; vous renouvelez toutes choses, et vous usez les superbes sans qu'ils y prennent garde; toujours agissant et toujours en repos, vous recueillez et vous n'avez besoin de rien; vous portez toutes les créatures et pour vous le poids n'est rien; vous remplissez tout et rien ne vous renferme; c'est vous qui créez tous les êtres, qui les protégez, les nourrissez et les amenez à la perfection; vous les cherchez, tandis que rien ne vous fait défaut. Vous aimez, mais sans passion; vous êtes jaloux, mais sans inquiétude; vous vous repentez, mais sans chagrin; vous vous irritez, mais sans cesser d'être calme; vous modifiez vos œuvres, mais jamais vos desseins; vous recueillez ce que vous trouvez, sans avoir jamais rien perdu; vous n'êtes jamais dans le besoin, et un profit vous réjouit; vous n'êtes point avare, et vous prêtez à usure. On vous donne pour vous obliger, et qui donc possède quelque chose sans l'avoir reçu de vous ? Vous acquittez des dettes et vous ne devez rien à personne, et sans rien perdre vous dégagez vos débiteurs.

CHAPITRE V. — C'est vous seul qui donnez la vie à tous les êtres, c'est vous qui les avez créés. Vous êtes partout, et partout tout entier; votre présence peut être sentie, mais nos yeux ne peuvent l'apercevoir; vous n'êtes absent nulle part, et cependant vous êtes bien éloigné des pensées des méchants; et quand même vous êtes loin, vous n'êtes point absent; car si vous n'êtes pas présent par votre grâce, vous l'êtes par votre justice. Tous les êtres sentent l'action de votre main, mais non de la même façon, vous touchez les uns pour les faire exister, vivre et sentir, mais non point discerner; vous touchez les autres pour les faire exister, vivre, sentir et discerner; et sans cesser d'être toujours semblable à vous-même, vous touchez diversement les choses diverses. Présent partout, nous avons peine à vous trouver; vous êtes immobile, et nous allons après vous sans pouvoir vous atteindre.

CHAPITRE VI. — Vous tenez tout entre vos mains, vous remplissez tout, vous embrassez tout, vous êtes au-dessus de tout, vous portez tout; et ce n'est point par un côté que vous êtes au-dessus, et par un autre que vous portez; ni par un côté que vous remplissez et par un autre que vous renfermez; mais en renfermant vous remplissez, et en remplissant vous renfermez; en portant vous surpassez, et en surpassant vous portez. Vous instruisez les cœurs des fidèles sans aucun bruit de paroles, et vous atteignez toutes vos fins avec force, en disposant tout avec douceur. Les espaces n'étendent point votre essence; les temps ne l'altèrent point; il n'y a pour vous ni entrée, ni sortie. Vous habitez une lumière inaccessible, que jamais homme n'a vue, ni ne peut voir. Demeurant en repos en vous-même, vos pas se portent partout.

CHAPITRE VII. — Vous êtes véritablement un, et vous ne pouvez être divisé, ni partagé; incapable d'être réduit en parties, tout entier vous tenez l'univers entier, vous le remplissez, vous l'illuminez, vous le possédez. C'est un mystère que l'intelligence humaine ne peut ni comprendre, ni concevoir, que l'éloquence ne peut développer, et que les volumes et les nombreux écrits des bibliothèques ne sauraient expliquer. Quand même le monde entier serait rempli de livres, ils ne suffiraient pas pour exposer votre science inénarrable. Vous êtes véritablement ineffable, et il n'est pas possible de vous décrire ni de vous

ducens superbos, et nesciunt : semper agens, semper quietus, colligens et non egens, omnia portans sine onere, omnia implens sine inclusione, omnia creans et protegens, nutriens et perficiens, quærens cum nihil desit tibi. Amas, nec æstuas; zelas, et securus es; pœnitet te, et non doles; irasceris, et tranquillus es; opera mutas, sed consilium nunquam : recipis quod invenis, et nunquam amisisti; nunquam inops, et gaudes lucris; nunquam avarus, et usuras exigis. Supererogatur tibi ut debeas : et quis habet quidquam non tuum? Reddis debita nulli debens, donas debita nihil perdens.]

CAPUT V. — [(1) Qui solus vivificas omnia, qui creasti omnia. Qui ubique es et ubique totus, qui sentiri potes et videri non potes, qui nusquam dees, et tamen ab iniquorum cogitationibus longe es. Qui nec ibi dees, ubi longe es : quia ubi non es per gratiam, ades per vindictam. Qui omnia tangis, nec tamen æqualiter omnia tangis. Quædam enim tangis ut sint, nec tamen ut vivant et sentiant : quædam tangis ut sint, vivant et sentiant, nec ut discernant : Et cum tibimetipsi nunquam dissimilis sis, dissimiliter tamen tangis dissimilia. Qui ubique præsens es, et inveniri vix potes : quem stantem sequimur, et apprehendere non valemus.

CAPUT VI. — Qui tenes omnia, imples omnia, circumplecteris omnia, superexcedis omnia, sustines omnia, nec ex alia parte sustines, atque ex alia superexcedis; neque ex alia parte imples, atque ex alia circumplecteris : sed circumplectendo imples, et implendo circumplecteris; sustinendo superexcedis, et superexcedendo sustines. Qui corda fidelium doces sine strepitu verborum,] qui attingis à fine usque ad finem fortiter, et omnia disponis suaviter. (*Sap.*, VIII, 1.) Qui locis non distenderis, nec temporibus variaris, neque habes accessus vel recessus. Qui habitas lucem inaccessibilem, quam nullus vidit hominum, sed nec videre potest (I *Tim.*, VI, 17 et 17), in te manens quietus ubique circuis totum.

CAPUT VII. — Non enim scindi vel dividi poteris, quia vere unus es : nec in partes efflueris, sed totus totum tenens totum imples, totum illustras, totum possides. Hoc mysterium mens humana capere non potest, neque concipere, neque oratoria lingua narrare, neque (*a*) diffusi sermonis bibliothecarum volumina queunt explicare. Si totum mundum libri repleant, tua scientia

(1) Greg. Mag., hom. VIII *in Ezech.*
(*a*) In uno Ms. *diffusis sermone*

définir, ô source de la lumière divine, soleil de l'éternelle clarté. Vous êtes grand, mais la quantité n'est point en vous, aussi vous êtes immense; vous êtes bon, mais sans distinction de qualité, aussi vous êtes véritablement et souverainement bon; et personne n'est bon que vous seul.

Chapitre VIII. — Pour vous la volonté c'est l'action, le vouloir c'est le pouvoir; tout ce que vous avez tiré du néant n'a été que l'effet de votre volonté; c'est sans aucun besoin que vous possédez toutes vos créatures, sans peine que vous les gouvernez, sans souci que vous les dirigez. Rien au ciel ni sur la terre n'est capable de troubler l'ordre de votre empire. Sans occuper aucun lieu, vous êtes en tout lieu, vous contenez tout sans rien renfermer, vous êtes présent partout sans repos ni mouvement. Vous n'êtes point l'auteur du mal, car vous ne pouvez le faire, quoique rien ne vous soit impossible; et jamais vous ne vous êtes repenti de quelqu'une de vos œuvres; jamais tempête intérieure ne vous a agité, et ce petit point, que l'on nomme la terre, n'est point l'étendue de votre royaume. Vous n'approuvez ni ne commandez jamais aucun crime, ni aucune infamie. Jamais vous ne mentez, parce que vous êtes l'éternelle vérité; ce n'est que par un effet de votre bonté que nous avons été créés, c'est votre justice qui nous punit, c'est votre clémence qui nous délivre.

Chapitre IX. — En effet, aucun objet, soit du ciel, de la terre ou du feu, rien de ce qui tombe sous nos sens ne peut être adoré et honoré pour vous, qui êtes véritablement ce que vous êtes, sans jamais changer. C'est à vous surtout, c'est à vous qu'appartient en propre ce qu'exprime le mot grec ὤν, et le mot latin *est;* car vous êtes toujours le même, et vos années ne passent point. C'est de là que découle nécessairement cette conclusion, que vous, le Dieu que nous adorons, le Dieu vrai et tout-puissant, vous êtes invisible, et cependant le cœur pieux vous découvre; vous êtes insaisissable, et cependant vous vous rendez sensible par votre grâce; vous êtes inestimable, et cependant le cœur humain, par de pieuses pensées et de saintes affections, s'entretient de vous; vous êtes ineffable, et cependant, par une sorte d'abus de langage, nous exprimons à notre façon vos perfections : vous *êtes* donc véritablement et d'une manière infinie. Du reste, tout ce que l'on peut savoir, saisir, penser et dire de vous est trop peu. Vous seul connaissez ce qui est incompréhensible, immense, ineffable, infini. Cela, en effet, dépasse toute intelligence, et c'est aussi ce qui fait que l'on apprécie votre grandeur, que l'on vous croit avec certitude, et que l'on vous appelle le Dieu unique, parce que l'on ne peut vous découvrir parfaitement, ni vous comprendre, ni vous pénétrer dans la plénitude de votre nature; ainsi, l'éclat de votre grandeur vous montre à nous à la fois comme connu et inconnu. De là tout le crime de ceux qui dédaignent de vous connaître, et de ceux qui refusent de vous servir comme leur Créateur. En vous, en effet, la science trouve l'objet de sa vénération; l'ignorance, celui de son admiration; tous ont à craindre et à aimer. Et si notre intelligence pouvait vous pénétrer dans tous vos mystères, vous ne pourriez plus être considéré comme le Dieu vivant et véritable; aussi ils ont été condamnés comme n'ayant rien de la divinité, tous ces êtres que l'on appelait des dieux, mais que l'on pouvait, sous tout rapport, apprécier à leur juste valeur.

inenarrabilis non potest enarrari. Quoniam vere indicibilis es, nullo modo scribi poteris neque concludi, qui es fons lucis divinæ, et sol claritatis æternæ. Magnus enim es sine quantitate, et ideo immensus; bonus sine qualitate, ideo vere et summe bonus; et nemo bonus, nisi tu solus.

Caput VIII. — Cujus voluntas opus est, cui velle est posse : qui omnia quæ ex nihilo creasti, sola voluntate fecisti : qui omnem creaturam tuam absque indigentia aliqua possides, et sine labore gubernas, et absque tædio regis. Et nihil est quod (1) perturbet ordinem imperii tui, vel in summis vel in imis. Qui in omnibus locis sine loco haberis, et omnia contines sine ambitu, et ubique præsens es sine situ et motu. Qui nec mali auctor es, quod facere non potes qui nihil non potes, nec nuquam fecisse te quidquam pœnituit, nec ullius commotionis animi tempestate turbaris, nec totius terræ particula regnum tuum est. Nulla flagitia vel scelera probas vel imperas. Nunquam mentiris, quia æterna veritas es : cujus unius bonitate facti sumus, et cujus justitia pœnas luimus et clementia liberamur.

Caput IX. — Nam nihil cœleste, nihil terrenum, nihil igneum, nihilque quod corporis sensus attingit, pro te adorandum est vel colendum, qui vere es, quodes, et non mutaris : (2) cui maxime ac specialiter illud convenit, quod Græci dicunt ὤν, Latini *est*; quia semper « idem ipse es, et anni tui non deficient. » Hinc etenim patenter datur intelligi, quia tu Deus noster quem colimus, Deus verus et omnipotens, es sine dubio invisibilis, etsi intellectu pio videaris; incomprehensibilis, etsi per gratiam repræsenteris; inæstimabilis, etsi humanis sensibus pie credaris sancteque cogiteris; ineffabilis, etsi humanæ locutionis usualibus verbis abusive utcumque dicaris : ideo verus et tantus. Cæterum quod sciri, quod comprehendi, quod cogitari, quod dici de te potest, minus est. Quod vero incomprehensibile est et immensum, indicibile et infinitum, tibi soli dumtaxat notum est. Hoc namque est quod omnem superat sensum, hoc quoque est quod te facit æstimari et pro certo credi et universalem appellari Deum, dum ad perfectum usque reperiri non vales, dum totus intelligi capive non potest : ita te vis magnitudinis et notum nobis objicit et ignotum. Et hæc est summa delicti spernentium te scire, nolentium tibi creatori suo servire. Habent quod sciantur venerentur, habent quod ignorantes mirentur : habent quod timeant, habent quod diligant. Si enim totus pateres nostræ cognitioni, Deus vivus et verus minime potuisses credi : adeo falsi reperti sunt qui putabantur dii, quoniam sciri per omnia potuerunt qui et quales quantique fuerunt.

(1) V. lib. XII *Conf.*, c. xi, n. 11. — (2) Alcuin., pag. 719. b.

CHAPITRE X. — Pour vous, notre Dieu, vous êtes admirable et tout-puissant, vous qui, pour votre gloire, avez tiré du néant tout ce vaste univers, avec les éléments, les corps et les esprits qui le remplissent, et il ne vous en coûte qu'une parole pour commander, un acte d'intelligence pour ordonner, et de puissance pour réaliser. De ce moment même, le temps marche soumis à vos ordres, et, immuable vous-même, vous donnez à tout le mouvement; vous avez ordonné à la terre de produire les fruits les plus variés, vous avez orné le ciel de l'éclatante lumière des astres, dont vous seul connaissez les noms, les signes, les influences, la marche et les saisons. O Dieu doux, bienveillant, fort, jaloux, Dieu des armées, puissant et invincible, vous punissez les péchés des pères dans les enfants jusqu'à la troisième et à la quatrième génération, mais vous faites miséricorde sans fin à ceux qui vous aiment et craignent votre nom. Si vos œuvres sont si grandes et si impénétrables, si belles et si étonnantes, essaie qui voudra de dire comment on pourra vous comprendre, vous le Créateur très-parfait de toutes ces choses; car c'est une vérité constante que l'ouvrier est beaucoup au-dessus de tout ce qu'il lui a plu de faire. Cependant, la beauté de la nature finie et l'admirable spectacle du monde peuvent nous faire comprendre, à certain degré, quelle est votre beauté, qui n'est autre chose que vous-même, parce que vous êtes simple, et quelle est l'excellence de votre gloire, qui ne peut être limitée; mais néanmoins aucun sens, pas même dans les bienheureux habitants du ciel, ne pourra atteindre la grandeur infinie et incompréhensible de votre divinité; cependant, c'est déjà connaître admirablement votre essence que de savoir qu'elle *est*.

CHAPITRE XI. — Toutes les fois que j'entends ou que je me rappelle cette syllabe, ou ces quatre lettres qui composent le nom de *Dieu* (car ce nom ne convient qu'à vous, ô Tout-Puissant); quand je regarde les merveilles de votre puissance et l'admirable création du monde, c'est-à-dire quand je considère la beauté de cet univers sorti de vos mains; quand, en même temps, je repasse en moi-même les miséricordes dont vous usez depuis le commencement (libre à d'autres d'admirer votre puissance, pour moi, la pensée de vos miséricordes me frappe davantage); alors, dans ces quatre lettres et dans cette unique syllabe, par un regard de l'âme et avec l'œil pur de la foi, je découvre quelque chose d'infini, d'incompréhensible, d'immense et d'inénarrable, suivant la mesure de connaissance et de pénétration, que vous daignez accorder à un homme aussi faible que moi. Est-ce que vous, notre Dieu, n'êtes qu'un mot si court? est-ce ce mot que nous adorons? est-ce à ce mot que nous désirons arriver, à ce mot dont le son finit presque avant d'avoir commencé? Des deux syllabes qui le composent dans la langue latine, l'une ne peut se faire entendre que quand l'autre est terminée. Lorsque l'on dit *Dieu*, *Deus*, le son ne demeure pas, mais il y a quelque chose de grand qui reste et qui *est* au suprême degré, qui est incomparable et au-dessus de tout; c'est cela même qu'exprime le mot *Dieu*.

CHAPITRE XII. — Mais puisque la chair ne connaît point l'esprit, et que les choses invisibles sont inconnues aux yeux mortels (car nous marchons dans

CAPUT X. — At tu Deus noster mirabilis et potens, qui totam istius mundi molem cum omni instrumento elementorum, corporum, spirituum, verbo quo jussisti (*Exod.*, XX, 5), ratione qua disposuisti, virtute qua potuisti, ex nihilo expressisti in ornamentum majestatis gloriæ tuæ, qui tempus ab ipso tunc ævo ire jubens, stabilisque manens das cuncta moveri, qui terram multiplici germine fructuum, et cœlum pulchro decorasti lumine siderum, quorum tu nomina solus, signa, potestates, cursus, tempora nosti. Tu mitis, tu benigne, fortis, zelotes et sabaoth invictissime, visitans peccata patrum in filios usque in tertiam et quartam generationem, et faciens misericordiam in mille millia his qui diligunt te, et timent nomen tuum. Si opera tua ita sunt magna et inscrutabilia, pulchra atque stupenda, dicant qui volunt quomodo capi poteris tu pulcherrimus creator eorum. Constat enim opificem omnium longe se aliter habere quam ea quæ a se fieri voluit. Ex pulchritudine tamen circumscriptæ naturæ et mundialium rerum mirabili specie pulchritudo tua, quæ tu ipse es, quia simplex es, et excellentia gloriæ tuæ quæ circumscribi non potest, intelligi aliquatenus valet, quanquam magnitudinem divinitatis tuæ infinitam et incomprehensibilem nullus possit sensus attingere, neque (*al.* etiam) enim illorum quoque supernorum civium : (1) miro tamen modo essentia tua scitur, dum esse creditur.

CAPUT XI. — Quotienscumque recolo vel audio duas breves syllabas, et quatuor litteras, quibus scribitur Deus; hoc enim nomen tibi soli, Omnipotens, jure debetur : atque cum intueor tuæ virtutis magnalia et mirabilem mundi creationem, id est, cosmopœiæ considero decorem; simulque mecum tacitus reputo miserationes tuas quæ a sæculo sunt; (mirentur enim qui volunt potentiam tuam, sed ego plus stupeo animadvertens misericordias tuas :) profecto in his quatuor litteris et duabus brevibus syllabis infinitum et incomprehensibile, immensum et inenarrabile mentis intuitu, et sinceris fidei oculis, pro scire et posse quod mihi tantillo homini dignaris largiri, contemplor. Nunquid enim (2) duæ breves syllabæ tu Deus noster es, aut duas breves syllabas adoramus, vel ad duas breves syllabas pervenire desideramus? quæ pene ante desinunt sonare, quam cœperint, nec in eis secundæ locus est, nisi prima ante transierit? Manet quippe magnum aliquid, et magne summeque est, quod incomparabile et omnium præcellentissimum est, (*a*) quod dicitur Deus, quamvis non maneat sonus, cum dicitur Deus.

CAPUT XII. — Verum quia caro nescit spiritum, et invisibilia a visibilibus non videntur; per fidem enim ambulamus, et non per speciem : [(3) humanæ tu Deus

---

(1) Ex Isidoro, lib. II, *Sent.*, cap. III.— (2) Ex tract. Aug., XXIX, *in Joan.* — (3) Ex Isidoro, lib. I, *Sent.*, c. v, cum insigni varietate V. et Alcuin., pag. 273.

(*a*) Ms. Boher. ad. *cunctisque dissimillimum.*

TOM. XXII.

l'ombre de la foi, et non dans la claire vue), par un effet de votre bonté et de votre miséricorde, et par égard pour la faiblesse humaine, vous daignez, ô notre Dieu, vous communiquer à nous, non selon votre essence propre, mais sous le voile de quelque image. Ainsi, l'on vous dépeint comme si vous aviez des membres corporels semblables aux nôtres, et vous permettez que l'on vous attribue nos propres sensations, tout indignes qu'elles sont de vous; c'est afin que si, dans l'état présent de notre misère, il nous est impossible de vous connaître tel que vous êtes, vous nous éleviez à la contemplation de vos attributs par ce qui nous est propre, et que nous puissions plus facilement monter jusqu'à vous, pendant que vous vous abaissez vers nous.

Chapitre XIII. — En effet, vous empruntez aux choses d'ici-bas beaucoup de symboles qui servent à vous révéler aux hommes de différentes manières, malgré qu'il soit bien certain que, dans votre nature véritable, vous êtes invisible, incorporel, insaisissable et sans bornes. Aussi nous croyons que jamais vous n'êtes apparu à personne dans votre essence, mais de la manière que vous avez voulu, sous une forme empruntée aux créatures, et par l'effet des causes que vous avez posées. C'est pourquoi les hérétiques anthropomorphites sont dans l'erreur, lorsque, lisant que l'homme a été fait à l'image et à la ressemblance de Dieu, ils affirment, avec une témérité insensée, que vous avez la forme humaine. En cet endroit, en effet, ce n'est pas la chair, mais l'âme de l'homme, que l'on dit et que l'on croit avoir été faite à votre image.

Chapitre XIV. — Il est bien vrai qu'un langage humain ne peut rien dire qui soit digne de vous, car tout ce qui se rapporte à la qualité ou à la quantité, à la situation, à la manière d'être ou au mouvement, ne peut vous convenir. Et cependant l'Ecriture vous attribue en quelque façon la largeur, la longueur, la hauteur et la profondeur; mais il faut par là entendre la largeur de votre amour, qui nous rappelle de l'erreur et nous retient dans la vérité; votre longueur, c'est la patience qui vous fait supporter longtemps les méchants, jusqu'à ce que, s'étant amendés, vous les rendiez à la patrie céleste; votre hauteur, c'est cette science infinie qui, en vous, dépasse toute l'intelligence des anges et des hommes; enfin votre profondeur, c'est cette justice par laquelle, comme souverain juge, vous destinez à l'enfer les coupables et les y prédestinez par un juste jugement. Si donc quelqu'un veut comme effleurer la connaissance de votre nature, ô Divinité souverainement bonne, qu'il s'élève au-dessus de toute créature, qu'il dirige l'œil de son intelligence par delà tous les êtres.

Chapitre XV. — C'est alors que l'homme, séparé des vanités, se plonge pleinement dans la vérité, quand, écartant son regard de toutes les choses qui pourraient le distraire, il applique son cœur à croire pieusement et à méditer saintement tout ce qui est en Dieu. Mais, bien que personne, dans cette vallée de larmes, ne puisse clairement vous comprendre ni vous expliquer, cependant, ô souverain Bien, par un effet de votre grâce, qui nous a instruits, il a été donné à notre temps de connaître en vous un grand et admirable mystère. En effet, avant ces « derniers temps dans lesquels nous sommes venus, » (I *Cor.*, x, 11) est-il quelqu'un qui ait pu apprendre et savoir aussi clairement ce qui concerne la Trinité, l'unité, les personnes et la substance divine? C'est ainsi, ô

---

noster nimis bonus et pius consuleus infirmitati, dignaris te nobis insinuare, non tua proprietate sed alia quadam similitudine. Unde et nostrorum qualitem membrorum habere describeris, volens passionum indigna de te ipso ad hoc proferri : ut quia sicut es, te nequimus scire in præsenti miseria, per nostra ad tua nos trahas, et nos, dum condescendis nobis, facilius consurgamus tibi.

Caput XIII. — Multis si quidem modis ad significandum te hominibus, de rebus inferioribus ad te species ducis, quem re vera juxta propriam naturam invisibilem constat esse et incorporeum, incomprehensibilem et incircumscriptum : ac per hoc nunquam alicui apparuisse secundum essentiam, sed nobis quibus voluisti, per assumptam creaturarum speciem, ad efficientias causarum credimus. Falluntur itaque Anthropomorphositarum hæreseos sectatores, qui dum legunt hominem ad imaginem et similitudinem Dei factum, asserunt stulta temeritate speciem humanam te habere : cum illo in loco vel dicaris, vel credaris mentem, non carnem, ad imaginem tuam creasse.]

Caput XIV. — [(1) Enimvero nihil dignum de te humanus sermo loquitur; quia nec secundum qualitatem aut quantitatem, situm vel habitum seu motum aliquid

de te digne dicitur. Et tamen latitudo, longitudo, altitudo et profunditas tibi quodam modo inesse legitur. Sed latitudo quidem caritatis, qua nos ab errore colligis et contines in veritate. Longitudo vero, qua nos longanimiter malos portas, donec emendatos futuræ patriæ restituas. Altitudo autem, qua omnem sensum et hominum et angelorum immensitate scientiæ superexcellis. Profunditas quoque, qua damnandos inferius juxta æquitatem disponis, atque recto judicio judex justus præordinas.] Omnem igitur supergrediatur creaturam, et mentis intuitum ultra omnia dirigat, qui aliquid voluerit de tua prælibare proprietate, summa (*a*) bona deitas.

Caput XV. — Tunc enim homo procul positus a vanitate, plenius in veritate tenetur, quando in corde ejus quidquid est, Deus reliquis cunctis ab intuitu dimotis pacifico pie creditur, et sancte cogitatur. Sed licet nemo sit, qui te in hac valle lacrymarum valeat efficaciter comprehendere vel diffinire, magnum tamen et mirum valde nostræ ætati datum est, scire de te summo bono, tua nobis mirum gratia revelante. Quis ante nos « in quos fines sæculorum devenerunt, » (I *Cor.*, x, 11) talia sic manifesta audire potuit vel cognoscere de Trinitate et unitate, de personis et substantia? De te quidem, Pater

---

(1) Ex cod. Isidori lib., c. II.
(*a*) Editi *boni*. Ms. Boher. *Dei bonitas*.

Dieu le Père, que nous savons que vous êtes par vous-même, et par conséquent non engendré ; que votre Fils n'est point par lui-même, mais sort de vous par voie de génération ; que le Saint-Esprit n'est point non plus par lui-même, mais qu'il procède de vous et de votre Fils, étant l'Esprit commun qui vous unit. Aussi, comme on ne peut dire, ô Père, que vous êtes engendré ni que vous procédez, de même on ne peut dire du Fils, ni qu'il n'est point engendré, ni qu'il procède ; de même du Saint-Esprit on ne dit point qu'il est non engendré ni qu'il est engendré ; car, par la propriété de chaque personne, nous distinguons nécessairement un seul Père, en même temps qu'un seul Fils et un seul Saint-Esprit. Qui donc, dans les temps anciens, a pu comprendre aussi clairement, goûter aussi sensiblement et reconnaître aussi sûrement ce mystère, croyant en un Dieu unique et le reconnaissant triple, sans diviser la substance et sans confondre les personnes ? C'est votre Fils qui, sorti de votre sein et venu dans ce monde, a révélé plus explicitement cette vérité et en a fait la règle de la vraie foi pour ces derniers âges. Avant que le Créateur se fût manifesté sensiblement à ses créatures, ô Dieu, la Judée seule vous connaissait, et Israël portait bien haut la gloire de votre nom et la sainteté de votre culte ; mais jamais fûtes-vous aussi manifestement et aussi dignement glorifié que depuis que vous nous avez établis sous la loi de grâce ? Alors c'était le privilége d'un très-petit nombre d'avoir une connaissance bien légère de la Trinité indivisible ; et les descendants de ces anciens docteurs, frappés d'un juste aveuglement, ignorent encore ce qu'ils devraient savoir de la Trinité une ou de la triple Unité ; ces malheureux, ne voulant reconnaître que l'unité de Dieu, ils nous poursuivent de leurs malignes ironies lorsque nous disons que le Père a un Fils. Mais pour nous, qui sommes venus de la gentilité, la foi qui règne dans nos cœurs, la confession qui s'échappe de nos lèvres, et aussi les tourments et la mort même endurés pour cette foi, sont autant de témoignages des abondantes lumières que nous avons reçues touchant la Trinité et l'Unité de Dieu ; aussi est-il écrit : « J'ai eu plus d'intelligence que les vieillards. » (*Ps.* cxviii, 100.)

Chapitre XVI. — Seigneur notre Dieu, Dieu vivant et véritable, si la Trinité n'était point en vous, la Vérité incarnée n'aurait pas pu dire : « Allez, baptisez toutes les nations au nom du Père, et du Fils, et du Saint-Esprit. » (*Matth.*, xxviii, 19.) Car, ô Seigneur Dieu, on ne peut nous ordonner d'être baptisés qu'au nom de celui qui est Dieu et souverain maître. Et d'autre part, ô Trinité sainte, si vous n'étiez un Dieu unique, vous n'auriez point dit vous-même : « Écoute, ô Israël, le Seigneur ton Dieu est le Dieu unique. » (*Deut.*, vi, 4.) O Dieu le Père, si vous n'étiez vous-même, si Jésus-Christ n'était votre Fils et votre Verbe, si le Saint-Esprit n'était le don commun de votre amour, l'Écriture ne pourrait dire avec vérité : « Dieu a envoyé son Fils. » (*Gal.*, iv, 4.) Et vous, ô Fils unique de Dieu, vous n'auriez point dit en parlant de l'Esprit saint : « Cet Esprit que mon Père vous enverra en mon nom, » (*Joan.*, xiv, 24) ou « que je vous enverrai de la part de mon Père ; » (*Ibid.*, xv, 26) et ailleurs : « Mon Père et moi nous ne sommes qu'un, » (*Ibid.*, x, 30) « celui qui me voit voit aussi mon Père, car je suis dans mon Père, et mon Père est en moi ; » (*Ibid.*, xiv, 9, 10) et enfin, « mon Père qui demeure en moi,

---

Deus, quod sis a nullo, et ideo ingenitus dicaris ; de Filio autem tuo, quia genitus a te sit, non a se ; de Spiritu quoque sancto, quia procedens et non sit a se, sed a te et Filio, quorum est spiritus. Ita tenus, ut sicut tu Pater nec genitus, nec procedens dici potes ; sic Filius nec ingenitus, nec procedens ; sic nec Spiritus sanctus ingenitus, nec genitus dici debeant : quatenus proprietas personarum te unum Patrem simul cum uno Filio et uno Spiritu sancto patenter nobis ostendat. Quis prioribus sæculis in te uuum credere Deum, et te confiteri trinum, neque substantiam separans, neque personas confundens, sic prudenter intellexit, sic palam sapuit, sic vere cognovit ? Filius sane tuus missus (1) ad publicum nostrum de sinu tuo, hauc rectæ fidei normam evidentius huic ultimæ patefecit ætati. Prius quam creaturæ ostenderes creatorem, in sola notus eras Judæa Deus, et in Israel magna nominis tui fama et cultus audiebatur. (*Psal.* lxxv, 2.) Sed numquid sic liquido, aut tantum quantum apud nos sub gratia constitutos ? De Trinitate vero individua parum quid tunc perpauci senserunt. Legislatorum enim filii quid de una Trinitate, vel trina unitate scire debeant, digna percussi cæcitate adhuc ignorant : aliud præter unum Deum miseri nolentes confiteri, et garrientes in nos verbis malignis, dum dicimus te Patrem habere Filium. Nobis autem qui ex gentibus venimus, quam multa et vera de trino unoque Deo datum sit sapere, probant corda quæ credunt, necnon et ora quæ confitentur, atque nihilo minus flagella ipsa, et mors quæ pro hac ipsa confessione illata sunt : scriptum est enim : « Super senes intellexi. » (*Psal.* cxviii, 100.)

Caput XVI. — [(2) Domine Deus noster vivus et verus, nisi tu trinitas esses, non diceretur voce Veritatis : « Ite, baptizate omnes gentes in nomine Patris et Filii et Spiritus sancti. » (*Matth.*, xxviii, 19.) Neque enim baptizari juberemur, Domine Deus, in ejus nomine qui non esset Dominus Deus. Et rursum, nisi tu Trinitas esses unus Deus, nequaquam tua voce diceretur : « Audi Israel, Dominus Deus tuus Deus unus est. » (*Deut.*, vi, 4.) Ergo nisi tu Deus Pater ipse esses, et Filius tuus Verbum tuum Jesus Christus ipse esset, et donum vestrum esset ipse Spiritus sanctus, non legeremus in litteris veritatis : « Misit Deus Filium suum. » (*Gal.*, iv, 4.) Nec tu, Unigenite, diceres de Spiritu sancto : « Quem mittet Pater in nomine meo : » (*Joan.*, xiv, 26) et : « Quem ego mittam vobis a Patre. »] (*Joan.*, xv, 26.) Et alibi : « Ego et Pater unum sumus : » (*Joan.*, x, 30) et : « Qui videt me, videt et Patrem. Ego enim in Patre, et Pater in me est : » (*Joan.*, xiv, 9) et : « Pater in me manens ipse facit

---

(1) Modus loquendi Alcuino usitatus. — (2) Alcuin., p. 158, post Aug., lib. X *de Trinit.*, c. xxviii.

fait lui-même les œuvres que je fais. » (*Ibid.*, 10.) O divin Maître de la vérité, qui possédez dans votre cœur tous les trésors de la sagesse et de la science, que nous enseignez-vous par ces paroles, sinon la foi en un Dieu qui est à la fois Trinité et Unité? Vous avez dit aussi : « Ma doctrine n'est point à moi, » (*Joan.*, VII, 16) et, « les paroles que vous avez entendues ne sont point de moi, mais de mon Père qui m'a envoyé. » (*Ibid.*, XIV, 24.) O merveille, ô mystère! Parlez donc, parlez, ô Verbe du Père, répondez, je vous prie, vertu et sagesse du souverain Principe ; vous-même, Principe engendré par ce Principe, sans qu'il y ait cependant deux principes, mais bien un seul ; parlez, ô Verbe éternel, dissipez l'ignorance de votre serviteur, qui vous en sollicite humblement. Quoi donc peut vous appartenir plus que votre personne ; mais vous êtes à vous et vous n'êtes pas à vous, parce que vous n'êtes point par vous-même, selon les nombreuses attestations que vous nous en donnez ; vous êtes par votre Père, dont vous êtes la parole, non point une parole que le vent emporte, comme celle qui est composée de syllabes articulées ; mais parole toujours vivante, et immuablement subsistante. Vous n'êtes point une parole expirant avec le son qui la forme, mais naissant pour demeurer, parole non passagère, mais éternelle, non faite, mais engendrée ; non-seulement engendrée, mais seule engendrée ; et à vous appartient l'intelligence pour préparer les moyens, et la puissance pour exécuter, car vous êtes vrai Dieu et souverain Seigneur. En effet, ô Verbe Fils de Dieu, le Père vous a engendré de sa substance, et c'est par vous qu'il a tiré toutes choses du néant. Aussi nous croyons sans hésiter que si vous ne possédiez pas toute science et toute-puissance, ô Verbe divin, rien n'aurait pu être fait par vous. La créature pourrait-elle créer? Non, Dieu seul qui n'a point été créé, et qui ne partage ce privilège avec aucun être, Dieu seul a la puissance de créer. Loin de nous la pensée qu'il puisse naître du Père autre chose que le Fils ; or, de Dieu, il ne peut naître qu'un Dieu.

Aussi quand je vous contemple, ô Verbe du Père, je ne trouve point d'expressions pour exprimer vos grandeurs. Mais quand pourrai-je en parler dignement et complétement? Qui suis-je et quel est le sujet qui m'occupe? C'est un homme qui veut célébrer un Dieu, l'œuvre, son auteur, la créature, son Créateur, un être petit et éphémère, l'Etre immense et éternel ; vous en qui réside une toute-puissance souveraine et adorable, qui nous a tirés du néant par une bonté toute gratuite ; vous en qui est une grâce non moins adorable, qui nous a sauvés par l'effet tout-puissant de votre infinie miséricorde. Votre puissance créatrice a fait gratuitement son œuvre, et votre grâce rédemptrice y a mis la dernière main avec une puissance égale : vous avez, en effet, éternellement la faculté, et de créer ce qui n'est pas, et de rétablir ce qui est perdu. Si donc le plus sublime des théologiens, pénétrant avec son regard d'aigle plus avant que tous les autres dans la profondeur de votre être, a pu écrire ces paroles : « Au commencement était le Verbe, et le Verbe était en Dieu, et le Verbe était Dieu, et il était en Dieu dès le commencement, » (*Jean*, 1, 1) c'est parce que véritablement vous êtes Dieu le Verbe, toujours dans le Père, toujours avec le Père, toujours engendré du Père, toujours uni au Père. Vous êtes en lui non point comme un vase dans un autre vase, ni comme les citoyens dans une ville, mais comme la sagesse qui réside dans le sage, comme la vérité dans celui

opera. » (*Ibid.*, 10.) Quid enim his verbis aliud, nisi trinum et unum Deum doces nos credere tu magister veritatis, in cujus pectore recondili sunt thesauri sapientiæ et scientiæ? Dicis quoque : « Mea doctrina non est mea : » (*Joan.*, VII, 16) et : « Sermonem quem audistis, non est meus, sed ejus qui misit me Patris. » (*Joan.*, XIV, 24.) Res mira, res admiranda. Dic ergo, dic Verbum Patris, responde quæso Virtus et Sapientia summi Principii ; sed tu ipse principium de principio, non tamen duo principia, sed unum certe principium. Dic Verbum semper manens, doce servum humiliter interrogantem. Quid enim tam tuum quam tu? Sed tu tuus et non tuus : quia non es a te ipso, sicut in multis sæpe locis testaris ; sed a Patre cujus es verbum, non sonabile per syllabas et volatile, sed semper immobiliter vivens atque manens. Et ideo verbum non quod desinit prolatum, sed quod permanet natum ; non transitorium, sed æternum ; non factum, sed genitum : nec solum genitum, sed etiam unigenitum : cui ratio adest disponenti, et virtus præsto est perficienti, utpote vero Deo et summo Domino. Te quippe unigenitum Verbum Pater genuit de se ipso, per quod omnia creavit ex nihilo. Et idcirco indubitanter credimus, quia nisi omniscium et cunctipotens Verbum Deus esses, nullo modo per te omnia facta fuissent. Quomodo creatura creare aliquid potest? Creare certe solus Deus valet, qui creatus non est : nihil enim excepto Deo non creatum est. Absit ab intellectu nostro, ut aliquid fateamur ex patre nasci nisi filium ; et ideo non nisi Deus nasci potuit ex Deo.

Unde te mihi, Patris Verbum, considerare volenti, nulla sufficiunt verba, quibus te valeam explicare. Quando autem abunde vel digne loqui potero? Quis de quo? Homo de Deo, opus de opifice, creatura de Creatore, parvus de immenso, temporalis de æterno : cujus venerabilis potentia omnipotentissima, qua nos gratuita bonitate fecisti ; nec minus tamen venerabilis gratia, qua nos omnipotentissima misericordia salvasti. Qui et opus creatricis omnipotentiæ gratis fecisti, et opus salvatricis gratiæ omnipotenter implesti : habens nimirum perpetem potestatem, et condendi incondita, et reparandi perdita. Nec igitur ille præcipuus theologorum summa profundius cæteris aquilinis contemplatus obtutibus scriptitans eructaret (*Joan.*, I, 1) : « In principio erat Verbum et Verbum erat apud Deum, et Deus erat Verbum, hoc erat in principio apud Deum : » nisi tu Deus Verbum, semper apud Patrem, semper cum Patre ; semper de Patre, semper in Patre esses : non sicut vas in vase, vel civitas apud urbem ; sed veluti sapientia intra sapientem, veritas in verace, bonitas in bono, æternitas in æterno : quia nihil aliud in Patris substantia

qui est véridique, comme la bonté dans celui qui est bon, comme l'éternité dans l'Eternel car en votre Père, vous ne pouvez être qu'un Dieu égal et coéternel à celui qui vous engendre de sa substance. Qu'elle se taise donc, et qu'elle périsse avec ses auteurs, cette hérésie audacieuse qui s'acharne, dans ses disputes, tantôt à diviser la substance, tantôt à confondre les personnes. Au contraire, puisse la foi de notre Mère, la sainte Eglise, s'accroître et produire des fruits de piété toujours plus abondants, en nous apprenant que c'est une grossière impiété d'adorer trois Dieux, comme de ne pas reconnaître la Trinité dans les personnes. Enfin, l'Eglise, dépositaire de la doctrine du ciel, et de tout ce qui concerne la règle de foi, croit, confesse et enseigne, avec une entière certitude, l'unité de substance et la Trinité des personnes. Ayant reçu, dès mon enfance, par son ministère cet enseignement divin, je vous crois de cœur et je vous confesse de bouche, ô Trinité suprême, puissance unique, majesté indivisible.

Chapitre XVII. — Père, Fils et Saint-Esprit, trois personnes en une seule substance, vrai Dieu tout-puissant, Créateur des choses visibles comme des invisibles, je confesse que vous n'êtes point un être corporel, ni habitant dans un corps, ni formé d'éléments divers, comme si vous étiez un composé de membres articulés; mais votre nature est simple, incorporelle, immense. Vous qui êtes véritablement Père, Dieu principe de la souveraine bonté et de toute divinité, Majesté qui ne connaissez point de limites et qui n'êtes point engendrée, qui ne tirez votre origine d'aucun être et qui donnez à toutes choses leur commencement, je crois et confesse que ce n'est point par une génération corporelle et extérieure, non plus que par nécessité ou par choix, mais dans votre nature même que vous engendrez votre Fils.

Je vous confesse vous aussi, ô vrai Fils, sorti éternellement du sein de votre Père, d'une manière ineffable, Dieu véritable, Fils unique de Dieu, vous par qui tout a été fait, vrai Verbe du Père, qui n'avez été ni fait, ni créé, ni adopté, mais engendré, qui avez la même substance que le Père, étant par conséquent, en tout, égal au Père, de sorte qu'il ne peut vous surpasser ni en âge, ni en grandeur, ni en puissance. Vous qui êtes engendré, je confesse que vous êtes aussi grand que celui qui vous a engendré. Et si je dis que le Fils est engendré du Père, ce n'est point que je rapporte au temps cette divine et ineffable génération; mais je dis que le Père n'a point eu de commencement, et je dis la même chose du Fils. Aussi puisqu'il a toujours été Père, vous avez toujours été Fils. Nous ne pouvons confesser l'éternité du Père, sans confesser également celle du Fils. Le titre de Père suppose un Fils, aussi Dieu ayant toujours été Père, il est nécessaire qu'il ait toujours eu un Fils.

Chapitre XVIII. — Et vous aussi, ô Esprit saint, je crois que vous êtes vrai Dieu, sans avoir été fait, ni créé, ni engendré, ni non engendré, mais procédant du Père et du Fils par un mystère indicible, et restant substantiellement dans le Père et le Fils. Vous procédez donc de l'un et de l'autre, de telle sorte que vous demeurez inséparablement dans l'un et l'autre. Ainsi en toutes choses, vous êtes égal au Père et au Fils, vous avez la même éternité et la même substance, et l'on ne peut vous diviser ni vous distinguer des deux personnes dont vous procédez,

---

nisi Deus æqualis et coæternus illi a quo genitus es, esse potes. Obmutescat itaque, et cum suis auctoribus pereat omnis hæretica pravitas : quæ inimica semper lite nunc substantiam dividit, nunc personas confundit. Crescat rogo fide, et magis magisque piis fecundetur actibus mater Ecclesia : quæ tres deos colere, Trinitatem in personis (a) non distinguere profanum et nimis impium judicat. Hæc denique cœlestibus erudita disciplinis credit, confitetur et docet unam procul dubio substantiam et tres personas, sciens omnia quæ ad fidei regulam pertinent. Hujus magisterio et doctrina cœlitus inspirata a puero doctus, corde credo, ore confiteor te, o summa Trinitas, una virtus et indiscreta majestas.

Caput XVII. — [(1) Confiteor et Patrem et Filium et Spiritum sanctum in personis trium, in substantia unum, verum Deum omnipotentem, visibilium et invisibilium conditorem, non corpus aut in corpore positum, neque ex diversis speciebus admixtum, aut membrorum compaginibus effigiatum, sed unius simplicis et incorporeæ, invisibilis et incircumscriptæ naturæ. (2) Te quidem verum Patrem summæ bonitatis et totius deitatis principium, incircumscriptæ et ingenitæ majestatis Deum, ex nullo ducentem initium, sed omnibus initium dantem, credo et confiteor non corporali progenie neque extrinsecus, non necessitate neque voluntate, sed natura filium generantem.]

(3) Confiteor et verum te Filium ex Patre sine initio ineffabiliter natum, verum Deum unigenitum, per quem omnia facta sunt, et verum Patris Verbum, non factum, non creatum, non adoptativum : sed genitum et unius cum Patre substantiæ, atque ita per omnia æqualem Deo Patri, ut nec tempore, nec gradu, nec potestate esse possis inferior. Tantumque te esse confiteor qui genitus es, quantus est ipse qui te genuit. Non autem, quia dico genitum a Patre Filium, divinæ et ineffabili generationi aliquod tempus ascribo : sed nec Patrem dico aliquando cœpisse, nec te ejus Filium. Quia semper fuit pater, nunquam igitur non fuisti filius. Non enim aliter confiteri possumus æternum Patrem, nisi confiteamur etiam coæternum Filium. Ex filio enim pater dicitur : et quia semper Pater fuit, semper habuisse filium dubium non est.

Caput XVIII. — Te quoque credo Spiritum sanctum verum Deum, non factum, nec creatum, nec genitum, neque ingenitum : sed ex Patre Filioque inenarrabiliter procedentem, et in Patre simulque Filio substantialiter permanentem. Sic igitur ab utroque procedis, ut inseparabiliter in utroque maneas : atque ita per omnia Deo Patri et Filio æqualem, coæternum, consubstantialem, ut

---

(1) Alcuin., pag. 136, a. — (2) Idem, pag. 151. a. — (3) Ex Pelag., V. Serm. ccxxxvi. Append. tomi V, p. 2.
(a) Ex Bober. cod. hic ad. non.

ni pour la puissance, ni pour la volonté, ni pour l'éternité, ni pour la nature. Voici donc ce que je crois de cœur, ce que je confesse de bouche, et ce que j'aime en mon âme : Un Père éternel, qui n'est point engendré, un Fils éternel qui est engendré, un Saint-Esprit éternel, qui procède sans être engendré ; le Père étant tout entier dans le Fils et le Saint-Esprit, le Fils tout entier dans le Père et le Saint-Esprit, et le Saint-Esprit tout entier dans le Père et le Fils ; Père, Fils et Saint-Esprit, un seul Dieu tout-puissant, qui règne dès le commencement, et maintenant, et toujours, et partout, avec une même puissance, une même autorité, une même majesté, et une même éternité.

Appuyé sur cette règle de foi, je vous ai cherché, ô mon Dieu, autant que vous m'en avez accordé le pouvoir, et j'ai été animé du désir de contempler en esprit l'objet de ma croyance. Pour cela, j'ai pénétré dans le cellier où sont en réserve les fruits délicieux et abondants dont se nourrit la sainte Eglise, là de nombreux objets ont attiré mon attention, et je les ai examinés les uns après les autres. Comme dans mon empressement, je courais de tous côtés avec une certaine anxiété, vous-même, secondant le désir que vous m'aviez inspiré, vous m'avez prêté le concours de votre main pleine de bonté et de miséricorde, et vous avez délié le nœud de mes incertitudes ; aussi j'éprouve un grand plaisir à penser à vous, à parler de vous, à célébrer vos louanges selon la mesure de ma faiblesse, mais avec un cœur fervent, afin, ô Seigneur, qu'étant retenu dans l'état présent de ma misère, seulement par le poids de mon corps, je m'unisse à vous par tous les transports de mon âme.

O Dieu, Trinité et Unité, allumez en moi le flambeau de cette science divine, qui me fera découvrir en vous, commes elles y sont réellement, la Trinité et l'Unité. Continuez, comme vous l'avez fait déjà, à dissiper de plus en plus les ténèbres de mon ignorance, afin que je puisse voir en esprit les choses spirituelles, autant que cela est possible à la faiblesse humaine. Dans cette voie où vous me conduisez, éclairez mon intelligence, et par votre grâce inspirez-moi, enseignez-moi ce que je dois croire sans danger d'erreur, afin que je sente l'unité de votre essence divine, et que je saisisse le mystère de la Trinité des personnes.

Chapitre XIX. — Je reconnaîtrai le Père sans génération, le Fils unique engendré du Père, le Saint-Esprit procédant de l'un et de l'autre, et demeurant dans tous les deux, sans qu'il y ait pour aucun des trois ni antériorité, ni postériorité, ni partage dans la puissance, ni division dans les conseils pour créer, ou dans les actes pour gouverner et perfectionner les créatures. Dans ce mystère, tout ce qui tient à la nature est indivisible, tout ce qui se rapporte aux personnes demeure distinct. O mystère ineffable et le plus incompréhensible de tous ! Les autres merveilles qui sont dans votre Eglise, Seigneur, nous étonnent et réclament nos adorations ; mais celle-ci qui est en vous-même l'emporte sur toutes les autres. Faites-moi donc, ô mon Dieu, la grâce de goûter particulièrement, avec une conscience pure et droite, de croire, de recevoir, et de garder ce mystère de votre indivisible Trinité, et le sacrement du céleste banquet, où les âmes pieuses et fidèles vont se nourrir de la chair et s'abreuver du sang d'un Dieu, pour ne plus éprouver jamais les

neque potestate, neque voluntate, neque æternitate, neque substantia differri possis ab eis vel (al. præcedi) præcidi a quibus procedis. Igitur æternum Patrem sine nativitate, æternum Filium cum nativitate, æternum Spiritum sanctum cum processione sine nativitate : totum Patrem in Filio et Spiritu sancto, totum Filium in Patre et Spiritu sancto, totum Spiritum sanctum in Patre et Filio permanentem : et Patrem et Filium et Spiritum sanctum unum Deum omnipotentem, una potestate, unoque regno, una majestate, una æternitate, ex tunc et nunc et semper ubique regnantem corde credo, ore confiteor, et mente diligo.

Ad hanc fidei regulam dirigens intentionem meam, quantum me posse fecisti Deus meus, quæsivi te, et desideravi intellectu videre quod credidi. Hujus rei gratia ingressus sum multarum apothecam deliciarum, quibus pascitur mater Ecclesia : ubi consideravi plurima, et cœpi explorare singula. Et cum huc illucque anxius avidusque discurrerem, tu bonus adjuvare cupiens desiderium quod dedisti, misisti manum pietatis tuæ, et solvisti nodum ambiguitatis meæ : et ideo delectat me de te valde cogitare, de te loqui, laudesque tuas pro modulo exiguitatis meæ desideranti corde depromere, ut in præsenti miseria solo quidem corpore, tecum autem mente et omni aviditate mi tenear Domine.

Deus trine et une, scientiæ lumen accende in me, per quod te intelligere merear trinum et unum Deum, sicut es trinus et unus Deus. Et ignorantiæ tenebras magis magisque sicut cœpisti remove a me, ut spiritalia spiritaliter videam, quantum possibile est humanæ fragilitati. Da mihi in via hac, qua tu duce gradior, intellectum, atque inspira mihi, et semper doce per gratiam tuam, qualiter in te irreprehensibiliter sit credendum, ut te unum Deum essentialiter sapiam, et incomprehensibiliter trinum personaliter capiam.

Caput XIX. — Patrem ingenitum, de Patre unigenitum, de utroque procedentem et in utroque manentem Spiritum sanctum, nullum tribus anticipationis vel posteritatis intervenire momentum, nec dispertitum habere imperium : non in creandis consilium, regendis perficiendisque creaturis auxilium opusque divisum. Quidquid illic naturale est, indiruptum ; quidquid personale est, inconfusum. O mysterium ineffabile et præ cæteris intellectu difficile ! Reliqua vero sacramenta quæ tenentur in Ecclesia tua, Domine, stupenda sunt et veneranda : sed istud tui sacramentum præcellit universa. Hoc nempe tuæ individuæ Trinitatis mysterium, et illud cœlestis mensæ sacramentum, quæ fideles et pias animas pascit carne et potat sanguine, ne esuriant, neque sitiant in æternum, fac me Deus meus pura et simplici conscientia præcipue inter cætera sentire et credere, sumere et retinere. Ne sinas quæso, Domine, fidem in eis meam ali-

besoins de la faim et de la soif. Ne permettez pas, Seigneur, que ma foi sur ces points soit exposée à la moindre hésitation ; mais par votre miséricorde, faites que ma croyance et mes sentiments soient toujours conformes à la vérité et à la réalité de ces mystères. Que votre grâce pénètre dans mon cœur, qu'elle lui parle doucement et sans bruit, qu'elle lui fasse entendre toute la vérité sur ces grands objets ; que cette maîtresse des vertus, juge de toutes les vérités, remplisse intérieurement toute mon âme, et l'environne de toutes parts au dehors d'une douce lumière, que par l'effet de cette irradiation, comme aussi d'un goût délicat, elle l'établisse solidement dans le centre même de la vérité, de sorte que je ne veuille ni ne puisse avoir que des sentiments justes et vrais sur ces grands mystères. O bonté toute-puissante, qui prêtez volontiers l'oreille aux simples désirs de vos faibles créatures, écoutez le cri de mon cœur et exaucez mes vœux. Faites, Seigneur, que mon âme, comme par un organe sensible, goûte et savoure ces mystères ineffables. Ils sont grands et admirables, et si, malgré ma bassesse, je veux élever les yeux de ma foi pour les considérer, je me perds dans cette contemplation. Mais l'un et l'autre sont également nécessaires à notre salut ; aussi, ô Dieu auteur et créateur invisible de toutes choses, divinité souveraine et unique dans votre nature, Trinité vraie et parfaite dans vos personnes, je vous supplie, ô Dieu le Père, origine de tous les êtres, ô Fils par lequel ils sont, ô Saint-Esprit dans lequel ils sont, Seigneur mon Dieu que je reconnais pour un seul vrai Dieu dans la Trinité, par qui nous avons été créés, rachetés et illuminés, désirant vivement pénétrer ces sublimes merveilles, je vous en conjure, donnez-moi le lait qui convient à l'enfant, puis une nourriture plus forte, et enfin, donnez-moi l'accroissement jusqu'à la mesure de l'âge d'un homme parfait, afin que je puisse prendre cette nourriture solide et parfaite. « Vos yeux, en effet, voient l'imperfection de mon être. » (*Ps.* cxxxviii, 16.)

Chapitre XX. — Source de tous les biens, Dieu le Père, qui, avec le Fils et le Saint-Esprit, ne pouvez être invoqué sans que nous ayons confiance en votre miséricorde, accordez-moi ce que mon cœur désire et sollicite. Votre nature étant la même, vos dons, vos opérations, vos largesses, votre puissance, tout en vous est indivisible ; et même en pénétrant plus avant dans le mystère de la distinction des personnes, on y sent encore l'unité. En effet, votre nature une et indivisible ne peut comporter la division des personnes ; de même que vous êtes trinité dans l'unité, et unité dans la trinité, ainsi est-il impossible que les personnes soient séparées. Quelquefois, sans doute, chaque personne est considérée isolément ; mais, néanmoins, vous vous êtes fait connaître à nous tellement indivisible dans votre triple personnalité, que le nom de chaque personne se rapporte à une autre, selon l'ordre des relations divines ; ainsi, le nom de Père suppose nécessairement un Fils, le nom de Fils un Père, et le Saint-Esprit a son terme de relation dans le Père et le Fils. Mais les noms qui rappellent la substance, la puissance, l'essence, ou tout ce qui se dit de Dieu en lui-même, conviennent également aux trois personnes ; tels sont les noms et les qualités de Dieu, de grand, d'éternel, de tout-puissant, et tous les autres attributs qui appartiennent à Dieu, selon

---

quatenus vacillare : sed ita semper in eis et de eis pro tua tribuas pietate mihi credere ac intelligere, sicut veritas eorum se habet. Intret in cor meum gratia tua, quæ sonet sine sono et sine strepitu, loquatur ibi tantorum omnem veritatem mysteriorum : luce et dulcedine intus ubique, et foris undique perfundat animam meam illa magistra virtutum, et (*al.* index) judex omnium veritatum : et sic irradiando et saporando eam in ipso veritatis centro stabiliat atque confirmet, ut nec velim nec possim de tantis mysteriis aliter sentire, nisi sicut oportet et decet. (*a*) Omnipotens bonitas, cujus pietatis aures ipsis pauperum tuorum desideriis patent, intellige clamorem cordis mei, et fave votis meis. Præsta Domine ut ipso mentis palato sentiam, gustem et sapiam hæc ineffabilia sacramenta : magna enim sunt et mira valde, et ego parvulus in eorum consideratione deficio, quoties ad intuenda ea fidei oculos attollo. Sed quia uno modo utraque nobis necessaria sunt ad salutem, Deus auctor omnium, invisibilis creator, qui es in substantia summa et una divinitas, atque personaliter et vere perfecta Trinitas : te Deum Patrem exoro ex quo omnia, et Filium tuum per quem omnia, simulque Spiritum sanctum in quo omnia ; te Dominum meum, quem unum et verum in trinitate confiteor Deum, quo creati, liberati et illuminati sumus, supplex rogo tantorum avidus mysteriorum, lacta me, nutri me, et in mensuram ætatis usque perfecti viri meam extende exiguitatem, ut solidum hunc et perfectum cibum capere valeam. « Imperfectum enim meum viderunt oculi tui. » (*Psal.* cxxxviii, 16.)

Caput XX. — Dator omnium bonorum Deus Pater, cui nunquam sine spe misericordiæ supplicandum, cum Filio tuo ac Spiritu sancto, da quod a te desiderat et a te postulat anima mea. Quorum enim una est substantia, unum est et datum, una et operatio, unum donum, una potestas : ut in ipsa quoque personarum proprietate juxta profundiorem intellectum quædam unitas sentiatur. [(1) Inseparabilis nimirum naturæ tuæ unitas non potest separabiles habere personas : quia sicut trinitas es in unitate, et unitas in trinitate, sic separationem non potes habere personarum. Nominantur quidem illæ personæ aliquando singulæ ; sed ita voluisti te Trinitas Deus inseparabilem ostendere in personis, ut nullum tibi nomen sit in qualibet persona, quod ad aliam personam secundum relationis regulam non referatur : sicut Pater ad Filium, et Filius ad Patrem, et Spiritus sanctus ad Patrem et Filium verissime refertur. Ea vero nomina quæ substantiam vel potentiam vel essentiam tuam significant, vel quidquid proprie dicitur Deus, omnibus personis æqualiter conveniunt, ut Deus, magnus, bonus, æternus, omnipotens et omnia quæ naturaliter de te Deo

---

(1) Alcuin, lib. 1 *de fide S. Trinit.*, c. xiv.
(*a*) Cod. Boher. add. *Mirum est quod gestio dicere ; sed lingua non explicat quod mens optat.*

sa nature. Il n'y a donc aucun nom de nature qui puisse vous être donné, à vous Dieu le Père, sans qu'il puisse aussi être attribué à votre Fils ou à votre Esprit saint. C'est selon la nature que nous vous appelons Dieu, ô Père; c'est selon la nature que le Fils est Dieu, et également le Saint-Esprit; cependant, ce ne sont point trois dieux, mais un seul Dieu, Père, Fils et Saint-Esprit. Aussi, ô Trinité sainte, vous êtes véritablement indivisible, et c'est dans cette unité que notre intelligence doit considérer vos personnes, quoique notre bouche vous donne des noms distincts; car les noms de nature n'admettent point le nombre pluriel. Ce qui nous montre l'impossibilité de séparer les personnes dans la Trinité, qui est un seul vrai Dieu, c'est que le nom de chaque personne indique relation avec une autre. Si je dis *Père*, je suppose le Fils; si je nomme le Fils, j'annonce le Père; si je nomme le Saint-Esprit, il faut nécessairement qu'il soit l'Esprit de quelqu'un, c'est-à-dire du Père et du Fils. Pour vous, ô Divinité, une dans votre essence, multiple dans vos personnes, on trouve le nombre en vous qui n'avez point de nombre, et l'on peut en quelque sorte vous mesurer et vous peser, vous qui ne connaissez ni le poids ni la mesure; car nous ne pouvons parler de l'origine de la suprême bonté, qui n'est autre que vous-même, de cette bonté de laquelle tout dérive, par laquelle et en laquelle tout existe; nous disons seulement que tous les biens en sont comme un écoulement.

Chapitre XXI. — En effet, votre divine substance est et fut toujours immatérielle, tout en ayant une existence formelle; vous imprimez comme un cachet l'empreinte de cet être formel sur chacune des choses créées, qui restent toutefois très-distinctes de vous-même, et qui vous laissent immuable sans rien vous ajouter, comme sans rien vous enlever. O Dieu, Unité dans la Trinité et Trinité dans l'Unité, vous qui gouvernez, réglez et remplissez par votre puissance souveraine tout ce que vous avez créé, il n'est rien dans l'essence des créatures qui ne soit votre ouvrage. Et si nous disons que vous remplissez toutes choses, ce n'est point que vous soyez renfermé en elles, mais plutôt qu'elles le sont en vous.

Chapitre XXII. — Vous n'êtes point dans chaque chose par une sorte de division, et il faut se garder de croire que chaque être vous contienne en proportion de sa capacité, plus ou moins, suivant ses dimensions; au contraire, vous êtes tout entier dans toutes les créatures, et toutes les créatures sont en vous. Votre toute-puissance retient tout, et il n'est personne qui puisse lui échapper. Celui qui n'aura pas vos faveurs sentira les effets de votre courroux. Telle est l'immensité de votre divine grandeur, que la foi vous montre à nous comme étant en toutes choses sans y être renfermé, et en dehors de toutes choses sans en être sorti.

Chapitre XXIII. — Vous êtes au dedans de tout pour tout contenir; vous êtes à l'extérieur pour gouverner tous les êtres que vous enveloppez dans l'immensité de votre grandeur infinie. Au dehors, vous apparaissez comme Créateur; au dedans, nous vous reconnaissons comme le Roi et le Maître qui gouverne. Et pour qu'aucune créature ne soit sans vous, vous êtes en toutes; mais de peur qu'aucune soit en dehors de vous, vous vous étendez au delà, de manière à les environner, non point par une grandeur mesurée dans l'espace, mais par la présence de votre puissance; car vous êtes partout présent, et tout est pré-

---

dicuntur. Non est igitur aliquod naturæ nomen quod sic tibi Deo Patri possit convenire, ut aut Filio tuo, aut Spiritui sancto convenire nequeat. Dicimus te Deum Patrem naturaliter esse Deum; sed naturaliter est et Filius Deus, naturaliter est et Spiritus sanctus Deus : non tamen tres dii, sed unus Deus, Pater et Filius et Spiritus sanctus. Idcirco inseparabilis es, sancta Trinitas Deus, in personis sensu intelligenda, quamvis in voce separabilia habeas nomina; quia pluralem numerum naturæ nominibus nullatenus recipis. In hoc enim ostenditur personas non posse dividi in sancta Trinitate, quæ unus verus Deus est; quia cujuslibet personæ nomen semper ad alteram respicit personam. Si Patrem dico, Filium ostendo; si Filium nomino, Patrem prædico; si Spiritum sanctum appello, alicujus esse spiritum necesse est intelligi : id est, Patris et Filii.] Tu vero, unitas deitatis personarum pluralitate multiplex, numerabiliter es innumerabilis, ac idcirco mensurabiliter immensurabilis, et ponderabiliter imponderabilis : non enim summæ bonitatis, quæ tu ipse es, profitemur originem ex qua omnia, per quam omnia, in qua omnia; sed ejus participatione dicimus bona omnia.

Caput XXI. — Nam tua divina substantia semper caruit ac caret materia, licet non careat forma : quam dum imprimis quasi sigillum rebus singulis, eas sine tui augmento aut detrimenti mutabilitate procul dubio a te facis differri. [(1) Quidquid in natura creaturarum est, creatura tua est, o trina unitas et una trinitas Deus, cujus omnipotentia omnia gubernat, regit et implet quæ creavit. Nec ideo te omnia implere dicimus, ut te contineant : sed ut ipsa potius a te contineantur.

Caput XXII. — Nec particulatim imples omnia, nec ullatenus ita putandum est, ut unaquæque res pro magnitudine portionis suæ capiat te, id est, maxima majus, vel minima minus : dum potius in omnibus totus ipse sis, sive omnia in te. Cujus omnipotentia omnia concludit, nec evadendi potentiam quis aditum invenire poterit. Qui enim te non habet placatum, nequaquam evadet iratum. Immensitas quippe divinæ magnitudinis tuæ ista est, ut intelligamus te intra omnia, sed non inclusum; extra omnia, sed non exclusum.

Caput XXIII. — Et ideo interior es, ut omnia contineas : ideo exterior es, ut incircumscriptæ magnitudinis tuæ immensitate omnia circumcludendo regas. Per id ergo quod exterior es, ostenderis esse creator; per id vero quod interior es, omnia gubernare et regere demonstraris. Ac ne ea quæ creata sunt sine te essent, tu intra omnia es : verum ne extra te essent, tu exterior

(1) Alcuin., lib. II *de fide S. Trinit.*, c. iv, post Isid., lib. I *Sent.*, c. ii.

sent pour vous; c'est une vérité comprise par les uns sans l'être par les autres.

J'ai appris ces mystères, avec beaucoup d'autres, de l'Eglise ma mère, cette mère sainte, universelle et orthodoxe, dont je suis devenu membre par un effet de votre grâce; et, dans votre miséricorde, Seigneur, par la constante lumière de vos inspirations, vous avez tellement affermi et confirmé ma foi en sa céleste doctrine, que plusieurs vérités enveloppées dans l'ombre du mystère, me paraissent aussi évidentes que si je les voyais à découvert et non à travers un miroir.

Chapitre XXIV. — J'ai appris en effet que, seul vrai Dieu vivant, vous n'êtes ni corporel, ni passible, ni palpable, qu'aucune partie de votre être ne peut être aperçue des yeux du corps, que rien dans votre substance et votre nature ne peut être altéré d'aucune manière, que rien n'est composé, ni façonné, ni plus grand, ni moindre. Je sais, au contraire, que vous êtes parfait sans aucun défaut, sous quelque rapport que ce soit, grand, bon et éternel, sans connaître ni mesure, ni qualité, ni temps; je sais que vous êtes la vie, la force et la vérité, sans être assujetti ni à la mort, ni à la faiblesse, ni à l'erreur; vous êtes tout entier partout, sans occuper d'espace; vous êtes partout présent, sans être d'une certaine façon; vous remplissez tout sans étendue; vous vous rencontrez partout sans réduire votre grandeur; sans vous mouvoir, vous vous élevez au-dessus de tous les êtres, comme vous demeurez en tous sans garder le repos; vous créez tout sans avoir besoin de rien; vous gouvernez tout sans fatigue; n'ayant vous-même jamais eu de commencement, vous avez donné le commencement à tout ce qui est, et sans changer vous-même, vous faites que tout change; vous régnez partout et toujours, et vous demeurez éternellement. Seigneur, Dieu unique, Dieu trinité, incomparablement supérieur à toutes les créatures, vous êtes tellement ineffable, infini, incompréhensible, que, quoi que l'on puisse dire de vous, on restera toujours beaucoup au-dessous de la vérité. Nous multiplions les expressions, mais il est impossible de donner une idée complète de votre être. Vous êtes la fin et le terme de tous nos discours; aussi, lorsque nous serons arrivés près de vous, toutes ces expressions si variées cesseront; vous seul demeurerez tout en tous; à jamais nous résumerons tout dans l'unité, célébrant l'unité qui est en vous, et étant nous-mêmes devenus un en vous; nous vous verrons toujours et sans fin dans votre nature incorporelle, dans votre trinité immuable; en vous nous connaîtrons toutes choses, en vous nous goûterons une joie éternelle, car nous serons guéris de toute infirmité, et revêtus de gloire et d'immortalité.

Chapitre XXV. — Lorsqu'il nous sera donné de vous contempler face à face, comme cela nous est promis, lorsque tous les mystères nous seront montrés à découvert, et que la réalité aura remplacé les ombres de la foi et de l'espérance, alors, ô Trinité une, nous verrons avec plus de certitude et plus de clarté qu'en vous il n'y a rien de créé, rien de dépendant, qu'en vous tout est égal par nature et non point par grâce, qu'il n'y a ni priorité, ni postériorité, ni aucune distinction de grandeur ou d'infériorité; que rien n'est étranger ou obligé à l'une ou à l'autre personne; que rien n'a été introduit, soit par persuasion, soit par fraude; qu'il n'y a aucune diversité, soit dans les habitudes, soit dans la volonté; nous verrons

es, ut omnia concludantur a te, non locali magnitudine, sed potentiali præsentia, quia ubique es præsens, et omnia tibi præsentia, quamvis quidam hoc intelligant, quidam vero non intelligant.]

Hæc et alia multa docuit me mater Ecclesia, mater sancta universalis et orthodoxa, cujus me fieri membrum voluisti per gratiam tuam : et de ejus cœlesti doctrina me ita certum et securum in omnibus pro tua pietate reddere dignatus es, Domine, per assiduam tuæ inspirationis illuminationem, ac si multa quæ clausa mysteriis latent, non per speculum, sed facie ad faciem intuerer.

Caput XXIV. — Docuit igitur te solum vivum et verum Deum non esse corporeum vel passibilem vel palpabilem, nullam tui partem corporeis oculis posse sentiri, nihil de substantia tua atque natura ullo modo esse violabile, aut compositium, aut fictum, [(1) aut majus aut inferius : sed per omnem modum ex omni parte sine deformitate perfectum, sine quantitate magnum, sine qualitate bonum, sine tempore sempiternum, sine morte vitam, sine infirmitate fortem, sine mendacio veritatem, sine loco ubique totum, sine situ ubique præsentem, sine extensione omnia implentem, sine contractione ubique occurrentem, sine motu omnia transcendentem, sine statu intra omnia manentem, sine indigentia omnia creantem, sine labore omnia regentem, sine tui initio omnibus initium dantem, sine tui mutatione omnia mutabilia facientem,] atque semper et ubique regnantem, sine fine manentem. Domine Deus une, Trinitas Deus, quæ incomparabiliter rebus omnibus antecellis : adeo es ineffabilis, infinita et incomprehensibilis, ut parvissimum sit valde omne quod de te dici potest. Multa enim dicimus; sed plene id quod es dicere non possumus. Et quia universorum consummatio sermonum ipse es, cum ergo pervenerimus ad te, cessabunt procul dubio multa ista quæ dicimus, et manebis unus omnia in omnibus, et sine fine dicemus omnia unum, laudantes te unum, et in te facti etiam nos unum : videntes te jugiter sine fine incorporalem, naturaque immutabilem trinitatem, et in te omnia scientes, et in te gaudium perpetualiter mansururum habentes, ab omni sanati languore, et in illam immortalitatis gloriam transformati.

Caput XXV. — Cum venerit visio hæc quæ danda facie ad faciem promittitur, quando palam de cunctis annuntiabitur mysteriis, et fidei species atque spei res succedent : tunc clarius certiusque scientes intuebimur, ut parvissimum sit creatum, aut serviens in te, Trinitas una, nihil inæquale, nihil gratia æquale, nihil anterius posteriusve, nihil majus, aut minus, nihil extraneum aut officiale alteri,

(1) Alcuinus, p. 136, a.

que rien n'est particulier dans l'action, comme rien ne se transmet par communication, comme aussi rien ne se confond; mais tout est parfait. En effet, le tout est dans l'unité et l'unité dans le tout, et cependant ce n'est point une unité solitaire; car, en vous et avec vous, ô Père saint, souverain bien, souveraine sagesse, souveraine bonté, seul principe de toutes choses, nous vénérons et nous adorons aussi votre Vérité, qui vous fait connaître à nous, qui est en tout semblable à vous-même, qui est la forme de toutes choses, et seule satisfait les aspirations de tous les êtres; nous vénérons et nous adorons en même temps l'Esprit, qui est le don de l'un et de l'autre, et le principe du bonheur pour tout ce qui est heureux, c'est-à-dire, en un mot, que nous adorons la Trinité dans son immuable Unité.

Chapitre XXVI. — Lorsque l'on nomme trois fois ce qui est un, le nombre ne s'augmente point, mais ce n'est qu'une affirmation répétée de l'unité. Le Père qui engendre, le Fils qui est engendré, l'Esprit saint qui procède, sont bien trois personnes, mais une seule substance. Ainsi, le feu, la lumière, la chaleur, sont trois noms d'une même chose; ainsi, la mémoire, l'intelligence, la volonté, sont dans une même âme, se manifestant et agissant sans se diviser. S'il en est ainsi dans les créatures, que ne devons-nous pas croire de vous, ô Dieu créateur?

Chapitre XXVII. — Votre divinité, par sa nature, est absolument immobile et immuable; mais vos personnes, selon l'ordre des relations, sinon en elles-mêmes, sont assujetties au mouvement; aussi, la trinité est dans les relations des personnes, et l'unité dans la nature et la substance. La divinité, essentiellement indivisible, produit l'unité; la distinction des noms donne la trinité; car ce ne sont pas de simples noms, mais des propriétés réelles, des personnes, ou, comme parlent les Grecs, des *hypostases*, c'est-à-dire des substances.

Cependant, Seigneur, nous ne parlons ainsi de vous que selon la capacité de l'intelligence humaine. D'ailleurs, qui donc ici-bas, quand même il serait doué d'un esprit lumineux et brillant comme le cristal, qui donc pourrait pénétrer les mystères intimes de votre Trinité, et découvrir comment en vous et en une nature indivisible sont trois personnes, le Père, le Fils et le Saint-Esprit; comment on peut dire que comme Père vous n'êtes point engendré, tandis que le Fils est engendré et que le Saint-Esprit n'est ni engendré ni non engendré, mais qu'il procède? Qui pourrait comprendre, ô Père! comment le Fils est né de vous; comment le Saint-Esprit procède de vous et de votre Fils; comment la génération du Fils n'est point une procession, ni la procession du Saint-Esprit une génération; comment le Fils, qui n'est point par lui-même, mais par vous, n'est cependant point après vous, de même que le Saint-Esprit, qui procède du Père et du Fils, n'est cependant pas précédé par ceux dont il procède? Qui pourrait comprendre comment trois vous êtes un, et comment un vous êtes trois, trois par les relations de l'un à l'autre, et un par l'essence; comment Dieu, trinité et unité, vous êtes partout sans occuper de lieu; comment, enfin, vous êtes partout, non point particellement, mais sans division; partout présent, mais sans mouvement, sans repos comme sans étendue? Qui, je vous prie, peut pénétrer ces mystères? Quel homme sera assez saint et assez rempli de science pour les comprendre? Cependant, Seigneur, appuyés

---

nihil persuasione aut subreptione insertum, nihil moribus vel voluntate diversum, nihil officio singulare aut alteri communicabile, (*al.* nihil) non confusum, totum perfectum; quia totum in uno et uuum in toto, non tamen solitarium : quoniam summum bonum et summam sapientiam, et summam benignitatem te, sancte Pater, unum omnium principium; et veritatem tuam, per quam te intelligimus, nulla ex parte tibi dissimilem, quæ forma est omnium, et quæ sola implet hoc quod appetunt omnia; simulque ipsum utriusque donum, quo beata sunt quæcumque beata sunt, in te et cum te colimus et adoramus, unam scilicet incommutabilem Trinitatem.

Caput XXVI. — Cum enim tertio repetitur quod unum est, non numerus coacervatur, sed unum esse illud asseritur. (1) Gignens, genitus, et procedens tres quidem personæ, sed una substantia. Sicut ignis, candor, color, tria nomina, sed res una; sic memoria, intellectus, voluntas, sed una anima, quæ inseparabiliter demonstratur', et inseparabiliter operantur. Si hoc in creaturis invenitur, quid de te Creatore intelligendum est.

Caput XXVII. — Natura quippe divinitatis tuæ immobilis est omni modo et immutabilis; personæ vero mobiles sunt secundum relationem, non juxta proprietatem : et ideo in relatione personarum trinitas, in naturæ vero substantiæ unitas. Unitas si quidem propter inseparabilem essentiam deitatis : trinitas autem propter diversitatem nominum. Non enim nomina tantum, sed etiam nominum proprietates, hoc est personas, vel uti Græci exprimunt ὑπόστασεις, id est substantias confitemur.

Hæc tamen dicimus de te Deus noster, ut potest humana intelligentia capere. Cæterum [(2) quis in hac vita positus vel crystallino pectore sufficiat penetrare tuæ ipsius Trinitatis interna mysteria, quomodo Pater, Filius et Spiritus sanctus tres personæ estis et una natura; quomodo tu Pater diceris ingenitus, Filius genitus, Spiritus sanctus nec genitus nec ingenitus, sed procedens dicatur; quomodo Filius de Patre natus est, Spiritus sanctus de te procedit et Filio; quomodo Filius nascendo non procedit, Spiritus sanctus procedendo non nascitur, quomodo Filius non de se, sed de te est, nec tamen tui est posterior de quo est; quomodo Spiritus sanctus de te procedit et Filio, nec tamen a vobis (*al.* præscinditur) præcedatur a quibus procedit; quomodo tria unum estis, et unum tria; quomodo invicem relative tria estis, essentialiter unum;] quomodo trinus est unus Deus, non localiter, sed ubique es; et non particulatim ubique es, sed ubique totus, ubique præsens sine situ et loco et motu? Quis ista rogo consideret? Quis hæc comprehen-

1) Ex Isid., lib. II, *Diff. spirit.*, II. — (2) Isidor., lib. II, *Different. spirit.* III, paucis variatis.

sur votre promesse, nous avons l'espérance de vous voir, et dans une lumière d'autant plus grande, que chacun aura mené une vie plus pure. En effet, la sainte Écriture nous atteste que ceux qui ont le cœur pur verront Dieu. Notre âme, dégagée de toutes ses ténèbres, verra clairement comment votre Fils, qui existe par la naissance qu'il prend en vous, ô Père, n'est cependant point après vous, qui l'engendrez; et comment l'Esprit de l'un et de l'autre, qui est produit par voie de procession, ne vient pourtant point après vous, qui le produisez; elle verra comment en vous l'unité se divise en trois, et comment trois vous êtes inséparables dans l'unité. Cette clarté, qui se révèlera au regard pur du cœur enflammé d'amour, le ravira et l'élèvera à la vision de votre majesté, qui est voilée pour nous. Mais cette lumière même est votre nature, comme votre nature est cette lumière; il est vrai, la foi commence pour nous maintenant cette vision, mais alors elle sera consommée par la contemplation directe de son objet, quand nous boirons à la source même les eaux de la Sagesse, éternelle comme vous, de cette Sagesse qui ne nous est communiquée maintenant que par la bouche des docteurs. Mais alors tous les mystères, tout ce qu'il y a de plus intime dans la divinité, nous sera révélé non plus par la parole des docteurs, mais, si je ne me trompe, par la lumière même qui vous découvre aux anges; car il n'y aura plus rien de caché pour nous, puisque nous vous verrons face à face. Que pourrait-il donc rester encore caché, lorsque vous vous communiquerez à nous par une claire vision, ô notre Dieu, vie de tout ce qui vit, cause de toutes les causes, forme de toutes les formes, forme qui l'emportez sur toutes les beautés, forme qui n'avez point été formée?

Chapitre XXVIII. — Ce nom de type ou de forme que nous vous donnons ne paraîtra point indigne de vous, car votre essence peut être appelée forme et figure; et ce n'est pas sans raison que dans vos louanges on vous attribue tout ce qu'il y a de plus parfait dans la forme et la beauté; mais c'est une figure immatérielle qui n'a ni mouvement, ni temps, ni lieu, et qui par conséquent est l'unité par excellence; elle est ce qui est; le reste n'est point ce qui est. Elle seule peut dire en toute vérité : « Je suis celui qui suis. » (*Exod.*, III, 14.) C'est une beauté si grande et si parfaite, que dans cette vie l'intelligence humaine ne peut prétendre en rien découvrir; cela ne peut être que la récompense réservée aux élus au jour de la rémunération.

Chapitre XXIX. — Quand donc nous serons arrivés près de vous, ô Source de vie, Lumière éternelle, Beauté ravissante, alors la vue de votre visage nous communiquera une soif délicieuse qu'elle étanchera en même temps. Ce sera une soif sans besoin, et un rassasiement sans dégoût; altérés, nous boirons à satiété, et rassasiés, nous serons encore altérés. Enfin, vous serez éternellement notre vie, notre joie, notre couronne. Le bonheur de vous voir sera le prix de nos travaux, et après les ténèbres de cette vie, nous nous réjouirons dans la brillante lumière de votre gloire. Nous verrons l'immutabilité de votre essence, et, de la sorte, nous aussi nous deviendrons immuables; cependant, nous ne vous verrons pas comme vous vous voyez vous-même. Car nous connaîtrons tout ce que nous serons; mais quand pourrons-nous découvrir tout ce que vous êtes, vous, l'Être incompréhensible? Et si nous le pouvons un jour, cela nous est impossible maintenant; et alors même que nous le pourrons, nous sera-t-il possible de vous connaître comme vous vous connaissez? D'ailleurs, vos élus,

dat quantalibet probitate vel scientia præditus? Hoc tamen in spe promissionis repositum est, quia videbimus te Domine : et tanto unusquisque perspicacius, quanto hic vixerit purius. Quia mundi corde, teste Scriptura, Deum videbunt. (*Matth.*, v, 8.) Aperte namque videbitur cuncta mentis jam detersa caligine, quomodo Filius qui oriendo est, tibi o Pater de quo oritur, subsequens non est : et quomodo Spiritus amborum, qui per processionem producitur, a vobis proferentibus non præitur : quomodo et unum divisibiliter tria, et tria individibiliter estis unum. Visa enim claritas ad impatefactam nobis tuæ majestatis speciem purum amantis intuitum mentis rapiens sublevabit. Sed ipsa claritas natura est, et ipsa natura claritas est. Quæ nimirum visio nunc fide inchoatur, sed tunc in specie perficietur, quando Sapientiam tibi coæternam, quam modo per ora doctorum sumimus, in ipso fonte bibemus. Omnia autem sacramenta et cuncta nobis tunc apparebunt arcana, non doctorum verbis, (non enim ullis indigebimus mysteriis, cum facie ad faciem videbimus te), sed inde, ni fallor, unde Angeli te vident. Quid nos tunc latere poterit, quando tu Deus noster vita viventium, causa causarum, forma formarum, forma formosissima, forma informata, te nobis clara visione insinuabis?

Caput XXVIII. — Non enim indignum tibi videtur cum te formam vocamus. Nam tua essentia, et species dici potest et forma : (Non frustra tam speciosissimum quam formosissimum in laude tua ponitur) sed forma quæ materia caret et motu, tempore et loco, atque ideo unum est, et est id quod est : reliqua vero non sunt id quod sunt. Hæc verissime sola dicere potest : « Ego sum qui sum. » (*Exod.*, III, 14.) Hæc tanta ac talis est, ut de ejus pulchritudinis visione nihil in hac vita sibi usurpare mens humana audeat, quod solum electis tuis præmium in subsequenti remuneratione reservas.

Caput XXIX. — Cum ergo ad te pervenerimus fontem vitæ et lumen æternum, et dulcissimam speciem; ex visione tua erit nobis delectabiliter impressa sitis simulque satietas. Sed longe aberit a siti necessitas, longe a satietate fastidium : quia sitientes satiabimur, et satiati sitiemus. Tu denique æterna nobis vita, gaudium, et corona eris. Tua beata visio erit nostri laboris præmium, ut post mortalitatis hujus tenebras accensa gloriæ tuæ luce gaudeamus. Videbimus itaque tuæ incommutabilitatem essentiæ, ut per hanc et nos efficiamur incommutabiles, sed non sicut tu vides te. In nobis enim quidquid erimus, poterimus nosse : in te autem qui comprehendi non potes quod es, quidquid illud est quando possumus nosse? Et si poterimus, nondum possumus : et tamen cum poterimus, numquid sic te nosse valebimus

avec l'intelligence que vous leur avez donnée, ne jouiront pas également de cette vision ; mais elle sera proportionnée aux mérites et aux travaux de chacun, et chacun sera pleinement satisfait de ce qu'il lui sera donné de voir. « O Seigneur, combien est grande l'abondance de vos délices ! » (*Ps.* xxx, 20.) « Bienheureux, Seigneur, ceux qui habitent votre maison ! » (*Ps.* LXXXIII, 5.) Heureux ceux qui, après avoir traversé l'océan de cette vie mortelle, sont arrivés au port assuré du repos éternel ; pour nous, malheureux, nous sommes encore ici-bas agités par les flots des tempêtes qui nous assaillent, et c'est avec beaucoup de peine que nous ramons, au milieu des dangers et des périls multipliés qui rendent notre sort incertain.

CHAPITRE XXX. — Seigneur, faites que, sous votre conduite et votre direction, nous nous tenions à égale distance de Charybde et de Scylla, afin que notre vaisseau, sans avarie, nous mène avec toutes nos marchandises jusqu'à vous, qui êtes notre port assuré. Heureuse l'âme qui, ayant brisé les liens de sa prison terrestre, s'envole librement vers le ciel, qui, admise dans l'assemblée des esprits bienheureux, se trouve en face de votre majesté, contemple votre lumière infinie, n'a plus rien à craindre ni de la mort ni d'aucun ennemi, et qui enfin se voit avec bonheur et à jamais garantie contre la corruption. O vie vraiment digne de ce nom, vie douce et enchanteresse, vie qui doit toujours occuper nos pensées, vie garantie contre toute attaque de l'ennemi et toute séduction du péché ! Là, c'est une sécurité parfaite et inébranlable, une tranquillité assurée, une jouissance tranquille, une félicité pleine de charmes, une éternité de bonheur, une béatitude éternelle, pendant que l'on vous contemple et que l'on vous bénit avec joie et sans fin, ô Seigneur ! Puisse cette vie nous arriver ! puisse notre mortalité être revêtue de l'immortalité ! Plaise à Dieu que la vie présente soit bientôt terminée et finie pour nous, cette vie incertaine, vie pleine d'aveuglement et de misères, gonflée d'humeurs pernicieuses, accablée de douleurs, desséchée par le feu des passions, corrompue par un air vicieux ; cette vie enflée par l'abondance des mets ou exténuée par les jeûnes ; dissipée dans la joie ou consumée dans la tristesse ; resserrée par les soucis ou engourdie dans la sécurité ; enhardie par la richesse ou abattue dans la pauvreté ; fière dans la jeunesse ou courbée sous le poids de la vieillesse ; brisée par l'infirmité ou abîmée dans le chagrin ; cette vie qui, après tout cela, se termine enfin par la mort, et voit alors toutes les joies s'évanouir, de telle sorte que quand elles ne sont plus, il semble qu'elles n'aient jamais été. Qu'il vienne donc, Seigneur, qu'il arrive promptement, je vous prie, votre règne d'où la mort est bannie, qui n'a point de fin ni aucune succession de moments durant l'éternité ; votre règne où un jour perpétuel et sans nuit n'est point mesuré par le temps ; là sont les chœurs des anges occupés à chanter vos louanges avec toute la société des citoyens du ciel ; là, ceux qui sont délivrés des fatigues de leur triste pèlerinage célèbrent une fête pleine d'allégresse ; là sont les chœurs inspirés des prophètes, le collège des apôtres qui doivent juger le monde, l'armée triomphante et innombrable des martyrs, avec les confesseurs, qui jouissent avec bonheur de la récompense accordée à leur fermeté ; là sont les hommes fidèles, dont la vertu inébranlable ne fut jamais amollie par la volupté ; là, les saintes femmes qui ont triomphé du siècle et

sicut te nosti Deus? Ipsa quoque rationabilis et electa creatura non æqualiter visione tui potietur : unusquisque enim pro mercede laboris sui, sed plene sibi sufficiet quod singulis dabitur intueri. « Quam magna multitudo dulcedinis tuæ, Domine ! » (*Psal.* xxx, 20.) « Beati qui habitant in domo tua Domine. » (*Psal.* LXXXIII, 5.) Felices qui jam pelagus hujus mortalitatis transierunt, et ad portum perpetuæ securitatis pervenerunt. Infelices nos qui adhuc in solo hujus vitæ circumflantibus agitamur procellis, et inter pericula multa variosque casus incerti navem laborantes trahimus.

CAPUT XXX. — Domine, da nobis te rectore te duce inter Scyllam et Charybdim ita tenere iter per medium, ut integra nave et salvis mercibus pervenire possimus ad te portum tutissimum. Felix anima quæ terreno resoluta carcere, libera cœlum petit : quæ beatis jam admixta spiritibus majestati tuæ assistit, quæ te incircumscriptum lumen cernit, quæ nullo metu vel mortis vel hostis afficitur, quæ incorruptionis perpetuæ munere lætatur. O vita vitalis, dulcis et amabilis, et semper memorialis, ubi non est hostis impugnans, ubi nulla (*a*) illecebra, sed summa et certa securitas, et suava tranquillitas, et tranquilla jucunditas, et jucunda felicitas, et felix æternitas, et æterna beatitudo, et beata tui sine fine visio atque laudatio, Deus ! Utinam hæc succedat, et mortale hoc induatur immortalitate. Utinam desinat et quam cito finiatur ista vita, (*b*) vita dubia, vita cæca, vita ærumnosa, quam humores tumidant, dolores (*al.* extenuant) exterminant, ardores exsiccant, aera morbidant, escæ inflant, jejunia macerant, joci solvunt, tristitiæ consumunt, sollicitudo coarctat, securitas hebetat, divitiæ jactant, paupertas dejicit, juventus extollit, senectus incurvat, infirmitas frangit, mœror deprimit ; et post hæc omnia mors interimit, universis gaudiis finem imponens, ita ut cum desierint esse, nec fuisse putentur. Jam jamque adveniat, Domine, advolet obsecro regnum illud carens morte, vacans fine, cui nulla tempora succedunt per ævum, ubi continuus sine nocte dies nescit habere tempus, [(1) ubi illi Angelorum hymnidici chori et supernorum civium societas, ubi dulcis solemnitas a peregrinationis hujus tristi labore redeuntium, ubi providi Prophetarum chori, ubi judex Apostolorum numerus, ubi innumerabilium Martyrum victor exercitus, simulque Confessorum constantia præmii sui perceptione consolata, ubi fideles viri, quos a virilitatis suæ robore voluptas hujus sæculi emollire non potuit, et sanctæ

---

(1) Ex Gregorio, hom. XIV, *in Evang.*

(*a*) MS. Boher. ad. *peccati*. — (*b*) Idem Ms. ad. *quæ mors dicenda est, non vita.*

de ses séductions ; là, ces enfants qui, dans une chair mortelle, se sont montrés supérieurs à leur âge par leurs actions ; là, enfin, ces vieillards que les années avaient affaiblis, mais qui ne se relâchèrent point dans la pratique de la vertu. Seigneur mon Dieu, accordez-moi d'aspirer de tout mon cœur à entrer dans cette sainte assemblée pour y goûter à jamais la joie de contempler votre beauté ; accordez-moi d'y courir généreusement et d'y parvenir heureusement. Mais, en attendant ce bonheur, tant que je serai enchaîné dans ce corps mortel, ô vous l'auteur de toutes les bonnes inspirations, faites que mon esprit ne cesse de méditer ces pensées. Purifiez donc l'œil de mon âme, augmentez la pénétration de mon esprit, embrasez mon cœur d'un feu céleste, afin que je ne pense qu'à vous, que je n'aime que vous, que vous seul soyez l'objet de mes affections et de mes entretiens, vous qui devez être notre éternelle récompense. Et pour m'aider à porter plus facilement le poids de ma mortalité, répandez la lumière dans mon cœur, formez vous-même les paroles sur mes lèvres, découvrez-moi le sens des saintes Écritures, et versez dans mes entrailles la liqueur mystérieuse des secrets de votre royaume. Donnez-moi des douces larmes de l'amour, revêtez-moi des ailes de la foi et des autres vertus, afin que, plein de dédain pour la terre, je m'élance vers vous et je m'envole au ciel. Telle est la foi que je professe par vous, de vous et en vous, ô bienheureuse, glorieuse et bénie Trinité, ô véritable, souveraine et éternelle Unité, Père, Fils et Saint-Esprit, Dieu, Seigneur et Paraclet ; charité, grâce et communication ; vraie lumière, lumière de lumière et véritable illumination ; vie vivant par elle-même ; vie émanée de la vie, vivificateur de tout ce qui vit ; source, fleuve, irrigation ; unité par elle-même, unité sortie de l'unité ; unité venant de deux unités ; tout vient de la première, tout est par la deuxième, tout est dans la troisième ; autrement, le Père est par lui-même, le Fils sort d'un autre, c'est-à-dire du Père, et le Saint-Esprit vient de l'un et de l'autre, c'est-à-dire du Père et du Fils ; c'est l'être par lui-même, l'être engendré d'un autre, et l'être procédant des deux autres ; mais tout l'être est dans tous les trois, et il est également en chacun ; le Père est sincérité, le Fils est vérité, le Saint-Esprit est l'amour commun. La puissance est la même, égale est la majesté, égale est la gloire ; il n'y a qu'une seule et même essence. Le Père est sage, le Fils est sagesse, le Saint-Esprit est charité.

Chapitre XXXI. — Dieu trinité et unité, Dieu tout-puissant, en vous il n'y a ni changement ni ombre de changement ; en vous, par conséquent, le temps n'est point mesuré par la succession du jour et de la nuit. Dieu véritable lumière, qui, sans avoir besoin de vous approcher, éclairez les êtres qui sont l'objet de votre élection, et qui abandonnez, sans vous retirer, ceux que vous rejetez, aussi en vous ne se trouve aucun défaut, aucune mutabilité. O Dieu, qui en vous-même demeurez immuable, vous avez fait les choses qui passent telles qu'elles ne peuvent jamais apporter de changement en vous ; aussi le temps, qui pour nous ne fait que passer, est immobile devant vous. O Dieu, tout ce que la suite des siècles déroule en dehors de vous, demeure stable dans votre éternité ; et cette éternité n'est qu'un jour qui ne connaît ni commencement ni fin.

Chapitre XXXII. — O Dieu qui embrassez à la fois

pariter mulieres, quæ cum sæculo sexum vicerunt ; ubi pueri, qui dum essent in carne, annos suos moribus transcenderunt, atque senes quos ætas debiles reddidit, et virtus operis non reliquit.] Ad horum omnium sanctam frequentiam, et tuæ inspiciendæ pulchritudinis mansuram sine fine lætitiam, fac me Domine Deus toto corde intendere, viriliter currere, feliciter pervenire. Interim dum in isto maneo corpore, in his semper meditationibus mentem meam bonorum insinuator exerce. Munda ergo cordis intuitum, acue mentis intellectum, accende cœlesti igne animum : ut te solum cogitem, te solum amem, te solum in corde habeam et in ore, qui es futurum nobis sine fine præmium. Et ut pondus mortalitatis meæ levius feram, da lumen in corde, da verbum in ore, aperi sanctarum secreta Scripturarum, et profunda mysteriorum regni tui visceribus meis propina. Da ex amore tuo lacrymas, [(1) da fidei virtutumque pennas, quibus indutus sursum ad te volitem, et perosus terram, cœlum petam. Hanc fidem per te, de te, in te confiteor, o beata et benedicta et gloriosa Trinitas, o vera et æterna et sempiterna unitas ; Pater et Filius et Spiritus sanctus, Deus, Dominus, Paracletus ; caritas, gratia, communicatio ; verum lumen, lumen ex lumine, vera illuminatio ; vivens vita, vita a vivente, vivificator viventium ; fons, flumen, irrigatio ; unus a se, unus ab uno, unus ab ambobus ; ab uno omnia, per unum omnia, in uno omnia ; id est, a se Pater, ab altero, id est, a Patre Filius, ab utroque Spiritus sanctus, id est, a Patre et Filio : ὢν a se, ὢν ab altero, ὢν ab utroque ; omne ὢν semper in tribus, et omne ὢν æqualiter in singulis ; verax Genitor, veritas Genitus, amor amborum Spiritus sanctus.] Una virtus, æqualis majestas, par gloria, una eademque essentia. Sapiens Genitor, sapientia Genitus, et caritas Spiritus sanctus.

Caput XXXI. — Deus trine et une, Deus omnipotens, apud quem non est transmutatio nec vicissitudinis obumbratio (Jac., I, 17), et ideo apud te cursus temporis diei noctisque alternatione nequaquam variatur. Deus lux vera, cujus sine accessu ea quæ eligis illustras, et sine recessu ea quæ respuis deseris ; et ideo in te nullus defectus, nulla mutabilitas venit. Deus qui in temetipso manendo immutabilis es, sic in se transitoria condidisti, ut apud te transire nequaquam possint ; et ideo in conspectu tuo tempus non defluit quod apud nos (a) fine decurrit. Deus in cujus æternitate fixa manent ea, quæ non fixa exterius sæculorum volumina emanant ; et ideo æternitas tua dies est una, quæ nec fine clauditur, nec initio aperitur.

Caput XXXII. — Deus, qui sine mutabilitate tui simul cuncta respicis, sine distinctione comprehendis et bona

(1) Alcuin., in invocatione S. Trinit., pag. 756.
(a) Ms. Colb. finem, Bernard. finis, Boher. foris.

toutes choses dans votre regard immuable, qui, sans effort, comprenez dans un seul acte et le bien que vous soutenez et le mal que vous jugez, le bien que vous récompensez en même temps que vous le soutenez, et le mal que vous condamnez en même temps que vous le jugez, vous êtes toujours invariable dans la diversité si variée de vos opérations. Ô Dieu qui enveloppez de votre essence le dehors de vos œuvres et en remplissez l'intérieur, vous êtes aussi au-dessus pour les couvrir et au-dessous pour les porter; et bien que vous soyez au-dessus par votre puissance, au-dessous par votre appui, au dehors par votre grandeur, au dedans par la subtilité de votre nature, cependant vous êtes supérieur et inférieur sans espace, vaste sans étendue, subtil sans réduction; aussi, nulle part vous n'êtes comme un corps d'une masse énorme; mais par la substance illimitée et l'immensité de votre nature immuable, vous n'êtes absent nulle part. Mais, ô divin Créateur, étant si séparé de votre créature, qui pourra se représenter comment vous êtes dans un endroit, vous, qu'aucun lieu ne peut contenir? Étant vous-même à vous-même votre lieu indéfinissable, nous croyons que vous êtes un esprit qu'aucune borne ne circonscrit, de sorte que s'il est difficile de dire où vous êtes, il est beaucoup plus difficile de dire où vous n'êtes pas. Qui peut être et subsister sans vous? Cependant, tous ne peuvent être avec vous; car tout vient de vous et subsiste par vous.

CHAPITRE XXXIII. — Ô Dieu, bonheur véritable et infini, de qui et par qui sont heureux tous les êtres qui possèdent le bonheur; ô Dieu, vie véritable et souveraine, de qui et par qui tiennent la vie tous les êtres qui vivent véritablement et le plus complètement; ô Dieu, bonté et beauté, de qui et par qui est bon et beau tout ce qui jouit de cette double perfection; ô Dieu, il n'y a rien au-dessus de vous, rien en dehors de vous, rien sans vous, rien après vous, rien au-dessous de vous; en général, tout vous est soumis, tout est avec vous, tout est en vous. De vous, c'est vous et en vous sont toutes choses en particulier. Ô Dieu, qui nous excitez par la foi, nous élevez par l'espérance et nous unissez par la charité; ô Dieu, qui nous ordonnez de demander, qui nous faites trouver ce que nous cherchons et qui ouvrez quand nous frappons; ô Dieu, se séparer de vous c'est tomber, se tourner vers vous c'est se relever, rester en vous c'est se tenir ferme; ô Dieu, personne ne vous perd s'il n'est séduit, personne ne vous cherche s'il n'est averti, personne ne vous trouve s'il n'est pur ou purifié. Ô Dieu, vous ignorer c'est la mort, vous connaître c'est la vie, vous mépriser c'est la perdition, vous servir c'est régner. Ô Dieu, par le secours de votre grâce, l'inférieur sait bien obéir et le supérieur bien commander; aussi, personne sans vous ne peut marcher dans le droit sentier et dans l'ordre légitime. Dieu invisible et immense, ineffable et éternel, incompréhensible et incorporel, immortel et sans fin, immuable et sans bornes, admirable et saint, pour vous, être et vivre, avoir la sagesse et l'intelligence, savoir et pouvoir, être beau et éclatant, sont une seule et même chose, parce que vous êtes simple et indivisible. Vous êtes mon Dieu vivant et véritable, mon Dieu miséricordieux et mon grand Roi. Je vous révère, Dieu unique, seul principe de toute substance, qui donnez le commencement, la perfection et le soutien à tout ce qui est; Dieu seul de qui, par qui et en qui nous sommes, de qui nous nous sommes séparés en défigurant en nous votre image; vous êtes

---

quæ juvas, et mala quæ judicas, et quæ juvans remuneras, et quæ judicans damnas, in his quæ diverso disponis ordine diversus non es. Deus qui opera tua extra circumdas, et intra reples, supra tegis, et infra fers : et licet sis superior per potentiam, inferior per sustentationem, exterior per magnitudinem, interior per subtilitatem; tamen superior et inferior es sine loco, amplus sine latitudine, subtilis sine extenuatione, et ideo per molem corporis nusquam es, sed per incircumscriptam substantiam et immensitatem incommutabilis naturæ nusquam dees. Sed quia longe distas Creator a creatura, cogitare quis valet qualiter sis in loco, qui non caperis in loco? Omnino enim in loco esse non potes, quoniam ubique es et non in loco. Ipse tibi locus illocalis crederis esse spiritus incircumscriptus, unde difficile inveniri ubi sis, sed multo difficilius, ubi non sis. Quis sine te subsistere vel esse potest? Et tamen tecum non omnes possunt esse. Omnia enim a te sunt, et per te subsistunt.

CAPUT XXXIII. — (1) Deus vera et infinita beatitudo, a quo et per quem et in quo beata sunt omnia quæcumque beata sunt. Deus vera et summa vita, a quo et per quem et in quo vivunt omnia quæ vere summæque vivunt. (2) Deus bonum et pulchrum, a quo et per quem et in quo bona et pulchra sunt omnia quæcumque bona et vere pulchra sunt. Deus supra quem nihil, extra quem nihil, sine quo nihil, ultra quem nihil, infra quem nihil. Deus sub quo totum, cum quo totum, in quo totum. Deus a quo omnia, per quem omnia, in quo omnia. Deus cujus nos fides excitat, spes erigit, caritas jungit. Deus qui petere jubes, et invenire facis, et pulsantibus aperis. (*Matth.*, VII, 7.) Deus a quo averti cadere est, in quem converti resurgere, in quo manere consistere. Deus quem nemo amittit nisi deceptus, nemo quærit nisi admonitus, nemo invenit nisi purus aut purgatus. Deus quem nescire mori est, quem nosse vivere est, quem spernere perire est, cui servire regnare est. Deus cujus pietatis ope et bene servit subjectus, et bene dominatur prælatus : et ideo sine te nemo eorum recto incedit tramite vel ordine. Deus invisibilis et immense, ineffabilis et æterne, incomprehensibilis et incorpore, immortalis et perpetue, incommutabilis et incircumscripte, mirabilis et benedicte, indicibilis, cui esse est vivere, sapere et intelligere, scire et posse, pulchrescere et clarescere unum et idem est; quia simplex es, et dividi non potes. Tu es Deus meus vivus et verus, Deus pius, rex meus magnus. Te unum Deum colo, unum naturarum principium, a quo universitas et inchoatur et perficitur et continetur : unum Deum a quo sumus, per quem sumus, in quo

---

(1) Alcuin. loc. citato. — (2) Ex lib. I *Solil.* Aug., c. 1, n. 1, et 4.

le principe auquel nous devons revenir, le modèle que nous devons imiter, la grâce qui nous réconcilie; vous êtes le seul auteur de notre existence, l'image d'après laquelle nous sommes formés de nouveau dans l'unité, le lien de paix qui nous attache à l'unité; ô Dieu créateur, si par vous seul nous vivons, c'est en vous aimant et en jouissant de vous que nous vivons heureux. Je vous loue donc, je vous bénis et vous adore, je rends grâce à votre clémence et à votre bonté de toutes vos largesses et de tous vos dons, de tous les bienfaits de votre miséricorde, dont, pour votre gloire et celle de votre saint nom, vous me comblez dans mon âme et dans mon corps, et dont vous n'avez cessé de me combler dès mon berceau et ma plus tendre jeunesse. Aussi, je sais par expérience, ô mon Dieu, que vous êtes le Dieu de l'infinie miséricorde, de l'infinie majesté comme de la bonté toute gratuite, vous qui conduisez et protégez admirablement vos serviteurs parmi les adversités et les prospérités, et qui réglez tellement leur vie au milieu des unes et des autres, que tantôt l'adversité succède à la prospérité, tantôt la prospérité à l'adversité. « Que toutes vos œuvres donc, Seigneur, vous louent et que vos saints vous bénissent, » (*Ps.* CXLIV, 10) et que les pécheurs eux-mêmes ne cessent de vous louer, afin que la confession de votre nom les amène à la pénitence. Moi aussi, l'un des plus enclins au mal, je chante cependant vos louanges avec un cœur plein d'ardeur, et si je ne le fais avec toute la dignité et tout le mérite que je devrais, je le fais au moins de tout mon pouvoir; jetez donc, je vous prie, un regard propice sur cet hommage de mon néant; daignez recevoir favorablement le sacrifice si faible que je vous offre dans la confession de ma foi, afin que tout ce qui vient de vous retourne à vous. Ne considérez pas tant ce que ma piété vous offre, que ce que j'aurais voulu et voudrais encore exprimer avec une piété beaucoup plus fervente; car mon âme a horreur de tout ce qui est inconvenant à votre égard, comme de tout ce qui vous offense. Que ne puis-je vous exalter comme le font les chœurs des anges dans leurs cantiques! Avec quel amour mon cœur s'épancherait tout entier en hymnes de louanges, et avec quel éclat je chanterais votre gloire, au sein de l'Église, sans jamais me fatiguer! Mais garderai-je le silence parce que je ne puis égaler les anges? Malheur à ceux qui ne vous célèbrent point, Seigneur, vous qui déliez la langue des muets, et qui rendez éloquente la bouche des enfants. Mais puisque vous acceptez les louanges que les plus petits ne font que balbutier, recevez aussi l'hommage que vous offre ma langue, et qui est inspiré par les affections de mon cœur.

Pardonnez, Seigneur, à votre pauvre et très-indigne serviteur, qui s'entretient de vous trop longtemps; soyez, je vous prie, plein d'indulgence; ce n'est point par une téméraire présomption, mais c'est par l'entraînement de mon amour pour vous, que j'ai entrepris de recueillir ces quelques fleurs, pour avoir toujours avec moi un petit écrit en forme de manuel qui me parle de vous, et ranime mon amour quand je le sentirais s'affaiblir. Nous sommes environnés de pièges; aussi l'ardeur pour les choses célestes se refroidit facilement en nous, et nous avons continuellement besoin d'un moyen sensible pour secouer notre engourdissement et nous ramener à vous, notre véritable et souverain bien, quand la défaillance s'empare de nous. Enfin, bien des considérations peuvent occuper l'âme dévote et procurer son avancement, mais il n'en est aucune qui me charme et qui captive mon esprit, comme celle qui a pour objet vos attri-

---

sumus, a quo discessimus, cui dissimiles facti sumus; principium ad quod recurrimus, et formam quam sequimur, et gratiam qua reconciliamur; unum quo auctore conditi sumus, et similitudinem per quam ad unitatem reformamur, et pacem qua unitati adhæremus; unum Deum quo creatore vivimus, quem diligentes, et quo fruentes beate vivimus : te laudo, benedico atque adoro, tuæ clementiæ et bonitati gratias refero pro universis donis tuis ac datis, et pro omnibus beneficiis misericordiæ tuæ, quæ animæ corporique meo largiris, et semper largitus es a puero et a cunabulis meis propter te et nomen tuum sanctum. Unde expertus didici, quia tu Deus noster, Deus es infinitæ misericordiæ, et majestatis immensæ pietatisque gratuitæ : qui servos tuos inter adversa et prospera mirabiliter dirigis atque custodis, sicque moderaris vitam illorum in utraque parte, ut adversa prosperis, et prospera succedant adversis. « Confiteantur ergo tibi, Domine, omnia opera tua, et sancti tui benedicant tibi : » (*Psal.* CXLIV, 10) et ut confitendo resipiscant, non cessent a laudibus tuis ipsi etiam peccatores. Quorum unus ego licet in peccatis pronior, corde tamen desideranti tuas decanto laudes, si non ea qua debeo laude vel dignitate, facio qua valeo facultate : respice, quæso, sereno vultu ad hoc meæ exiguitatis obsequium, et propitiabili dignatione accipe tantillum sacrificium confessionis fidei meæ, ut ad te redeat quod a te venit : non respicies tantum ad id quod devotus offero, quantum ad ea quæ devotissime dicere volui et volo. Quidquid enim dedecet vel te offendit, abhorret anima mea. Utinam possem talia qualia illi hymnidici Angelorum chori! O quam diligenter me in laudibus tuis totum effunderem, et luculenter in medio Ecclesiæ carmen gloriæ tuæ infatigabilis perorarem : Sed quia ut illi nequeo, prorsus tacebo? Væ Domine tacentibus de te, qui ora mutorum resolvis, et linguas infantium facis disertas. (*Sap.*, X, 21.) Verum quia parvulis licet laudes tuas vel balbutire, suscipe sacrificium precor de manu linguæ meæ, de cordis amore.

Sed ignosce rogo, Domine, indignissimo et infelici tecum de te diutius loquenti servo. Ignosce pie, quia non temeritate præsumptionis, sed aviditate tui desiderii huic deflorationculæ operam dedi : ut breve et manuale verbum mecum de te semper haberem, ex cujus lectione quotiens tepefio, in tuum reaccendar amorem. Sumus enim in medio laqueorum positi, et ideo facile a cœlesti frigescimus desiderio. Unde indigemus assiduo monimento, quo expergefacti ad te nostrum verum summumque bonum, cum defluimus, recurramus. Multæ denique sunt contemplationes, quibus anima devota tibi exercitatur et proficit : sed nulla earum ita me oblectat, aut

buts. C'est pour cela que j'ai cru nécessaire de composer ce petit écrit, dans lequel, traitant de la toute-puissance de votre Majesté, je vous confesse de bouche pour obtenir le salut, comme je vous crois de cœur pour ma justification, vous Père sans génération, vous Fils seul engendré, vous Esprit saint Paraclet, sainte et indivisible Trinité, un seul Dieu, grandeur infinie, vertu toute-puissante, bonté souveraine, sagesse inestimable, Dieu terrible dans vos conseils, juste dans vos jugements, insondable dans vos pensées, vrai dans vos paroles, saint dans vos œuvres, riche en miséricorde, très-patient à l'égard des pécheurs, très-indulgent à l'égard des pénitents, toujours le même, sans commencement ni fin, immortel et immuable; ainsi je vous confesse et je vous crois, ô Dieu incapable d'être étendu par l'espace, ni resserré par l'étroitesse des lieux, ni arrêté par aucune barrière, ni influencé par aucune volonté, ni séduit par aucune amitié, ni abattu par les choses tristes, ni charmé par les choses agréables; ô Dieu, à qui l'oubli ne fait rien perdre et à qui la mémoire n'a rien à rendre, pour qui les choses anciennes ne passent pas et les choses futures n'arrivent point par succession de temps; vous qui n'avez ni origine ni commencement, à qui le temps n'ajoute aucun accroissement, et qui ne pouvez finir par aucun accident; mais vous vivez avant les siècles, dans les siècles, durant les siècles et éternellement; et à vous appartiennent la louange et la gloire éternelles, la souveraine puissance et l'honneur suprême, la royauté perpétuelle et l'empire sans fin, pour les siècles des siècles à l'infini, sans cesse et toujours. Amen.

mens mea intendit, sicut illa quæ de tua agitur proprietate. Idcirco necessarium duxi hunc mihi solum decerpere sermunculum, ubi de omnipotentia majestatis tuæ, sicut corde credo ad justitiam, ita ore confiteor ad salutem (*Rom.*, X, 10), te Deum Patrem ingenitum, te Filium unigenitum, te Spiritum sanctum paracletum, sanctam et individuam trinitatem unum Deum, [(1) in magnitudine infinitum, in virtute omnipotentem, in bonitate summum, in sapientia inæstimabilem, in consiliis terribilem, in judiciis justum, in cogitationibus secretissimum, in verbis veracem, in operibus sanctum, in misericordiis copiosum : erga delinquentes patientissimum, erga pœnitentes piissimum, semper idem ipsum, æternum ac sempiternum, immortalem atque incommutabilem, quem nec spatia dilatant, nec brevitas locorum angustat, nec receptacula ulla coarctant, nec voluntas variat, nec necessitudo corrumpit, nec mœsta perturbant, nec læta demulcent, cui nec oblivio tollit, nec memoria reddit, nec præterita transeunt, nec futura succedunt, cui nec origo initium, nec tempora incrementum, nec casus finem dabit : sed ante sæcula, et in sæculis, et per sæcula in æternum vivis, et est tibi laus perennis et æterna gloria, summa potestas et singularis honor, perpetuum regnum et sine fine imperium, per infinita et indefessa et immortalia sæcula sæculorum. Amen.]

(1) Alcuini verba, pag. 136, a.

AVERTISSEMENT
SUR L'OPUSCULE APPELÉ LE MIROIR DU PÉCHEUR

Ce second *Miroir* est d'un auteur inconnu, mais certainement de beaucoup postérieur à saint Augustin. On le voit par ce passage du chapitre VII : « Satan osa bien, dans sa rage, attaquer l'âme si sainte du bienheureux Martin, qui était, comme on dit, la perle des prêtres. » Ces paroles font évidemment allusion aux louanges de saint Martin écrites par Odon, abbé de Cluny. Ajoutez qu'au même chapitre VII le mot « prébende » est employé pour désigner un bénéfice ecclésiastique, acception que, selon notre opinion, ce mot n'a jamais eue avant le Xe siècle. De plus, ce qu'on lit au chapitre V semble par une certaine ressemblance, montrer que le livre *Sur la manière de prier* de Hugues de Saint-Victor avait déjà paru. Ce même chapitre a également une grande conformité

ADMONITIO IN LIBELLUM QUI DICITUR SPECULUM PECCATORIS

Incerti auctoris est istud aliud *Speculum*, et Augustini ætate multo posterioris. Patet ex illis verbis cap. VII. « Et Satanas ausus fuit cum furore impetum facere in sanctissimam beati Martini animam, qui erat, ut dicitur Gemma sacerdotum : » quæ nimirum verba respiciunt in Martini laudes ab Odone Cluniacensi Abbate conscriptas. Adde « præbendæ » vocabulum, in capite VII; pro beneficio Ecclesiastico usurpari, significatu ante sæculum decimum, ut opinamur ignoto. Quæ præterea in capite V, leguntur, ea videntur supponere Hugonis Victorini librum *de modo orandi*, et magnam habere consensionem cum libro supra

avec le livre *De l'esprit et de l'âme*, que nous avons publié dans ce volume, et avec l'opuscule *Sur la conscience*, édité dans l'Appendice des œuvres de saint Bernard. Nous l'avons collationné avec deux manuscrits de la Bibliothèque royale, et un autre de l'abbaye de Saint-Médard de Soissons; dans ce dernier il est fait mention du pape saint Léon.

excuso *de Spiritu et Anima*, cumque opusculo *de Conscientia* in Bernardi Appendice. Collatus fuit hic libellus cum duobus Mss. uno bibliothecæ Regiæ, et S. Medardi Suessionensis altero, in quo Leo Papa citatur.

LE LIVRE
DU
MIROIR DU PÉCHEUR

Chapitre I. — Puisque nous sommes encore au milieu de ce siècle fugitif, et que nos jours s'écoulent comme l'ombre, il est nécessaire que nous nous rappelions souvent et avec soin une chose que notre fragilité et la faiblesse de notre nature mortelle cherchent tant de fois à nous faire oublier. Quelle est cette chose? Celle que le Seigneur tout-puissant, voulant notre avancement par sa grâce, nous recommande par la bouche de Moïse, quand il dit : « Plût à Dieu qu'ils eussent la sagesse et l'intelligence, et qu'ils prévissent leur fin dernière! » (*Deut.*, xxxii, 29.) Ah! mon frère, voici comment nous pourrons heureusement échapper au péril de la mort: en étudiant avec soin le conseil divin que le Seigneur nous donne, quand il dit : « Plût à Dieu qu'ils eussent la sagesse, » etc. Bon et salutaire conseil, préservatif contre la mort, antidote du salut, miroir du pécheur que ces paroles : « Plût à Dieu qu'ils eussent la sagesse, » etc. O bienfaisante recommandation de notre Rédempteur qui renferme pour nous une leçon de sagesse, une excitation à la continence, un miroir de prévoyance, une exhortation à la pénitence, une effusion de grâce divine. Il nous dit : « Plût à Dieu qu'ils eussent la sagesse, » etc. O bonté admirable de notre Créateur! ô charité ineffable de notre Rédempteur! ô bienveillance de notre Sauveur qu'on ne saurait trop exalter! Nous sommes des serviteurs méchants, nonchalants, inutiles, bien plus, par nos propres mérites, dignes de la mort que de la vie, et voici que le miséricordieux auteur de la vie, celui qui donne le pardon et distribue la grâce, nous invite lui-même au salut, en disant : « Plût à Dieu qu'ils eussent la sagesse, » etc. Qui donc, sinon un homme déjà réprouvé, entendant ces paroles et les méditant, ne se félicite et ne se réjouit en esprit, plus qu'on ne pourrait le dire, de ce que le Dieu tout-puissant, le Roi des siècles, le Souverain des anges,

SPECULUM PECCATORIS
LIBER UNUS

Caput I.— Quoniam, (*a*) Carissime, in via hujus sæculi fugientis sumus, dies nostri sicut umbra prætereunt. Necesse est igitur corde sollicito sæpius memorari, quod nostra fragilitas, nostra mortalis infirmitas toties cogit oblivisci. Quid est illud? Quod ipse omnipotens Dominus nostrum sui gratia volens profectum, per beatum Moysen nobis consuluit dicens : « Utinam saperent et intelligerent, ac novissima providerent. » (*Deut.*, xxxii, 29.) Eia, Frater mi, ecce feliciter poterimus evadere mortis periculum, si diligenter studeamus sequi divinum consilium, quod nobis intimat Dominus dicens : « Utinam saperent, » etc. O felix et utile consilium, mortis remedium, salutis antidotum, peccatoris speculum : « Utinam saperent, » etc. O salutifera nostri Redemptoris sententia, ex qua nobis instructio sapientiæ, admonitio continentiæ, speculum providentiæ, exaltatio pœnitentiæ, acquisitio divinæ gratiæ datur! Ait ergo : « Utinam saperent, » etc. O admiranda bonitas nostri Creatoris! o ineffabilis caritas nostri Redemptoris! o prædicanda benignitas nostri Salvatoris! Nos servi nequam sumus, servi negligentes, servi inutiles, qui nostris exigentibus meritis mortem meruimus potius quam vitam : et ecce pius auctor vitæ, ipse dator veniæ, ipse largitor gratiæ nos invitat ad salutem, dicens : « Utinam saperent, » etc. Quis, nisi periturus homo, hæc audiens, ista considerans, non vehementissime gratuletur, et ultra quam fari possit, exultet in gaudio spiritus intra utero ejus, quod ipsi omnipotenti Deo, ipsi regi sæculorum, ipsi Domino Angelorum, ipsi Creatori omnium creaturarum cura est

(*a*) Ms. Med. hic et infra *fratres carissimi*, sed non constanter.

le Créateur de tout ce qui existe s'occupe de nous, faibles et misérables mortels? Nous devons donc avoir un très-grand soin, avant tout et surtout, d'obéir à ses saints commandements, de les chérir et de les observer avec soin. Malheur éternel sur nous si nous n'agissons ainsi, car, au témoignage de l'Apôtre, nous serons les plus misérables et les derniers des hommes. Mais nous sommes négligents dans la pratique des commandements de Dieu et incapables de les observer, si nous ne détestons avant tout ce que nous savons déplaire au Seigneur, et si nous ne sommes attachés fidèlement, de tout notre cœur, à ce que nous connaissons être agréable à son auguste majesté. En conséquence, nous devons jour et nuit prier ce Dieu clément et miséricordieux de nous accorder le secours, dont nous avons besoin pour observer le conseil qu'il nous donne, en disant : « Plût à Dieu qu'ils eussent la sagesse, » etc. Qu'elle est admirable et salutaire cette sentence! ce n'est pas seulement une fois, mais c'est le plus souvent possible qu'il faut la redire : « Plût à Dieu qu'ils eussent la sagesse, » etc.

CHAPITRE II. — Très-cher frère, je vous en conjure, comprenez ce que vous lisez. La méditation de cette parole, c'est la destruction de l'orgueil, la ruine de l'envie, un remède contre la perversité, un préservatif contre la luxure, le renversement de la vanité et de la jactance; c'est l'édification de la sagesse, la perfection de la sainteté, la préparation au salut éternel. Il dit : « Plût à Dieu qu'ils eussent la sagesse, » etc. Hélas! hélas! qu'ils sont en petit nombre ceux qui en sont arrivés à ce point! Ils sont en petit nombre ceux qui possèdent cette sagesse salutaire de notre Sauveur; ils sont en petit nombre ceux qui ont devant les yeux la connaissance de leur propre faiblesse, la corruption de notre misérable chair, le souvenir de leurs péchés, la considération de la mort toujours menaçante, la vue des affreux gouffres de l'enfer. Voici un miroir très-utile aux pécheurs. Et de fait, cher frère, si vous vous regardez souvent dans ce miroir, vous serez sans aucun doute plus fort que Samson, plus vigilant que David, plus sage que Salomon. Ils ont négligé de se regarder souvent dans ce miroir, et ils sont tombés, aveuglés qu'ils étaient par les désirs de leur chair. Si donc ces hommes, qui avaient tant de force et de sagesse, ont fait des chutes si épouvantables, avec quelle prudence et avec quel soin ne devons-nous pas veiller, nous dont la faiblesse et l'inexpérience sont si grandes? On lit dans la sainte Eglise les chutes de ces trois hommes forts, non pas pour qu'ils soient une occasion de scandale pour les fidèles, mais une exhortation à la vigilance; afin que personne de nous ne se confie en ses forces, ne présume de sa sagesse, mais qu'au contraire, prudents et connaissant nos misères, nous soyons toujours inquiets au sujet de notre salut, et jamais oublieux de notre corruption et de notre condition mortelle. Ceux qui ne prêtent qu'une attention négligente à ces paroles, n'ont ni la sagesse ni l'intelligence, ils ne prévoient point leur fin dernière, et ainsi ils marchent vers la mort et la damnation. Donc, pour que notre esprit cherche à acquérir la prudence, la parole même du Seigneur nous invite en disant : « Plût à Dieu qu'ils eussent la sagesse, » etc. Considérez, cher frère, cet avertissement salutaire avec l'œil de votre raison, non point en passant seulement, mais en le méditant souvent et avec soin; car, de même que l'encens ne répand son parfum que lorsqu'il est sur le feu, ainsi nulle

de nobis infirmis et miseris ac mortalibus? Cura ergo permaxima nobis inesse debet, quatenus præ omnibus et super omnia sacris ejus præceptis diligenter obediamus; et ea devote diligamus, et studiose ea impleamus. Væ nobis in perpetuum, quoniam, teste Apostolo, miserabiliores omnibus hominibus erimus, aut deteriores, si hæc non fecerimus. (I *Cor.*, XV, 19.) Vere ad exequenda Dei mandata otiosi et inanes existimus, nisi in primis omnia odio habeamus, quæ ipsi Domino displicere cognovimus; et illa fideli corde diligamus, quæ tremendæ ejus majestati placere credimus. Proinde die noctuque exorandus est ipse clemens et misericors Deus et Dominus, ut nobis largiatur auxilium, qui suum tam salutare præstat consilium, dicens : « Utinam saperent, » etc. Valde mira et utilis est sententia illa, non semel tantum, sed sæpius repetenda : « Utinam saperent, » etc.

CAPUT II. — Frater mi carissime, intellige quæso quæ legis. Consideratio enim hujus sententiæ, destructio est superbiæ, extinctio invidiæ, medela malitiæ, effugatio luxuriæ, evacuatio vanitatis et jactantiæ, constructio disciplinæ, perfectio sanctimoniæ, præparatio salutis æternæ. Ait ergo : « Utinam saperent, » etc. Heu heu quam paucorum est ista virtus! Pauci sunt qui salutarem hanc Salvatoris nostri sapiant sententiam : pauci sunt quibus est ante oculos propriæ fragilitatis cognitio, corruptibilis carnis corruptio, peccatorum recordatio, instantis mortis meditatio, (*al.* ferventis) fœtentis gehennæ putei consideratio. Ecce quam utile speculum peccatorum. Re vera bone Frater, si te sæpius in hujusmodi speculo prospexeris, eris absque dubio Samsone fortior, Davide cautior, Salomone sapientior. Illi autem in hoc speculo se sæpius considerare neglexerunt; ideo carnis suæ desideriis cæcati corruerunt. Igitur si tanti viri tam horribiliter lapsi sunt in culpam, quibus tanta adfuit fortitudo et sapientia; quanta cautela, quantoque studio nobis est vigilandum, quibus inest tanta debilitas, tantaque imperitia? Porro isti tres viri validi ideo leguntur in sancta Ecclesia, ut fidelibus non ad exemplum sint ruinæ, sed ad speculum cautelæ : quatenus nemo nostrum in sua confidat fortitudine, nemo præsumat de sua sapientia, imo semper timidi, semper reatus nostri conscii, semper de nostra salute simus solliciti, nunquam nostræ corruptionis et nostræ mortalitatis obliti. Qui vero hujusmodi verba negligenter attendunt, non sapiunt, nec intelligunt, nec novissima provident : et sic in mortem et damnationem vadunt. Ut igitur mens nostra circa prudentiæ studium evigilet, Dominica nos hortatur sententia dicens : « Utinam saperent, » etc. Hanc admonitionem salutiferam oculo rationis consideres Carissime, non in transitu, sed cum studio et deliberatione sæpissime revolvendo : quia sicut thus non redolet, nisi

parole de l'Ecriture ne donne sa saveur que lorsqu'elle est ruminée par le cœur.

CHAPITRE III. — « Plût à Dieu qu'ils eussent la sagesse, » etc. Trois choses, mon cher frère, sont renfermées dans ce verset : la sagesse, l'intelligence et la prévoyance. Le Seigneur veut que vous sachiez, que vous compreniez, et de plus que vous prévoyiez. Il veut que vous sachiez que la vie présente est fugitive, dangereuse, courte, grosse de misères, sujette à la vanité, souillée de fautes, gâtée par la cupidité, et devant bientôt disparaître. En sorte que, plus ce monde paraît misérable, et plus aussi on le méprise avec facilité, par amour pour la patrie céleste. Le Seigneur veut aussi que vous compreniez la fragilité de votre condition, en vous rappelant que vous êtes sorti du sein de votre mère, et que nu vous y retournerez ; que vous êtes poussière et que vous redeviendrez poussière ; vous êtes entré nu dans cette misérable vie, vous y avez passé vos jours au milieu des larmes, dans la douleur et la peine, vous en sortirez parmi la tristesse et les angoisses. Comprenez donc combien triste est votre début, votre entrée dans la vie, combien sont frêles les jours que vous y passez, et combien est effrayant le moment du départ. Comprenez comme vous êtes exilé, languissant dans cette vallée de misères, pauvre et indigent de vertus, chancelant, infirme et devant bientôt mourir. Mon frère, vous serez heureux si vous comprenez cet avertissement, si vous écrivez dans votre cœur comme dans un livre, si vous vous efforcez d'observer cette unique règle que je vous propose : « Vivez toujours agréable à Dieu, mort au monde entier, exempt de crime et toujours prêt à mourir. » Heureux celui dont l'âme s'occupe de cette unique étude ! Il possède la sagesse et l'intelligence, il prévoit sa fin dernière ! Frère bien-aimé, imitez-le. Vous avez déjà lu dans ce miroir en quoi consiste la sagesse et l'intelligence ; reste encore la prévoyance de la fin dernière. Priez donc et dites avec le Prophète : Seigneur, faites-moi connaître ma fin, quel est le nombre de mes jours, pour que je connaisse ce qui me manque. Quelle utile prière ! quelle heureuse contemplation ! quelle demande nécessaire ! Vous ne demandez pas à connaître d'avance les temps et les moments, dont le Père seul s'est réservé la connaissance, mais à savoir et à bien comprendre que vous êtes un étranger, un voyageur dans l'exil de ce triste pèlerinage, un homme faible devant rester peu de temps sur cette terre. Donc, « plût à Dieu qu'ils eussent la sagesse, » c'est-à-dire qu'ils sussent combien sont amères les fautes passées, selon cette parole de Jérémie : « Vois combien il est amer et mal pour toi d'avoir abandonné ton Dieu. » Le mal est dans la faute, l'amertume dans la peine. « Et qu'ils eussent l'intelligence » pour comprendre combien sont vaines les choses présentes. Vanité des vanités, dit l'Ecclésiaste, et tout est vanité. « Et qu'ils prévissent leur fin dernière, » c'est-à-dire l'éternité de gloire pour les bons, l'éternité de châtiments pour les méchants, afin, comme Joseph, de faire une réserve contre la disette à venir. Ce qui a fait dire à Salomon : Souvenez-vous de vos fins dernières, et vous ne pécherez pas.

Et de fait, mon très-cher frère, si vous réfléchissiez à la brièveté de votre vie présente, si vous sentiez, si vous compreniez ce qui manque à la pénitence que vous devez à Dieu, à la fidélité que vous devez mettre

---

ponatur in igne, ita nulla sacræ Scripturæ sapit sententia, nisi cocta sit in corde.

CAPUT III. — « Utinam saperent, » etc. Ecce hic Frater mi, tria in hoc versu proponuntur : scilicet scientia, intelligentia et providentia. Vult ergo Dominus ut scias, et intelligas, insuper et providas. Vult ut scias vitam præsentem fugitivam, periculosam, brevem, miseriis tabescentem, universæ vanitati subjectam, peccatorum sordibus pollutam, cupiditate corruptam, in brevi perituram : quatenus quanto infelicior mundus iste esse conspicitur, tanto facilius pro amore cœlestis patriæ contemnatur. Vult itaque Dominus ut fragilem tuam conditionem intelligas, sic meditando videlicet, quia nudus egressus es ex utero matris tuæ, et nudus reverteris illuc (Job, I, 21); quia terra es, et in terram ibis; in hujus vitæ miseriis nudus intrasti, lugens dies tuos in dolore et ærumna pertransisti, cum luctu et labore hinc exiturus es. Intelligas ergo quantum sit exitus et ingressus tuus flebilis, progressus tuus debilis, et egressus horribilis. Intelligas ergo quantum sis in hac valle miseriæ exul et ægrotus, virtutibus pauper et modicus, (al. mendicus) labilis et infirmus, ac in proximo moriturus. Frater, felix eris, si hujusmodi admonitionem intelligas, et in corde tuo quasi in libro scribas, et hanc unam quam tibi trado regulam, servare studeas.

Vive Deo gratus, toti mundo tumulatus,
Crimine mundatus, semper transire paratus.

O quam beatus vir, cujus anima circa hujusmodi studium evigilat ! quam prudenter sapit et intelligit, ac novissima providet ! Carissime et tu fac similiter. Legisti jam in hoc speculo peccatoris, quid sane sapias, quid intelligas : restat ut novissima provideas. Ora ergo, et dic cum Propheta : « Notum fac mihi Domine finem meum, et numerum dierum meorum quis est, ut sciam quid desit mihi. » (Psal. XXXVIII, 5.) O utilis oratio, o felix contemplatio, o necessaria postulatio ! Non plane tempora vel momenta quæ Pater posuit in sua potestate, præscire deposcas; sed quod sis advena et peregrinus in hujus peregrinationis ærumnosæ exilio, homo infirmus et exigui temporis super terram, intelligas et cognoscas. Ergo : « Utinam saperent, » scilicet peccata præterita quam sint amara. Unde Jeremias : « Vide quam amarum est et malum dereliquisse te Deum tuum. » (Jer., II, 19.) Malum est in culpa, et amarum est in pœna. « Et intelligerent, » scilicet præsentia quam sint vana. Ecclesiastes : Vanitas vanitatum et omnia vanitas. (Eccle. I, 2.) « Et novissima providerent, » scilicet æternitatem gloriæ quantum ad bonos, et æternitatem mortis quantum ad malos; ut sibi providerent contra sterilitatem futuram, sicut Joseph. (Gen., XLI, 33.) Unde Salomon : « In omnibus operibus tuis memorare novissima tua, et in æternum non peccabis ? » (Eccli., VII, 40.)

Re vera carissime Frater, si præsentis vitæ tuæ brevitatem attendas, et quid tibi deest in agenda Deo condigna

à observer ses préceptes, à la sainteté qu'il exigera de vous, il n'y a pas de doute qu'aussitôt, laissant de côté les pompes et les préoccupations du monde, méprisant les séductions de la chair, les plaisirs et les délices, vous veilleriez avec soin sur vous-même, et vous penseriez à votre fin dernière. Le propre du sage est moins de considérer le commencement de chaque chose que d'en prévoir l'issue et la fin; celui-là est heureux qui, avant le supplice, y pense tellement, qu'il évite le danger d'avoir à le subir.

CHAPITRE IV. — Vous me dites : Je suis prêt à obéir au précepte divin qui me commande d'avoir la sagesse, l'intelligence et de prévoir mes fins dernières. Mais quelles sont ces fins dernières? Celles dont parle Salomon, quand il dit : « En toutes choses, mon fils, souvenez-vous de vos fins dernières et vous ne pécherez point. » (*Eccli.*, VII, 40.) Vous ne pourrez mieux dompter les mouvements d'une chair rebelle qu'en considérant ce qu'elle sera après la mort; si vous y réfléchissez assidûment, toutes les générations vous proclameront bienheureux. La méditation n'est autre chose que l'action d'enrichir l'esprit ; et ce dernier s'enrichit excellemment quand il se fortifie, par la prévoyance, contre tout ce qui peut nous nuire. On lit dans un poète que la tête d'Argus était environnée de cent yeux ; ce qui peut s'entendre que sa circonspection et sa prévoyance s'étendaient à tout. Si donc un poète païen avait en si haute estime la prudence, quel cas ne doit pas en faire un clerc chrétien? Soyez donc un autre Argus ; il y a plus, soyez encore plus prudent, plus avisé, plus prévoyant, afin de connaître, de comprendre et de prévoir vos fins dernières.

CHAPITRE V. — Mais quelles sont donc ces fins dernières dont la prévoyance est le comble de la sagesse? C'est cette heure terrible où votre pauvre âme tremblante quittera ce corps corruptible. Frère, croyez-moi, vous devriez aimer mieux posséder la prévoyance de ce formidable instant, que posséder la domination de l'univers entier. Ah! plût à Dieu que vous connaissiez les choses de Dieu, que vous comprissiez bien celles du monde, et que vous prévissiez celles de l'enfer; alors, sans aucun doute, vous craindriez Dieu, vous éviteriez l'orgueil, vous mépriseriez le monde et vous redouteriez les supplices éternels. Dans cette dernière heure si redoutable, qui de vos amis, armés de glaives ou d'épées, pourront vous porter secours? Aucun de tous ceux qui vous sont chers ne pourra vous consoler; vous attendrez l'aide et l'assistance des hommes, mais Dieu seul est votre unique refuge. Pensez donc en vous-même, mon cher frère, quelle crainte, quel amour, quel respect vous devez avoir pour Notre-Seigneur Jésus-Christ, qui seul peut vous sauver à votre mort ; repassez souvent dans votre mémoire ce jour, qui sera le dernier de vos jours, et que votre pauvre âme, avant de quitter la prison de ce corps, prévoie où elle doit aller. Cette considération produit la contrition, la contrition amène la componction ; cette dernière enfante la contemplation, c'est-à-dire une affection pieuse et humble envers Dieu; pieuse, parce qu'elle s'appuie sur la confiance

pœnitentia, in disciplina præceptorum ejus observanda, in sanctitate coram ipso perficienda, saperes et intelligeres, et mortem ante oculos prospiceres; procul dubio mox sine mora, spretis pompis, postpositis mundi curis, despectis carnis illecebris, projectis voluptatibus, contemptis deliciis, in tui custodia vigilares, ac novissima prudenter provideres. Sapientis enim est, non tam cujuslibet rei principium prospicere, quam finem exitumque providere. Denique felix esse comprobatur, qui sic cogitat de supplicio ante supplicium, ut postea supplicii effugiat periculum.

CAPUT IV. — Dicis ergo mihi : Paratus sum præ omnibus acquiescere divino consilio, ut sapiam et intelligam, ac novissima provideam. Sed quæ sunt mea novissima? Illa utique de quibus Spiritus sanctus tibi per Salomonem loquitur dicens : « Fili in omnibus memorare novissima tua, et in æternum non peccabis. » (*Eccli.*, VII, 40.) Non melius poterit caro luxuriosa domari, quam qualis erit mortua præmeditari : et si hujusmodi assiduam habueris meditationem, felicem te dicent omnes generationes. Meditatio enim nihil est, quam mentis ditatio. Peroptime ergo mens tua ditatur, quando contra cuncta adversantia providentiæ scientia illustratur. Legitur in poeta, quod centum luminibus cinctum caput Argus habebat (OVID., I, *Met.*) : quod ita potest intelligi, (*a*) quia ex omni parte sui intra mentis suæ circumspectionem prudentiam possidebat. Igitur si tantæ studio cautelæ pollebat poeta paganus, multo fortius puriorem providentiæ oculum debet habere (*b*) clericus Christianus. Esto ergo alter Argus, imo illo cautior, illo studiosior, illo prudentior : ut sapias et intelligas, ac novissima prudenter provideas.

CAPUT V. — Sed quæ sunt novissima tua, quæ providere sollicite summa totius providentiæ est? Utique illa terribilis hora, in qua misera anima tua ex hoc corpusculo corruptibili timens est egressura. Frater crede mihi, ad hujus rei tremendam considerationem maluisse debueras providentiam possidere, quam totius mundi dominationem. Utinam ergo saperes quæ Dei sunt, et intelligeres quæ mundi sunt et provideres quæ inferni sunt : profecto Deum timeres, (*al.* superna appeteres) superbiam non appeteres mundum contemneres, et infernum horreres. In illa nimis metuenda extrema hora tua, quis amicorum, quis parentum tuorum veniens cum gladiis et armis poterit auxilium ferre? Non enim erit tunc qui consoletur te ex omnibus caris tuis (*Thren.*, I, 2) : respiciens eris ad auxilium et adjutorium hominum, sed refugium tuum tantummodo est apud Deum. Cogita igitur tecum, Carissime, quo timore timendus, quo amore diligendus, quo honore venerandus sit ipse Dominus Jesus Christus Deus noster, qui salutis præsidium solus præstare poterit post mortem. Reduc ergo, Carissime, sæpius in memoriam illum extremum exitus tui diem : et ante quam misera anima tua ex carcere carnis exeat, provideat quo vadat. (1) Istiusmodi recordatio contritionem concipit, contritio compunctionem

---

(1) V. lib. *de Spir. et an.*, c. I.

(*a*) Sic Mss. At editi *quod mentis suæ circumspectionem et prudentiam.* — (*b*) Ms. Med., hic ad. *populus vel.* Reg. autem *Monachus vel.*

d'être aidée des secours de la bonté et de la miséricorde divine; humble, parce qu'elle naît de la considération de notre fragilité et de notre propre misère.

Ici, lecteur, réfléchissez un instant; dans toutes les sciences, est-il quelque chose de plus capable de porter l'homme à veiller sur lui-même, à fuir l'iniquité, à se sanctifier dans la crainte du Seigneur, que la connaissance de sa misère, la certitude de sa mort et le souvenir de cette heure redoutable? Lorsque l'homme se dissout, c'est-à-dire lorsqu'il devient malade, la maladie enfante l'angoisse; pécheur, il s'effraie, le cœur tremble, la tête s'alourdit, le sentiment s'émousse, la force s'évanouit, le visage pâlit, la face devient noire, l'œil ne voit plus, l'oreille n'entend plus, l'odorat se corrompt, la langue se paralyse, la bouche reste muette, le corps se pourrit, la chair se gangrène. Alors toute la beauté de cette même chair devient pourriture et corruption, alors l'homme devient cendre, il est dévoré par les vers. « Après l'homme ce sont les vers, avec les vers viennent la puanteur et la pourriture; telle est la loi de dissolution que tout homme doit subir. »

Voilà certes, mon cher frère, un spectacle passablement effrayant; mais c'est là ce que j'appelle un miroir utile. Aucun remède, aucune science n'est aussi efficace pour dompter l'orgueil, vaincre la malice et apaiser les passions, que cette pensée redoutable de la mort. « Ah! plût à Dieu qu'ils comprissent! » Quoi donc en ce monde de plus vil que l'homme? Son corps inanimé ne pourra, à cause de sa puanteur, être gardé seulement trois jours dans sa demeure; comme un vil fumier, il sera jeté dehors, enfoui dans la terre, livré à la pourriture, donné en pâture aux vers, en un mot, ce sera un cadavre.

Chapitre VI.— Qu'il rougisse donc et qu'il tremble le pêcheur orgueilleux et misérable, qui, aveuglé par la superbe, livré à la colère, souillé par l'impatience, ou enflé par une science vaine, préfère l'art d'Aristote à la science des apôtres; qui aime mieux les livres de Platon que les saintes Ecritures; qu'aucune lecture ne satisfait, qu'aucune science ne contente, qu'aucun discours ne réjouit, à moins qu'il n'y rencontre les règles de la grammaire, de la dialectique et les ornements de la rhétorique. Que vous êtes insensé, ô vous qui vous livrez à de pareils errements; ceux qui agissent ainsi et qui passent leur temps à de pareilles futilités, offensent Dieu et se préparent une mort éternelle. Ces études frivoles produisent une science frivole, c'est-à-dire qu'ils recueillent des feuilles au lieu de fruits, des paroles au lieu de vertus. Ces paroles s'évanouissent en fumée, elles frappent l'air, sont retentissantes, et montrent leur vanité; c'est d'eux que le Prophète a dit : « Ils étaient troublés et agités comme un homme ivre, et leur sagesse était toute renversée. » (*Ps.* cvi, 27.) En effet, de même qu'un homme ivre ne sait ce qu'il fait, ni où il va, parce qu'il ne se connaît plus, ainsi les clercs insensés, qui s'éprennent de cette sorte de science, dévorent des livres, accroissent leurs connaissances, mais sans savoir ce qu'ils font, car les malheureux ne savent pas vers quelle malheureuse fin ils marchent. Oh! plût à Dieu qu'ils comprissent! De fait, s'ils considéraient la brièveté de cette vie

parit, compunctio contemplationem, scilicet pium et humilem affectum in Deum; pium videlicet ex fiducia adjutorii divinæ bonitatis et clementiæ, humilem ex consideratione propriæ fragilitatis et miseriæ. Hic lector attende. Quid enim est in omni scientia, quod hominem provocet facilius ad sui custodiam, et omnem injustitiam expellendam, et sanctitatem in timore Dei perficiendam, quam suæ corruptionis consideratio, suæ mortalitatis certa cognitio, postremo tremendæ mortis suæ recordatio? Quando enim homo fit non homo, hoc est, quando ægrotescit, ægrotando ægritudo crescit, peccator expavescit, cor contremiscit, caput obstupescit, sensus evanescit, virtus exarescit, vultus palescit, facies nigrescit, oculus tenebrescit, auris surdescit, nasus putrescit, lingua fatiscit, os obmutescit, corpus tabescit, caro marcescit : tunc carnis pulchritudo fœtor efficitur et putredo, tunc homo solvitur in cinerem, et vertitur in vermem.

(a) [Post hominem vermis, post vermem fœtor et horror.
Sic in non hominem vertitur omnis homo.]

Ecce frater mi carissime, ecce satis horribile spectaculum, sed est nimis utile speculum : quoniam nulla artis medicina, nullaque doctrina sic superat superbiam, nec sic vincit malitiam, nec sic exstinguit libidinem, nec sic mundi calcat vanitatem, sicut hujusmodi horrendæ mortis recordatio. « Utinam ergo saperent. » Et quid huic mundo tantum vilescit, sicut homo, cujus corpus cum sit exanime, non permittitur esse intra domum triduo præ fœtore : sed ut vile stercus foras projicitur, in profundo terræ absconditur, putredini traditur, vermibus in escam datur, cadaver efficitur?

Caput VI.— Erubescat ergo superbus et infelix peccator, et timeat elatione cæcatus, ira inflammatus, impatientiæ vitio fœdatus, scientia inflatus : cui plus placet ars Aristotelis, quam sæcularia de Apostolis, plus codex Platonis, quam liber divinus : quam nulla lectio lætificat, nulla scientia ædificat, nullus sermo sapit, nisi fuerit grammaticæ conceptus, dialecticæ imaginaria, rhetoricæ purpuratus. Stultus es qui hæc ignoras, et erras quoniam qui talia agunt, et in talibus dies suos consumunt, peccatum sibi generant, et mortem parant, quia ex simili studio similem concipiunt scientiam, hoc est, folia colligunt, non fructus, id est verba, non virtutes; verba enim in ventum proferunt, et acrem verbis verberant, verbositatem sonant, jactantiam ostentant : de quibus per Psalmistam dicitur : « Turbati sunt et moti sunt sicut ebrius, et omnis sapientia eorum devorata est. » (*Psal.* cvi, 27.) Sicut enim homo ebrius nescit quid agit, aut quo vadit, eo quod se ipsum ignorat; ita insipientes (b) clerici sæculares in bibenda hujusmodi scientia se conturbant, libros devorant, sententias multiplicant, sed quid agant penitus ignorant, quia ad quem finem miserum tendant, miseri non attendunt. O utinam

(a) Hi versus absunt a Mss. habentur et l. *Medit.*, Bern., c. III. — (b) Ms. Reg. ad. *Monachi*, et quod sequentibus videtur non convenire.

fugitive, s'ils pensaient à la perte de leurs jours, s'ils se représentaient combien sera terrible le jugement, où il leur faudra rendre compte, non-seulement de leurs œuvres mortes devant Dieu, mais aussi de toute parole inutile; alors frappés de terreur, épris de l'amour divin, ils abandonneraient les vaines préoccupations de cette vie; des études de la vanité ils passeraient à l'étude de la vérité, de l'étude de la folie à celle de la sagesse, de la curiosité à l'humilité, de l'école de la concupiscence et de la luxure à celle de la pureté, de la réserve, de la chasteté, d'une vie mauvaise à une vie sainte, c'est-à-dire, d'une vie de désordre à une vie religieuse, d'une conduite mondaine à une conduite sainte et réglée. C'est pour cela que l'Esprit saint s'adressant aux pécheurs, leur dit par l'entremise du Prophète : « Embrassez étroitement la discipline, de peur qu'enfin le Seigneur ne s'irrite, et que vous ne périssiez hors de la voie de justice. » (*Ps.* II, 12.) Qu'elle est terrible cette sentence, et que ceux qui refusent d'embrasser la discipline doivent la redouter! N'est-il pas clair, d'après cette parole de l'Esprit saint, qu'ils doivent périr? A cela se rapporte aussi ce que Dieu dit par la bouche de Moïse : « Tout homme, qui ne sera point affligé en ce jour-là, périra du milieu de mon peuple. » (*Levit.*, XXIII, 29.) Examinons un instant ces paroles. Tout homme, dit l'écrivain sacré, qui ne sera point affligé, sous-entendez par la discipline, par la correction des mœurs, par la pénitence, par la contrition, par la pureté de la conscience. Il ajoute dans ce jour, c'est-à-dire dans ce temps de grâce, dans les jours de cette vie; car celui qui maintenant refuse de faire pénitence, ne peut

espérer d'obtenir miséricorde après sa mort. C'est pourquoi tremblez, vous pauvre pécheur, chair orgueilleuse, vil cadavre que dévorent même vivant les vers, qui chaque jour sont enfantés par lui; craignez la superbe, évitez la vanité, fuyez la luxure, embrassez la pénitence pour ne point périr. Considérez dans ce miroir ce que vous êtes, ce que vous deviendrez; conçu dans la corruption, vous avez la boue pour origine, et pour fin la pourriture. « Plût à Dieu, donc, qu'ils comprissent! » etc. Comment, malheureux, tu as mille raisons de t'affliger et tu t'enorgueillis! Frère, je t'en conjure de nouveau, quelle que soit la conduite des autres, songe à toi-même. Aie pour le monde plus de mépris que le monde n'en a pour toi. Considérant la misère de cette vie, dis en gémissant avec le Prophète : « Je déclarerai mon iniquité, et je serai toujours occupé de la pensée de mon péché; car je suis préparé à subir les châtiments, et ma douleur est continuellement devant mes yeux. » (*Ps.* XXXVII, 18, 19.) Répète aussi les paroles de l'Apôtre qui, gémissant sur les misères de notre condition mortelle, s'écrie : « Malheureux homme que je suis! qui me délivrera de ce corps de mort ? » (*Rom.*, VII, 24.) Cette parole si sage de l'Apôtre, demande pour être comprise un lecteur avisé. Il vivait encore quand il appelait son corps un corps de mort; en effet, celui qui réfléchit voit la mort devant ses yeux, et il se considère comme déjà mort, puisqu'il est certain qu'un jour il doit mourir.

CHAPITRE VII. — Pauvre pécheur, veuillez donc réfléchir à cette heure terrible dont nous parlons, au moment où vous sortirez de ce monde, au lieu

---

tales saperent! Si enim fugientis vitæ suæ brevitatem perpendissent, si damna dierum suorum ante oculos convertissent, si quam tremendo judicio, non tantum de mortuis eorum operibus, imo de omni verbo otioso quam districte responsuri sunt, prævidissent; mox terrore perterriti, mox divino amore percussi, vana hujus vitæ studia reliquissent, et de studio vanitatis venissent, ad studium veritatis, et de studio stultitiæ ad studium sapientiæ, hoc est, de studio curiositatis ad studium sanctæ humilitatis, de schola luxuriæ et pravitatis ad scholam munditiæ et sanctitatis seu castitatis, de vita iniquitatis ad vitam sanctitatis, hoc est, de vita fornicationis ad vitam beatæ religionis, id est, de domo conversationis mundanæ ad domum sanctæ disciplinæ. Unde benedictus ipse Spiritus sanctus per Prophetam peccatoribus præcipit, dicens : « Apprehendite disciplinam, ne quando irascatur Dominus, et pereatis de via justa. » (*Ps.* II, 1.) O quam terribilis est hæc sententia et nimis metuenda his qui disciplinam non apprehendunt! ex hac Spiritus sancti sententia patet quia peribunt. Hinc est quod Dominus per Moysen ait : « Omnis anima quæ non fuerit afflicta die hac, peribit de populo meo.» (*Levit.*, XXIII, 29.) Notanda sunt attentius verba ista. Anima, inquit, peribit, quæ non fuerit afflicta, subaudi, per disciplinam, per morum correctionem, per pœnitentiæ satisfactionem, per cordis contritionem, per conscientiæ purificationem. Et dicebat, die hac, id est, in præsenti tempore gratiæ,

id est, die hujus vitæ : quoniam qui non suscipit modo tempus pœnitentiæ, post mortem non invenit locum indulgentiæ. Quapropter time tu peccator, tu caro superba, tu vile cadaver, quem adhuc viventem vermes quotidie corrodunt, qui de tuo corruptibili corpusculo generantur : contremisce superbiam, projice vanitatem, fuge luxuriam, apprehende disciplinam, ne pereas. Vide in hoc speculo quid es, et quid eris : cujus conceptio tabes menstrua, origo lutum, putredo finis. « Utinam ergo saperent, » etc. Ecce miser, causas mille dolorum habes, et adhuc superbis. Iterum te, Frater, convenio, ut quidquid agant alii, sis memor ipse tui : vilescat tibi mundus plus quam tu mundo. Hujus igitur tantæ calamitatis miseriam considerans attentius, et cum Propheta ingemiscens, dicito : « Iniquitatem meam annuntiabo, et cogitabo pro peccato meo. Quoniam in flagella paratus sum, et dolor meus in conspectu meo semper. » (*Psal.* XXXVII, 19 et 18.) Et iterum dic cum Apostolo, qui flebilem humanæ conditionis statum deplorat, dicens : « Infelix ego homo, quis me liberabit de corpore mortis hujus? » (*Rom.*, VII, 24.) Hæc salutifera Apostoli sententia exigit prudentem lectorem. Adhuc in corpore Apostolus vixit, quando tamen corpus mortuum nominavit : quia qui sapiens est, jam mortem ante oculos considerat, cum se mortuum reputat, cum se moriturum pro certo sciat.

CAPUT VII. — Attende ergo in illa terribili hora, de

où vous irez. Ils seront là ces ministres de perversité, ces maudits, ces démons princes de l'enfer, ces esprits affreux, rugissant comme des lions prêts à saisir leur proie ; cette proie ce sera votre âme misérable et pécheresse. Alors vous apparaîtront tout à coup ces lieux épouvantables de châtiment, le chaos, les ténèbres, le séjour de la misère, de la tribulation, la terreur, l'effroi, les angoisses, l'épouvante de visions horribles, la crainte de cette redoutable demeure ; là sera le séjour des pleurs, les grincements de dents, la morsure des vers, les cris de ceux qui pleurent, les soupirs de ceux qui gémissent, les hurlements des pécheurs qui diront : Trois fois malheur aux enfants d'Eve ! Lorsque la pauvre âme effarée, quittant le corps verra toutes ces choses, et des choses mille fois plus épouvantables, lorsqu'elle les entendra, qu'elle les éprouvera, quelle sera sa crainte, son effroi, sa terreur ? Non, aucune langue, aucun livre ne saurait en donner une idée ! A quoi serviront alors la science orgueilleuse, les pompes du siècle, les vanités du monde, les honneurs de la terre ? Quels secours pourront procurer alors les ardeurs de la concupiscence, la nourriture délicate, les breuvages exquis, les vêtements splendides ; les délices de la chair, la satisfaction des appétits, la bonne chère, les maisons magnifiques, les bénéfices obtenus, les richesses acquises sont également inutiles ? Est-ce que toutes ces choses pourront arracher la pauvre âme des griffes de ce lion épouvantable, le tirer de la gueule du dragon infernal ?

Puisse ce tableau être lu, compris et savouré par quelqu'un de ces pécheurs retenus et aveuglés par l'amour du monde et de la chair ; par un de ces hommes qui préfèrent au salut de leur âme les plaisirs perfides du corps, qui aiment mieux imiter Marthe que Marie, c'est-à-dire, s'occuper du monde que de Jésus-Christ, auxquels la loi des sens est plus chère que la loi divine. Oui, puisse le pauvre insensé de cette espèce lire ce traité, et se regarder avec attention dans ce miroir du pécheur. Qu'il considère avec soin d'où il vient, ce qu'il est, où il va ; qu'il réfléchisse d'après ce que nous avons dit, quel chemin redoutable, quel sentier ténébreux doit suivre sa pauvre âme, et dans quelles mains affreuses elle doit tomber. O pécheur insensé, qui ne veux ni méditer, ni prévoir ces choses. Parce que tu refuses d'y penser, l'orgueil et la colère te tourmentent, la malice te déchire, la jalousie te blesse, l'impureté te dévore, tu es le jouet de la paresse ou de l'avarice. Parce que tu refuses de jeter un regard sur les maux terribles qui te menacent, tu deviens endurci, opiniâtre ; tu te livres avec tiédeur, avec dégoût aux œuvres divines, tu les accomplis avec nonchalance et avec ennui. Pourquoi ? parce que tu ne veux pas prévoir où tu vas.

Plût à Dieu que tu comprisses ! etc. Il est terrible, dit le pape saint Léon, l'aspect de celui pour lequel rien n'est secret, devant qui les ténèbres brillent, auquel la nature muette répond ; le silence l'adore, il entend l'âme sans qu'il soit besoin de paroles. Si le serpent infernal, Satan a osé attaquer avec fureur l'âme de saint Martin, qui pourtant était la perle des

qua loquimur, misera peccatoris anima, quando de mundo exitura es, et quo itura es. Aderunt mox ministri maligni, illi scilicet maledicti, diaboli illi tartarei illi spiritus horribiles et pessimi leones rugientes ut rapiant prædam, scilicet tuam peccatricem et miseram animam : tunc subito horribilia patebunt loca pœnarum, chaos et caligo tenebrarum, horror miseriæ et tribulationis, terror et tremor angustiæ et confusionis, terror horrendæ visionis, tremor tremendæ mansionis : ubi locus flentium, ubi stridor dentium, ubi morsus vermium, ubi clamor dolentium, ubi luctus gementium, ubi est vox clamantium peccatorum, et dicentium : Væ væ væ nobis filiis Evæ. Cumque hæc et his similia, imo millesies plus quam dici potest pejora, de corpore egressura misera anima, imo miserrima audierit, viderit, et senserit ; qualis trepidatio et quam magnus terror et timor ac tremor erit in ea, quæ lingua potest dicere, quis liber exponere ? Quid tunc proderit scientiæ jactantia, sæculi pompa, mundi vanitas terrenæ dignitatis cupiditas ? Numquid proderunt luxuriæ appetitus, cibus exquisitus, potus delicatus, vestis curiositas, calceamenti speciositas, carnis mollities, ventris ingluvies, ciborum superfluitas ; crapulæ ebrietas, domorum constructio, præbendarum acquisitio, divitiarum aggregatio : numquid omnia ista poterunt miseram hominis animam eripere de ore horrendi et horribilis leonis, et de maledicti fauce draconis ?

Hanc utinam lectionem legat aliquis, et sapiat, et sane intelligat, et in corde suo retineat implicatus peccatis, amore mundi et carnis inebriatus et cæcatus, cui plus placet luxuriosi cadaveris venenosa voluptas quam animæ suæ sanitas, qui plus studet (a) circa Martham quam circa Mariam, cui plus est de mundo quam de Christo, cui plus est de lege bovina quam de lege divina. Legat igitur lectionem istam insipiens ille qui ejusmodi est, et speculetur in hoc speculo peccatoris speciem suam. Consideret diligenter, unde veniat, quid sit, et quo vadat : perpendat ex præmissis per quam semitam vehementer metuendam, per quod iter tenebrosum, per quam horrendas manus misera ejus anima transitura est. O stulte peccator, quia ista considerare nescis, sive præmeditari non vis ! Quia ista prævidere negligis, ideo sæpe te invadit superbia, exagitat ira, excruciat malitia, vulnerat invidia, inflammat luxuria, fatigat pigritia, ligat avaritia. Et quoniam horrenda imminentia tibi tormenta prudenter non prospicis, idcirco contumax, injuriosus, obstinatus sæpe efficeris, piger et acidiosus ad opus divinum accedis : illud negligenter agis et desidiose. Quare ? Quia non vis prævidere quo vadis.

[(b) Utinam saperes et intelligeres, etc. Tremendus est illius aspectus, ut dicit Leo Papa, cui pervium est omne solidum, apertum omne secretum ; cui obscura clarent, muta respondent, silentium confitetur, mens sine voce loquitur.] Si ille serpens venenosus diabolus et satanas

(a) Sic Ms. Reg. At Med. *circa marcham quam circa marchum*. Editi, autem, *circa arcam quam circa martham*. — (b) Hæc addimus ex Ms. Med.

prêtres, si en présence des anges, il essayait d'arrêter cette âme bienheureuse qui partait pour le ciel, que n'avez-vous pas à craindre, quel sujet de trembler pour vous pécheur; de quelle manière horrible n'assaillira pas votre âme, cet artisan de perfidies, ce fils d'iniquité, cet ennemi acharné des âmes! Ah! cher frère, rappelez-vous et n'oubliez jamais, avec quel soin la bienheureuse Vierge, Mère de Notre-Seigneur Jésus-Christ, veillait sur son âme, elle qui, ainsi que nous le lisons, demande comme une grâce à son fils, que les mauvais esprits ne fussent point présents à sa mort. Ah! si une créature si élevée, si sainte, si chérie de Dieu craignait d'être troublée par la vue des mauvais esprits, qu'en sera-t-il de l'âme pécheresse! Comment pourra-t-elle supporter l'horrible présence de Satan, la puanteur qu'exhale sa bouche, les flammes ardentes qui étincellent dans ses yeux? Soyez assuré que la vue de cette bête affreuse, surpasse tous les tourments que nous pouvons imaginer ici-bas. C'est dans la crainte de cette redoutable vision que le Prophète recourt à la prière, et dit : « Exaucez, ô Dieu, la prière que je vous offre avec ardeur; délivrez mon âme de la crainte de l'ennemi. » (*Ps.* LXIII, 3.) Il ne dit pas de la puissance, mais de la crainte. Pourquoi? Afin de nous montrer combien la terreur qu'inspire cet ennemi est une peine immense, affreuse, insupportable. Hélas! mon frère, si la vue seule de Satan inspire un tel effroi à l'âme pécheresse; quelle honte, quelle horreur, quel supplice, quels gémissements lorsqu'il mettra la main sur elle!

CHAPITRE VIII. — O hommes insensés! frivoles enfants des hommes, « pourquoi aimez-vous la vanité, et recherchez-vous le mensonge! » (*Ps.* x, 3.) « Celui qui aime la vanité hait son âme; l'impie et son impiété sont détestables devant Dieu. » (*Sag.*, XIV, 9.) C'est pourquoi le Psalmiste s'écrie : « Seigneur, n'ai-je pas haï ceux qui vous haïssaient..... je les haïssais d'une haine parfaite. » (*Ps.* CXXXVIII, 21.) Et ailleurs : « Le Très-Haut déteste les pécheurs, il a pitié de ceux qui se repentent. » (*Eccli.*, XII, 3.) Pourquoi ne considérez-vous pas cette effrayante misère, pourquoi ne chassez-vous pas l'orgueil, l'avarice, pourquoi ne méprisez-vous pas la luxure, et ne corrigez-vous pas vos mœurs? Pourquoi entendez-vous avec tant d'indifférence le commandement si salutaire du Seigneur? Pourquoi n'avez-vous pas la sagesse, l'intelligence, et ne prévoyez-vous pas vos fins dernières? C'est pour cela que Dieu fait aux pécheurs cette terrible menace : « Je rirai de vous à votre mort, et je vous insulterai, lorsque ce que vous craignez sera arrivé. » (*Prov.*, I, 26.) Qu'elle est terrible cette parole du Seigneur! Plût à Dieu que le lecteur pût savourer dans son cœur ce qu'elle contient d'amertume et d'épouvante; s'il la comprenait, à chaque heure du jour il veillerait avec plus de soin sur sa vie. Vous direz peut-être que la moquerie et l'insulte ne se rapportent point à Dieu, que sa nature simple et infiniment parfaite, n'admet point des ironies ou des passions de ce genre. Pourquoi donc alors ce Dieu tout-puissant dit-il aux pécheurs : « Je me rirai de vous à votre mort? » O vous qui interrogez, écoutez comment il faut entendre

---

ausus fuit cum furore impetum facere in sanctissimam beati Martini animam, qui erat, ut dicitur (1), gemma sacerdotum, quam felicem animam præsentibus Angelis euntem in cœlum curabat impedire; quomodo timendum est tibi peccatori, et tremeter præmeditandum, quam horribiliter occurret miseræ tuæ illi doli artifex, ille filius iniquitatis, ille animarum hostis amarissimus? [(*a*) Eia, Frater carissime, præcogita, et nunquam a tuo corde recedat, quantum illa beatissima virgo perpetua, mater Domini nostri Jesu Christi animæ suæ providebat, quæ, ut legimus, Filium suum exoravit, ut maligni spiritus in ejus transitu non adessent? O si tanta et tam sancta, Deo cara, imo carissima, visionem nefandorum spirituum (*f.* trepidabat) dubitabat; quid faciet anima peccatrix?] Quomodo poterit stare ad horrendum aspectum tremendi vultus ejus, ad intolerabilem fœtorem oris ejus, ad flammas sulfureas oculorum ejus? Certus esto, quod timor hujus horrendæ bestiæ virgo perpetua, mentorum superat, plus quam in hoc mundo cogitari queat. Quod Propheta pavidus expavescens, ad orationem confugit dicens : « Exaudi Deus orationem meam cum deprecor, a timore inimici eripe animam meam. » (*Psal.* LXIII, 3.) Non dicit, a potestate, sed a timore. Quare? Ad insinuandum quam maxima sit pœna, quam horribilis, quam intolerabilis sit terror ipsius inimici. Heu heu, Frater mi, si talis et tantus tremor est animæ peccatrici ex solo satanæ visu; quanta confusio, quantus horror, quanta afflictio, quanta lamentatio erit ejus tactus?

CAPUT VIII. — O stulti filii hominum! « Vani filii hominum (*Psal.* x, 3), ut quid diligitis vanitatem et quæritis mendacium? » « Qui enim diligit vanitatem, odit animam suam. » Et : « Odibiles sunt Deo impius et impietas ejus. » (*Sap.*, XIV, 9.) Unde Psalmista : « Nonne qui oderunt te Domine, oderam, etc. Perfecto odio oderam illos. » (*Psal.* CXXXVIII, 21 et 22.) Item : « Altissimus odio habet peccatores, et miserus est pœnitentibus. » (*Eccli.*, XII, 3.) Quare tam horrendam tamque horribilem non circumspicitis miseriam? quare non projicitis superbiam? quare non extinguitis avaritiam? quare non contemnitis luxuriam? quare mores vestros non corrigitis? quare mandatum Dei salutiferumque ejus consilium negligenter auditis? quare non sapitis et intelligitis, ac novissima providetis? Hinc est quod vos peccatores terribiliter Deus alloquitur : « *Ego*, inquit, in interitu vestro ridebo et subsannabo, cum vobis quod timebatis advenerit. » (*Prov.*, I, 26.) O quam metuenda est illa Dominica sententia! Utinam lector saperet in palato cordis, quantum contineat amaritudinis, quantumve formidinis : quia re vera si sciret, omni diei hora vitam suam cautius custodiret. Sed dices forsitan, quod derisio et subsannatio non cadunt in ipsum omnipotentem Deum, nec ejus reverenda sanctissimaque simplex natura hujusmodi passiones sive ironias admittit : cur ergo ab omnipotenti Deo peccatoribus dicitur : Ego in interitu

(1) In officio de ipso.
(*a*) Et hæc addita ex eod. Ms.

ces paroles : « Je me rirai de vous à votre mort. » Cela veut dire : Quand viendra votre fin, je vous proclamerai digne de risée ; quand sera tombé sur vous ce malheur subit, je vous raillerai ; quand la mort vous aura fait sentir ses âpres morsures, je vous proclamerai dignes d'être éternellement raillés. Ecoutez donc, pécheur, cette terrible sentence ; bien comprise, elle a de quoi vous faire trembler. Mais vous lisez avec négligence les saintes Ecritures, vous ne faites aucune attention aux mauvaises actions de votre vie, aux fautes que vous avez commises ; prompt à la table, lent à l'église, actif pour boire, tiède pour psalmodier, attentif à de vaines histoires, languissant pour les saintes veilles, toujours prêt à babiller, muet quand il s'agit de chanter les louanges de Dieu, ardent à la colère, à la médisance, paresseux pour la prière ; envieux, persécuteur des pauvres de Jésus-Christ, voyant un fétu dans l'œil du prochain, et n'apercevant pas la poutre qui crève le tien, condamnant les actions des autres et n'examinant pas les tiennes. Tu reprends tes frères et toi-même ne te corriges point. Tu blâmes les autres, tu te loues toi-même, inventeur de ruses, destructeur de la discipline, ami de tous les vices, ennemi de toutes les vertus. C'est là ce qui aveugle l'homme et l'éloigne de Dieu ; sous l'influence de ces vices, le religieux devient esclave de Satan, le pécheur converti redevient plus mauvais, le clerc devient hérétique et le chrétien antechrist ; car celui qui n'est pas chrétien est antechrist. Or, celui-la n'est pas chrétien, dont la vie et les mœurs sont opposées au Christ.

Hélas ! l'homme insensé ne connaîtra point ces choses et le fou ne les comprendra pas. Aussi le Prophète dit : « L'insensé et le fou périront ensemble. » (*Ps.* XLVIII, 11.) Mais quelle différence y a-t-il donc entre un insensé et un fou ? Quiconque est fou est également insensé. Insensé veut dire non sage, non sensé ; il en est beaucoup qui ne sont pas sensés et qui cependant ne sont pas fous. Il y a plusieurs justes et aussi un grand nombre qui ne sont point justes, cependant ces derniers ne sont pas pour cela pervers. Voulez-vous savoir quel est l'insensé et quel est le fou ? L'insensé est celui qui ne considère pas qu'il est éloigné des joies du paradis, qui ne remarque pas qu'il est comme un étranger sur cette terre d'exil. Le fou est celui qui, connaissant tout cela, ne cherche pas néanmoins, par les mérites d'une bonne vie, à échapper aux misères de ce monde. L'insensé est celui qui ne croit pas que les supplices des réprouvés seront éternels, que le bonheur des justes durera toujours ; le fou est celui qui, croyant ces vérités, n'a cependant aucun souci d'éviter la mort éternelle et de mériter le ciel, en vivant pieusement et saintement. Par un juste jugement de Dieu, l'insensé et le fou périront. Ce qui pourtant n'aurait pas lieu, s'ils avaient la sagesse et l'intelligence, s'ils prévoyaient leurs fins dernières. Quant à vous, mon cher frère, vous avez lu, vous avez vu dans ce miroir ce que vous devez connaître et comprendre, et comment vous devez prévoir vos fins dernières ; il ne vous reste plus qu'à étudier avec soin, qu'à graver dans votre cœur, qu'à bien connaître et à bien comprendre comment vous devez prévoir vos fins dernières, afin par là d'éviter la damnation éternelle, et de posséder un jour l'éternité bienheureuse avec Notre-Seigneur Jésus-Christ. Ainsi soit-il.

vestro ridebo? Attende qui interrogas, quomodo dicta tibi debeat exponi sententia : « Ego, inquit, in interitu vestro ridebo. » Hoc est, cum finis vester venerit, vos derisione dignos clamabo ; et cum irruerit super vos illa repentina calamitas, subsannabo, id est, cum amara mors vos momorderit, æterna subsannatione dignos damnabo. Audi tu peccator terribilem sententiam, quam si intelligeres, sine dubio expavesceres. Sed Scripturas sacras negligenter legis, actus vitæ tuæ, mala quæ facis, peccata quæ committis, facta et dicta et opera tua mala non sapienter respicis ; velox ad mensam, tardus ad ecclesiam ; potens ad potandum, sed æger ad psallendum ; pervigil ad fabulas, somnolentus ad vigilias ; (*al.* paratus) procax ad loquendum, sed tardus et mutus ad canendum ; promptus ad iram et detractionem, piger vero ad orationem ; invidiæ amator, pauperum Christi persecutor ; festucam in alio oculo respiciens, sed trabem in oculo tuo non videns ; aliorum facta condemnans, sed tua non considerans nec deserens. Cæteros reprehendis, te ipsum non corrigis ; alios vituperas, et te collaudas : malitiæ inventor, disciplinæ destructor ; amicus vitiorum, et hostis virtutum. Hæc sunt quæ hominem excæcant, et a Deo ipsum separant : hæc sunt quæ monachum efficiunt dæmoniacum, conversum efficiunt perversum, clericum hæreticum, Christianum antichristum. Qui enim Christianus non est, antichristus est. Non est Christianus, qui vita et moribus Christo est contrarius.

Heu heu vir insipiens non cognoscet, et stultus non intelliget hæc (*Psal.* XCI, 7) : et ideo sicut dicit idem Propheta : « Simul insipiens et stultus peribunt. » (*Psal.* XLVIII, 11.) Sed quæ distantia est inter insipientem et stultum ? Omnis stultus est insipiens. Insipiens enim dicitur quasi non sapiens. Multi enim manent qui sapientes non sunt, et tamen stulti non sunt. Multi justi sunt, et multi justi non sunt, et tamen iniqui non sunt. Vis noscere quis sit insipiens, quis stultus ? Insipiens est, qui se a paradisi gaudiis peregrinum esse non considerat, qui se exulem in hoc exilio non attendit. Stultus est, qui licet ista cognoverit, liberari tamen a mundi miseria per vitæ meritum non intendit. Item insipiens est, qui non credit futura supplicia reproborum esse perpetua, et gaudia justorum æterna : stultus autem est, qui licet credat, tamen ut mortem perpetuam evadat, et gloriam æternam caste vivendo pieque conversando acquirat, non intendit. Justo igitur Dei judicio, simul insipiens et stultus peribunt. Quod tamen non fieret, si saperent et intelligerent, ac novissima providerent. Ecce, Frater mi, jam legisti, jam vidisti in hoc speculo peccatoris, quid sapias, quid intelligas, quomodo novissima providere debeas : superest igitur ut diligenter discas, et in corde firmes, ut sane sapias, et recte intelligas, quomodo novissima tua prudenter providas, ut per hæc æternam damnationem evadas, et cum Domino nostro Jesu Christo vitam æternam possideas. Amen.

LE LIVRE
DES TROIS DEMEURES [1]

Chapitre I. — Il existe, sous la main toute-puissante de Dieu, trois sortes de demeures : l'une supérieure, l'autre inférieure, et la troisième tenant le milieu entre les deux. La demeure supérieure, c'est le ciel, ou le royaume de Dieu ; l'inférieure, c'est l'enfer ; celle du milieu, c'est le monde, c'est cet univers. Les deux extrêmes sont absolument opposées, et n'ont aucun lien qui les unisse. En effet, quelle société peut exister entre la lumière et les ténèbres, entre le Christ et Bélial ? La demeure du milieu, au contraire, touche en quelque façon aux deux extrêmes. On y rencontre la lumière et les ténèbres, le froid et le chaud, la maladie et la santé, la joie et la tristesse, la haine et l'amour, les bons et les mauvais, les justes et les méchants, les maîtres et les esclaves, les puissants et les faibles ; on y trouve la famine et l'abondance, la mort et la vie, et mille autres contrastes de ce genre. Un côté de toutes ces choses ressemble au ciel, l'autre à l'enfer. En ce monde, les bons sont mêlés aux méchants ; dans le royaume des cieux, tous sont bons, aucun des méchants n'y est admis. Dans l'enfer, point de bons, mais uniquement des méchants ; chacun de ces deux séjours se peuple de ce qui habite la demeure du milieu. Des hommes de ce monde, les uns sont élevés au ciel, les autres précipités en enfer. Les semblables s'unissent à leurs semblables : les bons aux bons, les méchants aux méchants, les hommes justes aux anges qui sont justes, les hommes rebelles aux anges rebelles. Les serviteurs de Dieu vont à Dieu, les esclaves du démon vont au démon. Les bénis sont appelés au royaume qui leur a été préparé dès l'origine du monde, les maudits sont chassés dans les flammes éternelles, qui ont été préparées pour Satan et pour ses anges.

Nul homme sur la terre ne pourrait dire, comprendre ou imaginer ce que sont les biens du royaume céleste ; ils sont plus grands, plus excellents qu'on ne saurait l'imaginer ou le concevoir. Voilà pourquoi il est écrit « que l'œil de l'homme n'a point vu, que son oreille n'a point entendu, que son cœur n'a point compris ce que Dieu réserve à ceux qui l'aiment. » (I *Cor.*, II, 9.) Le royaume des cieux est plus élevé que toute parole, plus excellent que toute louange, au-dessus de toute connaissance ; il surpasse toute la gloire qu'on pourrait imaginer. De même pour les maux de l'enfer : nul ne saurait se les représenter tels qu'ils sont ; ils surpassent tout ce qu'on peut concevoir. Le royaume de Dieu est rempli de lumière, de paix, d'amour, de sagesse, de gloire, de beauté, de douceur, de charité, d'harmonie, de joie, de bon-

[1] Ouvrage d'un auteur inconnu, mais qui ne manquait pas de science.

DE
TRIPLICI HABITACULO
LIBER UNUS

Caput I. — Tria sunt sub omnipotentis Dei manu habitacula, primum, imum, medium : quorum summum, regnum Dei vel regnum cœlorum dicitur ; imum, vocatur infernus ; medium, mundus præsens vel orbis terrarum appellatur. Quorum extrema omnino sibi invicem sunt contraria, et nulla sibi societate conjuncta. Quæ enim societas potest esse lucis ad tenebras, et Christi ad Belial ? (I *Cor.*, VI, 14, 15.) Medium autem nonnullam habet similitudinem ad extrema. Unde lucem et tenebras habet, frigus et calorem, dolorem et sanitatem, lætitiam et mœrorem, odium et amorem, bonos et malos, justos et injustos, dominos et servos, regnum et subjectionem, famem et satietatem, mortem et vitam, et innumera hujusmodi. Quorum omnium pars una imaginem habet regni Dei, pars altera inferni. Commixtio namque malo-

(1) Eadem habentur lib. *de dilig. Deo*, c. XVIII, hinc desumpta.

rum simul et bonorum in hoc mundo est : in regno autem Dei nulli mali sunt, sed omnes boni ; at in inferno nulli boni, sed omnes mali : et uterque locus ex medio suppletur. Hominum enim hujus mundi, alii elevantur ad cœlum, alii trahuntur ad inferum. Similes quippe similibus junguntur, id est, boni bonis, et mali malis ; justi homines justis Angelis, et transgressores homines transgressoribus angelis ; servi Dei Deo, servi diaboli diabolo : benedicti vocantur ad regnum sibi paratum ab origine mundi, maledicti expelluntur in ignem æternum, qui paratus est diabolo et angelis ejus. (*Matth.*, XXV, 34, 41.)

(1) Bona autem regni cœlestis dicere, vel cogitare, vel intelligere ut sunt, nullus potest carne vestitus : multo enim majora et meliora sunt, quam cogitantur et intelliguntur : unde scriptum est, quod « oculus non vidit, nec auris audivit, nec in cor hominis ascendit, quæ præparavit Deus diligentibus se. » (I *Cor.*, II, 9.) Regnum namque Dei omni fama majus, omni laude melius, omni scientia innumerabilius, omni gloria, quæ putatur, excellentius. Mala etiam inferni dicere vel cogitare, ut sunt, nemo potest : pejora quippe sunt valde quam cogitantur. Regnum itaque Dei plenum est lucis, et pacis, et caritatis, et sapientiæ, et gloriæ, et honestatis, et dulcedinis,

heur éternel, de délices ineffables, qu'on ne saurait ici-bas ni exprimer, ni comprendre. En enfer, on trouve les ténèbres, la discorde, la haine, la folie, la misère, la honte, l'amertume, la colère, la douleur, les tourments, la soif, la faim, le feu inextinguible, la tristesse, le châtiment éternel et des maux impossibles à concevoir et à exprimer. Les citoyens du ciel sont les hommes justes et les anges ; leur roi c'est le Dieu tout-puissant. Les habitants de l'enfer sont les impies et les démons ; Satan est leur chef. Ce qui rassasie les justes c'est la vue des saints, des anges, et par dessus tout celle de Dieu. Ce qui tourmente les impies et les pécheurs c'est de voir les réprouvés, les démons, et surtout Satan lui-même. Dans le royaume des cieux, on trouve tout ce qu'on peut désirer ; en enfer, aucun désir n'est satisfait. Au ciel, on ne trouve que ce qui plaît, ce qui réjouit, ce qui rassasie l'âme ; mais au contraire, dans le séjour de misère on ne voit, on ne sent que ce qui déplaît, blesse et tourmente. Dans le royaume éternel, on trouvera la vie sans crainte de la mort, la vérité sans erreur, une félicité pure ; toutes sortes de biens s'y rencontrent sans mélange d'aucun mal. Toutes sortes de maux, sans mélange d'aucun bien, se trouvent dans le royaume de Satan. Nul parmi les méchants ne parvient en paradis, aucun parmi les justes n'est précipité en enfer.

Chapitre II. — Les deux principaux tourments de l'enfer sont un froid insupportable et la chaleur d'un feu inextinguible. Aussi lisons-nous dans l'Evangile : « Là il y aura des pleurs et des grincements de dents. » (*Matth.*, xiii, 51.) Les pleurs et les larmes naissent de la chaleur ; le froid produit les grincements de dents. C'est ce qu'indique Job quand il dit : « Des eaux froides ils passeront dans une chaleur excessive. » (*Job*, xxiv, 19.) De ces deux sortes de tourments en naissent une foule d'autres, savoir : la soif intolérable, la faim, la puanteur, l'horreur, la crainte, l'angoisse, les ténèbres, les tortures, la présence des démons, la férocité des bêtes, la cruauté des bourreaux, les vers immortels qui dévorent, les remords de la conscience, des larmes de feu, des gémissements, des maux, une douleur sans remède, une chaîne sans fin, une mort éternelle, un châtiment qui durera toujours ; la privation de la vue de Jésus-Christ après l'avoir entrevu, tourment qui seul surpasse tous ceux que nous avons énumérés, et qui devient le plus insupportable des supplices.

Malheur donc à ceux qui, pour un vain plaisir d'un instant, méritent de subir éternellement tous ces maux ; car voilà ce que peut valoir toute la pompe de ce monde comparée à la gloire éternelle ! Comme il fut dit de Judas, il vaudrait mieux n'avoir point vu le jour, que de mériter par ses fautes les châtiments éternels.

Chapitre III. — Quoi de plus stupide et de plus insensé que de se laisser surprendre et tromper, comme un enfant, par l'image, l'apparence, l'ombre d'un vrai plaisir, d'une beauté véritable, de charmes et d'honneurs apparents, et de ne point rechercher, de dédaigner même la seule véritable gloire ? Qui donc, quittant l'or pour en saisir l'image qu'il aper-

et dilectionis, et melodiæ, et lætitiæ, et beatitudinis perennis, et omnis boni ineffabilis, quod nec dici nec cogitari potest. At locus inferni plenus est tenebrarum, discordiæ, odii, stultitiæ, miseriæ, turpitudinis, amaritudinis, offensionis, doloris, (*a*) adustionis, sitis, famis, ignis inextinguibilis, tristitiæ, vindictæ perennis, et omnis ineffabilis mali, quod nec dici nec cogitari potest. Cives cœli sunt justi homines et Angeli, quorum rex est Deus omnipotens. At contra cives inferni sunt impii homines et dæmones, quorum princeps est diabolus. Satiat justos visio sanctorum hominum et Angelorum, et super omnia ipsius Dei. Cruciat impios et peccatores visio hominum damnatorum et dæmonum, et super omnia ipsius diaboli. Nihil in regno Dei desideratur quod non inveniatur : at in inferno nihil invenitur quod desideratur. In regno Dei nihil invenitur, nisi quod placet, et delectat, et satiat : at contra in lacu miseriæ perennis nihil videtur, nihilque sentitur, nisi quod displicet, nisi quod offendit, nisi quod cruciat. [(*b*) In regno æterno erit vita sine morte, veritas sine errore, felicitas sine perturbatione.] Omne bonum in regno Dei abundat, et nullum malum : omne malum in carcere diaboli abundat, et nullum bonum. Nullus indignus in regno Dei suscipitur : nullus vero dignus, nullus justus ad infernum trahitur.

Caput II. — Principalia autem sunt duo tormenta in inferno, frigus intolerabile, et calor ignis inextinguibilis : unde in Evangelio legitur : « Illic erit fletus et stridor dentium. » (*Matth.*, xiii, 51, 22, 13, 25, 30.) Fletus namque et liquefactio oculorum ex calore nascitur : stridor vero dentium ex frigore nascitur. Hinc etiam beatus Job : « De aquis, inquit, nivium transibunt ad calorem nimium. » (*Job*, xxiv, 19.) De quibus duobus innumera pendent pœnarum genera ; videlicet, sitis intolerabilis, pœna famis, pœna fœtoris, pœna horroris, pœna timoris, pœna angustiæ, pœna tenebrarum, severitas tortorum, præsentia dæmonum, ferocitas bestiarum, crudelitas ministrantium, dilaceratio immortalium vermium, vermis conscientiæ, ignitæ lacrymæ, suspiria, miseriæ, dolor sine remedio, vincula sine solutione, mors æterna, pœna sine fine, absentia Christi (*c*) post visionem ejus, quæ sola omnia supra dicta superat, et omnibus pœnis intolerabilior.

Væ igitur illis perenne, qui subire hæc omnia mala etiam sine fine merentur, pro delectabili unius horæ somnio : tanta etenim et talis est omnis hujus mundi gloria, ad æternam comparata gloriam. Melius erat eis, quod dictum est de infelice Juda, non nasci, quam malis suis meritis plagas inferni sustinere.

Caput III. — Quid stultius, quid insanius est, quam umbra et imagine et similitudine veræ gloriæ et veræ delectationis, veræ pulchritudinis, veri decoris, veri honoris, more infantium, decipi et superari ; et ipsam veram gloriam non quærere, non desiderare ? Quis imaginem auri in aqua, ipso auro neglecto, eligeret ; et non statim a cunctis fatuus et insanus crederetur ? Quis

(*a*) Ms. Vict. *[vel]oris sitis*. — (*b*) Hæc desiderantur in Mss. Sunt August. *Enchirid.*, c. xxiii. — (*c*) Sic Mss. At editi *quoad visionem*.

cevrait au fond de l'eau, ne serait aussitôt reconnu comme fou et insensé par tout le monde ? Qui donc, préférant au soleil lui-même l'image de cet astre, reproduite dans un miroir ou de toute autre manière, ne deviendrait un objet de risée universelle ? Ainsi prête au ridicule, et plus encore à la pitié, celui qui aime, qui recherche les biens fragiles de ce monde, les plaisirs si vains de la chair, et néglige la gloire éternelle, les délices ineffables du royaume céleste. Ce serait là la conduite d'hommes sans jugement, misérables, et ne possédant pas leur bon sens, quand même on n'aurait pas à redouter les peines de l'enfer, peines qu'on ne peut ni exprimer, ni concevoir. Il y a un double dommage : être privé du royaume de Dieu, être plongé pour l'éternité dans l'enfer, être réprouvé avec Satan, perdre la société des anges, souffrir éternellement celle des démons ! Impossible de dire combien on doit trembler, éviter et craindre ce sort. Qui donc, pour un plaisir d'un jour, consentirait à subir cent années de tourments ? Et cependant des malheureux, des insensés, en se livrant aux plaisirs de la chair, s'attirent d'intolérables supplices qui dureront non pas cent ans, non pas mille fois mille ans, mais des siècles sans fin, et cela pour quarante ou soixante années passées dans les délices, ou dans je ne sais quels plaisirs périssables. Autant il y a peu de proportion entre un jour et cent années, autant, et plus grande encore, est la différence entre quarante, soixante et même cent ans et l'éternité, soit heureuse, soit malheureuse. En effet, un jour, c'est une portion quelconque dans l'espace de cent années, bien qu'elle soit petite ; mais cent ans ne sont rien relativement à l'éternité. Et de fait, si c'était la centième ou la millième partie de l'éternité, il arriverait qu'après cent fois ou mille fois cet espace de temps répété, l'éternité prendrait fin ; ce que la raison ne saurait admettre, car si l'éternité pouvait finir, elle ne serait plus l'éternité.

CHAPITRE IV. — Il faut donc résister avec force aux voluptés des sens, lutter contre les plaisirs trompeurs de ce monde, être sur ses gardes contre les diverses séductions de Satan. Il faut éviter avec soin la voie large du siècle, qui aboutit à la mort, rechercher et suivre de toute l'ardeur de son cœur la voie étroite qui mène à la vie. Cette voie étroite, c'est la voie de l'abstinence, de la chasteté, de l'humilité, de la piété. Jésus-Christ a suivi cette voie avant nous ; c'est celle qui conduit à son royaume. Suivons ses traces jusqu'à ce que, par la même route, nous arrivions à la cité royale, sur laquelle il règne en souverain. Quelque chose que l'homme essaie de dire de cette cité, c'est comme une goutte comparée à la mer, comme une étincelle comparée à un incendie. Là, les saints, selon la parole de Dieu, brilleront comme le soleil. Là, une douce paix, un repos savoureux, aucun travail, aucune douleur, point de pauvreté, point de vieillesse, point de mort, point de ténèbres, nul désir de satisfaire la faim, d'apaiser la soif. La nourriture, le breuvage des saints, ce sera de voir Jésus-Christ, l'auguste Trinité, et de savourer d'un cœur pur la contemplation de la divinité. Là, nous serons réjouis par la lecture perpétuelle du livre de vie, c'est-à-dire de l'éternelle vérité, de la suprême sagesse, du Verbe de Dieu, qui n'est autre que la vision de Notre-Sei-

orbem solis in speculo redditum, vel in qualibet materia formatum plus diligeret, quam ipsum solem; et non ab omnibus derideretur? Sic irridendus, imo dolendus est, quisquis mundi hujus caducam fragilitatem et inutilem carnis voluptatem diligit, quærit, contendit, æterna gloria contempta, et neglectis regni cœlestis ineffabilibus gaudiis. Hoc commercium insipientium valde est, et miserorum, et cor sanum non habentium, etiam si plagæ inferni non sequerentur, quæ nec dici nec cogitari possunt. Duplex vero plaga est, abesse a regno Dei, et esse semper in inferno, id est, cum diabolo damnari; præsentiam amittere Angelorum, et terribilem dæmonum semper pati præsentiam. Quantum caveri, vitari, metui debet, nullo modo dici potest. Quis cum sano sensu pro unius diei deliciis, centum annorum pœnam eligeret? Et miseri tamen et sine ulla sapientia, (a) voluptatem carnis sequentes, non vitant, non effugiunt intolerabiles pœnas, non centum annorum, non millies mille, sed omnium sine fine sæculorum pro quadraginta vel sexaginta annorum deliciis, vel qualibet corruptibili delectatione. Quantum autem interest inter unum diem, et centum annos; non tantum utique, sed plus interest inter quadraginta vel sexaginta vel centum annos, et æternitatem, sive in bono, sive in malo futuram. Unus enim dies aliqua portio est in centum annorum spatio, quamvis valde modica : at vero centum annorum spatium nulla portio est in illa æternitate. Si enim, verbi gratia, centesima vel millesima pars esset æternitatis, prædictum ejus spatium post centuplum ejus spatium vel milluplum æternitas esse desineret : quod ratio non sinit æternitatis, quæ si ullo modo, ullo tempore finiretur, æternitas omnino non esset.

CAPUT IV. — Fortiter ergo carnali resistendum est voluptati, fortiter contra fallaces hujus mundi blanditias pugnandum est, contraque multimodas satanæ suggestiones vigilandum. Omni studio lata sæculi via vitanda est, quæ ducit ad mortem : at vero omni cordis desiderio via angusta, quæ ducit ad vitam, adeunda est et appetenda. Via hæc angusta est via abstinentiæ, et castitatis, et humilitatis, et omnis religionis : quam viam ante nos Christus attrivit, qua via ad suum regnum migravit. Cujus vestigia et nos sequamur, donec post eam eadem via ad urbem regiam perveniamus, in qua ipse regnat. De qua urbe quidquid homo dixerit, quasi stilla de mari est, vel quasi scintilla de foco. In qua videlicet urbe fulgebunt justi sicut sol, ut Dominus ait. (*Matth.*, XIII, 43.) Ubi summa pax erit, summa quies, nullus labor, nullus dolor, nulla paupertas, nec senectus, nulla mors, nec ulla nox, nullum cibi desiderium, nullum sitis incendium : sed cibus et potus omnium erit visio Christi et sanctæ Trinitatis, et contemplatio puro cordis oculo ipsius divinitatis, et assidua lectio, ut ita dicam, libri vitæ, id est, æternæ veritatis et summæ sapientiæ, et verbi Dei, quæ est Jesu Christi visio : ubi quidquid

(a) Mss. duo *voluntatem*.

gneur Jésus-Christ. Là sera manifesté tout ce qui nous est aujourd'hui caché. Nous y verrons avec évidence pourquoi celui-ci est élu, celui-là réprouvé ; pourquoi l'un entre en possession du royaume, tandis que l'autre est réduit en servitude ; pourquoi la mort saisit celui-ci dans le sein de sa mère, et celui-là dans son enfance, l'un dans sa jeunesse, l'autre dans la vieillesse ; pourquoi l'un est pauvre, l'autre riche ; pourquoi le fils de l'adultère reçoit le baptême, tandis que parfois le fils de l'épouse légitime meurt avant de l'avoir reçu ; pourquoi tel qui commence par bien vivre finit mal, tandis que souvent celui qui commence mal fait une bonne fin. Tous ces mystères nous apparaîtront clairs et manifestes dans le livre de vie. Dans cette bienheureuse cité, la récompense de chacun deviendra la récompense de tous, et à cause des liens de la charité, le bonheur de tous deviendra le bonheur de chacun. La félicité de chacun sera connue de tous ; tous connaîtront leurs pensées réciproques ; nul supérieur n'y sera orgueilleux, nul inférieur n'y sera jaloux. Comment celui qui aimera les autres comme lui-même pourrait-il être envieux, puisque personne ne lui portera envie ? Personne ne désirera être plus élevé qu'il ne le sera ; car il ne serait pas beau d'occuper une place supérieure à celle qu'on a méritée ; on ne désirera point être autrement qu'on sera, parce qu'il sera convenable d'être ainsi, non-seulement pour soi-même, mais pour la beauté de l'Église céleste tout entière. De même que si l'un de nos membres était placé plus haut ou plus bas que la nature ne le veut, il rendrait notre corps monstrueux et difforme ; ainsi, si dans le royaume de Dieu quelqu'un occupait un poste plus élevé, que celui que la sagesse et la volonté du suprême Ordonnateur lui aura assigné, ce serait une difformité et pour lui-même et pour le ciel entier, dans lequel celui qui sera le dernier possédera certainement une gloire plus grande que s'il était, pendant l'éternité, maître de tout l'univers. Que la jouissance des choses visibles et passagères est peu de chose en comparaison de la jouissance et de la possession de Dieu lui-même ! Telle est la splendeur de la justice éternelle, tel le charme de la lumière incréée, c'est-à-dire de la vérité et de la sagesse absolue, que, ne dût-on même en jouir que l'espace d'un seul jour, on devrait avec raison mépriser d'innombrables années passées au milieu des délices de cette vie, et des plaisirs fugitifs de ce monde. C'est avec justice et avec un sens profond qu'il est écrit : « Un jour passé dans vos tabernacles est préférable à mille autres. » (*Ps.* LXXXIII, 11.)

Rien ne saurait être comparé au bonheur, à la joie que procurent la possession des choses spirituelles et invisibles, la société des anges et des justes, la science pleine et la connaissance de la nature divine, la vue de Dieu lui-même face à face. Les anges admirent sa beauté, les morts ressuscitent à son commandement, sa sagesse ne connaît point de limites, son règne n'aura point de fin, sa gloire ne saurait être racontée ; sa splendeur efface tellement celle du soleil, qu'en sa présence cet astre reste sans lumière ; sa douceur surpasse tellement celle du miel, qu'en comparaison ce dernier n'est qu'absinthe et amertume. Si les réprouvés pouvaient un instant voir sa face, ils n'éprouveraient plus ni peine, ni tourment, ni tristesse.

---

nunc nos latet, manifestius erit. Ubi ratio manifesta erit, cur hic electus est, et ille reprobatus : cur hic in regnum assumptus, et ille in servitutem redactus : cur alius in utero moritur, alius in infantia ; alius in juventute, alius in senectute : cur alius pauper est, alius dives : cur filius adulteræ baptizatur, et aliquando filius legitimæ conjugis ante baptismum moritur : cur qui bene incipit vivere, aliquando male finit ; et qui male incipit, sæpe bene finit. Hæc omnia et hujusmodi multa in libro vitæ plana et aperta erunt. In eadem urbe præmium singulorum, omnium ; et omnium, per caritatem singulorum erit. Ibi (*a*) omnium bonum omnibus patebit. Ibi omnes invicem suas cogitationes cognoscent. Ibi nullus superior superbus erit, nullus inferior invidus. Quomodo enim qui omnes sicut se ipsum diliget, alicui invidere poterit ; cum nemo sibi ipsi invideat ? Ibi nullus melius esse vel superius concupiscet, quam erit ; quia aliter esse quam quod meruit, nec esset decorum : nec aliter esse desiderabit quam quod erit ; quia ita esse ut erit, pulchrum erit, non solum sibi ipsi, sed etiam universo corpori Ecclesiæ cœlestis. Quomodo enim quodlibet membrum in corpore, si superius vel inferius ponatur quam natura constituit, monstruosum efficit corpus et turpe ; sic nimirum si aliquis in regno Dei superius ordinetur, quam postulat ars et voluntas omnipotentis artificis, turpitudinem efficiet, non solum sibimet, sed omni congregationi, in qua qui erit minimus, majorem sine dubio habebit gloriam, quam totum habens mundi regnum, etiam si æternum esset. Vile enim valde est elementis frui, in comparatione fruendi et gaudendi ipso Deo, et visibilibus delectari et corporalibus. [(†) Tanta est enim pulchritudo justitiæ, tanta jucunditas lucis æternæ, hoc est, incommutabilis veritatis et sapientiæ : ut etiam si non liceret amplius manere in ea quam unius diei mora, propter hoc solum innumerabiles anni hujus vitæ pleni deliciis in circumfluentia corporalium bonorum recte meritoque contemnerentur. Non enim falso aut parvo affectu dictum est : « Quoniam melior est dies una in atriis tuis super millia.] » (*Psal.* LXXXIII, 11.)

Nihil est comparandum delectationi et gaudio, quod nascitur ex invisibilibus et incorporeis, et ex societate Angelorum et justorum omnium, et ex certa scientia et cognitione ipsius divinæ naturæ, et ex Dei ipsius facie ad faciem visione. Cujus pulchritudinem mirantur Angeli, cujus imperio suscitantur mortui, cujus sapientiæ non est numerus, cujus regnum finem nescit, cujus gloria nequit narrari : cujus lux tam solem obscurat, ut ejus comparatione nullam habeat soli lucem ; cujus dulcedo tam mel superat, ut ei comparatum velut absynthium sit amarissimum. Cujus faciem si omnes carcere inferni inclusi viderent, nullam pœnam, nullum dolorem, nullamque tristitiam sentirent. Cujus præsentia si in inferno

---

(†) *Verba August.*, lib. III *de Lib. Arb.*, n. 77, non habent Mss.
(*a*) In uno Ms. *omnium bonorum copia.* In editis *omne bonum.*

S'il se montrait en enfer avec les bienheureux, l'enfer deviendrait un paradis de délices. Sans son ordre une feuille ne tombe pas, et ses yeux flamboyants sondent les profondeurs de l'abîme; son oreille entend la voix silencieuse du cœur, c'est-à-dire la pensée; son œil n'entend pas moins qu'il ne voit; son oreille voit aussi bien qu'elle entend, parce que n'étant point corporel, il est la suprême sagesse, la science absolue. Les délices que sa présence procure sont sans dégoût; les esprits bienheureux qui les possèdent les désirent encore; ils ont faim, ils ont soif d'en jouir, et cela sans tourment; ils aspirent après ce bonheur de toute l'ardeur de leur âme. Les merveilles cachées de son essence sont toujours nouvelles, toujours admirables pour ceux qui les contemplent; après mille ans, après mille fois mille ans, elles n'excitent pas moins l'admiration que si l'on commençait à les voir. Les anges, qui les contemplent depuis le commencement du monde, les trouvent aussi dignes d'admiration que le premier jour; autrement, il y a un longtemps que l'habitude de les voir les auraient rendues moins admirables à leurs yeux. Pour la science de ce Maître souverain, il n'y a ni passé ni futur, mais tout est présent.

Chapitre V. — Aussi, Dieu ne verra pas le jour du jugement; il n'a pas vu le premier jour du monde; pour lui, tous deux sont présents. Sa prescience, pourtant, n'oblige personne à pécher, comme les hérétiques le prétendent. Si, disent-ils, Dieu a prévu qu'Adam devait pécher, ce dernier ne pouvait pas ne point pécher. Cette erreur insinue que Dieu est la cause du péché, ce qu'on ne saurait dire sans impiété. Il est facile cependant de les confondre par leurs propres raisonnements. En effet, si ce que Dieu prévoit doit nécessairement arriver, l'homme a péché par sa propre volonté et sans y être contraint par la nécessité, puisque Dieu avait prévu qu'il pécherait librement et volontairement, sans y être aucunement forcé. Si donc ce que Dieu prévoit arrive certainement, il est manifeste que l'homme n'a pu pécher que librement et sans contrainte, puisque Dieu avait prévu qu'il pécherait ainsi. S'il a péché librement, il n'y a donc point été forcé. Que s'il n'a point été contraint de pécher, il a pu ne pas pécher; et partant, en péchant de son plein gré, il a mérité sa peine, autrement Dieu ne l'aurait point condamné. La parole de ce Dieu, c'est l'inspiration secrète par laquelle il manifeste invisiblement aux âmes sa volonté, son amour; c'est en voyant cette divine parole que les anges exécutent en tout les volontés divines. Sa louange, c'est celle qu'il donnera à ses élus, par laquelle il fera connaître tous les biens dont ils sont comblés; c'est aussi celles que lui rendront les saints pendant l'éternité, et l'admiration perpétuelle où ils seront plongés. Ce Dieu, il a sans aucun temps précédé le monde et le temps (car aucune heure n'a existé avant la création du monde), il a été sans commencement. Le temps n'existait pas avant le temps, il a commencé avec la création de cet univers. Si donc le temps a commencé à être compté, à dater du commencement du monde, il est clair qu'avant ce monde il n'existait pas. Il est donc vrai, comme nous l'avons dit, que Dieu n'a précédé d'aucun espace de temps le temps et ce monde, qui naquit avec lui. Il y a plus, antérieur à tous les temps, c'est de lui qu'ils ont reçu leur mouvement. Le moteur précède nécessairement

---

cum (*a*) sanctis habitatoribus appareret, continuo infernus in amœnum converteretur paradisum. Cujus sine nutu nec folium de arbore cadit. Cujus oculi flammivomi profundum penetrant inferni. Cujus auris tacitam cordis vocem audit, id est, cogitationem. Cujus oculus non minus audit, quam videt : cujus auris non minus videt, quam audit; quia non corpus sunt, sed summa sapientia et certa cognitio. Cujus deliciæ sine fastidio satiant : quæ cum a beatis inveniuntur, semper tamen desiderantur, et esuriunt et sitiunt sine pœna effuciunt, et ardenti semper desiderio delectant. Cujus secreta mirabilia, videntibus ea semper nova sunt et mira : et non plus cum incipiunt videri, pariunt stuporem cernentibus, quam post mille annos et millies mille. Et cum Angeli ab initio mundi ea soliti sint videre, tamen non minus hodie admirantur ea, quam in primo die : alioquin dudum coram Angelis assiduo videndi usu vilescerent. Cujus cognitioni præterita et futura, (*b*) non præterita et futura, sed præsentia sunt.

Caput V. — Unde non diem judicii videbit, et primum diem sæculi non vidit : sed utrumque videt. Cujus præscientia neminem cogit ad peccandum, ut multi errantes dicunt. Si enim, inquiunt, præscivit Deus Adam peccaturum esse, non peccare non potuit. Ex quo errore nascitur, Deum causam esse peccati, quod nefas est dicere. Et illi tamen etiam suis verbis alligantur. Si enim quod præscientia Dei habet, necesse est fieri; ideo voluntate propria homo peccavit, et non aliqua necessitate, quia in præscientia Dei fuit, ut voluntate et libero arbitrio, et non necessitate cogente peccaret. Si ergo præscientia Dei non potest vitari, non potuit homo aliter peccare nisi voluntate, nulla alia vi cogente : quia ita Deus præscivit illum peccaturum. Si ergo voluntate, non coactus est. Si enim non coactus est ad peccandum, potuit sine dubio non peccare si vellet : ideoque pœnam meruit, quia non invitus peccavit; alioquin a Deo pœnam mortis non susciperet. Cujus locutio est occulta inspiratio, qua mentibus suam voluntatem et suam caritatem invisibiliter ostendit : quam videndo Angeli per omnia Deo obediunt. Cujus laus est qua electos laudabit, manifestatio qua suorum electorum bona omnibus monstrabit : assidua autem laus qua electi eum laudabunt, est admiratio ejus perennis. Qui miro modo et sine tempore præcessit mundum et tempus; (nullius enim horæ spatio fuit ante mundum :) et tamen semper erat sine initio. Non enim erat tempus ante tempus : tempus autem cum mundo concreatum est. Si igitur tempus ab initio mundi cœpit currere, ante mundum factum non erat. Ideoque nullo tempore, ut prædiximus, præcessit Deus tempora et mundum eis coævum, imo paulo eis priorem; ejus enim motu cœperunt currere. Quidquid movetur, suum motum præcedit. Ineffabili enim æternitate præcessit

(*a*) Unus Ms. *suis*. — (*b*) Mss. omittitunt *non præterita et futura sed*.

ce qui est mû. C'est par l'ineffable éternité, et non par aucun laps de temps, que Dieu est antérieur au monde. Sa clarté dissipe les ténèbres, et c'est par un rayonnement de cette lumière que nous connaissons les choses, que nous appelons vraies et certaines. Cette lumière nous apprend que le vrai est préférable à ce qui est faux ; elle nous montre également que le mal vrai, le péché certain, est pire que le mal faux et incertain, non pas parce qu'il est vrai, mais parce qu'il est mal et péché ; mais il n'est mal et péché que parce qu'il est véritablement tel. Autrement, il ne serait ni mal ni péché, car un mal faux n'est pas un mal, de même qu'un argent faux n'est point de l'argent. Peut-être quelqu'un s'avisera-t-il de dire que le mal et le péché viennent de la vérité ; que le mal est l'œuvre du vrai, ce qui est absolument faux. En effet, tout ce qui est vrai l'est par la vérité, et tout ce qui est vrai, en tant qu'il est vrai, est bon. La vérité fait qu'il est vrai que le mal ou le péché existe, mais ce n'est point elle qui le rend tel ; autre chose est que le mal existe, autre chose est qu'il soit vrai. Quoique le mal ne soit pas bien, il est bien cependant que la qualification de vrai lui soit appliquée. Si l'existence du mal n'avait pas son utilité, Dieu n'eût pas permis son existence. Dieu tout-puissant fait quelquefois sortir le bien du mal, comme il fait parfois d'unions adultères naître des hommes justes. Si, par les quelques étincelles de cette divine lumière qui parviennent jusqu'à nous, nous savons ce que nous connaissons de vérité, quelle splendeur de science et de sagesse ne posséderons-nous pas quand nous verrons face à face le soleil de vérité, c'est-à-dire quand nous connaîtrons, d'une science assurée et certaine, celui qui rend semblables à lui-même ceux qui jouissent de sa présence ? Quiconque s'attachera à la véritable beauté, à la véritable sagesse, à la véritable éternité, deviendra lui-même beau, sage, éternel. Son absence rendra opposés à lui ceux qui en seront séparés. L'éternité de ce Dieu est sans commencement et sans fin, (car s'il y avait un temps où il n'eût pas été, qui l'aurait formé ?) puisqu'il est le seul vrai Dieu, et qu'avant lui il n'y a point eu d'autre Dieu, et qu'il n'y en aura point après. Il ne s'est pas créé lui-même, puisque rien ne se crée soi-même; comment, en effet, ce qui n'est pas pourrait-il se donner l'existence ? Donc, Dieu n'a point eu de commencement ; s'il n'a point eu de commencement, il existait avant toutes choses. Tout ce qui est fait a eu un commencement, et tout ce qui a commencé a été créé par un Dieu incréé, qui lui-même est le créateur de toutes choses ; sa science, sans subir aucun accroissement, embrasse l'innombrable multitude des créatures, les anges, les hommes, les étoiles, les grains de sable, les cheveux, les paroles, les pensées, les heures, les minutes. Dieu est la source et le principe de toute science ; plus on boit à cette source, et plus on désire y puiser.

Chapitre VI. — Ainsi que nous l'avons dit plus haut, jouir de la société des anges et des bienheureux, savourer la présence de Dieu même, c'est un bonheur préférable à la souveraineté de l'univers entier, quand même elle devrait être éternelle ; la vue de Dieu renferme une triple connaissance, celle

Deus mundum, non tempore. Cujus tempus ante mundum non erat. Cujus lux tenebras depellit ignorantiæ, cujus aliqua particula hæc omnia, quæ diximus, vera et certa esse cognoscimus. Eadem luce melius esse verum, quam falsum, videmus ; et tamen pejus esse verum malum vel verum peccatum, quam falsum malum vel falsum peccatum : non quia verum est, sed quia malum vel peccatum est; [(a) sed ideo malum vel peccatum est, quia verum malum vel peccatum est :] Aliter enim non posset esse malum vel peccatum, nisi verum esset malum vel peccatum; falsum enim malum non est malum, ut falsum argentum non argentum est. Potest aliquis a veritate dicere malum vel peccatum exortum esse vel factum, et quodam modo opus esse veritatis malum : quod omnino falsum est. Omne enim verum a veritate est, et omne verum in quantum verum, bonum est : a veritate igitur est verum esse, ut sit malum vel peccatum, non ipsum malum vel peccatum : aliud namque est ipsum malum, aliud verum esse illud. Quamvis igitur ipsum malum bonum non est, bonum est tamen verum esse ut sit illud. Nisi enim bonum esset esse malum, nullo modo sineret Deus illud fieri. Multa quippe bona de malis Omnipotens facit, ut de adulterio hominum bonos format et facit homines. Si autem et quadam illius lucis particula quasi per angustas rimas infusa, hæc et alia omnia quæ novimus, vera esse cognovimus : quali et quanta luce scientiæ et sapientiæ illic illustrabimur, ubi ipsum solem veritatis facie ad faciem videbimus, id est, certa et vera sapientia cognoscemus ? cujus præsentia similes ei facit præsentes. Qui enim veræ sapientiæ, veræ pulchritudini, veræ æternitati adhærebit, sapiens utique et pulcher et æternus erit. Sic enim absentia ejus dissimiles ei omni modo facit. Cujus æternitas sine initio et sine fine est : (si enim esset tempus quando non esset, quis eum faceret ?) quia ipse est solus Deus, et ante ipsum Deus alius non erat, nec est, nec erit. Non forte se ipsum creavit, cum nihil se ipsum creat : qua enim potentia qui omnino non esset se ipsum faceret ? Restat igitur quod omnino factus non est Deus. Cum ergo nullo modo Deus factus est, sine initio ante omnia erat. Quidquid enim factum est, initium habet : et quidquid initium habet, sine dubio factum est, non ab alio nisi a Deo non facto, sed omnia faciente. Cujus scientia sine ulla varietate (b) cognitionis, et sine ullo (c) cursu huc et illuc innumerabilem varietatem omnium creaturarum, angelorum, hominum, stellarum, arenarum, capillorum, verborum, cogitationum, momentorum omnium, simul et semel comprehendit et intelligit. Fons igitur et origo omnis scientiæ Deus est : quem quanto plus quis bibet, tanto plus sitiet.

Caput VI. — Incomparabiliter ergo totius mundi regnum, ut supra diximus, et si æternum esset, præcellit, societati Angelorum et sanctorum, et præsenti ipsius Dei adesse visioni. In cujus visione trina scientia nascitur : id est, homo qui cernit, et Deus qui cernitur, et cæteri omnes omnia videbunt et intelligent. Sicut enim

(a) Hæc non habent Mss. — (b) Abest vox *cognitionis* a Ms. Vict. — (c) Sic Mss. Vict. At Cult. usu. Editi visu. f. pro *nisu*.

de l'homme qui en jouit, celle de Dieu qui est vu, celle des autres saints qui voient et connaissent tout. De même que dans un miroir nous découvrons trois sortes d'objets : nous-mêmes, le miroir, puis les objets qui nous environnent; ainsi, dans le miroir de la lumière divine, nous voyons Dieu tel qu'il est, autant qu'il est possible à une créature de le voir, nous nous voyons nous-mêmes, et nous connaissons les autres d'une science véritable et certaine. Alors en Dieu, nous verrons tout ce que les créatures ont de plus caché, et même tout ce que l'enfer a de plus mystérieux. Les justes verront alors comment Dieu est invisible, incompréhensible, n'ayant ni commencement, ni fin, avant et après toutes choses. Ils sauront la différence qu'il y a entre être engendré, ce qui est un privilége du Fils, et procéder, ce qui appartient au Saint-Esprit; sinon que le Fils naît du Père seul, tandis que l'Esprit saint procède de tous deux; ils verront comment le Père précède le Fils et le Saint-Esprit non par l'âge, mais par l'origine, et comment en Dieu tout est un, excepté ce qui touche aux relations des personnes. En effet, la sagesse, la vérité, l'éternité de Dieu ne sont point distinctes, mais sont une seule chose, ainsi que tous les attributs divins. La sagesse en Dieu n'est pas plus sagesse que vérité, pas plus vérité que sagesse, qu'éternité ou n'importe quelle perfection; c'est une seule chose en Dieu, non-seulement c'est une seule et même chose en Dieu, mais c'est Dieu lui-même. Ils verront comment le monde étant en Dieu avant de subsister, était Dieu même et non le monde, comment Dieu est partout sans occuper aucun lieu, comment il est grand sans étendue, bon sans qualité accessoire, comment sans se souiller, il pénètre les objets purs et les objets impurs. Ainsi que le soleil éclaire tous les lieux, éclaire même les cloaques sans contracter aucune odeur, ni aucune souillure; de même et à plus forte raison, Dieu qui est la lumière invisible, incomparable, pénètre, gouverne, soutient, environne, éclaire tout ce qui est au ciel, sur la terre, dans les enfers, sans subir aucun changement, aucune souillure.

Alors les élus de Dieu jouiront d'une triple vision : la vision corporelle par laquelle ils verront les corps brillants, les uns comme le soleil, les autres comme la lune, d'autres comme les étoiles; la vision spirituelle, par laquelle ils verront la ressemblance des corps dans l'esprit, et non pas dans une vaine image, vision que, dès aujourd'hui, les âmes des justes aperçoivent derrière les barrières du corps. Enfin, la vision intellectuelle, par laquelle en esprit et des yeux de l'âme, ils verront Dieu, leurs âmes et les esprits angéliques. Alors, ils remercieront Dieu de deux choses : de les avoir délivrés de la damnation éternelle, et de les avoir récompensés par des biens si ineffables. Alors, le grand coupable, l'ennemi de tous, Satan sera condamné à la vue des élus de Dieu; sa condamnation, son terrible châtiment sera pour eux un agréable spectacle. Alors, ils aimeront de l'amour le plus ardent leur libérateur, l'auteur de tous leurs biens, et du fond de leur cœur, sans se lasser jamais, ils béniront le Dieu tout-puissant, bon et miséricordieux, auquel soit honneur et gloire maintenant et dans tous les siècles. Ainsi soit-il.

---

per speculum vitreum trina nobis visio administratur, quia nos ipsos, et ipsum speculum, et quidquid præsens adest videmus; sic per speculum divinæ claritatis, et ipsum Deum, ut est, videbimus, quantum possibile erit creaturæ, et nos ipsos, et cæteros vera et certa scientia cognoscemus. Tunc abdita creaturarum, et ipsius inferni, videndo Deum videbimus. Tunc justis manifestum erit, quomodo Deus est invisibilis, incomparabilis, sine initio et sine fine, ante omnia et post omnia : quidquid interest inter nasci, quod ad Filium pertinet; et procedere, quod ad Spiritum sanctum, excepto quod unus ex uno natus sit, alter ex duobus processit : et quomodo Pater non præcessit Filium tempore, sed origine, nec Spiritum sanctum : et quomodo omnia Dei unum sunt in Deo, excepto quod ad relationem pertinet; nam sapientia Dei et veritas et æternitas non diversa sunt inter se, sed unum sunt sicut cætera omnia : sapientia enim Dei non magis sapientia quam veritas est, et non magis veritas est quam sapientia, quam æternitas, quam cætera Dei omnia; unum enim sunt in Deo, et non solum hæc inter se eadem sunt in Deo, sed non aliud sunt quam ipse Deus : et quomodo mundus erat in Deo, antequam in se ipso esset, non mundus, sed Deus : et quomodo ubique totus sine loco, magnus sine quantitate, bonus sine qualitate : et quomodo omnia penetrat munda et immunda sine sui pollutione. Si enim lux ista visibilis omnia loca illustrat, et sterquilinia etiam penetrat sine fœtore, et sine sui pollutione; quanto magis Deus, qui est invisibilis et incommutabilis lux, omnia penetrat, regit, sustinet, circumdat, illustrat, sine ulla mutatione vel pollutione, non solum cœlestia et terrestria, sed etiam infernalia?

Tunc erit electis Dei trina visio, id est, corporalis, qua corpora cernentur; quorumdam splendentia ut sol, quorumdam ut luna, aliorum ut stellæ. Et spiritalis, qua similitudines corporum in spiritu et non fallaci phantasia inspicient; qua visione etiam hodie fruuntur spiritus justorum post corporum claustra : et visio intellectualis, qua puro mentis oculo in spiritu Deum videbunt, et suas animas, et virtutes intimas, et spiritus angelicos. Tunc duplices Deo acturi sunt gratias, videlicet pro sua liberatione a perpetua damnatione, et pro bonorum ineffabili retributione. Tunc communis omnium reus et hostis diabolus in conspectu electorum Dei damnabitur : cujus damnatio et intolerabilis pœna delectabile spectaculum præstabit electis. Tunc ardentissimo amore liberatorem suum et omnium bonorum datorem amabunt, et sine fine et sine fastidio clamore cordis laudabunt Deum omnipotentem, benignum et misericordem : cui honor et gloria et nunc et per omnia sæcula sæculorum. Amen.

AVERTISSEMENT SUR LE LIVRE SUIVANT

Ce livre, publié parmi les ouvrages de saint Bernard, avait pour titre : *Echelle des monastères, ou Traité de la manière de prier.* Mais les éditeurs de Louvain ont pensé, et avec raison, qu'il n'était point de ce Père. Car dans le manuscrit de la Chartreuse de Cologne, (comme le remarque la dernière édition de saint Bernard) il est précédé d'une lettre qui porte ce titre : *Epître de Guigues le chartreux adressée au frère Gervais sur la vie contemplative.* « A son cher frère Gervais Guigues souhaite grande joie dans le Seigneur. La justice m'oblige à vous aimer, car vous m'avez aimé le premier, et je suis obligé de vous écrire, puisque le premier vous m'y avez invité par votre lettre. Je me suis donc proposé de vous adresser certaines réflexions que j'ai écrites relativement aux exercices spirituels des monastères, afin que vous qui, par votre expérience, connaissez mieux les choses que je ne les connais moi-même par l'étude, vous puissiez juger et réformer mes pensées à ce sujet. C'est avec raison que je vous offre les prémices de mon travail, pour que vous recueilliez les premiers fruits de cette nouvelle production; en effet, vous cherchant par une louable fuite une douce solitude, quittant la servitude de Pharaon, vous vous êtes établi au milieu d'un camp retranché, et vous avez greffé avec une sage prudence le rameau retranché de l'olivier sauvage sur l'olivier franc. » Puis le livre commence : « Un certain jour qu'occupé... » Après les derniers mots : « de la paix goûtée en Dieu, » le livre se termine ainsi : « Pour vous, mon frère Gervais, s'il vous est donné un jour de gravir les hauteurs de ces degrés, souvenez-vous de moi, et priez pour moi lorsque vous aurez atteint le but, afin de m'attirer après vous et que celui qui nous entend me dise : Viens ! »

ADMONITIO IN SUBSEQUENTEM LIBRUM

Hoc opusculum circumferebatur etiam inter Bernardi opera ; inscriptum *Scala Claustralium sive Tractatus de modo orandi* : sed nec illius esse Lovanienses censuerunt : et bene quidem. In codice enim Mss. Carthusiæ Coloniensis (sicuti in ultima editione Bernardi notatum est) præfixam habet epistolam legitur cum ista epigraphe : « Epistola Domni Guigonis Carthusiensis ad Fratrem Gervasium de vita contemplativa. Dilecto Fratri suo Gervasio Fr. Guigo, Delectari in Domino. Amare te ex debito teneor, quia prior me amare incepisti : et rescribere tibi compellor ; quia litteris tuis ad scribendum me prius invitasti. Quædam ergo quæ de spiritali exercitio Claustralium excogitaveram, transmittere proposui : ut qui talia experiendo melius, quam ego tractando, didicisti, mearum judex sis cogitationum et corrector. Et merito hæc nostri laboris initia tibi primitus offero, ut novellæ plantationis primitivos fructus colligas ; quoniam de servitute Pharaonis, te delicata solitudine laudabili furto surripiens, in ordinata castrorum acie collocasti, ramum de oleastro artificiose excisum prudenter inserens in oliva. » Tum liber incipit : « Cum die quadam, » etc. Post extrema autem verba illa, « pacem in idipsum, » sic liber clauditur : « Tu ergo frater mi Gervasi, si quando datum tibi fuerit de super prædictorum graduum celsitudinem conscendere, memento mei : et ora pro me, cum bene fuerit tibi ; ut sic cortina cortinam trahat, et qui audit, dicat veni. »

LE LIVRE
DE
L'ÉCHELLE DU PARADIS

CHAPITRE I. — Un certain jour, qu'occupé de je ne sais quel travail manuel, je réfléchissais sur les exercices de la vie spirituelle, quatre degrés divers de ces exercices se présentèrent soudain à mon esprit, savoir : la lecture, la méditation, la prière et la contemplation. C'est là, me dis-je, l'échelle des religieux par laquelle ils s'élèvent jusqu'aux cieux, elle compte peu de degrés, et cependant elle est immense et d'une hauteur incroyable. L'un de ses bouts s'appuie sur la terre, l'autre pénètre les nues et touche au sanctuaire du ciel. Ces degrés, outre qu'ils sont distincts par leurs noms, le sont encore par leur rang et par les fonctions qu'ils remplissent. Quiconque examinera avec soin, avec attention leurs propriétés, leurs diverses utilités à notre égard ; comment ils diffèrent entre eux et s'élèvent les uns sur les autres, trouvera léger et facile ce travail, à cause de la douceur et des avantages qu'il en retirera. La lecture est un regard attentif jeté sur l'Ecriture sainte avec un esprit recueilli ; la méditation est un acte réfléchi de l'âme cherchant à connaître par les lumières de sa raison la vérité cachée. La prière est une pieuse intention de l'âme vers Dieu, pour qu'il éloigne de nous les maux et nous accorde les biens ; enfin la contemplation est une sorte d'élévation de l'âme attachée à Dieu, et goûtant quelques parcelles des joies éternelles.

CHAPITRE II. — Après avoir défini ces quatre degrés, il nous reste à désigner leurs fonctions. La lecture cherche la douceur de la vie bienheureuse, la méditation la trouve, la prière la demande, la contemplation la goûte. D'où cette parole du Seigneur : « Cherchez et vous trouverez ; frappez, et on vous ouvrira. » (*Matth.*, VII, 7.) « Cherchez » par la lecture « et vous trouverez » par la méditation ; « frappez » par la prière « et on vous ouvrira » par la contemplation. La lecture apporte à l'esprit une nourriture solide, la méditation la mâche et la broie, l'oraison en fait sortir la saveur, la contemplation s'assimile les sucs qui réjouissent et qui fortifient ; la lecture c'est l'écorce, la méditation c'est l'aubier, la prière c'est la demande de ce qu'on désire, la contemplation c'est la douceur goûtée de l'objet désiré. Pour que ceci soit mieux compris, je choisirai un exemple entre beaucoup d'autres. Je lis ces paroles : « Heureux ceux qui ont le cœur pur, car ils verront Dieu ; » (*Matth.*, V, 8) voici une sentence courte, mais douce et pleine de sens ; c'est comme un raisin que l'âme doit savourer. Après l'avoir examinée attentivement, elle se dit en elle-même : Il y a là quelque chose de bon, je rentrerai en moi-même, et je verrai si je puis comprendre et trouver cette pureté du cœur ; en effet, elle doit être précieuse et désirable cette chose dont les possesseurs sont proclamés bienheureux,

SCALA PARADISI LIBER UNUS

CAPUT I. — Cum die quadam corporali manuum labore occupatus de spiritalis hominis exercitio cogitare cœpissem, quatuor spiritales gradus animo cogitanti se subito obtulerunt, scilicet lectio, meditatio, oratio et contemplatio. Hæc est scala claustralium, qua de terra in cœlum sublevantur, gradibus distincta paucis, immensæ tamen et incredibilis magnitudinis. Cujus extrema pars terræ innixa est, superior vero nubes penetrat, et secreta cœlorum rimatur. Hi gradus sicut nominibus et numero sunt diversi, ita ordine et (*al.* merito) munere sunt distincti. Quorum proprietates et officia quidem singula, quid circa nos efficiant, quomodo inter se invicem differant et præemineant, si quis diligenter inspiciat, quidquid laboris aut studii impenderit in eis, breve reputabit et facile, præ utilitatis et dulcedinis magnitudine. Est autem lectio, sedula Scripturarum cum animi intentione inspectio. Meditatio est studiosa mentis actio, occultæ veritatis notitiam ductu propriæ rationis investigans. Oratio est devota (*al.* mentis) cordis intentio in Deum, pro malis amovendis, et bonis adipiscendis. Contemplatio est mentis in Deum suspensa quædam elevatio, æternæ dulcedinis gaudia degustans.

CAPUT II. — Assignatis ergo quatuor graduum descriptionibus, restat ut eorum officia videamus. Beatæ igitur vitæ dulcedinem lectio inquirit, meditatio invenit, oratio postulat, contemplatio degustat. Unde ipse Dominus dicit : « Quærite, et invenietis ; pulsate, et aperietur vobis. » (*Matth.*, VII, 7.) « Quærite » legendo, « et invenietis » meditando. « Pulsate » orando, « et aperietur vobis » contemplando. Lectio quasi solidum cibum ori apponit : meditatio masticat et frangit : oratio saporem acquirit : contemplatio est ipsa dulcedo, quæ jucundat et reficit. Lectio in cortice, meditatio in adipe, oratio in desiderii postulatione, contemplatio in adeptæ dulcedinis delectatione. Quod ut expressius videri possit, unum de multis suppouam exemplum. In lectione audio : « Beati mundo corde, quoniam ipsi Deum videbunt. » (*Matth.*, V, 8.) Ecce breve verbum, sed suave et multiplici sensu refertum, ad pastum animæ quasi uvam ministravit : quam post quam anima diligenter inspexerit, dicit intra se, potest aliquid boni esse, redibo ad cor meum, et

auxquels est promise la vision de Dieu, qui est la vie éternelle, cette chose qui tant de fois est louée dans la sainte Ecriture. Désirant donc se bien pénétrer de cette vérité, l'homme commence à la mâcher, à la ruminer, il met pour ainsi dire le raisin sous le pressoir; il excite sa raison à rechercher ce que c'est que cette pureté si précieuse et si désirable, et comment on peut l'acquérir.

CHAPITRE III. — La méditation donc ne se borne pas à l'extérieur, elle ne s'arrête pas à l'écorce de la lettre, elle marche plus avant, elle pénètre à l'intérieur, elle scrute chaque chose. Elle considère avec soin qu'on ne dit pas : « Bienheureux ceux qui » ont » le corps « pur, » mais le « cœur, » car il ne suffit pas d'être exempt de mauvaises actions, mais il faut que le cœur soit pur de toutes mauvaises pensées. Ce que confirme l'autorité du Prophète, quand il dit : « Qui montera sur la montagne du Seigneur, ou qui s'assiéra dans son lieu saint? Celui dont les mains sont innocentes et le cœur pur. » (*Ps.* XXIII, 3, 4.) Elle considère combien le même Prophète désirait cette pureté du cœur, la demandant en ces termes : « O Dieu, créez en moi un cœur pur. » (*Ps.* L, 12.) Et ailleurs : « Si l'iniquité habite dans mon cœur, Dieu ne m'exaucera point. » (*Ps.* LXV, 18.) Elle se rappelle combien Job était désireux de veiller sur la pureté de son cœur, lui qui disait : « J'ai fait un traité avec mes yeux, afin de ne pas même penser à une femme. » (*Job*, XXXI, 1.) On voit combien ce saint homme savait se contenir, lui qui fermait les yeux pour ne point apercevoir la vanité; il ne voulait pas regarder imprudemment ce qu'ensuite il

eût désiré malgré lui. Après s'être rappelé toutes ces considérations et d'autres encore au sujet de la pureté du cœur, la méditation cherche à envisager sa récompense; combien il sera glorieux et doux de voir la face du Seigneur, plus belle que toute la beauté des enfants des hommes; face auguste qui ne sera plus ni vile, ni abjecte, qui n'aura plus cet aspect que lui a donné la synagogue sa mère, mais qui sera revêtue d'une auréole d'immortalité, couronnée du diadème que son Père lui a donné au jour de son triomphe et de sa résurrection. Elle considère que la satiété produite par cette vision sera celle dont parle le Psalmiste, quand il dit : « Je serai rassasié lorsque votre gloire me sera apparue. (*Ps.* XVI, 15.) Voyez-vous quelle liqueur s'est échappée de cette petite grappe, quel foyer de cette étincelle : comment ce petit lingot : « Bienheureux les cœurs purs, parce qu'ils verront Dieu, » s'est étendu sous l'enclume de la méditation; comme il s'étendrait bien davantage encore s'il était développé par quelqu'un d'expérimenté. Je comprends que c'est un puits profond, mais moi, pauvre ignorant, je trouve à peine un vase pour y puiser quelques gouttes.

L'âme enflammée par ces considérations, excitée par ces désirs, brise pour ainsi dire le vase qui contenait le parfum, dont elle commence sinon à goûter, du moins à respirer la douceur; elle sent combien il serait doux de posséder cette pureté, dont la méditation offre tant de charmes. Que fera-t-elle? Elle éprouve un ardent désir, sans avoir en elle de quoi le satisfaire; plus elle recherche, plus elle est affa-

---

tentabo si forte intelligere et invenire potero munditiam hanc : pretiosa enim et desiderabilis est res ista; cujus possessores beati dicuntur, quibus visio Dei, quæ est vita æterna, promittitur, quæ tot sacræ Scripturæ testimoniis collaudatur. Hujus ergo sibi plenius explicari desiderans, incipit hanc unam masticare et frangere, eamque quasi in torculari ponit : deinde excitat rationem ad inquirendum quid sit, et quomodo haberi possit hæc adeo pretiosa et desiderabilis munditia.

CAPUT III. — Accedens ergo sedula meditatio, non remanet extra, non hæret in superficie litteræ, altius figit pedem, interiora penetrat, singula rimatur. Attente considerat quod non dixit : « Beati mundo » corpore, sed « corde : » (*Matth.*, v, 8) quia non sufficit manus habere innoxias a malo opere, nisi et a pravis cogitationibus mundemur in mente. Quod auctoritate Prophetæ confirmatur dicentis : « Quis ascendet in montem Domini, aut quis stabit in loco sancto ejus? Innocens manibus et mundo corde. » (*Psal.* XXIII, 3, 4.) Item considerat, quantum hanc cordis munditiam optabat idem Propheta sic orans : « Cor mundum crea in me Deus. » (*Psal.* L, 12.) Et iterum : « Iniquitatem si aspexi in corde meo, non exaudiet Dominus. » (*Psal.* LXV, 18.) Cogitat quam sollicitus erat in hac custodia beatus Job qui dicebat : « Pepigi fœdus cum oculis meis, ne cogitarem quidem de virgine. » (*Job*, XXXI, 1.) Ecce quantum arctabat se vir sanctus, qui claudebat oculos suos ne videret vanita-

tem : ne forte incautus aspiceret, quod postea invitus desideraret. Post quam hæc et hujusmodi de cordis munditia pertractavit, incipit cogitare de ejus præmio; quam gloriosum et delectabile est videre faciem desideratam Domini, speciosi forma præ filiis hominum; non esse jam abjectum et vilem, non habentem speciem qua vestivit eum mater sua Synagoga; sed stola immortalitatis indutum, et coronatum diademate quo coronavit eum Pater suus in die resurrectionis et gloriæ, die quam fecit Dominus. Cogitat quod in illa visione erit satietas illa, de qua dicit Propheta : « Satiabor cum apparuerit gloria tua. » (*Psal.* XVI, 15). Vides ne quantum liquoris emanavit ex minima uva, quantus ignis ex hac scintilla ortus est, quantum hæc modica massa : « Beati mundo corde, quoniam ipsi Deum videbunt, » (*Matth.*, V, 8) in incude meditationis extensa est? Sed quantum adhuc posset extendi, si accederet aliquis talia expertus? Sentio enim quod puteus altus est : sed ego ad hæc rudis, (*a*) vas in quo pauca hauriam, vix inveni.

His anima facibus inflammata, his incitata desideriis, fracto alabastro suavitatis unguenti præsentire incipit necdum gustu, sed quasi narium odoratu. Et hoc colligit quam suave esset hujus munditiæ sentire experientiam, cujus meditationem novit adeo esse jucundam. Sed quid faciet? Habendi desiderio exæstuat : sed non invenit apud se quomodo habere possit; et quanto plus inquirit, plus sitit; dum apponit meditationem, apponit et dolo-

(*a*) Apud Bernard. *tyro* et abest vox *vas*.

mée ; la méditation amène la douleur d'être frustrée de cette douceur, elle soupire après cette pureté du cœur que la méditation lui montre si suave, et elle ne saurait la goûter. Ce n'est, en effet, ni par la lecture, ni par la méditation qu'on peut se la procurer, il faut qu'elle vienne d'en haut. Les méchants peuvent comme les bons lire et méditer. Les philosophes païens eux-mêmes, guidés par la raison, ont trouvé en quoi consiste le vrai bien ; mais parce que, ayant connu Dieu, ils ne l'ont pas glorifié comme tel, parce que, présumant de leurs forces, ils ont dit : « Nous acquerrons de la gloire et de l'éclat par notre langue ; nos lèvres dépendent de nous, » (*Ps*. XI, 5) ils n'ont pas mérité de jouir de ce qu'ils avaient pu entrevoir. Ils se sont égarés dans leurs pensées, elle a été dévorée, cette sagesse que leur avait donnée l'étude des sciences humaines, et qui ne leur venait point de l'Esprit saint, seule source de la véritable sagesse. Oui, seul il est l'auteur de cette sagesse savoureuse, qui réjouit et fortifie de son charme inestimable l'âme qui la possède ; c'est d'elle qu'il est dit : « La sagesse n'entrera point dans une âme mal disposée, » (*Sag*., I, 4) elle vient de Dieu seul. De même que Dieu a accordé à plusieurs le pouvoir d'administrer le baptême, et s'est réservé à lui seul le droit de remettre les péchés dans ce sacrement, ce que saint Jean indique dans un langage figuré, quand il dit : « C'est lui qui baptise dans l'Esprit saint. » (*Jean*, I, 33.) Ainsi pouvons-nous dire : c'est lui qui donne le sel de la sagesse, lui qui rend savoureuse la science de l'âme. La parole est donnée à beaucoup, un petit nombre seulement possède la sagesse que Dieu donne à qui il lui plaît et comme il veut.

CHAPITRE IV. — L'âme comprend alors qu'elle ne peut par elle-même goûter par expérience la douceur qu'elle désire, et que plus elle réfléchit sur ce point, plus elle voit que cela dépend de Dieu ; elle s'humilie, elle recourt à la prière et dit : Seigneur, qui ne pourrez être vu que par ceux qui ont le cœur pur, j'ai trouvé en lisant, j'ai recherché en méditant, comment on pouvait avoir la vraie pureté du cœur, afin qu'avec son secours je puisse au moins quelque peu vous connaître ; je cherchais votre face, ô Seigneur, j'ai longtemps médité dans mon cœur, et pendant que je méditais, j'ai senti mon âme s'enflammer, elle désire ardemment vous connaître. Quand vous me rompez le pain de la sainte Écriture, il y a déjà quelque science de vous, mais plus je vous connais, plus je désire vous connaître, non plus sous l'écorce de la lettre, mais par le sentiment d'une douce expérience. Je ne demande point cette grâce, Seigneur, à cause de mes mérites, mais à cause de votre miséricorde, j'avoue que je suis une pécheresse indigne, mais les chiens ne mangent-ils pas des miettes qui tombent de la table de leurs maîtres ? Seigneur, donnez-moi un gage de votre héritage, faites descendre sur moi une goutte de votre rosée céleste pour étancher la soif qui me dévore, car je languis d'amour.

CHAPITRE V. — Par ces ardentes paroles, l'âme excite ses désirs et montre son affection, c'est par ces charmes qu'elle fait descendre l'Époux. Le Seigneur dont les regards reposent sur les justes, dont les oreilles sont attentives à leurs prières, n'attend pas même que ces prières soient terminées, il vient interrompre leurs cours ; il accourt vers l'âme

---

rem ; quia (*a*) sitit dulcedinem quam in cordis munditia meditatio esse monstrat, sed non præguslat. Non enim est legentis atque meditantis hanc sentire dulcedinem, nisi data fuerit de super. Legere enim et meditari tam bonis quam malis commune est. Et ipsi Philosophi gentium, in quo antiqua veri boni consistere, ductu rationis invenerunt : sed quia cum Deum cognovissent, non sicut Deum glorificaverunt, sed de suis viribus præsumentes, dicebant : « Linguam nostram magnificabimus, labia nostra a nobis sunt ; » (*Psal*. XI, 5) non meruerunt percipere quod potuerunt videre. Evanuerunt in cogitationibus suis, et omnis eorum sapientia devorata est, quam eis contulerat humanæ studium disciplinæ, non spiritus sapientiæ, qui solus dat veram sapientiam ; sapidam scilicet scientiam, quæ animam cui inhæsit, inæstimabili sapore jucundat et reficit : et de illa dictum est : « Sapientia non intrabit in malevolam animam. » (*Sap*., I, 4.) Hæc autem a solo Deo est. Et sicut officium baptizandi Dominus concessit multis, potestatem vero et auctoritatem in baptismo remittendi peccata sibi soli retinuit : (unde Joannes autonomastice et discretive de eo dixit : « Hic est qui baptizat in Spiritu sancto ; ») (*Joan*., I, 33) sic de eo possumus dicere : Hic est qui sapientiæ saporem dat, et sapidam (*b*) animæ facit scientiam. Sermo si quidem datur multis, sed sapientia paucis, quam distribuit Dominus cui vult, et quomodo vult.

CAPUT IV. — Videns autem anima quod ad desideratam cognitionis et experientiæ dulcedinem per se non possit attingere, et quanto magis ad cor altum accedit, tanto magis exalletur Deus ; humiliat se, et confugit ad orationem, dicens : Domine, qui non videris nisi a mundis cordibus, investigavi legendo, meditando quæsivi quomodo haberi possit vera cordis munditia, ut ea mediante vel ex modica parte possem te cognoscere. Quærebam vultum tuum Domine, vultum tuum Domine quærebam. Diu meditatus sum in corde meo, et in meditatione mea exarsit ignis et desiderium amplius cognoscendi te. Dum panem sacræ Scripturæ mihi frangis, in fractione panis magna cognitio est ; et quanto plus te cognosco, plus te cognoscere desidero ; non jam in cortice litteræ, sed in sensu experientiæ. Nec hoc peto Domine propter merita mea, sed pro tua misericordia. Fateor enim quia indigna et peccatrix sum « sed et catelli edunt de micis quæ cadunt de mensa dominorum suorum. » (*Matth*., XV, 17.) Da mihi Domine arram hæreditatis futuræ, saltem guttam cœlestis pluviæ, qua refrigerem sitim meam ; quia amore ardeo.

CAPUT V. — His et hujusmodi ignitis eloquiis suum inflammat desiderium : sic ostendit suum affectum : istis incantationibus advocat sponsum. Dominus autem, cujus oculi super justos, et aures ejus non solum ad preces, sed ipsas preces eorum non exspectat donec sermonem

---

(*a*) Al. *non sentit*, et mox *præstat*, loco *præguslat*. — (*b*) Apud Bernard. *anima*, et mox omitt. *vox scientiam*.

qui soupire, environnée de la douceur de la rosée céleste, il fortifie par un baume divin cette âme fatiguée; il la nourrit, la rafraîchit, lui fait oublier toutes les choses de la terre, en la fortifiant, en la vivifiant, en l'enivrant de sa présence. De même que dans certaines œuvres charnelles, la concupiscence est tellement victorieuse, que l'homme semble perdre sa raison et devenir tout charnel; ainsi dans cette céleste contemplation, les mouvements de la chair sont tellement vaincus, qu'elle ne s'oppose plus à l'esprit, et que l'homme devient en quelque sorte tout spirituel.

Chapitre VI. — Mais, ô Seigneur, à quelles marques reconnaîtrons-nous que vous en agissez ainsi, quel sera le signe de votre venue? Les soupirs et les larmes seront-ils la preuve de cette douce consolation, de cette joie si suave; s'il en est ainsi, n'y a-t-il pas de quoi être surpris? Quel rapport entre la consolation et les soupirs, entre la joie et les larmes, si toutefois on doit les appeler des larmes, si elles ne sont pas plutôt je ne sais quelle abondance de rosée intérieure, coulant comme une marque de la purification de l'homme extérieur? Dans le baptême des enfants, l'ablution extérieure est le signe de la purification intérieure de l'âme; ici, au contraire, la pureté intérieure précède cette ablution de larmes qui coulent au dehors. Heureuses larmes par lesquelles l'âme est sanctifiée, les péchés sont effacés. « Bienheureux, ô vous qui pleurez ainsi; car un jour vous serez consolés. » (Matth., v, 5.) Au milieu de ces larmes, ô âme, reconnais l'Epoux, embrasse le bien-aimé; enivre-toi au torrent des pures voluptés, puise près de son cœur le lait et le miel. Voilà les admirables présents, voilà les consolations que te donne ton Epoux, les soupirs et les larmes. C'est dans ces larmes qu'il vient te rafraîchir; qu'elles soient ton pain, la nuit et le jour, un pain qui fortifie le cœur, plus savoureux que le lait et le miel. O mon Dieu, si elles sont si douces les larmes que nous font verser votre souvenir et le désir de vous voir, quelle sera donc la joie que nous goûterons quand nous vous verrons face à face! S'il est si doux de pleurer pour vous, que sera-ce donc de se réjouir en vous! Mais pourquoi livrer au public de tels discours? Pourquoi essayer de rendre dans ce langage mortel des sentiments ineffables? Ceux qui ne les ont pas éprouvés ne sauraient les comprendre, à moins que la grâce ne leur en accorde l'expérience; autrement ces paroles n'ont aucun sens pour le lecteur. La lettre extérieure dit peu, si le cœur ne comprend le commentaire et le sens caché sous son écorce.

Chapitre VII. — O mon âme, nous avons parlé longtemps sur ce sujet; il nous était doux d'être ici avec Pierre et Jean, de contempler la gloire de l'Epoux, de demeurer avec lui. Ah! s'il avait voulu dresser ici non pas deux, non pas trois tentes, mais une seule, dans laquelle nous serions restés, nous aurions été heureux avec lui. Mais déjà il dit : Laissez-moi partir, l'aurore paraît; vous avez reçu la lumière de la grâce et la consolation que vous avez désirée; après avoir donné sa bénédiction, frappé sur le nerf de la cuisse, changé le nom de Jacob en celui d'Israël, il s'éloigne, cet Epoux si longtemps désiré et si tôt disparu. Cette douce vision, cette suave contemplation cesse; il

---

finierint, sed medium orationis cursum interrumpens festinus ingerit se, et animæ desideranti festinus occurrit cœlestis rore dulcedinis circumfusus, unguentis optimis delibutus animam fatigatam recreat, esurientem reficit, aridam impinguat, et facit eam terrenorum oblivisci, memoria sui eam mirabiliter fortificando, vivificando, et inebriando, ac sobriam reddendo. Et sicut in quibusdam carnalibus officiis adeo vincitur carnalis concupiscentia, quod omnem usum rationis amittit, et fit homo quasi totus carnalis : ita merito in hac superna contemplatione ita consumuntur et absorbentur carnales motus ab anima, ut in nullo caro spiritui contradicat, et fiat homo quasi totus spiritalis.

Caput VI. — O Domine, quomodo comperiemus quando hæc facies, et quod signum adventus tui? Numquid hujus consolationis et lætitiæ testes et nuntii sunt suspiria et lacrymæ? Si ita est, nova est antiphrasis ista, et significatio inusitata. Quæ enim conventio consolationis ad suspiria, lætitiæ ad lacrymas? si tamen istæ dicendæ sunt lacrymæ, et non potius roris interioris de super infusi superfluens abundantia, et ad interioris ablutionis indicium exterioris hominis purgamentum : ut sicut in baptismo puerorum per exteriorem ablutionem significatur et figuratur interior animæ ablutio, ita hic e contra exteriorem ablutionem interior præcedat purgatio. O felices lacrymæ, per quas maculæ interiores purgantur, per quas peccatorum incendia extinguuntur : « Beati qui sic lugetis, quia ridebitis. » (Matth., v, 5.) In istis lacrymis agnosce o anima sponsum tuum, amplectere desideratum. Nunc torrente te voluptatis inebria, suge ab ubere consolationis ejus lac et mel. Hæc sunt miranda munuscula et solatia quæ dedit tibi sponsus tuus, gemitus scilicet et lacrymæ. Adducit tibi potum in his lacrymis in mensura. Hæ lacrymæ sint tibi panes die ac nocte; panes utique confirmantes cor hominis, et dulciores super mel et favum. O Domine, si adeo sunt dulces istæ lacrymæ, quæ ex memoria et desiderio tui excitantur, quam dulce erit gaudium, quod ex manifesta tui visione capietur? Si adeo dulce est flere pro te, quam dulce erit gaudere de te? Sed quid hujusmodi secreta colloquia proferimus in publicum? Cur ineffabiles et inenarrabiles affectus verbis communibus conamur exprimere? Inexperti talia non intelligunt, nisi ea expressius legant in libro experientiæ, quos ipsa doceat unctio. Aliter autem littera exterior non prodest quidquam legenti. Modicum sapida est lectio exterioris litteræ, nisi glossam et interiorem sensum sumat ex corde.

Caput VII. — O anima diu protraximus sermonem. Bonum enim erat nos hic esse, cum Petro et Joanne contemplari gloriam sponsi, et diu manere cum illo, si vellet hic fieri non duo, non tria tabernacula, sed unum, in quo essemus simul, et simul delectaremur. Sed jam dicit sponsus : Dimitte me; jam enim ascendit aurora, jam lumen gratiæ et visitationem quam desiderabas accepisti. Data ergo benedictione, mortificato nervo femoris, et mutato nomine de Jacob in Israel, paulisper

reste cependant avec nous pour nous gouverner, pour nous glorifier, pour nous unir à lui.

Chapitre VIII. — Mais, ô épouse, ne craignez rien, ne désespérez pas, ne vous croyez pas méprisée si l'Époux vous cache sa face pour un peu de temps, tout doit tourner à votre bien : son arrivée, son départ vous sont également utiles. C'est pour vous qu'il est venu, pour vous qu'il s'en va. Il est venu pour consoler, il part afin de vous mettre sur vos gardes, afin que la grandeur des consolations ne vous porte point à vous enorgueillir ; afin que si l'Époux était toujours avec vous, vous ne veniez à mépriser vos compagnes, et de peur que si cette visite était continuelle, vous ne soyez tentée de l'attribuer à la nature et non à la grâce. Cette faveur, l'Époux l'accorde à qui il veut et quand il veut ; personne n'y a droit par lui-même. Un proverbe dit que la trop grande familiarité enfante le mépris. Il disparaît de peur que si sa présence était continuelle, vous n'ayez moins d'estime pour lui, et pour que, pendant son absence, vous le désiriez davantage, qu'en le désirant vous le cherchiez avec plus de soin, et qu'en le cherchant vous le trouviez avec plus de joie. De plus, si elle était continuelle, cette consolation mystérieuse et vraiment céleste, nous serions peut-être tentés de croire que nous avons ici une demeure permanente, et nous cesserions d'aspirer après la cité éternelle. Afin donc que nous ne prenions point l'exil pour la patrie, les arrhes pour la récompense elle-même, l'Époux vient et se retire tour à tour, apportant la consolation, ou laissant l'âme accablée de tout le poids de sa misère. Il nous permet de goûter un peu combien il est doux, puis il se retire avant que nous ayons joui pleinement de lui, et ainsi les ailes, pour ainsi dire, étendues au-dessus de nous, il nous invite à voler. C'est comme s'il nous disait : Voici que vous avez goûté combien je suis suave et doux ; si vous voulez un jour savourer tout à votre aise cette douceur, courez à l'odeur de mes parfums, le cœur élevé au ciel, où je suis à la droite de mon Père. Là, vous me verrez non plus en apparence, en énigme, mais face à face ; votre cœur se réjouira pleinement, et personne ne pourra vous enlever votre joie.

Chapitre IX. — Mais prenez garde, ô épouse ! quand l'Époux s'absente, il ne s'éloigne guère ; si vous ne le voyez pas, lui vous voit toujours ; ses regards s'étendent de tous côtés ; vous ne pouvez lui être cachée. Il a autour de vous les anges, ses messagers, qui sont des observateurs attentifs ; ils voient comment vous vous conduisez en l'absence de l'Époux. Ils vous accusent devant lui, s'ils remarquent en vous quelque signe de passion ou de légèreté. Cet Époux est jaloux ; si vous avez un autre ami, si vous cherchez à plaire à d'autres, aussitôt il vous quittera et cherchera d'autres jeunes vierges. Il est sensible, noble et riche, il est beau entre tous les enfants des hommes ; aussi ne veut-il qu'une épouse belle et digne de lui ; s'il remarque en vous quelque tache ou quelque souillure, aussitôt il détournera les yeux. Il ne saurait souffrir la vue d'aucune souillure. Sois donc chaste, décente et humble, afin de mériter les fréquentes visites de l'Époux. Je crains de m'être trop arrêté sur ce point ; mais cette matière à la fois abondante et agréable m'y a engagé ; ce que je n'eusse pas fait de moi-même,

---

secedit sponsus diu desideratus, cito elapsus. Subtrahit se tam a prædicta visione, quam a dulcedine contemplationis : manet tamen præsens quantum ad gubernationem, [(a) quantum ad gloriam, quantum ad unionem.]

Caput VIII. — Sed ne timeas, o sponsa, ne desperes, ne existimes te contemni, si paulisper tibi subtrahit sponsus faciem suam. Omnia ista cooperantur tibi in bonum, et de accessu et recessu lucrum acquiris. Tibi venit, tibi et recedit. Venit ad consolationem, recedit ad cautelam : ne magnitudo consolationis extollat te ; ne si semper apud te sit sponsus, incipias contemnere sodales; et hanc continuam visitationem non jam gratiæ attribuas, sed naturæ. Hanc autem gratiam cui vult et quando vult sponsus tribuit, non quasi jure hæreditario possidetur. Vulgare proverbium est, quod nimia familiaritas parit contemptum. Recedit ergo, ne forte nimis assiduus contemnatur, et absens magis desideretur, desideratus avidius quæratur, diu quæsitus tandem gratius inveniatur. Præterea si nunquam deesset hic consolatio, (quæ respectu futuræ gloriæ, quæ revelabitur in nobis, ænigmatica est ex parte) putaremus forte hic habere civitatem manentem, et minus inquireremus futuram. Ne ergo exsilium deputemus pro patria, arram pro pretii summa ; venit sponsus, et recedit vicissim, nunc consolationem afferens, nunc universum stratum nostrum in infirmitate commutans : paulisper nos permittit gustare quam suavis est, et ante quam plene sentiamus se subtrahit ; et ita quasi alis expansis supra nos volitans, provocat nos ad volandum. Quasi dicat : Ecce parum gustatis quam suavis sum et dulcis : sed si vultis plene saturari hac dulcedine, currite post me in odorem unguentorum meorum, habentes sursum corda, ubi ego sum in dextera Dei Patris. Ibi videbitis me, non per speculum et ænigmate, sed facie ad faciem : et plene gaudebit cor vestrum, et gaudium vestrum nemo tollet a vobis.

Caput IX. — Sed cave tibi, o sponsa ; quando absentat se sponsus, non longe abibit : etsi non vides eum, ipse tamen videt te semper, plenus oculis ante et retro ; nunquam potes eum latere. Habet etiam circa te nuntios suos spiritus, quasi sagacissimos exploratores : ut videant quomodo absente sponso converseris : et accusant te coram ipso, si aliqua signa lasciviæ et ænigmatis in te deprehenderint. Zelotypus est sponsus iste. Si forte alium amatorem acceperis, si aliis magis placere studueris ; statim discedet a te, et aliis adhærebit adolescentulis. Delicatus est sponsus iste, nobilis et dives est, « speciosus forma præ filiis hominum ; (Psal. LXIV, 3) et ideo non nisi speciosam dignatur habere sponsam. Si viderit in te maculam sive rugam, statim avertet oculos. Nullam enim immunditiam potest sustinere. Esto ergo casta, esto verecunda et humilis ; ut sic a sponso tuo merearis frequenter visitari. Timeo ne diutius detinuerit nos sermo iste ; sed ad hæc compulit me materia fertilis pariter et

(a) Apud Bernard. hæc non sunt.

je ne sais quel attrait m'a engagé à le faire presque malgré moi.

Chapitre X. — Mais afin que les divers points que nous avons longuement traités, paraissent plus unis les uns aux autres, résumons ce que nous avons dit. Par les exemples que nous avons cités, on a pu voir comment les quatre degrés sont unis entre eux; si l'un devance l'autre pour le temps, il le devance aussi comme cause. La lecture, c'est le premier fondement; elle nous fournit le sujet et nous renvoie à la méditation. La méditation examine avec soin ce que nous devons désirer, et comme si elle creusait pour rechercher un trésor, elle le découvre, elle le montre; mais comme par elle-même elle ne peut rien obtenir, elle nous adresse à la prière. La prière, s'élevant vers Dieu de toutes ses forces, nous obtient ce trésor si désirable, la suavité de la contemplation. Cette dernière récompense le labeur des trois autres degrés, en enivrant l'âme altérée des douceurs de la rosée céleste. La lecture est donc un exercice extérieur, la méditation est une opération de la raison intérieure, la prière est l'expression du désir; quant à la contemplation, elle surpasse tout sentiment. Le premier degré est celui des commençants, le second celui de ceux qui progressent, le troisième celui des âmes pieuses, le quatrième celui des bienheureux.

Ces degrés sont tellement unis et se prêtent si bien un mutuel secours, que les premiers sont de peu d'utilité sans ceux qui les suivent, et que les suivants n'existent jamais, ou du moins bien rarement, sans les premiers. Que sert, en effet, de consumer son temps à lire les actions et les écrits des saints, si, en les mâchant, en les ruminant, nous n'en extrayons le suc pour le faire passer au fond de notre cœur, afin de nous considérer nous-mêmes, et de chercher à agir comme ceux dont nous aimons à lire les belles actions? Mais comment pourrons-nous avoir ces pensées, éviter dans nos réflexions les considérations fausses et vaines, et rester dans les limites tracées par les saints, si nous n'avons pas été éclairés à ce sujet par des lectures ou par des discours entendus? Ces derniers rentrent en quelque sorte dans la lecture. Aussi avons-nous coutume de dire que nous avons lu non-seulement les livres que nous avons feuilletés nous-mêmes, mais encore ceux que nous avons entendu lire à nos maîtres. De même, que sert à l'homme de connaître par la méditation ce qu'il doit faire, s'il ne recourt pas à la prière pour demander à Dieu la grâce de le faire? « Toute grâce excellente et tout don parfait viennent d'en-haut et descendent du Père des lumières, » (*Jacq.*, I, 17) sans lequel nous ne pouvons rien faire. Lui-même peut agir en nous, cependant ce n'est pas tout à fait sans notre concours; car, comme le dit l'Apôtre : « Nous sommes les coopérateurs de Dieu. » (I *Cor.*, III, 9.) Il veut donc que nous le priions, que nous ouvrions notre volonté, que nous donnions notre consentement, lorsqu'il frappe à la porte de nos cœurs et qu'il vient à nous. Il réclamait ce concours de la Samaritaine, quand il lui disait : « Appelez votre homme. » (*Jean*, IV, 16.) Comme s'il lui eût dit : Je veux vous donner ma grâce, préparez votre libre arbitre; il lui demandait de prier, quand il ajoutait : « Si vous connaissiez le don de Dieu, et quel est celui qui vous dit : Donnez-moi à boire, peut-être lui demanderiez-vous de l'eau vive. » Instruite par ces paroles comme par une lecture, cette

---

dulcis : quam ego non protraheham spontaneus, sed nescio qua ejus dulcedine trahebar invitus.

Caput X. — Ut ergo quæ diffusius dicta sunt, simul juncta vel unita melius videantur, prædictorum summam recapitulando colligamus. Sicut in prædictis exemplis prænotatum est, videri potest quomodo prædicti gradus cohæreant; et sicut temporaliter, ita et causaliter se præcedant. Lectio enim quasi fundamentum prima occurrit, et data materia mittit nos ad meditationem. Meditatio vero quid appetendum sit diligentius inquirit, et quasi effodiens thesaurum invenit et ostendit : sed cum per se obtinere non valeat, mittit nos ad orationem. Oratio se totis viribus erigens ad Dominum, impetrat thesaurum desiderabilem, contemplationis suavitatem. Hæc autem adveniens prædictorum trium laborem remunerat, dum cœlestis rore dulcedinis animam sitientem inebriat. Lectio ergo est secundum exterius exercitium : meditatio secundum interiorem intellectum : oratio secundum desiderium : contemplatio super omnem sensum. Primus gradus est incipientium. Secundus est proficientium. Tertius est devotorum. Quartus beatorum.

Hi autem gradus ita concatenati sunt, et vicaria ope sibi invicem deserviunt, quod præcedentes sine subsequentibus aut parum aut nihil prosint : sequentes vero sine præcedentibus, aut raro, aut nunquam haberi possint. Quid enim prodest lectione continua tempus occupare, sanctorum gesta et scripta legendo transcurrere, nisi ea etiam masticando et ruminando, succum eliciamus, et transgluttiendo usque ad cordis intima transmittamus; ut ex his diligenter consideremus statum nostrum, et studeamus eorum opera agere, quorum facta cupimus lectitare? Sed quomodo hæc cogitabimus, aut quomodo cavere poterimus, ne falsa aut inania quædam meditando, limites a sanctis patribus constitutos transeamus; nisi prius circa hujusmodi ante ex lectione aut ex auditu fuerimus instructi? auditus enim quodam modo pertinet ad lectionem. Unde solemus dicere, non solum libros ipsos nos legisse, quos nobis ipsis vel aliis legimus, sed etiam illos quos a magistris audivimus. Item quid prodest homini, si per meditationem quæ agenda sunt videat, nisi orationis auxilio et Dei gratia ad ea obtinenda convalescat? « Omne, si quidem, datum optimum, et omne donum perfectum de sursum est, descendens a Patre luminum : » (*Jacob.*, I, 17) sine quo nihil possumus facere; sed ipse in nobis facit opera, non tamen omnino sine nobis. « Cooperatores enim Dei sumus, » (I *Cor.*, III, 9) sicut dicit Apostolus. Vult si quidem Deus ut eum oremus, et ut ei advenienti et præstolanti ad ostium, aperiamus sinum voluntatis nostræ, et ei consentiamus. Hunc consensum exigebat a Samaritana, quando dicebat : « Voca virum tuum : » (*Joan.*, IV, 16) quasi diceret : Volo tibi infundere gratiam, tu applica liberum arbitrium. Orationem exigebat ab ea, cum dicebat : « Tu si scires donum Dei, et quis est qui dicit tibi : Da mihi bibere,

femme réfléchit en son cœur qu'il lui sera salutaire et avantageux d'avoir cette eau vive. Enflammée de ce désir, elle a recours à la prière et dit : « Seigneur, donnez-moi cette eau, afin que je n'aie plus soif et que je ne vienne plus en puiser à ce puits. » Voici comment la parole de Dieu entendue, la méditation sur cette parole la conduisent à la prière. Comment aurait-elle songé à prier, si la méditation ne l'y avait excitée? Ou bien, que lui eût servi la méditation des choses qu'elle devait désirer, si elle n'avait pas employé la prière pour les obtenir? Donc, pour que la méditation soit profitable, il faut qu'elle soit suivie de la prière, dont l'un des effets est cette douce contemplation dont nous avons parlé.

Chapitre XI. — De tout ceci nous pouvons conclure que la lecture sans la méditation est stérile, que la méditation sans la lecture est sujette à se tromper, que la prière sans la méditation est tiède, et la méditation sans la prière infructueuse, que la prière faite avec piété conduit à la contemplation; cette dernière, sans la prière, ne s'obtient que rarement et comme par miracle. Dieu, dont la puissance est sans limites et la miséricorde infinie, fait parfois avec des pierres des enfants d'Abraham, quand il force des volontés rebelles et obstinées à donner leur consentement; et ainsi prodigue de lui-même, il traîne, comme on dit vulgairement, le bœuf par la corne, lorsqu'il prend possession d'une âme qui ne l'a point appelé. Encore que nous lisions que cela soit arrivé quelquefois, comme à saint Paul et à quelques autres, cependant nous ne devons point tenter Dieu et présumer de sa bonté, mais faire tout ce qui dépend de nous, lire, méditer la loi de Dieu, le prier d'aider notre faiblesse et d'avoir pitié de notre misère. C'est ce qu'il nous engage lui-même à faire, quand il nous dit : « Demandez et vous recevrez, cherchez et vous trouverez, frappez et on vous ouvrira. Ici-bas, le royaume des cieux souffre violence, et ceux qui font des efforts le ravissent. » (*Matth.*, VII, 7; XI, 12.) D'après les distinctions précédentes, on peut voir les fonctions de chacun des degrés, comment ils sont unis entre eux, et les effets que chacun d'eux produit en nous.

Heureux l'homme dont l'âme, dégagée de toutes les autres choses, désire toujours s'occuper de gravir ces degrés, qui, vendant tout ce qu'il possède, achète le champ qui recèle un trésor si précieux, c'est-à-dire qui cherche et connaît combien le Seigneur est doux. Exercé dans le premier degré, circonspect dans le second, ardent dans le troisième, élevé au-dessus de lui-même dans le quatrième, par ces divers degrés échelonnés dans son cœur, il monte de vertus en vertus jusqu'à ce qu'il voie le Seigneur des seigneurs dans la sainte Sion. Heureux celui qui peut, ne fût-ce qu'un court instant, reposer sur le dernier degré et dire avec vérité : Je sens la grâce du Seigneur; voici qu'avec saint Pierre et saint Jean je contemple sa gloire sur la montagne; voici qu'avec Jacob je m'enivre des embrassements de Rachel. Mais qu'il prenne garde qu'après cette contemplation, qui l'a élevé jusqu'au ciel, il ne descende jusqu'au fond de l'abîme; qu'après cette vision divine, il ne se laisse séduire encore par les séductions du monde et les voluptés de la chair. Comme la vue de l'âme humaine est faible, elle ne pourrait supporter longtemps l'éclat de la lumière

---

forsitan petisses ab eo aquam vivam. » (*Ibid.*, 10.) Hoc audito quasi ex lectione mulier instructa, meditata est in corde suo bonum sibi fore et utile habere hanc aquam. Accensa ergo habendi desiderio convertit se ad orationem dicens : « Domine, da mihi hanc aquam, ut non sitiam amplius, neque veniam huc haurire aquam. » (*Ibid.*, 15.) Ecce auditus verbi Domini, et sequens super eo meditatio incitaverunt eam ad orandum. Quomodo namque esset sollicita ad postulandum, nisi prius eam accendisset meditatio? Aut quid ei præcedens meditatio contulisset, nisi quæ appetenda monstrabat, sequens oratio impetrasset? Ad hoc ergo ut fructuosa sit meditatio, oportet ut sequatur orationis devotio; cujus quasi effectus est contemplationis dulcedo.

Caput XI. — Ex his possumus colligere, quod lectio sine meditatione arida est, meditatio sine lectione erronea, oratio sine meditatione tepida, meditatio sine oratione infructuosa : oratio cum devotione contemplationis acquisitiva : contemplationis adeptio sine oratione, aut rara, aut miraculosa. Deus enim cujus potentiæ non est numerus vel terminus, et cujus misericordia super omnia opera ejus, quandoque ex lapidibus suscitat filios Abrahæ, dum duros et nolentes acquiescere cogit ut velint : et ita quasi prodigus, ut vulgo dici solet, bovem cornu trahit, quando non vocatus se infundit. Quod et si quandoque aliquibus legimus contigisse, ut Paulo et quibusdam aliis; non tamen ideo debemus nos quasi Deum tentando divina præsumere, sed facere quod ad nos pertinet, legere scilicet et meditari in lege Dei; orare (*a*) ipsum, ut adjuvet infirmitatem nostram, et videat imperfectum nostrum : quod ipse docet nos facere, dicens : « Petite et accipietis: quærite, et invenietis; pulsate, et aperietur vobis. » (*Matth.*, VII, 7.) Nunc enim « regnum cœlorum vim patitur, et violenti rapiunt illud. » (*Matth.*, XI, 12.) Ecce ex præsignatis distinctionibus perspici possunt prædictorum graduum proprietates quomodo sibi cohæreant, et quid singuli in nobis efficiant.

Beatus homo cujus animus a cæteris negotiis vacuus, in his quatuor gradibus versari semper desiderat, qui venditis universis quæ habuit, emit agrum illum, in quo latet thesaurus desiderabilis ; scilicet vacare et videre quam suavis est Dominus : qui in primo gradu exercitatus, in secundo circumspectus, in tertio devotus, in quarto supra se levatus, per has ascensiones quas in corde suo disposuit, ascendit de virtute in virtutem, donec videat Deum deorum in Sion. Beatus cui in hoc supremo gradu, vel modico tempore conceditur manere, qui vere potest dicere: Ecce sentio gratiam Domini, ecce cum Petro et Joanne gloriam ejus in monte contemplor, ecce cum Jacob plerumque Rachelis amplexibus delector. Sed caveat sibi iste, ne post contemplationem istam, qua elevatus fuerit usque ad cœlos, inordinato casu corruat usque ad abyssos : nec post (*b*) Dei visionem ad lascivos

(*a*) Alias hic ad. *vel amare.* — (*b*) Al. *post factam visitationem.*

divine, qu'elle descende donc alors à quelqu'un des trois degrés qui l'avaient aidée à s'élever; qu'elle y descende sans secousse et avec ordre, et qu'elle s'arrête, selon le temps et selon le lieu, tantôt sur l'un, tantôt sur l'autre, d'autant plus rapprochée de Dieu qu'elle sera plus éloignée du premier. Mais, hélas! ô fragile et misérable condition de l'homme! Voici que la raison, que le témoignage des saintes Lettres nous ont fait comprendre avec évidence que ces quatre degrés renferment la perfection de la vie, que là doivent se diriger tous les efforts de l'homme spirituel; mais quel est celui qui suit ce chemin, quel est-il, et nous le louerons? Beaucoup le veulent, un petit nombre l'exécutent, et plût à Dieu que nous fussions de ce petit nombre!

Chapitre XII. — Quatre choses nous détournent le plus souvent de ces degrés, savoir: la nécessité, l'utilité d'une action humainement bonne, la faiblesse humaine, la vanité du monde. La première est excusable, la seconde est supportable, la troisième est misérable, la quatrième est coupable. Pourquoi est-elle coupable? Il vaudrait mieux, en effet, pour ceux que cette dernière cause détourne de leur bon dessein, n'avoir jamais connu la gloire de Dieu, que de retourner en arrière après l'avoir connue. Quelle excuse un tel homme pourra-t-il alléguer pour son péché? Est-ce que Dieu ne pourrait pas lui dire avec raison : Qu'ai-je dû faire pour toi que je n'aie pas fait? Tu n'étais pas, je t'ai créé; tu as péché, tu es devenu l'esclave de Satan, je t'ai racheté; tu vivais au milieu du monde avec les impies, je t'ai choisi; je t'avais fait goûter la grâce de ma présence, je voulais demeurer en toi, tu m'as méprisé; tu as rejeté non-seulement ma parole, mais tu m'as rejeté moi-même pour courir à la suite de tes passions. O Dieu bon, suave et miséricordieux, ami tendre, conseiller discret, protecteur puissant, qu'il est cruel et téméraire celui qui vous rejette, qui repousse de son âme un hôte si humble et si doux! Quel malheureux, quel damnable échange! Rejeter son Créateur et recevoir des pensées dépravées et nuisibles! Ce lit de l'Esprit saint, ce sanctuaire du cœur, qui, peu auparavant, ne respirait que joies célestes, le livrer tout à coup aux flétrissures du péché et à des pensées immondes! Les traces de l'Époux sont encore chaudes dans le cœur, et voici qu'on y reçoit des désirs adultères! Il est inconvenant et indécent que des oreilles qui viennent d'entendre des paroles que l'homme ne saurait redire, se prêtent si tôt à écouter des futilités et des médisances; que des yeux tout à l'heure sanctifiés par des larmes pieuses, contemplent tout à coup des vanités; qu'une langue qui naguère chantait un divin épithalame, qui par ses paroles ardentes et embrasées avait réconcilié l'Époux avec son épousée, qui l'avait introduit dans le lit nuptial, se prête si tôt à de vains discours, à des bouffonneries, à des ruses, à des calomnies. Seigneur, éloignez de nous ce malheur! Que si, par suite de la faiblesse humaine, il nous arrive de succomber, ne désespérons pas, mais recourons de nouveau à notre miséricordieux médecin, qui tire l'indigent de la poussière, et qui élève le pauvre de dessus le fumier, et qui ne veut point la mort du pécheur; il nous pansera, il nous guérira de nouveau.

---

mundi actus et carnis illecebras convertatur. Cum vero mentis humanae acies infirma, veri luminis illustrationem diutius sustinere non poterit, ad aliquem trium graduum, per quos ascenderat leviter et ordinate descendat : et alternatim modo in uno, modo in altero, secundum (al. motum) modum liberi arbitrii pro ratione loci et temporis demoretur, tanto jam Deo vicinior, quanto a primo gradu remotior. Sed heu fragilis et miserabilis humana conditio! Ecce ductu rationis et Scripturarum testimoniis aperte videmus in his quatuor gradibus bonæ vitæ perfectionem contineri, et in his spiritalis hominis exercitium debere versari. Sed quis est qui hunc vivendi tramitem teneat? Quis est hic, et laudabimus eum? Velle multis adjacet, sed perficere paucis. Et utinam de istis paucis essemus.

Caput XII. — Sunt autem quatuor causæ quæ retrahunt nos plerumque ab istis gradibus, scilicet, inevitabilis necessitas, honestæ actionis utilitas, humana infirmitas, mundialis vanitas. Prima est excusabilis, secunda tolerabilis, tertia miserabilis, quarta culpabilis. Cur culpabilis? Illis enim quos hujusmodi novissima causa a sancto proposito retrahit, melius erat gloriam Dei non cognoscere, quam post agnitam retro ire. Quam utique excusationem habebit iste de peccato? Nonne ei juste potest dicere Dominus : Quid debui tibi facere, et non feci? Non eras, et creavi te : peccasti, et diaboli servum te feceras, et redemi te : in mundi circumitu cum impiis currebas, et elegi te : dederam tibi gratiam in conspectu meo, et volebam facere apud te mansionem; tu vero despexisti me, et non solum sermones meos, sed me ipsum projecisti retrorsum, et ambulasti post concupiscentias tuas. Sed o Deus bone, suavis et mitis, amicus dulcis, consiliarius prudens, adjutor fortis : quam inhumanus, quam temerarius est qui te abjicit, qui tam humilem, tam mansuetum hospitem a suo corde repellit! O quam infelix et damnosa commutatio, Creatorem suum abjicere, et pravas noxiasque cogitationes recipere! illud etiam secretum cubile Spiritus sancti, secretum cordis, quod paulo ante cœlestibus gaudiis intendebat, tam subito immundis cogitationibus et peccatis tradere conculcandum! Adhuc in corde calent sponsi vestigia; et jam intromittuntur adulterina desideria. Male conveniens et indecorum est, aures quæ modo audierunt verba quæ non licet homini loqui, tam cito inclinari ad fabulas et detractiones audiendas; oculos, qui sacris lacrymis modo baptizati erant, repente converti ad videndas vanitates; linguam quæ modo dulce epithalamium decantaverat, quæ ignitis et persuasoriis eloquiis suis cum sponso reconciliaverat sponsam, et introduxerat eam in cellam vinariam, iterum converti ad vana eloquia, ad scurrilitates, ad concinnandum dolos, et detractiones. Absit a nobis Domine. Sed si forte ex humana infirmitate ad talia dilabimur, non ideo desperemus, sed iterum recurramus ad clementem medicum, « qui suscitat de terra inopem, » (*Psal.* CXII, 7) et erigit de stercore pauperem : et « qui non vult mortem peccatoris, » (*Ezech.*, XVIII, 23) iterum curabit et sanabit nos.

Mais il est temps de finir cette épître. Prions donc le Seigneur qu'il amoindrisse dans le temps, et qu'il fasse disparaître dans l'avenir les obstacles qui nous détournent de sa contemplation. Que par ces divers degrés il nous conduise de vertus en vertus jusqu'à ce que nous le voyions, lui, le Dieu des dieux, dans la sainte Sion. Là, ce ne sera plus goutte à goutte, et par intervalles, que les élus goûteront les douceurs de la contemplation divine ; mais, sans cesse enivrés au torrent des voluptés célestes, ils jouiront d'un bonheur que personne ne pourra leur enlever, d'une paix inaltérable, de la paix goûtée en Dieu.

Jam tempus est ut Epistolæ finem imponamus. Oremus ergo Deum, ut impedimenta quæ nos ab ejus contemplatione retrahunt, in præsenti nobis mitiget, in futuro nobis penitus auferat : qui per prædictos gradus de virtute in virtutem nos perducat, donec videamus Deum deorum in Sion. Ubi electi non guttatim, non interpolatim percipient divinæ contemplationis dulcedinem : sed torrente voluptatis indesinenter repleti habebunt gaudium, quod nemo tollet ab eis, et pacem incommutabilem, pacem in idipsum.

AVERTISSEMENT SUR LE LIVRE SUIVANT

Honorius d'Autun, dans son livre *Des luminaires de l'Eglise*, dit qu'il a publié un ouvrage ayant pour titre : *De la connaissance de la vie, de Dieu et de la vie éternelle*. C'est le but du livre suivant qui, bien qu'il ne s'occupe que de Dieu et de la vie éternelle, est cependant intitulé simplement *Connaissance de la vie*, comme dans un ancien manuscrit, qui semble presque contemporain d'Honorius, ou comme dans les exemplaires imprimés : *De la connaissance de la véritable vie*, quoique le mot véritable ne se trouve pas dans le titre d'une édition publiée par Josse Badius. Il n'est personne qui ne reconnaisse facilement ici le style d'Honorius d'Autun, pour peu qu'il ait parcouru ses autres ouvrages. Il a coutume d'annoncer dans une préface le plan du livre, d'user de la forme de dialogue; les disciples étant censés s'entretenir avec leur maître et faisant des vœux pour lui à la fin de l'entretien. On avait au mot disciples substitué celui de frères; nous avons corrigé cette erreur d'après le manuscrit cité plus haut. De plus, Honorius imite souvent saint Anselme, reproduit ses pensées et parfois même ses paroles, comme lorsqu'il appelle dans cet ouvrage Dieu ou le Saint-Esprit « esprit souverain, » et lorsqu'il se sert du mot « amplius » (de plus) chaque fois qu'il passe à d'autres preuves, etc. Vous trouverez ici les sentiments et la doctrine même de saint Anselme tirés de son *Monologe*. Enfin l'ouvrage sent l'école et à ce titre, il mérite d'être attribué à Honorius, qui lui-même s'appelle « scholastique » dans son livre *Des luminaires de l'Eglise*. Ajoutez à cela que le livre est précédé d'une préface du même genre que presque tous ceux d'Ho-

ADMONITIO IN SUBSEQUENTEM LIBRUM

Honorius Augustodunensis in libro *de Luminaribus Ecclesiæ* recenset editum a se opus, cui titulus : *Cognitio vitæ, de Deo et vita æterna*. Hoc ipsum est argumentum libri subsequentis, qui cum de Deo et vita æterna totus sit, appellatur tamen sive tantum *Cognitio vitæ*, ut in vetere codice Audoenensi, qui ætate fere Honorii scriptus videtur; sive ut in impressis : *De cognitione veræ vitæ*; quanquam vocem *veræ* titulus in quadam Jodoci Badii editione non habeat. Nemo vero est qui hic Honorium Augustodunensem, si modo alia ipsius opuscula viderit, non facile agnoscat. Solet ille in primis eam methodum, quæ in hoc libro servatur, consectari, dialogi forma res tractare, et colloquentes cum magistro discipulos inducere, qui ei semper in dialogi fine bene precantur. Et quidem hic loco « Discipuli, » substitutum ubique fuerat « Fratres : » sed erratum ad Audoenense exemplar correximus. Præterea Anselmum imitari amat Honorius, et ipsius non tantum doctrinam tradere, sed etiam quasdam interdum voces usurpare, ut cum hic « summum spiritum » appellat Deum sive Spiritum sanctum, cum toties adhibet particulam « Amplius, » ubi ad alias et alias probationes disputando pergendum est, etc. Eosdem autem sensus et ipsissimam Anselmi doctrinam ex ipsius *Monologio* expressam reperies atque huc translatam. Deinde Scholas redolet Opusculum, atque eo nomine non indignum est Honorio, qui se ipse *Scholasticum* in libro *de Luminaribus Ecclesiæ* vocat. Ad hæc instructus etiam est liber præfatione ejusdem generis ac cæteri fere libri Honorii Augustodunensis, cui proprium

LE LIVRE DE LA CONNAISSANCE DE LA VIE.

norius d'Autun, qui a pour habitude en commençant ses opuscules de se plaindre toujours de ses enviaux, comme il le fait dans son livre *De l'image du monde, Des luminaires de l'Eglise, De la prédestination* et *Du libre arbitre*, puis ensuite de proposer et d'exposer le but de chaque ouvrage, ainsi qu'on peut le voir dans le livre *De la perle de l'âme, De l'image du monde, Du sceau de la bienheureuse vierge Marie* ; ce qu'il fait également à la fin du livre *De la prédestination*. Il faut donc avouer que l'ouvrage intitulé *Eclaircissement* dans l'Appendice de saint Anselme peut être, par les mêmes raisons, attribué à Honorius, bien qu'on y rencontre quelques pensées peu conformes à celles des autres ouvrages de ce dernier, telles que cette définition du libre arbitre (liv. II, ch. II) : « Liberté de choisir le bien et le mal; » définition qu'Honorius rejette dans son livre *De la prédestination* et *Du libre arbitre*. On doit croire qu'il avait réfléchi et changé de sentiment après avoir écrit cet *Eclaircissement*, qu'il énumère lui-même en tête de ses ouvrages. Du reste, les Grecs eux-mêmes ont connu ce traité *De la connaissance de la véritable vie*, car on en trouve des fragments imprimés en grec avec ceux d'autres auteurs latins, tels que saint Léon le Grand, saint Hilaire. Ce fut Léunclavius qui imprima à Bâle, en 1578, après les avoir traduits en latin, ces fragments qu'il avait trouvés dans la bibliothèque de Jean Sambucus. Ce même passage *De la connaissance de la véritable vie*, se trouve joint à des opuscules de Bessarion dans le manuscrit 115 de la bibliothèque Monastique, comme on peut le voir dans la table publiée à la fin de l'*Apparatus* de Possevin. Ce passage commence ainsi : Ἀδελφοὶ ὥσπερ τὸ τῆς σαρκὸς βάρος πιέζει τὴν ψυχήν. « Mes frères, de même que le poids de la chair alourdit l'âme, ainsi, » etc. Ce qui est extrait du chapitre x du livre suivant. Ce fragment se termine après avoir passé le chapitre xv vers la fin du chapitre xviii, et a pour titre en grec : Τοῦ ἁγίου Αὐγουστίνου περὶ Τριάδος, ἐκ τοῦ βιβλίου τοῦ περὶ τῆς γνώσεως τῆς ἀληθοῦς ζωῆς, ἐπιγραφομένου, ἐν ᾧ ὡς ἐν διαλόγῳ ἐρωτῶσι μὲν οἱ ἀδελφοί, ἀποκρίνεται δὲ ὁ διδάσκαλος. « Extrait de saint Augustin concernant la Trinité, tiré du livre qui a pour titre : *Connaissance de la véritable vie*, dans lequel, comme dans un dialogue, les frères interrogent et le maître répond. » Vous voyez que les Grecs étaient tombés sur un exemplaire déjà corrompu, où cet ouvrage était attribué à saint Augustin, et dans lequel le mot disciple avait été remplacé par celui de frères. Voici peut-être quelle avait été la cause de ces altérations, (à moins qu'on ne pense que les changements du manuscrit dont nous allons parler eurent lieu vers le même temps). On trouve à la Bibliothèque royale un manuscrit qui n'est pas très-ancien, n. 4546, donnant ce titre à l'opuscule suivant : « Ici commence le livre de saint Augustin touchant la connaissance de la

---

aut solemne est, in suorum Opusculorum exordio tum de invidis suis conqueri, ut facit in lib. *de Imagine mundi, de Luminaribus Ecclesiæ, de Prædestinatione et libero arbitrio* : tum Opusculi cujusque titulum proponere et explicare ; quemadmodum in lib. *de Gemma animæ, de Imagine mundi*, et *in Sigillo B. Mariæ* ; quod quidem etiam in libro *de Prædestinatione* præstitit saltem in fine. Fatendum porro est : Opus cui *Elucidarii* nomen in Anselmi Appendice, iisdem indiciis et argumentis Honorio eidem adjudicari posse; tametsi occurrant in isto opere nonnulla haud satis consentanea cum aliis Honorii Opusculis, qualis illa est liberi arbitrii definitio lib. II, cap. II, data : « Libertas eligendi bonum et malum : » quam in libro *de Prædestinatione et libero arbitrio* minime probat Honorius : qui nimirum professe sive sententiam mutasse credendus est post scriptum *Elucidarium*, quod inter Opuscula sua primo ipse loco recenset. Cæterum ipsimet Græcis cognitus fuit Tractatus iste *de cognitione veræ vitæ*. Ejus quippe fragmentum Græco idiomate una cum excerptis aliis Latinorum quorumdam Scriptorum, puta Leonis M. et Hilarii Græce pariter inventis, prodiit Basileæ an. 1578, cura Leunclavii, qui ea fragmenta ex Jo. Sambuci bibliothecæ eruens latinitati restituit. Illud ipsum *de cognitione veræ vitæ* fragmentum exstat in Monachiensis bibliothecæ codice Ms. 115, cum Bessarionis Opusculis conjunctum, sicuti videre est in indice ejusdem bibliothecæ ad calcem *Apparatus* Possevini vulgato. Incipit autem fragmentum in hæc verba : Ἀδελφοὶ ὥσπερ τὸ τῆς σαρκὸς βάρος πιέζει τὴν ψυχήν. « Fratres, quemadmodum pondus carnis animam aggravat, sic » etc. ductum scilicet ex subsequentis libri capite x ; et circa finem capitis xviii ; (omisso tamen xv, capite) desinit. Fragmento titulus Græce est : Τοῦ ἁγίου Αὐγουστίνου περὶ Τριάδος, ἐκ τοῦ βιβλίου τοῦ περὶ τῆς γνώσεως τῆς ἀληθοῦς ζωῆς ἐπιγραφομένου, ἐν ᾧ ὡς ἐν διαλόγῳ ἐρωτῶσι μὲν οἱ ἀδελφοί, ἀποκρίνεται δὲ ὁ διδάσκαλος. « Sancti Augustini *de Trinitate*, ex libro qui *de cognitione veræ vitæ* inscribitur, in quo tanquam in dialogo Fratres interrogant, Magister respondet. » Vides Græcos incidisse in Latinum exemplar jam depravatum, in quo non modo adscribebatur Opus Augustino, sed præterea « Discipuli » mutati erant in « Fratres. » Isthæc porro mutatio alterius in titulo depravationis causa et occasio fuit, (nisi forte mutationes illas eodem tempore factas esse velis,) scilicet in quodam Regiæ bibliothecæ Ms. non admodum vetere, qui notatur 4546, iste titulus huic Operi præfixus legitur : « Incipit liber beati Augustini

véritable vie, entretiens qu'il eut avec les frères du désert, sur le mont Pisan, lui-même n'étant que simple frère et âgé de trente-un ans. » Et de même que le mot frère remplace le mot disciple, ainsi au lieu de maître on lit Augustin.

de cognitione veræ vitæ, quem fecit fratribus heremitis in monte Pysano, ipso existente fratre, anno ætatis suæ xxxi. » Et sicut suppositi sunt *Fratres* loco *Discipuli*, ita loco *Magister* ubique suppositus *Augustinus*.

LE LIVRE
DE
LA CONNAISSANCE DE LA VIE
OU TRAITÉ SUR LA CONNAISSANCE DE LA VÉRITABLE VIE

Chapitre I. — La sagesse divine, qui délie la langue du muet et peut donner à un animal grossier la faculté de parler un langage humain, me presse de prendre la parole; moi, également inhabile et dans l'éloquence et dans la science, elle m'oblige de révéler aux autres ce qu'avec son aide j'ai pu apprendre à son sujet. C'est donc par son inspiration, et, comme je l'espère, pour l'utilité de plusieurs, que je m'expose de nouveau aux morsures des envieux; peut-être aussi gagnerai-je les sympathies des amis de la véritable vie. Le Christ, qui est la vie et la vérité, a dit : « La vie éternelle, c'est qu'ils vous connaissent, vous le seul Dieu véritable. » (*Jean*, xvii, 3.) Il est certain que la créature raisonnable a été créée pour connaître Dieu, son auteur, afin que, le connaissant, elle l'aimât, et que l'aimant, elle fût éternellement heureuse dans celui qui est la vie éternelle. Employer sa raison à connaître la nature divine, c'est être sur la route de la vie éternelle; au contraire, négliger de s'en instruire, c'est marcher vers la mort, qui ne finira point. En effet, celui qui aura méprisé cette connaissance sera à son tour méconnu par la divinité, puisqu'il sera privé de la véritable vie. Les saints Pères ont, sur ce sujet, écrit des choses admirables; mais, peut-être à cause de leur éloquence, ne peuvent-ils être compris des simples. Il m'a paru bon de tracer dans ce résumé une route facile, que pussent suivre les esprits les moins cultivés, en quittant les voies détournées de l'erreur. Mais ici il me semble voir quelque envieux présenter son front assombri, et me jeter le poison longtemps condensé dans son cœur. Pourquoi, dit-il, porter du bois à la forêt? Pourquoi

COGNITIO VITÆ
SEU
DE COGNITIONE VERÆ VITÆ
LIBER UNUS

Caput I. — Sapientia Dei, quæ os muti aperuit, et rudibili animali humana verba formare tribuit, me quoque non solum sermone, sed etiam scientia imperitum ad fandum impellit, atque per se ac de se intellecta aliis pie innotescere compellit. Hujus ergo instinctu ad utilitatem, ut spero, plurimorum, iterum committo me corrodendum dentibus invidorum, et forsitan (*a*) confovendum cordibus vitæ dilectorum : cum Christus veritas et vita dicat : « Hæc est vita æterna, ut te solum verum Deum cognoscant. » (*Joan.*, xvii, 3.) Constat profecto naturam rationalem ad hoc solum factam, ut factorem suum verum Deum intelligat, intelligendo diligat, diligendo in eo, qui est æterna vita, æternaliter beate vivat. Divinitatis ergo essentiam rationabiliter investigare, est ad vitam æternam festinare : hanc vero negligendo ignorare, est utique ad mortem indeficientem properare : quia nimirum hic ab ea ignorabitur, dum quandoque a beata vita sequestrabitur. Quamobrem cum de hac præclara materia plurimi sanctorum Patrum multa gloriosa conscripserint, ipsamque rem simplicioribus obscuriorem quodam modo reddiderint; libet me per hæc condensa quasi quamdam semitam stilo complanare, qua infirmis intellectibus relicto erroris devio, per planum veritatis liceat libere ambulare. Sed hic quilibet invidus nebulosa facie mihi fortassis occurrit, et virus diu sub livido corde concretum in me acerbiter evomit : Quid tu, inquiens, tentas ligna silvis importare, aut redundanti mari undam instillare conaris? Hujus tam mordacis mordacem dentem

---

(*a*) Sic Mss. Audoen. At Medard, *construendum*. Editi *confodiendum*.

jeter une goutte d'eau dans la mer qui déborde ? Pour briser la dent venimeuse de cet homme venimeux, pour refouler dans ses entrailles le venin qui depuis longtemps les torture, que cette pierre suffise : « C'est par l'envie du démon que la mort est entrée dans le monde ; ceux qui lui appartiennent imitent sa conduite. » (*Sag.*, II, 24, 25.) Misérable jaloux, que le bonheur d'autrui tourmente, qui te réjouis du mal des autres, ta conduite montre assez quel est ton maître, toi qui jalouses les autres au sujet de choses qui te dépassent ; tu me portes envie, tu me poursuis de tes aigres soupirs, à cause de ce pieux travail dont ta paresse ou ta jalousie te rendent incapable. Allons, malheureux ! rejette tout ce venin qui te gonfle, et prends l'antidote bienfaisant de la charité ; si tu ne le peux, alors sèche d'envie, en te montrant fidèle aux leçons de celui qu'on peut nommer ton père. Quant à moi, je ne veux point partager la route des envieux. Pénétrant avec joie dans cette splendide forêt des Ecritures, je n'entreprends point, comme le prétend ta langue venimeuse, d'y apporter du bois, j'espère au contraire y cueillir l'arbre de vie, et l'offrir à ceux qui ont soif de la justice. Je puiserai dans cet océan des saintes Lettres un breuvage vivifiant, que je présenterai à ceux qui sont altérés de la vie. Fidèles, accourons donc tous à l'arbre de vie, à la source de vie, dont la savoureuse boisson nous fait vivre éternellement. Que ce livre prenne donc pour titre : *Connaissance de la vie*, puisqu'on s'efforcera d'y faire connaître la véritable vie à ceux dont l'intelligence est peu développée.

Chapitre II. — Les Disciples. Nous rendons grâces à Dieu, qui seul, par son secours, peut nous éclairer dans les choses douteuses. Puisque vous nous voyez dans la disposition de craindre qu'en cherchant la patrie, nous ne nous arrêtions fatigués sur la route qui doit nous y conduire, fortifiez-nous, selon votre coutume, par la nourriture et le breuvage de vie. Rendez-nous profitable, en traitant ces intéressantes questions, ce temps qui passe si rapidement et pour ne plus revenir. Que dans sa course rapide il ne nous trouve point oisifs, mais que votre parole, secondant l'ardeur qui nous anime pour les choses divines, nous élève vers cette vie qui doit toujours durer. — Le Maître. Venez avec joie trouver avec moi le fruit de l'arbre de vie suspendu à la croix ; puisez tous à la source de vie découlant du sein du Père comme d'un lieu de plaisir et arrosant le paradis, c'est-à-dire l'Église, véritable jardin de délices. Si la saveur réjouit votre cœur et lui plaît, je vous assure qu'un jour, dans l'éternité, vous serez rassasiés du torrent de ses voluptés.

Les Disciples. Charnels comme nous le sommes, nous ne pouvons nous représenter les choses spirituelles ; nous nous figurons le royaume des cieux comme une région éblouissante, regorgeant de richesses, dans laquelle se trouve la Jérusalem céleste, cité splendide, admirable, et par ses vertus et par son opulence ; là, Dieu trône comme un roi glorieux, et les anges l'entourent comme des soldats, tous remarquables par la beauté de leur forme. C'est pourquoi nous vous prions que, guidé par la raison et détruisant toutes les objections, vous nous exposiez la vérité, qui est comme voilée par les ténèbres, et que vous rendiez en quelque sorte visible aux yeux de notre cœur ce Dieu que, comme vous le dites, nous devons contempler un jour. — Le Maître. Dieu étant tout-puissant, seul immortel, invisible, incompréhensible,

---

hæc petra retundat, et venenum malitiose evomitum in viscera ipsius denuo (*a*) torquenda refundat. « Invidia diaboli intravit mors in orbem terrarum : imitantur illum qui sunt ex parte illius. » (*Sap.*, II, 24, 25.) O invide infelix, qui aliena felicitate torqueris, alieno damno depasceris, ipsis rebus probas te ex parte ejus esse, qui invides aliis quod tu ignoras scire : ac mihi ob pium laborem collatum ægris suspiriis ingemiscis, quod tibi ob desidiam, imo ob invidiam denegatum cognoscis. Age miser, potius lethiferum virus quo turges evome, salubre dilectionis antidotum excipe. Sin autem, parti patris tui nigro felle tabescens faveto. Ego autem cum invidia tabescente iter non habeo. Egregiam Scripturarum silvam alacer ingrediens, non in eam, ut tu venenata lingua asseris, ligna deferens, sed pretiosum vitæ lignum justitiam esurientibus de ea efferre conabor : et dulcem vitæ haustum sitientibus de pelago Scripturæ haurire non morabor. Omnes ergo fideles ad lignum vitæque fontem curtamus, cujus gustu in æternum beate vivamus. Libellus autem nomen : *Cognitio* (*b*) *vitæ*, sortiatur : dum in eo vera vita tardioribus intellectu cognoscibilis reddi videatur.

Caput II. — Discipuli. Gratias Deo persolvimus, cujus dono aperte in dubiis rebus certificari possumus. Quando quidem ergo nos in hoc ipsum videas confluxisse, ne ad patriam tendentes, in via lassabundi deficiamus; pastu haustuque vitæ ut soles refice, et tempus irremeabili cursu labile, nexibus quæstionum figens, fac nobis stabile : ne sua volubilitas nos otiantes involvat, sed tua affabilitas in divinis laborantes ad semper manens ævum sustollat. Magister. Fructum ligni vitæ in ramis crucis pendulum mecum alacres adite, fontemque vitæ a vita (*c*) Patre quasi de loco voluptatis manantem, paradisum, Ecclesiam videlicet hortum deliciarum irrigantem unanimes haurite : cujus sapor si palatum cordis vestri indulcorabit, testor vobis, quod vos cum ævo permansuros, de torrente voluptatis suæ quandoque satiabit.

Disc. Cum carnalia sapientes, spiritalia cogitare nequeamus, regnum cœlorum regionem clarissimam, omni opulentia affluentissimam, in qua cœlestem Jerusalem urbem præclaram, meritis atque opibus inclytam, et in hac Deum quasi gloriosum regem, Angelos velut milites vario cultu conspicuos mente formamus : idcirco poscimus, ut ratione indagante, argumentis quæque obstantia comprimens, veritatem quasi in tenebris latitantem, ad lucem nobis producas, ac Deum aliquando videndum, ut asseris, factum quodam modo visibilem ante oculos cordis nostri constituas. Mag. Cum Deus omnipotens,

(*a*) Editi *retorquendo*. — (*b*) Sic Bad. et Audoen. Ms. At alii libri addunt *veræ*. — (*c*) In edit. desid. vox. *Patre*.

habite une lumière inaccessible, et moi, enseveli dans les ténèbres du vice, j'habite dans une épaisse obscurité, inaccessible à la lumière des vertus ; comment pourrai-je faire voir aux yeux malades des autres la lumière ineffable, moi dont les yeux du cœur sont obscurs, et qui, tout ébloui, ne peux aucunement contempler la splendeur de cette majesté souveraine.

Les Disciples. Essayez pourtant de vous élever jusqu'à elle selon votre pouvoir, en sorte que, secouant vos ténèbres, vous méritiez d'être éclairé par cette divine lumière, et que nous-mêmes nous soyons éclairés par vous ; ainsi nous voyons souvent les vallées recevoir des montagnes le reflet des rayons du soleil. — Le Maître. Puisque vous m'en priez, j'essaierai selon mes forces ; guidé par la logique, appuyé sur des arguments, je poursuivrai la vérité jusque dans cette lumière inaccessible où elle se cache, et avec son aide, je la ferai voir à vos yeux avides de la contempler.

Les Disciples. Nos prières ne vous feront pas défaut ; que la raison soit votre guide dans cette recherche. Nous désirons vivement apprendre de vous quelles pensées nous devons avoir de Dieu dans nos prières, afin que notre esprit infirme ne se le représente point sous les traits d'un homme majestueux, et ne se laisse point tromper par cette fausse image. — Le Maître. Je vous l'avouerai, je succombe sous la grandeur du sujet que j'entreprends, car je puis à peine rendre par mes paroles l'idée conçue par mon esprit, tout imparfaite qu'elle soit. Elle surpasse le génie des plus grands philosophes, car la sublimité du sujet que nous voulons traiter est bien au-dessus de toute intelligence. Plus j'essaie, à l'aide des créa-

tures, de m'élever jusqu'à lui, de le contempler, et plus je sens qu'il s'éloigne de mon intelligence. Je tenterai cependant de répondre à votre question, selon ma faiblesse et selon que celui-là même dont nous parlerons, daignera se manifester à une âme qui désire le connaître. Pour vous, dans un sujet où les forces succombent écrasées par tant de sublimité, il faudra vous montrer indulgents. — Les Disciples. Quant à nous, plus nous comprenons l'élévation d'un pareil sujet, et plus nous désirons ardemment qu'on nous le fasse connaître de quelque façon que ce soit, et que, de n'importe quelle manière, on nous en fasse contempler la beauté ; aussi vous excuserons-nous volontiers si vous nous faites connaître seulement par des signes, ce que vos paroles ne pourront exprimer.

Chapitre III. — Le Maître. Il faut savoir que Dieu ne peut être désigné par aucune parole et que nulle pensée ne saurait le concevoir. Comment l'appellerait-on immense, incompréhensible, si la parole pouvait le faire connaître, et la pensée le comprendre ? On voit déjà combien il est admirable, puisque nulle langue ne saurait l'exprimer, et qu'il est incompréhensible pour toute intelligence. La dialectique, si habile à raisonner, elle qui éclaircit les doutes, explique et dissèque toutes les écritures, réduit à sa mesure la sagesse humaine, lorsqu'elle s'attache à la divinité ; éblouie par la lumière de la majesté suprême, elle baisse la tête en tremblant, s'enfuit dans les retraites de la philosophie humaine, brise tous ses syllogismes et s'arrête muette et hébétée. On peut donner un nom, on peut par la parole donner une explication à toutes les choses que l'esprit hu-

---

solus immortalis, solus invisibilis, solus incomprehensibilis, lucem habitat inaccessibilem ; ego autem tenebris vitiorum obsitus, tetram caliginem inhabitem, luci virtutum inadibilem : qualiter ineffabile lumen sauciis aliorum oculis inferre potero, qui cæcutiente cordis oculo, splendorem tantæ majestatis reverberatus nullo modo intueri prævaleo ?

Disc. Tamen nitere pro posse in illam rapi, quatenus disjecta caligine merearis ab ea illuminari, nosque per te illustrari ; sicut sæpe videmus valles a montibus jubare solis irradiari. Mag. Conabor pro viribus vobis orantibus, ac Logica præeunte, comitantibus argumentis, sequar veritatem usque in ipsius inaccessibilis lucis latibulum fugientem, ipsaque concedente producam eam vobis indagantibus se ostendentem.

Disc. Nostra quidem tibi non deerit oratio, tantum sit tibi prævia dux veritatis ratio. Magnopere quippe a te audire desideramus, qualiter in orationibus de Deo cogitare debemus : ne forte infirma mens sibi pulchrum hominem imaginetur, et hoc simulacrum pro vero Deo decepta veneretur. Mag. Fateor, magnitudine altitudinis suscepti negotii victus succumbo ; quia quæ utcumque mente concipio, vix verbis explicare sufficio. Excedit enim omne præclarum longe summorum philosophorum ingenium, quia sublimitas hujus rei quæ tractatur, exuperat omnem intellectum. Quanto quippe magis omnem

creaturam (a) ingressus, conor eam diligenti intuitu contemplari, tanto magis sentio eam ab aspectu intellectus mei elongari. Operam tamen dabo inquisitioni vestræ pro modulo meo satisfacere, prout ipse de quo agimus, dignabitur notitiam sui desideranti animæ innotescere. Vos autem ubi vires conspicitis tantæ eminentiæ pressæ succumbunt, oportet fragilitati ignoscere. Disc. Nos quanto diligentius hujus rei perpendimus altitudinem, tanto ardentius optamus eam nobis utcumque fieri cognoscibilem, et ejus qualicumque modo intueri pulchritudinem : et ideo libenti animo tibi ignoscimus, si ea quæ verbis non vales, saltem nutibus explices.

Caput III. — Mag. Sciendum igitur, Deum nullis verbis proprie exprimi, nulla posse cogitatione comprehendi. Quomodo enim immensus et incomprehensibilis prædicaretur, si humanæ locutioni vel meditationi includeretur ? Nunc autem patet quam sit admirabilis, cum omnibus linguis sit indicibilis, omnibus cordibus sit incogitabilis. Dialectica namque disserendi potens, potenter quæque dubia definiens, cunctas scripturas evibrans et eviscerans, cunctam humanam sapientiam annihilans, cum divinitatem intendit, tantæ majestatis luce repercussa, pavidum caput tremefacta reflectit, atque in abdita mundanæ sapientiæ fugiens delitescit, dissolutisque syllogismorum nexibus stulta obmutescit. Nempe et nomine et verbo cuncta exprimuntur, quæ sub decem prædica-

(a) Editi *transgressus*, minus bene.

main conçoit, renfermées sous les dix prédicaments. Mais la raison montre avec évidence qu'aucun de ces derniers ne saurait convenir à Dieu. En effet, si nous disons que Dieu est une substance par laquelle tout subsiste, et qui donne l'être à toute chose, aussitôt les universaux, les individuels que nous appelons substance, le genre, l'espèce où nous devons le placer, les neuf accidents inhérents à la substance se présentent à notre esprit; or, il est clair que rien de tout cela ne se trouve en Dieu. Si nous appelons Dieu, la grandeur qui dispose tout avec poids, nombre et mesure; aussitôt la petitesse vient s'opposer à cette quantité, et diminue par sa nature ce qui est au-dessus de toute grandeur. Si nous le nommons la bonté, le souverain bien qui a fait bien toutes choses; soudain se présente à l'esprit le mal opposé à cette qualité et qui cherche à la limiter. Si nous l'appelons Créateur et Maître, deux titres qui indiquent un rapport à quelque chose, c'est-à-dire, au monde; aussitôt la relation vient nous dire qu'il n'avait pas ce titre avant la création du monde, que c'est de là qu'il lui vient, et pourtant la raison enseigne qu'en Dieu il ne peut y avoir d'accident, et que tout en lui est essentiel. Si nous disons que Dieu est partout, qu'il remplit tout de sa présence; vient alors la localité qui essaie de circonscrire dans un lieu celui qui tient l'univers dans sa main. Si nous l'appelons Éternel et suprême dispositeur des temps; alors le présent succédant au passé, le futur remplaçant le présent, viennent chercher à donner un commencement et une fin à l'éternité. Si nous disons qu'il possède tout, qu'il brille revêtu de lumière comme d'un vêtement; soudain la pensée le prive de cet état, en séparant de lui ce vêtement de lumière et cette possession des choses. Si nous affirmons qu'il est présent partout, aussitôt l'état d'être debout ou assis se présente à notre esprit; si nous disons qu'il gouverne tout, le travail que demande ce gouvernement semble détruire le repos éternel. Si nous prétendons qu'il est patient, qu'il supporte nos misères, il semble aussitôt que celui qui est impassible soit exposé à souffrir. Ces dix prédicaments appartiennent tous à la nature humaine, mais il est clair qu'aucun d'eux ne saurait convenir à l'essence divine. En effet, tout ce qui suppose opposition, contraire ou accident ne saurait en aucune façon convenir à Dieu. Puis donc que, comme la raison nous le montre, nous ne saurions parler de Dieu d'une manière convenable, essayons toutefois d'en dire quelques mots, improprement et comme par énigme.

Chapitre IV. — Les Disciples. Il est évident qu'aucune parole humaine ne saurait donner une idée de Dieu, et pourtant l'intelligence désire vivement le connaître, n'importe de quelle manière ; cette intelligence est comme le miroir de l'âme, dans lequel on aperçoit comme une image du Créateur. — Le Maître. Tout ce que nous savons des créatures, nous le connaissons par la relation de nos sens ; les choses que ni la vue, ni l'expérience ne nous ont montrées, nous les connaissons par la comparaison des choses que nous avons vues ou expérimentées ; c'est ainsi que nous connaissons les animaux ou les peuples inconnus, dont les livres nous parlent. Quant aux choses inconnues pour lesquelles nous n'avons aucun terme de comparaison, nous ne pouvons nullement

---

mentis humano corde concipiuntur. Sed quod ex his nullum proprie Deo conveniat, manifesto ratio comprobat. Nam si dixerimus quod Deus substantia sit quâ omnibus subsistere tribuat, et per quam omnes res esse habent; mox universalia et individua, de quibus substantia prædicatur, genera et species in quibus versatur, simul et novem accidentia, quæ ei necessario inhærent, animo occurrunt : quæ cuncta liqueat, quia minime in Deum concurrunt. Si prædicemus quod Deus ipsa magnitudo existat, quæ omnia in mensura et numero et pondere disponat : protinus parvitas huic quantitati se opponit, et sua exiguitate quod est super omnia maximum comminuit. Quem si ipsam bonitatem vel summum bonum nominemus, qui cuncta valde bona facit : statim malum huic qualitati contrarium obviat, et tanto bono se opponere non trepidat. Quod si creator vel dominus prædicetur, quod utrumque ad aliquid, scilicet ad mundum refertur : confestim relatio opponit, ante mundi constitutionem eum hoc vocabulo caruisse, et hoc relativum ex mundi creatione ei accidisse; cum ratio astruat nihil Deo accidentale, sed totum quod prædicatur de eo, ei esse essentiale. Porro si ubique totus esse dicatur, et simul cuncta replere loca dicatur : mox localitas clandestine irrepens, illum loco includit, qui cuncta pugillo includit. Si autem sempiternus prædicetur, et cuncta tempora disponere affirmetur : continuo præterito præsens, futurum præsenti succedere festinat, et initium atque finem æternitati ascribere non formidat. Si vero dicatur quod omnia possideat, et amictus lumine sicut vestimento refulgeat : statim cogitatio eum hoc habitu privat, dum amictum lucis vel possessionis rerum ab eo separat. Quod si semper præsens adesse testatur, confestim situs standi vel sedendi imaginatur. Si vero universa regere referatur, actus laboris æternam requiem annullare conatur. Porro si affirmetur patiens, mala nostra sufferens : illico passio se ingerit, et impassibilem pati contendit. Illis quippe decem cuncta humana conditio includitur, et ab his omnibus proprietas summæ essentiæ evidenti ratione penitus excluditur. Cuncta etenim quæ vel oppositionem vel contrarietatem vel accidens suscipiunt, nulla ratione Deo proprie conveniunt. Igitur cum ratione repugnante nihil de Deo proprie loqui valeamus, saltem improprie et per ænigmata de eo loqui satagamus.

Caput IV. — Disc. Evidens quidem ratio docet Deum humanis verbis indicibilem : sed intellectualis mens inhianter desiderat cum sibi utcumque fieri cognoscibilem : quæ mens instar speculi animæ videtur, in quo ipsam imaginem Creatoris sui contemplatur. Mag. Universa quæ in rebus creatis novimus, per corporeos sensus cognovimus. Et ea quidem quæ nec visu nec experientia didicimus, per comparationes visorum vel expertorum discimus, ut quæ de bestiis vel ignotis hominibus legimus : quæ autem nobis penitus incognita, per comparationes

en avoir la science. Aussi les choses spirituelles ne pouvant aucunement être comparées aux choses sensibles, ne peuvent nous être rationnellement démontrées. Leur existence étant certaine, mais ne pouvant être prouvée par des termes de comparaison, il s'ensuit qu'elles deviennent un objet de foi et non de science. — Les Disciples. Tout homme raisonnable doit cependant admettre que la raison les établit par des preuves, encore qu'elle n'ait aucun terme pour les comparer. Toutefois, dites-nous ce que la raison vous a appris au sujet des esprits.

Le Maître. Vous savez sans doute que dans l'Ecriture sainte le mot esprit a six acceptions différentes. D'abord le Dieu suprême est désigné sous ce nom comme dans ce passage : « Dieu est esprit, et ceux qui l'adorent doivent l'adorer en esprit. » (*Jean*, IV, 24.) En second lieu, ce nom est appliqué aux anges, comme dans ce verset : « Il fait des esprits ses anges. » (*Ps.* CIII, 24.) Troisièmement, les âmes y sont aussi appelées esprits, comme dans ce psaume : « Son esprit sortira et sa chair retournera en poussière. » (*Ps.* CXLV, 4.) Quatrièmement, l'âme des bêtes est aussi appelée de ce nom, comme dans ce passage : « Qui sait si l'esprit des brutes s'éteint avec elles. » (*Eccl.*, III, 21.) En cinquième lieu, ce même mot sert à désigner les vents : « Esprit des tempêtes, » est-il dit au psaume CXLVIII. Enfin, il sert à désigner l'air, comme dans le passage suivant : « J'ai ouvert la bouche, et j'ai attiré l'*esprit* que je respire. » (*Ps.* CXVIII, 131.) Voici la définition de chacun : l'air est un esprit, un souffle qui peut être senti, mais qui ne sent pas, nous le sentons lorsque nous respirons, lui-même ne sent rien, et pourtant il nourrit la respiration de tout ce qui vit sous le ciel. L'esprit, en tant que vent, est l'air par la volonté de Dieu, agité et mis en mouvement, excité par les orages, stimulé par le ministère des anges et s'apaisant également sous leur commandement. Considéré comme âme des brutes, c'est un esprit vital, formé d'air et de sang, animé, invisible, possédant le sentiment, la mémoire, mais dépourvu d'intelligence, mourant avec le corps et s'évanouissant dans l'atmosphère.

Chapitre V. — L'esprit considéré comme âme humaine est une substance incorporelle, donnant la vie au corps, invisible, sensible, changeante, n'occupant aucun lieu, passible, ne pouvant être mesurée, ne possédant ni forme, ni couleur, ayant la mémoire, la raison, l'intelligence, l'immortalité. Pour affirmer cette définition la raison apporte ses preuves. L'âme est une substance spirituelle. En effet, il est nécessaire que ce qui donne la vie à un autre subsiste ; or, l'âme donne la vie au corps, donc elle est substance. Il est clair qu'elle donne la vie au corps, puisqu'avec elle il est vivant, et que sans elle il meurt. Elle est invisible pour nous, mais visible pour les esprits. Elle est sensible, puisque nos yeux peuvent discerner les couleurs, nos oreilles recueillir les sons, notre nez percevoir les odeurs, notre palais goûter les saveurs, et nos mains distinguer les objets âpres ou doux au toucher. Elle est sujette au changement, car tout ce qui peut devenir meilleur ou plus mauvais est sujet au changement. Or, par les vices, notre âme devient pire, par la vertu elle devient meilleure, donc elle peut changer. Elle n'occupe aucun lieu, tout ce qui est local a une longueur, une largeur,

---

notas non significantur, nunquam prorsus scientiæ nostræ notificantur. Et ideo quia spiritalia nobis sunt invisibilia, atque corporeis sensibus incomparabilia, nunquam erunt nobis aliqua ratione probabilia. Quia vero hæc constat esse, sed per similia edoceri nequeunt, fidem tantum credentium exigunt. Disc. Quæ ratio argumentis probet, quanquam in comparatione deficiant, necesse est ut rationalis quisque credere non renuat: tu tantum profer quid de spiritibus sciendum tibi ratio innuat.

Mag. Sex modis in Scripturis spiritus substantialiter dici, non nescio a vobis sciri. Primo summus omnium Deus spiritus appellatur, ut ibi : « Spiritus est Deus, et qui adorant eum in spiritu oportat adorare. » (*Joan.* IV, 24.) Secundo angeli spiritus dicuntur, ut ibi : « Qui facit angelos suos spiritus. » (*Psal.* CIII, 24.) Tertio animæ spiritus nuncupantur, ut ibi : « Exibit spiritus ejus, et caro revertetur in terram. » (*Psal.* CXLV, 4.) Quarto vita brutorum animalium spiritus vocatur, ut ibi : « Quis scit si spiritus jumentorum descendat deorsum ? » (*Eccle.*, III, 2.) Quinto venti dicuntur spiritus, ut ibi : « Spiritus procellarum. » (*Psal.* CXLVIII, 8.) Sexto aer spiritus scribitur, ut ibi : « Os meum aperui, et attraxi spiritum. » (*Psal.* CXVIII, 131.) Quorum definitio talis est : Aer est spiritus sensibilis, non sensibilis : id est, quem nos attrahendo sentimus, ipse nihil sentiens, cunctis tamen sub cœlo viventibus spiramen exhibens. Ventus spiritus est aer, Dei nutu, aliquo motu agitatus, procellis aquarum augmentatus, per angelica ministeria excitatus, per eadem tranquillatus. Vita brutorum animalium est spiritus vitalis constans de aere et sanguine, animalis, invisibilis, sed sensibilis, memoriam habens, sed intellectu carens, cum carne moriens, in aera evanescens.

Caput V. — Anima vero spiritus est substantia incorporea, corporis sui vita, invisibilis, sensibilis, mutabilis, illocalis, passibilis, nec (*a*) quantitatum mensuræ, nec qualitatum formæ vel coloris susceptibilis : memorialis, rationalis, intellectualis, immortalis. Et ne hæc vacillet definitio, ratio eam probationibus roboret. Anima est spiritalis substantia. Omne enim quod alii vitam subministrat, ipsum necesse est ut subsistat : sed anima vitam corporis tribuit : igitur anima realiter subsistit. Hanc vero vitam esse ipsamet probat, dum præsentia sua corpus vivificat, absentia sua idem mortificat. Hæc nobis quidem est invisibilis, sed spiritibus est visibilis. Hanc etiam sensibilem esse constat, dum oculis colores, auribus sonos, naribus odores, palato sapores, manibus aspera vel lenia sentire præstat. Est quoque mutabilis. Omne enim quod pejoratur et melioratur, mutabile est : sed anima vitiis pejoratur, virtutibus melioratur : igitur mutabilis est. Est etiam illocalis. Omne enim quod loco includitur, altitudine, latitudine, longitudine aeris circumscribitur, corpus est : sed ratio docuit animam incorpoream esse,

(*a*) In Mss. *quantitate... qualitate... colore.*

une hauteur déterminée par l'espace qui l'environne, la raison nous dit que l'âme est incorporelle, qu'elle n'a ni corps ni membres, d'où il résulte qu'elle n'occupe aucun lieu. Elle n'occupe point comme les corps une portion de l'espace ; elle ne remplit pas le corps comme l'eau remplit une outre, mais comme la chaleur pénètre le feu sans y occuper d'espace, ainsi l'âme pénètre le corps. Le feu est visible, mais la chaleur est invisible et sensible, et donne pour ainsi dire la vie au feu ; ainsi l'âme invisible, mais sensible, par son union mystérieuse donne au corps le sentiment et la vie. Elle est passible, car tout ce qui peut être affecté par le chagrin est passible ; or, l'âme, lorsque sa volonté est contrariée, se trouve en proie à la tristesse, par où l'on voit manifestement qu'elle est passible. Elle ne peut être mesurée, on ne peut lui assigner ni hauteur, ni longueur, ni largeur, on ne peut lui appliquer aucun des six accidents qui accompagnent la quantité, savoir, devant, derrière, droite, gauche, haut et bas. On ne saurait lui assigner ni forme, ni couleur, puisqu'on ne peut pas dire qu'elle a la forme du corps humain, ou de n'importe quel objet coloré. Elle possède la mémoire, puisqu'elle se souvient des choses passées ; la raison, puisqu'elle discerne les choses présentes ; l'intelligence, puisqu'elle comprend les choses futures ; on voit qu'elle est immortelle par ce désir qu'elle a de vivre éternellement dans la postérité.

Chapitre VI. — L'esprit considéré comme ange est une substance incorporelle, invisible, sensible, raisonnable, intellectuelle et immortelle, substance brillante et impassible chez les bons anges, affreuse et passible chez les mauvais. Mais voyons si nous devons croire qu'une telle substance existe parmi les choses créées, puisque nous ne pouvons nullement l'apercevoir. L'existence des anges est prouvée par les créatures insensibles elles-mêmes, puisque nous les voyons soumises à des lois si certaines. En effet, tout ce qui se meut tient son mouvement de soi-même ou d'un autre. Mais tout ce qui se meut de soi-même, comme l'âme, est une substance sensible ; ce qui le tient d'ailleurs est une substance insensible comme le corps. Que si le soleil, la lune et les astres se meuvent d'eux-mêmes, il semble alors qu'ils ont le sentiment et la raison ; on les voit, en effet, à des époques fixes, occuper toujours les mêmes points du ciel, et montrer en quelque sorte par la lumière et par des signes évidents leur intelligence à ce bas monde. Pourtant celui qui dirait qu'ils possèdent le sentiment ou l'intelligence, privé lui-même de raison, serait avec justice rangé parmi les êtres insensibles. Or, comme ce sont des corps visibles, mais privés par eux-mêmes du mouvement, c'est-à-dire insensibles, et que cependant ils se meuvent, il est évident qu'ils reçoivent d'ailleurs le mouvement. Il reste donc à dire qu'ils sont mus par le ministère des anges. De même, celui qui doute que les vents, la pluie, la grêle, la foudre, le tonnerre, les tempêtes et les orages ne soient pas gouvernés par les anges, sous le bon plaisir de Dieu, considère toutes ces choses comme ayant le sentiment, et, à ce titre, la raison nous dit qu'on doit le classer parmi les insensés. Egalement ceux qui ne croient pas que c'est à leur instigation, que les animaux domestiques se courbent à la volonté de l'homme ou se cabrent contre elle ; celui-là pense alors que ces animaux le font par une sorte d'intelligence, et dans ce cas il est loin de la vérité ; de même, penser que tout ce qui

id est, nec corpus nec aliquod membrum habere : igitur constat eam esse illocalem. Non enim spatium aeris, ut corpus, occupat, nec corpus, ut aqua utrem, implet ; sed ut calor toto igni illocaliter inest, ita anima totum corpus illocaliter implet. Ignis quidem est visibilis, sed calor invisibilis et sensibilis, et quodam modo igneum vivificans : ita anima invisibilis, sed sensibilis, visibile corpus quadam occulta vi sensificat et vivificat. Hæc est quoque passibilis. Omne enim quod mœrore afficitur, passibile est : sed anima dum suæ voluntatis compos non efficitur, dolore mœstitiæ afficitur : igitur passibilis esse convincitur. Ab hac quantitas excluditur : dum nec altitudine vel latitudine aut longitudine metitur, nec sex circumstantias, scilicet ante et retro, dextrum et sinistrum, sursum et deorsum, se includere patitur. Qualitas etiam formæ et coloris ab hac secernitur, dum nulla forma vel humani corporis, vel ullius coloratæ rei illi adscribitur. Hæc est memorialis ; quia præterita (a) recolit. Est rationalis, quia præsentia discernit. Est intellectualis ; quia futura intelligit. Hanc immortalem hinc esse constat, quod memoriam sui apud posteros perenniter durare laborat.

Caput VI. — Angelus autem spiritus est substantia incorporea, invisibilis, sensibilis, rationalis, intellectualis, immortalis ; bonorum lucida et impassibilis, malorum tetra et passibilis. Sed videndum utrum aliqua substantia talis in rebus creatis esse credatur, cum a nobis minime videatur. Angelos esse ipsa insensibilia probant, quæ tam certam sui motus legem observant. Omne quippe quod movetur, aut motum a se habet aut aliunde : omne quod motum a se habet, est sensibile, ut anima ; quod aliunde, insensibile, ut corpus. Quod si sol, luna et sidera per se moventur, sensu vel ratione vigere videntur : quæ tam certa tempora, tam certa cœli spatia custodiunt, et quodam modo suum intellectum huic mundo lumine vel signis innuunt. Sed qui ea rationalia vel saltem sensibilia corpora arbitratur, jure sensu carens, inter irrationabilia computatur. Cum autem vere sint corpora visibilia, sed motu carentia, ut puta insensibilia, et tamen moveantur ; constat profecto quod aliunde moveantur. Restat igitur ea per angelica ministeria moveri. Similiter ventos, pluvias, grandines, fulgura, tonitrua, tempestates, auras jussu Dei per illos regi qui dubitat, ea sensibilia putat : sed hunc ratio stultum cum insensibilibus (b) probat. Bruta quoque animalia usibus humanis per illos obsecundare vel adversari qui non credunt, aut illa per rationis intellectum hæc facere credunt, longe a ratione recedunt. Sed et cuncta quæ in rebus insensibilibus, vel creaturis sensibilibus geruntur, per illos administrari qui ambigit, multum

(a) Mss. duo. *recolligit.* — (b) Mss. duo *refutat.*

TOM. XXII.

46

arrive dans les créatures insensibles et dans les créatures sensibles, n'est pas le résultat de leur influence, c'est être à côté de la véritable lumière. Il est donc certain que les anges existent, et qu'ils connaissent pleinement tout ce qui nous est caché. Il y a entre leur science et la nôtre cette différence, c'est qu'ils connaissent les causes de toutes choses avant qu'elles n'arrivent, tandis que nous, nous les découvrons à peine et avec beaucoup de travail, lorsqu'elles ont eu lieu.

Chapitre VII. — Mais de même que l'esprit en tant qu'intelligence suprême, ne saurait être compris par aucune intelligence, ainsi il ne peut être défini d'une manière convenable. Pourtant notre âme désirant le connaître d'une manière quelconque, que cette définition quelque peu obscure lui suffise. L'esprit considéré comme Dieu est l'essence invisible, incompréhensible, possédant essentiellement toute vie, toute sagesse, toute éternité ; ou mieux, c'est la vie, la sagesse, la vérité, la justice, l'éternité elle-même, embrassant comme un point toute créature dans son immensité.

Si quelqu'insensé est assez fou pour douter de l'existence de Dieu, que la raison suivante lui montre que Dieu seul existe véritablement, et que tout le reste n'existe que par lui. Toute substance existe ou par elle-même ou par un autre ; prétendre que ce monde n'existe pas, serait le fait d'un insensé ; or, que ce monde n'existe point par lui-même, la raison le proclame, puisqu'il est composé de parties. Tout ce qui est composé de parties ou qui se dissout en parties, dépend de quelqu'un qui unit ou dissout ces parties. Donc le monde ne subsiste point par lui-même et partant il a été créé. La créature a manifestement une relation à quelqu'un, savoir au créateur. Le Créateur seul subsiste par lui-même et en lui-même, et toute créature ne subsiste que par lui. S'il pouvait tenir l'être d'un autre, cet autre serait plus grand que Dieu qui lui aurait donné l'être, ce qui répugne en parlant de Dieu. Comme il n'existe rien entre la créature et le Créateur, si Dieu ne possède pas l'être par lui-même, il s'ensuit qu'il l'a nécessairement reçu de sa créature, ce qui est on ne peut plus absurde. De plus, la substance de ce monde est partagée entre différents genres et diverses espèces qui chacunes possèdent quelque chose de bon. Tout ce qui est utile est bon ; toute chose étant utile, il s'ensuit que chaque chose a du bon. Tout ce qui est bon l'est par lui-même ou tient sa bonté d'un autre ; mais il est indispensable que toutes ces diverses choses bonnes reçoivent leur bonté d'une unique source, le seul bon ; car, étant diverses elles peuvent recevoir plus ou moins. Pour ce qui est du genre, la pierre est moins bonne en ce sens qu'elle possède l'existence sans la vie ; le bois est meilleur puisqu'en croissant il vit ; le cheval est meilleur puisqu'il vit et qu'il sent ; l'homme l'emporte sur eux tous puisqu'il vit, qu'il sent et qu'il jouit de la raison. Reste donc au-dessus de tous, le bon suprême, duquel découle tout ce qu'il y a de bon dans les êtres inférieurs ; ce bon, c'est Dieu, duquel comme d'une source découle tout ce que chaque créature a de bon, et vers lequel ce bon revient comme vers son centre.

Dieu seul existe véritablement, c'est pourquoi il est la vérité. Tout ce qui existe est vrai, ce qui

---

a luce veritatis desipit. Igitur constat angelos vere esse, et cuncta nobis occulta patenter nosse. Sed hoc differt inter illorum et nostram scientiam, quod ipsi omnes causas rerum ante quam eveniant præsciunt : nos autem vix et cum magno labore investigamus eas, post quam res in actu constant.

Caput VII. — Porro summus spiritus, sicut a nullo intellectu valet proprie cogitari, ita nulla definitione poterit proprie determinari. Sed quia intellectualis mens cum utcumque agnoscere anhelat, hæc ænigmatica definitio ei interim sufficiat. Deus spiritus est essentia invisibilis, omni creaturæ incomprehensibilis, totam vitam, totam sapientiam, totam æternitatem simul essentialiter possideus : vel ipsa vita, ipsa sapientia, ipsa veritas, ipsa justitia, ipsa æternitas exsistens, omnem creaturam instar puncti in se continens.

Si autem aliquis insipiens tantum desipiat, ut Deum esse diffidat : hunc solum vere esse, et alia omnia ab ipso habere esse hac ratione colligat. Omnis substantia aut per se subsistit, aut per aliud : sed hunc mundum non subsistere qui contendit, hic fatuus in nihilum tendit. Mundum autem non per se subsistere constat, dum eum cœpisse ratio doceat ; partibus enim constat. Omne autem quod partibus conjungitur vel in partes resolvitur, ab aliquo utique conjunctionem vel resolutionem patitur. Mundus ergo non per se subsistit ; et ideo sequitur quod creatura sit. Creatura autem ad aliquid, scilicet ad creatorem referatur. Solus igitur Creator per se ipsum et in se ipso exsistit : omnis autem creatura per ipsum subsistit. Si enim ab alio esse habet, tunc id Deo majus est a quo hoc habet : quod Deo inconveniens est. Et cum nihil præter creatorem et creaturam exsistat, si Deus per se ipsum non habet esse, necessitate consequitur ut per creaturam exsistat : quod inconvenientissimum est. Amplius : Substantia mundi in diversa genera et in differentes species dividitur, et in his singulis bonum invenitur. Omne enim utile, bonum : universa quippe utilia considerantur, et ideo singula bona comprobantur. Omne autem bonum aut per se bonum est, aut per aliud. Sed diversa bona participatione unius boni bona esse necesse est : diversitas quippe recipit magis et minus. Nam quantum ad genus, lapis est minus bonum, qui tantum est, et non vivit ; (1) lignum magis bonum, quod crescendo vivit ; equus illo melius, qui vivit et sentit ; homo illo præstantius, qui vivit, sentit, et ratione discernit. Restat igitur his maxime et summe bonum, de quo omnibus inferioribus profluat bonum : et hoc bonum est Deus, de quo quasi de fonte cuncta bona profluunt, et in eumdem cuncta refluunt.

Hic solus vere est ; et ideo veritas est. Omne enim quod est, verum est ; quod vero non est, falsum est : sed Deus vere est : igitur veritas est. (2) Creatura autem ei

---

(1) V. Anselm., *Monolog.*, c. IV. — (2) V. ibidem, c. XXVIII.

n'existe pas est faux; Dieu existe véritablement, donc il est vérité. Comparée à lui, la créature est comme si elle n'était pas, comme le faux mis en présence du vrai. Tout ce qui sort du néant peut y rentrer. Or, Dieu a tiré du néant toute créature, il lui a donné une sorte d'être, si donc on la compare à lui, elle devient néant. Nulle intelligence ne saurait douter que Dieu existe, en voyant que tout a reçu l'être de lui. Son essence c'est la vie, tout ce qui existe vit ou manque de vie; tout ce qui vit, vit par soi, ou par autrui, mais Dieu vit par lui-même, en lui-même et donne la vie à tout le reste, il est donc la véritable vie, et la vérité vivante. Il se connaît, lui, et tout ce qu'il a formé; se connaître, pour lui, c'est vivre et exister, aussi est-il la sagesse. Il s'aime, ainsi que toutes ses créatures, parce qu'il est justice, cette justice il la possède de lui-même, il est donc justice et amour. Il n'a ni commencement ni fin, il ne connaît ni passé, ni futur, il est éternité.

CHAPITRE VIII. — La raison nous a prouvé l'existence de Dieu, et nous a démontré par des preuves certaines qu'il est la vie, la sagesse, la vérité, la justice, l'éternité, il reste maintenant à chercher quelque ouverture par laquelle l'âme en s'élevant par divers degrés, puisse contempler le Roi de gloire dans sa splendeur. Que dans ce trajet la raison marche pas à pas à l'aide des choses sensibles, de peur que sa faible intelligence glissant sur ces hauteurs escarpées, ne retombe vaincue par les difficultés. D'abord, considérons ce soleil matériel dont la chaleur échauffe le monde entier, et dont la lumière éclaire tout l'univers; après lui nous considérerons ces millions d'anges qui servent le Seigneur, la raison nous dira que chacun d'eux est sept fois, que dis-je, cent-fois plus brillant que le soleil; car ce soleil c'est le serviteur du monde, les anges ce sont les temples de Dieu; autant un temple de Dieu diffère d'un serviteur du monde, autant la splendeur des anges l'emporte sur celle du soleil. Ensuite nous examinerons ces mille milliers d'anges plus élevés, qui environnent le trône de Dieu; nous savons que leur beauté surpasse cent fois, des milliers de fois celle du soleil. De même que par sa lumière la lune l'emporte sur les étoiles, le soleil sur la lune, ainsi nous croyons que des anges aux séraphins, chaque ordre l'emporte en gloire, en dignité, en splendeur sur l'ordre inférieur. Puis nous regarderons les innombrables milliers d'âmes saintes, incomparablement, elles aussi, plus splendides que le soleil, que nous savons égaler le bonheur et la clarté des anges. Après avoir considéré en détail ces lumières si nombreuses et si brillantes, examinons leur grandeur, afin de pouvoir nous élever plus facilement au terme de nos désirs. Pensons que l'âme est un feu resplendissant, dont la moindre étincelle animée par la raison l'emporte sur notre soleil. En effet, tout ce qui est renfermé par quelque chose est moindre que ce qui le contient, cela est d'une vérité évidente; or la pensée, qui n'est qu'une étincelle de l'âme, embrasse non-seulement le soleil mais le monde tout entier, et le monde tout entier ne saurait la renfermer; il est donc manifeste que chaque âme est plus grande que le monde entier. Les anges diffèrent des âmes par leur grandeur, comme ils en diffèrent par

collata quasi non est : et idcirco quasi falsitas ad veritatem est. Omne enim quod ex nihilo esse coepit, in nihilum redigi poterit : sed omnis creatura ex nihilo a Deo producta, ad aliquid esse est perducta : igitur si ei comparatur, nihil esse comprobatur. Nulla ergo mens Deum esse dubitat, per quem alia cuncta esse considerat. Hujus essentia est vita. Omne enim quod est, aut vivit aut vita caret; omne autem quod vivit, aut per se vivit aut per aliud : sed Deus per se ipsum et in se ipso vivit, et aliis omnibus vivere tribuit : igitur vera est vita et vitalis veritas. Se ipsum quoque et totam facturam suam sapit et intelligit, cui nihil aliud est sapere, quam vivere et esse : igitur sapientia est. Se ipsum etiam et omnem creaturam diligit ; quia justitia est : et hanc (a) justitiam non aliunde accipit : igitur justitia et dilectio exsistit. Initio et fine caret, præteritum et futurum non habet : igitur æternitas est.

CAPUT VIII. — Cum itaque ratio Deum veraciter esse probaverit, et hunc vitam, sapientiam, veritatem, justitiam et æternitatem veris assertionibus essentialiter esse docuerit; restat nunc ut ad hunc quoque videndum aliquam fenestram aperiat, per quam mens per quosdam gradus scandens prospicial, quatenus regem gloriæ in decore suo videre prævaleat. Pedetemtim autem ratio per corporalia gradiatur : ne infirmus intellectus per ardua nitens, difficultate confractus relabatur. In primis igitur hunc corporeum solem mente consideremus, cujus magnitudine totum mundum calefieri, cujus claritudine totum orbem illuminari videmus. Post hunc millia millium Angelorum Deo ministrantium attendamus, quos singulos ratione monstrante, septies, imo centies sole splendidiores sciamus : nam hic sol est minister mundi, Angeli autem templa Dei. Quantum ergo differt templum Dei a servo mundi, tantum differt claritas Angelorum a claritate solis. Deinde decies millies centena sublimium Angelorum Deo adstantium perpendamus, quos singulos centies, imo millies præ sole clariores pro certo noscamus. Sicut enim luna stellas, sol lunam in claritate excellere cernitur; sic quilibet superior ordo Angelorum inferiorem, ab Angelis usque ad Seraphim, gloria, dignitate, claritate præcellere creditur. Post hos innumerabilia millia sanctarum animarum inspiciamus : quas singulas longe sole lucidiores, Angelis beatitudine et claritate coæquandas non dubitamus. Tot et tantis luminibus singulariter consideratis, singulorum etiam magnitudinem contemplemur; quatenus ad id quod intueri anhelamus, facilius sublevemur. Cogitemus itaque animam splendidum ignem, cujus minima scintilla ratione instruente vincat hunc solem. Omne enim quod ab alio includitur, minus eo quod se includit, esse necessitate convincitur : sed cogitatio animæ, quæ ejus scintilla est, non solum hunc solem, sed et totum mundi ambitum brevi spatio includit, et totus orbis eam minime circumscribit : igitur constat quamque animam toto mundo longe majorem

(a) Editi ad. increatam.

leur béatitude. Et ici que personne ne pense qu'il s'agisse d'une grandeur corporelle, non, nous parlons d'une grandeur intellectuelle, devant laquelle cet univers et les corps qu'il renferme ne sont que petitesse. Que l'esprit s'élève, que le cœur s'élargisse le plus possible, qu'il contemple au-dessous de lui tant de lumières resplendissantes d'une incomparable grandeur, qu'il considère au-dessus de lui cette lumière ineffable, qui est la lumière, la clarté de toutes ces autres lumières, qui brille au milieu d'elles comme le soleil au milieu des étoiles, et dont ces lumières si nombreuses et si brillantes admirent sans cesse l'indicible grandeur, l'inénarrable beauté et qui ne se lassent jamais d'en contempler la ravissante douceur. C'est là cette lumière inaccessible, visible seulement à ceux qui ont le cœur pur, qu'habite l'essence de Dieu. N'imaginez pas que Dieu est enfermé dans cette lumière, tel qu'un homme dans une tente, comme si autre chose était le Dieu, qui habite la lumière, autre chose la lumière qui est habitée. Cette lumière, c'est l'essence même de Dieu au sein de laquelle sont renfermés tous les biens. C'est cette lumière dont la vision rassasie dans le ciel les anges et les élus ; c'est elle qui dans la contemplation se communique aux cœurs purs ; c'est elle qui a donné ce soleil aux hommes vivant en ce monde, comme on donne une lampe à des prisonniers, pour qu'ils puissent passer des ténèbres à la lumière, de la mort à la vie, de l'exil au séjour de la patrie.

Chapitre IX. — Telle doit être l'idée que vous devez avoir de Dieu lorsque vous le priez, telle l'image que vous vous en formez dans vos méditations, c'est-à-dire une lumière autant élevée au-dessus du soleil, que cet astre lui-même est au-dessus d'une lampe. Lumière immortelle rayonnant au-dessus des anges, qui eux-mêmes sont mille fois plus resplendissants que le soleil, comme cet astre lui-même rayonne au-dessus des étoiles. C'est pour cela que saint Jacques appelle Dieu le Père des lumières, quand il dit : « Tout don parfait vient d'en-haut, et descend du Père des lumières. » (*Jacq.*, 1, 17.) Il se rapprochera de la vérité, celui qui dans sa prière saura se faire de Dieu une idée de ce genre.

Cette vision de Dieu, lorsqu'on en jouit face à face, s'appelle le royaume des cieux ; car, par delà ce ciel visible, bien plus, par delà tout ce qui est espace, les anges et les justes, qu'on appelle les cieux, jouissent de cette vision. Aussi, bien qu'il soit certain que Dieu habite et pénètre chaque créature, nous disons cependant qu'il habite à proprement parler les cieux, c'est-à-dire les âmes des justes, parce qu'ils jouissent de sa présence en eux, et qu'ils voient avec joie que son immensité remplit tout, tandis que ceux qui sont attachés aux choses de la terre ne se doutent nullement de sa présence. Un homme qui voit et un aveugle sont en face du soleil ; l'un jouit de la lumière de cet astre, l'autre ne l'aperçoit point ; et, bien que la présence du soleil soit la même pour tous deux, cependant elle agit diversement sur l'un et sur l'autre. Ainsi, disons-nous, que Dieu habite seulement dans ceux qui le voient face à face, comme les anges, ou dans ceux qui en aperçoivent quelques rayons dans la contemplation, comme les justes qui vivent sur cette terre ; ceux qui sont privés de cette vision, nous disons qu'il n'habite point en eux. C'est pour cette

fore. Angeli autem sicut ab animabus beatitudine, ita etiam differunt magnitudine. Hic nemo magnitudinem corporalis quantitatis intelligat, sed illam potius intellectualem, quæ hunc mundum corporeum, et cuncta in eo corpora ad parvitatem redigat. Hinc jam mens se in alta elevet, cor suum quantum potest dilatet, tot luces inæstimabili claritate, incomparabili magnitudine resplendentes sub se prospiciat : super se vero quamdam admirabilem lucem, quæ omnium illarum lucium lux sit, intendat, quæ sic super tot et tantas luces longe refulgeat, sicut sol super omnes stellas luceat : cujus lucis ineffabilem magnitudinem et admirabilem pulchritudinem illæ tot et tantæ luces jugiter admirentur, et in cujus affluentissimum dulcedinem indefesse prospicere delectentur. Hæc profecto est lux inaccessibilis, quam inhabitat essentia Dei, solis mundi cordibus visibilis. Nullus hic cogitet luce Deum, quasi tabernacula hominem circumdatum ; quasi aliud sit Deus qui lucem inhabitet, et aliud lux quam inhabitet : sed potius ipsam lucem essentiam Dei sciat, in qua universa bona simul locata intelligat. Hæc est lux quæ Angelos et animas in cœlis suo visione satiat. Hæc est quæ mundicordes per contemplationem illuminat. Hæc est quæ solis lucernam in mundo commorantibus, ut candelæ lumen in carcere positis præstitit : qua de tenebris ad lucem, de morte ad vitam, de exsilio ad patriam remeare possint.

Caput IX. — Ergo in oratione taliter mens vestra Deum meditetur, taliter intentio vestra imagines ejus contempletur, scilicet talem lucem, quæ sic super solem, ut sol super candelam, resplendeat ; immortalem, quæ sic super innumera Angelorum et Animarum cœlis præ sole centies splendida, ut sol super sidera, refulgeat.[(*a*)] Unde dicitur pater luminum in Canonica Jacobi : « Omne datum optimum et omne donum perfectum de sursum est descendens a patre luminum. » (*Jacob.*, 1, 17.)] Non multum quippe a veritate aberrat qui talem Dei imaginem ante oculos cordis in oratione versat.

Hæc præsens visio Dei facie ad faciem regnum cœlorum vocatur ; quia extra hoc corporeum cœlum, imo extra omnem locum, Angeli et justi, qui cœli nominantur, hac visione fruuntur. Idcirco etiam quamvis Deus in omnibus creaturis essentialiter manere credatur, proprie (*b*) in cœlis, id est, in justis habitare prædicatur : quia ipsi inhabitationem ejus fruendo sentiunt, et cum omnibus rebus inesse gaudentes conspiciunt : quem sibi minime adesse cognoscunt, qui terrena diligunt. Sicut enim videns et cæcus in sole stantes, videns claritate solis videndo fruitur, cæcus lumine ejus privatur ; et quamvis præsentia solis utrique æque adsit, tamen ejus præsentiam non æqualiter uterque sentit : sic Deus hos tantum inhabitare dicitur, qui ejus præsentia facie ad faciem videndo, ut Angeli, aut per contemplationem speculando, ut justi in hac vita,

(*a*) Hæc non habent Mss. — (*b*) Abest a Mss. *in cœlis id est.*

raison qu'il est écrit que le royaume des cieux est en nous; en effet, la vision du Dieu tout-puissant, qui n'est autre que le royaume des cieux, c'est-à-dire des justes, resplendit et dans les anges et dans les saints. Elle est nommée la vie éternelle, parce que les bienheureux jouissent pleinement de cette source intarissable de vie, et qu'ils ne seront plus sujets ni à la mort ni aux douleurs, qui sont les ministres de la mort. Ils ont été créés pour vivre éternellement, et pour contempler éternellement la vie qui ne finira point. Elle est nommée la cité céleste, parce que tous les citoyens qui l'habitent sont réunis pour contempler le Roi de gloire dans toute sa splendeur. On l'appelle Jérusalem, parce qu'ils sont rassasiés par la vision de la paix, qui ne finira jamais. On la nomme paradis, parce qu'ils y sont comblés de toutes sortes de délices. Enfin, on l'appelle encore la patrie céleste, parce que tous les justes espèrent un jour posséder, comme un héritage, cette vision que leur a promise le Fils de Dieu. Lors donc que vous invoquez les saints dans vos prières, imaginez qu'ils sont placés au milieu d'une gloire éternelle, c'est-à-dire au sein d'une lumière mille fois plus brillante que celle du soleil, que, dans la vision de Dieu, ils possèdent pleinement tous les biens, et qu'ils secourent d'une manière efficace ceux qui les invoquent.

Les Disciples. Que le soleil éternel, à la vision duquel nous conduit votre discours si agréable et duquel déjà, grâce à vos bonnes paroles, la clarté sereine a brillé dans nos cœurs, vous conduise lui-même au séjour de lumière, qu'il vous accorde de briller de la lumière de sa vision, au milieu des lumières dont vous avez parlé. — Le Maître. Si dans mes discours il y a quelque chose de louable, que grâce en soit rendue, non pas à moi, mais à Dieu, car il en est l'auteur, lui qui souvent se sert de serviteurs abjects pour appeler ses enfants à la possession de sa vision, et qui se sert parfois de ses ennemis pour montrer à ses amis le chemin de la patrie. Vous n'ignorez pas que souvent la laideur présente le miroir à la beauté, l'aveugle peut tenir le flambeau à ceux qui voient, et le boiteux indiquer la route à ceux qui marchent bien.

Chapitre X. — Les Disciples. De notre côté, nous rendons grâces à Dieu de ce que nous avons entendu; nous connaissons ce que c'est que sa vision, et, par vous, nous avons connu ce trésor caché aux hommes charnels; mais comme le poids de la chair alourdit l'âme, voici que des pensées charnelles viennent encore nous troubler dans la considération des choses divines. La raison nous prouve qu'il n'y a qu'un Dieu; elle montre que ce seul Dieu a tout créé de rien; comment nous apprend-on à adorer comme trois Dieux? Pourquoi nous dit-on de croire que le Père est un Dieu parfait, le Fils un Dieu parfait, l'Esprit saint un Dieu parfait? Puisqu'il y a en Dieu trois personnes distinctes, pouvons-nous comprendre autrement que si c'était trois Dieux? — Le Maître. En développant la vérité sous la conduite de la raison, bientôt vous allez comprendre la nécessité de trois personnes dans une même essence, et la nécessité de l'unité de substance dans les trois personnes. Tout à l'heure, en vous parlant de Dieu par comparaison, par énigme, parce qu'on ne saurait en parler d'une

---

fruuntur; in his autem non esse dicitur, qui ejus visione privantur. Unde et regnum cœlorum intra nos esse prædicatur, quia visio Dei omnipotentis, quæ regnum cœlorum, id est, justorum nominatur, in angelis et justis contemplatur. Hæc etiam vita æterna appellatur, quia beati præsentia indeficientis vitæ plene perfunduntur, et nunquam nec morti, nec ullis doloribus ministris mortis subjacere permittuntur. Ad hoc namque creati sunt, ut æternaliter vivant, et æternam vitam æternaliter aspiciant. Hæc quoque cœlestis civitas nuncupatur, quia unanimitas illorum civium ad videndum Regem gloriæ in decore suo congregatur. Hæc nihilo minus Jerusalem cognominatur, quia visione semper manentis pacis satiantur. Hæc paradisus vocitatur, quia omnimoda omnium deliciarum abundantia jucundantur. Hæc quoque superna patria nominatur, quia omnes justi hanc visionem, ut puta filii Dei, hæreditare non dubitantur. Cum ergo sanctos in oratione invocatis, sic oportet de eis cogitare constitutis in gloria æternæ claritatis, scilicet splendidissima lumina longe præ solis fulgore lucentia, qui omnia bona pleniter in Dei visione habeant, et cunctis se invocantibus potenter subveniant.[1]

Disc. Sol æternus ad quem videndum nos tua dulcis oratio perduxit, et cujus serena lux in cordibus nostris per tua verba illuxit, ipse te de tenebris exemptum in lucis regione constituat : et inter luces quas prædicas, te (a) lucentem luce suæ visionis perenniter frui tribuat. Mag. Si quid per me probabile proferatur, nolo ut inde mihi, sed Deo, cujus donum est, gratia referatur : qui sæpe per abjectos servos ad hæreditatem suæ visionis filios suos convocat, et per hostes de exsilio ad patriam iter salutis amicis prænotat. Et bene nostis aliquando deformem formoso speculum, imo cæcum videntibus lumen tenuisse, ac claudum sanis gressu viam ostendisse.

Caput X. — Disc. Nos quoque propter ea quæ audivimus, perenni Deo grates referimus, cujus visio per te nobis innotuit, et qui talem thesaurum carnalibus absconditum per te nobis protulit. Sed (1) quia pondus carnis animam aggravat, ecce iterum carnalis cogitatio mentem divina contemplantem pulsat. Cum enim superius ratio unum Deum verissime esse demonstraverit, et ipsum solum cuncta ex nihilo fecisse probaverit : quomodo quasi tres deos adorare docemur, dum Patrem perfectum Deum, Filium perfectum Deum, Spiritum sanctum perfectum Deum confiteri monemur? Dum enim sic distinctæ tres personæ distinguuntur, quid aliud quam tres dii a nobis intelliguntur? Mag. Ipsa veritate se demonstrante et ratione probante, citius videbitis necessariam in una essentia personarum trinitatem, et item per omnia necessariam in tribus personis individuæ substantiæ unitatem. Cum jam superius de Deo loquerer

(1) Ab his incipit versio Græca.
(a) Mss. unus lucem entem.

manière propre et convenable, qu'ai-je dit de l'essence de Dieu? — Les Disciples. Qu'elle était lumière. — Le Maître. Que produit la lumière? — Les Disciples. La splendeur. — Le Maître. Que produisent ensemble la lumière et la splendeur? — Les Disciples. La chaleur. — Le Maître. Est-ce que dans la lumière, la splendeur et la chaleur, il y a diversité de substance? — Les Disciples. Non; la substance est la même. — Le Maître. Cependant est-ce que, dans leurs noms comme dans les effets qu'elles produisent, il n'y a pas diversité? — Les Disciples. Evidemment, il y a diversité et non identité, car le mot lumière désigne la substance; la splendeur, c'est la beauté de la lumière, son rayonnement, et la chaleur semble désigner son efficacité. — Le Maître. Il est donc clair que ces trois noms différents désignent cependant une substance identique? — Les Disciples. Evidemment. — Le Maître. Vous voyez dans l'Apôtre que le Père est appelé lumière : « Dieu est lumière, dit-il, et en lui il n'y a point de ténèbres. » (Jean, 1, 5.) Un autre Apôtre nous apprend que le Fils est splendeur : « Lequel est la splendeur de sa substance, » (Hébr., 1, 3) est-il dit dans l'épître aux Hébreux. Le Saint-Esprit est appelé chaleur dans les livres de Moïse, quand il est dit : « Notre Dieu est un feu. » (Deut., IV, 24.) Puis donc que la lumière, la splendeur et la chaleur forment une même nature et une substance indivise sous des noms différents, il est clair que la nature du Père, du Fils et du Saint-Esprit est la même, que leur essence est unique quand, voulant les désigner, on les appelle Esprit; de même, il est manifeste qu'il y a distinction de personnes, quand nous appelons le Père engendrant, le Fils engendré et le Saint-Esprit procédant de tous deux. — Les Disciples. Nous voyons maintenant comment il y a trinité dans les personnes et unité nécessaire dans la substance.

Chapitre XI. — Le Maître. C'est donc avec raison qu'on applique à l'essence divine les deux termes de personnes et de substance; car la substance sert toujours à désigner les individus renfermés dans une pluralité; le mot personne, au contraire, est appliqué à la nature raisonnable prise individuellement. Nous avons coutume, par personne, de désigner la pluralité des êtres, et par substance, de désigner l'unité de nature.

Les Disciples. Pourquoi la lumière éternelle est-elle appelée père? — Le Maître. Parce que d'elle-même elle a produit un fils égal à elle-même. — Les Disciples. Est-ce que le nom de mère ne lui conviendrait pas mieux? — Le Maître. Le père est toujours la cause principale de l'enfant; c'est donc avec justice qu'il a dû être appelé du nom du sexe principal. — Les Disciples. Pourquoi dit-on qu'il engendre? — Le Maître. Il est certain que l'esprit engendre la pensée. Lorsque l'esprit pense à lui-même, il engendre en quelque sorte un autre lui-même. Ainsi, le Dieu suprême, lorsqu'il s'est considéré tel qu'il est, a engendré une image de lui-même semblable en tout à lui-même; et de même qu'on dit avec raison que le père engendre, ainsi avec raison le fils est appelé engendré.

Chapitre XII. — Les Disciples. Si Dieu a engendré son Fils, il semble qu'il fut un temps où ce Fils n'était pas, et le nom de père est alors un accident; s'il en est ainsi, que devient l'argumentation par laquelle

ænigmatice, quia non poteram proprie, quid dixi essentiam Dei esse? Disc. Lucem. Mag. De luce quid gignitur? Disc. Splendor. Mag. Quid in luce et splendore simul consideratur? Disc. Calor. (1) Mag. Num in substantia lucis, splendoris, caloris invenitur diversitas? Disc. Non, sed identitas. Mag. Num in vocabulis vel officiis prædicatur identitas? Disc. Minime, sed diversitas: nam lucis vocabulum ipsam substantiam, splendoris vocabulum lucis gratiam, caloris vero vocabulum videtur exprimere lucis efficaciam. Mag. Igitur patet tria vocabula diversa unam constare individuam essentiam. Disc. Per omnia patet. Mag. Summum spiritum Patrem lucem appellari habetis in Apostolo : « Deus lux est, et in eo tenebræ non sunt ullæ. (Joan., 1, 5.) Summum quoque spiritum Filium splendorem nuncupari Apostolo habetis in alio : « Qui est splendor substantiæ ejus. » (Heb., 1, 3.) Summum nihilo minus Spiritum sanctum calorem nominari habetis apud Moysen : « Deus noster ignis est. » (Deut., IV, 24.) Cum itaque lux, splendor, calor sit una natura et individua substantia, vocabulo vero diversa; constat profecto Patris et Filii et Spiritus sancti unam naturam individuamque essentiam, dum in eo quod significat quid sit, substantialiter spiritus nominatur : et item in personis diversitatem necessariam, dum Pater gignens, Filius nascens, Spiritus sanctus ab utroque procedens prædicatur. Disc. Plane trinitatem in personis perspicue videmus, et necessariam in substantia unitatem evidenter tenemus.

Caput XI. — Mag. Ideo vigilantissime hæc duo nomina, scilicet substantia et persona, divinæ essentiæ coaptantur, quia semper substantia de individuis in pluralitate consistentibus, persona autem de individua rationali natura prædicatur; cum nos soleamus personis pluralitatem, substantiæ autem designare essentiæ unitatem.

Disc. Qua similitudine vocatur æterna lux Pater? Mag. Quia ex se (a) prolem æqualem sibi genuit. Disc. Nonne sibi magis matris nomen convenire videretur? Mag. (2) In patre semper est principalis causa prolis, et ideo a principali sexu debuit jure hoc nomine appellari. Disc. Qua similitudine dicitur gignens? Mag. Certum est quod mens gignit cogitationem : cum autem mens se ipsam cogitat, quasi aliam sibi similem generat. Sic summus Deus cum se ipsum talem qualis est, cogitavit, procul dubio similem sibi per omnia imaginem generavit. Et sicut gignens jure pater vocatur, ita rectissime genitus filius nominatur.

Caput XII. — Disc. Si Deus filium genuit, videtur aliquando fuisse quod filium non habuerit, et hoc nomen ex accidenti possederit. Quod si hoc ita est, superior prolatio labefactatur, qua Deo nihil accidentale, sed totum

(1) V. Elucidarium, lib. I, c. 1. — (2) Ex Anselmi Monolog., c. XLII.
(a) Græci leg. Splendorem.

vous établissiez naguère qu'en Dieu il n'y a rien d'accidentel, mais que tout est essentiel. — Le Maître. Déjà la raison nous a appris que l'essence de Dieu, c'est la vie éternelle sans commencement ni fin; que si cette vie véritable n'a jamais eu de commencement, il s'ensuit que l'intelligence qu'elle a d'elle-même n'a jamais eu de commencement. Si elle n'avait pas eu cette intelligence, elle aurait été aveugle, ce qu'il n'est pas permis de dire de Dieu; que si elle eût reçu d'autre part cette intelligence qu'elle n'avait pas, ce qui la lui aurait donné serait meilleur que Dieu, ce qui est absurde. Mais si l'éternelle vie s'est éternellement comprise, cette intelligence ne lui est venue d'aucun autre, elle lui est coessentielle, bien qu'elle vienne d'elle-même, comme le Fils qu'elle a engendré. D'où il suit que le Père n'a jamais été sans le Fils.

Chapitre XIII. — Les Disciples. Pourquoi la splendeur de la lumière éternelle est-elle appelée fils et non pas fille? — Le Maître. Parce qu'elle en est l'image exacte, d'où elle a dû recevoir un nom semblable. Rien dans les choses créées n'est absolument semblable à ce qui le produit : les cheveux, nés de la tête, ne lui ressemblent pas; le fruit diffère de l'arbre qui l'a produit; la laine ne ressemble pas à la brebis; les petits des animaux, les enfants des hommes eux-mêmes ne sont pas en tout semblables à leurs pères. Mais ici, celui qui est engendré ressemble en tout point à celui qui l'engendre, et c'est avec raison qu'il est appelé fils et non fille.

Chapitre XIV. — Les Disciples. Mais pour quelle raison le Fils est-il appelé Verbe? — Le Maître. Le Verbe se comprend de trois façons : par exemple, lorsque ce Verbe, l'homme, est prononcé par la bouche; lorsque ce même Verbe, l'homme, est formulé dans l'esprit sans être exprimé par les lèvres; enfin, lorsque la chose que représente ce Verbe est représentée telle qu'elle est dans l'intelligence. C'est de cette dernière manière que Dieu engendre son Verbe, lorsqu'il se représente en lui-même tel qu'il est, et parce que, dans cette même pensée, il voit l'univers entier et la forme de tous les êtres. C'est pour cela qu'il est dit qu'il a tout fait en son Verbe. C'est pourquoi nous lisons au sujet de la création : « Il a dit, et tout a été fait. » (*Ps.* xxxii, 9.) Le Fils ou le Verbe de Dieu n'est donc autre chose que sa pensée, sa prudence, sa sagesse. Lorsque nous pensons à quelque chose, nous formons dans notre esprit une image de cette chose. Ainsi Dieu, en repliant sa pensée sur lui-même, a formé une image en tout semblable à lui-même. C'est pour cela que le Verbe est appelé image ou ressemblance de Dieu, mais il en représente l'essence même; d'où son nom de Verbe, qui veut dire véritablement bon (*Verbum id est vere bonum.*)

Chapitre XV. — Les Disciples. Pourquoi dit-on que tout ce qui a été fait est vivant en lui? Est-ce que les pierres, par exemple, insensibles comme elles le sont, vivent dans le Verbe de Dieu? — Le Maître. Toute créature peut être considérée comme vivante de trois manières : en Dieu, en elle-même et en nous. En Dieu, la vie est immuable; en elle-même, la substance est changeante; en nous, il y a la représentation idéale des choses. Par exemple, une pierre en elle-même est une substance qui peut changer, car on peut la réduire en chaux; en Dieu, son essence est

---

essentiale prædicabatur. Mag. Jam docuit ratio, Dei essentiam esse æternam vitam, initii et finis nesciam. Quod si hæc singularis vera vita absque initio semper fuit, constat quod et absque initio semper se vivere intellexit. Quod si se vivere non intellexit, nondum nata fuit : quod nefas est de Deo dicere. Quod si aliquando sapientiam aliunde accepit, qua prius caruit, tunc id a quo tantum bonum accepit, Deo melius exstitit : quod absurdissimum est. Sed si sempiterna vita semper se vivere intellexit, hæc intelligentiæ sapientia non aliunde ei accidit, sed semper ei coessentialis fuit, quamquam hanc ex se, ut prolem suam, ineffabiliter genuerit. Igitur Pater nunquam sine Filio exstitit.

Caput XIII. — Disc. Qua similitudine splendor æternæ lucis Filius vocatur, et non filia? Mag. Quia per omnia similitudo Patris in eo exprimitur; unde et similitudo ejus dicitur. (1) Nihil enim in rebus creatis ad integrum ejus similitudinem servat a quo nascitur. Capilli namque a capite nati sunt capiti dissimiles, poma ab arboribus nata sunt illis dissimilia, lana dissimilis ovibus, fetus animalium, vel ipsi filii hominum, non per omnia similes qualitati genitorum. Hic autem per omnia gignenti est simillimus : et ideo verissime non filia, sed filius.

Caput XIV. — Disc. Qua autem habitudine Filius Verbum vocatur? Mag. (2) Tripliciter verbum intelligitur. Verbi gratia, cum hoc verbum, homo, ore profertur; aut cum idem verbum, homo, absque motu linguæ in corde formatur; aut cum res ipsa, quam significat illud verbum, homo, qualis sit in intellectu cogitatur. Hoc tertio modo Deus Verbum suum genuit, cum se ipsum cogitando dixit. Et quia totam mundi formam eadem cogitatione (*a*) dixit, ideo dicitur, quod omnia in Verbo suo fecerit : unde et de creatione mundi legimus, « ipse dixit, et facta sunt. » (*Psal.* xxxii, 9.) Nihil enim est aliud Filius vel Verbum Dei, quam cogitatio vel ars vel sapientia ejus. Nempe cum nos aliquam rem cogitamus, ipsius rei imaginem in cogitatione nostra formamus : sic Deus cum se ipsum cogitavit, similem sui per omnia imaginem formavit : et ideo hoc Verbum imago vel similitudo Dei dicitur, sed nihil aliud nisi eadem essentia exprimitur. Unde et hoc verbum dicitur quasi vere bonum.

Caput XV. — Disc. Quomodo dicitur : Omne quod factum sit, in ipso vita fuerit? Num lapides qui stolidi sunt, in verbo Dei vivunt? Mag. Omnis creatura trifarie subsistere dicitur.(3) In Deo, in se ipsa, in nobis. In Deo vita immutabilis, in se ipsa substantia commutabilis, in nobis similitudo rerum imaginabilis. Verbi gratia, lapis in se ipso est substantia mutabilis, quia in calcem convertibilis, in nostra cogitatione similitudo lapidis, in arte

---

(1) Ans., *Monol.*, c. xxxix. — (2) V. Aus., *Monol.*, c. x. — (3) V. Ans., *Monol.*, c. xxxiv, xxxv, et xxxvi.
(*a*) Sic Mss. At edit, *creavit*.

immuable; en nous se trouve l'idée, la représentation de cette pierre. Quand un architecte pense à construire une maison, déjà existe dans son esprit cette maison, que la main des hommes construira ensuite; mais cette dernière, élevée par les hommes, peut tomber; l'autre, celle qui existe dans le génie de l'architecte, subsiste toujours; le génie n'est autre que l'âme, et l'âme, c'est la vie. Ainsi, le Verbe de Dieu n'est autre que son génie, que sa sagesse, et cette sagesse n'est autre que la vie elle-même. En elle demeureront immuables les choses qui, dans leur substance, sont sujettes au changement.

CHAPITRE XVI. — LES DISCIPLES. Mais puisque la raison nous a montré avec évidence que le Verbe forme avec le Père et le Saint-Esprit une substance unique et individuelle, comment le Fils a-t-il pu s'incarner seul? S'il a pu se séparer de l'essence du Père et du Saint-Esprit, et seul se renfermer dans un corps humain, il est manifeste que la substance du Père, du Fils et du Saint-Esprit n'est pas indivisible, puisqu'elle a pu subir ainsi une séparation? — LE MAÎTRE. De même que la puissance du Dieu éternel peut être connue à l'aide des créatures qu'elle a formées, ainsi, à l'aide du raisonnement, par ce qui se passe en nous, nous pouvons nous faire une idée de ce profond mystère. Il est connu que l'esprit humain produit au dehors, par la parole, le Verbe qu'il a pensé en lui-même, et que le même Verbe, formant la même essence, existe en même temps dans l'esprit et dans la mémoire. Lorsque l'esprit veut faire connaître son Verbe aux autres, lorsque sa pensée, qui n'est autre que son Verbe lui-même, à l'aide de la mémoire, revêt pour ainsi dire un corps par la parole et devient sensible aux oreilles, lorsque ce Verbe se manifeste par l'écriture et devient sensible aux yeux, cependant il demeure toujours invisible et toujours dans l'essence de l'esprit et de la mémoire. Ce n'est pas l'esprit, ce n'est pas la mémoire, mais c'est le Verbe seulement qui revêtu de la voix, s'est rendu sensible, et pourtant il est demeuré invisible, uni inséparablement dans l'essence de l'esprit et de la mémoire. Ainsi le Père engendre le Verbe par la pensée, ce Verbe demeure essentiellement uni au Père et au Saint-Esprit, et cependant ni le Père ni le Saint-Esprit ne se sont incarnés, mais le Verbe seul, qui est le Fils du Père, a pris un corps, s'est montré sur la terre, a voulu souffrir un traitement indigne dans le corps qu'il avait pris; et cependant il est resté invisible, impassible et inséparable dans l'essence du Père et du Saint-Esprit.

CHAPITRE XVII. — LES DISCIPLES. Pourquoi l'amour de Dieu est-il appelé esprit? — LE MAÎTRE. Je vous ai dit que l'essence de Dieu, c'était la vie; la véritable vie se connaît, si elle se connaît elle s'aime; pour Dieu vivre, se connaître, s'aimer, c'est l'existence même, l'amour est donc la vie de Dieu, et sa vie est esprit. Comme Dieu par son amour accorde la vie à tout ce qui existe, c'est pour cela que cet amour est appelé souffle ou esprit. On l'appelle saint parce que c'est par lui que tout est sanctifié.

CHAPITRE XVIII. — LES DISCIPLES. Comment prouve-t-on que le Saint-Esprit procède du Père et du Fils? — LE MAÎTRE. L'Esprit saint n'est autre que l'amour de Dieu, aussi le nomme-t-on la charité de Dieu. Il est certain que le Père aime le Fils comme lui-même,

---

Dei essentia interminabilis vitæ durabilis. Cum enim artifex domum facere cogitat, jam domus in ipsa arte vivit, quam postmodum manus ædificat. Sed illa quam manus erigit, corruet : illa vero quæ in arte vivit, permanet. Nihil quippe aliud est ars quam anima, et anima nihil aliud (a) quam vita : sic Verbum Dei nihil aliud est quam ars ejus, et ars nihil aliud est quam ipsa vita; et in hac cuncta immutabiliter permanebunt, quæ in substantia sui mutabilia deficiunt.

CAPUT XVI. — DISC. Cum evidens ratio idem Verbum cum Patre et Spiritu sancto, unam individuam substantiam inexpugnabiliter probaverit, quomodo solum incarnari potuit? Si enim a Patris et Spiritus sancti essentia est separatum, et sic singulariter inhumanatum : constat profecto quod Patris et Filii et Spiritus sancti substantia non sit individua, quæ potuit pati separationis discrimina. MAG. Sicut sempiterna virtus divinitatis per ea quæ facta conspiciuntur, potest intelligi; sic hoc profundum (b) nimis occultum per ea quæ in nobis geruntur, ratione perscrutante poterit inspici. Notum est enim quod humana mens verbum communis locutionis ex se cogitando gignit, et idem verbum in mente et in memoria simul una essentia exsistit. Cum vero mens verbum suum aliis innotescere cupit, cum eadem cogitatione, quæ nihil aliud est quam verbum suum, et cum memoria disponit, quod idem verbum corpus vocis induit, et auribus audibile, et cordibus audientium visibile procedit, et etiam litteris corpus suum ligari et videri permittit : et tamen invisibile manens, de essentia mentis et memoriæ non recedit. Non ergo mens neque memoria, sed solum verbum singulariter sonuit per corpus vocis sensibile : et tamen inseparabiliter mansit in essentia mentis et memoriæ invisibile. Sic summus Pater Verbum suum se ipsum cogitando genuit, quod in Patris et Spiritus sancti essentia simul coessentiale subsistit. sed tamen nec Pater nec Spiritus sanctus, sed solum Verbum quod est Patris Filius singulariter humanum corpus induit, sensibile hominibus se exhibuit, corpus sumptum indigna pati permisit, ipsum inseparabiliter in essentia Patris et Spiritus sancti invisibile et impassibile permansit.

CAPUT XVII. — DISC. Qua autem similitudine amor Dei Spiritus nominatur? MAG. Dei essentiam dixi esse vitam. Vera autem vita se vivere intelligit : et si se vitam intelligit, se utique diligit. Deo autem vivere, intelligere, diligere, nihil est aliud quam exsistere. Dilectio ergo Dei est vita, et vita est spiritus. Et quia Deus per dilectionem cunctis esse vel vivere tribuit, idcirco spiritus nuncupatur. Ideo autem sanctus additur, quia cuncta per eum sanctificantur.

CAPUT XVIII. — DISC. Qualiter probatur hic Spiritus a Patre et Filio procedere? MAG. Nihil aliud Spiritus sanctus, quam amor Dei intelligitur, unde et Deus caritas

---

(a) Sic Mss. At editi *quam ars ejus, et ars ejus nihil aliud est quam ipsa vita*, etc. — (b) Editi *profundum mysterium et occultum*.

et le Fils aime également le Père. La vie aime à se connaître, l'intelligence aime la vie. Or, la vie et l'intelligence ne forment qu'une seule essence, donc le lien, l'amour qui les unit, et qui n'est autre que le Saint-Esprit existe coessentiellement dans la substance du Père et du Fils, donc il procède de tous deux.

Les Disciples. Si le Saint-Esprit est coessentiel au Père et au Fils, comment a-t-il pu en être séparé, soit lorsqu'il est descendu sur le Seigneur, sous la forme d'une colombe, soit lorsqu'il est venu sur les apôtres sous la forme de langues de feu ? — Le Maître. La substance de l'Esprit saint ne s'est point changée en colombe ou en langues de feu, de même que celle du Fils ne s'est point transformée en corps humain. Mais il s'est revêtu de la forme d'une colombe, pour se montrer visible au-dessus du corps du Verbe, et lui rendre témoignage devant les hommes; cependant il restait toujours invisible et inséparablement uni dans l'essence du Père et du Verbe. De même, possédant déjà intérieurement l'âme des disciples, il a voulu se montrer comme un signe aux yeux des hommes, sous la forme de langues de feu; mais pendant ce temps, il n'était point séparé de la substance du Père et du Fils. Il s'est montré sous ce symbole pour apprendre que par lui le Père et le Fils brûlent et détruisent les péchés, que par lui les cœurs sont embrasés de l'amour divin, que par lui les impies seront condamnés au feu, et que par lui aussi les justes seront glorifiés au sein de la lumière éternelle.

Chapitre XIX. — Les Disciples. Comment peut-on démontrer que les personnes sont égales ? — Le Maître. Dieu est la vie parfaite, la sagesse parfaite, l'amour parfait. Il se comprend aussi parfaitement qu'il existe, il s'aime aussi parfaitement qu'il se comprend. S'il ne se comprenait pas aussi parfaitement qu'il existe, il ne serait plus l'intelligence parfaite; et s'il ne s'aimait pas aussi parfaitement qu'il se comprend, il ne serait plus l'amour parfait. Mais comme sa substance, son essence même est d'être le bien parfait; la vie parfaite, la sagesse parfaite et l'amour parfait ne pouvant se trouver que dans le bien parfait, il s'ensuit nécessairement que le Père qui engendre, le Fils qui est engendré, et le Saint-Esprit qui procède sont égaux en tout, et forment dans l'unité d'une même substance le bien parfait.

Les Disciples. Mais pourquoi parmi toutes ces perfections, la divinité est-elle plus adorée; puisque la miséricorde, la justice et toutes les autres qualités appartiennent également à la même essence? — Le Maître. Parce que, à proprement parler, l'une est substantielle à Dieu, tandis que relativement à nous les autres sont comme accidentelles. On le nomme miséricordieux, non pas que, selon l'étymologie, il ait un cœur sujet à la misère (*miserum cor*), la raison montre que Dieu est exempt de toute misère. Notre langage le nomme juste parce qu'il récompense les bons et punit les mauvais. Parce que Dieu subvient aux malheureux dans leurs misères, nous l'appelons miséricordieux, bien que quand même il n'eût existé aucun malheureux à l'égard duquel il eût usé de miséricorde, cependant cette perfection n'en existerait pas moins dans son essence. Parce qu'il donne des récompenses aux justes et des châtiments aux coupables, nous l'appelons juste. Cependant quand

---

dicitur. Constat autem quia Pater Filium ut se ipsum diligit, et item Filius Patrem tanquam semetipsum diligit; vita namque diligit se sapere, et item sapientia diligit se vivere: vitæ autem et sapientiæ probata est una essentia esse. Igitur dilectio vel amor vel caritas, quod est Spiritus sanctus, in substantia Patris et Filii coessentialis exsistit; et ideo ab utroque æqualiter procedit.

Disc. Si Spiritus sanctus Patri et Filio coessentialis exsistit, quomodo ab individua substantia separari potuit, cum in specie columbæ super Dominum, vel in forma ignis super Apostolos apparuit? Mag. Nec Spiritus sancti substantia non est in columbam vel ignem transmutata, sicut nec Verbi in carnem transformata: sed Spiritus sanctus columbæ corpus condidit, (*a*) super corpus Verbi (*f.* separabiliter) inseparabiliter ad testimonium hominibus visibile præbuit, ipse vero invisibilis in essentia Patris et Verbi inseparabiliter mansit. Animas quoque discipulorum interius possidens, foris speciem ignis vel luminis oculis hominum pro signo exhibuit, et tamen a substantia Patris et Filii non recessit: Profecto insinuans quod Pater et Filius per eum peccata consumunt, et in eorum amorem hominum corda per ipsum accendunt: et quod impios per eum ad ignem judicabunt, justos vero lumine vitæ in ipso glorificabunt.

Caput XIX. — Disc. Quomodo constat has personas esse æquales? Mag. Deus est summa vita, summa sapientia, summa dilectio. Quantum ergo vita vivit, tantum se intelligit et tantum se diligit. Si enim non tantum se intelligit quantum vivit, nequaquam summa sapientia erit: et si non tantum se diligit quantum se intelligit, summa dilectio minime exsistit. Sed cum ipsius substantia verissime summum bonum sit; summa autem vita, et summa sapientia, et summa dilectio non nisi in summo bono inveniri possit: necessario sequitur tres personas, Patris gignentis, Filii geniti, Spiritus sancti procedentis, per omnia esse æquales, et in una eademque individua substantia summum bonum exsistentes.

Disc. Cur in his vocabulis magis deitas veneratur, (*b*) cum misericordia et justitia et cæteræ virtutes ejus essentiæ assignentur? Mag. Quia illa sunt ei proprie secundum se substantialia, ista vero secundum nos ei accidentalia. Misericors namque inde dicitur, non quod miserum cor habeat; sed omnem miseriam longe a Deo esse ratio probat. Justum autem humana locutio nominat, qui bonis bona, malis mala recompensat. Verum quia Deus miseris in miseriis subvenit, nomen misericordiis vel misericordiæ accepit: quamvis si nunquam aliquis miser fuisset, cui misericordiam impenderet, non minus tamen in substantia sui ipsa misericordia exsisteret. Quia vero justis largitur præmia injustis justa irrogat supplicia,

(1) Hic desinit versio Græca.

(*a*) Editi *per corpus sibi inseparabiliter unitum ad*, etc. — (*b*) Editi hic add. *quam aliarum virtutum*.

même il n'existerait ni bons ni mauvais, auxquels il pût faire l'application de cette justice, il n'en posséderait pas moins essentiellement cette qualité, et ainsi des autres perfections.

CHAPITRE XX. — LES DISCIPLES. Mais ici s'élève une grande question, si la miséricorde de Dieu n'a pu être connue que par les malheureux, si sa justice n'a pu se manifester que par ceux qu'il a condamnés, il s'ensuit logiquement qu'il est nécessaire qu'il y ait des malheureux, par lesquels la miséricorde de Dieu soit révélée, et qu'il y a nécessairement aussi des hommes damnables, par lesquels sa justice nous est manifestée. Que s'il en est ainsi, c'est à tort que l'on prétend que le mal est un être négatif, puisqu'on ne peut rien imaginer de pire que la misère et la damnation. Si de bonnes raisons ne viennent pas détruire cette objection, il s'ensuit que Dieu n'est point le bien parfait et même qu'il est l'auteur du mal. Or, si Dieu n'a pas voulu, ou s'il n'a pas pu manifester sa miséricorde et sa justice autrement que par les malheureux et les damnés, qui ne voit que dans ce cas, il a été ou méchant ou impuissant; méchant s'il n'a pas voulu manifester sa bonté, sinon par la misère; impuissant s'il n'a pu agir autrement?

LE MAÎTRE. Quel insensé oserait dire que Dieu n'a pas pu révéler sa miséricorde et sa justice autrement que par les malheureux et les damnés, tandis qu'il est certain que nous-mêmes nous pouvons montrer nos richesses, non-seulement par le moyen des indigents, mais encore par le moyen de ceux-là même qui sont dans l'abondance! En effet, si je possède une somme cachée, il ne sera pas nécessaire pour que je la fasse connaître qu'il existe des pauvres;

est-ce que je ne pourrai pas la donner à un riche. Sans doute, si un pauvre se présente je lui ferai l'aumône de mon trésor, et ainsi par son expérience, il saura que je suis libéral et miséricordieux; mais cette manifestation pouvait avoir lieu par le moyen du riche. Cette connaissance du pauvre ou du riche ne m'apporte rien à moi qui suis censé posséder tous les biens; mais il leur est avantageux à eux de savoir que je possède ce qui peut leur être utile et même nécessaire. De même, quand il n'aurait existé ni malheureux, ni réprouvé, le Dieu tout-puissant n'en aurait pas moins pu manifester sa miséricorde et sa justice à l'égard des hommes et à l'égard des anges, en leur donnant généreusement ce qui leur manquait, surtout si l'on se rappelle que toute créature n'est rien par elle-même, mais que tout ce qu'elle possède lui vient de cette source de tous les biens; il les eût également manifestées en conservant dans ses créatures les dons qu'il leur avait faits. Il n'était donc point nécessaire que les anges encourussent la damnation pour faire connaître sa justice, ni que les hommes fussent exposés à la misère pour révéler sa miséricorde, puisque toutes deux s'étaient manifestées même dans les anges restés fidèles : la miséricorde en les empêchant de tomber, la justice en les récompensant. L'ange et l'homme s'étant séparés de Dieu par un acte libre de leur volonté, ils ont éprouvé les effets manifestes de cette justice et de cette miséricorde jusque-là cachées en quelque sorte; l'un, par sa condamnation, a expérimenté sa justice; l'autre, au milieu de ses misères, a expérimenté la miséricorde qui l'en a délivré. Et comme Dieu n'a retiré aucune utilité de cette manifestation, puis-

juste vocatur justus vel justitia : tamen si nullus foret cui vel gloriam vel pœnam impenderet non minus ipse justitia subsisteret. Sic de cæteris virtutibus sentiendum.

CAPUT XX. — DISC. Hinc maxima videtur quæstio suboriri. Si misericordia Dei non potuit dignosci nisi per miseros, nec justitia ejus sciri nisi per damnandos, videtur inevitabiliter sequi, quosdam necessario miseros factos, per quos misericordia Dei revelaretur, et quosdam necessario damnabiles, per quos justitia Dei manifestaretur. Quod si ita est, jam frustra prædicabitur malum nihil esse, cum nihil pejus possit excogitari quam miseria et damnatio : et si hoc per validissima rationis argumenta non infirmabitur, jam Deus summum bonum minime cognoscitur, imo auctor tanti mali convincitur. Porro si noluit vel non potuit ostendere suam misericordiam nisi in miseris, justitiam nisi in damnandis ; quis non videat sequi, eum malivolum vel impotentem, in uno, quod bonum nisi per malum ostendere noluerit, in altero quod aliter facere non potuerit?

MAG. Quis vel demens hæc præsumat dicere, misericordiam et justitiam Dei nisi per miseros et damnandos manifestari non potuisse, cum manifeste constet nos occultas divitias non solum per egentes, sed etiam per abundantes demonstrare posse? Si enim occultam habuero pecuniam, non ideo necesse erit quemquam pauperem exsistere, cui largiendo eam manifestam faciam, cum

idipsum diviti tribuendo facere queam : sed potius si pauper quilibet exsistens ad me venerit, de occulta pecunia ei misericorditer impendi oportebit. Sicque ejus experientia me largum et locupletem comprobat : quod idem in divite posse fieri constat, quamvis pauperis vel divitis scientia aut experientia nihil mihi utilitatis, ut puta omnia bona habenti, conferat; ipsis autem utilia, imo necessaria me habere, eis scire et experiri multum expediat. In hunc quippe modum si nullus aliquando miser vel damnabilis fuisset, Deus omnipotens misericordiam et justitiam in angelis et hominibus non minus manifestare potuisset, de sua videlicet abundantia eis misericorditer largiendo quod minime haberent : præsertim cum omnis creatura a se omnino nihil habeat, sed omnia ab ipso fonte omnium bonorum accipiat, ac dona sua in suis juste conservando quæ ab eo accepissent. Et ideo non erat necesse ut vel angelus damnationem ad manifestandam Dei justitiam, vel homo miseriam ad declarandam Dei misericordiam inciderent : cum utrumque in stantibus angelis declaraverit, misericordiam videlicet, eos a lapsu conservando ; justitiam, eis præmia dando. Quia autem libera voluntate angelus vel homo a Deo apostataverunt, misericordiam et justitiam, quasi prius occultas, manifeste experti sunt, dum illum justitia juste damnavit, istum misericordia misericorditer de miseria liberavit. Et cum in hac experientia nihil Deo utilitatis accreverit, in quo plenitudo omnium bonorum ante omnem creatam cres-

qu'en lui résidait la plénitude de tous les biens, avant toute créature, il en résulte qu'aucune nécessité, mais leur volonté libre a été pour eux la source de leurs misères.

Chapitre XXI. — Que Dieu ne soit pas l'auteur du mal, cela se prouve évidemment en ce que lui-même condamne tout ce qui est mal. Que le mal ne subsiste pas, en voici la preuve manifeste. Toute substance est bonne, mais le mal n'est pas bon; donc le mal n'est point une substance, mais seulement la privation du bien. Le mal semble être un accident séparable de l'agir et du souffrir ; dans l'action, quand on agit d'une manière contraire à l'ordre; dans le souffrir, quand une action désordonnée est ramenée à l'ordre. Dans le royaume de celui qui ordonne toutes choses, rien de désordonné ne sera souffert. L'ordre demande que toute créature raisonnable méprise ce qui passe, et s'attache aux choses éternelles, qu'elle aime les hommes immortels quant à leur âme, que chérissant par-dessus tout Dieu, qui est le souverain bien, elle soit soumise à sa volonté. S'il en est qui méprisent le souverain bien, qui s'attachent aux biens caducs de ce monde, qui dédaignent leurs frères, obéissent à leurs passions grossières, ceux-là vivent d'une manière désordonnée et commettent le mal. Ce mal rentrera dans l'ordre quand cette action deviendra souffrance. Lorsque ces hommes sont privés et du bien suprême et des biens passagers qu'ils convoitaient, il est nécessaire qu'ils éprouvent des tourments contraires aux satisfactions qu'ils ont recherchées, choses qui en eux-mêmes ne sont pas des maux, mais qui paraissent dures à ceux qui les supportent. Donc de sa nature le mal n'est rien.

Une preuve encore que Dieu est la bonté souveraine, c'est qu'il semble offrir aux méchants et aux coupables sa miséricorde, contrairement aux droits de sa justice. Telle est, en effet, la nature de la justice qui découle du bien suprême, qu'elle consent à ce que la miséricorde de Dieu s'étende sur des indignes. Bonté qui ressort encore de ce qu'il n'a pas voulu jouir seul de tant de biens, mais qu'il a tiré du néant tant de créatures, pour les faire participer à sa gloire. Sa toute-puissance se montre en ce qu'il a formé de rien ce monde et tout ce qu'il renferme ; et qu'aucune créature ne peut le contraindre, mais que tout obéit à ses lois. Voici il me semble toute votre objection détruite sous les coups de la raison.

Chapitre XXII. — Les Disciples. Il est bon que l'erreur soit détruite, et que la citadelle de la vérité soit fortement assise ; vous avez établi solidement sa base sur le Créateur de toutes choses, il vous reste à l'édifier en nous parlant de l'origine des créatures, de leur fin, et vous couronnerez l'édifice en nous parlant du royaume des cieux. A l'aide de la raison, montrez-nous si toutes les créatures sont formées de la substance du Créateur, ou bien d'une matière préexistante, ou enfin, si elles ont été tirées du néant. — Le Maître. Celui qui a bâti cette citadelle de la vérité est cet architecte sublime, dont l'œuvre ne redoute aucun choc. La créature elle-même proteste qu'elle n'est point de la substance du Créateur, et la raison y répugne de toutes ses forces. Dieu est immuable, toute créature est sujette au changement, que si elle procédait d'une nature immuable, il s'en suivrait qu'elle devrait être immuable elle-même.

turam fuerit; sequitur quod nulla necessitas, sed sola voluntas eos ad miseriam compulerit.

Caput XXI. — Deum autem non esse auctorem mali hinc aperte constat, quod ipse omne malum damnat. Porro quod malum non subsistat, evidens ratio probat. Omne enim substantia bona est : sed malum bonum non est : igitur malum substantia non est, sed privatio boni est. Videtur autem malum quoddam agendi vel patiendi separabile accidens : in actu quidem, dum inordinate agitur; in passione autem, dum inordinata actio bene ordinabitur. (1) In regno quippe cuncta ordinantis nihil inordinatum relinquitur. Est autem rectus rationalis creaturæ ordo, ut caduca respuat, mansura appetat; homines in anima immortales diligat, Deum summum bonum præ omnibus amans, ejus voluntati obediat. Sed qui summum bonum contemnunt, caducum mundi bonum diligunt, socias animas despiciunt, carnis desideriis obediunt, hi inordinate vivunt, sicque malum faciunt. Hoc vero malum ordinabitur, dum hæc actio in passionem mutabitur. Nam dum tales et summo et caduco mundi boni privantur, necesse est ut asperis, quæ blanditiis contraria sunt, afficiantur; quæ tamen in se ipsis non sunt mala, sed patientibus videntur amara. Igitur per naturam nihil est malum.

Deum autem summum bonum hinc constat, quod malis et reis, quasi contra justitiam, misericordiam suam prærogat. Nempe a fonte summi boni talis justitia manat, qua Deus jure indignis misereri debeat : qui etiam benevolus in hoc comprobatur, quia solus tot bonis frui noluit, sed ex nihilo tot substantias protulit, quibus bona gloriæ distribuit. Omnipotens vero, imo ipsa omnipotentia hinc declaratur, quod tantam machinam rerum cum omnibus quæ sunt, potuit ex nihilo formare, et omnis creatura cum ad inconveniens non flectit, sed quidquid est, nutui suo paret. Ecce tota munitio vestræ propositionis jacet subruta (a) ariete manifestæ rationis.

Caput XXII. — Disc. Utile est munimen erroris subrui, et arcem veritatis construi, cujus fundamentum quia super omnia stabiliter locasti, superest ut machinam super originem creaturæ consolides, ac finem mundi initio continuando ædifices, culmenque in alto regni cœlorum consumnies. Itaque ratione probante nobis insinua utrum universitas creaturæ ex creatoris substantia, an ex aliqua (b) præexistente materia, an ex nihilo sit condita. Mag. Hujus structuræ compagem hic artifex corroboravit, cujus opus nullius augmenti molimen conquassabit. Ex substantia Creatoris se esse ipsa creatura negat, et evidens ratio totis armis suis repugnat. Deus namque est immutabilis, omnis autem creatura mutabilis : quæ si ex immutabili natura processisset,

(1) Ita Elucidar., lib. I, c. xvi.
(a) Editi arce manifesti erroris. — (b) Mss. exsistente.

D'un autre côté, si la nature corruptible est sortie de la substance de Dieu, il s'ensuit que cette substance elle-même est sujette à la corruption, absurdités contre lesquelles toutes les lumières de la raison se révoltent. Que la créature ne vienne point d'une matière préexistante, cela est clair, puisqu'il n'y avait rien en dehors de Dieu. Reste donc que les créatures aient été tirées du néant, non pas que le néant ait été, ou soit quelque chose; mais ce qui n'était rien, Dieu l'a fait être quelque chose. Toutefois avant la création, l'idée de chaque créature existait dans le Verbe, c'est-à-dire, dans la sagesse de Dieu, et ce fut selon ce type que tout apparut au jour de la création. Ainsi qu'un peintre qui représente d'abord dans son esprit la variété qu'il veut donner à sa peinture, et qui ensuite représente cette idée sur la toile; ainsi Dieu avait d'abord conçu toute créature dans sa sagesse, et ce fut selon ce type qu'il donna à chaque créature ses formes diverses. Mais le peintre, pour produire au dehors le tableau conçu dans son esprit et qui n'existe pas encore en réalité, a besoin de couleurs et d'objets extérieurs pour lui donner l'être; Dieu pour donner l'être à ces types conçus dans sa sagesse n'a employé aucune substance, aucun secours extérieur. C'est pourquoi il a tout créé de rien, et cependant non pas de rien en quelque sorte, puisque ce monde visible en paraissant, a revêtu les formes du monde archétype existant en Dieu.

CHAPITRE XXIII. — LES DISCIPLES. Déjà s'élève l'édifice admirable construit par la raison, il chasse les ténèbres de l'erreur, il brille de l'éclat de la vérité; à nous, qui admirons la beauté de cet édifice, que la raison découvre encore si le Créateur est dans la créature, ou la créature dans le Créateur, ou s'ils se pénètrent l'un l'autre; ou plutôt si le Créateur demeure substantiellement quelque part hors de la créature, dans quelque séjour de gloire, ne résidant que virtuellement dans la créature qui n'existe que par lui; s'il est moitié au ciel, et moitié dans ce monde; s'il est quelquefois tout entier au ciel, et parfois tout entier dans ce monde; s'il est tantôt dans un lieu, tantôt dans un autre, par exemple hier à Jérusalem, aujourd'hui à Carthage, demain à Rome; ou bien si en dehors de tout espace ou de toute durée, il est simplement partout. — LE MAÎTRE. De même que le soleil à son lever éclaire de sa présence les divers objets bien qu'innombrables, qui étaient plongés dans les ténèbres, ainsi la raison avec son regard perçant peut porter la lumière sur les questions nombreuses et difficiles que vous adressez, et éclairer, en les faisant sortir de leur obscurité, les vérités les plus profondes.

CHAPITRE XXIV. — Que le Créateur soit dans la créature, toute la créature le proclame, puisqu'elle nous dit qu'elle n'est rien par elle-même, et que c'est du Créateur qu'elle tient l'existence et tout ce qu'elle a de bon. Dieu est l'essence souveraine et le souverain bien, toute créature subsiste par lui, toute substance est bonne puisqu'elle vient du souverain bien. Où Dieu n'est pas, là est le néant, là où se trouve quelque substance, là est Dieu. Donc Dieu est dans toute créature, puisque toute créature subsiste. Peut-être quelqu'esprit faible s'objecte-t-il en lui-

---

consequenter et ipsa immutabilis perduraret. Porro si corruptibilis natura ex Dei substantia prodiit, sequitur quod Dei essentia corrumpi possit : quam cæcæ mentis insaniam jacula rationis confodiunt, et a præsentia veritatis longe rejiciunt. Quod autem ex nulla substantiali materia condita sit, hinc constat, quod nihil præter Deum fuerit. Restat ergo quod universitas ex nihilo creata sit; non quod nihil aliquid fuerit vel sit, sed quod non aliquid fuit, hoc aliquid Creator esse fecit. (1) Tamen ante creationem totius creaturæ imago in Verbo, id est, in arte Dei fuit, ad cujus exemplar universitas in creatione prorupit. Sicut enim pictor varietatem picturæ prius in mente fingit, ad cujus similitudinem postmodum visibilem picturam pingit : ita Deus universitatem creaturæ prius in sapientia sua formaverat, secundum quam formam cuncta per multimodas species creaverat. Sed pictor picturam mente conceptam in re non existentem, per colores et per instrumenta extrinseca ad esse perducit : Deus autem universitatem in sapientia sua nullam quidem substantiam existentem per nulla instrumenta in tot substantias produxit; et ideo ex nihilo omnia fecit, et tamen quasi non ex nihilo, sed ex aliquo visibilis mundus processit, dum instar archetypi mundi formas induit.

CAPUT XXIII. — DISC. Jam egregia turri in altum surgente discreta ratio tenebras erroris undique versum eliminet, præclaram structuram serena veritatis luce clarificet, ac nobis inclytæ ædis opus mirantibus aperiat utrum Creator in creatura, an creatura in Creatore, an utrumque in utroque consistat : an potius Creator extra creaturam alicubi in aliqua gloria substantialiter maneat, creaturam autem per se existentem potentialiter repleat : an dimidius in cœlo, dimidius in mundo, an aliquando totus in cœlo, aliquando totus in mundo subsistat : an per singula loca divisus, an in omnibus locis totus existat: an aliquando in illo loco, aliquando in alio sit, verbi gratia, heri Jerosolymis, hodie Carthagini, cras Romæ morari credendus sit : an extra omnem locum et extra omne tempus semper et ubique sit. MAG. Sicut sol oriens quamvis innumeras rerum formas tenebris obsitas cunctas sua præsentia irradiat; ita potens ratio licet multiplices nimiumque perplexas vestras propositiones perspicaci intuitu singulas discriminat, resque profundissimas de obscurissimis latebris protractas perspicue elucidat.

CAPUT XXIV. — Quod Creator in tota creatura existat, omnis creatura probat : quæ se nihil a se, a Deo autem esse et bonum habere clamat. Deus namque est summa essentia et summum bonum : omnis autem creatura per eum subsistit : omnis vero substantia bona est, quia ex summo bono est. Ubi autem Deus non est, ibi nihil est : ubi vero aliquid substantiale est, ibi Deus est : ergo in omni creatura Deus exsistit, quoniam omnis creatura subsistit. Hic fortassis infirmus animus apud se dicit : Si

(1) V. Ans., *Monol.*, c. IX et XI.

même : Si Dieu est dans toute créature, alors il est dans la fange, dans l'enfer; il est dans les animaux, il est jusque dans les démons, car ce sont des créatures. La raison considérant le bien dans chacun de ces êtres, n'y voit là rien d'inconvenant. La fange est un mélange, un composé de terre et d'eau, or, la terre est bonne puisqu'elle est substance, l'eau est bonne pour la même raison. L'enfer est le séjour du feu; mais en tant que substance le feu est bon. Les animaux sont tous dans leur genre utiles à quelque chose, et c'est pour cela qu'ils sont bons. Les démons eux-mêmes, en tant que nature angélique, sont bons. Donc, comme il est clair que chaque être subsiste, par ce qu'il a de bon, il s'ensuit nécessairement que Dieu, qui seul est bonté, est présent dans tous.

Mais de plus toute créature sent par quelque chose que Dieu est présent en elle. L'ange et tout ce qui vit sent la présence de Dieu en soi, Dieu est la vie, et tout ce qui vit ne vit que par la vie. L'ange ne vit pas plus que le ver, bien que l'un soit immortel et l'autre mortel; de même l'ange ne subsiste pas plus que le ver, encore que la substance de l'un soit éternelle et celle de l'autre périssable. Les corps célestes, tels que le soleil, la lune et les étoiles, sentent la présence de Dieu en eux, puisque c'est par lui qu'ils brillent et qu'ils subsistent. Les arbres, les plantes sentent Dieu en eux, puisque c'est par lui qu'ils croissent et qu'ils existent. Les pierres sentent que Dieu est en elles, puisque c'est par lui qu'elles subsistent. Les démons sentent la présence de Dieu en eux, puisque c'est par lui qu'ils vivent et qu'ils sentent; mais ce qui aussi leur fait sentir la présence de Dieu, c'est que par un juste jugement de ce Dieu, ils expient leurs crimes dans les tourments. En effet, Dieu est justice, et partout où la justice est exercée, Dieu est présent. C'est ainsi que le prince est présent au voleur qu'il condamne, comme au guerrier qu'il récompense. Que personne ne pense que Dieu a en horreur les ordures qui peuvent se trouver dans le monde, non; ce qu'il abhorre, ce sont seulement les souillures du péché; il ne peut en aucune façon être souillé, de même que les rayons du soleil ne sauraient être salis.

Chapitre XXV. — Que toute créature existe en Dieu, cela est évident, puisque rien n'existe hors de Dieu. Toutefois, elle n'est point en Dieu comme faisant partie de sa substance ou de son essence (comme le cœur dans l'animal ou toute partie du corps), mais comme la lumière d'un flambeau qui se trouve dans la lumière du soleil, sans être partie ni de sa substance ni de son essence. Quelque insensé dira peut-être en cet endroit : Si la pierre est en Dieu et si Dieu est dans la pierre, donc la pierre est Dieu. Mais il n'est pas vrai que tout ce qui est dans un autre devienne cet autre; le vin est dans l'outre et cependant il n'est pas l'outre. Le soleil est dans le miroir et le miroir dans le soleil, et cependant l'un n'est pas l'autre. De même qu'un habitant de Rome, si par la pensée il parcourait toute la cité, enfermant dans son imagination la ville et ses habitants, on dirait avec raison que Rome est dans son âme et que son âme est dans Rome; cependant la ville ne serait point sa substance; ainsi nous disons avec raison que Dieu est dans toute créature et que toute créature est en Dieu, sans que pour cela l'un soit l'autre. D'une part, il y a le Dieu créateur immuable, et de l'autre la créature sujette au changement.

Deus in omni creatura est, tunc et in cœno, et in inferno, et in brutis animalibus, imo et in dæmonibus est, quæ utique creaturæ sunt. Hic nullam inconvenientiam aperta ratio probat, quæ in his omnibus bonum considerat. Cœnum quippe est res cum alia permixta, ut pote terra cum aqua vel cum alia hujusmodi : terra autem bona est, quia substantia est. et aqua bona est, quia substantia est. Infernus quoque dicitur esse igneus : et ignis bonus est, quia substantia est. Bruta etiam animalia singula in genere suo ad aliquid utilia sunt; et ideo bona sunt. Dæmones nihilo minus, in eo quod angelica sunt natura, boni sunt. Igitur cum constet hæc singula in bono subsistere, necessario sequitur Deum, qui solus bonitas est, in omnibus esse.

Sed et omnis creatura Deum sibi inesse per aliquid sentit. Angeli etenim et universa viventia Deum sibi inesse sentiunt. Deus quippe vita est, et omne quod vivit, vita vivit. Non enim angelus magis vivit quam vermis, licet ille sit immortalis, iste mortalis. (1) Nec angelus magis subsistit quam vermis, quamvis illius substantia sit æterna, istius caduca. Corpora quoque cœlestia, scilicet sol, luna, sidera, Deum in se sentiunt : dum per eum lucent et subsistunt. Arbores et herbæ Deum in se sentiunt, dum per eum crescunt et subsistunt. Lapides vero Deum sibi inesse sentiunt, dum per eum subsistunt. Dæmones sibi Deum adesse sentiunt, dum per eum vivunt et sentiunt : sed et in hoc Deum adesse sentiunt, quod justo Dei judicio mala in pœnis luunt. Deus enim justitia est, et ubicumque justitia exercetur, Deus ibi esse creditur. Sic denique adest imperator latroni dum eum damnat, sicut militi cum eum remunerat. Et nemo opinetur Deum sordes mundi abominari, sed solas peccatorum sordes noverit eum exsecrari : sicut nec radium solis ulla immunditia sordidari.

Caput XXV. — Omnis autem creatura in Creatore exsistere hinc cognoscitur, quod extra Deum nihil esse creditur : sed tamen non sic est in eo ut sit ejus substantia vel pars ejus essentiæ, [(2) ut cor est in animali vel pars animalis, sed ut lucernæ lumen in sole non est ejus substantia, neque pars ejus essentiæ.] At aliquis stultus hic prorumpit et dicit : Si lapis est in Deo, et Deus est in lapide, ergo lapis est Deus. Non utique sequitur, ut omne quod est in altero, sit illud in quo est : nam vinum est in utre, et tamen non est uter, sol quoque in speculo, et speculum in sole, et tamen neutrum est quod aliud. Sicut quilibet Romæ positus, si cogitatione totam civitatem collustraret, totam urbem cum populo imaginando menti suæ includeret, recte diceretur Roma in ejus anima, et ejus anima in Roma esse, nec tamen ejus substantia esse : sic profecto Deus in omni creatura, et omnis creatura in eo rectissime affirmatur, et tamen neutrum quod est aliud, sed hic Creator Deus immutabilis, hæc creatura mutabilis verissime prædicatur.

(1) V. Elucidar., lib. 1, c. v. — (2) Absunt hæc a Mss.

Mais parce que nous sommes nés dans les ténèbres, nous ne pouvons voir la lumière de la vérité. Nous nous représentons ce monde suspendu sur l'abime, Dieu et ses anges placés dans le ciel, puis, en dehors de ce monde, nous croyons qu'il n'y a que ténèbres. La vue de notre âme est comme affaiblie par la grandeur de la vraie lumière, comme l'œil de notre corps est ébloui par la clarté du soleil. Les ténèbres qui nous environnent, nous empêchent de comprendre une aussi grande clarté, et ne permettent pas à l'œil clignotant de notre âme de la contempler. Ce monde entier est comme un point au milieu de l'immensité de Dieu; la douce lumière de sa majesté se répand de tous côtés jusqu'à l'infini. Dieu remplit tout; il est au-dessus, au-dessous, à l'intérieur, à l'extérieur, autour de chaque créature. Aucune intelligence créée ne saurait par la pensée embrasser sa substance infinie. Ceci scandalise de nouveau quelque faible d'esprit; il se dit en lui-même : Si tout est en Dieu, les loups, les serpents, les démons sont donc en lui. A cela, comme je l'ai dit plus haut, il n'y a rien d'inconvenant, puisque dans toute créature il y a du bon, et que tout ce qui est bon est en Dieu, hors duquel il n'y a rien.

Chapitre XXVI. — On demandera peut-être pourquoi quelque créature souffre du mal, et pourquoi toutes ne jouissent pas également du bien, puisque Dieu, qui est le souverain bien, est dans toute créature? Mais il faut savoir que, de même que l'âme répandue dans tout le corps, et présente dans tous les membres, n'accorde pas à chacun des membres de remplir toutes les fonctions dont elle est chargée, mais qu'elle donne à l'œil la fonction de voir et non d'entendre, à l'oreille la charge d'entendre et non de voir, et ainsi à chaque membre. Le membre auquel elle retirera le don de vivre restera insensible et inutile, ce qu'on appellera souffrir le mal, ou mieux, ne rien souffrir, parce qu'il est privé d'un bien. De même, Dieu, répandu dans toutes les créatures, est tout entier dans chacune; cependant il n'accorde pas à tous tous les dons de sa grâce, mais à chacun selon son bon plaisir; à la pierre, il a donné seulement l'être et non la vie; à l'arbre, la vie de croissance et non le sentiment; aux animaux, le sentiment sans l'intelligence; aux anges et aux âmes, l'intelligence et une existence immortelle. Lorsqu'il retire à quelque créature quelques-uns de ces dons, alors elle devient inutile à l'universalité. Quand ce bien qui était doux à sa nature lui est enlevé, aussitôt elle se trouve nécessairement atteinte par la peine qui lui est opposée; ce qui arrive aux hommes dans ce monde et aux démons en enfer. On dit alors que cette créature souffre du mal, parce qu'elle est privée d'un bien; comme l'aveugle qui, placé en face du soleil, est dit souffrir l'obscurité, parce qu'il est privé de la lumière. Pourquoi Dieu accorde à cette créature de jouir de la douceur de sa présence, pourquoi il le refuse à telle autre, la raison ne saurait le deviner, et elle adore avec frayeur Dieu terrible dans ses jugements.

Chapitre XXVII. — On demande encore comment, si Dieu est dans toute créature et si toute créature est en lui, il se fait que quelque chose change, comment, au contraire, tout ne reste pas dans le même état, puisque tout est contenu dans un Dieu immuable. Mais il faut savoir que le Créateur se distingue de la créature en ceci, qu'il est immuable, tandis qu'elle

---

Sed quia nos in tenebris nati sumus, lumen veritatis videre non possumus. Mundum hunc super abyssum fundatum, Deum autem cum Angelis in cœlo locatum cogitamus, et extra hunc mundum nihil nisi tenebras esse putamus. Sed potius visus mentis nostræ magnitudine veræ lucis hebetatur, sicut corporeus oculus fulgore solis reverberatur, et tenebræ nostræ tantam claritatem non comprehendunt, et caligante cordis intuitu eam non contemplari præpediunt. Nempe totus hic mundus instar brevissimi puncti intra Deum colligitur : serenissima autem lux majestatis ejus extra undique versum in immensum diffunditur. Deus quippe universa supra et infra, interius et exterius, et in circuitu essentialiter replet; et nullius creaturæ intellectus interminabilem ejus substantiam ulla cogitatione excedit. Hoc iterum infirmum intellectum scandalizat, et tacitus apud se volutat : Si cuncta in Deo sunt, ergo et lupi et serpentes imo et dæmones in eo sunt. Hic, ut supra, nulla inconvenientia comprobatur, dum in his omnibus bonum reperiatur. Omne autem bonum in Deo est, extra quem nihil est.

Caput XXVI. — Sed quæritur, cur aliqua creatura quidquam mali patiatur, et non potius tota æqualiter bono fruatur, si Deus, qui est summum bonum, in omni creatura esse declaratur. Sed sciendum est, quod sicut anima per totum corpus diffusa, in singulis membris tota consistit, non tamen singulis membris tota administrationis suæ munera tribuit, sed oculo tantum videre et non audire, auri autem audire et non videre, et cæteris in hunc modum; membrum autem cui donum vegetationis subtrahit, stolidum et inutile in corpore remanebit, et hoc malum pati vel nihil pati affirmatur, quia bono privatur : sic Deus per omnia diffusus in singulis totus consistit, non tamen singulis cuncta dona gratiæ suæ tribuit; sed singulis prout sibi placuerit, lapidi tantum esse et non vivere, arbori crescendo vivere non sentire, bestiis sentire non discernere, angelis et animabus discernere et immortales existere. Cui autem aliquid horum subtraxerit, protinus in corpore universitatis inutile erit. Et cum ei bonum quod naturæ blandum est subtrahitur, mox ex necessitate amaro quod ei contrarium est afficitur, ut homines in mundo, dæmones in inferno : sicque malum pati prædicatur, dum bono privatur, sicut cæcus in sole positus tenebras pati dicitur, quia ejus luce non fruitur. Cur autem Deus illi creaturæ dulcedinem suæ præsentiæ perfruendam exhibeat, alteri subtrahat : ratio nullo acumine penetrare prævalet, sed terribilem Deum in judiciis suis stupet.

Caput XXVII. — Item quæritur, si Deus in omni creatura, et omnis creatura in eo est, quomodo aliquid deficiat, et non potius totum in uno statu permaneat, præsertim cum immutabilis Deus cuncta contineat. Sed sciendum est, quod per hoc Creator a creatura discernitur, dum hic immutabilis, hæc autem multum instabilis

est sujette à beaucoup de changements. Toutes les créatures imitent l'éternité : en mourant, en renaissant, et en roulant dans l'existence comme dans un cercle. Comme elles sortent du néant, elles semblent désirer d'y retourner et d'échapper à Dieu ; mais parce qu'elles ne peuvent trouver d'issue, ramenées comme dans un cercle, elles reviennent de nouveau à l'existence. Les cieux et les astres tournent sans cesse dans leurs orbites ; les eaux coulent, puis, ayant comme accompli leur révolution, elles arrivent de nouveau à leurs sources ; les arbres, les plantes, les animaux, en croissant, en vieillissant, en mourant, en renaissant, roulent pour ainsi dire dans un cercle. De cette manière, tout de sa nature tend au néant ; mais, par la main de Dieu, tout revient à l'existence donnée.

Chapitre XXVIII. — On demande aussi, dans le cas où l'homme eût persévéré dans le paradis terrestre, si toutes les créatures eussent été, comme aujourd'hui, sujettes au changement ? Il est hors de doute que toutes nées avec le temps qui passe, auraient comme maintenant accompli leur révolution, en croissant, en défaillissant, en naissant, en mourant ; seul l'homme, devenu le maître de toutes, serait resté stable et immuable. Mais parce qu'en péchant il s'est montré instable, il a commencé à suivre le sort du temps qui passe et des choses qui changent.

Après avoir dissipé les ténèbres qui s'opposaient à la construction de notre édifice, essayons de détruire les machines dressées contre lui. Il répugne à la raison et à tout ce que nous avons dit jusqu'ici, que Dieu soit substantiellement dans un lieu et virtuellement dans tous les autres. En effet, s'il est substantiellement quelque part et non partout, il s'ensuit qu'il est circonscrit ; s'il est circonscrit, il est corps et non esprit. De plus, si Dieu est renfermé dans un lieu, ce lieu est plus grand et meilleur que lui ; plus grand puisqu'il le renferme, meilleur puisqu'il contient un si grand bien. Or, s'il est au ciel substantiellement et seulement virtuellement dans le monde, il s'ensuit qu'autre est son essence, autre sa puissance, et que cette puissance, qui le rend virtuellement présent, est en lui un accident ; ce qui, comme nous l'avons dit plus haut, répugne à la raison. S'il est moitié dans le ciel et moitié sur la terre, il en résulte que la créature renferme le créateur et contient celui qui est son auteur ; que s'il est tantôt dans le ciel et tantôt sur la terre, il est alors sujet au changement, puisqu'il passe d'un lieu dans un autre. En outre, si Dieu est parfois dans le ciel et non dans le monde, alors il est seulement quelque chose là où il est, mais il n'est rien là où il n'est pas. En effet, où Dieu n'est pas, il n'est rien ; s'il est partagé entre chaque lieu, il en résulte qu'il est composé de parties, et par conséquent passible et même pouvant être dissous ; car ce qui est composé de parties peut être dissous par la séparation des parties. S'il est tout entier dans chaque lieu, il s'ensuit qu'il y a autant d'entiers qu'il y a de lieux ; car il est clair qu'aucune partie de ce qui est tout entier dans un lieu ne peut être dans un autre lieu ; il suit de plus que Dieu, qui renferme l'univers dans sa main, est contenu lui-même dans un lieu. Que si, suivant le temps, il change de demeure, en sorte qu'il ait été hier dans un lieu, qu'il soit aujourd'hui dans un autre et demain dans un troisième, il

cernitur : cuncta autem æternitatem imitantur, dum deficiendo, et iterum recrescendo quasi in circulis existentiæ semper rotantur. Quia enim de nihilo originem sumpserunt, in nihilum recurrere, et quasi extra Deum exire cupiunt. Sed quia exitum non inveniunt, quasi in circulos revoluta rursum in esse redeunt. Cœli quippe et sidera semper in circulos suos revolvuntur : aquæ jugiter fluendo quasi peracto circulo in fontes suos revertuntur. Arbores, herbæ, animalia, crescendo, senescendo, putrescendo, iterum recrescendo quodam modo circulose circumaguntur. Hoc quoque modo cuncta per se in nihilum tendunt, sed per continentem semper in (a) datam naturam reverti contendunt.

Caput XXVIII. — Item quæritur, si homo in paradiso perstitisset, utrum hæc cuncta ut nunc mutabilia fuissent ? Procul dubio cuncta cum labili tempore, ut nunc, vices suas crescendo, deficiendo, nascendo, moriendo servarent ; ipse in uno statu stabilis et dominus omnium perduraret. Quia vero peccando instabilis exstitit, ipse cum tempore et caducis rebus labi cœpit.

Fugatis tenebris de structura sacræ ædis, jam ad dissolvendas machinas contra eam erectas accingamur. Deum alicubi esse substantialiter, et ubique potentialiter, repugnat firmitati totius jam elaboratæ disputationis, et subruitur impulsu evidentissimæ rationis. Si enim alicubi et non ubique substantialiter est, tunc circumscriptus est et localis ; et si localis est, tunc corpus est ; et si est corpus, concluditur non esse Deus. Amplius : Si Deus loco continetur, tunc locus qui eum continet, major et melior est illo : major, quia Deum includit ; melior, quia tantum bonum continet. Porro si in cœlo est substantialiter, in mundo autem potentialiter ; tunc aliud est ejus essentia, aliud potentia : et sequitur quod hæc potentia ei ex accidenti evenerit, quod superius ratio a facie veritatis repulit. Si autem dimidius est in cœlo, et dimidius in mundo ; tunc creatura continet Creatorem, et includit in se suum factorem. Si autem aliquando est in cœlo, aliquando in mundo ; tunc mutabilis convincitur, quia de loco ad locum movetur. Amplius : (1) Si Deus aliquando est in cœlo et non in mundo, tunc ibi tantum aliquid est ubi ipse est, alibi autem nihil est : ubi enim Deus non est, ibi nihil est. Si vero per singula loca est divisus, tunc constat partibus : et sequitur quod sit passibilis qui per loca est divisibilis, sed etiam solubilis : (2) omne enim quod partibus constat, dissolvi poterit. (3) Si autem in singulis locis est totus, tunc tot tota sunt, quot loca : omne enim quod uni loco totum includitur, ejus nulla pars in alio loco esse convincitur : et sequitur, quod Deus loco concluditur, qui cuncta pugillo conclúdere prædicatur. Quod si per vices temporum mutatur, et heri in uno, hodie in alio, cras in tertio loco commoratur ; tunc temporalis est : et jam præteritum amisit,

(1) V. Ans., *Monol.*, c. xx. — (2) V. Ans., lib. *de fi^e Trinit.*, c. iv. — (3) *Monol.*, c. xxi.
(*a*) Ms. *in claram*.

est alors soumis au temps, il ne possède plus le passé, le futur ne lui appartient pas ; il devient sujet à tous les accidents.

CHAPITRE XXIX. — Mais la raison détruit facilement toutes ces erreurs : La puissance de Dieu n'est autre que son essence ; c'est pourquoi Dieu n'est point dans quelque lieu d'une manière déterminée, mais il est partout essentiellement. Dieu est immense ; un lieu, c'est-à-dire l'espace occupé par un corps, se mesure par la hauteur, la largeur, la longueur ; tout ce qui est local a un devant, un derrière, une droite, une gauche, un dessus et un dessous. Dieu n'est point une partie dans le ciel et une partie sur la terre ; il n'est point par moment tout entier dans le ciel et par moment tout entier dans ce monde ; il n'est point partagé entre divers lieux ni tout entier dans chaque lieu en particulier ; mais, existant en lui-même et par lui-même en dehors de tout lieu, il remplit et contient en lui-même tout espace, pénétrant toute créature, réunissant tout par sa substance ; il est tout entier partout, en dehors de tout, et nul lieu n'est à l'abri de sa présence. Comme la lumière d'une lampe brille tout entière aux yeux de ceux qui l'environnent et demeure tout entière en elle-même, ne se quittant point pour briller aux regards de ceux qui sont présents et n'abandonnant point l'un pour éclairer l'autre, mais brillant tout entière pour chacun et demeurant tout entière en elle-même : ainsi Dieu est partout et dans tout tout entier, et reste tout entier en lui-même ; il ne s'éloigne point de lui-même, mais il renferme tout en lui-même.

CHAPITRE XXX. — Ici on désire savoir, puisque Dieu ne saurait être enfermé dans un lieu, comment Jésus-Christ a été tout entier dans le sein de Marie et tout entier dans le ciel, puisqu'il est évident que le sein de la Vierge était un lieu borné. Dans le ciel, il était tout entier dans l'essence de son Père, comme l'intelligence est tout entière dans l'âme ; il était tout entier dans le sein de sa Mère, comme le Verbe dans la voix. Dieu n'a ni commencement ni fin, partant il est éternel ; il n'y a en lui ni passé ni futur, mais en dehors du temps il est partout et toujours ; aussi est-il appelé : *Celui qui est;* étant lui-même l'éternité, le dispositeur du temps, il n'est point soumis à l'influence du temps. Il me semble que toutes vos diverses objections se trouvent détruites, puisqu'en Dieu il n'y a aucun accident. — LES DISCIPLES. C'est avec plaisir que nous voyons notre argumentation détruite, et nous applaudissons les premiers à sa ruine, parce que nous espérons par là pénétrer dans la citadelle de la vérité. Mais cette machine détruite, en voici une autre qui se dresse contre votre édifice.

CHAPITRE XXXI. — Vous avez dit plus haut que Dieu seul était immortel et invisible ; est-ce donc que les anges et l'âme de l'homme sont mortels, ou Dieu serait-il invisible aux anges, dont il est dit qu'ils voient sans cesse la face du Père ? — LE MAÎTRE. Le changement est une sorte de mortalité ; car, tandis qu'une chose va du passé au futur, elle meurt en quelque sorte pour le passé. Dieu seul est immuable ; le passé ne lui enlève rien, le futur ne lui ajoute rien ; mais tout ce qui est, tout ce qui a été, tout ce qui sera est pour lui comme présent ; et de même qu'on ne saurait concevoir qu'il ait eu un commencement, ainsi on ne saurait concevoir qu'il doive avoir une fin. Les anges sont exposés au changement ; ils vont du passé

---

futurum adhuc non habet, sed et cuncta accidentia in eum concurrunt.

CAPUT XXIX. — Hujus falsissimæ opinionis machinamenta facile dissolvunt hujus sacræ turris instrumenta. (1) Dei potentia nihil est aliud quam ejus essentia : igitur Deus non alicubi determinate, sed ubique essentialiter est. Deus quoque immensus est ; locus autem, scilicet spatium quod quodlibet corpus occupat, altitudine, latitudine, longitudine mensuratur, et quidquid est locale, per anterius et posterius, per dextrum et sinistrum, per sursum et deorsum circumscribitur : Deus ergo nec partim in cœlo, nec partim in mundo ; nec aliquando totus in cœlo, aliquando totus in mundo ; nec per singula loca divisus, nec in singulis disjuncte totus : sed extra omnem locum in se et per se exsistens, omnem locum replens et in se continens, cunctam creaturam penetrans, universa per substantiam continuans, ubique, scilicet in omnibus et extra omnia totus, et a nullo loco remotus. Sicut lumen lucernæ in oculis omnium circumstantium totum lucet, et in se ipso totum manet ; non a se ipso recedit ut ad præsentes perveniat, nec unum relinquit ut alii luceat, sed potius singulis et omnibus simul totum lucet, et in se ipso totum manet : sic Deus ubique et in omnibus est totus, et in se ipso permanet totus ; a se non recedit, sed cuncta in se colligit.

CAPUT XXX. — Hinc quæritur, cum Deus loco non includatur, quomodo Christus totus in virginis utero, totus in cœlo prædicatur, cum uterus virginis locus non dubitetur. In cœlo fuit totus in Patris essentia, ut in anima tota sapientia : in virginis utero totus, ut in voce. Deus etenim initio et fine caret ; et ideo æternus manet. Igitur nec fuit præteritum, nec erit futurum recipit, sed extra omne tempus præsens est, semper ubique existit ; unde et *Est* cognominatur : quia æternitas existens, omnia tempora disponens, nullo tempore variatur. En machina vestræ multiplicis propositionis corruit, quia nullum accidens in Deum concurrit. DISC. Hujus ruinam non moleste ferimus sed ad frangorem ejus potius fautores applaudimus, quia per hujus casum turris introitum speramus. Sed cum hæc machina sit disjecta, ecce alia stat contra turrim erecta.

CAPUT XXXI. — Superius dictum est, quod solus Deus sit immortalis, solus invisibilis. Num angeli vel animæ mortales sunt, aut Deus est angelis invisibilis, de quibus dicitur, quod semper videant faciem Patris ? MAG. Mutabilitas est quædam mortalitas : dum enim quid de præterito in futurum movetur, quasi præteritio moritur. Deus solus est immutabilis, quia nihil præteriti ei decedit, nihil futuri accedit, sed quidquid est vel fuit vel erit, totum sibi semper præsens adest : et sicut non potest cogitari quod aliquando initium habuerit, ita quoque non potest cogitari quod unquam finiri possit. Angeli autem

(1) V. c. xx, cit. *Monolog.*

au présent, du présent au futur; ils n'ont plus le passé, le futur ne leur appartient pas encore. Leur mémoire leur rappelle le passé, ils ont besoin de leur intelligence pour prévoir l'avenir. Et de même qu'on peut concevoir qu'ils ont eu un commencement, ainsi ou peut concevoir qu'ils auront une fin. Lorsqu'ils considèrent en eux-mêmes qu'ils sont des créatures sujettes au changement, ils dégénèrent en quelque sorte de leur immutabilité; ce changement est pour eux une sorte de mortalité. Quant aux âmes, de même que par une foule de côtés elles sont sujettes au changement, ainsi par autant de côtés elles sont sujettes à la mort. Dieu est la vie de l'âme, comme l'âme elle-même est la vie du corps; et comme ce dernier est mort lorsque l'âme en est séparée, ainsi l'âme est morte lorsqu'elle est séparée de Dieu; ou bien, de même que l'œil qui est aveugle est mort, puisqu'il ne jouit plus de la lumière, ainsi l'âme est morte lorsqu'elle ne jouit point de la vie bienheureuse, qui est Dieu lui-même. Donc Dieu seul est immortel, parce que seul il est immuable. De plus, celui-là seul est invisible qui ne peut être pleinement compris par aucune créature. Les anges et les âmes bienheureuses le voient toujours, il est vrai, mais à leur manière et non à la nôtre; ils ne le voient pas par le moyen de l'espace, mais ils le voient en eux et hors d'eux, dans toute créature et hors de toute créature, et jamais leur intelligence ne peut égaler l'immensité de sa lumière. Parce qu'ils ne sauraient le contempler pleinement comme il se contemple lui-même, c'est pour cela que nous l'appelons seul invisible.

Chapitre XXXII. — Les Disciples. Déjà la nature divine et la nature angélique sont solidement installées dans cette citadelle de la vérité; mais voici venir la nature humaine qui s'efforce de la battre en brèche. Comment peut-on dire que l'homme est fait à l'image et à la ressemblance de Dieu, puisqu'on ne voit rien dans l'homme qui le fasse ressembler à Dieu? — Le Maître. Les attaques sont repoussées par les sorties, quand ce qui a été prouvé précédemment est justifié par ce qui suit. Il y a deux sortes d'hommes: l'homme intérieur et l'homme extérieur. L'homme intérieur, c'est l'âme; l'homme extérieur, c'est le corps; celui-ci est visible, celui-là invisible. L'homme invisible a été formé à l'image du Dieu invisible, l'homme visible a été créé en rapport avec ce monde visible. Dieu invisible est un dans sa substance et trine dans les personnes; l'homme intérieur, c'est-à-dire l'âme, a été créée à l'image de l'unité; elle n'est point comme le corps composée de parties, mais elle est simple de nature et essence immortelle. Dieu est mémoire, se possédant lui-même et tout ce qui existe, et, sous cette relation, il est appelé Père; de là vient l'intelligence par laquelle il se comprend, lui, et tout ce qui existe; cette intelligence, c'est le Fils. De tous deux procède l'amour par lequel Dieu s'aime lui-même et tout ce qui existe, et cet amour, c'est le Saint-Esprit. L'âme de l'homme est formée à l'image de cette Trinité, puisqu'elle possède la mémoire, l'intelligence et la faculté d'aimer; en effet, elle se rappelle les choses passées, elle comprend les choses visibles; repoussant le mal, elle aime le bien. L'essence de Dieu est lumière, vie, justice, bonté, béatitude; l'âme a encore été formée à cette ressemblance : elle doit

mutabiles sunt, quia de præterito in præsens, de præsenti in futurum moventur : præterea quippe carent, futurum nondum habent. Constat enim quod socios angelicos olim amissos non habent, et quod adhuc consortio sanctorum in terra peregrinantium carent. Præterita memoria recolligunt, futura præscientio intelligunt. Et sicut potest cogitari quod aliquando cœperint, ita etiam potest cogitari quod finiri possint. Sed et cum ipsi creaturam in se mutabilem considerant, quodam modo a statu immutabilitatis degenerant : talis mutabilitas est eis quædam mortalitas. Animæ vero sicut sunt per omnia mutabiles, ita quoque pene per omnia mortales. Deus quippe est vita animæ, sicut ipsa est vita corporis : sed sicut mortuum est corpus quando animam non habet, ita anima mortua est cum Deo caret : vel sicut cæcus oculus mortuus dicitur cum luce privatur, sic anima mortua, cum beata vita quæ est Deus non fruitur. Solus ergo Deus habet immortalitatem, quia nullam recipit mutabilitatem. Hic etiam solus est invisibilis, quia nulli creaturæ ad plenum intelligibilis. Nempe Angeli et animæ beatorum suo more, non nostro, eum semper vident; non per intervalla spatiorum, sicut nos corporea videmus, sed intra se et extra se, in omni creatura et extra omnem creaturam eum conspiciunt, et nullo intellectus intuitu amplitudinem suæ claritatis excedunt. Et quia non pleniter ab ipsis ut a se ipso conspicitur vel intelligitur, ideo solus invisibilis dicitur.

Caput XXXII. — Disc. Jam divina natura cum angelica in hac turri tenente sceptra, ecce humana natura legionem adducit; et ad impugnandam eam machinam erigit. Quæritur namque quomodo homo ad imaginem et similitudinem Dei formatus dicatur : cum nulla convenientia similitudinis Dei in homine conspiciatur. Mag. Impugnantia a repugnantibus expugnantur, dum præcedentia a consequentibus inexpugnabilius roborantur. Duo homines scribuntur, interior et exterior. Interior anima, exterior corpus : interior invisibilis, exterior visibilis. Invisibilis ergo ad imaginem et similitudinem invisibilis Dei est creatus, visibilis autem secundum visibilem mundum est formatus. Deus invisibilis est in substantia unitas, in personis trinitas. Interior ergo homo, id est, anima ad imaginem unitatis est creata : quia non est partibus ut corpus composita, sed est simplex naturæ et immortalis essentia. (1) Est quoque Deus memoria, quæ sui et omnium quæ sunt meminit, quæ Pater nominatur : ex qua intelligentia nascitur, quæ se et cuncta quæ sunt intelligit, quæ Filius nuncupatur : ex utraque dilectio procedit, quæ se et universa quæ sunt diligit, quæ Spiritus sanctus vocatur. Ad hujus Trinitatis imaginem anima conditur, dum ei memoria, intellectus, ratio dilectionis inditur : (2) præteritorum namque meminit, invisibilia intelligit, mala respuens bona diligit. Dei quoque essentia est lux, vita, justitia, bonitas, beatitudo. Ad hanc similitudinem anima facta est; ut sit lucida, vitalis, justa,

(1) V. Ans., *Monol.*, c. lix. — (2) V. Elucid., lib. 1, c. xi.

être lumineuse, vivante, juste, bonne, bienheureuse. L'homme extérieur, c'est-à-dire le corps, est formé à l'image de ce monde ; il est composé des quatre éléments ; aussi est-il appelé *microcosme*, ce qui veut dire petit monde. Et, ici encore, l'âme a une ressemblance avec Dieu, puisqu'elle gouverne ce petit monde comme Dieu gouverne le grand. Enfin, toute créature a aussi quelque ressemblance avec Dieu ; et plus une créature est élevée au-dessus des autres, plus aussi cette ressemblance est grande. En effet, Dieu existe, vit, sent et comprend ; les pierres ont une ressemblance avec lui, en ce qu'elles existent ; l'arbre, en ce qu'il existe et qu'il vit en prenant accroissement ; les animaux ont plus de ressemblance avec lui, parce qu'ils existent, qu'ils vivent et qu'ils sentent ; mais dans l'ange et dans l'homme, cette ressemblance est plus élevée, puisqu'ils existent, qu'ils vivent, qu'ils sentent et qu'ils comprennent.

Il est certain que les âmes sont éternelles. Si elles ont été créées pour voir Dieu, il s'ensuit nécessairement que Dieu n'ayant point de fin, les âmes créées pour le voir ne doivent point avoir de fin ; mais on demande si les âmes qui ne doivent point voir Dieu sont immortelles ? Les âmes sont de même nature ; s'il y en a parmi elles qui soient immortelles, toutes doivent l'être. Donc les âmes qui doivent voir Dieu seront éternellement heureuses, et les âmes qui ne le verront pas, éternellement malheureuses.

Chapitre XXXIII. — Les Disciples. Comment les âmes voient-elles des choses si extraordinaires en songe ? — Le Maître. L'âme a un désir insatiable de connaître la vérité, c'est pourquoi elle se promène sans cesse par ses pensées ; c'est pour cela aussi que les sens du corps étant assoupis, elle prévoit certaines choses sous l'inspiration de Dieu, d'autres fois jouet du démon, elle aspire à des choses qui n'ont rien de réel ; parfois elle s'entretient avec les anges et les âmes, parfois elle est trompée par les démons. Elle voit tous les objets comme si elle était un œil, et elle-même ne saurait se voir. — Les Disciples. Pourquoi ne la voyons-nous pas ? — Le Maître. Parce que sa nature est tellement subtile, qu'elle ne peut être vue par les yeux du corps. Autant l'eau est plus subtile que la terre, l'air que l'eau, autant le feu éthéré l'emporte sur l'air par sa ténuité, autant l'âme elle-même est plus subtile que le feu céleste. Telle est la raison pour laquelle nous ne pouvons apercevoir aucun esprit ; la subtilité de leur nature fait qu'ils ne peuvent tomber sous nos sens.

Chapitre XXXIV. — Les Disciples. Pourquoi dit-on que l'âme est répandue dans tout le corps, et que cependant elle n'est pas en plus grande quantité dans les membres importants que dans les moindres, mais qu'elle est tout entière dans chacun ? Y a-t-il donc autant d'entiers que de membres ? — Le Maître. Comme je l'ai dit plus haut, si on place ici une lampe, elle ne luira pas plus à mes yeux et pas moins aux yeux des autres ; mais elle luira tout entière pour chacun, et restera tout entière en elle-même. Ainsi, l'âme est tout entière dans le corps et tout entière dans chaque membre ; ce qui fait qu'un membre étant affecté, elle est affectée tout entière. Cependant il n'y a pas autant d'âmes entières qu'il y a de membres, non ; elle demeure tout entière en elle-même, comme la voix qui se fait entendre tout entière à

---

bona, beata. Exterior vero homo, id est, corpus quodam modo ad exemplar mundi formatur, dum ex quatuor elementis compaginatur : unde et microcosmus, id est, minor mundus cognominatur. Et in hoc etiam anima habet similitudinem Dei, dum ipsa sic minorem mundum gubernat, ut Deus majorem. (1) Omnis quoque creatura per aliquid similitudinem Dei habet, et quantum quæque alteri est excellentior, tantum est illi similior. Ipse quippe est, vivit, sentit, per rationem discernit. Lapides ergo ejus similitudini se adjungunt ; quia sunt. Arbores magis similitudini ejus appropinquant ; quia sunt, et crescendo vivunt. Quæque animantia multo magis ejus similitudinem exprimunt ; quia sunt, vivunt et sentiunt. Porro in hominibus et in angelis similitudo Dei maxime refulget ; quia sunt, vivunt, sentiunt, et ratione discernunt.

Animas autem constat esse æternas. (2) Si enim ad videndum Deum factæ prædicantur, necessario sequitur, ut sicut Deus finem non habere creditur, ita animæ illum visuræ sine fine vivere non dubitentur. Sed quæritur, utrum illæ animæ immortales sint, quæ Deum visuræ non sunt. (3) Omnes animas unius constat esse naturæ : et si quædam animæ immortales sunt ; ergo omnes immortales sunt : igitur omnes animæ Deum visuræ semper erunt beatæ, et cum non visuræ semper miseræ.

Caput XXXIII. — Disc. Unde animæ tanta vident in somniis ? Mag. Anima insatiabili cupiditate sciendi veritatem captatur, et ideo semper in cogitationibus vagatur : ideoque sensibus corporis sopitis, per ænigmata quædam futura Deo revelante prævidet, interdum circa verisimilia diabolo fallente anxia languet : aliquando angelis vel animabus confabulatur, aliquando a dæmonibus ludificatur. Hæc in modum oculi cætera omnia videt, se ipsam videre non potest. Disc. Cur a nobis non videtur ? Mag. Quia tam subtilis ejus natura dicitur, quod se a corporeis oculis videri non patitur. Quantum enim aqua tenuior est terra, tantum aer subtilior est aqua ; et quantum ætherius ignis acrem tenuitate, tantum vincit anima ignem cœlestem subtilitate. Hæc est enim causa quod nullus spiritus a nobis cernitur, quia subtilitas illorum naturæ, nostrum visum excedere creditur.

Caput XXXIV. — Disc. Qualiter perhibetur anima per totum corpus esse diffusa, et tamen non magis in maximis, nec minus esse in membris minimis, sed in singulis tota ? Num tot sunt tota, quot membra ? Mag. Sicut superius dictum est, si lumen in medium ponatur, non minus in meis, et non magis lucet in alterius oculis, sed in singulis totum, et in se ipso manet totum : sic anima ubique in corpore, et in singulis membris est tota ; unde tacto uno membro dolet tota. Non tamen tot tota quot membra, quia in se ipsa manet tota : sicut vox in auribus

(1) V. lib. cit., c. xxxi. — (2) V. Ans., *Monol.*, c. lxix. — (3) Sic ibid., c. lxxii.

chaque oreille qui l'entend, et qui cependant demeure tout entière en elle-même.

CHAPITRE XXXV. — LES DISCIPLES. Que si les âmes sont de même nature, pourquoi s'en trouve-t-il de plus capables et de moins capables pour apprendre? — LE MAÎTRE. L'âme est comme la cire ou comme une lampe. La cire peut garder une empreinte si on lui imprime un sceau, la lampe brillera si on l'allume. Ainsi, l'âme exprimera l'image de la science, si on lui en imprime l'empreinte; lampe, elle recevra la lumière de la vérité, si on l'allume au feu de la sagesse; mais si on néglige de la rendre capable par l'étude ou par l'exercice, comme une cire sans empreinte, comme une lampe sans lumière, elle croupira dans les ténèbres de l'ignorance, sans posséder ni la science ni la vérité. Plus une âme se sera appliquée à l'étude, et plus elle deviendra capable de science. Mais pourquoi le feu de l'Esprit saint éclaire-t-il des flammes de la science certaines âmes inhabiles et même négligentes, tandis qu'il refuse d'en éclairer d'autres? Bien plus, pourquoi refuse-t-il la science à des âmes qui la désirent, tandis qu'il l'accorde à d'autres placées dans les mêmes conditions? La raison n'en saurait pénétrer la cause, et, pleine d'étonnement, elle s'écrie : « Que les jugements de Dieu sont incompréhensibles et que ses voies sont impénétrables! » (*Rom.*, XI, 33.)

CHAPITRE XXXVI. — LES DISCIPLES. Puisque tout nous est enseigné par nos maîtres, comment est-il écrit qu'il n'y a qu'un seul Maître qui est dans les cieux, et par lequel nous sommes instruits de toute chose? — LE MAÎTRE. Si l'on veut bien réfléchir, rien n'est enseigné par l'homme. Les maîtres, en rappelant au dehors, plantent et arrosent; la vérité, qui habite dans l'âme, en instruisant intérieurement, donne seule l'accroissement. L'insensé ne comprend pas cette vérité; mais la raison, qui sait approfondir, démontre facilement qu'il en est ainsi. Tout ce que nous apprenons, nous l'apprenons plus facilement par la vue que par l'ouïe. En effet, quelque chose que je dise du soleil à un aveugle-né, il ne sait pas ce que c'est que le soleil, qu'il n'a jamais vu; il croit seulement, d'après mes paroles, qu'il y a quelque chose qu'on appelle ainsi, ou peut-être soupçonne-t-il ce que peut être en effet l'astre appelé de ce nom. Que s'il le voit tout à coup, sa vue lui montre ce que c'est que le soleil, chose que son oreille ne pouvait lui faire connaître. Ainsi, la plupart de ces aveugles ont entendu parler de l'écriture, et cependant ils ignorent ce que c'est qu'un livre ou une lettre. Que leurs yeux soient subitement ouverts, qu'on mette un livre devant eux, ils admirent, ils connaissent par la vue ce que l'ouïe n'avait pu leur apprendre. Or, si je dis à l'un d'eux : Cette lettre est un *a*, cette autre est un *b*, bientôt, réfléchissant en lui-même, il consulte la vérité et comprend que ce qu'on lui dit est vrai. Qu'ai-je donc appris à cet homme, qui, avant par ses oreilles et plus tard par ses yeux, ne pouvait savoir ce qu'était une lettre, à moins que la vérité, l'instruisant intérieurement, et la vue confirmant extérieurement cet enseignement, ne le lui eût appris? J'ai seulement produit un son, et lui, aidé de la vérité intérieure, a compris mes paroles et la chose exprimée par mes paroles. De même vous, si je vous parle longuement de l'éléphant, vous ignorez encore ce que c'est qu'un éléphant, à moins d'en avoir vu. Nous

---

omnium non particulariter, sed sonat tota, et in se ipsa remanet tota.

CAPUT XXXV. — DISC. Si omnes animæ unius naturæ sunt, quidnam causæ est quod quædam habilior, quædam tardior est ad discendum? MAG. Anima habet formam ceræ vel candelæ. Cera habilis est ad exprimendam imaginem, si ei sigillum imprimatur : sic candela ad lucendum, si accendatur. In hunc modum exprimit anima imaginem scientiæ, si ei imprimitur sigillum doctrinæ; lumenque veritatis recipit, si igne sapientiæ accensa fuerit : quæ si se per studium vel exercitium (*a*) habilem præbere neglexerit, sicut cera sine imagine, et sicut candela inaccensa sine lumine, sic in tenebris ignorantiæ sine scientia et veritate remanebit. Quanto magis autem quæque anima se doctrinæ adaptaverit, tanto magis capax scientiæ erit. Cur autem ignis sancti Spiritus quasdam animas se habiles non præbentes, imo negligentes, lumine scientiæ magis accendat, quasdam non accendat, imo quibusdam laborantibus scientiam subtrahat, aliis similibus non subtrahat; ratio penetrare non valens mirando clamat : « O'quam incomprehensibilia sunt judicia Dei, et investigabiles viæ ejus. » (*Rom.*, XI, 33.)

CAPUT XXXVI. — DISC. Cum cuncta a magistris discantur, quomodo unus magister in cœlis esse scribitur, a quo quasi specialiter quæque doceantur? MAG. Si recte perpenditur, nihil prorsus per hominem discitur. Magistri tantum commemorando foris plantant et rigant; veritas autem quæ in anima habitat, intus docendo incrementum dat. Sed stultus non intelligit hæc : ratio autem quæ cuncta discernit, facile hæc ita esse comprobabit. Nempe quidquid discitur, melius per visum quam per auditum capitur. Nam quantum cæco nato de sole narravero, ipse tamen nescit quid sit sol, quem nunquam vidit; tantum verbis meis credit aliquid esse quod ita vocetur, aut fortasse dubitat quidquam esse in re quod sic nominetur; qui si repente videat, ipso visu solem esse probat, quem auditu scire non poterat. Sic plerique cæci scripturas noverunt, sed tamen quid sit liber vel littera nesciunt : quorum oculi si subito aperiantur, et libro coram posito quid sit quod vident, mirantur, et visu (*b*) discernunt quod auditu non potuerunt. Porro si alicui illorum dixero, talis littera, *a*, vocatur, et talis, *b*, nominatur; mox introrsus recurrit, veritatem consulit, et verum esse probat quod audit. Quid ergo hunc docui, qui nec prius audito, nec postea visu scire potuit quid littera esset, nisi veritate intus docente, et visu foris probante hanc edisceret? Ego tantum sonos verborum protuli; ipse vero verba et res per verba significatas veritate intus examinante cognovit. Sic vos quoque, si multa vobis de elephante dixero, nescitis quid sit elephas, nisi eum videritis : sic multa de David legimus, et quasi rufum hominem et pulchrum aspectu eum novimus, qui si ad præsens intraret, num

---

(*a*) In Mss. non est *habilem*, nec infra, *habiles*. — (*b*) Ms. Audoen. *discunt*.

avons lu plusieurs choses au sujet de David; nous savons qu'il était blond et bel homme; que s'il venait à entrer en ce moment, croyez-vous que nous le reconnaîtrions? Nullement. Pourquoi? Parce que nos maîtres n'ont pu nous apprendre ce que nos yeux ne nous ont point montré. Les docteurs produisent seulement des sons, et les auditeurs, sous l'inspiration de la vérité intérieure, connaissent les paroles par leur esprit et les objets par leurs yeux. C'est ainsi que nous apprenons les lettres, les langues inconnues et les diverses sciences; tandis que nos maîtres prononcent des sons, nous recueillons ces sons, et, par la vérité intérieure qui est en nous, nous connaissons les choses exprimées par ces sons. Mais que dire du chant qu'on entend, mais qu'on ne saurait voir? Est-ce que, tandis que la voix qui chante produit des sons à l'extérieur, la vérité intérieure ne forme pas dans l'intelligence divers degrés d'élévation dans la voix? Rien donc n'est enseigné par l'homme, sinon le son, les paroles, et les objets ne sont connus que par la vérité intérieure, qui habite en nous. Et ainsi, c'est avec raison qu'on dit qu'il n'y a qu'un seul maître qui nous instruit tous par une voix intérieure. Quant aux choses que nous ne voyons pas, comme Dieu et les anges, nous n'en avons pas la science, mais nous croyons seulement qu'ils existent.

Chapitre XXXVII. — Les Disciples. Y a-t-il quelque différence entre croire Dieu et croire en Dieu? — Le Maître. Beaucoup. Les démons et les païens croient Dieu et ne croient pas en Dieu. Ils croient, en effet, qu'il existe un Dieu qui a tout créé, qui est tout-puissant; mais ceux-là seuls croient en Dieu, qui s'efforcent d'aller à lui par l'amour. La véritable foi consiste à croire que Dieu est unité dans son essence, trinité dans les personnes, que par son Verbe il a tout formé de rien, que par l'incarnation de ce même Verbe il a réparé la chute, et qu'au dernier jour il renouvellera tout par le Saint-Esprit; qu'à ceux qui auront cette foi il donnera le souverain bien, c'est-à-dire la possession de lui-même. Cette foi, c'est la vie de l'âme, et c'est par elle que le juste vit. Cette foi est alimentée par l'espérance, comme le corps est nourri par les aliments; elle est animée par la charité, comme le corps est vivifié par l'âme; la charité se montre par des actes, voilà pourquoi on appelle morte la foi qui n'est point accompagnée des œuvres. Par la foi donc, l'âme se détourne du mal et fait le bien; par l'espérance, elle méprise ce qui passe et aspire aux biens éternels et invisibles comme elle; par la charité, elle supporte ce qui est pénible, elle réprime les révoltes de la chair, elle secourt le prochain dans ses besoins, elle soupire sans cesse après le vrai bien. L'âme qui, pleine de cette foi, de cette espérance, soupire ainsi après Dieu, possédera un jour éternellement la souveraine félicité.

Chapitre XXXVIII. — Les Disciples. Si les âmes sont naturellement lumineuses, on demande si, lorsqu'elles sont sorties du corps, la lumière du jour les éclaire pour voir, ou si les ténèbres de la nuit les en empêchent. — Le Maître. De même que le corps sans l'âme ne saurait rien sentir, ainsi l'âme séparée du corps ne peut rien sentir de corporel. Unie au corps, c'est par les yeux qu'elle voit les couleurs, par les oreilles qu'elle recueille les sons, par le nez, les odeurs, par le palais qu'elle expérimente les saveurs, par le toucher ou le marcher qu'elle connaît la souplesse ou la dureté des différents corps. Mais, séparée du corps, elle ne connaît plus rien à la manière des

---

illum agnosceremus? Puto minime. Quare? Quia a magistris discere nequivimus, quod veritate visus non probavimus. Doctores etenim tantum sonos verborum proferunt; auditores autem veritate intus docente, verba mente, res visu discunt. Sic litteras, sic ignotas linguas, sic varias artes discimus, dum sonos verborum a præceptoribus percipimus, res ipsas veritate docente intus consideramus. Sed quid de cantu est dicendum, qui non videtur, sed tantum auditu discitur? Nonne dum vox canentis foris sonat, veritas intus quasi quosdam ascensus vocis in anima format? Igitur nihil omnino per hominem nisi solus sonus discitur; verba autem et res per veritatem in interiori homine habitantem (a) discernuntur. Et sic verissime unus magister prædicatur, a quo quisque interius instruitur. Ea autem quæ a nobis non videntur, ut Deus et angeli, tantum esse creduntur.

Caput XXXVII. — Disc. Differt aliquid, credere Deum, et credere in Deum? Mag. Multum. Dæmones etenim et Pagani credunt Deum, sed non credunt in Deum. Credunt namque quod Deus sit qui omnia creavit, ac super omnia potens sit. In Deum autem tantum credunt, qui eum diligendo in illum tendunt. Vera autem fides est credere, quod Deus in essentia sit unitas, et in personis trinitas, et hic cuncta ex nihilo Verbo suo creaverit, ac collapsa eodem Verbo incarnato restauraverit, et in ultimo die per Spiritum suum universa innovabit : et hoc credentibus summum bonum, scilicet se ipsum, in præmio dabit. Hæc fides vita animæ exsistit, et per hanc justus vivit. Hæc fides spe nutritur, ut corpus cibo reficitur; dilectione animatur, ut corpus anima vivificatur : dilectio autem operatione comprobatur, unde et fides sine operibus mortua affirmatur. Ergo fide anima declinat a malo et facit bonum, spe cuncta transitoria respuit, invisibilia (b) sibi similia appetit, dilectione quæque dura tolerat, carnis impetus refrenat, necessaria proximis erogat, summo bono semper anhelat. Igitur anima quæ sic credendo et sperando in Deum tendit, ipsum summum bonum sine fine habebit.

Caput XXXVIII. — Disc. Si animæ naturaliter sunt lucidæ, quæritur utrum animabus corpore exutis lux diei aliquid conferat, vel rursus caligo noctis quidquam ad videndum noceat? Mag. Sicut corpus sine anima nihil sentire cernitur, sic utique anima sine corpore nihil corporeum sentire creditur. Corpori quippe admixta per oculos sentit colores, per aures voces, per nares odores, per palatum sapores, per tactum vel incessum res tangibiles mollitie vel duritia differentes. A corpore vero separata nihil corporeum corporaliter sentit, quasque res

(a) Ms. idem *discuntur*. — (b) Editi *sicut visibilia*.

corps; elle voit les choses dans leur propre substance, abstraction faite des accidents de couleurs; elle voit tout à la manière des esprits. Comme la lumière d'une lampe n'influe en rien sur la lumière du soleil, ainsi cette dernière n'est nullement nécessaire aux âmes pour mieux voir. De même que la nuit n'arrête point l'éclat du soleil, mais au contraire s'enfuit en sa présence, ainsi elle n'a aucune influence sur les âmes, elle n'existe même pas pour elles. L'âme, ou elle jouit de la lumière spirituelle plus brillante mille fois que le soleil, ou elle est ensevelie dans les noires ténèbres de ses péchés, et alors son obscurité n'est point celle de la nuit, mais une obscurité qui lui est propre, comme l'obscurité dont l'aveugle est environné. Que l'âme dégagée du corps ne voie point cette lumière corporelle, cela se prouve par ce qui arrive quand nous voulons dicter quelque chose ou méditer quelque projet; l'âme alors, fuyant les sens extérieurs, se recueille en elle-même, elle réfléchit sur ce qui l'occupe; pour cela, la lumière du soleil ne lui sert de rien, quelquefois même elle devient un obstacle; et quand elle est fortement occupée à écouter en elle-même les voix intérieures, elle n'entend pas les voix plus bruyantes qui retentissent autour d'elle. Donc l'âme séparée du corps n'entend ni ne voit rien à la manière des corps. Que si cela lui arrive parfois, c'est qu'elle a revêtu un corps aérien.

CHAPITRE XXXIX. — LES DISCIPLES. Si les âmes n'entendent point les voix corporelles, comment les âmes des saints, de saint Pierre, de saint Martin ou de tout autre saint, ont-elles exaucé les prières de plusieurs, qui ont éprouvé les effets de leur protection? — LE MAÎTRE. La prière du cœur seule monte au ciel, et non celle de la bouche. Les âmes n'entendent pas le bruit de la voix, mais les soupirs du cœur, et viennent au secours de ceux qui les invoquent avec ferveur. Elles n'entendent pas mieux les prières retentissantes que celles qui, sans aucun bruit, sont murmurées par les lèvres ou soupirées par le cœur; nous-mêmes, nous n'entendons pas les paroles, mais le bruit; c'est notre âme seule qui y attache un sens. Lorsque nos âmes désirent une chose bonne selon Dieu, et que, soit par le cœur, soit par la bouche, soit par la voix, nous demandons à Dieu de nous l'accorder par ses saints, les âmes saintes (pour lesquelles entendre est la même chose que voir, et voir la même chose qu'entendre), ne considérant pas les sons, mais les paroles, obtiennent de Dieu ce qu'on désire de leur part. C'est pourquoi il est écrit : « Le Seigneur exauce les désirs des pauvres. » (Ps. IX, 17.)

CHAPITRE XL. — LES DISCIPLES. Mais ne lisons-nous pas que souvent plusieurs âmes sorties du corps ont vu des lieux de souffrances et des lieux de récompenses, et dans ces lieux beaucoup d'âmes sous la forme humaine? Ces mêmes âmes, revenues dans leurs corps, ont prétendu en avoir reçu plusieurs enseignements. — LE MAÎTRE. Il faut savoir que ces âmes n'avaient pas entièrement quitté le corps; elles s'étaient seulement soustraites à l'action des sens, mais le corps n'était pas entièrement privé de vie. C'est ce qui fait que, si les choses qu'elles avaient vues n'étaient point corporelles, elles étaient du moins semblables aux corporelles, et que, revenues à elles-mêmes, elles pouvaient raconter aux vivants, pour leur édification, ce qu'elles avaient appris. Mais après avoir entièrement quitté le corps, elles ont vu les choses tout autrement, et d'une manière dont elles ne pouvaient les voir auparavant. De même que nous, lorsque nous sommes placés contre un mur, nous apercevons l'ombre d'un homme qui s'approche, sans

in proprietate substantiæ, abstractis accidentiis colorum conspicit, spiritalia quæque suo more sentit. Sicut ergo lumen candelæ nihil confert soli ad lucendum, sic profecto lux solis nihil omnino confert animæ ad videndum. Et sicut nox jubar solis non impedit, sed potius fugit; sic nec animæ aliquatenus obsistit, ut puta quam nec anima sentit. Porro anima, aut spiritali luce ipsa nimis præ sole fulgida fruitur, aut horrida peccatorum caligine obscurata, non noctis, sed propriis ut cæcus tenebris involvitur. Quod autem anima carne soluta corporaliter lucem non videat, hinc constat, quod cum aliqua dictare volumus, vel quidquam facturi disponimus, mox anima exteriores sensus fugit, introrsus se colligit, in se ipsa intus considerat ea de quibus tractat, et solis lumen nihil ei prodest, sed etiam ci ad hoc negotium obest : et dum alias attendit, clamosas voces juxta se non audit. Igitur anima extra corpus nihil corporeum videt vel audit. Quod si facit, tunc utique aerium corpus induit.

CAPUT XXXIX. — DISC. Si animæ corporeas voces non audiunt, quomodo animas Sanctorum, scilicet Petri vel Martini vel alterius, multi preces suas exaudisse experti sunt? MAG. Oratio cordis, non oris, ascendit in cœlum. Animæ enim non clamorem vocis, sed cordis audiunt, et se fideliter invocantibus subveniunt. Neque magis clamosas preces audiunt, quam eas quæ sine voce, vel in lingua, vel in corde tantum fiunt : quia neque a nobis verba, sed voces tantum audiuntur; cæterum verba mente videntur. Cum ergo animæ nostræ aliquid secundum Deum desiderant, et hoc sibi a Deo per Sanctos dari, sive corde, sive lingua, seu voce postulant; animæ Sanctorum, (quibus est idem audire quod videre, et e converso,) non voces, sed verba intuentes, desiderata eis a Deo impetrant : unde habetis scriptum : « Desiderium pauperum exaudivit Dominus. » (Psal. IX, 17.)

CAPUT XL. — DISC. Nonne legitur, quod sæpe multæ animæ de corpore eductæ, multa loca pœnalia, et item multa amœna et florida, et in utrisque multas animas in humana forma viderint, atque ad corpus reversæ, plurima se ab eis audisse retulerint? MAG. Sciendum est, quod hæ animæ non penitus corpus reliquerant, sed sensus tantum corporeos suis officiis destituerant, corpus autem non ex toto vitali spiritu carebat. Unde eæ quæ audierant, non res corporeæ, sed similes corporearum rerum erant, quas reversæ aliis in corpore constitutis pro ædificatione referre poterant. Postquam vero corpus funditus exuerant, longe res aliter erat quam prius videre non valebant. Sicuti nos aliquando juxta parietem positi, umbram venientis hominis, non ipsum videmus : remoto autem obstaculo muri, ipsum ut est cernimus. Animæ etiam defunctorum cum viventibus apparent, corpus aerium

cependant le voir lui-même; mais que le mur disparaisse, et nous l'apercevons tel qu'il est. Quant aux âmes des morts, lorsqu'elles apparaissent aux vivants, elles revêtent un corps aérien, avec lequel elles peuvent proférer les paroles qu'elles font entendre.

Il suit de ce que nous avons dit que l'enfer est immatériel, que ce feu est une substance spirituelle semblable au feu matériel; son ardeur est d'autant plus intolérable, que l'esprit est plus subtil et plus pénétrant que le corps. Tout corps s'affaiblit par la vieillesse et doit périr un jour de vétusté. Si le feu de l'enfer est matériel, il lui faut des aliments, et ces aliments consumés, il doit s'éteindre; or, il est certain que le feu de l'enfer ne s'éteindra jamais, et partant il est spirituel. Que si le feu de l'enfer a été créé matériel et pourtant indéfectible, il est nécessaire que les âmes et les esprits revêtent un corps quel qu'il soit pour en ressentir les atteintes.

CHAPITRE XLI. — LES DISCIPLES. Pourrait-on, par la raison, prouver la résurrection des morts? — LE MAÎTRE. Si l'on admet ce que nous avons dit précédemment et qui repose sur des arguments solides, alors toute répugnance, toute impossibilité écartée, la résurrection est certaine. Nous avons établi que Dieu est la vérité; or, il est nécessaire que toute promesse de la vérité ait son accomplissement; si elle ne l'avait pas, il en résulterait que Dieu serait changeant et ne serait plus la vérité; que s'il est impossible qu'elle soit remplie, alors Dieu n'est plus tout-puissant. De pareilles conclusions seraient absurdes en parlant de Dieu. L'immuable Vérité, Dieu, a promis à ses amis un bonheur parfait, et à ses ennemis un malheur complet, ce qui ne serait pas vrai si l'un et l'autre ne devaient pas être éprouvés par l'âme et par le corps. Il est donc indispensable que les corps ressuscitent et reçoivent de nouveau les âmes, afin que, selon les promesses de l'éternelle Vérité, les uns éprouvent un bonheur parfait et dans leur âme et dans leur corps, les autres un malheur complet également dans les deux éléments qui les ont composés. De plus, si les corps ne ressuscitent point, alors les âmes ne sont pas éternelles; mais plus haut nous avons démontré que les âmes sont éternelles, c'est-à-dire créées pour voir Dieu avec les anges, et être éternellement heureuses de cette vision. Elles ne vivront point heureuses si elles voient leurs corps, qui furent comme leurs vêtements, pourrir au milieu de la corruption, sans espoir de rajeunir un jour. D'où il suit nécessairement que les vêtements des âmes saintes, qui sont appelés leurs robes, seront renouvelés par la résurrection et rajeunis pour une gloire incorruptible, et que les âmes revêtues de ces corps verront Dieu pendant l'éternité; et qu'au contraire, les âmes malheureuses revêtiront leurs corps comme des vêtements souillés, dont la laideur sera pour elles un tourment pendant l'éternité. Aussi, je pense que non-seulement les corps seront renouvelés, mais encore toute cette nature commune, qui a servi aux saints sera également renouvelée et rajeunie. C'est pourquoi il est écrit : « Voici que je renouvelle toutes choses. » (*Apoc.*, XXI, 5.)

LES DISCIPLES. Puisque depuis le commencement du monde Dieu n'a rien créé de nouveau, comment y aura-t-il de nouvelles créatures? — LE MAÎTRE. Une créature est dite nouvelle de trois façons, selon l'ordre voulu par l'auguste Trinité. Dieu le Père a créé toutes choses de rien, et c'était de nouvelles créatures. Dieu le Fils s'étant incarné, a fondé son Eglise sur une

---

induunt, in quo corpoream vocem vel verba audibilia exprimunt.

Hinc colligitur, quod infernus sit incorporeus, substantia spiritalis, corporeæ similis : cujus pœna tanto sit intolerabilior, quanto spiritus est corpore subtilior. Omne enim corpus vetustate deficit, diuturnitate dissolutum interibit. Unde si infernalis ignis est corporeus, restat ut corporalibus alimentis nutriatur, et sequitur ut illis consumptis ipse intereat : sed constat ignem gehennæ non deficere : ergo spiritalis est. Si autem est corporeus, sed indeficiens creatus est; necesse est ut animæ et spiritus qualecumque corpus induant, in quo ignem corporeum sentiant.

CAPUT XLI. — DISC. Poterit ne ratione probari resurrectio mortuorum? MAG. Si ea inconcussa constabunt, quæ superius verissimis argumentis probata sunt; tunc omni repugnantia submota, omnique necessitate admota, resurrectio erit futura. Constitit enim Deum esse veritatem : veritatis autem verba necesse est adimpleri : quod si non implebuntur, sequitur, quod aut Deus mutabilis sit, aut veritas non sit; quod si impleri non poterunt, jam Deus omnipotens non est. Quæ cuncta liquet quam absurdissima Deo sunt. Incommutabilis itaque veritas Deus promisit suis dilectoribus plenum gaudium, suis contemptoribus plenum supplicium, quod utrumque erit impossibile, nisi sit in anima et corpore : necesse est ergo ut corpora resurgant, animas recipiant; quatenus secundum promissa veritatis hi plenum gaudium in anima et corpore habeant, illi eodem modo plenum supplicium recipiant. Amplius. Si corpora non resurgunt, tunc animæ æternæ factæ non sunt : sed superius probatum est animas factas æternas, ad hoc videlicet factas, ut Deum semper cum Angelis videant, et in hac visione sine fine beate vivant. Beate autem non vivunt, si indumenta, scilicet corpora sua, in sordibus computrescere absque spe recuperationis conspiciunt. Sequitur itaque ut necessario vestimenta sanctarum animarum, quæ stolæ nominantur, per resurrectionem innoventur, et in incorruptibilem gloriam immutentur, quibus animæ indutæ semper beatæ Deum contemplentur : et e contra ut infelices vestes sordidas reinduant, de quarum fœditate semper doleant. Igitur non solum corpora innovari, sed etiam communem naturam, quæ sanctis servivit, necesse est in melius commutari : unde habetis scriptum : « Ecce nova facio omnia. » (*Apoc.*, XXI, 5.)

DISC. Cum Deus ab initio mundi usque nunc nihil novi creaverit, quomodo novam creaturam esse constabit MAG. Trifarie nova creatura dicitur, quæ per Trinitatem ita disponitur. Deus Pater omnem creaturam ex nihilo condidit, et hæc nova creatura nominatur. Deus quoque Filius incarnatus Ecclesiam nova religione instituit, quæ nova creatura nuncupatur : unde habetis in Apostolo,

religion nouvelle, ce qui est encore appelé nouvelle créature ; car nous lisons dans l'Apôtre : « Nous sommes une nouvelle créature. » (I *Cor.*, v, 17.) Et ailleurs : « Pour que nous soyons le commencement d'une nouvelle créature. » (*Jacq.*, i, 18.) Dieu le Saint-Esprit vivifiera les corps et renouvellera tout cet univers, et cette rénovation sera encore appelée nouvelle créature ; d'où il est écrit : « Le Seigneur créera un ciel nouveau et une nouvelle terre. » (*Isa.*, LXV, 17.)

CHAPITRE XLII. — LES DISCIPLES. La citadelle de la vérité étant ainsi élevée, il ne reste plus qu'à l'environner de remparts, et à placer son sommet jusqu'aux cieux. Nous lisons que Jésus-Christ, élevant les mains, était porté vers les cieux, qu'il y est assis à la droite de Dieu ; saint Etienne, dans son discours, dit le voir assis à la droite de Dieu. Celui qui va d'un lieu à un autre est mobile, et celui qui est assis ou debout est renfermé dans un lieu. Puisque le Seigneur est monté au ciel avec son corps, nous désirerions vivement savoir comment il y est, et aussi comment y sont les saints, et comment ils y seront après la résurrection des corps. Si quelque lieu renferme le Christ ou les saints assis ou debout, ce lieu est meilleur qu'eux, puisqu'il renferme tant de biens. Si les saints se réjouissent et se glorifient de quelque chose sensible et visible, comme nous nous réjouissons de la lumière sensible qui nous éclaire, alors cette chose est meilleure que la créature raisonnable, puisque sa possession rend cette dernière heureuse comme nous, lorsque nous nous félicitons de posséder de l'argent. Ce bonheur paraît misérable, si la créature intelligente se complaît et se réjouit dans une chose méprisable.

LE MAÎTRE. Montons jusqu'au sommet de cette tour, et à l'aide de la raison, essayons de répondre à ces questions. Nous appelons ordinairement ciel cet espace qui s'étend au-dessus de nos têtes. Et pourtant, au-dessus de nous, il n'y a que les nuées ou l'air. Le soleil, la lune, les étoiles, très-éloignés de nous, ne sont aperçus par nos yeux que comme les montagnes qu'on découvre du milieu de la mer ; mais, autour de nous, nous ne voyons que l'air qui nous environne. Il est certain que nul regard d'homme ne saurait pénétrer, ou embrasser cette masse d'air qui nous entoure, puisqu'à peine pouvons-nous voir l'horizon. C'est pourquoi les apôtres, ne pouvant suivre plus loin notre Sauveur, il est écrit : « Et une nuée le déroba à leurs regards. » (*Act.*, I, 9.) Saint Etienne aussi ne vit point des yeux du corps le Seigneur dans le ciel, au delà du firmament, puisque nul regard humain ne saurait pénétrer même jusqu'au firmament. Mais ce discours même où saint Etienne dit qu'il voyait le Christ assis, fut tenu dans quelque maison dont le toit empêchait les regards de son corps de s'élever plus haut. Il est donc constant que ce ne fut point des yeux du corps, mais par le regard intérieur de l'âme qu'il vit le Christ, non pas dans le ciel matériel, mais dans le ciel intellectuel. Mais ici peut-être quelque esprit mal disposé dira que les étoiles sont attachées au firmament, et que notre œil, en les apercevant, pénètre le firmament. Est-ce que notre regard atteint le firmament parce qu'il aperçoit les étoiles ? Est-ce que du milieu de la mer il embrasse l'immensité de l'air parce qu'il découvre les montagnes, corps solides placés sur le rivage ? De même

« Nos sumus nova creatura : » (II *Cor.* v, 17.) et in alio, « Ut simus initium aliquod creaturæ ejus. » (*Jac.*, I, 18.) Deus quoque Spiritus sanctus corpora adhuc vivificabit, et totum mundum innovabit, et hæc nihilo minus nova creatura appellabitur : unde habetis : « Cœlum novum et terram novam faciet Dominus. » (*Isa.*, LXV, 17.)

CAPUT XLII. — DISC. Jam turri in summum nobiliter perducta, restat nunc ut propugnaculis cingatur, et sic cacumen in summo polorum consummetur. Legitur de Domino, quod « elevatis manibus ferebatur in cœlum, » (*Luc.*, XXIV, 50) et « quia sedet a dextris Dei : » (*Marc.*, XVI, 17) et Stephanus in concione vidit eum stantem a dextris Dei. (*Act.*, VII, 56.) Qui fertur de loco ad locum, movetur : et qui sedet vel stat, loco continetur. Et cum Dominus corporaliter cœlum ascenderit, qualiter nunc ibi credendus sit, vel qualiter nunc animæ Sanctorum ibi sint, aut qualiter receptis corporibus ibi futuri sint, summopere scire desideramus. Si enim aliquis locus Christum vel Sanctos sedentes vel stantes continet ne cadant ; tunc ille locus melior eis comprobatur, a quo tot bona continentur. Et si Sancti de aliqua creatura visibili (a) et sensibili gaudentes glorientur, ut nos de hac visibili et sensibili luce delectamur ; tunc iterum ea res melior rationali creatura indicatur, de cujus possessione ipsa jucundatur, ut nos de habita pecunia gratulamur : et miserum gaudium videtur, si intellectualis creatura non nisi de stolida re lætatur.

(a) Ms. Audoen, hic et mox *insensibili*.

MAG. Apicem hujus turris pariter ascendamus, et ratione indagante, qualiter se habeant hæc perspiciamus. Cœlum usitato nomine appellamus, quod super caput nostrum videmus. Supra nos autem nihil nisi nubes, vel aerem sole illustratum conspicimus. Solem vero, vel lunam, vel stellas longe a nobis remotas sic videmus, sicut in lato mari positi a longe montes conspicimus, in circuitu vero nihil nisi circumfusum aerem cernimus. Unde liquet quod nullius hominis visus totum hujus aeris spatium penetret, qui vix etiam horizontem attingere valet. Unde cum Apostoli Dominum sublatum ulterius videre non possent, dicitur : « Nubes suscepit eum ab oculis eorum. » (*Act.*, VII, 56.) Stephanus quoque non corporeis oculis Dominum in cœlo ultra firmamentum vidit, cum nullius hominis visus ullo modo usque ad firmamentum pertingere possit. Sed et concio illa, in qua Stephanus stans Christum conspexit, in domo aliqua fuit : cujus tecti culmen ipsius corporeus oculus penetrare minime potuit. Constat igitur quod non oculo corporis, sed intuitu interioris hominis Christum non in corporeo, sed in intellectuali cœlo viderit. Sed hic fortassis ab aliquibus calumniosis objicietur, stellas esse firmamento infixas, et visum nostrum firmamentum attingere dum eas videmus. Num ideo oculi nostri firmamentum attingunt, quia stellas adspiciunt ? Num ideo totum aeris spatium in mari penetrant, quia montes, ut puta solida corpora, considerant ? Sicut enim in mari remotis ab aspectu montibus, nihil nisi

que ceux qui, placés sur la mer en dehors des montagnes, n'aperçoivent que l'air qui les environne de tous côtés, de même, en dehors des astres, qui sont des corps, nous ne distinguons rien dans cette atmosphère qui est au-dessus de nous. L'espace qui sépare l'air du firmament, et le firmament lui-même, ne peuvent être aperçus par nos yeux à cause de leur distance et de leur nature subtile et éthérée.

CHAPITRE XLIII. — Que si l'on objecte que l'Apôtre a été ravi au troisième ciel, il faut savoir qu'il y a trois sortes de ciel *historiquement*, et trois sortes *significativement*. D'abord, l'air qui nous environne est appelé historiquement le premier ciel, comme lorsque nous disons : « Les oiseaux du ciel, » parce qu'ils voltigent dans le ciel, c'est-à-dire dans l'air. Le second ciel, c'est l'éther, comme lorsque nous disons : « Les planètes du ciel, » parce que c'est dans cet espace que les planètes accomplissent leur course. Le troisième ciel, c'est le firmament, comme quand nous disons : « Les astres du ciel, » parce que, dit-on, les étoiles y sont fixées. Significativement, il y a aussi trois sortes de ciel. Les sages n'ignorent pas qu'il y a trois sortes de visions : celle des sens, celle de l'esprit et celle de l'intelligence. La vision des sens a lieu lorsque nous voyons la couleur et la forme des objets, mais que quelque chose reste caché sous cette forme, comme la signification sous la lettre extérieure. Ce genre de vision, c'est le premier ciel ou le ciel des sens, car l'intelligence en est cachée dans l'Ecriture ; et de fait, le mot ciel vient du verbe *celer* ou *cacher*. La vision de l'esprit est celle par laquelle nous voyons, non pas les objets eux-mêmes, mais des nuages qui leur sont ressemblants ; c'est ce qui nous arrive dans nos songes ; c'est ainsi que saint Jean, dans son Apocalypse, et que les prophètes ont vu beaucoup de choses ; cette sorte de vision est appelée le second ciel, parce que les objets sont encore réellement célés sous ces ressemblances. La troisième est la vision intellectuelle ; elle a lieu lorsque les objets sont vus non pas extérieurement, non pas sous des images, mais dans la réalité de leur propre substance, et que nous distinguons ce qu'ils sont et en quoi ils diffèrent ; cette sorte de vision s'appelle le troisième ciel, parce que les insensés ne comprennent rien à cette sorte de vision, et que les objets leur y sont cachés. Si donc l'Apôtre a été ravi avec son corps, alors il a été conduit seulement au firmament, c'est-à-dire au ciel matériel ; s'il a été ravi en esprit seulement, ce qui est plus probable, alors il a été ravi au ciel intellectuel, dans lequel il a vu l'essence divine telle qu'elle est, les substances des anges dans leur réalité, ce qui n'a pu se faire ni par le corps ni par l'esprit, mais seulement par la vision de l'intelligence. Les anges et les bienheureux sont appelés ciel quelquefois, parce que, plongés dans le sein de Dieu, ils sont cachés aux regards mortels ; d'un autre côté, les démons et les réprouvés sont appelés ténèbres, parce que l'enfer où ils souffrent les dérobe également à nos regards.

CHAPITRE XLIV. — Le royaume des cieux, c'est-à-dire des âmes justes, n'est point peuplé de villes, abondant en richesses terrestres, en or, en perles, en meubles précieux ; non, ce qui le constitue, c'est la justice, la paix, la gloire dans une joie parfaite, joie qui vient de la vision de la lumière éternelle, de la société des anges et des saints. Nous avons dé-

---

aer undique conspicitur : ita quoque sideribus, solidis videlicet corporibus, sublatis, nihil nisi aer cernitur. Quidquid autem ab aere est usque ad firmamentum, et ipsum firmamentum a nobis nequaquam videtur, propter ipsius spatii longinquitatem, et ob naturæ suæ subtilitatem.

CAPUT XLIII. — Quod si forte objicitur, quod Apostolus ad tertium cœlum raptus scribitur : sciendum est tres cœlos historialiter appellari, et iterum tres significative nuncupari. Hic quippe aer primum cœlum historialiter vocatur, sicut habetis : «Volucres cœli,» quia in cœlo, id est, in aere volare videntur. Secundum cœlum æther nominatur, ut habetis : «Stellæ cœli,» quia in eo planetæ vago cursu feruntur. Tertium cœlum appellatur firmamentum, sicut habetis : «Astra cœli,» quia sidera in eo fixa traduntur. Significative quoque tres cœli leguntur : quia tres visiones, scilicet sensualis, spiritalis, intellectualis a sapientibus non nesciuntur. Sensualis quippe visio est, cum colores et formas rerum exterius cernimus, sed interius aliquid celari, ut in litteris significantiam intelligimus. Hæc ergo visio primum (*a*) et sensuale cœlum nominatur, quia in scripturis intelligentia celatur. Cœlum etenim a celando denominatur. Secunda visio spiritalis est, qua non res, sed imagines rebus similes spiritaliter videmus, sicut in somniis solemus, et sicut Joannem in Apocalypsi, et Prophetas multa vidisse novimus : et hæc

(*a*) Editi *et substantiale.*

visio secundum cœlum nuncupatur, quia vere res in his similitudinibus celantur. Tertia visio est intellectualis, cum neque res exterius, neque imagines rerum interius, sed ipsas substantias prout vere sunt, abstractis coloribus intellectu conspicimus, et uniuscujusque qualitatem inter se differentem ratione discernimus : et hæc visio tertium cœlum vocatur, quia veritas rerum in hac, quasi in cœlo, a stultis celatur. Igitur si Apostolus in corpore est raptus, tunc ad corporeum cœlum, scilicet firmamentum, est perductus : si autem extra corpus, quod magis videtur, tunc utique ad intellectuale cœlum raptus creditur, in quo essentiam deitatis sicuti est, et angelicas substantias prout sunt, non sensualiter, quod nequit fieri nisi per corpus, nec spiritaliter, quod non fit nisi per imagines rebus similes ; sed veraciter, quod non fit nisi ipso intellectu, vidisse cognoscitur. Angeli vel justi quadam similitudine cœli nuncupantur, quia in secreto Dei humanis visibus celantur : et e contra dæmones vel impii tenebræ appellantur, quia in tormentis a nobis occultantur.

CAPUT XLIV. — Regnum autem cœlorum, id est justorum, non urbium mœnia, non possessionum prædia, non auri et gemmarum copia, non supellex varia, sed justitia et pax et ommimoda gloria in pleno gaudio creditur, quod de visione æternæ claritatis, et de societate Angelorum et Sanctorum habetur. Deus autem æterna lux, probatus est esse in mundo et extra mundum, infra et

montré que Dieu, la lumière éternelle, est dans le monde et hors du monde, au-dessus, au-dessous, de toutes parts et partout. Si donc le royaume des cieux, ainsi que la raison le prouve, n'est autre que la vision de Dieu, source de tous les biens, il s'ensuit que le royaume des cieux est dans ce monde et hors de ce monde, qu'il est dans toute créature et hors de toute créature; c'est pourquoi il est écrit : « Le royaume des cieux est en vous. » (*Luc*, xvii, 21.) En effet, placés en Dieu, nous le voyons en nous-mêmes, dans toute créature et hors de toute créature tel qu'il est ; et parce qu'aujourd'hui nous sommes privés de cette vision, nous sommes hors de Dieu, c'est-à-dire hors du royaume des cieux. De la même manière, les réprouvés sont dits être exclus du royaume des cieux, parce qu'ils seront privés de cette vision comme des aveugles sont privés de la lumière du soleil. Il est écrit que les justes entrent dans le royaume des cieux, parce que, ne jouissant pas de cette vision, ils en sont environnés lorsqu'elle se manifeste à leurs regards. Quant à ce qu'on dit que les âmes montent au ciel, qu'elles y sont transportées, cela est dit pour se proportionner à notre manière de voir, parce que nous voyons les régions supérieures plus abondamment baignées par la lumière du soleil, et que tant que nous sommes dans la chair, nous ne pouvons autrement nous en faire une idée. Certes, les âmes, une fois débarrassées du corps, ne changent point de lieu et ne vont pas dans quelque lieu corporel pour y contempler Dieu ; mais, à peine séparées du corps, elles sont associées aux anges et aux saints ; sur-le-champ elles jouissent du royaume des cieux, qui est la vision de Dieu ; elles en jouissent dans ce monde, hors de ce monde et partout, comme un aveugle qui, aussitôt ses yeux ouverts, jouit de la lumière du soleil. Quant à ce qu'on dit que certains ont vu la lumière, des formes d'anges et de saints, qu'ils ont entendu des concerts harmonieux, qu'ils ont paru être conduits vers le firmament, cela a eu lieu pour fortifier la foi des vivants et confirmer notre sainte religion. Mais ne serait-il pas peu raisonnable, puisque les âmes sont immatérielles, de prétendre qu'elles s'en vont au firmament, comme si Dieu y était plus beau ou plus présent, puisqu'il est certain qu'il est également en haut, en bas et partout, et que partout les âmes bienheureuses jouissent de sa vision. Les âmes étant des esprits purs, il est absurde de penser qu'elles sont renfermées dans un lieu, puisque tout lieu comprend une hauteur, une longueur, une largeur, et qu'il est connu que les esprits n'ont aucune de ces dimensions. Les âmes sont en Dieu et jouissent de sa vue sans occuper aucun lieu, comme la science se trouve dans notre âme sans y occuper aucun espace.

CHAPITRE XLV. — Le corps des saints ressuscitera spirituel ; sa légèreté, son agilité, sa transparence sera égale à celle des esprits ; il pourra pénétrer tous les corps, comme le corps du Seigneur, qui, à la résurrection, a traversé la pierre du sépulcre, et entrait sans que les portes fussent ouvertes. De même que maintenant l'esprit n'est soutenu par aucun lieu, de même alors il ne sera point nécessaire qu'un lieu soutienne le corps devenu spirituel ; car ce n'est pas le corps insensible qui soutient l'âme, c'est l'âme, au contraire, qui lui donne la vie. Donc, aucun lieu ne soutient le corps spirituel ; mais, comme l'esprit, il demeure en Dieu sans y occuper aucun lieu, à moins qu'on ne considère comme un lieu cette essence, par laquelle il est substantiellement et personnellement

supra et in circuitu, undique et ubique. Igitur si regnum cœlorum talium ratione demonstrante nihil est aliud quam visio Dei (*al.* quæ), qui est fons omnium bonorum, necessario sequitur quod regnum cœlorum sit in hoc mundo, et extra mundum, et in omni creatura, et extra omnem creaturam : unde habetis : « Regnum cœlorum intra vos est, » (*Luc.*, xvii, 21) quia nimirum in Deo consistentes, eum in nobis ipsis, et in omni creatura, et extra omnem creaturam sicuti est cernimus. Idcirco autem nunc extra Deum, vel extra regnum cœlorum dicimur, quia hac visione privamur. Eodem modo et miseri tanquam a regno cœlorum excludi referuntur, quia eadem visione ut cæci luce solis privabuntur. Hoc regnum cœlorum, vel hoc gaudium justi intrare scribuntur : quia ineffabile gaudium non capientes, in eo quodam modo obvolvuntur. Quod autem animæ sursum ad cœlum ferri affirmantur, vel etiam inferri putantur; ad visum nostrum dicitur, quibus superiora splendore solis lucidiora noscuntur, et quod aliter non potest hæc res cognosci ab his qui sunt adhuc in carne constituti. Sane animæ carne solutæ non loco moventur, nec in aliquem corporeum locum ducuntur, ut inde Deum contemplentur : sed mox a corpore sequestratæ, Angelis et Sanctis associantur, regno cœlorum, quod est visio Dei, intra mundum et extra et undique sine mora fruuntur : sicuti cæcus in sole positus, si oculi ejus aperirentur, confestim luce solis fruretur. Quod autem quibusdam morientibus lux vel formæ Angelorum aut Sanctorum ibi videntur, et concentus harmoniæ audiuntur, et ad alta duci cernuntur : hoc propter viventes fieri non dubitatur, ut in Christiana religione corroborentur. Porro frivolum videtur, si animæ illocales de hoc mundo extra firmamentum duci asserantur, quasi ibi sit pulchrius, vel magis ibi sit Deus, cum potius Deus supra et infra, intra et extra æqualiter esse non dubitetur, et ejus visio ubique justis æqualiter adesse comprobetur. Animas vero, spiritus cum sint incorporei, corporeis locis includi absurdissimum videtur, præsertim cum omnis locus altitudine, longitudine, latitudine dimetiatur, hisque omnibus spiritus carere bene sciatur. In eo quippe illocaliter manere, et ejus visione frui æstimantur, sicut scientia in anima illocaliter moratur.

CAPUT XLV. — Corpus autem Sanctorum resurget spiritale, quia levitate, velocitate, perspicuitate spiritibus erit æquale, et omne solidum erit ei penetrabile : sicut et corpus Domini lapide clausum surrexit, et januis clausis intravit. Sicut igitur nunc spiritus nullo corporali loco sustentatur : ita quoque non est necesse, ut spiritale corpus tunc aliquo loco fulciatur. Non enim insensibile corpus spiritum, sed spiritus corpus vegetat. Igitur nullus locus spiritale corpus fulcit, quod omni elemento subtilius erit, sed ut spiritus illocaliter in summo spiritu Deo subsistit : nisi forte hoc pro loco accipiatur, quod substantialiter ac

enveloppé. De plus, ou les saints verront Dieu dans ce monde corporel, ou bien hors de ce monde ; si c'est hors de ce monde, il n'y aura alors aucun élément matériel pour les soutenir debout ou assis, car il est certain qu'il n'y a aucun élément hors de ce monde. Celui qui pense qu'il y a là de la terre et de l'eau, est vraiment trop terrestre ; celui qui s'imagine qu'il s'y trouve de l'air et du feu, montre qu'il a la tête bien légère. Donc, hors du monde, ils ne seront point supportés par quelque élément matériel, puisqu'il n'y en a point. Si c'est dans ce monde qu'ils voient Dieu, ils ne seront point pour cela debout ou assis sur quelque chose de matériel, puisqu'ils seront comme les anges. Etant esprits, ils seront spirituellement et non localement dans l'Esprit souverain. Quelle sera la gloire de ces corps saints ? Ce n'est pas la raison, mais c'est la foi seule qui peut nous l'apprendre. Ces corps seront alors agiles comme l'âme, transparents comme le soleil ; aussi vite que l'esprit peut courir par la pensée de l'orient à l'occident, aussi rapidement le corps pourra alors faire ce trajet ; ce qui le prouve, c'est que nous lisons que la résurrection se fera en un clin d'œil. Ce clin d'œil, ou mieux ce coup d'œil, n'est pas l'action d'ouvrir les yeux, mais ce regard rapide qui fixe un objet. Mais, en réalité, l'agilité de ce corps sera autant au-dessus de la rapidité du clin d'œil, que l'agilité de l'âme est au-dessus du corps. La clarté de ce corps sera aussi grande que celle des esprits ; il ne sera point une charge pour l'âme, mais un ornement ; rien de corruptible, mais une nature égale à celle des anges. Sa clarté l'emportera autant sur celle du soleil, que celle de cet astre l'emporte aujourd'hui sur nos corps. Le soleil est un être insensible, et, bien qu'il se meuve, cependant jamais il ne sera vivifié. Donc, autant l'esprit intellectuel l'emporte sur cet air insensible, autant la clarté de ce corps glorieux l'emportera sur celle du soleil.

Chapitre XLVI. — Mais ici se présente une question assez importante. Le Seigneur nous a dit : « Les justes brilleront comme le soleil. » (*Matth.*, xiii, 43.) L'Apôtre, de son côté, nous dit : « Autre est la clarté du soleil, autre celle de la lune, autre celle des étoiles ; une étoile même diffère d'une autre en clarté ; » (I *Cor.*, xv, 41) ainsi en sera-t-il de la résurrection. L'Apôtre ne semble-t-il pas contredire son Maître, puisque l'un dit qu'ils brilleront comme le soleil, tandis que l'autre assure que les uns brilleront comme des étoiles diverses, d'autres comme la lune, et d'autres comme le soleil ? Il faut savoir que le Seigneur a seulement fait allusion d'une manière générale à la gloire des saints, tandis que l'Apôtre parle de la gloire particulière de chaque saint, selon son mérite. Le dernier dans le royaume des cieux brillera comme le soleil, qui lui-même sera alors sept fois plus brillant ; et dans cette splendeur, les justes, selon leurs mérites, différeront les uns des autres, comme les étoiles diffèrent en clarté. Quelques-uns l'emporteront sur les autres par l'éclat de cette gloire, comme l'étoile du matin l'emporte sur les pléiades, la lune sur l'étoile du matin, et le soleil sur la lune. Le corps de Jésus-Christ nous surpassera tous par son éclat, autant que Dieu est au-dessus de la créature. On dit qu'il est assis à la droite du Père, parce qu'il

---

personaliter circumscribitur. Amplius : Aut in hoc corporeo mundo Sancti manentes Deum videbunt, aut extra mundum erunt. Si extra mundum fuerint, tunc nulla elementalis materia stantes vel sedentes sustentantur, quia nullum elementum extra mundum comprobatur. Qui autem terram vel aquam ibi esse credit, nimis terrenus et fluxus desipit : si autem aerem vel ignem ibi esse arbitratur, graviter a mobilitate aeris et ignis ipse instabilis, irrisus computatur. Ergo extra mundum nulla materiali re fulciuntur, ubi nulla invenitur. Si autem in hoc mundo erunt, nulli tamen localiter stando vel sedendo inhærebunt, quia « æquales Angelis erunt. » (*Matth.*, xxii, 30.) Cum igitur spiritales sint, in summo spiritu spiritaliter, non localiter manebunt. Porro illorum corporum gloria, non ratione, sed sola fide est contemplanda. (1) Erunt quippe tunc illa corpora ut animus agilia, ut sol perspicua. Quam cito enim nunc animus ab Oriente in Occidentem cogitatione pervenit, tam cito tunc illud corpus illuc pervenire poterit. Hoc hinc colligitur, quod resurrectio in ictu oculi fienda legitur. Ictus autem oculi est, non quod oculus aperitur, sed quod aperto oculo objectus lucis radius conspicitur. Sed in vera tantum differt velocitas illius corporis ab ictu oculi, quantum a corpore agilitas animi. Hujus etiam corporis claritas est tanta, quanta et spiritus : non enim est hoc corpus animæ oneri, sed decori, quod nulla corruptibilis moles aggravat, sed quod angelicæ naturæ æqualitas levigat. Hujus quoque claritas tantum solem excellit, quantum sol in claritate nostrum corpus præcellit. Sol enim est corpus insensibile, et quamvis immutuer, tamen nunquam vivificabitur : corpus autem illud erit sensibile, vitale, et intellectuale. Igitur quantum differt spiritus intellectualis ab aere insensibili, tantum differt præclara claritas illius corporis a claritate solis.

Caput XLVI. — Hinc quæstio non minima occurrit. Cum enim Dominus dicat : « Fulgebunt justi sicut sol : » (*Matth.*, xiii, 43) et Apostolus : « Alia claritas solis, alia lunæ, alia stellarum : stella ab stella differt in claritate ; sit et resurrectio mortuorum : » (1 *Cor.*, xv, 41) videtur Apostolus Domino contrarium sentire, videlicet quos hic velut solem fulgere afferat, ille quosdam velut diversas stellas, alios velut lunam, alios velut solem splendere astruat. Sed sciendum est, quod Dominus gloriam Sanctorum generaliter expressit : Apostolus autem singulorum gloriam pro meritis distinxit. Ultimus ergo in regno cœlorum ut sol fulgebit, qui tunc septies clarior quam nunc erit. Et in hac claritate tantum quisque ab alio pro meritis differt, quantum stella ab stella in claritate differt. Alii autem hos item diversæ claritatis gloria ita præcellunt, sicut lucifer pleiades, luna luciferum, sol lunam claritate excellunt. Nos autem omnes tantum corpus Christi in claritate excedit, quantum Creator creaturam transcendit. Unde et in dextera Dei Patris sedere scribitur (*Coloss.*, iii, 1), quia in gloria divinæ majestatis

(1) Ita Elucidar., lib. III, c. xvi.

brille dans la gloire de la majesté divine. Cette vision, cette gloire est appelée le royaume des cieux, parce que les cieux seuls, c'est-à-dire les justes, en auront la jouissance; leur récompense, ce sera le souverain bien, dans lequel ils auront une joie parfaite causée par la pleine possession de tous les biens.

Chapitre XLVII. — Concluons donc que les saints ne se réjouiront point dans la possession de choses sensibles, mais dans la possession du souverain bien; ils seront heureux de le voir en lui-même, dans toute créature et hors de toute créature. Si, pour récompense, ils recevaient quelque chose de moindre que le souverain bien, ils désireraient posséder davantage, et partant leur joie ne serait pas parfaite. Or, comme nous savons que leur joie est parfaite, il s'ensuit nécessairement qu'ils possèdent le souverain bien, et qu'en lui ils sont rassasiés de la plénitude de tous les biens. Quand on parle du ciel des cieux, cette expression doit s'entendre de Dieu, parce que les cieux où les justes sont cachés dans son sein, loin des agitations de la terre. C'est dans ce sens qu'il est écrit : « Ayant un trésor dans le ciel, » (*Matth.*, xix, 21) c'est-à-dire en Dieu. Or, les saints sont attirés au souverain bien par une sorte de chaîne ainsi formée par les vertus. D'abord, la foi les environne comme un cercle ; à elle se joint l'espérance, qui elle-même est unie à la charité. La charité est tenue par les œuvres, les œuvres sont reliées à l'intention, qui se dirige vers le souverain bien ; cette intention est terminée par la persévérance, et Dieu lui-même, le souverain bien, se donne à la persévérance. Celui qui, attiré par cette chaîne, aura atteint le sommet de notre citadelle, non-seulement connaîtra la véritable vie, mais il se réjouira éternellement de la posséder ; car il sera éternellement en jouissance de cette gloire dont nous avons parlé. — Les Disciples. Que le Dieu tout-puissant vous la donne en partage, qu'il vous rende le compagnon de tous ceux qui en jouissent, et qu'il nous conduise nous-mêmes à la possession du vrai bien. Ainsi soit-il.

fulgere creditur. Igitur talis visio et talis gloria regnum cœlorum dicitur, quin soli cœli, id est, justi hac visione fruuntur : quorum præmium summum est bonum, in quo habent plenum gaudium de plenitudine omnium bonorum.

Caput XLVII. — Concluditur itaque, quod Sancti non de sensibilibus rebus delicientur, sed se in summo bono esse, et summo bono in omni creatura et extra omnem creaturam videndo frui glorientur. Si enim quidquam minus quàm summum bonum in præmio acciperent, adhuc plus appeterent; et consequens esset, quod plenum gaudium non haberent. Sed cum constet eos plenum gaudium habere, necessario sequitur eos summum bonum Deum habere, et de ejus affluentia, plenitudine omnium bonorum abundare. Quando autem cœlum cœlorum legitur, ipse Deus intelligitur; quia cœli vel justi in abscondito faciei suæ a conturbatione hominum celantur. Unde scribitur : « Habentes thesaurum in cœlo, » hoc est, in Deo. Ad hoc summum bonum justi quadam catena trahuntur, quæ de virtutibus hoc modo connectitur. In primis fides animam quasi quidam circulus complectitur, fidei spes annectitur, spes dilectione tenetur, dilectio operatione expletur, operatio intentione in summum bonum trahitur, intentio boni perseverantia clauditur, perseverantiæ Deus fons omnium bonorum dabitur. Igitur qui hac catena tractus, hanc turrim scaudens culmen ejus attigerit, non solum se veram vitam cognoscere, sed et perenniter in ea beate vivere se gaudebit : quia in ea hujus gloriæ consors erit. Disc. Veræ vitæ et omnium beate viventium faciat te Deus participem, qui nos omnes ad summum bonum perducat. Amen.

FIN DU TOME VINGT-DEUXIÈME.

TABLE DES MATIÈRES DU TOME VINGT-DEUXIÈME

SUR LE MENSONGE.

Extrait du premier livre des *Rétractations*, sur le livre suivant. 1
Sur le mensonge (livre unique). 3

CONTRE LE MENSONGE.

Extrait du deuxième livre des *Rétractations*, sur le livre suivant. 42
A Consentius, contre le mensonge, (livre unique). 43

SUR LE TRAVAIL DES MOINES.

Extrait du deuxième livre des *Rétractations*, au sujet du livre sur le travail des moines. 84
Sur le travail des moines (livre unique). 85

SUR LA DIVINATION DES DÉMONS.

Extrait du deuxième livre des *Rétractations*, au sujet de l'opuscule suivant. 130
Sur la divination des démons 131

SUR LE SOIN QU'ON DOIT AVOIR POUR LES MORTS.

Extrait du deuxième livre des *Rétractations*, sur le livre suivant. 143
Le livre à Paulin sur le soin qu'on doit avoir pour les morts 144

SUR LA PATIENCE.

Avertissement sur le livre de la patience. 167
Sur la patience (livre unique) 170

SERMONS AUX CATÉCHUMÈNES SUR LE SYMBOLE.

Avertissement touchant les sermons aux catéchumènes sur le Symbole. 189
Sermon aux catéchumènes sur le Symbole. 191
Autre sermon aux catéchumènes sur le Symbole. 203
Autre sermon aux catéchumènes sur le Symbole. 221
Autre sermon aux catéchumènes sur le Symbole. 243
Sermon sur la discipline chrétienne. 258
Sermon aux catéchumènes sur le cantique nouveau, sur le retour à la céleste patrie, et sur les dangers du voyage. 270
Sermon sur la quatrième férie ou sur la culture du champ du Seigneur. 281
Sermon aux catéchumènes sur le déluge 292
Sermon sur la persécution des barbares. 303
Sermon sur l'utilité du jeûne. 316
Sermon sur le pillage de la ville. 329

APPENDICE

DES VINGT-ET-UNE SENTENCES OU QUESTIONS.

Avertissement sur le livre suivant. 340
Le livre des vingt-et-une sentences ou questions. 340

TABLE DES MATIÈRES.

QUESTION I. — Quel est l'homme heureux. 340
— II. — Des Juifs. 340
— III. — Sur la question du destin et de la fortune. 340
— IV. — Les prodiges de la magie. 342
— V. — Des cent cinquante-trois poissons. 342
— VI. — En quoi l'homme est supérieur à la bête 342
— VII. — De la résurrection du corps. 343
— VIII. — De la foi, de l'espérance et de la charité. 344
— IX. — La philosophie se divise en trois parties 344
— X. — Quel était l'état d'Adam avant le péché. 345
— XI. — Le péché de l'homme. 345
— XII. — Ce qui est par soi-même ne saurait être comparé aux autres êtres. 345
— XIII. — Choses communes à l'homme avec les autres créatures 345
— XIV. — Qu'est-ce que la volonté. 345
— XV. — Trois sortes de vertus. 345
— XVI. — De la beauté du monde 346
— XVII. — L'expérience du mal nous fait mieux connaître le bien 347
— XVIII. — Que veut dire le Prophète, en disant que le Seigneur a tout disposé avec mesure, nombre et poids. 348
— XIX. — Des idées. 349
— XX. — Sur le mal. 350
— XXI. — Du libre arbitre 350

LIVRE DES SOIXANTE-CINQ QUESTIONS.

Avertissement sur le livre suivant 351
Dialogue sur soixante-cinq questions sous le titre d'Orose qui interroge et d'Augustin qui répond 351

DE LA FOI A PIERRE.

Avertissement sur le livre suivant. 377
Le livre de la foi à Pierre ou de la règle de la vraie foi. 378
CHAPITRE I. — La Trinité est un seul Dieu. 379
— II. — Humanité de Notre-Seigneur Jésus-Christ. 381
— III. — Tout ce qui existe a été créé par Dieu. 388
— IV ou RÈGLE I. — Nature de Dieu. 398
— V-II. — Dieu est un 399
— VI-III. — Dieu est éternel. 399
— VII-IV. — Dieu est immuable. 399
— VIII-V. — Dieu créateur de toutes choses. 400
— IX-VI. — Un seul Dieu en trois personnes. 400
— X-VII. — Distinction des personnes divines. 400
— XI-VIII. — Le Saint-Esprit 400
— XII-IX. — Immensité de Dieu 401
— XIII-X. — La personne du Fils 401
— XIV-XI. — Humanité de Jésus. 401
— XV-XII. — Divinité de Jésus-Christ. 402
— XVI-XIII. — Des deux natures en Jésus-Christ 402
— XVII-XIV. — Unité de personne en Jésus-Christ. 402
— XVIII-XV. — Union du Verbe à un corps. 403
— XIX-XVI. — Sacrifices. — 403
— XX-XVII. — Vérité de l'humanité en Jésus-Christ. 403
— XXI-XVIII. — Dieu a créé toutes choses dans un état de bonté. 403
— XXII-XIX. — Aucune créature ne doit être confondue avec Dieu. 404
— XXIII-XX. — Les anges confirmés en grâces. 404
— XXIV-XXI. — Les créatures raisonnables. 404
— XXV-XXII. — Libre arbitre d'Adam. 404

TABLE DES MATIÈRES.

Chapitre XXVI ou Règle XXIII. — Le péché originel 405
— XXVII-XXIV. — Supplice de ceux qui n'ont pas reçu le baptême. 405
— XXVIII-XXV. — Le jugement 405
— XXIX-XXVI. — Résurrection de la chair 405
— XXX-XXVII. — La foi et le baptême 406
— XXXI-XXVIII. — La grâce. 406
— XXXII-XXIX. — On ne peut rien sans la grâce. 406
— XXXIII-XXX. — Dieu connaît tout. 407
— XXXIV-XXXI. — La prédestination. 407
— XXXV-XXXII. — Les bienheureux sont prédestinés. 407
— XXXVI-XXXIII. — Le baptême. 407
— XXXVII-XXXIV. — Hors de l'Eglise point de salut 407
— XXXVIII-XXXV. — Les réprouvés. 408
— XXXIX-XXXVI. — Les hérétiques. 408
— XL-XXXVII. — Les mauvais chrétiens. 408
— XLI-XXXVIII. — Personne ne peut vivre sans péché. 408
— XLII-XXXIX. — L'abstinence et le mariage 408
— XLIII-XL. — Mélange des bons et des mauvais dans l'Eglise 409
— XLIV. — Il faut être ferme dans la foi. 409
— XLV. — Appendice ajouté à l'ouvrage de saint Fulgence. 410

DE L'ESPRIT ET DE L'AME.

Avertissement sur le livre suivant. 412
Le livre de l'esprit et de l'âme 413

DE L'AMITIÉ.

Avertissement sur le livre suivant. 480
Le livre de l'amitié. 481
Chapitre I. — A quelle occasion fut écrit ce livre 481
— II. — Ceux entre lesquels peut exister une véritable amitié. 481
— III. — Trois sortes d'amitié. 482
— IV. — Origine et progrès de l'amitié. 483
— V. — Les fruits de l'amitié 484
— VI. — Baiser naturel et baiser spirituel. 485
— VII. — Qu'est-ce que l'amitié 486
— VIII. — L'amitié a ses misères. Faut-il y renoncer pour cela 486
— IX. — Amitié puérile. 487
— X. — Amitié spirituelle 487
— XI. — Fondement de l'amitié. 488
— XII. — Choix d'un ami. 488
— XIII. — Des causes qui détruisent l'amitié. 488
— XIV. — Ceux qui sont peu propres à l'amitié. 489
— XV. — Qui sont ceux qui sont propres à l'amitié 490
— XVI. — Défauts incompatibles avec l'amitié 490
— XVII. — Conditions requises pour l'amitié. 490
— XVIII. — Qualités requises dans un ami 491
— XIX. — Fidélité. 491
— XX. — Intention 491
— XXI. — Discrétion. 492
— XXII. — Patience. 492
— XXIII. — Ne pas admettre chacun dans son amitié 492
— XXIV. — Comment entretenir l'amitié. 493
— XXV. — Règle à suivre dans l'amitié pour demander et donner 493
— XXVI. — Secours que doivent se donner les amis. 494
— XXVII. — Reprendre son ami. 494
— XXVIII. — Épilogue 495

DE LA SUBSTANCE DE L'AMOUR.

Avertissement sur le livre suivant. 496
Le livre de la substance de l'amour. 497

DE L'AMOUR DE DIEU.

Avertissement sur le livre suivant 501
Le livre de l'amour de Dieu 502
Chapitre I. — Voie qui conduit à la vie : la charité. 502
— II. — Pourquoi et comment faut-il aimer Dieu. 503
— III. — Tout est soumis à l'homme. 504
— IV. — Dignité de l'âme 505
— V. — Comment faut-il aimer Dieu. Ses bienfaits 507
— VI. — Bienfaits de la création et de la Rédemption. 507
— VII. — Bienfait de la vocation à la foi. 508
— VIII. — Dons des vertus 509
— IX. — Autres bienfaits de Dieu. 510
— X. — Sollicitude de Dieu à notre égard. 510
— XI. — Conservation de la vie et autres bienfaits. 511
— XII. — Patience et longanimité de Dieu à l'égard des pécheurs 513
— XIII. — Du don de la continence. 515
— XIV. — L'espérance légitime de la vie future repose sur trois choses. . 516
— XV. — Autres bienfaits. Bénir Dieu dans les biens et dans les maux . . 516
— XVI. — Du bienfait de la Rédemption, ses suites. 517
— XVII. — Promesses de Dieu. 519
— XVIII. — Grandeur du bonheur des élus 519

LES SOLILOQUES.

Avertissement sur le livre suivant. 522
Le livre des soliloques, ou entretien de l'âme avec Dieu. 523
Chapitre I. — Douceur ineffable de Dieu 523
— II. — Misère et faiblesse de l'homme. 525
— III. — Que l'homme a besoin d'implorer Dieu et d'en être éclairé. . . 527
— IV. — Condition mortelle de la nature humaine. 527
— V. — Combien le péché nous rend misérables 528
— VI. — De la misère du pécheur. 529
— VII. — Des nombreux bienfaits de Dieu 530
— VIII. — Grandeur future de l'homme 532
— IX. — De la toute-puissance de Dieu. 533
— X. — Que l'homme ne saurait louer dignement le Créateur. 533
— XI. — L'espérance de notre salut repose sur la bonté de Dieu. 534
— XII. — Prière contre les piéges de la concupiscence. 535
— XIII. — De l'ineffable lumière de Dieu et de ses bienfaits. 536
— XIV. — Dieu ne perd jamais de vue les actions et les pensées des hommes. 538
— XV. — Que l'homme ne peut rien sans la grâce divine. 539
— XVI. — Du démon et des différents moyens qu'il emploie pour tenter les hommes. 541
— XVII. — Dieu est la lumière des justes. 542
— XVIII. — Funestes effets de l'ingratitude, énumération des bienfaits de Dieu 544
— XIX. — Ardent désir d'aimer Dieu 545
— XX. — Dieu a tout soumis à l'homme, pour que l'homme lui fût soumis. 546
— XXI. — On peut conjecturer par les biens temporels, la grandeur de ceux du ciel. 547
— XXII. — La douceur de Dieu fait disparaître les amertumes de cette vie. 547
— XXIII. — Aspiration au bonheur de jouir éternellement de Dieu. . . . 549
— XXIV. — Que nous ne pouvons rien sans la grâce de Dieu. 549
— XXV. — Sans la grâce de Dieu, la volonté de l'homme est incapable de faire le bien. 550

TABLE DES MATIÈRES.

Chapitre XXVI.	— Les bienfaits que nous avons déjà reçus de Dieu soutiennent notre espérance.	551
— XXVII.	— Combien Dieu nous fait de grâces par le ministère de nos anges gardiens	554
— XXVIII.	— Du mystère de la prédestination et de la prescience divines	553
— XXIX.	— De la profondeur des jugements de Dieu	554
— XXX.	— De l'origine de notre âme, de sa nature et de ce qui fait son bonheur.	555
— XXXI.	— Dieu ne peut être connu, ni par les sens extérieurs, ni par les sens intérieurs.	555
— XXXII.	— Confession de la vraie foi.	560
— XXXIII.	— Confession de notre propre misère, actions de grâces rendues à Dieu	562
— XXXIV.	— De la souveraine majesté de Dieu	563
— XXXV.	— Ardent désir de jouir de la présence de Dieu	564
— XXXVI.	— Gloire de la patrie céleste.	567
— XXXVII.	— Invocation à la sainte Trinité.	568

LES MÉDITATIONS.

Avertissement sur le livre suivant.		569
Le livre des méditations.		575
Chapitre I. — Invocation à Dieu.		575
— II. — De la miséricorde divine		572
— III. — Que notre désobéissance empêche Dieu de nous exaucer		576
— IV. — De la crainte du jugement dernier.		578
— V. — Combien est efficace l'invocation du Père par le Fils.		579
— VI. — Où l'on représente au Père éternel la Passion de son divin Fils		580
— VII. — Nous sommes les auteurs de la Passion de Jésus-Christ.		581
— VIII. — Quelle confiance dans la prière peuvent inspirer les mérites de la Passion de Jésus-Christ.		582
— IX. — Invocation au Saint-Esprit.		584
— X. — Prière d'une âme vraiment humble		585
— XI. — Profession de foi à la sainte Trinité.		585
— XII. — Continuation du chapitre précédent. Contemplation des perfections de Dieu		585
— XIII. Du mystère de l'Incarnation.		586
— XIV. — Confiance que nous inspire le mystère de l'Incarnation.		587
— XV. — Bonté infinie de Dieu dans la réparation de l'homme.		588
— XVI. — Actions de grâces à Dieu pour le remercier de ses miséricordes		589
— XVII. — Combien nous devons être reconnaissants envers Dieu.		590
— XVIII. — Prière à Jésus-Christ		592
— XIX. — Ce qu'il faut entendre par la maison de Dieu		593
— XX. — Aspiration vers la demeure de Dieu		594
— XXI. — Misères et ennuis de cette vie.		596
— XXII. — Bonheur de la vie éternelle.		596
— XXIII. — Bonheur de ceux qui meurent saintement.		597
— XXIV. — Invocation des Saints.		598
— XXV. — Désir du ciel.		599
— XXVI. — Hymne sur la gloire du paradis.		600
— XXVII. — Bonheur de chanter les louanges du Seigneur avec les bienheureux.		602
— XXVIII. — Que personne ne peut voir en cette vie la lumière incréée.		603
— XXIX. — Énumération de plusieurs merveilles de Dieu.		604
— XXX. — Pluralité des personnes et unité de Dieu.		606
— XXXI. — Invocation à la sainte Trinité.		607
— XXXII. — Invocation à Dieu.		608
— XXXIII. — Prière à Dieu pour obtenir la grâce de le louer dignement.		609
— XXXIV. — Humble aveu d'un pécheur se reconnaissant indigne de louer Dieu.		611
— XXXV. — Prière fervente à Jésus-Christ.		612
— XXXVI. — Prière à Jésus-Christ pour obtenir le don des larmes.		615
— XXXVII. — Prière à Jésus-Christ pour obtenir la grâce de le voir		618
— XXXVIII. — Prière dans l'affliction.		623
— XXXIX. — Prière à Dieu mêlée de crainte et de confiance.		623

TOM. XXII.

TABLE DES MATIÈRES.

Chapitre XL. — Recommandation de soi-même. 626
— XLI. — Actions de grâces et ardent désir d'aimer Dieu. 628

DE LA CONTRITION DU CŒUR.

Avertissement sur le livre suivant. 631
Le livre de la contrition du cœur. 632

LE MANUEL.

Avertissement sur le livre suivant. 641
Le livre du manuel. 643

LE MIROIR.

Avertissement sur le livre suivant 666
Le livre du miroir 667

LE MIROIR DU PÉCHEUR.

Avertissement sur le livre suivant 688
Le livre du miroir du pécheur 689

LES TROIS DEMEURES.

Le livre des trois demeures 698

L'ÉCHELLE DU PARADIS

Avertissement sur l'opuscule suivant 705
Le livre de l'échelle du paradis. 706

LA CONNAISSANCE DE LA VIE.

Avertissement sur le livre suivant 714
Le livre de la connaissance de la vie, ou traité sur la connaissance de la véritable vie. 716

FIN DE LA TABLE DU TOME VINGT-DEUXIÈME.

Besançon. — Imprimerie d'Outhenin-Chalandre fils.